INTERUNIVERSITAIRE UITGAV

A. Haelterman (KU Leuven)

L. Maes (HUB/EHSAL - FHS - Universiteit Antwerpen)

P. Van Orshoven (KU Leuven)

M. De Jonckheere (VUB)

Codex

FISCAAL RECHT

Deel 2

2013-2014

die Keure

D/2013/0147/279
ISBN 978 90 4861 829 3

Bestelcode: 202 136 000

© 2013 die Keure
Kleine Pathoekeweg 3
8000 Brugge
Tel. 050/47.12.72
Fax 050/33.51.54
E-mail: juridische.uitgaven@diekeure.be
Internet: www.diekeure.be

INHOUDSOPGAVE

Folio

Folio

Folio

IV
Belasting over de toegevoegde waarde

Richtlijn 2006/112

RICHTLIJN 2006/112/EG VAN DE RAAD VAN 28 NOVEMBER 2006 BETREFFENDE HET GEMEENSCHAPPELIJKE STELSEL VAN BELASTING OVER DE TOEGEVOEGDE WAARDE

PB. L. 347, 11.XII.2006, rect. PB. L. 335, 20.XII.2007.

TITEL I

VOORWERP EN TOEPASSINGSGEBIED

Art. 1. 1. Bij deze richtlijn wordt het gemeenschappelijke stelsel van belasting over de toegevoegde waarde (BTW) vastgesteld.

2. Het gemeenschappelijke BTW-stelsel berust op het beginsel dat op goederen en diensten een algemene verbruiksbelasting wordt geheven die strikt evenredig is aan de prijs van de goederen en diensten, zulks ongeacht het aantal handelingen dat tijdens het productie- en distributieproces vóór de fase van heffing plaatsvond.

Bij elke handeling is de BTW, berekend over de prijs van het goed of van de dienst volgens het tarief dat voor dat goed of voor die dienst geldt, verschuldigd onder aftrek van het bedrag van de BTW waarmede de onderscheiden elementen van de prijs rechtstreeks zijn belast.

Het gemeenschappelijke BTW-stelsel wordt toegepast tot en met de kleinhandelsfase.

Art. 2. 1. De volgende handelingen zijn aan de BTW onderworpen:

a) de leveringen van goederen, die binnen het grondgebied van een lidstaat door een als zodanig handelende belastingplichtige onder bezwarende titel worden verricht;

b) de intracommunautaire verwervingen van goederen die binnen het grondgebied van een lidstaat onder bezwarende titel worden verricht:

i) door een als zodanig handelende belastingplichtige of door een niet-belastingplichtige rechtspersoon, wanneer de verkoper een als zodanig handelende belastingplichtige is die noch onder de in de artikelen 282 tot en met 292 bedoelde vrijstellingsregeling voor kleine ondernemingen, noch onder artikel 33 of artikel 36 valt;

ii) wanneer het nieuwe vervoermiddelen betreft, door een belastingplichtige of door een niet-belastingplichtige rechtspersoon van wie de andere verwervingen uit hoofde van artikel 3, lid 1, niet aan de BTW zijn onderworpen, of door enige andere niet-belastingplichtige;

iii) wanneer het accijnsproducten betreft uit hoofde waarvan de accijnsrechten binnen het grondgebied van de lidstaat verschuldigd zijn krachtens Richtlijn 92/12/EEG, door een belastingplichtige of door een niet-belastingplichtige rechtspersoon van wie de andere verwervingen uit hoofde van artikel 3, lid 1, niet aan de BTW zijn onderworpen;

c) de diensten die binnen het grondgebied van een

lidstaat door een als zodanig handelende belastingplichtige onder bezwarende titel worden verricht;

d) de invoer van goederen.

2. a) Voor de toepassing van lid 1, onder b), punt ii), worden als "vervoermiddelen" beschouwd, de volgende voor het personen- of goederenvervoer bestemde vervoermiddelen:

i) landvoertuigen die zijn uitgerust met een motor van meer dan 48 cc cilinderinhoud of met een vermogen van meer dan 7,2 kilowatt;

ii) schepen met een lengte van meer dan 7,5 meter, met uitzondering van schepen voor de vaart op volle zee waarmee personenvervoer tegen betaling plaatsvindt of die voor de uitoefening van enigerlei industriële, handels- of visserijactiviteit worden gebruikt, van reddingsboten en schepen voor hulpverlening op zee en van schepen voor de kustvisserij;

iii) luchtvaartuigen met een totaal opstijggewicht van meer dan 1550 kg, met uitzondering van luchtvaartuigen welke door luchtvaartmaatschappijen worden gebruikt die zich hoofdzakelijk toeleggen op het betaalde internationale vervoer.

b) Deze vervoermiddelen worden in de volgende gevallen beschouwd als "nieuw":

i) voor gemotoriseerde landvoertuigen, wanneer de levering binnen zes maanden na de eerste ingebruikneming plaatsvindt of wanneer het voertuig niet meer dan 6000 km heeft afgelegd;

ii) voor schepen, wanneer de levering binnen drie maanden na de eerste ingebruikneming plaatsvindt of wanneer het schip niet meer dan 100 uur heeft gevaren;

iii) voor luchtvaartuigen, wanneer de levering binnen drie maanden na de eerste ingebruikneming plaatsvindt of wanneer het luchtvaartuig niet meer dan 40 uur heeft gevlogen.

c) De lidstaten stellen de voorwaarden vast waaronder de in punt b) bedoelde gegevens kunnen worden aangetoond.

3. [Als "accijnsproducten" worden beschouwd energieproducten, alcohol en alcoholhoudende dranken en tabaksfabrikaten zoals omschreven in de vigerende communautaire bepalingen, met uitsluiting van gas dat geleverd wordt via een op het grondgebied van de Gemeenschap gesitueerd aardgassysteem of eender welk op een dergelijk systeem aangesloten net.]

Lid 3 vervangen bij art. 1, 1) Richtl. 2009/162/EU, Raad van 22 december 2009 (PB. L. 10, 15.I.2010), van toepassing vanaf 15 januari 2010.

Art. 3. 1. In afwijking van artikel 2, lid 1, onder b), punt i), zijn de volgende handelingen niet aan BTW onderworpen:

a) de intracommunautaire verwervingen van goederen die worden verricht door een belastingplichtige of een niet-belastingplichtige rechtspersoon waarvan de levering krachtens de artikelen 148 en 151 binnen het grondgebied van de lidstaat van verwerving zou worden vrijgesteld;

b) de intracommunautaire verwervingen van andere goederen dan die bedoeld in punt a) en in artikel 4, en dan de verwervingen van vervoermiddelen en van accijnsproducten, die worden verricht door een belastingplichtige ten behoeve van zijn landbouw-, bosbouw- of visserijbedrijf dat onder de gemeenschappelijke forfaitaire regeling voor landbouwproducenten valt, door een belastingplichtige die uitsluitend goederenleveringen of diensten verricht waarvoor geen recht op aftrek bestaat, of door een niet-belastingplichtige rechtspersoon.

2. Het bepaalde in lid 1, onder b), is alleen van toepassing indien de volgende voorwaarden vervuld zijn:

a) het totale bedrag van de intracommunautaire verwervingen van goederen is in het lopende kalenderjaar niet hoger dan een door de lidstaten te bepalen maximumwaarde die niet lager mag zijn dan EUR 10000 of de tegenwaarde daarvan in de nationale munteenheid;

b) het totale bedrag van de intracommunautaire verwervingen van goederen heeft in het voorafgaande kalenderjaar de onder a) bepaalde maximumwaarde niet overschreden.

De maximumwaarde die als referentiepunt dient, is het totale bedrag van de intracommunautaire verwervingen van goederen als bedoeld in lid 1, onder b), de BTW die is verschuldigd of voldaan in de lidstaat van vertrek van de verzending of het vervoer van de goederen niet inbegrepen.

3. De lidstaten verlenen de belastingplichtigen en de niet-belastingplichtige rechtspersonen die voor de toepassing van lid 1, onder b), in aanmerking komen, het recht voor de in artikel 2, lid 1, onder b), punt i), omschreven algemene regeling te kiezen.

De lidstaten stellen de nadere regels vast voor de uitoefening van het in de eerste alinea bedoelde keuzerecht, dat in ieder geval voor een periode van twee kalenderjaren geldt.

Art. 4. Naast de in artikel 3 bedoelde handelingen zijn ook de volgende handelingen niet aan BTW onderworpen:

a) de intracommunautaire verwervingen van gebruikte goederen, kunstvoorwerpen, voorwerpen voor verzamelingen en antiquiteiten zoals omschreven in artikel 311, lid 1, punten 1) tot en met 4), wanneer de verkoper een als zodanig handelende belastingplichtige wederverkoper is en het verworven goed in de lidstaat van vertrek van de verzending of het vervoer aan de BTW is onderworpen overeenkomstig de in de artikelen 312 tot en met 325 vastgestelde winstmargeregeling;

b) de intracommunautaire verwervingen van gebruikte vervoermiddelen, zoals omschreven in artikel 327, lid 3, wanneer de verkoper een als zodanig handelende belastingplichtige wederverkoper is en het verworven gebruikte vervoermiddel in de lidstaat van vertrek van de verzending of het vervoer aan de BTW is onderworpen overeenkomstig de overgangsregeling voor gebruikte vervoermiddelen;

c) de intracommunautaire verwervingen van gebruikte goederen, kunstvoorwerpen, voorwerpen voor verzamelingen en antiquiteiten zoals omschreven in

artikel 311, lid 1, punten 1) tot en met 4), wanneer de verkoper een als zodanig handelende organisator van openbare veilingen is en het verworven goed in de lidstaat van vertrek van de verzending of het vervoer aan de BTW is onderworpen overeenkomstig de bijzondere regeling voor openbare veilingen.

TITEL II

GEOGRAFISCH TOEPASSINGSGEBIED

Art. 5. Voor de toepassing van deze richtlijn wordt verstaan onder:

1) "Gemeenschap" en "grondgebied van de Gemeenschap": het geheel van de grondgebieden van de lidstaten als omschreven in punt 2);

2) "lidstaat" en "grondgebied van een lidstaat": het grondgebied van iedere lidstaat van de Gemeenschap waarop het Verdrag houdende oprichting van de Europese Gemeenschap overeenkomstig zijn artikel 299 van toepassing is, met uitzondering van het (de) in artikel 6 van deze richtlijn genoemde gebied(en);

3) "derdelandsgebieden": de gebieden die in artikel 6 zijn genoemd;

4) "derde land": elke staat of elk grondgebied waarop het Verdrag niet van toepassing is.

Art. 6. 1. Deze richtlijn is niet van toepassing op de volgende gebieden die deel uitmaken van het douanegebied van de Gemeenschap:

a) de berg Athos;

b) de Canarische Eilanden;

c) de Franse overzeese departementen;

d) de Ålandseilanden;

e) de Kanaaleilanden.

2. Deze richtlijn is niet van toepassing op de volgende gebieden die geen deel uitmaken van het douanegebied van de Gemeenschap:

a) het eiland Helgoland;

b) het gebied Büsingen;

c) Ceuta;

d) Melilla;

e) Livigno;

f) Campione d'Italia;

g) de Italiaanse wateren van het meer van Lugano.

Art. 7. 1. Het Vorstendom Monaco, het eiland Man en de zones die te Akrotiri en Dhekelia onder de soevereiniteit van het Verenigd Koninkrijk vallen, worden, gezien de overeenkomsten en verdragen die zij met respectievelijk Frankrijk, het Verenigd Koninkrijk en Cyprus hebben gesloten, voor de toepassing van deze richtlijn niet als derde landen beschouwd.

2. De lidstaten nemen de nodige maatregelen om te waarborgen dat handelingen met als herkomst of bestemming het Vorstendom Monaco als handelingen met herkomst of bestemming Frankrijk worden behandeld, dat handelingen met als herkomst of bestemming het eiland Man als handelingen met als herkomst of bestemming het Verenigd Koninkrijk worden behandeld en dat handelingen met als herkomst of bestemming de zones die te Akrotiri en Dhekelia onder de

soevereiniteit van het Verenigd Koninkrijk vallen als handelingen met als herkomst of bestemming Cyprus worden behandeld.

Art. 8. Indien de Commissie van mening is dat het bepaalde in de artikelen 6 en 7 niet meer gerechtvaardigd is, met name uit het oogpunt van de neutraliteit ten aanzien van de mededinging of van de eigen middelen, legt zij passende voorstellen aan de Raad voor.

TITEL III

BELASTINGPLICHTIGEN

Art. 9. 1. Als "belastingplichtige" wordt beschouwd eenieder die, op ongeacht welke plaats, zelfstandig een economische activiteit verricht, ongeacht het oogmerk of het resultaat van die activiteit.

Als "economische activiteit" worden beschouwd, alle werkzaamheden van een fabrikant, handelaar of dienstverrichter, met inbegrip van de winning van delfstoffen, de landbouw en de uitoefening van vrije of daarmede gelijkgestelde beroepen. Als economische activiteit wordt in het bijzonder beschouwd de exploitatie van een lichamelijke of onlichamelijke zaak om er duurzaam opbrengst uit te verkrijgen.

2. Naast de in lid 1 bedoelde personen wordt als belastingplichtige beschouwd eenieder die incidenteel een nieuw vervoermiddel levert dat door de verkoper, door de afnemer, of voor hun rekening, buiten het grondgebied van een lidstaat maar binnen het grondgebied van de Gemeenschap naar de afnemer wordt verzonden of vervoerd.

Art. 10. De in artikel 9, lid 1, bedoelde voorwaarde dat de economische activiteit zelfstandig moet worden verricht, sluit loontrekkenden en andere personen van de belastingheffing uit, voor zover zij met hun werkgever een arbeidsovereenkomst hebben aangegaan of enige andere juridische band hebben waaruit een verhouding van ondergeschiktheid ontstaat ten aanzien van de arbeids- en bezoldigingsvoorwaarden en de verantwoordelijkheid van de werkgever.

Art. 11. Na raadpleging van het raadgevend Comité voor de Belasting op de toegevoegde waarde ("BTW-comité") kan elke lidstaat personen die binnen het grondgebied van deze lidstaat gevestigd zijn en die juridisch gezien zelfstandig zijn, doch financieel, economisch en organisatorisch nauw met elkaar verbonden zijn, tezamen als één belastingplichtige aanmerken.

Een lidstaat die de in de eerste alinea bedoelde mogelijkheid toepast, kan alle maatregelen vaststellen die nodig zijn om belastingfraude en -ontwijking met gebruikmaking van deze bepaling te voorkomen.

Art. 12. 1. De lidstaten kunnen als belastingplichtige aanmerken eenieder die incidenteel een handeling verricht in verband met de in artikel 9, lid 1, tweede alinea, bedoelde werkzaamheden, met name een van de volgende handelingen:

a) de levering van een gebouw of een gedeelte van een gebouw en het bijbehorende terrein vóór de eerste ingebruikneming;

b) de levering van een bouwterrein.

2. Voor de toepassing van lid 1, onder a), wordt als "gebouw" beschouwd ieder bouwwerk dat vast met de grond is verbonden.

De lidstaten kunnen de voorwaarden voor de toepassing van het in lid 1, onder a), bedoelde criterium op de verbouwing van gebouwen, alsmede het begrip "bijbehorend terrein" bepalen.

De lidstaten kunnen andere criteria dan dat van de eerste ingebruikneming toepassen, zoals het tijdvak dat verloopt tussen de datum van voltooiing van het gebouw en die van eerste levering, of het tijdvak tussen de datum van eerste ingebruikneming en die van de daaropvolgende levering, mits deze tijdvakken niet langer duren dan onderscheidenlijk vijf en twee jaar.

3. Voor de toepassing van lid 1, onder b), wordt als "bouwterrein" beschouwd, de door de lidstaten als zodanig omschreven al dan niet bouwrijp gemaakte terreinen.

Art. 13. 1. De staat, de regio's, de gewesten, de provincies, de gemeenten en de andere publiekrechtelijke lichamen worden niet als belastingplichtigen aangemerkt voor de werkzaamheden of handelingen die zij als overheid verrichten, ook niet indien zij voor die werkzaamheden of handelingen rechten, heffingen, bijdragen of retributies innen.

Wanneer deze lichamen evenwel zodanige werkzaamheden of handelingen verrichten, moeten zij daarvoor als belastingplichtige worden aangemerkt, indien een behandeling als niet-belastingplichtige tot een verstoring van de mededinging van enige betekenis zou leiden.

De publiekrechtelijke lichamen worden in elk geval als belastingplichtige beschouwd voor de in bijlage I genoemde werkzaamheden, voorzover deze niet van onbeduidende omvang zijn.

2. [De lidstaten kunnen werkzaamheden van publiekrechtelijke lichamen die uit hoofde van de artikelen 132, 135, 136 en 371, de artikelen 374 tot en met 377, artikel 378, lid 2, artikel 379, lid 2, en de artikelen 380 tot en met 390quater zijn vrijgesteld, als werkzaamheden van de overheid beschouwen.]

Lid 2 vervangen bij Bijlage V, 8, 2, a) B. 5 december 2011 (PB. L. 112, 24.IV.2012), van toepassing vanaf 1 juli 2013.

TITEL IV

BELASTBARE HANDELINGEN

HOOFDSTUK 1

LEVERING VAN GOEDEREN

Art. 14. 1. Als "levering van goederen" wordt beschouwd, de overdracht of overgang van de macht om als een eigenaar over een lichamelijke zaak te beschikken.

2. Naast de in lid 1 bedoelde handeling worden de volgende handelingen als een levering van goederen beschouwd:

a) de eigendomsovergang van een goed tegen betaling van een vergoeding, ingevolge een vordering door of namens de overheid dan wel krachtens de wet;

b) de afgifte van een goed ingevolge een overeenkomst volgens welke een goed gedurende een bepaalde periode in huur wordt gegeven of ingevolge een overeenkomst tot koop en verkoop op afbetaling, in beide gevallen onder het beding dat normaal het goed uiterlijk bij de betaling van de laatste termijn in eigendom wordt verkregen;

c) de overdracht van een goed ingevolge een overeenkomst tot koop of verkoop in commissie.

3. De lidstaten kunnen de oplevering van bepaalde werken in onroerende staat als een levering van goederen beschouwen.

Art. 15. 1. [Elektriciteit, gas, warmte of koude en soortgelijke zaken worden met "lichamelijke zaken" gelijkgesteld.]

2. De lidstaten kunnen als lichamelijke zaken beschouwen:

a) bepaalde rechten op onroerende goederen;

b) de zakelijke rechten die de rechthebbende de bevoegdheid verschaffen een onroerend goed te gebruiken;

c) de deelbewijzen en aandelen waarvan het bezit rechtens of in feite recht geven op de eigendom of het genot van een onroerend goed of een deel daarvan.

Lid 1 vervangen bij art. 1, 3) Richtl. 2009/162/EU, Raad van 22 december 2009 (PB. L. 10, 15.I.2010), van toepassing vanaf 15 januari 2010.

Art. 16. Met een levering van goederen onder bezwarende titel wordt gelijkgesteld, het door een belastingplichtige aan zijn bedrijf onttrekken van een goed voor eigen privédoeleinden of voor privédoeleinden van zijn personeel, of dat hij om niet verstrekt of, meer in het algemeen, voor andere dan bedrijfsdoeleinden bestemt, ingeval met betrekking tot dat goed of de bestanddelen daarvan recht op volledige of gedeeltelijke aftrek van de BTW is ontstaan.

Met een levering van goederen onder bezwarende titel worden niet gelijkgesteld, onttrekkingen van goederen om voor bedrijfsdoeleinden te dienen als geschenken van geringe waarde of als monster.

Art. 17. 1. Met een levering van goederen onder bezwarende titel wordt gelijkgesteld, de overbrenging door een belastingplichtige van een goed van zijn bedrijf naar een andere lidstaat.

Als "overbrenging naar een andere lidstaat" wordt beschouwd iedere verzending of ieder vervoer van een roerende lichamelijke zaak voor bedrijfsdoeleinden, door of voor rekening van de belastingplichtige, buiten het grondgebied van de lidstaat waar het goed zich bevindt, maar binnen de Gemeenschap.

2. Als overbrenging naar een andere lidstaat wordt niet beschouwd, de verzending of het vervoer van een

goed voor zover het daarbij om een van de volgende handelingen gaat:

a) de levering van dat goed door de belastingplichtige binnen het grondgebied van de lidstaat van aankomst van de verzending of het vervoer, onder de in artikel 33 gestelde voorwaarden;

b) de levering van dat goed, dat door of voor rekening van de leverancier moet worden geïnstalleerd of gemonteerd, door de belastingplichtige binnen het grondgebied van de lidstaat van aankomst van de verzending of het vervoer, onder de in artikel 36 gestelde voorwaarden;

c) de levering van dat goed door de belastingplichtige aan boord van een schip, vliegtuig of trein tijdens een vervoer van passagiers, onder de in artikel 37 gestelde voorwaarden;

d) [de levering van gas via een op het grondgebied van de Gemeenschap gesitueerd aardgassysteem of eender welk op een dergelijk systeem aangesloten net, van elektriciteit of van warmte of koude via warmte- of koudenetten, onder de in de artikelen 38 en 39 gestelde voorwaarden];

e) de levering van dat goed door de belastingplichtige binnen het grondgebied van de lidstaat, onder de in de artikelen 138, 146, 147, 148, 151 en 152 gestelde voorwaarden;

f) [de verrichting van een dienst voor de belastingplichtige in verband met expertises of werkzaamheden betreffende dat goed, die daadwerkelijk worden uitgevoerd binnen het grondgebied van de lidstaat van aankomst van de verzending of het vervoer van het goed, voor zover het goed na expertise of bewerking opnieuw wordt verzonden naar deze belastingplichtige in de lidstaat waarvandaan het oorspronkelijk was verzonden of vervoerd];

g) het tijdelijke gebruik van dat goed binnen het grondgebied van de lidstaat van aankomst van de verzending of het vervoer, ten behoeve van diensten verricht door de binnen de lidstaat van vertrek van de verzending of het vervoer van het goed gevestigde belastingplichtige;

h) het tijdelijke gebruik van dat goed voor een periode van ten hoogste 24 maanden binnen het grondgebied van een andere lidstaat waar de invoer van hetzelfde goed uit een derde land met het oog op tijdelijk gebruik in aanmerking zou komen voor de regeling voor tijdelijke invoer met volledige vrijstelling van invoerrechten.

3. Wanneer niet meer wordt voldaan aan een van de voorwaarden voor de toepassing van lid 2, wordt het goed als overgebracht naar een andere lidstaat beschouwd. In dat geval vindt de overbrenging plaats op het tijdstip waarop deze voorwaarde niet meer vervuld is.

Lid 2, d) vervangen bij art. 1, 4) Richtl. 2009/162/EU, Raad van 22 december 2009 (PB. L. 10, 15.I.2010), van toepassing vanaf 15 januari 2010;

Lid 2, f) vervangen bij art. 1, 1) Richtl. 2010/45/EU, Raad van 13 juli 2010 (PB. L. 189, 22.VII.2010), van toepassing vanaf 11 augustus 2010.

Art. 18. De lidstaten kunnen de volgende handelingen met een levering van goederen onder bezwarende titel gelijkstellen:

a) het door een belastingplichtige voor bedrijfsdoeleinden bestemmen van een goed dat in het kader van zijn bedrijf is vervaardigd, gebouwd, gewonnen, bewerkt, aangekocht of ingevoerd, indien het van een andere belastingplichtige betrekken van een dergelijk goed hem geen recht zou geven op volledige aftrek van de BTW;

b) het door een belastingplichtige voor een niet-belaste sector van zijn bedrijfsuitoefening bestemmen van een goed, voor zover bij de verwerving van dat goed of bij de bestemming ervan overeenkomstig punt a) recht op volledige of gedeeltelijke aftrek van de BTW is ontstaan;

c) met uitzondering van de in artikel 19 genoemde gevallen, het onder zich hebben van goederen door een belastingplichtige of zijn rechthebbenden wanneer hij zijn belastbare economische activiteit beëindigt, ingeval bij de verwerving van die goederen of bij de bestemming ervan overeenkomstig punt a) recht op volledige of gedeeltelijke aftrek van de BTW is ontstaan.

Art. 19. De lidstaten kunnen, in geval van overgang van het geheel of een gedeelte van een algemeenheid van goederen onder bezwarende titel, om niet of in de vorm van een inbreng in een vennootschap, zich op het standpunt stellen dat geen levering van goederen heeft plaatsgevonden en dat degene op wie de goederen overgaan, in de plaats treedt van de overdrager.

De lidstaten kunnen de nodige maatregelen nemen om verstoringen van de mededinging te voorkomen ingeval degene op wie de goederen overgaan, niet volledig belastingplichtig is. Zij kunnen ook alle maatregelen vaststellen die nodig zijn om belastingfraude en -ontwijking met gebruikmaking van dit artikel te voorkomen.

HOOFDSTUK 2

INTRACOMMUNAUTAIRE VERWERVING VAN GOEDEREN

Art. 20. Als "intracommunautaire verwerving van goederen" wordt beschouwd het verkrijgen van de macht om als eigenaar te beschikken over een roerende lichamelijke zaak die door de verkoper of de afnemer, of voor hun rekening, met als bestemming de afnemer is verzonden of vervoerd naar een andere lidstaat dan de lidstaat van vertrek van de verzending of het vervoer van het goed.

Wanneer door een niet-belastingplichtige rechtspersoon verworven goederen uit een derdelandsgebied of een derde land worden verzonden of vervoerd en door deze niet-belastingplichtige rechtspersoon worden ingevoerd in een andere lidstaat dan die van aankomst van de verzending of het vervoer, worden de goederen geacht te zijn verzonden of vervoerd vanuit de lidstaat van invoer. Deze lidstaat verleent aan de importeur die uit hoofde van artikel 201 is aangewe-

zen of erkend als de tot voldoening van de belasting gehouden persoon, teruggaaf van de uit hoofde van de invoer betaalde BTW, voorzover de importeur aantoont dat zijn verwerving in de lidstaat van aankomst van de verzending of het vervoer van de goederen aan de BTW onderworpen is geweest.

Art. 21. Met een intracommunautaire verwerving van goederen onder bezwarende titel wordt gelijkgesteld het door een belastingplichtige voor bedrijfsdoeleinden bestemmen van een goed dat door of voor rekening van de belastingplichtige wordt verzonden of vervoerd vanuit een andere lidstaat waar het is vervaardigd, gewonnen, bewerkt, aangekocht, verworven in de zin van artikel 2, lid 1, onder b), of door de belastingplichtige in het kader van zijn bedrijf in die andere lidstaat is ingevoerd.

Art. 22. [Met een intracommunautaire verwerving van goederen onder bezwarende titel wordt gelijkgesteld de toewijzing door de strijdkrachten van een staat die partij bij het Noord-Atlantisch Verdrag is, ten behoeve van deze strijdkrachten of het hen begeleidende burgerpersoneel, van goederen die zij niet tegen de algemene belastingvoorwaarden van de interne markt van een lidstaat hebben verworven, wanneer de invoer van deze goederen niet in aanmerking zou kunnen komen voor de in artikel 143, lid 1, punt h), bedoelde vrijstelling.]

Vervangen bij art. 1, 1) Richtl. 2009/69/EG, Raad van 25 juni 2009 (PB. L. 175, 4.VII.2009), van toepassing vanaf 24 juli 2009.

Art. 23. De lidstaten nemen maatregelen om ervoor te zorgen dat als intracommunautaire verwerving van goederen worden beschouwd de handelingen die, indien zij op hun grondgebied door een als zodanig handelende belastingplichtige zouden zijn verricht, als levering van goederen zouden zijn aangemerkt.

HOOFDSTUK 3

DIENSTEN

Art. 24. 1. Als "dienst" wordt beschouwd elke handeling die geen levering van goederen is.

2. Als "telecommunicatiediensten" worden beschouwd de diensten waarmee de transmissie, uitzending of ontvangst van signalen, geschriften, beelden en geluiden of informatie van allerlei aard per draad, via radiofrequente straling, langs optische weg of met behulp van andere elektromagnetische middelen mogelijk wordt gemaakt, met inbegrip van de daarmee samenhangende overdracht of verlening van rechten op het gebruik van infrastructuur voor de transmissie, uitzending of ontvangst, waaronder het bieden van toegang tot wereldwijde informatienetten.

Art. 25. Een dienst kan onder meer een van de volgende handelingen zijn:

a) de overdracht van een onlichamelijke zaak, ongeacht of deze al dan niet in een titel is belichaamd;

b) de verplichting om een daad na te laten of om een daad of een situatie te dulden;

c) het verrichten van een dienst op grond van een vordering door of namens de overheid, dan wel krachtens de wet.

Art. 26. 1. Met diensten verricht onder bezwarende titel worden de volgende handelingen gelijkgesteld:

a) het gebruiken van een tot het bedrijf behorend goed voor privédoeleinden van de belastingplichtige of van zijn personeel, of, meer in het algemeen, voor andere dan bedrijfsdoeleinden, wanneer voor dit goed recht op volledige of gedeeltelijke aftrek van de BTW is ontstaan;

b) het om niet verrichten van diensten door de belastingplichtige voor eigen privédoeleinden of voor privédoeleinden van zijn personeel, of, meer in het algemeen, voor andere dan bedrijfsdoeleinden.

2. De lidstaten kunnen van lid 1 afwijken, mits deze afwijking niet tot verstoring van de mededinging leidt.

Art. 27. Ter voorkoming van verstoring van de mededinging kunnen de lidstaten, na raadpleging van het BTW-Comité, met een dienst verricht onder bezwarende titel gelijkstellen het door een belastingplichtige voor bedrijfsdoeleinden verrichten van een dienst, voorzover hij, ingeval een dergelijke dienst door een andere belastingplichtige zou zijn verricht, geen recht op volledige aftrek van de BTW zou hebben.

Art. 28. Wanneer door tussenkomst van een belastingplichtige, handelend op eigen naam, maar voor rekening van een ander, een dienst wordt verricht, wordt de betrokken belastingplichtige geacht deze dienst zelf te hebben afgenomen en te hebben verricht.

Art. 29. Artikel 19 is op overeenkomstige wijze van toepassing op diensten.

HOOFDSTUK 4

INVOER VAN GOEDEREN

Art. 30. Als "invoer van goederen" wordt beschouwd het binnenbrengen in de Gemeenschap van een goed dat zich niet in het vrije verkeer bevindt in de zin van artikel 24 van het Verdrag.

Naast het in de eerste alinea bedoelde geval wordt als invoer van goederen beschouwd het binnenbrengen in de Gemeenschap van een goed dat zich in het vrije verkeer bevindt, uit een derdelandsgebied dat deel uitmaakt van het douanegebied van de Gemeenschap.

TITEL V

PLAATS VAN DE BELASTBARE HANDELINGEN

HOOFDSTUK 1

PLAATS VAN LEVERING VAN GOEDEREN

Afdeling 1

Levering van goederen zonder vervoer

Art. 31. Ingeval het goed niet wordt verzonden of vervoerd, wordt als plaats van levering aangemerkt de plaats waar het goed zich op het tijdstip van de levering bevindt.

Afdeling 2

Levering van goederen met vervoer

Art. 32. Ingeval het goed door de leverancier, door de afnemer of door een derde wordt verzonden of vervoerd, wordt als plaats van levering aangemerkt de plaats waar het goed zich op het tijdstip van vertrek van de verzending of het vervoer naar de afnemer bevindt.

Ingeval de plaats van vertrek van de verzending of het vervoer echter in een derdelandsgebied of een derde land ligt, worden de plaats van de levering, verricht door de importeur die uit hoofde van artikel 201 is aangewezen of erkend als de tot voldoening van de belasting gehouden persoon, alsmede de plaats van daaropvolgende leveringen geacht in de lidstaat van invoer van de goederen te liggen.

Art. 33. 1. In afwijking van artikel 32 wordt als de plaats van levering van goederen die door of voor rekening van de leverancier worden verzonden of vervoerd vanuit een andere lidstaat dan die van aankomst van de verzending of het vervoer, aangemerkt de plaats waar de goederen zich bevinden op het tijdstip van aankomst van de verzending of het vervoer naar de afnemer, wanneer de volgende voorwaarden vervuld zijn:

a) de levering van goederen wordt verricht voor een belastingplichtige of voor een niet-belastingplichtige rechtspersoon van wie de intracommunautaire verwervingen van goederen uit hoofde van artikel 3, lid 1, niet aan de BTW zijn onderworpen, of voor enige andere niet-belastingplichtige;

b) de geleverde goederen zijn geen nieuwe vervoermiddelen, noch goederen, geleverd na montage of installatie, door of voor rekening van de leverancier, met of zonder beproeven van de geïnstalleerde of gemonteerde goederen.

2. Wanneer de geleverde goederen uit een derdelandsgebied of een derde land worden verzonden of vervoerd en door de leverancier worden ingevoerd in een andere lidstaat dan de lidstaat van aankomst van de verzending of het vervoer naar de afnemer, worden

zij geacht te zijn verzonden of vervoerd vanuit de lidstaat van invoer.

Art. 34. 1. Artikel 33 is niet van toepassing op de leveringen van goederen die alle worden verzonden of vervoerd naar eenzelfde lidstaat van aankomst van de verzending of het vervoer indien de volgende voorwaarden vervuld zijn:

a) de geleverde goederen zijn geen accijnsproducten;

b) het totale bedrag, de BTW niet inbegrepen, van de onder de voorwaarden van artikel 33 in die lidstaat verrichte leveringen in eenzelfde kalenderjaar is niet hoger dan EUR 100.000 of de tegenwaarde daarvan in de nationale munteenheid;

c) het totale bedrag, de BTW niet inbegrepen, van de onder de voorwaarden van artikel 33 in de lidstaat verrichte leveringen van andere goederen dan accijnsproducten in het voorafgaande kalenderjaar is niet hoger dan EUR 100.000 of de tegenwaarde daarvan in de nationale munteenheid.

2. De lidstaat binnen het grondgebied waarvan de goederen zich bevinden op het tijdstip van aankomst van de verzending of het vervoer naar de afnemer, mag het in lid 1 genoemde maximumbedrag beperken tot EUR 35.000 of de tegenwaarde daarvan in de nationale munteenheid, wanneer deze lidstaat vreest dat het maximum van EUR 100.000 tot ernstige verstoring van de mededinging zou leiden.

De lidstaten die van de in de eerste alinea bedoelde mogelijkheid gebruik maken, nemen de nodige maatregelen om de bevoegde overheidsinstanties van de lidstaat van vertrek van de verzending of het vervoer van de goederen daarvan in kennis te stellen.

3. De Commissie dient zo spoedig mogelijk bij de Raad een verslag in over de werking van het in lid 2 genoemde bijzondere maximum van EUR 35.000 en doet dit in voorkomend geval vergezeld gaan van passende voorstellen.

4. De lidstaat binnen het grondgebied waarvan de goederen zich op het tijdstip van vertrek van de verzending of het vervoer bevinden, verleent de belastingplichtigen die leveringen van goederen verrichten welke in aanmerking kunnen komen voor het bepaalde in lid 1, het recht ervoor te kiezen dat de plaats van deze leveringen wordt bepaald overeenkomstig artikel 33.

De betrokken lidstaten stellen de nadere regels vast voor de uitoefening van het in de eerste alinea bedoelde keuzerecht, dat in ieder geval voor een periode van twee kalenderjaren geldt.

Art. 35. De artikelen 33 en 34 zijn niet van toepassing op de leveringen van gebruikte goederen, kunstvoorwerpen, voorwerpen voor verzamelingen en antiquiteiten, zoals omschreven in artikel 311, lid 1, punten 1) tot en met 4), noch op leveringen van gebruikte vervoermiddelen als omschreven in artikel 327, lid 3, die aan de BTW zijn onderworpen overeenkomstig de toepasselijke bijzondere regelingen.

Art. 36. Ingeval het door de leverancier, door de afnemer of door een derde verzonden of vervoerde goed door of voor rekening van de leverancier wordt geïnstalleerd of gemonteerd, met of zonder beproeven van het geïnstalleerde of gemonteerde goed, wordt als plaats van de levering aangemerkt de plaats waar de installatie of de montage geschiedt.

Wanneer de installatie of de montage plaatsvindt in een andere lidstaat dan die van de leverancier, treft de lidstaat op het grondgebied waarvan de installatie of de montage plaatsvindt, de nodige maatregelen om dubbele belastingheffing in deze lidstaat te voorkomen.

Afdeling 3

Levering van goederen aan boord van een schip, vliegtuig of trein

Art. 37. 1. Ingeval de levering van goederen plaatsvindt aan boord van een schip, vliegtuig of trein en tijdens het in de Gemeenschap verrichte gedeelte van een passagiersvervoer, wordt als plaats van deze levering aangemerkt de plaats van vertrek van het passagiersvervoer.

2. Voor de toepassing van lid 1 wordt onder "in de Gemeenschap verricht gedeelte van een passagiersvervoer" verstaan, het gedeelte van een vervoer dat, zonder tussenstop buiten de Gemeenschap, plaatsvindt tussen de plaats van vertrek en de plaats van aankomst van het passagiersvervoer.

Als "plaats van vertrek van een passagiersvervoer" wordt beschouwd het eerste punt in de Gemeenschap waar passagiers aan boord kunnen komen, eventueel na een tussenstop buiten de Gemeenschap.

Als "plaats van aankomst van een passagiersvervoer" wordt beschouwd het laatste punt in de Gemeenschap waar passagiers die binnen de Gemeenschap aan boord zijn gekomen, van boord kunnen gaan, eventueel vóór een tussenstop buiten de Gemeenschap.

Ingeval het een heen- en terugreis betreft, wordt de terugreis als een afzonderlijk vervoer beschouwd.

3. De Commissie legt de Raad zo spoedig mogelijk een verslag voor, dat in voorkomend geval vergezeld gaat van passende voorstellen, over de plaats van belastingheffing op leveringen van voor verbruik aan boord bestemde goederen en op diensten, met inbegrip van restauratie, die worden verleend aan passagiers aan boord van een schip, vliegtuig of trein.

Totdat de in de eerste alinea bedoelde voorstellen zijn aangenomen, kunnen de lidstaten leveringen van voor verbruik aan boord bestemde goederen waarvan de plaats van belastingheffing overeenkomstig lid 1 wordt vastgesteld, vrijstellen of blijven vrijstellen, met recht op aftrek van voorbelasting.

Afdeling 4

[Leveringen van gas via een aardgassysteem, van elektriciteit en van warmte of koude via warmte- of koudenetten]

Opschrift vervangen bij art. 1, 5) Richtl. 2009/162/EU, Raad van 22 december 2009 (PB. L. 10, 15.I.2010), van toepassing vanaf 15 januari 2010.

Art. 38. [1. In het geval van levering van gas via een op het grondgebied van de Gemeenschap gesitueerd aardgassysteem of een op een dergelijk systeem aangesloten net, van elektriciteit of van warmte of koude via warmte- of koudenetten aan een belastingplichtige wederverkoper wordt als plaats van deze levering aangemerkt de plaats waar de belastingplichtige wederverkoper de zetel van zijn bedrijfsuitoefening of een vaste inrichting heeft gevestigd waarvoor de goederen worden geleverd, dan wel, bij gebreke van een dergelijke zetel of vaste inrichting, zijn woonplaats of zijn gebruikelijke verblijfplaats.

2. Voor de toepassing van lid 1 wordt onder "belastingplichtige wederverkoper" verstaan een belastingplichtige wiens hoofdactiviteit op het gebied van de aankoop van gas, elektriciteit of warmte of koude bestaat in het wederverkopen van die producten en wiens eigen verbruik van die producten verwaarloosbaar is.]

Vervangen bij art. 1, 5) Richtl. 2009/162/EU, Raad van 22 december 2009 (PB. L. 10, 15.I.2010), van toepassing vanaf 15 januari 2010.

Art. 39. [In het geval van levering van gas via een op het grondgebied van de Gemeenschap gesitueerd aardgassysteem of een op een dergelijk systeem aangesloten net, van elektriciteit of van warmte of koude via warmte- of koudenetten welke levering niet wordt bestreken door artikel 38, wordt als plaats van deze levering aangemerkt de plaats waar de afnemer het werkelijke gebruik en verbruik van de goederen heeft.

Ingeval het gas, de elektriciteit, de warmte of de koude geheel of ten dele niet daadwerkelijk door de afnemer wordt verbruikt, worden deze niet-verbruikte goederen geacht te zijn gebruikt en verbruikt op de plaats waar hij de zetel van zijn bedrijfsuitoefening of een vaste inrichting heeft gevestigd waarvoor de goederen worden geleverd. Bij gebreke van een dergelijke zetel of vaste inrichting wordt de afnemer geacht de goederen te hebben gebruikt en verbruikt in zijn woonplaats of gebruikelijke verblijfplaats.]

Vervangen bij art. 1, 5) Richtl. 2009/162/EU, Raad van 22 december 2009 (PB. L. 10, 15.I.2010), van toepassing vanaf 15 januari 2010.

HOOFDSTUK 2

PLAATS VAN EEN INTRACOMMUNAUTAIRE VERWERVING VAN GOEDEREN

Art. 40. Als plaats van een intracommunautaire verwerving van goederen wordt aangemerkt de plaats waar de goederen zich bevinden op het tijdstip van aankomst van de verzending of van het vervoer naar de afnemer.

Art. 41. Onverminderd artikel 40 wordt als plaats van een intracommunautaire verwerving van goederen als bedoeld in artikel 2, lid 1, onder b), punt i), aangemerkt het grondgebied van de lidstaat die het BTW-identificatienummer heeft toegekend waaronder de afnemer deze verwerving heeft verricht, voor zover de afnemer niet aantoont dat de BTW op deze verwerving is geheven overeenkomstig artikel 40.

Indien op de verwerving uit hoofde van artikel 40 BTW wordt geheven in de lidstaat van aankomst van de verzending of van het vervoer van de goederen, nadat de BTW erop is geheven op grond van de eerste alinea, wordt de maatstaf van heffing dienovereenkomstig verlaagd in de lidstaat die het BTW-identificatienummer heeft toegekend waaronder de afnemer deze verwerving heeft verricht.

Art. 42. Artikel 41, eerste alinea, is niet van toepassing en de intracommunautaire verwerving van goederen wordt geacht overeenkomstig artikel 40 aan de BTW te zijn onderworpen wanneer de volgende voorwaarden vervuld zijn:

a) de afnemer toont aan deze verwerving te hebben verricht met het oog op een daaropvolgende levering binnen het grondgebied van de overeenkomstig artikel 40 bepaalde lidstaat, waarvoor degene voor wie deze levering bestemd is, overeenkomstig artikel 197 is aangewezen als de tot voldoening van de belasting gehouden persoon;

b) de afnemer heeft voldaan aan de in artikel 265 bedoelde verplichtingen inzake de indiening van de aldaar bedoelde lijst.

HOOFDSTUK 3

[PLAATS VAN EEN DIENST]

Opschrift vervangen bij art. 2.1 Richtl. 2008/8/EG, Raad van 12 februari 2008 (PB. L. 44, 20.II.2008), van toepassing vanaf 1 januari 2010.

[Afdeling 1

Definities]

Opschrift ingevoegd bij art. 2.1 Richtl. 2008/8/EG, Raad van 12 februari 2008 (PB. L. 44, 20.II.2008), van toepassing vanaf 1 januari 2010.

Art. 43. [Voor de toepassing van de regels betreffende de plaats van een dienst:

1. wordt een belastingplichtige die ook werkzaamheden of handelingen verricht welke niet als belastbare goederenleveringen of diensten in de zin van artikel 2, lid 1, worden beschouwd, met betrekking tot alle voor hem verrichte diensten als belastingplichtige aangemerkt;

2. wordt een niet-belastingplichtige rechtspersoon die voor btw-doeleinden is geïdentificeerd, als belastingplichtige aangemerkt.]

Vervangen bij art. 2.1 Richtl. 2008/8/EG, Raad van 12 februari 2008 (PB. L. 44, 20.II.2008), van toepassing vanaf 1 januari 2010.

[Afdeling 2

Algemene bepalingen]

Opschrift ingevoegd bij art. 2.1 Richtl. 2008/8/EG, Raad van 12 februari 2008 (PB. L. 44, 20.II.2008), van toepassing vanaf 1 januari 2010.

Art. 44. [De plaats van een dienst, verricht voor een als zodanig handelende belastingplichtige, is de plaats waar de belastingplichtige de zetel van zijn bedrijfsuitoefening heeft gevestigd. Worden deze diensten evenwel verricht voor een vaste inrichting van de belastingplichtige op een andere plaats dan die waar hij de zetel van zijn bedrijfsuitoefening heeft gevestigd, dan geldt als plaats van dienst de plaats waar deze vaste inrichting zich bevindt. Bij gebreke van een dergelijke zetel of vaste inrichting, geldt als plaats van de diensten de woonplaats of gebruikelijke verblijfplaats van de belastingplichtige die deze diensten afneemt.]

Vervangen bij art. 2.1 Richtl. 2008/8/EG, Raad van 12 februari 2008 (PB. L. 44, 20.II.2008), van toepassing vanaf 1 januari 2010.

Art. 45. [De plaats van een dienst, verricht voor een niet-belastingplichtige, is de plaats waar de dienstverrichter de zetel van zijn bedrijfsuitoefening heeft gevestigd. Worden deze diensten evenwel verricht vanuit een vaste inrichting van de dienstverrichter, op een andere plaats dan die waar hij de zetel van zijn bedrijfsuitoefening heeft gevestigd, dan geldt als plaats van dienst de plaats waar deze vaste inrichting zich bevindt. Bij gebreke van een dergelijke zetel of vaste inrichting, geldt als plaats van de diensten de woonplaats of de gebruikelijke verblijfplaats van de dienstverrichter.]

Vervangen bij art. 2.1 Richtl. 2008/8/EG, Raad van 12 februari 2008 (PB. L. 44, 20.II.2008), van toepassing vanaf 1 januari 2010.

[Afdeling 3

Bijzondere bepalingen]

Opschrift ingevoegd bij art. 2.1 Richtl. 2008/8/EG, Raad van 12 februari 2008 (PB. L. 44, 20.II.2008), van toepassing vanaf 1 januari 2010.

[Onderafdeling 1

Diensten van tussenpersonen]

Opschrift ingevoegd bij art. 2.1 Richtl. 2008/8/EG, Raad van 12 februari 2008 (PB. L. 44, 20.II.2008), van toepassing vanaf 1 januari 2010.

Art. 46. [De plaats van een dienst die voor niet-belastingplichtigen wordt verricht door een tussenpersoon die in naam en voor rekening van derden handelt, is de plaats waar de onderliggende handeling overeenkomstig de bepalingen van deze richtlijn wordt verricht.]

Vervangen bij art. 2.1 Richtl. 2008/8/EG, Raad van 12 februari 2008 (PB. L. 44, 20.II.2008), van toepassing vanaf 1 januari 2010.

[Onderafdeling 2

Diensten met betrekking tot onroerende goederen]

Opschrift ingevoegd bij art. 2.1 Richtl. 2008/8/EG, Raad van 12 februari 2008 (PB. L. 44, 20.II.2008), van toepassing vanaf 1 januari 2010.

Art. 47. [De plaats van een dienst die betrekking heeft op onroerend goed, met inbegrip van diensten van experts en makelaars in onroerende goederen, het verstrekken van accommodatie in het hotelbedrijf of in sectoren met een soortgelijke functie, zoals vakantiekampen of locaties die zijn ontwikkeld voor gebruik als kampeerterreinen, het verlenen van gebruiksrechten op een onroerend goed, alsmede van diensten die erop gericht zijn de uitvoering van bouwwerken voor te bereiden of te coördineren, zoals bijvoorbeeld de diensten verricht door architecten en door bureaus die toezicht houden op de uitvoering van het werk, is de plaats waar het onroerend goed is gelegen.]

Vervangen bij art. 2.1 Richtl. 2008/8/EG, Raad van 12 februari 2008 (PB. L. 44, 20.II.2008), van toepassing vanaf 1 januari 2010.

[Onderafdeling 3

Vervoerdiensten]

Opschrift ingevoegd bij art. 2.1 Richtl. 2008/8/EG, Raad van 12 februari 2008 (PB. L. 44, 20.II.2008), van toepassing vanaf 1 januari 2010.

Art. 48. [De plaats van personenvervoerdiensten is de plaats waar de vervoerdienst plaatsvindt, zulks naar verhouding van de afgelegde afstanden.]

Vervangen bij art. 2.1 Richtl. 2008/8/EG, Raad van 12 februari 2008 (PB. L. 44, 20.II.2008), van toepassing vanaf 1 januari 2010.

Art. 49. [De plaats van andere goederenvervoerdiensten voor niet-belastingplichtigen dan het intracommunautaire vervoer van goederen is de plaats waar het vervoer plaatsvindt, zulks naar verhouding van de afgelegde afstanden.]

Vervangen bij art. 2.1 Richtl. 2008/8/EG, Raad van 12 februari 2008 (PB. L. 44, 20.II.2008), van toepassing vanaf 1 januari 2010.

Art. 50. [De plaats van intracommunautaire goederenvervoerdiensten voor niet-belastingplichtigen is de plaats van vertrek.]

Vervangen bij art. 2.1 Richtl. 2008/8/EG, Raad van 12 februari 2008 (PB. L. 44, 20.II.2008), van toepassing vanaf 1 januari 2010.

Art. 51. [Onder intracommunautair goederenvervoer wordt verstaan het vervoer van goederen waarvan de plaats van vertrek en de plaats van aankomst op het grondgebied van twee verschillende lidstaten gelegen zijn.

De plaats van vertrek is de plaats waar het goederenvervoer daadwerkelijk begint, zonder rekening te houden met de trajecten die worden afgelegd om zich naar de plaats te begeven waar de goederen zich bevinden, en de plaats van aankomst is de plaats waar het goederenvervoer daadwerkelijk eindigt.]

Vervangen bij art. 2.1 Richtl. 2008/8/EG, Raad van 12 februari 2008 (PB. L. 44, 20.II.2008), van toepassing vanaf 1 januari 2010.

Art. 52. [De lidstaten behoeven het gedeelte van het intracommunautaire goederenvervoer voor niet-belastingplichtigen dat wordt afgelegd over wateren die niet tot het grondgebied van de Gemeenschap behoren, niet aan de btw te onderwerpen.]

Vervangen bij art. 2.1 Richtl. 2008/8/EG, Raad van 12 februari 2008 (PB. L. 44, 20.II.2008), van toepassing vanaf 1 januari 2010.

[Onderafdeling 4

Diensten in verband met culturele, artistieke, sportieve, wetenschappelijke, educatieve, vermakelijkheids- en soortgelijke activiteiten, met vervoer samenhangende activiteiten, en expertises en werkzaamheden met betrekking tot roerende zaken]

Opschrift ingevoegd bij art. 2.1 Richtl. 2008/8/EG, Raad van 12 februari 2008 (PB. L. 44, 20.II.2008), van toepassing vanaf 1 januari 2010.

Art. 53. [De plaats van een voor een belastingplichtige verrichte dienst bestaande in het verlenen van toegang tot culturele, artistieke, sportieve, wetenschappelijke, educatieve, vermakelijkheids- of soortgelijke evenementen, zoals beurzen en tentoonstellingen, en met de toegangverlening samenhangende diensten, is de plaats waar deze evenementen daadwerkelijk plaatsvinden.]

Vervangen bij art. 3 Richtl. 2008/8/EG, Raad van 12 februari 2008 (PB. L. 44, 20.II.2008), van toepassing vanaf 1 januari 2011.

Art. 54. [1. De plaats van voor een niet-belastingplichtige verrichte diensten en van daarmee samenhangende diensten, in verband met culturele, artistieke, sportieve, wetenschappelijke, educatieve, vermakelijkheids- of soortgelijke activiteiten, zoals beurzen en tentoonstellingen, inclusief de dienstverrichtingen van de organisatoren van dergelijke activiteiten, is de plaats waar die activiteiten daadwerkelijk plaatsvinden.

2. De plaats van de volgende voor niet-belastingplichtigen verrichte diensten is de plaats waar die diensten daadwerkelijk worden verricht:

a) activiteiten die met vervoer samenhangen, zoals laden, lossen, intern vervoer en soortgelijke activiteiten;

b) expertises en werkzaamheden met betrekking tot roerende lichamelijke zaken.]

Vervangen bij art. 3 Richtl. 2008/8/EG, Raad van 12 februari 2008 (PB. L. 44, 20.II.2008), van toepassing vanaf 1 januari 2011.

[Onderafdeling 5

Restaurant- en cateringdiensten]

Opschrift ingevoegd bij art. 2.1 Richtl. 2008/8/EG, Raad van 12 februari 2008 (PB. L. 44, 20.II.2008), van toepassing vanaf 1 januari 2010.

Art. 55. [De plaats van restaurant- en cateringdiensten, met uitzondering van die welke materieel worden verricht aan boord van een schip, vliegtuig of trein tijdens het in de Gemeenschap verrichte gedeelte van een passagiersvervoer, is de plaats waar die diensten materieel worden verricht.]

Vervangen bij art. 2.1 Richtl. 2008/8/EG, Raad van 12 februari 2008 (PB. L. 44, 20.II.2008), van toepassing vanaf 1 januari 2010.

[Onderafdeling 6

Verhuur van vervoermiddelen]

Opschrift ingevoegd bij art. 2.1 Richtl. 2008/8/EG, Raad van 12 februari 2008 (PB. L. 44, 20.II.2008), van toepassing vanaf 1 januari 2010.

Art. 56. [1. De plaats van kortdurende verhuur van een vervoermiddel is de plaats waar dat vervoermiddel daadwerkelijk ter beschikking van de afnemer wordt gesteld.

2. [De plaats van andere dan kortdurende verhuur van een vervoermiddel aan een niet-belastingplichtige is de plaats waar de afnemer gevestigd is of zijn woonplaats of gebruikelijke verblijfplaats heeft.

Niettemin is de plaats van andere dan kortdurende verhuur van een pleziervaartuig aan een niet-belastingplichtige de plaats waar het pleziervaartuig effectief ter beschikking van de afnemer wordt gesteld, indien deze dienst daadwerkelijk door de dienstverrichter wordt verricht vanuit de zetel van zijn bedrijfsuitoefening of een vaste inrichting aldaar.

3. Voor de toepassing van de leden 1 en 2 wordt onder "kortdurende verhuur" verstaan het ononderbroken bezit of gebruik van het vervoermiddel gedurende een periode van ten hoogste dertig dagen en voor schepen ten hoogste negentig dagen.]]

Vervangen bij art. 2.1 Richtl. 2008/8/EG, Raad van 12 februari 2008 (PB. L. 44, 20.II.2008), van toepassing vanaf 1 januari 2010;
Lid 2 vervangen en lid 3 ingevoegd bij art. 4 Richtl. 2008/8/EG, Raad van 12 februari 2008 (PB. L. 44, 20.II.2008), van toepassing vanaf 1 januari 2013.

[Onderafdeling 7

Restaurant- en cateringdiensten voor verbruik aan boord van een schip, vliegtuig of trein]

Opschrift ingevoegd bij art. 2.1 Richtl. 2008/8/EG, Raad van 12 februari 2008 (PB. L. 44, 20.II.2008), van toepassing vanaf 1 januari 2010.

Art. 57. [1. De plaats van restaurant- en cateringdiensten die materieel worden verricht aan boord van een schip, vliegtuig of trein tijdens het in de Gemeenschap verrichte gedeelte van een passagiersvervoer, is de plaats van vertrek van het passagiersvervoer.

2. Voor de toepassing van lid 1 wordt onder "in de Gemeenschap verricht gedeelte van een passagiersvervoer" verstaan, het gedeelte van een vervoer dat, zonder tussenstop buiten de Gemeenschap, plaatsvindt tussen de plaats van vertrek en de plaats van aankomst van het passagiersvervoer.

Als plaats van vertrek van een passagiersvervoer wordt beschouwd het eerste punt in de Gemeenschap waar passagiers aan boord kunnen komen, eventueel na een tussenstop buiten de Gemeenschap.

Als plaats van aankomst van een passagiersvervoer wordt beschouwd het laatste punt in de Gemeenschap waar passagiers die binnen de Gemeenschap aan boord zijn gekomen, van boord kunnen gaan, eventueel vóór een tussenstop buiten de Gemeenschap.

Ingeval het een heen- en terugreis betreft, wordt de terugreis als een afzonderlijk vervoer beschouwd.]

Vervangen bij art. 2.1 Richtl. 2008/8/EG, Raad van 12 februari 2008 (PB. L. 44, 20.II.2008), van toepassing vanaf 1 januari 2010.

[Onderafdeling 8

Langs elektronische weg voor niet-belastingplichtigen verrichte diensten]

Opschrift ingevoegd bij art. 2.1 Richtl. 2008/8/EG, Raad van 12 februari 2008 (PB. L. 44, 20.II.2008), van toepassing vanaf 1 januari 2010.

Toekomstig recht: – Met inwerkingtreding op 1 januari 2015 wordt het opschrift van onderafdeling 8 vervangen door wat volgt:
"Onderafdeling 8 - Telecommunicatiediensten, omroepdiensten en langs elektronische weg verrichte diensten voor niet-belastingplichtigen".
(Richtl. 2008/8/EG, Raad van 12 februari 2008, art. 5.1, PB. L. 44, 20.II.2008)

Art. 58. [De plaats van langs elektronische weg verrichte diensten, met name de in bijlage II bedoelde diensten, verricht voor een niet-belastingplichtige die in een lidstaat gevestigd is of daar zijn woonplaats of gebruikelijke verblijfplaats heeft, door een belastingplichtige die de zetel van zijn bedrijfsuitoefening buiten de Gemeenschap heeft gevestigd of daar over een vaste inrichting beschikt van waaruit de dienst wordt verricht, of, bij gebreke van een dergelijke zetel of vaste inrichting, zijn woonplaats of gebruikelijke verblijfplaats buiten de Gemeenschap heeft, is de plaats waar de niet-belastingplichtige gevestigd is of zijn woonplaats of gebruikelijke verblijfplaats heeft.

Het feit dat de dienstverrichter en de afnemer langs elektronische weg berichten uitwisselen, betekent op zich niet dat de verrichte dienst een langs elektronische weg verrichte dienst is.]

Vervangen bij art. 2.1 Richtl. 2008/8/EG, Raad van 12 februari 2008 (PB. L. 44, 20.II.2008), van toepassing vanaf 1 januari 2010.

Toekomstig recht: – Met inwerkingtreding op 1 januari 2015 wordt art. 58 vervangen door wat volgt:
"Art. 58. De plaats van de volgende diensten, verricht voor een niet-belastingplichtige, is de plaats waar deze persoon gevestigd is of zijn woonplaats of gebruikelijke verblijfplaats heeft:
a) telecommunicatiediensten;

b) radio- en televisieomroepdiensten;

c) langs elektronische weg verrichte diensten, met name de in bijlage II bedoelde diensten.

Het feit dat de dienstverrichter en de afnemer langs elektronische weg berichten uitwisselen, betekent op zich niet dat de verrichte dienst een langs elektronische weg verrichte dienst is.".

(Richtl. 2008/8/EG, Raad van 12 februari 2008, art. 5.1, PB. L. 44, 20.II.2008)

[Onderafdeling 9

Diensten voor niet-belastingplichtigen buiten de Gemeenschap]

Opschrift ingevoegd bij art. 2.1 Richtl. 2008/8/EG, Raad van 12 februari 2008 (PB. L. 44, 20.II.2008), van toepassing vanaf 1 januari 2010.

Art. 59. [De plaats van de volgende diensten, verricht voor een niet-belastingplichtige die buiten de Gemeenschap gevestigd is of aldaar zijn woonplaats of gebruikelijke verblijfplaats heeft, is de plaats waar deze persoon gevestigd is of zijn woonplaats of gebruikelijke verblijfplaats heeft:

a) de overdracht en het verlenen van auteursrechten, octrooien, licentierechten, handelsmerken en soortgelijke rechten;

b) diensten op het gebied van de reclame;

c) diensten verricht door raadgevende personen, ingenieurs, adviesbureaus, advocaten, accountants en andere soortgelijke diensten, alsmede gegevensverwerking en informatieverschaffing;

d) de verplichting om een beroepsactiviteit of een in dit artikel vermeld recht geheel of gedeeltelijk niet uit te oefenen;

e) bank-, financiële en verzekeringsverrichtingen met inbegrip van herverzekeringsverrichtingen en met uitzondering van de verhuur van safeloketten;

f) het beschikbaar stellen van personeel;

g) de verhuur van roerende lichamelijke zaken, met uitzondering van alle vervoermiddelen;

h) [het bieden van toegang tot een op het grondgebied van de Gemeenschap gesitueerd aardgassysteem of een op een dergelijk systeem aangesloten net, tot het elektriciteitssysteem of tot warmte- of koudenetten, alsmede het verrichten van transmissie- of distributiediensten via deze systemen of netten en het verrichten van andere daarmee rechtstreeks verbonden diensten];

i) telecommunicatiediensten;

j) radio- en televisieomroepdiensten;

k) langs elektronische weg verrichte diensten, met name de in bijlage II bedoelde diensten.

Het feit dat de dienstverrichter en de afnemer langs elektronische weg berichten uitwisselen, betekent op zich niet dat de dienst een langs elektronische weg verrichte dienst is.]

Vervangen bij art. 2.1 Richtl. 2008/8/EG, Raad van 12 februari 2008 (PB. L. 44, 20.II.2008), van toepassing vanaf 1 januari 2010;

h) vervangen bij art. 1, 6) Richtl. 2009/162/EU, Raad van 22 december 2009 (PB. L. 10, 15.I.2010), van toepassing vanaf 15 januari 2010.

Toekomstig recht: – Met inwerkingtreding op 1 januari 2015 worden in artikel 59 de punten i), j) en k) van de eerste alinea, alsmede de tweede alinea, geschrapt.

(Richtl. 2008/8/EG, Raad van 12 februari 2008, art. 5.2, PB. L. 44, 20.II.2008)

[Onderafdeling 10

Voorkomen van dubbele heffing of niet-heffing van belasting]

Opschrift ingevoegd bij art. 2.1 Richtl. 2008/8/EG, Raad van 12 februari 2008 (PB. L. 44, 20.II.2008), van toepassing vanaf 1 januari 2010.

[**Art. 59bis.** Teneinde dubbele heffing of niet-heffing van de belasting alsmede verstoring van de mededinging te voorkomen, kunnen de lidstaten met betrekking tot diensten waarvan de plaats van verrichting valt onder de artikelen 44, 45, 56 en 59:

a) de plaats van een dienst of van alle diensten, die krachtens die artikelen op hun grondgebied is gelegen, aanmerken als buiten de Gemeenschap te zijn gelegen, wanneer het werkelijke gebruik en de werkelijke exploitatie buiten de Gemeenschap geschieden;

b) de plaats van een dienst of van alle diensten, die buiten de Gemeenschap is gelegen, aanmerken als op hun grondgebied te zijn gelegen, wanneer het werkelijke gebruik en de werkelijke exploitatie op hun grondgebied geschieden.

Deze bepaling geldt echter niet voor de diensten die langs elektronische weg worden verricht door in de Gemeenschap gevestigde belastingplichtigen.]

Ingevoegd bij art. 2.1 Richtl. 2008/8/EG, Raad van 12 februari 2008 (PB. L. 44, 20.II.2008), van toepassing vanaf 1 januari 2010.

Toekomstig recht: – Met inwerkingtreding op 1 januari 2015 wordt art. 59bis vervangen als volgt:

"Art. 59bis. Teneinde dubbele heffing of niet-heffing van de belasting alsmede verstoring van de mededinging te voorkomen, kunnen de lidstaten met betrekking tot diensten waarvan de plaats van verrichting valt onder de artikelen 44, 45, 56, 58 en 59,

a) de plaats van een dienst of alle diensten, die krachtens die artikelen op hun grondgebied is gelegen, aanmerken als buiten de Gemeenschap te zijn gelegen, wanneer het werkelijke gebruik en de werkelijke exploitatie buiten de Gemeenschap geschieden;

b) de plaats van een dienst of alle diensten, die buiten de Gemeenschap is gelegen, aanmerken op hun grondgebied te zijn gelegen, wanneer het werkelijke gebruik en de werkelijke exploitatie op hun grondgebied geschieden.".

(Richtl. 2008/8/EG, Raad van 12 februari 2008, art. 5.3, PB. L. 44, 20.II.2008)

[**Art. 59ter.** De lidstaten passen artikel 59 bis, punt b), toe op telecommunicatiediensten en op de in artikel 59, eerste alinea, punt j), bedoelde radio- en televisieomroepdiensten welke worden verricht voor niet-belastingplichtigen die in een lidstaat gevestigd zijn of er hun woonplaats of gebruikelijke verblijfplaats hebben, door een belastingplichtige die de zetel van zijn bedrijfsuitoefening buiten de Gemeenschap heeft gevestigd of daar over een vaste inrichting beschikt van waaruit de diensten worden verricht, of die, bij gebreke van een dergelijke zetel of vaste inrichting, zijn woonplaats of gebruikelijke verblijfplaats buiten de Gemeenschap heeft.]

Ingevoegd bij art. 2.1 Richtl. 2008/8/EG, Raad van 12 februari 2008 (PB. L. 44, 20.II.2008), van toepassing vanaf 1 januari 2010.

Toekomstig recht: – Met inwerkingtreding op 1 januari 2015 wordt art. 59ter geschrapt.
(Richtl. 2008/8/EG, Raad van 12 februari 2008, art. 5.4, PB. L. 44, 20.II.2008)

HOOFDSTUK 4

PLAATS VAN INVOER VAN GOEDEREN

Art. 60. De invoer van goederen vindt plaats in de lidstaat binnen het grondgebied waarvan het goed zich ten tijde van het binnenkomen in de Gemeenschap bevindt.

Art. 61. In afwijking van artikel 60 vindt, wanneer een goed dat zich niet in het vrije verkeer bevindt, vanaf het binnenbrengen ervan in de Gemeenschap onder een van de in artikel 156 bedoelde regelingen of situaties, onder een regeling voor tijdelijke invoer met volledige vrijstelling van invoerrechten of onder een regeling voor extern douanevervoer wordt geplaatst, de invoer van dat goed plaats in de lidstaat op het grondgebied waarvan het goed aan die regelingen of situaties wordt onttrokken.

Wanneer een goed dat zich in het vrije verkeer bevindt, vanaf het binnenbrengen ervan in de Gemeenschap onder een van de in de artikelen 276 en 277 bedoelde regelingen of situaties wordt geplaatst, vindt de invoer van dat goed plaats in de lidstaat binnen het grondgebied waarvan het goed aan die regelingen of situaties wordt onttrokken.

TITEL VI

BELASTBAAR FEIT EN VERSCHULDIGDHEID VAN DE BELASTING

HOOFDSTUK 1

ALGEMENE BEPALINGEN

Art. 62. Voor de toepassing van deze richtlijn:
1) wordt onder "belastbaar feit" verstaan het feit waardoor de wettelijke voorwaarden, vereist voor het verschuldigd worden van de belasting, worden vervuld;
2) wordt de belasting geacht "verschuldigd te zijn" wanneer de schatkist krachtens de wet de belasting met ingang van een bepaald tijdstip van tot voldoening van de belasting gehouden persoon kan vorderen, ook al kan de betaling daarvan worden uitgesteld.

HOOFDSTUK 2

GOEDERENLEVERINGEN EN DIENSTEN

Art. 63. Het belastbare feit vindt plaats en de belasting wordt verschuldigd op het tijdstip waarop de goederenleveringen of de diensten worden verricht.

Art. 64. 1. Wanneer zij aanleiding geven tot opeenvolgende afrekeningen of betalingen worden goederenleveringen, met uitzondering van de leveringen van goederen die gedurende een bepaalde periode in huur worden gegeven of op afbetaling worden verkocht als bedoeld in artikel 14, lid 2, punt b), en diensten geacht te zijn verricht bij het verstrijken van de periode waarop deze afrekeningen of betalingen betrekking hebben.

2. [De goederenleveringen die doorlopend worden verricht gedurende een periode langer dan een kalendermaand, waarbij de goederen naar een andere lidstaat dan de lidstaat van vertrek van de verzending of het vervoer worden verzonden of vervoerd en met vrijstelling van BTW worden geleverd of met vrijstelling van btw door een belastingplichtige voor bedrijfsdoeleinden naar een andere lidstaat worden overgebracht, onder de in artikel 138 vastgestelde voorwaarden, worden geacht bij de afloop van elke kalendermaand te zijn voltooid zolang de goederenlevering doorloopt.

De diensten waarvoor de BTW ingevolge artikel 196 wordt verschuldigd door de afnemer en die doorlopend worden verricht gedurende een periode langer dan één jaar en die geen aanleiding geven tot afrekeningen of betalingen in die periode, worden geacht bij de afloop van elk kalenderjaar te zijn voltooid zolang de dienstverrichting doorloopt.

De lidstaten kunnen bepalen dat in bepaalde gevallen, behalve die welke zijn bedoeld in de eerste en de tweede alinea, goederenleveringen en diensten die gedurende een zekere periode doorlopend worden verricht, geacht worden ten minste eenmaal per jaar te zijn voltooid.]

Lid 2 vervangen bij art. 1, 2) Richtl. 2010/45/EU, Raad van 13 juli 2010 (PB. L. 189, 22.VII.2010), van toepassing vanaf 11 augustus 2010.

Art. 65. Indien vooruitbetalingen worden gedaan alvorens de goederen zijn geleverd of de diensten zijn verricht, wordt de belasting verschuldigd op het tijdstip van ontvangst van de vooruitbetalingen, ten belope van het ontvangen bedrag.

Art. 66. In afwijking van de artikelen 63, 64 en 65 kunnen de lidstaten bepalen dat de belasting voor bepaalde handelingen of bepaalde categorieën belastingplichtigen op één van de volgende tijdstippen verschuldigd wordt:

a) uiterlijk bij de uitreiking van de factuur;

b) uiterlijk bij ontvangst van de prijs;

c) [wanneer de factuur niet of niet tijdig wordt uitgereikt binnen een bepaalde termijn en uiterlijk bij het verstrijken van de overeenkomstig artikel 222, tweede alinea, door de lidstaten opgelegde termijn voor het uitreiken van facturen, of wanneer de lidstaat niet een zodanige termijn heeft opgelegd binnen een bepaalde termijn te rekenen vanaf de datum van het belastbare feit].

[De in de eerste alinea bedoelde afwijking is evenwel niet van toepassing op de diensten waarvoor de belasting ingevolge artikel 196 door de afnemer verschuldigd is noch op de in artikel 67 bedoelde leveringen of overbrengingen van goederen.]

Al. 1, c) vervangen bij art. 1, 3) Richtl. 2010/45/EU, Raad van 13 juli 2010 (PB. L. 189, 22.VII.2010), van toepassing vanaf 11 augustus 2010;
Al. 2 vervangen bij art. 1, 3) Richtl. 2010/45/EU, Raad van 13 juli 2010 (PB. L. 189, 22.VII.2010), van toepassing vanaf 11 augustus 2010.

Art. 67. [Wanneer onder de in artikel 138 vastgestelde voorwaarden naar een andere lidstaat dan de lidstaat van vertrek van de verzending of het vervoer verzonden of vervoerde goederen met vrijstelling van BTW worden geleverd of goederen met vrijstelling van BTW door een belastingplichtige voor bedrijfsdoeleinden naar een andere lidstaat worden overgebracht, wordt de BTW verschuldigd bij de uitreiking van de factuur, of bij het verstrijken van de in artikel 222, eerste alinea, bedoelde termijn indien er voor die datum geen factuur is uitgereikt.

Artikel 64, lid 1 en artikel 64, lid 2, derde alinea, alsmede artikel 65 zijn niet van toepassing op de in de eerste alinea bedoelde leveringen en overbrengingen van goederen.]

Vervangen bij art. 1, 4) Richtl. 2010/45/EU, Raad van 13 juli 2010 (PB. L. 189, 22.VII.2010), van toepassing vanaf 11 augustus 2010.

HOOFDSTUK 3

INTRACOMMUNAUTAIRE VERWERVING VAN GOEDEREN

Art. 68. Het belastbare feit vindt plaats op het tijdstip waarop de intracommunautaire verwerving van goederen wordt verricht.

De intracommunautaire verwerving van goederen wordt geacht te zijn verricht op het tijdstip waarop de levering van soortgelijke goederen binnen het grondgebied van de lidstaat wordt geacht te zijn verricht.

Art. 69. [Voor de intracommunautaire verwervingen van goederen wordt de BTW verschuldigd bij de uitreiking van de factuur, of bij het verstrijken van de in artikel 222, eerste alinea, bedoelde termijn indien er voor die datum geen factuur is uitgereikt.]

Vervangen bij art. 1, 5) Richtl. 2010/45/EU, Raad van 13 juli 2010 (PB. L. 189, 22.VII.2010), van toepassing vanaf 11 augustus 2010.

HOOFDSTUK 4

INVOER VAN GOEDEREN

Art. 70. Het belastbare feit vindt plaats en de belasting wordt verschuldigd op het tijdstip waarop de invoer van de goederen geschiedt.

Art. 71. 1. Wanneer goederen vanaf het binnenbrengen ervan in de Gemeenschap onder een van de in de artikelen 156, 276 en 277 bedoelde regelingen of situaties, onder een regeling voor tijdelijk invoer met volledig vrijstelling van invoerrechten of onder een regeling voor extern douanevervoer worden geplaatst, vindt het belastbare feit pas plaats en wordt de belasting pas verschuldigd op het tijdstip waarop de goederen aan die regelingen of situaties worden onttrokken.

Wanneer de ingevoerde goederen echter onderworpen zijn aan invoerrechten, aan landbouwheffingen of aan heffingen van gelijke werking die zijn ingesteld in het kader van een gemeenschappelijk beleid, vindt het belastbare feit plaats en wordt de belasting verschuldigd op het tijdstip waarop het belastbare feit en het verschuldigd worden ter zake van deze rechten zich voordoen.

2. In de gevallen waarin de ingevoerde goederen niet aan een van de in lid 1, tweede alinea, bedoelde rechten zijn onderworpen, passen de lidstaten met betrekking tot het belastbare feit en het verschuldigd worden van de belasting de geldende bepalingen inzake invoerrechten toe.

TITEL VII

MAATSTAF VAN HEFFING

HOOFDSTUK 1

DEFINITIE

Art. 72. Voor de toepassing van deze richtlijn wordt als "normale waarde" beschouwd het volledige bedrag dat een afnemer, om de desbetreffende goederen of diensten op dat tijdstip te verkrijgen, in dezelfde handelsfase als waarin de goederenlevering of de dienst wordt verricht, op het tijdstip van die verrichting en bij vrije mededinging zou moeten betalen aan een zelfstandige leverancier of dienstverrichter op het grondgebied van de lidstaat waar de verrichting belastbaar is.

Indien geen vergelijkbare goederenlevering of dienst voorhanden is, wordt onder "normale waarde" het volgende verstaan:

1) met betrekking tot goederen, een waarde die niet lager is dan de aankoopprijs van de goederen of van soortgelijke goederen of, indien er geen aankoopprijs is, dan de kostprijs, berekend op het tijdstip waarop de levering wordt verricht;

2) met betrekking tot diensten, een waarde die niet lager is dan de door de belastingplichtige voor het verrichten van de dienst gemaakte uitgaven.

HOOFDSTUK 2

GOEDERENLEVERINGEN EN DIENSTEN

Art. 73. Voor andere goederenleveringen en diensten dan die bedoeld in de artikelen 74 tot en met 77 omvat de maatstaf van heffing alles wat de leverancier of dienstverrichter voor deze handelingen als tegenprestatie verkrijgt of moet verkrijgen van de zijde van de afnemer of van een derde, met inbegrip van subsidies die rechtstreeks met de prijs van deze handelingen verband houden.

Art. 74. Voor het door een belastingplichtige onttrekken van goederen aan zijn bedrijf of bestemmen van goederen voor zijn bedrijf en het onder zich hebben van goederen door een belastingplichtige of zijn rechthebbenden wanneer hij zijn belastbare economische activiteit beëindigt, als bedoeld in de artikelen 16 en 18, is de maatstaf van heffing de aankoopprijs van de goederen of van soortgelijke goederen of, bij gebreke van een aankoopprijs, de kostprijs, berekend op het tijdstip waarop deze handelingen worden verricht.

Art. 75. Voor de in artikel 26 bedoelde diensten, waarbij een tot het bedrijf behorend goed voor privé-doeleinden wordt gebruikt of diensten om niet worden verricht, is de maatstaf van heffing het bedrag van de door de belastingplichtige voor het verrichten van de diensten gemaakte kosten.

Art. 76. Voor goederenleveringen bestaande in de overbrenging naar een andere lidstaat is de maatstaf van heffing de aankoopprijs van de goederen of van soortgelijke goederen of, bij gebreke van een aankoopprijs, de kostprijs, berekend op het tijdstip waarop deze handelingen worden verricht.

Art. 77. Voor de door een belastingplichtige voor bedrijfsdoeleinden verrichte diensten, bedoeld in artikel 27, is de maatstaf van heffing de normale waarde van de verrichte diensten.

Art. 78. In de maatstaf van heffing moeten de volgende elementen worden opgenomen:

a) belastingen, rechten en heffingen, met uitzondering van de BTW zelf;

b) bijkomende kosten, zoals kosten van commissie, verpakking, vervoer en verzekering, die de leverancier de afnemer in rekening brengt.

Voor de toepassing van punt b) van de eerste alinea mogen de lidstaten uitgaven die bij afzonderlijke overeenkomst zijn geregeld, als bijkomende kosten beschouwen.

Art. 79. In de maatstaf van heffing worden de volgende elementen niet opgenomen:

a) prijsverminderingen wegens korting voor vooruitbetaling;

b) prijskortingen en -rabatten die aan de afnemer worden toegekend en die zijn verkregen op het tijdstip waarop de handeling wordt verricht;

c) door een belastingplichtige van de afnemer als terugbetaling van in naam en voor rekening van laatstgenoemden gemaakte kosten ontvangen bedragen die in de boekhouding van de belastingplichtige als doorlopende posten voorkomen.

De belastingplichtige moet het werkelijke bedrag van de in de eerste alinea punt c), bedoelde kosten verantwoorden en mag de eventueel daarop drukkende BTW niet in aftrek brengen.

Art. 80. 1. Om belastingfraude en belastingontwijking te voorkomen, kunnen de lidstaten in de volgende gevallen bepalen dat voor goederenleveringen of diensten waarbij familiale of andere nauwe persoonlijke, bestuurlijke, eigendoms-, lidmaatschaps-, financiële of juridische banden zoals omschreven door de lidstaat bestaan, de maatstaf van heffing de normale waarde is:

a) wanneer de tegenprestatie lager is dan de normale waarde en de afnemer geen volledig recht op aftrek uit hoofde van de artikelen 167 tot en met 171 en 173 tot en met 177 heeft;

b) [wanneer de tegenprestatie lager is dan de normale waarde, degene die de handeling verricht geen volledig recht op aftrek uit hoofde van de artikelen 167 tot en met 171 en 173 tot en met 177 heeft en de handeling uit hoofde van de artikelen 132, 135, 136, 371, 375, 376 en 377, artikel 378, lid 2, artikel 379, lid 2, en de artikelen 380 tot en met 390quater, is vrijgesteld];

c) wanneer de tegenprestatie hoger is dan de normale waarde en degene die de handeling verricht geen volledig recht op aftrek uit hoofde van de artikelen 167 tot en met 171 en 173 tot en met 177 heeft.

Voor de toepassing van de eerste alinea kan een dienstverband tussen werkgever en werknemer, het gezin van de werknemer of andere personen die nauwe banden met hem hebben, als nauwe betrekkingen gelden.

2. Wanneer zij gebruik maken van de in lid 1 bedoelde mogelijkheid, kunnen de lidstaten de categorieën van leveranciers, dienstverrichters of afnemers waarop de maatregelen van toepassing zijn, omschrijven.

3. De lidstaten stellen het BTW-Comité in kennis van de nationale maatregelen die zij uit hoofde van lid 1 hebben genomen indien het geen maatregelen betreft die voor 13 augustus 2006 door de Raad overeenkomstig artikel 27, leden 1 tot en met 4, van Richtlijn 77/388/EEG zijn toegestaan en uit hoofde van lid 1 van dit artikel worden behouden.

Lid 1, b) vervangen bij Bijlage V, 8, 2, b) B. 5 december 2011
(PB. L. 112, 24.IV.2012), van toepassing vanaf 1 juli 2013.

Art. 81. De lidstaten die op 1 januari 1993 geen gebruik hebben gemaakt van de mogelijkheid uit hoofde van artikel 98 een verlaagd tarief toe te passen, kunnen, wanneer zij gebruikmaken van de in artikel 89 bedoelde mogelijkheid, bepalen dat de maatstaf van heffing voor de in artikel 103, lid 2, bedoelde leveringen van kunstvoorwerpen gelijk is aan een gedeelte van het overeenkomstig de artikelen 73, 74, 76, 78 en 79 vastgestelde bedrag.

Het in de eerste alinea bedoelde gedeelte wordt op zodanige wijze vastgesteld dat de aldus verschuldigde BTW ten minste gelijk is aan 5 % van het overeenkomstig de artikelen 73, 74, 76, 78 en 79 vastgestelde bedrag.

Art. 82. De lidstaten kunnen bepalen dat in de maatstaf van heffing voor goederenleveringen en diensten de waarde moet worden opgenomen van vrijgesteld beleggingsgoud in de zin van artikel 346, dat door de afnemer ter beschikking is gesteld om voor verwerking te worden gebruikt en dat als gevolg van die verwerking zijn status van vrijgesteld beleggingsgoud verliest wanneer die goederenlevering of die dienst wordt verricht. De te hanteren waarde is de normale waarde van het beleggingsgoud op het tijdstip waarop die goederenlevering of die dienst wordt verricht.

HOOFDSTUK 3

INTRACOMMUNAUTAIRE VERWERVING VAN GOEDEREN

Art. 83. Voor de intracommunautaire verwerving van goederen bestaat de maatstaf van heffing uit dezelfde elementen als die welke in aanmerking worden genomen om overeenkomstig hoofdstuk 2 de maatstaf van heffing voor de levering van dezelfde goederen binnen het grondgebied van de lidstaat in kwestie te bepalen. Met name is voor de in de artikelen 21 en 22 bedoelde handelingen die met een intracommunautaire verwerving van goederen worden gelijkgesteld, de maatstaf van heffing de aankoopprijs van de goederen of van soortgelijke goederen of, bij gebreke van een aankoopprijs, de kostprijs, berekend op het tijdstip waarop deze handelingen worden verricht.

Art. 84. 1. De lidstaten nemen de nodige maatregelen om ervoor te zorgen dat de accijns die verschuldigd of voldaan is door degene die de intracommunautaire verwerving van een accijnsproduct verricht, overeenkomstig artikel 78, eerste alinea, punt a), in de maatstaf van heffing wordt opgenomen.

2. Wanneer de afnemer na het tijdstip waarop de intracommunautaire verwerving van goederen plaatsvindt, teruggaaf verkrijgt van de in de lidstaat van vertrek van de verzending of het vervoer van de goederen voldane accijns, wordt de maatstaf van heffing dienovereenkomstig verlaagd in de lidstaat binnen het grondgebied waarvan de verwerving heeft plaatsgevonden.

HOOFDSTUK 4

INVOER VAN GOEDEREN

Art. 85. Voor de invoer van goederen is de maatstaf van heffing de waarde die in de geldende communautaire bepalingen als de douanewaarde wordt omschreven.

Art. 86. 1. In de maatstaf van heffing moeten de volgende elementen worden opgenomen, voorzover zij niet reeds daarin zijn begrepen:

a) de buiten de lidstaat van invoer verschuldigde rechten, heffingen en andere belastingen, alsmede die welke ter zake van de invoer verschuldigd zijn, met uitzondering van de te heffen BTW;

b) de bijkomende kosten, zoals de kosten van commissie, verpakking, vervoer en verzekering, tot de eerste plaats van bestemming binnen het grondgebied van de lidstaat van invoer, alsmede de kosten die voortvloeien uit het vervoer naar een andere plaats van bestemming in de Gemeenschap, indien deze plaats bekend is op het tijdstip waarop het belastbare feit plaatsvindt.

2. Voor de toepassing van lid 1, eerste alinea, punt b), wordt onder "eerste plaats van bestemming" verstaan de plaats die genoemd is in de vrachtbrief of een ander document waaronder de goederen in de lidstaat van invoer binnenkomen. Bij gebreke van deze vermelding wordt de eerste plaats van bestemming geacht de plaats te zijn waar de eerste overlading van de goederen in de lidstaat van invoer geschiedt.

Art. 87. In de maatstaf van heffing worden de volgende elementen niet opgenomen:

a) prijsverminderingen wegens korting voor vooruitbetaling;

b) aan de afnemer toegekende prijskortingen en -rabatten die zijn verkregen op het tijdstip waarop de invoer wordt verricht.

Art. 88. Voor tijdelijk uit de Gemeenschap uitgevoerde goederen die, na buiten de Gemeenschap een herstelling, bewerking, verwerking of aanpassing te hebben ondergaan, wederom worden ingevoerd, treffen de lidstaten maatregelen teneinde te verzekeren dat de voor de verkregen goederen geldende behandeling met betrekking tot de BTW dezelfde is als die welke op de betrokken goederen zou zijn toegepast indien vorengenoemde handelingen op hun grondgebied zouden zijn verricht.

Art. 89. De lidstaten die op 1 januari 1993 geen gebruik hebben gemaakt van de mogelijkheid uit hoofde van artikel 98 een verlaagd tarief toe te passen, kunnen bepalen dat bij de invoer van kunstvoorwerpen, voorwerpen voor verzamelingen en antiquiteiten zoals omschreven in artikel 311, lid 1, punten 2), 3) en 4), de maatstaf van heffing gelijk is aan een gedeelte van het overeenkomstig de artikelen 85, 86 en 87 vastgestelde bedrag.

Het in de eerste alinea bedoelde gedeelte wordt op zodanige wijze vastgesteld, dat de aldus bij invoer verschuldigde BTW ten minste gelijk is aan 5 % van het overeenkomstig de artikelen 85, 86 en 87 vastgestelde bedrag.

HOOFDSTUK 5

DIVERSE BEPALINGEN

Art. 90. 1. In geval van annulering, verbreking, ontbinding of gehele of gedeeltelijk niet-betaling, of in geval van prijsvermindering nadat de handeling is verricht, wordt de maatstaf van heffing dienovereenkomstig verlaagd onder de voorwaarden die door de lidstaten worden vastgesteld.

2. In geval van gehele of gedeeltelijke niet-betaling kunnen de lidstaten van lid 1 afwijken.

Art. 91. 1. Indien de elementen voor de bepaling van de maatstaf van heffing bij invoer zijn uitgedrukt in een andere munteenheid dan die van de lidstaat waar de maatstaf van heffing wordt bepaald, wordt de wisselkoers vastgesteld overeenkomstig de geldende communautaire bepalingen voor de berekening van de douanewaarde.

2. Indien de elementen voor de bepaling van de maatstaf van heffing voor een andere handeling dan een invoer van goederen zijn uitgedrukt in een andere munteenheid dan die van de lidstaat waar de maatstaf van heffing wordt bepaald, is de toepasselijke wisselkoers de laatste verkoopkoers die op het tijdstip waarop de belasting verschuldigd wordt, op de meest representatieve wisselmarkt of wisselmarkten van de betrokken lidstaat wordt geregistreerd, of een koers die wordt vastgesteld onder verwijzing naar die markt of markten, op een door die lidstaat vastgestelde wijze.

[De lidstaten aanvaarden dat in plaats daarvan gebruik wordt gemaakt van de wisselkoers die, op het tijdstip waarop de belasting verschuldigd wordt, door de Europese Centrale Bank laatstelijk was bekendgemaakt. De omrekening tussen andere munteenheden dan de euro geschiedt op basis van de wisselkoers van iedere munteenheid ten opzichte van de euro. De lidstaten kunnen evenwel voorschrijven dat zij door de belastingplichtige ervan in kennis worden gesteld dat hij van deze mogelijkheid gebruikmaakt.

Voor sommige van de in de eerste alinea bedoelde handelingen of voor sommige categorieën belastingplichtigen kunnen de lidstaten evenwel kiezen voor de wisselkoers die is vastgesteld volgens de geldende communautaire bepalingen voor de berekening van de douanewaarde.]

Lid 2, al. 2 en 3 vervangen bij art. 1, 6) Richtl. 2010/45/EU, Raad van 13 juli 2010 (PB. L. 189, 22.VII.2010), van toepassing vanaf 11 augustus 2010.

Art. 92. Wat het statiegeld voor retouremballage betreft, kunnen de lidstaten het volgende bepalen:

a) hetzij het statiegeld van de maatstaf van heffing uitsluiten door de nodige maatregelen te nemen opdat de maatstaf wordt herzien wanneer de emballage niet wordt teruggeven;

b) hetzij het statiegeld in de maatstaf van heffing opnemen door de nodige maatregelen te nemen opdat de maatstaf wordt herzien wanneer de emballage wel wordt teruggeven.

TITEL VIII

TARIEVEN

HOOFDSTUK 1

TOEPASSING VAN DE TARIEVEN

Art. 93. Het op belastbare handelingen toe te passen tarief is het tarief dat van kracht is op het tijdstip waarop het belastbare feit zich voordoet.

In de volgende gevallen is het toe te passen tarief echter het tarief dat van kracht is op het tijdstip waarop de belasting verschuldigd wordt:

a) de gevallen, bedoeld in de artikelen 65 en 66;

b) de intracommunautaire verwerving van goederen;

c) de gevallen van invoer van goederen bedoeld in artikel 71, lid 1, tweede alinea, en lid 2.

Art. 94. 1. Het op de intracommunautaire verwerving van goederen toe te passen tarief is het tarief dat binnen het grondgebied van de lidstaat op de levering van eenzelfde goed wordt toegepast.

2. Onverminderd de in artikel 103, lid 1, bepaalde mogelijkheid een verlaagd tarief toe te passen op de invoer van kunstvoorwerpen, voorwerpen voor verzamelingen en antiquiteiten, is het bij invoer van goederen toe te passen tarief het tarief dat binnen het grondgebied van de lidstaat op de levering van eenzelfde goed wordt toegepast.

Art. 95. Bij tariefwijzigingen kunnen de lidstaten in de in de artikelen 65 en 66 bedoelde gevallen tot herziening overgaan, teneinde rekening te houden met het tarief geldend op het waarop de goederenleveringen of de diensten worden verricht.

De lidstaten kunnen bovendien elke passende overgangsmaatregel treffen.

HOOFDSTUK 2

STRUCTUUR EN HOOGTE VAN DE TARIEVEN

Afdeling 1

Normaal tarief

Art. 96. De lidstaten passen een normaal BTW-tarief toe, dat door elke lidstaat wordt vastgesteld op een percentage van de maatstaf van heffing, dat voor goederenleveringen en voor diensten gelijk is.

Art. 97. [Van 1 januari 2011 tot en met 31 december 2015 mag het normale tarief niet lager zijn dan 15 %.]

Vervangen bij art. 1 Richtl. 2010/88/EU, Raad van 7 december 2010 (PB. L. 326, 10.XII.2010), van toepassing vanaf 11 december 2010.

Afdeling 2

Verlaagde tarieven

Art. 98. 1. De lidstaten kunnen een of twee verlaagde tarieven toepassen.

2. De verlaagde tarieven zijn uitsluitend van toepassing op de goederenleveringen en de diensten die tot de in bijlage III genoemde categorieën behoren.

[De verlaagde tarieven zijn niet van toepassing op langs elektronische weg verrichte diensten.]

3. Bij de toepassing van de in lid 1 bedoelde verlaagde tarieven op de categorieën waarin aan goederen wordt gerefereerd, mogen de lidstaten voor de vaststelling van de juiste omschrijving van de betrokken categorie gebruikmaken van de gecombineerde nomenclatuur.

2, al. 2 vervangen bij art. 2.2 Richtl. 2008/8/EG, Raad van 12 februari 2008 (PB. L. 44, 20.II.2008), van toepassing vanaf 1 januari 2010.

Art. 99. 1. De verlaagde tarieven worden vastgesteld op een percentage van de maatstaf van heffing dat niet lager mag zijn dan 5 %.

2. Een verlaagd tarief wordt zodanig vastgesteld, dat het bij toepassing van dit tarief verkregen BTW-bedrag het normaliter mogelijk maakt de overeenkomstig de artikelen 167 tot en met 171 en de artikelen 173 tot en met 177 aftrekbare belasting volledig af te trekken.

Art. 100. Aan de hand van een verslag van de Commissie onderwerpt de Raad, voor de eerste maal in 1994 en vervolgens om de twee jaar, de werkingssfeer van de verlaagde tarieven aan een onderzoek.

De Raad kan overeenkomstig artikel 93 van het Verdrag besluiten wijzigingen aan te brengen in de in bijlage III opgenomen lijst van goederen en diensten.

Art. 101. De Commissie legt uiterlijk op 30 juni 2007 aan het Europees Parlement en aan de Raad een algemeen evaluatieverslag voor over het effect van de verlaagde tarieven op lokale diensten, inclusief restauratie, waarin met name aandacht wordt geschonken aan het scheppen van werkgelegenheid, de economische groei en de goede werking van de interne markt, en dat gebaseerd is op een studie van een onafhankelijke economische-reflectiegroep.

Afdeling 3

Bijzondere bepalingen

Art. 102. [Na raadpleging van het BTW-Comité kan iedere lidstaat een verlaagd tarief toepassen op de levering van aardgas, elektriciteit of stadsverwarming.]

Vervangen bij art. 1, 8) Richtl. 2009/162/EU, Raad van 22 december 2009 (PB. L. 10, 15.I.2010), van toepassing vanaf 15 januari 2010.

Art. 103. 1. De lidstaten kunnen bepalen dat het verlaagde tarief dat, of een van de verlaagde tarieven die, zij overeenkomstig de artikelen 98 en 99 toepassen, eveneens van toepassing is op de invoer van kunstvoorwerpen, voorwerpen voor verzamelingen en antiquiteiten, zoals omschreven in artikel 311, lid 1, punten 2), 3) en 4).

2. Wanneer zij van de in lid 1 bedoelde mogelijkheid gebruikmaken, kunnen de lidstaten het verlaagde tarief eveneens toepassen op de volgende handelingen:

a) leveringen van kunstvoorwerpen die door de maker of diens rechthebbenden worden verricht;

b) leveringen van kunstvoorwerpen die incidenteel worden verricht door een andere belastingplichtige dan een belastingplichtige wederverkoper wanneer de kunstvoorwerpen door deze belastingplichtige zelf zijn ingevoerd of hem zijn geleverd door de maker of diens rechthebbenden, of te zijnen gunste het recht op volledige aftrek van de BTW hebben doen ontstaan.

Art. 104. Oostenrijk mag in de gemeenten Jungholz en Mittelberg (Kleines Walsertal) een tweede normaal tarief toepassen dat lager ligt dan het overeenkomstige tarief dat in de rest van Oostenrijk wordt toegepast, maar dat niet minder dan 15 % mag bedragen.

[**Art. 104bis.** Cyprus mag een van de twee in artikel 98 bedoelde verlaagde tarieven toepassen voor de levering van vloeibaar petroleumgas (LPG) in flessen.]

Ingevoegd bij art. 1, 1) Richtl. 2009/47/EG, Raad van 5 mei 2009 (PB. L. 116, 9.V.2009), van toepassing vanaf 1 juni 2009.

Art. 105. [1. Portugal mag een van de twee in artikel 98 bedoelde verlaagde tarieven toepassen voor de tolheffing op bruggen rond Lissabon.

2. Portugal mag op de handelingen in de autonome gebieden van de Azoren en Madeira en op de rechtstreekse invoer in deze gebieden lagere tarieven toepassen dan die welke op het vasteland gelden.]

Vervangen bij art. 1, 2) Richtl. 2009/47/EG, Raad van 5 mei 2009 (PB. L. 116, 9.V.2009), van toepassing vanaf 1 juni 2009.

HOOFDSTUK 3

[...]

Opgeheven bij art. 1, 3) Richtl. 2009/47/EG, Raad van 5 mei 2009 (PB. L. 116, 9.V.2009), van toepassing vanaf 1 juni 2009.

Art. 106. [...]

Opgeheven bij art. 1, 3) Richtl. 2009/47/EG, Raad van 5 mei 2009 (PB. L. 116, 9.V.2009), van toepassing vanaf 1 juni 2009.

Art. 107. [...]

Opgeheven bij art. 1, 3) Richtl. 2009/47/EG, Raad van 5 mei 2009 (PB. L. 116, 9.V.2009), van toepassing vanaf 1 juni 2009.

Art. 108. [...]

Opgeheven bij art. 1, 3) Richtl. 2009/47/EG, Raad van 5 mei 2009 (PB. L. 116, 9.V.2009), van toepassing vanaf 1 juni 2009.

HOOFDSTUK 4

BIJZONDERE BEPALINGEN VAN TOEPASSING TOT DE INVOERING VAN DE DEFINITIEVE REGELING

Art. 109. Dit hoofdstuk is van toepassing tot de invoering van de in artikel 402 bedoelde definitieve regeling.

Art. 110. De lidstaten die op 1 januari 1991 vrijstellingen met recht op aftrek van voorbelasting verleenden of verlaagde tarieven toepasten die onder het in artikel 99 vastgestelde minimum liggen, mogen deze blijven toepassen.

De in de eerste alinea bedoelde vrijstellingen en verlaagde tarieven moeten in overeenstemming zijn met het Gemeenschapsrecht en moeten om duidelijk omschreven redenen van maatschappelijk belang en ten behoeve van de eindverbruikers vastgesteld zijn.

Art. 111. Onder de in artikel 110, tweede alinea, gestelde voorwaarden mogen vrijstellingen met recht op aftrek van voorbelasting in de volgende gevallen toegepast blijven worden:

a) door Finland op abonnementen van dagbladen en tijdschriften en op het vervaardigen van drukwerk voor de leden van verenigingen voor algemeen welzijn;

b) door Zweden voor de levering van nieuwsbladen, ook via radio en cassette voor visueel gehandicapten, van farmaceutische producten aan ziekenhuizen of op voorschrift, en voor de productie van periodieken van organisaties zonder winstoogmerk en andere daarmee samenhangende diensten;

[c) door Malta, met betrekking tot de levering van levensmiddelen voor menselijke consumptie en van geneesmiddelen.]

c) ingevoegd bij art. 1, 4) Richtl. 2009/47/EG, Raad van 5 mei 2009 (PB. L. 116, 9.V.2009), van toepassing vanaf 1 januari 2011.

Art. 112. Indien artikel 110 in Ierland tot verstoring van de mededinging leidt bij de levering van energie voor verwarming en verlichting, kan de Commissie op uitdrukkelijk verzoek van Ierland aan die lidstaat toestaan voor die leveringen een verlaagd tarief toe te passen overeenkomstig de artikelen 95 en 96.

Ierland doet in het in de eerste alinea bedoelde geval zijn verzoek aan de Commissie vergezeld gaan van alle nodige informatie. Indien de Commissie binnen drie maanden na ontvangst van het verzoek geen besluit heeft genomen, wordt Ierland geacht toestemming te hebben gekregen de voorgestelde verlaagde tarieven toe te passen.

Art. 113. De lidstaten die op 1 januari 1991 in overeenstemming met het Gemeenschapsrecht met betrekking tot andere dan de in bijlage III genoemde goederen en diensten vrijstellingen met recht op aftrek van voorbelasting verleenden of verlaagde tarieven toepasten die onder het in artikel 99 vastgestelde minimum liggen, mogen voor de levering van die goederen of voor die diensten overeenkomstig artikel 98 een verlaagd tarief of een van de twee verlaagde tarieven toepassen.

Art. 114. 1. De lidstaten die op 1 januari 1993 verplicht waren hun op 1 januari 1991 geldende normale tarief met meer dan 2 % te verhogen, mogen voor goederenleveringen en diensten van de in bijlage III genoemde categorieën, een verlaagd tarief toepassen dat onder het in artikel 99 bepaalde minimum ligt.

[Voorts mogen de in de eerste alinea bedoelde lidstaten een dergelijk tarief hanteren voor kinderkleding en -schoeisel en huisvesting.]

2. De lidstaten mogen op grond van lid 1 geen vrijstellingen met recht op aftrek van voorbelasting invoeren.

Lid 1, al. 2 vervangen bij art. 1, 5) Richtl. 2009/47/EG, Raad van 5 mei 2009 (PB. L. 116, 9.V.2009), van toepassing vanaf 1 juni 2009.

Art. 115. [De lidstaten die op 1 januari 1991 een verlaagd tarief toepasten voor kinderkleding en -schoeisel of huisvesting, mogen op die goederenleveringen en diensten een verlaagd tarief blijven toepassen.]

Vervangen bij art. 1, 6) Richtl. 2009/47/EG, Raad van 5 mei 2009 (PB. L. 116, 9.V.2009), van toepassing vanaf 1 juni 2009.

Art. 116. [...]

Opgeheven bij art. 1, 7) Richtl. 2009/47/EG, Raad van 5 mei 2009 (PB. L. 116, 9.V.2009), van toepassing vanaf 1 juni 2009.

Art. 117. 1. [...]

2. Oostenrijk mag een van de twee in artikel 98 bedoelde verlaagde tarieven toepassen op de verhuring van onroerend goed voor residentieel gebruik, op voorwaarde dat dit tarief niet lager ligt dan 10 %.

Lid 1 opgeheven bij art. 1, 8) Richtl. 2009/47/EG, Raad van 5 mei 2009 (PB. L. 116, 9.V.2009), van toepassing vanaf 1 juni 2009.

Art. 118. De lidstaten die op 1 januari 1991 een verlaagd tarief toepasten voor andere leveringen van goederen en voor andere diensten dan de in bijlage III genoemde, mogen voor die leveringen of voor die diensten het verlaagde tarief of een van de twee verlaagde tarieven overeenkomstig artikel 98 toepassen, op voorwaarde dat dit tarief niet lager ligt dan 12 %.

De eerste alinea is niet van toepassing op leveringen van gebruikte goederen, kunstvoorwerpen, voorwerpen voor verzamelingen en antiquiteiten zoals omschreven in artikel 311, lid 1, punten 1) tot en met 4), die overeenkomstig de in de artikelen 312 tot en met 325 vastgestelde winstmargeregeling of de regeling voor verkoop op openbare veilingen aan de BTW zijn onderworpen.

Art. 119. Voor de toepassing van artikel 118 mag Oostenrijk een verlaagd tarief toepassen op door de producerende boer op de boerderij geproduceerde wijn, op voorwaarde dat dit tarief niet lager ligt dan 12 %.

Art. 120. Griekenland mag tarieven die tot 30 % lager liggen dan de overeenkomstige tarieven op het Griekse vasteland, toepassen in de departementen Lesbos, Chios, Samos, de Dodekanesos en de Cycladen, en op de eilanden Thassos, de noordelijke Sporaden, Samothraki en Skiros.

Art. 121. De lidstaten die op 1 januari 1993 de oplevering van een werk in roerende staat als een levering van goederen aanmerkten, kunnen op de oplevering van een werk in roerende staat het tarief toepassen dat van toepassing is op het na de uitvoering van het aangenomen werk verkregen goed.

Voor de toepassing van de eerste alinea wordt onder "oplevering van een werk in roerende staat" verstaan de afgifte door de opdrachtnemer aan de opdrachtgever van een roerend goed dat hij heeft vervaardigd of samengesteld met behulp van stoffen en voorwerpen die daartoe door de opdrachtgever aan de opdrachtnemer zijn verstrekt, ongeacht of de opdrachtnemer al dan niet een deel van de gebruikte materialen heeft verschaft.

Art. 122. De lidstaten mogen een verlaagd tarief toepassen op leveringen van levende planten en andere producten van de bloementeelt, met inbegrip van bollen, wortelen en dergelijke, snijbloemen en snijgroen, alsmede op leveringen van brandhout.

HOOFDSTUK 5

TIJDELIJKE BEPALINGEN

Art. 123. [Tsjechië mag tot en met 31 december 2010 een verlaagd tarief van ten minste 5 % blijven toepassen op de levering van bouwwerkzaamheden voor huisvesting die niet in het kader van sociaal beleid worden verricht, met uitzondering van bouwmaterialen.]

Vervangen bij art. 1, 1) Richtl. 2007/75/EG, Raad van 20 december 2007 (PB. L. 346, 29.XII.2007), van toepassing vanaf 1 januari 2008.

Art. 124. [...]

Opgeheven bij art. 1, 2) Richtl. 2007/75/EG, Raad van 20 december 2007 (PB. L. 346, 29.XII.2007), van toepassing vanaf 1 januari 2008.

Art. 125. 1. Cyprus mag [tot en met 31 december 2010] een vrijstelling met recht op aftrek van voorbelasting blijven toepassen op geneesmiddelen en levensmiddelen voor menselijke consumptie, met uitzondering van roomijs, ijslollies, bevroren yoghurt, waterijs en soortgelijke producten, en voor hartige snacks (aardappelchips/-sticks, "puffs" (gepofte aardappelbrokjes) en soortgelijke producten die zonder verdere bereiding worden verpakt voor menselijke consumptie).

2. [...]

Lid 1 gewijzigd bij art. 1, 3) Richtl. 2007/75/EG, Raad van 20 december 2007 (PB. L. 346, 29.XII.2007), van toepassing vanaf 1 januari 2008;
Lid 2 opgeheven bij art. 1, 9) Richtl. 2009/47/EG, Raad van 5 mei 2009 (PB. L. 116, 9.V.2009), van toepassing vanaf 1 juni 2009.

Art. 126. [...]

Opgeheven bij art. 1, 4) Richtl. 2007/75/EG, Raad van 20 december 2007 (PB. L. 346, 29.XII.2007), van toepassing vanaf 1 januari 2008.

Art. 127. [...]

Opgeheven bij art. 1, 10) Richtl. 2009/47/EG, Raad van 5 mei 2009 (PB. L. 116, 9.V.2009), van toepassing vanaf 1 januari 2011.

Art. 128. [1. Polen mag tot en met 31 december 2010 een vrijstelling met recht op aftrek van voorbelasting toepassen op de levering van bepaalde categorieën boeken en gespecialiseerde tijdschriften.

2. [...]

3. Polen mag tot en met 31 december 2010 een verlaagd tarief van ten minste 3 % blijven toepassen

op de levering van levensmiddelen bedoeld in bijlage III, punt 1.

4. Polen mag tot en met 31 december 2010 een verlaagd tarief van ten minste 7 % blijven toepassen op diensten die niet in het kader van sociaal beleid worden verricht voor de bouw, de verbouwing of de aanpassing van woningen, met uitzondering van bouwmaterialen, en op de levering van woongebouwen of delen van woongebouwen vóór de eerste ingebruikneming, zoals bedoeld in artikel 12, lid 1, onder a).]

Vervangen bij art. 1, 6) Richtl. 2007/75/EG, Raad van 20 december 2007 (PB. L. 346, 29.XII.2007), van toepassing vanaf 1 januari 2008;
Lid 2 opgeheven bij art. 1, 11) Richtl. 2009/47/EG, Raad van 5 mei 2009 (PB. L. 116, 9.V.2009), van toepassing vanaf 1 juni 2009.

Art. 129. 1. [...]

2. Slovenië mag [tot en met 31 december 2010] een verlaagd tarief van ten minste 5 % blijven toepassen op woningbouwwerkzaamheden en renovatie- en onderhoudswerkzaamheden aan woningen, voorzover die werkzaamheden niet in het kader van sociaal beleid worden verricht, met uitzondering van bouwmaterialen.

Lid 1 opgeheven bij art. 1, 12) Richtl. 2009/47/EG, Raad van 5 mei 2009 (PB. L. 116, 9.V.2009), van toepassing vanaf 1 juni 2009;
Lid 2 gewijzigd bij art. 1, 7) Richtl. 2007/75/EG, Raad van 20 december 2007 (PB. L. 346, 29.XII.2007), van toepassing vanaf 1 januari 2008.

Art. 130. [...]

Opgeheven bij art. 1, 8) Richtl. 2007/75/EG, Raad van 20 december 2007 (PB. L. 346, 29.XII.2007), van toepassing vanaf 1 januari 2008.

TITEL IX

VRIJSTELLINGEN

HOOFDSTUK 1

ALGEMENE BEPALINGEN

Art. 131. De in de hoofdstukken 2 tot en met 9 geregelde vrijstellingen zijn van toepassing onverminderd andere communautaire bepalingen en onder de voorwaarden die de lidstaten stellen om een juiste en eenvoudige toepassing van deze vrijstellingen te verzekeren en elke vorm van fraude, ontwijking en misbruik te voorkomen.

HOOFDSTUK 2

VRIJSTELLINGEN VOOR BEPAALDE ACTIVITEITEN VAN ALGEMEEN BELANG

Art. 132. 1. De lidstaten verlenen vrijstelling voor de volgende handelingen:

a) de door openbare postdiensten verrichte diensten en daarmee gepaard gaande goederenleveringen, met uitzondering van personenvervoer en telecommunicatiediensten;

b) ziekenhuisverpleging en medische verzorging, alsmede de handelingen die daarmede nauw samenhangen, door publiekrechtelijke lichamen of, onder sociale voorwaarden die vergelijkbaar zijn met die welke gelden voor genoemde lichamen, door ziekenhuizen, centra voor medische verzorging en diagnose en andere naar behoren erkende inrichtingen van dezelfde aard;

c) medische verzorging in het kader van de uitoefening van medische en paramedische beroepen als omschreven door de betrokken lidstaat;

d) de levering van menselijke organen, menselijk bloed en moedermelk;

e) de door tandtechnici in het kader van de uitoefening van hun beroep verrichte diensten, alsmede de levering van tandprothesen door tandartsen en tandtechnici;

f) diensten verricht door zelfstandige groeperingen van personen die een activiteit uitoefenen welke is vrijgesteld of waarvoor zij niet belastingplichtig zijn, teneinde aan hun leden de diensten te verlenen die direct nodig zijn voor de uitoefening van voornoemde activiteit, wanneer die groeperingen van hun leden enkel terugbetaling vorderen van hun aandeel in de gezamenlijke uitgaven, mits deze vrijstelling niet tot verstoring van de mededinging kan leiden;

g) diensten en goederenleveringen welke nauw samenhangen met maatschappelijk werk en met de sociale zekerheid, waaronder begrepen die welke worden verricht door bejaardentehuizen, door publiekrechtelijke lichamen of door andere organisaties die door de betrokken lidstaat als instellingen van sociale aard worden erkend;

h) diensten en goederenleveringen welke nauw samenhangen met de bescherming van kinderen en jongeren en welke worden verricht door publiekrechtelijke lichamen of door andere organisaties die door de betrokken lidstaat als instellingen van sociale aard worden erkend;

i) onderwijs aan kinderen of jongeren, school- of universitair onderwijs, beroepsopleiding of -herscholing, met inbegrip van de diensten en goederenleveringen welke hiermede nauw samenhangen, door publiekrechtelijke lichamen die daartoe zijn ingesteld of door andere organisaties die door de betrokken lidstaat als lichamen met soortgelijke doeleinden worden erkend;

j) lessen die particulier door docenten worden gegeven en betrekking hebben op het school- of universitair onderwijs;

k) beschikbaarstelling van personeel door religieuze of levensbeschouwelijke instellingen voor de in de punten b), g), h) en i), bedoelde werkzaamheden en met het oog op de verlening van geestelijke bijstand;

l) diensten en nauw daarmee samenhangende goederenleveringen ten behoeve van hun leden in het collectief belang, tegen een statutair vastgestelde contributie door instellingen zonder winstoogmerk met doeleinden van politieke, syndicale, religieuze, vaderlandslievende, levensbeschouwelijke, filantropische of staatsburgerlijke aard, mits deze vrijstelling niet tot verstoring van de mededinging kan leiden;

m) sommige diensten welke nauw samenhangen met de beoefening van sport of met lichamelijke opvoeding en welke door instellingen zonder winstoogmerk worden verricht voor personen die aan sport of lichamelijke opvoeding doen;

n) bepaalde culturele diensten alsmede nauw daarmee samenhangende goederenleveringen, verricht door publiekrechtelijke culturele instellingen of door andere culturele instellingen die door de betrokken lidstaat worden erkend;

o) diensten en goederenleveringen door lichamen waarvan de handelingen overeenkomstig de punten b), g), h), i), l), m) en n), zijn vrijgesteld, in samenhang met activiteiten die zijn bestemd ter verkrijging van financiële steun en die uitsluitend ten bate van henzelf zijn georganiseerd, mits deze vrijstelling niet tot verstoring van de mededinging kan leiden;

p) vervoer van zieken of gewonden met speciaal daartoe ingerichte voertuigen door naar behoren gemachtigde lichamen;

q) niet-commerciële activiteiten van openbare radio- en televisieorganisaties.

2. Voor de toepassing van lid 1, punt o), kunnen de lidstaten alle nodige beperkingen invoeren, met name ten aanzien van het aantal evenementen of het bedrag van de opbrengsten waarvoor recht op vrijstelling bestaat.

Art. 133. De lidstaten kunnen de verlening van elk der in artikel 132, lid 1, punten b), g), h), i), l), m) en n), bedoelde vrijstellingen aan andere dan publiekrechtelijke instellingen van geval tot geval afhankelijk stellen van een of meer van de volgende voorwaarden:

a) de instellingen mogen niet systematisch het maken van winst beogen; eventuele winsten mogen niet worden uitgekeerd, maar moeten worden aangewend voor de instandhouding of verbetering van de diensten die worden verricht;

b) het beheer en het bestuur van de instellingen moeten in hoofdzaak op vrijwillige basis en zonder vergoeding geschieden door personen die noch zelf, noch via tussenpersonen, enig rechtstreeks of zijdelings belang hebben bij de resultaten van de werkzaamheden van de instellingen;

c) de instellingen moeten prijzen toepassen die zijn goedgekeurd door de overheid, of prijzen die niet hoger liggen dan de goedgekeurde prijzen, of, voor handelingen waarvoor geen goedkeuring van prijzen plaatsvindt, prijzen die lager zijn dan die welke voor soortgelijke aan de BTW onderworpen handelingen in rekening worden gebracht door commerciële onderne-

mingen;

d) de vrijstellingen mogen niet tot verstoring van de mededinging leiden ten nadele van belastingplichtige commerciële ondernemingen.

De lidstaten die krachtens bijlage E van Richtlijn 77/388/EEG van de Raad op 1 januari 1989 de in artikel 132, lid 1, punten m) en n), bedoelde handelingen aan BTW onderwierpen, mogen de in de eerste alinea, punt d), van dit artikel vermelde voorwaarden ook toepassen wanneer vrijstelling wordt verleend voor de genoemde diensten of goederenleveringen, verricht door publiekrechtelijke lichamen.

Art. 134. Goederenleveringen en diensten zijn in de volgende gevallen van de in artikel 132, lid 1, punten b), g), h), i), l), m) en n), bedoelde vrijstellingen uitgesloten:

a) wanneer zij niet onontbeerlijk zijn voor het verrichten van de vrijgestelde handelingen;

b) wanneer zij in hoofdzaak ertoe strekken aan de instelling extra opbrengsten te verschaffen door de uitvoering van handelingen welke worden verricht in rechtstreekse mededinging met aan de BTW onderworpen handelingen van commerciële ondernemingen.

HOOFDSTUK 3

VRIJSTELLINGEN TEN GUNSTE VAN ANDERE ACTIVITEITEN

Art. 135. 1. De lidstaten verlenen vrijstelling voor de volgende handelingen:

a) handelingen ter zake van verzekering en herverzekering met inbegrip van daarmee samenhangende diensten, verricht door assurantiemakelaars en verzekeringstussenpersonen;

b) de verlening van kredieten en de bemiddeling inzake kredieten, alsmede het beheer van kredieten door degene die deze heeft verleend;

c) de bemiddeling bij en het aangaan van borgtochten en andere zekerheids- en garantieverbintenissen, alsmede het beheer van kredietgaranties door degene die het krediet heeft verleend;

d) handelingen, bemiddeling daaronder begrepen, betreffende deposito's, rekening-courantverkeer, betalingen, overmakingen, schuldvorderingen, cheques en andere handelspapieren met uitzondering van de inning van schuldvorderingen;

e) handelingen, bemiddeling daaronder begrepen, betreffende deviezen, bankbiljetten en munten die wettig betaalmiddel zijn, met uitzondering van munten en biljetten die verzamelobject zijn, namelijk gouden, zilveren of uit een ander metaal geslagen munten, alsmede biljetten, die normaal niet als wettig betaalmiddel worden gebruikt of die een numismatische waarde hebben;

f) handelingen, bemiddeling daaronder begrepen, uitgezonderd bewaring en beheer, inzake aandelen, deelnemingen in vennootschappen of verenigingen, obligaties en andere waardepapieren, met uitzondering van documenten die goederen vertegenwoordigen en van de in artikel 15, lid 2, bedoelde rechten of effecten;

g) het beheer van gemeenschappelijke beleggingsfondsen, zoals omschreven door de lidstaten;

h) leveringen, tegen de nominale waarde, van postzegels die frankeerwaarde hebben binnen hun respectieve grondgebied, fiscale zegels en andere soortgelijke zegels;

i) weddenschappen, loterijen en andere kans- en geldspelen, met inachtneming van de door elke lidstaat gestelde voorwaarden en beperkingen;

j) de levering van een gebouw of een gedeelte ervan en van het bijbehorende terrein, met uitzondering van de in artikel 12, lid 1, punt a), bedoelde levering;

k) de levering van onbebouwde onroerende goederen, met uitzondering van de in artikel 12, lid 1, punt b), bedoelde levering van een bouwterrein;

l) de verhuur en verpachting van onroerende goederen.

2. De volgende handelingen zijn van de in lid 1, punt l), geregelde vrijstelling uitgesloten:

a) het verstrekken van accommodatie, als omschreven in de wetgeving der lidstaten, in het hotelbedrijf of in sectoren met een soortgelijke functie, met inbegrip van de verhuuraccommodatie in vakantiekampen of op kampeerterreinen;

b) verhuur van parkeerruimte voor voertuigen;

c) verhuur van blijvend geïnstalleerde werktuigen en machines;

d) verhuur van safeloketten.

De lidstaten kunnen nog andere handelingen van de toepassing van de in lid 1, punt l), geregelde vrijstelling uitsluiten.

Art. 136. De lidstaten verlenen vrijstelling voor de volgende handelingen:

a) [leveringen van goederen die uitsluitend zijn gebruikt voor een activiteit die krachtens de artikelen 132, 135, 371, 375, 376 en 377, artikel 378, lid 2, artikel 379, lid 2, en de artikelen 380 tot en met 390quater is vrijgesteld, wanneer voor deze goederen geen recht op aftrek is genoten];

b) leveringen van goederen bij de aanschaffing of bestemming waarvan overeenkomstig artikel 176 het recht op aftrek van de BTW is uitgesloten.

a) vervangen bij Bijlage V, 8, 2, c) B. 5 december 2011 (PB. L. 112, 24.IV.2012), van toepassing vanaf 1 juli 2013.

Art. 137. 1. De lidstaten kunnen aan de belastingplichtigen het recht verlenen voor belastingheffing ter zake van de volgende handelingen te kiezen:

a) de financiële handelingen bedoeld in artikel 135, lid 1, punten b) tot en met g);

b) de levering van een gebouw of een gedeelte ervan en van het bijbehorende terrein, met uitzondering van de in artikel 12, lid 1, punt a), bedoelde levering;

c) de levering van onbebouwde onroerende goederen, met uitzondering van de in artikel 12, lid 1, punt b), bedoelde levering van een bouwterrein;

d) de verhuur en verpachting van onroerende goederen.

2. De lidstaten stellen de bepalingen voor de uitoefening van het in lid 1 bedoelde keuzerecht vast.

De lidstaten kunnen de omvang van dit keuzerecht beperken.

HOOFDSTUK 4

VRIJSTELLINGEN MET BETREKKING TOT INTRACOMMUNAUTAIRE HANDELINGEN

Afdeling 1

Vrijstellingen voor levering van goederen

Art. 138. 1. De lidstaten verlenen vrijstelling voor de levering van goederen, door of voor rekening van de verkoper of de afnemer verzonden of vervoerd naar een plaats buiten hun respectieve grondgebied, maar binnen de Gemeenschap, welke wordt verricht voor een andere belastingplichtige of voor een niet-belastingplichtige rechtspersoon die als zodanig handelt in een andere lidstaat dan de lidstaat van vertrek van de verzending of het vervoer van de goederen.

2. Behalve voor de in lid 1 bedoelde goederenleveringen verlenen de lidstaten vrijstelling voor de volgende handelingen:

a) de levering van nieuwe vervoermiddelen, door of voor rekening van de verkoper of de afnemer met als bestemming de afnemer verzonden of vervoerd naar een plaats buiten hun respectieve grondgebied maar binnen de Gemeenschap, welke wordt verricht voor belastingplichtigen of voor niet-belastingplichtige rechtspersonen wier intracommunautaire verwervingen van goederen uit hoofde van artikel 3, lid 1, niet aan de BTW zijn onderworpen, of voor elke andere niet-belastingplichtige;

b) de levering van accijnsproducten, door of voor rekening van de verkoper of de afnemer met als bestemming de afnemer verzonden of vervoerd naar een plaats buiten hun respectieve grondgebied maar binnen de Gemeenschap, welke wordt verricht voor belastingplichtigen of voor niet-belastingplichtige rechtspersonen wier intracommunautaire verwervingen van andere goederen dan accijnsproducten, uit hoofde van artikel 3, lid 1, niet aan de BTW zijn onderworpen wanneer de verzending of het vervoer van deze producten plaatsvindt overeenkomstig artikel 7, leden 4 en 5, of artikel 16 van Richtlijn 92/12/EEG;

c) de goederenlevering bestaande in de overbrenging naar een andere lidstaat, die voor de in lid 1 en de punten a) en b) bedoelde vrijstellingen in aanmerking zou komen indien zij voor een andere belastingplichtige was verricht.

Art. 139. 1. De in artikel 138, lid 1, bedoelde vrijstelling is niet van toepassing op de goederenlevering welke wordt verricht door belastingplichtigen die voor de in de artikelen 282 tot en met 292 geregelde vrijstelling voor kleine ondernemingen in aanmerking komen.

De vrijstelling is evenmin van toepassing op de goederenlevering welke wordt verricht voor belastingplichtigen of voor niet-belastingplichtige rechtspersonen wier intracommunautaire verwervingen uit hoofde van artikel 3, lid 1, niet aan de BTW zijn onderworpen.

2. De in artikel 138, lid 2, onder b), geregelde vrijstelling is niet van toepassing op de levering van accijnsproducten welke wordt verricht door belastingplichtigen die voor de in de artikelen 282 tot en met 292 geregelde vrijstelling voor kleine ondernemingen in aanmerking komen.

3. De in artikel 138, lid 1, en lid 2, onder b) en c), geregelde vrijstelling is niet van toepassing op de goederenlevering welke overeenkomstig de in de artikelen 312 tot en met 325 neergelegde winstmargeregeling of de regeling inzake de verkoop op openbare veilingen aan de BTW is onderworpen.

De in artikel 138, lid 1, en lid 2, onder c), geregelde vrijstelling is niet van toepassing op de levering van gebruikte vervoermiddelen als omschreven in artikel 327, lid 3, die overeenkomstig de overgangsregeling voor gebruikte vervoermiddelen aan de BTW zijn onderworpen.

Afdeling 2

Vrijstellingen voor intracommunautaire verwervingen van goederen

Art. 140. De lidstaten verlenen vrijstelling voor de volgende handelingen:

a) de intracommunautaire verwerving van goederen waarvan de levering door belastingplichtigen in ieder geval op hun respectieve grondgebied is vrijgesteld;

b) [de intracommunautaire verwerving van goederen waarvan de invoer in ieder geval op grond van artikel 143, lid 1, punten a), b) en c), en e) tot en met l), is vrijgesteld];

c) de intracommunautaire verwerving van goederen waarvoor de afnemer van de goederen op grond van de artikelen 170 en 171 in ieder geval recht heeft op volledige teruggaaf van de BTW die krachtens artikel 2, lid 1, onder b), verschuldigd zou zijn.

b) vervangen bij art. 1, 2) Richtl. 2009/69/EG, Raad van 25 juni 2009 (PB. L. 175, 4.VII.2009), van toepassing vanaf 24 juli 2009.

Art. 141. Elke lidstaat treft bijzondere maatregelen om de intracommunautaire verwerving van goederen die overeenkomstig artikel 40 binnen zijn grondgebied wordt verricht, niet aan de BTW te onderwerpen indien de volgende voorwaarden vervuld zijn:

a) de verwerving van goederen wordt verricht door een niet in die lidstaat gevestigde, maar in een andere lidstaat voor BTW-doeleinden geïdentificeerde belastingplichtige;

b) de verwerving van goederen wordt verricht met het oog op een daaropvolgende levering van deze goederen in diezelfde lidstaat door de in punt a) bedoelde belastingplichtige;

c) de aldus door de in punt a) bedoelde belasting-

plichtige verworven goederen worden rechtstreeks vanuit een andere lidstaat dan die waarin hij voor BTW-doeleinden geïdentificeerd is, verzonden of vervoerd naar degene voor wie hij de daaropvolgende levering verricht;

d) degene voor wie de daaropvolgende levering bestemd is, is een andere belastingplichtige of een niet-belastingplichtige rechtspersoon, die in diezelfde lidstaat voor BTW-doeleinden is geïdentificeerd;

e) de in punt d) bedoelde persoon voor wie de volgende levering is bestemd, is overeenkomstig artikel 197 aangewezen als degene die is gehouden tot voldoening van de belasting, verschuldigd uit hoofde van de levering welke is verricht door de belastingplichtige die niet gevestigd is in de lidstaat waar de belasting is verschuldigd.

Afdeling 3

Vrijstellingen voor bepaalde vervoerdiensten

Art. 142. De lidstaten verlenen vrijstelling voor het intracommunautaire vervoer van goederen naar of vanaf de eilanden die de autonome gebieden van de Azoren en van Madeira vormen, alsmede voor het vervoer van goederen tussen deze eilanden.

HOOFDSTUK 5

VRIJSTELLINGEN BIJ INVOER

Art. 143. [1. De lidstaten verlenen vrijstelling voor de volgende handelingen]:

a) de definitieve invoer van goederen waarvan de levering door belastingplichtigen in ieder geval op hun respectieve grondgebied is vrijgesteld;

b) de definitieve invoer van goederen die valt onder de Richtlijnen 69/169/EEG, 83/181/EEG en 2006/79/EG van de Raad;

c) de definitieve invoer van goederen in het vrije verkeer afkomstig uit een derdelandsgebied dat deel uitmaakt van het douanegebied van de Gemeenschap, die voor de in punt b) bedoelde vrijstelling in aanmerking zouden komen indien zij waren ingevoerd in de zin van artikel 30, eerste alinea;

d) de invoer van vanuit een derdelandsgebied of een derde land verzonden of vervoerde goederen in een andere lidstaat dan de lidstaat van aankomst van de verzending of het vervoer, indien de levering van deze goederen, verricht door de importeur die uit hoofde van artikel 201 is aangewezen of erkend als de tot voldoening van de belasting gehouden persoon, overeenkomstig artikel 138 is vrijgesteld;

e) de wederinvoer van goederen in de toestand waarin zij zijn uitgevoerd, door degene die deze heeft uitgevoerd, indien de goederen voor vrijstelling van invoerrechten in aanmerking komen;

f) de invoer van goederen in het kader van de diplomatieke en consulaire betrekkingen, indien de goederen voor vrijstelling van invoerrechten in aanmerking komen;

[fbis) de invoer van goederen door de Europese

Gemeenschap, de Europese Gemeenschap voor Atoomenergie, de Europese Centrale Bank of de Europese Investeringsbank of door de door de Europese Gemeenschappen opgerichte organen waarop het Protocol van 8 april 1965 betreffende de voorrechten en immuniteiten van de Europese Gemeenschappen van toepassing is, zulks binnen de beperkingen en onder de voorwaarden die zijn vastgesteld bij dat protocol, bij de overeenkomsten tot toepassing van dat protocol of bij de vestigingsovereenkomsten, en voor zover zulks niet leidt tot verstoring van de mededinging;]

g) [de invoer van goederen verricht door andere dan de in punt fbis) bedoelde internationale instellingen die als zodanig zijn erkend door de overheid van de lidstaat waar zij zijn gevestigd, alsmede door de leden van deze instellingen, zulks binnen de beperkingen en onder de voorwaarden die zijn vastgesteld bij de internationale verdragen tot oprichting van deze instellingen of bij de vestigingsovereenkomsten];

h) de invoer van goederen verricht in de lidstaten die partij zijn bij het Noord-Atlantische Verdrag, door de strijdkrachten van de andere staten die partij bij dat verdrag zijn, ten behoeve van deze strijdkrachten of het hen begeleidende burgerpersoneel of voor de bevoorrading van hun messes of kantines, voor zover deze strijdkrachten deelnemen aan de gemeenschappelijke defensie-inspanning;

i) de invoer van goederen door de strijdkrachten van het Verenigd Koninkrijk die op Cyprus zijn gestationeerd overeenkomstig het Verdrag betreffende de oprichting van de Republiek Cyprus van 16 augustus 1960, ten behoeve van de strijdkrachten of het hen begeleidende burgerpersoneel of voor de bevoorrading van hun messes of kantines;

j) de invoer in havens, door zeevisserijbedrijven, van visserijproducten, niet be- of verwerkt of nadat deze met het oog op de afzet een bederfwerende behandeling hebben ondergaan, en die nog niet zijn geleverd;

k) de invoer van goud door de centrale banken;

l) [de invoer van gas via een aardgassysteem of een op een dergelijk systeem aangesloten net, van gas dat van op een gastransportschip in een aardgassysteem of een upstreampijpleidingnet wordt ingebracht, van elektriciteit of van warmte of koude via warmte- of koudenetten].

[2. De vrijstelling overeenkomstig lid 1, punt d), is, in gevallen waarin de invoer van goederen gevolgd wordt door levering van de goederen die overeenkomstig artikel 138, lid 1, en lid 2, punt c), is vrijgesteld, alleen van toepassing indien de importeur op het tijdstip van de invoer aan de bevoegde autoriteiten van de lidstaat van invoer ten minste de volgende informatie heeft verstrekt:

a) het nummer waaronder hij voor BTW-doeleinden in de lidstaat van invoer is geïdentificeerd, of het nummer waaronder zijn tot voldoening van de BTW gehouden fiscaal vertegenwoordiger voor BTW-doeleinden in de lidstaat van invoer is geïdentificeerd;

b) het nummer waaronder de afnemer aan wie de goederen overeenkomstig artikel 138, lid 1, worden geleverd voor BTW-doeleinden in een andere lidstaat

is geïdentificeerd, of, wanneer de goederen overeenkomstig artikel 138, lid 2, punt c), worden overgebracht, het nummer waaronder de importeur zelf voor BTW-doeleinden in de lidstaat van aankomst van de verzending of het vervoer is geïdentificeerd;

c) het bewijs dat de ingevoerde goederen bestemd zijn om vanuit de lidstaat van invoer naar een andere lidstaat te worden vervoerd of verzonden.

De lidstaten kunnen echter bepalen dat het in punt c) bedoelde bewijs slechts aan de bevoegde autoriteiten hoeft te worden verstrekt indien daarom wordt verzocht.]

Lid 1, inleidende zin vervangen bij art. 1, 3), a) Richtl. 2009/69/EG, Raad van 25 juni 2009 (PB. L. 175, 4.VII.2009), van toepassing vanaf 24 juli 2009;
Lid 1, fbis) ingevoegd bij art. 1, 10), a) Richtl. 2009/162/EU, Raad van 22 december 2009 (PB. L. 10, 15.I.2010), van toepassing vanaf 15 januari 2010;
Lid 1, g) vervangen bij art. 1, 10), b) Richtl. 2009/162/EU, Raad van 22 december 2009 (PB. L. 10, 15.I.2010), van toepassing vanaf 15 januari 2010;
Lid 1, l) vervangen bij art. 1, 10), c) Richtl. 2009/162/EU, Raad van 22 december 2009 (PB. L. 10, 15.I.2010), van toepassing vanaf 15 januari 2010;
Lid 2 ingevoegd bij art. 1, 3), b) Richtl. 2009/69/EG, Raad van 25 juni 2009 (PB. L. 175, 4.VII.2009), van toepassing vanaf 24 juli 2009.

Art. 144. De lidstaten verlenen vrijstelling voor de diensten die betrekking hebben op de invoer van goederen en waarvan de waarde overeenkomstig artikel 86, lid 1, onder b), in de maatstaf van heffing is opgenomen.

Art. 145. 1. De Commissie dient, indien nodig, zo spoedig mogelijk voorstellen in bij de Raad om de werkingssfeer en de uitvoering van de in de artikelen 143 en 144 geregelde vrijstellingen nader te bepalen.

2. Totdat de in lid 1 bedoelde uitvoeringsbepalingen in werking treden, kunnen de lidstaten hun geldende nationale voorschriften blijven toepassen.

De lidstaten kunnen hun nationale voorschriften aanpassen, teneinde verstoring van de mededinging te beperken en met name gevallen van niet-heffing of dubbele heffing van belasting in de Gemeenschap te vermijden.

De lidstaten kunnen de administratieve procedures gebruiken die zij het meest geschikt achten om tot vrijstelling te komen.

3. De lidstaten stellen, voorzover dat nog niet is gebeurd, de Commissie in kennis van de geldende nationale voorschriften en van de voorschriften die zij krachtens lid 2 nemen. De Commissie stelt de andere lidstaten daarvan in kennis.

HOOFDSTUK 6

VRIJSTELLINGEN BIJ UITVOER

Art. 146. 1. De lidstaten verlenen vrijstelling voor de volgende handelingen:

a) de levering van goederen die door of voor rekening van de verkoper worden verzonden of vervoerd naar een plaats buiten de Gemeenschap;

b) de levering van goederen die door of voor rekening van een niet op hun respectieve grondgebied gevestigde afnemer worden verzonden of vervoerd naar een plaats buiten de Gemeenschap, met uitzondering van door de afnemer zelf vervoerde goederen bestemd voor de uitrusting of de bevoorrading van pleziervaartuigen en sportvliegtuigen of van andere vervoermiddelen voor privé-gebruik;

c) de levering van goederen aan erkende organisaties die deze goederen uit de Gemeenschap uitvoeren in het kader van hun menslievende, liefdadige of opvoedkundige werk buiten de Gemeenschap;

d) diensten bestaande uit werkzaamheden met betrekking tot roerende zaken die zijn verworven of ingevoerd teneinde deze werkzaamheden in de Gemeenschap te ondergaan, en die door of voor rekening van de dienstverrichter of de niet binnen hun respectieve grondgebied gevestigde afnemer worden vervoerd of verzonden naar een plaats buiten de Gemeenschap;

e) diensten, met inbegrip van vervoer en met die diensten samenhangende handelingen en met uitzondering van de overeenkomstig de artikelen 132 en 135 vrijgestelde diensten, wanneer die diensten rechtstreeks verband houden met de uitvoer of invoer van goederen die onder artikel 61 en artikel 157, lid 1, onder a), vallen.

2. De in lid 1, punt c), geregelde vrijstelling kan worden toegekend in de vorm van teruggaaf van de BTW.

Art. 147. 1. Indien de in artikel 146, lid 1, punt b), bedoelde levering betrekking heeft op goederen die deel uitmaken van de persoonlijke bagage van reizigers, geldt de vrijstelling slechts wanneer de volgende voorwaarden vervuld zijn:

a) de reiziger is niet in de Gemeenschap gevestigd;

b) de goederen worden naar een plaats buiten de Gemeenschap vervoerd vóór het einde van de derde maand volgende op die waarin de levering geschiedde;

c) het totale bedrag van de levering, BTW inbegrepen, is hoger dan EUR 175 of de tegenwaarde daarvan in nationale munteenheid die eenmaal per jaar op basis van de op de eerste werkdag van de maand oktober geldende wisselkoers wordt vastgesteld en met ingang van 1 januari van het daaropvolgende jaar van toepassing is.

De lidstaten mogen evenwel een levering waarvan het totale bedrag lager is dan het in de eerste alinea, punt c), genoemde bedrag, van belasting vrijstellen.

2. Voor de toepassing van lid 1 wordt onder "reiziger die niet in de Gemeenschap is gevestigd" verstaan een reiziger wiens woonplaats of gebruikelijke verblijfplaats niet in de Gemeenschap is gelegen. In dat geval wordt onder "woonplaats of gebruikelijke verblijfplaats" verstaan de plaats die als zodanig is vermeld op het paspoort, de identiteitskaart of enig ander document dat door de lidstaat op het grondgebied waarvan de levering wordt verricht, als identiteitsbe-

wijs wordt erkend.

Het bewijs van de uitvoer wordt geleverd door middel van de factuur, of van een in de plaats daarvan komend bewijsstuk, voorzien van het visum van het douanekantoor van uitgang uit de Gemeenschap.

Elke lidstaat verstrekt aan de Commissie een specimen van de stempels die hij voor het afgeven van het in de tweede alinea bedoelde visum gebruikt. De Commissie stelt de belastingautoriteiten van de andere lidstaten van deze informatie in kennis.

HOOFDSTUK 7

VRIJSTELLINGEN MET BETREKKING TOT INTERNATIONAAL VERVOER

Art. 148. De lidstaten verlenen vrijstelling voor de volgende handelingen:

a) de levering van goederen, bestemd voor de bevoorrading van schepen voor de vaart op volle zee waarmee passagiersvervoer tegen betaling plaatsvindt of die worden gebruikt voor de uitoefening van een industriële, handels- of visserijactiviteit alsmede van reddingsboten en schepen voor hulpverlening op zee of schepen voor de kustvisserij, behalve, wat de laatstgenoemde schepen betreft, de scheepsvoorraden;

b) de levering van goederen, bestemd voor de bevoorrading van oorlogsschepen vallende onder GN-code 8906 10 00, die hun grondgebied verlaten met als bestemming een haven of een ankerplaats buiten de lidstaat;

c) de levering, de verbouwing, de reparatie, het onderhoud, de bevrachting en de verhuur van de in punt a) bedoelde schepen, alsmede de levering, de verhuur, de reparatie en het onderhoud van de voorwerpen — met inbegrip van uitrusting voor de visserij — die met deze schepen vast verbonden zijn of die voor hun exploitatie dienen;

d) andere dan de in punt c) bedoelde diensten die voor de rechtstreekse behoeften van de in punt a) bedoelde schepen en hun lading worden verricht;

e) de levering van goederen, bestemd voor de bevoorrading van de luchtvaartuigen welke worden gebruikt door luchtvaartmaatschappijen die zich hoofdzakelijk op het betaalde internationale vervoer toeleggen;

f) de levering, de verbouwing, de reparatie, het onderhoud, de bevrachting en de verhuur van de in punt e) bedoelde luchtvaartuigen, alsmede de levering, de verhuur, de reparatie en het onderhoud van de voorwerpen die met deze luchtvaartuigen vast verbonden zijn of die voor hun exploitatie dienen;

g) andere dan de in punt f) bedoelde diensten, die voor de rechtstreekse behoeften van de in punt e) bedoelde luchtvaartuigen en hun lading worden verricht.

Art. 149. Portugal mag het vervoer over zee en door de lucht tussen de eilanden die de autonome gebieden van de Azoren en Madeira vormen onderling en tussen deze eilanden en het vasteland gelijkstellen met internationaal vervoer.

Art. 150. 1. De Commissie dient, indien nodig, zo spoedig mogelijk voorstellen in bij de Raad om de werkingssfeer en de uitvoering van de in artikel 148 geregelde vrijstellingen nader te bepalen.

2. Totdat de in lid 1 bedoelde bepalingen in werking treden, kunnen de lidstaten de draagwijdte van de in artikel 148, punten a) en b), geregelde vrijstellingen beperken.

HOOFDSTUK 8

VRIJSTELLINGEN VOOR BEPAALDE MET UITVOER GELIJKGESTELDE HANDELINGEN

Art. 151. 1. De lidstaten verlenen vrijstelling voor de volgende handelingen:

a) goederenleveringen en diensten verricht in het kader van de diplomatieke en consulaire betrekkingen;

[a bis) goederenleveringen en diensten verricht voor de Europese Gemeenschap, de Europese Gemeenschap voor Atoomenergie, de Europese Centrale Bank of de Europese Investeringsbank of voor de door de Europese Gemeenschappen opgerichte organen waarop het Protocol van 8 april 1965 betreffende de voorrechten en immuniteiten van de Europese Gemeenschappen van toepassing is, zulks binnen de beperkingen en onder de voorwaarden die zijn vastgesteld bij dat protocol, bij de overeenkomsten tot toepassing van dat protocol of bij de vestigingsovereenkomsten, en voor zover zulks niet leidt tot verstoring van de mededinging;]

b) [goederenleveringen en diensten bestemd voor andere dan de in punt a bis) bedoelde internationale instellingen die als dusdanig door de overheid van de lidstaat waar zij zijn gevestigd, zijn erkend, alsmede voor de leden van deze instellingen, zulks binnen de beperkingen en onder de voorwaarden die zijn vastgesteld bij de internationale verdragen tot oprichting van deze instellingen of bij de vestigingsovereenkomsten];

c) goederenleveringen en diensten verricht in de lidstaten die partij zijn bij het Noord-Atlantische Verdrag, en bestemd voor de strijdkrachten van de andere staten die partij bij dat verdrag zijn, ten behoeve van deze strijdkrachten of het hen begeleidende burgerpersoneel of voor de bevoorrading van hun messes of kantines, voor zover deze strijdkrachten deelnemen aan de gemeenschappelijke defensie-inspanning;

d) goederenleveringen en diensten verricht voor een andere lidstaat, bestemd voor de strijdkrachten van andere staten die partij zijn bij het Noord-Atlantische Verdrag dan de lidstaat van bestemming zelf, ten behoeve van deze strijdkrachten of het hen begeleidende burgerpersoneel of voor de bevoorrading van hun messes of kantines, voor zover deze strijdkrachten deelnemen aan de gemeenschappelijke defensie-inspanning;

e) goederenleveringen en diensten verricht voor de strijdkrachten van het Verenigd Koninkrijk die op Cyprus zijn gestationeerd overeenkomstig het Verdrag betreffende de oprichting van de Republiek Cyprus van 16 augustus 1960, ten behoeve van de strijdkrach-

ten of het hen begeleidende burgerpersoneel of voor de bevoorrading van hun messes of kantines.

De in de eerste alinea geregelde vrijstellingen zijn van toepassing met inachtneming van de door de lidstaat van ontvangst vastgestelde beperkingen, totdat een uniforme belastingregeling is vastgesteld.

2. Voor goederen die niet worden verzonden of vervoerd naar een plaats buiten de lidstaat waar de levering van deze goederen wordt verricht, evenals voor diensten, kan de vrijstelling worden verleend in de vorm van teruggaaf van de BTW.

Lid 1, a bis) ingevoegd bij art. 1, 11), a) Richtl. 2009/162/EU, Raad van 22 december 2009 (PB. L. 10, 15.I.2010), van toepassing vanaf 15 januari 2010;
Lid 1, b) vervangen bij art. 1, 11), b) Richtl. 2009/162/EU, Raad van 22 december 2009 (PB. L. 10, 15.I.2010), van toepassing vanaf 15 januari 2010.

Art. 152. De lidstaten verlenen vrijstelling voor de levering van goud aan de centrale banken.

HOOFDSTUK 9

VRIJSTELLINGEN VOOR DOOR TUSSENPERSONEN VERRICHTE DIENSTEN

Art. 153. De lidstaten verlenen vrijstelling voor de diensten van tussenpersonen die handelen in naam en voor rekening van derden, wanneer hun diensten betrekking hebben op de in de hoofdstukken 6, 7 en 8 bedoelde handelingen of op buiten de Gemeenschap verrichte handelingen.

De in de eerste alinea bedoelde vrijstelling is niet van toepassing op reisbureaus wanneer zij in naam en voor rekening van de reiziger diensten verrichten die in andere lidstaten plaatsvinden.

HOOFDSTUK 10

VRIJSTELLINGEN VOOR HANDELINGEN MET BETREKKING TOT HET INTERNATIONALE GOEDERENVERKEER

Afdeling 1

Douane- en andere entrepots en soortgelijke regelingen

Art. 154. Voor de toepassing van deze afdeling worden onder andere entrepots dan douane-entrepots verstaan, wat accijnsproducten betreft, de als belastingentrepots in de zin van artikel 4, onder b), van Richtlijn 92/12/EEG aangemerkte plaatsen, en wat andere goederen dan accijnsproducten betreft, de als zodanig door de lidstaten aangemerkte plaatsen.

Art. 155. Onverminderd de andere communautaire belastingbepalingen kunnen de lidstaten, na raadpleging van het BTW-Comité, bijzondere maatregelen nemen teneinde vrijstelling te verlenen voor de in deze afdeling bedoelde handelingen of sommige daarvan, mits zij geen betrekking hebben op eindgebruik of eindverbruik en het BTW-bedrag dat verschuldigd is wanneer de goederen aan de in deze afdeling bedoelde regelingen of situaties worden onttrokken, overeenkomt met het BTW-bedrag dat verschuldigd zou zijn geweest indien elk van deze handelingen op hun grondgebied was belast.

Art. 156. 1. De lidstaten kunnen vrijstelling verlenen voor de volgende handelingen:

a) de levering van goederen die bestemd zijn om bij de douane te worden aangebracht en, in voorkomend geval, in tijdelijke opslag te worden geplaatst;

b) de levering van goederen die bestemd zijn om in een vrije zone of een vrij entrepot te worden geplaatst;

c) de levering van goederen die bestemd zijn om onder een stelsel van douane-entrepots of onder een stelsel van actieve veredeling te worden geplaatst;

d) de levering van goederen die bestemd zijn om in de territoriale zee te worden toegelaten om integrerend deel uit te maken van boor- of werkeilanden, met het oog op de bouw, de reparatie, het onderhoud, de verbouwing of de uitrusting van die boor- of werkeilanden, of om die boor- of werkeilanden met het vasteland te verbinden;

e) de levering van goederen die bestemd zijn om in de territoriale zee te worden toegelaten voor de bevoorrading van boor- of werkeilanden.

2. De in lid 1 bedoelde plaatsen zijn de plaatsen die als zodanig in de geldende communautaire douanevoorschriften zijn omschreven.

Art. 157. 1. De lidstaten kunnen vrijstelling verlenen voor de volgende handelingen:

a) de invoer van goederen die onder een ander stelsel van entrepots dan dat van douane-entrepots worden geplaatst;

b) de levering van goederen die op hun grondgebied onder een ander stelsel van entrepots dan dat van douane-entrepots worden geplaatst.

2. De lidstaten mogen voor andere goederen dan accijnsproducten niet in een ander stelsel van entrepots dan dat van douane-entrepots voorzien, indien deze goederen bestemd zijn om in het kleinhandelsstadium te worden geleverd.

Art. 158. 1. In afwijking van artikel 157, lid 2, kunnen de lidstaten in de volgende gevallen een ander stelsel van entrepots dan dat van douane-entrepots invoeren:

a) indien de goederen bestemd zijn voor verkooppunten voor belastingvrije verkoop, met het oog op de levering van goederen welke worden meegenomen in de persoonlijke bagage van reizigers die zich door middel van een vlucht of zeereis naar een derdelandsgebied of een derde land begeven, wanneer die levering overeenkomstig artikel 146, lid 1, punt b), is vrijgesteld;

b) indien de goederen bestemd zijn voor belastingplichtigen, met het oog op levering aan reizigers aan boord van een vliegtuig of schip tijdens een vlucht of

zeereis waarvan de plaats van aankomst buiten de Gemeenschap is gelegen;

c) indien de goederen bestemd zijn voor belastingplichtigen, met het oog op leveringen die worden verricht met vrijstelling van BTW overeenkomstig artikel 151.

2. Indien de lidstaten gebruik maken van de in lid 1, punt a), bedoelde mogelijkheid tot vrijstelling, treffen zij de nodige maatregelen om een juiste en eenvoudige toepassing van deze vrijstelling te verzekeren en elke vorm van fraude, ontwijking en misbruik te voorkomen.

3. Voor de toepassing van lid 1, punt a), wordt onder "verkooppunt voor belastingvrije verkoop" verstaan elke in een luchthaven of haven gelegen inrichting die aan de door de bevoegde overheidsinstanties gestelde voorwaarden voldoet.

Art. 159. De lidstaten kunnen vrijstelling verlenen voor de diensten die samenhangen met de in artikel 156, artikel 157 lid 1, onder b), en artikel 158 bedoelde goederenleveringen.

Art. 160. 1. De lidstaten kunnen vrijstelling verlenen voor de volgende handelingen:

a) goederenleveringen en diensten verricht op de in artikel 156, lid 1, genoemde plaatsen met handhaving op hun grondgebied van een van de in dat lid genoemde situaties;

b) goederenleveringen en diensten verricht op de in artikel 157, lid 1, onder b), en artikel 158 genoemde plaatsen met handhaving op hun grondgebied van een van de in artikel 157, lid 1, onder b), of in artikel 158, lid 1, genoemde situaties.

2. De lidstaten die voor handelingen die in een douane-entrepot worden verricht, gebruikmaken van de in lid 1, punt a), bepaalde mogelijkheid, nemen de nodige maatregelen om te voorzien in andere stelsels van entrepots dan dat van douane-entrepots die de toepassing van lid 1, punt b), mogelijk maken op dezelfde handelingen met betrekking tot in bijlage V opgenomen goederen, welke in die andere entrepots dan douane-entrepots worden verricht.

Art. 161. De lidstaten kunnen vrijstelling verlenen voor de volgende goederenleveringen en de daarop betrekking hebbende diensten:

a) de levering van goederen bedoeld in artikel 30, eerste alinea, die nog onderworpen zijn aan een regeling voor tijdelijke invoer met volledige vrijstelling van invoerrechten of aan een regeling voor extern douanevervoer;

b) de levering van goederen bedoeld in artikel 30, tweede alinea, die nog onderworpen zijn aan de in artikel 276 bedoelde regeling voor intern communautair douanevervoer.

Art. 162. De lidstaten die van de in deze afdeling bedoelde mogelijkheid gebruikmaken, nemen de nodige maatregelen om te waarborgen dat de intracommunautaire verwerving van goederen die bestemd zijn om onder of in een van de in artikel 156, artikel 157, lid 1, onder b), en artikel 158 bedoelde regelingen of situaties te worden geplaatst, onder dezelfde bepalingen vallen als de goederenlevering die op hun grondgebied onder dezelfde voorwaarden wordt verricht.

Art. 163. Indien de goederen worden onttrokken aan de in deze afdeling bedoelde regelingen of situaties, waardoor aanleiding wordt gegeven tot invoer in de zin van artikel 61, neemt de lidstaat van invoer de nodige maatregelen om dubbele belastingheffing te voorkomen.

Afdeling 2

Handelingen die worden vrijgesteld met het oog op de uitvoer en in het kader van het handelsverkeer tussen de lidstaten

Art. 164. 1. Na raadpleging van het BTW-Comité kunnen de lidstaten voor de volgende door een belastingplichtige verrichte of voor een belastingplichtige bestemde handelingen, vrijstelling verlenen binnen de grenzen van het bedrag waarvoor deze belastingplichtige in de afgelopen twaalf maanden heeft uitgevoerd:

a) de intracommunautaire verwerving van goederen door de belastingplichtige alsmede de invoer en de levering van goederen bestemd voor de belastingplichtige die deze goederen betrekt met het oog op hun uitvoer uit de Gemeenschap, al dan niet na verwerking;

b) de diensten in verband met de uitvoeractiviteit van de betreffende belastingplichtige.

2. De lidstaten die gebruikmaken van de in lid 1 bedoelde mogelijkheid tot vrijstelling, verlenen, na raadpleging van het BTW-Comité, deze vrijstelling ook voor handelingen die betrekking hebben op de door de belastingplichtige onder de in artikel 138 gestelde voorwaarden verrichte leveringen, ten belope van het bedrag van de leveringen die hij onder dezelfde voorwaarden in de voorafgaande twaalf maanden heeft verricht.

Art. 165. De lidstaten kunnen een gemeenschappelijke grens vaststellen voor het bedrag van de vrijstellingen die zij op grond van artikel 164 verlenen.

Afdeling 3

Gemeenschappelijke bepaling met betrekking tot de afdelingen 1 en 2

Art. 166. De Commissie dient, indien nodig, zo spoedig mogelijk bij de Raad voorstellen in betreffende de gemeenschappelijke bepalingen voor de toepassing van de BTW op de in de afdelingen 1 en 2 bedoelde handelingen.

TITEL X

AFTREK

HOOFDSTUK 1

ONTSTAAN EN OMVANG VAN HET RECHT OP AFTREK

Art. 167. Het recht op aftrek ontstaat op het tijdstip waarop de aftrekbare belasting verschuldigd wordt.

[**Art. 167bis.** De lidstaten kunnen in het kader van een facultatieve regeling bepalen dat het recht op aftrek van de belastingplichtige wiens BTW uitsluitend overeenkomstig artikel 66, onder b), verschuldigd wordt, wordt uitgesteld totdat de BTW op voor hem verrichte goederenleveringen of diensten aan zijn leverancier of dienstverrichter is betaald.

De lidstaten die de in de eerste alinea bedoelde facultatieve regeling toepassen, stellen voor de belastingplichtigen die de regeling binnen hun grondgebied gebruiken, een drempel vast die gebaseerd is op de overeenkomstig artikel 288 berekende jaarlijkse omzet van de belastingplichtige. Deze drempel mag niet hoger zijn dan 500.000 EUR of de tegenwaarde daarvan in de nationale munteenheid. Die drempel kan door de lidstaten tot 2.000.000 EUR of de tegenwaarde daarvan in de nationale munteenheid worden verhoogd, na raadpleging van het BTW-Comité. Evenwel hoeven lidstaten die op 31 december 2012 een hogere drempel dan 500.000 EUR of de tegenwaarde daarvan in de nationale valuta hebben toegepast, het BTW-Comité niet te raadplegen.

De lidstaten stellen het BTW-Comité in kennis van de nationale maatregelen die zij uit hoofde van de eerste alinea hebben genomen.]

Ingevoegd bij art. 1, 7) Richtl. 2010/45/EU, Raad van 13 juli 2010 (PB. L. 189, 22.VII.2010), van toepassing vanaf 11 augustus 2010.

Art. 168. Voor zover de goederen en diensten worden gebruikt voor de belaste handelingen van een belastingplichtige, is deze gerechtigd in de lidstaat waar hij deze handelingen verricht, van het door hem verschuldigde belastingbedrag de volgende bedragen af te trekken:

a) de BTW die in die lidstaat verschuldigd of voldaan is voor de goederenleveringen of de diensten die een andere belastingplichtige voor hem heeft verricht;

b) de BTW die verschuldigd is voor overeenkomstig artikel 18, punt a), en artikel 27 met goederenleveringen of met diensten gelijkgestelde handelingen;

c) de BTW die verschuldigd is voor de intracommunautaire verwerving van goederen overeenkomstig artikel 2, lid 1, onder b), punt i);

d) de BTW die verschuldigd is voor overeenkomstig de artikelen 21 en 22 met intracommunautaire verwerving gelijkgestelde handelingen;

e) de BTW die verschuldigd of voldaan is voor de in die lidstaat ingevoerde goederen.

[Art. 168bis. 1. Indien een onroerend goed deel uitmaakt van het vermogen van het bedrijf van een belastingplichtige en door de belastingplichtige zowel voor de activiteiten van het bedrijf als voor zijn privé-gebruik of voor het privégebruik van zijn personeel, of, meer in het algemeen, voor andere dan bedrijfs-doeleinden wordt gebruikt, is de BTW over de uitga-ven in verband met dit onroerend goed slechts aftrek-baar, overeenkomstig de in de artikelen 167, 168, 169 en 173 vervatte beginselen, naar evenredigheid van het gebruik ervan voor de bedrijfsactiviteiten van de belastingplichtige.

In afwijking van artikel 26 wordt met veranderin-gen in het in de eerste alinea bedoelde proportionele gebruik van een onroerend goed rekening gehouden overeenkomstig de in de artikelen 184 tot en met 192 neergelegde beginselen, als toegepast door de lidstaat in kwestie.

2. De lidstaten kunnen lid 1 ook toepassen met be-trekking tot de BTW op uitgaven in verband met an-dere door hen gespecificeerde goederen die deel uit-maken van het bedrijfsvermogen.]

Ingevoegd bij art. 1, 12) Richtl. 2009/162/EU, Raad van 22 december 2009 (PB. L. 10, 15.I.2010), van toepassing vanaf 15 januari 2010.

Art. 169. Naast de in artikel 168 bedoelde aftrek heeft de belastingplichtige recht op aftrek van de in dat artikel bedoelde BTW, voorzover de goederen en de diensten worden gebruikt voor de volgende handelin-gen:

a) door de belastingplichtige buiten de lidstaat waar de belasting verschuldigd of voldaan is verrichte handelingen in verband met de in artikel 9, lid 1, twee-de alinea, bedoelde werkzaamheden, waarvoor recht op aftrek zou ontstaan indien zij in die lidstaat zouden zijn verricht;

b) door de belastingplichtige verrichte handelin-gen waarvoor overeenkomstig de artikelen 138, 142 en 144, de artikelen 146 tot en met 149, de artikelen 151, 152, 153 en 156, artikel 157, lid 1, onder b), de artikelen 158 tot en met 161 en artikel 164 vrijstelling is verleend;

c) door de belastingplichtige verrichte handelin-gen waarvoor krachtens artikel 135, lid 1, punten a) tot en met f), vrijstelling is verleend, indien de afnemer buiten de Gemeenschap gevestigd is of indien de han-delingen rechtstreeks samenhangen met goederen die bestemd zijn om uit de Gemeenschap te worden uitge-voerd.

Art. 170. [Een belastingplichtige die in de zin van artikel 1 van Richtlijn 86/560/EEG, artikel 2, punt 1, en artikel 3 van Richtlijn 2008/9/EG, en artikel 171 van deze richtlijn, niet gevestigd is in de lidstaat waar hij goederen en diensten aankoopt of aan BTW onder-worpen goederen invoert, heeft recht op teruggaaf van de BTW indien de goederen en diensten worden ge-bruikt voor de volgende handelingen]:

a) de in artikel 169 bedoelde handelingen;

b) de handelingen waarvoor de belasting overeen-

komstig de artikelen 194 tot en met 197 en artikel 199 alleen door de afnemer verschuldigd is.

Inleidende zin vervangen bij art. 2.3 Richtl. 2008/8/EG, Raad van 12 februari 2008 (PB. L. 44, 20.II.2008), van toepassing vanaf 1 januari 2010.

Art. 171. 1. [De teruggaaf van de BTW aan belas-tingplichtigen die niet in de lidstaat waar zij goederen en diensten aankopen of aan BTW onderworpen goe-deren invoeren, maar in een andere lidstaat gevestigd zijn, geschiedt volgens de bij Richtlijn 2008/9/EG vastgestelde uitvoeringsbepalingen.]

2. De teruggaaf van de BTW aan belastingplichti-gen die niet op het grondgebied van de Gemeenschap gevestigd zijn, geschiedt volgens de bij Richtlijn 86/560/EEG van de Raad vastgestelde uitvoeringsbe-palingen.

De in artikel 1 van Richtlijn 86/560/EEG bedoelde belastingplichtigen die in de lidstaat waar zij goederen en diensten aankopen of aan BTW onderworpen goe-deren invoeren, slechts goederenleveringen of dien-sten hebben verricht waarvoor degene voor wie deze handelingen zijn bestemd, overeenkomstig de artike-len 194 tot en met 197 en artikel 199, is aangewezen als de tot voldoening van de belasting gehouden per-soon, worden voor de toepassing van die richtlijn eveneens beschouwd als niet in de Gemeenschap ge-vestigde belastingplichtigen.

3. [Richtlijn 86/560/EEG is niet van toepassing op:

a) volgens de wetgeving van de lidstaat van terug-gaaf incorrect gefactureerde BTW-bedragen;

b) gefactureerde BTW-bedragen voor goederenle-veringen die krachtens artikel 138 of artikel 146, lid 1, punt b), van BTW vrijgesteld zijn of kunnen worden.]

1 vervangen bij art. 2.4, a) Richtl. 2008/8/EG, Raad van 12 februari 2008 (PB. L. 44, 20.II.2008), van toepassing vanaf 1 januari 2010;
3 vervangen bij art. 2.4, b) Richtl. 2008/8/EG, Raad van 12 februari 2008 (PB. L. 44, 20.II.2008), van toepassing vanaf 1 januari 2010.

[**Art. 171bis.** De lidstaten kunnen in plaats van overeenkomstig Richtlijn 86/560/EEG of Richtlijn 2008/9/EG teruggaaf te verlenen van de belasting op voor een belastingplichtige bestemde goederenleve-ringen of diensten ten aanzien waarvan de belasting-plichtige overeenkomstig artikel 194 tot en met 197 of artikel 199 tot voldoening van de belasting is gehou-den, toestaan dat deze belasting volgens de procedure van artikel 168 in mindering wordt gebracht. Bestaan-de beperkingen uit hoofde van artikel 2, lid 2, en arti-kel 4, lid 2, van Richtlijn 86/560/EEG kunnen behou-den blijven.

Te dien einde kunnen de lidstaten de tot voldoe-ning van de belasting gehouden belastingplichtige uit-sluiten van teruggaaf krachtens Richtlijn 86/560/EEG of Richtlijn 2008/9/EG.]

Ingevoegd bij art. 2.5 Richtl. 2008/8/EG, Raad van 12 februari 2008 (PB. L. 44, 20.II.2008), van toepassing vanaf 1 januari 2010.

Art. 172. 1. Eenieder die als belastingplichtige wordt beschouwd op grond van het feit dat hij incidenteel de levering van een nieuw vervoermiddel verricht onder de in artikel 138, lid 1 en lid 2, onder a), gestelde voorwaarden is gerechtigd, in de lidstaat waar de levering wordt verricht, de BTW die in de aankoopprijs begrepen is of die wegens de invoer of de intracommunautaire verwerving van het vervoermiddel voldaan, af te trekken binnen de grenzen of ten belope van het bedrag van de belasting dat hij verschuldigd zou zijn indien voor de levering geen vrijstelling gold.

Het recht op aftrek ontstaat pas en kan pas worden uitgeoefend op het tijdstip van de levering van het nieuwe vervoermiddel.

2. De lidstaten stellen nadere regels voor de toepassing van lid 1 vast.

HOOFDSTUK 2

EVENREDIGE AFTREK

Art. 173. 1. Voor goederen en diensten die door een belastingplichtige zowel worden gebruikt voor de in de artikelen 168, 169 en 170 bedoelde handelingen, waarvoor recht op aftrek bestaat, als voor handelingen waarvoor geen recht op aftrek bestaat, wordt aftrek slechts toegestaan voor het gedeelte van de BTW dat evenredig is aan het bedrag van de eerstbedoelde handelingen (evenredige aftrek).

Het aftrekbare gedeelte wordt overeenkomstig de artikelen 174 en 175 bepaald voor het totaal van de door de belastingplichtige verrichte handelingen.

2. De lidstaten kunnen de volgende maatregelen nemen:

a) de belastingplichtige toestaan een aftrekbaar gedeelte te bepalen voor iedere sector van zijn bedrijfsuitoefening, indien voor ieder van deze sectoren een aparte boekhouding wordt gevoerd;

b) de belastingplichtige verplichten voor iedere sector van zijn bedrijfsuitoefening een aftrekbaar gedeelte te bepalen en voor ieder van deze sectoren een aparte boekhouding te voeren;

c) de belastingplichtige toestaan of ertoe verplichten de aftrek toe te passen volgens het gebruik van de goederen en diensten of van een deel daarvan;

d) de belastingplichtige toestaan of ertoe verplichten de aftrek toe te passen volgens de in lid 1, eerste alinea, vastgestelde regel voor alle goederen en diensten die zijn gebruikt voor alle daarin bedoelde handelingen;

e) bepalen dat, indien de BTW die niet door de belastingplichtige kan worden afgetrokken, onbeduidend is, hiermee geen rekening wordt gehouden.

Art. 174. 1. Het aftrekbare gedeelte is de uitkomst van een breuk, waarvan:

a) de teller bestaat uit het totale bedrag van de per jaar berekende omzet, de BTW niet inbegrepen, met betrekking tot handelingen waarvoor overeenkomstig de artikelen 168 en 169 recht op aftrek bestaat, en

b) de noemer bestaat uit het totale bedrag van de per jaar berekende omzet, de BTW niet inbegrepen, met betrekking tot de handelingen die in de teller zijn opgenomen en de handelingen waarvoor geen recht op aftrek bestaat.

De lidstaten kunnen in de noemer het bedrag van andere subsidies opnemen dan die welke rechtstreeks verband houden met de in artikel 73 bedoelde prijs van de handelingen.

2. In afwijking van lid 1 worden voor de berekening van het aftrekbare gedeelte de volgende bedragen buiten beschouwing gelaten:

a) de omzet met betrekking tot de levering van investeringsgoederen die door de belastingplichtige in het kader van zijn onderneming worden gebruikt;

b) de omzet met betrekking tot bijkomstige handelingen ter zake van onroerende goederen en bijkomstige financiële handelingen;

c) de omzet met betrekking tot de in artikel 135, lid 1, punten b) tot en met g), bedoelde handelingen die bijkomstig zijn.

3. Indien de lidstaten gebruikmaken van de in artikel 191 geboden mogelijkheid geen herziening voor investeringsgoederen te eisen, mogen zij de opbrengst van de verkoop van investeringsgoederen opnemen in de berekening van het aftrekbare gedeelte.

Art. 175. 1. Het aftrekbare gedeelte wordt op jaarbasis vastgesteld, uitgedrukt in een percentage en op de hogere eenheid afgerond.

2. De voorlopige aftrek voor een bepaald jaar is gelijk aan de aftrek die op grond van de handelingen van het voorgaande jaar is berekend. Indien een dergelijke basis ontbreekt of niet relevant is, wordt de aftrek door de belastingplichtige onder toezicht van de belastingdiensten aan de hand van zijn eigen prognoses voorlopig geraamd.

De lidstaten kunnen evenwel hun op 1 januari 1979 geldende regeling dan wel, voor de lidstaten die na die datum tot de Gemeenschap zijn toegetreden, hun op de datum van hun toetreding geldende regeling handhaven.

3. De aftrek die op grond van de voorlopige aftrek heeft plaatsgevonden, wordt herzien nadat voor elk jaar in het daaropvolgende jaar de definitieve aftrek is vastgesteld.

HOOFDSTUK 3

BEPERKINGEN VAN HET RECHT OP AFTREK

Art. 176. De Raad bepaalt op voorstel van de Commissie met eenparigheid van stemmen voor welke uitgaven geen recht op aftrek van de BTW bestaat. In ieder geval zijn uitgaven zonder strikt professioneel karakter, zoals weelde-uitgaven en uitgaven voor ontspanning of representatie, van het recht op aftrek uitgesloten.

Totdat de in de eerste alinea bedoelde bepalingen in werking treden, kunnen de lidstaten elke uitsluiting handhaven waarin hun wetgeving op 1 januari 1979 dan wel, voor de lidstaten die na die datum tot de Gemeenschap zijn toegetreden, op de datum van hun toetreding voorzag.

Art. 177. Na raadpleging van het BTW-Comité kan elke lidstaat om conjuncturele redenen investeringsgoederen of andere goederen geheel of gedeeltelijk van de aftrekregeling uitsluiten.

Teneinde gelijke mededingingsvoorwaarden te behouden, kunnen de lidstaten in plaats van de aftrek te weigeren, de door de belastingplichtige zelf vervaardigde of door hem in de Gemeenschap aangekochte dan wel door hem ingevoerde gelijksoortige goederen zodanig belasten dat deze belasting het bedrag van de BTW op de verwerving van soortgelijke goederen niet overschrijdt.

HOOFDSTUK 4

WIJZE VAN UITOEFENING VAN HET RECHT OP AFTREK

Art. 178. Om zijn recht op aftrek te kunnen uitoefenen, moet de belastingplichtige aan de volgende voorwaarden voldoen:

a) [voor de in artikel 168, onder a), bedoelde aftrek met betrekking tot goederenleveringen en diensten: in het bezit zijn van een overeenkomstig titel XI, hoofdstuk 3, afdelingen 3 tot en met 6, opgestelde factuur];

b) voor de in artikel 168, punt b), bedoelde aftrek met betrekking tot met goederenleveringen en diensten gelijkgestelde handelingen: de door elke lidstaat voorgeschreven formaliteiten vervullen;

c) [voor de in artikel 168, onder c), bedoelde aftrek met betrekking tot intracommunautaire verwerving van goederen: op de in artikel 250 bedoelde BTW-aangifte alle gegevens hebben vermeld die nodig zijn om het bedrag van de wegens zijn verwervingen van goederen verschuldigde BTW vast te stellen, en in het bezit zijn van een overeenkomstig titel XI, hoofdstuk 3, afdelingen 3 tot en met 5, opgestelde factuur];

d) voor de in artikel 168, punt d), bedoelde aftrek met betrekking tot met intracommunautaire verwervingen van goederen gelijkgestelde handelingen: de door elke lidstaat voorgeschreven formaliteiten vervullen;

e) voor de in artikel 168, punt e), bedoelde aftrek met betrekking tot invoer van goederen: in het bezit zijn van een document waaruit de invoer blijkt en waarin hij wordt aangeduid als degene voor wie de invoer bestemd is of als de importeur, en waarin het bedrag van de verschuldigde BTW wordt vermeld of op grond waarvan dat bedrag kan worden berekend;

f) wanneer hij als afnemer tot voldoening van de belasting is gehouden, in geval van toepassing van de artikelen 194 tot en met 197 en artikel 199: de door de respectieve lidstaten voorgeschreven formaliteiten vervullen.

a) vervangen bij art. 1, 8), a) Richtl. 2010/45/EU, Raad van 13 juli 2010 (PB. L. 189, 22.VII.2010), van toepassing vanaf

11 augustus 2010;

c) vervangen bij art. 1, 8), b) Richtl. 2010/45/EU, Raad van 13 juli 2010 (PB. L. 189, 22.VII.2010), van toepassing vanaf 11 augustus 2010.

Art. 179. De belastingplichtige past de aftrek toe door op het totale bedrag van de over een belastingtijdvak verschuldigde belasting het totale bedrag van de BTW in mindering te brengen waarvoor in hetzelfde tijdvak het recht op aftrek is ontstaan en krachtens artikel 178 wordt uitgeoefend.

De lidstaten kunnen evenwel bepalen dat belastingplichtigen die de in artikel 12 omschreven handelingen incidenteel verrichten, het recht op aftrek uitsluitend op het tijdstip van levering mogen uitoefenen.

Art. 180. De lidstaten kunnen een belastingplichtige een aftrek toestaan die niet overeenkomstig de artikelen 178 en 179 is toegepast.

Art. 181. [De lidstaten kunnen een belastingplichtige die niet in het bezit is van een overeenkomstig titel XI, hoofdstuk 3, afdelingen 3 tot en met 5, opgestelde factuur, toestaan de in artikel 168, onder c), bedoelde aftrek toe te passen met betrekking tot diens intracommunautaire verwervingen van goederen.]

Vervangen bij art. 1, 9) Richtl. 2010/45/EU, Raad van 13 juli 2010 (PB. L. 189, 22.VII.2010), van toepassing vanaf 11 augustus 2010.

Art. 182. De lidstaten stellen de voorwaarden en de nadere regels voor de toepassing van de artikelen 180 en 181 vast.

Art. 183. Indien voor een bepaald belastingtijdvak het bedrag van de aftrek groter is dan dat van de verschuldigde BTW, kunnen de lidstaten hetzij het overschot doen overbrengen naar het volgende tijdvak, hetzij het overschot teruggeven overeenkomstig de door hen vastgestelde regeling.

De lidstaten kunnen evenwel bepalen dat het bedrag van het overschot niet naar een volgend tijdvak wordt overgebracht, of niet wordt teruggegeven, indien dit bedrag onbeduidend is.

HOOFDSTUK 5

HERZIENING VAN DE AFTREK

Art. 184. De oorspronkelijk toegepaste aftrek wordt herzien indien deze hoger of lager is dan die welke de belastingplichtige gerechtigd was toe te passen.

Art. 185. 1. De herziening vindt met name plaats indien zich na de BTW-aangifte wijzigingen hebben voorgedaan in de elementen die voor het bepalen van het bedrag van de aftrek in aanmerking zijn genomen, bijvoorbeeld in geval van geannuleerde aankopen of verkregen rabatten.

2. In afwijking van lid 1 vindt geen herziening

plaats voor handelingen die geheel of gedeeltelijk onbetaald zijn gebleven, in geval van naar behoren bewezen en aangetoonde vernietiging, verlies of diefstal, alsmede in geval van de in artikel 16 bedoelde onttrekking voor het verstrekken van geschenken van geringe waarde en van monsters.

In geval van geheel of gedeeltelijk onbetaald gebleven handelingen en in geval van diefstal, kunnen de lidstaten evenwel herziening eisen.

Art. 186. De lidstaten stellen nadere regels voor de toepassing van de artikelen 184 en 185 vast.

Art. 187. 1. Voor investeringsgoederen wordt de herziening gespreid over een periode van vijf jaar, het jaar van verkrijging of vervaardiging der goederen daaronder begrepen.

De lidstaten kunnen evenwel de herziening baseren op een periode van vijf volle jaren te rekenen vanaf de ingebruikneming van de goederen.

Voor onroerende investeringsgoederen kan de herzieningsperiode tot maximaal twintig jaar worden verlengd.

2. Voor elk jaar heeft de herziening slechts betrekking op eenvijfde deel, of, indien de herzieningsperiode is verlengd, op het overeenkomstige gedeelte van de BTW op de investeringsgoederen.

De in de eerste alinea bedoelde herziening geschiedt op basis van de wijzigingen in het recht op aftrek die zich in de loop van de volgende jaren ten opzichte van het jaar van verkrijging, vervaardiging of, in voorkomend geval, eerste gebruik van de goederen hebben voorgedaan.

Art. 188. 1. Investeringsgoederen die gedurende de herzieningsperiode worden geleverd, worden tot het verstrijken van de herzieningsperiode beschouwd als investeringsgoederen die voor een economische activiteit van de belastingplichtige worden gebruikt.

De economische activiteit wordt geacht volledig belast te zijn indien de levering van het investeringsgoed belast is.

De economische activiteit wordt geacht volledig vrijgesteld te zijn indien de levering van het investeringsgoed vrijgesteld is.

2. De in lid 1 bepaalde herziening wordt in één keer verricht voor de gehele nog resterende herzieningsperiode. Indien de levering van investeringsgoederen vrijgesteld is, kunnen de lidstaten er evenwel van afzien herziening te eisen, voorzover de afnemer een belastingplichtige is die de betrokken investeringsgoederen uitsluitend gebruikt voor handelingen waarvoor de BTW in aftrek mag worden gebracht.

Art. 189. Voor de toepassing van de artikelen 187 en 188 kunnen de lidstaten de volgende maatregelen nemen:

a) het begrip investeringsgoederen definiëren;

b) het bedrag aan BTW dat bij de herziening in aanmerking moet worden genomen, nader bepalen;

c) alle passende maatregelen nemen om te verzekeren dat de herziening niet tot ongerechtvaardigde

voordelen leidt;

d) administratieve vereenvoudigingen toestaan.

Art. 190. Voor de toepassing van de artikelen 187, 188, 189 en 191 kunnen de lidstaten diensten die kenmerken hebben die vergelijkbaar zijn met de kenmerken die doorgaans aan investeringsgoederen worden toegeschreven, als investeringsgoederen beschouwen.

Art. 191. Indien het praktische effect van de toepassing van de artikelen 187 en 188 in een lidstaat onbeduidend is, kan die lidstaat, na raadpleging van het BTW-Comité, afzien van de toepassing van deze artikelen, rekening houdend met de totale BTW-druk in de betrokken lidstaat en de noodzaak van administratieve vereenvoudiging en mits zulks niet tot verstoring van de mededinging leidt.

Art. 192. Bij overgang van een normale belastingregeling naar een bijzondere regeling, of andersom, kunnen de lidstaten de nodige maatregelen nemen om te verzekeren dat de betrokken belastingplichtigen noch ongerechtvaardigde voordelen genieten, noch ongerechtvaardigde nadelen ondervinden.

TITEL XI

VERPLICHTINGEN VAN DE BELASTINGPLICHTIGEN EN VAN BEPAALDE NIET-BELASTINGPLICHTIGE PERSONEN

HOOFDSTUK 1

VERPLICHTING TOT BETALING

Afdeling 1

Tegenover de schatkist tot voldoening van de belasting gehouden personen

[Art. 192bis. Voor de toepassing van deze afdeling wordt een belastingplichtige die een vaste inrichting heeft op het grondgebied van de lidstaat waar de belasting verschuldigd is, geacht een niet in die lidstaat gevestigde belastingplichtige te zijn wanneer aan de volgende voorwaarden is voldaan:

a) hij verricht op het grondgebied van deze lidstaat een belastbare goederenlevering of een dienst;

b) bij het verrichten van die goederenlevering of die dienst is geen inrichting van de leverancier of dienstverrichter op het grondgebied van deze lidstaat betrokken.]

Ingevoegd bij art. 2.6 Richtl. 2008/8/EG, Raad van 12 februari 2008 (PB. L. 44, 20.II.2008), van toepassing vanaf 1 januari 2010.

Art. 193. De BTW is verschuldigd door de belastingplichtige die een belastbare goederenlevering of een belastbare dienst verricht, behalve in de gevallen waarin de belasting uit hoofde van [de artikelen 194 tot en met 199ter] en artikel 202 door een andere persoon verschuldigd is.

Gewijzigd bij art. 1, 1) Richtl. 2013/43/EU, Raad van 22 juli 2013 (PB. L. 201, 26.VII.2013), van toepassing vanaf 15 augustus 2013 tot en met 31 december 2018 (art. 2 en 3).

Art. 194. 1. In het geval dat de belastbare goederenlevering of de belastbare dienst wordt verricht door een belastingplichtige die niet gevestigd is in de lidstaat waar de BTW verschuldigd is, kunnen de lidstaten bepalen dat de tot voldoening van de belasting gehouden persoon degene is voor wie de goederenlevering of de dienst wordt verricht.

2. De lidstaten stellen de voorwaarden voor de toepassing van lid 1 vast.

Art. 195. De BTW is verschuldigd door de voor BTW-doeleinden in de lidstaat waar de belasting verschuldigd is geïdentificeerde afnemer aan wie de goederen worden geleverd onder de in de artikelen 38 of 39 bepaalde voorwaarden, wanneer deze leveringen worden verricht door een niet in die lidstaat gevestigde belastingplichtige.

Art. 196. [De BTW is verschuldigd door de belastingplichtige of door de voor BTW-doeleinden geïdentificeerde niet-belastingplichtige rechtspersoon die een dienst afneemt als bedoeld in artikel 44, wanneer de dienst door een niet in die lidstaat gevestigde belastingplichtige wordt verricht.]

Vervangen bij art. 2.7 Richtl. 2008/8/EG, Raad van 12 februari 2008 (PB. L. 44, 20.II.2008), van toepassing vanaf 1 januari 2010.

Art. 197. 1. De BTW is verschuldigd door degene voor wie de goederenlevering bestemd is wanneer aan de volgende voorwaarden vervuld zijn:

a) de belastbare handeling is een goederenlevering die onder de voorwaarden van artikel 141 wordt verricht;

b) degene voor wie de levering bestemd is, is een andere belastingplichtige of een niet-belastingplichtige rechtspersoon, die voor BTW-doeleinden is geïdentificeerd in de lidstaat waar de levering wordt verricht;

c) [de factuur welke is uitgereikt door de belastingplichtige die niet gevestigd is in de lidstaat van degene voor wie de levering bestemd is, is opgesteld overeenkomstig hoofdstuk 3, afdelingen 3 tot en met 5].

2. In het geval dat overeenkomstig artikel 204 een fiscaal vertegenwoordiger wordt aangewezen als de tot voldoening van de belasting gehouden persoon, kunnen de lidstaten een afwijking van lid 1 van dit artikel toestaan.

Lid 1, c) vervangen bij art. 1, 10) Richtl. 2010/45/EU, Raad van 13 juli 2010 (PB. L. 189, 22.VII.2010), van toepassing vanaf 11 augustus 2010.

Art. 198. 1. Wanneer uit hoofde van artikel 352 belasting wordt geheven over specifieke handelingen met betrekking tot beleggingsgoud tussen een lid van een gereglementeerde goudmarkt en een andere belastingplichtige die geen lid is van die markt, wijzen de lidstaten de afnemer aan als de tot voldoening van de belasting gehouden persoon.

Indien de afnemer die geen lid is van een gereglementeerde goudmarkt een belastingplichtige is en zich uitsluitend voor de in artikel 352 bedoelde handelingen voor BTW-doeleinden dient te identificeren in de lidstaat waar de belasting verschuldigd is, vervult de verkoper de fiscale verplichtingen namens de afnemer, overeenkomstig de voorschriften van die lidstaat.

2. In het geval dat een belastingplichtige die een keuzerecht overeenkomstig de artikelen 348, 349 of 350 uitoefent, een levering van goud of van halffabrikaten met een zuiverheid van ten minste 325/1 000, of een levering van beleggingsgoud als omschreven in artikel 344, lid 1, verricht, kunnen de lidstaten de afnemer aanwijzen als de tot voldoening van de belasting gehouden persoon.

3. De lidstaten stellen de procedures en voorwaarden voor de toepassing van lid 1 en lid 2 vast.

Art. 199. 1. De lidstaten kunnen bepalen dat de tot voldoening van de belasting gehouden persoon degene is voor wie de volgende goederenleveringen of diensten worden verricht:

a) bouwwerkzaamheden, met inbegrip van herstel-, schoonmaak-, onderhouds-, aanpassings- en sloopwerkzaamheden ter zake van onroerend goed, alsmede de oplevering van een werk in onroerende staat die krachtens artikel 14, lid 3, als een levering van goederen wordt beschouwd;

b) de uitlening van personeel dat de onder punt a) genoemde werkzaamheden verricht;

c) de levering van onroerend goed als bedoeld in artikel 135, lid 1, punten j) en k), wanneer de leverancier overeenkomstig artikel 137 heeft gekozen voor belastingheffing ter zake van die levering;

d) de levering van oude materialen, oude materialen ongeschikt voor hergebruik in dezelfde staat, industrieel en niet-industrieel afval, afval voor hergebruik, gedeeltelijk verwerkt afval, schroot, en bepaalde goederen en diensten, overeenkomstig de lijst in bijlage VI;

e) de levering van in zekerheid gegeven goederen door een belastingplichtige aan een andere persoon tot executie van die zekerheid;

f) de levering van goederen na overdracht van eigendomsvoorbehoud aan een rechtverkrijgende die zijn recht uitoefent;

g) de levering van onroerend goed dat in een openbare verkoop op grond van een executoriale titel door de executieschuldenaar aan een andere persoon wordt verkocht.

2. Wanneer zij gebruik maken van de mogelijkheid die lid 1 biedt, kunnen de lidstaten de goederenleveringen en diensten die eronder vallen, omschrijven, alsook de categorieën van leveranciers en dienstverrichters of afnemers waarop deze maatregelen van

toepassing kunnen zijn.

3. Voor de toepassing van lid 1 kunnen de lidstaten de volgende maatregelen nemen:

a) bepalen dat een belastingplichtige die ook activiteiten of handelingen verricht die niet als belastbare leveringen van goederen of diensten overeenkomstig artikel 2 worden beschouwd, voor alle in lid 1 van dit artikel bedoelde voor hem verrichte diensten als belastingplichtige wordt aangemerkt;

b) bepalen dat een niet-belastingplichtige publiekrechtelijke instelling met betrekking tot de overeenkomstig lid 1, punten e), f) en g) afgenomen goederenleveringen of diensten als belastingplichtige wordt aangemerkt.

4. De lidstaten stellen het BTW-Comité in kennis van de nationale maatregelen die zij uit hoofde van lid 1 hebben genomen indien het geen maatregelen betreft die voor 13 augustus 2006 door de Raad overeenkomstig artikel 27, leden 1 tot en met 4, van Richtlijn 77/388/EEG zijn toegestaan en uit hoofde van die bepaling worden verlengd.

[Art. 199bis. 1. [De lidstaten kunnen tot en met 31 december 2018 voor een minimumperiode van twee jaar bepalen dat de BTW voldaan moet worden door de belastingplichtige voor wie de volgende goederenleveringen of diensten worden verricht]:

a) de overdracht van broeikasgasemissierechten als omschreven in artikel 3 van Richtlijn 2003/87/EG van het Europees Parlement en de Raad van 13 oktober 2003 tot vaststelling van een regeling voor de handel in broeikasgasemissierechten binnen de Gemeenschap en tot wijziging van Richtlijn 96/61/EG van de Raad, die overdraagbaar zijn overeenkomstig artikel 12 van die richtlijn.

b) de overdracht van andere eenheden die door exploitanten kunnen worden gebruikt om aan de betreffende richtlijn te voldoen;

[c) de levering van mobiele telefoons, dat wil zeggen apparaten die zijn vervaardigd of aangepast voor gebruik in een netwerk waarvoor een vergunning is afgegeven en die op gespecificeerde frequenties werken, ongeacht of zij nog een ander gebruik hebben;

d) de levering van geïntegreerde schakelingen zoals microprocessoren en centrale verwerkingseenheden, vóórdat deze in een eindproduct zijn ingebouwd;

e) levering van gas en elektriciteit aan een belastingplichtige wederverkoper, zoals bepaald in artikel 38, lid 2;

f) levering van gas- en elektriciteitscertificaten;

g) verrichting van telecommunicatiediensten als omschreven in artikel 24, lid 2;

h) levering van spelconsoles, tablet-pc's en laptops;

i) granen en industriële gewassen, met inbegrip van oliehoudende zaden en suikerbieten, die in principe, in de staat waarin zij zich bevinden, niet zijn bestemd voor eindverbruik;

j) ruwe en halfafgewerkte metalen, met inbegrip van edele metalen, wanneer zij niet onder artikel 199, lid 1, onder d), de bijzondere regelingen voor gebruikte goederen, kunstvoorwerpen, voorwerpen voor ver-

zamelingen en antiquiteiten overeenkomstig de artikelen 311 tot en met 343 of de bijzondere regeling voor beleggingsgoud overeenkomstig de artikelen 344 tot en met 356 vallen.]

[1bis. De lidstaten kunnen de voorwaarden bepalen voor de toepassing van de regeling als voorzien in lid 1.

1ter. De toepassing van de in lid 1 vastgestelde regeling op de levering van elk van de goederen of diensten opgesomd in de punten (c) tot (j) van dat lid, dient gepaard te gaan met de invoering van passende en doeltreffende rapportageverplichtingen voor belastbare personen die de goederen of diensten leveren waarop de in lid 1 vastgestelde regeling van toepassing is.]

2. [De lidstaten stellen het BTW-comité in kennis van de toepassing van de in lid 1 vastgestelde regeling wanneer deze wordt ingevoerd, en verstrekken het daarbij de volgende informatie:

a) Het toepassingsgebied van de maatregel waarbij de regeling ten uitvoer wordt gelegd, samen met het type en de kenmerken van de fraude, en een gedetailleerde beschrijving van begeleidende maatregelen, met inbegrip van rapportageverplichtingen betreffende belastbare personen en eventuele andere controlemaatregelen;

b) ondernomen stappen om de betrokken belastbare personen in kennis te stellen van het invoeren van de toepassing van de regeling;

c) de evaluatiecriteria om een vergelijking te kunnen maken tussen frauduleuze activiteiten met betrekking tot de in lid 1 bedoelde goederen of diensten voor en na de toepassing van de regeling, frauduleuze activiteiten met betrekking tot andere goederen en diensten voor en na de toepassing van de regeling, en iedere toename van andere vormen van frauduleuze activiteiten voor en na de toepassing van de regeling;

d) de aanvangsdatum en de toepassingsduur van de maatregel waarbij de regeling ten uitvoer wordt gelegd.]

3. [De lidstaten die de in lid 1 vastgestelde regeling toepassen, leggen op basis van de in lid 2, onder (c), bedoelde evaluatiecriteria de Commissie uiterlijk op 30 juni 2017 een verslag voor.] In het verslag dient duidelijk te zijn aangegeven welke gegevens als vertrouwelijk moeten worden behandeld en welke gegevens mogen worden gepubliceerd.

In het verslag dient een uitvoerige beoordeling te worden gegeven van de algehele effectiviteit en efficiency van de maatregel, met name wat betreft:

a) [het effect op frauduleuze activiteiten met betrekking tot onder de maatregel vallende leveringen van goederen of diensten];

b) de mogelijke verschuiving van frauduleuze activiteiten naar goederen of andere diensten;

c) de uit de maatregel voortvloeiende nalevingskosten voor de belastingplichtigen;

4. [Elke lidstaat die op zijn grondgebied een trendverschuiving in de frauduleuze activiteiten in verband met de in lid1 opgesomde goederen en diensten constateert, na de datum van inwerkingtreding van dit artikel ten aanzien van dergelijke goederen of diensten,

dient daarover uiterlijk op 30 juni 2017 een verslag in bij de Commissie.

5. De Commissie legt vóór 1 januari 2018 een algemeen evaluatieverslag voor aan het Parlement en de Raad betreffende de effecten van de in lid 1 vastgestelde regeling op de fraudebestrijding.]]

Ingevoegd bij art. 1 Richtl. 2010/23/EU, Raad van 16 maart 2010 (PB. L. 72, 20.III.2010), van toepassing vanaf 9 april 2010 tot en met 30 juni 2015 (art. 3 en 4);

Lid 1, inleidende zin vervangen bij art. 1, 2), a) Richtl. 2013/43/EU, Raad van 22 juli 2013 (PB. L. 201, 26.VII.2013), van toepassing vanaf 15 augustus 2013 tot en met 31 december 2018 (art. 2 en 3);

Lid 1, c)-j) ingevoegd bij art. 1, 2), b) Richtl. 2013/43/EU, Raad van 22 juli 2013 (PB. L. 201, 26.VII.2013), van toepassing vanaf 15 augustus 2013 tot en met 31 december 2018 (art. 2 en 3);

Lid 1bis-1ter ingevoegd bij art. 1, 2), c) Richtl. 2013/43/EU, Raad van 22 juli 2013 (PB. L. 201, 26.VII.2013), van toepassing vanaf 15 augustus 2013 tot en met 31 december 2018 (art. 2 en 3);

Lid 2 vervangen bij art. 1, 2), d) Richtl. 2013/43/EU, Raad van 22 juli 2013 (PB. L. 201, 26.VII.2013), van toepassing vanaf 15 augustus 2013 tot en met 31 december 2018 (art. 2 en 3);

Lid 3, al. 1 gewijzigd bij art. 1, 2), e) Richtl. 2013/43/EU, Raad van 22 juli 2013 (PB. L. 201, 26.VII.2013), van toepassing vanaf 15 augustus 2013 tot en met 31 december 2018 (art. 2 en 3);

Lid 3, al. 2, a) vervangen bij art. 1, 2), f) Richtl. 2013/43/EU, Raad van 22 juli 2013 (PB. L. 201, 26.VII.2013), van toepassing vanaf 15 augustus 2013 tot en met 31 december 2018 (art. 2 en 3);

Lid 4 vervangen en lid 5 ingevoegd bij art. 1, 2), g) Richtl. 2013/43/EU, Raad van 22 juli 2013 (PB. L. 201, 26.VII.2013), van toepassing vanaf 15 augustus 2013 tot en met 31 december 2018 (art. 2 en 3).

[**Art. 199ter.** 1. Een lidstaat kan, in gevallen van dwingende urgentie en overeenkomstig leden 2 en 3, de ontvanger als de tot voldoening van de BTW gehouden persoon voor specifieke leveringen van goederen en diensten aanwijzen, in afwijking van artikel 193 en als een bijzondere maatregel in het kader van het snellereactiemechanisme (QRM) tegen plotse en grootschalige btw-fraude die tot aanzienlijke en onherstelbare financiële verliezen zou kunnen leiden.

De bijzondere QRM-maatregel is onderworpen aan het nemen van passende controlemaatregelen door de lidstaat met betrekking tot de belastingplichtigen die de goederen of diensten leveren waarop die maatregel van toepassing is, en de duur ervan mag de termijn van negen maanden niet overschrijden.

2. Een lidstaat die een bijzondere QRM-maatregel als voorzien in lid 1 wil invoeren, zendt een kennisgeving aan de Commissie door middel van het overeenkomstig lid 4 opgestelde standaardformulier, en zendt deze kennisgeving tegelijkertijd aan de overige lidstaten. De lidstaat deelt de Commissie mee om welke sector het gaat, de vorm en de kenmerken van de fraude, het bestaan van dwingende redenen van urgentie,

het plotse en grootschalige karakter van de fraude alsmede de gevolgen ervan in termen van aanzienlijke en onherstelbare financiële verliezen. Indien de Commissie meent niet over alle noodzakelijke gegevens te beschikken, neemt zij binnen twee weken na ontvangst van de kennisgeving contact op met de betrokken lidstaat en deelt zij hem mee welke aanvullende gegevens vereist zijn. Elke aanvullende inlichting die door de betrokken lidstaat aan de Commissie verstrekt wordt zal tegelijkertijd aan de overige lidstaten toegezonden worden. Indien de aanvullende gegevens niet toereikend zijn, stelt de Commissie de betrokken lidstaat daarvan binnen een week in kennis.

Een lidstaat die een bijzondere QRM-maatregel zoals voorzien in lid 1 wil invoeren, dient tegelijkertijd ook een verzoek in bij de Commissie, overeenkomstig de procedures van artikel 395, leden 2 en 3.

3. Zodra de Commissie over alle gegevens beschikt die zij nodig acht voor de beoordeling van de kennisgeving als bedoeld in lid 2, eerste alinea, stelt zij de lidstaten daarvan in kennis. Wanneer zij bezwaar maakt tegen de bijzondere QRM-maatregel, brengt zij binnen de maand volgend op de kennisgeving een negatief advies uit, en stelt zij de betrokken lidstaat en het BTW-comité hiervan op de hoogte. Wanneer de Commissie geen bezwaar maakt, bevestigt zij dit binnen dezelfde termijn schriftelijk aan de betrokken lidstaat en aan het BTW-comité. De lidstaat kan de bijzondere QRM-maatregel vaststellen vanaf de dag van ontvangst van deze bevestiging. Bij het beoordelen van de kennisgeving houdt de Commissie rekening met de standpunten van andere lidstaten die haar schriftelijk zijn toegezonden.

4. De Commissie stelt bij uitvoeringshandeling een standaardformulier vast voor de indiening van de kennisgeving voor de in lid 2 bedoelde QRM-maatregel en van de in lid 2, eerste alinea, bedoelde gegevens. Deze uitvoeringshandeling wordt vastgesteld volgens de in artikel 5 bedoelde onderzoeksprocedure.

5. Wanneer naar dit lid wordt verwezen, is artikel 5 van Verordening (EU) nr. 182/2011 van het Europees Parlement en de Raad van toepassing, en het comité te dien einde is het bij artikel 58 van Richtlijn (EU) nr. 904/2010 van de Raad ingestelde comité.]

Ingevoegd bij art. 1, 1) Richtl. 2013/42/EU, Raad van 22 juli 2013 (PB. L. 201, 26.VII.2013), van toepassing vanaf 15 augustus 2013 tot en met 31 december 2018 (art. 3).

Art. 200. De BTW is verschuldigd door eenieder die een belastbare intracommunautaire verwerving van goederen verricht.

Art. 201. Bij invoer is de BTW verschuldigd door degene(n) die de lidstaat van invoer als de tot voldoening van de belasting gehouden personen heeft aangewezen of erkend.

Art. 202. De BTW is verschuldigd door degene door wiens toedoen de goederen worden onttrokken aan de in de artikelen 156, 157, 158, 160 en 161 genoemde regelingen of situaties.

Art. 203. De BTW is verschuldigd door eenieder die deze belasting op een factuur vermeldt.

Art. 204. 1. Wanneer bij de toepassing van de artikelen 193 tot en met 197 en de artikelen 199 en 200 de tot voldoening van de belasting gehouden persoon een belastingplichtige is die niet is gevestigd in de lidstaat waar de BTW verschuldigd is, kunnen de lidstaten hem de mogelijkheid geven een fiscaal vertegenwoordiger aan te wijzen als tot voldoening van de belasting gehouden persoon.

In het geval dat de belastbare handeling wordt verricht door een belastingplichtige die niet in de lidstaat is gevestigd waar de BTW verschuldigd is, en er met het land van het hoofdkantoor of de vestiging van deze belastingplichtige geen rechtsinstrument inzake wederzijdse bijstand bestaat waarvan de strekking gelijk is aan die van Richtlijn 76/308/EEG en Verordening (EG) nr. 1798/2003, kunnen de lidstaten bepalen dat een door deze belastingplichtige aangewezen fiscaal vertegenwoordiger tot voldoening van de belasting wordt gehouden.

De lidstaten kunnen de in de tweede alinea bedoelde mogelijkheid echter niet toepassen op niet in de Gemeenschap gevestigde belastingplichtigen in de zin van artikel 358, punt 1), die voor de bijzondere regeling voor langs elektronische weg verrichte diensten hebben gekozen.

2. De in lid 1, eerste alinea, bedoelde mogelijkheid is onderworpen aan de door de respectieve lidstaten vastgestelde voorwaarden en uitvoeringsbepalingen.

Toekomstig recht: – Met inwerkingtreding op 1 januari 2015 wordt art. 204, lid 1, al. 3 vervangen door wat volgt:
"De lidstaten kunnen de in de tweede alinea bedoelde mogelijkheid echter niet toepassen op niet in de Gemeenschap gevestigde belastingplichtigen in de zin van artikel 358 bis, punt 1), die voor de bijzondere regeling voor telecommunicatiediensten, omroepdiensten of langs elektronische weg verrichte diensten hebben gekozen.".
(Richtl. 2008/8/EG, Raad van 12 februari 2008, art. 5.5, PB. L. 44, 20.II.2008)

Art. 205. In de in de artikelen 193 tot en met 200 en 202, 203 en 204 bedoelde situaties kunnen de lidstaten bepalen dat een andere persoon dan degene die tot voldoening van de belasting is gehouden, hoofdelijk verplicht is de BTW te voldoen.

Afdeling 2

Wijze van betaling

Art. 206. Iedere belastingplichtige die tot voldoening van de belasting is gehouden, moet het nettobedrag van de BTW bij de indiening van de in artikel 250 bedoelde aangifte voldoen. De lidstaten kunnen echter een ander tijdstip voor de betaling van dit bedrag vaststellen of bepalen dat voorlopige vooruitbetalingen moeten worden gedaan.

Art. 207. De lidstaten treffen de nodige maatregelen opdat de personen die overeenkomstig de artikelen 194 tot en met 197 en de artikelen 199 en 204 worden geacht in plaats van een niet op hun respectieve grondgebied gevestigde belastingplichtige tot voldoening van de belasting te zijn gehouden, de in deze afdeling vastgestelde betalingsverplichtingen nakomen.

De lidstaten treffen voorts de nodige maatregelen opdat de personen die overeenkomstig artikel 205 worden geacht hoofdelijk verplicht te zijn de BTW te voldoen, deze betalingsverplichtingen nakomen.

Art. 208. De lidstaten die overeenkomstig artikel 198, lid 1, de afnemer van beleggingsgoud als de tot voldoening van de belasting gehouden persoon aanwijzen of gebruik maken van de in artikel 198, lid 2, geboden mogelijkheid om de afnemer van goud, halffabrikaten of beleggingsgoud als omschreven in artikel 344, lid 1, als de tot voldoening van de belasting gehouden persoon aan te wijzen, treffen de nodige maatregelen opdat die afnemer de in deze afdeling vastgestelde betalingsverplichtingen nakomt.

Art. 209. De lidstaten treffen de nodige maatregelen opdat niet-belastingplichtige rechtspersonen die gehouden zijn tot voldoening van de belasting welke verschuldigd is wegens de in artikel 2, lid 1, onder b), punt i), bedoelde intracommunautaire verwerving van goederen, de in deze afdeling vastgestelde betalingsverplichtingen nakomen.

Art. 210. De lidstaten stellen nadere regels vast met betrekking tot de betaling ter zake van de in artikel 2, lid 1, onder b), punt ii), bedoelde intracommunautaire verwerving van nieuwe vervoermiddelen en de in artikel 2, lid 1, onder b), punt iii), bedoelde intracommunautaire verwerving van accijnsproducten.

Art. 211. De lidstaten stellen nadere regels vast met betrekking tot de betaling ter zake van de invoer van goederen.

De lidstaten kunnen in het bijzonder bepalen dat met betrekking tot de invoer van goederen die wordt verricht door belastingplichtigen of tot betaling van de belasting gehouden personen, of door bepaalde categorieën daarvan, de wegens de invoer verschuldigde BTW niet hoeft te worden betaald op het tijdstip van de invoer, mits deze belasting als zodanig wordt vermeld in de overeenkomstig artikel 250 opgestelde BTW-aangifte.

Art. 212. De lidstaten kunnen de belastingplichtigen vrijstellen van de betaling van de verschuldigde BTW wanneer het bedrag daarvan onbeduidend is.

HOOFDSTUK 2

IDENTIFICATIE

Art. 213. 1. Iedere belastingplichtige moet opgave doen van het begin, de wijziging en de beëindiging van zijn activiteit als belastingplichtige.

De lidstaten staan onder door hen vast te stellen voorwaarden toe dat de aangifte langs elektronische weg geschiedt en kunnen dit ook verplicht stellen.

2. Onverminderd lid 1, eerste alinea, moet iedere belastingplichtige of niet-belastingplichtige rechtspersoon die intracommunautaire verwervingen van goederen verricht welke niet op grond van artikel 3, lid 1, aan de BTW zijn onderworpen, melden dat hij dergelijke verwervingen verricht, indien de in dat artikel gestelde voorwaarden om deze verwervingen niet aan de BTW te onderwerpen niet meer vervuld zijn.

Art. 214. 1. De lidstaten treffen de nodige maatregelen voor de identificatie onder een individueel nummer van de volgende personen:

a) iedere belastingplichtige, uitgezonderd de in artikel 9, lid 2, bedoelde, die op hun respectieve grondgebied goederenleveringen of diensten verricht welke recht op aftrek doen ontstaan, andere dan de goederenleveringen of de diensten waarvoor overeenkomstig de artikelen 194 tot en met 197 en artikel 199 uitsluitend de afnemer of degene voor wie de goederen of de diensten bestemd zijn, de BTW verschuldigd is;

b) iedere belastingplichtige of niet-belastingplichtige rechtspersoon die intracommunautaire verwervingen van goederen verricht welke op grond van artikel 2, lid 1, onder b), aan de BTW zijn onderworpen of die het in artikel 3, lid 3, bedoelde keuzerecht uitoefent zijn intracommunautaire verwervingen aan de BTW te onderwerpen;

c) iedere belastingplichtige die op hun respectieve grondgebied intracommunautaire verwervingen van goederen verricht met betrekking tot handelingen in verband met de in artikel 9, lid 1, tweede alinea, bedoelde werkzaamheden welke hij buiten dat grondgebied verricht;

[d) iedere belastingplichtige die op hun respectieve grondgebied diensten afneemt waarvoor hij overeenkomstig artikel 196 de BTW verschuldigd is;

e) iedere belastingplichtige die op hun respectieve grondgebied gevestigd is en binnen het grondgebied van een andere lidstaat diensten verricht waarvoor uitsluitend de afnemer overeenkomstig artikel 196 de btw verschuldigd is.]

2. Het staat de lidstaten vrij bepaalde belastingplichtigen die incidenteel de in artikel 12 bedoelde handelingen verrichten, niet voor BTW-doeleinden te identificeren.

1, d) en e) ingevoegd bij art. 2.8 Richtl. 2008/8/EG, Raad van 12 februari 2008 (PB. L. 44, 20.II.2008), van toepassing vanaf 1 januari 2010.

Art. 215. Het individuele identificatienummer begint met een landencode overeenkomstig de ISO-code 3166 alpha 2, die aangeeft welke lidstaat het nummer heeft toegekend.

Griekenland is evenwel gerechtigd het prefix EL te hanteren.

Art. 216. De lidstaten treffen de nodige maatregelen opdat hun identificatiesysteem de in artikel 214

bedoelde belastingplichtigen kan onderscheiden en aldus de juiste toepassing van de in artikel 402 bedoelde overgangsregeling voor de belastingheffing op intracommunautaire handelingen verzekert.

HOOFDSTUK 3

FACTURERING

Afdeling 1

Definitie

Art. 217. [In deze richtlijn wordt verstaan onder "elektronische factuur", een factuur die de bij deze richtlijn voorgeschreven gegevens bevat, welke in elektronisch formaat is verstrekt en ontvangen.]

Vervangen bij art. 1, 11) Richtl. 2010/45/EU, Raad van 13 juli 2010 (PB. L. 189, 22.VII.2010), van toepassing vanaf 11 augustus 2010.

Afdeling 2

Het begrip factuur

Art. 218. Voor de toepassing van deze richtlijn aanvaarden de lidstaten als factuur ieder document of bericht op papier of in elektronisch formaat dat aan de in dit hoofdstuk vastgestelde voorwaarden voldoet.

Art. 219. Ieder document of bericht dat wijzigingen aanbrengt in en specifiek en ondubbelzinnig verwijst naar de oorspronkelijke factuur, geldt als factuur.

Afdeling 3

Uitreiking van facturen

[**Art. 219bis.** Onverminderd de artikelen 244 tot en met 248 is het volgende van toepassing:

1) Voor facturering gelden de regels die van toepassing zijn in de lidstaat waar de goederenlevering of de dienst geacht wordt te zijn verricht, overeenkomstig het bepaalde in titel V.

2) In afwijking van het bepaalde in punt 1) gelden voor facturering de regels die van toepassing zijn in de lidstaat waar degene die de goederenlevering of de dienst verricht de zetel van zijn bedrijfsuitoefening of een vaste inrichting heeft gevestigd van waaruit hij de prestatie verricht, of, bij gebreke van een dergelijke zetel of vaste inrichting, de lidstaat waar de leverancier of dienstverrichter zijn woonplaats of zijn gebruikelijke verblijfplaats heeft, wanneer:

a) degene die de belastbare goederenlevering of de dienst verricht, niet gevestigd is in de lidstaat waar de goederenlevering of de dienst overeenkomstig het bepaalde in titel V geacht wordt te zijn verricht, of zijn inrichting in die lidstaat niet betrokken is bij het verrichten van de goederenlevering of de dienst in de zin van artikel 192bis, en de tot voldoening van de belasting gehouden persoon degene is voor wie de goederenlevering of de dienst wordt verricht.

Indien de afnemer de factuur uitreikt ("self-billing"), is punt 1) van toepassing;

b) de goederenlevering of de dienst wordt overeenkomstig het bepaalde in titel V niet geacht in de Gemeenschap te zijn verricht.]

Ingevoegd bij art. 1, 12) Richtl. 2010/45/EU, Raad van 13 juli 2010 (PB. L. 189, 22.VII.2010), van toepassing vanaf 11 augustus 2010.

Art. 220. [1. Iedere belastingplichtige zorgt ervoor dat door hemzelf, door de afnemer of, in zijn naam en voor zijn rekening, door een derde, in de volgende gevallen een factuur wordt uitgereikt:

1) de goederenleveringen of de diensten die hij heeft verricht voor een andere belastingplichtige of een niet-belastingplichtige rechtspersoon;

2) de in artikel 33 bedoelde goederenleveringen;

3) de goederenleveringen, verricht onder de in artikel 138 gestelde voorwaarden;

4) de vooruitbetalingen die aan hem worden gedaan voordat een van de in de punten 1) en 2) bedoelde goederenleveringen is verricht;

5) de vooruitbetalingen die door een andere belastingplichtige of door een niet-belastingplichtige rechtspersoon aan hem worden gedaan voordat de dienst is verricht.

2. In afwijking van lid 1 en onverminderd artikel 221, lid 2, hoeft geen factuur te worden uitgereikt met betrekking tot diensten die vrijgesteld zijn uit hoofde van artikel 135, lid 1, onder a) tot en met g).]

Vervangen bij art. 1, 13) Richtl. 2010/45/EU, Raad van 13 juli 2010 (PB. L. 189, 22.VII.2010), van toepassing vanaf 11 augustus 2010.

[**Art. 220bis.** 1. De lidstaten staan de belastingplichtige toe een vereenvoudigde factuur uit te reiken in de volgende gevallen:

a) wanneer het bedrag van de factuur niet hoger is dan 100 EUR of de tegenwaarde daarvan in de nationale munteenheid;

b) wanneer de uitgereikte factuur een document of bericht is dat overeenkomstig artikel 219 als factuur geldt.

2. De lidstaten staan de belastingplichtige niet toe een vereenvoudigde factuur uit te reiken indien de facturen moeten worden uitgereikt overeenkomstig artikel 220, lid 1, punten 2) en 3), of indien de belastbare goederenlevering of de belastbare dienst wordt verricht door een belastingplichtige die niet is gevestigd in de lidstaat waar de belasting verschuldigd is of van wie geen inrichting op het grondgebied van die lidstaat bij het verrichten van de goederenlevering of de dienst is betrokken in de zin van artikel 192bis, en de tot voldoening van de belasting gehouden persoon degene is voor wie de goederenlevering of dienst wordt verricht.]

Ingevoegd bij art. 1, 14) Richtl. 2010/45/EU, Raad van 13 juli 2010 (PB. L. 189, 22.VII.2010), van toepassing vanaf 11 augustus 2010.

Art. 221. [1. De lidstaten kunnen de belastingplichtige de verplichting opleggen een factuur overeenkomstig de voorschriften van artikel 226 of artikel 226 ter uit te reiken voor andere dan de in artikel 220, lid 1, bedoelde goederenleveringen of diensten.

2. De lidstaten kunnen de belastingplichtige die zijn bedrijf op hun grondgebied heeft gevestigd of daar over een vaste inrichting beschikt van waaruit de diensten worden verricht, de verplichting opleggen een factuur uit te reiken overeenkomstig de voorschriften van artikel 226 of artikel 226 ter voor de krachtens artikel 135, lid 1, onder a) tot en met g), vrijgestelde diensten die de belastingplichtige op hun grondgebied of buiten de Gemeenschap heeft verricht.

3. [De lidstaten kunnen de belastingplichtige van de in artikel 220, lid 1, of in artikel 220bis vastgestelde factureringsplicht ontheffen voor de op hun grondgebied verrichte goederenleveringen of diensten die, al dan niet met recht op aftrek van voorbelasting, overeenkomstig de artikelen 110 en 111, artikel 125, lid 1, artikel 127, artikel 128, lid 1, de artikelen 132, punten h) tot en met l), artikel 135, lid 1, de artikelen 136, 371, 375, 376 en 377, artikel 378, lid 2, en artikel 379, lid 2, en de artikelen 380 tot en met 390quater vrijgesteld zijn.]]

Vervangen bij art. 1, 15) Richtl. 2010/45/EU, Raad van 13 juli 2010 (PB. L. 189, 22.VII.2010), van toepassing vanaf 11 augustus 2010;
Lid 3 vervangen bij Bijlage V, 8, 2, d) B. 5 december 2011 (PB. L. 112, 24.IV.2012), van toepassing vanaf 1 juli 2013.

Art. 222. [Voor goederenleveringen die onder de in artikel 138 gestelde voorwaarden worden verricht of voor diensten ter zake waarvan de BTW overeenkomstig artikel 196 door de afnemer verschuldigd is, wordt de factuur uitgereikt uiterlijk op de vijftiende dag van de maand volgende op die waarin het belastbare feit zich heeft voorgedaan.

Met betrekking tot andere goederenleveringen en diensten kunnen de lidstaten de belastingplichtige een termijn voor de uitreiking van facturen opleggen.]

Vervangen bij art. 1, 15) Richtl. 2010/45/EU, Raad van 13 juli 2010 (PB. L. 189, 22.VII.2010), van toepassing vanaf 11 augustus 2010.

Art. 223. [De lidstaten staan de belastingplichtige toe periodieke facturen uit te reiken waarop de gegevens van verscheidene afzonderlijke goederenleveringen of diensten zijn vermeld, onder voorwaarde dat de BTW op de op een periodieke factuur vermelde goederenleveringen en diensten in dezelfde kalendermaand verschuldigd wordt.

Onverminderd artikel 222 kunnen de lidstaten toestaan dat in periodieke facturen prestaties worden opgenomen waarvoor de btw tijdens een langere periode dan één kalendermaand verschuldigd is geworden.]

Vervangen bij art. 1, 15) Richtl. 2010/45/EU, Raad van 13 juli 2010 (PB. L. 189, 22.VII.2010), van toepassing vanaf 11 augustus 2010.

Art. 224. [Facturen mogen door de afnemer worden opgemaakt voor goederenleveringen of diensten die door een belastingplichtige voor hem worden verricht, indien beide partijen dat vooraf onderling zijn overeengekomen en op voorwaarde dat iedere factuur het voorwerp uitmaakt van een procedure van aanvaarding door de belastingplichtige die de goederenleveringen of de diensten verricht. De lidstaten kunnen verlangen dat die facturen worden uitgereikt in naam en voor rekening van de belastingplichtige.]

Vervangen bij art. 1, 15) Richtl. 2010/45/EU, Raad van 13 juli 2010 (PB. L. 189, 22.VII.2010), van toepassing vanaf 11 augustus 2010.

Art. 225. [De lidstaten kunnen de belastingplichtige specifieke voorwaarden opleggen in het geval dat de derde, of de afnemer, die de facturen uitreikt, gevestigd is in een land waarmee geen rechtsinstrument inzake wederzijdse bijstand bestaat waarvan de strekking gelijk is aan die van Richtlijn 2010/24/EU en Verordening (EG) nr. 1798/2003.]

Vervangen bij art. 1, 15) Richtl. 2010/45/EU, Raad van 13 juli 2010 (PB. L. 189, 22.VII.2010), van toepassing vanaf 11 augustus 2010.

Afdeling 4

Inhoud van de facturen

Art. 226. Onverminderd de bijzondere bepalingen van deze richtlijn zijn voor BTW-doeleinden op de overeenkomstig de artikelen 220 en 221 uitgereikte facturen alleen de volgende vermeldingen verplicht:

1) de datum van uitreiking van de factuur;

2) een opeenvolgend nummer, met één of meer reeksen, waardoor de factuur eenduidig wordt geïdentificeerd;

3) het in artikel 214 bedoelde BTW-identificatienummer waaronder de belastingplichtige de goederenleveringen of de diensten heeft verricht;

4) het in artikel 214 bedoelde BTW-identificatienummer van de afnemer waaronder hij een goederenlevering of een dienst heeft afgenomen waarvoor hij tot voldoening van de belasting is gehouden of waaronder hij een in artikel 138 bedoelde goederenlevering heeft afgenomen;

5) de volledige naam en het volledige adres van de belastingplichtige en zijn afnemer;

6) de hoeveelheid en de aard van de geleverde goederen of de omvang en de aard van de verrichte diensten;

7) de datum waarop de goederenlevering of de dienst heeft plaatsgevonden of voltooid is of de datum

waarop de in artikel 220, punten 4) en 5), bedoelde vooruitbetaling is gedaan, voor zover die datum vastgesteld is en verschilt van de uitreikingsdatum van de factuur;

[7bis) wanneer de BTW verschuldigd wordt op het moment waarop de betaling wordt ontvangen overeenkomstig artikel 66, onder b), en het recht op aftrek ontstaat op het tijdstip waarop de aftrekbare belasting verschuldigd wordt, de vermelding "kasstelsel";]

8) de maatstaf van heffing voor elk tarief of elke vrijstelling, de eenheidsprijs, BTW niet inbegrepen, evenals de eventuele vooruitbetalingskortingen, prijskortingen en -rabatten indien die niet in de eenheidsprijs zijn begrepen;

9) het toegepaste BTW-tarief;

10) het te betalen BTW-bedrag, tenzij er een bijzondere regeling van toepassing is waarvoor deze richtlijn die vermelding uitsluit;

[10bis) wanneer de afnemer die een prestatie afneemt de factuur uitreikt in plaats van degene die de prestatie verricht, de vermelding "factuur uitgereikt door afnemer";]

11) [in geval van een vrijstelling, een verwijzing naar de toepasselijke bepaling in deze richtlijn of naar de overeenkomstige nationale bepaling of enige andere vermelding dat de goederenlevering of de diensten zijn vrijgesteld;]

[11bis) wanneer de afnemer tot voldoening van de belasting is gehouden, de vermelding "BTW verlegd";]

12) in geval van levering van een nieuw vervoermiddel onder de in artikel 138, lid 1 en lid 2, onder a), gestelde voorwaarden, de in artikel 2, lid 2, tweede alinea, bedoelde gegevens;

13) [wanneer de bijzondere regeling voor reisbureaus wordt gehanteerd, de vermelding "Bijzondere regeling reisbureaus"];

14) [wanneer een van de bijzondere regelingen voor gebruikte goederen, kunstvoorwerpen, voorwerpen voor verzamelingen of antiquiteiten wordt gehanteerd, de vermelding "Bijzondere regeling — gebruikte goederen, "Bijzondere regeling — kunstvoorwerpen", respectievelijk "Bijzondere regeling — voorwerpen voor verzamelingen of antiquiteiten"];

15) wanneer degene die tot voldoening van de belasting gehouden is, een fiscaal vertegenwoordiger is in de zin van artikel 204, het in artikel 214 bedoelde BTW-identificatienummer van deze fiscaal vertegenwoordiger, samen met zijn volledige naam en adres.

7bis) ingevoegd bij art. 1, 16), a) Richtl. 2010/45/EU, Raad van 13 juli 2010 (PB. L. 189, 22.VII.2010), van toepassing vanaf 11 augustus 2010;

10bis) ingevoegd bij art. 1, 16), b) Richtl. 2010/45/EU, Raad van 13 juli 2010 (PB. L. 189, 22.VII.2010), van toepassing vanaf 11 augustus 2010;

11) vervangen bij art. 1, 16), c) Richtl. 2010/45/EU, Raad van 13 juli 2010 (PB. L. 189, 22.VII.2010), van toepassing vanaf 11 augustus 2010;

11bis) ingevoegd bij art. 1, 16), d) Richtl. 2010/45/EU, Raad van 13 juli 2010 (PB. L. 189, 22.VII.2010), van toepassing vanaf 11 augustus 2010;

13) vervangen bij art. 1, 16), e) Richtl. 2010/45/EU, Raad van 13 juli 2010 (PB. L. 189, 22.VII.2010), van toepassing vanaf 11 augustus 2010;

14) vervangen bij art. 1, 16), e) Richtl. 2010/45/EU, Raad van 13 juli 2010 (PB. L. 189, 22.VII.2010), van toepassing vanaf 11 augustus 2010.

[**Art. 226bis.** Wanneer de factuur wordt uitgereikt door een belastingplichtige die niet gevestigd is in de lidstaat waar de belasting verschuldigd is of van wie geen inrichting op het grondgebied van die lidstaat bij het verrichten van de goederenlevering of de dienst is betrokken in de zin van artikel 192bis en die goederenleveringen of diensten verricht voor een afnemer die tot voldoening van de belasting is gehouden, kan de belastingplichtige de in artikel 226, punten 8), 9) en 10), bedoelde vermeldingen weglaten en in plaats daarvan, door de hoeveelheid of de omvang alsook de aard van de geleverde goederen of verrichte diensten te specificeren, de maatstaf van heffing voor die goederen of diensten vermelden.]

Ingevoegd bij art. 1, 17) Richtl. 2010/45/EU, Raad van 13 juli 2010 (PB. L. 189, 22.VII.2010), van toepassing vanaf 11 augustus 2010.

[**Art. 226ter.** Met betrekking tot de overeenkomstig de artikel 220bis en artikel 221, leden 1 en 2, uitgereikte vereenvoudigde facturen schrijven de lidstaten ten minste de volgende vermeldingen voor:

a) de datum van uitreiking van de factuur;

b) de identiteit van de belastingplichtige die de goederenlevering of de dienst verricht;

c) de aard van de geleverde goederen of de verrichte diensten;

d) het te betalen BTW-bedrag of de gegevens aan de hand waarvan dat bedrag kan worden berekend;

e) wanneer de uitgereikte factuur een document of bericht is dat overeenkomstig artikel 219 als factuur geldt, een specifieke en ondubbelzinnige verwijzing naar de oorspronkelijke factuur, met specifieke vermelding van de aangebrachte wijzigingen.

Zij mogen geen andere dan de in artikel 226, 227 en 230 bedoelde vermeldingen op de factuur verlangen.]

Ingevoegd bij art. 1, 17) Richtl. 2010/45/EU, Raad van 13 juli 2010 (PB. L. 189, 22.VII.2010), van toepassing vanaf 11 augustus 2010.

Art. 227. De lidstaten kunnen belastingplichtigen die op hun grondgebied gevestigd zijn en er goederenleveringen of diensten verrichten, de verplichting opleggen in andere dan de in artikel 226, punt 4), bedoelde gevallen het in artikel 214 bedoelde BTW-identificatienummer van hun afnemer te vermelden.

Art. 228. [...]

Opgeheven bij art. 1, 18) Richtl. 2010/45/EU, Raad van 13 juli 2010 (PB. L. 189, 22.VII.2010), van toepassing vanaf 11 augustus 2010.

Art. 229. De lidstaten leggen niet de verplichting op de facturen te ondertekenen.

Art. 230. [Op een factuur kunnen bedragen in willekeurig welke munteenheid voorkomen, mits het te betalen of te herziene BTW-bedrag is uitgedrukt in de nationale munteenheid van de lidstaat en mits daarbij gebruik wordt gemaakt van het in artikel 91 bedoelde wisselkoersmechanisme.]

Vervangen bij art. 1, 19) Richtl. 2010/45/EU, Raad van 13 juli 2010 (PB. L. 189, 22.VII.2010), van toepassing vanaf 11 augustus 2010.

Art. 231. [...]

Opgeheven bij art. 1, 20) Richtl. 2010/45/EU, Raad van 13 juli 2010 (PB. L. 189, 22.VII.2010), van toepassing vanaf 11 augustus 2010.

Afdeling 5

[Papieren facturen en elektronische facturen]

Opschrift vervangen bij art. 1, 21) Richtl. 2010/45/EU, Raad van 13 juli 2010 (PB. L. 189, 22.VII.2010), van toepassing vanaf 11 augustus 2010.

Art. 232. [Elektronische facturering wordt toegepast behoudens aanvaarding door de afnemer.]

Vervangen bij art. 1, 22) Richtl. 2010/45/EU, Raad van 13 juli 2010 (PB. L. 189, 22.VII.2010), van toepassing vanaf 11 augustus 2010.

Art. 233. [1. De authenticiteit van de herkomst, de integriteit van de inhoud, en de leesbaarheid van de factuur, op papier of in elektronisch formaat, worden vanaf het tijdstip waarop de factuur wordt uitgereikt tot het einde van de bewaartermijn gewaarborgd.

De belastingplichtige bepaalt zelf hoe de authenticiteit van de herkomst, de integriteit van de inhoud, en de leesbaarheid van de factuur worden gewaarborgd. Hiertoe kan gebruik worden gemaakt van elke bedrijfscontrole die een betrouwbaar controlespoor tussen een factuur en een verrichte prestatie oplevert.

Onder "authenticiteit van de herkomst" wordt verstaan het waarborgen van de identiteit van de degene die de goederenlevering of de dienst heeft verricht of van degene die de factuur heeft uitgereikt.

Onder "integriteit van de inhoud" wordt verstaan dat de krachtens deze richtlijn voorgeschreven inhoud geen wijzigingen heeft ondergaan.

2. De authenticiteit van de herkomst en de integriteit van de inhoud van een elektronische factuur kunnen, behalve door middel van de in lid 1 bedoelde bedrijfscontroles, bijvoorbeeld ook met de volgende technologieën worden gewaarborgd:

a) een geavanceerde elektronische handtekening in de zin van artikel 2, punt 2), van Richtlijn 1999/93/EG van het Europees Parlement en de Raad van 13 december 1999 betreffende een gemeenschappelijk kader voor elektronische handtekeningen, welke gebaseerd is op een gekwalificeerd certificaat in de zin van artikel 2, punt 10), van Richtlijn 1999/93/EG en gecreeerd wordt met een veilig middel voor het aanmaken van handtekeningen in de zin van artikel 2, punten 6) en 10), van Richtlijn 1999/93/EG;

b) elektronische uitwisseling van gegevens (Electronic Data Interchange — EDI), zoals gedefinieerd in artikel 2 van bijlage 1 bij Aanbeveling 1994/820/EG van de Commissie van 19 oktober 1994 betreffende de juridische aspecten van de elektronische uitwisseling van gegevens, indien het akkoord betreffende deze uitwisseling in het gebruik van procedures voorziet die de authenticiteit van de herkomst en de integriteit van de gegevens waarborgen.]

Vervangen bij art. 1, 22) Richtl. 2010/45/EU, Raad van 13 juli 2010 (PB. L. 189, 22.VII.2010), van toepassing vanaf 11 augustus 2010.

Art. 234. [...]

Opgeheven bij art. 1, 23) Richtl. 2010/45/EU, Raad van 13 juli 2010 (PB. L. 189, 22.VII.2010), van toepassing vanaf 11 augustus 2010.

Art. 235. [De lidstaten kunnen specifieke voorwaarden opleggen voor het langs elektronische weg uitreiken van facturen betreffende goederenleveringen en diensten die op hun grondgebied zijn verricht vanuit een land waarmee geen rechtsinstrument inzake wederzijdse bijstand bestaat waarvan de strekking gelijk is aan die van Richtlijn 2010/24/EU en Verordening (EG) nr. 1798/2003.]

Vervangen bij art. 1, 24) Richtl. 2010/45/EU, Raad van 13 juli 2010 (PB. L. 189, 22.VII.2010), van toepassing vanaf 11 augustus 2010.

Art. 236. [Bij een reeks elektronische facturen die aan dezelfde afnemer worden verzonden of ter beschikking worden gesteld, hoeven de voor de verschillende facturen gelijke vermeldingen slechts één keer te worden opgenomen, voor zover voor elke factuur alle informatie toegankelijk is.]

Vervangen bij art. 1, 24) Richtl. 2010/45/EU, Raad van 13 juli 2010 (PB. L. 189, 22.VII.2010), van toepassing vanaf 11 augustus 2010.

Art. 237. [Uiterlijk op 31 december 2016 legt de Commissie aan het Europees Parlement en de Raad een algemeen evaluatieverslag voor, gebaseerd op een onafhankelijk economisch onderzoek, over het effect van de vanaf 1 januari 2013 toepasselijke factureringsregels en met name over de mate waarin zij daadwerkelijk tot een afname van de administratieve lasten voor het bedrijfsleven hebben geleid, waar nodig vergezeld van een passend voorstel tot wijziging van de desbetreffende regels.]

Vervangen bij art. 1, 24) Richtl. 2010/45/EU, Raad van 13 juli 2010 (PB. L. 189, 22.VII.2010), van toepassing vanaf 11 augustus 2010.

Afdeling 6

Vereenvoudigingsmaatregelen

Art. 238. 1. [Na raadpleging van het BTW-Comité kunnen de lidstaten onder door hen te stellen voorwaarden bepalen dat op de facturen betreffende goederenleveringen of diensten in de volgende gevallen alleen de krachtens artikel 226 ter voorgeschreven vermeldingen worden opgenomen:

a) wanneer het bedrag van de factuur hoger is dan 100 EUR, doch niet hoger dan 400 EUR of de tegenwaarde daarvan in de nationale munteenheid;

b) wanneer de handels- of administratieve praktijken van de betrokken bedrijfssector of de technische voorwaarden waaronder die facturen uitgereikt worden, de naleving van alle in artikel 226 of artikel 230 bedoelde verplichtingen in sterke mate bemoeilijken.]

2. [...]

3. [De vereenvoudiging waarin lid 1 voorziet, wordt niet toegepast indien de facturen moeten worden uitgereikt overeenkomstig artikel 220, lid 1, punten 2) en 3), of indien de belastbare goederenlevering of de belastbare dienst wordt verricht door een belastingplichtige die niet is gevestigd in de lidstaat waar de belasting verschuldigd is of van wie geen inrichting op het grondgebied van die lidstaat bij het verrichten van de goederenlevering of de dienst is betrokken in de zin van artikel 192bis, en de tot voldoening van de belasting gehouden persoon degene is voor wie de goederenlevering of dienst wordt verricht.]

Lid 1 vervangen bij art. 1, 25), a) Richtl. 2010/45/EU, Raad van 13 juli 2010 (PB. L. 189, 22.VII.2010), van toepassing vanaf 11 augustus 2010;
Lid 2 opgeheven bij art. 1, 25), b) Richtl. 2010/45/EU, Raad van 13 juli 2010 (PB. L. 189, 22.VII.2010), van toepassing vanaf 11 augustus 2010;
Lid 3 vervangen bij art. 1, 25), c) Richtl. 2010/45/EU, Raad van 13 juli 2010 (PB. L. 189, 22.VII.2010), van toepassing vanaf 11 augustus 2010.

Art. 239. Ingeval de lidstaten gebruikmaken van de in artikel 272, lid 1, eerste alinea, punt b), geboden mogelijkheid geen BTW-identificatienummer toe te kennen aan belastingplichtigen die geen van de handelingen bedoeld in de artikelen 20, 21, 22, 33, 36, 138 en 141 verrichten, wordt bij niet-toekenning van dat identificatienummer aan de verrichter en de afnemer van de goederenleveringen of de diensten op de factuur een ander nummer vermeld, het zogenaamde fiscaal registratienummer, zoals gedefinieerd door de betrokken lidstaten.

Art. 240. Wanneer het BTW-identificatienummer aan de belastingplichtige is toegekend, kunnen de lidstaten die van de in artikel 272, lid 1, eerste alinea, punt b), bedoelde mogelijkheid gebruik maken, bovendien bepalen dat op de factuur het volgende wordt vermeld:

1) voor de in de artikelen 44, 47, 50, 53, 54 en 55 bedoelde diensten en voor de in de artikelen 138 en 141 bedoelde goederenleveringen, het BTW-identificatienummer en het fiscaal registratienummer van de verrichter van de diensten of de goederenleveringen;

2) voor andere goederenleveringen of diensten alleen het fiscaal registratienummer van de verrichter van de goederenleveringen of de diensten, dan wel alleen het BTW-identificatienummer.

HOOFDSTUK 4

BOEKHOUDING

Afdeling 1

Definitie

Art. 241. Voor de toepassing van dit hoofdstuk wordt onder "bewaren van een factuur langs elektronische weg" verstaan, het bewaren van gegevens door middel van elektronische apparatuur voor gegevensverwerking (inclusief digitale compressie) en gegevensopslag, met gebruikmaking van draden, radio, optische of andere elektromagnetische middelen.

Afdeling 2

Algemene verplichtingen

Art. 242. Iedere belastingplichtige moet een boekhouding voeren die voldoende gegevens bevat om de toepassing van de BTW en de controle daarop door de belastingadministratie mogelijk te maken.

Art. 243. [1. Iedere belastingplichtige houdt een register bij van de goederen die door hemzelf of voor zijn rekening zijn verzonden of vervoerd buiten het grondgebied van de lidstaat van vertrek, maar binnen de Gemeenschap, ten behoeve van de in artikel 17, lid 2, onder f), g) en h), bedoelde handelingen, bestaande uit expertises of werkzaamheden betreffende die goederen of in het tijdelijke gebruik ervan.

2. Iedere belastingplichtige voert een boekhouding die voldoende gegevens bevat om de goederen te kunnen identificeren die vanuit een andere lidstaat naar hem zijn verzonden door of voor rekening van een in die andere lidstaat voor BTW-doeleinden geïdentificeerde belastingplichtige en die het voorwerp zijn van diensten, bestaande uit expertises of werkzaamheden betreffende die goederen.]

Vervangen bij art. 1, 26) Richtl. 2010/45/EU, Raad van 13 juli 2010 (PB. L. 189, 22.VII.2010), van toepassing vanaf 11 augustus 2010.

Afdeling 3

Specifieke verplichtingen ten aanzien van het bewaren van facturen

Art. 244. Iedere belastingplichtige moet erop toezien dat kopieën van de door hemzelf of door zijn afnemer of, in zijn naam en voor zijn rekening, door een derde uitgereikte facturen en alle door hemzelf ontvangen facturen worden bewaard.

Art. 245. 1. Voor de toepassing van deze richtlijn mag de belastingplichtige de plaats van bewaring bepalen, mits hij alle overeenkomstig artikel 244 bewaarde facturen of gegevens op ieder verzoek zonder onnodig uitstel ter beschikking van de bevoegde autoriteiten stelt.

2. De lidstaten kunnen de op hun grondgebied gevestigde belastingplichtigen verplichten tot kennisgeving van de plaats van bewaring wanneer deze buiten hun grondgebied gelegen is.

De lidstaten kunnen de op hun grondgebied gevestigde belastingplichtigen er bovendien toe verplichten de door henzelf, door hun afnemers of, in hun naam en voor hun rekening, door derden uitgereikte facturen, alsmede de door hen ontvangen facturen, binnen dat grondgebied te bewaren, wanneer deze bewaring niet geschiedt langs een elektronische weg die een volledige on-linetoegang tot de betrokken gegevens waarborgt.

Art. 246. [...]

Opgeheven bij art. 1, 27) Richtl. 2010/45/EU, Raad van 13 juli 2010 (PB. L. 189, 22.VII.2010), van toepassing vanaf 11 augustus 2010.

Art. 247. 1. Iedere lidstaat bepaalt hoe lang de belastingplichtigen ervoor moeten zorgen dat de facturen betreffende de op zijn grondgebied verrichte goederenleveringen of diensten en de facturen die op zijn grondgebied gevestigde belastingplichtigen hebben ontvangen, moeten worden bewaard.

2. [Om te waarborgen dat aan de voorschriften van artikel 233 wordt voldaan, kan de in lid 1 bedoelde lidstaat voorschrijven dat de facturen worden bewaard in de oorspronkelijke vorm — op papier of in elektronisch formaat — waarin zij zijn toegezonden of ter beschikking gesteld. De lidstaat kan tevens bepalen dat, wanneer de facturen in elektronisch formaat worden bewaard, de gegevens die overeenkomstig artikel 233 de authenticiteit van de herkomst en de integriteit van de inhoud waarborgen, eveneens in elektronisch formaat worden bewaard.]

3. [De in lid 1 bedoelde lidstaat kan bijzondere voorwaarden stellen met het oog op het verbieden of beperken van de bewaring van de facturen in een land waarmee geen rechtsinstrument inzake wederzijdse bijstand bestaat waarvan de strekking gelijk is aan die van Richtlijn 2010/24/EEG en Verordening (EG) nr. 1798/2003 of inzake het in artikel 249 bedoelde

recht van elektronische toegang, downloading en gebruik.]

Lid 2 vervangen bij art. 1, 28) Richtl. 2010/45/EU, Raad van 13 juli 2010 (PB. L. 189, 22.VII.2010), van toepassing vanaf 11 augustus 2010;
Lid 3 vervangen bij art. 1, 28) Richtl. 2010/45/EU, Raad van 13 juli 2010 (PB. L. 189, 22.VII.2010), van toepassing vanaf 11 augustus 2010.

Art. 248. De lidstaten kunnen onder door hen gestelde voorwaarden voorzien in een bewaringsplicht voor door niet-belastingplichtigen ontvangen facturen.

[**Art. 248bis.** Voor controledoeleinden kunnen de lidstaten ten aanzien van bepaalde belastingplichtigen of in bepaalde gevallen met betrekking tot de facturen betreffende op hun grondgebied verrichte goederenleveringen of diensten en de facturen die worden ontvangen door op hun grondgebied gevestigde belastingplichtigen een vertaling in hun officiële taal of een van hun officiële talen eisen. De lidstaten kunnen de vertaling van de facturen evenwel niet als algemene regel voorschrijven.]

Ingevoegd bij art. 1, 29) Richtl. 2010/45/EU, Raad van 13 juli 2010 (PB. L. 189, 22.VII.2010), van toepassing vanaf 11 augustus 2010.

Afdeling 4

Recht van toegang tot elektronisch bewaarde facturen in een andere lidstaat

Art. 249. [Wanneer een belastingplichtige de door hem verzonden of ontvangen facturen elektronisch bewaart, waarbij een onlinetoegang tot de gegevens wordt gewaarborgd, hebben de bevoegde autoriteiten van de lidstaat waar de belastingplichtige gevestigd is en, indien de belasting in een andere lidstaat verschuldigd is, de bevoegde autoriteiten van die lidstaat, het recht de facturen ter controle in te zien, te downloaden en te gebruiken.]

Vervangen bij art. 1, 30) Richtl. 2010/45/EU, Raad van 13 juli 2010 (PB. L. 189, 22.VII.2010), van toepassing vanaf 11 augustus 2010.

HOOFDSTUK 5

AANGIFTEN

Art. 250. 1. Iedere belastingplichtige moet een BTW-aangifte indienen waarop alle gegevens staan die nodig zijn om het bedrag van de verschuldigde belasting en van de aftrek vast te stellen, daarbij inbegrepen, voorzover zulks voor de vaststelling van de grondslag nodig is, het totale bedrag van de handelingen waarop deze belasting en deze aftrek betrekking hebben, alsmede het bedrag van de vrijgestelde handelingen.

2. De lidstaten staan onder door hen te stellen voorwaarden toe dat de in lid 1 bedoelde BTW-aangifte langs elektronische weg wordt ingediend en mogen dit ook verplicht stellen.

Art. 251. Behalve de in artikel 250 bedoelde gegevens moeten in de BTW-aangifte betreffende een bepaald belastingtijdvak de volgende gegevens vermeld zijn:

a) het totale bedrag, de BTW niet inbegrepen, van de in artikel 138 bedoelde goederenleveringen uit hoofde waarvan de belasting in de loop van dit belastingtijdvak verschuldigd is geworden;

b) het totale bedrag, de BTW niet inbegrepen, van de in artikel 33 en artikel 36, eerste alinea, bedoelde goederenleveringen die binnen het grondgebied van een andere lidstaat zijn verricht en uit hoofde waarvan de belasting in de loop van dit belastingtijdvak verschuldigd is geworden, indien de plaats van vertrek van de verzending of het vervoer van de goederen is gelegen in de lidstaat waar de aangifte moet worden ingediend;

c) het totale bedrag, de BTW niet inbegrepen, van de intracommunautaire verwervingen van goederen en van de krachtens de artikelen 21 en 22 bedoelde daarmee gelijkgestelde handelingen, verricht in de lidstaat waar de aangifte moet worden ingediend, en uit hoofde waarvan de belasting in de loop van dit belastingtijdvak verschuldigd is geworden;

d) het totale bedrag, de BTW niet inbegrepen, van de in artikel 33 en artikel 36, eerste alinea, bedoelde goederenleveringen die zijn verricht in de lidstaat waar de aangifte moet worden ingediend, en uit hoofde waarvan de belasting in de loop van dit belastingtijdvak verschuldigd is geworden, wanneer de plaats van vertrek van de verzending of het vervoer van de goederen op het grondgebied van een andere lidstaat is gelegen;

e) het totale bedrag, de BTW niet inbegrepen, van de goederenleveringen, verricht in de lidstaat waar de aangifte moet worden ingediend, waarvoor de belastingplichtige overeenkomstig artikel 197 als de tot voldoening van de belasting gehouden persoon is aangewezen en uit hoofde waarvan de belasting in de loop van dit belastingtijdvak verschuldigd is geworden.

Art. 252. 1. De BTW-aangifte moet worden ingediend binnen een door de lidstaten vast te stellen termijn. Deze termijn mag niet langer zijn dan twee maanden na het verstrijken van ieder belastingtijdvak.

2. Het belastingtijdvak wordt door de lidstaten vastgesteld op een, twee of drie maanden.

De lidstaten kunnen evenwel andere belastingtijdvakken bepalen, die echter niet langer dan een jaar mogen zijn.

Art. 253. Zweden mag voor kleine en middelgrote ondernemingen een vereenvoudigde procedure toepassen, waarbij de indiening van de BTW-aangifte kan geschieden drie maanden na het verstrijken van het directe-belastingjaar voor belastingplichtigen die uitsluitend binnenlandse belastbare handelingen verrichten.

Art. 254. Voor leveringen van nieuwe vervoermiddelen onder de in artikel 138, lid 2, onder a), gestelde voorwaarden door een voor BTW-doeleinden geïdentificeerde belastingplichtige aan een niet voor BTW-doeleinden geïdentificeerde afnemer, of door een in artikel 9, lid 2, bedoelde belastingplichtige, treffen de lidstaten de nodige maatregelen opdat de verkoper alle gegevens verschaft die noodzakelijk zijn voor de toepassing van de BTW en voor de controle daarop door de belastingdienst.

Art. 255. De lidstaten die overeenkomstig artikel 198, lid 1, de afnemer van beleggingsgoud als de tot voldoening van de belasting gehouden persoon aanwijzen of gebruik maken van de in artikel 198, lid 2, geboden mogelijkheid om de afnemer van goud, halffabrikaten of beleggingsgoud als omschreven in artikel 344, lid 1, als de tot voldoening van de belasting gehouden persoon aan te wijzen, treffen de nodige maatregelen opdat die afnemer de in deze afdeling vastgestelde verplichtingen inzake aangifte nakomt.

Art. 256. De lidstaten treffen de nodige maatregelen opdat de personen die overeenkomstig de artikelen 194 tot en met 197 en artikel 204 worden geacht in plaats van een niet op hun grondgebied gevestigde belastingplichtige tot voldoening van de belasting te zijn gehouden, de in dit hoofdstuk vastgestelde verplichtingen inzake aangifte nakomen.

Art. 257. De lidstaten treffen de nodige maatregelen opdat niet-belastingplichtige rechtspersonen die zijn gehouden tot voldoening van de belasting welke verschuldigd is uit hoofde van de in artikel 2, lid 1, onder b), punt i), bedoelde intracommunautaire verwervingen van goederen, voldoen aan de in dit hoofdstuk vastgestelde verplichtingen inzake aangifte.

Art. 258. De lidstaten stellen nadere regels vast met betrekking tot de aangifte ter zake van de in artikel 2, lid 1, onder b), punt ii), bedoelde intracommunautaire verwervingen van nieuwe vervoermiddelen en de in artikel 2, lid 1, onder b), punt iii), bedoelde intracommunautaire verwervingen van accijnsproducten.

Art. 259. De lidstaten kunnen verlangen dat personen die de in artikel 2, lid 1, onder b), punt ii), bedoelde intracommunautaire verwervingen van nieuwe vervoermiddelen verrichten, bij het indienen van de BTW-aangifte alle gegevens verstrekken die noodzakelijk zijn voor de toepassing van de BTW en voor de controle daarop door de belastingdienst.

Art. 260. De lidstaten stellen nadere regels vast betreffende de aangifte ter zake van de invoer van goederen.

Art. 261. 1. De lidstaten kunnen verlangen dat de belastingplichtige een aangifte indient betreffende alle in het voorgaande jaar verrichte handelingen met daarin alle in de artikelen 250 en 251 bedoelde gegevens. In die aangifte moeten tevens alle gegevens staan die nodig zijn voor eventuele herzieningen.

2. De lidstaten staan onder door hen te stellen voorwaarden toe dat de in lid 1 bedoelde aangifte langs elektronische weg worden ingediend en mogen dit ook verplicht stellen.

HOOFDSTUK 6

LIJSTEN

Art. 262. [Iedere voor BTW-doeleinden geïdentificeerde belastingplichtige moet een lijst indienen met de volgende gegevens:

a) de voor BTW-doeleinden geïdentificeerde afnemers aan wie hij goederen heeft geleverd onder de in artikel 138, lid 1, en lid 2, onder c), gestelde voorwaarden;

b) de voor BTW-doeleinden geïdentificeerde personen voor wie de goederen waarop de in artikel 42 bedoelde intracommunautaire verwervingen betrekking hebben, bestemd zijn;

c) de belastingplichtigen en de voor BTW-doeleinden geïdentificeerde niet-belastingplichtige rechtspersonen voor wie hij andere diensten heeft verricht dan die welke in de lidstaat waar de handeling belastbaar is, van BTW zijn vrijgesteld, voor welke diensten de afnemer overeenkomstig artikel 196 de tot voldoening van de belasting gehouden persoon is.]

Vervangen bij art. 2.9 Richtl. 2008/8/EG, Raad van 12 februari 2008 (PB. L. 44, 20.II.2008), van toepassing vanaf 1 januari 2010.

Art. 263. [1. Voor elke kalendermaand wordt een lijst opgesteld, binnen een termijn van ten hoogste één maand en volgens regels die door de lidstaten worden vastgesteld.

1bis. De lidstaten kunnen de belastingplichtigen evenwel, onder de voorwaarden en binnen de grenzen die zij zelf kunnen vaststellen, toestaan de lijst binnen een termijn van ten hoogste één maand, te rekenen vanaf het eind van het kwartaal voor elk kalenderkwartaal in te dienen, wanneer het totale kwartaalbedrag, zonder BTW, van de in de artikel 264, lid 1, onder d), en artikel 265, lid 1, onder c), bedoelde goederenleveringen, noch voor het betreffende kwartaal, noch voor een van de vier voorgaande kwartalen, de som van 50.000 EUR of de tegenwaarde daarvan in nationale munt overschrijdt.

De in de eerste alinea bedoelde mogelijkheid is niet meer van toepassing vanaf het einde van de maand waarin het totaalbedrag, zonder BTW, van de in de artikel 264, lid 1, onder d), en artikel 265, lid 1, onder c), bedoelde goederenleveringen, voor het lopende kwartaal de som van 50.000 EUR of de tegenwaarde daarvan in de nationale munteenheid overschrijdt. In dat geval wordt, binnen een termijn van ten hoogste één maand, een lijst opgesteld voor de maand of de maanden die sinds de aanvang van het kwartaal is of zijn verlopen.

1ter. Tot en met 31 december 2011 kunnen de lidstaten het in lid 1bis bedoelde bedrag vaststellen op 100.000 EUR of de tegenwaarde daarvan in de nationale munteenheid.

1quater. Met betrekking tot de in artikel 264, lid 1, onder d), bedoelde diensten kunnen de lidstaten, onder de voorwaarden en binnen de grenzen die zij zelf kunnen vaststellen, belastingplichtigen toestaan de lijst voor elk kwartaal, binnen een termijn van ten hoogste één maand, te rekenen vanaf het einde van het kwartaal in te dienen.

De lidstaten kunnen met name van belastingplichtigen die in artikel 264, lid 1, onder d), bedoelde goederenleveringen en diensten verrichten, eisen dat zij de lijst indienen binnen de termijn die voortvloeit uit de toepassing van de leden 1 tot en met 1ter.

2. De lidstaten staan, onder door hen te stellen voorwaarden, toe dat de in lid 1 bedoelde lijst door middel van elektronische bestandsoverdracht wordt ingediend, en kunnen dit ook verplicht stellen.]

Vervangen bij art. 1, 3) Richtl. 2008/117/EG, Raad van 16 december 2008 (PB. L. 14, 20.I.2009), van toepassing vanaf 21 januari 2009.

Art. 264. 1. Op de lijst worden de volgende gegevens vermeld:

a) [het nummer waaronder de belastingplichtige voor BTW-doeleinden is geïdentificeerd in de lidstaat waar de lijst moet worden ingediend, en waaronder hij goederenleveringen heeft verricht onder de in artikel 138, lid 1, gestelde voorwaarden en belastbare diensten heeft verricht onder de in artikel 44 gestelde voorwaarden;

b) het nummer waaronder elke afnemer voor BTW-doeleinden is geïdentificeerd in een andere lidstaat dan die waar de lijst moet worden ingediend, en waaronder de goederenleveringen of de diensten voor hem verricht zijn];

c) het nummer waaronder de belastingplichtige voor BTW-doeleinden is geïdentificeerd in de lidstaat waar de lijst moet worden ingediend, en waaronder hij de in artikel 138, lid 2, onder c), bedoelde overbrenging naar een andere lidstaat heeft verricht, alsmede het nummer waaronder hij in de lidstaat van aankomst van de verzending of het vervoer is geïdentificeerd;

d) [voor elke afnemer het totale bedrag van de door de belastingplichtige verrichte goederenleveringen en het totale bedrag van de door de belastingplichtige verrichte diensten];

e) voor de in artikel 138, lid 2, onder c) bedoelde leveringen bestaande uit de overbrenging van goederen naar een andere lidstaat, het totale bedrag van deze leveringen, vastgesteld overeenkomstig artikel 76;

f) het bedrag van de krachtens artikel 90 verrichte herzieningen.

2. [Het in lid 1, onder d), bedoelde bedrag wordt opgegeven voor het overeenkomstig artikel 263, leden

1 tot en met 1quater, vastgestelde indieningstijdvak waarin de belasting verschuldigd is geworden.

Het in lid 1, onder f), bedoelde bedrag wordt opgegeven voor het overeenkomstig artikel 263, leden 1 tot en met 1quater, vastgestelde indieningstijdvak waarin van de herziening kennis is gegeven aan de afnemer.]

Lid 1, a) en b) vervangen bij art. 2.10, a) Richtl. 2008/8/EG, Raad van 12 februari 2008 (PB. L. 44, 20.II.2008), van toepassing vanaf 1 januari 2010;
Lid 1, d) vervangen bij art. 2.10, b) Richtl. 2008/8/EG, Raad van 12 februari 2008 (PB. L. 44, 20.II.2008), van toepassing vanaf 1 januari 2010;
Lid 2 vervangen bij art. 1, 4) Richtl. 2008/117/EG, Raad van 16 december 2008 (PB. L. 14, 20.I.2009), van toepassing vanaf 21 januari 2009.

Art. 265. 1. In de in artikel 42 bedoelde gevallen van intracommunautaire verwerving van goederen dient de belastingplichtige die voor BTW-doeleinden is geïdentificeerd in de lidstaat welke het BTW-nummer heeft toegekend waaronder de belastingplichtige deze verwervingen heeft verricht, duidelijk de volgende gegevens op de lijst te vermelden:

a) het nummer waaronder hij voor BTW-doeleinden in die lidstaat is geïdentificeerd en waaronder hij de verwerving en de daaropvolgende goederenlevering heeft verricht;

b) het nummer waaronder degene voor wie de daaropvolgende levering, verricht door de belastingplichtige, bestemd is, in de lidstaat van aankomst van de verzending of het vervoer van de goederen is geïdentificeerd;

c) voor elk van degenen voor wie de daaropvolgende levering bestemd is, het totale bedrag, de BTW niet inbegrepen, van de door de belastingplichtige in de lidstaat van aankomst van de verzending of het vervoer van de goederen verrichte leveringen.

2. [Het in lid 1, onder c), bedoelde bedrag wordt opgegeven voor het overeenkomstig artikel 263, leden 1 tot en met 1ter, vastgestelde indieningstijdvak waarin de belasting verschuldigd is geworden.]

Lid 2 vervangen bij art. 1, 5) Richtl. 2008/117/EG, Raad van 16 december 2008 (PB. L. 14, 20.I.2009), van toepassing vanaf 21 januari 2009.

Art. 266. In afwijking van de artikelen 264 en 265 kunnen de lidstaten bepalen dat de lijsten meer gegevens bevatten.

Art. 267. De lidstaten treffen de nodige maatregelen opdat de personen die overeenkomstig de artikelen 194 en 204, worden geacht in plaats van een niet op hun grondgebied gevestigde belastingplichtige tot voldoening van de belasting te zijn gehouden, de in dit hoofdstuk vastgestelde verplichting inzake de indiening van lijsten nakomen.

Art. 268. De lidstaten kunnen verlangen dat belastingplichtigen die op hun grondgebied intracommunautaire verwervingen van goederen of de krachtens de artikelen 21 en 22 daarmee gelijkgestelde handelingen verrichten, gespecificeerde aangiften over deze verwervingen indienen, met dien verstande dat dergelijke aangiften niet voor tijdvakken van minder dan een maand mogen worden verlangd.

Art. 269. De Raad kan op voorstel van de Commissie met eenparigheid van stemmen elke lidstaat machtigen de in de artikelen 270 en 271 bepaalde bijzondere maatregelen in te voeren om de in dit hoofdstuk vastgestelde verplichtingen inzake de indiening van lijsten te vereenvoudigen. Deze maatregelen mogen de betrouwbaarheid van de controle op de intracommunautaire handelingen niet verminderen.

Art. 270. Uit hoofde van de in artikel 269 bedoelde machtiging kunnen de lidstaten de belastingplichtigen toestaan een lijst over een periode van een jaar in te dienen waarin voor elke afnemer aan wie de belastingplichtige onder de in artikel 138, lid 1 en lid 2, onder c), gestelde voorwaarden goederen heeft geleverd het nummer wordt vermeld waaronder deze in een andere lidstaat voor BTW-doeleinden is geïdentificeerd, wanneer de belastingplichtige aan de volgende drie voorwaarden voldoet:

a) het jaarlijkse totale bedrag, de BTW niet inbegrepen, van de door hem verrichte goederenleveringen en diensten overschrijdt met niet meer dan EUR 35.000 of de tegenwaarde daarvan in de nationale munteenheid het bedrag van de jaarlijkse omzet die als maatstaf dient voor de toepassing van de in de artikelen 282 tot en met 292 vervatte vrijstellingsregeling voor kleine ondernemingen;

b) het jaarlijkse totale bedrag, de BTW niet inbegrepen, van de goederenleveringen die hij verricht onder de in artikel 138 gestelde voorwaarden bedraagt niet meer dan EUR 15.000 of de tegenwaarde daarvan in de nationale munteenheid;

c) de goederenleveringen die hij verricht onder de in artikel 138 gestelde voorwaarden zijn geen leveringen van nieuwe vervoermiddelen.

Art. 271. Uit hoofde van de in artikel 269 bedoelde machtiging kunnen de lidstaten die de duur van het belastingtijdvak waarover een belastingplichtige de in artikel 250 bedoelde BTW-aangifte moet indienen, op meer dan drie maanden vaststellen, deze belastingplichtige toestaan de lijst over datzelfde tijdvak in te dienen, wanneer de belastingplichtige de volgende drie voorwaarden vervult:

a) het jaarlijkse totale bedrag, de BTW niet inbegrepen, van de door hem verrichte goederenleveringen en diensten bedraagt niet meer dan EUR 200.000 of de tegenwaarde daarvan in de nationale munteenheid;

b) het jaarlijkse totale bedrag, de BTW niet inbegrepen, van de goederenleveringen die hij verricht onder de in artikel 138 gestelde voorwaarden bedraagt niet meer dan EUR 15.000 of de tegenwaarde daarvan in de nationale munteenheid;

c) de goederenleveringen die hij verricht onder de in artikel 138 gestelde voorwaarden zijn geen leveringen van nieuwe vervoermiddelen.

HOOFDSTUK 7

DIVERSE BEPALINGEN

Art. 272. 1. De lidstaten kunnen de volgende belastingplichtigen van bepaalde verplichtingen of van alle verplichtingen bedoeld in de hoofdstukken 2 tot en met 6 ontheffen:

a) de belastingplichtigen wier intracommunautaire verwervingen overeenkomstig artikel 3, lid 1, niet aan de BTW zijn onderworpen;

b) de belastingplichtigen die geen van de in de artikelen 20, 21, 22, 33, 36, 138 en 141 bedoelde handelingen verrichten;

c) de belastingplichtigen die slechts goederenleveringen of diensten verrichten die uit hoofde van de artikelen 132, 135 en 136, de artikelen 146 tot en met 149 en de artikelen 151, 152 en 153 zijn vrijgesteld;

d) de belastingplichtigen die in aanmerking komen voor de in de artikelen 282 tot en met 292 vervatte vrijstellingsregeling voor kleine ondernemingen;

e) de belastingplichtigen die voor de forfaitaire regeling voor landbouwproducenten in aanmerking komen.

[De lidstaten mogen de in de eerste alinea, onder b), bedoelde belastingplichtigen geen ontheffing verlenen van de in hoofdstuk 3, afdelingen 3 tot en met 6, en hoofdstuk 4, afdeling 3, vastgestelde verplichtingen inzake facturering.]

2. Wanneer de lidstaten van de in lid 1, eerste alinea, punt e), bedoelde mogelijkheid gebruikmaken, nemen zij de nodige maatregelen voor een juiste toepassing van de overgangsregeling voor de belastingheffing op intracommunautaire handelingen.

3. De lidstaten kunnen andere dan de in lid 1 bedoelde belastingplichtigen ontheffing verlenen van bepaalde van de in artikel 242 bedoelde boekhoudkundige verplichtingen.

Lid 1, al. 2 vervangen bij art. 1, 31) Richtl. 2010/45/EU, Raad van 13 juli 2010 (PB. L. 189, 22.VII.2010), van toepassing vanaf 11 augustus 2010.

Art. 273. De lidstaten kunnen, onder voorbehoud van gelijke behandeling van door belastingplichtigen verrichte binnenlandse handelingen en handelingen tussen de lidstaten, andere verplichtingen voorschrijven die zij noodzakelijk achten ter waarborging van de juiste inning van de BTW en ter voorkoming van fraude, mits deze verplichtingen in het handelsverkeer tussen de lidstaten geen aanleiding geven tot formaliteiten in verband met een grensoverschrijding.

De in de eerste alinea geboden mogelijkheid mag niet worden benut voor het opleggen van extra verplichtingen naast de in hoofdstuk 3 vastgestelde verplichtingen inzake facturering.

HOOFDSTUK 8

VERPLICHTINGEN TER ZAKE VAN BEPAALDE INVOER- EN UITVOERHANDELINGEN

Afdeling 1

Invoerhandelingen

Art. 274. De artikelen 275, 276 en 277 zijn van toepassing op invoerhandelingen die betrekking hebben op goederen in het vrije verkeer welke de Gemeenschap worden binnengebracht vanuit een derdelandsgebied dat deel uitmaakt van het douanegebied van de Gemeenschap.

Art. 275. De formaliteiten betreffende de invoer van de in artikel 274 bedoelde goederen zijn dezelfde als die welke zijn bepaald in de geldende communautaire douanebepalingen betreffende de invoer van goederen in het douanegebied van de Gemeenschap.

Art. 276. Wanneer de plaats van aankomst van de verzending of van het vervoer van de in artikel 274 bedoelde goederen buiten de lidstaat van binnenkomst van die goederen in de Gemeenschap is gelegen, bevinden zij zich in de Gemeenschap in het verkeer onder de regeling voor intern communautair douanevervoer van de geldende communautaire douanebepalingen, indien op het moment van het binnenbrengen van de goederen in de Gemeenschap aangifte is gedaan dat zij onder die regeling zijn geplaatst.

Art. 277. Wanneer de in artikel 274 bedoelde goederen zich op het moment van het binnenbrengen ervan in de Gemeenschap bevinden in een van de situaties waardoor zij, indien zij ingevoerd waren in de zin van artikel 30, eerste alinea, in aanmerking konden komen voor een van de in artikel 156 bedoelde regelingen of situaties of voor een regeling van tijdelijke invoer met volledige vrijstelling van invoerrechten, nemen de lidstaten de maatregelen om ervoor te zorgen dat deze goederen onder dezelfde voorwaarden in de Gemeenschap kunnen verblijven als die welke voor de toepassing van die regelingen of situaties gelden.

Afdeling 2

Uitvoerhandelingen

Art. 278. De artikelen 279 en 280 zijn van toepassing op de uitvoerhandelingen met betrekking tot goederen in het vrije verkeer die vanuit een lidstaat worden verzonden of vervoerd naar een derdelandsgebied dat deel uitmaakt van het douanegebied van de Gemeenschap.

Art. 279. De formaliteiten betreffende de uitvoer van de in artikel 278 bedoelde goederen uit het douanegebied van de Gemeenschap zijn dezelfde als die welke zijn voorgeschreven in de geldende communautaire douanebepalingen betreffende de uitvoer van goederen uit het douanegebied van de Gemeenschap.

Art. 280. Voor goederen die tijdelijk uit de Gemeenschap worden uitgevoerd met het oog op wederinvoer, nemen de lidstaten de nodige maatregelen om ervoor te zorgen dat die goederen bij hun wederinvoer in de Gemeenschap in aanmerking komen voor dezelfde bepalingen als wanneer zij tijdelijk uit het douanegebied van de Gemeenschap waren uitgevoerd.

TITEL XII

BIJZONDERE REGELINGEN

HOOFDSTUK 1

BIJZONDERE REGELING VOOR KLEINE ONDERNEMINGEN

Afdeling 1

Vereenvoudigde bepalingen inzake belastingheffing en belastinginning

Art. 281. Lidstaten die moeilijkheden zouden kunnen ondervinden bij het toepassen van de normale BTW-regeling op kleine ondernemingen, wegens de activiteit of de structuur van die ondernemingen, kunnen binnen de grenzen en onder de voorwaarden die zij stellen, na raadpleging van het BTW-Comité vereenvoudigde regels inzake belastingheffing en belastinginning, zoals forfaitaire regelingen, toepassen, mits dit niet leidt tot een vermindering van de belasting.

Afdeling 2

Vrijstellingen of degressieve verminderingen

Art. 282. De in deze afdeling vastgestelde vrijstellingen en verminderingen zijn van toepassing op door kleine ondernemingen verrichte goederenleveringen en diensten.

Art. 283. 1. De volgende handelingen zijn van de in deze afdeling vastgestelde regeling uitgesloten:

a) de in artikel 12 bedoelde incidenteel verrichte handelingen;

b) de leveringen van nieuwe vervoermiddelen verricht onder de in artikel 138, lid 1, en lid 2, onder a), gestelde voorwaarden;

c) de goederenleveringen en de diensten die worden verricht door een belastingplichtige die niet is gevestigd in de lidstaat waar de BTW verschuldigd is.

2. De lidstaten kunnen andere dan de in lid 1 bedoelde handelingen van de in deze afdeling vastgestelde regeling uitsluiten.

Art. 284. 1. De lidstaten die gebruik hebben gemaakt van de in artikel 14 van Richtlijn 67/228/EEG van de Raad van 11 april 1967 betreffende de harmonisatie van de wetgevingen der lidstaten inzake omzet-belasting — Structuur en wijze van toepassing van het gemeenschappelijk stelsel van belasting over de toegevoegde waarde gegeven mogelijkheid vrijstellingen of degressieve verminderingen van de belasting in te voeren, mogen deze alsmede de desbetreffende uitvoeringsbepalingen handhaven, indien zij met het BTW-stelsel in overeenstemming zijn.

2. De lidstaten die op 17 mei 1977 een vrijstelling van belasting toekenden aan belastingplichtigen met een jaaromzet die minder bedroeg dan de tegenwaarde van 5.000 Europese rekeneenheden in de nationale munteenheid tegen de omrekeningskoers geldend op die datum, mogen die vrijstelling verhogen tot EUR 5.000.

De lidstaten die degressieve verminderingen van de belasting toepasten, mogen noch de bovengrens van die verminderingen verhogen, noch de voorwaarden voor de toekenning daarvan gunstiger maken.

Art. 285. De lidstaten die geen gebruik hebben gemaakt van de in artikel 14 van Richtlijn 67/228/EEG gegeven mogelijkheid, mogen vrijstelling van belasting toekennen aan belastingplichtigen met een jaaromzet welke ten hoogste gelijk is aan EUR 5000 of de tegenwaarde van dit bedrag in de nationale munteenheid.

De in de eerste alinea bedoelde lidstaten kunnen een degressieve belastingvermindering toekennen aan belastingplichtigen wier jaaromzet het plafond overschrijdt dat deze lidstaten voor de toepassing van de vrijstelling hebben vastgesteld.

Art. 286. De lidstaten die op 17 mei 1977 een vrijstelling van belasting toekenden aan belastingplichtigen met een jaaromzet gelijk aan of hoger dan de tegenwaarde van 5.000 Europese rekeneenheden in de nationale munteenheid tegen de op die datum geldende omrekeningskoers, mogen deze vrijstelling verhogen teneinde de reële waarde ervan te handhaven.

Art. 287. De lidstaten die na 1 januari 1978 zijn toegetreden, kunnen een vrijstelling van belasting toekennen aan belastingplichtigen met een jaarlijkse omzet die ten hoogste gelijk is aan de tegenwaarde in de nationale munteenheid van de volgende bedragen tegen de op de dag van hun toetreding geldende omrekeningskoers:

1) Griekenland: 10.000 Europese rekeneenheden;
2) Spanje: 10.000 ecu;
3) Portugal: 10.000 ecu;
4) Oostenrijk: 35.000 ecu;
5) Finland: 10.000 ecu;
6) Zweden: 10.000 ecu;
7) Tsjechië: EUR 35.000;
8) Estland: EUR 16.000;
9) Cyprus: EUR 15.600;
10) Letland: EUR 17.200;
11) Litouwen: EUR 29.000;
12) Hongarije: EUR 35.000;
13) Malta: EUR 37.000 wanneer de economische activiteit voornamelijk bestaat uit goederenleverin-

gen, EUR 24.300 wanneer de economische activiteit voornamelijk bestaat uit diensten met een lage toegevoegde waarde (hoge inputs), en EUR 14.600 in andere gevallen, namelijk diensten met een hoge toegevoegde waarde (lage inputs);

14) Polen: EUR 10.000;
15) Slovenië: EUR 25.000;
16) Slowakije: EUR 35.000;
[17) Bulgarije: 25.600 EUR;
18) Roemenië: 35.000 EUR;]
[19) Kroatië: 35 000 EUR.]

17) en 18) ingevoegd bij art. 1, 14) Richtl. 2009/162/EU, Raad van 22 december 2009 (PB. L. 10, 15.I.2010), van toepassing vanaf 15 januari 2010;
19) ingevoegd bij Bijlage III, 6, 1 B. 5 december 2011 (PB. L. 112, 24.IV.2012), van toepassing vanaf 1 juli 2013.

Art. 288. De omzet die als maatstaf dient voor de toepassing van de in deze afdeling vastgestelde regeling, wordt gevormd door de volgende bedragen, de BTW niet inbegrepen:

1) het bedrag van de goederenleveringen en de diensten, voor zover deze belast zijn;

2) het bedrag van de handelingen die krachtens de artikelen 110 en 111, artikel 125, lid 1, artikel 127 en artikel 128, lid 1, zijn vrijgesteld met recht op aftrek van voorbelasting;

3) het bedrag van de krachtens de artikelen 146 tot en met 149 en de artikelen 151, 152 en 153 vrijgestelde handelingen;

4) het bedrag van handelingen met betrekking tot onroerende goederen, financiële handelingen als bedoeld in artikel 135, lid 1, punten b) tot en met g), en verzekeringsdiensten, tenzij die handelingen met ander handelingen samenhangende handelingen zijn.

De overdracht van lichamelijke of onlichamelijke investeringsgoederen van de onderneming wordt evenwel niet in aanmerking genomen voor de vaststelling van de omzet.

Art. 289. De belastingplichtigen voor wie vrijstelling van belasting geldt, hebben geen recht op aftrek van BTW overeenkomstig de artikelen 167 tot en met 171 en de artikelen 173 tot en met 177 en mogen BTW evenmin op hun facturen vermelden.

Art. 290. De belastingplichtigen die in aanmerking kunnen komen voor vrijstelling van belasting, kunnen kiezen hetzij voor toepassing van de normale BTW-regeling, hetzij voor toepassing van de in artikel 281 bedoelde vereenvoudigde regelingen. In dit geval gelden voor hen de degressieve belastingverminderingen waarin de nationale wetgeving voorziet.

Art. 291. De belastingplichtigen voor wie degressieve belastingvermindering geldt, worden, behoudens de toepassing van artikel 281, beschouwd als belastingplichtigen vallende onder de normale BTW-regeling.

Art. 292. De in deze afdeling vastgestelde regeling is van toepassing tot een datum die door de Raad overeenkomstig artikel 93 van het Verdrag wordt vastgesteld en die niet later mag vallen dan het tijdstip van inwerkingtreding van de in artikel 402 bedoelde definitieve regeling.

Afdeling 3

Verslag en herziening

Art. 293. De Commissie brengt aan de Raad, op grond van de van de lidstaten verkregen gegevens, vanaf de aanneming van deze richtlijn om de vier jaar verslag uit over de toepassing van dit hoofdstuk, indien nodig en rekening houdend met de noodzaak van uiteindelijke convergentie van de nationale regelingen, vergezeld van voorstellen betreffende de volgende punten:

1) de in de bijzondere regeling voor kleine ondernemingen aan te brengen verbeteringen;

2) de aanpassing van de nationale regelingen inzake vrijstellingen en degressieve belastingverminderingen;

3) de aanpassing van de in afdeling 2 bedoelde maximumbedragen.

Art. 294. De Raad bepaalt overeenkomstig artikel 93 van het Verdrag of in het kader van de definitieve regeling een bijzondere regeling voor kleine ondernemingen nodig is, en neemt, in voorkomend geval, tevens een beslissing over de gemeenschappelijke grenzen en toepassingsvoorwaarden van de genoemde bijzondere regeling.

HOOFDSTUK 2

GEMEENSCHAPPELIJKE FORFAITAIRE REGELING VOOR LANDBOUWPRODUCENTEN

Art. 295. 1. Voor de toepassing van dit hoofdstuk wordt verstaan onder:

1) landbouwproducent: de belastingplichtige die zijn werkzaamheid uitoefent in het kader van een landbouw-, bosbouw- of visserijbedrijf;

2) landbouw-, bosbouw- of visserijbedrijf: de bedrijven die door elke lidstaat als zodanig worden beschouwd in het kader van de in bijlage VII vermelde productiewerkzaamheden;

3) forfaitair belaste landbouwer: de landbouwproducent op wie de in dit hoofdstuk vastgestelde forfaitaire regeling van toepassing is;

4) landbouwproducten: de goederen die door de landbouw-, bosbouw- of visserijbedrijven van elke lidstaat worden voortgebracht door middel van de in bijlage VII vermelde werkzaamheden;

5) agrarische diensten: de diensten, met name de in bijlage VIII genoemde, die worden verricht door een landbouwproducent met gebruikmaking van zijn arbeidskrachten of de normale uitrusting van zijn landbouw-, bosbouw- of visserijbedrijf en die normaliter tot de verwezenlijking van de landbouwproductie bij-

dragen;

6) BTW-voordruk: de totale druk aan BTW die rust op de goederen en diensten welke zijn aangekocht door alle onder de forfaitaire regeling vallende landbouw-, bosbouw- en visserijbedrijven gezamenlijk van elke lidstaat, voor zover deze belasting door een landbouwproducent die onder de normale BTW-regeling valt, overeenkomstig de artikelen 167, 168 en 169 en de artikelen 173 tot en met 177 zou kunnen worden afgetrokken;

7) forfaitaire compensatiepercentages: de percentages die de lidstaten overeenkomstig in de artikelen 297, 298 en 299 vaststellen en die zij toepassen in de in artikel 300 bedoelde gevallen teneinde de forfaitair belaste landbouwers in aanmerking te doen komen voor een forfaitaire compensatie voor de BTW-voordruk;

8) forfaitaire compensatie: het bedrag dat voortvloeit uit de toepassing van het forfaitaire compensatiepercentage op de omzet van de forfaitair belaste landbouwer in de in artikel 300 bedoelde gevallen.

2. De verwerking door een landbouwproducent van de in hoofdzaak uit zijn landbouwproductie afkomstige producten, verricht met behulp van de middelen die normaal in de landbouw-, bosbouw- of visserijbedrijven worden gebezigd, wordt gelijkgesteld met de in bijlage VII genoemde landbouwproductiewerkzaamheden.

Art. 296. 1. De lidstaten kunnen ten aanzien van landbouwproducenten voor wie de toepassing van de normale BTW-regeling of, in voorkomend geval, van de bijzondere regeling van hoofdstuk 1, op moeilijkheden zou stuiten, overeenkomstig het bepaalde in dit hoofdstuk een forfaitaire regeling toepassen ter compensatie van de BTW die is betaald over de aankopen van goederen en diensten van de forfaitair belaste landbouwers.

2. Iedere lidstaat kan bepaalde categorieën landbouwproducenten, alsmede landbouwproducenten voor wie de toepassing van de normale BTW-regeling of, in voorkomend geval, van de in artikel 281 bedoelde vereenvoudigde regels geen administratieve moeilijkheden oplevert, van de forfaitaire regeling uitsluiten.

3. Iedere forfaitair belaste landbouwer heeft het recht te kiezen voor toepassing van de normale BTW-regeling of, in voorkomend geval, van de in artikel 281 bedoelde vereenvoudigde regels, met inachtneming van de door elke lidstaat gestelde nadere regels en voorwaarden.

Art. 297. De lidstaten stellen, voorzover nodig, forfaitaire compensatiepercentages vast. Zij kunnen gedifferentieerde forfaitaire compensatiepercentages vaststellen voor de bosbouw, de verschillende deelsectoren van de landbouw en de visserij.

De lidstaten brengen de uit hoofde van de eerste alinea vastgestelde forfaitaire compensatiepercentages, voordat zij worden toegepast, ter kennis van de Commissie.

Art. 298. De forfaitaire compensatiepercentages worden bepaald aan de hand van de macro-economische gegevens over de laatste drie jaar betreffende uitsluitend de forfaitair belaste landbouwers.

De percentages mogen naar boven of naar beneden op een half punt worden afgerond. De lidstaten kunnen deze percentages ook tot nihil terugbrengen.

Art. 299. De forfaitaire compensatiepercentages mogen niet tot gevolg hebben dat aan de forfaitair belaste landbouwers gezamenlijk bedragen worden terugbetaald die hoger zijn dan de BTW-voordruk.

Art. 300. De forfaitaire compensatiepercentages worden toegepast op de prijs, de BTW niet inbegrepen, van de volgende goederen en diensten:

1) de landbouwproducten die de forfaitair belaste landbouwers hebben geleverd aan andere belastingplichtigen dan die welke in de lidstaat waar deze leveringen zijn verricht onder deze forfaitaire regeling vallen;

2) de landbouwproducten die de forfaitair belaste landbouwers onder de in artikel 138 gestelde voorwaarden hebben geleverd aan niet-belastingplichtige rechtspersonen wier intracommunautaire verwervingen overeenkomstig artikel 2, lid 1, onder b), aan de BTW zijn onderworpen in de lidstaat van aankomst van de verzending of het vervoer van de aldus geleverde landbouwproducten;

3) de agrarische diensten die worden verricht door forfaitair belaste landbouwers voor andere belastingplichtigen dan die welke in de lidstaat waar deze diensten zijn verricht onder deze forfaitaire regeling vallen.

Art. 301. 1. Voor de in artikel 300 bedoelde landbouwproductenleveringen en agrarische diensten bepalen de lidstaten dat de forfaitaire compensaties hetzij door de afnemer hetzij door de overheid worden betaald.

2. Voor andere dan de in artikel 300 bedoelde landbouwproductenleveringen en agrarische diensten worden de forfaitaire compensaties geacht betaald te worden door de afnemer.

Art. 302. Wanneer een forfaitair belaste landbouwer een forfaitaire compensatie geniet, heeft hij voor de onder deze forfaitaire regeling vallende werkzaamheden geen recht op aftrek.

Art. 303. 1. De belastingplichtige afnemer die overeenkomstig artikel 301, lid 1, een forfaitaire compensatie betaalt, heeft het recht, onder de in de artikelen 167, 168 en 169 en de artikelen 173 tot en met 177 gestelde voorwaarden en volgens de door de lidstaten vastgestelde nadere regels, het bedrag van deze compensatie af te trekken van de BTW die hij verschuldigd is in de lidstaat waar hij zijn belaste handelingen verricht.

2. De lidstaten kennen aan de afnemer terugbetaling toe van het bedrag aan forfaitaire compensatie dat hij uit hoofde van een van de volgende handelingen

heeft betaald:

a) de landbouwproductenleveringen die onder de in artikel 138 gestelde voorwaarden worden verricht voor een belastingplichtige afnemer, of een niet-belastingplichtige rechtspersoon, die als zodanig handelt in een andere lidstaat binnen het grondgebied waarvan zijn intracommunautaire verwervingen van goederen overeenkomstig artikel 2, lid 1, onder b), aan de BTW zijn onderworpen;

b) de landbouwproductenleveringen die onder de in de artikelen 146, 147, 148 en 156, artikel 157, lid 1, onder b), en de artikelen 158, 160 en 161 gestelde voorwaarden worden verricht voor een belastingplichtige afnemer die buiten de Gemeenschap is gevestigd, voor zover deze landbouwproducten door de afnemer worden gebruikt ten behoeve van zijn in artikel 169, punten a) en b), bedoelde handelingen of zijn diensten die worden geacht te worden verricht binnen het grondgebied van de lidstaat waar de afnemer is gevestigd, en waarvoor de belasting overeenkomstig artikel 196 alleen door de afnemer verschuldigd is;

c) de agrarische diensten die worden verricht voor een binnen de Gemeenschap maar in een andere lidstaat gevestigde belastingplichtige afnemer of voor een buiten de Gemeenschap gevestigde belastingplichtige afnemer, voor zover deze diensten door de afnemer worden gebruikt ten behoeve van zijn in artikel 169, punten a) en b), bedoelde handelingen of van zijn diensten die worden geacht te worden verricht binnen het grondgebied van de lidstaat waar de afnemer is gevestigd, en waarvoor de belasting overeenkomstig artikel 196 alleen door de afnemer verschuldigd is.

3. De lidstaten stellen de nadere regels voor de in lid 2 bedoelde terugbetalingen vast. Zij kunnen met name de Richtlijnen 79/1072/EEG en 86/560/EEG toepassen.

Art. 304. De lidstaten nemen alle nodige maatregelen om de uitbetaling van de forfaitaire compensaties aan de forfaitair belaste landbouwers doeltreffend te kunnen controleren.

Art. 305. Wanneer de lidstaten deze forfaitaire regeling toepassen, treffen zij alle nodige maatregelen om ervoor te zorgen dat leveringen van landbouwproducten tussen lidstaten, verricht onder de in artikel 33 bedoelde voorwaarden, ongeacht of zij worden verricht door een forfaitair belaste landbouwer of door een andere belastingplichtige, op identieke wijze worden belast.

HOOFDSTUK 3

BIJZONDERE REGELING VOOR REISBUREAUS

Art. 306. 1. De lidstaten passen overeenkomstig het bepaalde in dit hoofdstuk een bijzondere regeling voor de BTW op de handelingen van reisbureaus toe, voor zover de reisbureaus op eigen naam tegenover de reiziger handelen en zij voor de totstandbrenging van de reizen gebruikmaken van goederenleveringen en diensten van andere belastingplichtigen.

Deze bijzondere regeling is niet van toepassing op reisbureaus die alleen handelen als tussenpersoon en waarop artikel 79, eerste alinea, punt c), van toepassing is om de maatstaf van heffing te berekenen.

2. Voor de toepassing van dit hoofdstuk worden reisorganisatoren (tour-operators) als reisbureaus beschouwd.

Art. 307. De onder de voorwaarden van artikel 306 verrichte handelingen van het reisbureau met het oog op de totstandkoming van de reis, worden beschouwd als één enkele dienst die het reisbureau voor de reiziger verricht.

Deze ene dienst wordt belast in de lidstaat waar het reisbureau de zetel van zijn bedrijfsuitoefening of een vaste inrichting heeft gevestigd van waaruit het de dienst heeft verricht.

Art. 308. Voor de door het reisbureau verrichte ene dienst wordt als maatstaf van heffing en prijs, de BTW niet inbegrepen, in de zin van artikel 226, punt 8), beschouwd de winstmarge van het reisbureau, dat wil zeggen het verschil tussen het totale bedrag, de BTW niet inbegrepen, dat de reiziger moet betalen en de werkelijk door het reisbureau gedragen kosten voor goederenleveringen en diensten van andere belastingplichtigen, mits deze handelingen de reiziger rechtstreeks ten goede komen.

Art. 309. Indien de handelingen waarvoor het reisbureau een beroep doet op andere belastingplichtigen, door laatstgenoemden buiten de Gemeenschap worden verricht, wordt de dienst van het reisbureau gelijkgesteld met een krachtens artikel 153 vrijgestelde handeling van een tussenpersoon.

Indien de in de eerste alinea bedoelde handelingen zowel binnen als buiten de Gemeenschap worden verricht, mag alleen het gedeelte van de dienst van het reisbureau betreffende de buiten de Gemeenschap verrichte handelingen als vrijgesteld worden beschouwd.

Art. 310. De BTW die aan het reisbureau in rekening wordt gebracht door andere belastingplichtigen voor de in artikel 307 bedoelde handelingen welke de reiziger rechtstreeks ten goede komen, mogen in de lidstaten afgetrokken noch teruggegeven worden.

HOOFDSTUK 4

BIJZONDERE REGELINGEN VOOR GEBRUIKTE GOEDEREN, KUNSTVOORWERPEN, VOORWERPEN VOOR VERZAMELINGEN EN ANTIQUITEITEN

Afdeling 1

Definities

Art. 311. 1. Voor de toepassing van dit hoofdstuk, en onverminderd andere communautaire bepalingen, wordt verstaan onder:

1) "gebruikte goederen": roerende lichamelijke zaken die in de staat waarin zij verkeren of na herstelling opnieuw kunnen worden gebruikt, andere dan kunstvoorwerpen, voorwerpen voor verzamelingen en antiquiteiten, en andere dan edele metalen of edelstenen als omschreven door de lidstaten;

2) "kunstvoorwerpen": de in bijlage IX, deel A, genoemde goederen;

3) "voorwerpen voor verzamelingen": de in bijlage IX, deel B, genoemde goederen;

4) "antiquiteiten": de in bijlage IX, deel C, genoemde goederen;

5) "belastingplichtige wederverkoper": elke belastingplichtige die in het kader van zijn economische activiteit gebruikte goederen, kunstvoorwerpen, voorwerpen voor verzamelingen of antiquiteiten koopt, voor bedrijfsdoeleinden bestemt dan wel invoert met het oog op wederverkoop, ongeacht of deze belastingplichtige handelt voor eigen rekening dan wel, ingevolge een overeenkomst tot aan- of verkoop in commissie, voor rekening van een derde;

6) "organisator van een openbare veiling": elke belastingplichtige die in het kader van zijn economische activiteit op een openbare veiling een goed aanbiedt voor overdracht aan de meestbiedende;

7) "opdrachtgever van een organisator van een openbare veiling": elke persoon die een goed overdraagt aan een organisator van een openbare veiling ingevolge een overeenkomst tot verkoop in commissie.

2. De lidstaten behoeven de in bijlage IX, deel A, punten 5, 6 en 7, genoemde voorwerpen niet als kunstvoorwerpen te beschouwen.

3. De in lid 1, punt 7), bedoelde overeenkomst tot verkoop in commissie moet bepalen dat de organisator het goed in eigen naam, maar voor rekening van zijn opdrachtgever, in openbare veiling brengt en het goed in eigen naam, maar voor rekening van zijn opdrachtgever, overdraagt aan de meestbiedende aan wie het goed tijdens de openbare verkoping wordt gegund.

Afdeling 2

Bijzondere regeling voor belastingplichtige wederverkopers

Onderafdeling 1

Winstmargeregeling

Art. 312. Voor de toepassing van deze onderafdeling wordt verstaan onder:

1) "verkoopprijs": alles wat de tegenprestatie uitmaakt die een belastingplichtige wederverkoper verkrijgt of moet verkrijgen van de afnemer of een derde, met inbegrip van subsidies die rechtstreeks verband houden met de handeling, belastingen, rechten, heffingen en bijkomende kosten zoals kosten van commissie, verpakking, vervoer en verzekering die de belastingplichtige wederverkoper de afnemer in rekening brengt, echter met uitsluiting van de in artikel 79 bedoelde bedragen;

2) "aankoopprijs": alles wat de in punt 1) gedefinieerde tegenprestatie uitmaakt die de leverancier van de belastingplichtige wederverkoper verkrijgt of moet verkrijgen.

Art. 313. 1. De lidstaten passen op door belastingplichtige wederverkopers verrichte leveringen van gebruikte goederen, kunstvoorwerpen, voorwerpen voor verzamelingen en antiquiteiten een bijzondere regeling toe voor de belastingheffing over de winstmarge van de belastingplichtige wederverkoper, overeenkomstig het bepaalde in deze onderafdeling.

2. Tot de invoering van de in artikel 402 bedoelde definitieve regeling is de in lid 1 van dit artikel bedoelde regeling niet van toepassing op leveringen van nieuwe vervoermiddelen die worden verricht onder de in artikel 138, lid 1 en lid 2, onder a), gestelde voorwaarden.

Art. 314. De winstmargeregeling is van toepassing op door een belastingplichtige wederverkoper verrichte leveringen van gebruikte goederen, kunstvoorwerpen, voorwerpen voor verzamelingen en antiquiteiten, wanneer deze goederen hem binnen de Gemeenschap door een der onderstaande personen worden geleverd:

a) een niet-belastingplichtige;

b) een andere belastingplichtige, voor zover de levering van het goed door deze andere belastingplichtige overeenkomstig artikel 136 is vrijgesteld;

c) een andere belastingplichtige, voor zover de levering van het goed door deze andere belastingplichtige in aanmerking komt voor de in de artikelen 282 tot en met 292 bedoelde vrijstellingsregeling voor kleine ondernemingen en het gaat om een investeringsgoed;

d) een andere belastingplichtige wederverkoper, voor zover de levering van het goed door deze andere belastingplichtige wederverkoper overeenkomstig deze bijzondere regeling aan de BTW onderworpen is geweest.

Art. 315. De maatstaf van heffing voor de in artikel 314 bedoelde goederenleveringen is de winstmarge van de belastingplichtige wederverkoper, verminderd met het bedrag van de BTW die voor de winstmarge zelf geldt.

De winstmarge van de belastingplichtige wederverkoper is gelijk aan het verschil tussen de door de belastingplichtige wederverkoper voor het goed gevraagde verkoopprijs en de aankoopprijs.

Art. 316. 1. De lidstaten verlenen de belastingplichtige wederverkopers het recht te kiezen voor toepassing van de winstmargeregeling op de leveringen van de volgende goederen:

a) kunstvoorwerpen, voorwerpen voor verzamelingen en antiquiteiten die zij zelf hebben ingevoerd;

b) kunstvoorwerpen die aan hen geleverd zijn door de maker of diens rechthebbenden;

c) kunstvoorwerpen die aan hen geleverd zijn door een andere belastingplichtige dan een belastingplichtige wederverkoper, wanneer die levering aan het ver-

laagde tarief uit hoofde van artikel 103 onderworpen is.

2. De lidstaten stellen nadere regels vast inzake de uitoefening van het in lid 1 gegeven keuzerecht, dat in ieder geval gedurende een periode van ten minste twee kalenderjaren van kracht is.

Art. 317. Wanneer een belastingplichtige wederverkoper het in artikel 316 bedoelde keuzerecht uitoefent, wordt de maatstaf van heffing overeenkomstig artikel 315 vastgesteld.

Voor de leveringen van kunstvoorwerpen, voorwerpen voor verzamelingen of antiquiteiten die door de belastingplichtige wederverkoper zelf zijn ingevoerd, is de voor de berekening van de winstmarge in aanmerking te nemen verkoopprijs gelijk aan de overeenkomstig de artikelen 85 tot en met 89 vastgestelde maatstaf van heffing bij invoer, vermeerderd met de bij invoer verschuldigde of betaalde BTW.

Art. 318. 1. Teneinde de inning van de belasting te vereenvoudigen, kunnen de lidstaten na raadpleging van het BTW-Comité, voor bepaalde handelingen of voor bepaalde categorieën belastingplichtige wederverkopers bepalen dat de maatstaf van heffing voor leveringen van goederen die onderworpen zijn aan de winstmargeregeling, wordt vastgesteld voor ieder belastingtijdvak uit hoofde waarvan de belastingplichtige wederverkoper de in artikel 250 bedoelde BTW-aangifte moet indienen.

In het in de eerste alinea bedoelde geval is de maatstaf van heffing voor goederenleveringen waarop hetzelfde BTW-tarief van toepassing is, de totale winstmarge van de belastingplichtige wederverkoper, verminderd met het bedrag van de BTW op diezelfde winstmarge.

2. De totale winstmarge is gelijk aan het verschil tussen de volgende twee bedragen:

a) het totale bedrag van de goederenleveringen die onderworpen zijn aan de winstmargeregeling en die gedurende het belastingtijdvak door de belastingplichtige wederverkoper verricht zijn, dit wil zeggen de som van de verkoopprijzen;

b) het totale bedrag van de in artikel 314 bedoelde goederenaankopen die gedurende het belastingtijdvak door de belastingplichtige wederverkoper zijn verricht, dit wil zeggen de som van de aankoopprijzen.

3. De lidstaten treffen de nodige maatregelen om te voorkomen dat de in lid 1 bedoelde belastingplichtigen ongerechtvaardigde voordelen genieten of ongerechtvaardigde schade lijden.

Art. 319. Voor elke levering die onder de winstmargeregeling valt, kan de belastingplichtige wederverkoper de normale BTW-regeling toepassen.

Art. 320. 1. De belastingplichtige wederverkoper die de normale BTW-regeling toepast op de levering van kunstvoorwerpen, voorwerpen voor verzamelingen en antiquiteiten welke hij zelf heeft ingevoerd, heeft het recht de bij invoer van dit goed verschuldigde of voldane BTW af te trekken van het door hem verschuldigde belastingbedrag.

De belastingplichtige wederverkoper die de normale BTW-regeling toepast op de levering van kunstvoorwerpen welke hem door de maker of diens rechthebbenden of door een andere belastingplichtige dan een belastingplichtige wederverkoper zijn geleverd, heeft het recht, de met betrekking tot de hem geleverde kunstvoorwerpen verschuldigde of voldane BTW af te trekken van het door hem verschuldigde belastingbedrag.

2. Het recht op aftrek ontstaat op het tijdstip waarop de belasting verschuldigd wordt voor de levering waarvoor de belastingplichtige wederverkoper voor de normale BTW-regeling kiest.

Art. 321. De leveringen van gebruikte goederen, kunstvoorwerpen, voorwerpen voor verzamelingen en antiquiteiten die onderworpen zijn aan de winstmargeregeling, zijn vrijgesteld indien zij plaatsvinden onder de in de artikelen 146, 147, 148 en 151 gestelde voorwaarden.

Art. 322. Voor zover de goederen worden gebruikt ten behoeve van zijn aan de winstmargeregeling onderworpen leveringen mag de belastingplichtige wederverkoper van de door hem verschuldigde belasting de volgende bedragen niet aftrekken:

a) de BTW die verschuldigd of voldaan is voor kunstvoorwerpen, voorwerpen voor verzamelingen of antiquiteiten die hij zelf heeft ingevoerd;

b) de BTW die verschuldigd of voldaan is voor aan hem geleverde of te leveren kunstvoorwerpen door de maker of diens rechthebbenden;

c) de BTW die verschuldigd of voldaan is voor aan hem geleverde of te leveren kunstvoorwerpen door een andere belastingplichtige dan een belastingplichtige wederverkoper.

Art. 323. De belastingplichtige mag de BTW die verschuldigd of voldaan is voor aan hem geleverde of te leveren goederen door een belastingplichtige wederverkoper, niet aftrekken van de door hem verschuldigde belasting, voorzover de levering van deze goederen door de belastingsplichtige wederverkoper aan de winstmargeregeling is onderworpen.

Art. 324. De belastingplichtige wederverkoper die zowel de normale BTW-regeling als de winstmargeregeling toepast, moet de transacties voor elk van deze regelingen afzonderlijk in zijn boekhouding bijhouden, overeenkomstig de door de lidstaten vastgestelde bepalingen.

Art. 325. De belastingplichtige wederverkoper mag op de door hem uitgereikte factuur de BTW over de goederenleveringen waarop hij de winstmargeregeling toepast, niet afzonderlijk vermelden.

Onderafdeling 2

Overgangsregeling voor gebruikte vervoermiddelen

Art. 326. De lidstaten die op 31 december 1992 een andere bijzondere belastingregeling toepasten op de levering van gebruikte vervoermiddelen door belastingplichtige wederverkopers dan de winstmargeregeling, kunnen die regeling tot de invoering van de in artikel 402 bedoelde definitieve regeling blijven toepassen, voorzover zij voldoet, of zodanig is aangepast dat zij voldoet, aan de in deze onderafdeling gestelde voorwaarden.

Denemarken mag een bijzondere regeling als bedoeld in de eerste alinea invoeren.

Art. 327. 1. Deze overgangsregeling is van toepassing op door belastingplichtige wederverkopers verrichte leveringen van gebruikte vervoermiddelen die aan de winstmargeregeling zijn onderworpen.

2. Deze overgangsregeling is niet van toepassing op de leveringen van nieuwe vervoermiddelen die worden verricht onder de in artikel 138, lid 1 en lid 2, onder a), gestelde voorwaarden.

3. Voor de toepassing van lid 1 worden als "gebruikte vervoermiddelen" beschouwd de in artikel 2, lid 2, onder a), bedoelde landvoertuigen, schepen en luchtvaartuigen die gebruikte goederen zijn welke niet aan de voorwaarden voldoen om als nieuwe vervoermiddelen te worden beschouwd.

Art. 328. De voor elke in artikel 327 bedoelde levering verschuldigde BTW is gelijk aan het bedrag van de belasting die verschuldigd zou zijn indien de levering onder de normale BTW-regeling zou zijn gevallen, verminderd met het BTW-bedrag dat geacht wordt nog begrepen te zijn in de aankoopprijs van het vervoermiddel door de belastingplichtige wederverkoper.

Art. 329. De BTW die geacht wordt nog in de aankoopprijs van het vervoermiddel door de belastingplichtige wederverkoper te zijn begrepen, wordt als volgt berekend:

a) de in aanmerking te nemen aankoopprijs is de aankoopprijs in de zin van artikel 312, punt 2);

b) deze door de belastingplichtige wederverkoper betaalde aankoopprijs wordt geacht de BTW te omvatten die verschuldigd zou zijn geweest indien de leverancier van de belastingplichtige wederverkoper de normale BTW-regeling op zijn levering had toegepast;

c) het in aanmerking te nemen tarief is het tarief dat uit hoofde van artikel 93 van toepassing is in de lidstaat binnen het grondgebied waarvan de overeenkomstig de artikelen 31 en 32 bepaalde plaats van levering aan de belastingplichtige wederverkoper wordt geacht te zijn gelegen.

Art. 330. De voor elke in artikel 327, lid 1, bedoelde levering van vervoermiddelen verschuldigde BTW, vastgesteld overeenkomstig artikel 328, mag niet minder bedragen dan het BTW-bedrag dat verschuldigd zou zijn indien deze levering aan de winst-margeregeling onderworpen zou zijn geweest.

De lidstaten kunnen bepalen dat, indien de levering aan de winstmargeregeling onderworpen zou zijn geweest, deze winstmarge niet lager mag zijn dan 10 % van de verkoopprijs in de zin van artikel 312, punt 1).

Art. 331. De belastingplichtige mag van de door hem verschuldigde belasting niet de BTW aftrekken, die verschuldigd of voldaan is voor gebruikte vervoer-middelen welke aan hem geleverd zijn door een belas-tingplichtige wederverkoper, voorzover de levering van die goederen door de belastingplichtige wederver-koper overeenkomstig deze overgangsregeling aan de belasting is onderworpen.

Art. 332. De belastingplichtige wederverkoper mag op de door hem uitgereikte factuur de BTW over de leveringen waarop hij deze overgangsregeling toe-past, niet afzonderlijk vermelden.

Afdeling 3

Bijzondere regeling voor verkoop op openbare veilingen

Art. 333. 1. De lidstaten mogen, overeenkomstig het bepaalde in deze afdeling, een bijzondere regeling toepassen voor de belastingheffing over de door een organisator van openbare veilingen gemaakte winst-marge op leveringen van gebruikte goederen, kunst-voorwerpen, voorwerpen voor verzamelingen en anti-quiteiten, welke deze organisator die handelt in eigen naam en voor rekening van de in artikel 334 bedoelde personen, verricht krachtens een overeenkomst tot verkoop in commissie ter openbare veiling van deze goederen.

2. De in lid 1 bedoelde regeling is niet van toepas-sing op leveringen van nieuwe vervoermiddelen die worden verricht onder de in artikel 138, lid 1 en lid 2, onder a), gestelde voorwaarden.

Art. 334. Deze bijzondere regeling is van toepas-sing op leveringen door een organisator van openbare veilingen die handelt in eigen naam en voor rekening van een van de volgende personen:

a) een niet-belastingplichtige;

b) een andere belastingplichtige, voor zover de le-vering van het goed door deze belastingplichtige krachtens een overeenkomst tot verkoop in commissie verricht, overeenkomstig artikel 136 is vrijgesteld;

c) een andere belastingplichtige, voor zover de le-vering van het goed door deze belastingplichtige, krachtens een overeenkomst tot verkoop in commissie verricht, in aanmerking komt voor de in de artikelen 282 tot en met 292 bedoelde vrijstellingsregeling voor kleine ondernemingen en een investeringsgoed be-treft;

d) een belastingplichtige wederverkoper, voor zo-ver de levering van het goed door deze belastingplich-tige wederverkoper, krachtens een overeenkomst tot

verkoop in commissie verricht, is onderworpen aan de BTW overeenkomstig de winstmargeregeling.

Art. 335. De levering van een goed aan een belas-tingplichtige organisator van openbare veilingen wordt geacht te hebben plaatsgevonden op het tijdstip waarop de verkoop van dat goed ter openbare veiling heeft plaatsgevonden.

Art. 336. De maatstaf van heffing voor elke in deze afdeling bedoelde goederenlevering is het overeen-komstig artikel 339 door de organisator van de open-bare veiling aan de afnemer in rekening gebrachte to-tale bedrag, verminderd met de volgende bedragen:

a) het door de organisator van de openbare veiling aan zijn opdrachtgever betaalde of te betalen nettobe-drag, vastgesteld overeenkomstig artikel 337;

b) het bedrag van de door de organisator van de openbare veiling krachtens zijn levering verschuldig-de BTW.

Art. 337. Het door de organisator van de openbare veiling aan zijn opdrachtgever betaalde of te betalen nettobedrag is gelijk aan het verschil tussen de prijs waarvoor het goed geveild is, en het bedrag van de door de organisator van zijn opdrachtgever ontvangen of te ontvangen commissie krachtens de overeenkomst tot verkoop in commissie.

Art. 338. De organisatoren van openbare veilingen die onder de in de artikelen 333 en 334 vastgestelde voorwaarden goederen leveren, zijn gehouden de vol-gende bedragen in hun boekhouding op tussenrekenin-gen te boeken:

a) de van de afnemer van het goed ontvangen of te ontvangen bedragen;

b) de aan de verkoper van het goed betaalde of te betalen bedragen.

De in de eerste alinea bedoelde bedragen moeten naar behoren gerechtvaardigd worden.

Art. 339. De organisator van de openbare veiling moet aan de afnemer een factuur uitreiken waarop de volgende gegevens afzonderlijk zijn vermeld:

a) de veilingprijs;

b) de belastingen, rechten en heffingen;

c) de bijkomende kosten, zoals kosten van com-missie, verpakking, vervoer en verzekering, die de organisator de afnemer van het goed in rekening brengt.

Op de door de organisator van de openbare veiling uitgereikte factuur mag de BTW niet afzonderlijk zijn vermeld.

Art. 340. 1. De organisator van de openbare vei-ling aan wie het goed is overgedragen krachtens een overeenkomst tot verkoop in commissie op een open-bare veiling, verstrekt aan zijn opdrachtgever een ver-slag.

In het door de organisator van de openbare veiling verstrekte verslag wordt afzonderlijk het bedrag van de handeling vermeld, dat wil zeggen de veilingprijs van het goed, verminderd met het bedrag van de van de opdrachtgever ontvangen of te ontvangen commissie.

2. Het overeenkomstig lid 1 opgestelde verslag doet dienst als de factuur die de opdrachtgever, wanneer hij een belastingplichtige is, overeenkomstig artikel 220 aan de organisator van de openbare veiling moet uitreiken.

Art. 341. De lidstaten die de in deze afdeling vastgestelde regeling toepassen, passen deze ook toe op de leveringen van gebruikte vervoermiddelen als omschreven in artikel 327, lid 3, door een organisator van openbare veilingen die handelt in eigen naam ingevolge een overeenkomst tot verkoop in commissie op een openbare veiling van deze goederen voor rekening van een belastingplichtige wederverkoper, voorzover dezelfde leveringen door deze belastingplichtige wederverkoper overeenkomstig de overgangsregeling voor gebruikte vervoermiddelen aan de BTW zouden zijn onderworpen.

Afdeling 4

Maatregelen ter voorkoming van verstoring van de mededinging en fraude

Art. 342. De lidstaten kunnen maatregelen treffen betreffende het recht op aftrek van de BTW om te voorkomen dat de belastingplichtige wederverkopers op wie een van de in afdeling 2 vastgestelde regelingen van toepassing is, ongerechtvaardigde voordelen genieten, dan wel ongerechtvaardigde schade lijden.

Art. 343. De Raad kan op voorstel van de Commissie met eenparigheid van stemmen elke lidstaat machtigen bijzondere maatregelen ter bestrijding van fraude te treffen, waarin wordt bepaald dat de uit hoofde van de winstmargeregeling verschuldigde BTW niet lager mag zijn dan het belastingbedrag dat verschuldigd zou zijn indien de winstmarge gelijk was aan een bepaald percentage van de verkoopprijs.

Bij de vaststelling van het percentage van de verkoopprijs wordt rekening gehouden met de normale winstmarges van de economische subjecten in de betrokken sector.

HOOFDSTUK 5

BIJZONDERE REGELING VOOR BELEGGINGSGOUD

Afdeling 1

Algemene bepalingen

Art. 344. 1. Onverminderd andere bepalingen van het Gemeenschapsrecht wordt voor de toepassing van deze richtlijn als "beleggingsgoud" beschouwd:

1) goud, in de vorm van staven of plaatjes van een door de goudmarkten aanvaard gewicht, met een zuiverheid van ten minste 995/1 000, al dan niet belichaamd in effecten;

2) gouden munten die een zuiverheid van ten minste 900/1 000 hebben, na 1800 zijn geslagen, in het land van oorsprong als wettig betaalmiddel fungeren of hebben gefungeerd en normaal worden verkocht voor een prijs die de openmarktwaarde van het in de munten vervatte goud niet met meer dan 80 % overschrijdt.

2. De lidstaten kunnen kleine staven of plaatjes met een gewicht van ten hoogste 1 gram uitsluiten van deze bijzondere regeling.

3. Voor de toepassing van deze richtlijn worden de in lid 1, punt 2), bedoelde munten niet geacht wegens hun numismatisch belang te worden verkocht.

Art. 345. Vanaf 1999 deelt elke lidstaat de Commissie, vóór 1 juli van elk jaar, mee welke munten die aan de in artikel 344, lid 1, punt 2), genoemde criteria voldoen, in die lidstaat worden verhandeld. Vóór 1 december van elk jaar publiceert de Commissie in de reeks C van het Publicatieblad van de Europese Unie de volledige lijst van deze munten. De in de gepubliceerde lijst opgenomen munten worden geacht aan deze criteria te voldoen gedurende het gehele jaar waarvoor de lijst wordt gepubliceerd.

Afdeling 2

Vrijstelling van de belasting

Art. 346. De lidstaten verlenen vrijstelling van de BTW voor de levering, de intracommunautaire verwerving en de invoer van beleggingsgoud, waaronder beleggingsgoud dat belichaamd is in certificaten voor toegewezen of niet toegewezen goud of dat verhandeld wordt op goudrekeningen, en waaronder, in het bijzonder, goudleningen en swaps, die een eigendoms- of vorderingsrecht op beleggingsgoud belichamen, evenals voor handelingen betreffende beleggingsgoud bestaande in future- en termijncontracten die leiden tot de overdracht van een eigendoms- of vorderingsrecht met betrekking tot beleggingsgoud.

Art. 347. De lidstaten verlenen vrijstelling voor de diensten van agenten die optreden in naam en voor rekening van een ander wanneer zij betrokken zijn bij de levering van beleggingsgoud voor hun principaal.

Afdeling 3

Recht om voor belastingheffing te kiezen

Art. 348. De lidstaten verlenen belastingplichtigen die beleggingsgoud produceren of goud omzetten in beleggingsgoud, het recht te kiezen voor belastingheffing over de leveringen van beleggingsgoud aan een andere belastingplichtige welke anders uit hoofde van artikel 346 zouden zijn vrijgesteld.

Art. 349. 1. De lidstaten kunnen belastingplichtigen die in het kader van hun bedrijf normaal goud leveren voor industriële doeleinden, het recht verlenen te kiezen voor belastingheffing over leveringen van goud in de vorm van de in artikel 344, lid 1, punt 1), bedoelde staven of plaatjes aan een andere belastingplichtige welke anders uit hoofde van artikel 346 zouden zijn vrijgesteld.

2. De lidstaten kunnen het toepassingsgebied van het in lid 1 bedoelde keuzerecht beperken.

Art. 350. Indien de leverancier het recht overeenkomstig de artikelen 348 en 349 voor belastingheffing te kiezen, heeft uitgeoefend, verlenen de lidstaten de agent het recht, voor belastingheffing over de in artikel 347 bedoelde diensten te kiezen.

Art. 351. De lidstaten stellen de nadere bepalingen voor de uitoefening van de in deze afdeling geregelde keuzerechten vast en stellen de Commissie ervan in kennis.

Afdeling 4

Handelingen op een gereglementeerde goudmarkt

Art. 352. Iedere lidstaat kan, na raadpleging van het BTW-Comité, specifieke handelingen met betrekking tot beleggingsgoud welke in die lidstaat plaatsvinden tussen belastingplichtigen die lid zijn van een door de betrokken lidstaat gereglementeerde goudmarkt, of tussen een lid van een door de betrokken lidstaat gereglementeerde goudmarkt en een andere belastingplichtige die geen lid is van die markt, aan de BTW onderwerpen. De lidstaat mag leveringen die worden verricht onder de in artikel 138 gestelde voorwaarden en de uitvoer van beleggingsgoud echter niet aan de BTW onderwerpen.

Art. 353. De lidstaten die uit hoofde van artikel 352 belasting heffen over de handelingen tussen belastingplichtigen die lid zijn van een gereglementeerde goudmarkt, staan eenvoudigheidshalve toe dat de te innen belasting wordt opgeschort en verlenen de belastingplichtigen ontheffing van de boekhoudingsvereisten inzake de BTW.

Afdeling 5

Bijzondere rechten en verplichtingen van handelaren in beleggingsgoud

Art. 354. Wanneer zijn daaropvolgende levering van beleggingsgoud krachtens dit hoofdstuk vrijgesteld is, heeft de belastingplichtige recht op aftrek van de volgende bedragen:

a) de BTW die verschuldigd of voldaan is met betrekking tot beleggingsgoud dat hem is geleverd door een persoon die het in de artikelen 348 en 349 bedoelde keuzerecht heeft uitgeoefend of dat hem overeenkomstig afdeling 4 is geleverd;

b) de BTW die verschuldigd of voldaan is met betrekking tot de levering aan hem dan wel de intracommunautaire verwerving of de invoer door hem van ander goud dan beleggingsgoud dat vervolgens door

hem of in zijn naam wordt omgezet in beleggingsgoud;

c) de BTW die verschuldigd of voldaan is met betrekking tot voor hem verrichte diensten bestaande in een wijziging van de vorm, het gewicht of de zuiverheid van goud met inbegrip van beleggingsgoud.

Art. 355. Belastingplichtigen die beleggingsgoud produceren of goud in beleggingsgoud omzetten, hebben recht op aftrek van de belasting die door hen verschuldigd of voldaan is met betrekking tot de levering, de intracommunautaire verwerving of de invoer van goederen of met betrekking tot diensten die met de productie of de omzetting van dat goud verband houden, alsof de daaropvolgende levering van het krachtens artikel 346 vrijgestelde goud belast was.

Art. 356. 1. De lidstaten zorgen ervoor dat handelaren in beleggingsgoud ten minste een boekhouding voeren van alle belangrijke handelingen betreffende beleggingsgoud en de documenten bewaren aan de hand waarvan de identiteit van de afnemer bij dergelijke handelingen kan worden vastgesteld.

De handelaren bewaren de in de eerste alinea bedoelde informatie gedurende ten minste vijf jaar.

2. De lidstaten kunnen evenwaardige verplichtingen uit hoofde van maatregelen vastgesteld krachtens andere communautaire wetgeving, zoals Richtlijn 2005/60/EG van het Europees Parlement en de Raad van 26 oktober 2005 tot voorkoming van het gebruik van het financiële stelsel voor het witwassen van geld en de financiering van terrorisme, aanvaarden om aan de vereisten van lid 1 te voldoen.

3. De lidstaten kunnen strengere verplichtingen vaststellen, inzonderheid inzake speciale registratie- of boekhoudingsvereisten.

HOOFDSTUK 6

BIJZONDERE REGELING VOOR NIET IN DE GEMEENSCHAP GEVESTIGDE BELASTINGPLICHTIGEN DIE LANGS ELEKTRONISCHE WEG DIENSTEN VERRICHTEN VOOR NIET-BELASTINGPLICHTIGEN

Toekomstig recht: – Met inwerkingtreding op 1 januari 2015 wordt in titel XII het opschrift van hoofdstuk 6 vervangen door wat volgt:
"Bijzondere regelingen voor niet-gevestigde belastingplichtigen die telecommunicatiediensten, omroepdiensten of elektronische diensten verrichten voor niet-belastingplichtigen".
(Richtl. 2008/8/EG, Raad van 12 februari 2008, art. 5.6, PB. L. 44, 20.II.2008)

Afdeling 1

Algemene bepalingen

Art. 357. [Dit hoofdstuk is van toepassing tot en met 31 december 2014.]

Vervangen bij art. 1.4 Richtl. 2008/8/EG, Raad van 12 februari 2008 (PB. L. 44, 20.II.2008), van toepassing vanaf 1 januari 2009.

Toekomstig recht: – Met inwerkingtreding op 1 januari 2015 wordt art. 357 geschrapt.
(Richtl. 2008/8/EG, Raad van 12 februari 2008, art. 5.7, PB. L. 44, 20.II.2008)

Art. 358. Onverminderd andere communautaire bepalingen wordt voor de toepassing van dit hoofdstuk verstaan onder:

1) "niet in de Gemeenschap gevestigde belastingplichtige": een belastingplichtige die de zetel van zijn bedrijfsuitoefening niet op het grondgebied van de Gemeenschap heeft gevestigd noch daar over een vaste inrichting beschikt, en ook niet anderszins uit hoofde van artikel 214 geïdentificeerd moet zijn;

2) ["elektronische diensten" en "langs elektronische weg verrichte diensten": de diensten bedoeld in artikel 59, eerste alinea, punt k)];

3) "lidstaat van identificatie": de lidstaat die de niet in de Gemeenschap gevestigde belastingplichtige verkiest te contacteren om opgave te doen van het begin van zijn activiteit als belastingplichtige op het grondgebied van de Gemeenschap overeenkomstig dit hoofdstuk;

4) ["lidstaat van verbruik": lidstaat waar overeenkomstig artikel 58 de elektronische diensten geacht worden te worden verricht];

5) "BTW-aangifte": de aangifte die alle gegevens omvat die nodig zijn om het bedrag van de in elke lidstaat verschuldigde BTW vast te stellen.

2) vervangen bij art. 2.11, a) Richtl. 2008/8/EG, Raad van 12 februari 2008 (PB. L. 44, 20.II.2008), van toepassing vanaf 1 januari 2010;
4) vervangen bij art. 2.11, b) Richtl. 2008/8/EG, Raad van 12 februari 2008 (PB. L. 44, 20.II.2008), van toepassing vanaf 1 januari 2010.

Toekomstig recht: – Met inwerkingtreding op 1 januari 2015 wordt art. 358 als volgt vervangen:
"Art. 358. Onverminderd andere communautaire bepalingen wordt voor de toepassing van dit hoofdstuk verstaan onder:
1. "telecommunicatiediensten" en "omroepdiensten": de diensten bedoeld in artikel 58, eerste alinea, punten a) en b);
2. "elektronische diensten" en "langs elektronische weg verrichte diensten": de diensten bedoeld in artikel 58, eerste alinea, punt c);
3. "lidstaat van verbruik": de lidstaat waar overeenkomstig artikel 58 de telecommunicatiediensten, omroepdiensten of elektronische diensten geacht worden te worden verricht;
4. "BTW-aangifte": de aangifte waarin alle gegevens staan die nodig zijn om het bedrag van de in elke lidstaat verschuldigde btw vast te stellen.".
(Richtl. 2008/8/EG, Raad van 12 februari 2008, art. 5.8, PB. L. 44, 20.II.2008)

Afdeling 2

Bijzondere regeling voor langs elektronische weg verrichte diensten

Toekomstig recht: – Met inwerkingtreding op 1 januari 2015 wordt in titel XII, hoofdstuk 6 het opschrift van afdeling 2 vervangen door wat volgt:
"Bijzondere regeling voor telecommunicatiediensten, omroepdiensten of elektronische diensten verricht door niet in de Gemeenschap gevestigde belastingplichtigen".
(Richtl. 2008/8/EG, Raad van 12 februari 2008, art. 5.9, PB. L. 44, 20.II.2008)

[Art. 358bis. Onverminderd andere communautaire bepalingen wordt voor de toepassing van deze afdeling verstaan onder:

1. "niet in de Gemeenschap gevestigde belastingplichtige": een belastingplichtige die de zetel van zijn bedrijfsuitoefening niet op het grondgebied van de Gemeenschap heeft gevestigd noch daar over een vaste inrichting beschikt, en ook niet anderszins voor btw-doeleinden geïdentificeerd moet zijn;

2. "lidstaat van identificatie": de lidstaat die de niet in de Gemeenschap gevestigde belastingplichtige verkiest te contacteren om opgave te doen van het begin van zijn activiteit als belastingplichtige op het grondgebied van de Gemeenschap overeenkomstig deze afdeling.]

Ingevoegd bij art. 5.10 Richtl. 2008/8/EG, Raad van 12 februari 2008 (PB. L. 44, 20.II.2008), van toepassing vanaf 1 januari 2015.

Art. 359. De lidstaten staan toe dat een niet in de Gemeenschap gevestigde belastingplichtige die elektronische diensten verricht voor een niet-belastingplichtige die in een lidstaat gevestigd is of er zijn woonplaats of zijn gebruikelijke verblijfplaats heeft, gebruikmaakt van deze bijzondere regeling. Deze regeling is van toepassing op alle aldus in de Gemeenschap verrichte diensten.

Toekomstig recht: – Met inwerkingtreding op 1 januari 2015 wordt art. 359 als volgt vervangen:
"Art. 359. De lidstaten staan toe dat een niet in de Gemeenschap gevestigde belastingplichtige die telecommunicatiediensten, omroepdiensten of elektronische diensten verricht voor een niet-belastingplichtige die in een lidstaat gevestigd is of er zijn woonplaats of zijn gebruikelijke verblijfplaats heeft, gebruik maakt van deze bijzondere regeling. Deze regeling is van toepassing op alle aldus in de Gemeenschap verrichte diensten.".
(Richtl. 2008/8/EG, Raad van 12 februari 2008, art. 5.11, PB. L. 44, 20.II.2008)

Art. 360. De niet in de Gemeenschap gevestigde belastingplichtige moet aan de lidstaat van identificatie opgave doen van het begin of de beëindiging van zijn activiteit als belastingplichtige, alsook van wijziging ervan in die mate dat hij niet langer aan de voorwaarden voldoet om van deze bijzondere regeling gebruik te mogen maken. Deze opgave gebeurt langs elektronische weg.

Toekomstig recht: – Met inwerkingtreding op 1 januari 2015 wordt art. 360 als volgt vervangen:
"Art. 360. De niet in de Gemeenschap gevestigde belastingplichtige moet aan de lidstaat van identificatie opgave doen van het begin en de beëindiging van zijn activiteit als belastingplichtige, alsook van wijziging ervan in die mate dat hij niet langer aan de voorwaarden voldoet om van deze bijzondere regeling gebruik te mogen maken. Deze opgave gebeurt langs elektronische weg.".
(Richtl. 2008/8/EG, Raad van 12 februari 2008, art. 5.11, PB. L. 44, 20.II.2008)

Art. 361. 1. De mededeling die de niet in de Gemeenschap gevestigde belastingplichtige aan de lidstaat van identificatie doet wanneer zijn belastbare activiteiten beginnen, bevat de volgende bijzonderheden voor de identificatie:
a) de naam;
b) het postadres;
c) de elektronische adressen, met inbegrip van websites;
d) in voorkomend geval, het nationale belastingnummer;
e) een verklaring dat de belastingplichtige niet voor BTW-doeleinden in de Gemeenschap geïdentificeerd is.
2. De niet in de Gemeenschap gevestigde belastingplichtige doet de lidstaat van identificatie mededeling van eventuele wijzigingen in de verstrekte informatie.

Toekomstig recht: – Met inwerkingtreding op 1 januari 2015 wordt art. 361 als volgt vervangen:
"Art. 361. 1. De mededeling die de niet in de Gemeenschap gevestigde belastingplichtige aan de lidstaat van identificatie doet wanneer zijn belastbare activiteiten beginnen, bevat de volgende bijzonderheden:
a) de naam;
b) het postadres;
c) de elektronische adressen, met inbegrip van websites;
d) in voorkomend geval, het nationale belastingnummer;
e) een verklaring dat de belastingplichtige niet voor btw-doeleinden in de Gemeenschap geïdentificeerd is.
2. De niet in de Gemeenschap gevestigde belastingplichtige doet de lidstaat van identificatie mededeling van alle wijzigingen in de verstrekte informatie.".
(Richtl. 2008/8/EG, Raad van 12 februari 2008, art. 5.11, PB. L. 44, 20.II.2008)

Art. 362. De lidstaat van identificatie kent de niet in de Gemeenschap gevestigde belastingplichtige een individueel identificatienummer toe en deelt hem dit nummer langs elektronische weg mee. Uitgaande van de voor deze identificatie gebruikte gegevens mogen de lidstaten van verbruik hun eigen identificatiesystemen gebruiken.

Toekomstig recht: – Met inwerkingtreding op 1 januari 2015 wordt art. 362 als volgt vervangen:

"Art. 362. De lidstaat van identificatie kent de niet in de Gemeenschap gevestigde belastingplichtige een individueel identificatienummer toe en deelt hem dit nummer langs elektronische weg mee. Uitgaande van de voor deze identificatie gebruikte gegevens mogen de lidstaten van verbruik hun eigen identificatiesystemen gebruiken.".
(Richtl. 2008/8/EG, Raad van 12 februari 2008, art. 5.11, PB. L. 44, 20.II.2008)

Art. 363. De lidstaat van identificatie verwijdert de niet in de Gemeenschap gevestigde belastingplichtige in de volgende gevallen uit het identificatieregister:
a) de belastingplichtige deelt die lidstaat mee dat hij niet langer elektronische diensten verricht;
b) er kan anderszins worden aangenomen dat zijn belastbare activiteiten beëindigd zijn;
c) hij vervult niet langer de voorwaarden om van de bijzondere regeling gebruik te mogen maken;
d) hij voldoet bij voortduring niet aan de voorschriften van de bijzondere regeling.

Toekomstig recht: – Met inwerkingtreding op 1 januari 2015 wordt art. 363 als volgt vervangen:
"Art. 363. De lidstaat van identificatie verwijdert de niet in de Gemeenschap gevestigde belastingplichtige in de volgende gevallen uit het identificatieregister:
a) de belastingplichtige deelt die lidstaat mee dat hij niet langer telecommunicatiediensten, omroepdiensten of elektronische diensten verricht;
b) er kan anderszins worden aangenomen dat zijn belastbare activiteiten beëindigd zijn;
c) hij vervult niet langer de voorwaarden om van de bijzondere regeling gebruik te mogen maken;
d) hij voldoet bij voortduring niet aan de voorschriften van de bijzondere regeling.".
(Richtl. 2008/8/EG, Raad van 12 februari 2008, art. 5.11, PB. L. 44, 20.II.2008)

Art. 364. De niet in de Gemeenschap gevestigde belastingplichtige dient langs elektronische weg bij de lidstaat van identificatie een BTW-aangifte in voor elk kalenderkwartaal, ongeacht of er elektronische diensten zijn verricht. De aangifte wordt uiterlijk 20 dagen na het verstrijken van het belastingtijdvak waarop de aangifte betrekking heeft, ingediend.

Toekomstig recht: – Met inwerkingtreding op 1 januari 2015 wordt art. 364 als volgt vervangen:
"Art. 364. De niet in de Gemeenschap gevestigde belastingplichtige dient langs elektronische weg bij de lidstaat van identificatie een btw-aangifte in voor elk kalenderkwartaal, ongeacht of al dan niet telecommunicatiediensten, omroepdiensten of elektronische diensten zijn verricht. De aangifte wordt uiterlijk 20 dagen na het verstrijken van het belastingtijdvak waarop de aangifte betrekking heeft, ingediend.".
(Richtl. 2008/8/EG, Raad van 12 februari 2008, art. 5.11, PB. L. 44, 20.II.2008)

Art. 365. De BTW-aangifte bevat het identificatienummer en, voor elke lidstaat van verbruik waar de BTW verschuldigd is, het totale bedrag, de BTW niet inbegrepen, van de gedurende het belastingtijdvak verrichte elektronische diensten en het totale bedrag van de belasting daarover. De geldende BTW-tarieven en de totale verschuldigde belasting moeten eveneens op de aangifte worden vermeld.

Toekomstig recht: – Met inwerkingtreding op 1 januari 2015 wordt art. 365 als volgt vervangen:
"Art. 365. De btw-aangifte bevat het identificatienummer en, voor elke lidstaat van verbruik waar de btw verschuldigd is, het totale bedrag, de btw niet inbegrepen, van de gedurende het belastingtijdvak verrichte telecommunicatiediensten, omroepdiensten of elektronische diensten en het totale bedrag van de belasting daarover, opgesplitst naar belastingtarieven. De geldende btw-tarieven en de totale verschuldigde belasting worden eveneens vermeld.".
(Richtl. 2008/8/EG, Raad van 12 februari 2008, art. 5.11, PB. L. 44, 20.II.2008)

Art. 366. 1. De BTW-aangifte luidt in euro.

De lidstaten die de euro niet hebben aangenomen, kunnen eisen dat de BTW-aangifte in hun nationale munteenheid luidt. Indien de diensten in een andere munteenheid luiden, hanteert de niet in de Gemeenschap gevestigde belastingplichtige bij het invullen van de BTW-aangifte de wisselkoers die gold op de laatste dag van het belastingtijdvak.

2. De omwisseling geschiedt volgens de wisselkoersen die de Europese Centrale Bank voor die dag bekend heeft gemaakt of, wanneer die dag geen bekendmaking heeft plaatsgevonden, op de eerstvolgende dag van bekendmaking.

Toekomstig recht: – Met inwerkingtreding op 1 januari 2015 wordt art. 366, lid 1 als volgt vervangen:
"1. De btw-aangifte wordt in euro verricht.
De lidstaten die de euro niet hebben aangenomen, kunnen eisen dat de btw-aangifte in hun nationale munteenheid luidt. Indien de diensten in een andere munteenheid luiden, hanteert de niet in de Gemeenschap gevestigde belastingplichtige bij het invullen van de btw-aangifte de wisselkoers die gold op de laatste dag van het belastingtijdvak.".
(Richtl. 2008/8/EG, Raad van 12 februari 2008, art. 5.12, PB. L. 44, 20.II.2008)

Art. 367. De niet in de Gemeenschap gevestigde belastingplichtige voldoet de BTW op het moment dat de BTW-aangifte wordt ingediend.

De belasting moet worden overgemaakt naar een door de lidstaat van identificatie opgegeven bankrekening in euro. De lidstaten die de euro niet hebben aangenomen, kunnen eisen dat de betaling wordt overgemaakt naar een bankrekening in hun eigen munteenheid.

Toekomstig recht: – Met inwerkingtreding op 1 januari 2015 wordt art. 367 als volgt vervangen:
"Art. 367. De niet in de Gemeenschap gevestigde belastingplichtige voldoet de btw onder verwijzing naar de betreffende btw-aangifte, zulks op het moment dat de aangifte wordt ingediend, doch uiterlijk bij het verstrijken van de termijn waarbinnen de aangifte moet worden ingediend.
De belasting moet worden overgemaakt naar een door de lid-

staat van identificatie opgegeven bankrekening in euro. De lidstaten die de euro niet als munteenheid hebben aangenomen, kunnen eisen dat de betaling wordt overgemaakt naar een bankrekening in hun eigen valuta.".
(Richtl. 2008/8/EG, Raad van 12 februari 2008, art. 5.13, PB. L. 44, 20.II.2008)

Art. 368. De niet in de Gemeenschap gevestigde belastingplichtige die van deze bijzondere regeling gebruikmaakt, past in de aangifte geen aftrek van BTW uit hoofde van artikel 168 van deze richtlijn toe. Niettegenstaande artikel 1, lid 1, van Richtlijn 86/560/EEG, wordt deze belastingplichtige teruggaaf verleend overeenkomstig die richtlijn. Artikel 2, leden 2 en 3, en artikel 4, lid 2, van Richtlijn 86/560/EEG zijn niet van toepassing op de teruggaaf die verband houdt met de onder deze bijzondere regeling vallende elektronische diensten.

Toekomstig recht: – Met inwerkingtreding op 1 januari 2015 wordt art. 368 als volgt vervangen:
"Art. 368. De niet in de Gemeenschap gevestigde belastingplichtige die van deze bijzondere regeling gebruik maakt, past geen btw-aftrek uit hoofde van artikel 168 van de onderhavige richtlijn toe. Niettegenstaande artikel 1, lid 1, van Richtlijn 86/560/EEG, wordt deze belastingplichtige teruggaaf verleend overeenkomstig die richtlijn. Artikel 2, leden 2 en 3, en artikel 4, lid 2, van Richtlijn 86/560/EEG zijn niet van toepassing op de teruggaaf die verband houdt met de onder deze bijzondere regeling vallende telecommunicatiediensten, omroepdiensten of elektronische diensten.".
(Richtl. 2008/8/EG, Raad van 12 februari 2008, art. 5.13, PB. L. 44, 20.II.2008)

Art. 369. 1. De niet in de Gemeenschap gevestigde belastingplichtige voert van alle handelingen waarop deze bijzondere regeling van toepassing is, een boekhouding die voldoende gegevens moet bevatten om de belastingadministratie van de lidstaat van verbruik in staat te stellen de juistheid van de BTW-aangifte te bepalen.

2. Desgevraagd moet de in lid 1 bedoelde boekhouding langs elektronische weg aan de lidstaat van identificatie en aan de lidstaat van verbruik beschikbaar worden gesteld.

De boekhouding wordt bewaard gedurende tien jaar na afloop van het jaar waarin de handeling is verricht.

Toekomstig recht: – Met inwerkingtreding op 1 januari 2015 wordt art. 369, lid 1 als volgt vervangen:
"1. De niet in de Gemeenschap gevestigde belastingplichtige voert van alle handelingen waarop deze bijzondere regeling van toepassing is, een boekhouding. Deze boekhouding moet voldoende gegevens bevatten om de belastingautoriteiten van de lidstaat van verbruik in staat te stellen de juistheid van de btw-aangifte te bepalen.".
(Richtl. 2008/8/EG, Raad van 12 februari 2008, art. 5.14, PB. L. 44, 20.II.2008)

[Afdeling 3

Bijzondere regeling voor telecommunicatiediensten, omroepdiensten of elektronische diensten verricht door in de Gemeenschap doch niet in de lidstaat van verbruik gevestigde belastingplichtigen]

Ingevoegd bij art. 5.15 Richtl. 2008/8/EG, Raad van 12 februari 2008 (PB. L. 44, 20.II.2008), van toepassing vanaf 1 januari 2015.

[Art. 369bis. Onverminderd andere communautaire bepalingen wordt voor de toepassing van deze afdeling verstaan onder:

1. niet in de lidstaat van verbruik gevestigde belastingplichtige: een belastingplichtige die de zetel van zijn bedrijfsuitoefening of een vaste inrichting op het grondgebied van de Gemeenschap heeft gevestigd, maar in de lidstaat van verbruik noch de zetel van zijn bedrijfsuitoefening, noch een vaste inrichting heeft;

2. lidstaat van identificatie: de lidstaat waar de belastingplichtige de zetel van zijn bedrijfsuitoefening heeft gevestigd, of, indien hij de zetel van zijn bedrijfsuitoefening niet in de Gemeenschap heeft gevestigd, de lidstaat waar hij een vaste inrichting heeft.

Indien de belastingplichtige niet in de Gemeenschap is gevestigd, maar daarin meer dan één vaste inrichting heeft, dan is de lidstaat van identificatie de lidstaat waar zich een vaste inrichting bevindt, waarin die belastingplichtige meldt dat hij van deze bijzondere regeling gebruik maakt. De belastingplichtige is gedurende het betreffende kalenderjaar en de twee daaropvolgende kalenderjaren aan deze keuze gebonden.]

Ingevoegd bij art. 5.15 Richtl. 2008/8/EG, Raad van 12 februari 2008 (PB. L. 44, 20.II.2008), van toepassing vanaf 1 januari 2015.

[Art. 369ter. De lidstaten staan toe dat van deze bijzondere regeling gebruik wordt gemaakt door niet in de lidstaat van verbruik gevestigde belastingplichtigen die telecommunicatiediensten, omroepdiensten of elektronische diensten verrichten voor niet-belastingplichtigen die in een lidstaat gevestigd zijn of er hun woonplaats of gebruikelijke verblijfplaats hebben. Deze bijzondere regeling is van toepassing op alle aldus in de Gemeenschap verrichte diensten.]

Ingevoegd bij art. 5.15 Richtl. 2008/8/EG, Raad van 12 februari 2008 (PB. L. 44, 20.II.2008), van toepassing vanaf 1 januari 2015.

[Art. 369quater. De niet in de lidstaat van verbruik gevestigde belastingplichtige doet aan de lidstaat van identificatie opgave van het begin en de beëindiging van zijn onder deze bijzondere regeling vallende activiteit als belastingplichtige, alsook van wijziging ervan in die mate dat hij niet langer aan de voorwaarden voldoet om van deze bijzondere regeling

gebruik te mogen maken. Deze opgave gebeurt langs elektronische weg.]

Ingevoegd bij art. 5.15 Richtl. 2008/8/EG, Raad van 12 februari 2008 (PB. L. 44, 20.II.2008), van toepassing vanaf 1 januari 2015.

[Art. 369quinquies. Een belastingplichtige die van de bijzondere regeling gebruik maakt, wordt voor de belastbare handelingen onder die regeling alleen in de lidstaat van identificatie voor btw-doeleinden geidentificeerd. Daartoe maakt de lidstaat van identificatie gebruik van het individuele btw-identificatienummer dat reeds aan de belastingplichtige is toegekend met betrekking tot diens verplichtingen in het binnenlands verkeer.

Uitgaande van de voor deze identificatie gebruikte gegevens kunnen de lidstaten van verbruik hun eigen identificatiesystemen uitwerken.]

Ingevoegd bij art. 5.15 Richtl. 2008/8/EG, Raad van 12 februari 2008 (PB. L. 44, 20.II.2008), van toepassing vanaf 1 januari 2015.

[Art. 369sexies. De lidstaat van identificatie sluit de niet in de lidstaat van verbruik gevestigde belastingplichtige van deze bijzondere regeling uit in elk van de volgende gevallen:

a) indien hij meldt dat hij niet langer telecommunicatiediensten, omroepdiensten of elektronische diensten verricht;

b) indien anderszins kan worden aangenomen dat zijn aan deze bijzondere regeling onderworpen belastbare activiteiten beëindigd zijn;

c) hij vervult niet langer de voorwaarden om van de bijzondere regeling gebruik te mogen maken;

d) hij voldoet bij voortduring niet aan de voorschriften van de bijzondere regeling.]

Ingevoegd bij art. 5.15 Richtl. 2008/8/EG, Raad van 12 februari 2008 (PB. L. 44, 20.II.2008), van toepassing vanaf 1 januari 2015.

[Art. 369septies. De niet in de lidstaat van verbruik gevestigde belastingplichtige dient langs elektronische weg bij de lidstaat van identificatie een BTW-aangifte in voor elk kalenderkwartaal, ongeacht of al dan niet telecommunicatiediensten, omroepdiensten of elektronische diensten zijn verricht. De aangifte wordt uiterlijk 20 dagen na het verstrijken van het tijdvak waarop de aangifte betrekking heeft, ingediend.]

Ingevoegd bij art. 5.15 Richtl. 2008/8/EG, Raad van 12 februari 2008 (PB. L. 44, 20.II.2008), van toepassing vanaf 1 januari 2015.

[Art. 369octies. De BTW-aangifte bevat het in artikel 369quinquies bedoelde identificatienummer en, voor elke lidstaat van verbruik waar de BTW verschuldigd is, het totale bedrag, de BTW niet inbegrepen, van de gedurende het belastingtijdvak verrichte telecommunicatiediensten, omroepdiensten of elektronische diensten en het totale bedrag van de belasting daarover, uitgesplitst naar belastingtarieven. De geldende BTW-tarieven en de totale verschuldigde belasting worden eveneens op de aangifte vermeld.

Indien de belastingplichtige behalve in de lidstaat van identificatie in een andere lidstaat een of meer vaste inrichtingen heeft van waaruit de diensten worden verricht, bevat de BTW-aangifte, per lidstaat waar hij een vaste inrichting heeft gevestigd en uitgesplitst naar lidstaat van verbruik, naast de in de eerste alinea bedoelde gegevens, tevens het totale bedrag van de gedurende het belastingtijdvak verrichte telecommunicatiediensten, omroepdiensten of elektronische diensten die onder de bijzondere regeling vallen, alsmede het individueel BTW-identificatienummer of het fiscaal registratienummer van de inrichting.]

Ingevoegd bij art. 5.15 Richtl. 2008/8/EG, Raad van 12 februari 2008 (PB. L. 44, 20.II.2008), van toepassing vanaf 1 januari 2015.

[Art. 369nonies. 1. De BTW-aangifte wordt in euro verricht.

De lidstaten die de euro niet hebben aangenomen, kunnen eisen dat de btw-aangifte in hun nationale munteenheid luidt. Indien de diensten in een andere munteenheid luiden, hanteert de niet in de lidstaat van verbruik gevestigde belastingplichtige bij het invullen van de BTW-aangifte de wisselkoers die gold op de laatste dag van het belastingtijdvak.

2. De omwisseling geschiedt volgens de wisselkoersen die de Europese Centrale Bank voor die dag bekend heeft gemaakt of, wanneer die dag geen bekendmaking heeft plaatsgevonden, op de eerstvolgende dag van bekendmaking.]

Ingevoegd bij art. 5.15 Richtl. 2008/8/EG, Raad van 12 februari 2008 (PB. L. 44, 20.II.2008), van toepassing vanaf 1 januari 2015.

[Art. 369decies. De niet in de lidstaat van verbruik gevestigde belastingplichtige voldoet de btw onder verwijzing naar de betreffende BTW-aangifte op het moment dat de aangifte wordt ingediend, doch uiterlijk bij het verstrijken van de termijn waarbinnen de aangifte moet worden ingediend.

De belasting moet worden overgemaakt naar een door de lidstaat van identificatie opgegeven bankrekening in euro. De lidstaten die de euro niet als munteenheid hebben aangenomen, kunnen eisen dat de betaling wordt overgemaakt naar een bankrekening in hun eigen valuta.]

Ingevoegd bij art. 5.15 Richtl. 2008/8/EG, Raad van 12 februari 2008 (PB. L. 44, 20.II.2008), van toepassing vanaf 1 januari 2015.

[Art. 369undecies. De niet in de lidstaat van verbruik gevestigde belastingplichtige die van deze bijzondere regeling gebruik maakt, past met betrekking tot voorbelasting die verband houdt met aan deze bij-

zondere regeling onderworpen activiteiten geen BTW-aftrek uit hoofde van artikel 168 van de onderhavige richtlijn toe. Niettegenstaande artikel 2, lid 1, en artikel 3 van Richtlijn 2008/9/EG wordt deze belastingplichtige daarvoor teruggaaf verleend overeenkomstig die richtlijn.

Indien de niet in de lidstaat van verbruik gevestigde belastingplichtige die van deze bijzondere regeling gebruik maakt, in de lidstaat van verbruik ook niet aan deze bijzondere regeling onderworpen activiteiten verricht waarvoor hij voor BTW-doeleinden geïdentificeerd moet zijn, moet hij de voorbelasting die verband houdt met de aan deze bijzondere regeling onderworpen activiteiten bij de indiening van de in artikel 250 bedoelde aangifte in aftrek brengen.]

Ingevoegd bij art. 5.15 Richtl. 2008/8/EG, Raad van 12 februari 2008 (PB. L. 44, 20.II.2008), van toepassing vanaf 1 januari 2015.

[Art. 369duodecies. 1. De niet in de lidstaat van verbruik gevestigde belastingplichtige voert van alle handelingen waarop deze bijzondere regeling van toepassing is, een boekhouding. Deze boekhouding moet voldoende gegevens bevatten om de belastingautoriteiten van de lidstaat van verbruik in staat te stellen de juistheid van de BTW-aangifte te bepalen.

2. Desgevraagd moet de in lid 1 bedoelde boekhouding langs elektronische weg aan de lidstaat van verbruik en aan de lidstaat van identificatie beschikbaar worden gesteld.

De boekhouding wordt bewaard gedurende tien jaar na afloop van het jaar waarin de handeling is verricht.]

Ingevoegd bij art. 5.15 Richtl. 2008/8/EG, Raad van 12 februari 2008 (PB. L. 44, 20.II.2008), van toepassing vanaf 1 januari 2015.

TITEL XIII

AFWIJKINGEN

HOOFDSTUK 1

AFWIJKINGEN VAN TOEPASSING TOT DE INVOERING VAN DE DEFINITIEVE REGELING

Afdeling 1

Afwijkingen voor de staten die op 1 januari 1978 lid waren van de Gemeenschap

Art. 370. De lidstaten die op 1 januari 1978 de in de lijst van bijlage X, deel A, genoemde handelingen belastten, mogen deze blijven belasten.

Art. 371. De lidstaten die op 1 januari 1978 vrijstelling verleenden voor de in de lijst van bijlage X, deel B, genoemde handelingen, mogen deze, onder de in iedere betrokken lidstaat op die datum bestaande voorwaarden, blijven vrijstellen.

Art. 372. De lidstaten die op 1 januari 1978 bepalingen toepasten waarbij wordt afgeweken van het beginsel van onmiddellijke aftrek bedoeld in artikel 179, eerste alinea, mogen deze bepalingen blijven toepassen.

Art. 373. De lidstaten die op 1 januari 1978 bepalingen toepasten waarbij wordt afgeweken van artikel 28 en artikel 79, eerste alinea, punt c), mogen deze bepalingen blijven toepassen.

Art. 374. In afwijking van de artikelen 169 en 309 mogen de lidstaten die op 1 januari 1978 vrijstelling zonder recht op aftrek van voorbelasting verleenden voor de diensten van reisbureaus bedoeld in artikel 309, deze vrijstelling handhaven. Deze afwijking is ook van toepassing op reisbureaus die in naam en voor rekening van de reiziger handelen.

Afdeling 2

Afwijkingen voor de staten die na 1 januari 1978 tot de Gemeenschap zijn toegetreden

Art. 375. Griekenland mag de in bijlage X, deel B, punten 2, 8, 9, 11 en 12, vermelde handelingen blijven vrijstellen onder de voorwaarden die in deze lidstaat op 1 januari 1987 bestonden.

Art. 376. Spanje mag de in bijlage X, deel B, punt 2, vermelde diensten van auteurs, alsmede de in bijlage X, deel B, punten 11 en 12, vermelde handelingen blijven vrijstellen onder de voorwaarden die in deze lidstaat op 1 januari 1993 bestonden.

Art. 377. Portugal mag de in bijlage X, deel B, punten 2, 4, 7, 9, 10 en 13, vermelde handelingen blijven vrijstellen onder de voorwaarden die in deze lidstaat op 1 januari 1989 bestonden.

Art. 378. 1. Oostenrijk mag de in bijlage X, deel A, punt 2, vermelde handelingen blijven belasten.

2. Zolang dezelfde vrijstellingen worden toegepast in een van de lidstaten die op 31 december 1994 lid van de Gemeenschap waren, mag Oostenrijk onder de voorwaarden die in deze lidstaat op de datum van zijn toetreding bestonden, vrijstelling blijven verlenen voor de volgende handelingen:

a) de in bijlage X, deel B, punten 5 en 9, vermelde handelingen;

b) met recht op aftrek van voorbelasting, alle onderdelen van het internationaal personenvervoer per vliegtuig, over zee of via de waterwegen, met uitzondering van het personenvervoer op het Bodenmeer.

Art. 379. 1. Finland mag de in bijlage X, deel A, punt 2, vermelde handelingen blijven belasten, zolang dezelfde handelingen worden belast in een van de lidstaten die op 31 december 1994 lid van de Gemeenschap waren.

2. Finland mag onder de voorwaarden die in deze lidstaat op de datum van zijn toetreding bestonden, de

in bijlage X, deel B, punt 2, vermelde diensten verricht door auteurs, kunstenaars en vertolkers van kunstwerken, alsmede de in bijlage X, deel B, punten 5, 9 en 10, vermelde handelingen blijven vrijstellen, zolang dezelfde vrijstellingen worden toegepast in een van de lidstaten die op 31 december 1994 lid van de Gemeenschap waren.

Art. 380. Zweden mag onder de voorwaarden die in deze lidstaat op de datum van zijn toetreding bestonden, de in bijlage X, deel B, punt 2, vermelde diensten verricht door auteurs, kunstenaars en vertolkers van kunstwerken, alsmede de in bijlage X, deel B, punten 1, 9 en 10, vermelde handelingen blijven vrijstellen, zolang dezelfde vrijstellingen worden toegepast in een van de lidstaten die op 31 december 1994 lid van de Gemeenschap waren.

Art. 381. Tsjechië mag, onder de voorwaarden die in deze lidstaat op de datum van zijn toetreding bestonden, vrijstelling blijven verlenen voor internationaal personenvervoer omschreven in bijlage X, deel B, punt 10, zolang dezelfde vrijstelling wordt toegepast in één van de lidstaten die op 30 april 2004 lid van de Gemeenschap waren.

Art. 382. Estland mag, onder de voorwaarden die in deze lidstaat op de datum van zijn toetreding bestonden, vrijstelling blijven verlenen voor internationaal personenvervoer omschreven in bijlage X, deel B, punt 10, zolang dezelfde vrijstelling wordt toegepast in één van de lidstaten die op 30 april 2004 lid van de Gemeenschap waren.

Art. 383. Cyprus mag, zolang dezelfde vrijstelling wordt toegepast in één van de lidstaten die op 30 april 2004 lid van de Gemeenschap waren, vrijstelling blijven verlenen voor de volgende handelingen:

a) leveringen van bouwterreinen omschreven in bijlage X, deel B, punt 9, tot en met 31 december 2007;

b) internationaal personenvervoer omschreven in bijlage X, deel B, punt 10, zolang dezelfde vrijstelling wordt toegepast in één van de lidstaten die op 30 april 2004 lid van de Gemeenschap waren.

Art. 384. Zolang dezelfde vrijstellingen worden verleend in een van de lidstaten die op 30 april 2004 lid van de Gemeenschap waren, mag Letland, onder de voorwaarden die in deze lidstaat op de datum van zijn toetreding bestonden, vrijstelling blijven verlenen:

a) voor diensten die worden verricht door auteurs, kunstenaars en vertolkers van kunstwerken omschreven in bijlage X, deel B, punt 2;

b) voor internationaal personenvervoer omschreven in bijlage X, deel B, punt 10.

Art. 385. Litouwen mag, onder de voorwaarden die in deze lidstaat op de datum van zijn toetreding bestonden, vrijstelling blijven verlenen voor internationaal personenvervoer omschreven in bijlage X, deel B, punt 10, zolang dezelfde vrijstelling wordt toegepast in één van de lidstaten die op 30 april 2004 lid van de Gemeenschap waren.

Art. 386. Hongarije mag, onder de voorwaarden die in deze lidstaat op de datum van zijn toetreding bestonden, vrijstelling blijven verlenen voor internationaal personenvervoer omschreven in bijlage X, deel B, punt 10, zolang dezelfde vrijstelling wordt toegepast in één van de lidstaten die op 30 april 2004 lid van de Gemeenschap waren.

Art. 387. Zolang dezelfde vrijstellingen worden toegepast in een van de lidstaten die op 30 april 2004 lid van de Gemeenschap waren, mag Malta onder de voorwaarden die in deze lidstaat op de datum van zijn toetreding bestonden de volgende handelingen blijven vrijstellen:

a) zonder recht op aftrek van voorbelasting, waterdistributie door publiekrechtelijke diensten omschreven in bijlage X, deel B, punt 8;

b) zonder recht op aftrek van voorbelasting, leveringen van gebouwen en bouwterreinen omschreven in bijlage X, deel B, punt 9;

c) met recht op aftrek van de voorbelasting, binnenlands personenvervoer, internationaal personenvervoer en personenvervoer tussen de eilanden over zee, omschreven in bijlage X, deel B, punt 10.

Art. 388. Polen mag, onder de voorwaarden die in deze lidstaat op de datum van zijn toetreding bestonden, vrijstelling blijven verlenen voor internationaal personenvervoer omschreven in bijlage X, deel B, punt 10, zolang dezelfde vrijstelling wordt toegepast in één van de lidstaten die op 30 april 2004 lid van de Gemeenschap waren.

Art. 389. Slovenië mag, onder de voorwaarden die in deze lidstaat op de datum van zijn toetreding bestonden, vrijstelling blijven verlenen voor internationaal personenvervoer omschreven in bijlage X, deel B, punt 10, zolang dezelfde vrijstelling wordt toegepast in één van de lidstaten die op 30 april 2004 lid van de Gemeenschap waren.

Art. 390. Slowakije mag, onder de voorwaarden die in deze lidstaat op de datum van zijn toetreding bestonden, vrijstelling blijven verlenen voor internationaal personenvervoer omschreven in bijlage X, deel B, punt 10, zolang dezelfde vrijstelling wordt toegepast in één van de lidstaten die op 30 april 2004 lid van de Gemeenschap waren.

[Art. 390bis. Bulgarije mag, onder de voorwaarden die in deze lidstaat op de datum van zijn toetreding bestonden, vrijstelling blijven verlenen voor internationaal personenvervoer omschreven in bijlage X, deel B, punt 10, zolang dezelfde vrijstelling wordt toegepast in één van de lidstaten die op 31 december 2006 lid van de Gemeenschap waren.]

Ingevoegd bij art. 1, 15) Richtl. 2009/162/EU, Raad van 22 december 2009 (PB. L. 10, 15.I.2010), van toepassing vanaf 15 januari 2010.

[Art. 390ter. Roemenië mag, onder de voorwaarden die in deze lidstaat op de datum van zijn toetreding bestonden, vrijstelling blijven verlenen voor internationaal personenvervoer omschreven in bijlage X, deel B, punt 10, zolang dezelfde vrijstelling wordt toegepast in één van de lidstaten die op 31 december 2006 lid van de Gemeenschap waren.]

Ingevoegd bij art. 1, 15) Richtl. 2009/162/EU, Raad van 22 december 2009 (PB. L. 10, 15.I.2010), van toepassing vanaf 15 januari 2010.

[Art. 390quater. Kroatië mag, onder de voorwaarden die in deze lidstaat op de datum van zijn toetreding bestonden, vrijstelling blijven verlenen voor de volgende handelingen:

a) de levering van bebouwde of onbebouwde bouwterreinen als omschreven in artikel 135, lid 1, punt j), en bijlage X, deel B, punt 9, tot en met 31 december 2014, niet verlengbaar;

b) internationaal personenvervoer omschreven in bijlage X, deel B, punt 10, zolang dezelfde vrijstelling wordt toegepast in één van de lidstaten die voor de toetreding van Kroatië lid van de Unie waren.]

Ingevoegd bij Bijlage V, 8, 2, e) B. 5.XII.2011 (PB. L. 112, 24.IV.2012), van toepassing vanaf 1 juli 2013.

Afdeling 3

Gemeenschappelijke bepalingen met betrekking tot de afdelingen 1 en 2

Art. 391. [De lidstaten die vrijstelling verlenen voor de in de artikelen 371, 375, 376 en 377, artikel 378, lid 2, artikel 379, lid 2, en de artikelen 380 tot en met 390quater bedoelde handelingen, mogen de belastingplichtigen het recht verlenen voor belastingheffing ter zake van deze handelingen te kiezen.]

Vervangen bij Bijlage V, 8, 2, f) B. 5 december 2011 (PB. L. 112, 24.IV.2012), van toepassing vanaf 1 juli 2013.

Art. 392. De lidstaten mogen bepalen dat voor de leveringen van gebouwen en bouwterreinen welke met het oog op wederverkoop zijn gekocht door een belastingplichtige die voor die aankoop geen recht op aftrek heeft gehad, de maatstaf van heffing het verschil tussen de verkoopprijs en de aankoopprijs is.

Art. 393. 1. Teneinde de overgang naar de in artikel 402 bedoelde definitieve regeling te vergemakkelijken, beziet de Raad, aan de hand van een verslag van de Commissie, de toestand met betrekking tot de in de afdelingen 1 en 2 vastgestelde afwijkingen opnieuw en beslist overeenkomstig artikel 93 van het Verdrag over de eventuele intrekking van deze afwijkingen of sommige daarvan.

2. In de definitieve regeling zal het personenvervoer in de lidstaat van vertrek worden belast voor het binnen de Gemeenschap afgelegde traject, volgens door de Raad overeenkomstig artikel 93 van het Verdrag vast te stellen nadere bepalingen.

HOOFDSTUK 2

AFWIJKINGEN WAARVOOR MACHTIGING IS VERLEEND

Afdeling 1

Vereenvoudigingsmaatregelen en maatregelen ter voorkoming van belastingfraude en -ontwijking

Art. 394. De lidstaten die op 1 januari 1977 bijzondere maatregelen toepasten ter vereenvoudiging van de belastingheffing of ter voorkoming van bepaalde vormen van belastingfraude of -ontwijking, mogen deze handhaven op voorwaarde dat zij de Commissie vóór 1 januari 1978 van deze maatregelen in kennis hebben gesteld en onder voorbehoud dat de vereenvoudigingsmaatregelen voldoen aan de in artikel 395, lid 1, tweede alinea, omschreven voorwaarde.

Art. 395. 1. De Raad kan op voorstel van de Commissie met eenparigheid van stemmen elke lidstaat machtigen bijzondere, van de bepalingen van deze richtlijn afwijkende maatregelen te treffen, teneinde de belastinginning te vereenvoudigen of bepaalde vormen van belastingfraude of -ontwijking te voorkomen.

De maatregelen tot vereenvoudiging van de belastinginning mogen geen noemenswaardige invloed hebben op de totale belastingopbrengst van de lidstaat in het stadium van het eindverbruik.

2. De lidstaat die de in lid 1 bedoelde maatregelen wil treffen, dient een verzoek in bij de Commissie en verschaft haar alle nodige gegevens. Wanneer de Commissie meent niet over alle nodige gegevens te beschikken, neemt zij binnen twee maanden na ontvangst van het verzoek contact op met de betrokken lidstaat en deelt zij hem mede welke aanvullende gegevens vereist zijn.

Zodra de Commissie over alle gegevens beschikt die zij nodig acht voor de beoordeling van het verzoek, stelt zij de verzoekende lidstaat binnen een maand daarvan in kennis en zendt zij het verzoek in de oorspronkelijke taal aan de andere lidstaten toe.

3. Binnen drie maanden na toezending van de in lid 2, tweede alinea, bedoelde gegevens legt de Commissie de Raad hetzij een passend voorstel voor, hetzij, wanneer zij bezwaren heeft tegen het verzoek om een afwijking, een mededeling waarin zij deze bezwaren toelicht.

4. De in de leden 2 en 3 vastgestelde procedure moet in ieder geval worden voltooid binnen acht maanden na ontvangst van het verzoek door de Commissie.

[5. In gevallen van dwingende urgentie als omschreven in artikel 199ter, lid 1, wordt de in leden 2 en

3 vastgestelde procedure voltooid binnen zes maanden na ontvangst van het verzoek door de Commissie.]

Lid 5 ingevoegd bij art. 1, 2) Richtl. 2013/42/EU, Raad van 22 juli 2013 (PB. L. 201, 26.VII.2013), van toepassing vanaf 15 augustus 2013 tot en met 31 december 2018 (art. 3).

Afdeling 2

Internationale overeenkomsten

Art. 396. 1. De Raad kan op voorstel van de Commissie met eenparigheid van stemmen elke lidstaat machtigen met een derde land of een internationale organisatie een overeenkomst te sluiten waarin bepalingen kunnen voorkomen die van deze richtlijn afwijken.

2. De lidstaat die een overeenkomst als bedoeld in lid 1 wil sluiten, dient een verzoek in bij de Commissie en verschaft haar alle nodige gegevens. Wanneer de Commissie meent niet over alle nodige gegevens te beschikken, neemt zij binnen twee maanden na ontvangst van het verzoek contact op met de betrokken lidstaat en deelt zij hem mede welke aanvullende gegevens vereist zijn.

Zodra de Commissie over alle gegevens beschikt die zij nodig acht voor de beoordeling van het verzoek, stelt zij de verzoekende lidstaat binnen een maand daarvan in kennis en zendt zij het verzoek in de oorspronkelijke taal aan de andere lidstaten toe.

3. Binnen drie maanden na toezending van de in lid 2, tweede alinea, bedoelde gegevens legt de Commissie de Raad hetzij een passend voorstel voor, hetzij, wanneer zij bezwaren heeft tegen het verzoek om een afwijking, een mededeling waarin zij deze bezwaren toelicht.

4. De in de leden 2 en 3 vastgestelde procedure moet in ieder geval worden voltooid binnen acht maanden na ontvangst van het verzoek door de Commissie.

TITEL XIV

DIVERSE BEPALINGEN

HOOFDSTUK 1

UITVOERINGSMAATREGELEN

Art. 397. De Raad stelt op voorstel van de Commissie met eenparigheid van stemmen de nodige maatregelen ter uitvoering van deze richtlijn vast.

HOOFDSTUK 2

BTW-COMITE

Art. 398. 1. Er wordt een raadgevend comité voor de belasting over de toegevoegde waarde ingesteld, "BTW-Comité" genoemd.

2. Het BTW-Comité is samengesteld uit vertegenwoordigers van de lidstaten en van de Commissie.

Het comité staat onder voorzitterschap van een vertegenwoordiger van de Commissie.

De Commissie is belast met het secretariaat van het comité.

3. Het BTW-Comité stelt zijn reglement van orde vast.

4. Naast de punten die volgens deze richtlijn aan raadpleging onderworpen zijn, onderzoekt het BTW-Comité de aangelegenheden die door zijn voorzitter op diens initiatief of op verzoek van een vertegenwoordiger van een lidstaat aan de orde worden gesteld en die betrekking hebben op de toepassing van de communautaire bepalingen inzake de BTW.

HOOFDSTUK 3

OMREKENINGSKOERS

Art. 399. Onverminderd andere bijzondere bepalingen wordt de tegenwaarde van de in deze richtlijn in euro's uitgedrukte bedragen in de nationale munteenheid bepaald aan de hand van de op 1 januari 1999 geldende omrekeningskoers van de euro. De lidslaker die na deze daken lot de Europese Unie rijn toegetreden en die de euro niet als enige munt hebben aangenomen gebruiken echter de ten tijde van hun toetreding geldende omrekeningskoers.

Art. 400. Bij de omrekening van de in artikel 399 bedoelde bedragen in de nationale munteenheid mogen de lidstaten de uit die omrekening voortvloeiende bedragen met maximaal 10 % naar boven of beneden afronden.

HOOFDSTUK 4

ANDERE BELASTINGEN, RECHTEN EN HEFFINGEN

Art. 401. Onverminderd andere communautaire bepalingen vormen de bepalingen van deze richtlijn geen beletsel voor de handhaving of invoering door een lidstaat van belastingen op verzekeringsovereenkomsten en op spelen en weddenschappen, alsmede van accijnzen, registratierechten en, meer in het algemeen, van alle belastingen, rechten en heffingen die niet het karakter van een omzetbelasting bezitten, mits de heffing van deze belastingen, rechten en heffingen in het verkeer tussen de lidstaten geen aanleiding geeft tot formaliteiten in verband met grensoverschrijding.

TITEL XV

SLOTBEPALINGEN

HOOFDSTUK 1

OVERGANGSREGELING VOOR DE BELASTINGHEFFING IN HET HANDELSVERKEER TUSSEN DE LIDSTATEN

Art. 402. 1. De in deze richtlijn vastgestelde regeling voor de belastingheffing in het handelsverkeer tussen de lidstaten is een overgangsregeling en zal worden vervangen door een definitieve regeling, in beginsel gebaseerd op belastingheffing in de lidstaat van oorsprong van de goederenleveringen en de diensten.

2. Na het in artikel 404 bedoelde verslag te hebben bestudeerd en te hebben vastgesteld dat de voorwaarden voor de overgang naar de definitieve regeling vervuld zijn, stelt de Raad, overeenkomstig de procedure van artikel 93 van het Verdrag, de bepalingen vast die noodzakelijk zijn voor de inwerkingtreding en de werking van de definitieve regeling.

Art. 403. De Raad stelt overeenkomstig artikel 93 van het Verdrag passende richtlijnen vast met het oog op de aanvulling van het gemeenschappelijke BTW-stelsel en met name de geleidelijke beperking of intrekking van de afwijkingen van dit stelsel.

Art. 404. Vanaf de vaststelling van deze richtlijn dient de Commissie om de vier jaar, op basis van de van de lidstaten verkregen gegevens, bij het Europees Parlement en de Raad een verslag in over de werking van het gemeenschappelijke BTW-stelsel in de lidstaten en met name over de werking van de overgangsregeling voor de belastingheffing in het handelsverkeer tussen de lidstaten, in voorkomend geval vergezeld van voorstellen voor de definitieve regeling.

HOOFDSTUK 2

OVERGANGSMAATREGELEN IN HET KADER VAN DE TOETREDING TOT DE EUROPESE UNIE

Art. 405. Voor de toepassing van dit hoofdstuk wordt verstaan onder:

1) "Gemeenschap": het grondgebied van de Gemeenschap als omschreven in artikel 5, punt 1), vóór de toetreding van de nieuwe lidstaten;

2) "nieuwe lidstaten": het grondgebied van de lidstaten die op 1 januari 1995 tot de Europese Unie zijn toegetreden, als omschreven voor elk van deze lidstaten in artikel 5, punt 2);

3) "uitgebreide Gemeenschap": het grondgebied van de Gemeenschap als omschreven in artikel 5, punt 1), na de toetreding van de nieuwe lidstaten.

Art. 406. De bepalingen die van toepassing waren op het tijdstip dat een goed onder een regeling voor tijdelijke invoer met volledige vrijstelling van invoerrechten, onder een van de in artikel 156 bedoelde regelingen of situaties, of onder vergelijkbare regelingen of situaties in één van de nieuwe lidstaten werd geplaatst, blijven van toepassing totdat het goed na de datum van toetreding aan de regeling of de situatie wordt onttrokken, indien de volgende voorwaarden vervuld zijn:

a) het goed is vóór de datum van toetreding in de Gemeenschap of in een van de nieuwe lidstaten binnengebracht;

b) het goed is bij het binnenbrengen ervan in de Gemeenschap of in een van de nieuwe lidstaten onder de regeling of situatie geplaatst;

c) het goed is niet vóór de datum van toetreding aan deze regeling of situatie onttrokken.

Art. 407. De bepalingen die van toepassing waren op het tijdstip dat een goed onder een regeling voor douanevervoer werd geplaatst, blijven van toepassing totdat het goed na de datum van toetreding aan de regeling wordt onttrokken, indien de volgende voorwaarden vervuld zijn:

a) het goed is vóór de datum van toetreding onder een regeling voor douanevervoer geplaatst;

b) het goed is niet vóór de datum van toetreding aan de regeling onttrokken.

Art. 408. 1. Met de invoer van een goed waarvan wordt aangetoond dat het zich in het vrije verkeer in een van de nieuwe lidstaten of in de Gemeenschap bevond, wordt gelijkgesteld:

a) elke onttrekking, met inbegrip van een onregelmatige onttrekking, van een goed aan een regeling voor tijdelijke invoer waaronder het goed vóór de datum van toetreding onder de in artikel 406 vermelde voorwaarden werd geplaatst;

b) elke onttrekking, met inbegrip van een onregelmatige onttrekking, van een goed aan een in artikel 156 bedoelde regeling of situatie of een daarmee vergelijkbare regeling waaronder het goed vóór de datum van toetreding onder de in artikel 406 vermelde voorwaarden werd geplaatst;

c) het einde van een van de in artikel 407 bedoelde regelingen waarmee vóór de datum van toetreding op het grondgebied van een van de nieuwe lidstaten een aanvang werd gemaakt ten behoeve van een vóór die datum onder bezwarende titel verrichte levering binnen het grondgebied van een lidstaat door een als zodanig handelende belastingplichtige;

d) elke onregelmatigheid of overtreding die werd begaan tijdens een regeling voor douanevervoer waarmee een aanvang werd gemaakt onder de in punt c) bedoelde voorwaarden.

2. Naast het in lid 1 bedoelde geval wordt eveneens met de invoer van een goed gelijkgesteld, het gebruik, na de datum van toetreding, binnen het grondgebied van een lidstaat door een belastingplichtige of een niet-belastingplichtige, van goederen die vóór de datum van toetreding binnen het grondgebied van de Gemeenschap of een van de nieuwe lidstaten aan hem zijn geleverd, wanneer de volgende voorwaarden vervuld zijn:

a) de levering van deze goederen is of kon worden vrijgesteld uit hoofde van artikel 146, lid 1, punten a) en b), of uit hoofde van een vergelijkbare bepaling in een van de nieuwe lidstaten;

b) de goederen zijn vóór de datum van toetreding niet ingevoerd in een van de nieuwe lidstaten of in de Gemeenschap.

Art. 409. In de gevallen bedoeld in artikel 408, lid 1, wordt de invoer in de zin van artikel 61 geacht te hebben plaatsgevonden in de lidstaat binnen het grondgebied waarvan het goed wordt onttrokken aan de regeling waaronder het vóór de datum van toetreding werd geplaatst.

Art. 410. 1. In afwijking van artikel 71 vindt de invoer van een goed in de zin van artikel 408 plaats zonder dat een belastbaar feit plaatsvindt wanneer één van de volgende voorwaarden vervuld is:

a) het ingevoerde goed wordt verzonden of vervoerd naar een plaats buiten de uitgebreide Gemeenschap;

b) het in de zin van artikel 408, lid 1, punt a), ingevoerde goed is geen vervoermiddel en wordt herverzonden of vervoerd naar de lidstaat waaruit het werd uitgevoerd en naar degene die het heeft uitgevoerd;

c) het in de zin van artikel 408, lid 1, punt a), ingevoerde goed is een vervoermiddel dat vóór de datum van toetreding onder de algemene belastingvoorwaarden van de binnenlandse markt van een van de nieuwe lidstaten of een van de lidstaten van de Gemeenschap werd verworven of ingevoerd, of waarvoor, uit hoofde van de uitvoer ervan, geen vrijstelling of teruggaaf van de BTW werd verleend.

2. De in lid 1, onder c), bedoelde voorwaarde wordt geacht te zijn vervuld in de volgende gevallen:

a) de periode tussen de eerste ingebruikneming van het vervoermiddel en de datum van toetreding tot de Europese Unie is langer dan acht jaar;

b) het bedrag van de belasting die uit hoofde van de invoer verschuldigd zou zijn, is te verwaarlozen.

HOOFDSTUK 3

OMZETTING EN INWERKINGTREDING

Art. 411. 1. Richtlijn 67/227/EEG en Richtlijn 77/388/EEG worden ingetrokken, onverminderd de verplichtingen van de lidstaten met betrekking tot de in bijlage XI, deel B, aangegeven termijnen voor de omzetting en de uitvoering van deze richtlijnen.

2. Verwijzingen naar de ingetrokken richtlijnen gelden als verwijzingen naar deze richtlijn en worden gelezen volgens de concordantietabel in bijlage XII.

Art. 412. 1. De lidstaten doen de nodige wettelijke en bestuursrechtelijke bepalingen in werking treden om uiterlijk op 1 januari 2008 aan artikel 2, lid 3, artikel 44, artikel 59, lid 1, artikel 399, en bijlage III, punt 18, van deze richtlijn te voldoen. Zij delen de Commissie de tekst van die bepalingen mede, alsmede een tabel ter weergave van het verband tussen die bepalingen en deze richtlijn.

　　Wanneer de lidstaten die bepalingen aannemen, wordt in de bepalingen zelf of bij de officiële bekendmaking daarvan naar deze richtlijn verwezen. De regels voor de verwijzing worden vastgesteld door de lidstaten.

　　2. De lidstaten delen de Commissie de tekst van de belangrijkste bepalingen van intern recht mee die zij op het onder deze richtlijn vallende gebied vaststellen.

Art. 413. Deze richtlijn treedt in werking op 1 januari 2007.

Art. 414. Deze richtlijn is gericht tot de lidstaten.

BIJLAGE I

LIJST VAN WERKZAAMHEDEN BEDOELD IN ARTIKEL 13, LID 1, DERDE ALINEA

1) Telecommunicatiediensten;

2) levering van water, gas, elektriciteit en stoom;

3) goederenvervoer;

4) haven- en luchthavendiensten;

5) personenvervoer;

6) levering van nieuwe goederen geproduceerd voor de verkoop;

7) handelingen van de landbouwinterventiebureaus met betrekking tot landbouwproducten, die worden verricht op grond van verordeningen houdende een gemeenschappelijke marktordening voor deze producten;

8) exploitatie van commerciële beurzen en tentoonstellingen;

9) opslag van goederen;

10) werkzaamheden van commerciële reclamebureaus;

11) werkzaamheden van reisbureaus;

12) exploitatie van bedrijfskantines, bedrijfswinkels, coöperaties en soortgelijke inrichtingen;

13) werkzaamheden van radio- en televisiediensten voor zover deze niet uit hoofde van artikel 132, lid 1, onder q), zijn vrijgesteld.

BIJLAGE II

[INDICATIEVE LIJST VAN DE IN ARTIKEL 58 EN ARTIKEL 59, LID 1, PUNT K), BEDOELDE LANGS ELEKTRONISCHE WEG VERRICHTE DIENSTEN]

Opschrift vervangen bij art. 2.12 Richtl. 2008/8/EG, Raad van 12 februari 2008 (PB. L. 44, 20.II.2008), van toepassing vanaf 1 januari 2010.

Toekomstig recht: – Met inwerkingtreding op 1 januari 2015 wordt het opschrift van bijlage II vervangen door wat volgt:
"INDICATIEVE LIJST VAN LANGS ELEKTRONISCHE WEG VERRICHTE DIENSTEN BEDOELD IN ARTIKEL 58, EERSTE ALINEA, PUNT C)".
(Richtl. 2008/8/EG, Raad van 12 februari 2008, art. 5.16, PB. L. 44, 20.II.2008)

1) Het leveren en onderbrengen van websites, het onderhoud op afstand van programma's en uitrustingen;

2) de levering van software en de bijwerking ervan;

3) de levering van beelden, geschreven stukken en informatie en de terbeschikkingstelling van databanken;

4) de levering van muziek of films, van spelen, met inbegrip van kans- of gokspelen, en van uitzendingen of manifestaties op het gebied van politiek, cultuur, kunst, sport, wetenschappen of ontspanning;

5) de levering van onderwijs op afstand.

BIJLAGE III

LIJST VAN DE GOEDERENLEVERINGEN EN DE DIENSTEN WAAROP DE IN ARTIKEL 98 BEDOELDE VERLAAGDE TARIEVEN MOGEN WORDEN TOEGEPAST

1) Levensmiddelen (met inbegrip van dranken, maar met uitsluiting van alcoholhoudende dranken) voor menselijke en dierlijke consumptie, levende dieren, zaaigoed, planten en ingrediënten die gewoonlijk bestemd zijn voor gebruik bij de bereiding van levensmiddelen, alsmede producten die gewoonlijk bestemd zijn ter aanvulling of vervanging van levensmiddelen;

2) waterdistributie;

3) farmaceutische producten van een soort die gewoonlijk gebruikt wordt voor de gezondheidszorg, het voorkomen van ziekten of voor medische en veterinaire behandelingen, met inbegrip van voorbehoedsmiddelen en producten bestemd voor de hygiënische bescherming van de vrouw;

4) medische uitrusting, hieronder begrepen in huur, hulpmiddelen en andere apparaten die gewoonlijk bestemd zijn voor verlichting of behandeling van handicaps, voor uitsluitend persoonlijk gebruik door gehandicapten, met inbegrip van de herstelling daarvan, en levering van kinderzitjes voor motorvoertuigen;

5) vervoer van personen en de bagage die zij bij zich hebben;

6) [levering van boeken, op alle fysieke dragers, ook bij uitlening door bibliotheken (met inbegrip van brochures, folders en soortgelijk drukwerk, albums, platen-, teken- en kleurboeken voor kinderen, gedrukte of geschreven muziekpartituren, landkaarten en hydrografische en soortgelijke kaarten), kranten en tijdschriften, voor zover niet uitsluitend of hoofdzakelijk reclamemateriaal];

7) het verlenen van toegang tot shows, schouwburgen, circussen, kermissen, amusementsparken, concerten, musea, dierentuinen, bioscopen, tentoonstellingen en soortgelijke culturele evenementen en voorzieningen;

8) de ontvangst van radio- en televisie-uitzendingen;

9) diensten door en auteursrechten voor schrijvers, componisten en uitvoerende kunstenaars;

10) levering, bouw, renovatie en verbouwing van in het kader van het sociaal beleid verstrekte huisvesting;

[10bis) renovatie en herstel van particuliere woningen, met uitzondering van materialen die een beduidend deel vertegenwoordigen van de waarde van de verstrekte diensten;

10ter) glazenwassen en schoonmaken van particuliere woningen;]

11) levering van goederen en diensten die normaal bestemd zijn voor gebruik in de landbouw, met uitzondering evenwel van kapitaalgoederen, zoals machines of gebouwen;

12) door hotels en dergelijke inrichtingen verstrekte accommodatie, met inbegrip van het verstrekken van vakantie-accommodatie en de verhuur van percelen op kampeerterreinen en in caravanparken;

[12bis) restaurantdiensten, restauratie en cateringdiensten, waarbij het mogelijk is de levering van (alcoholhoudende en/of niet-alcoholhoudende) dranken uit te sluiten;]

13) het verlenen van toegang tot sportevenementen;

14) het recht gebruik te maken van sportaccommodaties;

15) levering van goederen en diensten door organisaties die door de lidstaten als liefdadige instellingen zijn erkend en die betrokken zijn bij activiteiten op het gebied van bijstand en sociale zekerheid, voor zover deze handelingen niet krachtens de artikelen 132, 135 en 136 vrijgesteld zijn;

16) diensten verricht door lijkbezorgers en crematoria, alsmede de daarmee verband houdende levering van goederen;

17) de verstrekking van medische en tandheelkundige verzorging, alsmede thermale behandeling, voor zover deze niet krachtens artikel 132, lid 1, punten b) tot en met e), vrijgesteld zijn;

18) diensten in verband met de reiniging van de openbare weg, het ophalen van huisvuil en de afvalverwerking, andere dan de diensten die door de in artikel 13 bedoelde lichamen worden verstrekt;

[19. kleine hersteldiensten met betrekking tot fietsen, schoeisel en lederwaren, kleding en huishoudlinnen (ook herstellen en vermaken);

20. thuiszorg zoals hulp in de huishouding en zorg voor kinderen, ouderen, zieken of gehandicapten;

21. kappersdiensten.]

6) vervangen bij Bijlage, 1) Richtl. 2009/47/EG, Raad van 5 mei 2009 (PB. L. 116, 9.V.2009), van toepassing vanaf 1 juni 2009;

10bis) en 10ter) ingevoegd bij Bijlage, 2) Richtl. 2009/47/EG, Raad van 5 mei 2009 (PB. L. 116, 9.V.2009), van toepassing vanaf 1 juni 2009;

12bis) ingevoegd bij Bijlage, 3) Richtl. 2009/47/EG, Raad van 5 mei 2009 (PB. L. 116, 9.V.2009), van toepassing vanaf 1 juni 2009;

19), 20) en 21) ingevoegd bij Bijlage, 4) Richtl. 2009/47/EG, Raad van 5 mei 2009 (PB. L. 116, 9.V.2009), van toepassing vanaf 1 juni 2009.

BIJLAGE IV

[...]

Opgeheven bij art. 1, 14) Richtl. 2009/47/EG, Raad van 5 mei 2009 (PB. L. 116, 9.V.2009), van toepassing vanaf 1 juni 2009.

BIJLAGE V

CATEGORIEEN GOEDEREN DIE VOLGENS ARTIKEL 160, LID 2, ONDER EEN ANDER STELSEL VAN ENTREPOTS DAN DOUANE-ENTREPOTS KUNNEN VALLEN

	GN–code	Omschrijving
1)	0701	Aardappelen
2)	071120	Olijven
3)	0801	Kokosnoten, paranoten en cashewnoten
4)	0802	Andere noten
5)	09011100	Koffie, ongebrand
	09011200	
6)	0902	Thee
7)	1001 t/m 1005	Granen
	1007 t/m 1008	
8)	1006	Padie
9)	1201 t/m 1207	Zaden, oliehoudende vruchten en zaaigoed (sojabonen daaronder begrepen)
10)	1507 t/m 1515	Plantaardige vetten en oliën, alsmede fracties daarvan, ook indien geraffineerd, doch niet chemisch gewijzigd
11)	170111	Ruwe suiker
	170112	
12)	1801	Cacaobonen, ook indien gebroken, al dan niet gebrand
13)	2709	Minerale oliën (met inbegrip van propaan en butaan en ruwe olie uit aardolie)
	2710	
	271112	
	271113	
14)	hoofdstukken 28 en 29	Chemische producten (in bulk)
15)	4001	Rubber, in primaire vormen of in platen, vellen of strippen
	4002	
16)	5101	Wol
17)	7106	Zilver
18)	71101100	Platina (palladium, rhodium)
	71102100	
	71103100	
19)	7402	Koper
	7403	
	7405	
	7408	
20)	7502	Nikkel
21)	7601	Aluminium
22)	7801	Lood
23)	7901	Zink
24)	8001	Tin
25)	ex811292	Indium
	ex811299	

BIJLAGE VI

LIJST VAN GOEDERENLEVERINGEN EN DIENSTEN ALS BEDOELD IN PUNT D) VAN ARTIKEL 199, LID 1

1) De levering van resten en afval van ferro- en non-ferroproducten en oude materialen, halffabrikaten daaronder begrepen, die het resultaat zijn van het verwerken, vervaardigen of smelten van ferro- en non-ferrometalen of legeringen daarvan;

2) de levering van ferro- en non-ferrohalffabrikaten en bepaalde daarmee samenhangende verwerkingsdiensten;

3) de levering van residuen en andere materialen voor hergebruik bestaande uit ferro- en non-ferrometalen, legeringen daarvan, slakken, assen, bladders en industriële residuen die metalen of legeringen daarvan bevatten, alsmede de diensten bestaande in het scheiden, snijden, fragmenteren en samenpersen van deze producten;

4) de levering van en bepaalde verwerkingsdiensten met betrekking tot afval van ferro- en non-ferroproducten alsmede snippers, schroot, resten en afval, en oud materiaal en materiaal voor hergebruik bestaande uit glasscherven en glas, papier en karton, lompen, beenderen, leder, kunstleder, perkament, huiden en vellen, pezen en zenen, bindgaren, touw en kabel, rubber en kunststof;

5) de levering van de in deze bijlage genoemde materialen na bewerking in de vorm van reinigen, polijsten, scheiden, snijden, fragmenteren, samenpersen of gieten tot ingots;

6) de levering van resten en afval dat ontstaat bij de bewerking van grondstoffen.

BIJLAGE VII

LIJST VAN LANDBOUWPRODUCTIEWERKZAAMHEDEN BEDOELD IN ARTIKEL 295, LID 1, PUNT 4)

1) Landbouw:

a) algemene landbouw met inbegrip van wijnbouw;

b) vruchtboomteelt (olijvencultuur daaronder begrepen) en tuinbouw (groenten, bloemen en sierplanten), ook in kassen;

c) kwekerijen van paddestoelen, specerijen en kruiden; teelt van zaad- en pootgoed;

d) boomkwekerijen;

2) fokken en houden van dieren samenhangend met de exploitatie van de bodem:

a) fokken en houden van dieren;

b) pluimveebedrijf;

c) konijnenteelt;

d) imkerij;

e) zijderupsenteelt;

f) slakkenteelt;

3) bosbouw;

4) visserij:

a) zoetwatervisserij;

b) visteelt;

c) teelt van mosselen, oesters en andere week- en schaaldieren;

d) kikvorsenteelt.

BIJLAGE VIII

INDICATIEVE LIJST VAN AGRARISCHE DIENSTEN BEDOELD IN ARTIKEL 295, LID 1, PUNT 5)

1) Bewerking van de grond, maaien, dorsen, persen, verzamelen en oogsten, inclusief het inzaaien en poten;

2) verpakken en marktklaar maken, zoals drogen, schonen, kneuzen, desinfecteren en ensileren van land-bouwproducten;

3) opslag van landbouwproducten;

4) inscharen, fokken, houden of mesten van dieren;

5) verhuur, voor landbouwdoeleinden, van middelen die normaal in de landbouw-, bosbouw- of visserijbe-drijven worden gebruikt;

6) technische bijstand;

7) vernietiging van schadelijke planten en dieren, behandelen van planten en grond door bespuiting;

8) exploitatie van irrigatie- en draineerinstallaties;

9) snoeien van bomen, kappen van hout en andere diensten in de bosbouw.

BIJLAGE IX

KUNSTVOORWERPEN, VOORWERPEN VOOR VERZAMELINGEN EN ANTIQUITEITEN BEDOELD IN ARTIKEL 311, LID 1, PUNTEN 2), 3) EN 4)

DEEL A

KUNSTVOORWERPEN

1) Schilderijen, collages en dergelijke decoratieve platen, schilderingen en tekeningen geheel van de hand van de kunstenaar, met uitzondering van bouwtekeningen en andere tekeningen voor industriële, commerciële, topografische en dergelijke doeleinden en van met de hand versierde voorwerpen alsmede van beschilderd doek voor theatercoulissen, voor achtergronden van studio's of voor dergelijk gebruik (GN-code 9701);

2) originele gravures, originele etsen en originele litho's, dat wil zeggen een of meer door de kunstenaar geheel met de hand vervaardigde platen die in een beperkte oplage rechtstreeks in het zwart of in kleuren zijn afgedrukt, ongeacht het materiaal waarop dit afdrukken is geschied en ongeacht de gevolgde techniek, met uitzondering van de mechanische en van de fotomechanische reproductietechniek (GN-code 97020000);

3) originele standbeelden en origineel beeldhouwwerk, ongeacht het materiaal waarvan zij vervaardigd zijn, mits het werk geheel van de hand van de kunstenaar is; afgietsels van beeldhouwwerken in een oplage van maximaal acht exemplaren, die door de kunstenaar of diens rechthebbenden wordt gecontroleerd (GN-code 97030000); bij wijze van uitzondering mag, in door de lidstaten bepaalde gevallen, met betrekking tot vóór 1 januari 1989 gemaakte afgietsels van beeldhouwwerken, het maximum van acht exemplaren worden overschreden;

4) tapisserieën (GN-code 58050000) en wandtextiel (GN-code 63040000), met de hand vervaardigd volgens originele ontwerpen van kunstenaars, mits er niet meer dan acht exemplaren van elk zijn;

5) unieke voorwerpen van keramiek, geheel van de hand van de kunstenaar en door hem gesigneerd;

6) emailwerk op koper, geheel met de hand vervaardigd tot maximaal acht genummerde en door de kunstenaar of het atelier gesigneerde exemplaren, met uitsluiting van sieraden, juwelen en edelsmeedwerk;

7) foto's die genomen zijn door de kunstenaar, door hem of onder zijn toezicht zijn afgedrukt, gesigneerd en genummerd, met een oplage van maximaal 30 exemplaren voor alle formaten en dragers samen.

DEEL B

VOORWERPEN VOOR VERZAMELINGEN

1) Postzegels, fiscale zegels, gefrankeerde enveloppen en postkaarten, eerstedagsenveloppen en dergelijke, gestempeld of, indien ongestempeld, voor zover zij niet geldig zijn of niet geldig zullen worden (GN-code 97040000);

2) verzamelingen en voorwerpen voor verzamelingen, met een zoölogisch, botanisch, mineralogisch, anatomisch, historisch, archeologisch, paleontologisch, etnografisch of numismatisch belang (GN-code 97050000).

DEEL C

ANTIQUITEITEN

Andere voorwerpen dan kunstvoorwerpen en voorwerpen voor verzamelingen, ouder dan 100 jaar (GN-code 97060000).

BIJLAGE X

[LIJST VAN HANDELINGEN WAARVOOR DE IN DE ARTIKELEN 370 EN 371 EN DE ARTIKELEN 375 TOT EN MET 390QUATER BEDOELDE AFWIJKINGEN GELDEN]

Opschrift vervangen bij Bijlage V, 8, 2, g) B. 5 december 2011 (PB. L. 112, 24.IV.2012), van toepassing vanaf 1 juli 2013.

DEEL A

HANDELINGEN DIE DE LIDSTATEN MOGEN BLIJVEN BELASTEN

1) De door tandtechnici in het kader van de uitoefening van hun beroep verrichte diensten, alsmede het verschaffen van tandprothesen door tandartsen en tandtechnici;

2) niet–commerciële activiteiten van openbare radio- en televisieorganisaties;

3) leveringen van een gebouw, een gedeelte van een gebouw en het bijbehorende terrein, andere dan die bedoeld in artikel 12, lid 1, punt a), wanneer zij worden verricht door belastingplichtigen die recht hebben op aftrek van voorbelasting voor het betrokken gebouw;

4) diensten van reisbureaus bedoeld in artikel 306 alsmede van reisbureaus die in naam en voor rekening van de reiziger handelen, voor reizen buiten de Gemeenschap.

DEEL B

HANDELINGEN DIE DE LIDSTATEN MOGEN BLIJVEN VRIJSTELLEN

1) Het verlenen van toegang tot sportmanifestaties;

2) diensten van auteurs, kunstenaars, vertolkers van kunstwerken, advocaten en andere beoefenaren van vrije beroepen, andere dan de medische en paramedische beroepen, met uitzondering van volgende diensten:

a) de overdracht van octrooien, fabrieks- en handelsmerken en van soortgelijke rechten, alsmede het verlenen van licenties inzake deze rechten;

b) andere werkzaamheden dan de oplevering van een werk in roerende staat, betrekking hebbende op roerende lichamelijke zaken en verricht voor belastingplichtigen;

c) diensten die erop gericht zijn de uitvoering van bouwwerken voor te bereiden of te coördineren, zoals bijvoorbeeld de diensten verricht door architecten en bureaus die op de uitvoering van het werk toezicht houden;

d) diensten op het gebied van de commerciële reclame;

e) het vervoer en de opslag van goederen, alsmede daarmee samenhangende diensten;

f) de verhuur van roerende lichamelijke zaken aan belastingplichtigen;

g) het terbeschikkingstellen van personeel aan belastingplichtigen;

h) op technisch, economisch of wetenschappelijk gebied: de diensten verricht door raadgevende personen, ingenieurs en planningbureaus, alsmede soortgelijke diensten;

i) de nakoming van een verbintenis, bestaande uit het geheel of gedeeltelijk niet-uitoefenen van een beroepsactiviteit of van een in de punten a) tot en met h) en j) bedoeld recht;

j) de diensten van expediteurs, makelaars, handelsagenten en andere zelfstandige tussenpersonen, voor zover zij betrekking hebben op de levering of de invoer van goederen of de in de punten a) tot en met i) bedoelde diensten;

3) telecommunicatiediensten en daarmee rechtstreeks verband houdende leveringen van goederen door de openbare postdiensten;

4) diensten verricht door lijkbezorgers en crematoria, alsmede levering door hen van goederen die met deze diensten in rechtstreeks verband staan;

5) handelingen verricht door blinden en/of blindenwerkplaatsen, mits door vrijstelling hiervan geen belangrijke verstoring van de mededinging ontstaat;

6) goederenleveringen en diensten verricht voor instellingen die zijn belast met het aanleggen, het inrichten en het onderhouden van begraaf- en grafplaatsen en gedenktekens voor oorlogsslachtoffers;

7) handelingen van ziekenhuizen die niet onder artikel 132, lid 1, punt b), vallen;

8) waterdistributie door publiekrechtelijke diensten;

9) leveringen van gebouwen of gedeelten van gebouwen en het bijbehorende terrein vóór de eerste ingebruikneming alsook leveringen van bouwterreinen als bedoeld in artikel 12;

10) personenvervoer en vervoer van goederen, zoals bagage en personenauto's die door reizigers worden meegevoerd, of diensten die samenhangen met het vervoer van personen, voor zover het vervoer van deze personen vrijgesteld is;

11) levering, verbouwing, reparatie, onderhoud, bevrachting en verhuur van luchtvaartuigen die worden gebruikt door staatsinstellingen (inclusief voorwerpen die met deze luchtvaartuigen vast verbonden zijn of voor hun exploitatie dienen);

12) levering, verbouwing, reparatie, onderhoud, bevrachting en verhuur van oorlogsschepen;

13) diensten van reisbureaus als bedoeld in artikel 306 alsmede van reisbureaus die in naam en voor rekening van de reiziger handelen, voor reizen binnen de Gemeenschap.

BIJLAGE XI

DEEL A

INGETROKKEN RICHTLIJNEN MET DE ACHTEREENVOLGENDE WIJZIGINGEN ERVAN

1) Richtlijn 67/227/EEG (PB 71 van 14.4.1967, blz. 1301)
Richtlijn 77/388/EEG
2) Richtlijn 77/388/EEG (PB L 145 van 13.6.1977, blz. 1)
Richtlijn 78/583/EEG (PB L 194 van 19.7.1978, blz. 16)
Richtlijn 80/368/EEG (PB L 90 van 3.4.1980, blz. 41)
Richtlijn 84/386/EEG (PB L 208 van 3.8.1984, blz. 58)
Richtlijn 89/465/EEG (PB L 226 van 3.8.1989, blz. 21)
Richtlijn 91/680/EEG (PB L 376 van 31.12.1991, blz. 1) — (met uitzondering van artikel 2)
Richtlijn 92/77/EEG (PB L 316 van 31.10.1992, blz. 1)
Richtlijn 92/111/EEG (PB L 384 van 30.12.1992, blz. 47)
Richtlijn 94/4/EG (PB L 60 van 3.3.1994, blz. 14) — (enkel artikel 2)
Richtlijn 94/5/EG (PB L 60 van 3.3.1994, blz. 16)
Richtlijn 94/76/EG (PB L 365 van 31.12.1994, blz. 53)
Richtlijn 95/7/EG (PB L 102 van 5.5.1995, blz. 18)
Richtlijn 96/42/EG (PB L 170 van 9.7.1996, blz. 34)
Richtlijn 96/95/EG (PB L 338 van 28.12.1996, blz. 89)
Richtlijn 98/80/EG (PB L 281 van 17.10.1998, blz. 31)
Richtlijn 1999/49/EG (PB L 139 van 2.6.1999, blz. 27)
Richtlijn 1999/59/EG (PB L 162 van 26.6.1999, blz. 63)
Richtlijn 1999/85/EG (PB L 277 van 28.10.1999, blz. 34)
Richtlijn 2000/17/EG (PB L 84 van 5.4.2000, blz. 24)
Richtlijn 2000/65/EG (PB L 269 van 21.10.2000, blz. 44)
Richtlijn 2001/4/EG (PB L 22 van 24.1.2001, blz. 17)
Richtlijn 2001/115/EG (PB L 15 van 17.1.2001, blz. 24)
Richtlijn 2002/38/EG (PB L 128 van 15.5.2002, blz. 41)
Richtlijn 2002/93/EG (PB L 331 van 7.12.2002, blz. 27)
Richtlijn 2003/92/EG (PB L 260 van 11.10.2003, blz. 8)
Richtlijn 2004/7/EG (PB L 27 van 30.1.2004, blz. 44)
Richtlijn 2004/15/EG (PB L 52 van 21.2.2004, blz. 61)
Richtlijn 2004/66/EG (PB L 168 van 1.5.2004, blz. 35) — (enkel punt V van de bijlage)
Richtlijn 2005/92/EG (PB L 345 van 28.12.2005, blz. 19)
Richtlijn 2006/18/EG (PB L 51 van 22.2.2006, blz. 12)
Richtlijn 2006/58/EG (PB L 174 van 28.6.2006, blz. 5)
Richtlijn 2006/69/EG (PB L 221 van 12.8.2006, blz. 9) — (enkel artikel 1)
Richtlijn 2006/98/EG (PB L 363 van 20.12.2006, blz. 129) — (enkel punt 2) van de bijlage)

DEEL B

TERMIJNEN VOOR DE OMZETTING IN NATIONAAL RECHT (BEDOELD IN ARTIKEL 411)

Richtlijn	Omzettingstermijn
Richtlijn 67/227/EEG	1 januari 1970
Richtlijn 77/388/EEG	1 januari 1978
Richtlijn 78/583/EEG	1 januari 1979
Richtlijn 80/368/EEG	1 januari 1979
Richtlijn 84/386/EEG	1 juli 1985
Richtlijn 89/465/EEG	1 januari 1990
	1 januari 1991
	1 januari 1992
	1 januari 1993
	1 januari 1994 voor Portugal
Richtlijn 91/680/EEG	1 januari 1993
Richtlijn 92/77/EEG	31 december 1992

Richtlijn	Omzettingstermijn
Richtlijn 92/111/EEG	1 januari 1993
	1 januari 1994
	1 oktober 1993 voor Duitsland
Richtlijn 94/4/EG	1 april 1994
Richtlijn 94/5/EG	1 januari 1995
Richtlijn 94/76/EG	1 januari 1995
Richtlijn 95/7/EG	1 januari 1996
	1 januari 1997 voor Duitsland en Luxemburg
Richtlijn 96/42/EG	1 januari 1995
Richtlijn 96/95/EG	1 januari 1997
Richtlijn 98/80/EG	1 januari 2000
Richtlijn 1999/49/EG	1 januari 1999
Richtlijn 1999/59/EG	1 januari 2000
Richtlijn 1999/85/EG	—
Richtlijn 2000/17/EG	—
Richtlijn 2000/65/EG	31 december 2001
Richtlijn 2001/4/EG	1 januari 2001
Richtlijn 2001/115/EG	1 januari 2004
Richtlijn 2002/38/EG	1 juli 2003
Richtlijn 2002/93/EG	—
Richtlijn 2003/92/EG	1 januari 2005
Richtlijn 2004/7/EG	30 januari 2004
Richtlijn 2004/15/EG	—
Richtlijn 2004/66/EG	1 mei 2004
Richtlijn 2005/92/EG	1 januari 2006
Richtlijn 2006/18/EG	—
Richtlijn 2006/58/EG	1 juli 2006
Richtlijn 2006/69/EG Richtlijn 2006/98/EG	1 januari 2008 1 januari 2007

BIJLAGE XII

CONCORDANTIETABEL

Richtlijn 67/227/EEG	Richtlijn 77/388/EEG	Wijzigingsrichtlijnen	Andere besluiten	Deze richtlijn
Artikel 1, eerste alinea				Artikel 1, lid 1
Artikel 1, tweede en derde alinea				—
Artikel 2, eerste, tweede en derde alinea				Artikel 1, lid 2, eerste, tweede en derde alinea
Artikelen 3, 4 en 6				—
	Artikel 1			—
	Artikel 2, onder 1)			Artikel 2, lid 1, onder a) en c)
	Artikel 2, onder 2)			Artikel 2, lid 1, onder d)
	Artikel 3, lid 1, eerste streepje			Artikel 5, onder 2)
	Artikel 3, lid 1, tweede streepje			Artikel 5, onder 1)
	Artikel 3, lid 1, derde streepje			Artikel 5, onder 3) en 4)
	Artikel 3, lid 2			—
	Artikel 3, lid 3, eerste alinea, eerste streepje			Artikel 6, lid 2, onder a) en b)
	Artikel 3, lid 3, eerste alinea, tweede streepje			Artikel 6, lid 2, onder c) en d)
	Artikel 3, lid 3, eerste alinea, derde streepje			Artikel 6, lid 2, onder e), f) en g)
	Artikel 3, lid 3, tweede alinea, eerste streepje			Artikel 6, lid 1, onder b)
	Artikel 3, lid 3, tweede alinea, tweede streepje			Artikel 6, lid 1, onder c)
	Artikel 3, lid 3, tweede alinea, derde streepje			Artikel 6, lid 1, onder a)
	Artikel 3, lid 4, eerste alinea, eerste en tweede streepje			Artikel 7, lid 1
	Artikel 3, lid 4, tweede alinea, eerste, tweede en derde streepje			Artikel 7, lid 2
	Artikel 3, lid 5			Artikel 8
	Artikel 4, leden 1 en 2			Artikel 9, lid 1, eerste en tweede alinea
	Artikel 4, lid 3, onder a), eerste alinea, eerste volzin			Artikel 12, lid 1, onder a)
	Artikel 4, lid 3, onder a), eerste alinea, tweede volzin			Artikel 12, lid 2, tweede alinea
	Artikel 4, lid 3, onder a), tweede alinea			Artikel 12, lid 2, derde alinea
	Artikel 4, lid 3, onder a), derde alinea			Artikel 12, lid 2, eerste alinea
	Artikel 4, lid 3, onder b), eerste alinea			Artikel 12, lid 1, onder b)
	Artikel 4, lid 3, onder b), tweede alinea			Artikel 12, lid 3
	Artikel 4, lid 4, eerste alinea			Artikel 10

Richtlijn 67/227/EEG	Richtlijn 77/388/EEG	Wijzigingsrichtlijnen	Andere besluiten	Deze richtlijn
	Artikel 4, lid 4, tweede en derde alinea			Artikel 11, eerste en tweede alinea
	Artikel 4, lid 5, eerste, tweede en derde alinea			Artikel 13, lid 1, eerste, tweede en derde alinea
	Artikel 4, lid 5, vierde alinea			Artikel 13, lid 2
	Artikel 5, lid 1			Artikel 14, lid 1
	Artikel 5, lid 2			Artikel 15, lid 1
	Artikel 5, lid 3, onder a), b) en c)			Artikel 15, lid 2, onder a), b) en c)
	Artikel 5, lid 4, onder a), b) en c)			Artikel 14, lid 2, onder a), b) en c)
	Artikel 5, lid 5			Artikel 14, lid 3
	Artikel 5, lid 6, eerste en tweede volzin			Artikel 16, eerste en tweede alinea
	Artikel 5, lid 7, onder a), b) en c)			Artikel 18, onder a), b) en c)
	Artikel 5, lid 8, eerste volzin			Artikel 19, eerste alinea
	Artikel 5, lid 8, tweede en derde volzin			Artikel 19, tweede alinea
	Artikel 6, lid 1, eerste alinea			Artikel 24, lid 1
	Artikel 6, lid 1, tweede alinea, eerste, tweede en derde streepje			Artikel 25, onder a), b) en c)
	Artikel 6, lid 2, eerste alinea, onder a) en b)			Artikel 26, lid 1, onder a) en b)
	Artikel 6, lid 2, tweede alinea			Artikel 26, lid 2
	Artikel 6, lid 3			Artikel 27
	Artikel 6, lid 4			Artikel 28
	Artikel 6, lid 5			Artikel 29
	Artikel 7, lid 1, onder a) en b)			Artikel 30, eerste en tweede alinea
	Artikel 7, lid 2			Artikel 60
	Artikel 7, lid 3, eerste en tweede alinea			Artikel 61, eerste en tweede alinea
	Artikel 8, lid 1, onder a), eerste volzin			Artikel 32, eerste alinea
	Artikel 8, lid 1, onder a), tweede en derde volzin			Artikel 36, eerste en tweede alinea
	Artikel 8, lid 1, onder b)			Artikel 31
	Artikel 8, lid 1, onder c), eerste alinea			Artikel 37, lid 1
	Artikel 8, lid 1, onder c), tweede alinea, eerste streepje			Artikel 37, lid 2, eerste alinea
	Artikel 8, lid 1, onder c), tweede alinea, tweede en derde streepje			Artikel 37, lid 2, tweede en derde alinea
	Artikel 8, lid 1, onder c), derde alinea			Artikel 37, lid 2, vierde alinea
	Artikel 8, lid 1, onder c), vierde alinea			Artikel 37, lid 3, eerste alinea
	Artikel 8, lid 1, onder c), vijfde alinea			—

Richtlijn 67/227/EEG	Richtlijn 77/388/EEG	Wijzigingsrichtlijnen	Andere besluiten	Deze richtlijn
	Artikel 8, lid 1, onder c), zesde alinea			Artikel 37, lid 3, tweede alinea
	Artikel 8, lid 1, onder d), eerste en tweede alinea			Artikel 38, leden 1 en 2
	Artikel 8, lid 1, onder e), eerste volzin			Artikel 39, eerste alinea
	Artikel 8, lid 1, onder e), tweede en derde volzin			Artikel 39, tweede alinea
	Artikel 8, lid 2			Artikel 32, tweede alinea
	Artikel 9, lid 1			Artikel 43
	Artikel 9, lid 2, inleidende zin			—
	Artikel 9, lid 2, onder a)			Artikel 45
	Artikel 9, lid 2, onder b)			Artikel 46
	Artikel 9, lid 2, onder c), eerste en tweede streepje			Artikel 52, onder a) en b)
	Artikel 9, lid 2, onder c), derde en vierde streepje			Artikel 52, onder c)
	Artikel 9, lid 2, onder e), eerste tot en met zesde streepje			Artikel 56, lid 1, onder a) tot en met f)
	Artikel 9, lid 2, onder e), zevende streepje			Artikel 56, lid 1, onder l)
	Artikel 9, lid 2, onder e), achtste streepje			Artikel 56, lid 1, onder g)
	Artikel 9, lid 2, onder e), negende streepje			Artikel 56, lid 1, onder h)
	Artikel 9, lid 2, onder e), tiende streepje, eerste volzin			Artikel 56, lid 1, onder i)
	Artikel 9, lid 2, onder e), tiende streepje, tweede volzin			Artikel 24, lid 2
	Artikel 9, lid 2, onder e), tiende streepje, derde volzin			Artikel 56, lid 1, onder i)
	Artikel 9, lid 2, onder e), elfde en twaalfde streepje			Artikel 56, lid 1, onder j) en k)
	Artikel 9, lid 2, onder f)			Artikel 57, lid 1
	Artikel 9, lid 3			Artikel 58, eerste en tweede alinea
	Artikel 9, lid 3, onder a) en b)			Artikel 58, eerste alinea, onder a) en b)
	Artikel 9, lid 4			Artikel 59, leden 1 en 2
	Artikel 10, lid 1, onder a) en b)			Artikel 62, onder 1) en 2)
	Artikel 10, lid 2, eerste alinea, eerste volzin			Artikel 63
	Artikel 10, lid 2, eerste alinea, tweede en derde volzin			Artikel 64, leden 1 en 2
	Artikel 10, lid 2, tweede alinea			Artikel 65
	Artikel 10, lid 2, derde alinea, eerste, tweede en derde streepje			Artikel 66, onder a), b) en c)

Richtlijn 67/227/EEG	Richtlijn 77/388/EEG	Wijzigingsrichtlijnen	Andere besluiten	Deze richtlijn
	Artikel 10, lid 3, eerste alinea, eerste volzin			Artikel 70
	Artikel 10, lid 3, eerste alinea, tweede volzin			Artikel 71, lid 1, eerste alinea
	Artikel 10, lid 3, tweede alinea			Artikel 71, lid 1, tweede alinea
	Artikel 10, lid 3, derde alinea			Artikel 71, lid 2
	Artikel 11, A, lid 1, onder a)			Artikel 73
	Artikel 11, A, lid 1, onder b)			Artikel 74
	Artikel 11, A, lid 1, onder c)			Artikel 75
	Artikel 11, A, lid 1, onder d)			Artikel 77
	Artikel 11, A, lid 2, onder a)			Artikel 78, eerste alinea, onder a)
	Artikel 11, A, lid 2, onder b), eerste volzin			Artikel 78, eerste alinea, onder b)
	Artikel 11, A, lid 2, onder b), tweede volzin			Artikel 78, tweede alinea
	Artikel 11, A, lid 3, onder a) en b)			Artikel 79, eerste alinea, onder a) en b)Artikel 87, onder a) en b)
	Artikel 11, A, lid 3, onder c), eerste volzin			Artikel 79, eerste alinea, onder c)
	Artikel 11, A, lid 3, onder c), tweede volzin			Artikel 79, tweede alinea
	Artikel 11, A, lid 4, eerste en tweede alinea			Artikel 81, eerste en tweede alinea
	Artikel 11, A, lid 5			Artikel 82
	Artikel 11, A, lid 6, eerste alinea, eerste en tweede volzin			Artikel 80, lid 1, eerste alinea
	Artikel 11, A, lid 6, eerste alinea, derde volzin			Artikel 80, lid 1, tweede alinea
	Artikel 11, A, lid 6, tweede alinea			Artikel 80, lid 1, eerste alinea
	Artikel 11, A, lid 6, derde alinea			Artikel 80, lid 2
	Artikel 11, A, lid 6, vierde alinea			Artikel 80, lid 3
	Artikel 11, A, lid 7, eerste en tweede alinea			Artikel 72, eerste en tweede alinea
	Artikel 11, B, lid 1			Artikel 85
	Artikel 11, B, lid 3, onder a)			Artikel 86, lid 1, onder a)
	Artikel 11, B, lid 3, onder b), eerste alinea			Artikel 86, lid 1, onder b)
	Artikel 11, B, lid 3, onder b), tweede alinea			Artikel 86, lid 2
	Artikel 11, B, lid 3, onder b), derde alinea			Artikel 86, lid 1, onder b)
	Artikel 11, B, lid 4			Artikel 87
	Artikel 11, B, lid 5			Artikel 88
	Artikel 11, B, lid 6, eerste en tweede alinea			Artikel 89, eerste en tweede alinea

Richtlijn 67/227/EEG	Richtlijn 77/388/EEG	Wijzigingsrichtlijnen	Andere besluiten	Deze richtlijn
	Artikel 11, C, lid 1, eerste en tweede alinea			Artikel 90, leden 1 en 2
	Artikel 11, C, lid 2, eerste alinea			Artikel 91, lid 1
	Artikel 11, C, lid 2, tweede alinea, eerste en tweede volzin			Artikel 91, lid 2, eerste en tweede alinea
	Artikel 11, C, lid 3, eerste en tweede streepje			Artikel 92, onder a) en b)
	Artikel 12, lid 1			Artikel 93, eerste alinea
	Artikel 12, lid 1, onder a)			Artikel 93, tweede alinea, onder a)
	Artikel 12, lid 1, onder b)			Artikel 93, tweede alinea, onder c)
	Artikel 12, lid 2, eerste en tweede streepje			Artikel 95, eerste en tweede alinea
	Artikel 12, lid 3, onder a), eerste alinea, eerste volzin			Artikel 96
	Artikel 12, lid 3, onder a), eerste alinea, tweede volzin			Artikel 97, lid 1
	Artikel 12, lid 3, onder a), tweede alinea			Artikel 97, lid 2
	Artikel 12, lid 3, onder a), derde alinea, eerste volzin			Artikel 98, lid 1
	Artikel 12, lid 3, onder a), derde alinea, tweede volzin			Artikel 98, lid 2, eerste alinea Artikel 99, lid 1
	Artikel 12, lid 3, onder a), vierde alinea			Artikel 98, lid 2, tweede alinea
	Artikel 12, lid 3, onder b), eerste volzin			Artikel 102, eerste alinea
	Artikel 12, lid 3, onder b), tweede, derde en vierde volzin			Artikel 102, tweede alinea
	Artikel 12, lid 3, onder c), eerste alinea			Artikel 103, lid 1
	Artikel 12, lid 3, onder c), tweede alinea, eerste en tweede streepje			Artikel 103 lid 2, onder a) en b)
	Artikel 12, lid 4, eerste alinea			Artikel 99, lid 2
	Artikel 12, lid 4, tweede alinea, eerste en tweede volzin			Artikel 100, eerste en tweede alinea
	Artikel 12, lid 4, derde alinea			Artikel 101
	Artikel 12, lid 5			Artikel 94, lid 2
	Artikel 12, lid 6			Artikel 105
	Artikel 13, A, lid 1, inleidende zin			Artikel 131
	Artikel 13, A, lid 1, onder a) tot en met n)			Artikel 132, lid 1, onder a) tot en met n)
	Artikel 13, A, lid 1, onder o), eerste volzin			Artikel 132, lid 1, onder o)
	Artikel 13, A, lid 1, onder o), tweede volzin			Artikel 132, lid 2
	Artikel 13, A, lid 1, onder p) en q)			Artikel 132, lid 1, onder p) en q)

Richtlijn 67/227/EEG	Richtlijn 77/388/EEG	Wijzigingsrichtlijnen	Andere besluiten	Deze richtlijn
	Artikel 13, A, lid 2, onder a), eerste tot en met vierde streepje			Artikel 133, eerste alinea, onder a) tot en met d)
	Artikel 13, A, lid 2, onder b), eerste en tweede streepje			Artikel 134, onder a) en b)
	Artikel 13, B, inleidende zin			Artikel 131
	Artikel 13, B, onder a)			Artikel 135, lid 1, onder a)
	Artikel 13, B, onder b), eerste alinea			Artikel 135, lid 1, onder l)
	Artikel 13, B, onder b), eerste alinea, onder 1) tot en met 4)			Artikel 135, lid 2, eerste alinea, onder a) tot en met d)
	Artikel 13, B, onder b), tweede alinea			Artikel 135, lid 2, tweede alinea
	Artikel 13, B, onder c)			Artikel 136, onder a) en b)
	Artikel 13, B, onder d)			—
	Artikel 13, B, onder d), 1) tot en met 5)			Artikel 135, lid 1, onder b) tot en met f)
	Artikel 13, B, onder d), 1) tot en met 5), eerste en tweede streepje			Artikel 135, lid 1, onder f)
	Artikel 13, B, onder d), 6)			Artikel 135, lid 1, onder g)
	Artikel 13, B, onder e) tot en met h)			Artikel 135, lid 1, onder h) tot en met k)
	Artikel 13, C, eerste alinea, onder a)			Artikel 137, lid 1, onder d)
	Artikel 13, C, eerste alinea, onder b)			Artikel 137, lid 1, onder a), b) en c)
	Artikel 13, C, tweede alinea			Artikel 137, lid 2, eerste en tweede alinea
	Artikel 14, lid 1, inleidende zin			Artikel 131
	Artikel 14, lid 1, onder a)			Artikel 140, onder a)
	Artikel 14, lid 1, onder d), eerste en tweede alinea			Artikel 143, onder b) en c)
	Artikel 14, lid 1, onder e)			Artikel 143, onder e)
	Artikel 14, lid 1, onder g), eerste tot en met vierde streepje			Artikel 143, onder f) tot en met i)
	Artikel 14, lid 1, onder h)			Artikel 143, onder j)
	Artikel 14, lid 1, onder i)			Artikel 144
	Artikel 14, lid 1, onder j)			Artikel 143, onder k)
	Artikel 14, lid 1, onder k)			Artikel 143, onder l)
	Artikel 14, lid 2, eerste alinea			Artikel 145, lid 1
	Artikel 14, lid 2, tweede alinea, eerste, tweede en derde streepje			Artikel 145, lid 2, eerste, tweede en derde alinea
	Artikel 14, lid 2, derde alinea			Artikel 145, lid 3
	Artikel 15, inleidende zin			Artikel 131
	Artikel 15, onder 1)			Artikel 146, lid 1, onder a)
	Artikel 15, onder 2), eerste alinea			Artikel 146, lid 1, onder b)
	Artikel 15, onder 2), tweede alinea, eerste en tweede streepje			Artikel 147, lid 1, eerste alinea, onder a) en b)

Richtlijn 67/227/EEG	Richtlijn 77/388/EEG	Wijzigingsrichtlijnen	Andere besluiten	Deze richtlijn
	Artikel 15, onder 2), tweede alinea, derde streepje, eerste deel van volzin			Artikel 147, lid 1, eerste alinea, onder c)
	Artikel 15, onder 2), tweede alinea, derde streepje, tweede deel van volzin			Artikel 147, lid 1, tweede alinea
	Artikel 15, onder 2), derde alinea, eerste en tweede streepje			Artikel 147, lid 2, eerste en tweede alinea
	Artikel 15, ondert 2), vierde alinea			Artikel 147, lid 2, derde alinea
	Artikel 15, onder 3)			Artikel 146, lid 1, onder d)
	Artikel 15, onder 4), eerste alinea, onder a) en b)			Artikel 148, onder a)
	Artikel 15, onder 4), eerste alinea, onder c)			Artikel 148, onder b)
	Artikel 15, onder 4), tweede alinea, eerste en tweede streepje			Artikel 150, leden 1 en 2
	Artikel 15, onder 5)			Artikel 148, onder c)
	Artikel 15, onder 6)			Artikel 148, onder f)
	Artikel 15, onder 7)			Artikel 148, onder e)
	Artikel 15, onder 8)			Artikel 148, onder d)
	Artikel 15, onder 9)			Artikel 148, onder g)
	Artikel 15, onder 10), eerste alinea, eerste tot en met vierde streepje			Artikel 151, lid 1, eerste alinea, onder a) tot en met d)
	Artikel 15, onder 10), tweede alinea			Artikel 151, lid 1, tweede alinea
	Artikel 15, onder 10), derde alinea			Artikel 151, lid 2
	Artikel 15, onder 11)			Artikel 152
	Artikel 15, onder 12), eerste volzin			Artikel 146, lid 1, onder c)
	Artikel 15, onder 12), tweede volzin			Artikel 146, lid 2
	Artikel 15, onder 13)			Artikel 146, lid 1, onder e)
	Artikel 15, onder 14), eerste en tweede alinea			Artikel 153, eerste en tweede alinea
	Artikel 15, onder 15)			Artikel 149
	Artikel 16, lid 1			—
	Artikel 16, lid 2			Artikel 164, lid 1
	Artikel 16, lid 3			Artikel 166
	Artikel 17, lid 1			Artikel 167
	Artikel 17, leden 2, 3 en 4			—
	Artikel 17, lid 5, eerste en tweede alinea			Artikel 173, lid 1, eerste en tweede alinea
	Artikel 17, lid 5, derde alinea, onder a) tot en met e)			Artikel 173, lid 2, onder a) tot en met e)
	Artikel 17, lid 6			Artikel 176
	Artikel 17, lid 7, eerste en tweede volzin			Artikel 177, eerste en tweede alinea
	Artikel 18, lid 1			—

Richtlijn 67/227/EEG	Richtlijn 77/388/EEG	Wijzigingsrichtlijnen	Andere besluiten	Deze richtlijn
	Artikel 18, lid 2, eerste en tweede alinea			Artikel 179, eerste en tweede alinea
	Artikel 18, lid 3			Artikel 180
	Artikel 18, lid 4, eerste en tweede alinea			Artikel 183, eerste en tweede alinea
	Artikel 19, lid 1, eerste alinea, eerste streepje			Artikel 174, lid 1, eerste alinea, onder a)
	Artikel 19, lid 1, eerste alinea, tweede streepje, eerste volzin			Artikel 174, lid 1, eerste alinea, onder b)
	Artikel 19, lid 1, eerste alinea, tweede streepje, tweede volzin			Artikel 174, lid 1, tweede alinea
	Artikel 19, lid 1, tweede alinea			Artikel 175, lid 1
	Artikel 19, lid 2, eerste volzin			Artikel 174, lid 2, onder a)
	Artikel 19, lid 2, tweede volzin			Artikel 174, lid 2, onder a) en b)
	Artikel 19, lid 2, derde volzin			Artikel 174, lid 3
	Artikel 19, lid 3, eerste alinea, eerste en tweede volzin			Artikel 175, lid 2, eerste alinea
	Artikel 19, lid 3, eerste alinea, derde volzin			Artikel 175, lid 2, tweede alinea
	Artikel 19, lid 3, tweede alinea			Artikel 175, lid 3
	Artikel 20, lid 1, inleidende zin			Artikel 186
	Artikel 20, lid 1, onder a)			Artikel 184
	Artikel 20, lid 1, onder b), eerste deel van eerste volzin			Artikel 185, lid 1
	Artikel 20, lid 1, onder b), tweede deel van eerste volzin			Artikel 185, lid 2, eerste alinea
	Artikel 20, lid 1, onder b), tweede volzin			Artikel 185, lid 2, tweede alinea
	Artikel 20, lid 2, eerste alinea, eerste volzin			Artikel 187, lid 1, eerste alinea
	Artikel 20, lid 2, eerste alinea, tweede en derde volzin			Artikel 187, lid 2, eerste en tweede alinea
	Artikel 20, lid 2, tweede en derde alinea			Artikel 187, lid 1, tweede en derde alinea
	Artikel 20, lid 3, eerste alinea, eerste volzin			Artikel 188, lid 1, eerste alinea
	Artikel 20, lid 3, eerste alinea, tweede volzin			Artikel 188, lid 1, tweede en derde alinea
	Artikel 20, lid 3, eerste alinea, derde volzin			Artikel 188, lid 2
	Artikel 20, lid 3, tweede alinea			Artikel 188, lid 2
	Artikel 20, lid 4, eerste alinea, eerste tot en met vierde streepje			Artikel 189, onder a) tot en met d)

Richtlijn 67/227/EEG	Richtlijn 77/388/EEG	Wijzigingsrichtlijnen	Andere besluiten	Deze richtlijn
	Artikel 20, lid 4, tweede alinea			Artikel 190
	Artikel 20, lid 5			Artikel 191
	Artikel 20, lid 6			Artikel 192
	Artikel 21			—
	Artikel 22			—
	Artikel 22bis			Artikel 249
	Artikel 23, eerste alinea			Artikel 211, eerste alinea Artikel 260
	Artikel 23, tweede alinea			Artikel 211, tweede alinea
	Artikel 24, lid 1			Artikel 281
	Artikel 24, lid 2, inleidende zin			Artikel 292
	Artikel 24, lid 2, onder a), eerste alinea			Artikel 284, lid 1
	Artikel 24, lid 2, onder a), tweede en derde alinea			Artikel 284, lid 2, eerste en tweede alinea
	Artikel 24, lid 2, onder b), eerste en tweede volzin			Artikel 285, eerste en tweede alinea
	Artikel 24, lid 2, onder c)			Artikel 286
	Artikel 24, lid 3, eerste alinea			Artikel 282
	Artikel 24, lid 3, tweede alinea, eerste volzin			Artikel 283, lid 2
	Artikel 24, lid 3, tweede alinea, tweede volzin			Artikel 283, lid 1, onder a)
	Artikel 24, lid 4, eerste alinea			Artikel 288, eerste alinea, onder 1) tot en met 4)
	Artikel 24, lid 4, tweede alinea			Artikel 288, tweede alinea
	Artikel 24, lid 5			Artikel 289
	Artikel 24, lid 6			Artikel 290
	Artikel 24, lid 7			Artikel 291
	Artikel 24, lid 8, onder a), b) en c)			Artikel 293, onder 1), 2) en 3)
	Artikel 24, lid 9			Artikel 294
	Artikel 24 bis, eerste alinea, eerste tot en met twaalfde streepje			Artikel 287, onder 7) tot en met 16)
	Artikel 25, lid 1			Artikel 296, lid 1
	Artikel 25, lid 2, eerste tot en met achtste streepje			Artikel 295, lid 1, onder 1) tot en met 8)
	Artikel 25, lid 3, eerste alinea, eerste volzin			Artikel 297, eerste alinea, eerste volzin, en tweede alinea
	Artikel 25, lid 3, eerste alinea, tweede volzin			Artikel 298, eerste alinea
	Artikel 25, lid 3, eerste alinea, derde volzin			Artikel 299
	Artikel 25, lid 3, eerste alinea, vierde en vijfde volzin			Artikel 298, tweede alinea
	Artikel 25, lid 3, tweede alinea			Artikel 297, eerste alinea, tweede volzin

Richtlijn 67/227/EEG	Richtlijn 77/388/EEG	Wijzigingsrichtlijnen	Andere besluiten	Deze richtlijn
	Artikel 25, lid 4, eerste alinea			Artikel 272, lid 1, eerste alinea, onder e)
	Artikel 25, leden 5 en 6			—
	Artikel 25, lid 7			Artikel 304
	Artikel 25, lid 8			Artikel 301, lid 2
	Artikel 25, lid 9			Artikel 296, lid 2
	Artikel 25, lid 10			Artikel 296, lid 3
	Artikel 25, leden 11 en 12			—
	Artikel 26, lid 1, eerste en tweede volzin			Artikel 306, lid 1, eerste en tweede alinea
	Artikel 26, lid 1, derde volzin			Artikel 306, lid 2
	Artikel 26, lid 2, eerste en tweede volzin			Artikel 307, eerste en tweede alinea
	Artikel 26, lid 2, derde volzin			Artikel 308
	Artikel 26, lid 3, eerste en tweede volzin			Artikel 309, eerste en tweede alinea
	Artikel 26, lid 4			Artikel 310
	Artikel 26bis, A, onder a), eerste alinea			Artikel 311, lid 1, onder 2)
	Artikel 26bis, A, onder a), tweede alinea			Artikel 311, lid 2
	Artikel 26bis, A, onder b) en c)			Artikel 311, lid 1, onder 3) en 4)
	Artikel 26bis, A, onder d)			Artikel 311, lid 1, onder 1)
	Artikel 26bis, A, onder e) en f)			Artikel 311, lid 1, onder 5) en 6)
	Artikel 26bis, A, onder g), inleidende zin			Artikel 311, lid 1, onder 7)
	Artikel 26bis, A, onder g), eerste en tweede streepje			Artikel 311, lid 3
	Artikel 26bis, B, lid 1			Artikel 313, lid 1
	Artikel 26bis, B, lid 2			Artikel 314
	Artikel 26bis, B, lid 2, eerste en tweede streepje			Artikel 314, onder a) tot en met d)
	Artikel 26bis, B, lid 3, eerste alinea, eerste en tweede volzin			Artikel 315, eerste en tweede alinea
	Artikel 26bis, B, lid 3, tweede alinea			Artikel 312
	Artikel 26bis, B, lid 3, tweede alinea, eerste en tweede streepje			Artikel 312, onder 1) en 2)
	Artikel 26bis, B, lid 4, eerste alinea			Artikel 316, lid 1
	Artikel 26bis, B, lid 4, eerste alinea, onder a), b) en c)			Artikel 316, lid 1, onder a), b) en c)
	Artikel 26bis, B, lid 4, tweede alinea			Artikel 316, lid 2
	Artikel 26bis, B, lid 4, derde alinea, eerste en tweede volzin			Artikel 317, eerste en tweede alinea
	Artikel 26bis, B, lid 5			Artikel 321

Richtlijn 67/227/EEG	Richtlijn 77/388/EEG	Wijzigingsrichtlijnen	Andere besluiten	Deze richtlijn
	Artikel 26bis, B, lid 6			Artikel 323
	Artikel 26bis, B, lid 7			Artikel 322
	Artikel 26bis, B, lid 7, onder a), b) en c)			Artikel 322, onder a), b) en c)
	Artikel 26bis, B, lid 8			Artikel 324
	Artikel 26bis, B, lid 9			Artikel 325
	Artikel 26bis, B, lid 10, eerste en tweede alinea			Artikel 318, lid 1, eerste en tweede alinea
	Artikel 26bis, B, lid 10, derde alinea, eerste en tweede streepje			Artikel 318, lid 2, onder a) en b)
	Artikel 26bis, B, lid 10, vierde alinea			Artikel 318, lid 3
	Artikel 26bis, B, lid 11, eerste alinea			Artikel 319
	Artikel 26bis, B, lid 11, tweede alinea, onder a)			Artikel 320, lid 1, eerste alinea
	Artikel 26bis, B, lid 11, tweede alinea, onder b) en c)			Artikel 320, lid 1, tweede alinea
	Artikel 26bis, B, lid 11, derde alinea			Artikel 320, lid 2
	Artikel 26bis, C, lid 1, inleidende zin			Artikel 333, lid 1Artikel 334
	Artikel 26bis, C, lid 1, eerste tot en met vierde streepje			Artikel 334, onder a) tot en met d)
	Artikel 26bis, C, lid 2, eerste en tweede streepje			Artikel 336, onder a) en b)
	Artikel 26bis, C, lid 3			Artikel 337
	Artikel 26bis, C, lid 4, eerste alinea, eerste, tweede en derde streepje			Artikel 339, eerste alinea, onder a), b) en c)
	Artikel 26bis, C, lid 4, tweede alinea			Artikel 339, tweede alinea
	Artikel 26bis, C, lid 5, eerste en tweede alinea			Artikel 340, lid 1, eerste en tweede alinea
	Artikel 26bis, C, lid 5, derde alinea			Artikel 340, lid 2
	Artikel 26bis, C, lid 6, eerste alinea, eerste en tweede streepje			Artikel 338, eerste alinea, onder a) en b)
	Artikel 26bis, C, lid 6, tweede alinea			Artikel 338, tweede alinea
	Artikel 26bis, C, lid 7			Artikel 335
	Artikel 26bis, D, inleidende zin			—
	Artikel 26bis, D, onder a)			Artikel 313, lid 2 Artikel 333, lid 2
	Artikel 26bis, D, onder b)			Artikel 4, onder a) en c)
	Artikel 26bis, D, onder c)			Artikel 35 Artikel 139, lid 3, eerste alinea
	Artikel 26ter, A, eerste alinea, onder i), eerste volzin			Artikel 344, lid 1, onder 1)

Richtlijn 67/227/EEG	Richtlijn 77/388/EEG	Wijzigingsrichtlijnen	Andere besluiten	Deze richtlijn
	Artikel 26ter, A, eerste alinea, onder i), tweede volzin			Artikel 344, lid 2
	Artikel 26ter, A, eerste alinea, onder ii), eerste tot en met vierde streepje			Artikel 344, lid 1, onder 2)
	Artikel 26ter, A, tweede alinea			Artikel 344, lid 3
	Artikel 26ter, A, derde alinea			Artikel 345
	Artikel 26ter, B, eerste alinea			Artikel 346
	Artikel 26ter, B, tweede alinea			Artikel 347
	Artikel 26ter, C, eerste alinea			Artikel 348
	Artikel 26ter, C, tweede alinea, eerste en tweede volzin			Artikel 349, leden 1 en 2
	Artikel 26ter, C, derde alinea			Artikel 350
	Artikel 26ter, C, vierde alinea			Artikel 351
	Artikel 26ter, D, lid 1, onder a), b) en c)			Artikel 354, onder a), b) en c)
	Artikel 26ter, D, lid 2			Artikel 355
	Artikel 26ter, E, eerste en tweede alinea			Artikel 356, lid 1, eerste en tweede alinea
	Artikel 26ter, E, derde en vierde alinea			Artikel 356, leden 2 en 3
	Artikel 26ter, F, eerste volzin			Artikel 198, leden 2 en 3
	Artikel 26ter, F, tweede volzin			Artikelen 208 en 255
	Artikel 26ter, G, lid 1, eerste alinea			Artikel 352
	Artikel 26ter, G, lid 1, tweede alinea			—
	Artikel 26ter, G, lid 2, onder a)			Artikel 353
	Artikel 26ter, G, lid 2, onder b), eerste en tweede volzin			Artikel 198, leden 1 en 3
	Artikel 26quater, A, onder a) tot en met e)			Artikel 358, onder 1) tot en met 5)
	Artikel 26quater, B, lid 1			Artikel 359
	Artikel 26quater, B, lid 2, eerste alinea			Artikel 360
	Artikel 26quater, B, lid 2, tweede alinea, eerste deel van eerste volzin			Artikel 361, lid 1
	Artikel 26quater, B, lid 2, tweede alinea, tweede deel van eerste volzin			Artikel 361, lid 1, onder a) tot en met e)
	Artikel 26quater, B, lid 2, tweede alinea, tweede volzin			Artikel 361, lid 2
	Artikel 26quater, B, lid 3, eerste en tweede alinea			Artikel 362
	Artikel 26quater, B, lid 4, onder a) tot en met d)			Artikel 363, onder a) tot en met d)

Richtlijn 67/227/EEG	Richtlijn 77/388/EEG	Wijzigingsrichtlijnen	Andere besluiten	Deze richtlijn
	Artikel 26quater, B, lid 5, eerste alinea			Artikel 364
	Artikel 26quater, B, lid 5, tweede alinea			Artikel 365
	Artikel 26quater, B, lid 6, eerste volzin			Artikel 366, lid 1, eerste alinea
	Artikel 26quater, B, lid 6, tweede en derde volzin			Artikel 366, lid 1, tweede alinea
	Artikel 26quater, B, lid 6, vierde volzin			Artikel 366, lid 2
	Artikel 26quater, B, lid 7, eerste volzin			Artikel 367, eerste alinea
	Artikel 26quater, B, lid 7, tweede en derde volzin			Artikel 367, tweede alinea
	Artikel 26quater, B, lid 8			Artikel 368
	Artikel 26quater, B, lid 9, eerste volzin			Artikel 369, lid 1
	Artikel 26quater, B, lid 9, tweede en derde volzin			Artikel 369, lid 2, eerste en tweede alinea
	Artikel 26quater, B, lid 10			Artikel 204, lid 1, derde alinea
	Artikel 27, lid 1, eerste en tweede volzin			Artikel 395, lid 1, eerste en tweede alinea
	Artikel 27, lid 2, eerste en tweede volzin			Artikel 395, lid 2, eerste alinea
	Artikel 27, lid 2, derde volzin			Artikel 395, lid 2, tweede alinea
	Artikel 27, leden 3 en 4			Artikel 395, leden 3 en 4
	Artikel 27, lid 5			Artikel 394
	Artikel 28, leden 1 en 1 bis			—
	Artikel 28, lid 2, inleidende zin			Artikel 109
	Artikel 28, lid 2, onder a), eerste alinea			Artikel 110, eerste en tweede alinea
	Artikel 28, lid 2, onder a), tweede alinea			—
	Artikel 28, lid 2, onder a), derde alinea, eerste volzin			Artikel 112, eerste alinea
	Artikel 28, lid 2, onder a), derde alinea, tweede en derde volzin			Artikel 112, tweede alinea
	Artikel 28, lid 2, onder b)			Artikel 113
	Artikel 28, lid 2, onder c), eerste en tweede volzin			Artikel 114, lid 1, eerste en tweede alinea
	Artikel 28, lid 2, onder c), derde volzin			Artikel 114, lid 2
	Artikel 28, lid 2, onder d)			Artikel 115
	Artikel 28, lid 2, onder e), eerste en tweede alinea			Artikel 118, eerste en tweede alinea
	Artikel 28, lid 2, onder f)			Artikel 120
	Artikel 28, lid 2, onder g)			—
	Artikel 28, lid 2, onder h), eerste en tweede alinea			Artikel 121, eerste en tweede alinea

Richtlijn 67/227/EEG	Richtlijn 77/388/EEG	Wijzigingsrichtlijnen	Andere besluiten	Deze richtlijn
	Artikel 28, lid 2, onder i)			Artikel 122
	Artikel 28, lid 2, onder j)			Artikel 117, lid 2
	Artikel 28, lid 2, onder k)			Artikel 116
	Artikel 28, lid 3, onder a)			Artikel 370
	Artikel 28, lid 3, onder b)			Artikel 371
	Artikel 28, lid 3, onder c)			Artikel 391
	Artikel 28, lid 3, onder d)			Artikel 372
	Artikel 28, lid 3, onder e)			Artikel 373
	Artikel 28, lid 3, onder f)			Artikel 392
	Artikel 28, lid 3, onder g)			Artikel 374
	Artikel 28, lid 3 bis			Artikel 376
	Artikel 28, leden 4 en 5			Artikel 393, leden 1 en 2
	Artikel 28, lid 6, eerste alinea, eerste volzin			Artikel 106, eerste en tweede alinea
	Artikel 28, lid 6, eerste alinea, tweede volzin			Artikel 106, derde alinea
	Artikel 28, lid 6, tweede alinea, onder a), b) en c)			Artikel 107, eerste alinea, onder a), b) en c)
	Artikel 28, lid 6, tweede alinea, onder d)			Artikel 107, tweede alinea
	Artikel 28, lid 6, derde alinea			Artikel 107, tweede alinea
	Artikel 28, lid 6, vierde alinea, onder a), b) en c)			Artikel 108, onder a), b) en c)
	Artikel 28, lid 6, vijfde en zesde alinea			—
	Artikel 28bis, lid 1, inleidende zin			Artikel 2, lid 1
	Artikel 28bis, lid 1, onder a), eerste alinea			Artikel 2, lid 1, onder b), i)
	Artikel 28bis, lid 1, onder a), tweede alinea			Artikel 3, lid 1
	Artikel 28bis, lid 1, onder a), derde alinea			Artikel 3, lid 3
	Artikel 28bis, lid 1, onder b)			Artikel 2, lid 1, onder b), ii)
	Artikel 28bis, lid 1, onder c)			Artikel 3, lid 1, onder b), iii)
	Artikel 28bis, lid 1 bis, onder a)			Artikel 3, lid 1, onder a)
	Artikel 28bis, lid 1 bis, onder b), eerste alinea, eerste streepje			Artikel 3, lid 1, onder b)
	Artikel 28bis, lid 1 bis, onder b), eerste alinea, tweede en derde streepje			Artikel 3, lid 2, eerste alinea, onder a) en b)
	Artikel 28bis, lid 1 bis, onder b), tweede alinea			Artikel 3, lid 2, tweede alinea
	Artikel 28bis, lid 2, inleidende zin			—
	Artikel 28bis, lid 2, onder a)			Artikel 2, lid 2, eerste alinea, onder a), b) en c)
	Artikel 28bis, lid 2, onder b), eerste alinea			Artikel 2, lid 2, tweede alinea

Richtlijn 67/227/EEG	Richtlijn 77/388/EEG	Wijzigingsrichtlijnen	Andere besluiten	Deze richtlijn
	Artikel 28bis, lid 2, onder b), eerste alinea, eerste en tweede streepje			Artikel 2, lid 2, tweede alinea, onder a), b) en c)
	Artikel 28bis, lid 2, onder b), tweede alinea			Artikel 2, lid 2, derde alinea
	Artikel 28bis, lid 3, eerste en tweede alinea			Artikel 20, eerste en tweede alinea
	Artikel 28bis, lid 4, eerste alinea			Artikel 9, lid 2
	Artikel 28bis, lid 4, tweede alinea, eerste streepje			Artikel 172, lid 1, tweede alinea
	Artikel 28bis, lid 4, tweede alinea, tweede streepje			Artikel 172, lid 1, eerste alinea
	Artikel 28bis, lid 4, derde alinea			Artikel 172, lid 2
	Artikel 28bis, lid 5, onder b), eerste alinea			Artikel 17, lid 1, eerste alinea
	Artikel 28bis, lid 5, onder b), tweede alinea			Artikel 17, lid 1, tweede alinea, en lid 2, inleidende zin
	Artikel 28bis, lid 5, onder b), tweede alinea, eerste streepje			Artikel 17, lid 2, onder a) en b)
	Artikel 28bis, lid 5, onder b), tweede alinea, tweede streepje			Artikel 17, lid 2, onder c)
	Artikel 28bis, lid 5, onder b), tweede alinea, derde streepje			Artikel 17, lid 2, onder e)
	Artikel 28bis, lid 5, onder b), tweede alinea, vijfde, zesde en zevende streepje			Artikel 17, lid 2, onder f), g) en h)
	Artikel 28bis, lid 5, onder b), tweede alinea, achtste streepje			Artikel 17, lid 2, onder d)
	Artikel 28bis, lid 5, onder b), derde alinea			Artikel 17, lid 3
	Artikel 28bis, lid 6, eerste alinea			Artikel 21
	Artikel 28bis, lid 6, tweede alinea			Artikel 22
	Artikel 28bis, lid 7			Artikel 23
	Artikel 28ter, A, lid 1			Artikel 40
	Artikel 28ter, A, lid 2, eerste en tweede alinea			Artikel 41, eerste en tweede alinea
	Artikel 28ter, A, lid 2, derde alinea, eerste en tweede streepje			Artikel 42, onder a) en b)
	Artikel 28ter, B, lid 1, eerste alinea, eerste en tweede streepje			Artikel 33, lid 1, onder a) en b)
	Artikel 28ter, B, lid 1, tweede alinea			Artikel 33, lid 2
	Artikel 28ter, B, lid 2, eerste alinea			Artikel 34, lid 1, onder a)

Richtlijn 67/227/EEG	Richtlijn 77/388/EEG	Wijzigingsrichtlijnen	Andere besluiten	Deze richtlijn
	Artikel 28ter, B, lid 2, eerste alinea, eerste en tweede streepje			Artikel 34, lid 1, onder b) en c)
	Artikel 28ter, B, lid 2, tweede alinea, eerste en tweede volzin			Artikel 34, lid 2, eerste en tweede alinea
	Artikel 28ter, B, lid 2, derde alinea, eerste volzin			Artikel 34, lid 3
	Artikel 28ter, B, lid 2, derde alinea, tweede en derde volzin			—
	Artikel 28ter, B, lid 3, eerste en tweede alinea			Artikel 34, lid 4, eerste en tweede alinea
	Artikel 28ter, C, lid 1, eerste streepje, eerste alinea			Artikel 48, eerste alinea
	Artikel 28ter, C, lid 1, eerste streepje, tweede alinea			Artikel 49
	Artikel 28ter, C, lid 1, tweede en derde streepje			Artikel 48, tweede en derde alinea
	Artikel 28ter, C, leden 2 en 3			Artikel 47, eerste en tweede alinea
	Artikel 28ter, C, lid 4			Artikel 51
	Artikel 28ter, D			Artikel 53
	Artikel 28ter, E, lid 1, eerste en tweede alinea			Artikel 50, eerste en tweede alinea
	Artikel 28ter, E, lid 2, eerste en tweede alinea			Artikel 54, eerste en tweede alinea
	Artikel 28ter, E, lid 3, eerste en tweede alinea			Artikel 44, eerste en tweede alinea
	Artikel 28ter, F, eerste en tweede alinea			Artikel 55, eerste en tweede alinea
	Artikel 28quater, A, inleidende zin			Artikel 131
	Artikel 28quater, A, onder a), eerste alinea			Artikel 138, lid 1
	Artikel 28quater, A, onder a), tweede alinea			Artikel 139, lid 1, eerste en tweede alinea
	Artikel 28quater, A, onder b)			Artikel 138, lid 2, onder a)
	Artikel 28quater, A, onder c), eerste alinea			Artikel 138, lid 2, onder b)
	Artikel 28quater, A, onder c), tweede alinea			Artikel 139, lid 2
	Artikel 28quater, A, onder d)			Artikel 138, lid 2, onder c)
	Artikel 28quater, B, inleidende zin			Artikel 131
	Artikel 28quater, B, onder a), b) en c)			Artikel 140, onder a), b) en c)
	Artikel 28quater, C			Artikel 142
	Artikel 28quater, D, eerste alinea			Artikel 143, onder d)
	Artikel 28quater, D, tweede alinea			Artikel 131

Richtlijn 67/227/EEG	Richtlijn 77/388/EEG	Wijzigingsrichtlijnen	Andere besluiten	Deze richtlijn
	Artikel 28quater, E, punt 1, eerste streepje, dat artikel 16, lid 1, vervangt			
	—lid 1, eerste alinea			Artikel 155
	—lid 1, eerste alinea, A			Artikel 157, lid 1, onder a)
	—lid 1, eerste alinea, B, eerste alinea, onder a), b) en c)			Artikel 156, lid 1, onder a), b) en c)
	—lid 1, eerste alinea, B, eerste alinea, onder d), eerste en tweede streepje			Artikel 156, lid 1, onder d) en e)
	—lid 1, eerste alinea, B, eerste alinea, onder e), eerste alinea			Artikel 157, lid 1, onder b)
	—lid 1, eerste alinea, B, eerste alinea, onder e), tweede alinea, eerste streepje			Artikel 154
	—lid 1, eerste alinea, B, eerste alinea, onder e), tweede alinea, tweede streepje, eerste volzin			Artikel 154
	—lid 1, eerste alinea, B, eerste alinea, onder e), tweede alinea, tweede streepje, tweede volzin			Artikel 157, lid 2
	—lid 1, eerste alinea, B, eerste alinea, onder e), derde alinea, eerste streepje			—
	—lid 1, eerste alinea, B, eerste alinea, onder e), derde alinea, tweede, derde en vierde streepje			Artikel 158, lid 1, onder a), b) en c)
	—lid 1, eerste alinea, B, tweede alinea			Artikel 156, lid 2
	—lid 1, eerste alinea, C			Artikel 159
	—lid 1, eerste alinea, D, eerste alinea, onder a) en b)			Artikel 160, lid 1, onder a) en b)
	—lid 1, eerste alinea, D, tweede alinea			Artikel 160, lid 2
	—lid 1, eerste alinea, E, eerste en tweede streepje			Artikel 161, onder a) en b)
	—lid 1, tweede alinea			Artikel 202
	—lid 1, derde alinea			Artikel 163
	Artikel 28quater, E, onder 1), tweede streepje, dat lid 1 bis in artikel 16, invoegt			
	—lid 1 bis			Artikel 162
	Artikel 28quater, E, onder 2), eerste streepje, dat artikel 16, lid 2, wijzigt			
	—lid 2, eerste alinea			Artikel 164, lid 1
	Artikel 28quater, E, onder 2), tweede streepje, dat de tweede en derde alinea in artikel 16, lid 2, invoegt			

Richtlijn 67/227/EEG	Richtlijn 77/388/EEG	Wijzigingsrichtlijnen	Andere besluiten	Deze richtlijn
	—lid 2, tweede alinea			Artikel 164, lid 2
	—lid 2, derde alinea			Artikel 165
	Artikel 28quater, E, onder 3), eerste tot en met vijfde streepje			Artikel 141, onder a) tot en met e)
	Artikel 28quinquies, lid 1, eerste en tweede volzin			Artikel 68, eerste en tweede alinea
	Artikel 28quinquies, leden 2 en 3			Artikel 69, leden 1 en 2
	Artikel 28quinquies, lid 4, eerste en tweede alinea			Artikel 67, leden 1 en 2
	Artikel 28sexies, lid 1, eerste alinea			Artikel 83
	Artikel 28sexies, lid 1, tweede alinea, eerste en tweede volzin			Artikel 84, leden 1 en 2
	Artikel 28sexies, lid 2			Artikel 76
	Artikel 28sexies, lid 3			Artikel 93, tweede alinea, onder b)
	Artikel 28sexies, lid 4			Artikel 94, lid 1
	Artikel 28septies, onder 1), dat artikel 17, leden 2, 3 en 4, vervangt			
	—lid 2, onder a)			Artikel 168, onder a)
	—lid 2, onder b)			Artikel 168, onder e)
	—lid 2, onder c)			Artikel 168, onder b) en d)
	—lid 2, onder d)			Artikel 168, onder c)
	—lid 3, onder a), b) en c)			Artikel 169, onder a), b) en c) Artikel 170, onder a) en b)
	—lid 4, eerste alinea, eerste streepje			Artikel 171, lid 1, eerste alinea
	—lid 4, eerste alinea, tweede streepje			Artikel 171, lid 2, eerste alinea
	—lid 4, tweede alinea, onder a)			Artikel 171, lid 1, tweede alinea
	—lid 4, tweede alinea, onder b)			Artikel 171, lid 2, tweede alinea
	—lid 4, tweede alinea, onder c)			Artikel 171, lid 3
	Artikel 28septies, onder 2), dat artikel 18, lid 1, vervangt			
	—lid 1, onder a)			Artikel 178, onder a)
	—lid 1, onder b)			Artikel 178, onder e)
	—lid 1, onder c)			Artikel 178, onder b) en d)
	—lid 1, onder d)			Artikel 178, onder f)
	—lid 1, onder e)			Artikel 178, onder c)
	Artikel 28septies, onder 3), dat lid 3bis in artikel 18 invoegt			
	—lid 3bis, eerste deel van volzin			Artikel 181
	—lid 3bis, tweede deel van volzin			Artikel 182

Richtlijn 67/227/EEG	Richtlijn 77/388/EEG	Wijzigingsrichtlijnen	Andere besluiten	Deze richtlijn
	Artikel 28octies, dat artikel 21 vervangt			
	—lid 1, onder a), eerste alinea			Artikel 193
	—lid 1, onder a), tweede alinea			Artikel 194, leden 1 en 2
	—lid 1, onder b)			Artikel 196
	—lid 1, onder c), eerste alinea, eerste, tweede en derde streepje			Artikel 197, lid 1, onder a), b) en c)
	—lid 1, onder c), tweede alinea			Artikel 197, lid 2
	—lid 1, onder d)			Artikel 203
	—lid 1, onder e)			Artikel 200
	—lid 1, onder f)			Artikel 195
	—lid 2			—
	—lid 2, onder a), eerste volzin			Artikel 204, lid 1, eerste alinea
	—lid 2, onder a), tweede volzin			Artikel 204, lid 2
	—lid 2, onder b)			Artikel 204, lid 1, tweede alinea
	—lid 2, onder c), eerste alinea			Artikel 199, lid 1, onder a) tot en met g)
	—lid 2, onder c), tweede, derde en vierde alinea			Artikel 199, leden 2, 3 en 4
	—lid 3			Artikel 205
	—lid 4			Artikel 201
	Artikel 28nonies, dat artikel 21 vervangt			
	—lid 1, onder a), eerste en tweede volzin			Artikel 213, lid 1, eerste en tweede alinea
	—lid 1, onder b)			Artikel 213, lid 2
	—lid 1, onder c), eerste streepje, eerste volzin			Artikel 214, lid 1, onder a)
	—lid 1, onder c), eerste streepje, tweede volzin			Artikel 214, lid 2
	—lid 1, onder c), tweede en derde streepje			Artikel 214, lid 1, onder b) en c)
	—lid 1, onder d), eerste en tweede volzin			Artikel 215, eerste en tweede alinea
	—lid 1, onder e)			Artikel 216
	—lid 2, onder a)			Artikel 242
	—lid 2, onder b), eerste en tweede alinea			Artikel 243, leden 1 en 2
	—lid 3, onder a), eerste alinea, eerste volzin			Artikel 220, onder 1)
	—lid 3, onder a), eerste alinea, tweede volzin			Artikel 220, onder 2) en 3)
	—lid 3, onder a), tweede alinea			Artikel 220, onder 4) en 5)

Richtlijn 67/227/EEG	Richtlijn 77/388/EEG	Wijzigingsrichtlijnen	Andere besluiten	Deze richtlijn
	—lid 3, onder a), derde alinea, eerste en tweede volzin			Artikel 221, lid 1, eerste en tweede alinea
	—lid 3, onder a), vierde alinea			Artikel 221, lid 2
	—lid 3, onder a), vijfde alinea, eerste volzin			Artikel 219
	—lid 3, onder a), vijfde alinea, tweede volzin			Artikel 228
	—lid 3, onder a), zesde alinea			Artikel 222
	—lid 3, onder a), zevende alinea			Artikel 223
	—lid 3, onder a), achtste alinea, eerste en tweede volzin			Artikel 224, leden 1 en 2
	—lid 3, onder a), negende alinea, eerste en tweede volzin			Artikel 224, lid 3, eerste alinea
	—lid 3, onder a), negende alinea, derde volzin			Artikel 224, lid 3, tweede alinea
	—lid 3, onder a), tiende alinea			Artikel 225
	—lid 3, onder b), eerste alinea, eerste tot en met twaalfde streepje			Artikel 226, onder 1) tot en met 12)
	—lid 3, onder b), eerste alinea, dertiende streepje			Artikel 226, onder 13) en 14)
	—lid 3, onder b), eerste alinea, veertiende streepje			Artikel 226, onder 15)
	—lid 3, onder b), tweede alinea			Artikel 227
	—lid 3, onder b), derde alinea			Artikel 229
	—lid 3, onder b), vierde alinea			Artikel 230
	—lid 3, onder b), vijfde alinea			Artikel 231
	—lid 3, onder c), eerste alinea			Artikel 232
	—lid 3, onder c), tweede alinea, inleidende zin			Artikel 233, lid 1, eerste alinea
	—lid 3, onder c), tweede alinea, eerste streepje, eerste volzin			Artikel 233, lid 1, eerste alinea, onder a)
	—lid 3, onder c), tweede alinea, eerste streepje, tweede volzin			Artikel 233, lid 2
	—lid 3, onder c), tweede alinea, tweede streepje, eerste volzin			Artikel 233, lid 1, eerste alinea, onder b)
	—lid 3, onder c), tweede alinea, tweede streepje, tweede volzin			Artikel 233, lid 3

Richtlijn 67/227/EEG	Richtlijn 77/388/EEG	Wijzigingsrichtlijnen	Andere besluiten	Deze richtlijn
	—lid 3, onder c), derde alinea, eerste volzin			Artikel 233, lid 1, tweede alinea
	—lid 3, onder c), derde alinea, tweede volzin			Artikel 237
	—lid 3, onder c), vierde alinea, eerste en tweede volzin			Artikel 234
	—lid 3, onder c), vijfde alinea			Artikel 235
	—lid 3, onder c), zesde alinea			Artikel 236
	—lid 3, onder d), eerste alinea			Artikel 244
	—lid 3, onder d), tweede alinea, eerste volzin			Artikel 245, lid 1
	—lid 3, onder d), tweede alinea, tweede en derde volzin			Artikel 245, lid 2, eerste en tweede alinea
	—lid 3, onder d), derde alinea, eerste en tweede volzin			Artikel 246, eerste en tweede alinea
	—lid 3, onder d), vierde, vijfde en zesde alinea			Artikel 247, leden 1, 2 en 3
	—lid 3, onder d), zevende alinea			Artikel 248
	—lid 3, onder e), eerste alinea			Artikelen 217 en 241
	—lid 3, onder e), tweede alinea			Artikel 218
	—lid 4, onder a), eerste en tweede volzin			Artikel 252, lid 1
	—lid 4, onder a), derde en vierde volzin			Artikel 252, lid 2, eerste en tweede alinea
	—lid 4, onder a), vijfde volzin			Artikel 250, lid 2
	—lid 4, onder b)			Artikel 250, lid 1
	—lid 4, onder c), eerste streepje, eerste en tweede alinea			Artikel 251, onder a) en b)
	—lid 4, onder c), tweede streepje, eerste alinea			Artikel 251, onder c)
	—lid 4, onder c), tweede streepje, tweede alinea			Artikel 251, onder d) en e)
	—lid 5			Artikel 206
	—lid 6, onder a), eerste en tweede volzin			Artikel 261, lid 1
	—lid 6, onder a), derde volzin			Artikel 261, lid 2
	—lid 6, onder b), eerste alinea			Artikel 262
	—lid 6, onder b), tweede alinea, eerste volzin			Artikel 263, lid 1, eerste alinea
	—lid 6, onder b), tweede alinea, tweede volzin			Artikel 263, lid 2

Richtlijn 67/227/EEG	Richtlijn 77/388/EEG	Wijzigingsrichtlijnen	Andere besluiten	Deze richtlijn
	—lid 6, onder b), derde alinea, eerste en tweede streepje			Artikel 264, lid 1, onder a) en b)
	—lid 6, onder b), derde alinea, derde streepje, eerste volzin			Artikel 264, lid 1, onder d)
	—lid 6, onder b), derde alinea, derde streepje, tweede volzin			Artikel 264, lid 2, eerste alinea
	—lid 6, onder b), vierde alinea, eerste streepje			Artikel 264, lid 1, onder c) en e)
	—lid 6, onder b), vierde alinea, tweede streepje, eerste volzin			Artikel 264, lid 1, onder f)
	—lid 6, onder b), vierde alinea, tweede streepje, tweede volzin			Artikel 264, lid 2, tweede alinea
	—lid 6, onder b), vijfde alinea, eerste en tweede streepje			Artikel 265, lid 1, onder a) en b)
	—lid 6, onder b), vijfde alinea, derde streepje, eerste volzin			Artikel 265, lid 1, onder c)
	—lid 6, onder b), vijfde alinea, derde streepje, tweede volzin			Artikel 265, lid 2
	—lid 6, onder c), eerste streepje			Artikel 263, lid 1, tweede alinea
	—lid 6, onder c), tweede streepje			Artikel 266
	—lid 6, onder d)			Artikel 254
	—lid 6, onder e), eerste alinea			Artikel 268
	—lid 6, onder e), tweede alinea			Artikel 259
	—lid 7, eerste deel van volzin			Artikel 207, eerste alinea Artikel 256 Artikel 267
	—lid 7, tweede deel van volzin			Artikel 207, tweede alinea
	—lid 8, eerste en tweede alinea			Artikel 273, eerste en tweede alinea
	—lid 9, onder a), eerste alinea, eerste streepje			Artikel 272, lid 1, eerste alinea, onder c)
	—lid 9, onder a), eerste alinea, tweede streepje			Artikel 272, lid 1, eerste alinea, onder a) en d)
	—lid 9, onder a), eerste alinea, derde streepje			Artikel 272, lid 1, eerste alinea, onder b)
	—lid 9, onder a), tweede alinea			Artikel 272, lid 1, tweede alinea
	—lid 9, onder b)			Artikel 272, lid 3
	—lid 9, onder c)			Artikel 212
	—lid 9, onder d), eerste alinea, eerste en tweede streepje			Artikel 238, lid 1, onder a) en b)

Richtlijn 67/227/EEG	Richtlijn 77/388/EEG	Wijzigingsrichtlijnen	Andere besluiten	Deze richtlijn
	—lid 9, onder d), tweede alinea, eerste tot en met vierde streepje			Artikel 238, lid 2, onder a) tot en met d)
	—lid 9, onder d), derde alinea			Artikel 238, lid 3
	—lid 9, onder e), eerste alinea			Artikel 239
	—lid 9, onder e), tweede alinea, eerste en tweede streepje			Artikel 240, onder 1) en 2)
	—lid 10			Artikelen 209 en 257
	—lid 11			Artikelen 210 en 258
	—lid 12, inleidende zin			Artikel 269
	—lid 12, onder a), eerste, tweede en derde streepje			Artikel 270, onder a), b) en c)
	—lid 12, onder b), eerste, tweede en derde streepje			Artikel 271, onder a), b) en c)
	Artikel 28decies, dat de derde alinea in artikel 23, lid 3, invoegt			
	—lid 3, derde alinea			Artikel 283, lid 1, onder b) en c)
	Artikel 28undecies, onder 1), dat de tweede alinea in artikel 25, lid 4, invoegt			
	—lid 4, tweede alinea			Artikel 272, lid 2
	Artikel 28undecies, onder 2), dat artikel 25, leden 5 en 6, vervangt			
	—lid 5, eerste alinea, onder a), b) en c)			Artikel 300, onder 1), 2) en 3)
	—lid 5, tweede alinea			Artikel 302
	—lid 6, onder a), eerste alinea, eerste volzin			Artikel 301, lid 1
	—lid 6, onder a), eerste alinea, tweede volzin			Artikel 303, lid 1
	—lid 6, onder a), tweede alinea, eerste, tweede en derde streepje			Artikel 303, lid 2, onder a), b) en c)
	—lid 6, onder a), derde alinea			Artikel 303, lid 3
	—lid 6, onder b)			Artikel 301, lid 1
	Artikel 28undecies, onder 3), dat de tweede alinea in artikel 25, lid 9, invoegt			
	—lid 9, tweede alinea			Artikel 305
	Artikel 28duodecies, onder 1), eerste alinea			—
	Artikel 28duodecies, onder 1), tweede alinea, onder a)			Artikel 158, lid 3
	Artikel 28duodecies, onder 1), tweede alinea, onder b) en c)			—

Richtlijn 67/227/EEG	Richtlijn 77/388/EEG	Wijzigingsrichtlijnen	Andere besluiten	Deze richtlijn
	Artikel 28duodecies, onder 2), 3) en 4)			—
	Artikel 28duodecies, onder 5)			Artikel 158, lid 2
	Artikel 28terdecies, eerste alinea			—
	Artikel 28terdecies, tweede en derde alinea			Artikel 402, leden 1 en 2
	Artikel 28terdecies, vierde alinea			—
	Artikel 28quaterdecies			Artikel 399, eerste alinea
	Artikel 28quindecies			—
	Artikel 28sexdecies, lid 1, inleidende zin			Artikel 326, eerste alinea
	Artikel 28sexdecies, lid 1, onder a), eerste volzin			Artikel 327, leden 1 en 3
	Artikel 28sexdecies, lid 1, onder a), tweede volzin			Artikel 327, lid 2
	Artikel 28sexdecies, lid 1, onder b)			Artikel 328
	Artikel 28sexdecies, lid 1, onder c), eerste, tweede en derde streepje			Artikel 329, onder a), b) en c)
	Artikel 28sexdecies, lid 1, onder d), eerste en tweede alinea			Artikel 330, eerste en tweede alinea
	Artikel 28sexdecies, lid 1, onder e)			Artikel 332
	Artikel 28sexdecies, lid 1, onder f)			Artikel 331
	Artikel 28sexdecies, lid 1, onder g)			Artikel 4, onder b)
	Artikel 28sexdecies, lid 1, onder h)			Artikel 35 Artikel 139, lid 3, tweede alinea
	Artikel 28sexdecies, lid 2			Artikel 326, tweede alinea
	Artikel 28sexdecies, lid 3			Artikel 341
	Artikel 28sexdecies, lid 4			—
	Artikel 28septdecies, lid 1, eerste, tweede en derde streepje			Artikel 405, onder 1), 2) en 3)
	Artikel 28septdecies, lid 2			Artikel 406
	Artikel 28septdecies, eerste alinea, eerste en tweede streepje			Artikel 407, onder a) en b)
	Artikel 28septdecies, lid 3, tweede alinea			—
	Artikel 28septdecies, lid 4, onder a) tot en met d)			Artikel 408, lid 1, onder a) tot en met d)
	Artikel 28septdecies, lid 5, eerste en tweede streepje			Artikel 408, lid 2, onder a) en b)
	Artikel 28septdecies, lid 6			Artikel 409
	Artikel 28septdecies, lid 7, eerste alinea, onder a), b) en c)			Artikel 410, lid 1, onder a), b) en c)

Richtlijn 67/227/EEG	Richtlijn 77/388/EEG	Wijzigingsrichtlijnen	Andere besluiten	Deze richtlijn
	Artikel 28septdecies, lid 7, tweede alinea, eerste streepje			—
	Artikel 28septdecies, lid 7, tweede alinea, tweede en derde streepje			Artikel 410, lid 2, onder a) en b)
	Artikel 29, leden 1 tot en met 4			Artikel 398, leden 1 tot en met 4
	Artikel 29bis			Artikel 397
	Artikel 30, lid 1			Artikel 396, lid 1
	Artikel 30, lid 2, eerste en tweede volzin			Artikel 396, lid 2, eerste alinea
	Artikel 30, lid 2, derde volzin			Artikel 396, lid 2, tweede alinea
	Artikel 30, leden 3 en 4			Artikel 396, leden 3 en 4
	Artikel 31, lid 1			—
	Artikel 31, lid 2			Artikel 400
	Artikel 33, lid 1			Artikel 401
	Artikel 33, lid 2			Artikel 2, lid 3
	Artikel 33bis, lid 1, inleidende zin			Artikel 274
	Artikel 33bis, lid 1, onder a)			Artikel 275
	Artikel 33bis, lid 1, onder b)			Artikel 276
	Artikel 33bis, lid 1, onder c)			Artikel 277
	Artikel 33bis, lid 2, inleidende zin			Artikel 278
	Artikel 33bis, lid 2, onder a)			Artikel 279
	Artikel 33bis, lid 2, onder b)			Artikel 280
	Artikel 34			Artikel 404
	Artikel 35			Artikel 403
	Artikelen 36 en 37			—
	Artikel 38			Artikel 414
	Bijlage A, onder I, onder 1) en 2)			Bijlage VII, onder 1), a) en b)
	Bijlage A, onder I, onder 3)			Bijlage VII, onder 1, b) en c)
	Bijlage A, onder II, onder 1) tot en met 6)			Bijlage VII, onder 2), a) tot en met f)
	Bijlage A, onder III en IV			Bijlage VII, onder 3) en 4)
	Bijlage A, onder IV, onder 1) tot en met 4)			Bijlage VII, onder 4), a) tot en met d)
	Bijlage A, onder V			Artikel 295, lid 2
	Bijlage B, inleidende zin			Artikel 295, lid 1, onder 5)
	Bijlage B, eerste tot en met negende streepje			Bijlage VIII, onder 1) tot en met 9)
	Bijlage C			—
	Bijlage D, onder 1) tot en met 13)			Bijlage I, onder 1) tot en met 13)
	Bijlage E, onder 2)			Bijlage X, Deel A, onder 1)
	Bijlage E, onder 7)			Bijlage X, Deel A, onder 2)
	Bijlage E, onder 11)			Bijlage X, Deel A, onder 3)
	Bijlage E, onder 15)			Bijlage X, Deel A, onder 4)

Richtlijn 67/227/EEG	Richtlijn 77/388/EEG	Wijzigingsrichtlijnen	Andere besluiten	Deze richtlijn
	Bijlage F, onder 1)			Bijlage X, Deel B, onder 1)
	Bijlage F, onder 2)			Bijlage X, deel B, onder 2), a) tot en met j)
	Bijlage F, onder 5) tot en met 8)			Bijlage X, Deel B, onder 3) tot en met 6)
	Bijlage F, onder 10)			Bijlage X, Deel B, onder 7)
	Bijlage F, onder 12)			Bijlage X, Deel B, onder 8)
	Bijlage F, onder 16)			Bijlage X, Deel B, onder 9)
	Bijlage F, onder 17), eerste en tweede alinea			Bijlage X, Deel B, onder 10)
	Bijlage F, onder 23)			Bijlage X, Deel B, onder 11)
	Bijlage F, onder 25)			Bijlage X, Deel B, onder 12)
	Bijlage F, onder 27)			Bijlage X, Deel B, onder 13)
	Bijlage G, leden 1 en 2			Artikel 391
	Bijlage H, eerste alinea			Artikel 98, lid 3
	Bijlage H, tweede alinea, inleidende zin			—
	Bijlage H, tweede alinea, onder 1) tot en met 6)			Bijlage III, onder 1) tot en met 6)
	Bijlage H, tweede alinea, onder 7), eerste en tweede alinea			Bijlage III, onder 7) en 8)
	Bijlage H, tweede alinea, onder 8) tot en met 17)			Bijlage III, onder 9) tot en met 18)
	Bijlage I, inleidende zin			—
	Bijlage I, onder a), eerste tot en met zevende streepje			Bijlage IX, deel A, onder 1) tot en met 7)
	Bijlage I, onder b), eerste en tweede streepje			Bijlage IX, deel B, onder 1) en 2)
	Bijlage I, onder c)			Bijlage IX, deel C
	Bijlage J, inleidende zin			Bijlage V, inleidende zin
	Bijlage J			Bijlage V, onder 1) tot en met 25)
	Bijlage K, onder 1), eerste, tweede en derde streepje			Bijlage IV, onder 1), a), b) en c)
	Bijlage K, onder 2) tot en met 5)			Bijlage IV, onder 2) tot en met 5)
	Bijlage L, eerste alinea, onder 1) tot en met 5)			Bijlage II, onder 1) tot en met 5)
	Bijlage L, tweede alinea			Artikel 56, lid 2
	Bijlage M, onder a) tot en met f)			Bijlage VI, onder 1) tot en met 6)
		Artikel 1, onder 1), tweede alinea, van Richtlijn 89/465/EEG		Artikel 133, tweede alinea
		Artikel 2 van Richtlijn 94/5/EG		Artikel 342
		Artikel 3, eerste en tweede volzin, van Richtlijn 94/5/EG		Artikel 343, eerste en tweede alinea
		Artikel 4 van Richtlijn 2002/38/EG		Artikel 56, lid 3Artikel 57, lid 2Artikel 357

Richtlijn 67/227/EEG	Richtlijn 77/388/EEG	Wijzigingsrichtlijnen	Andere besluiten	Deze richtlijn
		Artikel 5 van Richtlijn 2002/38/EG		—
			Bijlage VIII, deel II, onder 2), a), van de Toetredingsakte van Griekenland	Artikel 287, onder 1)
			Bijlage VIII, deel II, onder 2), b), van de Toetredingsakte van Griekenland	Artikel 375
			Bijlage XXXII, deel IV, onder 3), a), eerste en tweede streepje, van de Toetredingsakte van Spanje en Portugal	Artikel 287, onder 2) en 3)
			Bijlage XXXII, deel IV, onder 3), b), eerste alinea, van de Toetredingsakte van Spanje en Portugal	Artikel 377
			Bijlage XV, deel IX, onder 2), b), eerste alinea, van de Toetredingsakte van Oostenrijk, Finland en Zweden	Artikel 104
			Bijlage XV, deel IX, onder 2), c), eerste alinea, van de Toetredingsakte van Oostenrijk, Finland en Zweden	Artikel 287, onder 4)
			Bijlage XV, deel IX, onder 2), f), eerste alinea, van de Toetredingsakte van Oostenrijk, Finland en Zweden	Artikel 117, lid 1
			Bijlage XV, deel IX, onder 2), g), eerste alinea, van de Toetredingsakte van Oostenrijk, Finland en Zweden	Artikel 119
			Bijlage XV, deel IX, onder 2), h), eerste alinea, eerste en tweede streepje, van de Toetredingsakte van Oostenrijk, Finland en Zweden	Artikel 378, lid 1
			Bijlage XV, deel IX, onder 2), i), eerste alinea, eerste streepje, van de Toetredingsakte van Oostenrijk, Finland en Zweden	—

Richtlijn 67/227/EEG	Richtlijn 77/388/EEG	Wijzigingsrichtlijnen	Andere besluiten	Deze richtlijn
			Bijlage XV, deel IX, onder 2), i), eerste alinea, tweede en derde streepje, van de Toetredingsakte van Oostenrijk, Finland en Zweden	Artikel 378, lid 2, onder a) en b)
			Bijlage XV, deel IX, onder 2), j), van de Toetredingsakte van Oostenrijk, Finland en Zweden	Artikel 287, onder 5)
			Bijlage XV, deel IX, onder 2), l), eerste alinea, van de Toetredingsakte van Oostenrijk, Finland en Zweden	Artikel 111, onder a)
			Bijlage XV, deel IX, onder 2), m), eerste alinea, van de Toetredingsakte van Oostenrijk, Finland en Zweden	Artikel 379, lid 1
			Bijlage XV, deel IX, onder 2), n), eerste alinea, eerste en tweede streepje, van de Toetredingsakte van Oostenrijk, Finland en Zweden	Artikel 379, lid 2
			Bijlage XV, deel IX, onder 2), x), eerste streepje, van de Toetredingsakte van Oostenrijk, Finland en Zweden	Artikel 253
			Bijlage XV, deel IX, onder 2), x), tweede streepje, van de Toetredingsakte van Oostenrijk, Finland en Zweden	Artikel 287, onder 6)
			Bijlage XV, deel IX, onder 2), z), eerste alinea, van de Toetredingsakte van Oostenrijk, Finland en Zweden	Artikel 111, onder b)
			Bijlage XV, deel IX, onder 2), aa), eerste alinea, eerste en tweede streepje, van de Toetredingsakte van Oostenrijk, Finland en Zweden	Artikel 380
			Protocol nr. 2 van de Toetredingsakte van Oostenrijk, Finland en Zweden	Artikel 6, lid 1, onder d)

Richtlijn 67/227/EEG	Richtlijn 77/388/EEG	Wijzigingsrichtlijnen	Andere besluiten	Deze richtlijn
			Bijlage V, lid 5, onder 1), a), van de Toetredingsakte van Tsjechië, Estland, Cyprus, Letland, Litouwen, Hongarije, Malta, Polen, Slovenië en Slowakije	Artikel 123
			Bijlage V, lid 5, onder 1), b), van de Toetredingsakte van 2003	Artikel 381
			Bijlage VI, lid 7, onder 1), a), van de Toetredingsakte van 2003	Artikel 124
			Bijlage VI, lid 7, onder 1), b), van de Toetredingsakte van 2003	Artikel 382
			Bijlage VII, lid 7, onder 1), eerste en tweede alinea, van de Toetredingsakte van 2003	Artikel 125, leden 1 en 2
			Bijlage VIII, lid 7, onder 1), derde alinea, van de Toetredingsakte van 2003	—
			Bijlage VII, lid 7, onder 1), vierde alinea, van de Toetredingsakte van 2003	Artikel 383, onder a)
			Bijlage VII, lid 7, onder 1), vijfde alinea, van de Toetredingsakte van 2003	—
			Bijlage VII, lid 7, onder 1), zesde alinea, van de Toetredingsakte van 2003	Artikel 383, onder b)
			Bijlage VIII, lid 7, onder 1), a), van de Toetredingsakte van 2003	—
			Bijlage VIII, lid 7, onder 1), b), tweede alinea, van de Toetredingsakte van 2003	Artikel 384, onder a)
			Bijlage VIII, lid 7, onder 1), derde alinea, van de Toetredingsakte van 2003	Artikel 384, onder b)
			Bijlage IX, lid 8, onder 1), van de Toetredingsakte van 2003	Artikel 385

Richtlijn 67/227/EEG	Richtlijn 77/388/EEG	Wijzigingsrichtlijnen	Andere besluiten	Deze richtlijn
			Bijlage X, lid 7, onder 1), a), onder i) en ii), van de Toetredingsakte van 2003	Artikel 126, onder a) en b)
			Bijlage X, lid 7, onder 1) c), van de Toetredingsakte van 2003	Artikel 386
			Bijlage XI, lid 7, onder 1), van de Toetredingsakte van 2003	Artikel 127
			Bijlage XI, lid 7, onder 2), a), van de Toetredingsakte van 2003	Artikel 387, onder c)
			Bijlage XI, lid 7, onder 2), b), van de Toetredingsakte van 2003	Artikel 387, onder a)
			Bijlage XI, lid 7, onder 2), c), van de Toetredingsakte van 2003	Artikel 387, onder b)
			Bijlage XII, lid 9, onder 1), a), van de Toetredingsakte van 2003	Artikel 128, leden 1 en 2
			Bijlage XII, lid 9, onder 1), b), van de Toetredingsakte van 2003	Artikel 128, leden 3, 4 en 5
			Bijlage XII, lid 9, onder 2), van de Toetredingsakte van 2003	Artikel 388
			Bijlage XIII, lid 9, onder 1), a), van de Toetredingsakte van 2003	Artikel 129, leden 1 en 2
			Bijlage XIII, lid 9, onder 1), b), van de Toetredingsakte van 2003	Artikel 389
			Bijlage XIV, lid 7, eerste alinea, van de Toetredingsakte van 2003	Artikel 130, onder a) en b)
			Bijlage XIV, lid 7, tweede alinea, van de Toetredingsakte van 2003	—
			Bijlage XIV, lid 7, derde alinea, van de Toetredingsakte van 2003	Artikel 390

**Wetboek van de belasting
over de toegevoegde waarde
(W.B.T.W.)**

WETBOEK VAN DE BELASTING OVER DE TOEGEVOEGDE WAARDE

INHOUDSOPGAVE

WETBOEK VAN DE BELASTING OVER DE TOEGEVOEGDE WAARDE

Ingevoerd bij wet van 3 juli 1969 (B.S. 17.VII.1969).

HOOFDSTUK I

INVOERING VAN DE BELASTING

Art. 1. [§ 1.] Onder de naam belasting over de toegevoegde waarde wordt een omzetbelasting ingevoerd, die geheven wordt onder de voorwaarden en met inachtneming van de regelen bepaald in dit wetboek.

[§ 2. Voor de toepassing van dit Wetboek wordt verstaan onder:

1° "lidstaat" en "grondgebied van een lidstaat": het binnenland zoals dat in de §§ 3, 4 en 5 voor elke lidstaat wordt omschreven;

2° "Gemeenschap" en "grondgebied van de Gemeenschap": het binnenland van de Lid-Staten;

3° "derdelandsgebied" en "derde land": elk ander grondgebied dan het binnenland van een lidstaat.

§ 3. [Het "binnenland" komt overeen met de werkingssfeer van het Verdrag tot oprichting van de Europese Gemeenschap zoals dit in artikel 299 voor elke lidstaat is omschreven.]

§ 4. Het binnenland omvat niet de volgende nationale grondgebieden:

1° Bondsrepubliek Duitsland:
a) het eiland Helgoland;
b) het grondgebied van Büsingen;

2° Koninkrijk Spanje:
a) Ceuta;
b) Melilla;

3° Italiaanse Republiek:
a) Livigno;
b) Campione d'Italia;
c) de nationale wateren van het meer van Lugano;

4° Verenigd Koninkrijk van Groot-Brittannië en Noord-Ierland: Gibraltar.

Het binnenland omvat evenmin de volgende nationale grondgebieden:

1° Koninkrijk Spanje: de Canarische Eilanden;

2° Franse Republiek: de overzeese departementen;

3° Helleense Republiek: de berg Athos;

4° Verenigd Koninkrijk van Groot-Brittannië en Noord-Ierland: de Kanaaleilanden;

[5° Republiek Finland: de Åland-eilanden.]

§ 5. [Voor de toepassing van dit Wetboek worden geacht deel uit te maken van:

1° het Verenigd Koninkrijk van Groot-Brittannië en Noord-Ierland: het eiland Man;

2° de Franse Republiek: het Vorstendom Monaco;

3° de Republiek Cyprus: de zones Akrotiri en Dhekelia die onder soevereiniteit van het Verenigd Koninkrijk vallen.]

§ 6. Voor de toepassing van dit Wetboek wordt verstaan onder:

1° ["intracommunautair goederenvervoer": vervoer van goederen waarvan de plaats van vertrek en de plaats van aankomst op het grondgebied van twee verschillende lidstaten zijn gelegen];

2° "plaats van vertrek": de plaats waar het goederenvervoer daadwerkelijk begint;

3° "plaats van aankomst": de plaats waar het goederenvervoer daadwerkelijk eindigt;

4° ["accijnsproducten": energieproducten, alcohol en alcoholhoudende dranken en tabaksfabrikaten, zoals omschreven in de vigerende communautaire bepalingen, met uitzondering van gas dat geleverd wordt via een op het grondgebied van de Gemeenschap gesitueerd aardgassysteem of eender welk op een dergelijk systeem aangesloten net].]

[§ 7. Voor de toepassing van dit Wetboek dient te worden verstaan onder:

1° "reizen": de gehelen van samenhangende prestaties van vervoer, logies, spijs en drank om ter plaatse te worden verbruikt, ontspanning of dergelijke, verblijven tegen een vaste som welke inzonderheid logies omvatten, toeristische rondreizen, alsook het uitvoeren van één of meerdere prestaties die deel uit maken van die gehelen of die in dezelfde lijn ervan liggen;

2° "reisbureau": eenieder die, voor zover hij zijn activiteit als volgt uitoefent, in eigen naam, reizen beoogd in 1°, organiseert en verkoopt aan reizigers, en die door die persoon worden verwezenlijkt door gebruik te maken van met het oog hierop door anderen aan hem verstrekte goederen en diensten.

Als reisbureau wordt derhalve niet aangemerkt voor de toepassing van dit Wetboek, eenieder die handelt als volgt:

1° hij die, in eigen naam, reizen beoogd in het eerste lid, 1°, organiseert en verkoopt aan reizigers en die zelf rechtstreeks met eigen middelen de uitvoering ervan verzekert;

2° hij die in de hoedanigheid van tussenpersoon bemiddelt in de verkoop van reizen beoogd in het eerste lid, 1°.]

[§ 8. Voor de toepassing van dit Wetboek wordt verstaan onder "beleggingsgoud":

1° goud, in de vorm van staven of plaatjes van een door de goudmarkten aanvaard gewicht, met een zuiverheid van ten minste 995 duizendsten, al dan niet belichaamd in certificaten.

De kleine staven of plaatjes met een gewicht van ten hoogste 1 gram worden evenwel niet aangemerkt als beleggingsgoud.

2° gouden munten die:
– een zuiverheid van ten minste 900 duizendsten hebben,
– na 1800 zijn geslagen,
– in het land van oorsprong als wettig betaalmiddel fungeren of hebben gefungeerd,
en
– normaliter verkocht worden voor een prijs die de openmarktwaarde van het in de munten vervatte goud niet met meer dan 80 % overschrijdt.

Dergelijke munten worden geacht niet verkocht te zijn wegens hun numismatisch belang.]

[§ 9. [Voor de toepassing van dit Wetboek dient te worden verstaan:

1° onder gebouw of een gedeelte van een gebouw, ieder bouwwerk dat vast met de grond is verbonden;

2° onder bijhorend terrein, het terrein waarvoor de toelating werd verkregen om er op te bouwen en dat door éénzelfde persoon wordt overgedragen tegelijk met het gebouw waartoe het behoort.]]

[§ 10. Voor de toepassing van dit Wetboek is er sprake van misbruik wanneer de verrichte handelingen resulteren in het verkrijgen van een fiscaal voordeel waarvan de toekenning in strijd is met de doelstelling beoogd in dit Wetboek en de ter uitvoering ervan genomen besluiten en die handelingen in wezen het verkrijgen van dit voordeel tot doel hebben.]

[§ 11. Voor de toepassing van de artikelen [14, § 4], 21, § 3, 6° en 21bis, § 2, 8°, wordt beschouwd als:

1° "[in de Gemeenschap verricht gedeelte van een passagiersvervoer]": het gedeelte van een vervoer dat, zonder tussenstop buiten de Gemeenschap, plaatsvindt tussen de plaats van vertrek en de plaats van aankomst van het passagiersvervoer;

2° "plaats van vertrek van een passagiersvervoer": het eerste punt in de Gemeenschap waar passagiers aan boord kunnen komen, eventueel na een tussenstop buiten de Gemeenschap;

3° "plaats van aankomst van een passagiersvervoer": het laatste punt in de Gemeenschap waar passagiers die binnen de Gemeenschap aan boord zijn gekomen van boord kunnen gaan, eventueel vóór een tussenstop buiten de Gemeenschap.

Ingeval het een heen- en terugreis betreft, wordt de terugreis als een afzonderlijk vervoer beschouwd.]

[§ 12. Voor de toepassing van dit Wetboek wordt verstaan onder:

1° "belastbare feit": het feit waardoor de wettelijke voorwaarden worden vervuld die vereist zijn voor het opeisbaar worden van de belasting;

2° "opeisbaarheid van belasting": het recht dat de Schatkist heeft om krachtens de wet de belasting vanaf een bepaald tijdstip te vorderen van de persoon die de belasting moet voldoen, ook al kan de betaling daarvan worden uitgesteld.

§ 13. Voor de toepassing van dit Wetboek wordt verstaan onder:

1° "factuur": elk document of bericht op papier of in elektronisch formaat dat voldoet aan de voorwaarden vastgesteld in het Wetboek en zijn uitvoeringsbesluiten;

2° "elektronische factuur": een factuur die de in het Wetboek en zijn uitvoeringsbesluiten voorgeschreven gegevens bevat en in om het even welke elektronische vorm wordt uitgereikt en ontvangen.]

Bestaande tekst omgevormd tot § 1 en §§ 2 tot 6 ingevoegd bij art. 1 W. 28 december 1992 (B.S. 31.XII.1992, ed. 1);

§ 3 vervangen bij art. 3, 1° W. 17 juni 2004 (B.S. 28.VI.2004, ed. 2);

§ 4 al. 2, 5° ingevoegd bij art. 1 K.B. 7 augustus 1995 (B.S. 25.VIII.1995);

§ 5 vervangen bij art. 3, 2° W. 17 juni 2004 (B.S. 28.VI.2004, ed. 2);

§ 6, 1° vervangen bij art. 3, a) W. 26 november 2009 (B.S. 4.XII.2009), van toepassing vanaf 1 januari 2010;

§ 6, 4° vervangen bij art. 3 W. 29 december 2010 (B.S. 31. XII.2010, ed. 4), van toepassing vanaf 1 januari 2011;

§ 7 ingevoegd bij art. 1 K.B. 28 december 1999 (B.S. 31. XII.1999, ed. 3);

§ 8 ingevoegd bij art. 1 K.B. 30 december 1999 (B.S. 31. XII.1999, ed. 3);

§ 9 ingevoegd bij art. 130 Progr. W. 2 augustus 2002 (B.S. 29.VIII.2002, ed. 2) en vervangen bij art. 142 Progr. W. 23 december 2009 (B.S. 30.XII.2009, ed. 1), van toepassing vanaf 1 januari 2011;

§ 10 ingevoegd bij art. 18 Progr. W. 20 juli 2006 (B.S. 28. VII.2006, ed. 2);

§ 11 ingevoegd bij art. 3, b) W. 26 november 2009 (B.S. 4. XII.2009), van toepassing vanaf 1 januari 2010;

§ 11, al. 1, inleidende zin gewijzigd bij art. 3, a) W. 17 december 2012 (I) (B.S. 21.XII.2012, ed. 2), van toepassing vanaf 1 januari 2013;

§ 11, al. 1, 1° gewijzigd bij art. 60 W. 14 april 2011 (B.S. 6.V.2011, ed. 1);

§ 12-13 ingevoegd bij art. 3, b) W. 17 december 2012 (I) (B.S. 21.XII.2012, ed. 2), van toepassing vanaf 1 januari 2013.

Art. 2. [De leveringen van goederen en de diensten die door een als zodanig handelende belastingplichtige onder bezwarende titel worden verricht, zijn aan de belasting onderworpen wanneer ze in België plaatsvinden.

De handelingen verricht door de curator van een gefailleerde belastingplichtige ter uitvoering van de hem toevertrouwde opdracht, of door een derde onder toezicht van de curator, worden geacht door de gefailleerde zelf te zijn verricht.]

Vervangen bij art. 2 W. 28 december 1992 (B.S. 31. XII.1992, ed. 1).

Art. 3. [De invoer van goederen, door wie ook, is eveneens aan de belasting onderworpen wanneer de invoer in België plaatsvindt.]

Vervangen bij art. 3 W. 28 december 1992 (B.S. 31. XII.1992, ed. 1).

[Art. 3bis. De intracommunautaire verwervingen van goederen, omschreven in artikel 25bis, worden, wanneer zij in België geschieden, eveneens aan de belasting onderworpen, wanneer ze onder bezwarende titel plaatsvinden onder de in artikel 25ter gestelde voorwaarden.]

Ingevoegd bij art. 4 W. 28 december 1992 (B.S. 31.XII.1992, ed. 1).

HOOFDSTUK II

BELASTINGPLICHT

Art. 4. [§ 1. Belastingplichtige is eenieder die in de uitoefening van een economische activiteit geregeld en zelfstandig, met of zonder winstoogmerk, hoofdzakelijk of aanvullend, leveringen van goederen of diensten verricht die in dit Wetboek zijn omschreven, ongeacht op welke plaats de economische activiteit wordt uitgeoefend.

§ 2. De Koning kan, in de gevallen en volgens de regels die Hij bepaalt, de in België gevestigde personen die juridisch gezien wel zelfstandig zijn, doch financieel, economisch en organisatorisch nauw met elkaar verbonden zijn, voor de toepassing van dit Wetboek als één belastingplichtige aanmerken.]

Vervangen bij art. 5 W. 28 december 1992 (B.S. 31.XII.1992, ed. 1).

Opmerking: – Zie K.B. nr. 55 van 9 maart 2007 (BTW-eenheid).

Art. 5. […]

Opgeheven bij art. 6 W. 28 december 1992 (B.S. 31. XII.1992, ed. 1).

Art. 6. [De Staat, de Gemeenschappen en de Gewesten van de Belgische Staat, de provincies, de agglomeraties, de gemeenten en de openbare instellingen [die handelingen verrichten andere dan die welke zijn vrijgesteld krachtens artikel 44,] worden niet als belastingplichtige aangemerkt voor de werkzaamheden of handelingen die zij als overheid verrichten, ook niet indien zij voor die werkzaamheden of handelingen rechten, heffingen, bijdragen of retributies innen.

[De hoedanigheid van belastingplichtige wordt hen evenwel toegekend voor deze werkzaamheden] of handelingen voor zover een behandeling als niet-belastingplichtige tot concurrentieverstoring van enige betekenis zou leiden.

[Zij worden in elk geval als belastingplichtige voor de belasting over de toegevoegde waarde beschouwd voor de volgende werkzaamheden of handelingen, voor zover deze niet van onbeduidende omvang zijn:

1° de telecommunicatiediensten;

2° de levering en de voorziening van water, gas, elektriciteit en stoom;

3° het goederen- en personenvervoer;

4° de levering van goederen en het verrichten van diensten in het kader van de exploitatie van havens, bevaarbare waterlopen en vlieghavens;

5° de levering van nieuwe goederen geproduceerd voor de verkoop;

6° de handelingen van de landbouwinterventiebureaus met betrekking tot landbouwproducten, die worden verricht op grond van verordeningen houdende een gemeenschappelijke marktordening voor deze producten;

7° de exploitatie van commerciële beurzen en tentoonstellingen;

8° de exploitatie en het verlenen van rechten op de exploitatie van een parkeergelegenheid, een opslagplaats en/of een kampeerterrein;

9° de werkzaamheden inzake reclame;

10° de diensten van reisbureaus bedoeld in artikel 1, § 7;

11° de leveringen van goederen en de diensten verricht door bedrijfskantines, bedrijfswinkels, coöpera-

ties en soortgelijke inrichtingen;

12° de leveringen van goederen en de diensten verricht door radio- en televisieomroepdiensten.]]

Vervangen bij art. 7 W. 28 december 1992 (B.S. 31. XII.1992, ed. 1);
Al. 1 gewijzigd bij art. 39, a Progr. W. 27 december 2006 (B.S. 28.XII.2006, ed. 3), van toepassing vanaf 1 juli 2007;
Al. 2 gewijzigd bij art. 39, b Progr. W. 27 december 2006 (B.S. 28.XII.2006, ed. 3), van toepassing vanaf 1 juli 2007;
Al. 3 vervangen bij art. 39, c Progr. W. 27 december 2006 (B.S. 28.XII.2006, ed. 3), van toepassing vanaf 1 juli 2007.

Opmerking: – Zie K.B. nr. 26 van 2 december 1970.

Art. 7. […]

Vervangen bij art. 3 W. 27 december 1977 (B.S. 30. XII.1977).

Art. 8. [§ 1. Eenieder die, anders dan in de uitoefening van een economische activiteit, een goed bedoeld in artikel 1, § 9, 1°, heeft opgericht, heeft laten oprichten of heeft verkregen met voldoening van de belasting, en het uiterlijk op 31 december van het tweede jaar volgend op het jaar van de eerste ingebruikneming of de eerste inbezitneming van dat goed, onder bezwarende titel vervreemdt, heeft ten aanzien van de vervreemding van dit goed en het bijhorende terrein de hoedanigheid van belastingplichtige, wanneer hij op de door de Koning te bepalen wijze kennis heeft gegeven van zijn bedoeling de vervreemding te doen met voldoening van de belasting.

§ 2. Eenieder die, anders dan in de uitoefening van een economische activiteit, een goed bedoeld in artikel 1, § 9, 1°, heeft opgericht, heeft laten oprichten of met voldoening van de belasting heeft verkregen en waarop hij, vóór het verstrijken van de in paragraaf 1 bepaalde termijn, onder bezwarende titel een zakelijk recht vestigt in de zin van artikel 9, tweede lid, 2°, heeft ten aanzien van deze vestiging de hoedanigheid van belastingplichtige wanneer hij op de door de Koning te bepalen wijze kennis heeft gegeven van zijn bedoeling de vestiging van dit zakelijk recht te doen met voldoening van de belasting.

Deze persoon heeft eveneens de hoedanigheid van belastingplichtige, wanneer de in het eerste lid beoogde vestiging van het zakelijk recht daarenboven betrekking heeft op het bijhorende terrein.

§ 3. Eenieder die, anders dan in de uitoefening van een economische activiteit, een zakelijk recht in de zin van artikel 9, tweede lid, 2°, dat met voldoening van de belasting te zijnen bate werd gevestigd of aan hem werd overgedragen, binnen de in paragraaf 1 bepaalde termijn, onder bezwarende titel, overdraagt of wederoverdraagt, heeft ten aanzien van de overdracht of wederoverdracht van dit zakelijk recht op een goed bedoeld in artikel 1, § 9, 1°, de hoedanigheid van belastingplichtige, wanneer hij op de door de Koning te bepalen wijze kennis heeft gegeven van zijn bedoeling het zakelijk recht met voldoening van de belasting over te dragen of weder over te dragen.

Deze persoon heeft eveneens de hoedanigheid van belastingplichtige, wanneer de in het eerste lid beoogde overdracht of wederoverdracht van het zakelijk recht daarenboven betrekking heeft op het bijhorende terrein.]

Vervangen bij art. 143 Progr. W. 23 december 2009 (B.S. 30.XII.2009, ed. 1), van toepassing vanaf 1 januari 2011 .

Opmerking: – Zie K.B. nr. 14 van 3 juni 1970.

[Art. 8bis. § 1. Als belastingplichtige wordt tevens aangemerkt eenieder die toevallig onder bezwarende titel een nieuw vervoermiddel levert onder de voorwaarden van artikel 39bis.

§ 2. Voor de toepassing van dit artikel:

1° worden als vervoermiddel beschouwd: voor het personen- of goederenvervoer bestemde schepen met een lengte van meer dan 7,5 meter, luchtvaartuigen met een totaal opstijggewicht van meer dan 1.550 kg en landvoertuigen die zijn uitgerust met een motor met een cilinderinhoud van meer dan 48 cc of met een vermogen van meer dan 7,2 kilowatt, met uitzondering van schepen bedoeld in artikel 42, § 1, 1°, a en b, en luchtvaartuigen, die niet zijn bestemd om door de Staat te worden gebruikt, bedoeld in artikel 42, § 2, 1°;

2° [worden als nieuwe vervoermiddelen aangemerkt de vervoermiddelen bedoeld in 1° wanneer:

– indien het landvoertuigen betreft, hun levering plaatsvindt binnen de zes maanden na de datum van hun eerste ingebruikneming of die niet meer dan 6.000 kilometer hebben afgelegd;

– indien het boten betreft, hun levering plaatsvindt binnen de drie maanden na de datum van hun eerste ingebruikneming of die niet meer dan 100 uren hebben gevaren;

– indien het luchtvaartuigen betreft, hun levering plaatsvindt binnen de drie maanden na de datum van hun eerste ingebruikneming of die niet meer dan 40 uren hebben gevlogen.]

Door of vanwege de Minister van Financiën wordt vastgesteld onder welke voorwaarden kan worden aangetoond dat het geleverde vervoermiddel een nieuw vervoermiddel is in de zin van dit artikel.]

Ingevoegd bij art. 9 W. 28 december 1992 (B.S. 31.XII.1992, ed. 1)

§ 2, al. 1, 2° vervangen bij art. 1 K.B. 23 december 1994 (B.S. 30.XII.1994).

HOOFDSTUK III

WERKINGSSFEER

Afdeling 1

Levering van goederen

[Onderafdeling 1

Bedoelde goederen en handelingen]

Opschrift ingevoegd bij art. 4 W. 17 december 2012 (I) (B.S. 21.XII.2012, ed. 2), van toepassing vanaf 1 januari 2013.

Art. 9. [Voor de toepassing van dit Wetboek wordt onder goederen verstaan, de lichamelijke goederen.

Als lichamelijke goederen worden beschouwd:

1° elektriciteit, gas, warmte en koude;

2° [de andere zakelijke rechten dan het eigendomsrecht die aan de rechthebbende de bevoegdheid verschaffen om een onroerend goed te gebruiken; is in ieder geval uitgesloten het recht van erfpacht dat door een onderneming die gespecialiseerd is in onroerende financieringshuur wordt gevestigd of overgedragen in het kader van onroerende financieringshuur in de zin van artikel 44, § 3, 2°, b.]

Effecten aan toonder worden niet als lichamelijke goederen beschouwd.]

Vervangen bij art. 10 W. 28 december 1992 (B.S. 31. XII.1992, ed. 1);

Al. 2, 2° vervangen bij art. 1 K.B. 29 december 1992 (B.S. 31.XII.1992, ed. 4, err. B.S. 14.I.1993).

Opmerking: – Al. 2, 2°: zie K.B. nr. 30 van 29 december 1992.

Art. 10. [§ 1. Als een levering van een goed wordt beschouwd de overdracht of de overgang van de macht om als een eigenaar over een lichamelijk goed te beschikken.

Hier wordt onder meer bedoeld de terbeschikkingstelling van een goed aan de verkrijger of de overnemer ingevolge een contract tot overdracht of aanwijzing.

§ 2. Wordt eveneens beschouwd als een levering van een goed:

a) de eigendomsoverdracht van een goed tegen betaling van een vergoeding ingevolge een vordering door of namens de overheid en, meer algemeen, ingevolge een wet, een decreet, een ordonnantie, een besluit of een administratieve verordening;

b) de materiële afgifte van een goed ingevolge een overeenkomst waarbij een goed gedurende een bepaalde periode in huur wordt gegeven of ingevolge een overeenkomst tot koop en verkoop op afbetaling, in beide gevallen onder het beding dat normaal het goed uiterlijk bij de betaling van de laatste termijn in eigendom wordt verkregen;

c) de overdracht van een goed ingevolge een overeenkomst tot koop of verkoop in commissie.

§ 3. De afgifte van een goed als verbruiklening en de teruggaaf ingevolge een zodanige lening worden ook als een levering onder bezwarende titel in de zin van paragraaf 1 beschouwd.]

Vervangen bij art. 5 W. 17 december 2012 (I) (B.S. 21. XII.2012, ed. 2, err. B.S. 22.I.2013), van toepassing vanaf 1 januari 2013.

Art. 11. [Als levering wordt niet beschouwd de overdracht van een algemeenheid van goederen of van een bedrijfsafdeling, onder bezwarende titel of om niet, bij wege van inbreng in vennootschap of anderszins, wanneer de overnemer een belastingplichtige is die de belasting, indien ze ingevolge de overdracht zou verschuldigd zijn, geheel of gedeeltelijk zou kunnen aftrekken. In dat geval wordt de overnemer geacht de persoon van de overdrager voort te zetten.]

Vervangen bij art. 12 W. 28 december 1992 (B.S. 31. XII.1992, ed. 1).

Art. 12. [§ 1. Met een levering onder bezwarende titel wordt gelijkgesteld:

1° het door een belastingplichtige aan zijn bedrijf onttrekken van een roerend goed voor zijn privédoeleinden of voor de privédoeleinden van zijn personeel en, meer algemeen, voor andere doeleinden dan die van zijn economische activiteit, wanneer voor dat goed of de bestanddelen ervan recht op volledige of gedeeltelijke aftrek van de belasting is ontstaan;

2° het door een belastingplichtige aan zijn bedrijf onttrekken van een goed om het om niet te verstrekken, wanneer voor dat goed of de bestanddelen ervan recht op volledige of gedeeltelijke aftrek van de belasting is ontstaan; de onttrekkingen verricht voor het verstrekken van handelsmonsters of handelsgeschenken van geringe waarde worden evenwel niet bedoeld; deze waarde wordt bepaald door of vanwege de minister van Financiën;

3° [de ingebruikneming door een belastingplichtige, als bedrijfsmiddel, van een goed dat hij anders dan als bedrijfsmiddel heeft opgericht, heeft laten oprichten, heeft vervaardigd, heeft laten vervaardigen, heeft verkregen of heeft ingevoerd of waarvoor, met toepassing van de belasting, te zijnen bate zakelijke rechten in de zin van artikel 9, tweede lid, 2°, werden gevestigd of aan hem werden overgedragen of wederovergedragen, wanneer voor dat goed of de bestanddelen ervan recht op volledige of gedeeltelijke aftrek van de belasting is ontstaan;]

4° de ingebruikneming door een belastingplichtige, anders dan als bedrijfsmiddel, van een door hem vervaardigd roerend goed, voor het verrichten van handelingen waarvoor geen volledige aanspraak op aftrek van de belasting bestaat, wanneer voor de bestanddelen van dat goed recht op volledige of gedeeltelijke aftrek van de belasting is ontstaan;

5° het onder zich hebben van een goed door een belastingplichtige of zijn rechthebbenden ingeval hij de uitoefening van zijn economische activiteit beëindigt, wanneer voor dat goed of de bestanddelen ervan

recht op volledige of gedeeltelijke aftrek van de belasting is ontstaan; deze bepaling is niet van toepassing wanneer de rechthebbenden de activiteit van belastingplichtige onder de voorwaarden van artikel 11 verder zetten.

De Koning omschrijft het begrip bedrijfsmiddel voor de toepassing van dit Wetboek.

§ 2. [De belastingplichtige die geregeld goederen bedoeld in artikel 1, § 9, 1°, die hij heeft opgericht of laten oprichten of met voldoening van de belasting heeft verkregen uiterlijk op 31 december van het tweede jaar volgend op het jaar van hun eerste ingebruikneming of hun eerste inbezitneming, onder bezwarende titel vervreemdt, wordt geacht het goed dat bij het verstrijken van de bovengenoemde termijn niet is vervreemd voor eigen behoeften te onttrekken, wanneer dit goed op dat tijdstip nog niet het voorwerp heeft uitgemaakt van de ingebruikneming bedoeld in paragraaf 1, eerste lid, 3°. Deze belastingplichtige wordt eveneens geacht voor eigen behoeften het bijhorende terrein te onttrekken, als hiervoor een recht op volledige of gedeeltelijke aftrek van de belasting is ontstaan. De onttrekking die hij op dat tijdstip geacht wordt te verrichten wordt met een levering onder bezwarende titel gelijkgesteld.

De belastingplichtige die geregeld onder bezwarende titel zakelijke rechten in de zin van artikel 9, tweede lid, 2°, vestigt op goederen bedoeld in artikel 1, § 9, 1°, die hij heeft opgericht of laten oprichten of met voldoening van de belasting heeft verkregen, uiterlijk op 31 december van het tweede jaar volgend op het jaar van hun eerste ingebruikneming of hun eerste inbezitneming, wordt geacht het goed dat bij het verstrijken van de bovengenoemde termijn niet is vervreemd voor eigen behoeften te onttrekken, wanneer dit goed op dat tijdstip nog niet het voorwerp heeft uitgemaakt van de ingebruikneming bedoeld in paragraaf 1, eerste lid, 3°. Deze belastingplichtige wordt eveneens geacht voor eigen behoeften het bijhorende terrein te onttrekken, als hiervoor een recht op volledige of gedeeltelijke aftrek van de belasting is ontstaan. De onttrekking die hij op dat tijdstip geacht wordt te verrichten wordt met een levering onder bezwarende titel gelijkgesteld.

De in het eerste en het tweede lid bedoelde belastingplichtige in wiens voordeel een zakelijk recht in de zin van artikel 9, tweede lid, 2°, met voldoening van de belasting werd gevestigd of aan wie een dergelijk recht met voldoening van de belasting werd overgedragen, wordt geacht dat recht dat bij het verstrijken van de in het tweede lid gestelde termijn niet is overgedragen of wederovergedragen voor eigen behoeften te onttrekken, wanneer het in artikel 1, § 9, 1°, beoogde goed waarop het zakelijk recht betrekking heeft op dat tijdstip nog niet het voorwerp heeft uitgemaakt van de ingebruikneming bedoeld in paragraaf 1, eerste lid, 3°. Deze belastingplichtige wordt eveneens geacht voor eigen behoeften het zakelijk recht op het bijhorende terrein te onttrekken, als hiervoor een recht op volledige of gedeeltelijke aftrek van de belasting is ontstaan. De onttrekking die hij op dat tijdstip geacht

wordt te verrichten wordt met een levering onder bezwarende titel gelijkgesteld.]]

*Vervangen bij art. 13 W. 28 december 1992 (B.S. 31.XII.1992,
ed. 1);*

*§ 1, al. 1, 3° vervangen bij art. 2 K.B. 29 december 1992 (B.S.
31.XII.1992, ed. 4, err. B.S. 14.I.1993);*

*§ 2 vervangen bij art. 144 Progr. W. 23 december 2009 (B.S.
30.XII.2009, ed. 1), van toepassing vanaf 1 januari 2011.*

Opmerking: – § 1: Zie K.B. nr. 3 van 10 december 1969.

[**Art. 12bis.** [De overbrenging door een belastingplichtige van een goed van zijn bedrijf naar een andere
lidstaat wordt gelijkgesteld met een levering van goederen onder bezwarende titel.

Als overbrenging naar een andere lidstaat wordt
beschouwd iedere verzending of ieder vervoer van een
lichamelijk roerend goed voor bedrijfsdoeleinden,
door of voor rekening van de belastingplichtige, buiten België, maar binnen de Gemeenschap, voor zover
het daarbij niet om een van de volgende handelingen
gaat:

1° de levering van dat goed door de belastingplichtige binnen de lidstaat waar de installatie of de montage onder de voorwaarden van artikel 14, § 3, plaatsvindt of binnen de lidstaat van aankomst van de verzending of het vervoer onder de voorwaarden van artikel 15, §§ 1 en 2;

2° de levering van dat goed door de belastingplichtige onder de voorwaarden van artikel 14, § 4;

3° de levering van dat goed door de belastingplichtige in het binnenland onder de voorwaarden van de
artikelen 39, § 1, 39bis en 42, §§ 1, 2 en 3;

4° de verrichting van een dienst voor de belastingplichtige in verband met expertise of werkzaamheden
betreffende dat goed, die materieel worden verricht op
het grondgebied van de lidstaat van aankomst van de
verzending of het vervoer van het goed, voor zover het
goed na expertise of bewerking opnieuw wordt verzonden naar deze belastingplichtige in België vanwaar
het oorspronkelijk was verzonden of vervoerd;

5° het tijdelijk gebruik van dat goed op het grondgebied van de lidstaat van aankomst van de verzending of het vervoer van het goed, ten behoeve van
diensten door de in België gevestigde belastingplichtige;

6° het tijdelijke gebruik van dat goed voor een periode van ten hoogste 24 maanden op het grondgebied
van een andere lidstaat waar de invoer van hetzelfde
goed uit een derde land met het oog op tijdelijk gebruik in aanmerking zou komen voor de regeling voor
tijdelijke invoer met volledige vrijstelling van invoerrechten;

7° de levering van gas via een op het grondgebied
van de Gemeenschap gesitueerd aardgassysteem of
eender welk op een dergelijk systeem aangesloten net,
de levering van elektriciteit of de levering van warmte
of koude via warmte- of koudenetten, onder de in artikel 14bis bepaalde voorwaarden.

Wanneer één van de voorwaarden voor de toepassing van de bepalingen van het tweede lid hierboven

niet meer wordt vervuld, wordt het goed evenwel beschouwd als overgebracht naar een andere lidstaat. In
dat geval vindt de overbrenging plaats op het tijdstip
waarop de voorwaarde niet meer wordt vervuld.]]

*Ingevoegd bij art. 14 W. 28 december 1992 (B.S. 31.
XII.1992, ed. 1) en vervangen bij art. 6 W. 17 december 2012
(I) (B.S. 21.XII.2012, ed. 2), van toepassing vanaf 1 januari
2013.*

Art. 13. § 1. De inkoopcommissionair wordt aangemerkt als koper en, ten opzichte van zijn lastgever,
als verkoper van het goed dat door zijn toedoen wordt
gekocht; de verkoopcommissionair wordt aangemerkt
als verkoper en, ten opzichte van zijn lastgever, als koper van het goed dat door zijn toedoen wordt verkocht.

§ 2. Als commissionair wordt aangemerkt niet alleen hij die op eigen naam of onder firma voor rekening van een lastgever handelt, maar ook de tussenpersoon bij inkoop of de tussenpersoon bij verkoop, die in
enigerlei hoedanigheid een op zijn naam gestelde factuur, debetnota of ander daarmee gelijkstaand stuk
respectievelijk van de verkoper ontvangt of aan de
koper uitreikt.

§ 3. Voor de toepassing van de §§ 1 en 2 hoeft ten
aanzien van inkoop- of verkoopcombinaties niet te
worden nagegaan of zij al dan niet zijn opgericht in de
vorm van een vennootschap of vereniging met rechtspersoonlijkheid.

[Onderafdeling 2

Plaats van de levering van de goederen]

*Opschrift ingevoegd bij art. 7 W. 17 december 2012 (I) (B.S.
21.XII.2012, ed. 2), van toepassing vanaf 1 januari 2013.*

Art. 14. [§ 1. Wanneer het goed niet wordt verzonden of vervoerd, wordt als plaats van levering aangemerkt de plaats waar het goed zich bevindt op het tijdstip van de levering.

§ 2. Wanneer het goed door de leverancier, door de
afnemer of door een derde wordt verzonden of vervoerd, wordt als plaats van levering aangemerkt de
plaats waar het goed zich bevindt op het tijdstip van
vertrek van de verzending of het vervoer naar de afnemer.

In afwijking van het eerste lid, wanneer de plaats
van vertrek van de verzending of het vervoer van de
goederen in een derdelandsgebied of een derde land
ligt, wordt de plaats van de levering, door de persoon
op wiens naam de wegens de invoer verschuldigde belasting regelmatig is voldaan, evenals de plaats van
eventuele daaropvolgende leveringen, geacht in de
lidstaat van invoer van de goederen te liggen.

§ 3. Ingeval het door de leverancier, door de afnemer of door een derde verzonden of vervoerde goed
door of voor rekening van de leverancier wordt geïnstalleerd of gemonteerd, wordt als plaats van de levering aangemerkt de plaats waar de installatie of de
montage wordt verricht.

§ 4. Ingeval de levering van goederen wordt verricht aan boord van een schip, vliegtuig of trein en tijdens het in de Gemeenschap verrichte gedeelte van een passagiersvervoer, wordt als plaats van deze levering aangemerkt de plaats van vertrek van het passagiersvervoer.]

Hersteld (na opheffing bij art. 5 W. 27 december 1977) bij art. 8 W. 17 december 2012 (I) (B.S. 21.XII.2012, ed. 2), van toepassing vanaf 1 januari 2013.

[Art. 14bis. Ingeval van levering van gas via een aardgassysteem of een op een dergelijk systeem aangesloten net op het grondgebied van de Gemeenschap, van levering van elektriciteit of van levering van warmte of koude via warmte- of koudenetten wordt als plaats van de levering aangemerkt:

a) de plaats waar de afnemer de zetel van zijn economische activiteit of een vaste inrichting heeft gevestigd waarvoor de goederen worden geleverd. Bij gebreke van een dergelijke zetel of vaste inrichting wordt zijn woonplaats of zijn gebruikelijke verblijfplaats als plaats van de levering aangemerkt, wanneer deze afnemer een belastingplichtige is wiens hoofdactiviteit op het gebied van de aankoop van gas, elektriciteit, warmte of koude bestaat in het opnieuw verkopen van die goederen en wiens eigen verbruik van die goederen verwaarloosbaar is;

b) de plaats waar de afnemer het effectieve gebruik en verbruik van deze goederen heeft wanneer het gaat om leveringen niet bedoeld in a). Indien alle goederen of een deel ervan in werkelijkheid niet door deze afnemer worden gebruikt, worden deze niet-verbruikte goederen geacht te zijn gebruikt en verbruikt op de plaats waar hij de zetel van zijn economische activiteit of een vaste inrichting heeft gevestigd waarvoor de goederen worden geleverd. Bij gebreke van een dergelijke zetel of vaste inrichting wordt hij geacht de goederen te hebben gebruikt en verbruikt in zijn woonplaats of gebruikelijke verblijfplaats.]

Ingevoegd bij art. 9 W. 17 december 2012 (I) (B.S. 21. XII.2012, ed. 2), van toepassing vanaf 1 januari 2013.

Art. 15. [§ 1. In afwijking van artikel 14, § 2 en met uitsluiting van de levering van goederen onderworpen aan de bijzondere regeling van belastingheffing bedoeld in de artikelen 312 tot 341 van Richtlijn 2006/112/EG, wordt de plaats van de levering van goederen geacht zich in België te bevinden wanneer ze door of voor rekening van de leverancier naar België worden verzonden of vervoerd vanuit een andere lidstaat, voor zover de levering van de goederen wordt verricht voor een belastingplichtige of voor een niet-belastingplichtige rechtspersoon op wie de afwijking van artikel 25ter, § 1, tweede lid, toepasselijk is, of voor enige andere niet-belastingplichtige en voor zover de goederen geen nieuwe vervoermiddelen zijn in de zin van artikel 8bis, § 2, noch gemonteerd of geïnstalleerd zijn door of voor rekening van de leverancier.

Ingeval echter de geleverde goederen andere zijn dan accijnsproducten, is het eerste lid niet van toepassing op de leveringen van goederen:

1° verricht binnen de grenzen of ten belope van een totaal bedrag, exclusief belasting over de toegevoegde waarde, dat in een kalenderjaar niet hoger mag zijn dan 35.000 euro, en

2° mits het totale bedrag, exclusief belasting over de toegevoegde waarde van de in het voorafgaande kalenderjaar verrichte leveringen van andere goederen dan accijnsproducten 35.000 euro niet heeft overschreden.

De bepalingen bedoeld in het tweede lid zijn niet van toepassing wanneer de leverancier in de lidstaat waarvan hij deel uitmaakt er voor gekozen heeft dat de plaats van deze leveringen België is.

§ 2. In afwijking van artikel 14, § 2 en met uitsluiting van de leveringen van goederen onderworpen aan de bijzondere regeling van belastingheffing over de winstmarge ingesteld bij artikel 58, § 4, wordt als plaats van een levering van goederen, die door of voor rekening van de leverancier worden verzonden of vervoerd vanuit België naar een andere lidstaat, aangemerkt: de plaats waar de goederen zich bevinden op het tijdstip van de aankomst van de verzending of het vervoer naar de afnemer, wanneer de voorwaarden onder 1° en 2° vervuld zijn:

1° de levering moet:

a) ofwel betrekking hebben op andere goederen dan de in artikel 8bis, § 2, bedoelde nieuwe vervoermiddelen, dan accijnsproducten en dan goederen geïnstalleerd of gemonteerd door of voor rekening van de leverancier en moet worden verricht voor een niet-belastingplichtige rechtspersoon of voor een belastingplichtige die, in deze lidstaat, de bijzondere regeling voor landbouwondernemers geniet of die enkel handelingen stelt waarvoor hij geen enkel recht op aftrek heeft, op voorwaarde dat op het tijdstip van de levering deze personen niet gekozen hebben om hun intracommunautaire verwervingen aan de belasting te onderwerpen of, op dat tijdstip, het bedrag van hun verwervingen in het lopende kalenderjaar de drempel niet overschrijdt waaronder deze verwervingen niet aan de belasting onderworpen worden in de lidstaat waarvan deze personen deel uitmaken, of dat bedrag in het vorige kalenderjaar deze drempel niet heeft overschreden;

b) ofwel, betrekking hebben op andere goederen dan de nieuwe vervoermiddelen bedoeld in artikel 8bis, § 2, en dan goederen geïnstalleerd of gemonteerd door of voor rekening van de leverancier en verricht voor iedere andere niet-belastingplichtige;

2° het bedrag van de leveringen verricht door de leverancier naar deze lidstaat heeft in het vorige kalenderjaar de drempel overschreden of overschrijdt in het lopende kalenderjaar, op het tijdstip van de levering de drempel zoals deze werd bepaald door deze lidstaat bij toepassing van artikel 34 van de richtlijn 2006/112/ EG.

Deze voorwaarde inzake de drempel is niet van toepassing:

a) in de situatie bedoeld in het eerste lid, 1°, b), voor de accijnsproducten;

b) wanneer de leverancier ervoor gekozen heeft dat de plaats van de door hem verrichte leveringen zich bevindt in de lidstaat van aankomst van de verzending of het vervoer van de goederen.

Deze keuze geldt voor een periode van ten minste twee kalenderjaren. De Koning bepaalt de regelen voor het uitoefenen van die keuze.

§ 3. Wanneer, in de situaties bedoeld in de paragrafen 1 en 2, de aldus geleverde goederen uit een derdelandsgebied of een derde land worden verzonden of vervoerd en door de leverancier worden ingevoerd in een andere lidstaat dan die van aankomst van de verzending of het vervoer naar de afnemer, worden zij geacht te zijn verzonden of vervoerd vanuit de lidstaat van invoer.]

Vervangen bij art. 10 W. 17 december 2012 (I) (B.S. 21.XII.2012, ed. 2, err. B.S. 22.I.2013), van toepassing vanaf 1 januari 2013.

Opmerking: – § 5: zie K.B. nr. 10 van 29 december 1992.

[Onderafdeling 3

Belastbare feit en opeisbaarheid van de belasting]

Opschrift ingevoegd bij art. 11 W. 17 december 2012 (I) (B.S. 21.XII.2012, ed. 2), van toepassing vanaf 1 januari 2013.

Art. 16. [§ 1. Voor leveringen van goederen vindt het belastbare feit plaats en wordt de belasting opeisbaar op het tijdstip waarop de levering van het goed wordt verricht. De levering wordt verricht op het tijdstip waarop het goed ter beschikking van de verkrijger of de overnemer wordt gesteld.

Wanneer het goed ter beschikking van de verkrijger of de overnemer is vóór het sluiten van het contract of wanneer de verkoper of overdrager het bezit van het goed behoudt na het sluiten van het contract, wordt de levering geacht te zijn verricht op het tijdstip waarop het contract uitwerking heeft.

Indien de levering de verzending of het vervoer omvat van het goed door of voor rekening van de leverancier, wordt de levering verricht op het tijdstip van de aankomst van de verzending of van het vervoer naar de afnemer of de overnemer, tenzij het goed door of voor rekening van de leverancier wordt geïnstalleerd of gemonteerd, in welk geval de levering wordt verricht op het tijdstip waarop de installatie of de montage wordt beëindigd.

§ 2. In afwijking van paragraaf 1, eerste lid, worden leveringen van goederen die aanleiding geven tot opeenvolgende afrekeningen of betalingen, met uitsluiting van de leveringen voorzien in artikel 10, § 2, b), geacht te zijn verricht bij het verstrijken van elke periode waarop een afrekening of betaling betrekking heeft.

Doorlopende leveringen van goederen gedurende een periode langer dan een kalendermaand, waarbij de goederen worden verzonden of vervoerd vanuit België naar een andere lidstaat en met vrijstelling van belasting worden geleverd of met vrijstelling van belasting door een belastingplichtige voor bedrijfsdoeleinden naar een andere lidstaat worden overgebracht, onder

de in artikel 39bis vastgestelde voorwaarden, worden geacht te zijn verricht bij het verstrijken van elke kalendermaand totdat de levering van goederen wordt beëindigd.

Wat de vervreemding van goederen betreft bedoeld in artikel 1, § 9, alsook de vestiging, overdracht of wederoverdracht van de zakelijke rechten in de zin van artikel 9, tweede lid, 2°, op zulke goederen, wordt de levering geacht te zijn verricht uiterlijk bij het verstrijken van de in artikel 44, § 3, 1°, bepaalde termijn.]

Vervangen bij art. 12 W. 17 december 2012 (I) (B.S. 21. XII.2012, ed. 2, err. B.S. 22.I.2013), van toepassing vanaf 1 januari 2013.

Art. 17. [§ 1. Wordt de prijs of een deel ervan ontvangen vóór het tijdstip waarop de levering wordt verricht, dan wordt de belasting opeisbaar op het tijdstip van de ontvangst ten belope van het ontvangen bedrag.

§ 2. In afwijking van paragraaf 1 en artikel 16, § 2, eerste lid, wordt, voor leveringen van goederen die onder de voorwaarden van artikel 39bis zijn verricht, de belasting opeisbaar op het tijdstip waarop de factuur wordt uitgereikt.

De belasting wordt opeisbaar op de vijftiende dag van de maand volgend op die waarin het belastbare feit heeft plaatsgevonden, indien geen factuur werd uitgereikt voor deze datum.

§ 3. Ten aanzien van de leveringen van roerende goederen verricht door een belastingplichtige die gewoonlijk goederen levert aan particulieren en waarvoor hij niet verplicht is een factuur uit te reiken, wordt de belasting opeisbaar in verhouding tot de ontvangst van de prijs of van de subsidies als bedoeld in artikel 26, eerste lid.]

Vervangen bij art. 13 W. 17 december 2012 (I) (B.S. 21. XII.2012, ed. 2, err. B.S. 22.I.2013), van toepassing vanaf 1 januari 2013.

Opmerking: – Zie K.B. nr. 1 van 29 december 1992, art. 17.

Afdeling 2

Diensten

[Onderafdeling 1

Bedoelde diensten]

Opschrift ingevoegd bij art. 14 W. 17 december 2012 (I) (B.S. 21.XII.2012, ed. 2), van toepassing vanaf 1 januari 2013.

Art. 18. [§ 1. Als een dienst wordt beschouwd, elke handeling die geen levering van een goed is in de zin van dit Wetboek.

Als een dienst wordt onder meer beschouwd, de uitvoering van een contract dat tot voorwerp heeft:

1° [een materieel of intellectueel werk waaronder het maakloonwerk. Onder maakloonwerk wordt verstaan het vervaardigen of samenstellen van een roerend goed door een opdrachtnemer door middel van materialen en voorwerpen die daartoe door de op-drachtgever aan de opdrachtnemer zijn verstrekt, on-geacht of de opdrachtnemer al dan niet een deel van de gebruikte materialen heeft verstrekt];

2° de terbeschikkingstelling van personeel;

3° de lastgeving;

4° het genot van een ander dan in artikel 9, twee-de lid, bedoeld goed;

5° de overdracht van een cliënteel of het verlenen van rechten op een cliënteel alsook de verbintenis een beroepswerkzaamheid niet uit te oefenen;

6° de overdracht van of het verlenen van rechten op een verkoop- of inkoopmonopolie alsook de over-dracht van of het verlenen van al dan niet exclusieve rechten op het recht een beroepswerkzaamheid uit te oefenen;

7° de overdracht van een octrooi, een fabrieks- of handelsmerk, een auteursrecht, een industrietekening, een industriemodel of andere soortgelijke rechten, of het verlenen van licenties inzake deze rechten;

8° de terbeschikkingstelling van stalling voor rij-tuigen;

9° de terbeschikkingstelling van bergruimte voor het opslaan van goederen;

10° het verschaffen van gemeubeld logies alsook de terbeschikkingstelling van plaats om te kamperen;

11° het verschaffen van spijs en drank in restau-rants en cafés en, meer algemeen, in omstandigheden voor het verbruik ter plaatse;

12° de toekenning van het recht op toegang tot in-richtingen voor cultuur, sport of vermaak, alsmede de toekenning van het recht gebruik ervan te maken;

13° de bank- en de financiële verrichtingen;

14° [diensten inzake radiodistributie, inzake tele-distributie en inzake telecommunicatie. Als telecom-municatiediensten worden beschouwd diensten die betrekking hebben op de transmissie, uitzending of ontvangst van signalen, tekst, beelden en geluiden of informatie van allerlei aard, via draad, radiogolven, optische of andere elektromagnetische systemen, daaronder begrepen de overdracht en het verlenen van het recht om gebruik te maken van capaciteit voor een dergelijke transmissie, uitzending of ontvangst.] [Voor de toepassing van deze bepaling wordt onder telecom-municatiediensten mede verstaan het bieden van toe-gang tot wereldwijde informatienetten;]

15° de toekenning van het recht van toegang tot verkeerswegen en tot de erbij behorende kunstwerken, alsmede de toekenning van het recht gebruik ervan te maken;

[16° langs elektronische weg verrichte diensten. Worden inzonderheid als dusdanig beschouwd, de langs elektronische weg verrichte diensten die het le-veren en onderbrengen van computersites tot voor-werp hebben, het onderhoud op afstand van program-ma's en uitrustingen, de levering van software en de bijwerking ervan, de levering van beelden, geschreven stukken en informatie en de terbeschikkingstelling van databanken, de levering van muziek of films, van spe-len, met inbegrip van kans- of gokspelen, en van uit-zendingen of manifestaties op het gebied van politiek, cultuur, kunst, sport, wetenschappen of ontspanning

en de levering van onderwijs op afstand.]

[Het feit dat de dienstverrichter en de ontvanger langs elektronische weg berichten uitwisselen, bete-kent op zich niet dat de dienst langs elektronische weg wordt verricht.]

§ 2. Wordt eveneens als een dienst beschouwd de uitvoering van een in § 1 bedoelde handeling inge-volge een vordering door of namens de overheid en, meer algemeen, ingevolge een wet, een decreet, een ordonnantie, een besluit of een administratieve veror-dening.

[Als een dienst wordt, voor het geheel, bovendien beschouwd, de uitvoering door een reisbureau in de zin van artikel 1, § 7, eerste lid, 2°, van prestaties die deel uit maken van een door een reis beoogd in ar-tikel 1, § 7, eerste lid, 1°, en welke dit reisbureau aan de reiziger levert.]

§ 3. Als diensten worden niet beschouwd de in § 1 bedoelde handelingen die, bij de overdracht van een algemeenheid van goederen of van een bedrijfsafde-ling, bij wege van inbreng in een vennootschap of an-derszins, onder de voorwaarden van artikel 11 worden verricht.]

Vervangen bij art. 18 W. 28 december 1992 (B.S. 31. XII.1992, ed. 1);

§ 1, al. 2, 1° vervangen bij art. 4 K.B. 22 december 1995 (B.S. 30.XII.1995, ed. 1);

§ 1, al. 2, 14° vervangen bij art. 1 K.B. 27 mei 1997 (B.S. 31.V.1997), aangevuld bij art. 1 K.B. 28 december 1999 (B.S. 31.XII.1999, ed. 3);

§ 1, al. 2, 16° ingevoegd bij art. 3 W. 22 april 2003 (B.S. 13.V.2003);

§ 1, al. 2, 16°, al. 2 ingevoegd bij art. 5 W. 26 november 2009 (B.S. 4.XII.2009), van toepassing vanaf 1 januari 2010;

§ 2, al. 2 vervangen bij art. 2 K.B. 28 december 1999 (B.S. 31.XII.1999, ed. 3).

Art. 19. [§ 1. Met een dienst verricht onder bezwa-rende titel wordt gelijkgesteld, het gebruiken van een tot het bedrijf behorend [goed ander dan dat bedoeld in artikel 45, § 1quinquies], voor privédoeleinden van de belastingplichtige of van zijn personeel of, meer alge-meen, voor andere doeleinden dan deze van de econo-mische activiteit van de belastingplichtige, wanneer voor dat goed recht op volledige of gedeeltelijke aftrek van de belasting is ontstaan.

§ 2. Met een dienst verricht onder bezwarende titel wordt eveneens gelijkgesteld, de uitvoering door een belastingplichtige van een werk in onroerende staat:

1° voor de doeleinden van zijn economische acti-viteit, met uitzondering van:

a) werk dat bestaat in de oprichting van een ge-bouw door een in artikel 12, § 2, bedoelde belasting-plichtige;

b) herstellings-, onderhouds- en reinigingswerk, indien dergelijk werk verricht door een andere belas-tingplichtige een volledig recht op aftrek van de belas-ting zou doen ontstaan;

2° voor zijn privédoeleinden of deze van zijn per-soneel en, meer algemeen, om niet of voor andere doeleinden dan deze van zijn economische activiteit.

Voor de toepassing van dit Wetboek wordt verstaan onder werk in onroerende staat, het bouwen, het verbouwen, het afwerken, het inrichten, het herstellen, het onderhouden, het reinigen en het afbreken, geheel of ten dele, van een uit zijn aard onroerend goed, en de handeling die erin bestaat een roerend goed te leveren en het meteen op zodanige wijze aan te brengen aan een onroerend goed dat het onroerend uit zijn aard wordt.

§ 3. Teneinde ernstige ongelijkheden in de concurrentieverhoudingen te voorkomen, kan de Koning, in de gevallen en volgens de regelen die Hij bepaalt, de uitvoering door een belastingplichtige, voor de doeleinden van zijn economische activiteit, van andere handelingen dan deze bedoeld in de §§ 1 en 2, aan de belasting onderwerpen, wanneer de belastingplichtige, ingeval een dergelijke handeling door een andere belastingplichtige zou zijn verricht, geen recht zou hebben op volledige aftrek van de belasting.]

Vervangen bij art. 19 W. 28 december 1992 (B.S. 31. XII.1992, ed. 1);

§ 1 gewijzigd bij art. 6 W. 29 december 2010 (B.S. 31. XII.2010, ed. 4), van toepassing vanaf 1 januari 2011.

[Art. 19bis. Met een dienst verricht onder bezwarende titel wordt eveneens gelijkgesteld, het verstrekken van [een andere dienst dan de diensten beschreven in artikel 21, § 3] door een buiten België gevestigde belastingplichtige voor één van zijn vestigingen die lid is van een BTW-eenheid in België in de zin van artikel 4, § 2.]

Ingevoegd bij art. 101 Progr. W. 27 april 2007 (B.S. 8.V.2007, ed. 3) en gewijzigd bij art. 6 W. 26 november 2009 (B.S. 4.XII.2009), van toepassing vanaf 1 januari 2010.

Art. 20. [§ 1. Onder voorbehoud van de toepassing van § 2 hierna, wordt een commissionair of een ander tussenpersoon als bedoeld in artikel 13, § 2, die tussenkomst verleent [bij diensten], geacht die diensten zelf te hebben ontvangen en zelf te hebben verstrekt.

Artikel 13, § 3, is mede van toepassing op deze bepaling.

§ 2. [De bepalingen van § 1 zijn niet van toepassing op:

1° de reisbureaus in de zin van artikel 1, § 7, eerste lid, 2°;

2° de tussenpersonen in reizen beoogd in artikel 1, § 7, tweede lid, 2°.]]

Vervangen bij art. 1 W. 29 november 1997 (B.S. 2.XII.1977); § 1, al. 1 gewijzigd bij art. 20, 1° W. 28 december 1992 (B.S. 31.XII.1992, ed. 1); § 2 vervangen bij art. 3 K.B. 28 december 1999 (B.S. 31. XII.1999, ed. 3).

[Onderafdeling 2

Plaats van de dienst]

Opschrift ingevoegd bij art. 15 W. 17 december 2012 (I) (B.S. 21.XII.2012, ed. 2), van toepassing vanaf 1 januari 2013.

Art. 21. [§ 1. Voor de toepassing van deze bepaling en artikel 21bis, moet onder "belastingplichtige" worden verstaan de persoon bedoeld in artikel 4, de belastingplichtige die ook werkzaamheden of handelingen verricht die niet als handelingen bedoeld in artikel 2 worden aangemerkt, evenals de niet-belastingplichtige rechtspersoon die voor BTW-doeleinden is geïdentificeerd.

§ 2. De plaats van diensten, verricht voor een als zodanig handelende belastingplichtige, is de plaats waar deze belastingplichtige de zetel van zijn economische activiteit heeft gevestigd. Worden deze diensten evenwel verricht voor een vaste inrichting van de belastingplichtige op een andere plaats dan die waar hij de zetel van zijn economische activiteit heeft gevestigd, dan geldt als plaats van de dienst de plaats waar deze vaste inrichting zich bevindt. Bij gebrek aan een dergelijke zetel of vaste inrichting, geldt als plaats van de dienst de woonplaats of de gebruikelijke verblijfplaats van de belastingplichtige die deze diensten afneemt.

§ 3. In afwijking van paragraaf 2 wordt als plaats van de dienst aangemerkt:

1° de plaats waar het onroerend goed is gelegen, wanneer het gaat om een dienst die verband houdt met een uit zijn aard onroerend goed. Zijn inzonderheid bedoeld het werk in onroerende staat, de diensten bedoeld in artikel 18, § 1, tweede lid, 8° tot 10° of 15°, het verlenen van gebruiksrechten op een onroerend goed, de diensten van experts en makelaars in onroerende goederen of de diensten die erop gericht zijn de uitvoering van bouwwerken voor te bereiden, te coördineren of er toezicht op te houden;

2° de plaats waar het vervoer wordt verricht, zulks naar verhouding van de afgelegde afstanden, wanneer het personenvervoerdiensten betreft;

3° [de plaats waar het evenement of de activiteit daadwerkelijk plaatsvindt wanneer de dienst bestaat in het verlenen van toegang tot culturele, artistieke, sportieve, wetenschappelijke, educatieve, vermakelijkheids- of soortgelijke evenementen, zoals beurzen en tentoonstellingen, en met de toegangverlening samenhangende diensten];

4° de plaats waar de dienst materieel wordt verricht in verband met restaurant- en cateringdiensten met uitzondering van die welke materieel worden verricht aan boord van een schip, vliegtuig of trein tijdens het in de Gemeenschap verrichte gedeelte van een passagiersvervoer;

5° de plaats waar het vervoermiddel daadwerkelijk ter beschikking van de ontvanger wordt gesteld indien het een verhuur op korte termijn van een vervoermiddel betreft.

Onder "verhuur op korte termijn" wordt verstaan het ononderbroken bezit of gebruik van het vervoermiddel gedurende een periode van ten hoogste dertig dagen en voor schepen ten hoogste negentig dagen;

6° de plaats van vertrek van het passagiersvervoer wanneer het restaurant- en cateringdiensten betreft die materieel worden verricht aan boord van een schip, vliegtuig of trein tijdens het in de Gemeenschap verrichte gedeelte van het vervoer.

§ 4. Teneinde dubbele heffing of niet-heffing van de belasting alsmede concurrentieverstoring te voorkomen, kan de Koning, voor de diensten bedoeld in de paragrafen 2 en 3, 5° of voor sommige ervan:

1° de plaats van deze diensten, die krachtens dit artikel in België is gelegen, aanmerken als buiten de Gemeenschap te zijn gelegen, wanneer het werkelijke gebruik of de werkelijke exploitatie buiten de Gemeenschap geschieden;

2° de plaats van deze diensten die, krachtens dit artikel, buiten de Gemeenschap is gelegen, aanmerken als in België te zijn gelegen, wanneer het werkelijke gebruik of de werkelijke exploitatie in België geschieden.]

Vervangen bij art. 7 W. 26 november 2009 (B.S. 4.XII.2009), van toepassing vanaf 1 januari 2010;

§ 3, 3° vervangen bij art. 7 W. 29 december 2010 (B.S. 31. XII.2010, ed. 4), van toepassing vanaf 1 januari 2011.

Afwijkende bepaling: – § 4, 1°: zie K.B. nr. 57 van 17 maart 2010.

[Art. 21bis. § 1. De plaats van diensten, verricht voor een niet-belastingplichtige, is de plaats waar de dienstverrichter de zetel van zijn economische activiteit heeft gevestigd. Worden deze diensten evenwel verricht vanuit een vaste inrichting van de dienstverrichter, op een andere plaats dan die waar hij de zetel van zijn economische activiteit heeft gevestigd, dan geldt als plaats van de dienst de plaats waar deze vaste inrichting zich bevindt. Bij gebrek aan een dergelijke zetel of vaste inrichting, geldt als plaats van de dienst de woonplaats of gebruikelijke verblijfplaats van de dienstverrichter.

§ 2. In afwijking van paragraaf 1 wordt als plaats van de dienst aangemerkt:

1° de plaats waar het onroerend goed is gelegen, wanneer het gaat om een dienst die verband houdt met een uit zijn aard onroerend goed. Zijn inzonderheid bedoeld het werk in onroerende staat, de diensten bedoeld in artikel 18, § 1, tweede lid, 8° tot 10° of 15°, het verlenen van gebruiksrechten op een onroerend goed, de diensten van experts en makelaars in onroerende goederen of de diensten die erop gericht zijn de uitvoering van bouwwerken voor te bereiden, te coördineren of er toezicht op te houden;

2° de plaats waar het vervoer wordt verricht, zulks naar verhouding van de afgelegde afstanden, wanneer het personenvervoerdiensten betreft;

3° de plaats waar het vervoer plaatsvindt, zulks naar verhouding van de afgelegde afstanden, wanneer het andere goederenvervoerdiensten betreft dan het intracommunautair vervoer van goederen;

4° de plaats van het vertrek van het goederenver-

voer wanneer het intracommunautair goederenvervoer betreft;

5° de plaats waar het evenement of de activiteit daadwerkelijk plaatsvindt:

a) wanneer de dienst bestaat in het verlenen van toegang tot culturele, artistieke, sportieve, wetenschappelijke, educatieve, vermakelijkheids- of soortgelijke evenementen, zoals beurzen en tentoonstellingen, en met de toegangverlening samenhangende diensten;

b) wanneer de dienst verband houdt met culturele, artistieke, sportieve, wetenschappelijke, educatieve, vermakelijkheids- of soortgelijke activiteiten, zoals beurzen en tentoonstellingen, met inbegrip van de diensten van de organisatoren van dergelijke activiteiten en alsmede van de daarmee samenhangende diensten;

6° de plaats waar de dienst materieel wordt verricht:

a) in verband met restaurant- en cateringdiensten met uitzondering van die welke materieel worden verricht aan boord van een schip, vliegtuig of trein tijdens het in de Gemeenschap verrichte gedeelte van een passagiersvervoer;

b) in verband met een dienst die met vervoer samenhangt, zoals het laden, lossen, behandelen en soortgelijke activiteiten;

c) in verband met expertises en werkzaamheden met betrekking tot lichamelijke roerende goederen;

7° de plaats waar het vervoermiddel daadwerkelijk ter beschikking van de ontvanger wordt gesteld indien het een verhuur op korte termijn van een vervoermiddel betreft.

Onder "verhuur op korte termijn" wordt verstaan het ononderbroken bezit of gebruik van het vervoermiddel gedurende een periode van ten hoogste dertig dagen en voor schepen ten hoogste negentig dagen;

[7°bis de plaats waar de ontvanger van de dienst is gevestigd of zijn woonplaats of gebruikelijke verblijfplaats heeft, indien het een verhuur anders dan op korte termijn van een vervoermiddel betreft;

7°ter in afwijking van het 7°bis, wanneer het vervoermiddel een pleziervaartuig betreft, de plaats waar het vaartuig daadwerkelijk ter beschikking van de ontvanger wordt gesteld, indien de verhuur anders dan op korte termijn daadwerkelijk door de dienstverrichter wordt verricht vanuit de zetel van zijn economische activiteit of een vaste inrichting, gevestigd op de plaats van de daadwerkelijke terbeschikkingstelling van het goed aan de ontvanger;]

8° de plaats van vertrek van het passagiersvervoer wanneer het restaurant- en cateringdiensten betreft die materieel worden verricht aan boord van een schip, vliegtuig of trein tijdens het in de Gemeenschap verrichte gedeelte van het vervoer;

9° de plaats waar de ontvanger van de dienst is gevestigd of zijn woonplaats of gebruikelijke verblijfplaats heeft, wanneer het een langs elektronische weg verrichte dienst betreft voor een in België gevestigde ontvanger, verricht door een belastingplichtige die de zetel van zijn economische activiteit buiten de Gemeenschap heeft gevestigd of daar over een vaste inrichting beschikt van waaruit de dienst wordt verricht of bij gebreke van een dergelijke zetel of vaste inrichting, zijn woonplaats of gebruikelijke verblijfplaats buiten de Gemeenschap heeft;

10° de plaats waar de ontvanger van de dienst is gevestigd of zijn woonplaats of gebruikelijke verblijfplaats heeft, wanneer de dienst wordt verleend aan een ontvanger die buiten de Gemeenschap is gevestigd of aldaar zijn woonplaats of gebruikelijke verblijfplaats heeft, en voor zover de dienst tot voorwerp heeft:

a) de overdracht en het verlenen van auteursrechten, octrooien, licentierechten, fabrieks- en handelsmerken en soortgelijke rechten;

b) diensten op het gebied van de reclame;

c) diensten verricht door raadgevende personen, ingenieurs, adviesbureaus, advocaten, accountants en andere soortgelijke diensten, alsmede gegevensverwerking en informatieverschaffing;

d) de verplichting om een beroepsactiviteit of een onder a) bedoeld recht geheel of gedeeltelijk niet uit te oefenen;

e) bank-, financiële en verzekeringsverrichtingen met inbegrip van herverzekeringsverrichtingen en met uitzondering van de verhuur van safeloketten;

f) het beschikbaar stellen van personeel;

g) de verhuur van lichamelijke roerende goederen, met uitzondering van alle vervoermiddelen;

h) [het bieden van toegang tot een op het grondgebied van de Gemeenschap gesitueerd aardgassysteem of een op een dergelijk systeem aangesloten net, tot het elektriciteitssysteem of tot warmte- of koudenetten, alsmede het verrichten van transmissie- of distributiediensten via deze systemen of netten en het verrichten van andere daarmee rechtstreeks verbonden diensten];

i) telecommunicatiediensten;

j) radio- en televisieomroepdiensten;

k) langs elektronische weg verrichte diensten;

11° in België, indien het gaat om telecommunicatie-, radio- en televisieomroepdiensten die feitelijk hier te lande worden gebruikt of geëxploiteerd en verricht door een belastingplichtige dienstverrichter gevestigd buiten de Gemeenschap voor een ontvanger die in België is gevestigd of er zijn woonplaats of gebruikelijke verblijfplaats heeft;

12° de plaats waar de hoofdhandeling wordt verricht wanneer het de tussenkomst betreft van een tussenpersoon die niet handelt als bedoeld in artikel 13, § 2.

§ 3. Teneinde dubbele heffing of niet-heffing van de belasting alsmede concurrentieverstoring te voorkomen, kan de Koning voor de diensten als bedoeld in de paragrafen 1, 2, 7° en 10°, a) tot j) of voor sommige ervan:

1° de plaats van deze diensten, die krachtens dit artikel in België is gelegen, aanmerken als buiten de Gemeenschap te zijn gelegen, wanneer het werkelijke gebruik of de werkelijke exploitatie buiten de Gemeenschap geschieden;

2° de plaats van deze diensten, die krachtens dit artikel, buiten de Gemeenschap is gelegen, aanmerken als in België te zijn gelegen, wanneer het werkelijke gebruik of de werkelijke exploitatie in België geschieden.]

Ingevoegd bij art. 8 W. 26 november 2009 (B.S. 4.XII.2009, err. B.S. 7.V.2010), van toepassing vanaf 1 januari 2010;
§ 2, 7°bis en 7°ter ingevoegd bij art. 3 W. 17 december 2012 (II) (B.S. 21.XII.2012, ed. 2), van toepassing vanaf 1 januari 2013;
§ 2, 10°, h) vervangen bij art. 8 W. 29 december 2010 (B.S. 31.XII.2010, ed. 4), van toepassing vanaf 1 januari 2011.

[**Art. 21ter.** In afwijking van de artikelen 21 en 21bis, worden de diensten bedoeld in artikel 18, § 2, tweede lid, geacht plaats te vinden op de plaats waar het reisbureau de zetel van zijn economische activiteit of een vaste inrichting heeft gevestigd van waaruit het de dienst heeft verricht.]

Ingevoegd bij art. 9 W. 26 november 2009 (B.S. 4.XII.2009), van toepassing vanaf 1 januari 2010.

[*Onderafdeling 3*

Belastbare feit en opeisbaarheid van de belasting]

Opschrift ingevoegd bij art. 16 W. 17 december 2012 (I) (B.S. 21.XII.2012, ed. 2), van toepassing vanaf 1 januari 2013.

Art. 22. [§ 1. Voor diensten vindt het belastbare feit plaats en wordt de belasting opeisbaar op het tijdstip waarop de dienst is verricht.

§ 2. In afwijking van paragraaf 1, worden diensten die aanleiding geven tot opeenvolgende afrekeningen of betalingen, geacht te zijn verricht bij het verstrijken van elke periode waarop een afrekening of betaling betrekking heeft.

Doorlopende diensten waarvoor de belasting wordt verschuldigd door de ontvanger van de dienst krachtens artikel 51, § 2, eerste lid, 1° en die gedurende een periode langer dan één jaar geen aanleiding geven tot afrekeningen of betalingen in die periode worden geacht te zijn verricht bij het verstrijken van elk kalenderjaar totdat de dienst wordt beëindigd.]

Vervangen bij art. 17 W. 17 december 2012 (I) (B.S. 21. XII.2012, ed. 2, err. B.S. 22.I.2013), van toepassing vanaf 1 januari 2013.

Opmerking: – Zie K.B. nr. 1 van 29 december 1992, art. 17.

[**Art. 22bis.** Wordt de prijs of een deel ervan ontvangen vóór het tijdstip waarop de dienst is verricht, dan wordt de belasting opeisbaar op het tijdstip van de ontvangst ten belope van het ontvangen bedrag.

Ten aanzien van de diensten verricht door een belastingplichtige die gewoonlijk diensten verricht voor particulieren en waarvoor hij niet verplicht is een factuur uit te reiken, wordt de belasting opeisbaar in verhouding tot de ontvangst van de prijs of van de subsidies als bedoeld in artikel 26, eerste lid.]

Ingevoegd bij art. 18 W. 17 december 2012 (I) (B.S. 21. XII.2012, ed. 2), van toepassing vanaf 1 januari 2013.

Afdeling 3

Invoer

Art. 23. [§ 1. Onder invoer van een goed moet worden verstaan:

1° het binnenkomen in de Gemeenschap van een goed dat niet voldoet aan de voorwaarden van de artikelen 9 en 10 van het Verdrag tot oprichting van de Europese Economische Gemeenschap of dat, als het onder het Verdrag tot oprichting van de Europese Gemeenschap voor Kolen en Staal valt, zich niet in het vrije verkeer bevindt;

2° [het binnenkomen in de Gemeenschap van een ander dan onder 1° bedoeld goed uit een derde land of een derdelands gebied.]

§ 2. Een invoer vindt plaats in België als de overeenkomstig de §§ 3, 4 en 5 aangemerkte lidstaat van invoer, België is.

§ 3. De invoer van een goed vindt plaats in de lidstaat op het grondgebied waarvan het zich ten tijde van het binnenkomen in de Gemeenschap bevindt.

§ 4. In afwijking van § 3 vindt de invoer van een in § 1, 1°, bedoeld goed plaats in de lidstaat op het grondgebied waarvan het goed aan één van de volgende regelingen wordt onttrokken, wanneer vanaf het binnenkomen in de Gemeenschap, dat goed [overeenkomstig de douanewetgeving]:

1° bij de douane wordt aangebracht en eventueel wordt geplaatst onder [een regeling] van tijdelijke opslag;

2° wordt geplaatst onder een regeling voor tijdelijke invoer met volledige vrijstelling van invoerrechten;

3° wordt geplaatst onder een regeling voor extern [...] douanevervoer;

4° wordt geplaatst onder [een regeling] van vrije zones of vrije entrepots;

5° wordt geplaatst onder een regeling van douaneentrepots;

6° wordt geplaatst onder [een regeling] van actieve veredeling met toepassing van het schorsingssysteem;

7° wordt geplaatst onder [een regeling] inzake de in de territoriale zee toegelaten goederen voor boor- en werkeilanden.

§ 5. [In afwijking van § 3 vindt, wanneer een in § 1, 2°, bedoeld goed vanaf het binnenkomen in de Gemeenschap wordt geplaatst onder een regeling voor intern communautair douanevervoer of onder één van de door de Koning bepaalde fiscale regelingen die equivalent zijn aan de regelingen bedoeld in § 4, 1°, 2°, 4°, 5°, 6° en 7°, de invoer plaats in de lidstaat op het grondgebied waarvan het goed aan één van die regelingen wordt onttrokken.]]

Vervangen bij art. 23 W. 28 december 1992 (B.S. 31. XII.1992, ed. 1);

§ 1, 2° vervangen bij art. 5, A K.B. 29 december 1992 (B.S.

31.XII.1992, ed. 4);

§ 4, inleidende zin gewijzigd bij art. 6 K.B. 22 december 1995 (B.S. 30.XII.1995, ed. 1);

§ 4, 1° gewijzigd bij art. 6 K.B. 22 december 1995 (B.S. 30. XII.1995, ed. 1);

§ 4, 3° gewijzigd bij art. 5, B K.B. 29 december 1992 (B.S. 31.XII.1992, ed. 4);

§ 4, 4° gewijzigd bij art. 6 K.B. 22 december 1995 (B.S. 30. XII.1995, ed. 1);

§ 4, 6° gewijzigd bij art. 6 K.B. 22 december 1995 (B.S. 30. XII.1995, ed. 1);

§ 4, 7° gewijzigd bij art. 6 K.B. 22 december 1995 (B.S. 30. XII.1995, ed. 1);

§ 5 vervangen bij art. 5, C K.B. 29 december 1992 (B.S. 31.XII.1992, ed. 4).

Opmerking: – Zie K.B. nr. 7 van 29 december 1992.

Art. 24. [§ 1. Het belastbaar feit vindt plaats en de belasting wordt opeisbaar op het tijdstip waarop de invoer van het goed in België geschiedt.

De invoer in België geschiedt op het tijdstip waarop het goed in België wordt binnengebracht of, wanneer het goed vanaf het binnenkomen in de Gemeenschap werd geplaatst onder één van de in artikel 23, §§ 4 en 5 bedoelde regelingen, op het tijdstip waarop dat goed in België aan die regeling wordt onttrokken.

§ 2. Indien de ingevoerde goederen echter zijn onderworpen aan invoerrechten, aan landbouwheffingen of aan heffingen van gelijke werking die zijn ingesteld in het kader van een gemeenschappelijk beleid, wordt de belasting opeisbaar op het tijdstip van het ontstaan van de douaneschuld.

In de andere gevallen waarin de ingevoerde goederen niet aan één van deze communautaire rechten zijn onderworpen, wordt het tijdstip van de opeisbaarheid van de belasting bepaald overeenkomstig de vigerende bepalingen met betrekking tot het vaststellen van het tijdstip van het ontstaan van de douaneschuld.]

Vervangen bij art. 24 W. 28 december 1992 (B.S. 31. XII.1992).

Art. 25. [Hij die in een derde land of in een derdelands gebied goederen heeft verkregen of er voor zijn rekening goederen heeft laten bewerken, wordt behoudens tegenbewijs geacht die goederen in België nadien te hebben ingevoerd.]

Vervangen bij art. 25 W. 28 december 1992 (B.S. 31. XII.1992).

[Afdeling 4

Intracommunautaire verwerving van goederen]

Opschrift ingevoegd bij art. 26 W. 28 december 1992 (B.S. 31.XII.1992).

[Art. 25bis. § 1. Onder intracommunautaire verwerving van een goed wordt verstaan het verkrijgen van de macht om als eigenaar te beschikken over een lichamelijk roerend goed dat door de verkoper of de afnemer, of voor hun rekening, met als bestemming de afnemer is verzonden of vervoerd naar een andere lidstaat dan die waaruit het goed is verzonden of vervoerd.

§ 2. Als intracommunautaire verwerving van goederen wordt tevens beschouwd, wanneer de goederen door de leverancier of de afnemer, of voor hun rekening, met als bestemming de afnemer in het binnenland, worden verzonden of vervoerd uit een andere lidstaat:

1° het verkrijgen van een lichamelijk roerend goed ingevolge een vordering door of namens de overheid en, meer algemeen, ingevolge een wet, een decreet, een ordonnantie, een besluit of een administratieve verordening;

2° [...];

3° de ontvangst van een goed ingevolge een verbruiklening.]

Ingevoegd bij art. 26 W. 28 december 1992 (B.S. 31. XII.1992);

§ 2, 2° opgeheven bij art. 7 K.B. 22 december 1995 (B.S. 30.XII.1995).

[**Art. 25ter.** [§ 1. Aan de belasting zijn onderworpen, wanneer ze in België plaatsvinden, de intracommunautaire verwervingen van goederen onder bezwarende titel door een belastingplichtige die als zodanig optreedt, of door een niet-belastingplichtige rechtspersoon, wanneer de verkoper een belastingplichtige is die als zodanig optreedt, op wie de vrijstelling van de belasting ten aanzien van de door hem verrichte leveringen van goederen niet toepasselijk is en die niet onder het bepaalde van [de artikelen 14, § 3, 14bis en 15, § 1], valt.

In afwijking van het eerste lid zijn niet aan de belasting onderworpen:

1° [...];

2° de intracommunautaire verwervingen [...] die betrekking hebben op goederen andere dan de in artikel 8bis, § 2, bedoelde nieuwe vervoermiddelen en andere dan de produkten in België onderworpen aan de accijnzen krachtens de richtlijn 92/12/EEG, verricht:

a) door een belastingplichtige op wie de in artikel 56, § 2, bepaalde vrijstellingsregeling of de in artikel 57 bedoelde forfaitaire regeling toepasselijk is, door een belastingplichtige die uitsluitend leveringen van goederen of diensten verricht waarvoor hij geen recht op aftrek heeft of door een niet-belastingplichtige rechtspersoon;

b) binnen de grenzen of ten belope van een totaal bedrag, exclusief belasting over de toegevoegde waarde die verschuldigd of voldaan is in de lidstaat waaruit de goederen zijn verzonden of vervoerd, dat in het lopende kalenderjaar niet hoger mag zijn dan een drempel van [[11.200 EUR]];

c) mits het totale bedrag, exclusief belasting over de toegevoegde waarde die verschuldigd of voldaan is in de lidstaat waaruit de goederen zijn verzonden of vervoerd, van de intracommunautaire verwervingen

van goederen, andere dan de in artikel 8bis, § 2, bedoelde nieuwe vervoermiddelen en accijnsprodukten, in het voorafgaande kalenderjaar de in b bedoelde drempel niet heeft overschreden.

De belastingplichtigen en de niet-belastingplichtige rechtspersonen die voor de toepassing van het 2° in aanmerking komen, hebben het recht om te kiezen voor het onderwerpen aan de belasting van al de door hen onder de voorwaarden van het eerste lid verrichte intracommunautaire verwervingen van goederen. Deze keuze geldt voor een periode van ten minste twee kalenderjaren.

De Koning stelt de nadere regelen vast voor de uitoefening van die keuze.

[De belastingplichtigen bedoeld in de artikelen 56, § 2 en 57 en degenen aan wie overeenkomstig artikel 50, § 1, eerste lid, 4° of 5°, en § 2 een BTW-identificatienummer werd toegekend, worden geacht de hierboven bedoelde keuze te hebben gedaan, vanaf het ogenblik dat zij aan een leverancier hun nummer meedelen om een intracommunautaire verwerving te verrichten];

3° de intracommunautaire verwervingen van goederen verricht, door een niet in België gevestigde maar voor BTW-doeleinden in een andere lidstaat geïdentificeerde belastingplichtige, onder de hieronder volgende voorwaarden:

a) de intracommunautaire verwerving van goederen wordt verricht met het oog op een volgende levering van deze goederen in België door deze belastingplichtige;

b) de aldus door deze belastingplichtige verworven goederen worden rechtstreeks uit een andere lidstaat dan die waarin hij voor BTW-doeleinden geïdentificeerd is, verzonden of vervoerd naar degene voor wie hij de volgende levering verricht;

c) degene voor wie de volgende levering is bestemd, is een andere belastingplichtige of een niet-belastingplichtige rechtspersoon, die voor BTW-doeleinden in België zijn geïdentificeerd;

d) degene voor wie de volgende levering is bestemd, is, overeenkomstig [artikel 51, § 2, eerste lid, 2°], aangewezen als tot voldoening van de belasting gehouden persoon uit hoofde van de levering die is verricht door de niet in België gevestigde belastingplichtige;

[4° [de intracommunautaire verwervingen van gebruikte goederen, kunstvoorwerpen, voorwerpen voor verzamelingen, antiquiteiten en tweedehandse vervoermiddelen, indien de verkoper een belastingplichtige wederverkoper is die als zodanig optreedt en het verworven goed in de lidstaat van vertrek van de verzending of het vervoer aan de belasting werd onderworpen overeenkomstig de bijzondere regelingen bedoeld in de artikelen 312 tot en met 332 van de Richtlijn 2006/112/EG of wanneer de verkoper een organisator is van openbare veilingen die als zodanig optreedt en het verworven goed, ander dan een tweedehands vervoermiddel, in de lidstaat van vertrek van de verzending of het vervoer aan de belasting werd onderworpen overeenkomstig de bijzondere regeling bedoeld in de artikelen 333 tot en met 341 van de

Richtlijn 2006/112/EG].]

§ 2. Aan de belasting zijn tevens onderworpen, wanneer ze in België plaatsvinden, de intracommunautaire verwervingen onder bezwarende titel van de in artikel 8bis, § 2, bedoelde nieuwe vervoermiddelen door ieder ander dan een als zodanig handelend belastingplichtige of een niet-belastingplichtige rechtspersoon.

§ 3. Behoudens tegenbewijs, wordt ieder vervoermiddel dat in België het voorwerp uitmaakt van een intracommunautaire verwerving of van een bij artikel 25quater daarmee gelijkgestelde handeling, geacht nieuw te zijn in de zin van artikel 8bis, § 2, 2°.

§ 4. Aan de belasting is tevens onderworpen de toewijzing beoogd in artikel 25quater, § 2.]]

Ingevoegd bij art. 26 W. 28 december 1992 (B.S. 31. XII.1992) en v ervangen bij art. 6 K.B. 29 december 1992 (B.S. 31.XII.1992);

§ 1, al. 1 gewijzigd bij art. 19, a) W. 17 december 2012 (I) (B.S. 21.XII.2012, ed. 2), van toepassing vanaf 1 januari 2013;

§ 1, al. 2, 1° opgeheven bij art. 9, 1° W. 29 december 2010 (B.S. 31.XII.2010, ed. 4), van toepassing vanaf 1 januari 2011;

§ 1, al. 2, 2°, al. 1, inleidende zin gewijzigd bij art. 9, 2° W. 29 december 2010 (B.S. 31.XII.2010, ed. 4), van toepassing vanaf 1 januari 2011;

§ 1, al. 2, 2°, al. 1, b gewijzigd bij art. 2-9 K.B. 20 juli 2000 (B.S. 30.VIII.2000, ed. 1) en bij art. 42-5° K.B. 13 juli 2001 (B.S. 11.VIII.2001, ed. 1, err. B.S. 21.XII.2001);

§ 1, al. 2, 2°, al. 4 vervangen bij art. 11, a) W. 26 november 2009 (B.S. 4.XII.2009), van toepassing vanaf 1 januari 2010;

§ 1, al. 2, 3°, d) gewijzigd bij art. 11, b) W. 26 november 2009 (B.S. 4.XII.2009), van toepassing vanaf 1 januari 2010;

§ 1, al. 2, 4° ingevoegd bij art. 3 K.B. 23 december 1994 (B.S. 30.XII.1994) en vervangen bij art. 19, b) W. 17 december 2012 (I) (B.S. 21.XII.2012, ed. 2), van toepassing vanaf 1 januari 2013.

Opmerking: – § 1, al. 2, 3°: zie K.B. nr. 10 van 29 december 1992.

[Art. 25quater. [§ 1.] Met een intracommunautaire verwerving van een goed onder bezwarende titel wordt gelijkgesteld het door een belastingplichtige voor de doeleinden van zijn economische activiteit bestemmen van een goed dat door of voor rekening van de belastingplichtige wordt verzonden of vervoerd uit een andere lidstaat waar het is vervaardigd, gewonnen, bewerkt, aangekocht, verworven in de zin van artikel 25ter, of door de belastingplichtige in het kader van zijn economische activiteit in die andere lidstaat is ingevoerd.

Deze gelijkstelling is slechts van toepassing in de gevallen waar overeenkomstig artikel 12bis de overbrenging van het goed naar een andere lidstaat met een levering van goederen zou worden gelijkgesteld.

[§ 2. Met een intracommunautaire verwerving van goederen onder bezwarende titel wordt eveneens gelijkgesteld de toewijzing in België door het Belgisch leger van goederen die niet zijn verworven tegen de algemene belastingvoorwaarden van de Duitse interne markt door de Belgische Strijdkrachten in Duitsland, ten behoeve van deze strijdkrachten of het hen begeleidende burgerpersoneel, wanneer de invoer van deze goederen niet in aanmerking zou kunnen komen voor de in artikel 42, § 3, bedoelde vrijstelling.]]

Ingevoegd bij art. 26 W. 28 december 1992 (B.S. 31. XII.1992);

Bestaande tekst omgevormd tot § 1 en § 2 ingevoegd bij art. 7 K.B. 29 december 1992 (B.S. 31.XII.1992).

[Art. 25quinquies. § 1. Een intracommunautaire verwerving van goederen vindt in België plaats als de overeenkomstig de §§ 2 tot 4 aangemerkte plaats zich in België bevindt.

§ 2. Als plaats van een intracommunautaire verwerving van goederen wordt aangemerkt de plaats waar de goederen zich bevinden op het tijdstip van aankomst van de verzending of van het vervoer naar de afnemer.

§ 3. Onverminderd het bepaalde in § 2 wordt de plaats van een intracommunautaire verwerving van goederen als bedoeld in artikel 25ter, § 1, evenwel geacht zich te bevinden op het grondgebied van de lidstaat die het BTW-identificatienummer heeft toegekend waaronder de afnemer deze verwerving heeft verricht, voorzover de afnemer niet aantoont dat de belasting op deze verwerving is geheven overeenkomstig § 2.

Indien echter op de verwerving op grond van § 2 belasting wordt geheven in de lidstaat van aankomst van de verzending of van het vervoer van de goederen, nadat de belasting erop is geheven op grond van het eerste lid, wordt de maatstaf van heffing dienovereenkomstig verlaagd in de lidstaat die het BTW-identificatienummer heeft toegekend waaronder de afnemer deze verwerving heeft verricht.

[Voor de toepassing van het eerste lid wordt de intracommunautaire verwerving van goederen geacht overeenkomstig § 2 aan de belasting te zijn onderworpen wanneer:

1° de intracommunautaire verwerving van goederen is verricht in een andere lidstaat door een belastingplichtige die voor BTW-doeleinden in België is geïdentificeerd;

2° de intracommunautaire verwerving van goederen wordt verricht met het oog op een volgende levering van deze goederen in die andere lidstaat door deze belastingplichtige;

3° de aldus door deze belastingplichtige verworven goederen worden rechtstreeks uit een zodanig handelend belastingplichtige of een niet andere lidstaat dan België verzonden of vervoerd naar degene voor wie hij de volgende levering verricht;

4° degene voor wie de volgende levering is bestemd, is een andere belastingplichtige of een niet-belastingplichtige rechtspersoon, die voor BTW-doeleinden is geïdentificeerd in de lidstaat van bestemming;

5° degene voor wie de volgende levering is bestemd, is door de in België voor BTW-doeleinden geidentificeerde belastingplichtige aangewezen als tot voldoening van de belasting gehouden persoon uit hoofde van de levering die is verricht door deze belastingplichtige;

6° de in België voor BTW-doeleinden geïdentificeerde belastingplichtige heeft, voor de levering die hij verricht onder de hierboven vermelde voorwaarden, naast de verplichting bepaald in 5° hierboven, de aangifteverplichtingen bedoeld in artikel 53sexies, § 1, [2°] nageleefd.]

§ 4. Wanneer door een niet-belastingplichtige rechtspersoon verworven goederen uit een derdelands gebied worden verzonden of vervoerd en door deze niet-belastingplichtige rechtspersoon worden ingevoerd in een andere lidstaat dan die van aankomst van de verzending of het vervoer, worden de goederen geacht te zijn verzonden of vervoerd vanuit de lidstaat van invoer van de goederen en wordt de plaats van deze intracommunautaire verwerving bepaald overeenkomstig bovenstaande §§ 2 en 3.

§ 5. Behoudens tegenbewijs, wordt de intracommunautaire verwerving van een goed geacht in België plaats te vinden wanneer de afnemer zijn intracommunautaire verwerving onder een ter uitvoering van artikel 50, § 1, toegekend BTW-identificatienummer heeft verricht of wanneer hij, op het tijdstip van de verwerving, in België een zetel van economische activiteit of een vaste inrichting heeft of, bij gebrek aan een dergelijke zetel of vaste inrichting, een woonplaats of een gebruikelijke verblijfplaats.]

Ingevoegd bij art. 26 W. 28 december 1992 (B.S. 31. XII.1992);

§ 3, al. 3 ingevoegd bij art. 8 K.B. 29 december 1992 (B.S. 31.XII.1992);

§ 3, al. 3, 6° gewijzigd bij art. 8 K.B. 22 december 1995 (B.S. 30.XII.1995).

[Art. 25sexies. [§ 1. Het belastbare feit vindt plaats op het tijdstip waarop de intracommunautaire verwerving van goederen wordt verricht.

De intracommunautaire verwerving van goederen wordt geacht te zijn verricht op het tijdstip waarop de levering van soortgelijke goederen, overeenkomstig artikel 16, in het binnenland wordt geacht te zijn verricht.

§ 2. De belasting wordt opeisbaar op het tijdstip van het uitreiken van de factuur overeenkomstig artikel 17, § 2, eerste lid.

De belasting wordt opeisbaar op de vijftiende dag van de maand volgend op die waarin het belastbare feit heeft plaatsgevonden, indien geen factuur werd uitgereikt voor deze datum.]]

Ingevoegd bij art. 26 W. 28 december 1992 (B.S. 31. XII.1992) en vervangen bij art. 20 W. 17 december 2012 (I) (B.S. 21.XII.2012, ed. 2), van toepassing vanaf 1 januari 2013.

[Art. 25septies. [....]]

Ingevoegd bij art. 26 W. 28 december 1992 (B.S. 31. XII.1992) en opgeheven bij art. 21 W. 17 december 2012 (I) (B.S. 21.XII.2012, ed. 2), van toepassing vanaf 1 januari 2013.

HOOFDSTUK IV

MAATSTAF VAN HEFFING

Art. 26. [Voor de leveringen van goederen en de diensten wordt de belasting berekend over alles wat de leverancier van het goed of de dienstverrichter als tegenprestatie verkrijgt of moet verkrijgen van degene aan wie het goed wordt geleverd of de dienst wordt verstrekt, of van een derde, met inbegrip van de subsidies die rechtstreeks met de prijs van die handelingen verband houden.

Tot de maatstaf van heffing behoren onder meer de sommen die de leverancier van het goed of de dienstverrichter aan degene aan wie het goed wordt geleverd of de dienst wordt verstrekt in rekening brengt als kosten van commissie, verzekering en vervoer, ongeacht of zulks al dan niet bij afzonderlijk debetdocument wordt gedaan of ingevolge een afzonderlijke overeenkomst.

Belastingen, rechten en heffingen moeten eveneens in de maatstaf van heffing worden opgenomen.]

Vervangen bij art. 27 W. 28 december 1992 (B.S. 31. XII.1992).

[Art. 26bis. Voor de intracommunautaire verwerving van goederen bestaat de maatstaf van heffing uit dezelfde elementen als die welke in aanmerking worden genomen om overeenkomstig artikel 26, de maatstaf van heffing voor de levering van dezelfde goederen in het binnenland te bepalen.

De accijns die verschuldigd of voldaan is door degene die de intracommunautaire verwerving van een accijnsprodukt verricht, moet onder meer in de maatstaf van heffing worden opgenomen.]

[Wanneer de afnemer na het tijdstip waarop de intracommunautaire verwerving van goederen in België plaatsvindt, teruggaaf verkrijgt van de in de lidstaat van vertrek van de verzending of het vervoer van de goederen voldane accijns, wordt de maatstaf van heffing voor de intracommunautaire verwerving dienovereenkomstig verlaagd.]

Ingevoegd bij art. 28 W. 28 december 1992 (B.S. 31. XII.1992);

Al. 3 ingevoegd bij art. 9 K.B. 29 december 1992 (B.S. 31. XII.1992, err. B.S. 14.I.1993).

Art. 27. [§ 1. Indien de elementen voor de bepaling van de maatstaf van heffing bij invoer zijn uitgedrukt in de munteenheid van een derde land of van een lidstaat die de euro niet heeft aangenomen, wordt de wisselkoers vastgesteld overeenkomstig de geldende communautaire bepalingen voor de berekening van de douanewaarde.

§ 2. Indien de elementen voor de bepaling van de

maatstaf van heffing voor een andere handeling dan een invoer van goederen zijn uitgedrukt in de munteenheid van een derde land of van een lidstaat die de euro niet heeft aangenomen, is de toepasselijke wisselkoers voor de omrekening tussen deze munteenheid en de euro:

1° de laatste indicatiekoers van de euro die wordt gepubliceerd door de Europese Centrale Bank;

2° voor de deviezen waarvoor de Europese Centrale Bank geen indicatiekoers publiceert, de laatste indicatiekoers van de euro die wordt gepubliceerd door de Nationale Bank van België.

Wanneer een wisselkoers wordt overeengekomen tussen de partijen, of wanneer een wisselkoers vermeld staat in het contract, op de factuur of op het vervangend stuk, en de werkelijk betaalde prijs overeenkomstig die koers is betaald, wordt de overeengekomen koers in aanmerking genomen.

§ 3. Wanneer de elementen voor de bepaling van de maatstaf van heffing van een in artikel 58bis bedoelde dienstverrichting zijn uitgedrukt in de munteenheid van een derde land of van een lidstaat die de euro niet heeft aangenomen, is in afwijking van paragraaf 2 voor de omrekening tussen deze munteenheid en de euro de wisselkoers van toepassing die gold op de laatste dag van de aangifteperiode die de Europese Centrale Bank voor die dag bekend heeft gemaakt of, bij gebreke, de wisselkoers voor de eerstvolgende dag van bekendmaking.]

Vervangen bij art. 22 W. 17 december 2012 (I) (B.S. 21.XII.2012, ed. 2, err. B.S. 22.I.2013), van toepassing vanaf 1 januari 2013.

Opmerking: – Zie K.B. nr. 42 van 29 december 1992.

Art. 28. [Tot de maatstaf van heffing behoren niet:

1° de sommen die als disconto van de prijs mogen worden afgetrokken;

2° de prijsverminderingen die door de leverancier of de dienstverrichter aan de afnemer toegekend worden en die door deze laatste zijn verkregen op het tijdstip waarop de belasting opeisbaar wordt;

3° de interesten wegens te late betaling;

4° de kosten voor gewone en gebruikelijke verpakkingsmiddelen, indien de leverancier instemt met de terugbetaling ervan in geval van terugzending van die verpakkingsmiddelen;

5° de sommen voorgeschoten door de leverancier of de dienstverrichter voor uitgaven die hij ten name en voor rekening van zijn medecontractant heeft gedaan;

6° de belasting over de toegevoegde waarde zelf.]

Vervangen bij art. 30 W. 28 december 1992 (B.S. 31. XII.1992).

Art. 29. [§ 1.] In de relatie tussen de leverancier van goederen of de dienstverrichter en zijn commissionair behoort het aan deze laatste toegekende commissieloon niet tot de maatstaf van heffing.

In de relatie tussen de verkrijger van goederen of de afnemer van diensten en zijn commissionair wordt het commissieloon, voor de berekening van de belasting, aan de prijs toegevoegd.

[§ 2. [De maatstaf van heffing van de dienst bedoeld in artikel 18, § 2, tweede lid, die een reisbureau in de zin van artikel 1, § 7, eerste lid, 2°, verleent aan de reiziger, wordt bepaald door de marge die de betrokkene terzake verwezenlijkt, dit wil zeggen door het verschil tussen het totaalbedrag te betalen door de reiziger, met uitsluiting van de belasting over de toegevoegde waarde en de werkelijke kosten, belasting over de toegevoegde waarde inbegrepen, die het reisbureau draagt voor de goederen en de diensten die hem worden geleverd met het oog op zijn prestatie, in de mate waarin deze goederen en diensten rechtstreeks de reiziger ten goede komen.]]

Bestaande tekst omgevormd tot § 1 bij art. 2 W. 29 november 1977 (B.S. 2.XII.1977);

§ 2 ingevoegd bij art. 2 W. 29 november 1977 (B.S. 2. XII.1977) en vervangen bij art. 5 K.B. 28 december 1999 (B.S. 31.XII.1999).

Art. 30. [Wanneer een belastingplichtige voor een niet gesplitste prijs een gebouw of een gedeelte van een gebouw en het bijhorende terrein met voldoening van de belasting vervreemdt samen met een andere grond dan het bijhorende terrein, wordt de belasting berekend over de bedongen prijs en lasten, onder aftrek van de verkoopwaarde van de andere grond dan het bijhorende terrein, geraamd op het tijdstip van de vervreemding, doch met inachtneming van de staat van deze grond vóór de aanvang van het werk.]

Vervangen bij art. 146 Progr. W. 23 december 2009 (B.S. 30.XII.2009, ed. 1), van toepassing vanaf 1 januari 2011.

Art. 31. Bij vordering of onteigening door of vanwege de overheid wordt de vergoeding, met uitzondering van de wederbeleggingsvergoeding, geacht de te belasten prijs te zijn.

Art. 32. [Als normale waarde wordt beschouwd het volledige bedrag dat een afnemer in de handelsfase waarin de levering van goederen of de dienst wordt verricht, bij eerlijke concurrentie zou moeten betalen aan een onafhankelijke leverancier of dienstverrichter op het grondgebied van het land waar de handeling belastbaar is, om de desbetreffende goederen of diensten op dat tijdstip te verkrijgen.

Indien er geen vergelijkbare verrichting voorhanden is, mag de normale waarde van een levering van goederen niet lager zijn dan de aankoopprijs van de goederen of van soortgelijke goederen of, indien er geen aankoopprijs is, de kostprijs, berekend op het tijdstip waarop die levering wordt verricht, en, met betrekking tot een dienst, een waarde die niet lager is dan de door de belastingplichtige voor het verrichten van die dienst gemaakte uitgaven.]

Vervangen bij art. 43 Progr. W. 27 december 2006 (B.S. 28.XII.2006, ed. 3).

Art. 33. [§ 1. De maatstaf van heffing is:

1° voor de handelingen bedoeld in artikel 10, § 3, en in artikel 12, de aankoopprijs van de goederen of soortgelijke goederen of, indien er geen aankoopprijs is, de kostprijs, in voorkomend geval rekening houdend met artikel 26, tweede en derde lid, en met artikel 28, bepaald op het tijdstip waarop die handelingen worden verricht;

2° voor de handelingen bedoeld in artikel 19, § 1 en § 2, 2°, de door de belastingplichtige gedane uitgaven;

3° voor de handelingen bedoeld in artikel 19, § 2, 1°, [en artikel 19bis,] de overeenkomstig artikel 32 vastgestelde normale waarde van de dienst.

§ 2. In afwijking van artikel 26 is de maatstaf van heffing voor de levering van goederen of de diensten de normale waarde [zoals die overeenkomstig artikel 32 is bepaald indien]:

1° de tegenprestatie lager is dan de normale waarde;

2° de afnemer van de levering van goederen of de dienst geen volledig recht op aftrek heeft van de verschuldigde belasting;

3° de afnemer verbonden is met de leverancier van de goederen of de dienstverrichter:

- ingevolge een arbeidsovereenkomst, met inbegrip van hun familieleden tot in de vierde graad;

- als vennoot, lid of bestuurder van de vennootschap of rechtspersoon, met inbegrip van hun familieleden tot in de vierde graad.

§ 3. Bij ruil en, meer algemeen, wanneer de tegenprestatie niet uitsluitend uit een geldsom bestaat, wordt die prestatie voor de berekening van de belasting op haar normale waarde gerekend.]

Vervangen bij art. 44 Progr. W. 27 december 2006 (B.S. 28.XII.2006, ed. 3);

§ 1, 3° gewijzigd bij art. 102 Progr. W. 27 april 2007 (B.S. 8.V.2007, ed. 3), van toepassing vanaf 1 april 2007;

§ 2, inleidende zin gewijzigd bij art. 61 W. 14 april 2011 (B.S. 6.V.2011, ed. 1).

[Art. 33bis. Voor de levering van goederen bedoeld in artikel 12bis en voor de intracommunautaire verwerving van goederen bedoeld in artikel 25quater, wordt de maatstaf van heffing bepaald overeenkomstig [artikel 33, § 1, 1°].]

Ingevoegd bij art. 34 W. 28 december 1992 (B.S. 31. XII.1992) en gewijzigd bij art. 115 Progr. W. 27 april 2007 (B.S. 8.V.2007, ed. 3), van toepassing vanaf 7 januari 2007.

Art. 34. [§ 1. Voor de ingevoerde goederen is de maatstaf van heffing de waarde berekend volgens de geldende communautaire regels tot vaststelling van de douanewaarde, ook al heeft de invoer betrekking op goederen die om welke reden ook niet aan invoerrechten onderworpen zijn.

§ 2. In de maatstaf van heffing zoals bepaald in § 1 moeten worden opgenomen, voor zover zij niet reeds daarin zijn begrepen:

1° de in het buitenland verschuldigde rechten, hef-

fingen en andere belastingen, alsmede die welke ter zake van de invoer verschuldigd zijn, met uitzondering van de te heffen belasting over de toegevoegde waarde;

2° de bijkomende kosten, zoals van commissie, douaneformaliteiten, verpakking, vervoer en verzekering, [tot op de plaats van bestemming van de goederen in België].

[In de maatstaf van heffing moeten eveneens de in 2° bedoelde bijkomende kosten worden opgenomen wanneer zij voortvloeien uit het vervoer naar een andere plaats van bestemming in de Gemeenschap, indien deze plaats bekend is op het tijdstip waarop het belastbaar feit plaatsvindt.]

§ 3. In de maatstaf van heffing worden daarentegen niet opgenomen:

1° de sommen die als disconto van de prijs mogen worden afgetrokken;

2° de prijsverminderingen die aan de koper of de afnemer worden toegekend en die zijn verkregen op het tijdstip waarop de belasting opeisbaar wordt;

3° de interesten wegens te late betaling.

Oud § 4. [...]

§ [4]. [De Koning omschrijft het begrip eerste plaats van bestemming bedoeld in paragraaf 2, eerste lid, 2°.]]

Vervangen bij art. 35 W. 28 december 1992 (B.S. 31. XII.1992);

§ 2, al. 1, 2° gewijzigd bij art. 9, A K.B. 22 december 1995 (B.S. 30.XII.1995, ed. 1);

§ 2, al. 2 ingevoegd bij art. 9, B K.B. 22 december 1995 (B.S. 30.XII.1995, ed. 1);

§ 4 (Oud) opgeheven bij art. 23, a) W. 17 december 2012 (I) (B.S. 21.XII.2012, ed. 2), van toepassing vanaf 1 januari 2013;

§ 5 hernummerd tot § 4 en vervangen bij art. 23, b) W. 17 december 2012 (I) (B.S. 21.XII.2012, ed. 2), van toepassing vanaf 1 januari 2013.

Opmerking: – § 4: zie K.B. nr. 42 van 29 december 1992.

– § 5: zie K.B. nr. 7 van 29 december 1992.

Art. 35. [De Koning kan een minimummaatstaf van heffing bepalen voor de levering, [de intracommunautaire verwerving] en de invoer van:

1° automobielen, motorrijwielen en andere motorrijtuigen voor vervoer te land, ongeacht de soort van de motor, alsmede voor aanhangwagens daarvoor;

2° jachten en plezierboten;

3° vliegtuigen, watervliegtuigen, hefschroefvliegtuigen en andere dergelijke toestellen, en zweefvliegtuigen.

[Hij kan eveneens de maatstaf van heffing van de dienst, bedoeld in artikel 18, § 2, tweede lid, vaststellen op een percentage van het totaal van de bedragen die het reisbureau in de zin van artikel 1, § 7, eerste lid, 2°, aanrekent aan de reiziger.]]

Vervangen bij art. 17 W. 17 december 1977 (B.S. 30. XII.1977);

Al. 1, inleidende zin gewijzigd bij art. 36 W. 28 december

1992 (B.S. 31.XII.1992);
Al. 2 vervangen bij art. 6 K.B. 28 december 1999 (B.S. 31.XII.1999).

Art. 36. § 1. De maatstaf van heffing mag niet lager zijn dan de normale waarde zoals die is bepaald door [artikel 32, eerste lid], ten aanzien van:

a) [de met voldoening van de belasting vervreemde goederen bedoeld in artikel 1, § 9];

b) werk in onroerende staat, wanneer het betrekking heeft op op te richten gebouwen.

§ 2. Wanneer de opdrachtgever meer dan één contract sluit voor de oprichting van een gebouw, mag het totaal van de maatstaven van heffing betreffende die contracten, niet lager zijn dan de normale waarde van de gezamenlijke werken.

Wanneer werken in onroerende staat betrekking hebben op de voltooiing van een gebouw dat met betaling van de belasting werd verkregen, mag het totaal van de maatstaven van heffing niet lager zijn dan het minimum dat in het vorige lid is aangegeven.

§ 3. In afwijking van [artikel 32, eerste lid], kan de Koning ten aanzien van goederen en diensten bedoeld in de §§ 1 en 2, het tijdstip bepalen dat in aanmerking dient te worden genomen voor de vaststelling van de normale waarde.

§ 1, a) vervangen bij art. 147 Progr. W. 23 december 2009 (B.S. 30.XII.2009, ed. 1), van toepassing vanaf 1 januari 2011;
§ 1, inleidende zin gewijzigd bij art. 116 Progr. W. 27 april 2007 (B.S. 8.V.2007, ed. 3);
§ 3 gewijzigd bij art. 116 Progr. W. 27 april 2007 (B.S. 8.V.2007, ed. 3).

HOOFDSTUK V

TARIEF VAN DE BELASTING

Art. 37. [§ 1. Bij in Ministerraad overlegd besluit bepaalt de Koning de tarieven en geeft Hij de indeling van de goederen en diensten bij die tarieven, rekening houdend met de door de Europese Gemeenschappen ter zake uitgevaardigde reglementering.

Bij eenzelfde procedure kan Hij de indeling en de tarieven wijzigen wanneer de economische of sociale omstandigheden zulks vereisen.

§ 2. De Koning zal bij de Wetgevende Kamers, onmiddellijk indien ze in zitting zijn, zoniet bij de opening van de eerstvolgende zitting, een ontwerp van wet indienen tot bekrachtiging van de ter uitvoering van § 1 van dit artikel genomen besluiten.]

Vervangen bij art. 38 W. 28 december 1992 (B.S. 31. XII.1992, ed. 1).

Opmerking: – Zie K.B. nr. 20 van 20 juli 1970.

Art. 38. [§ 1. Het voor de leveringen van goederen en diensten toe te passen tarief is het tarief dat van kracht is op het tijdstip waarop het belastbare feit plaatsvindt.

[In de gevallen bedoeld in de artikelen 17 en 22bis, is het toe te passen tarief evenwel het tarief dat van kracht is op het tijdstip waarop de belasting opeisbaar wordt.]

§ 2. Het voor invoer van goederen toe te passen tarief is het tarief dat van kracht is op het tijdstip waarop het belastbare feit plaatsvindt.

In de gevallen bedoeld in artikel 24, § 2, is het toe te passen tarief evenwel het tarief dat van kracht is op het tijdstip waarop de belasting opeisbaar wordt.

§ 3. Wanneer de belasting opeisbaar wordt op een tijdstip dat niet samenvalt met dit van het belastbare feit, kan de Koning bij een tussenliggende tariefwijziging bepalen dat voor de door Hem aan te wijzen leveringen van goederen, diensten en invoeren van goederen, het uiteindelijk toe te passen tarief het tarief is dat van kracht is op het tijdstip waarop het belastbare feit plaatsvindt.

§ 4. Iedere handeling die bijdraagt tot het vervaardigen, het bouwen, het monteren of het omvormen van een ander goed dan een uit zijn aard onroerend goed, is aan de belasting onderworpen naar het tarief dat geldt voor het goed beschouwd in de staat waarin het verkeert na de uitvoering van de handeling.]

Vervangen bij art. 39 W. 28 december 1992 (B.S. 31. XII.1992, ed. 1);
§ 1, al. 2 vervangen bij art. 24 W. 17 december 2012 (I) (B.S. 21.XII.2012, ed. 2), van toepassing vanaf 1 januari 2013.

[Art. 38bis. § 1. Het voor de intracommunautaire verwerving van een goed toe te passen tarief is het tarief dat in het binnenland voor de levering van eenzelfde goed wordt toegepast.

§ 2. Het voor de intracommunautaire verwerving van goederen toe te passen tarief is het tarief dat van kracht is op het tijdstip waarop de belasting opeisbaar wordt.]

Ingevoegd bij art. 40 W. 28 december 1992 (B.S. 31. XII.1992, ed. 1).

HOOFDSTUK VI

VRIJSTELLINGEN

Afdeling 1

[Uitvoer, intracommunautaire leveringen en verwervingen, invoer en internationaal vervoer]

Opschrift vervangen bij art. 41 W. 28 december 1992 (B.S. 31.XII.1992, ed. 1).

Art. 39. [§ 1. Van de belasting zijn vrijgesteld:

1° de leveringen van goederen die door of voor rekening van de verkoper worden verzonden of vervoerd naar een plaats buiten de Gemeenschap;

2° de leveringen van goederen die door of voor rekening van een niet in België gevestigde koper worden verzonden of vervoerd naar een plaats buiten de Gemeenschap, met uitzondering van de door de koper zelf vervoerde goederen bestemd voor de uitrusting of de bevoorrading van pleziervaartuigen en sportvliegtuigen of van andere vervoermiddelen voor privé-gebruik, [en van de door een reiziger in zijn persoonlijke bagage meegenomen goederen];

3° de diensten, andere dan die welke zijn vrijgesteld bij toepassing van de artikelen 41 en 42, bestaande uit werkzaamheden met betrekking tot roerende goederen die zijn verworven of ingevoerd teneinde deze werkzaamheden te ondergaan en die naar een plaats buiten de Gemeenschap worden verzonden of vervoerd door de dienstverrichter of de niet in België gevestigde ontvanger van de dienst dan wel voor hun rekening;

4° [de leveringen van goederen aan een niet in de Gemeenschap gevestigde reiziger, die deze goederen in België in bezit neemt en ze in zijn persoonlijke bagage uitvoert naar een plaats buiten de Gemeenschap uiterlijk op het einde van de derde maand volgend op de maand waarin de levering plaatsvond].

§ 2. Van de belasting zijn vrijgesteld:

1° de leveringen alsmede de intracommunautaire verwervingen van goederen die bestemd zijn om [in België] te worden geplaatst onder een regeling als bedoeld in artikel 23, § 4, 1°, 4°, 5°, 6° of 7°, [...] alsmede de leveringen van deze goederen, met handhaving van één van die regelingen;

2° de diensten, andere dan die welke zijn vrijgesteld bij toepassing van de artikelen 41 en 42, bestaande uit werkzaamheden met betrekking tot goederen die het voorwerp uitmaken van leveringen als bedoeld in 1° of die zich [in België] bevinden onder één van de regelingen bedoeld in 1°.

§ 3. [De Koning bepaalt de voorwaarden die voor het verkrijgen van de in de paragrafen 1 en 2 bedoelde vrijstellingen moeten worden nageleefd en kan daarbij afwijken van de artikelen 16, § 1, 17, 22, § 1, en 22bis. Hij kan de vrijstelling bedoeld in paragraaf 1, 4°, beperken en bepaalt het totale bedrag per levering voor het verkrijgen van deze vrijstelling. Hij bepaalt eveneens de verplichtingen en de aansprakelijkheid tegenover de Staat van de tussenpersonen die bij het vervoer optreden voor rekening van de verkoper, de dienstverrichter of de niet in België gevestigde koper of ontvanger van de dienst.]]

Vervangen bij art. 11 K.B. 29 december 1992 (B.S. 31. XII.1992, ed. 4);

§ 1, 2° gewijzigd bij art. 10, A K.B. 22 december 1995 (B.S. 30.XII.1995);

§ 1, 4° vervangen bij art. 25, a) W. 17 december 2012 (I) (B.S. 21.XII.2012, ed. 2), van toepassing vanaf 1 januari 2013;

§ 2, 1° gewijzigd bij art. 10, C K.B. 22 december 1995 (B.S. 30.XII.1995) en bij art. 12, a) W. 26 november 2009 (B.S. 4.XII.2009), van toepassing vanaf 1 januari 2010;

§ 2, 2° gewijzigd bij art. 12, b) W. 26 november 2009 (B.S. 4.XII.2009), van toepassing vanaf 1 januari 2010;

§ 3 vervangen bij art. 25, b) W. 17 december 2012 (I) (B.S. 21.XII.2012, ed. 2, err. B.S. 22.I.2013), van toepassing vanaf 1 januari 2013.

Opmerking: – Zie K.B. nr. 18 van 29 december 1992.

[Art. 39bis. [Van de belasting zijn vrijgesteld:

1° de leveringen van goederen door de verkoper, andere dan een belastingplichtige die de regeling geniet bepaald in artikel 56, § 2, door de afnemer of voor hun rekening verzonden of vervoerd buiten België maar binnen de Gemeenschap, die worden verricht voor een andere belastingplichtige, of voor een niet-belastingplichtige rechtspersoon, die als zodanig optreden in een andere lidstaat en die er aldaar toe gehouden zijn hun intracommunautaire verwervingen van goederen aan de belasting te onderwerpen [, voorzover die leveringen van goederen niet onderworpen zijn aan de bijzondere regeling van belastingheffing over de winstmarge ingesteld bij artikel 58, § 4];

2° de leveringen van nieuwe vervoermiddelen in de zin van artikel 8bis, § 2, door de verkoper, door de afnemer of voor hun rekening naar de afnemer verzonden of vervoerd, buiten België, maar binnen de Gemeenschap, die worden verricht voor belastingplichtigen of voor niet-belastingplichtige rechtspersonen die er daar niet toe gehouden zijn hun intracommunautaire verwervingen van andere goederen dan de bovengenoemde vervoermiddelen en andere dan de accijnsprodukten bedoeld onder 3° aan de belasting te onderwerpen, of voor enige andere niet-belastingplichtige;

3° de leveringen van accijnsprodukten, door de verkoper, anders dan een belastingplichtige die geniet van de regeling bepaald in artikel 56, § 2, door de afnemer of voor hun rekening naar de afnemer verzonden of vervoerd, buiten België, maar binnen de Gemeenschap, die worden verricht voor belastingplichtigen of voor niet-belastingplichtige rechtspersonen die er daar niet toe gehouden zijn hun intracommunautaire verwervingen van andere goederen dan de vervoermiddelen bedoeld onder 2° en andere dan de bovengenoemde accijnsprodukten aan de belasting te onderwerpen, wanneer de verzending of het vervoer van de goederen plaatsvindt overeenkomstig artikel 7, leden 4 en 5, of artikel 16 van Richtlijn 92/12/EEG [en die leveringen van goederen niet onderworpen zijn aan de bijzondere regeling van belastingheffing over de winstmarge ingesteld bij artikel 58, § 4];

4° de in artikel 12bis bedoelde leveringen van goederen [andere dan die onderworpen aan de bijzondere regeling van belastingheffing over de winstmarge ingesteld bij artikel 58, § 4,] waarvoor de vrijstelling als bedoeld in 1° zou gelden, indien zij voor een andere belastingplichtige zouden zijn verricht.

De Koning bepaalt de beperkingen en voorwaarden voor de toepassing van deze vrijstelling.]]

Ingevoegd bij art. 43 W. 28 december 1992 (B.S. 31. XII.1992, ed. 1) en vervangen bij art. 12 K.B. 29 december 1992 (B.S. 31.XII.1992, ed. 4);

Al. 1, 1° aangevuld bij art. 4, A K.B. 23 december 1994 (B.S. 30.XII.1994);

Al. 1, 3° aangevuld bij art. 4, B K.B. 23 december 1994 (B.S. 30.XII.1994);

Al. 1, 4° aangevuld bij art. 4, C K.B. 23 december 1994 (B.S. 30.XII.1994).

[Art. 39ter. [...]]

Ingevoegd bij art. 44 W. 28 december 1992 (B.S. 31. XII.1992, ed. 1);
Opgeheven bij art. 1 K.B. 8 oktober 1999 (B.S. 22.X.1999).

[Art. 39quater. § 1. Van de belasting zijn vrijgesteld […]:

1° de invoeren, de intracommunautaire verwervingen en de leveringen van goederen die worden geplaatst onder een andere regeling van entrepot dan douane-entrepot;

2° de leveringen van goederen geplaatst onder een andere regeling van entrepot dan douane-entrepot, met handhaving van die regeling;

3° de diensten andere dan die vrijgesteld bij toepassing van de artikelen 41 en 42, die betrekking hebben op goederen die het voorwerp uitmaken van de in 1° bedoelde handelingen of die zich [in België] bevinden onder een andere regeling van entrepot dan douane-entrepot.

[De Koning bepaalt de beperkingen en de voorwaarden voor de toepassing van deze vrijstelling en kan daarbij afwijken van [de artikelen 16, § 1, 17, 22, § 1, 22bis, 24 en 25sexies].]

§ 2. In de zin van onderhavig artikel worden als andere entrepots dan douane-entrepots beschouwd:

1° voor accijnsprodukten, de in België gelegen plaatsen die aangemerkt worden als belastingentrepots in de zin van artikel 4, b, van de Richtlijn 92/12/EEG;

2° voor andere goederen dan accijnsprodukten, de in België gelegen plaatsen die als zodanig door de Koning worden aangemerkt.]

Ingevoegd bij art. 11 K.B. 22 december 1995 (B.S. 30. XII.1995, ed. 1);
§ 1, al. 1, inleidende zin gewijzigd bij art. 1, A K.B. 10 november 1996 (B.S. 14.XII.1996);
§ 1, al. 1, 3° gewijzigd bij art. 13 W. 26 november 2009 (B.S. 4.XII.2009), van toepassing vanaf 1 januari 2010;
§ 1, al. 2 ingevoegd bij art. 1, B K.B. 10 november 1996 (B.S. 14.XII.1996) en gewijzigd bij art. 26 W. 17 december 2012 (I) (B.S. 21.XII.2012, ed. 2), van toepassing vanaf 1 januari 2013.

Art. 40. [§ 1. Van de belasting zijn vrijgesteld:

1° de invoer en de intracommunautaire verwerving:

a) van goederen waarvan de levering door belastingplichtigen in het binnenland in elk geval is vrijgesteld;

b) van goederen die een definitieve vrijstelling genieten op grond van de door de Europese Gemeenschappen uitgevaardigde reglementering;

c) […];

d) [van goederen verzonden of vervoerd vanuit een derdelandsgebied of een derde land in een andere lidstaat dan België, indien de levering van deze goederen verricht door de persoon op wiens naam de ter zake van invoer verschuldigde belasting mag of moet worden voldaan uit hoofde van artikel 52, § 1, tweede lid, vrijgesteld is overeenkomstig artikel 39bis];

2° de wederinvoer, door degene die de goederen heeft uitgevoerd buiten de Gemeenschap:

a) van goederen in de staat waarin ze werden uitgevoerd buiten de Gemeenschap;

b) van goederen die buiten de Gemeenschap een herstelling, een bewerking, een verwerking of een aanpassing hebben ondergaan;

[2°bis de intracommunautaire verwervingen van goederen die het voorwerp hebben uitgemaakt van een overbrenging naar een andere lidstaat en in dezelfde toestand in België terugkeren;]

3° [de invoer van gas via een aardgassysteem of een op een dergelijk systeem aangesloten net, van gas dat van op een gastransportschip in een aardgassysteem of een upstreampijpleidingnet wordt ingebracht, van elektriciteit of van warmte of koude via warmte- of koudenetten wanneer de persoon op wiens naam de verschuldigde belasting bij de invoer mag of moet worden betaald, deze goederen heeft verworven onder de [in artikel 14bis] bepaalde voorwaarden].

§ 2. [Van de belasting zijn eveneens vrijgesteld:

1° de levering en de verwerving van goederen die vanaf het binnenkomen in de Gemeenschap werden geplaatst onder één van de in artikel 23, §§ 4 en 5, bedoelde regelingen, met handhaving van één van die regelingen;

2° de diensten, andere dan die welke zijn vrijgesteld bij toepassing van de artikelen 41 en 42, met betrekking tot goederen [die zich in België bevinden onder één van de in artikel 23, §§ 4 en 5, bedoelde regelingen].]

§ 3. [De Koning bepaalt de voorwaarden die voor het verkrijgen van de in de paragrafen 1 en 2 bedoelde vrijstellingen moeten worden nageleefd en kan daarbij afwijken van artikel 21bis. Voor de invoeren bedoeld in paragraaf 1, 1°, b) en 2°, kan Hij de vrijstelling beperken of, ter voorkoming van concurrentieverstoring, bepalen dat zij geen toepassing vindt.]

§ 4. Onverminderd de §§ 1 tot 3, kan de Koning, om de uitvoering van internationale akten te verzekeren, alle maatregelen nemen volgens welke gehele of gedeeltelijke vrijstelling van de belasting bij de invoer van goederen wordt verleend onder de door Hem te stellen beperkingen en voorwaarden.]

Vervangen bij art. 45 W. 28 december 1992 (B.S. 31. XII.1992, ed. 1);
§ 1, 1°, c) opgeheven bij art. 12, A K.B. 22 december 1995 (B.S. 30.XII.1995, ed. 1);
§ 1, 1°, d) vervangen bij art. 10, a) W. 29 december 2010 (B.S. 31.XII.2010, ed. 4), van toepassing vanaf 1 januari 2011;
§ 1, 2°bis ingevoegd bij art. 10, b) W. 29 december 2010 (B.S. 31.XII.2010, ed. 4), van toepassing vanaf 1 januari 2011;
§ 1, 3° vervangen bij art. 10, c) W. 29 december 2010 (B.S. 31.XII.2010, ed. 4), van toepassing vanaf 1 januari 2011 en gewijzigd bij art. 27 W. 17 december 2012 (I) (B.S. 21. XII.2012, ed. 2), van toepassing vanaf 1 januari 2013;
§ 2 vervangen bij art. 2, A K.B. 10 november 1996 (B.S. 14.XII.1996);
§ 2, 2° gewijzigd bij art. 14, a) W. 26 november 2009 (B.S. 4.XII.2009), van toepassing vanaf 1 januari 2010;
§ 3 vervangen bij art. 14, b) W. 26 november 2009 (B.S. 4.XII.2009), van toepassing vanaf 1 januari 2010.

Opmerking: – § 1, 1°, b: zie K.B. nr. 52 van 29 december 1992.
– Zie K.B. nr. 7 en 18 van 29 december 1992.

[Art. 40bis. Van de belasting zijn vrijgesteld de intracommunautaire verwervingen van goederen waarvoor de afnemer van de goederen op grond van artikel 76, § 2, in ieder geval recht zou hebben op de volledige teruggave van de belasting die bij toepassing van de bepalingen van artikel 25ter zou verschuldigd zijn.]

Ingevoegd bij art. 46 W. 28 december 1992 (B.S. 31. XII.1992, ed. 1).

Art. 41. [§ 1. Van de belasting zijn vrijgesteld:
1° het zeevervoer van personen; het internationale luchtvervoer van personen; het vervoer van door reizigers begeleide bagage en auto's bij hier onder 1° bedoeld vervoer;
2° de diensten die betrekking hebben op de invoer van goederen en waarvan de waarde in België of in een andere lidstaat opgenomen is in de maatstaf van heffing bij invoer;
3° de diensten die rechtstreeks verband houden met de uitvoer van goederen vanuit België of vanuit een andere lidstaat buiten de Gemeenschap;
4° de diensten die rechtstreeks verband houden met goederen die:
a) in België vallen onder een regeling als bedoeld in artikel 23, §§ 4 en 5 of onder een andere regeling van entrepot dan douane-entrepot;
b) in een andere lidstaat vallen onder een regeling die het equivalent is van de regelingen bedoeld in a);
5° de diensten die rechtstreeks verband houden met handelingen die op grond van artikel 39, § 2, 1°, vrijgesteld zijn van de belasting;
6° het intracommunautaire vervoer van goederen naar of vanaf de eilanden die de autonome regio's van de Azoren en van Madeira vormen[, het vervoer van goederen tussen deze eilanden], alsmede de daarmee samenhangende handelingen.
Voor de toepassing van het bepaalde in het eerste lid, 3° tot 5° wordt onder meer bedoeld, de diensten die tot voorwerp hebben:
1° het vervoer van goederen;
2° het laden, lossen, overslaan en overpompen van goederen;
3° het wegen, meten en peilen van goederen;
4° het verpakken, overpakken en het uitpakken van goederen;
5° het behandelen, het stouwen en verstouwen van goederen;
6° het nazien, onderzoeken en in ontvangst nemen van goederen;
7° het beveiligen van goederen tegen slecht weer, diefstal, brandgevaar en ander gevaar voor verlies of vernieling;
8° het opbergen en bewaren van goederen;
9° het verrichten van formaliteiten bij invoer, uitvoer uit de Gemeenschap of douanevervoer en die zijn voorgeschreven overeenkomstig een communautaire

bepaling.
§ 2. Van de belasting zijn vrijgesteld de diensten door makelaars en lasthebbers die niet handelen als bedoeld in artikel 13, § 2, wanneer die makelaars en lasthebbers tussenkomst verlenen bij:
a) leveringen van goederen of diensten die buiten de Gemeenschap plaatsvinden;
b) leveringen van goederen of diensten die vrijgesteld zijn ingevolge de artikelen 39, 39quater, 40, 41 en 42;
c) leveringen van goederen of diensten die in een andere lidstaat plaatsvinden en die in die lidstaat zijn vrijgesteld ingevolge een nationale bepaling die de artikelen 146 tot en met 152 van de Richtlijn 2006/112/EG omzet.
§ 3. De Koning bepaalt de toepassingsvoorwaarden van dit artikel.]

Vervangen bij art. 15 W. 26 november 2009 (B.S. 4.XII.2009), van toepassing vanaf 1 januari 2010;
§ 1, al. 1, 6° gewijzigd bij art. 44 W. 17 juni 2013 (B.S. 28. VI.2013, ed. 1).

Opmerking: – Zie K.B. nr. 6 van 27 december 1977.

Art. 42. [§ 1. Van de belasting zijn vrijgesteld:
1° de levering:
a) van zeeschepen bestemd voor passagiers- of goederenvervoer tegen betaling, voor de visserij of, meer algemeen, voor de uitoefening van enigerlei industriële of handelsactiviteit;
b) van reddingsboten en -schepen voor hulpverlening op zee;
c) van oorlogsschepen;
d) van binnenschepen bestemd voor de binnenlandse commerciële vaart;
2° de levering aan bouwers, eigenaars en gebruikers van in 1° bedoelde vaartuigen, van voorwerpen bestemd om in die vaartuigen te worden ingelijfd of om te dienen voor de exploitatie van die vaartuigen;
3° de diensten die tot voorwerp hebben de bouw, de verbouwing, de herstelling, het onderhoud, de verhuur of de bevrachting van in 1° bedoelde vaartuigen of in 2° bedoelde voorwerpen;
4° de levering aan eigenaars of gebruikers van in 1°, a, b en c, bedoelde vaartuigen, van goederen bestemd voor de bevoorrading van die vaartuigen. De vrijstelling is nochtans niet toepasselijk op boordprovisie voor vaartuigen die gebruikt worden voor de kustvisserij, terwijl met betrekking tot oorlogsschepen de vrijstelling beperkt is tot de bevoorrading van de schepen [vallende onder de GN-Code 8906 10 00 van de Gecombineerde Nomenclatuur van het gemeenschappelijk douanetarief van de Europese Gemeenschap] en die het land verlaten met als bestemming een haven of een ankerplaats in het buitenland;
5° de andere diensten dan deze genoemd in 3°, die verricht worden voor de rechtstreekse behoeften van in 1°, a en b, bedoelde vaartuigen en hun lading, zoals het slepen, het loodsen, het meren, de reddings- en expertiseverrichtingen, het gebruik van de havens, de diensten als agent verleend door scheepsagenten aan

rederijen, de diensten ten behoeve van de aan- en af-vaart en het verblijf van de bedoelde vaartuigen in de havens, de diensten ten behoeve van passagiers en bemanning verleend voor rekening van rederijen.

De Koning bepaalt de beperkingen en de voorwaarden voor de toepassing van deze paragraaf.

§ 2. Van de belasting zijn vrijgesteld:

1° de levering van vliegtuigen, watervliegtuigen, hefschroefvliegtuigen en dergelijke toestellen, bestemd voor gebruik door de Staat of door luchtvaartmaatschappijen die zich hoofdzakelijk toeleggen op het internationale vervoer van personen en van goederen tegen betaling;

2° de levering aan bouwers, eigenaars en gebruikers van in 1° bedoelde luchtvaartuigen, van voorwerpen bestemd om te worden ingelijfd in die toestellen of om te dienen voor de exploitatie ervan;

3° de diensten die tot voorwerp hebben de bouw, de verbouwing, de herstelling, het onderhoud en de verhuur van in 1° en 2° bedoelde luchtvaartuigen en voorwerpen;

4° de levering aan in 1° bedoelde luchtvaartmaatschappijen, van goederen bestemd voor de bevoorrading van vliegtuigen, watervliegtuigen, hefschroefvliegtuigen en dergelijke toestellen welke die maatschappijen gebruiken;

5° de andere diensten dan deze genoemd in 3°, die verricht worden voor de rechtstreekse behoeften van in 1° bedoelde toestellen, met uitzondering van de toestellen gebruikt door de Staat, en van hun lading, zoals het slepen, het loodsen, reddings- en expertiseverrichtingen, het gebruik van de luchthavens, de diensten ten behoeve van het landen, het opstijgen en het verblijf van toestellen op de luchthavens, de diensten als agent verleend door luchtvaartagenten aan die maatschappijen, de diensten aan passagiers en bemanning verleend voor rekening van luchtvaartmaatschappijen.

De Koning bepaalt de beperkingen en de voorwaarden voor de toepassing van deze paragraaf.

§ 3. [Van de belasting zijn vrijgesteld:

1° de leveringen, de intracommunautaire verwervingen en de invoeren van goederen en de diensten in het kader van de diplomatieke en consulaire betrekkingen;

2° de leveringen van roerende goederen en de diensten, met uitzondering van werk in onroerende staat, aan, alsook de intracommunautaire verwervingen en de invoeren van dergelijke goederen door de volgende personen, handelend voor hun persoonlijk gebruik en gehecht aan de zendingen en posten bedoeld onder 1°: de leden van het diplomatiek personeel, de leden van het administratief en technisch personeel, de consulaire beroepsambtenaren en de consulaire bedienden;

3° de leveringen, de intracommunautaire verwervingen en de invoeren van goederen en de diensten verricht voor de Europese Gemeenschap, de Europese Gemeenschap voor Atoomenergie, de Europese Centrale Bank of de Europese Investeringsbank of voor de door de Europese Gemeenschappen opgerichte organen waarop het Protocol van 8 april 1965 betreffende

de voorrechten en immuniteiten van de Europese Gemeenschappen van toepassing is, zulks binnen de beperkingen en onder de voorwaarden die zijn vastgesteld bij dat protocol, bij de overeenkomsten tot toepassing van dat protocol of bij de vestigingsovereenkomsten, en voor zover zulks niet leidt tot verstoring van de mededinging;

4° de leveringen, de intracommunautaire verwervingen en de invoeren van goederen en de andere dan in 3° [bedoelde handelingen] bestemd voor de internationale instellingen en daaraan verbonden ambtenaren, voor zover in zulke vrijstelling is voorzien door een overeenkomst waarbij België toegetreden is;

5° de leveringen, de intracommunautaire verwervingen en de invoeren van goederen en de diensten verricht, hetzij voor het officiële gebruik van de krijgsmachten van vreemde Staten toegetreden tot het Noord-Atlantisch Verdrag of van het hen begeleidende burgerpersoneel, hetzij voor de bevoorrading van de messes en kantines van die krijgsmachten, voor zover de betreffende krijgsmachten deelnemen aan de gemeenschappelijke defensie-inspanning;

6° de leveringen en de intracommunautaire verwervingen van goederen en de diensten die naar een andere lidstaat werden verricht en bestemd zijn voor de strijdkrachten van een andere Staat toegetreden tot het Noord-Atlantisch Verdrag dan de lidstaat van bestemming zelf, voor het gebruik van die strijdkrachten of van het hen begeleidende burgerpersoneel, of voor de bevoorrading van de messes en kantines van die strijdkrachten, voor zover deze strijdkrachten deelnemen aan de gemeenschappelijke defensie-inspanning;

7° de leveringen, de intracommunautaire verwervingen en de invoeren van goederen en de diensten bestemd voor de instellingen die door een buitenlandse regering belast zijn met de aanleg, de inrichting en het onderhoud van begraafplaatsen en gedenktekens voor de in oorlogstijd overleden en hier te lande begraven leden van haar krijgsmacht;

8° de leveringen, de intracommunautaire verwervingen en de invoeren van goederen en de diensten bestemd voor de Noord-Atlantische Vergadering en de leden van het Internationaal Secretariaat van die Vergadering, voor zover in de vrijstelling is voorzien door de wet van 14 augustus 1974 betreffende het statuut in België van de Noord-Atlantische Vergadering;

9° de leveringen, de intracommunautaire verwervingen en de invoeren van goud aan de centrale banken;

10° de levering van goederen bestemd voor erkende organisaties die deze goederen uitvoeren uit de Gemeenschap in het kader van hun menslievend, liefdadig of opvoedkundig werk [buiten de Gemeenschap].]

Door of vanwege de Minister van Financiën worden de perken en de voorwaarden voor de toepassing van deze paragraaf bepaald. Er kan onder meer worden bepaald dat de in deze paragraaf bedoelde vrijstellingen worden verleend bij wijze van teruggaaf.

§ 4. Van de belasting zijn vrijgesteld:

1° de leveringen van echte parels, natuurlijke edelstenen en dergelijke, aan personen die uitsluitend handelaar in die goederen zijn;

2° de met betrekking tot die goederen aan dezelfde personen verstrekte diensten.

Door of vanwege de Minister van Financiën worden de perken en de voorwaarden voor de toepassing van deze paragraaf bepaald.]

Vervangen bij art. 48 W. 28 december 1992 (B.S. 31.XII.1992, ed. 1);

§ 1, al. 1, 4° gewijzigd bij art. 136 W. 1 maart 2007 (B.S. 14.III.2007);

§ 3, al. 1 vervangen bij art. 11 W. 29 december 2010 (B.S. 31.XII.2010, ed. 4), van toepassing vanaf 1 januari 2011;

§ 3, al. 1, 4° gewijzigd bij art. 45, a) W. 17 juni 2013 (B.S. 28.VI.2013, ed. 1);

§ 3, al. 1, 10° gewijzigd bij art. 45, b) W. 17 juni 2013 (B.S. 28.VI.2013, ed. 1).

Opmerking: – Zie K.B. nr. 6 van 27 december 1977 (Uitvoering van art. 42, §§ 1 en 2).

– § 3, al. 1: Zie Bericht houdende de elektronische verificatie van de vrijstelling van btw (B.S. 24.V.2012), van toepassing vanaf 1 juni 2012.

Art. 43. […]

Opgeheven bij art. 49 W. 28 december 1992 (B.S. 31. XII.1992, ed. 1).

Afdeling 2

Andere vrijstellingen

Art. 44. [§ 1. Van de belasting zijn vrijgesteld de diensten door de nagenoemde personen verricht in de uitoefening van hun geregelde werkzaamheid:

1° [...] advocaten [...];

2° artsen, tandartsen, kinesitherapeuten, vroedvrouwen, verplegers en verpleegsters, verzorgers en verzorgsters, ziekenoppassers en ziekenoppassters, masseurs en masseuses, van wie de diensten van persoonsverzorging zijn opgenomen in de nomenclatuur van de geneeskundige verstrekkingen inzake verplichte ziekte- en invaliditeitsverzekering.

§ 2. Van de belasting zijn eveneens vrijgesteld:

1° de diensten en de leveringen van goederen die daarmee nauw samenhangen in de uitoefening van hun geregelde werkzaamheid verricht door ziekenhuizen, psychiatrische inrichtingen, klinieken en dispensaria; [...]; het vervoer van zieken of gewonden met speciaal daartoe uitgeruste vervoermiddelen;

1°bis de diensten verleend aan hun leden door zelfstandige groeperingen van personen die een werkzaamheid uitoefenen welke krachtens dit artikel is vrijgesteld of waarvoor zij niet belastingplichtig zijn, wanneer die diensten direct nodig zijn voor de uitoefening van die werkzaamheid, deze groeperingen van hun leden enkel terugbetaling vorderen van hun aandeel in de gezamenlijke uitgaven, en mits deze vrijstelling niet tot concurrentieverstoring kan leiden; de Koning regelt de toepassingsvoorwaarden van deze

vrijstelling;

1°ter de leveringen van menselijke organen, van menselijk bloed en van moedermelk;

2° [de diensten en leveringen van goederen die nauw samenhangen met maatschappelijk werk, met de sociale zekerheid en met de bescherming van kinderen en jongeren en die worden verricht door publiekrechtelijke lichamen of door andere organisaties die door de bevoegde overheid als instellingen van sociale aard worden erkend.

Worden met name bedoeld:

- de instellingen die de bejaardenzorg tot doel hebben;

- de kinderbewaarplaatsen, de zuigelingentehuizen en de instellingen die in hoofdzaak het toezicht over jongelui en de zorg voor hun onderhoud, opvoeding en vrijetijdsbesteding tot doel hebben;

- de instellingen voor gezinshulp;

- de centra voor levens- en gezinsvragen;

- de ziekenfondsen en de landsbonden van ziekenfondsen;

- de psycho-medisch-sociale centra en de centra voor leerlingenbegeleiding;

- de instellingen die de gehandicaptenzorg tot doel hebben;

- de instellingen die de begeleiding, de omkadering of de opvang van personen die zich in materiële of morele moeilijkheden bevinden tot doel hebben;

- de instellingen bedoeld in het koninklijk besluit van 17 december 2003 betreffende de subsidiëring van instellingen die voorzien in een gespecialiseerde begeleiding voor burgers die betrokken zijn in een gerechtelijke procedure;

- de externe diensten erkend bij het koninklijk besluit van 27 maart 1998 betreffende de externe diensten voor preventie en bescherming op het werk];

3° de diensten verstrekt door exploitanten van sportinrichtingen en inrichtingen voor lichamelijke opvoeding aan personen die er aan lichamelijke ontwikkeling of aan sport doen, wanneer die exploitanten en inrichtingen instellingen zijn die geen winstoogmerk hebben en zij de ontvangsten uit de vrijgestelde werkzaamheden uitsluitend gebruiken tot dekking van de kosten ervan;

4° het verstrekken van school- of universitair onderwijs, beroepsopleiding en -herscholing, en het verrichten van de nauw daarmee samenhangende diensten en leveringen van goederen, zoals het verschaffen van logies, spijzen en dranken en van voor het vrijgestelde onderwijs gebruikte handboeken, door instellingen die daartoe door de bevoegde overheid zijn erkend of die aan dergelijke instellingen zijn toegevoegd of ervan afhangen; het geven door leerkrachten van lessen met betrekking tot school- of universitair onderwijs, beroepsopleiding of -herscholing;

5° de diensten betreffende onderwijskeuze en gezinsvoorlichting alsook de nauw daarmee samenhangende leveringen van goederen;

6° de verhuur van boeken en tijdschriften, van muziekpartituren, grammofoonplaten, magneetbanden, diapositieven en van andere dergelijke voorwerpen van culturele aard, en de diensten aan de lezers verstrekt door bibliotheken en leeszalen, wanneer de dienstverrichter een instelling is die geen winstoogmerk heeft en hij de ontvangsten uit de vrijgestelde werkzaamheden uitsluitend gebruikt tot dekking van de kosten ervan alsmede de leveringen van goederen die nauw samenhangen met deze handelingen;

7° de diensten en de leveringen van goederen die daarmee nauw samenhangen, die door de exploitant aan de bezoekers worden verstrekt met betrekking tot al dan niet geleid bezoek aan musea, monumenten, natuurmonumenten, plantentuinen en dierentuinen, wanneer die exploitant een instelling is die geen winstoogmerk heeft en hij de ontvangsten uit de vrijgestelde werkzaamheden uitsluitend gebruikt tot dekking van de kosten ervan;

8° de diensten aan organisatoren van voordrachten verstrekt door voordrachtgevers die als zodanig handelen; de diensten aan organisatoren van schouwspelen en concerten, aan uitgevers van grammofoonplaten en van andere klankdragers en aan makers van films en van andere beelddragers verstrekt door acteurs, orkestleiders, muzikanten en andere artiesten voor de uitvoering van toneelwerken, balletten, films, muziekstukken, circus-, variété- of cabaretvoorstellingen; de diensten aan organisatoren van sportwedstrijden of sportfeesten verstrekt door deelnemers aan die wedstrijden of feesten;

9° de organisatie van toneel-, ballet- of filmvoorstellingen, van tentoonstellingen, concerten of conferenties alsook de leveringen van goederen die nauw samenhangen met deze diensten door instellingen erkend door de bevoegde overheid, mits de inkomsten die zij verkrijgen uit hun werkzaamheid uitsluitend gebruikt worden tot dekking van de kosten ervan;

10° de terbeschikkingstelling van personeel door religieuze of levensbeschouwelijke instellingen voor de in 1°, 2° en 4° bedoelde werkzaamheden, of met het oog op de verlening van geestelijke bijstand;

11° de diensten en de nauw daarmee samenhangende leveringen van goederen ten behoeve en in het gemeenschappelijk belang van hun leden, verricht tegen betaling van een krachtens de statuten bepaalde bijdrage, door instellingen die geen winst beogen en doeleinden van politieke, syndicale, religieuze, levensbeschouwelijke, vaderlandslievende, filantropische of staatsburgerlijke aard nastreven; de Koning kan, ter voorkoming van concurrentieverstoring, de vrijstelling afhankelijk maken van aanvullende voorwaarden;

12° de leveringen van goederen en de diensten, verricht in samenhang met werkzaamheden die ter verkrijging van financiële steun met betrekking tot in 1° tot 4°, 7° en 11° genoemde handelingen zijn georganiseerd door en uitsluitend ten bate van diegenen die deze handelingen verrichten; de Koning kan, ter voorkoming van concurrentieverstoring, beperkingen opleggen ten aanzien van het aantal van de vrijgestelde werkzaamheden of het bedrag van de opbrengsten;

13° de levering van goederen die uitsluitend ten behoeve van een op grond van dit artikel vrijgestelde activiteit werden aangewend als voor al deze goederen geen recht op aftrek is genoten; de overdracht van een

cliënteel of het verlenen van rechten op een cliënteel, dat betrekking heeft op een op grond van dit artikel vrijgestelde activiteit; de levering van goederen waarvan de verkrijging of de bestemming het voorwerp heeft uitgemaakt van een uitsluiting van het recht op aftrek overeenkomstig artikel 45, § 3, van dit Wetboek.

§ 3. Van de belasting zijn nog vrijgesteld:

1° [de volgende handelingen:

a) de levering van uit hun aard onroerende goederen.

Worden evenwel uitgesloten de levering van gebouwen, gedeelten van gebouwen en het bijhorende terrein bedoeld in artikel 1, § 9, wanneer hun vervreemding wordt verricht uiterlijk op 31 december van het tweede jaar volgend op het jaar van de eerste ingebruikneming of de eerste inbezitneming van de goederen bedoeld in artikel 1, § 9, 1°, door:

- hetzij een in artikel 12, § 2, beoogde belastingplichtige die voornoemde goederen bedoeld in artikel 1, § 9, 1°, heeft opgericht of heeft laten oprichten of met voldoening van de belasting heeft verkregen;

- hetzij een in artikel 8, § 1, beoogde belastingplichtige;

- hetzij elke andere belastingplichtige, wanneer hij op de door de Koning te bepalen wijze kennis heeft gegeven van zijn bedoeling een dergelijke vervreemding te verrichten met voldoening van de belasting;

b) de vestigingen, overdrachten en wederoverdrachten van zakelijke rechten, in de zin van artikel 9, tweede lid, 2°, op uit hun aard onroerende goederen.

Worden evenwel uitgesloten de vestigingen, overdrachten en wederoverdrachten van dergelijke zakelijke rechten op gebouwen, gedeelten van gebouwen en het bijhorende terrein bedoeld in artikel 1, § 9, wanneer zij worden verricht uiterlijk op 31 december van het tweede jaar volgend op het jaar van de eerste ingebruikneming of de eerste inbezitneming van voornoemde goederen bedoeld in artikel 1, § 9, 1°, door:

- hetzij een in artikel 12, § 2, beoogde belastingplichtige die binnen de voornoemde termijn één van de bedoelde zakelijke rechten vestigt op een goed bedoeld in artikel 1, § 9, 1°, dat hij heeft opgericht, heeft laten oprichten of met voldoening van de belasting heeft verkregen of die binnen dezelfde termijn, een dergelijk zakelijk recht dat te zijnen bate werd gevestigd of aan hem werd overgedragen met voldoening van de belasting, overdraagt of wederoverdraagt;

- hetzij een in artikel 8, §§ 2 of 3, beoogde belastingplichtige;

- hetzij elke andere belastingplichtige, wanneer hij op een door de Koning te bepalen wijze kennis heeft gegeven van zijn bedoeling om dergelijk zakelijk recht te vestigen, over te dragen of weder over te dragen met voldoening van de belasting.

De datum van het contract kan alleen worden aangetoond door bewijsmiddelen die tegen derden kunnen worden ingeroepen];

2° [de verpachting, de verhuur en de overdracht van huur van uit hun aard onroerende goederen, [...] met uitzondering van:

a) de volgende diensten:

– de terbeschikkingstelling van stalling voor rijtuigen;

– de terbeschikkingstelling van bergruimte voor het opslaan van goederen;

– het verschaffen van gemeubelde logies in hotels, motels en in inrichtingen waar aan betalende gasten onderdak wordt verleend;

– de terbeschikkingstelling van plaats om te kamperen;

[– de terbeschikkingstelling van uit hun aard onroerende goederen in het kader van de exploitatie van havens, bevaarbare waterlopen en vlieghavens;]

b) de onroerende financieringshuur, toegestaan door een onderneming die gespecialiseerd is in onroerende financieringshuur of zogenaamde onroerende leasing, wanneer deze onderneming het gebouw waarop het contract betrekking heeft, opricht, laat oprichten of met voldoening van de belasting verkrijgt en de leasingnemer dit goed huurt om het in de uitoefening van een activiteit van belastingplichtige te gebruiken; de Koning omschrijft de voorwaarden waaraan het contract van onroerende financieringshuur moet voldoen, inzonderheid met betrekking tot de duur van het contract, de aard en de bestemming van de goederen die er het voorwerp van uitmaken, alsmede de rechten en plichten van de leasingnemer;

c) de verhuur van safeloketten];

3° de door de auteur of toondichter gesloten contracten voor uitgave van letterkundige werken of van kunstwerken;

4° de handelingen van verzekering en herverzekering, met inbegrip van de daarmee samenhangende diensten verricht door makelaars en lasthebbers, met uitzondering evenwel van de diensten als schade-expert;

5° verlening van kredieten en bemiddeling inzake kredieten, alsmede het beheer van kredieten door degene die ze heeft verleend;

6° het bemiddelen bij en het aangaan van verplichtingen, borgtochten en andere zekerheids- en garantieverbintenissen, alsmede het beheer van kredietgaranties door degene die het krediet heeft verleend;

7° handelingen, bemiddeling daaronder begrepen, betreffende deposito's, rekening-courantverkeer, schuldvorderingen, cheques en andere handelspapieren met uitzondering van de invordering van schuldvorderingen;

8° de betalings- en ontvangstverrichtingen, bemiddeling daaronder begrepen, met uitzondering van de invordering van schuldvorderingen; de dienstverrichter kan, onder de voorwaarden gesteld door of vanwege de Minister van Financiën, kiezen voor het belasten ervan;

9° handelingen, bemiddeling daaronder begrepen, betreffende deviezen, bankbiljetten en munten die wettig betaalmiddel zijn, met uitzondering van munten en biljetten die als verzamelobject worden beschouwd; als zodanig worden beschouwd gouden, zilveren of uit een ander metaal geslagen munten, alsmede biljetten, die normaliter niet als wettig betaalmiddel worden gebruikt of die een numismatische waarde hebben;

10° handelingen, bemiddeling daaronder begrepen, uitgezonderd bewaring en beheer, inzake aandelen, deelnemingen in vennootschappen of verenigingen, obligaties en andere waardepapieren, met uitsluiting van documenten die goederen vertegenwoordigen;

11° [het beheer van de instellingen voor collectieve belegging bedoeld in de wet van 20 juli 2004 betreffende bepaalde vormen van collectief beheer van beleggingsportefeuilles en de organismen voor de financiering van pensioenen bedoeld in artikel 8 van de wet van 27 oktober 2006 betreffende het toezicht op de instellingen voor bedrijfspensioenvoorziening];

12° de leveringen, tegen de nominale waarde, van postzegels die frankeerwaarde hebben in het binnenland, fiscale zegels en andere soortgelijke zegels;

13° weddenschappen, loterijen en andere kans- en geldspelen, met inachtneming van de door de Koning vastgestelde voorwaarden en beperkingen;]

[14° [de diensten en de leveringen van goederen bijkomstig bij deze diensten verleend door verrichters van postdiensten die de verplichting op zich nemen de gehele universele postdienst of een deel daarvan te verzekeren, wanneer deze diensten universele postdiensten betreffen zoals gedefinieerd in artikel 142 van de wet van 21 maart 1991 betreffende de hervorming van sommige economische overheidsbedrijven].]

Vervangen bij art. 50 W. 28 december 1992 (B.S. 31.XII.1992, ed. 1);

§ 1, 1° gewijzigd bij art. 53 W. 28 december 2011 (B.S. 30.XII.2011, ed. 4), van toepassing vanaf 1 januari 2012;

§ 2, 1° gewijzigd bij art. 44, 1° Progr. W. 11 juli 2005 (B.S. 12.VII.2005, ed. 2);

§ 2, 2° vervangen bij art. 44, 2° Progr. W. 11 juli 2005 (B.S. 12.VII.2005, ed. 2);

§ 3, 1° vervangen bij art. 148 Progr. W. 23 december 2009 (B.S. 30.XII.2009, ed. 1), van toepassing vanaf 1 januari 2011;

§ 3, 2° vervangen bij art. 89 W. 6 juli 1994 (B.S. 16.VII.1994) en gewijzigd bij art. 45 Progr. W. 27 december 2006 (B.S. 28.XII.2006, ed. 3);

§ 3, 2°, a), vijfde streepje ingevoegd bij art. 2 W. 31 juli 2009 (B.S. 6.VIII.2009);

§ 3, 11° vervangen bij art. 344 W. 27 december 2006 (B.S. 28.XII.2006, ed. 3);

§ 3, 14° ingevoegd bij art. 484 Progr. W. 24 december 2002 (B.S. 31.XII.2002, ed. 1) en vervangen bij art. 2 W. 5 april 2011 (B.S. 21.IV.2011), van toepassing vanaf 1 januari 2012.

Toekomstig recht: – Vanaf 1 januari 2014 wordt art. 44, § 2, 4° vervangen als volgt:

"4° a) het school- of universitair onderwijs, waaronder onderwijs aan kinderen en jongeren, en de beroepsopleiding of -herscholing, met inbegrip van het verrichten van nauw hiermee samenhangende diensten en leveringen van goederen zoals het verschaffen van logies, spijzen en dranken en van voor het vrijgestelde onderwijs gebruikt didactisch materiaal, door publiekrechtelijke lichamen of door andere organisaties die daartoe als lichamen met soortgelijke doeleinden worden aangemerkt, voor zover voornoemde lichamen niet systematisch het maken van winst beogen en eventuele win-

sten niet worden uitgekeerd maar worden aangewend voor de instandhouding of verbetering van de voornoemde diensten; b) de lessen die particulier door leerkrachten worden gegeven en die betrekking hebben op school- of universitair onderwijs;".

(W. 17 juni 2013, art. 46 en 48, B.S. 28.VI.2013, ed. 1, van toepassing vanaf 1 januari 2014)

– Vanaf 1 januari 2014 wordt in art. 44, § 1, de bepaling onder 1° opgeheven.

(W. 30 juli 2013, art. 60 en 61, B.S. 1.VIII.2013, ed. 2, van toepassing vanaf 1 januari 2014)

Opmerking: – § 2, 1°bis: zie K.B. nr. 43 van 5 juli 1991.
– § 3, 1°, al. 1, a), 2° streep: zie K.B. nr. 14 van 3 juni 1970.
– § 3, 1°, al. 1, b), 2° streep: zie K.B. nr. 14 van 3 juni 1970.

[Art. 44bis. § 1. Van de belasting zijn vrijgesteld, de levering, de intracommunautaire verwerving en de invoer van beleggingsgoud, gedefinieerd in artikel 1, § 8, waaronder beleggingsgoud dat belichaamd is in certificaten voor toegewezen of niet-toegewezen goud of dat verhandeld wordt op goudrekeningen, en waaronder, in het bijzonder, goudleningen en swaps, die een eigendoms- of vorderingsrecht op beleggingsgoud belichamen, evenals voor handelingen betreffende beleggingsgoud bestaande in future- en termijncontracten die leiden tot de overdracht van een eigendoms- of vorderingsrecht met betrekking tot beleggingsgoud.

Onverminderd andere wettelijke bepalingen betreffende een latere vrijstelling, kunnen belastingplichtigen die beleggingsgoud produceren of goud omzetten in beleggingsgoud, onder de door of vanwege de minister van Financiën gestelde voorwaarden, opteren voor belastingheffing met betrekking tot leveringen van beleggingsgoud aan een andere belastingplichtige.

Belastingplichtigen die in het kader van hun economische activiteit normaliter goud voor industriële doeleinden leveren, kunnen eveneens, onder de door of vanwege de minister van Financiën gestelde voorwaarden, opteren voor belastingheffing met betrekking tot leveringen, aan een andere belastingplichtige, van beleggingsgoud bedoeld in artikel 1, § 8, 1°.

§ 2. Zijn eveneens van de belasting vrijgesteld, de diensten verstrekt door tussenpersonen die niet handelen in de voorwaarden van artikel 13, § 2, en die betrokken zijn bij de levering van beleggingsgoud voor hun opdrachtgever.

Indien de leverancier heeft geopteerd voor de belastingheffing van dergelijke leveringen, kunnen die tussenpersonen, onverminderd een latere vrijstelling, onder de door of vanwege de minister van Financiën gestelde voorwaarden, opteren voor de belastingheffing van hun diensten.]

Ingevoegd bij art. 2 K.B. 30 december 1999 (B.S. 31. XII.1999, ed. 3).

HOOFDSTUK VII

AFTREK VAN BELASTING

Art. 45. [§ 1. Op de belasting die hij verschuldigd is, mag elke belastingplichtige in aftrek brengen de belasting geheven van de aan hem geleverde goederen en verleende diensten, van de door hem ingevoerde goederen en de door hem verrichte intracommunautaire verwervingen van goederen, in de mate dat hij die goederen en diensten gebruikt voor het verrichten van:

1° belaste handelingen;

2° handelingen vrijgesteld van de belasting krachtens de artikelen 39 tot 42;

3° handelingen in het buitenland, waarvoor recht op aftrek zou ontstaan indien zij in het binnenland zouden plaatsvinden;

4° handelingen bedoeld in artikel 44, § 3, 4° tot 10°, telkens wanneer de medecontractant buiten de Gemeenschap is gevestigd, of de genoemde handelingen, volgens door of vanwege de minister van Financiën te bepalen voorwaarden, rechtstreeks samenhangen met goederen die bestemd zijn om te worden uitgevoerd naar een land buiten de Gemeenschap;

5° diensten als makelaar of lasthebber bij in 4° bedoelde handelingen.

§ 1bis. Voor wat betreft de belasting geheven van leveringen, invoeren en intracommunautaire verwervingen van goederen en diensten met betrekking tot een door artikel 39bis vrijgestelde levering van een nieuw vervoermiddel in de zin van artikel 8bis, § 2, kunnen de belastingplichtigen bedoeld in artikel 8bis, § 1, of in artikel 57 alsook de belastingplichtige die uitsluitend leveringen van goederen of diensten verrichten waarvoor zij geen recht op aftrek hebben, in afwijking van § 1 de belasting slechts in aftrek brengen geheven op de levering, de invoer of de intracommunautaire verwerving van het genoemde vervoermiddel en dit binnen de grenzen of ten belope van het bedrag van de belasting dat op deze levering opeisbaar zou zijn indien ze niet vrijgesteld zou zijn op grond van genoemd artikel 39bis.

[§ 1ter. Wat het beleggingsgoud betreft, gedefinieerd in artikel 1, § 8, mag elke belastingplichtige, voor zover de latere levering van dat goud is vrijgesteld krachtens artikel 44bis, § 1, eerste lid, van de door hem verschuldigde belasting in aftrek brengen:

1° de belasting geheven op de levering van goud hem gedaan door een persoon die heeft geopteerd voor de belastingheffing van die levering overeenkomstig artikel 44bis, § 1, tweede of derde lid;

2° de belasting geheven op de aankoop, de intracommunautaire verwerving of de invoer van ander dan beleggingsgoud, in de mate dat dit goud vervolgens door hem of voor zijn rekening wordt omgezet in beleggingsgoud;

3° de belasting geheven op de aan hem verstrekte diensten bestaande in een wijziging van de vorm, het gewicht of de zuiverheid van het goud.

§ 1quater. Elke belastingplichtige die beleggingsgoud in de zin van artikel 1, § 8, produceert of die goud in beleggingsgoud omzet, kan van de door hem verschuldigde belasting in aftrek brengen, de belasting geheven op de aankoop, de intracommunautaire verwerving of de invoer van goederen en diensten die verband houden met de productie of de omzetting van dat goud, voor zover de latere levering van dat goud is vrijgesteld krachtens artikel 44bis, § 1, eerste lid.]

[§ 1quinquies. Ten aanzien van de uit hun aard onroerende goederen en de andere bedrijfsmiddelen en diensten die op grond van artikel 48, § 2 aan de herziening zijn onderworpen en behoren tot het vermogen van de onderneming van de belastingplichtige, en die zowel voor de doeleinden van zijn economische activiteit als voor zijn privédoeleinden of voor de privédoeleinden van zijn personeel of, meer algemeen, voor andere doeleinden dan deze van zijn economische activiteit worden gebruikt, mag de belastingplichtige de belasting geheven van de goederen en de diensten met betrekking tot die goederen slechts tot beloop van het gebruik voor de doeleinden van zijn economische activiteit in aftrek brengen.]

§ 2. [Ten aanzien van de levering, de invoer en de intracommunautaire verwerving van autovoertuigen bestemd voor het vervoer van personen en/of goederen over de weg, en ten aanzien van goederen en diensten met betrekking tot die voertuigen, mag de aftrek in geen geval hoger zijn dan 50 pct. van de betaalde belasting.

Deze bepaling is evenwel niet van toepassing op de volgende autovoertuigen:

a) de voertuigen met een maximaal toegelaten massa van meer dan 3 500 kg;

b) de voertuigen voor personenvervoer met meer dan acht zitplaatsen, die van de bestuurder niet inbegrepen;

c) de voertuigen die speciaal zijn ingericht voor het vervoer van zieken, gewonden en gevangenen en voor lijkenvervoer;

d) de voertuigen die, omwille van hun technische kenmerken, niet kunnen worden ingeschreven in het repertorium van de Dienst voor Inschrijving van de Voertuigen;

e) de voertuigen die speciaal zijn uitgerust voor het kamperen;

f) de voertuigen bedoeld in artikel 4, § 2, van het Wetboek van de met de inkomstenbelastingen gelijkgestelde belastingen;

g) de bromfietsen en de motorfietsen;

h) de voertuigen bestemd om te worden verkocht door een belastingplichtige die een economische activiteit uitoefent die bestaat in de verkoop van autovoertuigen;

i) de voertuigen bestemd om te worden verhuurd door een belastingplichtige die een economische activiteit uitoefent die bestaat in de verhuur van autovoertuigen aan om het even wie;

j) de voertuigen bestemd om uitsluitend te worden gebruikt voor bezoldigd personenvervoer;

k) de nieuwe voertuigen in de zin van artikel 8bis, § 2, 2°, eerste gedachtestreep, andere dan deze bedoeld onder h), i) en j), die het voorwerp uitmaken van een op grond van artikel 39bis vrijgestelde levering. In dit geval wordt de aftrek slechts uitgeoefend binnen de grenzen of ten belope van het bedrag van de belasting dat op deze levering opeisbaar zou zijn indien ze niet vrijgesteld zou zijn op grond van voornoemd artikel 39bis.]

§ 3. Voor aftrek komt niet in aanmerking de belasting ter zake van:

1° leveringen en intracommunautaire verwervingen van tabaksfabrikaten;

2° leveringen en intracommunautaire verwervingen van geestrijke dranken, daaronder niet begrepen die welke bestemd zijn om te worden wederverkocht of om te worden verstrekt ter uitvoering van een dienst;

3° kosten van logies, spijzen en dranken in de zin van artikel 18, § 1, tweede lid, 10° en 11°, daaronder niet begrepen de kosten die worden gedaan:

a) voor het personeel dat buiten de onderneming belast is met een levering van goederen of een dienstverrichting;

b) door belastingplichtigen die op hun beurt dezelfde diensten onder bezwarende titel verstrekken;

4° kosten van onthaal.

§ 4. [De reisbureaus in de zin van artikel 1, § 7, eerste lid, 2°, kunnen de belasting niet in aftrek brengen die geheven is van de goederen en de diensten die andere belastingplichtigen hen leveren ten behoeve van de prestaties bedoeld in artikel 18, § 2, tweede lid, en die rechtstreeks de reizigers ten goede komen.]]

[§ 5. De belastingplichtigen kunnen niet in aftrek brengen de verschuldigde of betaalde belasting in de situaties bedoeld in artikel 58, § 4, 5°.

In de mate dat hij leveringen verricht onderworpen aan de bijzondere regeling van belastingheffing over de winstmarge, mag de belastingplichtige wederverkoper de verschuldigde of betaalde belasting niet in aftrek brengen in de situaties bedoeld in artikel 58, § 4, 6°.]

Vervangen bij art. 51 W. 28 december 1992 (B.S. 31. XII.1992);

§ 1ter-1quater ingevoegd bij art. 3 K.B. 30 december 1999 (B.S. 31.XII.1999);

§ 1quinquies ingevoegd bij art. 12 W. 29 december 2010 (B.S. 31.XII.2010, ed. 4), van toepassing vanaf 1 januari 2011;

§ 2 vervangen bij art. 107 Progr. W. 27 december 2005 (B.S. 30.XII.2005, ed. 2);

§ 4 vervangen bij art. 8 K.B. 28 december 1999 (B.S. 31. XII.1999);

§ 5 ingevoegd bij art. 5 K.B. 23 december 1994 (B.S. 30. XII.1994).

Art. 46. § 1. [Wanneer de belastingplichtige in de uitoefening van zijn economische activiteit ook andere handelingen verricht dan handelingen waarvoor op grond van artikel 45 aanspraak op aftrek bestaat, wordt de belasting ter zake van de voor die activiteit gebruikte goederen en diensten in aftrek gebracht naar verhouding van de breuk gevormd door het bedrag van de laatstbedoelde handelingen en het totale bedrag van de door de betrokkene verrichte handelingen.]

§ 2. In afwijking van § 1 kan door of vanwege de Minister van Financiën aan de belastingplichtige, op zijn verzoek, de vergunning worden verleend om het recht op aftrek uit te oefenen met inachtneming van het werkelijk gebruik van de goederen en diensten of van een deel daarvan. De belastingplichtige kan door of vanwege de Minister van Financiën worden verplicht op die wijze te handelen, wanneer de aftrek naar verhouding van de in § 1 genoemde breuk leidt tot ongelijkheid in de heffing van de belasting.

§ 1 vervangen bij art. 52 W. 28 december 1992 (B.S. 31.XII.1992).

Art. 47. De aftrek wordt toegepast op de belasting over de toegevoegde waarde die door de belastingplichtige verschuldigd is over het tijdvak waarin het recht op aftrek is ontstaan.

Wanneer het af te trekken bedrag meer bedraagt dan dat van de belasting ter zake van de door de belastingplicht verrichte leveringen en diensten, dan wordt het overschot overgebracht naar het volgend tijdvak.

Art. 48. § 1. In geval van gedeeltelijke aftrek wordt een voorlopig af te trekken bedrag bepaald. Dat bedrag wordt herzien na het verstrijken van het jaar waarin het recht op aftrek is ontstaan.

§ 2. De aftrek van de belasting geheven op bedrijfsmiddelen [en diensten die kenmerken hebben die vergelijkbaar zijn met de kenmerken die doorgaans aan bedrijfsmiddelen worden toegeschreven] is onderworpen aan herziening gedurende een tijdvak van vijf jaar. [Wat evenwel de belasting geheven van door Hem aan te wijzen onroerende goederen uit hun aard en zakelijke rechten betreft, kan de Koning bepalen dat het herzieningstijdperk [vijftien] jaar beloopt en dat de belasting plaatsheeft elk jaar tot beloop van een [vijftiende] van het bedrag van die belasting.] [...]

§ 2, al. 1 gewijzigd bij art. 53, 1° W. 28 december 1992 (B.S. 31.III.1992), bij art. 14 K.B. 22 december 1995 (B.S. 30 december 1995) en bij art. 46 Progr. W. 27 december 2006 (B.S. 28.XII.2006, ed. 3);
§ 2, al. 2 opgeheven bij art. 53, 2° W. 28 december 1992 (B.S. 31.XII.1992).

Art. 49. De Koning regelt de toepassing van de artikelen 45 tot 48 door onder meer te bepalen:

1° het tijdstip waarop het recht op aftrek ontstaat;

2° [de termijnen waarbinnen en de regelen volgens welke de aftrek plaatsheeft, berekend wordt en herzien wordt];

3° [de wijze waarop de aftrek en de herziening plaatshebben en berekend worden wanneer iemand de hoedanigheid van belastingplichtige verliest of wanneer er bij een belastingplichtige enige wijziging is ingetreden in de factoren die aan de berekening van de aftrek ten grondslag hebben gelegen];

4° de factoren die uit de in artikel 46, § 1, bedoelde breuk dienen te worden gesloten opdat deze niet tot ongelijkheid in de heffing van belasting zou leiden.

2° vervangen bij art. 26 W. 27 december 1977 (B.S. 30. XII.1977);
3° vervangen bij art. 54 W. 28 december 2011 (B.S. 30. XII.2011, ed. 4), van toepassing vanaf 1 januari 2012.

Opmerking: – Zie K.B. nr. 3 van 10 december 1969.

HOOFDSTUK VIII

REGELING VOOR DE VOLDOENING VAN DE BELASTING

Art. 50. [§ 1. De administratie die de belasting over de toegevoegde waarde onder haar bevoegdheid heeft, kent een BTW-identificatienummer toe dat de letters BE bevat:

1° aan elke belastingplichtige gevestigd in België, met uitzondering van de belastingplichtigen bedoeld in de artikelen 8 en 8bis en van de belastingplichtigen die uitsluitend leveringen van goederen of diensten verrichten die krachtens artikel 44 zijn vrijgesteld en waarvoor zij geen recht op aftrek hebben;

2° aan de niet-belastingplichtige rechtspersonen en, in afwijking van de bepaling onder 1°, aan de belastingplichtigen die uitsluitend leveringen van goederen of diensten verrichten waarvoor zij geen recht op aftrek hebben:

a) wanneer zij overeenkomstig artikel 53bis, § 1, verklaren een intracommunautaire verwerving van goederen te verrichten die tot gevolg heeft dat de drempel van 11.200 euro, bedoeld in artikel 25ter, § 1, tweede lid, 2°, eerste lid, b), wordt overschreden;

b) wanneer zij overeenkomstig artikel 25ter, § 1, tweede lid, 2°, tweede lid, ervoor kiezen om al hun intracommunautaire verwervingen van goederen aan de belasting te onderwerpen;

3° aan elke niet in België gevestigde belastingplichtige die handelingen verricht bedoeld in het Wetboek waarvoor recht op aftrek is ontstaan en waarvoor hij krachtens de artikelen 51 en 52 schuldenaar is van de belasting in België;

4° aan elke belastingplichtige als hij schuldenaar is van de belasting krachtens artikel 51, § 2, eerste lid, 1°;

5° aan elke belastingplichtige gevestigd in België die diensten verricht die, krachtens de communautaire bepalingen, geacht worden plaats te vinden in een andere lidstaat en waarvan de belasting is verschuldigd door de ontvanger van de dienst;

6° aan elk lid van een BTW-eenheid in de zin van artikel 4, § 2, die overeenkomstig 1° voor BTW-doeleinden is geïdentificeerd. Dit identificatienummer vormt een sub-BTW-identificatienummer van de BTW-eenheid.

De belastingplichtigen bedoeld in het eerste lid, 4° of 5°, in paragraaf 2, of op wie de in artikel 56, § 2 of artikel 57 bedoelde regeling van toepassing is, kunnen hun nummer slechts rechtsgeldig gebruiken om intracommunautaire verwervingen te verrichten van andere goederen dan accijnsproducten nadat zij vooraf de in het eerste lid, 2°, a), bedoelde verklaring hebben ingediend of nadat zij vooraf de in het eerste lid, 2°, b), bedoelde keuze hebben uitgeoefend.

Degenen aan wie krachtens het eerste lid, 2°, a), een BTW-identificatienummer is toegekend, gebruiken dit rechtsgeldig voor de door hen verrichte intracommunautaire verwervingen van goederen vanaf de dag waarop de drempel werd overschreden en tot 31 december van het kalenderjaar dat erop volgt. Indien de drempel wordt overschreden in de loop van dit laatste jaar en, in voorkomend geval, in de loop van de volgende jaren, gebruiken zij dit nummer rechtsgeldig tot 31 december van het jaar dat volgt op het jaar waarin de drempel voor het laatst werd overschreden.

§ 2. De administratie die de belasting over de toegevoegde waarde onder haar bevoegdheid heeft kent aan elke BTW-eenheid in de zin van artikel 4, § 2, die uitsluitend leveringen van goederen of diensten verricht waarvoor zij geen recht op aftrek heeft een BTW-identificatienummer toe dat de letters BE bevat.

Zij kent aan de leden van de in het eerste lid bedoelde BTW-eenheid eveneens een BTW-identificatienummer toe dat de letters BE bevat. Dit identificatienummer vormt een sub-BTW-identificatienummer van deze BTW-eenheid.

§ 3. Een BTW-identificatienummer kan eveneens worden toegekend aan andere belastingplichtigen.]

Vervangen bij art. 16 W. 26 november 2009 (B.S. 4. XII.2009), van toepassing vanaf 1 januari 2010.

Art. 51. [§ 1. De belasting is verschuldigd:

1° door de belastingplichtige die in België een belastbare levering van goederen of een belastbare dienst verricht;

2° door degene die in België een belastbare intracommunautaire verwerving van goederen verricht;

3° door eenieder die op een factuur of op een als zodanig geldend stuk de belasting over de toegevoegde waarde vermeldt, zelfs indien hij geen goed heeft geleverd noch een dienst heeft verstrekt. Hij wordt schuldenaar van de belasting op het tijdstip van het uitreiken van de factuur of het stuk.

§ 2. [In afwijking van § 1, 1°, is de belasting verschuldigd:

1° [door de ontvanger van de dienst wanneer de dienstverrichter een belastingplichtige is die niet in België is gevestigd en de dienst krachtens artikel 21, § 2, geacht wordt in België plaats te vinden];

2° door de medecontractant die overeenkomstig [artikel 50], voor BTW-doeleinden is geïdentificeerd, wanneer het gaat om leveringen van goederen als bedoeld in artikel 25ter, § 1, tweede lid, 3°, en voor zover de [in artikel 53, § 2, eerste lid], beoogde factuur de door de Koning te bepalen vermeldingen bevat;]

[3° door de medecontractant wanneer het gaat om leveringen van goederen of diensten als bedoeld in de artikelen 39, § 2, en 39quater;

4° door degene die de goederen onttrekt aan één van de regelingen bedoeld in de artikelen 39, § 2, en 39quater;]

[5° door de in België gevestigde medecontractant die gehouden is tot het indienen van de aangifte bedoeld [in artikel 53, § 1, eerste lid, 2°], of door de niet in België gevestigde medecontractant die een aansprakelijke vertegenwoordiger heeft laten erkennen overeenkomstig artikel 55, § 1 of § 2, wanneer het gaat om een levering van goederen of een dienst verricht door een niet in België gevestigde belastingplichtige en de hier te lande belastbare handeling niet [onder 1°, 2° en 6° van deze paragraaf] is bedoeld, noch vrijgesteld is of verricht met vrijstelling van de belasting ingevolge de artikelen 39 tot 44bis;]

[6° door de medecontractant die onder een nummer dat de letters BE bevat voor BTW-doeleinden is geïdentificeerd, wanneer de ingevolge [artikel 14bis] hier te lande belastbare handeling wordt verricht door een niet in België gevestigde belastingplichtige.]

[Voor de toepassing van het eerste lid, 1°, 5° en 6°, wordt een belastingplichtige die in België een vaste inrichting heeft, aangemerkt als een niet in België gevestigde belastingplichtige als deze inrichting niet betrokken is bij de levering van goederen of de dienst.]

§ 3. Wanneer ten aanzien van goederen en diensten waarvoor de in artikel 59, § 2, bedoelde deskundige schatting kan worden gevorderd, wordt vastgesteld dat de belasting werd voldaan over een onvoldoende maatstaf, is de aanvullende belasting verschuldigd door degene tegen wie de schattingsprocedure wordt ingesteld.

§ 4. De Koning kan afwijken van § 1, 1°, om de medecontractant van de leverancier van goederen of van de dienstverrichter tot voldoening van de belasting te verplichten in de mate dat Hij zulks noodzakelijk acht om die voldoening te vrijwaren.]

Vervangen bij art. 55 W. 28 december 1992 (B.S. 31. XII.1992, ed. 1);

§ 2 vervangen bij art. 15 K.B. 29 december 1992 (B.S. 31. XII.1992, ed. 4, err. B.S. 14.I.1993);

§ 2, al. 1, 1° vervangen bij art. 17, a) W. 26 november 2009 (B.S. 4.XII.2009), van toepassing vanaf 1 januari 2010 ;

§ 2, al. 1, 2° gewijzigd bij art. 6, 1° K.B. 28 januari 2004 (B.S. 10.II.2004) en bij art. 17, b) W. 26 november 2009 (B.S. 4.XII.2009), van toepassing vanaf 1 januari 2010;

§ 2, al. 1, 3°-4° ingevoegd bij art. 15, C K.B. 22 december 1995 (B.S. 30.XII.1995, ed. 1);

§ 2, al. 1, 5° ingevoegd bij art. 3, d W. 7 maart 2002 (B.S. 13.III.2002, ed. 3, err. B.S. 17.V.2002) en gewijzigd bij art. 6, 2° K.B. 28 januari 2004 (B.S. 10.II.2004) en bij art. 7, 1° en 2° W. 5 december 2004 (B.S. 22.XII.2004, ed. 1);

§ 2, al. 1, 6° ingevoegd bij art. 7, 3° W. 5 december 2004 (B.S. 22.XII.2004, ed. 1) en gewijzigd bij art. 28, b) W. 17 december 2012 (I) (B.S. 21.XII.2012, ed. 2), van toepassing vanaf 1 januari 2013;

§ 2, al. 2 ingevoegd bij art. 17, c) W. 26 november 2009 (B.S. 4.XII.2009), van toepassing vanaf 1 januari 2010.

Opmerking: – Zie K.B. nr. 1 van 29 december 1992, art. 20.

[Art. 51bis. § 1. De medecontractant van de schuldenaar van de belasting:

1° krachtens artikel 51, § 1, 1°, en §§ 2 en 4, is met deze tegenover de Staat hoofdelijk gehouden tot voldoening van de belasting wanneer de factuur of het als zodanig geldend stuk, waarvan het uitreiken is voorgeschreven door de artikelen 53 en 54 of door de ter uitvoering ervan genomen besluiten, niet werd uitgereikt of een onjuiste vermelding bevat ten aanzien van de naam, het adres of het BTW-identificatienummer van de bij de handeling betrokken partijen, de aard of de hoeveelheid van de geleverde goederen of verstrekte diensten of de prijs of het toebehoren ervan;

2° krachtens artikel 51, § 1, 2°, is met deze tegenover de Staat hoofdelijk gehouden tot voldoening van de belasting wanneer de factuur of het als zodanig geldend stuk niet werd uitgereikt of een onjuiste vermelding bevat ten aanzien van de naam, het adres of het BTW-identificatienummer van de bij de handeling betrokken partijen, de aard en de hoeveelheid van de verworven goederen of de prijs of het toebehoren ervan;

3° krachtens artikel 51, § 1, 1°, is eveneens met deze tegenover de Staat hoofdelijk gehouden tot voldoening van de belasting wanneer de factuur of het als zodanig geldend stuk het bedrag van de op de handeling verschuldigde belasting niet of onjuist vermeldt;

4° krachtens artikel 51, §§ 2 en 4, is eveneens met deze tegenover de Staat hoofdelijk gehouden tot voldoening van de belasting wanneer hij een bedrag aanrekent als belasting.

§ 2. De medecontractant van degene die krachtens artikel 51, § 1, 1°, schuldenaar is van de belasting, die de identiteit van zijn leverancier of dienstverrichter aantoont en bewijst hem de prijs en de bijhorende belasting of een deel daarvan te hebben betaald, [is in de in § 1 bedoelde situaties evenwel in die mate van de hoofdelijke aansprakelijkheid ontslagen].]

[§ 3. In de regeling entrepot ander dan douaneentrepot, zijn de depothouder, degene die zich belast met het vervoer van de goederen uit het entrepot alsook, in voorkomend geval, zijn lastgever, tegenover de Staat hoofdelijk gehouden tot voldoening van de belasting met de persoon die er krachtens de [artikelen 51, § 1, 1° en 2°, § 2, eerste lid, 3°, 4° en 5°,] of 52, § 1, tweede lid, schuldenaar van is.]

[Onder voorbehoud van artikel 55, § 4, tweede lid, is de persoon bedoeld in het eerste lid die ter goeder trouw is of die aantoont dat hij geen fout heeft begaan of nalatig is geweest, van de hoofdelijke aansprakelijkheid ontslagen.]

[§ 4. Elke belastingplichtige is hoofdelijk gehouden de belasting te voldoen met de persoon die er krachtens artikel 51, §§ 1 en 2, schuldenaar van is, als hij op het tijdstip waarop hij een handeling heeft verricht, wist of moest weten dat de betaling van de belasting, in de ketting van de handelingen, niet werd gedaan of zal worden gedaan met de bedoeling de belasting te ontduiken.]

Ingevoegd bij art. 56 W. 28 december 1992 (B.S. 31.XII.1992, ed. 1);

§ 2 gewijzigd bij art. 19, 1° Progr. W. 20 juli 2006 (B.S. 28. VII.2006, ed. 2);

§ 3 ingevoegd bij art. 16 K.B. 22 december 1995 (B.S. 30. XII.1995, ed. 1) en gewijzigd bij art. 18 W. 26 november 2009 (B.S. 4.XII.2009), van toepassing vanaf 1 januari 2010;

§ 3, al. 2 ingevoegd bij art. 47, 2° W. 17 juni 2013 (B.S. 28. VI.2013, ed. 1);

§ 4 ingevoegd bij art. 19, 2° Progr. W. 20 juli 2006 (B.S. 28. VII.2006, ed. 2).

[Art. 51ter. De personen die bij toepassing van artikel 4, § 2, als één belastingplichtige worden aangemerkt, zijn ten opzichte van de Staat hoofdelijk gehouden tot de voldoening van de belasting, de intresten, de geldboeten en de kosten die opeisbaar zijn ingevolge de handelingen die betrekking hebben op de periode waarin deze personen als één belastingplichtige worden aangemerkt voor de toepassing van dit Wetboek.]

Ingevoegd bij art. 104 W. 25 april 2007 (B.S. 8.V.2007, ed. 3), van toepassing vanaf 1 april 2007.

Art. 52. [§ 1. Ten aanzien van de belasting verschuldigd ter zake van invoer, stelt de Koning de voorwaarden waaronder de goederen in België mogen worden gebracht en schrijft Hij onder meer de verplichting voor ze op de door Hem te bepalen wijze aan te geven.

[Onverminderd artikel 51bis, § 3, wijst de Koning aan] op wiens naam de ter zake van invoer verschuldigde belasting mag of moet worden voldaan, en wie voor deze voldoening aansprakelijk is. Hij bepaalt het tijdstip waarop de belasting moet worden voldaan en de formaliteiten die daarbij moeten worden nagekomen.

§ 2. Er is overtreding van de verplichting de belasting te voldoen wanneer goederen in België worden gebracht zonder dat de ter uitvoering van § 1, eerste lid, genomen besluiten zijn nageleefd.

Bij invoer zonder aangifte kunnen de goederen en de ervoor gebezigde vervoermiddelen, in de gevallen en overeenkomstig de regelen inzake invoerrecht, in beslag genomen worden, verbeurdverklaard en vervolgens verkocht of teruggegeven worden, ook al zijn die goederen om welke reden ook niet aan invoerrecht onderworpen; de genoemde regelen vinden eveneens toepassing voor de schadeloosstelling van de persoon wiens goederen onrechtmatig in beslag zijn genomen. De inbeslagneming, de verbeurdverklaring, de verkoop of de teruggaaf worden verricht door of op verzoek van de Administratie der douane en accijnzen of de Administratie van de BTW, registratie en domeinen.

§ 3. Wanneer regelmatig in België binnengebrachte goederen onder douanetoezicht zijn en niemand de aangifteformaliteiten komt voltooien, kan de Administratie der douane en accijnzen over die goederen beschikken overeenkomstig de regelen inzake invoerrecht, ook al zijn de goederen om welke reden ook niet aan invoerrecht onderworpen.]

Vervangen bij art. 57 W. 28 december 1992 (B.S. 31. XII.1992, ed. 1);

§ 1, al. 2 gewijzigd bij art. 17 K.B. 22 december 1995 (B.S. 30.XII.1995, ed. 1).

Opmerking: – § 1: zie K.B. nr. 7 van 29 december 1992.

[Art. 52bis. [§ 1. Wanneer de ambtenaren van de administratie die de belasting over de toegevoegde waarde onder haar bevoegdheid heeft ter gelegenheid van hun onderzoeken goederen ontdekken waarvoor redelijkerwijs kan worden verondersteld dat de bepalingen van dit Wetboek en de uitvoeringsbesluiten inzake BTW niet werden nageleefd omdat het onmogelijk is de tussenkomende partijen te identificeren of de oorsprong, de hoeveelheid, de prijs of de waarde van de goederen vast te stellen, kunnen zij overgaan tot het bewarend beslag van deze goederen evenals van de voor hun vervoer dienende middelen.

De voormelde ambtenaren stellen een proces-verbaal van beslag op dat de vastgestelde feiten vermeldt die het niet naleven van de wettelijke of reglementaire bepalingen ter zake aantonen of ertoe bijdragen die aan te tonen en dat een inventaris bevat van de goederen die het voorwerp van het beslag uitmaken. Dit proces-verbaal wordt aan de houder ter kennis gegeven uiterlijk binnen de vierentwintig uur volgend op zijn opmaak.

Indien de houder het bewijs levert van de oorsprong, de hoeveelheid, de prijs of de waarde van de goederen en van de identiteit van de partijen, spreekt de administratie de opheffing van het beslag uit.

Ingeval van verduistering door de houder van de goederen die het voorwerp van de beslagmaatregel uitmaken, zijn de bepalingen van artikel 507 van het Strafwetboek van toepassing.

§ 2. Op straffe van nietigheid moet de geldigheid van het beslag bedoeld in § 1 binnen de termijn van een maand te rekenen vanaf de kennisgeving van het proces-verbaal bedoeld in § 1, tweede lid, worden bekrachtigd door de beslagrechter van het ambtsgebied waarin zich het kantoor bevindt waar de inning moet worden uitgevoerd. De procedure wordt ingeleid op eenzijdig verzoekschrift. De beslissing van de beslagrechter is uitvoerbaar bij voorraad.

§ 3. Indien de houder de gegrondheid van het beslag bedoeld in § 1 betwist, wordt er uitspraak gedaan zoals in kort geding, door de beslagrechter van het ambtsgebied waarin zich het kantoor bevindt waar de inning moet worden uitgevoerd.]]

Ingevoegd bij art. 2 Progr. W. 27 december 2006 (B.S. 28.XII.2006, ed. 3) en vervangen bij art. 119 Progr. W. 27 april 2007 (B.S. 8.V.2007, ed. 3), van toepassing vanaf 7 januari 2007.

Art. 53. [§ 1. De belastingplichtige, met uitzondering van degene die geen enkel recht op aftrek heeft, is gehouden:

1° een aangifte in te dienen bij de aanvang, de wijziging of de stopzetting van zijn werkzaamheid;

2° iedere maand een aangifte in te dienen waarin hij vermeldt:

a) het bedrag der in dit Wetboek bedoelde handelingen die hij heeft verricht of die aan hem werden verstrekt gedurende de vorige maand in het kader van zijn economische activiteit;

b) het bedrag van de opeisbare belasting, van de te verrichten aftrek en van de te verrichten herzieningen;

c) de gegevens die de Koning noodzakelijk acht om te voldoen aan de door de Gemeenschap uitgevaardigde regelgeving inzake statistieken en om de controle op de toepassing van de belasting te waarborgen;

3° de verschuldigd geworden belasting te voldoen binnen de termijn van indiening van de bij 2° voorgeschreven aangifte.

In afwijking van het eerste lid is de in artikel 56, § 2, bedoelde belastingplichtige gehouden tot de in het eerste lid, 1°, bepaalde verplichtingen.

§ 2. [De belastingplichtige die andere leveringen van goederen of diensten verricht dan die welke krachtens artikel 44 zijn vrijgesteld en andere dan die welke bedoeld zijn in artikel 135, lid 1, punten a) tot g) van richtlijn 2006/112/EG, dient een factuur uit te reiken aan zijn medecontractant en een kopie ervan op te stellen of ervoor te zorgen dat in zijn naam en voor zijn rekening, door zijn medecontractant of een derde een factuur wordt uitgereikt en een kopie daarvan wordt opgesteld:

1° wanneer hij een levering van goederen of een dienst heeft verricht voor een belastingplichtige of een niet-belastingplichtige rechtspersoon;

2° wanneer hij een levering van goederen, zoals bedoeld in artikel 15, §§ 1 en 2, heeft verricht voor elke niet-belastingplichtige persoon;

3° wanneer hij een levering van goederen, zoals bedoeld in artikel 39bis, eerste lid, 2°, heeft verricht voor elke niet-belastingplichtige persoon;

4° wanneer de belasting opeisbaar wordt over de gehele of een deel van de prijs van de handeling, bij toepassing van de artikelen 17, § 1, en 22bis, eerste lid, vooraleer een levering van een goed of een dienst bedoeld in 1° en 2°, wordt verricht.

De uitreiking van facturen door de medecontractant, in naam en voor rekening van de leverancier of de dienstverrichter, wordt toegestaan op voorwaarde dat er een voorafgaandelijk akkoord is tussen beide partijen en dat iedere factuur het voorwerp uitmaakt van een procedure van aanvaarding door de belastingplichtige die de levering van het goed of de dienst verricht.

Ieder document dat wijzigingen aanbrengt in en specifiek en ondubbelzinnig verwijst naar de oorspronkelijke factuur geldt als factuur.

Het gebruik van een elektronische factuur is toegestaan mits aanvaarding door de afnemer.

De Koning kan aan de belastingplichtigen de verplichting opleggen een factuur uit te reiken voor de leveringen van goederen of dienstverrichtingen, andere dan deze bedoeld in het eerste lid.]]

[§ 3. [In het kader van een btw-eenheid in de zin van artikel 4, § 2, is het lid dat goederen of diensten verschaft aan een ander lid ertoe gehouden een bijzonder stuk uit te reiken aan dat lid en een kopie daarvan op te stellen of ervoor te zorgen dat in zijn naam en voor zijn rekening, door het lid in zijn hoedanigheid van medecontractant of door een derde dergelijke stukken worden uitgereikt of opgesteld, als de in paragraaf 2 bedoelde factuur niet werd uitgereikt.

De in paragraaf 2, tweede lid, bedoelde voorwaarden zijn van toepassing wanneer het in het eerste lid bedoelde stuk wordt uitgereikt door de medecontractant in naam en voor rekening van het lid dat de goederen of de diensten verschaft.

De Koning kan andere verplichtingen bepalen om de juiste heffing van de belasting te waarborgen en om de fraude te vermijden.]]

Vervangen bij art. 7 W. 28 januari 2004 (B.S. 10.II.2004);
§ 2 vervangen bij art. 30 W. 17 december 2012 (I) (B.S. 21.
XII.2012, ed. 2), van toepassing vanaf 1 januari 2013;
§ 3 ingevoegd bij art. 105 Progr. W. 27 april 2007 (B.S.
8.V.2007, ed. 3), van toepassing vanaf 1 april 2007 en vervangen bij art. 30 W. 17 december 2012 (I) (B.S. 21.XII.2012,
ed. 2, err. B.S. 22.I.2013), van toepassing vanaf 1 januari
2013.

[Art. 53bis. [§ 1. De belastingplichtigen op wie de regeling bedoeld in de artikelen 56, § 2, of 57, toepasselijk is, de belastingplichtigen die uitsluitend leveringen van goederen of diensten verrichten waarvoor zij geen recht op aftrek hebben, alsmede de niet-belastingplichtige rechtspersonen moeten jaarlijks, vooraleer de eerste intracommunautaire verwerving van goederen te verrichten ten gevolge waarvan de in artikel 25ter, § 1, tweede lid, 2°, b, bedoelde drempel van [[11.200 EUR]] wordt overschreden, een verklaring van het overschrijden van die drempel indienen.

Zij zijn evenwel van die verklaring ontslagen wanneer een dergelijke verklaring in de loop van het voorafgaande kalenderjaar werd ingediend of wanneer zij in de loop van datzelfde kalenderjaar voor hun intracommunautaire verwervingen van goederen gehouden waren tot het indienen van de in artikel 53ter bedoelde aangifte en het aldus aangegeven bedrag hoger was dan de genoemde drempel van [[11.200 EUR]].

§ 2. [De belastingplichtigen die niet voor BTW-doeleinden zijn geïdentificeerd moeten vooraleer een dienst zal worden verstrekt waarvoor zij de eerste maal schuldenaar worden van de belasting bij toepassing van artikel 51, § 2, eerste lid, 1°, meedelen dat een dergelijke dienst hun voor de eerste maal wordt verstrekt.

De belastingplichtigen bedoeld in artikel 50, § 1, eerste lid, 5°, dienen eveneens vooraleer zij een eerste maal een dienst verstrekken die krachtens de communautaire bepalingen geacht wordt in een andere lidstaat plaats te vinden en waarvoor de belasting is verschuldigd door de ontvanger van de dienst, mee te delen dat zij een dergelijke dienst voor de eerste maal verstrekken.]]]

Ingevoegd bij art. 59 W. 28 december 1992 (B.S. 31.
XII.1992, ed. 1) en vervangen bij art. 16 K.B. 29 december
1992 (B.S. 31.XII.1992, ed. 4, err. B.S. 14.I.1993);
§ 1, al. 1-2 gewijzigd bij art. 2-9 K.B. 20 juli 2000 (II) (B.S.
30.VIII.2000, err. B.S. 8.III.2001, ed. 2) en bij art. 42-5° K.B.
13 juli 2001 (B.S. 11.VIII.2001, err. B.S. 21.XII.2001);
§ 2 vervangen bij art. 19 W. 26 november 2009 (B.S. 4.
XII.2009), van toepassing vanaf 1 januari 2010.

[Art. 53ter. [De in artikel 51, § 1, 2°, en § 2, bedoelde schuldenaars van de belasting die niet gehou-

den zijn tot de verplichtingen bedoeld [in artikel 53, § 1, eerste lid, 2° en 3°], moeten:

1° aangifte doen van de in de loop van een kalenderkwartaal verrichte belastbare handelingen met uitsluiting van:

a) de intracommunautaire verwervingen van nieuwe vervoermiddelen in de zin van artikel 8bis, § 2, verricht door belastingplichtigen of niet-belastingplichtige rechtspersonen op wie de afwijking bepaald in artikel 25ter, § 1, tweede lid, 2°, toepasselijk is of door iedere andere niet-belastingplichtige;

b) de intracommunautaire verwervingen van accijnsprodukten als bedoeld in artikel 58, § 1bis, door belastingplichtigen of niet-belastingplichtige rechtspersonen op wie de afwijking bepaald in artikel 25ter, § 1, tweede lid, 2°, toepasselijk is;

2° de verschuldigd geworden belasting voldoen binnen de termijn van indiening van deze aangifte.]]

Ingevoegd bij art. 60 W. 28 december 1992 (B.S. 31.
XII.1992, ed. 1) en vervangen bij art. 17 K.B. 29 december
1992 (B.S. 31.XII.1992, ed. 4, err. B.S. 14.I.1993);
Inleidende zin gewijzigd bij art. 8 W. 28 januari 2004 (B.S.
10.II.2004).

[Art. 53quater. [§ 1. De belastingplichtigen die overeenkomstig artikel 50, § 1, eerste lid, 1° en 3° of § 3, voor BTW-doeleinden zijn geïdentificeerd, met uitsluiting van de BTW-eenheden in de zin van artikel 4, § 2, moeten hun BTW-identificatienummer aan hun leveranciers en aan hun klanten mededelen.

In afwijking van het eerste lid zijn de belastingplichtigen bedoeld in de artikelen 56, § 2 en 57 er niet toe gehouden hun BTW-identificatienummer mee te delen aan hun leveranciers wanneer zij intracommunautaire verwervingen van andere goederen dan accijnsproducten verrichten, indien zij de drempel van 11.200 euro bedoeld in artikel 25ter, § 1, tweede lid, 2°, eerste lid, niet hebben overschreden of indien zij het in artikel 25ter, § 1, tweede lid, 2°, tweede lid, bedoelde keuzerecht niet hebben uitgeoefend.

§ 2. Zij die overeenkomstig artikel 50, § 1, eerste lid, 2° en 4°, voor BTW-doeleinden zijn geïdentificeerd, moeten hun BTW-identificatienummer aan hun leveranciers mededelen wanneer zij krachtens artikel 51, § 1, 2° of § 2, eerste lid, 1°, schuldenaar zijn van de belasting in België.

§ 3. De belastingplichtigen die krachtens artikel 50, § 1, eerste lid, 5°, voor BTW-doeleinden zijn geïdentificeerd moeten hun BTW-identificatienummer aan hun klanten mededelen wanneer zij diensten verrichten die krachtens de communautaire bepalingen geacht worden plaats te vinden in een andere lidstaat en waarvan de belasting is verschuldigd door de ontvanger van de dienst.

§ 4. De leden van de BTW-eenheid in de zin van artikel 4, § 2, zijn gehouden aan hun leveranciers en hun klanten het sub-BTW-identificatienummer bedoeld in artikel 50, § 1, eerste lid, 6°, mee te delen.

De leden van de BTW-eenheid in de zin van artikel 4, § 2, zijn gehouden aan hun leveranciers en hun klanten het sub-BTW-identificatienummer bedoeld in artikel 50, § 2, tweede lid, mee te delen, wanneer deze eenheid krachtens artikel 51, § 1, 2° of § 2, eerste lid, 1°, schuldenaar is van de belasting in België, of wanneer de leden diensten verrichten die krachtens de communautaire bepalingen geacht worden plaats te vinden in een andere lidstaat en waarvan de belasting is verschuldigd door de ontvanger van de dienst.

§ 5. De niet in België gevestigde belastingplichtigen die overeenkomstig artikel 55, § 1 of § 2, hier te lande een aansprakelijke vertegenwoordiger hebben laten erkennen of die overeenkomstig artikel 55, § 3, tweede lid, door een vooraf erkende persoon worden vertegenwoordigd, moeten bovendien, voor de handelingen die zij in België verrichten of ontvangen, de naam of benaming en het adres van hun aansprakelijke vertegenwoordiger in België of van de vooraf erkende persoon die hen vertegenwoordigt, aan hun klanten of leveranciers mededelen.]]

Ingevoegd bij art. 18 K.B. 29 december 1992 (B.S. 31. XII.1992, ed. 1) en vervangen bij art. 20 W. 26 november 2009 (B.S. 4.XII.2009, err. B.S. 7.V.2010), van toepassing vanaf 1 januari 2010.

[Art. 53quinquies. [De belastingplichtigen die overeenkomstig artikel 50, § 1, eerste lid, 1°, met uitsluiting van de BTW-eenheden in de zin van artikel 4, § 2, artikel 50, § 1, eerste lid, 3°, voor BTW-doeleinden zijn geïdentificeerd, de leden van een BTW-eenheid bedoeld in artikel 50, § 1, eerste lid, 6°, de niet in België gevestigde belastingplichtigen die voor de handelingen die zij hier te lande verrichten zijn vertegenwoordigd door een vooraf erkende persoon, overeenkomstig artikel 55, § 3, tweede lid, en de andere niet in België gevestigde belastingplichtigen bedoeld in artikel 50, § 3, zijn gehouden jaarlijks voor elk lid van een BTW-eenheid en voor iedere belastingplichtige die voor BTW-doeleinden moet geïdentificeerd zijn, behalve voor degenen die uitsluitend handelingen verrichten die krachtens artikel 44 van de belasting zijn vrijgesteld, en waaraan zij goederen hebben geleverd of diensten hebben verstrekt in de loop van het vorige jaar, de administratie die de belasting over de toegevoegde waarde onder haar bevoegdheid heeft in kennis te stellen van het totale bedrag van die handelingen alsmede van het totale bedrag van de in rekening gebrachte belasting.

De leden van een BTW-eenheid in de zin van artikel 4, § 2, die overeenkomstig artikel 50, § 1, eerste lid, 1°, voor BTW-doeleinden is geïdentificeerd, zijn bovendien gehouden jaarlijks de administratie die de belasting over de toegevoegde waarde onder haar bevoegdheid heeft in kennis te stellen van het totale bedrag van de in de loop van het vorige jaar voor elk van de andere leden van die BTW-eenheid verrichte handelingen.]]

Ingevoegd bij art. 62 W. 28 december 1992, (B.S. 31. XII.1992, ed. 1) en vervangen bij art. 21 W. 26 november 2009 (B.S. 4.XII.2009), van toepassing vanaf 1 januari 2010.

Opmerking: – Zie K.B. nr. 23 van 29 december 1992.

[Art. 53sexies. § 1. [De belastingplichtigen die overeenkomstig artikel 50, § 1, eerste lid, 1°, met uitsluiting van de BTW-eenheden in de zin van artikel 4, § 2, artikel 50, § 1, eerste lid, 3° en 5°, voor BTW-doeleinden zijn geïdentificeerd, de leden van een BTW-eenheid in de zin van artikel 4, § 2, alsook de niet in België gevestigde belastingplichtigen die voor de handelingen die zij hier te lande verrichten worden vertegenwoordigd door een overeenkomstig artikel 55, § 3, tweede lid, vooraf erkende persoon moeten iedere kalendermaand voor iedere persoon die in een andere lidstaat voor BTW-doeleinden is geïdentificeerd, de administratie die de belasting over de toegevoegde waarde onder haar bevoegdheid heeft in kennis stellen van de volgende gegevens, waarbij een onderscheid moet worden gemaakt naargelang de aard van de handelingen:

1° het totale bedrag van de krachtens artikel 39bis, eerste lid, 1° en 4°, vrijgestelde leveringen van goederen en waarvoor de belasting in de loop van de vorige maand opeisbaar is geworden;

2° het totale bedrag van de leveringen van goederen bedoeld in artikel 25quinquies, § 3, derde lid, verricht in de lidstaat van aankomst van de verzending of het vervoer van de goederen en waarvoor de belasting in de loop van de vorige maand opeisbaar is geworden;

3° het totale bedrag van de andere diensten dan die welke in de lidstaat waar de diensten belastbaar zijn van de belasting zijn vrijgesteld en waarvoor de belasting verschuldigd is door de ontvanger krachtens de communautaire bepalingen en in de loop van de vorige maand opeisbaar is geworden.]

§ 2. De Koning kan bepalen dat de belastingplichtige die een levering verricht van een nieuw vervoermiddel in de zin van artikel 8bis, § 2, onder de voorwaarden van artikel 39bis, de Administratie van de BTW, registratie en domeinen de inlichtingen moet verschaffen die Hij bepaalt met het oog op de toepassing van de belasting over de toegevoegde waarde en de controle erop door de administratie in de lidstaat van vertrek en in deze van aankomst van de verzending of het vervoer van dit goed.]

Ingevoegd bij art. 63 W. 28 december 1992 (B.S. 31. XII.1992, ed. 1);
§ 1 vervangen bij art. 22 W. 26 november 2009 (B.S. 4. XII.2009), van toepassing vanaf 1 januari 2010.

Opmerking: – § 1: zie K.B. nr. 50 van 29 december 1992.

[Art. 53septies. De Koning kan belastingplichtigen, die in België intracommunautaire verwervingen van goederen verrichten als bedoeld in de artikelen 25ter, § 1, en 25quater, opleggen om met betrekking tot iedere in een andere lidstaat voor BTW-doeleinden geïdentificeerde leverancier een gedetailleerde aangifte in te dienen van de gedane verwervingen, op voorwaarde evenwel dat dergelijke aangiften niet kunnen worden geëist voor tijdvakken van minder dan één maand.]

Ingevoegd bij art. 64 W. 28 december 1992 (B.S. 31. XII.1992, ed. 1).

[Art. 53octies. § 1. [De Koning kan toelaten dat de door Hem aan te wijzen groepen van belastingplichtigen de in artikel 53, § 1, eerste lid, 2°, bedoelde aangifte slechts driemaandelijks, zesmaandelijks of jaarlijks indienen.

Hij kan toelaten dat de door Hem aan te wijzen groepen van belastingplichtigen, onder de door Hem te stellen voorwaarden, de in artikel 53sexies bedoelde intracommunautaire opgave slechts voor elk kalenderkwartaal indienen binnen een termijn van ten hoogste één maand te rekenen vanaf het einde van dat kwartaal.

Hij kan eveneens toelaten dat de belasting wordt voldaan door middel van maandelijkse voorschotten in de door Hem te bepalen gevallen en onder de door Hem te stellen voorwaarden.

Hij kan ook bepalen dat de belasting verschuldigd voor de handelingen verricht tijdens het laatste aangiftetijdvak van het kalenderjaar moet worden voldaan voor het verstrijken van dat jaar. Hij regelt de toepassingsmodaliteiten van die bepaling.

Hij kan aan belastingplichtigen de verplichting opleggen om ieder jaar op de door Hem te bepalen wijze de administratie in kennis te stellen van het totale bedrag van de goederen die zij geleverd en de diensten die zij verstrekt hebben, in de loop van het vorige jaar, aan iedere afnemer gevestigd in een land waarmee België een verdrag tot wederzijdse bijstand inzake omzetbelasting heeft gesloten.

Hij kan andere verplichtingen bepalen om de juiste heffing van de belasting te waarborgen en om de fraude te vermijden.]

§ 2. [De Koning kan onder de door Hem vast te stellen voorwaarden toestaan en zelfs verplichten dat de in de artikelen 53, § 1, eerste lid, 2°, en 53ter bedoelde aangiften worden ingediend en dat de in de artikelen 53quinquies tot 53octies, § 1 bedoelde gegevens worden medegedeeld door middel van procedures waarbij informatica- en telegeleidingstechnieken worden aangewend.]]

[§ 3. De gegevens van de aangiften en de inlichtingen bedoeld [in de artikelen 53, § 1, eerste lid, 2°], 53ter, 53quinquies tot 53septies en 53octies, § 2, die door de administratie bevoegd voor de belasting over de toegevoegde waarde, fotografisch, optisch, elektronisch of volgens elke andere informatica- of telegeleidingstechniek worden geregistreerd, bewaard of weergegeven, evenals hun weergave op een leesbare drager, hebben bewijskracht voor de toepassing van de belasting over de toegevoegde waarde.]

[§ 4. Onverminderd de toepassing van paragraaf 3, hebben de gegevens en de stukken die de administratie die bevoegd is voor de vestiging of invordering van belasting over de toegevoegde waarde heeft ontvangen, opgesteld of verzonden in het kader van de toepassing van de wetgeving inzake de belasting over de toegevoegde waarde en die fotografisch, optisch, elektronisch of volgens elke andere informatica- of telegeleidingstechniek worden geregistreerd, bewaard of

weergegeven, evenals hun weergave op een leesbare drager, bewijskracht.]

Ingevoegd bij art. 65 W. 28 december 1992 (B.S. 31.XII.1992, ed. 1);
§ 1 vervangen bij art. 31 W. 17 december 2012 (I) (B.S. 21. XII.2012, ed. 2), van toepassing vanaf 1 januari 2013;
§ 2 vervangen bij art. 2 W. 7 december 2006 (B.S. 22. XII.2006, ed. 2);
§ 3 ingevoegd bij art. 2 W. 5 september 2001 (B.S. 13.X.2001) en gewijzigd bij art. 9, 5° W. 28 januari 2004 (B.S. 10. II.2004);
§ 4 ingevoegd bij art. 23 W. 28 december 2011 (B.S. 30. XII.2011, ed. 4).

Opmerking: – § 1: zie K.B. nr. 1 van 29 december 1992.

[Art. 53nonies. § 1. De Koning bepaalt de regels met betrekking tot de aangifte en de betaling van de belasting verschuldigd ter zake van de in artikel 53ter, 1°, uitgesloten intracommunautaire verwervingen van nieuwe vervoermiddelen.

Hij kan dezelfde regels opleggen voor iedere andere intracommunautaire verwerving van een vervoermiddel, wanneer degene die de verwerving verricht geheel of gedeeltelijk in gebreke blijft ten aanzien van [de artikelen 53, § 1, eerste lid, 2° en 3°], of 53ter, voorgeschreven verplichtingen.

§ 2. Hij neemt iedere andere maatregel met het oog op de controle en de betaling van de belasting verschuldigd ter zake van de levering, de invoer of de intracommunautaire verwerving van een vervoermiddel.]

Ingevoegd bij art. 66 W. 28 december 1992 (B.S. 31. XII.1992, ed. 1);
§ 1, al. 2 gewijzigd bij art. 10 W. 28 januari 2004 (B.S. 10. II.2004).

[Art. 53decies. § 1. Voor de facturering gelden de regels die van toepassing zijn in de lidstaat waar de levering van het goed of de dienst geacht wordt te zijn verricht, overeenkomstig het bepaalde in titel V van Richtlijn 2006/112/EG.

In afwijking van het eerste lid gelden voor de facturering de regels die van toepassing zijn in de lidstaat waar de leverancier of de dienstverrichter de zetel van zijn economische activiteit of een vaste inrichting heeft gevestigd van waaruit hij de levering van het goed of de dienst verricht, of, bij gebreke van een dergelijke zetel of vaste inrichting, de lidstaat waar de leverancier of dienstverrichter zijn woonplaats of zijn gebruikelijke verblijfplaats heeft, wanneer:

1° de leverancier of de dienstverrichter niet gevestigd is in de lidstaat waar de levering van het goed of de dienst overeenkomstig het bepaalde in titel V van Richtlijn 2006/112/EG geacht wordt te zijn verricht, of zijn vaste inrichting in die lidstaat niet betrokken is bij het verrichten van de levering van het goed of de dienst in de zin van artikel 192bis van deze richtlijn, en de tot voldoening van de belasting gehouden persoon degene is voor wie de levering van het goed of de dienst wordt verricht.

Indien in dit geval de afnemer zelf de factuur uitreikt, is evenwel het eerste lid van toepassing;

2° de levering van het goed of de dienst niet geacht wordt in de Gemeenschap te zijn verricht.

§ 2. De Koning regelt de toepassingsmodaliteiten van de artikelen 53 tot 53octies en 53decies, § 1. Hij kan de regels in verband met de uitreiking van facturen bepalen en maatregelen nemen wat betreft de vereenvoudiging van facturen.]

Ingevoegd bij art. 32 W. 17 december 2012 (I) (B.S. 21. XII.2012, ed. 2), van toepassing vanaf 1 januari 2013.

Art. 54. [[Onverminderd de bevoegdheden die Hem bij de artikelen 51 tot 53decies worden verleend, bepaalt de Koning op welke wijze de maatstaf van heffing en het bedrag van de belasting worden afgerond, de wijze van voldoening van de belasting, de inhoud van de door de belastingplichtigen uit te reiken facturen, de door de belastingplichtigen en de niet-belastingplichtige rechtspersonen te houden en voor te leggen boeken en stukken, de verplichtingen van de medecontractanten van de schuldenaars van de belasting en alle andere voorzieningen, nodig om de voldoening van de belasting te verzekeren.]

Hij regelt eveneens het stellen van een borg, het verlenen van een borgtocht en het verrichten van een provisionele storting, zo nodig met afwijking van de bepalingen betreffende de organisatie en de werking van de Deposito- en Consignatiekas.]

Vervangen bij art. 67 W. 28 december 1992, (B.S. 31. XII.1992, ed. 1);
Al. 1 vervangen bij art. 33 W. 17 december 2012 (I) (B.S. 21.XII.2012, ed. 2), van toepassing vanaf 1 januari 2013.

Opmerking: – Zie K.B. nr. 1 van 29 december 1992 en K.B. nr. 8 van 12 maart 1970.

[Art. 54bis. § 1. [Iedere belastingplichtige moet een register houden van de goederen die hij heeft verzonden of vervoerd, of die voor zijn rekening werden verzonden of vervoerd, naar een andere lidstaat voor de handelingen bedoeld in artikel 12bis, tweede lid, 4° tot 6°.]

[Iedere belastingplichtige moet een register bijhouden om de lichamelijke roerende goederen te kunnen identificeren die vanuit een andere lidstaat naar hem zijn verzonden door of voor rekening van een in die andere lidstaat voor BTW-doeleinden geïdentificeerde belastingplichtige en die het voorwerp zijn van een materieel werk of een expertise.]

§ 2. De Koning kan de belastingplichtigen, die door Hem aan te wijzen goederen bewerken of verwerken, onder zich hebben of gebruiken, voorschrijven een goederenadministratie te houden en de maakloonwerkers opleggen een bijzonder register bij te houden waarin zij optekenen: de naam en het adres van de opdrachtgevers alsmede, voor ieder van hen, de aard en de hoeveelheid van de gebruikte en van de bewerkte of verwerkte goederen.

§ 3. De Koning regelt de toepassingsmodaliteiten van de §§ 1 en 2.]

Ingevoegd bij art. 68 W. 28 december 1992 (B.S. 31.XII.1992, ed. 1);
§ 1, al. 1 vervangen bij art. 34 W. 17 december 2012 (I) (B.S. 21.XII.2012, ed. 2), van toepassing vanaf 1 januari 2013;
§ 1, al. 2 vervangen bij art. 24 W. 26 november 2009 (B.S. 4.XII.2009), van toepassing vanaf 1 januari 2010.

Art. 55. [§ 1. De niet in de Gemeenschap gevestigde belastingplichtige moet, alvorens in België enige andere handeling te verrichten dan een handeling waarvoor de belasting krachtens [artikel 51, § 2, eerste lid, 1°, 2°, 5° en 6°] verschuldigd is door de medecontractant, [en andere dan een handeling waarvoor de bijzondere regeling bedoeld in artikel 58bis van toepassing is,] door of vanwege de minister van Financiën een in België gevestigde aansprakelijke vertegenwoordiger laten erkennen.

[Door of vanwege de minister van Financiën kan echter worden bepaald in welke omstandigheden de in het eerste lid bedoelde belastingplichtige wordt ontslagen van de verplichting een aansprakelijke vertegenwoordiger te laten erkennen.]

§ 2. [De niet in België gevestigde belastingplichtige, die gevestigd is in een andere lidstaat van de Gemeenschap, kan, door of vanwege de minister van Financiën, een aansprakelijke vertegenwoordiger laten erkennen, wanneer deze belastingplichtige hier te lande handelingen verricht die, indien zij door een niet in de Gemeenschap gevestigde belastingplichtige werden verricht, de erkenning van een in België gevestigde aansprakelijke vertegenwoordiger ingevolge § 1, zouden vereisen.]

[…]

§ 3. [De Koning bepaalt de voorwaarden en modaliteiten van erkenning van de aansprakelijke vertegenwoordiger bedoeld in §§ 1 of 2.]

Voor de bijzondere handelingen die Hij in een lijst vastlegt, kan de Koning eveneens, binnen de beperkingen en onder de voorwaarden en modaliteiten die Hij bepaalt, aan de niet in België gevestigde belastingplichtige die er niet is geïdentificeerd overeenkomstig artikel 50, § 1, eerste lid, 3°, en die hier te lande uitsluitend handelingen verricht opgenomen in de voormelde lijst, toestaan te worden vertegenwoordigd door een persoon die vooraf door of vanwege de minister van Financiën werd erkend.

§ 4. De aansprakelijke vertegenwoordiger bedoeld in §§ 1 of 2 wordt in de plaats gesteld van zijn lastgever ten aanzien van alle rechten die aan laatstgenoemde zijn verleend of van alle verplichtingen die hem zijn opgelegd door of ter uitvoering van dit Wetboek.

Die vertegenwoordiger [of de vooraf erkende persoon bedoeld in § 3, tweede lid] is met zijn lastgever hoofdelijk gehouden tot voldoening van de belasting, interesten en geldboeten die laatstgenoemde verschuldigd is krachtens onderhavig Wetboek.

§ 5. Bij overlijden van de aansprakelijke vertegenwoordiger bedoeld in § 1, bij intrekking van zijn erkenning of bij feiten die zijn onbekwaamheid tot gevolg hebben, moet onmiddellijk in zijn vervanging worden voorzien.

§ 6. Bij ontstentenis van identificatie van de belastingplichtige bedoeld in artikel 50, § 1, eerste lid, 3°, of van vertegenwoordiging door [een vooraf erkende persoon overeenkomstig § 3, tweede lid], kan de invordering van de belasting, de interesten en de geldboeten geschieden ten laste van de medecontractant van de niet in België gevestigde belastingplichtige.

De medecontractant te goeder trouw, die bewijst dat hij aan zijn leverancier wiens identiteit hij aantoont, de belasting geheel of gedeeltelijk heeft betaald, is evenwel in dezelfde mate ontslagen van deze verplichting.]

Vervangen bij art. 8 W. 7 maart 2002 (B.S. 13.III.2002, ed. 3);

§ 1, al. 1 gewijzigd bij art. 6 W. 22 april 2003 (B.S. 13.V.2003) en bij art. 25 W. 26 november 2009 (B.S. 4.XII.2009), van toepassing vanaf 1 januari 2010;

§ 1, al. 2 vervangen bij art. 5, 1° W. 20 december 2002 (B.S. 31.XII.2002, ed. 3);

§ 2, al. 1 vervangen bij art. 5, 2° W. 20 december 2002 (B.S. 31.XII.2002, ed. 3);

§ 2, al. 2 opgeheven bij art. 5, 3° W. 20 december 2002 (B.S. 31.XII.2002, ed. 3);

§ 3, al. 1 ingevoegd bij art. 5, 4° W. 20 december 2002 (B.S. 31.XII.2002, ed. 3);

§ 4, al. 2 gewijzigd bij art. 5, 5° W. 20 december 2002 (B.S. 31.XII.2002, ed. 3);

§ 6, al. 1 gewijzigd bij art. 5, 6° W. 20 december 2002 (B.S. 31.XII.2002, ed. 3).

Opmerking: – Zie K.B. nr. 31 van 29 december 1992.

HOOFDSTUK IX

BIJZONDERE REGELINGEN

Afdeling 1

Kleine ondernemingen

Art. 56. [§ 1. Ten aanzien van door Hem te omschrijven kleine ondernemingen regelt de Koning de wijze waarop de administratie, na overleg met de betrokken bedrijfsgroeperingen, forfaitaire grondslagen van aanslag vaststelt, wanneer zulks mogelijk is.

§ 2. De kleine ondernemingen [, met uitzondering van de BTW-eenheden in de zin van artikel 4, § 2,] waarvan de jaaromzet een door de Koning vast te stellen bedrag niet overschrijdt, genieten belastingvrijstelling voor de leveringen van goederen en diensten die ze verrichten.

De in het vorig lid bedoelde kleine ondernemingen kunnen de belasting geheven van de goederen en de diensten die ze gebruiken voor het verrichten van hun handelingen niet in aftrek brengen en mogen evenmin op enigerlei wijze op hun facturen of op ieder als zodanig geldend stuk de belasting vermelden.

[De vrijstellingsregeling van belasting is niet toepasselijk op:

– de handelingen bedoeld in de artikelen 8 en 8bis;

[- de handelingen die bestaan uit een werk in onroerende staat in de zin van artikel 19, § 2, tweede lid, en de door de Koning ermee gelijkgestelde handelingen;]

– de handelingen bedoeld in artikel 57, verricht door landbouwondernemers onderworpen aan de bijzondere landbouwregeling;

– de handelingen bedoeld in artikel 58, §§ 1 en 2;

– de handelingen verricht door belastingplichtigen die niet in België zijn gevestigd.

De Koning regelt de toepassing van de door deze paragraaf ingestelde regeling. Hij bepaalt de handelingen welke van de regeling zijn uitgesloten. Hij omschrijft de kleine ondernemingen.]

De kleine ondernemingen kunnen evenwel kiezen voor de toepassing van de belasting ten aanzien van de leveringen van goederen en diensten die zij verrichten en de normale belastingregeling of de krachtens § 1 ingestelde bijzondere regeling toepassen. De Koning bepaalt de regels volgens dewelke deze keuze kan worden uitgeoefend.]

Vervangen bij art. 70 W. 28 december 1992 (B.S. 31. XII.1992, ed. 1);

§ 2, al. 1 gewijzigd bij art. 109 Progr. W. 27 april 2007 (B.S. 8.V.2007, ed. 3), van toepassing vanaf 1 april 2007;

§ 2, al. 3 en 4 gewijzigd bij art. 21 K.B. 29 december 1992 (B.S. 31.XII.1992, ed. 4, err. B.S. 14.I.1993);

§ 2, al. 3, tweede streepje ingevoegd bij art. 127 Progr. W. 27 april 2007 (B.S. 8.V.2007, ed. 3), van toepassing vanaf 1 oktober 2007.

Afdeling 2

Landbouwondernemingen

Art. 57. [§ 1. Landbouwondernemers [, met uitzondering van de BTW-eenheden in de zin van artikel 4, § 2,] die produkten van hun bedrijf leveren of land-bouwdiensten verrichten, zijn ten aanzien van de uitoefening van die werkzaamheid niet gehouden de verplichtingen na te leven die op het stuk van facturering, aangifte en voldoening van de belasting, aan belastingplichtigen zijn opgelegd, met uitzondering van de verplichtingen die voortvloeien uit de intracommunautaire handelingen die ze verrichten.

§ 2. De belasting geheven van de onderscheiden bestanddelen van de prijs van de genoemde leveringen en diensten die de landbouwondernemer verricht wordt hem bij wijze van forfaitaire compensaties terugbetaald.

De forfaitaire compensatie vloeit voort uit de toepassing van de forfaitaire compensatiepercentages op de prijs, exclusief belasting:

1° van de landbouwprodukten die de forfaitair belaste landbouwers hebben geleverd aan andere belastingplichtigen dan die welke in het binnenland onder de forfaitaire regeling van dit artikel vallen;

2° van de landbouwprodukten die de forfaitair belaste landbouwers onder de voorwaarden van artikel 39bis, eerste lid, 1°, hebben geleverd aan niet-belastingplichtige rechtspersonen op wie in de lidstaat van aankomst van de verzending of het vervoer van de aldus geleverde landbouwprodukten de in artikel 25ter, § 1, tweede lid, omschreven afwijking niet toepasselijk is;

3° van de landbouwdiensten die worden verricht door forfaitair belaste landbouwers voor andere belastingplichtigen dan die welke in het binnenland onder de forfaitaire regeling bepaald in dit artikel vallen.

Deze compensatie sluit elke andere vorm van aftrek uit.

§ 3. Voor elke levering van landbouwprodukten en elke dienst als bedoeld onder § 2, tweede lid, 1°, 2° en 3°, geschiedt de betaling van de forfaitaire compensaties door de koper van de goederen of de ontvanger van de diensten.

§ 4. De belastingplichtige koper of ontvanger, die periodieke aangiften indient, is gemachtigd om, onder de voorwaarden van de artikelen 45 tot 49 en volgens nader door de Koning vast te stellen regels, van de door hem in het binnenland verschuldigde belasting het bedrag van de forfaitaire compensatie af te trekken dat hij aan de forfaitair belaste landbouwers heeft betaald.

§ 5. De Schatkist kent aan de koper of ontvanger terugbetaling toe van het bedrag van de forfaitaire compensatie dat hij aan de forfaitair belaste landbouwers heeft betaald uit hoofde van een van de volgende handelingen:

1° de leveringen van landbouwprodukten die worden verricht onder de voorwaarden van artikel 39bis, 1°, wanneer de koper een belastingplichtige is, of een niet-belastingplichtige rechtspersoon, die als zodanig optreedt in een andere lidstaat en op wie in deze lidstaat de in artikel 25ter, § 1, tweede lid, omschreven afwijking niet toepasselijk is;

2° de leveringen van landbouwprodukten die worden verricht onder de voorwaarden van artikel 39, voor een belastingplichtige koper die buiten de Gemeenschap is gevestigd, in de mate dat deze landbouwprodukten door de koper gebruikt worden voor het verrichten van handelingen in het buitenland, waarvoor recht op aftrek zou ontstaan indien zij in het binnenland zouden plaatsvinden of om diensten te verstrekken die geacht worden in België plaats te vinden en waarvoor de belasting overeenkomstig artikel 51, § 2, door de ontvanger verschuldigd is;

3° landbouwdiensten die worden verricht voor een binnen de Gemeenschap maar in een andere lidstaat gevestigde belastingplichtige ontvanger of voor een buiten de Gemeenschap gevestigde belastingplichtige ontvanger, in de mate dat deze diensten door de ontvanger gebruikt worden voor het verrichten van handelingen in het buitenland, waarvoor recht op aftrek zou ontstaan indien zij in het binnenland zouden plaatsvinden of om diensten te verstrekken die geacht worden in België plaats te vinden en waarvoor de belasting overeenkomstig artikel 51, § 2, door de ontvanger is verschuldigd.

De Koning stelt de nadere regels voor deze terugbetalingen vast.

§ 6. De landbouwondernemers blijven evenwel onderworpen aan alle verplichtingen van belastingplichtigen:

1° wanneer ze de vorm van een handelsvennootschap hebben aangenomen;

2° wanneer ze reeds belastingplichtige zijn wegens de uitoefening van een andere werkzaamheid behoudens wanneer ze, voor die werkzaamheid, onderworpen zijn aan de bijzondere regeling van artikel 56, § 1 of § 2.

§ 7. De Koning regelt de toepassing van de in dit artikel vastgestelde regeling, onder meer definieert Hij de landbouwondernemer en stelt de forfaitaire compensatiepercentages vast.

Hij kan toelaten dat de landbouwondernemers onderworpen aan de in dit artikel vastgestelde regeling, de in artikel 53sexies, § 1, bedoelde inlichtingen slechts jaarlijks verstrekken.

§ 8. Landbouwondernemers bedoeld in § 1 kunnen kiezen voor de normale regeling van de belasting. De Koning bepaalt de voorwaarden waaraan die keuze onderworpen is.]

Vervangen bij art. 71 W. 28 december 1992 (B.S. 31. XII.1992, ed. 1);
§ 1 gewijzigd bij art. 110 Progr. W. 27 april 2007 (B.S. 8.V.2007, ed. 3), van toepassing vanaf 1 april 2007.

Afdeling 3

Andere bijzondere regelingen

Art. 58. [§ 1. Ten aanzien van de in België ingevoerde, in de zin van artikel 25ter verworven of geproduceerde tabaksfabrikaten, wordt de belasting geheven telkens wanneer voor die fabrikaten, overeenkomstig de wets- of verordeningsbepalingen ter zake, [Belgische] accijns moet worden voldaan. De belasting wordt berekend op de prijs vermeld op het fiscale bandje of indien geen prijs is bepaald, over de maatstaf van heffing van de accijns.

[In afwijking van het eerste lid wordt de belasting evenwel niet geheven bij de levering aan passagiers aan boord van een schip, vliegtuig of trein, tijdens een intracommunautair reizigersvervoer, wanneer de plaats van vertrek van dat vervoer, bepaald overeenkomstig [artikel 14, § 4], niet in België is gelegen.]

Tabakssurrogaten zijn met tabaksfabrikaten gelijkgesteld, telkens wanneer die gelijkstelling bestaat voor de heffing van de accijns.

[De geheven belasting toepasselijk volgens het eerste lid] is de belasting verschuldigd ter zake van de invoer, de intracommunautaire verwerving en de levering van tabaksfabrikaten.

De Koning regelt de heffing van de belasting ter zake van tabaksfabrikaten en bepaalt wie tot de voldoening ervan gehouden is.

[§ 1bis. Ten aanzien van de in België in de zin van artikel 25ter verworven accijnsprodukten, andere dan deze bedoeld in § 1, door een belastingplichtige of door een niet-belastingplichtige rechtspersoon op wie de afwijking bepaald in artikel 25ter, § 1, tweede lid, 2°, toepasselijk is, wordt de belasting geheven en, in voorkomend geval, teruggegeven door de ontvanger die bevoegd is voor de accijns.

De Koning regelt de toepassing van deze paragraaf. Hij regelt onder meer de heffing, de vrijstelling en de teruggaaf van de belasting ter zake van de in het vorige lid beoogde produkten en bepaalt wie tot de voldoening van de belasting gehouden is en wie recht heeft op vrijstelling of op de teruggaaf ervan.]

§ 2. Ten aanzien van vis-, schaal-, schelp- en weekdieren die rechtstreeks van het vissersvaartuig in de gemeentelijke vismijn van de aanvoerhaven worden gebracht om er openbaar te worden verkocht, wordt de belasting slechts verschuldigd op het tijdstip van de verkoop in de vismijn en wordt ze berekend over de prijs van die verkoop.

De Koning kan bepaalde verplichtingen inzake aangifte en controle opleggen om de voldoening van de belasting door de exploitant van de vismijn te verzekeren.

§ 3. Ten aanzien van de invoer van goederen die in kleine zendingen worden verstuurd of die voorkomen in de bagage van reizigers, kan het bedrag van de belasting worden berekend naar een tarief dat op een forfaitaire wijze is bepaald zonder inachtneming van de aard van de ingevoerde goederen.

De Koning bepaalt het forfaitaire tarief en geeft regelen voor de toepassing van deze paragraaf.

§ 4. [Een bijzondere regeling van belastingheffing over de winstmarge gerealiseerd door belastingplichtige wederverkopers is van toepassing op door hen verrichte leveringen van gebruikte goederen, kunstvoorwerpen, voorwerpen voor verzamelingen en antiquiteiten, overeenkomstig de volgende bepalingen:

1° als belastingplichtige wederverkoper wordt aangemerkt de belastingplichtige die in het kader van zijn economische activiteit gebruikte goederen, kunstvoorwerpen, voorwerpen voor verzamelingen of antiquiteiten koopt, voor bedrijfsdoeleinden bestemt of invoert met het oog op wederverkoop, ongeacht of die belastingplichtige optreedt voor eigen rekening dan wel, ingevolge een overeenkomst tot aan- of verkoop in commissie, voor rekening van een derde;

2° de bedoelde leveringen van goederen zijn de door een belastingplichtige wederverkoper verrichte leveringen van gebruikte goederen, kunstvoorwerpen, voorwerpen voor verzamelingen en antiquiteiten die binnen de Gemeenschap zijn geleverd:

– door een niet-belastingplichtige;
of

– door een andere belastingplichtige, voor zover de levering van het goed door deze andere belastingplichtige krachtens artikel 44, § 2, 13°, is vrijgesteld;
of

– door een andere belastingplichtige, voor zover de levering van het goed door deze andere belastingplichtige is vrijgesteld krachtens artikel 56, § 2, en het een bedrijfsmiddel betreft;
of

– door een andere belastingplichtige wederverkoper, voorzover de levering van het goed door deze andere belastingplichtige wederverkoper overeenkomstig onderhavige bijzondere regeling onderworpen is

geweest aan de belasting;

3° de bijzondere regeling van belastingheffing over de winstmarge is niet van toepassing op de door een belastingplichtige wederverkoper verrichte leveringen van goederen die hem binnen de Gemeenschap zijn geleverd door personen die bij de aankoop, de intracommunautaire verwerving of de invoer van de goederen, de vrijstelling van de belasting hebben genoten krachtens artikel 42, of die hebben genoten van de teruggaaf van de belasting krachtens artikel 77, § 2;

4° de belastingplichtige wederverkopers kunnen kiezen voor de toepassing van de bijzondere regeling op leveringen:

a) van kunstvoorwerpen, voorwerpen voor verzamelingen en antiquiteiten die zij zelf hebben ingevoerd;

b) van kunstvoorwerpen die aan hen geleverd zijn door de maker of diens rechthebbenden;

c) van kunstvoorwerpen die aan hen geleverd zijn door een andere belastingplichtige dan een belastingplichtige wederverkoper wanneer de levering door deze andere belastingplichtige onderworpen is aan het verlaagd tarief.

De Koning bepaalt de regelen voor het uitoefenen van die keuze, welke geldt voor een periode gelijk aan ten minste twee kalenderjaren;

5° belastingplichtigen mogen de belasting die verschuldigd of voldaan is voor aan hen door een belastingplichtige wederverkoper geleverde of te leveren goederen niet aftrekken van de belasting die zij verschuldigd zijn, voor zover de levering van die goederen door de belastingplichtige wederverkoper onderworpen is aan de bijzondere regeling van belastingheffing over de winstmarge;

6° voorzover de goederen gebruikt worden ten behoeve van zijn leveringen die onderworpen zijn aan de bijzondere regeling van belastingheffing over de winstmarge, mag de belastingplichtige wederverkoper van de belasting die hij verschuldigd is niet aftrekken:

a) de belasting die verschuldigd of voldaan is voor kunstvoorwerpen, voorwerpen voor verzamelingen of antiquiteiten die hij zelf heeft ingevoerd;

b) de belasting die verschuldigd of voldaan is voor aan hem geleverde of te leveren kunstvoorwerpen door de maker of diens rechthebbenden;

c) de belasting die verschuldigd of voldaan is voor aan hem geleverde of te leveren kunstvoorwerpen door een andere belastingplichtige dan een belastingplichtige wederverkoper;

7° voor elke levering die onder de bijzondere regeling van belastingheffing over de winstmarge valt, kan de belastingplichtige wederverkoper de normale regeling van de belasting toepassen.

Indien de belastingplichtige wederverkoper de normale regeling van de belasting toepast:

a) op de levering van een kunstvoorwerp, een voorwerp voor verzamelingen of een antiquiteit dat hij zelf heeft ingevoerd, mag hij van de belasting die hij verschuldigd is, de bij invoer van dat goed verschuldigde of voldane belasting aftrekken:

b) op de levering van een kunstvoorwerp dat hem door de maker of diens rechthebbenden werd geleverd, mag hij van de belasting die hij verschuldigd is de met betrekking tot het hem geleverde kunstvoorwerp verschuldigde of voldane belasting aftrekken;

c) op de levering van een kunstvoorwerp dat hem door een andere belastingplichtige dan een belastingplichtige wederverkoper werd geleverd, mag hij van de belasting die hij verschuldigd is de met betrekking tot het hem geleverde kunstvoorwerp verschuldigde of voldane belasting aftrekken.

Dat recht op aftrek ontstaat op het tijdstip waarop de belasting opeisbaar wordt voor de levering waarvoor de belastingplichtige wederverkoper voor de normale regeling van aankomst kiest.

[De stukken die dat recht op aftrek staven, moeten worden bewaard gedurende de termijn [bedoeld in artikel 60, § 4]];

8° de belastingplichtige wederverkoper mag de belasting over de leveringen van goederen waarop hij de bijzondere regeling van belastingheffing over de winstmarge toepast niet afzonderlijk vermelden op de factuur die hij uitreikt, op ieder als zodanig geldend stuk of op ieder verbeterend stuk;

9° de leveringen van nieuwe vervoermiddelen in de zin van artikel 8bis, § 2, verricht onder de in artikel 39bis bedoelde voorwaarden, zijn uitgesloten van de bijzondere regeling van belastingheffing over de winstmarge;

10° de belastingplichtige wederverkoper moet een register houden van de goederen onderworpen aan de bijzondere regeling van belastingheffing over de winstmarge, die hij heeft verzonden of vervoerd, of die voor zijn rekening werden verzonden of vervoerd, naar een andere lidstaat met het oog op eventuele verkoop in de lidstaat van aankomst van de verzending of van het vervoer van de goederen;

11° indien de toepassing van de bijzondere regeling van belastingheffing over de winstmarge een negatieve marge tot resultaat heeft, doet dat geen recht op terugbetaling van de belasting ontstaan;

12° de leveringen van in deze paragraaf bedoelde goederen, voor dewelke de voorwaarden en modaliteiten die voor de toepassing van de bijzondere regeling van belastingheffing over de winstmarge zijn gesteld, niet worden nageleefd, worden, behoudens tegenbewijs, geacht te zijn verricht onder de normale regeling van de belasting;

13° de Koning bepaalt de andere regelen en toepassingsmodaliteiten van de door deze paragraaf ingestelde regeling; inzonderheid definieert Hij de beoogde goederen en bepaalt Hij de maatstaf van heffing en de winstmarge.]]

Vervangen bij art. 72 W. 28 december 1992 (B.S. 31.XII.1992, ed. 1);

§ 1, al. 1 gewijzigd bij art. 2, 1° K.B. 8 oktober 1999 (B.S. 22.X.1999);

§ 1, al. 2 ingevoegd bij art. 2, 2° K.B. 8 oktober 1999 (B.S. 22.X.1999) en gewijzigd bij art. 35, a) W. 17 december 2012 (I) (B.S. 21.XII.2012, ed. 2), van toepassing vanaf 1 januari 2013;

§ 1, al. 4 gewijzigd bij art. 2, 3° K.B. 8 oktober 1999 (B.S. 22.X.1999);

§ 1bis ingevoegd bij art. 22 K.B. 29 december 1992 (B.S. 31.XII.1992, ed. 4, err. B.S. 14.I.1993);

§ 4 vervangen bij art. 6 K.B. 23 december 1994 (B.S. 30. XII.1994);

§ 4, 7°, al. 4 vervangen bij art. 10 Progr. W. 20 juli 2006 (B.S. 28.VII.2006, ed. 2) en gewijzigd bij art. 35, b) W. 17 december 2012 (I) (B.S. 21.XII.2012, ed. 2), van toepassing vanaf 1 januari 2013.

Opmerking: – § 4: Zie K.B. nr. 53 van 23 december 1994 (winstmarge).

[Art. 58bis. § 1. Wat de elektronische diensten in de zin van artikel 18, § 1, tweede lid, 16°, betreft, verstrekt aan ontvangers gevestigd in de Gemeenschap die niet handelen in de hoedanigheid van de belastingplichtige voor de doeleinden van een economische activiteit, kan de niet in de Gemeenschap gevestigde verrichter van die diensten die er nog niet moet worden geïdentificeerd, gebruik maken van een bijzondere regeling. Wanneer hij kiest voor die bijzondere regeling doet hij langs elektronische weg aan de lidstaat die hij voor identificatie heeft gekozen opgave van het begin van zijn activiteit als belastingplichtige.

§ 2. De bijzondere regeling van toepassing op de in § 1 bedoelde dienstverrichter die heeft gekozen om zich in België te identificeren, houdt de naleving van de volgende verplichtingen in:

1° het verschaffen langs elektronische weg van de volgende inlichtingen: naam, postadres, elektronische adressen, daaronder begrepen de internetsites en, in voorkomend geval, het nationaal fiscaal nummer. Hij verklaart eveneens dat hem nog geen enkel BTW-identificatienummer werd toegekend;

2° het meedelen van elke wijziging met betrekking tot de onder 1° bedoelde inlichtingen;

3° langs elektronische weg opgave doen van de beëindiging van zijn activiteit als belastingplichtige alsook van wijziging ervan in die mate dat hij niet langer voor de bijzondere regeling in aanmerking komt;

4° het indienen langs elektronische weg binnen de twintig dagen volgend op het verstrijken van elk kalenderkwartaal, van een aangifte met vermelding voor elke lidstaat van de Gemeenschap van het bedrag exclusief belasting over de toegevoegde waarde van de verrichte elektronische diensten, van het toepasselijk tarief, van het bedrag van de opeisbare belasting alsook van het totale bedrag van de in de Gemeenschap verschuldigde belasting en van de gegevens die de Koning noodzakelijk acht om de controle op de toepassing van de belasting te verzekeren, ongeacht of de elektronische diensten al dan niet werden verricht;

5° het voldoen binnen de termijn van indiening van de in 4° bedoelde aangifte van het totale bedrag van de belasting die in de Gemeenschap is verschuldigd;

6° het houden van een register van de handelingen waarop deze bijzondere regeling van toepassing is. Dit register dient gedurende tien jaar te worden bewaard vanaf 31 december van het jaar tijdens hetwelk de in artikel 18, § 1, tweede lid, 16°, bedoelde dienst wordt verleend. Dit register dient langs elektronische weg ter inzage te worden voorgelegd op ieder verzoek van de ambtenaren van de administratie die de belasting over de toegevoegde waarde onder haar bevoegdheid heeft alsook op dat van de ambtenaren van de bevoegde administratie van een andere lidstaat wanneer de langs elektronische weg verrichte diensten er geacht wordt plaats te vinden.

§ 3. De in § 2 bedoelde dienstverrichter mag op de belasting die hij verschuldigd is, de belasting geheven van de aan hem geleverde goederen en verleende diensten niet in aftrek brengen. Niettemin kan hij de teruggaaf genieten bedoeld in artikel 76, § 2.

§ 4. Het BTW-identificatienummer dat aan de in § 2 bedoelde dienstverrichter wordt toegekend, wordt langs elektronische weg medegedeeld. Dit nummer wordt ambtshalve doorgehaald wanneer die dienstverrichter zijn activiteit beëindigt of wanneer hij niet langer voldoet aan de voorwaarden om gebruik te maken van de in dit artikel bedoelde bijzondere regeling of wanneer hij bij voortduring niet aan de voorschriften van die bijzondere regeling voldoet.

§ 5. De in § 2 bedoelde dienstverrichter is gehouden de in § 2, 1° tot 3°, bedoelde inlichtingen onverwijld mee te delen aan het elektronisch adres dat te dien einde gecreëerd werd door of vanwege de Minister van Financiën.

§ 6. De Koning bepaalt de andere regelen en toepassingsmodaliteiten van de door dit artikel ingestelde bijzondere regeling.]

Ingevoegd bij art. 7 W. 22 april 2003 (B.S. 13.V.2003).

HOOFDSTUK X

**BEWIJSMIDDELEN EN
CONTROLEMAATREGELEN**

Opmerking: – Zie ook artikel 87 van de wet van 8 augustus 1980.

Art. 59. § 1. [Iedere overtreding of elk misbruik van de bepalingen van dit Wetboek of van de ter uitvoering ervan gegeven regelen, alsmede feiten die de opeisbaarheid van de belasting of van een geldboete aantonen of ertoe bijdragen die aan te tonen, kunnen door de administratie worden bewezen volgens de regelen en door alle middelen van het gemene recht, getuigen en vermoedens inbegrepen, doch uitgezonderd de eed, en daarenboven door de processen-verbaal van de ambtenaren van de Federale Overheidsdienst Financiën.]

De processen-verbaal leveren bewijs op zolang het tegendeel niet is bewezen.

§ 2. [Onverminderd de in § 1 genoemde bewijsmiddelen, is de door de Koning aangewezen ambtenaar of de schuldenaar van de belasting bevoegd een deskundige schatting te vorderen om de normale waarde van de in artikel 36, §§ 1 en 2, bedoelde goederen en diensten te bepalen.

Die bevoegdheid bestaat eveneens ten aanzien van de diensten bedoeld in artikel 19, § 2, 1°, wanneer ze betrekking hebben op de oprichting van een gebouw.

De Koning geeft regelen in verband met de schattingsprocedure. Hij bepaalt de termijn waarbinnen die procedure moet worden ingesteld en wijst aan wie de kosten ervan moet dragen.]

[§ 3. [...]]

§ 1, al. 1 vervangen bij art. 20, 1° Progr. W. 20 juli 2006 (B.S. 28.VII.2006, ed. 2);

§ 2, vervangen bij art. 47 Progr. W. 27 december 2006 (B.S. 28.XII.2006, ed. 3);

§ 3 ingevoegd bij art. 128 Progr. W. 27 december 2005 (B.S. 30.XII.2005, ed. 2) en opgeheven bij art. 20, 2° Progr. W. 20 juli 2006 (B.S. 28.VII.2006, ed. 2).

Opmerking: – § 2: Zie K.B. nr. 15 van 3 juni 1970 (Schattingsprocedure).

Art. 60. [§ 1. Iedere belastingplichtige is ertoe gehouden de kopieën te bewaren van de facturen die door hemzelf, door zijn afnemer of zijn verkrijger of, in zijn naam en voor zijn rekening, door een derde worden uitgereikt.

Eenieder is gehouden zijn ontvangen facturen te bewaren.

§ 2. De belastingplichtige mag de plaats van bewaring van de in paragraaf 1 bedoelde facturen en kopieën van facturen vrij bepalen op voorwaarde dat hij deze op ieder verzoek en zonder onnodig uitstel ter beschikking stelt van de administratie die de belasting over de toegevoegde waarde onder haar bevoegdheid heeft.

In afwijking van het eerste lid dienen alle kopieën van facturen die door in België gevestigde belastingplichtigen werden uitgereikt hetzij door henzelf, hetzij in hun naam en voor hun rekening door hun medecontractant of door een derde, en alle door hen ontvangen facturen op het Belgische grondgebied te worden bewaard, voor zover deze bewaring niet gebeurt in een elektronisch formaat dat een volledige online toegang tot de betrokken gegevens in België waarborgt.

§ 3. De facturen en kopieën van facturen bedoeld in paragraaf 1 dienen te worden bewaard gedurende zeven jaar te rekenen vanaf 1 januari van het jaar volgend op de datum van uitreiking.

§ 4. De boeken en andere stukken, waarvan dit Wetboek of de ter uitvoering ervan gegeven regelen het houden, het opstellen of het uitreiken voorschrijven, dienen te worden bewaard door hen die ze hebben gehouden, opgesteld, uitgereikt of ontvangen gedurende zeven jaar te rekenen vanaf 1 januari van het jaar volgend op hun sluiting wat boeken betreft, op hun datum wat de andere stukken betreft of op het jaar waarin het recht op aftrek is ontstaan in de gevallen bedoeld in artikel 58, § 4, 7°, tweede lid, indien het gaat om stukken bedoeld in artikel 58, § 4, 7°, vierde lid.

Belastingplichtigen en niet-belastingplichtige rechtspersonen, gevestigd in België, zijn tot die verplichting ook gehouden ten aanzien van de facturen of de als zodanig geldende stukken in verband met de intracommunautaire verwervingen van goederen of met de in het buitenland verrichte aankopen, van de handelsboeken, de boekingsstukken, de contracten, de stukken met betrekking tot de bestelling van goederen en diensten, tot de verzending, tot de afgifte en tot de levering van goederen, van de rekeninguittreksels, van de betalingsstukken, alsmede van de andere boeken en stukken met betrekking tot de uitgeoefende werkzaamheid.

In afwijking van het tweede lid, begint de bewaringstermijn, ten aanzien van de gegevens met betrekking tot de analyses, de programma's en de uitbating van geïnformatiseerde systemen, te lopen vanaf 1 januari van het jaar volgend op het laatste jaar waarin het in deze gegevens omschreven systeem werd gebruikt.

De Koning kan de in het eerste lid en paragraaf 3 bedoelde bewaringstermijn verlengen, teneinde de controle van de ter uitvoering van artikel 49, 2° en 3°, verrichte herzieningen van de aftrek te verzekeren. Hij kan, in de gevallen en volgens de regels die Hij bepaalt, de bewaringstermijn beperken van stukken, andere dan facturen en boeken.

§ 5. De authenticiteit van de herkomst, de integriteit van de inhoud, en de leesbaarheid van de factuur, op papier of in elektronisch formaat, moeten worden gewaarborgd vanaf het tijdstip waarop de factuur wordt uitgereikt tot het einde van de bewaringstermijn.

Onder "authenticiteit van de herkomst" wordt verstaan het waarborgen van de identiteit van de leverancier of de uitreiker van de factuur.

Onder "integriteit van de inhoud" wordt verstaan het feit dat de inhoud die voorgeschreven is door de toepasselijke regels inzake de facturering geen wijzigingen heeft ondergaan.

De belastingplichtige bepaalt zelf hoe de authenticiteit van de herkomst, de integriteit van de inhoud en de leesbaarheid van de factuur worden gewaarborgd. Elke bedrijfscontrole die een betrouwbaar controlespoor tussen een factuur en een levering van een goed of een dienst aantoont, kan worden gebruikt om deze waarborg te leveren.

§ 6. Facturen moeten ofwel in een elektronisch formaat ofwel op papier worden bewaard.

Onder de bewaring van een factuur in een elektronisch formaat wordt verstaan de bewaring via elektronische apparatuur voor het bewaren van gegevens met inbegrip van digitale compressie.

De bewaring moet de authenticiteit van de herkomst en de integriteit van de inhoud van deze facturen waarborgen.]

Vervangen bij art. 36 W. 17 december 2012 (I) (B.S. 21. XII.2012, ed. 2, err. B.S. 22.I.2013), van toepassing vanaf 1 januari 2013.

Art. 61. [§ 1. Eenieder is gehouden de boeken, facturen, kopieën van facturen en andere stukken of hun kopieën, die hij overeenkomstig artikel 60 moet bewaren, op ieder verzoek van de administratie die de belasting over de toegevoegde waarde onder haar bevoegdheid heeft, zonder verplaatsing en zonder onnodig uitstel, voor te leggen teneinde de juiste heffing van de belasting in zijnen hoofde of in hoofde van derden te kunnen nagaan.

De voorlegging van de boeken, facturen en andere stukken overeenkomstig het eerste lid, gebeurt, wat de btw-eenheid in de zin van artikel 4, § 2, betreft, door de vertegenwoordiger aangeduid door de andere leden om in hun naam en voor hun rekening de rechten en de verplichtingen van die btw-eenheid uit te oefenen. De administratie die de belasting over de toegevoegde waarde onder haar bevoegdheid heeft, kan echter eisen dat het lid van de btw-eenheid zelf de in het eerste lid bedoelde voorlegging van de boeken, facturen en andere stukken die hem aanbelangen verricht.

Wanneer een belastingplichtige de door hem verzonden of ontvangen facturen en kopieën van facturen in een elektronisch formaat bewaart, waarbij een onlinetoegang tot de zoals in artikel 60 bedoelde gegevens wordt gewaarborgd, heeft de administratie die de belasting over de toegevoegde waarde onder haar bevoegdheid heeft het recht deze facturen en kopieën van facturen ter controle in te zien, te downloaden en te gebruiken, indien deze belastingplichtige in België is gevestigd of indien de belasting in België is verschuldigd. De bevoegde autoriteiten van een andere lidstaat beschikken over eenzelfde bevoegdheid indien de belasting verschuldigd is in hun lidstaat.

Wanneer de boeken, facturen en andere stukken in een elektronisch formaat worden bewaard, heeft deze administratie het recht zich de op informatiedragers geplaatste gegevens in een leesbare en verstaanbare vorm te doen voorleggen. Deze administratie kan eveneens de in het eerste lid bedoelde persoon verzoeken om in hun bijzijn en op zijn uitrusting kopieën te maken onder de door hen gewenste vorm van het geheel of een deel van de voormelde gegevens, evenals om de informaticabewerkingen te verrichten die nodig worden geacht om de juiste heffing van de belasting na te gaan.

Wanneer zulks voor de controle nodig is, kan de administratie die de belasting over de toegevoegde waarde onder haar bevoegdheid heeft voor de facturen opgesteld in een andere taal dan één van de nationale talen, voor bepaalde belastingplichtigen of in bepaalde gevallen, een vertaling eisen in één van deze nationale talen van de facturen betreffende de leveringen van goederen en diensten die overeenkomstig artikelen 14, 14bis, 15, 21 en 21bis in België plaatsvinden, alsmede van de facturen die worden ontvangen door de in België gevestigde belastingplichtigen.

De belastingplichtige bedoeld in artikel 50, § 1, eerste lid, 3°, die geen aansprakelijke vertegenwoordiger heeft laten erkennen, evenals de niet in België gevestigde belastingplichtige bedoeld in artikel 50, § 3, moeten aan de administratie die de belasting over de toegevoegde waarde onder haar bevoegdheid heeft een adres in België kenbaar maken waar de boeken, facturen, kopieën van facturen en andere stukken bedoeld in het eerste lid zullen worden voorgelegd op ieder verzoek van de ambtenaren van die administratie.

Deze paragraaf is niet van toepassing op de Algemene Directie Statistiek en Economische Informatie en op het Economisch en Sociaal Instituut voor de Middenstand ten aanzien van de individuele inlichtingen die zij in hun bezit hebben.

§ 2. De administratie die de belasting over de toegevoegde waarde onder haar bevoegdheid heeft, heeft het recht om de boeken, facturen, kopieën van facturen en andere stukken of hun kopieën, die overeenkomstig artikel 60 moeten worden bewaard, tegen afgifte van een ontvangstbewijs te behouden, telkens wanneer zij meent dat de boeken, stukken of kopieën de verschuldigdheid van een belasting of een geldboete in hoofde van de betrokkene of van derden aantonen of ertoe bijdragen die aan te tonen.

Dat recht bestaat niet ten aanzien van de boeken die niet zijn afgesloten. Wanneer die boeken in een elektronisch formaat worden bewaard, heeft de voornoemde administratie het recht zich kopieën van die boeken te doen overhandigen onder de door haar gewenste vorm.]

Vervangen bij art. 37 W. 17 december 2012 (I) (B.S. 21. XII.2012, ed. 2), van toepassing vanaf 1 januari 2013.

Art. 62. [§ 1. Eenieder is gehouden, op ieder verzoek van de ambtenaren van de administratie die de belasting over de toegevoegde waarde onder haar bevoegdheid heeft, mondeling of schriftelijk alle inlichtingen te verschaffen die hem gevraagd worden, teneinde de juiste heffing van de belasting in zijnen hoofde of in hoofde van derden na te gaan.

§ 2. [Iedere belastingplichtige of lid van een BTW-eenheid in de zin van artikel 4, § 2, eigenaar of houder van een zakelijk recht op een voor hypotheek vatbaar goed, is gehouden, op verzoek van de notaris die belast is met het opmaken van de akte houdende vervreemding of hypotheekstelling betreffende dat goed, aan deze laatste zijn hoedanigheid van belastingplichtige of lid van een BTW-eenheid in de zin van artikel 4, § 2, kenbaar te maken.]

De Minister van Financiën regelt de toepassingsmodaliteiten van deze paragraaf.]

Vervangen bij art. 76 W. 28 december 1992 (B.S. 31. XII.1992);
§ 2, al. 1 vervangen bij art. 112 Progr. W. 27 april 2007 (B.S. 8.V.2007, ed. 3), van toepassing vanaf 1 april 2007.

[Art. 62bis. In afwijking van de artikelen 61, § 1, en 62, § 1, mogen de ambtenaren van de administratie die de belasting over de toegevoegde waarde onder haar bevoegdheid heeft, teneinde de juiste toepassing van de belasting in hoofde van derden na te gaan, de voorlegging ter inzage van de andere dan [in artikel 60, § 4, eerste lid], bedoelde boeken en stukken alsmede het verstrekken van inlichtingen door [de Bank van De Post, de bank-, wissel-, krediet- en spaarinstellingen slechts vorderen wanneer zij op grond van een machtiging verleend door de door de Minister van Financiën daartoe aangewezen ambtenaar optreden].]

Ingevoegd bij art. 77 W. 28 december 1992 (B.S. 31. XII.1992) en gewijzigd bij art. 11 Progr. W. 20 juli 2006 (B.S.

28.VII.2006, ed. 2) en bij art. 38 W. 17 december 2012 (I) (B.S. 21.XII.2012, ed. 2), van toepassing vanaf 1 januari 2013.

Opmerking: – Zie M.B. 29 augustus 2006 (B.S. 5.IX.2006, ed. 1), laatst gewijzigd bij M.B. 5 juli 2012 (B.S. 13.VII.2012, ed. 2).

Art. 63. [Eenieder die een economische activiteit uitoefent, moet aan de ambtenaren die bevoegd zijn om de toepassing van de belasting over de toegevoegde waarde te controleren en in het bezit zijn van hun aanstellingsbewijs, op elk tijdstip en zonder voorafgaande verwittiging, vrije toegang verlenen tot de ruimten waar de activiteit wordt uitgeoefend teneinde hen in staat te stellen:

1° de boeken en stukken te onderzoeken die zich aldaar bevinden;

2° door middel van de gebruikte uitrusting en met de bijstand van de betrokkene de betrouwbaarheid na te gaan van de geïnformatiseerde inlichtingen, gegevens en bewerkingen, door onder meer de voorlegging ter inzage te vorderen van stukken die in het bijzonder zijn opgesteld om de op informatiedragers geplaatste gegevens om te zetten in een leesbare en verstaanbare vorm;

3° de aard en de belangrijkheid vast te stellen van de aldaar uitgeoefende werkzaamheid en van het daarvoor aangestelde personeel, alsook van de aldaar aanwezige koopwaren en goederen, met inbegrip van de produktie- en vervoermiddelen.

Als ruimten waar een activiteit wordt uitgeoefend moeten onder meer worden beschouwd de burelen, de fabrieken, de werkplaatsen, de opslagplaatsen, de bergplaatsen, de garages alsmede de als fabriek, werkplaats of opslagplaats gebruikte terreinen.

Met hetzelfde doel mogen die ambtenaren eveneens op elk tijdstip, zonder voorafgaande verwittiging, vrij binnentreden in alle gebouwen, werkplaatsen, inrichtingen, lokalen of andere plaatsen die niet in het vorige lid zijn bedoeld en waar in dit Wetboek bedoelde handelingen verricht of vermoedelijk worden verricht. Tot particuliere woningen of bewoonde lokalen hebben zij evenwel slechts toegang tussen vijf uur 's morgens en negen uur 's avonds en uitsluitend met de machtiging van de politierechter.

Zij mogen ook, op elk tijdstip en zonder voorafgaande verwittiging, alle vervoermiddelen tegenhouden en onderzoeken, met inbegrip van de containers, die gebruikt of vermoedelijk gebruikt worden om in dit Wetboek bedoelde handelingen te verrichten, teneinde de vervoerde goederen, boeken en stukken te onderzoeken.]

Vervangen bij art. 78 W. 28 december 1992 (B.S. 31. XII.1992).

[Art. 63bis. [De met de invordering belaste ambtenaren beschikken met het oog op het opstellen van de vermogenstoestand van de schuldenaar over al de bevoegdheden bedoeld in de artikelen 61, 62, § 1, 62bis en 63 om de invordering van de belasting, de interesten, de administratieve geldboeten en de kosten te verzekeren.]

[De bevoegdheden van de met de invordering belaste ambtenaren worden uitgeoefend zonder de machtiging bedoeld in artikel 62bis.]

De bevoegdheden waarover de ambtenaren, bedoeld in de artikelen 61, 62, § 1, en 63 beschikken, kunnen worden toegekend aan ambtenaren van andere fiscale administraties. De Koning duidt deze administraties en, wanneer hij het nodig acht, de ambtenaren aan.]

Ingevoegd bij art. 79 W. 28 december 1992 (B.S. 31. XII.1992);

Al. 1 ingevoegd bij art. 2 W. 22 april 2003 (B.S. 13.V.2003);
Al. 2 ingevoegd bij art. 165 Progr. W. 29 maart 2012 (I) (B.S. 6.IV.2012, ed. 3).

Opmerking: – Zie K.B. nr. 49 van 29 december 1992, art. 5.

Art. 64. § 1. Hij die goederen verkrijgt of produceert om ze te verkopen, wordt behoudens tegenbewijs geacht de door hem verkregen of geproduceerde goederen te hebben geleverd onder voorwaarden waaronder de belasting opeisbaar wordt.

§ 2. Hij die diensten verricht, wordt behoudens tegenbewijs geacht dat te hebben gedaan onder voorwaarden waaronder de belasting opeisbaar wordt.

§ 3. Wanneer iemand als [bedoeld in de paragrafen 1 of 2] handelingen verricht met betrekking tot goederen of diensten die aan een verschillend tarief onderworpen zijn, dan worden die handelingen behoudens tegenbewijs geacht voor het geheel betrekking te hebben op de goederen of de diensten waarvoor het hoogste tarief geldt.

§ 4. [Behoudens tegenbewijs wordt ieder pas opgericht gebouw geacht door een belastingplichtige geleverd te zijn ter uitvoering van één of meer dienstverrichtingen met betrekking tot een werk in onroerende staat.]

[De eigenaar van een gebouw waarvoor deze bepaling geldt, is verplicht de plans en bestekken van dat gebouw, en de facturen betreffende de bouw ervan, te bewaren gedurende vijf jaar vanaf de datum van de betekening van het kadastrale inkomen. Hij moet ze voorleggen op ieder verzoek van de ambtenaren die belast zijn met de controle op de heffing van de belasting over de toegevoegde waarde. Wanneer die voorlegging niet plaatsvindt, wordt de belasting, behoudens tegenbewijs, geacht niet te zijn voldaan voor de dienstverrichtingen waarvoor geen facturen worden voorgelegd.]

[Uiterlijk binnen drie maanden vanaf de datum van de betekening van het kadastrale inkomen moet de eigenaar bovendien een aangifte indienen, bij de ambtenaar aangewezen door de minister van Financiën, die een omstandige opgave bevat van de voor het bouwen ontvangen facturen waarop de belasting over de toegevoegde waarde in rekening werd gebracht.]

[§ 5. Behoudens tegenbewijs wordt de levering van een goed geacht te zijn verricht op het tijdstip waarop het goed niet meer aanwezig is in het maga-

zijn, de werkplaats, het depot of enige andere inrichting waarover de leverancier in België beschikt.]

§ 3 gewijzigd bij art. 39, 1° W. 17 december 2012 (I) (B.S. 21.XII.2012, ed. 2, err. B.S. 22.I.2013), van toepassing vanaf 1 januari 2013;
§ 4, al. 1 vervangen bij art. 123 W. 22 december 1989 (B.S. 29.XII.1989);
§ 4, al. 2 vervangen bij art. 39, 2° W. 17 december 2012 (I) (B.S. 21.XII.2012, ed. 2), van toepassing vanaf 1 januari 2013;
§ 4, al. 3 vervangen bij art. 39, 3° W. 17 december 2012 (I) (B.S. 21.XII.2012, ed. 2), van toepassing vanaf 1 januari 2013;
§ 5 ingevoegd bij art. 39, 4° W. 17 december 2012 (I) (B.S. 21.XII.2012, ed. 2), van toepassing vanaf 1 januari 2013.

Art. 65. Op zicht gezonden of in consignatie gegeven goederen worden geacht door de geadresseerde of de consignataris te zijn gekocht, indien deze niet kan bewijzen dat hij ze onder zich houdt of ze aan de afzender of de consignant heeft teruggestuurd.

Art. 66. [Wanneer iemand die krachtens artikel 51, §§ 1, 2 of 4, schuldenaar is van de belasting, om welke reden ook, de [in de artikelen 53, § 1, eerste lid, 2°], 53ter, 1°, of 53nonies, § 1, bedoelde aangifte niet heeft ingediend, geheel of ten dele in gebreke is gebleven de door of ter uitvoering van dit Wetboek voorgeschreven verplichtingen inzake het houden, het uitreiken, het bewaren of het voorleggen ter inzage van boeken of stukken na te komen, of niet heeft geantwoord op de vraag om inlichtingen bedoeld in artikel 62, § 1, kan hem door of vanwege de Minister van Financiën ambtshalve een aanslag worden opgelegd tot beloop van de belasting die verschuldigd is over het vermoedelijk bedrag van de handelingen die hij heeft verricht gedurende de maand of de maanden waarop de overtreding betrekking heeft.]

[Door of vanwege de Minister van Financiën kan ook ambtshalve een aanslag worden opgelegd aan de bovengenoemde persoon die belastbare handelingen niet heeft opgetekend in het voorgeschreven boek of stuk, of die ten aanzien van dergelijke handelingen aan de medecontractant geen factuur heeft uitgereikt wanneer hij daartoe gehouden was, of een factuur heeft uitgereikt waarin de naam of het adres van de bij de handeling betrokken partijen, de aard of de hoeveelheid van de geleverde goederen of verstrekte diensten, de prijs of het toebehoren ervan, of het bedrag van de op de handeling verschuldigde belasting over de toegevoegde waarde niet juist zijn vermeld. In die gevallen kan de ambtshalve opgelegde aanslag betrekking hebben op het gehele gecontroleerde tijdvak.]

Een aanslag kan evenwel niet ambtshalve worden opgelegd wanneer de in het vorige lid bedoelde overtredingen als louter toevallig dienen te worden aangemerkt, inzonderheid op grond van het aantal en het belang van de handelingen waarvoor geen regelmatige factuur is uitgereikt, vergeleken met het aantal en het belang van de handelingen waarvoor wel een regelmatige factuur is uitgereikt.

Wanneer de aangifte te laat is ingediend doch vóór de ambtshalve opgelegde aanslag, wordt de belasting vastgesteld op grond van de aangifte, voor zover de aangifte niet meer dan twaalf maanden te laat is ingediend.

Al. 1 vervangen bij art. 80 W. 28 december 1992 (B.S. 31. XII.1992) en gewijzigd bij art. 13 W. 28 januari 2004 (B.S. 10.II.2004);
Al. 2 vervangen bij art. 80 W. 28 december 1992 (B.S. 31.XII.1992).

Opmerking: – Zie K.B. nr. 9 van 12 december 1970 (Ambtelijke aanslag).

Art. 67. [Wanneer de in artikel 66 bedoelde persoon de hem ambtshalve opgelegde aanslag betwist, moet hij bewijzen dat deze aanslag overdreven is.]

De administratie deelt vooraf aan de belastingplichtige, in de vorm en onder de voorwaarden die de Koning bepaalt, het bedrag en de verantwoording mede van de belasting die zij voornemens is te heffen. De belastingplichtige kan zijn opmerkingen doen kennen.

Al. 1 vervangen bij art. 81 W. 28 december 1992 (B.S. 31.XII.1992).

Art. 68. § 1. [Alle goederen aanwezig binnen de tolkring, zoals deze wordt afgebakend, door de ter zake geldende douanereglementering, worden, behoudens tegenbewijs, geacht in België te zijn ingevoerd. Deze bepaling geldt niet ten aanzien van de goederen die, wegens de aard of de hoeveelheid ervan, niet moeten geacht worden voor beroepsdoeleinden bestemd te zijn.]

§ 2. Alle met een motor uitgeruste middelen van vervoer te land of te water, uitgezonderd zee- of binnenschepen bedoeld in de artikelen 1 en 271 van boek II van het Wetboek van Koophandel, alsook de aanhangwagens voor gebruik op de weg, worden, wanneer ze zich hier te lande bevinden, geacht te zijn ingevoerd, tenzij bewezen wordt dat ze in orde zijn ten aanzien van het invoerrecht en van de bij invoer geldende verbodsbepalingen, beperkingen en controlemaatregelen.

§ 3. Bij ontstentenis van het tegenbewijs toegelaten door de §§ 1 en 2, is de belasting opeisbaar volgens de ten aanzien van invoer geldende regelen. De belasting en de bij artikel 70, § 1, ingestelde geldboete zijn hoofdelijk verschuldigd door de importeur, de eigenaar, de houder en indien het om een voertuig gaat de bestuurder ervan.

§ 1 vervangen bij art. 82 W. 28 december 1992 (B.S. 31.XII.1992).

Art. 69. Ontvangers belast met de heffing van een [belasting op vervoermiddelen] of aanhangwagens daarvoor, kunnen vóór de uitreiking van het stuk dat de voldoening van die belasting vaststelt, van de eigenaar het bewijs vorderen dat de belasting over de toe-gevoegde waarde voldaan is of dat hij ervan vrijgesteld is.

Gewijzigd bij art. 83 W. 28 december 1992 (B.S. 31. XII.1992).

HOOFDSTUK XI

STRAFBEPALINGEN

Afdeling 1

Administratieve geldboeten

Art. 70. § 1. Voor iedere overtreding van de verplichting de belasting te voldoen, wordt een geldboete opgelegd gelijk aan het dubbel van de ontdoken of niet tijdig betaalde belasting.

[Die geldboete is verschuldigd individueel door ieder die krachtens de artikelen 51, §§ 1, 2 en 4, 51bis, 52, 53, 53ter, 53nonies, [54, 55 en 58], of krachtens de ter uitvoering ervan genomen besluiten, gehouden is tot voldoening van de belasting.]

[§ 1bis. [Ieder die op onrechtmatige of ongeoorloofde wijze de belasting in aftrek heeft gebracht], verbeurt een geldboete gelijk aan het dubbel van die belasting in zover die overtreding niet wordt bestraft bij toepassing van § 1, eerste lid.]

§ 2. [Wanneer de factuur of het als zodanig geldend stuk, waarvan de uitreiking is voorgeschreven door de artikelen 53, 53decies en 54, of door de ter uitvoering ervan genomen besluiten, niet is uitgereikt of onjuiste vermeldingen bevat ten aanzien van het identificatienummer, de naam of het adres van de bij de handeling betrokken partijen, de aard of de hoeveelheid van de geleverde goederen of verstrekte diensten, de prijs of het toebehoren ervan, wordt een geldboete opgelegd gelijk aan het dubbel van de op de handeling verschuldigde belasting, zonder dat ze minder mag bedragen dan 50 euro.]

Die geldboete is verschuldigd individueel door de leverancier of de dienstverrichter en door zijn medecontractant. Ze is evenwel niet verschuldigd wanneer de overtredingen als louter toevallig kunnen worden aangemerkt, inzonderheid op grond van het aantal en het belang van de handelingen waarvoor geen regelmatig stuk is uitgereikt, vergeleken met het aantal en het bedrag van de handelingen waarvoor wel een regelmatig stuk is uitgereikt of wanneer de leverancier of de dienstverrichter geen ernstige reden had om te twijfelen aan de niet-belastingplichtigheid van de medecontractant.

Ingeval een persoon wegens eenzelfde overtreding zowel de in § 1 als de in § 2 bepaalde geldboete oploopt, is alleen de laatste verschuldigd.

§ 3. Wanneer het invoerdocument dat krachtens [artikel 52] moet worden overgelegd, onjuiste vermeldingen bevat ten aanzien van de aard of de hoeveelheid van de ingevoerde goederen, de prijs of het toebehoren ervan, de naam of het adres van degene op wiens naam de ter zake van invoer verschuldigde belasting mag of moet worden voldaan, wordt een geldboete opgelegd [gelijk aan het dubbel van die belasting, zonder dat ze minder mag bedragen dan [[[50 EUR]]]].

Die geldboete is hoofdelijk verschuldigd door allen die krachtens [artikel 52] gehouden zijn tot voldoening van de belasting. Ze is evenwel niet verschuldigd wanneer de overtreding als louter toevallig kan worden aangemerkt.

Ingeval een persoon wegens eenzelfde overtreding zowel de in § 1 als de in § 2 bepaalde geldboete oploopt, is alleen de laatste verschuldigd.

§ 4. [[De niet in de §§ 1, 2 en 3 bedoelde overtredingen van dit Wetboek of van de besluiten genomen ter uitvoering ervan, worden bestraft met een niet-proportionele fiscale geldboete van 50 euro tot 5.000 euro per overtreding. Het bedrag van deze geldboete wordt naar gelang van de aard en de ernst van de overtreding bepaald volgens een schaal waarvan de trappen door de Koning worden vastgesteld.]

Zij die niet tot voldoening van de belasting zijn gehouden, maar aan wie bij de artikelen 39 tot 42, 52 tot 54bis en 58, of bij ter uitvoering ervan genomen besluiten bepaalde verplichtingen zijn opgelegd, zijn bovendien, ingeval zij een overtreding hebben begaan, hoofdelijk aansprakelijk voor de voldoening van de belasting, de interesten en de opgelopen geldboeten. Ten aanzien van onregelmatig in België ingevoerde goederen rust die hoofdelijke aansprakelijkheid eveneens op hen die aan de invoer of de poging tot invoer hebben deelgenomen, op de houder van de goederen en, eventueel, op degene voor wiens rekening die houder heeft gehandeld.]

§ 5. Wanneer ten aanzien van goederen en diensten waarvoor de in artikel 59, § 2, bedoelde deskundige schatting kan worden gevorderd, bevonden wordt dat de belasting over een ontoereikende maatstaf werd voldaan, verbeurt de schuldenaar van de aanvullende belasting een geldboete ten bedrage van die belasting indien het tekort gelijk is aan of groter is dan een achtste van de maatstaf waarover de belasting werd voldaan.

§ 1, al. 2 ingevoegd bij art. 84, 1° W. 28 december 1992 (B.S. 31.XII.1992, ed. 1) en gewijzigd bij art. 24, 1° W. 22 juli 1993 (B.S. 26.VII.1993);

§ 1bis ingevoegd bij art. 34, 1° W. 27 december 1977 (B.S. 30.XII.1977) en gewijzigd bij art. 21 Progr. W. 20 juli 2006 (B.S. 28.VII.2006, ed. 2);

§ 2, al. 1 vervangen bij art. 41 W. 17 december 2012 (I) (B.S. 21.XII.2012, ed. 2), van toepassing vanaf 1 januari 2013;

§ 3, al. 1 gewijzigd bij art. 34, 3° W. 27 december 1977 (B.S. 30.XII.1977), bij art. 84, 3° W. 28 december 1992 (B.S. 31.XII.1992, ed. 1), bij art. 24, 3° W. 22 juli 1993 (B.S. 26.VII.1993), bij art. 2-9 K.B. 20 juli 2000 (II) (B.S. 30. VIII.2000) en bij art. 42, 5° K.B. 13 juli 2001 (B.S. 11. VIII.2001, err. B.S. 21.XII.2001);

§ 3, al. 2 gewijzigd bij art. 84, 3° W. 28 december 1992 (B.S. 31.XII.1992, ed. 1);

§ 4 vervangen bij art. 84, 4° W. 28 december 1992 (B.S. 31. XII.1992, ed. 1);

§ 4, al. 1 vervangen bij art. 41 Progr. W. 22 juni 2012 (B.S.

28.VI.2012, err. B.S. 3.VII.2012), van toepassing voor de overtredingen begaan vanaf 1 juli 2012.

Opmerking: – Zie art. 84 W.B.T.W.
– § 4: Zie K.B. nr. 44 van 9 juli 2012.

Art. 71. Wanneer bij uitvoer of tot staving ervan stukken worden overgelegd waarop een grotere hoeveelheid goederen is vermeld dan de werkelijke uitgevoerde hoeveelheid, loopt de aangever een geldboete op gelijk aan het dubbel van het bedrag van de belasting die verschuldigd zou zijn indien de te veel aangegeven hoeveelheid hier te lande geleverd werd voor een prijs bepaald volgens de normale waarde van de goederen overeenkomstig [artikel 32, eerste lid].

Wanneer bij uitvoer of tot staving ervan stukken worden overgelegd waarop een hogere prijs of waarde is vermeld dan de werkelijke prijs of waarde van de goederen, loopt de aangever een geldboete op gelijk aan het dubbel van het bedrag van de belasting die verschuldigd zou zijn indien soortgelijke goederen hier te lande geleverd werden voor een prijs die overeenstemt met de te veel aangegeven som.

Wanneer bij uitvoer of tot staving ervan stukken worden overgelegd waarop de aard of de soort van de goederen onjuist is vermeld, loopt de aangever een geldboete op gelijk aan het dubbel van het bedrag van de belasting die verschuldigd zou zijn indien goederen van de op de stukken vermelde aard of soort hier te lande geleverd werden voor een prijs bepaald volgens de normale waarde van de goederen overeenkomstig [artikel 32, eerste lid].

De bij de drie vorige leden ingestelde geldboete bedraagt ten minste [[[50 EUR]]] per overtreding; indien de aangever voor rekening van een lastgever handelt, is ze hoofdelijk verschuldigd door de aangever en de lastgever.

Al. 1 en 3 gewijzigd bij art. 117 Progr. W. 27 april 2007 (B.S. 8.V.2007, ed. 3), van toepassing vanaf 7 januari 2007;
Al. 4 gewijzigd bij art. 25 W. 22 juli 1993 (B.S. 26.VII.1993), bij art. 2-9 K.B. 20 juli 2000 (II) (B.S. 30.VIII.2000) en bij art. 42, 5° K.B. 13 juli 2001 (B.S. 11.VIII.2001, err. B.S. 21.XII.2001).

Opmerking: – Zie art. 84 W.B.T.W.

Art. 72. Alle bij dit Wetboek ingestelde geldboeten, behalve die welke [de artikelen 73, 73bis en 73quater] oplegt, zijn administratieve geldboeten.

[Zonder afbreuk te doen aan de geldigheid van de bestuurs- of gerechtelijke handelingen verricht met het oog op de vestiging of de invordering van de belastingsschuld, worden de opeisbaarheid van de fiscale geldboeten en het verloop van de verjaring van de vordering tot voldoening geschorst wanneer het openbaar ministerie de in artikel 74 bedoelde strafvordering uitoefent. De aanhangigmaking bij de correctionele rechtbank maakt de fiscale geldboeten definitief niet opeisbaar. Daarentegen maakt de beschikking van buitenvervolgingstelling een einde aan de schorsing van de opeisbaarheid en de schorsing van de verjaring.]

Al. 1 gewijzigd bij art. 10 W. 10 februari 1981 (B.S. 14.
II.1981);
Al. 2 ingevoegd bij art. 14 W. 20 september 2012 (B.S.
22.X.2012).

Afdeling 2

Strafrechtelijke sancties

Art. 73. [Hij die met bedrieglijk opzet of met het
oogmerk om te schaden, de bepalingen van dit Wetboek of van de ter uitvoering ervan genomen besluiten
overtreedt, wordt gestraft met gevangenisstraf van
acht dagen tot twee jaar en met geldboete van 250 euro
tot 500.000 euro of met een van die straffen alleen.]

[Indien de in het eerste lid vermelde inbreuken gepleegd werden in het raam van ernstige fiscale fraude,
al dan niet georganiseerd, wordt de schuldige gestraft
met een gevangenisstraf van acht dagen tot 5 jaar en
met een geldboete van 250 euro tot 500.000 euro of
met een van die straffen alleen.]

Vervangen bij art. 18 W. 20 september 2012 (B.S. 22.X.2012);
Al. 2 ingevoegd bij art. 99 W. 17 juni 2013 (B.S. 28.VI.2013,
ed. 1).

[Art. 73bis. Met gevangenisstraf van een maand
tot vijf jaar en met geldboete van [[250 EUR]] tot
[[[[500.000 euro]]]] [of met één van die straffen alleen] wordt gestraft hij die, met het oogmerk om een
van de in artikel 73 bedoelde misdrijven te plegen,
[valsheid pleegt in openbare geschriften, in handelsgeschriften of in private geschriften of in informatica,
zoals bedoeld in artikel 210bis, § 1, van Boek II van
het Strafwetboek of die van een zodanig vals geschrift
gebruik maakt].

Hij die wetens en willens een vals getuigschrift
opstelt dat de belangen van de Schatkist kan schaden
of die van een dergelijk getuigschrift gebruik maakt,
wordt gestraft met een gevangenisstraf van acht dagen
tot twee jaar en met geldboete van [[250 EUR]] tot
[[[[500.000 euro]]]] [of met één van die straffen alleen].]

Ingevoegd bij art. 9 W. 10 februari 1981 (B.S. 14.II.1981);
Al. 1 gewijzigd bij art. 68, 1° W. 4 augustus 1986 (B.S. 20.
VIII.1986), bij art. 2-9 K.B. 20 juli 2000 (II) (B.S. 30.
VIII.2000), bij art. 42, 5° K.B. 13 juli 2001 (B.S. 11.VIII.2001,
err. B.S. 21.XII.2001), bij art. 49, 1° Progr. W. 27 december
2006 (B.S. 28.XII.2006, ed. 3), bij art. 19, 1° W. 20 september
2012 (B.S. 22.X.2012) en bij art. 42 W. 17 december 2012 (I)
(B.S. 21.XII.2012, ed. 2), van toepassing vanaf 1 januari
2013;
Al. 2 gewijzigd bij art. 68, 2° W. 4 augustus 1986 (B.S. 20.
VIII.1986), bij art. 2-9 K.B. 20 juli 2000 (II) (B.S. 30.
VIII.2000), bij art. 42, 5° K.B. 13 juli 2001 (B.S. 11.VIII.2001,
err. B.S. 21.XII.2001), bij art. 49, 2° Progr. W. 27 december
2006 (B.S. 28.XII.2006, ed. 3) en bij art. 19, 2° W. 20 september 2012 (B.S. 22.X.2012).

[Art. 73ter. § 1. Wanneer de beoefenaar van een
van de volgende beroepen:

1° belastingadviseur;

2° zaakbezorger;

3° deskundige in belastingzaken of in boekhouden;

4° of enig ander beroep dat tot doel heeft voor [één
of meer personen die overeenkomstig artikel 51, §§ 1,
2 en 4, schuldenaar van de belasting zijn] boek te houden of te helpen houden, ofwel voor eigen rekening
ofwel als hoofd, lid of bediende van enigerlei vennootschap, vereniging, groepering of onderneming;

5° of, meer in het algemeen, het beroep dat erin
bestaat [één of meer personen die overeenkomstig artikel 51, §§ 1, 2 en 4, schuldenaar van de belasting
zijn] raad te geven of bij te staan bij het vervullen van
de verplichtingen opgelegd bij dit Wetboek of bij de
ter uitvoering ervan vastgestelde besluiten, wordt veroordeeld wegens een van de misdrijven bedoeld in de
artikelen 73 en 73bis, kan het vonnis hem verbod opleggen om gedurende drie maanden tot vijf jaar, rechtstreeks of onrechtstreeks, de hiervoren bedoelde beroepen op welke wijze ook uit te oefenen.

De rechter kan bovendien, mits hij zijn beslissing
op dat stuk motiveert, voor een duur van drie maanden
tot vijf jaar de sluiting bevelen van de inrichtingen van
de vennootschap, vereniging, groepering of onderneming waarvan de veroordeelde hoofd, lid of bediende
is.

§ 2. Het verbod en de sluiting bedoeld in § 1 treden
in werking vanaf de dag waarop de veroordeling in
kracht van gewijsde is gegaan.]

Ingevoegd bij art. 9 W. 10 februari 1981 (B.S. 14.II.1981);
§ 1, 4° gewijzigd bij art. 85, 1° W. 28 december 1992 (B.S.
31.XII.1992);
§ 1, 5° gewijzigd bij art. 85, 2° W. 28 december 1992 (B.S.
31.XII.1992).

[Art. 73quater. Hij die, rechtstreeks of onrechtstreeks, het verbod of de sluiting uitgesproken krachtens artikel 73ter overtreedt, wordt gestraft met gevangenisstraf van acht dagen tot twee jaar en geldboete
van [[250 EUR]] tot [[[[500.000 euro]]]]] [of met één
van die straffen alleen].

Ingevoegd bij art. 9 W. 10 februari 1981 (B.S. 14.II.1981);
Aangevuld bij art. 69 W. 4 augustus 1986 (B.S. 20.VIII.1986)
en gewijzigd bij art. 2-9 K.B. 20 juli 2000 (II) (B.S. 30.
VIII.2000), bij art. 42, 5° K.B. 13 juli 2001 (B.S. 11.VIII.2001,
err. B.S. 21.XII.2001), bij art. 50 Progr. W. 27 december 2006
(B.S. 28.XII.2006, ed. 3) en bij art. 20 W. 20 september 2012
(B.S. 22.X.2012).

[Art. 73quinquies. § 1. [...] Alle bepalingen van
het Eerste Boek van het Strafwetboek, [met inbegrip
van artikel 85] [zijn] van toepassing op de misdrijven
bedoeld in de artikelen 73, 73bis en 73quater.

§ 2. [...]

§ 3. De wet van 5 maart 1952, gewijzigd bij de
wetten van 22 december 1969 en 25 juni 1975, betreffende de opdecimes op de strafrechtelijke geldboeten,

[is van toepassing op] de misdrijven bedoeld in de artikelen 73, 73bis en 73quater.

§ 4. […]]

Ingevoegd bij art. 9 W. 10 februari 1981 (B.S. 14.II.1981);
§ 1 gewijzigd bij art. 2 K.B. nr. 41, 2 april 1982 (B.S. 7. IV.1982) en bij art. 70 W. 4 augustus 1986 (B.S. 20.VIII.1986);
§ 2 opgeheven bij art. 70 W. 4 augustus 1986 (B.S. 20. VIII.1986);
§ 3 gewijzigd bij art. 21 W. 20 september 2012 (B.S. 22.X.2012);
§ 4 opgeheven bij art. 70 W. 4 augustus 1986 (B.S. 20. VIII.1986).

[Art. 73sexies. Personen die als daders of als medeplichtigen van misdrijven bedoeld in de artikelen 73 en 73bis werden veroordeeld, zijn hoofdelijk gehouden tot betaling van de ontdoken belasting.

De natuurlijke personen of de rechtspersonen zijn burgerlijk en hoofdelijk aansprakelijk voor de geldboeten en kosten die het gevolg zijn van de veroordelingen welke krachtens de artikelen 73 en 73quater tegen hun aangestelden of beheerders, zaakvoerders of vereffenaars zijn uitgesproken.]

Ingevoegd bij art. 9 W. 10 februari 1981 (B.S. 14.II.1981).

[Art. 73septies. De rechter kan bevelen dat ieder vonnis of arrest houdende veroordeling tot een gevangenisstraf, uitgesproken krachtens de artikelen 73, 73bis en 73quater, wordt bekendgemaakt op de wijze die hij bepaalt en, eventueel bij uittreksel, wordt aangeplakt in de plaatsen die hij bepaalt, een en ander op kosten van de veroordeelde.

Hetzelfde kan gelden voor iedere krachtens artikel 73ter uitgesproken beslissing tot verbod van het uitoefenen van een beroepswerkzaamheid in België of tot sluiting van de in het land geëxploiteerde inrichtingen.]

Ingevoegd bij art. 9 W. 10 februari 1981 (B.S. 14.II.1981).

[Art. 73octies. De schending van het bij artikel 93bis bepaalde beroepsgeheim wordt gestraft overeenkomstig de artikelen 66, 67 en 458 van het Strafwetboek.]

Ingevoegd bij art. 9 W. 10 februari 1981 (B.S. 14.II.1981).

Art. 74. [§ 1. De strafvordering wordt uitgeoefend door het openbaar ministerie.

§ 2. [Het openbaar ministerie kan geen vervolging instellen indien het kennis heeft gekregen van de feiten ten gevolge van een klacht of een aangifte van een ambtenaar die niet de machtiging had waarvan sprake is in artikel 29, tweede lid, van het Wetboek van strafvordering.

Het openbaar ministerie kan echter de strafrechtelijk strafbare feiten vervolgen waarvan het tijdens het in artikel 29, derde lid, van het Wetboek van strafvordering bedoelde overleg kennis heeft genomen.

§ 3. Onverminderd het in artikel 29, derde lid, van

het Wetboek van strafvordering bedoelde overleg, kan de procureur des Konings, indien hij een vervolging instelt wegens feiten die strafrechtelijk strafbaar zijn ingevolge de bepalingen van dit Wetboek of van de ter uitvoering ervan genomen besluiten, het advies vragen van de bevoegde gewestelijke directeur. De procureur des Konings voegt het feitenmateriaal waarover hij beschikt bij zijn verzoek om advies. De gewestelijke directeur antwoordt op dit verzoek binnen vier maanden na de ontvangst ervan.

In geen geval schorst het verzoek om advies de strafvordering.]

§ 4. […]
§ 5. […]]

Vervangen bij art. 71 W. 4 augustus 1986 (B.S. 20.VIII.1986);
§ 2-3 vervangen bij art. 15 W. 20 september 2012 (B.S. 22.X.2012);
§ 4 opgeheven bij art. 51 W. 15 maart 1999 (B.S. 27.III.1999);
§ 5 opgeheven bij art. 49, 2° W. 28 december 1992 (B.S. 31.XII.1992).

Opmerking: – § 2: zie ook artikel 29 van het Wetboek van Strafvordering, en artikel 71 van de wet van 28 december 1992.

[Art. 74bis. De ambtenaren van de Administratie van de belasting over de toegevoegde waarde, registratie en domeinen en van de Administratie van de bijzondere belastinginspectie mogen, op straffe van nietigheid van de akte van rechtspleging, slechts als getuige worden gehoord.]

[Het eerste lid is niet van toepassing op de krachtens artikel 71 van de wet van 28 december 1992 bij het parket gedetacheerde ambtenaren van die administraties.]

[Het eerste lid is evenmin van toepassing op de ambtenaren van die administraties die, krachtens artikel 31 van de wet van 30 maart 1994 tot uitvoering van het globaal plan op het stuk van de fiscaliteit, ter beschikking zijn gesteld [van de federale politie.]]

[Het eerste lid is niet van toepassing op de ambtenaren die deelnemen aan het in artikel 29, derde lid van het Wetboek van strafvordering bedoelde overleg.]

Ingevoegd bij art. 72 W. 4 augustus 1986 (B.S. 20.VIII.1986);
Al. 2 ingevoegd bij art. 50 W. 28 december 1992 (B.S. 31.XII.1992);
Al. 3 ingevoegd bij art. 33 W. 30 maart 1994 (B.S. 31.III.1994) en gewijzigd bij art. 4 W. 13 maart 2002 (B.S. 29.III.2002);
Al. 4 ingevoegd bij art. 16 W. 20 september 2012 (B.S. 22.X.2012).

[Art. 74ter. In het kader van de kennisgeving en het overleg bedoeld in artikel 29, tweede en derde lid, van het Wetboek van strafvordering, deelt de bevoegde gewestelijke directeur of de ambtenaar die hij aanwijst, de gegevens van het fiscaal dossier met betrekking tot de feiten die strafrechtelijk strafbaar zijn ingevolge de bepalingen van dit Wetboek of van de ter uitvoering ervan genomen besluiten mede aan het openbaar ministerie.]

Ingevoegd bij art. 17 W. 20 september 2012 (B.S. 22.X.2012).

HOOFDSTUK XII

TERUGGAAF VAN BELASTING

Opmerking: – Zie K.B. nr. 4 van 29 december 1969 (teruggaven).
– Zie K.B. nr. 56 van 9 december 2009 (teruggaaf aan belastingplichtige gevestigd in andere lidstaat).

Art. 75. [De belasting kan slechts worden teruggegeven in de gevallen waarin dit Wetboek voorziet.]

Vervangen bij art. 35 W. 27 december 1977 (B.S. 30. XII.1977).

Art. 76. [§ 1. [Onverminderd de toepassing van artikel 334 van de programmawet van 27 december 2004, wordt wanneer het bedrag van de belasting die ingevolge de artikelen 45 tot 48 voor aftrek in aanmerking komt, aan het einde van het kalenderjaar meer bedraagt dan de belasting die verschuldigd is door de belastingplichtige die overeenkomstig artikel 50 voor BTW-doeleinden is geïdentificeerd en gehouden is tot het indienen van de aangifte bedoeld in artikel 53, § 1, eerste lid, 2°, onder de voorwaarden bepaald door de Koning, het verschil teruggegeven binnen drie maanden op uitdrukkelijk verzoek van de belastingplichtige of van zijn aansprakelijke vertegenwoordiger bedoeld in artikel 55, §§ 1 of 2.

Indien het een belastingplichtige betreft die wordt vertegenwoordigd door een persoon die overeenkomstig artikel 55, § 3, tweede lid, vooraf werd erkend, moet het in het eerste lid bedoeld verzoek worden ingediend door voornoemde vooraf erkende persoon.

De Koning kan bepalen dat het overschot, in de door Hem te bepalen gevallen en onder de door Hem te stellen voorwaarden, vóór het einde van het kalenderjaar wordt teruggegeven.

Met betrekking tot de in deze paragraaf bedoelde voorwaarden kan de Koning ten voordele van de Administratie van de BTW, registratie en domeinen, een inhouding voorzien die geldt als bewarend beslag onder derden in de zin van artikel 1445 van het Gerechtelijk Wetboek.]

§ 2. De niet in § 1 bedoelde belastingplichtige kan, bij wijze van teruggaaf, de belasting recupereren die geheven werd van de aan hem geleverde goederen en verstrekte diensten, en van de door hem ingevoerde goederen en verrichte intracommunautaire verwervingen van goederen, in de mate waarin die belasting voor aftrek in aanmerking komt overeenkomstig de artikelen 45 tot 48.]

[De Koning regelt de toepassingsmodaliteiten van deze paragraaf wanneer de teruggaaf moet plaatsvinden overeenkomstig de bepalingen inzake teruggaaf van de Richtlijn 2008/9/EG.]

Vervangen bij art. 86 W. 28 december 1992 (B.S. 31. XII.1992);
§ 1 vervangen bij art. 27, a) W. 26 november 2009 (B.S. 4.XII.2009), van toepassing vanaf 1 januari 2010;
§ 2, al. 2 ingevoegd bij art. 27, b) W. 26 november 2009 (B.S. 4.XII.2009), van toepassing vanaf 1 januari 2010.

Art. 77. [§ 1. [Onverminderd de toepassing van artikel 334 van de programmawet van 27 december 2004, wordt de belasting die geheven werd van een levering van goederen, van een dienst of van een intracommunautaire verwerving van een goed] tot beloop van het passende bedrag teruggegeven:

1° wanneer ze het bedrag te boven gaat dat wettelijk verschuldigd is;

2° wanneer aan de medecontractant een prijsvermindering is toegestaan;

3° wanneer de leverancier zijn medecontractant crediteert wegens terugzending van verpakkingen die voor het vervoer van geleverde goederen hebben gediend;

4° wanneer de overeenkomst vóór de levering van het goed of de uitvoering van de dienst verbroken is;

5° wanneer de overeenkomst minnelijk of door een in kracht van gewijsde gegane gerechtelijke beslissing vernietigd of ontbonden is;

6° wanneer het geleverde goed binnen zes maanden na de levering of de intracommunautaire verwerving van een goed door de leverancier is teruggenomen zonder dat één van de partijen ten aanzien van de prijs een geldelijk voordeel heeft verkregen;

7° wanneer de schuldvordering van de prijs geheel of ten dele verloren is gegaan.

§ 1bis. [Onverminderd de toepassing van artikel 334 van de programmawet van 27 december 2004, wordt de belasting die ter zake van de invoer werd geheven] tot beloop van het passende bedrag teruggegeven:

1° in de gevallen als bedoeld in § 1, 1° en 2°;

2° in het geval als bedoeld in § 1, 3°, op voorwaarde dat de verpakking naar een plaats buiten de Gemeenschap is teruggezonden;

3° in de gevallen als bedoeld in § 1, 5°, op voorwaarde dat de goederen binnen zes maanden na de vernietiging of de ontbinding van de overeenkomst naar een plaats buiten de Gemeenschap wederuitgevoerd werden;

4° wanneer het goed binnen zes maanden na de aangifte ten verbruik wederuitgevoerd is naar de buiten de Gemeenschap gevestigde leverancier of naar de door de leverancier aangewezen bestemming buiten de Gemeenschap, zonder dat één van de partijen ten aanzien van de prijs een geldelijk voordeel heeft verkregen;

[5° wanneer het goed, alvorens het toezicht van de douane te hebben verlaten, als gevolg van overmacht of van ongeval is vernietigd, en volgens de douanereglementering teruggaaf van invoerrechten kan worden verleend, of zou kunnen worden verleend indien het goed aan invoerrechten onderworpen zou zijn geweest;

6° wanneer het goed, na ten verbruik te zijn aangegeven, wordt geplaatst onder één van de regelingen bedoeld in artikel 23, §§ 4 en 5, en volgens de douanereglementering teruggaaf van invoerrechten kan worden verleend, of zou kunnen worden verleend indien het goed aan invoerrechten onderworpen zou zijn geweest;]

7° wanneer het goed, als gevolg van maatregelen van het bevoegde gezag, niet mag worden gebruikt voor het doel waartoe het is ingevoerd en het goed is wederuitgevoerd naar een plaats buiten de Gemeenschap of onder ambtelijk toezicht is vernietigd.

§ 2. [Onverminderd de toepassing van artikel 334 van de programmawet van 27 december 2004, wordt de belasting betaald bij de verwerving en invoer van een automobiel voor personenvervoer] teruggegeven mits die automobiel [niet het voorwerp heeft uitgemaakt van een levering onderworpen aan de bijzondere regeling van belastingheffing over de winstmarge ingesteld bij artikel 58, § 4, en] wordt gekocht door een der nagenoemde personen om door hem als persoonlijk vervoermiddel te worden gebruikt:

a) militaire en burgerlijke oorlogsinvaliden, die een invaliditeitspensioen van ten minste 50 pct. genieten;

b) personen die volledig blind zijn, volledig verlamd zijn aan de bovenste ledematen of wier bovenste ledematen zijn geamputeerd, en personen met een blijvende invaliditeit die rechtstreeks toe te schrijven is aan de onderste ledematen en ten minste 50 pct. bedraagt.

Het voordeel van deze bepaling kan slechts worden ingeroepen voor één enkele automobiel tegelijk en veronderstelt het gebruik van elk verkregen voertuig door de verkrijger als persoonlijk vervoermiddel gedurende een periode van drie jaar. Indien gedurende deze periode de automobiel voor andere doeleinden wordt aangewend, of wordt afgestaan door de begunstigde, is deze gehouden de belasting die hem werd teruggegeven tot het passende beloop terug te storten in verhouding tot de nog te verlopen tijd tot het verstrijken van de periode.

De Koning bepaalt het uitgangspunt van de gebruiksperiode van drie jaar, preciseert de situaties die aanleiding geven tot de regularisatie en bepaalt er de modaliteiten van berekening en betaling van.]

Vervangen bij art. 87 W. 28 december 1992 (B.S. 31. XII.1992);

§ 1, inleidende zin gewijzigd bij art. 336, 1° Progr. W. 27 december 2004 (B.S. 31.XII.2004, ed. 2, err. B.S. 18.I.2005);

§ 1bis, inleidende zin gewijzigd bij art. 336, 2° Progr. W. 27 december 2004 (B.S. 31.XII.2004, ed. 2, err. B.S. 18.I.2005);

§ 1bis, 5° en 6° vervangen bij art. 4 K.B. 10 november 1996 (B.S. 14.XII.1996);

§ 2, al. 1, inleidende zin gewijzigd bij art. 336, 3° Progr. W. 27 december 2004 (B.S. 31.XII.2004, ed. 2, err. B.S. 18.I.2005);

§ 2, al. 1 gewijzigd bij art. 8 K.B. 23 december 1994 (B.S. 30.XII.1994).

Opmerking: – § 2: zie K.B. 8 februari 2006 (B.S. 17.II.2006, ed. 2).

[Art. 77bis. [Onverminderd de toepassing van artikel 334 van de programmawet van 27 december 2004, wordt wanneer, in het artikel 25quinquies, § 4, bepaalde geval de door een niet-belastingplichtige rechtspersoon verworven goederen uit een derdelands gebied worden verzonden of vervoerd naar een andere lidstaat dan België] de BTW betaald in geval van invoer van de goederen in België, teruggegeven aan de invoerder, in de mate dat laatstgenoemde aantoont dat de intracommunautaire verwerving die hij verricht aan de belasting werd onderworpen in de lidstaat van aankomst van de verzending of het vervoer van de goederen.]

Ingevoegd bij art. 88 W. 28 december 1992 (B.S. 31. XII.1992) en gewijzigd bij art. 337, 3° Progr. W. 27 december 2004 (B.S. 31.XII.2004, ed. 2, err. B.S. 18.I.2005).

Art. 78. [Wanneer degene die goederen levert, diensten verricht, intracommunautaire verwervingen van goederen verricht of schuldenaar is van de ter zake van invoer geheven belasting een belastingplichtige is of een niet-belastingplichtige rechtspersoon die, al naar het geval, gehouden zijn tot de indiening van de [in de artikelen 53, § 1, eerste lid, 2°] of 53ter, 1°, bepaalde aangifte, wordt het ingevolge artikel 77 terug te geven bedrag toegerekend op de belasting die ter zake van later verrichte handelingen verschuldigd wordt.]

Vervangen bij art. 89 W. 28 december 1992 (B.S. 31. XII.1992) en gewijzigd bij art. 14 W. 28 januari 2004 (B.S. 10.II.2004).

Art. 79. [§ 1.] [Wanneer de teruggaaf verleend wordt op grond van een vergissing in de factuur of van het bepaalde in artikel 77, § 1, 2° tot 7°, moet de leverancier of de dienstverrichter aan de medecontractant een verbeterend stuk uitreiken met vermelding van het bedrag van de hem teruggegeven belasting.

Heeft de medecontractant deze belasting in aftrek gebracht, dan moet hij ze aan de Staat terugstorten door ze op te nemen in het bedrag van de verschuldigde belasting met betrekking tot de periode waarin hij het verbeterend stuk heeft ontvangen.

De leverancier of de dienstverrichter die tot beloop van het passende bedrag teruggaaf heeft bekomen van de belasting in geval van geheel of gedeeltelijk verlies van de schuldvordering van de prijs, moet, in de veronderstelling dat de schuldenaar opnieuw vermogend is geworden en later het geheel of een gedeelte van de oninvorderbaar gewaande som aan de schuldeiser betaalt, aan de Staat het bedrag van de belasting terugstorten dat overeenstemt met het ingevorderde bedrag, en dit door het op te nemen in het bedrag van de verschuldigde belasting met betrekking tot de periode waarin hij deze storting heeft ontvangen.]

[§ 2. In geval van misbruik dient degene die de belasting op de betreffende handelingen in aftrek heeft gebracht, de aldus als BTW afgetrokken bedragen aan de Staat terug te storten.

[De persoon die de belasting in aftrek heeft gebracht geheven van de goederen en de diensten die hem worden geleverd, van de goederen die hij heeft ingevoerd en van de intracommunautaire verwervingen die hij heeft verricht, is er toe gehouden de aldus afgetrokken bedragen aan de Staat terug te storten als hij, op het tijdstip waarop hij deze handeling heeft verricht, wist of moest weten dat de verschuldigde belasting, in de ketting van de handelingen, niet werd of zal worden gestort aan de Staat met de bedoeling de belasting te ontduiken.]]

Vervangen bij art. 3 W. 7 april 2005 (B.S. 20.IV.2005, ed. 2);
§ 1 genummerd en § 2 ingevoegd bij art. 22 Progr. W. 20 juli 2006 (B.S. 28.VII.2006, ed. 2);
§ 2, al. 2 ingevoegd bij art. 51 Progr. W. 27 december 2006 (B.S. 28.XII.2006, ed. 3).

Art. 80. [De Koning bepaalt de formaliteiten en voorwaarden waaraan de teruggaaf onderworpen is, de wijze waarop ze geschiedt en de ambtenaar die ze verricht.

Hij stelt de minima vast die bereikt moeten zijn opdat op het verzoek om teruggaaf kan worden ingegaan. Wanneer het gaat om teruggaven aan iedere andere persoon dan een belastingplichtige gehouden tot het indienen van periodieke aangiften, stelt Hij deze minima vast overeenkomstig de bepalingen van [artikel 17 van de Richtlijn 2008/9/EG van 12 februari 2008].

[Hij kan bepalen dat geen teruggaaf plaatsvindt als de medecontractant van de leverancier of van de dienstverrichter, als degene die een intracommunautaire verwerving van een goed heeft verricht of als degene op wiens naam de wegens invoer verschuldigde belasting werd voldaan, een belastingplichtige is die periodieke aangiften indient en de belasting volledig in aftrek mag brengen.]]

Vervangen bij art. 125 W. 22 december 1989 (B.S. 29. XII.1989);
Al. 2 gewijzigd bij art. 28 W. 26 november 2009 (B.S. 4. XII.2009), van toepassing vanaf 1 januari 2010;
Al. 3 vervangen bij art. 90 W. 28 december 1992 (B.S. 31.XII.1992).

HOOFDSTUK XIII

VERJARING

Art. 81. [De vordering tot voldoening van de belasting, van de interesten en van de administratieve geldboeten begint te verjaren vanaf de dag dat deze vordering ontstaat.]

Vervangen bij art. 52 W. 15 maart 1999 (B.S. 27.III.1999).

[Art. 81bis. [§ 1. Er is verjaring voor de vordering tot voldoening van de belasting, van de interesten en van de administratieve geldboeten, na het verstrijken

van het derde kalenderjaar volgend op dat waarin de oorzaak van opeisbaarheid van die belasting, interesten en administratieve geldboeten zich heeft voorgedaan.

In afwijking van het eerste lid is er evenwel verjaring na het verstrijken van het zevende kalenderjaar volgend op dat waarin de oorzaak van opeisbaarheid zich heeft voorgedaan, wanneer:

1° een inlichting, een onderzoek of een controle aantoont dat belastbare handelingen niet werden aangegeven in België, dat er handelingen ten onrechte werden vrijgesteld of dat er onrechtmatige belastingaftrekken werden toegepast en de inlichting werd medegedeeld of verzocht of het onderzoek of de controle werd uitgevoerd of verzocht door, hetzij een andere lidstaat van de Europese Unie, overeenkomstig de regels daartoe bepaald in dit Wetboek of in de regelgeving van deze Unie, hetzij een bevoegde overheid van enig ander land waarmee België een overeenkomst heeft gesloten tot het vermijden van dubbele belasting, in verband met de belasting waarop die overeenkomst van toepassing is;

2° een rechtsvordering aantoont dat, in België, belastbare handelingen niet werden aangegeven, handelingen ten onrechte werden vrijgesteld of belastingaftrekken werden toegepast met overtreding van de wettelijke en verordeningsbepalingen die erop van toepassing zijn;

3° bewijskrachtige gegevens, waarvan de administratie kennis heeft gekregen, aantonen dat belastbare handelingen niet werden aangegeven in België, dat er handelingen ten onrechte werden vrijgesteld of dat er belastingaftrekken werden toegepast met overtreding van de wettelijke en verordeningsbepalingen die daarop van toepassing zijn;

4° de overtreding bedoeld in de artikelen 70 of 71 begaan is met bedrieglijk opzet of met het oogmerk te schaden.

§ 2. Indien de in artikel 59, § 2, bedoelde procedure uitwijst dat de belasting over een ontoereikende maatstaf werd voldaan, verjaart de vordering tot voldoening van de aanvullende belasting, van de interesten, van de administratieve geldboeten en van de procedurekosten, door verloop van twee jaar te rekenen van de laatste daad in die procedure.]]

Ingevoegd bij art. 53 W. 15 maart 1999 (B.S. 27.III.1999) en vervangen bij art. 191 Progr. W. 22 december 2008 (B.S. 29.XII.2008, ed. 4), van toepassing vanaf 29 december 2008.

Art. 82. [De vordering tot teruggaaf van de belasting, van de interesten en van de administratieve geldboeten begint te verjaren vanaf de dag dat deze vordering ontstaat.]

Vervangen bij art. 54 W. 15 maart 1999 (B.S. 27.III.1999).

[Art. 82bis. Er is verjaring voor de vordering tot teruggaaf van de belasting, van de interesten en van de administratieve geldboeten, na het verstrijken van het derde kalenderjaar volgend op dat waarin de oorzaak van teruggaaf van die belasting, interesten en administratieve geldboeten zich heeft voorgedaan.]

Ingevoegd bij art. 55 W. 15 maart 1999 (B.S. 27.III.1999).

Art. 83. [§ 1.] Zowel ten aanzien van de voldoening als ten aanzien van de teruggaaf van de belasting, de interesten en de administratieve geldboeten, wordt de verjaring gestuit op de wijze en onder de voorwaarden bepaald bij de artikelen 2244 en volgende van het Burgerlijk Wetboek. Een nieuwe verjaring, die op dezelfde wijze kan worden gestuit, wordt in dat geval verkregen [vijf jaar] na de laatste stuiting van de vorige verjaring, indien geen rechtsgeding hangend is.

[Elk rechtsgeding met betrekking tot de toepassing of de invordering van de belasting dat wordt ingesteld door de Belgische Staat, door de schuldenaar van deze belasting of door ieder ander persoon die gehouden is tot de betaling van de schuld op grond van dit Wetboek, van de besluiten genomen ter uitvoering ervan of van het gemeen recht, schorst de verjaring.

De schorsing vangt aan met de akte van rechtsingang en eindigt wanneer de rechterlijke beslissing in kracht van gewijsde is gegaan.]

[§ 2.] Afstand van de verlopen tijd der verjaring [en de kennisgeving van het dwangbevel op de wijze als bedoeld in artikel 85, § 1, worden ten aanzien van hun gevolgen] gelijkgesteld met [de in § 1, eerste lid, van dit artikel, bedoelde stuiting].

Bestaande al. 1 omgevormd tot § 1 bij art. 56, 1° W. 15 maart 1999 (B.S. 27.III.1999);
§ 1, al. 1 gewijzigd bij art. 66, 1° W. 8 augustus 1980 (B.S. 15.VIII.1980);
§ 1, al. 2-3 ingevoegd bij art. 56, 2° W. 15 maart 1999 (B.S. 27.III.1999);
Bestaande al. 2 omgevormd tot § 2 bij art. 56, 1° W. 15 maart 1999 (B.S. 27.III.1999);
§ 2 gewijzigd bij art. 66, 2° W. 8 augustus 1980 (B.S. 15. VIII.1980) en bij art. 56, 3° W. 15 maart 1999 (B.S. 27. III.1999).

HOOFDSTUK XIV

VERVOLGINGEN EN GEDINGEN. RECHTEN EN VOORRECHTEN VAN DE SCHATKIST

Art. 84. Moeilijkheden inzake de heffing van de belasting die vóór het inleiden van een rechtsgeding ontstaan, worden opgelost door de Minister van Financiën.

De Minister van Financiën [...] treft met de belastingschuldigen dadingen, voor zover deze niet leiden tot vrijstelling of vermindering van belasting.

[Binnen de door de wet gestelde grenzen, wordt het bedrag van de proportionele fiscale boeten vastgesteld in dit Wetboek of in de ter uitvoering ervan genomen besluiten, bepaald volgens een schaal waarvan de trappen door de Koning worden vastgesteld.]

Al. 2 gewijzigd bij art. 57 W. 15 maart 1999 (B.S. 27. III.1999);

Al. 3 ingevoegd bij art. 73 W. 4 augustus 1986 (B.S. 20. VIII.1986).

Opmerking: – Zie K.B. nr. 41 van 30 januari 1987.

[Art. 84bis. In bijzondere gevallen mag de bevoegde gewestelijke directeur van de belasting over de toegevoegde waarde, registratie en domeinen, onder door hem bepaalde voorwaarden, vrijstelling verlenen voor alle in artikel 91, § 1 en § 2, bedoelde interesten of voor een deel ervan.]

Ingevoegd bij art. 74 W. 4 augustus 1986 (B.S. 20. VIII.1986).

[Art. 84ter. Indien zij voornemens is de verjaringstermijn bepaald in [artikel 81bis, § 1, tweede lid, 4°,] toe te passen, moet de administratie bevoegd voor de belasting over de toegevoegde waarde, op straffe van nietigheid van de rechtzetting, voorafgaandelijk aan de betrokkene schriftelijk en nauwkeurig kennis geven van de vermoedens van belastingontduiking die tegen hem bestaan in de betreffende periode.]

Ingevoegd bij art. 58 W. 15 maart 1999 (B.S. 27.III.1999) en gewijzigd bij art. 192 Progr. W. 22 december 2008 (B.S. 29.XII.2008, ed. 4), van toepassing vanaf 29 december 2008.

[Art. 84quater. § 1. Ingeval een blijvend meningsverschil over de taxatie gebracht wordt voor de minister van Financiën of de door hem gemachtigde ambtenaar, kan de schuldenaar van de belasting een aanvraag tot bemiddeling indienen bij de fiscale bemiddelingsdienst bedoeld bij artikel 116 van de wet van 25 april 2007 houdende diverse bepalingen (IV).

§ 2. De aanvraag tot bemiddeling is onontvankelijk indien de schuldenaar van de belasting vooraf verzet heeft aangetekend tegen het dwangbevel, wanneer de deskundige schatting gevorderd werd met toepassing van artikel 59, § 2, of wanneer reeds uitspraak werd gedaan over de betwisting.

Wanneer de schuldenaar van de belasting verzet aantekent tegen het dwangbevel, wanneer de deskundige schatting gevorderd is met toepassing van artikel 59, § 2, of wanneer over de betwisting uitspraak werd gedaan, vóór de kennisgeving van het bemiddelingsverslag, is de fiscale bemiddelingsdienst ontheven van zijn bevoegdheid.

§ 3. Ingevolge het bemiddelingsverslag kan de administratieve beslissing het bedrag van de fiscale schuld aanpassen, voor zover dit geen vrijstelling of vermindering van belasting inhoudt. Het is evenwel niet toegelaten een aanvullende belasting te vestigen.]

Ingevoegd bij art. 117 W. 25 april 2007 (B.S. 8.V.2007, ed. 3), van toepassing vanaf 1 mei 2007 (K.B. 9 mei 2007, art. 14, B.S. 24.V.2007).

[Art. 84quinquies. § 1. Op verzoek van elke belastingschuldige, natuurlijke persoon, die niet meer de hoedanigheid van belastingplichtige van de belasting over de toegevoegde waarde heeft, of van zijn echtgenoot op wiens goederen de belasting over de toege-voegde waarde wordt ingevorderd kan de gewestelijke directeur van de belasting over de toegevoegde waar-de onbeperkt uitstel van de invordering verlenen van de door de belastingschuldige verschuldigde belas-tingschuld, bestaande uit de belasting, de intresten, de belastingboeten.

De gewestelijke directeur van de belasting over de toegevoegde waarde stelt de voorwaarden waaronder hij, geheel of gedeeltelijk, onbeperkt uitstel van de in-vordering verleent van een of meerdere belasting-schulden. Hij verbindt zijn beslissing aan de voor-waarde dat de verzoeker onmiddellijk of gespreid een betaling doet van een som die bestemd is om te wor-den aangewend op de verschuldigde belastingen en waarvan het bedrag door hem wordt bepaald.

Het onbeperkt uitstel van de invordering van de belastingschuld zal slechts uitwerking hebben na de betaling van de in het tweede lid vermelde som.

§ 2. Het verzoek tot onbeperkt uitstel van de invor-dering van de belastingschuld is enkel ontvankelijk voor zover:

1° de verzoeker, die niet kennelijk zijn onvermo-gen heeft bewerkstelligd, zich in een toestand bevindt waarin hij niet in staat is om, op duurzame wijze, zijn opeisbare schulden te betalen;

2° de belastingplichtige geen beslissing tot onbe-perkt uitstel van de invordering van de belastingschuld heeft verkregen binnen de vijf jaar voorafgaand aan het verzoek.

§ 3. Het onbeperkt uitstel van de invordering van de belastingschuld kan eveneens ambtshalve worden verleend aan de belastingschuldige, onder de voor-waarden bedoeld in de §§ 1 en 2, op voorstel van de ambtenaar belast met de invordering.

§ 4. De gewestelijke directeur van de belasting over de toegevoegde waarde kan geen onbeperkt uit-stel verlenen van de invordering van de belasting-schuld die het voorwerp uitmaakt van een gerechtelijk geschil, noch van de belastingen of de belastingboeten gevestigd ten gevolge van de vaststelling van een fis-cale fraude of ingeval van samenloop van schuldei-sers.]

Ingevoegd bij art. 70 Progr. W. 27 april 2007 (B.S. 8.V.2007, ed. 3).
Uitvoeringsbesluit: — zie K.B. 7 juni 2007 (B.S. 21.VI.2007).

[Art. 84sexies. § 1. Het verzoek tot uitstel moet worden gemotiveerd en moet bewijskrachtige elemen-ten bevatten met betrekking tot de toestand van de verzoeker.

§ 2. Het wordt bij ter post aangetekende brief inge-diend bij de gewestelijke directeur van de belasting over de toegevoegde waarde in wiens ambtsgebied de belastingschuldige zijn woonplaats heeft.

§ 3. Er wordt hiervan een ontvangstbewijs uitge-reikt aan de verzoeker met vermelding van de datum van ontvangst van het verzoek.]

Ingevoegd bij art. 71 Progr. W. 27 april 2007 (B.S. 8.V.2007, ed. 3).
Uitvoeringsbesluit: — zie K.B. 7 juni 2007 (B.S. 21.VI.2007).

[Art. 84septies. De behandeling van het verzoek tot onbeperkt uitstel van de invordering wordt toever-trouwd aan de ambtenaar belast met de invordering.

Teneinde de behandeling van het verzoek te verze-keren, beschikt deze ambtenaar over de onderzoeksbe-voegdheden zoals bedoeld in artikel 63bis.

In het kader van deze behandeling, kan hij met name van de kredietinstellingen, die onderworpen zijn aan de wet van 22 maart 1993 op het statuut van en het toezicht op de kredietinstellingen, alle hen gekende inlichtingen eisen die nuttig kunnen zijn teneinde de vermogenssituatie van de verzoeker te bepalen.]

Ingevoegd bij art. 72 Progr. W. 27 april 2007 (B.S. 8.V.2007, ed. 3).
Uitvoeringsbesluit: — zie K.B. 7 juni 2007 (B.S. 21.VI.2007).

[Art. 84octies. § 1. De gewestelijke directeur van de belasting over de toegevoegde waarde doet uit-spraak bij gemotiveerde beslissing binnen de zes maanden na ontvangst van het verzoek.

Zijn beslissing wordt ter kennis gebracht van de verzoeker bij ter post aangetekende brief.

§ 2. Ze kan, binnen de maand van de kennisge-ving, het voorwerp uitmaken van een beroep bij een commissie samengesteld uit ten minste twee en ten hoogste vier gewestelijke directeurs van de belasting over de toegevoegde waarde aangewezen door de mi-nister die de Financiën onder zijn bevoegdheden heeft, onder het voorzitterschap van de ambtenaar die de lei-ding heeft over de diensten belast met de invordering van de belasting over de toegevoegde waarde, of zijn afgevaardigde.

Er wordt een ontvangstbewijs van uitgereikt aan de eiser met vermelding van de datum van ontvangst van het beroep.

De commissie doet uitspraak bij gemotiveerde be-slissing binnen de drie maanden na ontvangst van het beroep.

De beslissing van de commissie is niet vatbaar voor beroep. Ze wordt ter kennis gebracht van de eiser per aangetekende brief.]

Ingevoegd bij art. 73 Progr. W. 27 april 2007 (B.S. 8.V.2007, ed. 3).
Uitvoeringsbesluit: — Zie K.B. 7 juni 2007 (B.S. 21.VI.2007).

[Art. 84nonies. De indiening van het verzoek of van het voorstel tot onbeperkt uitstel van de invorde-ring van de belastingschuld schorst alle middelen van tenuitvoerlegging tot op de dag dat de beslissing van de directeur definitief is geworden of, in het geval van beroep, tot op de dag van de kennisgeving van de be-slissing van de commissie bedoeld in artikel 84octies. De reeds gelegde beslagen behouden echter hun bewa-rende werking.

Het indienen van het verzoek of van het voorstel tot onbeperkt uitstel van de invordering van de belastingschuld doet echter geen afbreuk aan andere maatregelen welke ertoe strekken de invordering te waarborgen, noch aan de betekening of de kennisgeving van het dwangbevel bedoeld in artikel 85 teneinde de verjaring te stuiten.]

Ingevoegd bij art. 74 Progr. W. 27 april 2007 (B.S. 8.V.2007, ed. 3).
Uitvoeringsbesluit: — Zie K.B. 7 juni 2007 (B.S. 21.VI.2007).

[Art. 84decies. De belastingschuldige verliest het voordeel van het onbeperkt uitstel van de invordering van de belastingschuld wanneer hetzij:

1° hij onjuiste informatie heeft verstrekt teneinde het voordeel van het onbeperkt uitstel van de invordering te verkrijgen;

2° hij de door de gewestelijke directeur van de belasting over de toegevoegde waarde in zijn beslissing vastgestelde voorwaarden niet eerbiedigt;

3° hij onrechtmatig zijn passief heeft verhoogd of zijn actief heeft verminderd;

4° hij zijn onvermogen heeft bewerkt.]

Ingevoegd bij art. 75 Progr. W. 27 april 2007 (B.S. 8.V.2007, ed. 3).
Uitvoeringsbesluit: — Zie K.B. 7 juni 2007 (B.S. 21.VI.2007).

[Art. 84undecies. De Koning bepaalt de toepassingsvoorwaarden voor de artikelen 84quinquies tot 84decies. Hij kan met name de objectieve voorwaarden bepalen voor het vaststellen van de som die moet worden betaald door de verzoeker, zoals bedoeld in artikel 84quinquies, § 1.]

Ingevoegd bij art. 76 Progr. W. 27 april 2007 (B.S. 8.V.2007, ed. 3).

Art. 85. [§ 1. [Bij gebreke van voldoening van de belasting, interesten, administratieve geldboeten en toebehoren wordt door de met de invordering belaste ambtenaar een dwangbevel uitgevaardigd: dit wordt geviseerd en uitvoerbaar verklaard door de gewestelijke directeur van de Administratie van de belasting over de toegevoegde waarde, registratie en domeinen of door de door hem aangewezen ambtenaar en, in de gevallen bepaald door de Koning, door de gewestelijke directeur van de Administratie der douane en accijnzen, of door de door hem aangewezen ambtenaar.]

De kennisgeving van het dwangbevel gebeurt bij een ter post aangetekende brief. De aangifte van het stuk ter post geldt als kennisgeving vanaf de daaropvolgende dag.

§ 2. Die kennisgeving:

1° stuit de verjaring van de vordering tot voldoening van de belasting, van de interesten van de administratieve geldboeten en van het toebehoren;

2° maakt het mogelijk inschrijving te nemen van de wettelijke hypotheek als bedoeld in artikel 88;

3° stelt de belastingschuldige in staat verzet aan te tekenen tegen de tenuitvoerlegging van het dwangbevel, op de wijze als bepaald in artikel 89;

4° doet, overeenkomstig artikel 91, § 4, de mora-

toire interesten lopen.

§ 3. Het dwangbevel mag eveneens worden betekend bij deurwaardersexploot met bevel tot betaling.]

Vervangen bij art. 67 W. 8 augustus 1980 (B.S. 15. VIII.1980);
§ 1, al. 1 vervangen bij art. 91 W. 28 december 1992 (B.S. 31.XII.1992).

[Art. 85bis. § 1. [Na de in artikel 85 genoemde kennisgeving of betekening] kan de met de invordering belaste ambtenaar, bij een ter post aangetekende brief, uitvoerend beslag onder derden leggen op de bedragen en zaken die de bewaarnemer of schuldenaar aan de belastingschuldige verschuldigd is of moet teruggeven. Het beslag wordt eveneens bij een ter post aangetekende brief aan de belastingschuldige aangezegd.

Dit beslag heeft uitwerking vanaf de overhandiging van het stuk aan de geadresseerde.

Het geeft aanleiding tot het opmaken en het verzenden, door de met de invordering belaste ambtenaar, van een bericht van beslag als bedoeld in artikel 1390 van het Gerechtelijk Wetboek.

[Wanneer het beslag slaat op inkomsten bedoeld in de artikelen 1409, §§ 1 en 1bis, en 1410 van het Gerechtelijk Wetboek, bevat de aanzegging, op straffe van nietigheid, het aangifteformulier voor kind ten laste waarvan het model bepaald is door de minister van Justitie.]

§ 2. Onder voorbehoud van het bepaalde in § 1, zijn op dit beslag de bepalingen toepasselijk van de artikelen 1539, 1540, 1542, eerste en tweede lid, en 1543 van het Gerechtelijk Wetboek, met dien verstande dat de afgifte van het bedrag van het beslag geschiedt in handen van de met de invordering belaste ambtenaar.

§ 3. Het uitvoerend beslag onder derden moet geschieden door middel van een deurwaardersexploot op de wijze bepaald in de artikelen 1539 tot 1544 van het Gerechtelijk Wetboek, wanneer blijkt uit de verklaring waartoe de derde-beslagene gehouden is na het beslag gedaan bij een ter post aangetekende brief overeenkomstig § 1:

1° dat de beslagen schuldenaar zich verzet tegen het uitvoerend beslag onder derden;

2° dat de derde-beslagene zijn schuld tegenover de beslagen schuldenaar betwist;

3° dat vóór het beslag door de rekenplichtige een andere schuldeiser zich heeft verzet tegen de afgifte door de derdebeslagene van de door deze verschuldigde sommen.

In deze gevallen blijft het door de rekenplichtige bij een ter post aangetekende brief gelegd beslag zijn bewarend effect behouden wanneer een uitvoerend beslag onder derden bij deurwaardersexploot wordt gelegd als bepaald bij artikel 1539 van het Gerechtelijk Wetboek binnen een maand na de afgifte ter post van de verklaring van de derde-beslagene.]

Ingevoegd bij art. 68 W. 8 augustus 1980 (B.S. 15. VIII.1980);

§ 1, al. 1 gewijzigd bij art. 126 W. 22 december 1989 (B.S. 22.XII.1989);
§ 1, al. 4 ingevoegd bij art. 20 W. 20 juli 2006 (B.S. 28. VII.2006, ed. 2).

Opmerking: – § 1, al. 3: het bericht van beslag bedoeld in dit artikel wordt opgemaakt overeenkomstig het K.B. van 10 oktober 1996 (B.S. 22.X.1996, err. B.S. 7.XI.1996), zoals gewijzigd bij art. 3 K.B. van 13 juli 2001 (B.S. 11.VIII.2001).
– § 1, al. 4: zie M.B. 23 november 2006 (B.S. 30.XI.2006, ed. 2).

[Art. 85ter. In geval van betwisting met de ontvanger die belast is met de invordering van zijn fiscale schuld, kan de belastingschuldige een aanvraag tot bemiddeling indienen bij de fiscale bemiddelingsdienst bedoeld bij artikel 116 van de wet van 25 april 2007 houdende diverse bepalingen (IV).]

Ingevoegd bij art. 118 W. 25 april 2007 (B.S. 8.V.2007, ed. 3), van toepassing vanaf 1 mei 2007 (K.B. 9 mei 2007, art. 14, B.S. 24.V.2007).

Art. 86. [Voor de invordering van de belasting, van de interesten en van de kosten heeft de Openbare Schatkist een algemeen voorrecht op alle inkomsten en op de roerende goederen van alle aard van de belastingschuldige, met uitzondering van de schepen en vaartuigen, en een wettelijke hypotheek op alle daarvoor vatbare en in België gelegen goederen van de belastingschuldige.]

Vervangen bij art. 27 W. 22 juli 1993 (B.S. 26.VII.1993).

Art. 87. [[Het voorrecht bedoeld in artikel 86, heeft dezelfde rang als dat bedoeld in artikel 19, 4°ter, van de wet van 16 december 1851.]
De volgorde van verhaal bepaald in artikel 19 van voornoemde wet is van toepassing op de in dit Wetboek bepaalde belasting.]

Vervangen bij art. 28 W. 22 juli 1993 (B.S. 26.VII.1993); Al. 1 vervangen bij art. 3 Progr. W. 27 december 2006 (B.S. 28.XII.2006, ed. 3).

Art. 88. [§ 1. De rang van de wettelijke hypotheek wordt bepaald door de dagtekening van de inschrijving die genomen wordt krachtens het uitgevaardigde en uitvoerbaar verklaarde dwangbevel, waarvan overeenkomstig artikel 85 aan de belastingschuldige kennisgeving of betekening is gedaan.
§ 2. De hypotheek wordt ingeschreven op verzoek van de Minister van Financiën of van zijn afgevaardigde.
De inschrijving heeft plaats, niettegenstaande verzet, betwisting of beroep, op voorlegging van een afschrift van het dwangbevel dat eensluidend werd verklaard door de ambtenaar aangewezen door de Minister van Financiën en dat melding maakt van de kennisgeving of betekening ervan.
§ 3. [Artikel 19, tweede lid, van de faillissementswet], is niet van toepassing op de verschuldigde belas-

ting waarvoor een dwangbevel werd uitgevaardigd waarvan kennisgeving of betekening aan de belastingschuldige is gedaan vóór het vonnis van faillietverklaring.]

Vervangen bij art. 70 W. 8 augustus 1980 (B.S. 15. VIII.1980);
§ 3 gewijzigd bij art. 128 Faill. W. 8 augustus 1997 (B.S. 28.X.1997).

[Art. 88bis. [§ 1. Bij gemotiveerde beslissing van de gewestelijke directeur van de belasting over de toegevoegde waarde kan een zakelijke zekerheid of een persoonlijke borgstelling worden geëist van elke persoon die schuldenaar is van de belasting, krachtens artikel 51, §§ 1, 2 en 4, wanneer de venale waarde van zijn in België gelegen goederen die het pand van de Schatkist vormen, na aftrek van de schulden en lasten die ze bezwaren, ontoereikend is om het bedrag te dekken dat vermoedelijk voor een periode van twaalf kalendermaanden zal verschuldigd zijn, krachtens dit Wetboek of ter uitvoering ervan.
De Koning bepaalt de gegevens die als grondslag dienen voor de bepaling van de bedragen van de zakelijke zekerheid en van de verbintenis van de persoonlijke borg, alsook de voorwaarden en de modaliteiten van vaststelling.
§ 2. Binnen de maand na de kennisgeving van de beslissing als vermeld in § 1, kan de schuldenaar van de belasting een verhaal inleiden voor de beslagrechter van het ambtsgebied waarin zich het kantoor bevindt waar de inning moet worden uitgevoerd.
De rechtspleging geschiedt zoals in kort geding.
§ 3. Het stellen van een zakelijke zekerheid of van een persoonlijke borg bedoeld in § 1, dient te geschieden binnen de twee maanden na de kennisgeving van de beslissing van de directeur of na de datum waarop de rechterlijke uitspraak kracht van gewijsde heeft verkregen, tenzij de betrokken schuldenaar van de belasting, vóór het verstrijken van deze termijn, elke economische activiteit staakt waaruit voortvloeit dat hij de schuldenaar van de belasting is krachtens artikel 51, §§ 1, 2 en 4.]]

Ingevoegd bij art. 4 Progr. W. 27 december 2006 (B.S. 28.XII.2006, ed. 3) en vervangen bij art. 120 Progr. W. 27 april 2007 (B.S. 8.V.2007, ed. 3), van toepassing vanaf 7 januari 2007.

[Art. 88ter. § 1. De gewestelijke directeur van de belasting over de toegevoegde waarde kan, bij gemotiveerde beslissing, voor een bepaalde periode de sluiting bevelen van de vestigingen waar de belastingplichtige zijn economische activiteit uitoefent:
1° hetzij wanneer de [zekerheden] bedoeld in artikel 88bis niet zijn gesteld;
2° hetzij wanneer er sprake is van een herhaaldelijke niet-betaling van de belasting over de toegevoegde waarde in de zin van artikel 93undecies C, § 2, tweede lid, tenzij die niet-betaling het gevolg is van financiële moeilijkheden van de schuldenaars van de belastingplichtige die aanleiding hebben gegeven tot

het openen van de procedure van [gerechtelijke reorganisatie], van faillissement of van gerechtelijke ontbinding.

Onder «vestigingen» wordt, wat deze paragraaf betreft, inzonderheid verstaan: de lokalen waar een economische activiteit wordt uitgeoefend, de burelen, de fabrieken, de werkplaatsen, de opslagplaatsen, de bergplaatsen, de garages en de als fabriek, werkplaats of opslagplaats gebruikte terreinen.

§ 2. De beslissing van de gewestelijke directeur wordt ter kennis gebracht door een gerechtsdeurwaarder.

De beslissing is uitvoerbaar na het verstrijken van een termijn van twee maanden te rekenen vanaf de datum [van de kennisgeving van de beslissing], tenzij de belastingplichtige een beroep instelt bij de bevoegde rechtbank alvorens die termijn is verstreken.]

Ingevoegd bij art. 5 Progr. W. 27 december 2006 (B.S. 28.XII.2006, ed. 3);
§ 1, al. 1, 1° gewijzigd bij art. 121, 1° Progr. W. 27 april 2007 (B.S. 8.V.2007, ed. 3);
§ 1, al. 1, 2° gewijzigd bij art. 2 K.B. 19 december 2010 (B.S. 24.I.2011);
§ 2, al. 2 gewijzigd bij art. 121, 2° Progr. W. 27 april 2007 (B.S. 8.V.2007, ed. 3).

Art. 89. [Onder voorbehoud van wat bepaald is in de artikelen 85, §§ 1 en 2, en 85bis, geschiedt de tenuitvoerlegging van het dwangbevel met inachtneming van de bepalingen van het vijfde deel, titel III, van het Gerechtelijk Wetboek inzake gedwongen tenuitvoerlegging.]

[De tenuitvoerlegging van het dwangbevel kan slechts worden gestuit door een vordering in rechte.]

Al. 1 vervangen bij art. 71 W. 8 augustus 1980 (B.S. 15.VIII.1980);
Oude al. 2 en 3 vervangen door nieuwe al. 2 bij art. 59 W. 15 maart 1999 (B.S. 27.III.1999).

[**Art. 89bis.** Ingeval van een vordering in rechte, kan de betwiste belastingschuld, bestaande uit de belasting en de erop betrekking hebbende interesten, fiscale boeten en kosten, op grond van het uitgevaardigde dwangbevel, uitvoerbaar verklaard en ter kennis gebracht of betekend aan [de schuldenaar van de belasting] overeenkomstig artikel 85, voor het geheel het voorwerp zijn van bewarende beslagen of van alle andere maatregelen, welke ertoe strekken de invordering te waarborgen.]

Ingevoegd bij art. 6 Progr. W. 27 december 2006 (B.S. 28.XII.2006, ed. 3) en gewijzigd bij art. 122 Progr. W. 27 april 2007 (B.S. 8.V.2007, ed. 3), van toepassing vanaf 7 januari 2007.

Art. 90. [[Inzake de geschillen betreffende de toepassing van een belastingwet, kan de verschijning in persoon in naam van de Staat worden gedaan door elke ambtenaar van een belastingadministratie.]]

Opgeheven bij art. 60 W. 15 maart 1999 (B.S. 27.III.1999) en hersteld bij art. 12 Progr. W. 20 juli 2006 (B.S. 28.VII.2006, ed. 2).

Art. 91. § 1. [[Een interest van 0,8 pct. per maand is van rechtswege verschuldigd wanneer de belasting niet voldaan is:

1° binnen de termijn die ter uitvoering van de artikelen 52, [53, § 1, eerste lid, 3°], 53ter, 2°, en 53octies is gesteld;

2° binnen de termijn die ter uitvoering van artikel 53nonies is gesteld;

3° binnen de termijn die ter uitvoering van artikel 54 is gesteld, voor de belastingplichtigen bedoeld in artikel 8.]

De interest wordt om de maand berekend over het totaal van de verschuldigde belasting, [afgerond op het dichtstbijzijnde lagere veelvoud van 10 euro]. Ieder begonnen tijdvak van een maand wordt voor een gehele maand gerekend.

De interest van een maand wordt slechts gevorderd indien hij [2,50 EUR] bereikt.]

§ 2. [Wanneer de in artikel 59, § 2, bedoelde procedure uitwijst dat de belasting werd voldaan over een ontoereikende maatstaf is van rechtswege een interest van [0,8 %] per maand verschuldigd te rekenen vanaf de inleidende daad van de procedure; die interest wordt op de in § 1 bepaalde wijze berekend.]

§ 3. [Een interest van 0,8 pct. per maand is van rechtswege verschuldigd over de sommen die moeten worden teruggegeven:

1° met toepassing van artikel 76, § 1, eerste en derde lid, te rekenen vanaf het verstrijken van de in deze bepaling bepaalde termijn.

De interest wordt om de maand berekend over het totaal van de terug te geven belasting, afgerond op het dichtstbijzijnde lagere veelvoud van 10 euro. Ieder begonnen tijdvak van een maand wordt voor een gehele maand gerekend.

De interest van een maand is slechts verschuldigd indien hij 2,50 euro bereikt;

2° met toepassing van de bepalingen van de Richtlijn 2008/9/EG van 12 februari 2008 tot vaststelling van nadere voorschriften voor de teruggaaf van de belasting over de toegevoegde waarde aan belastingplichtigen die niet in de lidstaat van teruggaaf maar in een andere lidstaat gevestigd zijn, vanaf het verstrijken van de termijn bedoeld in artikel 22, paragraaf 1, van deze richtlijn. Er is evenwel geen enkele interest verschuldigd wanneer de belastingplichtige zijn verplichting de op basis van de artikelen 10 en 20, paragraaf 1, van de voornoemde richtlijn geëiste aanvullende informatie te verstrekken niet voldaan heeft binnen de termijn bepaald bij artikel 20, paragraaf 2, van deze richtlijn.

De interest wordt om de maand berekend over het totaal van de terug te geven belasting, afgerond op het dichtstbijzijnde lagere veelvoud van 10 euro. Ieder begonnen tijdvak van een maand wordt voor een gehele maand gerekend.

De interest van een maand is slechts verschuldigd indien hij 2,50 euro bereikt.]

§ 4. De moratoire interesten over in te vorderen of terug te geven sommen die niet in de §§ 1, 2 en 3 zijn bedoeld, zijn verschuldigd tegen de rentevoet in burgerlijke zaken en met inachtneming van de ter zake geldende regelen.

[§ 5. De Koning kan, wanneer zulks ingevolge de op de geldmarkt toegepaste rentevoeten verantwoord is, de in §§ 1, 2 en 3 bedoelde interestvoeten aanpassen.]

§ 1 vervangen bij art. 12 W. 24 december 1976 (B.S. 28.XII.1976);

§ 1, al. 1 vervangen bij art. 92 W. 28 december 1992 (B.S. 31.XII.1992);

§ 1, al. 1, 1° gewijzigd bij art. 15 W. 28 januari 2004 (B.S. 10.II.2004);

§ 1, al. 2 gewijzigd bij art. 5 § 5 K.B. 20 juli 2000 (II) (B.S. 30.VIII.2000, err. B.S. 8.III.2001);

§ 1, al. 3 gewijzigd bij art. 2-9 K.B. 20 juli 2000 (II) (B.S. 30.VIII.2000, err. B.S. 8.III.2001);

§ 2 vervangen bij art. 12 W. 24 december 1976 (B.S. 28. XII.1976) en gewijzigd bij art. 45, 1° W. 4 augustus 1986 (B.S. 20.VIII.1986);

§ 3 vervangen bij art. 29 W. 26 november 2009 (B.S. 4. XII.2009), van toepassing vanaf 1 januari 2010;

§ 5 ingevoegd bij art. 45, 2° W. 4 augustus 1986 (B.S. 20.VIII.1986).

Art. 92. [In geval van beroep tegen het vonnis dat de door de schuldenaar ingestelde eis heeft verworpen, kan de ontvanger van de belasting op de toegevoegde waarde, gelet op de concrete gegevens van het dossier, met inbegrip van de financiële toestand van de schuldenaar, deze laatste kennisgeven bij een ter post aangetekende brief van een verzoek tot het in consignatie geven van het geheel of een gedeelte van de verschuldigde bedragen. Aan de schuldenaar kan worden toegestaan dat die consignatie wordt vervangen door een zakelijke of persoonlijke zekerheid die wordt aangenomen door de administratie bevoegd voor de belasting over de toegevoegde waarde.

De gevorderde bedragen dienen in consignatie te worden gegeven of de zekerheid dient te worden gevestigd binnen twee maanden vanaf de kennisgeving.

Bij gebreke van het in consignatie geven van de bedragen of het vestigen van de zekerheid binnen de bepaalde termijn, dient de rechtsinstantie waarbij de voorziening aanhangig is gemaakt, binnen drie maanden te rekenen vanaf het verstrijken van die termijn, de voorziening niet-ontvankelijk te verklaren, tenzij zij, op grond van een met redenen omkleed verzoekschrift ingediend door de schuldenaar binnen twee maanden vanaf de kennisgeving bedoeld in het eerste lid, besluit, binnen dezelfde termijn van drie maanden, dat het door de met de invordering belaste ambtenaar gedane verzoek niet gegrond is.]

Vervangen bij art. 61 W. 15 maart 1999 (B.S. 27.III.1999).

[Art. 92bis. De termijnen van verzet, hoger beroep en cassatie, alsmede het verzet, het hoger beroep en de voorziening in cassatie schorsen de tenuitvoerlegging van de gerechtelijke beslissing.]

Ingevoegd bij art. 62 W. 15 maart 1999 (B.S. 27.III.1999).

Art. 93. [Het verzoekschrift houdende voorziening in cassatie en het antwoord op de voorziening mag door een advocaat worden ondertekend en neergelegd.]

Vervangen bij art. 381 Progr. W. 27 december 2004 (B.S. 31.XII.2004, ed. 2, err. B.S. 18.I.2005).

[HOOFDSTUK XV

BEROEPSGEHEIM]

Opschrift ingevoegd bij art. 56 W. 4 augustus 1978 (B.S. 17.VIII.1978).

[Art. 93bis. Hij die, uit welken hoofde ook, optreedt bij de toepassing van de belastingwetten of die toegang heeft tot de ambtsvertrekken van de administratie van de belasting over de toegevoegde waarde, registratie en domeinen, is, buiten het uitoefenen van zijn ambt, verplicht tot de meest volstrekte geheimhouding aangaande alle zaken waarvan hij wegens de uitvoering van zijn opdracht kennis heeft.

[De ambtenaren van de Administratie van de belasting over de toegevoegde waarde, registratie en domeinen, oefenen hun ambt uit wanneer zij aan andere administratieve diensten van de Staat, aan de administraties van de Gemeenschappen en de Gewesten van de Belgische Staat, aan de parketten en de griffies van de hoven, van de rechtbanken en van alle rechtsmachten, en aan de openbare instellingen of organismen inlichtingen verstrekken. De inlichtingen worden aan de bovengenoemde diensten verstrekt voor zover zij nodig zijn om de uitvoering van hun wettelijke of bestuursrechtelijke taken te verzekeren. Dit verstrekken van inlichtingen moet gebeuren met inachtneming van de bepalingen van de terzake door de Europese Gemeenschappen uitgevaardigde reglementering.]

Personen die deel uitmaken van diensten waaraan de administratie van de belasting over de toegevoegde waarde, registratie en domeinen, ingevolge het vorig lid inlichtingen van fiscale aard heeft verstrekt, zijn tot dezelfde geheimhouding verplicht en mogen de bekomen inlichtingen niet gebruiken buiten het kader van de wettelijke bepalingen voor de uitvoering waarvan zij zijn verstrekt.

Onder openbare instellingen of inrichtingen dienen verstaan de instellingen, maatschappijen, verenigingen, inrichtingen en diensten welke de Staat mede beheert, waaraan de Staat een waarborg verstrekt, op welker bedrijvigheid de Staat toezicht uitoefent of waarvan het bestuurspersoneel, aangewezen wordt door de Regering, op haar voordracht of mits haar goedkeuring.

[…]]

Ingevoegd bij art. 56 W. 4 augustus 1978 (B.S. 17. VIII.1978);

Al. 2 ingevoegd bij art. 93 W. 28 december 1992 (B.S. 31.XII.1992);

Al. 5 opgeheven bij 10 W. 10 februari 1981 (B.S. 14.II.1981).

[HOOFDSTUK XVI

AANSPRAKELIJKHEID EN PLICHTEN VAN SOMMIGE OPENBARE AMBTENAREN EN ANDERE PERSONEN]

Opschrift ingevoegd bij art. 72 W. 8 augustus 1980 (B.S. 15.VIII.1980).

[Art. 93ter. § 1. [De notaris die verzocht wordt een akte op te maken met betrekking tot het vervreemden of het bezwaren met een hypotheek van een voor hypotheek vatbaar goed, is gehouden aan de eigenaar of vruchtgebruiker van dat goed of van een gedeelte ervan te vragen of deze een belastingplichtige of een lid van een BTW-eenheid in de zin van artikel 4, § 2, is.

Indien het antwoord bevestigend luidt, is de notaris die verzocht wordt die akte op te maken persoonlijk aansprakelijk voor de betaling van de belasting over de toegevoegde waarde en bijbehoren die tot een hypothecaire inschrijving aanleiding kunnen geven, indien hij niet op de hoogte stelt :

1° de dienst die daarvoor aangewezen is door de Minister van Financiën, zijn gedelegeerde of de bevoegde overheid, en dit door middel van een procedure waarbij informaticatechnieken gebruikt worden;

2° de door de Koning aangewezen ambtenaar wanneer het bericht omwille van overmacht of een technische storing niet kan worden meegedeeld overeenkomstig de bepaling onder 1°. In dat geval moet het bericht in tweevoud worden opgemaakt en bij ter post aangetekende brief worden verzonden.

Indien de akte waarvan sprake niet verleden wordt binnen drie maanden te rekenen van de verzending van het bericht, wordt het als niet bestaande beschouwd.

Wanneer het bericht meegedeeld is overeenkomstig het tweede lid, 1°, wordt onder de datum van verzending van het bericht verstaan de datum van ontvangstmelding meegedeeld door de dienst die daarvoor door de Minister van Financiën, zijn gedelegeerde of de bevoegde overheid is aangewezen.

Wanneer eenzelfde bericht achtereenvolgens wordt verstuurd volgens de procedures voorzien respectievelijk in het tweede lid, 1° en 2°, dan zal het bericht opgesteld overeenkomstig het tweede lid, 2°, slechts primeren indien de datum van toezending de verzendingsdatum van het bericht opgesteld overeenkomstig het tweede lid, 1°, voorafgaat.

De Minister van Financiën, zijn gedelegeerde of de bevoegde overheid bepaalt de voorwaarden en de toepassingsmodaliteiten van deze paragraaf.]

[§ 1bis. [...]]

§ 2. De notaris die verzocht wordt een akte op te maken met betrekking tot het vervreemden of het bezwaren met een hypotheek van een voor hypotheek

vatbaar goed, is gehouden aan de verschijnende partijen lezing te geven [van artikel 62, § 2], en van [artikel 73]. Op straffe van een geldboete van [[5 EUR]] moet uitdrukkelijke melding van die voorlezing en van het antwoord van de verschijnende partijen in de akte worden gemaakt.

§ 3. Indien de notaris nalaat de in § 1 bedoelde vraag te stellen, is hij persoonlijk aansprakelijk voor de betaling van de in die paragraaf beoogde belasting over de toegevoegde waarde en toebehoren.]

Ingevoegd bij art. 72 W. 8 augustus 1980 (B.S. 15. VIII.1980);

§ 1 vervangen bij art. 18, 1° W. 24 juli 2008 (I) (B.S. 7. VIII.2008), van toepassing vanaf 1 maart 2007;

§ 1bis ingevoegd bij art. 3, 2° K.B. 31 maart 2003 (B.S. 23. IV.2003) en opgeheven bij art. 5, 2° K.B. 25 februari 2007 (B.S. 28.II.2007, ed. 2) en bij art. 18, 2° W. 24 juli 2008 (I) (B.S. 7.VIII.2008), van toepassing vanaf 1 maart 2007;

§ 2 gewijzigd bij art. 127 W. 22 december 1989 (B.S. 29. XII.1989), bij art. 94, 2° W. 28 december 1992 (B.S. 31. XII.1992), bij art. 2-9 K.B. 20 juli 2000 (II) (B.S. 30.VIII.2000, err. B.S. 8.III.2001, ed. 2) en bij art. 42, 5° K.B. 13 juli 2001 (B.S. 11.VIII.2001, err. B.S. 21.XII.2001).

Opmerking: – Zie het M.B. van 28 oktober 2009 (B.S. 13.XI.2009) wat betreft het model der berichten en kennisgevingen;
– Zie het M.B. van 26 februari 2007 met betrekking tot de aanduiding van de dienst bevoegd voor het ontvangen van de berichten en het afleveren van de ontvangstmeldingen in het kader van het systeem van elektronische notificaties tussen de Federale Overheidsdienst Financiën en bepaalde ministeriële officiers, openbare ambtenaren en andere personen (B.S. 28.II.2007, ed. 2).

[Art. 93quater. Indien het belang van de Schatkist dit vereist, wordt door de ambtenaar, die krachtens artikel 93ter door de Koning is aangewezen, aan de notaris, vóór het verstrijken van de twaalfde werkdag volgend op de verzending [van het in artikel 93ter, § 1, bedoelde bericht], bij een ter post aangetekende brief kennis gegeven van het bedrag van de belasting over de toegevoegde waarde en toebehoren die aanleiding kunnen geven tot inschrijving van de wettelijke hypotheek van de Schatkist op de goederen welke het voorwerp van de akte zijn.]

Ingevoegd bij art. 72 W. 8 augustus 1980 (B.S. 15.VIII.1980) en gewijzigd bij art. 19 W. 24 juli 2008 (I) (B.S. 7.VIII.2008), van toepassing vanaf 1 maart 2007.

[Art. 93quinquies. [§ 1. Wanneer de in artikel 93ter bedoelde akte verleden is, geldt de in artikel 93quater bedoelde kennisgeving als beslag onder derden in handen van de notaris op de bedragen en waarden die hij krachtens de akte onder zich houdt voor rekening of ten bate van de belastingschuldige en geldt als verzet tegen de prijs in de zin van artikel 1642 van het Gerechtelijk Wetboek in de gevallen waarin de notaris gehouden is de bedragen en waarden overeenkomstig de artikelen 1639 tot 1654 van het Gerechtelijk Wetboek te verdelen, voor zover de in artikel 85, § 1, voorgeschreven kennisgeving werd verricht.

Onverminderd de rechten van derden, is de notaris ertoe gehouden, wanneer de in artikel 93ter bedoelde akte verleden is, behoudens toepassing van de artikelen 1639 tot 1654 van het Gerechtelijk Wetboek, de bedragen en waarden die hij krachtens de akte onder zich houdt voor rekening of ten bate van de belastingschuldige, uiterlijk de achtste werkdag die volgt op het verlijden van de akte, aan de krachtens artikel 93ter aangewezen ambtenaar te storten tot beloop van het bedrag van de belasting over de toegevoegde waarde en bijbehoren die hem ter uitvoering van artikel 93ter ter kennis werden gebracht en in zoverre deze belasting en bijbehoren aanleiding hebben gegeven tot een dwangbevel als bedoeld in artikel 85 waarvan de tenuitvoerlegging niet werd gestuit door een in artikel 89 bedoelde vordering in rechte.

Daarenboven, indien de sommen en waarden waarop onder derden beslag werd gelegd minder bedragen dan het totaal van de sommen verschuldigd aan de ingeschreven schuldeisers en aan de verzetdoende schuldeisers, hieronder begrepen de ontvangers van de belasting over de toegevoegde waarde, moet de notaris, op straffe van persoonlijke aansprakelijkheid voor het overschot, uiterlijk de eerste werkdag die volgt op het verlijden van de akte hierover inlichtingen verstrekken aan :

1° de dienst die daarvoor aangewezen is door de Minister van Financiën, zijn gedelegeerde of de bevoegde overheid, en dit door middel van een procedure waarbij informaticatechnieken worden gebruikt;

2° de krachtens artikel 93ter aangewezen ambtenaar bij een ter post aangetekende brief, wanneer de notaris omwille van overmacht of een technische storing de inlichtingen niet kan verstrekken overeenkomstig de bepaling onder 1° of wanneer hij voorafgaandelijk het bericht bedoeld in artikel 93ter bij ter post aangetekende brief heeft verstuurd.

De datum van de inlichting is, naar gelang het geval, de datum van ontvangstmelding meegedeeld door de dienst die daarvoor door de Minister van Financiën, zijn gedelegeerde of de bevoegde overheid is aangewezen, of de datum van neerlegging ter post van de aangetekende brief.

§ 2. Wanneer eenzelfde bericht achtereenvolgens wordt verstuurd volgens de procedures voorzien respectievelijk in § 1, derde lid, 1° en 2°, dan zal het bericht opgesteld overeenkomstig § 1, derde lid, 2°, slechts primeren indien de datum van toezending de verzendingsdatum van het bericht opgesteld overeenkomstig § 1, derde lid, 1°, voorafgaat.

§ 3. Onverminderd de rechten van derden, kan de overschrijving of de inschrijving van de akte niet aan de Staat worden tegengeworpen indien de inschrijving van de wettelijke hypotheek geschiedt binnen acht werkdagen van de datum van de inlichting bedoeld in § 1, vierde lid.

Zonder uitwerking ten opzichte van de schuldvorderingen inzake belasting over de toegevoegde waarde en toebehoren, waarvoor de in artikel 93quater bedoelde kennisgeving werd gedaan, zijn alle niet inge-

schreven schuldvorderingen waarvoor slechts na het verstrijken van de in § 1, derde lid, voorziene termijn wordt beslag gelegd of verzet aangetekend.

§ 4. De Minister van Financiën, zijn gedelegeerde of de bevoegde overheid bepaalt de voorwaarden en de toepassingsmodaliteiten van dit artikel.]]

Ingevoegd bij art. 72 W. 8 augustus 1980 (B.S. 15.VIII.1980) en vervangen bij art. 20 W. 24 juli 2008 (I) (B.S. 7.VIII.2008), van toepassing vanaf 1 maart 2007;

Opmerking: – Zie het M.B. van 28 oktober 2009 (B.S. 13.XI.2009) wat betreft het model der berichten en kennisgevingen;
– Zie het M.B. van 26 februari 2007 met betrekking tot de aanduiding van de dienst bevoegd voor het ontvangen van de berichten en het afleveren van de ontvangstmeldingen in het kader van het systeem van elektronische notificaties tussen de Federale Overheidsdienst Financiën en bepaalde ministeriële officiers, openbare ambtenaren en andere personen (B.S. 28.II.2007, ed. 2).

[Art. 93sexies. De inschrijvingen genomen na de in artikel 93quinquies, [§ 3, eerste lid], bedoelde termijn, of tot zekerheid van sommen die als belasting over de toegevoegde waarde verschuldigd zijn en waarvoor de in artikel 93quater bedoelde kennisgeving niet werd gedaan, kunnen tegengeworpen worden, noch aan de hypothecaire schuldeiser, noch aan de verkrijger die opheffing ervan zal kunnen vorderen.]

Ingevoegd bij art. 72 W. 8 augustus 1980 (B.S. 15.VIII.1980) en gewijzigd bij art. 21 W. 24 juli 2008 (I) (B.S. 7.VIII.2008), van toepassing vanaf 1 maart 2007.

[Art. 93septies. De ingevolge de artikelen 93ter en 93quinquies aan de notaris opgelegde aansprakelijkheid mag, naar gelang van het geval, de waarde van het vervreemde goed of het bedrag van de hypothecaire inschrijving, na aftrek van de sommen en waarden waarvoor in zijn handen beslag onder derden werden gelegd, niet te boven gaan.]

Ingevoegd bij art. 72 W. 8 augustus 1980 (B.S. 15. VIII.1980).

[Art. 93octies. De in de artikelen 93ter en 93quinquies bedoelde berichten en kennisgevingen dienen te worden opgemaakt overeenkomstig de door de Minister van Financiën bepaalde modellen.]

Ingevoegd bij art. 72 W. 8 augustus 1980 (B.S. 15. VIII.1980).

[Art. 93nonies. De artikelen 93ter tot 93octies zijn van toepassing op al wie bevoegd is om authenticiteit te verlenen aan de in artikel 93ter bedoelde akten.]

Ingevoegd bij art. 72 W. 8 augustus 1980 (B.S. 15. VIII.1980).

[Art. 93decies. Indien de belastingschuldige ermede instemt, worden de banken, beheerst door het koninklijk besluit nr. 185 van 9 juli 1935 en de ondernemingen, beheerst door het koninklijk besluit nr. 225 van 7 januari 1936, gemachtigd het in artikel 93ter bedoelde bericht toe te sturen en zijn zij bevoegd de in artikel 93quater bedoelde kennisgeving te ontvangen.

Door de afgifte van een attest door die instellingen aan de notaris betreffende de verzending van het bericht en het gevolg daaraan gegeven door de ambtenaren die krachtens artikel 93ter door de Koning aangewezen zijn, wordt de aansprakelijkheid van die instellingen in de plaats gesteld van die van de notaris.]

Ingevoegd bij art. 72 W. 8 augustus 1980 (B.S. 15. VIII.1980).

[Art. 93undecies [A]. Geen akte die in het buitenland verleden is en betrekking heeft op het vervreemden of het bezwaren met een hypotheek van een onroerend goed, een schip of een vaartuig, wordt in België tot overschrijving of inschrijving in de registers van een hypotheekbewaarder aanvaard, indien zij niet vergezeld gaat van een attest van de krachtens artikel 93ter door de Koning aangewezen ambtenaar.

Dit attest moet vaststellen dat de eigenaar of de vruchtgebruiker geen belasting over de toegevoegde waarde verschuldigd is of dat de wettelijke hypotheek, die de verschuldigde belasting over de toegevoegde waarde waarborgt, ingeschreven is.]

Ingevoegd bij art. 72 W. 8 augustus 1980 (B.S. 15. VIII.1980);
Bestaande tekst hervormd tot art. 93undecies A bij art. 2 W. 10 augustus 2005 (B.S. 9.IX.2005).

[Art. 93undecies B. § 1. Onverminderd de toepassing van de artikelen 93ter tot 93decies zijn de overdracht, in eigendom of in vruchtgebruik, van een geheel van goederen dat is samengesteld uit, onder meer, elementen die het behoud van de cliëntèle mogelijk maken en die worden aangewend voor de uitoefening van een vrij beroep, ambt of post, dan wel voor een industrieel, handels- of landbouwbedrijf, noch de vestiging van een vruchtgebruik op dezelfde goederen, tegenstelbaar aan de met de invordering belaste ambtenaar, tenzij na verloop van de maand die volgt op die waarin een met het origineel eensluidend afschrift van de akte van overdracht of vestiging ter kennis is gebracht van de met de invordering belaste ambtenaar van de woonplaats of van de maatschappelijke zetel van de overdrager.

§ 2. Na verloop van de in § 1 vermelde termijn is de overnemer hoofdelijk aansprakelijk voor de betalingen van de door de overdrager verschuldigde belastingschulden, tot beloop van het bedrag dat reeds door hem is gestort of verstrekt, dan wel van een bedrag dat overeenstemt met de nominale waarde van de aandelen die in ruil voor de overdracht zijn toegekend vóór de afloop van voornoemde termijn.

§ 3. De §§ 1 en 2 zijn niet van toepassing indien de overdrager bij de akte van overdracht een certificaat

voegt dat de met de invordering belaste ambtenaar bedoeld in § 1, uitsluitend met dat doel heeft opgemaakt binnen de termijn van dertig dagen die aan de kennisgeving van de overeenkomst voorafgaat.

Dat certificaat wordt pas uitgereikt wanneer de overdrager daartoe een aanvraag in tweevoud indient bij de met de invordering belaste ambtenaar van de woonplaats of de maatschappelijke zetel van de overdrager.

De ambtenaar weigert het certificaat uit te reiken indien de overdrager op de dag van de aanvraag bedragen als belastingen, intresten, belastingboetes of bijkomende kosten verschuldigd blijft of indien de aanvraag is ingediend na de aankondiging van of tijdens een controlemaatregel, dan wel na het verzenden van een vraag om inlichtingen met betrekking tot zijn belastingtoestand.

Het certificaat wordt ofwel uitgereikt ofwel geweigerd binnen een termijn van dertig dagen na de indiening van de aanvraag van de overdrager.

§ 4. Niet onderworpen aan de bepalingen van dit artikel zijn de overdrachten die worden uitgevoerd door een curator, door [een [gerechtsmandataris gelast met het organiseren en realiseren van een overdracht onder gerechtelijk gezag overeenkomstig artikel 60 van de wet van 31 januari 2009 betreffende de continuïteit van de ondernemingen]], of in het kader van een overeenkomstig de bepalingen van het Wetboek van vennootschappen uitgevoerde fusie, splitsing of inbreng van een algemeenheid van goederen of van een tak van werkzaamheid.

§ 5. De in dit artikel bedoelde aanvraag en certificaat worden opgemaakt overeenkomstig de modellen die worden vastgesteld door de minister bevoegd voor Financiën.]

Ingevoegd bij art. 2 W. 10 augustus 2005 (B.S. 9.IX.2005);
§ 4 gewijzigd bij art. 13 W. 19 mei 2010 (B.S. 28.V.2010, ed. 2) en bij art. 3 K.B. 19 december 2010 (B.S. 24.I.2011).

[Art. 93undecies C. § 1. In geval van tekortkoming, door een aan de BTW onderworpen vennootschap of door een rechtspersoon bedoeld in artikel 17, § 3, van de wet van 27 juni 1921 betreffende de verenigingen zonder winstoogmerk, de internationale verenigingen zonder winstoogmerk en de stichtingen, aan haar verplichting tot het betalen van de belasting, van de interesten of van de bijkomende kosten, zijn de bestuurder of bestuurders van de vennootschap of van de rechtspersoon die belast zijn met de dagelijkse leiding van de vennootschap of van de rechtspersoon hoofdelijk aansprakelijk voor de tekortkoming indien die te wijten is aan een fout in de zin van artikel 1382 van het Burgerlijk Wetboek, die ze hebben begaan bij het besturen van de vennootschap of de rechtspersoon.

Deze hoofdelijke aansprakelijkheid kan worden uitgebreid naar de andere bestuurders van de vennootschap of van de rechtspersoon indien in hunnen hoofde een fout wordt aangetoond die heeft bijgedragen tot de in het eerste lid bedoelde tekortkoming.

Onder bestuurder van een vennootschap of van

een rechtspersoon in de zin van dit artikel wordt verstaan, elke persoon die, in feite of in rechte, de bevoegdheid heeft of heeft gehad om de vennootschap of de rechtspersoon te besturen, met uitsluiting van de gerechtelijke mandatarissen.

§ 2. De herhaalde niet-betaling van de voormelde belastingschuld door de vennootschap of door de rechtspersoon, wordt, behoudens tegenbewijs, vermoed voort te vloeien uit een in § 1, eerste lid, bedoelde fout.

Onder herhaalde inbreuken op de verplichting tot betaling van de belasting in de zin van dit artikel, wordt verstaan:
- ofwel, voor een belastingplichtige die gehouden is tot het indienen van trimestriële aangiften inzake BTW, het gebrek aan betaling van ten minste twee eisbare schulden binnen een periode van een jaar;
- ofwel, voor een belastingplichtige die gehouden is tot indienen van maandelijkse aangiften inzake BTW, het gebrek aan betaling van ten minste drie eisbare schulden binnen een periode van een jaar.

§ 3. Er is geen vermoeden van fout in de zin van § 2, eerste lid, indien de niet-betaling het gevolg is van financiële moeilijkheden die aanleiding hebben gegeven tot het openen van de procedure van [gerechtelijke reorganisatie], van faillissement of van gerechtelijke ontbinding.

§ 4. De hoofdelijke aansprakelijkheid van de bestuurders van de vennootschap of van de rechtspersoon kan slechts worden ingeroepen voor de betaling, in hoofdsom en toebehoren, van de schulden inzake BTW.

§ 5. De rechtsvordering tegen aansprakelijke bestuurders is slechts ontvankelijk indien ze wordt ingesteld na het verstrijken van een termijn van één maand te rekenen vanaf een door de ontvanger bij ter post aangetekende brief verzonden kennisgeving, waarin de geadresseerde verzocht wordt de nodige maatregelen te treffen om de tekortkoming te verhelpen of aan te tonen dat deze niet het gevolg is van een door hen begane fout.

Deze bepaling verhindert evenwel niet dat de met de invordering belaste ambtenaar, binnen voormelde termijn, bewarende maatregelen vordert ten laste van het vermogen van de bestuurder of bestuurders van de vennootschap of rechtspersoon aan wie een kennisgeving is toegezonden.]

Ingevoegd bij art. 15 Progr. W. 20 juli 2006 (B.S. 28. VII.2006, ed. 2);
§ 3 gewijzigd bij art. 4 K.B. 19 december 2010 (B.S. 24.I.2011).

[**Art. 93undecies D.** Openbare ambtenaren of ministeriële officieren, belast met de openbare verkoping van roerende goederen waarvan de waarde ten minste 250 EUR bedraagt, zijn persoonlijk aansprakelijk voor de betaling van de belasting over de toegevoegde waarde en bijbehoren die de eigenaar op het ogenblik van de verkoping [verschuldigd] is, indien zij niet ten minste acht werkdagen vooraf, bij ter post aangetekende brief, de voor de eigenaar van die goederen be-

voegde ambtenaar belast met de invordering ervan verwittigen.

Wanneer de verkoping heeft plaatsgehad, geldt de kennisgeving van het bedrag der belasting over de toegevoegde waarde en bijbehoren door de bevoegde ambtenaar belast met de invordering bij ter post aangetekende brief, uiterlijk daags vóór de verkoping, als beslag onder derden in handen van de in het eerste lid vermelde openbare ambtenaren of ministeriële officieren.]

Ingevoegd bij art. 7 Progr. W. 27 december 2006 (B.S. 28.XII.2006, ed. 3);
Al. 1 gewijzigd bij art. 123 Progr. W. 27 april 2007 (B.S. 8.V.2007, ed. 3), van toepassing vanaf 7 januari 2007.

[HOOFDSTUK XVII

VERPLICHTINGEN VAN KREDIETINSTELLINGEN OF -ORGANISMEN]

Opschrift ingevoegd bij art. 73 W. 8 augustus 1980 (B.S. 15.VIII.1980).

[**Art. 93duodecies.** Wanneer openbare of private kredietinstellingen of -organismen kredieten, leningen of voorschotten toekennen waarvoor een voordeel werd verleend in het kader van de wettelijke en reglementaire bepalingen inzake economische expansie of waarvoor een dergelijk voordeel is aangevraagd aan de bevoegde overheid, mogen zij de fondsen noch geheel noch gedeeltelijk vrijgeven, tenzij nadat de genieter of aanvrager hun een attest heeft overgelegd dat is uitgereikt door de bevoegde ambtenaar en waaruit blijkt:

1° ofwel dat geen belastingen of toebehoren in zijnen hoofde eisbaar zijn;

2° ofwel dat een bepaald bedrag aan belastingen of bijbehoren in zijnen hoofde eisbaar is, in welk geval de betaling van de verschuldigde bedragen, in de vorm en binnen de termijnen voorzien in het attest, het voorwerp moet uitmaken van een bijzonder beding in de beslissing tot toekenning van het voordeel.

De Koning regelt de toepassing van dit artikel.]

Ingevoegd bij art. 73 W. 8 augustus 1980 (B.S. 15. VIII.1980).

[HOOFDSTUK XVIII

WEDERZIJDSE BIJSTAND]

Opschrift ingevoegd bij art. 74 W. 8 augustus 1980 (B.S. 15.VIII.1980).

[**Art. 93terdecies.** [Met de belastingbesturen van de andere Lid-Staten mag de Administratie van de BTW, registratie en domeinen inlichtingen uitwisselen die van nut kunnen zijn voor de juiste vaststelling van de belasting over de toegevoegde waarde binnen de Gemeenschap.

Van de inlichtingen die van de belastingbesturen

van de andere Lid-Staten worden verkregen, wordt op dezelfde wijze gebruik gemaakt als van de gelijkaardige inlichtingen die de Administratie van de BTW, registratie en domeinen rechtstreeks inzamelt, met dien verstande dat zulk gebruik moet gebeuren met inachtneming van de bepalingen van de terzake door de Europese Gemeenschappen uitgevaardigde reglementering.

De inlichtingen ten behoeve van de belastingbesturen van de andere Lid-Staten worden op dezelfde wijze ingezameld als de inlichtingen die de Administratie van de BTW, registratie en domeinen te eigen behoeve inzamelt. Ze worden doorgezonden om slechts te worden gebruikt voor de, in de ter zake door de Europese Gemeenschappen uitgevaardigde reglementering, bepaalde doeleinden.

De Administratie van de BTW, registratie en domeinen kan eveneens, ter uitvoering van een akkoord dat met de bevoegde autoriteiten van een lidstaat wordt gesloten, op het nationale grondgebied de aanwezigheid toestaan van ambtenaren van het belastingbestuur van die lidstaat om alle inlichtingen in te zamelen die van nut kunnen zijn voor de juiste vaststelling van de belasting over de toegevoegde waarde binnen de Gemeenschap.

De inlichtingen die door een ambtenaar van de Administratie van de BTW, registratie en domeinen in het buitenland worden ingezameld in het kader van een akkoord dat met een lidstaat is gesloten, kunnen op dezelfde wijze worden gebruikt als de inlichtingen die in België door de Administratie van de BTW, registratie en domeinen worden ingezameld, met dien verstande dat zulk gebruik moet gebeuren met inachtneming van de bepalingen van de ter zake door de Europese Gemeenschappen uitgevaardigde reglementering.]]

Ingevoegd bij art. 74 W. 8 augustus 1980 (B.S. 15.VIII.1980) en vervangen bij art. 95 W. 28 december 1992 (B.S. 31. XII.1992).

[HOOFDSTUK XIX

AAN ALLE BELASTINGEN GEMENE BEPALINGEN]

Opschrift ingevoegd bij art. 128 W. 22 december 1989 (B.S. 29.XII.1989).

[Art. 93quaterdecies. § 1. [De bestuursdiensten van de Staat, met inbegrip van de parketten en de griffies der hoven en rechtbanken, de besturen van de Gemeenschappen en de Gewesten van de Belgische Staat, de provinciën, de agglomeraties en de gemeenten, evenals de openbare organismen en instellingen, zijn gehouden wanneer ze daartoe aangezocht zijn door een ambtenaar van één der rijksbesturen belast met de aanslag in, of de invordering van de belastingen, hem alle in hun bezit zijnde inlichtingen te verstrekken, hem, zonder verplaatsing, van alle in hun bezit zijnde akten, stukken, registers en om 't even welke bescheiden inzage te verlenen en hem alle inlichtingen, afschriften of uittreksels te laten nemen

welke bedoelde ambtenaar ter verzekering van de aanslag in, of de heffing van de door de Staat geheven belastingen nodig acht.

Met het oog op de toepassing van dit Wetboek dient onder openbare lichamen te worden verstaan, de instellingen, maatschappijen, verenigingen, instellingen en diensten welke de Staat, de Gemeenschappen of de Gewesten van de Belgische Staat medebeheren, waaraan de Staat, de Gemeenschappen of de Gewesten van de Belgische Staat een waarborg verstrekken, op de bedrijvigheid waarvan de Staat, de Gemeenschappen of de Gewesten van de Belgische Staat toezicht uitoefenen of waarvan het bestuurspersoneel aangewezen wordt door [de Federale Regering of een gemeenschaps- of gewestregering, op haar voordracht of met haar goedkeuring].]

[Van de akten, stukken, registers en bescheiden of inlichtingen in verband met gerechtelijke procedures mag evenwel geen inzage of afschrift worden verleend zonder uitdrukkelijke toelating van het openbaar ministerie.]

Het eerste lid is niet van toepassing op het bestuur der Postchecks, het Nationaal Instituut voor de Statistiek, noch op de kredietinstellingen. Andere afwijkingen van deze bepaling kunnen worden ingevoerd bij door de Minister van Financiën mede ondertekende koninklijke besluiten.

§ 2. Alle inlichtingen, stukken, processen-verbaal of akten ontdekt of bekomen in het uitoefenen van zijn functie, door een ambtenaar [van de Federale Overheidsdienst Financiën], hetzij rechtstreeks, hetzij door tussenkomst van een der hierboven aangeduide diensten, kunnen door de Staat ingeroepen worden voor het opsporen van elke krachtens de belastingwetten verschuldigde som.

Desondanks kan het aanbieden tot registratie van de processen-verbaal en van de verslagen over expertises betreffende gerechtelijke procedures, het bestuur dan alleen toelaten die akten in te roepen mits het daartoe de in het derde lid van § 1 bepaalde toelating heeft bekomen.

§ 3. [Alle administraties die ressorteren onder de Federale Overheidsdienst Financiën zijn gehouden alle in hun bezit zijnde toereikende, ter zake dienende en niet overmatige inlichtingen ter beschikking te stellen aan alle ambtenaren van deze Overheidsdienst, voor zover die ambtenaren regelmatig belast zijn met de vestiging of de invordering van de belastingen, en voor zover die gegevens bijdragen tot de vervulling van de opdracht van die ambtenaren tot de vestiging of de invordering van eender welke door de Staat geheven belasting.

Elke ambtenaar van de Federale Overheidsdienst Financiën, die regelmatig werd belast met een controle- of onderzoeksopdracht, is van rechtswege gemachtigd alle toereikende, ter zake dienende en niet overmatige inlichtingen te vragen, op te zoeken of in te zamelen die bijdragen tot de vestiging of de invordering van eender welke, andere, door de Staat geheven belasting.]]

Ingevoegd bij art. 128 W. 22 december 1989 (B.S. 29. XII.1989);

§ 1, al. 1-2 vervangen bij art. 96 W. 28 december 1992 (B.S. 31.XII.1992);

§ 1, al. 2 gewijzigd bij art. 138 W. 1 maart 2007 (B.S. 14. III.2007);

§ 1, al. 3 vervangen bij art. 4 W. 14 januari 2013 (B.S. 31.I.2013, ed. 2);

§ 2, al. 1 gewijzigd bij art. 155, 1° Progr. W. 23 december 2009 (B.S. 30.XII.2009, ed. 1);

§ 3 vervangen bij art. 155, 2° Progr. W. 23 december 2009 (B.S. 30.XII.2009, ed. 1).

Opheffingsbepalingen

Art. 94. Opgeheven worden de wets- en verordeningsbepalingen betreffende de overdrachttaks, de factuurtaks op de overdrachten en op de werkaannemingscontracten, de taks op de roerende verhuringen en op het vervoer, de weeldetaks en de taks op de betalingen wegens huurprijs van brandkasten in de banken.

Met inbegrip van de wijzigingen die ze zullen hebben ondergaan op de dag waarop dit Wetboek in werking treedt, worden inzonderheid opgeheven:

1° de titels I, II, III, IV en VI van het Wetboek der met het zegel gelijkgestelde taksen;

2° de wet van 16 juni 1932 waarbij de Regering ertoe gemachtigd wordt, in sommige gevallen en binnen zekere perken, het percentage van de overdrachttaks bij invoer te verhogen;

3° in artikel 1 van de wet van 27 december 1965 tot wijziging van het Wetboek der met het zegel gelijkgestelde taksen:

a) de §§ 1 en 2, voor zover ze betrekking hebben op de in het eerste lid genoemde taksen;

b) § 3;

4° de titels I, II, III, IV en VI van de Algemene Verordening op de met het zegel gelijkgestelde taksen;

5° het koninklijk besluit van 11 maart 1953 tot verhoging van de overdrachttaks bij invoer;

6° het ministerieel besluit van 23 december 1964 houdende Aanvullende Verordening op de met het zegel gelijkgestelde taksen.

Art. 95. § 1. In artikel 1, eerste lid, van de wet van 29 juni 1951, tot verlening van sommige fiscale vrijstellingen aan de "United States Educational Foundation in Belgium", opgericht door het akkoord tot financiering van een programma op het gebied van cultuur en opvoeding, tussen de Verenigde Staten van Amerika enerzijds, en België en het Groothertogdom Luxemburg anderzijds, ondertekend te Brussel op 8 oktober 1948, worden de woorden "van overdrachtsbelasting en weeldebelasting" geschrapt.

§ 2. In artikel 1, eerste lid, van de wet van 24 maart 1959 betreffende de regeling inzake belastingen voor leveringen aan krijgsmachten van de bij het Noordatlantisch Verdrag toegetreden Staten, worden de woorden "en van de overdrachts-, factuur- en weeldetaks" geschrapt.

Artikel 1bis, in dezelfde wet ingevoegd door artikel 3 van de wet van 6 maart 1968, wordt opgeheven.

Art. 96. Artikel 9 van de wet van 7 maart 1935 tot oprichting van een gedenkteken der regering van Koning Albert wordt met het volgende lid aangevuld:

"De bepalingen betreffende de belasting over de toegevoegde waarde zijn van toepassing op de verrichtingen bedoeld in het eerste lid."

Art. 97. De bepalingen van vóór de inwerkingtreding van dit Wetboek, die sommige publiekrechtelijke rechtspersonen en openbare instellingen voor de toepassing van de belastingwetten met de Staat gelijkstellen, gelden niet voor de door dit Wetboek ingevoerde belasting.

Inwerkingtreding

Art. 98. Deze wet treedt in werking op [1 januari 1971].

Gewijzigd bij art. 1, B W. 19 december 1969 (B.S. 20. XII.1969).

[Algemene en bijzondere overgangsbepalingen - Tijdelijke bepalingen]

Opschrift vervangen bij art. 55 W. 17 juni 2013 (B.S. 28. VI.2013, ed. 1), van toepassing vanaf 1 juli 2013.

Art. 99. [Voor de toepassing van de overgangsmaatregelen in het kader van de toetreding tot de Europese Unie, wordt verstaan onder:

1° "Gemeenschap": het grondgebied van de Gemeenschap als omschreven in artikel 1, § 2, 2°, vóór de toetreding van de nieuwe lidstaten;

2° "nieuwe lidstaten": het grondgebied van de lidstaten die na 1 januari 2013 tot de Europese Unie zijn toegetreden, als omschreven voor elk van deze lidstaten in artikel 1, § 2, 1°;

3° "uitgebreide Gemeenschap": het grondgebied van de Gemeenschap als omschreven in artikel 1, § 2, 2°, na de toetreding van de nieuwe lidstaten.]

Hersteld (na opheffing bij art. 50 W. 17 juni 2013) bij art. 56 W. 17 juni 2013 (B.S. 28.VI.2013, ed. 1), van toepassing vanaf 1 juli 2013.

Art. 100. [De bepalingen die van toepassing waren op het tijdstip dat een goed onder een regeling voor tijdelijke invoer met volledige vrijstelling van invoerrechten of onder één van de in artikel 23, § 4, 1° en 4° tot 7° bedoelde regelingen werd geplaatst, blijven van toepassing totdat het goed na de datum van toetreding aan de regeling wordt onttrokken, indien de volgende voorwaarden vervuld zijn:

1° het goed is vóór de datum van toetreding in de Gemeenschap of in één van de nieuwe lidstaten binnengebracht;

2° het goed is onder de regeling geplaatst bij het binnenbrengen ervan in de Gemeenschap of in één van de nieuwe lidstaten;

3° het goed is niet vóór de datum van toetreding aan deze regeling onttrokken.]

Hersteld (na opheffing bij art. 51 W. 17 juni 2013) bij art. 57 W. 17 juni 2013 (B.S. 28.VI.2013, ed. 1), van toepassing vanaf 1 juli 2013.

Art. 101. [De bepalingen die van toepassing waren op het tijdstip dat een goed onder een regeling voor douanevervoer werd geplaatst, blijven van toepassing totdat het goed na de datum van toetreding aan de regeling wordt onttrokken, indien de volgende voorwaarden vervuld zijn:

1° het goed is vóór de datum van toetreding onder een regeling voor douanevervoer geplaatst;

2° het goed is niet vóór de datum van toetreding aan de regeling onttrokken.]

Hersteld (na opheffing bij art. 52 W. 17 juni 2013) bij art. 58 W. 17 juni 2013 (B.S. 28.VI.2013, ed. 1), van toepassing vanaf 1 juli 2013.

Art. 102. [Met de invoer van een goed in België in de zin van artikel 23 wordt gelijkgesteld, voor zover wordt aangetoond dat het zich in het vrije verkeer in één van de nieuwe lidstaten bevond:

1° elke onttrekking, met inbegrip van een onregelmatige onttrekking, van dat goed in België aan een regeling voor tijdelijke invoer met volledige vrijstelling van invoerrechten waaronder het goed vóór de datum van toetreding werd geplaatst onder de in artikel 100 bedoelde voorwaarden;

2° elke onttrekking, met inbegrip van een onregelmatige onttrekking, van dat goed in België aan één van de in artikel 23, § 4, 1° en 4° tot 7°, bedoelde regelingen waaronder het goed vóór de datum van toetreding werd geplaatst onder de in artikel 100 bedoelde voorwaarden;

3° het einde in België van één van de in artikel 101 bedoelde regelingen, waarmee vóór de datum van toetreding op het grondgebied van één van de nieuwe lidstaten een aanvang werd gemaakt ten behoeve van een vóór die datum onder bezwarende titel verrichte levering van dat goed binnen het grondgebied van deze lidstaat door een als zodanig handelende belastingplichtige;

4° elke onregelmatigheid of overtreding die werd begaan tijdens een in artikel 101 bedoelde regeling voor douanevervoer waarmee een aanvang werd gemaakt onder de in punt 3° bedoelde voorwaarden.

Eveneens wordt met de invoer van een goed in België in de zin van artikel 23 gelijkgesteld, het gebruik in België, na de datum van toetreding, door een belastingplichtige of een niet-belastingplichtige, van een goed dat hem vóór de datum van toetreding binnen het grondgebied van één van de nieuwe lidstaten is geleverd wanneer de volgende voorwaarden zijn vervuld:

1° de levering van dat goed is of kon worden vrijgesteld in één van de nieuwe lidstaten uit hoofde van zijn uitvoer;

2° het goed is niet voor de datum van toetreding ingevoerd in de Gemeenschap.]

Hersteld (na opheffing bij art. 53 W. 17 juni 2013) bij art. 59 W. 17 juni 2013 (B.S. 28.VI.2013, ed. 1), van toepassing vanaf 1 juli 2013.

Art. 103. [In afwijking van artikel 24 vindt de invoer van een goed in de zin van artikel 102 plaats zonder dat een belastbaar feit plaatsvindt wanneer één van de volgende voorwaarden vervuld is:

1° het ingevoerde goed wordt verzonden of vervoerd naar een plaats buiten de uitgebreide Gemeenschap;

2° het in de zin van artikel 102, eerste lid, 1°, ingevoerde goed is geen vervoermiddel en wordt teruggezonden of vervoerd naar de lidstaat waaruit het werd uitgevoerd en naar degene die het heeft uitgevoerd;

3° het in de zin van artikel 102, eerste lid, 1°, ingevoerde goed is een vervoermiddel dat vóór de datum van toetreding onder de algemene belastingvoorwaarden van de binnenlandse markt van één van de nieuwe lidstaten werd verworven of ingevoerd, of waarvoor, uit hoofde van de uitvoer ervan, geen vrijstelling of teruggaaf van de belasting over de toegevoegde waarde werd verleend.

De in het eerste lid, 3°, bedoelde voorwaarde wordt geacht te zijn vervuld wanneer de periode tussen de eerste ingebruikneming van het vervoermiddel en de datum van toetreding tot de Europese Unie langer is dan acht jaar en het bedrag van de belasting die in hoofde van de invoer verschuldigd zou zijn niet meer bedraagt dan 5 euro.]

Hersteld (na opheffing bij art. 54 W. 17 juni 2013) bij art. 60 W. 17 juni 2013 (B.S. 28.VI.2013, ed. 1), van toepassing vanaf 1 juli 2013.

[Art. 104. Wanneer een goed in verband met de afgifte ervan door of voor rekening van de leverancier wordt verzonden of vervoerd en deze verzending of dat vervoer uitsluitend in België wordt verricht, vindt de levering van het goed, in afwijking van artikel 16, § 1, tweede lid, plaats op het tijdstip van de aanvang van de verzending of van het vervoer, wanneer dat tijdstip vóór 1 januari 1993 ligt en de aankomst van de verzending of van het vervoer van het goed na 31 december 1992 plaatsvindt.]

Ingevoegd bij art. 97 W. 28 december 1992 (B.S. 31. XII.1992).

[Art. 105. [De Koning kan ten laatste tot 31 december 1996, bij in Ministerraad overlegd besluit, alle maatregelen treffen om een goede uitvoering van de verordeningen en richtlijnen van de Raad van de Europese Unie of van de Europese Commissie die betrekking hebben op de afschaffing van de fiscale binnengrenzen op 1 januari 1993, alsmede om de juiste heffing van de belasting te verzekeren.]

De Koning zal bij de Wetgevende Kamers, onmiddellijk indien ze in zitting zijn, zo niet bij de opening van de eerstvolgende zitting, een ontwerp van wet indienen tot bekrachtiging van de ter uitvoering van het eerste lid genomen besluiten.]

Ingevoegd bij art. 98 W. 28 december 1992 (B.S. 31. XII.1992);
Al. 1 vervangen bij art. 2 W. 15 oktober 1998 (B.S. 24. XI.1998).

[Art. 106. § 1. Wanneer goederen:
– vóór 1 januari 1993 in België zijn binnengebracht,
en
– vanaf hun binnenkomst in België werden geplaatst onder een douaneregeling inzake tijdelijke opslag, inzake doorvoer, inzake entrepot of voor tijdelijke invoer, of onder een andere regeling van entrepot dan douane-entrepot,
en
– niet vóór 1 januari 1993 aan die regeling zijn onttrokken,
blijven de bepalingen die van toepassing waren op het tijdstip dat de goederen onder die regeling werden geplaatst van toepassing gedurende het verblijf onder die regeling, waarvan de duur wordt bepaald overeenkomstig genoemde bepalingen.

§ 2. Met een invoer van een goed in België in de zin van artikel 23 wordt gelijkgesteld:
1° elke onttrekking, met inbegrip van een onregelmatige onttrekking, van dit goed in België aan de regeling voor tijdelijke invoer waaronder het vóór 1 januari 1993 werd geplaatst op de in § 1 bedoelde voorwaarden;
2° elke onttrekking, met inbegrip van een onregelmatige onttrekking, van dit goed in België aan de regeling inzake tijdelijke opslag of inzake entrepot waaronder het goed vóór 1 januari 1993 werd gebracht op de in § 1 bedoelde voorwaarden;
3° het einde in België van een intern communautair douanevervoer dat vóór 1 januari 1993 in de Gemeenschap werd aangevangen ten behoeve van een vóór 1 januari 1993 verrichte levering onder bezwarende titel in de Gemeenschap door een als zodanig optredende belastingplichtige;
4° het einde in België van een vóór 1 januari 1993 aangevangen extern douanevervoer;
5° elke onregelmatigheid of overtreding die werd begaan ter gelegenheid van of tijdens een intern communautair douanevervoer dat werd aangevangen op de onder 3° bedoelde voorwaarden, of van een onder 4° bedoeld extern douanevervoer;
6° de bestemming in België, door een belastingplichtige of een niet-belastingplichtige, van goederen die hem zijn geleverd, vóór 1 januari 1993, in het binnenland van een andere lidstaat, wanneer aan de volgende voorwaarden is voldaan:
– de levering van deze goederen is of kan worden vrijgesteld uit hoofde van hun uitvoer;
– de goederen zijn niet ingevoerd in België vóór 1 januari 1993.
Voor de toepassing van 3° wordt met "intern communautair douanevervoer" gelijkgesteld de verzen-

ding van goederen per post.
§ 3. In afwijking van artikel 24 wordt de invoer van een goed in de zin van § 2 verricht zonder dat een belastbaar feit plaatsvindt wanneer:
het ingevoerde goed uit de Gemeenschap wordt verzonden of vervoerd
of
het in de zin van § 2, 1°, ingevoerde goed geen vervoermiddel is en herverzonden of vervoerd wordt naar de lidstaat waaruit het werd uitgevoerd en naar degene die het heeft uitgevoerd
of
het in de zin van § 2, 1°, ingevoerde goed een vervoermiddel is dat vóór 1 januari 1993 onder de algemene belastingvoorwaarden van de binnenlandse markt van een lidstaat werd verkregen of ingevoerd en/of waarvoor, uit hoofde van zijn uitvoer, geen vrijstelling of teruggaaf van de belasting over de toegevoegde waarde werd verleend. Aan deze voorwaarde wordt geacht te zijn voldaan wanneer de eerste ingebruikneming van het vervoermiddel dateert van vóór 1 januari 1985.]

Ingevoegd bij art. 24 K.B. 29 december 1992 (I) (B.S. 31.XII.1992).

[Art. 107. § 1. Wanneer goederen afkomstig uit de Republiek Oostenrijk, de Republiek Finland of het Koninkrijk Zweden:
– vóór 1 januari 1995 zijn binnengebracht in de Gemeenschap zoals die bestond vóór de toetreding van die Lid-Staten
en
– sedert hun binnenkomst in voornoemde Gemeenschap werden geplaatst onder een regeling voor tijdelijke invoer met volledige vrijstelling van invoerrechten of onder één van de in artikel 23, § 4, 1° en 4° tot 7°, bedoelde regelingen
en
– niet vóór 1 januari 1995 aan deze regeling zijn onttrokken,
blijven de bepalingen die van toepassing waren op het tijdstip dat de goederen onder deze regeling werden geplaatst van toepassing tot op het ogenblik dat de goederen aan deze regeling worden onttrokken.
§ 2. Wanneer een goed:
– vóór 1 januari 1995 werd geplaatst onder de regeling voor gemeenschappelijk douanevervoer of een andere regeling voor douanevervoer
en
– niet vóór die datum aan deze regeling is onttrokken,
blijven de bepalingen die van toepassing waren op het tijdstip dat het goed onder deze regeling werd geplaatst van toepassing tot op het ogenblik dat het goed aan deze regeling wordt onttrokken.
§ 3. Met de invoer van een goed in België in de zin van artikel 23 wordt gelijkgesteld, voorzover wordt aangetoond dat het een goed betreft dat zich in het vrije verkeer bevond in de Republiek Oostenrijk, de Republiek Finland of het Koninkrijk Zweden:
1° elke onttrekking, met inbegrip van een onregel-

matige onttrekking, van dat goed in België aan een regeling voor tijdelijke invoer met volledige vrijstelling van invoerrechten waaronder het goed vóór 1 januari 1995 werd geplaatst onder de in § 1 bedoelde voorwaarden;

2° elke onttrekking, met inbegrip van een onregelmatige onttrekking, van dat goed in België aan één van de in artikel 23, § 4, 1° en 4° tot 7°, bedoelde regelingen waaronder het goed vóór 1 januari 1995 werd geplaatst onder de in § 1 bedoelde voorwaarden;

3° het einde in België van één van de in § 2 bedoelde regelingen, waarmee vóór 1 januari 1995 werd aangevangen binnen de Republiek Oostenrijk, de Republiek Finland of het Koninkrijk Zweden ten behoeve van een vóór deze datum onder bezwarende titel verrichte levering van dat goed binnen één van deze Lid-Staten door een als zodanig handelende belastingplichtige;

4° elke onregelmatigheid of overtreding die werd begaan tijdens één van de in § 2 bedoelde regelingen aangevangen op de onder 3° bedoelde voorwaarden.

§ 4. Eveneens wordt met de invoer van een goed in België in de zin van artikel 23 gelijkgesteld, de bestemming in België, door een belastingplichtige of een niet-belastingplichtige, van een goed dat hem is geleverd, vóór 1 januari 1995, binnen de Republiek Oostenrijk, de Republiek Finland of het Koninkrijk Zweden wanneer aan de volgende voorwaarden is voldaan:

– de levering van dat goed is of kon worden vrijgesteld uit hoofde van zijn uitvoer in de Republiek Oostenrijk, de Republiek Finland of het Koninkrijk Zweden;

– dat goed is niet vóór 1 januari 1995 ingevoerd in één van de Lid-Staten van de Gemeenschap zoals die bestond vóór de toetreding van de Republiek Oostenrijk, de Republiek Finland en het Koninkrijk Zweden.

§ 5. In afwijking van artikel 24 wordt de invoer van een goed in de zin van de §§ 3 en 4 verricht zonder dat een belastbaar feit plaatsvindt wanneer:

1° het goed uit de Gemeenschap wordt verzonden of vervoerd

of

2° het in de zin van § 3, onder 1°, ingevoerde goed geen vervoermiddel is en heruitgevoerd of vervoerd wordt naar de lidstaat waaruit het werd uitgevoerd en naar degene die het heeft uitgevoerd

of

3° het in de zin van § 3, onder 1°, ingevoerde goed een vervoermiddel is dat vóór 1 januari 1995 onder algemene belastingvoorwaarden van de binnenlandse markt van de Republiek Oostenrijk, de Republiek Finland of het Koninkrijk Zweden werd verworven of ingevoerd en/of waarvoor, uit hoofde van zijn uitvoer, geen vrijstelling of teruggaaf van de belasting over de toegevoegde waarde werd verleend.

Aan deze voorwaarde wordt geacht te zijn voldaan wanneer de datum van de eerste ingebruikneming van het vervoermiddel voorafgaat aan 1 januari 1987.]

Ingevoegd bij art. 3 K.B. 7 augustus 1995 (B.S. 25. VIII.1995).

[**Art. 107bis.** § 1. Wanneer goederen afkomstig uit de Tsjechische Republiek, de Republiek Estland, Republiek Cyprus, de Republiek Letland, de Republiek Litouwen, de Republiek Hongarije, de Republiek Malta, de Republiek Polen, de Republiek Slovenië of de Slowaakse Republiek:

– vóór 1 mei 2004 zijn binnengebracht in de Gemeenschap zoals die bestond vóór de toetreding van die lidstaten

en

– sedert hun binnenkomst in voornoemde Gemeenschap werden geplaatst onder een regeling voor tijdelijke invoer met volledige vrijstelling van invoerrechten of onder één van de in artikel 23, § 4, 1° en 4° tot 7°, bedoelde regelingen

en

– niet vóór 1 mei 2004 aan deze regelingen zijn onttrokken,

blijven de bepalingen die van toepassing waren op het tijdstip dat de goederen onder deze regeling werden geplaatst van toepassing tot op het ogenblik dat de goederen aan deze regeling worden onttrokken, blijven de bepalingen die van toepassing waren op het tijdstip dat de goederen onder deze regeling werden geplaatst van toepassing tot op het ogenblik dat de goederen aan deze regeling worden onttrokken.

§ 2. Wanneer een goed:

– vóór 1 mei 2004 werd geplaatst onder de regeling voor gemeenschappelijk douanevervoer of een andere regeling voor douanevervoer

en

– niet vóór die datum aan deze regeling is onttrokken, blijven de bepalingen die van toepassing waren op het tijdstip dat het goed onder deze regeling werd geplaatst van toepassing tot op het ogenblik dat het goed aan deze regeling wordt onttrokken.

§ 3. Met de invoer van een goed in België in de zin van artikel 23 wordt gelijkgesteld, voor zover wordt aangetoond dat het een goed betreft dat zich in het vrije verkeer bevond in de Tsjechische Republiek, de Republiek Estland, de Republiek Cyprus, de Republiek Letland, de Republiek Litouwen, de Republiek Hongarije, de Republiek Malta, de Republiek Polen, de Republiek Sovenië of de Slowaakse Republiek:

1° elke onttrekking, met inbegrip van een onregelmatige onttrekking, van dat goed in België aan een regeling voor tijdelijke invoer met volledige vrijstelling van invoerrechten waaronder het goed vóór 1 mei 2004 werd geplaatst onder de in § 1 bedoelde voorwaarden;

2° elke onttrekking, met inbegrip van een onregelmatige onttrekking, van dat goed in België aan één van de in artikel 23, § 4, 1° en 4° tot 7°, bedoelde regelingen waaronder het goed vóór 1 mei 2004 werd geplaatst onder de in § 1 bedoelde voorwaarden;

3° het einde in België van één van de in § 2 bedoelde regelingen, waarmee vóór 1 mei 2004 werd aangevangen binnen de Tsjechische Republiek, de Republiek Estland, de Republiek Cyprus, de Republiek Letland, de Republiek Litouwen, de Republiek Hongarije, de Republiek Malta, de Republiek Polen, de Republiek Slovenië of de Slowaakse Republiek ten behoeve van een vóór deze datum onder bezwarende titel verrichte levering van dat goed binnen één van deze lidstaten door een als zodanig handelende belastingplichtige;

4° elke onregelmatigheid of overtreding die werd begaan tijdens één van de in § 2 bedoelde regelingen aangevangen op de onder 3° bedoelde voorwaarden.

§ 4. Eveneens wordt met de invoer van een goed in België in de zin van artikel 23 gelijkgesteld, de bestemming in België, door een belastingplichtige of een niet-belastingplichtige, van een goed dat hem is geleverd, vóór 1 mei 2004, binnen de Tsjechische Republiek, de Republiek Estland, de Republiek Cyprus, de Republiek Letland, de Republiek Litouwen, de Republiek Hongarije, de Republiek Malta, de Republiek Polen, de Republiek Slovenië of de Slowaakse Republiek wanneer aan de volgende voorwaarden is voldaan:

– de levering van dat goed is of kon worden vrijgesteld uit hoofde van zijn uitvoer in de Tsjechische Republiek, de Republiek Estland, de Republiek Cyprus, de Republiek Letland, de Republiek Litouwen, de Republiek Hongarije, de Republiek Malta, de Republiek Polen, de Republiek Slovenië of de Slowaakse Republiek;

– dat goed is niet vóór 1 mei 2004 ingevoerd in één van de lidstaten van de Gemeenschap zoals die bestond vóór de toetreding van de Tsjechische Republiek, de Republiek Estland, de Republiek Cyprus, de Republiek Letland, de Republiek Litouwen, de Republiek Hongarije, de Republiek Malta, de Republiek Polen, de Republiek Slovenië of de Slowaakse Republiek.

§ 5. In afwijking van artikel 24 wordt de invoer van een goed in de zin van de §§ 3 en 4 verricht zonder dat een belastbaar feit plaatsvindt wanneer:

1° het goed uit de Gemeenschap wordt verzonden of vervoerd

of

2° het in de zin van § 3, 1°, ingevoerde goed geen vervoermiddel is en herverzonden of vervoerd wordt naar de lidstaat waaruit het werd uitgevoerd en naar degene die het heeft uitgevoerd

of

3° het in de zin van § 3, 1°, ingevoerde goed een vervoermiddel is dat vóór 1 mei 2004 onder de algemene belastingvoorwaarden van de binnenlandse markt van de Tsjechische Republiek, de Republiek Estland, de Republiek Cyprus, de Republiek Letland, de Republiek Litouwen, de Republiek Hongarije, de Republiek Malta, de Republiek Polen, de Republiek Slovenië of de Slowaakse Republiek werd verworven of ingevoerd en/of waarvoor, uit hoofde van zijn uitvoer, geen vrijstelling of teruggaaf van de belasting over de toegevoegde waarde werd verleend.

Aan deze voorwaarde wordt geacht te zijn voldaan wanneer de datum van de eerste ingebruikneming van het vervoermiddel voorafgaat aan 1 mei 1996.]

Ingevoegd bij art. 4 W. 17 juni 2004 (B.S. 28.VI.2004, ed. 2).

[**Art. 107ter.** § 1. Wanneer goederen afkomstig uit de Republiek Bulgarije of Roemenië:

- vóór 1 januari 2007 zijn binnengebracht in de Gemeenschap zoals die bestond vóór de toetreding van die lidstaten

en

- sedert hun binnenkomst in voornoemde Gemeenschap werden geplaatst onder een regeling voor tijdelijke invoer met volledige vrijstelling van invoerrechten of onder één van de in artikel 23, § 4, 1° en 4° tot 7°, bedoelde regelingen

en

- niet vóór 1 januari 2007 aan deze regeling zijn onttrokken,

blijven de bepalingen die van toepassing waren op het tijdstip dat de goederen onder deze regeling werden geplaatst van toepassing tot op het ogenblik dat de goederen aan deze regeling worden onttrokken.

§ 2. Wanneer een goed:

- vóór 1 januari 2007 werd geplaatst onder de regeling voor gemeenschappelijk douanevervoer of een andere regeling voor douanevervoer

en

- niet vóór die datum aan deze regeling is onttrokken,

blijven de bepalingen die van toepassing waren op het tijdstip dat het goed onder deze regeling werd geplaatst van toepassing tot op het ogenblik dat het goed aan deze regeling wordt onttrokken.

§ 3. Met de invoer van een goed in België in de zin van artikel 23 wordt gelijkgesteld, voor zover wordt aangetoond dat het een goed betreft dat zich in het vrije verkeer bevond in de Republiek Bulgarije of Roemenië:

1° elke onttrekking, met inbegrip van een onregelmatige onttrekking, van dat goed in België aan een regeling voor tijdelijke invoer met volledige vrijstelling van invoerrechten waaronder het goed vóór 1 januari 2007 werd geplaatst onder de in § 1 bedoelde voorwaarden;

2° elke onttrekking, met inbegrip van een onregelmatige onttrekking, van dat goed in België aan één van de in artikel 23, § 4, 1° en 4° tot 7°, bedoelde regelingen waaronder het goed vóór 1 januari 2007 werd geplaatst onder de in § 1 bedoelde voorwaarden;

3° het einde in België van één van de in § 2 bedoelde regelingen, waarmee vóór 1 januari 2007 werd aangevangen binnen de Republiek Bulgarije of Roemenië ten behoeve van een vóór deze datum onder bezwarende titel verrichte levering van dat goed binnen één van deze lidstaten door een als zodanig handelende belastingplichtige;

4° elke onregelmatigheid of overtreding die werd begaan tijdens één van de in § 2 bedoelde regelingen aangevangen op de onder 3° bedoelde voorwaarden.

§ 4. Eveneens wordt met de invoer van een goed in België in de zin van artikel 23 gelijkgesteld, de bestemming in België, door een belastingplichtige of een niet-belastingplichtige, van een goed dat hem is geleverd, vóór 1 januari 2007, binnen de Republiek Bulgarije of Roemenië wanneer aan de volgende voorwaarden is voldaan:

- de levering van dat goed is of kon worden vrijgesteld uit hoofde van zijn uitvoer in de Republiek Bulgarije of Roemenië;
- dat goed is niet vóór 1 januari 2007 ingevoerd in één van de lidstaten van de Gemeenschap zoals die bestond vóór de toetreding van de Republiek Bulgarije en Roemenië.

§ 5. In afwijking van artikel 24 wordt de invoer van een goed in de zin van de §§ 3 en 4 verricht zonder dat een belastbaar feit plaatsvindt wanneer:

1° het goed uit de Gemeenschap wordt verzonden of vervoerd

of

2° het in de zin van § 3, 1°, ingevoerde goed geen vervoermiddel is en herverzonden of vervoerd wordt naar de lidstaat waaruit het werd uitgevoerd en naar degene die het heeft uitgevoerd

of

3° het in de zin van § 3, 1°, ingevoerde goed een vervoermiddel is dat vóór 1 januari 2007 onder de algemene belastingvoorwaarden van de binnenlandse markt van de Republiek Bulgarije of Roemenië werd verworven of ingevoerd en/of waarvoor, uit hoofde van zijn uitvoer, geen vrijstelling of teruggaaf van de belasting over de toegevoegde waarde werd verleend.

Aan deze voorwaarde wordt geacht te zijn voldaan wanneer de datum van de eerste ingebruikneming van het vervoermiddel voorafgaat aan 1 januari 1999.]

Ingevoegd bij art. 130 Progr. W. 27 april 2007 (B.S. 8.V.2007, ed. 3), van toepassing vanaf 1 januari 2007.

[Art. 108. § 1. Wanneer goederen:
– vóór 1 januari 1996 in België zijn ingevoerd,
en
– vanaf hun invoer in België werden geplaatst onder een andere regeling van entrepot dan douane-entrepot,
en
– niet vóór 1 januari 1996 aan die regeling zijn onttrokken,
blijven de bepalingen die van toepassing waren op het tijdstip dat de goederen onder die regeling werden geplaatst van toepassing gedurende het verblijf onder die regeling, onder voorbehoud van de bepalingen van § 2.

§ 2. De goederen bedoeld in § 1 moeten uiterlijk op 31 december 1996 ten verbruik worden aangegeven.]

Ingevoegd bij art. 21 K.B. 22 december 1995 (B.S. 30. XII.1995).

[Art. 109. [[De artikelen 18, § 1, tweede lid, 16°, 21, § 3, 7°, j) en k), 21, § 3, 9°, wat radio- en televisieomroepdiensten betreft en 21, § 3, 10°, zijn van toepassing tot 31 december 2009. De artikelen 55, § 1, eerste lid, wat de afwijking in verband met de in artikel 58bis bedoelde bijzondere regeling betreft en 58bis zijn van toepassing tot 31 december 2014.]

De Koning kan bij een besluit vastgesteld na overleg in de Ministerraad de toepassing van de in het vo-

rig lid bedoelde bepalingen verlengen.

De Koning zal bij de Wetgevende Kamers, indien ze in zitting zijn binnen drie maanden, zoniet bij de opening van de eerstvolgende zitting, een wetsontwerp indienen tot bekrachtiging van de ter uitvoering van het tweede lid van dit artikel genomen besluiten.]]

Ingevoegd bij art. 14 W. 30 oktober 1998 (B.S. 10.XI.1998), opgeheven bij art. 6 § 7 K.B. 20 juli 2000 (B.S. 30.VIII.2000) en opnieuw ingevoegd bij art. 8 W. 22 april 2003 (B.S. 13.V.2003);
Al. 1 vervangen bij art. 1 K.B. 12 oktober 2008 (B.S. 21.X.2008, ed. 2), van toepassing vanaf 1 januari 2009.

Uitvoeringsbesluiten

INHOUDSOPGAVE

KONINKLIJK BESLUIT NR. 1
VAN 29 DECEMBER 1992
MET BETREKKING TOT DE REGELING
VOOR DE VOLDOENING VAN DE
BELASTING OVER DE TOEGEVOEGDE
WAARDE

B.S. 31.XII.1992.
Opmerking: – Uitvoering van art. 17, 22, 53, 53ter, 53octies,
54, 56 § 2 en 57 W.B.T.W.

HOOFDSTUK I

[FACTURERING]

Opschrift vervangen bij art. 1 K.B. 19 december 2012 (B.S.
31.XII.2012, ed. 1), van toepassing vanaf 1 januari 2013.

[Afdeling 1

Uit te reiken facturen en op te stellen stukken]

Opschrift ingevoegd bij art. 2 K.B. 19 december 2012 (B.S.
31.XII.2012, ed. 1), van toepassing vanaf 1 januari 2013.

Art. 1. [De belastingplichtige, gehouden tot het uitreiken van een factuur op grond van artikel 53, § 2, eerste lid, van het Wetboek, die hierna vermelde leveringen van goederen of diensten verricht voor natuurlijke personen die ze bestemmen voor hun privé-gebruik, reikt een factuur uit wanneer deze handelingen overeenkomstig de artikelen 14, 14bis, 15 en 21bis van het Wetboek in België plaatsvinden, of wanneer, vóór de handeling, de belasting opeisbaar wordt over de gehele of een deel van de prijs van de handeling, bij toepassing van de artikelen 17, § 1, en 22bis, eerste lid, van het Wetboek:

1° de leveringen:

a) van voor personen- of goederenvervoer bestemde nieuwe of tweedehandse landvoertuigen, voorzien van een motor met een cilinderinhoud van meer dan 48 kubieke centimeter of met een vermogen van meer dan 7,2 kilowatt, alsmede hun aanhangwagens, met inbegrip van de auto's voor dubbel gebruik en de kampeerwagens;

b) van jachten en plezierboten;

c) van vliegtuigen, watervliegtuigen, hefschroefvliegtuigen, zweefvliegtuigen, vrije of bestuurbare luchtballons en andere dergelijke luchtvaartuigen, ongeacht of ze zwaarder of lichter zijn dan de lucht, met of zonder motor;

2° de leveringen van goederen bedoeld in artikel 1, § 9, van het Wetboek alsook de vestigingen, overdrachten en wederoverdrachten van zakelijke rechten op zulke goederen die niet overeenkomstig artikel 44, § 3, 1°, van het Wetboek van de belasting zijn vrijgesteld;

3° de in artikel 20, § 2, vermelde handelingen;

4° de leveringen van goederen en de diensten bestemd voor de oprichting van een gebouw bedoeld in artikel 64, § 4, van het Wetboek;

5° de verkopen op afbetaling en de huurkopen;

6° de leveringen die betrekking hebben op goederen die, gelet op de aard ervan, de wijze waarop zij worden aangeboden, de verkochte hoeveelheden of de toegepaste prijzen, kennelijk bestemd zijn voor een economisch gebruik, alsook de leveringen van goederen van de soort waarin de verkrijger handel drijft of die hij normaal bestemt voor de uitoefening van zijn economische activiteit;

7° de leveringen verricht in inrichtingen of op plaatsen die normaal niet toegankelijk zijn voor particulieren;

8° de leveringen verricht door voortbrengers- of grossiersbedrijven;

9° de leveringen van onderdelen, toebehoren en uitrustingsstukken voor de onder 1° vermelde goederen, alsook de werken, het wassen uitgezonderd, verricht aan deze goederen, met inbegrip van de levering van de goederen die worden verbruikt voor de uitvoering van deze werken, wanneer de prijs, met inbegrip van de belasting over de toegevoegde waarde, meer bedraagt dan 125 euro;

10° de verrichtingen van verhuizing of meubelbewaring en de bij die handelingen behorende prestaties;

11° de in artikel 42, § 3, eerste lid, 1° tot 8°, van het Wetboek bedoelde leveringen van goederen en diensten;

12° leveringen van beleggingsgoud, gedefinieerd in artikel 1, § 8, van het Wetboek, waarvan het bedrag meer dan 2.500 euro bedraagt, waaronder beleggingsgoud dat belichaamd is in certificaten voor toegewezen of niet-toegewezen goud of dat verhandeld wordt op goudrekeningen, en waaronder, in het bijzonder, goudleningen en swaps, die een eigendoms- of vorderingsrecht op beleggingsgoud belichamen, evenals voor handelingen betreffende beleggingsgoud bestaande in future- en termijncontracten die leiden tot de overdracht van een eigendoms- of vorderingsrecht met betrekking tot beleggingsgoud.]

Vervangen bij art. 3 K.B. 19 december 2012 (B.S. 31.
XII.2012, ed. 1), van toepassing vanaf 1 januari 2013.

Art. 2. [De belastingplichtige stelt een stuk en een kopie daarvan op voor de in artikel 39bis, eerste lid, 4°, van het Wetboek bedoelde leveringen van goederen.]

Vervangen bij art. 4 K.B. 19 december 2012 (B.S. 31.
XII.2012, ed. 1), van toepassing vanaf 1 januari 2013.

Art. 3. De belastingplichtige die een handeling verricht die door artikel 12 van het Wetboek met een levering of door artikel 19 van het Wetboek met een dienst wordt gelijkgesteld, dient een stuk op te maken dat de handeling vaststelt.

[Het lid van de BTW-eenheid in de zin van artikel 4, § 2, van het Wetboek aan wie een in artikel 19bis van het Wetboek bedoelde dienst wordt verschaft, is gehouden een stuk op te maken dat deze handeling vaststelt.]

Al. 2 ingevoegd bij art. 1 K.B. 17 mei 2007 (B.S. 31.V.2007, ed. 2), van toepassing vanaf 1 april 2007.

[Afdeling 2

Uitreikingstermijn]

Opschrift ingevoegd bij art. 5 K.B. 19 december 2012 (B.S. 31.XII.2012, ed. 1), van toepassing vanaf 1 januari 2013.

Art. 4. [§ 1. De factuur en het in artikel 3 bedoeld stuk worden respectievelijk uitgereikt of opgesteld uiterlijk de vijftiende dag van de maand na die waarin de belasting overeenkomstig de artikelen 16, §§ 1 en 2, derde lid, 17, § 1, 22, § 1 en 22bis, van het Wetboek opeisbaar wordt over het geheel of een deel van de prijs.

§ 2. Voor de onder de voorwaarden van artikel 39bis van het Wetboek verrichte leveringen van goederen worden de factuur en het in artikel 2 bedoeld stuk respectievelijk uitgereikt of opgesteld uiterlijk de vijftiende dag van de maand na die waarin de levering werd verricht.

§ 3. Voor de leveringen van goederen bedoeld in artikel 16, § 2, eerste lid en de diensten bedoeld in artikel 22, § 2, eerste lid, van het Wetboek die aanleiding geven tot opeenvolgende afrekeningen of betalingen, wordt de factuur uitgereikt uiterlijk de vijftiende dag van de maand na het verstrijken van de periode waarop de afrekening of de betaling betrekking heeft.

Voor doorlopende diensten die gedurende een periode langer dan één jaar geen aanleiding geven tot afrekeningen of betalingen in die periode, bedoeld in artikel 22, § 2, tweede lid, van het Wetboek, wordt de factuur uitgereikt uiterlijk de vijftiende dag van de maand na het verstrijken van elk kalenderjaar.

§ 4. Het in artikel 53, § 3, eerste lid, van het Wetboek bedoeld stuk wordt uitgereikt uiterlijk de vijftiende dag van de maand na die waarin het goed of de dienst aan een ander lid werd verschaft.

Evenwel, wanneer de prijs of een deel ervan werd ontvangen vóór de levering van het goed of het verrichten van de dienst, wordt het stuk uitgereikt uiterlijk de vijftiende van de maand na die van de ontvangst van de prijs of een deel ervan.]

Vervangen bij art. 1 K.B. 30 april 2013 (B.S. 8.V.2013), van toepassing vanaf 1 januari 2013.

[Afdeling 3

Vermeldingen]

Opschrift ingevoegd bij art. 7 K.B. 19 december 2012 (B.S. 31.XII.2012, ed. 1), van toepassing vanaf 1 januari 2013.

Art. 5. [§ 1. De factuur en het in artikel 2 bedoeld stuk vermelden:

1° de datum waarop ze respectievelijk worden uitgereikt of opgesteld en een opeenvolgend nummer, volgens één of meer reeksen, dat deze stukken op eenduidige wijze identificeert, waaronder ze worden inge-

schreven in het boek voor uitgaande facturen van de leverancier of de dienstverrichter;

2° de naam of de maatschappelijke benaming van de leverancier van de goederen of van de dienstverrichter, het adres van zijn administratieve of maatschappelijke zetel en zijn in artikel 50 van het Wetboek bedoeld btw-identificatienummer.

In het kader van de btw-eenheid in de zin van artikel 4, § 2, van het Wetboek, worden deze vermeldingen vervangen door de vermeldingen eigen aan het betrokken lid;

2° bis wanneer de schuldenaar de leverancier van de goederen of de dienstverrichter is die niet in België is gevestigd en:

a) hij heeft hier te lande een aansprakelijke vertegenwoordiger laten erkennen overeenkomstig artikel 55, § 1 of § 2, van het Wetboek, de identiteit en het adres van de aansprakelijke vertegenwoordiger en de aanduiding van zijn hoedanigheid;

b) hij wordt vertegenwoordigd door een vooraf erkende persoon overeenkomstig artikel 55, § 3, van het Wetboek, de identiteit, het adres en het btw-identificatienummer toegekend aan die persoon en de aanduiding van zijn hoedanigheid;

3° de naam of de maatschappelijke benaming, het adres en het in artikel 50 van het Wetboek bedoeld btw-identificatienummer van de medecontractant of, wanneer het in artikel 39bis, eerste lid, 4°, van het Wetboek bedoelde leveringen betreft, de naam of de maatschappelijke benaming, het adres en het btw-identificatienummer dat in de lidstaat van bestemming van de goederen aan de belastingplichtige is toegekend;

3° bis wanneer de schuldenaar de medecontractant is die niet in België is gevestigd en:

a) hij heeft hier te lande een aansprakelijke vertegenwoordiger laten erkennen overeenkomstig artikel 55, § 1 of § 2, van het Wetboek, de identiteit en het adres van de aansprakelijke vertegenwoordiger en de aanduiding van zijn hoedanigheid;

b) hij wordt vertegenwoordigd door een vooraf erkende persoon overeenkomstig artikel 55, § 3, van het Wetboek, de identiteit, het adres en het btw-identificatienummer toegekend aan die persoon en de aanduiding van zijn hoedanigheid;

4° a) voor de diensten bedoeld in artikel 21, § 2, van het Wetboek, het nummer waaronder de ontvanger voor btw-doeleinden is geïdentificeerd en waaronder hem de dienst werd verstrekt;

b) voor de handelingen bedoeld in artikel 39bis, eerste lid, 1°, van het Wetboek, het nummer waaronder de ontvanger in een andere lidstaat voor btw-doeleinden is geïdentificeerd;

c) in geval van toepassing van het bepaalde in artikel 25ter, § 1, tweede lid, 3°, van het Wetboek, een verwijzing naar de toepassing van die bepaling, het nummer waaronder de belastingplichtige voor btw-doeleinden in een andere lidstaat is geïdentificeerd en waaronder hij de intracommunautaire verwerving en de daarop aansluitende levering van goederen verricht heeft, en het nummer waaronder de bestemmeling van de levering voor btw-doeleinden is geïdentificeerd overeenkomstig artikel 50 van het Wetboek;

5° de datum waarop het belastbare feit voor de levering van de goederen of de dienstverrichting heeft plaatsgevonden of de datum van de ontvangst van de prijs of een deel ervan, voorzover die datum vastgesteld is en verschilt van de uitreikingsdatum van de factuur;

6° de gegevens die nodig zijn om de handeling te determineren en om het tarief van de belasting vast te stellen, inzonderheid de gebruikelijke benaming van de geleverde goederen en van de verstrekte diensten en hun hoeveelheid alsook het voorwerp van de diensten;

7° de in artikel 8bis, § 2, van het Wetboek opgesomde gegevens voor de leveringen van vervoermiddelen bedoeld in artikel 8bis, § 1, van het Wetboek, evenals het merk, het model, de cilinderinhoud, de motorsterkte en het chassisnummer in geval van levering van nieuwe of tweedehandse personenauto's of auto's voor dubbel gebruik en, wanneer het gaat om tweedehandse personenauto's en tweedehandse auto's voor dubbel gebruik, de datum van de eerste inverkeersstelling en, voor de werken, het wassen uitgezonderd, verricht aan motorvoertuigen, de vermelding van de nummerplaat van het voertuig;

8° voor elk tarief of elke vrijstelling, de maatstaf van heffing, de eenheidsprijs exclusief belasting, evenals de eventuele vooruitbetalingskortingen, prijskortingen en -rabatten indien deze niet in de eenheidsprijs zijn begrepen;

9° de vermelding van de tarieven van de belasting en het totaalbedrag van de te betalen of te herziene belasting. Het totaalbedrag van de te betalen of te herziene belasting dient te worden uitgedrukt in de nationale munteenheid van de lidstaat die de toe te passen regels bepaalt voor de uitreiking van de facturen, overeenkomstig artikel 53decies, § 1, van het Wetboek;

9° bis "Btw verlegd" in de plaats van de vermelding van de tarieven en van het totaalbedrag van de verschuldigde belasting wanneer de belasting verschuldigd is door de medecontractant;

9° ter "factuur uitgereikt door afnemer", wanneer de medecontractant de factuur uitreikt in naam en voor rekening van de leverancier of de dienstverrichter;

10° de vermelding van de betreffende bepaling van de richtlijn of van de overeenkomstige nationale bepaling op grond waarvan de handeling van de belasting is vrijgesteld, of enige andere vermelding dat de handeling is vrijgesteld;

10° bis "Bijzondere regeling - reisbureaus", wanneer de bijzondere regeling voor reisbureaus wordt toegepast;

10° ter "Bijzondere regeling - gebruikte goederen", "Bijzondere regeling - kunstvoorwerpen", "Bijzondere regeling - voorwerpen voor verzamelingen of antiquiteiten", wanneer respectievelijk één van de bijzondere regelingen voor gebruikte goederen, kunstvoorwerpen, voorwerpen voor verzamelingen of antiquiteiten wordt toegepast;

11° een verwijzing naar het vroeger uitgereikte stuk of stukken indien voor dezelfde handeling meerdere facturen of stukken worden uitgereikt of opge-

steld. De factuur mag de medecontractant niet debiteren voor een bedrag als belasting waarvoor hij reeds eerder werd gedebiteerd;

12° alle andere vermeldingen die worden voorgeschreven ter uitvoering van het Wetboek of de ter uitvoering ervan genomen besluiten.

§ 1bis. Het in artikel 53, § 3, eerste lid, van het Wetboek bedoeld stuk dient te vermelden:

1° de datum waarop het goed of de dienst werd verstrekt, de prijs of een deel ervan werd ontvangen of voor de doorlopende diensten, de periode waarop de afrekening betrekking heeft;

2° de datum waarop het wordt opgesteld en het opeenvolgend nummer, volgens één of meer reeksen, dat dit stuk op eenduidige wijze identificeert en waaronder het wordt ingeschreven in het boek voor uitgaande facturen;

3° de naam of de maatschappelijke benaming van het lid van de btw-eenheid dat het goed of de dienst verschaft, het adres van zijn administratieve of maatschappelijke zetel en het sub-btw-identificatienummer dat hem krachtens artikel 50, § 1, eerste lid, 6°, van het Wetboek werd toegekend;

4° de naam of de maatschappelijke benaming van het lid van de btw-eenheid dat het goed of de dienst ontvangt, het adres van zijn administratieve of maatschappelijke zetel en het sub-btw-identificatienummer dat hem krachtens artikel 50, § 1, eerste lid, 6°, van het Wetboek werd toegekend;

5° de gegevens die nodig zijn om de handeling te bepalen, inzonderheid de gebruikelijke benaming van de verstrekte goederen en diensten en hun hoeveelheid alsook het voorwerp van de diensten en in voorkomend geval de in paragraaf 1, 7° bedoelde gegevens;

6° de eenheidsprijs evenals de eventuele vooruitbetalingskortingen, prijskortingen en -rabatten indien deze niet in de eenheidsprijs zijn begrepen;

7° het totaalbedrag van de handeling.

§ 2. Het in artikel 3, eerste lid, bedoeld stuk bevat de volgende vermeldingen:

1° een opeenvolgend nummer, volgens één of meer reeksen, dat het stuk op eenduidige wijze identificeert, waaronder het is ingeschreven in het boek voor uitgaande facturen;

2° de naam of de maatschappelijke benaming van de belastingplichtige en van het lid van de btw-eenheid in de zin van artikel 4, § 2, van het Wetboek, het adres van zijn administratieve of maatschappelijke zetel en het in artikel 50 van het Wetboek bedoelde btw-identificatienummer;

3° de datum van de handeling;

4° de in paragraaf 1, 6° en 7°, bedoelde gegevens;

5° per tarief, de vermelding van de maatstaf van heffing en het totaalbedrag van de verschuldigde belasting.

§ 2bis. Het in artikel 3, tweede lid, bedoeld stuk dient te vermelden:

1° de datum waarop de dienst werd ontvangen;

2° de datum waarop het wordt opgesteld en het opeenvolgend nummer, volgens één of meer reeksen, dat dit stuk op eenduidige wijze identificeert en waaronder het wordt ingeschreven in het boek voor uitgaande facturen van het lid dat de dienst bedoeld in artikel 19bis van het Wetboek ontvangt;

3° de naam of de maatschappelijke benaming van de inrichting van waaruit de dienst wordt verricht en het adres van zijn administratieve of maatschappelijke zetel;

4° de naam of de maatschappelijke benaming van het lid van de btw-eenheid dat de dienst ontvangt, het adres van zijn administratieve of maatschappelijke zetel en het sub-btw-identificatienummer dat hem krachtens artikel 50, §§ 1, eerste lid, 6° en 2, van het Wetboek werd toegekend;

5° de gegevens die nodig zijn om het voorwerp van de dienst te bepalen;

6° de normale waarde van de dienst zoals bedoeld in artikel 32 van het Wetboek;

7° de vermelding van de tarieven van de belasting en het totaalbedrag van de verschuldigde belasting.

§ 3. Bij een reeks elektronische facturen die aan dezelfde medecontractant worden overgemaakt of ter beschikking worden gesteld, hoeven de voor de verschillende facturen gelijke vermeldingen slechts één keer te worden opgenomen, voor zover voor elke factuur alle informatie toegankelijk is.]

Vervangen bij art. 8 K.B. 19 december 2012 (B.S. 31. XII.2012, ed. 1), van toepassing vanaf 1 januari 2013.

[Afdeling 4

Andere verplichtingen]

Opschrift ingevoegd bij art. 9 K.B. 19 december 2012 (B.S. 31.XII.2012, ed. 1), van toepassing vanaf 1 januari 2013.

Art. 6. [Bij openbare verkoop van roerende goederen van een gefailleerde belastingplichtige mag de factuur worden vervangen door een door de instrumenterende notaris of gerechtsdeurwaarder op basis van het proces-verbaal van toewijzing opgesteld stuk dat aan de koper wordt uitgereikt, onder de volgende voorwaarden:

1° per toegewezen lot bevatten het proces-verbaal en het stuk de vermeldingen bedoeld in artikel 5, § 1, met uitzondering van het volgnummer in het boek voor uitgaande facturen en, voor leveringen aan overeenkomstig artikel 50 van het Wetboek voor btw-doeleinden geïdentificeerde belastingplichtigen, hun btw-identificatienummer. In het proces-verbaal mogen deze vermeldingen evenwel worden vervangen door een referentenummer dat aan ieder stuk wordt toegekend;

2° een dubbel van het stuk wordt aan de curator overhandigd.]

Vervangen bij art. 10 K.B. 19 december 2012 (B.S. 31. XII.2012, ed. 1), van toepassing vanaf 1 januari 2013.

Art. 7. [§ 1. In geval van verkoop op proef of van zending op zicht of in consignatie, dient de belastingplichtige, bij de overhandiging of de verzending van de goederen, aan de geadresseerde of de consignataris

een stuk uit te reiken waarop worden vermeld, benevens de naam en het adres van de bij de handeling betrokken partijen, een volgnummer dat aan het stuk werd toegekend, de datum van de overhandiging of de verzending van de goederen, de gebruikelijke benaming ervan en de hoeveelheid van de overhandigde of de verzonden goederen.

De in het eerste lid bedoelde belastingplichtige dient eveneens aan de geadresseerde of aan de consignataris een stuk uit te reiken bij de ontvangst van de goederen die hem door laatstgenoemden, geheel of gedeeltelijk, worden teruggegeven. Dit stuk bevat de vermeldingen bedoeld in het eerste lid, met uitzondering van de datum van de overhandiging of van de verzending van de goederen, die wordt vervangen door de datum van ontvangst van de goederen.

De belastingplichtige stelt een kopie op van de stukken bedoeld in het eerste en tweede lid.

De bepalingen van het eerste, het tweede en het derde lid zijn niet van toepassing in geval van verkoop op proef of van zending op zicht wanneer de belastingplichtige het in artikel 23 bedoelde register moet aanvullen, of in geval van consignatieverkoop, wanneer hij voor de overdracht van de goederen naar een andere lidstaat met het oog op deze verkoop het in artikel 2 bedoelde stuk moet opstellen.

De factuur, die de belastingplichtige moet uitreiken aan de geadresseerde of de consignataris wanneer deze eigenaar wordt van de goederen, moet verwijzen naar de in het eerste en tweede lid bedoelde stukken.

§ 2. Wanneer de belastingplichtige, die goederen op proef verkoopt of ze op zicht of in consignatie zendt, niet in België is gevestigd en niet is onderworpen aan de in paragraaf 1 bedoelde verplichting, is de belastingplichtige die de goederen ontvangt gehouden zelf een stuk op te maken waarop de in paragraaf 1, eerste lid, bedoelde gegevens voorkomen, met uitzondering van de verzendingsdatum die wordt vervangen door de datum van ontvangst van de goederen.

De in het eerste lid bedoelde belastingplichtige, die de goederen heeft ontvangen, dient eveneens een stuk op te stellen bij de gehele of gedeeltelijke teruggave van de goederen. Dit stuk bevat de vermeldingen bedoeld in het eerste lid, met uitzondering van de datum van ontvangst van de goederen, die wordt vervangen door de datum van hun teruggave.

Wanneer hij eigenaar wordt van de goederen brengt hij op de factuur die aan hem wordt uitgereikt een verwijzing aan naar het opgestelde stuk.]

Vervangen bij art. 11 K.B. 19 december 2012 (B.S. 31. XII.2012, ed. 1), van toepassing vanaf 1 januari 2013.

Art. 8. [In de gevallen waarin het bewaren van stukken, andere dan facturen en boeken, aanleiding geeft tot ernstige moeilijkheden, kan door de Minister van Financiën of zijn gemachtigde een kortere bewaringstermijn worden toegestaan.]

Vervangen bij art. 12 K.B. 19 december 2012 (B.S. 31. XII.2012, ed. 1), van toepassing vanaf 1 januari 2013.

Art. 9. [§ 1. [Behalve in het geval de factuur moet worden uitgereikt door de medecontractant in naam en voor rekening van de belastingplichtige die de goederen levert of de diensten verstrekt, stellen de belastingplichtige en de niet-belastingplichtige rechtspersoon, die overeenkomstig artikel 51, § 1, 2° en § 2, eerste lid, van het Wetboek, of de artikelen 20, 20bis of 20ter, schuldenaar zijn van de belasting, uiterlijk de vijftiende dag van de maand na die waarin overeenkomstig de artikelen 16, § 1, 17, § 1, 22, § 1, 22bis, eerste lid of 25sexies, § 2, tweede lid, van het Wetboek de belasting opeisbaar wordt, een stuk op wanneer zij nog niet in het bezit zijn van de factuur met betrekking tot de handeling.]

§ 2. Het [in paragraaf 1] bedoeld stuk moet de volgende vermeldingen bevatten:

1° de datum waarop het stuk is opgemaakt;

2° de naam of de maatschappelijke benaming en het adres van de bij de handeling betrokken partijen;

3° het in artikel 50 van het Wetboek bedoeld BTW-identificatienummer van de persoon die het stuk opmaakt;

4° [a) voor de intracommunautaire verwerving van goederen, de datum waarop krachtens artikel 25sexies, § 1, van het Wetboek het belastbare feit heeft plaatsgevonden;

b) voor de in artikel 51, § 2, eerste lid, van het Wetboek, of in artikelen 20, 20bis of 20ter, bedoelde handelingen, de datum waarop de handeling wordt verricht of, wanneer de belasting opeisbaar wordt bij toepassing van artikel 17, § 1, of van artikel 22bis, eerste lid, van het Wetboek, de datum waarop de belasting opeisbaar wordt];

5° de gegevens bedoeld in artikel 5, § 1, 6°;

6° per tarief, de maatstaf van heffing en het totaalbedrag van de verschuldigde belasting;

7° een verwijzing naar de overeenkomst of naar elk ander stuk opgemaakt tussen de bij de handeling betrokken partijen, dat de aard en de hoeveelheid van de verkregen goederen of het voorwerp van de ontvangen diensten alsmede de prijs en het toebehoren ervan kan staven;

8° het nummer waaronder het stuk is ingeschreven in het boek voor inkomende facturen of in het boek dat de belastingplichtige [of het lid van de BTW-eenheid in de zin van artikel 4, § 2, van het Wetboek] en de niet-belastingplichtige rechtspersoon moeten houden overeenkomstig artikel 14 [...].

§ 3. [De belastingplichtige die schuldenaar is van de belasting ingevolge een door artikel 25quater van het Wetboek met een intracommunautaire verwerving gelijkgestelde handeling en die niet in het bezit is van het transfertdocument opgesteld overeenkomstig de wettelijke bepalingen die van kracht zijn in de lidstaat van waaruit de goederen zijn verzonden of vervoerd, stelt uiterlijk de vijftiende dag van de maand na die waarin de belasting overeenkomstig artikel 25sexies, § 2, tweede lid, van het Wetboek opeisbaar wordt, een stuk op dat de handeling vaststelt en de in paragraaf 2 bedoelde vermeldingen bevat.

§ 4. Bij de ontvangst van de factuur of het transfertdocument brengen de respectievelijk in paragraaf 1

of in paragraaf 3 bedoelde personen hierop een verwijzing aan naar het respectievelijk in paragraaf 2 of in paragraaf 3 bedoelde stuk, en op die stukken, van een verwijzing naar de factuur of het transfertdocument.]]

Vervangen bij art. 2 K.B. 21 april 2007 (B.S. 4.V.2007);

§ 1 vervangen bij art. 13, a) K.B. 19 december 2012 (B.S. 31.XII.2012, ed. 1), van toepassing vanaf 1 januari 2013;

§ 2, inleidende zin gewijzigd bij art. 13, b) K.B. 19 december 2012 (B.S. 31.XII.2012, ed. 1), van toepassing vanaf 1 januari 2013;

§ 2, 4° vervangen bij art. 13, c) K.B. 19 december 2012 (B.S. 31.XII.2012, ed. 1), van toepassing vanaf 1 januari 2013;

§ 2, 8° gewijzigd bij art. 6 K.B. 17 mei 2007 (B.S. 31.V.2007, ed. 2, err. B.S. 4.VII.2007, ed. 2) en bij art. 13, d) K.B. 19 december 2012 (B.S. 31.XII.2012, ed. 1), van toepassing vanaf 1 januari 2013;

§ 3-4 vervangen bij art. 13, e) K.B. 19 december 2012 (B.S. 31.XII.2012, ed. 1), van toepassing vanaf 1 januari 2013.

Art. 10. § 1. [De belastingplichtige die leveringen van goederen of diensten verricht, andere dan deze die vrijgesteld zijn door artikel 44 van het Wetboek, waarvoor hij geen recht op aftrek heeft, stelt op de dag zelf van de handeling een stuk op in twee exemplaren voor de voor zijn economische activiteit bestemde goederen en diensten, die hem onder bezwarende titel of om niet worden verstrekt door een niet-belastingplichtige of door een belastingplichtige die niet gehouden is een factuur uit te reiken.]

Dit stuk bevat de volgende vermeldingen:

1° [het nummer waaronder het is ingeschreven in het boek voor inkomende facturen van de belastingplichtige of van het lid van de BTW-eenheid in de zin van artikel 4, § 2, van het Wetboek];

2° de naam of de maatschappelijke benaming en het adres van de bij de handeling betrokken partijen;

3° het BTW-identificatienummer [dat hem overeenkomstig artikel 50 van het Wetboek werd toegekend];

4° de datum van de handeling;

5° de voor het bepalen van de handeling nodige gegevens;

6° in voorkomend geval, de prijs.

[Dat stuk wordt voor akkoord ondertekend door beide partijen, met vermelding van de hoedanigheid van de ondertekenaars; een exemplaar van het stuk wordt overhandigd aan de leverancier van de goederen of aan de dienstverrichter.]

§ 2. De belastingplichtige is ervan ontheven het in [paragraaf 1] bedoelde stuk op te maken wanneer hem een stuk werd uitgereikt door zijn medecontractant.

In voorkomend geval vervolledigt de belastingplichtige laatstgenoemd stuk met de vermeldingen bedoeld in [paragraaf 1], tweede lid.

§ 1, al. 1 vervangen bij art. 14, a) K.B. 19 december 2012 (B.S. 31.XII.2012, ed. 1), van toepassing vanaf 1 januari 2013;

§ 1, al. 2, 1° vervangen bij art. 7 K.B. 17 mei 2007 (B.S. 31.V.2007, ed. 2), van toepassing vanaf 1 april 2007;

§ 1, al. 2, 3° gewijzigd bij art. 8, 2° K.B. 16 februari 2004

(B.S. 27.II.2004, ed. 3);
§ 1, al. 3 ingevoegd bij art. 1, b K.B. 22 november 1994 (B.S. 1.XII.1994);
§ 2, al. 1-2 gewijzigd bij art. 14, b) K.B. 19 december 2012 (B.S. 31.XII.2012, ed. 1), van toepassing vanaf 1 januari 2013.

Art. 11. De in artikel 11 van het Wetboek bedoelde overdracht van een algemeenheid van goederen of van een bedrijfsafdeling, evenals de in artikel 18, § 3, van het Wetboek bedoelde handelingen, moeten worden vastgesteld in een stuk dat door de bij de overdracht betrokken partijen wordt opgesteld en waarvan elke partij een exemplaar ontvangt.

Dit stuk moet inzonderheid de volgende vermeldingen bevatten:

1° de datum van de overdracht of van de handelingen;

2° de naam of de maatschappelijke benaming en het adres van de betrokken partijen en, in voorkomend geval, hun BTW-identificatienummer bedoeld in artikel 50 van het Wetboek;

3° een nauwkeurige beschrijving van het voorwerp van de overdracht of van de handeling;

4° de prijs.

Art. 12. [§ 1. Er wordt een verbeterend stuk in de zin van artikel 53, § 2, derde lid, van het Wetboek, uitgereikt of opgesteld wanneer de factuur of één van de in artikel 53, § 3, eerste lid, van het Wetboek en de artikelen 2, 6, 7, § 1, en 10 bedoelde stukken, na de uitreiking of het opstellen ervan, moeten worden verbeterd.

Onder de in artikel 53, § 2, tweede lid, van het Wetboek bedoelde voorwaarden mag dit stuk worden vervangen door een door de medecontractant opgestelde verbeterende afrekening.

§ 2. De belastingplichtigen en de niet-belastingplichtige rechtspersonen stellen een verbeterend stuk op wanneer één van de in de artikelen 3, 9, 10 en 11 bedoelde stukken moet worden verbeterd na de inschrijving ervan in de door artikel 14 voorgeschreven boeken. De belastingplichtige vervult dezelfde verplichting wanneer het in artikel 7, § 2, bedoeld stuk moet worden verbeterd.

§ 3. Het in de paragrafen 1 en 2 bedoeld verbeterend stuk bevat een verwijzing naar de te verbeteren factuur of naar het te verbeteren stuk. De Minister van Financiën regelt hoe het verbeterend stuk moet worden uitgereikt of opgesteld.

§ 4. De belastingplichtigen stellen een kopie op van de in paragraaf 1 bedoelde verbeterende stukken.

§ 5. Voor de toepassing van artikel 10, moeten dit verbeterend stuk en de kopie ervan voor akkoord worden ondertekend door beide partijen met vermelding van de hoedanigheid van de ondertekenaars.]

Vervangen bij art. 15 K.B. 19 december 2012 (B.S. 31. XII.2012, ed. 1), van toepassing vanaf 1 januari 2013.

[Afdeling 5

Vereenvoudigde facturen]

Opschrift ingevoegd bij art. 16 K.B. 19 december 2012 (B.S. 31.XII.2012, ed. 1), van toepassing vanaf 1 januari 2013.

Art. 13. [De belastingplichtigen mogen een vereenvoudigde factuur uitreiken in de volgende gevallen:

1° wanneer het bedrag van de factuur niet hoger dan 100 euro is, exclusief belasting over de toegevoegde waarde;

2° wanneer, onder de voorwaarden te bepalen door de Minister van Financiën, de handels- of administratieve praktijken van de betrokken bedrijfssector of de technische voorwaarden waaronder die facturen worden uitgereikt de naleving bemoeilijken van alle bedoelde verplichtingen;

3° wanneer het uitgereikt document of bericht met een factuur wordt gelijkgesteld, overeenkomstig artikel 53, § 2, derde lid, van het Wetboek.

De vereenvoudigde factuur moet in elk geval de volgende vermeldingen bevatten:

1° de datum waarop ze is uitgereikt en een opeenvolgend nummer, volgens één of meer reeksen, dat de factuur op eenduidige wijze identificeert, waaronder ze wordt ingeschreven in het boek voor uitgaande facturen van de leverancier of de dienstverrichter;

2° de naam of de maatschappelijke benaming van de leverancier of van de dienstverrichter, het adres van zijn administratieve of maatschappelijke zetel en zijn in artikel 50 van het Wetboek bedoeld btw-identificatienummer of in het kader van de btw-eenheid in de zin van artikel 4, § 2, van het Wetboek, de vermeldingen eigen aan het betrokken lid;

3° het in artikel 50 van het Wetboek bedoelde btw-identificatienummer van de verkrijger of de ontvanger, of bij gebreke hieraan, zijn naam of maatschappelijke benaming en volledig adres;

4° de identificatie van de aard van de geleverde goederen of verrichte diensten;

5° de aanduiding, per tarief, van de maatstaf van heffing en het bedrag van de verschuldigde belasting;

6° wanneer het uitgereikte document of bericht met een factuur wordt gelijkgesteld, overeenkomstig artikel 53, § 2, derde lid, van het Wetboek, een specifieke en ondubbelzinnige verwijzing naar de oorspronkelijke factuur, met specifieke vermelding van de aangebrachte wijziging.

Het eerste lid mag niet worden toegepast voor de in de artikelen 14, § 3, 15, §§ 1 en 2, 25ter en 39bis van het Wetboek bedoelde handelingen, noch voor de handelingen waarvoor de belasting verschuldigd is door de medecontractant krachtens artikel 51, §§ 2 of 4 van het Wetboek.]

Vervangen bij art. 17 K.B. 19 december 2012 (B.S. 31. XII.2012, ed. 1), van toepassing vanaf 1 januari 2013.

[Art. 13bis. [...]]

Ingevoegd bij art. 1 K.B. 18 december 2009 (B.S. 24. XII.2009, ed. 1), van toepassing vanaf 1 januari 2010 en opgeheven bij art. 18 K.B. 19 december 2012 (B.S. 31.XII.2012, ed. 1), van toepassing vanaf 1 januari 2013.

HOOFDSTUK II

DE BOEKHOUDING

Art. 14. § 1. De belastingplichtigen moeten een aan de omvang van hun activiteiten aangepaste boekhouding voeren om de belasting over de toegevoegde waarde te kunnen toepassen en controleren.

[Voor de BTW-eenheid in de zin van artikel 4, § 2, van het Wetboek, dient ieder lid een dergelijke boekhouding te voeren wat zijn eigen activiteiten betreft.]

§ 2. De boekhouding van de belastingplichtigen, behalve van degenen die uitsluitend handelingen verrichten bedoeld in artikel 8bis van het Wetboek, bevat inzonderheid de volgende boeken:

1° een boek voor inkomende facturen waarin zij aangaande de volgende verrichtingen de facturen en de stukken inschrijven met betrekking tot hun economische activiteit:

– de leveringen van goederen en de diensten;

– de invoeren;

– de intracommunautaire verwervingen van goederen;

– de handelingen bedoeld in de [artikelen 12, § 1, eerste lid, 3° en 4°, 19, §§ 2, eerste lid, 1° en 3, 19bis en 25quater] van het Wetboek;

– de te hunnen behoeve verrichte overdrachten bedoeld in artikel 11 van het Wetboek en de handelingen bedoeld in artikel 18, § 3, van het Wetboek;

– de handelingen bedoeld in artikel 10;

2° [een boek voor uitgaande facturen waarin zij de facturen, de stukken bedoeld in de artikelen 2, 3, 6 en 11 en die bedoeld in artikel 53, § 3, eerste lid, van het Wetboek inschrijven, evenals de ermee verband houdende verbeterende stukken];

3° [[een dagboek per bedrijfszetel waarin zij de ontvangsten inschrijven met betrekking tot de handelingen waarvoor zij niet verplicht zijn een factuur of het in artikel 53, § 3, eerste lid van het Wetboek bedoeld stuk uit te reiken en waarvoor zij geen factuur of niet dat stuk hebben uitgereikt.]

Dit dagboek kan op papier worden gehouden in overeenstemming met de bepalingen van artikel 15, § 1, tweede en derde lid, of op elektronische wijze overeenkomstig de modaliteiten bepaald door of vanwege de Minister van Financiën.

Het dagboek van ontvangsten met betrekking tot de in de bedrijfszetel verrichte handelingen alsook de verantwoordingsstukken bedoeld in artikel 15, § 2, die erop betrekking hebben met inbegrip van, in voorkomend geval, de in artikel 22 bedoelde dubbels van de rekeningen of van de ontvangstbewijzen, dienen zich op die bedrijfszetel te bevinden tot het verstrijken van de derde maand volgend op die waarin het genoemd dagboek werd afgesloten. Indien het dagboek van ontvangsten op elektronische wijze wordt gehouden, dient het binnen voornoemde periode elektronisch toe-

gankelijk te zijn op de bedrijfszetel.

De belastingplichtigen die over meerdere bedrijfszetels beschikken moeten bovendien een centralisatiedagboek bijhouden waarin zij op het einde van elke aangifteperiode, per tarief, het totaalbedrag van de ontvangsten inschrijven van dat tijdvak, ingeschreven in de verschillende dagboeken van ontvangsten. Dit centralisatiedagboek kan op papier worden gehouden in overeenstemming met de bepalingen van artikel 15, § 1, tweede en derde lid, of door middel van geïnformatiseerde systemen overeenkomstig de modaliteiten bepaald door of vanwege de Minister van Financiën.]

§ 3. In afwijking van § 2, 3°, zijn de belastingplichtigen die genieten van de bijzondere regeling ingesteld door artikel 56, § 1, van het Wetboek ervan ontheven het bedoelde dagboek te houden.

§ 4. De in artikel 56, § 2, van het Wetboek bedoelde kleine ondernemingen zijn ervan ontheven de boeken bedoeld in § 2, 1° en 2°, te houden, wanneer zij de facturen en de stukken of, in voorkomend geval, de dubbels van de door deze bepalingen beoogde facturen en stukken, bewaren volgens een ononderbroken reeks volgnummers welke zij eraan toekennen bij hun ontvangst, hun uitreiking of het opmaken ervan, en wanneer zij het boek houden dat bedoeld is in § 5.

§ 5. [In afwijking van § 2 moeten de belastingplichtigen die uitsluitend handelingen verrichten vrijgesteld van de belasting krachtens artikel 44 van het Wetboek waarvoor zij geen recht op aftrek hebben en de belastingplichtigen die van de in artikel 57 van het Wetboek beoogde landbouwregeling genieten, een boek houden waarin zij de facturen en de stukken met betrekking tot hun activiteit inschrijven die de handelingen vaststellen waarvoor zij overeenkomstig artikel 51, §§ 1, 2°, en 2, eerste lid, 1° en 2°, van het Wetboek de belasting verschuldigd zijn, alsook de facturen en de stukken bedoeld in artikel 5, § 2, van het koninklijk besluit nr. 31 met betrekking tot de toepassingsmodaliteiten van de belasting over de toegevoegde waarde ten aanzien van de handelingen verricht door in het buitenland gevestigde belastingplichtigen.]

§ 6. De niet-belastingplichtige rechtspersonen moeten het boek bedoeld in § 5 houden.

§ 1, al. 2 ingevoegd bij art. 10 K.B. 17 mei 2007 (B.S. 31.V.2007, ed. 2);

§ 2, 1°, vierde streepje gewijzigd bij art. 5, a) K.B. 9 december 2009 (B.S. 17.XII.2009, ed. 2), van toepassing vanaf 1 januari 2010;

§ 2, 2° vervangen bij art. 5, b) K.B. 9 december 2009 (B.S. 17.XII.2009, ed. 2), van toepassing vanaf 1 januari 2010;

§ 2, 3° vervangen bij art. 1 K.B. 31 januari 2007 (B.S. 7. II.2007);

§ 2, 3°, al. 1 vervangen bij art. 5, c) K.B. 9 december 2009 (B.S. 17.XII.2009, ed. 2), van toepassing vanaf 1 januari 2010;

§ 5 vervangen bij art. 5, d) K.B. 9 december 2009 (B.S. 17. XII.2009, ed. 2), van toepassing vanaf 1 januari 2010.

Art. 15. § 1. De boeken die deel uitmaken van de boekhouding vormen, ieder naargelang zijn oogmerk, een doorlopende reeks; uiterlijk op het tijdstip van gebruik worden zij geïdentificeerd door de precisering van dit oogmerk, hun plaats in deze reeks, de naam of de maatschappelijke benaming van de belastingplichtige [, van het lid van de BTW-eenheid in de zin van artikel 4, § 2, van het Wetboek] of van de niet-belastingplichtige rechtspersoon en zijn in artikel 50 van het Wetboek bedoelde B.T.W.-identificatienummer.

[De boeken bedoeld in artikel 14 mogen worden bijgehouden op losse bladen, met uitzondering van het dagboek van ontvangsten en het centralisatieboek bedoeld in § 2, 3°, van dit artikel. De losse bladen moeten genummerd worden uiterlijk op het tijdstip waarop deze bladen in gebruik worden genomen.]

[De bladen van het dagboek van ontvangsten en van het centralisatieboek bedoeld in artikel 14, § 2, 3°, moeten genummerd worden uiterlijk op het tijdstip waarop die boeken in gebruik worden genomen.]

[Het dagboek van ontvangsten dient de handelingen op te nemen verricht tijdens een periode van twaalf maanden.]

§ 2. De inschrijvingen met betrekking tot de boekhouding moeten zijn gesteund op verantwoordingsstukken die gedateerd zijn en waarvan, naargelang het geval, een origineel exemplaar of een dubbel dient te worden bewaard.

De inschrijvingen in de boeken worden zonder uitstel, in volgorde van de data, zonder enig wit vlak noch leemte verricht; in geval van verbetering moet de oorspronkelijke inschrijving leesbaar blijven; de totalen van elk blad worden overgedragen bovenaan op het volgend blad.

§ 3. De inschrijvingen in de in artikel 14, §§ 2, 5 en 6, bedoelde boeken moeten inzonderheid bestaan uit:

a) het volgnummer toegekend aan de factuur of aan het stuk;

b) de datum van de factuur of van het stuk;

c) de naam of de maatschappelijke benaming van de medecontractant;

d) per factuur of per stuk en, indien nodig per tarief, de maatstaf van heffing en het bedrag van de overeenkomstige belasting;

e) de prijs van de handeling wanneer deze niet belastbaar is;

f) [een uitsplitsing met het oog op het invullen van de [in de artikelen 53, § 1, eerste lid, 2°], en 53ter, 1°, van het Wetboek bedoelde aangiften, evenals op het einde van elke aangifteperiode, per rooster van de aangifte, het totaalbedrag van de periode];

[g) [...]]

§ 4. [Per bedrijfszetel wordt het totale bedrag van de dagontvangsten van dag tot dag ingeschreven in het dagboek van ontvangsten.]

Een afzonderlijke inschrijving met vermelding van de aard en de aard van de verkochte goederen is evenwel noodzakelijk voor de ontvangsten die voortkomen van de levering van goederen waarvan de prijs, per in de handel gebruikelijke eenheid, meer bedraagt dan [[250 EUR]], belasting over de toegevoegde waarde inbegrepen.

De in het vorige lid bedoelde afzonderlijke inschrijving mag worden vervangen door een dagelijkse globale inschrijving wanneer de verantwoordingsstukken die moeten worden opgesteld, benevens de ontvangst, de aard van de verkochte goederen nauwkeurig vermelden.

Wanneer de ontvangsten onderworpen zijn aan verschillende tarieven, worden ze per tarief ingeschreven. In de gevallen en onder de voorwaarden die zij bepalen, kan door of vanwege de minister van Financiën nochtans van dit voorschrift worden afgeweken door toe te staan dat de ontvangsten worden ingeschreven zonder onderscheid te maken naargelang het belastingtarief en dat aangepaste methodes worden aangewend voor het uitsplitsen van deze ontvangsten per tarief.

[Bovendien worden op het einde van elke aangifteperiode, per tarief, het totaalbedrag van de maatstaf van heffing en van de overeenkomstige belasting met betrekking tot de periode [...] [naargelang het geval in het enige dagboek van ontvangsten of in het centralisatieboek] ingeschreven.]

§ 1, al. 1 gewijzigd bij art. 11 K.B. 17 mei 2007 (B.S. 31.V.2007, ed. 2), van toepassing vanaf 1 april 2007;

§ 1, al. 2 vervangen bij art. 3, 1° K.B. 6 februari 2002 (B.S. 15.II.2002);

§ 1, al. 3 vervangen bij art. 3, 2° K.B. 6 februari 2002 (B.S. 15.II.2002);

§ 1, al. 4 ingevoegd bij art. 3, 3° K.B. 6 februari 2002 (B.S. 15.II.2002);

§ 3, f) vervangen bij art. 6 § 15, 3° K.B. 20 juli 2000 (I) (B.S. 30.VIII.2000) en gewijzigd bij art. 12 K.B. 16 februari 2004 (B.S. 27.II.2004, ed. 3);

§ 3, g) ingevoegd bij art. 2, B) K.B. 1 december 1998 (B.S. 1.XII.1998, ed. 2) en opgeheven bij art. 6 § 15, 4° K.B. 20 juli 2000 (I) (B.S. 30.VIII.2000);

§ 4, al. 1 vervangen bij art. 4, 1° K.B. 6 februari 2002 (B.S. 15.II.2002);

§ 4, al. 2 gewijzigd bij art. 3-15 K.B. 20 juli 2000 (I) (B.S. 30.VIII.2000) en bij art. 37-6° K.B. 13 juli 2001 (B.S. 11. VIII.2001);

§ 4, al. 5 ingevoegd bij art. 2, C) K.B. 26 november 1998 (B.S. 1.XII.1998, ed. 2) en gewijzigd bij art. 6, § 15, 5° K.B. 20 juli 2000 (B.S. 30.VIII.2000) en bij art. 4, 2° K.B. 6 februari 2002 (B.S. 15.II.2002).

Art. 16. § 1. [De belastingplichtigen die in artikel 15, §§ 1 en 2, van het Wetboek bedoelde leveringen van goederen verrichten en die niet de keuze hebben uitgeoefend zoals voorzien in § 1, derde lid, en in § 2, tweede lid, b), van deze bepaling moeten op elk ogenblik in staat zijn om ten behoeve van de ambtenaren van de Administratie van de belasting over de toegevoegde waarde, registratie en domeinen, voor het lopend kalenderjaar het totale bedrag te bepalen van hun leveringen die in aanmerking komen voor de berekening van de drempels bedoeld in artikel 15, § 1, tweede lid, 1°, en § 2, eerste lid, 2°, van het Wetboek.]

§ 2. Voor de toepassing van artikel 53bis, § 1, van het Wetboek geldt de [in paragraaf 1] bedoelde verplichting eveneens voor de in artikel 25ter, § 1, tweede lid, 2°, van het Wetboek bedoelde belastingplichtigen en niet-belastingplichtige rechtspersonen die niet de in het tweede lid van die bepaling voorziene keuze hebben uitgeoefend, wat betreft het totale bedrag, voor het lopende kalenderjaar, van hun in die bepaling beoogde intracommunautaire verwervingen van goederen.

§ 3. De toepassing van [paragrafen 1 en 2] kan worden geregeld door of vanwege de Minister van Financiën wanneer zij dit noodzakelijk achten om de toepassing van de belasting en het toezicht op de juiste heffing ervan te verzekeren.

§ 1 vervangen bij art. 20, a) K.B. 19 december 2012 (B.S. 31.XII.2012, ed. 1), van toepassing vanaf 1 januari 2013;
§ 2 gewijzigd bij art. 20, b) K.B. 19 december 2012 (B.S. 31.XII.2012, ed. 1), van toepassing vanaf 1 januari 2013;
§ 3 gewijzigd bij art. 20, c) K.B. 19 december 2012 (B.S. 31.XII.2012, ed. 1), van toepassing vanaf 1 januari 2013.

HOOFDSTUK III

OPEISBAARHEID VAN DE BELASTING. AANGIFTE. SCHULDENAAR VAN DE BELASTING

Art. 17. [...]

Opgeheven bij art. 21 K.B. 19 december 2012 (B.S. 31. XII.2012, ed. 1), van toepassing vanaf 1 januari 2013.

Art. 18. § 1. De persoon die gehouden is tot het indienen van de in [artikel 53, § 1, eerste lid, 2°], of in artikel 53ter, 1°, van het Wetboek bedoelde aangifte moet deze, uiterlijk de twintigste dag volgend op het tijdvak waarop zij betrekking heeft, indienen [bij de door de minister van Financiën aangewezen dienst].

§ 2. [In afwijking van artikel 53, § 1, eerste lid, 2°, van het Wetboek, wordt de belastingplichtige die het bedrag van het in artikel 19, § 1, bedoelde voorschot bepaalt overeenkomstig de in artikel 19, § 2, vermelde wijze, gemachtigd slechts om de drie maanden een aangifte in te dienen, uiterlijk de twintigste van de maand na ieder kalenderkwartaal wanneer:

a) de jaaromzet, exclusief belasting over de toegevoegde waarde, voor de volledige economische activiteit niet meer bedraagt dan 1.000.000 EUR;

b) de jaaromzet, exclusief belasting over de toegevoegde waarde niet meer bedraagt dan 200.000 EUR voor het geheel van de leveringen van de navolgende goederen:

– minerale oliën bedoeld in artikel 3 van de wet van 22 oktober 1997 betreffende de structuur en de accijnstarieven inzake minerale olie;

– toestellen voor mobiele telefonie en computers alsmede hun randapparatuur, toebehoren en onderdelen;

– landvoertuigen uitgerust met een motor onderworpen aan de reglementering betreffende de inschrijving;]

[c) het jaarlijks totaalbedrag niet meer bedraagt dan 400.000 euro voor het geheel van de intracommunautaire leveringen van goederen bedoeld in artikel 39bis, eerste lid, 1° en 4°, van het Wetboek en de daarop volgende leveringen van goederen bedoeld in

artikel 25quinquies, § 3, derde lid, van het Wetboek.]

[§ 3. De overgang van de regeling kwartaalaangiften naar maandaangiften geschiedt bij het verstrijken van het kalenderkwartaal waarin voor de eerste maal niet meer aan alle in § 2 vermelde voorwaarden is voldaan. De belastingplichtige is gehouden uiterlijk de tiende van de maand volgend op het bovenbedoelde kalenderkwartaal het controlekantoor van de belasting over de toegevoegde waarde waaronder hij ressorteert schriftelijk kennis te geven van deze overgang.

Alle andere overgangen van een aangifteregeling naar een andere kunnen, op uitdrukkelijk verzoek van de belastingplichtige, door de administratie die de belasting over de toegevoegde waarde onder haar bevoegdheid heeft, worden toegestaan [en treden in werking de eerste dag van het aangiftetijdvak van de door de belastingplichtige gevraagde regeling volgend op de datum van aanvaarding van de aanvraag door de betrokken administratie]. Het gemotiveerd schriftelijk verzoek moet worden ingediend bij het controlekantoor van de belasting over de toegevoegde waarde waaronder hij ressorteert.]

[§ 4. De belastingplichtigen gehouden tot het indienen van de aangifte bedoeld in artikel 53, § 1, eerste lid, 2°, van het Wetboek moeten deze aangifte langs elektronische weg indienen.

§ 5. De belastingplichtigen bedoeld onder § 4, zijn vrijgesteld van de verplichting tot indiening langs elektronische weg zolang zij en in voorkomend geval de persoon die gemachtigd is de bedoelde aangiften namens hen in te dienen, niet over de nodige geïnformatiseerde middelen beschikken om aan deze verplichting te voldoen.

De toepassingsmodaliteiten van het eerste lid worden geregeld door of vanwege de minister van Financiën.]

§ [6]. [De belastingplichtigen gehouden tot het indienen van de in de §§ 1 en 2 bedoelde aangiften:

a) die deze aangiften niet langs elektronische weg indienen, moeten gebruik maken van de formulieren die hen worden verstrekt door de administratie die de belasting over de toegevoegde waarde onder haar bevoegdheid heeft en waarvan het model voorkomt op de bijlage I bij dit besluit wat betreft de aangifte bedoeld in artikel 53, § 1, eerste lid, 2°, van het Wetboek en op de bijlage III wat betreft de aangifte bedoeld in artikel 53ter, 1°, van het Wetboek. De omschrijving van de roosters van de aangifte waarvan het model voorkomt in de genoemde bijlage I, maakt het voorwerp uit van de bijlage II bij dit besluit.

[...];

b) die deze aangiften langs elektronische weg indienen, moeten onder de door of vanwege de minister van Financiën gestelde voorwaarden, dezelfde gegevens overdragen als die bevat in de onder a) bedoelde aangifte.]

[§ [7]. De personen gehouden tot het indienen van de in artikel 58bis, § 2, 4°, van het Wetboek bedoelde aangifte, gebruiken de aangifteformulieren die bestaan uit een elektronisch bericht waarvan de inhoud is bepaald in de bijlage IV van dit besluit. Zij dienen het toe te sturen naar het elektronisch adres dat te dien einde gecreëerd werd door of vanwege de minister van Financiën.]

§ 1 gewijzigd bij art. 1 W. 5 september 2001 (B.S. 18. IX.2001) en bij art. 14 K.B. 16 februari 2004 (B.S. 27.II.2004, ed. 3);

§ 2 vervangen bij art. 1, 1° W. 23 augustus 2004 (B.S. 31.VIII.2004, ed. 1);

§ 2, c) ingevoegd bij art. 6, 1° K.B. 9 december 2009 (B.S. 17.XII.2009, ed. 2), van toepassing vanaf 1 januari 2010;

§ 3 ingevoegd bij art. 1, 2° W. 23 augustus 2004 (B.S. 31.VIII.2004, ed. 1);

§ 3, al. 2 gewijzigd bij art. 6, 2° K.B. 9 december 2009 (B.S. 17.XII.2009, ed. 2), van toepassing vanaf 1 januari 2010;

§§ 4 en 5 ingevoegd bij art. 2, 2° K.B. 31 januari 2007 (B.S. 7.II.2007), van toepassing vanaf:

a) op 1 juli 2007 voor de belastingplichtigen waarvan de jaaromzet voor het kalenderjaar 2005, exclusief belasting over de toegevoegde waarde, voor hun volledige economische activiteit meer bedraagt dan 50.000.000 EUR;

b) op 1 februari 2008 voor de niet onder a) bedoelde belastingplichtigen die gehouden zijn tot de maandelijkse indiening van de aangifte;

c) op 1 april 2009 voor de niet onder a) bedoelde belastingplichtigen die gehouden zijn tot de driemaandelijkse indiening van de aangifte;

§ 6 hernummerd bij art. 2, 1° en vervangen bij art. 2, 3° K.B. 31 januari 2007 (B.S. 7.II.2007);

§ 6, a), al. 2 opgeheven bij art. 6, 3° K.B. 9 december 2009 (B.S. 17.XII.2009, ed. 2), van toepassing vanaf 1 januari 2010;

§ 7 ingevoegd bij art. 1 K.B. 15 juli 2003 (B.S. 8.VIII.2003) en hernummerd bij art. 2, 1° K.B. 31 januari 2007 (B.S. 7. II.2007).

Opmerking: – § 1: zie M.B. 20 december 2001, B.S. 19.I.2002.

Art. 19. § 1. De belastingplichtige die overeenkomstig artikel 18, § 2, slechts om de drie maanden een aangifte [indient,] moet uiterlijk de twintigste van de tweede en de derde maand van ieder kalenderkwartaal een voorschot voldoen op de belasting waarvan de opeisbaarheid uit die aangifte zal blijken.

§ 2. Het bedrag van elk der in § 1 bedoelde voorschotten is gelijk aan een derde van de belasting die door die belastingplichtige voor het vorige kalenderkwartaal verschuldigd was.

Om het bedrag te bepalen van het eerste voorschot dat moet worden voldaan tijdens een kalenderkwartaal, mag de belastingplichtige die de aangifte met betrekking tot de handelingen van het vorige kalenderkwartaal heeft ingediend van het bedrag berekend overeenkomstig het eerste lid het saldo aftrekken dat op de dag van de betaling in zijn voordeel blijkt uit de rekening-courant bedoeld in artikel 5 van het koninklijk besluit nr. 24 met betrekking tot de voldoening van de belasting over de toegevoegde waarde.

Het saldo van de rekening-courant op de dag van de betaling mag slechts worden afgetrokken van het tweede voorschot dat voor het kwartaal moet worden voldaan in de mate waarin dat saldo meer bedraagt dan het bedrag van het eerste voorschot, berekend over-

eenkomstig het eerste lid.

De persoon die de hoedanigheid van belastingplichtige verkrijgt of opnieuw verkrijgt, moet geen voorschotten betalen tijdens het kalenderkwartaal waarin hij belastingplichtige wordt of opnieuw wordt.

De persoon die, vooraleer te worden onderworpen aan een regeling welke hem verplicht kwartaalaangiften in te dienen, reeds de hoedanigheid van belastingplichtige bezat zonder evenwel te zijn gehouden tot het indienen van aangiften, moet geen voorschotten betalen tijdens het kalenderkwartaal waarvoor hij zijn eerste kwartaalaangifte moet indienen.

De verplichting tot het betalen van voorschotten houdt op vanaf de dag waarop de belastingplichtige die hoedanigheid verliest of waarop hij onderworpen wordt aan een regeling die hem ervan ontslaat om kwartaalaangiften in te dienen.

§ 3. [De belastingplichtige die op 1 december van het lopende kalenderjaar gehouden is tot het indienen van BTW-maandaangiften krachtens [artikel 53, § 1, eerste lid, 2°], van het Wetboek, moet een voorschot betalen op de belasting die verschuldigd is over zijn handelingen van de maand december van datzelfde jaar.

Het bedrag van het voorschot bedoeld in het eerste lid is gelijk aan de belasting die door de belastingplichtige is verschuldigd over de handelingen die hij heeft verricht vanaf 1 december tot en met 20 december van het lopende kalenderjaar. Door of vanwege de Minister van Financiën wordt bepaald welke gegevens de belastingplichtigen moeten verstrekken alsmede het tijdstip en de wijze waarop die gegevens moeten worden verstrekt teneinde een controle op dit bedrag te kunnen uitoefenen.

Indien de belastingplichtige de in het voorgaande lid bedoelde gegevens niet verstrekt of niet tijdig verstrekt, is het bedrag van het voorschot gelijk aan de verschuldigde belasting over de handelingen van de maand november van het lopende kalenderjaar.

Onverminderd de toerekening van het creditsaldo dat uit zijn rekening-courant zou blijken, betaalt de belastingplichtige uiterlijk [de vierentwintigste] van de maand december van het lopende kalenderjaar het bedrag van het voorschot berekend overeenkomstig de in het tweede of derde lid bepaalde wijze.]

§ 1 gewijzigd bij art. 2, A K.B. 5 december 1994 (B.S. 9. XII.1994);

§ 3 vervangen bij art. 2, B K.B. 5 december 1994 (B.S. 9. XII.1994);

§ 3, al. 1 gewijzigd bij art. 15 K.B. 16 februari 2004 (B.S. 27.II.2004, ed. 3);

§ 3, al. 4 gewijzigd bij art. 1 K.B. 9 november 1995 (B.S. 29.XI.1995).

Art. 20. § 1. [In afwijking van artikel 51, § 1, 1°, van het Wetboek moet de medecontractant van de in België gevestigde belastingplichtige die een van de in § 2 aangeduide handelingen verricht de belasting die over die handeling verschuldigd is voldoen, wanneer hij zelf een in België gevestigde belastingplichtige is en gehouden tot het indienen van een [in artikel 53,

§ 1, eerste lid, 2°], van het Wetboek bedoelde aangifte of een niet in België gevestigde belastingplichtige die hier te lande een aansprakelijke vertegenwoordiger heeft laten erkennen overeenkomstig artikel 55, § 1 of § 2, van het Wetboek. Hij moet deze belasting voldoen op de in § 4 hierna voorgeschreven wijze.]

§ 2. Wordt bedoeld alle werk in onroerende staat in de zin van artikel 19, § 2, van het Wetboek.

Worden eveneens bedoeld, in de mate dat zij geen werk in onroerende staat zijn:

1° iedere handeling die tot voorwerp heeft zowel de levering als de aanhechting aan een gebouw:

a) van de bestanddelen of een gedeelte van de bestanddelen van een installatie voor centrale verwarming of airconditioning, daaronder begrepen de branders, de reservoirs en de regel- en controletoestellen verbonden aan de ketels of aan de radiatoren;

b) van de bestanddelen of een gedeelte van de bestanddelen van een sanitaire installatie van een gebouw en, meer algemeen, van alle vaste toestellen voor sanitair of hygiënisch gebruik aangesloten op een waterleiding of een riool;

c) van de bestanddelen of een gedeelte van de bestanddelen van een elektrische installatie van een gebouw, met uitzondering van toestellen voor de verlichting en van lampen;

d) van de bestanddelen of een gedeelte van de bestanddelen van een elektrische belinstallatie, van brandalarmtoestellen, van alarmtoestellen tegen diefstal en van een huistelefoon;

e) van opbergkasten, gootstenen, gootsteenkasten en meubels met ingebouwde gootsteen, wastafels en meubels met ingebouwde wasbak, zuigkappen, ventilators en luchtverversers waarmee een keuken of badkamer is uitgerust;

f) van luiken, rolluiken en rolgordijnen die aan de buitenkant van het gebouw worden geplaatst;

2° iedere handeling die tot voorwerp heeft zowel de levering van wandbekleding of vloerbedekking als de plaatsing ervan in een gebouw, ongeacht of die bekleding of bedekking aan het gebouw wordt vastgehecht of eenvoudig ter plaatse op maat wordt gesneden volgens de afmetingen van de te bedekken oppervlakte;

3° ieder werk dat bestaat in het aanhechten, het plaatsen, het herstellen, het onderhouden en het reinigen van goederen bedoeld in 1° of 2° hierboven.

Wordt ook bedoeld de terbeschikkingstelling van personeel met het oog op het verrichten van een werk in onroerende staat of van een onder 1°, 2° of 3°, hierboven bedoelde handelingen.

§ 3. [De belastingplichtige die handelingen verricht bedoeld in paragraaf 2, vermeldt op de facturen die hij voor die handelingen uitreikt, noch het tarief, noch het bedrag van de verschuldigde belasting, maar brengt er de vermelding op aan "Btw verlegd".]

§ 4. De in § 1 bedoelde medecontractant moet de ter zake van die handelingen verschuldigde belasting opnemen in de aangifte met betrekking tot het tijdvak waarin de belasting verschuldigd wordt.

§ 1 vervangen bij art. 3 K.B. 2 april 2002 (B.S. 16.IV.2002, ed. 3) en gewijzigd bij art. 16 K.B. 16 februari 2004 (B.S. 27.II.2004, ed. 3);

§ 3 vervangen bij art. 22 K.B. 19 december 2012 (B.S. 31. XII.2012, ed. 1), van toepassing vanaf 1 januari 2013.

[Art. 20bis. § 1. [In afwijking van artikel 51, § 1, 1°, van het Wetboek moet de medecontractant van de belastingplichtige die een in § 2 hierna beoogde levering verricht, de belasting die over die levering verschuldigd is voldoen, wanneer hij zelf een in België gevestigde belastingplichtige is en gehouden tot het indienen van een [in artikel 53, § 1, eerste lid, 2°], van het Wetboek bedoelde aangifte of een niet in België gevestigde belastingplichtige die hier te lande een aansprakelijke vertegenwoordiger heeft laten erkennen overeenkomstig artikel 55, § 1 of § 2, van het Wetboek. Hij moet deze belasting voldoen op de in § 4 hierna voorgeschreven wijze.]

§ 2. Worden beoogd in dit artikel:

1° de leveringen van goud of halffabrikaten met een zuiverheid van ten minste 325 duizendsten;

2° [de leveringen van beleggingsgoud bedoeld in artikel 44bis, § 1, eerste lid, van het Wetboek, verricht door een belastingplichtige die overeenkomstig het tweede of het derde lid van dezelfde paragraaf, heeft geopteerd voor de belastingheffing van die leveringen.]

§ 3. [De belastingplichtige die handelingen verricht bedoeld in paragraaf 2, vermeldt op de facturen die hij voor die handelingen uitreikt, noch het tarief, noch het bedrag van de verschuldigde belasting, maar brengt er de vermelding op aan "Btw verlegd".]

§ 4. De in § 1 hiervoor bedoelde medecontractant moet de ter zake van zijn in § 2 opgesomde handelingen verschuldigde belasting, opnemen in de aangifte met betrekking tot het tijdvak waarin de belasting wordt verschuldigd.]

Ingevoegd bij art. 2 K.B. 30 december 1999 (B.S. 31. XII.1999, ed. 3);

§ 1 vervangen bij art. 4 K.B. 2 april 2002 (B.S. 16.IV.2002, ed. 2) en gewijzigd bij art. 17 K.B. 16 februari 2004 (B.S. 27.II.2004, ed. 3);

§ 2, 2° vervangen bij art. 5 K.B. 6 februari 2002 (B.S. 15. II.2002);

§ 3 vervangen bij art. 23 K.B. 19 december 2012 (B.S. 31. XII.2012, ed. 1), van toepassing vanaf 1 januari 2013.

[Art. 20ter. In afwijking van artikel 51, § 1, 1°, van het Wetboek moet de medecontractant van de belastingplichtige die een in het tweede lid beoogde dienst verricht, de belasting die over die handeling verschuldigd is voldoen, wanneer hij zelf een in België gevestigde belastingplichtige is en gehouden tot het indienen van een in artikel 53, § 1, eerste lid, 2°, van het Wetboek bedoelde aangifte of een niet in België gevestigde belastingplichtige die hier te lande een aansprakelijke vertegenwoordiger heeft laten erkennen overeenkomstig artikel 55, § 1 of § 2, van het Wetboek of nog een niet in België gevestigde belastingplichtige die overeenkomstig artikel 50, § 1, eerste lid, 3°, van het Wetboek voor BTW-doeleinden is geïdentificeerd. Hij moet deze belasting voldoen op de in het vierde lid voorgeschreven wijze.

Voor de toepassing van dit artikel wordt beoogd, de overdracht van broeikasgasemissierechten als omschreven in artikel 3 van Richtlijn 2003/87/EG, die overdraagbaar zijn overeenkomstig artikel 12 van die richtlijn, evenals andere eenheden die door exploitanten kunnen worden gebruikt om die richtlijn na te leven.

[De belastingplichtige die handelingen verricht bedoeld in het tweede lid, vermeldt op de facturen die hij voor die handelingen uitreikt, noch het tarief, noch het bedrag van de verschuldigde belasting, maar brengt er de vermelding op aan "Btw verlegd".]

De in het eerste lid bedoelde medecontractant moet de ter zake van deze handeling verschuldigde belasting opnemen in de aangifte met betrekking tot het tijdvak waarin de belasting wordt verschuldigd.]

Ingevoegd bij art. 1 K.B. 10 januari 2010 (B.S. 18.I.2010, ed. 1, err. B.S. 7.V.2010), van toepassing vanaf 18 januari 2010;
Al. 3 vervangen bij art. 24 K.B. 19 december 2012 (B.S. 31. XII.2012, ed. 1), van toepassing vanaf 1 januari 2013.

HOOFDSTUK IV

ANDERE VERPLICHTINGEN

Art. 21. Bij openbare verkoping van roerende goederen op verzoek van de curator van een gefailleerde belastingplichtige is de notaris of de gerechtsdeurwaarder, die zijn ambt voor de verkoping verleent, gehouden de opeisbare belasting over de toegevoegde waarde van de koper te ontvangen voor rekening van de curator.

[**Art. 21bis.** De exploitant van een inrichting waar regelmatig maaltijden worden verbruikt alsmede de traiteur die regelmatig cateringdiensten verricht, zijn gehouden aan de belastingplichtige of niet-belastingplichtige klant het kasticket uit te reiken bedoeld in het koninklijk besluit van 30 december 2009 tot het bepalen van de definitie en de voorwaarden waaraan een geregistreerd kassasysteem in de horecasector moet voldoen, voor alle handelingen die zij in de uitoefening van hun economische activiteit verrichten.

Dit kasticket wordt uitgereikt op het tijdstip van de voltooiing van de dienst of van de levering van de goederen en bevat de in artikel 2, punt 4, van voornoemd koninklijk besluit voorziene vermeldingen.

In afwijking van het eerste lid, wanneer de jaaromzet, exclusief belasting over de toegevoegde waarde, met betrekking tot het restaurant- en cateringdiensten, met uitsluiting van het verschaffen van dranken, niet meer bedraagt dan het door de Minister van Financiën of zijn gemachtigde bepaald bedrag, is de bovenbedoelde exploitant of traiteur niet gehouden tot het uitreiken van het kasticket.

Door de Minister van Financiën of zijn gemach-

tigde worden de toepassingsmodaliteiten bepaald van dit artikel.]

Ingevoegd bij art. 25 K.B. 19 december 2012 (B.S. 31. XII.2012, ed. 1), van toepassing vanaf 1 januari 2013.

Art. 22. § 1. [De belastingplichtige of het lid van een BTW-eenheid in de zin van artikel 4, § 2, van het Wetboek is gehouden] aan zijn klant een rekening of een ontvangstbewijs uit te reiken voor de volgende handelingen:

1° het verschaffen van gemeubeld logies dat al dan niet gepaard gaat met het verschaffen van spijzen en dranken of met bijkomstige diensten, door de exploitant van een hotelinrichting of, meer algemeen, door al wie een inrichting drijft waar aan betalende gasten onderdak wordt verschaft;

2° [het verschaffen van maaltijden en van dranken die bij die maaltijden worden verbruikt, door de exploitant van een inrichting waar maaltijden worden verbruikt of door de traiteur die cateringdiensten verricht onder de voorwaarden bedoeld in artikel 21bis, derde lid];

3° het wassen van personenauto's, auto's voor dubbel gebruik, minibussen en kampeerauto's.

[De belastingplichtige of het lid van een btw-eenheid in de zin van artikel 4, § 2, van het Wetboek is er evenwel niet toe gehouden de rekening of het ontvangstbewijs op te maken voor zover hij op het tijdstip van de voltooiing van de dienst een factuur uitreikt waarop de vermeldingen vervat in artikel 5, § 1, zijn aangebracht of een kasticket uitreikt overeenkomstig artikel 21bis.]

§ 2. De rekening of het ontvangstbewijs moet onder meer de volgende vermeldingen bevatten: de datum en het bedrag, belasting over de toegevoegde waarde inbegrepen, verschuldigd of betaald door de klant. [Voor de handelingen bedoeld in § 1, 2°, moet de rekening of het ontvangstbewijs eveneens het aantal verbruikte maaltijden vermelden [en onderscheid maken tussen het bedrag voor het verschaffen van maaltijden en het bedrag voor het verschaffen van dranken].]

[Dit stuk wordt in tweevoud opgemaakt op formulieren die de belastingplichtige of het lid van de BTW-eenheid in de zin van artikel 4, § 2, van het Wetboek, op zijn kosten moet laten drukken door een door of vanwege de Minister van Financiën erkende drukker en waarop de naam of de maatschappelijke benaming en het adres van de belastingplichtige of van het lid van de BTW-eenheid in de zin van artikel 4, § 2, van het Wetboek, moeten voorkomen, alsook zijn BTW-identificatienummer bedoeld in artikel 50 van het Wetboek.]

De formulieren worden genummerd per reeksen van 00.001 tot 99.999. Iedere reeks wordt aangeduid door één of meer letters van het alfabet.

Op ieder exemplaar van de rekening of het ontvangstbewijs moeten, in een kader, de volgende gedrukte vermeldingen voorkomen "Belasting over de toegevoegde waarde" en, naargelang het geval, "Rekening" of "Ontvangstbewijs", alsook een waarmerk, het volgnummer van het stuk, de naam of de maatschappelijke benaming van de drukker en ieder ander gegeven door of vanwege de Minister van Financiën te bepalen.

§ 3. De inschrijvingen op het origineel van de rekening of van het ontvangstbewijs dat aan de klant wordt overhandigd, moeten tegelijkertijd door middel van carbonpapier of van een laag carbon op de keerzijde van het origineel of door enig ander procédé worden overgebracht op het exemplaar dat als dubbel moet dienen.

§ 4. De rekening of het ontvangstbewijs wordt uitgereikt op het tijdstip waarop de dienst voltooid is.

§ 5. De nummers van de rekeningen of van de ontvangstbewijzen die in de loop van de dag werden gebruikt, worden dagelijks aangetekend in het dagboek van ontvangsten bedoeld in artikel 14, § 2, 3°.

§ 6. De dubbels van de rekeningen of van de ontvangstbewijzen die aan de klanten werden uitgereikt, moeten worden gerangschikt volgens de datum ervan.

§ 7. De belastingplichtige [of het lid van de BTW-eenheid in de zin van artikel 4, § 2, van het Wetboek] moet, op ieder verzoek van de ambtenaren van de administratie die de belasting over de toegevoegde waarde onder haar bevoegdheid heeft, de dubbels van de stukken die hij aan de klanten heeft uitgereikt, alsook de stukken die hij heeft laten drukken maar nog niet heeft gebruikt, ter inzage voorleggen. Hij moet eveneens kunnen aantonen welke bestemming hij heeft gegeven aan de stukken die hij van de drukker heeft ontvangen.

§ 8. De vorm en de kleur van het waarmerk dat moet worden gedrukt op de in § 1 bedoelde rekeningen of ontvangstbewijzen worden bepaald door of vanwege de Minister van Financiën. Door of namens hem worden ook de verplichtingen van de erkende drukkers bepaald om die formulieren te drukken.

§ 9. Door of vanwege de Minister van Financiën kan [in de gevallen bedoeld in paragraaf 1, 1° en 3°], onder de door of namens hem te stellen voorwaarden, vergunning worden verleend om de rekeningen of de ontvangstbewijzen te vervangen door bons van kasregisters of door een procédé dat gebruik maakt van informaticatechnieken.

[Door de Minister van Financiën of zijn gemachtigde worden de toepassingsmodaliteiten bepaald van dit artikel.]

§ 1, al. 1, inleidende zin gewijzigd bij art. 7 K.B. 9 december 2009 (B.S. 17.XII.2009, ed. 2), van toepassing vanaf 1 januari 2010;

§ 1, al. 1, 2° vervangen bij art. 26, a) K.B. 19 december 2012 (B.S. 31.XII.2012, ed. 1), van toepassing vanaf 1 januari 2013;

§ 1, al. 2 vervangen bij art. 26, b) K.B. 19 december 2012 (B.S. 31.XII.2012, ed. 1), van toepassing vanaf 1 januari 2013;

§ 2, al. 1 gewijzigd bij art. 2, 2° K.B. 16 december 1998 (B.S. 24.XII.1998) en bij art. 2, b) K.B. 18 december 2009 (B.S. 24.XII.2009, ed. 1, err. B.S. 7.V.2010), van toepassing vanaf 1 januari 2013;

§ 2, al. 2 vervangen bij art. 12, a) K.B. 17 mei 2007 (B.S.

31.V.2007, ed. 2);

§ 7 gewijzigd bij art. 12, b) K.B. 17 mei 2007 (B.S. 31.V.2007, ed. 2);

§ 9, al. 1 gewijzigd bij art. 2, c) K.B. 18 december 2009 (B.S. 24.XII.2009, ed. 1, err. B.S. 7.V.2010), van toepassing vanaf 1 januari 2013;

§ 9, al. 2 ingevoegd bij art. 26, c) K.B. 19 december 2012 (B.S. 31.XII.2012, ed. 1), van toepassing vanaf 1 januari 2013.

Opmerking: – Het koninklijk besluit van 30 maart 1994 tot wijziging van het koninklijk besluit nr. 1 van 29 december 1992, gepubliceerd in het B.S. 31.III.1994, ed. 2, p. 8909, waarbij art. 22, § 1, 2° werd vervangen, art. 22 § 2, eerste lid werd aangevuld en art. 22 § 4bis werd ingevoegd, werd integraal vernietigd bij Arrest van de Raad van State nr. 57.133 van 20 december 1995, bekendgemaakt in het B.S. 9.III.1996, p. 5253, zodat opnieuw de oorspronkelijke tekst werd opgenomen.

Art. 23. [§ 1.] Elke belastingplichtige moet een register houden waarin hij de goederen optekent die door hemzelf of voor zijn rekening zijn verzonden of vervoerd, voor bedrijfsdoeleinden, naar een andere Lid-Staat van de Gemeenschap, met het oog op:

1° [...];

2° [de verrichting voor de belastingplichtige van een dienst in verband met expertises of werkzaamheden betreffende deze goederen, die daadwerkelijk worden verricht in de lidstaat van aankomst van de verzending of het vervoer van de goederen, voor zover de goederen, na expertise of bewerking, opnieuw verzonden worden naar deze belastingplichtige in België van waar zij oorspronkelijk verzonden of vervoerd werden];

3° het tijdelijk gebruik van deze goederen op het grondgebied van de Lid-Staat van aankomst van de verzending of van het vervoer van deze goederen, ten behoeve van een dienst die door de belastingplichtige wordt verricht;

4° het tijdelijk gebruik van deze goederen voor een periode van ten hoogste 24 maanden op het grondgebied van een andere Lid-Staat, waar de invoer van dezelfde goederen uit een derde land, met het oog op tijdelijk gebruik, in aanmerking zou komen voor de regeling voor tijdelijke invoer met volledige vrijstelling van invoerrechten;

[5° de eventuele verkoop, indien de belastingplichtige een belastingplichtige wederverkoper is bedoeld in artikel 58, § 4, van het Wetboek, die de goederen onderwerpt aan de bijzondere regeling van belastingheffing over de winstmarge.]

[§ 2. Wat de BTW-eenheid in de zin van artikel 4, § 2, van het Wetboek betreft, moet elk lid het in [paragraaf 1] bedoelde register houden voor de handelingen die hem betreffen.]

Bestaande tekst genummerd tot § 1 bij art. 13 K.B. 17 mei 2007 (B.S. 31.V.2007, ed. 2), van toepassing vanaf 1 april 2007;

§ 1, 1° opgeheven bij art. 5 A) K.B. 25 februari 1996 (B.S. 5.III.1996);

§ 1, 2° vervangen bij art. 27, a) K.B. 19 december 2012 (B.S. 31.XII.2012, ed. 1), van toepassing vanaf 1 januari 2013;
§ 1, 5° ingevoegd bij art. 1 K.B. 23 december 1994 (B.S. 30.XII.1994);
§ 2 ingevoegd bij art. 13 K.B. 17 mei 2007 (B.S. 31.V.2007, ed. 2), van toepassing vanaf 1 april 2007 en gewijzigd bij art. 27, b) K.B. 19 december 2012 (B.S. 31.XII.2012, ed. 1), van toepassing vanaf 1 januari 2013.

Art. 24. In het in artikel 23 bedoelde register vermeldt de belastingplichtige, voor elke handeling:
1° een volgnummer;
2° de datum van de handeling;
3° de naam en het adres van de bestemmeling van de betrokken goederen;
4° in voorkomend geval, het BTW-identificatienummer van die bestemmeling en, de plaats van bestemming van de betrokken goederen;
5° de hoeveelheid van de verzonden of de vervoerde goederen en de gebruikelijke benaming van deze goederen;
6° hun nummers of identificatiekentekens wanneer deze er van voorzien zijn;
7° de waarde van de verzonden of de vervoerde goederen, bepaald overeenkomstig artikel 33, 1°, van het Wetboek;
8° de datum van terugkeer van de goederen;
9° de hoeveelheid en de gebruikelijke benaming van de teruggekeerde goederen, wanneer deze verschillen van die der verzonden of vervoerde goederen;
10° de hoeveelheid van de goederen die niet zijn teruggekeerd, alsook de reden van niet terugkeer;
11° de datum en het inschrijvingsnummer in de factuurboeken van de facturen of de als zodanig geldende stukken en van de creditnota's die hij heeft ontvangen of uitgereikt met betrekking tot deze handelingen.

Art. 25. [§ 1. Iedere belastingplichtige moet een register houden van de goederen die hem door een belastingplichtige worden toevertrouwd met het oog op de oplevering aan laatstgenoemde van een maakloonwerk in de zin van artikel 18, § 1, tweede lid, 1°, van het Wetboek.
§ 2. In het in § 1 bedoelde register vermeldt de belastingplichtige eveneens de goederen die hem vanuit een andere Lid-Staat werden toegezonden door of voor rekening van een in die andere Lid-Staat voor BTW-doeleinden geïdentificeerde belastingplichtige en die het voorwerp uitmaken van een expertise of van een materieel werk, ander dan een maakloonwerk in de zin van artikel 18, § 1, tweede lid, 1°, van het Wetboek.]
[§ 3. De bepalingen van §§ 1 en 2 zijn van toepassing op elk lid van de BTW-eenheid in de zin van artikel 4, § 2, van het Wetboek voor de handelingen die hem betreffen.]
[§ [4]. De bepalingen van de [§§ 1, 2 en 3] zijn niet van toepassing op de handelingen die in het register bedoeld in artikel 28, § 1 moeten worden ingeschreven.]

§§ 1-2 vervangen bij art. 6 K.B. 25 februari 1996 (B.S. 5. III.1996);
§ 3 ingevoegd bij art. 14 K.B. 17 mei 2007 (B.S. 31.V.2007, ed. 2), van toepassing vanaf 1 april 2007;
§ 4 ingevoegd bij art. 7 K.B. 6 februari 2002 (B.S. 15.III.2002) en hernummerd en gewijzigd bij art. 14 K.B. 17 mei 2007 (B.S. 31.V.2007, ed. 2), van toepassing vanaf 1 april 2007.

Art. 26. In het in artikel 25 bedoelde register vermeldt de belastingplichtige:
1° een volgnummer;
2° de datum van ontvangst van de [goederen];
3° de naam en het adres van de opdrachtgever;
4° het BTW-identificatienummer van de opdrachtgever;
5° de hoeveelheid der [goederen] die hem zijn toevertrouwd;
6° de gebruikelijke benaming van die [goederen] en hun nummers of identificatiekentekens wanneer ze er van voorzien zijn;
7° [dadelijk na de voltooiing van de expertise of van het werk, de datum van de verzending of van het vervoer van de goederen die het voorwerp hebben uitgemaakt van de dienstverrichting];
8° per verzending, de hoeveelheid van de verzonden goederen alsook de gebruikelijke benaming ervan;
9° de hoeveelheid en de gebruikelijke benaming van de goederen die hem zijn toevertrouwd en die niet aan de opdrachtgever worden teruggegeven;
10° de datum en het inschrijvingsnummer in het boek voor uitgaande facturen van de facturen en de creditnota's die hij met betrekking tot de verrichte [dienst] heeft uitgereikt.

2°, 5° en 6° gewijzigd bij art. 7 A) K.B. 25 februari 1996 (B.S. 5.III.1996);
7° vervangen bij art. 7 B) K.B. 25 februari 1996 (B.S. 5. III.1996);
10° gewijzigd bij art. 7 C) K.B. 25 februari 1996 (B.S. 5. III.1996).

[Art. 26bis. § 1. De dienstverrichter bedoeld in artikel 58bis, § 2, van het Wetboek, dient een register te houden van de handelingen waarop deze bijzondere regeling van toepassing is.
§ 2. In het in § 1 bedoelde register, vermeldt de dienstverrichter, voor elke handeling:
1° een volgnummer;
2° de datum van de handeling of de periode van de uitvoering van de handeling;
3° de naam en het adres van de ontvanger van de dienst;
4° de beschrijving van de langs elektronische weg verstrekte dienst;
5° de vermelding van het tarief dat van toepassing is in de lidstaat waar de handeling wordt geacht plaats te vinden, van de maatstaf van heffing en van het bedrag van de verschuldigde belasting;
6° in voorkomend geval, de vermelding van de wettelijke bepaling op grond waarvan de handeling van de belasting is vrijgesteld of op grond waarvan de belasting niet in rekening wordt gebracht.

Bovendien wordt op het einde van elke aangifteperiode, per betrokken lidstaat, het totaalbedrag van de maatstaf van heffing, het totaalbedrag van de overeenstemmende belasting uitgedrukt in euro, alsook het totaalbedrag van de in de Gemeenschap met betrekking tot die periode verschuldigde belasting ingeschreven.]

Ingevoegd bij art. 2 K.B. 15 juli 2003 (B.S. 8.VIII.2003).

Art. 27. De belastingplichtigen die een boekhouding voeren waarin de in de artikelen 24 en 26 voorgeschreven vermeldingen voorkomen, zijn ervan ontheven de in de artikelen 23 en 25 bedoelde registers te houden.

Art. 28. [§ 1. Per bedrijfszetel dient elke belastingplichtige die, in het kader van zijn economische activiteit regelmatig één of meerdere van de volgende handelingen verricht, een register bij te houden van de motorvoertuigen die in zijn inrichting aanwezig zijn:

1° elke levering en/of dienstverrichting betreffende een motorvoertuig, met uitzondering van het wassen van goederen bedoeld in artikel 22, § 1, 3°;

2° elke levering van tweedehandse motorvoertuigen;

3° elke tussenkomst als tussenpersoon in de levering van tweedehandse motorvoertuigen.

De in het eerste lid bedoelde bepaling is evenwel niet van toepassing op de belastingplichtigen die uitsluitend handelingen van montage, assemblage of constructie van motorvoertuigen verrichten.

§ 2. De betrokken belastingplichtige dient het register bedoeld in § 1 aan te vullen door het inschrijven van:

1° zodra een voertuig binnenkomt in zijn inrichting teneinde er het voorwerp uit te maken van een handeling bedoeld in § 1, een volgnummer, de datum van binnenkomst van het voertuig in zijn inrichting, de nummerplaat of, bij gebrek daaraan, het chassisnummer van het voertuig en, in voorkomend geval, het identificatienummer van de opdrachtgever toegekend door een andere lidstaat en de door of vanwege de minister van Financiën te bepalen code die de aard van de handeling identificeert;

2° wanneer het voertuig zijn inrichting verlaat, de uitgaande datum;

3° ten laatste op het einde van de maand volgend op die waarin het voertuig zijn inrichting heeft verlaten, een verwijzing naar de factuur of, bij gebrek daaraan, naar een ander verantwoordingsstuk bedoeld in artikel 15, § 2, of de reden waarom geen enkel stuk werd opgemaakt.

§ 3. Voor de toepassing van onderhavig artikel dient te worden verstaan onder:

1° motorvoertuigen, de landvoertuigen uitgerust met een motor onderworpen aan de reglementering betreffende de inschrijving;

2° tweedehandse motorvoertuigen, de hiervoor bedoelde voertuigen, met inbegrip van de voertuigen bedoeld in artikel 8bis, § 2, eerste lid, 2°, van het Wetboek welke als zodanig of na herstelling geschikt zijn

om opnieuw te worden gebruikt.

[§ 4. Wat de BTW-eenheid in de zin van artikel 4, § 2, van het Wetboek betreft, moet elk lid het in § 1 bedoelde register houden voor de handelingen die hem betreffen.]

§ [5]. De registers bijgehouden voor de toepassing van dit artikel, andere dan die welke sinds meer dan drie maanden zijn afgesloten, moeten zich op de bedrijfszetel bevinden.

Op uitdrukkelijk verzoek van de ambtenaren van de administraties die bevoegd zijn voor de belasting over de toegevoegde waarde, de inkomstenbelasting en de douane en accijnzen, dient de belastingplichtige de in het vorig lid bedoelde registers op de bedrijfszetel ter inzage voor te leggen.]

Vervangen bij art. 8 K.B. 6 februari 2002 (B.S. 15.II.2002);
§ 4 ingevoegd bij art. 15 K.B. 17 mei 2007 (B.S. 31.V.2007, ed. 2), van toepassing vanaf 1 april 2007;
§ 5 hernummerd bij art. 15 K.B. 17 mei 2007 (B.S. 31.V.2007, ed. 2), van toepassing vanaf 1 april 2007.

Art. 29. De inschrijvingen in de registers bedoeld in de artikelen 23, 25 en 28 worden zonder enig wit vlak noch leemte verricht; in geval van verbetering moet de oorspronkelijke inschrijving leesbaar blijven. Vóór elk gebruik moeten de registers genummerd worden en vervolgens voorgelegd worden [om geviseerd en geparafeerd te worden] op het controlekantoor van de belasting over de toegevoegde waarde waaronder de belastingplichtige ressorteert.

[De in de artikelen 23, 25 en 28 bedoelde registers kunnen op geïnformatiseerde wijze worden gehouden overeenkomstig de modaliteiten bepaald door of vanwege de Minister van Financiën.]

Al. 1 gewijzigd bij art. 9 K.B. 6 februari 2002 (B.S. 15. II.2002);
Al. 2 vervangen bij art. 16 K.B. 17 mei 2007 (B.S. 31.V.2007, ed. 2), van toepassing vanaf 1 april 2007.

Art. 30. [Voor zover het BTW-identificatienummer krachtens artikel 53quater van het Wetboek dient te worden medegedeeld, moet dit nummer worden vermeld op alle contracten, facturen, bestelbons, verzendingsnota's en andere stukken met betrekking tot de economische activiteit van de betrokken persoon.

De leden van een BTW-eenheid in de zin van artikel 4, § 2, van het Wetboek, mogen op de in het eerste lid bedoelde stukken die zij uitreiken, enkel het sub-BTW-identificatienummer vermelden dat hen werd toegekend krachtens artikel 50, §§ 1, eerste lid, 6° of 2, tweede lid, van het Wetboek.]

Vervangen bij art. 8 K.B. 9 december 2009 (B.S. 17. XII.2009, ed. 2), van toepassing vanaf 1 januari 2010.

[HOOFDSTUK V

TIJDELIJKE BEPALING]

Opschrift ingevoegd bij art. 28 K.B. 19 december 2012 (B.S. 31.XII.2012, ed. 1), van toepassing vanaf 1 januari 2013.

[**Art. 30bis.** In afwijking van artikel 21bis, eerste lid, zijn de exploitant van een inrichting waar regelmatig maaltijden worden verbruikt alsmede de traiteur die regelmatig cateringdiensten verricht ertoe gehouden om van 1 januari 2013 tot en met 31 december 2014 kasticketten te blijven uitreiken door middel van het kasregister.

Wanneer een dergelijke belastingplichtige tijdens de voormelde periode dit kasregister in gebruik neemt, is hij ertoe gehouden een kasticket uit te reiken overeenkomstig het eerste lid. Bij gebrek aan een dergelijk kasregister gedurende deze periode, is hij gehouden de rekening of het ontvangstbewijs uit te reiken bedoeld in artikel 22, § 1, eerste lid, 2°.]

Ingevoegd bij art. 29 K.B. 19 december 2012 (B.S. 31. XII.2012, ed. 1), van toepassing vanaf 1 januari 2013.

Art. 31. Dit besluit vervangt het koninklijk besluit nr. 1 van 23 juli 1969 met betrekking tot de regeling voor de voldoening van de belasting over de toegevoegde waarde en heft het koninklijk besluit nr. 12 van 3 juni 1970 met betrekking tot het houden van een maakloonregister voor de toepassing van de belasting over de toegevoegde waarde en het koninklijk besluit nr. 32 van 14 november 1972 met betrekking tot de betaling van de belasting over de toegevoegde waarde voor de handelingen verricht tijdens het laatste aangiftetijdvak van het kalenderjaar, op.

Art. 32. Dit besluit treedt in werking op 1 januari 1993.

Art. 33. Onze Minister van Financiën is belast met de uitvoering van dit besluit.

Opmerking: – Volgen de bijlagen, waarvan:
- Bijlage I en Bijlage II vervangen bij art. 9 en 10 K.B. 9 december 2009 (B.S. 17.XII.2009, ed. 2, err. B.S. 7.V.2010), van toepassing vanaf 1 januari 2010;
- Bijlage III vervangen bij art. 1 K.B. 4 maart 2013 (B.S. 8.III.2013).
- Bijlage IV ingevoegd bij K.B. 15 juli 2003, art. 3 (B.S. 8.VIII.2003).

KONINKLIJK BESLUIT NR. 3
VAN 10 DECEMBER 1969
MET BETREKKING TOT DE
AFTREKREGELING VOOR DE TOEPASSING
VAN DE BELASTING OVER DE
TOEGEVOEGDE WAARDE

B.S. 12.XII.1969.
Opmerking: – Uitvoering van art. 45-49 W.B.T.W.

Afdeling 1

Voorwaarden waaraan het uitoefenen van het recht op aftrek onderworpen is

Art. 1. § 1. Onder voorbehoud van de toepassing van [artikel 45, §§ 1bis, 2 en 3, van het Wetboek] van de belasting over de toegevoegde waarde brengt de belastingplichtige, onder de voorwaarden gesteld bij de artikelen 2 tot 4 van dit besluit, de belasting in aftrek geheven van de goederen en diensten die hij bestemt voor het verrichten van in [artikel 45, § 1, 1° tot 5°] van het Wetboek bedoelde handelingen.

Indien de belastingplichtige in de uitoefening van [zijn economische activiteit] andere handelingen verricht waarvoor geen aanspraak op aftrek bestaat, gedraagt hij zich, voor het vaststellen van de te verrichten aftrek, naar het bepaalde in de artikelen 46 en 48 van het Wetboek en 12 tot 21 van dit besluit.

§ 2. Voor aftrek komt in geen geval in aanmerking de belasting geheven van de goederen en diensten die een belastingplichtige bestemt voor [privé-doeleinden of voor andere doeleinden dan die van zijn economische activiteit].

Wanneer een goed of een dienst bestemd is om gedeeltelijk voor zulke doeleinden te worden gebruikt, is het recht op aftrek naar verhouding van dat gebruik uitgesloten. Die verhouding dient door de belastingplichtige te worden bepaald onder controle van de administratie.

§ 1, al. 1 gewijzigd bij art. 10 K.B. 31 maart 1978 (B.S. 11.IV.1978) en bij art. 6 K.B. 22 november 1994 (B.S. 1. XII.1994);
§ 1, al. 2 gewijzigd bij art. 1, B K.B. 29 december 1992 (B.S. 31.XII.1992);
§ 2, al. 1 gewijzigd bij art. 1, C K.B. 29 december 1992 (B.S. 31.XII.1992).

Art. 2. [Het recht op aftrek ontstaat:
1° ten aanzien van de belasting geheven van de aan de belastingplichtige geleverde goederen en verleende diensten, op het tijdstip waarop de belasting opeisbaar wordt krachtens de artikelen 16, § 1, 17, 22, § 1 en 22bis van het Wetboek;
2° ten aanzien van de belasting geheven van een handeling die de belastingplichtige verricht voor de behoeften van zijn economische activiteit en die wordt gelijkgesteld met een levering door artikel 12, § 1, eerste lid, 3° en 4°, van het Wetboek, of met een dienst door artikel 19, § 2, eerste lid, 1°, of § 3, van het Wetboek, op het tijdstip waarop de belasting opeisbaar

wordt krachtens de artikelen 16, § 1, 17, 22, § 1 en 22bis van het Wetboek;
3° ten aanzien van de belasting geheven van een invoer, op het tijdstip waarop die belasting opeisbaar wordt krachtens artikel 24 van het Wetboek;
4° ten aanzien van de belasting geheven van een intracommunautaire verwerving, op het tijdstip waarop die belasting opeisbaar wordt krachtens artikel 25sexies van het Wetboek;
5° ten aanzien van de belasting geheven van een handeling die de belastingplichtige verricht voor de behoeften van zijn economische activiteit en die wordt gelijkgesteld met een intracommunautaire verwerving door artikel 25quater van het Wetboek, op het tijdstip waarop de belasting opeisbaar wordt krachtens artikel 25sexies van het Wetboek;
6° ten aanzien van de belasting die verschuldigd is of voldaan wordt in de omstandigheden bedoeld in artikel 58, § 4, 7°, tweede lid, van het Wetboek, op het tijdstip bepaald in artikel 58, § 4, 7°, derde lid, van het Wetboek;
7° ten aanzien van de belasting geheven van een handeling bedoeld in artikel 7, § 3, van het koninklijk besluit nr. 54 met betrekking tot de andere regeling van entrepot dan douane-entrepot bedoeld in artikel 39quater van het Wetboek van de belasting over de toegevoegde waarde, op het tijdstip waarop die belasting opeisbaar wordt krachtens artikel 9 van datzelfde besluit.]

Vervangen bij art. 4 K.B. 30 april 2013 (B.S. 8.V.2013), van toepassing vanaf 1 januari 2013.

Art. 3. § 1. Om zijn recht op aftrek te kunnen uitoefenen moet de belastingplichtige:
1° [ten aanzien van de belasting geheven van de aan hem geleverde goederen en verleende diensten, in het bezit zijn van een factuur uitgereikt overeenkomstig de artikelen 53, § 2 en 53octies, van het Wetboek waarop de vermeldingen voorkomen bedoeld in artikel 5, § 1, van het koninklijk besluit nr. 1 met betrekking tot de regeling voor de voldoening van de belasting over de toegevoegde waarde];
2° [ten aanzien van de belasting geheven van een handeling die hij verricht voor de behoeften van zijn economische activiteit en die wordt gelijkgesteld met een levering door [artikel 12, § 1, eerste lid, 3° en 4°, van het Wetboek, of met een dienst door artikel 19, § 2, eerste lid, 1°], of § 3, van het Wetboek, het in artikel 3 van het koninklijk besluit nr. 1 met betrekking tot de regeling voor de voldoening van de belasting over de toegevoegde waarde bedoelde stuk opmaken en [de verschuldigde belasting opnemen] in de aangifte met betrekking tot het tijdvak waarin ze opeisbaar wordt];
3° ten aanzien van de belasting geheven van de andere invoeren dan die bedoeld onder 4°, in het bezit van een invoerdocument dat hem als geadresseerde aanwijst en dat de betaling van de belasting vaststelt;
4° ten aanzien van de belasting geheven van de invoeren gedaan onder het stelsel van de verlegging van de heffing naar het binnenland, [de verschuldigde

belasting opnemen] in de aangifte met betrekking tot het tijdvak waarin ze [opeisbaar] wordt;

[5° [ten aanzien van de belasting geheven van intracommunautaire verwervingen van goederen, in het bezit zijn van een factuur uitgereikt overeenkomstig de wettelijke bepalingen die van kracht zijn in de lidstaat van waaruit die goederen zijn verzonden of vervoerd, of bij gebreke van een dergelijk factuur, het stuk bedoeld in artikel 9, § 1, van het koninklijk besluit nr. 1 met betrekking tot de regeling voor de voldoening van de belasting over de toegevoegde waarde en hetzij [de verschuldigde belasting opnemen] in de aangifte met betrekking tot het tijdvak waarin ze opeisbaar wordt, hetzij in de gevallen bedoeld in de artikelen 1 en 2 van het koninklijk besluit nr. 46 tot regeling van de aangifte van de intracommunautaire verwerving van vervoermiddelen en van de betaling van de ter zake verschuldigde BTW in het bezit zijn van de in artikel 1 van genoemd besluit bedoelde bijzondere aangifte];

6° [ten aanzien van de belasting geheven van een handeling die de belastingplichtige verricht voor de behoeften van zijn economische activiteit en die met een intracommunautaire verwerving wordt gelijkgesteld door artikel 25quater van het Wetboek, in het bezit zijn van het transfertdocument opgesteld overeenkomstig de wettelijke bepalingen die van kracht zijn in de lidstaat van waaruit deze goederen zijn verzonden of vervoerd of bij gebreke ervan, het in artikel 9, § 3, van het koninklijk besluit nr. 1 met betrekking tot de regeling voor de voldoening van de belasting over de toegevoegde waarde bedoelde stuk en de verschuldigde belasting opnemen in de aangifte met betrekking tot het tijdvak waarin ze opeisbaar wordt];]

[7° ten aanzien van de belasting geheven van de handelingen waarvoor hij, bij toepassing van [artikel 51, § 2, eerste lid, 1°, 2° 5° en 6°] of § 4, van artikel 55, § 6, van het Wetboek, ertoe gehouden is zelf de opeisbare belasting te voldoen, in het bezit zijn van een factuur uitgereikt overeenkomstig de artikelen 53, § 2 en 53octies, van het Wetboek of, bij gebreke van een dergelijke factuur, van het bedoelde stuk in artikel 9, § 1, van het koninklijk besluit nr. 1 met betrekking tot de regeling voor de voldoening van de belasting over de toegevoegde waarde of in artikel 5, § 2, van het koninklijk besluit nr. 31 van 2 april 2002 met betrekking tot de toepassingsmodaliteiten van de belasting over de toegevoegde waarde ten aanzien van de handelingen verricht door niet in België gevestigde belastingplichtigen en de verschuldigde belasting opnemen in de aangifte met betrekking tot het tijdvak waarin ze opeisbaar wordt.]

§ 2. [In afwijking van § 1 kan in de gevallen bedoeld in artikel 13 van het koninklijk besluit nr. 1 met betrekking tot de regeling voor de voldoening van de belasting over de toegevoegde waarde, de aftrek worden verricht met inachtneming van de door of vanwege de minister van Financiën gestelde voorwaarden.]

§ 3. [...]

§ 1, 1° vervangen bij art. 2, 1° K.B. 20 februari 2004 (B.S. 27.II.2004, ed. 3);

§ 1, 2° vervangen bij art. 3, A K.B. 29 december 1992 (B.S. 31.XII.1992) en gewijzigd bij art. 4, 1° K.B. 21 april 2007 (B.S. 4.V.2007) en bij art. 11, a) K.B. 9 december 2009 (B.S. 17.XII.2009, ed. 2), van toepassing vanaf 1 januari 2010;

§ 1, 4° gewijzigd bij art. 3, B en C K.B. 29 december 1992 (B.S. 31.XII.1992) en gewijzigd bij art. 4, 1° K.B. 21 april 2007 (B.S. 4.V.2007);

§ 1, 5° ingevoegd bij art. 3, D K.B. 29 december 1992 (B.S. 31.XII.1992), vervangen bij art. 2, 2° K.B. 20 februari 2004 (B.S. 27.II.2004, ed. 3) en gewijzigd bij art. 4, 1° K.B. 21 april 2007 (B.S. 4.V.2007);

§ 1, 6° ingevoegd bij art. 3, D K.B. 29 december 1992 (B.S. 31.XII.1992) en vervangen bij art. 4, 2° K.B. 21 april 2007 (B.S. 4.V.2007);

§ 1, 7° ingevoegd bij art. 4, 3° K.B. 21 april 2007 (B.S. 4.V.2007) en gewijzigd bij art. 11, b) K.B. 9 december 2009 (B.S. 17.XII.2009, ed. 2), van toepassing vanaf 1 januari 2010;

§ 2 vervangen bij art. 2, 3° K.B. 20 februari 2004 (B.S. 27. II.2004, ed. 3);

§ 3 opgeheven bij art. 4, 4° K.B. 21 april 2007 (B.S. 4.V.2007).

Art. 4. [De belastingplichtige oefent zijn recht op aftrek globaal uit door op het totaalbedrag van de belasting verschuldigd voor een aangiftetijdvak, het totaalbedrag toe te rekenen van de belasting waarvoor het recht op aftrek tijdens hetzelfde tijdvak is ontstaan en uitgeoefend kan worden krachtens artikel 3.

Wanneer de formaliteiten waaraan het uitoefenen van het recht op aftrek onderworpen is, niet tijdig worden vervuld en, in het bijzonder, wanneer de in artikel 3, § 1, 1°, bedoelde factuur werd uitgereikt na het verstrijken van de termijn voorgeschreven door artikel 4, § 1, van het koninklijk besluit nr. 1 van 29 december 1992, wordt dat recht uitgeoefend in de aangifte met betrekking tot het tijdvak waarin de formaliteiten worden vervuld of in een aangifte betreffende een volgend tijdvak, ingediend vóór het verstrijken van het derde kalenderjaar volgend op dat waarin de af te trekken belasting opeisbaar is geworden.]

Vervangen bij art. 1 K.B. 16 juni 2003 (B.S. 27.VI.2003, ed. 4).

Afdeling 2

Herziening van de aftrek ten aanzien van andere belasting dan die geheven van bedrijfsmiddelen

Art. 5. [§ 1. De belastingplichtige herziet de oorspronkelijk verrichte aftrek:

1° wanneer die aftrek meer of minder bedraagt dan die welke hij mocht verrichten op het tijdstip waarop de bij artikel 4 bedoelde formaliteiten vervuld waren;

2° in het geval bedoeld bij artikel 79, § 1, tweede lid, van het Wetboek;

3° wanneer zich wijzigingen voordoen in de factoren die aan de berekening van de gedane aftrek ten grondslag liggen, zoals de wijzigingen bedoeld in de artikelen 15 en 19 of de wijzigingen in het geval dat een belastingplichtige die uitsluitend handelingen verrichtte die recht op aftrek verleenden, vervolgens handelingen verricht waarvoor er geen aanspraak op aftrek is;

4° wanneer hij ieder recht op aftrek verliest, wat betreft de nog niet vervreemde lichamelijke roerende goederen en de nog niet-gebruikte diensten op het tijdstip van dat verlies.

§ 2. Ten aanzien van de belasting geheven van de diensten met betrekking tot de goederen bedoeld in artikel 1, § 9, van het Wetboek die geen recht op aftrek verleenden op het tijdstip waarop de belasting verschuldigd was, herziet de belastingplichtige de aftrek wanneer deze diensten nadien worden gebruikt voor het verrichten van handelingen waarvoor aanspraak op aftrek bestaat.

§ 3. De toepassing van dit artikel wordt geregeld door of vanwege de minister van Financiën.]

Vervangen bij art. 2 K.B. 19 december 2010 (B.S. 24. XII.2010), van toepassing vanaf 1 januari 2011.

Afdeling 3

Herziening van de aftrek ten aanzien van belasting geheven van bedrijfsmiddelen

Art. 6. [Onder bedrijfsmiddelen, waarvoor de aftrek van belasting onderworpen is aan herziening overeenkomstig artikel 48, § 2, van het Wetboek, moet worden verstaan, de lichamelijke goederen, de zakelijke rechten bedoeld in artikel 9, tweede lid, 2°, van het Wetboek en de diensten die bestemd zijn om op een duurzame wijze te worden gebruikt als werkinstrumenten of exploitatiemiddelen.

In het eerste lid worden evenwel niet bedoeld verpakkingsmiddelen, klein materieel, klein gereedschap en kantoorbehoeften, wanneer die goederen voldoen aan de door de minister van Financiën gestelde criteria.

De in dit artikel bedoelde bepalingen gelden eveneens voor de toepassing van de artikelen 12, § 1, en 19, § 2, van het Wetboek.]

Vervangen bij art. 125 Progr. W. 27 april 2007 (B.S. 8.V.2007, ed. 3).

Art. 7. [Onder de belasting waarvan de aftrek onderworpen is aan herziening overeenkomstig artikel 48, § 2, van het Wetboek, dient te worden verstaan de belasting geheven op de aankoop, de intracommunautaire verwerving, de invoer of de handelingen die strekken of bijdragen tot de totstandkoming, het omvormen of het verbeteren van in artikel 6, eerste lid, bedoelde bedrijfsmiddelen.

Voor de toepassing van het vorige lid, is geen belasting waarvan de aftrek onderworpen is aan herziening :

1° de belasting die wordt geheven op herstellings- of onderhoudswerk, aan bedrijfsmiddelen, alsmede de belasting die wordt geheven op de aankoop, de intracommunautaire verwerving of de invoer van reserveonderdelen die voor zulk werk bestemd zijn;

2° de belasting die wordt geheven op de huur van

bedrijfsmiddelen en, meer algemeen, op de overdracht van het genot van bedrijfsmiddelen of het verlenen van rechten op dat genot.]

Vervangen bij art. 126 Progr. W. 27 april 2007 (B.S. 8.V.2007, ed. 3).

Art. 8. De belastingplichtige herziet de oorspronkelijk verrichte aftrek voor bedrijfsmiddelen:

1° wanneer die aftrek meer of minder bedraagt dan die welke hij mocht verrichten op het tijdstip waarop de bij artikel 4 [...] bedoelde formaliteiten vervuld waren;

2° in het geval bedoeld bij [artikel 79, § 1, tweede lid], van het Wetboek.

De toepassing van dit artikel wordt geregeld door of vanwege de minister van Financiën.

Al. 1, 1° gewijzigd bij art. 3 K.B. 16 juni 2003 (B.S. 27. VI.2003, ed. 4);
Al. 1, 2° gewijzigd bij art. 3 K.B. 19 december 2010 (B.S. 24.XII.2010), van toepassing vanaf 1 januari 2011.

Art. 9. [§ 1. [Ten aanzien van de belasting geheven van bedrijfsmiddelen, is de aftrek die oorspronkelijk door de belastingplichtige werd verricht onderworpen aan herziening gedurende een tijdvak van vijf jaar te rekenen vanaf 1 januari van het jaar waarin het recht op aftrek ontstaat.

Ten aanzien van de belasting geheven van onroerende bedrijfsmiddelen wordt deze periode gebracht op vijftien jaar.

Onder belasting geheven van onroerende bedrijfsmiddelen wordt verstaan de belasting geheven van:

1° de handelingen die strekken of bijdragen tot de oprichting van goederen bedoeld in artikel 1, § 9, 1°, van het Wetboek;

2° de verkrijging van goederen bedoeld in artikel 1, § 9, van het Wetboek;

3° de verkrijging van een in artikel 9, tweede lid, 2°, van het Wetboek bedoeld zakelijk recht op goederen bedoeld in artikel 1, § 9, van het Wetboek.]

§ 2. Door of vanwege de minister van Financiën kan, in de gevallen en onder de voorwaarden door of namens hem te bepalen, worden toegestaan of voorgeschreven dat als uitgangspunt van het herzieningstijdvak wordt genomen de 1ste januari van het jaar waarin het bedrijfsmiddel in gebruik wordt genomen.]

Vervangen bij art. 14 K.B. 31 maart 1978 (B.S. 11.IV.1978);
§ 1 vervangen bij art. 4 K.B. 19 december 2010 (B.S. 24. XII.2010), van toepassing vanaf 1 januari 2011.

Art. 10. [§ 1. De in het vorige artikel bedoelde herziening moet worden verricht wanneer gedurende het in dat artikel bedoelde tijdvak:

1° het bedrijfsmiddel door de belastingplichtige geheel of gedeeltelijk wordt gebruikt voor privé-doeleinden of ter verwezenlijking van handelingen die geen recht op aftrek verlenen, of die recht op aftrek verlenen in een andere verhouding dan die welke als grondslag heeft gediend voor de oorspronkelijke aftrek; deze bepaling geldt evenwel niet wanneer het hele privé-gebruik aanleiding geeft tot een belastbare levering in de zin van artikel 12, § 1, 1° of 2°, van het Wetboek;

2° enige wijziging is ingetreden in de factoren die, met inachtneming van de uitgeoefende economische activiteit, aan de berekening van de aftrek gedaan voor het bedrijfsmiddel ten grondslag hebben gelegen;

3° het bedrijfsmiddel het voorwerp is van een handeling die recht op aftrek verleent en in de mate waarin de aftrek van de belasting geheven op dat goed een beperking heeft ondergaan andere dan die voortspruitend uit artikel 45, § 2, van het Wetboek;

4° het bedrijfsmiddel ophoudt in de onderneming te bestaan of wanneer het niet meer gebruikt wordt voor de BTW-eenheid ingevolge de uittreding van één van haar leden, tenzij wordt aangetoond dat zulks het gevolg is van een handeling die recht op aftrek verleent of dat het bedrijfsmiddel vernietigd of ontvreemd werd;

5° iemand de hoedanigheid van belastingplichtige verliest of wanneer hij toetreedt tot een BTW-eenheid, of nog slechts handelingen verricht die geen recht op aftrek verlenen wat betreft de aan herziening onderworpen onroerende goederen uit hun aard en de zakelijke rechten, tenzij die goederen het voorwerp hebben uitgemaakt van een levering die recht op aftrek verleent of die zakelijke rechten met toepassing van de belasting werden overgedragen of wederovergedragen.

In het geval van het 3° wordt het bedrag van de belasting, dat ingevolge de herziening in aftrek mag worden gebracht, beperkt tot het bedrag dat wordt bekomen door de maatstaf van heffing voor de levering te vermenigvuldigen met het tarief waartegen de belasting, waarvan de aftrek wordt herzien, werd berekend.

§ 2. De herziening moet ook worden verricht wanneer gedurende het in het vorig artikel bedoelde tijdvak:

- het bedrijfsmiddel dat het voorwerp heeft uitgemaakt van de in § 1, eerste lid, 4°, bedoelde herziening, gebruikt wordt door het uittredend lid van de BTW-eenheid ter verwezenlijking van handelingen die recht op aftrek verlenen;

- het bedrijfsmiddel dat het voorwerp heeft uitgemaakt van de in § 1, eerste lid, 5°, bedoelde herziening, door de btw-eenheid gebruikt wordt ter verwezenlijking van handelingen die recht op aftrek verlenen.

§ 3. In het kader van het stelsel van de BTW-eenheid kunnen de bedragen verschuldigd ingevolge de in § 1, eerste lid, 4° en 5°, bedoelde herzieningen, worden verrekend met het bedrag van de belasting die in aftrek kan worden gebracht overeenkomstig de in § 2 bedoelde herziening.

Deze verrekening vereist de schriftelijke toestemming van het betrokken lid en van de vertegenwoordiger van de BTW-eenheid.

De verrekening moet gebeuren in hoofde van de BTW-eenheid.

Daartoe moet aan de BTW-controlekantoren waaronder de BTW-eenheid en het betrokken lid ressorteren, een inventaris worden verstrekt van de aan herziening onderworpen goederen, waarvan het model is vastgesteld door of vanwege de minister van Financiën, en van een afschrift van de bovenbedoelde toestemming.]

Vervangen bij art. 103 Progr. W. 27 april 2007 (B.S. 8.V.2007, ed. 3, err. B.S. 23.V.2007), van toepassing vanaf 1 april 2007.

Art. 11. [§ 1. [De bij [artikel 10, § 1, 1°], bedoelde herziening, die wordt berekend op de wijze bepaald in artikel 1, § 2, wordt verricht tot beloop van een vijfde of een [vijftiende], volgens het onderscheid gemaakt in artikel 9, § 1, naargelang de aard van het goed, van het bedrag van de oorspronkelijk in aftrek gebrachte belasting, voor ieder jaar waarin een wijziging in het gebruik intreedt.

Wanneer het bedrijfsmiddel geheel wordt gebruikt [voor privédoeleinden of ter verwezenlijking van handelingen die geen recht op aftrek verlenen], wordt de herziening in eenmaal verricht, voor het jaar waarin de wijziging in het gebruik intreedt en voor de nog te lopen jaren.]

§ 2. De bij [artikel 10, § 1, 2°], bedoelde herziening wordt ieder jaar verricht tot beloop van een vijfde of een [vijftiende], volgens het geval, van het bedrag van de oorspronkelijk in aftrek gebrachte belasting, overeenkomstig de regelen gegeven door of ter uitvoering van de artikelen 12 tot 21 van dit besluit.

§ 3. [De bij artikel 10, § 1, 3° tot 5° en § 2, bedoelde herziening wordt in eenmaal verricht voor het jaar waarin de oorzaak van de herziening zich heeft voorgedaan en voor de nog te lopen jaren van het herzieningstijdvak tot beloop, volgens het geval, van een vijfde of een vijftiende per jaar:

1° in de gevallen bedoeld in artikel 10, § 1, 3°, van het bedrag van de belasting welke de in die bepaling bedoelde beperking van de aftrek heeft ondergaan;

2° in de gevallen bedoeld in artikel 10, § 1, 4° en 5° en § 2, van het bedrag van de oorspronkelijk in aftrek gebrachte belasting.]

[§ 4. [De belastingplichtige die de aftrek van de belasting geheven van onroerende bedrijfsmiddelen heeft verricht, is gehouden de boeken, de stukken, de facturen, de contracten, de rekeninguittreksels en andere stukken, vermeld in [artikel 60, §§ 1 en 4], van het Wetboek met betrekking tot de handelingen opgesomd in artikel 9, § 1, derde lid gedurende vijftien jaar te bewaren.]

De bewaringstermijn bedoeld in het eerste lid begint te lopen vanaf de eerste januari van het jaar volgend op hun sluiting wat boeken betreft, hun datum wat stukken betreft of het laatste jaar waarin een geïnformatiseerd systeem als bedoeld in [artikel 60, § 4, derde lid], van het Wetboek, wordt gebruikt.

Wanneer het uitgangspunt van het herzieningstijdvak de eerste januari is van het jaar waarin het bedrijfsmiddel in gebruik werd genomen, begint de bewaringstermijn op dat tijdstip te lopen wanneer het valt na die welke worden bepaald in het tweede lid.]

§ [5]. De belastingplichtige houdt een tabel van zijn bedrijfsmiddelen, die het mogelijk maakt de aftrek en de herzieningen die hij heeft verricht te controleren.

Voor de toepassing van artikel 60 van het Wetboek moet de tabel betreffende een bepaald bedrijfsmiddel worden bewaard gedurende een tijdvak van [zeven] jaren te rekenen vanaf het verstrijken van het in artikel 9 van dit besluit bedoelde herzieningstijdvak.

§ [6]. De toepassing van dit artikel wordt geregeld door of vanwege de minister van Financiën.]

Vervangen bij art. 16 K.B. 31 maart 1978 (B.S. 11.IV.1978);
§ 1 vervangen bij art. 6 K.B. 17 oktober 1980 (B.S. 30.X.1980);
§ 1, al. 1 gewijzigd bij art. 10 K.B. 25 februari 1996 (B.S. 5. III.1996) en bij art. 1, 1° K.B. 17 mei 2007 (B.S. 30.V.2007, ed. 2);
§ 1, al. 2 gewijzigd bij art. 9, A K.B. 29 december 1992 (B.S. 31.XII.1992);
§ 2 gewijzigd bij art. 10, A K.B. 25 februari 1996 (B.S. 5. III.1996) en bij art. 1, 2° K.B. 17 mei 2007 (B.S. 30.V.2007, ed. 2);
§ 3 vervangen bij art. 1, 3° K.B. 17 mei 2007 (B.S. 30.V.2007, ed. 2);
§ 4 ingevoegd bij art. 10, B K.B. 25 februari 1996 (B.S. 5.III.1996);
§ 4, al. 1 vervangen bij art. 5 K.B. 19 december 2010 (B.S. 24.XII.2010), van toepassing vanaf 1 januari 2011 en gewijzigd bij art. 7, a) K.B. 30 april 2013 (B.S. 8.V.2013), van toepassing vanaf 1 januari 2013;
§ 4, al. 2 gewijzigd bij art. 7, b) K.B. 30 april 2013 (B.S. 8.V.2013), van toepassing vanaf 1 januari 2013;
§ 5 hernummerd bij art. 10, B K.B. 25 februari 1996 (B.S. 5.III.1996) en al. 2 gewijzigd bij art. 1 K.B. 21 april 2007 (B.S. 4.V.2007);
§ 6 hernummerd bij art. 10, B K.B. 25 februari 1996 (B.S. 5.III.1996).

Afdeling 4

Bepalingen met betrekking tot de aftrek volgens het algemeen verhoudingsgetal

Art. 12. Het bij artikel 46, § 1, van het Wetboek bedoelde algemeen verhoudingsgetal is een breuk:

1° met als teller, het totaalbedrag vastgesteld per kalenderjaar van de handelingen waarvoor aanspraak op aftrek bestaat;

2° met als noemer, het totaalbedrag, vastgesteld per kalenderjaar, zowel van de handelingen opgenomen in de teller [als van de handelingen waarvoor geen aanspraak op aftrek bestaat] van het Wetboek.

De van de handelingen geheven belasting is niet begrepen in de bedragen bedoeld in 1° en 2°.

Het algemeen verhoudingsgetal wordt uitgedrukt in percenten. De wijze van berekening en afronding ervan wordt bepaald door of vanwege de Minister van Financiën.

Al. 1, 2° gewijzigd bij art. 17 K.B. 31 maart 1978 (B.S. 11.IV.1978).

Art. 13. In afwijking van het vorige artikel worden voor de berekening van het algemeen verhoudingsgetal niet in aanmerking genomen:

1° de opbrengst van het afstoten van bedrijfsmiddelen die door de belastingplichtige in zijn bedrijf werden gebruikt;

2° de opbrengsten van en de inkomsten uit onroerende en uit financiële verrichtingen, tenzij die verrichtingen behoren tot een specifieke beroepswerkzaamheid van dien aard;

3° het bedrag van de handelingen in het buitenland, wanneer ze worden verricht door een bedrijfszetel die onderscheiden is van de in België gevestigde zetel en de uitgaven met betrekking tot die handelingen niet rechtstreeks door deze laatste zetel worden gedragen;

4° [...]

4° opgeheven bij art. 18 K.B. 31 maart 1978 (B.S. 11. IV.1978).

Art. 14. [...]

Opgeheven bij art. 19 K.B. 31 maart 1978 (B.S. 11. IV.1978).

Art. 15. Voor ieder kalenderjaar wordt het algemeen verhoudingsgetal voorlopig vastgesteld aan de hand van het bedrag van de handelingen die in de loop van het vorige jaar werden verricht. Wanneer een dergelijke referentie ontbreekt of niet relevant is, wordt het verhoudingsgetal voorlopig door de belastingplichtige geraamd uitgaande van de exploitatievooruitzichten.

Het definitieve verhoudingsgetal wordt voor ieder jaar vastgesteld uiterlijk op 20 april van het volgende jaar.

Wanneer het definitieve verhoudingsgetal groter is dan het voorlopig verhoudingsgetal, mag de belastingplichtige een bijkomende aftrek verrichten gelijk aan het verschil tussen de aftrek berekend overeenkomstig het definitieve verhoudingsgetal en de aftrek berekend overeenkomstig het voorlopig verhoudingsgetal. In het tegenovergestelde geval moet de belastingplichtige een bedrag aan belasting terugstorten gelijk aan het vastgestelde verschil.

[Ieder verhoudingsgetal moet worden verantwoord in een berekeningsblad waarin alle elementen bedoeld in de artikelen 12 en 13, in aanmerking genomen voor het bepalen van dat getal, worden opgenomen. De belastingplichtige dient dat berekeningsblad in bij het daartoe aangewezen BTW-kantoor, uiterlijk op de datum van het indienen van de aangifte bedoeld in artikel 18, §§ 1 en 2, van het koninklijk besluit nr. 1 van 29 december 1992, waarin dat verhoudingsgetal voor het eerst wordt aangewend. Het berekeningsblad dient te verwijzen naar die aangifte.]

Al. 4 vervangen bij art. 3 K.B. 5 september 2001 (B.S. 18.IX.2001).

Art. 16. § 1. Ten aanzien van de belasting geheven van bedrijfsmiddelen, wordt de oorspronkelijke aftrek verricht aan de hand van het voorlopig verhoudingsgetal van het jaar waarin het recht op aftrek ontstaat. Die aftrek wordt herzien, op de wijze bepaald in het vorige artikel, aan de hand van het definitieve verhoudingsgetal van dat jaar. Deze eerste herziening heeft betrekking op het totaalbedrag van de oorspronkelijk in aftrek gebrachte belasting.

[De volgende herzieningen hebben jaarlijks betrekking op een vijfde of een [vijftiende], volgens het onderscheid gemaakt in artikel 9, § 1, [...] naargelang de aard van het goed, van de overeenkomstig het eerste definitieve verhoudingsgetal gedane aftrek. De belastingplichtige verricht deze herzieningen door dat verhoudingsgetal te vergelijken met het definitieve verhoudingsgetal van ieder van de vier of [veertien] in aanmerking te nemen jaren.]

§ 2. [In afwijking van § 1 wordt, wanneer overeenkomstig artikel 9, § 2, als uitgangspunt van het herzieningstijdvak wordt genomen de 1ste januari van het jaar waarin het bedrijfsmiddel in gebruik wordt genomen, de eerste herziening verricht aan de hand van het definitieve verhoudingsgetal van het jaar waarin die ingebruikneming plaatsheeft.]

§ 1, al. 2 vervangen bij art. 20, 1° K.B. 31 maart 1978 (B.S. 11.IV.1978) en gewijzigd bij art. 7 K.B. 17 oktober 1980 (B.S. 30.X.1980) en bij art. 11 K.B. 25 februari 1996 (B.S. 5. III.1996);
§ 2 vervangen bij art. 20, 2° K.B. 31 maart 1978 (B.S. 11. IV.1978).

Art. 17. § 1. De belastingplichtige is ervan ontheven de bij de artikelen 15 en 16 bedoelde herziening te verrichten, wanneer het verschil tussen de in aanmerking te nemen verhoudingsgetallen niet tien percent bereikt.

Deze bepaling vindt geen toepassing in geval van herziening van een verhoudingsgetal dat voorlopig werd geraamd uitgaande van de exploitatievooruitzichten.

§ 2. De belastingplichtige kan afzien van de ontheffing van de herzieningsplicht waarin § 1 voorziet, op voorwaarde dat hij zulks doet voor ten minste vijf achtereenvolgende jaren en daarvan kennis geeft aan de administratie in het berekeningsblad waarvan sprake in artikel 15, laatste lid.

Art. 18. [Door of vanwege de minister van Financiën kan, in de door of namens hem te bepalen gevallen, worden afgeweken van de [artikelen 5, § 1, 4°,] [10, § 1, 5°], 12 en 15 tot 17.

De wijze van herziening van de aftrek wordt bepaald door of vanwege de minister van Financiën:

1° wanneer iemand die uitsluitend handelingen verricht die recht op aftrek verlenen, tevens handelingen begint te stellen die geen recht op aftrek verlenen of een gedeelte van zijn economische activiteit stopzet;

2° wanneer iemand die zowel handelingen verricht die recht op aftrek verlenen als handelingen die geen recht op aftrek verlenen, uitsluitend handelingen begint te stellen die recht op aftrek verlenen;

3° wanneer een persoon die zowel handelingen verricht die recht op aftrek verlenen als handelingen die geen recht op aftrek verlenen, overgaat van de bij de artikelen 19 tot 21 van dit besluit bedoelde regeling waarbij de aftrek geschiedt volgens het werkelijke gebruik van de goederen en diensten, naar de regeling waarbij de aftrek geschiedt volgens het algemeen verhoudingsgetal, en omgekeerd.]

Vervangen bij art. 11 K.B. 29 december 1992 (B.S. 31. XII.1992);
Al. 1 gewijzigd bij art. 2 K.B. 17 mei 2007 (B.S. 30.V.2007, ed. 2) en bij art. 6 K.B. 19 december 2010 (B.S. 24.XII.2010), van toepassing vanaf 1 januari 2011.

Afdeling 5

Bepalingen met betrekking tot de aftrek volgens het werkelijk gebruik van de goederen en diensten

Art. 19. De belastingplichtige die de aftrek verricht volgens het werkelijk gebruik van de goederen en diensten, krachtens artikel 46, § 2, van het Wetboek, moet die aftrek herzien wanneer de goederen en diensten niet worden gebruikt in de bedrijfsafdeling waarvoor ze bestemd waren.

Die herziening heeft de terugstorting tot gevolg van de oorspronkelijk in aftrek gebrachte belasting wanneer de goederen en diensten, geheel of gedeeltelijk, worden overgebracht van een bedrijfsafdeling waarvan de handelingen recht op aftrek geven naar een bedrijfsafdeling waarvan de handelingen geen recht op aftrek geven. Ze heeft een bijkomende aftrek tot gevolg in het tegenovergestelde geval. Ten aanzien van de belasting geheven van bedrijfsmiddelen wordt de herziening verricht overeenkomstig artikel 20.

Art. 20. [De bij artikel 19 bedoelde herziening wordt verricht wanneer een wijziging in het gebruik van de bedrijfsmiddelen intreedt vóór het verstrijken van het vierde of het [veertiende] jaar na dat waarin het recht op aftrek is ontstaan, volgens het in artikel 9, § 1 [...] naargelang de aard van het goed gemaakte onderscheid.

Wanneer het bedrijfsmiddel overgaat van een bedrijfsafdeling waarvan de handelingen recht op aftrek geven naar een bedrijfsafdeling waarvan de handelingen geen recht op aftrek geven, is het terug te storten bedrag gelijk aan de oorspronkelijk in aftrek gebrachte belasting, verminderd met een vijfde of een [vijftiende], volgens hetzelfde onderscheid, per jaar dat verstreken is vóór het jaar waarin de wijziging in het gebruik is ingetreden.

Wanneer het bedrijfsmiddel overgaat van een bedrijfsafdeling waarvan de handelingen geen recht op aftrek geven naar een bedrijfsafdeling waarvan de handelingen wel dat recht geven, is het bedrag van de aftrek gelijk aan de belasting die oorspronkelijk niet kon worden afgetrokken, verminderd met een vijfde of een [vijftiende] volgens het hierboven gemaakte onderscheid.]

Vervangen bij art. 22 K.B. 31 maart 1978 (B.S. 11.IV.1978);
Al. 1 gewijzigd bij art. 8 K.B. 17 oktober 1980 (B.S. 30.X.1980) en bij art. 12, A K.B. 25 februari 1996 (B.S. 5. III.1996);
Al. 2 gewijzigd bij art. 12, B K.B. 25 februari 1996 (B.S. 5.III.1996);
Al. 3 gewijzigd bij art. 12, B K.B. 25 februari 1996 (B.S. 5.III.1996).

Art. 21. [De toepassing van de artikelen 19 en 20 wordt geregeld door of vanwege de Minister van Financiën.

Door of namens hem wordt onder meer de wijze van herziening van de aftrek bepaald :

1° wanneer iemand die uitsluitend handelingen verricht die recht op aftrek verlenen, tevens handelingen begint te stellen die geen recht op aftrek verlenen of een gedeelte van zijn economische activiteit stopzet;

2° wanneer iemand die zowel handelingen verricht die recht op aftrek verlenen als handelingen die geen recht op aftrek verlenen, uitsluitend handelingen begint te stellen die recht op aftrek verlenen;

3° [...]]

Vervangen bij art. 12 K.B. 29 december 1992 (B.S. 31.XII.1992);
Al. 2, 3° opgeheven bij art. 1 K.B. 9 januari 2012 (B.S. 23.I.2012), van toepassing vanaf 1 januari 2012.

[Afdeling 6

Bijzondere bepaling]

Opschrift ingevoegd bij art. 2 K.B. 9 januari 2012 (B.S. 23.I.2012), van toepassing vanaf 1 januari 2012.

[Art. 21bis. § 1. Wanneer een belastingplichtige die op grond van artikel 44 van het Wetboek vrijgestelde leveringen van goederen of diensten verricht die geen recht op aftrek geven, voor diezelfde handelingen belastingplichtige wordt met recht op aftrek, kan hij bij wijze van herziening zijn recht op aftrek uitoefenen voor:

1° de andere goederen en diensten dan bedrijfsmiddelen, die nog niet werden gebruikt of verbruikt op het tijdstip van de wijziging van de belastingregeling;

2° de bedrijfsmiddelen die bij die wijziging nog bestaan, voor zover die goederen nog bruikbaar zijn en de termijn bepaald bij artikel 48, § 2, van het Wetboek nog niet is verstreken.

Voor bedrijfsmiddelen is het bedrag van de herziening gelijk aan de belasting die niet in aftrek kon worden gebracht, verminderd met een vijfde of een vijftiende volgens het onderscheid gemaakt naargelang de aard van het goed overeenkomstig artikel 9, § 1 per jaar vanaf 1 januari van het jaar dat overeenkomstig artikel 2 in aanmerking moet worden genomen voor de

berekening van de aftrek tot 31 december van het jaar dat voorafgaat aan het jaar waarin de wijziging van belastingregeling zich heeft voorgedaan.

Deze herziening gebeurt bij toepassing van de artikelen 45 tot 49 van het Wetboek en overeenkomstig de regels van artikel 3.

§ 2. De herziening is afhankelijk van de indiening bij het controlekantoor van de belasting over de toegevoegde waarde waaronder de belastingplichtige ressorteert van een inventaris van de op het tijdstip van de wijziging nog niet gebruikte of verbruikte goederen en diensten en van een staat van de op dat tijdstip nog bruikbare bedrijfsmiddelen.

Die stukken worden opgemaakt in twee exemplaren waarvan er één bestemd is voor het controlekantoor van de belasting over de toegevoegde waarde. Ze vermelden op gedetailleerde wijze de goederen en diensten die in aanmerking worden genomen voor de herziening, de datum en het nummer van de factuur van de aankoop of het invoerdocument, de maatstaf van heffing waarover ze met de belasting over de toegevoegde waarde werden belast en het te regulariseren bedrag.

§ 3. De herziening wordt tot beloop van het passende bedrag verricht door toerekening op het aan de Staat verschuldigde bedrag van de belasting in vak 71 van kader VI van de periodieke aangifte bedoeld in artikel 53, § 1, eerste lid, 2°, van het Wetboek. Wanneer het eindresultaat van deze toerekening een door de Staat verschuldigd bedrag is, wordt dat bedrag naar de volgende aangiftetijdvakken overgebracht tot passend beloop van vak 71 van deze aangiften.

§ 4. Door of vanwege de Minister van Financiën worden de toepassingsmodaliteiten van de herziening en de wijze bepaald waarop deze wordt verricht.]

Ingevoegd bij art. 2 K.B. 9 januari 2012 (B.S. 23.I.2012), van toepassing vanaf 1 januari 2012.

Art. 22. Dit besluit treedt in werking op dezelfde datum als de wet van 3 juli 1969 tot invoering van het Wetboek van de belasting over de toegevoegde waarde.

Art. 23. Onze Minister van Financiën is belast met de uitvoering van dit besluit.

KONINKLIJK BESLUIT NR. 4
VAN 29 DECEMBER 1969
MET BETREKKING TOT DE TERUGGAVEN
INZAKE BELASTING OVER DE
TOEGEVOEGDE WAARDE

B.S. 31.XII.1969.

Art. 1. De teruggaaf ingesteld bij [de artikelen 77, §§ 1 en 1bis, en 77bis] van het Wetboek van de belasting over de toegevoegde waarde wordt naargelang van het geval verleend aan degene die de belasting aan de Staat heeft voldaan of aan degene die in het bezit is van een invoerdocument dat hem als geadresseerde aanwijst en dat de betaling van de belasting vaststelt.

[Hij die voor de voldoening van de belasting gehouden is een aangifte in te dienen, wordt geacht de belasting aan de Staat te hebben voldaan wanneer hij ze heeft opgenomen in het bedrag van de verschuldigde belasting ingeschreven in de aangifte en hij de belasting heeft voldaan die de aangifte vaststelt.]

Door of vanwege de Minister van Financiën kan in de gevallen en onder de voorwaarden door of namens hem te bepalen, worden afgeweken van het eerste lid van dit artikel.

Al. 1 gewijzigd bij art. 1, A K.B. 29 december 1992 (B.S. 31.XII.1992);
Al. 2 vervangen bij art. 1, B K.B. 14 april 1993 (B.S. 30. IV.1993).

Art. 2. [De teruggaaf bedoeld in [artikel 77, § 1bis], van het Wetboek wordt niet verleend wanneer ze betrekking heeft op de invoer van een goed dat geen bedrijfsmiddel is en de geadresseerde een belastingplichtige is die gehouden is [de aangifte bedoeld in artikel 53, § 1, eerste lid, 2°], van het Wetboek] in te dienen en die de bij de invoer voldane belasting volledig in aftrek kan brengen.]

[[Wanneer de bedoelde teruggaaf betrekking heeft op de invoer van een bedrijfsmiddel of van een ander goed waarvoor de bij de invoer voldane belasting slechts gedeeltelijk in aftrek kon worden gebracht, is de geadresseerde die de teruggaaf bekomt ertoe gehouden de belasting aan de Staat terug te storten in de mate waarin hij ze oorspronkelijk in aftrek heeft gebracht.] Die terugstorting vindt plaats door het bedrag ervan te begrijpen in het bedrag van de belasting dat is verschuldigd over het aangiftetijdvak waarin de teruggaaf wordt bekomen.]

[Door of vanwege de Minister van Financiën kan evenwel worden bepaald dat, in de gevallen bedoeld in het vorige lid, de teruggaaf wordt beperkt tot de belasting die niet in aftrek kon worden gebracht.]

Al. 1 vervangen bij art. 1 K.B. 22 september 1970 (B.S. 29.IX.1970) en gewijzigd bij art. 2, A K.B. 29 december 1992 (B.S. 31.XII.1992), bij art. 2, A K.B. 14 april 1993 (B.S. 30. IV.1993) en bij art. 4 K.B. 20 februari 2004 (B.S. 27.II.2004, ed. 3);
Al. 2 ingevoegd bij art. 24, 2° K.B. 31 maart 1978 (B.S. 11. IV.1978) en gewijzigd bij art. 2 K.B. 29 december 1992 (B.S.

31.XII.1992);
Al. 3 ingevoegd bij art. 24, 2° K.B. 31 maart 1978 (B.S. 11.IV.1978).

Art. 3. [De vordering tot teruggaaf ontstaat op het tijdstip waarop de oorzaak van teruggaaf zich voordoet. De vordering tot teruggaaf bedoeld in artikel 77, § 1, 7°, van het Wetboek ontstaat:
– in geval van faillissement, op de datum van het vonnis van faillietverklaring;
– [in geval van gerechtelijke reorganisatie door een collectief akkoord, op de datum van de homologatie door de rechtbank, wat betreft de schuldvorderingen waarvan de vermindering werd opgetekend in het reorganisatieplan;]
[– in geval van gerechtelijke reorganisatie door een minnelijk akkoord, op de datum van het vonnis dat het minnelijk akkoord vaststelt, wat betreft de schuldvorderingen waarvan de vermindering werd opgetekend in het akkoord;]
[– op de datum van de uitspraak tot sluiting van de procedure van gerechtelijke reorganisatie door overdracht onder gerechtelijk gezag, wat betreft de schuldvorderingen die ten gevolge van de overdracht niet konden worden aangezuiverd.]

Vervangen bij art. 2 W. 7 april 2005 (B.S. 20.IV.2005, ed. 2);
Tweede streepje vervangen bij art. 81, 1° W. 31 januari 2009 (B.S. 9.II.2009), van toepassing vanaf 1 april 2009 (K.B. 27.III.2009, art. 1, B.S. 31.III.2009, ed. 2);
Derde streepje ingevoegd bij art. 81, 2° W. 31 januari 2009 (B.S. 9.II.2009), van toepassing vanaf 1 april 2009 (K.B. 27.III.2009, art. 1, B.S. 31.III.2009, ed. 2);
Vierde streepje ingevoegd bij art. 81, 3° W. 31 januari 2009 (B.S. 9.II.2009), van toepassing vanaf 1 april 2009 (K.B. 27.III.2009, art. 1, B.S. 31.III.2009, ed. 2).

Art. 4. § 1. [Om zijn vordering tot teruggaaf te kunnen uitoefenen moet de belastingplichtige of de niet-belastingplichtige rechtspersoon die, naargelang van het geval, gehouden is de [in artikel 53, § 1, eerste lid, 2°], of artikel 53ter, 1°, van het Wetboek bedoelde aangifte in te dienen:]
1° een verbeterend stuk opmaken met vermelding van het voor teruggaaf vatbare bedrag;
2° dat stuk inschrijven in een daartoe bestemd register;
3° [in de gevallen bedoeld in artikel 79 van het Wetboek aan de medecontractant een dubbel van dat stuk uitreiken voorzien van de vermelding: «BTW terug te storten aan de Staat in de mate waarin ze oorspronkelijk in aftrek werd gebracht».]

Door of vanwege de Minister van Financiën wordt geregeld hoe het verbeterend stuk moet worden opgemaakt en het register moet worden gehouden. Door of vanwege de Minister van Financiën kan, in de gevallen en onder de voorwaarden door of namens hem te bepalen, worden toegestaan dat het register op losse bladen wordt gehouden [;]
[4° in geval van teruggaaf van de belasting betaald ter zake van een intracommunautaire verwerving

van goederen of ter zake van een dienst of een levering van goederen waarvoor de belasting door de medecontractant is verschuldigd, de belasting aan de Staat terugstorten in de mate waarin hij ze oorspronkelijk in aftrek heeft gebracht. Die terugstorting vindt plaats door het bedrag ervan te begrijpen in het bedrag van de belasting dat is verschuldigd over het aangiftetijdvak waarin de teruggaaf wordt bekomen.]

§ 2. Het in § 1, 2° bedoelde register moet op ieder verzoek van het hoofd van het controlekantoor waaronder [de belastingplichtige of de niet-belastingplichtige rechtspersoon] ressorteert op dat kantoor worden overgelegd.

Indien het register niet wordt overgelegd moet [de belastingplichtige of de niet-belastingplichtige rechtspersoon] de belastingen terugstorten waarvan hij de teruggaaf heeft verkregen en die in het register had moeten zijn ingeschreven.

Het niet-overleggen van het register wordt vastgesteld bij proces-verbaal opgemaakt conform artikel 59 van het Wetboek.

§ 1, inleidende zin vervangen bij art. 4, A K.B. 29 december 1992 (B.S. 31.XII.1992) en gewijzigd bij art. 5 K.B. 20 februari 2004 (B.S. 27.II.2004, ed. 3);

§ 1, 3°, al. 1 vervangen bij art. 2 K.B. 22 september 1970 (B.S. 29.IX.1970);

§ 1, 4° ingevoegd bij art. 4, C K.B. 29 december 1992 (B.S. 31.XII.1992);

§ 2, al. 1-2 gewijzigd bij art. 4, D K.B. 29 december 1992 (B.S. 31.XII.1992).

Art. 5. § 1. [Ten aanzien van de belastingplichtige of de niet-belastingplichtige rechtspersoon die, naargelang van het geval, gehouden is de in artikel 53, § 1, eerste lid, 2°, of artikel 53ter, 1°, van het Wetboek bedoelde aangifte in te dienen, vindt de teruggaaf plaats door toerekening op het bedrag van de belasting verschuldigd voor het aangiftetijdvak, van het totaalbedrag van de belasting waarvoor de oorzaak van de teruggaaf zich heeft voorgedaan in dat tijdvak.]

[De belastingplichtige of de niet-belastingplichtige rechtspersoon] verricht de toerekening, door het voor teruggaaf vatbare bedrag op te nemen in het bedrag van de herzieningen van belastingen voor het aangiftetijdvak.

§ 2. [Wanneer de belastingplichtige of de niet-belastingplichtige rechtspersoon de toerekening niet heeft verricht conform § 1, mag hij dat nog doen in een van de aangiften ingediend vóór het verstrijken van het derde kalenderjaar volgend op dat waarin de oorzaak van de teruggaaf zich heeft voorgedaan.]

§ 1, al. 1 vervangen bij art. 6 K.B. 20 februari 2004 (B.S. 27.II.2004, ed. 3);

§ 1, al. 2 gewijzigd bij art. 5, C K.B. 29 december 1992 (B.S. 31.XII.1992);

§ 2 vervangen bij art. 4 K.B. 16 juni 2003 (B.S. 27.VI.2003, ed. 4).

Art. 6. In afwijking van het artikel 5, § 1 kan de teruggaaf van de belasting, van de interesten en van de

[fiscale] geldboeten, die werden voldaan op verzoek van de administratie niet plaatsvinden door toerekening op het bedrag van [de door de belastingplichtige of de niet-belastingplichtige rechtspersoon verschuldigde belasting, voor zover het niet gaat om teruggaaf van de in een aangifte vastgestelde te betalen sommen.]

De vordering tot teruggaaf van die belasting, interesten en geldboeten is niet afhankelijk van het vervullen van de bij artikel 4 bepaalde formaliteiten; [ze moet worden ingesteld bij de rechtbank bepaald in artikel 632 van het Gerechtelijk Wetboek, bij een verzoekschrift op tegenspraak, opgesteld overeenkomstig artikel 1385decies van dat Wetboek.]

Al. 1 gewijzigd bij art. 6 K.B. 29 december 1992 (B.S. 31.XII.1992) en bij art. 8 K.B. 30 april 2013 (B.S. 8.V.2013), van toepassing vanaf 1 januari 2013;

Al. 2 gewijzigd bij art. 5 K.B. 16 juni 2003 (B.S. 27.VI.2003, ed. 4).

Art. 7. [De krachtens artikel 5 bij wijze van toerekening terug te geven belasting wordt, ten aanzien van de belastingplichtige die gehouden is de [in artikel 53, § 1, eerste lid, 2°], van het Wetboek bedoelde aangifte in te dienen, gevoegd bij de belasting waarvoor het recht op aftrek wordt uitgeoefend overeenkomstig artikel 4 van het koninklijk besluit nr. 3 met betrekking tot de aftrekregeling voor de toepassing van de belasting over de toegevoegde waarde.]

Vervangen bij art. 7 K.B. 29 december 1992 (B.S. 31. XII.1992) en gewijzigd bij art. 7 K.B. 20 februari 2004 (B.S. 27.II.2004, ed. 3).

[**Art. 8**[1]. [§ 1. Wanneer volgens de gegevens van de [in artikel 53, § 1, eerste lid, 2°], van het Wetboek bedoelde aangifte, het eindresultaat een door de Staat verschuldigd bedrag is, wordt dat bedrag naar het volgende aangiftetijdvak overgebracht.

§ 2. Op uitdrukkelijk verzoek van de belastingplichtige zijn evenwel vatbaar voor teruggaaf:

1° het bedrag verschuldigd door de Staat na het indienen van de [in artikel 53, § 1, eerste lid, 2°], van het Wetboek bedoelde aangifte met betrekking tot het laatste aangiftetijdvak van het kalenderjaar, wanneer het [245 EUR] bereikt;

2° het bedrag verschuldigd door de Staat. na het indienen van de [in artikel 53, § 1, eerste lid, 2°], van het Wetboek bedoelde aangifte met betrekking tot elk van de eerste drie kalenderkwartalen of de laatste maand van elk van die kwartalen, wanneer het [615 EUR] of [1.485 EUR] bereikt respectievelijk voor belastingplichtigen die driemaandelijks en zij die maandelijks aangifte doen, overeenkomstig artikel 18 van het koninklijk besluit nr. 1 met betrekking tot de regeling voor de voldoening van de belasting over de toegevoegde waarde;

3° [het bedrag verschuldigd door de Staat na het indienen van de in artikel 53, § 1, eerste lid, 2°, van het Wetboek bedoelde maandaangifte wanneer het 245 euro bereikt, indien de andere belastingplichtige dan de in artikel 55, § 3, tweede lid, van het Wetboek bedoelde belastingplichtige tijdens het verstreken kalenderjaar een overschot in zijn voordeel had van ten minste 12.000 euro en tijdens dezelfde periode voor ten minste dertig percent van zijn omzet:

a) leveringen van goederen en diensten heeft verricht welke van de belasting zijn vrijgesteld bij toepassing van de artikelen 39, 39bis en 39quater van het Wetboek;

b) leveringen van goederen en diensten heeft verricht welke van de belasting zijn vrijgesteld bij toepassing van de artikelen 40, § 2, 1° en 2°, [41, § 1, eerste lid, 2° tot 6°] en 42 van het Wetboek;

c) leveringen van goederen en diensten heeft verricht waarvoor de belasting verschuldigd is door de medecontractant overeenkomstig de artikelen [51, § 2, eerste lid, 5°] en 51, § 4, van het Wetboek;

d) [leveringen van goederen en diensten heeft verricht waarvoor het verlaagd btw-tarief van toepassing is overeenkomstig de rubrieken XXXI, XXXII, XXXIII, XXXVI, XXXVII en XXXVIII van tabel A van de bijlage bij het koninklijk besluit nr. 20 tot vaststelling van de tarieven van de belasting over de toegevoegde waarde en tot indeling van de goederen en de diensten bij die tarieven];

e) leveringen van goederen en diensten heeft verricht die in het buitenland plaatsvinden voor zover het overschot voortvloeit uit de voorfinanciering van de belasting geheven op deze goederen en diensten].

De teruggaaf bedoeld in 1° is afhankelijk van de voorwaarde dat alle aangiften met betrekking tot de handelingen van het kalenderjaar uiterlijk op 20 januari van het volgende jaar zijn ingediend. Voor de teruggaaf bedoeld in 2° en 3° moeten alle aangiften met betrekking tot de handelingen van het lopende jaar ingediend zijn uiterlijk de twintigste van de maand na, naargelang van het geval, het kwartaal of de maand op het einde waarvan het door de Staat verschuldigde bedrag blijkt.

§ 3. Zonder onderscheid naargelang de belastingplichtige al dan niet geopteerd heeft voor de teruggaaf bedoeld in § 2, van het overschot in zijn voordeel dat blijkt op het tijdstip van het indienen van de aangifte als bedoeld [in artikel 53, § 1, eerste lid, 2°], van het Wetboek, wordt die teruggaaf steeds geacht te zijn aangevraagd tot het beloop van de belastingschuld die aan te zuiveren is, wanneer op het tijdstip van de ordonnancering als bedoeld in het koninklijk besluit van 17 juli 1991 houdende coördinatie van de wetten op de Rijkscomptabiliteit of de verrichting gelijkgesteld met een betaling, de belastingplichtige uit hoofde van de belasting over de toegevoegde waarde, belasting, geldboeten, interesten of bijkomende kosten verschuldigd is die voortvloeien uit overtredingen begaan vóór het verstrijken van de periode waarop de hierboven bedoelde aangifte betrekking heeft.

Indien de in het eerste lid bedoelde belastingschuld in hoofde van de Administratie van de BTW, registratie en domeinen, een schuldvordering vormt die zeker, opeisbaar en vaststaand is, wat onder meer het geval is wanneer ze niet wordt betwist of aanleiding heeft gegeven tot een dwangbevel bedoeld in ar-

tikel 85 van het Wetboek, waarvan de tenuitvoerlegging niet werd gestuit [door de vordering in rechte bedoeld in artikel 89 van het Wetboek], wordt het belastingkrediet tot het passende beloop aangewend ter aanzuivering van de belastingschuld.

De ordonnancering of de verrichting gelijkgesteld met een betaling, geschiedt uiterlijk de derde maand volgend op het tijdvak waarop de kwartaalaangifte of de aangifte van de laatste maand van dit kwartaal betrekking heeft. Ze geschiedt evenwel uiterlijk de tweede maand volgend op het tijdvak waarop de maandaangifte betrekking heeft in het geval bedoeld in [artikel 8[1], § 2, eerste lid, 3°], hierboven.

Indien de in het eerste lid bedoelde belastingschuld in het voordeel van de administratie geen schuldvordering vormt die [geheel of gedeeltelijk] zeker, opeisbaar en vaststaand is, wat onder meer het geval is wanneer ze wordt betwist of aanleiding heeft gegeven tot een dwangbevel bedoeld in artikel 85 van het Wetboek, waarvan de tenuitvoerlegging werd gestuit [door de vordering in rechte bedoeld in artikel 89 van het Wetboek], wordt het belastingkrediet tot het beloop van de schuldvordering van de administratie ingehouden. Deze inhouding geldt als bewarend beslag onder derden tot het geschil definitief wordt beëindigd op administratieve wijze of bij wijze van een in kracht van gewijsde gegaan vonnis of arrest. Voor de toepassing van deze inhouding wordt de voorwaarde vereist door artikel 1413 van het Gerechtelijk Wetboek geacht te zijn vervuld.

Indien ten aanzien van een voor teruggaaf vatbaar overschot dat blijkt uit de aangifte als bedoeld [in artikel 53, § 1, eerste lid, 2°], van het Wetboek en waarvoor de belastingplichtige al dan niet voor de teruggaaf heeft geopteerd, hetzij ernstige vermoedens, hetzij bewijzen bestaan dat de voormelde aangifte of de aangiften voor daaraan voorafgaande perioden gegevens bevatten die onjuist zijn en een belastingschuld in het vooruitzicht stellen zonder dat een daadwerkelijke bepaling ervan vóór het tijdstip van de genoemde ordonnancering of de verrichting gelijkgesteld met een betaling kan geschieden, heeft de ordonnancering van dit overschot of de overbrenging ervan naar het volgend aangiftetijdvak niet plaats en wordt het belastingkrediet ingehouden teneinde de administratie toe te laten de waarachtigheid van die gegevens na te gaan.

De ernstige vermoedens of bewijzen bedoeld in het vorige lid, die de belastingschuld aantonen of helpen aantonen, dienen te worden gerechtvaardigd in processen-verbaal conform artikel 59, § 1, van het Wetboek en worden per aangetekende brief vooraf ter kennis gebracht van de belastingplichtige.

Deze inhouding bedoeld in het vierde en het vijfde lid geldt als bewarend beslag onder derden tot op het ogenblik dat het bewijs vervat in de in het vorige lid bedoelde processen-verbaal is weerlegd, of tot op het ogenblik dat de waarachtigheid van de handelingen blijkt uit gegevens verkregen overeenkomstig de procedures van de door de Europese Gemeenschappen uitgevaardigde reglementering inzake het uitwisselen van inlichtingen tussen lidstaten van de Gemeenschap.

Voor de toepassing van deze inhouding wordt de voorwaarde vereist door artikel 1413 van het Gerechtelijk Wetboek geacht te zijn vervuld.

De kennisgeving van de inhouding bedoeld in het vierde en het vijfde lid en haar aanzegging aan de belastingplichtige binnen de termijn voorzien in artikel 1457 van het Gerechtelijk Wetboek, gebeuren bij een ter post aangetekende brief. De afgifte van het stuk ter post geldt als kennisgeving vanaf de daaropvolgende dag.

De inhouding bedoeld in het vierde en het vijfde lid geeft aanleiding tot het opmaken en het verzenden, door de met de invordering belaste ambtenaar, van een bericht van beslag als bedoeld in artikel 1390 van het Gerechtelijk Wetboek. [...]

De belastingplichtige kan enkel verzet doen tegen de inhouding bedoeld in het vierde en vijfde lid door toepassing te maken van artikel 1420 van het Gerechtelijk Wetboek. De beslagrechter kan evenwel de opheffing van het beslag niet gelasten zolang het door de processen-verbaal, bedoeld in het zesde lid, geleverde bewijs niet is weerlegd, zolang de gegevens overeenkomstig de procedures van de door de Europese Gemeenschappen uitgevaardigde reglementering inzake het uitwisselen en inlichtingen tussen lidstaten van de Gemeenschap niet werden bekomen of gedurende een opsporingsonderzoek van het Parket of een gerechtelijk onderzoek van de onderzoeksrechter.

De inhouding neemt een einde ten gevolge van de opheffing ervan door de administratie of ten gevolge van een rechterlijke beslissing. In geval van opheffing door de administratie wordt de belastingplichtige in kennis gesteld per aangetekend schrijven met vermelding van de datum en van opheffing.

Na het einde van de inhouding van het belastingkrediet wordt, in voorkomend geval, de belastingschuld, zijnde de schuldvordering in hoofde van de administratie, die zeker, opeisbaar en vaststaand is, aangezuiverd overeenkomstig het tweede lid zonder dat enige formaliteit moet worden nageleefd.

§ 4. Om de teruggaaf bedoeld in § 2 te bekomen moet de belastingplichtige die aanvragen door een uitdrukkelijke vermelding die hij bij het verstrijken van elk tijdvak waarvoor een overschot teruggegeven kan worden, aanbrengt in de [in artikel 53, § 1, eerste lid, 2°], van het Wetboek bedoelde aangifte met betrekking tot de handelingen van dat tijdvak. De aangifte welke die vermelding bevat, geldt als aanvraag tot teruggaaf.

§ 5. [De teruggaaf bedoeld in § 2, eerste lid, 3°, kan daarenboven alleen worden verkregen als het hoofd van het controlekantoor waaronder de belastingplichtige ressorteert daartoe vergunning verleent. Die vergunning moet worden aangevraagd met een brief die alle elementen bevat en vergezeld gaat van alle stukken die kunnen aantonen dat de belastingplichtige voldoet aan de bijzondere voorwaarden die voor het verkrijgen van die teruggaaf vereist zijn.]

Binnen een termijn van een maand wordt de gevraagde vergunning verleend indien de daartoe gestelde voorwaarden vervuld zijn of wordt de aanvraag verworpen bij een met redenen omklede beslissing.

Ingeval de aanvraag wordt ingewilligd, kan de belastingplichtige door het aanbrengen van de uitdrukkelijke vermelding bedoeld in § 4, de teruggaaf vragen in een van de aangiften die moeten worden ingediend te rekenen vanaf de dag volgend op die van de afgifte ter post van de aangetekende brief bij dewelke de administratie aan de belastingplichtige de vergunning heeft genotificeerd.

De vergunning geldt voor de aanvragen tot teruggaaf in te dienen in de loop van het kalenderjaar waarvoor ze werd verleend. Ze is evenwel eveneens geldig voor de daaropvolgende jaren wanneer de belastingplichtige aan de bijzondere voorwaarden blijft voldoen; in dat geval geldt het aanbrengen van de uitdrukkelijke vermelding bedoeld in § 4, ter gelegenheid van de aanvraag tot teruggaaf, als verklaring van de belastingplichtige dat hij voldoet aan deze voorwaarden en ontslaat hem ervan een nieuwe aanvraag in te dienen. Wanneer hij niet langer aan die voorwaarden voldoet, moet hij, wanneer hij er nadien opnieuw aan voldoet, een nieuwe vergunning aanvragen.

Door of namens de minister van Financiën kan worden bepaald dat de periode bedoeld in § 2, eerste lid, 3°, wordt vervangen door een periode van twaalf maanden die de aanvraag om vergunning voorafgaat.

In geval van oprichting van een nieuwe onderneming, van vestiging in België van een vaste inrichting of [van identificatie voor de BTW onder een individueel nummer door] een in het buitenland gevestigde onderneming, kan door of namens de minister van Financiën de vergunning worden verleend rekening houdend met de vooruitzichten omtrent het bedrag van de handelingen bedoeld in § 2, eerste lid, 3°, en van het jaarlijks belastingoverschot. [In dat geval moet de belastingplichtige een nieuwe vergunning aanvragen in de loop van de twaalfde maand die volgt op die tijdens welke de eerste vergunning werd verleend.]

[Indien de administratie vaststelt dat de belastingplichtige niet meer voldoet aan de vereiste bijzondere voorwaarden of dat de belastingplichtige geen handelingen meer verricht waarvoor hij aanspraak kan maken op de vrijstellingen bedoeld in § 2, eerste lid, 3° wegens een wijziging van de werkzaamheid of van de exploitatievooruitzichten, kan ze bij een met redenen omklede beslissing de vergunning op ieder ogenblik intrekken.]

Indien de vergunning, die werd afgeleverd, werd verkregen op grond van een onjuiste verklaring of indien de belastingplichtige de bij de wet of bij de ter uitvoering ervan opgelegde verplichtingen niet nakomt of in het geval bedoeld in § 3, vijfde lid, kan de administratie eveneens de vergunning intrekken bij een met redenen omklede beslissing; in dat geval zal een nieuwe vergunning slechts kunnen worden aangevraagd na het verstrijken van het kalenderjaar dat volgt op datgene waarin de beslissing tot intrekking ter kennis werd gebracht.]]

Ingevoegd bij art. 2 K.B. 7 februari 1972 (B.S. 30.V.1972)
en vervangen bij art. 7 K.B. 14 april 1993 (B.S. 30.IV.1993);
§ 1 gewijzigd bij art. 8 K.B. 20 februari 2004 (B.S. 27.

II.2004, ed. 3);

§ 2, al. 1, 1° gewijzigd bij art. 3 K.B. 20 juli 2000 (B.S. 30.VIII.2000, err. B.S. 8.III.2001) en bij art. 8 K.B. 20 februari 2004 (B.S. 27.II.2004, ed. 3);

§ 2, al. 1, 2° gewijzigd bij art. 3 K.B. 20 juli 2000 (B.S. 30.VIII.2000, err. B.S. 8.III.2001) en bij art. 8 K.B. 20 februari 2004 (B.S. 27.II.2004, ed. 3);

§ 2, al. 1, 3° vervangen bij art. 1 K.B. 10 februari 2009 (B.S. 13.II.2009, ed. 2);

§ 2, al. 1, 3°, b) gewijzigd bij art. 12, 1° K.B. 9 december 2009 (B.S. 17.XII.2009, ed. 2), van toepassing vanaf 1 januari 2010;

§ 2, al. 1, 3°, c) gewijzigd bij art. 12, 2° K.B. 9 december 2009 (B.S. 17.XII.2009, ed. 2), van toepassing vanaf 1 januari 2010;

§ 2, al. 1, 3°, d) vervangen bij art. 1 K.B. 5 augustus 2011 (B.S. 11.VIII.2011), van toepassing vanaf 1 juli 2011;

§ 3, al. 1 gewijzigd bij art. 8 K.B. 20 februari 2004 (B.S. 27. II.2004, ed. 3);

§ 3, al. 2 gewijzigd bij art. 6, 2° K.B. 16 juni 2003 (B.S. 27. VI.2003, ed. 4);

§ 3, al. 3 gewijzigd bij art. 12, 3° K.B. 9 december 2009 (B.S. 17.XII.2009, ed. 2), van toepassing vanaf 1 januari 2010;

§ 3, al. 4 gewijzigd bij art. 11 K.B. 22 november 1994 (B.S. 1.XII.1994) en bij art. 6, 2° K.B. 16 juni 2003 (B.S. 27. VI.2003, ed. 4);

§ 3, al. 5 gewijzigd bij art. 8 K.B. 20 februari 2004 (B.S. 27.II.2004, ed. 3);

§ 3, al. 9 gewijzigd bij art. 1 K.B. 23 maart 2011 (B.S. 28. III.2011), van toepassing vanaf 28 maart 2011;

§ 4 gewijzigd bij art. 8 K.B. 20 februari 2004 (B.S. 27. II.2004, ed. 3);

§ 5, al. 1 gewijzigd bij art. 6, 3° K.B. 16 juni 2003 (B.S. 27. VI.2003, ed. 4);

§ 5, al. 6 gewijzigd bij art. 6, 4° K.B. 16 juni 2003 (B.S. 27.VI.2003, ed. 4) en bij art. 2, 2° K.B. 1 september 2004 (B.S. 10.IX.2004, ed. 2);

§ 5, al. 7 vervangen bij art. 6, 5° K.B. 16 juni 2003 (B.S. 27.VI.2003, ed. 4).

[Art. 8². [Indien de bijzondere rekening, die bijgehouden wordt overeenkomstig artikel 8, § 1, van het koninklijk besluit nr. 24 met betrekking tot de voldoening van de belasting over de toegevoegde waarde, sluit met een overschot in het voordeel van de belastingplichtige, wordt dat overschot, zonder onderscheid naargelang de belastingplichtige al dan niet geopteerd heeft voor de teruggaaf bedoeld in artikel 8¹, § 2, naar gelang van het geval, toegerekend of ingehouden met toepassing van de regelen vervat in artikel 8¹, § 3, van dit besluit, tot beloop van de belastingschuld die aan te zuiveren is op het tijdstip van de ordonnancering van het overschot overeenkomstig het koninklijk besluit van 17 juli 1991 houdende coördinatie van de wetten op de Rijkscomptabiliteit of op dat tijdstip de verrichting gelijkgesteld met een betaling, wanneer de belastingplichtige op dat tijdstip uit hoofde van de belasting over de toegevoegde waarde, belasting, geldboeten, interesten of bijkomende kosten verschuldigd is.

Na aanwending tot het passend beloop van de belastingschuld wordt het overblijvend overschot in het voordeel van de belastingplichtige, in de gevallen en onder de voorwaarden die door of vanwege de Minister van Financiën worden bepaald, naar gelang van het geval, ingeschreven op de rekening-courant van de belastingplichtige of teruggegeven overeenkomstig de bepalingen van artikel 8, § 1, vijfde en zesde lid, van het voornoemde koninklijk besluit nr. 24.

De termijnen inzake ordonnancering voorzien in artikel 8¹, § 3, derde lid, zijn niet van toepassing op de teruggaaf bedoeld [in onderhavig artikel].]]

Ingevoegd bij art. 2 K.B. 7 februari 1972 (B.S. 30.V.1972) en vervangen bij art. 8 K.B. 14 april 1993 (B.S. 30.IV.1993);
Al. 3 gewijzigd bij art. 12, b K.B. 22 november 1994 (B.S. 1.XII.1994).

[Art. 8³. [Wanneer volgens de gegevens van de aangifte bedoeld in artikel 53ter, 1°, van het Wetboek het eindresultaat een door de Staat verschuldigd bedrag is, wordt dat bedrag aan de belastingplichtige of de niet-belastingplichtige rechtspersoon teruggegeven. De ondertekende aangifte geldt als aanvraag tot teruggaaf.

De teruggaaf vindt nochtans niet plaats tot het passende beloop wanneer op het tijdstip van de ordonnancering als bedoeld in het koninklijk besluit van 17 juli 1991 houdende coördinatie van de wetten op de Rijkscomptabiliteit, de belastingplichtige of de niet-belastingplichtige rechtspersoon uit hoofde van de belasting over de toegevoegde waarde, belasting, geldboeten, interesten of bijkomende kosten verschuldigd is die voortvloeien uit overtredingen met betrekking tot de periode waarop de hierboven bedoelde aangifte betrekking heeft.

Indien de onder het tweede lid bedoelde belastingschuld in hoofde van de Administratie van de BTW, registratie en domeinen, een schuldvordering vormt die zeker, opeisbaar en vaststaande is, wat onder meer het geval is wanneer ze niet wordt betwist of aanleiding heeft gegeven tot een dwangbevel bedoeld in artikel 85 van het Wetboek, waarvan de tenuitvoerlegging niet werd gestuit [door de vordering in rechte bedoeld in artikel 89 van het Wetboek], wordt het belastingkrediet tot het passende beloop aangewend ter aanzuivering van de belastingschuld.

De ordonnancering geschiedt uiterlijk de derde maand volgend op het aangiftetijdvak waarop de aangifte bedoeld in artikel 53ter, 1°, van het Wetboek betrekking heeft.

Indien de in het tweede lid bedoelde belastingschuld in het voordeel van de administratie, geen schuldvordering vormt die geheel of gedeeltelijk zeker, opeisbaar of vaststaand is, wat onder meer het geval is wanneer ze wordt betwist of aanleiding heeft gegeven tot een dwangbevel bedoeld in artikel 85 van het Wetboek, waarvan de tenuitvoerlegging werd gestuit [door de vordering in rechte bedoeld in artikel 89 van het Wetboek], wordt het belastingkrediet tot het beloop van de schuldvordering van de administratie ingehouden. Deze inhouding geldt als bewarend beslag onder derden tot het geschil definitief wordt beëindigd op administratieve wijze of bij wijze van een in kracht van gewijsde gegaan vonnis of arrest. Voor de toepassing van deze inhouding wordt de voorwaarde vereist door artikel 1413 van het Gerechtelijk Wetboek geacht te zijn vervuld.

Indien ten aanzien van een voor teruggaaf vatbaar overschot dat blijkt uit de aangifte als bedoeld in artikel 53ter, 1°, van het Wetboek, hetzij ernstige vermoedens, hetzij bewijzen bestaan dat de voormelde aangifte of de aangiften voor daaraan voorafgaande perioden gegevens bevatten die onjuist zijn of dat aangiften niet werden ingediend en deze vermoedens of bewijzen een belastingschuld in het vooruitzicht stellen zonder dat een daadwerkelijke bepaling ervan vóór het tijdstip van de hierboven genoemde ordonnancering kan geschieden, heeft de ordonnancering van dit overschot niet plaats en wordt het belastingkrediet ingehouden teneinde de administratie toe te laten de waarachtigheid van die gegevens na te gaan.

De in het vorige lid vermelde ernstige vermoedens of bewijzen die de belastingschuld aantonen of helpen aantonen, dienen te worden gerechtvaardigd in processenverbaal conform artikel 59, § 1, van het Wetboek. Deze processen-verbaal worden per aangetekende brief vooraf ter kennis gebracht van de belastingplichtige of de niet-belastingplichtige rechtspersoon.

De inhouding bedoeld in het vijfde en het zesde lid geldt als bewarend beslag onder derden tot op het ogenblik dat het bewijs van de in het vorige lid bedoelde processen-verbaal is weerlegd of tot op het ogenblik dat de waarachtigheid van de handelingen blijkt uit gegevens verkregen overeenkomstig de procedures van de door de Europese Gemeenschappen uitgevaardigde reglementering inzake het uitwisselen van inlichtingen tussen Lid-Staten van de Gemeenschap. Voor de toepassing van deze inhouding wordt de voorwaarde vereist door artikel 1413 van het Gerechtelijk Wetboek geacht te zijn vervuld.

De regels vermeld in het achtste tot het twaalfde lid van artikel 8[1], § 3, zijn van toepassing ten aanzien van de inhouding van het belastingkrediet als bedoeld in het vijfde en zesde lid, met dien verstande dat hetgeen ten aanzien van de belastingplichtige geldt, naar gelang van het geval, ook ten aanzien van de niet-belastingplichtige rechtspersoon geldt.]]

Ingevoegd bij art. 10 K.B. 29 december 1992 (B.S. 31. XII.1992) en vervangen bij art. 9 K.B. 14 april 1993 (B.S. 31.XII.1992);

Al. 3 gewijzigd bij art. 7 K.B. 16 juni 2003 (B.S. 27.VI.2003, ed. 4);

Al. 5 gewijzigd bij art. 7 K.B. 16 juni 2003 (B.S. 27.VI.2003, ed. 4).

Art. 9. [§ 1. [Wanneer de rechthebbende op teruggaaf een andere in België gevestigde persoon is dan een belastingplichtige of een niet-belastingplichtige rechtspersoon die, naargelang van het geval, gehouden is de aangifte als bedoeld [in artikel 53, § 1, eerste lid, 2°], of artikel 53 ter, 1°, van het Wetboek in te dienen, moet hij een aanvraag tot teruggaaf indienen, ofwel bij het hoofd van het controlekantoor van de belasting over de toegevoegde waarde waaronder hij res-

sorteert, indien hij een belastingplichtige of een niet-belastingplichtige rechtspersoon is, ofwel bij het hoofd van het controlekantoor van de belasting over de toegevoegde waarde in het ambtsgebied waarvan hij zijn woonplaats of zijn maatschappelijke zetel heeft, indien hij enig ander persoon is.] [De aanvraag moet bij die ambtenaar toekomen, in twee exemplaren, vóór het verstrijken van het derde kalenderjaar volgend op dat waarin de oorzaak van de teruggaaf zich heeft voorgedaan.]

De teruggaaf is afhankelijk van het bewijs van de betaling van de belasting.

§ 2. [Wanneer de rechthebbende op teruggaaf een buiten de Gemeenschap gevestigde belastingplichtige is die in België niet voor BTW-doeleinden is geïdentificeerd of een niet-belastingplichtige rechtspersoon die niet in België is gevestigd en er geen belastbare handelingen verricht andere dan de intracommunautaire verwerving van nieuwe vervoermiddelen als bedoeld in artikel 8bis, § 2, van het Wetboek, moet hij een aanvraag tot teruggaaf indienen bij het hoofd van het Centraal BTW-kantoor voor buitenlandse belastingplichtigen. De aanvraag moet bij die ambtenaar toekomen, in drie exemplaren, [uiterlijk op 30 september van het kalenderjaar volgend op het tijdvak waarop het teruggaafverzoek betrekking heeft]. Op de aanvraag tot teruggaaf wordt niet ingegaan indien zij betrekking heeft op een bedrag van minder dan 25 euro.]

[§ 3. Wanneer het gaat om een dienstverrichter die zich voor de toepassing van de in artikel 58bis van het Wetboek bedoelde bijzondere regeling in België of in een andere lidstaat heeft geïdentificeerd, moet de rechthebbende op teruggaaf een aanvraag tot teruggaaf indienen bij het hoofd van het Centraal BTW-kantoor voor buitenlandse belastingplichtigen. De aanvraag moet, in drievoud, bij deze ambtenaar toekomen [uiterlijk op 30 september van het kalenderjaar volgend op het tijdvak waarop het teruggaafverzoek betrekking heeft].]

§ [4]. De vorm van de aanvragen om teruggaaf, de over te leggen stukken en de modaliteiten van de teruggaven, worden door of vanwege de Minister van Financiën bepaald.

[…]]

Vervangen bij art. 3 K.B. 15 mei 1984 (B.S. 31.V.1984);

§ 1, al. 1 gewijzigd bij art. 11, A K.B. 29 december 1992 (B.S. 31.XII.1992), bij art. 8, 1° K.B. 16 juni 2003 (B.S. 27.VI.2003, ed. 4) en bij art. 9 K.B. 20 februari 2004 (B.S. 27.II.2004, ed. 3);

§ 2 vervangen bij art. 13 K.B. 9 december 2009 (B.S. 17. XII.2009, ed. 2), van toepassing vanaf 1 januari 2010 en gewijzigd bij art. 1, a) K.B. 22 maart 2010 (B.S. 30.III.2010), van toepassing vanaf 1 januari 2010;

§ 3 ingevoegd bij art. 4 K.B. 15 juli 2003 (B.S. 8.VIII.2003) en gewijzigd bij art. 1, b) K.B. 22 maart 2010 (B.S. 30. III.2010), van toepassing vanaf 1 januari 2010;

§ 4 hernummerd bij art. 4 K.B. 15 juli 2003 (B.S. 8.VIII.2003);

§ 4, al. 2 opgeheven bij art. 10, C K.B. 14 april 1993 (B.S. 30.IV.1993).

Art. 10. [§ 1. De teruggave ingesteld bij artikel 77, § 2 van het Wetboek wordt verleend aan de invalide of gehandicapte die bij de [verwerving] of bij de invoer van een automobiel voldoet aan alle voorwaarden gesteld om te kunnen genieten van het verlaagd tarief van de belasting over de toegevoegde waarde, voorzien in tabel A, rubriek XXII, afdeling 1 van de bijlage bij het koninklijk besluit nr. 20 van 20 juli 1970 tot vaststelling van de tarieven van de belasting over de toegevoegde waarde en tot indeling van de goederen en de diensten bij die tarieven.

De rechthebbende op de teruggaaf moet zich voor de indiening van zijn aanvraag om teruggaaf schikken naar artikel 9 van dit besluit.

§ 2. De regularisatie voorzien in artikel 77, § 2, lid 2 van het Wetboek wordt gelijktijdig verricht met deze voorzien in tabel A, rubriek XXII, afdeling 1, § 5, van de bijlage bij voornoemd koninklijk besluit nr. 20. Zij heeft betrekking op het bedrag van de belasting die oorspronkelijk aan de invalide of gehandicapte bij de [verwerving] of bij de invoer van zijn automobiel werd teruggegeven en zij gebeurt in dezelfde gevallen en volgens dezelfde wijze van berekening en van betaling als deze voorzien in laatstgenoemde bepaling.]

Vervangen bij art. 1 K.B. 29 december 1983 (B.S. 30. XII.1983);

§ 1, al. 1 gewijzigd bij art. 12 K.B. 29 december 1992 (B.S. 31.XII.1992);

§ 2 gewijzigd bij art. 12 K.B. 29 december 1992 (B.S. 31. XII.1992).

Art. 11. Wanneer ten aanzien van tabaksfabrikanten of andere in artikel 58, § 1 van het Wetboek bedoelde goederen een en dezelfde oorzaak de teruggaaf van de accijns en van de belasting over de toegevoegde waarde rechtvaardigt dient de aanvraag om teruggaaf van de belasting te worden ingediend [bij het hoofd van het controlekantoor van de belasting over de toegevoegde waarde waaronder de belastingplichtige ressorteert].

De aanvraag moet bij de ambtenaar toekomen tegelijk met de aanvraag om teruggaaf van de accijns, en in ieder geval [vóór het verstrijken van het derde kalenderjaar volgend op dat waarin de oorzaak van de teruggaaf zich heeft voorgedaan.].

De teruggaaf vindt plaats onder dezelfde voorwaarden en op dezelfde wijze als de teruggaaf van de accijns.

Al. 1 gewijzigd bij art. 9, 1° K.B. 16 juni 2003 (B.S. 27. VI.2003, ed. 4);

Al. 2 gewijzigd bij art. 9, 2° K.B. 16 juni 2003 (B.S. 27. VI.2003, ed. 4).

Art. 12. [§ 1. De teruggaven voorzien in artikel 81 geschieden rekening houdend met de bankgegevens, inclusief IBAN en BIC, vermeld in de aangifte bedoeld in de artikelen 1 of 2 van het koninklijk besluit nr. 10 met betrekking tot de uitoefeningsmodaliteiten van de keuzen, bedoeld in de [artikelen 15, § 2, derde lid], en 25ter, § 1, derde lid, van het Wetboek van de

belasting over de toegevoegde waarde, de aangiften van aanvang, wijziging, stopzetting van activiteit en de voorafgaande kennisgevingen inzake de belasting over de toegevoegde waarde.

§ 1bis. De teruggaven voorzien in artikel 9, § 2, geschieden hetzij rekening houdend met de aan de administratie verstrekte bankgegevens, hetzij per internationale cheque.

De teruggaven welke niet kunnen worden uitgevoerd op de in het eerste lid beschreven wijze geschieden door middel van een postassignatie opgesteld op naam van de rechthebbende op teruggaaf, die al dan niet wordt omgezet in een internationale postwissel.

§ 2. De andere teruggaven dan die welke in de paragrafen 1 en 1bis zijn bedoeld geschieden rekening houdend met de aan de administratie verstrekte bankgegevens, inclusief IBAN en BIC. Teruggaaf van minder dan 7 euro wordt echter niet toegestaan.

§ 3. Voor de toepassing van onderhavig artikel worden de bankkosten voor het verrichten van de teruggaaf in voorkomend geval in mindering gebracht van het voor teruggaaf vatbare bedrag.]

Vervangen bij art. 1 K.B. 14 april 2009 (B.S. 17.IV.2009, ed. 2), van toepassing vanaf 1 april 2009;

§ 1 gewijzigd bij art. 9 K.B. 30 april 2013 (B.S. 8.V.2013), van toepassing vanaf 1 januari 2013.

Art. 13. De teruggaaf van de belasting, van de interesten en van de [fiscale] geldboeten kan niet geldig worden verkregen wanneer de [formaliteiten en voorwaarden bepaald bij dit besluit], niet worden nageleefd.

Door of vanwege de Minister van Financiën kunnen, in de door of namens hem te bepalen gevallen, de rechthebbende echter geheel of gedeeltelijk van dat verval worden ontheven.

Onverminderd de toepassing van de artikelen 70, 73 en 91 van het Wetboek moet hij die onrechtmatig teruggaaf heeft verkregen het bedrag ervan aan de Staat terugstorten.

Al. 1 gewijzigd bij art. 26 K.B. 31 maart 1978 (B.S. 11. IV.1978) en bij art. 10 K.B. 30 april 2013 (B.S. 8.V.2013), van toepassing vanaf 1 januari 2013.

Art. 14. [De vordering in rechte met betrekking tot de teruggaaf van de belasting, van de interesten en van de [fiscale] geldboeten, moet worden ingesteld vóór het verstrijken van het derde kalenderjaar volgend op, naargelang het geval, dit van de kennisgeving bij ter post aangetekende brief van de beslissing waarbij de bij de administratie ingediende aanvraag om teruggaaf wordt verworpen ofwel dit van de betaling van de belasting, van de interesten en van de [fiscale] geldboeten, die werden voldaan op verzoek van de administratie.]

Vervangen bij art. 10 K.B. 16 juni 2003 (B.S. 27.VI.2003, ed. 4) en gewijzigd bij art. 11 K.B. 30 april 2013 (B.S. 8.V.2013), van toepassing vanaf 1 januari 2013.

Art. 15. Dit besluit treedt in werking op dezelfde datum als de wet van 3 juli 1969 tot invoering van het Wetboek van de belasting over de toegevoegde waarde.

KONINKLIJK BESLUIT NR. 6 VAN 27 DECEMBER 1977 MET BETREKKING TOT DE VRIJSTELLINGEN TEN AANZIEN VAN INTERNATIONAAL VERVOER, ZEE- EN BINNENSCHEPEN EN LUCHTVAARTUIGEN, OP HET STUK VAN DE BELASTING OVER DE TOEGEVOEGDE WAARDE

B.S. 31.XII.1977.

Opmerking: – Uitvoering van art. 41-42 W.B.T.W.

Art. 1. Aanspraak op de vrijstellingen van artikel 41, § 1 en 2, van het Wetboek, moet worden aangetoond aan de hand van stukken en bescheiden waarvan de aard en de vorm worden bepaald door of vanwege de Minister van Financiën.

Art. 2. [De vrijstellingen van artikel 42, §§ 1 en 2, van het Wetboek, worden vastgelegd binnen de perken en de voorwaarden bepaald door of vanwege de Minister van Financiën en aangetoond door stukken en bescheiden waarvan de aard en de vorm door hen wordt bepaald.]

Vervangen bij art. 1 K.B. 29 december 1992 (B.S. 31. XII.1992).

Art. 3. § 1. Voor de toepassing van artikel 42, § 1, 2°, van het Wetboek, wordt aangemerkt als gebruiker van zee- en binnenschepen, iedere persoon die zee- of binnenschepen exploiteert of gebruikt voor passagiers- of goederenvervoer tegen betaling, voor visserij of, meer algemeen, voor de uitoefening van enigerlei industriële of handelsactiviteit.

§ 2. Voor de toepassing van artikel 42, § 2, 2°, van het Wetboek, wordt aangemerkt als gebruiker van vliegtuigen, watervliegtuigen, hefschroefvliegtuigen en dergelijke toestellen, iedere persoon die deze luchtvaartuigen exploiteert of gebruikt voor het verrichten van internationaal vervoer van personen of van goederen tegen betaling.

Art. 4. Voor de toepassing van artikel 42, § 1, 4°, en § 2, 4°, van het Wetboek, worden als goederen bestemd voor de bevoorrading aangemerkt, de boordprovisie, de vaste, vloeibare en gasvormige brandstoffen, de smeermiddelen en de boordbenodigdheden.

Worden beschouwd:

1° als boordprovisie, de goederen die uitsluitend bestemd zijn voor verbruik aan boord door de leden van de bemanning en door de passagiers;

2° als vaste, vloeibare en gasvormige brandstoffen en smeermiddelen, de goederen bestemd voor de voeding en de voortdrijvingsorganen en voor de werking van de andere machines en toestellen aan boord;

3° als boordbenodigdheden, de verbruikbare goederen voor huishoudelijk gebruik aan boord, alsmede de verbruikbare goederen gebruikt voor het bewaren, het behandelen of het bereiden aan boord van de vervoerde goederen.

Art. 5. Dit besluit vervangt het koninklijk besluit nr. 6, van 6 februari 1970, met betrekking tot de vrijstellingen ten aanzien van internationaal vervoer, zee- en binnenschepen en luchtvaartuigen, op het stuk van de belasting over de toegevoegde waarde.

Art. 6. Dit besluit treedt in werking op 1 januari 1978.

Art. 7. Onze Minister van Financiën is belast met de uitvoering van dit besluit.

KONINKLIJK BESLUIT NR. 7
VAN 29 DECEMBER 1992
MET BETREKKING TOT DE INVOER VAN
GOEDEREN VOOR DE TOEPASSING VAN
DE BELASTING OVER DE TOEGEVOEGDE
WAARDE

B.S. 31.XII.1992.
Opmerking: – Uitvoering van art. 23, 34, 40 en 52 W.B.T.W.

HOOFDSTUK I

VOORWAARDEN WAARONDER DE GOEDEREN
OP HET GRONDGEBIED VAN HET RIJK MOGEN
WORDEN GEBRACHT

Art. 1. Voor de goederen die België binnenkomen en die niet voldoen aan de voorwaarden van de artikelen 9 en 10 van het Verdrag tot oprichting van de Europese Economische Gemeenschap of die, als ze onder het Verdrag tot oprichting van de Europese Gemeenschap voor Kolen en Staal vallen, zich niet in het vrije verkeer bevinden, geldt de douanereglementering, onder meer wat betreft de verplichting die goederen aan te geven en de wijze waarop die aangifte moet worden gedaan, ook al gaat het om goederen die wegens hun aard of hun herkomst of om enige andere reden niet aan invoerrecht onderworpen zijn. Hetzelfde geldt wanneer de goederen, na bij de douane te zijn aangebracht, overeenkomstig de douanewetgeving onder een regeling van tijdelijke opslag worden geplaatst.

Art. 2. [§ 1. Voor de andere dan in artikel 1 bedoelde goederen die worden vervoerd of verzonden vanuit een derde land of een derdelands gebied en België binnenkomen, rechtstreeks of na in een andere Lid-Staat te zijn geplaatst onder één van de fiscale regelingen die equivalent zijn aan de regelingen bedoeld in artikel 23, § 4, 1°, 2°, 4° tot 7°, van het Wetboek en/ of onder een regeling voor intern communautair douanevervoer, wordt de douanereglementering toepasselijk gemaakt, onder meer wat betreft de kantoren en wegen waarlangs de goederen mogen worden binnengebracht in het land, de verplichting de goederen op die kantoren te vertonen en aan te geven en de uren tijdens dewelke die formaliteiten moeten worden verricht.

§ 2. De in § 1 bedoelde goederen kunnen in België onder een fiscale regeling van tijdelijke opslag, entrepot, actieve veredeling of tijdelijke invoer worden geplaatst en verblijven op voorwaarde dat, indien het om goederen bedoeld in artikel 1 zou gaan, die goederen overeenkomstig de douanewetgeving onder een regeling van tijdelijke opslag, entrepot, actieve veredeling met toepassing van het schorsingssysteem of onder een regeling van tijdelijke invoer met volledige vrijstelling van invoerrechten konden worden geplaatst en verblijven.

Door of vanwege de Minister van Financiën worden de toepassingsmodaliteiten bepaald van deze paragraaf.]

Vervangen bij art. 14 K.B. 25 februari 1996 (B.S. 5. III.1996).

Art. 3. [De overeenkomstig artikel 23 van het Wetboek in België ingevoerde goederen moeten voor het verbruik worden aangegeven.]

Vervangen bij art. 15 K.B. 25 februari 1996 (B.S. 5. III.1996).

HOOFDSTUK II

PLAATS VAN BESTEMMING

Art. 4. [Voor de toepassing van artikel 34, § 2, 2°, van het Wetboek, wordt verstaan onder eerste plaats van bestemming van goederen die zijn ingevoerd in België, de plaats in het binnenland die vermeld is in de vrachtbrief of enig ander document waaronder de goederen België binnenkomen.

Bij gebrek aan een dergelijke vermelding wordt de eerste plaats van bestemming geacht de plaats te zijn waar de eerste overlading van goederen in België geschiedt.]

Vervangen bij art. 16 K.B. 25 februari 1996 (B.S. 5. III.1996).

HOOFDSTUK III

VOLDOENING VAN DE BELASTING TER ZAKE
VAN INVOER

Art. 5. [§ 1. De belasting verschuldigd bij invoer wordt betaald op het tijdstip van de aangifte voor het verbruik, onder voorbehoud van het bepaalde in de paragrafen 2 en 3.

§ 2. In de door de Minister van Financiën te bepalen gevallen en onder de door hem te stellen voorwaarden, mag de voldoening worden uitgesteld tot bij het verstrijken van een termijn van ten hoogste tien dagen te rekenen vanaf de aangifte.

§ 3. Aan belastingplichtigen die de in artikel 53, § 1, eerste lid, 2°, van het Wetboek bedoelde periodieke aangifte indienen, met uitsluiting van de belastingplichtigen bedoeld in artikel 55, § 3, tweede lid, van het Wetboek, kan door de Minister van Financiën of zijn gemachtigde vergunning worden verleend om de uit hoofde van de invoer opeisbare belasting niet voldoen op het tijdstip van de aangifte ten verbruik, mits die belasting als verschuldigde belasting wordt opgenomen in de bovenbedoelde periodieke aangifte.

Aan de personen die overeenkomstig artikel 55, § 3, tweede lid, van het Wetboek, vooraf zijn erkend, kan door de Minister van Financiën of zijn gemachtigde evenwel vergunning worden verleend waardoor de niet in België gevestigde belastingplichtigen die door eerstgenoemden worden vertegenwoordigd, de uit hoofde van de invoer opeisbare belasting niet moeten voldoen op het tijdstip van de aangifte ten verbruik, mits die belasting als verschuldigde belasting wordt opgenomen in de in artikel 53, § 1, eerste lid, 2°, van het Wetboek bedoelde aangifte die bedoelde personen moeten indienen voor rekening van deze belastingplichtigen.

De in het eerste en tweede lid bedoelde vergunninghouder mag de bij de invoer verschuldigde belasting niet voldoen volgens de wijze als voorzien in de paragrafen 1 en 2.

§ 4. De in paragraaf 3, eerste lid, bedoelde vergunning wordt alleen verleend als voldaan is aan alle hiernavolgende voorwaarden:

1° de belastingplichtigen moeten een invoer hebben verricht of moeten kunnen aantonen dat in de toekomst het geval zal zijn;

2° zij hebben alle periodieke aangiften bedoeld in artikel 53, § 1, eerste lid, 2°, van het Wetboek ingediend met betrekking tot de handelingen die zij hebben verricht sinds de vier kalenderkwartalen die voorafgaan aan de vergunningaanvraag en hebben de belasting voldaan waarvan de opeisbaarheid blijkt uit die aangiften;

3° zij hebben geen belastingschuld voortvloeiend uit overtredingen inzake de belasting over de toegevoegde waarde die een schuldvordering vormt in het voordeel van de administratie die geheel of gedeeltelijk zeker, opeisbaar en vaststaand is.

De in paragraaf 3, tweede lid, bedoelde vergunning wordt alleen verleend als voldaan is aan alle hiernavolgende voorwaarden:

1° de vooraf erkende personen hebben alle periodieke aangiften bedoeld in artikel 53, § 1, eerste lid, 2°, van het Wetboek ingediend met betrekking tot de handelingen die hun lastgevers hebben verricht sinds de vier kalenderkwartalen die voorafgaan aan de vergunningaanvraag en hebben de belasting voldaan waarvan de opeisbaarheid blijkt uit die aangiften;

2° zij zijn met hun lastgevers, in de zin van artikel 55, § 4, tweede lid, van het Wetboek, niet gehouden tot betaling van een belastingschuld voortvloeiend uit overtredingen inzake de belasting over de toegevoegde waarde die een schuldvordering vormt in het voordeel van de administratie die geheel of gedeeltelijk zeker, opeisbaar en vaststaand is.

§ 5. De in paragraaf 3 bedoelde vergunning moet schriftelijk worden aangevraagd. Binnen een termijn van één maand te rekenen vanaf de datum van de aanvraag wordt de vergunning verleend indien de daartoe gestelde voorwaarden vervuld zijn of wordt de aanvraag verworpen bij een met redenen omklede beslissing.

§ 6. Door de Minister van Financiën of zijn gemachtigde kan de in paragraaf 3 bedoelde vergunning worden ingetrokken indien zij werd afgeleverd op grond van een onjuiste verklaring of als de vergunninghouder niet meer voldoet aan de voorwaarden gesteld door artikel 53, § 1, eerste lid, 2° en 3°, van het Wetboek of de ter uitvoering ervan genomen besluiten.

In geval van intrekking overeenkomstig het eerste lid, zal een nieuwe vergunning slechts kunnen worden aangevraagd na het verstrijken van een periode van twaalf maanden die volgt op de maand waarin de beslissing tot intrekking ter kennis werd gebracht.

§ 7. Door de Minister van Financiën of zijn gemachtigde worden de toepassingsmodaliteiten van dit artikel bepaald. Hij bepaalt onder meer de formaliteiten die bij de aanvraag of de intrekking van de vergunning dienen te worden vervuld. Hij stelt bovendien de vorm en de inhoud vast van deze vergunning.]

Vervangen bij art. 1 K.B. 13 juni 2013 (B.S. 24.VI.2013).

Art. 6. § 1. [De belasting is verschuldigd door de geadresseerde die in België een belastbare invoer van goederen verricht.]

§ 2. De geadresseerde is de verkrijger of overnemer aan wie de goederen worden verzonden op het tijdstip waarop de belasting opeisbaar wordt en, wanneer er geen verkrijger of overnemer is, degene die eigenaar is van de goederen.

De verkoper of overdrager of een vorige verkoper of overdrager mag als geadresseerde optreden op voorwaarde dat hij in België is gevestigd of [voor BTW-doeleinden in België is geïdentificeerd overeenkomstig artikel 50, § 1, eerste lid, 3°, van het Wetboek, dat hij vertegenwoordigd is door een persoon die vooraf is erkend overeenkomstig [artikel 55, § 3, tweede lid], van het Wetboek.]

§ 3. Wanneer het ingevoerde goed door of voor rekening van de leverancier hier te lande wordt geïnstalleerd of gemonteerd, en de levering bij toepassing van [artikel 14, § 3] van het Wetboek, in België plaatsvindt, is de geadresseerde de leverancier door wie of voor wiens rekening de installatie of de montage wordt gedaan.

Degene die het goed verkocht of overgedragen heeft aan de in het vorige lid bedoelde leverancier, of een vorige verkoper of overdrager, mag als geadresseerde optreden op voorwaarde dat hij in België is gevestigd of [voor BTW-doeleinden in België is geïdentificeerd overeenkomstig artikel 50, § 1, eerste lid, 3°, van het Wetboek, of dat hij vertegenwoordigd is door een persoon die vooraf is erkend overeenkomstig artikel 55, § 3, van het Wetboek.]

§ 4. De maakloonwerker, de huurder of de ontlener die goederen heeft uitgevoerd buiten de Gemeenschap om ze een herstelling, bewerking, verwerking of aanpassing te laten ondergaan, mag als geadresseerde optreden voor de toepassing van de vrijstelling bedoeld in artikel 40, § 1, 2°, b, van het Wetboek.

§ 5. Wanneer zijn medecontractant niet in België is gevestigd, mag de belastingplichtige die de [in artikel 53, § 1, eerste lid, 2°], van het Wetboek bedoelde periodieke aangifte indient eveneens als geadresseerde optreden indien de goederen hem worden gezonden:

1° op zicht, op proef of in consignatie, op voorwaarde dat hij de ingevoerde goederen achteraf koopt of, zo niet, ze wederuitvoert buiten de Gemeenschap;

2° ofwel om te worden hersteld, bewerkt, verwerkt of aangepast, op voorwaarde dat hij de goederen wederuitvoert buiten de Gemeenschap of dat ze hem worden overgedragen.

Door of vanwege de Minister van Financiën worden de regelen bepaald met betrekking tot de regularisatie die moet plaatsvinden wanneer de bij deze paragraaf gestelde voorwaarden niet worden vervuld.

§ 1 vervangen bij art. 2 K.B. 13 juni 2013 (B.S. 24.VI.2013);
§ 2, al. 2 gewijzigd bij art. 8, 1° K.B. 2 april 2002 (B.S.
16.IV.2002, ed. 2) en bij art. 11 K.B. 20 februari 2004 (B.S.
27.II.2004, ed. 3);
§ 3, al. 1 gewijzigd bij art. 13 K.B. 30 april 2013 (B.S.
8.V.2013), van toepassing vanaf 1 januari 2013;
§ 3, al. 2 gewijzigd bij art. 8, 2° K.B. 2 april 2002 (B.S. 16.
IV.2002, ed. 2);
§ 5, al. 1, inleidende zin gewijzigd bij art. 12 K.B. 20 februari 2004 (B.S. 27.II.2004, ed. 3).

Art. 7. § 1. [Onder voorbehoud van het bepaalde in § 2, wordt de bij invoer verschuldigde belasting betaald:
- door storting of overschrijving op de postrekening van het enig kantoor der douane en accijnzen;
of
- door betaling in speciën of met andere daarmee gelijkgestelde betaalmiddelen op het door de Administratie der douane en accijnzen aangeduide hulpkantoor van dat enig kantoor.]

[De voldoening van de belasting wordt vastgesteld door op het bij artikel 9 voorgeschreven document een vermelding aan te brengen met het elektronisch systeem PLDA dat de Administratie der douane en accijnzen gebruikt om aangiften voor het verbruik te aanvaarden.]

§ 2. [In de situaties bedoeld in artikel 5, § 3, moet de belasting verschuldigd bij invoer als verschuldigde belasting opgenomen worden in de periodieke aangifte met betrekking tot het tijdvak waarin de invoer plaatsvond.]

§ 1, al. 1 vervangen bij art. 1 K.B. 6 april 2008 (B.S. 11.
IV.2008), van toepassing vanaf 4 juni 2007;
§ 1, al. 2 vervangen bij art. 1 K.B. 3 juli 2008 (B.S. 11.
VII.2008, ed. 2), van toepassing vanaf 4 februari 2008;
§ 2 vervangen bij art. 3 K.B. 13 juni 2013 (B.S. 24.VI.2013).

Art. 8. [§ 1. Zijn hoofdelijk gehouden tot de voldoening van de belasting met de in artikel 6 bedoelde geadresseerde:
1° de aangever, met name de persoon die in eigen naam of in naam van een andere persoon goederen aangeeft voor het verbruik of voor één van de regelingen bedoeld in artikel 23, §§ 4 en 5, van het Wetboek;
2° de lastgever van de onder 1° bedoelde aangever;
3° ieder ander persoon gehouden tot de voldoening van de invoerrechten, ook al zijn de goederen om welke reden dan ook niet aan invoerrechten onderworpen.

Wanneer de belasting moet worden voldaan op de wijze aangeduid in artikel 7, § 2, is evenwel alleen de persoon die de goederen heeft aangegeven voor het extern douanevervoer of het intern communautair douanevervoer, hoofdelijk gehouden tot voldoening van de belasting."

§ 2. De in paragraaf 1, eerste lid, 1° tot 3° en twee-

de lid, bedoelde personen die aantonen dat zij geen fout hebben begaan of niet nalatig zijn geweest, zijn ontslagen van de hoofdelijke aansprakelijkheid.

Deze personen kunnen in geen geval van deze aansprakelijkheid worden ontslagen indien zij wisten of moesten weten dat de verschuldigde belasting bij de invoer niet werd of zal worden gestort aan de Staat.]

Vervangen bij art. 4 K.B. 13 juni 2013 (B.S. 24.VI.2013).

Art. 9. § 1. De voldoening van de belasting over de toegevoegde waarde wordt vastgesteld op het voor de geadresseerde bestemde exemplaar van de aangifte ten verbruik tenzij de belasting wordt voldaan op de wijze bedoeld in artikel 7, § 2.

Voor iedere geadresseerde moet afzonderlijk een aangifte worden opgemaakt. Die aangifte vermeldt benevens de naam, het adres en eventueel het BTW-identificatienummer van de geadresseerde in België, ook alle gegevens welke nodig zijn voor de heffing van de belasting.

[Wanneer de geadresseerde een BTW-eenheid is in de zin van artikel 4, § 2, van het Wetboek, moet die aangifte, in afwijking van het bepaalde in het vorige lid, de naam, het adres en het in [artikel 50, § 1, eerste lid, 6°], of § 2, tweede lid, van het Wetboek bedoelde sub-BTW-identificatienummer van het betrokken lid dat de invoer verricht vermelden, alsook alle gegevens die nodig zijn voor de heffing van de belasting.]

§ 2. Wanneer de invoer plaatsvindt met vrijstelling van de belasting of met voldoening van de belasting tegen een tarief dat lager is dan het hoogste dat voor het ingevoerde goed verschuldigd kan zijn, moet de aangever in de aangifte de wettelijke, reglementaire of administratieve bepaling vermelden waarbij de vrijstelling of de voldoening van de belasting tegen een lager tarief wordt geregeld.

§ 1, al. 3 ingevoegd bij art. 2 K.B. 6 april 2008 (B.S. 11.
IV.2008) en gewijzigd bij art. 14 K.B. 9 december 2009 (B.S.
17.XII.2009, ed. 2), van toepassing vanaf 1 januari 2010.

Art. 10. Teneinde de formaliteiten te vereenvoudigen, kan door of vanwege de Minister van Financiën worden afgeweken van de voorschriften van de artikelen 7 en 9; in dat geval worden regelen gegeven om de voldoening van de belasting te verzekeren.

HOOFDSTUK IV

VRIJSTELLING BIJ INVOER

Afdeling 1

Vrijstelling ingesteld bij artikel 40, § 1, 1°, a, van het Wetboek

Art. 11. Vrijstelling van de belasting wordt verleend voor de invoer van goederen waarvan de levering door belastingplichtigen in het binnenland in elk geval is vrijgesteld.

Behoudens in de door of vanwege de Minister van

Financiën omschreven gevallen wordt de vrijstelling verleend bij wijze van teruggaaf volgens de modaliteiten bepaald in het koninklijk besluit nr. 4 van 29 december 1969 met betrekking tot de teruggaven inzake belasting over de toegevoegde waarde.

Door of vanwege de Minister van Financiën worden de toepassingsmodaliteiten van dit artikel bepaald.

Afdeling 2

Vrijstelling ingesteld bij artikel 40, § 1, 1°, b, van het Wetboek

Art. 12. § 1. De invoer van in artikel 40, § 1, 1°, b, van het Wetboek bedoelde goederen is van de belasting vrijgesteld in de gevallen en onder de voorwaarden bepaald in deze afdeling.

§ 2. Voor de toepassing van de bepalingen van deze afdeling moet worden verstaan onder:

1° – "normale verblijfplaats", de plaats waar iemand gewoonlijk verblijft, dat wil zeggen gedurende ten minste 185 dagen per kalenderjaar, wegens persoonlijke en beroepsmatige bindingen, of, voor personen zonder beroepsmatige bindingen, wegens persoonlijke bindingen, waaruit nauwe banden tussen hemzelf en de plaats waar hij woont blijken.

De normale verblijfplaats van iemand die zijn beroepsmatige bindingen op een andere plaats heeft dan zijn persoonlijke bindingen en daardoor afwisselend verblijft op verschillende plaatsen gelegen in twee of meer Staten, wordt evenwel geacht zich op dezelfde plaats te bevinden als zijn persoonlijke bindingen, op voorwaarde dat hij daar op geregelde tijden terugkeert. Deze laatste voorwaarde vervalt wanneer de betrokkene in een Staat verblijft voor een opdracht van een bepaalde duur. Het feit dat college wordt gelopen of een school wordt bezocht, houdt niet in dat de normale verblijfplaats wordt verplaatst.

Het bewijs van de normale verblijfplaats moet met passende middelen, tot voldoening van de administratie, worden aangetoond;

2° – "persoonlijke goederen", goederen die voor het persoonlijk gebruik van de belanghebbenden of voor de behoeften van hun huishouden dienen.

Persoonlijke goederen zijn met name:

– roerende goederen en voorwerpen zoals de persoonlijke voorwerpen, linnengoed, goederen bestemd voor meubilering of uitrusting voor persoonlijk gebruik van de belanghebbenden of voor de behoeften van hun huishouden;

– fietsen en motorfietsen, automobielen voor particulier gebruik en aanhangwagens daarvan, kampeerwagens, pleziervaartuigen en sportvliegtuigen.

Huishoudelijke voorraden die overeenkomen met een normale gezinsbevoorrading, kleine huisdieren en rijdieren zijn eveneens "persoonlijke goederen".

Persoonlijke goederen mogen door hun aard of hoeveelheid geen commerciële bedoeling laten blijken.

Draagbare instrumenten voor kunsten en ambachten die de belanghebbende nodig heeft voor de uitoefening van zijn beroep, zijn evenwel ook persoonlijke goederen;

3° – "alcoholische produkten", produkten die onder de posten 22.03 tot en met 22.08 van het Tarief van invoerrechten vallen (bier, wijn, aperitieven op basis van wijn of alcohol, gedistilleerde dranken, likeuren en andere alcoholhoudende dranken, enz.).

§ 3. Door of vanwege de Minister van Financiën worden de formaliteiten bepaald waaraan moet worden voldaan om de vrijstelling te genieten bedoeld in deze afdeling.

Art. 13. § 1. Vrijstelling van de belasting wordt verleend voor de definitieve invoer van persoonlijke goederen door een particulier die zijn normale verblijfplaats van een derde land of een derdelands gebied naar België overbrengt.

§ 2. De vrijstelling is beperkt tot persoonlijke goederen die:

1° behoudens in de door omstandigheden gerechtvaardigde bijzondere gevallen, ten minste zes maanden vóór de datum waarop de belanghebbende zijn normale verblijfplaats buiten de Gemeenschap heeft opgegeven, in zijn bezit zijn geweest en, wanneer het niet-verbruikbare goederen betreft, door hem in zijn vroegere normale verblijfplaats zijn gebruikt;

2° bestemd zijn om voor hetzelfde doel te worden gebruikt in de nieuwe verblijfplaats van de belanghebbende.

§ 3. De vrijstelling wordt slechts verleend indien de belanghebbende zijn verblijfplaats sedert ten minste twaalf opeenvolgende maanden buiten de Gemeenschap heeft gehad.

Door of vanwege de Minister van Financiën kunnen evenwel afwijkingen van het vorige lid worden toegestaan, mits het in het voornemen van de belanghebbende lag gedurende ten minste twaalf maanden buiten de Gemeenschap te verblijven.

§ 4. Van de vrijstelling zijn uitgesloten:

1° alcoholische produkten;

2° tabak en tabaksprodukten;

3° bedrijfsvoertuigen;

4° materieel voor beroepsdoeleinden, ander dan draagbare instrumenten voor kunsten en ambachten.

§ 5. Behoudens bijzondere omstandigheden, wordt de vrijstelling slechts verleend voor persoonlijke goederen die vóór het verstrijken van een termijn van twaalf maanden, te rekenen vanaf de datum waarop de belanghebbende zijn normale verblijfplaats in België heeft gevestigd, voor de definitieve invoer zijn aangegeven.

De invoer van de persoonlijke goederen mag binnen de in het vorige lid bedoelde termijn in gedeelten plaatsvinden.

§ 6. Tot het verstrijken van een termijn van twaalf maanden, te rekenen vanaf de datum van de aangifte voor de definitieve invoer, mogen de met vrijstelling ingevoerde goederen niet worden uitgeleend, verpand, verhuurd of overgedragen noch onder bezwarende titel noch om niet, zonder dat de administratie daarvan vooraf in kennis is gesteld.

Het uitlenen, verpanden, verhuren of overdragen

vóór het verstrijken van de termijn bedoeld in het vorige lid leidt tot toepassing van de voor de betrokken goederen geldende belasting, tegen het op de datum van het uitlenen, verpanden, verhuren of overdragen van kracht zijnde tarief en over de op diezelfde datum vastgestelde maatstaf van heffing.

§ 7. De vrijstelling wordt eveneens verleend voor de persoonlijke goederen die definitief zijn ingevoerd voordat de belanghebbende zijn normale verblijfplaats in België vestigt, mits hij zich ertoe verbindt er zijn normale verblijfplaats binnen een termijn van zes maanden daadwerkelijk te vestigen.

Wanneer gebruik wordt gemaakt van deze bepaling wordt de termijn bedoeld in § 2 berekend vanaf de datum van invoer.

§ 8. Indien de belanghebbende het land waar hij zijn normale verblijfplaats had ten gevolge van beroepsverplichtingen verlaat, zonder deze normale verblijfplaats tegelijkertijd in België te vestigen maar met de bedoeling ze later hier te lande te vestigen, wordt vrijstelling verleend voor de invoer van de persoonlijke goederen die hij daartoe naar België overbrengt.

Die vrijstelling is aan de in §§ 2 tot en met 6 genoemde voorwaarden onderworpen, met dien verstande dat de in §§ 2 en 5 genoemde termijnen worden berekend vanaf de datum van invoer en dat de in § 6 bedoelde termijn wordt berekend vanaf de datum waarop de belanghebbende zijn normale verblijfplaats daadwerkelijk in België heeft gevestigd.

De vrijstelling is bovendien onderworpen aan een verbintenis van de belanghebbende om zijn normale verblijfplaats te vestigen binnen een periode die naar gelang van de omstandigheden wordt vastgesteld door of vanwege de Minister van Financiën.

§ 9. Door of vanwege de Minister van Financiën kan worden afgeweken van het bepaalde in § 2, § 4, 3° en 4°, en § 6, indien een persoon zijn normale verblijfplaats naar België overbrengt ten gevolge van uitzonderlijke politieke omstandigheden.

Art. 14. § 1. Vrijstelling van de belasting wordt verleend voor de definitieve invoer van huwelijksuitzetten en inboedel, zelfs indien nieuw, die toebehoren aan een persoon die zijn normale verblijfplaats van een derde land of een derdelands gebied naar België overbrengt ter gelegenheid van zijn huwelijk.

§ 2. De vrijstelling wordt slechts verleend indien de belanghebbende:

1° sedert ten minste twaalf opeenvolgende maanden zijn normale verblijfplaats buiten de Gemeenschap heeft gehad; door of vanwege de Minister van Financiën [...] kan evenwel een afwijking worden toegestaan, mits het in het voornemen van de belanghebbende lag gedurende ten minste twaalf maanden buiten de Gemeenschap te verblijven;

2° het bewijs van zijn huwelijkse staat levert.

§ 3. Alcoholische produkten, tabak en tabaksprodukten zijn van de vrijstelling uitgesloten.

§ 4. Behoudens buitengewone omstandigheden moet de invoer plaatsvinden in de periode die aanvangt twee maanden vóór de vastgestelde huwelijksdatum en eindigt vier maanden na de datum waarop

het huwelijk is gesloten; hij mag binnen die termijn in één of meer zendingen plaatsvinden.

§ 5. Tot het verstrijken van een termijn van twaalf maanden, te rekenen vanaf de datum van aangifte voor de definitieve invoer, mogen de met vrijstelling ingevoerde goederen niet worden uitgeleend, verpand, verhuurd of overgedragen noch onder bezwarende titel noch om niet, zonder dat de administratie daarvan vooraf in kennis is gesteld.

Het uitlenen, verpanden, verhuren of overdragen ervan vóór het verstrijken van die termijn, leidt tot toepassing van de voor de betrokken goederen geldende belasting, tegen het op de datum van het uitlenen, verpanden, verhuren of overgedragen van kracht zijnde tarief en over de op diezelfde datum vastgestelde maatstaf van heffing.

§ 2, 1° gewijzigd bij art. 2 K.B. 20 juni 1994 (B.S. 20. VII.1994).

Art. 15. § 1. Vrijstelling van de belasting wordt verleend voor de definitieve invoer van geschenken die gewoonlijk ter gelegenheid van een huwelijk door personen, die hun normale verblijfplaats buiten de Gemeenschap hebben, worden aangeboden en die worden ontvangen door een persoon die voldoet aan de in artikel 14, §§ 1 en 2, genoemde voorwaarden.

De vrijstelling wordt slechts verleend voor de geschenken waarvan de waarde per eenheid niet meer bedraagt dan [[1.000 EUR]].

Alcoholische produkten, tabak en tabaksprodukten zijn van de vrijstelling uitgesloten.

§ 2. Behoudens buitengewone omstandigheden moet de invoer plaatsvinden in de periode die aanvangt twee maanden vóór de vastgestelde huwelijksdatum en eindigt vier maanden na de datum waarop het huwelijk is gesloten. Binnen die termijn kan de invoer van de goederen plaatsvinden in één of meer zendingen.

§ 3. Tot het verstrijken van een termijn van twaalf maanden, te rekenen vanaf de datum van aangifte voor de definitieve invoer, mogen de met vrijstelling ingevoerde goederen niet worden uitgeleend, verpand, verhuurd of overgedragen noch onder bezwarende titel noch om niet, zonder dat de administratie daarvan vooraf in kennis is gesteld.

Het uitlenen, verpanden, verhuren of overdragen vóór het verstrijken van die termijn, leidt tot toepassing van de voor de betrokken goederen geldende belasting, tegen het op de datum van uitlenen, verpanden, verhuren of overdragen van kracht zijnde tarief en over de op diezelfde datum vastgestelde maatstaf van heffing.

§ 1, al. 2 gewijzigd bij art. 3-16 K.B. 20 juli 2000 (I) (B.S. 30.VIII.2000) en bij art. 37-6° K.B. 13 juli 2001 (B.S. 11. VIII.2001).

Art. 16. § 1. Vrijstelling van de belasting wordt verleend voor de definitieve invoer van de persoonlijke goederen die door een natuurlijk persoon die zijn normale verblijfplaats in België heeft, door erfopvolging bij versterf, of door erfopvolging bij testament zijn verkregen.

§ 2. Van de vrijstelling zijn uitgesloten:

1° alcoholische produkten;

2° tabak en tabaksprodukten;

3° bedrijfsvoertuigen;

4° materieel voor beroepsdoeleinden, ander dan draagbare instrumenten voor kunsten en ambachten die nodig waren voor de uitoefening van het beroep van de overledene;

5° voorraden grondstoffen, eindprodukten of half-fabrikaten;

6° levend vee en voorraden landbouwprodukten die de met de normale gezinsbevoorrading overeenkomende hoeveelheden overschrijden.

§ 3. De vrijstelling wordt slechts verleend voor persoonlijke goederen welke ten laatste twee jaar vanaf de datum van definitieve inbezitstelling definitief zijn ingevoerd.

Door of vanwege de Minister van Financiën kan evenwel op grond van bijzondere omstandigheden een verlenging van deze termijn worden toegestaan.

De invoer van de persoonlijke goederen mag binnen de in het eerste lid bedoelde termijn in gedeelten plaatsvinden.

§ 4. Dit artikel geldt mutatis mutandis voor de persoonlijke goederen die door erfopvolging bij testament worden verworven door een rechtspersoon die een activiteit zonder winstoogmerk uitoefent en in België is gevestigd.

Art. 17. § 1. Vrijstelling van de belasting wordt verleend voor de definitieve invoer van uitzetten, studiebenodigdheden en gebruikte roerende goederen die de normale meubilering van een studentenkamer vormen, toebehorend aan scholieren en studenten die met het oog op hun studie vanuit een derde land of een derdelands gebied in België komen wonen, en welke bestemd zijn voor hun persoonlijk gebruik gedurende hun studietijd.

§ 2. In de zin van § 1 wordt verstaan onder:

1° "scholier of student", elke persoon die op regelmatige wijze is ingeschreven bij een onderwijsinstelling om er het volledige leerplan te volgen;

2° "uitzet", het linnengoed, alsmede de kleding, zelfs indien nieuw;

3° "studiebenodigdheden", voorwerpen en instrumenten, met inbegrip van reken- en schrijfmachines, die normaliter door een scholier of student worden gebruikt bij de studie.

§ 3. De vrijstelling wordt ten minste eenmaal per studiejaar verleend.

Art. 18. Vrijstelling van de belasting wordt verleend voor de definitieve invoer van goederen waarvan de globale waarde niet meer bedraagt dan [[22 EUR]].

Van de in het eerste lid bedoelde vrijstelling worden uitgesloten de alcoholische produkten, parfum en toiletwater, tabak en tabaksprodukten […].

Al. 1 gewijzigd bij art. 3-16 K.B. 20 juli 2000 (I) (B.S. 30.VIII.2000) en bij art. 37-6° K.B. 13 juli 2001 (B.S. 11. VIII.2001);

Al. 2 gewijzigd bij art. 4 K.B. 1 september 2004 (B.S. 10. IX.2004, ed. 2).

Art. 19. § Vrijstelling van de belasting wordt verleend voor de definitieve invoer van kapitaalgoederen en andere uitrusting toebehorend aan bedrijven die hun activiteiten in een derde land of een derdelands gebied definitief staken om een soortgelijke activiteit te komen uitoefenen in België en vooraf de aangifte van begin van werkzaamheid bedoeld [in artikel 53, § 1, eerste lid, 1°], van het Wetboek hebben ingediend.

Wanneer het overgebrachte bedrijf een landbouw-bedrijf is, wordt ook voor het levende vee vrijstelling verleend.

§ 2. In de zin van § 1 wordt verstaan onder:

1° "activiteit", een in artikel 4, § 1, van het Wetboek bedoelde economische activiteit;

2° "bedrijf", een zelfstandige economische produktie-eenheid of dienstverlenende eenheid.

§ 3. De vrijstelling is beperkt tot kapitaalgoederen en andere uitrusting die:

1° behoudens in door de omstandigheden gerechtvaardigde bijzondere gevallen, daadwerkelijk in het bedrijf zijn gebruikt gedurende ten minste twaalf maanden vóór het staken van de activiteiten in het derde land of derdelands gebied waarvandaan de onderneming is overgebracht;

2° bestemd zijn om na deze overbrenging voor dezelfde doeleinden te worden gebruikt;

3° bestemd zijn voor de uitoefening van een activiteit die niet op grond van artikel 44 van het Wetboek is vrijgesteld;

4° in overeenstemming zijn met de aard en de omvang van het betrokken bedrijf.

§ 4. Van de vrijstelling zijn uitgesloten buiten de Gemeenschap gevestigde bedrijven waarvan de overbrenging naar België als oorzaak dan wel tot doel heeft een fusie met of een overname door een in België gevestigd bedrijf zonder dat een nieuwe activiteit wordt ondernomen.

§ 5. Van de vrijstelling zijn uitgesloten:

1° vervoermiddelen die niet het karakter bezitten van produktiemiddelen of middelen in het kader van dienstverlening;

2° voorraden van ongeacht welke aard, bestemd voor menselijk verbruik of voor voeding van dieren;

3° brandstoffen en voorraden grondstoffen, eindprodukten of halffabrikaten;

4° vee dat in het bezit is van veekooplieden.

§ 6. Behoudens door de omstandigheden gerechtvaardigde bijzondere gevallen, wordt de vrijstelling slechts verleend voor kapitaalgoederen en andere uitrusting die zijn ingevoerd vóór het verstrijken van een termijn van twaalf maanden, te rekenen vanaf de datum van het staken van de activiteiten van het bedrijf in het land van herkomst.

§ 1, al. 1 gewijzigd bij art. 13 K.B. 20 februari 2004 (B.S. 27.II.2004, ed. 3).

Art. 20. Vrijstelling van de belasting wordt verleend voor de definitieve invoer van niet meer dan zes maanden oude, in een derde land of derdelands gebied geboren jongen van een in België gedekt paard van zuiver ras, dat vervolgens tijdelijk is uitgevoerd om haar jongen te werpen.

Art. 21. § 1. Vrijstelling van de belasting wordt verleend voor de definitieve invoer van:

1° speciaal voor laboratoriumgebruik gefokte dieren die gratis aan laboratoria worden afgestaan;

2° biologische of chemische stoffen binnen de grenzen en onder de voorwaarden van artikel 60 van Verordening (EEG) nr. 918/83 van de Raad van de Europese Gemeenschappen van 28 maart 1983.

§ 2. De vrijstelling is beperkt tot dieren en biologische of chemische stoffen die bestemd zijn:

1° hetzij voor openbare instellingen of instellingen van openbaar nut wier voornaamste bezigheid het onderwijs of het wetenschappelijk onderzoek is, en voor diensten die onder een openbare instelling of instelling van openbaar nut ressorteren en wier voornaamste bezigheid het onderwijs of het wetenschappelijk onderzoek is;

2° hetzij voor particulieren instellingen wier voornaamste bezigheid het onderwijs of het wetenschappelijk onderzoek is en die door of vanwege de Minister van Financiën of zijn afgevaardigde toestemming hebben verkregen om deze goederen met vrijstelling in te voeren.

Art. 22. § 1. Onverminderd de vrijstelling bedoeld in artikel 40, § 1, 1°, a, van het Wetboek wordt vrijstelling van de belasting verleend voor de definitieve invoer van therapeutische stoffen van menselijke oorsprong, testsera voor de vaststelling van bloedgroepen en testsera voor de vaststelling van weefselgroepen.

§ 2. In de zin van § 1 wordt verstaan onder:

1° "therapeutische stoffen van menselijke oorsprong", menselijk bloed en derivaten daarvan: volledig menselijk bloed, gedroogd menselijk plasma, menselijk albumine en stabiele oplossingen van menselijke plasmaproteïnen, menselijke immmoglobuline, menselijk fibrinogeen;

2° "testsera voor de vaststelling van bloedgroepen", alle testsera van menselijke, dierlijke, plantaardige of andere oorsprong voor de vaststelling van menselijke bloedgroepen en de opsporing van bloedincompatibiliteit;

3° "testsera voor de vaststelling van weefselgroepen", alle testsera van menselijke, dierlijke, plantaardige of andere oorsprong voor de vaststelling van menselijke weefselgroepen.

§ 3. De vrijstelling wordt beperkt tot produkten die:

1° bestemd zijn voor door of vanwege de Minister van Financiën erkende instellingen of laboratoria, voor exclusief gebruik voor medische of wetenschappelijke doeleinden, met uitsluiting van commerciële transacties;

2° vergezeld gaan van een certificaat van overeenstemming dat in het land van herkomst door een daar-

toe bevoegde instantie is afgegeven;

3° vervat zijn in verpakkingsmiddelen die voorzien zijn van een speciaal identificeringsetiket.

§ 4. De vrijstelling strekt zich uit tot de voor het vervoer van therapeutische stoffen van menselijke oorsprong of van testsera voor de vaststelling van bloed- of weefselgroepen absoluut noodzakelijke speciale verpakkingen, alsmede tot de oplosmiddelen en het toebehoren die nodig zijn voor hun gebruik, welke eventueel aan de zendingen zijn toegevoegd.

Art. 23. Vrijstelling van de belasting wordt verleend voor de definitieve invoer van zendingen bestaande uit monsters van referentiestoffen die worden gebruikt voor de kwaliteitscontrole en bij de vervaardiging van geneesmiddelen gebezigde stoffen en die door de Wereldgezondheidsorganisatie (WHO) zijn goedgekeurd, waarbij die zendingen worden gericht aan geadresseerden die door of vanwege de Minister van Financiën gemachtigd zijn om dergelijke zendingen met vrijstelling in te voeren.

Art. 24. Vrijstelling van de belasting wordt verleend voor de definitieve invoer van farmaceutische produkten voor menselijke of diergeneeskunde welke zijn bestemd voor gebruik door personen of dieren die uit een derde land of een derdelands gebied komen om deel te nemen aan internationale sportevenementen, zulks binnen de perken van hun behoeften gedurende het verblijf in België.

Art. 25. § 1. Vrijstelling van de belasting wordt verleend voor de definitieve invoer van:

1° goederen die in primaire levensbehoeften voorzien, die gratis zijn verkregen en die worden ingevoerd door overheids- of andere instellingen met een liefdadig of filantropisch karakter welke door of vanwege de Minister van Financiën zijn erkend, teneinde gratis aan behoeftigen te worden uitgereikt;

2° goederen van ongeacht welke aard die door een buiten de Gemeenschap gevestigde persoon of organisatie gratis en zonder enige commerciële bijbedoeling van de zijde van de gever, worden toegezonden aan overheids- of door de Minister van Financiën of zijn afgevaardigde erkende instellingen met een liefdadig of filantropisch karakter om financiële middelen in te zamelen tijdens incidentele liefdadigheidsevenementen ten bate van behoeftigen;

3° materieel, uitrusting en kantoorartikelen die door een buiten de Gemeenschap gevestigde persoon of organisatie gratis, en zonder enige commerciële bijbedoeling van de zijde van de gever, worden toegezonden aan de door of vanwege de Minister van Financiën erkende instellingen met een liefdadig of filantropisch karakter, teneinde uitsluitend te worden gebruikt voor hun eigen werking en voor de verwezenlijking van het door hen nagestreefde liefdadige of filantropische doel.

§ 2. In de zin van § 1, 1°, wordt verstaan onder "goederen die in primaire levensbehoeften voorzien" goederen die absoluut noodzakelijk zijn om te voorzien in de onmiddellijke behoeften van personen, zoals levensmiddelen, geneesmiddelen, kleding en dekens.

§ 3. Van de vrijstelling zijn uitgesloten:

1° alcoholische produkten;

2° tabak en tabaksprodukten;

3° koffie en thee;

4° motorvoertuigen, behalve ziekenwagens.

§ 4. De vrijstelling wordt slechts verleend aan organisaties waarvan de boekhouding het de administratie mogelijk maakt de verrichtingen te controleren en die alle noodzakelijk geachte waarborgen bieden.

§ 5. De in § 1 bedoelde goederen mogen door de organisatie die vrijstelling geniet niet voor andere doeleinden dan die genoemd in § 1, 1° en 2°, worden uitgeleend, verhuurd over overgedragen noch onder bezwarende titel noch om niet, zonder dat de administratie daarvan vooraf in kennis is gesteld.

Indien de goederen worden uitgeleend, verhuurd of overgedragen aan een instelling die krachtens de §§ 1 en 4 voor vrijstelling in aanmerking komt, blijft de vrijstelling van kracht voor zover bedoelde instelling de betrokken goederen gebruikt voor doeleinden welke recht geven op deze vrijstelling.

In de overige gevallen mag het uitlenen, verhuren of overdragen pas plaatsvinden na voorafgaande betaling van de belasting, tegen het op de datum van het uitlenen, verhuren of overdragen van kracht zijnde tarief en over de op diezelfde datum vastgestelde maatstaf van heffing.

§ 6. De in § 1 bedoelde organisaties die niet langer voldoen aan de voorwaarden voor vrijstelling of die met vrijstelling ingevoerde goederen voor andere doeleinden willen gebruiken dan die bedoeld in genoemde paragraaf, dienen de administratie daarvan in kennis te stellen.

De goederen die in het bezit blijven van organisaties die niet langer voldoen aan de voorwaarden voor vrijstelling zijn onderworpen aan de toepassing van de belasting over de toegevoegde waarde, tegen het tarief dat van kracht is op de datum waarop aan de voorwaarden niet langer wordt voldaan en over de op diezelfde datum vastgestelde maatstaf van heffing.

De goederen die door de organisatie die vrijstelling geniet worden gebruikt voor andere doeleinden dan die bedoeld in § 1 zijn onderworpen aan de toepassing van de belasting, tegen het tarief dat van kracht is op de datum waarop zij voor een ander gebruik worden bestemd en over de op diezelfde datum vastgestelde maatstaf van heffing.

Art. 26. § 1. Vrijstelling van de belasting wordt verleend voor de definitieve invoer van goederen die speciaal zijn ontworpen voor onderwijs aan, de tewerkstelling of de verbetering van de maatschappelijke positie van blinden en andere lichamelijk of geestelijk gehandicapten, wanneer zij worden ingevoerd door instellingen of organisaties wier voornaamste activiteit het onderwijs aan of de begeleiding van gehandicapten is en die door of vanwege de Minister van Financiën toestemming hebben verkregen om deze voorwerpen met vrijstelling in te voeren.

Die goederen moeten gratis en zonder enige com-

merciële bijbedoeling van de gever aan een dergelijke instelling of organisatie worden gezonden.

§ 2. De vrijstelling is van toepassing op specifieke reserveonderdelen, onderdelen of hulpstukken, bestemd voor de betrokken voorwerpen, alsmede op gereedschap voor het onderhoud, de controle, het ijken of het herstellen van die voorwerpen, voor zover deze reserveonderdelen, onderdelen of hulpstukken of gereedschap tegelijkertijd met deze voorwerpen worden ingevoerd, of, indien zij op een later tijdstip worden ingevoerd, herkenbaar zijn als bestemd voor voorwerpen die eerder met vrijstelling zijn ingevoerd of die voor de vrijstelling in aanmerking kunnen komen wanneer deze voor de bedoelde reserveonderdelen, onderdelen of specifieke hulpstukken en het bedoelde gereedschap wordt aangevraagd.

§ 3. De goederen waarvoor vrijstelling wordt verleend mogen voor geen andere doeleinden worden aangewend dan voor het onderwijs en de tewerkstelling van blinden en andere gehandicapten of voor de verbetering van hun maatschappelijke positie.

§ 4. Goederen waarvoor vrijstelling is verleend mogen door de instellingen of organisaties die de vrijstelling genieten aan de in § 1 bedoelde personen waarvoor ze zorgen, zonder winstoogmerk worden uitgeleend, verhuurd of overgedragen, zonder betaling van de belasting bij invoer.

§ 5. Uitlening, verhuring of overdracht mag niet plaatsvinden onder andere voorwaarden dan die van § 4 zonder voorafgaande kennisgeving aan de administratie.

Indien de goederen worden uitgeleend, verhuurd of overgedragen aan een instelling of organisatie die zelf voor vrijstelling in aanmerking komt, blijft de vrijstelling van kracht, voor zover deze instelling of organisatie het betrokken voorwerp gebruikt voor doeleinden welke recht geven op deze vrijstelling.

In de overige gevallen mag het uitlenen, verhuren of overdragen pas plaatsvinden na de voorafgaande betaling van de belasting volgens het op de datum van de uitlening, verhuring of overdracht van kracht zijnde tarief en over de op diezelfde datum vastgestelde maatstaf van heffing.

§ 6. De in § 1 bedoelde instellingen of organisaties die niet langer voldoen aan de voorwaarden voor vrijstelling, of die een met vrijstelling ingevoerd voorwerp voor andere doeleinden willen gebruiken dan die bedoeld in voornoemde paragraaf, dienen de administratie daarvan in kennis te stellen.

Voorwerpen die in het bezit blijven van de instellingen of organisaties die niet langer voldoen aan de voorwaarden om voor vrijstelling in aanmerking te komen, zijn onderworpen aan de toepassing van de belasting tegen het tarief dat van kracht is op de datum waarop genoemde voorwaarden niet langer worden vervuld en over de op diezelfde datum vastgestelde maatstaf van heffing.

Voorwerpen die door de instelling of organisatie die vrijstelling geniet worden gebruikt voor andere doeleinden dan bedoeld in § 3 zijn onderworpen aan de toepassing van de belasting, tegen het tarief dat van kracht is op de datum waarop zij voor een ander gebruik worden bestemd en over de op diezelfde datum vastgestelde maatstaf van heffing.

Art. 27. § 1. Vrijstelling van de belasting wordt verleend voor de definitieve invoer van:

1° goederen die worden ingevoerd door overheids- of andere instellingen met een liefdadig of filantropisch karakter, welke door of vanwege de Minister van Financiën zijn erkend, teneinde:

a) hetzij gratis te worden verstrekt aan slachtoffers van rampen waardoor het grondgebied van één of meer Lid-Staten werd getroffen;

b) hetzij gratis ter beschikking te worden gesteld van de slachtoffers van dergelijke rampen, doch eigendom van de betrokken instellingen blijven;

2° goederen die door hulpeenheden onder dezelfde voorwaarden als die gesteld in 1° worden ingevoerd om voor de duur van hun bijstand in hun behoeften te voorzien.

§ 2. De vrijstelling wordt niet verleend voor materiaal en materieel bestemd voor de wederopbouw in rampgebieden.

§ 3. De vrijstelling wordt pas verleend nadat de Commissie van de Europese Gemeenschappen een beschikking heeft vastgesteld.

In afwachting van de kennisgeving van de beschikking van de Commissie kan toestemming worden gegeven om de goederen voor de in § 1 genoemde doeleinden in te voeren met schorsing van de betrokken belasting over de toegevoegde waarde, mits de invoerende instelling zich ertoe verbindt deze te betalen indien geen vrijstelling wordt toegekend.

§ 4. De vrijstelling wordt slechts verleend aan instellingen waarvan de boekhouding het de administratie mogelijk maakt de verrichtingen te controleren en die alle nodig geachte garanties bieden.

§ 5. De in § 1, 1°, bedoelde goederen mogen door de organisaties die voor vrijstelling in aanmerking komen niet onder andere voorwaarden dan die van genoemde paragraaf worden uitgeleend, verhuurd of overgedragen noch onder bezwarende titel noch om niet, zonder dat de administratie daarvan vooraf in kennis is gesteld.

Indien de goederen worden uitgeleend, verhuurd of overgedragen aan een organisatie die krachtens § 1 voor vrijstelling in aanmerking komt, blijft de vrijstelling van kracht voor zover bedoelde instelling de betrokken goederen gebruikt voor doeleinden welke recht geven op het verlenen van deze vrijstelling.

In de overige gevallen mag het uitlenen, verhuren of overdragen pas plaatsvinden na de voorafgaande betaling van de belasting, tegen het op het tijdstip van het uitlenen, verhuren of overdragen van kracht zijnde tarief en over de op diezelfde datum vastgestelde maatstaf van heffing.

§ 6. De in § 1, 1°, b, bedoelde goederen mogen, wanneer zij niet meer worden gebruikt door de slachtoffers van rampen, niet worden uitgeleend, verhuurd of overgedragen noch onder bezwarende titel noch om niet, zonder dat de administratie daarvan vooraf in kennis is gesteld.

Indien de goederen worden uitgeleend, verhuurd

of overgedragen aan een organisatie die krachtens § 1 voor vrijstelling in aanmerking komt of, eventueel, aan een organisatie die krachtens artikel 25, § 1, 1°, voor vrijstelling in aanmerking komt, blijft de vrijstelling van kracht voor zover bedoelde organisaties de betrokken goederen gebruiken voor doeleinden welke recht geven op het verlenen van dergelijke vrijstellingen.

In de overige gevallen mag het uitlenen, verhuren of overdragen pas plaatsvinden na de voorafgaande betaling van de belasting, tegen het op het tijdstip van het uitlenen, verhuren of overdragen van kracht zijnde tarief en over de op diezelfde datum vastgestelde maatstaf van heffing.

§ 7. De in § 1 bedoelde organisaties die niet langer voldoen aan de voorwaarden voor vrijstelling of die de voor vrijstelling in aanmerking genomen goederen voor andere doeleinden willen gebruiken dan bedoeld in genoemde paragraaf, dienen de administratie daarvan in kennis te stellen.

Wanneer goederen die in het bezit blijven van organisaties die niet langer voldoen aan de voorwaarden om voor vrijstelling in aanmerking te komen, worden overgedragen aan een organisatie die krachtens het bepaalde in dit artikel voor vrijstelling in aanmerking komt of, eventueel, aan een organisatie die krachtens artikel 25, §§ 1 en 2, voor vrijstelling in aanmerking komt, blijft de vrijstelling van kracht voor zover bedoelde organisatie de betrokken goederen gebruikt voor doeleinden welke recht geven op dergelijke vrijstellingen. In de overige gevallen zijn de genoemde goederen onderworpen aan de toepassing van de belasting tegen het tarief dat van kracht is op de datum waarop aan genoemde voorwaarden niet langer wordt voldaan en over de op diezelfde datum vastgestelde maatstaf van heffing.

§ 8. De goederen die door de organisatie die vrijstelling geniet worden gebruikt voor andere doeleinden dan bedoeld in dit artikel, zijn onderworpen aan de toepassing van de belasting, tegen het tarief dat van kracht is op de datum waarop zij voor een ander gebruik worden aangewend en over de op diezelfde datum vastgestelde maatstaf van heffing.

Art. 28. § 1. Vrijstelling van de belasting wordt verleend voor de definitieve invoer van:

1° onderscheidingen die zijn verleend door buitenlandse regeringen aan personen die hun normale verblijfplaats in België hebben;

2° bekers, medailles en soortgelijke voorwerpen die voornamelijk een symbolisch karakter bezitten en die, verleend in een derde land of derdelands gebied aan personen die hun normale verblijfplaats in België hebben, als eerbewijs voor de activiteiten die zij hebben ontplooid op gebieden zoals kunsten, wetenschappen, sport, openbare dienstverleningen, of als bewijs van erkentelijkheid voor hun verdiensten ter gelegenheid van een bijzondere gebeurtenis, door genoemde personen zelf worden ingevoerd;

3° bekers, medailles en soortgelijke voorwerpen die voornamelijk een symbolisch karakter bezitten en gratis door in een derde land of derdelands gebied gevestigde autoriteiten of personen worden aangeboden om in België voor dezelfde doeleinden als bedoeld in 2° te worden toegekend;

4° prijzen, trofeeën, souvenirs met een symbolisch karakter en van geringe waarde die bestemd zijn voor gratis uitdeling aan personen die hun normale verblijf-plaats in een derde land of derdelands gebied hebben, ter gelegenheid van zakencongressen en dergelijke evenementen met een internationaal karakter, en die wegens hun aard, waarde per eenheid en andere ken-merken geenszins op commerciële bijbedoelingen duiden.

§ 2. De vrijstelling wordt verleend mits de belang-hebbenden één en ander ten genoegen van de adminis-tratie kunnen aantonen en voor zover het handelingen betreft waaraan elk handelskarakter vreemd is.

Art. 29. § 1. Vrijstelling van de belasting wordt verleend voor de definitieve invoer van:

1° goederen die worden ingevoerd door personen die in België hun normale verblijfplaats hebben en die een officieel bezoek hebben afgelegd in een derde land of derdelands gebied alwaar ze deze goederen ten ge-schenke hebben gekregen van de autoriteiten die hen hebben ontvangen;

2° goederen die worden ingevoerd door personen afkomstig van een derde land of derdelands gebied die een officieel bezoek komen afleggen in België, en die van plan zijn deze goederen bij die gelegenheid ten geschenke te geven aan de autoriteiten die hen ontvan-gen;

3° goederen die bij wijze van geschenk, als blijk van vriendschap of van hulde, door een in een derde land of derdelands gebied gevestigde officiële autori-teit, openbare instantie of activiteiten van openbaar belang verrichtende organisatie, worden gericht aan een officiële autoriteit, een openbare instantie of aan de activiteiten van openbaar belang verrichtende organisatie, gevestigd in België, welke door of van-wege de Minister van Financiën toestemming heeft verkregen om dergelijke voorwerpen met vrijstelling in ontvangst te nemen.

§ 2. Alcoholische produkten, tabak en tabakspro-dukten zijn van de vrijstelling uitgesloten.

§ 3. De vrijstelling wordt slechts verleend voor zover de voorwerpen bedoeld zijn als incidenteel ge-schenk, voor zover uit de aard, de waarde of de ho-eveelheid ervan geen enkele commerciële bijbedoeling blijkt en voor zover zij niet voor commerciële doelein-den worden gebruikt.

Art. 30. § 1. Vrijstelling van de belasting wordt verleend voor de definitieve invoer van:

1° giften aangeboden aan de Koning alsmede aan vreemde regerende vorsten en andere staatshoofden;

2° goederen bestemd om te worden gebruikt of verbruikt door regerende vorsten en staatshoofden van een andere Staat, alsmede door de persoonlijkheden die hen officieel vertegenwoordigen, gedurende hun officieel verblijf in België.

§ 2. De § 1 is tevens van toepassing op personen die op het internationale vlak voorrechten genieten die overeenkomen met die van een regerend vorst of van een staatshoofd.

Art. 31. § 1. Vrijstelling van de belasting wordt verleend voor de definitieve invoer van monsters van goederen waarvan de waarde onbeduidend is en die slechts kunnen dienen om bestellingen te werven voor goederen van het soort dat zij vertegenwoordigen en die buiten de Gemeenschap worden geproduceerd.

§ 2. De administratie kan eisen dat bepaalde arti-kelen, om voor de vrijstelling in aanmerking te komen, definitief onbruikbaar worden gemaakt door versnij-ding, doorboring, het aanbrengen van een duidelijk zichtbaar en onuitwisbaar kenteken of enig ander pro-cedé, zonder dat deze behandeling evenwel tot gevolg mag hebben dat hun hoedanigheid van monster daar-door verloren gaat.

§ 3. In de zin van § 1 wordt verstaan onder "mon-sters van goederen" artikelen die representatief zijn voor een categorie van handelswaar en waarvan de wijze van opmaak en de hoeveelheid voor de gegeven soort of kwaliteit van goederen die artikelen onge-schikt maken om voor andere doeleinden dan voor klantenwerving te worden gebruikt.

Art. 32. § 1. Vrijstelling van de belasting wordt verleend voor de definitieve invoer van drukwerk voor reclamedoeleinden, zoals catalogi, prijscouranten, ge-bruiksaanwijzingen of commerciële aankondigingen mits zij betrekking hebben op:

a) door een in een derde land of derdelands gebied gevestigde persoon te koop of te huur aangeboden goederen of,

b) door een in een derde land of derdelands gebied gevestigde persoon aangeboden diensten op het ge-bied van vervoer, de verzekering van handelsactivitei-ten of bankzaken.

§ 2. De in § 1 bedoelde vrijstelling is beperkt tot drukwerk voor reclamedoeleinden dat aan de volgen-de voorwaarden voldoet:

1° op het drukwerk moet duidelijk zichtbaar de naam van het bedrijf zijn aangebracht dat de goederen vervaardigt, verkoopt of verhuurt, of dat de diensten verleent waarop het drukwerk betrekking heeft;

2° elke zending mag slechts één bescheid bevatten of, indien zij uit meerdere bescheiden bestaat, slechts één exemplaar van elk bescheid, met dien verstande dat zendingen, die verscheidene exemplaren van een zelfde bescheid bevatten, niettemin voor vrijstelling in aanmerking komen, indien het totale brutogewicht niet meer dan 1 kilogram bedraagt;

3° het drukwerk mag niet bij wijze van groepage-zending door eenzelfde afzender naar eenzelfde ge-adresseerde worden gezonden.

§ 3. Vrijstelling van de belasting wordt eveneens verleend voor de definitieve invoer van voorwerpen voor reclamedoeleinden die zelf geen handelswaarde bezitten en die gratis door leveranciers naar hun klan-ten worden gezonden en voor geen ander doel dan voor reclame kunnen worden gebruikt.

Art. 33. § 1. Vrijstelling van de belasting wordt verleend voor de definitieve invoer van:

1° kleine monsters die representatief zijn voor buiten de Gemeenschap vervaardigde goederen en bestemd zijn voor tentoonstellingen en dergelijke;

2° goederen die uitsluitend worden ingevoerd om te worden gedemonstreerd of om buiten de Gemeenschap vervaardigde machines en apparaten te demonstreren tijdens tentoonstellingen en dergelijke;

3° diverse materialen van geringe waarde, zoals verf, lak, behangselpapier, enz. die worden gebruikt voor de bouw, de inrichting en de decoratie van tijdelijke stands die door vertegenwoordigers van derde landen of derdelands gebieden worden bezet op tentoonstellingen en dergelijke en die door hun gebruik als zodanig verloren gaan;

4° drukwerk, catalogi, prospectussen, prijscouranten, aanplakbiljetten, al dan niet geïllustreerde kalenders, niet-ingelijste foto's en andere voorwerpen die gratis worden verstrekt ten einde te worden gebruikt voor reclamedoeleinden voor buiten de Gemeenschap vervaardigde goederen, die op tentoonstellingen en dergelijke worden tentoongesteld.

§ 2. In de zin van § 1 wordt onder "tentoonstelling en dergelijke" verstaan:

1° tentoonstellingen, jaarbeurzen, beurzen en dergelijke manifestaties op het gebied van handel, industrie, landbouw en ambachtelijke nijverheid;

2° tentoonstellingen of manifestaties die voornamelijk voor liefdadige doeleinden worden georganiseerd;

3° tentoonstellingen of manifestaties die voornamelijk worden georganiseerd met een wetenschappelijk, technisch, ambachtelijk, artistiek, opvoedkundig, cultureel, sportief, religieus of toeristisch doel, met een doel op vakverenigingsgebied of met het doel de volkeren te helpen elkaar beter te begrijpen;

4° vergaderingen van vertegenwoordigers van internationale organisaties of groeperingen;

5° plechtigheden en manifestaties met een officieel of herdenkingskarakter.

Worden niet als "tentoonstelling en dergelijke" aangemerkt de particuliere tentoonstellingen die in winkels of handelsruimten worden georganiseerd met het oog op de verkoop van goederen.

§ 3. De in § 1, 1°, bedoelde vrijstelling is beperkt tot monsters:

1° welke in die vorm gratis worden ingevoerd of tijdens de tentoonstelling uit onverpakt ingevoerde goederen worden verkregen;

2° die uitsluitend dienen om tijdens de tentoonstelling gratis aan de bezoekers voor hun persoonlijk gebruik of verbruik te worden uitgereikt;

3° die kunnen worden onderkend als reclamemateriaal waarvan de waarde per eenheid gering is;

4° die niet geschikt zijn om te kunnen worden verhandeld en in voorkomend geval in verpakkingen worden aangeboden welke een geringere hoeveelheid bevatten dan de kleinste in de handel verkrijgbare hoeveelheid van dezelfde goederen;

5° die tijdens de tentoonstelling ter plaatse worden verbruikt indien het levensmiddelen en dranken be-

treft waarvan de verpakking niet beantwoordt aan het bepaalde sub 4°;

6° waarvan de totale waarde en hoeveelheid in verhouding staan tot de aard van de tentoonstellingen, het bezoekersaantal en het belang van de deelneming van de exposant.

§ 4. De in § 1, 2° bedoelde vrijstelling is beperkt tot goederen die tijdens de tentoonstelling worden verbruikt of tenietgaan, en waarvan de totale waarde en hoeveelheid in verhouding staan tot de aard van de tentoonstelling, het bezoekersaantal en het belang van de deelneming van de exposant.

§ 5. De in § 1, 4°, bedoelde vrijstelling geldt slechts voor drukwerk en voorwerpen voor reclamedoeleinden:

1° die uitsluitend bestemd zijn om op de plaats van de tentoonstelling gratis aan het publiek te worden uitgereikt;

2° waarvan de totale waarde en hoeveelheid in verhouding staan tot de aard van de tentoonstelling, het bezoekersaantal en het belang van de deelneming van de exposant.

§ 6. Alcoholische produkten, tabak en tabaksprodukten en brandstoffen zijn van de in § 1, 1° en 2°, bedoelde vrijstelling uitgesloten.

Art. 34. § 1. Vrijstelling van de belasting wordt verleend voor de definitieve invoer van goederen die bestemd zijn voor onderzoek, analyses of proefnemingen met het oog op de vaststelling van hun samenstelling, kwaliteit of andere technische kenmerken voor het verkrijgen van informatie of voor industrieel of commercieel onderzoek.

§ 2. Het verlenen van de vrijstelling wordt afhankelijk gesteld van de voorwaarde dat de aan onderzoek, analyses of proeven onderworpen goederen bij dit onderzoek, deze analyses of deze proefnemingen volledig worden verbruikt dan wel tenietgaan.

§ 3. Van de vrijstelling zijn uitgesloten goederen die dienen voor onderzoek, analyses of proefnemingen die als zodanig handelingen met het oog op klantenwerving vormen.

§ 4. De vrijstelling wordt slechts verleend voor de hoeveelheid goederen die strikt noodzakelijk is voor de verwezenlijking van het doel waarvoor zij zijn ingevoerd. Deze hoeveelheid wordt per geval door de administratie vastgesteld, rekening houdend met genoemd doel.

§ 5. De vrijstelling strekt zich uit tot goederen die bij het onderzoek, de analyses of de proeven niet volledig worden verbruikt of tenietgaan, mits de overblijvende produkten met toestemming en onder toezicht van de administratie:

1° hetzij, na afloop van het onderzoek, de analyses of de proefnemingen, geheel worden vernietigd of zodanig worden behandeld dat zij geen handelswaarde meer hebben;

2° hetzij zonder kosten aan de Schatkist worden afgestaan, met inachtneming van de beperkingen en onder de voorwaarden gesteld voor de toekenning van de vrijstelling inzake invoerrecht;

3° hetzij, in met redenen omklede gevallen, uit de

Gemeenschap worden uitgevoerd.

Onder "overblijvende produkten" wordt verstaan produkten die voortkomen uit de onderzoeken, analyses of proeven, dan wel goederen die niet daadwerkelijk zijn gebruikt.

§ 6. Behoudens toepassing van het bepaalde in § 5, worden de na afloop van de in § 1 bedoelde onderzoeken, analyses of proeven overblijvende produkten onderworpen aan de belasting, tegen het op het tijdstip van de beëindiging van deze onderzoeken, analyses of proeven van kracht zijnde tarief en over de op datzelfde tijdstip vastgestelde maatstaf van heffing.

De belanghebbende kan evenwel, met toestemming en onder toezicht van de administratie, de overblijvende produkten tot resten of afvallen verwerken. In dat geval is de belasting bij invoer de belasting die geldt voor de resten of de afvallen op de datum waarop deze worden verkregen.

§ 7. De administratie bepaalt de termijn waarbinnen de onderzoeken, analyses of proeven moeten plaatsvinden.

Art. 35. § 1. Vrijstelling van de belasting wordt verleend voor de definitieve invoer van:

1° de brandstof welke zich in de normale reservoirs bevindt van personenauto's, bedrijfsvoertuigen, motorrijwielen en containers voor speciale doeleinden;

2° de brandstof welke zich in draagbare reservoirs in personenauto's en motorrijwielen bevindt, tot een maximum van 10 liter per voertuig;

3° smeermiddelen die zich in motorvoertuigen en in containers voor speciale doeleinden bevinden en die overeenkomen met de normale behoeften voor het functioneren ervan.

§ 2. In de zin van § 1 wordt verstaan onder:

1° "bedrijfsvoertuig", elk motorvoertuig (trekkers met of zonder aanhangwagens daaronder begrepen) dat op grond van constructietype en uitrusting geschikt en bestemd is voor het vervoer, al dan niet tegen betaling, van meer dan negen personen, met inbegrip van de bestuurder, of van goederen, alsmede ieder wegvoertuig, bestemd voor een ander gebruik dan vervoer in de eigenlijke zin;

2° "personenauto", ieder motorvoertuig dat niet aan de sub 1° omschreven maatstaven beantwoordt;

3° "normale reservoirs":

a) de door de fabrikant blijvend in of aan alle motorvoertuigen van hetzelfde type als het betrokken voertuig aangebrachte reservoirs, waarvan de blijvende inrichting het rechtstreekse verbruik van brandstof mogelijk maakt, zowel voor de voortbeweging van de voertuigen als, in voorkomend geval, voor de werking, tijdens het vervoer, van koel- en andere systemen, alsmede de gasreservoirs die zijn aangebracht in motorvoertuigen en die het rechtstreekse verbruik van gas als brandstof mogelijk maken, en de op andere systemen aangesloten reservoirs waarmee die voertuigen eventueel zijn uitgerust;

b) de door de fabrikant blijvend in of aan alle containers van hetzelfde type als de betrokken container aangebrachte reservoirs, waarvan de blijvende inrich-

ting het rechtstreekse verbruik van de brandstof mogelijk maakt voor de werking, gedurende het vervoer, van koel- en andere systemen waarmee de containers voor speciale doeleinden zijn uitgerust;

4° "container voor speciale doeleinden", alle containers die zijn uitgerust met inrichtingen die speciaal zijn aangepast voor koelsystemen, systemen voor zuurstoftoevoer, thermische isolatiesystemen of andere systemen.

§ 3. Brandstoffen waarvoor vrijstelling is verleend mogen niet worden gebruikt in een ander voertuig dan het voertuig waarin zij werden ingevoerd, noch uit dit voertuig worden verwijderd, noch worden opgeslagen, behalve gedurende de noodzakelijke herstellingen aan dat voertuig, noch onder bezwarende titel of om niet te worden overgedragen door degene die de vrijstelling geniet.

Het niet-naleven van het bepaalde in het eerste lid tot toepassing van de voor de betrokken produkten geldende belasting tegen het tarief dat van kracht is op de datum van de feiten en over de op diezelfde datum vastgestelde maatstaf van heffing.

Art. 36. Vrijstelling van de belasting wordt verleend voor de definitieve invoer van:

1° merken, modellen of tekeningen en de desbetreffende indieningsdossiers, alsmede de dossiers betreffende aanvragen voor een octrooi en dergelijke, die bestemd zijn voor instellingen die bevoegd zijn ter zake van de bescherming van auteursrechten of de bescherming van industriële en commerciële eigendom;

2° bescheiden zoals folders, brochures, boeken, tijdschriften, gidsen, al dan niet ingelijste aanplakbiljetten, niet-ingelijste foto's en fotografische vergrotingen, al dan niet geïllustreerde landkaarten, vitrofanies en geïllustreerde kalenders, bestemd om gratis te worden uitgereikt en die voornamelijk tot doel hebben het publiek ertoe te brengen vreemde landen te bezoeken met name om daar bijeenkomsten of manifestaties bij te wonen die een cultureel, toeristisch, sportief of godsdienstig karakter bezitten dan wel verband houden met een beroep, mits deze bescheiden niet meer dan 25 pct. particuliere handelsreclame bevatten, met uitsluiting van particuliere handelsreclame ten gunste van bedrijven uit de Gemeenschap, en mits het oogmerk van propaganda van algemene aard er duidelijk uit blijkt;

3° lijsten en jaarboeken van buitenlandse hotels, gepubliceerd door officiële organisaties voor toerisme of onder auspiciën daarvan, alsmede de dienstregelingen van in het buitenland geëxploiteerde vervoerdiensten, wanneer deze bescheiden bestemd zijn om gratis te worden uitgereikt en niet meer dan 25 pct. particuliere handelsreclame bevatten, met uitsluiting van particuliere handelsreclame ten gunste van bedrijven uit de Gemeenschap;

4° technisch materiaal dat wordt toegezonden aan erkende vertegenwoordigers of aan correspondenten die zijn aangesteld door officiële nationale toeristenorganisaties en dat niet bestemd is om te worden uitgereikt, dat wil zeggen jaarboeken, lijsten van telefoon- of telexabonnees, hotellijsten, catalogi van beurzen, monsters van ambachtelijke produkten met een onbeduidende waarde, documentatiemateriaal over musea, universiteiten, thermale badplaatsen of andere soortgelijke instellingen;

5° bescheiden die gratis aan openbare diensten van de lidstaten worden gezonden;

6° publikaties van buitenlandse regeringen en publikaties van internationale officiële instellingen die bestemd zijn om gratis te worden verspreid;

7° stembiljetten die bestemd zijn voor verkiezingen georganiseerd door in derde landen of in derdelands gebieden gevestigde instellingen;

8° voorwerpen bestemd om te dienen als bewijs of voor soortgelijke doeleinden voor rechtbanken of andere officiële instanties van de lidstaten;

9° specimens van handtekeningen en gedrukte circulaires betreffende handtekeningen die worden verzonden in het kader van de gebruikelijke uitwisseling van inlichtingen tussen openbare diensten of bankinstellingen;

10° drukwerk van officiële aard dat aan de centrale banken van de lidstaten wordt gezonden;

11° rapporten, verslagen, inlichtingenbladen, prospectussen, inschrijvingsformulieren en andere documenten die zijn opgesteld door maatschappijen die in een derde land of in een derdelands gebied zijn gevestigd en bestemd zijn voor houders van of inschrijvers op door deze maatschappijen uitgegeven effecten;

12° informatiedragers met opname, onder meer ponskaarten, geluidsopnamen, microfilms, die worden gebruikt voor de kosteloze toezending van informatie aan de geadresseerde, voor zover de vrijstelling geen aanleiding geeft tot misbruiken of belangrijke concurrentieverstoringen;

13° dossiers, archieven, formulieren en andere bescheiden, bestemd om te worden gebruikt tijdens internationale vergaderingen, conferenties of congressen, alsmede de notulen van dergelijke bijeenkomsten;

14° ontwerpen, technische tekeningen, afbeeldingen, beschrijvingen en andere soortelijke bescheiden die worden ingevoerd met het oog op het verkrijgen of het uitvoeren van bestellingen in een derde land of een derdelands gebied of met het oog op het deelnemen aan een in de Gemeenschap georganiseerde prijsvraag;

15° bescheiden bestemd om te worden gebruikt bij examens die in de Gemeenschap worden georganiseerd door in een derde land of een derdelands gebied gevestigde instellingen;

16° formulieren bestemd om te worden gebruikt als officiële bescheiden voor het internationaal weg- of goederenverkeer, in het kader van internationale overeenkomsten;

17° formulieren, etiketten, vervoerbewijzen en soortelijke bescheiden, die door in een derde land of een derdelands gebied gevestigde vervoerondernemingen of ondernemingen in het hotelwezen worden verzonden naar in de Gemeenschap gevestigde reisbureaus;

18° formulieren en vervoerbewijzen, cognossementen, vrachtbrieven en andere handelsbescheiden en administratieve bescheiden, die gebruikt zijn;

19° officieel drukwerk, uitgegeven door autoriteiten van een derde land of een derdelands gebied of internationale autoriteiten, drukwerk conform internationale modellen dat door organisaties van een derde land of een derdelands gebied aan overeenkomstige organisaties die in de Gemeenschap zijn gevestigd wordt verzonden om te worden verspreid;

20° foto's, diapositieven en kartonnen matrijzen voor foto's, met of zonder onderschrift, gericht aan persagentschappen of aan uitgevers van dagbladen of tijdschriften;

21° het visueel en auditief materiaal van opvoedkundige, wetenschappelijke of culturele aard, ongeacht het gebruik waarvoor zij bestemd zijn, opgesomd in de bijlage van dit besluit geproduceerd door de Verenigde Naties of één van haar gespecialiseerde organisaties;

22° voorwerpen welke deel uitmaken van verzamelingen en kunstvoorwerpen van opvoedkundige, wetenschappelijke of culturele aard, die niet voor de verkoop zijn bestemd en die worden ingevoerd door musea, kunstgalerijen en andere instellingen die door of vanwege de minister van Financiën toestemming hebben verkregen om deze voorwerpen met vrijstelling in te voeren mits de betrokken voorwerpen om niet worden ingevoerd of, indien invoer geschiedt onder bezwarende titel, dat deze voorwerpen niet door een belastingplichtige worden geleverd;

23° materialen van uiteenlopende aard, zoals kabels, stro, doek, papier, karton, hout en plastic, die worden gebruikt voor het stuwen en de bescherming, met inbegrip van thermische bescherming, van goederen tijdens het vervoer van een derde land of van een derdelands gebied naar de Gemeenschap mits deze materialen normaliter niet in aanmerking komen om opnieuw te worden gebruikt en de tegenwaarde ervan, overeenkomstig artikel 34 van het Wetboek, deel uitmaakt van de maatstaf van heffing van die goederen;

24° strooisel, foerage en al het voer aan boord van vervoermiddelen die worden gebruikt voor het vervoer van dieren van een derde land of van een derdelands gebied naar de Gemeenschap, bestemd om onderweg aan de dieren te worden verstrekt;

25° goederen van ongeacht welke aard die worden ingevoerd door daartoe door of vanwege de minister van Financiën erkende organisaties om te worden gebruikt voor de aanleg, het onderhoud of de verfraaiing van begraafplaatsen, graven en gedenktekens voor oorlogsslachtoffers van een derde land of een derdelands gebied die in de Gemeenschap zijn begraven;

26° lijkkisten die het stoffelijk overschot en urnen die de as van overledenen bevatten, alsmede bloemen, kransen en andere ornamenten die deze gewoonlijk vergezellen;

27° bloemen, kransen en andere ornamenten die worden meegebracht door personen die in het buitenland woonachtig zijn en zich naar een begrafenis begeven of hier te lande gelegen graven komen verfraaien, voor zover uit de aard of de hoeveelheid van deze invoer geen commerciële overwegingen blijken.

Art. 37. § 1. Vrijstelling van de belasting wordt verleend voor de definitieve invoer van provisie en scheepsbehoeften aan boord van binnenkomende schepen die geen woonschepen zijn en provisie aanwezig in treinen in internationaal verkeer en in luchtvaartuigen van lijndiensten in internationaal verkeer; brandstoffen en smeermiddelen aanwezig in de genoemde binnenkomende vervoermiddelen en bestemd voor de voortdrijving of de smering daarvan.

§ 2. De vrijstelling wordt verleend onverminderd de toepassing van artikel 42 van het Wetboek, en enkel voor de hoeveelheden die inzake invoerrecht met vrijstelling kunnen worden toegelaten voor het verbruik in België.

Afdeling 3

[...]

Opschrift opgeheven bij art. 19 K.B. 25 februari 1996 (B.S. 5.III.1996).

Art. 38. [...]

Opgeheven bij art. 19 K.B. 25 februari 1996 (B.S. 5. III.1996).

Afdeling 4

Vrijstelling ingesteld bij artikel 40, § 1, 1°, d, van het Wetboek

Art. 39. [§ 1. De invoer van goederen bedoeld in artikel 40, § 1, 1°, d, van het Wetboek is van de belasting vrijgesteld mits naleving van de voorwaarden bedoeld onder de artikelen 1 tot en met 3 en de volgende voorwaarden.

In de gevallen waar de invoer van goederen gevolgd wordt door een levering van die goederen die is vrijgesteld bij toepassing van artikel 39bis , eerste lid, 1° en 4°, van het Wetboek, moet de aangifte voor het verbruik, benevens de vermeldingen bedoeld in artikel 9, het btw-identificatienummer vermelden dat in een andere lidstaat werd toegekend aan de klant aan wie de goederen overeenkomstig artikel 39bis, eerste lid, 1°, van het Wetboek worden geleverd door de geadresseerde of het btw-identificatienummer, toegekend aan de geadresseerde in de lidstaat van aankomst van de verzending of het vervoer van de goederen, indien deze het voorwerp uitmaken van een overbrenging overeenkomstig artikel 39bis, eerste lid, 4°, van het Wetboek.

Bovendien is de geadresseerde op het ogenblik van de aangifte voor het verbruik gehouden, op vraag van de bevoegde autoriteiten, het bewijs te leveren dat de ingevoerde goederen bestemd zijn om vanuit België te worden vervoerd of verzonden naar een andere lidstaat.

§ 2. Door de minister van Financiën of zijn gemachtigde worden de modaliteiten bepaald voor de toepassing van dit artikel.]

Vervangen bij art. 1 K.B. 22 december 2010 (B.S. 31. XII.2010, ed. 4), van toepassing vanaf 1 januari 2011.

Afdeling 5

Vrijstelling ingesteld bij artikel 40, § 1, 2°, van het Wetboek

Art. 40. § 1. Gehele vrijstelling van de belasting wordt verleend voor de wederinvoer van goederen die werden uitgevoerd buiten de Gemeenschap en waarvoor inzake invoerrecht een regeling van gehele vrijstelling bij wederinvoer is ingesteld bij [de artikelen 185 en 186 van de Verordening (EEG) nr. 2913/92 van de Raad van de Europese Gemeenschappen van 12 oktober 1992 tot vaststelling van het communautair douanewetboek].

§ 2. De vrijstelling wordt verleend met inachtneming van de beperkingen en onder de voorwaarden die zijn gesteld door de bepalingen tot regeling van de vrijstelling inzake het invoerrecht, ook al gaat het om goederen die wegens hun aard of hun herkomst of om enige andere reden niet aan invoerrecht onderworpen zijn.

De wederingevoerde goederen moeten eigendom gebleven zijn van degene die er eigenaar van was bij de uitvoer. Ze moeten bovendien zijn onderworpen geweest aan de algemene belastingregels voor de binnenlandse markt van een Lid-Staat en uit hoofde van uitvoer niet in aanmerking zijn gekomen voor ontheffing of teruggave van de belasting over de toegevoegde waarde.

§ 3. Door of vanwege de Minister [van Financiën worden] de modaliteiten en de formaliteiten bepaald voor de toepassing van de in dit artikel bedoelde vrijstelling.

§ 1 gewijzigd bij art. 4, a K.B. 20 juni 1994 (B.S. 20. VII.1994);
§ 3 gewijzigd bij art. 4, b K.B. 20 juni 1994 (B.S. 20. VII.1994).

Art. 41. § 1. Gedeeltelijke vrijstelling van de belasting wordt verleend voor de invoer van de hierna vermelde goederen:

1° goederen die worden wederingevoerd na buiten de Gemeenschap een herstelling, daaronder begrepen het reviseren en het afstellen, te hebben ondergaan;

2° goederen die worden wederingevoerd na buiten de Gemeenschap een bewerking, daaronder begrepen het monteren en het samenbouwen, te hebben ondergaan;

3° goederen waarvan delen of onderdelen werden uitgevoerd buiten de Gemeenschap en worden wederingevoerd na aan die goederen te zijn aangebracht;

4° goederen die zijn vervaardigd door het verwerken van goederen die met dat doel werden uitgevoerd buiten de Gemeenschap.

§ 2. De vrijstelling wordt verleend onder de volgende voorwaarden:

1° de goederen moeten van België worden uitgevoerd buiten de Gemeenschap na in België onder de regeling van de vrijstelling te zijn geplaatst;

2° de goederen moeten onderworpen geweest zijn aan de algemene belastingregels voor de Belgische binnenlandse markt en uit hoofde van uitvoer niet in aanmerking zijn gekomen voor ontheffing van de belasting;

3° de uitvoer buiten de Gemeenschap en de wederinvoer van de goederen die één of meer van de in [paragraaf 1] bedoelde behandelingen hebben ondergaan moeten door dezelfde persoon zijn gedaan;

[4° de dienst die de in artikel 6, § 4, bedoelde maakloonwerker die als geadresseerde optreedt, aan zijn opdrachtgever verleent, moet worden aangemerkt als een werk dat materieel in België wordt verricht voor de toepassing van [artikel 21bis, § 2, 6°, c), van het Wetboek wanneer die opdrachtgever een persoon is bedoeld in artikel 21bis, § 1, van het Wetboek].]

§ 3. De verschuldigde belasting wordt berekend over de waarde van de in het buitenland verstrekte goederen en verrichte werken, vermeerderd met de niet reeds in die waarde begrepen sommen, welke volgens artikel 34, § 2, van het Wetboek in de maatstaf van heffing moeten worden opgenomen, en tegen het tarief dat van toepassing is voor de in België ingevoerde goederen.

§ 4. [Gehele vrijstelling van de belasting wordt verleend voor de goederen die worden wederingevoerd na:

1° uitsluitend één of meer dienstverrichtingen te hebben ondergaan en voor zover die handelingen overeenkomstig artikel 21, § 2, van het Wetboek in de Gemeenschap plaatsvinden;

2° één of meer in paragraaf 1 bedoelde handelingen te hebben ondergaan die niet aan de belasting zouden zijn onderworpen indien ze in België waren verricht.]

§ 5. Door of vanwege de Minister van Financiën [worden] de modaliteiten en de formaliteiten bepaald voor de toepassing van de in dit artikel bedoelde vrijstelling.

§ 2, 3° gewijzigd bij art. 15, a) K.B. 9 december 2009 (B.S. 17.XII.2009, ed. 2), van toepassing vanaf 1 januari 2010;
§ 2, 4° ingevoegd bij art. 2 K.B. 19 november 1996 (B.S. 14.XII.1996) en gewijzigd bij art. 15, b) K.B. 9 december 2009 (B.S. 17.XII.2009, ed. 2), van toepassing vanaf 1 januari 2010;
§ 4 vervangen bij art. 15, c) K.B. 9 december 2009 (B.S. 17. XII.2009, ed. 2), van toepassing vanaf 1 januari 2010;
§ 5 gewijzigd bij art. 5 K.B. 20 juni 1994 (B.S. 20.VII.1994).

Afdeling 6

[Vrijstelling ingesteld bij artikel 40, § 2, van het Wetboek]

Opschrift vervangen bij art. 3 K.B. 19 november 1996 (B.S. 14.XII.1996).

Art. 42. § 1. Van de belasting zijn vrijgesteld de levering en de verwerving van goederen die vanaf het binnenkomen in de Gemeenschap werden geplaatst onder één van de in artikel 23, §§ 4 en 5, van het Wetboek bedoelde regelingen, met handhaving van één van die regelingen.

Wanneer van die regeling wordt afgezien voor het verbruik blijft de vrijstelling evenwel slechts behouden voor de levering aan of de verwerving door de geadresseerde en, in voorkomend geval, voor de vorige leveringen en verwervingen.

§ 2. Van de belasting zijn eveneens vrijgesteld de diensten, andere dan die welke zijn vrijgesteld bij toepassing van de artikelen 41 en 42 van het Wetboek, met betrekking tot goederen [die zich in België onder één van de in paragraaf 1 bedoelde regelingen bevinden] en bestaande in handelingen die in het kader van voornoemde regeling zijn toegelaten.

Wanneer van die regeling wordt afgezien voor het verbruik, blijft de vrijstelling evenwel slechts behouden voor de diensten verstrekt aan de geadresseerde en, in voorkomend geval, voor de vorige diensten.

§ 3. [Wanneer goederen die zich onder één van de in paragraaf 1 bedoelde regelingen bevinden in België worden ingevoerd na onder die regeling het voorwerp te hebben uitgemaakt van één of meerdere leveringen of diensten, is de maatstaf van heffing de waarde van de goederen berekend in de handelsfase waarin ze zich bevinden na die handelingen te hebben ondergaan, in voorkomend geval verminderd met de waarde van de diensten die verstrekt werden aan de geadresseerde en die op grond van de belastingregels van de binnenlandse markt niet worden vrijgesteld in de lidstaat waar ze plaatsvinden of die overeenkomstig artikel 21, § 2, van het Wetboek buiten de Gemeenschap plaatsvinden.

De maatstaf van heffing zoals bepaald in het eerste lid moet worden vermeerderd met de niet reeds in die waarde begrepen sommen die, overeenkomstig artikel 34, § 2, van het Wetboek, in de maatstaf van heffing moeten worden opgenomen.]

§ 2, al. 1 gewijzigd bij art. 16, a) K.B. 9 december 2009 (B.S. 17.XII.2009, ed. 2), van toepassing vanaf 1 januari 2010;
§ 3 vervangen bij art. 16, b) K.B. 9 december 2009 (B.S. 17. XII.2009, ed. 2), van toepassing vanaf 1 januari 2010.

Afdeling 7

Vrijstelling ingesteld bij artikel 40, § 4, van het Wetboek

Art. 43. [§ 1. Gehele vrijstelling van de belasting wordt verleend voor de definitieve invoer van de goederen die deel uitmaken van de persoonlijke bagage van reizigers.

Onder "persoonlijke bagage" wordt verstaan alle bagage die de reiziger bij zijn aankomst bij de douane kan aangeven, alsmede de bagage die hij later bij de douane aangeeft, mits hij kan bewijzen dat deze bij zijn vertrek als begeleide bagage was ingeschreven bij de maatschappij die zijn vervoer heeft verzorgd. Andere dan in paragraaf 2, 4°, bedoelde brandstof wordt niet beschouwd als persoonlijke bagage.

§ 2. De vrijstelling wordt verleend met inachtneming van de hierna genoemde beperkingen en onder de hierna gestelde voorwaarden:

1° het moet gaan om een invoer waaraan elk handelskarakter vreemd is. Als invoer waaraan elk handelskarakter vreemd is wordt aangemerkt de invoer die een incidenteel karakter draagt en uitsluitend betrekking heeft op goederen bestemd voor het persoonlijk gebruik van de reiziger dan wel voor het gebruik door leden van zijn gezin of bestemd om ten geschenke te worden aangeboden, mits blijkens de aard en de hoeveelheid van de goederen aan die invoer geen commerciële overwegingen ten grondslag liggen;

2° de totale waarde van de goederen mag, per persoon, niet meer bedragen dan:
- 430 EUR voor luchtreizigers en zeereizigers;
- 300 EUR voor andere reizigers.

Deze drempelbedragen worden beperkt tot 175 EUR ten aanzien van:

a) reizigers jonger dan vijftien jaar;

b) het personeel van een vervoermiddel gebruikt voor reizen vanuit een derde land of een derdelands gebied, tenzij dat personeel het bewijs levert dat het zich niet verplaatst in het kader van zijn beroepswerkzaamheid.

Onder "luchtreizigers" en "zeereizigers" wordt verstaan de personen die reizen door de lucht of over zee, met uitzondering van de particuliere plezierlucht- of -zeevaart.

Onder "particuliere plezierluchtvaart" en "particuliere plezierzeevaart" wordt verstaan het gebruik van een luchtvaartuig of een zeewaardig vaartuig door de eigenaar daarvan of door de natuurlijke persoon of rechtspersoon die het gebruiksrecht daarvan geniet door huur of anderszins, voor andere dan commerciële doeleinden en met name voor andere doeleinden dan voor het vervoer van personen of goederen of voor het verrichten van diensten onder bezwarende titel, dan wel ten behoeve van overheidsinstanties.

Voor de berekening van bovenbedoelde drempelbedragen mag de waarde van een afzonderlijk goed niet worden gesplitst.

Worden buiten beschouwing gelaten voor de berekening van deze drempelbedragen:

a) de waarde van de persoonlijke bagage van de reiziger die tijdelijk wordt ingevoerd of na tijdelijke uitvoer wordt wederingevoerd;

b) de waarde van de geneesmiddelen die zijn benodigd voor het persoonlijk gebruik van de reiziger;

c) de waarde van de goederen bedoeld in 3° en 4°;

3° ten aanzien van de hierna genoemde goederen wordt de vrijstelling beperkt tot volgende hoeveelheden:

a) tabaksproducten:
— sigaretten: 200 stuks
of
— cigarillo's (sigaren die per stuk niet meer dan 3 gram wegen): 100 stuks
of
— sigaren: 50 stuks
of
— rooktabak: 250 gram

of
— een combinatie van tabaksproducten, mits de som van de percentages die van de afzonderlijke vrijstellingen worden gebruikt, niet meer dan 100 pct. bedraagt;

b) niet mousserende wijnen: in totaal 4 liter

c) bier: in totaal 16 liter

d) alcohol en alcoholhoudende dranken andere dan niet-mousserende wijnen en bier:
— met een alcoholgehalte van meer dan 22 % vol. of niet gedenatureerde ethylalcohol van 80 % vol. en hoger: in totaal 1 liter
of
— met een alcoholgehalte van maximaal 22 % vol.: in totaal 2 liter
of
— een combinatie van alcohol en alcoholhoudende dranken andere dan niet-mousserende wijn en bier, mits de som van de percentages die van de afzonderlijke vrijstellingen worden gebruikt, niet meer dan 100 pct. bedraagt;

Voor de in 2°, tweede lid, b) beoogde personen wordt de vrijstelling evenwel beperkt tot volgende hoeveelheden:

a) tabaksproducten:
— sigaretten: 40 stuks
of
— cigarillo's (sigaren die per stuk niet meer dan 3 gram wegen): 20 stuks
of
— sigaren: 10 stuks
of
— rooktabak: 50 gram
of
— een combinatie van tabaksproducten, mits de som van de percentages die van de afzonderlijke vrijstellingen worden gebruikt, niet meer dan 100 pct. bedraagt;

b) niet mousserende wijnen: in totaal 2 liter

c) bier: in totaal 8 liter

d) alcohol en alcoholhoudende dranken andere dan niet-mousserende wijnen en bier:
— met een alcoholgehalte van meer dan 22 % vol. of niet gedenatureerde ethylalcohol van 80 % vol. en hoger: in totaal 0,25 liter
of
— met een alcoholgehalte van maximaal 22 % vol.: in totaal 0,50 liter
of
— een combinatie van alcohol en alcoholhoudende dranken andere dan niet-mousserende wijn en bier, mits de som van de percentages die van de afzonderlijke vrijstellingen worden gebruikt, niet meer dan 100 pct. bedraagt;

4° voor elk soort motorvoertuig wordt vrijstelling verleend voor de brandstof die zich in het normale reservoir van dat voertuig bevindt, alsmede voor een maximale hoeveelheid van tien liter brandstof in een draagbaar reservoir.

§ 3. Aan reizigers jonger dan zeventien jaar wordt geen vrijstelling verleend voor de goederen bedoeld in paragraaf 2, 3°.

§ 4. Wanneer een reis over het grondgebied van een derde land loopt of een derdelands gebied als vertrekpunt heeft, zijn de paragrafen 1, 2 en 3 van toepassing indien de reiziger niet kan aantonen dat de in zijn bagage meegevoerde goederen zijn verkregen onder een voor de binnenlandse markt van een lidstaat geldende algemene belastingregeling, en dat zij niet voor teruggaaf van BTW in aanmerking komen.

Het overvliegen van een grondgebied zonder landing wordt niet als een reis over dat grondgebied aangemerkt.]

Vervangen bij art. 2 K.B. 10 december 2008 (B.S. 19. XII.2008, ed. 2, err. B.S. 30.I.2009, ed. 2), van toepassing vanaf 1 december 2008.

Art. 44. § 1. Gehele vrijstelling van de belasting wordt verleend voor de definitieve invoer van de goederen die zijn vervat in kleine zendingen zonder commercieel karakter die door een particulier vanuit een derde land of derdelands gebied worden verzonden naar een andere particulier.

§ 2. In de zin van § 1 wordt verstaan onder «kleine zendingen zonder commercieel karakter» zendingen die tegelijkertijd:

– een incidenteel karakter dragen;

– uitsluitend goederen bevatten, bestemd voor persoonlijk gebruik van de geadresseerde dan wel voor gebruik door de leden van zijn gezin, mits blijkens de aard en de hoeveelheid der goederen aan die zendingen geen commerciële overwegingen ten grondslag liggen;

– zijn samengesteld uit goederen waarvan de totale waarde, met inbegrip van de goederen bedoeld in § 3, niet meer bedragen dan [[45 EUR]];

– door de afzender aan de geadresseerde worden gezonden zonder dat hiervoor enigerlei betaling plaatsvindt.

§ 3. Voor de hierna vermelde goederen geldt § 2 slechts met inachtneming van de volgende kwantitatieve beperkingen:

a) tabaksprodukten:	
sigaretten	50 stuks
of cigarillo's (sigaren die per stuk niet meer dan 3 gram wegen)	25 stuks
of sigaren	10 stuks
of rooktabak	50 gram
b) alcohol en alcoholische dranken:	
– gedistilleerde en alcoholhoudende dranken met een alcoholgehalte van meer dan 22 % vol.; niet-gedenatureerde ethylalcohol van 80 % vol. en hoger	1 fles van het gebruikelijke type (tot 1 liter) of
– gedistilleerde en alcoholhoudende dranken, aperitieven op basis van wijn of van alcohol, tafia, saké of soortgelijke dranken met een alcoholgehalte van ten hoogste 22 % vol.; mousserende wijnen, likeurwijnen of	1 fles van het gebruikelijke type (tot 1 liter)
– niet-mousserende wijnen	2 liter
c) parfum	50 gram
of toiletwater	1/4 liter of 8 ons
d) koffie	500 gram
of koffie-extracten en -essences	200 gram
e) thee	100 gram
of thee-extracten en -essences	40 gram

§ 4. De in § 3 genoemde goederen die in een kleine zending zonder commercieel karakter zijn vervat, maar de in die paragraaf vastgestelde hoeveelheden overschrijden, worden geheel van de vrijstelling uitgesloten.

§ 2, 3e streepje gewijzigd bij art. 3-16 K.B. 20 juli 2000 (I) (B.S. 30.VIII.2000) en bij art. 37-6° K.B. 13 juli 2001 (B.S. 11.VIII.2001).

HOOFDSTUK V

VOORZIENING OM DE INVORDERING VAN DE BELASTING TE VERZEKEREN

Art. 45. Om de invordering van de eventueel verschuldigde belasting en boeten te verzekeren, mogen de Administratie der douane en accijnzen en de Administratie van de BTW, registratie en domeinen, in de hierna vermelde gevallen, een borgtocht in geld eisen waarvan zij het bedrag bepalen:

1° wanneer zij oordelen dat de belasting onvoldoende geheven is of dat het recht op vrijstelling niet op afdoende wijze is aangetoond;

2° wanneer de belasting niet moet worden voldaan op het tijdstip waarop de goederen worden aangegeven;

3° wanneer de belasting wordt voldaan tegen een tarief dat lager is dan het hoogste dat voor het ingevoerde goed verschuldigd kan zijn.

De borgtocht moet worden gestort op het kantoor dat door één van de genoemde administraties is aangewezen. Die administraties mogen een andere zekerheid, gesteld volgens de regelen die inzake invoerrecht gelden, aanvaarden.

Wanneer de geëiste borgtocht niet wordt gesteld

voor goederen die nog onder douanetoezicht staan, mag de douane de goederen ophouden of gebieden dat ze het land moeten verlaten.

HOOFDSTUK VI

OPHEFFINGSBEPALING EN INWERKINGTREDING

Art. 46. Dit besluit vervangt het koninklijk besluit nr. 7, van 27 december 1977, met betrekking tot de invoer van goederen voor de toepassing van de belasting over de toegevoegde waarde.

Art. 47. Dit besluit treedt in werking op 1 januari 1993.

Art. 48. Onze Minister van Financiën is belast met de uitvoering van dit besluit.

Opmerking: – Volgt de bijlage.

KONINKLIJK BESLUIT NR. 8
VAN 12 MAART 1970
TOT VASTSTELLING VAN DE WIJZE VAN
AFRONDING VAN DE VERSCHULDIGDE, DE
AFTREKBARE OF DE VOOR TERUGGAAF
VATBARE BELASTING OVER DE
TOEGEVOEGDE WAARDE

B.S. 18.III.1970.
Opmerking: – Uitvoering van art. 49, 52, 80 en 99 W.B.T.W.

Art. 1. [...]
[Wanneer het bedrag van de verschuldigde belasting een fractie van een euro met meer dan twee decimalen bevat, moet die fractie op de hogere of op de lagere cent worden afgerond, naargelang de derde decimaal 5 bereikt of 5 niet bereikt.]
[Die afronding wordt verricht:
1° per stuk, telkens wanneer het bedrag van de belasting moet worden vermeld ofwel op een factuur of een ander stuk dat is opgemaakt ter uitvoering van het Wetboek, ofwel in één van de boeken bedoeld in artikel 14 van het koninklijk besluit nr. 1 met betrekking tot de regeling voor de voldoening van de belasting over de toegevoegde waarde;
2° per vak naar gelang van het geval [in de artikelen 53 § 1, eerste lid, 2°, 53ter, 1°], en 53nonies, § 1, van het Wetboek bedoelde aangiften.]
Om redenen van boekhoudorganisatie mag echter worden afgerond per goed of dienst, per tarief of anderszins, mits dat gebeurt conform het eerste lid. [...]

Al. 1 opgeheven bij art. 6 § 13 K.B. 20 juli 2000 (B.S. 30. VIII.2000);
Al. 2 (= thans al. 1) ingevoegd bij art. 4, A K.B. 26 november 1998 (B.S. 1.XII.1998);
Al. 3 (= thans al. 2) vervangen bij art. 1 K.B. 29 december 1992 (B.S. 31.XII.1992) en 2° gewijzigd bij art. 14 K.B. 20 februari 2004 (B.S. 27.II.2004, ed. 3);
Al. 4 (= thans al. 3) gewijzigd bij art. 6 § 13 K.B. 20 juli 2000 (B.S. 30.VIII.2000).

Art. 2. Moeten eveneens worden afgerond conform [artikel 1, eerste [...] lid [...]]:
1° het resultaat van de berekening waarbij het gedeelte van de belasting wordt bepaald dat aftrekbaar is krachtens de artikelen 45 tot 49 van het Wetboek;
2° [...];
3° het bedrag van de voor teruggaaf vatbare belasting dat wordt vermeld ofwel op het verbeterend stuk bedoeld in artikel 4, § 1, 1°, van het koninklijk besluit nr. 4, van 29 december 1969, ofwel in de aanvraag om teruggaaf.

Inleidende zin gewijzigd bij art. 5 K.B. 26 november 1998 (B.S. 1.XII.1998, ed. 2) en bij art. 6 § 13 K.B. 20 juli 2000 (B.S. 30.VIII.2000);
2° opgeheven bij art. 13 K.B. 22 november 1994 (B.S. 1. XII.1994, err. B.S. 9.XII.1994).

Art. 3. Dit besluit treedt in werking op dezelfde datum als de wet van 3 juli 1969 tot invoering van het Wetboek van de belasting over de toegevoegde waarde.

Art. 4. Onze Minister van Financiën is belast met de uitvoering van dit besluit.

KONINKLIJK BESLUIT NR. 9
VAN 12 MAART 1970
MET BETREKKING TOT DE AMBTELIJKE
AANSLAG INZAKE BELASTING OVER DE
TOEGEVOEGDE WAARDE

B.S. 18.III.1970.

Art. 1. [Alvorens de in artikel 66 van het Wetboek bedoelde ambtelijke aanslag op te leggen, stelt de administratie de schuldenaar van de belasting bij ter post aangetekende brief in kennis van de feiten die de aanslag rechtvaardigen, het tijdvak waarop hij betrekking heeft, het vermoedelijk bedrag van de beoogde handelingen, het bedrag van de ter zake van die handelingen opeisbare belasting, de wijze waarop die belasting werd berekend en het bedrag van de verbeurde geldboeten.

De schuldenaar van de belasting beschikt over een termijn van een maand om schriftelijk zijn opmerkingen te doen kennen.]

Vervangen bij art. 1 K.B. 29 december 1992 (B.S. 31. XII.1992).

Art. 2. De administratie kan de ambtelijke aanslag slechts opleggen na het verstrijken van de in artikel 1 bepaalde termijn.

De ambtelijke aanslag wordt opgelegd door de gewestelijke directeur van de administratie die bevoegd is voor de belasting over de toegevoegde waarde [of door de hoofdcontroleur die hij aanwijst.]

Van de beslissing waarbij de aanslag wordt opgelegd, wordt [aan de schuldenaar van de belasting] kennis gegeven bij ter post aangetekende brief.

Al. 2 gewijzigd bij art. 4 K.B. 18 mei 1971 (B.S. 26.V.1971); Al. 3 gewijzigd bij art. 2 K.B. 29 december 1992 (B.S. 31.XII.1992).

Art. 3. Dit besluit treedt in werking op dezelfde datum als de wet van 3 juli 1969 tot invoering van het Wetboek van de belasting over de toegevoegde waarde.

KONINKLIJK BESLUIT NR. 14
VAN 3 JUNI 1970
[MET BETREKKING TOT DE VERVREEMDINGEN VAN GEBOUWEN, GEDEELTEN VAN GEBOUWEN EN HET BIJHORENDE TERREIN EN DE VESTIGINGEN, OVERDRACHTEN EN WEDEROVERDRACHTEN VAN EEN ZAKELIJK RECHT IN DE ZIN VAN ARTIKEL 9, TWEEDE LID, 2°, VAN HET WETBOEK VAN DE BELASTING OVER DE TOEGEVOEGDE WAARDE OP ZULKE GOEDEREN]

B.S. 5.VI.1970.
Opschrift vervangen bij art. 7 K.B. 19 december 2010 (B.S. 24.XII.2010), van toepassing vanaf 1 januari 2011.

Art. 1. [Eenieder die een handeling verricht bedoeld in artikel 8 of in [artikel 44, § 3, 1°, a) derde streepje of b), derde streepje], van het Wetboek, onder de daarin gestelde omstandigheden, heeft ten aanzien van die handeling de hoedanigheid van belastingplichtige, op voorwaarde dat hij:
1° vooraleer de overeenkomst met betrekking tot die handeling wordt gesloten, bij het controlekantoor van de belasting over de toegevoegde waarde waaronder hij ressorteert, een verklaring in tweevoud indient waarin hij zijn bedoeling uitdrukt een gebouw of een gedeelte van een gebouw en het bijhorende terrein te vervreemden, een zakelijk recht in de zin van artikel 9, tweede lid, 2°, van het Wetboek, op zulke goederen te vestigen, over te dragen of weder over te dragen, met voldoening van de belasting;
2° de medecontractant op de hoogte brengt van zijn bedoeling de vervreemding te doen met betaling van de belasting, door middel van een vermelding in de eerste akte die tussen hen titel vormt van de vervreemding van een gebouw of een gedeelte van een gebouw en het bijhorende terrein, van de vestiging, overdracht of wederoverdracht van een zakelijk recht in de zin van artikel 9, tweede lid, 2°, van het Wetboek, op zulke goederen.]

Vervangen bij art. 8 K.B. 19 december 2010 (B.S. 24. XII.2010), van toepassing vanaf 1 januari 2011;
Inleidende zin gewijzigd bij art. 17 K.B. 30 april 2013 (B.S. 8.V.2013), van toepassing vanaf 1 januari 2013.

Art. 2. [Met het oog op de voldoening van de door hem verschuldigde belasting moet de belastingplichtige, voor iedere handeling bedoeld in artikel 1, bij het controlekantoor van de belasting over de toegevoegde waarde waaronder hij ressorteert een aangifte in drievoud indienen.]
De verplichting tot indiening van de in het eerste lid bedoelde aangifte ontstaat op het tijdstip waarop de belasting over de volledige maatstaf van heffing verschuldigd wordt. Aan die verplichting moet worden voldaan binnen een maand te rekenen vanaf dat tijdstip.

De belasting moet worden voldaan binnen de termijn die gesteld is voor het indienen van de aangifte.

Al. 1 vervangen bij art. 9 K.B. 19 december 2010 (B.S. 24. XII.2010), van toepassing vanaf 1 januari 2011.

Art. 3. Een exemplaar van de verklaring en van de aangifte bedoeld in de artikelen 1 en 2, wordt met een ontvangstmelding bekleed en aan de belastingplichtige teruggegeven.
De belastingplichtige ressorteert onder het controlekantoor in het ambtsgebied waarvan hij zijn woonplaats of zijn maatschappelijke zetel heeft.

Art. 4. [De belastingplichtige bedoeld in artikel 1 kan van de verschuldigde belasting over de in dat artikel bedoelde handelingen in aftrek brengen, de belasting geheven van handelingen omschreven in artikel 9, § 1, derde lid, van het koninklijk besluit nr. 3 met betrekking tot de aftrekregeling voor de toepassing van de belasting over de toegevoegde waarde, evenals de belasting geheven van de goederen en diensten die rechtstreeks samenhangen met deze handeling.
Ten aanzien van de belasting die betaald of verschuldigd is vóór het in artikel 2, tweede lid, bepaalde tijdstip, ontstaat het recht op aftrek, in afwijking van artikel 2 van het koninklijk besluit nr. 3, pas op dat tijdstip.
Om zijn recht op aftrek te kunnen uitoefenen moet de belastingplichtige, op het tijdstip waarop hij de in artikel 2 bedoelde aangifte indient, in het bezit zijn van de in artikel 3 van het koninklijk besluit nr. 3 bedoelde facturen of stukken.]

Vervangen bij art. 10 K.B. 19 december 2010 (B.S. 24. XII.2010), van toepassing vanaf 1 januari 2011.

Art. 5. § 1. De belastingplichtige [bedoeld in artikel 1] oefent zijn recht op aftrek uit door op het totaalbedrag van de door hem verschuldigde belasting, het totaalbedrag toe te rekenen van de belasting waarvoor het recht op aftrek is ontstaan op het tijdstip van indiening van de in artikel 2 bedoelde aangifte.
Wanneer volgens de gegevens van die aangifte het eindresultaat een door de Staat verschuldigd bedrag is, wordt dat bedrag aan de belastingplichtige teruggegeven overeenkomstig artikel 12 van het koninklijk besluit nr. 4, van 29 december 1969. De aangifte geldt als aanvraag om teruggaaf.
§ 2. Wanneer de formaliteiten waaraan het uitoefenen van het recht op aftrek onderworpen is niet vervuld zijn op het tijdstip van indiening van de in artikel 2 bedoelde aangifte en, in het bijzonder, wanneer niet is voldaan [aan de door artikel 4, derde lid, gestelde voorwaarden], [kan van de belasting die niet in aftrek kon worden gebracht teruggaaf worden verkregen vóór het verstrijken van het derde kalenderjaar volgend op dat waarin de oorzaak van de teruggaaf zich heeft voorgedaan]. Hetzelfde geldt ten aanzien van de aftrekbare belasting die [opeisbaar] is geworden na de indiening van de in artikel 2 bedoelde aangifte.

Om de in deze paragraaf bedoelde teruggaaf te verkrijgen moet de belastingplichtige een aanvraag indienen bij het controlekantoor waaronder hij ressorteert.

De teruggaaf vindt plaats overeenkomstig artikel 12 van het koninklijk besluit nr. 4, van 29 december 1969.

De minister van Financiën bepaalt welke stukken de belastingplichtige moet overleggen.

§ 1, al. 1 gewijzigd bij art. 11, a) K.B. 19 december 2010 (B.S. 24.XII.2010), van toepassing vanaf 1 januari 2011;
§ 2, al. 1 gewijzigd bij art. 11 K.B. 16 juni 2003 (B.S. 27. VI.2003, ed. 4), bij art. 11, b) K.B. 19 december 2010 (B.S. 24.XII.2010), van toepassing vanaf 1 januari 2011 en bij art. 18 K.B. 30 april 2013 (B.S. 8.V.2013), van toepassing vanaf 1 januari 2013.

Uitvoering: – § 2: Zie M.B. nr. 2 - 21 december 2010 (B.S. 28.XII.2010, ed. 2).

Art. 6. Dit besluit treedt in werking op dezelfde datum als de wet van 3 juli 1969 tot invoering van het Wetboek van de belasting over de toegevoegde waarde.

Art. 7. Onze Minister van Financiën is belast met de uitvoering van dit besluit.

KONINKLIJK BESLUIT NR. 15 VAN 3 JUNI 1970 TOT REGELING VAN DE SCHATTINGSPROCEDURE WAARIN ART. 59, § 2, VAN HET WETBOEK VAN DE BELASTING OVER DE TOEGEVOEGDE WAARDE VOORZIET

B.S. 5.VI.1970.

HOOFDSTUK I

DOOR DE ADMINISTRATIE INGESTELDE VORDERING TOT SCHATTING

Afdeling 1

[Vervreemdingen van goederen bedoeld in artikel 1, § 9, van het Wetboek]

Opschrift vervangen bij art. 12 K.B. 19 december 2010 (B.S. 24.XII.2010), van toepassing vanaf 1 januari 2011.

Art. 1. [Wanneer de administratie de deskundige schatting vordert waarin artikel 59, § 2, van het Wetboek voorziet voor het bepalen van de normale waarde van goederen bedoeld in artikel 1, § 9, van hetzelfde Wetboek in het door artikel 36, § 1, a), van dit Wetboek bedoelde geval, wordt ze ingeleid bij een vordering waarvan kennis wordt gegeven door de ontvanger der registratie in wiens ambtsgebied de voornoemde goederen zijn gelegen aan de verkrijger van de bedoelde goederen, hierna «tegenpartij» genoemd.]

Vervangen bij art. 13 K.B. 19 december 2010 (B.S. 24. XII.2010), van toepassing vanaf 1 januari 2011.

Art. 2. § 1. [De kennisgeving van de vordering tot schatting moet geschieden binnen twee jaar vanaf de dag van de overeenkomst, wanneer de te schatten goederen werden vervreemd ingevolge een contract dat dagtekent van na de betekening van het kadastrale inkomen.]

In alle andere gevallen moet van de vordering tot schatting kennis worden gegeven binnen twee jaar na de dag waarop het kadastrale inkomen werd betekend.

§ 2. De schatting kan niet meer door de ontvanger worden gevorderd wanneer reeds een vordering tot schatting werd ingeleid overeenkomstig artikel 19 van dit besluit.

§1, al. 1 vervangen bij art. 14 K.B. 19 december 2010 (B.S. 24.XII.2010), van toepassing vanaf 1 januari 2011.

Art. 3. [In de vordering tot schatting zijn vermeld: de te schatten goederen, de door de administratie geschatte normale waarde, het bedrag van de door de administratie gevorderde belasting en geldboete, alsmede het tijdstip waarop de deskundigen zich moeten plaatsen om de normale waarde van deze goederen te bepalen. Dat tijdstip is de datum van de overeenkomst.

Wanneer een belastingplichtige voor een niet ge-splitste prijs een gebouw of een gedeelte van een gebouw en het bijhorende terrein met voldoening van de belasting vervreemdt samen met een andere grond dan het bijhorende terrein, vermeldt de vordering tot schatting bovendien de waarde van respectievelijk het gebouw of een gedeelte van het gebouw en van het bijhorende terrein, en van de andere grond dan het bijhorende terrein, zoals geschat overeenkomstig de artikelen 30 en 36, § 1, a), van het Wetboek.]

Vervangen bij art. 15 K.B. 19 december 2010 (B.S. 24. XII.2010), van toepassing vanaf 1 januari 2011.

Art. 4. Binnen vijftien dagen na de in artikel 1 bedoelde kennisgeving kunnen de ontvanger en de tegenpartij overeenkomen de schatting op te dragen aan één of aan drie door hen gekozen deskundigen.

Die overeenkomst wordt vastgesteld bij een proces-verbaal waarin het voorwerp van de schatting en de gekozen deskundige(n) zijn vermeld.

Het proces-verbaal wordt gedagtekend en door de ontvanger en de tegenpartij ondertekend; indien deze laatste niet mag of niet kan ondertekenen, dient zulks in het proces-verbaal te worden vermeld.

Art. 5. Bij gemis van de in artikel 4 bedoelde overeenkomst richt de ontvanger aan de vrederechter van de plaats waar het gebouw is gelegen, een verzoekschrift dat de uiteenzetting van de feiten en de vordering tot schatting inhoudt. Is het gebouw gelegen in het rechtsgebied van verscheidene vredegerechten dan is de bevoegde vrederechter die van de plaats waar zich de grootste bebouwde oppervlakte bevindt.

Het verzoekschrift wordt aan de tegenpartij betekend.

De rechter beslist binnen vijftien dagen na het verzoekschrift; hij beveelt de schatting en benoemt, naar vereis van omstandigheden, één of drie deskundigen.

Art. 6. [Tot deskundigen kunnen niet worden gekozen of benoemd:

1° de ambtenaren van de administratie die bevoegd is voor de belasting over de toegevoegde waarde en het registratierecht;

2° de openbare of ministeriële ambtenaren die de akten of verklaringen hebben opgesteld waarin de vervreemding van de te schatten goederen is vastgesteld;

3° al degenen die aan de oprichting van de te schatten goederen hebben deelgenomen, met inbegrip van de architecten en aannemers;

4° de bedienden van de in 1° tot 3° bedoelde personen.]

Vervangen bij art. 16 K.B. 19 december 2010 (B.S. 24. XII.2010), van toepassing vanaf 1 januari 2011.

Art. 7. Het vonnis waarbij de schatting wordt bevolen, wordt ten verzoeke van de ontvanger aan de tegenpartij betekend.

Indien de ontvanger of de tegenpartij gegronde redenen hebben om de bevoegdheid, de onafhankelijkheid of de onpartijdigheid van de benoemde deskundigen in twijfel te trekken, kunnen zij, binnen acht dagen na de betekening van het vonnis, bij de rechter de wraking van de deskundigen vorderen. Deze wraking mag altijd worden gevorderd in de gevallen bedoeld in artikel 966 van het Gerechtelijk Wetboek.

De vordering tot wraking wordt ingesteld bij een verzoekschrift waarin de redenen van de wraking nader worden bepaald. De rechter beslist na de betrokkenen te hebben gehoord. Bij hetzelfde vonnis vervangt hij de gewraakte deskundigen.

Deze nieuwe beslissing wordt aan de tegenpartij betekend.

Art. 8. De ontvanger geeft aan de deskundigen kennis van de opdracht die hun is toevertrouwd.

Bij de ontvangst van die kennisgeving laten de deskundigen zowel aan de ontvanger als aan de tegenpartij schriftelijk weten op welke dag en uur zij de nodig geachte bezoeken ter plaatse zullen doen en de partijen in hun beweringen en opmerkingen zullen horen.

Van ieder stuk dat door een van de partijen aan de deskundigen wordt medegedeeld moet meteen door haar aan de andere partij, bij ter post aangetekend schrijven, een afschrift worden gezonden.

Art. 9. De deskundige of, in voorkomend geval, de drie gezamenlijk optredende deskundigen gaan de normale waarde na die [de in de vordering tot schatting vermelde goederen hebben] op het erin vermelde tijdstip.

[In het geval bedoeld in artikel 3, tweede lid, gaan ze bovendien de verkoopwaarde na van de andere grond dan het bijhorende terrein, alsmede de verkoopwaarde van het geheel van de vervreemde goederen.]

Uiterlijk binnen drie maanden na de in artikel 8, lid 1, bedoelde kennisgeving maken zij een enkel verslag op, dat gedagtekend en ondertekend wordt en waarin zij advies uitbrengen op beredeneerde wijze en met bewijsgronden tot staving, zonder enige beperking noch voorbehoud.

[De handtekening van de deskundige wordt voorafgegaan door de eed: "Ik zweer dat ik in eer en geweten, nauwgezet en eerlijk mijn opdracht heb vervuld" of: "Je jure que j'ai rempli ma mission en honneur et conscience, avec exactitude et probité" of: "Ich schwore, dass ich den mir erteilten Auftrag auf Ehre und Gewissen, genau und ehrlich erfüllt habe".]

De minuut van het verslag wordt neergelegd ter griffie van het in artikel 5 aangewezen vredegerecht.

Al. 1 gewijzigd bij art. 17, 1° K.B. 19 december 2010 (B.S. 24.XII.2010), van toepassing vanaf 1 januari 2011;
Al. 2 vervangen bij art. 17, 2° K.B. 19 december 2010 (B.S. 24.XII.2010), van toepassing vanaf 1 januari 2011;
Al. 4 ingevoegd bij art. 1 K.B. 20 september 1974 (B.S. 4.X.1974).

Art. 10. Het verslag wordt door de meest gerede partij gelicht en betekend aan de andere partij.

De door de deskundigen gegeven waardering, en, ingeval zij het onder elkaar niet eens zijn, de waarde-

ring van de meerderheid, of, indien er geen meerderheid is, de tussenliggende waardering, bepaalt de waarde voor de heffing van de belasting.

Art. 11. De krachtens de vorige artikelen te verrichten betekeningen en kennisgevingen kunnen worden gedaan bij ter post aangetekend schrijven. De afgifte van het stuk ter post geldt als kennisgeving vanaf de daaropvolgende dag.

Art. 12. [Zowel de ontvanger als de tegenpartij kunnen de schatting betwisten door inleiding van een rechtsvordering. Deze rechtsvordering dient ingeleid te worden, op straffe van verval, binnen de termijn van één maand te rekenen van de betekening van het verslag.]

Vervangen bij art. 4 K.B. 20 december 2007 (B.S. 11.I.2008, ed. 1).

Art. 13. De tegenpartij is gehouden tot de kosten van de procedure indien het vastgestelde tekort gelijk is aan of groter dan een achtste van de maatstaf waarover de belasting werd voldaan. Die kosten blijven evenwel ten laste van de Schatkist indien de tegenpartij vóór de kennisgeving van de vordering tot schatting heeft aangeboden de aanvullende belasting te voldoen verhoogd met een gelijke som als boete, over een maatstaf die het bij de schatting uitgewezen tekort bereikt of overtreft.

De invordering geschiedt bij dwangbevel op de wijze bepaald bij artikel 85 van het Wetboek.

Afdeling 2

Werk in onroerende staat

Art. 14. [§ 1. Wanneer voor het bepalen van de normale waarde van de in de artikelen 19, § 2, eerste lid, 1° en 36, § 1, b), van het Wetboek bedoelde diensten, de deskundige schatting, waarin artikel 59, § 2, van hetzelfde Wetboek voorziet, door de administratie wordt gevorderd, wordt ze ingeleid bij een vordering waarvan kennis wordt gegeven door het hoofd van het controlekantoor in het ambtsgebied waarvan het goed bedoeld in artikel 1, § 9, 1°, van het Wetboek is gelegen waarop de diensten betrekking hebben:

1° aan de opdrachtgever aan wie de diensten werden verstrekt;

2° aan de belastingplichtige in het geval bedoeld in artikel 19, § 2, eerste lid, 1°, van het Wetboek.

§ 2. Wanneer werken in onroerende staat betrekking hebben op de voltooiing van een goed bedoeld in artikel 1, § 9, 1°, van het Wetboek dat met betaling van de belasting werd verkregen, wordt, in afwijking van paragraaf 1, de vordering tot schatting met betrekking tot die diensten ingeleid door de in artikel 1 genoemde ambtenaar samen met de vordering tot schatting die het onvoltooide goed betreft.]

Vervangen bij art. 18 K.B. 19 december 2010 (B.S. 24. XII.2010), van toepassing vanaf 1 januari 2011.

Art. 15. De kennisgeving van de vordering tot schatting moet geschieden binnen twee jaar na de dag van de betekening van het kadastrale inkomen van het gebouw waarop de te schatten diensten betrekking hebben.

De schatting kan niet meer door het hoofd van het controlekantoor worden gevorderd wanneer reeds een vordering tot schatting werd ingeleid overeenkomstig artikel 19 van dit besluit.

Art. 16. In de vordering tot schatting zijn vermeld: de te schatten dienst of diensten, de door de administratie geschatte normale waarde, het bedrag van de door de administratie gevorderde belasting en geldboete, alsmede het tijdstip waarop de deskundigen zich moeten plaatsen om de normale waarde van de diensten te bepalen. Dat tijdstip is 1 januari van het jaar waarin het gebouw waarop de te schatten diensten betrekking hebben geheel of gedeeltelijk in gebruik genomen werd.

Art. 17. De deskundige of, in voorkomend geval, de drie gezamenlijk optredende deskundigen gaan de normale waarde na die de in de vordering tot schatting vermelde diensten hebben op het erin vermelde tijdstip.

De artikelen 4 tot 13, met uitzondering van artikel 9, lid 1 en 2, zijn van toepassing op de in deze afdeling geregelde vordering tot schatting met dien verstande dat in die artikelen de woorden "de ontvanger" worden vervangen door "het hoofd van het B.T.W.-controlekantoor".

HOOFDSTUK II

TEGEN DE ADMINISTRATIE INGESTELDE VORDERING TOT SCHATTING

Art. 18. Alleen hij die in der minne of bij dwangbevel verzocht werd een aanvullende belasting te betalen om reden dat een maatstaf waarover de belasting werd voldaan lager is dan de normale waarde van [de te schatten goederen bedoeld in artikel 1, § 9, van het Wetboek] of de te schatten diensten, kan tegen de administratie de deskundige schatting vorderen krachtens artikel 59, § 2, van het Wetboek.

De schatting kan niet meer worden gevorderd wanneer de administratie reeds de vordering tot schatting heeft ingeleid.

Al. 1 gewijzigd bij art. 19 K.B. 19 december 2010 (B.S. 24. XII.2010), van toepassing vanaf 1 januari 2011.

Art. 19. De in artikel 18 bedoelde deskundige schatting wordt ingeleid door een vordering waarvan kennis wordt gegeven aan de ambtenaar aangewezen in de artikelen 1 of 14, naar gelang van het geval.

Art. 20. In de vordering tot schatting zijn vermeld: [de te schatten goederen] of de te schatten diensten en het tijdstip waarop de deskundigen zich overeenkomstig de artikelen 3 en 16, moeten plaatsen om de schatting te doen.

Gewijzigd bij art. 20 K.B. 19 december 2010 (B.S. 24. XII.2010), van toepassing vanaf 1 januari 2011.

Art. 21. De artikelen 4 tot 13 en 17 zijn van toepassing op de in dit hoofdstuk bedoelde vordering tot schatting.

Art. 22. Dit besluit treedt in werking op dezelfde datum als de wet van 3 juli 1969 tot invoering van het Wetboek van de belasting over de toegevoegde waarde.

KONINKLIJK BESLUIT NR. 18
VAN 29 DECEMBER 1992
MET BETREKKING TOT DE
VRIJSTELLINGEN TEN AANZIEN VAN
DE UITVOER VAN GOEDEREN EN
DIENSTEN NAAR EEN PLAATS BUITEN
DE GEMEENSCHAP, OP HET STUK VAN
DE BELASTING OVER DE TOEGEVOEGDE
WAARDE

B.S. 31.XII.1992.
Opmerking: – Uitvoering van art. 39-40 W.B.T.W.

HOOFDSTUK I

VRIJSTELLING INGESTELD BIJ ARTIKEL 39, § 1, VAN HET WETBOEK

Art. 1. De in artikel 39, § 1, van het Wetboek bedoelde vrijstelling wordt verleend voor zover de voorwaarden zijn vervuld, de formaliteiten worden nagekomen en de bewijzen worden geleverd die in dit hoofdstuk zijn bepaald.

Afdeling 1

Uitvoer van goederen door of voor rekening van de verkoper. Vrijstelling ingesteld bij artikel 39, § 1, 1°, van het Wetboek

Art. 2. Een kopie van de verkoopfactuur of, bij ontstentenis van een verkoopfactuur, een verzendingsstuk dat alle gegevens van een verkoopfactuur bevat, moet worden afgegeven op het douanekantoor waar, overeenkomstig de douanereglementering inzake uitvoer, een aangifte ten uitvoer moet worden ingediend.

Art. 3. De verkoper van de goederen moet te allen tijde in het bezit zijn van alle stukken waaruit de echtheid van de uitvoer blijkt; hij moet ze op ieder verzoek van de met de controle belaste ambtenaren overleggen. Die stukken zijn, onder meer, de bestelbons, de vervoerdocumenten, de betalingsstukken alsmede de aangifte ten uitvoer bedoeld in artikel 2.

Art. 4. [Voor de landvoertuigen in de zin van artikel 8bis, § 2, 1°, van het Wetboek, die het voorwerp uitmaken van een levering onder de voorwaarden van artikel 39, § 1, 1° of 2°, van het Wetboek, en waarvoor bij de Dienst voor Inschrijving van de Voertuigen (DIV) een aanvraag om inschrijving wordt ingediend, moet de uitvoer plaatsvinden uiterlijk op het einde van de derde maand volgend op deze van de inschrijving.

Voor deze voertuigen kan enkel een tijdelijke nummerplaat evenals een bijhorend inschrijvingsbewijs dat voorzien is van een bijzondere vermelding inzake het fiscaal statuut van het voertuig, worden aangevraagd.

Voor de landvoertuigen in de zin van artikel 8bis, § 2, 1°, van het Wetboek, die het voorwerp uitmaken van een levering onder de voorwaarden van artikel 39, § 1, 1° of 2°, van het Wetboek en waarvoor, overeen-

komstig de reglementering betreffende de inschrijving van motorvoertuigen, formaliteiten dienen te worden nagekomen die het communautair karakter van deze voertuigen vastleggen, dient in het geval deze voertuigen niet het voorwerp uitmaken van enige aanvraag om inschrijving, de verkoper daarvan kennis te geven aan de Dienst van de douane gevestigd bij de Dienst voor Inschrijving van de Voertuigen (DIV) op de door of vanwege de Minister van Financiën voorgeschreven wijze.]

Vervangen bij art. 1 K.B. 24 augustus 2005 (B.S. 9.IX.2005, err. B.S. 27.IX.2005).

Afdeling 2

Goederen afgehaald door de niet in België gevestigde koper of voor zijn rekening. Vrijstelling ingesteld bij artikel 39, § 1, 2°, van het Wetboek

Art. 5. § 1. De vrijstelling ingesteld bij artikel 39, § 1, 2°, van het Wetboek is van toepassing onder voorbehoud van de bepalingen van § 3 en van afdeling 4.

§ 2. De niet in België gevestigde koper die zelf in België goederen in bezit neemt, moet bij de inbezitneming aan zijn in België gevestigde verkoper een ontvangstbewijs afleveren. Het aan de verkoper af te leveren ontvangstbewijs moet, benevens de datum van afgifte en de omschrijving van de goederen, het land van bestemming vermelden.

Hetzelfde document moet worden afgeleverd aan de verkoper wanneer de goederen in België in bezit worden genomen door een derde persoon die handelt voor rekening van de niet in België gevestigde koper. Het bedoelde document moet in dat geval worden afgeleverd door deze persoon die erin verklaart te handelen voor rekening van zijn opdrachtgever.

§ 3. De vrijstelling is niet van toepassing voor de levering van goederen die door de koper zelf worden vervoerd, die bestemd zijn voor de uitrusting of de bevoorrading van pleziervaartuigen, sportvliegtuigen of andere vervoermiddelen voor privé-gebruik, en die zich als zodanig aan boord van die vervoermiddelen bevinden bij de uitvoer ervan. De toepassing van deze bepaling wordt door of vanwege de Minister van Financiën geregeld.

Art. 6. De bepalingen van de artikelen 2 en 4 zijn van toepassing op deze afdeling. Het bewijs van uitvoer moet door de verkoper worden geleverd overeenkomstig artikel 3 onafhankelijk van het stuk voorgeschreven door artikel 5, § 2.

De verkoper wordt pas van zijn verantwoordelijkheid ontslagen indien hij kan bewijzen dat de goederen onder de gestelde voorwaarden werden uitgevoerd.

Afdeling 3

Diensten. Vrijstelling ingesteld bij artikel 39, § 1, 3°, van het Wetboek

Art. 7. Het bepaalde in de afdelingen 1 en 2 is van toepassing voor de diensten, andere dan die welke zijn vrijgesteld bij toepassing van de artikelen 41 en 42 van het Wetboek, bestaande uit werkzaamheden met betrekking tot roerende goederen die zijn verworven of ingevoerd teneinde deze werkzaamheden te ondergaan en die worden uitgevoerd door de dienstverrichter of de niet in België gevestigde afnemer van de dienst dan wel voor hun rekening. [De schuldenaar van de belasting overeenkomstig artikel 51, §§ 1 en 2, van het Wetboek moet, naargelang hij handelt als dienstverrichter of ontvanger van de dienst, dezelfde verplichtingen nakomen als deze die in voormelde afdelingen zijn opgelegd aan de verkoper of de koper.]

Wanneer op de kopiefactuur die overeenkomstig artikel 2 op het douanekantoor moet worden afgegeven, de hoeveelheid en de gewone benaming van de uitgevoerde goederen niet zijn vermeld, moet die kopiefactuur met deze gegevens worden aangevuld, of moet eveneens een verzendingsstuk, waarop die gegevens voorkomen, worden afgegeven.

Al. 1 gewijzigd bij art. 20 K.B. 9 december 2009 (B.S. 17.XII.2009, ed. 2), van toepassing vanaf 1 januari 2010.

Afdeling 4

Goederen uit te voeren in de persoonlijke bagage van de reizigers. Vrijstelling ingesteld bij artikel 39, § 1, 4°, van het Wetboek

Art. 8. [De levering van goederen aan een niet in de Gemeenschap gevestigde reiziger, die deze goederen in België in bezit neemt en ze in zijn persoonlijke bagage uitvoert naar een plaats buiten de Gemeenschap uiterlijk op het einde van de derde maand volgend op de maand waarin de levering plaatsvond, is van de belasting vrijgesteld met inachtneming van de hierna gestelde beperkingen en voorwaarden:

1° aan de aankoop moet elk handels- of beroepskarakter vreemd zijn;

2° de globale waarde van de goederen, belasting inbegrepen, moet per factuur hoger zijn dan 125 euro;

3° de verkoper moet de echtheid van de uitvoer aantonen aan de hand van een exemplaar van de factuur bekleed met het visum van het douanekantoor van uitgang uit de Gemeenschap. Door de Minister van Financiën of zijn gemachtigde kan worden bepaald dat de verkoopfactuur onder de door hem vastgelegde voorwaarden mag worden vervangen door een als zodanig geldend stuk.]

Vervangen bij art. 19 K.B. 30 april 2013 (B.S. 8.V.2013), van toepassing vanaf 1 januari 2013.

Art. 9. § 1. Als aankoop waaraan elk handels- of beroepskarakter vreemd is, wordt aangemerkt de aankoop die een incidenteel karakter heeft en uitsluitend betrekking heeft op goederen bestemd voor persoonlijk gebruik van de reiziger dan wel voor gebruik door leden van zijn gezin of bestemd om ten geschenke te worden aangeboden, mits blijkens de aard en de hoeveelheid van de goederen aan die aankoop geen commerciële of professionele overwegingen ten grondslag liggen.

§ 2. [Wordt beschouwd als een niet in de Gemeenschap gevestigde reiziger, de reiziger wiens woonplaats of gebruikelijke verblijfplaats zich niet in de Gemeenschap bevindt.]

Onder woonplaats of gebruikelijke verblijfplaats van de reiziger wordt verstaan de plaats die als zodanig op zijn reispas, op zijn identiteitskaart of, bij ontstentenis daarvan, op een als identiteitsbewijs erkend stuk is vermeld.

§ 2, al. 1 ingevoegd bij art. 22 K.B. 25 februari 1996 (B.S. 5.III.1996).

HOOFDSTUK II

VRIJSTELLING INGESTELD BIJ ARTIKEL 39, § 2, VAN HET WETBOEK

Art. 10. De in artikel 39, § 2, van het Wetboek bedoelde vrijstelling wordt verleend voor zover de voorwaarden zijn vervuld, de formaliteiten worden nagekomen en de bewijzen worden geleverd die in dit hoofdstuk zijn bepaald.

Art. 11. De bepalingen van het eerste hoofdstuk worden toepasselijk gemaakt op de leveringen en de intracommunautaire verwervingen van goederen die in België geplaatst worden onder één van de regelingen bedoeld in artikel 23, § 4, 1°, 4°, 5°, 6° of 7° van het Wetboek, alsmede op de diensten, andere dan die welke zijn vrijgesteld bij toepassing van de artikelen 41 en 42 van het Wetboek, en bestaande uit werkzaamheden met betrekking tot goederen die het voorwerp uitmaken van de genoemde leveringen.

De opslag en het verblijf van deze goederen onder de voornoemde regelingen zijn onderworpen aan de voorwaarden gesteld door de douanereglementering.

De vrijstelling wordt voorlopig verleend. Ze wordt slechts definitief op het tijdstip waarop de goederen worden uitgevoerd.

Art. 12. De levering van goederen bedoeld in [artikel 11] met handhaving van één van de regelingen bedoeld in dat artikel, is vrijgesteld van de belasting.

De vrijstelling wordt voorlopig verleend. Ze wordt slechts definitief op het tijdstip waarop de goederen worden uitgevoerd.

Al. 1 gewijzigd bij art. 15 K.B. 22 november 1994 (B.S. 1.XII.1994).

Art. 13. De diensten, andere dan die welke zijn vrijgesteld bij toepassing van de artikelen 41 en 42 van het Wetboek, en bestaande uit werkzaamheden met betrekking tot in [artikel 11] bedoelde goederen die zich onder één van de in dat artikel bedoelde regelingen bevinden, zijn vrijgesteld van de belasting wanneer het krachtens de douanereglementering toegestaan is deze diensten te verrichten.

De vrijstelling wordt voorlopig verleend. Ze wordt slechts definitief op het tijdstip waarop die goederen worden uitgevoerd.

Al. 1 gewijzigd bij art. 15 K.B. 22 november 1994 (B.S. 1.XII.1994).

Art. 14. […]

Opgeheven bij art. 23 K.B. 25 februari 1996 (B.S. 5. III.1996).

HOOFDSTUK III

ALGEMENE BEPALING BETREFFENDE DE HOOFDSTUKKEN I EN II

Art. 15. Indien zich op grond van de [artikelen 16 en 22] van het Wetboek een oorzaak van opeisbaarheid van de belasting voordoet vóór de uitvoer van de goederen, kan de verkoper of de dienstverrichter, in de door of vanwege de Minister van Financiën bepaalde gevallen en onder de door hem gestelde voorwaarden, de betaling van de belasting opschorten.

Deze opschorting kan worden toegestaan voor een termijn van ten hoogste één jaar; in uitzonderlijke omstandigheden kan die termijn evenwel worden verlengd.

Al. 1 gewijzigd bij art. 20 K.B. 30 april 2013 (B.S. 8.V.2013), van toepassing vanaf 1 januari 2013.

HOOFDSTUK IV

VRIJSTELLING INGESTELD BIJ ARTIKEL 40, § 1, 3° VAN HET WETBOEK

Art. 16-17. […]

Opgeheven bij art. 23 K.B. 25 februari 1996 (B.S. 5. III.1996).

HOOFDSTUK V

ALGEMENE BEPALINGEN

Art. 18. […]

Opgeheven bij art. 23 K.B. 25 februari 1996 (B.S. 5. III.1996).

Art. 19. Indien ten gevolge van de niet-naleving van de in de vorige hoofdstukken voorgeschreven formaliteiten het voordeel van de vrijstelling verloren wordt, kan door of vanwege de Minister van Financiën gehele of gedeeltelijke ontheffing van het opgelopen verval worden verleend.

Art. 20. Dit besluit vervangt het koninklijk besluit nr. 18 van 27 december 1977 met betrekking tot de vrijstellingen ten aanzien van de uitvoer van goederen en diensten, op het stuk van de belasting over de toegevoegde waarde.

Art. 21. Dit besluit treedt in werking op 1 januari 1993.

Art. 22. Onze Minister van Financiën is belast met de uitvoering van dit besluit.

**KONINKLIJK BESLUIT NR. 20
VAN 20 JULI 1970
TOT VASTSTELLING VAN DE TARIEVEN VAN
DE BELASTING OVER DE TOEGEVOEGDE
WAARDE EN TOT INDELING VAN DE
GOEDEREN EN DE DIENSTEN BIJ DIE
TARIEVEN**

B.S. 31.VII.1970.
Opmerking: – Uitvoering van art. 37 W.B.T.W.

Art. 1. [Het normale tarief van de belasting over de toegevoegde waarde voor goederen en diensten bedoeld in het Wetboek bedraagt 21 pct.

In afwijking van het eerste lid wordt de belasting geheven tegen het verlaagd tarief van:

a) 6 pct. voor de goederen en diensten opgenomen in tabel A van de bijlage bij dit besluit. Dit verlaagd tarief mag evenwel niet toegepast worden als de diensten bedoeld in tabel A bijkomstig deel uitmaken van een complexe overeenkomst die hoofdzakelijk andere diensten tot voorwerp heeft;

b) 12 pct. voor de goederen en diensten opgenomen in tabel B van de bijlage bij dit besluit.]

Vervangen bij art. 52 Progr. W. 27 december 2006 (B.S. 28.XII.2006, ed. 3), van toepassing vanaf 1 januari 2007.

[Art. 1bis. [...]]

Ingevoegd bij art. 1 K.B. 18 januari 2000 (B.S. 29.I.2000) en opgeheven bij art. 25 Progr. W. (I) 4 juli 2011 (B.S. 19. VII.2011), van toepassing vanaf 1 juli 2011.

[Art. 1ter. [...]]

Ingevoegd bij art. 2 K.B. 18 januari 2000 (B.S. 29.I.2000) en opgeheven bij art. 26 Progr. W. (I) 4 juli 2011 (B.S. 19. VII.2011), van toepassing vanaf 1 juli 2011.

[Art. 1quater. Vanaf 1 januari 2009 tot en met [31 december 2010] is het voordeel van het verlaagd tarief van zes percent voor het werk in onroerende staat en de andere handelingen opgesomd in rubriek XXXI, § 3, 3° tot 6°, van tabel A van de bijlage bij dit besluit, die tot voorwerp hebben de afbraak en de daarmee gepaard gaande heropbouw van een woning, onderworpen aan de in rubriek XXXVII van dezelfde tabel A opgenomen voorwaarden, met uitzondering van de bepaling onder 2°[, en voor zover de aanvraag voor de stedenbouwkundige vergunning met betrekking tot bedoelde werken wordt ingediend bij de bevoegde overheid vóór 1 april 2010].]

Ingevoegd bij art. 2 K.B. 10 februari 2009 (B.S. 13.II.2009, ed. 2) van toepassing vanaf 1 januari 2009, zoals bekrachtigd bij art. 22 W. 27 maart 2009 (B.S. 7.IV.2009, ed. 1) en gewijzigd bij art. 1 K.B. 9 december 2009 (B.S. 14.XII.2009, ed. 2), van toepassing vanaf 1 januari 2010, zoals bekrachtigd bij art. 14 W. 19 mei 2010 (B.S. 28.V.2010, ed. 2).

[Art. 1quinquies. § 1. In afwijking van artikel 1 worden vanaf 1 januari 2009 tot en met [31 december 2010] onderworpen aan het tarief van zes percent over een totale gecumuleerde maatstaf van heffing van 50.000 euro, exclusief BTW, het werk in onroerende staat en andere handelingen opgesomd in rubriek XXXI, § 3, 3° tot 6°, van tabel A van de bijlage bij dit besluit, die de oprichting tot voorwerp hebben van een woning die na uitvoering van de werken hetzij uitsluitend, hetzij hoofdzakelijk, wordt gebruikt als vaste privéwoning van de bouwheer die er zonder uitstel zijn domicilie zal hebben.

Het voordeel van het verlaagd tarief is onderworpen aan het vervullen van volgende voorwaarden:

1° het tijdstip waarop de belasting opeisbaar wordt overeenkomstig artikel 22 van het Wetboek, moet zich voordoen vóór de eerste ingebruikneming van het gebouw en uiterlijk op [31 december 2010];

2° [...];

3° de bouwheer of zijn vertegenwoordiger moet:

a) vooraleer de belasting opeisbaar wordt overeenkomstig artikel 22 van het Wetboek, bij een dienst van de administratie die de belasting over de toegevoegde waarde onder haar bevoegdheid heeft, verklaren in de vorm bepaald door of vanwege de minister van Financiën, dat het gebouw dat hij laat oprichten bestemd is om, hetzij uitsluitend, hetzij hoofdzakelijk, te worden gebruikt als vaste privéwoning van de bouwheer die er zijn domicilie zal hebben;

b) aan de dienstverrichter een kopie van de verklaring bedoeld onder a) overhandigen;

4° de dienstverrichter moet:

a) op de factuur die hij uitreikt en op het dubbel dat hij bewaart, de datum en het referentienummer vermelden van de verklaring bedoeld in de bepaling onder 3°, a), alsmede het controlekantoor van de belasting over de toegevoegde waarde waar de verklaring werd ingediend;

b) uiterlijk de laatste werkdag van de maand na die waarin de factuur met toepassing van het tarief van zes percent werd uitgereikt, een kopie van deze factuur toesturen aan het controlekantoor van de belasting over de toegevoegde waarde waaronder hij ressorteert;

5° voor zover de voorwaarden bedoeld in de bepaling onder 4° vervuld zijn en behalve in geval van samenspannen tussen partijen of klaarblijkelijk niet naleven van onderhavige bepaling, ontlast de verklaring van de afnemer de dienstverrichter van de aansprakelijkheid betreffende de vaststelling van het tarief;

[6° de aanvraag voor de stedenbouwkundige vergunning met betrekking tot bedoelde werken moet worden ingediend bij de bevoegde overheid vóór 1 april 2010.]

§ 2. In afwijking van artikel 1 worden vanaf 1 januari 2009 tot en met [31 december 2010] onderworpen aan het tarief van zes percent over een totale gecumuleerde maatstaf van heffing van 50.000 euro, exclusief BTW, de leveringen van gebouwen en de vestigingen, overdrachten en wederoverdrachten van zakelijke rechten op gebouwen die niet vrijgesteld zijn door artikel 44, § 3, 1°, van het Wetboek, wanneer die gebouwen hetzij uitsluitend, hetzij hoofdzakelijk, gebruikt worden als vaste privéwoning van de verkrijger die er zonder uitstel zijn domicilie zal hebben en die vóór 1 januari 2009 nog niet in gebruik zijn genomen.

Het voordeel van het verlaagd tarief is onderworpen aan het vervullen van de volgende voorwaarden:

1° degene die het gebouw levert of een zakelijk recht op het gebouw vestigt, overdraagt of wederoverdraagt in omstandigheden waarbij de belasting opeisbaar wordt, moet:

a) vooraleer de belasting opeisbaar wordt overeenkomstig artikel 17 van het Wetboek, bij het controlekantoor van de belasting over de toegevoegde waarde van het ambtsgebied waarin hij zijn woonplaats of maatschappelijke zetel heeft, verklaren in de vorm bepaald door of vanwege de minister van Financiën, dat het gebouw dat hij overdraagt of waarop hij een zakelijk recht vestigt, overdraagt of wederoverdraagt, hetzij uitsluitend, hetzij hoofdzakelijk, bestemd is om te worden gebruikt als vaste privéwoning van de verkrijger die er zijn domicilie zal hebben;

b) deze verklaring moet bovendien aangevuld en mede ondertekend worden door de verkrijger van het gebouw of van het zakelijk recht op het gebouw;

2° de door de vervreemder uitgereikte factuur en het dubbel dat hij moet bewaren moeten melding maken dat het gebouw hetzij uitsluitend, hetzij hoofdzakelijk, gebruikt wordt als vaste privéwoning van de verkrijger die er zijn domicilie zal hebben;

3° uiterlijk de laatste werkdag van de maand na die waarin de factuur met toepassing van het tarief van zes percent werd uitgereikt, moet de vervreemder een kopie van deze factuur toesturen aan het controlekantoor van de belasting over de toegevoegde waarde waaronder hij ressorteert;

[4° de aanvraag voor de stedenbouwkundige vergunning met betrekking tot bedoelde werken moet worden ingediend bij de bevoegde overheid vóór 1 april 2010.]

§ 3. De voorwaarden bedoeld onder § 1, eerste lid, en § 2, eerste lid, moeten vervuld blijven gedurende een periode die eindigt op:

1° wat de oprichting van een woning betreft, 31 december van het vijfde jaar volgend op het jaar van de eerste ingebruikneming van het gebouw;

2° wat de levering van een gebouw en de vestiging, overdracht en wederoverdracht van zakelijke rechten op een gebouw die niet vrijgesteld zijn door artikel 44, § 3, 1°, van het Wetboek betreft, 31 december van het vijfde jaar volgend op het jaar van de eerste ingebruikneming van het gebouw door de verkrijger.

Indien de bouwheer of verkrijger tijdens de hierboven genoemde periode wijzigingen aanbrengt waardoor de voorwaarden bedoeld onder § 1, eerste lid en § 2, eerste lid, niet meer vervuld zijn, moet hij:

1° hiervan aangifte doen op het controlekantoor van de belasting over de toegevoegde waarde van het ambtsgebied waarin het gebouw is gelegen binnen de termijn van een maand vanaf de datum waarop de wijzigingen aangevangen worden;

2° het belastingvoordeel dat hij heeft genoten terugstorten aan de Staat.

§ 4. Het verlaagd tarief van zes percent is in geen geval van toepassing op:

1° werk in onroerende staat en andere onroerende handelingen die geen betrekking hebben op de eigenlijke woning, zoals bebouwingswerkzaamheden, tuinaanleg en het oprichten van afsluitingen;

2° werk in onroerende staat en andere onroerende handelingen die tot voorwerp hebben de bestanddelen of een gedeelte van de bestanddelen van zwembaden, sauna's, midgetgolfbanen, tennisterreinen en dergelijke installaties;

3° werk in onroerende staat en andere onroerende handelingen opgesomd in rubriek XXXI, § 3, 3° tot 6°, van tabel A van de bijlage bij dit besluit, die betrekking hebben op een gebouw dat reeds het voorwerp heeft uitgemaakt van een onder paragraaf 2 bedoelde handeling met toepassing van het verlaagd tarief van zes percent.]

Ingevoegd bij art. 3 K.B. 10 februari 2009 (B.S. 13.II.2009, ed. 2) van toepassing vanaf 1 januari 2009, zoals bekrachtigd bij art. 22 W. 27 maart 2009 (B.S. 7.IV.2009, ed. 1);

§ 1, al. 1 gewijzigd bij art. 2, a) K.B. 9 december 2009 (B.S. 14.XII.2009, ed. 2), van toepassing vanaf 1 januari 2010, zoals bekrachtigd bij art. 14 W. 19 mei 2010 (B.S. 28.V.2010, ed. 2);

§ 1, al. 2, 1° gewijzigd bij art. 2, b) K.B. 9 december 2009 (B.S. 14.XII.2009, ed. 2), van toepassing vanaf 1 januari 2010, zoals bekrachtigd bij art. 14 W. 19 mei 2010 (B.S. 28.V.2010, ed. 2);

§ 1, al. 2, 2° opgeheven bij art. 2 K.B. 2 juni 2010 (B.S. 7. VI.2010, ed. 1);

§ 1, al. 2, 6° ingevoegd bij art. 2, c) K.B. 9 december 2009 (B.S. 14.XII.2009, ed. 2), van toepassing vanaf 1 januari 2010, zoals bekrachtigd bij art. 14 W. 19 mei 2010 (B.S. 28.V.2010, ed. 2);

§ 2, al. 1 gewijzigd bij art. 2, d) K.B. 9 december 2009 (B.S. 14.XII.2009, ed. 2), van toepassing vanaf 1 januari 2010, zoals bekrachtigd bij art. 14 W. 19 mei 2010 (B.S. 28.V.2010, ed. 2);

§ 2, al. 2, 4° ingevoegd bij art. 2, e) K.B. 9 december 2009 (B.S. 14.XII.2009, ed. 2), van toepassing vanaf 1 januari 2010, zoals bekrachtigd bij art. 14 W. 19 mei 2010 (B.S. 28.V.2010, ed. 2).

[Art. 1sexies. In afwijking van artikel 1, tweede lid, b) worden vanaf 1 januari 2009 tot en met [31 december 2010] onderworpen aan het tarief van zes percent de handelingen bedoeld in tabel B, rubriek X, § 1, van de bijlage bij dit besluit [voor zover de aanvraag voor de stedenbouwkundige vergunning met betrekking tot bedoelde werken wordt ingediend bij de bevoegde overheid vóór 1 april 2010]. De uitsluitingen opgenomen in rubriek X, § 2, van dezelfde tabel B blijven van toepassing.]

Ingevoegd bij art. 4 K.B. 10 februari 2009 (B.S. 13.II.2009, ed. 2) van toepassing vanaf 1 januari 2009, zoals bekrachtigd bij art. 22 W. 27 maart 2009 (B.S. 7.IV.2009, ed. 1) en gewijzigd bij art. 3 K.B. 9 december 2009 (B.S. 14.XII.2009, ed. 2), van toepassing vanaf 1 januari 2010, zoals bekrachtigd bij art. 14 W. 19 mei 2010 (B.S. 28.V.2010, ed. 2).

Art. 2. Dit besluit treedt in werking op dezelfde datum als de wet van 3 juli 1969 tot invoering van het Wetboek van de belasting over de toegevoegde waarde.

Art. 3. Onze Minister van Financiën is belast met de uitvoering van dit besluit.

BIJLAGE

TABEL A

GOEDEREN EN DIENSTEN ONDERWORPEN AAN HET TARIEF VAN 6 %

Goederen

I. Levende dieren

1. [Runderen, varkens, schapen, geiten, ezels, muildieren en muilezels; paarden van de rassen die gewoonlijk als trekpaard, zwaar of halfzwaar, worden gebruikt; [herten;] [paarden verkocht, intracommunautair verworven of inge-voerd om te worden geslacht].]

2. Pluimvee, tamme duiven, tamme konijnen.

I. 1. vervangen bij art. 2 § 1, 1° K.B. 19 juni 1981 (B.S. 24.VI.1981) en gewijzigd bij art. 2 A K.B. 20 oktober 1995 (B.S. 31.X.1995) en bij art. 1 K.B. 11 juli 2003 (B.S. 24.VII.2003).

II. Vlees en slachtafvallen

1. Vlees en eetbare slachtafvallen van alle soorten, ook indien bereid of verduurzaamd.

2. Darmen, blazen en magen, van dieren in hun geheel of in stukken.

III. [Vis, schaal-, schelp- en weekdieren

Vis, schaal-, schelp- en weekdieren [voor menselijke consumptie], ook indien bereid of verduurzaamd, met uitzon-dering van:

a) kaviaar en kaviaarsurrogaten;

b) langoesten, zeekreeften, krabben, rivierkreeften en oesters, vers (zowel levend als dood), gekookt in water, ge-koeld, bevroren, gedroogd, gezouten, gepekeld, ook indien zij ontdaan zijn van de schaal of de schelp;

c) bereidingen en gebruiksklare gerechten van langoesten, zeekreeften, krabben, rivierkreeften en oesters, in de schaal of de schelp, al dan niet in gehele staat.]

III. vervangen bij art. 2 § 1, 1° K.B. 27 juni 1980 (B.S. 1.VII.1980) en inleidende zin gewijzigd bij art. 2 K.B. 11 juli 2003 (B.S. 24.VII.2003).

IV. Melk- en zuivelprodukten, eieren, honig

1. Melk en zuivelprodukten, yoghurt, room, boter, kaas, wrongel, [melkdranken], enz.

2. Vogeleieren en eigeel.

3. Natuurhonig.

IV. 1. gewijzigd bij art. 1, A K.B. 25 april 1990 (B.S. 28.IV.1990).

V. Groenten, planten, wortels en knollen, voor voedingsdoeleinden

Groenten, planten, wortels en knollen, voor voedingsdoeleinden, ook indien bereid of verduurzaamd, en plantgoed daarvan.

VI. Fruit; schillen van citrusvruchten en van meloenen

1. Fruit, ook indien bereid of verduurzaamd.

2. Schillen van citrusvruchten en van meloenen, ook indien bereid of verduurzaamd.

VII. Plantaardige produkten

1. Granen.

2. Oliehoudende zaden en vruchten, ook indien gebroken.

3. Zaaigoed, sporen daaronder begrepen.

4. Suikerbieten, ook indien gesneden suikerriet.

5. Cichoreiwortels.

6. Hop.

7. Planten, plantedelen, zaden en vruchten, hoofdzakelijk gebruikt in de reukwerkindustrie, in de geneeskunde of voor insecten- of parasietenbestrijding of voor dergelijke doeleinden.

8. Sint-Jansbrood, vruchtepitten en plantaardige produkten, hoofdzakelijk gebruikt voor menselijke voeding.

9. Stro en kaf van graangewassen, onbewerkt, ook indien gehakt.

10. Voederbieten en andere voederwortels, hooi, klaver, voederkool en andere dergelijke voedergewassen.

11. Teen.

12. Hout op stam; hout, onbewerkt, ook indien ontschorst of ruw gehakt of ontdaan van het spint; brandhout; hout-afval.

[13. Levende woudbomen, levende fruitbomen, -heesters en -struiken, alsmede plantgoed daarvan.]

[14. Levende sierbomen, -heesters, -struiken en andere levende sierplanten; bollen, knollen, wortels en ander plant-goed voor de sierteelt; verse snijbloemen en vers snijgroen.]

[[15.] Vlas].

[Van deze rubriek zijn uitgezonderd de goederen te koop aangeboden als voedsel voor honden, katten, kooivogels, zoals papegaaien en zangvogels, voor aquariumvissen, voor hamsters, Guinese biggetjes en andere troeteldiertjes.]

VII, 13 ingevoegd bij art. 1 B K.B. 25 april 1990 (B.S. 28.IV.1990);
VII, 14 ingevoegd bij art. 1 K.B. 27 september 1996 (B.S. 1.X.1996);
VII, 15 ingevoegd bij art. 2, A K.B. 29 december 1992 (B.S. 31.XII.1992) en hernummerd bij art. 1 K.B. 27 september 1996 (B.S. 1.X.1996);
VII, al. 2 toegevoegd bij art. 2, 1° K.B. 16 november 1982 (B.S. 20.XI.1982).

VIII. Produkten van de meelindustrie; mout; zetmeel

1. Meel, grutten, gries, griesmeel en vlokken, van granen, van zaden, van peulgroenten, van vruchten, van aardap-pelen of van andere wortels en knollen; gort en parelgort en andere gepelde, gepareelde, gebroken of geplette granen; graankiemen, ook indien gemalen.

2. Mout, ook indien gebrand.

3. Zetmeel, met uitzondering van oplosbare, geroste of tot lijm verwerkte produkten, alsmede van produkten die verwerkt zijn tot of opgemaakt zijn als parfumerie of toiletartikel en van preparaten voor het appreteren.

[Van deze rubriek zijn uitgezonderd de goederen te koop aangeboden als voedsel voor honden, katten, kooivogels, zoals papegaaien en zangvogels, voor aquariumvissen, voor hamsters, Guinese biggetjes en andere troeteldiertjes.]

VIII, al. 2 toegevoegd bij art. 2, 1° K.B. 16 november 1982 (B.S. 20.XI.1982).

IX. Vetten en oliën

1. Dierlijke vetten en oliën, ruw, gesmolten, geperst of geraffineerd.

2. Plantaardige vette oliën, ruw, gezuiverd of geraffineerd.

3. Dierlijke en plantaardige oliën en vetten, gehydrogeneerd, gehard of in vaste toestand gebracht, ook indien ge-zuiverd, doch niet verder bereid.

4. [Bereide spijsvetten met uitzondering van margarine.]

IX, 4 vervangen bij art. 2 § 1, 2° K.B. 27 juni 1980 (B.S. 1.VII.1980).

X. Andere voedingsmiddelen

1. Koffie, cafeïnevrije koffie daaronder begrepen, ook indien gebrand; thee; maté; specerijen.

2. Pectine en vloeibare of poedervormige stoffen op basis van pectine, bestemd voor de vervaardiging van jam en gelei.

3. Vleesextracten en vleessappen.

4. Suiker, stroop en melasse, ook indien gecarameliseerd, gearomatiseerd of met toegevoegde kleurstoffen; suiker-werk; kunsthonig.

5. Cacaobonen, cacaomassa (cacaopasta, cacaopoeder, cacaoboter; chocolade en andere voedingsmiddelen, welke cacao bevatten).

6. Moutextract; preparaten voor kindervoeding, voor dieetvoeding of voor keukengebruik; deegwaren; tapioca; graanpreparaten vervaardigd door poffen of door roosteren; bakkerswaren, gebak en biscuits; hosties, ouwels voor ge-neesmiddelen en dergelijke produkten.

7. Jam, gelei, marmelade, vruchtenmoes en vruchtenpasta.

8. Gebrande cichorei, andere gebrande koffiesurrogaten, en extracten daarvan.

9. Extracten en essences, van koffie, van thee of van maté; preparaten van deze extracten en essences.

10. Mosterdmeel en bereide mosterd.

11. Sausen; samengestelde kruiderijen en dergelijke produkten.

12. Preparaten voor soepen of voor bouillons; gebruiksklare soepen en bouillons.

13. [Natuurlijke gist, ook indien inactief; samengestelde bakpoeders; cultures van micro-organismen voor de ver-vaardiging van voedingsmiddelen.]

14. Tafelazijn (natuurlijke en kunstmatige).

15. [Zout bestemd voor menselijke consumptie.]

16. Gelatine voor de voeding, in dunne vellen.

17. [Produkten voor menselijke consumptie niet hierboven genoemd].

[Van deze rubriek zijn uitgezonderd de bieren met een effectief alcoholvolumegehalte van meer dan 0,5 % vol. en andere dranken met een effectief alcoholvolumegehalte van meer dan 1,2 % vol.]

X, 13 vervangen bij art. 1, C, 1° K.B. 25 april 1990 (B.S. 28.IV.1990);
X, 15 vervangen bij art. 2 § 1, 2° K.B. 19 juni 1981 (B.S. 24.VI.1981);
X, 17 vervangen bij art. 1, C, 2° K.B. 25 april 1990 (B.S. 28.IV.1990);
X, al. 2 vervangen bij art. 1 K.B. 27 december 2002 (B.S. 30.IV.2003, ed. 4).

XI. [...]

XI opgeheven bij art. 1, 1° K.B. 11 augustus 1972 (B.S. 19.VIII.1972).

[XII. Voedsel voor dieren; meststoffen; dierlijke produkten [...]]

1. Gedroogd bloed.

2. Meel en poeder van vlees, van slachtafvallen, van vis of van schaal-, schelp- of weekdieren; kanen.

3. Zemelen, slijpsel en andere resten van het zeven, van het malen of van andere bewerkingen van granen of van peulgroenten.

4. Bietenpulp, uitgeperst suikerriet (ampas) en andere afvallen van de suikerindustrie; borstel (brouwerijafval); afvallen van branderijen; afvallen van zetmeelfabrieken en dergelijke afvallen.

5. Perskoeken, ook die van olijven, en andere bij de winning van plantaardige oliën verkregen afvallen, met uitzondering van droesem of bezinksel.

6. Plantaardige produkten van de soorten welke worden gebruikt als voedsel voor dieren (droesem van appelen en van ander fruit, enz.).

7. Veevoeder, samengesteld met melasse of met suiker, en ander bereid voedsel voor dieren; andere bereidingen gebezigd voor het voederen van dieren (veevoedersupplementen, enz.).

[8. Meststoffen.]

[9. Dierlijke produkten gebruikt voor de voortplanting.]

[10. Wol, niet gekaard en niet gekamd.]

[Van deze rubriek zijn uitgezonderd de goederen te koop aangeboden als voedsel voor honden, katten, kooivogels, zoals papegaaien en zangvogels, voor aquariumvissen, voor hamsters, Guinese biggetjes en andere troeteldiertjes.]

XII, opschrift vervangen bij art. 1, 1° K.B. 20 januari 1975 (B.S. 28.I.1975) en gewijzigd bij art. 2, B K.B. 29 december 1992 (B.S. 31.XII.1992);
XII, 8 ingevoegd bij art. 1, 2° K.B. 28 oktober 1971 (B.S. 30.X.1971);
XII, 9 ingevoegd bij art. 1, 2° K.B. 20 januari 1975 (B.S. 28.I.1975);
XII, 10 ingevoegd bij art. 2, B b K.B. 29 december 1992 (B.S. 31.XII.1992);
XII, al. 2 toegevoegd bij art. 2, 1° K.B. 16 november 1982 (B.S. 20.XI.1982).

XIII. [Waterdistributie. Gewoon natuurlijk water geleverd door middel van waterdistributie]

XIII vervangen bij art. 2, C K.B. 29 december 1992 (B.S. 31.XII.1992).

XIV. [...]

XIV opgeheven bij art. 2, B K.B. 17 maart 1992 (B.S. 19.III.1992).

XV. [...]

XV opgeheven bij art. 2, D K.B. 29 december 1992 (B.S. 31.XII.1992).

XVI. [...]

XVI opgeheven bij art. 2, C K.B. 17 maart 1992 (B.S. 19.III.1992).

XVII. [Geneesmiddelen en medische hulpmiddelen]

1. [a) Elke enkelvoudige of samengestelde substantie bedoeld in artikel 1 van de wet van 25 maart 1964 op de geneesmiddelen en geregistreerd als geneesmiddel door de minister die de Volksgezondheid onder zijn bevoegdheid heeft of waarvoor de vergunning voor het in de handel brengen bedoeld in artikel 1, § 1, eerste lid, 1) van het koninklijk besluit van 3 juli 1969 betreffende de registratie van geneesmiddelen ter kennis is gegeven aan de minister die de Volksgezondheid onder zijn bevoegdheid heeft.

b) Bloed, bloedplaatjes, plasma en witte en rode bloedlichaampjes bestemd om te worden toegediend aan mens of dier voor therapeutisch of profylactisch gebruik en die niet bedoeld zijn in punt a) hiervoor.

c) Geneesmiddelen voor menselijk en diergeneeskundig gebruik die door de apotheker in zijn officina worden bereid en verkocht.]

2. [...]

3. [Watten, gaas, verband en dergelijke artikelen (zwachtels, pleisters, enz.), die een geneesmiddel met een bijkomende activiteit ten opzichte van het hulpmiddel bevatten of opgemaakt voor de verkoop in het klein voor geneeskundige of voor chirurgische doeleinden; tassen, dozen, trommels en dergelijke, gevuld met artikelen voor eerste hulp bij ongelukken.]

[4. Condomen.]

[5. Steriele hypodermatische wegwerpspuiten bestemd voor de inspuiting van [insuline], waarop de daartoe nodige schaalverdeling in internationale insuline-eenheden is aangebracht; steriele wegwerpnaalden voor insulinepennen.]

[6. Bloedafnamezakken die anticoagulantia bevatten.

7. Botcement dat antibiotica met een bijkomende activiteit ten opzichte van het hulpmiddel bevat.

8. Steriele visco-elastische substanties uitsluitend bestemd voor humane of veterinaire medische of chirurgische doeleinden.]

XVII, opschrift vervangen bij art. 3 K.B. 11 juli 2003 (B.S. 24.VII.2003);
XVII, 1 vervangen bij art. 4 K.B. 11 juli 2003 (B.S. 24.VII.2003);
XVII, 2 vervangen bij art. 5 K.B. 11 juli 2003 (B.S. 24.VII.2003);
XVII, 3 vervangen bij art. 6 K.B. 11 juli 2003 (B.S. 24.VII.2003);
XVII, 4 ingevoegd bij art. 2, E K.B. 29 december 1992 (B.S. 31.XII.1992);
XVII, 5 ingevoegd bij art. 1, A K.B. 24 juni 1993 (B.S. 1.VII.1993) en gewijzigd bij art. 7 K.B. 11 juli 2003 (B.S. 24.VII.2003);
XVII, 6-7-8 ingevoegd bij art. 1 K.B. 5 oktober 1998 (B.S. 16.X.1998, err. B.S. 11.XII.1998).

XVIII. [...]

XVIII opgeheven bij art. 2 D K.B. 17 maart 1992 (B.S. 19.III.1992).

XIX. [Couranten, tijdschriften en boeken.

1. Boeken, brochures en dergelijke drukwerk, daaronder begrepen atlassen.

2. Gedrukte couranten en tijdschriften, ook indien geïllustreerd.

3. Prentenalbums, prentenboeken, tekenboeken en kleurboeken, gebrocheerd, gekartoneerd, ingenaaid of ingebonden, voor kinderen.

4. Geschreven of gedrukte muziek, ook indien geïllustreerd en ook indien ingebonden of ingenaaid.

Van deze rubriek zijn uitgesloten de drukwerken die voor reclamedoeleinden worden uitgegeven of die hoofdzakelijk bedoeld zijn voor het maken van reclame.]

XIX vervangen bij art. 2 F K.B. 29 december 1992 (B.S. 31.XII.1992).

XX. [...]

XX opgeheven bij art. 2 G K.B. 29 december 1992 (B.S. 31.XII.1992).

XXI. Kunstvoorwerpen, voorwerpen voor verzamelingen en antiquiteiten

[§ 1. Het verlaagd tarief is van toepassing op de invoer van de in § 2 hieronder omschreven kunstvoorwerpen, voorwerpen voor verzamelingen en antiquiteiten.

Het verlaagd tarief is eveneens van toepassing:

1° op de leveringen van in § 2, 1°, hieronder omschreven kunstvoorwerpen:

a) die door de maker of diens rechthebbenden worden verricht;

b) die incidenteel worden verricht door een andere belastingplichtige dan een belastingplichtige wederverkoper wanneer die kunstvoorwerpen door die belastingplichtige zelf zijn ingevoerd of hem zijn geleverd door de maker of diens rechthebbenden of wanneer ze te zijnen gunste het recht op volledige aftrek van de belasting over de toegevoegde waarde hebben doen ontstaan;

2° op de intracommunautaire verwervingen van in § 2, 1°, hieronder omschreven kunstvoorwerpen wanneer de verkoper in de Lid-Staat van vertrek van de verzending of het vervoer van de verworven goederen:

a) de maker is of een rechthebbende van de maker;

b) of een andere belastingplichtige is dan een belastingplichtige wederverkoper, die incidenteel handelt, wanneer die kunstvoorwerpen door die belastingplichtige zelf zijn ingevoerd of hem zijn geleverd door de maker of diens rechthebbenden of wanneer ze te zijnen gunste het recht op volledige aftrek van de belasting over de toegevoegde waarde hebben doen ontstaan.

§ 2. Voor de toepassing van onderhavige rubriek worden aangemerkt als:

1° "kunstvoorwerpen":

a) schilderijen, collages en dergelijke decoratieve platen, schilderijen en tekeningen geheel van de hand van de kunstenaar, met uitzondering van:

– bouwtekeningen en andere tekeningen voor industriële, commerciële, topografische en dergelijke doeleinden;

– met de hand versierde voorwerpen;

– beschilderd doek voor theatercoulissen, voor achtergronden van studio's of voor dergelijk gebruik;

b) originele gravures, originele etsen en originele litho's;

c) originele standbeelden en origineel beeldhouwwerk geheel van de hand van de kunstenaar, ongeacht het materiaal waarvan zij vervaardigd zijn; afgietsels van beeldhouwwerken in een oplage van maximaal acht exemplaren die door de kunstenaar of diens rechthebbenden wordt gecontroleerd;

d) tapisserieën en wandtextiel, met de hand vervaardigd volgens originele ontwerpen van kunstenaars, mits er niet meer dan acht exemplaren van elk bestaan;

e) unieke voorwerpen van keramiek, geheel van de hand van de kunstenaar en door hem gesigneerd, met uitzondering van gebruiksvoorwerpen;

f) [emailwerk op koper], geheel met de hand vervaardigd tot maximaal acht genummerde en door de kunstenaar of het atelier gesigneerde exemplaren, met uitsluiting van sieraden, juwelen, edelsmidswerk en gebruiksvoorwerpen;

g) foto's die genomen zijn door de kunstenaar, door hem of onder zijn toezicht zijn afgedrukt, gesigneerd en genummerd, met een oplage van maximaal dertig exemplaren voor alle formaten en dragers samen;

2° "voorwerpen voor verzamelingen":

a) postzegels, fiscale zegels, gefrankeerde enveloppen en postkaarten, eerstedagenenveloppen en dergelijke, gestempeld of, indien ongestempeld, voor zover zij niet geldig zijn of niet geldig zullen worden;

b) verzamelingen en voorwerpen voor verzamelingen, met een zoölogisch, botanisch, mineralogisch, anatomisch, historisch, archeologisch, paleontologisch, etnografisch of numismatisch belang;

3° "antiquiteiten": andere voorwerpen dan de kunstvoorwerpen en voorwerpen voor verzamelingen bedoeld in 1° en 2° hierboven, ouder dan honderd jaar.]

XXI vervangen bij art. 1 K.B. 23 december 1994 (B.S. 30.XII.1994);
XXI, § 2, 1°, f gewijzigd bij art. 2 B K.B. 20 oktober 1995 (B.S. 31.X.1995).

XXII. [Automobielen voor personenvervoer voor invaliden. Onderdelen, uitrustingsstukken en toebehoren voor deze voertuigen

Afdeling 1

Automobielen voor personenvervoer voor invaliden

§ 1. Mits voldaan is aan de hierna gestelde voorwaarden en onder voorbehoud van de regularisatie voorzien in § 5, is het verlaagd tarief van 6 pct. van toepassing op automobielen voor personenvervoer langs de weg, welke worden ingevoerd, intracommunautair verworven of hier te lande verkregen door een der nagenoemde personen om door hen als persoonlijk vervoermiddel te worden gebruikt:

1° militaire en burgerlijke oorlogsinvaliden, die een invaliditeitspensioen van ten minste 50 pct. genieten;

2° personen die volledig blind zijn, volledig verlamd zijn aan de bovenste ledematen of wier bovenste ledematen zijn geamputeerd, en personen met een blijvende invaliditeit die rechtstreeks toe te schrijven is aan de onderste ledematen en ten minste 50 pct. bedraagt.

§ 2. Het voordeel van het verlaagd tarief kan slechts worden ingeroepen voor één enkel voertuig en veronderstelt het gebruik van het ingevoerd, intracommunautair verworven of hier te lande verkregen voertuig door de verkrijger als persoonlijk vervoermiddel gedurende een periode van drie jaar, te rekenen vanaf de eerste dag van de maand waarin de invoer, de intracommunautaire verwerving of de levering van het voertuig plaatsvindt.

§ 3. Wordt geacht het voertuig te bestemmen voor andere doeleinden dan voor zijn persoonlijk vervoer:

1° de invalide of gehandicapte die de verkeersbelasting betaalt niettegenstaande hij kan genieten van de vrijstelling van die belasting;

2° de invalide of gehandicapte wiens voertuig wordt ingeschreven op een andere naam dan de zijne of, in voorkomend geval, dan die van zijn wettige vertegenwoordiger;

3° [de invalide of gehandicapte die, terwijl hij nog een voertuig gebruikt dat werd ingevoerd, intracommunautair verworven of hier te lande verkregen met toepassing van de fiscale voordelen inzake belasting over de toegevoegde waarde, voor een ander voertuig het voordeel van hetzelfde regime vraagt.]

§ 4. Het voordeel van het verlaagd tarief bij de invoer, de intracommunautaire verwerving of de verkrijging hier te lande van een personenauto wordt slechts verleend indien de volgende vormvoorwaarden tezamen vervuld zijn:

1° de invalide of gehandicapte moet voordat de invoer, de intracommunautaire verwerving of de levering van het voertuig plaatsvindt aan het hoofd van het controlekantoor in het ambtsgebied waarvan hij zijn woonplaats heeft een getuigschrift overleggen dat vermeldt tot welke categorie van invaliden of gehandicapten, beoogd in § 1, hij behoort en dat is uitgereikt:

a) voor de oorlogsinvaliden, door de overheid die het invaliditeitspensioen heeft toegekend;

b) voor de personen die een pensioen, uitkering of vergoeding genieten door tussenkomst van de Dienst voor tegemoetkomingen aan de mindervaliden, door of vanwege de Minister die deze dienst onder zijn bevoegdheid heeft;

c) voor de personen die een vergoedingspensioen of een militair pensioen genieten wegens een invaliditeit opgelopen in vredestijd, door of vanwege de minister van Financiën;

d) voor de andere personen, door of vanwege de minister die de Volksgezondheid onder zijn bevoegdheid heeft;

2° na onderzoek van het getuigschrift en mits ontvangst van een schriftelijke verbintenis van de invalide of gehandicapte het voertuig uitsluitend te gebruiken als persoonlijk vervoermiddel, reikt het controlekantoor een document uit, opgesteld in de vorm bepaald door of vanwege de minister van Financiën, dat toelating verleent tot invoer, intracommunautaire verwerving of levering van het voertuig tegen het verlaagd tarief;

3° de invalide of gehandicapte moet, ten laatste op het ogenblik van de invoer, van de indiening van de bijzondere BTW-aangifte inzake de intracommunautaire verwerving van nieuwe vervoermiddelen of van de levering van het voertuig, aan de douane of aan de verkoper, het document beoogd onder 2° overleggen;

4° het invoerdocument, de bijzondere BTW-aangifte inzake de intracommunautaire verwerving van nieuwe vervoermiddelen of de aankoopfactuur en het dubbel ervan moeten opgesteld zijn op naam van de invalide of gehandicapte of, in voorkomend geval, op naam van zijn wettige vertegenwoordiger, en moeten melding maken van de datum van het in 2° bedoelde document, het referentienummer ervan en de benaming van het controlekantoor dat het heeft uitgereikt;

5° het onder 2° beoogde document wordt door de douane gevoegd bij het invoerdocument of het luik C van de bijzondere BTW-aangifte inzake de intracommunautaire verwerving van nieuwe vervoermiddelen dat op het douanekantoor wordt bewaard, of door de verkoper bij het dubbel van de factuur, dat hij bewaart.

§ 5. Indien gedurende de periode van drie jaar, te rekenen vanaf de eerste dag van de maand waarin de invoer, de intracommunautaire verwerving of de levering van het voertuig plaats vond, dit voertuig wordt aangewend voor andere doeleinden dan het persoonlijk vervoer van de invalide of gehandicapte, of door de invalide of gehandicapte wordt afgestaan, is deze gehouden het verschil tussen de belasting die tegen het tarief voorzien in het normale regime verschuldigd is voor de verkrijging van het voertuig en de belasting voldaan tegen het verlaagd tarief, aan de Staat te storten ten belope van zoveel zesendertigsten als er nog volledig te lopen maanden zijn tussen de datum van de wijziging van de bestemming of de datum van de afstand en de datum van het verstrijken van de periode van drie jaar.

Deze storting dient evenwel niet te gebeuren:

1° in geval van overlijden van de invalide of gehandicapte of bij elke behoorlijk verrechtvaardigde oorzaak, onafhankelijk van zijn wil, welke hem definitief verhindert het voertuig nog voor zijn persoonlijk vervoer te gebruiken, zelfs indien hij dit voertuig laat besturen door een derde;

2° in geval van volledig verlies van het voertuig en de verkoop ervan als wrak ten gevolge van een ernstig ongeval;

3° meer algemeen, in elk geval van overmacht dat behoorlijk wordt verrechtvaardigd.

De storting van de belasting ten gevolge van de regularisatie gebeurt op basis van een aangifte, opgesteld in de vorm bepaald door of vanwege de minister van Financiën, welke de invalide of gehandicapte, binnen een maand te rekenen vanaf de datum van de wijziging van bestemming of van de afstand van het voertuig, moet indienen bij het controlekantoor in het ambtsgebied waarvan zijn woonplaats is gelegen.

De te storten belasting dient te worden betaald binnen een maand te rekenen vanaf de datum van het betalingsbericht dat de rekenplichtige, aangewezen door of vanwege de minister van Financiën, aan de invalide of gehandicapte laat geworden. De betaling dient te gebeuren op de postrekening van deze rekenplichtige. De bepalingen, vervat in de artikelen 16 tot 19 van het koninklijk besluit nr. 24 met betrekking tot de voldoening van de belasting over de toegevoegde waarde, zijn toepasselijk wat deze betaling betreft.

Afdeling 2

Onderdelen, uitrustingsstukken en toebehoren van voertuigen voor invaliden

Het verlaagd tarief van 6 pct. is van toepassing op onderdelen, uitrustingsstukken en toebehoren die ingevoerd, intracommunautair verworven of hier te landen verkregen worden door in de eerste afdeling hierboven aangewezen personen ten behoeve van de aldaar bedoelde automobielen.

Het voordeel van het verlaagd tarief van 6 pct. is afhankelijk van de uitreiking van een factuur aan de koper en van de voorlegging door deze laatste, aan de douane of aan de verkoper, van een attest opgesteld in de vorm bepaald door of vanwege de Minister van Financiën, dat het voertuig identificeert waarvoor de gunstregeling wordt ingeroepen. Daarenboven dienen het invoerdocument of de factuur en het dubbel ervan, de datum en het referentienummer van het bovengenoemde attest en het controlekantoor dat dit attest heeft uitgereikt te vermelden.]

XXII vervangen bij art. 2, H K.B. 29 december 1992 (B.S. 31.XII.1992);
XXII, afd. I, § 3, 3° vervangen bij art. 1, B K.B. 24 juni 1993 (B.S. 1.VII.1993).

XXIII. Diversen

[1. Doodkisten.

2. Orthopedische toestellen (medisch-chirurgische gordels daaronder begrepen); breukspalken en andere artikelen en apparaten voor de behandeling van breuken in het beendergestel; kunstgebitten, kunsttanden, kunstogen, kunstledematen en dergelijke artikelen; hoorapparaten voor hardhorigen en andere voor het verhelpen of verlichten van gebreken of van kwalen dienende apparatuur, die door de patiënt in de hand worden gehouden of op andere wijze worden gedragen, dan wel worden geïmplanteerd; individueel materiaal speciaal ontworpen om te worden gedragen door stomapatiënten en door personen die lijden aan incontinentie, met uitzondering van maandverbanden, van inlegkruisjes en van luiers voor kinderen jonger dan zes jaar; het individueel toebehoren dat deel uitmaakt van een kunstnier inclusief de gebruikte trousses.

3. Looprekken; rolstoelen en dergelijke wagentjes voor invaliden en zieken, ook indien met motor of ander voortbewegingsmechanisme; onderdelen en toebehoren voor deze wagens.

4. Aërosolapparatuur en toebehoren; individueel materiaal voor de toediening van mucomyst.

5. Anti-decubitusmateriaal opgenomen in de bijlage bij het koninklijk besluit van 14 september 1984 tot vaststelling van de nomenclatuur van de geneeskundige verstrekkingen inzake verplichte ziekte- en invaliditeitsverzekering.

6. Hulpmiddelen speciaal ontworpen voor slechtzienden en blinden, met uitzondering van monturen, brilglazen en contactlenzen.

7. Infuuspompen voor pijnbestrijding.

8. [Glucosemeters en toebehoren.]]

XXIII vervangen bij art. 1 K.B. 25 maart 1998 (B.S. 2.IV.1998, err. B.S. 11.IV.1998, err. B.S. 8.V.1998);
XXIII, 8 vervangen bij art. 1 K.B. 5 oktober 1998 (B.S. 16.X.1998, err. B.S. 11.XII.1998).

[XXIIIbis. [Leveringen van goederen door instellingen met sociaal oogmerk

§ 1. Het verlaagd tarief van 6 pct. is van toepassing op de levering van goederen, met uitsluiting van de goederen beoogd in artikel 1, § 8, van het Wetboek, van goederen opgesomd in artikel 35 van dit Wetboek, van de goederen onderworpen aan de belasting zoals beoogd in artikel 44, § 3, 1°, van hetzelfde Wetboek, van de goederen verkregen om te worden gebruikt als investeringsgoederen, van de kunstvoorwerpen of de voorwerpen voor verzamelingen of antiquiteiten, welke de in § 2 beoogde instellingen verrichten binnen de voorwaarden voorzien in § 3, onder voorbehoud van de in de §§ 4 en 5 opgenomen bepalingen.

§ 2. De toepassing van het verlaagd tarief van 6 pct. wordt voorbehouden aan de instellingen:

1° van Belgisch recht of van recht van een andere Lidstaat van de Europese Economische Ruimte;

2° die geenszins het stelselmatig streven naar winstbejag tot doel hebben. Met het oog hierop bepalen de statuten onder meer dat de eventuele winst in geen geval mag worden verdeeld, maar daarentegen integraal dient te worden bestemd tot het handhaven of het verbeteren van de verstrekte handelingen. De statuten bepalen eveneens dat in geval van liquidatie het totaal van het netto-actief opnieuw wordt geïnvesteerd in een andere instelling van dezelfde aard;

3° die in hoofdzaak vrijwillig worden beheerd en bestuurd door personen die, noch voor zich persoonlijk noch via tussenpersonen, enig direct of indirect belang hebben in het exploitatieresultaat;

4° waarvan het doel in de zin

– van het besluit van de Vlaamse regering van 16 november 1994 houdende doorvoering van experimenten in verband met invoegbedrijven en leereilandprojecten, of van Hoofdstuk 3, Afdeling 3.5, van het besluit van de Vlaamse regering, van 17 december 1997, tot vaststelling van het Vlaams reglement inzake afvalvoorkoming en -beheer;

– van het koninklijk besluit van 30 maart 1995 tot uitvoering van Hoofdstuk II van Titel IV van de wet van 21 december 1994 houdende sociale bepalingen op de inschakelingsbedrijven;

– van het decreet van de Franse gemeenschapscommissie van Brussel-Hoofdstad van 27 april 1995 betreffende de erkenning van organismen voor socio-professionele inschakeling en de subsidiëring van hun beroepsopleidingsactiviteiten voor werklozen en laaggeschoolde werkzoekenden gericht op het vergroten van hun kans op het vinden of terugvinden van werk in het raam van gecoördineerde voorzieningen voor socio-professionele inschakeling;

– van het decreet van de Waalse Gewestelijke Raad en van de Waalse regering van 16 juli 1998 betreffende de voorwaarden waaronder de inschakelingsbedrijven worden erkend en gesubsidieerd;

– van het besluit van de Vlaamse regering van 10 november 1998 houdende doorvoering van experimenten in verband met invoegbedrijven;

– van de ordonnantie van de Raad van het Brussels Hoofdstedelijk Gewest en van de Brusselse Hoofdstedelijke Regering van 22 april 1999 betreffende de erkenning en de financiering van de inschakelingsondernemingen;

– van het besluit van de Vlaamse regering van 8 juni 1999 tot wijziging van het besluit van de Vlaamse regering van 8 december 1998 tot uitvoering van het decreet inzake sociale werkplaatsen;

of

– van het besluit van de Waalse regering van 18 november 1999 tot wijziging van het besluit van de Waalse regering van 6 april 1995 betreffende de erkenning van de «Entreprises de formation par le travail» (Bedrijven voor vorming door arbeid).

Bestaat in het tewerkstellen alsook in het verzekeren van de werkgelegenheid van de laag- of middelmatig geschoolde werkloze werkzoekenden die uit de traditionele arbeidscircuits zijn uitgesloten of bijzonder moeilijk bemiddelbaar zijn;

5° en die daartoe erkend zijn door de overheid die door die decreten, besluiten of ordonnantie bevoegd wordt verklaard.

§ 3. De toepassing van het verlaagd tarief van 6 pct. is eveneens onderworpen aan de volgende voorwaarden waaraan samen moet worden voldaan:

1° de in § 2 beoogde instelling moet haar werkzaamheden uitsluitend beperken tot de verkoop van goederen beoogd in § 1, die zij gratis aan huis bij particulieren of ondernemingen ophaalt of op een andere manier;

2° deze instelling dient prijzen toe te passen die zijn goedgekeurd door de overheid, of prijzen die niet hoger liggen dan de goedgekeurde prijzen, of nog, voor handelingen waarvoor geen goedkeuring van prijzen plaatsvindt, prijzen die lager zijn dan die welke voor soortgelijke diensten in rekening worden gebracht door commerciële ondernemingen die aan de belastingen over de toegevoegde waarde zijn onderworpen;

3° het voordeel van het verlaagd tarief mag niet van dien aard zijn dat het leidt tot concurrentievervalsing ten nadele van commerciële ondernemingen die aan de belasting over de toegevoegde waarde zijn onderworpen.

§ 4. Het verlaagd tarief is van rechtswege niet meer van toepassing vanaf het ogenblik dat de instelling die er de toepassing van inroept, niet meer voldoet aan het geheel van de terzake vereiste voorwaarden.

§ 5. De minister van Financiën informeert zich bij de in § 2, 5° beoogde bevoegde overheden naar de door deze overheden verleende, ingetrokken of opgeschorte erkenningen.

Hij licht diezelfde overheden in van gedane vaststellingen waarbij de toepassing van het verlaagd tarief vervalt of is komen te vervallen wegens het niet-naleven van één of meerdere in § 3 bepaalde voorwaarden.]]

XXIIIbis ingevoegd bij art. 41 W. 4 mei 1999 (B.S. 12.VI.1999) en vervangen bij art. 1 K.B. 20 september 2000 (B.S. 28.IX.2000, ed. 2, err. B.S. 26.X.2000).

Diensten

XXIV. Landbouwdiensten

[Bebouwingswerkzaamheden, oogstwerkzaamheden en teeltwerkzaamheden, met uitzondering van:
a) diensten met betrekking tot dieren, andere dan die bedoeld in rubriek I;
b) aanleg en onderhoud van tuinen.]

De goederen die ter gelegenheid van die werkzaamheden worden geleverd worden belast tegen het tarief dat erop van toepassing zou geweest zijn waren ze afzonderlijk geleverd.

XXIV, al. 1 vervangen bij art. 2 § 1, 3° K.B. 19 juni 1981 (B.S. 24.VI.1981).

XXV. [Vervoer

Personenvervoer, alsmede vervoer van niet-geregistreerde bagage en van dieren welke de reizigers vergezellen]

XXV vervangen bij art. 2, E K.B. 17 maart 1992 (B.S. 19.III.1992).

XXVI. [Onderhoud en herstelling

Onderhouds- en herstellingswerken aan de goederen bedoeld in de [rubrieken XXII en XXIII, [cijfers 2 tot en met 8]]]

[Het tarief van 6 pct. is eveneens van toepassing op de benodigdheden, de onderdelen en het toebehoren gebruikt bij de uitvoering van die werken.

Voor onderhouds- en herstellingswerken aan automobielen verricht voor rekening van in rubriek XXII, eerste afdeling, aangewezen personen, ten behoeve van de aldaar bedoelde automobielen, is het voordeel van het verlaagd tarief afhankelijk van de uitreiking van een factuur aan de klant en van de voorlegging door deze laatste aan de dienstverrichter van een attest, opgesteld in de vorm bepaald door of vanwege de minister van Financiën, dat het voertuig identificeert waarvoor de gunstregeling wordt ingeroepen. Daarenboven dienen de factuur en het dubbel ervan de datum en het referentienummer van het bovengenoemde attest en het controlekantoor dat dit attest heeft uitgereikt te vermelden.]

XXVI vervangen bij art. 2, F K.B. 17 maart 1992 (B.S. 19.III.1992);
XXVI, al. 1 gewijzigd bij art. 2, 1 K.B. 29 december 1992 (B.S. 31.XII.1992) en bij art. 1 K.B. 5 oktober 1998 (B.S. 16.X.1998, err. B.S. 11.XII.1998);
XXVI, al. 2 en 3 ingevoegd bij art. 1 K.B. 29 juni 1992 (B.S. 2.VII.1992).

XXVII. [...]

XXVII opgeheven bij art. 1 § 1, 3° K.B. 25 maart 1977 (B.S. 26.III.1977).

XXVIII. [[Inrichtingen voor cultuur, sport of vermaak]

De toekenning van het recht op toegang tot inrichtingen voor cultuur, sport of vermaak, alsmede de toekenning van het recht gebruik ervan te maken, met uitzondering van:

a) de toekenning van het recht gebruik te maken van automatische ontspanningstoestellen;

b) de terbeschikkingstelling van roerende goederen.]

XXVIII, opschrift opnieuw vervangen bij art. 1 K.B. 30 maart 1998 (B.S. 2.IV.1998, err. B.S. 11.IV.1998);
XXVIII vervangen bij art. 2, J K.B. 29 december 1992 (B.S. 31.XII.1992).

XXIX. [Auteursrechten; uitvoeren van concerten en voorstellingen

1. De overdracht van auteursrechten en het verlenen van rechten op auteursrechten met uitzondering van deze die betrekking hebben op computerprogramma's.

2. De diensten die bestaan in het uitvoeren van toneelwerken, balletten, muziekstukken, circus-, variété- of cabaret-voorstellingen en soortgelijke activiteiten en die behoren tot de normale werkzaamheid van acteurs, orkestleiders, muzikanten en andere artiesten, ook indien deze diensten verstrekt worden door een rechtspersoon of een feitelijke vereniging of groepering.

Van deze rubriek worden uitgesloten de diensten die betrekking hebben op reclame.]

XXIX vervangen bij art. 1 K.B. 30 maart 1998 (B.S. 2.IV.1998, err. B.S. 11.IV.1998).

XXX. [Hotels, camping

1. Het verschaffen van gemeubeld logies met of zonder ontbijt.

2. De terbeschikkingstelling van plaats om te kamperen.]

XXX vervangen bij art. 2, L K.B. 29 december 1992 (B.S. 31.XII.1992).

XXXI. [Werk in onroerende staat met betrekking tot privéwoningen

§ 1. [Het werk in onroerende staat en de andere handelingen bedoeld in [paragraaf 3] worden onderworpen aan het verlaagd tarief, voor zover de volgende voorwaarden zijn vervuld:]

1° de handelingen moeten de omvorming, renovatie, rehabilitatie, verbetering, herstelling of het onderhoud, met uitsluiting van de reiniging, geheel of ten dele van een woning tot voorwerp hebben;

2° de handelingen moeten betrekking hebben op een woning die, na de uitvoering ervan, hetzij uitsluitend, hetzij hoofdzakelijk, als privéwoning wordt gebruikt;

3° [de handelingen moeten worden verricht aan een woning waarvan de eerste ingebruikneming ten minste vijftien jaar voorafgaat aan het eerste tijdstip van opeisbaarheid van de BTW dat zich voordoet overeenkomstig artikel 22, § 1 of artikel 22bis van het Wetboek];

4° de handelingen moeten worden verstrekt en gefactureerd aan een eindverbruiker [...];

5° de door de dienstverrichter uitgereikte factuur en het dubbel dat hij bewaart, moeten, op basis van een duidelijk en nauwkeurig attest van de afnemer, melding maken van het voorhanden zijn van de elementen die de toepassing van het verlaagd tarief rechtvaardigen; behalve in geval van samenspanning tussen de partijen of klaarblijkelijk niet naleven van onderhavige bepaling, ontlast het attest van de afnemer de dienstverrichter van de aansprakelijkheid betreffende de vaststelling van het tarief.

§ 2. [Worden aangemerkt als eindverbruikers in de zin van deze bepaling, voor het werk in onroerende staat en de andere handelingen omschreven in § 3, met betrekking tot de woningen daadwerkelijk gebruikt voor de huisvesting van bejaarden, leerlingen en studenten, minderjarigen, thuislozen [, personen in moeilijkheden, personen met een psychische stoornis, mentaal gehandicapten en psychiatrische patiënten], de publiekrechtelijke of privaatrechtelijke personen die beheren:

1° verblijfsinrichtingen voor bejaarden welke door de bevoegde overheid zijn erkend in het kader van de wetgeving inzake bejaardenzorg;

2° internaten die zijn toegevoegd aan scholen of universiteiten of die ervan afhangen;

3° jeugdbeschermingstehuizen en residentiële voorzieningen die op duurzame wijze, in dag- en nachtverblijf, minderjarigen huisvesten en die erkend zijn door de bevoegde overheid in het kader van de wetgeving op de jeugdbescherming of de bijzondere jeugdbijstand;

4° opvangtehuizen die in dag- en nachtverblijf thuislozen en personen in moeilijkheden huisvesten en die erkend zijn door de bevoegde overheid;]

[5° psychiatrische verzorgingstehuizen die op een duurzame wijze in dag- en nachtverblijf personen met een langdurige en gestabiliseerde psychische stoornis of mentaal gehandicapten huisvesten en die door de bevoegde overheid erkend zijn;

6° gebouwen waar, ten titel van een initiatief van beschut wonen erkend door de bevoegde overheid, het op een duurzame wijze huisvesten in dag- en nachtverblijf en het begeleiden van psychiatrische patiënten plaatsheeft.]

[§ 3. Worden beoogd:

1° het verbouwen, het afwerken, het inrichten, het herstellen en het onderhouden, met uitsluiting van het reinigen, geheel of ten dele, van een uit zijn aard onroerend goed;

2° prestaties die erin bestaan een roerend goed te leveren en het meteen op zodanige wijze aan te brengen aan een onroerend goed dat het onroerend uit zijn aard wordt;

3° iedere handeling, ook indien niet beoogd in 2° hierboven, die tot voorwerp heeft zowel de levering als de aanhechting aan een gebouw:

a) van de bestanddelen of een gedeelte van de bestanddelen van een installatie voor centrale verwarming of airconditioning, daaronder begrepen de branders, de reservoirs en de regel- en controletoestellen verbonden aan de ketel of aan de radiatoren;

b) van de bestanddelen of een gedeelte van de bestanddelen van een sanitaire installatie van een gebouw en, meer algemeen, van al de vaste toestellen voor sanitair of hygiënisch gebruik aangesloten op een waterleiding of een riool;

c) van de bestanddelen of een gedeelte van de bestanddelen van een elektrische installatie van een gebouw, met uitzondering van toestellen voor de verlichting en van lampen;

d) van de bestanddelen of een gedeelte van de bestanddelen van een elektrische belinstallatie, van brandalarmtoestellen, van alarmtoestellen tegen diefstal en van een huistelefoon;

e) van opbergkasten, gootstenen, gootsteenkasten en meubels met ingebouwde gootsteen, wastafels en meubels met ingebouwde wasbak, zuigkappen, ventilators en luchtverversers waarmee een keuken of een badkamer is uitgerust;

f) van luiken, rolluiken en rolgordijnen die aan de buitenkant van het gebouw worden geplaatst;

4° iedere handeling, ook indien niet beoogd in 2° hierboven, die tot voorwerp heeft zowel de levering van wandbekleding of vloerbekleding of -bedekking als de plaatsing ervan in een gebouw ongeacht of die bekleding of bedekking aan het gebouw wordt vastgehecht of eenvoudig ter plaatse op maat gesneden volgens de afmetingen van de te bedekken oppervlakte;

5° het aanhechten, het plaatsen, het herstellen en het onderhouden, met uitsluiting van het reinigen, van goederen bedoeld in 3° en 4° hierboven;

6° de terbeschikkingstelling van personeel met het oog op het verrichten van de hierboven bedoelde handelingen.]

§ [4]. Het verlaagd tarief is in geen geval van toepassing op:

1° werk in onroerende staat en andere onroerende handelingen die geen betrekking hebben op de eigenlijke woning, zoals bebouwingswerkzaamheden, tuinaanleg en oprichten van afsluitingen;

2° werk in onroerende staat en andere onroerende handelingen die tot voorwerp hebben de bestanddelen of een gedeelte van de bestanddelen van zwembaden, sauna's, midget-golfbanen, tennisterreinen en dergelijke installaties.]

XXXI vervangen bij art. 1 K.B. 18 juli 1986 (B.S. 24.VII.1986);

XXXI, § 1, inleidende zin gewijzigd bij art. 2, G, a K.B. 17 maart 1992 (B.S. 19.III.1992) en bij art. 24, a) K.B. 30 april 2013 (B.S. 8.V.2013), van toepassing vanaf 1 januari 2013;

XXXI, § 1, 3° vervangen bij art. 24, b) K.B. 30 april 2013 (B.S. 8.V.2013), van toepassing vanaf 1 januari 2013;

XXXI, § 1, 4° gewijzigd bij art. 3 K.B. 2 juni 2010 (B.S. 7.VI.2010, ed. 1);

XXXI, § 2 vervangen bij art. 1, 1° K.B. 30 september 1992 (B.S. 16.X.1992);

XXXI, § 2, inleidende zin gewijzigd bij art. 5, a) K.B. 10 februari 2009 (B.S. 13.II.2009, ed. 2) van toepassing vanaf 1 januari 2009, zoals bekrachtigd bij art. 22 W. 27 maart 2009 (B.S. 7.IV.2009, ed. 1);

XXXI, § 2, 5°-6° ingevoegd bij art. 5, b) K.B. 10 februari 2009 (B.S. 13.II.2009, ed. 2) van toepassing vanaf 1 januari 2009, zoals bekrachtigd bij art. 22 W. 27 maart 2009 (B.S. 7.IV.2009, ed. 1);

XXXI, § 3 ingevoegd bij art. 2, F K.B. 29 juni 1992 (B.S. 2.VII.1992);

XXXI, § 4 hernummerd bij art. 2, G, c K.B. 17 maart 1992 (B.S. 19.III.1992).

[XXXII. Privéwoningen voor gehandicapten

§ 1. Mits voldaan is aan de hierna gestelde voorwaarden is het verlaagd tarief van toepassing op de werken in onroerende staat in de zin van artikel 19, § 2, tweede lid, van het Wetboek, met uitsluiting van het reinigen, en op de andere handelingen opgesomd in rubriek XXXI, § 3, 3° tot 6°:

1° [de handelingen moeten worden verstrekt en gefactureerd aan een gewestelijke huisvestingsmaatschappij, een door haar erkende maatschappij voor sociale huisvesting, een provincie, een intercommunale, een gemeente, een intercommunaal openbaar centrum voor maatschappelijk welzijn of aan een openbaar centrum voor maatschappelijk welzijn];

2° de handelingen moeten worden verricht aan een woning die, in ieder geval na de uitvoering ervan, specifiek aangepast is om door een gehandicapte als privéwoning te worden gebruikt;

3° de handelingen moeten worden verricht aan een woning die bestemd is om te worden verhuurd, door een [onder 1°] bedoelde instelling of maatschappij, aan een gehandicapte die een tegemoetkoming geniet van het Fonds voor medische, sociale en pedagogische zorg voor gehandicapten of van het "Fonds communautaire pour l'intégration sociale et professionnelle des personnes handicapées" of van het Vlaams Fonds voor de Sociale Integratie voor Personen met een handicap of van "Dienststelle der Deutschsprachigen Gemeinschaft für Personen mit einer Behinderung sowie für die besondere soziale Fürsorge";

4° de door de dienstverrichter uitgereikte factuur en het dubbel dat hij bewaart, moeten, op basis van een duidelijk en nauwkeurig attest van de afnemer, melding maken van het voorhanden zijn van de elementen die de toepassing van het verlaagd tarief rechtvaardigen; behalve in geval van samenspanning tussen de partijen of klaarblijkelijk niet naleven van onderhavige bepaling, ontlast het attest de afnemer de dienstverrichter van de aansprakelijkheid betreffende de vaststelling van het tarief.

§ 2. Het verlaagd tarief is in geen geval van toepassing op:

1° werk in onroerende staat en de andere roerende handelingen die geen betrekking hebben op de eigenlijke woning, zoals bebouwingswerkzaamheden, tuinaanleg en oprichten van afsluitingen;

2° werk in onroerende staat en andere onroerende handelingen die tot voorwerp hebben de bestanddelen of een gedeelte van de bestanddelen van zwembaden, sauna's, midget-golfbanen, tennisterreinen en dergelijke installaties.

§ 3. [Het verlaagd tarief is eveneens van toepassing op de leveringen van goederen bedoeld in artikel 1, § 9, van het Wetboek alsook op de vestigingen, overdrachten en wederoverdrachten van zakelijke rechten op zulke goederen die niet overeenkomstig artikel 44, § 3, 1°, van het Wetboek van de belasting zijn vrijgesteld, wanneer die goederen:

- specifiek zijn aangepast om door een gehandicapte als privéwoning te worden gebruikt;

- worden geleverd en gefactureerd aan de instellingen of maatschappijen bedoeld in paragraaf 1, 1°;

- en bestemd zijn om te worden verhuurd door deze instellingen of maatschappijen aan gehandicapten bedoeld in paragraaf 1, 3°.]]

[§ 4. Het verlaagd tarief is eveneens van toepassing op de in artikel 44, § 3, 2°, b, van het Wetboek bedoelde onroerende financieringshuur of onroerende leasing die betrekking heeft op gebouwen die specifiek aangepast zijn om door een gehandicapte als privé-woning te worden gebruikt, wanneer de leasingnemer een in [in § 1, 1°], genoemde maatschappij of instelling is die deze gebouwen verhuurt aan de in § 1, 3°, genoemde gehandicapten.]

XXXII ingevoegd bij art. 1, 2° K.B. 30 september 1992 (B.S. 16.X.1992);
XXXII, § 1, 1° vervangen bij art. 4, a) K.B. 2 juni 2010 (B.S. 7.VI.2010, ed. 1);
XXXII, § 1, 3° gewijzigd bij art. 4, b) K.B. 2 juni 2010 (B.S. 7.VI.2010, ed. 1);
XXXII, § 3 vervangen bij art. 21 K.B. 19 december 2010 (B.S. 24.XII.2010), van toepassing vanaf 1 januari 2011;
XXXII, § 4 ingevoegd bij art. 2, a K.B. 21 december 1993 (B.S. 29.XII.1993) en gewijzigd bij art. 4, d) K.B. 2 juni 2010 (B.S. 7.VI.2010, ed. 1).

[XXXIII. Instellingen voor gehandicapten

§ 1. Mits voldaan is aan de hierna gestelde voorwaarden, is het verlaagd tarief van toepassing op de werken in onroerende staat in de zin van artikel 19, § 2, tweede lid, van het Wetboek, met uitsluiting van het reinigen, en op de andere handelingen opgesomd in rubriek XXXI, § 3, 3° tot 6°:

1° de handelingen moeten worden verricht aan woningcomplexen, bestemd om te worden gebruikt voor huisvesting van gehandicapten;

2° [de handelingen moeten worden verstrekt en gefactureerd aan een publiekrechtelijke of privaatrechtelijke persoon die een instelling beheert die op duurzame wijze, in dag- en nachtverblijf, gehandicapten huisvest en die om deze reden een tegemoetkoming geniet van het Fonds voor medische, sociale en pedagogische zorg voor gehandicapten of van het "Fonds communautaire pour l'intégration sociale et professionnelle des personnes handicapées" of van het Vlaams Fonds voor de Sociale Integratie van Personen met een Handicap of van de "Dienststelle der Deutschsprachigen Gemeinschaft für Personen mit einer Behinderung sowie für die besondere soziale Fürsorge"];

3° de door de dienstverrichter uitgereikte factuur en het dubbel dat hij bewaart, moeten, op basis van een duidelijk en nauwkeurige attest van de afnemer, melding maken van het voorhanden zijn van de elementen die de toepassing van het verlaagd tarief rechtvaardigen; behalve in geval van samenspanning tussen de partijen of klaarblijkelijk niet naleven van onderhavige bepaling, ontlast het attest van de afnemer de dienstverrichter van de aansprakelijkheid betreffende de vaststelling van het tarief.

§ 2. Het verlaagd tarief is in geen geval van toepassing op:

1° werk in onroerende staat en de andere onroerende handelingen die geen betrekking hebben op de eigenlijke woning, zoals bebouwingswerkzaamheden, tuinaanleg en oprichten van afsluitingen;

2° werk in onroerende staat en andere onroerende handelingen die tot voorwerp hebben de bestanddelen of een gedeelte van de bestanddelen van zwembaden, sauna's, midget-golfbanen, tennisterreinen en dergelijke installaties.

§ 3. [Het verlaagd tarief is eveneens van toepassing op de leveringen van goederen bedoeld in artikel 1, § 9, van het Wetboek alsook op de vestigingen, overdrachten en wederoverdrachten van zakelijke rechten op zulke goederen die niet overeenkomstig artikel 44, § 3, 1°, van het Wetboek van de belasting zijn vrijgesteld, wanneer die gebouwen bestemd zijn om als woningcomplex te worden gebruikt voor de huisvesting van gehandicapten en ze worden geleverd en gefactureerd aan een in paragraaf 1, 2° bedoelde publiekrechtelijke of privaatrechtelijke persoon.]]

[§ 4. Het verlaagd tarief is eveneens van toepassing op de in artikel 44, § 3, 2°, b, van het Wetboek bedoelde onroerende financieringshuur of onroerende leasing die betrekking heeft op woningcomplexen bestemd om te worden gebruikt voor de huisvesting van gehandicapten, wanneer de leasingnemer een [in § 1, 2°], genoemde publiekrechtelijke of privaatrechtelijke persoon is.]

XXXIII ingevoegd bij art. 1, 2° K.B. 30 september 1992 (B.S. 16.X.1992);
XXXIII, § 1, 2° vervangen bij art. 5, a) K.B. 2 juni 2010 (B.S. 7.VI.2010, ed. 1);
XXXIII, § 3 vervangen bij art. 22 K.B. 19 december 2010 (B.S. 24.XII.2010), van toepassing vanaf 1 januari 2011;
XXXIII, § 4 ingevoegd bij art. 2, b K.B. 21 december 1993 (B.S. 29.XII.1993) en gewijzigd bij art. 5, c) K.B. 2 juni 2010 (B.S. 7.VI.2010, ed. 1).

[XXXIV.] Diversen

1. De verhuur van goederen bedoeld in rubriek XXIII, [cijfers 2 tot en met 8].
2. [De diensten die gewoonlijk door begrafenisondernemers worden verstrekt in de normale uitoefening van hun beroepswerkzaamheid, met uitzondering van:
a) het verschaffen van spijzen of dranken om ter plaatse te worden verbruikt;
b) de diensten verstrekt door kelners, diensters en alle andere personen die tussenkomen bij het verschaffen van spijzen of dranken aan de verbruikers in omstandigheden die het verbruik ter plaatse mogelijk maken;
c) de diensten met betrekking tot de levering met plaatsing van grafkelders of -monumenten.]
3.-4. [...]

XXXIV hernummerd bij art. 1, 2° K.B. 30 september 1992 (B.S. 16.X.1992);
XXXIV, 1 gewijzigd bij art. 1 K.B. 25 maart 1998 (B.S. 2.IV.1998, err. B.S. 11.IV.1998, err. B.S. 8.V.1998);
XXXIV, 2 vervangen bij art. 2, H K.B. 17 maart 1992 (B.S. 19.III.1992);
XXXIV, 3-4 opgeheven bij art. 2, 0 K.B. 29 december 1992 (B.S. 31.XII.1992).

[XXXV. [Diensten verricht door instellingen met sociaal oogmerk

§ 1. Het verlaagd tarief van 6 pct. is van toepassing op de diensten, met uitzondering van het werk in onroerende staat in de zin van artikel 19, § 2, tweede lid, van het Wetboek, van de handelingen opgesomd in de rubriek XXXI, § 3, 3° tot 6°, van de huidige tabel A, alsook van het onderhoud en de herstellingen van de goederen opgesomd in artikel 35 van het Wetboek, inbegrepen de leveringen van onderdelen, uitrustingsstukken en toebehoren die worden gebruikt voor de uitvoering van die werken, die de in § 2 beoogde instellingen verrichten binnen de voorwaarden voorzien in § 3, onder voorbehoud van de in de §§ 4 en 5 opgenomen bepalingen.

§ 2. De toepassing van het verlaagd tarief van 6 pct. wordt voorbehouden aan de instellingen:
1° van Belgisch recht of van recht van een andere lidstaat van de Europese Economische Ruimte;
2° die geenszins het stelselmatig streven naar winstbejag tot doel hebben. Met het oog hierop bepalen de statuten onder meer dat de eventuele winst in geen geval mag worden verdeeld, maar daarentegen integraal dient te worden bestemd tot het handhaven of het verbeteren van de verstrekte handelingen. Deze statuten bepalen eveneens dat in geval van liquidatie het totaal van het nettoactief opnieuw wordt geïnvesteerd in een andere instelling van dezelfde aard;
3° die in hoofdzaak vrijwillig worden beheerd en bestuurd door personen die, noch voor zich persoonlijk noch via tussenpersonen, enig direct of indirect belang hebben in het exploitatieresultaat;
4° waarvan het doel in de zin
– van het besluit van de Vlaamse regering van 16 november 1994 houdende doorvoering van experimenten in verband met invoegbedrijven en leereilandprojecten, of van Hoofdstuk 3, Afdeling 3.5, van het besluit van de Vlaamse regering, van 17 december 1997, tot vaststelling van het Vlaams reglement inzake afvalvoorkoming en -beheer;
– van het koninklijk besluit van 30 maart 1995 tot uitvoering van Hoofdstuk II van Titel IV van de wet van 21 december 1994 houdende sociale bepalingen op de inschakelingsbedrijven;
– van het decreet van de Franse gemeenschapscommissie van Brussel-Hoofdstad van 27 april 1995 betreffende de erkenning van organismen voor socio-professionele inschakeling en de subsidiëring van hun beroepsopleidingsactiviteiten voor werklozen en laaggeschoolde werkzoekenden gericht op het terugvinden van hun kans op het vinden of terugvinden van werk in het raam van gecoördineerde voorzieningen voor socio-professionele inschakeling;
– van het decreet van de Waalse Gewestelijke Raad en van de Waalse regering van 16 juli 1998 betreffende de voorwaarden waaronder de inschakelingsbedrijven worden erkend en gesubsidieerd;
– van het besluit van de Vlaamse regering van 10 november 1998 houdende doorvoering van experimenten in verband met invoegbedrijven;
– van de ordonnantie van de Raad van het Brussels Hoofdstedelijk Gewest en van de Brusselse Hoofdstedelijke Regering van 22 april 1999 betreffende de erkenning en de financiering van de inschakelingsondernemingen;
– van het besluit van de Vlaamse regering van 8 juni 1999 tot wijziging van het besluit van de Vlaamse regering van 8 december 1998 tot uitvoering van het decreet inzake sociale werkplaatsen;
of
– van het besluit van de Waalse regering van 18 november 1999 tot wijziging van het besluit van de Waalse regering van 6 april 1995 betreffende de erkenning van de "Entreprises de formation par le travail" (Bedrijven voor vorming door arbeid),
bestaat in het tewerkstellen alsook in het verzekeren van de werkgelegenheid van de laag- of middelmatig geschoolde werkloze werkzoekenden die uit de traditionele arbeidscircuits zijn uitgesloten of bijzonder moeilijk bemiddelbaar zijn;

5° en die daartoe erkend zijn door de overheid die door die decreten, besluiten of ordonnantie bevoegd wordt verklaard.

§ 3. De toepassing van het verlaagd tarief van 6 pct. is eveneens onderworpen aan de volgende voorwaarden waaraan samen moet worden voldaan:

1° de in § 2 beoogde instelling moet haar werkzaamheden uitsluitend beperken tot de diensten beoogd in § 1;

2° deze instelling dient prijzen toe te passen die zijn goedgekeurd door de overheid, of prijzen die niet hoger liggen dan de goedgekeurde prijzen, of nog, voor handelingen waarvoor geen goedkeuring van prijzen plaatsvindt, prijzen die lager zijn dan die welke voor soortgelijke diensten in rekening worden gebracht door commerciële ondernemingen die aan de belastingen over de toegevoegde waarde zijn onderworpen;

3° het voordeel van het verlaagd tarief mag niet van dien aard zijn dat het leidt tot concurrentievervalsing ten nadele van commerciële ondernemingen die aan de belasting over de toegevoegde waarde zijn onderworpen.

§ 4. Het verlaagd tarief is van rechtswege niet meer van toepassing vanaf het ogenblik dat de instelling die er de toepassing van inroept, niet meer voldoet aan het geheel van de ter zake vereiste voorwaarden.

§ 5. De minister van Financiën informeert zich bij de in § 2, 5° beoogde bevoegde overheden naar de door deze overheden verleende, ingetrokken of opgeschorte erkenningen.

Hij licht diezelfde overheden in van gedane vaststellingen waarbij de toepassing van het verlaagd tarief vervalt of is komen te vervallen wegens het niet-naleven van één of meerdere in § 3 bepaalde voorwaarden.]]

XXXV ingevoegd bij art. 42 W. 4 mei 1999 (B.S. 12.VI.1999) en vervangen bij art. 2 K.B. 20 september 2000 (B.S. 28.IX.2000, ed. 2, err. B.S. 26.X.2000).

[XXXVI. [Huisvesting in het kader van het sociaal beleid]

Opschrift vervangen bij art. 6, 1° K.B. 10 februari 2009 (B.S. 13.II.2009, ed. 2) van toepassing vanaf 1 januari 2009, zoals bekrachtigd bij art. 22 W. 27 maart 2009 (B.S. 7.IV.2009, ed. 1).

§ 1. Het verlaagd tarief van 6 pct. is van toepassing op:

A) [de leveringen van nagenoemde goederen bedoeld in artikel 1, § 9, van het Wetboek alsook de vestigingen, overdrachten en wederoverdrachten van zakelijke rechten op zulke goederen die niet overeenkomstig artikel 44, § 3, 1°, van het Wetboek van de belasting zijn vrijgesteld, wanneer die goederen bestemd zijn voor de huisvesting in het kader van het sociaal beleid :

a) privé-woningen die worden geleverd en gefactureerd aan de gewestelijke huisvestingsmaatschappijen en aan de door hen erkende maatschappijen voor sociale huisvesting en die door deze maatschappijen worden bestemd om te worden verhuurd;

b) privé-woningen die worden geleverd en gefactureerd aan de gewestelijke huisvestingsmaatschappijen en aan de door hen erkende maatschappijen voor sociale huisvesting en die door deze maatschappijen worden bestemd om te worden verkocht;

c) privé-woningen die worden geleverd en gefactureerd door de gewestelijke huisvestingsmaatschappijen en door de door hen erkende maatschappijen voor sociale huisvesting];

B) werk in onroerende staat in de zin van artikel 19, § 2, tweede lid, van het Wetboek, met uitsluiting van het reinigen, en de andere handelingen opgesomd in rubriek XXXI, § 3, 3° tot 6°, van tabel A met betrekking tot de onder A genoemde privé-woningen mits die worden verstrekt en gefactureerd [...] aan de gewestelijke huisvestingsmaatschappijen en aan de door hen erkende maatschappijen voor sociale huisvesting;

C) de in artikel 44, § 3, 2°, b), van het Wetboek, bedoelde onroerende financieringshuur of onroerende leasing die betrekking heeft op de onder A bedoelde privé-woningen wanneer de leasingnemer een gewestelijke huisvestingsmaatschappij of een door die maatschappij erkende maatschappij voor sociale huisvesting is.

§ 2. Het verlaagd tarief van 6 pct. is in geen geval van toepassing op:

1° werk in onroerende staat en andere onroerende handelingen die geen betrekking hebben op de eigenlijke woning, zoals bebouwingswerkzaamheden, tuinaanleg en oprichten van afsluitingen;

2° werk in onroerende staat en andere onroerende handelingen die tot voorwerp hebben de bestanddelen of een gedeelte van de bestanddelen van zwembaden, sauna's, midget-golfbanen, tennisterreinen en dergelijke installaties.]

XXXVI ingevoegd bij art. 55 Progr. W. 27 december 2006 (B.S. 28.XII.2006, ed. 3), van toepassing vanaf 1 januari 2007;
XXXVI, § 1, A) vervangen bij art. 6, 2° K.B. 10 februari 2009 (B.S. 13.II.2009, ed. 2) van toepassing vanaf 1 januari 2009, zoals bekrachtigd bij art. 22 W. 27 maart 2009 (B.S. 7.IV.2009, ed. 1);
XXXVI, § 1, B) gewijzigd bij art. 6 K.B. 2 juni 2010 (B.S. 7.VI.2010, ed. 1).

[XXXVII. Afbraak en heropbouw van gebouwen in stadsgebieden

Het verlaagd tarief van 6 pct. is van toepassing op het werk in onroerende staat en de andere handelingen opgesomd in rubriek XXXI, § 3, 3° tot 6°, die tot voorwerp hebben de afbraak en de daarmee gepaard gaande heropbouw van een woning.

Het voordeel van het verlaagd tarief is onderworpen aan het vervullen van de navolgende voorwaarden:

1° de handelingen moeten betrekking hebben op een woning die, na de uitvoering van de werken, hetzij uitsluitend, hetzij hoofdzakelijk als privé-woning wordt gebruikt;

2° de handelingen moeten betrekking hebben op een woning die gelegen is in één [...] van de grote steden opgesomd in de koninklijke besluiten van 12 augustus 2000, 26 september 2001 en 28 april 2005 ter uitvoering van artikel 3 van de wet van 17 juli 2000 tot bepaling van de voorwaarden waaronder de plaatselijke overheden een financiële bijstand kunnen genieten van de Staat in het kader van het stedelijk beleid;

3° [...];

4° de bouwheer moet:

a) vooraleer de belasting opeisbaar wordt overeenkomstig [de artikelen 22, § 1 en 22bis] van het Wetboek, bij het controlekantoor van de belasting over de toegevoegde waarde van het ambtsgebied waarin het gebouw is gelegen een verklaring indienen. Deze verklaring dient te vermelden dat het gebouw dat hij laat afbreken en heroprichten bedoeld is om hetzij uitsluitend, hetzij hoofdzakelijk, als privé-woning te worden gebruikt en dient vergezeld te zijn van een afschrift van:

- de bouwvergunning;
- het (de) aannemingscontract(en);
- [...]

b) aan de dienstverrichter een afschrift van de verklaring bedoeld onder a) overhandigen;]

[5° het tijdstip waarop de belasting opeisbaar wordt overeenkomstig [de artikelen 22, § 1 en 22bis] van het Wetboek, moet zich voordoen uiterlijk op 31 december van het jaar van de eerste ingebruikneming van het gebouw;

6° de door de dienstverrichter uitgereikte factuur en het dubbel dat hij bewaart, moeten, op basis van het afschrift bedoeld onder punt 4°, b), hiervoor, melding maken van het voorhanden zijn van de elementen die de toepassing van het verlaagd tarief rechtvaardigen; behalve in geval van samenspanning tussen de partijen of klaarblijkelijk niet naleven van onderhavige bepaling, ontlast de verklaring van de afnemer de dienstverrichter van de aansprakelijkheid betreffende de vaststelling van het tarief.]

[Het verlaagd tarief is in geen geval van toepassing op:

1° werk in onroerende staat en andere onroerende handelingen die geen betrekking hebben op de eigenlijke woning, zoals bebouwingswerkzaamheden, tuinaanleg en oprichten van afsluitingen;

2° werk in onroerende staat en andere onroerende handelingen die tot voorwerp hebben de bestanddelen of een gedeelte van de bestanddelen van zwembaden, sauna's, midget-golfbanen, tennisterreinen en dergelijke installaties;

3° gehele of gedeeltelijke reiniging van een woning.]

XXXVII ingevoegd bij art. 56 Progr. W. 27 december 2006 (B.S. 28.XII.2006, ed. 3), van toepassing vanaf 1 januari 2007;

XXXVII, al. 2, 2° gewijzigd bij art. 132, a) Progr. W. 27 april 2007 (B.S. 8.V.2007, ed. 3), van toepassing vanaf 1 januari 2007;

XXXVII, al. 2, 3° opgeheven bij art. 7 K.B. 2 juni 2010 (B.S. 7.VI.2010, ed. 1);

XXXVII, al. 2, 4°, a) gewijzigd bij art. 27, a) K.B. 30 april 2013 (B.S. 8.V.2013), van toepassing vanaf 1 januari 2013;

XXXVII, al. 2, 4°, a), derde gedachtestreepje opgeheven bij art. 132, b) Progr. W. 27 april 2007 (B.S. 8.V.2007, ed. 3), van toepassing vanaf 1 januari 2007;

XXXVII, al. 2, 5° en 6° ingevoegd bij art. 132, c) Progr. W. 27 april 2007 (B.S. 8.V.2007, ed. 3), van toepassing vanaf 1 januari 2007;

XXXVII, al. 2, 5° gewijzigd bij art. 27, a) K.B. 30 april 2013 (B.S. 8.V.2013), van toepassing vanaf 1 januari 2013;

XXXVII, al. 3 ingevoegd bij art. 132, c) Progr. W. 27 april 2007 (B.S. 8.V.2007, ed. 3), van toepassing vanaf 1 januari 2007.

[XXXVIII. Renovatie en herstel van privéwoningen

§ 1. Het werk in onroerende staat en de andere handelingen bedoeld in [paragraaf 3], met uitsluiting van de materialen die een beduidend deel vertegenwoordigen van de verstrekte dienst, worden onderworpen aan het verlaagd tarief, voor zover de volgende voorwaarden zijn vervuld:

1° de handelingen moeten de omvorming, renovatie, rehabilitatie, verbetering, herstelling of het onderhoud, met uitsluiting van de reiniging, geheel of ten dele van een woning tot voorwerp hebben;

2° de handelingen moeten betrekking hebben op een woning die, na de uitvoering ervan, hetzij uitsluitend, hetzij hoofdzakelijk, als privéwoning wordt gebruikt;

3° [de handelingen moeten worden verricht aan een woning waarvan de eerste ingebruikneming ten minste vijf jaar voorafgaat aan het eerste tijdstip van opeisbaarheid van de btw dat zich voordoet overeenkomstig artikel 22, § 1 of artikel 22bis van het Wetboek];

4° de handelingen moeten worden verstrekt en gefactureerd aan een eindverbruiker;

5° de door de dienstverrichter uitgereikte factuur en het dubbel dat hij bewaart, moeten, op basis van een duidelijk en nauwkeurig attest van de afnemer, melding maken van het voorhanden zijn van de elementen die de toepassing van het verlaagd tarief rechtvaardigen; behalve in geval van samenspanning tussen de partijen of klaarblijkelijk niet naleven van onderhavige bepaling, ontlast het attest van de afnemer de dienstverrichter van de aansprakelijkheid betreffende de vaststelling van het tarief.

§ 2. Worden aangemerkt als eindverbruikers in de zin van deze bepaling, voor het werk in onroerende staat en de andere handelingen omschreven in § 3, met betrekking tot de woningen daadwerkelijk gebruikt voor de huisvesting van bejaarden, leerlingen en studenten, minderjarigen, thuislozen, personen in moeilijkheden, personen met een psychische stoornis, mentaal gehandicapten en psychiatrische patiënten, de publiekrechtelijke of privaatrechtelijke personen die beheren:

1° verblijfsinrichtingen voor bejaarden welke door de bevoegde overheid zijn erkend in het kader van de wetgeving inzake bejaardenzorg;

2° internaten die zijn toegevoegd aan scholen of universiteiten of die ervan afhangen;

3° jeugdbeschermingstehuizen en residentiële voorzieningen die op duurzame wijze, in dag- en nachtverblijf, minderjarigen huisvesten en die erkend zijn door de bevoegde overheid in het kader van de wetgeving op de jeugdbescherming of de bijzondere jeugdbijstand;

4° opvangtehuizen die in dag- en nachtverblijf thuislozen en personen in moeilijkheden huisvesten en die erkend zijn door de bevoegde overheid;

5° psychiatrische verzorgingstehuizen die op een duurzame wijze in dag- en nachtverblijf personen met een langdurige en gestabiliseerde psychische stoornis of mentaal gehandicapten huisvesten en die door de bevoegde overheid erkend zijn;

6° gebouwen waar, ten titel van een initiatief van beschut wonen erkend door de bevoegde overheid, het op een duurzame wijze huisvesten in dag- en nachtverblijf en het begeleiden van psychiatrische patiënten plaatsheeft.

§ 3. Worden beoogd:

1° het verbouwen, het afwerken, het inrichten, het herstellen en het onderhouden, met uitsluiting van het reinigen, geheel of ten dele, van een uit zijn aard onroerend goed;

2° prestaties die erin bestaan een roerend goed te leveren en het meteen op zodanige wijze aan te brengen aan een onroerend goed dat het onroerend uit zijn aard wordt;

3° iedere handeling, ook indien niet beoogd in de bepaling onder 2°, die tot voorwerp heeft zowel de levering als de aanhechting aan een gebouw:

a) van de bestanddelen of een gedeelte van de bestanddelen van een installatie voor centrale verwarming of airconditioning, daaronder begrepen de branders, de reservoirs en de regel- en controletoestellen verbonden aan de ketel of aan de radiatoren;

b) van de bestanddelen of een gedeelte van de bestanddelen van een sanitaire installatie van een gebouw en, meer algemeen, van al de vaste toestellen voor sanitair of hygiënisch gebruik aangesloten op een waterleiding of een riool;

c) van de bestanddelen of een gedeelte van de bestanddelen van een elektrische installatie van een gebouw, met uitzondering van toestellen voor de verlichting en van lampen;

d) van de bestanddelen of een gedeelte van de bestanddelen van een elektrische belinstallatie, van brandalarmtoestellen, van alarmtoestellen tegen diefstal en van een huistelefoon;

e) van opbergkasten, gootstenen, gootsteenkasten en meubels met ingebouwde gootsteen, wastafels en meubels met ingebouwde wasbak, zuigkappen, ventilators en luchtverversers waarmee een keuken of een badkamer is uitgerust;

f) van luiken, rolluiken en rolgordijnen die aan de buitenkant van het gebouw worden geplaatst;

4° iedere handeling, ook indien niet beoogd in de bepaling onder 2°, die tot voorwerp heeft zowel de levering van wandbekleding of vloerbekleding of -bedekking als de plaatsing ervan in een gebouw ongeacht of die bekleding of bedekking aan het gebouw wordt vastgehecht of eenvoudig ter plaatse op maat gesneden volgens de afmetingen van de te bedekken oppervlakte;

5° het aanhechten, het plaatsen, het herstellen en het onderhouden, met uitsluiting van het reinigen, van goederen bedoeld in de bepaling onder 3° en 4°;

6° de terbeschikkingstelling van personeel met het oog op het verrichten van de hierboven bedoelde handelingen.

§ 4. Het verlaagd tarief is in geen geval van toepassing op:

1° werk in onroerende staat en andere onroerende handelingen, die geen betrekking hebben op de eigenlijke woning, zoals bebouwingswerkzaamheden, tuinaanleg en oprichten van afsluitingen;

2° werk in onroerende staat en andere onroerende handelingen, die tot voorwerp hebben de bestanddelen of een gedeelte van de bestanddelen van zwembaden, sauna's, midgetgolfbanen, tennisterreinen en dergelijke installaties;

3° het gedeelte van de prijs met betrekking tot de levering van verwarmingsketels in appartementsgebouwen alsook op de levering van de bestanddelen of een gedeelte van de bestanddelen van liftinstallaties.]

XXXVIII ingevoegd bij art. 27 Progr. W. (I) 4 juli 2011 (B.S. 19.VII.2011), van toepassing vanaf 1 juli 2011;

XXXVIII, § 1, inleidende zin gewijzigd bij art. 28, a) K.B. 30 april 2013 (B.S. 8.V.2013), van toepassing vanaf 1 januari 2013;

XXXVIII, § 1, 3° vervangen bij art. 28, b) K.B. 30 april 2013 (B.S. 8.V.2013), van toepassing vanaf 1 januari 2013.

[XXXIX. Kleine hersteldiensten

1. De herstelling van fietsen.

2. De herstelling van schoeisel en lederwaren.

3. De herstelling en het vermaken van kleding en huishoudlinnen.]

Ingevoegd bij art. 28 Progr. W. (I) 4 juli 2011 (B.S. 19.VII.2011), van toepassing vanaf 1 juli 2011.

TABEL B

[GOEDEREN EN DIENSTEN ONDERWORPEN AAN HET TARIEF VAN 12 PCT.]

Tabel B integraal vervangen bij art. 3 K.B. 17 maart 1992 (B.S. 19.III.1992).

I. [Restaurant- en cateringdiensten]

Opschrift hersteld (na opheffing bij art. 3, A K.B. 29 december 1992) bij art. 4 K.B. 9 december 2009 (B.S. 14.XII.2009, ed. 2), van toepassing vanaf 1 januari 2010, zoals bekrachtigd bij art. 14 W. 19 mei 2010 (B.S. 28.V.2010, ed. 2).

[Restaurant- en cateringdiensten, met uitsluiting van het verschaffen van dranken.]

Hersteld (na opheffing bij art. 3, A K.B. 29 december 1992) bij art. 4 K.B. 9 december 2009 (B.S. 14.XII.2009, ed. 2), van toepassing vanaf 1 januari 2010, zoals bekrachtigd bij art. 14 W. 19 mei 2010 (B.S. 28.V.2010, ed. 2).

II. [...]

II opgeheven bij art. 3, A K.B. 29 december 1992 (B.S. 31.XII.1992).

III. Fytofarmacie

[De fytofarmaceutische produkten erkend door de Minister die de Landbouw onder zijn bevoegdheid heeft.]

III vervangen bij art. 3 K.B. 29 juni 1992 (B.S. 2.VII.1992).

IV. [...]

IV opgeheven bij art. 2 K.B. 24 juni 1993 (B.S. 1.VII.1993).

V. [...]

V opgeheven bij art. 2 K.B. 24 juni 1993 (B.S. 1.VII.1993).

VI. Margarine

Margarine.

VII. Banden en binnenbanden

Banden en binnenbanden voor wielen van landbouwmachines en -tractors, met uitsluiting van banden of binnenbanden voor bosbouwtractors en motoculteurs.
[Het voordeel van het verlaagd tarief van 12 pct. is afhankelijk van de afgifte door de verkrijger of invoerder, aan de leverancier of aan de douane, van een schriftelijke verklaring waarin hij zijn registratienummer voor de belasting over de toegevoegde waarde vermeldt en bevestigt dat hij landbouwondernemer is en dat hij de goederen werkelijk zal gebruiken voor de behoeften van zijn landbouwbedrijf.]

VII, al. 2 toegevoegd bij art. 4 K.B. 29 juni 1992 (B.S. 2.VII.1992).

VIII. [Brandstoffen

Steenkool en van steenkool vervaardigde vaste brandstoffen; bruinkool en geperste bruinkool, met uitzondering van git; cokes en halfcokes van steenkool, van bruinkool of van turf; niet-gecalcineerde petroleumcokes, als brandstof gebruikt.]

VIII vervangen bij art. 1, B K.B. 28 maart 1992 (B.S. 31.III.1992).

[IX.] [...]

Opgeheven bij art. 55 W. 28 december 2011 (B.S. 30.XII.2011, ed. 4), van toepassing vanaf 1 januari 2012.

[X.] [Huisvesting in het kader van het sociaal beleid]

Opschrift vervangen bij art. 7, 1° K.B. 10 februari 2009 (B.S. 13.II.2009, ed. 2) van toepassing vanaf 1 januari 2009, zoals bekrachtigd bij art. 22 W. 27 maart 2009 (B.S. 7.IV.2009, ed. 1).

[§ 1. Het verlaagd tarief van 12 pct. is van toepassing op:

A. [[de leveringen van nagenoemde goederen bedoeld in artikel 1, § 9, van het Wetboek alsook de vestigingen, overdrachten en wederoverdrachten van zakelijke rechten op zulke goederen die niet overeenkomstig artikel 44, § 3, 1°, van het Wetboek van de belasting zijn vrijgesteld, wanneer die goederen bestemd zijn voor de huisvesting in het kader van het sociaal beleid]:

a) [privé-woningen die worden geleverd en gefactureerd aan de provincies, de intercommunales, de gemeenten, de intercommunale openbare centra voor maatschappelijk welzijn, de openbare centra voor maatschappelijk welzijn en de gemengde holdingmaatschappijen waarin de overheid een meerderheid heeft, en die door deze instellingen of maatschappijen worden bestemd om [...] te worden verhuurd];

b) [privé-woningen die worden geleverd en gefactureerd aan de openbare centra voor maatschappelijk welzijn en die door deze centra worden bestemd om [...] te worden verkocht];

c) [privé-woningen die [...] worden geleverd en gefactureerd door de openbare centra voor maatschappelijk welzijn];

d) woningcomplexen bestemd om te worden gebruikt voor de huisvesting van bejaarden, leerlingen en studenten, minderjarigen, thuislozen [, personen in moeilijkheden, personen met een psychische stoornis, mentaal gehandicapten en psychiatrische patiënten], en die worden geleverd en gefactureerd aan publiekrechtelijke of privaatrechtelijke personen die beheren:

1° verblijfsinrichtingen voor bejaarden welke door de bevoegde overheid zijn erkend in het kader van de wetgeving inzake bejaardenzorg;

2° internaten die zijn toegevoegd aan scholen of universiteiten of die ervan afhangen;

3° jeugdbeschermingstehuizen en residentiële voorzieningen die op duurzame wijze, in dag- en nachtverblijf, minderjarigen huisvesten en die erkend zijn door de bevoegde overheid in het kader van de wetgeving op de jeugdbescherming of de bijzondere jeugdbijstand;

4° opvangtehuizen die in dag- en nachtverblijf thuislozen en [personen in moeilijkheden, personen met een psychische stoornis, mentaal gehandicapten en psychiatrische patiënten] huisvesten en die erkend zijn door de bevoegde overheid;]

[5° psychiatrische verzorgingstehuizen die op een duurzame wijze in dag- en nachtverblijf personen met een langdurige en gestabiliseerde psychische stoornis of mentaal gehandicapten huisvesten en die door de bevoegde overheid erkend zijn;

6° gebouwen waar, ten titel van een initiatief van beschut wonen erkend door de bevoegde overheid, het op een duurzame wijze huisvesten in dag- en nachtverblijf en het begeleiden van psychiatrische patiënten plaatsheeft;]

B. werk in onroerende staat in de zin van artikel 19, § 2, tweede lid, van het Wetboek, met uitsluiting van het reinigen, en de andere handelingen opgesomd in rubriek XXXI, § 3, 3° tot 6°, van tabel A, met betrekking tot de onder A genoemde privé-woningen en woningcomplexen, mits die worden verstrekt en gefactureerd [...] aan de onder A genoemde publiekrechtelijke en privaatrechtelijke personen [;]

[C. de in artikel 44, § 3, 2°, b, van het Wetboek bedoelde onroerende financieringshuur of onroerende leasing die betrekking heeft op de onder A bedoelde privé-woningen en woningcomplexen wanneer de leasingnemer een onder A genoemde publiekrechtelijke of privaatrechtelijke persoon is.]

§ 2. Het verlaagd tarief van 12 pct. is in geen geval van toepassing op:

1° werk in onroerende staat en de andere onroerende handelingen die geen betrekking hebben op de eigenlijke woning, zoals bebouwingswerkzaamheden, tuinaanleg en oprichten van afsluitingen;

2° werk in onroerende staat en andere onroerende handelingen die tot voorwerp hebben de bestanddelen of een gedeelte van de bestanddelen van zwembaden, sauna's, midget-golfbanen, tennisterreinen en dergelijke installaties.]

X hernummerd bij art. 1, A K.B. 28 maart 1992 (B.S. 31.III.1992) en vervangen bij art. 5 K.B. 29 juni 1992 (B.S. 2.VII.1992);

X, § 1, A vervangen bij art. 3, B K.B. 29 december 1992 (B.S. 31.XII.1992);

X, § 1, A, inleidende zin vervangen bij art. 7, 2° K.B. 10 februari 2009 (B.S. 13.II.2009, ed. 2) van toepassing vanaf 1 januari 2009, zoals bekrachtigd bij art. 22 W. 27 maart 2009 (B.S. 7.IV.2009, ed. 1);

X, § 1, A, a vervangen bij art. 57, 1° Progr. W. 27 december 2006 (B.S. 28.XII.2006, ed. 3) en gewijzigd bij art. 7, 3° K.B. 10 februari 2009 (B.S. 13.II.2009, ed. 2) van toepassing vanaf 1 januari 2009, zoals bekrachtigd bij art. 22 W. 27 maart 2009 (B.S. 7.IV.2009, ed. 1);

X, § 1, A, b vervangen bij art. 57, 2° Progr. W. 27 december 2006 (B.S. 28.XII.2006, ed. 3) en gewijzigd bij art. 7, 4° K.B. 10 februari 2009 (B.S. 13.II.2009, ed. 2) van toepassing vanaf 1 januari 2009, zoals bekrachtigd bij art. 22 W. 27 maart 2009 (B.S. 7.IV.2009, ed. 1);

X, § 1, A, c vervangen bij art. 57, 3° Progr. W. 27 december 2006 (B.S. 28.XII.2006, ed. 3) en gewijzigd bij art. 7, 5° K.B. 10 februari 2009 (B.S. 13.II.2009, ed. 2) van toepassing vanaf 1 januari 2009, zoals bekrachtigd bij art. 22 W. 27 maart 2009 (B.S. 7.IV.2009, ed. 1);

X, § 1, A, d, inleidende zin en 4° gewijzigd bij art. 1, a K.B. 26 april 1999 (B.S. 30.IV.1999);

X, § 1, A, d, 5°-6° ingevoegd bij art. 1, b K.B. 26 april 1999 (B.S. 30.IV.1999);

X, § 1, B gewijzigd bij art. 3, b K.B. 21 december 1993 (B.S. 29.XII.1993) en bij art. 8 K.B. 2 juni 2010 (B.S. 7.VI.2010, ed. 1);

X, § 1, C ingevoegd bij art. 3, b K.B. 21 december 1993 (B.S. 29.XII.1993).

TABEL C

[...]

Tabel C opgeheven bij art. 4 K.B. 17 maart 1992 (B.S. 19.III.1992).

KONINKLIJK BESLUIT NR. 23
VAN 9 DECEMBER 2009
MET BETREKKING TOT DE JAARLIJKSE LIJST VAN DE BTW-BELASTINGPLICHTIGE AFNEMERS

B.S. 17.XII.2009, ed. 2.

Art. 1. § 1. De personen bedoeld in artikel 53quinquies van het Wetboek, zijn gehouden ieder jaar vóór 31 maart bij de administratie die de belasting over de toegevoegde waarde onder haar bevoegdheid heeft een lijst in te dienen, waarin voor iedere afnemer die krachtens artikel 50 van het Wetboek voor BTW-doeleinden moet geïdentificeerd zijn, behalve voor de niet-belastingplichtige rechtspersonen en voor de belastingplichtige afnemers die uitsluitend handelingen verrichten die krachtens artikel 44 van het Wetboek zijn vrijgesteld, en aan wie zij goederen hebben geleverd of diensten hebben verstrekt in de loop van het vorige jaar, de volgende gegevens voorkomen:

1° het BTW-identificatienummer van die belastingplichtige afnemer of het sub-BTW-identificatienummer van alle afnemers die lid zijn van een BTW-eenheid in de zin van artikel 4, § 2, van het Wetboek;

2° het totale bedrag, exclusief belasting, van de goederen die hem werden geleverd en van de hem verstrekte diensten;

3° het totale bedrag van de aan hem in rekening gebrachte belasting.

Wanneer geen enkele door de lijst beoogde handeling wordt verricht, zijn de in het eerste lid bedoelde personen gehouden de administratie hiervan in kennis te stellen volgens de door of vanwege de minister van Financiën vastgestelde modaliteiten.

§ 2. Voor de toepassing van paragraaf 1 moet de lijst slechts de handelingen vermelden waarvoor de belastingplichtige of het lid van een BTW-eenheid in de zin van artikel 4, § 2, van het Wetboek, ofwel aan zijn afnemer een factuur of het stuk bedoeld in artikel 53, § 3, van het Wetboek moet uitreiken, ofwel van die afnemer het stuk moet ontvangen bedoeld in artikel 4 van het koninklijk besluit nr. 22 met betrekking tot de bijzondere regeling voor landbouwondernemers inzake belasting over de toegevoegde waarde.

§ 3. Wanneer een in paragraaf 1 bedoelde belastingplichtige enkel nog handelingen verricht die zijn vrijgesteld door artikel 44 van het Wetboek die geen recht op aftrek verlenen of wanneer hij deze hoedanigheid verliest, moet de lijst van deze belastingplichtige binnen drie maanden na deze wijziging of dit verlies worden ingediend.

Wanneer een BTW-eenheid in de zin van artikel 4, § 2, van het Wetboek, enkel nog handelingen verricht die zijn vrijgesteld door artikel 44 van het Wetboek die geen recht op aftrek verlenen of wanneer zij de hoedanigheid van belastingplichtige verliest, moeten de lijsten van de leden van deze BTW-eenheid binnen drie maanden na deze wijziging of dit verlies worden ingediend.

Wanneer een lid van een BTW-eenheid in de zin van artikel 4, § 2, van het Wetboek zijn werkzaamheid stopzet, moet de lijst van dat lid binnen drie maanden na de stopzetting worden ingediend.

Art. 2. § 1. De personen bedoeld in artikel 53quinquies van het Wetboek die gehouden zijn tot de indiening van de in artikel 53, § 1, eerste lid, 2°, van het Wetboek bedoelde aangifte, alsook de leden van een BTW-eenheid bedoeld in artikel 50, § 1, eerste lid, 6°, van het Wetboek, moeten de lijst langs elektronische weg indienen.

Zij zijn vrijgesteld van de verplichting tot indiening langs elektronische weg zolang zij en in voorkomend geval de persoon die gemachtigd is de bedoelde lijst namens hen in te dienen, niet over de nodige geïnformatiseerde middelen beschikken om aan deze verplichting te voldoen.

§ 2. De personen bedoeld in artikel 53quinquies van het Wetboek die niet gehouden zijn tot de indiening van de in artikel 53, § 1, eerste lid, 2°, van het Wetboek bedoelde aangifte, met uitzondering van de leden van een BTW-eenheid bedoeld in paragraaf 1, eerste lid, hebben de keuze om de in artikel 1 bedoelde lijst langs elektronische weg dan wel op papier in te dienen.

§ 3. De personen bedoeld in artikel 53quinquies van het Wetboek:

1° die de lijst niet langs elektronische weg indienen, moeten gebruik maken van het formulier dat hen wordt verstrekt door de administratie die de belasting over de toegevoegde waarde onder haar bevoegdheid heeft en waarvan het model voorkomt op de bijlage bij dit besluit. Zij dienen deze lijst in bij de door de minister van Financiën aangewezen dienst;

2° die deze lijst langs elektronische weg indienen, moeten de in bijlage bij dit besluit bedoelde gegevens overdragen. Zij dienen deze lijst in op het elektronisch adres dat te dien einde gecreëerd werd door of vanwege de minister van Financiën.

§ 4. De toepassingsmodaliteiten van onderhavig artikel worden geregeld door of vanwege de minister van Financiën.

Art. 3. De belastingplichtigen die op 31 december van het jaar waarop de in artikel 1 bedoelde lijst betrekking heeft, genieten van de vrijstellingsregeling van belasting bepaald door artikel 56, § 2, van het Wetboek in het voordeel van kleine ondernemingen, zijn gehouden de in artikel 1 bedoelde lijst aan te vullen met een verklaring die vermeldt:

1° het bedrag van de omzet gerealiseerd in de loop van het kalenderjaar waarop deze lijst betrekking heeft, berekend overeenkomstig artikel 3 van het koninklijk besluit nr. 19 met betrekking tot de vrijstellingsregeling bepaald door artikel 56, § 2, van het Wetboek van de belasting over de toegevoegde waarde in het voordeel van kleine ondernemingen;

2° indien de werkzaamheid onder de vrijstellingsregeling werd aangevangen in de loop van het jaar waarop deze lijst betrekking heeft, dient de datum te worden vermeld waarop de belastingplichtige van deze regeling is beginnen te genieten.

Art. 4. De belastingplichtigen bedoeld in artikel 5, § 2, van het koninklijk besluit nr. 50 met betrekking tot de BTW-opgave van de intracommunautaire handelingen, zijn gehouden de in artikel 1 bedoelde lijst aan te vullen met een verklaring waarin zij vermelden dat zij gehouden zijn tot het indienen van de jaarlijkse intracommunautaire opgave bedoeld in artikel 5, § 2, van het voormeld koninklijk besluit nr. 50 of dat zij niet gehouden zijn tot het indienen van die opgave.

Art. 5. De personen bedoeld in artikel 53quinquies van het Wetboek houden klantenrekeningen of alle andere stukken om te kunnen voldoen aan de voorschriften van dit besluit en aan het toezicht op de naleving ervan.

Art. 6. De minister van Financiën mag een lijst van de belastingplichtigen en de leden van een BTW-eenheid publiceren of laten publiceren. De lijst vermeldt onder meer het identificatienummer of het sub-identificatienummer dat hun werd toegekend voor de toepassing van de belasting over de toegevoegde waarde.

Art. 7. Dit besluit vervangt het koninklijk besluit nr. 23 van 29 december 1992 tot regeling van de toepassingsmodaliteiten van artikel 53quinquies van het Wetboek van de belasting over de toegevoegde waarde.

Art. 8. Dit besluit treedt in werking op 1 januari 2010.

Art. 9. De minister bevoegd voor Financiën is belast met de uitvoering van dit besluit.

BIJLAGE

BELASTING OVER DE TOEGEVOEGDE WAARDE

JAARLIJKSE LIJST VAN DE BTW - BELASTINGPLICHTIGE AFNEMERS

Btw-nummer van de aangever : **B E 0** ☐ (1)   Jaar van de handelingen : ☐ (1)

Bladzijde (2) ☐ van (3) ☐

(1) Verplicht in te vullen op de recto van elk blad van de lijst.
(2) De bladzijden moeten doorlopend genummerd worden. De eerste bladzijde van de lijst draagt het nummer 001.
(3) Vul hier het totaal aantal bladzijden van de lijst in.

KADER I : IN TE VULLEN DOOR DE BELASTINGPLICHTIGE - UITSLUITEND IN TE VULLEN OP DE EERSTE BLADZIJDE VAN DE LIJST

Naam en adres van de aangever :

OPGELET : wanneer de lijst meerdere bladen bevat, mogen deze niet samengehecht worden.
De bladzijden moeten gerangschikt worden per stijgend bladzijdenummer.

Handtekening(en) :
OPRECHT EN VOLLEDIG VERKLAARD

Datum : ☐ / ☐ / ☐

A. Enkel aan te vullen door de kleine ondernemingen die, op 31 december van het kalenderjaar waarop deze lijst betrekking heeft, de vrijstellingsregeling van de belasting toepasten :

  1. Totaalbedrag van de omzet die in de loop van dat jaar gerealiseerd werd
  (met inbegrip van de handelingen vermeld in kader III van deze lijst) : ☐

  2. Datum waarop de kleine onderneming is beginnen te genieten van de vrijstellingsregeling van de belasting
  indien de activiteit onder die regeling werd aangevangen in de loop van dat jaar (dag / maand) : ☐ / ☐

B. Enkel aan te vullen door de landbouwondernemers bedoeld in artikel 5, §2 van het koninklijk besluit nr. 50 :

Ik verklaar gehouden te zijn tot het indienen van de jaarlijkse
intracommunautaire opgave, bedoeld in artikel 5, §2 van het koninklijk besluit   ☐ (Ja)   ☐ (Neen)
nr. 50 (één van de vakjes aankruisen) :

Hier ompleen a.u.b.

KADER II : VOORBEHOUDEN AAN DE ADMINISTRATIE

☐ / ☐ / ☐   **E** ☐   ☐   ☐   ☐ / ☐ / ☐

Datum ontvangst   Munt   Aantal blzn.   A/B/L/R   Datum verwerking

KADER III : LIJST VAN DE AFNEMERS

Nr.	Btw - nummer	Omzet (excl. btw)		Btw - bedrag	
1	B E 0				
2	B E 0				
3	B E 0				
4	B E 0				
5	B E 0				
6	B E 0				
7	B E 0				
8	B E 0				
9	B E 0				
10	B E 0				

Totaalbedrag van deze bladzijde : ☐

725 - N - 2010

V

Bladzijde (1) [   ] van (2) [   ]   (1) Vul hier het bladzijdenummer in.
                                        (2) Vul hier het totaal aantal bladzijden van de lijst in.

VERVOLG VAN KADER III : LIJST VAN DE AFNEMERS

Nr.	Btw - nummer	Omzet (excl. btw)	Btw - bedrag
1	BE 0		
2	BE 0		
3	BE 0		
4	BE 0		
5	BE 0		
6	BE 0		
7	BE 0		
8	BE 0		
9	BE 0		
10	BE 0		
11	BE 0		

Hier voegen a.u.b.

Nr.	Btw - nummer	Omzet (excl. btw)	Btw - bedrag
12	BE 0		
13	BE 0		
14	BE 0		
15	BE 0		
16	BE 0		
17	BE 0		
18	BE 0		
19	BE 0		
20	BE 0		
21	BE 0		
22	BE 0		

Totaalbedrag van deze bladzijde :

725 - N - 2010

KONINKLIJK BESLUIT NR. 30
VAN 29 DECEMBER 1992
MET BETREKKING TOT DE TOEPASSING
VAN DE BELASTING OVER DE
TOEGEVOEGDE WAARDE OP DE
ONROERENDE FINANCIERINGSHUUR

B.S. 31.XII.1992.
Opmerking: – Uitvoering van art. 9 en 44 W.B.T.W.

Art. 1. De onroerende financieringshuur is een contract zoals bedoeld in de artikelen 9, tweede lid, 2°, en 44, § 3, 2°, b, van het Wetboek, wanneer zij voldoet aan de volgende voorwaarden:

1° het contract moet betrekking hebben op gebouwde onroerende goederen die opgericht of verkregen worden door de onderneming die gespecialiseerd is in financieringshuur of onroerende leasing, overeenkomstig de gespecificeerde aanwijzingen van de toekomstige leasingnemer om door hem in de uitoefening van zijn werkzaamheid als belastingplichtige te worden gebruikt;

2° het genot van de gebouwen en van de grond waarop ze zijn opgericht moet aan de leasingnemer worden toegestaan op grond van een niet-opzegbaar en niet-eigendomsoverdragend contract;

3° de leasingnemer moet de mogelijkheid hebben om bij het einde van het contract, tegen een prijs waarvan de vaststellingscriteria in dat contract zijn bepaald, de zakelijke rechten over te nemen die de leasinggever bezit op de goederen die het voorwerp zijn van de overeenkomst;

4° [bij het verstrijken van het tijdvak van vijftien jaar bedoeld in artikel 9, van het koninklijk besluit nr. 3, van 10 december 1969, moet het totale bedrag van de periodieke huurprijzen die door de leasingnemer moeten worden betaald het de leasinggever mogelijk maken het geïnvesteerd kapitaal integraal weder samen te stellen.]

4° vervangen bij art. 1 K.B. 10 januari 2005 (B.S. 27.I.2005, ed. 1).

Art. 2. Dit besluit vervangt het koninklijk besluit nr. 30 van 28 december 1970 met betrekking tot de toepassing van de belasting over de toegevoegde waarde op de onroerende financieringshuur.

Art. 3. Dit besluit treedt in werking op 1 januari 1993.

Art. 4. Onze Minister van Financiën is belast met de uitvoering van dit besluit.

KONINKLIJK BESLUIT NR. 31
VAN 2 APRIL 2002
MET BETREKKING TOT DE
TOEPASSINGSMODALITEITEN VAN DE
BELASTING OVER DE TOEGEVOEGDE
WAARDE TEN AANZIEN VAN DE
HANDELINGEN VERRICHT DOOR
NIET IN BELGIË GEVESTIGDE
BELASTINGPLICHTIGEN

B.S. 11.IV.2002, err. B.S. 17.V.2002 en B.S. 4.XII.2003.
Opmerking: – Uitvoering van art. 55 W.B.T.W.

Art. 1. § 1. Vooraleer in België:
– goederen te leveren of diensten te verstrekken, andere dan die waarvoor overeenkomst [[artikel 51, § 2, eerste lid, 1°, 2°, 5° en 6°], van het Wetboek] de belasting verschuldigd is door de medecontractant,
– goederen in te voeren, een intracommunautaire verwerving van goederen te verrichten of een handeling te stellen waarvoor hij schuldenaar is van de BTW krachtens [artikel 51, § 2, eerste lid, 3° en 4°], van het Wetboek,
– een handeling te verrichten van plaatsing van goederen onder een andere regeling van entrepot dan douane-entrepot die niet aan de belasting is onderworpen,
a) moet de niet in de Gemeenschap gevestigde belastingplichtige een aansprakelijke vertegenwoordiger laten erkennen overeenkomstig de bepalingen van dit besluit, tenzij hij ervan ontslagen is bij toepassing van artikel 55, § 1, tweede lid, van het Wetboek;
b) kan de niet in België gevestigde belastingplichtige, die gevestigd is in de Gemeenschap, een aansprakelijke vertegenwoordiger laten erkennen overeenkomstig de bepalingen van dit besluit.
Ingeval men wordt [ontslagen] van de erkenning van een aansprakelijke vertegenwoordiger, wordt geen enkel BTW-identificatienummer toegekend aan de in a) bedoelde belastingplichtige.
§ 2. Om de erkenning van een aansprakelijke vertegenwoordiger te verkrijgen richt de niet in België gevestigde belastingplichtige aan het Centraal BTW-kantoor voor buitenlandse belastingplichtigen een verzoek waarin hij de volledige identiteit vermeldt van de aansprakelijke vertegenwoordiger die hij de administratie ter erkenning voorstelt.
Het verzoek moet worden ingediend op een formulier dat bij het voornoemd kantoor ter beschikking wordt gesteld van de betrokkenen en waarvan het model door of namens de Minister van Financiën wordt bepaald.
Dit verzoek vergezelt de aangifte van aanvang van werkzaamheid voorgeschreven [door artikel 53, § 1, eerste lid, 1°], van het Wetboek, tenminste indien de niet in België gevestigde belastingplichtige niet reeds voor BTW-doeleinden zou zijn geïdentificeerd hier te lande.
Het Centraal BTW-kantoor voor buitenlandse belastingplichtigen geeft de niet in België gevestigde belastingplichtige en de aansprakelijke vertegenwoordiger kennis van de erkenning. Tegelijkertijd, in de mate waarin de belastingplichtige niet reeds voor BTW-doeleinden is geïdentificeerd in België, deelt het Centraal kantoor hem, evenals aan zijn aansprakelijke vertegenwoordiger, ook het identificatienummer voor de belasting over de toegevoegde waarde mee dat hem is toegekend.
§ 3. Wanneer een niet in België gevestigde belastingplichtige, aan wie een BTW-identificatienummer werd toegekend, de erkenning van zijn aansprakelijke vertegenwoordiger wil schrappen doch zijn werkzaamheid hier te lande voortzet, of zijn aansprakelijke vertegenwoordiger wil vervangen door een andere, dient hij hiervan aangifte te doen bij het Centraal BTW-kantoor voor buitenlandse belastingplichtigen.
De verantwoordelijkheid van de aansprakelijke vertegenwoordiger waarvan de erkenning is afgeschaft, of die wordt vervangen, is onder deze omstandigheden beperkt tot de handelingen verricht door de niet in België gevestigde belastingplichtige tot de datum van aanvaarding door de administratie van het verzoek dat het voorwerp uitmaakt van deze aangifte.

§ 1, al. 1, eerste streepje gewijzigd bij art. 5 K.B. 21 april 2007 (B.S. 4.V.2007) en bij art. 22, a) K.B. 9 december 2009 (B.S. 17.XII.2009, ed. 2), van toepassing vanaf 1 januari 2010;
§ 1, al. 1, tweede streepje gewijzigd bij art. 22, b) K.B. 9 december 2009 (B.S. 17.XII.2009, ed. 2), van toepassing vanaf 1 januari 2010;
§ 1, al. 2 gewijzigd bij art. 22, c) K.B. 9 december 2009 (B.S. 17.XII.2009, ed. 2), van toepassing vanaf 1 januari 2010;
§ 2, al. 3 gewijzigd bij art. 18 K.B. 20 februari 2004 (B.S. 27.II.2004, ed. 3).

Art. 2. § 1. De niet in België gevestigde belastingplichtige die er niet voor BTW-doeleinden is geïdentificeerd overeenkomstig [artikel 50, § 1, eerste lid, 3°,] van het Wetboek kan, wanneer hij uitsluitend hier te lande hiernavermelde handelingen verricht en onder de voorwaarden en modaliteiten bepaald in het huidig besluit, vertegenwoordigd worden door een persoon die door of vanwege de Minister van Financiën vooraf erkend is:
1° wanneer hij schuldenaar is van de belasting ingevolge invoeren van goederen in België die niet geplaatst zijn onder een andere regeling van entrepot dan douane-entrepot, in de mate waarin de invoer is geschied met het oog op een volgende levering van dezelfde goederen;
2° wanneer hij schuldenaar is van de belasting ingevolge handelingen bedoeld in [artikel 39quater, § 1, eerste lid, 1° en 3°], van het Wetboek, of wanneer hij een handeling verricht van plaatsing van goederen onder een andere regeling van entrepot dan douane-entrepot die niet aan de belasting is onderworpen;
3° wanneer hij de goederen onttrekt aan een andere regeling van entrepot dan douane-entrepot, bedoeld in artikel 39quater van het Wetboek;
4° wanneer hij een intracommunautaire verwerving van goederen of een krachtens artikel 25quater, § 1, van het Wetboek daarmee gelijkgestelde handeling verricht en die goederen niet geplaatst zijn onder

een andere regeling van entrepot dan douane-entrepot, in de mate waarin de intracommunautaire verwerving van goederen of de daarmee gelijkgestelde handeling is geschied met het oog op een volgende levering van dezelfde goederen vrijgesteld bij artikel 39, § 1, 1° en 2°, van het Wetboek;

5° wanneer hij een intracommunautaire verwerving van goederen of een krachtens artikel 25quater, § 1, van het Wetboek daarmee gelijkgestelde handeling verricht en die goederen niet geplaatst zijn onder een andere regeling van entrepot dan douane-entrepot, met uitzondering van elke andere handeling onderworpen aan de belasting in België. Door of namens de Minister van Financiën kan worden afgeweken van deze uitzondering in de gevallen en volgens de regels die hij bepaalt.

Door of vanwege de Minister van Financiën kan de erkenning beperkt worden tot de categorieën van personen die hij bepaalt.

§ 2. De persoon die een erkenning wil verkrijgen om niet in België gevestigde belastingplichtigen te vertegenwoordigen die uitsluitend in § 1 bedoelde handelingen verrichten, richt een verzoek aan het Centraal BTW-kantoor voor buitenlandse belastingplichtigen.

Bij de erkenning van deze persoon, kent het Centraal BTW-kantoor voor buitenlandse belastingplichtigen twee globale BTW-identificatienummers toe die verschillen naargelang die handelingen bedoeld zijn, hetzij in 1°, hetzij in 2° tot 5°, van die paragraaf. Het Centraal BTW-kantoor voor buitenlandse belastingplichtigen stelt de erkende persoon hiervan in kennis.

Door of vanwege de Minister van Financiën worden de gebruiksvoorwaarden van de nummers bedoeld in het voorgaande lid bepaald.

§ 3. De vooraf erkende persoon bedoeld in § 1, eerste lid, wordt in de plaats gesteld van zijn lastgever ten aanzien van alle rechten die aan laatstgenoemde zijn verleend of van alle verplichtingen die hem zijn opgelegd door of ter uitvoering van dit Wetboek voor de handelingen die hij verricht of die hem hier te lande worden verstrekt onder het globale BTW-identificatienummer.

§ 1, al. 1, inleidende zin gewijzigd bij art. 23, a) K.B. 9 december 2009 (B.S. 17.XII.2009, ed. 2), van toepassing vanaf 1 januari 2010;
§ 1, al. 1, 2° gewijzigd bij art. 23, b) K.B. 9 december 2009 (B.S. 17.XII.2009, ed. 2), van toepassing vanaf 1 januari 2010.

Art. 3. De aansprakelijke vertegenwoordiger bedoeld in artikel 1 of de vooraf erkende persoon bedoeld in artikel 2 moet bekwaam zijn om contracten aan te gaan, in België gevestigd zijn, voldoende solvabel zijn om de door het Wetboek of ter uitvoering ervan aan belastingplichtigen opgelegde verplichtingen na te komen en aanvaarden de belastingplichtige te vertegenwoordigen.

Door of vanwege de Minister van Financiën wordt de solvabiliteit van de aansprakelijke vertegenwoordiger of van de vooraf erkende persoon beoordeeld reke-

ning houdend met hun verplichtingen.

Indien de aansprakelijke vertegenwoordiger of de vooraf erkende persoon niet voldoende solvabel is, wordt een zekerheid gevraagd tot waarborg van de invordering van wat al opeisbaar zou kunnen worden aan belasting, geldboeten, interesten en kosten ten laste van de vertegenwoordigde belastingplichtige(n). Ze wordt periodiek herzien rekening houdend met de verplichtingen van de aansprakelijke vertegenwoordiger of de vooraf erkende persoon.

Het bedrag van de zekerheid wordt vastgesteld op ten hoogste een vierde van de belasting die door de niet in België gevestigde belastingplichtige verschuldigd is over een periode van twaalf kalendermaanden. In het geval van vertegenwoordiging onder een globaal nummer door een vooraf erkende persoon, wordt de zekerheid vastgesteld op ten hoogste tien pct. van de verschuldigde belasting voor het geheel van de vertegenwoordigde belastingplichtigen.

Wanneer een vooraf erkende persoon beschikt over twee globale nummers, zal het bedrag van de zekerheid worden bepaald in functie van het geheel van de verrichte handelingen onder de twee nummers en zal het zonder onderscheid, geheel of gedeeltelijk, kunnen worden gebruikt om de invordering van de verschuldigde sommen te verzekeren voor de handelingen verricht onder het een of het andere van deze twee nummers.

De zekerheid kan bestaan uit een hypotheek in eerste rang op in België gelegen onroerende goederen, een borgtocht in speciën, een borgtocht in effecten of een persoonlijke borgstelling van een verzekeringsonderneming of van een bank of private spaarkas die hun activiteiten in België uitoefenen.

Art. 4. § 1. De niet in België gevestigde belastingplichtige stuurt de voor zijn medecontractant bestemde factuur naar zijn aansprakelijke vertegenwoordiger of naar de vooraf erkende persoon die hij vertegenwoordigt zonder het bedrag van de verschuldigde belasting erop te vermelden.

§ 2. De aansprakelijke vertegenwoordiger of de vooraf erkende persoon stelt in die hoedanigheid een stuk in tweevoud op, waarin de bij artikel 5, § 1, van het koninklijk besluit nr. 1 met betrekking tot de regeling voor de voldoening van de belasting over de toegevoegde waarde bedoelde vermeldingen voorkomen. Hij stuurt het origineel van dat stuk naar de medecontractant van de niet in België gevestigde belastingplichtige na de factuur welke die belastingplichtige voor zijn medecontractant heeft bestemd eraan gehecht te hebben. Hij bewaart het dubbel van dat stuk.

[Het stuk bedoeld in het eerste lid dient te worden beschouwd als noodzakelijk deel uitmakend van de factuur die wordt uitgereikt door de niet in België gevestigde belastingplichtige.]

§ 3. Door of vanwege de Minister van Financiën kan in de gevallen die hij aanwijst en onder de voorwaarden die hij bepaalt de aansprakelijke vertegenwoordiger van de niet in België gevestigde belastingplichtige worden toegestaan het in § 2 bedoelde stuk niet op te stellen.

§ 2, al. 2 vervangen bij art. 40 K.B. 30 april 2013 (B.S. 8.V.2013), van toepassing vanaf 1 januari 2013.

Art. 5. § 1. Wanneer de niet in België gevestigde belastingplichtige niet wordt vertegenwoordigd door een aansprakelijke vertegenwoordiger of een vooraf erkende persoon voor handelingen waarvoor hij overeenkomstig artikel 51, § 1, 1°, van het Wetboek schuldenaar is van de belasting, of niet voor de BTW geïdentificeerd is, voldoet zijn medecontractant de belasting die verschuldigd is over de aan hem verrichte leveringen van goederen en de aan hem verstrekte diensten op de volgende wijze:

1° wanneer hij een belastingplichtige is die gehouden is een [in artikel 53, § 1, eerste lid, 2°], van het Wetboek bedoelde aangifte in te dienen, door ze op te nemen in het bedrag van de verschuldigde belasting dat wordt vermeld in de aangifte met betrekking tot het tijdvak waarin de belasting opeisbaar is geworden;

2° wanneer hij een persoon is die gehouden is de in artikel 53ter, 1°, van het Wetboek bedoelde aangifte in te dienen, door ze op te nemen in het bedrag van de verschuldigde belasting dat wordt vermeld in de aangifte met betrekking tot het tijdvak waarin de belasting opeisbaar is;

3° wanneer hij een andere persoon is, door middel van een storting of overschrijving op een postrekening aangeduid door of vanwege de Minister van Financiën.

Door of vanwege de Minister van Financiën kunnen, in voorkomend geval, andere wijzen van betaling van de belasting worden bepaald.

§ 2. De in § 1 bedoelde medecontractant voldoet de belasting op basis van de ontvangen factuur of, bij ontstentenis, op een stuk dat hij daarvoor opmaakt.

Het in het eerste lid bedoelde stuk moet de datum waarop het is opgesteld bevatten, een verwijzing naar de inschrijving in de boekhouding van de medecontractant, [de vermeldingen bedoeld in artikel 9, § 2, 2°, 3°, 5°, 6° en 7°, van het koninklijk besluit nr. 1] met betrekking tot de regeling voor de voldoening van de belasting over de toegevoegde waarde, evenals de datum van de levering van de goederen of van de voltooiing van de dienst en, in de [in artikel 53, § 2, eerste lid, 4°, van het Wetboek] bedoelde gevallen, de datum waarop de belasting opeisbaar wordt, of, indien de datum niet nauwkeurig kan worden bepaald, het tijdvak waarin de handeling is verricht.

§ 3. Wanneer de persoon voor de in § 1, eerste lid, 2°, bedoelde voldoening de in artikel 53ter, 1°, van het Wetboek bedoelde aangifte een eerste maal moet indienen en hij nog niet voor de belasting over de toegevoegde waarde is geïdentificeerd bij toepassing van artikel 50 van het Wetboek, dient hij zich vooraf kenbaar te maken bij het controlekantoor van de belasting over de toegevoegde waarde dat bevoegd is voor de plaats waar hij gevestigd is.

De persoon bedoeld in § 1, eerste lid, 3°, is eveneens gehouden zich vóór elke storting of overschrijving kenbaar te maken bij het controlekantoor van de BTW dat bevoegd is voor de plaats waar hij gevestigd is.

§ 1, al. 1, 1° gewijzigd bij art. 19, 1° K.B. 20 februari 2004 (B.S. 27.II.2004, ed. 3);

§ 1, al. 2 gewijzigd bij art. 19, 1° K.B. 20 februari 2004 (B.S. 27.II.2004, ed. 3);

§ 2, al. 2 gewijzigd bij art. 6 K.B. 21 april 2007 (B.S. 4.V.2007).

[**Art. 6.** De in een andere lidstaat dan België gevestigde belastingplichtige die in België niet voor BTW-doeleinden is geïdentificeerd, kan teruggaaf verkrijgen van de belasting die geheven is van de hem geleverde goederen, van de hem verstrekte diensten en van de door hem verrichte invoeren hier te lande, volgens de bepalingen en de modaliteiten voorzien in het koninklijk besluit nr. 56 met betrekking tot de teruggaaf inzake belasting over de toegevoegde waarde aan belastingplichtigen gevestigd in een andere lidstaat dan de lidstaat van teruggaaf.]

Ingevoegd bij art. 24 K.B. 9 december 2009 (B.S. 17. XII.2009, ed. 2), van toepassing vanaf 1 januari 2010.

Art. [7]. § 1. [De buiten de Gemeenschap gevestigde belastingplichtige die in België niet voor BTW-doeleinden is geïdentificeerd, kan teruggaaf verkrijgen van de belasting die geheven is van de hem geleverde goederen, van de hem verstrekte diensten en van de door hem verrichte invoeren hier te lande, mits een aanvraag tot teruggaaf wordt ingediend bij het hoofd van het Centraal BTW-kantoor voor buitenlandse belastingplichtigen. Nochtans kan hij geen teruggaaf krijgen van de belasting die geheven is van de handelingen die hij heeft verricht of die hem werden verstrekt hier te lande onder het globale BTW-identificatienummer dat overeenkomstig artikel 50, § 3, van het Wetboek, werd toegekend aan een vooraf erkende persoon bedoeld in artikel 2, § 1.]

§ 2. De aanvraag moet bij de in § 1 bedoelde ambtenaar toekomen, in drie exemplaren, [uiterlijk op 30 september van het kalenderjaar volgend op het tijdvak waarop het teruggaafverzoek betrekking heeft].

De vorm van de aanvraag tot teruggaaf, de over te leggen stukken en de modaliteiten van de teruggaaf worden door of vanwege de Minister van Financiën bepaald.

§ 3. [De teruggaaf geschiedt rekening houdend met de bankgegevens vermeld in de in paragraaf 1 bedoelde aanvraag. De bankkosten voor het verrichten van de teruggaaf worden in voorkomend geval in mindering gebracht van het voor teruggaaf vatbare bedrag.]

De teruggaaf die niet kan worden uitgevoerd op de in het eerste lid beschreven wijze, geschiedt door middel van een postassignatie gesteld op naam van de rechthebbende op teruggaaf.

§ 4. Op de aanvraag tot teruggaaf wordt niet ingegaan indien zij betrekking heeft op een bedrag van minder dan 25 EUR.

Hernummerd bij art. 24 K.B. 9 december 2009 (B.S. 17. XII.2009, ed. 2), van toepassing vanaf 1 januari 2010;

§ 1 vervangen bij art. 25 K.B. 9 december 2009 (B.S. 17.

XII.2009, ed. 2), van toepassing vanaf 1 januari 2010;
§ 2, al. 1 gewijzigd bij art. 2 K.B. 22 maart 2010 (B.S. 30.
III.2010), van toepassing vanaf 1 januari 2010;
§ 3, al. 1 vervangen bij art. 4 K.B. 14 april 2009 (B.S. 17.
IV.2009, ed. 2), van toepassing vanaf 1 april 2009.

Art. 7. Dit besluit vervangt het koninklijk besluit nr. 31 van 29 december 1992 met betrekking tot de toepassingsmodaliteiten van de belasting over de toegevoegde waarde ten aanzien van de handelingen verricht door in het buitenland gevestigde belastingplichtigen.

Art. 8. Dit besluit heeft uitwerking met ingang van 1 januari 2002.

Art. 9. Onze Minister van Financiën is belast met de uitvoering van dit besluit.

KONINKLIJK BESLUIT NR. 41
VAN 30 JANUARI 1987
TOT VASTSTELLING VAN HET
BEDRAG VAN DE PROPORTIONELE
FISCALE GELDBOETEN OP HET STUK VAN
DE BELASTING OVER DE TOEGEVOEGDE
WAARDE

B.S. 7.II.1987.

Art. 1. [De schaal voor de vermindering van de proportionele fiscale geldboeten op het stuk van de belasting over de toegevoegde waarde is bepaald:

1° voor overtredingen begaan vóór 1 november 1993 in tabel A, en voor overtredingen begaan na 31 oktober 1993 in tabel G van de bijlage bij dit besluit, ten aanzien van overtredingen beoogd in artikel 70, § 1, van het Wetboek van de belasting over de toegevoegde waarden;

2° voor overtredingen begaan vóór 1 november 1993 in tabel B, en voor overtredingen begaan na 31 oktober 1993 in tabel H van de bijlage bij dit besluit, ten aanzien van overtredingen beoogd in artikel 70, § 1bis, van hetzelfde Wetboek;

3° in tabel C van de bijlage bij dit besluit, ten aanzien van overtredingen beoogd in artikel 70, § 2, van hetzelfde Wetboek;

4° voor overtredingen begaan vóór 1 november 1993 in tabel D, en voor overtredingen begaan na 31 oktober 1993 in tabel I van de bijlage van dit besluit, ten aanzien van overtredingen beoogd in artikel 70, § 3, van hetzelfde Wetboek;

5° in tabel E van de bijlage bij dit besluit, ten aanzien van overtredingen beoogd in artikel 70, § 5, van hetzelfde Wetboek;

6° voor overtredingen begaan vóór 1 november 1993 in tabel F, en voor overtredingen begaan na 31 oktober 1993 in tabel J van de bijlage van dit besluit, ten aanzien van overtredingen beoogd in artikel 71 van hetzelfde Wetboek.

De in tabellen A tot J van de bijlage bij dit besluit opgenomen schaal is echter niet van toepassing ten aanzien van overtredingen begaan met het oogmerk de belasting te ontduiken of de ontduiking ervan mogelijk te maken.]

Vervangen bij art. 1 K.B. 21 oktober 1993 (B.S. 28.X.1993).

Art. 2. In geval van kennisgeving of betekening van het dwangbevel beoogd in artikel 85 van het Wetboek van de belasting over de toegevoegde waarde, worden de in de tabellen A tot F van de bijlage bij dit besluit opgenomen geldboeten verhoogd met 50 % zonder dat het gevorderde bedrag kleiner mag zijn dan 5 % van de verschuldigde belasting.

Deze verhoging vervalt in het geval beoogd in artikel 93 van hetzelfde Wetboek.

Opmerking: – De wijzigingen aangebracht door het K.B. van 30 maart 1994 (B.S. 31.III.1994) werden vernietigd bij Arr. R.v.St. nr. 57.134 van 20 december 1995 (B.S. 9.III.1996).

Het hier weergegeven artikel is de tekst die vóór de wijziging bestond.

Art. 3. Volledige kwijtschelding van de geldboeten wordt verleend wanneer een schuldenaar zijn toestand spontaan rechtzet vóór enige tussenkomst van een fiscale administratie.

Art. 4. § 1. [Het totale bedrag van de geldboeten wordt afgerond naar de lagere euro of het tiental euro naargelang het kleiner of groter is dan 250 EUR.]

§ 2. Wanneer de geldboete wordt verhoogd overeenkomstig de bepalingen van artikel 2 van dit besluit, wordt het resultaat niet opnieuw afgerond.

§ 1 vervangen bij art. 9 K.B. 13 juli 2001 (II) (B.S. 1. VIII.2001).

Art. 5. Dit besluit treedt in werking op 1 februari 1987.

Art. 6. Onze Minister van Financiën is belast met de uitvoering van dit besluit.

BIJLAGE

Opmerking: – Wat de omzetting van de bedragen in BEF naar EURO betreft, werden bij K.B. van 20 juli 2000 enkel de tabellen G, H, I en J aangepast.

De resterende bedragen in BEF stemmen, overeenkomstig het Bericht van het Ministerie van Financiën, verschenen in het B.S. 16.IV.1999, overeen met volgende bedragen in EUR:

500 BEF = 12,39 EUR

10.000 BEF = 247,89 EUR

50.000 BEF = 1239,47 EUR

30.000 BEF = 743,68 EUR

6.000 BEF = 148,74 EUR

150.000 BEF = 3718,40 EUR

5.000 BEF = 123,95 EUR

10.000 BEF = 247,89 EUR

50.000 BEF = 1239,47 EUR

TABEL A

GELDBOETEN VOOR DE OVERTREDINGEN BEOOGD IN ARTIKEL 70, § 1, VAN HET WETBOEK

Afdeling 1

Binnenlandse verrichtingen

I. Niet-betaling en niet-tijdige betaling van de belasting of van de voorschotten waarvan de opeisbaarheid blijkt uit de ingediende periodieke B.T.W.-aangiften of uit het opstellen van de bijzondere rekening	
1. Overtreding vastgesteld door het C.I.V. (Computer) betreffende:	
A. belasting en voorschotten waarvan de opeisbaarheid blijkt uit de maand- of kwartaalaangiften en belasting waarvan de opeisbaarheid blijkt uit de jaaraangiften	per maand vertraging een percentage gelijk aan dat van de moratoire interest dat is bepaald in artikel 91, § 1, van het Wetboek, te berekenen over het verschuldigde of nog verschuldigde bedrag
B. voorschotten waarvan de opeisbaarheid blijkt uit de jaaraangiften	500 F per voorschot
2. Overtreding waarvoor de B.T.W.-hoofdcontroleur een bericht stuurt betreffende:	
A. belasting waarvan de opeisbaarheid blijkt uit de ingediende periodieke aangiften of uit het opstellen van de bijzondere rekening	10 % van de verschuldigde belasting
B. voorschotten verschuldigd door belastingplichtigen gehouden tot het indienen van maand- of kwartaalaangiften	per maand vertraging, een percentage gelijk aan dat van de moratoire interest dat is bepaald in artikel 91, § 1, van het Wetboek, te berekenen over het verschuldigde of nog verschuldigde bedrag
C. voorschotten verschuldigd door belastingplichtigen gehouden tot het indienen van jaaraangiften	500 F per voorschot

II. Onjuistheden vastgesteld bij het nazicht van de boekhouding met betrekking tot de wiskundige juistheid ervan en de juiste toepassing van de B.T.W.:niet-betaling of niet-tijdige betaling van de belasting wanneer de betaling moet worden verricht door de medecontractant gehouden tot het indienen van periodieke aangiften;niet-betaling of niet-tijdige betaling van de belasting wanneer deze moet worden voldaan [...] op grond van een bijzondere aangifte;niet-toepassing van artikel 17bis van het koninklijk besluit nr. 1 van 23 juli 1969 met betrekking tot de regeling voor de voldoening van de belasting over de toegevoegde waarde.Het bedrag van de verschuldigde belasting voor een controleperiode van één jaar is:	
– minder dan of gelijk aan 10.000 F	nihil
– van 10.001 tot 50.000 F	5 % van de verschuldigde belasting
– meer dan 50.000 F	10 % van de verschuldigde belasting
III. Ten onrechte toepassen van artikel 17bis van het in rubriek II hierboven genoemd koninklijk besluit nr. 1	20 % van de verschuldigde belasting
IV. Onjuistheden vastgesteld bij het nazicht van de boekhouding met betrekking tot de inhoud ervan; niet-betaling van de belasting vastgesteld naar aanleiding van een controle bij belastingplichtigen die hun periodieke B.T.W.-aangiften niet indienen. Het bedrag van de verschuldigde belasting voor een controleperiode van één jaar is:	
– minder dan of gelijk aan 50.000 F	10 % van de verschuldigde belasting
– meer dan 50.000 F	20 % van de verschuldigde belasting
V. Terug te storten belasting wegens het niet overleggen van het teruggaafregister of het niet inschrijven in dat register van een verbeterend stuk	10 % van de terug te storten belasting
VI. Vrijstelling beoogd door artikel 42, § 1, 2 en 3, 1° tot 6°, van het Wetboek	
1. Vrijstelling ten onrechte toegepast of erop aanspraak gemaakt:	
A. zonder normaal de juistheid ervan te kunnen nagaan, heeft de belastingplichtige de vrijstelling toegepast op grond van onjuiste inlichtingen verstrekt door zijn medecontractant	nihil
B. andere gevallen	10 % van de verschuldigde belasting
2. Ontbreken van het bewijs van het recht op vrijstelling	10 % van de verschuldigde belasting

II, al. 3 gewijzigd bij art. 90 K.B. 21 december 2006 (B.S. 29.XII.2006, ed. 6), van toepassing vanaf 1 januari 2007.

Opmerkingen:
– bij I.1.A., tweede kolom: Ieder begonnen tijdvak van een maand wordt voor een gehele maand gerekend.
– bij I.2.B., tweede kolom: Ieder begonnen tijdvak van een maand wordt voor een gehele maand gerekend.
– bij II, eerste kolom: Om het bedrag van de voor de periode van één jaar verschuldigde belasting te berekenen, wordt het totaal van de verschuldigde belasting gedeeld door het aantal gecontroleerde jaren.
– bij IV, eerste kolom: Om het bedrag van de voor de periode van één jaar verschuldigde belasting te berekenen, wordt het totaal van de verschuldigde belasting gedeeld door het aantal gecontroleerde jaren.

Afdeling 2

Invoer

VII. Overtredingen van de verplichting de goederen aan te geven bij het douanekantoor	

Invoer van goederen zonder aangifte of niet-aangifte van een gedeelte van de ingevoerde goederen:	
1. De waarde van de niet-aangeven goederen bedraagt niet meer dan 30.000 F en de ontdoken B.T.W. bedraagt niet meer dan 6.000 F	50 % van de verschuldigde belasting
2. De waarde van de niet-aangegeven goederen bedraagt niet meer dan 150.000 F en de ontdoken B.T.W. bedraagt niet meer dan 30.000 F	100 % van de verschuldigde belasting
3. Andere gevallen	200 % van de verschuldigde belasting
VIII. Overtredingen van de verplichting de goederen aan te geven met naleving van de voorwaarden bepaald in artikel 51 van het Wetboek, andere dan deze beoogd in rubriek VII hierboven	
1. Overtredingen in verband met het bedrag van de belasting die voor de aangegeven goederen verschuldigd is:	
A. louter toevallige vergissingen ten aanzien van de vermelding van prijs of de bij de prijs te voegen kosten	10 % van de aanvullende belasting met minimum van 500 F per document
B. andere vergissingen ten aanzien van de vermelding van de prijs of de bij prijs te voegen kosten	zie tabel D, 2
C. Andere vergissingen inzonderheid betreffende:	
– de omrekening [in Belgische frank of in euro] van de elementen die tot de maatstaf van heffing behoren;	10 % van de aanvullende belasting niet minimum van 500 F per document
– het tarief van de B.T.W. en/of de egalisatiebelasting;– de maatstaf van heffing;– het bedrag van de verschuldigde belasting;– het vaststellen van de normale waarde;– de minimummaatstaf van heffing	
2. Louter toevallige overtredingen met betrekking tot het aangeven van de aard of de hoeveelheid van de ingevoerde goederen	10 % van de aanvullende belasting met minimum van 500 F per document
3. Andere overtredingen met betrekking tot het aangeven van de aard of de hoeveelheid van de ingevoerde goederen	zie tabel D, 4
4. Louter toevallige overtredingen met betrekking tot het uitvoeren van de bij invoer te vervullen formaliteiten, daaronder begrepen die ten aanzien van het vermelden van het registratienummer, de naam en het adres van degene op wiens naam de ter zake van invoer verschuldigde belasting mag of moet worden voldaan	10 % van de ontdoken belasting
5. Andere overtredingen met betrekking tot het uitvoeren van de bij invoer te vervullen formaliteiten, daaronder begrepen die ten aanzien van het vermelden van het registratienummer, doch met uitzondering van deze ten aanzien van de vermelding van de naam en het adres van degene op wiens naam de ter zake van invoer verschuldigde belasting mag of moet worden voldaan	200 % van de ontdoken belasting
6. Andere overtredingen met betrekking tot het uitvoeren van de bij invoer te vervullen formaliteiten ten aanzien van het vermelden van de naam en het adres van degene op wiens naam de ter zake van invoer verschuldigde belasting mag of moet worden voldaan	zie tabel D, 6
7. Overtredingen in verband met het weekkrediet	1 % van de verschuldigde belasting per maand vertraging

8. Misbruik van vrijstelling met betrekking tot goederen ingevoerd onder een regeling inzake doorvoer, entrepot of tijdelijke opslag	50 % van de verschuldigde belasting
9. Overtredingen ten aanzien van de regeling van de verlegging van de heffing beoogd in artikel 4, § 3, of in artikel 7 van het koninklijk besluit nr. 7 van 27 december 1977 met betrekking tot de invoer van goederen voor de toepassing van de belasting over de toegevoegde waarde:	
A. Overtredingen in verband met het opnemen van de belasting verschuldigd voor de aangegeven goederen in de periodieke B.T.W.-aangifte	10 % van de verschuldigde belasting
B. Niet-tijdige betaling van de vooruit te betalen belasting:	
1° foute berekening van de vooruit te betalen belasting bij de aanvraag van de vergunning, wegens het verstrekken van onvolledige of onjuiste inlichtingen, of bij de jaarlijkse herziening	2 % per maand vertraging van de ontdoken vooruit te betalen belasting
2° niet-betaling van de aanvullende, uiterlijk op 20 april vooruit te betalen belasting	1 % per maand vertraging van de aanvullende vooruit te betalen belasting
IX. Overtredingen met betrekking tot de vrijstelling beoogd door artikel 42, § 1, 2, en 3, 1° tot 6°, van het Wetboek	10 % van de verschuldigde belasting
X. Overtredingen op het stuk van de tijdelijke invoer van [vervoermiddelen]	
1. [Vervoermiddel] regelmatig ingevoerd met tijdelijke vrijstelling en uitzonderlijk ter beschikking gesteld van een persoon met normale verblijfplaats in België; misbruik van vrijstelling:	
A. eerste overtreding	
1° wegens het niet kennen van de wetgeving	nihil
2° andere	10 % van de verschuldigde belasting
B. tweede overtreding	20 % van de verschuldigde belasting
C. volgende overtredingen	100 % van de verschuldigde belasting
2. [Vervoermiddel] dat niet kan worden ingevoerd met tijdelijke vrijstelling:	
A. de invoerder heeft zonder enige twijfel zijn normale verblijfplaats in België en	
1° doet spontaan aangifte	nihil
2° heeft geen frauduleuze bedoelingen	10 % van de verschuldigde belasting
3° de frauduleuze bedoeling is niet volledig uit te sluiten	100 % van de verschuldigde belasting
B. De invoerder heeft zijn normale verblijfplaats in België maar kan te goeder trouw oordelen dat deze zich in het buitenland bevindt	nihil

VIII, 1, C gewijzigd bij art. 9, A K.B. 26 november 1998 (B.S. 1.XII.1998);
X, opschrift gewijzigd bij art. 14 K.B. 19 april 1991 (B.S. 30.IV.1991);
X, 1, inleidende zin gewijzigd bij art. 14, A K.B. 19 april 1991 (B.S. 30.IV.1991);
X, 2, inleidende zin gewijzigd bij art. 14, B K.B. 19 april 1991 (B.S. 30.IV.1991).

Opmerkingen:
– bij VIII.7, tweede kolom: Ieder begonnen tijdvak van een maand wordt voor een gehele maand gerekend.
– bij VIII.9.B.1, tweede kolom: Ieder begonnen tijdvak van een maand wordt voor een gehele maand gerekend.
– bij VIII.9.B.2, tweede kolom: Ieder begonnen tijdvak van een maand wordt voor een gehele maand gerekend.

Afdeling 3

Uitvoer

XI. Overtredingen inzake de toepassing van artikel 39 van het Wetboek	10 % van de verschuldigde belasting
1. Het bewijs van het recht op vrijstelling wordt niet geleverd [...]	
2. Overtredingen in verband met in entrepot opgeslagen goederen.De hier bedoelde overtredingen zijn de volgende:	
A. uitslag uit entrepot voor de binnenlandse markt van de goederen die voorheen van het binnenland naar een entrepot werden vervoerd, zonder dat de regularisatie van de eventueel eisbare belasting heeft plaatsgehad	5 % van de verschuldigde belasting
B. gebrek aan regularisatie opgelegd voor diensten met be trekking tot goederen in entrepot die later werden uitgeslagen uit entrepot ter bestemming van de persoon voor wiens rekening deze diensten werden verricht	5 % van de verschuldigde belasting
3. Overtredingen inzake het stelsel van entrepot ander dan douane-entrepot:	
A. Een vergunning werd ten onrechte verleend, op grond van door de aanvrager verstrekte verkeerde inlichtingen	20 % van de belasting waarvan de vrijstelling ten onrechte is verkregen
B. overtredingen in verband met de toepassing van de voorwaarden van de vergunning:	
1° op de vergunning is aanspraak gemaakt voor handelingen waarvoor ze niet van toepassing is	10 % van de belasting waarvan de vrijstelling ten onrechte is verkregen
2° het vergelijkingsregister of de boekhouding die ter controle van de vrijstelling wordt voorgeschreven is niet gehouden of is gehouden op zodanige wijze dat deze controle zeer moeilijk is. De vergunninghouder voldoet niet aan het verzoek van de controlerende ambtenaar om het register of de boekhouding binnen een redelijke termijn aan te leggen of aan te passen	20 % van de belasting waarvan de vrijstelling is verkregen
3° de uitvoer heeft niet plaats binnen de in de vergunning gestelde termijn of de goederen werden vóór het verstrijken van die termijn uit het entrepot ander dan douane-entrepot geslagen met een ander doel dan de uitvoer:	
a) de houder van de vergunning heeft de regularisatie gedaan in overeenstemming met de voorwaarden van de vergunning	10 % van de te regulariseren belasting
b) de houder van de vergunning heeft op het tijdstip van de controle de verplicht geworden regularisatie nog niet uitgevoerd	20 % van de te regulariseren belasting
4. Overtredingen in verband met de toepassing van de vergunning beoogd in artikel 14 van het koninklijk besluit nr. 18 van 27 december 1977 met betrekking tot de vrijstellingen ten aanzien van de uitvoer van goederen en diensten, op het stuk van de belasting over de toegevoegde waarde, ter uitvoering van artikel 39, § 3, van het Wetboek:	
A. Op de vergunning is aanspraak gemaakt voor handelingen waarvoor ze niet van toepassing is	10 % van de belasting waarvan de opschorting ten onrechte is verkregen
B. De goederen krijgen vóór het verstrijken van de voor de opschorting toegestane termijn een andere bestemming dan die toepasselijk inzake opschorting:	
1° de vergunninghouder heeft de daarvoor voorgeschreven regularisatie uitgevoerd in overeenstemming met de voorwaarden van de vergunning	nihil
2° de vergunninghouder heeft op het tijdstip van de controle de verplicht geworden regularisatie nog niet uitgevoerd	10 % van de verschuldigde belasting

C. De opgelegde formaliteiten om de verlenging te verkrijgen van de termijn van opschorting van de belasting zijn niet vervuld:	
1° de vergunninghouder heeft de daarvoor voorgeschreven regularisatie uitgevoerd in overeenstemming met de voorwaarden van de vergunning	10 % van de verschuldigde belasting met een maximum van 5.000 F per oorzaak van verschuldigdheid van de belasting
2° de vergunninghouder heeft op het tijdstip van de controle de verplicht geworden regularisatie nog niet uitgevoerd	10 % van de verschuldigde belasting met een maximum van 5.000 F per oorzaak van de verschuldigdheid van de belasting in geval de goederen zijn uitgevoerd
XII. Overtredingen inzake de toepassing van artikel 40, § 1, 3°, b, van het Wetboek	
1. Overtredingen in verband met de uitreiking van de vergunning:	
A. de houder van een vergunning, die bovendien geen recht meer had op de vrijstelling, heeft zich verder beroepen op de vergunning zonder daarvoor de vernieuwing te hebben aangevraagd	10 % van de belasting waarvan de vrijstelling ten onrechte is verkregen
B. De vergunning is ten onrechte verleend op grond van door de aanvrager verstrekte verkeerde inlichtingen	10 % van de belasting waarvan de vrijstelling ten onrechte is verkregen
2. Overtredingen in verband met de toepassing van de voorwaarden van de vergunning:	
A. Op de vergunning is aanspraak gemaakt voor handelingen waarvoor ze niet van toepassing is:	
1° de belasting waarvan de vrijstelling ten onrechte is verkregen, is aftrekbaar	5 % van de belasting waarvan de vrijstelling ten onrechte is verkregen
2° de belasting waarvan de vrijstelling ten onrechte is verkregen, is niet aftrekbaar	10 % van de belasting waarvan de vrijstelling ten onrechte is verkregen
B. Het vergelijkingsregister of de boekhouding die voor de controle van de vrijstelling wordt voorgeschreven, is niet gehouden of is gehouden op zodanige wijze dat deze controle zeer moeilijk is. De vergunninghouder voldoet niet aan het verzoek van de controlerende ambtenaar om het register of de boekhouding binnen een redelijke termijn aan te leggen of aan te passen	10 % van de belasting waarvan de vrijstelling is verkregen
C. De goederen, die met vrijstelling van de belasting ingevoerd zijn om een loonbewerking te ondergaan, zijn niet uitgevoerd binnen de door de vergunning bepaalde termijn:	
1° de houder van de vergunning is een belastingplichtige die gehouden is tot indiening van periodieke B.T.W.-aangiften en	
a) heeft een regularisatie gedaan in overeenstemming met de voorwaarden van de vergunning	1 % van de belasting waarvan de vrijstelling bij invoer is verkregen
b) heeft op het tijdstip van de controle nog niet de verplicht geworden regularisatie uitgevoerd	3 % van de belasting waarvan de vrijstelling bij invoer is verkregen
2° de houder van de vergunning is een niet-belastingplichtige of een belastingplichtige die niet gehouden is tot de indiening van periodieke B.T.W.-aangiften en	
a) heeft een regularisatie gedaan in overeenstemming met de voorwaarden van de vergunning	10 % van de belasting waarvan de vrijstelling bij invoer is verkregen
b) heeft op het tijdstip van de controle nog niet de verplicht geworden regularisatie uitgevoerd	20 % van de belasting waarvan de vrijstelling bij invoer is verkregen
XIII. Overtredingen inzake de toepassing van artikel 42, § 3, 8°, van het Wetboek	

1. Een vergunning is verleend op grond van door de aanvrager verstrekte verkeerde inlichtingen	20 % van de belasting waarvan de vrijstelling is verkregen
2. Overtredingen in verband met de toepassing van de vergunning:	
A. Op de vergunning is aanspraak gemaakt voor handelingen waarvoor ze niet van toepassing is	10 % van de belasting waarvan de vrijstelling ten onrechte is verkregen
B. Het vergelijkingsregister of de boekhouding die ter controle van de vrijstelling wordt voorgeschreven is niet gehouden of is gehouden op zodanige wijze dat deze controle zeer moeilijk is. De vergunninghouder voldoet niet aan het verzoek van de controlerende ambtenaar om het register of de boekhouding binnen een redelijke termijn aan te leggen of aan te passen	20 % van de belasting waarvan de vrijstelling is verkregen
C. De goederen worden niet uitgevoerd binnen de in de vergunning bepaalde termijn en	
1° de vergunninghouder heeft de daarvoor voorgeschreven regularisatie uitgevoerd in overeenstemming met de voorwaarden van de vergunning	10 % van de te regulariseren belasting
2° op het tijdstip van de controle heeft de vergunninghouder de verplicht geworden regularisatie nog niet uitgevoerd	20 % van de te regulariseren belasting
XIV. Overtredingen in verband met de toepassing van artikel 43 van het Wetboek	
1. Overtredingen in verband met de uitreiking van de vergunning:	
A. De belastingplichtige heeft zich verder beroepen op een vroeger verleende vergunning waarvoor hij nagelaten heeft de vernieuwing aan te vragen; daarenboven had hij geen recht meer op vrijstelling of slechts recht op een lager percentage	10 % van de belasting waarvan de vrijstelling ten onrechte is verkregen
B. Een vergunning is verleend op grond van de door de belastingplichtige verstrekte verkeerde inlichtingen; daarenboven is, ten gevolge van deze onjuiste verklaring, de vergunning ten onrechte verleend of werd een percentage van vrijstelling vermeld dat hoger is dan dat waarop de belastingplichtige recht heeft	10 % van de belasting waarvan de vrijstelling ten onrechte is verkregen
2. Overtredingen in verband met de toepassing van de voorwaarden van de uitgereikte vergunning:	
A. Aanspraak op de vergunning is gemaakt voor handelingen die zijn uitgesloten van het voordeel van de vrijstelling en	
1° de belasting waarvan de vrijstelling ten onrechte is verkregen is aftrekbaar	5 % van de belasting waarvan de vrijstelling ten onrechte is verkregen
2° de belasting waarvan de vrijstelling ten onrechte is verkregen is niet aftrekbaar	10 % van de belasting waarvan de vrijstelling ten onrechte is verkregen
B. De boekhouding die voor de controle van de vrijstelling wordt voorgeschreven is niet gehouden of is gehouden op zodanige wijze dat deze controle zeer moeilijk is. De belastingplichtige voldoet niet aan het verzoek van de controlerende ambtenaar om de boekhouding binnen een redelijke termijn aan te leggen of aan te passen	10 % van de belasting waarvan de vrijstelling is verkregen
C. De belastingplichtige heeft aanspraak gemaakt op de vrijstelling voor een groter bedrag dan dat waarop hij recht heeft en	
1° heeft een regularisatie gedaan in overeenstemming met de voorwaarden van de vergunning	1 % van de te regulariseren belasting
2° heeft op het tijdstip van de controle de verplicht geworden regularisatie nog niet uitgevoerd	3 % van de te regulariseren belasting

XI, 1 gewijzigd bij art. 9 K.B. 6 juli 1989 (B.S. 14.VII.1989).

TABEL B

GELDBOETEN VAN TOEPASSING VOOR DE OVERTREDINGEN BEOOGD IN ARTIKEL 70, § 1BIS, VAN HET WETBOEK

Ten onrechte afgetrokken belastingHet bedrag van de verkeerdelijk in aftrek gebrachte belasting voor een controleperiode van één jaar is:	
– minder dan of gelijk aan 10.000 F	nihil
– van 10.001 tot 50.000 F	5 % van de verkeerdelijk in aftrek gebrachte belasting
– meer dan 50.000 F	10 % van de verkeerdelijk in af trekgebrachte belasting

Opmerking:
– Om het bedrag van de voor de periode van één jaar verkeerdelijk in aftrek gebrachte belasting te berekenen, wordt het totaal van de verkeerdelijk in aftrek gebrachte belasting gedeeld door het aantal gecontroleerde jaren

TABEL C

GELDBOETEN VAN TOEPASSING VOOR DE OVERTREDINGEN BEOOGD IN ARTIKEL 70, § 2, VAN HET WETBOEK

I. Niet-uitreiken van facturen of van als zodanig geldende stukken:	
1° dat geen verschuldigdheid van B.T.W. tot gevolg heeft	60 % van de op de handelingen verschuldigde belasting
2° dat verschuldigdheid van B.T.W. tot gevolg heeft	100 % van de op de handelingen verschuldigde belasting
II. Ontbreken van of onjuistheden in de vermeldingen aan te brengen op de facturen of op de als zodanig geldende stukken	100 % van de op de handelingen verschuldigde belasting

TABEL D

GELDBOETEN VAN TOEPASSING VOOR DE OVERTREDINGEN BEOOGD IN ARTIKEL 70, § 3, VAN HET WETBOEK

Overtredingen van de verplichting de goederen aan te geven met naleving van de voorwaarde bepaald in artikel 51 van het Wetboek	
1. Louter toevallige vergissingen ten aanzien van de vermelding van de prijs of de bij de prijs te voegen kosten	zie tabel A, VIII, 1, A
2. Andere vergissingen ten aanzien van de vermelding van de prijs of de bij de prijs te voegen kosten	200 % van de op de handeling verschuldigde belasting
3. Louter toevallige overtredingen met betrekking tot het aangeven van de aard of de hoeveelheid van de ingevoerde goederen	zie tabel A, VIII, 2
4. Andere overtredingen met betrekking tot het aangeven van de aard of de hoeveelheid van de ingevoerde goederen	200 % van de op de handeling verschuldigde belasting
5. Louter toevallige overtredingen met betrekking tot het uitvoeren van de bij de invoer te vervullen formaliteiten	zie tabel A, VIII, 4

6. Andere dan louter toevallige overtredingen met betrekking tot het uitvoeren van de bij de invoer te vervullen formaliteiten ten aanzien van de vermelding van de naam en het adres van degene op wiens naam de ter zake van invoer verschuldigde belasting mag of moet worden voldaan	200 % van de op de handeling verschuldigde belasting
7. Andere dan louter toevallige overtredingen met betrekkingtot het uitvoeren van de bij invoer te vervullen formaliteiten, daaronder begrepen die ten aanzien van het vermelden van het registratienummer, doch met uitzondering van deze ten aanzien van de vermelding van de naam en het adres van degene op wiens naam de ter zake van invoer verschuldigde belasting mag of moet worden voldaan	zie tabel A, VIII, 5

TABEL E

GELDBOETEN VAN TOEPASSING VOOR DE OVERTREDINGEN BEOOGD IN ARTIKEL 70, § 5, VAN HET WETBOEK

Ontoereikende maatstaf van heffing ten aanzien van vervreemdingen van gebouwen en van werk in onroerende staat.Het bedrag van het tekort in de maatstaf van heffing, in verhouding tot het bedrag waarover de B.T.W. is voldaan:	
– groter dan 1/8, zonder meer te bedragen dan 1/4	10 % van de verschuldigde belasting
– groter dan 1/4, zonder meer te bedragen dan 1/2	20 % van de verschuldigde belasting
– groter dan 1/2, zonder meer te bedragen dan 1/1	25 % van de verschuldigde belasting
– groter dan 1/1	35 % van de verschuldigde belasting

TABEL F

GELDBOETEN VAN TOEPASSING VOOR DE OVERTREDINGEN BEOOGD IN ARTIKEL 71 VAN HET WETBOEK

Vermelding op de bij uitvoer of tot staving ervan overgelegde stukken, hetzij van een grotere hoeveelheid goederen dan de werkelijk uitgevoerde hoeveelheid, hetzij van een hogere prijs of waarde dan de werkelijke prijs of waarde van de uitgevoerde goederen, hetzij van de uitgevoerde goederen onder een valse benaming	10 % van de overeenkomstig artikel 71 van het Wetboek berekende belasting die verschuldigd zou zijn geweest

[TABEL G

GELDBOETEN VAN TOEPASSING VOOR DE OVERTREDINGEN BEOOGD IN ARTIKEL 70, § 1, VAN HET WETBOEK]

Tabel G, afd. 1-2-3 toegevoegd bij art. 2 K.B. 21 oktober 1993 (B.S. 28.X.1993).

Afdeling 1

Binnenlandse en intracommunautaire verrichtingen

I. Niet-betaling en niet-tijdige betaling van de belasting of van de voorschotten waarvan de opeisbaarheid blijkt uit de ingediende periodieke aangifte bedoeld in [artikel 53, § 1, eerste lid, 2°], van het Wetboek, of uit het opstellen van de bijzondere rekening	

1. Overtreding vastgesteld door het C.I.V. betreffende belasting en voorschotten waarvan de opeisbaarheid blijkt uit de maand- of kwartaalaangiften bedoeld in [artikel 53, § 1, eerste lid, 2°], van het Wetboek	per maand vertraging, een percentage gelijk aan dat van de moratoire interest dat is bepaald in artikel 91, § 1, van het Wetboek, te berekenen over het verschuldigde of nog verschuldigde bedrag
2. Overtreding waarvoor de B.T.W.-hoofdcontroleur een bericht stuurt betreffende:	
a) belasting waarvan de opeisbaarheid blijkt uit de ingediende periodieke aangiften bedoeld in [artikel 53, § 1, eerste lid, 2°], van het Wetboek, of uit het opstellen van de bijzondere rekening	[15 % van de verschuldigde belasting]
b) voorschotten verschuldigd door belastingplichtigen gehou den tot het indienen van maand- of kwartaalaangiften bedoeld in [artikel 53, § 1, eerste lid, 2°], van het Wetboek	per maand vertraging, een percentage gelijk aan dat van de moratoire interest dat is bepaald in artikel 91, § 1, van het Wetboek, te berekenen over het verschuldigde of nog verschuldigde bedrag
II. Gehele of gedeeltelijke niet-betaling of niet-tijdige betaling van de belasting waarvan de opeisbaarheid blijkt uit de ingediende bijzondere aangifte bedoeld in artikel 53ter, 1°, van het Wetboek, die nog verschuldigd blijft de 20ste van de tweede maand die volgt op het kalenderkwartaal waarvoor de voormelde aangifte werd ingediend	10 % van de verschuldigde belasting
III. Gehele of gedeeltelijke niet-tijdige betaling van de belasting verschuldigd ter zake van de intracommunautaire verwerving van:	
– vervoermiddelen ten aanzien waarvan de bijzondere aangifte bedoeld in artikel 53nonies, § 1, van het Wetboek, werd ingediend;	10 % van de verschuldigde belasting
– accijnsproducten als bedoeld in artikel 58, § 1bis, van het Wetboek	10 % van de verschuldigde belasting
IV. Gebrekkige toepassing van de B.T.W.-reglementering, andere dan die hierna aangeduid, vastgesteld bij het nazicht van de voorgelegde boeken en stukken.Het bedrag van de verschuldigde belasting voor een controleperiode van één jaar is:	
– minder dan of gelijk aan [[1.250 EUR]]	5 % van de verschuldigde belasting
– meer dan [[1.250 EUR]]	10 % van de verschuldigde belasting
Ten onrechte toepassen van:	
– artikel 51, § 2, van het Wetboek;	
– artikel 20 van het koninklijk besluit nr. 1 van 29 december 1992 met betrekking tot de regeling van de belasting over de toegevoegde waarde	20 % van de verschuldigde belasting
V. Onjuistheden vastgesteld bij het nazicht van de boekhouding met betrekking tot de inhoud ervan; belastbare handelingen zijn niet, slechts gedeeltelijk, of zijn laattijdig opgenomen in de daartoe bestemde aangifte; de persoon die niet gehouden is tot het indienen van een aangifte laat na de de belasting binnen de vereiste termijn en op de voorgeschreven wijze te betalen.Het bedrag van de verschuldigde belasting voor een controleperiode van één jaar is:	
– minder dan of gelijk aan [[1.250 EUR]]	10 % van de verschuldigde belasting
– meer dan [[1.250 EUR]]	20 % van de verschuldigde belasting
VI. Terug te storten belasting wegens het niet overleggen van het teruggaafregister of het niet inschrijven in dat register van een verbeterend stuk	10 % van de terug te storten belasting

VII. 1. Ten onrechte toepassen van artikel 25ter, § 1, tweede lid, 1°, van het Wetboek	10 % van de verschuldigde belasting
2. Overtredingen begaan bij de toepassing van artikel 39bis, 39ter en 42, §§ 1, 2 en 3, 1° tot 6°, van het Wetboek	
a) Vrijstelling ten onrechte toegepast of ingeroepen	10 % van de verschuldigde belasting
b) Het bewijs van het recht op vrijstelling wordt niet geleverd	20 % van de verschuldigde belasting

I gewijzigd bij art. 1 K.B. 9 juli 2012 (B.S. 17.VII.2012), van toepassing vanaf 1 juli 2012;
IV gewijzigd bij art. 3-20 K.B. 20 juli 2000 (I) (B.S. 30.VIII.2000) en bij art. 37-6° K.B. 13 juli 2001 (B.S. 11.VIII.2001);
V gewijzigd bij art. 3-20 K.B. 20 juli 2000 (I) (B.S. 30.VIII.2000) en bij art. 37-6° K.B. 13 juli 2001 (B.S. 11.VIII.2001).

Opmerkingen:
– bij I.1, tweede kolom: Ieder begonnen tijdvak van een maand wordt voor een gehele maand gerekend.
– bij I.2.b, tweede kolom: Ieder begonnen tijdvak van een maand wordt voor een gehele maand gerekend.
– bij IV, eerste kolom: Indien de controleperiode korter of langer is dan één jaar wordt het bedrag van [[1.250 EUR]] proportioneel verminderd of verhoogd.
– bij V, eerste kolom: Indien de controleperiode korter of langer is dan één jaar wordt het bedrag van [[1.250 EUR]] proportioneel verminderd of verhoogd.

Afdeling 2

Invoer

VIII. Overtredingen van de verplichting de goederen aan te geven en de belasting te voldoen met naleving van de voorwaarden bepaald in artikel 52 van het Wetboek	
1. Invoer van goederen zonder aangifte of niet-aangifte van een gedeelte van de ingevoerde goederen.	
a) De niet aangegeven goederen zijn bedrijfsmiddelen	25 % van de verschuldigde belasting
b) De niet-aangifte heeft betrekking op andere goederen.Het bedrag van de verschuldigde belasting is:	
– minder dan of gelijk aan [[1.250 EUR]]	50 % van de verschuldigde belasting
– meer dan [[1.250 EUR]]	100 % van de verschuldigde belasting
2. Overtredingen in verband met het bedrag van de belasting die voor de aangegeven goederen verschuldigd is; worden hier inzonderheid bedoeld de vergissingen betreffende:	
– de bepaling van de maatstaf van heffing;	
– de omrekening [in Belgische frank of in euro] van de elementen die tot de maatstaf van heffing behoren;	
– het tarief van de B.T.W.;	
– het bedrag van de verschuldigde belasting.	
a) Louter toevallige overtredingen.	
Het bedrag van de bijkomende belasting is:	
– minder dan of gelijk aan [[1.250 EUR]]	5 % van de bijkomende belasting
– meer dan [[1.250 EUR]]	10 % van de bijkomende belasting
b) Andere overtredingen.	
1° Vergissingen in verband met de vermelding van de prijs of het toebehoren ervan	zie tabel I, 2
2° Andere vergissingen	50 % van de bijkomende belasting

3. Overtredingen inzake het aangeven van de aard of de hoeveelheid van de ingevoerde goederen.	
a) Louter toevallige overtredingen.Het bedrag van de bijkomende belasting is:	
– minder dan of gelijk aan [[1.250 EUR]]	5 % van de bijkomende belasting
– meer dan [[1.250 EUR]]	10 % van de bijkomende belasting
b) Andere overtredingen	zie tabel I, 1
4. Overtredingen in verband met het weekkrediet	per maand vertraging, een percentage gelijk aan dat van de moratoire interest dat is bepaald in artikel 91, § 1, van het Wetboek, te berekenen over het verschuldigde of nog verschuldigde bedrag
5. Overtredingen in verband met de regeling van de verlegging van de heffing bedoeld in artikel 5, § 3, van het koninklijk besluit nr. 7 van 29 december 1992 met betrekking tot de invoer van goederen voor de toepassing van de belasting over de toegevoegde waarde.	
a) Overtredingen in verband met het ten onrechte toepassen of inroepen van de verleggingsregeling	5 % van de belasting waarvoor de verleggingsregeling onrechtmatig werd toegepast of ingeroepen
b) Overtredingen in verband met het opnemen van de belasting verschuldigd voor de aangegeven goederen in de periodieke B.T.W.-aangifte.	
1° De verschuldigde belasting is volledig aftrekbaar	[[50 EUR]] voor het geheel van de overtredingen vastgesteld tijdens eenzelfde controle
2° De verschuldigde belasting is niet of slechts gedeeltelijk aftrekbaar en het bedrag van de niet aftrekbare belasting voor een controleperiode van één jaar is:	
– minder dan of gelijk aan [[1.250 EUR]]	5 % van de niet aftrekbare verschuldigde belasting
– meer dan [[1.250 EUR]]	10 % van de niet aftrekbare verschuldigde belasting
c) Niet-tijdige betaling van de vooruit te betalen belasting	per maand vertraging, een percentage gelijk aan dat van de moratoire interest dat is bepaald in artikel 91, § 1, van het Wetboek, te berekenen over het verschuldigde of nog verschuldigde bedrag
6. Laattijdige voldoening van de belasting ingevolge overtredingen in verband met de opschortende douaneregelingen bedoeld in artikel 23, §§ 4 en 5, van het Wetboek, en de opschortende fiscale regelingen bedoeld in § 5 van hetzelfde artikel	10 % van de verschuldigde belasting
IX. Overtredingen met betrekkingen tot de vrijstellingen bedoeld in artikel 40, § 1, 1° en 2°, en § 4, van het Wetboek	10 % van de verschuldigde belasting
X. Onregelmatigheden met betrekking tot de vrijstellingen bedoeld in artikel 40, § 1, 1°, a, van het Wetboek, voor de invoer van goederen bedoeld in artikel 42, §§ 1 en 2, van het Wetboek, en onregelmatigheden met betrekking tot de vrijstellingen bedoeld in artikel 42, § 3, 1° tot 6°, van het Wetboek	10 % van de verschuldigde belasting

XI. Overtredingen op het stuk van de tijdelijke invoer van vervoermiddelen	
1. Vervoermiddel regelmatig ingevoerd met tijdelijke vrijstelling en uitzonderlijk ter beschikking gesteld van een persoon met normale verblijfplaats in België; misbruik van vrijstelling.	
a) Eerste overtreding	10 % van de verschuldigde belasting
b) Tweede overtreding	20 % van de verschuldigde belasting
c) Volgende overtredingen	100 % van de verschuldigde belasting
2. Vervoermiddel dat niet kan worden ingevoerd met tijdelijke vrijstelling.	
a) Louter toevallige overtredingen	10 % van de verschuldigde belasting
b) Andere overtredingen	100 % van de verschuldigde belasting

VIII, 1, b, 2, a, 3, a en 5, b, 1°-2° gewijzigd bij art. 3-20 K.B. 20 juli 2000 (I) (B.S. 30.VIII.2000) en bij art. 37-6° K.B. 13 juli 2001 (B.S. 11.VIII.2001);
VIII, 2, 2e streepje gewijzigd bij art. 9, B K.B. 26 november 1998 (B.S. 1.XII.1998).

Opmerkingen:
– bij VIII.2.A, eerste kolom: Moet onder «louter toevallige overtredingen» worden verstaan, de onregelmatigheden die te wijten zijn aan onwetendheid, vergissingen of nalatigheid en waarbij aan de goede trouw van de overtreder niet kan worden getwijfeld.
– bij VIII.3.A, eerste kolom: Moet onder «louter toevallige overtredingen» worden verstaan, de onregelmatigheden die te wijten zijn aan onwetendheid, vergissingen of nalatigheid en waarbij aan de goede trouw van de overtreder niet kan worden getwijfeld.
– bij VIII.4, tweede kolom: Ieder begonnen tijdvak van een maand wordt voor een gehele maand gerekend.
– bij VIII.5.b.2, eerste kolom: Indien de controleperiode korter of langer is dan één jaar wordt het bedrag van [[1.250 EUR]] proportioneel verminderd of verhoogd.
– bij VIII.5.c, tweede kolom: Ieder begonnen tijdvak van een maand wordt voor een gehele maand gerekend.
– bij XI.2.a, eerste kolom: Moet onder «louter toevallige overtredingen» worden verstaan, de onregelmatigheden die te wijten zijn aan onwetendheid, vergissingen of nalatigheid en waarbij aan de goede trouw van de overtreder niet kan worden getwijfeld.

Afdeling 3

Uitvoer

XII. Overtredingen inzake de toepassing van artikel 39 van het Wetboek	
1. a) Vrijstelling ten onrechte toegepast of ingeroepen	10 % van de verschuldigde belasting
b) Het bewijs van het recht op vrijstelling wordt niet geleverd	10 % van de verschuldigde belasting
2. Overtredingen in verband met de toepassing van de opschorting van de betaling van de belasting beoogd in artikel 15 van het koninklijk besluit nr. 18 en 29 december 1992 met betrekking tot de vrijstellingen ten aanzien van de uitvoer van goederen en diensten buiten de Gemeenschap, op het stuk van de belasting over de toegevoegde waarde, ter uitvoering van artikel 39, § 3, van het Wetboek.	
a) De opschorting van de betaling van de belasting werd ingeroepen voor handelingen waarvoor ze niet van toepassing is en die de belasting opeisbaar maken	10 % van de belasting waarvan de opschorting ten onrechte werd ingeroepen
b) De goederen krijgen een andere bestemming dan die voorzien onder het stelsel van opschorting, waarvoor de belasting opeisbaar is, en de belastingplichtige die de opschorting heeft toegepast heeft de daarvoor voorziene regularisatie niet uitgevoerd op het tijdstip waarop de wijziging in bestemming plaatsvond	10 % van de verschuldigde belasting
XIII. […]	

XIV. Overtredingen inzake de toepassing van artikel 42, § 3, 8°, en van artikel 40, § 1, 1°, a, van het Wetboek, voor wat betreft de invoer en de intracommunautaire verwervingen van goederen bedoeld in artikel 42, § 3, 8°, van het Wetboek	
1. Een vergunning is verleend op grond van verkeerde inlichtingen verstrekt door de aanvrager	20 % van de belasting waarvan de vrijstelling is verkregen
2. Overtredingen in verband met de toepassing van de vergunning.	
a) Op de vergunning is aanspraak gemaakt voor handelingen waarvoor ze niet van toepassing is	10 % van de belasting waarvan de vrijstelling ten onrechte is verkregen
b) Het vergelijkingsregister of de boekhouding die voor de controle van de vrijstelling wordt voorgeschreven is niet gehouden of is gehouden op zodanige wijze dat deze controle zeer moeilijk is. De vergunninghouder voldoet niet aan het verzoek van de controlerende ambtenaar om het register of de boekhouding binnen een redelijke termijn aan te leggen of aan te passen	20 % van de belasting waarvan de vrijstelling is verkregen
c) De goederen worden niet uitgevoerd binnen de in de vergunning bepaalde termijn en:	
1° de vergunninghouder heeft de daarvoor voorgeschreven regularisatie uitgevoerd in overeenstemming met de voorwaarden van de vergunning	10 % van de te regulariseren belasting
2° op het tijdstip van de controle heeft de vergunninghouder de verplicht geworden regularisatie nog niet uitgevoerd	20 % van de te regulariseren belasting]

XIII opgeheven bij art. 28, A K.B. 25 februari 1996 (B.S. 5.III.1996).

[Afdeling 4

Andere regeling van entrepot dan douane-entrepot

Afd. 4 toegevoegd bij art. 28, B K.B. 25 februari 1996 (B.S. 5.III.1996).

XV. Overtredingen begaan bij de toepassing van artikel 39quater van het Wetboek	10 % van de verschuldigde belasting]

Afd. 4, XV ingevoegd bij art. 28, B K.B. 25 februari 1996 (B.S. 5.III.1996).

[TABEL H

GELDBOETEN VAN TOEPASSING VOOR DE OVERTREDINGEN BEOOGD IN ARTIKEL 70, § 1BIS, VAN HET WETBOEK

Toegevoegd bij art. 2 K.B. 21 oktober 1993 (B.S. 28.X.1993) en gewijzigd bij art. 3-20 K.B. 20 juli 2000 (I) (B.S. 30.VIII.2000) en bij art. 37-6° K.B. 13 juli 2001 (B.S. 11.VIII.2001).

Ten onrechte afgetrokken belasting.Het bedrag van de verkeerdelijk in aftrek gebrachte belasting voor een controleperiode van één jaar is:	
– minder dan of gelijk aan [[1.250 EUR]]	5 % van de verkeerdelijk in aftrek gebrachte belasting
– meer dan [[1.250 EUR]]	10 % van de verkeerdelijk in aftrek gebrachte belasting]

Ingevoegd bij art. 2 K.B. 21 oktober 1993 (B.S. 28.X.1993) en gewijzigd bij art. 3-20 K.B. 20 juli 2000 (I) (B.S. 30.VIII.2000) en bij art. 37-6° K.B. 13 juli 2001 (B.S. 11.VIII.2001).

Opmerking:
– Indien de controleperiode korter of langer is dan één jaar wordt het bedrag van [[1.250 EUR]] proportioneel verminderd of verhoogd.

[TABEL I]

GELDBOETEN VAN TOEPASSING VOOR DE OVERTREDINGEN BEOOGD IN ARTIKEL 70, § 3, VAN HET WETBOEK

Toegevoegd bij art. 2 K.B. 21 oktober 1993 (B.S. 28.X.1993) en gewijzigd bij art. 3-20 K.B. 20 juli 2000 (I) (B.S. 30.VIII.2000) en bij art. 37-6° K.B. 13 juli 2001 (B.S. 11.VIII.2001).

Het invoerdocument bevat onjuiste vermeldingen ten aanzien van:	
1. de aard of de hoeveelheid van de ingevoerde goederen.	
a) Louter toevallige overtredingen	zie tabel G, VIII, 3
b) Andere overtredingen	50 % van de op de handeling verschuldigde belasting zonder dat ze minder dan [[50 EUR]] mag bedragen
2. de prijs of de bij de prijs te voegen kosten.	
a) Louter toevallige overtredingen	zie tabel G, VIII, 2
b) Andere overtredingen	50 % van de op de handeling verschuldigde belasting zonder dat ze minder dan [[50 EUR]] mag bedragen
3. de naam en het adres van degene op wiens naam de ter zake van invoer verschuldigde belasting moet worden voldaan	
a) Louter toevallige overtredingen	nihil
b) Andere overtredingen	50 % van de op de handeling verschuldigde belasting zonder dat ze minder dan [[50 EUR]] mag bedragen]

Ingevoegd bij art. 2 K.B. 21 oktober 1993 (B.S. 28.X.1993) en gewijzigd bij art. 3-20 K.B. 20 juli 2000 (I) (B.S. 30.VIII.2000) en bij art. 37-6° K.B. 13 juli 2001 (B.S. 11.VIII.2001).

Opmerking:
– bij 1.a: Moet onder «louter toevallige overtredingen» worden verstaan, de onregelmatigheden die te wijten zijn aan onwetendheid, vergissingen of nalatigheid en waarbij aan de goede trouw van de overtreder niet kan worden getwijfeld.
– bij 2.a: Moet onder «louter toevallige overtredingen» worden verstaan, de onregelmatigheden die te wijten zijn aan onwetendheid, vergissingen of nalatigheid en waarbij aan de goede trouw van de overtreder niet kan worden getwijfeld.
– bij 3.a: Moet onder «louter toevallige overtredingen» worden verstaan, de onregelmatigheden die te wijten zijn aan onwetendheid, vergissingen of nalatigheid en waarbij aan de goede trouw van de overtreder niet kan worden getwijfeld.

[TABEL J]

GELDBOETEN VAN TOEPASSING VOOR DE OVERTREDINGEN BEOOGD IN ARTIKEL 71 VAN HET WETBOEK]

Toegevoegd bij art. 2 K.B. 21 oktober 1993 (B.S. 28.X.1993) en gewijzigd bij art. 3-20 K.B. 20 juli 2000 (I) (B.S. 30.VIII.2000) en bij art. 37-6° K.B. 13 juli 2001 (B.S. 11.VIII.2001).

Vermelding op de bij uitvoer of tot staving ervan overgelegde stukken, hetzij van een grotere hoeveelheid goederen dan de werkelijk uitgevoerde hoeveelheid, hetzij van een hogere prijs of waarde dan de werkelijke prijs of waarde van de uitgevoerde goederen, hetzij van de uitgevoerde goederen onder een valse benaming	10 % van de overeenkomstig artikel 71 van het Wetboek, berekende belasting die verschuldigd zou zijn geweest, met een minimum van [[50 EUR]]]

KONINKLIJK BESLUIT NR. 43
VAN 5 JULI 1991
MET BETREKKING TOT DE VRIJSTELLING
OP HET STUK VAN DE BELASTING
OVER DE TOEGEVOEGDE WAARDE TEN
AANZIEN VAN DE DOOR ZELFSTANDIGE
GROEPERINGEN VAN PERSONEN AAN HUN
LEDEN VERLEENDE DIENSTEN

B.S. 6.VIII.1991.
Opmerking: – Uitvoering van art. 44 W.B.T.W.

Art. 1. Onder zelfstandige groeperingen van personen moet, voor de toepassing van artikel 44, § 2, 1°bis, van het Wetboek, worden verstaan:
1° de vereniging met rechtspersoonlijkheid;
2° de vereniging zonder rechtspersoonlijkheid die onder een eigen benaming als afzonderlijke vereniging of groepering tegenover haar leden en tegenover derden optreedt;
3° […]

3° opgeheven bij art. 1 K.B. 29 december 1992 (B.S. 31. XII.1992, ed. 4).

Art. 2. De diensten verleend aan hun leden door de in artikel 1 bedoelde zelfstandige groeperingen van personen zijn van de belasting vrijgesteld op voorwaarde dat:
1° de werkzaamheden van de groepering uitsluitend bestaan in het verrichten van diensten rechtstreeks in het belang van de leden zelf en alle leden een werkzaamheid uitoefenen [welke krachtens artikel 44 van het Wetboek is vrijgesteld of] waarvoor ze niet belastingplichtig zijn;
2° de leden van de groepering ofwel eenzelfde soort van werkzaamheid uitoefenen, ofwel behoren tot eenzelfde financiële, economische, professionele of sociale groep;
3° de door de groepering verleende diensten rechtstreeks en uitsluitend betrekking hebben op de werkzaamheid [welke krachtens artikel 44 van het Wetboek is vrijgesteld of] waarvoor het lid niet belastingplichtig is;
4° de individueel aan ieder lid aangerekende vergoeding of retributie de terugbetaling vertegenwoordigt van zijn aandeel in de door de groepering gedane gezamenlijke uitgaven.

1° en 3° gewijzigd bij art. 2 K.B. 29 december 1992 (B.S. 31.XII.1992, ed. 4).

Art. 3. Een lid dat in het kader [van zijn werkzaamheid welke krachtens artikel 44 van het Wetboek is vrijgesteld of waarvoor] het niet belastingplichtig is, ook belastbare handelingen stelt die evenwel niet als een afzonderlijke werkzaamheid worden aangemerkt, wordt geacht de door de zelfstandige groepering verleende diensten uitsluitend te gebruiken voor de eerstgenoemde werkzaamheid wanneer de jaaromzet, exclusief belasting over de toegevoegde waarde, met betrekking tot de in dit artikel bedoelde belastbare handelingen niet meer bedraagt dan 10 pct. van de jaaromzet, exclusief belasting over de toegevoegde waarde, met betrekking tot alle in dit artikel bedoelde handelingen.

Gewijzigd bij art. 3 K.B. 29 december 1992 (B.S. 31.XII.1992, ed. 4).

Art. 4. Door of vanwege de Minister van Financiën kunnen, om concurrentieverstoring te voorkomen, bepaalde diensten van de vrijstelling worden uitgesloten.

Art. 5. Dit besluit heeft uitwerking met ingang van 1 januari 1990.

Art. 6. Onze Minister van Financiën is belast met de uitvoering van dit besluit.

KONINKLIJK BESLUIT NR. 44
VAN 9 JULI 2012
TOT VASTSTELLING VAN HET BEDRAG VAN DE NIET-PROPORTIONELE FISCALE GELDBOETEN OP HET STUK VAN DE BELASTING OVER DE TOEGEVOEGDE WAARDE

B.S. 17.VII.2012.

Art. 1. De bedragen van de niet-proportionele fiscale geldboeten voor de overtredingen beoogd in artikel 70, § 4, eerste lid, van het Wetboek van de belasting over de toegevoegde waarde, zijn opgenomen in de bijlage bij dit besluit.

Art. 2. Wanneer de overtreding werd begaan met de bedoeling om de belasting te ontduiken, wordt het bedrag van de hoogste geldboete die voorzien is voor deze overtreding verdubbeld, zonder dat deze het bedrag van 5.000 euro per overtreding mag overschrijden.

Art. 3. Voor de bepaling van het bedrag van de toe te passen geldboete, wordt rekening gehouden met dezelfde overtredingen die werden begaan gedurende een periode van vier jaren die voorafgaat aan het tijdstip waarop de overtreding wordt begaan.

De overtredingen worden aangemerkt als eerste overtreding indien dezelfde overtredingen niet werden bestraft voorafgaand aan de datum waarop deze werden begaan.

Art. 4. Dit besluit vervangt het koninklijk besluit nr. 44 van 21 oktober 1993 tot vaststelling van het bedrag van de niet-proportionele fiscale geldboeten op het stuk van de belasting over de toegevoegde waarde.

Art. 5. Dit besluit heeft uitwerking met ingang van 1 juli 2012.

Art. 6. De Minister bevoegd voor Financiën is belast met de uitvoering van dit besluit.

BIJLAGE

Bijlage bij het koninklijk besluit nr. 44 tot vaststelling van het bedrag van de niet-proportionele fiscale geldboeten op het stuk van de belasting over de toegevoegde waarde

AFDELING 1: AANGIFTEVERPLICHTINGEN

I. Aangifte bedoeld in artikel 53, § 1 , eerste lid, 2°, van het Wetboek	
A. Niet indienen	1.000 EUR per aangifte
B. Laattijdig indienen	100 EUR per aangifte en per maand vertraging[1] met een maximum van 1.000 EUR
C. Niet correct ingevuld	Per aangifte: - Louter toevallige onregelmatigheden: 80 EUR - Andere onregelmatigheden: 500 EUR
D. Niet naleven van de voorwaarden met betrekking tot de periodiciteit van indienen	250 EUR per aangifte
E. Niet naleven van de procedure van indienen	400 EUR per aangifte
F. Niet gebruiken van het door de administratie verstrekte betalingsformulier of van de door haar ter kennis gebrachte gestructureerde mededeling	50 EUR per betaling
II. Aangiften bedoeld in de artikelen 53ter, 1° en 58bis, § 2, 4° van het Wetboek en in artikel 2, eerste lid, van het koninklijk besluit nr. 14	
A. Niet indienen	1.000 EUR per aangifte
B. Laattijdig indienen	100 EUR per aangifte en per maand vertraging[1] met een maximum van 1.000 EUR
C. Niet correct ingevuld	Per aangifte: - Louter toevallige onregelmatigheden: 80 EUR - Andere onregelmatigheden: 500 EUR

D. Niet naleven van de procedure van indienen	400 EUR per aangifte
E. Niet gebruiken van het door de administratie verstrekte betalingsformulier of van de door haar ter kennis gebrachte gestructureerde mededeling	50 EUR per betaling

III.   Andere aangiften

A. Niet indienen	500 EUR per aangifte
B. Laattijdig indienen	100 EUR per aangifte en per maand vertraging[1] met een maximum van 500 EUR
C. Niet correct ingevuld	Per aangifte: - Louter toevallige onregelmatigheden: 80 EUR - Andere onregelmatigheden: 300 EUR
D. Niet naleven van de procedure van indienen	200 EUR per aangifte
E. Niet gebruiken van het door de administratie verstrekte betalingsformulier of van de door haar ter kennis gebrachte gestructureerde mededeling	50 EUR per betaling

IV.   Lijsten en opgaven

1. Jaarlijkse lijst van de btw-belastingplichtige afnemers bedoeld in artikel 53quinquies van het Wetboek

A. Niet indienen	3.000 EUR per lijst
B. Laattijdig indienen a) vertraging van maximum 3 maanden	Per lijst: - nihil-lijst: 50 EUR - andere lijst: 25 EUR per te vermelden afnemer met een minimum van 75 EUR en een maximum van 1.500 EUR

b) vertraging van maximum 9 maanden	- nihil-lijst: 150 EUR - andere lijst: 75 EUR per te vermelden afnemer met een minimum van 225 EUR en een maximum van 2.250 EUR
c) vertraging van meer dan 9 maanden	3.000 EUR per lijst
C. Onregelmatigheden a) ontbrekende gegevens	150 EUR per ontbrekend gegeven met een maximum van 1.350 EUR
b) verkeerde gegevens - de juiste gegevens worden meegedeeld binnen de twee maanden volgend op de datum van werkelijke indiening	25 EUR per verkeerd gegeven met een minimum van 50 EUR en een maximum van 750 EUR
- andere gevallen	50 EUR per verkeerd gegeven met een maximum van 1.200 EUR
c) niet naleven van de procedure van indienen	400 EUR per lijst

2. Opgave van de intracommunautaire handelingen bedoeld in artikel 53sexies, § 1, van het Wetboek en lijst van de intracommunautaire leveringen van nieuwe vervoermiddelen bedoeld in artikel 53sexies, § 2, van het Wetboek	
A. Niet indienen	3.000 EUR per document
B. Laattijdig indienen	Per document :
a) vertraging van maximum 2 maanden	25 EUR per te vermelden persoon met een minimum van 75 EUR en een maximum van 1.500 EUR
b) vertraging van maximum 6 maanden	75 EUR per te vermelden persoon met een minimum van 225 EUR en een maximum van 2.250 EUR
c) vertraging van meer dan 6 maanden	3.000 EUR per document

C. Onregelmatigheden	
a) ontbrekende gegevens	150 EUR per ontbrekend gegeven met een maximum van 1.350 EUR
b) verkeerde gegevens	
- de juiste gegevens werden opgenomen in de volgende in te dienen opgave of lijst	25 EUR per verkeerd gegeven met een minimum van 50 EUR en een maximum van 750 EUR
- andere gevallen	50 EUR per verkeerd gegeven met een maximum van 1.200 EUR
c) niet naleven van de procedure van indienen	400 EUR per document
d) niet naleven van de voorwaarden met betrekking tot de periodiciteit van indienen	250 EUR

3. Andere lijsten en opgaven	
A. Niet indienen	250 EUR per document
B. Laattijdig indienen	50 EUR per document en per maand vertraging[1] met een maximum van 250 EUR
C. Ontbrekende of verkeerde gegevens	50 EUR per ontbrekend of verkeerd gegeven met een maximum van 200 EUR
D. Niet naleven van de procedure van indienen	200 EUR per document

AFDELING 2: FACTUREN EN ANDERE STUKKEN VOORZIEN DOOR OF KRACHTENS DE REGELGEVING

I. Factuur en als zodanig geldend stuk	
A. Niet opgemaakt of uitgereikt binnen de termijn voorzien door of krachtens de regelgeving	Per factuur of als zodanig geldend stuk:

	- 1ste overtreding: 50 EUR met een maximum van 500 EUR - 2de overtreding: 125 EUR met een maximum van 1.250 EUR - volgende overtredingen: 250 EUR met een maximum van 5.000 EUR
B. Voldoet niet aan een andere door of krachtens de regelgeving voorziene verplichting, de in de andere afdelingen bedoelde overtredingen uitgezonderd	Per factuur of als zodanig geldend stuk: - 1ste overtreding: • Louter toevallig of doet geen afbreuk aan de belangen van de Schatkist: 25 EUR met een minimum van 50 EUR en een maximum van 250 EUR • Overige: 50 EUR met een maximum van 500 EUR - 2de overtreding: 125 EUR met een maximum van 1.250 EUR - volgende overtredingen: 250 EUR met een maximum van 5.000 EUR
II. Kasticket en rekening of ontvangstbewijs	
A. Het gebruik van een kassasysteem dat niet voldoet aan het koninklijk besluit van 30 december 2009 tot het bepalen van de definitie en de voorwaarden waaraan een geregistreerd kassasysteem in de horecasector moet voldoen	- 1ste overtreding: 1.500 EUR - 2de overtreding: 3.000 EUR - volgende overtredingen: 5.000 EUR
B. Niet naleving van de verplichting tot uitreiking van een kasticket, rekening of ontvangstbewijs als bedoeld in het koninklijk besluit nr. 1	Per kasticket, rekening of ontvangstbewijs: - 1ste overtreding: 50 EUR met een maximum van 500 EUR - 2de overtreding: 125 EUR met een maximum van 1.250 EUR - volgende overtredingen: 250 EUR met een maximum van 5.000 EUR

C. Het gebruik, ter vervanging van een rekening of ontvangstbewijs, van een niet vergunde geregistreerde kassa of van een niet krachtens artikel 22, § 9, van het koninklijk besluit nr. 1 vergunde procedure, of die niet voldoet aan de door of krachtens de regelgeving vereiste voorwaarden	- 1ste overtreding: 1.000 EUR - 2de overtreding: 2.000 EUR - volgende overtredingen: 3.000 EUR
D. Gebrek aan rechtvaardiging van de bestemming van de rekeningen en ontvangstbewijzen, afkomstig van de drukker	- 1ste overtreding: 500 EUR - 2de overtreding: 2.000 EUR - volgende overtredingen: 3.000 EUR
E. Overtredingen van verplichtingen die door of krachtens de regelgeving worden opgelegd aan de erkende drukkers	- 1ste overtreding: 1.000 EUR - volgende overtredingen: 2.000 EUR
III. Andere door of krachtens de regelgeving voorziene stukken en rapporten	
Niet opgemaakt binnen de termijn voorzien door of krachtens de regelgeving of niet conform de regelgeving	Per stuk of rapport : - 1ste overtreding: 50 EUR met een maximum van 250 EUR - 2de overtreding: 100 EUR met een maximum van 1.000 EUR - volgende overtredingen: 250 EUR met een maximum van 2.500 EUR

AFDELING 3: VERPLICHTINGEN INZAKE VAN BOEKHOUDING

I. Boeken, registers en journalen waarvan het houden wordt voorgeschreven door of krachtens de regelgeving	
A. Niet houden	Per boek, register of journaal: - 1ste overtreding: 1.500 EUR - 2de overtreding: 3.000 EUR - volgende overtredingen: 5.000 EUR

B. Voldoet niet aan één of meerdere van de door of krachtens de regelgeving voorziene vormvereisten	Per boek, register of journaal : - 1ste overtreding : 500 EUR - 2de overtreding : 1.000 EUR - volgende overtredingen: 2.000 EUR
C. Bevindt zich niet of is niet toegankelijk op de door of krachtens de regelgeving voorziene plaats	200 EUR per boek, register of journaal
D. Een vereiste inschrijving werd niet verricht binnen de termijn voorzien door of krachtens de regelgeving	Per inschrijving : - 1ste overtreding: 50 EUR met een maximum van 500 EUR - 2de overtreding: 125 EUR met een maximum van 1.250 EUR - volgende overtredingen: 250 EUR met een maximum van 5.000 EUR
E. Een verrichte inschrijving of rechtzetting is niet conform met de door of krachtens de regelgeving voorziene bepalingen	Per inschrijving : - 1ste overtreding: 25 EUR met een minimum van 50 EUR en een maximum van 250 EUR - 2de overtreding: 50 EUR met een maximum van 500 EUR - volgende overtredingen: 125 EUR met een maximum van 1.250 EUR

II. De in artikel 8 van het koninklijk besluit nr. 1 bedoelde dubbels van stukken

Niet opgemaakt	Per dubbel: - 1ste overtreding: 50 EUR met een maximum van 500 EUR - 2de overtreding: 125 EUR met een maximum van 1.250 EUR - volgende overtredingen: 250 EUR met een maximum van 5.000 EUR

III. Andere door of krachtens de regelgeving op te maken/te houden stukken en gegevens

Niet opgemaakt of niet gehouden	Per overtreding: - 1ste overtreding: 250 EUR - 2de overtreding: 500 EUR - volgende overtredingen: 1.000 EUR

AFDELING 4 : CONTROLEMAATREGELEN

I. Verplichting tot het meedelen van het identificatienummer bedoeld in artikel 53quater van het Wetboek

Niet naleven	250 EUR per overtreding

II. Verplichtingen tot het verstrekken van inlichtingen aan de Administratie voorzien door of krachtens de regelgeving

Niet naleven	250 EUR per overtreding

III. Verplichting bedoeld in artikel 60 van het Wetboek

A. Gebrek aan bewaring	- 1ste overtreding: 1.000 EUR - 2de overtreding: 2.000 EUR - volgende overtredingen: 5.000 EUR
B. Niet-conforme bewaring	- 1ste overtreding: 500 EUR - 2de overtreding: 1.000 EUR - volgende overtredingen: 2.500 EUR

IV. Verplichtingen bedoeld in de artikelen 61, 62, 62bis en 63 van het Wetboek	
Niet naleven	- 1ste overtreding: 1.000 EUR - 2de overtreding: 2.000 EUR - volgende overtredingen: 5.000 EUR

AFDELING 5 : INTERNATIONAAL

I. Artikelen 39, 39bis, 39quater, 40, 40bis, 41 en 42 van het Wetboek - Artikel 8^1 van het koninklijk besluit nr. 4 van 29 december 1969	
A. Onregelmatigheden met betrekking tot stukken en documenten die worden voorgelegd om het recht op vrijstelling te rechtvaardigen	Per stuk of document : - 1ste overtreding: 50 EUR met een maximum van 500 EUR - 2de overtreding: 125 EUR met een maximum van 1.250 EUR - volgende overtredingen: 250 EUR met een maximum van 5.000 EUR
B. Overtredingen met betrekking tot de toekenning of het gebruik van de door de regelgeving voorziene vergunning	1ste overtreding: 250 EUR 2de overtreding: 500 EUR volgende overtredingen: 1.000 EUR
II. Artikel 52 van het Wetboek	
Andere overtredingen dan deze bedoeld in artikel 70, §§ 1 en 3, van het Wetboek, voor wat betreft de verplichting tot het aangeven van de goederen onder de door artikel 52, § 1, van het Wetboek, voorgeschreven voorwaarden	125 EUR per overtreding

AFDELING 6 : DIVERSE BEPALINGEN

Elke andere verplichting bedoeld in het Wetboek en de besluiten genomen ter uitvoering ervan dan deze beoogd in afdeling 1 tot en met 5 van deze bijlage	
	1ste overtreding: 250 EUR
	2de overtreding: 500 EUR
	volgende overtredingen: 1.000 EUR

[1] Ieder begonnen tijdvak van een maand wordt voor een gehele maand gerekend.

KONINKLIJK BESLUIT NR. 50
VAN 9 DECEMBER 2009
MET BETREKKING TOT DE BTW-OPGAVE
VAN DE INTRACOMMUNAUTAIRE
HANDELINGEN

B.S. 17.XII.2009, ed. 2.

Art. 1. De belastingplichtigen en de leden van een BTW-eenheid in de zin van artikel 4, § 2, van het Wetboek, bedoeld in artikel 53sexies, § 1, van het Wetboek, moeten uiterlijk de twintigste van iedere kalendermaand bij de administratie die de belasting over de toegevoegde waarde onder haar bevoegdheid heeft een BTW-opgave van de intracommunautaire handelingen, hierna «intracommunautaire opgave» genoemd, indienen waarin de volgende gegevens voorkomen:

1° het BTW-identificatienummer van:

a) iedere afnemer waaronder goederen aan hem zijn geleverd met vrijstelling van de belasting bij toepassing van artikel 39bis, eerste lid, 1°, van het Wetboek en waarvoor de belasting in de loop van de verstreken kalendermaand opeisbaar is geworden;

b) de belastingplichtige, toegekend door de lidstaat van aankomst van de verzending of het vervoer van de goederen, in het geval van leveringen van goederen als bedoeld in artikel 39bis, eerste lid, 4°, van het Wetboek en waarvoor de belasting in de loop van de verstreken kalendermaand opeisbaar is geworden;

c) het lid van een BTW-eenheid, toegekend door de lidstaat van aankomst van de verzending of het vervoer van de goederen, in het geval van leveringen van goederen als bedoeld in artikel 39bis, eerste lid, 4°, van het Wetboek en waarvoor de belasting in de loop van de verstreken kalendermaand opeisbaar is geworden;

d) iedere afnemer, toegekend door de lidstaat van aankomst van de verzending of het vervoer van de goederen, in het geval van leveringen van goederen als bedoeld in artikel 25quinquies, § 3, derde lid, van het Wetboek verricht door de belastingplichtige in de lidstaat van aankomst van de verzending of het vervoer van de goederen en waarvoor de belasting in de loop van de verstreken kalendermaand opeisbaar is geworden;

e) iedere afnemer waaronder andere diensten worden verstrekt dan degene die vrijgesteld zijn van de belasting in de lidstaat waar ze belastbaar zijn, wanneer de belasting krachtens de communautaire bepalingen door de ontvanger is verschuldigd en in de loop van de verstreken kalendermaand opeisbaar is geworden;

2° voor iedere persoon als bedoeld in 1°, het totale bedrag, exclusief belasting over de toegevoegde waarde, uitgedrukt in euro, van elk van de hierna vermelde categorieën van handelingen waarvoor de belasting in de loop van de verstreken kalendermaand opeisbaar is geworden:

a) de krachtens artikel 39bis, eerste lid, 1°, van het Wetboek vrijgestelde leveringen van goederen als bedoeld in 1°, a);

b) de krachtens artikel 39bis, eerste lid, 4°, van het Wetboek vrijgestelde leveringen van goederen als bedoeld in 1°, b) en c);

c) de leveringen van goederen als bedoeld in 1°, d);

d) de diensten als bedoeld in 1°, e).

Art. 2. Het aan te geven bedrag als bedoeld in artikel 1, 2°, a) tot d), wordt voorafgegaan door een vermelding die verschillend is naargelang de categorie van de handelingen en die wordt bepaald door de administratie die de belasting over de toegevoegde waarde onder haar bevoegdheid heeft.

Indien meerdere bedragen moeten worden opgenomen voor eenzelfde persoon, dient voor ieder aangegeven bedrag zijn in artikel 1, 1°, bedoeld identificatienummer te worden vermeld.

Art. 3. In de gevallen als bedoeld in artikel 77, § 1, 1° tot 6°, van het Wetboek, moeten de in artikel 1, 2° bedoelde bedragen tot het passende beloop worden herzien. Het bedrag van de herziening wordt opgenomen in de intracommunautaire opgave met betrekking tot het tijdvak waarin een stuk wordt uitgereikt dat de herziening van de maatstaf van heffing ter kennis brengt.

Art. 4. Wanneer na het indienen van de intracommunautaire opgave, de belastingplichtige of het lid van een BTW-eenheid in de zin van artikel 4, § 2, van het Wetboek, bedoeld in artikel 1, vaststelt dat de opgave een materiële vergissing bevat, dient hij in de eerste opgave na het tijdstip waarop hij die vergissing vaststelt, een correctie op te nemen volgens een procedure die door of vanwege de Minister van Financiën wordt bepaald.

Onder materiële vergissing wordt verstaan elke vergissing die geen aanleiding geeft tot het uitreiken van een stuk dat de herziening van de maatstaf van heffing ter kennis brengt.

Art. 5. § 1. In afwijking van artikel 1 kan de intracommunautaire opgave voor elk kalenderkwartaal worden ingediend uiterlijk de twintigste van de maand volgend op het tijdvak waarop ze betrekking heeft, wanneer het driemaandelijks totaalbedrag van de leveringen van goederen als bedoeld in artikel 1, 2°, a), b) en c), niet meer dan 50.000 euro bedraagt, noch in de loop van het betrokken kalenderkwartaal, noch in de loop van elk van de vier verstreken kalenderkwartalen.

Deze afwijking is slechts van toepassing voor de belastingplichtigen die de in artikel 53, § 1, eerste lid, 2°, van het Wetboek bedoelde aangifte driemaandelijks indienen en voor degenen die deze aangifte niet moeten indienen, alsook voor de leden van een btw-eenheid in de zin van artikel 4, § 2, van het Wetboek die deze aangifte driemaandelijks indient of die deze aangifte niet moet indienen.

Deze afwijking is niet langer van toepassing vanaf het einde van de maand waarin het in het eerste lid bedoelde bedrag wordt overschreden. In dat geval wordt een intracommunautaire opgave opgemaakt per maand die verstreken is sinds het begin van het kalenderkwartaal en ingediend uiterlijk de twintigste dag van de maand volgend op de maand waarin de overschrijding heeft plaatsgevonden.

§ 2. In afwijking van artikel 1 dienen de landbouwondernemers die niet gehouden zijn tot het indienen van de in artikel 53, § 1, eerste lid, 2°, van het Wetboek bedoelde aangifte, ieder jaar vóór 31 maart slechts één intracommunautaire opgave in die de in de artikelen 1 tot 3 bedoelde gegevens met betrekking tot het verstreken kalenderjaar bevat.

Wanneer een in het eerste lid bedoelde belastingplichtige die hoedanigheid verliest, dient zijn intracommunautaire opgave binnen drie maanden vanaf dit verlies te worden ingediend.

Art. 6. § 1. De intracommunautaire opgave moet langs elektronische weg worden ingediend op het elektronisch adres dat te dien einde gecreëerd werd onder de door of vanwege de Minister van Financiën gestelde voorwaarden.

§ 2. De belastingplichtigen en de leden van een BTW-eenheid in de zin van artikel 4, § 2, van het Wetboek, zijn vrijgesteld van de verplichting tot indiening langs elektronische weg zolang zij of in voorkomend geval de persoon die gemachtigd is dergelijke opgaven namens hen in te dienen, niet over de nodige geïnformatiseerde middelen beschikken om aan deze verplichting te voldoen.

§ 3. De belastingplichtigen die niet gehouden zijn tot de indiening van de in artikel 53, § 1, eerste lid, 2°, van het Wetboek bedoelde aangifte en de leden van een BTW-eenheid in de zin van artikel 4, § 2, van het Wetboek die niet gehouden is tot de indiening van deze aangifte, maken de keuze de intracommunautaire opgave hetzij elektronisch, hetzij op papier in te dienen.

§ 4. De belastingplichtigen en de leden van een BTW-eenheid in de zin van artikel 4, § 2, van het Wetboek:

1° die de intracommunautaire opgave langs elektronische weg indienen, moeten de in bijlage bij dit besluit bedoelde informatie overdragen;

2° die deze opgave niet langs elektronische weg indienen, moeten gebruik maken van het formulier dat hen wordt verstrekt door de administratie die de belasting over de toegevoegde waarde onder haar bevoegdheid heeft en waarvan het model voorkomt op de bijlage bij dit besluit. Zij dienen deze opgave in bij de door de Minister van Financiën aangewezen dienst.

§ 5. De toepassingsmodaliteiten van dit artikel worden geregeld door of vanwege de Minister van Financiën.

Art. 7. De intracommunautaire opgave moet niet worden ingediend wanneer er geen enkel van de gegevens als bedoeld in de artikelen 1, 3 en 4 moet worden opgenomen.

Art. 8. De in artikel 53sexies, § 1, van het Wetboek bedoelde belastingplichtigen en leden van een BTW-eenheid in de zin van artikel 4, § 2, van het Wetboek

houden klantenrekeningen of alle andere stukken om te kunnen voldoen aan de voorschriften van dit besluit en aan het toezicht op de naleving ervan.

Art. 9. Het bedrag van 50.000 euro bedoeld in artikel 5 wordt tot 31 december 2011 op 100.000 euro gebracht.

Art. 10. Dit koninklijk besluit voorziet in de omzetting van de punten 9 en 10 van de richtlijn 2008/8/EG van de Raad van 12 februari 2008 tot wijziging van Richtlijn 2006/112/EG wat betreft de plaats van een dienst en van de richtlijn 2008/117/EG van de Raad van 16 december 2008 tot wijziging van Richtlijn 2006/112/EG betreffende het gemeenschappelijke stelsel van belasting over de toegevoegde waarde ter bestrijding van de belastingfraude in het intracommunautaire verkeer.

Art. 11. Dit besluit vervangt het koninklijk besluit nr. 50 van 29 december 1992 tot regeling van de toepassingsmodaliteiten van artikel 53sexies, § 1, van het Wetboek van de belasting over de toegevoegde waarde.

Art. 12. Dit besluit treedt in werking op 1 januari 2010.

Art. 13. De Minister bevoegd voor Financiën is belast met de uitvoering van dit besluit.

BIJLAGE

BTW-OPGAVE VAN DE INTRACOMMUNAUTAIRE HANDELINGEN R

Btw-nummer van de aangever : B E 0 _____ (1)

Periode : ____ ____ (1) (4)   Bladzijde (2) ____   van (3) ____

(1) Verplicht in te vullen op elk blad van de opgave
(2) De bladzijden moeten doorlopend genummerd worden. De eerste bladzijde van de opgave draagt het nummer 001.
(3) Vul hier het totaal aantal bladzijden van de opgave in.
(4) Aan te vullen door : - maandelijkse opgave: XX | JAAR (vb : maart 2010 : 03 2010)
    - kwartaalopgave : 3X | JAAR (vb : 1e kwartaal 2010 : 31 2010)
    - jaarlijkse opgave : 00 | JAAR (vb : jaar 2010 : 00 2010)

KADER I : UITSLUITEND IN TE VULLEN OP DE EERSTE BLADZIJDE VAN DE OPGAVE

Naam en adres van de aangever :

OPGELET : wanneer de opgave meerdere bladen bevat, mogen deze niet samengehecht worden.

De bladzijden moeten gerangschikt worden per stijgend bladzijdenummer.

Datum :

ik verklaar dat deze opgave oprecht en volledig is.
Naam, hoedanigheid en telefoonnummer ondertekenaar(s):

Handtekening(en) :

KADER II : VOORBEHOUDEN AAN DE ADMINISTRATIE

Datum ontvangst   Periode   Aantal bizn.   A/B/R   Datum verwerking
    Hier vouwen a.u.b.

KADER III : OPGAVE VAN DE AFNEMERS

	LANDENCODE EN BTW-NUMMER AFNEMER	CODE	BEDRAG		PERIODE (4)
1					
2					
3					
4					
5					
6					
7					
8					
9					
10					
11					
	Totaalbedrag van deze bladzijde				

723-N-2010

1155

(1) Elke bladzijde moet worden genummerd.
(2) Vul hier het totaal aantal bladzijden van de opgave in.

Bladzijde (1) [   ]   van (2) [   ]

VERVOLG VAN KADER II - OPGAVE VAN DE AFNEMERS

LANDENCODE EN BTW-NUMMER AFNEMER	CODE	BEDRAG	PERIODE
1			
2			
3			
4			
5			
6			
7			
8			
9			
10			Hier vouwen a.u.b.
11			
12			
13			
14			
15			
16			
17			
18			
19			
20			
21			
22			
Totaalbedrag van deze bladzijde			

KONINKLIJK BESLUIT NR. 53 VAN 23 DECEMBER 1994 MET BETREKKING TOT DE BIJZONDERE REGELING VAN BELASTINGHEFFING OVER DE WINSTMARGE VOOR GEBRUIKTE GOEDEREN, KUNSTVOORWERPEN, VOORWERPEN VOOR VERZAMELINGEN EN ANTIQUITEITEN

B.S. 30.XII.1994.

Art. 1. Voor de toepassing van de bijzondere regeling van belastingheffing over de winstmarge worden aangemerkt als:

a) gebruikte goederen, de lichamelijke roerende goederen die in de staat waarin zij verkeren of na herstelling opnieuw kunnen worden gebruikt, andere dan kunstvoorwerpen, voorwerpen voor verzamelingen en antiquiteiten, en andere dan edele metalen, edelstenen en parels;

b) kunstvoorwerpen, voorwerpen voor verzamelingen en antiquiteiten, de goederen bedoeld in rubriek XXI van tabel A van de bijlage bij het koninklijk besluit nr. 20 van 20 juli 1970 tot vaststelling van de tarieven van de belasting over de toegevoegde waarde en tot indeling van de goederen en de diensten bij die tarieven.

Art. 2. § 1. De maatstaf van heffing voor de in artikel 58, § 4, 2°, van het Wetboek, bedoelde leveringen van goederen is de winstmarge van de belastingplichtige wederverkoper, verminderd met het bedrag van de belasting die in de winstmarge is begrepen. Die winstmarge is gelijk aan het verschil tussen de door de belastingplichtige wederverkoper voor het goed gevraagde verkoopprijs en de aankoopprijs.

§ 2. In de zin van § 1 wordt verstaan onder:

– "verkoopprijs": alles wat de belastingplichtige wederverkoper als tegenprestatie verkrijgt of moet verkrijgen van de koper of van een derde, met inbegrip van de subsidies die rechtstreeks met die handeling verband houden, de belastingen, rechten, heffingen en taksen en de bijkomende kosten die de belastingplichtige wederverkoper aan de koper vraagt zoals kosten van commissie, verpakking, verzekering en vervoer. Worden niet in aanmerking genomen de sommen die als disconto van de prijs mogen worden afgetrokken, de prijsverminderingen die door de belastingplichtige wederverkoper aan de afnemer worden toegekend en die door deze laatste zijn verkregen op het tijdstip waarop de belasting opeisbaar wordt en de sommen voorgeschoten door de belastingplichtige wederverkoper voor uitgaven die hij in naam en voor rekening van zijn medecontractant heeft gedaan;

– "aankoopprijs": alles wat de in het bovenstaande streepje gedefinieerde tegenprestatie uitmaakt die zijn leverancier van de belastingplichtige wederverkoper verkrijgt of moet verkrijgen.

Art. 3. De belastingplichtige wederverkopers stellen, onder de door of vanwege de Minister van Financiën gestelde voorwaarden, de maatstaf van heffing

voor leveringen van goederen die onderworpen zijn aan de bijzondere regeling van belastingheffing over de winstmarge vast voor elk aangiftetijdvak.

De belastingplichtige wederverkoper dient jaarlijks een inventaris op te maken van de voorraad goederen onderworpen aan de bijzondere regeling van belastingheffing over de winstmarge.

De maatstaf van heffing voor leveringen van goederen waarop hetzelfde tarief van de belasting van toepassing is, is de totale winstmarge van de belastingplichtige wederverkoper, verminderd met het bedrag van de belasting die in dezelfde winstmarge is begrepen.

De totale winstmarge voor elk aangiftetijdvak, uitgezonderd voor het laatste aangiftetijdvak van het jaar, is gelijk aan het verschil tussen:

– het totale bedrag van de leveringen van goederen die onderworpen zijn aan de bijzondere regeling van belastingheffing over de winstmarge en die tijdens het tijdvak door de belastingplichtige wederverkoper verricht zijn; dat bedrag is gelijk aan het totaal van de verkoopprijzen;

– en het totale bedrag van de door de belastingplichtige wederverkoper tijdens het tijdvak verrichte aankopen van goederen bedoeld in artikel 58, § 4, 2°, van het Wetboek, waarvan de leveringen door personen of belastingplichtigen vermeld in die bepaling voldoen aan de voorwaarden gesteld in die bepaling en, indien van het keuzerecht bedoeld in artikel 58, § 4, 4°, van het Wetboek, gebruik wordt gemaakt, van goederen gekocht of ingevoerd in de omstandigheden bedoeld in die laatste bepaling; dat bedrag is gelijk aan het totaal van de aankoopprijzen.

De totale winstmarge voor het laatste aangiftetijdvak van het jaar is gelijk aan het verschil tussen:

– het totale bedrag van de verkoopprijzen van de leveringen van goederen die onderworpen zijn aan de bijzondere regeling van belastingheffing over de winstmarge en die tijdens het jaar door de belastingplichtige wederverkoper zijn verricht;

– en het totale bedrag van de aankoopprijzen van de goederen die tijdens hetzelfde jaar door de belastingplichtige wederverkoper met toepassing van de bijzondere regeling van belastingheffing over de winstmarge zijn geleverd, verhoogd met het bedrag van de winstmarges die reeds werden aangegeven voor de vorige aangiftetijdvakken van hetzelfde jaar.

Indien de totale winstmarge met betrekking tot het laatste aangiftetijdvak van het jaar een negatieve marge is, doet dit geen recht op overdracht van die marge naar een volgend jaar ontstaan.

Art. 4. Voor de leveringen van goederen onderworpen aan de bijzondere regeling van belastingheffing over de winstmarge wordt de omzet gevormd door de totale winstmarge die de belastingplichtige wederverkoper realiseert in de loop van een jaar, verminderd met het bedrag van de belasting die in de winstmarge is begrepen.

Art. 5. Indien van het keuzerecht, bedoeld in artikel 58, § 4, 4°, van het Wetboek, gebruik gemaakt, wordt de maatstaf van heffing overeenkomstig artikel 2 vastgesteld. Evenwel, voor leveringen van kunstvoorwerpen, voorwerpen voor verzamelingen en antiquiteiten die de belastingplichtige wederverkoper zelf heeft ingevoerd, is de aankoopprijs die in aanmerking moet worden genomen voor de berekening van de winstmarge gelijk aan de overeenkomstig artikel 34 van het Wetboek vastgestelde maatstaf van heffing bij invoer, vermeerderd met de bij invoer verschuldigde of betaalde belasting over de toegevoegde waarde.

Art. 6. De keuzeverklaring bedoeld in artikel 58, § 4, 4°, van het Wetboek, die moet worden gedaan voor alle in die bepaling beoogde leveringen moet bij ter post aangetekende brief worden gericht aan de hoofdcontroleur van het controlekantoor van de belasting over de toegevoegde waarde waaronder de indiener ressorteert.

De overeenkomstig het eerste lid gemaakte keuze gaat in op de datum van de afgifte ter post van de brief en geldt tot 31 december van het tweede jaar dat op die datum volgt.

Art. 7. Indien de belastingplichtige wederverkoper zowel de normale regeling van de belasting als de bijzondere regeling van belastingheffing over de winstmarge toepast, moet hij de handelingen verricht onder de normale regeling van de belasting en de handelingen verricht onder de bijzondere regeling van belastingheffing over de winstmarge afzonderlijk in zijn boekhouding bijhouden, volgens de door of vanwege de Minister van Financiën vastgestelde modaliteiten.

Art. 8. [Op de facturen of op de als zodanig geldende stukken die de belastingplichtige wederverkoper uitreikt voor de leveringen van goederen die hij onderwerpt aan de bijzondere regeling van belastingheffing over de winstmarge dient de volgende vermelding te worden aangebracht: "Bijzondere regeling - gebruikte goederen", of "Bijzondere regeling - kunstvoorwerpen" of "Bijzondere regeling - voorwerpen voor verzamelingen of antiquiteiten".]

Vervangen bij art. 46 K.B. 30 april 2013 (B.S. 8.V.2013), van toepassing vanaf 1 januari 2013.

Art. 9. In afwijking van artikel 15, § 4, van het koninklijk besluit nr. 1 van 29 december 1992, is een afzonderlijke inschrijving in het dagboek van ontvangsten noodzakelijk, met vermelding van de aard van de verkochte goederen, van de ontvangsten die voortkomen van elke door de belastingplichtige wederverkoper aan de bijzondere regeling van belastingheffing over de winstmarge onderworpen levering [waarvoor hij niet verplicht is een factuur uit te reiken en waarvoor hij geen factuur heeft uitgereikt].

Gewijzigd bij art. 31 K.B. 20 februari 2004 (B.S. 27. II.2004, ed. 3).

Art. 10. Door of vanwege de Minister van Financiën worden de andere regelen en toepassingsmodali-

teiten van de bijzondere regeling van belastingheffing over de winstmarge bepaald.

Art. 11. Dit besluit treedt in werking op 1 januari 1995.

Art. 12. Onze Minister van Financiën is belast met de uitvoering van dit besluit.

KONINKLIJK BESLUIT NR. 55
VAN 9 MAART 2007
MET BETREKKING TOT DE REGELING
VOOR BELASTINGPLICHTINGEN DIE EEN
BTW-EENHEID VORMEN

B.S. 15.III.2007.

Art. 1. § 1. In de mate waarin zij gevestigd zijn in België, kunnen, overeenkomstig artikel 4, § 2, van het Wetboek aangemerkt worden als één belastingplichtige, de belastingplichtigen in de zin van artikel 4, § 1, van het Wetboek die voldoen aan de volgende cumulatieve voorwaarden:

1° zij zijn financieel nauw met elkaar verbonden. Aan deze voorwaarde wordt in ieder geval voldaan wanneer tussen hen een rechtstreekse of onrechtstreekse controleverhouding bestaat in rechte of in feite.

In hoofde van andere personen dan rechtspersonen met een in aandelen vertegenwoordigd kapitaal wordt deze financiële verbondenheid in ieder geval voldaan wanneer de meerderheid van de activa die zij hebben ingezet voor de behoeften van hun economische activiteit rechtstreeks of onrechtstreeks toebehoren aan dezelfde persoon.

2° zij zijn organisatorisch nauw met elkaar verbonden. Aan deze voorwaarde wordt in ieder geval voldaan wanneer:

- zij in rechte of in feite rechtstreeks of onrechtstreeks onder een gemeenschappelijke leiding staan, of

- zij hun werkzaamheden geheel of gedeeltelijk in gemeenschappelijk overleg organiseren, of

- zij in rechte of in feite rechtstreeks of onrechtstreeks onder de controlebevoegdheid staan van één persoon.

3° zij zijn economisch nauw met elkaar verbonden. Aan deze voorwaarde wordt in ieder geval voldaan wanneer:

- de voornaamste werkzaamheid van ieder van hen van dezelfde aard is, of

- hun werkzaamheden elkaar aanvullen of beïnvloeden, of kaderen in het nastreven van een gezamenlijk economisch doel, of

- de werkzaamheid van de ene belastingplichtige geheel of gedeeltelijk wordt uitgeoefend ten behoeve van de anderen.

§ 2. Indien een lid van de BTW-eenheid een rechtstreekse deelneming heeft van meer dan 50 pct. in een andere belastingplichtige, worden de in § 1 vermelde voorwaarden in hoofde van laatstgenoemde geacht te zijn vervuld, behoudens indien zij kunnen aantonen dat zij organisatorisch, economisch of omwille van andere omstandigheden niet met elkaar verbonden zijn of kunnen zijn.

§ 3. Het geheel van de belastingplichtigen die samen aangemerkt worden als één belastingplichtige zoals bedoeld in § 1 wordt, voor de toepassing van dit koninklijk besluit, BTW-eenheid genoemd.

Een belastingplichtige die deel uitmaakt van een BTW-eenheid, wordt voor de toepassing van dit koninklijk besluit, lid van een BTW-eenheid genoemd.

De leden van de BTW-eenheid duiden één van hen aan om in hun naam en voor hun rekening de rechten en verplichtingen van de BTW-eenheid vermeld in het Wetboek en de uitvoeringsbesluiten uit te oefenen. Dit lid wordt voor de toepassing van dit koninklijk besluit, de vertegenwoordiger van de BTW-eenheid genoemd.

§ 4. Een belastingplichtige kan slechts lid zijn van één enkele BTW-eenheid.

Als een lid van een BTW-eenheid een rechtstreekse deelneming verwerft van meer dan 50 pct. in een belastingplichtige die reeds lid is van een andere BTW-eenheid, is laatstgenoemde belastingplichtige niet langer lid van de BTW-eenheid waartoe hij behoorde en wordt hij lid van de BTW-eenheid waartoe de belastingplichtige behoort die hem voor meer dan 50 pct. in zijn bezit heeft, behoudens indien zij kunnen aantonen, overeenkomstig § 2, dat zij organisatorisch, economisch of omwille van andere omstandigheden niet met elkaar verbonden zijn of kunnen zijn.

Art. 2. § 1. Een belastingplichtige, behalve deze bedoeld in artikel 1, § 2, wordt lid van een BTW-eenheid indien hij middels volmacht gegeven aan de vertegenwoordiger van de BTW-eenheid, opteert om deel uit te maken van de BTW-eenheid. Deze optie geldt tenminste tot en met 31 december van het derde jaar volgend op het tijdstip bedoeld in § 4.

Een belastingplichtige bedoeld in artikel 1, § 2, moet lid worden van de BTW-eenheid voor dezelfde periode.

§ 2. De vertegenwoordiger van de BTW-eenheid is gehouden krachtens volmacht, in naam en voor rekening van de leden van de BTW-eenheid, een gemotiveerd verzoek in te dienen bij het controlekantoor dat bevoegd is voor de belasting over de toegevoegde waarde waaronder hij ressorteert.

Dit verzoek is slechts geldig ingediend als het alle elementen bevat en vergezeld gaat van alle stukken die moeten aantonen dat de in artikel 1, § 1 vermelde voorwaarden zijn vervuld.

Het verzoek geldt als aangifte van aanvang van werkzaamheid van de BTW-eenheid zoals bedoeld in artikel 53, § 1, eerste lid, 1°, van het Wetboek. De vertegenwoordiger van de BTW-eenheid kan niettemin, in hetzelfde verzoek, ter zelfder tijd voorstellen om één of meerdere belastingplichtigen zoals bedoeld in artikel 1, § 2, uit de BTW-eenheid uit te sluiten.

§ 3. Wanneer het hoofd van het in § 2 bedoeld controlekantoor vaststelt dat de BTW-eenheid niet of niet geheel voldoet aan de in artikel 1, § 1 bedoelde voorwaarden, of bij verwerping van het in § 2, tweede lid bedoeld verzoek tot uitsluiting, deelt hij zulks mee aan de vertegenwoordiger van de BTW-eenheid binnen de maand na de geldige indiening van het in § 2 bedoeld verzoek middels een schriftelijke en met reden omklede beslissing.

§ 4. Behoudens in het geval van een negatieve beslissing, wordt de BTW-eenheid aangemerkt als één belastingplichtige vanaf de eerste dag van de maand volgend op het verstrijken van de in § 3 bedoelde termijn.

Art. 3. § 1. De stopzetting van de BTW-eenheid, hetzij omdat de in artikel 1, § 1, bedoelde voorwaarden niet langer vervuld zijn, hetzij op verzoek van de BTW-eenheid, wordt ter kennis gebracht van het in artikel 2, § 2, bedoelde controlekantoor, middels een verzoek tot stopzetting van de BTW-eenheid. Dit verzoek geldt als aangifte van stopzetting van werkzaamheid bedoeld in artikel 53, § 1, eerste lid, 1°, van het Wetboek.

Dit verzoek wordt ingediend door de vertegenwoordiger van de BTW-eenheid die optreedt krachtens volmacht, in naam en voor rekening van de leden van de BTW-eenheid.

§ 2. Deze stopzetting heeft uitwerking vanaf de eerste dag van de maand volgend op de maand waarin dit verzoek werd ingediend.

§ 3. De leden van de BTW-eenheid brengen het controlekantoor dat bevoegd is voor de belasting over de toegevoegde waarde waaronder zij ressorteren in kennis van de stopzetting van de BTW-eenheid. Deze kennisgeving geldt in hoofde van de leden van de BTW-eenheid als aangifte van aanvang van werkzaamheid bedoeld in artikel 53, § 1, eerste lid, 1°, van het Wetboek.

Art. 4. § 1. In geval van toetreding tot de BTW-eenheid na de aanvang van de werkzaamheden van de BTW-eenheid van een belastingplichtige andere dan deze bedoeld in artikel 1, § 2, is de vertegenwoordiger van de BTW-eenheid gehouden krachtens volmacht, die geldt als optie om tot de BTW-eenheid toe te treden in naam en voor rekening van het toetredend lid, een gemotiveerd verzoek in te dienen bij het controlekantoor dat bevoegd is voor de belasting over de toegevoegde waarde waaronder hij ressorteert.

Dit verzoek is slechts geldig ingediend als het alle elementen bevat en vergezeld gaat van alle stukken die moeten aantonen dat de in artikel 1, § 1 vermelde voorwaarden zijn vervuld.

Het verzoek geldt als aangifte van wijziging van werkzaamheid van de BTW-eenheid zoals bedoeld in artikel 53, § 1, eerste lid, 1°, van het Wetboek. Deze optie geldt tenminste tot en met 31 december van het derde jaar volgend op het tijdstip bedoeld in § 3.

§ 2. In geval dat een belastingplichtige bedoeld in artikel 1, § 2, gehouden is van een BTW-eenheid deel uit te maken, na de aanvang van de werkzaamheden van de BTW-eenheid, is de vertegenwoordiger van de BTW-eenheid gehouden het controlekantoor dat bevoegd is voor de belasting over de toegevoegde waarde waaronder hij ressorteert te informeren. Deze kennisgeving geldt als aangifte van wijziging van werkzaamheid van de BTW-eenheid zoals bedoeld in artikel 53, § 1, eerste lid, 1°, van het Wetboek.

De vertegenwoordiger van de BTW-eenheid kan niettemin, op basis van een gemotiveerd verzoek, terzelfder tijd voorstellen om de belastingplichtige zoals bedoeld in artikel 1, § 2, uit de BTW-eenheid uit te sluiten.

§ 3. Wanneer het hoofd van het in het § 1 en § 2, eerste lid, bedoeld controlekantoor vaststelt dat het nieuw lid niet voldoet aan de in artikel 1, § 1 bedoelde

voorwaarden, of bij verwerping van het in § 2, tweede lid, bedoeld verzoek tot uitsluiting, deelt hij zulks mee aan de vertegenwoordiger van de BTW-eenheid binnen de maand na de geldige indiening van het in § 1 of § 2, tweede lid, bedoeld verzoek middels een schriftelijke en met reden omklede beslissing.

Als het hoofd van het in § 1 en § 2, eerste lid bedoeld controlekantoor vaststelt dat voldaan is aan de in artikel 1, § 1 bedoelde voorwaarden of dat niet voldaan is aan de voorwaarden met betrekking tot het in § 2, tweede lid, bedoeld verzoek tot uitsluiting, treedt het nieuw lid toe tot de BTW-eenheid vanaf de eerste dag van de maand volgend op het verstrijken van de in het, eerste lid, bedoelde termijn.

§ 4. De belastingplichtige die toetreedt tot de BTW-eenheid brengt het controlekantoor dat bevoegd is voor de belasting over de toegevoegde waarde waaronder hij ressorteert hiervan op de hoogte in de loop van de maand waarin hij overeenkomstig § 3, tweede lid, geacht wordt toe te treden tot de BTW-eenheid.

Art. 5. § 1 Na het verstrijken van de termijn bedoeld in artikel 2, § 1, eerste lid, of artikel 4, § 1, is de vertegenwoordiger van de BTW-eenheid gehouden krachtens volmacht, een kennisgeving te doen van de uittreding van een lid bij het controlekantoor dat bevoegd is voor de belasting over de toegevoegde waarde waaronder hij ressorteert. Deze kennisgeving geldt als aangifte van wijziging van werkzaamheid van de BTW-eenheid zoals bedoeld in artikel 53, § 1, eerste lid, 1°, van het Wetboek.

Deze uittreding krijgt uitwerking vanaf de eerste dag van de maand volgend op deze kennisgeving.

§ 2. Een lid van de BTW-eenheid dient uit te treden ingeval de in artikel 1, § 1 bedoelde voorwaarden niet langer vervuld zijn.

De vertegenwoordiger van de BTW-eenheid is gehouden krachtens volmacht, een kennisgeving te doen bij het controlekantoor dat bevoegd is voor de belasting over de toegevoegde waarde waaronder hij ressorteert van deze uittreding. Deze kennisgeving geldt als aangifte van wijziging van werkzaamheid van de BTW-eenheid zoals bedoeld in artikel 53, § 1, eerste lid, 1°, van het Wetboek.

Deze uittreding krijgt uitwerking vanaf de eerste dag van de maand volgend op deze kennisgeving.

§ 3. Het uittredende lid van de BTW-eenheid brengt het controlekantoor dat bevoegd is voor de belasting over de toegevoegde waarde waaronder hij ressorteert hiervan op de hoogte in de loop van de maand waarin hij overeenkomstig §§ 1 of 2 geacht wordt uit te treden uit de BTW-eenheid.

Art. 6. § 1. Er is van rechtswege uittreding van een lid uit de BTW eenheid in het geval van een insolvabiliteitprocedure.

§ 2. De voormelde uittreding heeft uitwerking vanaf het tijdstip van aanvang van de insolvabiliteitprocedure. Ze wordt binnen de 15 dagen na deze uittreding per aangetekend schrijven ter kennis gebracht door de vertegenwoordiger van de BTW-eenheid aan het controlekantoor dat bevoegd is voor de belasting

over de toegevoegde waarde waaronder de BTW eenheid ressorteert. Deze kennisgeving geldt ten aanzien
van de BTW-eenheid als aangifte van wijziging van
werkzaamheid zoals bedoeld in artikel 53, § 1, eerste
lid van het Wetboek.

§ 3. In geval van uittreding van de vertegenwoordiger van de BTW-eenheid, moet vanaf het tijdstip van
deze uittreding in zijn vervanging worden voorzien. In
de vervanging moet ook worden voorzien in het geval
van stopzetting van de lastgeving aan de vertegenwoordiger van de BTW-eenheid. De vervanging moet
binnen de 15 dagen volgend op de uittreding of de
stopzetting door de nieuwe vertegenwoordiger van de
BTW-eenheid per aangetekend schrijven ter kennis
worden gebracht aan het controlekantoor van de belasting over de toegevoegde waarde waaronder de BTW-
eenheid ressorteert ingevolge de vervanging van de
vertegenwoordiger van de BTW-eenheid. Deze kennisgeving geldt ten aanzien van de BTW-eenheid
als aangifte van wijziging van werkzaamheid zoals bedoeld in artikel 53, § 1, 1° van het Wetboek.

Art. 7. § 1. Vanaf het in artikel 2, § 4, bedoelde
tijdstip wordt de BTW-eenheid in de plaats gesteld van
de leden ten aanzien van alle rechten die aan laatst
genoemden zijn verleend of alle verplichtingen die
hen zijn opgelegd door of ter uitvoering van het Wetboek en de besluiten genomen ter uitvoering.

§ 2. Vanaf het tijdstip van de stopzetting van de
werkzaamheid van de BTW-eenheid, treden de leden
in de plaats van de BTW-eenheid, voor hun rechten en
verplichtingen vermeld in het Wetboek en de besluiten
genomen ter uitvoering.

§ 3. In geval van toetreding van een belastingplichtige tot de BTW-eenheid, treedt deze laatste in de
plaats van het toetredend lid voor zijn rechten en verplichtingen vermeld in het Wetboek en de besluiten
genomen ter uitvoering.

§ 4. In geval van uittreding van een lid uit de
BTW-eenheid, treedt deze eenheid niet langer in de
plaats van dit lid voor zijn rechten en verplichtingen
vermeld in het Wetboek en de besluiten genomen ter
uitvoering.

Art. 8. Dit besluit treedt in werking op 1 april
2007.

Art. 9. Onze Minister bevoegd voor Financiën is
belast met de uitvoering van dit besluit.

**KONINKLIJK BESLUIT NR. 56
VAN 9 DECEMBER 2009
MET BETREKKING TOT DE
TERUGGAVE INZAKE BELASTING
OVER DE TOEGEVOEGDE WAARDE AAN
BELASTINGPLICHTIGEN GEVESTIGD IN
EEN ANDERE LIDSTAAT DAN DE LIDSTAAT
VAN TERUGGAAF**

B.S. 17.XII.2009, ed. 2, err. B.S. 7.V.2010.

HOOFDSTUK I

ALGEMENE BEPALINGEN

Art. 1. Voor de toepassing van dit besluit wordt verstaan onder:

1° "niet in de lidstaat van teruggaaf gevestigde belastingplichtige": elke belastingplichtige in de zin van artikel 9, lid 1, van de richtlijn 2006/112/EG die niet in de lidstaat van teruggaaf, maar in een andere lidstaat is gevestigd;

2° "lidstaat van teruggaaf": de lidstaat waar de belasting over de toegevoegde waarde aan de niet in de lidstaat van teruggaaf gevestigde belastingplichtige in rekening werd gebracht ter zake van de voor genoemde belastingplichtige in deze lidstaat verrichte diensten of leveringen van goederen, dan wel ter zake van de invoer van goederen in deze lidstaat;

3° "teruggaaftijdvak": het tijdvak waarop het teruggaafverzoek betrekking heeft;

4° "teruggaafverzoek": het verzoek om teruggaaf van de aan de niet in de lidstaat van teruggaaf gevestigde belastingplichtige in rekening gebrachte belasting over de toegevoegde waarde ter zake van de voor genoemde belastingplichtige in deze lidstaat verrichte diensten of leveringen van goederen, of ter zake van de invoer van goederen in deze lidstaat;

5° "aanvrager": de niet in de lidstaat van teruggaaf gevestigde belastingplichtige die het teruggaafverzoek doet.

HOOFDSTUK II

BELGIË IS DE LIDSTAAT VAN TERUGGAAF

Afdeling 1

Algemeen

Art. 2. § 1. De regeling van teruggaaf is van toepassing op elke in artikel 1, 1° bedoelde belastingplichtige die aan de volgende voorwaarden voldoet:

1° de belastingplichtige heeft gedurende het tijdvak waarop het teruggaafverzoek betrekking heeft in België geen zetel van zijn economische activiteit gehad, noch een vaste inrichting van waaruit de handelingen werden verricht, noch, bij gebrek aan een dergelijke zetel of vaste inrichting, zijn woonplaats of zijn gebruikelijke verblijfplaats;

2° de belastingplichtige heeft gedurende het tijdvak waarop het teruggaafverzoek betrekking heeft

geen leveringen van goederen of diensten verricht die geacht worden in België plaats te vinden, met uitzondering van de volgende handelingen:

a) vervoer en daarmee samenhangende diensten die vrijgesteld zijn krachtens de artikelen 39 tot en met 42 van het Wetboek;

b) leveringen van goederen of diensten waarvan de afnemer de BTW verschuldigd is krachtens artikel 51, § 2, van het Wetboek.

§ 2. De regeling bedoeld in paragraaf 1 is evenwel niet van toepassing wanneer de niet in België gevestigde belastingplichtige krachtens artikel 50, § 1, eerste lid, 3°, of § 3, van het Wetboek in België is geïdentificeerd.

Art. 3. § 1. De in artikel 2 bedoelde belastingplichtige kan teruggaaf krijgen van de belasting geheven op de aan hem in België geleverde goederen of verleende diensten of van in België ingevoerde goederen, in de mate dat deze belastingplichtige in de lidstaat waar hij is gevestigd handelingen verricht waarvoor recht op aftrek ontstaat en deze goederen en diensten worden gebruikt voor:

1° de handelingen bedoeld in artikel 45, § 1, 2° en 3°, van het Wetboek;

2° de handelingen waarvoor de afnemer overeenkomstig artikel 51, § 2, van het Wetboek, tot voldoening van de belasting is gehouden.

§ 2. Het recht op teruggaaf van de voorbelasting wordt bepaald overeenkomstig de artikelen 45, 48 en 49 van het Wetboek.

Zijn van de teruggaaf uitgesloten:

1° de bedragen inzake belasting over de toegevoegde waarde die het bedrag te boven gaan dat wettelijk verschuldigd is;

2° de gefactureerde bedragen inzake belasting over de toegevoegde waarde voor leveringen van goederen die krachtens artikel 39, § 1, 2°, of 39bis van het Wetboek van de belasting vrijgesteld zijn of kunnen worden.

§ 3. Wanneer de in artikel 2 bedoelde belastingplichtige in de lidstaat waar hij is gevestigd, zowel handelingen verricht die in die lidstaat een recht op aftrek doen ontstaan, als handelingen die in die lidstaat geen recht op aftrek doen ontstaan, kan van de overeenkomstig de paragrafen 1 en 2 betaalde voorbelasting slechts dat gedeelte van de belasting over de toegevoegde waarde worden teruggegeven dat overeenkomstig artikel 173 van de richtlijn 2006/112/EG, zoals toegepast door de lidstaat van vestiging, aan eerstgenoemde handelingen kan worden toegerekend.

Afdeling 2

Modaliteiten van de teruggaaf

Art. 4. De in artikel 2 bedoelde belastingplichtige die in België teruggaaf van de belasting over de toegevoegde waarde wenst te verkrijgen, richt langs elektronische weg een teruggaafverzoek dat hij indient bij de lidstaat waar hij is gevestigd, via de door deze lidstaat ingestelde portaalsite.

Art. 5. § 1. Het teruggaafverzoek moet de volgende gegevens bevatten:

1° de naam en het volledige adres van de aanvrager;

2° een elektronisch adres;

3° een omschrijving van de beroepsactiviteit van de aanvrager waarvoor de goederen of diensten worden afgenomen;

4° het teruggaaftijdvak waarop het verzoek betrekking heeft;

5° een verklaring van de aanvrager dat hij gedurende het teruggaaftijdvak geen leveringen van goederen of diensten heeft verricht waarvan de plaats geacht wordt in België te zijn gelegen, met uitzondering van de handelingen bedoeld in artikel 2, § 1, 2°;

6° het BTW-identificatienummer of het fiscaal registratienummer van de aanvrager;

7° zijn bankgegevens (inclusief IBAN en BIC).

§ 2. Behalve de in paragraaf 1 bedoelde gegevens worden in het teruggaafverzoek voor iedere factuur en ieder invoerdocument de volgende gegevens vermeld:

1° de naam en het volledige adres van de leverancier of dienstverrichter;

2° behalve in het geval van invoer, het BTW-identificatienummer dat de letters BE bevat van de leverancier of dienstverrichter bedoeld in artikel 50 van het Wetboek;

3° de datum en het nummer van de factuur of het invoerdocument;

4° de maatstaf van heffing en het bedrag aan BTW, uitgedrukt in euro;

5° het bedrag van de aftrekbare BTW berekend volgens artikel 3 en uitgedrukt in euro;

6° in voorkomend geval, het aftrekbare gedeelte berekend volgens artikel 3, § 3, uitgedrukt in percenten;

7° de aard van de afgenomen goederen en diensten, aangegeven door middel van de volgende codes:

1. = brandstof;

2. = verhuur van vervoermiddelen;

3. = uitgaven in verband met vervoermiddelen, andere dan die voor de goederen en diensten waarnaar wordt verwezen met de codes 1 en 2;

4. = wegentol en andere heffingen met betrekking tot het gebruik van de weginfrastructuur;

5. = reiskosten, zoals taxikosten, kosten van het openbaar vervoer;

6. = logies;

7. = spijzen, drank en restauratie;

8. = toegang tot beurzen en tentoonstellingen;

9. = weelde-uitgaven, en uitgaven voor ontspanning en representatie;

10. = andere.

Indien code 10 wordt gebruikt, moet de aard van de afgenomen goederen en diensten worden aangegeven.

Art. 6. Door of vanwege de Minister van Financiën kan de aanvrager worden verzocht om langs elektronische weg aan de hand van codes aanvullende gegevens te verstrekken met betrekking tot iedere code bedoeld in artikel 5, § 2, 7°, voor zover die gegevens noodza-

kelijk blijken wegens beperkingen van het recht op aftrek voorzien in het Wetboek.

Art. 7. Onverminderd de krachtens artikel 16 gevraagde gegevens, is de aanvrager gehouden samen met het teruggaafverzoek langs elektronische weg een afschrift van de factuur of het invoerdocument bij te voegen, wanneer de maatstaf van heffing op de factuur of het invoerdocument 1.000 euro of meer bedraagt. Indien de factuur evenwel betrekking heeft op brandstof, is dit drempelbedrag 250 euro.

Door of vanwege de Minister van Financiën kan evenwel in de door hem of namens hem te bepalen gevallen worden afgeweken van deze verplichting als deze niet nodig blijkt voor de controle van de teruggaaf.

Art. 8. De aanvrager is gehouden zijn beroepsactiviteit te omschrijven aan de hand van geharmoniseerde codes NACE van vier cijfers.

Art. 9. De in artikel 2 bedoelde belastingplichtige moet voor het verstrekken van de gegevens in het teruggaafverzoek of van mogelijke andere aanvullende gegevens één van de volgende talen gebruiken: Engels, Nederlands, Frans of Duits.

Art. 10. Indien het aftrekbare gedeelte bedoeld in artikel 3, § 3 overeenkomstig artikel 175 van de richtlijn 2006/112/EG wordt aangepast na de indiening van het teruggaafverzoek, moet de aanvrager het bedrag dat wordt teruggevraagd of dat reeds is teruggegeven, corrigeren.

De correctie vindt plaats in een teruggaafverzoek dat gedaan wordt binnen het kalenderjaar volgend op het desbetreffende teruggaaftijdvak, dan wel, - mocht de aanvrager in dat kalenderjaar geen teruggaafverzoek indienen - door via de door de lidstaat van vestiging ingestelde portaalsite een afzonderlijke verklaring toe te zenden.

Art. 11. § 1. Het teruggaafverzoek moet betrekking hebben op een teruggaaftijdvak dat ten hoogste één kalenderjaar bedraagt en ten minste drie kalendermaanden. Het teruggaafverzoek kan evenwel betrekking hebben op een tijdvak van minder dan drie kalendermaanden wanneer dit tijdvak het resterende gedeelte van een kalenderjaar betreft.

§ 2. Als het teruggaafverzoek een teruggaaftijdvak betreft van minder dan één kalenderjaar maar wel minstens drie kalendermaanden, dan moet het BTW-bedrag waarop het teruggaafverzoek betrekking heeft ten minste 400 euro bedragen.

Als het teruggaafverzoek betrekking heeft op een kalenderjaar of het resterende gedeelte van een kalenderjaar, dan moet het BTW-bedrag ten minste 50 euro bedragen.

Art. 12. Het teruggaafverzoek moet uiterlijk op 30 september van het kalenderjaar volgend op het teruggaaftijdvak bij de lidstaat van vestiging worden ingediend. Het teruggaafverzoek wordt alleen als ingediend aangemerkt indien de aanvrager alle in de artikelen 5, 6 en 8 gevraagde gegevens heeft verstrekt.

[In afwijking van het eerste lid moet het teruggaafverzoek met betrekking tot het jaar 2009 uiterlijk op 31 maart 2011 bij de hiervoor bedoelde lidstaat worden ingediend.]

Al. 2 ingevoegd bij art. 1 K.B. 8 december 2010 (B.S. 16. XII.2010), van toepassing vanaf 1 oktober 2010.

Art. 13. § 1. Het teruggaafverzoek heeft betrekking op:

1° de belasting geheven op leveringen van goederen en diensten waarvoor een factuur werd uitgereikt overeenkomstig artikel 53, § 2, van het Wetboek en ten aanzien waarvan de belasting [opeisbaar] is geworden gedurende het teruggaaftijdvak;

2° de belasting geheven op de invoer van goederen die gedurende het teruggaaftijdvak heeft plaatsgevonden.

§ 2. Het teruggaafverzoek kan ook betrekking hebben op facturen of invoerdocumenten die nog niet het voorwerp hebben uitgemaakt van eerdere teruggaafverzoeken voor zover die betrekking hebben op handelingen die tijdens het kalenderjaar van het teruggaaftijdvak werden verricht.

§ 1, 1° gewijzigd bij art. 49 K.B. 30 april 2013 (B.S. 8.V.2013), van toepassing vanaf 1 januari 2013.

Art. 14. De administratie die de belasting over de toegevoegde waarde onder haar bevoegdheid heeft stelt de aanvrager onverwijld langs elektronische weg in kennis van de datum van ontvangst van het teruggaafverzoek.

Art. 15. Binnen een termijn van vier maanden vanaf de datum bedoeld in artikel 14 zal de administratie die de belasting over de toegevoegde waarde onder haar bevoegdheid heeft:

1° haar beslissing om het teruggaafverzoek in te willigen langs elektronische weg aan de aanvrager meedelen;

2° haar beslissing om het teruggaafverzoek geheel of gedeeltelijk te verwerpen aangetekend aan de aanvrager meedelen.

Art. 16. § 1 Ingeval de administratie die de belasting over de toegevoegde waarde onder haar bevoegdheid heeft, meent niet alle dienstige informatie te hebben ontvangen om met betrekking tot het geheel of een deel van het teruggaafverzoek een uitspraak te kunnen doen, kan zij binnen de in artikel 15 genoemde termijn van vier maanden, langs elektronische weg in het bijzonder de aanvrager of de bevoegde autoriteiten van de lidstaat van vestiging om aanvullende gegevens verzoeken. Indien de aanvullende gegevens worden opgevraagd bij een andere persoon dan de aanvrager of de bevoegde autoriteiten van een lidstaat, wordt alleen langs elektronische weg om gegevens verzocht indien de bestemmeling van het verzoek over de desbetreffende apparatuur beschikt.

Zo nodig kan de administratie die de belasting over de toegevoegde waarde onder haar bevoegdheid heeft om andere dan in het eerste lid bedoelde aanvullende gegevens verzoeken.

De gevraagde gegevens kunnen ook het overleggen van het origineel of een afschrift van de factuur of het invoerdocument omvatten wanneer de administratie redenen heeft om te twijfelen aan het bestaan van een bepaalde vordering. In dat geval zijn de drempelnormen van artikel 7 niet van toepassing.

§ 2. De krachtens paragraaf 1 gevraagde gegevens moeten binnen een maand na ontvangst van het verzoek om informatie door de bestemmeling van het verzoek aan de administratie die de belasting over de toegevoegde waarde onder haar bevoegdheid heeft worden verstrekt.

Art. 17. Indien de administratie die de belasting over de toegevoegde waarde onder haar bevoegdheid heeft om aanvullende gegevens verzoekt, deelt zij op de wijze zoals voorzien in artikel 15, 1° of 2°, in afwijking van artikel 15, haar beslissing aan de aanvrager mee binnen twee maanden na ontvangst van de gevraagde gegevens of, indien niet op haar verzoek gereageerd is, binnen twee maanden na het verstrijken van de in artikel 16, § 2 genoemde termijn. De termijn waarover de administratie beschikt om te beslissen over een volledige of gedeeltelijke teruggaaf, bedraagt evenwel in ieder geval ten minste zes maanden vanaf de ontvangst van het in artikel 5, § 1 bedoelde teruggaafverzoek.

Wanneer de administratie die de belasting over de toegevoegde waarde onder haar bevoegdheid heeft verdere aanvullende gegevens vraagt overeenkomstig artikel 16, § 1, tweede lid, stelt zij binnen acht maanden nadat het teruggaafverzoek is ontvangen, de aanvrager in kennis van haar beslissing over een gehele of gedeeltelijke teruggaaf op de wijze zoals voorzien in artikel 15, 1° of 2°.

Art. 18. Indien het teruggaafverzoek wordt ingewilligd, wordt het goedgekeurde teruggaafbedrag uiterlijk binnen tien werkdagen na het verstrijken van de in artikel 15 genoemde termijn terugbetaald, of, indien om aanvullende of verdere aanvullende gegevens is verzocht, na het verstrijken van de termijnen overeenkomstig artikel 17.

De teruggaaf vindt plaats volgens de in artikel 5, § 1, 7°, bedoelde bankgegevens die door de aanvrager worden verstrekt. In voorkomend geval worden de bankkosten voor het overmaken in mindering gebracht op het aan de aanvrager te betalen bedrag.

Art. 19. § 1. Indien het teruggaafverzoek geheel of ten dele wordt afgewezen, worden de redenen hiervoor door de administratie die de belasting over de toegevoegde waarde onder haar bevoegdheid heeft aangetekend tegelijkertijd met de beslissing aan de aanvrager meegedeeld.

§ 2. De aanvrager kan beroep instellen tegen een beslissing tot afwijzing van een teruggaafverzoek overeenkomstig artikel 14 van het koninklijk besluit nr. 4 met betrekking tot de teruggaven inzake belasting over de toegevoegde waarde.

§ 3. Indien geen beslissing over het teruggaafverzoek wordt genomen binnen de termijnen vastgesteld bij dit besluit, wordt dit verzoek als ingewilligd aangemerkt onder voorbehoud van de toepassing van artikel 20.

Art. 20. § 1. Wanneer teruggaaf op frauduleuze of anderszins onrechtmatige wijze is verkregen, gaat de administratie die de belasting over de toegevoegde waarde onder haar bevoegdheid heeft onmiddellijk over tot invordering van de ten onrechte betaalde bedragen en van eventuele [fiscale] geldboeten en interesten opgelegd volgens de procedure voorzien in het BTW-Wetboek, onverminderd de bepalingen inzake wederzijdse bijstand ter invordering van de belasting over de toegevoegde waarde.

§ 2. Wanneer [fiscale] geldboeten of interesten opgelegd maar niet betaald zijn, kan de administratie die de belasting over de toegevoegde waarde onder haar bevoegdheid heeft elke verdere teruggaaf aan de betrokken belastingplichtige ten belope van het onbetaalde bedrag opschorten.

§§ 1 en 2 gewijzigd bij art. 50 K.B. 30 april 2013 (B.S. 8.V.2013), van toepassing vanaf 1 januari 2013.

Art. 21. Correcties betreffende een eerder teruggaafverzoek als bedoeld in artikel 10, worden door de administratie die de belasting over de toegevoegde waarde onder haar bevoegdheid heeft in meer of in min met het teruggaafbedrag verrekend of, in geval van toezending van een afzonderlijke verklaring, afzonderlijk ingevorderd of terugbetaald.

Art. 22. Indien de teruggaaf niet plaatsvindt binnen de termijn voorzien in artikel 18, eerste lid, is de Staat overeenkomstig artikel 91, § 3, van het Wetboek een interest verschuldigd over het aan de aanvrager terug te geven bedrag.

HOOFDSTUK III

BELGIË IS DE LIDSTAAT VAN VESTIGING

Art. 23. De in België gevestigde belastingplichtige die overeenkomstig artikel 50 van het Wetboek voor BTW-doeleinden is geïdentificeerd, met uitsluiting van de BTW-eenheid in de zin van artikel 4, § 2, van het Wetboek, en de leden van een BTW-eenheid in de zin van artikel 4, § 2, van het Wetboek kunnen overeenkomstig de bepalingen van de richtlijn 2008/9/EG van 12 februari 2008, teruggaaf krijgen van de belasting geheven op de aan hen in de lidstaat van teruggaaf geleverde goederen of verleende diensten of van in die lidstaat ingevoerde goederen.

Art. 24. De in België gevestigde aanvrager die in een andere lidstaat teruggaaf van de belasting over de toegevoegde waarde wenst te verkrijgen, richt langs elektronische weg een teruggaafverzoek aan de lid-staat van teruggaaf dat hij indient via de portaalsite die de administratie die de belasting over de toegevoegde waarde onder haar bevoegdheid heeft in België heeft ingesteld.

Art. 25. § 1. Het teruggaafverzoek moet de volgende gegevens bevatten:

1° de naam en het volledige adres van de aanvrager;

2° een elektronisch adres;

3° een omschrijving van de beroepsactiviteit van de aanvrager waarvoor de goederen of diensten worden afgenomen;

4° het teruggaaftijdvak waarop het verzoek betrekking heeft;

5° een verklaring van de aanvrager dat hij gedurende het teruggaaftijdvak geen leveringen van goederen of diensten heeft verricht waarvan de plaats geacht wordt in de lidstaat van teruggaaf te zijn gelegen, met uitzondering van de volgende handelingen:

a) vervoer en daarmee samenhangende diensten die vrijgesteld zijn krachtens de artikelen 144, 146, 148, 149, 151, 153, 159 of 160 van de richtlijn 2006/112/EG;

b) leveringen van goederen of dienstverrichtingen waarvan de afnemer krachtens de artikelen 194 tot en met 197 en artikel 199 van de richtlijn 2006/112/EG de belasting verschuldigd is;

6° het BTW-identificatienummer bedoeld in artikel 50 van het Wetboek;

7° zijn bankgegevens (inclusief IBAN en BIC).

§ 2. Behalve de in paragraaf 1 bedoelde gegevens worden in het teruggaafverzoek voor iedere factuur en ieder invoerdocument de volgende gegevens vermeld:

1° de naam en het volledige adres van de leverancier of dienstverrichter;

2° behalve in het geval van invoer, het BTW-identificatienummer van de leverancier of dienstverrichter of zijn fiscaal registratienummer, toegekend door de lidstaat van teruggaaf overeenkomstig de bepalingen van de artikelen 239 en 240 van de richtlijn 2006/112/EG;

3° behalve in het geval van invoer, het landencodenummer van de lidstaat van teruggaaf overeenkomstig de bepalingen van artikel 215 van de richtlijn 2006/112/EG;

4° de datum en het nummer van de factuur of het invoerdocument;

5° de maatstaf van heffing en het bedrag aan BTW, uitgedrukt in de munteenheid van de lidstaat van teruggaaf;

6° het bedrag van de aftrekbare belasting over de toegevoegde waarde berekend volgens de bepalingen inzake het recht op aftrek in de lidstaat van teruggaaf en uitgedrukt in de munteenheid van deze lidstaat. Als de belastingplichtige in België zowel handelingen verricht die een recht op aftrek doen ontstaan als handelingen die geen recht op aftrek doen ontstaan, kan slechts dat gedeelte van de BTW worden teruggegeven dat aftrekbaar is overeenkomstig artikel 46 van het Wetboek;

7° in voorkomend geval, het verhoudingsgetal van

de aftrek, berekend volgens de bepalingen van artikel 46 van het Wetboek en uitgedrukt in percenten;

8° de aard van de afgenomen goederen en diensten, aangegeven door middel van de codes voorzien in artikel 9 van de richtlijn 2008/9/EG zoals omgezet in de lidstaat van teruggaaf.

Art. 26. De aanvrager kan ertoe gehouden zijn zijn beroepsactiviteit te omschrijven aan de hand van geharmoniseerde numerieke codes NACE.

Art. 27. Het teruggaafverzoek moet uiterlijk op 30 september van het kalenderjaar volgend op het teruggaaftijdvak worden ingediend. Het teruggaafverzoek wordt alleen als ingediend aangemerkt indien de aanvrager alle in de artikelen 25 en 26 gevraagde gegevens heeft verstrekt.

[In afwijking van het eerste lid moet het teruggaafverzoek met betrekking tot het jaar 2009 uiterlijk op 31 maart 2011 worden ingediend.]

De administratie die de belasting over de toegevoegde waarde onder haar bevoegdheid heeft stuurt de aanvrager onverwijld langs elektronische weg een bevestiging van ontvangst.

Al. 2 ingevoegd bij art. 2 K.B. 8 december 2010 (B.S. 16. XII.2010), van toepassing vanaf 1 oktober 2010.

Art. 28. § 1. De administratie die de belasting over de toegevoegde waarde onder haar bevoegdheid heeft, stuurt het verzoek niet door aan de lidstaat van teruggaaf wanneer de in België gevestigde aanvrager gedurende het teruggaaftijdvak:

1° niet aan de belasting over de toegevoegde waarde is onderworpen;

2° slechts overeenkomstig het Wetboek vrijgestelde leveringen van goederen of diensten verricht zonder recht op aftrek;

3° valt onder de vrijstellingsregeling voor kleine ondernemingen als bedoeld in artikel 56, § 2, van het Wetboek;

4° valt onder de gemeenschappelijke forfaitaire regeling voor landbouwondernemers als bedoeld in artikel 57 van het Wetboek.

§ 2. De administratie die de belasting over de toegevoegde waarde onder haar bevoegdheid heeft stelt de aanvrager langs elektronische weg in kennis van haar beslissing uit hoofde van paragraaf 1.

HOOFDSTUK IV

SLOTBEPALINGEN EN INWERKINGTREDING

Art. 29. Door of vanwege de Minister van Financiën worden de toepassingsmodaliteiten van de door dit besluit ingevoerde regeling van teruggaaf van de belasting over de toegevoegde waarde bepaald.

Art. 30. Dit koninklijk besluit voorziet in de omzetting van richtlijn 2008/9/EG van de Raad van 12 februari 2008 tot vaststelling van nadere voorschriften voor de in richtlijn 2006/112/EG vastgestelde teruggaaf van de belasting over de toegevoegde waarde aan belastingplichtigen die niet in de lidstaat van teruggaaf maar in een andere lidstaat gevestigd zijn.

Art. 31. Dit besluit treedt in werking op 1 januari 2010 voor de teruggaafverzoeken die na 31 december 2009 worden ingediend.

Art. 32. De Minister bevoegd voor Financiën is belast met de uitvoering van dit besluit.

**KONINKLIJK BESLUIT NR. 57
VAN 17 MAART 2010
MET BETREKKING TOT DE PLAATS
VAN DIENSTEN IN FUNCTIE VAN HUN
WERKELIJKE GEBRUIK OF HUN
WERKELIJKE EXPLOITATIE INZAKE
BELASTING OVER DE TOEGEVOEGDE
WAARDE**

B.S. 25.III.2010.

Art. 1. Overeenkomstig artikel 21, § 4, 1°, van het Wetboek van de belasting over de toegevoegde waarde, wordt de plaats van navolgende diensten die op grond van artikel 21, § 2, van het Wetboek in België is gelegen, in afwijking hiervan, geacht buiten de Gemeenschap te zijn gelegen, wanneer het werkelijke gebruik of de werkelijke exploitatie buiten de Gemeenschap geschieden:

a) de goederenvervoerdiensten;

b) de diensten die met het goederenvervoer samenhangen zoals het laden, lossen, de behandeling van goederen en soortgelijke activiteiten.

Het werkelijke gebruik of de werkelijke exploitatie van goederenvervoerdiensten wordt bepaald naar verhouding van de afgelegde afstanden buiten de Gemeenschap.

Art. 2. De Minister bevoegd voor Financiën is belast met de uitvoering van dit besluit.

V

**Wetboek van registratie-,
hypotheek- en griffierechten**
(W. Reg.)

**Wetboek van registratie-,
hypotheek- en griffierechten
(W. Reg.)**

Vlaams Gewest

WETBOEK VAN REGISTRATIE-, HYPOTHEEK- EN GRIFFIERECHTEN - VLAAMS GEWEST

INHOUDSOPGAVE

WETBOEK VAN REGISTRATIE-, HYPOTHEEK- EN GRIFFIERECHTEN (ZOALS VAN TOEPASSING IN HET VLAAMS GEWEST)

K.B. nr. 64 van 30 november 1939 (B.S. 1.XII.1939).

TITEL I

REGISTRATIERECHT

HOOFDSTUK I

FORMALITEIT DER REGISTRATIE EN VESTIGING VAN DE BELASTING

Art. 1. Registratie is een formaliteit bestaande in het afschrijven, ontleden of vermelden van een akte of van een geschrift, door de ontvanger der registratie in een hiertoe bestemd register [of op elke andere informatiedrager bepaald door de Koning].

Deze formaliteit geeft aanleiding tot heffing van een belasting genaamd registratierecht.

Al. 1 aangevuld bij art. 133 W. 22 december 1989 (B.S. 29.XII.1989).

Art. 2. De akten worden op de minuten, brevetten [...] of originelen geregistreerd.

Evenwel worden de buitenslands verleden authentieke akten in minuut op de uitgiften, afschriften of uittreksels geregistreerd [, en kunnen de akten bedoeld in artikel 19, 3°, worden geregistreerd op een kopie op voorwaarde dat de onroerende goederen bestemd zijn tot huisvesting van een gezin of van één persoon].

[De Koning kan voor de door Hem aangewezen categorieën van akten, geschriften en verklaringen die aan de formaliteit van de registratie onderworpen zijn, bepalen dat zij onder de vorm van de minuut, een afschrift of een kopie en al dan niet op gedematerialiseerde wijze, ter registratie kunnen of moeten worden aangeboden. Voor de aldus aangewezen categorieën van akten, geschriften en verklaringen bepaalt Hij de modaliteiten van de aanbieding ter formaliteit en van de uitvoering van de formaliteit alsook de voorschriften die voor de juiste heffing van de verschuldigde rechten nodig zijn. Hij kan daarbij afwijken van de bepalingen van de artikelen 8, 9, 26, 39, 40, 171 en 172 van dit Wetboek. Hij kan echter geen geldboete opleggen met een bedrag hoger dan 25 euro in geval van overtreding van de door hem in afwijking van de artikelen 171 en 172 vastgestelde regels.

De Koning kan bepalen dat wanneer de aanbieding ter registratie van akten of van bepaalde categorieën van akten op gedematerialiseerde wijze geschiedt, de aanbieding vergezeld moet gaan van gestructureerde metagegevens betreffende de akte.]

Al. 1 gewijzigd bij art. 75, 1° W. 22 december 2009 (B.S. 31.XII.2009, ed. 2), van toepassing vanaf de datum van de inwerkingtreding van het K.B. dat ter uitvoering van artikel 2, al. 2, van het Wetboek der Registratie-, Hypotheek en Grif-

fierechten de gedematerialiseerde aanbieding van de huurcontracten regelt;
Al. 2 gewijzigd bij art. 75, 2° W. 22 december 2009 (B.S. 31.XII.2009, ed. 2), van toepassing vanaf 1 januari 2007;
Al. 3 en 4 ingevoegd bij art. 75, 3° W. 22 december 2009 (B.S. 31.XII.2009, ed. 2).

Art. 3. Wordt een in een andere taal dan de landstalen gestelde akte of geschrift ter registratie aangeboden, zo kan de ontvanger eisen dat, op de kosten van de persoon die de formaliteit vordert, een door een beëdigde vertaler voor echt verklaarde vertaling daaraan wordt toegevoegd.

Art. 4. De registratie is ondeelbaar: zij wordt toegepast op de gehele akte of het geheel geschrift welke tot formaliteit wordt aangeboden.

Art. 5. De registratie geschiedt slechts na betaling van de rechten en gebeurlijk van de boeten, zoals zij door de ontvanger worden vereffend.

[De Koning kan, bij een besluit vastgesteld na overleg in de Ministerraad, bepalen dat voor authentieke akten of bepaalde categorieën van authentieke akten de betaling van de in het eerste lid bedoelde rechten en boeten kan geschieden na de registratie van de akte. In voorkomend geval bepaalt hij de termijn en de modaliteiten van de betaling.]

Niemand kan, onder voorwendsel van betwisting over de verschuldigde som of om elke andere reden, die betaling verminderen noch uitstellen, behoudens vordering tot teruggave zo daartoe aanleiding bestaat.

Al. 2 ingevoegd bij art. 76 W. 22 december 2009 (B.S. 31. XII.2009, ed. 2).

Art. 6. De ontvanger is gehouden tot het registreren van de akten of geschriften op de datum waarop ze onder de wettelijke voorwaarden tot de formaliteit worden aangeboden.

Hij mag ze niet langer houden dan nodig is.

Art. 7. Zo een akte of geschrift, waarvan er geen minute bestaat, inlichtingen vervat die kunnen dienen om aan 's Rijks schatkist verschuldigde sommen te ontdekken, heeft de ontvanger het recht er een afschrift van te maken en dit eensluidend met het origineel te doen waarmerken door de werkende openbare officier of, zo het gaat om een onderhandse of buitenslands verleden akte, door de betrokken persoon die de formaliteit heeft gevorderd. Bij weigering, waarmerkt de ontvanger zelf de eensluidendheid van het afschrift, met vermelding van die weigering. Het aldus gewaarmerkt afschrift wordt, behoudens bewijs van het tegendeel, als eensluidend aangezien.

Art. 8. Vermelding van de registratie wordt op de akte of het geschrift gesteld naar een door de Minister van Financiën bepaalde tekst.

[Indien er toepassing gemaakt wordt van de vrijstelling voorzien in artikel 8bis, wordt de vermelding van de registratie vervangen door de vermelding van

de betaling die verricht moet worden volgens de modaliteiten voorzien in uitvoering van dit artikel. Deze
vermelding geschiedt naar een door de Minister van
Financiën vastgestelde tekst.]

*Al. 2 ingevoegd bij art. 134 W. 22 december 1989 (B.S.
29.XII.1989).*

[**Art. 8bis.** De Koning kan bepaalde categorieën
van de in de artikelen 19, 1° en 6°, 26 en 29 bedoelde
akten van de registratieformaliteit vrijstellen zonder
dat deze vrijstelling de ontheffing van de op deze akten toepasselijke rechten meebrengt, alsook de betalingsmodaliteiten voor genoemde rechten, binnen de
termijnen die Hij bepaalt, regelen, in voorkomend
geval afwijkend van de bepalingen van hoofdstuk III
en IX van deze titel. Indien er toepassing gemaakt
wordt van deze bepaling kan de Koning het neerleggen van een afschrift van de akten voorschrijven en
aanvullende regels vaststellen om de juiste heffing van
de belasting te verzekeren.]

*Ingevoegd bij art. 135 W. 22 december 1989 (B.S. 29.
XII.1989).*

Art. 9. [Dagen en uren van openstelling der kantoren, belast met de ontvangst der rechten en middelen
waarvan de inning toevertrouwd is aan [de administratie van de belasting over de toegevoegde waarde, registratie en domeinen] met inbegrip van de hypotheekbewaringen, worden bij koninklijk besluit geregeld.]
[Valt de laatste dag van de termijn, die door onderhavig Wetboek vastgesteld is voor de uitvoering van
een formaliteit, op een sluitingsdag van de kantoren,
dan wordt deze termijn verlengd tot de eerste openingsdag der kantoren die volgt op het verstrijken van
de termijn.]
[Bij koninklijk besluit kan worden voorgeschreven dat de betaling der rechten, boeten en interesten
moet geschieden door storting of overschrijving op de
postcheckrekening van het met de invordering belast
kantoor.]

*Al. 1 vervangen bij art. 1 W. 11 juli 1960 (B.S. 20.VII.1960)
en gewijzigd bij art. 240 W. 22 december 1989 (B.S. 29.
XII.1989);
Al. 2 ingevoegd bij art. 1 W. 11 juli 1960 (B.S. 20.VII.1960);
Al. 3 ingevoegd bij art. 41 W. 23 december 1958 (B.S.
7.I.1959).*

HOOFDSTUK II

**INDELING VAN DE RECHTEN EN ALGEMENE
HEFFINGSREGELS**

Art. 10. [Er zijn evenredige en vaste registratierechten.]
Vaste rechten zijn verdeeld in algemeen vast recht
en specifieke vaste rechten.

*Al. 1 vervangen bij art. 136 W. 22 december 1989 (B.S.
29.XII.1989).*

Art. 11. [De evenredige en de specifieke vaste
rechten worden geheven volgens het in het Wetboek
vastgestelde tarief.]
Het algemeen vast recht is van toepassing op al de
in dat tarief niet voorziene akten en geschriften.
Het algemeen vast recht bedraagt [[[50] EUR]].

*Al. 1 vervangen bij art. 137, 1° W. 22 december 1989 (B.S.
29.XII.1989);
Al. 3 gewijzigd bij art. 2-11 K.B. 20 juli 2000 (II) (B.S. 30.
VIII.2000, err. B.S. 8.III.2001), bij art. 42-5° K.B. 13 juli 2001
(B.S. 11.VIII.2001, err. B.S. 21.XII.2001) en bij art. 11 Progr.
W. 28 juni 2013 (B.S. 1.VII.2013, ed. 2), van toepassing op
alle akten en geschriften die vanaf 1 juli 2013 tot de formali-
teit worden aangeboden.*

Art. 12. Het evenredig of specifiek vast recht
wordt slechts eenmaal op een rechtshandeling geheven, wat ook het getal zij van de geschriften die daarvan laten blijken.

Art. 13. Geven slechts aanleiding tot heffing van
het algemeen vast recht, tenzij daarin een toevoeging
of wijziging voorkomt welke van die aard is dat ze de
heffing van een nieuw of aanvullend recht ten gevolge
heeft:
1° alle nieuw geschrift opgemaakt om te laten blijken van een rechtshandeling waarop reeds het evenredig of specifiek vast recht werd geheven;
2° alle geschrift houdende bekrachtiging, bevestiging, uitvoering, aanvulling of voltrekking van geregistreerde vroegere akten, indien het niet laat blijken
van nieuwe rechtshandelingen welke als dusdanig aan
een evenredig of specifiek recht onderhevig zijn.
Geven insgelijks slechts aanleiding tot heffing van
het algemeen vast recht, die rechtshandelingen welke
ter oorzake van nietigheid, ontbinding of om andere
reden opnieuw werden verricht zonder enige verandering welke iets toevoegt aan het voorwerp der overeenkomsten of aan derzelver waarde, ten ware het op
de eerste handeling gegeven evenredig recht teruggge-
ven werd of voor teruggaaf vatbaar zij.

Art. 14. [Wanneer een akte verscheidene onder dezelfde contractanten tot stand gekomen beschikkingen
vervat, welke de ene van de andere afhankelijk zijn of
de ene uit de andere noodzakelijk voortvloeien, is
slechts één recht voor deze gezamenlijke beschikkingen verschuldigd.
Het recht wordt geheven met inachtneming van
diegene van bedoelde beschikkingen welke tot het
hoogste recht aanleiding geeft.]

Vervangen bij art. 2 W. 23 december 1958 (B.S. 7.I.1959).

Art. 15. Wanneer, in een akte, verscheidene onafhankelijke of niet noodzakelijk uit elkaar voortvloeiende beschikkingen voorkomen, is voor elke der beschikkingen en wel naar eigen aard een bijzonder recht
verschuldigd.
Deze regel is niet van toepassing op het algemeen
vast recht.

Art. 16. De rechtshandeling waarop het evenredig recht verschuldigd is, doch welke aan een schorsende voorwaarde onderworpen is, geeft alleen tot heffing van het algemeen vast recht aanleiding zolang de voorwaarde niet is vervuld.

Wordt de voorwaarde vervuld, zo is het recht verschuldigd dat bij het tarief voor de handeling is vastgesteld, behoudens toerekening van het reeds geheven recht. Het wordt berekend naar het tarief dat van kracht was op de datum waarop het recht aan de Staat zou verworven geweest zijn indien de handeling een onvoorwaardelijke was geweest, en op de bij dit wetboek vastgelegde en op de datum van de vervulling der voorwaarde beschouwde belastbare grondslag.

Art. 17. Wordt, voor de toepassing van dit wetboek, met een aan een schorsende voorwaarde onderworpen handeling gelijkgesteld, de rechtshandeling door een rechtspersoon verricht en aan machtiging, goedkeuring of bekrachtiging van overheidswege onderworpen.

Art. 18. [§ 1.] De datum van de onderhandse akten over 't algemeen of van de overeenkomsten die door het feit alleen van haar bestaan verplicht aan de formaliteit van registratie onderworpen zijn, kan niet tegen het bestuur worden ingeroepen dan voor zover hij tegen derden kan worden ingeroepen. Registratie sluit geen erkenning door het bestuur in van de datum der akte of der overeenkomst.

[§ 2. [Aan de administratie kan niet worden tegengeworpen, de rechtshandeling noch het geheel van rechtshandelingen dat een zelfde verrichting tot stand brengt, wanneer de administratie door vermoedens of door andere in artikel 185 bedoelde bewijsmiddelen en aan de hand van objectieve omstandigheden aantoont dat er sprake is van fiscaal misbruik.

Er is sprake van fiscaal misbruik wanneer de belastingschuldige door middel van de door hem gestelde rechtshandeling of het geheel van rechtshandelingen één van de volgende verrichtingen tot stand brengt:

1. een verrichting waarbij hij zichzelf in strijd met de doelstellingen van een bepaling van dit Wetboek of de ter uitvoering daarvan genomen besluiten buiten het toepassingsgebied van die bepaling plaatst; of

2. een verrichting waarbij aanspraak wordt gemaakt op een belastingvoordeel voorzien door een bepaling van dit Wetboek of de ter uitvoering daarvan genomen besluiten en de toekenning van dit voordeel in strijd zou zijn met de doelstellingen van die bepaling en die in wezen het verkrijgen van dit voordeel tot doel heeft.

Het komt aan de belastingschuldige toe te bewijzen dat de keuze voor zijn rechtshandeling of het geheel van rechtshandelingen door andere motieven verantwoord is dan het ontwijken van registratierechten.

Indien de belastingschuldige het tegenbewijs niet levert, dan wordt de verrichting aan een belastingheffing overeenkomstig het doel van de wet onderworpen alsof het misbruik niet heeft plaatsgevonden.]

§§ 3-6. [...]]

Bestaande tekst omgevormd tot § 1 bij art. 39 W. 30 maart 1994 (B.S. 31.III.1994);

§§ 2-6 ingevoegd bij art. 39 W. 30 maart 1994 (B.S. 31. III.1994);

§ 2 vervangen bij art. 168 Progr. W. 29 maart 2012 (I) (B.S. 6.IV.2012, ed. 3), van toepassing op de rechtshandelingen of het geheel van rechtshandelingen die éénzelfde verrichting tot stand brengt, die zijn gesteld vanaf 1 juni 2012;

§§ 3-6 opgeheven bij art. 27 W. 24 december 2002 (B.S. 31.XII.2002).

HOOFDSTUK III

REGISTRATIEVERPLICHTING

Afdeling 1

Akten en verklaringen aan de formaliteit onderworpen

Art. 19. Moeten binnen de bij artikel 32 gestelde termijnen geregistreerd worden:

1° [de akten van notarissen; de exploten en processen-verbaal van [gerechtsdeurwaarders] [, met uitzondering van de protesten zoals bedoeld in de protestwet van 3 juni 1997]; de arresten en vonnissen der hoven en rechtbanken die bepalingen bevatten welke door deze titel aan een evenredig recht onderworpen worden];

2° de akten waarbij de eigendom of het vruchtgebruik van in België gelegen onroerende goederen overgedragen of aangewezen wordt;

3° [a) de akten houdende verhuring, onderverhuring of overdracht van huur van in België gelegen onroerende goederen of gedeelten van onroerende goederen, die uitsluitend bestemd zijn tot huisvesting van een gezin of van één persoon;

b) de andere dan onder a) bedoelde akten houdende verhuring, onderverhuring of overdracht van huur van in België gelegen onroerende goederen of gedeelten van onroerende goederen];

4° de processen-verbaal van openbare verkoping van lichamelijke roerende voorwerpen;

5° [de akten houdende inbreng van goederen in vennootschappen met rechtspersoonlijkheid waarvan hetzij de zetel der werkelijke leiding in België, hetzij de statutaire zetel in België en de zetel der werkelijke leiding buiten het grondgebied der Lid-Staten van de Europese Economische Gemeenschap, is gevestigd];

6° [...];

[7° [...].]

Behoudens wat [nrs. 2, 3 en 5] betreft, worden in dit artikel alleen de in België verleden akten bedoeld.

Al. 1, 1° vervangen bij art. 1, A W. 12 juli 1960 (B.S. 9. XI.1960) en gewijzigd bij art. 48, § 4 W. 5 juli 1963 (B.S. 17.VII.1963) en bij art. 68 W. 14 januari 2013 (B.S. 1. III.2013), van toepassing vanaf 1 september 2013;

Al. 1, 3° vervangen bij art. 62 Progr. W. 27 december 2006 (B.S. 28.XII.2006, ed. 3), van toepassing vanaf 1 januari 2007;

Al. 1, 5° vervangen bij art. 1, § 1 W. 3 juli 1972 (B.S. 1.

VIII.1972);
Al. 1, 6° opgeheven bij art. 2 W. 10 juni 1997 (B.S. 19.
VII.1997);
Al. 1, 7° ingevoegd bij art. 8, 1° W. 12 december 1996 (B.S.
31.XII.1996) en opgeheven bij art. 56, 1° W. 22 december
1998 (B.S. 15.I.1999);
Al. 2 gewijzigd bij art. 56, 2° W. 22 december 1998 (B.S.
15.I.1999).

Art. 20. […]

Opgeheven bij art. 2 W. 12 juli 1960 (B.S. 9.XI.1960).

Art. 21[1]. [Wanneer een onderhandse of in het buitenland verleden akte, als bedoeld in artikel 19, 2°, ter registratie wordt aangeboden, neemt de ontvanger een kopie van de akte, behalve wanneer het gaat om een akte welke onder de minuten van een notaris in België berust of bij zijn minuten is gevoegd.

Dat geldt ook wanneer een onderhandse of in het buitenland verleden akte, als bedoeld in artikel 19, 3°, op een papieren drager ter registratie wordt aangeboden.

De kopie blijft berusten op het registratiekantoor, tenzij de administratie de bewaring van de inhoud van de akte op een andere wijze verzekert.]

Hernummerd bij art. 2 W. 13 augustus 1947 (B.S. 17.IX.1947)
en vervangen bij art. 77 W. 22 december 2009 (B.S. 31.
XII.2009, ed. 2, err. B.S. 2.IV.2010, ed. 1), van toepassing
vanaf 1 januari 2007.

[**Art. 21**[2]. [Als onroerende goederen worden niet beschouwd:

1° voor de toepassing van de artikelen 19, 3°, en 83, brandkasten, in huur gegeven door personen, verenigingen, gemeenschappen of vennootschappen die gewoonlijk brandkasten verhuren;

2° [voor de toepassing van dit Wetboek, lichamelijk roerende voorwerpen aangewend tot de dienst en de exploitatie van onroerende goederen.]]]

Ingevoegd bij art. 2 W. 13 augustus 1947 (B.S. 17.IX.1947) en
vervangen bij art. 1 W. 22 juni 1960 (B.S. 21.VII.1960);
2° vervangen bij art. 1 W. 10 juli 1969 (B.S. 25.VII.1969).

Art. 22. […]

Opgeheven bij art. 3 W. 10 juni 1997 (B.S. 19.VII.1997).

Art. 23. De exequaturs der scheidsrechterlijke uitspraken en die der buitenlands gewezen rechterlijke beslissingen moeten, bij aanbieding ter registratie, vergezeld zijn van de desbetreffende uitspraken of beslissingen.

Art. 24. […]

Opgeheven bij art. 2 W. 12 juli 1960 (B.S. 9.XI.1960).

Art. 25. Als een onder de voorzieningen van artikel 19, 2° of 3°, vallende onderhandse of buitenlands

verleden akte ook van een andere overeenkomst laat blijken of meteen op in België gelegen onroerende goederen en andere goederen slaat, hebben de betrokkenen het vermogen om slechts een door hen gewaarmerkt uittreksel in beknopte vorm uit de akte te doen registreren, dat alleen vermelding houdt van de overeenkomst of van dat deel er van welk de in België gelegen onroerende goederen betreft.

Het uittreksel wordt in dubbel opgemaakt. Wanneer beide exemplaren ter registratie worden aangeboden, moeten ze vergezeld zijn van de oorspronkelijke akte of, zo het een buitenlands verleden authentieke akte in minuut geldt, van een uitgifte daarvan. De heffing wordt beperkt tot die goederen welke het voorwerp van het uittreksel uitmaken. Een exemplaar van dit uittreksel blijft op het registratiekantoor berusten.

Art. 26. [Geen akte of geschrift mag aan een van de krachtens artikel 19, 1°, verplichtend te registreren akten, andere dan een vonnis of arrest, worden gehecht, of onder de minuten van een notaris worden neergelegd zonder te voren geregistreerd te zijn.

Evenwel staat het de notarissen en de [gerechtsdeurwaarders] vrij de aangehechte of neergelegde akte tegelijk met de desbetreffende akte ter registratie aan te bieden.

[...]

Het is niet van toepassing in geval van aanhechting of van nederlegging, onder de vorm van minuut, uitgifte, afschrift of uittreksel, van in België verleden gerechtelijke akten of akten van de burgerlijke stand.]

Vervangen bij art. 3 W. 12 juli 1960 (B.S. 9.XI.1960);
Al. 2 gewijzigd bij art. 48, § 4 W. 5 juli 1963 (B.S. 17.
VII.1963);
Al. 3 opgeheven bij art. 69 W. 14 januari 2013 (B.S. 1.
III.2013), van toepassing vanaf 1 september 2013.

Art. 27. […]

Opgeheven bij art. 19 W. 1 juli 1983 (B.S. 8.VII.1983).

Art. 28. […]

Opgeheven bij art. 2-28 W. 10 oktober 1967 (B.S. 31.X.1967).

Art. 29. Behoudens het bij artikel 173, 1°, voorziene geval, mag geen overschrijving, inschrijving, doorhaling of randvermelding hetzij in de registers van de hypotheekbewaarders, hetzij in de registers voor de inschrijvingen van het landbouwvoorrecht plaats hebben krachtens niet vooraf geregistreerde akten.

Art. 30. [Op vorig artikel wordt uitzondering gemaakt voor de overschrijvingen, inschrijvingen, doorhalingen of randvermeldingen gedaan door hypotheekbewaarders krachtens akten in verband met kredietverrichtingen gedaan onder het voordeel der wet van 23 augustus 1948 [of met kredietverrichtingen gedaan onder het voordeel van de wet tot bevordering van de financiering van de voorraden van de steenkolenmijnen].]

[Op vorig artikel wordt eveneens uitzondering gemaakt voor de in België verleden gerechtelijke akten
en akten van de burgerlijke stand, in minuut, uitgifte,
afschrift of uittreksel.]

Al. 1 vervangen bij art. 11 W. 23 augustus 1948 (B.S. 11.
IX.1948) en aangevuld bij art. 13 W. 5 mei 1958 (B.S.
22.V.1958), zoals ingevoegd bij art. 4 W. 31 december 1958
(B.S. 21.I.1959);
Al. 2 ingevoegd bij art. 4 W. 12 juli 1960 (B.S. 9.XI.1960).

Art. 31. Er bestaat verplichting tot ondertekening
en tot aanbieding ter registratie, binnen de bij artikel 33 gestelde termijnen, van een verklaring in onderstaande gevallen:

1° wanneer een overeenkomst, waarbij eigendom
of vruchtgebruik van in België gelegen onroerende
goederen overgedragen of aangewezen wordt, niet bij
een akte is vastgesteld;

[1°bis [wanneer een inbreng van goederen in een
vennootschap met rechtspersoonlijkheid, waarvan
hetzij de zetel der werkelijke leiding in België, hetzij
de statutaire zetel in België en de zetel der werkelijke
leiding buiten het grondgebied der Lid-Staten van de
Europese Economische Gemeenschap, is gevestigd,
niet bij een akte is vastgesteld];]

[1°ter [...]];

2° wanneer de voorwaarde die de heffing van een
recht heeft geschorst, vervuld wordt;

3° in de in artikelen 74 en 75 bedoelde gevallen.

Deze door de contracterende partijen of door een
harer ondertekende verklaring wordt in dubbel opgemaakt, waarvan een exemplaar ter registratiekantore
blijft berusten. Daarin worden vermeld: aard en doel
van de overeenkomst, datum er van of datum van het
nieuwe feit dat de verschuldigdheid van het recht heeft
doen ontstaan, aanwijzing van de partijen, omvang
van de goederen, belastbare grondslag en alle voor de
vereffening van de belasting nodige gegevens.

Vanaf het verstrijken van vorenstaande termijnen
wordt de door een der partijen ondertekende verklaring als van al de partijen uitgaande aangezien.

Al. 1, 1°bis ingevoegd bij art. 2 W. 14 april 1965 (B.S. 24.
IV.1965) en vervangen bij art. 2 W. 3 juli 1972 (B.S. 1.
VIII.1972);
Al. 1, 1° ter ingevoegd bij art. 10 K.B. 12 december 1996 (B.S.
31.XII.1996) en opgeheven bij art. 58 W. 22 december 1998
(B.S. 15.I.1999).

Afdeling 2

Termijnen voor de aanbieding ter registratie

Art. 32. De termijnen, binnen welke de aanbieding
ter registratie moet plaats hebben van verplichtend aan
de formaliteit der registratie onderworpen akten, zijn:

1° [voor akten van notarissen, vijftien dagen];

Evenwel is deze termijn gesteld op [vier maand]
ingaande met de dag van het overlijden der erflaters of
schenkers, voor testamenten en voor daarmede bij ar-

tikel 141, 3°, 2° alinea, gelijkgestelde schenkingen,
voor akten van derzelver herroeping, [voor verklaringen betreffende testamenten in internationale vorm]
en voor akten van bewaargeving van een testament
voor de erflater;

2° voor akten van [gerechtsdeurwaarders], [...]
vier dagen;

3° [voor arresten en vonnissen der hoven en rechtbanken, [tien dagen]];

4° voor akten waarbij de eigendom of het vruchtgebruik van in België gelegen onroerende goederen
overgedragen of aangewezen wordt, [vier maand];

5° [voor akten van verhuring, onderverhuring of
overdracht van huur bedoeld in artikel 19, 3°, a), twee
maanden en voor akten van verhuring, onderverhuring
of overdracht van huur bedoeld in artikel 19, 3°, b),
vier maanden];

6° voor processen-verbaal van openbare verkoping van lichamelijke roerende goederen opgemaakt
door bestuursoverheden en agenten van Staat, provinciën, gemeenten en openbare instellingen, één maand;

7° [voor akten houdende inbreng van goederen in
vennootschappen met rechtspersoonlijkheid waarvan
hetzij de zetel der werkelijke leiding in België, hetzij
de statutaire zetel in België en de zetel der werkelijke
leiding buiten het grondgebied der Lid-Staten van de
Europese Economische Gemeenschap, is gevestigd,
[vier maand]];

8° [...]

[9° [...].]

1°, al. 1 vervangen bij art. 138, 1° W. 22 december 1989 (B.S.
29.XII.1989);
1°, al. 2 gewijzigd bij art. 24 W. 2 februari 1983 (B.S.
11.X.1983) en bij art. 1382 W. 22 december 1989 (B.S. 29.
XII.1989);
2° gewijzigd bij art. 48, § 4 W. 5 juli 1963 (B.S. 17.VII.1963)
en bij art. 70, a) W. 14 januari 2013 (B.S. 1.III.2013), van
toepassing vanaf 1 september 2013;
3° vervangen bij art. 5, A W. 12 juli 1960 (B.S. 9.XI.1960) en
gewijzigd bij art. 1 W. 19 juni 1986 (B.S. 24.VII.1986);
4° gewijzigd bij enig art. W. 25 juni 1973 (B.S. 13.VII.1973);
5° vervangen bij art. 63 Progr. W. 27 december 2006 (B.S.
28.XII.2006, ed. 3), van toepassing op de akten die dagteke-
nen vanaf 1 januari 2007;
7° vervangen bij art. 3 W. 3 juli 1972 (B.S. 1.VIII.1972) en
gewijzigd bij enig art. W. 25 juni 1973 (B.S. 13.VII.1973);
8° opgeheven bij art. 70, b) W. 14 januari 2013 (B.S. 1.
III.2013), van toepassing vanaf 1 september 2013;
9° ingevoegd bij art. 11 K.B. 12 december 1996 (B.S. 31.
XII.1996) en opgeheven bij art. 59 W. 22 december 1998 (B.S.
15.I.1999).

Art. 33. De termijn, binnen welke de in artikel 31
voorziene verklaringen ter registratie moeten aangeboden worden, is [vier maand] ingaande met de datum
van de overeenkomst of, in voorkomend geval, van de
vervulling van de voorwaarde welke de heffing van
het recht heeft geschorst.

[[...]]

Al. 1 gewijzigd bij enig art. W. 25 juni 1973 (B.S. 13. VII.1973);

Al. 2 ingevoegd bij art. 12 K.B. 12 december 1996 (B.S. 31. XII.1996) en opgeheven bij art. 60 W. 22 december 1998 (B.S. 15.I.1999).

Art. 34. [Wat betreft de inbreng van geldspecie in coöperatieve vennootschappen, voldoet aan de voorschriften van artikel 31 de aanbieding ter registratie, binnen een termijn van [vier maand] ingaande met de datum die in de statuten voor het opmaken van de jaarlijkse balans is bepaald, van een afschrift van bedoelde balans of van elk ander document, dat laat blijken van het bedrag waarmede het geplaatste maatschappelijk fonds in de loop van het jaar is gestegen.]

Vervangen bij art. 4 W. 14 april 1965 (B.S. 24.IV.1965) en gewijzigd bij enig art. W. 25 juni 1973 (B.S. 13.VII.1973).

Afdeling 3

Personen verplicht tot aanbieding ter registratie

Art. 35. De verplichting tot aanbieding ter registratie van akten of verklaringen en tot betaling van de desbetreffende rechten en gebeurlijk de geldboeten, waarvan de vorderbaarheid uit bewuste akten of verklaringen blijkt, berust ondeelbaar:

1° op de notarissen en [gerechtsdeurwaarders], ten aanzien van de akten van hun ambt [...];

2° [...]

3° [...]

4° [de notarissen en gerechtsdeurwaarders, ten aanzien van de akten, overeenkomstig artikel 26 aan hun akten gehecht of in hun handen neergelegd, zonder voorafgaande registratie];

5° op de bestuursoverheden en agenten van Staat, provinciën, gemeenten en openbare instellingen, ten aanzien van de door hen opgemaakte akten;

6° op de contracterende partijen, ten aanzien van de onderhandse of buitenlands verleden akten, waarvan sprake in [artikel 19, 2°, 3°[, b),] en 5°], en ten aanzien van de in artikel 31 voorziene verklaringen;

7° [op de verhuurder ten aanzien van de onderhandse of buitenlands verleden akten waarvan sprake in artikel 19, 3°, a)].

[De verplichting tot aanbieding ter registratie van de arresten en vonnissen van hoven en rechtbanken berust op de griffiers. In afwijking van artikel 5 worden deze arresten en vonnissen in debet geregistreerd.]

[De verplichting tot betaling van de rechten waarvan de vorderbaarheid blijkt uit arresten en vonnissen van hoven en rechtbanken houdende veroordeling, vereffening of rangregeling rust:

1° op de verweerders, elkeen in de mate waarin de veroordeling, vereffening of rangregeling te zijnen laste wordt uitgesproken of vastgesteld, en op de verweerders hoofdelijk in geval van hoofdelijke veroordeling;

2° op de eisers naar de mate van de veroordeling, vereffening of rangregeling, die ieder van hen heeft verkregen, zonder evenwel de helft van de sommen of

waarden die ieder van hen als betaling ontvangt te overschrijden.

Zo op een vonnis of arrest verschuldigde rechten en boeten slaan op een overeenkomst waarbij de eigendom of het vruchtgebruik van in België gelegen onroerende goederen overgedragen of aangewezen wordt, zijn die rechten en boeten ondeelbaar verschuldigd door de personen die partijen bij de overeenkomst zijn geweest.

De rechten en, in voorkomend geval, de geldboeten worden betaald binnen de termijn van één maand, te rekenen vanaf de dag van de verzending van het betalingsbericht bij ter post aangetekende brief door de ontvanger der registratie.]

Al. 1, 1° gewijzigd bij art. 48, § 4 W. 5 juli 1963 (B.S. 17. VII.1963) en bij art. 71, a) W. 14 januari 2013 (B.S. 1. III.2013), van toepassing vanaf 1 september 2013;

Al. 1, 2° opgeheven bij art. 71, b) W. 14 januari 2013 (B.S. 1.III.2013), van toepassing vanaf 1 september 2013;

Al. 1, 3° opgeheven bij art. 6, B W. 12 juli 1960 (B.S. 9. XI.1960);

Al. 1, 4° vervangen bij art. 20 W. 1 juli 1983 (B.S. 8.VII.1983);

Al. 1, 6° gewijzigd bij art. 61 W. 22 december 1998 (B.S. 29.XII.1989) en bij art. 64, 1° Progr. W. 27 december 2006 (B.S. 28.XII.2006, ed. 3), van toepassing op de akten die dagtekenen vanaf 1 januari 2007;

Al. 1, 7° opgeheven bij art. 5, 3° W. 10 juni 1997 (B.S. 19. VII.1997) en hersteld bij art. 64, 2° Progr. W. 27 december 2006 (B.S. 28.XII.2006, ed. 3), van toepassing op de akten die dagtekenen vanaf 1 januari 2007;

Al. 2 ingevoegd bij art. 2, 2° W. 19 juni 1986 (B.S. 24. VII.1986);

Al. 3 ingevoegd bij art. 2, 2° W. 19 juni 1986 (B.S. 24. VII.1986) en vervangen bij art. 139 W. 22 december 1989 (B.S. 29.XII.1989);

Al. 4 ingevoegd bij art. 139 W. 22 december 1989 (B.S. 29.XII.1989);

Al. 5 ingevoegd bij art. 139 W. 22 december 1989 (B.S. 29.XII.1989).

Art. 36. [Artikel 35, eerste lid, vindt geen toepassing op de voor notaris opgemaakte testamenten en andere akten als bedoeld in artikel 32, 1°, tweede lid, wanneer de betrokken het bedrag van de rechten en eventueel van de boeten uiterlijk daags vóór het verstrijken van de voor registratie gestelde termijn in handen der notarissen niet hebben geconsigneerd.]

Vervangen bij art. 3 W. 19 juni 1986 (B.S. 24.VII.1986).

Art. 37. Wanneer de rechten betreffende testamenten en andere in artikel 32, 1°, 2e alinea, bedoelde akten niet in handen der notarissen werden geconsigneerd, zijn ze ondeelbaar door de erfgenamen, legatarissen of begiftigden zomede door de testamentuitvoerders verschuldigd.

[…]

Al. 2 opgeheven bij art. 4 W. 19 juni 1986 (B.S. 24.VII.1986).

Art. 38. […]

*Opgeheven bij art. 140 W. 22 december 1989 (B.S. 29.
XII.1989).*

Afdeling 4

Plaats der registratie

Art. 39. De akten en verklaringen worden geregistreerd:

1° de akten van notarissen en [gerechtsdeurwaarders], [...] ten registratiekantore van hun standplaats; [1°bis [...]]

2° [de arresten en vonnissen der hoven en rechtbanken, ten kantore in welks gebied de zetel van het hof of de rechtbank gelegen is];

3° [de akten die overeenkomstig artikel 26 zonder voorafgaande registratie worden aangehecht of neergelegd, ten kantore waar de akte van de notaris of de gerechtsdeurwaarder moet worden geregistreerd];

4° de akten van bestuursoverheden en agenten van Staat, provinciën, gemeenten en openbare instellingen, ten kantore in welks gebied hun zetel of de zetel van hun functie gelegen is;

5° de onderhandse of buitenlands verleden akten en de verklaringen betreffende in België gelegen onroerende goederen en welke in artikel 19, 2° en 3°, en in artikel 31, 1° en 3°, zijn bedoeld, ten kantore in welks gebied de goederen gelegen zijn. Zijn die goederen gelegen in het gebied van verscheidene kantoren, dan mogen de akten en verklaringen onverschillig in een van deze kantoren worden geregistreerd;

6° de verklaringen van vervulling van een in artikel 31, 2°, voorziene schorsende voorwaarde, ten kantore waar de akte werd geregistreerd welke van de overeenkomst laat blijken, of, bij gebreke aan geregistreerde akte, ten kantore in het 5° hiervoren aangeduid;

7° de andere akten dan voornoemde, onverschillig in alle kantoren.

*1° gewijzigd bij art. 48, § 4 W. 5 juli 1963 (B.S. 17.VII.1963)
en bij art. 72, a) W. 14 januari 2013 (B.S. 1.III.2013), van
toepassing vanaf 1 september 2013;
1°bis ingevoegd bij art. 6, 2° W. 10 juni 1997 (B.S. 19.
VII.1997) en opgeheven bij art. 72, b) W. 14 januari 2013
(B.S. 1.III.2013), van toepassing vanaf 1 september 2013;
2° vervangen bij art. 9 W. 12 juli 1960 (B.S. 9.XI.1960);
3° vervangen bij art. 21 W. 1 juli 1983 (B.S. 8.VII.1983).*

Art. 40. In de plaatsen waar verscheidene registratiekantoren bestaan waaronder de verschillende takken van ontvangsten zijn verdeeld, wordt het bevoegd kantoor bepaald door de Minister van Financiën of diens afgevaardigde.

Afdeling 5

Sanctiën

Art. 41. Verbeuren ondeelbaar een geldboete gelijk aan het bedrag der rechten, zonder dat ze lager dan [[[25 EUR]]] mag zijn:

1° [de personen die binnen de voorgeschreven termijnen, de akten of verklaringen niet hebben doen registreren welke zij gehouden zijn aan de formaliteit te onderwerpen of de in artikel 5, tweede lid, bedoelde betaling niet hebben gedaan];

2° de in artikel 37 aangewezen personen die, binnen de hun daartoe gestelde termijn, de bij artikel 36 voorziene consignatie niet hebben gedaan;

3° [de in artikel 35, derde en vierde lid aangewezen personen die de betaling, bedoeld in het vijfde lid van genoemd artikel niet hebben gedaan binnen de voorgeschreven termijn.]

*Inleidende zin gewijzigd bij art. 141, 1° W. 22 december 1989
(B.S. 29.XII.1989), bij art. 2-11 K.B. 20 juli 2000 (II) (B.S.
30.VIII.2000, err. B.S. 8.III.2001) en bij art. 42-5° K.B. 13 juli
2001 (B.S. 11.VIII.2001, err. B.S. 21.XII.2001);
1° vervangen bij art. 78 W. 22 december 2009 (B.S. 31.
XII.2009, ed. 2);
3° vervangen bij art. 141, 2° W. 22 december 1989 (B.S.
29.XII.1989).*

[Art. 41bis. De personen die de rechten, verschuldigd op de akten die van de formaliteit der registratie zijn vrijgesteld niet betaald hebben op de voorgeschreven wijze en binnen de voorgeschreven termijn [, die geen afschrift van deze akten neergelegd hebben of die zich niet gehouden hebben aan de door de Koning bepaalde aanvullende regels] in uitvoering van artikel 8bis, verbeuren ondeelbaar een boete van [[25 EUR]] tot [[250 EUR]] per overtreding.

Het bedrag van de boete wordt, binnen deze grenzen, vastgesteld door de gewestelijke directeur van de belasting over de toegevoegde waarde, registratie en domeinen.

De in het eerste lid bedoelde personen verbeuren ondeelbaar een boete gelijk aan de ontdoken rechten voor elke akte waarop zij ten onrechte de vrijstelling van de formaliteit bedoeld in artikel 8bis, toegepast hebben.]

*Ingevoegd bij art. 142 W. 22 december 1989 (B.S. 29.
XII.1989);
Al. 1 gewijzigd bij art. 75 W. 22 juli 1993 (B.S. 26.VII.1993),
bij art. 2-11 K.B. 20 juli 2000 (B.S. 30.VIII.2000, err. B.S.
8.III.2001) en bij art. 42-5° K.B. 13 juli 2001 (B.S. 11.
VIII.2001, err. B.S. 21.XII.2001).*

Art. 42. [Voor elke overtreding van artikel 26 verbeurt de notaris of de gerechtsdeurwaarder een boete van [[[25 EUR]]].]

*Vervangen bij art. 22 W. 1 juli 1983 (B.S. 8.VII.1983) en gewijzigd bij art. 143 W. 22 december 1989 (B.S. 29.XII.1989),
bij art. 2-11 K.B. 20 juli 2000 (II) (B.S. 30.VIII.2000, err. B.S.
8.III.2001) en bij art. 42-5° K.B. 13 juli 2001 (B.S. 11.
VIII.2001, err. B.S. 21.XII.2001).*

Art. 43. [De griffiers die binnen de voorgeschreven termijn de arresten en vonnissen niet hebben doen registreren welke zij gehouden zijn aan de formaliteit te onderwerpen, verbeuren voor elke overtreding een boete van [[[25 EUR]]].]

Vervangen bij art. 7 W. 19 juni 1986 (B.S. 24.VII.1986) en gewijzigd bij art. 144 W. 22 december 1989 (B.S. 29. XII.1989), bij art. 2-11 K.B. 20 juli 2000 (II) (B.S. 30. VIII.2000, err. B.S. 8.III.2001) en bij art. 42-5° K.B. 13 juli 2001 (B.S. 11.VIII.2001, err. B.S. 21.XII.2001).

HOOFDSTUK IV

VASTSTELLING VAN DE RECHTEN

Afdeling 1

Overdrachten onder bezwarende titel van onroerende goederen

§ 1. Algemene bepalingen

Art. 44. [Het recht bedraagt 10 ten honderd voor de verkoop, de ruiling en iedere overeenkomst tot overdracht onder bezwarende titel van eigendom of vruchtgebruik van onroerende goederen.]

Vervangen bij art. 2 Decr. Vl. Parl. 1 februari 2002 (B.S. 28.II.2002, ed. 2).

Art. 45. Het recht wordt vereffend:
– ten aanzien van de verkopingen, op het bedrag van bedongen prijs en lasten;
– ten aanzien van de ruilingen, op de overeengekomen waarde van de in een der prestatiën begrepen goederen, met inachtneming van die welke aanleiding tot het hoogste recht zou geven zo beide waren toegestaan tegen een naar die waarde vastgestelde geldprijs;
[– ten aanzien van inbrengen van onroerende goederen in vennootschappen, andere dan inbrengen als vermeld in artikel 115bis, op de waarde van de als vergoeding van de inbreng toegekende maatschappelijke rechten verhoogd met de lasten die door de vennootschap gedragen worden;]
– ten aanzien van de overige overdragende overeenkomsten, op de overeengekomen waarde van de ten laste van de verkrijger van het onroerend goed bedongen tegenprestatie.

3° streepje ingevoegd bij art. 41 W. 30 maart 1994 (B.S. 31.III.1994).

Art. 46. Evenwel mag de belastbare grondslag in geen geval lager zijn dan de verkoopwaarde van de overgedragen onroerende goederen.

[**Art. 46bis.** De heffingsgrondslag ten aanzien van de verkopingen, zoals bepaald in de artikelen 45 en 46, wordt verminderd met [15.000 euro] in geval van zuivere [...] aankoop van de geheelheid volle eigendom van een tot bewoning aangewend of bestemd onroerend goed door een of meer natuurlijke personen om er hun hoofdverblijfplaats te vestigen.

[Als met het oog op de financiering van een aan-

koop, vermeld in het eerste lid, een hypotheek wordt gevestigd op het aangekochte onroerend goed, wordt het bedrag van de vermindering van de heffingsgrondslag, vermeld in het eerste lid, verhoogd met hetzij 10.000 euro als op de aankoop het recht, vermeld in artikel 44, verschuldigd is, hetzij 20.000 euro als op de aankoop het recht, vermeld in artikel 53, verschuldigd is, hetzij 66.666,67 euro als op de aankoop het recht, vermeld in artikel 52, verschuldigd is.]

Het voordeel van de vermindering van de heffingsgrondslag overeenkomstig dit artikel kan niet gecombineerd worden met het voordeel van de verrekening bedoeld in § 4bis van deze afdeling of met het voordeel van de teruggave bedoeld in artikel 212bis.

[Aan de vermindering van de heffingsgrondslag zijn de volgende voorwaarden verbonden:
1° geen van de verkrijgers mag op de datum van de overeenkomst tot koop voor de geheelheid volle eigenaar zijn van een ander onroerend goed, dat geheel of gedeeltelijk tot bewoning is bestemd; indien de aankoop geschiedt door meerdere personen mogen zij bovendien op vermelde datum gezamenlijk niet voor de geheelheid volle eigenaar zijn van een ander onroerend goed dat geheel of gedeeltelijk tot bewoning is bestemd. Een perceel grond, stedenbouwkundig bestemd tot woningbouw wordt beschouwd als een onroerend goed dat geheel of gedeeltelijk tot bewoning is bestemd;
2° in of onderaan op het document, dat tot de heffing van het evenredig recht op de aankoop aanleiding geeft, moeten de verkrijgers:
a) uitdrukkelijk vermelden dat zij de toepassing van dit artikel vragen;
b) verklaren dat zij voldoen aan de voorwaarde vermeld in 1° van dit lid;
c) zich verbinden hun hoofdverblijfplaats te vestigen op de plaats van het aangekochte goed:
– indien het een woning betreft, binnen twee jaar na:
- ofwel de datum van de registratie van het document dat tot de heffing van het evenredig recht op de aankoop aanleiding geeft, wanneer dat document binnen de ervoor bepaalde termijn ter registratie wordt aangeboden;
- ofwel de uiterste datum voor tijdige aanbieding ter registratie, wanneer het document dat tot de heffing van het evenredig recht op de aankoop aanleiding geeft wordt aangeboden na het verstrijken van de daarvoor bepaalde termijn;
– indien het een bouwgrond betreft, binnen [vijf] jaar na dezelfde datum;]
[d) als ze aanspraak maken op een verhoging als vermeld in het tweede lid, zich verbinden de hypothecaire inschrijving te nemen binnen de termijn, vermeld in punt c).]

In geval de verklaring bedoeld in 2°, b), van het [vierde] lid onjuist wordt bevonden, zijn de verkrijgers ondeelbaar gehouden tot betaling van de aanvullende rechten over het bedrag waarmee de heffingsgrondslag werd verminderd, en van een boete gelijk aan die aanvullende rechten.

Dezelfde aanvullende rechten en boete zijn ondeelbaar verschuldigd door de verkrijgers indien geen van hen de in 2° c) van het [vierde] lid bedoelde verbintenis naleeft. Komen sommige verkrijgers die verbintenis niet na dan worden de aanvullende rechten en de boete, waartoe zij ondeelbaar gehouden zijn, bepaald naar verhouding van hun wettelijk aandeel in de aankoop. Evenwel is de boete niet verschuldigd indien de niet-naleving van de bedoelde verbintenis het gevolg is van overmacht.]

[Als niet voldaan is aan de verplichting tot inschrijving, vermeld in het vierde lid, 2°, d), zijn de verkrijgers ondeelbaar gehouden tot betaling van de aanvullende rechten over het bedrag, vermeld in het tweede lid, waarmee de heffingsgrondslag werd verminderd, en van een boete die gelijk is aan die aanvullende rechten. De boete is evenwel niet verschuldigd als de niet-naleving van de verbintenis het gevolg is van overmacht.]

Ingevoegd bij art. 6 Decr. Vl. Parl. 1 februari 2002 (B.S. 28.II.2002);

Al. 1 gewijzigd bij art. 64 Decr. Vl. Parl. 5 juli 2002 (B.S. 19.IX.2002) en bij art. 20 Decr. Vl. Parl. 22 december 2006 (B.S. 29.XII.2006, ed. 4), van toepassing vanaf 1 januari 2007;

Al. 2 ingevoegd bij art. 2, 1° Decr. Vl. Parl. 19 december 2008 (B.S. 12.I.2009), van toepassing vanaf 1 januari 2009;

Al. 4 vervangen bij art. 65 Decr. Vl. Parl. 5 juli 2002 (B.S. 19.IX.2002);

Al. 4, 2°, c) gewijzigd bij art. 16 Decr. Vl. Parl. 24 december 2004 (B.S. 31.XII.2004, ed. 3);

Al. 4, 2°, d) ingevoegd bij art. 2, 2° Decr. Vl. Parl. 19 december 2008 (B.S. 12.I.2009), van toepassing vanaf 1 januari 2009;

Al. 5 en 6 gewijzigd bij art. 2, 3° Decr. Vl. Parl. 19 december 2008 (B.S. 12.I.2009), van toepassing vanaf 1 januari 2009;

Al. 7 ingevoegd bij art. 2, 4° Decr. Vl. Parl. 19 december 2008 (B.S. 12.I.2009), van toepassing vanaf 1 januari 2009.

[**Art. 46ter.** § 1. De heffingsgrondslag voor de bepaling van de registratierechten ten aanzien van verkopingen, als bepaald in de artikelen 45 en 46, wordt verminderd met 30.000 euro in geval van aankoop van een onroerend goed om er een hoofdverblijfplaats te vestigen.

Aan deze vermindering van de heffingsgrondslag zijn de volgende voorwaarden verbonden:

1° het verkochte onroerend goed is ten hoogste vier opeenvolgende jaren opgenomen in één of meer van volgende registers, inventarissen of lijsten, gelijktijdig of consecutief:

a) het leegstandsregister, vermeld in artikel 2.2.6, van het decreet van 27 maart 2009 betreffende het grond- en pandenbeleid;

b) de inventaris van leegstaande en/of verwaarloosde bedrijfsruimten, vermeld in artikel 3, § 1, van het decreet van 19 april 1995 houdende maatregelen ter bestrijding en voorkoming van leegstand en verwaarlozing van bedrijfsruimten;

c) de lijsten van ongeschikte en/of onbewoonbare woningen en verwaarloosde gebouwen en/of woningen, vermeld in artikel 28, § 1, van het decreet van

22 december 1995 houdende bepalingen tot begeleiding van de begroting 1996;

2° het goed wordt gerenoveerd en een hoofdverblijfplaats wordt gevestigd op de plaats van het aangekochte goed binnen de termijnen, vermeld in artikel 46bis, vierde lid, 2°, c);

3° in of onderaan op het document dat tot de heffing van het evenredig recht op de aankoop aanleiding geeft, moeten de verkrijgers:

a) uitdrukkelijk vermelden dat zij de toepassing van de verminderingsregeling vragen;

b) verklaren dat voldaan is aan de voorwaarde, vermeld in 1°, en dat de verplichting, vermeld in 2°, nageleefd wordt.

§ 2. Indien de verklaring, vermeld in § 1, tweede lid, 3°, b) onjuist wordt bevonden, zijn de verkrijgers ondeelbaar gehouden tot de betaling van de aanvullende rechten over het bedrag waarmee de heffingsgrondslag werd verminderd, en van een boete gelijk aan die aanvullende rechten.

Dezelfde aanvullende rechten en boete zijn ondeelbaar verschuldigd door de verkrijgers indien de verplichting, vermeld in § 1, tweede lid, 2°, niet wordt nageleefd.

De boete is niet verschuldigd indien de niet-naleving van de verplichting, vermeld in § 1, tweede lid, 2°, het gevolg is van overmacht.]

Ingevoegd bij art. 7.2.1 Decr. Vl. Parl. 27 maart 2009 (B.S. 15.V.2009, ed. 1), van toepassing vanaf 1 september 2009.

Art. 47. [Wanneer de overeenkomst op het vruchtgebruik van een onroerend goed slaat, wordt de in artikel 46 bedoelde verkoopwaarde vertegenwoordigd door de som verkregen door vermenigvuldiging van de jaarlijkse opbrengst of, bij ontstentenis daarvan, van de huurwaarde van het goed, met het getal dat in de onderstaande tabel is opgegeven en afhankelijk is van de leeftijd, welke degene op wiens hoofd het vruchtgebruik is gevestigd, op de dag van de akte heeft:

Getal	Leeftijd
18	20 jaar of minder;
17	meer dan 20 jaar en niet meer dan 30 jaar;
16	meer dan 30 jaar en niet meer dan 40 jaar;
14	meer dan 40 jaar en niet meer dan 50 jaar;
13	meer dan 50 jaar en niet meer dan 55 jaar;
11	meer dan 55 jaar en niet meer dan 60 jaar;
9,5	meer dan 60 jaar en niet meer dan 65 jaar;
8	meer dan 65 jaar en niet meer dan 70 jaar;
6	meer dan 70 jaar en niet meer dan 75 jaar;
4	meer dan 75 jaar en niet meer dan 80 jaar;
2	meer dan 80 jaar.]

Is het vruchtgebruik voor een bepaalde tijd gevestigd, zo is de verkoopwaarde vertegenwoordigd door de som verkregen door het kapitaliseren ad 4. t.h. van de jaarlijkse opbrengst, rekening gehouden met de bij de overeenkomst gestelde duur van het vruchtgebruik, maar zonder te mogen overschrijden hetzij de naar voorgaande alinea bepaalde waarde, zo het gaat om een ten bate van een natuurlijk persoon gevestigd vruchtgebruik, hetzij het bedrag van twintigmaal de opbrengst, zo het vruchtgebruik ten bate van een rechtspersoon is gevestigd.

In geen geval mag aan het vruchtgebruik een hogere waarde dan de vier vijfden van de verkoopwaarde van de volle eigendom worden toegewezen.

Al. 1 vervangen bij art. 3 W. 23 december 1958 (B.S. 7.I.1959).

Art. 48. Gaat de overeenkomst over de blote eigendom van een onroerend goed waarvan het vruchtgebruik door de vervreemder is voorbehouden, zo mag de belastbare grondslag niet lager zijn dan de verkoopwaarde van de volle eigendom.

Art. 49. Gaat de overeenkomst over de blote eigendom van een onroerend goed, zonder dat het vruchtgebruik door de vervreemder is voorbehouden, zo mag de belastbare grondslag niet lager zijn dan de verkoopwaarde van de volle eigendom, na aftrekking van de overeenkomstig artikel 47 berekende waarde van het vruchtgebruik.

Art. 50. Wordt of werd het vruchtgebruik op het hoofd van twee of meer personen gevestigd, met recht van aanwas of van terugvalling, zo is de voor de toepassing van artikelen 47 en 49 in aanmerking te nemen leeftijd die van de jongste persoon.

§ 2. [Verkopingen aan bouwmaatschappijen tot nut van het algemeen]

Opschrift vervangen bij art. 1 K.B. 12 september 1957 (B.S. 3.X.1957).

Art. 51. [Het bij artikel 44 vastgelegd recht wordt tot 6 pct. verlaagd voor de verkopingen gedaan met het oog op de verwezenlijking van haar maatschappelijk doel:

1° aan maatschappijen erkend hetzij door de Nationale Maatschappij voor de huisvesting, hetzij door de [Nationale Landmaatschappij] [, hetzij door de Gewestelijke Maatschappijen opgericht in uitvoering van de wet van 28 december 1984 tot afschaffing of herstructurering van sommige instellingen van openbaar nut];

2° aan de samenwerkende maatschappij "Woningfonds van de bond der kroostrijke gezinnen in België" [, aan de coöperatieve vennootschappen Vlaams Woningfonds van de Grote Gezinnen, Woningfonds van de Kroostrijke Gezinnen van Wallonië en Woningfonds van de gezinnen van het Brusselse Gewest.]

Wat betreft de onder 1° hierboven bedoelde maatschappijen, wordt de verlaging slechts toegestaan mits het bewijs geleverd wordt van de erkenning der verkrijgende maatschappij.]

Vervangen bij art. 1 K.B. 12 september 1957 (B.S. 3.X.1957);
Al. 1, 1° gewijzigd bij art. 55, al. 2 W. 22 juli 1970 (B.S. 4. IX.1970) en aangevuld bij art. 145, 1° W. 22 december 1989 (B.S. 29.XII.1989);
Al. 1, 2° aangevuld bij art. 145, 2° W. 22 december 1989 (B.S. 29.XII.1989).

§ 3. Verkopingen [...] aan de met regeringspremie begunstigde kopers

Opschrift gewijzigd bij art. 3 W. 30 mei 1949 (B.S. 4-5. VII.1949, err. B.S. 6.VII.1949).

Art. 52. [Het recht wordt tot 1,50 pct. verlaagd voor de verkopingen van woningen toegestaan door de Nationale Maatschappij voor de huisvesting, de [Nationale Landmaatschappij], de door hen [of door de Gewestelijke Maatschappijen opgericht in uitvoering van de wet van 28 december 1984 tot afschaffing of herstructurering van sommige instellingen van openbaar nut] erkende maatschappijen, de openbare besturen of de openbare instellingen, aan personen wie de door de Staat verleende aankooppremie ten goede komt.]

Het gebeurlijk intrekken van die premie brengt voor de verkrijger de verplichting mede het verschuldigde recht tot het bij artikel 44 vastgesteld percentage te zuiveren.

[…]

Al. 1 vervangen bij art. 2 K.B. 12 september 1957 (B.S. 3.X.1957) en gewijzigd bij art. 55, al. 2 W. 22 juli 1970 (B.S. 29.XII.1989) en bij artikel 146, 1° W. 22 december 1989 (B.S. 29.XII.1989);
Al. 3 opgeheven bij art. 146, 2° W. 22 december 1989 (B.S. 29.XII.1989).

§ 4. [Verkopingen van kleine landeigendommen en bescheiden woningen]

Opschrift vervangen bij art. 24 W. 13 augustus 1947 (B.S. 17.IX.1947).

Art. 53. [Het bij artikel 44 vastgestelde recht wordt tot 5 ten honderd verminderd in geval van verkoop van de eigendom:]

1° van onroerende landgoederen waarvan het kadastraal inkomen een bij koninklijk besluit vast te stellen maximum niet te boven gaat.

Wordt als landgoed aangezien, het onroerend goed dat hetzij uit voor [landbouwbedrijf] aangewende of bestemde gebouwen en gronden, hetzij uit dergelijke gronden alleen bestaat;

2° van woningen waarvan het gebouwd of ongebouwd kadastraal inkomen een bij koninklijk besluit [...] vast te stellen maximum niet overschrijdt.

[Als woning wordt aangemerkt het huis of het geheel of het gedeelte van een verdieping van een gebouw, dat dient of zal dienen tot huisvesting van een gezin of één persoon, met in voorkomend geval de aanhorigheden die tegelijk met het huis, het geheel of het gedeelte van een verdieping worden verkregen. De

Koning stelt regels vast voor het bepalen van de aanhorigheden waarop deze bepaling van toepassing is.]

Al. 1, inleidende zin vervangen bij art. 3 Decr. Vl. Parl. 1 februari 2002 (B.S. 28.II.2002, ed. 2);
Al. 1, 1°, al. 2 gewijzigd bij art. 16 K.B. nr. 12 - 18 april 1967 (B.S. 20.IV.1967);
Al. 1, 2° gewijzigd bij art. 35, 1° W. 19 juli 1979 (B.S. 22.VIII.1979);
Al. 2 vervangen bij art. 35, 2° W. 19 juli 1979 (B.S. 22. VIII.1979).

Art. 54. De in voorgaand artikel voorziene verlaging is niet toepasselijk op de verkoop van een onverdeeld deel, tenzij dit deel verbonden is aan een verdieping of aan een gedeelte van verdieping van een gebouw.

Zij is evenmin van toepassing, zo de verkrijger of zijn echtgenoot de algeheelheid of een onverdeeld deel, in volle of blote eigendom, bezit van één of meer onroerende goederen, waarvan het kadastraal inkomen voor de geheelheid of voor het onverdeeld deel, met dit van het verkregen onroerend goed, meer bedraagt dan het krachtens het vorig artikel vast te stellen maximum. [[In afwijking van deze bepaling wordt geen rekening gehouden met hetgeen de verkrijger of zijn echtgenoot in blote eigendom bezit en dat door hen of door één van hen uit de nalatenschap van een bloedverwant in opgaande lijn werd verkregen. Er wordt evenmin rekening gehouden met de onroerende goederen die de verkrijger of zijn echtgenoot in volle eigendom bezitten, op voorwaarde dat die goederen in volle of blote eigendom werden verkregen uit de nalatenschap van een bloedverwant in opgaande lijn van één van hen, en op voorwaarde dat het kadastraal inkomen van die in volle eigendom bezeten goederen niet meer bedraagt dan 25 percent van het bedoelde maximum.]]

[De onder 2° van het voorgaande artikel bepaalde vermindering is eveneens niet toepasselijk indien de verkrijger of zijn echtgenoot reeds, voor het geheel in volle of in blote eigendom, een onroerend goed bezitten dat geheel of gedeeltelijk tot bewoning is bestemd en dat door hen of door een van hen anders dan uit de nalatenschap van hun bloedverwanten in de opgaande lijn is verkregen.]

Al. 2, tweede zin ingevoegd bij art. 36, 1° W. 19 juli 1979 (B.S. 22.VIII.1979) en vervangen bij art. 18 Decr. Vl. Parl. 21 december 2007 (B.S. 31.XII.2007, ed. 1), van toepassing vanaf 1 januari 2008 (art. 63);
Al. 3 ingevoegd bij art. 36, 2° W. 19 juli 1979 (B.S. 22. VIII.1979).

Art. 55. [De in artikel 53 voorziene verlaging is bovendien aan volgende voorwaarden verbonden:

1° [...]

2° [de akte, of een door de verkrijger gewaarmerkte en ondertekende verklaring onderaan op de akte, moet uitdrukkelijk vermelden:

a) [dat de verkrijger en zijn echtgenoot geen andere onroerende goederen bezitten of dat zij, voor het

geheel of in onverdeeldheid niet één of meer onroerende goederen bezitten waarvan het kadastraal inkomen, voor het geheel of voor het onverdeelde deel, samen met dat van het verkregen onroerend goed, meer dan het krachtens artikel 53 vastgestelde maximum bedraagt, afgezien van wat ze in blote eigendom bezitten en hebben verkregen uit de nalatenschap van een bloedverwant in opgaande lijn van één van hen en afgezien van wat ze in volle eigendom bezitten en uit de nalatenschap van een bloedverwant in opgaande lijn van één van hen in volle of blote eigendom hebben verkregen, en op voorwaarde dat het kadastraal inkomen van die in volle eigendom bezeten goederen niet meer bedraagt dan 25 percent van het bedoelde maximum];

b) in geval van toepassing van artikel 53, 1°, dat de landeigendom uitgebaat zal worden door de verkrijger, zijn echtgenoot of zijn afstammelingen;

c) in geval van toepassing van artikel 53, 2°, dat de verkrijger of zijn echtgenoot voor het geheel in volle of in blote eigendom geen onroerend goed bezitten dat geheel of gedeeltelijk tot bewoning is bestemd en door hen of door één van hen anders dan uit de nalatenschap van hun bloedverwanten in de opgaande lijn werd verkregen;

[d) in geval van toepassing van artikel 53, 2°, dat de verkrijger of zijn echtgenoot zijn inschrijving in het bevolkingsregister of in het vreemdelingenregister op het adres van het verkregen onroerend goed zal bekomen.]

[...]

In geval van niet-nakoming van een van bovenstaande voorwaarden uiterlijk wanneer de akte ter formaliteit wordt aangeboden, wordt deze akte tegen het gewoon recht geregistreerd; hetgeen boven het verlaagd recht geheven werd is vatbaar voor teruggaaf, tot beloop van de acht tienden, mits overlegging van een uittreksel uit de kadastrale legger en een verklaring ondertekend door de verkrijger, waarin de door voorgaand 2° beoogde vermeldingen voorkomen.]

Vervangen bij art. 25 W. 23 december 1958 (B.S. 7.I.1959);
Al. 1, 1° opgeheven bij art. 79 W. 22 december 2009 (B.S. 31.XII.2009, ed. 2);
Al. 1, 2° vervangen bij art. 147 W. 22 december 1989 (B.S. 29.XII.1989);
Al. 1, 2°, a) vervangen bij art. 19 Decr. Vl. Parl. 21 december 2007 (B.S. 31.XII.2007, ed. 1);
Al. 1, 2°, d) ingevoegd bij art. 2 W. 19 mei 1998 (B.S. 14. VII.1998);
Al. 2 opgeheven bij art. 37 W. 19 juli 1979 (B.S. 22.VIII.1979).

Art. 56. Wanneer het kadastraal inkomen van het verkregen onroerend goed nog niet is vastgesteld, wordt het sub 1° van vorenstaand artikel bedoeld uittreksel uit de kadastrale legger vervangen door een attest van de controleur van het kadaster houdende dat het kadastraal inkomen van bewust onroerend goed nog moet vastgesteld worden.

In dit geval, wordt de akte, behoudens de in artikel 58 voorziene teruggaaf, tegen het gewoon recht geregistreerd.

Art. 57. [[Behoudens toepassing van artikel 54 wordt het in artikel 44 vastgestelde recht verminderd tot 5 ten honderd in geval van verkoop van de eigendom van een stuk grond bestemd om er een woning op te bouwen, op voorwaarde:]

1° dat het verkregen goed en het gebouwd onroerend goed aan de bij artikel 53, 2°, gestelde voorwaarden beantwoorden;

2° dat de akte van verkrijging de bij artikel 55, 2°, geëiste vermeldingen vervat.]

In dit geval, wordt de akte tegen het gewoon recht geregistreerd, behoudens de bij artikel 58 voorziene teruggaaf, na voltooiing van het gebouw.

Al. 1 vervangen bij art. 4 Decr. Vl. Parl. 1 februari 2002 (B.S. 28.II.2002, ed. 2);

Al. 1, inleidende zin vervangen bij art. 4 Decr. Vl. Parl. 1 februari 2002 (B.S. 28.II.2002, ed. 2).

Art. 58. In de bij artikelen 56 en 57 voorziene gevallen, wordt hetgeen boven het verlaagd recht werd geheven, teruggegeven op overlegging van een na de vaststelling van het kadastraal inkomen afgeleverd uittreksel uit de kadastrale legger.

[Het ter uitvoering van artikel 53, 2°, toepasselijk maximum is datgene dat van kracht was op de datum van de akte van verkrijging.

Zo, tussen de datum van de akte en 2 januari die volgt op het betrekken der gebouwde woning, nieuwe kadastrale inkomens, vastgesteld ingevolge een algemene perekwatie of een buitengewone herziening, voor de heffing der grondbelasting in toepassing worden gebracht, dan moet het voor de gebouwde woning in acht te nemen kadastraal inkomen bepaald worden volgens de regeling die op de datum van de akte van toepassing was. Het aldus bepaalde kadastraal inkomen wordt de verkrijger ter kennis gebracht; deze kan bezwaar indienen volgens de procedure betreffende de vaststelling van de nieuwe kadastrale inkomens.]

Al. 2-3 ingevoegd bij art. 26 W. 23 december 1958 (B.S. 7.I.1959).

Art. 59. In geval van onjuistheid in de vermeldingen waarvan sprake in [artikel 55, eerste lid, 2°, [a] en c] verbeurt de verkrijger een aan het ontdoken recht gelijke geldboete.

Gewijzigd bij art. 38 W. 19 juli 1979 (B.S. 22.VIII.1979) en bij art. 148 W. 22 december 1989 (B.S. 29.XII.1989).

Art. 60. [Het voordeel van de in artikel 53, 1°, bedoelde vermindering blijft alleen dan behouden zo de verkrijger, zijn echtgenoot of zijn afstammelingen zelf de landeigendom uitbaten. Die uitbating dient aangevangen binnen een termijn van vijf jaar ingaande op de datum van de akte van verkrijging en ten minste drie jaar zonder onderbreking voortgezet.]

[Het voordeel van de in artikel 53, 2° bedoelde vermindering blijft alleen dan behouden zo de verkrijger of zijn echtgenoot ingeschreven is in het bevolkingsregister of in het vreemdelingenregister op het adres van het verkregen onroerend goed. Deze inschrijving moet geschieden binnen een termijn van drie jaar te rekenen van de datum van de authentieke akte van verkrijging en ten minste drie jaar zonder onderbreking behouden blijven.]

Evenwel blijft de verlaging verkregen zo niet-nakoming van die voorwaarden het gevolg is van overmacht.

[...]

Al. 1 vervangen bij art. 149 W. 22 december 1989 (B.S. 29.XII.1989);

Al. 2 ingevoegd bij art. 3 W. 19 mei 1998 (B.S. 14.VII.1998);

Al. 4 opgeheven bij art. 39, 2° W. 19 juli 1979 (B.S. 22. VIII.1979).

Art. 61[1]. [Indien de vermindering vervalt bij gebreke van exploitatie binnen de termijn en gedurende de tijd bepaald in artikel 60, eerste lid, is de verkrijger, naast het aanvullend recht, een daaraan gelijke vermeerdering verschuldigd.

Indien de vermindering vervalt bij gebreke van inschrijving binnen de termijn en gedurende de tijd bepaald in artikel 60, tweede lid, is de verkrijger, naast het aanvullend recht, een daaraan gelijke vermeerdering verschuldigd.

De minister van Financiën kan evenwel van die vermeerdering geheel of gedeeltelijk afzien.]

Hernummerd bij art. 4 W. 26 juli 1952 (B.S. 30.VIII.1952).

[**Art. 61**[2]. Wanneer een ongebouwd landeigendom, verkregen met de in deze paragraaf bedoelde verlaging, naderhand in een ruiling betrokken wordt volgens artikel 72, treedt het in ruil verkregen goed, voor de toepassing [van de artikelen 60, eerste lid en 61[1], eerste lid], in de plaats van het oorspronkelijk verkregen goed.

[Hetzelfde heeft plaats in geval van ruilverkaveling van landeigendommen in der minne of uit kracht van de wet.] [In geval van gebruiksruil bij toepassing van titel I van de wet houdende bijzondere maatregelen inzake ruilverkaveling van landeigendommen uit kracht van de wet bij de uitvoering van grote infrastructuurwerken, treedt, voor de toepassing [van de artikelen 60, eerste lid en 61, eerste lid], het bij de akte van ruiling voor gebruik toebedeeld goed in de plaats van het verkregen goed.]]

Ingevoegd bij art. 4 W. 26 juli 1952 (B.S. 30.VIII.1952);

Al. 1 gewijzigd bij art. 5 W. 19 mei 1998 (B.S. 14.VII.1998);

Al. 2 aangevuld bij art. 72, 1° W. 12 juli 1976 (B.S. 13. VIII.1976) en gewijzigd bij art. 62, 1° W. 10 januari 1978 (B.S. 9.III.1978) en bij art. 5 W. 19 mei 1998 (B.S. 14. VII.1998).

[§ 4bis. Verrekening]

Opschrift ingevoegd bij art. 5 Decr. Vl. Parl. 1 februari 2002 (B.S. 28.II.2002).

[Art. 61³. [In geval van zuivere aankoop van een tot bewoning aangewend of bestemd onroerend goed door een natuurlijke persoon om er zijn hoofdverblijfplaats te vestigen, wordt zijn wettelijk aandeel in de rechten die overeenkomstig de artikelen 44, 53, 2°, of 57 verschuldigd waren op de aankoop van de woning die hem voorheen tot hoofdverblijfplaats heeft gediend of van de bouwgrond waarop die woning is opgericht, verrekend met zijn wettelijk aandeel in de rechten verschuldigd op de nieuwe aankoop, mits de nieuwe aankoop vaste datum heeft gekregen binnen twee jaar te rekenen van de datum van de registratie van het document dat aanleiding heeft gegeven:

- ofwel tot de heffing van het evenredige recht, hetzij op de zuivere wederverkoop van de woning die hem voorheen tot hoofdverblijfplaats heeft gediend, hetzij op de verdeling van die woning waarbij de natuurlijke persoon al zijn rechten erin heeft afgestaan;

- ofwel tot de vrijstelling van het evenredige recht bij de toepassing van artikel 159, 8°, hetzij voor de zuivere wederverkoop van de woning die hem voorheen tot hoofdverblijfplaats heeft gediend, hetzij voor de verdeling van die woning waarbij de natuurlijke persoon al zijn rechten erin heeft afgestaan.]

Van de verrekening overeenkomstig de bepalingen van dit artikel zijn uitgesloten de rechten betaald voor de verkrijging van een onroerend goed dat niet in het Vlaamse Gewest is gelegen. [Aanvullende rechten die voor om het even welke reden op een aankoop werden geheven zijn eveneens van de verrekening uitgesloten.]

De verrekening overeenkomstig de bepalingen van dit artikel levert in geen geval grond voor een teruggave op.

In geval een verrichting als bedoeld in het eerste lid is voorafgegaan door een of meer zulke verrichtingen en/of door een of meer verrichtingen als bedoeld in het eerste lid van artikel 212bis, worden, in voorkomend geval, de bij die voorgaande verrichtingen ingevolge de toepassing van het derde of het vijfde lid van dit artikel nog niet verrekende rechten en/of de ingevolge de toepassing van het derde of het vijfde lid van artikel 212bis nog niet teruggegeven rechten, gevoegd bij het wettelijk aandeel van de natuurlijke persoon in de overeenkomstig de artikelen 44, 53, 2°, of 57 verschuldigde rechten op de voorlaatste aankoop, om het verrekenbaar bedrag bij de laatste aankoop te bepalen.

Het te verrekenen bedrag, bekomen met toepassing van het eerste of het vierde lid kan nooit meer bedragen dan 12.500 euro. Dit maximum te verrekenen bedrag wordt bepaald in verhouding tot de fractie die de natuurlijke persoon bekomt in het nieuw aangekochte goed.]

Ingevoegd bij art. 5 Decr. Vl. Parl. 1 februari 2002 (B.S. 28.II.2002, ed. 2);

Al. 1 vervangen bij art. 2 Decr. Vl. Parl. 23 december 2010 (B.S. 31.XII.2010, ed. 2), van toepassing vanaf 1 januari 2011 (zoals vernietigd bij Arr. GwH 22 maart 2012, nr. 48/2012 (B.S. 18.VII.2012) in zoverre het niet de teruggave van de registratierechten toestaat bij de aankoop van een nieuwe woning met bijbehorende grond onder het btw-stelsel);

Al. 2 aangevuld bij art. 18 Decr. Vl. Parl. 24 december 2004 (B.S. 31.XII.2004, ed. 3).

[Art. 61⁴. [Aan de in artikel 61³ bepaalde verrekening zijn de volgende voorwaarden verbonden:

1° de toepassing van artikel 61³ wordt uitdrukkelijk gevraagd in of onderaan op het document dat aanleiding geeft tot de heffing van het evenredig recht op de nieuwe aankoop;

2° het in 1° bedoelde document bevat een afschrift van het registratierelaas dat is aangebracht op het document dat aanleiding heeft gegeven tot de heffing van het evenredig recht op de aankoop van de verkochte [of verdeelde] woning of van de bouwgrond waarop die woning is opgericht, en vermeldt het wettelijk aandeel van de natuurlijke persoon in de rechten geheven op die vorige aankoop.

Indien de verrekening wordt gevraagd met toepassing van het vierde lid van artikel 61³ dan moet het in 1° bedoelde document bovendien de afschriften bevatten van de relazen aangebracht op de documenten die betreffende de in aanmerking te nemen voorafgaande verrichtingen aanleiding hebben gegeven tot het heffen van de evenredige rechten en bij ieder relaas het wettelijk aandeel van de natuurlijke persoon in de verrekende of teruggegeven rechten vermelden;

3° in het in 1° bedoelde document of in een ondertekende en waar en oprecht verklaarde vermelding onderaan op dat document, vermeldt de natuurlijke persoon uitdrukkelijk:

a) [dat hij op enig ogenblik in de periode van achttien maanden voorafgaand aan de verkoop of verdeling, zijn hoofdverblijfplaats heeft gehad in de verkochte of verdeelde woning];

b) dat hij zijn hoofdverblijfplaats op de plaats van het nieuw aangekochte goed zal vestigen:

– indien het een woning betreft, binnen twee jaar na:

- ofwel de datum van de registratie van het document dat tot de heffing van het evenredig recht op de aankoop aanleiding geeft, wanneer dat document binnen de ervoor bepaalde termijn ter registratie wordt aangeboden;

- ofwel de uiterste datum voor tijdige aanbieding ter registratie, wanneer het document dat tot de heffing van het evenredig recht op de aankoop aanleiding geeft wordt aangeboden na het verstrijken van de daarvoor bepaalde termijn;

– [indien het een bouwgrond betreft, binnen vijf jaar na dezelfde datum].

Aan de voorwaarden van het eerste lid wordt ook geacht voldaan te zijn als het verzoek en de vermeldingen het voorwerp uitmaken van een door de natuurlijke persoon ondertekend verzoek, dat het ter registratie aangeboden en tot de heffing van het evenredig registratierecht aanleiding gevend document, vergezelt.

Indien één van de voorwaarden bepaald in het eerste lid niet is vervuld, wordt het tot de heffing van het evenredig recht aanleiding gevend document betreffende de nieuwe aankoop geregistreerd zonder toepassing van artikel 61³.]]

Ingevoegd bij art. 5 Decr. Vl. Parl. 1 februari 2002 (B.S. 28.II.2002, ed. 2) en vervangen bij art. 66 Decr. Vl. Parl. 20 december 2002 (B.S. 31.XII.2002, ed. 4);

Al. 1, 2°, al. 1 gewijzigd bij art. 19 Decr. Vl. Parl. 24 december 2004 (B.S. 31.XII.2004, ed. 3);

Al. 1, 3°, a vervangen bij art. 20 Decr. Vl. Parl. 24 december 2004 (B.S. 31.XII.2004, ed. 3);

Al. 1, 3°, b gewijzigd bij art. 20 Decr. Vl. Parl. 24 december 2004 (B.S. 31.XII.2004, ed. 3).

[Art. 61^5. In geval van onjuistheid of niet-nakoming van de vermeldingen voorgeschreven bij artikel 61^4, is de natuurlijke persoon gehouden tot betaling van het verschil tussen het gewone recht en het geïnde recht, alsook van een boete ten bedrage van dat verschil.

De boete is evenwel niet verschuldigd wanneer de niet-nakoming van de verbintenis die wordt opgelegd door artikel 61^4, eerste lid, 3°, b, het gevolg is van overmacht.]

Ingevoegd bij art. 5 Decr. Vl. Parl. 1 februari 2002 (B.S. 28.II.2002, ed. 2).

[§ 4ter. Neutralisering van een aankoop onder het btw-stelsel in een keten van verrichtingen in het kader van het stelsel van meeneembare registratierechten bij aankoop van een nieuwe hoofdverblijfplaats]

Opschrift ingevoegd bij art. 27 Decr. Vl. Parl. 13 juli 2012 (B.S. 24.VII.2012), van toepassing vanaf 1 januari 2011.

[Art. 61^6. Voor de toepassing van de artikelen van § 4bis en voor de toepassing van artikel 212bis wordt met een verrichting als bedoeld in artikel 61^3, eerste lid, of in artikel 212bis, eerste lid, gelijkgesteld een combinatie van twee dergelijke verrichtingen waarbij de voorlaatste aankoop van het evenredig registratierecht werd vrijgesteld van de heffing van het evenredig recht bij toepassing van artikel 159, 8°.

De verrekening of de teruggave, al naargelang het geval geschiedt alsdan rekening houdende met het wettelijk aandeel van de natuurlijke persoon in de registratierechten verschuldigd op de aankoop voorafgaand aan die welke werd gedaan met toepassing van de vrijstelling bepaald in artikel 159, 8°.

Bij een gelijkgestelde verrichting als bedoeld in het eerste lid, moet in het document dat de vraag tot toepassing van artikel 61^3 bevat of in het document dat het verzoek tot teruggave bevat, het afschrift van het registratierelaas en de vermelding van het wettelijk aandeel van de natuurlijke persoon in de rechten als bedoeld in artikel 61^4, eerste lid, 2°, en artikel 212bis, zesde lid, 2°, betrekking hebben op de aankoop voorafgaand aan die welke werd gedaan met toepassing van de vrijstelling bepaald in artikel 159, 8°.

Naast de vermeldingen vereist bij artikel 61^4, eerste lid, 3°, of bij artikel 212bis, zesde lid, 3°, die in het kader van een gelijkgestelde verrichting, zoals bedoeld in het eerste lid, de tweede verrichting in de

combinatie betreffen, moet de natuurlijke persoon bovendien betreffende de eerste verrichting in de combinatie vermelden:

1° indien de eerste verrichting in de combinatie een verrichting is als bedoeld in artikel 61^3, eerste lid:

a) dat hij op enig ogenblik in de periode van achttien maanden voorafgaand aan de verkoop of verdeling ervan zijn hoofdverblijfplaats heeft gehad in de eerste woning in de gelijkgestelde verrichting;

b) dat hij zijn hoofdverblijfplaats had gevestigd op de plaats van de woning aangekocht met toepassing van de vrijstelling van het evenredig recht binnen twee jaar na:

- ofwel de datum van de registratie van het document dat tot de toepassing van de vrijstelling van de heffing van het evenredig recht op de aankoop van die woning aanleiding heeft gegeven, wanneer dat document binnen de ervoor bepaalde termijn ter registratie wordt aangeboden;

- ofwel de uiterste datum voor tijdige aanbieding ter registratie, wanneer het document dat tot de toepassing van de vrijstelling van de heffing van het evenredig recht op de aankoop aanleiding heeft gegeven, werd aangeboden na het verstrijken van de daarvoor bepaalde termijn;

of

2° indien de eerste verrichting in de combinatie een verrichting is als bedoeld in artikel 212bis, eerste lid:

a) dat hij op enig ogenblik in de periode van achttien maanden voorafgaand aan de aankoop van de woning met toepassing van de vrijstelling van het evenredig recht, zijn hoofdverblijfplaats heeft gehad in de eerste woning in de gelijkgestelde verrichting;

b) dat hij zijn hoofdverblijfplaats had gevestigd op de plaats van de woning aangekocht met toepassing van de vrijstelling van het evenredig recht binnen twee jaar na:

- ofwel de datum van de registratie van het document dat tot de vrijstelling van de heffing van het evenredig recht op de aankoop ervan aanleiding heeft gegeven, wanneer dat document binnen de ervoor bepaalde termijn ter registratie werd aangeboden;

- ofwel de uiterste datum voor tijdige aanbieding ter registratie, wanneer het document dat tot de vrijstelling van de heffing van het evenredig recht op de aankoop ervan aanleiding heeft gegeven, werd aangeboden na het verstrijken van de daarvoor bepaalde termijn.]

Ingevoegd bij art. 27 Decr. Vl. Parl. 13 juli 2012 (B.S. 24. VII.2012, err. B.S. 17.VIII.2012), van toepassing vanaf 1 januari 2011.

§ 5. Verkopingen aan personen die hun beroep maken van de aankoop van onroerende goederen met het oog op wederverkoop

Art. 62. [Het in artikel 44 bepaalde recht wordt tot [4 ten honderd] verminderd voor de verkopingen die uit de hand en bij authentieke akte gedaan worden aan personen die hun beroep maken van het kopen en verkopen van onroerende goederen.

Deze vermindering is echter niet van toepassing op de verkopen van landeigendommen waarvan de verkoopwaarde het bedrag niet te boven gaat dat verkregen wordt bij vermenigvuldiging van het kadastraal inkomen met een door de Koning vastgestelde coëfficiënt.]

Vervangen bij art. 1 W. 27 april 1978 (B.S. 30.XI.1978);
Al. 1 gewijzigd bij art. 2 Decr. Vl. Parl. 19 december 2008
(B.S. 12.I.2009), van toepassing vanaf 1 januari 2009.

Art. 63[1]**.** Om de in vorenstaand artikel voorziene vermindering te genieten, moet de beroepspersoon:

1° in de vorm en op het bij koninklijk besluit te bepalen kantoor, een beroepsverklaring ondertekenen en indienen;

2° op eigen kosten, zekerheid stellen voor de invordering van de sommen welke bij toepassing van artikel 64 en volgende artikelen van deze paragraaf vorderbaar kunnen worden;

3° [de erkenning verkregen hebben van een in België gevestigd vertegenwoordiger die medeaansprakelijk is en hoofdelijk met hem instaat voor de nakoming van zijn fiscale verplichtingen indien hij:

a) een natuurlijke persoon is en zijn wettelijke verblijfplaats buitend de Europese Economische Ruimte heeft;

b) een rechtspersoon is zonder vestiging in België en wiens maatschappelijke zetel gevestigd is buiten de Europese Economische Ruimte].

De vervulling van deze voorwaarden dient bevestigd hetzij in de akte van verkrijging, hetzij in een onderaan de akte gestelde verklaring of in een bijgevoegd schrijven. De verklaring wordt, vóór de registratie, door de verkrijger of, in zijn naam, door de werkende notaris ondertekend.

[Zo de verkrijging onroerende landgoederen tot voorwerp heeft, moet een uittreksel uit de kadastrale legger betreffende de verkregen goederen aan de akte gehecht zijn wanneer zij ter registratie wordt aangeboden.

De akte welke die bevestiging niet inhoudt of waarbij de verklaring en, in voorkomend geval, het uittreksel uit de kadastrale legger, zoals bedoeld in vorenstaande alinea's, niet gehecht zijn, wordt tegen het gewoon recht geregistreerd en geen vordering tot teruggaaf is ontvankelijk.]

[Een beroepspersoon, andere dan die bedoeld in het eerste lid, 3°, kan de erkenning verkrijgen van een in België gevestigde vertegenwoordiger die medeaansprakelijk is en hoofdelijk met hem instaat voor de nakoming van zijn fiscale verplichtingen.]

Hernummerd bij art. 3 W. 3 februari 1959 (B.S. 14.II.1959);
Al. 1, 3° vervangen bij art. 62, a) W. 14 april 2011 (B.S. 6.V.2011, ed. 1);
Al. 3 vervangen bij art. 2 W. 3 februari 1959 (B.S. 14.II.1959);
Al. 4 ingevoegd bij art. 2 W. 3 februari 1959 (B.S. 14.II.1959);
Al. 5 ingevoegd bij art. 62, b) W. 14 april 2011 (B.S. 6.V.2011, ed. 1).

[**Art. 63**[2]**.** Wanneer door een schatting volgens artikelen 190 tot 199 bevonden wordt dat de verkoopwaarde van landgoederen, welke met toepassing van het bij artikel 62 voorzien verminderd recht verkregen werden, op de datum van de verkrijging de door laatstbedoeld artikel vastgestelde grens niet overtrof, is de verkrijger gehouden tot het betalen van het bijkomend recht berekend op de grondslag die voor de heffing van het verminderd recht gediend heeft, van een zelfde som als boete en van de kosten der procedure.]

Ingevoegd bij art. 3 W. 3 februari 1959 (B.S. 14.II.1959).

Art. 64. Het bij artikel 44 bepaald recht wordt vorderbaar ten laste van de verkrijger van het onroerend goed die het voordeel van artikel 62 heeft genoten, bijaldien bedoelde verkrijger of zijn rechthebbenden dit onroerend goed niet hebben vervreemd door wederverkoop of alle andere overdracht onder bezwarende titel, andere dan de inbreng in vennootschap, vastgesteld bij authentieke akte uiterlijk op 31 december van het [achtste] jaar na de datum van de koopakte.

De wederverkoop aan een beroepspersoon met toepassing van artikel 62 staat deze vorderbaarheid niet in de weg.

Al. 1 gewijzigd bij art. 3 Decr. Vl. Parl. 19 december 2008
(B.S. 12.I.2009), van toepassing vanaf 1 januari 2009.

Overgangsbepaling: Artikel 64 zoals het luidde vóór de inwerkingtreding van de wijziging aangebracht bij Decr. Vl. Parl. 19 december 2008 (i.e. het woord "tiende" vervangen door het woord "achtste"), blijft van toepassing op de in artikel 62 bedoelde verkopingen, die dagtekenen van vóór 1 januari 2009.
(Decr. Vl. Parl. 19 december 2008, art. 4, B.S. 12.I.2009)

Art. 65. De verkrijger mag de betaling aanbieden van het gewoon recht vóór het verstrijken van de in eerste alinea van vorig artikel voorziene termijn.

Art. 66. Het recht dat voor de verkrijging van het goed betaald werd, mag niet op de krachtens artikelen 64 en 65 verschuldigde rechten worden aangerekend.

Art. 67. De overeenkomstig artikelen 64 en 65 vorderbare rechten worden berekend op de waarde die tot grondslag heeft gediend aan het voor de verkrijging betaald recht en naar het op de datum dezer verkrijging van kracht zijnde tarief.

Bijaldien slechts een deel van tegen een enige prijs aangekochte onroerende goederen wordt vervreemd, wordt de belastbare waarde van het niet vervreemde gedeelte bepaald naar verhouding van de grootte.

Art. 68. [In het geval van artikel 64 worden de gewone rechten vereffend op een verklaring die, binnen de [eerste vier maanden] na het verstrijken van het [achtste] jaar en op straf van boete gelijk aan de rechten, tot registratie dient aangeboden ten kantore in welks gebied de goederen gelegen zijn.]

In het geval van artikel 65, moet de verkrijger op

bedoeld kantoor ter registratie een verklaring aanbieden waarin samenstelling en waarde zijn bepaald voor de goederen waarvoor hij de rechten wenst te betalen.

De bij dit artikel voorgeschreven verklaringen, welke door belanghebbende of zijn aangenomen vertegenwoordiger worden ondertekend, worden in dubbel gesteld, en een exemplaar blijft op het kantoor ter registratie. Deze verklaringen houden vermelding van de akte of de akten van verkrijging, van het nieuwe feit waaruit de verschuldigdheid van het recht volgt en al de tot de vereffening van de belasting nodige gegevens.

Al. 1 vervangen bij art. 4 W. 3 februari 1959 (B.S. 14.II.1959) en gewijzigd bij art. 152 W. 22 december 1989 (B.S. 29. XII.1989) en bij art. 3 Decr. Vl. Parl. 19 december 2008 (B.S. 12.I.2009), van toepassing vanaf 1 januari 2009.

Overgangsbepaling: Artikel 68 zoals het luidde vóór de inwerkingtreding van de wijziging aangebracht bij Decr. Vl. Parl. 19 december 2008 (i.e. het woord "tiende" vervangen door het woord "achtste"), blijft van toepassing op de in artikel 62 bedoelde verkopingen, die dagtekenen van vóór 1 januari 2009.

(Decr. Vl. Parl. 19 december 2008, art. 4, B.S. 12.I.2009)

Art. 69. Bij overlijden van de vertegenwoordiger van een [beroepspersoon bedoeld in artikel 63[1], eerste lid, 3°, bij de intrekking van zijn erkenning of in geval hij onbekwaam wordt verklaard om als vertegenwoordiger op te treden], dient binnen zes maanden in zijn vervanging voorzien.

Wanneer de door de verkrijger gestelde zekerheid ontoereikend wordt, dient hij, binnen de door het bestuur vastgestelde termijn, een aanvullende zekerheid te verstrekken.

Wordt aan vorenstaande voorschriften niet voldaan, zo wordt het volgens artikel 66 en 67 berekend gewoon recht op de niet wederverkochte goederen vorderbaar.

Al. 1 gewijzigd bij art. 63 W. 14 april 2011 (B.S. 6.V.2011, ed. 1).

Art. 70. De Minister van Financiën of zijn afgevaardigde bepaalt aard en bedrag der ter voldoening van artikelen 63, 2° (1), en 69 te stellen zekerheid of aanvullende zekerheid. Deze zekerheid dient gesteld onder de door de Minister of zijn afgevaardigde bepaalde voorwaarden en mag niet minder dan [[[5.000 EUR]]] bedragen.

Gewijzigd bij art. 1 W. 14 augustus 1947 (B.S. 17.IX.1947), bij art. 2-11 K.B. 20 juli 2000 (II) (B.S. 30.VIII.2000, err. B.S. 8.III.2001) en bij art. 42-5° K.B. 13 juli 2001 (B.S. 11. VIII.2001, err. B.S. 21.XII.2001).

(1) Lees: artikel 63[1], 2°.

Art. 71. Indien hij die een beroepsverklaring heeft ondertekend bij het verstrijken van een termijn van vijf jaar na die verklaring, niet bij machte is om door een reeks wederverkopen te laten blijken dat hij het aangegeven beroep werkelijk uitoefent, wordt hij schuldenaar van de gewone rechten op zijn aankopen, onder aftrek van de reeds geheven rechten, en daarenboven van een som gelijk aan de aanvullende rechten als boete.

§ 6. Ruiling van ongebouwde landgoederen

Art. 72. [Zijn vrijgesteld van het evenredig recht en onderworpen aan het algemeen vast recht, de ruilingen van ongebouwde landeigendommen waarvan de verkoopwaarde voor elk der kavels [het bedrag niet te boven gaat dat verkregen wordt bij vermenigvuldiging van het kadastraal inkomen met een door de Koning vastgestelde coëfficiënt].

Evenwel wordt bij ongelijkheid van de kavels [het bij artikel 44 bepaalde recht] geheven op het waardeverschil of de opleg, indien deze groter is dan dat verschil. Dit recht wordt verlaagd tot 6 t.h. indien het waardeverschil op de opleg een vierde van de verkoopwaarde van de minste kavel niet te boven gaat.

De toepassing van dit artikel is ondergeschikt aan een [drievoudige voorwaarde]:

1° dat de verkoopwaarde van elke kavel door partijen wordt aangegeven, hetzij in de akte, hetzij onderaan de akte, vóór de registratie;

2° dat een uittreksel uit de kadastrale legger aan de akte wordt gehecht bij de registratie;]

[3° dat de partijen vóór de registratie, in een verklaring gedaan in de akte of onderaan op de akte, aanduiden of de geruilde onroerende goederen door henzelf of door derden worden geëxploiteerd en dat, in deze laatste onderstelling, de akte of een daaraan vóór de registratie gehecht schrijven de instemming inhoudt van alle exploitanten van de in de ruiling begrepen goederen.]

Vervangen bij art. 1 W. 26 juli 1952 (B.S. 30.VIII.1952);
Al. 1 gewijzigd bij art. 2, A W. 27 april 1978 (B.S. 30.XI.1978);
Al. 2 gewijzigd bij art. 15 K.B. nr. 12 - 18 april 1967 (B.S. 20.IV.1967);
Al. 3, inleidende zin gewijzigd bij art. 2, B W. 27 april 1978 (B.S. 30.XI.1978);
Al. 3, 3° ingevoegd bij art. 2, B W. 27 april 1978 (B.S. 30. XI.1978).

Art. 73[1]. [Voor elke te laag bevonden opleg of waardeverschil is, behalve het ontdoken recht, een geldboete van hetzelfde bedrag als dit recht vorderbaar.

Hetzelfde geldt voor elke overschatting van de kavels die een vermindering van het recht tot gevolg heeft.

De geldboete is evenwel niet verschuldigd, indien het verschil tussen de verkoopwaarde van de kavels en de aangegeven schatting minder dan een achtste hiervan bedraagt.

Het bepaalde in de artikelen 189 tot 201 geldt mede voor de controle op de in dit artikel omschreven schattingen.]

Hernummerd bij art. 7 W. 4 mei 1949 (B.S. 2.VI.1949) en vervangen bij art. 3 W. 26 juli 1952 (B.S. 30.VIII.1952).

[Art. 73². In geval van onjuistheid van de verklaring betreffende de uitbating van de geruilde onroerende goederen, zijn de partijen ondeelbaar gehouden tot de betaling van het verschil tussen het gewoon recht en het geheven recht, alsook van een boete gelijk aan dat verschil.]

Ingevoegd bij art. 3 W. 27 april 1978 (B.S. 30.XI.1978).

§ 6bis. [...]

Opschrift opgeheven bij art. 48, § 1 W. 25 juni 1956 (B.S. 9-10.VII.1956).

§ 7. Afzonderlijke verkrijgingen van de grond en van de opstal [...]

Opschrift gewijzigd bij art. 2 W. 10 juli 1969 (B.S. 25. VII.1969).

Art. 74. [Wie bij een overdragende overeenkomst onder bezwarende titel, andere dan een inbreng in vennootschap, [vermeld in artikel 115bis] de eigendom heeft verkregen, hetzij van hout op stam onder beding van het te vellen, hetzij van gebouwen onder beding van ze te slopen, en nadien onder de levenden de eigendom verkrijgt van de grond vooraleer het hout gans geveld is of de gebouwen volkomen gesloopt zijn, moet uit hoofde van de eerste verkrijging en op de grondslag aangewezen in artikel 45 en volgende, het voor de verkoop van onroerende goederen vastgesteld recht kwijten [, met aftrek van het evenredig registratierecht dat eventueel op deze verkrijging werd opgeheven].

Deze bepaling is evenwel niet van toepassing zo er bewezen wordt dat de belasting over de toegevoegde waarde werd gekweten voor de levering van het hout op stam van van de te slopen gebouwen.]

Vervangen bij art. 3 W. 10 juli 1969 (B.S. 25.VII.1969); Al. 1 gewijzigd en aangevuld bij art. 42 W. 30 maart 1994 (B.S. 31.III.1994).

Art. 75. [Wordt als overdracht van een onroerend goed aangezien, die welke voortvloeit uit een overeenkomst onder de levenden te bezwarenden titel, andere dan een inbreng in vennootschap, [vermeld in artikel 115bis] en welke over de eigendom gaat hetzij van hout op stam, hetzij van gebouwen, zo bewuste overdracht ten bate van de eigenaar van de grond wordt toegestaan.

Deze bepaling is niet van toepassing zo de belasting over de toegevoegde waarde verschuldigd is voor de levering van de goederen die in de overeenkomst begrepen zijn. De heffing van het vast recht is echter ondergeschikt aan de vermelding, in de akte of in een erbij gevoegd geschrift, vóór de registratie, van het kantoor, waar de verkoper periodiek de aangiften in-

dient die voor de heffing van de belasting over de toegevoegde waarde zijn vereist.]

Vervangen bij art. 4 W. 10 juli 1969 (B.S. 25.VII.1969); Al. 1 gewijzigd bij art. 43 W. 30 maart 1994 (B.S. 31.III.1994).

§ 8. [Minnelijke ontbinding en vernietiging van overdrachten onder bezwarende titel van onroerende goederen]

Opschrift hersteld (na eerdere opheffing bij art. 3, 1° W. 22 juni 1960 (B.S. 21.VII.1960)) bij art. 2 Decr. Vl. Parl. 23 november 2007 (B.S. 3.I.2008), van toepassing vanaf 1 november 2007 (art. 5).

Art. 76. [1° De overeenkomst, omschreven in artikel 44, wordt van het evenredig recht vrijgesteld en aan een vast recht van 10 euro onderworpen als ze niet bij authentieke akte werd vastgesteld, en als binnen de termijnen, vermeld in artikelen 32 of 33, samen met het ter registratie aangeboden document een schriftelijk vastgestelde overeenkomst ter registratie wordt aangeboden waarin alle partijen verklaren de eerste overeenkomst in der minne te hebben ontbonden of vernietigd of waarin ze verklaren dat een in de eerste overeenkomst uitdrukkelijk bedongen ontbindende voorwaarde al is vervuld.

Deze vrijstelling geldt niet voor de inbrengen door een natuurlijke persoon van een woning in een Belgische vennootschap, noch voor overeenkomsten die onderworpen zijn aan het tarief, vermeld in artikel 62.

2° Wordt geregistreerd aan een vast recht van 10 euro, de schriftelijk vastgestelde overeenkomst waarin alle partijen verklaren een overeenkomst zoals omschreven in artikel 44 te hebben ontbonden of vernietigd of waarin ze verklaren dat een in die overeenkomst uitdrukkelijk bedongen ontbindende voorwaarde is vervuld, mits die ontbonden of vernietigde overeenkomst:

a) niet bij authentieke akte werd vastgesteld;

b) dateert van minder dan één jaar vóór de dag tekening van de ter registratie aangeboden overeenkomst.]

Hersteld (na eerdere opheffing bij art. 3, 1° W. 22 juni 1960 (B.S. 21.VII.1960)) bij art. 2 Decr. Vl. Parl. 23 november 2007 (B.S. 3.I.2008), van toepassing vanaf 1 november 2007 (art. 5).

Afdeling 2

[Openbare verkopingen van lichamelijke roerende goederen]

Opschrift vervangen bij art. 4 W. 23 december 1958 (B.S. 7.I.1959).

Art. 77. [Het recht wordt vastgesteld op 5 t.h. voor de openbare verkopingen van lichamelijke roerende goederen.]

Vervangen bij art. 4 W. 23 december 1958 (B.S. 7.I.1959).

Art. 78. [...]

Opgeheven bij art. 5 W. 10 juli 1969 (B.S. 25.VII.1969).

Art. 79. [De heffingsgrondslag wordt bepaald zoals gezegd in de artikelen 45 en 231.]

Vervangen bij art. 4 W. 23 december 1958 (B.S. 7.I.1959).

Art. 80. [Vrijgesteld van het recht van 5 pct. en onderworpen aan het algemeen vast recht zijn:

1° de openbare verkopingen op verzoek van iemand die handelt als belastingplichtige in de zin van de wetgeving op de belasting over de toegevoegde waarde;

2° de openbare verkopingen van goederen bedoeld in de artikelen 2 en 3 van titel I van het Wetboek der met het zegel gelijkgestelde taksen;

3° de openbare verkopingen van inlands hout, op stam of gekapt.

Voor de onder 1° bedoelde verkopingen wordt het vast recht geheven mits in het proces-verbaal of in een geschrift dat bij het proces-verbaal vóór de registratie is gevoegd, vermeld wordt bij welk kantoor de verkoper de periodieke aangiften voor de belasting over de toegevoegde waarde moet indienen.]

Vervangen bij art. 42 W. 27 december 1977 (B.S. 30. XII.1977).

Afdeling 3

[...]

Opschrift opgeheven bij art. 5 W. 23 december 1958 (B.S. 7.I.1959).

Art. 81-82. [...]

Opgeheven bij art. 5 W. 23 december 1958 (B.S. 7.I.1959).

Afdeling 4

Huurcontracten

Art. 83. [Het recht wordt vastgesteld op:

1° 0,20 pct. voor contracten van verhuring, onderverhuring en overdracht van huur van onroerende goederen;

2° 1,50 pct. voor jacht- en vispacht;

3° 2 pct. voor contracten tot vestiging van een erfpacht- of opstalrecht en tot overdracht daarvan, behalve wanneer daardoor een vereniging zonder winstoogmerk, een internationale vereniging zonder winstoogmerk of een gelijkaardige rechtspersoon die opgericht is volgens en onderworpen is aan de wetgeving van een lidstaat van de Europese Economische Ruimte en die bovendien zijn statutaire zetel, zijn hoofdbestuur of zijn hoofdvestiging binnen de Europese Economische Ruimte heeft, titularis van het erfpacht- of opstalrecht wordt, in welk geval het recht wordt vastgesteld op 0,50 pct.

Een rechtspersoon is gelijkaardig aan een VZW wanneer de volgende voorwaarden cumulatief zijn vervuld:

1° het doel van de rechtspersoon is belangeloos, zonder winstoogmerk;

2° de activiteit van de rechtspersoon mag niet leiden tot de materiële verrijking van:

a) de stichters, de leden of de bestuurders ervan;

b) de echtgenoot, de wettelijk samenwonende, een bloedverwant in de rechte lijn, een bloedverwant in de zijlijn die tot een stichter in een erfgerechtigde graad staat, of een andere rechtsopvolger van een stichter ervan;

c) de echtgenoot van een wettelijk samenwonende van een persoon bedoeld in a) en b);

3° in geval van ontbinding of vereffening van de rechtspersoon mogen de goederen ervan niet toekomen aan personen vermeld onder 2°, maar moeten ze worden overgedragen aan:

a) hetzij een gelijkaardige rechtspersoon die zelf is opgericht volgens en onderworpen aan de wetgeving van een lidstaat van de Europese Economische Ruimte en bovendien zijn statutaire zetel, zijn hoofdbestuur of zijn hoofdvestiging binnen de Europese Economische Ruimte heeft;

b) hetzij een lidstaat is van de Europese Economische Ruimte of een territoriaal gedecentraliseerde overheid van een EER-lidstaat is of nog, een dienstgewijze gedecentraliseerde overheid is van een dergelijke publiekrechtelijke rechtspersoon.]

[Contracten tot vestiging van erfpacht- of opstalrecht en overdrachten daarvan worden[, voor het overige,] met huurcontracten en -overdrachten gelijkgesteld, voor de toepassing van dit wetboek, behalve voor de toepassing van artikel 161, 12°.]

[Dit recht is evenwel niet verschuldigd in geval van toepassing van artikel 140bis.]

Al. 1-2 vervangen bij art. 12, a) Progr. W. 28 juni 2013 (B.S. 1.VII.2013, ed. 2), van toepassing vanaf 1 juli 2013 en eveneens van toepassing op de authentieke akten die vanaf 1 juli 2013 tot de formaliteit worden aangeboden indien ze een overeenkomst vaststellen die ook is vastgesteld in een onderhandse akte dagtekenend van voor die datum; Al. 3 vervangen bij art. 80 W. 22 december 2009 (B.S. 31. XII.2009, ed. 2) en gewijzigd bij art. 12, b) Progr. W. 28 juni 2013 (B.S. 1.VII.2013, ed. 2), van toepassing vanaf 1 juli 2013 en eveneens van toepassing op de authentieke akten die vanaf 1 juli 2013 tot de formaliteit worden aangeboden indien ze een overeenkomst vaststellen die ook is vastgesteld in een onderhandse akte dagtekenend van voor die datum; Al. 4 ingevoegd bij art. 63 W. 22 december 1998 (B.S. 15.I.1999).

Art. 84. De belastbare grondslag wordt als volgt vastgelegd:

voor huur van bepaalde duur, geldt als grondslag het voor de duur van het contract of, ter zake overdracht, voor het nog te lopen tijdperk samengevoegd bedrag van huursommen en aan huurder opgelegde lasten;

is zij levenslang of van onbepaalde duur, zo geldt

als grondslag het tienvoudig bedrag van de jaarlijkse huurprijs en lasten, zonder dat de belastbare som minder moge zijn dan het samengevoegd bedrag van huurprijzen en aan huurder opgelegde lasten voor de bij de huurakte voorziene minimumduur.

Bij overdracht van huur, wordt het bedrag of de waarde van de gebeurlijk ten bate van de overdrager bedongen prestatiën gevoegd bij de heffingsgrondslag zoals hij hiervoor is bepaald.

Afdeling 5

[...]

Opschrift opgeheven bij art. 7 W. 23 december 1958 (B.S. 7.I.1959).

Art. 85-86. [...]

Opgeheven bij art. 7 W. 23 december 1958 (B.S. 7.I.1959).

Afdeling 6

[Hypotheekvestigingen, inpandgevingen van een handelszaak en vestigingen van een landbouwvoorrecht]

Opschrift vervangen bij art. 8 W. 23 december 1958 (B.S. 7.I.1959).

Art. 87. [Worden aan een recht van 1 t.h. onderworpen, de vestigingen van een hypotheek op een in België gelegen onroerend goed.]

Vervangen bij art. 8 W. 23 december 1958 (B.S. 7.I.1959).

Art. 88. [Worden aan een recht van 0,50 pct. onderworpen:
– de vestigingen van een hypotheek op een schip dat niet naar zijn aard voor het zeevervoer bestemd is;
– de inpandgevingen van een handelszaak; en
– de vestigingen van een landbouwvoorrecht.]

Vervangen bij art. 326 Progr. W. 27 december 2004 (B.S. 31.XII.2004, ed. 2, err. B.S. 18.I.2005).

Art. 89. [De bij artikelen 87 en 88 bepaalde rechten zijn van toepassing zelfs wanneer de hypotheek, het pand of het voorrecht gevestigd zijn tot zekerheid van een toekomstige schuld, van een voorwaardelijke of eventuele schuld of van een verbintenis om iets te doen.]

Vervangen bij art. 8 W. 23 december 1958 (B.S. 7.I.1959).

Art. 90. [De bij artikelen 87 en 88 bepaalde rechten zijn niet verschuldigd zo de gewaarborgde verbintenis voorkomt uit een contract waarop een evenredig recht van minstens 1 t.h. werd geheven.]

Vervangen bij art. 8 W. 23 december 1958 (B.S. 7.I.1959).

Art. 91. [De vestiging van een hypotheek op een in België gelegen onroerend goed tot zekerheid van een schuld die gewaarborgd is door een hypotheek op een schip dat niet naar zijn aard voor het zeevervoer bestemd is, door de verpanding van een handelszaak of door een landbouwvoorrecht, wordt aan het recht van 1 pct. onderworpen onder aftrek, in voorkomend geval, van het krachtens artikel 88 geheven recht van 0,50 pct.]

Vervangen bij art. 327 Progr. W. 27 december 2004 (B.S. 31.XII.2004, ed. 2, err. B.S. 18.I.2005).

Art. 92[1]. [Onverminderd artikel 91, dekt het in artikelen 87 en 88 bedoeld recht alle vestiging van hypotheek, inpandgeving van een handelszaak of vestiging van een landbouwvoorrecht welke naderhand tot zekerheid van eenzelfde schuldvordering van hetzelfde gewaarborgd bedrag mocht worden toegestaan.]

Vervangen bij art. 8 W. 23 december 1958 (B.S. 7.I.1959) en hernummerd bij art. 17 K.B. nr. 12, 18 april 1967 (B.S. 20. IV.1967).

[**Art. 92[2].** [De overdracht van een hypotheek op een in België gelegen onroerend goed met inbegrip van de voorrechten bedoeld bij artikel 27 van de wet van 16 december 1851, van een hypotheek op een schip dat niet naar zijn aard voor het zeevervoer bestemd is, van de verpanding van een handelszaak of van een landbouwvoorrecht, ingevolge de overdracht onder bezwarende titel van de schuldvordering, de contractuele indeplaatsstelling of elke andere verrichting onder bezwarende titel, wordt onderworpen aan een recht van 1 pct. of van 0,50 pct., al naar gelang de overdracht al dan niet een hypotheek op een onroerend goed betreft.]]

Ingevoegd bij art. 17 K.B. nr. 12, 18 april 1967 (B.S. 20. IV.1967) en vervangen bij art. 328 Progr. W. 27 december 2004 (B.S. 31.XII.2004, ed. 2, err. B.S. 18.I.2005).

Art. 93. [Het recht van 1 t.h. of van 0,50 t.h. wordt vereffend op het bedrag van de sommen die door de hypotheek, het pand of het landbouwvoorrecht gewaarborgd zijn, met uitsluiting van de interesten van rentetermijnen van drie jaren, die gewaarborgd zijn door artikel 87 van de wet van 16 december 1851.]

Vervangen bij art. 18 K.B. nr. 12 18 april 1967 (B.S. 20. IV.1967).

Art. 94. [Schepen worden niet onderworpen aan het in artikel 88 bepaalde recht op voorwaarde dat:
1° een getuigschrift, afgeleverd door de bevoegde scheepshypotheekbewaarder, ter bevestiging dat het schip is geregistreerd in het Belgisch register der zeeschepen of dat voor het schip een aangifte voor registratie in het Belgisch register der zeeschepen werd ingediend, aan de akte wordt gehecht;
2° de akte, of een door de hypotheeksteller gewaarmerkte en ondertekende verklaring onderaan op

de akte, uitdrukkelijk vermeldt dat het schip naar zijn aard voor het zeevervoer bestemd is.]

Opgeheven bij art. 8 W. 23 december 1958 (B.S. 7.I.1959) en opnieuw ingevoegd bij art. 329 Progr. W. 27 december 2004 (B.S. 31.XII.2004, ed. 2, err. B.S. 18.I.2005).

Afdeling 7

[...]

Opschrift opgeheven bij art. 9 W. 23 december 1958 (B.S. 7.I.1959).

Art. 95-98. [...]

Opgeheven bij art. 9 W. 23 december 1958 (B.S. 7.I.1959).

Afdeling 8

[...]

Opschrift opgeheven bij art. 9 W. 23 december 1958 (B.S. 7.I.1959).

Art. 99-102. [...]

Opgeheven bij art. 9 W. 23 december 1958 (B.S. 7.I.1959).

Afdeling 9

[Opheffingen]

Opschrift vervangen bij art. 10 W. 23 december 1958 (B.S. 7.I.1959).

Art. 103. [§ 1. Elke gehele of gedeeltelijke handlichting van een in België genomen hypothecaire inschrijving, gedaan bij een akte bedoeld in artikel 19, 1°, is onderworpen aan een specifiek vast recht van 75 euro.

§ 2. In afwijking van paragraaf 1 geven slechts aanleiding tot éénmaal de heffing van het recht bedoeld in paragraaf 1, de handlichtingen vastgesteld in één akte:

1° van inschrijvingen genomen lastens éénzelfde schuldenaar-hypotheeksteller;

2° van inschrijvingen genomen lastens een schuldenaar-hypotheeksteller en een persoon-hypotheeksteller als waarborg voor de eerstgenoemde;

3° van inschrijvingen van wettelijke hypotheken lastens éénzelfde schuldenaar;

4° van door een hypotheekbewaarder ambtshalve genomen inschrijvingen;

5° die geschieden in het kader van een openbare verkoping na beslag of van een verkoop uit de hand bedoeld in artikel 1580bis van het Gerechtelijk Wetboek.]

Hersteld (na opheffing bij art. 10 W. 23 december 1958) bij art. 24 W. 19 mei 2010 (B.S. 28.V.2010, ed. 2).

Art. 104. [...]

Opgeheven bij art. 10 W. 23 december 1958 (B.S. 7.I.1959).

Art. 105. [...]

Opgeheven bij art. 153, 1° W. 22 december 1998 (B.S. 15.I.1999).

Art. 106. [...]

Opgeheven bij art. 153, 2° W. 22 december 1998 (B.S. 15.I.1999).

Art. 107. [...]

Opgeheven bij art. 10 W. 23 december 1958 (B.S. 7.I.1959).

Art. 108. [...]

Opgeheven bij art. 153, 3° W. 22 december 1998 (B.S. 15.I.1999).

Afdeling 10

Verdelingen

Art. 109. [Het recht wordt op [2,5 t.h.] vastgesteld voor:

1° de gedeeltelijke of gehele verdelingen van onroerende goederen;

2° de afstanden onder bezwarende titel, onder medeëeigenaars, van onverdeelde delen in onroerende goederen;]

[3° de omzetting bedoeld in de artikelen 745quater en 745quinquies van het Burgerlijk Wetboek, zelfs indien er geen onverdeeldheid is.]

Vervangen bij art. 16 W. 23 december 1958 (B.S. 7.I.1959); Inleidende zin gewijzigd bij art. 2 Decr. Vl. Parl. 13 juli 2012 (B.S. 23.VII.2012), van toepassing vanaf 1 augustus 2012; 3° ingevoegd bij art. 33 W. 14 mei 1981 (B.S. 27.V.1981).

Art. 110. [Voor de goederen waarvan de akte de onverdeeldheid doet ophouden onder al de mede-eigenaars, wordt het recht vereffend op de waarde van die goederen.

Voor de goederen waarvan de akte de onverdeeldheid niet doet ophouden onder al de mede-eigenaars, wordt het recht vereffend op de waarde der afgestane delen.]

Vervangen bij art. 16 W. 23 december 1958 (B.S. 7.I.1959).

Art. 111. [De heffingsgrondslag is bepaald door de overeengekomen waarde der goederen, zoals ze blijkt uit de bepalingen van de akte, zonder dat hij lager dan de verkoopwaarde mag zijn.

Wanneer de bepalingen van de akte het niet mogelijk maken de overeengekomen waarde vast te stellen, wordt daarin overeenkomstig artikel 168 voorzien.

In voorkomend geval wordt de verkoopwaarde

van het vruchtgebruik of van de blote eigendom overeenkomstig artikelen 47 tot 50 vastgesteld.]

Vervangen bij art. 16 W. 23 december 1958 (B.S. 7.I.1959).

[Art. 111bis. Indien de verdeling of afstand bepaald in artikel 109 onderworpen is aan het recht van 2,5 t.h., wordt de totale heffingsgrondslag zoals bepaald in artikel 110, eerste lid, verminderd met 50.000 euro indien de verdeling of afstand zoals bedoeld in artikel 109, 1° of 2°, geschiedt bij de akte bedoeld in artikel 1287 van het Gerechtelijk Wetboek of bij de vereffening-verdeling na echtscheiding op grond van onherstelbare ontwrichting zoals bepaald in hoofdstuk VI van boek IV van het vierde deel van het Gerechtelijk Wetboek en zij nog geen verdeling onder elkaar zijn overeengekomen waarbij zij van deze vermindering van heffingsgrondslag of de hierna gemelde verhoging van de vermindering hebben genoten.

De totale heffingsgrondslag zoals bepaald in artikel 110, eerste lid, wordt eveneens verminderd met 50.000 euro indien de verdeling of afstand geschiedt binnen een termijn van een jaar volgend op de beëindiging van de wettelijke samenwoning overeenkomstig artikel 1476, § 2, van het Burgerlijk Wetboek, op voorwaarde dat de personen op de dag van de beëindiging van de wettelijke samenwoning ten minste een jaar ononderbroken met elkaar wettelijk samenwoonden en zij nog geen verdeling onder elkaar zijn overeengekomen waarbij zij van deze vermindering van heffingsgrondslag of de hierna gemelde verhoging van de vermindering hebben genoten.

Wanneer de echtgenoten, gewezen echtgenoten of gewezen wettelijk samenwonenden, op de datum van voormelde verdeling of afstand, een of meerdere, al dan niet gemeenschappelijke kinderen of door beiden of een van hen geadopteerde kinderen hebben die recht geven op kinderbijslag, wordt dit bedrag verhoogd met 20.000 euro per kind.

In of onderaan het document dat tot heffing van het evenredig recht op de verdeling aanleiding geeft, moeten de verkrijgers:

a) uitdrukkelijk melden dat zij de toepassing van artikel 111bis vragen;

b) verklaren dat zij voldoen aan de voorwaarden van dit artikel;

c) in voorkomend geval, melding maken van het aantal kinderen met vermelding van hun naam, geboortedatum en afstammingsband, die recht geven op een verhoging van het in dit artikel vermelde bedrag.]

Ingevoegd bij art. 3 Decr. Vl. Parl. 13 juli 2012 (B.S. 23. VII.2012), van toepassing vanaf 1 augustus 2012.

Art. 112. […]

Opgeheven bij art. 16 W. 23 december 1958 (B.S. 7.I.1959).

Art. 113. [In geval van toebedeling bij verdeling of van afstand van onverdeelde delen aan een derde die bij overeenkomst een onverdeeld deel heeft verkregen van goederen toebehorende aan één of meer personen, wordt het recht, met afwijking van artikel 109, geheven tegen het voor de overdrachten onder bezwarende titel vastgesteld tarief, op de delen waarvan de derde ten gevolge van de overeenkomst eigenaar wordt, en zulks volgens de in artikelen 45 tot 50 voorziene regels.

Deze bepaling is van toepassing wanneer de toebedeling van goederen of de afstand van onverdeelde delen gedaan wordt aan de erfgenamen of legatarissen van de overleden derde verkrijger. Zij is niet van toepassing wanneer de derde, aan wie de toebedeling of de afstand gedaan wordt, met anderen het geheel van één of meer goederen heeft verkregen.]

Vervangen bij art. 17 W. 23 december 1958 (B.S. 7.I.1959).

Art. 114. De bepalingen van deze afdeling zijn niet van toepassing op de uitvoering van een beding van terugvalling of van aanwas.

Afdeling 11

Burgerlijke en handelsvennootschappen

Art. 115. [[Aan [een recht van [0 pct.]] wordt onderworpen de inbreng van [roerende] goederen in burgerlijke of handelsvennootschappen waarvan hetzij de zetel der werkelijke leiding in België, hetzij de statutaire zetel in België en de zetel der werkelijke leiding buiten het grondgebied der Lid-Staten van de Europese Economische Gemeenschap, is gevestigd, onverschillig of de inbreng bij de oprichting van de vennootschap of naderhand plaats heeft.]

Het recht wordt vereffend op het totaal bedrag van de inbrengen.

Bij de inbreng van geldspecie in coöperatieve vennootschappen is het recht desgevallend slechts verschuldigd in de mate dat het bedrag van het nieuw maatschappelijk fonds hoger is dan het voordien belast bedrag van dit fonds.]

Vervangen bij art. 6 W. 14 april 1965 (B.S. 24.IV.1965);
Al. 1 vervangen bij art. 4 W. 3 juli 1972 (B.S. 1.VIII.1972) en gewijzigd bij art. 1 W. 1 maart 1977 (B.S. 31.III.1977), bij art. 44 W. 30 maart 1994 (B.S. 31.III.1994) en bij art. 20 W. 22 juni 2005 (B.S. 30.VI.2005, ed. 1).

[Art. 115bis. De inbrengen van onroerende goederen, andere dan die welke gedeeltelijk of geheel tot bewoning aangewend worden of bestemd zijn en door een natuurlijke persoon ingebracht worden, in burgerlijke vennootschappen of handelsvennootschappen waarvan de zetel van werkelijke leiding in België gevestigd is, of de statutaire zetel in België en de zetel van werkelijke leiding buiten het grondgebied van de Lid-Staten van de Europese Gemeenschap gevestigd is, worden aan het recht van [0 pct.] onderworpen.

In geval van onjuiste verklaring betreffende de aanwending of de bestemming van het onroerend goed, zijn de aanvullende rechten opeisbaar en verbeurt iedere partij een boete gelijk aan de rechten.]

Ingevoegd bij art. 45 W. 30 maart 1994 (B.S. 31.III.1994);
Al. 1 gewijzigd bij art. 20 W. 22 juni 2005 (B.S. 30.VI.2005, ed. 1).

Art. 116. [Aan [een recht van [0 pct.]] wordt onderworpen de vermeerdering van het statutair kapitaal, zonder nieuwe inbreng, van een vennootschap waarvan hetzij de zetel der werkelijke leiding in België, hetzij de statutaire zetel in België en de zetel der werkelijke leiding buiten het grondgebied der Lid-Staten van de Europese Economische Gemeenschap is gevestigd.

Het recht wordt vereffend op het bedrag van de vermeerdering.

Het recht is niet verschuldigd in de mate waarin het statutair kapitaal vermeerderd wordt door inlijving van reserves of provisies, die gevestigd werden, bij gelegenheid van inbrengen gedaan in de vennootschap, ter vertegenwoordiging van het geheel of een gedeelte van het bedrag van die inbrengen dat onderworpen werd aan het bij artikel 115 bedoeld recht.]

Vervangen bij art. 5 W. 3 juli 1972 (B.S. 1.VIII.1972);
Al. 1 gewijzigd bij art. 2 W. 1 maart 1977 (B.S. 31.III.1977) en bij art. 20 W. 22 juni 2005 (B.S. 30.VI.2005, ed. 1).

Art. 117. [§ 1. Het bij artikel 115 bepaalde recht is niet verschuldigd in geval van inbreng van de universaliteit der goederen van een vennootschap, bij wijze van fusie, splitsing of anderszins, in een of meer nieuwe of bestaande vennootschappen.

Deze bepaling is evenwel slechts toepasselijk op voorwaarde:

1° dat de vennootschap die de inbreng doet de zetel van haar werkelijke leiding of haar statutaire zetel heeft op het grondgebied van een Lid-Staat van de Europese Gemeenschappen;

2° dat, eventueel na aftrek van de op het tijdstip van de inbreng door de inbrengende vennootschap verschuldigde sommen, de inbreng uitsluitend vergoed wordt hetzij door toekenning van aandelen of deelbewijzen die maatschappelijke rechten vertegenwoordigen, hetzij door toekenning van aandelen of deelbewijzen die maatschappelijke rechten vertegenwoordigen samen met een storting in contanten die het tiende van de nominale waarde van de toegekende maatschappelijke aandelen of deelbewijzen niet overschrijdt.

§ 2. Het bij artikel 115 bepaalde recht is eveneens niet verschuldigd, onder de voorwaarden die de Koning bepaalt, voor de inbrengen gedaan door een vennootschap waarvan de zetel der werkelijke leiding of de statutaire zetel gevestigd is op het grondgebied van een Lid-Staat van de Europese Gemeenschappen, van goederen die één of meer van haar bedrijfstakken uitmaken.]

[§ 3. Het bij artikel 115 bepaalde recht is eveneens niet verschuldigd in geval van inbreng van aandelen [, aandelencertificaten] of deelbewijzen die maatschappelijke rechten vertegenwoordigen, die tot gevolg heeft dat de vennootschap bij wie de inbreng gebeurt, ten minste 75 pct. van het maatschappelijk kapitaal verwerft van de vennootschap waarvan de aandelen [, aandelencertificaten] of deelbewijzen zijn ingebracht.

Wanneer dat percentage ten gevolge van verscheidene inbrengen is bereikt, is deze paragraaf alleen toepasselijk op de inbrengen die het bereiken van het percentage mogelijk hebben gemaakt, alsmede op de daaropvolgende inbrengen.

Bovendien vindt deze paragraaf alleen toepassing wanneer voldaan is aan de volgende voorwaarden:

1° de vennootschap die verkrijgt en de vennootschap waarvan de aandelen of deelbewijzen zijn ingebracht, moeten beide hun zetel der werkelijke leiding of hun statutaire zetel hebben op het grondgebied van een lidstaat van de Europese Gemeenschappen;

2° de inbreng moet uitsluitend door uitgifte van aandelen of nieuwe deelbewijzen van de verkrijgende vennootschap vergoed worden, samen met een storting in contanten die het tiende van de nominale waarde van de toegekende maatschappelijke aandelen of deelbewijzen niet overschrijdt;

3° de akte van inbreng moet vermelden dat bij de inbreng ten minste 75 pct. van het maatschappelijk kapitaal van de vennootschap waarvan de aandelen of deelbewijzen zijn ingebracht, door de verwervende vennootschap wordt verkregen;

4° een attest van een bedrijfsrevisor dat het vermelde feit overeenkomstig het 3° van dit lid bevestigt, moet aan de akte worden aangehecht.

In geval van niet-nakoming van een van de toepassingsvoorwaarden van deze paragraaf uiterlijk wanneer de akte ter formaliteit wordt aangeboden, wordt deze akte tegen het gewoon recht geregistreerd.]

§§ 1-2 vervangen bij art. 8 W. 12 augustus 1985 (B.S. 12. IX.1985);
§ 3 ingevoegd bij art. 65 W. 22 december 1998 (B.S. 15.I.1999);
§ 3, al. 1 gewijzigd bij art. 42 W. 2 mei 2002 (B.S. 11. XII.2002).

Art. 118. [Voor de toepassing van dit Wetboek worden beschouwd als oprichtingen van een nieuwe vennootschap:

1° de overbrenging naar België van de zetel der werkelijke leiding van een vennootschap waarvan de statutaire zetel in het buitenland is;

2° de overbrenging naar België van de statutaire zetel van een vennootschap waarvan de zetel der werkelijke leiding in het buitenland is;

3° de overbrenging van het buitenland naar België, van de statutaire zetel en van de zetel der werkelijke leiding van een vennootschap.

In deze gevallen omvat de inbreng de goederen van elke aard die aan de vennootschap toebehoren op het tijdstip van de overbrenging.]

Vervangen bij art. 7 W. 3 juli 1972 (B.S. 1.VIII.1972).

Art. 119. [In de gevallen bedoeld [in de artikelen 115, 115bis en 118] wordt de belastbare grondslag vastgesteld met inachtneming van de waarde der als vergelding van de inbrengen toegekende maatschappelijke rechten, zonder dat hij nochtans minder mag bedragen dan de verkoopwaarde van de goederen onder aftrek van de lasten die de vennootschap op zich neemt boven de toekenning van de maatschappelijke rechten.

De inbrengen die bestaan uit andere zaken dan geldspecie of goederen in natura worden geraamd bij vergelijking met de inbrengen van geldspecie of goederen in natura, gelet op de onderscheidene aandelen van de inbrengen in de winst.

De verkoopwaarde van het vruchtgebruik of van de blote eigendom van in België gelegen onroerende goederen wordt bepaald overeenkomstig de artikelen 47 tot 50.]

Vervangen bij art. 10 W. 14 april 1965 (B.S. 24.IV.1965);
Al. 1 gewijzigd bij art. 46 W. 30 maart 1994 (B.S. 31.III.1994).

Art. 120. [Wanneer een inbreng in vennootschap gedeeltelijk vergolden wordt anders dan bij toekenning van maatschappelijke rechten, wordt de overeenkomst, naarmate van deze vergelding, onderworpen aan de rechten zoals ze in dit hoofdstuk vastgesteld zijn voor de overeenkomsten onder bezwarende titel die goederen van dezelfde aard tot voorwerp hebben.

Zo een inbreng meteen onroerende goederen [vermeld in artikel 115bis] en goederen van een andere aard begrijpt, worden, niettegenstaande elk strijdig beding, de maatschappelijke rechten en de andere lasten, die de vergelding van bedoelde inbreng uitmaken, geacht evenredig verdeeld te zijn tussen de waarde die aan de onroerende goederen is toegekend en die welke aan de andere goederen is toegekend, bij de overeenkomst. De te vervallen huurprijzen van de huurcontracten waarvan de rechten worden ingebracht, worden evenwel geacht enkel op laatstbedoelde rechten betrekking te hebben.]

[Deze bepalingen zijn evenwel niet toepasselijk bij inbreng van de universaliteit van de goederen of van een bedrijfstak overeenkomstig artikel 117.]

Vervangen bij art. 11 W. 14 april 1965 (B.S. 24.IV.1965);
Al. 2 gewijzigd bij art. 47, 1° W. 30 maart 1994 (B.S. 31. III.1994);
Al. 3 ingevoegd bij art. 47, 2° W. 30 maart 1994 (B.S. 31. III.1994).

Art. 121. [Met afwijking van de artikelen 115, [115bis,] 118 en 120, worden van het evenredig recht vrijgesteld:

1° de omvorming van een vennootschap met rechtspersoonlijkheid in een vennootschap van een verschillende soort [en de omzetting van een vereniging zonder winstoogmerk in een vennootschap met een sociaal oogmerk]. Deze bepaling is toepasselijk zelfs wanneer de omvorming plaats heeft bij wege van liquidatie gevolgd door de oprichting van een nieuwe vennootschap, voor zover deze wederoprichting in de akte van in liquidatie stellen in het vooruitzicht wordt gesteld en binnen vijftien dagen na die akte plaats heeft;

2° de wijziging van het voorwerp van een ven-nootschap;

3° [de overbrenging van de zetel der werkelijke leiding of de statutaire zetel van een vennootschap, wanneer deze overbrenging geschiedt uit het grondgebied van een Lid-Staat van de Europese Economische Gemeenschap of wanneer het een overbrenging naar België betreft van de zetel der werkelijke leiding van een vennootschap waarvan de statutaire zetel zich reeds op het grondgebied van de genoemde gemeenschap bevindt. Deze bepaling is slechts toepasselijk in de mate waarin het vaststaat dat de vennootschap behoort tot de soort van die welke onderworpen zijn aan een belasting op het bijeenbrengen van kapitaal in het land dat in aanmerking komt voor het voordeel van de vrijstelling.]

[In alle gevallen wordt het recht geheven op de vermeerdering van het statutair kapitaal van de vennootschap, zonder nieuwe inbreng, of op de inbrengen van nieuwe goederen, die gedaan worden ter gelegenheid van de omvorming, de wijziging van het voorwerp of de overbrenging van de zetel.]]

Vervangen bij art. 12 W. 14 april 1965 (B.S. 24.IV.1965);
Al. 1, inleidende zin gewijzigd bij art. 48 W. 30 maart 1994 (B.S. 31.III.1994);
Al. 1, 1° gewijzigd bij art. 66 W. 22 december 1998 (B.S. 15.I.1999);
Al. 1, 3° vervangen bij art. 9 § 1 W. 3 juli 1972 (B.S. 1. VIII.1972);
Al. 2 vervangen bij art. 9 § 2 W. 3 juli 1972 (B.S. 1.VIII.1972).

Art. 122[1]. [Onder voorbehoud van de bepalingen van artikel 120, wordt van het evenredig recht vrijgesteld de inbreng gedaan:

1° aan maatschappijen erkend hetzij door de Nationale Maatschappij voor de huisvesting, hetzij door de [Nationale Landmaatschappij], [hetzij door de Gewestelijke Maatschappijen opgericht in uitvoering van de wet van 28 december 1984 tot afschaffing of herstructurering van sommige instellingen van openbaar nut];

2° aan maatschappijen die uitsluitend ten doel hebben leningen te doen met het oog op het bouwen, het aankopen of het inrichten van volkswoningen, kleine landeigendommen of daarmee gelijkgestelde woningen, alsmede de uitrusting ervan met geschikt mobilair;

3° [aan de coöperatieve vennootschappen Woningfonds van de bond der kroostrijke gezinnen van België, Vlaams Woningfonds van de Grote Gezinnen, Woningfonds van de Kroostrijke Gezinnen van Wallonië en Woningfonds van de gezinnen van het Brusselse Gewest.]]

[4° [aan de beleggingsvennootschappen bedoeld in artikel 6 van de wet van 20 juli 2004 betreffende bepaalde vormen van collectief beheer van beleggingsportefeuilles].]

[[Het evenredig recht, zonder aftrek van het reeds geïnde algemeen vast recht, wordt echter opeisbaar wanneer de in het eerste lid, 4°, bedoelde beleggingsvennootschap de erkenning overeenkomstig de wet van 20 juli 2004 betreffende bepaalde vormen van collectief beheer van beleggingsportefeuilles niet verkrijgt of verliest, al naar het geval, zulks vanaf de datum van de beslissing tot weigering of tot intrekking van de erkenning.]]

Hernummerd bij art. 20 W. 23 december 1958 (B.S. 7.I.1959); Vervangen bij art. 13 W. 14 april 1965 (B.S. 24.IV.1965); Al. 1, 1° gewijzigd bij art. 55, W. 22 juli 1970 (B.S. 4.IX.1970, err. B.S. 11.XII.1970) en bij art. 155, 1° W. 22 december 1989 (B.S. 29.XII.1989); Al. 1, 3° vervangen bij art. 155, 2° W. 22 december 1989 (B.S. 29.XII.1989); Al. 1, 4° ingevoegd bij art. 147 W. 4 december 1990 (B.S. 22.XII.1990) en vervangen bij art. 343, 1° W. 27 december 2006 (B.S. 28.XII.2006, ed. 3); Al. 2 ingevoegd bij art. 59, 2° W. 28 december 1992 (B.S. 31.XII.1992) en vervangen bij art. 343, 2° W. 27 december 2006 (B.S. 28.XII.2006, ed. 3).

[Art. 122². […]]

Ingevoegd bij art. 20 W. 23 december 1958 (B.S. 7.I.1959) en opgeheven bij art. 14, 1° W. 14 april 1965 (B.S. 24.IV.1965).

Art. 123. [Onder voorbehoud van de bepalingen van de artikelen 44 en 120 wordt van het evenredig recht vrijgesteld, de vermeerdering van het statutair kapitaal, met nieuwe inbreng, door een vennootschap bedoeld in artikel 201, eerste lid, 1°, van het Wetboek van de inkomstenbelastingen 1992, mits aandelen of andere met aandelen gelijk te stellen waardepapieren van die vennootschap ter notering op een Belgische effectenbeurs zijn toegelaten.

Deze vrijstelling is alleen toepasselijk indien in de akte of in een vóór de registratie bij de akte te voegen geschrift wordt bevestigd dat de toepassingsvoorwaarden ervan zijn vervuld.

In geval van onjuistheid van die vermelding verbeurt de vennootschap een boete gelijk aan het ontdoken recht.]

Vervangen bij art. 35 Progr. W. 10 februari 1998 (B.S. 21.II.1998, err. B.S. 2.XII.1998).

Art. 124. [Onder voorbehoud van de voorschriften van de artikelen 44 en 120, worden van het evenredig recht vrijgesteld:

1° de statutaire kapitaalsverhoging, uitgevoerd bij toepassing van een participatieplan bedoeld in artikel 2, 7°, van de wet van 22 mei 2001 betreffende de werknemersparticipatie in het kapitaal en in de winst van de vennootschappen, en ten belope van de kapitaalsparticipaties bedoeld in artikel 2, 17°, van dezelfde wet;

2° de inbreng in een coöperatieve participatievennootschap uitgevoerd volgens artikel 12, § 2, van dezelfde wet.

Deze vrijstelling is slechts toepasbaar voor zover er vermeld is in de akte of in een vóór de registratie bij de akte gevoegd geschrift dat de toepassingsvoorwaarden zijn vervuld.

Ingeval deze vermelding ontbreekt of onjuist is, loopt de vennootschap een boete op gelijk aan het ontdoken recht.]

Vervangen bij art. 31 W. 22 mei 2001 (B.S. 9.VI.2001).

Art. 125-127. […]

Opgeheven bij art. 14, 5° W. 14 april 1965 (B.S. 24.IV.1965).

Art. 128. Met afwijking van artikel 2, mogen de onderhandse akten welke de [in de artikelen 115 tot 122] bedoelde overeenkomsten tot voorwerp hebben, op de originelen of op afschriften of uittreksels worden geregistreerd. [Wanneer de afschriften of uittreksels ter registratie worden aangeboden, moeten ze vergezeld zijn van de oorspronkelijke akte.]

[Artikel 21¹] wordt toepasselijk gemaakt op de onderhandse of buitenlands verleden akten die dezelfde overeenkomsten tot voorwerp hebben, al hadden deze geen betrekking op in België gelegen onroerende goederen.

Al. 1 aangevuld bij art. 23, al. 1 W. 23 december 1958 (B.S. 7.I.1959) en gewijzigd bij art. 15 W. 14 april 1965 (B.S. 24.IV.1965); Al. 2 gewijzigd bij art. 23, al. 2 W. 23 december 1958 (B.S. 7.I.1959).

Art. 129. [Het verkrijgen anderszins dan bij inbreng in vennootschap, door één of meer vennoten, van in België gelegen onroerende goederen, [voortkomende van een vennootschap onder firma of van een gewone commanditaire vennootschap, van een besloten vennootschap met beperkte aansprakelijkheid of van een landbouwvennootschap] geeft, welke ook de wijze zij waarop het geschiedt, aanleiding tot het heffen van het recht voor verkopingen gesteld recht.

In geval van afgifte van de maatschappelijke goederen door de vereffenaar van de in vereffening gestelde vennootschap aan al de vennoten, is voorgaand lid van toepassing op de latere toebedeling van de goederen aan één of meer vennoten.

Lid 1 is niet toepasselijk zo het gaat om:

1° onroerende goederen welke in de vennootschap werden ingebracht, wanneer zij verkregen worden door de persoon die de inbreng gedaan heeft;

2° onroerende goederen welke door de vennootschap met betaling van het voor de verkopingen bepaald registratierecht verkregen werden, wanneer het vaststaat dat de vennoot die eigenaar van die onroerende goederen wordt deel uitmaakte van de vennootschap toen laatstgenoemde de goederen verkreeg.]

Vervangen bij art. 24 W. 23 december 1958 (B.S. 7.I.1959); Al. 1 gewijzigd bij art. 38 W. 12 juli 1979 (B.S. 6.IX.1979).

Art. 130. Het verkrijgen anderszins dan bij inbreng in vennootschap door één of meer vennoten van in België gelegen onroerende goederen, voortkomende van een vennootschap op aandelen, een coöperatieve vennootschap […] geeft, welke ook de wijze zij waarop het geschiedt, aanleiding tot het heffen van het voor verkopingen gesteld recht.

Gewijzigd bij art. 2, 4° W. 14 maart 1962 (B.S. 17.III.1962).

Afdeling 12

Schenkingen

[Onderafdeling 1

Algemene bepalingen]

Opschrift ingevoegd bij art. 67 W. 22 december 1998 (B.S. 15.I.1999).

Art. 131. § 1. [Voor de schenkingen onder de levenden van onroerende goederen wordt over het bruto-aandeel van elk der begiftigden een evenredig recht geheven volgens het tarief in onderstaande tabellen aangeduid.

Hierin wordt vermeld:

onder a: het percentage dat toepasselijk is op het overeenstemmend gedeelte;

onder b: het totale bedrag van de belasting over de voorgaande gedeelten.

TABEL I
Tarief in rechte lijn en tussen echtgenoten

[Gedeelte van de schenking			
van	tot inbegrepen	a	b
EUR	EUR	t.h.	EUR
0,01	12.500	3	-
12.500	25.000	4	375
25.000	50.000	5	875
50.000	100.000	7	2.125
100.000	150.000	10	5.625
150.000	200.000	14	10.625
200.000	250.000	18	17.625
250.000	500.000	24	26.625
boven de 500.000		30	86.625

TABEL II
Tarief tussen broers en zusters

Gedeelte van de schenking			
van	tot inbegrepen	a	b
EUR	EUR	t.h.	EUR
0,01	12.500	20	-
12.500	25.000	25	2.500
25.000	75.000	35	5.625
75.000	175.000	50	23.125
boven de 175.000		65	73.125

TABEL III
Tarief tussen ooms of tantes en neven en nichten

Gedeelte van de schenking			
van	tot inbegrepen	a	b
EUR	EUR	t.h.	EUR
0,01	12.500	25	-
12.500	25.000	30	3.125
25.000	75.000	40	6.875
75.000	175.000	55	26.875
boven de 175.000		70	81.875

TABEL IV
Tarief tussen alle andere personen

Gedeelte van de schenking			
van	tot inbegrepen	a	b
EUR	EUR	t.h.	EUR
0,01	12.500	30	-
12.500	25.000	35	3.750
25.000	75.000	50	8.125
75.000	175.000	65	33.125
boven de 175.000		80	98.125

§ 2. Voor de schenkingen onder de levenden van roerende goederen wordt over het bruto-aandeel van elk der begiftigden een recht gegeven van:

1° 3 % voor schenkingen in de rechte lijn en tussen echtgenoten;

2° 7 % voor schenkingen aan andere personen.]

[Dit tarief is evenwel niet van toepassing op de schenkingen onder de levenden van roerende goederen die met legaten worden gelijkgesteld krachtens artikel 4, 3°, van het wetboek der successierechten.]

Vervangen bij art. 43 Decr. Vl. Parl. 19 december 2003 (B.S. 31.XII.2003, ed. 2);

§ 2, al. 2 ingevoegd bij art. 14 Decr. Vl. Parl. 24 december 2004 (B.S. 31.XII.2004, ed. 3).

Art. 132¹. [Onder echtgenoten worden voor de toepassing van deze afdeling eveneens geacht begrepen te zijn:

1° de persoon die op de dag van de schenking, overeenkomstig de bepalingen van boek III, titel Vbis, van het Burgerlijk Wetboek met de schenker wettelijk samenwoont;

of

2° de persoon of de personen die op de dag van de schenking ten minste één jaar ononderbroken met de schenker samenwonen en er een gemeenschappelijke huishouding mee voeren. Deze voorwaarden worden geacht ook vervuld te zijn indien het samenwonen en het voeren van een gemeenschappelijke huishouding met de schenker aansluitend op de bedoelde periode van één jaar tot op de dag van de schenking, ingevolge overmacht onmogelijk is geworden. Een uittreksel uit het bevolkingsregister houdt een weerlegbaar vermoeden in van ononderbroken samenwoning en van het voeren van een gemeenschappelijke huishouding.]

Opgeheven bij art. 156 W. 22 december 1989 (B.S. 29. XII.1989) en opnieuw ingevoegd bij art. 44 Decr. Vl. Parl. 19 december 2003 (B.S. 31.XII.2003).

Art. 132[2]. [Voor de toepassing van deze afdeling wordt er geen rekening gehouden met de verwantschapsband voortspruitende uit de gewone adoptie.

Evenwel wordt, mits bewijs te verstrekken door de belanghebbende, met deze adoptieve afstamming rekening gehouden:

1° wanneer het adoptief kind een kind is van de echtgenoot van de adoptant;

2° wanneer, op het ogenblik van de adoptie, het adoptief kind onder de voogdij was van de openbare onderstand of van een openbaar centrum voor maatschappelijk welzijn, of wees van een voor België gestorven vader of moeder;

3° [wanneer het adoptief kind, vóór de leeftijd van eenentwintig jaar, gedurende drie achtereenvolgende jaren hoofdzakelijk van de adoptant, of van deze en zijn levenspartner samen, de hulp en verzorging heeft gekregen die kinderen normaal van hun ouders krijgen];

4° wanneer de adoptie gedaan werd door een persoon van wie al de afstammelingen voor België gestorven zijn.]

Vervangen bij art. 157 W. 22 december 1989 (B.S. 15.I.1999); Al. 2, 3° vervangen bij art. 45 Decr. Vl. Parl. 19 december 2003 (B.S. 31.XII.2003).

Art. 133. [Het recht wordt berekend over de verkoopwaarde van de geschonken goederen, zonder aftrek van lasten.

Evenwel, voor schenkingen van ter beurze genoteerde effecten geldt als belastinggrondslag de waarde volgens de laatste prijscourant op last van de regering bekendgemaakt vóór de datum waarop het recht opeisbaar is geworden.

Voor de schenking van het vruchtgebruik of de blote eigendom van een onroerend goed wordt de belastinggrondslag vastgesteld zoals in de artikelen 47 tot 50 is bepaald.

Voor de schenkingen van het op het leven van de begiftigde of een derde gevestigde vruchtgebruik van roerende goederen geldt als belastinggrondslag het bedrag verkregen door de vermenigvuldiging van de jaarlijkse opbrengst van de goederen, forfaitair vastgesteld op 4 ten honderd van de volle eigendom van de goederen, met het getal dat in artikel 47, eerste lid, wordt aangegeven tegenover de leeftijdsklasse waartoe diegene op wiens leven het vruchtgebruik gevestigd is, behoort op de datum van de schenking.

Voor de schenkingen van het voor een bepaalde tijd gevestigde vruchtgebruik van roerende goederen geldt als belastinggrondslag het bedrag verkregen door kapitalisatie van de jaarlijkse opbrengst tegen 4 ten honderd over de duur van het vruchtgebruik bepaald in de schenkingsakte. De jaarlijkse opbrengst van de roerende goederen wordt forfaitair vastgesteld op 4 ten honderd van de volle eigendom van die goederen. Het aldus verkregen bedrag van de belasting-

grondslag mag evenwel niet gaan boven de waarde berekend volgens het vierde lid indien het vruchtgebruik gevestigd is ten bate van een natuurlijk persoon, hetzij boven twintigmaal de opbrengst indien het vruchtgebruik gevestigd is ten bate van een rechtspersoon.

Voor de schenkingen van de blote eigendom van roerende goederen waarvan het vruchtgebruik door de schenker is voorbehouden, is de belastinggrondslag de verkoopwaarde van de volle eigendom van de goederen.

Voor de schenkingen van de blote eigendom van roerende goederen waarvan het vruchtgebruik door de schenker niet is voorbehouden, is de belastinggrondslag de verkoopwaarde van de volle eigendom van de goederen, verminderd met de waarde van het vruchtgebruik, berekend volgens het vierde of vijfde lid van dit artikel.

Voor schenkingen van een lijfrente of een levenslang pensioen wordt het recht berekend over het jaarlijks bedrag van de uitkering, vermenigvuldigd met de leeftijdscoëfficiënt die volgens de tabel in artikel 47 op de begiftigde moet worden toegepast.

Voor schenkingen van een altijd durende rente wordt het recht berekend over het jaarlijks bedrag van de rente vermenigvuldigd met twintig.]

Vervangen bij art. 46 Decr. Vl. Parl. 19 december 2003 (B.S. 31.XII.2003, ed. 2).

Art. 134. Voor de toepassing van artikelen 131 tot 133, wordt de last, bestaande uit een som, een rente of een pensioen onder kosteloze titel bedongen ten bate van een derde die aanneemt, in hoofde van deze derde als schenking belast en van het aandeel van de hoofdbegiftigde afgetrokken. [In de mate dat de schenking betrekking heeft op onroerende goederen, wordt de last in hoofde van de derde als schenking belast volgens de in artikel 131, § 1, geldende tarieven.]

Aangevuld bij art. 47 Decr. Vl. Parl. 19 december 2003 (B.S. 31.XII.2003, ed. 2).

Art. 135. [Het bedrag van het [bij artikel 131, § 1, vastgestelde] recht vereffend ten laste van de begiftigde, die op het tijdstip waarop het recht aan de Staat verworven is minstens drie […] kinderen in leven heeft die de leeftijd van eenentwintig jaar niet hadden bereikt, wordt verminderd met 2 t.h. voor elk van deze […] kinderen, zonder dat de vermindering [[62 EUR]] per kind mag overschrijden.

Deze vermindering wordt ten gunste van de begiftigde echtgenoot gebracht op 4 t.h. per [kind dat de leeftijd van eenentwintig jaar niet had bereikt], zonder dat de vermindering [[124 EUR]] per kind mag overschrijden.

Voor de toepassing van dit artikel wordt het ontvangen kind voor zover het levensvatbaar geboren wordt, gelijkgesteld met het geboren kind.]

Vervangen bij art. 21 K.B. nr. 12 18 april 1967 (B.S. 20. IV.1967);

Al. 1 gewijzigd bij art. 158, 1° W. 22 december 1989 (B.S. 29.XII.1989), bij art. 2-11 K.B. 20 juli 2000 (II) (B.S. 30. VIII.2000, err. B.S. 8.III.2001), bij art. 42-5° K.B. 13 juli 2001 (B.S. 11.VIII.2001, err. B.S. 21.XII.2001) en bij art. 48 Decr. Vl. Parl. 19 december 2003 (B.S. 31.XII.2003, ed. 2);

Al. 2 gewijzigd bij art. 158, 2° W. 22 december 1989 (B.S. 29.XII.1989), bij art. 2-11 K.B. 20 juli 2000 (II) (B.S. 30. VIII.2000, err. B.S. 8.III.2001) en bij art. 42, 5° K.B. 13 juli 2001 (B.S. 11.VIII.2001, err. B.S. 21.XII.2001).

Art. 136. [Het voordeel van de in vorig artikel voorziene verminderingen wordt afhankelijk gesteld van de vermelding in de akte van schenking van naam, voornamen, woonplaats, plaats en datum van geboorte van de […] kinderen van de begiftigde beoogd bij artikel 135.

Deze vermelding mag gedaan worden onderaan op de akte in een verklaring vóór de registratie ondertekend en echt bevestigd door de begiftigde of, in zijn naam, door de werkende notaris.]

Ingeval een kind, ontvangen vóór de eisbaarheid van de belasting, geboren wordt na de registratie, wordt hetgeen te veel werd geheven terugbetaald op aanvraag van de betrokkene, te doen binnen twee jaar vanaf de geboorte van het kind.

De begiftigde die in verband met het aantal van zijn […] afstammelingen een onjuiste verklaring heeft afgelegd, verbeurt een boete gelijk aan het ontdoken recht.

Al. 1-2 vervangen bij art. 22 K.B. nr. 12 18 april 1967 (B.S. 20.IV.1967);

Al. 1 gewijzigd bij art. 159 W. 22 december 1989 (B.S. 29.XII.1989);

Al. 3 gewijzigd bij art. 49 Decr. Vl. Parl. 19 december 2003 (B.S. 31.XII.2003, ed. 2).

Art. 137. Ter bepaling van het op een schenking [van onroerende goederen] toepasselijk tarief, wordt de desbetreffende belastbare grondslag gevoegd bij de som die heeft gediend tot grondslag van heffing op de schenkingen [van onroerende goederen] welke reeds tussen dezelfde partijen zijn voorgekomen en vastgesteld werden door akten die dagtekenen van minder dan drie jaar vóór de datum der nieuwe schenking en vóór laatstbedoelde datum geregistreerd werden of verplicht registreerbaar geworden zijn.

Gewijzigd bij art. 50 Decr. Vl. Parl. 19 december 2003 (B.S. 31.XII.2003, ed. 2).

Art. 138¹. Ongeacht of zij verplicht registreerbaar zijn dan wel vrijwillig tot de formaliteit worden aangeboden, moeten de akten van schenking [van onroerende goederen] vermelding houden of er reeds tussen dezelfde partijen één of meer schenkingen [van onroerende goederen] zijn voorgekomen welke vastgesteld werden door akten die dagtekenen van minder dan drie jaar vóór de datum der nieuwe schenking en vóór dezelfde datum geregistreerd werden of verplicht registreerbaar geworden zijn.

Zo ja, moeten zij de datum der akten vermelden,

zomede de grondslag waarop de belasting werd of dient geheven.

De in dit artikel voorziene opgaven en vermeldingen mogen gedaan worden onderaan de akte in een verklaring vóór de registratie ondertekend en echt bevestigd door de begiftigde of, in zijn naam, door de werkende notaris.

Indien bewuste opgaven en vermeldingen ontbreken of indien zij onjuist of onvolledig zijn, verbeuren de partijen ondeelbaar een geldboete ten bedrage van het ontdoken recht, zonder dat ze lager dan [[[25 EUR]]] mag zijn.

Hernummerd bij art. 7 W. 14 augustus 1947 (B.S. 17. IX.1947);

Al. 1 gewijzigd bij art. 51 Decr. Vl. Parl. 19 december 2003 (B.S. 31.XII.2003, ed. 2);

Al. 4 gewijzigd bij art. 160 W. 22 december 1989 (B.S. 29. XII.1989), bij art. 2-11 K.B. 20 juli 2000 (II) (B.S. 30. VIII.2000, err. B.S. 8.III.2001) en bij art. 42, 5° K.B. 13 juli 2001 (B.S. 11.VIII.2001, err. B.S. 21.XII.2001).

[Art. 138². Voor de toepassing van artikelen 137 en 138¹ op de aan een schorsende voorwaarde onderworpen schenkingen, wordt de datum van de vervulling der voorwaarde in de plaats gesteld van de datum van de akte.]

Ingevoegd bij art. 7 W. 14 augustus 1947 (B.S. 17.IX.1947).

Art. 139. [Benevens het ontdoken recht zijn de schenker en begiftigde een ondeelbare boete, gelijk aan dat recht verschuldigd bij een onjuiste opgave van:
– hun graad van verwantschap;
– het tussen hen bestaan van een samenwoningsrelatie zoals bedoeld in artikel 132¹.]

Vervangen bij art. 52 Decr. Vl. Parl. 19 december 2003 (B.S. 31.XII.2003, ed. 2).

Art. 140. [De bij artikel 131 vastgestelde rechten worden gebracht op:

1° 5,5 pct. voor schenkingen aan:

a. provincies, gemeenten, provinciale en gemeentelijke openbare instellingen gelegen in het Vlaamse Gewest;

b. de door de Vlaamse Huisvestingsmaatschappij erkende maatschappijen;

c. de coöperatieve vennootschap "Vlaams Woningfonds van de grote gezinnen";

d. dienstverlenende en opdrachthoudende verenigingen zoals bedoeld in het decreet van 6 juli 2001 houdende de intergemeentelijke samenwerking;

2° 7 pct. voor de schenkingen, inclusief inbrengen om niet, aan verenigingen zonder winstoogmerk, ziekenfondsen en landsbonden van ziekenfondsen, beroepsverenigingen en internationale verenigingen zonder winstoogmerk, aan de private stichtingen en stichtingen van openbaar nut;

3° 100 euro voor de schenkingen, inclusief inbrengen om niet, gedaan aan stichtingen of rechtspersonen bedoeld in 2°, zo de schenker zelf een dezer stichtingen of rechtspersonen is;

4° 1,10 pct. voor de schenkingen, inclusief inbrengen om niet, gedaan door de gemeenten aan de pensioenfondsen die zij onder de vorm van een vereniging zonder winstoogmerk hebben opgericht in uitvoering van een door de voogdijoverheid goedgekeurd saneringsplan.

[De verlagingen vermeld sub 1°, 2° en 3°, zijn ook toepasselijk op gelijkaardige rechtspersonen die opgericht zijn volgens en onderworpen zijn aan de wetgeving van een lidstaat van de Europese Economische Ruimte, en die bovendien hun statutaire zetel, hun hoofdbestuur of hun hoofdvestiging binnen de Europese Economische Ruimte hebben.]]

Vervangen bij art. 53 Decr. Vl. Parl. 19 december 2003 (B.S. 31.XII.2003);
Al. 2 vervangen bij art. 31 Decr. Vl. Parl. 19 december 2008 (B.S. 29.XII.2008, ed. 1).

[Onderafdeling 2

[Bijzondere bepalingen voor schenkingen van ondernemingen en vennootschappen]]

Opschrift ingevoegd bij art. 68 W. 22 december 1998 (B.S. 15.I.1999) en vervangen bij art. 73 Decr. Vl. Parl. 23 december 2011 (B.S. 30.XII.2011, ed. 4), van toepassing vanaf 1 januari 2012.

Uitvoering: – Zie B. Vl. Reg. 2 maart 2012 (B.S. 14.III.2012).

[**Art. 140bis.** [§ 1. In afwijking van artikel 131 wordt van het registratierecht vrijgesteld:

1° de schenking van de volle eigendom, de naakte eigendom of het vruchtgebruik van de activa die door de schenker, zijn echtgenoot of de met hem samenwonende beroepsmatig zijn geïnvesteerd in een familiale onderneming.

Deze vrijstelling is niet van toepassing op de overdrachten van onroerende goederen die hoofdzakelijk tot bewoning worden aangewend of zijn bestemd;

2° de schenking van de volle eigendom, de naakte eigendom of het vruchtgebruik van aandelen van een familiale vennootschap met zetel van werkelijke leiding in een van de lidstaten van de Europese Economische Ruimte, op voorwaarde dat de aandelen van de vennootschap op het ogenblik van de schenking voor ten minste 50 % in volle eigendom toebehoren aan de schenker en/of zijn familie.

In afwijking van het vorige lid, dienen de aandelen van de vennootschap op het ogenblik van de schenking minstens voor 30 % in volle eigendom toe te behoren aan de schenker en/of zijn familie indien hij:
- hetzij gezamenlijk met één andere aandeelhouder en zijn familie volle eigenaar is van minstens 70 % van de aandelen van de vennootschap;
- hetzij gezamenlijk met twee andere aandeelhouders en hun familie volle eigenaar is van minstens 90 % van de aandelen van de vennootschap.

§ 2. Voor de toepassing van deze onderafdeling wordt verstaan onder:

1° familiale onderneming: een nijverheids-, handels-, ambachts-, of landbouwbedrijf of een vrij beroep, dat door de schenker of zijn echtgenoot of samenwonende, al dan niet samen met anderen, persoonlijk wordt geëxploiteerd en uitgeoefend;

2° familiale vennootschap: een vennootschap die de uitoefening van een nijverheids-, handels-, ambachts- of landbouwactiviteit, of van een vrij beroep tot doel heeft.

Indien de vennootschap aan het voorgaande niet beantwoordt, maar minstens 30 % van de aandelen houdt van minstens één directe dochtervennootschap die aan deze voorwaarde beantwoordt en die haar zetel van werkelijke leiding heeft in een van de lidstaten van de Europese Economische Ruimte, wordt zij tevens beschouwd als een familiale vennootschap.

Vennootschappen die geen reële economische activiteit hebben, worden uitgesloten van de vrijstelling, vermeld in paragraaf 1. Een vennootschap wordt geacht geen reële economische activiteit te hebben indien uit de balansposten van ofwel de jaarrekening in geval van een vennootschap bedoeld onder paragraaf 2, punt 2°, eerste lid, ofwel de geconsolideerde jaarrekening in geval van een vennootschap bedoeld onder paragraaf 2, punt 2°, tweede lid, van minstens een van de drie boekjaren voorafgaand aan de datum van de authentieke akte van schenking cumulatief blijkt:
- dat de bezoldigingen, sociale lasten en pensioenen een percentage gelijk of lager dan 1,50 % uitmaken van de totale activa;
en
- de terreinen en gebouwen meer dan 50 % uitmaken van het totaal actief.

De begiftigde kan het tegenbewijs hiervan leveren;

3° aandelen:
- elk deelbewijs met stemrecht dat een deel van het maatschappelijk kapitaal vertegenwoordigt;
- de certificaten van aandelen, uitgereikt door rechtspersonen met een zetel in een van de lidstaten van de Europese Economische Ruimte, ter vertegenwoordiging van aandelen van familiale vennootschappen die aan de gestelde voorwaarden voldoen en waarvan de rechtspersoon de verplichting heeft om de dividenden en andere vermogensvoordelen onmiddellijk en ten laatste binnen de maand door te storten aan de certificaathouder;

4° samenwonende:
1° de persoon die op de dag van de schenking, overeenkomstig de bepalingen van boek III, titel Vbis, van het Burgerlijk Wetboek met de schenker wettelijk samenwoont;

2° de persoon of de personen die op de dag van de schenking ten minste drie jaar ononderbroken met de schenker samenwonen en er een gemeenschappelijke huishouding mee voeren. Deze voorwaarden worden geacht ook vervuld te zijn indien het samenwonen en het voeren van een gemeenschappelijke huishouding met de schenker aansluitend op de bedoelde periode van drie jaar tot op de dag van de schenking, ingevolge overmacht onmogelijk is geworden. Een uittreksel uit het bevolkingsregister houdt een weerlegbaar vermoeden in van ononderbroken samenwoning en van het voeren van een gemeenschappelijke huishouding;

5° familie van de schenker of de aandeelhouder, waarvan sprake in paragraaf 1, punt 2°:

1° de echtgenoot of samenwonende van de schenker of aandeelhouder;

2° de verwanten in rechte lijn van de schenker of aandeelhouder alsook hun echtgenoten of samenwonenden;

3° zijverwanten van de schenker of aandeelhouder tot en met de tweede graad en hun echtgenoten of samenwonenden;

4° kinderen van vooroverleden broers en zusters van de schenker of aandeelhouder.

§ 3. Ingeval een vennootschap overeenkomstig paragraaf 2, punt 2°, tweede lid, als een familiale vennootschap wordt beschouwd, wordt de vrijstelling beperkt tot de waarden van de aandelen van de vennootschap in de dochtervennootschappen die de uitoefening van een nijverheids-, handels-, ambachts- of landbouwactiviteit, of van een vrij beroep tot doel en die hun zetel van werkelijke leiding in een van de lidstaten van de Europese Economische Ruimte hebben.]]

Ingevoegd bij art. 68 W. 22 december 1998 (B.S. 15.I.1999) en vervangen bij art. 73 Decr. Vl. Parl. 23 december 2011 (B.S. 30.XII.2011, ed. 4), van toepassing vanaf 1 januari 2012.

[Art. 140ter. [Artikel 140bis is slechts toepasselijk wanneer de volgende voorwaarden cumulatief zijn vervuld:

1° de schenking van de activa of aandelen van de familiale onderneming of vennootschap wordt vastgesteld bij authentieke akte;

2° in de akte of in een vermelding onder aan de akte, verklaren de begiftigden dat zij aanspraak wensen te maken op de vrijstelling en verklaren de partijen dat de voorwaarden voor de toepassing van de vrijstelling uit artikel 140bis vervuld zijn. Ingeval de schenking ook andere goederen omvat dan die waarvan sprake in artikel 140bis, § 1, dienen de partijen daarbij nader aan te geven welke van de geschonken goederen deel uitmaken van de familiale onderneming of van het aandelenpakket de familiale vennootschap;

3° bij de akte wordt een origineel attest gevoegd dat werd uitgereikt door de door de Vlaamse Regering gemachtigde ambtenaren van de Vlaamse Belastingdienst en waaruit blijkt dat aan de voorwaarden vermeld in artikel 140bis werd voldaan. Indien dit attest niet wordt ingediend voordat de rechten opeisbaar zijn, moeten deze, tegen het normale tarief berekend, binnen de wettelijke termijn betaald worden, onverminderd de toepassing van artikel 209.]]

Ingevoegd bij art. 68 W. 22 december 1998 (B.S. 15.I.1999) en vervangen bij art. 73 Decr. Vl. Parl. 23 december 2011 (B.S. 30.XII.2011, ed. 4), van toepassing vanaf 1 januari 2012.

[Art. 140quater. [De bij artikel 140bis, § 1, 1°, bepaalde vrijstelling wordt behouden, mits aan volgende cumulatief te vervullen voorwaarden is voldaan:

1° indien de activiteit van de familiale onderneming zonder onderbreking wordt voortgezet gedurende drie jaar te rekenen van de datum van de authentieke akte van schenking;

2° indien en in de mate dat de onroerende goederen die met toepassing van de vrijstelling werden overgedragen, niet hoofdzakelijk tot bewoning aangewend of bestemd worden gedurende een periode van drie jaar te rekenen van de datum van de authentieke akte van schenking;

De bij artikel 140bis, § 1, 2°, bepaalde vrijstelling wordt alleen behouden, mits aan volgende cumulatief te vervullen voorwaarden is voldaan:

1° indien de familiale vennootschap gedurende drie jaar te rekenen van de datum van de authentieke akte van schenking blijft voldoen aan de voorwaarden gesteld in artikel 140bis, § 2, 2°;

2° indien de activiteit van de familiale vennootschap zonder onderbreking wordt voortgezet gedurende drie jaar te rekenen van de datum van de authentieke akte van schenking en er voor elk van de drie jaren een jaarrekening of geconsolideerde jaarrekening wordt opgemaakt en in voorkomend geval wordt gepubliceerd overeenkomstig de vigerende boekhoudwetgeving van de lidstaat waar de maatschappelijke zetel gevestigd is op het ogenblik van de datum van de authentieke akte van schenking, welke tevens aangewend werd ter verantwoording van de aangifte in de inkomstenbelasting.

Ondernemingen of vennootschappen waarvan de maatschappelijke zetel gelegen is buiten het Vlaamse Gewest, maar binnen België moeten een jaarrekening of geconsolideerde jaarrekening opmaken en in voorkomend geval publiceren overeenkomstig de vigerende boekhoudwetgeving in België op de datum van de authentieke akte van schenking;

3° indien het kapitaal gedurende de drie jaar te rekenen van de datum van de authentieke akte van schenking niet daalt door uitkeringen of terugbetalingen;

Indien het kapitaal daalt door uitkeringen of terugbetalingen in de drie jaar na de datum van de authentieke akte van schenking wordt evenredig het normaal tarief verschuldigd;

4° indien de zetel van werkelijke leiding van de vennootschap niet wordt overgebracht naar een staat die geen lid is van de Europees Economische Ruimte gedurende drie jaar te rekenen van de datum van de authentieke akte van schenking.]]

Ingevoegd bij art. 68 W. 22 december 1998 (B.S. 15.I.1999) en vervangen bij art. 73 Decr. Vl. Parl. 23 december 2011 (B.S. 30.XII.2011, ed. 4), van toepassing vanaf 1 januari 2012.

[Art. 140quinquies. [§ 1. De begiftigde die het voordeel van artikel 140bis wenst te genieten, richt bij schrijven een verzoek tot de door de Vlaamse Regering gemachtigde ambtenaren van de Vlaamse Belastingdienst tot het bekomen van het in artikel 140ter, 3°, bedoelde attest. Dit verzoek is vergezeld van alle bewijskrachtige gegevens waaruit blijkt dat voldaan is aan de gestelde voorwaarden. De Vlaamse Regering bepaalt de nadere voorwaarden en modaliteiten waaronder een attest, bedoeld in artikel 140ter, 3°, aangevraagd en verstrekt wordt.

§ 2. De door de Vlaamse Regering gemachtigde ambtenaren van de Vlaamse Belastingdienst leveren aan de bevoegde ontvanger een nieuw attest af wanneer zij kennis krijgen of vaststellen dat aan de voorwaarden voor het behoud van de vrijstelling niet meer is voldaan.]]

Ingevoegd bij art. 68 W. 22 december 1998 (B.S. 15.I.1999) en vervangen bij art. 73 Decr. Vl. Parl. 23 december 2011 (B.S. 30.XII.2011, ed. 4), van toepassing vanaf 1 januari 2012.

[**Art. 140sexies.** [§ 1. Na verloop van een termijn van drie jaar na de datum van de authentieke akte van schenking controleren de door de Vlaamse Regering gemachtigde ambtenaren van de Vlaamse Belastingdienst of de voorwaarden, gesteld voor het behoud van de vrijstelling, vervuld zijn.

Bij niet-vervulling van de voorwaarden zoals bedoeld in het vorige lid, worden de rechten geacht verschuldigd te zijn berekend tegen het gewone tarief.

§ 2. Indien gewone rechten verschuldigd worden doordat de voorwaarden, gesteld tot behoud van de vrijstelling, niet langer vervuld zijn, kunnen de begiftigden dit melden bij de door de Vlaamse Regering gemachtigde ambtenaren van de Vlaamse Belastingdienst. De Vlaamse Regering bepaalt de nadere voorwaarden en modaliteiten aangaande deze melding.

Bij niet-vervulling van de voorwaarden zoals bedoeld in het vorige lid, worden de rechten geacht verschuldigd te zijn berekend tegen het gewone tarief.]]

Ingevoegd bij art. 68 W. 22 december 1998 (B.S. 15.I.1999) en hersteld (na opheffing bij art. 38 Decr. Vl. Parl. 27 juni 2003) bij art. 73 Decr. Vl. Parl. 23 december 2011 (B.S. 30. XII.2011, ed. 4), van toepassing vanaf 1 januari 2012.

[**Art. 140septies.** [De door de Vlaamse Regering gemachtigde ambtenaren van de Vlaamse Belastingdienst kunnen, zonder verplaatsing, aan de begiftigden de nodige inlichtingen, evenals inzage vragen van de nodige stukken, teneinde te kunnen controleren of aan de voorwaarden gesteld in deze onderafdeling is voldaan.

Indien de inlichtingen of de stukken waarvan sprake in het eerste lid niet worden meegedeeld binnen een termijn van twee maanden te rekenen van de derde werkdag volgend op de datum van verzending van het verzoek, vervalt het recht op de vrijstelling waarvan sprake in deze onderafdeling.

Indien de vrijstelling overeenkomstig het tweede lid vervalt, worden de rechten geacht verschuldigd te zijn berekend tegen het gewone tarief, zonder toepassing van de vrijstelling.]]

Ingevoegd bij art. 68 W. 22 december 1998 (B.S. 15.I.1999) en hersteld (na opheffing bij art. 38 Decr. Vl. Parl. 27 juni 2003) bij art. 73 Decr. Vl. Parl. 23 december 2011 (B.S. 30. XII.2011, ed. 4), van toepassing vanaf 1 januari 2012.

[**Art. 140octies.** [Tegen de beslissing waarbij de aflevering van een attest, als bedoeld in artikel 140quinquies, § 1, wordt geweigerd, of een attest als bedoeld in artikel 140quinquies, § 2, wordt afgeleverd, kunnen de begiftigden bezwaar aantekenen bij de door de Vlaamse Regering gemachtigde ambtenaren van de Vlaamse Belastingdienst. Dat gemotiveerd bezwaar moet worden ingediend per brief uiterlijk drie maanden te rekenen van de derde werkdag volgend op de datum van verzending van de administratieve beslissing waarbij de attestaanvraag werd afgewezen of waarbij mededeling wordt gedaan van het verval van de vrijstelling wegens het niet voldoen aan de voorwaarden voor behoud ervan.

De door de Vlaamse Regering gemachtigde ambtenaren van de Vlaamse Belastingdienst bevestigen per brief de ontvangst van het bezwaarschrift aan de indieners en sturen tezelfdertijd, eveneens per brief, een kopie van het bezwaarschrift aan de ontvanger van het kantoor waar de authentieke akte van schenking wordt of werd geregistreerd.

Uiterlijk vier maanden na de in het vorige lid bedoelde datum van ontvangst van het bezwaarschrift, zenden de door de Vlaamse Regering gemachtigde ambtenaren van de Vlaamse Belastingdienst per brief hun gemotiveerde beslissing over het bezwaarschrift aan de verzoekers en tezelfdertijd aan de ontvanger van het kantoor waar de authentieke akte van schenking wordt of werd geregistreerd. Bij gebreke van kennisgeving van de gemotiveerde beslissing binnen de gestelde termijn wordt het bezwaarschrift geacht te zijn ingewilligd.]]

Ingevoegd bij art. 68 W. 22 december 1998 (B.S. 15.I.1999) en hersteld (na opheffing bij art. 38 Decr. Vl. Parl. 27 juni 2003) bij art. 73 Decr. Vl. Parl. 23 december 2011 (B.S. 30. XII.2011, ed. 4), van toepassing vanaf 1 januari 2012.

[Onderafdeling 3

Bijzondere tijdelijke bepalingen voor schenkingen van percelen grond die volgens de stedenbouwkundige voorschriften bestemd zijn voor woningbouw]

Ingevoegd bij art. 63 Decr. Vl. Parl. 20 december 2002 (B.S. 31.XII.2002, ed. 4).

[**Art. 140nonies.** [In afwijking van artikel 131 wordt voor schenkingen onder de levenden van een perceel grond gelegen in het Vlaamse Gewest dat volgens de stedenbouwkundige voorschriften bestemd is voor woningbouw, waarvan de akte verleden wordt in de periode van 1 januari 2012 tot en met 31 december 2014, over het bruto-aandeel van een natuurlijk persoon in de geschonken bouwgrond, een evenredig recht geheven dat als volgt wordt bepaald]:

a) voor schenkingen in rechte lijn en tussen echtgenoten volgens het tarief bepaald in onderstaande tabel waarin wordt vermeld:

onder a: het percentage dat toepasselijk is op het overeenstemmend gedeelte;

onder b: het totale bedrag van de belasting over het voorgaand gedeelte;

TABEL

Gedeelte van de schenking		Rechte lijn	Tussen echtgenoten
van EUR	tot inbegrepen EUR	a t.h.	b
0,01	12.500	1	
12.500	25.000	2	125
25.000	50.000	3	375
50.000	100.000	5	1125
100.000	150.000	8	3625
150.000	200.000	14	7625
200.000	250.000	18	14625
250.000	500.000	24	23625
Boven de 500.000		30	83625

b) voor schenkingen aan andere personen dan in rechte lijn of de echtgenoot: volgens het tarief bepaald [in tabel II, tabel III of tabel IV van artikel 131, § 1, naar gelang van het geval,] met dien verstande dat het gedeelte van 0,01 euro tot 150.000 euro inbegrepen, een tarief van 10 t.h. wordt geheven.]

Ingevoegd bij art. 63 Decr. Vl. Parl. 20 december 2002 (B.S. 31.XII.2002, ed. 4);
Inleidende zin vervangen bij art. 32 Decr. Vl. Parl. 23 december 2011 (B.S. 30.XII.2011, ed. 4), van toepassing vanaf 1 januari 2012;
b) gewijzigd bij art. 15 Decr. Vl. Parl. 24 december 2004 (B.S. 31.XII.2004, ed. 3).

[Art. 140decies. Het in artikel 140nonies bepaalde evenredig recht is niet van toepassing op schenkingen die zijn gedaan onder een opschortende voorwaarde die vervuld wordt na het verstrijken van de in hetzelfde artikel bepaalde periode of die zijn gedaan onder een tijdsbepaling die verder reikt dan de in voornoemd artikel bepaalde periode.]

Ingevoegd bij art. 63 Decr. Vl. Parl. 20 december 2002 (B.S. 31.XII.2002, ed. 4).

[Art. 140undecies. [Het in artikel 140nonies bepaalde bijzonder evenredig recht wordt alleen toegepast indien in de akte van schenking uitdrukkelijk wordt vermeld:

1° dat het perceel grond volgens de stedenbouwkundige voorschriften bestemd is voor woningbouw;

2° dat de begiftigden, of een van hen, zich ertoe verbinden om binnen de vijf jaar te rekenen van de datum van de akte hun hoofdverblijfplaats te vestigen op het adres van het verkregen goed.

In geval van onjuiste verklaring betreffende de bestemming van de grond zijn de schenker en de begiftigden ondeelbaar gehouden tot betaling van de aanvullende rechten en van een boete gelijk aan die rechten.

Bij niet-nakoming van de in het eerste lid, punt 2°, vermelde aangegane verbintenis zijn de begiftigden die deze verbintenis hebben aangegaan en niet zijn nagekomen elk gehouden tot betaling van de aanvullende rechten over hun eigen aandeel in de schenking, vermeerderd met de wettelijke interest tegen de rentevoet bepaald in burgerlijke zaken te rekenen van de datum van registratie van de schenking. Zij zijn bovendien ondeelbaar gehouden tot betaling van alle aanvullende rechten over de aandelen van hun medebegiftigden die de verbintenissen niet hebben aangegaan, vermeerderd met de wettelijke interest tegen de rentevoet bepaald in burgerlijke zaken te rekenen van de datum van registratie van de schenking, tenzij er een medebegiftigde rest die wel de door hem aangegane verbintenis is nagekomen. De aanvullende rechten en de intresten zijn niet verschuldigd wanneer de niet-nakoming van de aangegane verbintenis het gevolg is van overmacht.]]

Ingevoegd bij art. 63 Decr. Vl. Parl. 20 december 2002 (B.S. 31.XII.2002, ed. 4) en vervangen bij art. 33 Decr. Vl. Parl. 23 december 2011 (B.S. 30.XII.2011, ed. 4), van toepassing vanaf 1 januari 2012.

[Art. 140undecies[2]. [...]]

Ingevoegd bij art. 68 Decr. Vl. Parl. 23 december 2005 (B.S. 30.XII.2005, ed. 2) en opgeheven bij art. 34 Decr. Vl. Parl. 23 december 2011 (B.S. 30.XII.2011, ed. 4), van toepassing vanaf 1 januari 2012.

[Art. 140duodecies. Indien in eenzelfde akte of in een andere akte van dezelfde datum naast de grond die volgens de stedenbouwkundige voorschriften bestemd is voor woningbouw ook nog andere goederen worden geschonken, dan wordt voor de toepassing van artikel 137 de schenking van de bouwgrond geacht vóór de schenking van de andere goederen geregistreerd of verplicht registreerbaar te zijn geworden.]

Ingevoegd bij art. 63 Decr. Vl. Parl. 20 december 2002 (B.S. 31.XII.2002, ed. 4).

Afdeling 13

Huwelijkscontracten en testamenten

Art. 141. [...]

Opgeheven bij art . 162 W. 22 december 1989 (B.S. 29. XII.1989).

Afdeling 14

[Vonnissen en arresten]

Opschrift vervangen bij art. 10, § 1 W. 12 juli 1960 (B.S. 9. XI.1960).

Art. 142. [Het recht wordt vastgesteld op [3] t.h. voor de in alle zaken gewezen arresten en vonnissen der hoven en rechtbanken, houdende definitieve, voorlopige, voornaamste, subsidiaire of voorwaardelijke veroordeling of vereffening gaande over sommen en roerende waarden, met inbegrip van de beslissingen van de rechterlijke overheid houdende rangregeling van dezelfde sommen en waarden.

Het recht wordt vereffend, in geval van veroordeling of vereffening van sommen en roerende waarden, op het samengevoegd bedrag, in hoofdsom, van de uitgesproken veroordelingen of van de gedane vereffeningen [ten laste van een zelfde persoon], [afgezien van de intresten waarvan het bedrag niet door de rechter is becijferd] en kosten, en, in geval van rangregeling, op het totaal bedrag der aan de schuldeisers uitgedeelde sommen.]

Vervangen bij art. 10, § 2 W. 12 juli 1960 (B.S. 9.XI.1960); Al. 1 gewijzigd bij art. 4 W. 24 december 1993 (B.S. 31. XII.1993); Al. 2 gewijzigd bij art. 8 W. 19 juni 1986 (B.S. 24.VII.1986) en bij art. 163 W. 22 december 1989 (B.S. 29.XII.1989).

Art. 143. [De bepaling van artikel 142 is niet toepasselijk:

1° op de bevelen in kortgeding en op de arresten gewezen op beroep daarvan;

2° op vonnissen en arresten voor zover zij strafboeten, burgerlijke boeten of tuchtboeten uitspreken;

3° op vonnissen en arresten voor zover zij een veroordeling inhouden tot het betalen van een uitkering tot onderhoud.

[Zij is niet toepasselijk wanneer het samengevoegd bedrag van de uitgesproken veroordelingen en van de gedane vereffeningen ten laste van een zelfde persoon of van de aan de schuldeisers van een zelfde persoon uitgedeelde sommen, [[[12.500 EUR]]] niet overtreft.]]

Vervangen bij art. 10, § 2 W. 12 juli 1960 (B.S. 9.XI.1960); Al. 2 vervangen bij art. 9 W. 19 juni 1986 (B.S. 24.VII.1986) en gewijzigd bij art. 164 W. 22 december 1989 (B.S. 29. XII.1989), bij art. 2-11 K.B. 20 juli 2000 (II) (B.S. 30. VIII.2000, err. B.S. 8.III.2001) en bij art. 42, 5° K.B. 13 juli 2001 (B.S. 11.VIII.2001, err. B.S. 21.XII.2001).

Art. 144. [Werd bij het artikel 142 vastgestelde recht op een later veranderd vonnis of arrest geheven, dan wordt voor de nieuwe beslissing het recht van [3] t.h. alleen geheven op de aanvullende veroordeling, vereffening of rangregeling van sommen of waarden [uitgesproken of vastgesteld ten laste van een zelfde persoon] en voor zover deze [[[12.500 EUR]]] te boven gaat.]

[Wanneer een vonnis of arrest een hoofdelijke veroordeling uitspreekt en de op dat vonnis of arrest verschuldigde rechten volledig of gedeeltelijk betaald werden door één van de veroordeelden, maakt de beslissing, waardoor diegene die betaald heeft, buiten zaak wordt gesteld, de rechten die deze betaald heeft opeisbaar in hoofde van de andere hoofdelijke veroordeelden; dit alles onverminderd de toepassing van de voorschriften opgenomen in het eerste lid.]

Al. 1 vervangen bij art. 12, § 2 W. 10 juli 1960 (B.S. 9.X.1960) en gewijzigd bij art. 10 W. 19 juni 1986 (B.S. 24.VII.1986), bij art. 165, 1° W. 22 december 1989 (B.S. 29.XII.1989), bij art. 5 W. 24 december 1993 (B.S. 31.XII.1993), bij art. 2-11 K.B. 20 juli 2000 (II) (B.S. 30.VIII.2000, err. B.S. 8.III.2001) en bij art. 42, 5° K.B. 13 juli 2001 (B.S. 11.VIII.2001, err. B.S. 21.XII.2001); Al. 2 ingevoegd bij art. 165, 2° W. 22 december 1989 (B.S. 29.XII.1989).

Art. 145. [Werd het bij artikel 142 vastgestelde recht op een vonnis of arrest geheven, dan wordt op elke andere veroordeling ten laste van dezelfde persoon of van een derde, welke steunt hetzij op dezelfde oorzaak hetzij op een verplichting tot waarborg, en meer in het algemeen op elke door de in eerste orde veroordeelde persoon uitgeoefende verhaalsvordering, het recht van [3] t.h. alleen geheven op de aanvullende veroordeling tot sommen of waarden, en voor zover deze [[[12.500 EUR]]] te boven gaat.]

Vervangen bij art. 10, § 2 W. 12 juli 1960 (B.S. 9.XI.1960); Gewijzigd bij art. 166 W. 22 december 1989 (B.S. 29. XII.1989), art. 6 W. 24 december 1993 (B.S. 31.XII.1993), bij art. 2-11 K.B. 20 juli 2000 (II) (B.S. 30.VIII.2000, err. B.S. 8.III.2001) en bij art. 42, 5° K.B. 13 juli 2001 (B.S. 11. VIII.2001, err. B.S. 21.XII.2001).

Art. 146. [De vonnissen en arresten die tot bewijs strekken van een overeenkomst waarbij eigendom of vruchtgebruik van in België gelegen onroerende goederen overgedragen of aangewezen wordt en welke aan de desbetreffende belasting niet onderworpen werd […] geven aanleiding, onverminderd het door artikel 142 vastgesteld recht, tot het recht en eventueel tot de boete waaraan de overeenkomst […] zou onderworpen zijn indien zij in een minnelijke akte vastgesteld ware geweest.

Dit geldt eveneens, zelfs indien de rechterlijke beslissing die tot bewijs van de overeenkomst strekt, de ontbinding of herroeping ervan voor om 't even welke reden uitspreekt, tenzij uit de beslissing blijkt dat ten hoogste één jaar na de overeenkomst een eis tot ontbinding of herroeping, zelfs bij een onbevoegd rechter, werd ingesteld.]

Vervangen bij art. 10, § 2 W. 12 juli 1960 (B.S. 9.XI.1960); Al. 1 gewijzigd bij art. 167 W. 22 december 1989 (B.S. 29.XII.1989).

Art. 147. [De vonnissen en arresten houdende vernietiging, ontbinding of herroeping van een overeenkomst waarbij eigendom of vruchtgebruik van in België gelegen onroerende goederen overgedragen of aangewezen wordt, geven geen aanleiding tot heffing van het evenredig recht uit hoofde van dat te niet doen, tenzij dit uitgesproken zij ten voordele van een andere persoon dan een van de partijen bij de overeenkomst, haar erfgenamen of legatarissen. In laatstbedoeld geval worden de rechten geheven die verschuldigd waren geweest indien de vernietiging, de ontbinding of de herroeping het voorwerp van een minnelijke akte had uitgemaakt.]

Vervangen bij art. 10, § 2 W. 12 juli 1960 (B.S. 9.XI.1960).

Art. 148. [Exequaturs van scheidsrechterlijke uitspraken en van buitenslands gewezen rechterlijke beslissingen worden, voor de toepassing van dit Wetboek, als een geheel met de desbetreffende akte aangezien, en zijn aan dezelfde rechten als de in België gewezen vonnissen en arresten onderworpen.

Deze rechten zijn eveneens van toepassing in geval van aanbieding ter registratie van een buitenlands gewezen rechterlijke beslissing indien zij van rechtswege in België uitvoerbaar is.]

Vervangen bij art. 10, § 2 W. 12 juli 1960 (B.S. 9.XI.1960).

Art. 149. [Behoudens in de gevallen beoogd door de artikelen 146 tot 148 maken de vonnissen en arresten geen evenredig recht eisbaar uit hoofde van de overeenkomsten waarvan zij het bestaan vaststellen.]

Vervangen bij art. 10, § 2 W. 12 juli 1960 (B.S. 9.XI.1960).

Art. 150. [Om de invordering van de rechten en, in voorkomend geval, van de boeten eisbaar uit hoofde van deze afdeling te waarborgen, wordt, ten bate van de Staat, een voorrecht ingesteld op de sommen en waarden die het voorwerp uitmaken van de veroordeling, vereffening of rangregeling.

De rechten en boeten bedoeld in het eerste lid gaan boven alle schuldvorderingen van de begunstigden van de veroordelingen, vereffeningen of rangregelingen.]

Vervangen bij art. 12 W. 19 juni 1986 (B.S. 24.VII.1986).

Art. 151-152. [...]

Opgeheven bij art. 10, § 3 W. 12 juli 1960 (B.S. 9.XI.1960).

Afdeling 15

[...]

Opschrift opgeheven bij art. 2 - 29 W. 10 oktober 1967 (B.S. 31.X.1967).

Art. 153. [...]

Opgeheven bij art. 2 - 29 W. 10 oktober 1967 (B.S. 31.X.1967).

Afdeling 16

[...]

Opschrift opgeheven bij art. 2-29 W. 10 oktober 1967 (B.S. 31.X.1967).

Art. 154. [...]

Opgeheven bij art. 2-29 W. 10 oktober 1967 (B.S. 31.X.1967).

Afdeling 17

[...]

Opschrift opgeheven bij art. 2-29 W. 10 oktober 1967 (B.S. 31.X.1967).

Art. 155. [...]

Opgeheven bij art. 2-29 W. 10 oktober 1967 (B.S. 31.X.1967).

Afdeling 18

[...]

Opschrift opgeheven bij art. 11 W. 12 juli 1960 (B.S. 9. XI.1960).

Art. 156. [...]

Opgeheven bij art. 11 W. 12 juli 1960 (B.S. 9.XI.1960).

Afdeling 19

Protesten

Art. 157. [...]

Opgeheven bij art. 73 W. 14 januari 2013 (B.S. 1.III.2013), van toepassing vanaf 1 september 2013.

Art. 158. [...]

Opgeheven bij art. 8 W. 10 juni 1997 (B.S. 19.VII.1997).

Afdeling 20

Akten vrijgesteld van het evenredig recht en onderhevig aan het algemeen vast recht

Art. 159. Worden van het evenredig recht vrijgesteld en aan het algemeen vast recht onderworpen:

1° [de aanwijzing van lastgever, op voorwaarde:

a) dat het vermogen om een lastgever aan te wijzen in de akte van toewijzing of koop voorbehouden is;

b) dat de aanwijzing bij authentieke akte geschied is;

c) dat zij bij exploot van [gerechtsdeurwaarder] aan de ontvanger der registratie bekend wordt of dat de akte ter formaliteit aangeboden wordt uiterlijk op de [vijfde] werkdag na de dag van de toewijzing of van het contract.

Bij niet-voldoening aan deze voorwaarden wordt de aanwijzing van lastgever voor de toepassing van dit wetboek als wederverkoop beschouwd.

[Met afwijking van het vorenstaande:

a) moet de aanwijzing van lastgever, bij toewijzingen die wettelijk gedaan zijn onder de schorsende voorwaarde van ontstentenis van opbod, om van het evenredig recht vrijgesteld te zijn, gedaan worden vóór de notaris die de toewijzing gedaan heeft of hem betekend worden uiterlijk op de [vijfde] werkdag na die waarop de wettelijke termijn voor opbod verstrijkt;

b) moet de aanwijzing van lastgever, in geval van toewijzing ten gevolge van hoger bod op vrijwillige vervreemding van onroerende goederen, om van het evenredig recht vrijgesteld te zijn, gedaan worden vóór de notaris die de toewijzing heeft gedaan of hem betekend worden uiterlijk op de [vijfde] werkdag na de dag van de toewijzing.]

In die gevallen wordt de aanwijzing ingeschreven of vermeld onderaan op het proces-verbaal van toewijzing zonder dat zij aan de ontvanger der registratie behoeft te worden betekend];

2° [de toewijzingen naar aanleiding van rouwkoop, van roerende of onroerende goederen, wanneer zij geen aanleiding geven tot de heffing van een hoger evenredig recht dan datgene geheven op de vorige toewijzing. In het tegenovergesteld geval wordt laatstbedoeld recht afgerekend van het bedrag van de belasting waartoe de daaropvolgende toewijzing aanleiding geeft.

Hetzelfde regime is van toepassing op de toewijzingen naar aanleiding van prijsverhoging in de gevallen waarin het voorbehoud van prijsverhoging geen schorsende voorwaarde uitmaakt];

3° de overeenkomsten die strekken tot de overdracht van het vruchtgebruik op de blote eigenaar, wanneer het evenredig registratierecht of het successierecht door de blote eigenaar of door een vorige blote eigenaar, zijn rechtsvoorganger, op de waarde van de volle eigendom werd voldaan;

4° [...];

5°- 6° [...];

7° [de overdragende of aanwijzende overeenkomsten, [andere dan de inbrengen onderworpen aan het in artikel 115bis bepaalde recht] die buitenslands gelegen onroerende goederen tot voorwerp hebben, zomede de huurcontracten van dergelijke goederen];

8° [de overdragende of aanwijzende vervreemdingen onder bezwarende titel, andere dan die welke aan het in artikel 115bis bepaalde recht onderworpen zijn, van gebouwen, gedeelten van gebouwen en het bijhorende terrein, bedoeld in artikel 1, § 9, van het Wetboek van de belasting over de toegevoegde waarde, evenals de vestigingen, overdrachten of wederoverdrachten van de zakelijke rechten, bedoeld in artikel 9, tweede lid, 2°, van het Wetboek van de belasting over de toegevoegde waarde met betrekking tot gebouwen, gedeelten van gebouwen en het bijhorende terrein, bedoeld in artikel 1, § 9, van het Wetboek van de belasting over de toegevoegde waarde, op voorwaarde dat de belasting over de toegevoegde waarde opeisbaar is

op de levering van die goederen of de vestiging, de overdracht of wederoverdracht van die rechten.

Deze vrijstelling is alleen toepasselijk indien in de akte of in een vóór de registratie bij de akte te voegen geschrift worden vermeld:

a) de datum van de eerste ingebruikneming of inbezitneming van het gebouw waarop de overeenkomst betrekking heeft;

b) het kantoor waar de belastingplichtige de aangifte moet indienen voor de heffing van de belasting over de toegevoegde waarde;

c) wanneer de overeenkomst het werk is van een andere dan in artikel 12, § 2, van het Wetboek van de belasting over de toegevoegde waarde bedoelde belastingplichtige, de datum waarop hij kennis heeft gegeven van zijn bedoeling de verrichting te doen met betaling van de belasting over de toegevoegde waarde;

d) ingeval de vervreemding of de vestiging, overdracht of wederoverdracht van zakelijke rechten tevens goederen betreft waarop de vrijstelling van het evenredig recht niet van toepassing is, de nauwkeurige aanduiding van die goederen door middel van hun kadastrale beschrijving.

In geval van onjuistheid van die vermeldingen verbeurt de cedent een boete, gelijk aan het ontdoken recht];

9° de contracten tussen de Algemene Spaar- en Lijfrentekas en de leden van de landbouwkantoren verleden, met betrekking tot de waarborg door deze laatsten verstrekt;

[10° [de contracten van onroerende financieringshuur bedoeld in artikel 44, § 3, 2°, b, van het Wetboek van de belasting over de toegevoegde waarde;]]

[11° de inbreng van goederen [in een samenwerkingsverband beheerst, door de wet van 17 juli 1989 betreffende de economische samenwerkingsverbanden of] in Europese economische samenwerkingsverbanden;]

[12° de teruggave van de onroerende goederen aan de leden van [een economisch samenwerkingsverband of van] Europese economische samenwerkingsverbanden die deze goederen hebben ingebracht, wanneer de teruggave gebeurt tengevolge van de uittreding van deze leden of de ontbinding van het samenwerkingsverband.

Indien onroerende goederen verkregen worden in andere omstandigheden dan deze voorzien in het vorige lid, is voor deze verkrijging, hoe zij ook gebeurt, het voor verkopingen bepaalde recht verschuldigd;]

[13° [...];]

[14° de inbrengen van onroerende goederen, andere dan die welke gedeeltelijk of geheel tot bewoning aangewend worden of bestemd zijn en door een natuurlijke persoon ingebracht worden, in burgerlijke vennootschappen of handelsvennootschappen met zetel van werkelijke leiding en statutaire zetel buiten België, of met statutaire zetel in België doch met zetel van werkelijke leiding op het grondgebied van één van de lidstaten van de Europese Gemeenschap. Deze vrijstelling geldt voorzover de inbreng met maatschappelijke rechten wordt vergolden. Indien de inbreng zowel in België gelegen onroerende goederen als andere goederen omvat wordt, niettegenstaande elk strijdig beding, de vergelding die anders dan door toekenning van maatschappelijke rechten geschiedt, geacht evenredig verdeeld te zijn tussen de waarde die aan de onroerende goederen is toegekend en die welke aan de andere goederen is toegekend. In de mate dat de inbreng betrekking heeft op in België gelegen onroerende goederen wordt hij onderworpen aan het recht voorgeschreven voor verkopingen.

In geval van onjuiste verklaring betreffende de aanwending of de bestemming van het onroerend goed, worden de bijvoegelijke rechten opeisbaar en verbeurt iedere partij een boete gelijk aan de rechten.]

1° vervangen bij art. 14 W. 23 december 1958 (B.S. 7.I.1959);
1°, al. 1, c gewijzigd bij art. 48, § 4 W. 5 juli 1963 (B.S. 17. VII.1963) en bij art. 3 Decr. Vl. Parl. 23 november 2007 (B.S. 3.I.2008);
1°, al. 3 vervangen bij art. 3-114 W. 10 oktober 1967 (B.S. 31.X.1967);
1°, al. 3, a) gewijzigd bij art. 3 Decr. Vl. Parl. 23 november 2007 (B.S. 3.I.2008);
1°, al. 3, b) gewijzigd bij art. 3 Decr. Vl. Parl. 23 november 2007 (B.S. 3.I.2008);
2° vervangen bij art. 29 W. 23 december 1958 (B.S. 7.I.1959);
4° opgeheven bij art. 7 W. 10 juli 1969 (B.S. 25.VII.1969);
5°-6° opgeheven bij art. 14 W. 23 december 1958 (B.S. 7.I.1959);
7° vervangen bij art. 14 W. 23 december 1958 (B.S. 7.I.1959) en gewijzigd bij art. 49, 1° W. 30 maart 1994 (B.S. 31. III.1994);
8° vervangen bij art. 3 Decr. Vl. Parl. 23 december 2010 (B.S. 31.XII.2010, ed. 2), van toepassing vanaf 1 januari 2011 (zoals vernietigd bij Arr. GwH 22 maart 2012, nr. 48/2012 (B.S. 18.VII.2012) in zoverre het niet de teruggave van de registratierechten toestaat bij de aankoop van een nieuwe woning met bijbehorende grond onder het btw-stelsel);
10° ingevoegd bij art. 9 W. 10 juli 1969 (B.S. 25.VII.1969) en vervangen bij art. 23 K.B. 29 december 1992 (B.S. 31. XII.1992);
11° ingevoegd bij art. 12 W. 12 juli 1989 (B.S. 22.VIII.1989) en gewijzigd bij art. 28, A W. 17 juli 1989 (B.S. 22.VIII.1989);
12° ingevoegd bij art. 12 W. 12 juli 1989 (B.S. 22.VIII.1989) en al. 1 gewijzigd bij art. 28, B W. 17 juli 1989 (B.S. 22. VIII.1989);
13° ingevoegd bij enig art. W. 10 april 1991 (B.S. 23.V.1991)) en opgeheven bij art. 65 Progr. W. 27 december 2006 (B.S. 28.XII.2006, ed. 3);
14° ingevoegd bij art. 49, 3° W. 30 maart 1994 (B.S. 31. III.1994).

HOOFDSTUK V

REGISTRATIE IN DEBET

Art. 160. In afwijking van artikel 5, worden in debet geregistreerd:

1° [de akten opgemaakt ten verzoeke van de persoon die rechtsbijstand heeft verkregen voor de rechtspleging waarop bedoelde akten betrekking hebben, met inbegrip van de akten tot tenuitvoerlegging van het vonnis of arrest.

Het gaat evenzo met de rechterlijke beslissingen wanneer rechtsbijstand aan de eiser werd toegestaan. Wanneer bijstand aan de verweerder werd toegestaan en de eiser in gebreke blijft de op het vonnis of arrest verschuldigde rechten te consigneren, kan de verweerder registratie in debet ervan bekomen.

Verlening van bijstand dient te worden vermeld in al de akten die ervan genieten. Deze vermelding moet de datum der beslissing alsmede het gerecht of het bureau voor rechtsbijstand, dat ze heeft getroffen, aanduiden.

De rechten alsmede de andere kosten worden ingevorderd overeenkomstig de bepalingen van het Gerechtelijk Wetboek];

2° [de akten en vonnissen betreffende procedures bij faillissement, wanneer de kosteloosheid door de rechtbank werd bevolen.

De kosteloosheid van de rechtspleging moet vermeld worden in alle akten die ze genieten.

De rechten alsmede de andere kosten worden ingevorderd overeenkomstig de bepalingen van het Gerechtelijk Wetboek];

3° [de akten betreffende de vorderingen tot interpretatie of tot verbetering van een vonnis of arrest.

De rechten worden ingevorderd overeenkomstig de bepalingen van het Gerechtelijk Wetboek];

4° de akten opgemaakt ten verzoeke en ter verdediging van de beklaagden of betichten in lijfstraffelijke, boetstraffelijke of politiezaken - er weze al dan niet een burgerlijke partij in het geding - met inbegrip van de akten waartoe de borg, welke dient gesteld om de voorlopige invrijheidsstelling van een voorlopig gedetineerd betichte te bekomen, aanleiding geeft.

De rechten worden in de gerechtskosten begrepen en als zodanig ingevorderd ten laste van de tot betaling er van veroordeelde partij;

5° [...]

1° vervangen bij art. 3-115 A W. 10 oktober 1967 (B.S. 31.X.1967);
2° vervangen bij art. 3-115 B W. 10 oktober 1967 (B.S. 31.X.1967);
3° vervangen bij art. 3-115 C W. 10 oktober 1967 (B.S. 31.X.1967);
5° opgeheven bij art. 12 W. 12 juli 1960 (B.S. 9.XI.1960).

HOOFDSTUK VI

KOSTELOZE REGISTRATIE

Art. 161. Worden kosteloos geregistreerd:

1° akten in der minne verleden ten name of ten bate van Staat, Kolonie en openbare Staatsinstellingen [met uitzondering van de akten verleden in naam of ten gunste van de Algemene Spaar- en Lijfrentekas voor de verrichtingen van de Spaarkas].

[De akten in der minne verleden ten name of ten bate van de naamloze vennootschap van publiek recht HST-Fin.]

[De akten in der minne verleden ten name of ten bate van de naamloze vennootschap A.S.T.R.I.D.]

[De akten verleden ten name of ten bate van de

naamloze vennootschap BIO.]

[De akten in der minne, die betrekking hebben op onroerende goederen die uitsluitend bestemd zijn voor onderwijs, verleden ten name of ten bate van de inrichtende machten van het gemeenschapsonderwijs of het gesubsidieerd onderwijs, alsook ten name of ten bate van verenigingen zonder winstoogmerk voor patrimoniaal beheer die tot uitsluitend doel hebben onroerende goederen ter beschikking te stellen voor onderwijs dat door de voornoemde inrichtende machten wordt verstrekt.]

Hetzelfde geldt - met uitzondering van akten houdende schenking onder de levenden - voor akten verleden ten name of ten bate van de [Nationale Maatschappij voor de huisvesting], de [Nationale Landmaatschappij] en de Nationale Maatschappij van Belgische spoorwegen.

[Deze beschikking is echter slechts van toepassing op de akten waarvan de kosten wettelijk ten laste van bedoelde organismen vallen;]

[1°bis de vonnissen en arresten houdende veroordeling van de Staat, de Gemeenschappen en de Gewesten, van de openbare instellingen die zijn opgericht door de Staat, en van de inrichtingen van de Gemeenschappen en de Gewesten;]

2° [overdrachten in der minne van onroerende goederen ten algemenen nutte, aan de Staat, provinciën, gemeenten, openbare instellingen en aan alle andere tot onteigening gerechtigde organismen of personen; akten betreffende de wederafstand na onteigening ten algemenen nutte in de gevallen waarin hij bij de wet toegelaten is; [akten tot vaststelling van een ruilverkaveling of een herverkaveling verricht met inachtneming van de bepalingen van hoofdstuk VI van titel I van de wet houdende organisatie van de ruimtelijke ordening en van de stedebouw]; [de akten van overdracht van een afgedankte bedrijfsruimte aan de Staat of een andere publiekrechtelijke rechtspersoon]];

3° [de akten houdende oprichting, wijziging, verlenging of ontbinding van de Nationale Maatschappij der waterleidingen, van de verenigingen overeenkomstig de bepalingen der wetten van 18 augustus 1907 en van 1 maart 1922 gevormd, van de Maatschappij voor het intercommunaal vervoer te Brussel, van de maatschappijen voor tussengemeentelijk vervoer beheerst door de wet betreffende de oprichting van maatschappijen voor stedelijk gemeenschappelijk vervoer, van de [Federale Investeringsmaatschappij], de [...] gewestelijke investeringsmaatschappij en van de Belgische Naamloze Vennootschap tot Exploitatie van het Luchtverkeer (Sabena)];

4° [akten die, bij toepassing van de organieke wet betreffende de openbare centra voor maatschappelijk welzijn, de overgave vaststellen van goederen aan of de inbreng in [...] openbare centra voor maatschappelijk welzijn ofwel de overgave van goederen aan of de inbreng in op grond van voornoemde wet opgerichte verenigingen, evenals akten houdende verdeling, na ontbinding of splitsing [...] van een bovenbedoelde vereniging];

5° [waarmerkingen en akten van bekendheid, in de gevallen bedoeld in artikel 139 van de hypotheekwet

van 16 december 1851];

6° [akten houdende verkrijging door vreemde Staten van onroerende goederen die bestemd zijn tot vestiging van hun diplomatieke of consulaire vertegenwoordiging in België, of voor de woning van het hoofd der standplaats.

De kosteloosheid is echter ondergeschikt aan de voorwaarde dat wederkerigheid aan de Belgische Staat toegekend wordt];

7° [de akten, vonnissen en arresten betreffende de uitvoering van de wet houdende bijzondere maatregelen inzake ruilverkaveling van landeigendommen in der minne];

8° [de akten houdende ruiling van gronden bij wijze van bestemmingswijzigingscompensatie of compensatie ingevolge beschermingsvoorschriften, waarbij de Vlaamse Grondenbank optreedt overeenkomstig artikel 6.2.10 van het decreet van 27 maart 2009 betreffende het grond- en pandenbeleid];

9° [akten, vonnissen en arresten betreffende de uitvoering der wet op de ruilverkaveling van landeigendommen uit kracht van de wet] [en der wet houdende bijzondere maatregelen inzake ruilverkaveling van landeigendommen uit kracht van de wet bij de uitvoering van grote infrastructuurwerken];

10° [akten tot vaststelling van een vereniging van kolenmijnconcessies, een afstand, een uitwisseling of een verpachting van een gedeelte van deze concessies.

De kosteloosheid is ondergeschikt aan de voorwaarde dat een eensluidend verklaard afschrift van het koninklijk besluit, waarbij de verrichting toegelaten of bevolen wordt, aan de akte gehecht is op het ogenblik der registratie.

Het eerste lid is mede van toepassing wanneer bedoelde akten terzelfder tijd de afstand vaststellen van goederen die voor de exploitatie van de afgestane concessie of het afgestane concessiegedeelte worden gebruikt];

[11° [...]]

[12° [a] de in artikel 19, 1°, bedoelde akten houdende verhuring, onderverhuring of overdracht van huur van in België gelegen onroerende goederen of gedeelten van onroerende goederen, die uitsluitend bestemd zijn tot huisvesting van een gezin of van één persoon;

b) de in artikel 19, 3°, a, bedoelde akten van verhuring, onderverhuring of overdracht van huur;

c) de plaatsbeschrijvingen opgemaakt naar aanleiding van een onder a of b bedoelde akte;

d) de documenten die krachtens de artikelen 2 en 11bis van boek III, titel VIII, Hoofdstuk II, afdeling 2, van het Burgerlijk Wetboek gevoegd zijn bij een onder a of b bedoelde akte op het ogenblik dat zij ter registratie wordt aangeboden];]

[13° de overeenkomsten bedoeld in artikel 132bis van het Wetboek van de inkomstenbelastingen 1992;]

[14° de overeenkomsten tot overdracht of aanwijzing van onroerende goederen als bedoeld in de artikelen 44, 109 en 131, voor zover [...] de overdracht of de aanwijzing geschiedt met het oog op de realisatie van [een Brownfieldproject dat het voorwerp uitmaakt of zal uitmaken van een Brownfieldconvenant, vermeld in het decreet van 30 maart 2007 betreffende de Brownfieldconvenanten].

Kosteloosheid wordt slechts verleend op voorwaarde dat bij de aan de formaliteit van de registratie onderworpen akte of verklaring betreffende de overeenkomst een attest is gevoegd waarin wordt bevestigd dat de overdracht of de aanwijzing geschiedt met het oog op de realisatie van een Brownfieldproject [dat het voorwerp uitmaakt of zal uitmaken van een Brownfieldconvenant], en dat de onroerende goederen waarvoor de kosteloze registratie wordt gevraagd deel uitmaken van dat Brownfieldproject. De Vlaamse Regering bepaalt de nadere regelen betreffende de vormgeving van dat attest.

Wanneer de overeenkomst ook andere onroerende goederen omvat dan die bedoeld in het eerste lid en de overdracht of de aanwijzing geschiedt voor een gezamenlijke prijs, moet de verkoopwaarde van elk van de onderscheiden categorieën van onroerende goederen worden opgegeven in een verklaring als bedoeld in artikel 168.

Het evenredig recht is alsnog verschuldigd door de verkrijger van de onroerende goederen wanneer [binnen de periode, vermeld in artikel 5 van het decreet van 30 maart 2007, geen Brownfieldconvenant omtrent het project wordt gesloten, of wanneer] het Brownfieldproject niet tijdig wordt gestart of gerealiseerd conform de in het Brownfieldconvenant opgenomen voorwaarden. Het evenredig recht wordt opeisbaar te rekenen van de kennisgeving van het niet langer vervuld zijn van de voorwaarden voor het behoud van de kosteloosheid. Deze kennisgeving wordt bij ter post aangetekende brief gedaan aan de ontvanger van het kantoor waar de overeenkomst werd geregistreerd, door de door de Vlaamse Regering aangewezen ambtenaar of instantie.]

1°, al. 1 gewijzigd bij art. 6 K.B. nr. 3, 24 december 1980 (B.S. 8.I.1981, err. B.S. 25.VII.1981);

1°, al. 2 gewijzigd bij art. 14 W. 17 maart 1997 (B.S. 2. IV.1997);

1°, al. 3 ingevoegd bij art. 15 W. 8 juni 1998 (B.S. 13. VI.1998);

1°, al. 4 ingevoegd bij art. 10 W. 3 november 2001 (B.S. 17.XI.2001);

1°, al. 5 ingevoegd bij art. 2 W. 5 december 2001 (B.S. 19.XII.2001);

1°, al. 6 gewijzigd bij art. 13 W. 27 juni 1956 (B.S. 1.VII.1956) en bij art. 55 W. 22 juli 1970 (B.S. 4.IX.1970);

1°, al. 7 vervangen bij art. 7 W. 13 augustus 1947 (B.S. 17.IX.1947);

1°bis ingevoegd bij art. 169 W. 22 december 1989 (B.S. 29. XII.1989);

2° vervangen bij art. 13 W. 12 juli 1960 (B.S. 9.XI.1960) en gewijzigd bij art. 70, A W. 29 maart 1962 (B.S. 12.IV.1962) en bij art. 16, A W. 27 juni 1978 (B.S. 24.VIII.1978);

3° vervangen bij art. 16 W. 2 april 1962 (B.S. 18.IV.1962) en gewijzigd bij art. 103 C W. 4 augustus 1978 (B.S. 17. VIII.1978) en bij art. 11 W. 4 april 1995 (B.S. 23.V.1995);

4° vervangen bij art. 145, 2° W. 8 juli 1976 (B.S. 5.VIII.1978) en gewijzigd bij art. 71 W. 5 augustus 1992 (B.S. 8.X.1992);

5° vervangen bij art. 393 Progr. W. 24 december 2002 (B.S.

31.XII.2002, err. B.S. 7.II.2003);

6° vervangen bij art. 1 W. 28 februari 1957 (B.S. 7.III.1957);

7° vervangen bij art. 62, 2° W. 10 januari 1978 (B.S. 9. III.1978);

8° hersteld (na opheffing bij art. 62, 3° W. 10 januari 1978) bij art. 7.2.2 Decr. Vl. Parl. 27.III.2009 (B.S. 15.V.2009, ed. 1);

9° vervangen bij art. 49 W. 24 juni 1956 (B.S. 9.VII.1956) en aangevuld bij art. 72, 2° W. 12 juli 1976 (B.S. 15.X.1976);

10° vervangen bij art. 2 W. 25 januari 1958 (B.S. 14.II.1958);

11° ingevoegd bij art. 69 W. 22 december 1998 (B.S. 15.I.1999) en opgeheven bij art. 74 Decr. Vl. Parl. 23 december 2011 (B.S. 30.XII.2011, ed. 4), van toepassing vanaf 1 januari 2012;

12° ingevoegd bij art. 66 Progr. W. 27 december 2006 (B.S. 28.XII.2006, ed. 3) en vervangen bij art. 81 W. 22 december 2009 (B.S. 31.XII.2009, ed. 2);

13° ingevoegd bij art. 307 W. 27 december 2006 (B.S. 28. XII.2006, ed. 3);

14° ingevoegd bij art. 25 Decr. Vl. Parl. 30 maart 2007 (B.S. 19.VI.2007);

14°, al. 1 gewijzigd bij art. 96, 1° Decr. Vl. Parl. 27.III.2009 (B.S. 15.V.2009, ed. 1);

14°, al. 2 gewijzigd bij art. 96, 2° Decr. Vl. Parl. 27.III.2009 (B.S. 15.V.2009, ed. 1);

14°, al. 4 gewijzigd bij art. 96, 3° Decr. Vl. Parl. 27.III.2009 (B.S. 15.V.2009, ed. 1).

[Art. 161/1. Onverminderd artikel 162, 51°, worden de akten, vonnissen en arresten, betreffende de overeenkomstig de wet van 31 januari 2009 betreffende de continuïteit van de ondernemingen ingestelde procedure van gerechtelijke reorganisatie vrijgesteld van de registratierechten die niet worden bedoeld in artikel 3 van de bijzondere wet van 16 januari 1989 betreffende de financiering van de Gemeenschappen en de Gewesten.]

Ingevoegd bij art. 42 W. 27 mei 2013 (B.S. 22.VII.2013), van toepassing vanaf 1 augustus 2013.

HOOFDSTUK VII

VRIJSTELLING VAN DE FORMALITEIT DER REGISTRATIE

Art. 162. Zijn, onder het in artikel 163 aangewezen voorbehoud, van de formaliteit der registratie vrijgesteld:

1° akten, vonnissen en arresten in kieszaken;

2° akten, vonnissen en arresten betreffende de uitvoering van wetten en reglementen op de militie, de vergoeding inzake militie en de militaire opeisingen;

3° akten, vonnissen en arresten betreffende de uitvoering der wetten en reglementen inzake 's lands mobilisatie en de bescherming der bevolking in geval van oorlog, de burgerlijke opeisingen en vrijwillige dienstnemingen, alsmede de in vredestijd aangegane uitgestelde contracten;

4° akten, vonnissen en arresten betreffende de uitvoering van wetten en reglementen inzake belastingen ten bate van Staat, Kolonie, provinciën, gemeenten, polders en wateringen [...];

5° [exploten en andere akten, in strafzaken opgemaakt ten verzoeke van ambtenaren van het openbaar
ministerie en van andere ambtenaren of besturen
waaraan de wet de vordering voor de toepassing der
straffen opdraagt; bovenaan op bedoelde akten worden de woorden Pro Justitia aangebracht];

[5°bis de akten waartoe de rechtsplegingen [...] in
burgerlijke zaken of tuchtzaken aanleiding geven,
wanneer het openbaar ministerie of de vrederechter
van ambtswege optreedt;]

6° akten betreffende de uitvoering van lijfsdwang
in strafzaken, met uitzondering van die welke op de
schuldvordering van de burgerlijke partij betrekking
hebben;

[6°bis akten, vonnissen en arresten betreffende de
uitvoering der wet op eerherstel in strafzaken en deze
betreffende de uitvoering der wet tot bescherming der
maatschappij tegen de abnormalen en de gewoonte-
misdadigers;]

7° [akten, vonnissen en arresten inzake onteige-
ningen ten algemenen nutte en die welke betrekking
hebben op de uitvoering van titel I van de wet houdende organisatie van de ruimtelijke ordening en van
de stedebouw, met uitzondering van de in artikel 161,
2°, bedoelde akten];

8° akten, vonnissen en arresten betreffende ingebruikneming van gronden door de Staat met het oog
op de inrichting van 's lands verdediging;

9° akten en vonnissen betreffende procedures vóór
de onderzoeksraad voor de zeevaart;

10° akten en beslissingen betreffende procedures
vóór het prijsgerecht;

11° [de akten, vonnissen en arresten inzake onttrekking van de zaak aan de rechter, zoals bedoeld in
het Gerechtelijk Wetboek, deel III, titel IV, hoofdstuk
III];

12° [de akten, vonnissen en arresten inzake wraking, zoals bedoeld in het Gerechtelijk Wetboek, deel
IV, boek II, titel III, hoofdstuk V];

13° akten en vonnissen betreffende procedures
vóór vrederechters wanneer het bedrag van de hoofdeis het maximum van de laatste aanleg niet te boven
gaat, of wanneer het gaat om een procedure inzake
uitkering tot onderhoud [of ingesteld overeenkomstig
[in artikel 221 van het Burgerlijk Wetboek]]; [akten en
vonnissen betreffende procedures vóór de rechtbanken van koophandel], [wanneer het geschillen geldt
die gegrond zijn op de bepalingen van boek II van het
Wetboek van koophandel of van de wet van 5 mei
1936 op de rivierbevrachting, indien het bedrag van de
hoofdeis het bedrag van de laatste aanleg vóór het vredegerecht niet te boven gaat];

[13°bis de exploten van gerechtsdeurwaarders opgesteld ter vervanging van een gerechtsbrief in het
geval bepaald in artikel 46, § 2, van het Gerechtelijk
Wetboek.

Bovenaan het exploot dient te worden vermeld dat
het is opgesteld ter vervanging van een gerechtsbrief
en zulks met vermelding van het artikel van het Gerechtelijk Wetboek op grond waarvan de betekening
wordt gedaan;]

14° [akten, vonnissen en arresten betreffende procedures ingesteld bij de wetten van 10 maart 1900 op
de arbeidsovereenkomst, van 7 augustus 1922 op de
bediendenarbeidsovereenkomst en van 5 juni 1928
houdende regeling van het arbeidscontract wegens
scheepsdienst, met betrekking tot de bekwaamheid
van de minderjarige om zijn arbeid te verhuren en zijn
loon of bezoldiging te ontvangen];

15° [akten opgemaakt ten verzoeke van de ambtenaren van het openbaar ministerie betreffende uitvoering van rogatoire opdrachten die uitgaan van buitenlandse rechters];

16° [...];

17° [de akten, vonnissen en arresten betrekking
hebbende op de uitvoering van de wet betreffende het
herstel van zekere schade veroorzaakt aan private goederen door natuurrampen];

18° [de akten, vonnissen en arresten betreffende
procedures ingesteld bij de wet van 26 juni 1990 betreffende de bescherming van de persoon van de geesteszieke en bij de artikelen 488bis, a) tot k), van het
Burgerlijk Wetboek];

19°-20° [...];

21° voorzieningen in verbreking van het openbaar
ministerie en derzelver betekeningen;

22° [...];

23° [akten opgemaakt alsmede vonnissen of arresten gewezen voor de toepassing van de wetten op het
gebruik van de talen in gerechtszaken en in bestuurs-
zaken];

24° akten betreffende de uitvoering [van de bepalingen van het Gerechtelijk Wetboek inzake de inrust-
stelling der magistraten];

25°-26° [...];

26°bis [...];

27° [...];

28° [...];

29° [getuigschriften, akten van bekendheid, vol-
machten, machtigingen met inbegrip van de verzoekschriften die er zouden verband mede houden, wanneer die stukken opgemaakt of uitgereikt worden om
te worden overgelegd aan de diensten van het Grootboek van de Rijksschuld [...] aan de Deposito- en Consignatiekas, [aan de Lijfrentekas, de Verzekeringskas
en de Rentekas voor arbeidsongevallen van de Algemene Spaar- en Lijfrentekas], zomede aan de mutuali-
teitsverenigingen, spaar-, lijfrente-, voorzorgs- en on-
derstandskassen erkend door de regering, ingesteld
met goedkeuring van de bestuursoverheid of aan dezer
controle onderworpen];

30°-31° [...];

32° [...];

33° akten opgemaakt voor de dienst van de openbare kassen van lening, met inbegrip van processen-
verbaal van openbare verkoop van in pand gegeven
roerende voorwerpen;

[33°bis akten, vonnissen en arresten betreffende
betwistingen inzake arbeidsovereenkomsten, leer-
overeenkomsten en overeenkomsten voor versnelde
beroepsopleiding, betreffende betwistingen tussen
werknemers naar aanleiding van het werk alsmede tussen personen die samen een beroep uitoefenen

waarbij hoofdzakelijk handenarbeid wordt verricht, en inzonderheid tussen een schipper ter visserij en de schepelingen met wie hij geassocieerd is, betreffende betwistingen van burgerlijke aard die het gevolg zijn van een overtreding van de wetten en verordeningen betreffende de arbeidsreglementering en de aangelegenheden onder de bevoegdheid van de arbeidsrechtbank;]

34° akten, vonnissen en arresten betreffende de uitvoering van de wetten en reglementen op de kinderbijslagen;

35° akten, vonnissen en arresten betreffende de uitvoering van de wetten en reglementen op de verzekering tegen de geldelijke gevolgen van ouderdom en vroegtijdige dood, op de verzekering tegen de geldelijke gevolgen van ouderdom en vroegtijdige dood van bedienden en op het pensioenstelsel der mijnwerkers;

[35°bis de akten, vonnissen en arresten in verband met de uitvoering van de wetten en verordeningen betreffende het sociaal statuut der zelfstandigen;]

[35°ter de akten, vonnissen en arresten betreffende de uitvoering van de wetten en verordeningen betreffende de rust-, invaliditeits- en overlevingspensioenen ten laste van de Staat, de provincies, de gemeenten, de openbare instellingen, de Nationale Maatschappij der Belgische Spoorwegen of alle andere organismen of openbare diensten waarvan het personeel onderworpen is aan een bijzondere pensioenregeling getroffen bij of krachtens een wet;]

[35°quater de akten, vonnissen en arresten betreffende de uitvoering van de wetten, decreten en verordeningen betreffende de rust-, invaliditeits- en overlevingspensioenen van de leden van het beroepspersoneel der kaders in Afrika en der personeelsleden die zijn bedoeld in artikel 31 van het koninklijk besluit van 21 mei 1964 tot coördinatie van de wetten betreffende het personeel in Afrika;]

36° [akten, vonnissen en arresten betreffende de uitvoering der wetten en reglementen op het herstel van schade ten gevolge van arbeidsongevallen, van ongevallen overkomen op weg naar of van de arbeid, of van beroepsziekten];

[36°bis akten, vonnissen en arresten betreffende betwistingen in verband met de rechten en verplichtingen voortvloeiende uit de wet op de sociale reclassering van de mindervaliden;]

[36°ter akten, vonnissen en arresten betreffende betwistingen in verband met de oprichting en de inrichting van de ondernemingsraden, alsmede van de diensten en comités tot veiligheid, hygiëne en verfraaiing der werkplaatsen, daarin begrepen de diensten en comités opgericht in mijnen, groeven en graverijen;]

37° akten, vonnissen en arresten betreffende de uitvoering der wetten en reglementen op de onvrijwillige werkloosheid;

[37°bis akten, vonnissen en arresten betreffende de uitvoering der wetten en reglementen in verband met de maatschappelijke zekerheid [...];]

38° akten en beslissingen betreffende [het verzoek om rechtsbijstand] of de betwisting ervan; akten van schikking inzake uitkering tot onderhoud verleden op het bureel van bijstand;

39° akten, vonnissen en arresten betreffende de invordering van de voorschotten van Rijkswege gedaan [in uitvoering van de bepalingen van het Gerechtelijk Wetboek betreffende de gerechtelijke bijstand];

40° [akten, vonnissen en arresten betreffende de uitvoering van de wet van 27 juni 1969 betreffende het toekennen van tegemoetkomingen aan de mindervaliden];

41° akten nodig voor het huwelijk van personen wier onvermogen blijkt uit een getuigschrift van de burgemeester van hun verblijfplaats of van dezes gelastigde;

42° [akten, vonnissen en arresten betreffende procedures inzake de voogdij van minderjarigen, van personen in staat van verlengde minderjarigheid en van onbekwaam verklaarden];

43° akten betreffende de vrijwillige erkenning van een natuurlijk kind of de ontvoogding, wanneer het onvermogen der kinderen en van hun ouders vastgesteld is overeenkomstig bovenstaand nr. 41;

44° akten, vonnissen en arresten betreffende verklaringen van nationaliteit of van keuze van vaderland, wanneer het onvermogen der belanghebbenden vastgesteld is overeenkomstig bovenstaand nr. 41;

[45° de akten, vonnissen en arresten betreffende betwistingen in verband met een maatregel van sociale bescherming;]

[46° de akten, vonnissen en arresten betreffende de procedure van collectieve schuldenregeling ingesteld overeenkomstig de artikelen 1675/2 tot en met 1675/19 van het Gerechtelijk Wetboek;]

[46° de overdrachten tussen de componenten van een politieke partij zoals die zijn bepaald bij artikel 1, 1°, tweede lid, van de wet van 4 juli 1989 betreffende de beperking en de controle van de verkiezingsuitgaven voor de verkiezingen van de federale Kamers, de financiering en de open boekhouding van de politieke partijen;]

[47° de akten, vonnissen en arresten betreffende de tegemoetkomingen bedoeld in de wet van 21 februari 2003 tot oprichting van een Dienst voor alimentatievorderingen bij de FOD Financiën;]

[47° de akten, de vonnissen en arresten, betreffende het toestaan van betalingsfaciliteiten inzake consumentenkrediet, ingesteld overeenkomstig de artikelen 1337bis tot en met 1337octies van het Gerechtelijk Wetboek.]

4° gewijzigd bij art. 33 W. 23 december 1958 (B.S. 7.I.1959);

5° vervangen bij art. 14, A W. 12 juli 1960 (B.S. 9.XI.1960);

5°bis ingevoegd bij art. 14, B W. 12 juli 1960 (B.S. 9.XI.1960) en gewijzigd bij art. 3-116 W. 10 oktober 1967 (B.S. 31.X.1967);

6°bis ingevoegd bij art. 8 W. 13 augustus 1947 (B.S. 17. IX.1947);

7° vervangen bij art. 70, B W. 29 maart 1962 (B.S. 12. IV.1962);

11° vervangen bij art. 10 W. 10 juni 2001 (B.S. 22.IX.2001);

12° vervangen bij art. 10 W. 10 juni 2001 (B.S. 22.IX.2001);

13° gewijzigd bij art. 3 W. 28 juni 1948 (B.S. 31.VII.1948), bij art. 3-116 W. 10 oktober 1967 (B.S. 31.X.1967), bij art. 74,

§ 1 W. 15 juli 1970 (B.S. 30.VII.1970) en bij art. 170, 1° W. 22 december 1989 (B.S. 29.XII.1989);

13°bis ingevoegd bij art. 3-116 W. 10 oktober 1967 (B.S. 31.X.1967);

14° vervangen bij art. 7, § 27, A W. 30 april 1958 (B.S. 10.V.1958);

15° vervangen bij art. 14, D W. 12 juli 1960 (B.S. 9.XI.1960);

16° opgeheven bij art. 3-116 W. 10 oktober 1967 (B.S. 31.X.1967);

17° vervangen bij art. 57, § 1 W. 12 juli 1976 (B.S. 13. VIII.1976);

18° vervangen bij art. 17 W. 18 juli 1991 (B.S. 26.VII.1991);

19°-20° opgeheven bij art. 14, F W. 12 juli 1960 (B.S. 9. XI.1960);

22° opgeheven bij art. 14, F W. 12 juli 1960 (B.S. 9.XI.1960);

23° vervangen bij art. 49, § 2 W. 2 augustus 1963 (B.S. 22. VIII.1963);

24° gewijzigd bij art. 3-116 W. 10 oktober 1967 (B.S. 31.X.1967);

25° opgeheven bij art. 14, F W. 12 juli 1960 (B.S. 9.XI.1960);

26° opgeheven bij art. 14, F W. 12 juli 1960 (B.S. 9.XI.1960);

26°bis opgeheven bij art. 14, G W. 12 juli 1960 (B.S. 9. XI.1960);

27° opgeheven bij art. 170, 2° W. 22 december 1989 (B.S. 29.XII.1989);

28° opgeheven bij art. 14, H W. 12 juli 1960 (B.S. 9.XI.1960);

29° vervangen bij art. 30 W. 23 december 1958 (B.S. 7.I.1959) en gewijzigd bij art. 7 K.B. nr. 3, 24 december 1980 (B.S. 8.I.1981) en bij art. 170, 3° W. 22 december 1989 (B.S. 29. XII.1989);

30° opgeheven bij art. 14, H W. 12 juli 1960 (B.S. 9.XI.1960);

31° opgeheven bij art. 14, H W. 12 juli 1960 (B.S. 9.XI.1960);

32° opgeheven bij art. 9 W. 10 juni 1997 (B.S. 19.VII.1997);

33°bis ingevoegd bij art. 3-116 W. 10 oktober 1967 (B.S. 31.X.1967);

35°bis ingevoegd bij art. 26, § 1 K.B. nr. 38, 27 juli 1967 (B.S. 29.VII.1967);

35°ter ingevoegd bij art. 1 W. 24 februari 1965 (B.S. 20. III.1965);

35°quater ingevoegd bij art. 1 W. 24 februari 1965 (B.S. 20. III.1965);

36° vervangen bij art. 8 W. 13 augustus 1947 (B.S. 17. IX.1947);

36°bis ingevoegd bij art. 3-116 W. 10 oktober 1967 (B.S. 31.X.1967);

36°ter ingevoegd bij art. 3-116 W. 10 oktober 1967 (B.S. 31.X.1967);

37°bis ingevoegd bij art. 30, al. 1 W. 23 december 1958 (B.S. 7.I.1959) en gewijzigd bij art. 3-116 W. 10 oktober 1967 (B.S. 31.X.1967);

38° gewijzigd bij art. 3-116 W. 10 oktober 1967 (B.S. 31.X.1967);

39° gewijzigd bij art. 3-116 W. 10 oktober 1967 (B.S. 31.X.1967);

40° vervangen bij art. 20 W. 12 mei 1971 (B.S. 26.V.1971);

42° vervangen bij art. 85 W. 24 april 2001 (B.S. 31.V.2001);

45° ingevoegd bij art. 36 W. 2 februari 1994 (B.S. 17. IX.1994);

46° ingevoegd bij art. 16 W. 5 juli 1998 (B.S. 31.VII.1998, err. B.S. 18.IX.1998);

Tweede 46° ingevoegd bij art. 16 W. 19 november 1998 (B.S. 10.XII.1998);

47° ingevoegd bij art. 28, § 1 W. 21 februari 2003 (B.S. 28. III.2003, err. B.S. 17.IV.2003);

Tweede 47° ingevoegd bij art. 82 W. 24 maart 2003 (B.S. 2.V.2003).

Toekomstig recht: – Vanaf een door de Koning nog nader te bepalen datum, en uiterlijk vanaf 1 januari 2015 wordt art. 162 van het Wetboek der Registratie-, Hypotheek- en Griffierechten aangevuld als volgt:

«48° de akten en vonnissen betreffende de procedures voor de strafuitvoeringsrechters en de strafuitvoeringsrechtbanken, alsook de arresten gewezen als gevolg van een cassatieberoep tegen een beslissing van de strafuitvoeringsrechter of de strafuitvoeringsrechtbank.».

(W. 21 april 2007, art. 130, B.S. 13.VII.2007, van toepassing vanaf de dag die de Koning voor elk artikel van de wet bepaalt en uiterlijk op 1 januari 2015 (art. 157, zoals gewijzigd bij art. 7 W. 24 juli 2008 (II), B.S. 7.VIII.2008, bij art. 16 W. 28 december 2011, B.S. 30.XII.2011, ed. 4 en bij art. 31 W. 31 december 2012, B.S. 31.XII.2012, ed. 2)).

– Vanaf 1 juni 2014 worden in art. 162 de volgende wijzigingen aangebracht:

1° in het 18°, vervangen bij de wet van 18 juli 1991, worden de woorden "de artikelen 488bis, A) tot K), van het Burgerlijk Wetboek" vervangen door de woorden "de bepalingen van het vierde deel, boek IV, hoofdstuk X van het Gerechtelijk Wetboek.";

2° in het 42°, vervangen bij de wet van 29 april 2001, worden de woorden ", van personen in staat van verlengde minderjarigheid en van onbekwaamverklaarden" opgeheven.

(W. 17 maart 2013, art. 153 en 233, B.S. 14.VI.2013, ed. 2, van toepassing vanaf 1 juni 2014)

– Vanaf een door de Koning nog nader te bepalen datum en ten laatste op 31 december 2014 wordt art. 162 aangevuld met een bepaling onder 51° luidende:

"51° De akten, vonnissen en arresten betreffende de overeenkomstig de wet van 31 januari 2009 betreffende de continuïteit van de ondernemingen ingestelde procedure van gerechtelijke organisatie, behalve:

a) de akten die tot bewijs strekken van een overeenkomst onderworpen aan een registratierecht bedoeld in artikel 3 van de bijzondere wet van 16 januari 1989 betreffende de financiering van de Gemeenschappen en de Gewesten;

b) de in artikelen 146 en 147 bedoelde vonnissen en arresten.".

(W. 27 mei 2013, art. 43 en 62, B.S. 22.VII.2013)

Art. 163. De bij voorgaand artikel ingevoerde vrijstelling is niet toepasselijk op de in dit artikel opgesomde akten, vonnissen en arresten, in zover zij tot bewijs van een overeenkomst strekken voorzien in artikel 19, 2°.

Zij is [niet] van toepassing op andere dan gerechtelijke akten, in zover zij tot bewijs van een [in artikel 19, 3° of 5°], bedoelde overeenkomst strekken.

[Tenzij er anders over beschikt wordt, is ze niet van toepassing op: a) processen-verbaal van verkoop van in beslag genomen roerende of onroerende goederen en alle nakomende handelingen welke derde verkrijgers aanbelangen; b) processen-verbaal van rangregeling en van verdeling bij aandelen.]

Al. 2 gewijzigd bij art. 33, al. 2 W. 23 december 1958 (B.S. 7.I.1959) en bij art. 16 W. 14 april 1965 (B.S. 24.IV.1965); Al. 3 ingevoegd bij art. 33, al. 3 W. 23 december 1958 (B.S. 7.I.1959).

Art. 164. Zijn mede van de formaliteit der registratie vrijgesteld, de uitgiften, afschriften van en uittreksels uit akten welke geregistreerd werden of die krachtens artikel 162 van de formaliteit zijn vrijgesteld.

Art. 165. Indien een bij artikelen 162 en 164 van de formaliteit der registratie vrijgestelde akte of geschrift toch ter registratie wordt aangeboden, geeft zij aanleiding tot het heffen van het algemeen vast recht.

HOOFDSTUK VIII

DIVERSE BEPALINGEN BETREFFENDE DE VEREFFENING VAN DE RECHTEN

Art. 166. [...]
In geval van openbare verkoping van roerende of onroerende goederen of van openbare verhuring, in verschillende loten, wordt het recht vereffend op het samengevoegd bedrag der aan hetzelfde tarief onderworpen loten [...].
[Het bedrag van het vereffende recht wordt, desvoorkomend, [tot de hogere [cent] afgerond].]

Al. 1 opgeheven bij art. 4, 1° W. 20 januari 1999 (B.S. 13. II.1999); Al. 2 gewijzigd bij art. 4, 2° W. 20 januari 1999 (B.S. 13. II.1999); Al. 3 vervangen bij art. 4, 3° W. 20 januari 1999 (B.S. 13. II.1999) en gewijzigd bij art. 5, § 7 K.B. 20 juli 2000 (II) (B.S. 30.VIII.2000, err. B.S. 8.III.2001) en bij art. 42, 3° K.B. 13 juli 2001 (B.S. 11.VIII.2001, err. B.S. 21.XII.2001).

Art. 167. Wanneer er niet anderszins bij deze titel over beschikt is, mag het bedrag van het op een akte of een verklaring te heffen evenredig recht niet minder dan het algemeen vast recht bedragen.

Art. 168. Wanneer de sommen en waarden of andere ter vereffening van de belasting noodzakelijke gegevens niet voldoende uitgedrukt zijn in een ter formaliteit aangeboden akte, zijn de partijen of de werkende openbare officier, in hun naam, er toe gehouden daarin, vóór de registratie, te voorzien door een aanvullende verklaring, gewaarmerkt en ondertekend onderaan de akte.
[Wanneer eenzelfde overeenkomst meteen op in België gelegen onroerende goederen en op andere goederen slaat, moet de overeengekomen waarde of, in voorkomend geval, de verkoopwaarde van de goederen van elkeen der categorieën, zelfs indien het tarief van de belasting niet verschilt naar gelang van de aard van de goederen, afzonderlijk aangeduid worden, hetzij in de akte, hetzij in een door de partijen of, in hun naam, door de werkende notaris vóór de registratie gewaarmerkte en ondertekende verklaring onderaan op de akte [...].]

Indien de bepaling van de belastbare grondslag geheel of gedeeltelijk van de schatting van een levenslang recht afhangt, moet de verklaring naam, voornamen, woonplaats, plaats en datum van geboorte van de beneficianten van dit levenslang recht vervatten.

Al. 2 ingevoegd bij art. 31 W. 23 december 1958 (B.S. 7.I.1959) en gewijzigd bij art. 17 W. 14 april 1965 (B.S. 24.IV.1965).

Art. 169. De rechten verschuldigd op akten waarbij eigendom of vruchtgebruik van een handelszaak overgedragen of aangewezen worden, worden geheven volgens de aard van elk der goederen die er deel van uitmaken en op de bij dit wetboek vastgestelde grondslagen.
De schulden die al dan niet met de handelszaak in verband staan en die door de nieuwe eigenaar of vruchtgebruiker ten laste genomen worden, moeten als lasten van de overeenkomst beschouwd worden.

[**Art. 169bis.** Voor de toepassing van de artikelen 115bis en 140bis, moet de aanwending of de bestemming van een onroerend goed worden nagegaan per kadastraal perceel of per gedeelte van kadastraal perceel wanneer dat gedeelte is ofwel een afzonderlijke huisvesting, ofwel een afdeling van de productie of van de werkzaamheden die, of een onderdeel daarvan dat, afzonderlijk kan werken, ofwel een eenheid die van de andere goederen of delen die het perceel vormen kan worden afgezonderd.]

Ingevoegd bij art. 70 W. 22 december 1998 (B.S. 15.I.1999).

HOOFDSTUK IX

VERPLICHTINGEN MET HET OOG OP HET VERZEKEREN VAN HET HEFFEN VAN DE RECHTEN

Afdeling 1

Vermeldingen op te nemen in bepaalde akten

Art. 170. Wanneer, in een andere dan een vonnis of arrest aan de formaliteit onderworpen authentieke akte, melding wordt gemaakt van een onderhandse akte of van een buitenlands verleden akte vallende in de termen van [artikel 19, 2° of 3°], moet die authentieke akte afschrift van de vermelding der registratie van bedoelde akte bevatten.
Indien die akte niet geregistreerd werd, dan wordt daarvan in de authentieke akte melding gemaakt.
Alle overtredingen van dit artikel worden gestraft met een boete van [[[25 EUR]]] ten laste van de werkende ambtenaar of openbare officier.

Al. 1 gewijzigd bij art. 62 W. 22 december 1998 (B.S. 15.I.1999); Al. 3 gewijzigd bij art. 172 W. 22 december 1989 (B.S. 29. XII.1989), bij art. 2-11 K.B. 20 juli 2000 (II) (B.S. 30.

VIII.2000, err. B.S. 8.III.2001) en bij art. 42, 5° K.B. 13 juli 2001 (B.S. 11.VIII.2001, err. B.S. 21.XII.2001).

[**Art. 170bis.** In geval van een schenking moet de notaris in de akte een verklaring van de schenker opnemen die vermelding inhoudt van het adres en de datum en duur van de vestiging van de verschillende fiscale woonplaatsen die de schenker gehad heeft in de periode van vijf jaar voorafgaand van de datum van de schenking.

In geval van weigering de verklaring te doen of bij onjuiste of onvolledige verklaring verbeurt de schenker een boete ten bijdrage van tweemaal de aanvullende rechten.

De notaris die nagelaten heeft de schenker te vragen de verklaring te doen, verbeurt een boete van 25 EUR.]

Ingevoegd bij art. 6 W. 7 maart 2002 (B.S. 19.III.2002).

Art. 171. [Alle expedities, afschriften van of uittreksels uit een burgerlijke of gerechtelijke authentieke akte die aan de formaliteit onderworpen is of die in artikel 8bis bedoeld is, moeten, op straf van een boete van [[[25 EUR]]], een afschrift van de vermelding van de registratie of van de vermelding voorzien in het tweede lid van artikel 8 bevatten.]

Vervangen bij art. 173 W. 22 december 1989 (B.S. 29. XII.1989) en gewijzigd bij art. 2-11 K.B. 20 juli 2000 (II) (B.S. 30.VIII.2000, err. B.S. 8.III.2001) en bij art. 42, 5° K.B. 13 juli 2001 (B.S. 11.VIII.2001, err. B.S. 21.XII.2001).

Afdeling 2

Voorschriften betreffende het uitreiken van uitgiften

Art. 172. [Notarissen, [gerechtsdeurwaarders], griffiers der hoven en rechtbanken en bestuurlijke overheden mogen, vóór het nakomen van de formaliteit der registratie, de akten welke zij verplicht zijn te doen registreren of waarvan de rechten in hun handen moeten worden geconsigneerd, niet in brevet, uitgifte, afschrift of uittreksel uitreiken, zelfs zo de voor de registratie gestelde termijn niet verstreken is.]

Alle overtredingen van dit verbod worden met een geldboete van [[[25 EUR]]] gestraft.

Al. 1 vervangen bij art. 15 W. 12 juli 1960 (B.S. 9.XI.1960) en gewijzigd bij art. 48, § 4 W. 5 juli 1963 (B.S. 17.VII.1963); Al. 2 gewijzigd bij art. 174 W. 22 december 1989 (B.S. 29. XII.1989) en gewijzigd bij art. 2-11 K.B. 20 juli 2000 (II) (B.S. 30.VIII.2000, err. B.S. 8.III.2001) en bij art. 42, 5° K.B. 13 juli 2001 (B.S. 11.VIII.2001, err. B.S. 21.XII.2001).

Art. 173. Van voorgaand artikel wordt afgeweken ten aanzien van:

1° [de expedities van akten, verleden voor Belgische notarissen, die aanleiding geven tot een hypothecaire formaliteit waarbij de bedoelde expedities door de notaris eerst aan de betrokken partijen mogen wor-

den afgegeven nadat zij, overeenkomstig artikel 171 zijn aangevuld, met een afschrift van de vermelding van de registratie of met de in artikel 8, tweede lid, voorgeschreven vermelding];

[1°bis de expedities en uittreksels van akten, verleden voor Belgische notarissen, die aanleiding geven tot neerlegging ter griffie van de rechtbank van koophandel overeenkomstig artikel 67 van het Wetboek van vennootschappen;]

2° [afschriften welke vereist zijn voor de betekening van exploten en van andere soortgelijke akten];

3° niet-ondertekende afschriften van vonnissen en arresten;

4° [vonnissen en arresten die met het oog op de dringende noodzakelijkheid, op de minuut en vóór de registratie uitvoerbaar verklaard worden];

5° voor eensluidend verklaarde afschriften van vonnissen en arresten slechts afgeleverd teneinde de verhaalstermijnen te doen lopen. Die afschriften moeten vermelding van hun bijzondere bestemming dragen en mogen tot geen andere doeleinden worden gebruikt;

6° uitgiften van vonnissen en arresten die worden uitgereikt aan het openbaar ministerie, [alsmede uitgiften, afschriften of uittreksels die in strafzaken worden uitgereikt aan de Rijksagenten welke belast zijn met de tenuitvoerlegging van vonnissen en arresten];

[7° afschriften waarvan de aflevering wegens hoogdringendheid werd bevolen door de voorzitter van de rechtbank van eerste aanleg.]

1° vervangen bij art. 175 W. 22 december 1989 (B.S. 29. XII.1989);

1°bis ingevoegd bij art. 3 W. 14 december 2005 (B.S. 28. XII.2005, err. B.S. 17.II.2006, ed. 2);

2° vervangen bij art. 9, al. 1 W. 13 augustus 1947 (B.S. 17.IX.1947);

4° vervangen bij art. 16 W. 12 juli 1960 (B.S. 9.XI.1960);

6° gewijzigd bij art. 9, al. 2 W. 13 augustus 1947 (B.S. 17.IX.1947);

7° ingevoegd bij art. 3-117 B W. 10 oktober 1967 (B.S. 31.X.1967).

Art. 174. […]

Opgeheven bij art. 13 W. 19 juni 1986 (B.S. 24.VII.1986).

Art. 175. […]

Opgeheven bij art. 17 W. 12 juli 1960 (B.S. 9.XI.1960).

Afdeling 3

Repertorium van de akten

Art. 176. [Notarissen en [gerechtsdeurwaarders] moeten een kolomsgewijze ingedeeld repertorium houden, waarin zij dagelijks zonder openlaten van tussenruimte, noch tussenregel, noch vervalsing, en in de volgorde der nummers, alle akten van hun ambt inschrijven.]

Vervangen bij art. 18 W. 12 juli 1960 (B.S. 9.XI.1960) en gewijzigd bij art. 48, § 4 W. 5 juli 1963 (B.S. 17.VII.1963).

Art. 177. In elk artikel van het repertorium dienen vermeld: 1° volgnummer; 2° datum en aard van de akte; 3° naam; voornamen en woonplaats der partijen; 4° bondige aanduiding der onroerende goederen; 5° vermelding van de registratie; 6° wat aangaat de [gerechtsdeurwaarders], de kosten van hun akten en exploten na aftrek van hun voorschotten.

[De Koning kan aanvullende vermeldingen voorschrijven.]

Al. 1 gewijzigd bij art. 48, § 4 W. 5 juli 1963 (B.S. 17. VII.1963);
Al. 2 ingevoegd bij art. 176 W. 22 december 1998 (B.S. 15.I.1999).

Art. 178. Een boete van [[[25 EUR]]] wordt verbeurd voor elke weggelaten of te laat in het repertorium ingeschreven akte, voor elke akte ingeschreven met tussenregel of met vervalsing, alsmede voor elke akte van vroegere datum dan die van het proces-verbaal van nummering en waarmerk van het repertorium.

Gewijzigd bij art. 177 W. 22 december 1989 (B.S. 29. XII.1989) en gewijzigd bij art. 2-11 K.B. 20 juli 2000 (II) (B.S. 30.VIII.2000, err. B.S. 8.III.2001) en bij art. 42, 5° K.B. 13 juli 2001 (B.S. 11.VIII.2001, err. B.S. 21.XII.2001).

Art. 179. [De in artikel 176 bedoelde repertoria die moeten worden gehouden door de notarissen, mogen overeenkomstig artikel 29 van de wet van 16 maart 1803 tot regeling van het notarisambt hetzij op papier, hetzij op een gedematerialiseerde wijze die is vastgesteld door de Nationale Kamer van notarissen in een door de Koning goedgekeurd reglement, worden gehouden.

De Koning kan bepalen dat de repertoria die door de gerechtsdeurwaarders moeten worden gehouden, mogen worden gehouden op een gedematerialiseerde wijze die vastgesteld is door de Nationale Kamer van gerechtsdeurwaarders in een door de Koning goedgekeurd reglement.]

Vervangen bij art. 82 W. 22 december 2009 (B.S. 31.XII.2009, ed. 2).

Art. 180. [De in artikel 176 aangeduide personen zijn er toe gehouden, om de drie maand, hun repertorium voor te leggen aan de ontvanger van het kantoor aangeduid in artikel 39, die het viseert en in zijn visum het aantal ingeschreven akten vermeldt.

Deze voorlegging geschiedt binnen de eerste tien dagen van de maanden januari, april, juli en oktober van elk jaar.

De Koning kan voor de op gedematerialiseerde wijze gehouden repertoria bijzondere regels vaststellen wat de modaliteiten van de voorlegging en het visum van het repertorium betreft.

Bij laattijdige voorlegging van het repertorium

wordt een boete verbeurd van 25 euro per week vertraging.]

Vervangen bij art. 83 W. 22 december 2009 (B.S. 31.XII.2009, ed. 2).

Afdeling 4

Verplichting van inzageverlening

Art. 181[1]**.** [Notarissen en [gerechtsdeurwaarders]] zijn er toe gehouden, op verbeurte van een boete van [[25 EUR]] per overtreding, op elk verzoek van de agenten van [de administratie van de belasting over de toegevoegde waarde, registratie en domeinen], van hun repertoriums en de akten waarvan zij bewaarders zijn, zonder verplaatsing inzage te verlenen en deze agenten de inlichtingen, afschriften en uittreksels te laten nemen die zij nodig hebben met het oog op 's Rijks belangen.

Deze verplichting is echter, bij 't leven van de erflaters, niet toepasselijk op de bij notarissen berustende testamenten.

Hernummerd bij art. 21 12 juli 1960 (B.S. 9.XI.1960);
Al. 1 gewijzigd bij art. 48, § 4 W. 5 juli 1963 (B.S. 17. VII.1963), bij art. 240 W. 22 december 1989 (B.S. 29. XII.1989), bij art. 2-11 K.B. 20 juli 2000 (II) (B.S. 30. VIII.2000, err. B.S. 8.III.2001) en bij art. 42, 5° K.B. 13 juli 2001 (B.S. 11.VIII.2001, err. B.S. 21.XII.2001).

[**Art. 181**[2]**.** De griffiers der hoven en rechtbanken zijn er toe gehouden op straf van een boete van [[25 EUR]] per overtreding, aan de agenten van [de administratie van de belasting over de toegevoegde waarde, registratie en domeinen] inzage te verlenen van de door hen of vóór hen verleden akten, alsmede van de minuten van de vonnissen, arresten, bevelschriften en alle andere akten waarvan zij bewaarders zijn.

De modaliteiten waaronder deze inzage moet verleend worden en de termijn waarbinnen dit moet geschieden, worden bij koninklijk besluit bepaald. Inbreuken op de voorschriften van dit koninklijk besluit kunnen beteugeld worden met boeten waarvan het bedrag [[25 EUR]] per inbreuk niet zal te boven gaan.]

Ingevoegd bij art. 21 W. 12 juli 1960 (B.S. 9.XI.1960);
Al. 1 gewijzigd bij art. 240 W. 22 december 1998 (B.S. 29. XII.1989), bij art. 2-11 K.B. 20 juli 2000 (II) (B.S. 30. VIII.2000, err. B.S. 8.III.2001) en bij art. 42, 5° K.B. 13 juli 2001 (B.S. 11.VIII.2001, err. B.S. 21.XII.2001);
Al. 2 gewijzigd bij art. 2-11 K.B. 20 juli 2000 (II) (B.S. 30. VIII.2000, err. B.S. 8.III.2001) en bij art. 42, 5° K.B. 13 juli 2001 (B.S. 11.VIII.2001, err. B.S. 21.XII.2001).

Art. 182. De personen die de in [artikel 63[1]] bedoelde beroepsaangifte ondertekenen, zijn er toe gehouden van hun registers, repertoria, boeken, akten en alle andere bescheiden betreffende hun handels-, beroeps- of statutaire bedrijvigheid, bij iedere vordering van de agenten van [de administratie van de belasting over de toegevoegde waarde, registratie en domeinen] […], zonder verplaatsing inzage te verlenen, teneinde bedoelde agenten te laten nagaan of de door hen of door derden verschuldigde registratierechten wel richtig werden geheven.

Elke weigering van inzageverlening wordt bij proces-verbaal vastgesteld en gestraft met een geldboete van [[[250 EUR]] tot [[2.500 EUR]]], waarvan het bedrag door de [gewestelijke directeur van de belasting over de toegevoegde waarde, registratie en domeinen] wordt bepaald.

Al. 1 gewijzigd bij art. 179 en 240 W. 22 december 1989 (B.S. 29.XII.1989);
Al. 2 gewijzigd bij art. 1 W. 14 augustus 1947 (B.S. 17. IX.1947), bij art. 76 W. 22 juli 1993 (B.S. 26.VII.1993), bij art. 2-11 K.B. 20 juli 2000 (II) (B.S. 30.VIII.2000, err. B.S. 8.III.2001) en bij art. 42, 5° K.B. 13 juli 2001 (B.S. 11. VIII.2001, err. B.S. 21.XII.2001).

[**Art. 182bis.** De personen die de toepassing van artikel 140bis vragen, zijn er toe gehouden, zonder verplaatsing, van alle boeken en bescheiden betreffende hun activiteit bij iedere vordering van de ambtenaren van de administratie van de belasting over de toegevoegde waarde, registratie en domeinen inzage te verlenen teneinde bedoelde ambtenaren toe te laten zich te vergewissen van de juiste heffing van de door de verzoekers of derden verschuldigde rechten.

Elke weigering van inzageverlening wordt bij proces-verbaal vastgesteld en wordt gestraft met een geldboete van [[1.250 EUR]].]

Ingevoegd bij art. 71 W. 22 december 1998 (B.S. 15.I.1999); Al. 2 gewijzigd bij 2-11 K.B. 20 juli 2000 (II) (B.S. 30. VIII.2000, err. B.S. 8.III.2001) en bij art. 42, 5° K.B. 13 juli 2001 (B.S. 11.VIII.2001, err. B.S. 21.XII.2001).

Art. 183. Openbare instellingen, [stichtingen van openbaar nut en private stichtingen, alle verenigingen en vennootschappen die in België hun hoofdinrichting], een filiale of enigerlei zetel van verrichtingen hebben, [bankiers, wisselagenten en wisselagenten-correspondenten], zaakwaarnemers en aannemers, openbare of ministeriële officieren zijn er toe gehouden aan de agenten van [de administratie van de belasting over de toegevoegde waarde, registratie en domeinen], met desvoorkomend inzageverlening van de stukken tot staving, al de inlichtingen te verstrekken welke dezen van node achten om de richtige heffing van de te hunnen laste of ten laste van derden invorderbare rechten te verzekeren.

Deze inlichtingen kunnen slechts gevraagd worden krachtens bijzondere machtiging van de [directeur-generaal van de belasting over de toegevoegde waarde, registratie en domeinen], houdende nauwkeurige aanduiding van het rechtsfeit omtrent hetwelk navorsing dient gedaan.

Voor elke overtreding wordt een boete verbeurd [van [[250 EUR]] tot [[2.500 EUR]]], waarvan het bedrag door de [gewestelijk directeur van de belasting

over de toegevoegde waarde, registratie en domeinen] wordt vastgesteld.

Al. 1 gewijzigd bij art. 10 W. 13 augustus 1947 (B.S. 17. IX.1947), bij art. 240 W. 22 december 1989 (B.S. 29.XII.1989) en bij art. 44 W. 2 mei 2002 (B.S. 11.XII.2002);
Al. 2 gewijzigd bij art. 240 W. 22 december 1989 (B.S. 29.XII.1989);
Al. 3 gewijzigd bij art. 240 W. 22 december 1989 (B.S. 29. XII.1989), bij art. 77 W. 22 juli 1993 (B.S. 26.VII.1993), bij art. 2-11 K.B. 20 juli 2000 (II) (B.S. 30.VIII.2000, err. B.S. 8.III.2001) en bij art. 42, 5° K.B. 13 juli 2001 (B.S. 11. VIII.2001, err. B.S. 21.XII.2001).

Art. 184. Wanneer de som te betalen door de eigenaar van een muur om deze gemeen te maken, door tussenkomst van een deskundige, aannemer, landmeter of landmeetkundige werd bepaald, is deze er toe gehouden, op verbeurte van een boete van [[[25 EUR]]], de bevoegde ambtenaar van het bestuur der registratie en domeinen daarvan bericht te geven binnen de drie maanden na de voltooiing van zijn werk.

Een koninklijk besluit bepaalt de wijze waarop dit bericht dient gegeven en duidt de ambtenaar aan er toe bevoegd hetzelfde te ontvangen.

Al. 1 gewijzigd bij art. 1 W. 14 augustus 1947 (B.S. 17. IX.1947), bij art. 2-11 K.B. 20 juli 2000 (II) (B.S. 30. VIII.2000, err. B.S. 8.III.2001) en bij art. 42, 5° K.B. 13 juli 2001 (B.S. 11.VIII.2001, err. B.S. 21.XII.2001).

[Afdeling 5

Verplichtingen opgelegd aan openbare ambtenaren ter verzekering van de invordering der registratierechten]

Opschrift ingevoegd bij art. 14 W. 19 juni 1986 (B.S. 24. VII.1986).

[**Art. 184bis.** [De notarissen, gerechtsdeurwaarders en griffiers, de vereffenaars en curatoren alsook de ambtenaren van de Deposito- en Consignatiekas mogen slechts de betaling, overschrijving of teruggave van sommen of waarden die voortkomen van een veroordeling, van een vereffening of van een rangregeling, verrichten na de aflevering, door de ontvanger van de registratie, van een getuigschrift houdende verklaring dat geen enkele som eisbaar blijft als registratierecht of als boete uit hoofde van die veroordeling, vereffening of rangregeling.

[Het eerste lid is slechts van toepassing op de vereffenaars en de curators in het geval dat de veroordeling, de vereffening of rangregeling die de betaling, overschrijving, of teruggave tot gevolg heeft, hen ter kennis wordt gebracht.]

Indien de personen bepaald in het eerste lid de voorschriften van dit artikel niet zijn nagekomen, zijn zij persoonlijk aansprakelijk voor de betaling van de sommen die opeisbaar blijven.]]

Ingevoegd bij art. 14 W. 19 juni 1986 (B.S. 24.VII.1986) en vervangen bij art. 180 W. 22 december 1989 (B.S. 29. XII.1989);
Al. 2 ingevoegd bij art. 126 Faill. W. 8 augustus 1997 (B.S. 28.X.1997, err. B.S. 7.II.2001).

HOOFDSTUK X

BEWIJSMIDDELEN

Afdeling 1

Algemene bepalingen

Art. 185. [Behoudens de bewijs- en controlemiddelen speciaal voorzien in deze titel, wordt het bestuur er toe gemachtigd volgens de regelen en door alle middelen van gemeen recht, met inbegrip van getuigen en vermoedens, maar met uitzondering van de eed, en, bovendien door de processen-verbaal van zijn agenten, elke overtreding van de beschikkingen van deze titel vast te stellen en om het even welk feit te bewijzen dat de opvorderbaarheid van een recht of een boete laat blijken of er toe bijdraagt deze opvorderbaarheid te laten blijken.

De processen-verbaal gelden als bewijs tot het tegendeel bewezen is. Zij zullen aan belanghebbenden betekend worden binnen de maand van de vaststelling van de overtreding. [Deze betekening mag gebeuren bij een ter post aangetekend schrijven. De afgifte van het stuk ter post geldt als betekening van de volgende dag af.]]

Vervangen bij art. 11, al. 1 W. 13 augustus 1947 (B.S. 17. IX.1947);
Al. 2 aangevuld bij art. 3-118 W. 10 oktober 1967 (B.S. 31.X.1967).

Art. 186. [...]

Opgeheven bij art. 11, al. 2 W. 13 augustus 1947 (B.S. 19. IX.1947).

Art. 187. Verandering in eigendom of vruchtgebruik van een in België gelegen onroerend goed, ten gevolge van een overdragende of aanwijzende overeenkomst, wordt, ter vordering van het recht tegen de nieuwe eigenaar of vruchtgebruiker, in voldoende mate bewezen door daden van beschikking of van bestuur of door andere handelingen of akten waarbij, in zijnen hoofde, de eigendom of het vruchtgebruik vastgesteld of ondersteld wordt.

Art. 188. Wordt als koper voor eigen rekening beschouwd en mag zich op de hoedanigheid van lasthebber of van commissionair van de verkoper niet beroepen, ieder persoon die de verkoop van een onroerend goed bewerkt, wanneer vaststaat dat hij, reeds vóór het tot stand brengen van deze verkoop, aan de eigenaar de prijs of elke van de verkoop voortkomen som betaald heeft of er zich toe verbonden heeft te betalen.

De tussenpersoon wordt geacht het onroerend goed te hebben verkregen op de dag van de betaling of van de verbintenis tot betaling.

Afdeling 2

Controleschatting

Art. 189. Onverminderd de toepassing van de bepalingen betreffende het bewimpelen van prijs, heeft de ontvanger der registratie de bevoegdheid om schatting te vorderen van de goederen die het voorwerp van de overeenkomst uitmaken, ten einde van de ontoereikendheid van de uitgedrukte prijs of van de aangegeven waarde te doen blijken, wanneer het gaat om eigendom of vruchtgebruik van in België gelegen onroerende goederen.

Art. 190. De schatting dient gevorderd bij een aanvraag genotificeerd door de ontvanger aan de verkrijgende partij binnen twee jaar te rekenen van de dag van de registratie van de akte of verklaring.

In de gevallen bedoeld in artikelen 16 en 17 gaat de termijn slechts in de dag der registratie van de in artikel 31, 2°, voorziene verklaring.

[...]

De vordering tot schatting houdt aanwijzing van de goederen waarover de schatting gaat, zomede van de som waarop zij door het bestuur geschat werden en van het vermoedelijk wegens recht en boete verschuldigd bedrag.

Al. 3 opgeheven bij art. 3, 2° W. 22 juni 1960 (B.S. 21. VII.1960).

Art. 191. Binnen vijftien dagen na de in artikel 190 voorziene notificatie, kunnen ontvanger en partij overeenkomen dat de waardering door één of door drie door hen gekozen deskundigen zal worden gedaan.

In dit geval wordt het akkoord vastgesteld bij een proces-verbaal dat het voorwerp der schatting vermeldt en den of de verkozen deskundigen aanwijst.

Dit proces-verbaal is gedagtekend; het wordt door de ontvanger en door de partij ondertekend; indien de partij niet mag of niet kan ondertekenen, dient dit in het proces-verbaal vermeld.

Art. 192. Bij gemis van het onder artikel 191 voorzien akkoord, richt de ontvanger, aan de vrederechter in wiens ambtsgebied de onroerende goederen gelegen zijn, een verzoekschrift waarin de feiten worden uiteengezet en dat de vordering tot schatting inhoudt. Wanneer de onroerende goederen in het ambtsgebied van verschillende vredegerechten gelegen zijn, is de bevoegde rechter hij in wiens ambtsgebied zich het gedeelte der goederen bevindt met het grootst kadastraal inkomen.

Het verzoekschrift wordt aan de partij betekend.

De rechter beslist binnen vijftien dagen na het verzoek; hij beveelt de schatting en stelt, naar vereis van omstandigheden, één of drie deskundigen aan.

Art. 193. Kunnen niet tot deskundigen gekozen of benoemd worden:

1° ambtenaren van [de administratie van de belasting over de toegevoegde waarde, registratie en domeinen];

2° openbare of ministeriële officieren opstellers van de akten of verklaringen;

3° beambten van bedoelde ambtenaren en openbare of ministeriële officieren.

1° gewijzigd bij art. 240 W. 22 december 1989 (B.S. 29. XII.1989).

Art. 194. Het vonnis waarbij de schatting wordt bevolen, wordt ten verzoeke van de ontvanger aan de partij betekend.

De ontvanger of de partij, indien zij gegronde redenen hebben om de bevoegdheid, onafhankelijkheid of onpartijdigheid van de benoemde deskundigen in twijfel te trekken, mogen binnen acht dagen na bedoelde betekening, deszelfs of derzelver wraking bij de rechter vorderen. Deze wraking mag altijd worden gevorderd [in de gevallen beoogd door artikel 966 van het Gerechtelijk Wetboek].

De vordering tot wraking geschiedt per rekest waarin de oorzaken der wraking nader worden bepaald. De rechter beslist na de belanghebbenden te hebben gehoord. Bij hetzelfde vonnis vervangt hij de gewraakte deskundigen.

Deze nieuwe beslissing wordt aan de partij betekend.

Al. 2 gewijzigd bij art. 3-119 W. 10 oktober 1967 (B.S. 31.X.1967).

Art. 195. De ontvanger notificeert aan de deskundigen de opdracht die hun toevertrouwd wordt.

Onmiddellijk na ontvangst van deze notificatie sturen de deskundigen, zowel aan de ontvanger als aan de partij, een schrijven waarbij zij hen verwittigen van dag en uur waarop zij de nodig geachte bezoeken ter plaatse zullen doen en hen in hun gezegden en opmerkingen zullen aanhoren.

Ieder aan de deskundigen door een der partijen ter inzage verleend bescheid moet terzelfder tijd in afschrift aan de andere partij bij aangetekende brief worden gezonden.

Art. 196. De deskundige of, desvoorkomend, de drie gezamenlijk optredende deskundigen vorsen de staat en de verkoopwaarde na der in de vordering tot schatting aangewezen goederen, op het er in vermeld tijdstip.

Zij maken, uiterlijk binnen drie maanden te rekenen van bij eerste alinea van artikel 195 voorziene notificatie, één enkel verslag op, dat gedagtekend en ondertekend wordt, en waarin zij op beredeneerde wijze en met bewijsgronden tot staving, zonder enige beperking noch voorbehoud, hun advies over bedoelde waarde uitbrengen.

[De handtekening van de deskundige wordt voorafgegaan door de eed:

"Ik zweer dat ik in eer en geweten, nauwgezet en eerlijk mijn opdracht heb vervuld".

of:

"Je jure que j'ai rempli ma mission en honneur et conscience, avec exactitude et probité".

of:

"Ich schwöre, dass ich den mir erteilten Auftrag auf Ehre und Gewissen, genau und ehrlich erfüllt habe".]

De minuut van het verslag wordt ter griffie van het onder artikel 192 aangeduid vredegerecht neergelegd.

Al. 3 vervangen bij art. 7 W. 27 mei 1974 (B.S. 6.VII.1974, err. B.S. 12.VII.1974 en err. B.S. 21.XII.1974).

Art. 197. Het verslag wordt door de meest gerede partij gelicht en aan de andere partij betekend.

Naar de door de deskundigen gegeven waardering en, in geval van niet-overeenstemming, naar de waardering van de meerderheid of, bij gemis van meerderheid, naar de tussenwaardering, wordt de verkoopwaarde van het goed ten opzichte van de heffing der belasting bepaald.

Art. 198. De krachtens vorenstaande artikelen van deze afdeling te verrichten betekeningen en notificaties mogen bij aangetekend schrijven geschieden. De afgifte van het stuk ter post geldt als notificatie vanaf de daaropvolgende dag.

Art. 199. [Zowel de ontvanger als de partij kunnen de schatting betwisten door inleiding van een rechtsvordering. Deze rechtsvordering dient ingeleid te worden, op straffe van verval, binnen de termijn van één maand te rekenen van de betekening van het verslag.]

Vervangen bij art. 33 progr. W. 9 juli 2004 (B.S. 15.VII.2004, ed. 2).

Art. 200. Indien de opgegeven prijs of de aangegeven waarde lager is dan de door de schatting opgeleverde begroting, moet de verkrijger het bijkomend recht betalen, met de moratoire interesten naar de in burgerlijke zaken vastgestelde voet, te rekenen van de bij artikel 190 voorziene notificatie en, desvoorkomend, met de bij artikel 201 opgelegde boete.

Hem worden ook de kosten van de procedure opgelegd, indien het vastgestelde tekort het achtste van de uitgedrukte prijs of van de aangegeven waarde bereikt of overtreft.

Deze kosten blijven evenwel ten laste van 's Rijks Schatkist zo de belanghebbende, vóór de in artikel 190 voorziene notificatie, heeft aangeboden [het bijkomend recht, verhoogd met de boete bepaald in artikel 201] te betalen, op een som welke het bij de schatting uitgewezen tekort bereikt of overtreft.

De invordering geschiedt bij dwangschrift, zoals aangewezen in artikel 220.

Al. 3 gewijzigd bij art. 181 W. 22 december 1989 (B.S. 29. XII.1989).

HOOFDSTUK XI

TEKORT IN DE WAARDERING, BEWIMPELING EN VEINZING, SANCTIEN

Art. 201. Wanneer bevonden wordt dat de opgegeven prijs of de aangegeven waarde van aan de onder artikel 189 voorziene schatting onderworpen goederen te laag is, en dat het vastgestelde tekort gelijk is aan of hoger dan het achtste van de opgegeven prijs of van de aangegeven waarde, verbeurt de verkrijgende partij een geldboete ten bedrage van het ontdoken recht. [...]

Al. 2 opgeheven bij art. 182 W. 22 december 1989 (B.S. 29.XII.1989).

Art. 202. Wanneer er geen aanleiding tot schatting bestaat en een waardering, gedaan om de vereffening van de rechten mogelijk te maken, ontoereikend wordt erkend, is het ontdoken recht ondeelbaar verschuldigd door hen die de waardering hebben gedaan; zij zijn daarenboven ondeelbaar een boete verschuldigd gelijk aan het aanvullend recht, zo het tekort gelijk is aan of hoger is dan het achtste van de bewuste waardering. [...]

Alle andere onjuistheid, bevonden in de elementen van een verklaring in of onderaan de akte gesteld tot vereffening van de belasting, wordt gestraft met een boete gelijk aan het ontdoken recht, benevens betaling van dat recht, het al ondeelbaar ten laste van hen die de verklaring gedaan hebben.

Al. 1 gewijzigd bij art. 15 W. 23 december 1958 (B.S. 7.I.1959).

Art. 203. In geval van bewimpeling aangaande prijs en lasten of overeengekomen waarde, is elk der contracterende partijen een boete verschuldigd gelijk aan het ontdoken recht. Dit recht is ondeelbaar door alle partijen verschuldigd.

Het aanvullend recht dat ingevolge een bij schatting vastgesteld tekort of anderszins betaald geworden is, wordt aangerekend op het aanvullend recht, vereffend uit hoofde van de bewimpeling waarvan sprake in vorenstaande alinea.

In alle gevallen waarin de heffing op de prijs en de lasten of op de overeengekomen waarde geschiedt, moet de werkende notaris de verschijnende partijen de eerste alinea van dit artikel voorlezen.

Op straf van een boete van [[[25 EUR]]] moet uitdrukkelijke melding van die voorlezing in de akte gemaakt worden.

Al. 4 gewijzigd bij art. 183 W. 22 december 1989 (B.S. 29.XII.1989), bij art. 2-11 K.B. 20 juli 2000 (II) (B.S. 30. VIII.2000, err. B.S. 8.III.2001) en bij art. 42, 5° K.B. 13 juli 2001 (B.S. 11.VIII.2001, err. B.S. 21.XII.2001).

Art. 204. Wanneer de in een akte vastgestelde overeenkomst niet die is welke door de partijen werd gesloten, of wanneer de akte betreffende een [in artikel 19, 2° of 5°], bedoelde overeenkomst onvolledig

of onjuist is, met dien verstande dat ze al de bestanddelen van de overeenkomst niet doet kennen, is elke der contracterende partijen een geldboete verschuldigd gelijk aan het ontdoken recht. Dit recht is ondeelbaar door alle partijen verschuldigd.

Gewijzigd bij art. 18 W. 14 april 1965 (B.S. 24.IV.1965).

Art. 205. [...]

Opgeheven bij art. 64 W. 15 maart 1999 (B.S. 27.III.1999).

HOOFDSTUK XII

CORRECTIONELE STRAFFEN

Art. 206. [Onverminderd de fiscale geldboeten wordt hij die met bedriegelijk opzet of met het oogmerk om te schaden, de bepalingen van dit Wetboek of de ter uitvoering ervan genomen besluiten overtreedt, gestraft met gevangenisstraf van acht dagen tot twee jaar en met geldboete van [[250 EUR]] tot [[12.500 EUR]] [of met één van die straffen alleen].]

[Wanneer de overtreding werd begaan in het kader van een registratierecht dat geen gewestelijke belasting is volgens het bepaalde in artikel 3, eerste lid, 6° tot 8°, van de bijzondere wet van 16 januari 1989 betreffende de financiering van de gemeenschappen en de gewesten, wordt het bedrag van het in het eerste lid bepaalde maximum van de boete gebracht op [500.000 euro].]

Vervangen bij art. 13 W. 10 februari 1981 (B.S. 14.II.1981), aangevuld bij art. 83 W. 4 augustus 1986 (B.S. 20.VIII.1986) en gewijzigd bij art. 2-11 K.B. 20 juli 2000 (II) (B.S. 30. VIII.2000, err. B.S. 8.III.2001) en bij art. 42, 5° K.B. 13 juli 2001 (B.S. 11.VIII.2001, err. B.S. 21.XII.2001); Al. 2 ingevoegd bij art. 67 Progr. W. 27 december 2006 (B.S. 28.XII.2006, ed. 3) en gewijzigd bij art. 22 W. 20 september 2012 (B.S. 22.X.2012).

[Art. 206bis. Met gevangenisstraf van een maand tot vijf jaar en met geldboeten van [[250 EUR]] tot [[12.500 EUR]] [of met één van die straffen alleen] wordt gestraft hij die, met het oogmerk om een van de in artikel 206 bedoelde misdrijven te plegen, in openbare geschriften, in handelsgeschriften of in private geschriften valsheid pleegt, of die van een zodanig vals geschrift gebruik maakt.

Hij die wetens en willens een vals getuigschrift opstelt dat de belangen van de Schatkist kan schaden of die van een dergelijk getuigschrift gebruik maakt, wordt gestraft met gevangenisstraf van acht dagen tot twee jaar en met geldboete van [[250 EUR]] tot [[12.500 EUR]] [of met één van die straffen alleen].]

[Wanneer het misdrijf werd begaan in het kader van een registratierecht dat geen gewestelijke belasting is volgens het bepaalde in artikel 3, eerste lid, 6° tot 8°, van de bijzondere wet van 16 januari 1989 betreffende de financiering van de gemeenschappen en de gewesten, wordt het bedrag van het in het eerste en het tweede lid bepaalde maximum van de boete gebracht op [500.000 euro].]

Ingevoegd bij art. 13 W. 10 februari 1981 (B.S. 14.II.1981); Al. 1 en 2 aangevuld bij art. 84 W. 4 augustus 1986 (B.S. 20.VIII.1986) en gewijzigd bij art. 2-11 K.B. 20 juli 2000 (II) (B.S. 30.VIII.2000, err. B.S. 8.III.2001) en bij art. 42, 5° K.B. 13 juli 2001 (B.S. 11.VIII.2001, err. B.S. 21.XII.2001); Al. 3 ingevoegd bij art. 68 Progr. W. 27 december 2006 (B.S. 28.XII.2006, ed. 3) en gewijzigd bij art. 23 W. 20 september 2012 (B.S. 22.X.2012).

Art. 207. [§ 1. Wanneer de beoefenaar van één van de volgende beroepen:

1° belastingadviseur;

2° zaakbezorger;

3° deskundige in belastingzaken of in boekhouden;

4° of enig ander beroep dat tot doel heeft voor een of meer belastingplichtigen boek te houden of te helpen houden, ofwel voor eigen rekening ofwel als hoofd, lid of bediende van enigerlei vennootschap, vereniging, groepering of onderneming;

5° of, meer in het algemeen, het beroep dat erin bestaat een of meer belastingplichtigen raad te geven of bij te staan bij het vervullen van de verplichtingen opgelegd bij dit Wetboek of bij de ter uitvoering ervan vastgestelde besluiten, wordt veroordeeld wegens een van de misdrijven bedoeld in de artikelen 206 en 206bis, kan het vonnis hem verbod opleggen om gedurende drie maanden tot vijf jaar, rechtstreeks of onrechtstreeks, de hiervoren bedoelde beroepen op welke wijze ook uit te oefenen.

De rechter kan bovendien, mits hij zijn beslissing op dat stuk motiveert, voor een duur van drie maanden tot vijf jaar de sluiting bevelen van de inrichtingen van de vennootschap, vereniging, groepering of onderneming waarvan de veroordeelde hoofd, lid of bediende is.

§ 2. Het verbod en de sluiting bedoeld in § 1 treden in werking vanaf de dag waarop de veroordeling in kracht van gewijsde is gegaan.]

Vervangen bij art. 13 W. 10 februari 1981 (B.S. 14.II.1981).

[Art. 207bis. Hij die, rechtstreeks of onrechtstreeks, het verbod of de sluiting uitgesproken krachtens artikel 207 overtreedt, wordt gestraft met gevangenisstraf van acht dagen tot twee jaar en geldboete van [[250 EUR]] tot [[12.500 EUR]] [of met één van die straffen alleen].]

[Wanneer het verbod werd opgelegd in het kader van een registratierecht dat geen gewestelijke belasting is volgens het bepaalde in artikel 3, eerste lid, 6° tot 8°, van de bijzondere wet van 16 januari 1989 betreffende de financiering van de gemeenschappen en de gewesten, wordt het bedrag van het in het eerste lid bepaalde maximum van de boete gebracht op [500.000 euro].]

Ingevoegd bij art. 13 W. 10 februari 1981 (B.S. 14.II.1981), aangevuld bij art. 85 W. 4 augustus 1986 (B.S. 20.VIII.1986)

en gewijzigd bij art. 2-11 K.B. 20 juli 2000 (II) (B.S. 30. VIII.2000, err. B.S. 8.III.2001) en bij art. 42, 5° K.B. 13 juli 2001 (B.S. 11.VIII.2001, err. B.S. 21.XII.2001); Al. 2 ingevoegd bij art. 69 Progr. W. 27 december 2006 (B.S. 28.XII.2006, ed. 3) en gewijzigd bij art. 24 W. 20 september 2012 (B.S. 22.X.2012).

[Art. 207ter. § 1. [...] Alle bepalingen van het Eerste boek van het Strafwetboek, [met inbegrip van artikel 85] [zijn] van toepassing op de misdrijven bedoeld in de artikelen 206, 206bis en 207bis.

§ 2. [...]

§ 3. De wet van 5 maart 1952, gewijzigd bij de wetten van 22 december 1969 en 25 juni 1975, betreffende de opdecimes op de strafrechtelijke geldboeten, [is van toepassing op] de misdrijven bedoeld in de artikelen 206, 206bis en 207bis.

§ 4. [...]]

Ingevoegd bij art. 13 W. 10 februari 1981 (B.S. 14.II.1981); § 1 gewijzigd bij art. 4 K.B. nr. 41 2 april 1982 (B.S. 7. IV.1982) en bij art. 86, 1° W. 4 augustus 1986 (B.S. 20. VIII.1986); § 2 opgeheven bij art. 86, 2° W. 4 augustus 1986 (B.S. 20. VIII.1986); § 3 gewijzigd bij art. 25 W. 20 september 2012 (B.S. 22.X.2012); § 4 opgeheven bij art. 86, 2° W. 4 augustus 1986 (B.S. 20. VIII.1986).

[Art. 207quater. Personen die als daders of als medeplichtigen van misdrijven bedoeld in de artikelen 206 en 206bis werden veroordeeld, zijn hoofdelijk gehouden tot betaling van de ontdoken belasting.

De natuurlijke personen of de rechtspersonen zijn burgerlijk of hoofdelijk aansprakelijk voor de geldboeten en kosten die het gevolg zijn van de veroordelingen welke krachtens de artikelen 206 tot 207bis tegen hun aangestelden of beheerders, zaakvoerders of vereffenaars zijn uitgesproken.]

Ingevoegd bij art. 13 W. 10 februari 1981 (B.S. 14.II.1981).

[Art. 207quinquies. De rechter kan bevelen dat ieder vonnis of arrest houdende veroordeling tot een gevangenisstraf, uitgesproken krachtens de artikelen 206, 206bis en 207bis, wordt aangeplakt in de plaatsen die hij bepaalt en eventueel bij uittreksel, wordt bekendgemaakt op de wijze die hij bepaalt, een en ander op kosten van de veroordeelde.

Hetzelfde kan gelden voor iedere krachtens artikel 207 uitgesproken beslissing tot verbod van het uitoefenen van een beroepswerkzaamheid in België of tot sluiting van de in het land geëxploiteerde inrichtingen.]

Ingevoegd bij art. 13 W. 10 februari 1981 (B.S. 14.II.1981).

[Art. 207sexies. De schending van het bij artikel 236bis bepaalde beroepsgeheim wordt gestraft overeenkomstig de artikelen 66, 67 en 458 van het Strafwetboek.]

Ingevoegd bij art. 13 W. 10 februari 1981 (B.S. 14.II.1981).

[**Art. 207septies.** [§ 1. De strafvordering wordt uitgeoefend door het openbaar ministerie.

§ 2. [Het openbaar ministerie kan geen vervolging instellen indien het kennis heeft gekregen van de feiten ten gevolge van een klacht of een aangifte van een ambtenaar die niet de machtiging had waarvan sprake is in artikel 29, tweede lid, van het Wetboek van strafvordering.

Het openbaar ministerie kan echter de strafrechtelijk strafbare feiten vervolgen waarvan het tijdens het in artikel 29, derde lid, van het Wetboek van strafvordering bedoelde overleg kennis heeft genomen.

§ 3. Onverminderd het in artikel 29, derde lid, van het Wetboek van strafvordering bedoelde overleg, kan de procureur des Konings, indien hij een vervolging instelt wegens feiten die strafrechtelijk strafbaar zijn ingevolge de bepalingen van dit Wetboek of van de ter uitvoering ervan genomen besluiten, het advies vragen van de bevoegde gewestelijke directeur. De procureur des Konings voegt het feitenmateriaal waarover hij beschikt bij zijn verzoek om advies. De gewestelijke directeur antwoordt op dit verzoek binnen vier maanden na de ontvangst ervan.

In geen geval schorst het verzoek om advies de strafvordering.]

§ 4. [...]

§ 5. [...]]]

Ingevoegd bij art. 13 W. 10 februari 1981 (B.S. 14.II.1981); Vervangen bij art. 87 W. 4 augustus 1986 (B.S. 20.VIII.1986); § 2-3 vervangen bij art. 26 W. 20 september 2012 (B.S. 22.X.2012); § 4 opgeheven bij art. 65 W. 15 maart 1999 (B.S. 27.III.1999); § 5 opgeheven bij art. 60, 2° W. 28 december 1992 (B.S. 31.XII.1992).

[**Art. 207octies.** De ambtenaren van de Administratie van de belasting over de toegevoegde waarde, registratie en domeinen en van de Administratie van de bijzondere belastinginspectie mogen, op straffe van nietigheid van de akte van rechtspleging, slechts als getuige worden gehoord.]

[Het eerste lid is niet van toepassing op de krachtens artikel 71 van de wet van 28 december 1992 bij het parket gedetacheerde ambtenaren van die administraties.]

[Het eerste lid is evenmin van toepassing op de ambtenaren van die administraties die, krachtens artikel 31 van de wet van 30 maart 1994 tot uitvoering van het globaal plan op het stuk van de fiscaliteit, ter beschikking zijn gesteld [van de federale politie].]

[Het eerste lid is niet van toepassing op de ambtenaren die deelnemen aan het in artikel 29, derde lid van het Wetboek van strafvordering bedoelde overleg.]

Ingevoegd bij art. 88 W. 4 augustus 1986 (B.S. 20.VIII.1986); Al. 2 ingevoegd bij art. 61 W. 28 december 1992 (B.S. 31.XII.1992); Al. 3 ingevoegd bij art. 50 W. 30 maart 1994 (B.S. 31.III.1994)

en gewijzigd bij art. 6 W. 13 maart 2002 (B.S. 29.III.2002); Al. 4 ingevoegd bij art. 27 W. 20 september 2012 (B.S. 22.X.2012).

HOOFDSTUK XIII

TERUGGAAF

Art. 208. De regelmatig geheven rechten kunnen niet worden teruggegeven, welke ook de latere gebeurtenissen zijn, behoudens in de bij deze titel voorziene gevallen.

Art. 209. Zijn vatbaar voor teruggaaf:

1° de rechten, geheven omdat de partijen in gebreke gebleven zijn in de akte of verklaring te vermelden:

a) dat de overeenkomst reeds belast werd;

b) dat de voorwaarden tot bekomen van vrijstelling of vermindering vervuld zijn, tenzij het bestaan van deze vermelding bij de wet als een uitdrukkelijke voorwaarde ter verkrijging van de fiscale gunst is gesteld;

2° [de evenredige rechten geheven hetzij wegens een akte die vals verklaard is, hetzij wegens een overeenkomst waarvan de nietigheid uitgesproken of vastgesteld werd door een in kracht van gewijsde gegaan vonnis of arrest];

[2°bis de evenredige rechten geheven op een overeenkomst zoals omschreven in artikel 44, als bij het overeenkomstig artikel 217/2 ingediende verzoek tot teruggave een geregistreerde overeenkomst is gevoegd, gedateerd minder dan een jaar na de dagtekening van de eerste overeenkomst, waarin alle bij de overeenkomst betrokken partijen verklaren de eerste overeenkomst in der minne te hebben ontbonden of te hebben vernietigd of waarin ze verklaren dat een in de eerste overeenkomst uitdrukkelijk bedongen ontbindende voorwaarde al is vervuld.

Die teruggave is niet mogelijk voor de evenredige rechten geheven op een overeenkomst die bij authentieke akte is vastgesteld, noch op een inbreng door een natuurlijke persoon van een woning in een Belgische vennootschap, noch op een overeenkomst die onderworpen is aan het tarief, vermeld in artikel 62;]

[3° [het evenredig recht geheven wegens een overeenkomst waarvan een in kracht van gewijsde gegaan vonnis of arrest de ontbinding of de herroeping uitspreekt of vaststelt, mits uit de beslissing blijkt dat ten hoogste één jaar na de overeenkomst het geding, zelfs bij een onbevoegd rechter, is ingeleid];]

[4° de evenredige rechten geheven op een door een rechtspersoon gestelde rechtshandeling die door de hogere overheid nietig verklaard werd;]

[5° de bij toepassing van de artikelen 115, 115bis, 116 en 120 aan het tarief van 0,5 % geheven rechten naar aanleiding van een vermeerdering van het statutair kapitaal, met nieuwe inbreng, door een vennootschap bedoeld in artikel 201, eerste lid, 1°, van het Wetboek van de inkomstenbelastingen 1992, mits die vermeerdering van het statutair kapitaal is geschied binnen het jaar vóór de datum van de toelating tot de notering op een Belgische effectenbeurs van aandelen of met aandelen gelijk te stellen waardepapieren van de vennootschap;]

[6° de evenredige rechten ingeval op de verrichting van vervreemding onder bezwarende titel van een onroerend goed of van de vestiging, overdracht en wederoverdracht van een zakelijk recht op een onroerend goed, de belasting over de toegevoegde waarde opeisbaar wordt ingevolge de toepassing van artikel 1, § 10, van het Wetboek van de belasting over de toegevoegde waarde;]

[7° de rechten geheven omdat partijen in gebreke zijn gebleven het attest waarvan sprake in artikel 140ter bij te brengen zodat geen toepassing werd gemaakt van artikel 140bis, wanneer dit attest neergelegd wordt bij de ontvanger binnen twee jaar na de betaling van de belasting.]

De teruggaaf geschiedt desvoorkomend onder aftrekking van het algemeen vast recht.

Al. 1, 2° vervangen bij art. 4, 1° Decr. Vl. Parl. 23 november 2007 (B.S. 3.I.2008);

Al. 1, 2°bis ingevoegd bij art. 4, 2° Decr. Vl. Parl. 23 november 2007 (B.S. 3.I.2008);

Al. 1, 3° ingevoegd bij art. 28 W. 23 december 1958 (B.S. 7.I.1959) en vervangen bij art. 4, 3° Decr. Vl. Parl. 23 november 2007 (B.S. 3.I.2008);

Al. 1, 4° ingevoegd bij art. 184 W. 22 december 1989 (B.S. 29.XII.1989);

Al. 1, 5° ingevoegd bij art. 36 Progr. W. 10 februari 1998 (B.S. 21.II.1998, err. B.S. 2.XII.1998);

Al. 1, 6° ingevoegd bij art. 4 Decr. Vl. Parl. 23 december 2010 (B.S. 31.XII.2010, ed. 2), van toepassing vanaf 1 januari 2011 (zoals vernietigd bij Arr. GwH 22 maart 2012, nr. 48/2012 (B.S. 18.VII.2012) in zoverre het niet de teruggave van de registratierechten toestaat bij de aankoop van een nieuwe woning met bijbehorende grond onder het btw-stelsel);

Al. 1, 7° ingevoegd bij art. 75 Decr. Vl. Parl. 23 december 2011 (B.S. 30.XII.2011, ed. 4), van toepassing vanaf 1 januari 2012.

Art. 210. [In geval van gehele of gedeeltelijke vernietiging van een vonnis of arrest door een andere in kracht van gewijsde gegane rechterlijke beslissing zijn de op de vernietigde beslissing geheven evenredige rechten voor gehele of gedeeltelijke teruggaaf vatbaar.

Het recht wordt volledig teruggegeven indien het samengevoegd bedrag van de veroordelingen, vereffeningen of rangregelingen, waarop de heffing werd gedaan, herleid wordt tot een som die bij artikel 143, laatste lid, vastgestelde bedrag niet overschrijdt.]

Vervangen bij art. 22 W. 12 juli 1960 (B.S. 9.XI.1960).

Art. 211. [...]

Opgeheven bij art. 23 W. 12 juli 1960 (B.S. 9.XI.1960).

Art. 212. [In geval van wederverkoop van een onroerend goed, door de verkoper of zijn rechtsvoorgangers verkregen bij een akte waarop het bij artikel 44 vastgestelde recht is voldaan, wordt drie vijfde van dat recht aan de wederverkoper teruggegeven indien de wederverkoop bij authentieke akte vastgesteld is binnen twee jaar na de datum van de authentieke akte van verkrijging.

Wanneer de verkrijging of de wederverkoop heeft plaatsgehad onder een opschortende voorwaarde, wordt de termijn van wederverkoop berekend op basis van de datum waarop deze voorwaarde is vervuld.

Niet teruggegeven wordt het recht dat betrekking heeft op het gedeelte van de prijs en de lasten van de verkrijging, dat hoger is dan [de overeenkomstig de artikelen 45 en 46 bepaalde heffingsgrondslag van de akte van wederverkoop.]

In geval van gedeeltelijke wederverkoop wordt in het verzoek tot teruggave het deel van de aanschaffingsprijs dat betrekking heeft op het wederverkochte gedeelte nader aangegeven onder controle van het bestuur.

Een door de wederverkoper en de instrumenterende notaris ondertekend verzoek tot teruggave, onderaan op de akte gesteld voor de registratie, heeft dezelfde gevolgen als het met redenen omkleed verzoek ingevolge artikel 217². Dit verzoek moet een afschrift van het registratierelaas van de authentieke akte van verkrijging bevatten, alsook de naam van de begunstigde van de teruggave, en, in voorkomend geval, het rekeningnummer waarop het bedrag van de terug te geven rechten moet worden gestort.]

Vervangen bij art. 62 W. 28 december 1992 (B.S. 31. XII.1992);

Al. 3 gewijzigd bij art. 63 Decr. Vl. Parl. 5 juli 2002 (B.S. 19.IX.2002).

[Art. 212bis. [In geval van zuivere verkoop door een natuurlijke persoon van een woning[, gelegen in het Vlaamse Gewest,] waarin hij op enig ogenblik zijn hoofdverblijfplaats heeft gehad in de periode van achttien maanden voorafgaand aan de zuivere aankoop van het onroerend goed dat hij als zijn nieuwe hoofdverblijfplaats aanwendt of bestemt, en in geval van verdeling van een dergelijke woning waarbij de natuurlijke persoon al zijn rechten erin heeft afgestaan, wordt zijn wettelijk aandeel in de rechten die [geheven werden op de aankoop van het onroerend goed dat hij als zijn nieuwe hoofdverblijfplaats aanwendt of bestemt], teruggegeven mits de verkoop of de verdeling vaste datum heeft gekregen uiterlijk twee jaar, of vijf jaar in geval van aankoop van een bouwgrond, na de datum van de authentieke akte van de nieuwe aankoop.]

Van de teruggave overeenkomstig de bepalingen van dit artikel zijn uitgesloten de rechten betaald voor de verkrijging van een onroerend goed dat niet in het Vlaamse Gewest is gelegen. [Aanvullende rechten die voor om het even welke reden op een aankoop werden geheven zijn eveneens van de teruggave uitgesloten.]

De teruggave overeenkomstig de bepalingen van dit artikel kan in geen geval meer bedragen dan [het bedrag van het wettelijk aandeel van de natuurlijke persoon in de rechten die overeenkomstig de artikelen 44, 53, 2°, of 57 verschuldigd waren op de aankoop van de verkochte of verdeelde woning of van de bouwgrond waarop die woning werd opgericht].

Ingeval een verrichting als bedoeld in het eerste lid is voorafgegaan door een of meer zulke verrichtingen en/of door een of meer verrichtingen als bedoeld in het eerste lid van artikel 613, worden, in voorkomend geval, de bij die voorgaande verrichtingen ingevolge de toepassing van het derde of het vijfde lid van dit artikel nog niet teruggegeven rechten en/of de ingevolge de toepassing van het derde of het vijfde lid van artikel 613 nog niet verrekende rechten, gevoegd bij het wettelijk aandeel van de natuurlijke persoon in de overeenkomstig de artikelen 44, 53, 2°, of 57 verschuldigde rechten op de voorlaatste aankoop, om het teruggeefbaar bedrag bij de wederverkoop ervan te bepalen.

Het terug te geven bedrag, bekomen met toepassing van het eerste of het vierde lid, kan nooit meer bedragen dan 12.500 euro. Dit maximum terug te geven bedrag wordt bepaald in verhouding tot de fractie die de natuurlijke persoon bekomt in het nieuw aangekochte goed.

[Aan de teruggave zijn de volgende voorwaarden verbonden:

1° het verzoek tot teruggave, ondertekend door de natuurlijke persoon, wordt gedaan in of onderaan op het document dat aanleiding geeft tot de heffing van het evenredig recht op de verkoop [of de verdeling];

2° het in 1° bedoelde document bevat:

a) een afschrift van het registratierelaas dat is aangebracht op het document dat aanleiding heeft gegeven tot de heffing van het evenredig recht op de aankoop van de verkochte [of verdeelde] woning of van de bouwgrond waarop die woning is opgericht en vermeldt het wettelijk aandeel van de natuurlijke persoon in de rechten geheven op die aankoop;

b) een afschrift van het registratierelaas dat is aangebracht op het document dat aanleiding heeft gegeven tot de heffing van het evenredig recht op de aankoop van de nieuwe hoofdverblijfplaats en vermeldt het wettelijk aandeel van de natuurlijke persoon in de rechten geheven op die aankoop.

Indien de teruggave wordt gevraagd met toepassing van het vierde lid van dit artikel dan moet het in 1° bedoelde document bovendien de afschriften bevatten van de relazen aangebracht op de documenten die betreffende de in aanmerking te nemen voorafgaande verrichtingen aanleiding hebben gegeven tot het heffen van de evenredige rechten en bij ieder relaas het wettelijk aandeel van de natuurlijke persoon in de verrekende of teruggegeven rechten vermelden;

3° in het in 1° bedoelde document of in een ondertekende en waar en oprecht verklaarde vermelding onderaan op dat document, verklaart de natuurlijke persoon uitdrukkelijk:

a) [dat hij op enig ogenblik in de periode van achttien maanden voorafgaand aan de verkoop of verdeling, zijn hoofdverblijfplaats heeft gehad in de verkochte of verdeelde woning];

b) dat hij zijn hoofdverblijfplaats op de plaats van het nieuw aangekochte goed heeft gevestigd of zal vestigen:

– indien het een woning betreft, binnen twee jaar na:

- ofwel de datum van de registratie van het document dat tot de heffing van het evenredig recht op de aankoop aanleiding geeft, wanneer dat document binnen de ervoor bepaalde termijn ter registratie wordt aangeboden;

- ofwel de uiterste datum voor tijdige aanbieding ter registratie, wanneer het document dat tot de heffing van het evenredig recht op de aankoop aanleiding geeft wordt aangeboden na het verstrijken van de daarvoor bepaalde termijn;

– [indien het een bouwgrond betreft, binnen vijf jaar na dezelfde datum].]

Aan de voorwaarden van het zesde lid wordt ook geacht voldaan te zijn als het verzoek en de vermeldingen het voorwerp uitmaken van een door de natuurlijke persoon ondertekend verzoek tot teruggave dat het ter registratie aangeboden en tot de heffing van het evenredig registratierecht aanleiding gevend document vergezelt.

In geval van onjuistheid of niet-nakoming van de vermeldingen voorgeschreven bij het zesde lid, is de natuurlijke persoon gehouden tot betaling van de onrechtmatig teruggegeven rechten en van een boete gelijk aan die rechten. De boete is evenwel niet verschuldigd indien de niet-nakoming van de verplichting opgelegd door het zesde lid, 3°, b, het gevolg is van overmacht.

Het verzoek tot teruggave heeft dezelfde gevolgen als het met redenen omkleed verzoek ingevolge artikel 217[2]. Het verzoek vermeldt in voorkomend geval het rekeningnummer waarop het bedrag van de terug te geven rechten kan worden gestort.]

Ingevoegd bij art. 7 Decr. Vl. Parl. 1 februari 2002 (B.S. 28.II.2002, ed. 2);

Al. 1 vervangen bij art. 22 Decr. Vl. Parl. 24 december 2004 (B.S. 31.XII.2004, ed. 3) en gewijzigd bij art. 28, 1° en 2° Decr. Vl. Parl. 13 juli 2012 (B.S. 24.VII.2012), van toepassing vanaf 1 januari 2011;

Al. 2 aangevuld bij art. 23 Decr. Vl. Parl. 24 december 2004 (B.S. 31.XII.2004, ed. 3);

Al. 3 gewijzigd bij art. 28, 3° Decr. Vl. Parl. 13 juli 2012 (B.S. 24.VII.2012), van toepassing vanaf 1 januari 2011;

Al. 6 vervangen bij art. 67 Decr. Vl. Parl. 20 december 2002 (B.S. 31.XII.2002);

Al. 6, 1° gewijzigd bij art. 24 Decr. Vl. Parl. 24 december 2004 (B.S. 31.XII.2004, ed. 3);

Al. 6, 2°, a) gewijzigd bij art. 25 Decr. Vl. Parl. 24 december 2004 (B.S. 31.XII.2004, ed. 3);

Al. 6, 3°, a) vervangen bij art. 26 Decr. Vl. Parl. 24 december 2004 (B.S. 31.XII.2004, ed. 3);

Al. 6, 3°, b) gewijzigd bij art. 27 Decr. Vl. Parl. 24 december 2004 (B.S. 31.XII.2004, ed. 3).

[Art. 212ter. [Ingeval de in artikel 46bis [en/of artikel 46ter] bepaalde vermindering van de heffingsgrondslag niet werd gevraagd of niet werd bekomen naar aanleiding van de registratie van het document dat aanleiding heeft gegeven tot de heffing van het evenredig recht op de overeenkomst tot koop, kunnen de teveel geheven rechten nog worden teruggegeven op een verzoek in te dienen overeenkomstig de bepalingen van artikel 217^2 binnen zes maanden te rekenen van de datum van de registratie van dat document.

Ingeval het voordeel van de meeneembaarheid van voorheen betaalde registratierechten als bedoeld in de artikelen $61^3[$, $61^6]$ en 212bis niet werd gevraagd of niet werd bekomen naar aanleiding van de registratie van het document dat aanleiding heeft gegeven tot de heffing [van het evenredig recht op de aankoop, de verkoop of de verdeling] kunnen de meeneembare rechten nog worden teruggegeven op een verzoek in te dienen overeenkomstig de bepalingen van artikel 217^2 binnen zes maanden te rekenen van de datum van de registratie van dat document.

Het verzoek tot teruggave bedoeld in het eerste of tweede lid bevat, naar gelang van het geval, de vermeldingen en verklaringen [vereist bij het artikel 46bis, vierde lid, 2°, b), c) en d), bij het artikel 46ter, bij het artikel 61^6, eerste lid, 2° en 3°, bij het artikel 61^6, vierde en vijfde lid, of bij het artikel 212bis, zesde lid, 2° en 3°]. Het verzoek vermeldt in voorkomend geval ook het rekeningnummer waarop het bedrag van de terug te geven rechten kan worden gestort.]]

Ingevoegd bij art. 8 Decr. Vl. Parl. 1 februari 2002 (B.S. 28.II.2002, ed. 2) en vervangen bij art. 68 Decr. Vl. Parl. 20 december 2002 (B.S. 31.XII.2002, ed. 4);
Al. 1 gewijzigd bij art. 7.2.3, 1° Decr. Vl. Parl. 27 maart 2009 (B.S. 15.V.2009, ed. 1);
Al. 2 gewijzigd bij art. 28 Decr. Vl. Parl. 24 december 2004 (B.S. 31.XII.2004, ed. 3) en bij art. 29, 1° Decr. Vl. Parl. 13 juli 2012 (B.S. 24.VII.2012), van toepassing vanaf 1 januari 2011;
Al. 3 gewijzigd bij art. 29, 2° Decr. Vl. Parl. 13 juli 2012 (B.S. 24.VII.2012), van toepassing vanaf 1 januari 2011.

[Art. 212quater. […]]

Ingevoegd bij art. 9 Decr. Vl. Parl. 1 februari 2002 (B.S. 28.II.2002, ed. 2) en opgeheven bij art. 69 Decr. Vl. Parl. 20 december 2002 (B.S. 31.XII.2002, ed. 4).

[Art. 212quinquies. Ingeval de in artikel 111bis bepaalde vermindering van de heffingsgrondslag niet werd gevraagd of niet werd bekomen naar aanleiding van de registratie van het document dat aanleiding heeft gegeven tot de heffing van het in artikel 109 bepaalde evenredig recht, kunnen de teveel geheven rechten nog worden teruggegeven op een verzoek in te dienen overeenkomstig de bepalingen van artikel 2172 binnen zes maanden te rekenen vanaf de datum van de registratie van dat document.

Het verzoek tot teruggave bedoeld in het eerste lid bevat de vermeldingen en verklaringen vereist bij het artikel 111bis, vierde lid. Het verzoek vermeldt in voorkomend geval ook het rekeningnummer waarop het bedrag van de terug te geven rechten kan worden gestort.]

Ingevoegd bij art. 4 Decr. Vl. Parl. 13 juli 2012 (B.S. 23. VII.2012), van toepassing vanaf 1 augustus 2012.

Art. 213. Wordt, onder aftrekking van het algemeen vast recht, aan de betrokken maatschappij teruggegeven het overeenkomstig artikel 51 geheven recht van 6 pct., wanneer het aangekochte goed wordt wederverkocht bij authentieke akte verleden binnen tien jaar na de datum van de akte van verkrijging.

Zijn toepasselijk op deze teruggaaf, de bepalingen van [artikel 212, tweede en derde lid].

Al. 2 gewijzigd bij art. 24 K.B. nr. 12, 18 april 1967 (B.S. 20.IV.1967).

HOOFDSTUK XIV

VERJARING

Art. 214. Er is verjaring voor de invordering:

1° van rechten en boeten verschuldigd op een akte of een overeenkomst, na twee jaar, enkel te rekenen van de dag van de registratie van een akte of geschrift welke de oorzaak van de vorderbaarheid van de rechten en boeten aan het bestuur genoegzaam doet kennen om de noodzakelijkheid van alle verdere opzoeking uit te sluiten.

Worden, voor de toepassing van deze bepaling, met registratie gelijkgesteld: […] [het visum van de repertoria van de notarissen], waarvan sprake in artikel 180; de ontvangst van de bij artikel 184 voorgeschreven mededeling, zomede de regelmatige inlevering van een aangifte van nalatenschap;

2° van rechten en boeten verschuldigd in geval van ontoereikende waardering, na twee jaar, te rekenen van de dag van de registratie van de akte of van de verklaring, dit alles onder voorbehoud van hetgeen in artikel 190 is voorzien;

3° [van rechten verschuldigd in geval van nietvervulling van de in artikel 60 gestelde voorwaarden, na tien jaar, te rekenen van de datum van de akte];

4° van rechten verschuldigd in het in de tweede alinea van artikel 52 voorzien geval, na twee jaar, te rekenen van de intrekking van de premie;

5° van rechten en boeten verschuldigd in geval van onjuistheid in de in artikel 55, 2° [...] voorziene vermeldingen van attesten, na twee jaar, te rekenen van de dag van de registratie van de akte;

6° van boeten verschuldigd in de in [artikelen 181^1 tot 183] voorziene gevallen, na twee jaar, te rekenen van de dag waarop de overtreding werd vastgesteld;

7° van rechten en boeten verschuldigd buiten de in voorgaande nummers voorziene gevallen, met inbegrip van die welke betrekking hebben op veinzing, bewimpeling van prijs of al ander feit niet of onjuist vastgesteld in een geregistreerde akte, na vijftien jaar, te rekenen van de dag waarop de rechtsvordering van de Staat ontstaan is.

Is van toepassing, ten aanzien van de verjaring, artikel 18 van dit wetboek.

Al. 1, 1° al. 2 gewijzigd bij art. 186 W. 22 december 1989 (B.S. 29.XII.1989) en bij art. 63 W. 28 december 1992 (B.S. 31.XII.1992);
Al. 1, 3° vervangen bij art. 41 W. 19 juli 1979 (B.S. 22. VIII.1979);
Al. 1, 5° gewijzigd bij art. 5 W. 26 juli 1952 (B.S. 30. VIII.1952);
Al. 1, 6° gewijzigd bij art. 24 W. 12 juli 1960 (B.S. 9.XI.1960).

Art. 215. Er is verjaring voor de vordering tot teruggaaf van rechten, interesten en boeten, na twee jaar, te rekenen van de dag waarop de rechtsvordering is ontstaan.

Art. 216. De verjaring van de bij artikel 189 ingestelde rechtsvordering tot schatting en die van de rechtsvordering tot inning van de rechten en boeten verschuldigd wegens de ongenoegzaamheid blijkende uit die schatting, worden gestuit door de in artikel 190 bedoelde notificatie.

Die stuiting heeft haar uitwerking tot de dag der nederlegging ter griffie van het verslag van schatting.

De invordering van rechten, interesten en gebeurlijk van boeten en kosten, vorderbaar uit hoofde van de bij bedoeld verslag erkende ongenoegzaamheid, dient vervolgd binnen de twee jaar na de nederlegging van dit verslag.

Art. 217[1]. [[De verjaringen voor de invordering van rechten, interesten en boeten] worden gestuit op de wijze en onder de voorwaarden voorzien door artikelen 2244 en volgende van het Burgerlijk Wetboek. In dit geval is er een nieuwe verjaring, die op dezelfde wijze kan worden gestuit, verworven twee jaar na de laatste akte of handeling waardoor de vorige verjaring werd gestuit, indien er geen geding aanhangig is vóór het gerecht.

De afstand van de verlopen tijd van de verjaring wordt, wat zijn uitwerking betreft, gelijkgesteld met de stuitingshandelingen bedoeld in vorige alinea.]

Vervangen bij art. 13 W. 13 augustus 1947 (B.S. 17.IX.1947); Hernummerd en al. 1 gewijzigd bij art. 36 W. 23 december 1958 (B.S. 7.I.1959).

[Art. 217[2]. De verjaringen voor de teruggaaf van rechten, interesten en boeten worden gestuit door een met redenen omklede aanvraag genotificeerd bij ter post aangetekend schrijven aan de ontvanger die de ontvangst heeft gedaan of aan de [gewestelijke directeur van de belasting over de toegevoegde waarde, registratie en domeinen]; ze worden eveneens gestuit op de wijze en onder de voorwaarden voorzien door artikelen 2244 en volgende van het Burgerlijk Wetboek.

Zo de verjaring gestuit werd door de aan de ontvanger of directeur genotificeerde aanvraag, is er een nieuwe verjaring van twee jaar, die slechts op de wijze en onder de voorwaarden voorzien bij artikelen 2244 en volgende van het Burgerlijk Wetboek kan worden gestuit, verworven twee jaar na de datum waarop de beslissing, waarbij de aanvraag werd verworpen, aan

belanghebbende bij ter post aangetekend schrijven genotificeerd werd.

De afgifte van de brieven ter post geldt als notificatie van de volgende dag af.]

Ingevoegd bij art. 36 W. 23 december 1958 (B.S. 7.I.1959); Al. 1 gewijzigd bij art. 240 W. 22 december 1989 (B.S. 29.XII.1989).

Art. 218. In geval van instelling van de in artikel 206 voorziene strafvordering, blijft de invordering van rechten en fiscale boeten aan de bij dit hoofdstuk gestelde verjaringstermijnen onderworpen.

HOOFDSTUK XV

VERVOLGINGEN EN GEDINGEN

Art. 219. [De moeilijkheden die in verband met de heffing [of de invordering] van de registratierechten vóór het inleiden der gedingen kunnen oprijzen, worden door de minister van Financiën [of de door hem gemachtigde ambtenaar] opgelost.

[Indien, na onderhandelingen, met de minister of met de door hem gemachtigde ambtenaar geen akkoord wordt bereikt over een moeilijkheid als bedoeld in het eerste lid, kan de belastingplichtige een aanvraag tot bemiddeling indienen bij de fiscale bemiddelingsdienst bedoeld bij artikel 116 van de wet van 25 april 2007 houdende diverse bepalingen (IV).

Ingeval de moeilijkheid de verkoopwaarde betreft van een goed dat aan de in artikel 189 bedoelde schatting is onderworpen, kan de bemiddeling van de fiscale bemiddelingsdienst daarover niet meer gevraagd of worden voortgezet zodra de vordering tot controleschatting is ingesteld. De Koning kan bepalen voor welke moeilijkheden in verband met de heffing en invordering van de registratierechten bemiddeling door de fiscale bemiddelingsdienst is uitgesloten.]

De minister van Financiën [of de door hem gedelegeerde ambtenaar] gaat dadingen met de belastingplichtigen aan, voor zover zij geen vrijstelling of vermindering van belasting in zich sluiten.

Binnen de door de wet gestelde grenzen, wordt het bedrag van de proportionele fiscale boeten en de vermeerderingen vastgesteld in dit Wetboek of in de ter uitvoering ervan genomen besluiten, bepaald volgens een schaal waarvan de trappen door de Koning worden vastgesteld. Deze bepaling geldt niet voor het bedrag van de proportionele fiscale boeten bepaald in de artikelen 203, eerste lid, en 204, behalve wanneer de overtreder hetzij uit eigen beweging en voordat het bestuur iets gevorderd heeft, de overtreding aan het bestuur bekent, hetzij overleden is.]

Vervangen bij art. 66 W. 15 maart 1999 (B.S. 27.III.1999); Al. 1 gewijzigd bij art. 124, 1° W. 25 april 2007 (IV) (B.S. 8.V.2007, ed. 3, err. B.S. 8.X.2007), van toepassing vanaf 1 mei 2007 (K.B. 9 mei 2007, art. 14, B.S. 24.V.2007); Al. 2-3 ingevoegd bij art. 124, 2° W. 25 april 2007 (IV) (B.S. 8.V.2007, ed. 3, err. B.S. 8.X.2007), van toepassing vanaf 1 mei 2007 (K.B. 9 mei 2007, art. 14, B.S. 24.V.2007);

Al. 4 (oud al. 2) gewijzigd bij art. 124, 3° W. 25 april 2007 (IV) (B.S. 8.V.2007, ed. 3, err. B.S. 8.X.2007), van toepassing vanaf 1 mei 2007 (K.B. 9 mei 2007, art. 14, B.S. 24.V.2007).

Art. 220. De eerste akte van vervolging ter invordering van fiscale rechten of boeten en bijkomende sommen is een dwangschrift.

Het wordt door de met de invordering belaste ontvanger uitgevaardigd; het wordt door de [gewestelijke directeur van de belasting over de toegevoegde waarde, registratie en domeinen] geviseerd en uitvoerbaar verklaard en bij exploot van [gerechtsdeurwaarder] betekend.

Al. 2 gewijzigd bij art. 48, § 4 W. 5 juli 1963 (B.S. 17. VII.1963) en bij art. 240 W. 22 december 1989 (B.S. 29. XII.1989).

Art. 221. [De tenuitvoerlegging van het dwangbevel kan slechts worden gestuit door een vordering in rechte.]

Vervangen bij art. 67 W. 15 maart 1999 (B.S. 27.III.1999).

Art. 222. […]

Opgeheven bij art. 68 W. 15 maart 1999 (B.S. 27.III.1999).

Art. 223. De moratoire interesten op de in te vorderen of terug te geven sommen zijn verschuldigd naar de voet en de regelen in burgerlijke zaken vastgesteld.

Art. 224. […]

Opgeheven bij art. 69 W. 15 maart 1999 (B.S. 27.III.1999).

Art. 225. De openbare ambtenaren die, krachtens de bepalingen van deze titel, voor de partijen de rechten en, bij voorkomend geval, de boeten voorgeschoten hebben, kunnen, met het oog op de terugbetaling ervan, uitvoerbaar bevel vragen aan de vrederechter van hun kanton.

De bepalingen van dit hoofdstuk zijn toepasselijk op het tegen dit bevel aangetekend verzet.

[Art. 225bis. De termijnen van verzet, hoger beroep en cassatie, alsmede het verzet, het hoger beroep en de voorziening in cassatie schorsen de tenuitvoerlegging van de gerechtelijke beslissing.]

Ingevoegd bij art. 70 W. 15 maart 1999 (B.S. 27.III.1999).

[Art. 225ter. [Het verzoekschrift houdende voorziening in cassatie en het antwoord op de voorziening mag door een advocaat worden ondertekend en neergelegd.]]

Ingevoegd bij art. 71 W. 15 maart 1999 (B.S. 27.III.1999) en vervangen bij art. 382 Progr. W. 27 december 2004 (B.S. 31.XII.2004, ed. 2, err. B.S. 18.I.2005).

HOOFDSTUK XVI

BIJZONDERE BEPALINGEN BETREFFENDE DE OPENBARE VERKOPINGEN VAN ROERENDE GOEDEREN

Art. 226. Meubelen, koopwaren, hout, vruchten, oogsten en alle andere lichamelijke roerende voorwerpen mogen bij openbare toewijzing slechts ten overstaan en door het ambt van een notaris of een [gerechtsdeurwaarder] verkocht worden.

Nochtans kunnen Staat, provinciën, gemeenten en openbare instellingen de hun toebehorende roerende voorwerpen openbaar door hun ambtenaren doen verkopen.

Al. 1 gewijzigd bij art. 48, § 4 W. 5 juli 1963 (B.S. 17. VII.1963).

Art. 227. Ieder openbaar officier die met de openbare verkoop van roerende voorwerpen belast is, moet, op straffe van een geldboete van [[[25 EUR]]], vooraf daarvan kennis geven aan de ontvanger der registratie in wiens ambtsgebied de verkoping moet worden gehouden.

Die kennisgeving moet ten gepasten tijde aan de ontvanger, tegen ontvangbewijs, worden overhandigd, ofwel hem bij ter post aangetekend schrijven worden toegezonden.

Zij moet gedateerd en ondertekend zijn, naam, voornamen, hoedanigheid en woonplaats van de werkende openbare ambtenaar en van verzoeker vermelden, plaats zomede dag en uur aangeven waarop de verkoping zal worden gehouden.

Deze formaliteit geldt niet voor de verkoop van aan Staat, provinciën, gemeenten of openbare instellingen toebehorende roerende voorwerpen.

Al. 1 gewijzigd bij art. 188 W. 22 december 1989 (B.S. 29.XII.1989), bij art. 2-11 K.B. 20 juli 2000 (II) (B.S. 30. VIII.2000, err. B.S. 8.III.2001) en bij art. 42, 5° K.B. 13 juli 2001 (B.S. 11.VIII.2001, err. B.S. 21.XII.2001).

Art. 228. De werkende openbare officier of ambtenaar vermeldt, in zijn proces-verbaal, naam, voornamen, hoedanigheid en woonplaats van de verzoeker, van de personen wier mobilair te koop wordt gesteld en, indien het gaat om een verkoop na overlijden, van de overleden eigenaar, zomede, desvoorkomend, de datum van de overhandiging of de verzending van de in artikel 227 voorziene kennisgeving.

Art. 229. Voor alle overtreding van artikelen 227, 3° alinea, en 228, wordt door de werkende openbare officier of ambtenaar een geldboete van [[[25 EUR]]] verbeurd.

Gewijzigd bij art. 189 W. 22 december 1989 (B.S. 29. XII.1989), bij art. 2-11 K.B. 20 juli 2000 (II) (B.S. 30. VIII.2000, err. B.S. 8.III.2001) en bij art. 42, 5° K.B. 13 juli 2001 (B.S. 11.VIII.2001, err. B.S. 21.XII.2001).

Art. 230. De werkende openbare officier of ambtenaar moet van de openbare verkoop een proces-verbaal opmaken.

Ieder toegewezen voorwerp wordt onmiddellijk in dat proces-verbaal opgetekend; de prijs wordt voluit in letterschrift en buiten de linie nog eens in cijfers aangeduid.

Na elke zitting wordt het proces-verbaal afgesloten en ondertekend.

Art. 231. Wordt voor de toepassing van dit hoofdstuk als toegewezen beschouwd en is aan het [door artikel 77 vastgesteld] evenredig recht onderworpen, ieder roerend voorwerp waarvan het openbaar tekoopstellen van een openbaar aanbod of een openbaar gemaakt aanbod is gevolgd, ongeacht wie het aanbod heeft gedaan en welke de modaliteiten van de verkoop zijn en ongeacht of al dan niet toewijzing plaats heeft.

Het recht is evenwel niet verschuldigd indien de werkende openbare officier of ambtenaar onmiddellijk na ontvangst en bekendmaking van de aanbiedingen […] verkondigt, en zulks in het proces-verbaal aantekent, dat het te koop gesteld voorwerp "ingehouden" wordt.

Het recht wordt geheven op de toewijzingsprijs en, bij gebreke daaraan, op het hoogste aanbod.

Wanneer het een verkoop geldt, gedaan op verzoek van een rechtspersoon, wordt nochtans niet afgeweken van artikelen 16 en 17 voor zover zij beschikken voor het geval van voorbehoud van machtiging, goedkeuring of bekrachtiging van de overheid.

Al. 1 gewijzigd bij art. 190 W. 22 december 1989 (B.S. 29.XII.1989);
Al. 2 gewijzigd bij art. 2 W. 16 juni 1947 (B.S. 14.VIII.1947).

Art. 232. Worden door de werkende openbare officier of ambtenaar verbeurd:

1° een geldboete, gelijk aan twintigmaal het ontdoken recht, zonder dat ze minder dan [[[25,00 EUR]]] mag bedragen:

a) voor elk toegewezen of bij artikel 231 als dusdanig beschouwd lot, welk niet onmiddellijk in het proces-verbaal wordt opgetekend;

b) voor elk lot welk in het proces-verbaal als aan de verkoop onttrokken wordt opgegeven, wanneer de verklaring van inhouding niet werd gedaan in de bij artikel 231, 2e alinea, voorziene vorm;

c) voor elk lot waarvan de belastbare grondslag in het proces-verbaal vervalst of onvolkomen opgetekend werd; dit alles onverminderd het ontdoken recht;

2° een boete van [[12,50 EUR]] voor elk toegewezen lot waarvan de prijs in het proces-verbaal niet voluit in letters of niet in cijfers buiten de linie is aangeduid.

1° gewijzigd bij art. 191 W. 22 december 1989 (B.S. 29. XII.1989), bij art. 2-11 K.B. 20 juli 2000 (II) (B.S. 30. VIII.2000, err. B.S. 8.III.2001) en bij art. 42, 5° K.B. 13 juli 2001 (B.S. 11.VIII.2001, err. B.S. 21.XII.2001);
2° gewijzigd bij art. 191 W. 22 december 1989 (B.S. 29. XII.1989), bij art. 2-11 K.B. 20 juli 2000 (II) (B.S. 30.

VIII.2000, err. B.S. 8.III.2001) en bij art. 42, 5° K.B. 13 juli 2001 (B.S. 11.VIII.2001, err. B.S. 21.XII.2001).

Art. 233. Iedere persoon die, buiten de aanwezigheid van een openbaar officier, roerende voorwerpen openbaar tekoop heeft gesteld of doen stellen, loopt een geldboete op gelijk aan twintigmaal het ontdoken recht, zonder dat deze boete, voor elk toegewezen of als dusdanig beschouwd lot, minder dan [[[25 EUR]]] mag bedragen.

De overtreders zijn daarbij hoofdelijk gehouden tot de betaling van het ontdoken recht.

Al. 1 gewijzigd bij art. 192 W. 22 december 1989 (B.S. 29.XII.1989), bij art. 2-11 K.B. 20 juli 2000 (II) (B.S. 30. VIII.2000, err. B.S. 8.III.2001) en bij art. 42, 5° K.B. 13 juli 2001 (B.S. 11.VIII.2001, err. B.S. 21.XII.2001).

Art. 234. Agenten van [de administratie van de belasting over de toegevoegde waarde, registratie en domeinen] hebben steeds toegang tot alle plaatsen waar roerende voorwerpen openbaar worden verkocht. Zij hebben het recht zich de processen-verbaal van verkoop te doen overleggen en van hun bevindingen proces-verbaal op te maken. Dit proces-verbaal geldt als bewijs tot het tegenbewijs.

Gewijzigd bij art. 240 W. 22 december 1989 (B.S. 29. XII.1989).

Art. 235. [De bepalingen van dit hoofdstuk zijn niet van toepassing op de openbare verkopingen:

1° van alle landbouwprodukten, in instellingen waar de koopwaren uitsluitend openbaar bij opbod of bij afbod verkocht worden op bepaalde dagen en uren, die op bestendige wijze in de lokalen aangeplakt zijn;

2° van eetwaren en van afgesneden bloemen in de voornoemde instellingen of op de markten;

3° van voorwerpen welke in de openbare kassen van lening in pand werden gegeven;

4° van zee- en binnenschepen.]

Vervangen bij enig art. W. 3 juli 1962 (B.S. 17.VII.1962).

HOOFDSTUK XVII

INLICHTINGEN TE VERSTREKKEN DOOR DE ONTVANGERS

Art. 236. Onverminderd de in de bijzondere wetten vervatte bepalingen, moeten de ontvangers der registratie, ten verzoeke van de partijen of van hun rechthebbenden en, mits bevel van de vrederechter, ten verzoeke van derden die een rechtmatig belang inroepen, afschriften of uittreksels afleveren uit hun formaliteitsregisters en uit akten en verklaringen in hun kantoor geregistreerd en aldaar in origineel, afschrift of uittreksel berustend.

Deze afschriften of uittreksels kunnen aan de lasthebbers van de belanghebbenden worden verstrekt, indien zij van de lastgeving laten blijken.

Het uitreiken van voormelde stukken geeft recht op een door de Minister van Financiën te bepalen loon.

[Art. 236bis. Hij die, uit welken hoofde ook, optreedt bij de toepassing van de belastingwetten of die toegang heeft tot de ambtsvertrekken van de administratie van de belasting over de toegevoegde waarde, registratie en domeinen, is, buiten het uitoefenen van zijn ambt, verplicht tot de meest volstrekte geheimhouding aangaande alle zaken waarvan hij wegens de uitvoering van zijn opdracht kennis heeft.

De ambtenaren van de administratie van de belasting over de toegevoegde waarde, registratie en domeinen, oefenen hun ambt uit wanneer zij aan andere administratieve diensten van de Staat, daaronder begrepen de parketten en de griffies van de hoven en van alle rechtsmachten, en aan de openbare instellingen of inrichtingen, inlichtingen verstrekken welke voor die diensten, instellingen of inrichtingen nodig zijn voor de hun opgedragen uitvoering van wettelijke of reglementaire bepalingen.

Personen die deel uitmaken van diensten waaraan de administratie van de belasting over de toegevoegde waarde, registratie en domeinen, ingevolge het vorige lid inlichtingen van fiscale aard heeft verstrekt, zijn tot dezelfde geheimhouding verplicht en mogen de bekomen inlichtingen niet gebruiken buiten het kader van de wettelijke bepalingen voor de uitvoering waarvan zij zijn verstrekt.

Onder openbare instellingen of inrichtingen dienen verstaan de instellingen, maatschappijen, verenigingen, inrichtingen en diensten welke de Staat mede beheert, waaraan de Staat een waarborg verstrekt, op welker bedrijvigheid de Staat toezicht uitoefent of waarvan het bestuurspersoneel aangewezen wordt door de Regering, op haar voordracht of mits haar goedkeuring.

[…]]

Ingevoegd bij art. 52 W. 4 augustus 1978 (B.S. 17.VIII.1978); Al. 5 opgeheven bij art. 14 W. 10 februari 1981 (B.S. 14. II.1981).

HOOFDSTUK XVIII

[SPECIAAL RECHT OP DE NATIONALITEIT, DE ADELBRIEVEN EN VERGUNNINGEN TOT VERANDERING VAN NAAM OF VAN VOORNAMEN]

Opschrift vervangen bij art. 23 W. 4 december 2012 (B.S. 14.XII.2012, ed. 2), van toepassing vanaf 1 januari 2013. Voor de verzoeken en verklaringen ingediend voor 1 januari 2013, blijven de voordien vigerende bepalingen van toepassing (art. 32).

Art. 237. Een speciaal registratierecht wordt geheven op […] [de nationaliteit, en] adelbrieven, met inbegrip van die tot begeving van een hogere adeldomsrang of van opneming onder 's Rijks adel met of zonder titel, en [op vergunningen om van naam of voornamen te veranderen], naar de bij dit hoofdstuk vastgestelde bedragen en modaliteiten.

Gewijzigd bij art. 3, § 2 W. 2 juli 1974 (B.S. 13.VIII.1974), bij art. 6 W. 24 december 1999 (B.S. 31.XII.1999) en bij art. 24 W. 4 december 2012 (B.S. 14.XII.2012, ed. 2), van toepassing vanaf 1 januari 2013. Voor de verzoeken en verklaringen ingediend voor 1 januari 2013, blijven de voordien vigerende bepalingen van toepassing (art. 32).

Afdeling 1

[Nationaliteit]

Opschrift hersteld (na opheffing bij art. 5, 2° W. 24 december 1999) bij art. 25 W. 4 december 2012 (B.S. 14.XII.2012, ed. 2), van toepassing vanaf 1 januari 2013. Voor de verzoeken en verklaringen ingediend voor 1 januari 2013, blijven de voordien vigerende bepalingen van toepassing (art. 32).

Art. 238. [Er wordt een recht geheven op de procedures tot verkrijging van de Belgische nationaliteit, die worden bepaald bij hoofdstuk III van het Wetboek van de Belgische nationaliteit.

Het recht bedraagt 150 euro.

Het recht moet gekweten worden vóór de indiening van het verzoek of vóór de aflegging van de verklaring.]

Hersteld (na opheffing bij art. 7, 1° W. 24 december 1999) bij art. 25 W. 4 december 2012 (B.S. 14.XII.2012, ed. 2), van toepassing vanaf 1 januari 2013. Voor de verzoeken en verklaringen ingediend voor 1 januari 2013, blijven de voordien vigerende bepalingen van toepassing (art. 32).

Art. 239. […]

Opgeheven bij art. 9 W. 6 augustus 1993 (B.S. 23.IX.1993).

Art. 240. […]

Opgeheven bij art. 7, 2° W. 24 december 1999 (B.S. 31. XII.1999).

[Art. 240bis. […]]

Ingevoegd bij art. 14, § 3 W. 28 juni 1984 (B.S. 12.VII.1984) en opgeheven bij art. 7, 3° W. 24 december 1999 (B.S. 31. XII.1999).

Art. 241. […]

Opgeheven bij art. 7, 4° W. 24 december 1999 (B.S. 31. XII.1999).

Art. 242-243. […]

Opgeheven bij art. 21, 5° W. 28 juni 1984 (B.S. 12.VII.1984).

Art. 244. […]

Opgeheven bij art. 7, 5° W. 24 december 1999 (B.S. 31. XII.1999).

Art. 245-246. […]

Opgeheven bij art. 21, 5° W. 28 juni 1984 (B.S. 12.VII.1984).

Art. 247. [...]

Opgeheven bij art. 195 W. 22 december 1989 (B.S. 29. XII.1989).

Afdeling

[...]

Indeling in afdelingen opgeheven bij art. 5, 2° W. 24 december 1999 (B.S. 31.XII.1999, ed. 2).

Art. 248. Voor open brieven van verlening van adeldom of van een hogere adeldomsrang of van opneming onder 's Rijks adel met of zonder titel, wordt het recht op [[[740 EUR]]] vastgesteld.

[De Koning kan bij een met redenen omkleed besluit dat recht verminderen, met dien verstande dat het aldus verminderde recht niet minder dan [[490 EUR]] mag bedragen voor de gezamenlijke personen in de open brief bedoeld.]

[De vermindering kan slechts worden verleend wanneer de begunstigde of een van de begunstigden, of een van hun bloedverwanten in de opgaande of nederdalende lijn, aan het Land buitengewone diensten heeft bewezen van vaderlandslievende, wetenschappelijke, culturele, economische, sociale of humanitaire aard.]

Al. 1 gewijzigd bij art. 37, 1° W. 2 juli 1981 (B.S. 8.VIII.1981), bij art. 2-11 K.B. 20 juli 2000 (II) (B.S. 30.VIII.2000, err. B.S. 8.III.2001) en bij art. 42, 5° K.B. 13 juli 2001 (B.S. 11. VIII.2001, err. B.S. 21.XII.2001);
Al. 2 ingevoegd bij art. 13 W. 15 mei 1987 (B.S. 10.VII.1987) en gewijzigd bij art. 2-11 K.B. 20 juli 2000 (II) (B.S. 30. VIII.2000, err. B.S. 8.III.2001) en bij art. 42, 5° K.B. 13 juli 2001 (B.S. 11.VIII.2001, err. B.S. 21.XII.2001);
Al. 3 ingevoegd bij art. 13 W. 15 mei 1987 (B.S. 10.VII.1987).

Art. 249. [§ 1. Voor vergunningen tot verandering of tot toevoeging van een of meer voornamen bedraagt het recht [[490 EUR]].

[Het recht wordt bepaald op 49 euro voor de vergunningen tot verandering van voornaam verleend aan de personen bedoeld in artikel 2, derde lid, van de wet van 15 mei 1987 betreffende de namen en voornamen.]

[De minister van Justitie kan dat recht verminderen tot [[49 EUR]] indien de voornamen waarvan de wijziging wordt gevraagd:

1° op zichzelf of samengenomen met de naam, belachelijk of hatelijk zijn, of dit zijn omdat ze manifest ouderwets zijn;

2° vreemdklinkend zijn; [...]

3° tot verwarring aanleiding kunnen geven; [of]

[4° enkel aangepast worden door een diakritisch teken of leesteken toe te voegen of weg te nemen;]]

[5° afgekort worden.]

In het ministerieel besluit wordt de reden van de vermindering vermeld.

§ 2. Voor vergunningen om van naam te veranderen bedraagt het recht [[49 EUR]].

§ 3. Voor vergunningen om aan een naam een andere naam of een partikel toe te voegen of een hoofdletter door een kleine letter te vervangen bedraagt het recht [[740 EUR]].

[Het in de tweede paragraaf vastgestelde recht is evenwel toepasselijk op vergunningen om een naam aan een andere naam toe te voegen wanneer de gevraagde naam overeenstemt met de regels betreffende de vaststelling van de naam van toepassing in de Staat waarvan de begunstigde eveneens de nationaliteit bezit.]

De Koning kan [het in het eerste lid vastgestelde recht] verminderen, met dien verstande dat het aldus verminderde recht niet minder dan [[490 EUR]] mag bedragen voor de gezamenlijke personen in het besluit bedoeld.

Deze vermindering mag slechts worden toegestaan onder de voorwaarde bepaald bij artikel 248, derde lid.

In het koninklijk besluit wordt de reden van de vermindering vermeld.]

[§ 4. Het recht is niet verschuldigd in geval van een verandering van naam of voornaam als bedoeld in de artikelen 15 en 21 van het Wetboek van de Belgische nationaliteit.]

Vervangen bij art. 14 W. 15 mei 1987 (B.S. 10.VII.1987);
§ 1, al. 1 gewijzigd bij art. 2-11 K.B. 20 juli 2000 (II) (B.S. 30.VIII.2000, err. B.S. 8.III.2001) en bij art. 42, 5° K.B. 13 juli 2001 (B.S. 11.VIII.2001, err. B.S. 21.XII.2001);
§ 1, al. 2 ingevoegd bij art. 8, 1° W. 10 mei 2007 (B.S. 11. VII.2007), van toepassing vanaf 1 september 2007;
§ 1, al. 3 (oud al. 2) vervangen bij art. 2 W. 5 juli 1998 (B.S. 21.VIII.1998);
§ 1, al. 3 (oud al. 2), inleidende zin gewijzigd bij art. 2-11 K.B. 20 juli 2000 (II) (B.S. 30.VIII.2000, err. B.S. 8.III.2001) en bij art. 42, 5° K.B. 13 juli 2001 (B.S. 11.VIII.2001, err. B.S. 21.XII.2001);
§ 1, al. 3 (oud al. 2), 2° gewijzigd bij art. 8, 2° W. 10 mei 2007 (B.S. 11.VII.2007), van toepassing vanaf 1 september 2007;
§ 1, al. 3 (oud al. 2), 3° gewijzigd bij art. 8, 3° W. 10 mei 2007 (B.S. 11.VII.2007), van toepassing vanaf 1 september 2007;
§ 1, al. 3 (oud al. 2), 4° ingevoegd bij art. 2, 1° W. 7 december 2006 (B.S. 20.XII.2006, ed. 2);
§ 1, al. 3 (oud al. 2), 5° ingevoegd bij art. 2 W 4 mei 2007 (B.S. 15.V.2007, ed. 1);
§ 2 gewijzigd bij art. 2-11 K.B. 20 juli 2000 (II) (B.S. 30. VIII.2000, err. B.S. 8.III.2001) en bij art. 42, 5° K.B. 13 juli 2001 (B.S. 11.VIII.2001, err. B.S. 21.XII.2001);
§ 3, al. 1 gewijzigd bij art. 2-11 K.B. 20 juli 2000 (II) (B.S. 30.VIII.2000, err. B.S. 8.III.2001) en bij art. 42, 5° K.B. 13 juli 2001 (B.S. 11.VIII.2001, err. B.S. 21.XII.2001);
§ 3, al. 2 ingevoegd bij art. 2, 2° W. 7 december 2006 (B.S. 20.XII.2006, ed. 2);
§ 3, al. 3 gewijzigd bij art. 2-11 K.B. 20 juli 2000 (II) (B.S. 30.VIII.2000, err. B.S. 8.III.2001), bij art. 42, 5° K.B. 13 juli 2001 (B.S. 11.VIII.2001, err. B.S. 21.XII.2001) en bij art. 2, 3° W. 7 december 2006 (B.S. 20.XII.2006, ed. 2);
§ 4 ingevoegd bij art. 26 W. 4 december 2012 (B.S. 14. XII.2012, ed. 2), van toepassing vanaf 1 januari 2013. Voor

de verzoeken en verklaringen ingediend voor 1 januari 2013, blijven de voordien vigerende bepalingen van toepassing (art. 32).

Art. 250. [In de gevallen bedoeld in artikel 248, eerste lid, en in artikel 249, § 1, § 2 en § 3, eerste lid, is elke begunstigde een recht verschuldigd.]

De door de kinderen of afstammelingen verschuldigde rechten worden evenwel met de twee vijfden verminderd wanneer [aan hetzelfde recht onderworpen vergunningen] bij éénzelfde besluit verleend worden aan een persoon en aan zijn kinderen of afstammelingen waarvan het aantal drie overschrijdt.

Al. 1 vervangen bij art. 15, 1° W. 15 mei 1987 (B.S. 10. VII.1987);
Al. 2 gewijzigd bij art. 3, § 5 W. 2 juli 1974 (B.S. 13.VIII.1974).

Art. 251. [Wanneer een ministerieel besluit houdende vergunning tot verandering van voornaam wordt ingetrokken of vernietigd terwijl de registratierechten reeds geïnd zijn, betaalt de verzoeker, behalve als hij te kwader trouw was, geen rechten meer wanneer hem een nieuwe vergunning wordt verleend.

Het eerste lid is van toepassing in geval van intrekking van een koninklijk besluit houdende vergunning tot verandering van naam.]

Vervangen bij art. 16 W. 15 mei 1987 (B.S. 10.VII.1987).

Art. 252. [Het recht wordt berekend volgens het tarief van kracht op de datum van het besluit tot verheffing in de adelstand, dat aan de ondertekening van de adelbrieven voorafgaat, of op de datum van het besluit houdende vergunning tot verandering of toevoeging van naam of voornamen.]

Vervangen bij art. 17 W. 15 mei 1987 (B.S. 10.VII.1987).

Art. 253. De in artikel 248 voorziene open brieven, zomede de afschriften van of uittreksels uit [koninklijke of ministeriële besluiten houdende vergunning tot verandering van naam of van voornamen] worden geregistreerd, tegen betaling van het recht door de beneficianten, namelijk:

de open brieven ten kantore Brussel, binnen zes maand na hun datum;

de afschriften van of uittreksels uit [koninklijke of ministeriële besluiten houdende vergunning tot verandering van naam of van voornamen] ten kantore in welks gebied de verblijfplaats ligt van de beneficianten of één hunner, of, bij gebrek aan verblijfplaats in België, ten kantore Brussel, binnen zes maand te rekenen [van de dag waarop het koninklijk of ministerieel besluit definitief is geworden].

Wordt de registratie gevorderd na het verstrijken van hierboven gestelde termijnen, zo geeft deze formaliteit aanleiding tot het heffen van een geldboete gelijk aan het recht, onverminderd ditzelve.

Al. 1, inleidende zin gewijzigd bij art. 18, 1° W. 15 mei 1987 (B.S. 10.VII.1987);

Al. 1, pt. 2 gewijzigd bij art. 18, 1°-2° W. 15 mei 1987 (B.S. 10.VII.1987).

Art. 254. Na betaling van het recht en, gebeurlijk, van de geldboete, wordt vermelding van registratie gesteld op de open brief van adeldom of op het afschrift van of het uittreksel uit het besluit houdende vergunning tot [verandering van naam of van voornamen].

Zolang aan de formaliteit van registratie niet is voldaan, mogen deze bescheiden niet aan beneficianten worden uitgereikt.

Al. 1 gewijzigd bij art. 19 W. 15 mei 1987 (B.S. 10.VII.1987).

Afdeling

[...]

Indeling in afdelingen opgeheven bij art. 5, 2° W. 24 december 1999 (B.S. 31.XII.1999, ed. 2).

Art. 255. De algemene bepalingen van deze titel betreffende de formaliteit van de registratie, de verplichting van inzageverlening, bewijsmiddelen, verjaring, rechtsvervolgingen en gedingen, moratoire interesten zijn van toepassing in de mate waarin daarvan bij dit hoofdstuk niet wordt afgeweken.

HOOFDSTUK XIX

SPECIALE GELDBOETE WEGENS LATE NEERLEGGING VAN AAN BEKENDMAKING ONDERWORPEN AKTEN VAN VENNOOTSCHAP

Art. 256. [§ 1. [In geval van niet-neerlegging of van te late neerlegging, ter griffie van de rechtbank van koophandel of bij de Nationale Bank van België, van een stuk dat er ter uitvoering van de wettelijke en bestuursrechtelijke bepalingen moet worden neergelegd in de vormen bepaald in artikel 10 of in artikel 80 van de gecoördineerde wetten op de handelsvennootschappen], wordt een boete verbeurd van [[25 tot 250 EUR]] per maand vertraging, waarbij elke begonnen maand voor een volle maand wordt gerekend. Het bedrag van de boete wordt binnen die perken vastgesteld door de Minister van Financiën of zijn gemachtigde.

§ 2. In de gevallen waarin voor de neerlegging van een in § 1 bedoeld stuk geen termijn is gesteld bij de wet, kan de Koning er één voorschrijven.]

Vervangen bij art. 23 W. 1 juli 1983 (B.S. 8.VII.1983);
§ 1 gewijzigd bij art. 88 W. 13 april 1995 (B.S. 17.VI.1995, err. B.S. 8.VIII.1995), bij art. 2-11 K.B. 20 juli 2000 (II) (B.S. 30.VIII.2000, err. B.S. 8.III.2001) en bij art. 42, 5° K.B. 13 juli 2001 (B.S. 11.VIII.2001, err. B.S. 21.XII.2001).

Art. 257. [Wat de openbare akten betreft, is de boete verschuldigd door de instrumenterende notaris; wat de onderhandse akten betreft, is ze hoofdelijk verschuldigd door de hoofdelijk aansprakelijke vennoten of door de zaakvoerders, bestuurders of vereffenaars.]

Vervangen bij art. 24 W. 1 juli 1983 (B.S. 8.VII.1983).

Art. 258. De algemene bepalingen van deze titel, wat betreft bewijsmiddelen, verjaring, vervolgingen en gedingen zijn op dit hoofdstuk van toepassing.

TITEL II

HYPOTHEEKRECHT

Art. 259. Onder de benaming hypotheekrecht wordt een belasting gevestigd op de inschrijvingen van hypotheken en voorrechten op onroerende goederen.

De heffing van dit recht wordt door de hypotheekbewaarders verricht.

Art. 260. Inschrijving van hypotheek wordt slechts verleend tegen voorafbetaling, door de verzoeker, van de uit die hoofde verschuldigde salarissen en recht.

Op het inschrijvingsborderel wordt daarvan kwitantie gegeven. De bewaarder schrijft daarop in cijferschrift het detail en in letterschrift het totaal van de voor recht en salarissen ontvangen sommen.

Art. 261. Wanneer, tot zekerheid van één en dezelfde som, aanleiding tot inschrijving op verschillende kantoren bestaat, dekt het recht geheven op het geheel dier som ten kantore waar de inschrijving in de eerste plaats wordt gevorderd, de in de overige kantoren te vorderen inschrijvingen.

Art. 262. Het hypotheekrecht is [op 0,30 pct.] gesteld.

Gewijzigd bij art. 196 W. 22 december 1989 (B.S. 29. XII.1989).

Art. 263. Het recht is vereffend op het bedrag in hoofd- en bijkomende sommen waarvoor de inschrijving genomen of hernieuwd wordt.

Art. 264. [Het bedrag van het vereffende recht wordt, desvoorkomend, [tot de hogere [cent] afgerond].

Het in te vorderen recht mag niet minder dan [[5 EUR]] bedragen.]

Vervangen bij art. 5 W. 20 januari 1999 (B.S. 13.II.1999); Al. 1 gewijzigd bij art. 5, § 7 K.B. 20 juli 2000 (II) B.S. 30.VIII.2000, err. B.S. 8.III.2001) en bij art. 42, 3° K.B. 13 juli 2001 (B.S. 11.VIII.2001); Al. 2 gewijzigd bij art. 2-11 K.B. 20 juli 2000 (II) B.S. 30. VIII.2000, err. B.S. 8.III.2001) en bij art. 42, 5° K.B. 13 juli 2001 (B.S. 11.VIII.2001, err. B.S. 21.XII.2001).

Art. 265. Zijn vrijgesteld van hypotheekrecht:
1° inschrijvingen van wettelijke hypotheken en hun vernieuwingen;

2° inschrijvingen ambtshalve door de hypotheekbewaarder genomen;

3° inschrijvingen genomen om de invordering te waarborgen van aan de Staat, aan de Kolonie, aan provinciën, aan gemeenten, aan polders en wateringen verschuldigde belastingen, en vernieuwingen van die inschrijvingen;

4° inschrijvingen genomen ten laste van de Staat, van openbare instellingen van de Staat en andere in artikel 161, 1°, aangewezen rechtspersonen, en hun vernieuwingen;

[5° de inschrijvingen van de voorrechten en hypotheken ingesteld bij de wet betreffende het herstel van zekere schade veroorzaakt aan private goederen door natuurrampen.]

5° ingevoegd bij art. 57, § 2 W. 12 juli 1976 (B.S. 13. VIII.1976).

Art. 266. Er is verjaring:
1° voor de invordering van hypotheekrechten die op het tijdstip van de inschrijving niet zouden geheven zijn geweest, na twee jaar, te rekenen van de dag der inschrijving;

2° voor de invordering tot teruggaaf van ten onrechte geheven rechten, na twee jaar, te rekenen van de dag der betaling.

[Die verjaringen worden gestuit overeenkomstig artikelen 217^1 en 217^2.]

Al. 2 vervangen bij art. 37 W. 23 december 1958 (B.S. 7.I.1959).

Art. 267. Zijn toepasselijk op het hypotheekrecht, de bepalingen van titel I, betreffende de rechtsvervolgingen en gedingen en de moratoire interesten.

TITEL III

GRIFFIERECHT

HOOFDSTUK I

VESTIGING VAN DE BELASTING EN VASTSTELLING VAN DE RECHTEN

Art. 268. [Onder de benaming van griffierecht wordt een belasting gevestigd op de hiernavolgende in de hoven en rechtbanken gedane verrichtingen:

1° [het ter rol brengen van zaken, de inschrijving in het register der verzoekschriften en de inschrijving in het register van de vorderingen in kort geding];

2° het opstellen van akten van de griffiers, van vóór hen verleden akten, van zekere akten van de rechters en van de ambtenaren van het openbaar ministerie;

3° het afleveren van uitgiften, [kopieën] of uittreksels uit akten, vonnissen en arresten [en van kopieën van andere stukken die op de griffie worden bewaard];

4° [...]];

[5° [...]]

Vervangen bij art. 25 W. 12 juli 1960 (B.S. 9.XI.1960);
1° vervangen bij art. 7 W. 24 december 1993 (B.S. 31. XII.1993);
3° aangevuld bij art. 308 W. 27 december 2006 (B.S. 28. XII.2006, ed. 3) en gewijzigd bij art. 312 W. 27 december 2006 (B.S. 28.XII.2006, ed. 3);
4° opgeheven bij art. 198 W. 22 december 1989 (B.S. 29. XII.1989);
5° ingevoegd bij art. 37, § 1 W. 18 maart 1965 (B.S. 31. III.1965) en opgeheven bij art. 5, § 1, 1°, a K.B. 28 mei 2003 (B.S. 20.VII.2003).

Afdeling 1

Rolrecht

Art. 269[1]**.** [Voor elke zaak die op de algemene rol wordt ingeschreven wordt er geheven:
1° in de vredegerechten [en de politierechtbanken], een recht van [40 euro];
2° in de rechtbanken van eerste aanleg en de rechtbanken van koophandel, een recht van [100 euro];
3° in de hoven van beroep, een recht van [210 euro];
4° in het Hof van Cassatie, een recht van [375 euro].
Het recht wordt echter tot [30 EUR] verlaagd voor de procedures voorzien bij artikel 162, 13°.]
[[...]]
[[Geen enkel recht wordt geïnd bij de rechtsgedingen voor de beslagrechter of de vrederechter in het kader van de toepassing van artikel 1409, § 1, vierde lid, en 1409, § 1bis, vierde lid, van het Gerechtelijk Wetboek.]]

Hernummerd bij art. 3-121 W. 10 oktober 1967 (B.S. 31.X.1967) en vervangen bij art. 8, § 1 W. 24 december 1993 (B.S. 31.XII.1993);
Al. 1, 1° gewijzigd bij art. 57 W. 11 juli 1994 (B.S. 27. VII.1994) en bij art. 94, a) Progr. W. 22 juni 2012 (B.S. 28.VI.2012);
Al. 1, 2° gewijzigd bij art. 94, b) Progr. W. 22 juni 2012 (B.S. 28.VI.2012);
Al. 1, 3° gewijzigd bij art. 94, c) Progr. W. 22 juni 2012 (B.S. 28.VI.2012);
Al. 1, 4° gewijzigd bij art. 94, d) Progr. W. 22 juni 2012 (B.S. 28.VI.2012);
Al. 2 gewijzigd bij art. 95 Progr. W. 22 juni 2012 (B.S. 28.VI.2012);
Al. 3 ingevoegd bij art. 10 W. 19 februari 2001 (B.S. 3. IV.2001) en opgeheven bij art. 41 W. 27 april 2007 (B.S. 7.VI.2007);
Al. 4 ingevoegd bij art. 9 K.B. 27 december 2004 (B.S. 31. XII.2004, ed. 5) en vervangen bij art. 25 W. 20 juli 2006 (B.S. 28.VII.2006, ed. 2).

[Art. 269[2]**.** Voor elk verzoekschrift dat in de registers der verzoekschriften wordt ingeschreven wordt er geheven:
1° in de vredegerechten [en de politierechtbanken], een recht van [31 euro];
2° in de andere gerechten, een recht van [60 euro].]

Ingevoegd bij art. 3-121 W. 10 oktober 1967 (B.S. 31.X.1967);
1° gewijzigd bij art. 57 W. 11 juli 1994 (B.S. 27.VII.1994) en bij art. 96, a) Progr. W. 22 juni 2012 (B.S. 28.VI.2012);
2° gewijzigd bij art. 96, b) Progr. W. 22 juni 2012 (B.S. 28. VI.2012).

[Art. 269[3]**.** Voor elke inschrijving van een vordering in kort geding wordt een recht van [80 euro] geheven. Voor elke inschrijving van beroep tegen bevelen of vonnissen in kort geding wordt een recht geheven van [160 euro].]

Ingevoegd bij art. 10, § 1 W. 24 december 1993 (B.S. 31. XII.1993) en gewijzigd bij art. 97 Progr. W. 22 juni 2012 (B.S. 28.VI.2012).

[Art. 269/4. Voor elke inschrijving van een in de artikelen 17 en 59 van de wet van 31 januari 2009 betreffende de continuïteit van de ondernemingen bedoeld verzoek tot opening van een procedure van gerechtelijke reorganisatie, wordt een recht van 1.000 euro geheven.]

Ingevoegd bij art. 44 W. 27 mei 2013 (B.S. 22.VII.2013), van toepassing vanaf 1 augustus 2013.

[Afdeling 1bis

Opstelrecht]

Opschrift ingevoegd bij art. 27 W. 12 juli 1960 (B.S. 9. XI.1960).

[Art. 270[1]**.** [Op akten van griffiers van hoven en rechtbanken of op akten die buiten bemoeiing van rechters vóór hen zijn verleden, wordt een opstelrecht geheven van [35 euro]].
Met akten van griffiers van hoven en rechtbanken worden gelijkgesteld, overschrijvingen gedaan door griffiers in hun registers, van de verklaringen van beroep of van voorziening in verbreking in strafzaken, door gedetineerden of geïnterneerden afgelegd.
[...]]

Ingevoegd bij art. 27 W. 12 juli 1960 (B.S. 9.XI.1960);
Al. 1 vervangen bij art. 201, 1° W. 22 december 1989 (B.S. 29.XII.1989) en gewijzigd bij art. 98 Progr. W. 22 juni 2012 (B.S. 28.VI.2012);
Al. 3-4 opgeheven bij art. 201, 2° W. 22 december 1989 (B.S. 29.XII.1989).

[Art. 270[2]**.** [De akten van bekendheid, de akten van aanneming en de akten waarbij een minderjarige machtiging wordt verleend om handel te drijven, die verleden worden ten overstaan van de vrederechters, zijn onderworpen aan een opstelrecht, waarvan het bedrag op [35 euro] wordt bepaald.]]

Ingevoegd bij art. 27 W. 12 juli 1960 (B.S. 9.XI.1960), vervangen bij art. 25 K.B. nr. 12 18 april 1967 (B.S. 20.IV.1967) en gewijzigd bij art. 99 Progr. W. 22 juni 2012 (B.S. 28. VI.2012).

[Art. 270³. De verklaringen van keus van vaderland zijn onderhevig aan een opstelrecht, waarvan het bedrag op [35 euro] wordt bepaald.

Dit recht is vatbaar voor teruggaaf ingeval de inwilliging bij een eindbeslissing van het bevoegd gerecht wordt geweigerd.]

Ingevoegd bij art. 27 W. 12 juli 1960 (B.S. 9.XI.1960);
Al. 1 gewijzigd bij art. 100 Progr. W. 22 juni 2012 (B.S. 28. VI.2012).

Afdeling 2

Expeditierecht

Art. 271. [Op de uitgiften, [kopieën] of uittreksels die in de griffies worden afgegeven, wordt een expeditierecht geheven van:

1° [1,75 euro] per bladzijde, in de vredegerechten en politierechtbanken;

2° [3 euro] per bladzijde, in de hoven van beroep, de hoven van assisen, het militair gerechtshof, de arrondissemensrechtbanken, de rechtbanken van eerste aanleg, de rechtbanken van koophandel en de krijgsraden;

3° [5,55 euro] per bladzijde, in het Hof van cassatie.]

Vervangen bij art. 71 W. 15 juli 1970 (B.S. 30.VII.1970);
Inleidende zin gewijzigd bij art. 312 W. 27 december 2006 (B.S. 28.XII.2006);
1° gewijzigd bij art. 101, a) Progr. W. 22 juni 2012 (B.S. 28.VI.2012);
2° gewijzigd bij art. 101, b) Progr. W. 22 juni 2012 (B.S. 28.VI.2012);
3° gewijzigd bij art. 101, c) Progr. W. 22 juni 2012 (B.S. 28. VI.2012).

Art. 272. [[Ongeacht op welke griffie en ongeacht op welke informatiedrager de aflevering geschiedt, wordt het recht op [0,85 euro] per bladzijde bepaald, zonder dat het verschuldigd bedrag aan rechten lager mag zijn dan [1,75 euro] per afgifte op papier en [5,75 euro] op een andere drager:]

1° [voor de niet ondertekende [kopieën]. Indien echter bij één en hetzelfde verzoek en voor één en dezelfde zaak meer dan [twee [kopieën]] worden aangevraagd, wordt het tarief vanaf de [derde [kopie]] bepaald op [0,30 euro] per bladzijde, zonder dat het globaal bedrag aan verschuldigde expeditierechten alsdan meer dan [1.450 euro] kan bedragen];

2° voor uitgiften, [kopieën] of uittreksels uit de registers van de burgerlijke stand of uit de registers welke de akten betreffende het verkrijgen, het herkrijgen, het behoud en het verlies van nationaliteit bevatten;

3° voor uitgiften, [kopieën] of uittreksels uit akten, vonnissen en arresten die krachtens artikel 162, 33°bis tot 37°bis, vrijstelling genieten van de formaliteit der registratie;

4° [voor de uitgiften, [kopieën] of uittreksels van akten en stukken betreffende rechtpersonen ingeschreven in de Kruispuntbank van Ondernemingen.]

Hetzelfde recht is verschuldigd voor uitgiften, [kopieën] en uittreksels uit akten, vonnissen en arresten afgeleverd in [...] kieszaken of militiezaken. Deze stukken dragen bovenaan de vermelding van hun bestemming; zij mogen tot geen andere doeleinden dienen.]

[Hetzelfde recht is eveneens verschuldigd voor de kopie van een elektronisch bestand. Het recht is verschuldigd voor elke gekopieerde elektronische bladzijde van het brondocument. De parameters van het brondocument, die de elektronische bladzijde bepalen, mogen bij het maken van de kopie niet gewijzigd worden.]

Vervangen bij art. 3-122 W. 10 oktober 1967 (B.S. 31.X.1967);
Al. 1, inleidende zin vervangen bij art. 309, 1° W. 27 december 2006 (B.S. 28.XII.2006, ed. 3) en gewijzigd bij art. 102, 1° Progr. W. 22 juni 2012 (B.S. 28.VI.2012);
Al. 1, 1° vervangen bij art. 204, 1° W. 22 december 1989 (B.S. 29.XII.1989) en gewijzigd bij art. 2-11 K.B. 20 juli 2000 (II) (B.S. 30.VIII.2000, err. B.S. 8.III.2001), bij art. 2 W. 26 februari 2003 (B.S. 14.III.2003) en bij art. 102, 2° Progr. W. 22 juni 2012 (B.S. 28.VI.2012);
Al. 1, 2° en 3° gewijzigd bij art. 312 W. 27 december 2006 (B.S. 28.XII.2006, ed. 3);
Al. 1, 4° vervangen bij art. 5, § 1, 2° K.B. 28 mei 2003 (B.S. 20.VI.2003) en gewijzigd bij art. 312 W. 27 december 2006 (B.S. 28.XII.2006, ed. 3);
Al. 2 gewijzigd bij art. 204, 3° W. 22 december 1989 (B.S. 29.XII.1989) en bij art. 312 W. 27 december 2006 (B.S. 28.XII.2006, ed. 3);
Al. 3 ingevoegd bij art. 309, 2° W. 27 december 2006 (B.S. 28.XII.2006, ed. 3).

Art. 273. [Het recht wordt berekend per bladzijde van het arrest, het vonnis of de akte, welke in de uitgifte, [de kopie] of het uittreksel wordt weergegeven.

Het recht wordt evenwel éénvormig berekend alsof er slechts één bladzijde was, voor de uittreksels die worden afgeleverd ter uitvoering van artikel 121 van het Algemeen Reglement op de gerechtskosten in strafzaken.]

Vervangen bij art. 28 W. 12 juli 1960 (B.S. 9.XI.1960);
Al. 1 gewijzigd bij art. 312 W. 27 december 2006 (B.S. 28. XII.2006, ed. 3).

Art. 274. [Wanneer in een uitgifte, [kopie] of uittreksel meerdere arresten, vonnissen of akten worden weergegeven, wordt het recht berekend per bladzijde van elk dezer documenten, zonder dat er, voor ieder van deze documenten, minder mag geheven worden dan het recht verschuldigd voor één bladzijde.]

Vervangen bij art. 28 W. 12 juli 1960 (B.S. 9.XI.1960) en gewijzigd bij art. 312 W. 27 december 2006 (B.S. 28.XII.2006, ed. 3).

[**Art. 274bis.** Voor kopieën van audiovisueel materiaal is, ongeacht op welke informatiedrager de kopie wordt afgeleverd, per gekopieerde minuut [1,15 euro] verschuldigd, zonder dat de verschuldigde rechten minder mogen bedragen dan [5,75 euro]. Een begonnen minuut telt voor een volle minuut.]

Ingevoegd bij art. 310 W. 27 december 2006 (B.S. 28. XII.2006, ed. 3) en gewijzigd bij art. 103 Progr. W. 22 juni 2012 (B.S. 28.VI.2012).

[Art. 274ter. De expeditierechten die verschuldigd zijn op één en hetzelfde verzoek voor één en dezelfde zaak, mogen [1.450 euro] niet overschrijden.]

Ingevoegd bij art. 311 W. 27 december 2006 (B.S. 28. XII.2006, ed. 3) en gewijzigd bij art. 104 Progr. W. 22 juni 2012 (B.S. 28.VI.2012).

Afdeling 3

Legalisatie- en opzoekingsrechten

Art. 275. […]

Opgeheven bij art. 205, 1° W. 22 december 1989 (B.S. 29. XII.1989).

Art. 276. […]

Opgeheven bij art. 205, 2° W. 22 december 1989 (B.S. 29. XII.1989).

Afdeling 4

[Recht van inschrijving in het handelsregister, in het ambachtsregister en in de registers van de economische samenwerkingsverbanden]

Opschrift vervangen bij art. 206 W. 22 december 1989 (B.S. 29.XIII.1989).

Art. 277. […]

Opgeheven bij art. 5, § 1, 1°, b K.B. 28 mei 2003 (B.S. 20. VI.2003).

Art. 278. […]

Opgeheven bij art. 5, § 1, 1°, c K.B. 28 mei 2003 (B.S. 20. VI.2003).

HOOFDSTUK II

VRIJSTELLINGEN

Art. 279[1]. Zijn vrijgesteld van het rolrecht:
1° de inschrijvingen van zaken waarvan de vonnissen en arresten, krachtens artikelen 161 en 162 vrijstelling genieten van het recht of van de formaliteit der registratie.
Het recht is echter verschuldigd voor de onder artikel 162, 13°, bedoelde procedures [...];
2° [de inschrijving van een zaak door de griffier van het gerecht waarnaar de zaak verwezen werd over-

eenkomstig de wet op het gebruik der talen in gerechtszaken of ingevolge een rechterlijke beslissing van onttrekking.]

Hernummerd bij art. 29 W. 12 juli 1960 (B.S. 9.XI.1960); 1°, al. 2 gewijzigd bij art. 3 W. 28 juni 1948 (B.S. 31. VII.1948); 2° vervangen bij art. 3-123 W. 10 oktober 1967 (B.S. 31.X.1967).

[Art. 2792**.** Zijn vrijgesteld van het opstelrecht:
1° de akten verleden in de gevallen voorzien door artikelen 161 en 162;
2° de akten of ontvangbewijzen ten blijke van het neerleggen of mededelen van stukken, sommen of voorwerpen ter griffie van de hoven en rechtbanken;
3° de faillissementsbekentenissen, alsmede de afsluitingen of vermeldingen die worden aangebracht op de registers, titels en stukken tot staving daarvan;
4° [...];]
[5° de processen-verbaal van nummering en visering van de koopmansboeken.]

Ingevoegd bij art. 29 W. 12 juli 1960 (B.S. 9.XI.1960); 4° opgeheven bij art. 2-30 W. 10 oktober 1967 (B.S. 31.X.1967); 5° ingevoegd bij art. 23 W. 17 juli 1975 (B.S. 4.IX.1975, err. B.S. 20.IX.1975).

Art. 280. Zijn van expeditierecht vrijgesteld:
1° [uitgiften, [kopieën] of uittreksels van of uit akten, vonnissen en arresten, die krachtens de artikelen 161 en 162 van het recht of van de formaliteit der registratie zijn vrijgesteld.
Deze bepaling is echter niet van toepassing:
a) op de in artikel 272, laatste alinea, bedoelde uitgiften, afschriften of uittreksels;
b) op de uitgiften, [kopieën] of uittreksels van of uit de in artikel 162, 5°, 6°, 13°, 27° en 33°bis tot 37°bis bedoelde akten en vonnissen];
2° [de uitgiften, [kopieën] of uittreksels van of uit vonnissen, arresten, beschikkingen of andere akten van rechtspleging, die de griffier ambtshalve of op verzoek van een der partijen toezendt aan de partijen, aan hun advocaten of aan derden, in uitvoering van het Gerechtelijk Wetboek of van andere wettelijke of reglementaire bepalingen];
3° [de [kopieën] van verklaringen met het oog op de inschrijving of tot wijziging van een inschrijving [in het rechtspersonenregister van de Kruispuntbank van Ondernemingen] ambtshalve afgegeven of toegezonden aan de personen die de inschrijving of de wijziging aanvragen; de oorzaak van de vrijstelling moet op [de kopie] vermeld worden];
4° [uitgiften, [kopieën] of uittreksels uit de registers van de burgerlijke stand of uit de registers welke de akten betreffende het verkrijgen, het herkrijgen, het behoud en het verlies van nationaliteit bevatten [...]];
5° [de [kopieën] of uittreksels van vonnissen en arresten die afgeleverd worden aan juridische tijdschriften, aangewezen door de Minister van Financien;]

[6° de uitgiften, [kopieën] of uittreksels afgegeven door de griffie van het Hof van beroep te Brussel, met het oog op de tenuitvoerlegging in België van de arresten en beschikkingen die een uitvoerbare titel uitmaken en gewezen zijn op grond van de Verdragen tot oprichting van de Europese Gemeenschap voor Kolen en Staal, van de Europese Economische Gemeenschap of van de Europese Gemeenschap voor Atoomenergie, alsmede bij de Overeenkomst betreffende bepaalde instellingen welke de Europese Gemeenschappen gemeen hebben, en welke luidens de bewoordingen van die Verdragen vatbaar zijn voor gedwongen tenuitvoerlegging;]

[7° de grossen of [kopieën], afgeleverd door de griffie van het Hof van beroep te Brussel, met het oog op de erkenning en de tenuitvoerlegging in België van de scheidsrechterlijke beslissingen geveld krachtens het Verdrag inzake de beslechting van geschillen met betrekking tot investeringen tussen Staten en onderdanen van andere Staten, opgemaakt te Washington op 18 maart 1965;]

[8° de [kopieën] in strafzaken, afgeleverd aan de vader of de moeder, aan een adoptant of aan de voogd in hun hoedanigheid van burgerlijke partij of van persoon die zich op grond van het dossier zou kunnen beroepen op een nadeel, wanneer de zaak betrekking heeft op een misdrijf gepleegd tegen een minderjarige en dat naar de wetten strafbaar is gesteld met een criminele of correctionele straf.]

1° vervangen bij art. 3-124 W. 10 oktober 1967 (B.S. 31.X.1967) en gewijzigd bij art. 312 W. 27 december 2006 (B.S. 28.XII.2006, ed. 3);
2° vervangen bij art. 72 W. 15 juli 1970 (B.S. 30.VII.1970) en gewijzigd bij art. 312 W. 27 december 2006 (B.S. 28.XII.2006, ed. 3);
3° vervangen bij art. 209, 1° W. 22 december 1989 (B.S. 29. XII.1989) en gewijzigd bij art. 5, § 1, 3° K.B. 28 mei 2003 (B.S. 20.VI.2003) en bij art. 312 W. 27 december 2006 (B.S. 28.XII.2006, ed. 3);
4° vervangen bij art. 19 W. 13 augustus 1947 (B.S. 17. IX.1947) en gewijzigd bij art. 68 W. 19 december 2006 (B.S. 29.XII.2006, ed. 6), van toepassing vanaf 1 januari 2007 (K.B. 21 december 2006, art. 95, B.S. 29.XII.2006, ed. 6) en bij art. 312 W. 27 december 2006 (B.S. 28.XII.2006, ed. 3);
5° vervangen bij art. 209, 2° W. 22 december 1989 (B.S. 29. XII.1989) en gewijzigd bij art. 312 W. 27 december 2006 (B.S. 28.XII.2006, ed. 3);
6° ingevoegd bij art. 3 W. 6 augustus 1967 (B.S. 20.IX.1967) en gewijzigd bij art. 312 W. 27 december 2006 (B.S. 28. XII.2006, ed. 3);
7° ingevoegd bij art. 4 W. 17 juli 1970 (B.S. 24.IX.1970) en gewijzigd bij art. 312 W. 27 december 2006 (B.S. 28.XII.2006, ed. 3);
8° ingevoegd bij art. 3 W. 26 februari 2003 (B.S. 14.III.2003) en gewijzigd bij art. 312 W. 27 december 2006 (B.S. 28. XII.2006, ed. 3).

Art. 281. […]

Opgeheven bij art. 5, § 1, 1°, d K.B. 28 mei 2003 (B.S. 20.VI.2003).

Toekomstig recht: – Vanaf een door de Koning nog nader te bepalen datum en ten laatste op 31 december 2014 wordt art. 281 hersteld als volgt:
"Art. 281. Onverminderd artikel 269/4, worden de akten, vonnissen en arresten, betreffende de overeenkomstig de wet van 31 januari 2009 betreffende de continuïteit van de ondernemingen ingestelde procedure van gerechtelijke reorganisatie vrijgesteld van griffierechten.".
(W. 27 mei 2013, art. 45 en 62, B.S. 22.VII.2013)

Art. 282. […]

Opgeheven bij art. 211 W. 22 december 1989 (B.S. 29. XII.1989).

HOOFDSTUK III

DIVERSE BEPALINGEN

Art. 283. In de in artikel 160 voorziene gevallen, worden de griffierechten in debet vereffend en ingevorderd volgens de regels die van toepassing zijn op de onder dezelfde voorwaarden vereffende registratierechten.

Art. 284. Worden eveneens in debet vereffend, de griffierechten verschuldigd op uitgiften, [kopieën] van en uittreksels uit akten, vonnissen en arresten, wanneer die stukken in strafzaken worden afgeleverd aan het openbaar ministerie of aan de Rijksagenten belast met de tenuitvoerlegging van vonnissen en arresten.

De rechten worden onder de gerechtskosten begrepen en als dusdanig ingevorderd ten laste van de partij die er toe veroordeeld werd.

Al. 1 gewijzigd bij art. 312 W. 27 december 2006 (B.S. 28. XII.2006, ed. 3).

[**Art. 284bis.** In debet worden eveneens vereffend, de griffierechten verschuldigd op de [kopieën] in strafzaken die worden afgegeven met toepassing van de artikelen 674bis en volgende van het Gerechtelijk Wetboek. De rechten alsmede de andere kosten worden ingevorderd overeenkomstig de bepalingen van hetzelfde Wetboek.]

Ingevoegd bij art. 6 W. 7 januari 1998 (B.S. 25.III.1998) en gewijzigd bij art. 312 W. 27 december 2006 (B.S. 28.XII.2006, ed. 3).

Art. 285. De wijze van heffing der griffierechten en het houden der registers in de griffies van de hoven en rechtbanken worden bij koninklijk besluit geregeld.

Daarbij kan de medewerking van de griffiers bij de heffing van de griffierechten worden voorzien zonder dat zij daardoor de hoedanigheid van Staatsrekenplichtige verkrijgen.

Inbreuken op de voorschriften van evenbedoeld koninklijk besluit kunnen worden bestraft met boeten waarvan het bedrag per inbreuk [[[250 EUR]]] niet mag te boven gaan.

Al. 3 gewijzigd bij art. 79 W. 22 juli 1993 (B.S. 26.VII.1993), bij art. 2-11 K.B. 20 juli 2000 (II) (B.S. 30.VIII.2000, err. B.S. 8.III.2001) en bij art. 42, 5° K.B. 13 juli 2001 (B.S. 11. VIII.2001, err. B.S. 21.XII.2001).

Art. 286. Er is verjaring:

1° voor het invorderen der griffierechten en -boeten, na twee jaar, te rekenen van de dag waarop zij aan de Staat verworven zijn;

2° voor de vordering tot teruggaaf van ten onrechte geheven rechten en boeten, na twee jaar, te rekenen van de dag der betaling.

[Die verjaringen worden gestuit overeenkomstig artikelen 217^1 en 217^2.]

Verjaring voor het invorderen der in debet vereffende rechten ontstaat echter zoals die voor de onder dezelfde voorwaarden vereffende registratierechten.

Al. 2 vervangen bij art. 37 W. 23 december 1958 (B.S. 7.I.1959).

Art. 287. De bepalingen van titel I betreffende de vervolgingen en gedingen en de moratoire interesten, zijn toepasselijk op de griffierechten.

Art. 288. [...]

Opgeheven bij art. 69 W. 19 december 2006 (B.S. 29. XII.2006, ed. 6), van toepassing vanaf 1 januari 2007 (K.B. 21.XII.2006, B.S. 29.XII.2006, ed. 6).

Gemeenschappelijke bepaling voor alle belastingen

Art. 289. § 1. De bestuursdiensten van de Staat, met inbegrip van de parketten en de griffies der hoven en rechtbanken, de besturen van de provinciën en van de gemeenten, zomede de openbare organismen en instellingen, zijn gehouden, wanneer zij daartoe aangezocht zijn door een ambtenaar van een der Rijksbesturen belast met de aanslag in, of de invordering van de belastingen, hem alle in hun bezit zijnde inlichtingen te verstrekken, hem, zonder verplaatsing van alle in hun bezit zijnde akten, stukken, registers en om 't even welke bescheiden inzage te verlenen en hem alle inlichtingen, afschriften of uittreksels te laten nemen, welke bedoelde ambtenaar ter verzekering van de aanslag in, of de heffing van de door de Staat geheven belastingen nodig acht.

Onder openbare organismen dienen verstaan, naar de geest van deze wet, de instellingen, maatschappijen, verenigingen, inrichtingen en diensten welke de Staat mede beheert, waaraan de Staat een waarborg verstrekt, op welker bedrijvigheid de Staat toezicht uitoefent of waarvan het bestuurspersoneel aangewezen wordt door de regering, op haar voordracht of mits haar goedkeuring.

[Van de akten, stukken, registers, bescheiden of inlichtingen in verband met gerechtelijke procedures mag evenwel geen inzage of afschrift worden verleend zonder uitdrukkelijke toelating van het openbaar ministerie.]

Alinea 1 is niet van toepassing op het Bestuur der postchecks, het Nationaal Instituut voor de statistiek, noch op de kredietinstellingen.

Andere afwijkingen van deze bepaling kunnen worden ingevoerd bij door de Minister van Financiën medeondertekende koninklijke besluiten.

§ 2. Elke inlichting, stuk, proces-verbaal of akte ontdekt of bekomen in het uitoefenen van zijn functie, door een ambtenaar [van de Federale Overheidsdienst Financiën], hetzij rechtstreeks, hetzij door tussenkomst van een der hierboven aangeduide diensten, kan door de Staat ingeroepen worden voor het opsporen van elke krachtens de belastingwetten verschuldigde som.

Desondanks kan het aanbieden tot registratie van de processen-verbaal en van de verslagen over expertises betreffende gerechtelijke procedures, het bestuur dan alleen toelaten die akten in te roepen mits het daartoe de in alinea 3 van § 1 bepaalde toelating heeft bekomen.

§ 3. [Alle administraties die ressorteren onder de Federale Overheidsdienst Financiën zijn gehouden alle in hun bezit zijnde toereikende, ter zake dienende en niet overmatige inlichtingen ter beschikking te stellen aan alle ambtenaren van deze Overheidsdienst, voorzover die ambtenaren regelmatig belast zijn met de vestiging of de invordering van de belastingen, en voorzover die gegevens bijdragen tot de vervulling van de opdracht van die ambtenaren tot de vestiging of de invordering van eender welke door de Staat geheven belasting.

Elke ambtenaar van de Federale Overheidsdienst Financiën, die wettelijk werd belast met een controle- of onderzoeksopdracht, is van rechtswege gemachtigd alle toereikende, ter zake dienende en niet overmatige inlichtingen te vragen, op te zoeken of in te zamelen die bijdragen tot de vestiging of de invordering van eender welke, andere, door de Staat geheven belasting.]

§ 1, al. 3 vervangen bij art. 3 W. 14 januari 2013 (B.S. 31.I.2013, ed. 2);

§ 2, al. 1 gewijzigd bij art. 157, 1° Progr. W. 23 december 2009 (B.S. 30.XII.2009, ed. 1);

§ 3 vervangen bij art. 157, 2° Progr. W. 23 december 2009 (B.S. 30.XII.2009, ed. 1).

Intrekkingsbepaling

Art. 290. Onder voorbehoud van de bijzondere fiscale bepalingen voortvloeiend hetzij uit door de Staat gesloten en bij een wet goedgekeurde contracten, hetzij uit internationale overeenkomsten, worden alle vroegere wetsbepalingen betreffende registratie-, hypotheek- of griffierechten ingetrokken.

Tijdelijke bepalingen

Afdeling 1

Maatregelen waarbij de oprichting van nieuwe gebouwen begunstigd wordt door een vermindering der registratierechten

Art. 291-299. (niet opgenomen)

Afdeling 2

Diverse bepalingen

Art. 300. [...]

Opgeheven bij art. 32 W. 12 juli 1960 (B.S. 9.XI.1960).

Art. 301. Zijn van de formaliteit van registratie vrijgesteld:

1° [akten in der minne betreffende de leningen toegestaan door het [Nationaal Instituut voor oorlogsinvaliden, oudstrijders en oorlogsslachtoffers]];

2° [akten, vonnissen en arresten betreffende de uitvoering van de wetten op het herstel van oorlogsschade; minnelijke akten betreffende leningen en kredietopeningen toegekend aan de geteisterden om hun toe te laten de schade te herstellen die zij geleden hebben ingevolge oorlogsfeiten, wanneer deze leningen en kredietopeningen worden toegestaan, volgens de voorzieningen van de ter zake geldende wettelijke beschikkingen, door een in deze beschikkingen bedoelde kredietinstelling];

3° akten van overdracht en inpandgeving van vorderingen tot herstel van oorlogsschade;

4° akten, vonnissen en arresten betreffende de uitvoering van de wet van 27 maart 1924 aangaande de Nationale Vereniging der nijveraars en handelaars voor het herstel der oorlogsschade en de akten waarin het om de werking van die vereniging gaat;

5° akten, vonnissen en arresten betreffende de uitvoering van de wet van 28 juli 1921 op de geldigverklaring van de akten van de burgerlijke stand, de verbetering van de tijdens de oorlog opgemaakte akten van overlijden en de rechterlijke bevestiging van het overlijden;

6° akten van procedure vóór de gemengde scheidsgerechten ingesteld bij de vredesverdragen, waaronder de beslissingen en de betekening ervan;

7° [akten, vonnissen en arresten, betreffende de rechtsplegingen tot wettiging van de kinderen wier ouders, ten gevolge van de oorlog, zich in de onmogelijkheid hebben bevonden een huwelijk aan te gaan];

8° [de akten, vonnissen en arresten betreffende de uitvoering van de wet tot regeling van de financiële staatstussenkomst wegens schade aan private goederen veroorzaakt in verband met de overgang van de Democratische Republiek Kongo tot de onafhankelijkheid];

[8°bis de akten, vonnissen en arresten betreffende de uitvoering van de wet houdende uitgifte van een tweede tranche van de lening van het Belgisch-Kon-

golees Fonds voor Delging en Beheer en tot regeling van de problemen betreffende de leningen in Kongolese frank "Koloniale Schuld 4 1/4 pct. 1954-1974" en "Kongolese Schuld 4 pct. 1955-1975";]

9° [de akten, vonnissen en arresten, die betrekking hebben op de tenuitvoerlegging van de wet betreffende de verklaringen van overlijden en van vermoedelijk overlijden, alsmede betreffende de overschrijving en de verbetering van sommige akten van de burgerlijke stand];

10° [akten en vonnissen betreffende de rechtsplegingen vóór de vrederechters bedoeld bij de wet houdende uitzonderingsbepalingen inzake huishuur, wanneer het jaarlijks bedrag van de huurprijs, eisbaar op het ogenblik van de indiening van de eis, niet hoger is dan [[[300 EUR]]].]

1° vervangen bij art. 10 W. 30 juni 1951 (B.S. 8.VII.1951) en gewijzigd bij art. 34 W. 8 augustus 1981 (B.S. 8.IX.1981);
2° vervangen bij art. 23 Besl. Com. Gen. 30 juni 1941 (B.S. 13.VII.1941);
7° vervangen bij art. 21, 1 W. 14 november 1947 (B.S. 5. XII.1947);
8° vervangen bij art. 66, § 1 W. 14 april 1965 (B.S. 24. IV.1965);
8°bis ingevoegd bij art. 10, § 2 W. 5 januari 1977 (B.S. 22.II.1977);
9° vervangen bij art. 19 W. 20 augustus 1948 (B.S. 27. VIII.1948);
10° vervangen bij art. 39 R.B. 31 januari 1949 (B.S. 23. II.1949) en gewijzigd bij art. 17 K.B. 5 september 1955 (B.S. 12.X.1955), bij art. 2-11 K.B. 20 juli 2000 (II) (B.S. 30. VIII.2000, err. B.S. 8.III.2001) en bij art. 42, 5° K.B. 13 juli 2001 (B.S. 11.VIII.2001, err. B.S. 21.XII.2001).

[Art. 301bis. [...]]

Ingevoegd bij art. 23 Besl. W. 2 december 1946 (B.S. 26-28. XII.1946) en opgeheven bij art. 72, 1° W. 29 maart 1962 (B.S. 12.IV.1962).

[Art. 301ter. [...]]

Ingevoegd bij art. 11 W. 13 augustus 1947 (B.S. 7.IX.1947) en opgeheven bij art. 2 W. 24 januari 1958 (B.S. 14.II.1958).

[Art. 301quater. Kosteloos worden geregistreerd de akten, waarbij aan de gerechtigden van de wet van 1 oktober 1947 (1) betreffende de herstelling van de oorlogsschade aan private goederen, uit de hand woonhuizen worden verkocht die op initiatief van de Staat met het oog op de huisvesting van de geteisterden door oorlogsfeit werden gebouwd.]

Ingevoegd bij art. 3 W. 25 mei 1951 (B.S. 31.V.1951).
Opmerking: (1) Lees: Gecoördineerde wetten, samengeordend bij koninklijk besluit van 30 januari 1954.

Art. 302. Akten betreffende de ambtshalve tenuitvoerlegging van de beslissingen van de bij de vredesverdragen ingestelde gemengde scheidsgerechten worden in debet geregistreerd.

[Art. 302bis. [§ 1.] [Wordt van het evenredig recht vrijgesteld, de inbreng in vennootschappen die de rechtspersoonlijkheid bezitten en die de verwezenlijking nastreven van verrichtingen als bedoeld bij artikel 10 van de wet betreffende de economische expansie.

Te dien einde, zal de Minister die Economische Zaken, Streekeconomie of Middenstand in zijn bevoegdheid heeft, vóór het verlijden van de akte een bewijsstuk afgeven, waarvan de afgiftemodaliteiten door de Koning worden bepaald. Dit stuk moet aan de akte worden gehecht op het ogenblik van de registratie.]]

[§ 2. Wordt, overeenkomstig de voorwaarden en toepassingsmodaliteiten als bepaald in § 1, van het evenredig recht vrijgesteld, de inbreng in vennootschappen die de rechtspersoonlijkheid bezitten en die in titel I, artikel 2, van de wet tot economische heroriëntering zijn bedoeld.]

Ingevoegd bij art. 10 W. 14 juli 1966 (B.S. 25.VIII.1966); § 1 genummerd bij art. 9 W. 4 augustus 1978 (B.S. 17. VIII.1978) en vervangen bij art. 17 W. 30 december 1970 (B.S. 1.1.1971); § 2 ingevoegd bij art. 9 W. 4 augustus 1978 (B.S. 17. VIII.1978).

[Art. 302ter. (…)]

Ingevoegd bij art. 1 K.B. nr. 45, 24 oktober 1967 (B.S. 27.X.1967); niet meer toepasselijk.

[Art. 302quater. [...]]

Ingevoegd bij art. 3-17 W. 10 oktober 1967 (B.S. 31.X.1967) en opgeheven bij art. 15, 1° Progr. W. 24 december 1993 (B.S. 31.XII.1993).

Art. 303. Worden van hypotheekrecht vrijgesteld:
1° [hypothecaire inschrijvingen genomen tot waarborg van de in artikel 301, 1° en 2°, bedoelde leningen en kredietopeningen];
2° inschrijvingen genomen ter uitvoering van de wet van 27 maart 1924, betreffende de Nationale Vereniging van nijveraars en handelaars voor het herstel der oorlogsschade.

1° vervangen bij art. 23 Besl. Com. Gen. 30 juni 1941 (B.S. 13.VII.1941).

Art. 304. Is vrij van rolrecht, de inschrijving van de zaken waarvan vonnissen en arresten krachtens artikel 301 vrijstelling van de registratieformaliteit genieten.

De vonnissen en arresten zijn vrij van expeditierecht.

[Die vrijstellingen zijn evenwel niet toepasselijk in het geval bedoeld bij artikel 301, 10°.]

Al. 3 vervangen bij art. 39 R.B. 31 januari 1949 (B.S. 23. II.1949).

[Art. 304bis. [...]]

Ingevoegd bij art. 18-III W. 10 oktober 1967 (B.S. 31.X.1967) en opgeheven bij art. 15, 2° Progr. W. 24 december 1993 (B.S. 31.XII.1993).

Art. 305. [...]

Opgeheven bij art. 213 W. 22 december 1989 (B.S. 29. XII.1989).

[Art. 305bis. [...]]

Ingevoegd bij art. 3 W. 2 mei 1957 (B.S. 11.VII.1957) en opgeheven bij art. 5, 2° W. 6 augustus 1967 (B.S. 20.IX.1967).

Overgangsbepalingen

Afdeling 1

Algemene maatregelen

Art. 306-314. [...]

Opgeheven bij art. 213 W. 22 december 1989 (B.S. 29. XII.1989).

Afdeling 2

Bijzondere maatregelen

§ 1. Overdrachten onder bezwarende titel van onroerende goederen

Art. 315. [...]

Opgeheven bij art. 42 W. 19 juli 1979 (B.S. 22.VIII.1979).

Art. 316. [...]

Opgeheven bij art. 213 W. 22 december 1989 (B.S. 29. XII.1989).

§ 2. Burgerlijke en handelsvennootschappen

Art. 317. [...]

Opgeheven bij art. 213 W. 22 december 1989 (B.S. 29. XII.1989).

Art. 318. [...]

Opgeheven bij art. 19, 2° W. 14 april 1965 (B.S. 24.IV.1965).

Bijbepalingen betreffende de met het zegel gelijkgestelde taxes

Art. 319-321. (niet opgenomen)

Inwerkingtreding

Art. 322. Dit besluit treedt in werking op 1 februari 1940.

Wetboek van registratie-, hypotheek- en griffierechten (W. Reg.)

Brussels Hoofdstedelijk Gewest

WETBOEK VAN REGISTRATIE-, HYPOTHEEK- EN GRIFFIERECHTEN - BRUSSELS HOOFDSTEDELIJK GEWEST

INHOUDSOPGAVE

WETBOEK VAN REGISTRATIE-, HYPOTHEEK- EN GRIFFIERECHTEN (ZOALS VAN TOEPASSING IN HET BRUSSELS HOOFDSTEDELIJK GEWEST)

K.B. nr. 64 van 30 november 1939 (B.S. 1.XII.1939).

TITEL I

REGISTRATIERECHT

HOOFDSTUK I

FORMALITEIT DER REGISTRATIE EN VESTIGING VAN DE BELASTING

Art. 1. Registratie is een formaliteit bestaande in het afschrijven, ontleden of vermelden van een akte of van een geschrift, door de ontvanger der registratie in een hiertoe bestemd register [of op elke andere informatiedrager bepaald door de Koning].

Deze formaliteit geeft aanleiding tot heffing van een belasting genaamd registratierecht.

Al. 1 aangevuld bij art. 133 W. 22 december 1989 (B.S. 29.XII.1989).

Art. 2. De akten worden op de minuten, brevetten [...] of originelen geregistreerd.

Evenwel worden de buitenslands verleden authentieke akten in minuut op de uitgiften, afschriften of uittreksels geregistreerd [, en kunnen de akten bedoeld in artikel 19, 3°, worden geregistreerd op een kopie op voorwaarde dat de onroerende goederen bestemd zijn tot huisvesting van een gezin of van één persoon].

[De Koning kan voor de door Hem aangewezen categorieën van akten, geschriften en verklaringen die aan de formaliteit van de registratie onderworpen zijn, bepalen dat zij onder de vorm van de minuut, een afschrift of een kopie en al dan niet op gedematerialiseerde wijze, ter registratie kunnen of moeten worden aangeboden. Voor de aldus aangewezen categorieën van akten, geschriften en verklaringen bepaalt Hij de modaliteiten van de aanbieding ter formaliteit en van de uitvoering van de formaliteit alsook de voorschriften die voor de juiste heffing van de verschuldigde rechten nodig zijn. Hij kan daarbij afwijken van de bepalingen van de artikelen 8, 9, 26, 39, 40, 171 en 172 van dit Wetboek. Hij kan echter geen geldboete opleggen met een bedrag hoger dan 25 euro in geval van overtreding van de door hem in afwijking van de artikelen 171 en 172 vastgestelde regels.

De Koning kan bepalen dat wanneer de aanbieding ter registratie van akten of van bepaalde categorieën van akten op gedematerialiseerde wijze geschiedt, de aanbieding vergezeld moet gaan van gestructureerde metagegevens betreffende de akte.]

Al. 1 gewijzigd bij art. 75, 1° W. 22 december 2009 (B.S. 31.XII.2009, ed. 2), van toepassing vanaf de datum van de inwerkingtreding van het K.B. dat ter uitvoering van artikel 2, al. 2, van het Wetboek der Registratie-, Hypotheek en Grif-

fierechten de gedematerialiseerde aanbieding van de huurcontracten regelt;
Al. 2 gewijzigd bij art. 75, 2° W. 22 december 2009 (B.S. 31.XII.2009, ed. 2), van toepassing vanaf 1 januari 2007;
Al. 3 en 4 ingevoegd bij art. 75, 3° W. 22 december 2009 (B.S. 31.XII.2009, ed. 2).

Art. 3. Wordt een in een andere taal dan de landstalen gestelde akte of geschrift ter registratie aangeboden, zo kan de ontvanger eisen dat, op de kosten van de persoon die de formaliteit vordert, een door een beëdigde vertaler voor echt verklaarde vertaling daaraan wordt toegevoegd.

Art. 4. De registratie is ondeelbaar: zij wordt toegepast op de gehele akte of het geheel geschrift welke tot de formaliteit wordt aangeboden.

Art. 5. De registratie geschiedt slechts na betaling van de rechten en gebeurlijk van de boeten, zoals zij door de ontvanger worden vereffend.

[De Koning kan, bij een besluit vastgesteld na overleg in de Ministerraad, bepalen dat voor authentieke akten of bepaalde categorieën van authentieke akten de betaling van de in het eerste lid bedoelde rechten en boeten kan geschieden na de registratie van de akte. In voorkomend geval bepaalt hij de termijn en de modaliteiten van de betaling.]

Niemand kan, onder voorwendsel van betwisting over de verschuldigde som of om elke andere reden, die betaling verminderen noch uitstellen, behoudens vordering tot teruggave zo daartoe aanleiding bestaat.

Al. 2 ingevoegd bij art. 76 W. 22 december 2009 (B.S. 31. XII.2009, ed. 2).

Art. 6. De ontvanger is gehouden tot het registreren van de akten of geschriften op de datum waarop ze onder de wettelijke voorwaarden tot de formaliteit worden aangeboden.

Hij mag ze niet langer houden dan nodig is.

Art. 7. Zo een akte of geschrift, waarvan er geen minute bestaat, inlichtingen vervat die kunnen dienen om aan 's Rijks schatkist verschuldigde sommen te ontdekken, heeft de ontvanger het recht er een afschrift van te maken en dit eensluidend met het origineel te doen waarmerken door de werkende openbare officier of, zo het gaat om een onderhandse of buitenslands verleden akte, door de betrokken persoon die de formaliteit heeft gevorderd. Bij weigering, waarmerkt de ontvanger zelf de eensluidendheid van het afschrift, met vermelding van die weigering. Het aldus gewaarmerkt afschrift wordt, behoudens bewijs van het tegendeel, als eensluidend aangezien.

Art. 8. Vermelding van de registratie wordt op de akte of het geschrift gesteld naar een door de Minister van Financiën bepaalde tekst.

[Indien er toepassing gemaakt wordt van de vrijstelling voorzien in artikel 8bis, wordt de vermelding van de registratie vervangen door de vermelding van

de betaling die verricht moet worden volgens de modaliteiten voorzien in uitvoering van dit artikel. Deze vermelding geschiedt naar een door de Minister van Financiën vastgestelde tekst.]

Al. 2 ingevoegd bij art. 134 W. 22 december 1989 (B.S. 29.XII.1989).

[**Art. 8bis.** De Koning kan bepaalde categorieën van de in de artikelen 19, 1° en 6°, 26 en 29 bedoelde akten van de registratieformaliteit vrijstellen zonder dat deze vrijstelling de ontheffing van de op deze akten toepasselijke rechten meebrengt, alsook de betalingsmodaliteiten voor genoemde rechten, binnen de termijnen die Hij bepaalt, regelen, in voorkomend geval afwijkend van de bepalingen van hoofdstuk III en IX van deze titel. Indien er toepassing gemaakt wordt van deze bepaling kan de Koning het neerleggen van een afschrift van de akten voorschrijven en aanvullende regels vaststellen om de juiste heffing van de belasting te verzekeren.]

Ingevoegd bij art. 135 W. 22 december 1989 (B.S. 29. XII.1989).

Art. 9. [Dagen en uren van openstelling der kantoren, belast met de ontvangst der rechten en middelen waarvan de inning toevertrouwd is aan [de administratie van de belasting over de toegevoegde waarde, registratie en domeinen] met inbegrip van de hypotheekbewaringen, worden bij koninklijk besluit geregeld.]

[Valt de laatste dag van de termijn, die door onderhavig Wetboek vastgesteld is voor de uitvoering van een formaliteit, op een sluitingsdag van de kantoren, dan wordt deze termijn verlengd tot de eerste openingsdag der kantoren die volgt op het verstrijken van de termijn.]

[Bij koninklijk besluit kan worden voorgeschreven dat de betaling der rechten, boeten en interesten moet geschieden door storting of overschrijving op de postcheckrekening van het met de invordering belast kantoor.]

Al. 1 vervangen bij art. 1 W. 11 juli 1960 (B.S. 20.VII.1960) en gewijzigd bij art. 240 W. 22 december 1989 (B.S. 29. XII.1989);
Al. 2 ingevoegd bij art. 1 W. 11 juli 1960 (B.S. 20.VII.1960);
Al. 3 ingevoegd bij art. 41 W. 23 december 1958 (B.S. 7.I.1959).

HOOFDSTUK II

INDELING VAN DE RECHTEN EN ALGEMENE HEFFINGSREGELS

Art. 10. [Er zijn evenredige en vaste registratierechten.]

Vaste rechten zijn verdeeld in algemeen vast recht en specifieke vaste rechten.

Al. 1 vervangen bij art. 136 W. 22 december 1989 (B.S. 29.XII.1989).

Art. 11. [De evenredige en de specifieke vaste rechten worden geheven volgens het in het Wetboek vastgestelde tarief.]

Het algemeen vast recht is van toepassing op al de in dat tarief niet voorziene akten en geschriften.

Het algemeen vast recht bedraagt [[[50] EUR]].

Al. 1 vervangen bij art. 137, 1° W. 22 december 1989 (B.S. 29.XII.1989);
Al. 3 gewijzigd bij art. 2-11 K.B. 20 juli 2000 (II) (B.S. 30. VIII.2000, err. B.S. 8.III.2001), bij art. 42-5° K.B. 13 juli 2001 (B.S. 11.VIII.2001, err. B.S. 21.XII.2001) en bij art. 11 Progr. W. 28 juni 2013 (B.S. 1.VII.2013, ed. 2), van toepassing op alle akten en geschriften die vanaf 1 juli 2013 tot de formaliteit worden aangeboden.

Art. 12. Het evenredig of specifiek vast recht wordt slechts eenmaal op een rechtshandeling geheven, wat ook het getal zij van de geschriften die daarvan laten blijken.

Art. 13. Geven slechts aanleiding tot heffing van het algemeen vast recht, tenzij daarin een toevoeging of wijziging voorkomt welke van die aard is dat ze de heffing van een nieuw of aanvullend recht ten gevolge heeft:

1° alle nieuw geschrift opgemaakt om te laten blijken van een rechtshandeling waarop reeds het evenredig of specifiek vast recht werd geheven;

2° alle geschrift houdende bekrachtiging, bevestiging, uitvoering, aanvulling of voltrekking van geregistreerde vroegere akten, indien het niet laat blijken van nieuwe rechtshandelingen welke als dusdanig aan een evenredig of specifiek recht onderhevig zijn.

Geven insgelijks slechts aanleiding tot heffing van het algemeen vast recht, die rechtshandelingen welke ter oorzake van nietigheid, ontbinding of om andere reden opnieuw werden verricht zonder enige verandering welke iets toevoegt aan het voorwerp der overeenkomsten of aan derzelver waarde, ten ware het op de eerste handeling geheven evenredig recht teruggegeven werd of voor teruggaaf vatbaar zij.

Art. 14. [Wanneer een akte verscheidene onder dezelfde contractanten tot stand gekomen beschikkingen vervat, welke de ene van de andere afhankelijk zijn of de ene uit de andere noodzakelijk voortvloeien, is slechts één recht voor deze gezamenlijke beschikkingen verschuldigd.

Het recht wordt geheven met inachtneming van diegene van bedoelde beschikkingen welke tot het hoogste recht aanleiding geeft.]

Vervangen bij art. 2 W. 23 december 1958 (B.S. 7.I.1959).

Art. 15. Wanneer, in een akte, verscheidene onafhankelijke of niet noodzakelijk uit elkaar voortvloeiende beschikkingen voorkomen, is voor elke der beschikkingen en wel naar eigen aard een bijzonder recht verschuldigd.

Deze regel is niet van toepassing op het algemeen vast recht.

Art. 16. De rechtshandeling waarop het evenredig recht verschuldigd is, doch welke aan een schorsende voorwaarde onderworpen is, geeft alleen tot heffing van het algemeen vast recht aanleiding zolang de voorwaarde niet is vervuld.

Wordt de voorwaarde vervuld, zo is het recht verschuldigd dat bij het tarief voor de handeling is vastgesteld, behoudens toerekening van het reeds geheven recht. Het wordt berekend naar het tarief dat van kracht was op de datum waarop het recht aan de Staat zou verworven geweest zijn indien de handeling een onvoorwaardelijke was geweest, en op de bij dit wetboek vastgelegde en op de datum van de vervulling der voorwaarde beschouwde belastbare grondslag.

Art. 17. Wordt, voor de toepassing van dit wetboek, met een aan een schorsende voorwaarde onderworpen handeling gelijkgesteld, de rechtshandeling door een rechtspersoon verricht en aan machtiging, goedkeuring of bekrachtiging van overheidswege onderworpen.

Art. 18. [§ 1.] De datum van de onderhandse akten over 't algemeen of van de overeenkomsten die door het feit alleen van haar bestaan verplicht aan de formaliteit van registratie onderworpen zijn, kan niet tegen het bestuur worden ingeroepen dan voor zover hij tegen derden kan worden ingeroepen. Registratie sluit geen erkenning door het bestuur in van de datum der akte of der overeenkomst.

[§ 2. [Aan de administratie kan niet worden tegengeworpen, de rechtshandeling noch het geheel van rechtshandelingen dat een zelfde verrichting tot stand brengt, wanneer de administratie door vermoedens of door andere in artikel 185 bedoelde bewijsmiddelen en aan de hand van objectieve omstandigheden aantoont dat er sprake is van fiscaal misbruik.

Er is sprake van fiscaal misbruik wanneer de belastingschuldige door middel van de door hem gestelde rechtshandeling of het geheel van rechtshandelingen één van de volgende verrichtingen tot stand brengt:

1. een verrichting waarbij hij zichzelf in strijd met de doelstellingen van een bepaling van dit Wetboek of de ter uitvoering daarvan genomen besluiten buiten het toepassingsgebied van die bepaling plaatst; of

2. een verrichting waarbij aanspraak wordt gemaakt op een belastingvoordeel voorzien door een bepaling van dit Wetboek of de ter uitvoering daarvan genomen besluiten en de toekenning van dit voordeel in strijd zou zijn met de doelstellingen van die bepaling en die in wezen het verkrijgen van dit voordeel tot doel heeft.

Het komt aan de belastingschuldige toe te bewijzen dat de keuze voor zijn rechtshandeling of het geheel van rechtshandelingen door andere motieven verantwoord is dan het ontwijken van registratierechten.

Indien de belastingschuldige het tegenbewijs niet levert, dan wordt de verrichting aan een belastingheffing overeenkomstig het doel van de wet onderworpen alsof het misbruik niet heeft plaatsgevonden.]

§§ 3-6. [...]]

Bestaande tekst omgevormd tot § 1 bij art. 39 W. 30 maart 1994 (B.S. 31.III.1994);

§§ 2-6 ingevoegd bij art. 39 W. 30 maart 1994 (B.S. 31. III.1994);

§ 2 vervangen bij art. 168 Progr. W. 29 maart 2012 (I) (B.S. 6.IV.2012, ed. 3), van toepassing op de rechtshandelingen of het geheel van rechtshandelingen die ééénzelfde verrichting tot stand brengt, die zijn gesteld vanaf 1 juni 2012;

§§ 3-6 opgeheven bij art. 27 W. 24 december 2002 (B.S. 31.XII.2002).

HOOFDSTUK III

REGISTRATIEVERPLICHTING

Afdeling 1

Akten en verklaringen aan de formaliteit onderworpen

Art. 19. Moeten binnen de bij artikel 32 gestelde termijnen geregistreerd worden:

1° [de akten van notarissen; de exploten en processen-verbaal van [gerechtsdeurwaarders] [, met uitzondering van de protesten zoals bedoeld in de protestwet van 3 juni 1997]; de arresten en vonnissen der hoven en rechtbanken die bepalingen bevatten welke door deze titel aan een evenredig recht onderworpen worden];

2° de akten waarbij de eigendom of het vruchtgebruik van in België gelegen onroerende goederen overgedragen of aangewezen wordt;

3° [a) de akten houdende verhuring, onderverhuring of overdracht van huur van in België gelegen onroerende goederen of gedeelten van onroerende goederen, die uitsluitend bestemd zijn tot huisvesting van een gezin of van één persoon;

b) de andere dan onder a) bedoelde akten houdende verhuring, onderverhuring of overdracht van huur van in België gelegen onroerende goederen of gedeelten van onroerende goederen];

4° de processen-verbaal van openbare verkoping van lichamelijke roerende voorwerpen;

5° [de akten houdende inbreng van goederen in vennootschappen met rechtspersoonlijkheid waarvan hetzij de zetel der werkelijke leiding in België, hetzij de statutaire zetel in België en de zetel der werkelijke leiding buiten het grondgebied der Lid-Staten van de Europese Economische Gemeenschap, is gevestigd];

6° [...];

[7° [...].]

Behoudens wat [nrs. 2, 3 en 5] betreft, worden in dit artikel alleen de in België verleden akten bedoeld.

Al. 1, 1° vervangen bij art. 1, A W. 12 juli 1960 (B.S. 9. XI.1960) en gewijzigd bij art. 48, § 4 W. 5 juli 1963 (B.S. 17.VII.1963) en bij art. 68 W. 14 januari 2013 (B.S. 1. III.2013), van toepassing vanaf 1 september 2013;

Al. 1, 3° vervangen bij art. 62 Progr. W. 27 december 2006 (B.S. 28.XII.2006, ed. 3), van toepassing vanaf 1 januari 2007;

Al. 1, 5° vervangen bij art. 1, § 1 W. 3 juli 1972 (B.S. 1.

VIII.1972);
Al. 1, 6° opgeheven bij art. 2 W. 10 juni 1997 (B.S. 19.
VII.1997);
Al. 1, 7° ingevoegd bij art. 8, 1° W. 12 december 1996 (B.S.
31.XII.1996) en opgeheven bij art. 56, 1° W. 22 december
1998 (B.S. 15.I.1999);
Al. 2 gewijzigd bij art. 56, 2° W. 22 december 1998 (B.S.
15.I.1999).

Art. 20. [...]

Opgeheven bij art. 2 W. 12 juli 1960 (B.S. 9.XI.1960).

Art. 21[1]. [Wanneer een onderhandse of in het
buitenland verleden akte, als bedoeld in artikel 19, 2°,
ter registratie wordt aangeboden, neemt de ontvanger
een kopie van de akte, behalve wanneer het gaat om
een akte welke onder de minuten van een notaris in
België berust of bij zijn minuten is gevoegd.

Dat geldt ook wanneer een onderhandse of in het
buitenland verleden akte, als bedoeld in artikel 19, 3°,
op een papieren drager ter registratie wordt aangeboden.

De kopie blijft berusten op het registratiekantoor,
tenzij de administratie de bewaring van de inhoud van
de akte op een andere wijze verzekert.]

Hernummerd bij art. 2 W. 13 augustus 1947 (B.S. 17.IX.1947)
en vervangen bij art. 77 W. 22 december 2009 (B.S. 31.
XII.2009, ed. 2, err. B.S. 2.IV.2010, ed. 1), van toepassing
vanaf 1 januari 2007.

[**Art. 21**[2]. [Als onroerende goederen worden niet
beschouwd:

1° voor de toepassing van de artikelen 19, 3°, en
83, brandkasten, in huur gegeven door personen, verenigingen, gemeenschappen of vennootschappen die
gewoonlijk brandkasten verhuren;

2° [voor de toepassing van dit Wetboek, lichamelijk roerende voorwerpen aangewend tot de dienst en
de exploitatie van onroerende goederen.]]]]

Ingevoegd bij art. 2 W. 13 augustus 1947 (B.S. 17.IX.1947) en
vervangen bij art. 1 W. 22 juni 1960 (B.S. 21.VII.1960);
2° vervangen bij art. 1 W. 10 juli 1969 (B.S. 25.VII.1969).

Art. 22. [...]

Opgeheven bij art. 3 W. 10 juni 1997 (B.S. 19.VII.1997).

Art. 23. De exequaturs der scheidsrechterlijke uitspraken en die der buitenlands gewezen rechterlijke
beslissingen moeten, bij aanbieding ter registratie,
vergezeld zijn van de desbetreffende uitspraken of beslissingen.

Art. 24. [...]

Opgeheven bij art. 2 W. 12 juli 1960 (B.S. 9.XI.1960).

Art. 25. Als een onder de voorzieningen van artikel 19, 2° of 3°, vallende onderhandse of buitenlands

verleden akte ook van een andere overeenkomst laat
blijken of meteen op in België gelegen onroerende
goederen en andere goederen slaat, hebben de betrokkenen het vermogen om slechts een door hen gewaarmerkt uittreksel in beknopte vorm uit de akte te doen
registreren, dat alleen vermelding houdt van de overeenkomst of van dat deel er van welk de in België gelegen onroerende goederen betreft.

Het uittreksel wordt in dubbel opgemaakt. Wanneer beide exemplaren ter registratie worden aangeboden, moeten ze vergezeld zijn van de oorspronkelijke
akte of, zo het een buitenlands verleden authentieke
akte in minuut geldt, van een uitgifte daarvan. De heffing wordt beperkt tot die goederen welke het voorwerp van het uittreksel uitmaken. Een exemplaar van
dit uittreksel blijft op het registratiekantoor berusten.

Art. 26. [Geen akte of geschrift mag aan een van
de krachtens artikel 19, 1°, verplichtend te registreren
akten, andere dan een vonnis of arrest, worden gehecht, of onder de minuten van een notaris worden
neergelegd zonder te voren geregistreerd te zijn.

Evenwel staat het de notarissen en de [gerechts-
deurwaarders] vrij de aangehechte of neergelegde akte
tegelijk met de desbetreffende akte ter registratie aan
te bieden.

[...]

Het is niet van toepassing in geval van aanhechting of van nederlegging, onder de vorm van minuut,
uitgifte, afschrift of uittreksel, van in België verleden
gerechtelijke akten of akten van de burgerlijke stand.]

Vervangen bij art. 3 W. 12 juli 1960 (B.S. 9.XI.1960);
Al. 2 gewijzigd bij art. 48, § 4 W. 5 juli 1963 (B.S. 17.
VII.1963);
Al. 3 opgeheven bij art. 69 W. 14 januari 2013 (B.S. 1.
III.2013), van toepassing vanaf 1 september 2013.

Art. 27. [...]

Opgeheven bij art. 19 W. 1 juli 1983 (B.S. 8.VII.1983).

Art. 28. [...]

Opgeheven bij art. 2-28 W. 10 oktober 1967 (B.S. 31.X.1967).

Art. 29. Behoudens het bij artikel 173, 1°, voorziene geval, mag geen overschrijving, inschrijving,
doorhaling of randvermelding hetzij in de registers
van de hypotheekbewaarders, hetzij in de registers
voor de inschrijvingen van het landbouwvoorrecht
plaats hebben krachtens niet vooraf geregistreerde akten.

Art. 30. [Op vorig artikel wordt uitzondering gemaakt voor de overschrijvingen, inschrijvingen, doorhalingen of randvermeldingen gedaan door hypotheekbewaarders krachtens akten in verband met kredietverrichtingen gedaan onder het voordeel der wet
van 23 augustus 1948 [of met kredietverrichtingen
gedaan onder het voordeel der wet tot bevordering van
de financiering van de voorraden van de steenkolen-

mijnen].]
[Op vorig artikel wordt eveneens uitzondering gemaakt voor de in België verleden gerechtelijke akten
en akten van de burgerlijke stand, in minuut, uitgifte,
afschrift of uittreksel.]

*Al. 1 vervangen bij art. 11 W. 23 augustus 1948 (B.S. 11.
IX.1948) en aangevuld bij art. 13 W. 5 mei 1958 (B.S.
22.V.1958), zoals ingevoegd bij art. 4 W. 31 december 1958
(B.S. 21.I.1959);
Al. 2 ingevoegd bij art. 4 W. 12 juli 1960 (B.S. 9.XI.1960).*

Art. 31. Er bestaat verplichting tot ondertekening
en tot aanbieding ter registratie, binnen de bij artikel 33 gestelde termijnen, van een verklaring in onderstaande gevallen:
1° wanneer een overeenkomst, waarbij eigendom
of vruchtgebruik van in België gelegen onroerende
goederen overgedragen of aangewezen wordt, niet bij
een akte is vastgesteld;
[1°bis [wanneer een inbreng van goederen in een
vennootschap met rechtspersoonlijkheid, waarvan
hetzij de zetel der werkelijke leiding in België, hetzij
de statutaire zetel in België en de zetel der werkelijke
leiding buiten het grondgebied der Lid-Staten van de
Europese Economische Gemeenschap, is gevestigd,
niet bij een akte is vastgesteld];]
[1°ter [...]];
2° wanneer de voorwaarde die de heffing van een
recht heeft geschorst, vervuld wordt;
3° in de in artikelen 74 en 75 bedoelde gevallen.
Deze door de contracterende partijen of door een
harer ondertekende verklaring wordt in dubbel opgemaakt, waarvan een exemplaar ter registratiekantore
blijft berusten. Daarin worden vermeld: aard en doel
van de overeenkomst, datum er van of datum van het
nieuwe feit dat de verschuldigdheid van het recht heeft
doen ontstaan, aanwijzing van de partijen, omvang
van de goederen, belastbare grondslag en alle voor de
vereffening van de belasting nodige gegevens.
Vanaf het verstrijken van vorenstaande termijnen
wordt de door een der partijen ondertekende verklaring als van al de partijen uitgaande aangezien.

*Al. 1, 1°bis ingevoegd bij art. 2 W. 14 april 1965 (B.S. 24.
IV.1965) en vervangen bij art. 2 W. 3 juli 1972 (B.S. 1.
VIII.1972);
Al. 1, 1° ter ingevoegd bij art. 10 K.B. 12 december 1996 (B.S.
31.XII.1996) en opgeheven bij art. 58 W. 22 december 1998
(B.S. 15.I.1999).*

Afdeling 2

Termijnen voor de aanbieding ter registratie

Art. 32. De termijnen, binnen welke de aanbieding
ter registratie moet plaats hebben van verplichtend aan
de formaliteit der registratie onderworpen akten, zijn:
1° [voor akten van notarissen, vijftien dagen];
Evenwel is deze termijn gesteld op [vier maand]
ingaande met de dag van het overlijden der erflaters of
schenkers, voor testamenten en voor daarmede bij ar-

tikel 141, 3°, 2° alinea, gelijkgestelde schenkingen,
voor akten van derzelver herroeping, [voor verklaringen betreffende testamenten in internationale vorm]
en voor akten van bewaargeving van een testament
voor de erflater;
2° voor akten van [gerechtsdeurwaarders], [...]
vier dagen;
3° [voor arresten en vonnissen der hoven en rechtbanken, [tien dagen]];
4° voor akten waarbij de eigendom of het vruchtgebruik van in België gelegen onroerende goederen
overgedragen of aangewezen wordt, [vier maand];
5° [voor akten van verhuring, onderverhuring of
overdracht van huur bedoeld in artikel 19, 3°, a), twee
maanden en voor akten van verhuring, onderverhuring
of overdracht van huur bedoeld in artikel 19, 3°, b),
vier maanden];
6° voor processen-verbaal van openbare verkoping van lichamelijke roerende goederen opgemaakt
door bestuursoverheden en agenten van Staat, provinciën, gemeenten en openbare instellingen, één maand;
7° [voor akten houdende inbreng van goederen in
vennootschappen met rechtspersoonlijkheid waarvan
hetzij de zetel der werkelijke leiding in België, hetzij
de statutaire zetel in België en de zetel der werkelijke
leiding buiten het grondgebied der Lid-Staten van de
Europese Economische Gemeenschap, is gevestigd,
[vier maand]];
8° [...];
[9° [...].]

*1°, al. 1 vervangen bij art. 138, 1° W. 22 december 1989 (B.S.
29.XII.1989);
1°, al. 2 gewijzigd bij art. 24 W. 2 februari 1983 (B.S.
11.X.1983) en bij art. 1382 W. 22 december 1989 (B.S. 29.
XII.1989);
2° gewijzigd bij art. 48, § 4 W. 5 juli 1963 (B.S. 17.VII.1963)
en bij art. 70, a) W. 14 januari 2013 (B.S. 1.III.2013), van
toepassing vanaf 1 september 2013;
3° vervangen bij art. 5, A W. 12 juli 1960 (B.S. 9.XI.1960) en
gewijzigd bij art. 1 W. 19 juni 1986 (B.S. 24.VII.1986);
4° gewijzigd bij enig art. W. 25 juni 1973 (B.S. 13.VII.1973);
5° vervangen bij art. 63 Progr. W. 27 december 2006 (B.S.
28.XII.2006, ed. 3), van toepassing op de akten die dagtekenen vanaf 1 januari 2007;
7° vervangen bij art. 3 W. 3 juli 1972 (B.S. 1.VIII.1972) en
gewijzigd bij enig art. W. 25 juni 1973 (B.S. 13.VII.1973);
8° opgeheven bij art. 70, b) W. 14 januari 2013 (B.S. 1.
III.2013), van toepassing vanaf 1 september 2013;
9° ingevoegd bij art. 11 K.B. 12 december 1996 (B.S. 31.
XII.1996) en opgeheven bij art. 59 W. 22 december 1998 (B.S.
15.I.1999).*

Art. 33. De termijn, binnen welke de in artikel 31
voorziene verklaringen ter registratie moeten aangeboden worden, is [vier maand] ingaande met de datum
van de overeenkomst of, in voorkomend geval, van de
vervulling van de voorwaarde welke de heffing van
het recht heeft geschorst.
[[...]]

Al. 1 gewijzigd bij enig art. W. 25 juni 1973 (B.S. 13. VII.1973);
Al. 2 ingevoegd bij art. 12 K.B. 12 december 1996 (B.S. 31. XII.1996) en opgeheven bij art. 60 W. 22 december 1998 (B.S. 15.I.1999).

Art. 34. [Wat betreft de inbreng van geldspecie in coöperatieve vennootschappen, voldoet aan de voorschriften van artikel 31 de aanbieding ter registratie, binnen een termijn van [vier maand] ingaande met de datum die in de statuten voor het opmaken van de jaarlijkse balans is bepaald, van een afschrift van bedoelde balans of van elk ander document, dat laat blijken van het bedrag waarmede het geplaatste maatschappelijk fonds in de loop van het jaar is gestegen.]

Vervangen bij art. 4 W. 14 april 1965 (B.S. 24.IV.1965) en gewijzigd bij enig art. W. 25 juni 1973 (B.S. 13.VII.1973).

Afdeling 3

Personen verplicht tot aanbieding ter registratie

Art. 35. De verplichting tot aanbieding ter registratie van akten of verklaringen en tot betaling van de desbetreffende rechten en gebeurlijk de geldboeten, waarvan de vorderbaarheid uit bewuste akten of verklaringen blijkt, berust ondeelbaar:
1° op de notarissen en [gerechtsdeurwaarders], ten aanzien van de akten van hun ambt [...];
2° [...];
3° [...];
4° [de notarissen en gerechtsdeurwaarders, ten aanzien van de akten, overeenkomstig artikel 26 aan hun akten gehecht of in hun handen neergelegd, zonder voorafgaande registratie];
5° op de bestuursoverheden en agenten van Staat, provinciën, gemeenten en openbare instellingen, ten aanzien van de door hen opgemaakte akten;
6° op de contracterende partijen, ten aanzien van de onderhandse of buitenlands verleden akten, waarvan sprake in [artikel 19, 2°, 3°[, b),] en 5°], en ten aanzien van de in artikel 31 voorziene verklaringen;
7° [op de verhuurder ten aanzien van de onderhandse of buitenlands verleden akten waarvan sprake in artikel 19, 3°, a)].
[De verplichting tot aanbieding ter registratie van de arresten en vonnissen van hoven en rechtbanken berust op de griffiers. In afwijking van artikel 5 worden deze arresten en vonnissen in debet geregistreerd.]
[De verplichting tot betaling van de rechten waarvan de vorderbaarheid blijkt uit arresten en vonnissen van hoven en rechtbanken houdende veroordeling, vereffening of rangregeling rust:
1° op de verweerders, elkeen in de mate waarin de veroordeling, vereffening of rangregeling te zijnen laste wordt uitgesproken of vastgesteld, en op de verweerders hoofdelijk in geval van hoofdelijke veroordeling;
2° op de eisers naar de mate van de veroordeling, vereffening of rangregeling, die ieder van hen heeft verkregen, zonder evenwel de helft van de sommen of

waarden die ieder van hen als betaling ontvangt te overschrijden.
Zo op een vonnis of arrest verschuldigde rechten en boeten slaan op een overeenkomst waarbij de eigendom of het vruchtgebruik van in België gelegen onroerende goederen overgedragen of aangewezen wordt, zijn die rechten en boeten ondeelbaar verschuldigd door de personen die partijen bij de overeenkomst zijn geweest.
De rechten en, in voorkomend geval, de geldboeten worden betaald binnen de termijn van één maand, te rekenen vanaf de dag van de verzending van het betalingsbericht bij ter post aangetekende brief door de ontvanger der registratie.]

Al. 1, 1° gewijzigd bij art. 48, § 4 W. 5 juli 1963 (B.S. 17. VII.1963) en bij art. 71, a) W. 14 januari 2013 (B.S. 1. III.2013), van toepassing vanaf 1 september 2013;
Al. 1, 2° opgeheven bij art. 71, b) W. 14 januari 2013 (B.S. 1.III.2013), van toepassing vanaf 1 september 2013;
Al. 1, 3° opgeheven bij art. 6, B W. 12 juli 1960 (B.S. 9. XI.1960);
Al. 1, 4° vervangen bij art. 20 W. 1 juli 1983 (B.S. 8.VII.1983);
Al. 1, 6° gewijzigd bij art. 61 W. 22 december 1998 (B.S. 29.XII.1989) en bij art. 64, 1° Progr. W. 27 december 2006 (B.S. 28.XII.2006, ed. 3), van toepassing op de akten die dagtekenen vanaf 1 januari 2007;
Al. 1, 7° opgeheven bij art. 5, 3° W. 10 juni 1997 (B.S. 19. VII.1997) en hersteld bij art. 64, 2° Progr. W. 27 december 2006 (B.S. 28.XII.2006, ed. 3), van toepassing op de akten die dagtekenen vanaf 1 januari 2007;
Al. 2 ingevoegd bij art. 2, 2° W. 19 juni 1986 (B.S. 24. VII.1986);
Al. 3 ingevoegd bij art. 2, 2° W. 19 juni 1986 (B.S. 24. VII.1986) en vervangen bij art. 139 W. 22 december 1989 (B.S. 29.XII.1989);
Al. 4 ingevoegd bij art. 139 W. 22 december 1989 (B.S. 29.XII.1989);
Al. 5 ingevoegd bij art. 139 W. 22 december 1989 (B.S. 29.XII.1989).

Art. 36. [Artikel 35, eerste lid, vindt geen toepassing op de voor notaris opgemaakte testamenten en andere akten als bedoeld in artikel 32, 1°, tweede lid, wanneer de betrokkenen het bedrag van de rechten en eventueel van de boeten uiterlijk daags vóór het verstrijken van de voor registratie gestelde termijn in handen der notarissen niet hebben geconsigneerd.]

Vervangen bij art. 3 W. 19 juni 1986 (B.S. 24.VII.1986).

Art. 37. Wanneer de rechten betreffende testamenten en andere in artikel 32, 1°, 2e alinea, bedoelde akten niet in handen der notarissen werden geconsigneerd, zijn ze ondeelbaar door de erfgenamen, legatarissen of begiftigden zomede door de testamentuitvoerders verschuldigd.
[...]

Al. 2 opgeheven bij art. 4 W. 19 juni 1986 (B.S. 24.VII.1986).

Art. 38. [...]

Opgeheven bij art. 140 W. 22 december 1989 (B.S. 29. XII.1989).

Afdeling 4

Plaats der registratie

Art. 39. De akten en verklaringen worden geregistreerd:

1° de akten van notarissen en [gerechtsdeurwaarders], [...] ten registratiekantore van hun standplaats; [1°bis [...];]

2° [de arresten en vonnissen der hoven en rechtbanken, ten kantore in welks gebied de zetel van het hof of de rechtbank gelegen is];

3° [de akten die overeenkomstig artikel 26 zonder voorafgaande registratie worden aangehecht of neergelegd, ten kantore waar de akte van de notaris of de gerechtsdeurwaarder moet worden geregistreerd];

4° de akten van bestuursoverheden en agenten van Staat, provinciën, gemeenten en openbare instellingen, ten kantore in welks gebied hun zetel of de zetel van hun functie gelegen is;

5° de onderhandse of buitenlands verleden akten en de verklaringen betreffende in België gelegen onroerende goederen en welke in artikel 19, 2° en 3°, en in artikel 31, 1° en 3°, zijn bedoeld, ten kantore in welks gebied de goederen gelegen zijn. Zijn die goederen gelegen in het gebied van verscheidene kantoren, dan mogen de akten en verklaringen onverschillig in een van deze kantoren worden geregistreerd;

6° de verklaringen van vervulling van een in artikel 31, 2°, voorziene schorsende voorwaarde, ten kantore waar de akte werd geregistreerd welke van de overeenkomst laat blijken, of, bij gebreke aan geregistreerde akte, ten kantore in het 5° hiervoren aangeduid;

7° de andere akten dan voornoemde, onverschillig in alle kantoren.

1° gewijzigd bij art. 48, § 4 W. 5 juli 1963 (B.S. 17.VII.1963) en bij art. 72, a) W. 14 januari 2013 (B.S. 1.III.2013), van toepassing vanaf 1 september 2013;
1°bis ingevoegd bij art. 6, 2° W. 10 juni 1997 (B.S. 19. VII.1997) en opgeheven bij art. 72, b) W. 14 januari 2013 (B.S. 1.III.2013), van toepassing vanaf 1 september 2013;
2° vervangen bij art. 9 W. 12 juli 1960 (B.S. 9.XI.1960);
3° vervangen bij art. 21 W. 1 juli 1983 (B.S. 8.VII.1983).

Art. 40. In de plaatsen waar verscheidene registratiekantoren bestaan waaronder de verschillende takken van ontvangsten zijn verdeeld, wordt het bevoegd kantoor bepaald door de Minister van Financiën of diens afgevaardigde.

Afdeling 5

Sanctiën

Art. 41. Verbeuren ondeelbaar een geldboete gelijk aan het bedrag der rechten, zonder dat ze lager dan [[[25 EUR]]] mag zijn:

1° [de personen die binnen de voorgeschreven termijnen, de akten of verklaringen niet hebben doen registreren welke zij gehouden zijn aan de formaliteit te onderwerpen of de in artikel 5, tweede lid, bedoelde betaling niet hebben gedaan];

2° de in artikel 37 aangewezen personen die, binnen de hun daartoe gestelde termijn, de bij artikel 36 voorziene consignatie niet hebben gedaan;

3° [de in artikel 35, derde en vierde lid aangewezen personen die de betaling, bedoeld in het vijfde lid van genoemd artikel niet hebben gedaan binnen de voorgeschreven termijn.]

Inleidende zin gewijzigd bij art. 141, 1° W. 22 december 1989 (B.S. 29.XII.1989), bij art. 2-11 K.B. 20 juli 2000 (II) (B.S. 30.VIII.2000, err. B.S. 8.III.2001) en bij art. 42-5° K.B. 13 juli 2001 (B.S. 11.VIII.2001, err. B.S. 21.XII.2001);
1° vervangen bij art. 78 W. 22 december 2009 (B.S. 31. XII.2009, ed. 2);
3° vervangen bij art. 141, 2° W. 22 december 1989 (B.S. 29.XII.1989).

[**Art. 41bis.** De personen die de rechten, verschuldigd op de akten die van de formaliteit der registratie zijn vrijgesteld niet betaald hebben op de voorgeschreven wijze en binnen de voorgeschreven termijn [, die geen afschrift van deze akten neergelegd hebben of die zich niet gehouden hebben aan de door de Koning bepaalde aanvullende regels] in uitvoering van artikel 8bis, verbeuren ondeelbaar een boete van [[25 EUR]] tot [[250 EUR]] per overtreding.

Het bedrag van de boete wordt, binnen deze grenzen, vastgesteld door de gewestelijke directeur van de belasting over de toegevoegde waarde, registratie en domeinen.

De in het eerste lid bedoelde personen verbeuren ondeelbaar een boete gelijk aan de ontdoken rechten voor elke akte waarop zij ten onrechte de vrijstelling van de formaliteit bedoeld in artikel 8bis, toegepast hebben.]

Ingevoegd bij art. 142 W. 22 december 1989 (B.S. 29. XII.1989);
Al. 1 gewijzigd bij art. 75 W. 22 juli 1993 (B.S. 26.VII.1993), bij art. 2-11 K.B. 20 juli 2000 (B.S. 30.VIII.2000, err. B.S. 8.III.2001) en bij art. 42-5° K.B. 13 juli 2001 (B.S. 11. VIII.2001, err. B.S. 21.XII.2001).

Art. 42. [Voor elke overtreding van artikel 26 verbeurt de notaris of de gerechtsdeurwaarder een boete van [[[25 EUR]]].]

Vervangen bij art. 22 W. 1 juli 1983 (B.S. 8.VII.1983) en gewijzigd bij art. 143 W. 22 december 1989 (B.S. 29.XII.1989), bij art. 2-11 K.B. 20 juli 2000 (II) (B.S. 30.VIII.2000, err. B.S. 8.III.2001) en bij art. 42-5° K.B. 13 juli 2001 (B.S. 11. VIII.2001, err. B.S. 21.XII.2001).

Art. 43. [De griffiers die binnen de voorgeschreven termijn de arresten en vonnissen niet hebben doen registreren welke zij gehouden zijn aan de formaliteit te onderwerpen, verbeuren voor elke overtreding een boete van [[[25 EUR]]].]

Vervangen bij art. 7 W. 19 juni 1986 (B.S. 24.VII.1986) en gewijzigd bij art. 144 W. 22 december 1989 (B.S. 29. XII.1989), bij art. 2-11 K.B. 20 juli 2000 (II) (B.S. 30. VIII.2000, err. B.S. 8.III.2001) en bij art. 42-5° K.B. 13 juli 2001 (B.S. 11.VIII.2001, err. B.S. 21.XII.2001).

HOOFDSTUK IV

VASTSTELLING VAN DE RECHTEN

Afdeling 1

Overdrachten onder bezwarende titel van onroerende goederen

§ 1. Algemene bepalingen

Art. 44. Het recht wordt gesteld op [12,50 t.h.] voor de verkopingen, ruilingen en alle overeenkomsten onder bezwarende titel [...] waarbij eigendom of vruchtgebruik van onroerende goederen wordt overgedragen.

Gewijzigd bij art. 15, 2° K.B. nr. 12-18 april 1967 (B.S. 20. IV.1967) en bij art. 40 W. 30 maart 1994 (B.S. 31.III.1994).

Art. 45. Het recht wordt vereffend:
– ten aanzien van de verkopingen, op het bedrag van bedongen prijs en lasten;
– ten aanzien van de ruilingen, op de overeengekomen waarde van de in een der prestatiën begrepen goederen, met inachtneming van die welke aanleiding tot het hoogste recht zou geven zo beide waren toegestaan tegen een naar die waarde vastgestelde geldprijs;
[– ten aanzien van inbrengen van onroerende goederen in vennootschappen, andere dan inbrengen als vermeld in artikel 115bis, op de waarde van de als vergoeding van de inbreng toegekende maatschappelijke rechten verhoogd met de lasten die door de vennootschap gedragen worden;]
– ten aanzien van de overige overdragende overeenkomsten, op de overeengekomen waarde van de ten laste van de verkrijger van het onroerend goed bedongen tegenprestatie.

3° streepje ingevoegd bij art. 41 W. 30 maart 1994 (B.S. 31.III.1994).

Art. 46. Evenwel mag de belastbare grondslag in geen geval lager zijn dan de verkoopwaarde van de overgedragen onroerende goederen.

[**Art. 46bis.** Voor wat betreft de verkopingen, wordt de belastbare grondslag bepaald overeenkomstig de artikelen 45 en 46, verminderd met [60.000 euro] in geval van verkrijging door een natuurlijke persoon van de geheelheid in volle eigendom van een geheel of gedeeltelijk tot bewoning aangewend of bestemd onroerend goed dat zal dienen tot

hoofdverblijfplaats van de verkrijger.

Hetzelfde abattement is van toepassing in geval van verkrijging door meerdere natuurlijke personen van de geheelheid in volle eigendom van een geheel of gedeeltelijk tot bewoning aangewend of bestemd onroerend goed dat zal dienen tot gemeenschappelijke hoofdverblijfplaats van de verkrijgers.

Voor de toepassing van dit artikel wordt, verstaan onder hoofdverblijfplaats, tenzij tegenbewijs, het adres waarop de verkrijgers zijn ingeschreven in het bevolkingsregister of vreemdelingenregister. Als datum van vestiging van de hoofdverblijfplaats geldt de datum van inschrijving in die registers.

Het abattement waarin het eerste en het tweede lid voorzien, wordt op [75.000 euro] gebracht wanneer de verkrijging een onroerend goed betreft dat ligt binnen een ruimte voor versterkte ontwikkeling van de huisvesting en de stadsvernieuwing, zoals afgebakend in het Gewestelijk Ontwikkelingsplan tot uitvoering van de artikelen 16 tot 24 van de ordonnantie van 29 augustus 1991 houdende organisatie van de planning en de stedenbouw.

De vermindering van de belastbare grondslag geldt niet voor de verkrijging van een bouwgrond. Deze uitsluiting geldt niet voor de verkrijging van een appartement in aanbouw of een appartement op tekening.

Aan de vermindering van de belastbare grondslag zijn de volgende voorwaarden verbonden:
1° de verkrijger mag op de datum van de overeenkomst tot verkrijging niet voor de geheelheid volle eigenaar zijn van een ander onroerend goed dat geheel of gedeeltelijk tot bewoning is bestemd; indien de verkrijging geschiedt door meer dan één persoon, moet elke verkrijger deze voorwaarde vervullen, en mogen de verkrijgers bovendien gezamenlijk niet voor de geheelheid volle eigenaar zijn van een ander onroerend goed dat geheel of gedeeltelijk tot bewoning is bestemd;
2° in of onderaan het document dat aanleiding geeft tot de heffing van het evenredig registratierecht of in een bij dat document gevoegd en ondertekend geschrift moeten de verkrijgers:
a) verklaren dat zij voldoen aan de voorwaarde vermeld in 1° van dit lid;
b) [zich verbinden hun hoofdverblijfplaats te vestigen op de plaats van het aangekochte goed:
– indien het een bestaande woning betreft, binnen twee jaar na:
- ofwel de datum van de registratie van het document dat tot de heffing van het evenredig registratierecht aanleiding geeft, wanneer dat document binnen de ervoor bepaalde termijn ter registratie wordt aangeboden;
- ofwel de uiterste datum voor tijdige aanbieding ter registratie, wanneer dat document ter registratie wordt aangeboden na het verstrijken van de ervoor bepaalde termijn;
– indien het een appartement in aanbouw of een appartement op tekening betreft, binnen drie jaar na dezelfde datum];
c) zich ertoe verbinden hun hoofdverblijfplaats in

[het verkregen onroerend goed] te behouden gedurende een ononderbroken periode van minstens vijf jaar vanaf het tijdstip waarop ze hun hoofdverblijfplaats gevestigd hebben in het onroerend goed waarvoor de vermindering is verkregen.

Ingeval de verklaring bedoeld in 2°, a), van het zesde lid, onjuist wordt bevonden, zijn de verkrijgers ondeelbaar gehouden tot betaling van de aanvullende rechten op het bedrag waarmee de belastbare grondslag werd verminderd, en van een boete gelijk aan die aanvullende rechten.

Dezelfde aanvullende rechten en boete zijn ondeelbaar verschuldigd door de verkrijgers indien geen van hen de in 2°, b), van het zesde lid, bedoelde verbintenis naleeft. Komen sommige verkrijgers de bedoelde verbintenis niet na, dan worden de aanvullende rechten en de boete waartoe zij ondeelbaar gehouden zijn, bepaald naar verhouding van hun wettelijk aandeel in het verkregen onroerend goed. Indien de nietnaleving van de verbintenis het gevolg is van overmacht is de boete evenwel niet verschuldigd.

Behoudens overmacht, zijn dezelfde aanvullende rechten [...], ondeelbaar verschuldigd door de verkrijgers indien geen van hen de in 2°, c), van het zesde lid, bedoelde verbintenis naleeft.]

Ingevoegd bij art. 2 Ord. Br. H. R. 20 december 2002 (B.S. 31.XII.2002, ed. 3, err. B.S. 16.I.2003);

Al. 1 gewijzigd bij art. 2, 1° Ord. Br. H. Parl. 10 februari 2006 (B.S. 15.II.2006);

Al. 4 gewijzigd bij art. 2, 2° Ord. Br. H. Parl. 10 februari 2006 (B.S. 15.II.2006);

Al. 6, 2°, b) vervangen bij art. 2, 3° Ord. Br. H. Parl. 10 februari 2006 (B.S. 15.II.2006);

Al. 6, 2°, c) gewijzigd bij art. 2 Ord. Br. H. Parl. 22 november 2012 (B.S. 4.XII.2012), van toepassing vanaf 1 januari 2013;

Al. 9 gewijzigd bij art. 2 Ord. Br. H. Parl. 22 november 2012 (B.S. 4.XII.2012), van toepassing vanaf 1 januari 2013.

Art. 47. [Wanneer de overeenkomst op het vruchtgebruik van een onroerend goed slaat, wordt de in artikel 46 bedoelde verkoopwaarde vertegenwoordigd door de som verkregen door vermenigvuldiging van de jaarlijkse opbrengst of, bij ontstentenis daarvan, van de huurwaarde van het goed, met het getal dat in de onderstaande tabel is opgegeven en afhankelijk is van de leeftijd, welke degene op wiens hoofd het vruchtgebruik is gevestigd, op de dag van de akte heeft:

Getal	Leeftijd
18	20 jaar of minder;
17	meer dan 20 jaar en niet meer dan 30 jaar;
16	meer dan 30 jaar en niet meer dan 40 jaar;
14	meer dan 40 jaar en niet meer dan 50 jaar;
13	meer dan 50 jaar en niet meer dan 55 jaar;
11	meer dan 55 jaar en niet meer dan 60 jaar;
9,5	meer dan 60 jaar en niet meer dan 65 jaar;
8	meer dan 65 jaar en niet meer dan 70 jaar;
6	meer dan 70 jaar en niet meer dan 75 jaar;
4	meer dan 75 jaar en niet meer dan 80 jaar;
2	meer dan 80 jaar.]

Is het vruchtgebruik voor een bepaalde tijd gevestigd, zo is de verkoopwaarde vertegenwoordigd door de som verkregen door het kapitaliseren ad 4. t.h. van de jaarlijkse opbrengst, rekening gehouden met de bij de overeenkomst gestelde duur van het vruchtgebruik, maar zonder te mogen overschrijden hetzij de naar voorgaande alinea bepaalde waarde, zo het gaat om een ten bate van een natuurlijk persoon gevestigd vruchtgebruik, hetzij het bedrag van twintigmaal de opbrengst, zo het vruchtgebruik ten bate van een rechtspersoon is gevestigd.

In geen geval mag aan het vruchtgebruik een hogere waarde dan de vier vijfden van de verkoopwaarde van de volle eigendom worden toegewezen.

Al. 1 vervangen bij art. 3 W. 23 december 1958 (B.S. 7.I.1959).

Art. 48. Gaat de overeenkomst over de blote eigendom van een onroerend goed waarvan het vruchtgebruik door de vervreemder is voorbehouden, zo mag de belastbare grondslag niet lager zijn dan de verkoopwaarde van de volle eigendom.

Art. 49. Gaat de overeenkomst over de blote eigendom van een onroerend goed, zonder dat het vruchtgebruik door de vervreemder is voorbehouden, zo mag de belastbare grondslag niet lager zijn dan de verkoopwaarde van de volle eigendom, na aftrekking van de overeenkomstig artikel 47 berekende waarde van het vruchtgebruik.

Art. 50. Wordt of werd het vruchtgebruik op het hoofd van twee of meer personen gevestigd, met recht van aanwas of van terugvalling, zo is de voor de toepassing van artikelen 47 en 49 in aanmerking te nemen leeftijd die van de jongste persoon.

§ 2. [Verkopingen aan bouwmaatschappijen tot nut van het algemeen]

Opschrift vervangen bij art. 1 K.B. 12 september 1957 (B.S. 3.X.1957).

Art. 51. [Het bij artikel 44 vastgelegd recht wordt tot 6 pct. verlaagd voor de verkopingen gedaan met het oog op de verwezenlijking van haar maatschappelijk doel:

1° aan maatschappijen erkend hetzij door de Nationale Maatschappij voor de huisvesting, hetzij door de [Nationale Landmaatschappij] [, hetzij door de Gewestelijke Maatschappijen opgericht in uitvoering van de wet van 28 december 1984 tot afschaffing of herstructurering van sommige instellingen van openbaar nut];

2° aan de samenwerkende maatschappij "Woningfonds van de bond der kroostrijke gezinnen in België"

[, aan de coöperatieve vennootschappen Vlaams Woningfonds van de Grote Gezinnen, Woningfonds van de Kroostrijke Gezinnen van Wallonië en Woningfonds van de gezinnen van het Brusselse Gewest.]

Wat betreft de onder 1° hierboven bedoelde maatschappijen, wordt de verlaging slechts toegestaan mits het bewijs geleverd wordt van de erkenning der verkrijgende maatschappij.]

Vervangen bij art. 1 K.B. 12 september 1957 (B.S. 3.X.1957); Al. 1, 1° gewijzigd bij art. 55, al. 2 W. 22 juli 1970 (B.S. 4. IX.1970) en aangevuld bij art. 145, 1° W. 22 december 1989 (B.S. 29.XII.1989); Al. 1, 2° aangevuld bij art. 145, 2° W. 22 december 1989 (B.S. 29.XII.1989).

§ 3. Verkopingen [...] aan de met regeringspremie begunstigde kopers

Opschrift gewijzigd bij art. 3 W. 30 mei 1949 (B.S. 4-5. VII.1949, err. B.S. 6.VII.1949).

Art. 52. [Het recht wordt tot 1,50 pct. verlaagd voor de verkopingen van woningen toegestaan door de Nationale Maatschappij voor de huisvesting, de [Nationale Landmaatschappij], de door hen [of door de Gewestelijke Maatschappijen opgericht in uitvoering van de wet van 28 december 1984 tot afschaffing of herstructurering van sommige instellingen van openbaar nut] erkende maatschappijen, de openbare besturen of de openbare instellingen, aan personen wie de door de Staat verleende aankooppremie ten goede komt.]

Het gebeurlijk intrekken van die premie brengt voor de verkrijger de verplichting mede het verschuldigde recht tot het bij artikel 44 vastgesteld percentage te zuiveren.

[…]

Al. 1 vervangen bij art. 2 K.B. 12 september 1957 (B.S. 3.X.1957) en gewijzigd bij art. 55, al. 2 W. 22 juli 1970 (B.S. 4.IX.1970) en bij art. 146, 1° W. 22 december 1989 (B.S. 29.XII.1989); Al. 3 opgeheven bij art. 146, 2° W. 22 december 1989 (B.S. 29.XII.1989).

§ 4. [Verkopingen van kleine landeigendommen en bescheiden woningen]

Opschrift vervangen bij art. 24 W. 13 augustus 1947 (B.S. 17.IX.1947).

Art. 53-61². […]

Opgeheven bij art. 11 Ord. Br. H. R. 20 december 2002 (B.S. 31.XII.2002, ed. 3, err. B.S. 16.I.2003).
Opmerking: – Voor de overeenkomsten met betrekking tot kleine landeigendommen en bescheiden woningen gesloten vóór 1 januari 2003, blijven de artikelen 53 t/m 61² van toepassing.
(Ord. 20 december 2002, art. 11-12, B.S. 31.XII.2002, ed. 3, err. B.S. 16.I.2003)

§ 5. Verkopingen aan personen die hun beroep maken van de aankoop van onroerende goederen met het oog op wederverkoop

Art. 62. [Het in artikel 44 bepaalde recht wordt tot [8 pct.] verminderd voor de verkopingen die uit de hand en bij authentieke akte gedaan worden aan personen die hun beroep maken van het kopen en verkopen van onroerende goederen.

Deze vermindering is echter niet van toepassing op de verkopen van landeigendommen waarvan de verkoopwaarde het bedrag niet te boven gaat dat verkregen wordt bij vermenigvuldiging van het kadastraal inkomen met een door de Koning vastgestelde coëfficiënt.]

Vervangen bij art. 1 W. 27 april 1978 (B.S. 30.XI.1978); Al. 1 gewijzigd bij art. 3 Ord. Br. H. R. 20 december 2002 (B.S. 31.XII.2002, ed. 3, err. B.S. 16.I.2003).

Art. 63[1]. Om de in vorenstaand artikel voorziene vermindering te genieten, moet de beroepspersoon:

1° in de vorm en op het bij koninklijk besluit te bepalen kantoor, een beroepsverklaring ondertekenen en indienen;

2° op eigen kosten, zekerheid stellen voor de invordering van de sommen welke bij toepassing van artikel 64 en volgende artikelen van deze paragraaf vorderbaar kunnen worden;

3° [de erkenning verkregen hebben van een in België gevestigd vertegenwoordiger die medeaansprakelijk is en hoofdelijk met hem instaat voor de nakoming van zijn fiscale verplichtingen indien hij:

a) een natuurlijke persoon is en zijn wettelijke verblijfplaats buitend de Europese Economische Ruimte heeft;

b) een rechtspersoon is zonder vestiging in België en wiens maatschappelijke zetel gevestigd is buiten de Europese Economische Ruimte].

De vervulling van deze voorwaarden dient bevestigd hetzij in de akte van verkrijging, hetzij in een onderaan de akte gestelde verklaring of in een bijgevoegd schrijven. De verklaring wordt, vóór de registratie, door de verkrijger of, in zijn naam, door de werkende notaris ondertekend.

[Zo de verkrijging onroerende landgoederen tot voorwerp heeft, moet een uittreksel uit de kadastrale legger betreffende de verkregen goederen aan de akte gehecht zijn wanneer zij ter registratie wordt aangeboden.

De akte welke die bevestiging niet inhoudt of waarbij de verklaring en, in voorkomend geval, het uittreksel uit de kadastrale legger, zoals bedoeld in vorenstaande alinea's, niet gehecht zijn, wordt tegen het gewoon recht geregistreerd en geen vordering tot teruggaaf is ontvankelijk.]

[Een beroepspersoon, andere dan die bedoeld in het eerste lid, 3°, kan de erkenning verkrijgen van een in België gevestigde vertegenwoordiger die medeaansprakelijk is en hoofdelijk met hem instaat voor de nakoming van zijn fiscale verplichtingen.]

Hernummerd bij art. 3 W. 3 februari 1959 (B.S. 14.II.1959);
Al. 1, 3° vervangen bij art. 62, a) W. 14 april 2011 (B.S.
6.V.2011, ed. 1);
Al. 3 vervangen bij art. 2 W. 3 februari 1959 (B.S. 14.II.1959);
Al. 4 ingevoegd bij art. 2 W. 3 februari 1959 (B.S. 14.II.1959);
Al. 5 ingevoegd bij art. 62, b) W. 14 april 2011 (B.S. 6.V.2011,
ed. 1).

[**Art. 63**^{2}. Wanneer door een schatting volgens artikelen 190 tot 199 bevonden wordt dat de verkoopwaarde van landgoederen, welke met toepassing van het bij artikel 62 voorzien verminderd recht verkregen werden, op de datum van de verkrijging de door laatstbedoeld artikel vastgestelde grens niet overtrof, is de verkrijger gehouden tot het betalen van het bijkomend recht berekend op de grondslag die voor de heffing van het verminderd recht gediend heeft, van een zelfde som als boete en van de kosten der procedure.]

Ingevoegd bij art. 3 W. 3 februari 1959 (B.S. 14.II.1959).

Art. 64. Het bij artikel 44 bepaald recht wordt vorderbaar ten laste van de verkrijger van het onroerend goed die het voordeel van artikel 62 heeft genoten, bijaldien bedoelde verkrijger of zijn rechthebbenden dit onroerend goed niet hebben vervreemd door wederverkoop of alle andere overdracht onder bezwarende titel, andere dan de inbreng in vennootschap, vastgesteld bij authentieke akte uiterlijk op 31 december van het tiende jaar na de datum van de koopakte.

De wederverkoop aan een beroepspersoon met toepassing van artikel 62 staat deze vorderbaarheid niet in de weg.

Art. 65. De verkrijger mag de betaling aanbieden van het gewoon recht vóór het verstrijken van de in eerste alinea van vorig artikel voorziene termijn.

Art. 66. Het recht dat voor de verkrijging van het goed betaald werd, mag niet op de krachtens artikelen 64 en 65 verschuldigde rechten worden aangerekend.

Art. 67. De overeenkomstig artikelen 64 en 65 vorderbare rechten worden berekend op de waarde die tot grondslag heeft gediend aan het voor de verkrijging betaald recht en naar het op de datum dezer verkrijging van kracht zijnde tarief.

Bijaldien slechts een deel van tegen een enige prijs aangekochte onroerende goederen wordt vervreemd, wordt de belastbare waarde van het niet vervreemde gedeelte bepaald naar verhouding van de grootte.

Art. 68. [In het geval van artikel 64 worden de gewone rechten vereffend op een verklaring die, binnen de [eerste vier maanden] na het verstrijken van het tiende jaar en op straf van boete gelijk aan de rechten, tot registratie dient aangeboden ten kantore in welks gebied de goederen gelegen zijn.]

In het geval van artikel 65, moet de verkrijger op bedoeld kantoor ter registratie een verklaring aanbieden waarin samenstelling en waarde zijn bepaald voor de goederen waarvoor hij de rechten wenst te betalen.

De bij dit artikel voorgeschreven verklaringen, welke door belanghebbende of zijn aangenomen vertegenwoordiger worden ondertekend, worden in dubbel gesteld, en een exemplaar blijft op het kantoor ter registratie. Deze verklaringen houden vermelding van de akte of de akten van verkrijging, van het nieuwe feit waaruit de verschuldigdheid van het recht volgt en al de tot de vereffening van de belasting nodige gegevens.

Al. 1 vervangen bij art. 4 W. 3 februari 1959 (B.S. 14.II.1959)
en gewijzigd bij art. 152 W. 22 december 1989 (B.S. 29.XII.1989).

Art. 69. Bij overlijden van de vertegenwoordiger van een [beroepspersoon bedoeld in artikel 63^1, eerste lid, 3°, bij de intrekking van zijn erkenning of in geval hij onbekwaam wordt verklaard om als vertegenwoordiger op te treden], dient binnen zes maanden in zijn vervanging voorzien.

Wanneer de door de verkrijger gestelde zekerheid ontoereikend wordt, dient hij, binnen de door het bestuur vastgestelde termijn, een aanvullende zekerheid te verstrekken.

Wordt aan vorenstaande voorschriften niet voldaan, zo wordt het volgens artikel 66 en 67 berekend gewoon recht op de niet wederverkochte goederen vorderbaar.

Al. 1 gewijzigd bij art. 63 W. 14 april 2011 (B.S. 6.V.2011,
ed. 1).

Art. 70. De Minister van Financiën of zijn afgevaardigde bepaalt aard en bedrag der ter voldoening van artikelen 63, 2° (1), en 69 te stellen zekerheid of aanvullende zekerheid. Deze zekerheid dient gesteld onder de door de Minister of zijn afgevaardigde bepaalde voorwaarden en mag niet minder dan [[[5.000 EUR]]] bedragen.

Gewijzigd bij art. 1 W. 14 augustus 1947 (B.S. 17.IX.1947),
bij art. 2-11 K.B. 20 juli 2000 (II) (B.S. 30.VIII.2000, err. B.S.
8.III.2001) en bij art. 42-5° K.B. 13 juli 2001 (B.S. 11.
VIII.2001, err. B.S. 21.XII.2001).
Opmerking: (1) Lees: artikel 63^1, 2°.

Art. 71. Indien hij die een beroepsverklaring heeft ondertekend bij het verstrijken van een termijn van vijf jaar na die verklaring, niet bij machte is om door een reeks wederverkopen te laten blijken dat hij het aangegeven beroep werkelijk uitoefent, wordt hij schuldenaar van de gewone rechten op zijn aankopen, onder aftrek van de reeds geheven rechten, en daarenboven van een som gelijk aan de aanvullende rechten als boete.

§ 6. Ruiling van ongebouwde landgoederen

Art. 72. [Zijn vrijgesteld van het evenredig recht en onderworpen aan het algemeen vast recht, de ruilingen van ongebouwde landeigendommen waarvan de verkoopwaarde voor elk der kavels [het bedrag niet te boven gaat dat verkregen wordt bij vermenigvuldiging van het kadastraal inkomen met een door de Koning vastgestelde coëfficiënt].

Evenwel wordt bij ongelijkheid van de kavels [het bij artikel 44 bepaalde recht] geheven op het waardeverschil of de opleg, indien deze groter is dan dat verschil. Dit recht wordt verlaagd tot 6 t.h. indien het waardeverschil op de opleg een vierde van de verkoopwaarde van de minste kavel niet te boven gaat.

De toepassing van dit artikel is ondergeschikt aan een [drievoudige voorwaarde]:

1° dat de verkoopwaarde van elke kavel door partijen wordt aangegeven, hetzij in de akte, hetzij onderaan de akte, vóór de registratie;

2° dat een uittreksel uit de kadastrale legger aan de akte wordt gehecht bij de registratie;]

[3° dat de partijen vóór de registratie, in een verklaring gedaan in de akte of onderaan op de akte, aanduiden of de geruilde onroerende goederen door henzelf of door derden worden geëxploiteerd en dat, in deze laatste onderstelling, de akte of een daaraan vóór de registratie gehecht schrijven de instemming inhoudt van alle exploitanten van de in de ruiling begrepen goederen.]

Vervangen bij art. 1 W. 26 juli 1952 (B.S. 30.VIII.1952);
Al. 1 gewijzigd bij art. 2, A W. 27 april 1978 (B.S. 30.XI.1978);
Al. 2 gewijzigd bij art. 15 K.B. nr. 12 18 april 1967 (B.S. 20.IV.1967);
Al. 3, inleidende zin gewijzigd bij art. 2, B. W. 27 april 1978 (B.S. 30.XI.1978);
Al. 3, 3° ingevoegd bij art. 2, B.W. 27 april 1978 (B.S. 30.XI.1978).

Art. 73[1]. [Voor elke te laag bevonden opleg of waardeverschil is, behalve het ontdoken recht, een geldboete van hetzelfde bedrag als dit recht vorderbaar.

Hetzelfde geldt voor elke overschatting van de kavels die een vermindering van het recht tot gevolg heeft.

De geldboete is evenwel niet verschuldigd, indien het verschil tussen de verkoopwaarde van de kavels en de aangegeven schatting minder dan een achtste hiervan bedraagt.

Het bepaalde in de artikelen 189 tot 201 geldt mede voor de controle op de in dit artikel omschreven schattingen.]

Hernummerd bij art. 7 W. 4 mei 1949 (B.S. 2.VI.1949) en vervangen bij art. 3 W. 26 juli 1952 (B.S. 30.VIII.1952).

[Art. 73[2]**.** In geval van onjuistheid van de verklaring betreffende de uitbating van de geruilde onroerende goederen, zijn de partijen ondeelbaar gehouden tot de betaling van het verschil tussen het gewoon recht en het geheven recht, alsook van een boete gelijk aan dat verschil.]

Ingevoegd bij art. 3 W. 27 april 1978 (B.S. 30.XI.1978).

§ *6bis. [...]*

Opschrift opgeheven bij art. 48, § 1 W. 25 juni 1956 (B.S. 9-10.VII.1956).

§ *7. Afzonderlijke verkrijgingen van de grond en van de opstal [...]*

Opschrift gewijzigd bij art. 2 W. 10 juli 1969 (B.S. 25.VII.1969).

Art. 74. [Wie bij een overdragende overeenkomst onder bezwarende titel, andere dan een inbreng in vennootschap, [vermeld in artikel 115bis] de eigendom heeft verkregen, hetzij van hout op stam onder beding van het te vellen, hetzij van gebouwen onder beding van ze te slopen, en nadien onder de levenden de eigendom verkrijgt van de grond vooraleer het hout gans geveld is of de gebouwen volkomen gesloopt zijn, moet uit hoofde van de eerste verkrijging en op de grondslag aangewezen in artikel 45 en volgende, het voor de verkoop van onroerende goederen vastgesteld recht kwijten [, met aftrek van het evenredig registratierecht dat eventueel op deze verkrijging werd opgeheven].

Deze bepaling is evenwel niet van toepassing zo er bewezen wordt dat de belasting over de toegevoegde waarde werd gekweten voor de levering van het hout op stam of van de te slopen gebouwen.]

Vervangen bij art. 3 W. 10 juli 1969 (B.S. 25.VII.1969);
Al. 1 gewijzigd en aangevuld bij art. 42 W. 30 maart 1994 (B.S. 31.III.1994).

Art. 75. [Wordt als overdracht van een onroerend goed aangezien, die welke voortvloeit uit een overeenkomst onder de levenden te bezwarenden titel, andere dan een inbreng in vennootschap, [vermeld in artikel 115bis] en welke over de eigendom gaat hetzij van hout op stam, hetzij van gebouwen, zo bewuste overdracht ten bate van de eigenaar van de grond wordt toegestaan.

Deze bepaling is niet van toepassing zo de belasting over de toegevoegde waarde verschuldigd is voor de levering van de goederen die in de overeenkomst begrepen zijn. De heffing van het vast recht is echter ondergeschikt aan de vermelding, in de akte of in een erbij gevoegd geschrift, vóór de registratie, van het kantoor, waar de verkoper periodiek de aangiften indient die voor de heffing van de belasting over de toegevoegde waarde zijn vereist.]

Vervangen bij art. 4 W. 10 juli 1969 (B.S. 25.VII.1969);
Al. 1 gewijzigd bij art. 43 W. 30 maart 1994 (B.S. 31.III.1994).

§ *8. [...]*

Opschrift opgeheven bij art. 3, 1° W. 22 juni 1960 (B.S. 21.VII.1960).

Art. 76. [...]

Opgeheven bij art. 3, 1° W. 22 juni 1960 (B.S. 21.VII.1960).

Afdeling 2

[Openbare verkopingen van lichamelijke roerende goederen]

Opschrift vervangen bij art. 4 W. 23 december 1958 (B.S. 7.I.1959).

Art. 77. [Het recht wordt vastgesteld op 5 t.h. voor de openbare verkopingen van lichamelijke roerende goederen.]

Vervangen bij art. 4 W. 23 december 1958 (B.S. 7.I.1959).

Art. 78. [...]

Opgeheven bij art. 5 W. 10 juli 1969 (B.S. 25.VII.1969).

Art. 79. [De heffingsgrondslag wordt bepaald zoals gezegd in de artikelen 45 en 231.]

Vervangen bij art. 4 W. 23 december 1958 (B.S. 7.I.1959).

Art. 80. [Vrijgesteld van het recht van 5 pct. en onderworpen aan het algemeen vast recht zijn:

1° de openbare verkopingen op verzoek van iemand die handelt als belastingplichtige in de zin van de wetgeving op de belasting over de toegevoegde waarde;

2° de openbare verkopingen van goederen bedoeld in de artikelen 2 en 3 van titel I van het Wetboek der met het zegel gelijkgestelde taksen;

3° de openbare verkopingen van inlands hout, op stam of gekapt.

Voor de onder 1° bedoelde verkopingen wordt het vast recht geheven mits in het proces-verbaal of in een geschrift dat bij het proces-verbaal vóór de registratie is gevoegd, vermeld wordt bij welk kantoor de verkoper de periodieke aangiften voor de belasting over de toegevoegde waarde moet indienen.]

Vervangen bij art. 42 W. 27 december 1977 (B.S. 30. XII.1977).

Afdeling 3

[...]

Opschrift opgeheven bij art. 5 W. 23 december 1958 (B.S. 7.I.1959).

Art. 81-82. [...]

Opgeheven bij art. 5 W. 23 december 1958 (B.S. 7.I.1959).

Afdeling 4

Huurcontracten

Art. 83. [Het recht wordt vastgesteld op:

1° 0,20 pct. voor contracten van verhuring, onderverhuring en overdracht van huur van onroerende goederen;

2° 1,50 pct. voor jacht- en vispacht;

3° 2 pct. voor contracten tot vestiging van een erfpacht- of opstalrecht en tot overdracht daarvan, behalve wanneer daardoor een vereniging zonder winstoogmerk, een internationale vereniging zonder winstoogmerk of een gelijkaardige rechtspersoon die opgericht is volgens en onderworpen is aan de wetgeving van een lidstaat van de Europese Economische Ruimte en die bovendien zijn statutaire zetel, zijn hoofdbestuur of zijn hoofdvestiging binnen de Europese Economische Ruimte heeft, titularis van het erfpacht- of opstalrecht wordt, in welk geval het recht wordt vastgesteld op 0,50 pct.

Een rechtspersoon is gelijkaardig aan een VZW wanneer de volgende voorwaarden cumulatief zijn vervuld:

1° het doel van de rechtspersoon is belangeloos, zonder winstoogmerk;

2° de activiteit van de rechtspersoon mag niet leiden tot de materiële verrijking van:

a) de stichters, de leden of de bestuurders ervan;

b) de echtgenoot, de wettelijk samenwonende, een bloedverwant in de rechte lijn, een bloedverwant in de zijlijn die tot een stichter in een erfgerechtigde graad staat, of een andere rechtsopvolger van een stichter ervan;

c) de echtgenoot of een wettelijk samenwonende van een persoon bedoeld in a) en b);

3° in geval van ontbinding of vereffening van de rechtspersoon mogen de goederen ervan niet toekomen aan personen vermeld onder 2°, maar moeten ze worden overgedragen aan:

a) hetzij een gelijkaardige rechtspersoon die zelf is opgericht volgens en onderworpen aan de wetgeving van een lidstaat van de Europese Economische Ruimte en bovendien zijn statutaire zetel, zijn hoofdbestuur of zijn hoofdvestiging binnen de Europese Economische Ruimte heeft;

b) hetzij een lidstaat is van de Europese Economische Ruimte of een territoriaal gedecentraliseerde overheid van een EER-lidstaat is of nog, een dienstgewijze gedecentraliseerde overheid is van een dergelijke publiekrechtelijke rechtspersoon.]

[Contracten tot vestiging van erfpacht- of opstalrecht en overdrachten daarvan worden[, voor het overige,] met huurcontracten en -overdrachten gelijkgesteld, voor de toepassing van dit wetboek, behalve voor de toepassing van artikel 161, 12°.]

[Dit recht is evenwel niet verschuldigd in geval van toepassing van artikel 140bis.]

Al. 1-2 vervangen bij art. 12, a) Progr. W. 28 juni 2013 (B.S. 1.VII.2013, ed. 2), van toepassing vanaf 1 juli 2013 en eveneens van toepassing op de authentieke akten die vanaf 1 juli

2013 tot de formaliteit worden aangeboden indien ze een overeenkomst vaststellen die ook is vastgesteld in een onderhandse akte dagtekenend van voor die datum;
Al. 3 vervangen bij art. 80 W. 22 december 2009 (B.S. 31. XII.2009, ed. 2) en gewijzigd bij art. 12, b) Progr. W. 28 juni 2013 (B.S. 1.VII.2013, ed. 2), van toepassing vanaf 1 juli 2013 en eveneens van toepassing op de authentieke akten die vanaf 1 juli 2013 tot de formaliteit worden aangeboden indien ze een overeenkomst vaststellen die ook is vastgesteld in een onderhandse akte dagtekenend van voor die datum;
Al. 4 ingevoegd bij art. 63 W. 22 december 1998 (B.S. 15.1.1999).

Art. 84. De belastbare grondslag wordt als volgt vastgelegd:

voor huur van bepaalde duur, geldt als grondslag het voor de duur van het contract of, ter zake overdracht, voor het nog te lopen tijdperk samengevoegd bedrag van huursommen en aan huurder opgelegde lasten;

is zij levenslang of van onbepaalde duur, zo geldt als grondslag het tienvoudig bedrag van de jaarlijkse huurprijs en lasten, zonder dat de belastbare som minder moge zijn dan het samengevoegd bedrag van huurprijzen en aan huurder opgelegde lasten voor de bij de huurakte voorziene minimumduur.

Bij overdracht van huur, wordt het bedrag of de waarde van de gebeurlijk ten bate van de overdrager bedongen prestatiën gevoegd bij de heffingsgrondslag zoals hij hiervoor is bepaald.

Afdeling 5

[...]

Opschrift opgeheven bij art. 7 W. 23 december 1958 (B.S. 7.1.1959).

Art. 85-86. [...]

Opgeheven bij art. 7 W. 23 december 1958 (B.S. 7.1.1959).

Afdeling 6

[Hypotheekvestigingen, inpandgevingen van een handelszaak en vestigingen van een landbouwvoorrecht]

Opschrift vervangen bij art. 8 W. 23 december 1958 (B.S. 7.1.1959).

Art. 87. [Worden aan een recht van 1 t.h. onderworpen, de vestigingen van een hypotheek op een in België gelegen onroerend goed.]

Vervangen bij art. 8 W. 23 december 1958 (B.S. 7.1.1959).

Art. 88. [Worden aan een recht van 0,50 pct. onderworpen:
– de vestigingen van een hypotheek op een schip dat niet naar zijn aard voor het zeevervoer bestemd is;

– de inpandgevingen van een handelszaak; en
– de vestigingen van een landbouwvoorrecht.]

Vervangen bij art. 326 Progr. W. 27 december 2004 (B.S. 31.XII.2004, ed. 2, err. B.S. 18.1.2005).

Art. 89. [De bij artikelen 87 en 88 bepaalde rechten zijn van toepassing zelfs wanneer de hypotheek, het pand of het voorrecht gevestigd zijn tot zekerheid van een toekomstige schuld, van een voorwaardelijke of eventuele schuld of van een verbintenis om iets te doen.]

Vervangen bij art. 8 W. 23 december 1958 (B.S. 7.1.1959).

Art. 90. [De bij artikelen 87 en 88 bepaalde rechten zijn niet verschuldigd zo de gewaarborgde verbintenis voorkomt uit een contract waarop een evenredig recht van minstens 1 t.h. werd geheven.]

Vervangen bij art. 8 W. 23 december 1958 (B.S. 7.1.1959).

Art. 91. [De vestiging van een hypotheek op een in België gelegen onroerend goed tot zekerheid van een schuld die gewaarborgd is door een hypotheek op een schip dat niet naar zijn aard voor het zeevervoer bestemd is, door de verpanding van een handelszaak of door een landbouwvoorrecht, wordt aan het recht van 1 pct. onderworpen onder aftrek, in voorkomend geval, van het krachtens artikel 88 geheven recht van 0,50 pct.]

Vervangen bij art. 327 Progr. W. 27 december 2004 (B.S. 31.XII.2004, ed. 2, err. B.S. 18.1.2005).

Art. 92[1]**.** [Onverminderd artikel 91, dekt het in artikelen 87 en 88 bedoeld recht alle vestiging van hypotheek, inpandgeving van een handelszaak of vestiging van een landbouwvoorrecht welke naderhand tot zekerheid van eenzelfde schuldvordering van hetzelfde gewaarborgd bedrag mocht worden toegestaan.]

Vervangen bij art. 8 W. 23 december 1958 (B.S. 7.1.1959) en hernummerd bij art. 17 K.B. nr. 12, 18 april 1967 (B.S. 20. IV.1967).

[Art. 92[2]**.** [De overdracht van een hypotheek op een in België gelegen onroerend goed met inbegrip van de voorrechten bedoeld bij artikel 27 van de wet van 16 december 1851, van een hypotheek op een schip dat niet naar zijn aard voor het zeevervoer bestemd is, van de verpanding van een handelszaak of van een landbouwvoorrecht, ingevolge de overdracht onder bezwarende titel van de schuldvordering, de contractuele indeplaatsstelling of elke andere verrichting onder bezwarende titel, wordt onderworpen aan een recht van 1 pct. of van 0,50 pct., al naar gelang de overdracht al dan niet een hypotheek op een onroerend goed betreft.]]

Ingevoegd bij art. 17 K.B. nr. 12, 18 april 1967 (B.S. 20. IV.1967) en vervangen bij art. 328 Progr. W. 27 december 2004 (B.S. 31.XII.2004, ed. 2, err. B.S. 18.I.2005).

Art. 93. [Het recht van 1 t.h. of van 0,50 t.h. wordt vereffend op het bedrag van de sommen die door de hypotheek, het pand of het landbouwvoorrecht gewaarborgd zijn, met uitsluiting van de interesten of rentetermijnen van drie jaren, die gewaarborgd zijn door artikel 87 van de wet van 16 december 1851.]

Vervangen bij art. 18 K.B. nr. 12 18 april 1967 (B.S. 20. IV.1967).

Art. 94. [Schepen worden niet onderworpen aan het in artikel 88 bepaalde recht op voorwaarde dat:
1° een getuigschrift, afgeleverd door de bevoegde scheepshypotheekbewaarder, ter bevestiging dat het schip is geregistreerd in het Belgisch register der zeeschepen of dat voor het schip een aangifte voor registratie in het Belgisch register der zeeschepen werd ingediend, aan de akte wordt gehecht;
2° de akte, of een door de hypotheeksteller gewaarmerkte en ondertekende verklaring onderaan op de akte, uitdrukkelijk vermeldt dat het schip naar zijn aard voor het zeevervoer bestemd is.]

Opgeheven bij art. 8 W. 23 december 1958 (B.S. 7.I.1959) en opnieuw ingevoegd bij art. 329 Progr. W. 27 december 2004 (B.S. 31.XII.2004, ed. 2, err. B.S. 18.I.2005).

Afdeling 7

[...]

Opschrift opgeheven bij art. 9 W. 23 december 1958 (B.S. 7.I.1959).

Art. 95-98. [...]

Opgeheven bij art. 9 W. 23 december 1958 (B.S. 7.I.1959).

Afdeling 8

[...]

Opschrift opgeheven bij art. 9 W. 23 december 1958 (B.S. 7.I.1959).

Art. 99-102. [...]

Opgeheven bij art. 9 W. 23 december 1958 (B.S. 7.I.1959).

Afdeling 9

[Opheffingen]

Opschrift vervangen bij art. 10 W. 23 december 1958 (B.S. 7.I.1959).

Art. 103. [§ 1. Elke gehele of gedeeltelijke handlichting van een in België genomen hypothecaire in-

schrijving, gedaan bij een akte bedoeld in artikel 19, 1°, is onderworpen aan een specifiek vast recht van 75 euro.

§ 2. In afwijking van paragraaf 1 geven slechts aanleiding tot éénmaal de heffing van het recht bedoeld in paragraaf 1, de handlichtingen vastgesteld in één akte:
1° van inschrijvingen genomen lastens éénzelfde schuldenaar-hypotheeksteller;
2° van inschrijvingen genomen lastens een schuldenaar-hypotheeksteller en een persoon-hypotheeksteller als waarborg voor de eerstgenoemde;
3° van inschrijvingen van wettelijke hypotheken lastens éénzelfde schuldenaar;
4° van door een hypotheekbewaarder ambtshalve genomen inschrijvingen;
5° die geschieden in het kader van een openbare verkoping na beslag of van een verkoop uit de hand bedoeld in artikel 1580bis van het Gerechtelijk Wetboek.]

Hersteld (na opheffing bij art. 10 W. 23 december 1958) bij art. 24 W. 19 mei 2010 (B.S. 28.V.2010, ed. 2).

Art. 104. [...]

Opgeheven bij art. 10 W. 23 december 1958 (B.S. 7.I.1959).

Art. 105. [...]

Opgeheven bij art. 153, 1° W. 22 december 1998 (B.S. 15.I.1999).

Art. 106. [...]

Opgeheven bij art. 153, 2° W. 22 december 1998 (B.S. 15.I.1999).

Art. 107. [...]

Opgeheven bij art. 10 W. 23 december 1958 (B.S. 7.I.1959).

Art. 108. [...]

Opgeheven bij art. 153, 3° W. 22 december 1998 (B.S. 15.I.1999).

Afdeling 10

Verdelingen

Art. 109. [Het recht wordt op 1 t.h. vastgesteld voor:
1° de gedeeltelijke of gehele verdelingen van onroerende goederen;
2° de afstanden onder bezwarende titel, onder medeëigenaars, van onverdeelde delen in onroerende goederen;]
[3° de omzetting bedoeld in de artikelen 745quater en 745quinquies van het Burgerlijk Wetboek, zelfs indien er geen onverdeeldheid is.]

Vervangen bij art. 16 W. 23 december 1958 (B.S. 7.I.1959);
3° ingevoegd bij art. 33 W. 14 mei 1981 (B.S. 27.V.1981).

Art. 110. [Voor de goederen waarvan de akte de onverdeeldheid doet ophouden onder al de mede-eigenaars, wordt het recht vereffend op de waarde van die goederen.

Voor de goederen waarvan de akte de onverdeeldheid niet doet ophouden onder al de mede-eigenaars, wordt het recht vereffend op de waarde der afgestane delen.]

Vervangen bij art. 16 W. 23 december 1958 (B.S. 7.I.1959).

Art. 111. [De heffingsgrondslag is bepaald door de overeengekomen waarde der goederen, zoals ze blijkt uit de bepalingen van de akte, zonder dat hij lager dan de verkoopwaarde mag zijn.

Wanneer de bepalingen van de akte het niet mogelijk maken de overeengekomen waarde vast te stellen, wordt daarin overeenkomstig artikel 168 voorzien.

In voorkomend geval wordt de verkoopwaarde van het vruchtgebruik of van de blote eigendom overeenkomstig artikelen 47 tot 50 vastgesteld.]

Vervangen bij art. 16 W. 23 december 1958 (B.S. 7.I.1959).

Art. 112. […]

Opgeheven bij art. 16 W. 23 december 1958 (B.S. 7.I.1959).

Art. 113. [In geval van toebedeling bij verdeling of van afstand van onverdeelde delen aan een derde die bij overeenkomst een onverdeeld deel heeft verkregen van goederen toebehorende aan één of meer personen, wordt het recht, met afwijking van artikel 109, geheven tegen het voor de overdrachten onder bezwarende titel vastgesteld tarief, op de delen waarvan de derde ten gevolge van de overeenkomst eigenaar wordt, en zulks volgens de in artikelen 45 tot 50 voorziene regels.

Deze bepaling is van toepassing wanneer de toebedeling van goederen of de afstand van onverdeelde delen gedaan wordt aan de erfgenamen of legatarissen van de overleden derde verkrijger. Zij is niet van toepassing wanneer de derde, aan wie de toebedeling of de afstand gedaan wordt, met anderen het geheel van één of meer goederen heeft verkregen.]

Vervangen bij art. 17 W. 23 december 1958 (B.S. 7.I.1959).

Art. 114. De bepalingen van deze afdeling zijn niet van toepassing op de uitvoering van een beding van terugvalling of van aanwas.

Afdeling 11

Burgerlijke en handelsvennootschappen

Art. 115. [[Aan [een recht van [0 pct.]] wordt onderworpen de inbreng van [roerende] goederen in burgerlijke of handelsvennootschappen waarvan hetzij de zetel der werkelijke leiding in België, hetzij de statutaire zetel in België en de zetel der werkelijke leiding buiten het grondgebied der Lid-Staten van de Europese Economische Gemeenschap, is gevestigd, onverschillig of de inbreng bij de oprichting van de vennootschap of naderhand plaats heeft.]

Het recht wordt vereffend op het totaal bedrag van de inbrengen.

Bij de inbreng van geldspecie in coöperatieve vennootschappen is het recht desgevallend slechts verschuldigd in de mate dat het bedrag van het nieuw maatschappelijk fonds hoger is dan het voordien belast bedrag van dit fonds.]

Vervangen bij art. 6 W. 14 april 1965 (B.S. 24.IV.1965);
Al. 1 vervangen bij art. 4 W. 3 juli 1972 (B.S. 1.VIII.1972) en gewijzigd bij art. 1 W. 1 maart 1977 (B.S. 31.III.1977), bij art. 44 W. 30 maart 1994 (B.S. 31.III.1994) en bij art. 20 W. 22 juni 2005 (B.S. 30.VI.2005, ed. 1).

[Art. 115bis. De inbrengen van onroerende goederen, andere dan die welke gedeeltelijk of geheel tot bewoning aangewend worden of bestemd zijn en door een natuurlijke persoon ingebracht worden, in burgerlijke vennootschappen of handelsvennootschappen waarvan de zetel van werkelijke leiding in België gevestigd is, of de statutaire zetel in België en de zetel van werkelijke leiding buiten het grondgebied van de Lid-Staten van de Europese Gemeenschap gevestigd is, worden aan het recht van [0 pct.] onderworpen.

In geval van onjuiste verklaring betreffende de aanwending of de bestemming van het onroerend goed, zijn de aanvullende rechten opeisbaar en verbeurt iedere partij een boete gelijk aan de rechten.]

Ingevoegd bij art. 45 W. 30 maart 1994 (B.S. 31.III.1994);
Al. 1 gewijzigd bij art. 20 W. 22 juni 2005 (B.S. 30.VI.2005, ed. 1).

Art. 116. [Aan [een recht van [0 pct.]] wordt onderworpen de vermeerdering van het statutair kapitaal, zonder nieuwe inbreng, van een vennootschap waarvan hetzij de zetel der werkelijke leiding in België, hetzij de statutaire zetel in België en de zetel der werkelijke leiding buiten het grondgebied van de Lid-Staten van de Europese Economische Gemeenschap is gevestigd.

Het recht wordt vereffend op het bedrag van de vermeerdering.

Het recht is niet verschuldigd in de mate waarin het statutair kapitaal vermeerderd wordt door inlijving van reserves of provisies, die gevestigd werden, bij gelegenheid van inbrengen gedaan in de vennootschap, ter vertegenwoordiging van het geheel of een gedeelte van het bedrag van die inbrengen dat onderworpen werd aan het bij artikel 115 bedoeld recht.]

Vervangen bij art. 5 W. 3 juli 1972 (B.S. 1.VIII.1972);
Al. 1 gewijzigd bij art. 2 W. 1 maart 1977 (B.S. 31.III.1977) en bij art. 20 W. 22 juni 2005 (B.S. 30.VI.2005, ed. 1).

Art. 117. [§ 1. Het bij artikel 115 bepaalde recht is niet verschuldigd in geval van inbreng van de universaliteit der goederen van een vennootschap, bij wijze van fusie, splitsing of anderszins, in een of meer nieuwe of bestaande vennootschappen.

Deze bepaling is evenwel slechts toepasselijk op voorwaarde:

1° dat de vennootschap die de inbreng doet de zetel van haar werkelijke leiding of haar statutaire zetel heeft op het grondgebied van een Lid-Staat van de Europese Gemeenschappen;

2° dat, eventueel na aftrek van de op het tijdstip van de inbreng door de inbrengende vennootschap verschuldigde sommen, de inbreng uitsluitend vergoed wordt hetzij door toekenning van aandelen of deelbewijzen die maatschappelijke rechten vertegenwoordigen, hetzij door toekenning van aandelen of deelbewijzen die maatschappelijke rechten vertegenwoordigen samen met een storting in contanten die het tiende van de nominale waarde van de toegekende maatschappelijke aandelen of deelbewijzen niet overschrijdt.

§ 2. Het bij artikel 115 bepaalde recht is eveneens niet verschuldigd, onder de voorwaarden die de Koning bepaalt, voor de inbrengen gedaan door een vennootschap waarvan de zetel der werkelijke leiding of de statutaire zetel gevestigd is op het grondgebied van een Lid-Staat van de Europese Gemeenschappen, van goederen die één of meer van haar bedrijfstakken uitmaken.]

[§ 3. Het bij artikel 115 bepaalde recht is eveneens niet verschuldigd in geval van inbreng van aandelen [, aandelencertificaten] of deelbewijzen die maatschappelijke rechten vertegenwoordigen, die tot gevolg heeft dat de vennootschap bij wie de inbreng gebeurt, ten minste 75 pct. van het maatschappelijk kapitaal verwerft van de vennootschap waarvan de aandelen [, aandelencertificaten] of deelbewijzen zijn ingebracht.

Wanneer dat percentage ten gevolge van verscheidene inbrengen is bereikt, is deze paragraaf alleen toepasselijk op de inbrengen die het bereiken van het percentage mogelijk hebben gemaakt, alsmede op de daaropvolgende inbrengen.

Bovendien vindt deze paragraaf alleen toepassing wanneer voldaan is aan de volgende voorwaarden:

1° de vennootschap die de verkrijgt en de vennootschap waarvan de aandelen of deelbewijzen zijn ingebracht, moeten beide hun zetel der werkelijke leiding of hun statutaire zetel hebben op het grondgebied van een lidstaat van de Europese Gemeenschappen;

2° de inbreng moet uitsluitend door uitgifte van aandelen of nieuwe deelbewijzen van de verkrijgende vennootschap vergoed worden, samen met een storting in contanten die het tiende van de nominale waarde van de toegekende maatschappelijke aandelen of deelbewijzen niet overschrijdt;

3° de akte van inbreng moet vermelden dat bij de inbreng ten minste 75 pct. van het maatschappelijk kapitaal van de vennootschap waarvan de aandelen of deelbewijzen zijn ingebracht, door de verwervende vennootschap wordt verkregen;

4° een attest van een bedrijfsrevisor dat het ver-

melde feit overeenkomstig het 3° van dit lid bevestigt, moet aan de akte worden aangehecht.

In geval van niet-nakoming van een van de toepassingsvoorwaarden van deze paragraaf uiterlijk wanneer de akte ter formaliteit wordt aangeboden, wordt deze akte tegen het gewoon recht geregistreerd.]

§§ 1-2 vervangen bij art. 8 W. 12 augustus 1985 (B.S. 12. IX.1985);
§ 3 ingevoegd bij art. 65 W. 22 december 1998 (B.S. 15.I.1999);
§ 3, al. 1 gewijzigd bij art. 42 W. 2 mei 2002 (B.S. 11. XII.2002).

Art. 118. [Voor de toepassing van dit Wetboek worden beschouwd als oprichtingen van een nieuwe vennootschap:

1° de overbrenging naar België van de zetel der werkelijke leiding van een vennootschap waarvan de statutaire zetel in het buitenland is;

2° de overbrenging naar België van de statutaire zetel van een vennootschap waarvan de zetel der werkelijke leiding in het buitenland is;

3° de overbrenging van het buitenland naar België, van de statutaire zetel en van de zetel der werkelijke leiding van een vennootschap.

In deze gevallen omvat de inbreng de goederen van elke aard die aan de vennootschap toebehoren op het tijdstip van de overbrenging.]

Vervangen bij art. 7 W. 3 juli 1972 (B.S. 1.VIII.1972).

Art. 119. [In de gevallen bedoeld [in de artikelen 115, 115bis en 118] wordt de belastbare grondslag vastgesteld met inachtneming van de waarde der als vergelding van de inbrengen toegekende maatschappelijke rechten, zonder dat hij nochtans minder mag bedragen dan de verkoopwaarde van de goederen onder aftrek van de lasten die de vennootschap op zich neemt boven de toekenning van de maatschappelijke rechten.

De inbrengen die bestaan uit andere zaken dan geldspecie of goederen in natura worden geraamd bij vergelijking met de inbrengen van geldspecie of goederen in natura, gelet op de onderscheidene aandelen van de inbrengen in de winst.

De verkoopwaarde van het vruchtgebruik of van de blote eigendom van in België gelegen onroerende goederen wordt bepaald overeenkomstig de artikelen 47 tot 50.]

Vervangen bij art. 10 W. 14 april 1965 (B.S. 24.IV.1965);
Al. 1 gewijzigd bij art. 46 W. 30 maart 1994 (B.S. 31.III.1994).

Art. 120. [Wanneer een inbreng in vennootschap gedeeltelijk vergolden wordt anders dan bij toekenning van maatschappelijke rechten, wordt de overeenkomst, naarmate van deze vergelding, onderworpen aan de rechten zoals ze in dit hoofdstuk vastgesteld zijn voor de overeenkomsten onder bezwarende titel die goederen van dezelfde aard tot voorwerp hebben.

Zo een inbreng meteen onroerende goederen [vermeld in artikel 115bis] en goederen van een andere aard begrijpt, worden, niettegenstaande elk strijdig beding, de maatschappelijke rechten en de andere lasten, die de vergelding van bedoelde inbreng uitmaken, geacht evenredig verdeeld te zijn tussen de waarde die aan de onroerende goederen is toegekend en die welke aan de andere goederen is toegekend, bij de overeenkomst. De te vervallen huurprijzen van de huurcontracten waarvan de rechten worden ingebracht, worden evenwel geacht enkel op laatstbedoelde rechten betrekking te hebben.]

[Deze bepalingen zijn evenwel niet toepasselijk bij inbreng van de universaliteit van de goederen of van een bedrijfstak overeenkomstig artikel 117.]

Vervangen bij art. 11 W. 14 april 1965 (B.S. 24.IV.1965);
Al. 2 gewijzigd bij art. 47, 1° W. 30 maart 1994 (B.S. 31.
III.1994);
Al. 3 ingevoegd bij art. 47, 2° W. 30 maart 1994 (B.S. 31.
III.1994).

Art. 121. [Met afwijking van de artikelen 115, [115bis,] 118 en 120, worden van het evenredig recht vrijgesteld:

1° de omvorming van een vennootschap met rechtspersoonlijkheid in een vennootschap van een verschillende soort [en de omzetting van een vereniging zonder winstoogmerk in een vennootschap met een sociaal oogmerk]. Deze bepaling is toepasselijk zelfs wanneer de omvorming plaats heeft bij wege van liquidatie gevolgd door de oprichting van een nieuwe vennootschap, voor zover deze wederoprichting in de akte van in liquidatie stellen in het vooruitzicht wordt gesteld en binnen vijftien dagen na die akte plaats heeft;

2° de wijziging van het voorwerp van een vennootschap;

3° [de overbrenging van de zetel der werkelijke leiding of de statutaire zetel van een vennootschap, wanneer deze overbrenging geschiedt uit het grondgebied van een Lid-Staat van de Europese Economische Gemeenschap of wanneer het een overbrenging naar België betreft van de zetel der werkelijke leiding van een vennootschap waarvan de statutaire zetel zich reeds op het grondgebied van de genoemde gemeenschap bevindt. Deze bepaling is slechts toepasselijk in de mate waarin het vaststaat dat de vennootschap behoort tot de soort van die welke onderworpen zijn aan een belasting op het bijeenbrengen van kapitaal in het land dat in aanmerking komt voor het voordeel van de vrijstelling.

[In alle gevallen wordt het recht geheven op de vermeerdering van het statutair kapitaal van de vennootschap, zonder nieuwe inbreng, of op de inbrengen van nieuwe goederen, die gedaan worden ter gelegenheid van de omvorming, de wijziging van het voorwerp of de overbrenging van de zetel.]]

Vervangen bij art. 12 W. 14 april 1965 (B.S. 24.IV.1965);
Al. 1, inleidende zin gewijzigd bij art. 48 W. 30 maart 1994
(B.S. 31.III.1994);
Al. 1, 1° gewijzigd bij art. 66 W. 22 december 1998 (B.S.

15.I.1999);
Al. 1, 3° vervangen bij art. 9, § 1 W. 3 juli 1972 (B.S. 1.
VIII.1972);
Al. 2 vervangen bij art. 9, § 2 W. 3 juli 1972 (B.S. 1.VIII.1972).

Art. 122[1]. [Onder voorbehoud van de bepalingen van artikel 120, wordt van het evenredig recht vrijgesteld de inbreng gedaan:

1° aan maatschappijen erkend hetzij door de Nationale Maatschappij voor de huisvesting, hetzij door de [Nationale Landmaatschappij], [hetzij door de Gewestelijke Maatschappijen opgericht in uitvoering van de wet van 28 december 1984 tot afschaffing of herstructurering van sommige instellingen van openbaar nut];

2° aan maatschappijen die uitsluitend ten doel hebben leningen te doen met het oog op het bouwen, het aankopen of het inrichten van volkswoningen, kleine landeigendommen of daarmee gelijkgestelde woningen, alsmede de uitrusting ervan met geschikt mobilair;

3° [aan de coöperatieve vennootschappen Woningfonds van de bond der kroostrijke gezinnen van België, Vlaams Woningfonds van de Grote Gezinnen, Woningfonds van de Kroostrijke Gezinnen van Wallonië en Woningfonds van de gezinnen van het Brusselse Gewest.]]

[4° [aan de beleggingsvennootschappen bedoeld in artikel 6 van de wet van 20 juli 2004 betreffende bepaalde vormen van collectief beheer van beleggingsportefeuilles].]

[[Het evenredig recht, zonder aftrek van het reeds geïnde algemeen vast recht, wordt echter opeisbaar wanneer de in het eerste lid, 4°, bedoelde beleggingsvennootschap de erkenning overeenkomstig de wet van 20 juli 2004 betreffende bepaalde vormen van collectief beheer van beleggingsportefeuilles niet verkrijgt of verliest, al naar het geval, zulks vanaf de datum van de beslissing tot weigering of tot intrekking van de erkenning.]]

Hernummerd bij art. 20 W. 23 december 1958 (B.S. 7.I.1959);
Vervangen bij art. 13 W. 14 april 1965 (B.S. 24.IV.1965);
Al. 1, 1° gewijzigd bij art. 55, W. 22 juli 1970 (B.S. 4.IX.1970,
err. B.S. 11.XII.1970) en bij art. 155, 1° W. 22 december 1989
(B.S. 29.XII.1989);
Al. 1, 3° vervangen bij art. 155, 2° W. 22 december 1989 (B.S.
29.XII.1989);
Al. 1, 4° ingevoegd bij art. 147 W. 4 december 1990 (B.S.
22.XII.1990) en vervangen bij art. 343, 1° W. 27 december
2006 (B.S. 28.XII.2006, ed. 3);
Al. 2 ingevoegd bij art. 59, 2° W. 28 december 1992 (B.S.
31.XII.1992) en vervangen bij art. 343, 2° W. 27 december
2006 (B.S. 28.XII.2006, ed. 3).

[Art. 122[2]**. […]]**

Ingevoegd bij art. 20 W. 23 december 1958 (B.S. 7.I.1959) en
opgeheven bij art. 14, 1° W. 14 april 1965 (B.S. 24.IV.1965).

Art. 123. [Onder voorbehoud van de bepalingen van de artikelen 44 en 120 wordt van het evenredig recht vrijgesteld, de vermeerdering van het statutair kapitaal, met nieuwe inbreng, door een vennootschap bedoeld in artikel 201, eerste lid, 1°, van het Wetboek van de inkomstenbelastingen 1992, mits aandelen of andere met aandelen gelijk te stellen waardepapieren van die vennootschap ter notering op een Belgische effectenbeurs zijn toegelaten.

Deze vrijstelling is alleen toepasselijk indien in de akte of in een vóór de registratie bij de akte te voegen geschrift wordt bevestigd dat de toepassingsvoorwaarden ervan zijn vervuld.

In geval van onjuistheid van die vermelding verbeurt de vennootschap een boete gelijk aan het ontdoken recht.]

Vervangen bij art. 35 Progr. W. 10 februari 1998 (B.S. 21. II.1998, err. B.S. 2.XII.1998).

Art. 124. [Onder voorbehoud van de voorschriften van de artikelen 44 en 120, worden van het evenredig recht vrijgesteld:

1° de statutaire kapitaalsverhoging, uitgevoerd bij toepassing van een participatieplan bedoeld in artikel 2, 7°, van de wet van 22 mei 2001 betreffende de werknemersparticipatie in het kapitaal en in de winst van de vennootschappen, en ten belope van de kapitaalsparticipaties bedoeld in artikel 2, 17°, van dezelfde wet;

2° de inbreng in een coöperatieve participatievennootschap uitgevoerd volgens artikel 12, § 2, van dezelfde wet.

Deze vrijstelling is slechts toepasbaar voor zover er vermeld is in de akte of in een vóór de registratie bij de akte gevoegd geschrift dat de toepassingsvoorwaarden zijn vervuld.

Ingeval deze vermelding ontbreekt of onjuist is, loopt de vennootschap een boete op gelijk aan het ontdoken recht.]

Vervangen bij art. 31 W. 22 mei 2001 (B.S. 9.VI.2001).

Art. 125-127. [...]

Opgeheven bij art. 14, 5° W. 14 april 1965 (B.S. 24.IV.1965).

Art. 128. Met afwijking van artikel 2, mogen de onderhandse akten welke de [in de artikelen 115 tot 122] bedoelde overeenkomsten tot voorwerp hebben, op de originelen of op afschriften of uittreksels worden geregistreerd. [Wanneer de afschriften of uittreksels ter registratie worden aangeboden, moeten ze vergezeld zijn van de oorspronkelijke akte.]

[Artikel 21¹] wordt toepasselijk gemaakt op de onderhandse of buitenlands verleden akten die dezelfde overeenkomsten tot voorwerp hebben, al hadden deze geen betrekking op in België gelegen onroerende goederen.

Al. 1 aangevuld bij art. 23, al. 1 W. 23 december 1958 (B.S. 7.I.1959) en gewijzigd bij art. 15 W. 14 april 1965 (B.S. 24.IV.1965);
Al. 2 gewijzigd bij art. 23, al. 2 W. 23 december 1958 (B.S. 7.I.1959).

Art. 129. [Het verkrijgen anderszins dan bij inbreng in vennootschap, door één of meer vennoten, van in België gelegen onroerende goederen, [voortkomende van een vennootschap onder firma of van een gewone commanditaire vennootschap, van een besloten vennootschap met beperkte aansprakelijkheid of van een landbouwvennootschap] geeft, welke ook de wijze zij waarop het geschiedt, aanleiding tot het heffen van het voor verkopingen gesteld recht.

In geval van afgifte van de maatschappelijke goederen door de vereffenaar van de in vereffening gestelde vennootschap aan al de vennoten, is voorgaand lid van toepassing op de latere toebedeling van de goederen aan één of meer vennoten.

Lid 1 is niet toepasselijk zo het gaat om:

1° onroerende goederen welke in de vennootschap werden ingebracht, wanneer zij verkregen worden door de persoon die de inbreng gedaan heeft;

2° onroerende goederen welke door de vennootschap met betaling van het voor de verkopingen bepaald registratierecht verkregen werden, wanneer het vaststaat dat de vennoot die eigenaar van die onroerende goederen wordt deel uitmaakte van de vennootschap toen laatstgenoemde de goederen verkreeg.]

Vervangen bij art. 24 W. 23 december 1958 (B.S. 7.I.1959);
Al. 1 gewijzigd bij art. 38 W. 12 juli 1979 (B.S. 6.IX.1979).

Art. 130. Het verkrijgen anderszins dan bij inbreng in vennootschap door één of meer vennoten van in België gelegen onroerende goederen, voortkomende van een vennootschap op aandelen, een coöperatieve vennootschap [...] geeft, welke ook de wijze zij waarop het geschiedt, aanleiding tot het heffen van het voor verkopingen gesteld recht.

Gewijzigd bij art. 2, 4° W. 14 maart 1962 (B.S. 17.III.1962).

Afdeling 12

Schenkingen

[Onderafdeling 1

Algemene bepalingen]

Opschrift ingevoegd bij art. 67 W. 22 december 1998 (B.S. 15.I.1999).

Art. 131. [§ 1.] [Voor de schenkingen onder de levenden van [onroerende] goederen wordt over het bruto-aandeel van elk der begiftigden een evenredig recht geheven volgens het in de onderstaande tabellen vermelde tarief.

Hierin wordt vermeld:

onder a: het percentage dat toepasselijk is op het overeenstemmende gedeelte;

onder b: het totale bedrag van de belasting over de voorgaande gedeelten.

Voor de toepassing van deze afdeling wordt onder samenwonende verstaan, de persoon die zich in de toestand van wettelijke samenwoning bevindt in de zin van titel Vbis van boek III van het Burgerlijk Wetboek.

TABEL I
Tarief in rechte lijn, tussen echtgenoten en tussen samenwonenden

Gedeelte van de schenking	a	b
van tot inbegrepen		
0,01 EUR - 50.000 EUR	3 %	
50.000 EUR - 100.000 EUR	8 %	1.500 EUR
100.000 EUR - 175.000 EUR	9 %	5.500 EUR
175.000 EUR - 250.000 EUR	18 %	12.250 EUR
250.000 EUR - 500.000 EUR	24 %	25.750 EUR
boven de 500.000 EUR	30 %	85.750 EUR

TABEL II
Tarief tussen broers en zussen

Gedeelte van de schenking	a	b
van tot inbegrepen		
0,01 EUR - 12.500 EUR	20 %	
12.500 EUR - 25.000 EUR	25 %	2.500 EUR
25.000 EUR - 50.000 EUR	30 %	5.625 EUR
50.000 EUR - 100.000 EUR	40 %	13.125 EUR
100.000 EUR - 175.000 EUR	55 %	33.125 EUR
175.000 EUR - 250.000 EUR	60 %	74.375 EUR
boven de 250.000 EUR	65 %	119.375 EUR

TABEL III
Tarief tussen ooms of tantes en neven of nichten

Gedeelte van de schenking	a	b
van tot inbegrepen		
0,01 EUR - 50.000 EUR	35 %	
50.000 EUR - 100.000 EUR	50 %	17.500 EUR
100.000 EUR - 175.000 EUR	60 %	42.500 EUR
boven de 175.000 EUR	70 %	87.500 EUR

TABEL IV
Tarief tussen alle andere personen

INHOUDSOPGAVE	a	b
van tot inbegrepen		
0,01 EUR - 50.000 EUR	40 %	
50.000 EUR - 75.000 EUR	55 %	20.000 EUR
75.000 EUR - 175.000 EUR	65 %	33.750 EUR
boven de 175.000 EUR	80 %	98.750 EUR]

[§ 2. Voor de schenkingen onder de levenden van roerende goederen wordt over het bruto-aandeel van elk der begiftigden een recht geheven van:

1° 3 % voor schenkingen in de rechte lijn, tussen echtgenoten en tussen samenwonenden;

2° 7 % voor schenkingen aan andere personen.

Dit tarief is evenwel niet van toepassing op de schenkingen onder de levenden van roerende goederen gedaan onder een opschortende voorwaarde die vervuld wordt ingevolge het overlijden van de schenker, en die krachtens artikel 4, 3°, van het Wetboek van successierechten als legaten worden beschouwd voor de heffing van het recht van successie.]

Vervangen bij Ord. Br. H. R. 20 december 2002 (B.S. 31. XII.2002, ed. 3, err. B.S. 16.I.2003);
Bestaande teksten omgevormd tot § 1 bij art. 2, § 1 Ord. Br. H. R. 24 februari 2005 (B.S. 9.III.2005, err. B.S. 15.III.2005);
§ 1, al. 1 gewijzigd bij art. 2, § 1 Ord. Br. H. R. 24 februari 2005 (B.S. 9.III.2005, err. B.S. 15.III.2005);
§ 2 ingevoegd bij art. 2, § 2 Ord. Br. H. R. 24 februari 2005 (B.S. 9.III.2005, err. B.S. 15.III.2005).

[**Art. 131bis.** Voor schenkingen in rechte lijn, tussen echtgenoten en tussen samenwonenden van het aandeel in volle eigendom van de schenker in een onroerend goed dat geheel of gedeeltelijk tot bewoning is bestemd en dat gelegen is in het Brussels Hoofdstedelijk Gewest, wordt, in afwijking van artikel 131, over het bruto-aandeel van elk der begiftigden die om de toepassing ervan vragen, een evenredig recht geheven volgens het tarief bepaald in de onderstaande tabel. Hierin wordt vermeld:

onder a: het percentage dat toepasselijk is op het overeenstemmende gedeelte;

onder b: het totale bedrag van de belasting over de voorgaande gedeelten.

Tabel houdende het voordeeltarief voor schenkingen van woningen

Gedeelte van de schenking	a	b
van tot inbegrepen		
0,01 EUR - 50.000 EUR	2 %	
50.000 EUR - 100.000 EUR	5,3 %	1.000 EUR
100.000 EUR - 175.000 EUR	6 %	3.650 EUR
175.000 EUR - 250.000 EUR	12 %	8.150 EUR
250.000 EUR - 500.000 EUR	24 %	17.150 EUR
boven de 500.000 EUR	30 %	77.150 EUR

Het in het eerste lid bedoelde voordeeltarief is niet van toepassing op de schenking van een bouwgrond.

De toepassing van het voordeeltarief kan niet gevraagd worden door een begiftigde die op datum van de schenking reeds voor de geheelheid volle eigenaar is van een ander onroerend goed dat geheel of gedeeltelijk tot bewoning is bestemd.

Aan de toepassing van dit voordeeltarief zijn de volgende voorwaarden verbonden:

1° de begiftigden die het voordeeltarief willen genieten, moeten uitdrukkelijk om de toepassing ervan vragen in de akte van schenking of in de akte van aanvaarding van de schenking;

2° in die akte moet elkeen van de begiftigden die om de toepassing van het voordeeltarief verzoekt, verklaren dat hij van de toepassing daarvan niet uitgesloten is bij toepassing van het derde lid van dit artikel;

3° [minstens één van de begiftigden die de toepassing van het voordeeltarief vragen, moet zich in die akte verbinden zijn hoofdverblijfplaats te vestigen op het adres van de geschonken woning, binnen twee jaar na de datum van de registratie van het document dat het schenkingsrecht opeisbaar maakt].

Voor de toepassing van deze rubriek wordt onder hoofdverblijfplaats verstaan, tenzij tegenbewijs, het adres waarop de betrokkene is ingeschreven in het bevolkingsregister of in het vreemdelingenregister. Als datum van vestiging van de hoofdverblijfplaats geldt de datum van inschrijving in die registers.

Ingeval een verklaring bedoeld in 2° van het vierde lid onjuist wordt bevonden, is de begiftigde die ze heeft afgelegd gehouden tot betaling van de aanvullende rechten over zijn aandeel in de schenking en van een boete gelijk aan die aanvullende rechten. Is degene die de onjuiste verklaring heeft afgelegd bovendien de enige die de in 3° van het vierde lid bedoelde verbintenissen heeft aangegaan, dan is hij tevens de aanvullende rechten verschuldigd over de aandelen van zijn medebegiftigden die een juiste verklaring hebben afgelegd. Hebben meerdere begiftigden de in 3° van het vierde lid bedoelde verbintenissen aangegaan en hebben één of meer van hen een onjuiste verklaring afgelegd, dan zijn degenen die de onjuiste verklaring hebben afgelegd ondeelbaar gehouden tot betaling van de aanvullende rechten verschuldigd over de aandelen van hun medebegiftigden die een juiste verklaring hebben afgelegd maar geen verbintenissen hebben aangegaan, behoudens wanneer er een medebegiftigde rest die ook de verbintenissen heeft aangegaan maar wel een juiste verklaring heeft afgelegd.

De begiftigden die de in 3° van het vierde lid bedoelde [verbintenis] niet zijn nagekomen, zijn, behoudens wanneer die niet-nakoming te wijten is aan overmacht, elk gehouden tot betaling van de aanvullende rechten over hun eigen aandeel in de schenking vermeerderd met de wettelijke interest tegen de rentevoet bepaald in burgerlijke zaken te rekenen van de datum van registratie van de schenking. Zij zijn bovendien ondeelbaar gehouden tot betaling van alle aanvullende rechten over de aandelen van hun medebegiftigden die de [verbintenis] niet hebben aangegaan, tenzij er een medebegiftigde rest die wel de door hem aangegane [verbintenis] is nagekomen. Deze ondeelbare aansprakelijkheid geldt ook voor de begiftigden die een onjuiste verklaring als bedoeld in het vijfde lid hebben afgelegd, maar de in dat lid bedoelde aansprakelijkheid voor de aanvullende rechten van medebegiftigden niet hebben opgelopen door het feit dat een of meer medebegiftigden restten die wel nog de aangegane [verbintenis] konden nakomen.]

Ingevoegd bij art. 7 Ord. Br. H. R. 22 december 1989 (B.S. 29.XII.1989);
Al. 4, 3° vervangen bij art. 2, 1° Ord. 16 december 2011 (B.S. 2.II.2012, ed. 1);
Al. 7 gewijzigd bij art. 2, 2° Ord. 16 december 2011 (B.S. 2.II.2012, ed. 1).

Art. 132[1]. [...]

Opgeheven bij art. 156 W. 22 december 1989 (B.S. 29. XII.1989).

Art. 132[2]. [Voor de toepassing van deze afdeling wordt er geen rekening gehouden met de verwantschapsband voortspruitende uit de gewone adoptie.

Evenwel wordt, mits bewijs te verstrekken door de belanghebbende, met deze adoptieve afstamming rekening gehouden:

1° wanneer het adoptief kind een kind is van de echtgenoot van de adoptant;

2° wanneer, op het ogenblik van de adoptie, het adoptief kind onder de voogdij was van de openbare onderstand of van een openbaar centrum voor maatschappelijk welzijn, of wees van een voor België gestorven vader of moeder;

3° [wanneer het adoptief kind, vóór de leeftijd van eenentwintig jaar, gedurende zes achtereenvolgende jaren van de adoptant, van de adoptant en diens echtgenoot samen of van de adoptant en de persoon met wie de adoptant heeft samengewoond, de hulp en verzorging heeft gekregen die kinderen normaal van hun ouders krijgen];

4° wanneer de adoptie gedaan werd door een persoon van wie al de afstammelingen voor België gestorven zijn.]

Vervangen bij art. 157 W. 22 december 1989 (B.S. 29. XII.1989);
Al. 2, 3° vervangen bij art. 8 Ord. Br. H. R. 20 december 2002 (B.S. 31.XII.2002, ed. 3 err. B.S. 16.I.2003).

Art. 133. [Het recht wordt vereffend op de verkoopwaarde van de geschonken goederen, zonder aftrek van lasten.

Evenwel, voor schenkingen van ter beurze genoteerde publieke effecten geldt als belastinggrondslag de waarde volgens de laatste prijscourant op last van de regering bekendgemaakt vóór de datum waarop het recht opeisbaar is geworden.

Voor de schenking van het vruchtgebruik of de blote eigendom van een onroerend goed wordt de belastinggrondslag vastgesteld zoals in de artikelen 47 tot 50 is bepaald.

Voor de schenkingen van het op het leven van de schenker, een begiftigde of een derde gevestigde vruchtgebruik van roerende goederen geldt als heffingsgrondslag het bedrag verkregen door de vermenigvuldiging van de jaarlijkse opbrengst van de goederen, forfaitair vastgesteld op 4 % van de volle eigendom van de goederen, met het getal dat in artikel 47, eerste lid, wordt aangegeven tegenover de leeftijdsklasse waartoe diegene op wiens leven het vruchtgebruik gevestigd is, behoort op de datum van de schenking.

Voor de schenkingen van het voor een bepaalde tijd gevestigde vruchtgebruik van roerende goederen geldt als heffingsgrondslag het bedrag verkregen door kapitalisatie van de jaarlijkse opbrengst tegen 4 % over de duur van het vruchtgebruik bepaald in de schenkingsakte. De jaarlijkse opbrengst van de roerende goederen wordt forfaitair vastgesteld op 4 % van de volle eigendom van die goederen. Het aldus verkregen bedrag van de heffingsgrondslag mag evenwel niet gaan boven de waarde berekend volgens het vierde lid indien het vruchtgebruik gevestigd is ten bate van een natuurlijk persoon.

Voor de schenkingen van de blote eigendom van roerende goederen waarvan het vruchtgebruik door de schenker is voorbehouden, is de heffingsgrondslag de verkoopwaarde van de volle eigendom van de goederen.

Voor de schenkingen van de blote eigendom van roerende goederen waarvan het vruchtgebruik door de schenker niet is voorbehouden, is de heffingsgrondslag de verkoopwaarde van de volle eigendom van de goederen, verminderd met de waarde van het vruchtgebruik, berekend volgens het vierde of vijfde lid.

Voor schenkingen van een lijfrente of een levenslang pensioen wordt het recht berekend over het jaarlijkse bedrag van de uitkering, vermenigvuldigd met de leeftijdscoëfficiënt die volgens de tabel in artikel 47 op de begiftigde moet worden toegepast.

Voor schenkingen van een altijddurende rente wordt het recht berekend over het jaarlijkse bedrag van de rente vermenigvuldigd met twintig.]

Vervangen bij art. 3 Ord. Br. H. R. 24 februari 2005 (B.S. 9. III.2005, err. B.S. 15.III.2005).

Art. 134. Voor de toepassing van artikelen 131 tot 133, wordt de last, bestaande uit een som, een rente of een pensioen onder kosteloze titel bedongen ten bate van een derde die aanneemt, in hoofde van deze derde als schenking belast en van het aandeel van de hoofdbegiftigde afgetrokken. [In de mate dat de schenking betrekking heeft op onroerende goederen, wordt de last in hoofde van de derde als schenking belast volgens de in artikel 131, § 1, geldende tarieven.]

Aangevuld bij art. 4 Ord. Br. H. R. 24 februari 2005 (B.S. 9. III.2005, err. B.S. 15.III.2005).

Art. 135. [Het bedrag van het [bij artikel 131, § 1, vastgestelde] recht vereffend ten laste van de begiftigde, die op het tijdstip waarop het recht aan de Staat verworven is minstens drie […] kinderen in leven heeft die de leeftijd van eenentwintig jaar niet hadden bereikt, wordt verminderd met 2 t.h. voor elk van deze […] kinderen, zonder dat de vermindering [[62 EUR]] per kind mag overschrijden.

Deze vermindering wordt [ten gunste van de begiftigde echtgenoot of de begiftigde samenwonende] gebracht op 4 t.h. per [kind dat de leeftijd van eenentwintig jaar niet had bereikt], zonder dat de vermindering [[124 EUR]] per kind mag overschrijden.

Voor de toepassing van dit artikel wordt het ontvangen kind voor zover het levensvatbaar geboren wordt, gelijkgesteld met het geboren kind.]

Vervangen bij art. 21 K.B. nr. 12, 18 april 1967 (B.S. 20. IV.1967);

Al. 1 gewijzigd bij art. 158, 1° W. 22 december 1989 (B.S. 29.XII.1989), bij art. 2-11 K.B. 20 juli 2000 (II) (B.S. 30. VIII.2000, err. B.S. 8.III.2001), bij art. 42, 5° K.B. 13 juli 2001 (B.S. 11.VIII.2001, err. B.S. 21.XII.2001) en bij art. 5 Ord. Br. H. R. 24 februari 2005 (B.S. 9.III.2005, err. B.S. 15.III.2005);

Al. 2 gewijzigd bij art. 158, 2° W. 22 december 1989 (B.S. 29.XII.1989), bij art. 2-11 K.B. 20 juli 2000 (II) (B.S. 30. VIII.2000, err. B.S. 8.III.2001), bij art. 42, 5° K.B. 13 juli 2001 (B.S. 11.VIII.2001, err. B.S. 21.XII.2001) en bij art. 9 Ord. Br. H. R. 20 december 2002 (B.S. 31.XII.2002, ed. 3 err. B.S. 16.I.2003).

Art. 136. [Het voordeel van de in vorig artikel voorziene verminderingen wordt afhankelijk gesteld van de vermelding in de akte van schenking van naam, voornamen, woonplaats, plaats en datum van geboorte van de […] kinderen van de begiftigde beoogd bij artikel 135.

Deze vermelding mag gedaan worden onderaan op de akte in een verklaring vóór de registratie ondertekend en echt bevestigd door de begiftigde of, in zijn naam, door de werkende notaris.]

Ingeval een kind, ontvangen vóór de eisbaarheid van de belasting, geboren wordt na de registratie, wordt hetgeen te veel werd geheven terugbetaald op aanvraag van de betrokkene, te doen binnen twee jaar vanaf de geboorte van het kind.

De begiftigde die in verband met het aantal van zijn wettige afstammelingen een onjuiste verklaring heeft afgelegd, verbeurt een boete gelijk aan het ontdoken recht.

Al. 1-2 vervangen bij art. 22 K.B. nr. 12, 18 april 1967 (B.S. 20.IV.1967);

Al. 1 gewijzigd bij art. 159 W. 22 december 1989 (B.S. 29.XII.1989).

Art. 137. Ter bepaling van het op een schenking [van onroerende goederen] toepasselijk tarief, wordt de desbetreffende belastbare grondslag gevoegd bij de som die heeft gediend tot grondslag van heffing op de schenkingen [van onroerende goederen] welke reeds tussen dezelfde partijen zijn voorgekomen en vastgesteld werden door akten die dagtekenen van minder dan drie jaar vóór de datum der nieuwe schenking en vóór laatstbedoelde datum geregistreerd werden of verplicht registreerbaar geworden zijn.

Gewijzigd bij art. 6 Ord. Br. H. R. 24 februari 2005 (B.S. 9. III.2005, err. B.S. 15.III.2005).

Art. 138[1]**.** Ongeacht of zij verplicht registreerbaar zijn dan wel vrijwillig tot de formaliteit worden aangeboden, moeten de akten van schenking [van onroerende goederen] vermelding houden of er reeds tussen dezelfde partijen één of meer schenkingen [van onroerende goederen] zijn voorgekomen welke vastgesteld werden door akten die dagtekenen van minder dan drie jaar vóór de datum der nieuwe schenking en vóór dezelfde datum geregistreerd werden of verplicht registreerbaar geworden zijn.

Zo ja, moeten zij de datum der akten vermelden, zomede de grondslag waarop de belasting werd of dient geheven.

De in dit artikel voorziene opgaven en vermeldingen mogen gedaan worden onderaan de akte in een verklaring vóór de registratie ondertekend en echt bevestigd door de begiftigde of, in zijn naam, door de werkende notaris.

Indien bewuste opgaven en vermeldingen ontbreken of indien zij onjuist of onvolledig zijn, verbeuren de partijen ondeelbaar een geldboete ten bedrage van het ontdoken recht, zonder dat ze lager dan [[[25 EUR]]] mag zijn.

Hernummerd bij art. 7 W. 14 augustus 1947 (B.S. 17. IX.1947);
Al. 1 gewijzigd bij art. 7 Ord. Br. H. R. 24 februari 2005 (B.S. 9.III.2005, err. B.S. 15.III.2005);
Al. 4 gewijzigd bij art. 160 W. 22 december 1989 (B.S. 29. XII.1989), bij art. 2-11 K.B. 20 juli 2000 (II) (B.S. 30. VIII.2000, err. B.S. 8.III.2001) en bij art. 42, 5° K.B. 13 juli 2001 (B.S. 11.VIII.2001, err. B.S. 21.XII.2001).

[Art. 138². Voor de toepassing van artikelen 137 en 138¹ op de aan een schorsende voorwaarde onderworpen schenkingen, wordt de datum van de vervulling der voorwaarde in de plaats gesteld van de datum van de akte.]

Ingevoegd bij art. 7 W. 14 augustus 1947 (B.S. 17.IX.1947).

Art. 139. Bij onjuist opgeven van de graad van verwantschap tussen schenker en begiftigde, is door deze laatsten, benevens het ontdoken recht, ondeelbaar een boete verschuldigd gelijk aan het bedrag van dat recht.

Art. 140. [De bij artikel 131 vastgestelde rechten worden beperkt tot:
1° 6,6 % voor schenkingen aan gemeenten gelegen in het Brussels Hoofdstedelijk Gewest en hun openbare instellingen, aan de door de Brusselse Gewestelijke Huisvestingsmaatschappij erkende maatschappijen, aan de coöperatieve vennootschap met beperkte aansprakelijkheid Woningfonds van het Brussels Hoofdstedelijk Gewest, aan de intercommunales van het Brussels Hoofdstedelijk Gewest en aan stichtingen van openbaar nut;
2° 7 % voor de schenkingen, inclusief inbrengen om niet, van onroerende goederen aan verenigingen zonder winstoogmerk, aan ziekenfondsen en landsbonden van ziekenfondsen, aan beroepsverenigingen, aan internationale verenigingen zonder winstoogmerk en aan private stichtingen;
3° 100 EUR voor schenkingen, inclusief inbrengen om niet, gedaan aan stichtingen van openbaar nut of aan rechtspersonen bedoeld in 2°, zo de schenker zelf een dezer stichtingen of rechtspersonen is;
4° 1,10 % voor de schenkingen met inbegrip van de inbrengen om niet, gedaan door de gemeenten aan de pensioenfondsen die zij onder de vorm van een vereniging zonder winstoogmerk hebben opgericht in

uitvoering van een door de voogdijoverheid goedgekeurd saneringsplan.]

[De verlagingen vermeld sub 1°, 2° en 3°, zijn ook toepasselijk op gelijkaardige rechtspersonen die opgericht zijn volgens en onderworpen zijn aan de wetgeving van een lidstaat van de Europese Economische Ruimte, en die bovendien hun statutaire zetel, hun hoofdbestuur of hun hoofdvestiging binnen de Europese Economische Ruimte hebben.]

Al. 1 vervangen bij art. 8 Ord. Br. H. R. 24 februari 2005 (B.S. 9.III.2005, err. B.S. 15.III.2005);
Al. 2 vervangen bij art. 3 Ord. 16 december 2011 (B.S. 2. II.2012, ed. 1).

[Onderafdeling 2

Bijzondere bepalingen voor schenkingen van ondernemingen]

Opschrift ingevoegd bij art. 68 W. 22 december 1998 (B.S. 15.I.1999).

[Art. 140bis. Het bij artikel 131 vastgestelde recht wordt verlaagd tot 3 pct. voor:
1° de bij authentieke akte vastgestelde overeenkomsten die de overdracht ten kostelozen titel vaststellen van de volle eigendom van een universaliteit van goederen of van een bedrijfstak, waarmee een nijverheids-, handels-, ambachts- of landbouwactiviteit, een vrij beroep of een ambt of post wordt uitgeoefend.

Het bij artikel 131 vastgestelde recht blijft niettemin toepasselijk op de overdrachten van onroerende goederen die gedeeltelijk of geheel tot bewoning worden aangewend of zijn bestemd;
2° de bij authentieke akte vastgestelde overeenkomsten die de overdracht ten kostelozen titel vaststellen van de volle eigendom van aandelen of deelbewijzen van een vennootschap waarvan de zetel van haar werkelijke leiding is gevestigd in een lidstaat van [de Europese Economische Ruimte] en die de uitoefening van een nijverheids-, handels-, ambachts- of landbouwactiviteit, een vrij beroep, of een ambt of post tot doel heeft.]

Ingevoegd bij art. 68 W. 22 december 1998 (B.S. 15.I.1999);
2° gewijzigd bij art. 4 Ord. 16 december 2011 (B.S. 2.II.2012, ed. 1).

[Art. 140ter. Het bij artikel 140bis vastgestelde verlaagde recht is onderworpen aan de volgende voorwaarden:
1° de schenker en de begiftigde moeten natuurlijke personen zijn;
2° in geval van toepassing van artikel 140bis, 1°:
– moet in de akte of in een door de schenker en de begiftigde gewaarmerkte en ondertekende verklaring onderaan op de akte uitdrukkelijk worden vermeld:
a) dat de schenking betrekking heeft op de volle eigendom van een universaliteit van goederen of van een bedrijfstak, waarmee een nijverheids-, handels-,

ambachts- of landbouwactiviteit, een vrij beroep of een ambt of post wordt uitgeoefend;

b) in geval de schenking onroerende goederen bevat, of deze al dan niet gedeeltelijk of geheel tot bewoning worden aangewend of zijn bestemd;

– moet in de akte of in een door de begiftigde gewaarmerkte en ondertekende verklaring onderaan op de akte bovendien uitdrukkelijk worden vermeld:

a) dat de begiftigde zich ertoe verbindt de activiteit zonder onderbreking voort te zetten gedurende vijf jaar te rekenen van de datum van de authentieke akte van schenking;

b) dat de begiftigde zich ertoe verbindt aan de ontvanger der registratie van het kantoor waar de akte werd geregistreerd jaarlijks het bewijs te leveren van het behoud van de activiteit;

c) dat de begiftigde zich ertoe verbindt de onroerende goederen die met toepassing van het verlaagde recht werden overgedragen, niet gedeeltelijk of geheel tot bewoning aan te wenden gedurende een ononderbroken periode van vijf jaar te rekenen van de datum van de authentieke akte van schenking;

3° in geval van toepassing van artikel 140bis, 2°:

– moet de begiftigde een door een notaris, een bedrijfsrevisor of een accountant ondertekend attest afleveren dat bevestigt dat de schenking betrekking heeft op een geheel van aandelen of deelbewijzen, dat minstens 10 pct. van de stemrechten in de algemene vergadering vertegenwoordigt;

– in geval het geheel van de geschonken aandelen of deelbewijzen minder dan 50 pct. van de stemrechten in de algemene vergadering vertegenwoordigt, moet de begiftigde tevens een aandeelhouderschapsovereenkomst voorleggen, die betrekking heeft op ten minste 50 pct. van de stemrechten in de algemene vergadering en waarvan de modaliteiten door de Koning worden vastgesteld.

De hogervermelde documenten worden aan de authentieke akte gehecht;

– moet in de akte of in een door de begiftigde gewaarmerkte en ondertekende verklaring onderaan op de akte bovendien uitdrukkelijk worden vermeld:

a) dat de begiftigde zich ertoe verbindt de volle eigendom van de aandelen of deelbewijzen die het voorwerp van de schenking uitmaken gedurende een ononderbroken periode van vijf jaar te rekenen van de datum van de authentieke akte van schenking te behouden;

b) dat de begiftigde zich ertoe verbindt aan de ontvanger der registratie van het kantoor waar de akte werd geregistreerd jaarlijks het bewijs te leveren dat hij de volle eigendom van de geschonken aandelen of deelbewijzen heeft behouden.]

Ingevoegd bij art. 68 W. 22 december 1998 (B.S. 15.I.1999).

[**Art. 140quater.** Indien een van de onder de artikelen 140bis en 140ter gestelde voorwaarden uiterlijk bij de aanbieding van de akte ter registratie niet is vervuld, wordt de akte geregistreerd tegen betaling van het bij de artikelen 131 tot 140 vastgestelde recht. Geen enkele vordering tot teruggaaf is ontvankelijk.]

Ingevoegd bij art. 68 W. 22 december 1998 (B.S. 15.I.1999).

[**Art. 140quinquies.** Behalve in geval van overmacht, wordt het overeenkomstig de artikelen 131 tot 140 verschuldigde recht, vermeerderd met de wettelijke interest tegen de rentevoet bepaald in burgerlijke zaken te rekenen van de datum van registratie van de schenking, opeisbaar ten laste van de begiftigde, indien deze laatste:

a) de overeenkomstig artikel 140ter, 2° of 3° aangegane verbintenissen niet nakomt;

b) in geval van een door artikel 140bis, 1°, bedoelde schenking, de goederen, die dienen voor de uitoefening van een nijverheids-, handels-, ambachts- of landbouwactiviteit, een vrij beroep, of een ambt of post, geheel of gedeeltelijk heeft overgedragen binnen de in artikel 140ter bepaalde termijn van vijf jaar; deze bepaling is echter niet van toepassing indien de overdracht gerechtvaardigd is door de uitoefening van de activiteit, van het vrij beroep of van het ambt of de post;

c) in geval van een door artikel 140bis, 2°, bedoelde schenking, binnen de in artikel 140ter bepaalde termijn van vijf jaar de aandelen of deelbewijzen geheel of gedeeltelijk heeft overgedragen of de zetel van werkelijke leiding van de vennootschap heeft overgebracht naar een staat die geen lid is van [de Europese Economische Ruimte].

Dit artikel is niet van toepassing op de overdrachten van goederen bepaald onder hogervermeld punt b), indien ze plaats hebben door erfopvolging of schenking en de rechthebbenden of de begiftigden de door de overledene of de schenker aangegane verbintenissen overnemen.

Dit artikel is evenmin van toepassing op de overdrachten van aandelen of deelbewijzen als bepaald onder hogervermeld punt c), indien ze plaats hebben door erfopvolging, door schenking of door overdracht ten bezwarende titel aan een ander lid van de aandeelhouderschapsovereenkomst, en dat de rechthebbenden, de begiftigden of de verwerver de door de overledene, de schenker of de overdrager aangegane verbintenissen overnemen.]

Ingevoegd bij art. 68 W. 22 december 1998 (B.S. 15.I.1999); Al. 1, c) gewijzigd bij art. 5 Ord. 16 december 2011 (B.S. 2.II.2012, ed. 1).

[**Art. 140sexies.** De begiftigde die de toepassing van het verlaagd recht heeft genoten kan aanbieden om het overeenkomstig de artikelen 131 tot 140 verschuldigde recht, vermeerderd met de wettelijke interest tegen de rentevoet bepaald in burgerlijke zaken, opeisbaar te rekenen van de datum van registratie van de schenking, te betalen alvorens de termijn van vijf jaar is verstreken gedurende dewelke de activiteit moet worden voortgezet of de volle eigendom van de aandelen of deelbewijzen behouden moet blijven.]

Ingevoegd bij art. 68 W. 22 december 1998 (B.S. 15.I.1999).

[Art. 140septies. Het overeenkomstig artikel 140quinquies opeisbare recht is evenwel niet opeisbaar indien de volle eigendom van de goederen waarop het verlaagd recht werd toegepast, het voorwerp uitmaakt van een overdracht ten kosteloze titel ten voordele van de oorspronkelijke schenker alvorens de termijn van vijf jaar is verstreken gedurende dewelke de activiteit moet worden voortgezet of de volle eigendom van de aandelen of deelbewijzen moet behouden blijven.]

Ingevoegd bij art. 68 W. 22 december 1998 (B.S. 15.I.1999).

[Art. 140octies. Indien artikel 140quinquies van toepassing is, worden het recht en de interesten vereffend op een verklaring die ter registratie moet worden aangeboden op het kantoor waar het verlaagde recht werd geheven, binnen de eerste vier maanden na het verstrijken van het jaar tijdens hetwelk één van de oorzaken van opeisbaarheid van het overeenkomstig de artikelen 131 tot 140 verschuldigde recht zich heeft voorgedaan en dit op straf van een boete gelijk aan dit recht.

Indien artikel 140sexies van toepassing is, moet de begiftigde die de toepassing van het verlaagde recht heeft genoten op het voormelde registratiekantoor een verklaring ter registratie aanbieden waarin de samenstelling en de waarde van de goederen waarvoor hij het overeenkomstig de artikelen 131 tot 140 verschuldigde recht wenst te betalen wordt aangegeven.

De bij dit artikel voorgeschreven verklaringen, welke door de begiftigde die de toepassing van het verlaagde recht heeft genoten, werden ondertekend, worden in dubbel gesteld, waarvan één exemplaar op het registratiekantoor blijft. Deze verklaringen vermelden de akte, het nieuwe feit waaruit de opeisbaarheid van het overeenkomstig de artikelen 131 tot 140 verschuldigde recht voortvloeit en al de voor de vereffening van het recht vereiste gegevens.]

Ingevoegd bij art. 68 W. 22 december 1998 (B.S. 15.I.1999).

Afdeling 13

Huwelijkscontracten en testamenten

Art. 141. [...]

Opgeheven bij art . 162 W. 22 december 1989 (B.S. 29. XII.1989).

Afdeling 14

[Vonnissen en arresten]

Opschrift vervangen bij art. 10, § 1 W. 12 juli 1960 (B.S. 9. XI.1960).

Art. 142. [Het recht wordt vastgesteld op [3] t.h. voor de in alle zaken gewezen arresten en vonnissen der hoven en rechtbanken, houdende definitieve, voorlopige, voornaamste, subsidiaire of voorwaardelijke veroordeling of vereffening gaande over sommen en roerende waarden, met inbegrip van de beslissingen van de rechterlijke overheid houdende rangregeling van dezelfde sommen en waarden.

Het recht wordt vereffend, in geval van veroordeling of vereffening van sommen en roerende waarden, op het samengevoegd bedrag, in hoofdsom, van de uitgesproken veroordelingen of van de gedane vereffeningen [ten laste van een zelfde persoon], [afgezien van de intresten waarvan het bedrag niet door de rechter is becijferd] en kosten, en, in geval van rangregeling, op het totaal bedrag der aan de schuldeisers uitgedeelde sommen.]

Vervangen bij art. 10, § 2 W. 12 juli 1960 (B.S. 9.XI.1960);
Al. 1 gewijzigd bij art. 4 W. 24 december 1993 (B.S. 31. XII.1993);
Al. 2 gewijzigd bij art. 8 W. 19 juni 1986 (B.S. 24.VII.1986) en bij art. 163 W. 22 december 1989 (B.S. 29.XII.1989).

Art. 143. [De bepaling van artikel 142 is niet toepasselijk:

1° op de bevelen in kortgeding en op de arresten gewezen op beroep daarvan;

2° op vonnissen en arresten voor zover zij strafboeten, burgerlijke boeten of tuchtboeten uitspreken;

3° op vonnissen en arresten voor zover zij een veroordeling inhouden tot het betalen van een uitkering tot onderhoud.

[Zij is niet toepasselijk wanneer het samengevoegd bedrag van de uitgesproken veroordelingen en van de gedane vereffeningen ten laste van een zelfde persoon of van de aan de schuldeisers van een zelfde persoon uitgedeelde sommen, [[[12.500 EUR]]] niet overtreft.]]

Vervangen bij art. 10, § 2 12 juli 1960 (B.S. 9.XI.1960);
Al. 2 vervangen bij art. 9 W. 19 juni 1986 (B.S. 24.VII.1986) en gewijzigd bij art. 164 W. 22 december 1989 (B.S. 29. XII.1989), bij art. 2-11 K.B. 20 juli 2000 (II) (B.S. 30. VIII.2000, err. B.S. 8.III.2001) en bij art. 42, 5° K.B. 13 juli 2001 (B.S. 11.VIII.2001, err. B.S. 21.XII.2001).

Art. 144. [Werd bij het artikel 142 vastgestelde recht op een later veranderd vonnis of arrest geheven, dan wordt voor de nieuwe beslissing het recht van [3] t.h. alleen geheven op de aanvullende veroordeling, vereffening of rangregeling van sommen of waarden [uitgesproken of vastgesteld ten laste van een zelfde persoon] en voor zover deze [[[12.500 EUR]]] te boven gaat.]

[Wanneer een vonnis of arrest een hoofdelijke veroordeling uitspreekt en de op dat vonnis of arrest verschuldigde rechten volledig of gedeeltelijk betaald werden door één van de veroordeelden, maakt de beslissing, waardoor diegene die betaald heeft, buiten zaak wordt gesteld, de rechten die deze betaald heeft opeisbaar in hoofde van de andere hoofdelijke veroordeelden; dit alles onverminderd de toepassing van de voorschriften opgenomen in het eerste lid.]

Al. 1 vervangen bij art. 12, § 2 W. 10 juli 1960 (B.S. 9.X.1960) en gewijzigd bij art. 10 W. 19 juni 1986 (B.S. 24.VII.1986), bij art. 165, 1° W. 22 december 1989 (B.S. 29.XII.1989), bij art. 5 W. 24 december 1993 (B.S. 31.XII.1993), bij art. 2-11 K.B. 20 juli 2000 (II) (B.S. 30.VIII.2000, err. B.S. 8.III.2001) en bij art. 42, 5° K.B. 13 juli 2001 (B.S. 11.VIII.2001, err. B.S. 21.XII.2001);
Al. 2 ingevoegd bij art. 165, 2° W. 22 december 1989 (B.S. 29.XII.1989).

Art. 145. [Werd het bij artikel 142 vastgestelde recht op een vonnis of arrest geheven, dan wordt op elke andere veroordeling ten laste van dezelfde persoon of van een derde, welke steunt hetzij op dezelfde oorzaak hetzij op een verplichting tot waarborg, en meer in het algemeen op elke door de in eerste orde veroordeelde persoon uitgeoefende verhaalsvordering, het recht van [3] t.h. alleen geheven op de aanvullende veroordeling tot sommen of waarden, en voor zover deze [[[12.500 EUR]]] te boven gaat.]

Vervangen bij art. 10, § 2 W. 12 juli 1960 (B.S. 9.XI.1960); Gewijzigd bij art. 166 W. 22 december 1989 (B.S. 29. XII.1989), art. 6 W. 24 december 1993 (B.S. 31.XII.1993), bij art. 2-11 K.B. 20 juli 2000 (II) (B.S. 30.VIII.2000, err. B.S. 8.III.2001) en bij art. 42, 5° K.B. 13 juli 2001 (B.S. 11. VIII.2001, err. B.S. 21.XII.2001).

Art. 146. [De vonnissen en arresten die tot bewijs strekken van een overeenkomst waarbij eigendom of vruchtgebruik van in België gelegen onroerende goederen overgedragen of aangewezen wordt en welke aan de desbetreffende belasting niet onderworpen werd […] geven aanleiding, onverminderd het door artikel 142 vastgesteld recht, tot het recht en eventueel tot de boete waaraan de overeenkomst […] zou onderworpen zijn indien zij in een minnelijke akte vastgesteld ware geweest.
Dit geldt eveneens, zelfs indien de rechterlijke beslissing die tot bewijs van de overeenkomst strekt, de ontbinding of herroeping ervan voor om 't even welke reden uitspreekt, tenzij uit de beslissing blijkt dat ten hoogste één jaar na de overeenkomst een eis tot ontbinding of herroeping, zelfs bij een onbevoegd rechter, werd ingesteld.]

Vervangen bij art. 10, § 2 W. 12 juli 1960 (B.S. 9.XI.1960); Al. 1 gewijzigd bij art. 167 W. 22 december 1989 (B.S. 29.XII.1989).

Art. 147. [De vonnissen en arresten houdende vernietiging, ontbinding of herroeping van een overeenkomst waarbij eigendom of vruchtgebruik van in België gelegen onroerende goederen overgedragen of aangewezen wordt, geven geen aanleiding tot heffing van het evenredig recht uit hoofde van dat te niet doen, tenzij dit uitgesproken zij ten voordele van een andere persoon dan een van de partijen bij de overeenkomst, haar erfgenamen of legatarissen. In laatstbedoeld geval worden de rechten geheven die verschuldigd waren geweest indien de vernietiging, de ontbinding of

de herroeping het voorwerp van een minnelijke akte had uitgemaakt.]

Vervangen bij art. 10, § 2 W. 12 juli 1960 (B.S. 9.XI.1960).

Art. 148. [Exequaturs van scheidsrechterlijke uitspraken en van buitenlands gewezen rechterlijke beslissingen worden, voor de toepassing van dit Wetboek, als een geheel met de desbetreffende akte aangezien, en zijn aan dezelfde rechten als de in België gewezen vonnissen en arresten onderworpen.
Deze rechten zijn eveneens van toepassing in geval van aanbieding ter registratie van een buitenlands gewezen rechterlijke beslissing indien zij van rechtswege in België uitvoerbaar is.]

Vervangen bij art. 10, § 2 W. 12 juli 1960 (B.S. 9.XI.1960).

Art. 149. [Behoudens in de gevallen beoogd door de artikelen 146 tot 148 maken de vonnissen en arresten geen evenredig recht eisbaar uit hoofde van de overeenkomsten waarvan zij het bestaan vaststellen.]

Vervangen bij art. 10, § 2 W. 12 juli 1960 (B.S. 9.XI.1960).

Art. 150. [Om de invordering van de rechten en, in voorkomend geval, van de boeten eisbaar uit hoofde van deze afdeling te waarborgen, wordt, ten bate van de Staat, een voorrecht ingesteld op de sommen en waarden die het voorwerp uitmaken van de veroordeling, vereffening of rangregeling.
De rechten en boeten bedoeld in het eerste lid gaan boven alle schuldvorderingen van de begunstigden van de veroordelingen, vereffeningen of rangregelingen.]

Vervangen bij art. 12 W. 19 juni 1986 (B.S. 24.VII.1986).

Art. 151-152. […]

Opgeheven bij art. 10, § 3 W. 12 juli 1960 (B.S. 9.XI.1960).

Afdeling 15

[…]

Opschrift opgeheven bij art. 2-29 W. 10 oktober 1967 (B.S. 31.X.1967).

Art. 153. […]

Opgeheven bij art. 2-29 W. 10 oktober 1967 (B.S. 31.X.1967).

Afdeling 16

[…]

Opschrift opgeheven bij art. 2-29 W. 10 oktober 1967 (B.S. 31.X.1967).

Art. 154. […]

Opgeheven bij art. 2-29 W. 10 oktober 1967 (B.S. 31.X.1967).

Afdeling 17

[...]

Opschrift opgeheven bij art. 2-29 W. 10 oktober 1967 (B.S. 31.X.1967).

Art. 155. [...]

Opgeheven bij art. 2-29 W. 10 oktober 1967 (B.S. 31.X.1967).

Afdeling 18

[...]

Opschrift opgeheven bij art. 11 W. 12 juli 1960 (B.S. 9. XI.1960).

Art. 156. [...]

Opgeheven bij art. 11 W. 12 juli 1960 (B.S. 9.XI.1960).

Afdeling 19

Protesten

Art. 157. [...]

Opgeheven bij art. 73 W. 14 januari 2013 (B.S. 1.III.2013), van toepassing vanaf 1 september 2013.

Art. 158. [...]

Opgeheven bij art. 8 W. 10 juni 1997 (B.S. 19.VII.1997).

Afdeling 20

Akten vrijgesteld van het evenredig recht en onderhevig aan het algemeen vast recht

Art. 159. Worden van het evenredig recht vrijgesteld en aan het algemeen vast recht onderworpen:

1° [de aanwijzing van lastgever, op voorwaarde:

a) dat het vermogen om een lastgever aan te wijzen in de akte van toewijzing of koop voorbehouden is;

b) dat de aanwijzing bij authentieke akte geschied is;

c) dat zij bij exploot van [gerechtsdeurwaarder] aan de ontvanger der registratie bekend wordt of dat de akte ter formaliteit aangeboden wordt uiterlijk op de eerste werkdag na de dag van de toewijzing of van het contract.

Bij niet-voldoening aan deze voorwaarden wordt de aanwijzing van lastgever voor de toepassing van dit wetboek als wederverkoop beschouwd.

[Met afwijking van het vorenstaande:

a) moet de aanwijzing van lastgever, bij toewijzingen die wettelijk gedaan zijn onder de schorsende voorwaarde van ontstentenis van opbod, om van het evenredig recht vrijgesteld te zijn, gedaan worden

vóór de notaris die de toewijzing gedaan heeft of hem betekend worden uiterlijk op de eerste werkdag na die waarop de wettelijke termijn voor opbod verstrijkt;

b) moet de aanwijzing van lastgever, in geval van toewijzing ten gevolge van hoger bod op vrijwillige vervreemding van onroerende goederen, om van het evenredig recht vrijgesteld te zijn, gedaan worden vóór de notaris die de toewijzing heeft gedaan of hem betekend worden uiterlijk op de eerste werkdag na de dag van de toewijzing.]

In die gevallen wordt de aanwijzing ingeschreven of vermeld onderaan op het proces-verbaal van toewijzing zonder dat zij aan de ontvanger der registratie behoeft te worden betekend];

2° [de toewijzingen naar aanleiding van rouwkoop, van roerende of onroerende goederen, wanneer zij geen aanleiding geven tot de heffing van een hoger evenredig recht dan datgene geheven op de vorige toewijzing. In het tegenovergesteld geval wordt laatstbedoeld recht afgerekend van het bedrag van de belasting waartoe de daaropvolgende toewijzing aanleiding geeft.

Hetzelfde regime is van toepassing op de toewijzingen naar aanleiding van prijsverhoging in de gevallen waarin het voorbehoud van prijsverhoging geen schorsende voorwaarde uitmaakt];

3° de overeenkomsten die strekken tot de overdracht van het vruchtgebruik op de blote eigenaar, wanneer het evenredig registratierecht of het successierecht door de blote eigenaar of door een vorige blote eigenaar, zijn rechtsvoorganger, op de waarde van de volle eigendom werd voldaan;

4° [...];

5°- 6° [...];

7° [de overdragende of aanwijzende overeenkomsten, [andere dan de inbrengen onderworpen aan het in artikel 115bis bepaalde recht] die buitenslands gelegen onroerende goederen tot voorwerp hebben, zomede de huurcontracten van dergelijke goederen];

8° [de overdragende of aanwijzende vervreemdingen onder bezwarende titel, andere dan die welke aan het in artikel 115bis bepaalde recht onderworpen zijn, van gebouwen, gedeelten van gebouwen en het bijhorende terrein bedoeld in artikel 1, § 9, van het Wetboek van de belasting over de toegevoegde waarde, evenals de vestigingen, overdrachten of wederoverdrachten van de zakelijke rechten bedoeld in artikel 9, tweede lid, 2°, van het Wetboek van de belasting over de toegevoegde waarde met betrekking tot gebouwen, gedeelten van gebouwen en het bijhorende terrein bedoeld in artikel 1, § 9, van het Wetboek van de belasting over de toegevoegde waarde, op voorwaarde dat de belasting over de toegevoegde waarde opeisbaar is op de levering van deze goederen of de vestiging, de overdracht of wederoverdracht van deze rechten.

Deze vrijstelling is alleen toepasselijk indien in de akte of in een vóór de registratie bij de akte te voegen geschrift worden vermeld:

a) de datum van de eerste ingebruikneming of eerste inbezitneming van het gebouw waarop de overeenkomst betrekking heeft;

b) het kantoor waar de belastingplichtige de aangifte moet indienen voor de heffing van de belasting over de toegevoegde waarde;

c) wanneer de overeenkomst het werk is van een andere dan in artikel 12, § 2, van het Wetboek van de belasting over de toegevoegde waarde bedoelde belastingplichtige, de datum waarop hij kennis heeft gegeven van zijn bedoeling de verrichting te doen met betaling van de belasting over de toegevoegde waarde.

In geval de vervreemding of de vestiging, overdracht of wederoverdracht van zakelijke rechten tevens goederen betreft waarop deze vrijstelling van het evenredig recht niet van toepassing is, moet de akte of het bijgevoegde geschrift dit nadrukkelijk vermelden en die goederen nauwkeurig aanduiden door middel van hun kadastrale beschrijving.

In geval van onjuistheid van die vermeldingen verbeurt de cedent een boete gelijk aan het ontdoken recht];

9° de contracten tussen de Algemene Spaar- en Lijfrentekas en de leden van de landbouwkantoren verleden, met betrekking tot de waarborg door deze laatsten verstrekt;

[10° [de contracten van onroerende financieringshuur bedoeld in artikel 44, § 3, 2°, b, van het Wetboek van de belasting over de toegevoegde waarde;]]

[11° de inbreng van goederen [in een samenwerkingsverband beheerst, door de wet van 17 juli 1989 betreffende de economische samenwerkingsverbanden of] in Europese economische samenwerkingsverbanden;]

[12° de teruggave van de onroerende goederen aan de leden van [een economisch samenwerkingsverband of van] Europese economische samenwerkingsverbanden die deze goederen hebben ingebracht, wanneer de teruggave gebeurt tengevolge van de uittreding van deze leden of de ontbinding van het samenwerkingsverband.

Indien onroerende goederen verkregen worden in andere omstandigheden dan deze voorzien in het vorige lid, is voor deze verkrijging, hoe zij ook gebeurt, het voor verkopingen bepaalde recht verschuldigd;]

[13° [...];]

[14° de inbrengen van onroerende goederen, andere dan die welke gedeeltelijk of geheel tot bewoning aangewend worden of bestemd zijn en door een natuurlijke persoon ingebracht worden, in burgerlijke vennootschappen of handelsvennootschappen met zetel van werkelijke leiding en statutaire zetel buiten België, of met statutaire zetel in België doch met zetel van werkelijke leiding op het grondgebied van één van de lidstaten van de Europese Gemeenschap. Deze vrijstelling geldt voorzover de inbreng met maatschappelijke rechten wordt vergolden. Indien de inbreng zowel in België gelegen onroerende goederen als andere goederen omvat wordt, niettegenstaande elk strijdig beding, de vergelding die anders dan door toekenning van maatschappelijke rechten geschiedt, geacht evenredig verdeeld te zijn tussen de waarde die aan de onroerende goederen is toegekend en die welke aan de andere goederen is toegekend. In de mate dat de inbreng betrekking heeft op in België gelegen onroerende goederen wordt hij onderworpen aan het recht

voorgeschreven voor verkopingen.

In geval van onjuiste verklaring betreffende de aanwending of de bestemming van het onroerend goed, worden de bijvoegelijke rechten opeisbaar en verbeurt iedere partij een boete gelijk aan de rechten.]

1° vervangen bij art. 14 W. 23 december 1958 (B.S. 7.I.1959);

1°, al. 1, c gewijzigd bij art. 48, § 4 W. 5 juli 1963 (B.S. 17.VII.1963);

1°, al. 3 vervangen bij art. 3-114 W. 10 oktober 1967 (B.S. 31.X.1967);

2° vervangen bij art. 29 W. 23 december 1958 (B.S. 7.I.1959);

4° opgeheven bij art. 7 W. 10 juli 1969 (B.S. 25.VII.1969);

5°-6° opgeheven bij art. 14 W. 23 december 1958 (B.S. 7.I.1959);

7° vervangen bij art. 14 W. 23 december 1958 (B.S. 7.I.1959) en gewijzigd bij art. 49, 1° W. 30 maart 1994 (B.S. 31. III.1994);

8° vervangen bij art. 2 Ord. 24 december 2010 (B.S. 19.I.2011, ed. 2), van toepassing vanaf 1 januari 2011;

10° ingevoegd bij art. 9 W. 10 juli 1969 (B.S. 25.VII.1969) en vervangen bij art. 23 K.B. 29 december 1992 (B.S. 31. XII.1992);

11° ingevoegd bij art. 12 W. 12 juli 1989 (B.S. 22.VIII.1989) en gewijzigd bij art. 28, A W. 17 juli 1989 (B.S. 22.VIII.1989);

12° ingevoegd bij art. 12 W. 12 juli 1989 (B.S. 22.VIII.1989) en al. 1 gewijzigd bij art. 28, B W. 17 juli 1989 (B.S. 22. VIII.1989);

13° ingevoegd bij enig art. W. 10 april 1991 (B.S. 23.V.1991) en opgeheven bij art. 65 Progr. W. 27 december 2006 (B.S. 28.XII.2006, ed. 3);

14° ingevoegd bij art. 49, 3° W. 30 maart 1994 (B.S. 31. III.1994).

HOOFDSTUK V

REGISTRATIE IN DEBET

Art. 160. In afwijking van artikel 5, worden in debet geregistreerd:

1° [de akten opgemaakt ten verzoeke van de persoon die rechtsbijstand heeft verkregen voor de rechtspleging waarop bedoelde akten betrekking hebben, met inbegrip van de akten tot tenuitvoerlegging van het vonnis of arrest.

Het gaat evenzo met de rechterlijke beslissingen wanneer rechtsbijstand aan de eiser werd toegestaan. Wanneer bijstand aan de verweerder werd toegestaan en de eiser in gebreke blijft de op het vonnis of arrest verschuldigde rechten te consigneren, kan de verweerder registratie in debet ervan bekomen.

Verlening van bijstand dient te worden vermeld in al de akten die ervan genieten. Deze vermelding moet de datum der beslissing alsmede het gerecht of het bureau voor rechtsbijstand, dat ze heeft getroffen, aanduiden.

De rechten alsmede de andere kosten worden ingevorderd overeenkomstig de bepalingen van het Gerechtelijk Wetboek];

2° [de akten en vonnissen betreffende procedures bij faillissement, wanneer de kosteloosheid door de rechtbank werd bevolen.

De kosteloosheid van de rechtspleging moet vermeld worden in alle akten die ze genieten.

De rechten alsmede de andere kosten worden ingevorderd overeenkomstig de bepalingen van het Gerechtelijk Wetboek];

3° [de akten betreffende de vorderingen tot interpretatie of tot verbetering van een vonnis of arrest.

De rechten worden ingevorderd overeenkomstig de bepalingen van het Gerechtelijk Wetboek];

4° de akten opgemaakt ten verzoeke en ter verdediging van de beklaagden of betichten in lijfstraffelijke, boetstraffelijke of politiezaken - er weze al dan niet een burgerlijke partij in het geding - met inbegrip van de akten waartoe de borg, welke dient gesteld om de voorlopige invrijheidsstelling van een voorlopig gedetineerd betichte te bekomen, aanleiding geeft.

De rechten worden in de gerechtskosten begrepen en als zodanig ingevorderd ten laste van de tot betaling er van veroordeelde partij;

5° [...]

1° vervangen bij art. 3-115 A W. 10 oktober 1967 (B.S. 31.X.1967);
2° vervangen bij art. 3-115 B W. 10 oktober 1967 (B.S. 31.X.1967);
3° vervangen bij art. 3-115 C W. 10 oktober 1967 (B.S. 31.X.1967);
5° opgeheven bij art. 12 W. 12 juli 1960 (B.S. 9.XI.1960).

HOOFDSTUK VI

KOSTELOZE REGISTRATIE

Art. 161. Worden kosteloos geregistreerd:

1° akten in der minne verleden ten name of ten bate van Staat, Kolonie en openbare Staatsinstellingen [met uitzondering van de akten verleden in naam of ten gunste van de Algemene Spaar- en Lijfrentekas voor de verrichtingen van de Spaarkas].

[De akten in der minne verleden ten name of ten bate van de naamloze vennootschap van publiek recht HST-Fin.]

[De akten in der minne verleden ten name of ten bate van de naamloze vennootschap A.S.T.R.I.D.]

[De akten verleden ten name of ten bate van de naamloze vennootschap BIO.]

[De akten in der minne, die betrekking hebben op onroerende goederen die uitsluitend bestemd zijn voor onderwijs, verleden ten name of ten bate van de inrichtende machten van het gemeenschapsonderwijs of het gesubsidieerd onderwijs, alsook ten name of ten bate van verenigingen zonder winstoogmerk voor patrimoniaal beheer die tot uitsluitend doel hebben onroerende goederen ter beschikking te stellen voor onderwijs dat door de voornoemde inrichtende machten wordt verstrekt.]

Hetzelfde geldt – met uitzondering van akten houdende schenking onder de levenden – voor akten verleden ten name of ten bate van de [Nationale Maatschappij voor de huisvesting], de [Nationale Landmaatschappij] en de Nationale Maatschappij van Belgische spoorwegen.

[Deze beschikking is echter slechts van toepassing op de akten waarvan de kosten wettelijk ten laste van bedoelde organismen vallen;]

[De kosteloze registratie geldt niet voor akten houdende schenkingen onder de levenden aan andere onder deze rubriek bedoelde lichamen dan het Brussels Hoofdstedelijk Gewest, de Brusselse Agglomeratie, de Vlaamse Gemeenschapscommissie, de Franse Gemeenschapscommissie en de Gemeenschappelijke Gemeenschapscommissie en de openbare instellingen van deze publiekrechtelijke rechtspersonen;]

[1°bis de vonnissen en arresten houdende veroordeling van de Staat, de Gemeenschappen en de Gewesten, van de openbare instellingen die zijn opgericht door de Staat, en van de inrichtingen van de Gemeenschappen en de Gewesten;]

2° [overdrachten in der minne van onroerende goederen ten algemenen nutte, aan de Staat, provinciën, gemeenten, openbare instellingen en aan alle andere tot onteigening gerechtigde organismen of personen; akten betreffende de wederafstand na onteigening ten algemenen nutte in de gevallen waarin hij bij de wet toegelaten is; [akten tot vaststelling van een ruilverkaveling of een herverkaveling verricht met inachtneming van de bepalingen van hoofdstuk VI van titel I van de wet houdende organisatie van de ruimtelijke ordening en van de stedebouw]; [de akten van overdracht van een afgedankte bedrijfsruimte aan de Staat of een andere publiekrechtelijke rechtspersoon]];

3° [de akten houdende oprichting, wijziging, verlenging of ontbinding van de Nationale Maatschappij der waterleidingen, van de verenigingen overeenkomstig de bepalingen der wetten van 18 augustus 1907 en van 1 maart 1922 gevormd, van de Maatschappij voor het intercommunaal vervoer te Brussel, van de maatschappijen voor tussengemeentelijk vervoer beheerst door de wet betreffende de oprichting van maatschappijen voor stedelijk gemeenschappelijk vervoer, van de [Federale Investeringsmaatschappij], de [...] gewestelijke investeringsmaatschappij en van de Belgische Naamloze Vennootschap tot Exploitatie van het Luchtverkeer (Sabena)];

4° [akten die, bij toepassing van de organieke wet betreffende de openbare centra voor maatschappelijk welzijn, de overgave vaststellen van goederen aan of de inbreng in [...] openbare centra voor maatschappelijk welzijn ofwel de overgave van goederen aan of de inbreng in op grond van voornoemde wet opgerichte verenigingen, evenals akten houdende verdeling, na ontbinding of splitsing [...] van een bovenbedoelde vereniging];

5° [waarmerkingen en akten van bekendheid, in de gevallen bedoeld in artikel 139 van de hypotheekwet van 16 december 1851];

6° [akten houdende verkrijging door vreemde Staten van onroerende goederen die bestemd zijn tot vestiging van hun diplomatieke of consulaire vertegenwoordiging in België, of voor de woning van het hoofd der standplaats.

De kosteloosheid is echter ondergeschikt aan de voorwaarde dat wederkerigheid aan de Belgische Staat toegekend wordt];

7° [de akten, vonnissen en arresten betreffende de uitvoering van de wet houdende bijzondere maatregelen inzake ruilverkaveling van landeigendommen in der minne];

8° [...];

9° [akten, vonnissen en arresten betreffende de uitvoering der wet op de ruilverkaveling van landeigendommen uit kracht van de wet] [en der wet houdende bijzondere maatregelen inzake ruilverkaveling van landeigendommen uit kracht van de wet bij de uitvoering van grote infrastructuurwerken];

10° [akten tot vaststelling van een vereniging van kolenmijnconcessies, een afstand, een uitwisseling of een verpachting van een gedeelte van deze concessies.

De kosteloosheid is ondergeschikt aan de voorwaarde dat een eensluidend verklaard afschrift van het koninklijk besluit, waarbij de verrichting toegelaten of bevolen wordt, aan de akte gehecht is op het ogenblik der registratie.

Het eerste lid is mede van toepassing wanneer bedoelde akten terzelfdertijd de afstand vaststellen van goederen die voor de exploitatie van de afgestane concessie of het afgestane concessiegedeelte worden gebruikt];

[11° de akten en attesten die verplicht bij de akten bedoeld in artikel 140bis moeten worden bijgevoegd;]

[12° [a) de in artikel 19, 1°, bedoelde akten houdende verhuring, onderverhuring of overdracht van huur van in België gelegen onroerende goederen of gedeelten van onroerende goederen, die uitsluitend bestemd zijn tot huisvesting van een gezin of van één persoon;

b) de in artikel 19, 3°, a, bedoelde akten van verhuring, onderverhuring of overdracht van huur;

c) de plaatsbeschrijvingen opgemaakt naar aanleiding van een onder a of b bedoelde akte;

d) de documenten die krachtens de artikelen 2 en 11bis van boek III, titel VIII, Hoofdstuk II, afdeling 2, van het Burgerlijk Wetboek gevoegd zijn bij een onder a of b bedoelde akte op het ogenblik dat zij ter registratie wordt aangeboden];]

[13° de overeenkomsten bedoeld in artikel 132bis van het Wetboek van de inkomstenbelastingen 1992.]

1°, al. 1 gewijzigd bij art. 6 K.B. nr. 3, 24 december 1980 (B.S. 8.I.1981, err. B.S. 25.VII.1981);

1°, al. 2 gewijzigd bij art. 14 W. 17 maart 1997 (B.S. 2. IV.1997);

1°, al. 3 ingevoegd bij art. 15 W. 8 juni 1998 (B.S. 13. VI.1998);

1°, al. 4 ingevoegd bij art. 10 W. 3 november 2001 (B.S. 17.XI.2001);

1°, al. 5 ingevoegd bij art. 2 W. 5 december 2001 (B.S. 19.XII.2001);

1°, al. 6 gewijzigd bij art. 13 W. 27 juni 1956 (B.S. 1.VII.1956) en bij art. 55 W. 22 juli 1970 (B.S. 4.IX.1970);

1°, al. 7 vervangen bij art. 7 W. 13 augustus 1947 (B.S. 17.IX.1947);

1°, al. 8 ingevoegd bij art . 10. Ord. Br. H. R. 20 december 2002 (B.S. 31.XII.2002, ed. 3, err. B.S. 16.I.2003);

1°bis ingevoegd bij art. 169 W. 22 december 1989 (B.S. 29. XII.1989);

2° vervangen bij art. 13 W. 12 juli 1960 (B.S. 9.XI.1960) en gewijzigd bij art. 70, A W. 29 maart 1962 (B.S. 12.IV.1962) en bij art. 16, A W. 27 juni 1978 (B.S. 24.VIII.1978);

3° vervangen bij art. 16 W. 2 april 1962 (B.S. 18.IV.1962) en gewijzigd bij art. 103 C W. 4 augustus 1978 (B.S. 17. VIII.1978) en bij art. 11 W. 4 april 1995 (B.S. 23.V.1995);

4° vervangen bij art. 145, 2° W. 8 juli 1976 (B.S. 5.VIII.1978) en gewijzigd bij art. 71 W. 5 augustus 1992 (B.S. 8.X.1992);

5° vervangen bij art. 393 Progr. W. 24 december 2002 (B.S. 31.XII.2002, err. B.S. 7.II.2003);

6° vervangen bij art. 1 W. 28 februari 1957 (B.S. 7.III.1957);

7° vervangen bij art. 62, 2° W. 10 januari 1978 (B.S. 9. III.1978);

8° opgeheven bij art. 62, 3° W. 10 januari 1978 (B.S. 9. III.1978);

9° vervangen bij art. 49 W. 25 juni 1956 (B.S. 9.VII.1956) en aangevuld bij art. 72, 2° W. 12 juli 1976 (B.S. 15.X.1976);

10° vervangen bij art. 2 W. 24 januari 1958 (B.S. 14.II.1958);

11° ingevoegd bij art. 69 W. 22 december 1998 (B.S. 15.I.1999);

12° ingevoegd bij art. 66 Progr. W. 27 december 2006 (B.S. 28.XII.2006, ed. 3) en vervangen bij art. 81 W. 22 december 2009 (B.S. 31.XII.2009, ed. 2), art. 161, 12°, a) is van toepassing vanaf 1 januari 2007, art. 161, 12°, c) en d) zijn van toepassing vanaf 18 mei 2007;

13° ingevoegd bij art. 307 W. 27 december 2006 (B.S. 28. XII.2006, ed. 3).

[Art. 161/1. Onverminderd artikel 162, 51°, worden de akten, vonnissen en arresten, betreffende de overeenkomstig de wet van 31 januari 2009 betreffende de continuïteit van de ondernemingen ingestelde procedure van gerechtelijke reorganisatie vrijgesteld van de registratierechten die niet worden bedoeld in artikel 3 van de bijzondere wet van 16 januari 1989 betreffende de financiering van de Gemeenschappen en de Gewesten.]

Ingevoegd bij art. 42 W. 27 mei 2013 (B.S. 22.VII.2013), van toepassing vanaf 1 augustus 2013.

HOOFDSTUK VII

VRIJSTELLING VAN DE FORMALITEIT DER REGISTRATIE

Art. 162. Zijn, onder het in artikel 163 aangewezen voorbehoud, van de formaliteit der registratie vrijgesteld:

1° akten, vonnissen en arresten in kieszaken;

2° akten, vonnissen en arresten betreffende de uitvoering van wetten en reglementen op de militie, de vergoeding inzake militie en de militaire opeisingen;

3° akten, vonnissen en arresten betreffende de uitvoering der wetten en reglementen inzake 's lands mobilisatie en de bescherming der bevolking in geval van oorlog, de burgerlijke opeisingen en vrijwillige dienstnemingen, alsmede de in vredestijd aangegane uitgestelde contracten;

4° akten, vonnissen en arresten betreffende de uitvoering van wetten en reglementen inzake belastingen ten bate van Staat, Kolonie, provinciën, gemeenten, polders en wateringen [...];

5° [exploten en andere akten, in strafzaken opge-maakt ten verzoeke van ambtenaren van het openbaar ministerie en van andere ambtenaren of besturen waaraan de wet de vordering voor de toepassing der straffen opdraagt; bovenaan op bedoelde akten wor-den de woorden Pro Justitia aangebracht];

[5°bis de akten waartoe de rechtsplegingen [...] in burgerlijke zaken of tuchtzaken aanleiding geven, wanneer het openbaar ministerie of de vrederechter van ambtswege optreedt;]

6° akten betreffende de uitvoering van lijfsdwang in strafzaken, met uitzondering van die welke op de schuldvordering van de burgerlijke partij betrekking hebben;

[6°bis akten, vonnissen en arresten betreffende de uitvoering der wet op eerherstel in strafzaken en deze betreffende de uitvoering der wet tot bescherming der maatschappij tegen de abnormalen en de gewoonte-misdadigers;]

7° [akten, vonnissen en arresten inzake onteige-ningen ten algemenen nutte en die welke betrekking hebben op de uitvoering van titel I van de wet hou-dende organisatie van de ruimtelijke ordening en van de stedebouw, met uitzondering van de in artikel 161, 2°, bedoelde akten];

8° akten, vonnissen en arresten betreffende inge-bruikneming van gronden door de Staat met het oog op de inrichting van 's lands verdediging;

9° akten en vonnissen betreffende procedures vóór de onderzoeksraad voor de zeevaart;

10° akten en beslissingen betreffende procedures vóór het prijsgerecht;

11° [de akten, vonnissen en arresten inzake ont-trekking van de zaak aan de rechter, zoals bedoeld in het Gerechtelijk Wetboek, deel III, titel IV, hoofdstuk III];

12° [de akten, vonnissen en arresten inzake wra-king, zoals bedoeld in het Gerechtelijk Wetboek, deel IV, boek II, titel III, hoofdstuk V];

13° akten en vonnissen betreffende procedures vóór vrederechters wanneer het bedrag van de hoofd-eis het maximum van de laatste aanleg niet te boven gaat, of wanneer het gaat om een procedure inzake uitkering tot onderhoud [of ingesteld overeenkomstig [in artikel 221 van het Burgerlijk Wetboek]]; [akten en vonnissen betreffende procedures vóór de rechtban-ken van koophandel], [wanneer het geschillen geldt die gegrond zijn op de bepalingen van boek II van het Wetboek van koophandel of van de wet van 5 mei 1936 op de rivierbevrachting, indien het bedrag van de hoofdeis het bedrag van de laatste aanleg vóór het vre-degerecht niet te boven gaat];

[13°bis de exploten van gerechtsdeurwaarders op-gesteld ter vervanging van een gerechtsbrief in het geval bepaald in artikel 46, § 2, van het Gerechtelijk Wetboek.

Bovenaan het exploot dient te worden vermeld dat het is opgesteld ter vervanging van een gerechtsbrief en zulks met vermelding van het artikel van het Ge-rechtelijk Wetboek op grond waarvan de betekening wordt gedaan;]

14° [akten, vonnissen en arresten betreffende pro-cedures ingesteld bij de wetten van 10 maart 1900 op de arbeidsovereenkomst, van 7 augustus 1922 op de bediendenarbeidsovereenkomst en van 5 juni 1928 houdende regeling van het arbeidscontract wegens scheepsdienst, met betrekking tot de bekwaamheid van de minderjarige om zijn arbeid te verhuren en zijn loon of bezoldiging te ontvangen];

15° [akten opgemaakt ten verzoeke van de ambte-naren van het openbaar ministerie betreffende uitvoe-ring van rogatoire opdrachten die uitgaan van buiten-landse rechters];

16° [...];

17° [de akten, vonnissen en arresten betrekking hebbende op de uitvoering van de wet betreffende het herstel van zekere schade veroorzaakt aan private goe-deren door natuurrampen];

18° [de akten, vonnissen en arresten betreffende procedures ingesteld bij de wet van 26 juni 1990 be-treffende de bescherming van de persoon van de gees-tesieke en bij de artikelen 488bis, a) tot k), van het Burgerlijk Wetboek];

19°-20° [...];

21° voorzieningen in verbreking van het openbaar ministerie en derzelver betekeningen;

22° [...];

23° [akten opgemaakt alsmede vonnissen of arres-ten gewezen voor de toepassing van de wetten op het gebruik van de talen in gerechtszaken en in bestuurs-zaken];

24° akten betreffende de uitvoering [van de bepa-lingen van het Gerechtelijk Wetboek inzake de inrust-stelling der magistraten];

25°-26° [...];

26°bis [...];

27° [...];

28° [...];

29° [getuigschriften, akten van bekendheid, vol-machten, machtigingen met inbegrip van de verzoek-schriften die er zouden verband mede houden, wan-neer die stukken opgemaakt of uitgereikt worden om te worden overgelegd aan de diensten van het Groot-boek van de Rijksschuld [...] aan de Deposito- en Con-signatiekas, [aan de Lijfrentekas, de Verzekeringskas en de Rentekas voor arbeidsongevallen van de Alge-mene Spaar- en Lijfrentekas], zomede aan de mutuali-teitsverenigingen, spaar-, lijfrente-, voorzorgs- en on-derstandskassen erkend door de regering, ingesteld met goedkeuring van de bestuursoverheid of aan dezer controle onderworpen];

30°-31° [...];

32° [...];

33° akten opgemaakt voor de dienst van de open-bare kassen van lening, met inbegrip van processen-verbaal van openbare verkoop van in pand gegeven roerende voorwerpen;

[33°bis akten, vonnissen en arresten betreffende betwistingen inzake arbeidsovereenkomsten, leer-overeenkomsten en overeenkomsten voor versnelde beroepsopleiding, betreffende betwistingen tussen werknemers naar aanleiding van het werk alsme-de tussen personen die samen een beroep uitoefenen waarbij hoofdzakelijk handenarbeid wordt verricht, en inzonderheid tussen een schipper ter visserij en de schepelingen met wie hij geassocieerd is, betreffende betwistingen van burgerlijke aard die het gevolg zijn van een overtreding van de wetten en verordeningen betreffende de arbeidsreglementering en de aangelegenheden onder de bevoegdheid van de arbeidsrechtbank;]

34° akten, vonnissen en arresten betreffende de uitvoering van de wetten en reglementen op de kinderbijslagen;

35° akten, vonnissen en arresten betreffende de uitvoering van de wetten en reglementen op de verzekering tegen de geldelijke gevolgen van ouderdom en vroegtijdige dood, op de verzekering tegen de geldelijke gevolgen van ouderdom en vroegtijdige dood van bedienden en op het pensioenstelsel der mijnwerkers;

[35°bis de akten, vonnissen en arresten in verband met de uitvoering van de wetten en verordeningen betreffende het sociaal statuut der zelfstandigen;]

[35°ter de akten, vonnissen en arresten betreffende de uitvoering van de wetten en verordeningen betreffende de rust-, invaliditeits- en overlevingspensioenen ten laste van de Staat, de provincies, de gemeenten, de openbare instellingen, de Nationale Maatschappij der Belgische Spoorwegen of alle andere organismen of openbare diensten waarvan het personeel onderworpen is aan een bijzondere pensioenregeling getroffen bij of krachtens een wet;]

[35°quater de akten, vonnissen en arresten betreffende de uitvoering van de wetten, decreten en verordeningen betreffende de rust-, invaliditeits- en overlevingspensioenen van de leden van het beroepspersoneel der kaders in Afrika en der personeelsleden die zijn bedoeld in artikel 31 van het koninklijk besluit van 21 mei 1964 tot coördinatie van de wetten betreffende het personeel in Afrika;]

36° [akten, vonnissen en arresten betreffende de uitvoering der wetten en reglementen op het herstel van schade ten gevolge van arbeidsongevallen, van ongevallen overkomen op weg naar of van de arbeid, of van beroepsziekten];

[36°bis akten, vonnissen en arresten betreffende betwistingen in verband met de rechten en verplichtingen voortvloeiende uit de wet op de sociale reclassering van de mindervaliden;]

[36°ter akten, vonnissen en arresten betreffende betwistingen in verband met de oprichting en de inrichting van de ondernemingsraden, alsmede van de diensten en comités tot veiligheid, hygiëne en verfraaiing der werkplaatsen, daarin begrepen de diensten en comités opgericht in mijnen, groeven en graverijen;]

37° akten, vonnissen en arresten betreffende de uitvoering der wetten en reglementen op de onvrijwillige werkloosheid;

[37°bis akten, vonnissen en arresten betreffende de uitvoering der wetten en reglementen in verband met de maatschappelijke zekerheid [...];]

38° akten en beslissingen betreffende [het verzoek om rechtsbijstand] of de betwisting ervan; akten van schikking inzake uitkering tot onderhoud verleend op het bureel van bijstand;

39° akten, vonnissen en arresten betreffende de invordering van de voorschotten van Rijkswege gedaan [in uitvoering van de bepalingen van het Gerechtelijk Wetboek betreffende de gerechtelijke bijstand];

40° [akten, vonnissen en arresten betreffende de uitvoering van de wet van 27 juni 1969 betreffende het toekennen van tegemoetkomingen aan de mindervaliden];

41° akten nodig voor het huwelijk van personen wier onvermogen blijkt uit een getuigschrift van de burgemeester van hun verblijfplaats of van dezes gelastigde;

42° [akten, vonnissen en arresten betreffende procedures inzake de voogdij van minderjarigen, van personen in staat van verlengde minderjarigheid en van onbekwaam verklaarden];

43° akten betreffende de vrijwillige erkenning van een natuurlijk kind of de ontvoogding, wanneer het onvermogen der kinderen en van hun ouders vastgesteld is overeenkomstig bovenstaand nr. 41;

44° akten, vonnissen en arresten betreffende de verklaringen van nationaliteit of van keuze van vaderland, wanneer het onvermogen der belanghebbenden vastgesteld is overeenkomstig bovenstaand nr. 41;

[45° de akten, vonnissen en arresten betreffende betwistingen in verband met een maatregel van sociale bescherming;]

[46° de akten, vonnissen en arresten betreffende de procedure van collectieve schuldenregeling ingesteld overeenkomstig de artikelen 1675/2 tot en met 1675/19 van het Gerechtelijk Wetboek;]

[46° de overdrachten tussen de componenten van een politieke partij zoals die zijn bepaald bij artikel 1, 1°, tweede lid, van de wet van 4 juli 1989 betreffende de beperking en de controle van de verkiezingsuitgaven voor de verkiezingen van de federale Kamers, de financiering en de open boekhouding van de politieke partijen;]

[47° de akten, vonnissen en arresten betreffende de tegemoetkomingen bedoeld in de wet van 21 februari 2003 tot oprichting van een Dienst voor alimentatievorderingen bij de FOD Financiën;]

[47° de akten, de vonnissen en arresten, betreffende het toestaan van betalingsfaciliteiten inzake consumentenkrediet, ingesteld overeenkomstig de artikelen 1337bis tot en met 1337octies van het Gerechtelijk Wetboek.]

4° gewijzigd bij art. 33 W. 23 december 1958 (B.S. 7.I.1959);

5° vervangen bij art. 14, A W. 12 juli 1960 (B.S. 9.XI.1960);

5°bis ingevoegd bij art. 14, B W. 12 juli 1960 (B.S. 9.XI.1960) en gewijzigd bij art. 3-116 W. 10 oktober 1967 (B.S. 31.X.1967);

6°bis ingevoegd bij art. 8 W. 13 augustus 1947 (B.S. 17. IX.1947);

7° vervangen bij art. 70, B W. 29 maart 1962 (B.S. 12. IV.1962);

11° vervangen bij art. 10 W. 10 juni 2001 (B.S. 22.IX.2001);

12° vervangen bij art. 10 W. 10 juni 2001 (B.S. 22.IX.2001);

13° gewijzigd bij art. 3 W. 28 juni 1948 (B.S. 31.VII.1948), bij art. 3-116 W. 10 oktober 1967 (B.S. 31.X.1967), bij art. 74,

§ 1 W. 15 juli 1970 (B.S. 30.VII.1970) en bij art. 170, 1° W. 22 december 1989 (B.S. 29.XII.1989);

13°bis ingevoegd bij art. 3-116 W. 10 oktober 1967 (B.S. 31.X.1967);

14° vervangen bij art. 7, § 27, A W. 30 april 1958 (B.S. 10.V.1958);

15° vervangen bij art. 14, D W. 12 juli 1960 (B.S. 9.XI.1960);

16° opgeheven bij art. 3-116 W. 10 oktober 1967 (B.S. 31.X.1967);

17° vervangen bij art. 57, § 1 W. 12 juli 1976 (B.S. 13. VIII.1976);

18° vervangen bij art. 17 W. 18 juli 1991 (B.S. 26.VII.1991);

19°-20° opgeheven bij art. 14, F W. 12 juli 1960 (B.S. 9. XI.1960);

22° opgeheven bij art. 14, F W. 12 juli 1960 (B.S. 9.XI.1960);

23° vervangen bij art. 49, § 2 W. 2 augustus 1963 (B.S. 22. VIII.1963);

24° gewijzigd bij art. 3-116 W. 10 oktober 1967 (B.S. 31.X.1967);

25° opgeheven bij art. 14, F W. 12 juli 1960 (B.S. 9.XI.1960);

26° opgeheven bij art. 14, F W. 12 juli 1960 (B.S. 9.XI.1960);

26°bis opgeheven bij art. 14, G W. 12 juli 1960 (B.S. 9. XI.1960);

27° opgeheven bij art. 170, 2° W. 22 december 1989 (B.S. 29.XII.1989);

28° opgeheven bij art. 14, H W. 12 juli 1960 (B.S. 9.XI.1960);

29° vervangen bij art. 30 W. 23 december 1958 (B.S. 7.I.1959) en gewijzigd bij art. 7 K.B. nr. 3, 24 december 1980 (B.S. 8.I.1981) en bij art. 170, 3° W. 22 december 1989 (B.S. 29. XII.1989);

30° opgeheven bij art. 14, H W. 12 juli 1960 (B.S. 9.XI.1960);

31° opgeheven bij art. 14, H W. 12 juli 1960 (B.S. 9.XI.1960);

32° opgeheven bij art. 9 W. 10 juni 1997 (B.S. 19.VII.1997);

33°bis ingevoegd bij art. 3-116 W. 10 oktober 1967 (B.S. 31.X.1967);

35°bis ingevoegd bij art. 26, § 1 K.B. nr. 38, 27 juli 1967 (B.S. 29.VII.1967);

35°ter ingevoegd bij art. 1 W. 24 februari 1965 (B.S. 20. III.1965);

35°quater ingevoegd bij art. 1 W. 24 februari 1965 (B.S. 20. III.1965);

36° vervangen bij art. 8 W. 13 augustus 1947 (B.S. 17. IX.1947);

36°bis ingevoegd bij art. 3-116 W. 10 oktober 1967 (B.S. 31.X.1967);

36°ter ingevoegd bij art. 3-116 W. 10 oktober 1967 (B.S. 31.X.1967);

37°bis ingevoegd bij art. 30, al. 1 W. 23 december 1958 (B.S. 7.I.1959) en gewijzigd bij art. 3-116 W. 10 oktober 1967 (B.S. 31.X.1967);

38° gewijzigd bij art. 3-116 W. 10 oktober 1967 (B.S. 31.X.1967);

39° gewijzigd bij art. 3-116 W. 10 oktober 1967 (B.S. 31.X.1967);

40° vervangen bij art. 20 W. 12 mei 1971 (B.S. 26.V.1971);

42° vervangen bij art. 85 W. 24 april 2001 (B.S. 31.V.2001);

45° ingevoegd bij art. 36 W. 2 februari 1994 (B.S. 17. IX.1994);

46° ingevoegd bij art. 16 W. 5 juli 1998 (B.S. 31.VII.1998, err. B.S. 18.IX.1998);

Tweede 46° ingevoegd bij art. 16 W. 19 november 1998 (B.S. 10.XII.1998);

47° ingevoegd bij art. 28, § 1 W. 21 februari 2003 (B.S. 28. III.2003, err. B.S. 17.IV.2003);

Tweede 47° ingevoegd bij art. 82 W. 24 maart 2003 (B.S. 2.V.2003).

Toekomstig recht: – Vanaf een door de Koning nog nader te bepalen datum, en uiterlijk vanaf 1 januari 2015 wordt art. 162 van het Wetboek der Registratie-, Hypotheek- en Griffierechten aangevuld als volgt:

"48° de akten en vonnissen betreffende de procedures voor de strafuitvoeringsrechters en de strafuitvoeringsrechtbanken, alsook de arresten gewezen als gevolg van een cassatieberoep tegen een beslissing van de strafuitvoeringsrechter of de strafuitvoeringsrechtbank.".

(W. 21 april 2007, art. 130, B.S. 13.VII.2007, van toepassing vanaf de dag die de Koning voor elk artikel van de wet bepaalt en uiterlijk op 1 januari 2015 (art. 157, zoals gewijzigd bij art. 7 W. 24 juli 2008 (II), B.S. 7.VIII.2008, bij art. 16 W. 28 december 2011, B.S. 30.XII.2011, ed. 4 en bij art. 31 W. 31 december 2012, B.S. 31.XII.2012, ed. 2)).

– Vanaf 1 juni 2014 worden in art. 162 de volgende wijzigingen aangebracht:

1° in het 18°, vervangen bij de wet van 18 juli 1991, worden de woorden "de artikelen 488bis, A) tot K), van het Burgerlijk Wetboek" vervangen door de woorden "de bepalingen van het vierde deel, boek IV, hoofdstuk X van het Gerechtelijk Wetboek.";

2° in het 42°, vervangen bij de wet van 29 april 2001, worden de woorden ", van personen in staat van verlengde minderjarigheid en van onbekwaamverklaarden" opgeheven.

(W. 17 maart 2013, art. 153 en 233, B.S. 14.VI.2013, ed. 2, van toepassing vanaf 1 juni 2014)

– Vanaf een door de Koning nog nader te bepalen datum en ten laatste op 31 december 2014 wordt art. 162 aangevuld met een bepaling onder 51° luidende:

"51° De akten, vonnissen en arresten betreffende de overeenkomstig de wet van 31 januari 2009 betreffende de continuïteit van de ondernemingen ingestelde procedure van gerechtelijke organisatie, behalve:

a) de akten die tot bewijs strekken van een overeenkomst onderworpen aan een registratierecht bedoeld in artikel 3 van de bijzondere wet van 16 januari 1989 betreffende de financiering van de Gemeenschappen en de Gewesten;

b) de in artikelen 146 en 147 bedoelde vonnissen en arresten.".

(W. 27 mei 2013, art. 43 en 62, B.S. 22.VII.2013)

Art. 163. De bij voorgaand artikel ingevoerde vrijstelling is niet toepasselijk op de in dit artikel opgesomde akten, vonnissen en arresten, in zover zij tot bewijs van een overeenkomst strekken voorzien in artikel 19, 2°.

Zij is [niet] van toepassing op andere dan gerechtelijke akten, in zover zij tot bewijs van een [in artikel 19, 3° of 5°], bedoelde overeenkomst strekken.

[Tenzij er anders over beschikt wordt, is ze niet van toepassing op: a) processen-verbaal van verkoop van in beslag genomen roerende of onroerende goederen en alle nakomende handelingen welke derde verkrijgers aanbelangen; b) processen-verbaal van rangregeling en van verdeling bij aandelen.]

Al. 2 gewijzigd bij art. 33, al. 2 W. 23 december 1958 (B.S. 7.I.1959) en bij art. 16 W. 14 april 1965 (B.S. 24.IV.1965); Al. 3 ingevoegd bij art. 33, al. 3 W. 23 december 1958 (B.S. 7.I.1959).

Art. 164. Zijn mede van de formaliteit der registratie vrijgesteld, de uitgiften, afschriften van en uittreksels uit akten welke geregistreerd werden of die krachtens artikel 162 van de formaliteit zijn vrijgesteld.

Art. 165. Indien een bij artikelen 162 en 164 van de formaliteit der registratie vrijgestelde akte of geschrift toch ter registratie wordt aangeboden, geeft zij aanleiding tot het heffen van het algemeen vast recht.

HOOFDSTUK VIII

DIVERSE BEPALINGEN BETREFFENDE DE VEREFFENING VAN DE RECHTEN

Art. 166. [...]
In geval van openbare verkoping van roerende of onroerende goederen of van openbare verhuring, in verschillende loten, wordt het recht vereffend op het samengevoegd bedrag der aan hetzelfde tarief onderworpen loten [...].
[Het bedrag van het vereffende recht wordt, desvoorkomend, [tot de hogere [cent] afgerond].]

Al. 1 opgeheven bij art. 4, 1° W. 20 januari 1999 (B.S. 13. II.1999); Al. 2 gewijzigd bij art. 4, 2° W. 20 januari 1999 (B.S. 13. II.1999); Al. 3 vervangen bij art. 4, 3° W. 20 januari 1999 (B.S. 13. II.1999) en gewijzigd bij art. 5, § 7 K.B. 20 juli 2000 (II) (B.S. 30.VIII.2000, err. B.S. 8.III.2001) en bij art. 42, 3° K.B. 13 juli 2001 (B.S. 11.VIII.2001, err. B.S. 21.XII.2001).

Art. 167. Wanneer er niet anderszins bij deze titel over beschikt is, mag het bedrag van het op een akte of een verklaring te heffen evenredig recht niet minder dan het algemeen vast recht bedragen.

Art. 168. Wanneer de sommen en waarden of andere ter vereffening van de belasting noodzakelijke gegevens niet voldoende uitgedrukt zijn in een ter formaliteit aangeboden akte, zijn de partijen of de werkende openbare officier, in hun naam, er toe gehouden daarin, vóór de registratie, te voorzien door een aanvullende verklaring, gewaarmerkt en ondertekend onderaan de akte.
[Wanneer eenzelfde overeenkomst meteen op in België gelegen onroerende goederen en op andere goederen slaat, moet de overeengekomen waarde of, in voorkomend geval, de verkoopwaarde van de goederen van elkeen der categorieën, zelfs indien het tarief van de belasting niet verschilt naar gelang van de aard van de goederen, afzonderlijk aangeduid worden, hetzij in de akte, hetzij in een door de partijen of, in hun naam, door de werkende notaris vóór de registratie gewaarmerkte en ondertekende verklaring onderaan op de akte [...].]

Indien de bepaling van de belastbare grondslag geheel of gedeeltelijk van de schatting van een levenslang recht afhangt, moet de verklaring naam, voornamen, woonplaats, plaats en datum van geboorte van de beneficianten van dit levenslang recht vervatten.

Al. 2 ingevoegd bij art . 31 W. 23 december 1958 (B.S. 7.I.1959) en gewijzigd bij art. 17 W. 14 april 1965 (B.S. 24.IV.1965).

Art. 169. De rechten verschuldigd op akten waarbij eigendom of vruchtgebruik van een handelszaak overgedragen of aangewezen worden, worden geheven volgens de aard van elk der goederen die er deel van uitmaken en op de bij dit wetboek vastgestelde grondslagen.
De schulden die al dan niet met de handelszaak in verband staan en die door de nieuwe eigenaar of vruchtgebruiker ten laste genomen worden, moeten als lasten van de overeenkomst beschouwd worden.

[Art. 169bis. Voor de toepassing van de artikelen 115bis en 140bis, moet de aanwending of de bestemming van een onroerend goed worden nagegaan per kadastraal perceel of per gedeelte van kadastraal perceel wanneer dat gedeelte is ofwel een afzonderlijke huisvesting, ofwel een afdeling van de productie of van de werkzaamheden die, of een onderdeel daarvan dat, afzonderlijk kan werken, ofwel een eenheid die van de andere goederen of delen die het perceel vormen kan worden afgezonderd.]

Ingevoegd bij art. 70 W. 22 december 1998 (B.S. 15.I.1999).

HOOFDSTUK IX

VERPLICHTINGEN MET HET OOG OP HET VERZEKEREN VAN HET HEFFEN VAN DE RECHTEN

Afdeling 1

Vermeldingen op te nemen in bepaalde akten

Art. 170. Wanneer, in een andere dan een vonnis of arrest aan de formaliteit onderworpen authentieke akte, melding wordt gemaakt van een onderhandse akte of van een buitenlands verleden akte vallende in de termen van [artikel 19, 2° of 3°], moet die authentieke akte afschrift van de vermelding der registratie van bedoelde akte bevatten.
Indien die akte niet geregistreerd werd, dan wordt daarvan in de authentieke akte melding gemaakt.
Alle overtredingen van dit artikel worden gestraft met een boete van [[[25 EUR]]] ten laste van de werkende ambtenaar of openbare officier.

Al. 1 gewijzigd bij art. 62 W. 22 december 1998 (B.S. 15.I.1999); Al. 3 gewijzigd bij art. 172 W. 22 december 1989 (B.S. 29. XII.1989), bij art. 2-11 K.B. 20 juli 2000 (II) (B.S. 30.

VIII.2000, err. B.S. 8.III.2001) en bij art. 42, 5° K.B. 13 juli 2001 (B.S. 11.VIII.2001, err. B.S. 21.XII.2001).

[Art. 170bis. In geval van een schenking moet de notaris in de akte een verklaring van de schenker opnemen die vermelding inhoudt van het adres en de datum en duur van de vestiging van de verschillende fiscale woonplaatsen die de schenker gehad heeft in de periode van vijf jaar voorafgaand van de datum van de schenking.

In geval van weigering de verklaring te doen of bij onjuiste of onvolledige verklaring verbeurt de schenker een boete ten bijdrage van tweemaal de aanvullende rechten.

De notaris die nagelaten heeft de schenker te vragen de verklaring te doen, verbeurt een boete van 25 EUR.]

Ingevoegd bij art. 6 W. 7 maart 2002 (B.S. 19.III.2002).

Art. 171. [Alle expedities, afschriften van of uittreksels uit een burgerlijke of gerechtelijke authentieke akte die aan de formaliteit onderworpen is of die in artikel 8bis bedoeld is, moeten, op straf van een boete van [[[25 EUR]]], een afschrift van de vermelding van de registratie of van de vermelding voorzien in het tweede lid van artikel 8 bevatten.]

Vervangen bij art. 173 W. 22 december 1989 (B.S. 29. XII.1989) en gewijzigd bij art. 2-11 K.B. 20 juli 2000 (II) (B.S. 30.VIII.2000, err. B.S. 8.III.2001) en bij art. 42, 5° K.B. 13 juli 2001 (B.S. 11.VIII.2001, err. B.S. 21.XII.2001).

Afdeling 2

Voorschriften betreffende het uitreiken van uitgiften

Art. 172. [Notarissen, [gerechtsdeurwaarders], griffiers der hoven en rechtbanken en bestuurlijke overheden mogen, vóór het nakomen van de formaliteit der registratie, de akten welke zij verplicht zijn te doen registreren of waarvan de rechten in hun handen moeten worden geconsigneerd, niet in brevet, uitgifte, afschrift of uittreksel uitreiken, zelfs zo de voor de registratie gestelde termijn niet verstreken is.]

Alle overtredingen van dit verbod worden met een geldboete van [[[25 EUR]]] gestraft.

Al. 1 vervangen bij art. 15 W. 12 juli 1960 (B.S. 9.XI.1960) en gewijzigd bij art. 48, § 4 W. 5 juli 1963 (B.S. 17.VII.1963); Al. 2 gewijzigd bij art. 174 W. 22 december 1989 (B.S. 29. XII.1989) en gewijzigd bij art. 2-11 K.B. 20 juli 2000 (II) (B.S. 30.VIII.2000, err. B.S. 8.III.2001) en bij art. 42, 5° K.B. 13 juli 2001 (B.S. 11.VIII.2001, err. B.S. 21.XII.2001).

Art. 173. Van voorgaand artikel wordt afgeweken ten aanzien van:
1° [de expedities van akten, verleden voor Belgische notarissen, die aanleiding geven tot een hypothecaire formaliteit waarbij de bedoelde expedities door de notaris eerst aan de betrokken partijen mogen wor-

den afgegeven nadat zij, overeenkomstig artikel 171 zijn aangevuld, met een afschrift van de vermelding van de registratie of met de in artikel 8, tweede lid, voorgeschreven vermelding];

[1°bis de expedities en uittreksels van akten, verleden voor Belgische notarissen, die aanleiding geven tot neerlegging ter griffie van de rechtbank van koophandel overeenkomstig artikel 67 van het Wetboek van vennootschappen;]

2° [afschriften welke vereist zijn voor de betekening van exploten en van andere soortgelijke akten];

3° niet-ondertekende afschriften van vonnissen en arresten;

4° [vonnissen en arresten die met het oog op de dringende noodzakelijkheid, op de minuut en vóór de registratie uitvoerbaar verklaard worden];

5° voor eensluidend verklaarde afschriften van vonnissen en arresten slechts afgeleverd teneinde de verhaalstermijnen te doen lopen. Die afschriften moeten vermelding van hun bijzondere bestemming dragen en mogen tot geen andere doeleinden worden gebruikt;

6° uitgiften van vonnissen en arresten die worden uitgereikt aan het openbaar ministerie, [alsmede uitgiften, afschriften of uittreksels die in strafzaken worden uitgereikt aan de Rijksagenten welke belast zijn met de tenuitvoerlegging van vonnissen en arresten];

[7° afschriften waarvan de aflevering wegens hoogdringendheid werd bevolen door de voorzitter van de rechtbank van eerste aanleg.]

1° vervangen bij art. 175 W. 22 december 1989 (B.S. 29. XII.1989);
1°bis ingevoegd bij art. 3 W. 14 december 2005 (B.S. 28. XII.2005, err. B.S. 17.II.2006, ed. 2);
2° vervangen bij art. 9, al. 1 W. 13 augustus 1947 (B.S. 17.IX.1947);
4° vervangen bij art. 16 W. 12 juli 1960 (B.S. 9.XI.1960);
6° gewijzigd bij art. 9, al. 2 W. 13 augustus 1947 (B.S. 17.IX.1947);
7° ingevoegd bij art. 3-117 B W. 10 oktober 1967 (B.S. 31.X.1967).

Art. 174. [...]

Opgeheven bij art. 13 W. 19 juni 1986 (B.S. 24.VII.1986).

Art. 175. [...]

Opgeheven bij art. 17 W. 12 juli 1960 (B.S. 9.XI.1960).

Afdeling 3

Repertorium van de akten

Art. 176. [Notarissen en [gerechtsdeurwaarders] moeten een kolomsgewijze ingedeeld repertorium houden, waarin zij dagelijks zonder openlaten van tussenruimte, noch tussenregel, noch vervalsing, en in de volgorde der nummers, alle akten van hun ambt inschrijven.]

Vervangen bij art. 18 W. 12 juli 1960 (B.S. 9.XI.1960) en gewijzigd bij art. 48, § 4 W. 5 juli 1963 (B.S. 17.VII.1963).

Art. 177. In elk artikel van het repertorium dienen vermeld: 1° volgnummer; 2° datum en aard van de akte; 3° naam; voornamen en woonplaats der partijen; 4° bondige aanduiding der onroerende goederen; 5° vermelding van de registratie; 6° wat aangaat de [gerechtsdeurwaarders], de kosten van hun akten en exploten na aftrek van hun voorschotten.

[De Koning kan aanvullende vermeldingen voorschrijven.]

Al. 1 gewijzigd bij art. 48, § 4 W. 5 juli 1963 (B.S. 17. VII.1963);
Al. 2 ingevoegd bij art. 176 W. 22 december 1998 (B.S. 15.I.1999).

Art. 178. Een boete van [[[25 EUR]]] wordt verbeurd voor elke weggelaten of te laat in het repertorium ingeschreven akte, voor elke akte ingeschreven met tussenregel of met vervalsing, alsmede voor elke akte van vroegere datum dan die van het proces-verbaal van nummering en waarmerk van het repertorium.

Gewijzigd bij art. 177 W. 22 december 1989 (B.S. 29. XII.1989) en gewijzigd bij art. 2-11 K.B. 20 juli 2000 (II) (B.S. 30.VIII.2000, err. B.S. 8.III.2001) en bij art. 42, 5° K.B. 13 juli 2001 (B.S. 11.VIII.2001, err. B.S. 21.XII.2001).

Art. 179. [De in artikel 176 bedoelde repertoria die moeten worden gehouden door de notarissen, mogen overeenkomstig artikel 29 van de wet van 16 maart 1803 tot regeling van het notarisambt hetzij op papier, hetzij op een gedematerialiseerde wijze die is vastgesteld door de Nationale Kamer van notarissen in een door de Koning goedgekeurd reglement, worden gehouden.

De Koning kan bepalen dat de repertoria die door de gerechtsdeurwaarders moeten worden gehouden, mogen worden gehouden op een gedematerialiseerde wijze die vastgesteld is door de Nationale Kamer van gerechtsdeurwaarders in een door de Koning goedgekeurd reglement.]

Vervangen bij art. 82 W. 22 december 2009 (B.S. 31.XII.2009, ed. 2).

Art. 180. [De in artikel 176 aangeduide personen zijn er toe gehouden, om de drie maand, hun repertorium voor te leggen aan de ontvanger van het kantoor aangeduid in artikel 39, die het viseert en in zijn visum het aantal ingeschreven akten vermeldt.

Deze voorlegging geschiedt binnen de eerste tien dagen van de maanden januari, april, juli en oktober van elk jaar.

De Koning kan voor de op gedematerialiseerde wijze gehouden repertoria bijzondere regels vaststellen wat de modaliteiten van de voorlegging en het visum van het repertorium betreft.

Bij laattijdige voorlegging van het repertorium

wordt een boete verbeurd van 25 euro per week vertraging.]

Vervangen bij art. 83 W. 22 december 2009 (B.S. 31.XII.2009, ed. 2).

Afdeling 4

Verplichting van inzageverlening

Art. 181[1]. [Notarissen en [gerechtsdeurwaarders]] zijn er toe gehouden, op verbeurte van een boete van [[25 EUR]] per overtreding, op elk verzoek van de agenten van [de administratie van de belasting over de toegevoegde waarde, registratie en domeinen], van hun repertoriums en de akten waarvan zij bewaarders zijn, zonder verplaatsing inzage te verlenen en deze agenten de inlichtingen, afschriften en uittreksels te laten nemen die zij nodig hebben met het oog op 's Rijks belangen.

Deze verplichting is echter, bij 't leven van de erflaters, niet toepasselijk op de bij notarissen berustende testamenten.

Hernummerd bij art. 21 12 juli 1960 (B.S. 9.XI.1960);
Al. 1 gewijzigd bij art. 48, § 4 W. 5 juli 1963 (B.S. 17. VII.1963), bij art. 240 W. 22 december 1989 (B.S. 29. XII.1989), bij art. 2-11 K.B. 20 juli 2000 (II) (B.S. 30. VIII.2000, err. B.S. 8.III.2001) en bij art. 42, 5° K.B. 13 juli 2001 (B.S. 11.VIII.2001, err. B.S. 21.XII.2001).

[**Art. 181**². De griffiers der hoven en rechtbanken zijn er toe gehouden op straf van een boete van [[25 EUR]] per overtreding, aan de agenten van [de administratie van de belasting over de toegevoegde waarde, registratie en domeinen] inzage te verlenen van de door hen of vóór hen verleden akten, alsmede van de minuten van de vonnissen, arresten, bevelschriften en alle andere akten waarvan zij bewaarders zijn.

De modaliteiten waaronder deze inzage moet verleend worden en de termijn waarbinnen dit moet geschieden, worden bij koninklijk besluit bepaald. Inbreuken op de voorschriften van dit koninklijk besluit kunnen beteugeld worden met boeten waarvan het bedrag [[25 EUR]] per inbreuk niet zal te boven gaan.]

Ingevoegd bij art. 21 W. 12 juli 1960 (B.S. 9.XI.1960);
Al. 1 gewijzigd bij art. 240 W. 22 december 1998 (B.S. 29. XII.1989), bij art. 2-11 K.B. 20 juli 2000 (II) (B.S. 30. VIII.2000, err. B.S. 8.III.2001) en bij art. 42, 5° K.B. 13 juli 2001 (B.S. 11.VIII.2001, err. B.S. 21.XII.2001);
Al. 2 gewijzigd bij art. 2-11 K.B. 20 juli 2000 (II) (B.S. 30. VIII.2000, err. B.S. 8.III.2001) en bij art. 42, 5° K.B. 13 juli 2001 (B.S. 11.VIII.2001, err. B.S. 21.XII.2001).

Art. 182. De personen die de in [artikel 63¹] bedoelde beroepsaangifte ondertekenen, zijn er toe gehouden van hun registers, repertoria, boeken, akten en alle andere bescheiden betreffende hun handels-, beroeps- of statutaire bedrijvigheid, bij iedere vordering van de agenten van [de administratie van de belasting over de toegevoegde waarde, registratie en domeinen] […], zonder verplaatsing inzage te verlenen, teneinde bedoelde agenten te laten nagaan of de door hen of door derden verschuldigde registratierechten wel richtig werden geheven.

Elke weigering van inzageverlening wordt bij proces-verbaal vastgesteld en gestraft met een geldboete van [[[250 EUR]] tot [[2.500 EUR]]], waarvan het bedrag door de [gewestelijke directeur van de belasting over de toegevoegde waarde, registratie en domeinen] wordt bepaald.

Al. 1 gewijzigd bij art. 179 en 240 W. 22 december 1989 (B.S. 29.XII.1989);
Al. 2 gewijzigd bij art. 1 W. 14 augustus 1947 (B.S. 17. IX.1947), bij art. 76 W. 22 juli 1993 (B.S. 26.VII.1993), bij art. 2-11 K.B. 20 juli 2000 (II) (B.S. 30.VIII.2000, err. B.S. 8.III.2001) en bij art. 42, 5° K.B. 13 juli 2001 (B.S. 11. VIII.2001, err. B.S. 21.XII.2001).

[Art. 182bis. De personen die de toepassing van artikel 140bis vragen, zijn er toe gehouden, zonder verplaatsing, van alle boeken en bescheiden betreffende hun activiteit bij iedere vordering van de ambtenaren van de administratie van de belasting over de toegevoegde waarde, registratie en domeinen inzage te verlenen teneinde bedoelde ambtenaren toe te laten zich te vergewissen van de juiste heffing van de door de verzoekers of derden verschuldigde rechten.

Elke weigering van inzageverlening wordt bij proces-verbaal vastgesteld en wordt gestraft met een geldboete van [[1.250 EUR]].]

Ingevoegd bij art. 71 W. 22 december 1998 (B.S. 15.I.1999); Al. 2 gewijzigd bij 2-11 K.B. 20 juli 2000 (II) (B.S. 30. VIII.2000, err. B.S. 8.III.2001) en bij art. 42, 5° K.B. 13 juli 2001 (B.S. 11.VIII.2001, err. B.S. 21.XII.2001).

Art. 183. Openbare instellingen, [stichtingen van openbaar nut en private stichtingen, alle verenigingen en vennootschappen die in België hun hoofdinrichting], een filiale of enigerlei zetel van verrichtingen hebben, [bankiers, wisselagenten en wisselagentencorrespondenten], zaakwaarnemers en aannemers, openbare of ministeriële officieren zijn er toe gehouden aan de agenten van [de administratie van de belasting over de toegevoegde waarde, registratie en domeinen], met desvoorkomend inzageverlening van de stukken tot staving, al de inlichtingen te verstrekken welke dezen van node achten om de richtige heffing van de te hunnen laste of ten laste van derden invorderbare rechten te verzekeren.

Deze inlichtingen kunnen slechts gevraagd worden krachtens bijzondere machtiging van de [directeur-generaal van de belasting over de toegevoegde waarde, registratie en domeinen], houdende nauwkeurige aanduiding van het rechtsfeit omtrent hetwelk navorsing dient gedaan.

Voor elke overtreding wordt een boete verbeurd [van [[250 EUR]] tot [[2.500 EUR]]], waarvan het bedrag door de [gewestelijk directeur van de belasting

over de toegevoegde waarde, registratie en domeinen] wordt vastgesteld.

Al. 1 gewijzigd bij art. 10 W. 13 augustus 1947 (B.S. 17. IX.1947), bij art. 240 W. 22 december 1989 (B.S. 29.XII.1989) en bij art. 44 W. 2 mei 2002 (B.S. 11.XII.2002);
Al. 2 gewijzigd bij art. 240 W. 22 december 1989 (B.S. 29.XII.1989);
Al. 3 gewijzigd bij art. 240 W. 22 december 1989 (B.S. 29. XII.1989), bij art. 77 W. 22 juli 1993 (B.S. 26.VII.1993), bij art. 2-11 K.B. 20 juli 2000 (II) (B.S. 30.VIII.2000, err. B.S. 8.III.2001) en bij art. 42, 5° K.B. 13 juli 2001 (B.S. 11. VIII.2001, err. B.S. 21.XII.2001).

Art. 184. Wanneer de som te betalen door de eigenaar van een muur om deze gemeen te maken, door tussenkomst van een deskundige, aannemer, landmeter of landmeetkundige werd bepaald, is deze er toe gehouden, op verbeurte van een boete van [[[25 EUR]]], de bevoegde ambtenaar van het bestuur der registratie en domeinen daarvan bericht te geven binnen de drie maanden na de voltooiing van zijn werk.

Een koninklijk besluit bepaalt de wijze waarop dit bericht dient gegeven en duidt de ambtenaar aan er toe bevoegd hetzelfde te ontvangen.

Al. 1 gewijzigd bij art. 1 W. 14 augustus 1947 (B.S. 17. IX.1947), bij art. 2-11 K.B. 20 juli 2000 (II) (B.S. 30. VIII.2000, err. B.S. 8.III.2001) en bij art. 42, 5° K.B. 13 juli 2001 (B.S. 11.VIII.2001, err. B.S. 21.XII.2001).

[Afdeling 5

Verplichtingen opgelegd aan openbare ambtenaren ter verzekering van de invordering der registratierechten]

Opschrift ingevoegd bij art. 14 W. 19 juni 1986 (B.S. 24. VII.1986).

[Art. 184bis. [De notarissen, gerechtsdeurwaarders en griffiers, de vereffenaars en curatoren alsook de ambtenaren van de Deposito- en Consignatiekas mogen slechts de betaling, overschrijving of teruggave van sommen of waarden die voortkomen van een veroordeling, van een vereffening of van een rangregeling, verrichten na de aflevering, door de ontvanger van de registratie, van een getuigschrift houdende verklaring dat geen enkele som eisbaar blijft als registratierecht of als boete uit hoofde van die veroordeling, vereffening of rangregeling.

[Het eerste lid is slechts van toepassing op de vereffenaars en de curators in het geval dat de veroordeling, de vereffening of rangregeling die de betaling, overschrijving, of teruggave tot gevolg heeft, hen ter kennis wordt gebracht.]

Indien de personen bepaald in het eerste lid de voorschriften van dit artikel niet zijn nagekomen, zijn zij persoonlijk aansprakelijk voor de betaling van de sommen die opeisbaar blijven.]]

Ingevoegd bij art. 14 W. 19 juni 1986 (B.S. 24.VII.1986) en vervangen bij art. 180 W. 22 december 1989 (B.S. 29. XII.1989);
Al. 2 ingevoegd bij art. 126 Faill. W. 8 augustus 1997 (B.S. 28.X.1997, err. B.S. 7.II.2001).

HOOFDSTUK X

BEWIJSMIDDELEN

Afdeling 1

Algemene bepalingen

Art. 185. [Behoudens de bewijs- en controlemiddelen speciaal voorzien in deze titel, wordt het bestuur er toe gemachtigd volgens de regelen en door alle middelen van gemeen recht, met inbegrip van getuigen en vermoedens, maar met uitzondering van de eed, en, bovendien door de processen-verbaal van zijn agenten, elke overtreding van de beschikkingen van deze titel vast te stellen en om het even welk feit te bewijzen dat de opvorderbaarheid van een recht of een boete laat blijken of er toe bijdraagt deze opvorderbaarheid te laten blijken.

De processen-verbaal gelden als bewijs tot het tegendeel bewezen is. Zij zullen aan belanghebbenden betekend worden binnen de maand van de vaststelling van de overtreding. [Deze betekening mag gebeuren bij een ter post aangetekend schrijven. De afgifte van het stuk ter post geldt als betekening van de volgende dag af.]]

Vervangen bij art. 11, al. 1 W. 13 augustus 1947 (B.S. 17. IX.1947);
Al. 2 aangevuld bij art. 3-118 W. 10 oktober 1967 (B.S. 31.X.1967).

Art. 186. [...]

Opgeheven bij art. 11, al. 2 W. 13 augustus 1947 (B.S. 19. IX.1947).

Art. 187. Verandering in eigendom of vruchtgebruik van een in België gelegen onroerend goed, ten gevolge van een overdragende of aanwijzende overeenkomst, wordt, ter vordering van het recht tegen de nieuwe eigenaar of vruchtgebruiker, in voldoende mate bewezen door daden van beschikking of van bestuur of door andere handelingen of akten waarbij, in zijnen hoofde, de eigendom of het vruchtgebruik vastgesteld of ondersteld wordt.

Art. 188. Wordt als koper voor eigen rekening beschouwd en mag zich op de hoedanigheid van lasthebber of van commissionair van de verkoper niet beroepen, ieder persoon die de verkoop van een onroerend goed bewerkt, wanneer vaststaat dat hij, reeds vóór het tot stand brengen van deze verkoop, aan de eigenaar de prijs of elke van de verkoop voort te komen som betaald heeft of er zich toe verbonden heeft te betalen.

De tussenpersoon wordt geacht het onroerend goed te hebben verkregen op de dag van de betaling of van de verbintenis tot betaling.

Afdeling 2

Controleschatting

Art. 189. Onverminderd de toepassing van de bepalingen betreffende het bewimpelen van prijs, heeft de ontvanger der registratie de bevoegdheid om schatting te vorderen van de goederen die het voorwerp van de overeenkomst uitmaken, ten einde van de ontoereikendheid van de uitgedrukte prijs of van de aangegeven waarde te doen blijken, wanneer het gaat om eigendom of vruchtgebruik van in België gelegen onroerende goederen.

Art. 190. De schatting dient gevorderd bij een aanvraag genotificeerd door de ontvanger aan de verkrijgende partij binnen twee jaar te rekenen van de dag van de registratie van de akte of verklaring.

In de gevallen bedoeld in artikelen 16 en 17 gaat de termijn slechts in de dag der registratie van de in artikel 31, 2°, voorziene verklaring.
[...]
De vordering tot schatting houdt aanwijzing van de goederen waarover de schatting gaat, zomede van de som waarop zij door het bestuur geschat werden en van het vermoedelijk wegens recht en boete verschuldigd bedrag.

Al. 3 opgeheven bij art. 3, 2° W. 22 juni 1960 (B.S. 21. VII.1960).

Art. 191. Binnen vijftien dagen na de in artikel 190 voorziene notificatie, kunnen ontvanger en partij overeenkomen dat de waardering door één of door drie door hen gekozen deskundigen zal worden gedaan.

In dit geval wordt het akkoord vastgesteld bij een proces-verbaal dat het voorwerp der schatting vermeldt en den of de verkozen deskundigen aanwijst.

Dit proces-verbaal is gedagtekend; het wordt door de ontvanger en door de partij ondertekend; indien de partij niet mag of niet kan ondertekenen, dient dit in het proces-verbaal vermeld.

Art. 192. Bij gemis van het onder artikel 191 voorzien akkoord, richt de ontvanger, aan de vrederechter in wiens ambtsgebied de onroerende goederen gelegen zijn, een verzoekschrift waarin de feiten worden uiteengezet en dat de vordering tot schatting inhoudt. Wanneer de onroerende goederen in het ambtsgebied van verschillende vredegerechten gelegen zijn, is de bevoegde rechter hij in wiens ambtsgebied zich het gedeelte der goederen bevindt met het grootst kadastraal inkomen.

Het verzoekschrift wordt aan de partij betekend.

De rechter beslist binnen vijftien dagen na het verzoek; hij beveelt de schatting en stelt, naar vereis van omstandigheden, één of drie deskundigen aan.

Art. 193. Kunnen niet tot deskundigen gekozen of benoemd worden:

1° ambtenaren van [de administratie van de belasting over de toegevoegde waarde, registratie en domeinen];

2° openbare of ministeriële officieren opstellers van de akten of verklaringen;

3° beambten van bedoelde ambtenaren en openbare of ministeriële officieren.

1° gewijzigd bij art. 240 W. 22 december 1989 (B.S. 29. XII.1989).

Art. 194. Het vonnis waarbij de schatting wordt bevolen, wordt ten verzoeke van de ontvanger aan de partij betekend.

De ontvanger of de partij, indien zij gegronde redenen hebben om de bevoegdheid, onafhankelijkheid of onpartijdigheid van de benoemde deskundigen in twijfel te trekken, mogen binnen acht dagen na bedoelde betekening, deszelfs of derzelver wraking bij de rechter vorderen. Deze wraking mag altijd worden gevorderd [in de gevallen beoogd door artikel 966 van het Gerechtelijk Wetboek].

De vordering tot wraking geschiedt per rekest waarin de oorzaken der wraking nader worden bepaald. De rechter beslist na de belanghebbenden te hebben gehoord. Bij hetzelfde vonnis vervangt hij de gewraakte deskundigen.

Deze nieuwe beslissing wordt aan de partij betekend.

Al. 2 gewijzigd bij art. 3-119 W. 10 oktober 1967 (B.S. 31.X.1967).

Art. 195. De ontvanger notificeert aan de deskundigen de opdracht die hun toevertrouwd wordt.

Onmiddellijk na ontvangst van deze notificatie sturen de deskundigen, zowel aan de ontvanger als aan de partij, een schrijven waarbij zij hen verwittigen van dag en uur waarop zij de nodig geachte bezoeken ter plaatse zullen doen en hen in hun gezegden en opmerkingen zullen aanhoren.

Ieder aan de deskundigen door een der partijen ter inzage verleend bescheid moet terzelfder tijd in afschrift aan de andere partij bij aangetekende brief worden gezonden.

Art. 196. De deskundige of, desvoorkomend, de drie gezamenlijk optredende deskundigen vorsen de staat en de verkoopwaarde na der in de vordering tot schatting aangewezen goederen, op het er in vermeld tijdstip.

Zij maken, uiterlijk binnen drie maanden te rekenen van bij eerste alinea van artikel 195 voorziene notificatie, één enkel verslag op, dat gedagtekend en ondertekend wordt, en waarin zij op beredeneerde wijze en met bewijsgronden tot staving, zonder enige beperking noch voorbehoud, hun advies over bedoelde waarde uitbrengen.

[De handtekening van de deskundige wordt voorafgegaan door de eed:

"Ik zweer dat ik in eer en geweten, nauwgezet en eerlijk mijn opdracht heb vervuld".

of:

"Je jure que j'ai rempli ma mission en honneur et conscience, avec exactitude et probité".

of:

"Ich schwöre, dass ich den mir erteilten Auftrag auf Ehre und Gewissen, genau und ehrlich erfüllt habe".]

De minuut van het verslag wordt ter griffie van het onder artikel 192 aangeduid vredegerecht neergelegd.

Al. 3 vervangen bij art. 7 W. 27 mei 1974 (B.S. 6.VII.1974, err. B.S. 12.VII.1974 en err. B.S. 21.XII.1974).

Art. 197. Het verslag wordt door de meest gerede partij gelicht en aan de andere partij betekend.

Naar de door de deskundigen gegeven waardering en, in geval van niet-overeenstemming, naar de waardering van de meerderheid of, bij gemis van meerderheid, naar de tussenwaardering, wordt de verkoopwaarde van het goed ten opzichte van de heffing der belasting bepaald.

Art. 198. De krachtens vorenstaande artikelen van deze afdeling te verrichten betekeningen en notificaties mogen bij aangetekend schrijven geschieden. De afgifte van het stuk ter post geldt als notificatie vanaf de daaropvolgende dag.

Art. 199. [Zowel de ontvanger als de partij kunnen de schatting betwisten door inleiding van een rechtsvordering. Deze rechtsvordering dient ingeleid te worden, op straffe van verval, binnen de termijn van één maand te rekenen van de betekening van het verslag.]

Vervangen bij art. 33 Progr. W. 9 juli 2004 (B.S. 15.VII.2004, ed. 2).

Art. 200. Indien de opgegeven prijs of de aangegeven waarde lager is dan de door de schatting opgeleverde begroting, moet de verkrijger het bijkomend recht betalen, met de moratoire interesten naar de in burgerlijke zaken vastgestelde voet, te rekenen van de bij artikel 190 voorziene notificatie en, desvoorkomend, met de bij artikel 201 opgelegde boete.

Hem worden ook de kosten van de procedure opgelegd, indien het vastgestelde tekort het achtste van de uitgedrukte prijs of van de aangegeven waarde bereikt of overtreft.

Deze kosten blijven evenwel ten laste van 's Rijks Schatkist zo de belanghebbende, vóór de in artikel 190 voorziene notificatie, heeft aangeboden [het bijkomend recht, verhoogd met de boete bepaald in artikel 201] te betalen, op een som welke bij de schatting uitgewezen tekort bereikt of overtreft.

De invordering geschiedt bij dwangschrift, zoals aangewezen in artikel 220.

Al. 3 gewijzigd bij art. 181 W. 22 december 1989 (B.S. 29. XII.1989).

HOOFDSTUK XI

TEKORT IN DE WAARDERING, BEWIMPELING EN VEINZING, SANCTIEN

Art. 201. Wanneer bevonden wordt dat de opgegeven prijs of de aangegeven waarde van aan de onder artikel 189 voorziene schatting onderworpen goederen te laag is, en dat het vastgestelde tekort gelijk is aan of hoger dan het achtste van de opgegeven prijs of van de aangegeven waarde, verbeurt de verkrijgende partij een geldboete ten bedrage van het ontdoken recht. [...]

Al. 2 opgeheven bij art. 182 W. 22 december 1989 (B.S. 29.XII.1989).

Art. 202. Wanneer er geen aanleiding tot schatting bestaat en een waardering, gedaan om de vereffening van de rechten mogelijk te maken, ontoereikend wordt erkend, is het ontdoken recht ondeelbaar verschuldigd door hen die de waardering hebben gedaan; zij zijn daarenboven ondeelbaar een boete verschuldigd gelijk aan het aanvullend recht, zo het tekort gelijk is aan of hoger is dan het achtste van bewuste waardering. [...]

Alle andere onjuistheid, bevonden in de elementen van een verklaring in of onderaan de akte gesteld tot vereffening van de belasting, wordt gestraft met een boete gelijk aan het ontdoken recht, benevens betaling van dat recht, het al ondeelbaar ten laste van hen die de verklaring gedaan hebben.

Al. 1 gewijzigd bij art. 15 W. 23 december 1958 (B.S. 7.I.1959).

Art. 203. In geval van bewimpeling aangaande prijs en lasten of overeengekomen waarde, is elk der contracterende partijen een boete verschuldigd gelijk aan het ontdoken recht. Dit recht is ondeelbaar door alle partijen verschuldigd.

Het aanvullend recht dat ingevolge een bij schatting vastgesteld tekort of anderszins betaald geworden is, wordt aangerekend op het aanvullend recht, vereffend uit hoofde van de bewimpeling waarvan sprake in vorenstaande alinea.

In alle gevallen waarin de heffing op de prijs en de lasten of op de overeengekomen waarde geschiedt, moet de werkende notaris de verschijnende partijen de eerste alinea van dit artikel voorlezen.

Op straf van een boete van [[[25 EUR]]] moet uitdrukkelijke melding van die voorlezing in de akte gemaakt worden.

Al. 4 gewijzigd bij art. 183 W. 22 december 1989 (B.S. 29.XII.1989), bij art. 2-11 K.B. 20 juli 2000 (II) (B.S. 30. VIII.2000, err. B.S. 8.III.2001) en bij art. 42, 5° K.B. 13 juli 2001 (B.S. 11.VIII.2001, err. B.S. 21.XII.2001).

Art. 204. Wanneer de in een akte vastgestelde overeenkomst niet die is welke door de partijen werd gesloten, of wanneer de akte betreffende een [in artikel 19, 2° of 5°], bedoelde overeenkomst onvolledig

of onjuist is, met dien verstande dat ze al de bestanddelen van de overeenkomst niet doet kennen, is elke der contracterende partijen een geldboete verschuldigd gelijk aan het ontdoken recht. Dit recht is ondeelbaar door alle partijen verschuldigd.

Gewijzigd bij art. 18 W. 14 april 1965 (B.S. 24.IV.1965).

Art. 205. [...]

Opgeheven bij art. 64 W. 15 maart 1999 (B.S. 27.III.1999).

HOOFDSTUK XII

CORRECTIONELE STRAFFEN

Art. 206. [Onverminderd de fiscale geldboeten wordt hij die met bedrieglijk opzet of met het oogmerk om te schaden, de bepalingen van dit Wetboek of de ter uitvoering ervan genomen besluiten overtreedt, gestraft met gevangenisstraf van acht dagen tot twee jaar en met geldboete van [[250 EUR]] tot [[12.500 EUR]] [of met één van die straffen alleen].]

[Wanneer de overtreding werd begaan in het kader van een registratierecht dat geen gewestelijke belasting is volgens het bepaalde in artikel 3, eerste lid, 6° tot 8°, van de bijzondere wet van 16 januari 1989 betreffende de financiering van de gemeenschappen en de gewesten, wordt het bedrag van het in het eerste lid bepaalde maximum van de boete gebracht op [500.000 euro].]

Vervangen bij art. 13 W. 10 februari 1981 (B.S. 14.II.1981), aangevuld bij art. 83 W. 4 augustus 1986 (B.S. 20.VIII.1986) en gewijzigd bij art. 2-11 K.B. 20 juli 2000 (II) (B.S. 30. VIII.2000, err. B.S. 8.III.2001) en bij art. 42, 5° K.B. 13 juli 2001 (B.S. 11.VIII.2001, err. B.S. 21.XII.2001); Al. 2 ingevoegd bij art. 67 Progr. W. 27 december 2006 (B.S. 28.XII.2006, ed. 3) en gewijzigd bij art. 22 W. 20 september 2012 (B.S. 22.X.2012).

[Art. 206bis. Met gevangenisstraf van een maand tot vijf jaar en met geldboeten van [[250 EUR]] tot [[12.500 EUR]] [of met één van die straffen alleen] wordt gestraft hij die, met het oogmerk om een van de in artikel 206 bedoelde misdrijven te plegen, in openbare geschriften, in handelsgeschriften of in private geschriften valsheid pleegt, of die van een zodanig vals geschrift gebruik maakt.

Hij die wetens en willens een vals getuigschrift opstelt dat de belangen van de Schatkist kan schaden of die van een dergelijk getuigschrift gebruik maakt, wordt gestraft met gevangenisstraf van acht dagen tot twee jaar en met geldboete van [[250 EUR]] tot [[12.500 EUR]] [of met één van die straffen alleen].]

[Wanneer het misdrijf werd begaan in het kader van een registratierecht dat geen gewestelijke belasting is volgens het bepaalde in artikel 3, eerste lid, 6° tot 8°, van de bijzondere wet van 16 januari 1989 betreffende de financiering van de gemeenschappen en de gewesten, wordt het bedrag van het in het eerste en het tweede lid bepaalde maximum van de boete gebracht op [500.000 euro].]

Ingevoegd bij art. 13 W. 10 februari 1981 (B.S. 14.II.1981); Al. 1 en 2 aangevuld bij art. 84 W. 4 augustus 1986 (B.S. 20.VIII.1986) en gewijzigd bij art. 2-11 K.B. 20 juli 2000 (II) (B.S. 30.VIII.2000, err. B.S. 8.III.2001) en bij art. 42, 5° K.B. 13 juli 2001 (B.S. 11.VIII.2001, err. B.S. 21.XII.2001); Al. 3 ingevoegd bij art. 68 Progr. W. 27 december 2006 (B.S. 28.XII.2006, ed. 3) en gewijzigd bij art. 23 W. 20 september 2012 (B.S. 22.X.2012).

Art. 207. [§ 1. Wanneer de beoefenaar van één van de volgende beroepen:
1° belastingadviseur;
2° zaakbezorger;
3° deskundige in belastingzaken of in boekhouden;
4° of enig ander beroep dat tot doel heeft voor een of meer belastingplichtigen boek te houden of te helpen houden, ofwel voor eigen rekening ofwel als hoofd, lid of bediende van enigerlei vennootschap, vereniging, groepering of onderneming;
5° of, meer in het algemeen, het beroep dat erin bestaat een of meer belastingplichtigen raad te geven of bij te staan bij het vervullen van de verplichtingen opgelegd bij dit Wetboek of bij de ter uitvoering ervan vastgestelde besluiten, wordt veroordeeld wegens een van de misdrijven bedoeld in de artikelen 206 en 206bis, kan het vonnis hem verbod opleggen om gedurende drie maanden tot vijf jaar, rechtstreeks of onrechtstreeks, de hiervoren bedoelde beroepen op welke wijze ook uit te oefenen.

De rechter kan bovendien, mits hij zijn beslissing op dat stuk motiveert, voor een duur van drie maanden tot vijf jaar de sluiting bevelen van de inrichtingen van de vennootschap, vereniging, groepering of onderneming waarvan de veroordeelde hoofd, lid of bediende is.

§ 2. Het verbod en de sluiting bedoeld in § 1 treden in werking vanaf de dag waarop de veroordeling in kracht van gewijsde is gegaan.]

Vervangen bij art. 13 W. 10 februari 1981 (B.S. 14.II.1981).

[Art. 207bis. Hij die, rechtstreeks of onrechtstreeks, het verbod of de sluiting uitgesproken krachtens artikel 207 overtreedt, wordt gestraft met gevangenisstraf van acht dagen tot twee jaar en geldboete van [[250 EUR]] tot [[12.500 EUR]] [of met één van die straffen alleen].]

[Wanneer het verbod werd opgelegd in het kader van een registratierecht dat geen gewestelijke belasting is volgens het bepaalde in artikel 3, eerste lid, 6° tot 8°, van de bijzondere wet van 16 januari 1989 betreffende de financiering van de gemeenschappen en de gewesten, wordt het bedrag van het in het eerste lid bepaalde maximum van de boete gebracht op [500.000 euro].]

Ingevoegd bij art. 13 W. 10 februari 1981 (B.S. 14.II.1981), aangevuld bij art. 85 W. 4 augustus 1986 (B.S. 20.VIII.1986)

en gewijzigd bij art. 2-11 K.B. 20 juli 2000 (II) (B.S. 30. VIII.2000, err. B.S. 8.III.2001) en bij art. 42, 5° K.B. 13 juli 2001 (B.S. 11.VIII.2001, err. B.S. 21.XII.2001); Al. 2 ingevoegd bij art. 69 Progr. W. 27 december 2006 (B.S. 28.XII.2006, ed. 3) en gewijzigd bij art. 24 W. 20 september 2012 (B.S. 22.X.2012).

[Art. 207ter. § 1. [...] Alle bepalingen van het Eerste boek van het Strafwetboek, [met inbegrip van artikel 85] [zijn] van toepassing op de misdrijven bedoeld in de artikelen 206, 206bis en 207bis.
§ 2. [...]
§ 3. De wet van 5 maart 1952, gewijzigd bij de wetten van 22 december 1969 en 25 juni 1975, betreffende de opdecimes op de strafrechterlijke geldboeten, [is van toepassing op] de misdrijven bedoeld in de artikelen 206, 206bis en 207bis.
§ 4. [...]]

Ingevoegd bij art. 13 W. 10 februari 1981 (B.S. 14.II.1981); § 1 gewijzigd bij art. 4 K.B. nr. 41 2 april 1982 (B.S. 7. IV.1982) en bij art. 86, 1° W. 4 augustus 1986 (B.S. 20. VIII.1986); § 2 opgeheven bij art. 86, 2° W. 4 augustus 1986 (B.S. 20. VIII.1986); § 3 gewijzigd bij art. 25 W. 20 september 2012 (B.S. 22.X.2012); § 4 opgeheven bij art. 86, 2° W. 4 augustus 1986 (B.S. 20. VIII.1986).

[Art. 207quater. Personen die als daders of als medeplichtigen van misdrijven bedoeld in de artikelen 206 en 206bis werden veroordeeld, zijn hoofdelijk gehouden tot betaling van de ontdoken belasting.

De natuurlijke personen of de rechtspersonen zijn burgerlijk of hoofdelijk aansprakelijk voor de geldboeten en kosten die het gevolg zijn van de veroordelingen welke krachtens de artikelen 206 tot 207bis tegen hun aangestelden of beheerders, zaakvoerders of vereffenaars zijn uitgesproken.]

Ingevoegd bij art. 13 W. 10 februari 1981 (B.S. 14.II.1981).

[Art. 207quinquies. De rechter kan bevelen dat ieder vonnis of arrest houdende veroordeling tot een gevangenisstraf, uitgesproken krachtens de artikelen 206, 206bis en 207bis, wordt aangeplakt in de plaatsen die hij bepaalt en eventueel bij uittreksel, wordt bekendgemaakt op de wijze die hij bepaalt, een en ander op kosten van de veroordeelde.

Hetzelfde kan gelden voor iedere krachtens artikel 207 uitgesproken beslissing tot verbod van het uitoefenen van een beroepswerkzaamheid in België of tot sluiting van de in het land geëxploiteerde inrichtingen.]

Ingevoegd bij art. 13 W. 10 februari 1981 (B.S. 14.II.1981).

[Art. 207sexies. De schending van het bij artikel 236bis bepaalde beroepsgeheim wordt gestraft overeenkomstig de artikelen 66, 67 en 458 van het Strafwetboek.]

Ingevoegd bij art. 13 W. 10 februari 1981 (B.S. 14.II.1981).

[Art. 207septies. [§ 1. De strafvordering wordt uitgeoefend door het openbaar ministerie.

§ 2. [Het openbaar ministerie kan geen vervolging instellen indien het kennis heeft gekregen van de feiten ten gevolge van een klacht of een aangifte van een ambtenaar die niet de machtiging had waarvan sprake is in artikel 29, tweede lid, van het Wetboek van strafvordering.

Het openbaar ministerie kan echter de strafrechtelijk strafbare feiten vervolgen waarvan het tijdens het in artikel 29, derde lid, van het Wetboek van strafvordering bedoelde overleg kennis heeft genomen.

§ 3. Onverminderd het in artikel 29, derde lid, van het Wetboek van strafvordering bedoelde overleg, kan de procureur des Konings, indien hij een vervolging instelt wegens feiten die strafrechtelijk strafbaar zijn ingevolge de bepalingen van dit Wetboek of van de ter uitvoering ervan genomen besluiten, het advies vragen van de bevoegde gewestelijke directeur. De procureur des Konings voegt het feitenmateriaal waarover hij beschikt bij zijn verzoek om advies. De gewestelijke directeur antwoordt op dit verzoek binnen vier maanden na de ontvangst ervan.

In geen geval schorst het verzoek om advies de strafvordering.]

§ 4. [...]

§ 5. [...]]]

Ingevoegd bij art. 13 W. 10 februari 1981 (B.S. 14.II.1981);
Vervangen bij art. 87 W. 4 augustus 1986 (B.S. 20.VIII.1986);
§ 2-3 vervangen bij art. 26 W. 20 september 2012 (B.S. 22.X.2012);
§ 4 opgeheven bij art. 65 W. 15 maart 1999 (B.S. 27.III.1999);
§ 5 opgeheven bij art. 60, 2° W. 28 december 1992 (B.S. 31.XII.1992).

[Art. 207octies. De ambtenaren van de Administratie van de belasting over de toegevoegde waarde, registratie en domeinen en van de Administratie van de bijzondere belastinginspectie mogen, op straffe van nietigheid van de akte van rechtspleging, slechts als getuige worden gehoord.]

[Het eerste lid is niet van toepassing op de krachtens artikel 71 van de wet van 28 december 1992 bij het parket gedetacheerde ambtenaren van die administraties.]

[Het eerste lid is evenmin van toepassing op de ambtenaren van die administraties die, krachtens artikel 31 van de wet van 30 maart 1994 tot uitvoering van het globaal plan op het stuk van de fiscaliteit, ter beschikking zijn gesteld [van de federale politie].]

[Het eerste lid is niet van toepassing op de ambtenaren die deelnemen aan het in artikel 29, derde lid van het Wetboek van strafvordering bedoelde overleg.]

Ingevoegd bij art. 88 W. 4 augustus 1986 (B.S. 20.VIII.1986);
Al. 2 ingevoegd bij art. 61 W. 28 december 1992 (B.S. 31.XII.1992);
Al. 3 ingevoegd bij art. 50 W. 30 maart 1994 (B.S. 31.III.1994)

en gewijzigd bij art. 6 W. 13 maart 2002 (B.S. 29.III.2002);
Al. 4 ingevoegd bij art. 27 W. 20 september 2012 (B.S. 22.X.2012).

HOOFDSTUK XIII

TERUGGAAF

Art. 208. De regelmatig geheven rechten kunnen niet worden teruggegeven, welke ook de latere gebeurtenissen zijn, behoudens in de bij deze titel voorziene gevallen.

Art. 209. Zijn vatbaar voor teruggaaf:

1° de rechten, geheven omdat de partijen in gebreke gebleven zijn in de akte of verklaring te vermelden:

a) dat de overeenkomst reeds belast werd;

b) dat de voorwaarden tot bekomen van vrijstelling of vermindering vervuld zijn, tenzij het bestaan van deze vermelding bij de wet als een uitdrukkelijke voorwaarde ter verkrijging van de fiscale gunst is gesteld;

2° de evenredige rechten geheven hetzij wegens een akte die vals verklaard, hetzij wegens een overeenkomst die uit hoofde van nietigheid ongedaan gemaakt werd door een in kracht van gewijsde gegaan vonnis of arrest;

[3° het evenredig recht geheven wegens een overeenkomst waarvan een in kracht van gewijsde gegaan vonnis of arrest de ontbinding of de herroeping uitspreekt, mits uit de beslissing blijkt dat ten hoogste één jaar na de overeenkomst een eis tot ontbinding of herroeping, zelfs bij een onbevoegd rechter, is ingesteld;]

[4° de evenredige rechten geheven op een door een rechtspersoon gestelde rechtshandeling die door de hogere overheid nietig verklaard werd;]

[5° de bij toepassing van de artikelen 115, 115bis, 116 en 120 aan het tarief van 0,5 % geheven rechten naar aanleiding van een vermeerdering van het statutair kapitaal, met nieuwe inbreng, door een vennootschap bedoeld in artikel 201, eerste lid, 1°, van het Wetboek van de inkomstenbelastingen 1992, mits die vermeerdering van het statutair kapitaal is geschied binnen het jaar vóór de datum van de toelating tot de notering op een Belgische effectenbeurs van aandelen of met aandelen gelijk te stellen waardepapieren van de vennootschap;]

[6° de geheven evenredige rechten indien op de verrichting van overdracht onder bezwarende titel van een onroerend goed of van de vestiging, overdracht en wederoverdracht van een zakelijk recht op een onroerend goed, de belasting over de toegevoegde waarde opeisbaar wordt ingevolge de toepassing van artikel 1, § 10, van het Wetboek van de belasting over de toegevoegde waarde.]

De teruggaaf geschiedt desvoorkomend onder aftrekking van het algemeen vast recht.

Al. 1, 3° ingevoegd bij art. 28 W. 23 december 1958 (B.S. 7.I.1959);

Al. 1, 4° ingevoegd bij art. 184 W. 22 december 1989 (B.S. 29.XII.1989);
Al. 1, 5° ingevoegd bij art. 36 Progr. W. 10 februari 1998 (B.S. 21.II.1998, err. B.S. 2.XII.1998);
Al. 1, 6° ingevoegd bij art. 3 Ord. 24 december 2010 (B.S. 19.I.2011, ed. 2), van toepassing vanaf 1 januari 2011.

Art. 210. [In geval van gehele of gedeeltelijke vernietiging van een vonnis of arrest door een andere in kracht van gewijsde gegane rechterlijke beslissing zijn de op de vernietigde beslissing geheven evenredige rechten voor gehele of gedeeltelijke teruggaaf vatbaar.

Het recht wordt volledig teruggegeven indien het samengevoegd bedrag van de veroordelingen, vereffeningen of rangregelingen, waarop de heffing werd gedaan, herleid wordt tot een som die bij artikel 143, laatste lid, vastgestelde bedrag niet overschrijdt.]

Vervangen bij art. 22 W. 12 juli 1960 (B.S. 9.XI.1960).

Art. 211. [...]

Opgeheven bij art. 23 W. 12 juli 1960 (B.S. 9.XI.1960).

Art. 212. [In geval van wederverkoop van een onroerend goed, door de verkoper of zijn rechtsvoorgangers verkregen bij een akte waarop het bij artikel 44 vastgestelde recht is voldaan, wordt [36 pct.] van dat recht aan de wederverkoper teruggegeven indien de wederverkoop bij authentieke akte vastgesteld is binnen twee jaar na de datum van de authentieke akte van verkrijging.

Wanneer de verkrijging of de wederverkoop heeft plaatsgehad onder een opschortende voorwaarde, wordt de termijn van wederverkoop berekend op basis van de datum waarop deze voorwaarde is vervuld.

Niet teruggegeven wordt het recht dat betrekking heeft op het gedeelte van de prijs en de lasten van de verkrijging, dat hoger is dan [de grondslag van het recht dat van toepassing is op de akte van wederverkoop, berekend zonder de vermindering voorgeschreven bij artikel 46bis].

In geval van gedeeltelijke wederverkoop wordt in het verzoek tot teruggave het deel van de aanschaffingsprijs dat betrekking heeft op het wederverkochte gedeelte nader aangegeven onder controle van het bestuur.

Een door de wederverkoper en de instrumenterende notaris ondertekend verzoek tot teruggave, onderaan op de akte gesteld voor de registratie, heeft dezelfde gevolgen als het met redenen omkleed verzoek ingevolge artikel 217². Dit verzoek moet een afschrift van het registratierelaas van de authentieke akte van verkrijging bevatten, alsook de naam van de begunstigde van de teruggave, en, in voorkomend geval, het rekeningnummer waarop het bedrag van de terug te geven rechten moet worden gestort.]

Vervangen bij art. 62 W. 28 december 1992 (B.S. 31. XII.1992);
Al. 1 gewijzigd bij art. 4, 1° Ord. Br. H. R. 20 december 2002 (B.S. 31.XII.2002, ed. 3, err. B.S. 16.I.2003);

Al. 3 gewijzigd bij art. 4, 2° Ord. Br. H. R. 20 december 2002 (B.S. 31.XII.2002, ed. 3, err. B.S. 16.I.2003).

[Art. 212bis. Wanneer het voordeel van de vermindering van de belastbare grondslag als bepaald in artikel 46bis niet kon worden bekomen omdat niet voldaan was aan de voorwaarde daartoe gesteld in het zesde lid, 1°, van dat artikel, worden de rechten die geheven werden boven het bedrag dat zou verschuldigd geweest zijn met toepassing van artikel 46bis, teruggegeven, mits alle onroerende goederen die de vermindering van de heffingsgrondslag verhinderden, zijn vervreemd bij overeenkomsten, andere dan ruil, die vaste datum hebben gekregen [uiterlijk twee jaar na de datum van de registratie] van het document dat aanleiding heeft gegeven tot de heffing van het evenredig recht op de verkrijging waarvoor de teruggave wordt gevraagd. Werd bedoeld document evenwel te laat ter registratie aangeboden, dan wordt die termijn gerekend vanaf de uiterste datum voor de tijdige aanbieding ervan.

Aan de teruggave zijn de volgende voorwaarden verbonden:

1° het gemotiveerd verzoek bevat:

a) een afschrift van het registratierelaas dat werd aangebracht op het document dat aanleiding heeft gegeven tot de heffing van het evenredig recht op de verkrijging waarvoor de teruggave wordt gevraagd;

b) de kadastrale beschrijving van alle onroerende goederen die de toepassing van artikel 46bis hebben verhinderd, evenals de data waarop de vervreemdingen van die goederen vaste datum hebben gekregen;

2° in het gemotiveerd verzoek moeten de betrokken verkrijgers:

a) verklaren dat zij hun hoofdverblijfplaats hebben gevestigd of zullen vestigen op het adres van het verkregen onroerend goed binnen twee jaar te rekenen van hetzij de datum van de registratie van het document dat aanleiding heeft gegeven tot de heffing van het evenredig recht op die verkrijging, hetzij, wanneer dat document te laat ter registratie werd aangeboden, de uiterste datum voor de tijdige aanbieding ervan;

b) zich ertoe verbinden hun hoofdverblijfplaats in [het verkregen onroerend goed] te behouden gedurende een ononderbroken periode van minstens vijf jaar vanaf het tijdstip waarop ze hun hoofdverblijfplaats gevestigd hebben in het onroerend goed waarvoor de teruggave werd gevraagd.

Ingeval de verklaring van de verkrijgers bedoeld in 2°, a), van het tweede lid onjuist wordt bevonden, zijn zij ondeelbaar gehouden tot terugbetaling van het teruggegeven bedrag en verbeuren zij ondeelbaar een boete gelijk aan dat bedrag. Voldoen sommige verkrijgers wel en andere niet aan de bedoelde voorwaarden, dan wordt het terug te geven bedrag en de boete, waartoe de verkrijgers die niet aan de voorwaarden voldoen ondeelbaar gehouden zijn, bepaald naar verhouding van hun wettelijk aandeel in het onroerend goed waarvoor de teruggave werd gevraagd. De boete is evenwel niet verschuldigd wanneer door overmacht aan de voorwaarden niet voldaan kon worden.

Behoudens overmacht, zijn dezelfde aanvullende

rechten [...], ondeelbaar verschuldigd door de verkrijgers indien geen van hen de in 2°, b), van het tweede lid, bedoelde verbintenis naleeft.]

Ingevoegd bij art. 5 Ord. Br. H. R. 20 december 2002 (B.S. 31.XII.2002, ed. 3, err. B.S. 16.I.2003);
Al. 1 gewijzigd bij art. 3 Ord. Br. H. Parl. 10 februari 2006 (B.S. 15.II.2006);
Al. 2, 2°, b) gewijzigd bij art. 3 Ord. Br. H. Parl. 22 november 2012 (B.S. 4.XII.2012), van toepassing vanaf 1 januari 2013;
Al. 4 gewijzigd bij art. 3 Ord. Br. H. Parl. 22 november 2012 (B.S. 4.XII.2012), van toepassing vanaf 1 januari 2013.

[Art. 212ter. Ingeval de in artikel 46bis bepaalde vermindering van de heffingsgrondslag niet werd gevraagd of niet werd bekomen naar aanleiding van de registratie van het document dat aanleiding heeft gegeven tot de heffing van het evenredig recht, kunnen de teveel geheven rechten worden teruggegeven op verzoek in te dienen overeenkomstig de bepalingen van artikel 217^2 binnen zes maanden te rekenen van de datum van registratie van dat document.

Het verzoek tot teruggave bedoeld in het eerste lid bevat de vermeldingen en verklaringen vereist bij artikel 46bis, zesde lid, 2°, a, b en c. Het verzoek vermeldt in voorkomend geval ook het rekeningnummer waarop het bedrag van de terug te geven rechten kan worden gestort.]

Ingevoegd bij art. 4 Ord. Br. H. Parl. 10 februari 2006 (B.S. 15.II.2006).

Art. 213. Wordt, onder aftrekking van het algemeen vast recht, aan de betrokken maatschappij teruggegeven het overeenkomstig artikel 51 geheven recht van 6 pct., wanneer het aangekochte goed wordt wederverkocht bij authentieke akte verleden binnen tien jaar na de datum van de akte van verkrijging.

Zijn toepasselijk op deze teruggaaf, de bepalingen van [artikel 212, tweede en derde lid].

Al. 2 gewijzigd bij art. 24 K.B. nr. 12, 18 april 1967 (B.S. 20.IV.1967).

HOOFDSTUK XIV

VERJARING

Art. 214. Er is verjaring voor de invordering:
1° van rechten en boeten verschuldigd op een akte of een overeenkomst, na twee jaar, enkel te rekenen van de dag van de registratie van een akte of geschrift welke de oorzaak van de vorderbaarheid van de rechten en boeten aan het bestuur genoegzaam doet kennen om de noodzakelijkheid van alle verdere opzoeking uit te sluiten.

Worden, voor de toepassing van deze bepaling, met registratie gelijkgesteld: [...] [het visum van de repertoria van de notarissen], waarvan sprake in artikel 180; de ontvangst van de bij artikel 184 voorgeschreven mededeling, zomede de regelmatige inlevering van een aangifte van nalatenschap;

2° van rechten en boeten verschuldigd in geval van ontoereikende waardering, na twee jaar, te rekenen van de dag van de registratie van de akte of van de verklaring, dit alles onder voorbehoud van hetgeen in artikel 190 is voorzien;

3° [van rechten verschuldigd in geval van nietvervulling van de in artikel 60 gestelde voorwaarden, na tien jaar, te rekenen van de datum van de akte];

4° van rechten verschuldigd in het in de tweede alinea van artikel 52 voorzien geval, na twee jaar, te rekenen van de intrekking van de premie;

5° van rechten en boeten verschuldigd in geval van onjuistheid in de in artikel 55, 2° [...] voorziene vermeldingen of attesten, na twee jaar, te rekenen van de dag van de registratie van de akte;

6° van boeten verschuldigd in de in [artikelen 181^1 tot 183] voorziene gevallen, na twee jaar, te rekenen van de dag waarop de overtreding werd vastgesteld;

7° van rechten en boeten verschuldigd buiten de in voorgaande nummers voorziene gevallen, met inbegrip van die welke betrekking hebben op veinzing, bewimpeling van prijs of al ander feit niet of onjuist vastgesteld in een geregistreerde akte, na vijftien jaar, te rekenen van de dag waarop de rechtsvordering van de Staat ontstaan is.

Is van toepassing, ten aanzien van de verjaring, artikel 18 van dit wetboek.

Al. 1, 1° al. 2 gewijzigd bij art. 186 W. 22 december 1989 (B.S. 29.XII.1989) en bij art. 63 W. 28 december 1992 (B.S. 31.XII.1992);
Al. 1, 3° vervangen bij art. 41 W. 19 juli 1979 (B.S. 22. VIII.1979);
Al. 1, 5° gewijzigd bij art. 5 W. 26 juli 1952 (B.S. 30. VIII.1952);
Al. 1, 6° gewijzigd bij art. 24 W. 12 juli 1960 (B.S. 9.XI.1960).

Art. 215. Er is verjaring voor de vordering tot teruggaaf van rechten, interesten en boeten, na twee jaar, te rekenen van de dag waarop de rechtsvordering is ontstaan.

Art. 216. De verjaring van de bij artikel 189 ingestelde rechtsvordering tot schatting en die van de rechtsvordering tot inning van de rechten en boeten verschuldigd wegens de ongenoegzaamheid blijkende uit die schatting, worden gestuit door de in artikel 190 bedoelde notificatie.

Die stuiting heeft haar uitwerking tot de dag der nederlegging ter griffie van het verslag van schatting.

De invordering van rechten, interesten en gebeurlijk van boeten en kosten, vorderbaar uit hoofde van de bij bedoeld verslag erkende ongenoegzaamheid, dient vervolgd binnen de twee jaar na de nederlegging van dit verslag.

Art. 217[1]**.** [[De verjaringen voor de invordering van rechten, interesten en boeten] worden gestuit op de wijze en onder de voorwaarden voorzien door artikelen 2244 en volgende van het Burgerlijk Wetboek. In dit geval is er een nieuwe verjaring, die op dezelfde wijze kan worden gestuit, verworven twee jaar na de laatste akte of handeling waardoor de vorige verjaring werd gestuit, indien er geen geding aanhangig is vóór het gerecht.

De afstand van de verlopen tijd van de verjaring wordt, wat zijn uitwerking betreft, gelijkgesteld met de stuitingshandelingen bedoeld in vorige alinea.]

Vervangen bij art. 13 W. 13 augustus 1947 (B.S. 17.IX.1947); Hernummerd en al. 1 gewijzigd bij art. 36 W. 23 december 1958 (B.S. 7.I.1959).

[Art. 217[2]. De verjaringen voor de teruggaaf van rechten, interesten en boeten worden gestuit door een met redenen omklede aanvraag genotificeerd bij ter post aangetekend schrijven aan de ontvanger die de ontvangst heeft gedaan of aan de [gewestelijke directeur van de belasting over de toegevoegde waarde, registratie en domeinen]; ze worden eveneens gestuit op de wijze en onder de voorwaarden voorzien door artikelen 2244 en volgende van het Burgerlijk Wetboek.

Zo de verjaring gestuit werd door de aan de ontvanger of directeur genotificeerde aanvraag, is er een nieuwe verjaring van twee jaar, die slechts op de wijze en onder de voorwaarden voorzien bij artikelen 2244 en volgende van het Burgerlijk Wetboek kan worden gestuit, verworven twee jaar na de datum waarop de beslissing, waarbij de aanvraag werd verworpen, aan belanghebbende bij ter post aangetekend schrijven genotificeerd werd.

De afgifte van de brieven ter post geldt als notificatie van de volgende dag af.]

Ingevoegd bij art. 36 W. 23 december 1958 (B.S. 7.I.1959); Al. 1 gewijzigd bij art. 240 W. 22 december 1989 (B.S. 29.XII.1989).

Art. 218. In geval van instelling van de in artikel 206 voorziene strafvordering, blijft de invordering van rechten en fiscale boeten aan de bij dit hoofdstuk gestelde verjaringstermijnen onderworpen.

HOOFDSTUK XV

VERVOLGINGEN EN GEDINGEN

Art. 219. [De moeilijkheden die in verband met de heffing [of de invordering] van de registratierechten vóór het inleiden der gedingen kunnen oprijzen, worden door de minister van Financiën [of de door hem gemachtigde ambtenaar] opgelost.

[Indien, na onderhandelingen, met de minister of met de door hem gemachtigde ambtenaar geen akkoord wordt bereikt over een moeilijkheid als bedoeld in het eerste lid, kan de belastingplichtige een aanvraag tot bemiddeling indienen bij de fiscale bemiddelingsdienst bedoeld bij artikel 116 van de wet van 25 april 2007 houdende diverse bepalingen (IV).

Ingeval de moeilijkheid de verkoopwaarde betreft van een goed dat aan de in artikel 189 bedoelde schatting is onderworpen, kan de bemiddeling van de fiscale bemiddelingsdienst daarover niet meer gevraagd

of worden voortgezet zodra de vordering tot controleschatting is ingesteld. De Koning kan bepalen voor welke moeilijkheden in verband met de heffing en invordering van de registratierechten bemiddeling door de fiscale bemiddelingsdienst is uitgesloten.]

De minister van Financiën [of de door hem gedelegeerde ambtenaar] gaat dadingen met de belastingplichtigen aan, voor zover zij geen vrijstelling of vermindering van belasting in zich sluiten.

Binnen de door de wet gestelde grenzen, wordt het bedrag van de proportionele fiscale boeten en de vermeerderingen vastgesteld in dit Wetboek of in de ter uitvoering ervan genomen besluiten, bepaald volgens een schaal waarvan de trappen door de Koning worden vastgesteld. Deze bepaling geldt niet voor het bedrag van de proportionele fiscale boeten bepaald in de artikelen 203, eerste lid, en 204, behalve wanneer de overtreder hetzij uit eigen beweging en voordat het bestuur iets gevorderd heeft, de overtreding aan het bestuur bekent, hetzij overleden is.]

Vervangen bij art. 66 W. 15 maart 1999 (B.S. 27.III.1999); Al. 1 gewijzigd bij art. 124, 1° W. 25 april 2007 (IV) (B.S. 8.V.2007, ed. 3, err. B.S. 8.X.2007), van toepassing vanaf 1 mei 2007 (K.B. 9 mei 2007, art. 14, B.S. 24.V.2007); Al. 2-3 ingevoegd bij art. 124, 2° W. 25 april 2007 (IV) (B.S. 8.V.2007, ed. 3, err. B.S. 8.X.2007), van toepassing vanaf 1 mei 2007 (K.B. 9 mei 2007, art. 14, B.S. 24.V.2007); Al. 4 (oud al. 2) gewijzigd bij art. 124, 3° W. 25 april 2007 (IV) (B.S. 8.V.2007, ed. 3, err. B.S. 8.X.2007), van toepassing vanaf 1 mei 2007 (K.B. 9 mei 2007, art. 14, B.S. 24.V.2007).

Art. 220. De eerste akte van vervolging ter invordering van fiscale rechten of boeten en bijkomende sommen is een dwangschrift.

Het wordt door de met de invordering belaste ontvanger uitgevaardigd; het wordt door de [gewestelijke directeur van de belasting over de toegevoegde waarde, registratie en domeinen] geviseerd en uitvoerbaar verklaard en bij exploot van [gerechtsdeurwaarder] betekend.

Al. 2 gewijzigd bij art. 48, § 4 W. 5 juli 1963 (B.S. 17. VII.1963) en bij art. 240 W. 22 december 1989 (B.S. 29. XII.1989).

Art. 221. [De tenuitvoerlegging van het dwangbevel kan slechts worden gestuit door een vordering in rechte.]

Vervangen bij art. 67 W. 15 maart 1999 (B.S. 27.III.1999).

Art. 222. [...]

Opgeheven bij art. 68 W. 15 maart 1999 (B.S. 27.III.1999).

Art. 223. De moratoire interesten op de in te vorderen of terug te geven sommen zijn verschuldigd naar de voet en de regelen in burgerlijke zaken vastgesteld.

Art. 224. [...]

Opgeheven bij art. 69 W. 15 maart 1999 (B.S. 27.III.1999).

Art. 225. De openbare ambtenaren die, krachtens de bepalingen van deze titel, voor de partijen de rechten en, bij voorkomend geval, de boeten voorgeschoten hebben, kunnen, met het oog op de terugbetaling ervan, uitvoerbaar bevel vragen aan de vrederechter van hun kanton.

De bepalingen van dit hoofdstuk zijn toepasselijk op het tegen dit bevel aangetekend verzet.

[Art. 225bis. De termijnen van verzet, hoger beroep en cassatie, alsmede het verzet, het hoger beroep en de voorziening in cassatie schorsen de tenuitvoerlegging van de gerechtelijke beslissing.]

Ingevoegd bij art. 70 W. 15 maart 1999 (B.S. 27.III.1999).

[Art. 225ter. [Het verzoekschrift houdende voorziening in cassatie en het antwoord op de voorziening mag door een advocaat worden ondertekend en neergelegd.]]

Ingevoegd bij art. 71 W. 15 maart 1999 (B.S. 27.III.1999) en vervangen bij art. 382 Progr. W. 27 december 2004 (B.S. 31.XII.2004, ed. 2, err. B.S. 18.I.2005).

HOOFDSTUK XVI

BIJZONDERE BEPALINGEN BETREFFENDE DE OPENBARE VERKOPINGEN VAN ROERENDE GOEDEREN

Art. 226. Meubelen, koopwaren, hout, vruchten, oogsten en alle andere lichamelijke roerende voorwerpen mogen bij openbare toewijzing slechts ten overstaan en door het ambt van een notaris of een [gerechtsdeurwaarder] verkocht worden.

Nochtans kunnen Staat, provinciën, gemeenten en openbare instellingen de hun toebehorende roerende voorwerpen openbaar door hun ambtenaren doen verkopen.

Al. 1 gewijzigd bij art. 48, § 4 W. 5 juli 1963 (B.S. 17. VII.1963).

Art. 227. Ieder openbaar officier die met de openbare verkoop van roerende voorwerpen belast is, moet, op straffe van een geldboete van [[[25 EUR]]], vooraf daarvan kennis geven aan de ontvanger der registratie in wiens ambtsgebied de verkoping moet worden gehouden.

Die kennisgeving moet ten gepasten tijde aan de ontvanger, tegen ontvangbewijs, worden overhandigd, ofwel hem bij ter post aangetekend schrijven worden toegezonden.

Zij moet gedateerd en ondertekend zijn, naam, voornamen, hoedanigheid en woonplaats van de werkende openbare ambtenaar en van verzoeker vermelden, plaats zomede dag en uur aangeven waarop de verkoping zal worden gehouden.

Deze formaliteit geldt niet voor de verkoop van aan Staat, provinciën, gemeenten of openbare instellingen toebehorende roerende voorwerpen.

Al. 1 gewijzigd bij art. 188 W. 22 december 1989 (B.S. 29.XII.1989), bij art. 2-11 K.B. 20 juli 2000 (II) (B.S. 30. VIII.2000, err. B.S. 8.III.2001) en bij art. 42, 5° K.B. 13 juli 2001 (B.S. 11.VIII.2001, err. B.S. 21.XII.2001).

Art. 228. De werkende openbare officier of ambtenaar vermeldt, in zijn proces-verbaal, naam, voornamen, hoedanigheid en woonplaats van de verzoeker, van de personen wier mobilair te koop wordt gesteld en, indien het gaat om een verkoop na overlijden, van de overleden eigenaar, zomede, desvoorkomend, de datum van de overhandiging of de verzending van de in artikel 227 voorziene kennisgeving.

Art. 229. Voor alle overtreding van artikelen 227, 3° alinea, en 228, wordt door de werkende openbare officier of ambtenaar een geldboete van [[[25 EUR]]] verbeurd.

Gewijzigd bij art. 189 W. 22 december 1989 (B.S. 29. XII.1989), bij art. 2-11 K.B. 20 juli 2000 (II) (B.S. 30. VIII.2000, err. B.S. 8.III.2001) en bij art. 42, 5° K.B. 13 juli 2001 (B.S. 11.VIII.2001, err. B.S. 21.XII.2001).

Art. 230. De werkende openbare officier of ambtenaar moet van de openbare verkoop een proces-verbaal opmaken.

Ieder toegewezen voorwerp wordt onmiddellijk in dat proces-verbaal opgetekend; de prijs wordt voluit in letterschrift en buiten de linie nog eens in cijfers aangeduid.

Na elke zitting wordt het proces-verbaal afgesloten en ondertekend.

Art. 231. Wordt voor de toepassing van dit hoofdstuk als toegewezen beschouwd en is aan het [door artikel 77 vastgesteld] evenredig recht onderworpen, ieder roerend voorwerp waarvan het openbaar tekoopstellen van een openbaar aanbod of een openbaar gemaakt aanbod is gevolgd, ongeacht wie het aanbod heeft gedaan en welke de modaliteiten van de verkoop zijn en ongeacht of al dan niet toewijzing plaats heeft.

Het recht is evenwel niet verschuldigd indien de werkende openbare officier of ambtenaar onmiddellijk na ontvangst en bekendmaking van de aanbiedingen […] verkondigt, en zulks in het proces-verbaal aantekent, dat het te koop gesteld voorwerp "ingehouden" wordt.

Het recht wordt geheven op de toewijzingsprijs en, bij gebreke daaraan, op het hoogste aanbod.

Wanneer het een verkoop geldt, gedaan op verzoek van een rechtspersoon, wordt nochtans niet afgeweken van artikelen 16 en 17 voor zover zij beschikken voor het geval van voorbehoud van machtiging, goedkeuring of bekrachtiging van de overheid.

Al. 1 gewijzigd bij art. 190 W. 22 december 1989 (B.S. 29.XII.1989);
Al. 2 gewijzigd bij art. 2 W. 16 juni 1947 (B.S. 14.VIII.1947).

Art. 232. Worden door de werkende openbare officier of ambtenaar verbeurd:

1° een geldboete, gelijk aan twintigmaal het ontdoken recht, zonder dat ze minder dan [[[25,00 EUR]]] mag bedragen:

a) voor elk toegewezen of bij artikel 231 als dusdanig beschouwd lot, welk niet onmiddellijk in het proces-verbaal wordt opgetekend;

b) voor elk lot welk in het proces-verbaal als aan de verkoop onttrokken wordt opgegeven, wanneer de verklaring van inhouding niet werd gedaan in de bij artikel 231, 2e alinea, voorziene vorm;

c) voor elk lot waarvan de belastbare grondslag in het proces-verbaal vervalst of onvolkomen opgetekend werd; dit alles onverminderd het ontdoken recht;

2° een boete van [[12,50 EUR]] voor elk toegewezen lot waarvan de prijs in het proces-verbaal niet voluit in letters of niet in cijfers buiten de linie is aangeduid.

1° gewijzigd bij art. 191 W. 22 december 1989 (B.S. 29. XII.1989), bij art. 2-11 K.B. 20 juli 2000 (II) (B.S. 30. VIII.2000, err. B.S. 8.III.2001) en bij art. 42, 5° K.B. 13 juli 2001 (B.S. 11.VIII.2001, err. B.S. 21.XII.2001);
2° gewijzigd bij art. 191 W. 22 december 1989 (B.S. 29. XII.1989), bij art. 2-11 K.B. 20 juli 2000 (II) (B.S. 30. VIII.2000, err. B.S. 8.III.2001) en bij art. 42, 5° K.B. 13 juli 2001 (B.S. 11.VIII.2001, err. B.S. 21.XII.2001).

Art. 233. Iedere persoon die, buiten de aanwezigheid van een openbaar officier, roerende voorwerpen openbaar tekoop heeft gesteld of doen stellen, loopt een geldboete op gelijk aan twintigmaal het ontdoken recht, zonder dat deze boete, voor elk toegewezen of als dusdanig beschouwd lot, minder dan [[[25 EUR]]] mag bedragen.

De overtreders zijn daarbij hoofdelijk gehouden tot de betaling van het ontdoken recht.

Al. 1 gewijzigd bij art. 192 W. 22 december 1989 (B.S. 29.XII.1989), bij art. 2-11 K.B. 20 juli 2000 (II) (B.S. 30. VIII.2000, err. B.S. 8.III.2001) en bij art. 42, 5° K.B. 13 juli 2001 (B.S. 11.VIII.2001, err. B.S. 21.XII.2001).

Art. 234. Agenten van [de administratie van de belasting over de toegevoegde waarde, registratie en domeinen] hebben steeds toegang tot alle plaatsen waar roerende voorwerpen openbaar worden verkocht. Zij hebben het recht zich de processen-verbaal van verkoop te doen overleggen en van hun bevindingen proces-verbaal op te maken. Dit proces-verbaal geldt als bewijs tot het tegenbewijs.

Gewijzigd bij art. 240 W. 22 december 1989 (B.S. 29. XII.1989).

Art. 235. [De bepalingen van dit hoofdstuk zijn niet van toepassing op de openbare verkopingen:

1° van alle landbouwprodukten, in instellingen waar de koopwaren uitsluitend openbaar bij opbod of bij afbod verkocht worden op bepaalde dagen en uren, die op bestendige wijze in de lokalen aangeplakt zijn;

2° van eetwaren en van afgesneden bloemen in de voornoemde instellingen of op de markten;

3° van voorwerpen welke in de openbare kassen van lening in pand werden gegeven;

4° van zee- en binnenschepen.]

Vervangen bij enig art. W. 3 juli 1962 (B.S. 17.VII.1962).

HOOFDSTUK XVII

INLICHTINGEN TE VERSTREKKEN DOOR DE ONTVANGERS

Art. 236. Onverminderd de in de bijzondere wetten vervatte bepalingen, moeten de ontvangers der registratie, ten verzoeke van de partijen of van hun rechthebbenden en, mits bevel van de vrederechter, ten verzoeke van derden die een rechtmatig belang inroepen, afschriften of uittreksels afleveren uit hun formaliteitsregisters en uit akten en verklaringen in hun kantoor geregistreerd en aldaar in origineel, afschrift of uittreksel berustend.

Deze afschriften of uittreksels kunnen aan de lasthebbers van de belanghebbenden worden verstrekt, indien zij van de lastgeving laten blijken.

Het uitreiken van voormelde stukken geeft recht op een door de Minister van Financiën te bepalen loon.

[Art. 236bis. Hij die, uit welken hoofde ook, optreedt bij de toepassing van de belastingwetten of die toegang heeft tot de ambtsvertrekken van de administratie van de belasting over de toegevoegde waarde, registratie en domeinen, is, buiten het uitoefenen van zijn ambt, verplicht tot de meest volstrekte geheimhouding aangaande alle zaken waarvan hij wegens de uitvoering van zijn opdracht kennis heeft.

De ambtenaren van de administratie van de belasting over de toegevoegde waarde, registratie en domeinen, oefenen hun ambt uit wanneer zij aan andere administratieve diensten van de Staat, daaronder begrepen de parketten en de griffies van de hoven en van alle rechtsmachten, en aan de openbare instellingen of inrichtingen, inlichtingen verstrekken welke voor die diensten, instellingen of inrichtingen nodig zijn voor de hun opgedragen uitvoering van wettelijke of reglementaire bepalingen.

Personen die deel uitmaken van diensten waaraan de administratie van de belasting over de toegevoegde waarde, registratie en domeinen, ingevolge het vorige lid inlichtingen van fiscale aard heeft verstrekt, zijn tot dezelfde geheimhouding verplicht en mogen de bekomen inlichtingen niet gebruiken buiten het kader van de wettelijke bepalingen voor de uitvoering waarvan zij zijn verstrekt.

Onder openbare instellingen of inrichtingen dienen verstaan de instellingen, maatschappijen, verenigingen, inrichtingen en diensten welke de Staat mede beheert, waaraan de Staat een waarborg verstrekt, op welker bedrijvigheid de Staat toezicht uitoefent of waarvan het bestuurspersoneel aangewezen wordt door de Regering, op haar voordracht of mits

haar goedkeuring.
[...]]

Ingevoegd bij art. 52 W. 4 augustus 1978 (B.S. 17.VIII.1978);
Al. 5 opgeheven bij art. 14 W. 10 februari 1981 (B.S. 14.
II.1981).

HOOFDSTUK XVIII

[SPECIAAL RECHT OP DE NATIONALITEIT,
DE ADELBRIEVEN EN VERGUNNINGEN TOT
VERANDERING VAN NAAM OF VAN VOORNAMEN]

Opschrift vervangen bij art. 23 W. 4 december 2012 (B.S.
14.XII.2012, ed. 2), van toepassing vanaf 1 januari 2013.
Voor de verzoeken en verklaringen ingediend voor 1 januari
2013, blijven de voordien vigerende bepalingen van toepas-
sing (art. 32).

Art. 237. Een speciaal registratierecht wordt geheven op [...] [de nationaliteit, en] adelbrieven, met inbegrip van die tot begeving van een hogere adeldomsrang of van opneming onder 's Rijks adel met of zonder titel, en [op vergunningen om van naam of voornamen te veranderen], naar de bij dit hoofdstuk vastgestelde bedragen en modaliteiten.

Gewijzigd bij art. 3, § 2 W. 2 juli 1974 (B.S. 13.VIII.1974), bij
art. 6 W. 24 december 1999 (B.S. 31.XII.1999) en bij art. 24
W. 4 december 2012 (B.S. 14.XII.2012, ed. 2), van toepassing
vanaf 1 januari 2013. Voor de verzoeken en verklaringen in-
gediend voor 1 januari 2013, blijven de voordien vigerende
bepalingen van toepassing (art. 32).

Afdeling 1

[Nationaliteit]

Opschrift hersteld (na opheffing bij art. 5, 2° W. 24 december
1999) bij art. 25 W. 4 december 2012 (B.S. 14.XII.2012,
ed. 2), van toepassing vanaf 1 januari 2013. Voor de verzoe-
ken en verklaringen ingediend voor 1 januari 2013, blijven de
voordien vigerende bepalingen van toepassing (art. 32).

Art. 238. [Er wordt een recht geheven op de procedures tot verkrijging van de Belgische nationaliteit,
die worden bepaald bij hoofdstuk III van het Wetboek
van de Belgische nationaliteit.
Het recht bedraagt 150 euro.
Het recht moet gekweten worden vóór de indiening van het verzoek of vóór de aflegging van de verklaring.]

Hersteld (na opheffing bij art. 5, 2° W. 24 december 1999) bij
art. 25 W. 4 december 2012 (B.S. 14.XII.2012, ed. 2), van
toepassing vanaf 1 januari 2013. Voor de verzoeken en ver-
klaringen ingediend voor 1 januari 2013, blijven de voordien
vigerende bepalingen van toepassing (art. 32).

Art. 239. [...]

Opgeheven bij art. 9 W. 6 augustus 1993 (B.S. 23.IX.1993).

Art. 240. [...]

Opgeheven bij art. 7, 2° W. 24 december 1999 (B.S. 31.
XII.1999).

[**Art. 240bis.** [...]]

Ingevoegd bij art. 14, § 3 W. 28 juni 1984 (B.S. 12.VII.1984)
en opgeheven bij art. 7, 3° W. 24 december 1999 (B.S. 31.
XII.1999).

Art. 241. [...]

Opgeheven bij art. 7, 4° W. 24 december 1999 (B.S. 31.
XII.1999).

Art. 242-243. [...]

Opgeheven bij art. 21, 5° W. 28 juni 1984 (B.S. 12.VII.1984).

Art. 244. [...]

Opgeheven bij art. 7, 5° W. 24 december 1999 (B.S. 31.
XII.1999).

Art. 245-246. [...]

Opgeheven bij art. 21, 5° W. 28 juni 1984 (B.S. 12.VII.1984).

Art. 247. [...]

Opgeheven bij art. 195 W. 22 december 1989 (B.S. 29.
XII.1989).

Afdeling

[...]

Indeling in afdelingen opgeheven bij art. 5, 2° W. 24 decem-
ber 1999 (B.S. 31.XII.1999, ed. 2).

Art. 248. Voor open brieven van verlening van
adeldom of van een hogere adeldomsrang of van opneming onder 's Rijks adel met of zonder titel, wordt
het recht op [[[740 EUR]]] vastgesteld.
[De Koning kan bij een met redenen omkleed besluit dat recht verminderen, met dien verstande dat het
aldus verminderde recht niet minder dan [[490 EUR]]
mag bedragen voor de gezamenlijke personen in de
open brief bedoeld.]
[De vermindering kan slechts worden verleend
wanneer de begunstigde of een van de begunstigden,
of een van hun bloedverwanten in de opgaande of nederdalende lijn, aan het Land buitengewone diensten
heeft bewezen van vaderlandslievende, wetenschappelijke, culturele, economische, sociale of humanitaire aard.]

Al. 1 gewijzigd bij art. 37, 1° W. 2 juli 1981 (B.S. 8.VIII.1981),
bij art. 2-11 K.B. 20 juli 2000 (II) (B.S. 30.VIII.2000, err. B.S.
8.III.2001) en bij art. 42, 5° K.B. 13 juli 2001 (B.S. 11.
VIII.2001, err. B.S. 21.XII.2001);

Al. 2 ingevoegd bij art. 13 W. 15 mei 1987 (B.S. 10.VII.1987) en gewijzigd bij art. 2-11 K.B. 20 juli 2000 (II) (B.S. 30. VIII.2000, err. B.S. 8.III.2001) en bij art. 42, 5° K.B. 13 juli 2001 (B.S. 11.VIII.2001, err. B.S. 21.XII.2001);

Al. 3 ingevoegd bij art. 13 W. 15 mei 1987 (B.S. 10.VII.1987).

Art. 249. [§ 1. Voor vergunningen tot verandering of tot toevoeging van een of meer voornamen bedraagt het recht [[490 EUR]].

[Het recht wordt bepaald op 49 euro voor de vergunningen tot verandering van voornaam verleend aan de personen bedoeld in artikel 2, derde lid, van de wet van 15 mei 1987 betreffende de namen en voornamen.]

[De minister van Justitie kan dat recht verminderen tot [[49 EUR]] indien de voornamen waarvan de wijziging wordt gevraagd:

1° op zichzelf of samengenomen met de naam, belachelijk of hatelijk zijn, of dit zijn omdat ze manifest ouderwets zijn;

2° vreemdklinkend zijn; [...]

3° tot verwarring aanleiding kunnen geven; [of]

[4° enkel aangepast worden door een diakritisch teken of leesteken toe te voegen of weg te nemen;]]

[5° afgekort worden.]

In het ministerieel besluit wordt de reden van de vermindering vermeld.

§ 2. Voor vergunningen om van naam te veranderen bedraagt het recht [[49 EUR]].

§ 3. Voor vergunningen om aan een naam een andere naam of een partikel toe te voegen of een hoofdletter door een kleine letter te vervangen bedraagt het recht [[740 EUR]].

[Het in de tweede paragraaf vastgestelde recht is evenwel toepasselijk op vergunningen om een naam aan een andere naam toe te voegen wanneer de gevraagde naam overeenstemt met de regels betreffende de vaststelling van de naam van toepassing in de Staat waarvan de begunstigde eveneens de nationaliteit bezit.]

De Koning kan [het in het eerste lid vastgestelde recht] verminderen, met dien verstande dat het aldus verminderde recht niet minder dan [[490 EUR]] mag bedragen voor de gezamenlijke personen in het besluit bedoeld.

Deze vermindering mag slechts worden toegestaan onder de voorwaarde bepaald bij artikel 248, derde lid.

In het koninklijk besluit wordt de reden van de vermindering vermeld.]

[§ 4. Het recht is niet verschuldigd ingeval van een verandering van naam of voornaam als bedoeld in de artikelen 15 en 21 van het Wetboek van de Belgische nationaliteit.]

Vervangen bij art. 14 W. 15 mei 1987 (B.S. 10.VII.1987);

§ 1, al. 1 gewijzigd bij art. 2-11 K.B. 20 juli 2000 (II) (B.S. 30.VIII.2000, err. B.S. 8.III.2001) en bij art. 42, 5° K.B. 13 juli 2001 (B.S. 11.VIII.2001, err. B.S. 21.XII.2001);

§ 1, al. 2 ingevoegd bij art. 8, 1° W. 10 mei 2007 (B.S. 11. VII.2007), van toepassing vanaf 1 september 2007;

§ 1, al. 3 (oud al. 2) vervangen bij art. 2 W. 5 juli 1998 (B.S.

21.VIII.1998);

§ 1, al. 3 (oud al. 2), inleidende zin gewijzigd bij art. 2-11 K.B. 20 juli 2000 (II) (B.S. 30.VIII.2000, err. B.S. 8.III.2001) en bij art. 42, 5° K.B. 13 juli 2001 (B.S. 11.VIII.2001, err. B.S. 21.XII.2001);

§ 1, al. 3 (oud al. 2), 2° gewijzigd bij art. 8, 2° W. 10 mei 2007 (B.S. 11.VII.2007), van toepassing vanaf 1 september 2007;

§ 1, al. 3 (oud al. 2), 3° gewijzigd bij art. 8, 3° W. 10 mei 2007 (B.S. 11.VII.2007), van toepassing vanaf 1 september 2007;

§ 1, al. 3 (oud al. 2), 4° ingevoegd bij art. 2, 1° W. 7 december 2006 (B.S. 20.XII.2006, ed. 2);

§ 1, al. 3 (oud al. 2), 5° ingevoegd bij art. 2 W 4 mei 2007 (B.S. 15.V.2007, ed. 1);

§ 2 gewijzigd bij art. 2-11 K.B. 20 juli 2000 (II) (B.S. 30. VIII.2000, err. B.S. 8.III.2001) en bij art. 42, 5° K.B. 13 juli 2001 (B.S. 11.VIII.2001, err. B.S. 21.XII.2001);

§ 3, al. 1 gewijzigd bij art. 2-11 K.B. 20 juli 2000 (II) (B.S. 30.VIII.2000, err. B.S. 8.III.2001) en bij art. 42, 5° K.B. 13 juli 2001 (B.S. 11.VIII.2001, err. B.S. 21.XII.2001);

§ 3, al. 2 ingevoegd bij art. 2, 2° W. 7 december 2006 (B.S. 20.XII.2006, ed. 2);

§ 3, al. 3 gewijzigd bij art. 2-11 K.B. 20 juli 2000 (II) (B.S. 30.VIII.2000, err. B.S. 8.III.2001), bij art. 42, 5° K.B. 13 juli 2001 (B.S. 11.VIII.2001, err. B.S. 21.XII.2001) en bij art. 2, 3° W. 7 december 2006 (B.S. 20.XII.2006, ed. 2);

§ 4 ingevoegd bij art. 26 W. 4 december 2012 (B.S. 14. XII.2012, ed. 2), van toepassing vanaf 1 januari 2013. Voor de verzoeken en verklaringen ingediend voor 1 januari 2013, blijven de voordien vigerende bepalingen van toepassing (art. 32).

Art. 250. [In de gevallen bedoeld in artikel 248, eerste lid, en in artikel 249, § 1, § 2 en § 3, eerste lid, is elke begunstigde een recht verschuldigd.]

De door de kinderen of afstammelingen verschuldigde rechten worden evenwel met de twee vijfden verminderd wanneer [aan hetzelfde recht onderworpen vergunningen] bij éénzelfde besluit verleend worden aan een persoon en aan zijn kinderen of afstammelingen waarvan het aantal drie overschrijdt.

Al. 1 vervangen bij art. 15, 1° W. 15 mei 1987 (B.S. 10. VII.1987);

Al. 2 gewijzigd bij art. 3, § 5 W. 2 juli 1974 (B.S. 13.VIII.1974).

Art. 251. [Wanneer een ministerieel besluit houdende vergunning tot verandering van voornaam wordt ingetrokken of vernietigd terwijl de registratierechten reeds geïnd zijn, betaalt de verzoeker, behalve als hij te kwader trouw was, geen rechten meer wanneer hem een nieuwe vergunning wordt verleend.

Het eerste lid is van toepassing in geval van intrekking van een koninklijk besluit houdende vergunning tot verandering van naam.]

Vervangen bij art. 16 W. 15 mei 1987 (B.S. 10.VII.1987).

Art. 252. [Het recht wordt berekend volgens het tarief van kracht op de datum van het besluit tot verheffing in de adelstand, dat aan de ondertekening van de adelbrieven voorafgaat, of op de datum van het besluit houdende vergunning tot verandering of toevoeging van naam of voornamen.]

Vervangen bij art. 17 W. 15 mei 1987 (B.S. 10.VII.1987).

Art. 253. De in artikel 248 voorziene open brieven, zomede de afschriften van of uittreksels uit [koninklijke of ministeriële besluiten houdende vergunning tot verandering van naam of van voornamen] worden geregistreerd, tegen betaling van het recht door de beneficianten, namelijk:

de open brieven ten kantore Brussel, binnen zes maand na hun datum;

de afschriften van of uittreksels uit [koninklijke of ministeriële besluiten houdende vergunning tot verandering van naam of van voornamen] ten kantore in welks gebied de verblijfplaats ligt van de beneficianten of één hunner, of, bij gebrek aan verblijfplaats in België, ten kantore Brussel, binnen zes maand te rekenen [van de dag waarop het koninklijk of ministerieel besluit definitief is geworden].

Wordt de registratie gevorderd na het verstrijken van hierboven gestelde termijnen, zo geeft deze formaliteit aanleiding tot het heffen van een geldboete gelijk aan het recht, onverminderd ditzelve.

Al. 1, inleidende zin gewijzigd bij art. 18, 1° W. 15 mei 1987 (B.S. 10.VII.1987);
Al. 1, pt. 2 gewijzigd bij art. 18, 1°-2° W. 15 mei 1987 (B.S. 10.VII.1987).

Art. 254. Na betaling van het recht en, gebeurlijk, van de geldboete, wordt vermelding van registratie gesteld op de open brief van adeldom of op het afschrift van of het uittreksel uit het besluit houdende vergunning tot [verandering van naam of van voornamen].

Zolang aan de formaliteit van registratie niet is voldaan, mogen deze bescheiden niet aan beneficianten worden uitgereikt.

Al. 1 gewijzigd bij art. 19 W. 15 mei 1987 (B.S. 10.VII.1987).

Afdeling

[...]

Indeling in afdelingen opgeheven bij art. 5, 2° W. 24 december 1999 (B.S. 31.XII.1999, ed. 2).

Art. 255. De algemene bepalingen van deze titel betreffende de formaliteit van de registratie, de verplichting van inzageverlening, bewijsmiddelen, verjaring, rechtsvervolgingen en gedingen, moratoire interesten zijn van toepassing in de mate waarin daarvan bij dit hoofdstuk niet wordt afgeweken.

HOOFDSTUK XIX

SPECIALE GELDBOETE WEGENS LATE NEERLEGGING VAN AAN BEKENDMAKING ONDERWORPEN AKTEN VAN VENNOOTSCHAP

Art. 256. [§ 1. [In geval van niet-neerlegging of van te late neerlegging, ter griffie van de rechtbank van koophandel of bij de Nationale Bank van België, van een stuk dat er ter uitvoering van de wettelijke en bestuursrechtelijke bepalingen moet worden neergelegd in de vormen bepaald in artikel 10 of in artikel 80 van de gecoördineerde wetten op de handelsvennootschappen], wordt een boete verbeurd van [[25 tot 250 EUR]] per maand vertraging, waarbij elke begonnen maand voor een volle maand wordt gerekend. Het bedrag van de boete wordt binnen die perken vastgesteld door de Minister van Financiën of zijn gemachtigde.

§ 2. In de gevallen waarin voor de neerlegging van een in § 1 bedoeld stuk geen termijn is gesteld bij de wet, kan de Koning er één voorschrijven.]

Vervangen bij art. 23 W. 1 juli 1983 (B.S. 8.VII.1983);
§ 1 gewijzigd bij art. 88 W. 13 april 1995 (B.S. 17.VI.1995, err. B.S. 8.VIII.1995), bij art. 2-11 K.B. 20 juli 2000 (II) (B.S. 30.VIII.2000, err. B.S. 8.III.2001) en bij art. 42, 5° K.B. 13 juli 2001 (B.S. 11.VIII.2001, err. B.S. 21.XII.2001).

Art. 257. [Wat de openbare akten betreft, is de boete verschuldigd door de instrumenterende notaris; wat de onderhandse akten betreft, is ze hoofdelijk verschuldigd door de hoofdelijk aansprakelijke vennoten of door de zaakvoerders, bestuurders of vereffenaars.]

Vervangen bij art. 24 W. 1 juli 1983 (B.S. 8.VII.1983).

Art. 258. De algemene bepalingen van deze titel, wat betreft bewijsmiddelen, verjaring, vervolgingen en gedingen zijn op dit hoofdstuk van toepassing.

TITEL II

HYPOTHEEKRECHT

Art. 259. Onder de benaming hypotheekrecht wordt een belasting gevestigd op de inschrijvingen van hypotheken en voorrechten op onroerende goederen.

De heffing van dit recht wordt door de hypotheekbewaarders verricht.

Art. 260. Inschrijving van hypotheek wordt slechts verleend tegen voorafbetaling, door de verzoeker, van de uit die hoofde verschuldigde salarissen en recht.

Op het inschrijvingsborderel wordt daarvan kwitantie gegeven. De bewaarder schrijft daarop in cijferschrift het detail en in letterschrift het totaal van de voor recht en salarissen ontvangen sommen.

Art. 261. Wanneer, tot zekerheid van één en dezelfde som, aanleiding tot inschrijving op verschillende kantoren bestaat, dekt het recht geheven op het geheel dier som ten kantore waar de inschrijving in de eerste plaats wordt gevorderd, de in de overige kantoren te vorderen inschrijvingen.

Art. 262. Het hypotheekrecht is [op 0,30 pct.] gesteld.

Gewijzigd bij art. 196 W. 22 december 1989 (B.S. 29. XII.1989).

Art. 263. Het recht is vereffend op het bedrag in hoofd- en bijkomende sommen waarvoor de inschrijving genomen of hernieuwd wordt.

Art. 264. [Het bedrag van het vereffende recht wordt, desvoorkomend, [tot de hogere [cent] afgerond].

Het in te vorderen recht mag niet minder dan [[5 EUR]] bedragen.]

Vervangen bij art. 5 W. 20 januari 1999 (B.S. 13.II.1999); Al. 1 gewijzigd bij art. 5, § 7 K.B. 20 juli 2000 (II) B.S. 30.VIII.2000, err. B.S. 8.III.2001) en bij art. 42, 3° K.B. 13 juli 2001 (B.S. 11.VIII.2001); Al. 2 gewijzigd bij art. 2-11 K.B. 20 juli 2000 (II) (B.S. 30. VIII.2000, err. B.S. 8.III.2001) en bij art. 42, 5° K.B. 13 juli 2001 (B.S. 11.VIII.2001, err. B.S. 21.XII.2001).

Art. 265. Zijn vrijgesteld van hypotheekrecht:

1° inschrijvingen van wettelijke hypotheken en hun vernieuwingen;

2° inschrijvingen ambtshalve door de hypotheekbewaarder genomen;

3° inschrijvingen genomen om de invordering te waarborgen van aan de Staat, aan de Kolonie, aan provinciën, aan gemeenten, aan polders en wateringen verschuldigde belastingen, en vernieuwingen van die inschrijvingen;

4° inschrijvingen genomen ten laste van de Staat, van openbare instellingen van de Staat en andere in artikel 161, 1°, aangewezen rechtspersonen, en hun vernieuwingen;

[5° de inschrijvingen van de voorrechten en hypotheken ingesteld bij de wet betreffende het herstel van zekere schade veroorzaakt aan private goederen door natuurrampen.]

5° ingevoegd bij art. 57, § 2 W. 12 juli 1976 (B.S. 13. VIII.1976).

Art. 266. Er is verjaring:

1° voor de invordering van hypotheekrechten die op het tijdstip van de inschrijving niet zouden geheven zijn geweest, na twee jaar, te rekenen van de dag der inschrijving;

2° voor de invordering tot teruggaaf van ten onrechte geheven rechten, na twee jaar, te rekenen van de dag der betaling.

[Die verjaringen worden gestuit overeenkomstig artikelen 217¹ en 217².]

Al. 2 vervangen bij art. 37 W. 23 december 1958 (B.S. 7.I.1959).

Art. 267. Zijn toepasselijk op het hypotheekrecht, de bepalingen van titel I, betreffende de rechtsvervolgingen en gedingen en de moratoire interesten.

TITEL III

GRIFFIERECHT

HOOFDSTUK I

VESTIGING VAN DE BELASTING EN VASTSTELLING VAN DE RECHTEN

Art. 268. [Onder de benaming van griffierecht wordt een belasting gevestigd op de hiernavolgende in de hoven en rechtbanken gedane verrichtingen:

1° [het ter rol brengen van zaken, de inschrijving in het register der verzoekschriften en de inschrijving in het register van de vorderingen in kort geding];

2° het opstellen van akten van de griffiers, van vóór hen verleden akten, van zekere akten van de rechters en van de ambtenaren van het openbaar ministerie;

3° het afleveren van uitgiften, [kopieën] of uittreksels uit akten, vonnissen en arresten [en van kopieën van andere stukken die op de griffie worden bewaard];

4° [...]];

[5° [...]]

Vervangen bij art. 25 W. 12 juli 1960 (B.S. 9.XI.1960); 1° vervangen bij art. 7 W. 24 december 1993 (B.S. 31. XII.1993); 3° aangevuld bij art. 308 W. 27 december 2006 (B.S. 28. XII.2006, ed. 3) en gewijzigd bij art. 312 W. 27 december 2006 (B.S. 28.XII.2006, ed. 3); 4° opgeheven bij art. 198 W. 22 december 1989 (B.S. 29. XII.1989); 5° ingevoegd bij art. 37, § 1 W. 18 maart 1965 (B.S. 31. III.1965) en opgeheven bij art. 5, § 1, 1°, a K.B. 28 mei 2003 (B.S. 20.VII.2003).

Afdeling 1

Rolrecht

Art. 269[1]**.** [Voor elke zaak die op de algemene rol wordt ingeschreven wordt er geheven:

1° in de vredegerechten [en de politierechtbanken], een recht van [40 euro];

2° in de rechtbanken van eerste aanleg en de rechtbanken van koophandel, een recht van [100 euro];

3° in de hoven van beroep, een recht van [210 euro];

4° in het Hof van Cassatie, een recht van [375 euro].

Het recht wordt echter tot [30 EUR] verlaagd voor de procedures voorzien bij artikel 162, 13°.]

[[...]]

[[Geen enkel recht wordt geïnd bij de rechtsgedingen voor de beslagrechter of de vrederechter in het kader van de toepassing van artikel 1409, § 1, vierde lid, en 1409, § 1bis, vierde lid, van het Gerechtelijk Wetboek.]]

Hernummerd bij art. 3-121 W. 10 oktober 1967 (B.S. 31.X.1967) en vervangen bij art. 8, § 1 W. 24 december 1993 (B.S. 31.XII.1993);
Al. 1, 1° gewijzigd bij art. 57 W. 11 juli 1994 (B.S. 27. VII.1994) en bij art. 94, a) Progr. W. 22 juni 2012 (B.S. 28.VI.2012);
Al. 1, 2° gewijzigd bij art. 94, b) Progr. W. 22 juni 2012 (B.S. 28.VI.2012);
Al. 1, 3° gewijzigd bij art. 94, c) Progr. W. 22 juni 2012 (B.S. 28.VI.2012);
Al. 1, 4° gewijzigd bij art. 94, d) Progr. W. 22 juni 2012 (B.S. 28.VI.2012);
Al. 2 gewijzigd bij art. 95 Progr. W. 22 juni 2012 (B.S. 28.VI.2012);
Al. 3 ingevoegd bij art. 10 W. 19 februari 2001 (B.S. 3. IV.2001) en opgeheven bij art. 41 W. 27 april 2007 (B.S. 7.VI.2007);
Al. 4 ingevoegd bij art. 9 K.B. 27 december 2004 (B.S. 31. XII.2004, ed. 5) en vervangen bij art. 25 W. 20 juli 2006 (B.S. 28.VII.2006, ed. 2).

[Art. 269^2. Voor elk verzoekschrift dat in de registers der verzoekschriften wordt ingeschreven wordt er geheven:
   1° in de vredegerechten [en de politierechtbanken], een recht van [31 euro];
   2° in de andere gerechten, een recht van [60 euro].]

Ingevoegd bij art. 3-121 W. 10 oktober 1967 (B.S. 31.X.1967); 1° gewijzigd bij art. 57 W. 11 juli 1994 (B.S. 27.VII.1994) en bij art. 96, a) Progr. W. 22 juni 2012 (B.S. 28.VI.2012); 2° gewijzigd bij art. 96, b) Progr. W. 22 juni 2012 (B.S. 28. VI.2012).

[Art. 269^3. Voor elke inschrijving van een vordering in kort geding wordt een recht van [80 euro] geheven. Voor elke inschrijving van beroep tegen bevelen of vonnissen in kort geding wordt een recht geheven van [160 euro].]

Ingevoegd bij art. 10, § 1 W. 24 december 1993 (B.S. 31. XII.1993) en gewijzigd bij art. 97 Progr. W. 22 juni 2012 (B.S. 28.VI.2012).

[Art. 269/4. Voor elke inschrijving van een in de artikelen 17 en 59 van de wet van 31 januari 2009 betreffende de continuïteit van de ondernemingen bedoeld verzoek tot opening van een procedure van gerechtelijke reorganisatie, wordt een recht van 1.000 euro geheven.]

Ingevoegd bij art. 44 W. 27 mei 2013 (B.S. 22.VII.2013), van toepassing vanaf 1 augustus 2013.

[Afdeling 1bis

Opstelrecht]

Opschrift ingevoegd bij art. 27 W. 12 juli 1960 (B.S. 9. XI.1960).

[Art. 270^1. [Op akten van griffiers van hoven en rechtbanken of op akten die buiten bemoeiing van rechters vóór hen zijn verleden, wordt een opstelrecht geheven van [35 euro].]
Met akten van griffiers van hoven en rechtbanken worden gelijkgesteld, overschrijvingen gedaan door griffiers in hun registers, van de verklaringen van beroep of van voorziening in verbreking in strafzaken, door gedetineerden of geïnterneerden afgelegd.
[…]]

Ingevoegd bij art. 27 W. 12 juli 1960 (B.S. 9.XI.1960);
Al. 1 vervangen bij art. 201, 1° W. 22 december 1989 (B.S. 29.XII.1989) en gewijzigd bij art. 98 Progr. W. 22 juni 2012 (B.S. 28.VI.2012);
Al. 3-4 opgeheven bij art. 201, 2° W. 22 december 1989 (B.S. 29.XII.1989).

[Art. 270^2. [De akten van bekendheid, de akten van aanneming en de akten waarbij een minderjarige machtiging wordt verleend om handel te drijven, die verleden worden ten overstaan van de vrederechters, zijn onderworpen aan een opstelrecht, waarvan het bedrag op [35 euro] wordt bepaald.]]

Ingevoegd bij art. 27 W. 12 juli 1960 (B.S. 9.XI.1960), vervangen bij art. 25 K.B. nr. 12 18 april 1967 (B.S. 20.IV.1967) en gewijzigd bij art. 99 Progr. W. 22 juni 2012 (B.S. 28. VI.2012).

[Art. 270^3. De verklaringen van keus van vaderland zijn onderhevig aan een opstelrecht, waarvan het bedrag op [35 euro] wordt bepaald.
Dit recht is vatbaar voor teruggaaf ingeval de inwilliging bij een eindbeslissing van het bevoegd gerecht wordt geweigerd.]

Ingevoegd bij art. 27 W. 12 juli 1960 (B.S. 9.XI.1960);
Al. 1 gewijzigd bij art. 100 Progr. W. 22 juni 2012 (B.S. 28. VI.2012).

Afdeling 2

Expeditierecht

Art. 271. [Op de uitgiften, [kopieën] of uittreksels die in de griffies worden afgegeven, wordt een expeditierecht geheven van:
   1° [1,75 euro] per bladzijde, in de vredegerechten en politierechtbanken];
   2° [3 euro] per bladzijde, in de hoven van beroep, de hoven van assisen, het militair gerechtshof, de arrondissemensrechtbanken, de rechtbanken van eerste aanleg, de rechtbanken van koophandel en de krijgsraden;

3° [5,55 euro] per bladzijde, in het Hof van cassatie.]

Vervangen bij art. 71 W. 15 juli 1970 (B.S. 30.VII.1970); Inleidende zin gewijzigd bij art. 312 W. 27 december 2006 (B.S. 28.XII.2006); 1° gewijzigd bij art. 101, a) Progr. W. 22 juni 2012 (B.S. 28.VI.2012); 2° gewijzigd bij art. 101, b) Progr. W. 22 juni 2012 (B.S. 28.VI.2012); 3° gewijzigd bij art. 101, c) Progr. W. 22 juni 2012 (B.S. 28. VI.2012).

Art. 272. [[Ongeacht op welke griffie en ongeacht op welke informatiedrager de aflevering geschiedt, wordt het recht op [0,85 euro] per bladzijde bepaald, zonder dat het verschuldigd bedrag aan rechten lager mag zijn dan [1,75 euro] per afgifte op papier en [5,75 euro] op een andere drager:]

1° [voor de niet ondertekende [kopieën]. Indien echter bij één en hetzelfde verzoek en voor één en dezelfde zaak meer dan [twee [kopieën]] worden aangevraagd, wordt het tarief vanaf de [derde [kopie]] bepaald op [0,30 euro] per bladzijde, zonder dat het globaal bedrag aan verschuldigde expeditierechten alsdan meer dan [1.450 euro] kan bedragen];

2° voor uitgiften, [kopieën] of uittreksels uit de registers van de burgerlijke stand of uit de registers welke de akten betreffende het verkrijgen, het herkrijgen, het behoud en het verlies van nationaliteit bevatten;

3° voor uitgiften, [kopieën] of uittreksels uit akten, vonnissen en arresten die krachtens artikel 162, 33°bis tot 37°bis, vrijstelling genieten van de formaliteit der registratie;

4° [voor de uitgiften, [kopieën] of uittreksels van akten en stukken betreffende rechtpersonen ingeschreven in de Kruispuntbank van Ondernemingen.]

Hetzelfde recht is verschuldigd voor uitgiften, [kopieën] en uittreksels uit akten, vonnissen en arresten afgeleverd in [...] kieszaken of militiezaken. Deze stukken dragen bovenaan de vermelding van hun bestemming; zij mogen tot geen andere doeleinden dienen.]

[Hetzelfde recht is eveneens verschuldigd voor de kopie van een elektronisch bestand. Het recht is verschuldigd voor elke gekopieerde elektronische bladzijde van het brondocument. De parameters van het brondocument, die de elektronische bladzijde bepalen, mogen bij het maken van de kopie niet gewijzigd worden.]

Vervangen bij art. 3-122 W. 10 oktober 1967 (B.S. 31.X.1967); Al. 1, inleidende zin vervangen bij art. 309, 1° W. 27 december 2006 (B.S. 28.XII.2006, ed. 3) en gewijzigd bij art. 102, 1° Progr. W. 22 juni 2012 (B.S. 28.VI.2012); Al. 1, 1° vervangen bij art. 204, 1° W. 22 december 1989 (B.S. 29.XII.1989) en gewijzigd bij art. 2-11 K.B. 20 juli 2000 (II) (B.S. 30.VIII.2000, err. B.S. 8.III.2001), bij art. 2 W. 26 februari 2003 (B.S. 14.III.2003) en bij art. 102, 2° Progr. W. 22 juni 2012 (B.S. 28.VI.2012); Al. 1, 2° en 3° gewijzigd bij art. 312 W. 27 december 2006

(B.S. 28.XII.2006, ed. 3); Al. 1, 4° vervangen bij art. 5, § 1, 2° K.B. 28 mei 2003 (B.S. 20.VI.2003) en gewijzigd bij art. 312 W. 27 december 2006 (B.S. 28.XII.2006, ed. 3); Al. 2 gewijzigd bij art. 204, 3° W. 22 december 1989 (B.S. 29.XII.1989) en bij art. 312 W. 27 december 2006 (B.S. 28.XII.2006, ed. 3); Al. 3 ingevoegd bij art. 309, 2° W. 27 december 2006 (B.S. 28.XII.2006, ed. 3).

Art. 273. [Het recht wordt berekend per bladzijde van het arrest, het vonnis of de akte, welke in de uitgifte, [de kopie] of het uittreksel wordt weergegeven.

Het recht wordt evenwel éénvormig berekend alsof er slechts één bladzijde was, voor de uittreksels die worden afgeleverd ter uitvoering van artikel 121 van het Algemeen Reglement op de gerechtskosten in strafzaken.]

Vervangen bij art. 28 W. 12 juli 1960 (B.S. 9.XI.1960); Al. 1 gewijzigd bij art. 312 W. 27 december 2006 (B.S. 28. XII.2006, ed. 3).

Art. 274. [Wanneer in een uitgifte, [kopie] of uittreksel meerdere arresten, vonnissen of akten worden weergegeven, wordt het recht berekend per bladzijde van elk dezer documenten, zonder dat er, voor ieder van deze documenten, minder mag geheven worden dan het recht verschuldigd voor één bladzijde.]

Vervangen bij art. 28 W. 12 juli 1960 (B.S. 9.XI.1960) en gewijzigd bij art. 312 W. 27 december 2006 (B.S. 28.XII.2006, ed. 3).

[**Art. 274bis.** Voor kopieën van audiovisueel materiaal is, ongeacht op welke informatiedrager de kopie wordt afgeleverd, per gekopieerde minuut [1,15 euro] verschuldigd, zonder dat de verschuldigde rechten minder mogen bedragen dan [5,75 euro]. Een begonnen minuut telt voor een volle minuut.]

Ingevoegd bij art. 310 W. 27 december 2006 (B.S. 28. XII.2006, ed. 3) en gewijzigd bij art. 103 Progr. W. 22 juni 2012 (B.S. 28.VI.2012).

[**Art. 274ter.** De expeditierechten die verschuldigd zijn op één en hetzelfde verzoek voor één en dezelfde zaak, mogen [1.450 euro] niet overschrijden.]

Ingevoegd bij art. 311 W. 27 december 2006 (B.S. 28. XII.2006, ed. 3) en gewijzigd bij art. 104 Progr. W. 22 juni 2012 (B.S. 28.VI.2012).

Afdeling 3

Legalisatie- en opzoekingsrechten

Art. 275. [...]

Opgeheven bij art. 205, 1° W. 22 december 1989 (B.S. 29. XII.1989).

Art. 276. [...]

Opgeheven bij art. 205, 2° W. 22 december 1989 (B.S. 29. XII.1989).

Afdeling 4

[Recht van inschrijving in het handelsregister, in het ambachtsregister en in de registers van de economische samenwerkingsverbanden]

Opschrift vervangen bij art. 206 W. 22 december 1989 (B.S. 29.XIII.1989).

Art. 277. [...]

Opgeheven bij art. 5, § 1, 1°, b K.B. 28 mei 2003 (B.S. 20. VI.2003).

Art. 278. [...]

Opgeheven bij art. 5, § 1, 1°, c K.B. 28 mei 2003 (B.S. 20. VI.2003).

HOOFDSTUK II

VRIJSTELLINGEN

Art. 279[1]. Zijn vrijgesteld van het rolrecht:

1° de inschrijvingen van zaken waarvan de vonnissen en arresten, krachtens artikelen 161 en 162 vrijstelling genieten van het recht of van de formaliteit der registratie.

Het recht is echter verschuldigd voor de onder artikel 162, 13°, bedoelde procedures [...];

2° [de inschrijving van een zaak door de griffier van het gerecht waarnaar de zaak verwezen werd overeenkomstig de wet op het gebruik der talen in gerechtszaken of ingevolge een rechterlijke beslissing van onttrekking.]

Hernummerd bij art. 29 W. 12 juli 1960 (B.S. 9.XI.1960); 1°, al. 2 gewijzigd bij art. 3 W. 28 juni 1948 (B.S. 31. VII.1948); 2° vervangen bij art. 3-123 W. 10 oktober 1967 (B.S. 31.X.1967).

[Art. 279². Zijn vrijgesteld van het opstelrecht:

1° de akten verleden in de gevallen voorzien door artikelen 161 en 162;

2° de akten of ontvangbewijzen ten blijke van het neerleggen of mededelen van stukken, sommen of voorwerpen ter griffie van de hoven en rechtbanken;

3° de faillissementsbekentenissen, alsmede de afsluitingen of vermeldingen die worden aangebracht op de registers, titels en stukken tot staving daarvan;

4° [...];]

[5° de processen-verbaal van nummering en visering van de koopmansboeken.]

Ingevoegd bij art. 29 W. 12 juli 1960 (B.S. 9.XI.1960); 4° opgeheven bij art. 2-30 W. 10 oktober 1967 (B.S.

31.X.1967); 5° ingevoegd bij art. 23 W. 17 juli 1975 (B.S. 4.IX.1975, err. B.S. 20.IX.1975).

Art. 280. Zijn van expeditierecht vrijgesteld:

1° [uitgiften, [kopieën] of uittreksels van of uit akten, vonnissen en arresten, die krachtens de artikelen 161 en 162 van het recht of van de formaliteit der registratie zijn vrijgesteld.

Deze bepaling is echter niet van toepassing:

a) op de in artikel 272, laatste alinea, bedoelde uitgiften, afschriften of uittreksels;

b) op de uitgiften, [kopieën] of uittreksels van of uit de in artikel 162, 5°, 6°, 13°, 27° en 33°bis tot 37°bis bedoelde akten en vonnissen];

2° [de uitgiften, [kopieën] of uittreksels van of uit vonnissen, arresten, beschikkingen of andere akten van rechtspleging, die de griffier ambtshalve of op verzoek van een der partijen toezendt aan de partijen, aan hun advocaten of aan derden, in uitvoering van het Gerechtelijk Wetboek of van andere wettelijke of reglementaire bepalingen];

3° [de [kopieën] van verklaringen met het oog op de inschrijving of tot wijziging van een inschrijving [in het rechtspersonenregister van de Kruispuntbank van Ondernemingen] ambtshalve afgegeven of toegezonden aan de personen die de inschrijving of de wijziging aanvragen; de oorzaak van de vrijstelling moet op [de kopie] vermeld worden];

4° [uitgiften, [kopieën] of uittreksels uit de registers van de burgerlijke stand of uit de registers welke de akten betreffende het verkrijgen, het herkrijgen, het behoud en het verlies van nationaliteit bevatten [...]];

5° [de [kopieën] of uittreksels van vonnissen en arresten die afgeleverd worden aan juridische tijdschriften, aangewezen door de Minister van Financiën;]

[6° de uitgiften, [kopieën] of uittreksels afgegeven door de griffie van het Hof van beroep te Brussel, met het oog op de tenuitvoerlegging in België van de arresten en beschikkingen die een uitvoerbare titel uitmaken en gewezen zijn op grond van de Verdragen tot oprichting van de Europese Gemeenschap voor Kolen en Staal, van de Europese Economische Gemeenschap of van de Europese Gemeenschap voor Atoomenergie, alsmede bij de Overeenkomst betreffende bepaalde instellingen welke de Europese Gemeenschappen gemeen hebben, en welke luidens de bewoordingen van die Verdragen vatbaar zijn voor gedwongen tenuitvoerlegging;]

[7° de grossen of [kopieën], afgeleverd door de griffie van het Hof van beroep te Brussel, met het oog op de erkenning en de tenuitvoerlegging in België van de scheidsrechterlijke beslissingen geveld krachtens het Verdrag inzake de beslechting van geschillen met betrekking tot investeringen tussen Staten en onderdanen van andere Staten, opgemaakt te Washington op 18 maart 1965;]

[8° de [kopieën] in strafzaken, afgeleverd aan de vader of de moeder, aan een adoptant of aan de voogd in hun hoedanigheid van burgerlijke partij of van persoon die zich op grond van het dossier zou kunnen beroepen op een nadeel, wanneer de zaak betrekking heeft op een misdrijf gepleegd tegen een minderjarige en dat naar de wetten strafbaar is gesteld met een criminele of correctionele straf.]

1° vervangen bij art. 3-124 W. 10 oktober 1967 (B.S. 31.X.1967) en gewijzigd bij art. 312 W. 27 december 2006 (B.S. 28.XII.2006, ed. 3);
2° vervangen bij art. 72 W. 15 juli 1970 (B.S. 30.VII.1970) en gewijzigd bij art. 312 W. 27 december 2006 (B.S. 28.XII.2006, ed. 3);
3° vervangen bij art. 209, 1° W. 22 december 1989 (B.S. 29. XII.1989) en gewijzigd bij art. 5, § 1, 3° K.B. 28 mei 2003 (B.S. 20.VI.2003) en bij art. 312 W. 27 december 2006 (B.S. 28.XII.2006, ed. 3);
4° vervangen bij art. 19 W. 13 augustus 1947 (B.S. 17. IX.1947) en gewijzigd bij art. 68 W. 19 december 2006 (B.S. 29.XII.2006, ed. 6), van toepassing vanaf 1 januari 2007 (K.B. 21 december 2006, art. 95, B.S. 29.XII.2006, ed. 6) en bij art. 312 W. 27 december 2006 (B.S. 28.XII.2006, ed. 3);
5° vervangen bij art. 209, 2° W. 22 december 1989 (B.S. 29. XII.1989) en gewijzigd bij art. 312 W. 27 december 2006 (B.S. 28.XII.2006, ed. 3);
6° ingevoegd bij art. 3 W. 6 augustus 1967 (B.S. 20.IX.1967) en gewijzigd bij art. 312 W. 27 december 2006 (B.S. 28. XII.2006, ed. 3);
7° ingevoegd bij art. 4 W. 17 juli 1970 (B.S. 24.IX.1970) en gewijzigd bij art. 312 W. 27 december 2006 (B.S. 28.XII.2006, ed. 3);
8° ingevoegd bij art. 3 W. 26 februari 2003 (B.S. 14.III.2003) en gewijzigd bij art. 312 W. 27 december 2006 (B.S. 28. XII.2006, ed. 3).

Art. 281. […]

Opgeheven bij art. 5, § 1, 1°, d K.B. 28 mei 2003 (B.S. 20.VI.2003).

Toekomstig recht: – Vanaf een door de Koning nog nader te bepalen datum en ten laatste op 31 december 2014 wordt art. 281 hersteld als volgt:
"Art. 281. Onverminderd artikel 269/4, worden de akten, vonnissen en arresten, betreffende de overeenkomstig de wet van 31 januari 2009 betreffende de continuïteit van de ondernemingen ingestelde procedure van gerechtelijke reorganisatie vrijgesteld van griffierechten.".
(W. 27 mei 2013, art. 45 en 62, B.S. 22.VII.2013)

Art. 282. […]

Opgeheven bij art. 211 W. 22 december 1989 (B.S. 29. XII.1989).

HOOFDSTUK III

DIVERSE BEPALINGEN

Art. 283. In de in artikel 160 voorziene gevallen, worden de griffierechten in debet vereffend en ingevorderd volgens de regelen die van toepassing zijn op de onder dezelfde voorwaarden vereffende registratierechten.

Art. 284. Worden eveneens in debet vereffend, de griffierechten verschuldigd op uitgiften, [kopieën] van en uittreksels uit akten, vonnissen en arresten, wanneer die stukken in strafzaken worden afgeleverd aan het openbaar ministerie of aan de Rijksagenten belast met de tenuitvoerlegging van vonnissen en arresten.
De rechten worden onder de gerechtskosten begrepen en als dusdanig ingevorderd ten laste van de partij die er toe veroordeeld werd.

Al. 1 gewijzigd bij art. 312 W. 27 december 2006 (B.S. 28. XII.2006, ed. 3).

[Art. 284bis. In debet worden eveneens vereffend, de griffierechten verschuldigd op de [kopieën] in strafzaken die worden afgegeven met toepassing van de artikelen 674bis en volgende van het Gerechtelijk Wetboek. De rechten alsmede de andere kosten worden ingevorderd overeenkomstig de bepalingen van hetzelfde Wetboek.]

Ingevoegd bij art. 6 W. 7 januari 1998 (B.S. 25.III.1998) en gewijzigd bij art. 312 W. 27 december 2006 (B.S. 28.XII.2006, ed. 3).

Art. 285. De wijze van heffing der griffierechten en het houden der registers in de griffies van de hoven en rechtbanken worden bij koninklijk besluit geregeld.
Daarbij kan de medewerking van de griffiers bij de heffing van de griffierechten worden voorzien zonder dat zij daardoor de hoedanigheid van Staatsrekenplichtige verkrijgen.
Inbreuken op de voorschriften van evenbedoeld koninklijk besluit kunnen worden bestraft met boeten waarvan het bedrag per inbreuk [[[250 EUR]]] niet mag te boven gaan.

Al. 3 gewijzigd bij art. 79 W. 22 juli 1993 (B.S. 26.VII.1993), bij art. 2-11 K.B. 20 juli 2000 (II) (B.S. 30.VIII.2000, err. B.S. 8.III.2001) en bij art. 42, 5° K.B. 13 juli 2001 (B.S. 11. VIII.2001, err. B.S. 21.XII.2001).

Art. 286. Er is verjaring:
1° voor het invorderen der griffierechten en -boeten, na twee jaar, te rekenen van de dag waarop zij aan de Staat verworven zijn;
2° voor de vordering tot teruggaaf van ten onrechte geheven rechten en boeten, na twee jaar, te rekenen van de dag der betaling.
[Die verjaringen worden gestuit overeenkomstig artikelen 217^1 en 217^2.]
Verjaring voor het invorderen der in debet vereffende rechten ontstaat echter zoals die voor de onder dezelfde voorwaarden vereffende registratierechten.

Al. 2 vervangen bij art. 37 W. 23 december 1958 (B.S. 7.I.1959).

Art. 287. De bepalingen van titel I betreffende de vervolgingen en gedingen en de moratoire interesten, zijn toepasselijk op de griffierechten.

Art. 288. [...]

Opgeheven bij art. 69 W. 19 december 2006 (B.S. 29. XII.2006, ed. 6), van toepassing vanaf 1 januari 2007 (K.B. 21.XII.2006, B.S. 29.XII.2006, ed. 6).

Gemeenschappelijke bepaling voor alle belastingen

Art. 289. § 1. De bestuursdiensten van de Staat, met inbegrip van de parketten en de griffies der hoven en rechtbanken, de besturen van de provinciën en van de gemeenten, zomede de openbare organismen en instellingen, zijn gehouden, wanneer zij daartoe aangezocht zijn door een ambtenaar van een der Rijksbesturen belast met de aanslag in, of de invordering van de belastingen, hem alle in hun bezit zijnde inlichtingen te verstrekken, hem, zonder verplaatsing van alle in hun bezit zijnde akten, stukken, registers en om 't even welke bescheiden inzage te verlenen en hem alle inlichtingen, afschriften of uittreksels te laten nemen, welke bedoelde ambtenaar ter verzekering van de aanslag in, of de heffing van de door de Staat geheven belastingen nodig acht.

Onder openbare organismen dienen verstaan, naar de geest van deze wet, de instellingen, maatschappijen, verenigingen, inrichtingen en diensten welke de Staat mede beheert, waaraan de Staat een waarborg verstrekt, op welker bedrijvigheid de Staat toezicht uitoefent of waarvan het bestuurspersoneel aangewezen wordt door de regering, op haar voordracht of mits haar goedkeuring.

[Van de akten, stukken, registers, bescheiden of inlichtingen in verband met gerechtelijke procedures mag evenwel geen inzage of afschrift worden verleend zonder uitdrukkelijke toelating van het openbaar ministerie.]

Alinea 1 is niet van toepassing op het Bestuur der postchecks, het Nationaal Instituut voor de statistiek, noch op de kredietinstellingen.

Andere afwijkingen van deze bepaling kunnen worden ingevoerd bij door de Minister van Financiën medeondertekende koninklijke besluiten.

§ 2. Elke inlichting, stuk, proces-verbaal of akte ontdekt of bekomen in het uitoefenen van zijn functie, door een ambtenaar [van de Federale Overheidsdienst Financiën], hetzij rechtstreeks, hetzij door tussenkomst van een der hierboven aangeduide diensten, kan door de Staat ingeroepen worden voor het opsporen van elke krachtens de belastingwetten verschuldigde som.

Desondanks kan het aanbieden tot registratie van de processen-verbaal en van de verslagen over expertises betreffende gerechtelijke procedures, het bestuur dan alleen toelaten die akten in te roepen mits het daartoe de in alinea 3 van § 1 bepaalde toelating heeft bekomen.

§ 3. [Alle administraties die ressorteren onder de Federale Overheidsdienst Financiën zijn gehouden alle in hun bezit zijnde toereikende, ter zake dienende en niet overmatige inlichtingen ter beschikking te stellen aan alle ambtenaren van deze Overheidsdienst, voorzover die ambtenaren regelmatig belast zijn met de vestiging of de invordering van de belastingen, en voorzover die gegevens bijdragen tot de vervulling van de opdracht van die ambtenaren tot de vestiging of de invordering van eender welke door de Staat geheven belasting.

Elke ambtenaar van de Federale Overheidsdienst Financiën, die wettelijk werd belast met een controle- of onderzoeksopdracht, is van rechtswege gemachtigd alle toereikende, ter zake dienende en niet overmatige inlichtingen te vragen, op te zoeken of in te zamelen die bijdragen tot de vestiging of de invordering van eender welke, andere, door de Staat geheven belasting.]

§ 1, al. 3 vervangen bij art. 3 W. 14 januari 2013 (B.S. 31.I.2013, ed. 2);
§ 2, al. 1 gewijzigd bij art. 157, 1° Progr. W. 23 december 2009 (B.S. 30.XII.2009, ed. 1);
§ 3 vervangen bij art. 157, 2° Progr. W. 23 december 2009 (B.S. 30.XII.2009, ed. 1).

Intrekkingsbepaling

Art. 290. Onder voorbehoud van de bijzondere fiscale bepalingen voortvloeiend hetzij uit door de Staat gesloten en bij een wet goedgekeurde contracten, hetzij uit internationale overeenkomsten, worden alle vroegere wetsbepalingen betreffende registratie-, hypotheek- of griffierechten ingetrokken.

Tijdelijke bepalingen

Afdeling 1

Maatregelen waarbij de oprichting van nieuwe gebouwen begunstigd wordt door een vermindering der registratierechten

Art. 291-299. (niet opgenomen)

Afdeling 2

Diverse bepalingen

Art. 300. [...]

Opgeheven bij art. 32 W. 12 juli 1960 (B.S. 9.XI.1960).

Art. 301. Zijn van de formaliteit van registratie vrijgesteld:

1° [akten in der minne betreffende de leningen toegestaan door het [Nationaal Instituut voor oorlogsinvaliden, oudstrijders en oorlogsslachtoffers]];

2° [akten, vonnissen en arresten betreffende de uitvoering van de wetten op het herstel van oorlogsschade; minnelijke akten betreffende leningen en kredietopeningen toegekend aan de geteisterden om hun toe te laten de schade te herstellen die zij geleden hebben ingevolge oorlogsfeiten, wanneer deze leningen en kredietopeningen worden toegestaan, volgens de voorzieningen van de ter zake geldende wettelijke beschikkingen, door een in deze beschikkingen bedoelde kredietinstelling];

3° akten van overdracht en inpandgeving van vorderingen tot herstel van oorlogsschade;

4° akten, vonnissen en arresten betreffende de uitvoering van de wet van 27 maart 1924 aangaande de Nationale Vereniging der nijveraars en handelaars voor het herstel der oorlogsschade en de akten waarin het om de werking van die vereniging gaat;

5° akten, vonnissen en arresten betreffende de uitvoering van de wet van 28 juli 1921 op de geldigverklaring van de akten van de burgerlijke stand, de verbetering van de tijdens de oorlog opgemaakte akten van overlijden en de rechterlijke bevestiging van het overlijden;

6° akten van procedure vóór de gemengde scheidsgerechten ingesteld bij de vredesverdragen, waaronder de beslissingen en de betekening ervan;

7° [akten, vonnissen en arresten, betreffende de rechtsplegingen tot wettiging van de kinderen wier ouders, ten gevolge van de oorlog, zich in de onmogelijkheid hebben bevonden een huwelijk aan te gaan];

8° [de akten, vonnissen en arresten betreffende de uitvoering van de wet tot regeling van de financiële staatstussenkomst wegens schade aan private goederen veroorzaakt in verband met de overgang van de Democratische Republiek Kongo tot de onafhankelijkheid];

[8°bis de akten, vonnissen en arresten betreffende de uitvoering van de wet houdende uitgifte van een tweede tranche van de lening van het Belgisch-Kongolees Fonds voor Delging en Beheer en tot regeling van de problemen betreffende de leningen in Kongolese frank "Koloniale Schuld 4 1/4 pct. 1954-1974" en "Kongolese Schuld 4 pct. 1955-1975";]

9° [de akten, vonnissen en arresten, die betrekking hebben op de tenuitvoerlegging van de wet betreffende de verklaringen van overlijden en van vermoedelijk overlijden, alsmede betreffende de overschrijving en de verbetering van sommige akten van de burgerlijke stand];

10° [akten en vonnissen betreffende de rechtsplegingen vóór de vrederechters bedoeld bij de wet houdende uitzonderingsbepalingen inzake huishuur, wanneer het jaarlijks bedrag van de huurprijs, eisbaar op het ogenblik van de indiening van de eis, niet hoger is dan [[[300 EUR]]].]

1° vervangen bij art. 10 W. 30 juni 1951 (B.S. 8.VII.1951) en gewijzigd bij art. 34 W. 8 augustus 1981 (B.S. 8.IX.1981);

2° vervangen bij art. 23 Besl. Com. Gen. 30 juni 1941 (B.S. 13.VII.1941);

7° vervangen bij art. 21, I W. 14 november 1947 (B.S. 5. XII.1947);

8° vervangen bij art. 66, § 1 W. 14 april 1965 (B.S. 24. IV.1965);

8°bis ingevoegd bij art. 10, § 2 W. 5 januari 1977 (B.S. 22.II.1977);

9° vervangen bij art. 19 W. 20 augustus 1948 (B.S. 27. VIII.1948);

10° vervangen bij art. 39 R.B. 31 januari 1949 (B.S. 23. II.1949) en gewijzigd bij art. 17 K.B. 5 september 1955 (B.S. 12.X.1955), bij art. 2-11 K.B. 20 juli 2000 (II) (B.S. 30.

VIII.2000, err. B.S. 8.III.2001) en bij art. 42, 5° K.B. 13 juli 2001 (B.S. 11.VIII.2001, err. B.S. 21.XII.2001).

[Art. 301bis. […]]

Ingevoegd bij art. 23 Besl. W. 2 december 1946 (B.S. 26-28. XII.1946) en opgeheven bij art. 72, 1° W. 29 maart 1962 (B.S. 12.IV.1962).

[Art. 301ter. […]]

Ingevoegd bij art. 11 W. 13 augustus 1947 (B.S. 7.IX.1947) en opgeheven bij art. 2 W. 24 januari 1958 (B.S. 14.II.1958).

[Art. 301quater. Kosteloos worden geregistreerd de akten, waarbij aan de gerechtigden van de wet van 1 oktober 1947 (1) betreffende de herstelling van de oorlogsschade aan private goederen, uit de hand woonhuizen worden verkocht die op initiatief van de Staat met het oog op de huisvesting van de geteisterden door oorlogsfeit werden gebouwd.]

Ingevoegd bij art. 3 W. 25 mei 1951 (B.S. 31.V.1951).
Opmerking: (1) Lees: Gecoördineerde wetten, samengeordend bij koninklijk besluit van 30 januari 1954.

Art. 302. Akten betreffende de ambtshalve tenuitvoerlegging van de beslissingen van de bij de vredesverdragen ingestelde gemengde scheidsgerechten worden in debet geregistreerd.

[Art. 302bis. [§ 1.] [Wordt van het evenredig recht vrijgesteld, de inbreng in vennootschappen die de rechtspersoonlijkheid bezitten en die de verwezenlijking nastreven van verrichtingen als bedoeld bij artikel 10 van de wet betreffende de economische expansie.

Te dien einde, zal de Minister die Economische Zaken, Streekeconomie of Middenstand in zijn bevoegdheid heeft, vóór het verlijden van de akte een bewijsstuk afgeven, waarvan de afgiftemodaliteiten door de Koning worden bepaald. Dit stuk moet aan de akte worden gehecht op het ogenblik van de registratie.]]

[§ 2. Wordt, overeenkomstig de voorwaarden en toepassingsmodaliteiten als bepaald in § 1, van het evenredig recht vrijgesteld, de inbreng in vennootschappen die de rechtspersoonlijkheid bezitten en die in titel I, artikel 2, van de wet tot economische heroriëntering zijn bedoeld.]

Ingevoegd bij art. 10 W. 14 juli 1966 (B.S. 25.VIII.1966);
§ 1 genummerd bij art. 9 W. 4 augustus 1978 (B.S. 17. VIII.1978) en vervangen bij art. 17 W. 30 december 1970 (B.S. 1.I.1971);
§ 2 ingevoegd bij art. 9 W. 4 augustus 1978 (B.S. 17. VIII.1978).

[Art. 302ter. (…)]

Ingevoegd bij art. 1 K.B. nr. 45, 24 oktober 1967 (B.S. 27.X.1967); niet meer toepasselijk.

[Art. 302quater. […]]

Ingevoegd bij art. 3-17 W. 10 oktober 1967 (B.S. 31.X.1967) en opgeheven bij art. 15, 1° Progr. W. 24 december 1993 (B.S. 31.XII.1993).

Art. 303. Worden van hypotheekrecht vrijgesteld:
1° [hypothecaire inschrijvingen genomen tot waarborg van de in artikel 301, 1° en 2°, bedoelde leningen en kredietopeningen];
2° inschrijvingen genomen ter uitvoering van de wet van 27 maart 1924, betreffende de Nationale Vereniging van nijveraars en handelaars voor het herstel der oorlogsschade.

1° vervangen bij art. 23 Besl. Com. Gen. 30 juni 1941 (B.S. 13.VII.1941).

Art. 304. Is vrij van rolrecht, de inschrijving van de zaken waarvan vonnissen en arresten krachtens artikel 301 vrijstelling van de registratieformaliteit genieten.
De vonnissen en arresten zijn vrij van expeditierecht.
[Die vrijstellingen zijn evenwel niet toepasselijk in het geval bedoeld bij artikel 301, 10°.]

Al. 3 vervangen bij art. 39 R.B. 31 januari 1949 (B.S. 23. II.1949).

[Art. 304bis. […]]

Ingevoegd bij art. 18-III W. 10 oktober 1967 (B.S. 31.X.1967) en opgeheven bij art. 15, 2° Progr. W. 24 december 1993 (B.S. 31.XII.1993).

Art. 305. […]

Opgeheven bij art. 213 W. 22 december 1989 (B.S. 29. XII.1989).

[Art. 305bis. […]]

Ingevoegd bij art. 3 W. 2 mei 1957 (B.S. 11.VII.1957) en opgeheven bij art. 5, 2° W. 6 augustus 1967 (B.S. 20.IX.1967).

Overgangsbepalingen

Afdeling 1

Algemene maatregelen

Art. 306-314. […]

Opgeheven bij art. 213 W. 22 december 1989 (B.S. 29. XII.1989).

Afdeling 2

Bijzondere maatregelen

§ 1. Overdrachten onder bezwarende titel van onroerende goederen

Art. 315. […]

Opgeheven bij art. 42 W. 19 juli 1979 (B.S. 22.VIII.1979).

Art. 316. […]

Opgeheven bij art. 213 W. 22 december 1989 (B.S. 29. XII.1989).

§ 2. Burgerlijke en handelsvennootschappen

Art. 317. […]

Opgeheven bij art. 213 W. 22 december 1989 (B.S. 29. XII.1989).

Art. 318. […]

Opgeheven bij art. 19, 2° W. 14 april 1965 (B.S. 24.IV.1965).

Bijbepalingen betreffende de met het zegel gelijkgestelde taxes

Art. 319-321. (niet opgenomen)

Inwerkingtreding

Art. 322. Dit besluit treedt in werking op 1 februari 1940.

Wetboek van registratie-, hypotheek- en griffierechten (W. Reg.)

Waals Gewest

WETBOEK VAN REGISTRATIE-, HYPOTHEEK- EN GRIFFIERECHTEN - WAALS GEWEST

INHOUDSOPGAVE

WETBOEK VAN REGISTRATIE-, HYPOTHEEK- EN GRIFFIERECHTEN (ZOALS VAN TOEPASSING IN HET WAALS GEWEST)

K.B. nr. 64 van 30 november 1939 (B.S. 1.XII.1939).

TITEL I

REGISTRATIERECHT

HOOFDSTUK I

FORMALITEIT DER REGISTRATIE EN VESTIGING VAN DE BELASTING

Art. 1. Registratie is een formaliteit bestaande in het afschrijven, ontleden of vermelden van een akte of van een geschrift, door de ontvanger der registratie in een hiertoe bestemd register [of op elke andere informatiedrager bepaald door de Koning].

Deze formaliteit geeft aanleiding tot heffing van een belasting genaamd registratierecht.

Al. 1 aangevuld bij art. 133 W. 22 december 1989 (B.S. 29.XII.1989).

Art. 2. De akten worden op de minuten, brevetten [...] of originelen geregistreerd.

Evenwel worden de buitenslands verleden authentieke akten in minuut op de uitgiften, afschriften of uittreksels geregistreerd [, en kunnen de akten bedoeld in artikel 19, 3°, worden geregistreerd op een kopie op voorwaarde dat de onroerende goederen bestemd zijn tot huisvesting van een gezin of van één persoon].

[De Koning kan voor de door Hem aangewezen categorieën van akten, geschriften en verklaringen die aan de formaliteit van de registratie onderworpen zijn, bepalen dat zij onder de vorm van de minuut, een afschrift of een kopie en al dan niet op gedematerialiseerde wijze, ter registratie kunnen of moeten worden aangeboden. Voor de aldus aangewezen categorieën van akten, geschriften en verklaringen bepaalt Hij de modaliteiten van de aanbieding ter formaliteit en van de uitvoering van de formaliteit alsook de voorschriften die voor de juiste heffing van de verschuldigde rechten nodig zijn. Hij kan daarbij afwijken van de bepalingen in de artikelen 8, 9, 26, 39, 40, 171 en 172 van dit Wetboek. Hij kan echter geen geldboete opleggen met een bedrag hoger dan 25 euro in geval van overtreding van de door hem in afwijking van de artikelen 171 en 172 vastgestelde regels.

De Koning kan bepalen dat wanneer de aanbieding ter registratie van akten of van bepaalde categorieën van akten op gedematerialiseerde wijze geschiedt, de aanbieding vergezeld moet gaan van gestructureerde metagegevens betreffende de akte.]

Al. 1 gewijzigd bij art. 75, 1° W. 22 december 2009 (B.S. 31.XII.2009, ed. 2), van toepassing vanaf de datum van de inwerkingtreding van het K.B. dat ter uitvoering van artikel 2, al. 2, van het Wetboek der Registratie-, Hypotheek en Grif-

fierechten de gedematerialiseerde aanbieding van de huurcontracten regelt;
Al. 2 gewijzigd bij art. 75, 2° W. 22 december 2009 (B.S. 31.XII.2009, ed. 2), van toepassing vanaf 1 januari 2007;
Al. 3 en 4 ingevoegd bij art. 75, 3° W. 22 december 2009 (B.S. 31.XII.2009, ed. 2).

Art. 3. Wordt een in een andere taal dan de landstalen gestelde akte of geschrift ter registratie aangeboden, zo kan de ontvanger eisen dat, op de kosten van de persoon die de formaliteit vordert, een door een beëdigde vertaler voor echt verklaarde vertaling daaraan wordt toegevoegd.

Art. 4. De registratie is ondeelbaar: zij wordt toegepast op de gehele akte of het geheel geschrift welke tot de formaliteit wordt aangeboden.

Art. 5. De registratie geschiedt slechts na betaling van de rechten en gebeurlijk van de boeten, zoals zij door de ontvanger worden vereffend.

[De Koning kan, bij een besluit vastgesteld na overleg in de Ministerraad, bepalen dat voor authentieke akten of bepaalde categorieën van authentieke akten de betaling van de in het eerste lid bedoelde rechten en boeten kan geschieden na de registratie van de akte. In voorkomend geval bepaalt hij de termijn en de modaliteiten van de betaling.]

Niemand kan, onder voorwendsel van betwisting over de verschuldigde som of om elke andere reden, die betaling verminderen noch uitstellen, behoudens vordering tot teruggave zo daartoe aanleiding bestaat.

Al. 2 ingevoegd bij art. 76 W. 22 december 2009 (B.S. 31. XII.2009, ed. 2).

Art. 6. De ontvanger is gehouden tot het registreren van de akten of geschriften op de datum waarop ze onder de wettelijke voorwaarden tot de formaliteit worden aangeboden.

Hij mag ze niet langer houden dan nodig is.

Art. 7. Zo een akte of geschrift, waarvan er geen minute bestaat, inlichtingen vervat die kunnen dienen om aan 's Rijks schatkist verschuldigde sommen te ontdekken, heeft de ontvanger het recht er een afschrift van te maken en dit eensluidend met het origineel te doen waarmerken door de werkende openbare officier of, zo het gaat om een onderhandse of buitenslands verleden akte, door de betrokken persoon die de formaliteit heeft gevorderd. Bij weigering, waarmerkt de ontvanger zelf de eensluidendheid van het afschrift, met vermelding van die weigering. Het aldus gewaarmerkt afschrift wordt, behoudens bewijs van het tegendeel, als eensluidend aangezien.

Art. 8. Vermelding van de registratie wordt op de akte of het geschrift gesteld naar een door de Minister van Financiën bepaalde tekst.

[Indien er toepassing gemaakt wordt van de vrijstelling voorzien in artikel 8bis, wordt de vermelding van de registratie vervangen door de vermelding van

de betaling die verricht moet worden volgens de modaliteiten voorzien in uitvoering van dit artikel. Deze vermelding geschiedt naar een door de Minister van Financiën vastgestelde tekst.]

Al. 2 ingevoegd bij art. 134 W. 22 december 1989 (B.S. 29.XII.1989).

[Art. 8bis. De Koning kan bepaalde categorieën van de in de artikelen 19, 1° en 6°, 26 en 29 bedoelde akten van de registratieformaliteit vrijstellen zonder dat deze vrijstelling de ontheffing van de op deze akten toepasselijke rechten meebrengt, alsook de betalingsmodaliteiten voor genoemde rechten, binnen de termijnen die Hij bepaalt, regelen, in voorkomend geval afwijkend van de bepalingen van hoofdstuk III en IX van deze titel. Indien er toepassing gemaakt wordt van deze bepaling kan de Koning het neerleggen van een afschrift van de akten voorschrijven en aanvullende regels vaststellen om de juiste heffing van de belasting te verzekeren.]

Ingevoegd bij art. 135 W. 22 december 1989 (B.S. 29. XII.1989).

Art. 9. [Dagen en uren van openstelling der kantoren, belast met de ontvangst der rechten en middelen waarvan de inning toevertrouwd is aan [de administratie van de belasting over de toegevoegde waarde, registratie en domeinen] met inbegrip van de hypotheekbewaringen, worden bij koninklijk besluit geregeld.]

[Valt de laatste dag van de termijn, die door onderhavig Wetboek vastgesteld is voor de uitvoering van een formaliteit, op een sluitingsdag van de kantoren, dan wordt deze termijn verlengd tot de eerste openingsdag der kantoren die volgt op het verstrijken van de termijn.]

[Bij koninklijk besluit kan worden voorgeschreven dat de betaling der rechten, boeten en interesten moet geschieden door storting of overschrijving op de postcheckrekening van het met de invordering belast kantoor.]

Al. 1 vervangen bij art. 1 W. 11 juli 1960 (B.S. 20.VII.1960) en gewijzigd bij art. 240 W. 22 december 1989 (B.S. 29. XII.1989);
Al. 2 ingevoegd bij art. 1 W. 11 juli 1960 (B.S. 20.VII.1960);
Al. 3 ingevoegd bij art. 41 W. 23 december 1958 (B.S. 7.I.1959).

HOOFDSTUK II

INDELING VAN DE RECHTEN EN ALGEMENE HEFFINGSREGELS

Art. 10. [Er zijn evenredige en vaste registratierechten.]

Vaste rechten zijn verdeeld in algemeen vast recht en specifieke vaste rechten.

Al. 1 vervangen bij art. 136 W. 22 december 1989 (B.S. 29.XII.1989).

Art. 11. [De evenredige en de specifieke vaste rechten worden geheven volgens het in het Wetboek vastgestelde tarief.]

Het algemeen vast recht is van toepassing op al de in dat tarief niet voorziene akten en geschriften.

Het algemeen vast recht bedraagt [[[50] EUR]].

Al. 1 vervangen bij art. 137, 1° W. 22 december 1989 (B.S. 29.XII.1989);
Al. 3 gewijzigd bij art. 2-11 K.B. 20 juli 2000 (II) (B.S. 30. VIII.2000, err. B.S. 8.III.2001), bij art. 42-5° K.B. 13 juli 2001 (B.S. 11.VIII.2001, err. B.S. 21.XII.2001) en bij art. 11 Progr. W. 28 juni 2013 (B.S. 1.VII.2013, ed. 2), van toepassing op alle akten en geschriften die vanaf 1 juli 2013 tot de formaliteit worden aangeboden.

Art. 12. Het evenredig of specifiek vast recht wordt slechts eenmaal op een rechtshandeling geheven, wat ook het getal zij van de geschriften die daarvan laten blijken.

Art. 13. Geven slechts aanleiding tot heffing van het algemeen vast recht, tenzij daarin een toevoeging of wijziging voorkomt welke van die aard is dat ze de heffing van een nieuw of aanvullend recht ten gevolge heeft:

1° alle nieuw geschrift opgemaakt om te laten blijken van een rechtshandeling waarop reeds het evenredig of specifiek vast recht werd geheven;

2° alle geschrift houdende bekrachtiging, bevestiging, uitvoering, aanvulling of voltrekking van geregistreerde vroegere akten, indien het niet laat blijken van nieuwe rechtshandelingen welke als dusdanig aan een evenredig of specifiek recht onderhevig zijn.

Geven insgelijks slechts aanleiding tot heffing van het algemeen vast recht, die rechtshandelingen welke ter oorzaak van nietigheid, ontbinding of om andere reden opnieuw werden verricht zonder enige verandering welke iets toevoegt aan het voorwerp der overeenkomsten of aan derzelver waarde, ten ware het op de eerste handeling gegeven evenredig recht teruggegeven werd of voor teruggaaf vatbaar zij [of ten ware het bijzonder vast recht van artikel 159bis gegeven werd op de eerste handeling].

Al. 2 gewijzigd bij art. 57 Decr. W. Parl. 30 april 2009 (B.S. 1.VII.2009, ed. 1), van toepassing vanaf 1 juli 2009.

Art. 14. [Wanneer een akte verscheidene onder dezelfde contractanten tot stand gekomen beschikkingen vervat, welke de ene van de andere afhankelijk zijn of de ene uit de andere noodzakelijk voortvloeien, is slechts één recht voor deze gezamenlijke beschikkingen verschuldigd.

Het recht wordt geheven met inachtneming van diegene van bedoelde beschikkingen welke tot het hoogste recht aanleiding geeft.]

Vervangen bij art. 2 W. 23 december 1958 (B.S. 7.I.1959).

Art. 15. Wanneer, in een akte, verscheidene onafhankelijke of niet noodzakelijk uit elkaar voortvloeiende beschikkingen voorkomen, is voor elke der beschikkingen en wel naar eigen aard een bijzonder recht verschuldigd.

Deze regel is niet van toepassing op het algemeen vast recht.

Art. 16. De rechtshandeling waarop het evenredig recht verschuldigd is, doch welke aan een schorsende voorwaarde onderworpen is, geeft alleen tot heffing van het algemeen vast recht aanleiding zolang de voorwaarde niet is vervuld.

Wordt de voorwaarde vervuld, zo is het recht verschuldigd dat bij het tarief voor de handeling is vastgesteld, behoudens toerekening van het reeds geheven recht. Het wordt berekend naar het tarief dat van kracht was op de datum waarop het recht aan de Staat zou verworven geweest zijn indien de handeling een onvoorwaardelijke was geweest, en op de bij dit wetboek vastgelegde en op de datum van de vervulling der voorwaarde beschouwde belastbare grondslag.

Art. 17. Wordt, voor de toepassing van dit wetboek, met een aan een schorsende voorwaarde onderworpen handeling gelijkgesteld, de rechtshandeling door een rechtspersoon verricht en aan machtiging, goedkeuring of bekrachtiging van overheidswege onderworpen.

Art. 18. [§ 1.] De datum van de onderhandse akten over 't algemeen of van de overeenkomsten die door het feit alleen van haar bestaan verplicht aan de formaliteit van registratie onderworpen zijn, kan niet tegen het bestuur worden ingeroepen dan voor zover hij tegen derden kan worden ingeroepen. Registratie sluit geen erkenning door het bestuur in van de datum der akte of der overeenkomst.

[§ 2. [Aan de administratie kan niet worden tegengeworpen, de rechtshandeling noch het geheel van rechtshandelingen dat een zelfde verrichting tot stand brengt, wanneer de administratie door vermoedens of door andere in artikel 185 bedoelde bewijsmiddelen en aan de hand van objectieve omstandigheden aantoont dat er sprake is van fiscaal misbruik.

Er is sprake van fiscaal misbruik wanneer de belastingschuldige door middel van de door hem gestelde rechtshandeling of het geheel van rechtshandelingen één van de volgende verrichtingen tot stand brengt:

1. een verrichting waarbij hij zichzelf in strijd met de doelstellingen van een bepaling van dit Wetboek of de ter uitvoering daarvan genomen besluiten buiten het toepassingsgebied van die bepaling plaatst; of

2. een verrichting waarbij aanspraak wordt gemaakt op een belastingvoordeel voorzien door een bepaling van dit Wetboek of de ter uitvoering daarvan genomen besluiten en de toekenning van dit voordeel in strijd zou zijn met de doelstellingen van die bepaling en die in wezen het verkrijgen van dit voordeel tot doel heeft.

Het komt aan de belastingschuldige toe te bewijzen dat de keuze voor zijn rechtshandeling of het geheel van rechtshandelingen door andere motieven ver-

antwoord is dan het ontwijken van registratierechten.

Indien de belastingschuldige het tegenbewijs niet levert, dan wordt de verrichting aan een belastingheffing overeenkomstig het doel van de wet onderworpen alsof het misbruik niet heeft plaatsgevonden.]

§§ 3-6. [...]]

Bestaande tekst omgevormd tot § 1 bij art. 39 W. 30 maart 1994 (B.S. 31.III.1994);

§§ 2-6 ingevoegd bij art. 39 W. 30 maart 1994 (B.S. 31. III.1994);

§ 2 vervangen bij art. 168 Progr. W. 29 maart 2012 (I) (B.S. 6.IV.2012, ed. 3), van toepassing op de rechtshandelingen of het geheel van rechtshandelingen die éénzelfde verrichting tot stand brengt, die zijn gesteld vanaf 1 juni 2012;

§§ 3-6 opgeheven bij art. 27 W. 24 december 2002 (B.S. 31.XII.2002).

HOOFDSTUK III

REGISTRATIEVERPLICHTING

Afdeling 1

Akten en verklaringen aan de formaliteit onderworpen

Art. 19. Moeten binnen de bij artikel 32 gestelde termijnen geregistreerd worden:

1° [de akten van notarissen; de exploten en processen-verbaal van [gerechtsdeurwaarders] [, met uitzondering van de protesten zoals bedoeld in de protestwet van 3 juni 1997]; de arresten en vonnissen der hoven en rechtbanken die bepalingen bevatten welke door deze titel aan een evenredig recht onderworpen worden];

2° de akten waarbij de eigendom of het vruchtgebruik van in België gelegen onroerende goederen overgedragen of aangewezen wordt;

3° [a) de akten houdende verhuring, onderverhuring of overdracht van huur van in België gelegen onroerende goederen of gedeelten van onroerende goederen, die uitsluitend bestemd zijn tot huisvesting van een gezin of van één persoon;

b) de andere dan onder a) bedoelde akten houdende verhuring, onderverhuring of overdracht van huur van in België gelegen onroerende goederen of gedeelten van onroerende goederen];

4° de processen-verbaal van openbare verkoping van lichamelijke roerende voorwerpen;

5° [de akten houdende inbreng van goederen in vennootschappen met rechtspersoonlijkheid waarvan hetzij de zetel der werkelijke leiding in België, hetzij de statutaire zetel in België en de zetel der werkelijke leiding buiten het grondgebied der Lid-Staten van de Europese Economische Gemeenschap, is gevestigd];

6° [...];

[7° [...].]

Behoudens wat [nrs. 2, 3 en 5] betreft, worden in dit artikel alleen de in België verleden akten bedoeld.

Al. 1, 1° vervangen bij art. 1, A W. 12 juli 1960 (B.S. 9.
XI.1960) en gewijzigd bij art. 48, § 4 W. 5 juli 1963 (B.S.
17.VII.1963) en bij art. 68 W. 14 januari 2013 (B.S. 1.
III.2013), van toepassing vanaf 1 september 2013;
Al. 1, 3° vervangen bij art. 62 Progr. W. 27 december 2006
(B.S. 28.XII.2006, ed. 3), van toepassing vanaf 1 januari
2007;
Al. 1, 5° vervangen bij art. 1, § 1 W. 3 juli 1972 (B.S. 1.
VIII.1972);
Al. 1, 6° opgeheven bij art. 2 W. 10 juni 1997 (B.S. 19.
VII.1997);
Al. 1, 7° ingevoegd bij art. 8, 1° W. 12 december 1996 (B.S.
31.XII.1996) en opgeheven bij art. 56, 1° W. 22 december
1998 (B.S. 15.I.1999);
Al. 2 gewijzigd bij art. 56, 2° W. 22 december 1998 (B.S.
15.I.1999).

Art. 20. [...]

Opgeheven bij art. 2 W. 12 juli 1960 (B.S. 9.XI.1960).

Art. 21[1]. [Wanneer een onderhandse of in het
buitenland verleden akte, als bedoeld in artikel 19, 2°,
ter registratie wordt aangeboden, neemt de ontvanger
een kopie van de akte, behalve wanneer het gaat om
een akte welke onder de minuten van een notaris in
België berust of bij zijn minuten is gevoegd.

Dat geldt ook wanneer een onderhandse of in het
buitenland verleden akte, als bedoeld in artikel 19, 3°,
op een papieren drager ter registratie wordt aangeboden.

De kopie blijft berusten op het registratiekantoor,
tenzij de administratie de bewaring van de inhoud van
de akte op een andere wijze verzekert.]

Hernummerd bij art. 2 W. 13 augustus 1947 (B.S. 17.IX.1947)
en vervangen bij art. 77 W. 22 december 2009 (B.S. 31.
XII.2009, ed. 2, err. B.S. 2.IV.2010, ed. 1), van toepassing
vanaf 1 januari 2007.

[**Art. 21**[2]. [Als onroerende goederen worden niet
beschouwd:

1° voor de toepassing van de artikelen 19, 3°, en
83, brandkasten, in huur gegeven door personen, verenigingen, gemeenschappen of vennootschappen die
gewoonlijk brandkasten verhuren;

2° [voor de toepassing van dit Wetboek, lichamelijk roerende voorwerpen aangewend tot de dienst en
de exploitatie van onroerende goederen.]]]

Ingevoegd bij art. 2 W. 13 augustus 1947 (B.S. 17.IX.1947) en
vervangen bij art. 1 W. 22 juni 1960 (B.S. 21.VII.1960);
2° vervangen bij art. 1 W. 10 juli 1969 (B.S. 25.VII.1969).

Art. 22. [...]

Opgeheven bij art. 3 W. 10 juni 1997 (B.S. 19.VII.1997).

Art. 23. De exequaturs der scheidsrechterlijke uitspraken en die der buitenlands gewezen rechterlijke
beslissingen moeten, bij aanbieding ter registratie,

vergezeld zijn van de desbetreffende uitspraken of beslissingen.

Art. 24. [...]

Opgeheven bij art. 2 W. 12 juli 1960 (B.S. 9.XI.1960).

Art. 25. Als een onder de voorzieningen van artikel 19, 2° of 3°, vallende onderhandse of buitenlands
verleden akte ook van een andere overeenkomst laat
blijken of meteen op in België gelegen onroerende
goederen en andere goederen slaat, hebben de betrokkenen het vermogen om slechts een door hen gewaarmerkt uittreksel in beknopte vorm uit de akte te doen
registreren, dat alleen vermelding houdt van de overeenkomst of van dat deel er van welk de in België gelegen onroerende goederen betreft.

Het uittreksel wordt in dubbel opgemaakt. Wanneer beide exemplaren ter registratie worden aangeboden, moeten ze vergezeld zijn van de oorspronkelijke
akte of, zo het een buitenlands verleden authentieke
akte in minuut geldt, van een uitgifte daarvan. De heffing wordt beperkt tot die goederen welke het voorwerp van het uittreksel uitmaken. Een exemplaar van
dit uittreksel blijft op het registratiekantoor berusten.

Art. 26. [Geen akte of geschrift mag aan een van
de krachtens artikel 19, 1°, verplichtend te registreren
akten, andere dan een vonnis of arrest, worden gehecht, of onder de minuten van een notaris worden
neergelegd zonder te voren geregistreerd te zijn.

Evenwel staat het de notarissen en de [gerechts-
deurwaarders] vrij de aangehechte of neergelegde akte
tegelijk met de desbetreffende akte ter registratie aan
te bieden.

[...]

Het is niet van toepassing in geval van aanhechting of van nederlegging, onder de vorm van minuut,
uitgifte, afschrift of uittreksel, van in België verleden
gerechtelijke akten of akten van de burgerlijke stand.]

Vervangen bij art. 3 W. 12 juli 1960 (B.S. 9.XI.1960);
Al. 2 gewijzigd bij art. 48, § 4 W. 5 juli 1963 (B.S. 17.
VII.1963);
Al. 3 opgeheven bij art. 69 W. 14 januari 2013 (B.S. 1.
III.2013), van toepassing vanaf 1 september 2013.

Art. 27. [...]

Opgeheven bij art. 19 W. 1 juli 1983 (B.S. 8.VII.1983).

Art. 28. [...]

Opgeheven bij art. 2-28 W. 10 oktober 1967 (B.S. 31.X.1967).

Art. 29. Behoudens het bij artikel 173, 1°, voorziene geval, mag geen overschrijving, inschrijving,
doorhaling of randvermelding hetzij in de registers
van de hypotheekbewaarders, hetzij in de registers
voor de inschrijvingen van het landbouwvoorrecht
plaats hebben krachtens niet vooraf geregistreerde akten.

Art. 30. [Op vorig artikel wordt uitzondering gemaakt voor de overschrijvingen, inschrijvingen, doorhalingen of randvermeldingen gedaan door hypotheekbewaarders krachtens akten in verband met kredietverrichtingen gedaan onder het voordeel der wet van 23 augustus 1948 [of met kredietverrichtingen gedaan onder het voordeel der wet tot bevordering van de financiering van de voorraden van de steenkolenmijnen].]

[Op vorig artikel wordt eveneens uitzondering gemaakt voor de in België verleden gerechtelijke akten en akten van de burgerlijke stand, in minuut, uitgifte, afschrift of uittreksel.]

Al. 1 vervangen bij art. 11 W. 23 augustus 1948 (B.S. 11. IX.1948) en aangevuld bij art. 13 W. 5 mei 1958 (B.S. 22.V.1958), zoals ingevoegd bij art. 4 W. 31 december 1958 (B.S. 21.I.1959);
Al. 2 ingevoegd bij art. 4 W. 12 juli 1960 (B.S. 9.XI.1960).

Art. 31. Er bestaat verplichting tot ondertekening en tot aanbieding ter registratie, binnen de bij artikel 33 gestelde termijnen, van een verklaring in onderstaande gevallen:

1° wanneer een overeenkomst, waarbij eigendom of vruchtgebruik van in België gelegen onroerende goederen overgedragen of aangewezen wordt, niet bij een akte is vastgesteld;

[1°bis [wanneer een inbreng van goederen in een vennootschap met rechtspersoonlijkheid, waarvan hetzij de zetel der werkelijke leiding in België, hetzij de statutaire zetel in België en de zetel der werkelijke leiding buiten het grondgebied der Lid-Staten van de Europese Economische Gemeenschap, is gevestigd, niet bij een akte is vastgesteld];]

[1°ter [...]];

2° wanneer de voorwaarde die de heffing van een recht heeft geschorst, vervuld wordt;

3° in de in artikelen 74 en 75 bedoelde gevallen.

Deze door de contracterende partijen of door een harer ondertekende verklaring wordt in dubbel opgemaakt, waarvan een exemplaar ter registratiekantore blijft berusten. Daarin worden vermeld: aard en doel van de overeenkomst, datum er van of datum van het nieuwe feit dat de verschuldigdheid van het recht heeft doen ontstaan, aanwijzing van de partijen, omvang van de goederen, belastbare grondslag en alle voor de vereffening van de belasting nodige gegevens.

Vanaf het verstrijken van vorenstaande termijnen wordt de door een der partijen ondertekende verklaring als van al de partijen uitgaande aangezien.

Al. 1, 1°bis ingevoegd bij art. 2 W. 14 april 1965 (B.S. 24. IV.1965) en vervangen bij art. 2 W. 3 juli 1972 (B.S. 1. VIII.1972);
Al. 1, 1° ter ingevoegd bij art. 10 K.B. 12 december 1996 (B.S. 31.XII.1996) en opgeheven bij art. 58 W. 22 december 1998 (B.S. 15.I.1999).

Afdeling 2

Termijnen voor de aanbieding ter registratie

Art. 32. De termijnen, binnen welke de aanbieding ter registratie moet plaats hebben van verplichtend aan de formaliteit der registratie onderworpen akten, zijn:

1° [voor akten van notarissen, vijftien dagen];

Evenwel is deze termijn gesteld op [vier maand] ingaande met de dag van het overlijden der erflaters of schenkers, voor testamenten en voor daarmede bij artikel 141, 3°, 2° alinea, gelijkgestelde schenkingen, voor akten van derzelver herroeping, [voor verklaringen betreffende testamenten in internationale vorm] en voor akten van bewaargeving van een testament voor de erflater;

2° voor akten van [gerechtsdeurwaarders], [...] vier dagen;

3° [voor arresten en vonnissen der hoven en rechtbanken, [tien dagen]];

4° voor akten waarbij de eigendom of het vruchtgebruik van in België gelegen onroerende goederen overgedragen of aangewezen wordt, [vier maand];

5° [voor akten van verhuring, onderverhuring of overdracht van huur bedoeld in artikel 19, 3°, a), twee maanden en voor akten van verhuring, onderverhuring of overdracht van huur bedoeld in artikel 19, 3°, b), vier maanden];

6° voor processen-verbaal van openbare verkoping van lichamelijke roerende goederen opgemaakt door bestuursoverheden en agenten van Staat, provinciën, gemeenten en openbare instellingen, één maand;

7° [voor akten houdende inbreng van goederen in vennootschappen met rechtspersoonlijkheid waarvan hetzij de zetel der werkelijke leiding in België, hetzij de statutaire zetel in België en de zetel der werkelijke leiding buiten het grondgebied der Lid-Staten van de Europese Economische Gemeenschap, is gevestigd, [vier maand]];

8° [...];

[9° [...].]

1°, al. 1 vervangen bij art. 138, 1° W. 22 december 1989 (B.S. 29.XII.1989);
1°, al. 2 gewijzigd bij art. 24 W. 2 februari 1983 (B.S. 11.X.1983) en bij art. 1382 W. 22 december 1989 (B.S. 29. XII.1989);
2° gewijzigd bij art. 48, § 4 W. 5 juli 1963 (B.S. 17.VII.1963) en bij art. 70, a) W. 14 januari 2013 (B.S. 1.III.2013), van toepassing vanaf 1 september 2013;
3° vervangen bij art. 5, A W. 12 juli 1960 (B.S. 9.XI.1960) en gewijzigd bij art. 1 W. 19 juni 1986 (B.S. 24.VII.1986);
4° gewijzigd bij enig art. W. 25 juni 1973 (B.S. 13.VII.1973);
5° vervangen bij art. 63 Progr. W. 27 december 2006 (B.S. 28.XII.2006, ed. 3), van toepassing op de akten die dagtekenen vanaf 1 januari 2007;
7° vervangen bij art. 3 W. 3 juli 1972 (B.S. 1.VIII.1972) en gewijzigd bij enig art. W. 25 juni 1973 (B.S. 13.VII.1973);
8° opgeheven bij art. 70, b) W. 14 januari 2013 (B.S. 1. III.2013), van toepassing vanaf 1 september 2013;
9° ingevoegd bij art. 11 K.B. 12 december 1996 (B.S. 31.

XII.1996) en opgeheven bij art. 59 W. 22 december 1998 (B.S. 15.I.1999).

Art. 33. De termijn, binnen welke de in artikel 31 voorziene verklaringen ter registratie moeten aangeboden worden, is [vier maand] ingaande met de datum van de overeenkomst of, in voorkomend geval, van de vervulling van de voorwaarde welke de heffing van het recht heeft geschorst.

[[…]]

Al. 1 gewijzigd bij enig art. W. 25 juni 1973 (B.S. 13. VII.1973);
Al. 2 ingevoegd bij art. 12 K.B. 12 december 1996 (B.S. 31. XII.1996) en opgeheven bij art. 60 W. 22 december 1998 (B.S. 15.I.1999).

Art. 34. [Wat betreft de inbreng van geldspecie in coöperatieve vennootschappen, voldoet aan de voorschriften van artikel 31 de aanbieding ter registratie, binnen een termijn van [vier maand] ingaande met de datum die in de statuten voor het opmaken van de jaarlijkse balans is bepaald, van een afschrift van bedoelde balans of van elk ander document, dat laat blijken van het bedrag waarmede het geplaatste maatschappelijk fonds in de loop van het jaar is gestegen.]

Vervangen bij art. 4 W. 14 april 1965 (B.S. 24.IV.1965) en gewijzigd bij enig art. W. 25 juni 1973 (B.S. 13.VII.1973).

Afdeling 3

Personen verplicht tot aanbieding ter registratie

Art. 35. De verplichting tot aanbieding ter registratie van akten of verklaringen en tot betaling van de desbetreffende rechten en gebeurlijk de geldboeten, waarvan de vorderbaarheid uit bewuste akten of verklaringen blijkt, berust ondeelbaar:

1° op de notarissen en [gerechtsdeurwaarders], ten aanzien van de akten van hun ambt [...];

2° [...];

3° [...];

4° [de notarissen en gerechtsdeurwaarders, ten aanzien van de akten, overeenkomstig artikel 26 aan hun akten gehecht of in hun handen neergelegd, zonder voorafgaande registratie];

5° op de bestuursoverheden en agenten van Staat, provinciën, gemeenten en openbare instellingen, ten aanzien van de door hen opgemaakte akten;

6° op de contracterende partijen, ten aanzien van de onderhandse of buitenlands verleden akten, waarvan sprake in [artikel 19, 2°, 3°[, b),] en 5°], en ten aanzien van de in artikel 31 voorziene verklaringen;

7° [op de verhuurder ten aanzien van de onderhandse of buitenlands verleden akten waarvan sprake in artikel 19, 3°, a)].

[De verplichting tot aanbieding ter registratie van de arresten en vonnissen van hoven en rechtbanken berust op de griffiers. In afwijking van artikel 5 worden deze arresten en vonnissen in debet geregistreerd.]

[De verplichting tot betaling van de rechten waar-

van de vorderbaarheid blijkt uit arresten en vonnissen van hoven en rechtbanken houdende veroordeling, vereffening of rangregeling rust:

1° op de verweerders, elkeen in de mate waarin de veroordeling, vereffening of rangregeling te zijnen laste wordt uitgesproken of vastgesteld, en op de verweerders hoofdelijk in geval van hoofdelijke veroordeling;

2° op de eisers naar de mate van de veroordeling, vereffening of rangregeling, die ieder van hen heeft verkregen, zonder evenwel de helft van de sommen of waarden die ieder van hen als betaling ontvangt te overschrijden.

Zo op een vonnis of arrest verschuldigde rechten en boeten slaan op een overeenkomst waarbij de eigendom of het vruchtgebruik van in België gelegen onroerende goederen overgedragen of aangewezen wordt, zijn die rechten en boeten ondeelbaar verschuldigd door de personen die partijen bij de overeenkomst zijn geweest.

De rechten en, in voorkomend geval, de geldboeten worden betaald binnen de termijn van één maand, te rekenen vanaf de dag van de verzending van het betalingsbericht bij ter post aangetekende brief door de ontvanger der registratie.]

Al. 1, 1° gewijzigd bij art. 48, § 4 W. 5 juli 1963 (B.S. 17. VII.1963) en bij art. 71, a) W. 14 januari 2013 (B.S. 1. III.2013), van toepassing vanaf 1 september 2013;
Al. 1, 2° opgeheven bij art. 71, b) W. 14 januari 2013 (B.S. 1.III.2013), van toepassing vanaf 1 september 2013;
Al. 1, 3° opgeheven bij art. 6, B W. 12 juli 1960 (B.S. 9. XI.1960);
Al. 1, 4° vervangen bij art. 20 W. 1 juli 1983 (B.S. 8.VII.1983);
Al. 1, 6° gewijzigd bij art. 61 W. 22 december 1998 (B.S. 29.XII.1989) en bij art. 64, 1° Progr. W. 27 december 2006 (B.S. 28.XII.2006, ed. 3), van toepassing op de akten die dagtekenen vanaf 1 januari 2007;
Al. 1, 7° opgeheven bij art. 5, 3° W. 10 juni 1997 (B.S. 19. VII.1997) en hersteld bij art. 64, 2° Progr. W. 27 december 2006 (B.S. 28.XII.2006, ed. 3), van toepassing op de akten die dagtekenen vanaf 1 januari 2007;
Al. 2 ingevoegd bij art. 2, 2° W. 19 juni 1986 (B.S. 24. VII.1986);
Al. 3 ingevoegd bij art. 2, 2° W. 19 juni 1986 (B.S. 24. VII.1986) en vervangen bij art. 139 W. 22 december 1989 (B.S. 29.XII.1989);
Al. 4 ingevoegd bij art. 139 W. 22 december 1989 (B.S. 29.XII.1989);
Al. 5 ingevoegd bij art. 139 W. 22 december 1989 (B.S. 29.XII.1989).

Art. 36. [Artikel 35, eerste lid, vindt geen toepassing op de voor notaris opgemaakte testamenten en andere akten als bedoeld in artikel 32, 1°, tweede lid, wanneer de betrokkenen het bedrag van de rechten en eventueel de boeten uiterlijk daags vóór het verstrijken van de voor registratie gestelde termijn in handen der notarissen niet hebben geconsigneerd.]

Vervangen bij art. 3 W. 19 juni 1986 (B.S. 24.VII.1986).

Art. 37. Wanneer de rechten betreffende testamenten en andere in artikel 32, 1°, 2e alinea, bedoelde akten niet in handen der notarissen werden geconsigneerd, zijn ze ondeelbaar door de erfgenamen, legatarissen of begiftigden zomede door de testamentuitvoerders verschuldigd.
[…]

Al. 2 opgeheven bij art. 4 W. 19 juni 1986 (B.S. 24.VII.1986).

Art. 38. […]

Opgeheven bij art. 140 W. 22 december 1989 (B.S. 29. XII.1989).

Afdeling 4

Plaats der registratie

Art. 39. De akten en verklaringen worden geregistreerd:

1° de akten van notarissen en [gerechtsdeurwaarders], [...] ten registratiekantore van hun standplaats; [1°bis [...];]

2° [de arresten en vonnissen der hoven en rechtbanken, ten kantore in welks gebied de zetel van het hof of de rechtbank gelegen is];

3° [de akten die overeenkomstig artikel 26 zonder voorafgaande registratie worden aangehecht of neergelegd, ten kantore waar de akte van de notaris of de gerechtsdeurwaarder moet worden geregistreerd];

4° de akten van bestuursoverheden en agenten van Staat, provinciën, gemeenten en openbare instellingen, ten kantore in welks gebied hun zetel of de zetel van hun functie gelegen is;

5° de onderhandse of buitenlands verleden akten en de verklaringen betreffende in België gelegen onroerende goederen en welke in artikel 19, 2° en 3°, en in artikel 31, 1° en 3°, zijn bedoeld, ten kantore in welks gebied de goederen gelegen zijn. Zijn die goederen gelegen in het gebied van verscheidene kantoren, dan mogen de akten en verklaringen onverschillig in een van deze kantoren worden geregistreerd;

6° de verklaringen van vervulling van een in artikel 31, 2°, voorziene schorsende voorwaarde, ten kantore waar de akte werd geregistreerd welke van de overeenkomst laat blijken, of, bij gebreke aan geregistreerde akte, ten kantore in het 5° hiervoren aangeduid;

7° de andere akten dan voornoemde, onverschillig in alle kantoren.

1° gewijzigd bij art. 48, § 4 W. 5 juli 1963 (B.S. 17.VII.1963) en bij art. 72, a) W. 14 januari 2013 (B.S. 1.III.2013), van toepassing vanaf 1 september 2013;
1°bis ingevoegd bij art. 6, 2° W. 10 juni 1997 (B.S. 19. VII.1997) en opgeheven bij bij art. 72, b) W. 14 januari 2013 (B.S. 1.III.2013), van toepassing vanaf 1 september 2013;
2° vervangen bij art. 9 W. 12 juli 1960 (B.S. 9.XI.1960);
3° vervangen bij art. 21 W. 1 juli 1983 (B.S. 8.VII.1983).

Art. 40. In de plaatsen waar verscheidene registratiekantoren bestaan waaronder de verschillende takken van ontvangsten zijn verdeeld, wordt het bevoegd kantoor bepaald door de Minister van Financiën of diens afgevaardigde.

Afdeling 5

Sanctiën

Art. 41. Verbeuren ondeelbaar een geldboete gelijk aan het bedrag der rechten, zonder dat ze lager dan [[[25 EUR]]] mag zijn:

1° [de personen die binnen de voorgeschreven termijnen, de akten of verklaringen niet hebben doen registreren welke zij gehouden zijn aan de formaliteit te onderwerpen of de in artikel 5, tweede lid, bedoelde betaling niet hebben gedaan];

2° de in artikel 37 aangewezen personen die, binnen de hun daartoe gestelde termijn, de bij artikel 36 voorziene consignatie niet hebben gedaan;

3° [de in artikel 35, derde en vierde lid aangewezen personen die de betaling, bedoeld in het vijfde lid van genoemd artikel niet hebben gedaan binnen de voorgeschreven termijn.]

Inleidende zin gewijzigd bij art. 141, 1° W. 22 december 1989 (B.S. 29.XII.1989), bij art. 2-11 K.B. 20 juli 2000 (II) (B.S. 30.VIII.2000, err. B.S. 8.III.2001) en bij art. 42-5° K.B. 13 juli 2001 (B.S. 11.VIII.2001, err. B.S. 21.XII.2001);
1° vervangen bij art. 78 W. 22 december 2009 (B.S. 31. XII.2009, ed. 2);
3° vervangen bij art. 141, 2° W. 22 december 1989 (B.S. 29.XII.1989).

[Art. 41bis. De personen die de rechten, verschuldigd op de akten die van de formaliteit der registratie zijn vrijgesteld niet betaald hebben op de voorgeschreven wijze en binnen de voorgeschreven termijn [, die geen afschrift van deze akten neergelegd hebben of die zich niet gehouden hebben aan de door de Koning bepaalde aanvullende regels] in uitvoering van artikel 8bis, verbeuren ondeelbaar een boete van [[25 EUR]] tot [[250 EUR]] per overtreding.

Het bedrag van de boete wordt, binnen deze grenzen, vastgesteld door de gewestelijke directeur van de belasting over de toegevoegde waarde, registratie en domeinen.

De in het eerste lid bedoelde personen verbeuren ondeelbaar een boete gelijk aan de ontdoken rechten voor elke akte waarop zij ten onrechte de vrijstelling van de formaliteit bedoeld in artikel 8bis, toegepast hebben.]

Ingevoegd bij art. 142 W. 22 december 1989 (B.S. 29. XII.1989);
Al. 1 gewijzigd bij art. 75 W. 22 juli 1993 (B.S. 26.VII.1993), bij art. 2-11 K.B. 20 juli 2000 (B.S. 30.VIII.2000, err. B.S. 8.III.2001) en bij art. 42-5° K.B. 13 juli 2001 (B.S. 11. VIII.2001, err. B.S. 21.XII.2001).

Art. 42. [Voor elke overtreding van artikel 26 verbeurt de notaris of de gerechtsdeurwaarder een boete van [[[25 EUR]]].]

Vervangen bij art. 22 W. 1 juli 1983 (B.S. 8.VII.1983) en gewijzigd bij art. 143 W. 22 december 1989 (B.S. 29.XII.1989), bij art. 2-11 K.B. 20 juli 2000 (II) (B.S. 30.VIII.2000, err. B.S. 8.III.2001) en bij art. 42-5° K.B. 13 juli 2001 (B.S. 11. VIII.2001, err. B.S. 21.XII.2001).

Art. 43. [De griffiers die binnen de voorgeschreven termijn de arresten en vonnissen niet hebben doen registreren welke zij gehouden zijn aan de formaliteit te onderwerpen, verbeuren voor elke overtreding een boete van [[[25 EUR]]].]

Vervangen bij art. 7 W. 19 juni 1986 (B.S. 24.VII.1986) en gewijzigd bij art. 144 W. 22 december 1989 (B.S. 29. XII.1989), bij art. 2-11 K.B. 20 juli 2000 (II) (B.S. 30. VIII.2000, err. B.S. 8.III.2001) en bij art. 42-5° K.B. 13 juli 2001 (B.S. 11.VIII.2001, err. B.S. 21.XII.2001).

HOOFDSTUK IV

VASTSTELLING VAN DE RECHTEN

Afdeling 1

Overdrachten onder bezwarende titel van onroerende goederen

§ 1. Algemene bepalingen

Art. 44. Het recht wordt gesteld op [12,50 t.h.] voor de verkopingen, ruilingen en alle overeenkomsten onder bezwarende titel [...] waarbij eigendom of vruchtgebruik van onroerende goederen wordt overgedragen [...].

Gewijzigd bij art. 15, 2° K.B. nr. 12 18 april 1967 (B.S. 20. IV.1967), bij art. 40 W. 30 maart 1994 (B.S. 31.III.1994) en bij art. 18, § 2 Decr. W. Parl. 19 december 2012 (B.S. 21. XII.2012, ed. 3), van toepassing op alle authentieke akten verleden vanaf 1 januari 2012, zelfs indien een overeenkomst wordt vastgesteld die vóór die datum het voorwerp heeft uitgemaakt van een onderhandse akte. Bedoelde authentieke akte zal blijven onderworpen aan de voormalige rentevoet van 10 % als hij wordt ingediend bij het registratiekantoor op hetzelfde ogenblik als voormelde onderhandse akte, met het bewijs dat de door de "Société wallonne de Crédit social" (Waalse Maatschappij voor Sociaal Krediet) en de "Guichets du Crédit social" (Sociale Kredietloketten) of door het "Fonds du Logement des Familles nombreuses de Wallonie" (Woningfonds van de Kroostrijke Gezinnen van Wallonië) toegekende hypothecaire lening op basis van een aanvraag ingediend uiterlijk op 31 december 2011 is toegekend.

Art. 45. Het recht wordt vereffend:
– ten aanzien van de verkopingen, op het bedrag van bedongen prijs en lasten;
– ten aanzien van de ruilingen, op de overeengekomen waarde van de in een der prestatiën begrepen goe-

deren, met inachtneming van die welke aanleiding tot het hoogste recht zou geven zo beide waren toegestaan tegen een naar die waarde vastgestelde geldprijs;
[– ten aanzien van inbrengen van onroerende goederen in vennootschappen, andere dan inbrengen als vermeld in artikel 115bis, op de waarde van de als vergoeding van de inbreng toegekende maatschappelijke rechten verhoogd met de lasten die door de vennootschap gedragen worden;]
– ten aanzien van de overige overdragende overeenkomsten, op de overeengekomen waarde van de ten laste van de verkrijger van het onroerend goed bedongen tegenprestatie.
[De lasten slaan niet op de studies betreffende de kosten van onderzoeken verricht op de verontreinigde of potentieel verontreinigde terreinen, noch op de grondsaneringshandelingen en -werken.]

Al. 1, 3de streepje ingevoegd bij art. 41 W. 30 maart 1994 (B.S. 31.III.1994);
Al. 2 ingevoegd bij art. 8 Decr. W. Parl. 30 april 2009 (B.S. 19.V.2009).

Art. 46. Evenwel mag de belastbare grondslag in geen geval lager zijn dan de verkoopwaarde van de overgedragen onroerende goederen.

Art. 47. [Wanneer de overeenkomst op het vruchtgebruik van een onroerend goed slaat, wordt de in artikel 46 bedoelde verkoopwaarde vertegenwoordigd door de som verkregen door vermenigvuldiging van de jaarlijkse opbrengst of, bij ontstentenis daarvan, van de huurwaarde van het goed, met het getal dat in de onderstaande tabel is opgegeven en afhankelijk is van de leeftijd, welke degene op wiens hoofd het vruchtgebruik is gevestigd, op de dag van de akte heeft:

Getal	Leeftijd
18	20 jaar of minder;
17	meer dan 20 jaar en niet meer dan 30 jaar;
16	meer dan 30 jaar en niet meer dan 40 jaar;
14	meer dan 40 jaar en niet meer dan 50 jaar;
13	meer dan 50 jaar en niet meer dan 55 jaar;
11	meer dan 55 jaar en niet meer dan 60 jaar;
9,5	meer dan 60 jaar en niet meer dan 65 jaar;
8	meer dan 65 jaar en niet meer dan 70 jaar;
6	meer dan 70 jaar en niet meer dan 75 jaar;
4	meer dan 75 jaar en niet meer dan 80 jaar;
2	meer dan 80 jaar.]

Is het vruchtgebruik voor een bepaalde tijd gevestigd, zo is de verkoopwaarde vertegenwoordigd door de som verkregen door het kapitaliseren ad 4. t.h. van de jaarlijkse opbrengst, rekening gehouden met de bij de overeenkomst gestelde duur van het vruchtgebruik, maar zonder te mogen overschrijden hetzij de naar voorgaande alinea bepaalde waarde, zo het gaat om een ten bate van een natuurlijk persoon gevestigd vruchtgebruik, hetzij het bedrag van twintigmaal de opbrengst, zo het vruchtgebruik ten bate van een rechtspersoon is gevestigd.

In geen geval mag aan het vruchtgebruik een hogere waarde dan de vier vijfden van de verkoopwaarde van de volle eigendom worden toegewezen.

Al. 1 vervangen bij art. 3 W. 23 december 1958 (B.S. 7.I.1959).

Art. 48. Gaat de overeenkomst over de blote eigendom van een onroerend goed waarvan het vruchtgebruik door de vervreemder is voorbehouden, zo mag de belastbare grondslag niet lager zijn dan de verkoopwaarde van de volle eigendom.

Art. 49. Gaat de overeenkomst over de blote eigendom van een onroerend goed, zonder dat het vruchtgebruik door de vervreemder is voorbehouden, zo mag de belastbare grondslag niet lager zijn dan de verkoopwaarde van de volle eigendom, na aftrekking van de overeenkomstig artikel 47 berekende waarde van het vruchtgebruik.

Art. 50. Wordt of werd het vruchtgebruik op het hoofd van twee of meer personen gevestigd, met recht van aanwas of van terugvalling, zo is de voor de toepassing van artikelen 47 en 49 in aanmerking te nemen leeftijd die van de jongste persoon.

[**Art. 50bis.** Voor de toepassing van deze afdeling wordt verstaan onder:
- echtgeno(o)t(e) of wettelijke samenwonende, de persoon die zich op het moment van de overdracht in een huwelijksrelatie met de verkrijger bevond overeenkomstig de bepalingen van Boek I, titel V, van het Burgerlijk Wetboek, alsook de persoon die zich op het moment van de overdracht in een huwelijksrelatie met de verkrijger bevond overeenkomstig Hoofdstuk III van het Wetboek van Internationaal privaat recht;
- wettelijke samenwonende: de persoon die op het moment van de overdracht bij de verkrijger woonachtig was en zich met hem in een huwelijksrelatie bevond overeenkomstig de bepalingen van Boek III, titel Vbis, van het Burgerlijk Wetboek, alsook de persoon die op het moment van de overdracht bij de verkrijger woonachtig was of zijn gebruikelijke verblijfplaats bij de verkrijger had, in de zin van artikel 4 van het Wetboek van Internationaal privaat recht, en zich met hem in een huwelijksrelatie bevond overeenkomstig Hoofdstuk IV van het Wetboek van Internationaal privaat recht.]

Ingevoegd bij art. 43 Decr. W. Parl. 10 december 2009 (B.S. 23.XII.2009, ed. 1), van toepassing vanaf 23 december 2009.

§ 2. [Verkopingen aan bouwmaatschappijen tot nut van het algemeen]

Opschrift vervangen bij art. 1 K.B. 12 september 1957 (B.S. 3.X.1957).

Art. 51. [Het bij artikel 44 vastgelegd recht wordt tot 6 pct. verlaagd voor de verkopingen gedaan met het oog op de verwezenlijking van haar maatschappelijk doel:

1° aan maatschappijen erkend hetzij door de Nationale Maatschappij voor de huisvesting, hetzij door de [Nationale Landmaatschappij] [, hetzij door de Gewestelijke Maatschappijen opgericht in uitvoering van de wet van 28 december 1984 tot afschaffing of herstructurering van sommige instellingen van openbaar nut];

2° aan de samenwerkende maatschappij "Woningfonds van de bond der kroostrijke gezinnen in België" [, aan de coöperatieve vennootschappen Vlaams Woningfonds van de Grote Gezinnen, Woningfonds van de Kroostrijke Gezinnen van Wallonië en Woningfonds van de gezinnen van het Brusselse Gewest.]

Wat betreft de onder 1° hierboven bedoelde maatschappijen, wordt de verlaging slechts toegestaan mits het bewijs geleverd wordt van de erkenning der verkrijgende maatschappij.]

Vervangen bij art. 1 K.B. 12 september 1957 (B.S. 3.X.1957); Al. 1, 1° gewijzigd bij art. 55, al. 2 W. 22 juli 1970 (B.S. 4. IX.1970) en aangevuld bij art. 145, 1° W. 22 december 1989 (B.S. 29.XII.1989); Al. 1, 2° aangevuld bij art. 145, 2° W. 22 december 1989 (B.S. 29.XII.1989).

§ 3. Verkopingen [...] aan de met regeringspremie begunstigde kopers

Opschrift gewijzigd bij art. 3 W. 30 mei 1949 (B.S. 4-5. VII.1949, err. B.S. 6.VII.1949).

Art. 52. [Het recht wordt teruggebracht tot 0 % voor de verkopen van woningen toegestaan door een publiekrechtelijke rechtspersoon aan een natuurlijke persoon die in aanmerking komt voor de aankooppremie bedoeld in de Waalse Huisvestingscode.]

Het gebeurlijk intrekken van die premie brengt voor de verkrijger de verplichting mede het verschuldigde recht tot het bij artikel 44 vastgesteld percentage te zuiveren.

[...]

Al. 1 vervangen bij art. 1 Decr. W. Gew. Parl. 27 april 2006 (B.S. 15.V.2006); Al. 3 opgeheven bij art. 146, 2° W. 22 december 1989 (B.S. 29.XII.1989).

§ 4. [Verkopingen van kleine landeigendommen en bescheiden woningen]

Opschrift vervangen bij art. 24 W. 13 augustus 1947 (B.S. 17.IX.1947).

Art. 53. [Het bij artikel 44 vastgelegd recht wordt tot 5 % of tot 6 % verlaagd voor de verkopen aan een natuurlijke persoon van de eigendom:

1° van landgoederen waarvan het kadastraal inkomen niet hoger is dan het maximumbedrag waarin artikel 53bis voorziet, naar rato van de aanslagbasis gebruikt voor de vereffening van de rechten, vastgelegd overeenkomstig de artikelen 45 tot 50, die niet hoger is dan het maximumbedrag dat in artikel 53ter vastligt.

Als landgoed wordt aangezien het onroerend goed dat hetzij uit voor landbouwbedrijf aangewende of bestemde gebouwen en gronden, hetzij uit dergelijke gronden alleen bestaat;

2° woningen waarvan het kadastraal inkomen, gebouwd of ongebouwd, niet hoger is dan het maximumbedrag dat in artikel 53bis vastligt, naar rato van de aanslagbasis gebruikt voor de vereffening van de rechten, vastgelegd overeenkomstig de artikelen 45 tot 50, die niet hoger is dan het maximumbedrag dat in artikel 53ter vastligt.

Als woning wordt aangemerkt het huis of het geheel of het gedeelte van een verdieping van een gebouw, dat dient of zal dienen tot huisvesting van een gezin of één persoon, met in voorkomend geval de aanhorigheden die tegelijk met het huis, het geheel of het gedeelte van een verdieping worden verkregen.

De Waalse Regering legt regels vast voor het bepalen van de aanhorigheden waarop deze bepaling van toepassing is.

In de gevallen bedoeld in het eerste lid, 1° en 2°:

1° hetzij, wanneer de verkoop aanleiding geeft tot de toekenning van een hypothecair krediet aan de verkrijger overeenkomstig het besluit van de Waalse Regering van 20 december 2007 houdende het reglement van de hypotheekleningen van de "Société wallonne de Crédit social et des Guichets du Crédit social" (Waalse Maatschappij voor Sociaal krediet en van de Loketten voor sociaal krediet), of aan de toekenning van een hypothecair krediet door het "Fonds du logement des Familles nombreuses de Wallonie" (Woningfonds van de Kroostrijke Gezinnen van Wallonië) overeenkomstig het besluit van de Waalse Regering van 25 februari 1999 met betrekking tot de hypotheekleningen en de huurtegemoetkoming van het "Fonds du logement des Familles nombreuses de Wallonie", bedraagt het verlaagd percentage 5 %, toegepast op de aanslagbasis die gebruikt wordt voor de vereffening van de rechten, vastgelegd overeenkomstig de artikelen 45 tot 50;

2° hetzij, in de andere gevallen, bedraagt het percentage 6 %, toegepast op de aanslagbasis die gebruikt wordt voor de vereffening van de rechten, vastgelegd overeenkomstig de artikelen 45 tot 50, naar rato van de maximumwaarde bedoeld in artikel 53ter, waarbij het normale tarief bedoeld in artikel 44 van deze Code op het overschot van genoemde waarde toegepast wordt.]

Vervangen bij art. 5 Decr. W. Parl. 10 december 2009 (B.S. 23.XII.2009, ed. 1), van toepassing vanaf 23 december 2009.

[**Art. 53bis.** Het maximaal kadastraal inkomen bedoeld in artikel 53 wordt vastgelegd op:

1° 323 EUR wanneer de aankoop slechts terreinen betreft;

2° 745 EUR wanneer de aankoop betrekking heeft hetzij op een gebouwd onroerend goed, hetzij tegelijkertijd op een gebouwd onroerend goed en op terrei-

nen. Wanneer de aankoop betrekking heeft op een onroerend goed dat geheel of gedeeltelijk voor de woning bestemd is, wordt dat bedrag met 100 EUR verhoogd indien de verkrijger of zijn echtgeno(o)t(e) of wettelijke samenwonende drie of vier kinderen ten laste hebben, met 200 EUR indien ze vijf of zes kinderen ten laste hebben en met 300 EUR indien ze zeven kinderen of meer ten laste hebben op de aankoopdatum. De kinderen ten laste van wie het lichamelijk of geestelijk vermogen wegens één of meer aandoeningen voor minstens 66 % gebrekkig of verminderd is, worden voor twee kinderen ten laste geteld. Als kinderen ten laste worden beschouwd de kinderen die op de datum van de aankoopakte deel uitmaken van het gezin van de verkrijger en die gedurende het kalenderjaar dat aan die datum voorafgaat persoonlijk niet beschikt hebben over inkomens waarvan het nettobedrag, berekend overeenkomstig de artikelen 142 en 143 van het Wetboek van de inkomstenbelastingen op de inkomsten 1992, hoger is dan het nettobedrag bedoeld in artikel 136 van hetzelfde Wetboek.

Daarenboven is de vermindering van het registratierecht bedoeld in artikel 53 slechts toepasselijk op de terreinen inbegrepen in de aankoop als het totaal van de kadastrale inkomens van die terreinen niet hoger is dan 323 EUR.]

Ingevoegd bij art. 6 Decr. W. Parl. 10 december 2009 (B.S. 23.XII.2009, ed. 1), van toepassing vanaf 23 december 2009.

[**Art. 53ter.** § 1. Al naargelang het aangeworven onroerend goed op 1 juli van het jaar dat voorafgaat aan dat van de verkoopovereenkomst gelegen is in een gebied [met een vastgoeddruk bedoeld in artikel 1, 12°, van het besluit van de Waalse Regering van 25 februari 1999 betreffende de hypotheekleningen en de huurtegemoetkoming van het "Fonds du Logement des Familles nombreuses de Wallonie"], of buiten die gebieden, wordt de in artikel 53 bedoelde maximumwaarde, waarop het bij hetzelfde artikel berekend verminderd percentage van toepassing is, vastgelegd op respectievelijk [...], 200.000 EUR en 191.000 EUR.

Voornoemde maximumwaarden worden vanaf het jaar 2011 jaarlijks aan de evolutie van de index van de consumptieprijzen aangepast d.m.v. volgende formule: bedrag voor het lopende jaar vermenigvuldigd met de index van de maand juni van een jaar en gedeeld door de index van de maand juni van het voorafgaande jaar.

De bedragen die van 1 januari tot 31 december van het volgend jaar toepasselijk zijn worden vanaf het jaar 2010 jaarlijks in het Belgisch Staatsblad bekendgemaakt door het Operationeel directoraat-generaal Fiscaliteit van de Waalse Overheidsdienst. Ook de lijst van de gemeenten gelegen in een gebied [met een vastgoeddruk bedoeld in artikel 1, 12°, van het besluit van de Waalse Regering van 25 februari 1999 betreffende de hypotheekleningen en de huurtegemoetkoming van het "Fonds du Logement des Familles nombreuses de Wallonie"] wordt door hetzelfde directoraat-generaal jaarlijks op 1 juli in het Belgisch Staatsblad bekendgemaakt.

De Waalse regering kan de bedragen van het eerste lid verhogen. Ze legt een ontwerp van decreet tot bekrachtiging van de aldus genomen besluiten aan het Waals Parlement over, onmiddellijk indien het vergadert, zo niet bij de opening van de eerstkomende zitting.

In voorkomend geval wordt het maximumbedrag bedoeld in het eerste lid verminderd naar rato van de verkochte quotiteit.

§ 2. Wanneer het te koop aangeboden onroerend goed al het voorwerp is geweest van een in dit artikel bedoelde andere verkoop tussen dezelfde partijen en wanneer die verkoop bij overeenkomst is geannuleerd, vernietigd, ontbonden, herroepen of opgezegd binnen twaalf maanden voor bedoelde verkoop, zijn de in § 4 bedoelde maximumwaarde en het statuut van het gebied waar bedoeld gebied gelegen is, toepasselijk op die laatste verkoop, die welke voor bedoelde gemeente van kracht zijn in de loop van het jaar van de voorheen geannuleerde, vernietigde, ontbonden, herroepen of opgezegde verkoop.]

Ingevoegd bij art. 7 Decr. W. Parl. 10 december 2009 (B.S. 23.XII.2009, ed. 1), van toepassing vanaf 23 december 2009; § 1, al. 1 gewijzigd bij art. 12, 1° en 2° Decr. W. Parl. 10 mei 2012 (B.S. 29.V.2012), van toepassing vanaf 1 januari 2012; § 1, al. 3 gewijzigd bij art. 12, 3° Decr. W. Parl. 10 mei 2012 (B.S. 29.V.2012), van toepassing vanaf 1 januari 2012.

Art. 54. [De in artikel 53 bedoelde verlaging is niet toepasselijk op de verkoop van een onverdeeld deel, tenzij dit deel verbonden is aan een verdieping of aan een verdiepinggedeelte van een gebouw.

De verlaging bedoeld in artikel 53 is evenmin toepasselijk indien de verkrijger of zijn echtgenoot of wettelijke samenwonende het geheel of een onverdeeld deel van een zakelijk recht bezit op één of meer onroerende goederen waarvan het kadastraal inkomen voor het geheel of voor het onverdeeld deel samen met dat van het verkregen onroerend goed meer bedraagt dan het maximumbedrag waarin artikel 53bis voorziet.

De verlaging bedoeld in artikel 53, eerste lid, 2°, is evenmin toepasselijk indien de verkrijger of zijn echtgenoot of wettelijke samenwonende al het geheel of een onverdeeld deel van een zakelijk recht bezit op een gebouw dat geheel of gedeeltelijk voor de woning bestemd is, ongeacht of het in België of in het buitenland gelegen is.

Voor de toepassing van het tweede en het derde lid wordt evenwel geen rekening gehouden met:

1° de onroerende goederen die de verkrijger of zijn echtgenoot of wettelijke samenwonende enkel in blote eigendom bezitten en die werd verkregen uit de nalatenschap van hun respectieve bloedverwanten in de opgaande lijn;

2° de voorwaarde dat de verkoop het voorwerp van een authentieke akte is geweest, de onroerende goederen waarvan de verkrijger of zijn echtgeno(o)t(e) of wettelijke samenwonende daadwerkelijk het hem toebehorende zakelijk recht heeft afgestaan, hetzij uiterlijk in de loop van het jaar van de authentieke akte van aankoop van het onroerend goed dat in aanmerking kan komen voor de verlaging bedoeld in artikel 53, eerste lid, 2°, hetzij in de loop van het jaar van de eerste bezetting van het onroerend goed gebouwd op een terrein dat in aanmerking kan komen voor de verlaging bedoeld in artikel 57;

3° de voorwaarde dat de verkoop het voorwerp van een authentieke akte is geweest, de onroerende goederen die de verkrijger of zijn echtgeno(o)t(e) of wettelijke samenwonende niet persoonlijk bezet wegens wettelijke of contractuele belemmeringen waardoor de bezetting van het onroerend goed door die persoon zelf op de datum van de authentieke akte onmogelijk gemaakt wordt. Als dusdanig worden aangezien o.a. de gebouwen die onverbeterbare woningen zijn in de zin van artikel 1, 14°, van de Waalse huisvestingscode, als dusdanig erkend door een afgevaardigde van de Minister van Huisvesting of bij een besluit van de burgemeester;

De verlaging bedoeld in artikel 53 is geenszins toepasselijk op de terreinen die deel uitmaken van de nieuwe aankoop als het kadastraal inkomen ervan, samen met dat van de terreinen die de verkrijger of zijn echtgeno(o)t(e) of wettelijke samenwonende al bezit, hoger is dan 323 EUR.

In afwijking van deze bepaling, wordt evenwel geen rekening gehouden met de terreinen die de verkrijger of zijn echtgeno(o)t(e) of wettelijke samenwonende enkel in blote eigendom bezit en die verkregen werden uit de nalatenschap van hun respectieve bloedverwanten in de opgaande lijn.]

Vervangen bij art. 8 Decr. W. Parl. 10 december 2009 (B.S. 23.XII.2009, ed. 1), van toepassing vanaf 23 december 2009.

Art. 55. [De in artikel 53 voorziene verlaging is bovendien aan volgende voorwaarden verbonden:

1° [...]

2° [de akte of een door de verkrijger gewaarmerkte en ondertekende verklaring onderaan op de akte moet uitdrukkelijk vermelden:

a) dat de verkrijger en zijn echtgeno(o)t(e) of wettelijke samenwonende niet het geheel of een onverdeeld deel van een zakelijk recht bezitten op één of meer onroerende goederen waarvan het kadastraal inkomen voor het geheel of voor het onverdeelde deel, samen met dat van het verkregen onroerend goed, meer dan het krachtens artikel 53bis vastgestelde maximum bedraagt, afgezien van de onroerende goederen die de verkrijger en zijn echtgeno(o)t(e) of wettelijke samenwonende enkel in blote eigendom bezitten en die verkregen werden uit de nalatenschap van hun respectieve bloedverwanten in de opgaande lijn;

b) in geval van toepassing van artikel 53, eerste lid, 1°, dat het landgoed uitgebaat zal worden door de verkrijger, zijn echtgeno(o)t(e), zijn wettelijke samenwonende of hun nakomelingen;

c) in geval van toepassing van artikel 53, eerste lid, 2°, of van artikel 57, dat de verkrijger of zijn echtgeno(o)t(e) of wettelijke samenwonende niet het geheel of een onverdeeld deel van een zakelijk recht bezit op een ander gebouw dat geheel of gedeeltelijk voor woning bestemd is, in België of in het buitenland, afgezien van de onroerende goederen bedoeld in artikel 54, vierde lid; de nog te verkopen onroerende goederen bedoeld in artikel 54, vierde lid, 2°, zijn evenwel het voorwerp van een aparte melding met de nauwkeurige plaatsligging en de aard van het zakelijk recht waarvan de verkrijger of zijn echtgeno(o)t(e) of wettelijke samenwonende houder is op dat onroerend goed;

d) in geval van toepassing van artikel 53, eerste lid, 2°, of van artikel 57, dat de verkrijger of zijn echtgeno(o)t(e) of wettelijke samenwonende in het bevolkingsregister of in het vreemdelingenregister ingeschreven zal worden op het adres van het verkregen onroerend goed;

e) de datum van de verkoopovereenkomst waarop de verschuldigdheid van de rechten is ontstaan, overeenkomstig artikel 19, eerste lid, 2°; wanneer het te koop aangeboden onroerend goed al het voorwerp is geweest van een in artikel 53ter of in artikel 57bis bedoelde andere verkoop tussen dezelfde partijen en wanneer die verkoop bij overeenkomst is geannuleerd, vernietigd, ontbonden, herroepen of opgezegd binnen twaalf maanden voor de verkoop waarop de akte betrekking heeft, vermeldt de akte eveneens de voorheen geannuleerde, vernietigde, ontbonden, herroepen of opgezegde verkoopdatum].

[...]

In geval van niet-nakoming van een van bovenstaande voorwaarden uiterlijk wanneer de akte ter formaliteit wordt aangeboden, wordt deze akte tegen het gewoon recht geregistreerd; hetgeen boven het verlaagd recht geheven werd is vatbaar voor teruggaaf, tot beloop van de acht tienden, mits overlegging van een uittreksel uit de kadastrale legger en een verklaring ondertekend door de verkrijger, waarin de door voorgaand 2° beoogde vermeldingen voorkomen.]

Vervangen bij art. 25 W. 23 december 1958 (B.S. 7.I.1959); Al. 1, 1° opgeheven bij art. 79 W. 22 december 2009 (B.S. 31.XII.2009, ed. 2); Al. 1, 2° vervangen bij art. 9 Decr. W. Parl. 10 december 2009 (B.S. 23.XII.2009, ed. 1), van toepassing vanaf 23 december 2009; Al. 2 opgeheven bij art. 37 W. 19 juli 1979 (B.S. 22.VIII.1979).

Art. 56. Wanneer het kadastraal inkomen van het verkregen onroerend goed nog niet is vastgesteld, wordt het sub 1° van vorenstaand artikel bedoeld uittreksel uit de kadastrale legger vervangen door een attest van de controleur van het kadaster houdende dat het kadastraal inkomen van bewust onroerend goed nog moet vastgesteld worden.

In dit geval, wordt de akte, behoudens de in artikel 58 voorziene teruggaaf, tegen het gewoon recht geregistreerd.

Art. 57. [Met inachtneming van de beperkingen bedoeld in artikel 54, wordt het bij artikel 44 bepaalde recht verlaagd tot 6 %, of tot 5 % wanneer de verkoop aanleiding geeft tot de toekenning aan de verkrijger van een hypothecair krediet overeenkomstig het be-

sluit van de Waalse Regering van 20 december 2007 houdende het reglement van de hypotheekleningen van de "Société wallonne de Crédit social et des Guichets du Crédit social" of aan de toekenning van een hypothecair krediet door het "Fonds du logement des Familles nombreuses de Wallonie" overeenkomstig het besluit van de Waalse Regering van 25 februari 1999 met betrekking tot de hypotheekleningen en de huurtegemoetkoming van het "Fonds du logement des Familles nombreuses de Wallonie", voor de verkopen aan een natuurlijke persoon van een terrein bestemd voor de vestiging van een woning voor zover:

1° het verkregen goed en het gebouwde goed voldoen aan de voorwaarden opgenomen in artikel 53, eerste lid, 2°, met uitzondering van de voorwaarde die er in vermeld wordt met betrekking tot de maximumwaarde waarop de verlaagde voet waarin voorzien wordt toegepast kan worden.

De verkoopwaarde van het geheel van het goed, gebouwd door de verkrijger alleen of met andere personen, in de zin van artikel 46, zoals geraamd op de aankoopdatum van het terrein, mag evenwel niet hoger zijn dan het maximumbedrag waarin artikel 57bis voorziet;

2° de verkoopakte de bij artikel 55, eerste lid, 2°, geëiste meldingen bevat.

In dat geval wordt de akte in het gewoon recht geregistreerd, behoudens de teruggave bedoeld in artikel 58, na de voltooiing van de bouw.

Het maximaal kadastraal inkomen van het gebouwde goed en de aanhorigheden ervan is het inkomen bedoeld in artikel 53bis, eerste lid, 2°, al naargelang de verschillen waarin die bepaling voorziet, maar mits vervanging van de datum van de aankoopakte door de datum waarop het kadastraal inkomen vastgelegd wordt na de voltooiing van de bouw.]

Vervangen bij art. 10 Decr. W. Parl. 10 december 2009 (B.S. 23.XII.2009, ed. 1), van toepassing vanaf 23 december 2009.

[Art. 57bis. § 1. Al naargelang het gebouwde goed op 1 juli van het jaar dat voorafgaat aan dat van de verkoopovereenkomst van het terrein gelegen is in een gebied [met een vastgoeddruk bedoeld in artikel 1, 12°, van het besluit van de Waalse Regering van 25 februari 1999 betreffende de hypotheekleningen en huurtegemoetkoming van het "Fonds du Logement des Familles nombreuses de Wallonie"], of buiten die gebieden, wordt de in artikel 57, eerste lid, 1°, bedoelde verkoopwaarde van het geheel van het gebouwde goed vastgelegd op respectievelijk [...], 200.000 EUR en 191.000 EUR.

Voornoemde maximale verkoopwaarden worden vanaf het jaar 2011 jaarlijks aan de evolutie van de consumptieprijzenindex aangepast d.m.v. volgende formule: bedrag voor het lopende jaar vermenigvuldigd met de index van de maand juni van een jaar en gedeeld door de index van de maand juni van het voorafgaande jaar.

De bedragen die van 1 januari tot 31 december van het volgend jaar toepasselijk zijn worden vanaf het jaar 2010 jaarlijks in het Belgisch Staatsblad bekendgemaakt door het Operationeel directoraat-generaal Fiscaliteit van de Waalse Overheidsdienst. Ook de lijst van de gemeenten gelegen in een gebied [met een vastgoeddruk bedoeld in artikel 1, 12°, van het besluit van de Waalse Regering van 25 februari 1999 betreffende de hypotheekleningen en de huurtegemoetkoming van het "Fonds du Logement des Familles nombreuses de Wallonie] wordt door hetzelfde directoraatgeneraal op 1 juli van een jaar in het Belgisch Staatsblad bekendgemaakt.

De Waalse Regering kan de in het eerste lid bedoelde bedragen verhogen. Ze legt een ontwerp van decreet tot bekrachtiging van de aldus genomen besluiten aan het Waals Parlement over, onmiddellijk indien het vergadert, zo niet bij de opening van de eerstkomende zitting.

§ 2. De in § 1 bedoelde maximumwaarde die op het gebouwde goed toepasselijk is, is de waarde die voor bedoelde gemeente van kracht is in de loop van het jaar van de verkoop van het terrein.

Wanneer het te koop aangeboden onroerend goed al het voorwerp is geweest van een in dit artikel bedoelde andere verkoop tussen dezelfde partijen en wanneer die verkoop bij overeenkomst is geannuleerd, vernietigd, ontbonden, herroepen of opgezegd binnen twaalf maanden voor bedoelde verkoop, zijn de maximumwaarde van § 1 en het statuut van bedoelde gemeente, toepasselijk op het gebouwde goed, die welke voor bedoelde gemeente van kracht zijn in de loop van het jaar van de voorheen geannuleerde, vernietigde, ontbonden, herroepen of opgezegde verkoop van het terrein.]

Ingevoegd bij art. 11 Decr. W. Parl. 10 december 2009 (B.S. 23.XII.2009, ed. 1), van toepassing vanaf 23 december 2009; § 1, al. 1 gewijzigd bij art. 13, 1° en 2° Decr. W. Parl. 10 mei 2012 (B.S. 29.V.2012), van toepassing vanaf 1 januari 2012; § 1, al. 3 gewijzigd bij art. 13, 3° Decr. W. Parl. 10 mei 2012 (B.S. 29.V.2012), van toepassing vanaf 1 januari 2012.

Art. 58. [In de gevallen bedoeld in de artikelen 56 en 57 wordt hetgeen boven het verlaagd recht werd geheven, teruggegeven op overlegging van een na de vaststelling van het kadastraal inkomen afgeleverd uittreksel uit de kadastrale legger, alsook, enkel in het geval van artikel 57, van het overzicht van de bouwkost van het goed en van een raming van de verkoopwaarde ervan, in de zin van artikel 46, zoals geraamd op de aankoopdatum van het terrein.

Het bij artikel 53bis vastgelegde toepasselijk maximum is datgene dat van kracht was op de datum van de akte van verkrijging.]

[Zo, tussen de datum van de akte en 2 januari die volgt op het betrekken der gebouwde woning, nieuwe kadastrale inkomens, vastgesteld ingevolge een algemene perekwatie of een buitengewone herziening, voor de heffing der grondbelasting in toepassing worden gebracht, dan moet het voor de gebouwde woning in acht te nemen kadastraal inkomen bepaald worden volgens de regeling die op de datum van de akte van toepassing was. Het aldus bepaalde kadastrale inkomen wordt de verkrijger ter kennis gebracht; deze kan

bezwaar indienen volgens de procedure betreffende de vaststelling van de nieuwe kadastrale inkomens.]

Al. 2 vervangen bij art. 12 Decr. W. Parl. 10 december 2009 (B.S. 23.XII.2009, ed. 1), van toepassing vanaf 23 december 2009; Al. 3 ingevoegd bij art. 26 W. 23 december 1958 (B.S. 7.I.1959).

Art. 59. In geval van onjuistheid in de vermeldingen waarvan sprake in [artikel 55, eerste lid, 2°, [a] en c] verbeurt de verkrijger een aan het ontdoken recht gelijke geldboete.

[In geval van onjuistheid in de vermeldingen waarvan sprake in artikel 55, eerste lid, 2°, e), is artikel 204 toepasselijk.]

Al. 1 gewijzigd bij art. 38 W. 19 juli 1979 (B.S. 22.VIII.1979) en bij art. 148 W. 22 december 1989 (B.S. 29.XII.1989); Al. 2 ingevoegd bij art. 13 Decr. W. Parl. 10 december 2009 (B.S. 23.XII.2009, ed. 1), van toepassing vanaf 23 december 2009.

Art. 60. [Het voordeel van de vermindering bedoeld in artikel 53, eerste lid, 1°, blijft alleen dan behouden zo de verkrijger, zijn echtgenoot of hun afstammelingen zelf de landeigendom uitbaten. Die uitbating dient aangevangen binnen een termijn van vijf jaar, die ingaat op de datum van de akte van verkrijging en minstens drie jaar zonder onderbreking voortgezet.

Het voordeel van de vermindering bedoeld in artikel 53, eerste lid, 2°, en van de vermindering bedoeld in artikel 57 blijft alleen dan behouden zo de verkrijger of zijn echtgenoot of wettelijke samenwonende ingeschreven is in het bevolkingsregister of in het vreemdelingenregister op het adres van het verkregen onroerend goed.

Deze inschrijving moet geschieden binnen een termijn van drie jaar, te rekenen van de datum van de authentieke akte van verkrijging en minstens drie jaar zonder onderbreking behouden blijven.

De verlaging blijft evenwel verkregen zo niet-nakoming van die voorwaarden het gevolg is van overmacht of van een dwingende reden van medische, familiale, professionele of sociale aard. Onder dwingende reden van medische aard in de zin van het vorige lid wordt verstaan o.a. een toestand waarin zorgen verleend moeten worden aan de verkrijger, zijn echtgeno(o)t(e), wettelijke samenwonende, afstammelingen of aan de afstammelingen van zijn echtgeno(o)t(e) of wettelijke samenwonende en die ontstaan is na het verkrijgen van het onroerend goed, waardoor het voor die personen onmogelijk wordt om zich in het gebouw te vestigen, het uit te baten of erin te verblijven, zelfs met de hulp van het gezin of van een gezinshulporganisatie.]

Vervangen bij art. 14 Decr. W. Parl. 10 december 2009 (B.S. 23.XII.2009, ed. 1), van toepassing vanaf 23 december 2009.

Art. 61[1]. [Indien de vermindering vervalt bij gebreke van exploitatie binnen de termijn en gedurende de tijd bepaald in artikel 60, eerste lid, is de verkrijger, naast het aanvullend recht, een daaraan gelijke vermeerdering verschuldigd.

[Indien de vermindering vervalt bij gebrek aan inschrijving binnen de termijn en gedurende de tijd bepaald bij artikel 60, tweede lid, of indien ze vervalt bij gebrek aan wederverkoop van een woninggebouw bedoeld in artikel 54, vierde lid, 2°, hetzij uiterlijk in de loop van het jaar van de authentieke akte van verkrijging van het gebouw dat in aanmerking kan komen voor de verlaging bedoeld in artikel 53, eerste lid, 2°, hetzij in de loop van het jaar van de eerste bezetting van het pand gebouwd op een terrein dat in aanmerking kan komen voor de verlaging bedoeld in artikel 57, is de verkrijger, naast het aanvullend recht, een daaraan gelijke vermeerdering verschuldigd.]

De Minister van Financiën kan evenwel van die vermeerdering geheel of gedeeltelijk afzien.]

Hernummerd bij art. 4 W. 26 juli 1952 (B.S. 30.VIII.1952);
Al. 2 vervangen bij art. 15 Decr. W. Parl. 10 december 2009
(B.S. 23.XII.2009, ed. 1), van toepassing vanaf 23 december
2009.

[Art. 61[2]. Wanneer een ongebouwd landeigendom, verkregen met de in deze paragraaf bedoelde verlaging, naderhand in een ruiling betrokken wordt volgens artikel 72, treedt het in ruil verkregen goed, voor de toepassing [van de artikelen 60, eerste lid en 61[1], eerste lid], in de plaats van het oorspronkelijk verkregen goed.

[Hetzelfde heeft plaats in geval van ruilverkaveling van landeigendommen in der minne of uit kracht van de wet.] [In geval van gebruiksruil bij toepassing van titel I van de wet houdende bijzondere maatregelen inzake ruilverkaveling van landeigendommen uit kracht van de wet bij de uitvoering van grote infrastructuurwerken, treedt, voor de toepassing [van de artikelen 60, eerste lid en 61[1], eerste lid], het bij de akte van ruiling voor gebruik toebedeeld goed in de plaats van het verkregen goed.]

Ingevoegd bij art. 4 W. 26 juli 1952 (B.S. 30.VIII.1952);
Al. 1 gewijzigd bij art. 5 W. 19 mei 1998 (B.S. 14.VII.1998);
Al. 2 aangevuld bij art. 72, 1° W. 12 juli 1976 (B.S. 13.
VIII.1976) en gewijzigd bij art. 62, 1° W. 10 januari 1978
(B.S. 9.III.1978) en bij art. 5 W. 19 mei 1998 (B.S. 14.
VII.1998).

§ 5. Verkopingen aan personen die hun beroep maken van de aankoop van onroerende goederen met het oog op wederverkoop

Art. 62. [Het in artikel 44 bepaalde recht wordt tot 5 pct. verminderd voor de verkopingen die uit de hand en bij authentieke akte gedaan worden aan personen die hun beroep maken van het kopen en verkopen van onroerende goederen.

Deze vermindering is echter niet van toepassing op de verkopen van landeigendommen waarvan de verkoopwaarde het bedrag niet te boven gaat dat verkregen wordt bij vermenigvuldiging van het kadastraal inkomen met een door de Koning vastgestelde coëfficiënt.]

Vervangen bij art. 1 W. 27 april 1978 (B.S. 30.XI.1978).

Art. 63[1]. Om de in vorenstaand artikel voorziene vermindering te genieten, moet de beroepspersoon:

1° in de vorm en op het bij koninklijk besluit te bepalen kantoor, een beroepsverklaring ondertekenen en indienen;

2° op eigen kosten, zekerheid stellen voor de invordering van de sommen welke bij toepassing van artikel 64 en volgende artikelen van deze paragraaf vorderbaar kunnen worden;

3° [de erkenning verkregen hebben van een in België gevestigd vertegenwoordiger die medeaansprakelijk is en hoofdelijk met hem instaat voor de nakoming van zijn fiscale verplichtingen indien hij:

a) een natuurlijke persoon is en zijn wettelijke verblijfplaats buitend de Europese Economische Ruimte heeft;

b) een rechtspersoon is zonder vestiging in België en wiens maatschappelijke zetel gevestigd is buiten de Europese Economische Ruimte].

De vervulling van deze voorwaarden dient bevestigd hetzij in de akte van verkrijging, hetzij in een onderaan de akte gestelde verklaring of in een bijgevoegd schrijven. De verklaring wordt, vóór de registratie, door de verkrijger of, in zijn naam, door de werkende notaris ondertekend.

[Zo de verkrijging onroerende landgoederen tot voorwerp heeft, moet een uittreksel uit de kadastrale legger betreffende de verkregen goederen aan de akte gehecht zijn wanneer zij ter registratie wordt aangeboden.

De akte welke die bevestiging niet inhoudt of waarbij de verklaring en, in voorkomend geval, het uittreksel uit de kadastrale legger, zoals bedoeld in vorenstaande alinea's, niet gehecht zijn, wordt tegen het gewoon recht geregistreerd en geen vordering tot teruggaaf is ontvankelijk.]

[Een beroepspersoon, andere dan die bedoeld in het eerste lid, 3°, kan de erkenning verkrijgen van een in België gevestigde vertegenwoordiger die medeaansprakelijk is en hoofdelijk met hem instaat voor de nakoming van zijn fiscale verplichtingen.]

Hernummerd bij art. 3 W. 3 februari 1959 (B.S. 14.II.1959);
Al. 1, 3° vervangen bij art. 62, a) W. 14 april 2011 (B.S.
6.V.2011, ed. 1);
Al. 3 vervangen bij art. 2 W. 3 februari 1959 (B.S. 14.II.1959);
Al. 4 ingevoegd bij art. 2 W. 3 februari 1959 (B.S. 14.II.1959);
Al. 5 ingevoegd bij art. 62, b) W. 14 april 2011 (B.S. 6.V.2011,
ed. 1).

[Art. 63[2]. Wanneer door een schatting volgens artikelen 190 tot 199 bevonden wordt dat de verkoopwaarde van landgoederen, welke met toepassing van het bij artikel 62 voorzien verminderd recht verkregen werden, op de datum van de verkrijging de door laatstbedoeld artikel vastgestelde grens niet overtrof, is de verkrijger gehouden tot het betalen van het bijkomend recht berekend op de grondslag die voor de heffing van het verminderd recht gediend heeft, van een zelfde som als boete en van de kosten der procedure.]

Ingevoegd bij art. 3 W. 3 februari 1959 (B.S. 14.II.1959).

Art. 64. Het bij artikel 44 bepaald recht wordt vorderbaar ten laste van de verkrijger van het onroerend goed die het voordeel van artikel 62 heeft genoten, bijaldien bedoelde verkrijger of zijn rechthebbenden dit onroerend goed niet hebben vervreemd door wederverkoop of alle andere overdracht onder bezwarende titel, andere dan de inbreng in vennootschap, vastgesteld bij authentieke akte uiterlijk op 31 december van het tiende jaar na de datum van de koopakte.

De wederverkoop aan een beroepspersoon met toepassing van artikel 62 staat deze vorderbaarheid niet in de weg.

Art. 65. De verkrijger mag de betaling aanbieden van het gewoon recht vóór het verstrijken van de in eerste alinea van vorig artikel voorziene termijn.

Art. 66. Het recht dat voor de verkrijging van het goed betaald werd, mag niet op de krachtens artikelen 64 en 65 verschuldigde rechten worden aangerekend.

Art. 67. De overeenkomstig artikelen 64 en 65 vorderbare rechten worden berekend op de waarde die tot grondslag heeft gediend aan het voor de verkrijging betaald recht en naar het op de datum dezer verkrijging van kracht zijnde tarief.

Bijaldien slechts een deel van tegen een enige prijs aangekochte onroerende goederen wordt vervreemd, wordt de belastbare waarde van het niet vervreemde gedeelte bepaald naar verhouding van de grootte.

Art. 68. [In het geval van artikel 64 worden de gewone rechten vereffend op een verklaring die, binnen de [eerste vier maanden] na het verstrijken van het tiende jaar en op straf van boete gelijk aan de rechten, tot registratie dient aangeboden ten kantore in welks gebied de goederen gelegen zijn.]

In het geval van artikel 65, moet de verkrijger op bedoeld kantoor ter registratie een verklaring aanbieden waarin samenstelling en waarde zijn bepaald voor de goederen waarvoor hij de rechten wenst te betalen.

De bij dit artikel voorgeschreven verklaringen, welke door belanghebbende of zijn aangenomen vertegenwoordiger worden ondertekend, worden in dubbel gesteld, en een exemplaar blijft op het kantoor ter registratie. Deze verklaringen houden vermelding van de akte of de akten van verkrijging, van het nieuwe feit waaruit de verschuldigdheid van het recht volgt en al de tot de vereffening van de belasting nodige gegevens.

Al. 1 vervangen bij art. 4 W. 3 februari 1959 (B.S. 14.II.1959) en gewijzigd bij art. 152 W. 22 december 1989 (B.S. 29. XII.1989).

Art. 69. Bij overlijden van de vertegenwoordiger van een [beroepspersoon bedoeld in artikel 63[1], eerste lid, 3°, bij de intrekking van zijn erkenning of ingeval hij onbekwaam wordt verklaard om als vertegenwoordiger op te treden], dient binnen zes maanden in zijn vervanging voorzien.

Wanneer de door de verkrijger gestelde zekerheid ontoereikend wordt, dient hij, binnen de door het bestuur vastgestelde termijn, een aanvullende zekerheid te verstrekken.

Wordt aan vorenstaande voorschriften niet voldaan, zo wordt het volgens artikel 66 en 67 berekend gewoon recht op de niet wederverkochte goederen vorderbaar.

Al. 1 gewijzigd bij art. 63 W. 14 april 2011 (B.S. 6.V.2011, ed. 1).

Art. 70. De Minister van Financiën of zijn afgevaardigde bepaalt aard en bedrag der ter voldoening van artikelen 63, 2° (1), en 69 te stellen zekerheid of aanvullende zekerheid. Deze zekerheid dient gesteld onder de door de Minister of zijn afgevaardigde bepaalde voorwaarden en mag niet minder dan [[[5.000 EUR]]] bedragen.

Gewijzigd bij art. 1 W. 14 augustus 1947 (B.S. 17.IX.1947), bij art. 2-11 K.B. 20 juli 2000 (II) (B.S. 30.VIII.2000, err. B.S. 8.III.2001) en bij art. 42-5° K.B. 13 juli 2001 (B.S. 11. VIII.2001, err. B.S. 21.XII.2001).
Opmerking: (1) Lees: artikel 63[1], 2°.

Art. 71. Indien hij die een beroepsverklaring heeft ondertekend bij het verstrijken van een termijn van vijf jaar na die verklaring, niet bij machte is om door een reeks wederverkopen te laten blijken dat hij het aangegeven beroep werkelijk uitoefent, wordt hij schuldenaar van de gewone rechten op zijn aankopen, onder aftrek van de reeds geheven rechten, en daarenboven van een som gelijk aan de aanvullende rechten als boete.

§ 6. Ruiling van ongebouwde landgoederen

Art. 72. [Zijn vrijgesteld van het evenredig recht en onderworpen aan het algemeen vast recht, de ruilingen van ongebouwde landeigendommen waarvan de verkoopwaarde voor elk der kavels [het bedrag niet te boven gaat dat verkregen wordt bij vermenigvuldiging van het kadastraal inkomen met een door de Koning vastgestelde coëfficiënt.]

Evenwel wordt bij ongelijkheid van de kavels [het bij artikel 44 bepaalde recht] geheven op het waardeverschil of de opleg, indien deze groter is dan dat verschil. Dit recht wordt verlaagd tot 6 t.h. indien het waardeverschil op de opleg een vierde van de verkoopwaarde of de minste kavel niet te boven gaat.

De toepassing van dit artikel is ondergeschikt aan een [drievoudige voorwaarde]:

1° dat de verkoopwaarde van elke kavel door partijen wordt aangegeven, hetzij in de akte, hetzij onderaan de akte, vóór de registratie;

2° dat een uittreksel uit de kadastrale legger aan de akte wordt gehecht bij de registratie;]

[3° dat de partijen vóór de registratie, in een verklaring gedaan in de akte of onderaan op de akte, aanduiden of de geruilde onroerende goederen door henzelf of door derden worden geëxploiteerd en dat, in deze laatste onderstelling, de akte of een daaraan vóór de registratie gehecht schrijven de instemming inhoudt van alle exploitanten van de in de ruiling begrepen goederen.]

Vervangen bij art. 1 W. 26 juli 1952 (B.S. 30.VIII.1952);
Al. 1 gewijzigd bij art. 2, A W. 27 april 1978 (B.S. 30.XI.1978);
Al. 2 gewijzigd bij art. 15 K.B. nr. 12 18 april 1967 (B.S. 20.IV.1967);
Al. 3, inleidende zin gewijzigd bij art. 2, B W. 27 april 1978 (B.S. 30.XI.1978);
Al. 3, 3° ingevoegd bij art. 2, B W. 27 april 1978 (B.S. 30. XI.1978).

Art. 73[1]. [Voor elke te laag bevonden opleg of waardeverschil is, behalve het ontdoken recht, een geldboete van hetzelfde bedrag als dit recht vorderbaar.

Hetzelfde geldt voor elke overschatting van de kavels die een vermindering van het recht tot gevolg heeft.

De geldboete is evenwel niet verschuldigd, indien het verschil tussen de verkoopwaarde van de kavels en de aangegeven schatting minder dan een achtste hiervan bedraagt.

Het bepaalde in de artikelen 189 tot 201 geldt mede voor de controle op de in dit artikel omschreven schattingen.]

Hernummerd bij art. 7 W. 4 mei 1949 (B.S. 2.VI.1949) en vervangen bij art. 3 W. 26 juli 1952 (B.S. 30.VIII.1952).

[**Art. 73**[2]. In geval van onjuistheid van de verklaring betreffende de uitbating van de geruilde onroerende goederen, zijn de partijen ondeelbaar gehouden tot de betaling van het verschil tussen het gewoon recht en het geheven recht, alsook van een boete gelijk aan dat verschil.]

Ingevoegd bij art. 3 W. 27 april 1978 (B.S. 30.XI.1978).

§ *6bis. [...]*

Opschrift opgeheven bij art. 48, § 1 W. 25 juni 1956 (B.S. 9-10.VII.1956).

§ *7. Afzonderlijke verkrijgingen van de grond en van de opstal [...]*

Opschrift gewijzigd bij art. 2 W. 10 juli 1969 (B.S. 25. VII.1969).

Art. 74. [Wie bij een overdragende overeenkomst onder bezwarende titel, andere dan een inbreng in vennootschap, [vermeld in artikel 115bis] de eigendom heeft verkregen, hetzij van hout op stam onder beding

van het te vellen, hetzij van gebouwen onder beding van ze te slopen, en nadien onder de levenden de eigendom verkrijgt van de grond vooraleer het hout gans geveld is of de gebouwen volkomen gesloopt zijn, moet uit hoofde van de eerste verkrijging en op de grondslag aangewezen in artikel 45 en volgende, het voor de verkoop van onroerende goederen vastgesteld recht kwijten [, met aftrek van het evenredig registratierecht dat eventueel op deze verkrijging werd opgeheven].

Deze bepaling is evenwel niet van toepassing zo er bewezen wordt dat de belasting over de toegevoegde waarde werd gekweten voor de levering van het hout op stam of van de te slopen gebouwen.]

Vervangen bij art. 3 W. 10 juli 1969 (B.S. 25.VII.1969);
Al. 1 gewijzigd en aangevuld bij art. 42 W. 30 maart 1994 (B.S. 31.III.1994).

Art. 75. [Wordt als overdracht van een onroerend goed aangezien, die welke voortvloeit uit een overeenkomst onder de levenden te bezwarenden titel, andere dan een inbreng in vennootschap, [vermeld in artikel 115bis] en welke over de eigendom gaat hetzij van hout op stam, hetzij van gebouwen, zo bewuste overdracht ten bate van de eigenaar van de grond wordt toegestaan.

Deze bepaling is niet van toepassing zo de belasting over de toegevoegde waarde verschuldigd is voor de levering van de goederen die in de overeenkomst begrepen zijn. De heffing van het vast recht is echter ondergeschikt aan de vermelding, in de akte of in een erbij gevoegd geschrift, vóór de registratie, van het kantoor, waar de verkoper periodiek de aangiften indient die voor de heffing van de belasting over de toegevoegde waarde zijn vereist.]

Vervangen bij art. 4 W. 10 juli 1969 (B.S. 25.VII.1969);
Al. 1 gewijzigd bij art. 43 W. 30 maart 1994 (B.S. 31.III.1994).

§ *8. [...]*

Opschrift opgeheven bij art. 3, 1° W. 22 juni 1960 (B.S. 21.VII.1960).

Art. 76. [...]

Opgeheven bij art. 3, 1° W. 22 juni 1960 (B.S. 21.VII.1960).

Afdeling 2

[Openbare verkopingen van lichamelijke roerende goederen]

Opschrift vervangen bij art. 4 W. 23 december 1958 (B.S. 7.I.1959).

Art. 77. [Het recht wordt vastgesteld op 5 t.h. voor de openbare verkopingen van lichamelijke roerende goederen.]

Vervangen bij art. 4 W. 23 december 1958 (B.S. 7.I.1959).

Art. 78. [...]

Opgeheven bij art. 5 W. 10 juli 1969 (B.S. 25.VII.1969).

Art. 79. [De heffingsgrondslag wordt bepaald zoals gezegd in de artikelen 45 en 231.]

Vervangen bij art. 4 W. 23 december 1958 (B.S. 7.I.1959).

Art. 80. [Vrijgesteld van het recht van 5 pct. en onderworpen aan het algemeen vast recht zijn:

1° de openbare verkopingen op verzoek van iemand die handelt als belastingplichtige in de zin van de wetgeving op de belasting over de toegevoegde waarde;

2° de openbare verkopingen van goederen bedoeld in de artikelen 2 en 3 van titel I van het Wetboek der met het zegel gelijkgestelde taksen;

3° de openbare verkopingen van inlands hout, op stam of gekapt.

Voor de onder 1° bedoelde verkopingen wordt het vast recht geheven mits in het proces-verbaal of in een geschrift dat bij het proces-verbaal vóór de registratie is gevoegd, vermeld wordt bij welk kantoor de verkoper de periodieke aangiften voor de belasting over de toegevoegde waarde moet indienen.]

Vervangen bij art. 42 W. 27 december 1977 (B.S. 30. XII.1977).

Afdeling 3

[...]

Opschrift opgeheven bij art. 5 W. 23 december 1958 (B.S. 7.I.1959).

Art. 81-82. [...]

Opgeheven bij art. 5 W. 23 december 1958 (B.S. 7.I.1959).

Afdeling 4

Huurcontracten

Art. 83. [Het recht wordt vastgesteld op:

1° 0,20 pct. voor contracten van verhuring, onderverhuring en overdracht van huur van onroerende goederen;

2° 1,50 pct. voor jacht- en vispacht;

3° 2 pct. voor contracten tot vestiging van een erfpacht- of opstalrecht en tot overdracht daarvan, behalve wanneer daardoor een vereniging zonder winstoogmerk, een internationale vereniging zonder winstoogmerk of een gelijkaardige rechtspersoon die opgericht is volgens en onderworpen is aan de wetgeving van een lidstaat van de Europese Economische Ruimte en die bovendien zijn statutaire zetel, zijn hoofdbestuur of zijn hoofdvestiging binnen de Europese Economische Ruimte heeft, titularis van het erfpacht- of opstalrecht wordt, in welk geval het recht wordt vastgesteld op 0,50 pct.

Een rechtspersoon is gelijkaardig aan een VZW wanneer de volgende voorwaarden cumulatief zijn vervuld:

1° het doel van de rechtspersoon is belangeloos, zonder winstoogmerk;

2° de activiteit van de rechtspersoon mag niet leiden tot de materiële verrijking van:

a) de stichters, de leden of de bestuurders ervan;

b) de echtgenoot, de wettelijk samenwonende, een bloedverwant in de rechte lijn, een bloedverwant in de zijlijn die tot een stichter in een erfgerechtigde graad staat, of een andere rechtsopvolger van een stichter ervan;

c) de echtgenoot of een wettelijk samenwonende van een persoon bedoeld in a) en b);

3° in geval van ontbinding of vereffening van de rechtspersoon mogen de goederen ervan niet toekomen aan personen vermeld onder 2°, maar moeten ze worden overgedragen aan:

a) hetzij een gelijkaardige rechtspersoon die zelf is opgericht volgens en onderworpen aan de wetgeving van een lidstaat van de Europese Economische Ruimte en bovendien zijn statutaire zetel, zijn hoofdbestuur of zijn hoofdvestiging binnen de Europese Economische Ruimte heeft;

b) hetzij een lidstaat is van de Europese Economische Ruimte of een territoriaal gedecentraliseerde overheid van een EER-lidstaat is of nog, een dienstgewijze gedecentraliseerde overheid is van een dergelijke publiekrechtelijke rechtspersoon.]

[Contracten tot vestiging van erfpacht- of opstalrecht en overdrachten daarvan worden[, voor het overige,] met huurcontracten en -overdrachten gelijkgesteld, voor de toepassing van dit wetboek, behalve voor de toepassing van artikel 161, 12°.]

[Dit recht is evenwel niet verschuldigd in geval van toepassing van artikel 140bis.]

Al. 1-2 vervangen bij art. 12, a) Progr. W. 28 juni 2013 (B.S. 1.VII.2013, ed. 2), van toepassing vanaf 1 juli 2013 en eveneens van toepassing op de authentieke akten die vanaf 1 juli 2013 tot de formaliteit worden aangeboden indien ze een overeenkomst vaststellen die ook is vastgesteld in een onderhandse akte dagtekenend van voor die datum; Al. 3 vervangen bij art. 80 W. 22 december 2009 (B.S. 31. XII.2009, ed. 2) en gewijzigd bij art. 12, b) Progr. W. 28 juni 2013 (B.S. 1.VII.2013, ed. 2), van toepassing vanaf 1 juli 2013 en eveneens van toepassing op de authentieke akten die vanaf 1 juli 2013 tot de formaliteit worden aangeboden indien ze een overeenkomst vaststellen die ook is vastgesteld in een onderhandse akte dagtekenend van voor die datum; Al. 4 ingevoegd bij art. 63 W. 22 december 1998 (B.S. 15.I.1999).

Art. 84. De belastbare grondslag wordt als volgt vastgelegd:

voor huur van bepaalde duur, geldt als grondslag het voor de duur van het contract of, ter zake overdracht, voor het nog te lopen tijdperk samengevoegd bedrag van huursommen en aan huurder opgelegde lasten;

is zij levenslang of van onbepaalde duur, zo geldt

als grondslag het tienvoudig bedrag van de jaarlijkse huurprijs en lasten, zonder dat de belastbare som minder moge zijn dan het samengevoegd bedrag van huurprijzen en aan huurder opgelegde lasten voor de bij de huurakte voorziene minimumduur.

Bij overdracht van huur, wordt het bedrag of de waarde van de gebeurlijk ten bate van de overdrager bedongen prestatiën gevoegd bij de heffingsgrondslag zoals hij hiervoor is bepaald.

Afdeling 5

[...]

Opschrift opgeheven bij art. 7 W. 23 december 1958 (B.S. 7.I.1959).

Art. 85-86. [...]

Opgeheven bij art. 7 W. 23 december 1958 (B.S. 7.I.1959).

Afdeling 6

[Hypotheekvestigingen, inpandgevingen van een handelszaak en vestigingen van een landbouwvoorrecht]

Opschrift vervangen bij art. 8 W. 23 december 1958 (B.S. 7.I.1959).

Art. 87. [Worden aan een recht van 1 t.h. onderworpen, de vestigingen van een hypotheek op een in België gelegen onroerend goed [, of van 0 % indien de hypotheek bestaat uit een waarborg van een hypothecair krediet of een hypothecaire lening toegekend in de vorm van "Eco-Prêts" (Ecoleningen) overeenkomstig het besluit van de Waalse Regering van 20 december 2007 houdende het reglement van de hypothecaire leningen van de "Société wallonne de Crédit social" (Waalse Maatschappij voor Sociaal Krediet) en de "Guichets du Crédit social" (Sociale Kredietloketten), of toegekend door het "Fonds du Logement des Familles nombreuses de Wallonie" (Woningfonds van de Kroostrijke Gezinnen van Wallonië) overeenkomstig het besluit van de Waalse Regering van 25 februari 1999 betreffende de hypothecaire leningen en de huurtegemoetkoming van het "Fonds du Logement des Familles nombreuses de Wallonie" (Woningfonds van de Kroostrijke Gezinnen van Wallonië)].]

Vervangen bij art. 8 W. 23 december 1958 (B.S. 7.I.1959) en gewijzigd bij art. 4 Progr. Decr. W. Parl. 18 december 2008 (B.S. 30.XII.2008, ed. 1), van toepassing vanaf 1 januari 2009 en op alle authentieke akten verleden vanaf 1 januari 2009, zelfs indien een overeenkomst wordt vastgesteld die vóór die datum het voorwerp heeft uitgemaakt van een onderhandse akte.

Art. 88. [Worden aan een recht van 0,50 pct. onderworpen:
– de vestigingen van een hypotheek op een schip dat niet naar zijn aard voor het zeevervoer bestemd is;

– de inpandgevingen van een handelszaak; en
– de vestigingen van een landbouwvoorrecht.]

Vervangen bij art. 326 Progr. W. 27 december 2004 (B.S. 31.XII.2004, ed. 2, err. B.S. 18.I.2005).

Art. 89. [De bij artikelen 87 en 88 bepaalde rechten zijn van toepassing zelfs wanneer de hypotheek, het pand of het voorrecht gevestigd zijn tot zekerheid van een toekomstige schuld, van een voorwaardelijke of eventuele schuld of van een verbintenis om iets te doen.]

Vervangen bij art. 8 W. 23 december 1958 (B.S. 7.I.1959).

Art. 90. [De bij artikelen 87 en 88 bepaalde rechten zijn niet verschuldigd zo de gewaarborgde verbintenis voorkomt uit een contract waarop een evenredig recht van minstens 1 t.h. werd geheven.]

Vervangen bij art. 8 W. 23 december 1958 (B.S. 7.I.1959).

Art. 91. [De vestiging van een hypotheek op een in België gelegen onroerend goed tot zekerheid van een schuld die gewaarborgd is door een hypotheek op een schip dat niet naar zijn aard voor het zeevervoer bestemd is, door de verpanding van een handelszaak of door een landbouwvoorrecht, wordt aan het recht van 1 pct. onderworpen onder aftrek, in voorkomend geval, van het krachtens artikel 88 geheven recht van 0,50 pct.]

Vervangen bij art. 327 Progr. W. 27 december 2004 (B.S. 31.XII.2004, ed. 2, err. B.S. 18.I.2005).

Art. 92^1. [Onverminderd artikel 91, dekt het in artikelen 87 en 88 bedoeld recht alle vestiging van hypotheek, inpandgeving van een handelszaak of vestiging van een landbouwvoorrecht welke naderhand tot zekerheid van eenzelfde schuldvordering van hetzelfde gewaarborgd bedrag mocht worden toegestaan.]

Vervangen bij art. 8 W. 23 december 1958 (B.S. 7.I.1959) en hernummerd bij art. 17 K.B. nr. 12, 18 april 1967 (B.S. 20. IV.1967).

[Art. 92^2. [De overdracht van een hypotheek op een in België gelegen onroerend goed met inbegrip van de voorrechten bedoeld bij artikel 27 van de wet van 16 december 1851, van een hypotheek op een schip dat niet naar zijn aard voor het zeevervoer bestemd is, van de verpanding van een handelszaak of van een landbouwvoorrecht, ingevolge de overdracht onder bezwarende titel van de schuldvordering, de contractuele indeplaatsstelling of elke andere verrichting onder bezwarende titel, wordt onderworpen aan een recht van 1 pct. of van 0,50 pct., al naargelang de overdracht al dan niet een hypotheek op een onroerend goed betreft.]]

Ingevoegd bij art. 17 K.B. nr. 12, 18 april 1967 (B.S. 20. IV.1967) en vervangen bij art. 328 Progr. W. 27 december 2004 (B.S. 31.XII.2004, ed. 2, err. B.S. 18.I.2005).

Art. 93. [Het recht van 1 t.h. of van 0,50 t.h. wordt vereffend op het bedrag van de sommen die door de hypotheek, het pand of het landbouwvoorrecht gewaarborgd zijn, met uitsluiting van de interesten of rentetermijnen van drie jaren, die gewaarborgd zijn door artikel 87 van de wet van 16 december 1851.]

Vervangen bij art. 18 K.B. nr. 12 18 april 1967 (B.S. 20. IV.1967).

Art. 94. [Schepen worden niet onderworpen aan het in artikel 88 bepaalde recht op voorwaarde dat:

1° een getuigschrift, afgeleverd door de bevoegde scheepshypotheekbewaarder, ter bevestiging dat het schip is geregistreerd in het Belgisch register der zeeschepen of dat voor het schip een aangifte voor registratie in het Belgisch register der zeeschepen werd ingediend, aan de akte wordt gehecht;

2° de akte, of een door de hypotheeksteller gewaarmerkte en ondertekende verklaring onderaan op de akte, uitdrukkelijk vermeldt dat het schip naar zijn aard voor het zeevervoer bestemd is.]

Opgeheven bij art. 8 W. 23 december 1958 (B.S. 7.I.1959) en opnieuw ingevoegd bij art. 329 Progr. W. 27 december 2004 (B.S. 31.XII.2004, ed. 2, err. B.S. 18.I.2005).

Afdeling 7

[...]

Opschrift opgeheven bij art. 9 W. 23 december 1958 (B.S. 7.I.1959).

Art. 95-98. [...]

Opgeheven bij art. 9 W. 23 december 1958 (B.S. 7.I.1959).

Afdeling 8

[...]

Opschrift opgeheven bij art. 9 W. 23 december 1958 (B.S. 7.I.1959).

Art. 99-102. [...]

Opgeheven bij art. 9 W. 23 december 1958 (B.S. 7.I.1959).

Afdeling 9

[Opheffingen]

Opschrift vervangen bij art. 10 W. 23 december 1958 (B.S. 7.I.1959).

Art. 103. [§ 1. Elke gehele of gedeeltelijke handlichting van een in België genomen hypothecaire in-schrijving, gedaan bij een akte bedoeld in artikel 19, 1°, is onderworpen aan een specifiek vast recht van 75 euro.

§ 2. In afwijking van paragraaf 1 geven slechts aanleiding tot éénmaal de heffing van het recht bedoeld in paragraaf 1, de handlichtingen vastgesteld in één akte:

1° van inschrijvingen genomen lastens éénzelfde schuldenaar-hypotheeksteller;

2° van inschrijvingen genomen lastens een schuldenaar-hypotheeksteller en een persoon-hypotheeksteller als waarborg voor de eerstgenoemde;

3° van inschrijvingen van wettelijke hypotheken lastens éénzelfde schuldenaar;

4° van door een hypotheekbewaarder ambtshalve genomen inschrijvingen;

5° die geschieden in het kader van een openbare verkoping na beslag of van een verkoop uit de hand bedoeld in artikel 1580bis van het Gerechtelijk Wetboek.]

Hersteld (na opheffing bij art. 10 W. 23 december 1958) bij art. 24 W. 19 mei 2010 (B.S. 28.V.2010, ed. 2).

Art. 104. [...]

Opgeheven bij art. 10 W. 23 december 1958 (B.S. 7.I.1959).

Art. 105. [...]

Opgeheven bij art. 153, 1° W. 22 december 1998 (B.S. 15.I.1999).

Art. 106. [...]

Opgeheven bij art. 153, 2° W. 22 december 1998 (B.S. 15.I.1999).

Art. 107. [...]

Opgeheven bij art. 10 W. 23 december 1958 (B.S. 7.I.1959).

Art. 108. [...]

Opgeheven bij art. 153, 3° W. 22 december 1998 (B.S. 15.I.1999).

Afdeling 10

Verdelingen

Art. 109. [Het recht wordt op 1 t.h. vastgesteld voor:

1° de gedeeltelijke of gehele verdelingen van onroerende goederen;

2° de afstanden onder bezwarende titel, onder mede-eigenaars, van onverdeelde delen in onroerende goederen;]

[3° de omzetting bedoeld in de artikelen 745quater en 745quinquies van het Burgerlijk Wetboek, zelfs indien er geen onverdeeldheid is.]

Vervangen bij art. 16 W. 23 december 1958 (B.S. 7.I.1959);
3° ingevoegd bij art. 33 W. 14 mei 1981 (B.S. 27.V.1981).

Art. 110. [Voor de goederen waarvan de akte de onverdeeldheid doet ophouden onder al de mede-eigenaars, wordt het recht vereffend op de waarde van die goederen.

Voor de goederen waarvan de akte de onverdeeldheid niet doet ophouden onder al de mede-eigenaars, wordt het recht vereffend op de waarde der afgestane delen.]

Vervangen bij art. 16 W. 23 december 1958 (B.S. 7.I.1959).

Art. 111. [De heffingsgrondslag is bepaald door de overeengekomen waarde der goederen, zoals ze blijkt uit de bepalingen van de akte, zonder dat hij lager dan de verkoopwaarde mag zijn.

Wanneer de bepalingen van de akte het niet mogelijk maken de overeengekomen waarde vast te stellen, wordt daarin overeenkomstig artikel 168 voorzien.

In voorkomend geval wordt de verkoopwaarde van het vruchtgebruik of van de blote eigendom overeenkomstig artikelen 47 tot 50 vastgesteld.]

Vervangen bij art. 16 W. 23 december 1958 (B.S. 7.I.1959).

Art. 112. [...]

Opgeheven bij art. 16 W. 23 december 1958 (B.S. 7.I.1959).

Art. 113. [In geval van toebedeling bij verdeling of van afstand van onverdeelde delen aan een derde die bij overeenkomst een onverdeeld deel heeft verkregen van goederen toebehorende aan één of meer personen, wordt het recht, met afwijking van artikel 109, geheven tegen het voor de overdrachten onder bezwarende titel vastgesteld tarief, op de delen waarvan de derde ten gevolge van de overeenkomst eigenaar wordt, en zulks volgens de in artikelen 45 tot 50 voorziene regels.

Deze bepaling is van toepassing wanneer de toebedeling van goederen of de afstand van onverdeelde delen gedaan wordt aan de erfgenamen of legatarissen van de overleden derde verkrijger. Zij is niet van toepassing wanneer de derde, aan wie de toebedeling of de afstand gedaan wordt, met anderen het geheel van één of meer goederen heeft verkregen.]

Vervangen bij art. 17 W. 23 december 1958 (B.S. 7.I.1959).

Art. 114. De bepalingen van deze afdeling zijn niet van toepassing op de uitvoering van een beding van terugvalling of van aanwas.

Afdeling 11

Burgerlijke en handelsvennootschappen

Art. 115. [[Aan [een recht van [0 pct.]] wordt onderworpen de inbreng van [roerende] goederen in burgerlijke of handelsvennootschappen waarvan hetzij de zetel der werkelijke leiding in België, hetzij de statutaire zetel in België en de zetel der werkelijke leiding buiten het grondgebied der Lid-Staten van de Europese Economische Gemeenschap, is gevestigd, onverschillig of de inbreng bij de oprichting van de vennootschap of naderhand plaats heeft.]

Het recht wordt vereffend op het totaal bedrag van de inbrengen.

Bij de inbreng van geldspecie in coöperatieve vennootschappen is het recht desgevallend slechts verschuldigd in de mate dat het bedrag van het nieuw maatschappelijk fonds hoger is dan het voordien belast bedrag van dit fonds.]

Vervangen bij art. 6 W. 14 april 1965 (B.S. 24.IV.1965);
Al. 1 vervangen bij art. 4 W. 3 juli 1972 (B.S. 1.VIII.1972) en gewijzigd bij art. 1 W. 1 maart 1977 (B.S. 31.III.1977), bij art. 44 W. 30 maart 1994 (B.S. 31.III.1994) en bij art. 20 W. 22 juni 2005 (B.S. 30.VI.2005, ed. 1).

[Art. 115bis. De inbrengen van onroerende goederen, andere dan die welke gedeeltelijk of geheel tot bewoning aangewend worden of bestemd zijn en door een natuurlijke persoon ingebracht worden, in burgerlijke vennootschappen of handelsvennootschappen waarvan de zetel van werkelijke leiding in België gevestigd is, of de statutaire zetel in België en de zetel van werkelijke leiding buiten het grondgebied van de Lid-Staten van de Europese Gemeenschap gevestigd is, worden aan het recht van [0 pct.] onderworpen.

In geval van onjuiste verklaring betreffende de aanwending of de bestemming van het onroerend goed, zijn de aanvullende rechten opeisbaar en verbeurt iedere partij een boete gelijk aan de rechten.]

Ingevoegd bij art. 45 W. 30 maart 1994 (B.S. 31.III.1994);
Al. 1 gewijzigd bij art. 20 W. 22 juni 2005 (B.S. 30.VI.2005, ed. 1).

Art. 116. [Aan [een recht van [0 pct.]] wordt onderworpen de vermeerdering van het statutair kapitaal, zonder nieuwe inbreng, van een vennootschap waarvan hetzij de zetel der werkelijke leiding in België, hetzij de statutaire zetel in België en de zetel der werkelijke leiding buiten het grondgebied der Lid-Staten van de Europese Economische Gemeenschap is gevestigd.

Het recht wordt vereffend op het bedrag van de vermeerdering.

Het recht is niet verschuldigd in de mate waarin het statutair kapitaal vermeerderd wordt door inlijving van reserves of provisies, die gevestigd werden, bij gelegenheid van inbrengen gedaan in de vennootschap, ter vertegenwoordiging van het geheel of een gedeelte van het bedrag van die inbrengen dat onderworpen werd aan het bij artikel 115 bedoeld recht.]

Vervangen bij art. 5 W. 3 juli 1972 (B.S. 1.VIII.1972);
Al. 1 gewijzigd bij art. 2 W. 1 maart 1977 (B.S. 31.III.1977) en bij art. 20 W. 22 juni 2005 (B.S. 30.VI.2005, ed. 1).

Art. 117. [§ 1. Het bij artikel 115 bepaalde recht is niet verschuldigd in geval van inbreng van de universaliteit der goederen van een vennootschap, bij wijze van fusie, splitsing of anderszins, in een of meer nieuwe of bestaande vennootschappen.

Deze bepaling is evenwel slechts toepasselijk op voorwaarde:

1° dat de vennootschap die de inbreng doet de zetel van haar werkelijke leiding of haar statutaire zetel heeft op het grondgebied van een Lid-Staat van de Europese Gemeenschappen;

2° dat, eventueel na aftrek van de op het tijdstip van de inbreng door de inbrengende vennootschap verschuldigde sommen, de inbreng uitsluitend vergoed wordt hetzij door toekenning van aandelen of deelbewijzen die maatschappelijke rechten vertegenwoordigen, hetzij door toekenning van aandelen of deelbewijzen die maatschappelijke rechten vertegenwoordigen samen met een storting in contanten die het tiende van de nominale waarde van de toegekende maatschappelijke aandelen of deelbewijzen niet overschrijdt.

§ 2. Het bij artikel 115 bepaalde recht is eveneens niet verschuldigd, onder de voorwaarden die de Koning bepaalt, voor de inbrengen gedaan door een vennootschap waarvan de zetel der werkelijke leiding of de statutaire zetel gevestigd is op het grondgebied van een Lid-Staat van de Europese Gemeenschappen, van goederen die één of meer van haar bedrijfstakken uitmaken.]

[§ 3. Het bij artikel 115 bepaalde recht is eveneens niet verschuldigd in geval van inbreng van aandelen [, aandelencertificaten] of deelbewijzen die maatschappelijke rechten vertegenwoordigen, die tot gevolg heeft dat de vennootschap bij wie de inbreng gebeurt, ten minste 75 pct. van het maatschappelijk kapitaal verwerft van de vennootschap waarvan de aandelen [, aandelencertificaten] of deelbewijzen zijn ingebracht.

Wanneer dat percentage ten gevolge van verscheidene inbrengen is bereikt, is deze paragraaf alleen toepasselijk op de inbrengen die het bereiken van het percentage mogelijk hebben gemaakt, alsmede op de daaropvolgende inbrengen.

Bovendien vindt deze paragraaf alleen toepassing wanneer voldaan is aan de volgende voorwaarden:

1° de vennootschap die verkrijgt en de vennootschap waarvan de aandelen of deelbewijzen zijn ingebracht, moeten beide hun zetel der werkelijke leiding of hun statutaire zetel hebben op het grondgebied van een lidstaat van de Europese Gemeenschappen;

2° de inbreng moet uitsluitend door uitgifte van aandelen of nieuwe deelbewijzen van de verkrijgende vennootschap vergoed worden, samen met een storting in contanten die het tiende van de nominale waarde van de toegekende maatschappelijke aandelen of deelbewijzen niet overschrijdt;

3° de akte van inbreng moet vermelden dat bij de inbreng ten minste 75 pct. van het maatschappelijk kapitaal van de vennootschap waarvan de aandelen of deelbewijzen zijn ingebracht, door de verwervende vennootschap wordt verkregen;

4° een attest van een bedrijfsrevisor dat het ver-melde feit overeenkomstig het 3° van dit lid bevestigt, moet aan de akte worden aangehecht.

In geval van niet-nakoming van een van de toepassingsvoorwaarden van deze paragraaf uiterlijk wanneer de akte ter formaliteit wordt aangeboden, wordt deze akte tegen het gewoon recht geregistreerd.]

§§ 1-2 vervangen bij art. 8 W. 12 augustus 1985 (B.S. 12. IX.1985);
§ 3 ingevoegd bij art. 65 W. 22 december 1998 (B.S. 15.I.1999);
§ 3, al. 1 gewijzigd bij art. 42 W. 2 mei 2002 (B.S. 11. XII.2002).

Art. 118. [Voor de toepassing van dit Wetboek worden beschouwd als oprichtingen van een nieuwe vennootschap:

1° de overbrenging naar België van de zetel der werkelijke leiding van een vennootschap waarvan de statutaire zetel in het buitenland is;

2° de overbrenging naar België van de statutaire zetel van een vennootschap waarvan de zetel der werkelijke leiding in het buitenland is;

3° de overbrenging van het buitenland naar België, van de statutaire zetel en van de zetel der werkelijke leiding van een vennootschap.

In deze gevallen omvat de inbreng de goederen van elke aard die aan de vennootschap toebehoren op het tijdstip van de overbrenging.]

Vervangen bij art. 7 W. 3 juli 1972 (B.S. 1.VIII.1972).

Art. 119. [In de gevallen bedoeld [in de artikelen 115, 115bis en 118] wordt de belastbare grondslag vastgesteld met inachtneming van de waarde der als vergelding van de inbrengen toegekende maatschappelijke rechten, zonder dat hij nochtans minder mag bedragen dan de verkoopwaarde van de goederen onder aftrek van de lasten die de vennootschap op zich neemt boven de toekenning van de maatschappelijke rechten.

De inbrengen die bestaan uit andere zaken dan geldspecie of goederen in natura worden geraamd bij vergelijking met de inbrengen van geldspecie of goederen in natura, gelet op de onderscheiden aandelen van de inbrengen in de winst.

De verkoopwaarde van het vruchtgebruik of van de blote eigendom van in België gelegen onroerende goederen wordt bepaald overeenkomstig de artikelen 47 tot 50.]

Vervangen bij art. 10 W. 14 april 1965 (B.S. 24.IV.1965);
Al. 1 gewijzigd bij art. 46 W. 30 maart 1994 (B.S. 31.III.1994).

Art. 120. [Wanneer een inbreng in vennootschap gedeeltelijk vergolden wordt anders dan bij toekenning van maatschappelijke rechten, wordt de overeenkomst, naarmate van deze vergelding, onderworpen aan de rechten zoals ze in dit hoofdstuk vastgesteld zijn voor de overeenkomsten onder bezwarende titel die goederen van dezelfde aard tot voorwerp hebben.

Zo een inbreng meteen onroerende goederen [vermeld in artikel 115bis] en goederen van een andere aard begrijpt, worden, niettegenstaande elk strijdig beding, de maatschappelijke rechten en de andere lasten, die de vergelding van bedoelde inbreng uitmaken, geacht evenredig verdeeld te zijn tussen de waarde die aan de onroerende goederen is toegekend en die welke aan de andere goederen is toegekend, bij de overeenkomst. De te vervallen huurprijzen van de huurcontracten waarvan de rechten worden ingebracht, worden evenwel geacht enkel op laatstbedoelde rechten betrekking te hebben.]

[Deze bepalingen zijn evenwel niet toepasselijk bij inbreng van de universaliteit van de goederen of van een bedrijfstak overeenkomstig artikel 117.]

Vervangen bij art. 11 W. 14 april 1965 (B.S. 24.IV.1965);
Al. 2 gewijzigd bij art. 47, 1° W. 30 maart 1994 (B.S. 31. III.1994);
Al. 3 ingevoegd bij art. 47, 2° W. 30 maart 1994 (B.S. 31. III.1994).

Art. 121. [Met afwijking van de artikelen 115, [115bis,] 118 en 120, worden van het evenredig recht vrijgesteld:

1° de omvorming van een vennootschap met rechtspersoonlijkheid in een vennootschap van een verschillende soort [en de omzetting van een vereniging zonder winstoogmerk in een vennootschap met een sociaal oogmerk]. Deze bepaling is toepasselijk zelfs wanneer de omvorming plaats heeft bij wege van liquidatie gevolgd door de oprichting van een nieuwe vennootschap, voor zover deze wederoprichting in de akte van in liquidatie stellen in het vooruitzicht wordt gesteld en binnen vijftien dagen na die akte plaats heeft;

2° de wijziging van het voorwerp van een vennootschap;

3° [de overbrenging van de zetel der werkelijke leiding of de statutaire zetel van een vennootschap, wanneer deze overbrenging geschiedt uit het grondgebied van een Lid-Staat van de Europese Economische Gemeenschap of wanneer het een overbrenging naar België betreft van de zetel der werkelijke leiding van een vennootschap waarvan de statutaire zetel zich reeds op het grondgebied van de genoemde gemeenschap bevindt. Deze bepaling is slechts toepasselijk in de mate waarin het vaststaat dat de vennootschap behoort tot de soort van die welke onderworpen zijn aan een belasting op het bijeenbrengen van kapitaal in het land dat in aanmerking komt voor het voordeel van de vrijstelling.]

[In alle gevallen wordt het recht geheven op de vermeerdering van het statutair kapitaal van de vennootschap, zonder nieuwe inbreng, of op de inbrengen van nieuwe goederen, die gedaan worden ter gelegenheid van de omvorming, de wijziging van het voorwerp of de overbrenging van de zetel.]]

Vervangen bij art. 12 W. 14 april 1965 (B.S. 24.IV.1965);
Al. 1, inleidende zin gewijzigd bij art. 48 W. 30 maart 1994 (B.S. 31.III.1994);
Al. 1, 1° gewijzigd bij art. 66 W. 22 december 1998 (B.S.

15.I.1999);
Al. 1, 3° vervangen bij art. 9, § 1 W. 3 juli 1972 (B.S. 1. VIII.1972);
Al. 2 vervangen bij art. 9, § 2 W. 3 juli 1972 (B.S. 1.VIII.1972).

Art. 122[1]**.** [Onder voorbehoud van de bepalingen van artikel 120, wordt van het evenredig recht vrijgesteld de inbreng gedaan:

1° aan maatschappijen erkend hetzij door de Nationale Maatschappij voor de huisvesting, hetzij door de [Nationale Landmaatschappij], [hetzij door de Gewestelijke Maatschappijen opgericht in uitvoering van de wet van 28 december 1984 tot afschaffing of herstructurering van sommige instellingen van openbaar nut];

2° aan maatschappijen die uitsluitend ten doel hebben leningen te doen met het oog op het bouwen, het aankopen of het inrichten van volkswoningen, kleine landeigendommen of daarmee gelijkgestelde woningen, alsmede de uitrusting ervan met geschikt mobilair;

3° [aan de coöperatieve vennootschappen Woningfonds van de bond der kroostrijke gezinnen van België, Vlaams Woningfonds van de Grote Gezinnen, Woningfonds van de Kroostrijke Gezinnen van Wallonië en Woningfonds van de gezinnen van het Brusselse Gewest.]]

[4° [aan de beleggingsvennootschappen bedoeld in artikel 6 van de wet van 20 juli 2004 betreffende bepaalde vormen van collectief beheer van beleggingsportefeuilles].]

[[Het evenredig recht, zonder aftrek van het reeds geïnde algemeen vast recht, wordt echter opeisbaar wanneer de in het eerste lid, 4°, bedoelde beleggingsvennootschap de erkenning overeenkomstig de wet van 20 juli 2004 betreffende bepaalde vormen van collectief beheer van beleggingsportefeuilles niet verkrijgt of verliest, al naar het geval, zulks vanaf de datum van de beslissing tot weigering of tot intrekking van de erkenning.]]

Hernummerd bij art. 20 W. 23 december 1958 (B.S. 7.I.1959);
Vervangen bij art. 13 W. 14 april 1965 (B.S. 24.IV.1965);
Al. 1, 1° gewijzigd bij art. 55, W. 22 juli 1970 (B.S. 4.IX.1970, err. B.S. 11.XII.1970) en bij art. 155, 1° W. 22 december 1989 (B.S. 29.XII.1989);
Al. 1, 3° vervangen bij art. 155, 2° W. 22 december 1989 (B.S. 29.XII.1989);
Al. 1, 4° ingevoegd bij art. 147 W. 4 december 1990 (B.S. 22.XII.1990) en vervangen bij art. 343, 1° W. 27 december 2006 (B.S. 28.XII.2006, ed. 3);
Al. 2 ingevoegd bij art. 59, 2° W. 28 december 1992 (B.S. 31.XII.1992) en vervangen bij art. 343, 2° W. 27 december 2006 (B.S. 28.XII.2006, ed. 3).

[Art. 122[2]**. [...]]**

Ingevoegd bij art. 20 W. 23 december 1958 (B.S. 7.I.1959) en opgeheven bij art. 14, 1° W. 14 april 1965 (B.S. 24.IV.1965).

Art. 123. [Onder voorbehoud van de bepalingen van de artikelen 44 en 120 wordt van het evenredig recht vrijgesteld, de vermeerdering van het statutair kapitaal, met nieuwe inbreng, door een vennootschap bedoeld in artikel 201, eerste lid, 1°, van het Wetboek van de inkomstenbelastingen 1992, mits aandelen of andere met aandelen gelijk te stellen waardepapieren van die vennootschap ter notering op een Belgische effectenbeurs zijn toegelaten.

Deze vrijstelling is alleen toepasselijk indien in de akte of in een vóór de registratie bij de akte te voegen geschrift wordt bevestigd dat de toepassingsvoorwaarden ervan zijn vervuld.

In geval van onjuistheid van die vermelding verbeurt de vennootschap een boete gelijk aan het ontdoken recht.]

Vervangen bij art. 35 Progr. W. 10 februari 1998 (B.S. 21. II.1998, err. B.S. 2.XII.1998).

Art. 124. [Onder voorbehoud van de voorschriften van de artikelen 44 en 120, worden van het evenredig recht vrijgesteld:

1° de statutaire kapitaalsverhoging, uitgevoerd bij toepassing van een participatieplan bedoeld in artikel 2, 7°, van de wet van 22 mei 2001 betreffende de werknemersparticipatie in het kapitaal en in de winst van de vennootschappen, en ten belope van de kapitaalsparticipaties bedoeld in artikel 2, 17°, van dezelfde wet;

2° de inbreng in een coöperatieve participatievennootschap uitgevoerd volgens artikel 12, § 2, van dezelfde wet.

Deze vrijstelling is slechts toepasbaar voor zover er vermeld is in de akte of in een vóór de registratie bij de akte gevoegd geschrift dat de toepassingsvoorwaarden zijn vervuld.

Ingeval deze vermelding ontbreekt of onjuist is, loopt de vennootschap een boete op gelijk aan het ontdoken recht.]

Vervangen bij art. 31 W. 22 mei 2001 (B.S. 9.VI.2001).

Art. 125-127. [...]

Opgeheven bij art. 14, 5° W. 14 april 1965 (B.S. 24.IV.1965).

Art. 128. Met afwijking van artikel 2, mogen de onderhandse akten welke de [in de artikelen 115 tot 122] bedoelde overeenkomsten tot voorwerp hebben, op de originelen of op afschriften of uittreksels worden geregistreerd. [Wanneer de afschriften of uittreksels ter registratie worden aangeboden, moeten ze vergezeld zijn van de oorspronkelijke akte.]

[Artikel 21[1]] wordt toepasselijk gemaakt op de onderhandse of buitenlands verleden akten die dezelfde overeenkomsten tot voorwerp hebben, al hadden deze geen betrekking op in België gelegen onroerende goederen.

Al. 1 aangevuld bij art. 23, al. 1 W. 23 december 1958 (B.S. 7.I.1959) en gewijzigd bij art. 15 W. 14 april 1965 (B.S. 24.IV.1965);
Al. 2 gewijzigd bij art. 23, al. 2 W. 23 december 1958 (B.S. 7.I.1959).

Art. 129. [Het verkrijgen anderszins dan bij inbreng in vennootschap, door één of meer vennoten, van in België gelegen onroerende goederen, [voortkomende van een vennootschap onder firma of van een gewone commanditaire vennootschap, van een besloten vennootschap met beperkte aansprakelijkheid of van een landbouwvennootschap] geeft, welke ook de wijze zij waarop het geschiedt, aanleiding tot het heffen van het voor verkopingen gesteld recht.

In geval van afgifte van de maatschappelijke goederen door de vereffenaar van de in vereffening gestelde vennootschap aan al de vennoten, is voorgaand lid van toepassing op de latere toebedeling van de goederen aan één of meer vennoten.

Lid 1 is niet toepasselijk zo het gaat om:

1° onroerende goederen welke in de vennootschap werden ingebracht, wanneer zij verkregen worden door de persoon die de inbreng gedaan heeft;

2° onroerende goederen welke door de vennootschap met betaling van het voor de verkopingen bepaald registratierecht verkregen werden, wanneer het vaststaat dat de vennoot die eigenaar van die onroerende goederen wordt deel uitmaakte van de vennootschap toen laatstgenoemde de goederen verkreeg.]

Vervangen bij art. 24 W. 23 december 1958 (B.S. 7.I.1959);
Al. 1 gewijzigd bij art. 38 W. 12 juli 1979 (B.S. 6.IX.1979).

Art. 130. Het verkrijgen anderszins dan bij inbreng in vennootschap door één of meer vennoten van in België gelegen onroerende goederen, voortkomende van een vennootschap op aandelen, een coöperatieve vennootschap [...] geeft, welke ook de wijze zij waarop het geschiedt, aanleiding tot het heffen van het voor verkopingen gesteld recht.

Gewijzigd bij art. 2, 4° W. 14 maart 1962 (B.S. 17.III.1962).

Afdeling 12

Schenkingen

[Onderafdeling 1

Algemene bepalingen]

Opschrift ingevoegd bij art. 67 W. 22 december 1998 (B.S. 15.I.1999).

Art. 131. [Voor de schenkingen onder de levenden van roerende of onroerende goederen wordt over het bruto-aandeel van elk der begiftigden een evenredig recht geheven volgens het tarief in onderstaande tabellen aangeduid.

Hierin wordt vermeld:

onder a: het percentage dat toepasselijk is op het overeenstemmend gedeelte;

onder b: het totale bedrag van de belasting over de voorgaande gedeelten.

TABEL I

[Gedeelte van de schenking		Rechte lijn tussen echtgenoten [en tussen wettelijke samenwonenden]	
van	tot inbegrepen	a	b
EUR	EUR	t.h.	EUR
0,01	12.500	3	-
12.500	25.000	4	[375]
25.000	50.000	5	[875]
50.000	100.000	7	[2.125]
100.000	150.000	10	[5.625]
150.000	200.000	14	[10.625]
200.000	250.000	18	[17.625]
250.000	500.000	24	[26.625]
boven de 500.000		30	[86.625]]

TABEL II

[Gedeelte van de schenking		Tussen broers en zusters		Tussen ooms of tantes en neven en nichten		[Tussen alle andere personen]	
van	tot inbegrepen	a	b	a	b	a	b
EUR	EUR	t.h.	EUR	t.h.	EUR	t.h.	EUR
0,01	12.500	20	-	25	-	30	-
12.500	25.000	25	[2.500]	30	[3.125]	35	3.750,00
25.000	75.000	35	[5.625]	40	[6.875]	60	8.125,00
75.000	175.000	50	[23.125]	55	[26.875]	80	38.125,00
boven de 175.000		65	[73.125]	70	[81.875]	80	118.125,00]]]

[Voor de toepassing van deze afdeling wordt verstaan onder:

- echtgeno(o)t(e) of wettelijke samenwonende: de persoon die zich op het moment van de schenking in een huwelijksrelatie met de schenker bevond overeenkomstig de bepalingen van Boek I, titel V, van het Burgerlijk Wetboek, alsook de persoon die zich op het moment van de schenking in een huwelijksrelatie met de schenker bevond overeenkomstig Hoofdstuk III van het Wetboek van Internationaal privaat recht;

- wettelijke samenwonende: de persoon die op het moment van de schenking bij de schenker woonachtig was en zich met hem in een wettelijke samenwoningsrelatie bevond overeenkomstig de bepalingen van Boek III, titel Vbis, van het Burgerlijk Wetboek, alsook de persoon die op het moment van de schenking bij de schenker woonachtig was of zijn gebruikelijke verblijfplaats bij de schenker had, in de zin van artikel 4 van het Wetboek van Internationaal privaat recht, en zich met hem in een samenwoningsrelatie bevond overeenkomstig Hoofdstuk IV van hetzelfde Wetboek.]

Al. 1-2 vervangen bij art. 32 W. 22 december 1977 (B.S. 24.XII.1977);
Al. 2, tabel I gewijzigd bij art. 3, § 1 K.B. 20 juli 2000 (II) (B.S. 30.VIII.2000, err. B.S. 8.III.2001), bij art. 42, 5° K.B. 13 juli 2001 (B.S. 11.VIII.2001, err. B.S. 21.XII.2001) en bij

art. 1, 1° Decr. W. Gew. R. 18 december 2003 (B.S. 6.II.2004);
Al. 2, tabel II gewijzigd bij art. 3, § 1 K.B. 20 juli 2000 (II) (B.S. 30.VIII.2000, err. B.S. 8.III.2001), bij art. 42, 5° K.B. 13 juli 2001 (B.S. 11.VIII.2001, err. B.S. 21.XII.2001), bij art. 1, 2° Decr. W. Gew. R. 18 december 2003 (B.S. 6.II.2004) en bij art. 1 Decr. W. Gew. R. 15 december 2005 (B.S. 23. XII.2005, ed. 1);
Al. 3 vervangen bij art. 44 Decr. W. Parl. 10 december 2009 (B.S. 23.XII.2009, ed. 1), van toepassing vanaf 23 december 2009.

[Art. 131bis. § 1. [In afwijking van artikel 131 wordt voor de schenkingen onder levenden van onroerende goederen op het bruto-aandeel van elk der begiftigden een evenredig recht geheven van:

1° 3,3 % voor de schenkingen in de rechte lijn, tussen echtgenoten en wettelijk samenwonenden;

2° 5,5 % voor de schenkingen tussen broers en zusters, tussen ooms of tantes en neven of nichten;

3° 7,7 % voor de schenkingen aan andere personen.]

§ 2. [Indien de schenking betrekking heeft op financiële instrumenten, in de zin van artikel 2, 1° en 2°, van de wet van 2 augustus 2002 betreffende het toezicht op de financiële sector en de financiële diensten of effecten van een vennootschap in de zin van artikel 140bis, § 3], geldt het verlaagd tarief van § 1 enkel in geval van:

1° [financiële instrumenten of effecten van een vennootschap, betreffende een vennootschap] waarvan de effectieve directiezetel gevestigd is in [een lidstaat van de Europese Economische Ruimte] en die zelf of zelf en haar dochtervennootschappen in hoofdberoep een industriële, handels-, ambachts-, landbouw- of bosbouwonderneming uitbaat of een vrij beroep, een ambt of een post uitoefent op geconsolideerde basis voor de vennootschap en de dochtervennootschappen voor het lopende boekjaar van de vennootschap en voor elk van beide laatste op het ogenblik van de akte afgesloten boekjaren van de vennootschap;

in dit geval moet de begiftigde [in de akte zelf of onderaan op de akte] verklaren dat de voorwaarden van vorig lid verenigd zijn;

de begiftigden die erom verzoeken dat die bepaling wordt toegepast, zijn ertoe verplicht om ter plaatse op elke vordering van de personeelsleden van het bevoegde bestuur het maatschappelijk doel van de vennootschap of haar dochtervennootschappen mede te delen, al naargelang het geval, evenals de opsplitsing van de omzet van de vennootschap of haar dochtervennootschappen, al naargelang het geval, tussen industriële, handels-, ambachts-, landbouw- of bosbouwbedrijvigheid, vrij beroep, ambt of post en haar andere activiteiten, voor het lopende boekjaar en voor elk van beide laatste op het ogenblik van de akte afgesloten boekjaren;

indien de aangifte onjuist is, is het tarief tegen het normale percentage van artikel 131 verminderd met het reeds betaalde recht, eisbaar;

2° [financiële instrumenten of effecten van een vennootschap] die toegelaten zijn tot de verhandeling op een Belgische of buitenlandse gereglementeerde markt in de zin van artikel 2, 5° en 6°, van dezelfde wet van 2 augustus 2002, of op een geldmarkt die georganiseerd is door een marktonderneming erkend door de staat waar die markt gevestigd is, ofwel als een markt die gereglementeerd is door een andere lidstaat van de Europese Economische Ruimte dan België overeenkomstig artikel 1, 13., van Richtlijn 93/22/E.E.G. van de Raad van de Europese Gemeenschappen van 10 mei 1993 betreffende het verrichten van diensten op het gebied van beleggingen in effecten, ofwel als een met een dergelijke markt vergelijkbare markt, gereglementeerd door een staat die niet lidstaat is van de Europese Economische Ruimte;

3° [financiële instrumenten of effecten van een vennootschap:
- ofwel uitgegeven door een instelling voor collectieve belegging bedoeld in artikel 4 van de wet van 20 juli 2004 betreffende bepaalde vormen van collectief beheer van beleggingsportefeuilles of door een instelling voor collectieve belegging in effecten bedoeld in Richtlijn 85/611/EEG tot coördinatie van de wettelijke en bestuursrechtelijke bepalingen betreffende bepaalde instellingen voor collectieve belegging in effecten - (ICBE'S);
- ofwel die het voorwerp hebben uitgemaakt of uitmaken van een openbaar bod ofwel in de zin van artikel 3 van de wet van 16 juni 2006 op de openbare aanbieding van beleggingsinstrumenten en de toelating van beleggingsinstrumenten tot de verhandeling op een gereglementeerde markt wanneer het bod op het Belgische grondgebied gebeurt, ofwel in een aan de wet van 16 juni 2006 gelijksoortige zin wanneer het bod op het grondgebied van een andere Staat, die al dan niet lid is van de Europese Unie, gebeurt].

§ 3. Het tarief van § 1 geldt niet:

1° voor de schenkingen onder levenden van een blote eigendom of een vruchtgebruik op andere roerende goederen dan die bedoeld bij § 2, 1°, 2° of 3°;

2° [voor de schenkingen onder levenden van een roerende goederen waarop een andere opschortende voorwaarde dan die bedoeld in artikel 17 berust, die ingevolge het overlijden van de schenker wordt vervuld, tenzij:
- ofwel die voorwaarde vervuld is op het ogenblik dat ze ter registratie aangeboden wordt;
- ofwel de schenking betrekking heeft op de schenking van de begunstiging van de prestatie van een levensverzekeringsovereenkomst, door de aanwijzing van de begiftigde als begunstigde van die levensverzekeringsovereenkomst in geval van vooroverlijden van de verzekerde van die overeenkomst, zoals bedoeld in de artikelen 106 tot 111 van de wet van 25 juni 1992 op de landverzekeringsovereenkomst; in dat geval wordt het kapitaal, zoals het op de dag van de schenking bestaat en dat krachtens de overeenkomst gestort moet worden aan de begunstigde in geval vooroverlijden van de verzekerde, geacht het gegeven roerend goed te constitueren dat aan het bij dit artikel bepaalde recht onderworpen is; in afwijking van artikel 16 is het in dit artikel bedoelde recht op dat kapitaal verschuldigd vanaf de in artikel 19, eerste lid, 1°, bedoelde notarisakte die de schenking bevat, of zodra de schenking ter registratie aangeboden wordt, al naargelang van het geval, en wordt elke latere verhoging van het kapitaal dat in geval van vooroverlijden van de verzekerde werkelijk betaald is aan de begunstigde, ten opzichte van het kapitaal waarop het schenkingsrecht is betaald, geacht niet onderworpen te zijn aan het schenkingsrecht voor de toepassing van het successierecht;
- ofwel de schenking de rechtstreekse schenking van een recht van vruchtgebruik of van elk ander tijdelijk recht of lijfrenterecht betreft, onder de voorwaarde van het vooroverlijden van de schenker;
- ofwel de schenking de aanwas of de terugvalling van een recht van vruchtgebruik of van elk ander tijdelijk recht of lijfrenterecht betreft, voortvloeiend uit een beding van voorbehoud van dat recht ten gunste van een persoon en, op diens overlijden, ten gunste van een aannemende derde, wanneer dat beding vermeld staat in een hoofdovereenkomst met als voorwerp de verkoop of de schenking van goederen waarop het recht van vruchtgebruik of het tijdelijk recht of lijfrenterecht slaat en tenzij dat beding onder de opschortende voorwaarde dat de begunstigde van de aanwas of de terugbetaling de schenker en, in voorkomend geval, andere bepaalde begunstigden overleeft].]

Ingevoegd bij art. 2 Decr. W. Gew. R. 15 december 2005 (B.S. 23.XII.2005, ed. 1);

§ 1 vervangen bij art. 18, § 1 Decr. W. Parl. 19 december 2012 (B.S. 21.XII.2012, ed. 3), van toepassing vanaf 21 december 2012;

§ 2, inleidende zin gewijzigd bij art. 59, 1° Decr. W. Parl. 30 april 2009 (B.S. 1.VII.2009, ed. 1);

§ 2, 1°, al. 1 gewijzigd bij art. 59, 2° Decr. W. Parl. 30 april 2009 (B.S. 1.VII.2009, ed. 1) en bij art. 9 Decr. W. Parl. 10 mei 2012 (B.S. 29.V.2012), van toepassing vanaf 1 januari 2012;

§ 2, 1°, al. 2 gewijzigd bij art. 59, 2° Decr. W. Parl. 30 april 2009 (B.S. 1.VII.2009, ed. 1);

§ 2, 2° gewijzigd bij art. 59, 3° Decr. W. Parl. 30 april 2009 (B.S. 1.VII.2009, ed. 1);

§ 2, 3° vervangen bij art. 59, 4° Decr. W. Parl. 30 april 2009 (B.S. 1.VII.2009, ed. 1);

§ 3, 2° vervangen bij art. 117 Progr. Decr. W. Parl. 22 juli 2010 (B.S. 20.VIII.2010, ed. 3).

[Art. 131ter. § 1. In afwijking van artikel 131 wordt er voor de schenkingen in de rechte lijn tussen echtgenoten en wettelijk samenwonenden van het aandeel in volle eigendom van de schenker in het in het Waalse Gewest gelegen onroerend goed dat geheel of gedeeltelijk voor bewoning is bestemd en waarin de schenker zijn hoofdverblijfplaats heeft sinds minstens vijf jaar op de datum van de schenking, een evenredig recht op het bruto-aandeel van elk der begiftigden die om de toepassing ervan verzoeken, geheven volgens het tarief aangegeven in onderstaande tabel [na aftrek, in voorkomend geval, van de waarde van het beroepsgedeelte van het onroerend goed, onderworpen aan het verlaagde percentage van artikel 140bis].

Daarin wordt opgegeven:

onder littera a: het percentage geldend voor de overeenstemmende schijf;

onder littera b: het totaalbedrag van de belasting op de voorgaande schijven.

Tabel met betrekking tot het preferentiële tarief voor de schenkingen van woningen

Schijf van de schenking		a	b
van	tot en met		
EUR	EUR	pct.	EUR
0,01	25.000,00	1	-
25.000,01	50.000,00	2	250
50.000,01	175.000,00	5	750
175.000,01	250.000,00	12	7.000
250.000,01	500.000,00	24	16.000
meer dan 500.000		30	76.000

§ 2. Voor de toepassing van die bepaling blijkt het feit dat de schenker zijn hoofdverblijfplaats had in kwestieus onroerend goed, behoudens bewijs van het tegendeel, uit een uittreksel van het bevolkingsregister of van het vreemdelingenregister.

Het voordeel van het verlaagd tarief blijft behouden zelfs indien de schenker zijn hoofdverblijfplaats niet in kwestieus onroerend goed heeft kunnen hand-

haven wegens overmacht of om dwingende redenen van medische, familiale, beroeps- of maatschappelijke aard.

Onder dwingende reden van medische aard in de zin van dit artikel wordt meer bepaald een toestand van behoefte aan verzorging voor de schenker, diens echtgenoot/echtgenote, wettelijk samenwonende, kinderen of kinderen van zijn echtgenote/haar echtgenoot of wettelijk samenwonende verstaan, die opgetreden is na aankoop van de woning en waardoor de schenker in de onmogelijkheid verkeert om de woning te blijven betrekken, zelfs bijgestaan door zijn gezin of een gezinshulporganisatie.

§ 3. Voor de schenkingsakten die onderworpen zijn aan het recht van § 1 wordt vrijgesteld van het schenkingsrecht hetgeen aan een begiftigde in de rechte lijn, tussen echtgenoten of wettelijk samenwonenden wordt gegeven:

- tegen een bedrag van 12.500,00 euro;

- tegen een bijkomend bedrag van 12.500,00 euro indien het bruto-aandeel van die begiftigde, onderworpen aan het recht van § 1,125.000,00 euro niet te boven gaat.

Het vrijgestelde totaalbedrag wordt bij voorrang aangerekend op de opeenvolgende schijven van het bruto-aandeel dat onderworpen is aan het recht van § 1, te beginnen met de laagste.]

Ingevoegd bij art. 3 Decr. W. Gew. R. 15 december 2005 (B.S. 23.XII.2005, ed. 1);

§ 1, al. 1 gewijzigd bij art. 60 Decr. W. Parl. 30 april 2009 (B.S. 1.VII.2009, ed. 1), van toepassing vanaf 1 juli 2009.

[Art. 131quater. In afwijking van artikel 131 wordt een vrijstelling van het schenkingsrecht verleend voor:

1° de waarde van de bomen op stam in de bossen en wouden in de zin van artikel 2, leden 1 en 2, van het Boswetboek waarvoor de schenkingsrechten geacht worden gevestigd te zijn in het Waalse Gewest;

2° de waarde van aandelen en deelbewijzen van een bosgroepering in de zin van de wet van 6 mei 1999 ter bevordering van de oprichting van burgerlijke bosgroeperingsvennootschappen, daar ze voorkomt uit bomen op stam in de bossen en wouden, in de zin van artikel 2, eerste en tweede lid, van het Boswetboek en waarvoor de schenkingsrechten geacht worden gevestigd te zijn in het Waalse Gewest.]

Ingevoegd bij art. 117 Decr. W. Parl. 15 juli 2008 (B.S. 12. IX.2008, ed. 3), van toepassing vanaf 12 september 2008.

[Art. 131quinquies. § 1. In afwijking van artikel 131 wordt vrijgesteld van het schenkingsrecht:

a) de waarde van de onroerende goederen opgenomen in de omtrek van een Natura 2000-gebied;

b) de waarde van de onroerende goederen opgenomen in de omtrek van een site die in aanmerking komt voor het Natura 2000-netwerk en onderworpen is aan de primaire beschermingsregeling en waarvoor de schenkingsrechten geacht worden in het Waalse Gewest gelegen te zijn.

§ 2. De vrijstellingen dienen het voorwerp uit te maken van een schriftelijke verklaring, gedateerd en ondertekend door alle begiftigden van die vrijstellingen, die gevoegd moet worden bij de authentieke schenkingsaangifte.

De verklaring van vrijstelling bevat één van de volgende verwijzingen:

1° de verwijzing naar de publicatie in het Belgisch Staatsblad van het besluit tot aanwijzing van het onroerend goed als Natura 2000-gebied krachtens artikel 26, § 1, van de wet van 12 juli 1973 op het natuurbehoud;

2° de identificatiecode en de eigennaam van de site die in aanmerking komt als Natura 2000-gebied in de zin van de wet van 12 juli 1973 op het natuurbehoud zoals vermeld in de berichten van het Waalse Gewest bekendgemaakt in het Belgisch Staatsblad respectievelijk op 30 juli 2004 en 23 februari 2011, evenals de nummers van de kadastrale percelen in het in aanmerking komend gebied met in voorkomend geval vermelding van het percentage van het gebied dat in het netwerk besloten ligt.

Het Operationeel Directoraat-generaal Landbouw, Natuurlijke Hulpbronnen en Leefmilieu van de Waalse Overheidsdienst zal het algemeen bestuur belast met de belastingdienst in de Federale Overheidsdienst Financiën een lijst mededelen van de gezamenlijke kadastrale percelen opgenomen in de omtrek van de gebieden die voor Natura 2000 in aanmerking komen, gelegen in Wallonië.

§ 3. De vrijstelling bedoeld in § 1, b), wordt enkel behouden als de goederen die opgenomen worden in de omtrek van de site die voor het Natura 2000-netwerk in aanmerking komt uiteindelijk opgenomen worden in de omtrek van een gebied aangewezen bij regeringsbesluit als Natura 2000-gebied in de zin van de wet van 12 juli 1973 op het natuurbehoud. Dat aanwijzingsbesluit wordt door het Overkoepelend Directoraat-generaal Landbouw, Natuurlijke Hulpbronnen en Leefmilieu van de Waalse Overheidsdienst overgemaakt aan het algemeen bestuur belast met de belastingdienst bij de Federale Overheidsdienst Financiën.

§ 4. Het overeenkomstig de artikelen 131 tot 140octies verschuldigde recht wordt eisbaar voor alle begiftigden voor het voordeel van de vrijstelling bedoeld in § 1, b), genieten vanaf het ogenblik waarop de voorwaarde van § 3 niet vervuld is, en uiterlijk op 13 mei 2014. Die termijn kan door de Regering verlengd worden.

In dat geval dienen bedoelde begiftigden een aangifte in te dienen bij het registratiekantoor waar de verklaring van vrijstelling bedoeld in § 2 werd ingediend, binnen de vier maanden na de datum van de beslissing alle begiftigden die het voordeel van voornoemde vrijstelling genoten hebben erover ingelicht zijn dat de goederen opgenomen in de omtrek van de site die in aanmerking komt voor het Natura 2000 netwerk uiteindelijk niet besloten liggen in de omtrek van een gebied aangewezen als Natura 2000-gebied in de zin van de wet van 12 juli 1970 of, bij ontstentenis, te rekenen van de uiterste datum voor het verkrijgen van een aanwijzingsbesluit zoals bovenbedoeld.

De aangifte opgelegd bij deze paragraaf maakt melding van de authentieke schenkingsakte zoals bovenbedoeld, van de oorzaak van het verschuldigd zijn van het schenkingsrecht en van alle nodige bestanddelen voor de vereffening van de belasting. Ze wordt ondertekend door alle begiftigden die het voordeel van de vrijstelling genieten, wordt opgemaakt in twee exemplaren waarvan één in het registratiekantoor bewaard wordt.]

Ingevoegd bij art. 6 Decr. W. Parl. 3 juni 2011 (B.S. 14. VI.2011), van toepassing vanaf 13 januari 2011.

Art. 132¹. […]

Opgeheven bij art. 156 W. 22 december 1989 (B.S. 29. XII.1989).

Art. 132². [Voor de toepassing van deze afdeling wordt er geen rekening gehouden met de verwantschapsband voortspruitende uit de gewone adoptie.

Evenwel wordt, mits bewijs te verstrekken door de belanghebbende, met deze adoptieve afstamming rekening gehouden:

1° wanneer het adoptief kind een kind is van de echtgenoot [of van de wettelijk samenwonende] van de adoptant;

2° wanneer, op het ogenblik van de adoptie, het adoptief kind onder de voogdij was van de openbare onderstand of van een openbaar centrum voor maatschappelijk welzijn, of wees van een voor België gestorven vader of moeder;

3° wanneer het adoptief kind, vóór de leeftijd van éénentwintig jaar bereikt te hebben en gedurende zes onafgebroken jaren, uitsluitend [of hoofdzakelijk] van de adoptant of eventueel van hem en zijn echtgenoot [of van zijn wettelijk samenwonende] tesamen, de hulp en de verzorging heeft gekregen welke kinderen normaal van hun ouders krijgen;

4° wanneer de adoptie gedaan werd door een persoon van wie al de afstammelingen voor België gestorven zijn.]

Vervangen bij art. 157 W. 22 december 1989 (B.S. 29. XII.1989);
Al. 2, 1° gewijzigd bij art. 2, 1° Decr. W. Gew. R. 18 december 2003 (B.S. 6.II.2004);
Al. 2, 3° gewijzigd bij art. 2, 2° Decr. W. Gew. R. 18 december 2003 (B.S. 6.II.2004) en bij art. 4 Decr. W. Gew. R. 15 december 2005 (B.S. 23.XII.2005, ed. 1).

[Art. 132³. Voor de toepassing van deze afdeling worden gelijkgesteld met schenkingen in de rechte lijn, middels bewijzen die door betrokkene verstrekt dienen te worden:

1° de schenkingen tussen een persoon en een kind van de echtgenoot/echtgenote of de wettelijk samenwonende van die persoon; die gelijkstelling geldt eveneens indien de schenking plaatsvindt na het overlijden van die echtgenoot/echtgenote of die wettelijk samenwonende;

2° de schenkingen tussen een persoon en het kind

dat door die persoon als opvangouder in de zin van artikel 1, 5°, van het decreet van 4 maart 1991 inzake hulpverlening aan de jeugd of als voogd, toeziende voogd of pleegvoogd in de zin van Titel X van Boek één van het Burgerlijk Wetboek is opgevoed, op voorwaarde dat het kind, vóór de leeftijd van eenentwintig jaar te hebben bereikt en tijdens zes ononderbroken jaren, uitsluitend of hoofdzakelijk van die persoon, of eventueel van die persoon en diens echtgenoot/echtgenote of diens wettelijk samenwonende tezamen, de bijstand en de zorg heeft gekregen die kinderen normalerwijze van hun ouders krijgen.]

Ingevoegd bij art. 5 Decr. W. Gew. R. 15 december 2005 (B.S. 23.XII.2005, ed. 1).

Art. 133. Het recht wordt vereffend op de verkoopwaarde van de geschonken goederen, zonder aftrek van lasten [behalve wat betreft de kosten i.v.m. de plichten tot onderzoek op de verontreinigde of potentieel verontreinigde terreinen en tot bodemsanering, m.i.v. de afbraak- en herstelkosten voor de sanering].

[De belastbare grondslag wordt in de volgende gevallen evenwel als volgt bepaald:

a) Als de schenking beursgenoteerde openbare effecten betreft, wordt de belastbare grondslag bepaald door de waarde voortvloeiend uit de laatste prijscourant die op last van de regering bekend is gemaakt vóór de datum waarop het recht eisbaar is geworden.

b) Als de schenking het vruchtgebruik of de blote eigendom van een onroerend goed betreft, wordt de belastbare grondslag bepaald op de wijze vermeld in de artikelen 47 tot en met 50.

c) Voor de schenkingen van het op het hoofd van de begiftigde of een derde gevestigde vruchtgebruik van roerende goederen geldt als belastinggrondslag het bedrag verkregen door de vermenigvuldiging van de jaarlijkse opbrengst van de goederen, forfaitair vastgesteld op 4 ten honderd van de verkoopwaarde van de volle eigendom van de goederen, met het getal dat in de tabel van artikel 47, eerste lid, wordt aangegeven tegenover de leeftijdsklasse waartoe diegene op wiens leven het vruchtgebruik gevestigd is, behoort op de datum van de schenking.

Voor de schenkingen van het voor een bepaalde tijd gevestigde vruchtgebruik van roerende goederen geldt als belastinggrondslag het bedrag verkregen door kapitalisatie van de jaarlijkse opbrengst tegen 4 ten honderd over de duur van het vruchtgebruik bepaald in de schenkingsakte. De jaarlijkse opbrengst wordt forfaitair vastgesteld op 4 ten honderd van de verkoopwaarde van de volle eigendom van die goederen. Het aldus verkregen bedrag van de belastinggrondslag mag evenwel niet gaan boven de waarde berekend volgens het vorig lid indien het vruchtgebruik gevestigd is ten bate van een natuurlijke persoon, hetzij boven twintigmaal de opbrengst indien het vruchtgebruik gevestigd is ten bate van een rechtspersoon.

In geen enkel geval mag het vruchtgebruik een waarde toegewezen worden die de vier vijfde van de verkoopwaarde van de volle eigendom van de geschonken roerende goederen te boven gaat.

Indien het vruchtgebruik op het hoofd van twee of meerdere personen is gevestigd met recht van aanwas of terugvalling, is de leeftijd die in overweging dient te worden genomen voor de berekening van het getal opgenomen in de tabel van artikel 47, lid één, die van de jongste persoon.

d) Wat betreft de schenkingen van de blote eigendom van roerende goederen, is de belastbare grondslag de verkoopwaarde van de volle eigendom van de goederen verminderd met de waarde van het vruchtgebruik berekend volgens c) hierboven.

Indien het verlaagd tarief van artikel 131bis toegepast wordt op een schenking van de blote eigendom van roerende goederen waarvan het vruchtgebruik door de schenker is voorbehouden, is de belastbare grondslag de verkoopwaarde van de volle eigendom van de goederen.

e) Voor schenkingen van een lijfrente of een levenslang pensioen wordt het recht berekend over het jaarlijks bedrag van de uitkering, vermenigvuldigd met de leeftijdscoëfficiënt die volgens de tabel in artikel 47, lid op de begiftigde moet worden toegepast en bepaald wordt door de leeftijd van de begiftigde op de dag van de schenkingsakte.

f) Voor schenkingen van een altijd durende rente wordt het recht berekend over het jaarlijks bedrag van de rente vermenigvuldigd met twintig.]

Al. 1 gewijzigd bij art. 9 Decr. W. Parl. 30 april 2009 (B.S. 19.V.2009);
Al. 2 (voorheen al. 2-4) vervangen bij art. 6 Decr. W. Gew. R. 15 december 2005 (B.S. 23.XII.2005, ed. 1, err. B.S. 30.I.2006).

Art. 134. Voor de toepassing van artikelen 131 tot 133, wordt de last, bestaande uit een som, een rente of een pensioen onder kosteloze titel bedongen ten bate van een derde die aanneemt, in hoofde van deze derde als schenking belast en van het aandeel van de hoofdbegiftigde afgetrokken.

[Voorzover de schenking onderworpen is aan het tarief van artikel 131, wordt de last voor de derde eveneens als schenking belast volgens de tarieven vastgesteld in artikel 131.

[Voor zover de schenking onderworpen is aan het tarief van artikel 131ter, wordt de last voor de derde eveneens als schenking belast volgens de tarieven vastgesteld:

- in artikel 131ter, § 1, wanneer de last voordeel brengt aan een bloedverwant in rechte lijn ten opzichte van de schenker of aan de echtgenoot of aan de wettelijk samenwonende van de schenker;

- in artikel 131 in de andere gevallen.]]

Al. 2-3 ingevoegd bij art. 7 Decr. W. Gew. R. 15 december 2005 (B.S. 23.XII.2005, ed. 1, err. B.S. 30.I.2006), conform de Franse basistekst, die melding maakt van 'complété par ...', terwijl de Nederlandse vertaling het ten onrechte heeft over 'vervangen door ...';

Al. 3 vervangen bij art. 61 Decr. W. Parl. 30 april 2009 (B.S. 1.VII.2009, ed. 1), van toepassing vanaf 1 juli 2009.

Art. 135. [Het bedrag van het recht [vastgesteld in artikel 131 en van het recht vastgesteld in artikel 131ter] vereffend ten laste van de begiftigde, die op het tijdstip waarop het recht aan de Staat verworven is minstens drie […] kinderen in leven heeft die de leeftijd van eenentwintig jaar niet hadden bereikt, wordt verminderd met 2 t.h. voor elk van deze […] kinderen, zonder dat de vermindering [[62 EUR]] per kind mag overschrijden.

Deze vermindering wordt ten gunste van de begiftigde echtgenoot [of wettelijk samenwonende] gebracht op 4 t.h. per [kind dat de leeftijd van eenentwintig jaar niet had bereikt], zonder dat de vermindering [[124 EUR]] per kind mag overschrijden.

Voor de toepassing van dit artikel wordt het ontvangen kind voor zover het levensvatbaar geboren wordt, gelijkgesteld met het geboren kind.]

Vervangen bij art. 21 K.B. nr. 12, 18 april 1967 (B.S. 20. IV.1967);
Al. 1 gewijzigd bij art. 158, 1° W. 22 december 1989 (B.S. 29.XII.1989), bij art. 2-11 K.B. 20 juli 2000 (II) (B.S. 30. VIII.2000, err. B.S. 8.III.2001), bij art. 42, 5° K.B. 13 juli 2001 (B.S. 11.VIII.2001, err. B.S. 21.XII.2001) en bij art. 8 Decr. W. Gew. R. 15 december 2005 (B.S. 23.XII.2005, ed. 1, err. B.S. 30.I.2006);
Al. 2 gewijzigd bij art. 158, 2° W. 22 december 1989 (B.S. 29.XII.1989), bij art. 2-11 K.B. 20 juli 2000 (II) (B.S. 30. VIII.2000, err. B.S. 8.III.2001), bij art. 42, 5° K.B. 13 juli 2001 (B.S. 11.VIII.2001, err. B.S. 21.XII.2001) en bij art. 3 Decr. W. Gew. R. 18 december 2003 (B.S. 6.II.2004).

[**Art. 135bis.** Het bedrag van de rechten, vereffend ten laste van de begiftigde krachtens artikel 131quinquies, §§ 3 en 4, wordt met 5 p.c. verminderd per jaar waarin de primaire beschermingsregeling toegepast is op de goederen opgenomen in de omtrek van het gebied dat in aanmerking komt voor het Natura 2000-netwerk.]

Ingevoegd bij art. 7 Decr. W. Parl. 3 juni 2011 (B.S. 14. VI.2011), van toepassing vanaf 13 januari 2011.

Art. 136. [Het voordeel van de in vorig artikel voorziene verminderingen wordt afhankelijk gesteld van de vermelding in de akte van schenking van naam, voornamen, woonplaats, plaats en datum van geboorte van de […] kinderen van de begiftigde beoogd bij artikel 135.

Deze vermelding mag gedaan worden onderaan op de akte in een verklaring vóór de registratie ondertekend en echt bevestigd door de begiftigde of, in zijn naam, door de werkende notaris.]

Ingeval een kind, ontvangen vóór de eisbaarheid van de belasting, geboren wordt na de registratie, wordt hetgeen te veel werd geheven terugbetaald op aanvraag van de betrokkene, te doen binnen twee jaar vanaf de geboorte van het kind.

De begiftigde die in verband met het aantal van

zijn […] afstammelingen een onjuiste verklaring heeft afgelegd, verbeurt een boete gelijk aan het ontdoken recht.

Al. 1-2 vervangen bij art. 22 K.B. nr. 12, 18 april 1967 (B.S. 20.IV.1967);
Al. 1 gewijzigd bij art. 159 W. 22 december 1989 (B.S. 29.XII.1989);
Al. 4 gewijzigd bij art. 9 Decr. W. Gew. R. 15 december 2005 (B.S. 23.XII.2005, ed. 1, err. B.S. 30.I.2006).

Art. 137. [Ter bepaling van het op een schenking onderworpen aan het recht van artikel 131 of van artikel 131ter toepasselijk tarief, wordt de desbetreffende belastbare grondslag gevoegd bij de som die heeft gediend tot grondslag van heffing op de schenkingen onderworpen aan het recht van artikel 131 of van artikel 131ter welke reeds tussen dezelfde partijen zijn voorgekomen en vastgesteld werden door akten die dagtekenen van minder dan drie jaar vóór de datum der nieuwe schenking en vóór laatstbedoelde datum geregistreerd werden of verplicht registreerbaar geworden zijn.

Bij gelijktijdige schenking van goederen onderworpen aan het recht van artikel 131 en van goederen onderworpen aan het recht van artikel 131ter

1° wordt de belastbare grondslag van de schenking van de goederen onderworpen aan het recht van artikel 131ter gevoegd bij de som die heeft gediend tot grondslag van heffing op de schenkingen onderworpen aan het recht van artikel 131 of van artikel 131ter, welke reeds tussen dezelfde partijen zijn voorgekomen en vastgesteld werden door akten die dagtekenen van minder dan drie jaar vóór de datum der nieuwe schenking en vóór laatstbedoelde datum geregistreerd werden of verplicht registreerbaar geworden zijn;

2° wordt de belastbare grondslag van de schenking van de goederen onderworpen aan het recht van artikel 131 gevoegd bij de som van de belastbare grondslagen:
- van de schenkingen onderworpen aan het recht van artikel 131 of van artikel 131ter, welke reeds tussen dezelfde partijen zijn voorgekomen en vastgesteld werden door akten die dagtekenen van minder dan drie jaar vóór de datum der nieuwe schenking en vóór laatstbedoelde datum geregistreerd werden of verplicht registreerbaar geworden zijn en
- van de gelijktijdige schenking onderworpen aan het recht van artikel 131ter.]

Vervangen bij art. 62 Decr. W. Parl. 30 april 2009 (B.S. 1.VII.2009, ed. 1), van toepassing vanaf 1 juli 2009.

Art. 138[1]. Ongeacht of zij verplicht registreerbaar zijn dan wel vrijwillig tot de formaliteit worden aangeboden, moeten de akten van schenking [onderworpen aan het recht van artikel 131 en de akten van schenking onderworpen aan het recht van artikel 131ter] vermelding houden of er reeds tussen dezelfde partijen één of meer schenkingen [onderworpen aan het recht van artikel 131 en aan het recht van artikel 131ter] zijn voorgekomen welke vastgesteld werden door akten die dagtekenen van minder dan drie jaar vóór de datum der nieuwe schenking en vóór dezelfde datum geregistreerd werden of verplicht registreerbaar geworden zijn.

Zo ja, moeten zij de datum der akten vermelden, zomede de grondslag waarop de belasting werd of dient geheven.

De in dit artikel voorziene opgaven en vermeldingen [voor de akten van schenking onderworpen aan het recht van artikel 131 of van artikel 131ter] mogen gedaan worden onderaan de akte in een verklaring vóór de registratie ondertekend en echt bevestigd door de begiftigde of, in zijn naam, door de werkende notaris.

Indien bewuste opgaven en vermeldingen ontbreken of indien zij onjuist of onvolledig zijn, verbeuren de partijen ondeelbaar een geldboete ten bedrage van het ontdoken recht, zonder dat ze lager dan [[[25 EUR]]] mag zijn.

Hernummerd bij art. 7 W. 14 augustus 1947 (B.S. 17. IX.1947);
Al. 1 gewijzigd bij art. 11, 1° Decr. W. Gew. R. 15 december 2005 (B.S. 23.XII.2005, ed. 1, err. B.S. 30.I.2006);
Al. 3 gewijzigd bij art. 11, 2° Decr. W. Gew. R. 15 december 2005 (B.S. 23.XII.2005, ed. 1, err. B.S. 30.I.2006);
Al. 4 gewijzigd bij art. 160 W. 22 december 1989 (B.S. 29. XII.1989), bij art. 2-11 K.B. 20 juli 2000 (II) (B.S. 30. VIII.2000, err. B.S. 8.III.2001) en bij art. 42, 5° K.B. 13 juli 2001 (B.S. 11.VIII.2001, err. B.S. 21.XII.2001).

[Art. 138². Voor de toepassing van artikelen 137 en 138¹ op de aan een schorsende voorwaarde onderworpen schenkingen, wordt de datum van de vervulling der voorwaarde in de plaats gesteld van de datum van de akte.]

Ingevoegd bij art. 7 W. 14 augustus 1947 (B.S. 17.IX.1947).

Art. 139. Bij onjuist opgeven van de graad van verwantschap [of band van aanverwantschap of wettelijk samenwonen of van het statuut van opvangouder] tussen schenker en begiftigde, is door deze laatsten, benevens het ontdoken recht, ondeelbaar een boete verschuldigd gelijk aan het bedrag van dat recht.

Gewijzigd bij art. 12 Decr. W. Gew. R. 15 december 2005 (B.S. 23.XII.2005, ed. 1, err. B.S. 30.I.2006).

Art. 140. [De dienovereenkomstig vastgestelde rechten bedoeld in de artikelen 131 of 131bis worden verminderd:

1° tot 5,5 % voor de schenkingen:
- aan de provincies, de gemeenten, de provinciale en gemeentelijke openbare instellingen, de intercommunales, de autonome gemeentebedrijven, gelegen in België, evenals aan de met deze vergelijkbare rechtspersonen opgericht overeenkomstig en onderworpen aan de wetgeving van een andere lidstaat van de Europese Economische Ruimte;
- aan de maatschappijen erkend door de "Société wallonne du Logement";

- aan het "Fonds du Logement des Familles nombreuses de Wallonie";
- aan de instellingen met een maatschappelijk doel bedoeld in artikel 191 van de Waalse Huisvestingscode, erkend door de Waalse Regering als sociaal vastgoedagentschap, buurtregie of vereniging ter bevordering van de huisvesting;

1°bis tot 0 % voor de schenkingen:
a) aan het Waalse Gewest;
b) de Franse Gemeenschap, het Brussels Hoofdstedelijk Gewest, de Brusselse Agglomeratie, de Gemeenschappelijke, de Franse en de Vlaamse Gemeenschapscommissie, de Duitstalige Gemeenschap, het Vlaams Gewest en de Vlaamse Gemeenschap;
c) de instellingen die vergelijkbaar zijn met die bedoeld onder a) en b), opgericht overeenkomstig en onderworpen aan de wetgeving van een andere lidstaat van de Europese Economische Ruimte;
d) de federale Staat en een lidstaat van de Europese Economische Ruimte;
e) de rechtspersonen opgericht door de instellingen bedoeld onder a) tot en met d);

2° tot 7 % voor de stichtingen, met inbegrip van de inbreng om niet, gedaan aan verenigingen zonder winstoogmerk, aan de ziekenkassen of nationale unies van ziekenkassen, aan de beroepsunies en aan de internationale verenigingen zonder winstoogmerk, aan de privéstichtingen en aan de stichtingen van openbaar nut;

3° tot 100 euro voor de stichtingen, met inbegrip van de inbreng om niet, gedaan aan de stichtingen of rechtspersonen bedoeld onder 2° wanneer de schenker zelf één van die stichtingen of rechtspersonen is;

4° tot 1,10 % voor de stichtingen, met inbegrip met de inbreng om niet, gedaan door de gemeenten aan de pensioenfondsen door henzelf opgericht onder de vorm van verenigingen zonder winstoogmerk ter uitvoering van een financieel saneringsplan goedgekeurd door de toezichthoudende overheid.

De verminderingen opgenomen in lid 1, 2°, 3° en 4°, gelden enkel voor de stichtingen gedaan aan de rechtspersonen en de stichtingen bedoeld in lid 1, 2°, die aan volgende voorwaarden voldoen:

a. de rechtspersoon of de stichting moet een bedrijfszetel hebben in de Europese Economische Ruimte;

b. de rechtspersoon of de stichting moet in die zetel hoofdzakelijk en belangeloos milieubeschermende, filantropische, filosofische, godsdienstige, artistieke, pedagogische, culturele, sportieve, politieke, syndicale, professionele, humanitaire, vaderlandslievende of op burgerzin, verzorging van personen of dieren, maatschappelijke bijstand of begeleiding van personen toegespitste doelstellingen op het ogenblik van de schenking;

c. de rechtspersoon of de stichting moet zijn statutaire zetel, zijn hoofdbestuur of zijn hoofdinrichting hebben op het grondgebied van de Europese Economische Ruimte.]

Vervangen bij art. 7 Decr. W. Parl. 10 mei 2012 (B.S. 29.V.2012), van toepassing vanaf 1 januari 2012.

[Onderafdeling 2

Bijzondere bepalingen voor schenkingen van ondernemingen]

Opschrift ingevoegd bij art. 68 W. 22 december 1998 (B.S. 15.1.1999).

[Art. 140bis. [§ 1. In afwijking van de artikelen 131 en 131bis wordt het schenkingsrecht verlaagd tot 0 % voor de schenkingen van ondernemingen indien die schenkingen, vastgesteld bij authentieke akte, als voorwerp hebben:

1° de overdracht om niet van een zakelijk recht op goederen die een universaliteit van goederen of een bedrijfstak of een handelsfonds uitmaken, waarmee de begiftigde alleen of samen met andere personen op de dag van de schenking een nijverheids-, handels-, ambachts-, landbouw- of bosbouwactiviteit, een vrij beroep of een ambt of post uitoefent.

Het [in de artikelen 131 tot 140] vastgestelde recht blijft niettemin toepasselijk op de overdrachten van zakelijke rechten op onroerende goederen die geheel tot bewoning worden aangewend op het ogenblik van de authentieke akte van de schenking. Het [in de artikelen 131 tot 140] vastgestelde recht blijft niettemin toepasselijk op de overdrachten van zakelijke rechten op onroerende goederen die gedeeltelijk tot bewoning worden aangewend op het ogenblik van de authentieke akte van de schenking, in de mate van de verkoopwaarde van het deel van het onroerend goed dat voor bewoning wordt aangewend in verhouding tot de totale verkoopwaarde van het onroerend goed.

[In geval van overdracht van landbouwgronden aan de uitbater of medeuitbater van de landbouwactiviteit die er uitgeoefend wordt, alsook in rechtstreekse lijn, tussen echtgenoten en wettelijke samenwonenden, worden die gronden, afgezien van de overdracht van elke quotiteit van de landbouwactiviteit die er uitgeoefend wordt, desalniettemin beschouwd als goederen die een universaliteit van goederen, een bedrijfstak of een handelsfonds uitmaken, waarmee de schenker alleen of samen met andere personen op de dag van de schenking een landbouwactiviteit uitoefent op voorwaarde dat die gronden op de datum van de schenking het voorwerp van een pacht uitmaken overeenkomstig Afdeling 3 van Boek III, Titel VIII, Hoofdstuk II, van het Burgerlijk Wetboek. In dat geval is de onderneming, in de zin van de voorwaarden bedoeld in § 2, 1°, en in artikel 140quinquies, § 1, 1°, 2° en 3°, het [landbouwbedrijf van de effectieve uitbater van de landbouwactiviteit die op die gronden uitgeoefend wordt], waarbij die onderneming beschouwd wordt in haar geheel en in haar toestand na overdracht van de gronden;]

2° de overdracht om niet van een zakelijk recht op:

a) effecten van een vennootschap waarvan de effectieve directiezetel gevestigd is in [een lidstaat van de Europese Economische Ruimte] en die zelf of samen met haar dochtervennootschappen in hoofdberoep een industriële, handels-, ambachts-, landbouw- of bosbouwonderneming uitbaat of een vrij beroep,

een ambt of een post uitoefent op geconsolideerde basis voor de vennootschap en haar dochtervennootschappen, voor het lopende boekjaar van de vennootschap en voor elk van beide laatste boekjaren van de vennootschap, afgesloten op het ogenblik van de authentieke akte van de schenking;

b) schuldvorderingen op een in a) bedoelde vennootschap.

§ 2. De vermindering van het recht, vastgesteld bij § 1, wordt ondergeschikt gemaakt aan de naleving van gezamenlijke volgende voorwaarden:

1° [het dient om een onderneming te betreffen, ofwel in hoofde van de in § 1, 1° bedoelde onderneming, ofwel in hoofde van de vennootschap zelf of van de vennootschap en van haar dochtervennootschappen bedoeld in § 1, 2°, a):
- ofwel die op de datum van de authentieke schenkingsakte personeel aangeworven op grond van een arbeidscontract in de Europese economische ruimte tewerkstelt;
- ofwel waarin de uitbater(s) en hun echtgenote, hun wettelijk samenwonende, hun bloed- en aanverwanten in de eerste graad de enige in Europese Economische Ruimte tewerkgestelde werknemers van de onderneming zijn, aangesloten zijn bij een Sociale Verzekeringskas voor Zelfstandigen, op de datum van de authentieke schenkingsakte];

2° [indien het gaat om effecten en schuldvorderingen bedoeld in § 1, 2°, moeten de volgende voorwaarden vervuld zijn:
- de authentieke schenkingsakte moet de overdracht bevatten van effecten die minstens 10 % van de stemrechten in de algemene vergadering vertegenwoordigen, op de datum van de authentieke schenkingsakte;
- als het geheel van de bij bedoelde authentieke akte overgedragen effecten minder bedraagt dan 50 % van de stemrechten in de algemene vergadering, moet bovendien voor minstens 50 % van de stemrechten in de algemene vergadering een aandeelhouderschapsovereenkomst gesloten worden voor een periode van minimum vijf jaar, te rekenen van de datum van de authentieke schenkingsakte. Door het sluiten van deze overeenkomst verplichten de partijen zich ertoe te voldoen aan de voorwaarden bedoeld in artikel 140quinquies, § 1.

Dit streepje is evenwel niet toepasselijk als het geheel van de stemrechten van de algemene vergadering in het bezit van de schenker, zijn echtgeno(o)t(e) of wettelijke samenwonende, door de bloedverwanten in de opgaande lijn of de afstammelingen van de schenker en zijn echtgeno(o)t(e) of wettelijke samenwonende, alsook hun echtgenoten of wettelijke samenwonenden, door broers en zusters van de schenker en zijn echtgeno(o)t(e) of wettelijke samenwonende, alsook hun echtgenoten of wettelijke samenwonenden, en door de afstammelingen van de broers en zusters van de schenker en zijn echtgeno(o)t(e) of wettelijke samenwonende, alsook hun echtgenoten of wettelijke samenwonenden, minstens 50 % bereikt op de dag van de schenking];

3° [de begiftigde die om de toepassing van het verlaagde recht verzoekt, moet aan de bevoegde ontvanger een door de Waalse Regering afgeleverd attest overmaken waaruit blijkt dat de begiftigden die er in vermeld worden de gestelde voorwaarden vervullen. Wanneer het attest niet uiterlijk tegelijkertijd met de registratie van de akte aan de ontvanger overgemaakt wordt, worden de rechten berekend op basis van het tarief bedoeld in de artikelen 131 tot 140, onder voorbehoud van een teruggave onder de voorwaarden bedoeld in artikel 209, 7°; in dit geval zijn de artikelen 140bis tot 140octies toepasselijk op de goederen waarvoor het recht teruggegeven wordt.

Voor de toepassing van deze onderafdeling wordt de begiftigde die om de toepassing van het verlaagde recht verzoekt en houder van dat attest is "opvolger" genoemd.

De Waalse Regering bepaalt de modaliteiten voor de aanvraag en de afgifte van genoemd attest, alsook de stukken die erbij gevoegd moeten worden].

§ 3. Onder "effecten" wordt verstaan:

a. de aandelen, winstaandelen, intekeningsrechten en winstbewijzen van een vennootschap;

b. de certificaten m.b.t. de in a. bedoelde effecten:

- wanneer ze worden uitgegeven door rechtspersonen die gevestigd zijn in één van de lidstaten van de Europese Economische Ruimte en die houder zijn van de effecten waarop de certificaten betrekking hebben;

- wanneer de uitgever van de certificaten alle rechten gebonden aan de effecten waarop ze betrekking hebben, met inbegrip van het stemrecht, uitoefent;

- wanneer dit certificaat bepaalt dat zijn titularis elk product of inkomen gebonden aan de effecten onderworpen aan de certificering van de uitgever van de effecten kan eisen.

§ 4. Onder "schuldvorderingen" wordt verstaan elke geldlening al dan niet in de vorm van effecten, gegeven door de schenker aan een vennootschap waarvan hij effecten bezit, wanneer deze lening rechtstreeks is gebonden aan de behoeften van de industriele, handels-, ambachts-, landbouw- of bosbouwactiviteit, van het vrij beroep of van het ambt of post uitgeoefend ofwel door de vennootschap ofwel door de vennootschap zelf en haar dochtervennootschappen.

De bovenvermelde schuldvorderingen worden evenwel uitgesloten voorzover het totale nominale bedrag van de schuldvorderingen hoger is dan het deel van het sociaal kapitaal dat werkelijk vrijgemaakt wordt en dat niet het voorwerp uitmaakt van een vermindering, noch van een terugbetaling in hoofde van de schenker op de datum van de authentieke akte van schenking. De andere winsten dan de verdeelde en als dusdanig belaste winsten die in het kapitaal worden ingelijfd, worden niet beschouwd als vrijgemaakt kapitaal.]]

Ingevoegd bij art. 68 W. 22 december 1998 (B.S. 15.I.1999) en vervangen bij art. 21 Decr. W. Gew. R. 15 december 2005 (B.S. 23.XII.2005, ed. 1, err. B.S. 30.I.2006);
§ 1, 1°, al. 2 gewijzigd bij art. 64, 1° Decr. W. Parl. 30 april 2009 (B.S. 1.VII.2009, ed. 1), van toepassing vanaf 1 juli 2009;
§ 1, 1°, al. 3 ingevoegd bij art. 38, 1° Decr. W. Parl. 10 de-

cember 2009 (B.S. 23.XII.2009, ed. 1), van toepassing vanaf 23 december 2009 en gewijzigd bij art. 10, 1° Decr. W. Parl. 10 mei 2012 (B.S. 29.V.2012), van toepassing vanaf 1 januari 2012;
§ 1, 2°, a) gewijzigd bij art. 10, 2° Decr. W. Parl. 10 mei 2012 (B.S. 29.V.2012), van toepassing vanaf 1 januari 2012;
§ 2, 1° vervangen bij art. 64, 2° Decr. W. Parl. 30 april 2009 (B.S. 1.VII.2009, ed. 1);
§ 2, 2° vervangen bij art. 38, 2°, a) Decr. W. Parl. 10 december 2009 (B.S. 23.XII.2009, ed. 1), van toepassing vanaf 23 december 2009, met uitzondering van art. 38, 2°, tweede streepje, dat in werking treedt op 1 januari 2010;
§ 2, 3° vervangen bij art. 38, 2°, b) Decr. W. Parl. 10 december 2009 (B.S. 23.XII.2009, ed. 1), van toepassing vanaf 23 december 2009.

[Art. 140ter. [...]]

Ingevoegd bij art. 68 W. 22 december 1998 (B.S. 15.I.1999) en opgeheven bij art. 22, B Decr. W. Gew. R. 15 december 2005 (B.S. 23.XII.2005, ed. 1, err. B.S. 30.I.2006).

[Art. 140quater. [Indien uiterlijk wanneer de akte ter registratie overgelegd wordt niet voldaan is aan één van de bij artikel 140bis gestelde voorwaarden], wordt de akte geregistreerd tegen betaling van het bij de artikelen 131 tot 140 vastgestelde recht. Geen enkele vordering tot teruggaaf is ontvankelijk [, onder voorbehoud van een teruggave onder de voorwaarden bedoeld in artikel 209, 7°].]

Ingevoegd bij art. 68 W. 22 december 1998 (B.S. 15.I.1999); Gewijzigd bij art. 39 Decr. W. Parl. 10 december 2009 (B.S. 23.XII.2009, ed. 1), van toepassing vanaf 23 december 2009.

[Art. 140quinquies. [§ 1. Het verlaagde recht van artikel 140bis wordt enkel behouden op voorwaarde dat:

1° de onderneming verder actief blijft [zoals toegelaten bij artikel 140bis, § 1] tijdens minstens vijf jaar te rekenen van de datum van de authentieke schenkingsakte, ofwel als onderneming zoals bedoeld in artikel 140bis, § 1, 1°, ofwel als onderneming zelf of als onderneming samen met haar dochtervennootschappen bedoeld in artikel 140bis, § 1, 2°, a);

2° [het totaalaantal werknemers en het totaalaantal zelfstandigen die voldoen aan de voorwaarden van artikel 140bis, § 2, 1°, waarbij dat totaalaantal uitgedrukt wordt in voltijdse eenheden, tijdens de vijf eerste jaren te rekenen van de authentieke schenkingsakte in jaargemiddelden op minstens 75 pct. van zijn bestand behouden blijft, ofwel als onderneming als bedoeld in artikel 140bis, § 1, 1°, of als onderneming zelf samen met haar eventuele dochtervennootschappen bedoeld in artikel 140bis, § 1, 2°, a). Dat gemiddelde wordt berekend door het totaal van de jaargemiddelden van de voltijdse eenheden door 5 te delen voor de bovenvermelde vijf jaar.

Als een jaargemiddelde van de voltijdse eenheden geen geheel getal is, wordt het afgerond naar beneden of naar boven al naar gelang zijn eerste decimaal al dan niet gelijk is aan of hoger is dan 5];

3° het tegoed dat in een activiteit, een vrij beroep of een ambt of post zoals bedoeld in artikel 140bis, § 1, 1°, geïnvesteerd wordt of het maatschappelijk kapitaal van een vennootschap bedoeld in artikel 140bis, § 1, 2°, niet afnemen ten gevolge van vooruitnemingen of verdelingen tijdens de vijf eerste jaren te rekenen van de authentieke schenkingsakte;

4° [de opvolgers die niet aangeboden hebben om het verschuldigde recht zoals bedoeld in artikel 140sexies te betalen, verstrekken na afloop van de periode van vijf jaar, te rekenen vanaf de datum van de authentieke schenkingsakte bedoeld in 1° tot 4° hierboven, een getekende verklaring waaruit blijkt dat de voorwaarden bedoeld in 1° tot 4° hierboven en in het tweede lid 2 nog steeds vervuld zijn. De Waalse Regering bepaalt de modaliteiten van die verklaring, alsook de stukken die erbij gevoegd moeten worden];

5° [op elk verzoek van de door de Waalse Regering aangewezen ambtenaren in de loop van de periode van vijf jaar die ingaat op de datum van de authentieke schenkingsakte bedoeld in 1° tot 4° hierboven, geven de opvolgers die niet voorgesteld hebben om het verschuldigde recht zoals bedoeld in artikel 140sexies te betalen, schriftelijk kennis binnen de maand van de datum van verzending van de aanvraag, waarbij die termijn om billijke redenen verlengd kan worden, van de gegevens waaruit blijkt dat de voorwaarden om het verlaagde recht te genieten vervuld blijven, wanneer uit bewijzen kan worden afgeleid dat de voorwaarden bedoeld 1° tot 4° hierboven of in het tweede lid niet meer vervuld zouden zijn. De aanvraag bevat die gegevens waaruit kan worden afgeleid dat de voorwaarden bedoeld in 1° tot 4° hierboven of in het tweede lid niet meer vervuld zouden zijn].

Wat betreft de zakelijke rechten op onroerende goederen die met het voordeel van het verlaagde recht zoals bedoeld in artikel 140bis, § 1, 1°, worden overgemaakt, wordt dat verlaagde recht enkel behouden op voorwaarden dat die onroerende goederen niet bestemd worden voor bewoning, noch geheel noch gedeeltelijk, tijdens een ononderbroken duur van vijf jaar te rekenen van de datum van de authentieke schenkingsakte. Indien de bewoning van het onroerende goed dat met het voordeel van het verlaagde recht gedeeltelijk een nieuwe [of bijkomende] bestemming krijgt, wordt het verlaagde recht enkel ingetrokken in de mate van de verkoopwaarde van het deel van het onroerend goed dat de nieuwe [of de bijkomende] bestemming als bewoning kreeg, in verhouding tot de totale verkoopwaarde van het onroerend goed dat is overgemaakt met het voordeel van het verlaagde recht.]

[§ 2.] Behalve in geval van overmacht, wordt het overeenkomstig de artikelen 131 tot 140 verschuldigde recht, vermeerderd met de wettelijke interest tegen de rentevoet bepaald in burgerlijke zaken te rekenen van de datum van registratie van de schenking, opeisbaar ten laste [de opvolger, vanaf het ogenblik waarop de voorwaarden van § 1 niet meer vervuld zijn, behalve indien die opvolger gebruik heeft gemaakt van de mogelijkheid om voor te stellen om het verschuldigde recht te betalen, zoals bepaald bij arti-

kel 140sexies, voor dat ogenblik.]

[...]]

Ingevoegd bij art. 68 W. 22 december 1998 (B.S. 15.I.1999); Nieuwe § 1 ingevoegd en bestaande tekst omgevormd tot § 2 bij art. 24, 1° Decr. W. Gew. R. 15 december 2005 (B.S. 23.XII.2005, ed. 1, err. B.S. 30.I.2006); § 1, al. 1, 1° gewijzigd bij art. 65, 1° Decr. W. Parl. 30 april 2009 (B.S. 1.VII.2009, ed. 1); § 1, al. 1, 2° vervangen bij art. 65, 2° Decr. W. Parl. 30 april 2009 (B.S. 1.VII.2009, ed. 1); § 1, al. 1, 4° hersteld (na opheffing bij art. 65, 3° Decr. W. Parl. 30 april 2009) bij art. 40, 1° Decr. W. Parl. 10 december 2009 (B.S. 23.XII.2009, ed. 1), van toepassing vanaf 1 januari 2010; § 1, al. 1, 5° vervangen bij art. 40, a) Decr. W. Parl. 10 december 2009 (B.S. 23.XII.2009, ed. 1), van toepassing vanaf 1 januari 2010; § 1, al. 2 gewijzigd bij art. 65, 5° Decr. W. Parl. 30 april 2009 (B.S. 1.VII.2009, ed. 1), van toepassing vanaf 1 juli 2009; § 2, al. 1 gewijzigd bij art. 24, 2° Decr. W. Gew. R. 15 december 2005 (B.S. 23.XII.2005, ed. 1, err. B.S. 30.I.2006); § 2, al. 2-3 opgeheven bij art. 24, 2° Decr. W. Gew. R. 15 december 2005 (B.S. 23.XII.2005, ed. 1, err. B.S. 30.I.2006).

[**Art. 140sexies.** De [opvolger] die de toepassing van het verlaagd recht heeft genoten kan aanbieden om het overeenkomstig de artikelen 131 tot 140 verschuldigde recht, vermeerderd met de wettelijke interest tegen de rentevoet bepaald in burgerlijke zaken, opeisbaar te rekenen van de datum van registratie van de schenking, te betalen alvorens de termijn van vijf jaar is verstreken gedurende dewelke [de voorwaarden van artikel 140quinquies, § 1, behouden moeten blijven en voor het aanbreken van het ogenblik bedoeld in artikel 140quinquies, § 2]].

Ingevoegd bij art. 68 W. 22 december 1998 (B.S. 15.I.1999) en gewijzigd bij art. 25 Decr. W. Gew. R. 15 december 2005 (B.S. 23.XII.2005, ed. 1, err. B.S. 30.I.2006).

[**Art. 140septies.** [Het overeenkomstig artikel 140quinquies, § 2, opeisbare recht is evenwel niet opeisbaar indien het zakelijk recht op de goederen waarop het verlaagd recht werd toegepast, het voorwerp uitmaakt van een overdracht ten kosteloze titel ten voordele van de oorspronkelijke schenker alvorens de termijn van vijf jaar is verstreken gedurende dewelke de voorwaarden van artikel 140quinquies, § 1, moeten behouden blijven.]]

Ingevoegd bij art. 68 W. 22 december 1998 (B.S. 15.I.1999) en hersteld (na opheffing bij art. 26 Decr. W. Gew. R. 15 december 2005) bij art. 66 Decr. W. Parl. 30 april 2009 (B.S. 1.VII.2009, ed. 1), van toepassing vanaf 1 juli 2009.

[**Art. 140octies.** Indien [artikel 140quinquies, § 2] van toepassing is, worden het recht en de interesten vereffend op een verklaring die ter registratie moet worden aangeboden op het kantoor waar het verlaagde recht werd geheven, binnen de eerste vier maanden na het verstrijken van het jaar tijdens hetwelk één van de oorzaken van opeisbaarheid van het overeenkomstig de artikelen 131 tot 140 verschuldigde recht zich heeft voorgedaan en dit op straf van een boete gelijk aan dit recht.

Indien artikel 140sexies van toepassing is, moet de [opvolger] die de toepassing van het verlaagde recht heeft genoten op het voormelde registratiekantoor een verklaring ter registratie aanbieden waarin de samenstelling en de waarde van de goederen waarvoor hij het overeenkomstig de artikelen 131 tot 140 verschuldigde recht wenst te betalen wordt aangegeven.

De bij dit artikel voorgeschreven verklaringen, welke door de begiftigde die de toepassing van het verlaagde recht heeft genoten, werden ondertekend, worden in dubbel gesteld, waarvan één exemplaar op het registratiekantoor blijft. Deze verklaringen vermelden de akte, het nieuwe feit waaruit de opeisbaarheid van het overeenkomstig de artikelen 131 tot 140 verschuldigde recht voortvloeit en al de voor de vereffening van het recht vereiste gegevens.]

Ingevoegd bij art. 68 W. 22 december 1998 (B.S. 15.I.1999); Al. 1 gewijzigd bij art. 27, 1° Decr. W. Gew. R. 15 december 2005 (B.S. 23.XII.2005, ed. 1, err. B.S. 30.I.2006); Al. 2 gewijzigd bij art. 27, 2° Decr. W. Gew. R. 15 december 2005 (B.S. 23.XII.2005, ed. 1, err. B.S. 30.I.2006).

Afdeling 13

Huwelijkscontracten en testamenten

Art. 141. […]

Opgeheven bij art . 162 W. 22 december 1989 (B.S. 29. XII.1989).

Afdeling 14

[Vonnissen en arresten]

Opschrift vervangen bij art. 10, § 1 W. 12 juli 1960 (B.S. 9. XI.1960).

Art. 142. [Het recht wordt vastgesteld op [3] t.h. voor de in alle zaken gewezen arresten en vonnissen der hoven en rechtbanken, houdende definitieve, voorlopige, voornaamste, subsidiaire of voorwaardelijke veroordeling of vereffening gaande over sommen en roerende waarden, met inbegrip van de beslissingen van de rechterlijke overheid houdende rangregeling van dezelfde sommen en waarden.

Het recht wordt vereffend, in geval van veroordeling of vereffening van sommen en roerende waarden, op het samengevoegd bedrag, in hoofdsom, van de uitgesproken veroordelingen of van de gedane vereffeningen [ten laste van een zelfde persoon], [afgezien van de intresten waarvan het bedrag niet door de rechter is becijferd] en kosten, en, in geval van rangregeling, op het totaal bedrag der aan de schuldeisers uitgedeelde sommen.]

Art. 143. [De bepaling van artikel 142 is niet toepasselijk:

1° op de bevelen in kort geding en op de arresten gewezen op beroep daarvan;

2° op vonnissen en arresten voor zover zij strafboeten, burgerlijke boeten of tuchtboeten uitspreken;

3° op vonnissen en arresten voor zover zij een veroordeling inhouden tot het betalen van een uitkering tot onderhoud.

[Zij is niet toepasselijk wanneer het samengevoegd bedrag van de uitgesproken veroordelingen en van de gedane vereffeningen ten laste van een zelfde persoon of van de aan de schuldeisers van een zelfde persoon uitgedeelde sommen, [[[12.500 EUR]]] niet overtreft.]]

Vervangen bij art. 10, § 2 12 juli 1960 (B.S. 9.XI.1960); Al. 2 vervangen bij art. 9 W. 19 juni 1986 (B.S. 24.VII.1986) en gewijzigd bij art. 164 W. 22 december 1989 (B.S. 29. XII.1989), bij art. 2-11 K.B. 20 juli 2000 (II) (B.S. 30. VIII.2000, err. B.S. 8.III.2001) en bij art. 42, 5° K.B. 13 juli 2001 (B.S. 11.VIII.2001, err. B.S. 21.XII.2001).

Art. 144. [Werd bij het artikel 142 vastgestelde recht op een later veranderd vonnis of arrest geheven, dan wordt voor de nieuwe beslissing het recht van [3] t.h. alleen geheven op de aanvullende veroordeling, vereffening of rangregeling van sommen of waarden [uitgesproken of vastgesteld ten laste van een zelfde persoon] en voor zover deze [[[12.500 EUR]]] te boven gaat.]

[Wanneer een vonnis of arrest een hoofdelijke veroordeling uitspreekt en de op dat vonnis of arrest verschuldigde rechten volledig of gedeeltelijk betaald werden door één van de veroordeelden, maakt de beslissing, waardoor diegene die betaald heeft, buiten zaak wordt gesteld, de rechten die deze betaald heeft opeisbaar in hoofde van de andere hoofdelijke veroordeelden; dit alles onverminderd de toepassing van de voorschriften opgenomen in het eerste lid.]

Al. 1 vervangen bij art. 12, § 2 W. 10 juli 1960 (B.S. 9.X.1960) en gewijzigd bij art. 10 W. 19 juni 1986 (B.S. 24.VII.1986), bij art. 165, 1° W. 22 december 1989 (B.S. 29.XII.1989), bij art. 5 W. 24 december 1993 (B.S. 31.XII.1993), bij art. 2-11 K.B. 20 juli 2000 (II) (B.S. 30.VIII.2000, err. B.S. 8.III.2001) en bij art. 42, 5° K.B. 13 juli 2001 (B.S. 11.VIII.2001, err. B.S. 21.XII.2001); Al. 2 ingevoegd bij art. 165, 2° W. 22 december 1989 (B.S. 29.XII.1989).

Art. 145. [Werd het bij artikel 142 vastgestelde recht op een vonnis of arrest geheven, dan wordt op elke andere veroordeling ten laste van dezelfde persoon of van een derde, welke steunt hetzij op dezelfde oorzaak hetzij op een verplichting tot waarborg, en

Vervangen bij art. 10, § 2 W. 12 juli 1960 (B.S. 9.XI.1960); Al. 1 gewijzigd bij art. 4 W. 24 december 1993 (B.S. 31. XII.1993); Al. 2 gewijzigd bij art. 8 W. 19 juni 1986 (B.S. 24.VII.1986) en bij art. 163 W. 22 december 1989 (B.S. 29.XII.1989).

meer in het algemeen op elke door de in eerste orde veroordeelde persoon uitgeoefende verhaalsvordering, het recht van [3] t.h. alleen geheven op de aanvullende veroordeling tot sommen of waarden, en voor zover deze [[[12.500 EUR]]] te boven gaat.]

Vervangen bij art. 10, § 2 W. 12 juli 1960 (B.S. 9.XI.1960); Gewijzigd bij art. 166 W. 22 december 1989 (B.S. 29. XII.1989), art. 6 W. 24 december 1993 (B.S. 31.XII.1993), bij art. 2-11 K.B. 20 juli 2000 (II) (B.S. 30.VIII.2000, err. B.S. 8.III.2001) en bij art. 42, 5° K.B. 13 juli 2001 (B.S. 11. VIII.2001, err. B.S. 21.XII.2001).

Art. 146. [De vonnissen en arresten die tot bewijs strekken van een overeenkomst waarbij eigendom of vruchtgebruik van in België gelegen onroerende goederen overgedragen of aangewezen wordt en welke aan de desbetreffende belasting niet onderworpen werd […] geven aanleiding, onverminderd het door artikel 142 vastgesteld recht, tot het recht en eventueel tot de boete waaraan de overeenkomst […] zou onderworpen zijn indien zij in een minnelijke akte vastgesteld ware geweest.

Dit geldt eveneens, zelfs indien de rechterlijke beslissing die tot bewijs van de overeenkomst strekt, de ontbinding of herroeping ervan voor om 't even welke reden uitspreekt, tenzij uit de beslissing blijkt dat ten hoogste één jaar na de overeenkomst een eis tot ontbinding of herroeping, zelfs bij een onbevoegd rechter, werd ingesteld.]

Vervangen bij art. 10, § 2 W. 12 juli 1960 (B.S. 9.XI.1960); Al. 1 gewijzigd bij art. 167 W. 22 december 1989 (B.S. 29.XII.1989).

Art. 147. [De vonnissen en arresten houdende vernietiging, ontbinding of herroeping van een overeenkomst waarbij eigendom of vruchtgebruik van in België gelegen onroerende goederen overgedragen of aangewezen wordt, geven geen aanleiding tot heffing van het evenredig recht uit hoofde van dat te niet doen, tenzij dit uitgesproken zij ten voordele van een andere persoon dan een van de partijen bij de overeenkomst, haar erfgenamen of legatarissen. In laatstbedoeld geval worden de rechten gegeven die verschuldigd waren geweest indien de vernietiging, de ontbinding of de herroeping het voorwerp van een minnelijke akte had uitgemaakt.]

Vervangen bij art. 10, § 2 W. 12 juli 1960 (B.S. 9.XI.1960).

Art. 148. [Exequaturs van scheidsrechterlijke uitspraken en van buitenslands gewezen rechterlijke beslissingen worden, voor de toepassing van dit Wetboek, als een geheel met de desbetreffende akte aangezien, en zijn aan dezelfde rechten als de in België gewezen vonnissen en arresten onderworpen.

Deze rechten zijn eveneens van toepassing in geval van aanbieding ter registratie van een buitenlands gewezen rechterlijke beslissing indien zij van rechtswege in België uitvoerbaar is.]

Vervangen bij art. 10, § 2 W. 12 juli 1960 (B.S. 9.XI.1960).

Art. 149. [Behoudens in de gevallen beoogd door de artikelen 146 tot 148 maken de vonnissen en arresten geen evenredig recht eisbaar uit hoofde van de overeenkomsten waarvan zij het bestaan vaststellen.]

Vervangen bij art. 10, § 2 W. 12 juli 1960 (B.S. 9.XI.1960).

Art. 150. [Om de invordering van de rechten en, in voorkomend geval, van de boeten eisbaar uit hoofde van deze afdeling te waarborgen, wordt, ten bate van de Staat, een voorrecht ingesteld op de sommen en waarden die het voorwerp uitmaken van de veroordeling, vereffening of rangregeling.

De rechten en boeten bedoeld in het eerste lid gaan boven alle schuldvorderingen van de begunstigden van de veroordelingen, vereffeningen of rangregelingen.]

Vervangen bij art. 12 W. 19 juni 1986 (B.S. 24.VII.1986).

Art. 151-152. […]

Opgeheven bij art. 10, § 3 W. 12 juli 1960 (B.S. 9.XI.1960).

Afdeling 15

[…]

Opschrift opgeheven bij art. 2-29 W. 10 oktober 1967 (B.S. 31.X.1967).

Art. 153. […]

Opgeheven bij art. 2-29 W. 10 oktober 1967 (B.S. 31.X.1967).

Afdeling 16

[…]

Opschrift opgeheven bij art. 2-29 W. 10 oktober 1967 (B.S. 31.X.1967).

Art. 154. […]

Opgeheven bij art. 2-29 W. 10 oktober 1967 (B.S. 31.X.1967).

Afdeling 17

[…]

Opschrift opgeheven bij art. 2-29 W. 10 oktober 1967 (B.S. 31.X.1967).

Art. 155. […]

Opgeheven bij art. 2-29 W. 10 oktober 1967 (B.S. 31.X.1967).

Afdeling 18

[...]

Opschrift opgeheven bij art. 11 W. 12 juli 1960 (B.S. 9. XI.1960).

Art. 156. [...]

Opgeheven bij art. 11 W. 12 juli 1960 (B.S. 9.XI.1960).

Afdeling 19

Protesten

Art. 157. [...]

Opgeheven bij art. 73 W. 14 januari 2013 (B.S. 1.III.2013), van toepassing vanaf 1 september 2013.

Art. 158. [...]

Opgeheven bij art. 8 W. 10 juni 1997 (B.S. 19.VII.1997).

Afdeling 20

Akten vrijgesteld van het evenredig recht en onderhevig aan het algemeen vast recht

Art. 159. Worden van het evenredig recht vrijgesteld en aan het algemeen vast recht onderworpen:

1° [de aanwijzing van lastgever, op voorwaarde:

a) dat het vermogen om een lastgever aan te wijzen in de akte van toewijzing of koop voorbehouden is;

b) dat de aanwijzing bij authentieke akte geschied is;

c) dat zij bij exploot van [gerechtsdeurwaarder] aan de ontvanger der registratie bekend wordt of dat de akte ter formaliteit aangeboden wordt uiterlijk op de eerste werkdag na de dag van de toewijzing of van het contract.

Bij niet-voldoening aan deze voorwaarden wordt de aanwijzing van lastgever voor de toepassing van dit wetboek als wederverkoop beschouwd.

[Met afwijking van het vorenstaande:

a) moet de aanwijzing van lastgever, bij toewijzingen die wettelijk gedaan zijn onder de schorsende voorwaarde van ontstentenis van opbod, om van het evenredig recht vrijgesteld te zijn, gedaan worden vóór de notaris die de toewijzing gedaan heeft of hem betekend worden uiterlijk op de eerste werkdag na die waarop de wettelijke termijn voor opbod verstrijkt;

b) moet de aanwijzing van lastgever, in geval van toewijzing ten gevolge van hoger bod op vrijwillige vervreemding van onroerende goederen, om van het evenredig recht vrijgesteld te zijn, gedaan worden vóór de notaris die de toewijzing heeft gedaan of hem betekend worden uiterlijk op de eerste werkdag na de dag van de toewijzing.]

In die gevallen wordt de aanwijzing ingeschreven of vermeld onderaan op het proces-verbaal van toewijzing zonder dat zij aan de ontvanger der registratie

behoeft te worden betekend;]

2° [de toewijzingen naar aanleiding van rouwkoop, van roerende of onroerende goederen, wanneer zij geen aanleiding geven tot de heffing van een hoger evenredig recht dan datgene geheven op de vorige toewijzing. In het tegenovergesteld geval wordt laatstbedoeld recht afgerekend van het bedrag van de belasting waartoe de daaropvolgende toewijzing aanleiding geeft.

Hetzelfde regime is van toepassing op de toewijzingen naar aanleiding van prijsverhoging in de gevallen waarin het voorbehoud van prijsverhoging geen schorsende voorwaarde uitmaakt;]

3° de overeenkomsten die strekken tot de overdracht van het vruchtgebruik op de blote eigenaar, wanneer het evenredig registratierecht of het successierecht door de blote eigenaar of door een vorige blote eigenaar, zijn rechtsvoorganger, op de waarde van de volle eigendom werd voldaan;

4° [...];

5°- 6° [...];

7° [de overdragende of aanwijzende overeenkomsten, [andere dan de inbrengen onderworpen aan het in artikel 115bis bepaalde recht] die buitenlands gelegen onroerende goederen tot voorwerp hebben, zomede de huurcontracten van dergelijke goederen;]

8° [[volgende verrichtingen:

a) de overdragende of aanwijzende vervreemdingen van eigendom van onroerende goederen, andere dan die welke onderworpen zijn aan het recht bepaald bij artikel 115bis, voorzover de levering van de vervreemde goederen onderworpen is aan de belasting over de toegevoegde waarde;

b) de vestigingen, overdrachten of wederoverdrachten van de zakelijke rechten bedoeld in artikel 9, tweede lid, 2°, van het Wetboek van de belasting over de toegevoegde waarde met betrekking tot onroerende goederen, voorzover de vestiging, de overdracht of de wederoverdracht van die rechten onderworpen is aan de belasting over de toegevoegde waarde.

Voor de toepassing van vorig lid wordt de levering van de goederen of de zakelijke rechten die er vermeld zijn geacht onderworpen te zijn aan de BTW op voorwaarde dat:

– die goederen en rechten inbegrepen zijn in de overdracht van een algemeenheid of goederen van een bedrijfstak waarop artikel 11 van het Wetboek van de belasting over de toegevoegde waarde van toepassing is;

– de overdrager die goederen en rechten heeft opgericht, heeft laten oprichten of heeft aangekocht met toepassing van de belasting over de toegevoegde waarde;

– de overdracht van die goederen en rechten geschiedt binnen de termijn vermeld in artikel 44, § 3, 1°, a. en b., van hetzelfde Wetboek;

– de overdracht geschiedt onder de regeling van de belasting over de toegevoegde waarde, ofwel van rechtswege indien de overdrager de hoedanigheid bezit van beroepsoprichter in de zin van artikel 12, § 2, van hetzelfde Wetboek voor die overdracht, ofwel indien de overdrager geopteerd heeft voor de toepassing van de belasting over de toegevoegde waarde ten opzichte van die goederen overeenkomstig artikel 44, § 3, 1°, a. of b., tweede streepje, van hetzelfde Wetboek.

Indien de BTW enkel toegepast wordt op een deel van de enige prijs die betrekking heeft op het aan de BTW onderworpen deel van de overgedragen onroerende goederen, zonder dat het deel van de enige prijs dat niet bedoeld is in deze vrijstelling lager mag zijn dan de verkoopwaarde van het deel van overgedragen goederen dat niet aan de BTW onderworpen is, op datum van de overdracht, rekening houdend met de staat ervan voor aanvang van de werken indien dat deel uit de grond bestaat waarop gebouwen worden opgericht. Indien de BTW enkel toegepast wordt op zakelijke rechten die tegen een enige prijs zijn overgedragen, is deze vrijstelling enkel van toepassing op het deel van de enige prijs dat betrekking heeft op het deel van bedoelde rechten dat aan de BTW onderworpen is, zonder dat het deel van de enige prijs dat niet bij deze vrijstelling bedoeld is, lager mag zijn dan de waarde van de overgedragen rechten die niet aan de BTW onderworpen is, op de datum van de vestiging, de overdracht of de wederoverdracht, rekening houdend met de staat ervan voor aanvang van de werken indien dat deel bestaat uit de grond waarop gebouwen worden opgericht. In die gevallen worden de bestanddelen die nodig zijn voor de vereffening van de belasting in een verklaring, ondertekend overeenkomstig artikel 168 aangegeven.]

Indien de overeenkomst betrekking heeft op het vruchtgebruik of de blote eigendom van de grond, wordt de belastbare grondslag bepaald op de wijze vermeld in de artikelen 47 tot 50.

De bepalingen van dit 8° zijn alleen toepasselijk, indien in de akte of in een vóór de registratie bij de akte te voegen geschrift worden vermeld:

a) [– ofwel de verklaring dat de onroerende goederen nog niet bezet zijn of gebruikt worden op datum van de levering, indien dat het geval is;

– ofwel, in het tegenovergestelde geval, de verklaring dat de onroerende goederen reeds bezet zijn of gebruikt worden op datum van de levering, evenals, in dat geval, de vermelding van de datum van de eerste bezetting of ingebruikname, van de datum van de voltooiing van de oprichting van elk bouwwerk dat met de grond verbonden is en waarop de akte geheel of gedeeltelijk betrekking heeft en, in voorkomend geval, de datum van uitwerking van de toewijzing van een federaal kadastraal inkomen op bedoeld met de grond verbonden bouwwerk];

b) het kantoor waar de belastingplichtige de aangifte moet indienen voor de heffing van de belasting over de toegevoegde waarde;

c) wanneer de overeenkomst het werk is van een andere dan in artikel 12, § 2, van het Wetboek van de belasting over de toegevoegde waarde bedoelde belastingplichtige, de datum waarop hij kennis heeft gegeven van zijn bedoeling de verrichting te doen met betaling van de belasting over de toegevoegde waarde.

In geval van onjuistheid van die vermeldingen verbeurt de cedent een boete gelijk aan het ontdoken

recht;]

9° de contracten tussen de Algemene Spaar- en Lijfrentekas en de leden van de landbouwkantoren verleden, met betrekking tot de waarborg door deze laatsten verstrekt;

[10° [de contracten van onroerende financieringshuur bedoeld in artikel 44, § 3, 2°, b, van het Wetboek van de belasting over de toegevoegde waarde];]

[11° de inbreng van goederen [in een samenwerkingsverband beheerst, door de wet van 17 juli 1989 betreffende de economische samenwerkingsverbanden of] in Europese economische samenwerkingsverbanden;]

[12° de teruggave van de onroerende goederen aan de leden van [een economisch samenwerkingsverband of van] Europese economische samenwerkingsverbanden die deze goederen hebben ingebracht, wanneer de teruggave gebeurt tengevolge van de uittreding van deze leden of de ontbinding van het samenwerkingsverband.

Indien onroerende goederen verkregen worden in andere omstandigheden dan deze voorzien in het vorige lid, is voor deze verkrijging, hoe zij ook gebeurt, het voor verkopingen bepaalde recht verschuldigd;]

[13° [...];]

[14° de inbrengen van onroerende goederen, andere dan die welke gedeeltelijk of geheel tot bewoning aangewend worden of bestemd zijn en door een natuurlijke persoon ingebracht worden, in burgerlijke vennootschappen of handelsvennootschappen met zetel van werkelijke leiding en statutaire zetel buiten België, of met statutaire zetel in België doch met zetel van werkelijke leiding op het grondgebied van één van de lidstaten van de Europese Gemeenschap. Deze vrijstelling geldt voorzover de inbreng met maatschappelijke rechten wordt vergolden. Indien de inbreng zowel in België gelegen onroerende goederen als andere goederen omvat wordt, niettegenstaande elk strijdig beding, de vergelding die anders dan door toekenning van maatschappelijke rechten geschiedt, geacht evenredig verdeeld te zijn tussen de waarde die aan de onroerende goederen is toegekend en die welke aan de andere goederen is toegekend. In de mate dat de inbreng betrekking heeft op in België gelegen onroerende goederen wordt hij onderworpen aan het recht voorgeschreven voor verkopingen.

In geval van onjuiste verklaring betreffende de aanwending of de bestemming van het onroerend goed, worden de bijvoegelijke rechten opeisbaar en verbeurt iedere partij een boete gelijk aan de rechten.]

1° vervangen bij art. 14 W. 23 december 1958 (B.S. 7.I.1959);

1°, al. 1, c gewijzigd bij art. 48, § 4 W. 5 juli 1963 (B.S. 17.VII.1963);

1°, al. 3 vervangen bij art. 3-114 W. 10 oktober 1967 (B.S. 31.X.1967);

2° vervangen bij art. 29 W. 23 december 1958 (B.S. 7.I.1959);

4° opgeheven bij art. 7 W. 10 juli 1969 (B.S. 25.VII.1969);

5°-6° opgeheven bij art. 14 W. 23 december 1958 (B.S. 7.I.1959);

7° vervangen bij art. 14 W. 23 december 1958 (B.S. 7.I.1959) en gewijzigd bij art. 49, 1° W. 30 maart 1994 (B.S. 31.

III.1994);

8° vervangen bij art. 99, 1° W. 28 december 1992 (B.S. 31.XII.1992);

8°, al. 1 gewijzigd bij art. 49, 2° W. 30 maart 1994 (B.S. 31.III.1994);

10° ingevoegd bij art. 9 W. 10 juli 1969 (B.S. 25.VII.1969) en vervangen bij art. 23 K.B. 29 december 1992 (B.S. 31. XII.1992);

11° ingevoegd bij art. 12 W. 12 juli 1989 (B.S. 22.VIII.1989) en gewijzigd bij art. 28, A W. 17 juli 1989 (B.S. 22.VIII.1989);

12° ingevoegd bij art. 12 W. 12 juli 1989 (B.S. 22.VIII.1989) en al. 1 gewijzigd bij art. 28, B W. 17 juli 1989 (B.S. 22. VIII.1989);

13° ingevoegd bij enig art. W. 10 april 1991 (B.S. 23.V.1991) en opgeheven bij art. 65 Progr. W. 27 december 2006 (B.S. 28.XII.2006, ed. 3), van toepassing vanaf 1 januari 2007;

14° ingevoegd bij art. 49, 3° W. 30 maart 1994 (B.S. 31. III.1994).

[Afdeling 21

Akten vrijgesteld van het evenredig recht en onderhevig aan een bijzonder vast recht van 10 euro]

Opschrift ingevoegd bij art. 67 Decr. W. Parl. 30 april 2009 (B.S. 1.VII.2009, ed. 1), van toepassing vanaf 1 juli 2009.

[**Art. 159bis.** § 1. Worden van het evenredig recht vrijgesteld en aan het bijzonder vast recht van 10 euro onderworpen:

1° de overeenkomsten bedoeld in de artikelen 44 tot 71, 72, tweede lid, 74 en 75, 109 tot 114, 131 tot 140octies waarvan de nietigverklaring, de vernietiging, de annulering of de ontbinding minnelijk is overeengekomen tussen de partijen uiterlijk op het moment waarop de akte ter registratie wordt aangeboden op voorwaarde dat:

a) overeenkomst tot nietigverklaring, vernietiging, annulering of ontbinding ook ter registratie wordt aangeboden uiterlijk op hetzelfde moment als de nietig verklaarde, vernietigde, geannuleerde of ontbonden overeenkomst met toepassing op die overeenkomst van het in 2° van deze paragraaf 1 bedoelde bijzonder vast recht;

b) de nietig verklaarde, vernietigde, geannuleerde of ontbonden overeenkomst nog niet vastgesteld is bij een authentieke akte;

c) de nietig verklaarde, vernietigde, geannuleerde of ontbonden overeenkomst niet meer dan één jaar voor het sluiten van de overeenkomst tot nietig verklaring, vernietiging, annulering of ontbinding is gesloten;

2° de overeenkomsten tot nietigverklaring, vernietiging, annulering of ontbinding van overeenkomsten onderworpen aan de evenredige rechten bedoeld in de artikelen 44 tot 71, 72, tweede lid, 74 en 75, 109 tot 114, 131 tot 140octies of van overeenkomsten onderworpen aan het vast recht van punt 1° van deze paragraaf 1 op voorwaarde dat:

a) de nietig verklaarde, vernietigde, geannuleerde of ontbonden overeenkomst nog niet vastgesteld is bij

een authentieke akte;

b) de nietig verklaarde, vernietigde, geannuleerde of ontbonden overeenkomst niet meer dan één jaar voor het sluiten van de overeenkomst tot nietig verklaring, vernietiging, annulering of ontbinding is gesloten.

§ 2. Worden van het evenredig recht vrijgesteld en aan het bijzonder vast recht van 10 euro onderworpen:

1° de overeenkomsten bedoeld in de artikelen 44 tot 71, 72, tweede lid, 74 en 75, 109 tot 114, 131 tot 140octies waarvan de annulering voortvloeit uit de toepassing van een ontbindende voorwaarde van rechtswege uitgevoerd uiterlijk op het moment waarop de akte ter registratie wordt aangeboden op voorwaarde dat:

a) de vervulling van de ontbindende voorwaarde in een akte getekend door alle partijen en ter registratie aangeboden vastgesteld wordt uiterlijk op hetzelfde ogenblik als de ontbonden overeenkomst met toepassing op die schriftelijke akte van het bijzonder vast recht bedoeld in 2° van deze paragraaf 2; wanneer de ontbonden overeenkomst vastgesteld is bij een authentieke akte moet de vervulling van de ontbindende voorwaarde in een authentieke akte vastgesteld worden, die door alle partijen getekend wordt;

b) de ontbonden overeenkomst niet meer dan één jaar voor de datum van vervulling van de ontbindende voorwaarde gesloten is;

2° de akten die de vervulling van een ontbindende voorwaarde van rechtswege vaststellen, waarbij de ontbinding van de overeenkomsten onderworpen aan de evenredige rechten bedoeld in de artikelen 44 tot 71, 72, tweede lid, 74 en 75, 109 tot 114, 131 tot 140octies of van overeenkomsten onderworpen aan het vast recht van punt 1° van deze paragraaf 2 als gevolg heeft, op voorwaarde dat:

a) wanneer de ontbonden overeenkomst bij een authentieke akte vastgesteld is, de vervulling van de ontbindende voorwaarde ook bij een authentieke akte getekend door alle partijen vastgesteld wordt;

b) de ontbonden overeenkomst niet meer dan één jaar voor de datum van vervulling van de ontbindende voorwaarde gesloten is.]

Ingevoegd bij art. 67 Decr. W. Parl. 30 april 2009 (B.S. 1.VII.2009, ed. 1), van toepassing vanaf 1 juli 2009.

HOOFDSTUK V

REGISTRATIE IN DEBET

Art. 160. In afwijking van artikel 5, worden in debet geregistreerd:

1° [de akten opgemaakt ten verzoeke van de persoon die rechtsbijstand heeft verkregen voor de rechtspleging waarop bedoelde akten betrekking hebben, met inbegrip van de akten tot tenuitvoerlegging van het vonnis of arrest.

Het gaat evenzo met de rechterlijke beslissingen wanneer rechtsbijstand aan de eiser werd toegestaan. Wanneer bijstand aan de verweerder werd toegestaan en de eiser in gebreke blijft de op het vonnis of arrest verschuldigde rechten te consigneren, kan de verweerder registratie in debet ervan bekomen.

Verlening van bijstand dient te worden vermeld in al de akten die ervan genieten. Deze vermelding moet de datum der beslissing alsmede het gerecht of het bureau voor rechtsbijstand, dat ze heeft getroffen, aanduiden.

De rechten alsmede de andere kosten worden ingevorderd overeenkomstig de bepalingen van het Gerechtelijk Wetboek];

2° [de akten en vonnissen betreffende procedures bij faillissement, wanneer de kosteloosheid door de rechtbank werd bevolen.

De kosteloosheid van de rechtspleging moet vermeld worden in alle akten die ze genieten.

De rechten alsmede de andere kosten worden ingevorderd overeenkomstig de bepalingen van het Gerechtelijk Wetboek];

3° [de akten betreffende de vorderingen tot interpretatie of tot verbetering van een vonnis of arrest.

De rechten worden ingevorderd overeenkomstig de bepalingen van het Gerechtelijk Wetboek];

4° de akten opgemaakt ten verzoeke en ter verdediging van de beklaagden of betichten in lijfstraffelijke, boetstraffelijke of politiezaken - er weze al dan niet een burgerlijke partij in het geding - met inbegrip van de akten waartoe de borg, welke dient gesteld om de voorlopige invrijheidsstelling van een voorlopig gedetineerd betichte te bekomen, aanleiding geeft.

De rechten worden in de gerechtskosten begrepen en als zodanig ingevorderd ten laste van de tot betaling er van veroordeelde partij;

5° [...]

1° vervangen bij art. 3-115 A W. 10 oktober 1967 (B.S. 31.X.1967);

2° vervangen bij art. 3-115 B W. 10 oktober 1967 (B.S. 31.X.1967);

3° vervangen bij art. 3-115 C W. 10 oktober 1967 (B.S. 31.X.1967);

5° opgeheven bij art. 12 W. 12 juli 1960 (B.S. 9.XI.1960).

HOOFDSTUK VI

KOSTELOZE REGISTRATIE

Art. 161. Worden kosteloos geregistreerd:

1° akten in der minne verleden ten name of ten bate van Staat, Kolonie en openbare Staatsinstellingen [met uitzondering van de akten verleden in naam of ten gunste van de Algemene Spaar- en Lijfrentekas voor de verrichtingen van de Spaarkas].

[De akten in der minne verleden ten name of ten bate van de naamloze vennootschap van publiek recht HST-Fin.]

[De akten in der minne verleden ten name of ten bate van de naamloze vennootschap A.S.T.R.I.D.]

[De akten verleden ten name of ten bate van de naamloze vennootschap BIO.]

[De akten in der minne, die betrekking hebben op onroerende goederen die uitsluitend bestemd zijn voor onderwijs, verleden ten name of ten bate van de inrich-

tende machten van het gemeenschapsonderwijs of het gesubsidieerd onderwijs, alsook ten name of ten bate van verenigingen zonder winstoogmerk voor patrimoniaal beheer die tot uitsluitend doel hebben onroerende goederen ter beschikking te stellen voor onderwijs dat door de voornoemde inrichtende machten wordt verstrekt.]

Hetzelfde geldt - met uitzondering van akten houdende schenking onder de levenden - voor akten verleden ten name of ten bate van de [Nationale Maatschappij voor de huisvesting], de [Nationale Landmaatschappij] en de Nationale Maatschappij van Belgische spoorwegen.

[Deze beschikking is echter slechts van toepassing op de akten waarvan de kosten wettelijk ten laste van bedoelde organismen vallen;]

[1°bis de vonnissen en arresten houdende veroordeling van de Staat, de Gemeenschappen en de Gewesten, van de openbare instellingen die zijn opgericht door de Staat, en van de inrichtingen van de Gemeenschappen en de Gewesten;]

2° [overdrachten in der minne van onroerende goederen ten algemenen nutte, aan de Staat, provinciën, gemeenten, openbare instellingen en aan alle andere tot onteigening gerechtigde organismen of personen; akten betreffende de wederafstand na onteigening ten algemenen nutte in de gevallen waarin hij bij de wet toegelaten is; [akten tot vaststelling van een ruilverkaveling of een herverkaveling verricht met inachtneming van de bepalingen van hoofdstuk VI van titel I van de wet houdende organisatie van de ruimtelijke ordening en van de stedebouw]; [de akten van overdracht van een afgedankte bedrijfsruimte aan de Staat of een andere publiekrechtelijke rechtspersoon]];

3° [de akten houdende oprichting, wijziging, verlenging of ontbinding van de Nationale Maatschappij der waterleidingen, van de verenigingen overeenkomstig de bepalingen der wetten van 18 augustus 1907 en van 1 maart 1922 gevormd, van de Maatschappij voor het intercommunaal vervoer te Brussel, van de maatschappijen voor tussengemeentelijk vervoer beheerst door de wet betreffende de oprichting van maatschappijen voor stedelijk gemeenschappelijk vervoer, van de [Federale Investeringsmaatschappij], de [...] gewestelijke investeringsmaatschappij en van de Belgische Naamloze Vennootschap tot Exploitatie van het Luchtverkeer (Sabena)];

4° [akten die, bij toepassing van de organieke wet betreffende de openbare centra voor maatschappelijk welzijn, de overgave vaststellen van goederen aan of de inbreng in [...] openbare centra voor maatschappelijk welzijn ofwel de overgave van goederen aan of de inbreng in op grond van voornoemde wet opgerichte verenigingen, evenals akten houdende verdeling, na ontbinding of splitsing [...] van een bovenbedoelde vereniging];

5° [waarmerkingen en akten van bekendheid, in de gevallen bedoeld in artikel 139 van de hypotheekwet van 16 december 1851];

6° [akten houdende verkrijging door vreemde Staten van onroerende goederen die bestemd zijn tot vestiging van hun diplomatieke of consulaire vertegenwoordiging in België, of voor de woning van het hoofd der standplaats.

De kosteloosheid is echter ondergeschikt aan de voorwaarde dat wederkerigheid aan de Belgische Staat toegekend wordt];

7° [de akten, vonnissen en arresten betreffende de uitvoering van de wet houdende bijzondere maatregelen inzake ruilverkaveling van landeigendommen in der minne];

8° [...];

9° [akten, vonnissen en arresten betreffende de uitvoering der wet op de ruilverkaveling van landeigendommen uit kracht van de wet] [en der wet houdende bijzondere maatregelen inzake ruilverkaveling van landeigendommen uit kracht van de wet bij de uitvoering van grote infrastructuurwerken];

10° [akten tot vaststelling van een vereniging van kolenmijnconcessies, een afstand, een uitwisseling of een verpachting van een gedeelte van deze concessies.

De kosteloosheid is ondergeschikt aan de voorwaarde dat een eensluidend verklaard afschrift van het koninklijk besluit, waarbij de verrichting toegelaten of bevolen wordt, aan de akte gehecht is op het ogenblik der registratie.

Het eerste lid is mede van toepassing wanneer bedoelde akten terzelfder tijd de afstand vaststellen van goederen die voor de exploitatie van de afgestane concessie of het afgestane concessiegedeelte worden gebruikt];

[11° de akten en attesten die verplicht bij de akten bedoeld in artikel 140bis moeten worden bijgevoegd;]

[12° [a) de in artikel 19, 1°, bedoelde akten houdende verhuring, onderverhuring of overdracht van huur van in België gelegen onroerende goederen of gedeelten van onroerende goederen, die uitsluitend bestemd zijn tot huisvesting van een gezin of van één persoon;

b) de in artikel 19, 3°, a, bedoelde akten van verhuring, onderverhuring of overdracht van huur;

c) de plaatsbeschrijvingen opgemaakt naar aanleiding van een onder a of b bedoelde akte;

d) de documenten die krachtens de artikelen 2 en 11bis van boek III, titel VIII, Hoofdstuk II, afdeling 2, van het Burgerlijk Wetboek gevoegd zijn bij een onder a of b bedoelde akte op het ogenblik dat zij ter registratie wordt aangeboden];]

[13° de overeenkomsten bedoeld in artikel 132bis van het Wetboek van de inkomstenbelastingen 1992.]

1°, al. 1 gewijzigd bij art. 6 K.B. nr. 3, 24 december 1980 (B.S. 8.I.1981, err. B.S. 25.VII.1981);

1°, al. 2 gewijzigd bij art. 14 W. 17 maart 1997 (B.S. 2. IV.1997);

1°, al. 3 ingevoegd bij art. 15 W. 8 juni 1998 (B.S. 13. VI.1998);

1°, al. 4 ingevoegd bij art. 10 W. 3 november 2001 (B.S. 17.XI.2001);

1°, al. 5 ingevoegd bij art. 2 W. 5 december 2001 (B.S. 19.XII.2001);

1°, al. 6 gewijzigd bij art. 13 W. 27 juni 1956 (B.S. 1.VII.1956) en bij art. 55 W. 22 juli 1970 (B.S. 4.IX.1970);

1°, al. 7 vervangen bij art. 7 W. 13 augustus 1947 (B.S.

17.IX.1947);

1°bis ingevoegd bij art. 169 W. 22 december 1989 (B.S. 29. XII.1989);

2° vervangen bij art. 13 W. 12 juli 1960 (B.S. 9.XI.1960) en gewijzigd bij art. 70, A W. 29 maart 1962 (B.S. 12.IV.1962) en bij art. 16, A W. 27 juni 1978 (B.S. 24.VIII.1978);

3° vervangen bij art. 16 W. 2 april 1962 (B.S. 18.IV.1962) en gewijzigd bij art. 103 C W. 4 augustus 1978 (B.S. 17. VIII.1978) en bij art. 11 W. 4 april 1995 (B.S. 23.V.1995);

4° vervangen bij art. 145, 2° W. 8 juli 1976 (B.S. 5.VIII.1978) en gewijzigd bij art. 71 W. 5 augustus 1992 (B.S. 8.X.1992);

5° vervangen bij art. 393 Progr. W. 24 december 2002 (B.S. 31.XII.2002, err. B.S. 7.II.2003);

6° vervangen bij art. 1 W. 28 februari 1957 (B.S. 7.III.1957);

7° vervangen bij art. 62, 2° W. 10 januari 1978 (B.S. 9. III.1978);

8° opgeheven bij art. 62, 3° W. 10 januari 1978 (B.S. 9. III.1978);

9° vervangen bij art. 49 W. 25 juni 1956 (B.S. 9.VII.1956) en aangevuld bij art. 72, 2° W. 12 juli 1976 (B.S. 15.X.1976);

10° vervangen bij art. 2 W. 24 januari 1958 (B.S. 14.II.1958);

11° ingevoegd bij art. 69 W. 22 december 1998 (B.S. 15.I.1999);

12° ingevoegd bij art. 66 Progr. W. 27 december 2006 (B.S. 28.XII.2006, ed. 3) en vervangen bij art. 81 W. 22 december 2009 (B.S. 31.XII.2009, ed. 2), art. 161, 12°, a) is van toepassing vanaf 1 januari 2007, art. 161, 12°, c) en d) zijn van toepassing vanaf 18 mei 2007;

13° ingevoegd bij art. 307 W. 27 december 2006 (B.S. 28. XII.2006, ed. 3).

[Art. 161/1. Onverminderd artikel 162, 51°, worden de akten, vonnissen en arresten, betreffende de overeenkomstig de wet van 31 januari 2009 betreffende de continuïteit van de ondernemingen ingestelde procedure van gerechtelijke reorganisatie vrijgesteld van de registratierechten die niet worden bedoeld in artikel 3 van de bijzondere wet van 16 januari 1989 betreffende de financiering van de Gemeenschappen en de Gewesten.]

Ingevoegd bij art. 42 W. 27 mei 2013 (B.S. 22.VII.2013), van toepassing vanaf 1 augustus 2013.

HOOFDSTUK VII

VRIJSTELLING VAN DE FORMALITEIT DER REGISTRATIE

Art. 162. Zijn, onder het in artikel 163 aangewezen voorbehoud, van de formaliteit der registratie vrijgesteld:

1° akten, vonnissen en arresten in kieszaken;

2° akten, vonnissen en arresten betreffende de uitvoering van wetten en reglementen op de militie, de vergoeding inzake militie en de militaire opeisingen;

3° akten, vonnissen en arresten betreffende de uitvoering der wetten en reglementen inzake 's lands mobilisatie en de bescherming der bevolking in geval van oorlog, de burgerlijke opeisingen en vrijwillige dienstnemingen, alsmede de in vredestijd aangegane uitgestelde contracten;

4° akten, vonnissen en arresten betreffende de uitvoering van wetten en reglementen inzake belastingen ten bate van Staat, Kolonie, provinciën, gemeenten, polders en wateringen [...];

5° [exploten en andere akten, in strafzaken opgemaakt ten verzoeke van ambtenaren van het openbaar ministerie en van andere ambtenaren of besturen waaraan de wet de vordering voor de toepassing der straffen opdraagt; bovenaan op bedoelde akten worden de woorden Pro Justitia aangebracht];

[5°bis de akten waartoe de rechtsplegingen [...] in burgerlijke zaken of tuchtzaken aanleiding geven, wanneer het openbaar ministerie of de vrederechter van ambtswege optreedt;]

6° akten betreffende de uitvoering van lijfsdwang in strafzaken, met uitzondering van die welke op de schuldvordering van de burgerlijke partij betrekking hebben;

[6°bis akten, vonnissen en arresten betreffende de uitvoering der wet op eerherstel in strafzaken en deze betreffende de uitvoering der wet tot bescherming der maatschappij tegen de abnormalen en de gewoontemisdadigers;]

7° [akten, vonnissen en arresten inzake onteigeningen ten algemenen nutte en die welke betrekking hebben op de uitvoering van titel I van de wet houdende organisatie van de ruimtelijke ordening en van de stedebouw, met uitzondering van de in artikel 161, 2°, bedoelde akten];

8° akten, vonnissen en arresten betreffende ingebruikneming van gronden door de Staat met het oog op de inrichting van 's lands verdediging;

9° akten en vonnissen betreffende procedures vóór de onderzoeksraad voor de zeevaart;

10° akten en beslissingen betreffende procedures vóór het prijsgerecht;

11° [de akten, vonnissen en arresten inzake onttrekking van de zaak aan de rechter, zoals bedoeld in het Gerechtelijk Wetboek, deel III, titel IV, hoofdstuk III];

12° [de akten, vonnissen en arresten inzake wraking, zoals bedoeld in het Gerechtelijk Wetboek, deel IV, boek II, titel III, hoofdstuk V];

13° akten en vonnissen betreffende procedures vóór vrederechters wanneer het bedrag van de hoofdeis het maximum van de laatste aanleg niet te boven gaat, of wanneer het gaat om een procedure inzake uitkering tot onderhoud [of ingesteld overeenkomstig [in artikel 221 van het Burgerlijk Wetboek]]; [akten en vonnissen betreffende procedures vóór de rechtbanken van koophandel], [wanneer het geschillen geldt die gegrond zijn op de bepalingen van boek II van het Wetboek van koophandel of van de wet van 5 mei 1936 op de rivierbevrachting, indien het bedrag van de hoofdeis het bedrag van de laatste aanleg vóór het vrederegerecht niet te boven gaat];

[13°bis de exploten van gerechtsdeurwaarders opgesteld ter vervanging van een gerechtsbrief in het geval bepaald in artikel 46, § 2, van het Gerechtelijk Wetboek.

Bovenaan het exploot dient te worden vermeld dat het is opgesteld ter vervanging van een gerechtsbrief

en zulks met vermelding van het artikel van het Gerechtelijk Wetboek op grond waarvan de betekening wordt gedaan;]

14° [akten, vonnissen en arresten betreffende procedures ingesteld bij de wetten van 10 maart 1900 op de arbeidsovereenkomst, van 7 augustus 1922 op de bediendenarbeidsovereenkomst en van 5 juni 1928 houdende regeling van het arbeidscontract wegens scheepsdienst, met betrekking tot de bekwaamheid van de minderjarige om zijn arbeid te verhuren en zijn loon of bezoldiging te ontvangen];

15° [akten opgemaakt ten verzoeke van de ambtenaren van het openbaar ministerie betreffende uitvoering van rogatoire opdrachten die uitgaan van buitenlandse rechters];

16° [...];

17° [de akten, vonnissen en arresten betrekking hebbende op de uitvoering van de wet betreffende het herstel van zekere schade veroorzaakt aan private goederen door natuurrampen];

18° [de akten, vonnissen en arresten betreffende procedures ingesteld bij de wet van 26 juni 1990 betreffende de bescherming van de persoon van de geesteszieke en bij de artikelen 488bis, a) tot k), van het Burgerlijk Wetboek];

19°-20° [...];

21° voorzieningen in verbreking van het openbaar ministerie en derzelver betekeningen;

22° [...];

23° [akten opgemaakt alsmede vonnissen of arresten gewezen voor de toepassing van de wetten op het gebruik van de talen in gerechtszaken en in bestuurszaken];

24° akten betreffende de uitvoering [van de bepalingen van het Gerechtelijk Wetboek inzake de inruststelling der magistraten];

25°-26° [...];
26°bis [...];
27° [...];
28° [...];

29° [getuigschriften, akten van bekendheid, volmachten, machtigingen met inbegrip van de verzoekschriften die er zouden verband mede houden, wanneer die stukken opgemaakt of uitgereikt worden om te worden overgelegd aan de diensten van het Grootboek van de Rijksschuld [...] aan de Deposito- en Consignatiekas, [aan de Lijfrentekas, de Verzekeringskas en de Rentekas voor arbeidsongevallen van de Algemene Spaar- en Lijfrentekas], zomede aan de mutualiteitsverenigingen, spaar-, lijfrente-, voorzorgs- en onderstandskassen erkend door de regering, ingesteld met goedkeuring van de bestuursoverheid of aan dezer controle onderworpen];

30°-31° [...];

32° [...];

33° akten opgemaakt voor de dienst van de openbare kassen van lening, met inbegrip van processenverbaal van openbare verkoop van in pand gegeven roerende voorwerpen;

[33°bis akten, vonnissen en arresten betreffende betwistingen inzake arbeidsovereenkomsten, leerovereenkomsten en overeenkomsten voor versnelde beroepsopleiding, betreffende betwistingen tussen werknemers naar aanleiding van het werk alsmede tussen personen die samen een beroep uitoefenen waarbij hoofdzakelijk handenarbeid wordt verricht, en inzonderheid tussen een schipper ter visserij en de schepelingen met wie hij geassocieerd is, betreffende betwistingen van burgerlijke aard die het gevolg zijn van een overtreding van de wetten en verordeningen betreffende de arbeidsreglementering en de aangelegenheden onder de bevoegdheid van de arbeidsrechtbank;]

34° akten, vonnissen en arresten betreffende de uitvoering van de wetten en reglementen op de kinderbijslagen;

35° akten, vonnissen en arresten betreffende de uitvoering van de wetten en reglementen op de verzekering tegen de geldelijke gevolgen van ouderdom en vroegtijdige dood, op de verzekering tegen de geldelijke gevolgen van ouderdom en vroegtijdige dood van bedienden en op het pensioenstelsel der mijnwerkers;

[35°bis de akten, vonnissen en arresten in verband met de uitvoering van de wetten en verordeningen betreffende het sociaal statuut der zelfstandigen;]

[35°ter de akten, vonnissen en arresten betreffende de uitvoering van de wetten en verordeningen betreffende de rust-, invaliditeits- en overlevingspensioenen ten laste van de Staat, de provincies, de gemeenten, de openbare instellingen, de Nationale Maatschappij der Belgische Spoorwegen of alle andere organismen of openbare diensten waarvan het personeel onderworpen is aan een bijzondere pensioenregeling getroffen bij of krachtens een wet;]

[35°quater de akten, vonnissen en arresten betreffende de uitvoering van de wetten, decreten en verordeningen betreffende de rust-, invaliditeits- en overlevingspensioenen van de leden van het beroepspersoneel der kaders in Afrika en der personeelsleden die zijn bedoeld in artikel 31 van het koninklijk besluit van 21 mei 1964 tot coördinatie van de wetten betreffende het personeel in Afrika;]

36° [akten, vonnissen en arresten betreffende de uitvoering der wetten en reglementen op het herstel van schade ten gevolge van arbeidsongevallen, van ongevallen overkomen op weg naar of van de arbeid, of van beroepsziekten];

[36°bis akten, vonnissen en arresten betreffende betwistingen in verband met de rechten en verplichtingen voortvloeiende uit de wet op de sociale reclassering van de mindervaliden;]

[36°ter akten, vonnissen en arresten betreffende betwistingen in verband met de oprichting en de inrichting van de ondernemingsraden, alsmede van de diensten en comités tot veiligheid, hygiëne en verfraaiing der werkplaatsen, daarin begrepen de diensten en comités opgericht in mijnen, groeven en graverijen;]

37° akten, vonnissen en arresten betreffende de uitvoering der wetten en reglementen op de onvrijwillige werkloosheid;

[37°bis akten, vonnissen en arresten betreffende de uitvoering der wetten en reglementen in verband met de maatschappelijke zekerheid [...];]

38° akten en beslissingen betreffende [het verzoek om rechtsbijstand] of de betwisting ervan; akten van schikking inzake uitkering tot onderhoud verleden op het bureel van bijstand;

39° akten, vonnissen en arresten betreffende de invordering van de voorschotten van Rijkswege gedaan [in uitvoering van de bepalingen van het Gerechtelijk Wetboek betreffende de gerechtelijke bijstand];

40° [akten, vonnissen en arresten betreffende de uitvoering van de wet van 27 juni 1969 betreffende het toekennen van tegemoetkomingen aan de mindervaliden];

41° akten nodig voor het huwelijk van personen wier onvermogen blijkt uit een getuigschrift van de burgemeester van hun verblijfplaats of van dezes gelastigde;

42° [akten, vonnissen en arresten betreffende procedures inzake de voogdij van minderjarigen, van personen in staat van verlengde minderjarigheid en van onbekwaam verklaarden];

43° akten betreffende de vrijwillige erkenning van een natuurlijk kind of de ontvoogding, wanneer het onvermogen der kinderen en van hun ouders vastgesteld is overeenkomstig bovenstaand nr. 41;

44° akten, vonnissen en arresten betreffende de verklaringen van nationaliteit of van keuze van vaderland, wanneer het onvermogen der belanghebbenden vastgesteld is overeenkomstig bovenstaand nr. 41;

[45° de akten, vonnissen en arresten betreffende betwistingen in verband met een maatregel van sociale bescherming;]

[46° de akten, vonnissen en arresten betreffende de procedure van collectieve schuldenregeling ingesteld overeenkomstig de artikelen 1675/2 tot en met 1675/19 van het Gerechtelijk Wetboek;]

[46° de overdrachten tussen de componenten van een politieke partij zoals die zijn bepaald bij artikel 1, 1°, tweede lid, van de wet van 4 juli 1989 betreffende de beperking en de controle van de verkiezingsuitgaven voor de verkiezingen van de federale Kamers, de financiering en de open boekhouding van de politieke partijen;]

[47° de akten, vonnissen en arresten betreffende de tegemoetkomingen bedoeld in de wet van 21 februari 2003 tot oprichting van een Dienst voor alimentatievorderingen bij de FOD Financiën;]

[47° de akten, de vonnissen en arresten, betreffende het toestaan van betalingsfaciliteiten inzake consumentenkrediet, ingesteld overeenkomstig de artikelen 1337bis tot en met 1337octies van het Gerechtelijk Wetboek.]

4° gewijzigd bij art. 33 W. 23 december 1958 (B.S. 7.I.1959);

5° vervangen bij art. 14, A W. 12 juli 1960 (B.S. 9.XI.1960);

5°bis ingevoegd bij art. 14, B W. 12 juli 1960 (B.S. 9.XI.1960) en gewijzigd bij art. 3-116 W. 10 oktober 1967 (B.S. 31.X.1967);

6°bis ingevoegd bij art. 8 W. 13 augustus 1947 (B.S. 17. IX.1947);

7° vervangen bij art. 70, B W. 29 maart 1962 (B.S. 12. IV.1962);

11° vervangen bij art. 10 W. 10 juni 2001 (B.S. 22.IX.2001);

12° vervangen bij art. 10 W. 10 juni 2001 (B.S. 22.IX.2001);
13° gewijzigd bij art. 3 W. 28 juni 1948 (B.S. 31.VII.1948), bij art. 3-116 W. 10 oktober 1967 (B.S. 31.X.1967), bij art. 74, § 1 W. 15 juli 1970 (B.S. 30.VII.1970) en bij art. 170, 1° W. 22 december 1989 (B.S. 29.XII.1989);
13°bis ingevoegd bij art. 3-116 W. 10 oktober 1967 (B.S. 31.X.1967);
14° vervangen bij art. 7, § 27, A W. 30 april 1958 (B.S. 10.V.1958);
15° vervangen bij art. 14, D W. 12 juli 1960 (B.S. 9.XI.1960);
16° opgeheven bij art. 3-116 W. 10 oktober 1967 (B.S. 31.X.1967);
17° vervangen bij art. 57, § 1 W. 12 juli 1976 (B.S. 13. VIII.1976);
18° vervangen bij art. 17 W. 18 juli 1991 (B.S. 26.VII.1991);
19°-20° opgeheven bij art. 14, F W. 12 juli 1960 (B.S. 9. XI.1960);
22° opgeheven bij art. 14, F W. 12 juli 1960 (B.S. 9.XI.1960);
23° vervangen bij art. 49, § 2 W. 2 augustus 1963 (B.S. 22. VIII.1963);
24° gewijzigd bij art. 3-116 W. 10 oktober 1967 (B.S. 31.X.1967);
25° opgeheven bij art. 14, F W. 12 juli 1960 (B.S. 9.XI.1960);
26° opgeheven bij art. 14, F W. 12 juli 1960 (B.S. 9.XI.1960);
26°bis opgeheven bij art. 14, G W. 12 juli 1960 (B.S. 9. XI.1960);
27° opgeheven bij art. 170, 2° W. 22 december 1989 (B.S. 29.XII.1989);
28° opgeheven bij art. 14, H W. 12 juli 1960 (B.S. 9.XI.1960);
29° vervangen bij art. 30 W. 23 december 1958 (B.S. 7.I.1959) en gewijzigd bij art. 7 K.B. nr. 3, 24 december 1980 (B.S. 8.I.1981) en bij art. 170, 3° W. 22 december 1989 (B.S. 29. XII.1989);
30° opgeheven bij art. 14, H W. 12 juli 1960 (B.S. 9.XI.1960);
31° opgeheven bij art. 14, H W. 12 juli 1960 (B.S. 9.XI.1960);
32° opgeheven bij art. 9 W. 10 juni 1997 (B.S. 19.VII.1997);
33°bis ingevoegd bij art. 3-116 W. 10 oktober 1967 (B.S. 31.X.1967);
35°bis ingevoegd bij art. 26, § 1 K.B. nr. 38, 27 juli 1967 (B.S. 29.VII.1967);
35°ter ingevoegd bij art. 1 W. 24 februari 1965 (B.S. 20. III.1965);
35°quater ingevoegd bij art. 1 W. 24 februari 1965 (B.S. 20. III.1965);
36° vervangen bij art. 8 W. 13 augustus 1947 (B.S. 17. IX.1947);
36°bis ingevoegd bij art. 3-116 W. 10 oktober 1967 (B.S. 31.X.1967);
36°ter ingevoegd bij art. 3-116 W. 10 oktober 1967 (B.S. 31.X.1967);
37°bis ingevoegd bij art. 30, al. 1 W. 23 december 1958 (B.S. 7.I.1959) en gewijzigd bij art. 3-116 W. 10 oktober 1967 (B.S. 31.X.1967);
38° gewijzigd bij art. 3-116 W. 10 oktober 1967 (B.S. 31.X.1967);
39° gewijzigd bij art. 3-116 W. 10 oktober 1967 (B.S. 31.X.1967);
40° vervangen bij art. 20 W. 12 mei 1971 (B.S. 26.V.1971);
42° vervangen bij art. 85 W. 24 april 2001 (B.S. 31.V.2001);
45° ingevoegd bij art. 36 W. 2 februari 1994 (B.S. 17. IX.1994);
46° ingevoegd bij art. 16 W. 5 juli 1998 (B.S. 31.VII.1998, err.

B.S. 18.IX.1998);
Tweede 46° ingevoegd bij art. 16 W. 19 november 1998 (B.S. 10.XII.1998);
47° ingevoegd bij art. 28, § 1 W. 21 februari 2003 (B.S. 28. III.2003, err. B.S. 17.IV.2003);
Tweede 47° ingevoegd bij art. 82 W. 24 maart 2003 (B.S. 2.V.2003).

Toekomstig recht: – Vanaf een door de Koning nog nader te bepalen datum, en uiterlijk vanaf 1 januari 2015 wordt art. 162 van het Wetboek der Registratie-, Hypotheek- en Griffierechten aangevuld als volgt:
"48° de akten en vonnissen betreffende de procedures voor de strafuitvoeringsrechters en de strafuitvoeringsrechtbanken, alsook de arresten gewezen als gevolg van een cassatieberoep tegen een beslissing van de strafuitvoeringsrechter of de strafuitvoeringsrechtbank.".
(W. 21 april 2007, art. 130, B.S. 13.VII.2007, van toepassing vanaf de dag die de Koning voor elk artikel van de wet bepaalt en uiterlijk op 1 januari 2015 (art. 157, zoals gewijzigd bij art. 7 W. 24 juli 2008 (II), B.S. 7.VIII.2008, bij art. 16 W. 28 december 2011, B.S. 30.XII.2011, ed. 4 en bij art. 31 W. 31 december 2012, B.S. 31.XII.2012, ed. 2)).
– Vanaf 1 juni 2014 worden in art. 162 de volgende wijzigingen aangebracht:
1° in het 18°, vervangen bij de wet van 18 juli 1991, worden de woorden "de artikelen 488bis, A) tot K), van het Burgerlijk Wetboek" vervangen door de woorden "de bepalingen van het vierde deel, boek IV, hoofdstuk X van het Gerechtelijk Wetboek.";
2° in het 42°, vervangen bij de wet van 29 april 2001, worden de woorden ", van personen in staat van verlengde minderjarigheid en van onbekwaamverklaarden" opgeheven.
(W. 17 maart 2013, art. 153 en 233, B.S. 14.VI.2013, ed. 2, van toepassing vanaf 1 juni 2014)
– Vanaf een door de Koning nog nader te bepalen datum en ten laatste op 31 december 2014 wordt art. 162 aangevuld met een bepaling onder 51° luidende:
"51° De akten, vonnissen en arresten betreffende de overeenkomstig de wet van 31 januari 2009 betreffende de continuïteit van de ondernemingen ingestelde procedure van gerechtelijke organisatie, behalve:
a) de akten die tot bewijs strekken van een overeenkomst onderworpen aan een registratierecht bedoeld in artikel 3 van de bijzondere wet van 16 januari 1989 betreffende de financiering van de Gemeenschappen en de Gewesten;
b) de in artikelen 146 en 147 bedoelde vonnissen en arresten.".
(W. 27 mei 2013, art. 43 en 62, B.S. 22.VII.2013)

Art. 163. De bij voorgaand artikel ingevoerde vrijstelling is niet toepasselijk op de in dit artikel opgesomde akten, vonnissen en arresten, in zover zij tot bewijs van een overeenkomst strekken voorzien in artikel 19, 2°.

Zij is [niet] van toepassing op andere dan gerechtelijke akten, in zover zij tot bewijs van een [in artikel 19, 3° of 5°], bedoelde overeenkomst strekken.

[Tenzij er anders over beschikt wordt, is ze niet van toepassing op: a) processen-verbaal van verkoop van in beslag genomen roerende of onroerende goederen en alle nakomende handelingen welke derde verkrijgers aanbelangen; b) processen-verbaal van rang-regeling en van verdeling bij aandelen.]

Al. 2 gewijzigd bij art. 33, al. 2 W. 23 december 1958 (B.S. 7.I.1959) en bij art. 16 W. 14 april 1965 (B.S. 24.IV.1965); Al. 3 ingevoegd bij art. 33, al. 3 W. 23 december 1958 (B.S. 7.I.1959).

Art. 164. Zijn mede van de formaliteit der registratie vrijgesteld, de uitgiften, afschriften van en uittreksels uit akten welke geregistreerd werden of die krachtens artikel 162 van de formaliteit zijn vrijgesteld.

Art. 165. Indien een bij artikelen 162 en 164 van de formaliteit der registratie vrijgestelde akte of geschrift toch ter registratie wordt aangeboden, geeft zij aanleiding tot het heffen van het algemeen vast recht.

HOOFDSTUK VIII

DIVERSE BEPALINGEN BETREFFENDE DE VEREFFENING VAN DE RECHTEN

Art. 166. [...]
In geval van openbare verkoping van roerende of onroerende goederen of van openbare verhuring, in verschillende loten, wordt het recht vereffend op het samengevoegd bedrag der aan hetzelfde tarief onderworpen loten [...].
[Het bedrag van het vereffende recht wordt, desvoorkomend, [tot de hogere [cent] afgerond].]

Al. 1 opgeheven bij art. 4, 1° W. 20 januari 1999 (B.S. 13. II.1999);
Al. 2 gewijzigd bij art. 4, 2° W. 20 januari 1999 (B.S. 13. II.1999);
Al. 3 vervangen bij art. 4, 3° W. 20 januari 1999 (B.S. 13. II.1999) en gewijzigd bij art. 5, § 7 K.B. 20 juli 2000 (II) (B.S. 30.VIII.2000, err. B.S. 8.III.2001) en bij art. 42, 3° K.B. 13 juli 2001 (B.S. 11.VIII.2001, err. B.S. 21.XII.2001).

Art. 167. Wanneer er niet anderszins bij deze titel over beschikt is, mag het bedrag van het op een akte of een verklaring te heffen evenredig recht niet minder dan het algemeen vast recht bedragen.

Art. 168. Wanneer de sommen en waarden of andere ter vereffening van de belasting noodzakelijke gegevens niet voldoende uitgedrukt zijn in een ter formaliteit aangeboden akte, zijn de partijen of de werkende openbare officier, in hun naam, er toe gehouden daarin, vóór registratie, te voorzien door een aanvullende verklaring, gewaarmerkt en ondertekend onderaan de akte.
[Wanneer eenzelfde overeenkomst meteen op in België gelegen onroerende goederen en op andere goederen slaat, moet de overeengekomen waarde of, in voorkomend geval, de verkoopwaarde van de goederen van elkeen der categorieën, zelfs indien het tarief van de belasting niet verschilt naar gelang van de aard van de goederen, afzonderlijk aangeduid worden, hetzij in de akte, hetzij in een door de partijen of, in

hun naam, door de werkende notaris vóór de registratie gewaarmerkte en ondertekende verklaring onderaan op de akte [...].]
Indien de bepaling van de belastbare grondslag geheel of gedeeltelijk van de schatting van een levenslang recht afhangt, moet de verklaring naam, voornamen, woonplaats, plaats en datum van geboorte van de beneficianten van dit levenslang recht vervatten.

Al. 2 ingevoegd bij art . 31 W. 23 december 1958 (B.S. 7.I.1959) en gewijzigd bij art. 17 W. 14 april 1965 (B.S. 24.IV.1965).

Art. 169. De rechten verschuldigd op akten waarbij eigendom of vruchtgebruik van een handelszaak overgedragen of aangewezen worden, worden geheven volgens de aard van elk der goederen die er deel van uitmaken en op de bij dit wetboek vastgestelde grondslagen.
De schulden die al dan niet met de handelszaak in verband staan en die door de nieuwe eigenaar of vruchtgebruiker ten laste genomen worden, moeten als lasten van de overeenkomst beschouwd worden.

[Art. 169bis. Voor de toepassing van de artikelen 115bis en 140bis, moet de aanwending of de bestemming van een onroerend goed worden nagegaan per kadastraal perceel of per gedeelte van kadastraal perceel wanneer dat gedeelte is ofwel een afzonderlijke huisvesting, ofwel een afdeling van de productie of van de werkzaamheden die, of een onderdeel daarvan dat, afzonderlijk kan werken, ofwel een eenheid die van de andere goederen of delen die het perceel vormen kan worden afgezonderd.]

Ingevoegd bij art. 70 W. 22 december 1998 (B.S. 15.I.1999).

HOOFDSTUK IX

VERPLICHTINGEN MET HET OOG OP HET VERZEKEREN VAN HET HEFFEN VAN DE RECHTEN

Afdeling 1

Vermeldingen op te nemen in bepaalde akten

Art. 170. Wanneer, in een andere dan een vonnis of arrest aan de formaliteit onderworpen authentieke akte, melding wordt gemaakt van een onderhandse akte of van een buitenslands verleden akte vallende in de termen van [artikel 19, 2° of 3°], moet die authentieke akte afschrift van de vermelding der registratie van bedoelde akte bevatten.
Indien die akte niet geregistreerd werd, dan wordt daarvan in de authentieke akte melding gemaakt.
Alle overtredingen van dit artikel worden gestraft met een boete van [[[25 EUR]]] ten laste van de werkende ambtenaar of openbare officier.

Al. 1 gewijzigd bij art. 62 W. 22 december 1998 (B.S. 15.I.1999);

Al. 3 gewijzigd bij art. 172 W. 22 december 1989 (B.S. 29. XII.1989), bij art. 2-11 K.B. 20 juli 2000 (II) (B.S. 30. VIII.2000, err. B.S. 8.III.2001) en bij art. 42, 5° K.B. 13 juli 2001 (B.S. 11.VIII.2001, err. B.S. 21.XII.2001).

[Art. 170bis. In geval van een schenking moet de notaris in de akte een verklaring van de schenker opnemen die vermelding inhoudt van het adres en de datum en duur van de vestiging van de verschillende fiscale woonplaatsen die de schenker gehad heeft in de periode van vijf jaar voorafgaand van de datum van de schenking.

In geval van weigering de verklaring te doen of bij onjuiste of onvolledige verklaring verbeurt de schenker een boete ten bijdrage van tweemaal de aanvullende rechten.

De notaris die nagelaten heeft de schenker te vragen de verklaring te doen, verbeurt een boete van 25 EUR.]

Ingevoegd bij art. 6 W. 7 maart 2002 (B.S. 19.III.2002).

Art. 171. [Alle expedities, afschriften van of uittreksels uit een burgerlijke of gerechtelijke authentieke akte die aan de formaliteit onderworpen is of die in artikel 8bis bedoeld is, moeten, op straf van een boete van [[[25 EUR]]], een afschrift van de vermelding van de registratie of van de vermelding voorzien in het tweede lid van artikel 8 bevatten.]

Vervangen bij art. 173 W. 22 december 1989 (B.S. 29. XII.1989) en gewijzigd bij art. 2-11 K.B. 20 juli 2000 (II) (B.S. 30.VIII.2000, err. B.S. 8.III.2001) en bij art. 42, 5° K.B. 13 juli 2001 (B.S. 11.VIII.2001, err. B.S. 21.XII.2001).

Afdeling 2

Voorschriften betreffende het uitreiken van uitgiften

Art. 172. [Notarissen, [gerechtsdeurwaarders], griffiers der hoven en rechtbanken en bestuurlijke overheden mogen, vóór het nakomen van de formaliteit der registratie, de akten welke zij verplicht zijn te doen registreren of waarvan de rechten in hun handen moeten worden geconsigneerd, niet in brevet, uitgifte, afschrift of uittreksel uitreiken, zelfs zo de voor de registratie gestelde termijn niet verstreken is.]

Alle overtredingen van dit verbod worden met een geldboete van [[[25 EUR]]] gestraft.

Al. 1 vervangen bij art. 15 W. 12 juli 1960 (B.S. 9.XI.1960) en gewijzigd bij art. 48, § 4 W. 5 juli 1963 (B.S. 17.VII.1963); Al. 2 gewijzigd bij art. 174 W. 22 december 1989 (B.S. 29. XII.1989) en gewijzigd bij art. 2-11 K.B. 20 juli 2000 (II) (B.S. 30.VIII.2000, err. B.S. 8.III.2001) en bij art. 42, 5° K.B. 13 juli 2001 (B.S. 11.VIII.2001, err. B.S. 21.XII.2001).

Art. 173. Van voorgaand artikel wordt afgeweken ten aanzien van:

1° [de expedities van akten, verleden voor Belgische notarissen, die aanleiding geven tot een hypothe-caire formaliteit waarbij de bedoelde expedities door de notaris eerst aan de betrokken partijen mogen worden afgegeven nadat zij, overeenkomstig artikel 171 zijn aangevuld, met een afschrift van de vermelding van de registratie of met de in artikel 8, tweede lid, voorgeschreven vermelding];

[1°bis de expedities en uittreksels van akten, verleden voor Belgische notarissen, die aanleiding geven tot neerlegging ter griffie van de rechtbank van koophandel overeenkomstig artikel 67 van het Wetboek van vennootschappen;]

2° [afschriften welke vereist zijn voor de betekening van exploten en van andere soortgelijke akten];

3° niet-ondertekende afschriften van vonnissen en arresten;

4° [vonnissen en arresten die met het oog op de dringende noodzakelijkheid, op de minuut en vóór de registratie uitvoerbaar verklaard worden];

5° voor eensluidend verklaarde afschriften van vonnissen en arresten slechts afgeleverd teneinde de verhaalstermijnen te doen lopen. Die afschriften moeten vermelding van hun bijzondere bestemming dragen en mogen tot geen andere doeleinden worden gebruikt;

6° uitgiften van vonnissen en arresten die worden uitgereikt aan het openbaar ministerie, [alsmede uitgiften, afschriften of uittreksels die in strafzaken worden uitgereikt aan de Rijksagenten welke belast zijn met de tenuitvoerlegging van vonnissen en arresten];

[7° afschriften waarvan de aflevering wegens hoogdringendheid werd bevolen door de voorzitter van de rechtbank van eerste aanleg.]

1° vervangen bij art. 175 W. 22 december 1989 (B.S. 29. XII.1989);
1°bis ingevoegd bij art. 3 W. 14 december 2005 (B.S. 28. XII.2005, err. B.S. 17.II.2006, ed. 2);
2° vervangen bij art. 9, al. 1 W. 13 augustus 1947 (B.S. 17.IX.1947);
4° vervangen bij art. 16 W. 12 juli 1960 (B.S. 9.XI.1960);
6° gewijzigd bij art. 9, al. 2 W. 13 augustus 1947 (B.S. 17.IX.1947);
7° ingevoegd bij art. 3-117 B W. 10 oktober 1967 (B.S. 31.X.1967).

Art. 174. [...]

Opgeheven bij art. 13 W. 19 juni 1986 (B.S. 24.VII.1986).

Art. 175. [...]

Opgeheven bij art. 17 W. 12 juli 1960 (B.S. 9.XI.1960).

Afdeling 3

Repertorium van de akten

Art. 176. [Notarissen en [gerechtsdeurwaarders] moeten een kolomsgewijze ingedeeld repertorium houden, waarin zij dagelijks zonder openlaten van tussenruimte, noch tussenregel, noch vervalsing, en in de volgorde der nummers, alle akten van hun ambt inschrijven.]

Vervangen bij art. 18 W. 12 juli 1960 (B.S. 9.XI.1960) en gewijzigd bij art. 48, § 4 W. 5 juli 1963 (B.S. 17.VII.1963).

Art. 177. In elk artikel van het repertorium dienen vermeld: 1° volgnummer; 2° datum en aard van de akte; 3° naam; voornamen en woonplaats der partijen; 4° bondige aanduiding der onroerende goederen; 5° vermelding van de registratie; 6° wat aangaat de [gerechtsdeurwaarders], de kosten van hun akten en exploten na aftrek van hun voorschotten.

[De Koning kan aanvullende vermeldingen voorschrijven.]

Al. 1 gewijzigd bij art. 48, § 4 W. 5 juli 1963 (B.S. 17. VII.1963);
Al. 2 ingevoegd bij art. 176 W. 22 december 1998 (B.S. 15.I.1999).

Art. 178. Een boete van [[[25 EUR]]] wordt verbeurd voor elke weggelaten of te laat in het repertorium ingeschreven akte, voor elke akte ingeschreven met tussenregel of met vervalsing, alsmede voor elke akte van vroegere datum dan die van het proces-verbaal van nummering en waarmerk van het repertorium.

Gewijzigd bij art. 177 W. 22 december 1989 (B.S. 29. XII.1989) en gewijzigd bij art. 2-11 K.B. 20 juli 2000 (II) (B.S. 30.VIII.2000, err. B.S. 8.III.2001) en bij art. 42, 5° K.B. 13 juli 2001 (B.S. 11.VIII.2001, err. B.S. 21.XII.2001).

Art. 179. [De in artikel 176 bedoelde repertoria die moeten worden gehouden door de notarissen, mogen overeenkomstig artikel 29 van de wet van 16 maart 1803 tot regeling van het notarisambt hetzij op papier, hetzij op een gedematerialiseerde wijze die is vastgesteld door de Nationale Kamer van notarissen in een door de Koning goedgekeurd reglement, worden gehouden.

De Koning kan bepalen dat de repertoria die door de gerechtsdeurwaarders moeten worden gehouden, mogen worden gehouden op een gedematerialiseerde wijze die vastgesteld is door de Nationale Kamer van gerechtsdeurwaarders in een door de Koning goedgekeurd reglement.]

Vervangen bij art. 82 W. 22 december 2009 (B.S. 31.XII.2009, ed. 2).

Art. 180. [De in artikel 176 aangeduide personen zijn er toe gehouden, om de drie maand, hun repertorium voor te leggen aan de ontvanger van het kantoor aangeduid in artikel 39, die het viseert en in zijn visum het aantal ingeschreven akten vermeldt.

Deze voorlegging geschiedt binnen de eerste tien dagen van de maanden januari, april, juli en oktober van elk jaar.

De Koning kan voor de op gedematerialiseerde wijze gehouden repertoria bijzondere regels vaststel-

len wat de modaliteiten van de voorlegging en het visum van het repertorium betreft.

Bij laattijdige voorlegging van het repertorium wordt een boete verbeurd van 25 euro per week vertraging.]

Vervangen bij art. 83 W. 22 december 2009 (B.S. 31.XII.2009, ed. 2).

Afdeling 4

Verplichting van inzageverlening

Art. 181[1]. [Notarissen en [gerechtsdeurwaarders]] zijn er toe gehouden, op verbeurte van een boete van [[25 EUR]] per overtreding, op elk verzoek van de agenten van [de administratie van de belasting over de toegevoegde waarde, registratie en domeinen], van hun repertoriums en de akten waarvan zij bewaarders zijn, zonder verplaatsing inzage te verlenen en deze agenten de inlichtingen, afschriften en uittreksels te laten nemen die zij nodig hebben met het oog op 's Rijks belangen.

Deze verplichting is echter, bij 't leven van de erflaters, niet toepasselijk op de bij notarissen berustende testamenten.

Hernummerd bij art. 21 12 juli 1960 (B.S. 9.XI.1960);
Al. 1 gewijzigd bij art. 48, § 4 W. 5 juli 1963 (B.S. 17. VII.1963), bij art. 240 W. 22 december 1989 (B.S. 29. XII.1989), bij art. 2-11 K.B. 20 juli 2000 (II) (B.S. 30. VIII.2000, err. B.S. 8.III.2001) en bij art. 42, 5° K.B. 13 juli 2001 (B.S. 11.VIII.2001, err. B.S. 21.XII.2001).

[**Art. 181**[2]. De griffiers der hoven en rechtbanken zijn er toe gehouden op straf van een boete van [[25 EUR]] per overtreding, aan de agenten van [de administratie van de belasting over de toegevoegde waarde, registratie en domeinen] inzage te verlenen van de door hen of vóór hen verleden akten, alsmede van de minuten van de vonnissen, arresten, bevelschriften en alle andere akten waarvan zij bewaarders zijn.

De modaliteiten waaronder deze inzage moet verleend worden en de termijn waarbinnen dit moet geschieden, worden bij koninklijk besluit bepaald. Inbreuken op de voorschriften van dit koninklijk besluit kunnen beteugeld worden met boeten waarvan het bedrag [[25 EUR]] per inbreuk niet zal te boven gaan.]

Ingevoegd bij art. 21 W. 12 juli 1960 (B.S. 9.XI.1960);
Al. 1 gewijzigd bij art. 240 W. 22 december 1998 (B.S. 29. XII.1989), bij art. 2-11 K.B. 20 juli 2000 (II) (B.S. 30. VIII.2000, err. B.S. 8.III.2001) en bij art. 42, 5° K.B. 13 juli 2001 (B.S. 11.VIII.2001, err. B.S. 21.XII.2001);
Al. 2 gewijzigd bij art. 2-11 K.B. 20 juli 2000 (II) (B.S. 30. VIII.2000, err. B.S. 8.III.2001) en bij art. 42, 5° K.B. 13 juli 2001 (B.S. 11.VIII.2001, err. B.S. 21.XII.2001).

Art. 182. De personen die de in [artikel 63[1]] bedoelde beroepsaangifte ondertekenen, zijn er toe gehouden van hun registers, repertoria, boeken, akten en alle andere bescheiden betreffende hun handels-, beroeps- of statutaire bedrijvigheid, bij iedere vordering van de agenten van [de administratie van de belasting over de toegevoegde waarde, registratie en domeinen] [...], zonder verplaatsing inzage te verlenen, teneinde bedoelde agenten te laten nagaan of de door hen of door derden verschuldigde registratierechten wel richtig werden geheven.

Elke weigering van inzageverlening wordt bij proces-verbaal vastgesteld en gestraft met een geldboete van [[[250 EUR]] tot [[2.500 EUR]]], waarvan het bedrag door de [gewestelijke directeur van de belasting over de toegevoegde waarde, registratie en domeinen] wordt bepaald.

Al. 1 gewijzigd bij art. 179 en 240 W. 22 december 1989 (B.S. 29.XII.1989);
Al. 2 gewijzigd bij art. 1 W. 14 augustus 1947 (B.S. 17. IX.1947), bij art. 76 W. 22 juli 1993 (B.S. 26.VII.1993), bij art. 2-11 K.B. 20 juli 2000 (II) (B.S. 30.VIII.2000, err. B.S. 8.III.2001) en bij art. 42, 5° K.B. 13 juli 2001 (B.S. 11. VIII.2001, err. B.S. 21.XII.2001).

[**Art. 182bis.** De personen die de toepassing van artikel 140bis vragen, zijn er toe gehouden, zonder verplaatsing, van alle boeken en bescheiden betreffende hun activiteit bij iedere vordering van de ambtenaren van de administratie van de belasting over de toegevoegde waarde, registratie en domeinen inzage te verlenen teneinde bedoelde ambtenaren toe te laten zich te vergewissen van de juiste heffing van de door de verzoekers of derden verschuldigde rechten.

Elke weigering van inzageverlening wordt bij proces-verbaal vastgesteld en wordt gestraft met een geldboete van [[1.250 EUR]].]

Ingevoegd bij art. 71 W. 22 december 1998 (B.S. 15.I.1999); Al. 2 gewijzigd bij 2-11 K.B. 20 juli 2000 (II) (B.S. 30. VIII.2000, err. B.S. 8.III.2001) en bij art. 42, 5° K.B. 13 juli 2001 (B.S. 11.VIII.2001, err. B.S. 21.XII.2001).

Art. 183. Openbare instellingen, [stichtingen van openbaar nut en private stichtingen, alle verenigingen en vennootschappen die in België hun hoofdinrichting], een filiale of enigerlei zetel van verrichtingen hebben, [bankiers, wisselagenten en wisselagentencorrespondenten], zaakwaarnemers en aannemers, openbare of ministeriële officieren zijn er toe gehouden aan de agenten van [de administratie van de belasting over de toegevoegde waarde, registratie en domeinen], met desvoorkomend inzageverlening van de stukken tot staving, al de inlichtingen te verstrekken welke dezen van node achten om de richtige heffing van de te hunnen laste of ten laste van derden invorderbare rechten te verzekeren.

Deze inlichtingen kunnen slechts gevraagd worden krachtens bijzondere machtiging van de [directeur-generaal van de belasting over de toegevoegde waarde, registratie en domeinen], houdende nauwkeurige aanduiding van het rechtsfeit omtrent hetwelk navorsing dient gedaan.

Voor elke overtreding wordt een boete verbeurd

[van [[250 EUR]] tot [[2.500 EUR]]], waarvan het bedrag door de [gewestelijk directeur van de belasting over de toegevoegde waarde, registratie en domeinen] wordt vastgesteld.

Al. 1 gewijzigd bij art. 10 W. 13 augustus 1947 (B.S. 17. IX.1947), bij art. 240 W. 22 december 1989 (B.S. 29.XII.1989) en bij art. 44 W. 2 mei 2002 (B.S. 11.XII.2002);
Al. 2 gewijzigd bij art. 240 W. 22 december 1989 (B.S. 29.XII.1989);
Al. 3 gewijzigd bij art. 240 W. 22 december 1989 (B.S. 29. XII.1989), bij art. 77 W. 22 juli 1993 (B.S. 26.VII.1993), bij art. 2-11 K.B. 20 juli 2000 (II) (B.S. 30.VIII.2000, err. B.S. 8.III.2001) en bij art. 42, 5° K.B. 13 juli 2001 (B.S. 11. VIII.2001, err. B.S. 21.XII.2001).

Art. 184. Wanneer de som te betalen door de eigenaar van een muur om deze gemeen te maken, door tussenkomst van een deskundige, aannemer, landmeter of landmeetkundige werd bepaald, is deze er toe gehouden, op verbeurte van een boete van [[[25 EUR]]], de bevoegde ambtenaar van het bestuur der registratie en domeinen daarvan bericht te geven binnen de drie maanden na de voltooiing van zijn werk.

Een koninklijk besluit bepaalt de wijze waarop dit bericht dient gegeven en duidt de ambtenaar aan er toe bevoegd hetzelfde te ontvangen.

Al. 1 gewijzigd bij art. 1 W. 14 augustus 1947 (B.S. 17. IX.1947), bij art. 2-11 K.B. 20 juli 2000 (II) (B.S. 30. VIII.2000, err. B.S. 8.III.2001) en bij art. 42, 5° K.B. 13 juli 2001 (B.S. 11.VIII.2001, err. B.S. 21.XII.2001).

[Afdeling 5

Verplichtingen opgelegd aan openbare ambtenaren ter verzekering van de invordering der registratierechten]

Opschrift ingevoegd bij art. 14 W. 19 juni 1986 (B.S. 24. VII.1986).

[**Art. 184bis.** [De notarissen, gerechtsdeurwaarders en griffiers, de vereffenaars en curatoren alsook de ambtenaren van de Deposito- en Consignatiekas mogen slechts de betaling, overschrijving of teruggave van sommen of waarden die voortkomen van een veroordeling, van een vereffening of van een rangregeling, verrichten na de aflevering, door de ontvanger van de registratie, van een getuigschrift houdende verklaring dat geen enkele som eisbaar blijft als registratierecht of als boete uit hoofde van die veroordeling, vereffening of rangregeling.

[Het eerste lid is slechts van toepassing op de vereffenaars en de curators in het geval dat de veroordeling, de vereffening of rangregeling die de betaling, overschrijving, of teruggave tot gevolg heeft, hen ter kennis wordt gebracht.]

Indien de personen bepaald in het eerste lid de voorschriften van dit artikel niet zijn nagekomen, zijn zij persoonlijk aansprakelijk voor de betaling van de sommen die opeisbaar blijven.]]

Ingevoegd bij art. 14 W. 19 juni 1986 (B.S. 24.VII.1986) en vervangen bij art. 180 W. 22 december 1989 (B.S. 29. XII.1989);
Al. 2 ingevoegd bij art. 126 Faill. W. 8 augustus 1997 (B.S. 28.X.1997, err. B.S. 7.II.2001).

HOOFDSTUK X

BEWIJSMIDDELEN

Afdeling 1

Algemene bepalingen

Art. 185. [Behoudens de bewijs- en controlemiddelen speciaal voorzien in deze titel, wordt het bestuur er toe gemachtigd volgens de regelen en door alle middelen van gemeen recht, met inbegrip van getuigen en vermoedens, maar met uitzondering van de eed, en, bovendien door de processen-verbaal van zijn agenten, elke overtreding van de beschikkingen van deze titel vast te stellen en om het even welk feit te bewijzen dat de opvorderbaarheid van een recht of een boete laat blijken of er toe bijdraagt deze opvorderbaarheid te laten blijken.

De processen-verbaal gelden als bewijs tot het tegendeel bewezen is. Zij zullen aan belanghebbenden betekend worden binnen de maand van de vaststelling van de overtreding. [Deze betekening mag gebeuren bij een ter post aangetekend schrijven. De afgifte van het stuk ter post geldt als betekening van de volgende dag af.]]

Vervangen bij art. 11, al. 1 W. 13 augustus 1947 (B.S. 17. IX.1947);
Al. 2 aangevuld bij art. 3-118 W. 10 oktober 1967 (B.S. 31.X.1967).

Art. 186. […]

Opgeheven bij art. 11, al. 2 W. 13 augustus 1947 (B.S. 19. IX.1947).

Art. 187. Verandering in eigendom of vruchtgebruik van een in België gelegen onroerend goed, ten gevolge van een overdragende of aanwijzende overeenkomst, wordt, ter vordering van het recht tegen de nieuwe eigenaar of vruchtgebruiker, in voldoende mate bewezen door daden van beschikking of van bestuur of door andere handelingen of akten waarbij, in zijnen hoofde, de eigendom of het vruchtgebruik vastgesteld of ondersteld wordt.

Art. 188. Wordt als koper voor eigen rekening beschouwd en mag zich op de hoedanigheid van lasthebber of van commissionair van de verkoper niet beroepen, ieder persoon die de verkoop van een onroerend goed bewerkt, wanneer vaststaat dat hij, reeds vóór het tot stand brengen van deze verkoop, aan de eigenaar

de prijs of elke van de verkoop voort te komen som betaald heeft of er zich toe verbonden heeft te betalen.

De tussenpersoon wordt geacht het onroerend goed te hebben verkregen op de dag van de betaling of van de verbintenis tot betaling.

Afdeling 2

Controleschatting

Art. 189. Onverminderd de toepassing van de bepalingen betreffende het bewimpelen van prijs, heeft de ontvanger der registratie de bevoegdheid om schatting te vorderen van de goederen die het voorwerp van de overeenkomst uitmaken, ten einde van de ontoereikendheid van de uitgedrukte prijs of van de aangegeven waarde te doen blijken, wanneer het gaat om eigendom of vruchtgebruik van in België gelegen onroerende goederen.

Art. 190. De schatting dient gevorderd bij een aanvraag genotificeerd door de ontvanger aan de verkrijgende partij binnen twee jaar te rekenen van de dag van de registratie van de akte of verklaring.

In de gevallen bedoeld in artikelen 16 en 17 gaat de termijn slechts in de dag der registratie van de in artikel 31, 2°, voorziene verklaring.

[…]

De vordering tot schatting houdt aanwijzing van de goederen waarover de schatting gaat, zomede van de som waarop zij door het bestuur geschat werden en van het vermoedelijk wegens recht en boete verschuldigd bedrag.

Al. 3 opgeheven bij art. 3, 2° W. 22 juni 1960 (B.S. 21. VII.1960).

Art. 191. Binnen vijftien dagen na de in artikel 190 voorziene notificatie, kunnen ontvanger en partij overeenkomen dat de waardering door één of door drie door hen gekozen deskundigen zal worden gedaan.

In dit geval wordt het akkoord vastgesteld bij een proces-verbaal dat het voorwerp der schatting vermeldt en den of de verkozen deskundigen aanwijst.

Dit proces-verbaal is gedagtekend; het wordt door de ontvanger en door de partij ondertekend; indien partij niet mag of niet kan ondertekenen, dient dit in het proces-verbaal vermeld.

Art. 192. Bij gemis van het onder artikel 191 voorzien akkoord, richt de ontvanger, aan de vrederechter in wiens ambtsgebied de onroerende goederen gelegen zijn, een verzoekschrift waarin de feiten worden uiteengezet en dat de vordering tot schatting inhoudt. Wanneer de onroerende goederen in het ambtsgebied van verschillende vredegerechten gelegen zijn, is de bevoegde rechter hij in wiens ambtsgebied zich het gedeelte der goederen bevindt met het grootst kadastraal inkomen.

Het verzoekschrift wordt aan de partij betekend.

De rechter beslist binnen vijftien dagen na het verzoek; hij beveelt de schatting en stelt, naar vereis van omstandigheden, één of drie deskundigen aan.

Art. 193. Kunnen niet tot deskundigen gekozen of benoemd worden:

1° ambtenaren van [de administratie van de belasting over de toegevoegde waarde, registratie en domeinen];

2° openbare of ministeriële officieren opstellers van de akten of verklaringen;

3° beambten van bedoelde ambtenaren en openbare of ministeriële officieren.

1° gewijzigd bij art. 240 W. 22 december 1989 (B.S. 29. XII.1989).

Art. 194. Het vonnis waarbij de schatting wordt bevolen, wordt ten verzoeke van de ontvanger aan de partij betekend.

De ontvanger of de partij, indien zij gegronde redenen hebben om de bevoegdheid, onafhankelijkheid of onpartijdigheid van de benoemde deskundigen in twijfel te trekken, mogen binnen acht dagen na bedoelde betekening, deszelfs of derzelver wraking bij de rechter vorderen. Deze wraking mag altijd worden gevorderd [in de gevallen beoogd door artikel 966 van het Gerechtelijk Wetboek].

De vordering tot wraking geschiedt per rekest waarin de oorzaken der wraking nader worden bepaald. De rechter beslist na de belanghebbenden te hebben gehoord. Bij hetzelfde vonnis vervangt hij de gewraakte deskundigen.

Deze nieuwe beslissing wordt aan de partij betekend.

Al. 2 gewijzigd bij art. 3-119 W. 10 oktober 1967 (B.S. 31.X.1967).

Art. 195. De ontvanger notificeert aan de deskundigen de opdracht die hun toevertrouwd wordt.

Onmiddellijk na ontvangst van deze notificatie sturen de deskundigen, zowel aan de ontvanger als aan de partij, een schrijven waarbij zij hen verwittigen van dag en uur waarop zij de nodig geachte bezoeken ter plaatse zullen doen en hen in hun gezegden en opmerkingen zullen aanhoren.

Ieder aan de deskundigen door een der partijen ter inzage verleend bescheid moet terzelfder tijd in afschrift aan de andere partij bij aangetekende brief worden gezonden.

Art. 196. De deskundige of, desvoorkomend, de drie gezamenlijk optredende deskundigen vorsen de staat en de verkoopwaarde na der in de vordering tot schatting aangewezen goederen, op het er in vermeld tijdstip.

Zij maken, uiterlijk binnen drie maanden te rekenen van bij eerste alinea van artikel 195 voorziene notificatie, één enkel verslag op, dat gedagtekend en ondertekend wordt, en waarin zij op beredeneerde wijze en met bewijsgronden tot staving, zonder enige beperking noch voorbehoud, hun advies over bedoel-

de waarde uitbrengen.

[De handtekening van de deskundige wordt voorafgegaan door de eed:

"Ik zweer dat ik in eer en geweten, nauwgezet en eerlijk mijn opdracht heb vervuld".

of:

"Je jure que j'ai rempli ma mission en honneur et conscience, avec exactitude et probité".

of:

"Ich schwöre, dass ich den mir erteilten Auftrag auf Ehre und Gewissen, genau und ehrlich erfüllt habe".]

De minuut van het verslag wordt ter griffie van het onder artikel 192 aangeduid vredegerecht neergelegd.

Al. 3 vervangen bij art. 7 W. 27 mei 1974 (B.S. 6.VII.1974, err. B.S. 12.VII.1974 en err. B.S. 21.XII.1974).

Art. 197. Het verslag wordt door de meest gerede partij gelicht en aan de andere partij betekend.

Naar de door de deskundigen gegeven waardering en, in geval van niet-overeenstemming, naar de waardering van de meerderheid of, bij gemis van meerderheid, naar de tussenwaardering, wordt de verkoopwaarde van het goed ten opzichte van de heffing der belasting bepaald.

Art. 198. De krachtens vorenstaande artikelen van deze afdeling te verrichten betekeningen en notificaties mogen bij aangetekend schrijven geschieden. De afgifte van het stuk ter post geldt als notificatie vanaf de daaropvolgende dag.

Art. 199. [Zowel de ontvanger als de partij kunnen de schatting betwisten door inleiding van een rechtsvordering. Deze rechtsvordering dient ingeleid te worden, op straffe van verval, binnen de termijn van één maand te rekenen van de betekening van het verslag.]

Vervangen bij art. 33 progr. W. 9 juli 2004 (B.S. 15.VII.2004, ed. 2).

Art. 200. Indien de opgegeven prijs of de aangegeven waarde lager is dan de door de schatting opgeleverde begroting, moet de verkrijger het bijkomend recht betalen, met de moratoire interesten naar de in burgerlijke zaken vastgestelde voet, te rekenen van de bij artikel 190 voorziene notificatie en, desvoorkomend, met de bij artikel 201 opgelegde boete.

Hem worden ook de kosten van de procedure opgelegd, indien het vastgestelde tekort het achtste van de uitgedrukte prijs of van de aangegeven waarde bereikt of overtreft.

Deze kosten blijven evenwel ten laste van 's Rijks Schatkist zo de belanghebbende, vóór de in artikel 190 voorziene notificatie, heeft aangeboden [het bijkomend recht, verhoogd met de boete bepaald in artikel 201] te betalen, op een som welke het bij de schatting uitgewezen tekort bereikt of overtreft.

De invordering geschiedt bij dwangschrift, zoals aangewezen in artikel 220.

Al. 3 gewijzigd bij art. 181 W. 22 december 1989 (B.S. 29. XII.1989).

HOOFDSTUK XI

TEKORT IN DE WAARDERING, BEWIMPELING EN VEINZING, SANCTIEN

Art. 201. Wanneer bevonden wordt dat de opgegeven prijs of de aangegeven waarde van aan de onder artikel 189 voorziene schatting onderworpen goederen te laag is, en dat het vastgestelde tekort gelijk is aan of hoger dan het achtste van de opgegeven prijs of van de aangegeven waarde, verbeurt de verkrijgende partij een geldboete ten bedrage van het ontdoken recht. […]

Al. 2 opgeheven bij art. 182 W. 22 december 1989 (B.S. 29.XII.1989).

Art. 202. Wanneer er geen aanleiding tot schatting bestaat en een waardering, gedaan om de vereffening van de rechten mogelijk te maken, ontoereikend wordt erkend, is het ontdoken recht ondeelbaar verschuldigd door hen die de waardering hebben gedaan; zij zijn daarenboven ondeelbaar een boete verschuldigd gelijk aan het aanvullend recht, zo het tekort gelijk is aan of hoger is dan het achtste van bewuste waardering. […]

Alle andere onjuistheid, bevonden in de elementen van een verklaring in of onderaan de akte gesteld tot vereffening van de belasting, wordt gestraft met een boete gelijk aan het ontdoken recht, benevens betaling van dat recht, het al ondeelbaar ten laste van hen die de verklaring gedaan hebben.

Al. 1 gewijzigd bij art. 15 W. 23 december 1958 (B.S. 7.I.1959).

Art. 203. In geval van bewimpeling aangaande prijs en lasten of overeengekomen waarde, is elk der contracterende partijen een boete verschuldigd gelijk aan het ontdoken recht. Dit recht is ondeelbaar door alle partijen verschuldigd.

Het aanvullend recht dat ingevolge een bij schatting vastgesteld tekort of anderszins betaald geworden is, wordt aangerekend op het aanvullend recht, vereffend uit hoofde van de bewimpeling waarvan sprake in vorenstaande alinea.

In alle gevallen waarin de heffing op de prijs en de lasten of op de overeengekomen waarde geschiedt, moet de werkende notaris de verschijnende partijen de eerste alinea van dit artikel voorlezen.

Op straf van een boete van [[[25 EUR]]] moet uitdrukkelijke melding van die voorlezing in de akte gemaakt worden.

Al. 4 gewijzigd bij art. 183 W. 22 december 1989 (B.S. 29.XII.1989), bij art. 2-11 K.B. 20 juli 2000 (II) (B.S. 30. VIII.2000, err. B.S. 8.III.2001) en bij art. 42, 5° K.B. 13 juli 2001 (B.S. 11.VIII.2001, err. B.S. 21.XII.2001).

Art. 204. Wanneer de in een akte vastgestelde overeenkomst niet die is welke door de partijen werd gesloten, of wanneer de akte betreffende een [in artikel 19, 2° of 5°], bedoelde overeenkomst onvolledig of onjuist is, met dien verstande dat ze al de bestanddelen van de overeenkomst niet doet kennen, is elke der contracterende partijen een geldboete verschuldigd gelijk aan het ontdoken recht. Dit recht is ondeelbaar door alle partijen verschuldigd.

Gewijzigd bij art. 18 W. 14 april 1965 (B.S. 24.IV.1965).

Art. 205. […]

Opgeheven bij art. 64 W. 15 maart 1999 (B.S. 27.III.1999).

HOOFDSTUK XII

CORRECTIONELE STRAFFEN

Art. 206. [Onverminderd de fiscale geldboeten wordt hij die met bedriegelijk opzet of met het oogmerk om te schaden, de bepalingen van dit Wetboek of de ter uitvoering ervan genomen besluiten overtreedt, gestraft met gevangenisstraf van acht dagen tot twee jaar en met geldboete van [[250 EUR]] tot [[12.500 EUR]] [of met één van die straffen alleen].]

[Wanneer de overtreding werd begaan in het kader van een registratierecht dat geen gewestelijke belasting is volgens het bepaalde in artikel 3, eerste lid, 6° tot 8°, van de bijzondere wet van 16 januari 1989 betreffende de financiering van de gemeenschappen en de gewesten, wordt het bedrag van het in het eerste lid bepaalde maximum van de boete gebracht op [500.000 euro].]

Vervangen bij art. 13 W. 10 februari 1981 (B.S. 14.II.1981), aangevuld bij art. 83 W. 4 augustus 1986 (B.S. 20.VIII.1986) en gewijzigd bij art. 2-11 K.B. 20 juli 2000 (II) (B.S. 30. VIII.2000, err. B.S. 8.III.2001) en bij art. 42, 5° K.B. 13 juli 2001 (B.S. 11.VIII.2001, err. B.S. 21.XII.2001); Al. 2 ingevoegd bij art. 67 Progr. W. 27 december 2006 (B.S. 28.XII.2006, ed. 3) en gewijzigd bij art. 22 W. 20 september 2012 (B.S. 22.X.2012).

[Art. 206bis. Met gevangenisstraf van een maand tot vijf jaar en met geldboeten van [[250 EUR]] tot [[12.500 EUR]] [of met één van die straffen alleen] wordt gestraft hij die, met het oogmerk om een van de in artikel 206 bedoelde misdrijven te plegen, in openbare geschriften, in handelsgeschriften of in private geschriften valsheid pleegt, of die van een zodanig vals geschrift gebruik maakt.

Hij die wetens en willens een vals getuigschrift opstelt dat de belangen van de Schatkist kan schaden of die van een dergelijk getuigschrift gebruik maakt, wordt gestraft met gevangenisstraf van acht dagen tot twee jaar en met geldboete van [[250 EUR]] tot [[12.500 EUR]] [of met één van die straffen alleen].]

[Wanneer het misdrijf werd begaan in het kader van een registratierecht dat geen gewestelijke belasting is volgens het bepaalde in artikel 3, eerste lid, 6°

tot 8°, van de bijzondere wet van 16 januari 1989 betreffende de financiering van de gemeenschappen en de gewesten, wordt het bedrag van het in het eerste en het tweede lid bepaalde maximum van de boete gebracht op [500.000 euro].]

Ingevoegd bij art. 13 W. 10 februari 1981 (B.S. 14.II.1981); Al. 1 en 2 aangevuld bij art. 84 W. 4 augustus 1986 (B.S. 20.VIII.1986) en gewijzigd bij art. 2-11 K.B. 20 juli 2000 (II) (B.S. 30.VIII.2000, err. B.S. 8.III.2001) en bij art. 42, 5° K.B. 13 juli 2001 (B.S. 11.VIII.2001, err. B.S. 21.XII.2001); Al. 3 ingevoegd bij art. 68 Progr. W. 27 december 2006 (B.S. 28.XII.2006, ed. 3) en gewijzigd bij art. 23 W. 20 september 2012 (B.S. 22.X.2012).

Art. 207. [§ 1. Wanneer de beoefenaar van één van de volgende beroepen:

1° belastingadviseur;

2° zaakbezorger;

3° deskundige in belastingzaken of in boekhouden;

4° of enig ander beroep dat tot doel heeft voor een of meer belastingplichtigen boek te houden of te helpen houden, ofwel voor eigen rekening ofwel als hoofd, lid of bediende van enigerlei vennootschap, vereniging, groepering of onderneming;

5° of, meer in het algemeen, het beroep dat erin bestaat een of meer belastingplichtigen raad te geven of bij te staan bij het vervullen van de verplichtingen opgelegd bij dit Wetboek of bij de ter uitvoering ervan vastgestelde besluiten, wordt veroordeeld wegens een van de misdrijven bedoeld in de artikelen 206 en 206bis, kan het vonnis hem verbod opleggen om gedurende drie maanden tot vijf jaar, rechtstreeks of onrechtstreeks, de hiervoren bedoelde beroepen op welke wijze ook uit te oefenen.

De rechter kan bovendien, mits hij zijn beslissing op dat stuk motiveert, voor een duur van drie maanden tot vijf jaar de sluiting bevelen van de inrichtingen van de vennootschap, vereniging, groepering of onderneming waarvan de veroordeelde hoofd, lid of bediende is.

§ 2. Het verbod en de sluiting bedoeld in § 1 treden in werking vanaf de dag waarop de veroordeling in kracht van gewijsde is gegaan.]

Vervangen bij art. 13 W. 10 februari 1981 (B.S. 14.II.1981).

[Art. 207bis. Hij die, rechtstreeks of onrechtstreeks, het verbod of de sluiting uitgesproken krachtens artikel 207 overtreedt, wordt gestraft met gevangenisstraf van acht dagen tot twee jaar en geldboete van [[250 EUR]] tot [[12.500 EUR]] [of met één van die straffen alleen].]

[Wanneer het verbod werd opgelegd in het kader van een registratierecht dat geen gewestelijke belasting is volgens het bepaalde in artikel 3, eerste lid, 6° tot 8°, van de bijzondere wet van 16 januari 1989 betreffende de financiering van de gemeenschappen en de gewesten, wordt het bedrag van het in het eerste lid bepaalde maximum van de boete gebracht op [500.000 euro].]

Ingevoegd bij art. 13 W. 10 februari 1981 (B.S. 14.II.1981), aangevuld bij art. 85 W. 4 augustus 1986 (B.S. 20.VIII.1986) en gewijzigd bij art. 2-11 K.B. 20 juli 2000 (II) (B.S. 30. VIII.2000, err. B.S. 8.III.2001) en bij art. 42, 5° K.B. 13 juli 2001 (B.S. 11.VIII.2001, err. B.S. 21.XII.2001); Al. 2 ingevoegd bij art. 69 Progr. W. 27 december 2006 (B.S. 28.XII.2006, ed. 3) en gewijzigd bij art. 24 W. 20 september 2012 (B.S. 22.X.2012).

[Art. 207ter. § 1. [...] Alle bepalingen van het Eerste boek van het Strafwetboek, [met inbegrip van artikel 85] [zijn] van toepassing op de misdrijven bedoeld in de artikelen 206, 206bis en 207bis.

§ 2. [...]

§ 3. De wet van 5 maart 1952, gewijzigd bij de wetten van 22 december 1969 en 25 juni 1975, betreffende de opdecimes op de strafrechterlijke geldboeten, [is van toepassing op] de misdrijven bedoeld in de artikelen 206, 206bis en 207bis.

§ 4. [...]]]

Ingevoegd bij art. 13 W. 10 februari 1981 (B.S. 14.II.1981); § 1 gewijzigd bij art. 4 K.B. nr. 41 2 april 1982 (B.S. 7. IV.1982) en bij art. 86, 1° W. 4 augustus 1986 (B.S. 20. VIII.1986); § 2 opgeheven bij art. 86, 2° W. 4 augustus 1986 (B.S. 20. VIII.1986); § 3 gewijzigd bij art. 25 W. 20 september 2012 (B.S. 22.X.2012); § 4 opgeheven bij art. 86, 2° W. 4 augustus 1986 (B.S. 20. VIII.1986).

[Art. 207quater. Personen die als daders of als medeplichtigen van misdrijven bedoeld in de artikelen 206 en 206bis werden veroordeeld, zijn hoofdelijk gehouden tot betaling van de ontdoken belasting.

De natuurlijke personen of de rechtspersonen zijn burgerlijk of hoofdelijk aansprakelijk voor de geldboeten en kosten die het gevolg zijn van de veroordelingen welke krachtens de artikelen 206 tot 207bis tegen hun aangestelden of beheerders, zaakvoerders of vereffenaars zijn uitgesproken.]

Ingevoegd bij art. 13 W. 10 februari 1981 (B.S. 14.II.1981).

[Art. 207quinquies. De rechter kan bevelen dat ieder vonnis of arrest houdende veroordeling tot een gevangenisstraf, uitgesproken krachtens de artikelen 206, 206bis en 207bis, wordt aangeplakt in de plaatsen die hij bepaalt en eventueel bij uittreksel, wordt bekendgemaakt op de wijze die hij bepaalt, een en ander op kosten van de veroordeelde.

Hetzelfde kan gelden voor iedere krachtens artikel 207 uitgesproken beslissing tot verbod van het uitoefenen van een beroepswerkzaamheid in België of tot sluiting van de in het land geëxploiteerde inrichtingen.]

Ingevoegd bij art. 13 W. 10 februari 1981 (B.S. 14.II.1981).

[Art. 207sexies. De schending van het bij artikel 236bis bepaalde beroepsgeheim wordt gestraft overeenkomstig de artikelen 66, 67 en 458 van het Strafwetboek.]

Ingevoegd bij art. 13 W. 10 februari 1981 (B.S. 14.II.1981).

[**Art. 207septies.** [§ 1. De strafvordering wordt uitgeoefend door het openbaar ministerie.

§ 2. [Het openbaar ministerie kan geen vervolging instellen indien het kennis heeft gekregen van de feiten ten gevolge van een klacht of een aangifte van een ambtenaar die niet de machtiging had waarvan sprake is in artikel 29, tweede lid, van het Wetboek van strafvordering.

Het openbaar ministerie kan echter de strafrechtelijk strafbare feiten vervolgen waarvan het tijdens het in artikel 29, derde lid, van het Wetboek van strafvordering bedoelde overleg kennis heeft genomen.

§ 3. Onverminderd het in artikel 29, derde lid, van het Wetboek van strafvordering bedoelde overleg, kan de procureur des Konings, indien hij een vervolging instelt wegens feiten die strafrechtelijk strafbaar zijn ingevolge de bepalingen van dit Wetboek of van de ter uitvoering ervan genomen besluiten, het advies vragen van de bevoegde gewestelijke directeur. De procureur des Konings voegt het feitenmateriaal waarover hij beschikt bij zijn verzoek om advies. De gewestelijke directeur antwoordt op dit verzoek binnen vier maanden na de ontvangst ervan.

In geen geval schorst het verzoek om advies de strafvordering.]

§ 4. [...]

§ 5. [...]]]

Ingevoegd bij art. 13 W. 10 februari 1981 (B.S. 14.II.1981); Vervangen bij art. 87 W. 4 augustus 1986 (B.S. 20.VIII.1986); § 2-3 vervangen bij art. 26 W. 20 september 2012 (B.S. 22.X.2012); § 4 opgeheven bij art. 65 W. 15 maart 1999 (B.S. 27.III.1999); § 5 opgeheven bij art. 60, 2° W. 28 december 1992 (B.S. 31.XII.1992).

[**Art. 207octies.** De ambtenaren van de Administratie van de belasting over de toegevoegde waarde, registratie en van de Administratie van de bijzondere belastinginspectie mogen, op straffe van nietigheid van de akte van rechtspleging, slechts als getuige worden gehoord.]

[Het eerste lid is niet van toepassing op de krachtens artikel 71 van de wet van 28 december 1992 bij het parket gedetacheerde ambtenaren van die administraties.]

[Het eerste lid is evenmin van toepassing op de ambtenaren van die administraties die, krachtens artikel 31 van de wet van 30 maart 1994 tot uitvoering van het globaal plan op het stuk van de fiscaliteit, ter beschikking zijn gesteld [van de federale politie].]

[Het eerste lid is niet van toepassing op de ambtenaren die deelnemen aan het in artikel 29, derde lid van het Wetboek van strafvordering bedoelde overleg.]

Ingevoegd bij art. 88 W. 4 augustus 1986 (B.S. 20.VIII.1986); Al. 2 ingevoegd bij art. 61 W. 28 december 1992 (B.S. 31.XII.1992); Al. 3 ingevoegd bij art. 50 W. 30 maart 1994 (B.S. 31.III.1994) en gewijzigd bij art. 6 W. 13 maart 2002 (B.S. 29.III.2002); Al. 4 ingevoegd bij art. 27 W. 20 september 2012 (B.S. 22.X.2012).

HOOFDSTUK XIII

TERUGGAAF

Art. 208. De regelmatig geheven rechten kunnen niet worden teruggegeven, welke ook de latere gebeurtenissen zijn, behoudens in de bij deze titel voorziene gevallen.

Art. 209. Zijn vatbaar voor teruggaaf:

1° de rechten, geheven omdat de partijen in gebreke gebleven zijn in de akte of verklaring te vermelden:

a) dat de overeenkomst reeds belast werd;

b) dat de voorwaarden tot bekomen van vrijstelling of vermindering vervuld zijn, tenzij het bestaan van deze vermelding bij de wet als een uitdrukkelijke voorwaarde ter verkrijging van de fiscale gunst is gesteld;

2° de evenredige rechten geheven hetzij wegens een akte die vals verklaard, hetzij wegens een overeenkomst [waarvan de nietigheid of de vernietiging verklaard of vastgesteld wordt] door een in kracht van gewijsde gegaan vonnis of arrest;

[3° [de evenredige rechten geheven wegens een overeenkomst waarvan een in kracht van gewijsde gegaan vonnis of arrest de ontbinding of de herroeping uitspreekt of vaststelt, mits uit de beslissing blijkt dat ten hoogste één jaar na de overeenkomst een eis tot ontbinding of herroeping of tot vaststelling van ontbinding of herroeping, zelfs bij een onbevoegd rechter, is ingesteld];]

[3°bis de evenredige rechten geheven overeenkomstig de artikelen 44 tot 71, 72, tweede lid, 74 en 75 wegens een overeenkomst die het voorwerp heeft uitgemaakt van een vermindering van de verkoopprijs uitgesproken bij een in kracht van gewijsde gegaan vonnis of arrest met het oog op de waarborg van de verkoper overeenkomstig de artikelen 1637 en 1644 van het Burgerlijk Wetboek, mits uit de beslissing blijkt dat ten hoogste één jaar na de overeenkomst een eis die hoofdzakelijk of subsidiair is gegrond op die bepalingen, zelfs bij een onbevoegd rechter, is ingesteld; de teruggave is gelijk aan het bedrag van de evenredige rechten betaald op het gedeelte van de aankoopprijs dat terugbetaald is door de verkoper of zijn rechthebbenden zonder dat die teruggave evenwel als gevolg kan hebben dat het evenredige recht betreffende de overdracht onder bezwarende titel van dat onroerend goed geheven wordt op een totale belastbare grondslag kleiner dan de verkoopwaarde van het onroerend goed rekening houdende met zijn werkelijke staat op het moment van de aankoop;]

[3°ter de evenredige rechten geheven overeenkomstig de artikelen 44 tot 71, 72, tweede lid, 74 en 75, 109 tot 114, 131 tot 140octies wegens een overeenkomst waarvan de nietigverklaring, de vernietiging, de annulering of de ontbinding minnelijk is overeengekomen tussen de partijen op voorwaarde dat:

a) de overeenkomst tot nietigverklaring, vernietiging, annulering of ontbinding ter registratie is aangeboden uiterlijk op hetzelfde ogenblik als de aanvraag tot teruggave;

b) de nietig verklaarde, vernietigde, geannuleerde of ontbonden overeenkomst nog niet vastgesteld is bij een authentieke akte;

c) de nietig verklaarde, vernietigde, geannuleerde of ontbonden overeenkomst niet meer dan één jaar voor het sluiten van de overeenkomst tot nietig verklaring, vernietiging, annulering of ontbinding is gesloten;

3°quater de evenredige rechten geheven overeenkomstig de artikelen 44 tot 71, 72, tweede lid, 74 en 75, 109 tot 114, 131 tot 140octies wegens een overeenkomst waarvan de ontbinding voortvloeit uit de toepassing van een ontbindende voorwaarde van rechtswege op voorwaarde dat:

a) de vervulling van de ontbindende voorwaarde vastgesteld is in een akte getekend door alle partijen en ter registratie is aangeboden uiterlijk op hetzelfde ogenblik als de aanvraag tot teruggave;

wanneer de ontbonden overeenkomst bij een authentieke akte vastgesteld is, moet de vervulling van de ontbindende voorwaarde ook bij een authentieke akte getekend door alle partijen vastgesteld worden;

b) de ontbonden overeenkomst niet meer dan één jaar voor de datum van vervulling van de ontbindende voorwaarde gesloten is;]

[4° de evenredige rechten geheven op een door een rechtspersoon gestelde rechtshandeling die door de hogere overheid nietig verklaard werd;]

[5° de bij toepassing van de artikelen 115, 115bis, 116 en 120 aan het tarief van 0,5 % geheven rechten naar aanleiding van een vermeerdering van het statutair kapitaal, met nieuwe inbreng, door een vennootschap bedoeld in artikel 201, eerste lid, 1°, van het Wetboek van de inkomstenbelastingen 1992, mits die vermeerdering van het statutair kapitaal is geschied binnen het jaar vóór de datum van de toelating tot de notering op een Belgische effectenbeurs van aandelen of met aandelen gelijk te stellen waardepapieren van de vennootschap;]

[6° [de rechten geïnd wegens een rechtsakte die geregistreerd wordt voordat het tarief voor die handeling verminderd wordt tot 5 % zoals vastgelegd in de artikelen 44, 53 en 57, ten belope van de bijkomende rechten tussen het percentage dat toegepast wordt bij de registratie van de akte en het verminderd tarief bedoeld in laatstgenoemde bepalingen; die teruggaaf is gekoppeld aan de voorwaarde dat de formulering, onderaan op de akte van de hypothecaire lening, van een verzoek tot teruggaaf, die recht geeft op de vermindering op de verkoopakte van het pand waarop de hypotheek betrekking heeft, ondertekend door de koper en de instrumenterende notaris, vóór de registratie van die leningsakte; dat verzoek onderaan op de akte moet

de naam van de begunstigde van de teruggaaf bevatten, en in voorkomend geval het nummer van de rekening waarop het bedrag van de terug te geven rechten gestort moet worden];]

[7° de rechten geheven indien de begiftigde de voorwaarden bedoeld in artikel 140bis, § 2, 3°, in de akte zelf of onderaan op de akte niet heeft vervuld, wanneer die begiftigde, in het geval bedoeld in artikel 140bis, § 2, 3°, laatste lid, een aanvraag indient om in aanmerking te komen voor het verlaagde percentage van artikel 140bis binnen twee jaar na het aanbieden van de akte ter registratie; de begiftigde die de toepassing van het verlaagde recht vraagt, moet in die aangifte verklaren dat de voorwaarden van artikel 140bis vervuld zijn en moet de getekende aangifte en de stukken bedoeld in artikel 140bis, § 2, 3° die erbij moeten worden gevoegd, daarbij voegen; die aanvraag heeft hetzelfde gevolg als de gemotiveerde aanvraag bedoeld in artikel 217².]

[Behalve in het geval van het eerste lid, 3°bis, geschiedt de teruggaaf desvoorkomend onder aftrekking van het algemeen vast recht. In het geval van de teruggaven bedoeld in de artikelen 2°, 3°, 3°ter en 3°quater geschiedt de teruggaaf evenwel bij wijze van afwijking onder de enige aftrekking, in voorkomend geval, van het bijzonder vast recht van 10 euro bedoeld in artikel 159bis.]

Al. 1, 2° gewijzigd bij art. 68, 1° Decr. W. Parl. 30 april 2009 (B.S. 1.VII.2009, ed. 1);

Al. 1, 3° ingevoegd bij art. 28 W. 23 december 1958 (B.S. 7.I.1959) en vervangen bij art. 68, 2° Decr. W. Parl. 30 april 2009 (B.S. 1.VII.2009, ed. 1);

Al. 1, 3°bis ingevoegd bij art. 68, 3° Decr. W. Parl. 30 april 2009 (B.S. 1.VII.2009, ed. 1);

Al. 1, 3°ter en 3°quater ingevoegd bij art. 68, 4° Decr. W. Parl. 30 april 2009 (B.S. 1.VII.2009, ed. 1);

Al. 1, 4° ingevoegd bij art. 184 W. 22 december 1989 (B.S. 29.XII.1989);

Al. 1, 5° ingevoegd bij art. 36 Progr. W. 10 februari 1998 (B.S. 21.II.1998, err. B.S. 2.XII.1998);

Al. 1, 6° ingevoegd bij art. 5 Progr. Decr. W. Parl. 18 december 2008 (B.S. 30.XII.2008, ed. 1) en vervangen bij art. 18, § 3 Decr. W. Parl. 19 december 2012 (B.S. 21.XII.2012, ed. 3), van toepassing op alle authentieke akten verleden vanaf 1 januari 2012, zelfs indien een overeenkomst wordt vastgesteld die vóór die datum het voorwerp heeft uitgemaakt van een onderhandse akte. Bedoelde authentieke akte zal blijven onderworpen aan de voormalige rentevoet van 10 % als hij wordt ingediend bij het registratiekantoor op hetzelfde ogenblik als voormelde onderhandse akte, met het bewijs dat de door de "Société wallonne de Crédit social" (Waalse Maatschappij voor Sociaal Krediet) en de "Guichets du Crédit social" (Sociale Kredietloketten) of door het "Fonds du Logement des Familles nombreuses de Wallonie" (Woningfonds van de Kroostrijke Gezinnen van Wallonië) toegekende hypothecaire lening op basis van een aanvraag ingediend uiterlijk op 31 december 2011 is toegekend;

Al. 1, 7° ingevoegd bij art. 68, 5° Decr. W. Parl. 30 april 2009 (B.S. 1.VII.2009, ed. 1);

Al. 2 vervangen bij art. 68, 6° Decr. W. Parl. 30 april 2009 (B.S. 1.VII.2009, ed. 1).

Art. 210. [In geval van gehele of gedeeltelijke vernietiging van een vonnis of arrest door een andere in kracht van gewijsde gegane rechterlijke beslissing zijn de op de vernietigde beslissing geheven evenredige rechten voor gehele of gedeeltelijke teruggaaf vatbaar.

Het recht wordt volledig teruggegeven indien het samengevoegd bedrag van de veroordelingen, vereffeningen of rangregelingen, waarop de heffing werd gedaan, herleid wordt tot een som die bij artikel 143, laatste lid, vastgestelde bedrag niet overschrijdt.]

Vervangen bij art. 22 W. 12 juli 1960 (B.S. 9.XI.1960).

Art. 211. [...]

Opgeheven bij art. 23 W. 12 juli 1960 (B.S. 9.XI.1960).

Art. 212. [In geval van wederverkoop van een onroerend goed, door de verkoper of zijn rechtsvoorgangers verkregen bij een akte waarop het bij artikel 44 vastgestelde recht is voldaan, wordt drie vijfde van dat recht aan de wederverkoper teruggegeven indien de wederverkoop bij authentieke akte vastgesteld is binnen twee jaar na de datum van de authentieke akte van verkrijging.

Wanneer de verkrijging of de wederverkoop heeft plaatsgehad onder een opschortende voorwaarde, wordt de termijn van wederverkoop berekend op basis van de datum waarop deze voorwaarde is vervuld.

Niet teruggegeven wordt het recht dat betrekking heeft op het gedeelte van de prijs en de lasten van de verkrijging, dat hoger is dan het bedrag dat tot grondslag heeft gediend voor de heffing van de belasting op de akte van wederverkoop.

In geval van gedeeltelijke wederverkoop wordt in het verzoek tot teruggave het deel van de aanschaffingsprijs dat betrekking heeft op het wederverkochte gedeelte nader aangegeven onder controle van het bestuur.

Een door de wederverkoper en de instrumenterende notaris ondertekend verzoek tot teruggave, onderaan op de akte gesteld voor de registratie, heeft dezelfde gevolgen als het met redenen omkleed verzoek ingevolge artikel 217[2]. Dit verzoek moet een afschrift van het registratierelaas van de authentieke akte van verkrijging bevatten, alsook de naam van de begunstigde van de teruggave, en, in voorkomend geval, het rekeningnummer waarop het bedrag van de terug te geven rechten moet worden gestort.]

Vervangen bij art. 62 W. 28 december 1992 (B.S. 31. XII.1992).

Art. 213. Wordt, onder aftrekking van het algemeen vast recht, aan de betrokken maatschappij teruggegeven het overeenkomstig artikel 51 geheven recht van 6 pct., wanneer het aangekochte goed wordt wederverkocht bij authentieke akte verleden binnen tien jaar na de datum van de akte van verkrijging.

Zijn toepasselijk op deze teruggaaf, de bepalingen van [artikel 212, tweede en derde lid].

Al. 2 gewijzigd bij art. 24 K.B. nr. 12, 18 april 1967 (B.S. 20.IV.1967).

HOOFDSTUK XIV

VERJARING

Art. 214. Er is verjaring voor de invordering:

1° van rechten en boeten verschuldigd op een akte of een overeenkomst, na twee jaar, enkel te rekenen van de dag van de registratie van een akte of geschrift welke de oorzaak van de vorderbaarheid van de rechten en boeten aan het bestuur genoegzaam doet kennen om de noodzakelijkheid van alle verdere opzoeking uit te sluiten.

Worden, voor de toepassing van deze bepaling, met registratie gelijkgesteld: [...] [het visum van de repertoria van de notarissen], waarvan sprake in artikel 180; de ontvangst van de bij artikel 184 voorgeschreven mededeling, zomede de regelmatige inlevering van een aangifte van nalatenschap;

2° van rechten en boeten verschuldigd in geval van ontoereikende waardering, na twee jaar, te rekenen van de dag van de registratie van de akte of van de verklaring, dit alles onder voorbehoud van hetgeen in artikel 190 is voorzien;

3° [van rechten verschuldigd in geval van nietvervulling van de in artikel 60 gestelde voorwaarden, na tien jaar, te rekenen van de datum van de akte];

4° van rechten verschuldigd in het in de tweede alinea van artikel 52 voorzien geval, na twee jaar, te rekenen van de intrekking van de premie;

5° van rechten en boeten verschuldigd in geval van onjuistheid in de in artikel 55, 2° [...] voorziene vermeldingen of attesten, na twee jaar, te rekenen van de dag van de registratie van de akte;

6° van boeten verschuldigd in de in [artikelen 181[1] tot 183] voorziene gevallen, na twee jaar, te rekenen van de dag waarop de overtreding werd vastgesteld;

7° van rechten en boeten verschuldigd buiten de in voorgaande nummers voorziene gevallen, met inbegrip van die welke betrekking hebben op veinzing, bewimpeling van prijs of al ander feit niet of onjuist vastgesteld in een geregistreerde akte, na vijftien jaar, te rekenen van de dag waarop de rechtsvordering van de Staat ontstaan is.

Is van toepassing, ten aanzien van de verjaring, artikel 18 van dit wetboek.

Al. 1, 1° al. 2 gewijzigd bij art. 186 W. 22 december 1989 (B.S. 29.XII.1989) en bij art. 63 W. 28 december 1992 (B.S. 31.XII.1992);

Al. 1, 3° vervangen bij art. 41 W. 19 juli 1979 (B.S. 22. VIII.1979);

Al. 1, 5° gewijzigd bij art. 5 W. 26 juli 1952 (B.S. 30. VIII.1952);

Al. 1, 6° gewijzigd bij art. 24 W. 12 juli 1960 (B.S. 9.XI.1960).

Art. 215. Er is verjaring voor de vordering tot teruggaaf van rechten, interesten en boeten, na twee jaar, te rekenen van de dag waarop de rechtsvordering is ontstaan.

Art. 216. De verjaring van de bij artikel 189 ingestelde rechtsvordering tot schatting en die van de rechtsvordering tot inning van de rechten en boeten verschuldigd wegens de ongenoegzaamheid blijkende uit die schatting, worden gestuit door de in artikel 190 bedoelde notificatie.

Die stuiting heeft haar uitwerking tot de dag der nederlegging ter griffie van het verslag van schatting.

De invordering van rechten, interesten en gebeurlijk van boeten en kosten, vorderbaar uit hoofde van de bij bedoeld verslag erkende ongenoegzaamheid, dient vervolgd binnen de twee jaar na de nederlegging van dit verslag.

Art. 217[1]. [[De verjaringen voor de invordering van rechten, interesten en boeten] worden gestuit op de wijze en onder de voorwaarden voorzien door artikelen 2244 en volgende van het Burgerlijk Wetboek. In dit geval is er een nieuwe verjaring, die op dezelfde wijze kan worden gestuit, verworven twee jaar na de laatste akte of handeling waardoor de vorige verjaring werd gestuit, indien er geen geding aanhangig is vóór het gerecht.

De afstand van de verlopen tijd van de verjaring wordt, wat zijn uitwerking betreft, gelijkgesteld met de stuitingshandelingen bedoeld in vorige alinea.]

Vervangen bij art. 13 W. 13 augustus 1947 (B.S. 17.IX.1947); Hernummerd en al. 1 gewijzigd bij art. 36 W. 23 december 1958 (B.S. 7.I.1959).

[**Art. 217**[2]. De verjaringen voor de teruggaaf van rechten, interesten en boeten worden gestuit door een met redenen omklede aanvraag genotificeerd bij ter post aangetekend schrijven aan de ontvanger die de ontvangst heeft gedaan of aan de [gewestelijke directeur van de belasting over de toegevoegde waarde, registratie en domeinen]; ze worden eveneens gestuit op de wijze en onder de voorwaarden voorzien door artikelen 2244 en volgende van het Burgerlijk Wetboek.

Zo de verjaring gestuit werd door de aan de ontvanger of directeur genotificeerde aanvraag, is er een nieuwe verjaring van twee jaar, die slechts op de wijze en onder de voorwaarden voorzien bij artikelen 2244 en volgende van het Burgerlijk Wetboek kan worden gestuit, verworven twee jaar na de datum waarop de beslissing, waarbij de aanvraag werd verworpen, aan belanghebbende bij ter post aangetekend schrijven genotificeerd werd.

De afgifte van de brieven ter post geldt als notificatie van de volgende dag af.]

Ingevoegd bij art. 36 W. 23 december 1958 (B.S. 7.I.1959); Al. 1 gewijzigd bij art. 240 W. 22 december 1989 (B.S. 29.XII.1989).

Art. 218. In geval van instelling van de in artikel 206 voorziene strafvordering, blijft de invordering van rechten en fiscale boeten aan de bij dit hoofdstuk gestelde verjaringstermijnen onderworpen.

HOOFDSTUK XV

VERVOLGINGEN EN GEDINGEN

Art. 219. [De moeilijkheden die in verband met de heffing [of de invordering] van de registratierechten vóór het inleiden der gedingen kunnen oprijzen, worden door de minister van Financiën [of de door hem gemachtigde ambtenaar] opgelost.

[Indien, na onderhandelingen, met de minister of met de door hem gemachtigde ambtenaar geen akkoord wordt bereikt over een moeilijkheid als bedoeld in het eerste lid, kan de belastingplichtige een aanvraag tot bemiddeling indienen bij de fiscale bemiddelingsdienst bedoeld bij artikel 116 van de wet van 25 april 2007 houdende diverse bepalingen (IV).

Ingeval de moeilijkheid de verkoopwaarde betreft van een goed dat aan de in artikel 189 bedoelde schatting is onderworpen, kan de bemiddeling van de fiscale bemiddelingsdienst daarover niet meer gevraagd of worden voortgezet zodra de vordering tot controleschatting is ingesteld. De Koning kan bepalen voor welke moeilijkheden in verband met de heffing en invordering van de registratierechten bemiddeling door de fiscale bemiddelingsdienst is uitgesloten.]

De minister van Financiën [of de door hem gedelegeerde ambtenaar] gaat dadingen met de belastingplichtigen aan, voor zover zij geen vrijstelling of vermindering van belasting in zich sluiten.

Binnen de door de wet gestelde grenzen, wordt het bedrag van de proportionele fiscale boeten en de vermeerderingen vastgesteld in dit Wetboek of in de teruitvoering ervan genomen besluiten, bepaald volgens een schaal waarvan de trappen door de Koning worden vastgesteld. Deze bepaling geldt niet voor het bedrag van de proportionele fiscale boeten bepaald in de artikelen 203, eerste lid, en 204, behalve wanneer de overtreder hetzij uit eigen beweging en voordat het bestuur iets gevorderd heeft, de overtreding aan het bestuur bekent, hetzij overleden is.]

Vervangen bij art. 66 W. 15 maart 1999 (B.S. 27.III.1999); Al. 1 gewijzigd bij art. 124, 1° W. 25 april 2007 (IV) (B.S. 8.V.2007, ed. 3, err. B.S. 8.X.2007), van toepassing vanaf 1 mei 2007 (K.B. 9 mei 2007, art. 14, B.S. 24.V.2007); Al. 2-3 ingevoegd bij art. 124, 2° W. 25 april 2007 (IV) (B.S. 8.V.2007, ed. 3, err. B.S. 8.X.2007), van toepassing vanaf 1 mei 2007 (K.B. 9 mei 2007, art. 14, B.S. 24.V.2007); Al. 4 (oud al. 2) gewijzigd bij art. 124, 3° W. 25 april 2007 (IV) (B.S. 8.V.2007, ed. 3, err. B.S. 8.X.2007), van toepassing vanaf 1 mei 2007 (K.B. 9 mei 2007, art. 14, B.S. 24.V.2007).

Art. 220. De eerste akte van vervolging ter invordering van fiscale rechten of boeten en bijkomende sommen is een dwangschrift.

Het wordt door de met de invordering belaste ontvanger uitgevaardigd; het wordt door de [gewestelijke directeur van de belasting over de toegevoegde waarde, registratie en domeinen] geviseerd en uitvoerbaar verklaard en bij exploot van [gerechtsdeurwaarder] betekend.

Al. 2 gewijzigd bij art. 48, § 4 W. 5 juli 1963 (B.S. 17. VII.1963) en bij art. 240 W. 22 december 1989 (B.S. 29. XII.1989).

Art. 221. [De tenuitvoerlegging van het dwangbevel kan slechts worden gestuit door een vordering in rechte.]

Vervangen bij art. 67 W. 15 maart 1999 (B.S. 27.III.1999).

Art. 222. […]

Opgeheven bij art. 68 W. 15 maart 1999 (B.S. 27.III.1999).

Art. 223. De moratoire interesten op de in te vorderen of terug te geven sommen zijn verschuldigd naar de voet en de regelen in burgerlijke zaken vastgesteld.

Art. 224. […]

Opgeheven bij art. 69 W. 15 maart 1999 (B.S. 27.III.1999).

Art. 225. De openbare ambtenaren die, krachtens de bepalingen van deze titel, voor de partijen de rechten en, bij voorkomend geval, de boeten voorgeschoten hebben, kunnen, met het oog op de terugbetaling ervan, uitvoerbaar bevel vragen aan de vrederechter van hun kanton.

De bepalingen van dit hoofdstuk zijn toepasselijk op het tegen dit bevel aangetekend verzet.

[**Art. 225bis.** De termijnen van verzet, hoger beroep en cassatie, alsmede het verzet, het hoger beroep en de voorziening in cassatie schorsen de tenuitvoerlegging van de gerechtelijke beslissing.]

Ingevoegd bij art. 70 W. 15 maart 1999 (B.S. 27.III.1999).

[**Art. 225ter.** [Het verzoekschrift houdende voorziening in cassatie en het antwoord op de voorziening mag door een advocaat worden ondertekend en neergelegd.]]

Ingevoegd bij art. 71 W. 15 maart 1999 (B.S. 27.III.1999) en vervangen bij art. 382 Progr. W. 27 december 2004 (B.S. 31.XII.2004, ed. 2, err. B.S. 18.I.2005).

HOOFDSTUK XVI

BIJZONDERE BEPALINGEN BETREFFENDE DE OPENBARE VERKOPINGEN VAN ROERENDE GOEDEREN

Art. 226. Meubelen, koopwaren, hout, vruchten, oogsten en alle andere lichamelijke roerende voorwerpen mogen bij openbare toewijzing slechts ten overstaan en door het ambt van een notaris of een [gerechtsdeurwaarder] verkocht worden.

Nochtans kunnen Staat, provinciën, gemeenten en openbare instellingen de hun toebehorende roerende voorwerpen openbaar door hun ambtenaren doen verkopen.

Al. 1 gewijzigd bij art. 48, § 4 W. 5 juli 1963 (B.S. 17. VII.1963).

Art. 227. Ieder openbaar officier die met de openbare verkoop van roerende voorwerpen belast is, moet, op straffe van een geldboete van [[[25 EUR]]], vooraf daarvan kennis geven aan de ontvanger der registratie in wiens ambtsgebied de verkoping moet worden gehouden.

Die kennisgeving moet ten gepasten tijde aan de ontvanger, tegen ontvangbewijs, worden overhandigd, ofwel hem bij ter post aangetekend schrijven worden toegezonden.

Zij moet gedateerd en ondertekend zijn, naam, voornamen, hoedanigheid en woonplaats van de werkende openbare ambtenaar en van verzoeker vermelden, plaats zomede dag en uur aangeven waarop de verkoping zal worden gehouden.

Deze formaliteit geldt niet voor de verkoop van aan Staat, provinciën, gemeenten of openbare instellingen toebehorende roerende voorwerpen.

Al. 1 gewijzigd bij art. 188 W. 22 december 1989 (B.S. 29.XII.1989), bij art. 2-11 K.B. 20 juli 2000 (II) (B.S. 30. VIII.2000, err. B.S. 8.III.2001) en bij art. 42, 5° K.B. 13 juli 2001 (B.S. 11.VIII.2001, err. B.S. 21.XII.2001).

Art. 228. De werkende openbare officier of ambtenaar vermeldt, in zijn proces-verbaal, naam, voornamen, hoedanigheid en woonplaats van de verzoeker, van de personen wier mobilair te koop wordt gesteld en, indien het gaat om een verkoop na overlijden, van de overleden eigenaar, zomede, desvoorkomend, de datum van de overhandiging of de verzending van de in artikel 227 voorziene kennisgeving.

Art. 229. Voor alle overtreding van artikelen 227, 3° alinea, en 228, wordt door de werkende openbare officier of ambtenaar een geldboete van [[[25 EUR]]] verbeurd.

Gewijzigd bij art. 189 W. 22 december 1989 (B.S. 29. XII.1989), bij art. 2-11 K.B. 20 juli 2000 (II) (B.S. 30. VIII.2000, err. B.S. 8.III.2001) en bij art. 42, 5° K.B. 13 juli 2001 (B.S. 11.VIII.2001, err. B.S. 21.XII.2001).

Art. 230. De werkende openbare officier of ambtenaar moet van de openbare verkoop een proces-verbaal opmaken.

Ieder toegewezen voorwerp wordt onmiddellijk in dat proces-verbaal opgetekend; de prijs wordt voluit in letterschrift en buiten de linie nog eens in cijfers aangeduid.

Na elke zitting wordt het proces-verbaal afgesloten en ondertekend.

Art. 231. Wordt voor de toepassing van dit hoofdstuk als toegewezen beschouwd en is aan het [door artikel 77 vastgesteld] evenredig recht onderworpen, ieder roerend voorwerp waarvan het openbaar tekoopstellen van een openbaar aanbod of een openbaar gemaakt aanbod is gevolgd, ongeacht wie het aanbod heeft gedaan en welke de modaliteiten van de verkoop zijn en ongeacht of al dan niet toewijzing plaats heeft.

Het recht is evenwel niet verschuldigd indien de werkende openbare officier of ambtenaar onmiddellijk na ontvangst en bekendmaking van de aanbiedingen […] verkondigt, en zulks in het proces-verbaal aantekent, dat het te koop gesteld voorwerp "ingehouden" wordt.

Het recht wordt geheven op de toewijzingsprijs en, bij gebreke daaraan, op het hoogste aanbod.

Wanneer het een verkoop geldt, gedaan op verzoek van een rechtspersoon, wordt nochtans niet afgeweken van artikelen 16 en 17 voor zover zij beschikken voor het geval van voorbehoud van machtiging, goedkeuring of bekrachtiging van de overheid.

Al. 1 gewijzigd bij art. 190 W. 22 december 1989 (B.S. 29.XII.1989);
Al. 2 gewijzigd bij art. 2 W. 16 juni 1947 (B.S. 14.VIII.1947).

Art. 232. Worden door de werkende openbare officier of ambtenaar verbeurd:

1° een geldboete, gelijk aan twintigmaal het ontdoken recht, zonder dat ze minder dan [[[25,00 EUR]]] mag bedragen:

a) voor elk toegewezen of bij artikel 231 als dusdanig beschouwd lot, welk niet onmiddellijk in het proces-verbaal wordt opgetekend;

b) voor elk lot welk in het proces-verbaal als aan de verkoop onttrokken wordt opgegeven, wanneer de verklaring van inhouding niet werd gedaan in de bij artikel 231, 2e alinea, voorziene vorm;

c) voor elk lot waarvan de belastbare grondslag in het proces-verbaal vervalst of onvolkomen opgetekend werd; dit alles onverminderd het ontdoken recht;

2° een boete van [[12,50 EUR]] voor elk toegewezen lot waarvan de prijs in het proces-verbaal niet voluit in letters of niet in cijfers buiten de linie is aangeduid.

1° gewijzigd bij art. 191 W. 22 december 1989 (B.S. 29. XII.1989), bij art. 2-11 K.B. 20 juli 2000 (II) (B.S. 30. VIII.2000, err. B.S. 8.III.2001) en bij art. 42, 5° K.B. 13 juli 2001 (B.S. 11.VIII.2001, err. B.S. 21.XII.2001);
2° gewijzigd bij art. 191 W. 22 december 1989 (B.S. 29. XII.1989), bij art. 2-11 K.B. 20 juli 2000 (II) (B.S. 30. VIII.2000, err. B.S. 8.III.2001) en bij art. 42, 5° K.B. 13 juli 2001 (B.S. 11.VIII.2001, err. B.S. 21.XII.2001).

Art. 233. Iedere persoon die, buiten de aanwezigheid van een openbaar officier, roerende voorwerpen openbaar tekoop heeft gesteld of doen stellen, loopt een geldboete op gelijk aan twintigmaal het ontdoken recht, zonder dat deze boete, voor elk toegewezen of als dusdanig beschouwd lot, minder dan [[[25 EUR]]] mag bedragen.

De overtreders zijn daarbij hoofdelijk gehouden tot de betaling van het ontdoken recht.

Al. 1 gewijzigd bij art. 192 W. 22 december 1989 (B.S. 29.XII.1989), bij art. 2-11 K.B. 20 juli 2000 (II) (B.S. 30.

VIII.2000, err. B.S. 8.III.2001) en bij art. 42, 5° K.B. 13 juli 2001 (B.S. 11.VIII.2001, err. B.S. 21.XII.2001).

Art. 234. Agenten van [de administratie van de belasting over de toegevoegde waarde, registratie en domeinen] hebben steeds toegang tot alle plaatsen waar roerende voorwerpen openbaar worden verkocht. Zij hebben het recht zich de processen-verbaal van verkoop te doen overleggen en van hun bevindingen proces-verbaal op te maken. Dit proces-verbaal geldt als bewijs tot het tegenbewijs.

Gewijzigd bij art. 240 W. 22 december 1989 (B.S. 29. XII.1989).

Art. 235. [De bepalingen van dit hoofdstuk zijn niet van toepassing op de openbare verkopingen:

1° van alle landbouwprodukten, in instellingen waar de koopwaren uitsluitend openbaar bij opbod of bij afbod verkocht worden op bepaalde dagen en uren, die op bestendige wijze in de lokalen aangeplakt zijn;

2° van eetwaren en van afgesneden bloemen in de voornoemde instellingen of op de markten;

3° van voorwerpen welke in de openbare kassen van lening in pand werden gegeven;

4° van zee- en binnenschepen.]

Vervangen bij enig art. W. 3 juli 1962 (B.S. 17.VII.1962).

HOOFDSTUK XVII

INLICHTINGEN TE VERSTREKKEN DOOR DE ONTVANGERS

Art. 236. Onverminderd de in de bijzondere wetten vervatte bepalingen, moeten de ontvangers der registratie, ten verzoeke van de partijen of van hun rechthebbenden en, mits bevel van de vrederechter, ten verzoeke van derden die een rechtmatig belang inroepen, afschriften of uittreksels afleveren uit hun formaliteitsregisters en uit akten en verklaringen in hun kantoor geregistreerd en aldaar in origineel, afschrift of uittreksel berustend.

Deze afschriften of uittreksels kunnen aan de lasthebbers van de belanghebbenden worden verstrekt, indien zij van de lastgeving laten blijken.

Het uitreiken van voormelde stukken geeft recht op een door de Minister van Financiën te bepalen loon.

[**Art. 236bis.** Hij die, uit welken hoofde ook, optreedt bij de toepassing van de belastingwetten of die toegang heeft tot de ambtsvertrekken van de administratie van de belasting over de toegevoegde waarde, registratie en domeinen, is, buiten het uitoefenen van zijn ambt, verplicht tot de meest volstrekte geheimhouding aangaande alle zaken waarvan hij wegens de uitvoering van zijn opdracht kennis heeft.

De ambtenaren van de administratie van de belasting over de toegevoegde waarde, registratie en domeinen, oefenen hun ambt uit wanneer zij aan andere administratieve diensten van de Staat, daaronder begrepen de parketten en de griffies van de hoven en van alle rechtsmachten, en aan de openbare instellingen of inrichtingen, inlichtingen verstrekken welke voor die diensten, instellingen of inrichtingen nodig zijn voor de hun opgedragen uitvoering van wettelijke of reglementaire bepalingen.

Personen die deel uitmaken van diensten waaraan de administratie van de belasting over de toegevoegde waarde, registratie en domeinen, ingevolge het vorige lid inlichtingen van fiscale aard heeft verstrekt, zijn tot dezelfde geheimhouding verplicht en mogen de bekomen inlichtingen niet gebruiken buiten het kader van de wettelijke bepalingen voor de uitvoering waarvan zij zijn verstrekt.

Onder openbare instellingen of inrichtingen dienen verstaan de instellingen, maatschappijen, verenigingen, inrichtingen en diensten welke de Staat mede beheert, waaraan de Staat een waarborg verstrekt, op welker bedrijvigheid de Staat toezicht uitoefent of waarvan het bestuurspersoneel aangewezen wordt door de Regering, op haar voordracht of mits haar goedkeuring.

[...]]

Ingevoegd bij art. 52 W. 4 augustus 1978 (B.S. 17.VIII.1978); Al. 5 opgeheven bij art. 14 W. 10 februari 1981 (B.S. 14. II.1981).

HOOFDSTUK XVIII

[SPECIAAL RECHT OP DE NATIONALITEIT, DE ADELBRIEVEN EN VERGUNNINGEN TOT VERANDERING VAN NAAM OF VAN VOORNAMEN]

Opschrift vervangen bij art. 23 W. 4 december 2012 (B.S. 14.XII.2012, ed. 2), van toepassing vanaf 1 januari 2013. Voor de verzoeken en verklaringen ingediend voor 1 januari 2013, blijven de voordien vigerende bepalingen van toepassing (art. 32).

Art. 237. Een speciaal registratierecht wordt geheven op [...] [de nationaliteit, en] adelbrieven, met inbegrip van die tot begeving van een hogere adeldomsrang of van opneming onder 's Rijks adel met of zonder titel, en [op vergunningen om van naam of voornamen te veranderen], naar de bij dit hoofdstuk vastgestelde bedragen en modaliteiten.

Gewijzigd bij art. 3, § 2 W. 2 juli 1974 (B.S. 13.VIII.1974), bij art. 6 W. 24 december 1999 (B.S. 31.XII.1999) en bij art. 24 W. 4 december 2012 (B.S. 14.XII.2012, ed. 2), van toepassing vanaf 1 januari 2013. Voor de verzoeken en verklaringen ingediend voor 1 januari 2013, blijven de voordien vigerende bepalingen van toepassing (art. 32).

Afdeling 1

[Nationaliteit]

Opschrift hersteld (na opheffing bij art. 5, 2° W. 24 december 1999) bij art. 25 W. 4 december 2012 (B.S. 14.XII.2012, ed. 2), van toepassing vanaf 1 januari 2013. Voor de verzoe-

ken en verklaringen ingediend voor 1 januari 2013, blijven de voordien vigerende bepalingen van toepassing (art. 32).

Art. 238. [Er wordt een recht geheven op de procedures tot verkrijging van de Belgische nationaliteit, die worden bepaald bij hoofdstuk III van het Wetboek van de Belgische nationaliteit.

Het recht bedraagt 150 euro.

Het recht moet gekweten worden vóór de indiening van het verzoek of vóór de aflegging van de verklaring.]

Hersteld (na opheffing bij art. 5, 2° W. 24 december 1999) bij art. 25 W. 4 december 2012 (B.S. 14.XII.2012, ed. 2), van toepassing vanaf 1 januari 2013. Voor de verzoeken en verklaringen ingediend voor 1 januari 2013, blijven de voordien vigerende bepalingen van toepassing (art. 32).

Art. 239. [...]

Opgeheven bij art. 9 W. 6 augustus 1993 (B.S. 23.IX.1993).

Art. 240. [...]

Opgeheven bij art. 7, 2° W. 24 december 1999 (B.S. 31. XII.1999).

[Art. 240bis. [...]]

Ingevoegd bij art. 14, § 3 W. 28 juni 1984 (B.S. 12.VII.1984) en opgeheven bij art. 7, 3° W. 24 december 1999 (B.S. 31. XII.1999).

Art. 241. [...]

Opgeheven bij art. 7, 4° W. 24 december 1999 (B.S. 31. XII.1999).

Art. 242-243. [...]

Opgeheven bij art. 21, 5° W. 28 juni 1984 (B.S. 12.VII.1984).

Art. 244. [...]

Opgeheven bij art. 7, 5° W. 24 december 1999 (B.S. 31. XII.1999).

Art. 245-246. [...]

Opgeheven bij art. 21, 5° W. 28 juni 1984 (B.S. 12.VII.1984).

Art. 247. [...]

Opgeheven bij art. 195 W. 22 december 1989 (B.S. 29. XII.1989).

Afdeling

[...]

Indeling in afdelingen opgeheven bij art. 5, 2° W. 24 december 1999 (B.S. 31.XII.1999, ed. 2).

Art. 248. Voor open brieven van verlening van adeldom of van een hogere adeldomsrang of van opneming onder 's Rijks adel met of zonder titel, wordt het recht op [[[740 EUR]]] vastgesteld.

[De Koning kan bij een met redenen omkleed besluit dat recht verminderen, met dien verstande dat het aldus verminderde recht niet minder dan [[490 EUR]] mag bedragen voor de gezamenlijke personen in de open brief bedoeld.]

[De vermindering kan slechts worden verleend wanneer de begunstigde of een van de begunstigden, of een van hun bloedverwanten in de opgaande of nederdalende lijn, aan het Land buitengewone diensten heeft bewezen van vaderlandslievende, wetenschappelijke, culturele, economische, sociale of humanitaire aard.]

Al. 1 gewijzigd bij art. 37, 1° W. 2 juli 1981 (B.S. 8.VIII.1981), bij art. 2-11 K.B. 20 juli 2000 (II) (B.S. 30.VIII.2000, err. B.S. 8.III.2001) en bij art. 42, 5° K.B. 13 juli 2001 (B.S. 11. VIII.2001, err. B.S. 21.XII.2001);
Al. 2 ingevoegd bij art. 13 W. 15 mei 1987 (B.S. 10.VII.1987) en gewijzigd bij art. 2-11 K.B. 20 juli 2000 (II) (B.S. 30. VIII.2000, err. B.S. 8.III.2001) en bij art. 42, 5° K.B. 13 juli 2001 (B.S. 11.VIII.2001, err. B.S. 21.XII.2001);
Al. 3 ingevoegd bij art. 13 W. 15 mei 1987 (B.S. 10.VII.1987).

Art. 249. [§ 1. Voor vergunningen tot verandering of tot toevoeging van een of meer voornamen bedraagt het recht [[490 EUR]].

[Het recht wordt bepaald op 49 euro voor de vergunningen tot verandering van voornaam verleend aan de personen bedoeld in artikel 2, derde lid, van de wet van 15 mei 1987 betreffende de namen en voornamen.]

[De minister van Justitie kan dat recht verminderen tot [[49 EUR]] indien de voornamen waarvan de wijziging wordt gevraagd:

1° op zichzelf of samengenomen met de naam, belachelijk of hatelijk zijn, of dit zijn omdat ze manifest ouderwets zijn;

2° vreemdklinkend zijn; [...]

3° tot verwarring aanleiding kunnen geven; [of]

[4° enkel aangepast worden door een diakritisch teken of leesteken toe te voegen of weg te nemen;]]

[5° afgekort worden.]

In het ministerieel besluit wordt de reden van de vermindering vermeld.

§ 2. Voor vergunningen om van naam te veranderen bedraagt het recht [[49 EUR]].

§ 3. Voor vergunningen om aan een naam een andere naam of een partikel toe te voegen of een hoofdletter door een kleine letter te vervangen bedraagt het recht [[740 EUR]].

[Het in de tweede paragraaf vastgestelde recht is evenwel toepasselijk op vergunningen om een naam aan een andere naam toe te voegen wanneer de gevraagde naam overeenstemt met de regels betreffende de vaststelling van de naam van toepassing in de Staat waarvan de begunstigde eveneens de nationaliteit bezit.]

De Koning kan [het in het eerste lid vastgestelde

recht] verminderen, met dien verstande dat het aldus verminderde recht niet minder dan [[490 EUR]] mag bedragen voor de gezamenlijke personen in het besluit bedoeld.

Deze vermindering mag slechts worden toegestaan onder de voorwaarde bepaald bij artikel 248, derde lid.

In het koninklijk besluit wordt de reden van de vermindering vermeld.]

[§ 4. Het recht is niet verschuldigd in geval van een verandering van naam of voornaam als bedoeld in de artikelen 15 en 21 van het Wetboek van de Belgische nationaliteit.]

Vervangen bij art. 14 W. 15 mei 1987 (B.S. 10.VII.1987);
§ 1, al. 1 gewijzigd bij art. 2-11 K.B. 20 juli 2000 (II) (B.S. 30.VIII.2000, err. B.S. 8.III.2001) en bij art. 42, 5° K.B. 13 juli 2001 (B.S. 11.VIII.2001, err. B.S. 21.XII.2001);
§ 1, al. 2 ingevoegd bij art. 8, 1° W. 10 mei 2007 (B.S. 11. VII.2007), van toepassing vanaf 1 september 2007;
§ 1, al. 3 (oud al. 2) vervangen bij art. 2 W. 5 juli 1998 (B.S. 21.VIII.1998);
§ 1, al. 3 (oud al. 2), inleidende zin gewijzigd bij art. 2-11 K.B. 20 juli 2000 (II) (B.S. 30.VIII.2000, err. B.S. 8.III.2001) en bij art. 42, 5° K.B. 13 juli 2001 (B.S. 11.VIII.2001, err. B.S. 21.XII.2001);
§ 1, al. 3 (oud al. 2), 2° gewijzigd bij art. 8, 2° W. 10 mei 2007 (B.S. 11.VII.2007), van toepassing vanaf 1 september 2007;
§ 1, al. 3 (oud al. 2), 3° gewijzigd bij art. 8, 3° W. 10 mei 2007 (B.S. 11.VII.2007), van toepassing vanaf 1 september 2007;
§ 1, al. 3 (oud al. 2), 4° ingevoegd bij art. 2, 1° W. 7 december 2006 (B.S. 20.XII.2006, ed. 2);
§ 1, al. 3 (oud al. 2), 5° ingevoegd bij art. 2 W 4 mei 2007 (B.S. 15.V.2007, ed. 1);
§ 2 gewijzigd bij art. 2-11 K.B. 20 juli 2000 (II) (B.S. 30. VIII.2000, err. B.S. 8.III.2001) en bij art. 42, 5° K.B. 13 juli 2001 (B.S. 11.VIII.2001, err. B.S. 21.XII.2001);
§ 3, al. 1 gewijzigd bij art. 2-11 K.B. 20 juli 2000 (II) (B.S. 30.VIII.2000, err. B.S. 8.III.2001) en bij art. 42, 5° K.B. 13 juli 2001 (B.S. 11.VIII.2001, err. B.S. 21.XII.2001);
§ 3, al. 2 ingevoegd bij art. 2, 2° W. 7 december 2006 (B.S. 20.XII.2006, ed. 2);
§ 3, al. 3 gewijzigd bij art. 2-11 K.B. 20 juli 2000 (II) (B.S. 30.VIII.2000, err. B.S. 8.III.2001), bij art. 42, 5° K.B. 13 juli 2001 (B.S. 11.VIII.2001, err. B.S. 21.XII.2001) en bij art. 2, 3° W. 7 december 2006 (B.S. 20.XII.2006, ed. 2);
§ 4 ingevoegd bij art. 26 W. 4 december 2012 (B.S. 14. XII.2012, ed. 2), van toepassing vanaf 1 januari 2013. Voor de verzoeken en verklaringen ingediend voor 1 januari 2013, blijven de voordien vigerende bepalingen van toepassing (art. 32).

Art. 250. [In de gevallen bedoeld in artikel 248, eerste lid, en in artikel 249, § 1, § 2 en § 3, eerste lid, is elke begunstigde een recht verschuldigd.]

De door de kinderen of afstammelingen verschuldigde rechten worden evenwel met de twee vijfden verminderd wanneer [aan hetzelfde recht onderworpen vergunningen] bij éénzelfde besluit verleend worden aan een persoon en aan zijn kinderen of afstammelingen waarvan het aantal drie overschrijdt.

Al. 1 vervangen bij art. 15, 1° W. 15 mei 1987 (B.S. 10. VII.1987);

Al. 2 gewijzigd bij art. 3, § 5 W. 2 juli 1974 (B.S. 13.VIII.1974).

Art. 251. [Wanneer een ministerieel besluit houdende vergunning tot verandering van voornaam wordt ingetrokken of vernietigd terwijl de registratierechten reeds geïnd zijn, betaalt de verzoeker, behalve als hij te kwader trouw was, geen rechten meer wanneer hem een nieuwe vergunning wordt verleend.

Het eerste lid is van toepassing in geval van intrekking van een koninklijk besluit houdende vergunning tot verandering van naam.]

Vervangen bij art. 16 W. 15 mei 1987 (B.S. 10.VII.1987).

Art. 252. [Het recht wordt berekend volgens het tarief van kracht op de datum van het besluit tot verheffing in de adelstand, dat aan de ondertekening van de adelbrieven voorafgaat, of op de datum van het besluit houdende vergunning tot verandering of toevoeging van naam of voornamen.]

Vervangen bij art. 17 W. 15 mei 1987 (B.S. 10.VII.1987).

Art. 253. De in artikel 248 voorziene open brieven, zomede de afschriften van of uittreksels uit [koninklijke of ministeriële besluiten houdende vergunning tot verandering van naam of van voornamen] worden geregistreerd, tegen betaling van het recht door de beneficianten, namelijk:

de open brieven ten kantore Brussel, binnen zes maand na hun datum;

de afschriften van of uittreksels uit [koninklijke of ministeriële besluiten houdende vergunning tot verandering van naam of van voornamen] ten kantore in welks gebied de verblijfplaats ligt van de beneficianten of één hunner, of, bij gebrek aan verblijfplaats in België, ten kantore Brussel, binnen zes maand te rekenen [van de dag waarop het koninklijk of ministerieel besluit definitief is geworden].

Wordt de registratie gevorderd na het verstrijken van hierboven gestelde termijnen, zo geeft deze formaliteit aanleiding tot het heffen van een geldboete gelijk aan het recht, onverminderd ditzelve.

Al. 1, inleidende zin gewijzigd bij art. 18, 1° W. 15 mei 1987 (B.S. 10.VII.1987);

Al. 1, pt. 2 gewijzigd bij art. 18, 1°-2° W. 15 mei 1987 (B.S. 10.VII.1987).

Art. 254. Na betaling van het recht en, gebeurlijk, van de geldboete, wordt vermelding van registratie gesteld op de open brief van adeldom of op het afschrift van of het uittreksel uit het besluit houdende vergunning tot [verandering van naam of van voornamen].

Zolang aan de formaliteit van registratie niet is voldaan, mogen deze bescheiden niet aan beneficianten worden uitgereikt.

Al. 1 gewijzigd bij art. 19 W. 15 mei 1987 (B.S. 10.VII.1987).

Afdeling

[...]

Indeling in afdelingen opgeheven bij art. 5, 2° W. 24 december 1999 (B.S. 31.XII.1999, ed. 2).

Art. 255. De algemene bepalingen van deze titel betreffende de formaliteit van de registratie, de verplichting van inzageverlening, bewijsmiddelen, verjaring, rechtsvervolgingen en gedingen, moratoire interesten zijn van toepassing in de mate waarin daarvan bij dit hoofdstuk niet wordt afgeweken.

HOOFDSTUK XIX

SPECIALE GELDBOETE WEGENS LATE NEERLEGGING VAN AAN BEKENDMAKING ONDERWORPEN AKTEN VAN VENNOOTSCHAP

Art. 256. [§ 1. [In geval van niet-neerlegging of van te late neerlegging, ter griffie van de rechtbank van koophandel of bij de Nationale Bank van België, van een stuk dat er ter uitvoering van de wettelijke en bestuursrechtelijke bepalingen moet worden neergelegd in de vormen bepaald in artikel 10 of in artikel 80 van de gecoördineerde wetten op de handelsvennootschappen], wordt een boete verbeurd van [[25 tot 250 EUR]] per maand vertraging, waarbij elke begonnen maand voor een volle maand wordt gerekend. Het bedrag van de boete wordt binnen die perken vastgesteld door de Minister van Financiën of zijn gemachtigde.

§ 2. In de gevallen waarin voor de neerlegging van een § 1 bedoeld stuk geen termijn is gesteld bij de wet, kan de Koning er één voorschrijven.]

Vervangen bij art. 23 W. 1 juli 1983 (B.S. 8.VII.1983);

§ 1 gewijzigd bij art. 88 W. 13 april 1995 (B.S. 17.VI.1995, err. B.S. 8.VIII.1995), bij art. 2-11 K.B. 20 juli 2000 (II) (B.S. 30.VIII.2000, err. B.S. 8.III.2001) en bij art. 42, 5° K.B. 13 juli 2001 (B.S. 11.VIII.2001, err. B.S. 21.XII.2001).

Art. 257. [Wat de openbare akten betreft, is de boete verschuldigd door de instrumenterende notaris; wat de onderhandse akten betreft, is ze hoofdelijk verschuldigd door de hoofdelijk aansprakelijke vennoten of door de zaakvoerders, bestuurders of vereffenaars.]

Vervangen bij art. 24 W. 1 juli 1983 (B.S. 8.VII.1983).

Art. 258. De algemene bepalingen van deze titel, wat betreft bewijsmiddelen, verjaring, vervolgingen en gedingen zijn op dit hoofdstuk van toepassing.

TITEL II

HYPOTHEEKRECHT

Art. 259. Onder de benaming hypotheekrecht wordt een belasting gevestigd op de inschrijvingen van hypotheken en voorrechten op onroerende goederen.

De heffing van dit recht wordt door de hypotheekbewaarders verricht.

Art. 260. Inschrijving van hypotheek wordt slechts verleend tegen voorafbetaling, door de verzoeker, van de uit die hoofde verschuldigde salarissen en recht.

Op het inschrijvingsborderel wordt daarvan kwitantie gegeven. De bewaarder schrijft daarop in cijferschrift het detail en in letterschrift het totaal van de voor recht en salarissen ontvangen sommen.

Art. 261. Wanneer, tot zekerheid van één en dezelfde som, aanleiding tot inschrijving op verschillende kantoren bestaat, dekt het recht geheven op het geheel dier som ten kantore waar de inschrijving in de eerste plaats wordt gevorderd, de in de overige kantoren te vorderen inschrijvingen.

Art. 262. Het hypotheekrecht is [op 0,30 pct.] gesteld.

Gewijzigd bij art. 196 W. 22 december 1989 (B.S. 29. XII.1989).

Art. 263. Het recht is vereffend op het bedrag in hoofd- en bijkomende sommen waarvoor de inschrijving genomen of hernieuwd wordt.

Art. 264. [Het bedrag van het vereffende recht wordt, desvoorkomend, [tot de hogere [cent] afgerond].

Het in te vorderen recht mag niet minder dan [[5 EUR]] bedragen.]

Vervangen bij art. 5 W. 20 januari 1999 (B.S. 13.II.1999);
Al. 1 gewijzigd bij art. 5, § 7 K.B. 20 juli 2000 (II) B.S. 30.VIII.2000, err. B.S. 8.III.2001) en bij art. 42, 3° K.B. 13 juli 2001 (B.S. 11.VIII.2001);
Al. 2 gewijzigd bij art. 2-11 K.B. 20 juli 2000 (II) B.S. 30. VIII.2000, err. B.S. 8.III.2001) en bij art. 42, 5° K.B. 13 juli 2001 (B.S. 11.VIII.2001, err. B.S. 21.XII.2001).

Art. 265. Zijn vrijgesteld van hypotheekrecht:

1° inschrijvingen van wettelijke hypotheken en hun vernieuwingen;

2° inschrijvingen ambtshalve door de hypotheekbewaarder genomen;

3° inschrijvingen genomen om de invordering te waarborgen van aan de Staat, aan de Kolonie, aan provinciën, aan gemeenten, aan polders en wateringen verschuldigde belastingen, en vernieuwingen van die inschrijvingen;

4° inschrijvingen genomen ten laste van de Staat, van openbare instellingen van de Staat en andere in artikel 161, 1°, aangewezen rechtspersonen, en hun vernieuwingen;

[5° de inschrijvingen van de voorrechten en hypotheken ingesteld bij de wet betreffende het herstel van zekere schade veroorzaakt aan private goederen door natuurrampen.]

5° *ingevoegd bij art. 57, § 2 W. 12 juli 1976 (B.S. 13. VIII.1976).*

Art. 266. Er is verjaring:

1° voor de invordering van hypotheekrechten die op het tijdstip van de inschrijving niet zouden geheven zijn geweest, na twee jaar, te rekenen van de dag der inschrijving;

2° voor de invordering tot teruggaaf van ten onrechte geheven rechten, na twee jaar, te rekenen van de dag der betaling.

[Die verjaringen worden gestuit overeenkomstig artikelen 217^1 en 217^2.]

Al. 2 vervangen bij art. 37 W. 23 december 1958 (B.S. 7.I.1959).

Art. 267. Zijn toepasselijk op het hypotheekrecht, de bepalingen van titel I, betreffende de rechtsvervolgingen en gedingen en de moratoire interesten.

TITEL III

GRIFFIERECHT

HOOFDSTUK I

VESTIGING VAN DE BELASTING EN VASTSTELLING VAN DE RECHTEN

Art. 268. [Onder de benaming van griffierecht wordt een belasting gevestigd op de hiernavolgende in de hoven en rechtbanken gedane verrichtingen:

1° [het ter rol brengen van zaken, de inschrijving in het register der verzoekschriften en de inschrijving in het register van de vorderingen in kort geding];

2° het opstellen van akten van de griffiers, van vóór hen verleden akten, van zekere akten van de rechters en van de ambtenaren van het openbaar ministerie;

3° het afleveren van uitgiften, [kopieën] of uittreksels uit akten, vonnissen en arresten [en van kopieën van andere stukken die op de griffie worden bewaard];

4° [...]];

[5° [...]]

Vervangen bij art. 25 W. 12 juli 1960 (B.S. 9.XI.1960);
1° vervangen bij art. 7 W. 24 december 1993 (B.S. 31. XII.1993);
3° aangevuld bij art. 308 W. 27 december 2006 (B.S. 28. XII.2006, ed. 3) en gewijzigd bij art. 312 W. 27 december 2006 (B.S. 28.XII.2006, ed. 3);
4° opgeheven bij art. 198 W. 22 december 1989 (B.S. 29. XII.1989);
5° ingevoegd bij art. 37, § 1 W. 18 maart 1965 (B.S. 31. III.1965) en opgeheven bij art. 5, § 1, 1°, a K.B. 28 mei 2003 (B.S. 20.VII.2003).

Afdeling 1

Rolrecht

Art. 269[1]. [Voor elke zaak die op de algemene rol wordt ingeschreven wordt er geheven:

1° in de vredegerechten [en de politierechtbanken], een recht van [40 euro];

2° in de rechtbanken van eerste aanleg en de rechtbanken van koophandel, een recht van [100 euro];

3° in de hoven van beroep, een recht van [210 euro];

4° in het Hof van Cassatie, een recht van [375 euro].

Het recht wordt echter tot [30 EUR] verlaagd voor de procedures voorzien bij artikel 162, 13°.]

[[...]]

[[Geen enkel recht wordt geïnd bij de rechtsgedingen voor de beslagrechter of de vrederechter in het kader van de toepassing van artikel 1409, § 1, vierde lid, en 1409, § 1bis, vierde lid, van het Gerechtelijk Wetboek.]]

Hernummerd bij art. 3-121 W. 10 oktober 1967 (B.S. 31.X.1967) en vervangen bij art. 8, § 1 W. 24 december 1993 (B.S. 31.XII.1993);
Al. 1, 1° gewijzigd bij art. 57 W. 11 juli 1994 (B.S. 27. VII.1994) en bij art. 94, a) Progr. W. 22 juni 2012 (B.S. 28.VI.2012);
Al. 1, 2° gewijzigd bij art. 94, b) Progr. W. 22 juni 2012 (B.S. 28.VI.2012);
Al. 1, 3° gewijzigd bij art. 94, c) Progr. W. 22 juni 2012 (B.S. 28.VI.2012);
Al. 1, 4° gewijzigd bij art. 94, d) Progr. W. 22 juni 2012 (B.S. 28.VI.2012);
Al. 2 gewijzigd bij art. 95 Progr. W. 22 juni 2012 (B.S. 28.VI.2012);
Al. 3 ingevoegd bij art. 10 W. 19 februari 2001 (B.S. 3. IV.2001) en opgeheven bij art. 41 W. 27 april 2007 (B.S. 7.VI.2007);
Al. 4 ingevoegd bij art. 9 K.B. 27 december 2004 (B.S. 31. XII.2004, ed. 5) en vervangen bij art. 25 W. 20 juli 2006 (B.S. 28.VII.2006, ed. 2).

[Art. 269². Voor elk verzoekschrift dat in de registers der verzoekschriften wordt ingeschreven wordt er geheven:

1° in de vredegerechten [en de politierechtbanken], een recht van [31 euro]

2° in de andere gerechten, een recht van [60 euro].]

Ingevoegd bij art. 3-121 W. 10 oktober 1967 (B.S. 31.X.1967);
1° gewijzigd bij art. 57 W. 11 juli 1994 (B.S. 27.VII.1994) en bij art. 96, a) Progr. W. 22 juni 2012 (B.S. 28.VI.2012);
2° gewijzigd bij art. 96, b) Progr. W. 22 juni 2012 (B.S. 28. VI.2012).

[Art. 269³. Voor elke inschrijving van een vordering in kort geding wordt een recht van [80 euro] geheven. Voor elke inschrijving van beroep tegen bevelen of vonnissen in kort geding wordt een recht geheven van [160 euro].]

Ingevoegd bij art. 10, § 1 W. 24 december 1993 (B.S. 31. XII.1993) en gewijzigd bij art. 97 Progr. W. 22 juni 2012 (B.S. 28.VI.2012).

[Art. 269/4. Voor elke inschrijving van een in de artikelen 17 en 59 van de wet van 31 januari 2009 betreffende de continuïteit van de ondernemingen bedoeld verzoek tot opening van een procedure van gerechtelijke reorganisatie, wordt een recht van 1.000 euro geheven.]

Ingevoegd bij art. 44 W. 27 mei 2013 (B.S. 22.VII.2013), van toepassing vanaf 1 augustus 2013.

[Afdeling 1bis

Opstelrecht]

Opschrift ingevoegd bij art. 27 W. 12 juli 1960 (B.S. 9. XI.1960).

[Art. 270¹. [Op akten van griffiers van hoven en rechtbanken of op akten die buiten bemoeiing van rechters vóór hen zijn verleden, wordt een opstelrecht geheven van [35 euro].]

Met akten van griffiers van hoven en rechtbanken worden gelijkgesteld, overschrijvingen gedaan door griffiers in hun registers, van de verklaringen van beroep of van voorziening in verbreking in strafzaken, door gedetineerden of geïnterneerden afgelegd.

[...]]

Ingevoegd bij art. 27 W. 12 juli 1960 (B.S. 9.XI.1960);
Al. 1 vervangen bij art. 201, 1° W. 22 december 1989 (B.S. 29.XII.1989) en gewijzigd bij art. 98 Progr. W. 22 juni 2012 (B.S. 28.VI.2012);
Al. 3-4 opgeheven bij art. 201, 2° W. 22 december 1989 (B.S. 29.XII.1989).

[Art. 270². [De akten van bekendheid, de akten van aanneming en de akten waarbij een minderjarige machtiging wordt verleend om handel te drijven, die verleden worden ten overstaan van de vrederechters, zijn onderworpen aan een opstelrecht, waarvan het bedrag op [35 euro] wordt bepaald.]]

Ingevoegd bij art. 27 W. 12 juli 1960 (B.S. 9.XI.1960), vervangen bij art. 25 K.B. nr. 12 18 april 1967 (B.S. 20.IV.1967) en gewijzigd bij art. 99 Progr. W. 22 juni 2012 (B.S. 28. VI.2012).

[Art. 270³. De verklaringen van keus van vaderland zijn onderhevig aan een opstelrecht, waarvan het bedrag op [35 euro] wordt bepaald.

Dit recht is vatbaar voor teruggaaf ingeval de inwilliging bij een eindbeslissing van het bevoegd gerecht wordt geweigerd.]

Ingevoegd bij art. 27 W. 12 juli 1960 (B.S. 9.XI.1960);
Al. 1 gewijzigd bij art. 100 Progr. W. 22 juni 2012 (B.S. 28. VI.2012).

Afdeling 2

Expeditierecht

Art. 271. [Op de uitgiften, [kopieën] of uittreksels die in de griffies worden afgegeven, wordt een expeditierecht geheven van:

1° [1,75 euro] per bladzijde, in de vredegerechten en politierechtbanken;

2° [3 euro] per bladzijde, in de hoven van beroep, de hoven van assisen, het militair gerechtshof, de arrondissementsrechtbanken, de rechtbanken van eerste aanleg, de rechtbanken van koophandel en de krijgsraden;

3° [5,55 euro] per bladzijde, in het Hof van cassatie.]

Vervangen bij art. 71 W. 15 juli 1970 (B.S. 30.VII.1970);
Inleidende zin gewijzigd bij art. 312 W. 27 december 2006
(B.S. 28.XII.2006);
1° gewijzigd bij art. 101, a) Progr. W. 22 juni 2012 (B.S.
28.VI.2012);
2° gewijzigd bij art. 101, b) Progr. W. 22 juni 2012 (B.S.
28.VI.2012);
3° gewijzigd bij art. 101, c) Progr. W. 22 juni 2012 (B.S. 28.
VI.2012).

Art. 272. [[Ongeacht op welke griffie en ongeacht op welke informatiedrager de aflevering geschiedt, wordt het recht op [0,85 euro] per bladzijde bepaald, zonder dat het verschuldigd bedrag aan rechten lager mag zijn dan [1,75 euro] per afgifte op papier en [5,75 euro] op een andere drager:]

1° [voor de niet ondertekende [kopieën]. Indien echter bij één en hetzelfde verzoek en voor één en dezelfde zaak meer dan [twee [kopieën]] worden aangevraagd, wordt het tarief vanaf de [derde [kopie]] bepaald op [0,30 euro] per bladzijde, zonder dat het globaal bedrag aan verschuldigde expeditierechten alsdan meer dan [1.450 euro] kan bedragen];

2° voor uitgiften, [kopieën] of uittreksels uit de registers van de burgerlijke stand of uit de registers welke de akten betreffende het verkrijgen, het herkrijgen, het behoud en het verlies van nationaliteit bevatten;

3° voor uitgiften, [kopieën] of uittreksels uit akten, vonnissen en arresten die krachtens artikel 162, 33°bis tot 37°bis, vrijstelling genieten van de formaliteit der registratie;

4° [voor de uitgiften, [kopieën] of uittreksels van akten en stukken betreffende rechtpersonen ingeschreven in de Kruispuntbank van Ondernemingen.]

Hetzelfde recht is verschuldigd voor uitgiften, [kopieën] en uittreksels uit akten, vonnissen en arresten afgeleverd in [...] kieszaken of militiezaken. Deze stukken dragen bovenaan de vermelding van hun bestemming; zij mogen tot geen andere doeleinden dienen.]

[Hetzelfde recht is eveneens verschuldigd voor de kopie van een elektronisch bestand. Het recht is verschuldigd voor elke gekopieerde elektronische bladzijde van het brondocument. De parameters van het brondocument, die de elektronische bladzijde bepalen, mogen bij het maken van de kopie niet gewijzigd worden.]

Vervangen bij art. 3-122 W. 10 oktober 1967 (B.S. 31.X.1967);
Al. 1, inleidende zin vervangen bij art. 309, 1° W. 27 december 2006 (B.S. 28.XII.2006, ed. 3) en gewijzigd bij art. 102, 1° Progr. W. 22 juni 2012 (B.S. 28.VI.2012);
Al. 1, 1° vervangen bij art. 204, 1° W. 22 december 1989 (B.S. 29.XII.1989) en gewijzigd bij art. 2-11 K.B. 20 juli 2000 (II) (B.S. 30.VIII.2000, err. B.S. 8.III.2001), bij art. 2 W. 26 februari 2003 (B.S. 14.III.2003) en bij art. 102, 2° Progr. W. 22 juni 2012 (B.S. 28.VI.2012);
Al. 1, 2° en 3° gewijzigd bij art. 312 W. 27 december 2006 (B.S. 28.XII.2006, ed. 3);
Al. 1, 4° vervangen bij art. 5, § 1, 2° K.B. 28 mei 2003 (B.S. 20.VI.2003) en gewijzigd bij art. 312 W. 27 december 2006 (B.S. 28.XII.2006, ed. 3);
Al. 2 gewijzigd bij art. 204, 3° W. 22 december 1989 (B.S. 29.XII.1989) en bij art. 312 W. 27 december 2006 (B.S. 28.XII.2006, ed. 3);
Al. 3 ingevoegd bij art. 309, 2° W. 27 december 2006 (B.S. 28.XII.2006, ed. 3).

Art. 273. [Het recht wordt berekend per bladzijde van het arrest, het vonnis of de akte, welke in de uitgifte, [de kopie] of het uittreksel wordt weergegeven.

Het recht wordt evenwel éénvormig berekend alsof er slechts één bladzijde was, voor de uittreksels die worden afgeleverd ter uitvoering van artikel 121 van het Algemeen Reglement op de gerechtskosten in strafzaken.]

Vervangen bij art. 28 W. 12 juli 1960 (B.S. 9.XI.1960);
Al. 1 gewijzigd bij art. 312 W. 27 december 2006 (B.S. 28. XII.2006, ed. 3).

Art. 274. [Wanneer in een uitgifte, [kopie] of uittreksel meerdere arresten, vonnissen of akten worden weergegeven, wordt het recht berekend per bladzijde van elk dezer documenten, zonder dat er, voor ieder van deze documenten, minder mag geheven worden dan het recht verschuldigd voor één bladzijde.]

Vervangen bij art. 28 W. 12 juli 1960 (B.S. 9.XI.1960) en gewijzigd bij art. 312 W. 27 december 2006 (B.S. 28.XII.2006, ed. 3).

[Art. 274bis. Voor kopieën van audiovisueel materiaal is, ongeacht op welke informatiedrager de kopie wordt afgeleverd, per gekopieerde minuut [1,15 euro] verschuldigd, zonder dat de verschuldigde rechten minder mogen bedragen dan [5,75 euro]. Een begonnen minuut telt voor een volle minuut.]

Ingevoegd bij art. 310 W. 27 december 2006 (B.S. 28. XII.2006, ed. 3) en gewijzigd bij art. 103 Progr. W. 22 juni 2012 (B.S. 28.VI.2012).

[Art. 274ter. De expeditierechten die verschuldigd zijn op één en hetzelfde verzoek voor één en dezelfde zaak, mogen [1.450 euro] niet overschrijden.]

Ingevoegd bij art. 311 W. 27 december 2006 (B.S. 28. XII.2006, ed. 3) en gewijzigd bij art. 104 Progr. W. 22 juni 2012 (B.S. 28.VI.2012).

Afdeling 3

Legalisatie- en opzoekingsrechten

Art. 275. [...]

Opgeheven bij art. 205, 1° W. 22 december 1989 (B.S. 29. XII.1989).

Art. 276. [...]

Opgeheven bij art. 205, 2° W. 22 december 1989 (B.S. 29. XII.1989).

Afdeling 4

[Recht van inschrijving in het handelsregister, in het ambachtsregister en in de registers van de economische samenwerkingsverbanden]

Opschrift vervangen bij art. 206 W. 22 december 1989 (B.S. 29.XIII.1989).

Art. 277. [...]

Opgeheven bij art. 5, § 1, 1°, b K.B. 28 mei 2003 (B.S. 20. VI.2003).

Art. 278. [...]

Opgeheven bij art. 5, § 1, 1°, c K.B. 28 mei 2003 (B.S. 20. VI.2003).

HOOFDSTUK II

VRIJSTELLINGEN

Art. 279[1]**.** Zijn vrijgesteld van het rolrecht:
1° de inschrijvingen van zaken waarvan de vonnissen en arresten, krachtens artikelen 161 en 162 vrijstelling genieten van het recht of van de formaliteit der registratie.
Het recht is echter verschuldigd voor de onder artikel 162, 13°, bedoelde procedures [...];
2° [de inschrijving van een zaak door de griffier van het gerecht waarnaar de zaak verwezen werd overeenkomstig de wet op het gebruik der talen in gerechtszaken of ingevolge een rechterlijke beslissing van onttrekking.]

Hernummerd bij art. 29 W. 12 juli 1960 (B.S. 9.XI.1960); 1°, al. 2 gewijzigd bij art. 3 W. 28 juni 1948 (B.S. 31. VII.1948); 2° vervangen bij art. 3-123 W. 10 oktober 1967 (B.S. 31.X.1967).

[Art. 279[2]**.** Zijn vrijgesteld van het opstelrecht:
1° de akten verleden in de gevallen voorzien door

artikelen 161 en 162;
2° de akten of ontvangbewijzen ten blijke van het neerleggen of mededelen van stukken, sommen of voorwerpen ter griffie van de hoven en rechtbanken;
3° de faillissementsbekentenissen, alsmede de afsluitingen of vermeldingen die worden aangebracht op de registers, titels en stukken tot staving daarvan;
4° [...];]
[5° de processen-verbaal van nummering en visering van de koopmansboeken.]

Ingevoegd bij art. 29 W. 12 juli 1960 (B.S. 9.XI.1960); 4° opgeheven bij art. 2-30 W. 10 oktober 1967 (B.S. 31.X.1967); 5° ingevoegd bij art. 23 W. 17 juli 1975 (B.S. 4.IX.1975, err. B.S. 20.IX.1975).

Art. 280. Zijn van expeditierecht vrijgesteld:
1° [uitgiften, [kopieën] of uittreksels van of uit akten, vonnissen en arresten, die krachtens de artikelen 161 en 162 van het recht of van de formaliteit der registratie zijn vrijgesteld.
Deze bepaling is echter niet van toepassing:
a) op de in artikel 272, laatste alinea, bedoelde uitgiften, afschriften of uittreksels;
b) op de uitgiften, [kopieën] of uittreksels van of uit de in artikel 162, 5°, 6°, 13°, 27° en 33°bis tot 37°bis bedoelde akten en vonnissen];
2° [de uitgiften, [kopieën] of uittreksels van of uit vonnissen, arresten, beschikkingen of andere akten van rechtspleging, die de griffier ambtshalve of op verzoek van een der partijen toezendt aan de partijen, aan hun advocaten of aan derden, in uitvoering van het Gerechtelijk Wetboek of van andere wettelijke of reglementaire bepalingen];
3° [de [kopieën] van verklaringen met het oog op de inschrijving of tot wijziging van een inschrijving [in het rechtspersonenregister van de Kruispuntbank van Ondernemingen] ambtshalve afgegeven of toegezonden aan de personen die de inschrijving of de wijziging aanvragen; de oorzaak van de vrijstelling moet op [de kopie] vermeld worden];
4° [uitgiften, [kopieën] of uittreksels uit de registers van de burgerlijke stand of uit de registers welke de akten betreffende het verkrijgen, het herkrijgen, het behoud en het verlies van nationaliteit bevatten [...]];
5° [de [kopieën] of uittreksels van vonnissen en arresten die afgeleverd worden aan juridische tijdschriften, aangewezen door de Minister van Financien;]
[6° de uitgiften, [kopieën] of uittreksels afgegeven door de griffie van het Hof van beroep te Brussel, met het oog op de tenuitvoerlegging in België van de arresten en beschikkingen die een uitvoerbare titel uitmaken en gewezen zijn op grond van de Verdragen tot oprichting van de Europese Gemeenschap voor Kolen en Staal, van de Europese Economische Gemeenschap of van de Europese Gemeenschap voor Atoomenergie, alsmede bij de Overeenkomst betreffende bepaalde instellingen welke de Europese Gemeenschappen gemeen hebben, en welke luidens de bewoordingen van die Verdragen vatbaar zijn voor gedwongen tenuit-

voerlegging;]

[7° de grossen of [kopieën], afgeleverd door de griffie van het Hof van beroep te Brussel, met het oog op de erkenning en de tenuitvoerlegging in België van de scheidsrechterlijke beslissingen geveld krachtens het Verdrag inzake de beslechting van geschillen met betrekking tot investeringen tussen Staten en onderdanen van andere Staten, opgemaakt te Washington op 18 maart 1965;]

[8° de [kopieën] in strafzaken, afgeleverd aan de vader of de moeder, aan een adoptant of aan de voogd in hun hoedanigheid van burgerlijke partij of van persoon die zich op grond van het dossier zou kunnen beroepen op een nadeel, wanneer de zaak betrekking heeft op een misdrijf gepleegd tegen een minderjarige en dat naar de wetten strafbaar is gesteld met een criminele of correctionele straf.]

1° vervangen bij art. 3-124 W. 10 oktober 1967 (B.S. 31.X.1967) en gewijzigd bij art. 312 W. 27 december 2006 (B.S. 28.XII.2006, ed. 3);

2° vervangen bij art. 72 W. 15 juli 1970 (B.S. 30.VII.1970) en gewijzigd bij art. 312 W. 27 december 2006 (B.S. 28.XII.2006, ed. 3);

3° vervangen bij art. 209, 1° W. 22 december 1989 (B.S. 29. XII.1989) en gewijzigd bij art. 5, § 1, 3° K.B. 28 mei 2003 (B.S. 20.VI.2003) en bij art. 312 W. 27 december 2006 (B.S. 28.XII.2006, ed. 3);

4° vervangen bij art. 19 W. 13 augustus 1947 (B.S. 17. IX.1947) en gewijzigd bij art. 68 W. 19 december 2006 (B.S. 29.XII.2006, ed. 6), van toepassing vanaf 1 januari 2007 (K.B. 21 december 2006, art. 95, B.S. 29.XII.2006, ed. 6) en bij art. 312 W. 27 december 2006 (B.S. 28.XII.2006, ed. 3);

5° vervangen bij art. 209, 2° W. 22 december 1989 (B.S. 29. XII.1989) en gewijzigd bij art. 312 W. 27 december 2006 (B.S. 28.XII.2006, ed. 3);

6° ingevoegd bij art. 3 W. 6 augustus 1967 (B.S. 20.IX.1967) en gewijzigd bij art. 312 W. 27 december 2006 (B.S. 28. XII.2006, ed. 3);

7° ingevoegd bij art. 4 W. 17 juli 1970 (B.S. 24.IX.1970) en gewijzigd bij art. 312 W. 27 december 2006 (B.S. 28.XII.2006, ed. 3);

8° ingevoegd bij art. 3 W. 26 februari 2003 (B.S. 14.III.2003) en gewijzigd bij art. 312 W. 27 december 2006 (B.S. 28. XII.2006, ed. 3).

Art. 281. [...]

Opgeheven bij art. 5, § 1, 1°, d K.B. 28 mei 2003 (B.S. 20.VI.2003).

Toekomstig recht: – Vanaf een door de Koning nog nader te bepalen datum en ten laatste op 31 december 2014 wordt art. 281 hersteld als volgt:
"Art. 281. Onverminderd artikel 269/4, worden de akten, vonnissen en arresten, betreffende de overeenkomstig de wet van 31 januari 2009 betreffende de continuïteit van de ondernemingen ingestelde procedure van gerechtelijke reorganisatie vrijgesteld van griffierechten.".
(W. 27 mei 2013, art. 45 en 62, B.S. 22.VII.2013)

Art. 282. [...]

Opgeheven bij art. 211 W. 22 december 1989 (B.S. 29. XII.1989).

HOOFDSTUK III

DIVERSE BEPALINGEN

Art. 283. In de in artikel 160 voorziene gevallen, worden de griffierechten in debet vereffend en ingevorderd volgens de regelen die van toepassing zijn op de onder dezelfde voorwaarden vereffende registratierechten.

Art. 284. Worden eveneens in debet vereffend, de griffierechten verschuldigd op uitgiften, [kopieën] van en uittreksels uit akten, vonnissen en arresten, wanneer die stukken in strafzaken worden afgeleverd aan het openbaar ministerie of aan de Rijksagenten belast met de tenuitvoerlegging van vonnissen en arresten.

De rechten worden onder de gerechtskosten begrepen en als dusdanig ingevorderd ten laste van de partij die er toe veroordeeld werd.

Al. 1 gewijzigd bij art. 312 W. 27 december 2006 (B.S. 28. XII.2006, ed. 3).

[Art. 284bis. In debet worden eveneens vereffend, de griffierechten verschuldigd op de [kopieën] in strafzaken die worden afgegeven met toepassing van de artikelen 674bis en volgende van het Gerechtelijk Wetboek. De rechten alsmede de andere kosten worden ingevorderd overeenkomstig de bepalingen van hetzelfde Wetboek.]

Ingevoegd bij art. 6 W. 7 januari 1998 (B.S. 25.III.1998) en gewijzigd bij art. 312 W. 27 december 2006 (B.S. 28.XII.2006, ed. 3).

Art. 285. De wijze van heffing der griffierechten en het houden der registers in de griffies van de hoven en rechtbanken worden bij koninklijk besluit geregeld.

Daarbij kan de medewerking van de griffiers bij de heffing van de griffierechten worden voorzien zonder dat zij daardoor de hoedanigheid van Staatsrekenplichtige verkrijgen.

Inbreuken op de voorschriften van evenbedoeld koninklijk besluit kunnen worden bestraft met boeten waarvan het bedrag per inbreuk [[[250 EUR]]] niet mag te boven gaan.

Al. 3 gewijzigd bij art. 79 W. 22 juli 1993 (B.S. 26.VII.1993), bij art. 2-11 K.B. 20 juli 2000 (II) (B.S. 30.VIII.2000, err. B.S. 8.III.2001) en bij art. 42, 5° K.B. 13 juli 2001 (B.S. 11. VIII.2001, err. B.S. 21.XII.2001).

Art. 286. Er is verjaring:

1° voor het invorderen der griffierechten en -boeten, na twee jaar, te rekenen van de dag waarop zij aan de Staat verworven zijn;

2° voor de vordering tot teruggaaf van ten onrechte geheven rechten en boeten, na twee jaar, te rekenen van de dag der betaling.

[Die verjaringen worden gestuit overeenkomstig artikelen 217^1 en 217^2.]

Verjaring voor het invorderen der in debet vereffende rechten ontstaat echter zoals die voor de onder dezelfde voorwaarden vereffende registratierechten.

Al. 2 vervangen bij art. 37 W. 23 december 1958 (B.S. 7.I.1959).

Art. 287. De bepalingen van titel I betreffende de vervolgingen en gedingen en de moratoire interesten, zijn toepasselijk op de griffierechten.

Art. 288. [...]

Opgeheven bij art. 69 W. 19 december 2006 (B.S. 29. XII.2006, ed. 6), van toepassing vanaf 1 januari 2007 (K.B. 21.XII.2006, B.S. 29.XII.2006, ed. 6).

Gemeenschappelijke bepaling voor alle belastingen

Art. 289. § 1. De bestuursdiensten van de Staat, met inbegrip van de parketten en de griffies der hoven en rechtbanken, de besturen van de provinciën en van de gemeenten, zomede de openbare organismen en instellingen, zijn gehouden, wanneer zij daartoe aangezocht zijn door een ambtenaar van een der Rijksbesturen belast met de aanslag in, of de invordering van de belastingen, hem alle in hun bezit zijnde inlichtingen te verstrekken, hem, zonder verplaatsing van alle in hun bezit zijnde akten, stukken, registers en om 't even welke bescheiden inzage te verlenen en hem alle inlichtingen, afschriften of uittreksels te laten nemen, welke bedoelde ambtenaar ter verzekering van de aanslag in, of de heffing van de door de Staat geheven belastingen nodig acht.

Onder openbare organismen dienen verstaan, naar de geest van deze wet, de instellingen, maatschappijen, verenigingen, inrichtingen en diensten welke de Staat mede beheert, waaraan de Staat een waarborg verstrekt, op welker bedrijvigheid de Staat toezicht uitoefent of waarvan het bestuurspersoneel aangewezen wordt door de regering, op haar voordracht of mits haar goedkeuring.

[Van de akten, stukken, registers, bescheiden of inlichtingen in verband met gerechtelijke procedures mag evenwel geen inzage of afschrift worden verleend zonder uitdrukkelijke toelating van het openbaar ministerie.]

Alinea 1 is niet van toepassing op het Bestuur der postchecks, het Nationaal Instituut voor de statistiek, noch op de kredietinstellingen.

Andere afwijkingen van deze bepaling kunnen worden ingevoerd bij door de Minister van Financiën medeondertekende koninklijke besluiten.

§ 2. Elke inlichting, stuk, proces-verbaal of akte ontdekt of bekomen in het uitoefenen van zijn functie, door een ambtenaar [van de Federale Overheidsdienst Financiën], hetzij rechtstreeks, hetzij door tussenkomst van een der hierboven aangeduide diensten, kan door de Staat ingeroepen worden voor het opsporen

van elke krachtens de belastingwetten verschuldigde som.

Desondanks kan het aanbieden tot registratie van de processen-verbaal en van de verslagen over expertises betreffende gerechtelijke procedures, het bestuur dan alleen toelaten die akten in te roepen mits het daartoe de in alinea 3 van § 1 bepaalde toelating heeft bekomen.

§ 3. [Alle administraties die ressorteren onder de Federale Overheidsdienst Financiën zijn gehouden alle in hun bezit zijnde toereikende, ter zake dienende en niet overmatige inlichtingen ter beschikking te stellen aan alle ambtenaren van deze Overheidsdienst, voorzover die ambtenaren regelmatig belast zijn met de vestiging of de invordering van de belastingen, en voorzover die gegevens bijdragen tot de vervulling van de opdracht van die ambtenaren tot de vestiging of de invordering van eender welke door de Staat geheven belasting.

Elke ambtenaar van de Federale Overheidsdienst Financiën, die wettelijk werd belast met een controle- of onderzoeksopdracht, is van rechtswege gemachtigd alle toereikende, ter zake dienende en niet overmatige inlichtingen te vragen, op te zoeken of in te zamelen die bijdragen tot de vestiging of de invordering van eender welke, andere, door de Staat geheven belasting.]

§ 1, al. 3 vervangen bij art. 3 W. 14 januari 2013 (B.S. 31.I.2013, ed. 2);

§ 2, al. 1 gewijzigd bij art. 157, 1° Progr. W. 23 december 2009 (B.S. 30.XII.2009, ed. 1);

§ 3 vervangen bij art. 157, 2° Progr. W. 23 december 2009 (B.S. 30.XII.2009, ed. 1).

Intrekkingsbepaling

Art. 290. Onder voorbehoud van de bijzondere fiscale bepalingen voortvloeiend hetzij uit door de Staat gesloten en bij een wet goedgekeurde contracten, hetzij uit internationale overeenkomsten, worden alle vroegere wetsbepalingen betreffende registratie-, hypotheek- of griffierechten ingetrokken.

Tijdelijke bepalingen

Afdeling 1

Maatregelen waarbij de oprichting van nieuwe gebouwen begunstigd wordt door een vermindering der registratierechten

Art. 291-299. (niet opgenomen)

Afdeling 2

Diverse bepalingen

Art. 300. [...]

Opgeheven bij art. 32 W. 12 juli 1960 (B.S. 9.XI.1960).

Art. 301. Zijn van de formaliteit van registratie vrijgesteld:

1° [akten in der minne betreffende de leningen toegestaan door het [Nationaal Instituut voor oorlogsinvaliden, oudstrijders en oorlogsslachtoffers]];

2° [akten, vonnissen en arresten betreffende de uitvoering van de wetten op het herstel van oorlogsschade; minnelijke akten betreffende leningen en kredietopeningen toegekend aan de geteisterden om hun toe te laten de schade te herstellen die zij geleden hebben ingevolge oorlogsfeiten, wanneer deze leningen en kredietopeningen worden toegestaan, volgens de voorzieningen van de ter zake geldende wettelijke beschikkingen, door een in deze beschikkingen bedoelde kredietinstelling];

3° akten van overdracht en inpandgeving van vorderingen tot herstel van oorlogsschade;

4° akten, vonnissen en arresten betreffende de uitvoering van de wet van 27 maart 1924 aangaande de Nationale Vereniging der nijveraars en handelaars voor het herstel der oorlogsschade en de akten waarin het om de werking van die vereniging gaat;

5° akten, vonnissen en arresten betreffende de uitvoering van de wet van 28 juli 1921 op de geldigverklaring van de akten van de burgerlijke stand, de verbetering van de tijdens de oorlog opgemaakte akten van overlijden en de rechterlijke bevestiging van het overlijden;

6° akten van procedure vóór de gemengde scheidsgerechten ingesteld bij de vredesverdragen, waaronder de beslissingen en de betekening ervan;

7° [akten, vonnissen en arresten, betreffende de rechtsplegingen tot wettiging van de kinderen wier ouders, ten gevolge van de oorlog, zich in de onmogelijkheid hebben bevonden een huwelijk aan te gaan];

8° [de akten, vonnissen en arresten betreffende de uitvoering van de wet tot regeling van de financiële staatstussenkomst wegens schade aan private goederen veroorzaakt in verband met de overgang van de Democratische Republiek Kongo tot de onafhankelijkheid];

[8°bis de akten, vonnissen en arresten betreffende de uitvoering van de wet houdende uitgifte van een tweede tranche van de lening van het Belgisch-Kongolees Fonds voor Delging en Beheer en tot regeling van de problemen betreffende de leningen in Kongolese frank "Koloniale Schuld 4 1/4 pct. 1954-1974" en "Kongolese Schuld 4 pct. 1955-1975";]

9° [de akten, vonnissen en arresten, die betrekking hebben op de tenuitvoerlegging van de wet betreffende de verklaringen van overlijden en van vermoedelijk overlijden, alsmede betreffende de overschrijving en de verbetering van sommige akten van de burgerlijke stand];

10° [akten en vonnissen betreffende de rechtsplegingen vóór de vrederechters bedoeld bij de wet houdende uitzonderingsbepalingen inzake huishuur, wanneer het jaarlijks bedrag van de huurprijs, eisbaar op het ogenblik van de indiening van de eis, niet hoger is dan [[[300 EUR]]].]

1° vervangen bij art. 10 W. 30 juni 1951 (B.S. 8.VII.1951) en gewijzigd bij art. 34 W. 8 augustus 1981 (B.S. 8.IX.1981);
2° vervangen bij art. 23 Besl. Com. Gen. 30 juni 1941 (B.S. 13.VII.1941);
7° vervangen bij art. 21, I W. 14 november 1947 (B.S. 5. XII.1947);
8° vervangen bij art. 66, § 1 W. 14 april 1965 (B.S. 24. IV.1965);
8°bis ingevoegd bij art. 10, § 2 W. 5 januari 1977 (B.S. 22.II.1977);
9° vervangen bij art. 19 W. 20 augustus 1948 (B.S. 27. VIII.1948);
10° vervangen bij art. 39 R.B. 31 januari 1949 (B.S. 23. II.1949) en gewijzigd bij art. 17 K.B. 5 september 1955 (B.S. 12.X.1955), bij art. 2-11 K.B. 20 juli 2000 (II) (B.S. 30. VIII.2000, err. B.S. 8.III.2001) en bij art. 42, 5° K.B. 13 juli 2001 (B.S. 11.VIII.2001, err. B.S. 21.XII.2001).

[Art. 301bis. [...]]

Ingevoegd bij art. 23 Besl. W. 2 december 1946 (B.S. 26-28. XII.1946) en opgeheven bij art. 72, 1° W. 29 maart 1962 (B.S. 12.IV.1962).

[Art. 301ter. [...]]

Ingevoegd bij art. 11 W. 13 augustus 1947 (B.S. 7.IX.1947) en opgeheven bij art. 2 W. 24 januari 1958 (B.S. 14.II.1958).

[Art. 301quater. Kosteloos worden geregistreerd de akten, waarbij aan de gerechtigden van de wet van 1 oktober 1947 (1) betreffende de herstelling van de oorlogsschade aan private goederen, uit de hand woonhuizen worden verkocht die op initiatief van de Staat met het oog op de huisvesting van de geteisterden door oorlogsfeit werden gebouwd.]

Ingevoegd bij art. 3 W. 25 mei 1951 (B.S. 31.V.1951).
Opmerking: (1) Lees: Gecoördineerde wetten, samengeordend bij koninklijk besluit van 30 januari 1954.

Art. 302. Akten betreffende de ambtshalve tenuitvoerlegging van de beslissingen van de bij de vredesverdragen ingestelde gemengde scheidsgerechten worden in debet geregistreerd.

[Art. 302bis. [§ 1.] [Wordt van het evenredig recht vrijgesteld, de inbreng in vennootschappen die de rechtspersoonlijkheid bezitten en die de verwezenlijking nastreven van verrichtingen als bedoeld bij artikel 10 van de wet betreffende de economische expansie.

Te dien einde, zal de Minister die Economische Zaken, Streekeconomie of Middenstand in zijn bevoegdheid heeft, vóór het verlijden van de akte een bewijsstuk afgeven, waarvan de afgiftemodaliteiten door de Koning worden bepaald. Dit stuk moet aan de akte worden gehecht op het ogenblik van de registratie.]]

[§ 2. Wordt, overeenkomstig de voorwaarden en toepassingsmodaliteiten als bepaald in § 1, van het evenredig recht vrijgesteld, de inbreng in vennootschappen die de rechtspersoonlijkheid bezitten en die in titel I, artikel 2, van de wet tot economische heroriëntering zijn bedoeld.]

Ingevoegd bij art. 10 W. 14 juli 1966 (B.S. 25.VIII.1966);
§ 1 genummerd bij art. 9 W. 4 augustus 1978 (B.S. 17. VIII.1978) en vervangen bij art. 17 W. 30 december 1970 (B.S. 1.I.1971);
§ 2 ingevoegd bij art. 9 W. 4 augustus 1978 (B.S. 17. VIII.1978).

[Art. 302ter. (…)]

Ingevoegd bij art. 1 K.B. nr. 45, 24 oktober 1967 (B.S. 27.X.1967); niet meer toepasselijk.

[Art. 302quater. […]]

Ingevoegd bij art. 3-17 W. 10 oktober 1967 (B.S. 31.X.1967) en opgeheven bij art. 15, 1° Progr. W. 24 december 1993 (B.S. 31.XII.1993).

Art. 303. Worden van hypotheekrecht vrijgesteld:
1° [hypothecaire inschrijvingen genomen tot waarborg van de in artikel 301, 1° en 2°, bedoelde leningen en kredietopeningen];
2° inschrijvingen genomen ter uitvoering van de wet van 27 maart 1924, betreffende de Nationale Vereniging van nijveraars en handelaars voor het herstel der oorlogsschade.

1° vervangen bij art. 23 Besl. Com. Gen. 30 juni 1941 (B.S. 13.VII.1941).

Art. 304. Is vrij van rolrecht, de inschrijving van de zaken waarvan vonnissen en arresten krachtens artikel 301 vrijstelling van de registratieformaliteit genieten.
De vonnissen en arresten zijn vrij van expeditierecht.
[Die vrijstellingen zijn evenwel niet toepasselijk in het geval bedoeld bij artikel 301, 10°.]

Al. 3 vervangen bij art. 39 R.B. 31 januari 1949 (B.S. 23. II.1949).

[Art. 304bis. […]]

Ingevoegd bij art. 18-III W. 10 oktober 1967 (B.S. 31.X.1967) en opgeheven bij art. 15, 2° Progr. W. 24 december 1993 (B.S. 31.XII.1993).

Art. 305. […]

Opgeheven bij art. 213 W. 22 december 1989 (B.S. 29. XII.1989).

[Art. 305bis. […]]

Ingevoegd bij art. 3 W. 2 mei 1957 (B.S. 11.VII.1957) en opgeheven bij art. 5, 2° W. 6 augustus 1967 (B.S. 20.IX.1967).

Overgangsbepalingen

Afdeling 1

Algemene maatregelen

Art. 306-314. […]

Opgeheven bij art. 213 W. 22 december 1989 (B.S. 29. XII.1989).

Afdeling 2

Bijzondere maatregelen

§ 1. Overdrachten onder bezwarende titel van onroerende goederen

Art. 315. […]

Opgeheven bij art. 42 W. 19 juli 1979 (B.S. 22.VIII.1979).

Art. 316. […]

Opgeheven bij art. 213 W. 22 december 1989 (B.S. 29. XII.1989).

§ 2. Burgerlijke en handelsvennootschappen

Art. 317. […]

Opgeheven bij art. 213 W. 22 december 1989 (B.S. 29. XII.1989).

Art. 318. […]

Opgeheven bij art. 19, 2° W. 14 april 1965 (B.S. 24.IV.1965).

Bijbepalingen betreffende de met het zegel gelijkgestelde taxes

Art. 319-321. (niet opgenomen)

Inwerkingtreding

Art. 322. Dit besluit treedt in werking op 1 februari 1940.

VI

Successierechten

Wetboek van successierechten
(W. Succ.)

Vlaams Gewest

WETBOEK VAN SUCCESSIERECHTEN - VLAAMS GEWEST

INHOUDSOPGAVE

WETBOEK VAN SUCCESSIERECHTEN (ZOALS VAN TOEPASSING IN HET VLAAMS GEWEST)

K.B. nr. 308 van 31 maart 1936 (B.S. 7.IV.1936, err. B.S. 12.IV.1936 en B.S. 26.IV.1936), bekrachtigd bij wet van 4 mei 1936 (B.S. 7.V.1936).

BOEK I

RECHTEN VAN SUCCESSIE EN VAN OVERGANG BIJ OVERLIJDEN

HOOFDSTUK I

VESTIGING VAN DE RECHTEN

Afdeling 1

Erfopvolging bij versterf en testamentaire erfopvolging

Art. 1. Er wordt gevestigd:

1° een recht van successie op de waarde, na aftrekking van de schulden, van al wat uit de nalatenschap van een rijksinwoner wordt verkregen;

2° een recht van overgang bij overlijden op de waarde der onroerende goederen gelegen in België verkregen uit de nalatenschap van iemand die geen rijksinwoner is.

Voor een rijksinwoner wordt gehouden, hij die, op het ogenblik van zijn overlijden, binnen het rijk zijn domicilie of de zetel van zijn vermogen heeft gevestigd.

Art. 2. Deze rechten zijn verschuldigd op de erfgoederen ongeacht of zij ingevolge wettelijke devolutie, uiterste wilsbeschikking of contractuele erfstelling worden overgemaakt.

Ze zijn, bovendien, verschuldigd in de gevallen aangeduid onder artikel 3 tot 14.

Afdeling 2

Overdrachten en beschikkingen gelijkgesteld met overgangen uit oorzaak van dood

Art. 3. [...]

Opgeheven bij art. 49 W. 9 mei 2007 (B.S. 21.VI.2007), van toepassing op personen die, vóór haar inwerkingtreding, verdwenen zijn of niet meer verschenen zijn in hun woon- of verblijfplaats en van wie men geen tijding heeft ontvangen (art. 54).

Overgangsbepaling: – Zie art. 57 W. 9 mei 2007 (B.S. 21. VI.2007):
Elk vonnis houdende verklaring van afwezigheid gewezen vóór de inwerkingtreding van deze wet of na de inwerkingtreding ervan, met toepassing van artikel 49 zal na verloop van vijf jaar te rekenen van de bekendmaking ervan, de gevolgen hebben die deze wet eraan verbindt.

Art. 4. Worden met het oog op de heffing van het successierecht als legaten beschouwd:

1° alle schulden alleenlijk bij uiterste wil erkend;

2° alle schuldbekentenissen van sommen die een bevoordeling vermommen onder het voorkomen van een contract ten bezwarenden titel, en niet aan het voor de schenkingen gevestigd registratierecht werden onderworpen;

[3° alle schenkingen onder de levenden van roerende goederen die de overledene heeft gedaan onder de opschortende voorwaarde die vervuld wordt ingevolge het overlijden van de schenker.]

3° ingevoegd bij art. 13 Decr. Vl. Parl. 24 december 2004 (B.S. 31.XII.2004, ed. 3).

Art. 5. De overlevende echtgenoot, wie een huwelijksovereenkomst, die niet aan de regelen betreffende de schenkingen onderworpen is, op voorwaarde van overleving meer dan de helft der gemeenschap toekent, wordt voor de heffing der rechten van de successie en van overgang bij overlijden, gelijkgesteld met de overlevende echtgenoot die, wanneer niet wordt afgeweken van de gelijke verdeling der gemeenschap, het deel van de andere echtgenoot krachtens een schenking of een uiterste wilsbeschikking geheel of gedeeltelijk verkrijgt.

Art. 6. De overlevende man wordt geacht legataris te zijn van het deel der bij de ontbinding der gemeenschap bestaande goederen, dat hem ten gevolge van verwerping door de erfgenamen zijner vrouw ten goede komt.

Opgeheven bij art. 4, 45 W. 14 juli 1976 (B.S. 18.IX.1976), behouden als overgangsmaatregel voor echtgenoten gehuwd voor 28 september 1976 (cf. W. 14 juli 1976, art. 4, 47).

Art. 7. [De goederen, waarover, naar het door het bestuur geleverd bewijs, de afgestorvene kosteloos beschikte gedurende de drie jaar vóór zijn overlijden, worden geacht deel uit te maken van zijn nalatenschap, indien de bevoordeling niet onderworpen werd aan het registratierecht gevestigd voor de schenkingen, behoudens verhaal van de erfgenamen of legatarissen op de begiftigde voor de wegens die goederen gekwete successierechten. De termijn van drie jaar wordt evenwel op zeven jaar gebracht indien het gaat om aandelen en activa bedoeld in artikel 140bis van het Wetboek der registratie-, hypotheek- en griffierechten.

Wanneer er door het bestuur of door de erfgenamen en legatarissen bewezen wordt dat de bevoordeling een bepaalde persoon gold, wordt deze voor legataris van de geschonken zaak gehouden.

Voor de toepassing van dit artikel wordt een bevoordeling waarvoor een vrijstelling van het registratierecht werd toegepast, gelijkgesteld met een bevoordeling die aan het registratierecht gevestigd voor de schenkingen werd onderworpen.]

Vervangen bij art. 76 Decr. Vl. Parl. 23 december 2011 (B.S. 30.XII.2011, ed. 4), van toepassing vanaf 1 januari 2012.

[Art. 7/1. De termijn van zeven jaar bepaald in artikel 7 wordt teruggebracht tot drie jaar, indien de kosteloze beschikking dagtekent van voor 1 januari 2012.]

Ingevoegd bij art. 77 Decr. Vl. Parl. 23 december 2011 (B.S. 30.XII.2011, ed. 4), van toepassing vanaf 1 januari 2012.

Art. 8. [Worden geacht als legaat te zijn verkregen, de sommen, renten of waarden die een persoon geroepen is kosteloos te ontvangen, bij het overlijden van de overledene, ingevolge een contract bevattende een door de overledene of door een derde ten behoeve van de verkrijger gemaakt beding.

Worden eveneens geacht als legaat te zijn verkregen, de sommen, renten of waarden, die een persoon geroepen was kosteloos te ontvangen binnen drie jaar vóór het overlijden van de overledene of die hij geroepen is kosteloos na dit overlijden te ontvangen, ingevolge een contract bevattende een door de overledene ten behoeve van de verkrijger gemaakt beding.

Dit artikel is mede van toepassing op de sommen of waarden die een persoon geroepen is kosteloos te ontvangen bij overlijden van hem, die een levensverzekering aan order of aan toonder heeft aangegaan.

Wanneer de overledene gehuwd was onder een stelsel van gemeenschap van goederen, worden de sommen, renten of waarden, die aan zijn echtgenoot toevallen ingevolge een door deze echtgenoot afgesloten levensverzekering of contract met vestiging van rente, zomede de sommen, renten of waarden, die hij geroepen is kosteloos te ontvangen ingevolge een contract bevattende een door de overledene of door een derde ten behoeve van de echtgenoot gemaakt beding, geacht als legaat door de echtgenoot te zijn verkregen, tot beloop van hun algeheel bedrag, zo de sommen, renten of waarden werden verkregen als tegenwaarde voor eigen goederen van de overledene, en enkel tot beloop van de helft in al de andere gevallen. Het recht is niet verschuldigd wanneer er bewezen wordt dat de sommen, renten of waarden verkregen werden als tegenwaarde voor eigen goederen van de echtgenoot. De omstandigheid dat het beding wederkerig is, ontneemt daaraan niet de aard van bevoordeling.

De verkrijger wordt ondersteld kosteloos te ontvangen, behoudens tegenbewijs.

Dit artikel is niet van toepassing:

1° op de sommen, renten of waarden, verkregen ingevolge een beding dat aan het registratierecht gevestigd voor de schenkingen werd onderworpen;

2° op de renten en kapitalen gevestigd tot uitvoering van een wettelijke verplichting;

3° op de renten en kapitalen die door tussenkomst van de werkgever van de overledene werden gevestigd ten behoeve van [de overlevende echtgenoot van de overledene] of, bij gebreke, ten behoeve van zijn [kinderen die de leeftijd van eenentwintig jaar niet hebben bereikt], tot uitvoering hetzij van een groepsverzekeringscontract onderschreven ingevolge een bindend reglement van de onderneming en beantwoordende aan de voorwaarden gesteld door de reglementering betreffende de controle van zulke contracten, hetzij van het bindend reglement van een voorzorgsfonds opgericht ten behoeve van het personeel van de onderneming;

4° op de sommen, renten of waarden, bij het overlijden van de overledene verkregen, ingevolge een contract bevattende een door een derde ten behoeve van de verkrijger gemaakt beding, wanneer er bewezen wordt dat deze derde kosteloos ten behoeve van de verkrijger heeft bedongen.]

Vervangen bij art. 1 K.B. nr. 12, 18 april 1967 (B.S. 20. IV.1967);
Al. 6, 3° gewijzigd bij art. 195 W. 30 december 1988 (B.S. 5.I.1989) en bij art. 214 W. 22 december 1989 (B.S. 29. XII.1989, err. B.S. 21.IV.1990).

Art. 9. De roerende of onroerende goederen, verkregen ten bezwarenden titel voor het vruchtgebruik door de overledene en voor de blote eigendom door een derde, alsmede de effecten aan toonder of op naam, ingeschreven voor het vruchtgebruik op naam van de overledene en voor de blote eigendom op naam van een derde, worden, voor de heffing van het uit hoofde van de nalatenschap van de overledene eisbaar successierecht en recht van overgang bij overlijden, geacht in volle eigendom in dezes nalatenschap voorhanden te zijn en door de derde als legaat te zijn verkregen, tenzij het bewezen wordt dat de verkrijging of de inschrijving niet een bedekte bevoordeling ten behoeve van de derde is.

Art. 10. In geval van verdeling of van met verdeling gelijkstaande akte, waarin de overledene toebedeeld werd een vruchtgebruik, een rente of elk ander recht dat bij zijn overlijden moet vervallen, wordt de verrichting, voor de heffing van de rechten van successie en van overgang bij overlijden, gelijkgesteld met een legaat ten behoeve van de deelgenoten van de overledene, verkrijgers van de blote eigendom of belast met het levenslang recht, in de mate waarin evenbedoelde personen goederen in eigendom boven hun deel in de onverdeeldheid hebben verkregen.

De belastbare waarde wordt bepaald door een breuk van de waarde, ten dage van het overlijden, van de goederen toebedeeld in eigendom aan elkeen van bedoelde deelgenoten, breuk uitgedrukt door de verhouding die bestaat, ten dage van de verdeling, tussen het bedrag der bedekte bevoordeling en de waarde der in eigendom toebedeelde goederen.

Dit artikel is niet van toepassing wanneer er bewezen wordt dat de verdeling geen bevoordeling ten behoeve van de verscheidene mederechthebbenden in de onverdeeldheid bedekte.

Art. 11. De roerende of onroerende goederen, die door de overledene ten bezwarenden titel werden verkocht of afgestaan, worden, voor de heffing van het uit hoofde van de nalatenschap van de overledene eisbaar successierecht en eisbaar recht van overgang bij overlijden, geacht deel uit te maken van zijn nalatenschap en als legaat te zijn verkregen door de verkrijger of door de overnemer, indien, naar luid van de overeenkomst, de overledene zich een vruchtgebruik heeft voorbehouden of de overlating, te zijnen bate, hetzij van het vruchtgebruik van een ander goed, hetzij van elk ander levenslang recht heeft bedongen, tenzij het wordt bewezen dat verkoop of afstand niet een bedekte bevoordeling is ten behoeve van de verkrijger of van de overnemer.

Indien de overledene, daarenboven, de overlating van een goed in eigendom te zijnen bate heeft bedongen, is de belasting verschuldigd op een breuk der waarde, ten dage van het overlijden, van de door de overledene verkochte of afgestane goederen, breuk bepaald door de verhouding die bestaat ten dage van de verkoop tussen het bedrag der bedekte bevoordeling en de waarde der door de overledene afgestane goederen.

Het recht van overgang, geheven bij de registratie der akte van verkoop of van afstand, en, in voorkomend geval, het overschrijvingsrecht, worden afgetrokken van het successierecht of van het recht van overgang bij overlijden, in de mate waarin laatstgemelde rechten eisbaar zijn krachtens dit artikel eventueel gecombineerd met het volgend artikel.

Art. 12. Wanneer er, in de gevallen onder artikelen 9, 10 en 11, niet bewezen wordt dat de verrichting geen bevoordeling verbergt, doch er uitgemaakt wordt dat de overledene werkelijk het levenslang recht genoten heeft, is er aanleiding toe, op de belastbare grondslag, ten dage van het openvallen der nalatenschap, een evenredige vermindering toe te passen zoals deze voorzien onder de tweede alinea van artikelen 10 en 11, en zulks rekening gehouden met de waarde van bedoeld levenslang recht gekapitaliseerd tegen 4 t. h. en volgens het werkelijk aantal volle jaren gedurende dewelke de overledene het genoten heeft; gaat het om een vruchtgebruik of ander zakelijk levenslang recht, dan dient de waarde van het in aanmerking te nemen jaarlijks inkomen forfaitairlijk vastgesteld op 4 t. h. van de waarde van de volle eigendom van het goed ten dage van het contract.

Art. 13. Het krachtens artikelen [8, 5° alinea,] 9, 10, 3° alinea, 11, 1° alinea en 12 te leveren bewijs, kan door alle gewone rechtsmiddelen, ook door getuigen en vermoedens, bijgebracht worden.

Gewijzigd bij art. 2 K.B. nr. 12, 18 april 1967 (B.S. 20. IV.1967).

Art. 14. Artikelen 9 tot 13 zijn niet van toepassing:
1° indien de overledene langer heeft geleefd: dan de derde, in het geval van artikel 9; dan de mederechthebbende in de onverdeeldheid, verkrijger van de blote eigendom of belast met het levenslang recht, in het geval van artikel 10; dan de verkrijger of overnemer, in het geval van artikel 11;
2° indien de derde, in het geval van artikel 9, de mederechthebbende in de onverdeeldheid, verkrijger van de blote eigendom of belast met het levenslang

recht, in het geval van artikel 10, de verkrijger of de overnemer, in het geval van artikel 11, niet behoren tot de soort van de personen vermeld in de alinea's 1, 2 en 3 van artikel 33.

HOOFDSTUK II

BELASTBAAR ACTIEF

Afdeling 1

Successierecht

Art. 15. Het successierecht is verschuldigd op de algemeenheid der aan de overledene of aan de afwezige toebehorende goederen, waar ook ze zich bevinden, na aftrekking der schulden en behoudens toepassing van artikelen 16 en 17.

Art. 16. Voor de inning van het successierecht in de rechte nederdalende linie of tussen echtgenoten met gemene kinderen of afstammelingen, worden niet in aanmerking genomen de terugnemingen en vergoedingen, die verbonden zijn, hetzij aan de gemeenschap welke heeft bestaan tussen de overledene en een echtgenote, bij welke hij bij zijn overlijden levende kinderen of afstammelingen heeft, hetzij aan de gemeenschap welke tussen de verwanten in de opgaande linie van de overledene heeft bestaan.

Wordt niet beschouwd als terugneming of vergoeding vallende onder toepassing van dit artikel, de vergoeding verschuldigd aan de gemeenschap uit hoofde van een op derden onoverdraagbaar maatschappelijk aandeel waarop door een der echtgenoten werd ingeschreven en dat door hem of door zijn erfgenamen bij de ontbinding der gemeenschap werd teruggenomen.

Art. 17. Wanneer het actief der nalatenschap van een Rijksinwoner buitenlands gelegen onroerende goederen begrijpt, welke aanleiding geven tot het heffen, in het land der ligging, van een erfrecht, wordt het in België opvorderbaar successierecht, in de mate waarin het deze goederen treft, verminderd met het bedrag van de in het land der ligging geheven belasting, deze omgerekend [in euro] op de datum van de betaling dier belasting.

De vermindering, waarvan sprake, is afhankelijk gesteld van het inleveren, aan de ontvanger die de aangifte van nalatenschap onder zich heeft, van de behoorlijk gedateerde quitantie der in het buitenland betaalde rechten, alsmede van een door de bevoegde vreemde overheden eensluidend verklaard afschrift der aangifte welke hun afgegeven werd, en van de rechtenverevening welke zij vastgesteld hebben.

Indien de bij de vorige alinea bedoelde bewijsstukken vóór de betaaldag der rechten niet ingeleverd zijn, moeten deze binnen het wettelijk tijdsbestek betaald worden, behoudens teruggave, in voorkomend geval, overeenkomstig hetgeen voorzien is in artikel 135, 2°.

Al. 1 gewijzigd bij art. 12, 1° K.B. 13 juli 2001 (B.S. 11. VIII.2001, err. B.S. 21.XII.2001).

Afdeling 2

Recht van overgang bij overlijden

Art. 18. Het recht van overgang bij overlijden is, zonder aftrekking van lasten, verschuldigd op de algemeenheid der in België gelegen onroerende goederen, die aan de overledene of aan de afwezige toebehoren.

HOOFDSTUK III

WAARDERING VAN HET BELASTBAAR ACTIEF

Afdeling 1

Algemene regelen

Art. 19. De belastbare waarde der goederen die het actief van de nalatenschap van een Rijksinwoner uitmaken, en der aan het recht van overgang bij overlijden onderworpen onroerende goederen, is de door de aangevers te schatten verkoopwaarde ten dage van het overlijden.

Voor de waardering der goederen waarvan de schijnbare eigendom op het hoofd van de overledene berust, wordt er geen rekening gehouden met de waardevermindering die zou kunnen voortspruiten uit de wederroepelijkheid van de titel van verkrijging van de overledene.

Art. 20. De erfgenamen, algemene legatarissen en begiftigden en, in 't algemeen, al wie gehouden is tot het indienen van een aangifte van nalatenschap, mogen vragen vóór de aangifte en uiterlijk vóór het verstrijken van de indieningstermijn, dat, op hun kosten, de waardering geschiede van het geheel of van een deel van de erfgoederen die zich in België bevinden en die voor hun verkoopwaarde moeten of kunnen aangegeven worden.

Zij geven dienaangaande hun beslissing te kennen bij aangetekende brief gezonden aan de ontvanger van het kantoor waar de aangifte ingeleverd moet worden.

Er wordt gehandeld overeenkomstig artikelen 113 tot 120 en 122.

De waardering is definitief en dient tot grondslag voor de verevening der belasting.

Afdeling 2

Bijzondere regelen

Art. 21. In afwijking van artikel 19, wordt de belastbare waarde der tot de nalatenschap behorende goederen als volgt vastgesteld:

I. Voor de in het buitenland gelegen onroerende goederen, indien de verkoopwaarde niet blijkt uit akten en bescheiden, door twintig of dertig maal de jaarlijkse opbrengst der goederen of de prijs der lopende huurcelen, zonder aftrekking van de lasten aan de huurder of aan de pachter opgelegd, naargelang het gaat om bebouwde eigendommen of onbebouwde eigendommen; in geen geval, mag de belastbare waarde lager zijn dan deze die tot grondslag gediend heeft voor de heffing van de belasting in het buitenland;

II. Voor het kapitaal en de interesten vervallen of verkregen van de schuldvorderingen, door het nominaal bedrag van dit kapitaal en van deze interesten, onder voorbehoud voor de aangevers de schuldvordering op haar verkoopwaarde te schatten, in geval van onvermogen van de schuldenaar of van het bestaan van alle andere oorzaak van waardevermindering;

III. [Voor financiële instrumenten die toegelaten zijn tot verhandeling op Belgische of buitenlandse gereglementeerde markten als vermeld in artikel 2, eerste lid, 5° en 6°, van de wet van 2 augustus 2002 betreffende het toezicht op de financiële sector en de financiële diensten en voor Belgische of buitenlandse multilaterale handelsfaciliteiten als vermeld in artikel 2, eerste lid, 4°, van de voormelde wet, volgens de beurswaarden ervan.

Onder beurswaarde wordt de slotkoers verstaan zoals bepaald op basis van de koersinformatie beschikbaar in de gespecialiseerde pers en/of middels gespecialiseerde elektronisch raadpleegbare bronnen.

De aangevers kunnen kiezen uit de beurswaarde op datum van overlijden, de beurswaarde op datum van één maand na het overlijden of de beurswaarde op datum van twee maanden na het overlijden.

Wanneer er op een van die data geen notering is, geldt de beurswaarde op de eerstvolgende dag waarop er opnieuw een notering wordt vastgesteld. Indien er op de gekozen datum voor bepaalde van de aan te geven waarden wel en voor andere geen notering is, moeten laatstbedoelde waarden worden aangegeven volgens de beurswaarden op de eerstvolgende dag waarop er wel een notering is.

De aangevers mogen slechts een van de voormelde data kiezen, die zal gelden voor al de nagelaten waarden. De aangevers geven hun keuze aan in de aangifte, waarin zij tevens de door hen geraadpleegde bron voor de opgegeven beurswaarden vermelden];

IV. Voor de altijddurende of voor een onbepaalde tijd gevestigde erfpachten, grondrenten en andere prestatiën, evenals voor de al dan niet gehypothekeerde altijddurende renten, door twintig maal de rente of de jaarlijkse prestatie, onder voorbehoud voor de aangevers de rente of prestatie op haar verkoopwaarde te begroten, in geval van onvermogen van de schuldenaar of van het bestaan van alle andere oorzaak van waardevermindering;

V. Voor de op het hoofd van een derde gevestigde lijfrenten en andere levenslange uitkeringen, door de vermenigvuldiging van het jaarlijks bedrag der uitkering met het getal:

18, indien hij, op wiens hoofd de rente is gevestigd, 20 jaren oud is of minder;

17, indien hij, op wiens hoofd de rente is gevestigd, boven de 20 tot 30 jaren oud is;

16, indien hij, op wiens hoofd de rente is gevestigd, boven de 30 tot 40 jaren oud is;

14, indien hij, op wiens hoofd de rente is gevestigd, boven de 40 tot 50 jaren oud is;

13, indien hij, op wiens hoofd de rente is gevestigd, boven de 50 tot 55 jaren oud is;

11, indien hij, op wiens hoofd de rente is gevestigd, boven de 55 tot 60 jaren oud is;

9.5, indien hij, op wiens hoofd de rente is gevestigd, boven de 60 tot 65 jaren oud is;

8, indien hij, op wiens hoofd de rente is gevestigd, boven de 65 tot 70 jaren oud is;

6, indien hij, op wiens hoofd de rente is gevestigd, boven de 70 tot 75 jaren oud is;

4, indien hij, op wiens hoofd de rente is gevestigd, boven de 75 tot 80 jaren oud is;

2, indien hij, op wiens hoofd de rente is gevestigd, boven de 80 jaren oud is;

VI. Voor het op het hoofd van een derde gevestigde vruchtgebruik, door de jaarlijkse opbrengst van de goederen, berekend tegen 4 t. h. van de waarde van de volle eigendom, vermenigvuldigd met het onder nummer V aangeduide cijfer;

VII. Voor de voor een beperkte tijd gevestigde renten of prestatiën, door de som die door de kapitalisatie van de renten of prestatiën ad 4 t. h. op de datum van het overlijden wordt vertegenwoordigd, onder dit voorbehoud dat het bedrag van de kapitalisatie, al naar het geval, de belastbare waarde, zoals die in nummers IV en V wordt bepaald, niet te boven gaat.

Dezelfde regel is van toepassing wanneer het gaat over een voor beperkte tijd gevestigd vruchtgebruik, met dien verstande dat dan de opbrengst van de goederen zoals in nummer VI wordt gezegd tot grondslag van de kapitalisatie wordt genomen;

VIII. Voor de blote eigendom, door de waarde van de volle eigendom onder aftrek van de waarde van het vruchtgebruik berekend naar de voorschriften van dit artikel en van artikel 22.

Geen aftrek heeft plaats wanneer het vruchtgebruik bij toepassing van artikel 67 vrij is van het recht van successie en van overgang bij overlijden.

III vervangen bij art. 16 Decr. Vl. Parl. 5 juli 2013 (B.S. 30.VII.2013), van toepassing voor overlijdens die plaatsvinden vanaf 1 augustus 2013.

Art. 22. Worden voor de toepassing van artikelen 21 en 66[1] met vruchtgebruik gelijkgesteld, de rechten van gebruik en bewoning, alsmede het recht op vruchten, inkomsten of opbrengsten.

Indien de lijfrente, de levenslange prestatie of het vruchtgebruik op het hoofd van twee of meer personen is gevestigd, is de in aanmerking te nemen leeftijd die van de jongste persoon.

Art. 23. Het jaarlijks bedrag in geld der periodieke renten en prestatiën betaalbaar in natura wordt geregeld naar het gemiddeld bedrag van de marktprijzen der twee jongste jaren van de markt die het naast bij de tot waarborg aangewende goederen en, bij ontstentenis van bezwaarde goederen, bij de woonplaats van de schuldenaar gelegen is; indien geen marktprijzen bestaan, wordt dit bedrag door de aangevende partijen begroot.

Art. 24. De zekere schuldvorderingen, doch waarvan het bedrag op 't ogenblik van het overlijden onbepaald is, worden in de aangifte voor hun waarde opgenomen, behoudens regularisatie bij de definitieve bepaling van hun bedrag.

Art. 25. [In de in artikel 37, 2°, 3°, 4° en 6°, bedoelde gevallen moet als belastbare waarde worden aangegeven de waarde der goederen op de dag van het vonnis, van de dading of van de gebeurtenis, die het uitgangspunt vormt van de termijn die bij artikel 40, vierde lid, is bepaald voor de inlevering van de aangifte.]

Vervangen bij art. 3 K.B. nr. 12, 18 april 1967 (B.S. 20. IV.1967).

Art. 26. Voor de heffing der rechten van successie en van overgang bij overlijden, in rechte lijn of tussen echtgenoten die één of meer gemene kinderen of afstammelingen van hen nalaten, wordt de regering ertoe gemachtigd een wijze van waardering der in België gelegen onroerende goederen vast te stellen, gegrond op de kadastrale opbrengst der goederen vermenigvuldigd door een naar de gemiddelde verhouding tussen kadastrale opbrengsten en verkoopprijzen periodiek vast te stellen coëfficiënt.

HOOFDSTUK IV

AANNEMELIJK PASSIEF

Art. 27. Als aannemelijk passief met betrekking tot de nalatenschap van een rijksinwoner gelden slechts:

1° de op de dag van zijn overlijden bestaande schulden van de overledene;

2° de begrafeniskosten.

[In afwijking van artikel 18 geldt als aannemelijk passief met betrekking tot de nalatenschap van iemand die geen rijksinwoner is, maar wiens domicilie of zetel van zijn vermogen gevestigd was binnen de Europese Economische Ruimte, de schulden waarvan de aangevers het bewijs leveren dat ze specifiek werden aangegaan om deze onroerende goederen te verwerven of te behouden.]

Al. 2 ingevoegd bij art. 29 Decr. Vl. Parl. 19 december 2008 (B.S. 29.XII.2008, ed. 1).

Art. 28. De regelen betreffende de begroting der goederen die het actief ener nalatenschap samenstellen zijn van toepassing op de begroting der in het passief aannemelijke schulden.

Art. 29. Het bestaan der schulden moet bewezen worden door de bewijsmiddelen die in rechte toelaatbaar zijn in een behandeling tussen schuldeiser en schuldenaar.

De schulden aangaande het beroep van de overledene en deze aangaande de huiselijke uitgaven van het verstreken jaar en van het lopend jaar kunnen evenwel door getuigen en vermoedens worden vastgesteld.

Art. 30. De overlegging alleen van de rechtstitel volstaat niet om het bestaan vast te stellen:

1° van de hypotheekschulden waarvan de inschrijving, ten dage waarop de nalatenschap openviel, vervallen was sedert één jaar of doorgehaald was;

2° van de interesten der al dan niet hypothecaire schulden, van de huur- en pachtsommen, boven het vervallen en het lopend jaar;

3° van de sedert meer dan een jaar vóór het overlijden verschenen termijnen van schuldbekentenissen waarvan het bedrag bij annuïteiten wordt afgedaan.

Art. 31. Alle schuld, waarvan het bestaan bewezen wordt door overlegging van een stuk waarop een niet gedagtekende quitantie is gesteld, wordt geacht, tenzij het tegendeel bewezen wordt, vóór het overlijden voldaan te zijn geworden.

Art. 32. Worden uitgesloten uit het passief, de bij artikel 4 voorziene schulden.

Art. 33. Worden niet aangenomen, de schulden aangegaan door de overledene ten behoeve van een zijner erfgenamen, legatarissen of begiftigden of van tussenpersonen.

Deze bepaling is van toepassing op de schulden door de overledene aangegaan:

a) ten behoeve van erfgenamen die hij bij uiterste wilsbeschikking of bij contractuele beschikking uit zijn erfenis heeft gesloten;

b) ten behoeve van erfgenamen, legatarissen of begiftigden die de nalatenschap ofwel de uiterste wilsbeschikking of de contractuele beschikking, te hunnen voordele gemaakt, hebben verworpen.

Als tussenpersonen worden beschouwd, de in de artikelen 911, laatste alinea en 1100 van het Burgerlijk Wetboek vermelde personen.

Evenwel, worden bedoelde schulden aangenomen:

1° indien het bewijs van hun echtheid door de aangevende partijen wordt ingebracht; dit bewijs kan door alle middelen van gemeen recht, ook door getuigen en vermoedens, met uitsluiting van de eed, geleverd worden;

2° indien zij tot onmiddellijke en rechtstreekse oorzaak hebben de verkrijging, de verbetering, het behoud of de terugbekoming van een goed, dat op de dag van het afsterven van de overledene tot deze boedel behoorde.

Art. 34. Het bestuur is, in al de gevallen, bevoegd om van de aangevers het overleggen te vorderen van een verklaring van de schuldeiser, waarbij wordt bevestigd dat een in het passief opgenomen schuld ten laste van de overledene op de dag van dezes overlijden bestond. De verklaring dient ondertekend door de schuldeiser, door dezes wettelijke vertegenwoordiger of door een te dien einde aangestelde gevolmachtigde.

Zij mag door de schuldeiser niet worden gewei-

gerd, op straffe van schadevergoeding, wanneer zij wettig wordt aangevraagd.

Het bestuur is ertoe gerechtigd te vorderen dat de handtekening gelegaliseerd worde door de burgemeester der gemeente waar de ondertekenaar verblijft.

De verklaring blijft bij de aangifte van nalatenschap gevoegd.

HOOFDSTUK V

AANGIFTE VAN NALATENSCHAP

Afdeling 1

Verplichting tot aangifte

Art. 35. De rechten van successie en van overgang bij overlijden worden verevend op zicht van een aangifte van nalatenschap.

Art. 36. Er bestaat verplichting tot inlevering van deze aangifte in al de gevallen dat een goed overgedragen wordt onder de voorwaarden voorzien onder artikelen 1 tot 14.

Art. 37. Een nieuwe aangifte moet ingeleverd worden:

1° in het geval van een aan machtiging of goedkeuring onderworpen legaat gemaakt aan een rechtspersoon, wanneer de machtiging of de goedkeuring voorkomt, indien, op dat ogenblik, de rechten nog niet betaald zijn;

2° [wanneer, na het openvallen van de nalatenschap, de actieve samenstelling ervan vermeerderd wordt, hetzij door het intreden van een voorwaarde of van elk ander voorval, hetzij door de erkenning van het eigendomsrecht van de overledene op door een derde bezeten goederen, hetzij door de oplossing van een geschil, tenzij de vermeerdering van actief het gevolg is van een ontbinding die haar oorzaak vindt in het niet-uitvoeren, door de erfgenamen, legatarissen of begiftigden, van de voorwaarden van een contract];

3° wanneer een verandering in de devolutie van de erfenis ontstaat;

4° in geval van aanwas of van terugvalling van eigendom, vruchtgebruik of van al ander tijdelijk of levenslang recht voortkomende van een ter zake des doods door de overledene genomen beschikking;

5° in geval van ophouding van vruchtgebruik dat een krachtens artikel 79 uit hoofde van de blote eigendom in schorsing gehouden successierecht opvorderbaar maakt, wanneer de erfgenaam blote eigenaar of zijn rechtverkrijgenden tot het genot van het volle goed komen door het overlijden van de vruchtgebruiker of door het verstrijken van de vaste of onzekere termijn waarvoor het vruchtgebruik gevestigd werd;

6° in geval van fideïcommis, wanneer de met de last van teruggaaf bezwaarde goederen aan de verwachter overgaan.

2° vervangen bij art. 4 K.B. nr. 12, 18 april 1967 (B.S. 20. IV.1967).

Afdeling 2

Personen verplicht tot aangifte – Bevoegd kantoor

Art. 38. De aangifte van successie dient ingeleverd:

1° [bij overlijden van een Rijksinwoner: door de erfgenamen, de algemene legatarissen en begiftigden, met uitsluiting van alle andere legatarissen of begiftigden, ten kantore van de successierechten binnen welk gebied de overledene zijn laatste fiscale woonplaats had. Als de fiscale woonplaats van de overledene tijdens de periode van vijf jaar voor zijn overlijden in meer dan één gewest gevestigd was, moet de aangifte worden ingediend ten kantore van de successierechten van de laatste fiscale woonplaats binnen het gewest waarin de fiscale woonplaats van de overledene tijdens de vermelde periode het langst gevestigd was.]

Evenwel, in geval van stilzitten der erfgenamen, algemene legatarissen en begiftigden, zijn de legatarissen en begiftigden ter algemenen of bijzonderen titel ertoe gehouden, op aanzoek van de ontvanger bij aangetekende brief, de aangifte in te leveren voor datgene wat hen betreft, en zulks uiterlijk binnen de maand na de afgifte van het stuk ter post.

In geval van devolutie van geheel de gemeenschap aan de overlevende echtgenoot, krachtens een niet aan de regelen betreffende de schenkingen onderworpen huwelijksovereenkomst, is de genieter ertoe gehouden het actief en het passief der gemeenschap aan te geven;

2° in geval van overlijden van een persoon die geen Rijksinwoner is: door de erfgenamen, legatarissen of begiftigden der in België gelegen onroerende goederen, ten kantore der successierechten in welks gebied deze goederen gelegen zijn.

Zo de door eenzelfde erfgenaam, legataris of begiftigde verkregen onroerende goederen gelegen zijn in het ambtsgebied van verscheidene kantoren, is het bevoegd kantoor binnen het gebied waarvan zich het deel der goederen bevindt [met het hoogste federaal kadastraal inkomen];

3° [bij afwezigheid: door de personen die krachtens het 1° en het 2° van dit artikel tot aangifte verplicht zijn, ten kantore van de laatste fiscale woonplaats van de afwezige binnen het Rijk als bedoeld in 1°, wat het recht van successie betreft, en ten kantore van de plaats waar de goederen gelegen zijn, zoals onder 2° is aangeduid, wat het recht van overgang bij overlijden betreft];

4° in het geval voorzien in artikel 37, 1°: door de ingestelde rechtspersoon, ten kantore waar de belasting nog te betalen blijft;

5° in de gevallen bedoeld in artikel 37, 2° tot 4°: door de hiervoren aangewezen personen, tenzij slechts bepaalde erfgenamen, legatarissen of begiftigden uit de gebeurtenis voordeel trekken, in welk geval deze alleen tot aangifte zijn verplicht. De aangifte moet worden ingeleverd ten kantore waar de eerste aangifte werd neergelegd;

6° in geval van ophouding van vruchtgebruik, door de erfgenamen blote eigenaars of hun rechtverkrijgenden, ten kantore waar de voor de overdracht van de blote eigendom verschuldigde rechten in schorsing gebleven zijn;

7° in geval van fideïcommis: door de verwachter alleen, indien de overdracht geschiedt ten gevolge van het overlijden van de bezwaarde erfgenaam, en door de verwachter en de bezwaarde, wanneer de goederen op de verwachter overgaan tijdens het leven van de bezwaarde, ten kantore waar de nalatenschap van hem die de beschikking gedaan heeft aangegeven werd.

1°, al. 1 vervangen bij art. 2, a W. 7 maart 2002 (B.S. 19.III.2002, ed. 3);

2°, al. 2 gewijzigd bij art. 2, b W. 7 maart 2002 (B.S. 19.III.2002, ed. 3);

3° vervangen bij art. 2, c W. 7 maart 2002 (B.S. 19.III.2002, ed. 3).

Art. 39. [...]

Opgeheven bij art. 3 W. 7 maart 2002 (B.S. 19.III.2002, ed. 3).

Afdeling 3

Aangiftetermijn

Art. 40. [De termijn voor het inleveren van de aangifte van nalatenschap is [vier] maand, te rekenen van de datum van het overlijden, wanneer dit zich in het Rijk heeft voorgedaan; [vijf] maand, wanneer het overlijden in een ander land van Europa, en [zes] maand, indien het overlijden buiten Europa heeft plaatsgehad.]

[In geval van gerechtelijke verklaring van overlijden, begint de termijn te lopen, zodra het vonnis in kracht van gewijsde is gegaan.]

Gaat het om een aan een rechtspersoon gedaan legaat, zo loopt de voor de nieuwe aangifte in artikel 37, 1°, voorziene termijn te rekenen van de datum der machtiging of goedkeuring.

In geval van intreden van voorvallen voorzien in artikel 37, 2° tot 4°, loopt de termijn, indien het gaat om een betwist recht, te rekenen van de datum van het vonnis [niettegenstaande verzet of beroep,] of van de dading en, in de andere gevallen, te rekenen van de gebeurtenis.

In geval van ophouding van vruchtgebruik, loopt de termijn te rekenen van de datum van de onder artikel 37, 5°, bedoelde vermenging.

In geval van fideïcommis, loopt de termijn te rekenen van de datum der door het overlijden van de bezwaarde of anders teweeggebrachte devolutie. Zo de devolutie krachtens een contract bij vervroeging geschiedt, worden datum en plaats van het contract met datum en plaats van het overlijden gelijkgesteld.

Al. 1 vervangen bij art. 10 W. 9 mei 1959 (B.S. 18.V.1959) en gewijzigd bij art. 43 Progr. W. 22 juni 2012 (B.S. 28.VI.2012), van toepassing op de nalatenschappen die openvallen vanaf 1 augustus 2012 en tevens van toepassing op de overeenkomstig artikel 37 van het Wetboek der Successierechten in te leveren nieuwe aangiften, wanneer de gebeurtenis, de akte, of

het vonnis waardoor overeenkomstig artikel 40 van hetzelfde
wetboek de termijn voor de inlevering van de aangifte begint
te lopen, zich voordoet, wordt gesteld of wordt uitgesproken
vanaf 1 augustus 2012;
Al. 2 vervangen bij art. 50 W. 9 mei 2007 (B.S. 21.VI.2007),
van toepassing op personen die, vóór haar inwerkingtreding,
verdwenen zijn of niet meer verschenen zijn in hun woon- of
verblijfplaats en van wie men geen tijding heeft ontvangen.
Al. 4 gewijzigd bij art. 5 K.B. nr. 12, 18 april 1967 (B.S. 20.
IV.1967).

Art. 41. De voor de inlevering der aangifte gestelde termijn, kan door de [directeur-generaal van de belasting over de toegevoegde waarde, registratie en
domeinen] worden verlengd.

De aangifte ingeleverd binnen de bij de wet bepaalde of door de directeur-generaal verlengde termijn
kan worden gewijzigd zolang deze termijn niet verstreken is, tenzij de belanghebbenden uitdrukkelijk in
een in de wettelijke vorm ingeleverde aangifte aan dit
vermogen hebben verzaakt.

Al. 1 gewijzigd bij art. 240 W. 22 december 1989 (B.S. 29.
XII.1989).

Afdeling 4

Vorm en inhoud

Art. 42. I. Naam, voornaam, beroep, domicilie,
plaats en datum van geboorte van de aangever en, desvoorkomend, van de echtgenoot der aangeefster;

II. Naam, voornamen, beroep, domicilie, plaats en
datum van geboorte van de overleden persoon en, desvoorkomend, van haar echtgenoot; plaats en datum
van het overlijden van de aflijvige;

III. [Naam, voornamen, beroep, domicilie, plaats
en datum van geboorte van de personen die de hoedanigheid hebben van erfgenamen, legatarissen en begiftigden en, in voorkomend geval, van hun echtgenoot;
graad van verwantschap tussen de overledene en zijn
erfgenamen, legatarissen en begiftigden; wat door elk
hunner wordt verkregen; de titel krachtens welke zij
tot de nalatenschap komen; naam, voornamen, domicilie, geboorteplaats en -datum van de [...] kinderen
beoogd bij artikel 56];

IV. In voorkomend geval, aanduiding van de erfgenamen uitgesloten krachtens uiterste wilsbeschikkingen of contractuele beschikkingen;

V. De keuze van een enkele woonplaats [in Bel-
gië];

VI. Nauwkeurige aanduiding en begroting, artikelsgewijze, van al de goederen die het belastbaar actief uitmaken;

VII. De aanwijzing van sectie en nummer van het
kadaster van elkeen der onroerende goederen die onder de nalatenschap horen;

VIII. De aanduiding van elk der schulden die in
mindering van het belastbaar actief kunnen toegelaten
worden, met opgave van naam, voornamen en domicilie van de schuldeiser, van de oorzaak der schuld en
van de datum der akte, zo er een bestaat. [Als de afwij-

king vermeld in artikel 48, § 2, derde lid, van toepassing is, moet bij de schulden die specifiek werden
aangegaan om de gezinswoning te verwerven of te
behouden uitdrukkelijk worden vermeld dat ze met dat
doel werden aangegaan;]

[VIIIbis. De aangifte vermeldt of de overledene
ten bate van zijn erfgenamen, legatarissen of begiftigden schenkingen onder levenden heeft gedaan die
vastgesteld werden door akten, welke dagtekenen van
minder dan drie jaar vóór de datum van het overlijden
en vóór dezelfde datum tot de formaliteit der registratie aangeboden werden tot verplichtend registreerbaar
geworden zijn; zo ja, duidt zij de begunstigde persoon
aan en geeft de datum der akten of aangiften op alsmede de grondslag waarop het registratierecht werd of
dient geheven.] [Die bepaling is toepasselijk welke
ook de datum van de akte weze, indien de schenking
gedaan werd onder een schorsende voorwaarde die
vervuld werd ingevolge het overlijden van de schenker of minder dan drie jaar vóór dit overlijden;]

IX. De aangifte vermeldt [...] of de overledene het
vruchtgebruik van enige goederen gehad heeft ofwel
met fideïcommis bezwaarde goederen verkregen heeft
en, zo ja, waarin deze goederen bestaan, met aanduiding van de personen die tot het genot van de volle
eigendom zijn gekomen ofwel voordeel getrokken
hebben uit het fideïcommis ten gevolge van het overlijden van de aflijvige;

[X. Ingeval het recht van successie verschuldigd
is, bevat de aangifte bovendien de uitdrukkelijke vermelding van het adres en de datum en duur van de
vestiging van de verschillende fiscale woonplaatsen
die de overledene of de afwezige gehad heeft in de
periode van vijf jaar voorafgaand aan zijn overlijden
of aan het tijdstip waarop de laatste tijding van de afwezige werd ontvangen.]

III vervangen bij art. 6 K.B. nr. 12, 18 april 1967 (B.S. 20.
IV.1967) en gewijzigd bij art. 215 W. 22 december 1989 (B.S.
29.XII.1989);
V gewijzigd bij art. 4, 1° W. 7 maart 2002 (B.S. 19.III.2002,
ed. 3);
VIII aangevuld bij art. 2 Decr. Vl. Parl. 7 juli 2006 (B.S.
20.IX.2006, ed. 2), van toepassing vanaf 1 januari 2007;
VIIIbis ingevoegd bij art. 16, 1° K.B. nr. 9, 3 juli 1939 (B.S.
5.VIII.1939) en aangevuld bij art. 7 W. 14 augustus 1947
(B.S. 17.IX.1947);
IX gewijzigd bij art. 4, 2° W. 7 maart 2002 (B.S. 19.III.2002,
ed. 3);
X ingevoegd bij art. 4, 3° W. 7 maart 2002 (B.S. 19.III.2002,
ed. 3).

Art. 43. In strijd met de voorschriften van nummer
VI van artikel 42, mogen het voorwerp ener globale aangifte en globale raming uitmaken, elke van hiernavermelde groepen van goederen, [behalve voor de
kunstwerken wanneer een of meer van die werken in
betaling van successierechten worden aangeboden
overeenkomstig artikel 83-3]:

1° de onroerende goederen - andere dan de onroerende goederen door bestemming, hieronder aangeduid - die een enig bedrijf of een enkel domeingeheel

uitmaken;

2° onder de voorwerpen die tot een landbouwbedrijf dienen:

a) elke soort van dieren;

b) het landbouwgereedschap;

c) de bezaaiingen en andere vruchten te velde;

d) de zaden, de waren, het stro en de meststoffen;

3° wat betreft de voorwerpen dienende tot een nijverheidsbedrijf:

a) de werktuigen;

b) de vervaardigde of bereide koopwaren en de grondstoffen;

4° wat betreft de voorwerpen dienende tot een handelsbedrijf:

a) het materieel en de bedrijfstoestellen;

b) de koopwaren;

5° de kledingstukken, de juwelen, de boeken en alle andere voorwerpen tot persoonlijk gebruik van de overledene;

6° de stoffering, het vaatwerk, het keukengereedschap en andere voorwerpen van gelijke aard;

7° de verzamelingen van schilderijen, porselein, wapens en andere voorwerpen;

8° de wijn en andere waren.

Inleidende zin gewijzigd bij art. 11 W. 1 augustus 1985 (B.S. 6.VIII.1985).

Art. 44. In geval van ophouding van vruchtgebruik, vermeldt de aangifte:

1° naam, voornamen, beroep, domicilie, geboorteplaats en -datum van de aangever en, desvoorkomend, van de echtgenoot der aangeefster;

2° de keus van woonplaats voorzien in artikel 42, nummer V;

3° naam, voornamen en laatste domicilie van de overledene wiens nalatenschap aanleiding heeft tot de in schorsing gebleven rechten, alsmede datum van zijn overlijden;

4° de uiteenzetting van het feit dat tot de eisbaarheid der belasting geleid heeft;

5° de waarde in volle eigendom van het goed op de datum van de jongste overdracht van de blote eigendom, in geval van toepassing van artikel 58.

Art. 45. Voor het opstellen der aangiften van nalatenschap wordt de Minister van Financiën ertoe ge-

machtigd het gebruik voor te schrijven van gedrukte formulieren, door het bestuur verkocht, er de afmetingen en gebruiksvoorwaarden van te regelen en de prijs van die formulieren te bepalen.

Art. 46. [Indien de door de overledene nagelaten lichamelijk roerende goederen verzekerd waren tegen brand, diefstal of enig ander risico zijn de aangevers er toe gehouden te vermelden, voor alle op de overlijdensdag van kracht zijnde polissen, de naam of de firma en het domicilie van de verzekeraar, de datum van de polis en zijn nummer alsook de verzekerde goederen en de verzekerde waarde; tevens moeten ze uitdrukkelijk bevestigen dat, naar hun weten, de goederen het voorwerp van geen andere polissen uitmaakten.

Waren de goederen in kwestie niet verzekerd op de overlijdensdag, dan moeten de aangevers dit uitdrukkelijk in de aangifte bevestigen.]

Vervangen bij art. 7 K.B. nr. 12, 18 april 1967 (B.S. 20. IV.1967).

Afdeling 5

Niet-inlevering van aangifte

Art. 47. Bij niet-inlevering van aangifte binnen de bepaalde termijn, mag het bestuur van ambtswege, behoudens latere regeling, het bedrag der verschuldigde sommen begroten en de invordering er van vervolgen overeenkomstig artikel [142¹].

Gewijzigd bij art. 31 W. 13 augustus 1947 (B.S. 17.IX.1947).

HOOFDSTUK VI

TARIEF DER RECHTEN

Afdeling 1

Algemeen tarief

Art. 48. [§ 1. De rechten van successie en van overgang bij overlijden worden geheven volgens het tarief aangeduid in onderstaande tabellen:

Tabel I

Tarief in rechte lijn, tussen echtgenoten en tussen samenwonenden

A	Tarief, toepasselijk op het overeenstemmende gedeelte zoals voorkomend in kolom A	Totale bedrag van de belasting over de voorgaande gedeelten
Van/tot		
0,01 EUR - 50.000 EUR	3 %	
50.000 EUR - 250.000 EUR	9 %	1.500 EUR
boven de 250.000 EUR	27 %	19.500 EUR

Tabel II

Tarief tussen andere personen dan in rechte lijn, echtgenoten en samenwonenden

A	Tarief, toepasselijk op het overeenstemmende gedeelte zoals voorkomend in kolom A		Totale bedrag van de belasting over de voorgaande gedeelten	
Van/tot	tussen broers en zusters	tussen anderen	tussen broers en zusters	tussen anderen
0,01 EUR - 75.000 EUR	30 %	45 %		
75.000 EUR - 125.000 EUR	55 %	55 %	22.500 EUR	33.750 EUR
boven de 125.000 EUR	65 %	65 %	50.000 EUR	61.250 EUR

§ 2. Tabel I bevat het tarief in rechte lijn, tussen echtgenoten en tussen samenwonenden.

Dit tarief wordt per rechtverkrijgende toegepast op het netto-aandeel in de onroerende goederen enerzijds, en op het netto-aandeel in de roerende goederen anderzijds volgens de overeenstemmende gedeelten zoals voorkomend in kolom A.

In afwijking van het vorige lid wordt het tarief van het recht van successie en van het recht van overgang bij overlijden tussen echtgenoten en tussen samenwonenden wat de onroerende goederen betreft, enkel toegepast op het netto-aandeel van de rechtverkrijgende echtgenoot of samenwonende in de andere goederen dan de woning die de erflater en zijn echtgenoot of samenwonende tot gezinswoning diende op het ogenblik van het overlijden. Die afwijking geldt evenwel niet als de samenwonende die een aandeel verkrijgt in die gezinswoning hetzij een bloedverwant in de rechte lijn van de erflater is, hetzij een rechtverkrijgende is die voor de toepassing van het tarief met een rechtverkrijgende in de rechte lijn wordt gelijkgesteld.

Onder gezinswoning wordt voor de toepassing van deze bepaling verstaan de gezamenlijke hoofdverblijfplaats van de erflater en zijn overlevende echtgenoot of samenwonende. Een uittreksel uit het bevolkingsregister houdt een weerlegbaar vermoeden in van de samenwoning.

Als gezinswoning wordt eveneens in aanmerking genomen de laatste gezinswoning van de echtgenoten of samenwonenden als aan hun samenwonen een einde is gekomen, hetzij door de feitelijke scheiding van de echtgenoten of van de personen die overeenkomstig de bepalingen van boek III, titel Vbis, van het Burgerlijk Wetboek samenwonen, hetzij door een geval van overmacht dat tot op het ogenblik van het overlijden heeft voortgeduurd, hetzij door de verplaatsing van de hoofdverblijfplaats van één van de of van beide betrokkenen naar een rust- of verzorgingsinstelling, of een serviceflatgebouw of een woningcomplex met dienstverlening.

De schulden en de begrafeniskosten worden bij voorrang aangerekend op de roerende goederen en op de goederen vermeld in artikel [60/1], tenzij de aangevers bewijzen dat het schulden betreft die specifiek werden aangegaan om onroerende goederen te verwerven of te behouden.

Als de langstlevende echtgenoot of samenwonen-de een deel verkrijgt in de gezinswoning, wordt zijn aandeel in de schulden van de nalatenschap die specifiek werden aangegaan om die woning te verwerven of te behouden evenwel steeds bij voorrang aangerekend op de waarde van zijn deel in de gezinswoning.

Als er voor de langstlevende echtgenoot of samenwonende die een deel in de gezinswoning verkrijgt, na de toepassing van de vorige twee leden schulden overblijven, worden die eerst aangerekend op de overblijvende waarde van de aan het tarief onderworpen onroerende goederen, vervolgens op de overblijvende waarde van het roerend actief en de goederen vermeld in artikel [60/1], en ten slotte op de overblijvende waarde van dat deel in de gezinswoning.

Voor de toepassing van dit artikel wordt onder samenwonenden verstaan:

1° de persoon, die op de dag van het openvallen van de nalatenschap overeenkomstig de bepalingen van boek III, titel Vbis, van het Burgerlijk Wetboek, met de erflater wettelijk samenwoont;

2° de persoon of personen die op de dag van het openvallen van de nalatenschap, ten minste één jaar ononderbroken met de erflater samenwonen en er een gemeenschappelijke huishouding mee voeren. De afwijking vermeld in het derde lid is echter alleen van toepassing voor de persoon of personen die op de dag van het openvallen van de nalatenschap, ten minste drie jaar ononderbroken met de erflater samenwonen en er een gemeenschappelijke huishouding mee voeren. Deze voorwaarden worden geacht ook vervuld te zijn indien het samenwonen en het voeren van een gemeenschappelijke huishouding met de erflater, aansluitend op de bedoelde periode van één of drie jaar tot op de dag van het overlijden, ingevolge overmacht onmogelijk is geworden. Een uittreksel uit het bevolkingsregister houdt een weerlegbaar vermoeden in van ononderbroken samenwoning en van het voeren van een gemeenschappelijke huishouding.

§ 3. Tabel II bevat het tarief tussen andere personen dan in rechte lijn, tussen echtgenoten en samenwonenden. Dit tarief wordt, voor wat broers en zusters betreft, toegepast op het overeenstemmende gedeelte van het netto-aandeel van elk der rechtverkrijgenden zoals voorkomend in kolom A. Voor wat alle anderen betreft, wordt dit tarief toegepast op het overeenstemmende gedeelte van de som van de netto-aandelen, verkregen door de rechtverkrijgenden van deze groep.]

Vervangen bij art. 3 Decr. Vl. Parl. 7 juli 2006 (B.S. 20. IX.2006, ed. 2);

§ 2, al. 6 en 8 gewijzigd bij art. 78 Decr. Vl. Parl. 23 december 2011 (B.S. 30.XII.2011, ed. 4), van toepassing vanaf 1 januari 2012.

[Art. 48^2. [...]]

Ingevoegd bij art. 85, 2° W. 8 augustus 1980 (B.S. 15. VIII.1980, err. B.S. 9.IX.1980) en opgeheven bij art. 30 Decr. Vl. Parl. 23 december 2011 (B.S. 30.XII.2011, ed. 4), van toepassing vanaf 1 januari 2012.

Afdeling 2

Bijzondere regelen

Art. 49. Wanneer er onzekerheid bestaat omtrent de devolutie der nalatenschap of de graad van bloedverwantschap van een erfgenaam, legataris of begiftigde, wordt het hoogste opvorderbaar recht geheven, onder voorbehoud, voor de belanghebbenden, de teruggaaf te vorderen ingeval aan de onzekerheid een einde zou worden gemaakt.

Art. 50. [Een verkrijging tussen een stiefouder en een stiefkind wordt gelijkgesteld met een verkrijging in rechte lijn. Dezelfde gelijkstelling geldt voor de verkrijging tussen een kind van een persoon die met de erflater samenwoont en de erflater, evenals voor een verkrijging tussen een persoon die met een ouder van de erflater samenwoont en de erflater. [In het tweede geval van gelijkstelling moet het gaan om samenwonenden in de zin van artikel 48, § 2, laatste lid.] In het laatste geval van gelijkstelling voldoet de legataris aan de vereiste van samenwonen met een ouder van de erflater, indien hij met die ouder op de dag van het overlijden overeenkomstig de bepalingen van boek III, titel Vbis, van het Burgerlijk Wetboek samenwoonde, of indien hij bewijst, door alle middelen maar met uitzondering van de eed, dat hij met die ouder op het ogenblik van het overlijden reeds sedert één jaar ononderbroken een gemeenschappelijke huishouding voerde. [De gelijkstelling geldt ook als de verkrijging plaatsvindt na het overlijden van diegene die met de erflater samenwoonde of na het overlijden van de ouder van de erflater. In het laatste geval geldt dezelfde vereiste van samenwonen, maar dan op het ogenblik van het vooroverlijden van de ouder.]

Een verkrijging tussen uit de echt gescheiden of van tafel en bed gescheiden personen en een verkrijging tussen ex-samenwonenden wordt alleen indien er gemeenschappelijke afstammelingen zijn gelijkgesteld met een verkrijging tussen echtgenoten of tussen samenwonenden. De ex-samenwonende legataris moet om het voordeel van de gelijkstelling te genieten bewijzen dat hij met de erflater heeft samengewoond overeenkomstig de bepalingen van boek III, titel Vbis, van het Burgerlijk Wetboek, of, door alle middelen maar met uitzondering van de eed, dat hij met de erflater gedurende minstens één jaar ononderbroken een gemeenschappelijke huishouding heeft gevoerd.]

[Een verkrijging tussen personen waartussen een relatie van zorgouder en zorgkind bestaat of heeft bestaan wordt gelijkgesteld met een verkrijging in rechte lijn. Voor de toepassing van deze bepaling wordt zulk een relatie geacht te bestaan of te hebben bestaan wanneer iemand, vóór de leeftijd van eenentwintig jaar, gedurende drie achtereenvolgende jaren bij een andere persoon heeft ingewoond en gedurende die tijd hoofdzakelijk van die andere persoon of van deze en zijn levenspartner samen, de hulp en verzorging heeft gekregen die kinderen normaal van hun ouders krijgen. De inschrijving van het zorgkind in het bevolkings- of het vreemdelingenregister op het adres van de zorgouder geldt als weerlegbaar vermoeden van inwoning bij de zorgouder.]

Vervangen bij art. 45 Decr. Vl. Parl. 21 december 2001 (B.S. 29.XII.2001, err. B.S. 14.II.2002);
Al. 1 gewijzigd bij art. 17 Decr. Vl. Parl. 5 juli 2013 (B.S. 30.VII.2013), van toepassing voor overlijdens die plaatsvinden vanaf 20 december 2012;
Al. 3 ingevoegd bij art. 57 Decr. Vl. Parl. 20 december 2002 (B.S. 31.XII.2002).

Art. 51. Wanneer de overlevende echtgenoot als wettige erfgenaam en, bovendien, uit welken hoofde ook, tot de erfenis van zijn mede-echtgenoot komt, wordt het recht op al wat hem vervalt verrekend tegen het percentage bepaald voor wat tussen echtgenoten wordt verkregen.

Art. 52$^{[1]}$. Wanneer een persoon, bloedverwant van de overledene in verschillende graden in de vaderlijke en moederlijke liniën, tot de erfenis komt, hetzij in zijn dubbele hoedanigheid van erfgenaam, hetzij als legataris of begiftigde, wordt het recht volgens het laagste tarief verrekend op al wat hij verkrijgt.

Hernummerd bij art. 6 W. 14 augustus 1947 (B.S. 17. IX.1947).

[Art. 52^2. [Voor de toepassing van dit Wetboek wordt er geen rekening gehouden met de verwantschapsband voortspruitend uit de gewone adoptie.

Evenwel wordt, mits bewijs te verstrekken door de belanghebbenden, met deze adoptieve afstamming rekening gehouden:

1° wanneer het adoptief kind een kind is van de echtgenoot van de adoptant;

2° wanneer, op het ogenblik van de adoptie, het adoptief kind onder de voogdij was van de openbare onderstand of van een openbaar centrum voor maatschappelijk welzijn, of wees van een voor België gestorven vader of moeder;

3° [wanneer het adoptief kind, vóór de leeftijd van eenentwintig jaar, gedurende drie achtereenvolgende jaren hoofdzakelijk van de adoptant, of van deze en zijn levenspartner samen, de hulp en verzorging heeft gekregen die kinderen normaal van hun ouders krijgen];

4° wanneer de adoptie gedaan werd door een persoon van wie al de afstammelingen voor België gestorven zijn.]]

Ingevoegd bij art. 6 W. 14 augustus 1947 (B.S. 17.IX.1947) en vervangen bij art. 216 W. 22 december 1989 (B.S. 29. XII.1989, err. B.S. 21.IV.1990);
Al. 2, 3° vervangen bij art. 58 Decr. Vl. Parl. 20 december 2002 (B.S. 31.XII.2002).

Art. 53. Wanneer een met fideï-commis bezwaard goed op de gesubstitueerde overgaat, zomede in geval van aanwas of terugvalling van eigendom, vruchtgebruik of van elk tijdelijk of levenslang recht, zijn de rechten van successie en van overgang bij overlijden verschuldigd naar de graad van verwantschap tussen de overledene en de gesubstitueerde of andere verkrijger.

In deze verscheidene gevallen, blijven de ten laste van de bezwaarde of van de ingestelde in eerste rang geheven rechten aan de Staat vervallen, tenzij de substitutie, de aanwas of de terugvalling binnen het jaar na het overlijden van de beschikker plaats hebben, in welk geval de eerste geheven rechten op de eisbaar geworden rechten worden aangerekend, zonder dat er evenwel aanleiding tot restitutie kunnen zijn, en behoudens eventuele toepassing van artikel 67.

HOOFDSTUK VII

VRIJSTELLINGEN EN VERMINDERINGEN

Afdeling 1

[Vrijstellingen]

Opschrift hersteld (na opheffing bij art. 59 Decr. Vl. Parl. 20 december 2002) bij art. 79 Decr. Vl. Parl. 23 december 2011 (B.S. 30.XII.2011, ed. 4), van toepassing vanaf 1 januari 2012.

Art. 54. [Hetgeen verkregen wordt door een gehandicapte persoon wordt aan de voet van het toepasselijk tarief van het recht van successie of van het recht van overgang bij overlijden vrijgesteld tot beloop van de som bekomen door toepassing van de volgende formule:

(3.000 euro) x (cijfer aangeduid in artikel 21, V, volgens de leeftijd van de verkrijger) wanneer de verkrijging onderworpen is aan het tarief «in rechte lijn, tussen echtgenoten en tussen samenwonenden» van tabel I van artikel 48;

(1.000 euro) x (cijfer aangeduid in artikel 21, V, volgens de leeftijd van de verkrijger) wanneer de verkrijging onderworpen is aan het tarief «tussen andere personen dan in rechte lijn, echtgenoten en samenwonenden» van tabel II van artikel 48.

Onder "gehandicapte persoon" wordt verstaan een persoon die overeenkomstig artikel 135 van het Wetboek van de inkomstenbelastingen 1992 als gehandicapt wordt aangemerkt.

Ingeval een verkrijger als bedoeld in het eerste lid onderworpen is aan het tarief «in rechte lijn, tussen

echtgenoten en tussen samenwonenden» van tabel I van artikel 48, wordt het bedrag van de vrijstelling eerst toegerekend op zijn netto-onroerend aandeel en bij uitputting van dat aandeel vervolgens op zijn netto-roerend aandeel.

Ingeval een verkrijger als bedoeld in het eerste lid samen met anderen onderworpen is aan het tarief "tussen andere personen dan in rechte lijn, echtgenoten en samenwonenden" van tabel II van artikel 48, wordt, in afwijking van artikel 48, de belasting in hoofde van de gehandicapte persoon berekend alsof hij als enige voor zijn netto-aandeel tot de nalatenschap komt. In hoofde van de andere verkrijgers wordt overeenkomstig artikel 48 de belasting berekend alsof de gehandicapte persoon die hoedanigheid niet heeft.

Het recht op de vrijstelling moet bewezen worden door middel van een attest of een verklaring uitgaande van een instelling of dienst die in het kader van de toepassing van artikel 135 van het Wetboek van inkomstenbelastingen 1992 bevoegd is om de toestand als gehandicapte vast te stellen. Het attest of de verklaring wordt bij de aangifte gevoegd of aan het bevoegde kantoor overgemaakt voordat de rechten opeisbaar zijn. Is het attest niet bij de aangifte gevoegd of niettijdig op het bevoegde kantoor toegekomen dan worden de rechten berekend zonder toepassing van de vrijstelling, behoudens teruggave overeenkomstig het bepaalde in artikel 135, 9°, van dit Wetboek.]

Vervangen bij art. 60 Decr. Vl. Parl. 20 december 2002 (B.S. 31.XII.2004, ed. 4).

Art. 55. [Worden van de rechten van successie en van overgang bij overlijden vrijgesteld, de legaten gedaan aan het Vlaamse Gewest en aan de Vlaamse Gemeenschap en aan de openbare instellingen van het Vlaamse Gewest en van de Vlaamse Gemeenschap.]

[De vrijstelling, vermeld in het eerste lid, is eveneens van toepassing op vergelijkbare rechtspersonen en instellingen die opgericht zijn volgens de wetgeving van een andere lidstaat van de Europees Economische Ruimte en aan die wetgeving onderworpen zijn.]

Vervangen bij art. 17 Decr. Vl. Parl. 20 december 1996 (B.S. 31.XII.1996, err. B.S. 11.II.1997);
Al. 2 ingevoegd bij art. 89 Decr. Vl. Parl. 18 december 2009 (B.S. 30.XII.2009, ed. 1), van toepassing vanaf 1 januari 2010.

[Art. 55bis. § 1. [Van het recht van successie worden vrijgesteld de maatschappelijke rechten als bedoeld in § 2 van dit artikel verworven ten minste vijf jaar vóór het openvallen van de nalatenschap en uiterlijk in het jaar 2005, hetzij door de overledene of door zijn echtgenoot en die gedurende genoemde termijn het voorwerp waren van een inschrijving op naam van de overledene of op naam van zijn echtgenoot of hetgeen verkregen wordt als terugbetaling van diezelfde maatschappelijke rechten.] Wanneer de erflater ten tijde van de inschrijving niet opteerde voor de kapitalisatie van het aan het maatschappelijk recht periodiek toegekende inkomen, wordt het voor de vrijstelling in aanmerking komende bedrag toch berekend alsof voor kapitalisatie gekozen werd.

De in het vorige lid bepaalde vrijstelling heeft enkel betrekking op maatschappelijke rechten die op datum van hun terugbetaling minstens drie jaar volstort zijn. De mogelijkheid tot vrijstelling vervalt in geval van terugbetaling aan, of vervreemding door de inschrijver van genoemde maatschappelijke rechten.

§ 2. Voor de toepassing van dit artikel wordt onder maatschappelijke rechten verstaan de maatschappelijke rechten in een vennootschap die door de Vlaamse regering is erkend in het kader van de financiering en de realisatie van serviceflatgebouwen of woningcomplexen met dienstverlening, zoals bedoeld in artikel 2, 5°, van de decreten inzake voorzieningen voor bejaarden gecoördineerd op 18 december 1991.

§ 3. [Om erkend te zijn door de Vlaamse Regering moet de in paragraaf 2 bedoelde vennootschap minstens voldoen aan de volgende voorwaarden:

1° haar maatschappelijke zetel gevestigd hebben in de Europese Economische Ruimte;

2° zijn opgericht na 1 januari 1995;

3° vanaf het ogenblik van uitgifte van de maatschappelijke rechten bedoeld onder paragraaf 2, en minstens tot de inwerkingtreding van het decreet van 9 november 2012 houdende diverse bepalingen betreffende financiën en begroting, uitsluitend het financieren en realiseren van projecten inzake het tot stand brengen van serviceflatgebouwen tot doel hebben gehad;

4° vanaf de inwerkingtreding van het decreet van 9 november 2012 houdende diverse bepalingen betreffende financiën en begroting:

a) voor wat het Vlaamse Gewest betreft, uitsluitend het financieren en realiseren van projecten inzake het tot stand brengen van serviceflatgebouwen vermeld in artikel 88, § 5, van het Woonzorgdecreet van 13 maart 2009 of het financieren en realiseren van projecten inzake onroerende goederen voor voorzieningen in het kader van het Woonzorgdecreet van 13 maart 2009 of het financieren en realiseren van projecten inzake onroerende goederen voor personen met een handicap tot doel hebben;

b) voor wat de Europese Economische Ruimte, uitgezonderd het Vlaamse Gewest betreft, uitsluitend het financieren en realiseren van gelijkaardige projecten inzake onroerende goederen tot doel hebben;

5° de gelden, die werden ingezameld ingevolge de uitgifte van de maatschappelijke rechten bedoeld onder paragraaf 2, integraal besteden of besteed hebben aan projecten binnen de Europese Economische Ruimte.

De Vlaamse Regering stelt de eventuele bijkomende modaliteiten en voorwaarden vast.]

§ 4. Ingeval een onder § 3 bedoelde erkenning ingetrokken wordt, brengt dit niet het vervallen van de vrijstellingsmogelijkheid mede ten aanzien van maatschappelijke rechten waarop ingeschreven werd, in de mate dat ze volstort werden voor de intrekking van de erkenning. Het vrijstelbaar bedrag wordt in dit geval

beperkt tot de waarde zoals bepaald onder § 1 op datum van de intrekking van de vrijstelling.]

Ingevoegd bij art. 54 Decr. Vl. R. 21 december 1994 (B.S. 31.XII.1994);

§ 1, al. 1 gewijzigd bij art. 20, § 1 Decr. Vl. Parl. 20 december 1996 (B.S. 31.XII.1996, err. B.S. 11.II.1997);

§ 3 vervangen bij art. 11 Decr. Vl. Parl. 9 november 2012 (B.S. 26.XI.2012), van toepassing vanaf 27 november 2012.

[**Art. 55ter.** Van het recht van successie en van het recht van overgang bij overlijden wordt vrijgesteld de waarde van de onbebouwde onroerende goederen gelegen in het Vlaams Ecologisch Netwerk, zoals bedoeld in het decreet van 21 oktober 1997 betreffende het natuurbehoud en het natuurlijk milieu [...].

Deze vrijstelling geldt vanaf de inwerkingtreding van het definitief vastgesteld plan, zoals bedoeld in artikel 21, § 9, van hetzelfde decreet of van het gewestelijk ruimtelijk uitvoeringsplan, zoals bedoeld in artikel 43 van het decreet van 18 mei 1999 houdende de organisatie van de ruimtelijke ordening.

Deze vrijstelling wordt slechts toegepast op voorwaarde dat in de aangifte van nalatenschap uitdrukkelijk om de toepassing van artikel 55ter wordt verzocht. Tevens moet bij de aangifte van nalatenschap een attest gevoegd worden, waaruit blijkt dat is voldaan aan de voorwaarden vermeld in het eerste lid. De Vlaamse regering legt de nadere regels met betrekking tot dit attest vast.]

[Tegen de beslissing waarbij de aflevering van het attest geheel of gedeeltelijk wordt geweigerd kunnen de aanvragers van het attest bezwaar aantekenen bij de door de Vlaamse Regering gemachtigde ambtenaren van [de Vlaamse Belastingdienst]. Dat gemotiveerd bezwaar moet worden ingediend bij ter post aangetekende brief uiterlijk één maand na de kennisgeving bij ter post aangetekende brief van de administratieve beslissing waarbij de attestaanvraag geheel of gedeeltelijk werd afgewezen.

De bevoegde ambtenaren van [de Vlaamse Belastingdienst] bevestigen bij ter post aangetekende brief en uiterlijk vijf werkdagen na de datum ervan, de ontvangst van het bezwaarschrift aan de indieners en sturen tezelfdertijd, eveneens bij ter post aangetekende brief, een kopie van het bezwaarschrift aan de ontvanger van het kantoor waar de aangifte van nalatenschap moet worden ingediend.

Uiterlijk drie maanden na de in het vorige lid bedoelde datum van de betekening van de ontvangst van het bezwaarschrift, zenden de bevoegde ambtenaren van [de Vlaamse Belastingdienst] bij aangetekende brief hun gemotiveerde beslissing over het bezwaarschrift aan de verzoekers en te zelfdertijd aan de ontvanger van het kantoor waar de aangifte van nalatenschap moet worden ingediend. Bij gebreke van kennisgeving van de gemotiveerde beslissing binnen de gestelde termijn wordt het bezwaarschrift geacht te zijn ingewilligd.]

Ingevoegd bij art. 2 Decr. Vl. Parl. 9 mei 2003 (B.S. 2. VI.2003);

Al. 1 gewijzigd bij art. 2 Decr. Vl. Parl. 15 juli 2005 (B.S. 31.VIII.2005, ed. 2);
Al. 4-6 ingevoegd bij art. 6 Decr. Vl. Parl. 23 december 2005 (B.S. 30.XII.2005, ed. 2) en gewijzigd bij art. 4 Decr. Vl. Parl. 16 juni 2006 (B.S. 5.VII.2006, ed. 1).

[Art. 55quater. § 1. Van het recht van successie en van het recht van overgang bij overlijden wordt vrijgesteld de waarde van de onroerende goederen die te beschouwen zijn als bos, zoals bedoeld in artikel 3 van het bosdecreet van 13 juni 1990. Deze vrijstelling geldt zowel voor de grond- als voor de opstandswaarde.

§ 2. Deze vrijstelling wordt slechts toegepast wanneer er voldaan is aan de volgende voorwaarden:

1° voor het bos werd een door het bosbeheer goedgekeurd beheersplan opgemaakt overeenkomstig de bepalingen en uitvoeringsbepalingen van het bosdecreet van 13 juni 1990, dat tevens voldoet aan de door de Vlaamse regering vast te stellen criteria voor duurzaam bosbeheer zoals bedoeld in artikel 41, tweede lid, van hetzelfde decreet;

2° in de aangifte van nalatenschap moet uitdrukkelijk om de toepassing van artikel 55quater worden verzocht en moeten de verzoekers verklaren kennis te hebben van het bepaalde in artikel 13bis van het bosdecreet van 13 juni 1990. Bij de aangifte moet een attest gevoegd worden, uitgereikt door het Vlaamse Gewest, waaruit blijkt dat voldaan is aan de voorwaarden vermeld sub 1). De Vlaamse regering legt de nadere regels met betrekking tot dit attest vast.

§ 3. De bevoegde ontvanger levert ter gelegenheid van de berekening van de verschuldigde successierechten aan het Vlaamse Gewest een attest af waaruit het bedrag van het genoten voordeel blijkt. De Vlaamse regering legt de nadere regels met betrekking tot dit attest vast.]

Ingevoegd bij art. 3 Decr. Vl. Parl. 9 mei 2003 (B.S. 2. VI.2003).

Afdeling 2

[Verminderingen]

Opschrift hersteld (na opheffing bij art. 59 Decr. Vl. Parl. 20 december 2002) bij art. 79 Decr. Vl. Parl. 23 december 2011 (B.S. 30.XII.2011, ed. 4), van toepassing vanaf 1 januari 2012.

Art. 56. [De rechten van successie verschuldigd uit hoofde van een verkrijging in de rechte lijn, tussen echtgenoten of tussen samenwonenden worden, indien de nettoverkrijging niet meer bedraagt dan 50.000 EUR, verminderd met 500 EUR vermenigvuldigd met [1 - (nettoverkrijging / 50.000)].

[Voor de bepaling van de nettoverkrijging, vermeld in het eerste lid, wordt geen rekening gehouden met het aandeel dat de echtgenoot of samenwonende verkrijgt in de gezinswoning, vermeld in artikel 48.]

De rechten van successie verschuldigd uit hoofde van een verkrijging door een broer of zuster worden,

indien de nettoverkrijging groter is dan [18.750 EUR] en niet meer bedraagt dan 75.000 EUR, verminderd met 2.500 EUR vermenigvuldigd met [1 - (nettoverkrijging / 75.000)]. Indien de nettoverkrijging gelijk is aan of minder is dan [18.750 EUR], worden die rechten verminderd met 2.000 EUR vermenigvuldigd met (nettoverkrijging /[18.750 EUR]).

De rechten van successie verschuldigd uit hoofde van de samengenomen verkrijgingen door andere personen dan erfgenamen in de rechte lijn, de echtgenoot, samenwonenden of broers en zusters worden, indien de som van hun nettoverkrijgingen groter is dan 12.500 EUR en niet meer bedraagt dan 75.000 EUR, verminderd met [2.400 EUR] vermenigvuldigd met [1 - (som van de nettoverkrijgingen / 75.000)]. Indien de som van hun nettoverkrijgingen gelijk is aan of minder is dan 12.500 EUR, worden die rechten verminderd met 2.000 EUR vermenigvuldigd met (som van de nettoverkrijgingen / 12.500). De overeenkomstig dit lid bekomen vermindering wordt omgeslagen over de betrokken erfgenamen in verhouding tot hun aandeel in de samengenomen verkrijgingen.

[Voor de bepaling van de nettoverkrijging zoals bedoeld in de vorige alinea's, wordt geen rekening gehouden met de vrijstelling zoals bedoeld in artikel 54. Het bedrag van de vermindering kan in voorkomend geval niet meer bedragen dan de rechten verschuldigd na toekenning van de vrijstelling van artikel 54.]

Is het recht van overgang bij overlijden verschuldigd voor verkrijgingen als bedoeld in het eerste, tweede en derde lid, dan geldt dezelfde rechtenvermindering met dien verstande dat dan rekening gehouden wordt met de [netto-verkrijging].

De door een kind van de overledene verschuldigde rechten worden verminderd met 75 EUR voor elk vol jaar dat nog moet verlopen tot het de leeftijd van eenentwintig jaar bereikt. De door de overlevende echtgenoot of samenwonende verschuldigde rechten worden verminderd met de helft van de verminderingen die de gemeenschappelijke kinderen overeenkomstig dit lid genieten. Deze verminderingen zijn van toepassing ongeacht de nettoverkrijgingen van de rechthebbenden en bovenop de vermindering waarop ze krachtens het eerste of het vierde lid recht hebben.]

Vervangen bij art. 46 Decr. Vl. Parl. 21 december 2001 (B.S. 14.II.2002);
Al. 2 ingevoegd bij art. 4 Decr. Vl. Parl. 7 juli 2006 (B.S. 20.IX.2006, ed. 2);
Al. 3 gewijzigd bij art. 2, 1° Decr. Vl. Parl. 19 april 2002 (B.S. 4.VI.2002, ed. 2);
Al. 4 gewijzigd bij art. 2, 2° Decr. Vl. Parl. 19 april 2002 (B.S. 4.VI.2002, ed. 2);
Al. 5 ingevoegd bij art. 61 Decr. Vl. Parl. 20 december 2002 (B.S. 31.XII.2002, ed. 4);
Al. 6 gewijzigd bij art. 31 Decr. Vl. Parl. 23 december 2011 (B.S. 30.XII.2011, ed. 4), van toepassing vanaf 1 januari 2012.

Art. 57. Indien de goederen die belast zijn met het successierecht of met het recht van overgang bij overlijden het voorwerp uitmaken, binnen het jaar na het overlijden van de afgestorvene, van een of meer andere overdrachten bij overlijden worden de wegens bewuste overdrachten verschuldigde rechten met de helft verminderd, zonder dat de daaruit voort te vloeien belastingverlaging, voor elkeen van bedoelde overdrachten bij overlijden, de op de onmiddellijk vorige overdracht geheven rechten moge te boven gaan.

Art. 58. Wanneer een goed in blote eigendom vóór het vervallen van het vruchtgebruik meermaals wegens overlijden werd overgedragen, is de erfgenaam, die het genot van het volle erfgoed verkrijgt, slechts gehouden, zowel voor de rechten waarvan de betaling werd geschorst, als voor die welke hij uit zijne hoofde mocht verschuldigd zijn, ten hoogste een som te betalen welke zestig ten honderd vertegenwoordigt van de waarde in volle eigendom van het goed op de datum waarop de jongste overdracht van de blote eigendom plaatshad.

Art. 59. [De rechten van successie en van overgang bij overlijden worden verlaagd:
1° tot 6,6 procent voor de legaten aan
a. provincies, gemeenten, provinciale en gemeentelijke openbare instellingen in het Vlaamse Gewest;
b. de door de Vlaamse Huisvestingsmaatschappij erkende maatschappijen;
c. de coöperatieve vennootschap "Vlaams Woningfonds van de grote gezinnen";
d. dienstverlenende en opdrachthoudende verenigingen zoals bedoeld in het decreet van 6 juli 2001 houdende de intergemeentelijke samenwerking;
2° tot 8,80 pct. voor de legaten gedaan aan de verenigingen zonder winstoogmerk, ziekenfondsen en landsbonden van ziekenfondsen, beroepsverenigingen, internationale verenigingen zonder winstoogmerk, private stichtingen en stichtingen van openbaar nut.]

Vervangen bij art. 61 Decr. Vl. Parl. 19 december 2003 (B.S. 31.XII.2003, ed. 2).

Art. 60. [De verlagingen bepaald in artikel 59 zijn ook toepasselijk op gelijkaardige rechtspersonen die opgericht zijn volgens en onderworpen zijn aan de wetgeving van een lidstaat van de Europese Economische Ruimte, en die bovendien hun statutaire zetel, hun hoofdbestuur of hun hoofdvestiging binnen de Europese Economische Ruimte hebben.]

Vervangen bij art. 32 Decr. Vl. Parl. 19 december 2008 (B.S. 29.XII.2008, ed. 1).

[Art. 60bis. *[§ 1. [In afwijking van artikelen 48 en 48/2 wordt van het successierecht vrijgesteld, de nettowaarde van:
a) de activa die door de erflater of zijn echtgenoot beroepsmatig zijn geïnvesteerd in een familiale onderneming; en
b) de aandelen in een familiale vennootschap of vorderingen op een dergelijke vennootschap, op voor-*

waarde dat de onderneming of de aandelen van de vennootschap in de drie jaar voorafgaand aan het overlijden ononderbroken en voor ten minste 50 procent toebehoorden aan de overledene en/of zijn echtgenoot, en dat deze spontaan in de aangifte van nalatenschap worden vermeld.

Voor het ononderbroken bezit en de berekening van de 50 procent in de drie jaar voorafgaand aan het overlijden wordt tevens rekening gehouden met de activa of de aandelen:
- die in het bezit zijn of waren van ascendenten of descendenten en hun echtgenoten, of van zijverwanten van de overledene tot en met de tweede graad en hun echtgenoten;
- die in het bezit zijn van kinderen van vooroverleden broers en zusters van de overledene.

Indien bij de berekening van de 50 procent rekening wordt gehouden met de activa of de aandelen van de in de vorige lid vermelde familieleden wordt het ononderbroken bezit en de grens van 50 procent beoordeeld voor alle bedoelde familieleden tezamen.

Fusie, splitsing, inbreng van aandelen, of andere verrichtingen in de drie jaar vóór het overlijden, waarbij de betrokkene rechtstreeks of onrechtstreeks aandeelhouder werd of blijft, belet de vrijstelling niet, op voorwaarde dat de betrokkene vóór en na de verrichting aan de voorwaarden voldoet.

Voor aandelen in vennootschappen met een sociaal oogmerk (VSO) geldt de 50 procent eigendomsvoorwaarde niet.]

§ 2. Onder familiale onderneming wordt verstaan: een nijverheids-, handels-, ambachts- of landbouwbedrijf of een vrij beroep, dat door de erflater en/of zijn echtgenoot, al dan niet samen met anderen, persoonlijk wordt geëxploiteerd of uitgeoefend.

§ 3. Onder familiale vennootschap wordt verstaan: de vennootschap met zetel van werkelijke leiding in een van de lidstaten van de [Europese Economische Ruimte], die:
ofwel zelf beantwoordt aan de voorwaarden van §§ 1, 5 en 8;
ofwel, die aandelen en desgevallend vorderingen houdt van dochtervennootschappen die aan deze voorwaarden beantwoorden.

In dit laatste geval wordt de participatievoorwaarde op geconsolideerde basis berekend; de tewerkstellingsvoorwaarde, bedoeld in § 5, wordt echter per vennootschap berekend.

§ 4. [Onder aandelen wordt tevens begrepen:
– maatschappelijke rechten in vennootschappen;
– de certificaten van aandelen, uitgereikt door rechtspersonen met zetel in een van de lidstaten van de Europese Economische Ruimte, ter vertegenwoordiging van aandelen van familiale vennootschappen die aan de gestelde voorwaarden voldoen en waarvan de rechtspersoon de verplichting heeft om de dividenden en andere vermogensvoordelen onmiddellijk en ten laatste binnen de maand door te storten aan de certificaathouder.

Onder vorderingen wordt tevens begrepen: de certificaten van vorderingen, uitgereikt door rechtspersonen met zetel in een van de lidstaten van de Europese

Economische Ruimte, ter vertegenwoordiging van vorderingen op familiale vennootschappen die aan de gestelde voorwaarden voldoen en waarvan de rechtspersoon de verplichting heeft om de intresten en andere vermogensvoordelen onmiddellijk en ten laatste binnen de maand door te storten aan de certificaathouder.]

§ 5. [De vrijstelling wordt slechts toegestaan op voorwaarde dat de onderneming of de vennootschap in de twaalf kwartalen voorafgaand aan het overlijden, minstens 500.000 euro aan loonlasten heeft uitbetaald aan werknemers die in de Europese Economische Ruimte tewerkgesteld zijn.

In afwijking van het eerste lid, wordt, indien de onderneming of de vennootschap in de drie jaren voorafgaand aan het overlijden minder dan 500.000 euro aan loonlasten heeft uitbetaald aan werknemers die in de Europese Economische Ruimte tewerkgesteld zijn, de vrijstelling slechts proportioneel toegepast.

De uitbetaalde loonlasten worden beoordeeld op basis van de aangiften vereist voor de sociale wetgeving, of bij ontstentenis aan dergelijke aangiften, voor de fiscale wetgeving. Onder loonlasten wordt verstaan: het gewone basis- of minimumloon of -salaris en alle overige voordelen in geld of in natura die de werknemer uit hoofde van zijn dienstbetrekking direct of indirect van de werkgever ontvangt, alsmede alle socialezekerheidsbijdragen die op dit loon drukken.

De vrijstelling wordt slechts behouden indien de onderneming [of de vennootschap] in de twintig kwartalen na het overlijden een bedrag minstens gelijk aan 5/3e van de loonlasten, betaald in de twaalf kwartalen vóór het overlijden, heeft uitbetaald. Indien en in de mate dat deze loonlasten, betaald na het overlijden, lager zouden zijn, is de belasting tegen het normale tarief evenredig verschuldigd.

Komen niet in aanmerking loonlasten in verband met werknemers die in hoofdzaak huishoudelijke handarbeid verrichten in verband met de huishouding van de werkgever of van zijn gezin of van een bestuurder, zaakvoerder, vereffenaar of van een persoon met een gelijkaardige functie van de vennootschap.

Komen evenmin in aanmerking loonlasten betaald ten voordele van de erflater zelf, diens echtgenoot, en zijn verwanten in rechte lijn, in de mate waarin deze loonlasten 300.000 euro overtreffen voor wat betreft de periode vóór het overlijden, en 500.000 euro voor wat betreft de periode na het overlijden.

[De in het eerste, tweede en zesde lid vermelde bedragen worden vermenigvuldigd met een coëfficiënt, die wordt verkregen door het gemiddelde van de gezondheidsindexcijfers van hetzij de drie kalenderjaren voorafgaand aan dat waarin het overlijden plaatsheeft, hetzij de vijf kalenderjaren te beginnen met het jaar waarin het overlijden plaatsheeft, te delen door het gezondheidsindexcijfer van de maand december 2007. Met het gezondheidsindexcijfer wordt bedoeld, het indexcijfer zoals bepaald in artikel 2 van het koninklijk besluit van 24 december 1993 ter uitvoering van de wet van 6 januari 1989 tot vrijwaring van 's lands concurrentievermogen, bekrachtigd bij de wet

van 30 maart 1994 houdende sociale bepalingen.]]

[§ 5/1. Voor de overlijdens vanaf 1 november 2007 wordt het in § 5, eerste, tweede en zesde lid vermelde minimum aan loonlasten, die de onderneming of de vennootschap uitbetaalt aan werknemers die in de Europese Economische Ruimte tewerkgesteld zijn, met 100 procent verminderd op voorwaarde dat er minimaal twee kwartalen van de twaalf kwartalen voorafgaand aan het overlijden vallen in de periode van het vierde kwartaal van 2008 tot en met het derde kwartaal van 2011.

[Voor de overlijdens vanaf 1 november 2007 wordt, voor het behoud van de vrijstelling, het in paragraaf 5, vierde en zesde lid, vermelde minimum aan loonlasten, die de onderneming of de vennootschap uitbetaalt aan werknemers die in de Europese Economische Ruimte tewerkgesteld zijn, met 100 procent verminderd op voorwaarde dat er minimaal drie kwartalen van de twintig kwartalen na het overlijden vallen in de periode vanaf het derde kwartaal van 2008.]]

[§ 5/2. Voor de overlijdens vóór 1 november 2007 wordt, voor het behoud van de vrijstelling, het in § 5, vierde lid, zoals van toepassing voor de wijziging door artikel 20 van het decreet van 21 december 2007 houdende bepalingen tot begeleiding van de begroting 2008, vermelde aantal in de Europese Economische Ruimte tewerkgestelde personeelsleden, uitgedrukt in voltijdse eenheden, met 100 procent verminderd op voorwaarde dat de periode van vijf jaar na het overlijden eindigt in of na het laatste kwartaal van het jaar 2008.

In afwijking van § 5, vijfde lid, zoals van toepassing voor de wijziging door artikel 20 van het decreet van 21 december 2007 houdende bepalingen tot begeleiding van de begroting 2008, blijft de vrijstelling voorlopig volledig behouden, tijdens genoemde periode van vijf jaar, indien het voortschrijdende gemiddelde aantal in de Europese Economische Ruimte tewerkgestelde personeelsleden, uitgedrukt in voltijdse eenheden, berekend op het einde van elk van de eerste vier jaar na het overlijden, tenminste gelijk is aan 0 procent van het aantal personeelsleden, uitgedrukt in voltijdse eenheden, op het ogenblik van het overlijden op voorwaarde dat de periode van vijf jaar na het overlijden eindigt in of na het laatste kwartaal van het jaar 2008.]

§ 6. De activa die bijkomend belegd werden in de onderneming in de laatste drie jaar voor het overlijden, komen voor de vrijstelling niet in aanmerking, tenzij de bijkomende belegging van deze activa beantwoordt aan rechtmatige financiële of economische behoeften.

Kapitaalverhogingen of bijkomende leningen, die in de laatste drie jaar voor het overlijden werden volgestort of toegestaan, komen voor de vrijstelling niet in aanmerking, tenzij deze beantwoorden aan rechtmatige financiële of economische behoeften.

§ 7. Indien het belegd vermogen of het kapitaal en de vorderingen bedoeld in § 1 dalen door uitkeringen of terugbetalingen in de vijf jaar na het overlijden wordt het normaal tarief evenredig verschuldigd.

§ 8. *De onderneming of de vennootschap komt slechts voor de vrijstelling in aanmerking voor zover de onderneming of de vennootschap [een jaarrekening opmaakt en in voorkomend geval publiceert overeenkomstig de vigerende boekhoudwetgeving in België op het ogenblik van het overlijden], welke tevens aangewend werd ter verantwoording van de aangifte in de inkomstenbelasting, gedurende een periode van drie jaar voor en vijf jaar na het overlijden.*

Ondernemingen of vennootschappen waarvan de maatschappelijke zetel gelegen is buiten het Vlaamse Gewest moeten [een jaarrekening opmaken en in voorkomend geval publiceren overeenkomstig de vigerende boekhoudwetgeving van de lidstaat waar de maatschappelijke zetel gevestigd is op het ogenblik van het overlijden].

§ 9. *Onder nettowaarde wordt verstaan de waarde van de activa of aandelen verminderd met de schulden, behalve die welke specifiek werden aangegaan om andere goederen te verwerven of te behouden.*

Ingeval een vennootschap overeenkomstig § 3 als een familiale vennootschap wordt beschouwd op grond van het feit dat zij aandelen en desgevallend vorderingen houdt van een of meer dochtervennootschappen die aan de voorwaarden van §§ 1, 5 en 8 beantwoorden, wordt de nettowaarde van de aandelen van en de vorderingen op de vennootschap beperkt tot de som van de waarden van de aandelen van en desgevallend vorderingen op de dochtervennootschappen die aan de voornoemde voorwaarden beantwoorden.

In de mate dat de waarden van de aandelen van en desgevallend vorderingen op deze dochtervennootschappen slechts gedeeltelijk in aanmerking kunnen worden genomen volgens § 5, tweede lid, van dit artikel, wordt de nettowaarde overeenkomstig beperkt.

§ 10. *Op straffe van verval is artikel 60bis slechts toepasselijk voorzover de volgende voorwaarden zijn vervuld:*

1° in de aangifte wordt uitdrukkelijk om de toepassing van artikel 60bis verzocht;

2° het door het Vlaamse Gewest uitgereikte attest waaruit blijkt dat aan de door dit artikel gestelde voorwaarden, op het vlak van tewerkstelling en kapitaal, is voldaan, is bij de aangifte gevoegd.

Indien dit attest niet werd ingediend voordat de rechten opeisbaar zijn, moeten deze, tegen het normale tarief berekend, binnen de wettelijke termijn betaald worden, behoudens teruggave, overeenkomstig het bepaalde in artikel 135, 8°;

3° in de aangifte wordt in een afzonderlijke rubriek vermeld voor welke activa of aandelen de toepassing van artikel 60bis wordt gevraagd.

§ 11. *De erfgenamen die wensen het voordeel te genieten van artikel 60bis richten bij aangetekend schrijven een verzoek tot het bekomen van het in § 10 bedoelde attest aan de Vlaamse regering. Dit verzoek is vergezeld van alle bewijskrachtige gegevens waaruit blijkt dat voldaan is aan die gestelde voorwaarden. De Vlaamse regering bepaalt de nadere voorwaarden en modaliteiten waaronder een attest, bedoeld in § 10, aangevraagd en verstrekt wordt.*

Indien bijkomende rechten verschuldigd worden,

ten gevolge van het niet langer vervullen van de voorwaarden vermeld in dit artikel, dienen de erfgenamen, legatarissen of begiftigden dit te melden bij wijze van aanvullende aangifte, binnen de vijf maanden nadat de verschuldigdheid definitief is komen vast te staan.

Zij die de vrijstelling als bedoeld in dit artikel genoten hebben moeten, na verloop van een termijn van vijf jaar na het overlijden, aantonen dat de voorwaarden gesteld voor het behoud van het voordeel, vervuld zijn.

De Vlaamse regering bepaalt de nadere voorwaarden en modaliteiten met betrekking tot deze meldingsplicht.

Bij niet-naleving van de meldingsplicht zoals bedoeld hiervoor worden de rechten geacht verschuldigd te zijn berekend tegen het gewoon tarief, zonder toepassing van dit artikel.

§ 12. *Het Vlaamse Gewest levert aan de bevoegde ontvanger, in de periode van vijf jaar na het overlijden, een nieuw attest af, elke keer dat de voorwaarden waaronder de vrijstelling werd bekomen wijzigingen ondergaan waardoor de vrijstelling geheel of gedeeltelijk vervalt.]]*

[§ 13. Tegen de beslissing waarbij de aflevering van een attest, als bedoeld in de §§ 10 of 12 van dit artikel, geheel of gedeeltelijk wordt geweigerd, kunnen de aanvragers van het attest bezwaar aantekenen bij de door de Vlaamse Regering gemachtigde ambtenaren van [de Vlaamse Belastingdienst]. Dat gemotiveerd bezwaar moet worden ingediend bij ter post aangetekende brief uiterlijk één maand na de kennisgeving bij ter post aangetekende brief van de administratieve beslissing waarbij de attestaanvraag geheel of gedeeltelijk werd afgewezen.

De bevoegde ambtenaren van [de Vlaamse Belastingdienst] bevestigen bij ter post aangetekende brief en uiterlijk vijf werkdagen na de datum ervan, de ontvangst van het bezwaarschrift aan de indieners en sturen tezelfdertijd, eveneens bij ter post aangetekende brief, een kopie van het bezwaarschrift aan de ontvanger van het kantoor waar de aangifte van nalatenschap moet worden of werd ingediend.

Uiterlijk drie maanden na de in het vorige lid bedoelde datum van de betekening van de ontvangst van het bezwaarschrift, zenden de bevoegde ambtenaren van [de Vlaamse Belastingdienst] bij aangetekende brief hun gemotiveerde beslissing over het bezwaarschrift aan de verzoekers en tezelfdertijd aan de ontvanger van het kantoor waar de aangifte van nalatenschap moet worden of werd ingediend. Bij gebreke van kennisgeving van de gemotiveerde beslissing binnen de gestelde termijn wordt het bezwaarschrift geacht te zijn ingewilligd.]

Ingevoegd bij art. 21 Decr. Vl. Parl. 20 december 1996 (B.S. 31.XII.1996, err. B.S. 11.II.1997) en vervangen bij art. 38 Decr. Vl. Parl. 22 december 1999 (B.S. 30.XII.1999, err. B.S. 11.I.2000);

§ 1 vervangen bij art. 17 Decr. Vl. Parl. 18 december 2009 (B.S. 29.I.2010, ed. 2), van toepassing vanaf 1 januari 2010; § 3, al. 1, inleidende zin gewijzigd bij art. 24, § 1 Decr. Vl. Parl. 21 november 2008 (B.S. 27.I.2009, ed 2);

§ 4 vervangen bij art. 64 Decr. Vl. Parl. 19 december 2003 (B.S. 31.XII.2003);

§ 5 vervangen bij art. 20 Decr. Vl. Parl. 21 december 2007 (B.S. 31.XII.2007, ed. 1);

§ 5, al. 4 gewijzigd bij art. 24, § 2 Decr. Vl. Parl. 21 november 2008 (B.S. 27.I.2009, ed 2);

§ 5, al. 7 vervangen bij art. 24, § 3 Decr. Vl. Parl. 21 november 2008 (B.S. 27.I.2009, ed 2);

§ 5/1 ingevoegd bij art. 18, 1° Decr. Vl. Parl. 18 december 2009 (B.S. 29.I.2010, ed. 2);

§ 5/1, al. 2 vervangen bij art. 81 Decr. Vl. Parl. 23 december 2011 (B.S. 30.XII.2011, ed. 4), van toepassing vanaf 1 april 2011 voor overlijdens tot en met 31 december 2011;

§ 5/2 ingevoegd bij art. 18, 2° Decr. Vl. Parl. 18 december 2009 (B.S. 29.I.2010, ed. 2);

§ 8, al. 1 gewijzigd bij art. 12 Decr. Vl. Parl. 9 juli 2010 (B.S. 28.VII.2010), van toepassing vanaf 28 juli 2010;

§ 8, al. 2 gewijzigd bij art. 13 Decr. Vl. Parl. 9 juli 2010 (B.S. 28.VII.2010), van toepassing vanaf 28 juli 2010;

§ 13 ingevoegd bij art. 10 Decr. Vl. Parl. 23 december 2005 (B.S. 30.XII.2005, ed. 2) en gewijzigd bij art. 5 Decr. Vl. Parl. 16 juni 2006 (B.S. 5.VII.2006, ed. 1).

Opgeheven voor overlijdens vanaf 1 januari 2012 bij art. 80 Decr. Vl. Parl. 23 december 2011 (B.S. 30.XII.2011, ed. 4), van toepassing vanaf 1 januari 2012.

Overgangsbepaling: – Voor de overlijdens die plaatsvinden in de periode vanaf 1 april 2009 tot 29 januari 2010 wordt de vormelijke voorwaarde in § 10, 1° en 3° tijdelijk buiten toepassing verklaard.
(Decr. Vl. Parl. 18 december 2009, art. 18, 3°, B.S. 29.I.2010, ed. 2)

[Afdeling 3

Bijzondere bepalingen voor het verkrijgen van ondernemingen en vennootschappen]

Opschrift ingevoegd bij art. 82 Decr. Vl. Parl. 23 december 2011 (B.S. 30.XII.2011, ed. 4), van toepassing vanaf 1 januari 2012.

Uitvoering: – Zie B. Vl. Reg. 2 maart 2012 (B.S. 14.III.2012).

[Art. 60/1. § 1. In afwijking van artikel 48 wordt het successierecht en het recht van overgang bij overlijden verminderd tot 3 % voor een verkrijging in rechte lijn en tussen echtgenoten of samenwonenden en tot 7 % voor een verkrijging tussen andere personen voor:

1° de nettowaarde van de verkrijging van de volle eigendom, de naakte eigendom of het vruchtgebruik van de activa die door de erflater of zijn echtgenoot of samenwonende beroepsmatig zijn geïnvesteerd in een familiale onderneming.

Deze vermindering is niet van toepassing op de verkrijging van onroerende goederen die hoofdzakelijk tot bewoning worden aangewend of zijn bestemd;

2° de nettowaarde van de verkrijging van de volle eigendom, het vruchtgebruik of de naakte eigendom van aandelen van een familiale vennootschap met ze-

tel van werkelijke leiding in een van de lidstaten van de Europese Economische Ruimte, op voorwaarde dat de aandelen van de vennootschap op het ogenblik van het overlijden voor ten minste 50 % in volle eigendom toebehoren aan de erflater en/of zijn familie.

In afwijking van het vorige lid, dienen de aandelen van de vennootschap op het ogenblik van overlijden minstens voor 30 % in volle eigendom toe te behoren aan de erflater en/of zijn familie indien hij:

- hetzij gezamenlijk met één andere aandeelhouder en zijn familie volle eigenaar is van minstens 70 % van de aandelen van de vennootschap;

- hetzij gezamenlijk met twee andere aandeelhouders en hun familie volle eigenaar is van minstens 90 % van de aandelen van de vennootschap.

§ 2. Voor de toepassing van deze afdeling wordt verstaan onder:

1° familiale onderneming: een nijverheids-, handels-, ambachts-, of landbouwbedrijf of een vrij beroep, dat door de erflater en/of zijn echtgenoot of samenwonende, al dan niet samen met anderen, persoonlijk wordt geëxploiteerd en uitgeoefend;

2° familiale vennootschap: een vennootschap die de uitoefening van een nijverheids-, handels-, ambachts- of landbouwactiviteit, of van een vrij beroep tot doel heeft.

Indien de vennootschap aan het voorgaande niet beantwoordt, maar minstens 30 % van de aandelen houdt van minstens één directe dochtervennootschap die aan deze voorwaarde beantwoordt en die haar zetel van werkelijke leiding heeft in een van de lidstaten van de Europese Economische Ruimte, wordt zij tevens beschouwd als een familiale vennootschap.

Vennootschappen die geen reële economische activiteit hebben, worden uitgesloten van de vermindering vermeld in paragraaf 1. Een vennootschap wordt geacht geen reële economische activiteit te hebben indien uit de balansposten van ofwel de jaarrekening in geval van een vennootschap bedoeld onder paragraaf 2, punt 2°, eerste lid, ofwel de geconsolideerde jaarrekening in geval van een vennootschap bedoeld onder paragraaf 2, punt 2°, tweede lid, van minstens een van de drie boekjaren voorafgaand aan de datum van overlijden van de erflater cumulatief blijkt:

- dat de bezoldigingen, sociale lasten en pensioenen een percentage gelijk of lager dan 1,50 % uitmaken van de totale activa;

en

- de terreinen en gebouwen meer dan 50 % uitmaken van het totale actief.

De verkrijger kan het tegenbewijs hiervan leveren;

3° aandelen:

- elk deelbewijs met stemrecht dat een deel van het maatschappelijk kapitaal vertegenwoordigt;

- de certificaten van aandelen, uitgereikt door rechtspersonen met een zetel in een van de lidstaten van de Europese Economische Ruimte, ter vertegenwoordiging van aandelen van familiale vennootschappen die aan de gestelde voorwaarden voldoen en waarvan de rechtspersoon de verplichting heeft om de dividenden en andere vermogensvoordelen onmiddellijk en ten laatste binnen de maand door te storten aan de certificaathouder;

4° samenwonende:

1° de persoon die op de dag van overlijden van de erflater, overeenkomstig de bepalingen van boek III, titel Vbis, van het Burgerlijk Wetboek met de erflater wettelijk samenwoont;

2° de persoon of de personen die op de dag van overlijden van de erflater ten minste drie jaar ononderbroken met de erflater samenwonen en er een gemeenschappelijke huishouding mee voeren. Deze voorwaarden worden geacht ook vervuld te zijn indien het samenwonen en het voeren van een gemeenschappelijke huishouding met de erflater aansluitend op de bedoelde periode van drie jaar tot op de dag van overlijden van de erflater, ingevolge overmacht, onmogelijk is geworden. Een uittreksel uit het bevolkingsregister houdt een weerlegbaar vermoeden in van ononderbroken samenwoning en van het voeren van een gemeenschappelijke huishouding;

5° familie van de erflater of de aandeelhouder, waarvan sprake in paragraaf 1, punt 2°:

a) de echtgenoot of samenwonende van de erflater of aandeelhouder;

b) de verwanten in rechte lijn van de erflater of aandeelhouder alsook hun echtgenoten of samenwonenden;

c) zijverwanten van de erflater of aandeelhouder tot en met de tweede graad en hun echtgenoten of samenwonenden;

d) kinderen van vooroverleden broers en zusters van de erflater of aandeelhouder.

§ 3. Onder nettowaarde wordt verstaan de waarde van de activa of aandelen verminderd met de schulden, behalve dewelke specifiek werden aangegaan om andere goederen te verwerven of te behouden.

Ingeval een vennootschap overeenkomstig paragraaf 2, punt 2°, tweede lid, als een familiale vennootschap wordt beschouwd, wordt de toepassing van het verlaagd tarief beperkt tot de waarden van de aandelen van de vennootschap in de dochtervennootschappen die de uitoefening van een nijverheids-, handels-, ambachts- of landbouwactiviteit, of van een vrij beroep tot doel en die hun zetel van werkelijke leiding in een van de lidstaten van de Europese Economische Ruimte hebben.]

Ingevoegd bij art. 82 Decr. Vl. Parl. 23 december 2011 (B.S. 30.XII.2011, ed. 4), van toepassing vanaf 1 januari 2012.

[Art. 60/2. Artikel 60/1 is slechts toepasselijk voor zover de volgende voorwaarden cumulatief zijn vervuld:

1° in de aangifte dienen de verkrijgers te bevestigen dat zij aanspraak wensen te maken op de vermindering waarvan sprake in artikel 60/1 en dat de voorwaarden van dit artikel vervuld zijn;

2° bij de aangifte wordt een origineel attest gevoegd dat is uitgereikt door de door de Vlaamse Regering gemachtigde ambtenaren van de Vlaamse Belastingdienst en waaruit blijkt dat aan de voorwaarden vermeld in artikel 60/1 is voldaan. Indien dit attest niet wordt ingediend voordat de rechten opeisbaar zijn,

moeten deze rechten, tegen het normale tarief berekend, binnen de wettelijke termijn betaald worden, onverminderd de toepassing van artikel 135, 8°, van het Wetboek der successierechten.]

Ingevoegd bij art. 82 Decr. Vl. Parl. 23 december 2011 (B.S. 30.XII.2011, ed. 4), van toepassing vanaf 1 januari 2012.

[Art. 60/3. De bij artikel 60/1, § 1, 1°, bepaalde vermindering wordt alleen behouden, mits aan volgende cumulatief te vervullen voorwaarden is voldaan:

1° indien de activiteit van de familiale onderneming zonder onderbreking wordt voortgezet gedurende drie jaar te rekenen van de datum van het overlijden van de erflater;

2° indien en in de mate dat de onroerende goederen die met toepassing van de vermindering werden overgedragen, niet hoofdzakelijk tot bewoning aangewend of bestemd worden gedurende een periode van drie jaar te rekenen van de datum van het overlijden van de erflater.

De bij artikel 60/1, § 1, 2°, bepaalde vermindering wordt alleen behouden, mits aan volgende cumulatief te vervullen voorwaarden is voldaan:

1° indien de familiale vennootschap gedurende drie jaar te rekenen van de datum van het overlijden van de erflater blijft voldoen aan de voorwaarden gesteld in artikel 60/1, § 2, 2°;

2° indien de activiteit van de familiale vennootschap zonder onderbreking wordt voortgezet gedurende drie jaar te rekenen van de datum van overlijden van de erflater en er voor elk van de drie jaren een jaarrekening of geconsolideerde jaarrekening wordt opgemaakt en in voorkomend geval wordt gepubliceerd overeenkomstig de vigerende boekhoudwetgeving van de lidstaat waar de maatschappelijke zetel gevestigd is op het ogenblik van het overlijden, welke tevens aangewend werd ter verantwoording van de aangifte in de inkomstenbelasting.

Ondernemingen of vennootschappen waarvan de maatschappelijke zetel gelegen is buiten het Vlaamse Gewest, maar binnen België moeten een jaarrekening of geconsolideerde jaarrekening opmaken en in voorkomend geval publiceren overeenkomstig de vigerende boekhoudwetgeving in België op het ogenblik van het overlijden;

3° indien het kapitaal gedurende de drie jaar te rekenen van de datum van het overlijden van de erflater niet daalt door uitkeringen of terugbetalingen;

Indien het kapitaal daalt door uitkeringen of terugbetalingen in de drie jaar na de datum van het overlijden van de erflater wordt evenredig het normaal tarief verschuldigd;

4° indien de zetel van werkelijke leiding van de vennootschap niet wordt overgebracht naar een staat die geen lid is van de Europese Economische Ruimte gedurende drie jaar te rekenen van de datum van het overlijden van de erflater.]

Ingevoegd bij art. 82 Decr. Vl. Parl. 23 december 2011 (B.S. 30.XII.2011, ed. 4), van toepassing vanaf 1 januari 2012.

[Art. 60/4. § 1. De verkrijgers die het voordeel van artikel 60/1 wensen te genieten, richten bij schrijven een verzoek tot de door de Vlaamse Regering gemachtigde ambtenaren van de Vlaamse Belastingdienst tot het bekomen van het in artikel 60/2, 2°, bedoelde attest. Dit verzoek is vergezeld van alle bewijskrachtige gegevens waaruit blijkt dat voldaan is aan de gestelde voorwaarden. De Vlaamse Regering bepaalt de nadere voorwaarden en modaliteiten waaronder een attest, bedoeld in artikel 60/2, 2°, aangevraagd en verstrekt wordt.

§ 2. De door de Vlaamse Regering gemachtigde ambtenaren van de Vlaamse Belastingdienst leveren aan de bevoegde ontvanger een nieuw attest af wanneer zij kennis krijgen of vaststellen dat aan de voorwaarden voor het behoud van de vermindering niet meer is voldaan.]

Ingevoegd bij art. 82 Decr. Vl. Parl. 23 december 2011 (B.S. 30.XII.2011, ed. 4), van toepassing vanaf 1 januari 2012.

[Art. 60/5. § 1. Na verloop van een termijn van drie jaar na de datum van het overlijden van de erflater controleren de door de Vlaamse Regering gemachtigde ambtenaren van de Vlaamse Belastingdienst of de voorwaarden, gesteld voor het behoud van de vermindering, vervuld zijn.

Bij niet-vervulling van de voorwaarden zoals bedoeld in het vorige lid, worden de rechten geacht verschuldigd te zijn berekend tegen het gewoon tarief, zonder toepassing van de vermindering.

§ 2. Indien gewone rechten verschuldigd worden doordat de voorwaarden, gesteld tot behoud van de vermindering, niet langer vervuld zijn, kunnen de verkrijgers dit melden bij de door de Vlaamse Regering gemachtigde ambtenaren van de Vlaamse Belastingdienst. De Vlaamse Regering bepaalt de nadere voorwaarden en modaliteiten aangaande deze melding.

Bij niet-vervulling van de voorwaarden zoals bedoeld in het vorige lid, worden de rechten geacht verschuldigd te zijn berekend tegen het gewoon tarief, zonder toepassing van de vermindering.]

Ingevoegd bij art. 82 Decr. Vl. Parl. 23 december 2011 (B.S. 30.XII.2011, ed. 4), van toepassing vanaf 1 januari 2012.

[Art. 60/6. De door de Vlaamse Regering gemachtigde ambtenaren van de Vlaamse Belastingdienst kunnen, zonder verplaatsing, aan de verkrijgers de nodige inlichtingen, evenals inzage vragen van de nodige stukken, teneinde te kunnen controleren of aan de voorwaarden, gesteld in deze afdeling, is voldaan.

Indien de inlichtingen of stukken waarvan sprake in het eerste lid niet worden meegedeeld binnen een termijn van twee maanden te rekenen van de derde werkdag volgend op de datum van verzending van het verzoek, vervalt het recht op de vermindering waarvan sprake in deze afdeling.

Indien de vermindering overeenkomstig het tweede lid vervalt, worden de rechten geacht verschuldigd te zijn berekend tegen het evenredig tarief, zonder toepassing van de vermindering.]

Ingevoegd bij art. 82 Decr. Vl. Parl. 23 december 2011 (B.S. 30.XII.2011, ed. 4), van toepassing vanaf 1 januari 2012.

[Art. 60/7. § 1. Tegen de beslissing waarbij de aflevering van een attest, als bedoeld in artikel 60/4, § 1, wordt geweigerd, of een attest als bedoeld in artikel 60/4, § 2, wordt afgeleverd, kunnen de verkrijgers bezwaar aantekenen bij de door de Vlaamse Regering gemachtigde ambtenaren van de Vlaamse Belastingdienst. Dat gemotiveerd bezwaar moet worden ingediend per brief uiterlijk drie maanden te rekenen van de derde werkdag volgend op de datum van verzending van de administratieve beslissing waarbij de attestaanvraag werd afgewezen of waarbij mededeling wordt gedaan van het verval van de vrijstelling wegens het niet voldoen aan de voorwaarden voor behoud ervan.

De door de Vlaamse Regering gemachtigde ambtenaren van de Vlaamse Belastingdienst bevestigen per brief de ontvangst van het bezwaarschrift aan de indieners en sturen tezelfdertijd, eveneens per brief, een kopie van het bezwaarschrift aan de ontvanger van het kantoor waar de aangifte van nalatenschap moet worden of werd ingediend.

Uiterlijk vier maanden na de in het vorige lid bedoelde datum van ontvangst van het bezwaarschrift, zenden de door de Vlaamse Regering gemachtigde ambtenaren van de Vlaamse Belastingdienst per brief hun gemotiveerde beslissing over het bezwaarschrift aan de verzoekers en tezelfdertijd aan de ontvanger van het kantoor waar de aangifte van nalatenschap moet worden of werd ingediend. Bij gebreke aan kennisgeving van de gemotiveerde beslissing binnen de gestelde termijn wordt het bezwaarschrift geacht te zijn ingewilligd.]

Ingevoegd bij art. 82 Decr. Vl. Parl. 23 december 2011 (B.S. 30.XII.2011, ed. 4), van toepassing vanaf 1 januari 2012.

HOOFDSTUK VIII

VEREVENING VAN DE RECHTEN

Afdeling 1

Algemene regelen

Art. 61. Het toe te passen tarief is dit van kracht ten dage van het overlijden.

Art. 62. [Het bedrag der verevende rechten wordt, desvoorkomend, [tot de hogere cent] afgerond.]

Het bedrag der aldus verevende rechten wordt, desvoorkomend, [tot de hogere cent] afgerond.

Al. 1 vervangen bij art. 6 W. 20 januari 1999 (B.S. 13.II.1999) en gewijzigd bij art. 12, 2° K.B. 13 juli 2001 (B.S. 11. VIII.2001, err. B.S. 21.XII.2001);
Al. 2 gewijzigd bij art. 12, 2° K.B. 13 juli 2001 (B.S. 11. VIII.2001, err. B.S. 21.XII.2001).
Opmerking: – Na vervanging van het eerste lid van artikel 62, door artikel 6 van de wet van 20 januari 1999 (B.S. 13.

II.1999), is de tekst van het eerste lid van artikel 62 gelijk aan de tekst van het tweede lid van artikel 62.

Art. 63. [...]

Opgeheven bij art. 7 W. 20 januari 1999 (B.S. 13.II.1999).

Art. 64. Voor de verevening van het successie-recht, wordt beschouwd als legaat de verbintenis die, in een testament of andere beschikking ter zake des doods, opgelegd wordt door de overledene aan zijn erfgenaam, legataris of begiftigde om aan een met naam aangeduide derde een kapitaal of een rente te geven die in natura in de erfenis niet bestaat en in geld of in vervangbare zaken betaalbaar is.

Kan niet beschouwd worden als legaat, de verbintenis om iets te doen opgelegd aan een erfgenaam, legataris of begiftigde ten bate van een ander en, inzonderheid, de last opgelegd aan de erfgenamen, legatarissen of begiftigden om de rechten en kosten verbonden aan een aan een andere persoon gedaan legaat te dragen.

Art. 65. In geval van legaat van een som of van legaat van een periodieke rente of pensioen, wordt het bedrag van de gelegateerde som of het kapitaal waarop het successierecht naar rato van bedoelde rente of pensioen dient geheven, afgetrokken, voor de verevening van de rechten, van het zuiver bedrag, van hetgeen verkregen wordt door de erfgenaam, legataris of begiftigde die het legaat der som of de rente moet uitbetalen.

Art. 66. Wanneer een erfgenaam, legataris of begiftigde het vruchtgebruik of de blote eigendom verkrijgt van een goed waarvan de volle eigendom van de erfenis afhangt, of wanneer hij een door de overledene gevestigde periodieke rente of pensioen ontvangt, wordt de belastbare grondslag overeenkomstig de bij artikel 21, 22 en 23 voorgeschreven regelen bepaald.

Wanneer de door de overledene gevestigde rente of prestatie voor een onbepaalde tijd op het hoofd van een rechtspersoon wordt aangelegd, bedraagt de belastbare grondslag twintig maal het jaarlijks bedrag.

Is die rente of prestatie voor een bepaalde tijd gevestigd, zo is de belastbare grondslag de som welke de kapitalisatie op de datum van het overlijden ad 4 t. h. van de jaarlijkse rente of prestatie vertegenwoordigt, zonder dat deze som twintig maal de rente of prestatie mag te boven gaan.

Dezelfde regelen zijn van toepassing zo het gaat om een op het hoofd van een rechtspersoon gevestigd vruchtgebruik, met dien verstande dat als grondslag van raming de jaarlijkse opbrengst van de goederen dient genomen zoals in artikel 21, nummer VI, is gezegd.

Zo de lijfrente of levenslange prestatie of zo het vruchtgebruik ten bate van twee of meer natuurlijke personen achtereenvolgens of gezamenlijk met beding van aanwas is gevestigd, wordt de belastbare grondslag, voor de heffing van het op het ogenblik van de gebeurtenis vorderbaar recht, volgens de leeftijd van de genieter bij deze gebeurtenis bepaald.

[Art. 66bis. Zo er schenkingen onder levenden bedoeld in artikel 42, nummer VIIIbis, bestaan, wordt de basis waarop het registratierecht werd of dient geheven uit hoofde van die schenkingen, gevoegd bij het erfelijk emolument der belanghebbenden om het op dit emolument toepasselijk progressief recht van successie of van overgang bij overlijden te bepalen.]

[[Het in het eerste lid bepaalde geldt niet voor:
– schenkingen van percelen grond die volgens de stedenbouwkundige voorschriften bestemd zijn voor woningbouw en waarop het in artikel 140nonies, sub a), van het Wetboek der registratie-, hypotheek- en griffierechten bepaalde evenredig recht werd geheven;
– schenkingen van roerende goederen waarop het in artikel 131, § 2, van hetzelfde Wetboek bepaalde evenredig recht werd geheven;
– [schenkingen van ondernemingen waarop het in artikel 140bis van hetzelfde wetboek bepaalde evenredig recht werd geheven of waarvoor vanaf 1 januari 2012 de in artikel 140bis van hetzelfde wetboek bepaalde vrijstelling werd toegepast].]]

Ingevoegd bij art. 17 K.B. nr. 9, 3 juli 1939 (B.S. 5.VII.1939); Al. 2 ingevoegd bij art. 64 Decr. Vl. Parl. 20 december 2002 (B.S. 31.XII.2002) en vervangen bij art. 65 Decr. Vl. Parl. 19 december 2003 (B.S. 31.XII.2003); Al. 2, derde streepje vervangen bij art. 83 Decr. Vl. Parl. 23 december 2011 (B.S. 30.XII.2011, ed. 4), van toepassing vanaf 1 januari 2012.

Afdeling 2

Bijzondere regelen

Art. 67. Voor het verrekenen van de rechten van successie en van overgang bij overlijden, komt niet in aanmerking hetgeen in vruchtgebruik of als levenslange of periodieke rente of pensioen wordt verkregen, indien de verkrijger binnen de zes maanden na het afsterven van de overledene sterft.

Art. 68. In geval van verwerping van een intestaataandeel, van een uiterste wilsbeschikking, of van een contractuele erfstelling, mag het recht, verschuldigd door de personen die daarvan het voordeel genieten, niet lager zijn dan het recht, dat de verwerper had moeten betalen.

De verwerping door een erfopvolger bij plaatsvervulling van zijn ouder, betreffende een nalatenschap opengevallen ten behoeve van laatst bedoelde, mag de Staat geen nadeel aanbrengen.

Art. 69. In geval van verwerping der gemeenschap door de erfgenamen der vrouw mag het door de overlevende echtgenoot verschuldigd recht niet lager zijn dan het recht dat de erfgenamen hadden moeten betalen.

HOOFDSTUK IX

BETALING DER RECHTEN EN BOETEN

Afdeling 1

Verplichting

Art. 70. De erfgenamen, legatarissen en begiftigden zijn tegenover de Staat aansprakelijk voor de rechten van successie of van overgang bij overlijden en voor de interesten, ieder voor het door hem verkregene.

Bovendien zijn de erfgenamen, algemene legatarissen en begiftigden in de nalatenschap van een Rijksinwoner samen aansprakelijk, ieder in verhouding van zijn erfdeel, voor de gezamenlijke rechten en interesten verschuldigd door de legatarissen en begiftigden onder algemene titel of onder bijzondere titel. Deze regel is niet van toepassing op de rechten en interesten verschuldigd op de in artikel 37 voorziene nieuwe aangiften, wanneer het op hen niet berust deze aangiften in te leveren.

Art. 71. Ieder persoon door wiens toedoen een overtreding gepleegd werd, is persoonlijk aansprakelijk voor de wegens deze overtreding verschuldigde boete.

Wordt door verscheidene personen een overtreding gepleegd, die tot een met het recht evenredige boete aanleiding geeft, zo is ieder der overtreders voor deze boete aansprakelijk voor zover hij tot betaling van het recht kan worden gedwongen.

Art. 72. [De met erfstelling bezwaarde erfgenaam die de in nummer 6 van artikel 37 voorgeschreven aangifte niet inlevert, en de personen die werden veroordeeld als daders of medeplichtigen van misdrijven bedoeld in de artikelen 133 en 133bis, zijn met de belastingplichtingen hoofdelijk aansprakelijk voor de betaling van de door het feit van de inbreuk ontdoken rechten en, desvoorkomend, van de interesten en belastingboeten.]

Vervangen bij art. 15 W. 10 februari 1981 (B.S. 14.II.1981).

Art. 73. Het aanvaarden onder voorrecht van boedelbeschrijving van een nalatenschap ontheft de erfgenamen van geen der bij dit wetboek voorgeschreven verplichtingen.

[De beheerder, voor de vereffening van de nalatenschap aangesteld zoals bepaald in de artikelen 803bis, 804 en 810bis van het Burgerlijk Wetboek, is eveneens tot deze verplichting gehouden.]

Al. 2 ingevoegd bij art. 3-131 W. 10 oktober 1967 (B.S. 31.X.1967).

Art. 74. De vertegenwoordigers der erfgenamen, legatarissen en begiftigden, de curators van onbeheerde nalatenschappen, de sequesters, de testamentuitvoerders en alle anderen die tot opdracht hebben of de last op zich genomen hebben de aangifte in te leveren, zijn tegenover de Staat aansprakelijk voor de rechten van successie of van overgang bij overlijden, voor de interesten en de boeten, voor zoveel het van hen heeft afgehangen in de nakoming van de wet te voorzien.

Afdeling 2

Bijdrage

Art. 75. In zover er geen andersluidende beschikkingen bestaan, worden de rechten van successie en van overgang bij overlijden gedragen door de erfgenamen, legatarissen en begiftigden, ieder voor datgeen wat door hem verkregen wordt.

Art. 76. Onverminderd 's Rijks rechten, hebben de legatarissen van levenslange of periodieke renten en pensioenen het vermogen te eisen dat het te hunnen laste verevend successierecht voorgeschoten wordt door de rentepliche erfgenamen, legatarissen of begiftigden in zover dit recht de middelen van de renteheffer overtreft; in dit geval, zo het recht door de erflater niet ten laste van de erfgenamen, legatarissen of begiftigden werd gelegd, wordt achtereenvolgens van de rente- en pensioentermijnen afgehouden een gedeelte van het terug te geven kapitaal, bepaald door het aantal jaren gedurende dewelke, voor de heffing der belasting, de prestatie vermoed werd verstrekt te moeten zijn; bij dit gedeelte moeten de naar de in burgerlijke zaken geldende rentevoet berekende interesten worden gevoegd.

Afdeling 3

Termijn van betaling

Art. 77. De betaling van de rechten van successie en van overgang bij overlijden, zomede van de verschuldigde boeten, geschiedt binnen de twee maanden na de dag waarop de bij artikel 40 gestelde termijn verstreken is. [Valt de laatste dag van de termijn op een sluitingsdag van de kantoren, dan wordt deze termijn verlengd tot de eerste openingsdag der kantoren die volgt op het verstrijken van de termijn.]

[De [directeur-generaal van de belasting over de toegevoegde waarde, registratie en domeinen] kan, indien de erfgoederen voor het uitoefenen van een beroepswerkzaamheid worden gebruikt of wanneer zij niet voor een onmiddellijke tegeldemaking vatbaar zijn zonder aan de belastingplichtigen een aanzienlijk nadeel te berokkenen, deze, tegen waarborg, toelaten hun schuld bij gedeeltelijke betalingen te voldoen binnen een tijdsbestek dat vijf jaren, te rekenen vanaf de datum van het overlijden of van de tot de belasting aanleiding gevende gebeurtenis niet mag overschrijden, binnen een tijdsbestek dat drie jaren, te rekenen van de datum van het overlijden of van de tot de belasting aanleiding gevende gebeurtenis, niet mag overschrijden.]

Al. 1 aangevuld bij art. 4 W. 11 juli 1960 (B.S. 20.VII.1960);
Al. 2 vervangen bij art. 31 W. 22 december 1977 (B.S. 24.XII.1977) en gewijzigd bij art. 240 W. 22 december 1989 (B.S. 29.XII.1989).

Art. 78. [In geval van achtereenvolgende overgangen door overlijden van een onder opschortende voorwaarde verkregen goed of van een door de derde bezeten doch door de nalatenschap teruggeëist goed, is de belasting verschuldigd, onder de voorwaarden bepaald bij de artikelen 25, 37 en 40, alleenlijk wegens de jongste overgang.]

Indien de achtereenvolgende overgangen tot voorwerp hebben een betwist goed in het bezit van de overledene of een goed toebehorend aan evendoelde onder ontbindende voorwaarde, is de belasting onmiddellijk opvorderbaar bij elk overlijden, behoudens eventuele teruggaaf van de verscheidene geïnde rechten.

Al. 1 vervangen bij art. 12 K.B. nr. 12, 18 april 1967 (B.S. 20.IV.1967).

Art. 79. De erfgenaam, legataris of begiftigde die een goed in blote eigendom uit de nalatenschap van een Rijksinwoner verkrijgt, mag de betaling van het wegens dit goed verschuldigde successierecht uitstellen totdat het vruchtgebruik door het afsterven van de vruchtgebruiker of door het verstrijken van de termijn te niet gaat, mits, op zijn kosten, een voldoende waarborg te stellen.

In dit geval, moet de belanghebbende zich ertoe verbinden, als belasting, boven het recht verevend op de waarde van de blote eigendom ten dage van het openvallen van de nalatenschap, een forfaitaire som te betalen gelijk aan de jaarlijkse interest van dit recht, vermenigvuldigd met het aantal jaren dat tot grondslag gediend heeft voor de berekening van de waarde van het vruchtgebruik, zulks overeenkomstig artikel 21; de rentevoet van de in aanmerking te nemen interest is die vastgesteld in burgerlijke zaken ten dage van het overlijden.

Art. 80. Wanneer een legaat ten behoeve van een [rechtspersoon met statutaire zetel, hoofdbestuur of hoofdvestiging op het grondgebied van een lidstaat van de Europese Economische Ruimte] aan een machtiging of aan een goedkeuring van de overheid onderworpen is, wordt, op schriftelijke aanvraag van bedoelde persoon, de invordering van de te zijnen laste verevende belasting, zomede van de interesten en de boeten, geschorst tot het einde der twee maanden, die de verstrijking van de termijn voorzien in artikel 40, 3° alinea, volgen.

[Wanneer, overeenkomstig artikel 83³, kunstwerken ter betaling worden aangeboden, wordt de invordering van de rechten waarvan de betaling door middel van die kunstwerken wordt aangeboden, geschorst tot het einde der twee maanden na de dag waarop het aanbod is geweigerd of na de dag van de slechts gedeeltelijke aanvaarding, hetzij qua goederen, hetzij qua waarde.]

Al. 1 gewijzigd bij art. 2 W. 10 november 2004 (B.S. 30. XI.2004, ed. 2);
Al. 2 ingevoegd bij art. 12 W. 1 augustus 1985 (B.S. 6. VIII.1985).

Afdeling 4

Moratoire interest

Art. 81. Indien het recht niet betaald wordt binnen de onder de eerste alinea van artikel 77 voorziene termijn, is de wettelijke interest, tegen de rentevoet bepaald in burgerlijke zaken, van rechtswege verschuldigd te rekenen van het verstrijken van bedoelde termijn.

De rechtspersoon, die de onder artikel 80 [eerste lid,] voorziene schorsing genoten heeft, moet de interest betalen alsof hij die schorsing niet genoten had.

[Over de rechten waarvan de invordering met toepassing van artikel 80, tweede lid, wordt geschorst, is de interest slechts verschuldigd in de mate waarin de rechten niet door de inbetalinggeving worden voldaan.]

Al. 2 gewijzigd bij art. 13, 1° W. 1 augustus 1985 (B.S. 6.VIII.1985);
Al. 3 ingevoegd bij art. 13, 2° W. 1 augustus 1985 (B.S. 6. VIII.1985).

Art. 82. [...]
[Voor de berekening van de interest wordt iedere maand voor dertig dagen aangerekend.]

De interest wordt berekend per vijftien dagen; iedere breuk van vijftien dagen wordt verwaarloosd.

Hij wordt [tot de hogere cent] afgerond.

Geen interest wordt gevorderd indien de voor rechten te betalen som lager is dan [5 EUR].

De gedeeltelijke betalingen mogen, met de instemming van het bestuur, vooreerst op het kapitaal toegerekend worden.

Al. 1 opgeheven bij art. 8, 1° W. 20 januari 1999 (B.S. 13. II.1999);
Al. 2 vervangen bij art. 8, 2° W. 20 januari 1999 (B.S. 13. II.1999);
Al. 4 gewijzigd bij art. 12, 3° K.B. 13 juli 2001 (B.S. 11. VIII.2001, err. B.S. 21.XII.2001);
Al. 5 gewijzigd bij art. 11 K.B. 13 juli 2001 (B.S. 11.VIII.2001, err. B.S. 21.XII.2001).

[Afdeling 5

Wijzen van betaling]

Opschrift vervangen bij art. 42, al. 1 W. 23 december 1958 (B.S. 7.I.1959).

Art. 83[1]. De obligatiën aan toonder en de inschrijvingen op naam van de geünificeerde 4 pct. schuld die door een erfgenaam, legataris of begiftigde verkregen worden uit de nalatenschap van een Rijksinwoner, worden aangenomen voor het bedrag van hun nominale waarde, vermeerderd met het pro rata van de opgelopen interest, ter betaling der rechten en, desvoorkomend, der interesten verschuldigd door bedoelde erfgenaam, legataris of begiftigde, uit hoofde van de nalatenschap.

Behoudens het geval van overmacht, moet dit vermogen uitgeoefend worden uiterlijk binnen de vijftien dagen te rekenen van de wettelijke vervaldag der rechten.

Het is afhankelijk gesteld van de voorwaarde dat belanghebbenden door alle middelen van gemeen recht, uitgezonderd de eed, bewijzen dat de in betaling aangeboden waarden uit de nalatenschap van de overledene door hen werden verkregen.

Voor de berekening van het interestprorata opgelopen op de tot betaling aangeboden titels, wordt iedere maand voor dertig dagen gerekend; de interest wordt per vijftien dagen gerekend; alle breuk van vijftien dagen wordt verwaarloosd.

Hernummerd bij art. 42, al. 2 W. 23 december 1958 (B.S. 7.I.1959).

[**Art. 83**[2]. Onverminderd artikel 83[1], kan bij koninklijk besluit worden voorgeschreven dat de betaling van de successierechten, rechten van overgang bij overlijden, boeten en interesten moet geschieden door storting of overschrijving op de postcheckrekening van het met de invordering belast kantoor.]

Ingevoegd bij art. 42, al. 2 W. 23 december 1958 (B.S. 7.I.1959).

[**Art. 83**[3]. [Iedere erfgenaam, legataris of begiftigde kan, mits hij daartoe civielrechtelijk bevoegd is, verzoeken de uit hoofde van een nalatenschap invorderbare rechten geheel of ten dele te voldoen door de afgifte van kunstwerken waarvan de minister van Financiën, op eensluidend advies van de in artikel 83[4] bedoelde bijzondere commissie, erkent dat zij tot het roerend cultureel erfgoed van het land behoren of dat zij internationale faam genieten.

Om ter betaling te kunnen worden aangeboden, moeten de kunstwerken in hun geheel deel uitmaken van de nalatenschap of op de dag van het overlijden in hun geheel toebehoren aan de overledene en/of aan zijn overlevende echtgenoot of aan de erfgenamen, legatarissen of begiftigden.

Deze uitzonderlijke betalingswijze is afhankelijk van de [formele] aanvaarding van het aanbod door de minister van Financiën.

[Het met de rechten begunstigde gewest, vermeldt door zijn vertegenwoordiger in de speciale Commissie en vóór het overzenden van het advies van de commissie aan de Minister van Financiën, dat het de betaling door middel van de aangeboden kunstwerken verkiest en vermeldt in voorkomend geval de aan te nemen werken. In dit geval zal het betreffende gewest geacht worden, zodra de werken formeel ter betaling aangenomen werden door de Minister van Financiën, de verschuldigde successierechten ontvangen te hebben, tot beloop van de waarde van de aangenomen

werken.

Ingeval het gewest de betaling in kunstwerken slechts verkiest voor een deel van de aangeboden werken, betekent de voorzitter van de Commissie dit aan de aanvrager(s). Deze heeft (hebben) één maand te rekenen van de betekening om aan de voorzitter mee te delen of hij (zij) zijn (hun) aanbod van afgifte intrekt (ken) of aanpast (sen).

Ingeval het gewest de betaling door middel van kunstwerken weigert, betekent de voorzitter van de Commissie aan de aanvrager(s) de verwerping van het aanbod van de afgifte.]

De ter betaling aangeboden kunstwerken worden, ongeacht of zij al dan niet deel uitmaken van de nalatenschap, geschat door de in artikel 83[4] bedoelde bijzondere commissie en worden geacht te worden aangeboden tegen de waarde die bij de voorafgaande schatting werd vastgesteld. Maakt het kunstwerk deel uit van de nalatenschap, dan wordt de waarde die is vastgesteld bij deze voorafgaande schatting daarenboven in aanmerking genomen voor de heffing van de successierechten. De kosten verbonden aan deze schatting worden voorgeschoten door de verzoekers. Ze worden door de Staat gedragen wanneer de minister van Financiën de inbetalinggeving geheel of ten dele aanvaardt.

De erfgenamen, legatarissen of begiftigden dienen de schattingsaanvraag in bij een ter post aangetekende brief bij de voorzitter van de in artikel 83[4] bedoelde bijzondere commissie. Deze aanvraag wordt terzelfder tijd bij een ter post aangetekende brief betekend aan de ontvanger van het bureau waar de aangifte moet worden ingediend.

Het bewijs dat de ter betaling aangeboden goederen in hun geheel tot de nalatenschap behoren of in hun geheel toebehoren aan de overledene en/of zijn overlevende echtgenoot of aan de erfgenamen, legatarissen of begiftigden, kan worden geleverd door alle wettelijke middelen, met inbegrip van getuigenissen en vermoedens, maar met uitsluiting van de eed.

Aanvullende regels betreffende de inbetalinggeving worden vastgelegd bij koninklijk besluit.]]

Ingevoegd bij art. 14 W. 1 augustus 1985 (B.S. 6.VIII.1985) en vervangen bij art. 2 W. 21 juni 2001 (B.S. 5.VII.2001);
Al. 3 gewijzigd bij art. 48, 1° Progr. W. 11 juli 2005 (B.S. 12.VII.2005, ed. 2);
Al. 4-6 ingevoegd bij art. 48, 2° Progr. W. 11 juli 2005 (B.S. 12.VII.2005, ed. 2).

[**Art. 83**[4]. De in artikel 83[3] bedoelde bijzondere commissie heeft tot taak de minister van Financiën een bindend advies te geven over:

1° de vraag of de ter betaling aangeboden kunstwerken tot het roerend cultureel erfgoed van het land behoren of internationaal befaamd zijn;

2° de ontvankelijkheid van het aanbod tot inbetalinggeving;

3° de geldwaarde van de aangeboden kunstwerken.

De bijzondere commissie is samengesteld uit:

1° drie ambtenaren van het ministerie van Financiën;

2° drie leden voorgedragen door de gemeenschapsregeringen;

3° vier leden, respectievelijk vertegenwoordigers van de Koninklijke Musea voor Schone Kunsten van België, de Koninklijke Musea voor Kunst en Geschiedenis, het Koninklijk Belgisch Instituut voor Natuurwetenschappen en het Koninklijk Museum voor Midden-Afrika, voorgedragen door de Wetenschappelijke Raad van ieder van die vier federale wetenschappelijke instellingen;

[4° drie leden voorgedragen door de gewestregeringen.]

De leden van de bijzondere commissie worden door de minister van Financiën benoemd.

De organisatie en de werkwijze van de bijzondere commissie worden door de minister van Financiën vastgesteld.]

Ingevoegd bij art. 3 W. 21 juni 2001 (B.S. 5.VII.2001); Al. 2, 4° ingevoegd bij art. 49 Progr. W. 11 juli 2005 (B.S. 12.VII.2005, ed. 2).

HOOFDSTUK X

WAARBORGEN VAN DE STAAT

Afdeling 1

Zakelijke zekerheden

Art. 84. Om de invordering van het successierecht te waarborgen, wordt, ten bate van de Staat, op al de nagelaten goederen een algemeen voorrecht gesteld, onmiddellijk rang nemende na deze vermeld onder artikelen 19 en 20 der wet van 16 december 1851 en onder artikel 23 van boek II van het Wetboek van koophandel.

Bovendien, wordt de invordering der rechten van successie en van overgang bij overlijden gewaarborgd door een wettelijke hypotheek op al de voor hypotheek vatbare goederen door de overledene in het Rijk nagelaten.

Deze waarborgen dekken insgelijks de interesten, alsmede de kosten van vervolging en van geding.

Art. 85. Het voorrecht op de meubelen vervalt met achttien maanden na de dag van het overlijden, indien vóór bedoeld tijdperk, de ontvanger geen gerechtelijke vervolgingen aangevangen heeft.

Art. 86. De wettelijke hypotheek kan aan derden, zonder inschrijving, tegengeworpen worden gedurende een termijn van achttien maanden te rekenen van de datum van het overlijden.

Zij behoudt haar uitwerking met ingang van dezelfde datum indien de inschrijving vóór het verstrijken van voormelde termijn gevorderd wordt.

Na het verstrijken van die termijn, neemt zij slechts rang te rekenen van de dag van de inschrijving.

Art. 87. De hypotheek wordt op aanzoek van de ontvanger ingeschreven.

De inschrijving heeft plaats, niettegenstaande verzet, betwisting of beroep, krachtens hetzij een dwangbevel, dagvaarding, aanvraag om schatting of alle andere vervolgingsakte, hetzij een gerechtelijke beslissing waarbij het bedrag van de schuldvordering van de Staat is bepaald. Wanneer het geheel of een gedeelte van de belasting of van de bijhorigheden niet bepaald is, wordt de inschrijving voor de door de ontvanger in het borderel te begroten som gevorderd.

Onverminderd de toepassing van artikel 87 der wet van 16 december 1851, mag de inschrijving worden gevorderd voor een door de ontvanger te begroten som welke al de interesten vertegenwoordigt welke vóór de kwijting van de belasting mochten verschuldigd zijn.

Bij ontstentenis van een der akten of beslissingen waarvan sprake in de tweede alinea van onderhavig artikel, heeft de inschrijving slechts plaats tegen de op verzoek gegeven toelating vanwege de vrederechter van het kanton waarin het ontvangstkantoor ligt. In dergelijk geval, bepaalt het bevel de bezwaarde goederen en de som ten belope waarvan de inschrijving mag genomen worden.

In het geval van artikel 94, mag de ontvanger zowel vóór als na de invorderbaarheid van de rechten inschrijving vorderen op zicht van het bevel van de vrederechter houdende bepaling van het bedrag van de borgtocht.

Art. 88. Wanneer de inschrijving binnen de achttien maanden na het overlijden wordt gevorderd, wordt ze onder de naam van de overledene genomen, zonder dat de erfgenamen, legatarissen of begiftigden in het borderel dienen nader bepaald. In dit geval, wordt de overledene zoveel mogelijk door zijn voornamen, datums en plaatsen van zijn geboorte en van zijn overlijden aangeduid.

Art. 89. De ontvanger geeft handlichting van de inschrijving, in de administratieve vorm, zonder dat hij ertoe gehouden weze, tegenover de hypotheekbewaarder, de verantwoording te verstrekken van de betaling der verschuldigde sommen.

Art. 90. Wanneer, binnen de achttien maanden na het openvallen der nalatenschap, een derde te goeder trouw een goed der erfenis, een zakelijk recht, een hypotheek, een pand of een inpandgeving op zulk goed ten bezwarenden titel verkregen heeft nadat de ingeleverde aangifte definitief geworden is, hetzij door het verstrijken van de termijn van inlevering, hetzij ingevolge de verzaking der aangevers aan het recht van verbetering, kunnen het voorrecht en de wettelijke hypotheek niet deze derde tegengeworpen worden ter invordering van alle supplement van rechten en bijhorigheden.

Deze bepaling is evenwel niet toepasselijk indien, vóór de verkrijging, een verbeterende aangifte ingediend werd of een gerechtelijke vervolging door de ontvanger ingespannen werd wegens de invordering van bijrechten en van de bijhorigheden, of indien een inschrijving ten bate van de Staat reeds uit die hoofde genomen werd.

De erfgenamen, legatarissen en begiftigden, zomede de openbare ambtenaren ermede belast de goederen van de erfenis te verkopen of te hypothekeren, zijn, tegen betaling van een door de Minister van Financiën vast te stellen retributie, ertoe gerechtigd van de ontvanger een attest te vorderen, dat vermelding houdt van de wegens de ingeleverde aangiften verschuldigde sommen, zomede van die waaromtrent vervolgingen ingespannen zijn.

Dit attest dient binnen de maand der aanvraag per aangetekende brief verstrekt.

Art. 91. Zo de belanghebbenden, alvorens de rechten van successie of van overgang bij overlijden gekweten te hebben, de gezamenlijke bezwaarde goederen of een deel ervan van de hypotheek willen bevrijden, vragen zij dit aan de [gewestelijke directeur van de belasting over de toegevoegde waarde, registratie en domeinen] binnen wiens ambtsgebied het kantoor van heffing gelegen is. Deze aanvraag wordt aangenomen zo de Staat voor het verschuldigd bedrag reeds voldoende zekerheid heeft of zo deze hem gegeven wordt.

Gewijzigd bij art. 240 W. 22 december 1989 (B.S. 29. XII.1989).

Art. 92. Door het recht van voorrecht en van wettelijke hypotheek werden de vroeger door derden verkregen rechten niet benadeeld.

Art. 93. De kosten der hypothecaire formaliteiten betreffende de wettelijke hypotheek komen, in alle geval, ten laste van de Staat.

Afdeling 2

[Buiten de Europese Economische Ruimte wonende erfgenaam]

Opschrift vervangen bij art. 64 W. 14 april 2011 (B.S. 6.V.2011, ed. 1).

Art. 94. Onverminderd de zekerheid waarvan sprake in artikel 84, is alle [buiten de Europese Economische Ruimte] wonende persoon, die erfgenaam, legataris of begiftigde is in de nalatenschap van roerende goederen van een Rijksinwoner, ertoe verplicht borg te stellen voor de betaling van het successierecht, van de interesten, boeten en kosten waartoe hij tegenover de Staat mocht gehouden zijn.

[Na de erfgenaam en de aangestelde van het bestuur te hebben gehoord, wordt het bedrag van de borgstelling vastgesteld door de vrederechter van de laatste fiscale woonplaats die, overeenkomstig artikel 38, 1°, eerste lid, het kantoor bepaalt waar de aangifte van successie van de overledene moet worden ingediend.] De zegels mogen niet gelicht worden en geen openbare ambtenaar mag de goederen der nala-

tenschap verkopen, noch er de akte van kaveling van opmaken, vóór de aflevering van een getuigschrift van de ontvanger, ten blijke dat [de buiten de Europese Economische Ruimte wonende erfgenaam] zich naar deze bepaling gedragen heeft, op straf van alle kosten en schadevergoedingen.

Dit getuigschrift wordt gevoegd bij het procesverbaal der verkoping van de roerende goederen of bij de akte van kaveling.

De [gewestelijke directeur van de belasting over de toegevoegde waarde, registratie en domeinen] mag de erfgenaam die [buiten de Europese Economische Ruimte] woont er van ontslaan de borgstelling te verstrekken.

Al. 1 gewijzigd bij art. 65, 1° W. 14 april 2011 (B.S. 6.V.2011, ed. 1);
Al. 2 gewijzigd bij art. 2 W. 17 april 2002 (B.S. 3.V.2002) en bij art. 65, 2° W. 14 april 2011 (B.S. 6.V.2011, ed. 1);
Al. 4 gewijzigd bij art. 240 W. 22 december 1989 (B.S. 29. XII.1989) en bij art. 65, 3° W. 14 april 2011 (B.S. 6.V.2011, ed. 1).

Art. 95. [De inschrijvingen, effecten, op naam of aan toonder, sommen, waarden, gesloten koffers, omslagen en colli's, waarvan sprake in artikelen 96 tot 99, mogen het voorwerp niet uitmaken van een conversie, een overdracht, een teruggave of een betaling, indien zij geheel of gedeeltelijk toekomen aan een erfgenaam, legataris, begiftigde of andere rechthebbende die [buiten de Europese Economische Ruimte] woont, voordat de door artikel 94 voorgeschreven waarborg is gesteld.

Zo, in de gevallen voorzien in artikel 101, onder de rechthebbenden één of meer personen zijn die [buiten de Europese Economische Ruimte] wonen, mag de verhuurder van de brandkast of de notaris die de door gezegd artikel voorgeschreven lijst of inventaris heeft opgemaakt, de inbezitneming door de rechthebbenden van de in de kast liggende zaken niet toestaan voordat de door artikel 94 opgelegde waarborg wordt gesteld.]

[In afwijking van het eerste lid en alvorens de door artikel 94 voorgeschreven waarborg is gesteld, mag de schuldenaar van deposito's op een gemeenschappelijke of onverdeelde zicht- of spaarrekening waarvan de overledene of de langstlevende echtgenoot houder of medehouder is of waarvan de langstlevende wettelijk samenwonende medehouder is, overeenkomstig de bij artikel 1240ter van het Burgerlijk Wetboek bepaalde nadere regels een bedrag ter beschikking stellen dat de helft van de beschikbare creditsaldi noch 5.000 euro overschrijdt.

Het in het derde lid bedoelde bedrag wordt uitbetaald onverminderd de betaling van de in de artikelen 19 en 20 van de hypotheekwet van 16 december 1851 vermelde bevoorrechte kosten.]

Vervangen bij art. 1 Besl. W. 4 mei 1940 (B.S. 8.V.1940);
Al. 1 en 2 gewijzigd bij art. 66, 1° en 2° W. 14 april 2011 (B.S. 6.V.2011, ed. 1);
Al. 3 en 4 ingevoegd bij art. 3 W. 28 juni 2009 (B.S. 21. VIII.2009, ed. 2).

HOOFDSTUK XI

[AAN DERDEN OPGELEGDE VERPLICHTINGEN TENEINDE DE JUISTE HEFFING DER INGEVOLGE HET OVERLIJDEN VAN RIJKSINWONERS VERSCHULDIGDE SUCCESSIERECHTEN TE VERZEKEREN]

Opschrift vervangen bij art. 2 Besl. W. 4 mei 1940 (B.S. 8.V.1940).

Art. 96. [De besturen en de openbare instellingen [, de stichtingen van openbaar nut en de private stichtingen, alle verenigingen] of vennootschappen die in België hun voornaamste instelling, een bijhuis of een om 't even welke zetel van verrichtingen hebben, mogen, na het overlijden van een Rijksinwoner die titularis van een inschrijving of effect op naam is, de overdracht, de overgang, de conversie of de betaling daarvan slechts bewerkstelligen, na de daartoe aangestelde ambtenaar van [de administratie van de belasting over de toegevoegde waarde, registratie en domeinen] bericht te hebben gegeven van het bestaan van de inschrijving of het effect op naam waarvan de overledene eigenaar is.

Wanneer de titularis van een inschrijving of effect op naam de overdracht, de overgang, de conversie of de betaling daarvan aanzoekt na het overlijden van zijn echtgenoot, moet hij dit overlijden ter kennis der betrokken inrichting brengen, en deze mag het aanzoek slechts inwilligen na de bevoegde ambtenaar bericht te hebben gegeven van het bestaan van de inschrijving of het effect waarvan de aanzoeker titularis was op de dag van het overlijden van zijn echtgenoot.

Indien de betrokken inrichting, na het overlijden van de echtgenoot van de titularis van een inschrijving of effect op naam en in de onwetendheid van dit overlijden, een overdracht, overgang, conversie of betaling heeft bewerkstelligd, is zij er toe gehouden, zodra zij kennis heeft van dit overlijden, de bevoegde ambtenaar bericht te geven van het bestaan van de inschrijving of het effect op de overlijdensdag.

Deze beschikking is eveneens toepasselijk indien er een overdracht, overgang, conversie of betaling plaats gegrepen heeft op verzoek van de lasthebber of wettelijke vertegenwoordiger van de titularis der inschrijving, na het overlijden en in de onwetendheid van het overlijden van de lastgever of van de onbekwame. In deze onderstellingen moet de lasthebber of de wettelijke vertegenwoordiger aan de betrokken inrichting, die er alsdan toe gehouden is de in vorige alinea bedoelde kennisgeving aan de bevoegde ambtenaar over te maken.]

Vervangen bij art. 3 Besl. W. 4 mei 1940 (B.S. 8.V.1940);
Al. 1 gewijzigd bij art. 240 W. 22 december 1989 (B.S. 29.XII.1989) en bij art. 45 W. 2 mei 2002 (B.S. 11.XII.2002).

Art. 97. [De besturen en de openbare instellingen [, de stichtingen van openbaar nut en de private stichtingen, alle verenigingen] of vennootschappen die in België hun voornaamste instelling, een bijhuis of een om 't even welke zetel van verrichtingen hebben, de bankiers, de wisselagenten, [de wisselagentcorrespondenten,] de zaakwaarnemers en de openbare of ministeriële ambtenaren die houders of schuldenaars zijn, uit welke hoofde ook, van effecten, sommen of waarden welke toekomen aan een erfgenaam, legataris, begiftigde of andere rechthebbende ingevolge het overlijden van een Rijksinwoner, mogen de teruggaaf, de betaling of de overdracht daarvan slechts doen na de echt en deugdelijk verklaarde lijst der effecten, sommen of waarden aan de daartoe aangewezen ambtenaar van [de administratie van de belasting over de toegevoegde waarde, registratie en domeinen] te hebben afgegeven.

[Het eerste lid is van toepassing op de sommen, renten of waarden, die na het overlijden worden verkregen ingevolge een contract bevattende een door de overledene gemaakt beding.]]

[De bepalingen van artikel 96, tweede, derde en vierde lid, zijn van toepassing op de teruggaaf, betaling of overdracht van de in dit artikel bedoelde effecten, sommen, renten of waarden.]

[In afwijking van het eerste lid en alvorens de hierin bedoelde lijst wordt afgegeven mag de schuldenaar van deposito's op een gemeenschappelijke of onverdeelde zicht- of spaarrekening waarvan de overledene of de langstlevende echtgenoot houder of medehouder is of waarvan de langstlevende wettelijk samenwonende medehouder is, overeenkomstig de bij artikel 1240ter van het Burgerlijk Wetboek bepaalde nadere regels een bedrag ter beschikking stellen dat de helft van de beschikbare creditsaldi noch 5.000 euro overschrijdt.

Het in het vierde lid bedoelde bedrag wordt uitbetaald onverminderd de betaling van de in de artikelen 19 en 20 van de hypotheekwet van 16 december 1851 vermelde bevoorrechte kosten.]

Vervangen bij art. 3 Besl. W. 4 mei 1940 (B.S. 8.V.1940);
Al. 1 gewijzigd bij art. 28 W. 13 augustus 1947 (B.S. 17. IX.1947), bij art. 240 W. 22 december 1989 (B.S. 29.XII.1989) en bij art. 46 W. 2 mei 2002 (B.S. 11.XII.2002);
Al. 2 vervangen en al. 3 ingevoegd bij art. 13 K.B. nr. 12, 18 april 1967 (B.S. 20.IV.1967);
Al. 4 en 5 ingevoegd bij art. 4 W. 28 juni 2009 (B.S. 21. VIII.2009, ed. 2).

Art. 98. [Wanneer het voorwerpen geldt die in een gesloten koffer, omslag of colli aan een der in artikel 97 bedoelde houders toevertrouwd werden, mogen, na het overlijden van de deponent of van dezes echtgenoot, de koffer, de omslag of het colli aan de rechthebbenden slechts teruggegeven of op hun naam overgedragen worden na in tegenwoordigheid van de houder te zijn geopend, opdat deze de bij hetzelfde artikel voorgeschreven lijst zou kunnen opmaken.

De tweede alinea van artikel 96 wordt toepasselijk gemaakt op de hiervóór bedoelde koffers, omslagen en colli's.

Indien de lasthebber van de deponent of de wettelijke vertegenwoordiger van een onbekwame, na de dood van de lastgever of van de onbekwame en in de onwetendheid daarvan, zaken heeft teruggenomen die aan de houder in een gesloten koffer, omslag of colli werden toevertrouwd, ofwel de koffer, omslag of colli op naam van een derde heeft doen overdragen, dan is de lasthebber of de wettelijke vertegenwoordiger gehouden, zodra het overlijden van de lastgever of van de onbekwame hem bekend is, een overeenkomstig artikel 97 opgemaakte lijst van de in de koffer, omslag of colli vervatte zaken aan de bevoegde ambtenaar af te geven.

De door de houder overeenkomstig onderhavig artikel op te maken lijst mag worden vervangen door een getrouwe en nauwkeurige inventaris van de effecten, sommen, waarden of welke voorwerpen ook, die zich in de koffer, omslag of colli bevinden, inventaris opgemaakt door een notaris in de vormen bepaald [door de artikelen 1175 tot 1184 van het Gerechtelijk Wetboek]. De houder is niet verplicht bij het opmaken van de inventaris aanwezig te zijn.

Een ambtenaar van [de administratie van de belasting over de toegevoegde waarde, registratie en domeinen] mag in elk geval aanwezig zijn bij het opmaken hetzij van de lijst, hetzij van de inventaris voorzien in voorgaande alinea. Daartoe is de houder, die de lijst moet opmaken, of met de inventaris belaste notaris verplicht de daartoe aangewezen ambtenaar kennis te geven van plaats, dag en uur waarop die verrichting zal gebeuren. De kennisgeving moet geschieden bij aangetekende brief; met het opmaken van de lijst of de inventaris mag men niet beginnen vóór de [vijfde dag] na die waarop de brief van kennisgeving ter post werd besteld.]

Vervangen bij art. 3 Besl. W. 4 mei 1940 (B.S. 8.V.1940);
Al. 4 gewijzigd bij art. 75 W. 15 juli 1970 (B.S. 30.VIII.1970);
Al. 5 gewijzigd bij art. 5 W. 11 juli 1960 (B.S. 20.VII.1960) en
bij art. 240 W. 22 december 1989 (B.S. 29.XII.1989).

Art. 99. [Zo in de door artikel 97 en 98 voorziene gevallen de gehouden zaken of de verschuldigde sommen volgens de overeenkomst mogen teruggegeven, betaald of overgedragen worden op order van een medebelanghebbende, is de houder of de schuldenaar verplicht:

1° een schriftelijk bewijs te bewaren van de gedane teruggaven, betalingen of overdrachten, met aanduiding van de datum er van;

2° zodra het overlijden van een der medebelanghebbenden of van de echtgenoot van een hunner hem bekend is:

a) overeenkomstig artikel 97 aan de bevoegde ambtenaar de lijst af te geven van de ten dage van het overlijden verschuldigde of gehouden sommen, effecten, waarden of voorwerpen;

b) de teruggave of de overdracht der gesloten koffers, omslagen of colli's waarvan hij houder is te weigeren alvorens aan de bevoegde ambtenaar de lijst der daarin vervatte voorwerpen te hebben afgegeven.

Elke medebelanghebbende die, na het overlijden van zijn echtgenoot, na het overlijden van een zijner medebelanghebbenden of dezes echtgenoot, de teruggave der gehouden voorwerpen, de betaling der ver-

schuldigde sommen of de overdracht van het deposito of van de schuldvordering vraagt, moet vooraf het overlijden ter kennis van de houder of van de schuldenaar brengen.

Indien, na het overlijden van een der medebelanghebbenden of van dezes echtgenoot en in de onwetendheid van dit overlijden, een hunner een terugneming gedaan, een betaling ontvangen of een overdracht doen uitvoeren heeft, moet hij, zodra hij kennis heeft van het overlijden:

a) daarvan bericht geven aan de houder of aan de schuldenaar, die van dat ogenblik af verplicht is aan de bevoegde ambtenaar de lijst van de ten dage van het overlijden verschuldigde of gehouden sommen, effecten, waarden of voorwerpen af te geven;

b) een overeenkomstig artikel 97 opgemaakte lijst van de in de gesloten koffer, omslag of colli vervatte zaken aan de bevoegde ambtenaar afgeven.

De bepalingen van de laatste twee alinea's van artikel 98 zijn van toepassing wat betreft de aan de houder in een gesloten koffer, omslag of colli toevertrouwde zaken.]

Vervangen bij art. 3 Besl. W. 4 mei 1940 (B.S. 8.V.1940).

Art. 100. [De besturen en de openbare instellingen [, de stichtingen van openbaar nut en de private stichtingen], alle verenigingen] of vennootschappen die in België hun voornaamste instelling, een bijhuis of een om 't even welke zetel van verrichtingen hebben, de bankiers, de wisselagenten, [de wisselagentcorrespondenten,] de zaakwaarnemers en de openbare of ministeriële ambtenaren moeten aan de ambtenaren van [de administratie van de belasting over de toegevoegde waarde, registratie en domeinen], met gebeurlijke rechtvaardiging van hun gelijkvormigheid en zonder verplaatsing, alle inlichtingen verschaffen welke dezen nodig achten om de juiste heffing der successierechten te verzekeren.

Deze inlichtingen mogen slaan op al de verrichtingen die gedaan werden, hetzij door de overledene, hetzij door zijn echtgenoot, zijn opvolger of door een derde persoon vóór of na het openvallen van de nalatenschap, en die van aard zouden zijn invloed op de heffing der belasting uit te oefenen.

Voormelde inlichtingen mogen slechts worden gevraagd krachtens een bijzondere machtiging van de [directeur-generaal van de belasting over de toegevoegde waarde, registratie en domeinen], behelzende de aanduiding van de overleden persoon; bovendien, zo het onderzoek betrekking heeft op feiten die meer dan drie jaar vóór het openvallen der nalatenschap gebeurd zijn ofwel op om 't even welke door een ander persoon dan de overledene of dezes echtgenoot gedane verrichtingen, moet bedoelde machtiging de feiten die het voorwerp van de opzoeking uitmaken nauwkeurig bepalen.]

Vervangen bij art. 3 Besl. W. 4 mei 1940 (B.S. 8.V.1940);
Al. 1 gewijzigd bij art. 28 W. 13 augustus 1947 (B.S. 17.
IX.1947), bij art. 240 W. 22 december 1989 (B.S. 29.XII.1989)
en bij art. 47 W. 2 mei 2002 (B.S. 11.XII.2002);

Al. 3 gewijzigd bij art. 240 W. 22 december 1989 (B.S. 29.XII.1989).

Art. 101. [Geen brandkast, in huur gehouden bij een persoon of bij een vereniging, gemeenschap of vennootschap die gewoonlijk brandkasten verhuurt, mag, na het overlijden van de huurder of van zijn echtgenoot, van een der medehuurders of van zijn echtgenoot, worden geopend tenzij in tegenwoordigheid van de verhuurder die er toe gehouden is, vóór de inbezitneming door de rechthebbenden, de echt en deugdelijk verklaarde lijst van alle in de kast berustende effecten, sommen, waarden en hoe ook genaamde voorwerpen op te maken en ze aan de daartoe aangewezen ambtenaar van [de administratie van de belasting over de toegevoegde waarde, registratie en domeinen] af te geven. Deze lijst moet de effecten, sommen, waarden en hoe ook genaamde voorwerpen vermelden die zouden geborgen zijn in gesloten omslagen, colli's, dozen en koffertjes, welke zich in de brandkast bevinden.

De laatste twee alinea's van artikel 98 worden toepasselijk gemaakt.

Elke persoon die de brandkast wil openen of doen openen na het overlijden van de huurder of van dezes echtgenoot, van een der medehuurders of van dezes echtgenoot, moet vooraf het overlijden ter kennis van de huurder brengen.

Elke persoon die na het overlijden in de onwetendheid daarvan zaken heeft teruggenomen, welke in de brandkast voorhanden waren, is gehouden, zodra het overlijden hem bekend is, een overeenkomstig de eerste alinea van onderhavig artikel opgemaakte lijst der ten dage van de terugneming in de kast berustende zaken aan de bevoegde ambtenaar af te geven.]

Vervangen bij art. 3 Besl. W. 4 mei 1940 (B.S. 8.V.1940);
Al. 1 gewijzigd bij art. 240 W. 22 december 1989 (B.S. 29.XII.1989).

Art. 102[1]. [De in artikel 97 aangeduide personen die houders zijn van gesloten koffers, omslagen of colli's en de verhuurders van brandkasten moeten:

1° een register houden, waarin worden ingeschreven in alfabetische orde: de personen die de beschikking hebben over gesloten koffers, omslagen of colli's; de huurders van brandkasten; desgevallend de echtgenoot van elk dezer personen.

De inschrijving bevat:

a) naam, voornamen of firma, en domicilie of zetel;

b) nummer of kenteken van de gesloten koffers, omslagen of colli's of van de brandkasten;

2° een ander register houden, waarin de lasthebber of de medehuurder die toegang vraagt tot de gesloten koffer, omslag of colli of tot de brandkast bij elk verzoek zijn handtekening moet plaatsen.

In dit register worden ingeschreven naar volgorde van de datum, zonder wit vak of tussenruimte:

a) dag en uur van het bezoek;

b) nummer of kenteken waarover het gaat in 1°, litt. b, hierboven;

c) naam, voornamen en domicilie van de ondertekenaar;

3° door middel van een gedagtekend en ondertekend geschrift vaststellen of doen vaststellen:

a) de ontvangst van een gesloten koffer, omslag of colli of de terbeschikkingstelling van een brandkast;

b) het recht voor een lasthebber of vertegenwoordiger toegang te hebben tot de gesloten koffer, omslag of colli, of tot de brandkast;

c) de terugnemingen en overdrachten van de gesloten koffers, omslagen of colli's; de overdrachten en verzakingen met betrekking tot de brandkasten. Melding van deze verrichtingen en van hun datum moet worden gemaakt in margine van de overeenstemmende inschrijving in het in 1° van onderhavig artikel voorziene register;

4° de in onderhavig artikel voorziene registers en geschriften bewaren gedurende minstens vijf jaar, te rekenen vanaf hun sluiting voor de registers, vanaf het einde van het contract voor de in 3°, litt. a en b, bedoelde geschriften en vanaf hun datum voor deze welke in 3°, litt. c, bedoeld zijn;

5° gezegde registers en geschriften zonder verplaatsing mededelen aan de aangestelden van [de administratie van de belasting over de toegevoegde waarde, registratie en domeinen].

Alvorens hun werkzaamheden aan te vangen moeten de verhuurders van brandkasten daarenboven de daartoe aangewezen ambtenaar, bij een in dubbel opgesteld geschrift, bericht geven van het feit dat zij brandkasten verhuren en de plaats nauwkeurig aanduiden waar de kasten zich bevinden.]

Vervangen bij art. 3 Besl. W. 4 mei 1940 (B.S. 8.V.1940);
Al. 1, 5° gewijzigd bij art. 240 W. 22 december 1989 (B.S. 29.XII.1989).

[Art. 102[2]. Voor de toepassing van onderhavig wetboek wordt met een verhuurder van brandkasten gelijkgesteld, elke persoon die in een onroerend goed dat hij betrekt de bewaking van meerdere brandkasten op zich neemt waarover derden te welken titel ook de beschikking hebben.

Wordt met hetzelfde doel gelijkgesteld met een huurder van een brandkast, elke Rijksinwoner die het recht bezit voor zichzelf gebruik te maken van een brandkast welke zich bevindt bij de verhuurder in de zin van vorige alinea.

Elke Rijksinwoner wordt geacht huurder te zijn van de brandkast(en) waartoe hij te welken titel ook toegang heeft, wanneer de verhuring werd toegestaan aan een rechtspersoon die geen zetel van verrichtingen in België bezit.

Worden als brandkasten aangezien, de kamers, galerijen en andere veiligheidsinrichtingen.

De brandkasten of inrichtingen met eigen afzonderlijk slot, die zich in een veiligheidskamer of galerij bevinden, dienen als afzonderlijke brandkasten beschouwd.]

Ingevoegd bij art. 3 Besl. W. 4 mei 1940 (B.S. 8.V.1940).

[**Art. 102**[3]. Elke rechtspersoon die een zetel van verrichtingen in België bezit en huurder is van een brandkast welke hij ter private beschikking van een Rijksinwoner stelt, moet binnen de vijftien dagen bij aangetekende brief bericht geven van het feit aan de verhuurder en aan de daartoe aangewezen ambtenaar van [de administratie van de belasting over de toegevoegde waarde, registratie en domeinen].

De persoon die de beschikking heeft over de kast wordt geacht huurder te zijn.]

Ingevoegd bij art. 3 Besl. W. 4 mei 1940 (B.S. 8.V.1940); Al. 1 gewijzigd bij art. 240 W. 22 december 1989 (B.S. 29.XII.1989).

Art. 103[1]. [De beroepsverzekeraars die in België hun voornaamste instelling, een bijhuis, een vertegenwoordiger of een om 't even welke zetel van verrichtingen hebben, zijn er toe gehouden, binnen de maand na de dag waarop zij kennis hebben van het overlijden van een persoon of van de echtgenoot van een persoon, met wie zij een der verzekeringscontracten hebben afgesloten waarover het gaat in artikel 46, aan de daartoe aangewezen ambtenaar bericht te geven van het bestaan van het contract dat werd afgesloten hetzij met de overledene, hetzij met dezes echtgenoot, met aanduiding van:

1° naam of firma en domicilie van de verzekeraar;

2° naam, voornamen en domicilie van de verzekerde, alsook de datum van zijn overlijden of van het overlijden van zijn echtgenoot;

3° datum, nummer en duur van de van kracht zijnde polis of polissen en de waarde waarvoor de voorwerpen verzekerd zijn;

4° in geval van meerdere verzekeraars, op nauwkeurige wijze, de verscheidene medeverzekeraars.]

Vervangen bij art. 14 K.B. nr. 12, 18 april 1967 (B.S. 20. IV.1967).

[**Art. 103**[2]. Het in artikelen 96 tot 103[1] gebruikt woord "echtgenoot" bedoelt niet de uit de echt of van tafel en bed gescheiden echtgenoot.]

Ingevoegd bij art. 3 Besl. W. 4 mei 1940 (B.S. 8.V.1940).

Art. 104. De Koning neemt de nodige maatregelen opdat de gemeentebesturen bericht geven van de overlijdens aan de ontvangers der successierechten, en hun aanduiden, in zover bedoelde besturen ervan kennis hebben, of de overleden personen al dan niet roerende of onroerende goederen bezaten.

[HOOFDSTUK XIbis

AAN ALLE BELASTINGEN GEMENE BEPALINGEN]

Opschrift ingevoegd bij art. 158 Progr. W. 23 december 2009 (B.S. 30.XII.2009, ed. 1).

[**Art. 104/1.** Alle administraties die ressorteren onder de Federale Overheidsdienst Financiën zijn gehou-

den alle in hun bezit zijnde toereikende, ter zake dienende en niet overmatige inlichtingen ter beschikking te stellen aan alle ambtenaren van deze Overheidsdienst, voorzover die ambtenaren regelmatig belast zijn met de vestiging of de invordering van de belastingen, en voorzover die gegevens bijdragen tot de vervulling van de opdracht van die ambtenaren tot de vestiging of de invordering van eender welke door de Staat geheven belasting.

Elke ambtenaar van de Federale Overheidsdienst Financiën, die regelmatig werd belast met een controle- of onderzoeksopdracht, is van rechtswege gemachtigd alle toereikende, ter zake dienende en niet overmatige inlichtingen te vragen, op te zoeken of in te zamelen die bijdragen tot de vestiging of de invordering van eender welke, andere, door de Staat geheven belasting.

Elke inlichting, stuk, proces-verbaal of akte, in het uitoefenen van zijn functie ontdekt of bekomen door een ambtenaar van de Federale Overheidsdienst Financiën of van een fiscaal rijksbestuur, hetzij rechtstreeks, hetzij door tussenkomst van een bestuursdienst van de Staat, met inbegrip van de parketten en de griffies der hoven en rechtbanken, de besturen van de Gemeenschappen en de Gewesten van de Belgische Staat, de provinciën, de agglomeraties en de gemeenten, evenals de openbare instellingen of inrichtingen, kan door de Staat worden ingeroepen voor het opsporen van elke krachtens de belastingwetten verschuldigde som.

Onder openbare instellingen of inrichtingen worden verstaan de instellingen, maatschappijen, verenigingen, inrichtingen en diensten welke de Staat, een Gemeenschap of een Gewest mede beheert, waaraan de Staat, een Gemeenschap of een Gewest een waarborg verstrekt, op de werkzaamheden waarvan de Staat, een Gemeenschap of een Gewest toezicht uitoefent of waarvan het bestuurspersoneel wordt aangewezen door de federale regering of een Gemeenschaps- of Gewestregering, op haar voordracht of mits haar goedkeuring.]

Ingevoegd bij art. 158 Progr. W. 23 december 2009 (B.S. 30.XII.2009, ed. 1).

HOOFDSTUK XII

BEWIJSMIDDELEN

Afdeling 1

Bewijsmiddelen van gemeen recht

Art. 105. [Behoudens de bewijs- en controlemiddelen speciaal voorzien door onderhavig wetboek, wordt het bestuur ertoe gemachtigd, volgens de regelen en door alle middelen van gemeen recht, met inbegrip van getuigen en vermoedens, maar met uitzondering van de eed, en, bovendien, door de processenverbaal van zijn agenten, elke overtreding van de beschikkingen van onderhavig wetboek vast te stellen en om het even welk feit te bewijzen dat de opvorderbaarheid van een recht of een boete laat blijken of er toe bijdraagt deze opvorderbaarheid te laten blijken.

Deze processen-verbaal gelden als bewijs tot het tegendeel bewezen is. Zij zullen aan belanghebbenden betekend worden binnen de maand van de vaststelling van de overtreding. [Deze betekening mag gebeuren bij een ter post aangetekend schrijven. De afgifte van het stuk ter post geldt als betekening van de volgende dag af.]]

Vervangen bij art. 29, al. 1 W. 13 augustus 1947 (B.S. 17. IX.1947);
Al. 2 aangevuld bij art. 3-128 W. 10 oktober 1967 (B.S. 31.X.1967).

Art. 106. Tegenbrieven kunnen de Staat niet tegengesteld worden, in zover zij vermindering van het actief of vermeerdering van het passief der nalatenschap ten gevolge mochten hebben.

[Paragraaf 2 van artikel 18 van het Wetboek der registratie-, hypotheek- en griffierechten is mutatis mutandis van toepassing.]

Al. 2 vervangen bij art. 28 W. 24 december 2002 (B.S. 31. XII.2002).

Afdeling 2

Bijzondere bewijsmiddelen

Art. 107. Wanneer de nalatenschap van een Rijksinwoner de eigendom, voor het geheel of voor een deel, van een handelszaak bevat, is [de ambtenaar van de Administratie van de belasting over de toegevoegde waarde, registratie en domeinen gerechtigd, met machtiging van de directeur-generaal], de overlegging, zonder verplaatsing, te eisen van de handelsboeken, inventarissen en balansen en daaruit alle dienstige inlichtingen te putten.

In geval van geding tussen Staat en erfgenamen, mag de mededeling in rechte van bedoelde boeken en stukken niet geweigerd worden.

Al. 1 gewijzigd bij art. 66 W. 22 juli 1993 (B.S. 26.VII.1993).

Art. 108. De eis tot betaling van de rechten van successie en van overgang bij overlijden, alsmede van de boeten wegens gebrek aan aangifte of wegens niet-aangifte van enig roerend of onroerend goed, is, tot levering van het tegenbewijs, voldoende vastgesteld bij de door de afgestorvene te zijnen bate of op zijn verzoek verleden akten van eigendom.

Doch, ten opzichte der roerende goederen waarop artikel 2279 van het Burgerlijk Wetboek betrekking heeft, bestaat het door vorige alinea gevestigd wettelijk vermoeden slechts op voorwaarde dat de akten niet reeds sedert meer dan drie jaar vóór het overlijden bestaan; in het tegenovergesteld geval, kan het bestaan van bedoelde akten door het bestuur enkel ingeroepen worden als een element van vermoeden, overeenkomstig artikel 105.

Art. 109. Er bestaat insgelijks, tot levering van het tegenbewijs, een wettelijk vermoeden van eigendom voor de eis tot betaling der rechten van successie en van overgang bij overlijden en der boeten in de volgende gevallen:

1° wat aangaat de onroerende goederen, wanneer zij ingeschreven zijn op het kohier der grondbelasting ten name van de overledene en wanneer door deze laatste betalingen gedaan werden volgens dit kohier;

2° wat aangaat de hypothecaire renten en schuldvorderingen, wanneer zij te zijnen behoeve in de registers der hypotheekbewaarders ingeschreven zijn;

3° wat de schuldvorderingen op de Belgische Staat aangaat, wanneer zij voorkomen ten name van de overledene, op het grootboek der Staatsschuld;

4° wat aangaat de obligatiën, aandelen of andere schuldvorderingen op de provinciën, [gemeenten, openbare instellingen en stichtingen van openbaar nut] van het Rijk, wanneer zij ten name van de overledene op hun registers en rekeningen ingeschreven zijn.

4° gewijzigd bij art. 48 W. 2 mei 2002 (B.S. 11.XII.2002), inw. 1 juli 2003 (K.B. 2 april 2003, art. 4, B.S. 6 juni 2003, ed. 1).

Art. 110. [Worden voor de heffing van het successierecht geacht de overledene voor een hoofdelijk aandeel toe te behoren, behoudens tegenbewijs voorbehouden zowel aan het bestuur als aan de belastingschuldigen, de effecten, sommen, waarden of om 't even welke voorwerpen die gedeponeerd zijn in een brandkast welke door de overledene en door één of meer andere personen samen of solidair wordt in huur gehouden – of als dusdanig wordt beschouwd door artikelen 102² en 102³ – alsook de gehouden zaken en de verschuldigde sommen die bedoeld worden in artikel 99.

Worden geacht de overledene voor het geheel toe te behoren, behoudens tegenbewijs, de effecten, sommen, waarden of om 't even welke voorwerpen die in een gesloten koffer, omslag of colli op naam van de overledene alleen gedeponeerd zijn bij een der in artikel 97 aangeduide fysieke of morele personen, of die zich bevinden in een brandkast welke door de overledene alleen wordt in huur gehouden – of als dusdanig wordt aangezien door artikelen 102² en 102³.

Het tegenbewijs van deze vermoedens van eigendom mag worden geleverd door alle rechtsmiddelen, met inbegrip van getuigen en vermoedens, maar met uitzondering van de eed.]

Vervangen bij art. 4 Besl. W. 4 mei 1940 (B.S. 8.V.1940).

Afdeling 3

Controleschatting

Art. 111. Om de te lage schatting vast te stellen van het geheel of van een gedeelte der zich binnen het Rijk bevindende erfgoederen die voor hun verkoopwaarde aangegeven worden, mag de ontvanger, onverminderd de andere bewijsmiddelen voorzien onder artikel 105, de schatting van bedoelde goederen vorderen; doch wordt dit recht van schatting, ten aanzien van lichamelijke roerende goederen, enkel op zeeschepen en boten toegepast.

Art. 112. De schatting dient gevorderd bij een aanvraag door de ontvanger ter kennis gebracht van de partij binnen de twee jaar te rekenen van de dag van de inlevering der aangifte waarop vermeld staan de goederen waaromtrent de belasting door de Staat verkregen wordt.

Deze aanvraag houdt aanwijzing van de goederen waarover de schatting gaat, zomede van de som waarop zij door het bestuur geschat werden en van het vermoedelijk wegens recht en boete verschuldigd bedrag.

Art. 113. Binnen de vijftien dagen na de kennisgeving voorzien onder artikel 112, kunnen ontvanger en partij overeenkomen dat de beraming door een of door drie schatters te hunner keuze zal worden gedaan.

In dit geval, wordt de overeenkomst geconstateerd door een proces-verbaal dat het voorwerp der schatting aangeeft en de verkozen schatter(s) aanduidt.

Dit proces-verbaal is gedagtekend; het wordt door de ontvanger en door de partij ondertekend; indien de partij niet mag of niet kan ondertekenen, dient dit op het proces-verbaal vermeld.

Art. 114. Bij gemis van het onder artikel 113 voorzien akkoord, richt de ontvanger aan de vrederechter een verzoekschrift dat de feiten uiteenzet en de aanvraag om schatting bevat; de bevoegde vrederechter is deze binnen wiens ambtsgebied het kantoor is gelegen waar de aangifte werd ingeleverd.

Dit verzoekschrift wordt aan de partij betekend.

De rechter beslist binnen de vijftien dagen na de aanvraag; hij beveelt de schatting en stelt, naar vereis van zaken, één of drie schatters aan.

Art. 115. Kunnen niet als schatters gekozen of daartoe benoemd worden:

1° de ambtenaren van [de administratie van de belastingen over de toegevoegde waarde, registratie en domeinen];

2° de openbare of ministeriële ambtenaren opstellers van de aangifte van successie of van overgang bij overlijden;

3° de beambten van bedoelde ambtenaren en openbare of ministeriële ambtenaren.

Gewijzigd bij art. 240 W. 22 december 1989 (B.S. 29. XII.1989).

Art. 116. Het vonnis dat de schatting beveelt wordt, ten verzoeke van de ontvanger, aan de partij betekend.

De ontvanger of de partij, indien zij ware redenen hebben om de bevoegdheid, onafhankelijkheid of onpartijdigheid van de benoemde schatter(s) in twijfel te trekken, mogen, binnen de acht dagen na bedoelde betekening, deszelfs of derzelver wraking bij de rechter aanvragen. Deze wraking mag altijd worden gevraagd [in de gevallen beoogd door artikel 966 van het Gerechtelijk Wetboek].

De aanvraag tot wraking geschiedt per request waarin de oorzaken der wraking nader worden bepaald. De rechter beslist na de belanghebbenden gehoord te hebben. Bij hetzelfde vonnis vervangt hij de gewraakte schatters.

Deze nieuwe beslissing wordt aan de partij betekend.

Al. 2 gewijzigd bij art. 3-129 W. 10 oktober 1967 (B.S. 31.X.1967).

Art. 117. [De ontvanger notifieert aan de schatters de opdracht die hun toevertrouwd wordt.

Onmiddellijk na de ontvangst van de notificatie sturen de schatters onder hun gemeenschappelijke handtekening zowel aan de ontvanger als aan de partij een brief waarin zij hen inlichten over dag en uur waarop zij tot de nuttig geachte bezoeken ter plaatse zullen overgaan en hen in hun gezegden en opmerkingen zullen aanhoren.

Ieder aan de schatters door één der partijen medegedeeld bescheid moet door haar terzelfder tijd in afschrift aan de tegenpartij worden gezonden onder aangetekende omslag.]

Vervangen bij art. 6 K.B. nr. 65, 29 november 1939 (B.S. 1.XII.1939).

Art. 118. [De schatter of gebeurlijk de drie schatters die gezamenlijk optreden, vorsen de staat en de verkoopwaarde der in de schattingsaanvraag aangeduide goederen op het daarin vermelde tijdstip na.

Zij maken, uiterlijk binnen de drie maanden te rekenen vanaf de in de eerste alinea van artikel 117 voorziene notificatie, één enkel verslag op dat gedagtekend en ondertekend wordt en waarin zij op beredeneerde wijze en met rechtvaardiging tot staving, zonder enige beperking of voorbehoud, hun advies over hogerbedoelde waarde uitbrengen.

[De handtekening der schatters wordt voorafgegaan door de eed:

"Ik zweer dat ik in eer en geweten nauwgezet en eerlijk mijn opdracht heb vervuld."

of:

"Je jure que j'ai rempli ma mission en honneur et conscience, avec exactitude et probité."

of:

"Ich schwöre, dass ich den mir erteilten Auftrag auf Ehre und Gewissen, genau und ehrlich erfüllt habe."]

De minuut van het verslag wordt ter griffie van het onder artikel 114 aangeduid vredegerecht gedeponeerd.]

Vervangen bij art. 6 K.B. nr. 65, 29 november 1939 (B.S. 1.XII.1939);
Al. 3 vervangen bij art. 6 W. 27 mei 1974 (B.S. 6.VII.1974, err. B.S. 12.VII.1974, err. B.S. 21.X.1974).

Art. 119. Het verslag wordt door de meest gerede partij gelicht en aan de andere partij betekend.

De door de schatters gegeven begroting en, in geval van niet-overeenstemming, de begroting van de meerderheid of, bij gemis van meerderheid, de tussenbegroting, bepaalt de verkoopwaarde van het goed ten opzichte van de heffing der belasting.

Art. 120. [Zowel de ontvanger als de partij kunnen de schatting betwisten door inleiding van een rechtsvordering. Deze rechtsvordering dient ingeleid te worden, op straffe van verval, binnen de termijn van één maand te rekenen van de betekening van het verslag.]

Vervangen bij art. 34 Progr. W. 9 juli 2004 (B.S. 15.VII.2004, ed. 2).

Art. 121. Is de in de aangifte vervatte waardering lager dan de bij de schatting vastgestelde begroting, zo worden, bij dwangbevel, van de schuldenaar gevorderd:

1° het supplement van recht;

2° de moratoire interest te rekenen van het verstrijken van de termijn toegestaan door de wet voor de betaling der rechten;

3° de onder artikel 127 voorziene boete;

4° desvoorkomend, de kosten der procedure.

Bedoelde kosten vallen ten laste van de partij, wanneer een boete vorderbaar is.

Art. 122. De betekeningen en notificatiën te doen krachtens de bepalingen van deze afdeling, hetzij aan de partijen of aan de schatters, hetzij door de partijen of door de schatters, mogen geschieden bij aangetekende brief. De inlevering van de omslag ter post geldt als notificatie te rekenen van de dag daarop.

De betekeningen en notificatiën te doen aan de aangevers mogen, welke ook het getal dezer weze, het voorwerp uitmaken van één enkele brief gericht naar de in de aangifte verkozen woonplaats.

HOOFDSTUK XIII

STRAFBEPALINGEN

Afdeling 1

Fiscale boeten

Art. 123[1]**.** Wanneer iemand verscheidene overtredingen gepleegd heeft, is hij bij cumulatie de op elk derzelve gestelde boeten verschuldigd.

Hernummerd bij art. 6 W. 11 juli 1960 (B.S. 20.VII.1960).

[**Art. 123**[2]**.** Valt de laatste dag van de termijn, voorzien voor de uitvoering van een formaliteit of voor een betaling, op een sluitingsdag van de kantoren, dan wordt deze termijn verlengd tot de eerste openingsdag der kantoren die volgt op het verstrijken van de termijn.]

Ingevoegd bij art. 6 W. 11 juli 1960 (B.S. 20.VII.1960).

Art. 124. Elke persoon, die de aangifte te laat inlevert, loopt individueel per maand vertraging een boete op van [[[25 EUR]]], vertraging waarbij elke begonnen maand voor een gehele maand wordt aangerekend. Het totaal dezer boeten mag het tiende van de door de overtreder verschuldigde rechten niet te boven gaan, noch minder dan [[[25 EUR]]] bedragen.

Zo de verzuimde aangifte betrekking heeft op een nalatenschap of op een voorwerp niet vatbaar voor rechten, is er een boete van [[[25 EUR]]] verschuldigd door elke overtreder, vijftien dagen nadat deze bij aangetekende brief aangemaand werd de aangifte in te leveren.

Al. 1 gewijzigd bij art. 67 W. 22 juli 1993 (B.S. 26.VII.1993), bij art. 2-13 K.B. 20 juli 2000 (II) B.S. 30.VIII.2000, err. B.S. 8.III.2001) en bij art. 42, 5° K.B. 13 juli 2001 (B.S. 11. VIII.2001, err. B.S. 21.XII.2001);
Al. 2 gewijzigd bij art. 67 W. 22 juli 1993 (B.S. 26.VII.1993), bij art. 2-13 K.B. 20 juli 2000 (II) B.S. 30.VIII.2000, err. B.S. 8.III.2001) en bij art. 42, 5° K.B. 13 juli 2001 (B.S. 11. VIII.2001, err. B.S. 21.XII.2001).

Art. 125. De erfgenaam, legataris of begiftigde die ten achteren is met de betaling van de op een ingeleverde aangifte of een aanvaarde transactie verschuldigde rechten, loopt een boete op gelijk aan het tiende der verschuldigde rechten, indien de betaling der belasting niet gedaan is binnen de vijftien dagen na de betekening van het te zijnen laste uitgevaardigd dwangbevel.

Art. 126. De erfgenaam, legataris of begiftigde, die verzuimd heeft [in België gelegen onroerende goederen of renten en schuldvorderingen aan te geven, die in de in België gehouden registers van de hypotheekbewaarders] ingeschreven zijn, betaalt, boven de rechten, een gelijke som als boete.

Wanneer het verzuim andere goederen betreft, is de boete gelijk aan tweemaal de rechten.

Al. 1 gewijzigd bij art. 68 W. 22 juli 1993 (B.S. 26.VII.1993).

Art. 127. Wanneer er bevonden wordt dat de aangegeven waarde van aan de onder artikel 111 voorziene schatting onderworpen goederen te laag is, en dat het tekort gelijk is aan of hoger is dan het achtste van het totaal der waarderingen van de gecontroleerde goederen, zoals zij in de aangifte vermeld zijn, is er een boete gelijk aan de bijkomende rechten verschuldigd [...].

Wanneer het daarentegen gaat om niet aan schatting onderworpen goederen en er vastgesteld wordt dat hun waarde niet verklaard werd overeenkomstig de bepalingen van dit wetboek, moet de belasting gekweten worden op het bedrag van het tekort; bovendien, wordt een boete opgelopen gelijk aan twee maal de rechten.

Al. 1 gewijzigd bij art. 222 W. 22 december 1989 (B.S. 29. XII.1989).

Art. 128. [Een boete gelijk aan het tweevoud van het ontdoken recht wordt verbeurd door de erfgenaam, legataris of begiftigde:

1° die ten nadele van de Staat een legaat, een schenking, een graad van verwantschap of de leeftijd van de persoon op wiens hoofd een vruchtgebruik is gevestigd, verzwijgt of onjuist aangeeft;

2° [die schulden aangeeft die niet ten laste van de nalatenschap komen of die in het geval vermeld in artikel 42, VIII, tweede zin, nalaat te vermelden dat een opgegeven schuld werd aangegaan met als doel de gezinswoning te verwerven of te behouden];

3° die een onjuiste aangifte doet omtrent het aantal kinderen van de rechtsopvolgers van de overledene;

4° die verzuimt de in [artikel 42, VIIIbis en X bedoelde vermeldingen in de aangifte op te nemen of die dienaangaande een onjuiste of onvolledige vermelding maakt].]

Vervangen bij art. 69 W. 22 juli 1993 (B.S. 26.VII.1993); 2° vervangen bij art. 5 Decr. Vl. Parl. 7 juli 2006 (B.S. 20. IX.2006, ed. 2), van toepassing vanaf 1 januari 2007; 4° gewijzigd bij art. 5 W. 7 maart 2002 (B.S. 19.III.2002).

Art. 129. In het geval van artikel 83, zo er bewezen is dat de in betaling aangeboden titels niet onder de nalatenschap behoorden, wordt er door de belanghebbenden een boete opgelopen gelijk aan tweemaal de som die aan de Staat zou kunnen onttrokken geworden zijn.

Art. 130. [Voor elke overtreding van de artikelen 34, 95 tot 97, 99 en 103[1] wordt een boete verbeurd van [[250 EUR]] tot [[500 EUR]], voor elke overtreding van artikel 46 een boete van [[25 EUR]] tot [[250 EUR]] en voor elke overtreding van de artikelen 98, 100, 101, 1021 en 107 een boete van [[250 EUR]] tot [[2.500 EUR]]. Deze boeten worden verbeurd door iedere overtreder afzonderlijk.

Voor het niet verrichten van de in artikel 102[3] voorgeschreven kennisgeving, binnen de aldaar gestelde termijn, wordt een boete verbeurd van [[500 EUR]] tot [[10.000 EUR]], waarvoor de rechtspersoon en degenen die in zijn naam de brandkast ter beschikking van de derde hebben gesteld, hoofdelijk aansprakelijk zijn.

Degenen die deze boeten verbeuren, zijn bovendien persoonlijk aansprakelijk voor de rechten en, in voorkomend geval, voor de rente, boeten en kosten die ten gevolge van de overtreding niet konden worden geïnd.

Het bedrag van de boeten wordt binnen bovenbedoelde grenzen vastgesteld door de gewestelijke directeur van de belasting over de toegevoegde waarde, registratie en domeinen.]

Vervangen bij art. 70 W. 22 juli 1993 (B.S. 26.VII.1993); Al. 1 gewijzigd bij art. 2-13 K.B. 20 juli 2000 (II) (B.S. 30. VIII.2000, err. B.S. 8.III.2001) en bij art. 42, 5° K.B. 13 juli 2001 (B.S. 11.VIII.2001, err. B.S. 21.XII.2001); Al. 2 gewijzigd bij art. 2-13 K.B. 20 juli 2000 (II) (B.S. 30.

VIII.2000, err. B.S. 8.III.2001) en bij art. 42, 5° K.B. 13 juli 2001 (B.S. 11.VIII.2001, err. B.S. 21.XII.2001).

Art. 131. [De partijen worden vrijgesteld van de boeten voorzien in de artikelen 126 tot 128 indien zij bewijzen dat zij niet in fout zijn.]

Vervangen bij art. 223 W. 22 december 1989 (B.S. 29. XII.1989).

Art. 132. [...]

Opgeheven bij art. 23 W. 19 mei 2010 (B.S. 28.V.2010, ed. 2).

Afdeling 2

Correctionele straffen

Art. 133. [Onverminderd de fiscale geldboeten, wordt hij die met bedrieglijk opzet of met het oogmerk te schaden, de bepalingen van dit Wetboek of van de ter uitvoering ervan genomen besluiten overtreedt, gestraft met gevangenisstraf van acht dagen tot twee jaar en met geldboete van [[250 EUR tot 12.500 EUR]] [of met één van die straffen alleen].]

Vervangen bij art. 16 W. 10 februari 1981 (B.S. 14.II.1981); Gewijzigd bij art. 90 W. 4 augustus 1986 (B.S. 20.VIII.1986), bij art. 2-13 K.B. 20 juli 2000 (II) B.S. 30.VIII.2000, err. B.S. 8.III.2001) en bij art. 42, 5° K.B. 13 juli 2001 (B.S. 11. VIII.2001, err. B.S. 21.XII.2001).

[**Art. 133bis.** Met gevangenisstraf van een maand tot vijf jaar en met geldboete van [[250 EUR tot 12.500 EUR]] [of met één van die straffen alleen] wordt gestraft hij die, met het oogmerk om een van de in artikel 133 bedoelde misdrijven te plegen, in openbare geschriften, in handelsgeschriften of in private geschriften valsheid pleegt, of die van een zodanig vals geschrift gebruik maakt.

Hij die wetens en willens een vals getuigschrift opstelt dat de belangen van de Schatkist kan schaden of die van een dergelijk getuigschrift gebruik maakt, wordt gestraft met gevangenisstraf van acht dagen of twee jaar en met geldboete van [[250 EUR tot 12.500 EUR]] [of met één van die straffen alleen.]]

Ingevoegd bij art. 16 W. 10 februari 1981 (B.S. 14.II.1981); Al. 1 gewijzigd bij art. 91, 1° W. 4 augustus 1986 (B.S. 20. VII.1986), bij art. 2-13 K.B. 20 juli 2000 (II) (B.S. 30. VIII.2000, err. B.S. 8.III.2001) en bij art. 42, 5° K.B. 13 juli 2001 (B.S. 11.VIII.2001, err. B.S. 21.XII.2001); Al. 2 gewijzigd bij art. 91, 2° W. 4 augustus 1986 (B.S. 20. VII.1986), bij art. 2-13 K.B. 20 juli 2000 (II) B.S. 30. VIII.2000, err. B.S. 8.III.2001) en bij art. 42, 5° K.B. 13 juli 2001 (B.S. 11.VIII.2001, err. B.S. 21.XII.2001).

[**Art. 133ter.** § 1. Wanneer de beoefenaar van een van de volgende beroepen:

1° belastingadviseur;

2° zaakbezorger;

3° deskundige in belastingzaken of in boekhouden;

4° of enig ander beroep dat tot doel heeft voor een of meer belastingplichtigen boek te houden of te helpen houden, ofwel voor eigen rekening ofwel als hoofd, lid of bediende van enigerlei vennootschap, vereniging, groepering of onderneming;

5° of, meer in het algemeen, het beroep dat erin bestaat een of meer belastingplichtigen raad te geven of bij te staan bij het vervullen van de verplichtingen opgelegd bij dit Wetboek of bij de ter uitvoering ervan vastgestelde besluiten, wordt veroordeeld wegens een van de misdrijven bedoeld in de artikelen 133 en 133bis, kan het vonnis hem verbod opleggen om gedurende drie maanden tot vijf jaar, rechtstreeks of onrechtstreeks, de hiervoren bedoelde beroepen op welke wijze ook uit te oefenen.

De rechter kan bovendien, mits hij zijn beslissing op dat stuk motiveert, voor een duur van drie maanden tot vijf jaar de sluiting bevelen van de inrichtingen van de vennootschap, vereniging, groepering of onderneming waarvan de veroordeelde hoofd, lid of bediende is.

§ 2. Het verbod en de sluiting bedoeld in § 1 treden in werking vanaf de dag waarop de veroordeling in kracht van gewijsde is gegaan.]

Ingevoegd bij art. 16 W. 10 februari 1981 (B.S. 14.II.1981).

[Art. 133quater. Hij die, rechtstreeks of onrechtstreeks, het verbod of de sluiting, uitgesproken krachtens artikel 133ter overtreedt, wordt gestraft met gevangenisstraf van acht dagen tot twee jaar en geldboete van [[250 EUR tot 12.500 EUR]] [of met één van die straffen alleen].]

Ingevoegd bij art. 16 W. 10 februari 1981 (B.S. 14.II.1981) en gewijzigd bij art. 92 W. 4 augustus 1986 (B.S. 20.VIII.1986), bij art. 2-13 K.B. 20 juli 2000 (II) (B.S. 30.VIII.2000, err. B.S. 8.III.2001) en bij art. 42, 5° K.B. 13 juli 2001 (B.S. 11. VIII.2001, err. B.S. 21.XII.2001).

[Art. 133quinquies. § 1. [...] alle bepalingen van het Eerste Boek van het Strafwetboek, [met inbegrip van artikel 85,] [zijn] van toepassing op de misdrijven bedoeld in de artikelen 133, 133bis en 133quater.

§ 2. [...]

§ 3. De wet van 5 maart 1952, gewijzigd bij de wetten van 22 december 1969 en 25 juni 1975, betreffende de opdecimes op de strafrechtelijke geldboeten, vindt geen toepassing op de misdrijven bedoeld in de artikelen 133, 133bis en 133quater.

§ 4. [...]]

Ingevoegd bij art. 16 W. 10 februari 1981 (B.S. 14.II.1981); § 1 gewijzigd bij art. 5 K.B. nr. 41, 2 april 1982 (B.S. 7. IV.1982) en bij art. 93, 1° W. 4 augustus 1986 (B.S. 20. VIII.1986); § 2 opgeheven bij art. 93, 2° W. 4 augustus 1986 (B.S. 20. VIII.1986); § 4 opgeheven bij art. 93, 2° W. 4 augustus 1986 (B.S. 20. VIII.1986).

[Art. 133sexies. De natuurlijke personen of rechtspersonen zijn burgerlijk en hoofdelijk aansprakelijk voor de geldboeten en kosten die het gevolg zijn van de veroordelingen welke krachtens de artikelen 133 tot 133quater tegen hun aangestelden of beheerders, zaakvoerders of vereffenaars zijn uitgesproken.]

Ingevoegd bij art. 16 W. 10 februari 1981 (B.S. 14.II.1981).

[Art. 133septies. De rechter kan bevelen dat ieder vonnis of arrest houdende veroordeling tot een gevangenisstraf, uitgesproken krachtens de artikelen 133, 133bis en 133quater wordt aangeplakt in de plaatsen die hij bepaalt en, eventueel bij uittreksel, wordt bekendgemaakt op de wijze die hij bepaalt, een en ander op kosten van de veroordeelde.

Hetzelfde kan gelden voor iedere krachtens artikel 133ter uitgesproken beslissing tot verbod van het uitoefenen van een beroepswerkzaamheid in België of tot sluiting van de in het land geëxploiteerde inrichtingen.]

Ingevoegd bij art. 16 W. 10 februari 1981 (B.S. 14.II.1981).

[Art. 133octies. De schending van het bij artikel 146bis bepaalde beroepsgeheim wordt gestraft overeenkomstig de artikelen 66, 67 en 458 van het Strafwetboek.]

Ingevoegd bij art. 16 W. 10 februari 1981 (B.S. 14.II.1981).

[Art. 133nonies. [§ 1. De strafvordering wordt uitgeoefend door het Openbaar Ministerie.

§ 2. [Het openbaar ministerie kan geen vervolging instellen indien het kennis heeft gekregen van de feiten ten gevolge van een klacht of een aangifte van een ambtenaar die niet de machtiging had waarvan sprake is in artikel 29, tweede lid, van het Wetboek van strafvordering.

Het openbaar ministerie kan echter de strafrechtelijk strafbare feiten vervolgen waarvan het tijdens het in artikel 29, derde lid, van het Wetboek van strafvordering bedoelde overleg kennis heeft genomen.

§ 3. Onverminderd het in artikel 29, derde lid, van het Wetboek van strafvordering bedoelde overleg, kan de procureur des Konings, indien hij een vervolging instelt wegens feiten die strafrechtelijk strafbaar zijn ingevolge de bepalingen van dit Wetboek of van de ter uitvoering ervan genomen besluiten, het advies vragen van de bevoegde gewestelijke directeur. De procureur des Konings voegt het feitenmateriaal waarover hij beschikt bij zijn verzoek om advies. De gewestelijke directeur antwoordt op dit verzoek binnen vier maanden na de ontvangst ervan.

In geen geval schorst het verzoek om advies de strafvordering.]

§ 4. [...]

§ 5. [...]]]

Ingevoegd bij art. 16 W. 10 februari 1981 (B.S. 14.II.1981) en vervangen bij art. 94 W. 4 augustus 1986 (B.S. 20.VIII.1986); § 2-3 vervangen bij art. 28 W. 20 september 2012 (B.S.

22.X.2012);

§ 4 opgeheven bij art. 72 W. 15 maart 1999 (B.S. 27.III.1999);
§ 5 opgeheven bij art. 64, 2° W. 28 december 1992 (B.S. 31.XII.1992).

[Art. 133decies. De ambtenaren van de Administratie van de belasting over de toegevoegde waarde, registratie en domeinen en van de Administratie van de bijzondere belastinginspectie mogen, op straffe van nietigheid van de akte van rechtspleging, slechts als getuige worden gehoord.]

[Het eerste lid is niet van toepassing op de krachtens artikel 71 van de wet van 28 december 1992 bij het parket gedetacheerde ambtenaren van die administraties.]

[Het eerste lid is evenmin van toepassing op de ambtenaren van die administraties die, krachtens artikel 31 van de wet van 30 maart 1994 tot uitvoering van het globaal plan op het stuk van de fiscaliteit, ter beschikking zijn gesteld [van de federale politie].]

[Het eerste lid is niet van toepassing op de ambtenaren die deelnemen aan het in artikel 29, derde lid, van het Wetboek van strafvordering bedoelde overleg.]

Ingevoegd bij art. 95 W. 4 augustus 1986 (B.S. 20.VIII.1986);
Al. 2 ingevoegd bij art. 65 W. 28 december 1992 (B.S. 31.XII.1992);
Al. 3 ingevoegd bij art. 52 W. 30 maart 1994 (B.S. 31.III.1994) en gewijzigd bij art. 7 W. 13 maart 2002 (B.S. 29.III.2002);
Al. 4 ingevoegd bij art. 29 W. 20 september 2012 (B.S. 22.X.2012).

HOOFDSTUK XIV

TERUGGAVE VAN DE RECHTEN

Art. 134. De gekweten rechten van successie en van overgang bij overlijden, de interesten en de boeten zijn vatbaar voor teruggave:

1° wanneer de wet slecht toegepast werd;

2° wanneer het bestaan van wegens gemis aan bewijzen verworpen schulden binnen de twee jaar na de betaling der belasting vastgesteld wordt.

Art. 135. Tegen inlevering van een aangifte, die het feit aanduidt dat aanleiding geeft tot teruggave, kunnen de rechten, interesten en boeten teruggegeven worden:

1° wanneer, in het geval van artikel 3, het bestaan van de afwezige wettelijk bewezen komt te worden;

2° wanneer, in het geval van artikel 17, de bewijsstukken, die erin voorzien zijn, neergelegd werden bij de ontvanger, binnen de twee jaar na de betaling van de belasting in het Rijk;

3° wanneer er bewezen wordt dat een individueel aangeduid roerend of onroerend goed bij missing op het actief der aangifte gebracht werd;

4° wanneer, na het openvallen der nalatenschap, de samenstelling ervan verminderd wordt, hetzij door het intreden van een voorwaarde of van enig ander voorval, hetzij door de oplossing van een geschil inge-

volge een in kracht van gewijsde gegaan vonnis of een transactie, tenzij de vermindering van actief het gevolg weze van een ontbinding voortkomende van het niet-uitvoeren door de erfgenamen, legatarissen of begiftigden van de voorwaarden van een contract;

5° wanneer er een verandering in de devolutie der erfenis intreedt die van aard is het aanvankelijk verevend bedrag der belasting te verminderen;

6° wanneer er uitgemaakt wordt dat een missing in de aangifte begaan werd:

a) aangaande de graad van verwantschap bestaande tussen de overledene en dezes erfgenamen, legatarissen, begiftigden;

b) aangaande de wettelijke of testamentaire devolutie der nalatenschap;

c) aangaande de hoedanigheid van Rijksinwoner in hoofde van de overledene;

7° wanneer, in de gevallen voorzien onder artikel 49, de belanghebbende erin slaagt de werkelijke toestand vast te stellen en er daaruit een vermindering van belasting voortspruit;

[8° [wanneer, in het geval van toepassing van artikel 60/1, het attest bedoeld in artikel 60/2 neergelegd wordt bij de ontvanger binnen twee jaar na de betaling van de belasting];]

[9° wanneer het voor de toepassing van de in artikel 54 bepaalde vrijstelling vereiste attest wordt neergelegd bij de ontvanger binnen 2 jaar na betaling van de belasting;]

[10° wanneer aan de voorwaarden voor de toepassing van de in artikel 55quater bepaalde vrijstelling wordt voldaan binnen een termijn van [4] jaar na het overlijden.]

8° ingevoegd bij art. 22 Decr. Vl. Parl. 20 december 1996 (B.S. 31.XII.1996, err. B.S. 11.II.1997) en vervangen bij art. 84 Decr. Vl. Parl. 23 december 2011 (B.S. 30.XII.2011, ed. 4), van toepassing vanaf 1 januari 2012;
9° ingevoegd bij art. 62 Decr. Vl. Parl. 20 december 2002 (B.S. 31.XII.2002);
10° ingevoegd bij art. 25 Decr. Vl. Parl. 21 november 2008 (B.S. 27.I.2009, ed 2) en gewijzigd bij art. 14 Decr. Vl. Parl. 9 juli 2010 (B.S. 28.VII.2010), van toepassing vanaf 28 juli 2010.

Art. 136. [...]
Het bestuur wordt ertoe gemachtigd de aan teruggave onderworpen sommen toe te rekenen op de welke wegens dezelfde nalatenschap op grond van een andere oorzaak zouden verschuldigd zijn.
[Wanneer met toepassing van artikel 83³ successierechten voldaan zijn door de afgifte van roerende goederen kan een teruggave enkel in geld geschieden.]

Al. 1 opgeheven bij art. 40 W. 23 december 1958 (B.S. 7.I.1959);
Al. 3 (= thans al. 2) ingevoegd bij art. 15 W. 1 augustus 1985 (B.S. 6.VIII.1985).

HOOFDSTUK XV

VERJARING

Art. 137. Er is verjaring voor de eis:

1° van de rechten, interesten en boeten verschuldigd op een aangifte, na twee jaar te rekenen van de dag van de indiening der aangifte;

2° van de vordering tot schatting der goederen onderworpen aan dergelijke controle en van de rechten, interesten en boeten in geval van te lage waardering van bedoelde goederen, na twee jaar; van de rechten, interesten en boeten in geval van te lage waardering van niet aan schatting onderworpen goederen, na tien jaar; dit alles te rekenen van de dag van de indiening der aangifte;

3° van de rechten, interesten en boeten verschuldigd in geval van afwezigheid van aangifte, of van verzuim van goederen in de aangifte, na tien jaar te rekenen van de dag waarop de termijn gesteld bij artikel 40 voor het inleveren der aangifte verstreken is. Indien de onregelmatigheid een in België gelegen onroerend goed betreft, ofwel renten en schuldvorderingen ingeschreven in de [in België gehouden registers van de hypotheekbewaarders], wordt deze termijn tot vijf jaar verminderd.

In geval van overlijden in het buitenland, loopt de verjaring eerst van de dag van de inschrijving der akte van overlijden op de registers van de burgerlijke stand van het Rijk, ofwel van de dag waarop het bestuur kennis gekregen heeft van het overlijden door in het Rijk geregistreerde akten;

4° van de rechten, interesten en boeten, in geval van onjuistheid der in de aangifte aangeduide feiten, andere dan de waarde of de samenstelling der goederen, na vijf jaar te rekenen van de dag van de inlevering der aangifte;

5° van de ontdoken sommen en, desvoorkomend, van de wegens overtreding van artikel 83 opgelopen boeten, na vijf jaar te rekenen van de dag waarop de titels in betaling aangeboden werden;

6° van de wegens overtreding van de artikelen 34, 46, 95 tot [103¹,] en 107 opgelopen boeten, na vijf jaar te rekenen van de dag waarop de overtreding gepleegd werd;

7° van de boete gesteld bij artikel 125, na twee jaar te rekenen van de datum van de betekening van het dwangbevel.

[Wanneer, overeenkomstig artikel 83³, een aanbod tot inbetalinggeving wordt gedaan, gaat de in het eerste lid, 1°, bedoelde termijn slechts in, ten aanzien van de sommen die niet door de inbetalinggeving zijn voldaan ingevolge weigering of gedeeltelijke aanvaarding van het aanbod, vanaf de dag waarop het aanbod wordt geweigerd, of maar gedeeltelijk wordt aanvaard, hetzij qua goederen, hetzij qua waarde.]

Al. 1, 3°, al. 1 gewijzigd bij art. 71 W. 22 juli 1993 (B.S. 26.VII.1993);

Al. 1, 6° gewijzigd bij art. 3 Besl. W. 4 mei 1940 (B.S. 8.V.1940);

Al. 2 ingevoegd bij art. 16 W. 1 augustus 1985 (B.S. 6. VIII.1985).

Art. 138. [Er is verjaring voor de eis tot teruggave der rechten, interesten en boeten, na vijf jaar te rekenen van 1 januari van het jaar tijdens hetwelk de vordering ontstaan is.]

Vervangen bij art. 1 W. 12 maart 1952 (B.S. 9.IV.1952).

Art. 139. De verjaring van de vordering tot schatting en van de eis der rechten, interesten en boeten verschuldigd wegens de ongenoegzaamheid, wordt gestuit door de notificatie aan de partij van de aanvraag voorzien in artikel 112.

Deze stuiting heeft haar uitwerking tot de dag der neerlegging ter griffie van het verslag van schatting.

De invordering der rechten, interesten en boeten, opvorderbaar hoofdens de door bedoeld verslag erkende ongenoegzaamheid, dient vervolgd binnen de twee jaar na de neerlegging van het verslag.

Art. 140[1]. [[De verjaringen van de invordering van rechten, interesten en boeten] worden gestuit op de wijze en onder de voorwaarden voorzien door de artikelen 2244 en volgende van het Burgerlijk Wetboek. In dit geval is er een nieuwe verjaring, die op dezelfde wijze kan worden gestuit, verworven twee jaar na de laatste akte of handeling waardoor de vorige verjaring werd gestuit, indien er geen geding aanhangig is vóór het gerecht.

De afstand van de verlopen tijd van de verjaring wordt, wat zijn uitwerking betreft, gelijkgesteld met de stuitingshandelingen bedoeld in de vorige alinea.]

Vervangen bij art. 30 W. 13 augustus 1947 (B.S. 17.IX.1947) en hernummerd bij art. 38, al. 2 W. 23 december 1958 (B.S. 7.I.1959);

Al. 1 gewijzigd bij art. 38, al. 1 W. 23 december 1958 (B.S. 7.I.1959).

[**Art. 140².** De verjaringen voor de teruggaaf van rechten, interesten en boeten worden gestuit door een met redenen omklede aanvraag genotificeerd bij ter post aangetekend schrijven aan de ontvanger die de ontvangst heeft gedaan of aan de [gewestelijke directeur van de belasting over de toegevoegde waarde, registratie en domeinen]; ze worden eveneens gestuit op de wijze en onder de voorwaarden voorzien door artikelen 2244 en volgende van het Burgerlijk Wetboek.

Zo de verjaring gestuit werd door de aan de ontvanger of directeur genotificeerde aanvraag, is er een nieuwe verjaring van twee jaar, die slechts op de wijze en onder de voorwaarden voorzien bij artikelen 2244 en volgende van het Burgerlijk Wetboek kan worden gestuit, verworven twee jaar na de datum waarop de beslissing, waarbij de aanvraag werd verworpen, aan belanghebbende bij ter post aangetekend schrijven genotificeerd werd.

De afgifte van de brieven ter post geldt als notificatie van de volgende dag af.]

Ingevoegd bij art. 38, al. 2 W. 23 december 1958 (B.S. 7.I.1959);
Al. 1 gewijzigd bij art. 240 W. 22 december 1989 (B.S. 29.XII.1989).

HOOFDSTUK XVI

VERVOLGINGEN EN GEDINGEN

Art. 141. De oplossing der moeilijkheden, die met betrekking tot de heffing [of de invordering] der rechten van successie en van overgang bij overlijden vóór het inleiden der gedingen kunnen oprijzen, komt de Minister van Financiën [of de door hem gemachtigde ambtenaar] toe.

[Indien, na onderhandelingen met de minister of met de door hem gemachtigde ambtenaar geen akkoord wordt bereikt over een moeilijkheid als bedoeld in het eerste lid, kan de belastingplichtige een aanvraag tot bemiddeling indienen bij de fiscale bemiddelingsdienst bedoeld bij artikel 116 van de wet van 25 april 2007 houdende diverse bepalingen (IV).

Ingeval de moeilijkheid de verkoopwaarde betreft van een goed dat aan de in artikel 111 bedoelde schatting is onderworpen, kan de bemiddeling van de fiscale bemiddelingsdienst daarover niet meer gevraagd of voortgezet worden van zodra de vordering tot controleschatting is ingesteld. De Koning kan bepalen voor welke moeilijkheden in verband met de heffing en invordering van de successierechten bemiddeling door de fiscale bemiddelingsdienst is uitgesloten.]

[De minister van Financiën] [of de door hem gemachtigde ambtenaar] gaat de transacties met de belastingplichtigen aan, voor zoveel zij geen vrijstelling of verlichting van belasting in zich sluiten.

[Binnen de door de wet gestelde grenzen, wordt het bedrag van de proportionele fiscale boeten vastgesteld in dit Wetboek of in de ter uitvoering ervan genomen besluiten, bepaald volgens een schaal waarvan de trappen door de Koning worden vastgesteld.]

Al. 1 gewijzigd bij art. 125, 1° W. 25 april 2007 (IV) (B.S. 8.V.2007, ed. 3, err. B.S. 8.X.2007), van toepassing vanaf 1 mei 2007 (K.B. 9 mei 2007, art. 14, B.S. 24.V.2007);
Al. 2-3 ingevoegd bij art. 125, 2° W. 25 april 2007 (IV) (B.S. 8.V.2007, ed. 3, err. B.S. 8.X.2007), van toepassing vanaf 1 mei 2007 (K.B. 9 mei 2007, art. 14, B.S. 24.V.2007);
Al. 4 (oud al. 2) gewijzigd bij art. 73 W. 15 maart 1999 (B.S. 27.III.1999) en bij art. 125, 3° W. 25 april 2007 (IV) (B.S. 8.V.2007, ed. 3, err. B.S. 8.X.2007), van toepassing vanaf 1 mei 2007 (K.B. 9 mei 2007, art. 14, B.S. 24.V.2007);
Al. 5 (oud al. 3) ingevoegd bij art. 96 W. 4 augustus 1986 (B.S. 20.VIII.1986).

[**Art. 141bis.** In bijzondere gevallen mag de bevoegde gewestelijke directeur van de belasting over de toegevoegde waarde, registratie en domeinen, onder door hem bepaalde voorwaarden, vrijstelling verlenen voor alle in artikel 81 bedoelde interesten of voor een deel ervan.]

Ingevoegd bij art. 97 W. 4 augustus 1986 (B.S. 20.VIII.1986).

Art. 142[1]. De vervolgingen en gedingen door de Staat of de belastingplichtige in te spannen tot verkrijging van de betaling of van de teruggaaf van rechten, interesten en boeten, geschieden op de wijze en volgens de vormen vastgesteld inzake registratie, voor zoveel er door dit wetboek niet van afgeweken worde.

Doch, voor al de vorderingen en vervolgingen, krachtens het wetboek tegen de erfgenamen, legatarissen of begiftigden en tegen de in artikel 74 aangeduide personen ingespannen, is het veroorloofd alle om het even welke betekeningen en notificatiën aan het in de aangifte verkozen domicilie te doen.

Hernummerd bij art. 31 W. 13 augustus 1947 (B.S. 17. IX.1947).

[**Art. 142**[2]. Onverminderd hetgeen gezegd werd in de artikelen 81 en 82, zijn de moratoire interesten op de in te vorderen of terug te geven sommen verschuldigd naar de voet en de regelen in burgerlijke zaken vastgesteld.]

Ingevoegd bij art. 31 W. 13 augustus 1947 (B.S. 17.IX.1947).

[**Art. 142**[3]. De termijnen van verzet, hoger beroep en cassatie, alsmede het verzet, het hoger beroep en de voorziening in cassatie schorsen de tenuitvoerlegging van de gerechtelijke beslissing.]

Ingevoegd bij art. 74 W. 15 maart 1999 (B.S. 27.III.1999).

[**Art. 142**[4]. [Het verzoekschrift houdende voorziening in cassatie en het antwoord op de voorziening mag door een advocaat worden ondertekend en neergelegd.]]

Ingevoegd bij art. 75 W. 15 maart 1999 (B.S. 27.III.1999) en vervangen bij art. 383 Progr. W. 27 december 2004 (B.S. 31.XII.2004, ed. 2).

HOOFDSTUK XVII

DOOR DE ONTVANGERS TE VERSTREKKEN INLICHTINGEN

Art. 143. Onverminderd de bijzondere wetten, reiken de ontvangers der successierechten afschriften of uittreksels van de successieaangiften uit:

1° op verzoek van de betrokkenen in rechtstreekse naam, van hun erfgenamen of rechthebbenden;

2° op verzoek van derden, tegen bevel van de vrederechter.

De uitreiking van voormelde stukken geeft aanleiding tot een door de Minister van Financiën vast te stellen retributie.

Art. 144. De ontvangers der successierechten zijn ertoe gehouden, op eenvoudig verzoek, aan alle personen, tegen een door de Minister van Financiën vast te stellen retributie, de eigendomstitels van de in het ambtsgebied van het kantoor gelegen vaste goederen te doen kennen.

Art. 145. De ontvangers der successierechten zijn ertoe gehouden, tegen een door de Minister van Financiën vast te stellen retributie, op vordering van de erfgenamen, legatarissen of begiftigden hetzij van een overleden echtgenoot, hetzij van een zijner vertegenwoordigers, de terugnemingen en vergoedingen aan te duiden die deze echtgenoot aanbelangen en die voortkomen van overeenkomsten houdende overdracht of verklaring van binnen het ambtsgebied van hun kantoor gelegen vaste goederen.

In dit geval, mag door de ontvangers gevergd worden dat de verzoekers hun de datum van het huwelijk zomede het huwelijksregime doen kennen van de echtgenoot, wier terugnemingen en vergoedingen dienen opgezocht.

Art. 146. De onder artikelen 143 tot 145 voorziene inlichtingen moeten insgelijks verstrekt worden aan de lasthebber van de belanghebbenden, op voorwaarde dat men van de lastgeving late blijken.

[Art. 146bis. Hij die, uit welken hoofde ook, optreedt bij de toepassing van de belastingwetten of die toegang heeft tot de ambtsvertrekken van de administratie van de belasting over de toegevoegde waarde, registratie en domeinen is, buiten het uitoefenen van zijn ambt, verplicht tot de meest volstrekte geheimhouding aangaande alle zaken waarvan hij wegens de uitvoering van zijn opdracht kennis heeft.

De ambtenaren van de administratie van de belasting over de toegevoegde waarde, registratie en domeinen, oefenen hun ambt uit wanneer zij aan andere administratieve diensten van de Staat, daaronder begrepen de parketten en de griffies van de hoven en van alle rechtsmachten, en aan de openbare instellingen of inrichtingen, inlichtingen verstrekken welke voor die diensten, instellingen of inrichtingen nodig zijn voor de hun opgedragen uitvoering van wettelijke of reglementaire bepalingen.

Personen die deel uitmaken van diensten waaraan de administratie van de belasting over de toegevoegde waarde, registratie en domeinen, ingevolge het vorige lid inlichtingen van fiscale aard heeft verstrekt, zijn tot dezelfde geheimhouding verplicht en mogen de bekomen inlichtingen niet gebruiken buiten het kader van de wettelijke bepalingen voor de uitvoering waarvan zij zijn verstrekt.

Onder openbare instellingen of inrichtingen dienen verstaan de instellingen, maatschappijen, verenigingen, inrichtingen en diensten welke de Staat mede beheert, waarvan de Staat een waarborg verstrekt, op welker bedrijvigheid de Staat toezicht uitoefent of waarvan het bestuurspersoneel aangewezen wordt door de Regering, op haar voordracht of met haar goedkeuring.

[...]]

Ingevoegd bij art. 53 W. 4 augustus 1978 (B.S. 17.VIII.1978); Al. 5 opgeheven bij art. 17 W. 10 februari 1981 (B.S. 14. II.1981).

BOEK II

TAXE TOT VERGOEDING DER SUCCESSIERECHTEN

HOOFDSTUK I

VESTIGING VAN DE TAXE

Art. 147. [De verenigingen zonder winstoogmerk en de private stichtingen zijn vanaf 1 januari volgend op de datum van hun oprichting onderworpen aan een jaarlijkse taks tot vergoeding van de successierechten.]

Vervangen bij art. 49 W. 2 mei 2002 (B.S. 11.XII.2002).

Art. 148. [Aan de taks zijn onderworpen:

1° de verenigingen zonder winstoogmerk na 10 juli 1921 opgericht;

2° de inrichtingen en verenigingen zonder winstoogmerk die rechtspersoonlijkheid verkregen hebben bij de wetten van 7 augustus 1919, van 12 maart en van 25 mei 1920;

3° de private stichtingen;

4° de internationale verenigingen zonder winstoogmerk.]

Vervangen bij art. 50 W. 2 mei 2002 (B.S. 11.XII.2002).

[Art. 148bis. [De inrichtingen en verenigingen zonder winstoogmerk, de private stichtingen en de internationale verenigingen zonder winstoogmerk waarvan het geheel van de bezittingen bedoeld in artikel 150 een waarde heeft die 25.000 EUR niet overschrijdt, zijn niet aan de taks onderworpen.]]

Ingevoegd bij art. 224 W. 22 december 1989 (B.S. 29. XII.1989) en vervangen bij art. 51 W. 2 mei 2002 (B.S. 11.XII.2002).

Art. 149. Zijn van de taxe vrijgesteld:

1° [de gemachtigde compensatiekassen voor kindertoeslagen en de gemachtigde onderlinge kassen voor kindertoeslagen];

2° de inrichtingen en verenigingen zonder winstoogmerken die rechtspersoonlijkheid vóór 11 juli 1921 hebben verkregen, andere dan deze waarover het gaat in het 2° van vorig artikel;

3° [de erkende pensioenkassen voor zelfstandigen];

[4° de inrichtende machten van het gemeenschapsonderwijs of het gesubsidieerd onderwijs, voor wat betreft de onroerende goederen die uitsluitend bestemd zijn voor onderwijs en de verenigingen zonder winstoogmerk voor patrimoniaal beheer die het uitsluitend doel hebben onroerende goederen ter beschikking te stellen voor onderwijs dat door de voornoemde inrichtende machten wordt verstrekt;]

[5° de verenigingen zonder winstoogmerk, private stichtingen of internationale verenigingen zonder winstoogmerk voor patrimoniaal beheer die door de bevoegde overheid zijn erkend als terreinbeherende natuurverenigingen en die tot uitsluitend doel hebben natuurpatrimonium aan te kopen en te beheren in functie van het behoud van het natuurlijk erfgoed van België, en voor zover dit patrimonium als natuurgebied wordt beheerd en, desgevallend begeleid, toegankelijk is voor het publiek;]

[5° de instellingen voor bedrijfspensioenvoorziening die onderworpen zijn aan de vennootschapsbelasting.]

1° vervangen bij art. 32 W. 13 augustus 1947 (B.S. 17. IX.1947);
3° vervangen bij art. 1 W. 24 april 1958 (B.S. 15.V.1958);
4° ingevoegd bij art. 3 W. 5 december 2001 (B.S. 19.XII.2001);
5° ingevoegd bij art. 2 W. 3 december 2006 (B.S. 14.XII.2006, ed. 2);
5° nogmaals ingevoegd bij art. 341 W. 27 december 2006 (B.S. 28.XII.2006, ed. 3).

HOOFDSTUK II

ZETTING DER TAXE

Art. 150. [De belasting is verschuldigd op het geheel van de bezittingen van de inrichting, de vereniging zonder winstoogmerk, private stichting of internationale vereniging zonder winstoogmerk.

Daar onder zijn evenwel niet begrepen:

1° de nog verschuldigde en niet-gekapitaliseerde intresten, rentetermijnen, huur- en pachtgelden en, meer in het algemeen, burgerlijke vruchten van welke aard ook, alsmede jaarlijkse bijdragen en inschrijvingsgelden;

2° de al dan niet genoten natuurlijke vruchten;

3° de liquiditeiten en het bedrijfskapitaal bestemd om gedurende het jaar verbruikt te worden voor de activiteit van de vereniging of stichting;

4° de in het buitenland gelegen onroerende goederen;

5° de effecten uitgegeven door handelsvennootschappen waarvan de vereniging of stichting als bezitter-emittent wordt aangemerkt krachtens [...] de wet van 15 juli 1998 betreffende de certificatie van effecten uitgegeven door handelsvennootschappen, op voorwaarde dat de certificaten krachtens artikel 13, § 1, eerste lid, van dezelfde wet voor de toepassing van het Wetboek van de inkomstenbelastingen 1992 gelijkgesteld worden met de effecten waarop ze betrekking hebben.

Van het in het eerste lid bedoelde geheel van de bezittingen kunnen geen lasten in mindering worden gebracht, met uitzondering van:

1° de nog niet-betaalde termijnen van hypothecaire leningen, mits de hypotheek is gevestigd op goederen van de vereniging of stichting en minstens 50 % van de hoofdsom van de lening waarborgt;

2° de door de vereniging of stichting als algemene legataris van een nalatenschap nog uit te voeren legaten van een geldsom.

De bepalingen van boek I betreffende de belastinggrondslag en de rechtsregeling van de voorwaar-

delijke en betwiste bezittingen zijn van overeenkomstige toepassing op de belasting ingesteld bij artikel 147.]

Vervangen bij art. 52 W. 2 mei 2002 (B.S. 11.XII.2002);
Al. 2, 5° gewijzigd bij art. 394 Progr. W. 24 december 2002 (B.S. 31.XII.2002).

HOOFDSTUK III

AANGIFTE

Art. 151. De aan de taxe onderworpen [verenigingen zonder winstoogmerk, private stichtingen en internationale verenigingen zonder winstoogmerk] zijn ertoe gehouden, binnen de eerste drie maanden van elk aanslagjaar, ten kantore der successierechten van hun zetel, een aangifte in te leveren waarbij toestand en waarde van de goederen op de eerste januari van het aanslagjaar worden vermeld.

Bovendien zijn voormelde verenigingen [en stichtingen] ertoe gehouden een bijkomende aangifte in te leveren binnen de drie maand van de verwezenlijking der voorwaarde of van de oplossing van een geschil waarbij een goed in hun bezit komt.

[Valt de laatste dag van de termijn op een sluitingsdag van de kantoren, dan wordt deze termijn verlengd tot de eerste openingsdag der kantoren die volgt op het verstrijken van de termijn.]

De bepalingen van artikelen 42, nummers VI en VII, 43, 45 en 46 zijn op bedoelde aangiften van toepassing.

Al. 1 gewijzigd bij art. 53, 1° W. 2 mei 2002 (B.S. 11. XII.2002);
Al. 2 gewijzigd bij art. 53, 2° W. 2 mei 2002 (B.S. 11.XII.2002);
Al. 3 ingevoegd bij art. 7 W. 11 juli 1960 (B.S. 20.VII.1960).

HOOFDSTUK IV

VEREVENING EN BETALING VAN DE TAXE

Art. 152. [De taxe is bepaald op [0,17 t.h.]]
[...]

Het bedrag der aldus verevende taxe wordt, desvoorkomend, [tot de hogere cent] afgerond.

Al. 1 vervangen bij art. 18 K.B. nr. 9, 3 juli 1939 (B.S. 5. VII.1939) en gewijzigd bij art. 121, § 2 W. 14 februari 1961 (B.S. 15.II.1961);
Al. 2 opgeheven bij art. 9 W. 20 januari 1999 (B.S. 13. II.1999);
Al. 3 (= thans al. 2) gewijzigd bij art. 12, 4° K.B. 13 juli 2001 (B.S. 11.VIII.2001, err. B.S. 21.XII.2001).

Art. 153. De taxe moet gekweten worden uiterlijk bij het verstrijken van de termijn voorzien door artikel 151 voor de neerlegging der aangifte.

Wordt de taxe niet betaald binnen deze termijn, dan is de wettelijke interest, tegen de rentevoet bepaald in burgerlijke zaken, van rechtswege eisbaar vanaf de dag, waarop de betaling had moeten geschieden.

[Bij koninklijk besluit kan worden voorgeschreven dat de betaling van de taxe, boeten en interesten moet geschieden door storting of overschrijving op de postcheckrekening van het met de invordering belast kantoor.]

Al. 3 ingevoegd bij art. 42, al. 3 W. 23 december 1958 (B.S. 7.I.1959).

Art. 154. Voor de berekening van de interest, wordt artikel 82 toegepast.

Art. 155. […]

Opgeheven bij art. 226 W. 22 december 1989 (B.S. 29. XII.1989).

Art. 156. Wanneer de jaarlijkse taxe geen [125 EUR] overschrijdt, [heeft de vereniging zonder winstoogmerk, de private stichting of de internationale vereniging zonder winstoogmerk de mogelijkheid] de voor drie achtereenvolgende jaren verschuldigde taxe ineens te kwijten; de aldus betaalde taxe wordt definitief door de Staat verkregen.

[De in het eerste lid bedoelde verenigingen of stichtingen die van deze mogelijkheid gebruik maken zijn ervan ontheven een aangifte voor elk van de twee volgende jaren in te leveren.]

Doch, zo het bezit der [vereniging of stichting], op de eerste januari van het een of het ander der twee jaren waarvoor de taxe vooraf betaald werd, zodanige vermeerdering van waarde of van actief ondergaan heeft dat de taxe in verband met deze vermeerdering ten minste [25 EUR] bereikt, is de [vereniging of stichting] ertoe gehouden, binnen de drie eerste maanden van bedoeld jaar, een aangifte in te leveren en de belasting voor het complex van haar belastbaar bezit te betalen, behoudens aftrekking van de reeds betaalde taxe.

Al. 1 gewijzigd bij art. 11 K.B. 13 juli 2001 (B.S. 11.VIII.2001, err. B.S. 21.XII.2001) en bij art. 54, 1° W. 2 mei 2002 (B.S. 11.XII.2002);
Al. 2 vervangen bij art. 54, 2° W. 2 mei 2002 (B.S. 11. XII.2002);
Al. 3 gewijzigd bij art. 11 K.B. 13 juli 2001 (B.S. 11.VIII.2001, err. B.S. 21.XII.2001) en bij art. 54, 3° W. 2 mei 2002 (B.S. 11.XII.2002).

Art. 157. Het bestuur wordt ertoe gemachtigd de aan teruggave onderworpen sommen toe te rekenen op iedere om 't even welke som verschuldigd door dezelfde [vereniging zonder winstoogmerk, private stichting of internationale vereniging zonder winstoogmerk] en krachtens de bepalingen van dit boek.

Gewijzigd bij art. 55 W. 2 mei 2002 (B.S. 11.XII.2002).

HOOFDSTUK V

DIVERSE BEPALINGEN

Art. [158]. Tot vaststelling van de te lage waarderingen, mag de ontvanger, ten aanzien van de in artikel 111 aangeduide goederen, de schatting vorderen op de wijze en in de vorm voorgeschreven door artikelen 113 tot 122.

Volgens de gevallen, is de bevoegde rechter of rechtbank deze, binnen wiens ambtsgebied de vereniging haar zetel heeft.

Hernummerd bij art. 72 W. 22 juli 1993 (B.S. 26.VIII.1993).

Art. [158bis]. [Elke vereniging zonder winstoogmerk, private stichting of internationale vereniging zonder winstoogmerk] en die de aangifte te laat inlevert, loopt per maand vertraging een boete op van [[2,50 EUR]], vertraging waarbij elke begonnen maand voor een gehele maand wordt aangerekend.

Het totaal dezer boeten mag het tiende der verschuldigde taxe niet te boven gaan, noch minder dan [[2,50 EUR]] bedragen.

Hernummerd bij art. 72 W. 22 juli 1993 (B.S. 26.VIII.1993); Al. 1 gewijzigd bij art. 1 W. 14 augustus 1947 (B.S. 17. IX.1947), bij art. 2-13 K.B. 20 juli 2000 (II) (B.S. 30. VIII.2000, err. B.S. 8.III.2001) en bij art. 56 W. 2 mei 2002 (B.S. 11.XII.2002); Al. 2 gewijzigd bij art. 1 W. 14 augustus 1947 (B.S. 17. IX.1947) en bij art. 2-13 K.B. 20 juli 2000 (II) (B.S. 30. VIII.2000, err. B.S. 8.III.2001).

Art. [158ter]. In geval van verzuim van goederen of van te lage waardering vastgesteld in de aangifte, wordt een boete gelijk aan de ontdoken taxe opgelopen.

Hernummerd bij art. 72 W. 22 juli 1993 (B.S. 26.VIII.1993).

Art. [159]. Zijn van toepassing op de bij artikel 147 gevestigde taks, de bepalingen van het eerste boek betreffende de bewijsmiddelen der verzuimen van goederen of der te lage waarderingen, de verjaringen, de teruggave, de regiekosten, de vervolgingen en gedingen en de correctionele straffen. [Het maximumbedrag van de tussen een minimumbedrag en een maximumbedrag vast te stellen geldstraffen als bepaald in het eerste boek, wordt voor de toepassing ervan in het kader van dit boek gebracht op 125.000 EUR.]

Hernummerd bij art. 72 W. 22 juli 1993 (B.S. 26.VIII.1993) en aangevuld bij art. 79 Progr. W. 27 december 2006 (B.S. 28.XII.2006, ed. 3).

Art. [160]. De met de invordering der taxe belaste ontvangers mogen afschriften van of uittreksels uit de jaarlijkse aangifte afleveren, met nakoming van de bepalingen van artikelen 143 en 146.

Hernummerd bij art. 72 W. 22 juli 1993 (B.S. 26.VIII.1993).

[BOEK IIbis

[JAARLIJKSE TAKS OP DE COLLECTIEVE BELEGGINGSINSTELLINGEN, OP DE KREDIETINSTELLINGEN EN OP DE VERZEKERINGSONDERNEMINGEN]]

Ingevoegd bij art. 73 W. 22 juli 1993 (B.S. 26.VIII.1993) en opschrift vervangen bij art. 1 K.B. 18 november 1996 (B.S. 6.XII.1996).

[Art. 161. [Onderworpen aan een jaarlijkse taks vanaf de eerste januari volgend op hun inschrijving bij de [Autoriteit voor Financiële Diensten en Markten] zijn:

1° [de beleggingsinstellingen die geregeld zijn bij statuten, bedoeld in artikel 6, 1° en 2°, van de wet van 20 juli 2004 betreffende bepaalde vormen van collectief beheer van beleggingsportefeuilles, met uitzondering van de private privaks, bedoeld in de artikelen 119 en 120 van dezelfde wet];

2° [de beheersvennootschappen die instaan voor het beheer van de beleggingsinstellingen die geregeld zijn bij overeenkomst, bedoeld in artikel 6, 1° en 2°, van de wet van 20 juli 2004 betreffende bepaalde vormen van collectief beheer van beleggingsportefeuilles];

3° [de instellingen voor collectieve belegging naar buitenlands recht bedoeld in artikel 127 van de wet van 20 juli 2004 betreffende bepaalde vormen van collectief beheer van beleggingsportefeuilles, met uitzondering van de instellingen voor belegging in schuldvorderingen];

4° de kredietinstellingen beheerst door de wet van 22 maart 1993 op het statuut en het toezicht op de kredietinstellingen die inkomsten of dividenden toekennen als bedoeld in artikel 21, 5° en 6°, van het Wetboek van de inkomstenbelastingen 1992;

5° de verzekeringsondernemingen bedoeld in artikel 2, § 1, van de wet van 9 juli 1975 betreffende de controle der verzekeringsondernemingen, die dividenden of inkomsten toekennen als bedoeld in artikel 21, 6° en 9°, van het Wetboek van de inkomstenbelastingen 1992;

6° de verzekeringsondernemingen bedoeld in artikel 2, § 1, van de wet van 9 juli 1975 betreffende de controle der verzekeringsondernemingen, die verzekeringsverrichtingen doen als bedoeld in artikel 3, § 2, van het koninklijk besluit van 14 november 2003 betreffende de levensverzekeringsactiviteit.]]

Ingevoegd bij art. 73 W. 22 juli 1993 (B.S. 26.VIII.1993) en vervangen bij art. 307 Progr. W. 22 december 2003 (B.S. 31.XII.2003, err. B.S. 16.I.2004);
Inleidende zin gewijzigd bij art. 331 K.B. 3 maart 2011 (B.S. 9.III.2011), van toepassing vanaf 1 april 2011;
1° vervangen bij art. 2 W. 21 december 2007 (B.S. 31. XII.2007, ed. 3);
2° vervangen bij art. 342, 2° W. 27 december 2006 (B.S. 28. XII.2006, ed. 3);

3° vervangen bij art. 160 W. 27 december 2005 (B.S. 30. XII.2005, ed. 2).

[Art. 161bis. [§ 1. Wat de beleggingsinstellingen bedoeld in artikel 161, 1° en 2°, betreft, is de taks verschuldigd op het totaal van de in België op 31 december van het voorafgaande jaar netto uitstaande bedragen.

Voor de toepassing van het eerste lid:

1° worden de in het buitenland voor rekening van een rijksinwoner verworven rechten van deelneming, geacht uit te staan in België;

2° is, indien de beleggingsinstelling verzuimd heeft de elementen die nuttig en noodzakelijk zijn voor de heffing van de taks aan de administratie te verstrekken en onverminderd de toepassing van artikel 162, de taks verschuldigd op de totaalwaarde van het beheerd vermogen op 31 december van het voorafgaande jaar. De Koning kan de voor de heffing van de taks nuttige en noodzakelijke elementen bepalen.

§ 2. Wat betreft de beleggingsinstellingen, bedoeld in artikel 161, 3°, is de taks verschuldigd op het totaal van de in België netto uitstaande bedragen op 31 december van het voorafgaande jaar, vanaf hun inschrijving bij de [Autoriteit voor Financiële Diensten en Markten].

Voor de toepassing van het eerste lid:

1° kunnen de rechten van deelneming die door een financiële tussenpersoon in het buitenland werden geplaatst, niet afgetrokken worden van de in België bruto uitstaande bedragen in geval van de inkoop door de tussenkomst van een financiële tussenpersoon in België;

2° is, indien de beleggingsinstelling verzuimd heeft de elementen die nuttig en noodzakelijk zijn voor de heffing van de taks aan de administratie te verstrekken en onverminderd de toepassing van artikel 162, de taks verschuldigd op het totaal van de in België bruto uitstaande bedragen op 31 december van het voorafgaande jaar. De Koning kan de voor de heffing van de taks nuttige en noodzakelijke elementen bepalen.

§ 3. [Voor de toepassing van de §§ 1, 2 en 5, tweede gedachtestreep, worden voor een beleggingsinstelling of een verzekeringsonderneming die rechten van deelneming heeft in een beleggingsinstelling, de bedragen die bij een beleggingsinstelling werden opgenomen in de belastbare grondslag, niet meegerekend.]

§ 4. Wat betreft de kredietinstellingen, is de taks verschuldigd op een quotiteit van het totaal bedrag van de in artikel 21, 5°, van het Wetboek der inkomstenbelastingen 1992 bedoelde spaardeposito's op 1 januari van het aanslagjaar, de interesten voor het vorig jaar niet inbegrepen. Die quotiteit is gelijk aan de verhouding van het totaal van de op grond van vermeld artikel 21, 5°, niet-belastbare inkomsten, tot het totaal van de toegekende inkomsten voor het jaar voorafgaand aan het aanslagjaar.

§ 5. Wat betreft de verzekeringsondernemingen, is de taks verschuldigd op het totaal bedrag op 1 januari van het aanslagjaar van de wiskundige balansprovisies en de technische provisies die betrekking hebben op:

– de levensverzekeringscontracten die beantwoorden aan de voorwaarden vastgesteld in artikel 21, 9°, van het Wetboek van de inkomstenbelastingen 1992;
– de verzekeringsverrichtingen die met een beleggingsfonds verbonden zijn [met uitzondering van levensverzekeringscontracten waarvan het kapitaal of de afkoopwaarde onderworpen is aan de inkomstenbelastingen of aan de taks op het lange termijnsparen].

§ 6. Ingeval een kredietinstelling of een verzekeringsonderneming bedoeld in artikel 161, 4°, 5° of 6°, de vorm heeft aangenomen van een coöperatieve vennootschap erkend door de Nationale Raad van de Coöperatie, is de taks bovendien verschuldigd op een quotiteit van het maatschappelijk kapitaal op 1 januari van het aanslagjaar. Die quotiteit is gelijk aan de verhouding van het totaal van de op grond van artikel 21, 6°, van het Wetboek van de inkomstenbelastingen 1992 niet-belastbare dividenden, tot het totaal van de toegekende dividenden voor het boekjaar dat voorafgaat.]]

Ingevoegd bij art. 73 W. 22 juli 1993 (B.S. 26.VII.1993) en vervangen bij art. 308 Progr. W. 22 december 2003 (B.S. 31.XII.2003, err. B.S. 16.I.2004);
§ 2, al. 1 gewijzigd bij art. 331 K.B. 3 maart 2011 (B.S. 9. III.2011), van toepassing vanaf 1 april 2011;
§ 3 vervangen bij art. 29, 1° Progr. W. 9 juli 2004 (B.S. 15. VII.2004, ed. 2);
§ 5 aangevuld bij art. 29, 2° Progr. W. 9 juli 2004 (B.S. 15. VII.2004, ed. 2).

Opmerking: – De uiterlijk op 30 september 2013 gedane betaling door de kredietinstellingen, van de jaarlijkse taks gevestigd bij artikel 161bis van het Wetboek der successierechten en die opeisbaar is op 1 januari 2013, wordt geacht te zijn gebeurd op 31 maart 2013 wat het gedeelte betreft dat onderworpen is aan de bepalingen van de wet van 17 juni 2013 houdende fiscale en financiële bepalingen en bepalingen betreffende de duurzame ontwikkeling.
(W. 30 juli 2013, art. 71, B.S. 1.VIII.2013, ed. 2)
– De door de collectieve beleggingsinstellingen en de verzekeringsondernemingen gedane betaling van het supplement voortvloeiend uit de wet van 17 juni 2013 houdende fiscale en financiële bepalingen en bepalingen betreffende de duurzame ontwikkeling, vande jaarlijkse taks gevestigd bij artikel 161bis van het Wetboek der successierechten en die opeisbaar is op 1 januari 2013, wordt geacht te zijn gebeurd op 31 maart 2013 wanneer deze betaling effectief uiterlijk op 30 september 2013 is gebeurd.
(W. 30 juli 2013, art. 72, B.S. 1.VIII.2013, ed. 2)

[Art. 161ter. [Het tarief van de taks wordt vastgesteld:
1° op [0,0965 pct.] voor de in artikel 161bis, §§ 1 en 2, bedoelde bedragen van de beleggingsinstellingen;
2° op [0,1200 pct.] voor de in artikel 161bis, § 4, bedoelde quotiteit van de spaardeposito's bij kredietinstellingen;
3° op [0,0965 pct.] voor het in artikel 161bis, § 5, bedoelde totaal bedrag van de wiskundige balansprovisies en de technische provisies die betrekking heb-

ben op levensverzekeringscontracten en op verzekeringsverrichtingen die verbonden zijn aan beleggingsfondsen;
4° op [0,0965 pct.] voor de in artikel 161bis, § 6, bedoelde quotiteit van het maatschappelijk kapitaal van de in artikel 161, 4°, 5° of 6°, bedoelde instellingen die de vorm van een coöperatieve vennootschap hebben, erkend door de Nationale Raad van de Coöperatie;
5° op 0,01 pct. voor de in artikel 161bis, § 1, bedoelde bedragen, in de mate dat de financieringsmiddelen van de beleggingsinstelling, één of meerdere van haar compartimenten of klassen van aandelen, uitsluitend worden aangetrokken bij institutionele of professionele beleggers die voor eigen rekening handelen, en waarvan de effecten uitsluitend door deze beleggers kunnen worden verworven.]]

Ingevoegd bij art. 73 W. 22 juli 1993 (B.S. 26.VII.1993) en vervangen bij art. 309 Progr. W. 22 december 2003 (B.S. 31.XII.2003, err. B.S. 16.I.2004);
1° gewijzigd bij art. 106 W. 17 juni 2013 (B.S. 28.VI.2013, ed. 1), van toepassing vanaf 1 januari 2013;
2° gewijzigd bij art. 70, 1° W. 30 juli 2013 (B.S. 1.VIII.2013, ed. 2), van toepassing vanaf 1 januari 2013, de tariefverhoging is betaalbaar uiterlijk 30 september 2013;
3° en 4° gewijzigd bij art. 106 W. 17 juni 2013 (B.S. 28. VI.2013, ed. 1), van toepassing vanaf 1 januari 2013.

Toekomstig recht: – Vanaf 1 januari 2014 wordt in art. 161ter, 1° tot 4° het tarief "0,0965 pct." telkens vervangen door het tarief "0,0925 pct.".
(W. 17 juni 2013, art. 106, B.S. 28.VI.2013, ed. 1, van toepassing vanaf 1 januari 2014)
– Vanaf 1 januari 2014 wordt in art. 161ter, 2° het tarief "0,0925 pct." vervangen door het tarief "0,1929 pct.".
(W. 30 juli 2013, art. 70, 2° en 73, al. 2, B.S. 1.VIII.2013, ed. 2)

[Art. 161quater. De taks is opeisbaar [de eerste januari] van elk jaar.
[Hij moet betaald zijn uiterlijk op 31 maart van elk jaar. Nochtans wordt die termijn, wat betreft de betaling van de taks of van het gedeelte van de taks met betrekking tot de dividenden bedoeld in artikel 21, 6°, van het Wetboek van de inkomstenbelastingen 1992, in voorkomend geval, verlengd tot de achtste werkdag na de datum van de algemene vergadering waarop over de toekenning van de dividenden is beslist.]
Indien de taks [of het gedeelte van de taks] niet betaald wordt binnen deze termijn, is de wettelijke interest, volgens het percentage in burgerlijke zaken, van rechtswege verschuldigd te rekenen van de dag waarop de betaling had moeten geschieden.
[Voor de berekening van de interest wordt elke fractie van een maand gerekend als een volle maand.]]

Ingevoegd bij art. 73 W. 22 juli 1993 (B.S. 26.VII.1993);
Al. 1 gewijzigd bij art. 4 K.B. 18 november 1996 (B.S. 6. XII.1996);
Al. 2 vervangen bij art. 4 K.B. 18 november 1996 (B.S. 6.XII.1996);

Al. 3 gewijzigd bij art. 4 K.B. 18 november 1996 (B.S. 6. XII.1996);
Al. 4 ingevoegd bij art. 10 W. 20 januari 1999 (B.S. 13. II.1999).

[Art. 161quinquies. [De instellingen of ondernemingen bedoeld in artikel 161 zijn gehouden uiterlijk op 31 maart van ieder aanslagjaar op het bevoegde kantoor een aangifte in te dienen waarin de belastbare grondslag wordt opgegeven. Evenwel moeten, wat aangaat de taks of het gedeelte van de taks met betrekking tot de dividenden bedoeld in artikel 21, 6°, van het Wetboek van de inkomstenbelastingen 1992, de coöperatieve vennootschappen erkend door de Nationale Raad voor de Coöperatie de aangifte of een bijkomende aangifte die de belastbare grondslag opgeeft van de taks of van het gedeelte van de taks betreffende die dividenden, indienen ten laatste de dag waarop de betaling overeenkomstig artikel 161quater, tweede lid moet worden gedaan.]

Indien de aangifte niet ingediend wordt binnen de voorgeschreven termijn, wordt een boete verbeurd van [[250 EUR]] per week vertraging. Elke begonnen week wordt gerekend als een volle week.]

Ingevoegd bij art. 73 W. 22 juli 1993 (B.S. 26.VII.1993);
Al. 1 vervangen bij art. 5 K.B. 18 november 1996 (B.S. 6.XII.1996);
Al. 2 gewijzigd bij art. 2-13 K.B. 20 juli 2000 (II) (B.S. 30. VIII.2000, err. B.S. 8.III.2001) en bij art. 42, 5° K.B. 13 juli 2001 (B.S. 11.VIII.2001, err. B.S. 21.XII.2001).

[Art. 161sexies. Is het kantoor niet geopend op de laatste dag van de termijn van betaling of van neerlegging, dan wordt de termijn verlengd tot de eerstvolgende dag waarop het kantoor geopend is.]

Ingevoegd bij art. 73 W. 22 juli 1993 (B.S. 26.VII.1993).

[Art. 161septies. De Minister van Financiën of zijn vertegenwoordiger bepaalt het bevoegde kantoor voor de invordering van de taks, boeten en interesten.

De Koning bepaalt de vorm en de inhoud van de aangifte. Hij kan betalingsmodaliteiten bepalen alsook aanvullende regels om de juiste heffing van de belasting te verzekeren.]

Ingevoegd bij art. 73 W. 22 juli 1993 (B.S. 26.VII.1993).

[Art. 161octies. Elke onnauwkeurigheid of weglating die vastgesteld wordt in de aangifte bedoeld in artikel 161quinquies, evenals iedere andere onregelmatigheid begaan in de uitvoering van de wettelijke of reglementaire bepalingen, wordt gestraft met een boete gelijk aan tweemaal het ontdoken recht, te verminderen volgens een schaal die door de Koning wordt vastgesteld, zonder dat deze boete lager mag zijn dan [[250 EUR]] per overtreding.]

Ingevoegd bij art. 73 W. 22 juli 1993 (B.S. 26.VII.1993) en gewijzigd bij art. 2-13 K.B. 20 juli 2000 (II) (B.S. 30.

VIII.2000, err. B.S. 8.III.2001) en bij art. 42, 5° K.B. 13 juli 2001 (B.S. 11.VIII.2001, err. B.S. 21.XII.2001).

[Art. 161nonies. [De ambtenaren van de administratie van de belasting over de toegevoegde waarde, registratie en domeinen kunnen kennis nemen van alle documenten nodig voor de juiste heffing van de taks.]]

Ingevoegd bij art. 73 W. 22 juli 1993 (B.S. 26.VII.1993) en vervangen bij art. 6 K.B. 18 november 1996 (B.S. 6.XII.1996).

[Art. 162. Op de belasting ingesteld bij artikel 161 zijn van toepassing de bepalingen van boek I betreffende het bewijs van het verzuim van aangifte van goederen, alsmede die betreffende de verjaring, de teruggave, de vervolgingen en gedingen en de correctionele straffen.]

[Het maximumbedrag van de tussen een minimumbedrag en een maximumbedrag vast te stellen geldstraffen als bepaald in het eerste boek, wordt voor de toepassing ervan in het kader van dit boek gebracht op 125.000,00 EUR.]

[Wanneer de beleggingsinstellingen bedoeld in artikel 161, 3°, de bepalingen van dit boek overtreden, kan de rechter hen het verbod opleggen nog langer rechten van deelneming in België te plaatsen. Dit verbod wordt betekend aan de beleggingsinstelling, aan de [Autoriteit voor Financiële Diensten en Markten] en aan de instelling die door de beleggingsinstelling in België werd aangeduid om te zorgen voor de uitkeringen aan de deelnemers, de verkoop of de inkoop van de rechten van deelneming en voor de verplichte informatieverstrekking in ten minste één van de landstalen.]

Ingevoegd bij art. 73 W. 22 juli 1993 (B.S. 26.VII.1993);
Al. 2 ingevoegd bij art. 80 Progr. W. 27 december 2006 (B.S. 28.XII.2006, ed. 3);
Al. 3 (voorheen al. 2) ingevoegd bij art. 310 Progr. W. 22 december 2003 (B.S. 31.XII.2003, err. B.S. 16.I.2004) en gewijzigd bij art. 331 K.B. 3 maart 2011 (B.S. 9.III.2011), van toepassing vanaf 1 april 2011.

[BOEK III

JAARLIJKSE TAKS OP DE COORDINATIECENTRA]

Ingevoegd bij art. 66 W. 28 december 1992 (B.S. 31.XII.1992, err. B.S. 18.II.1993).

[Art. 162bis. De coördinatiecentra worden op 1 januari van elk jaar aan een jaarlijkse taks onderworpen.

Het bedrag van de taks bedraagt [10.000 EUR] per voltijds werknemer van het coördinatiecentrum, in de zin van artikel 3, 2°, van het koninklijk besluit nr. 187 van 30 december 1982 betreffende de oprichting van coördinatiecentra.

Het totaal bedrag van de taks mag niet hoger zijn dan [100.000 EUR] ten laste van éénzelfde coördinatiecentrum.

De taks is eisbaar vanaf 1 januari van het eerste

jaar dat volgt op de datum van oprichting.

De in aanmerking te nemen personeelsbezetting is die op 1 januari van elk belastingjaar.]

Ingevoegd bij art. 66 W. 28 december 1992 (B.S. 31. XII.1992);
Al. 2-3 gewijzigd bij art. 11 K.B. 13 juli 2001 (B.S. 11. VIII.2001, err. B.S. 21.XII.2001).

[Art. 162ter. De taks moet ten laatste op 31 maart van elk jaar gekweten worden.

De taks wordt gekweten door storting of over-schrijving op de postrekening-courant van het bevoeg-de kantoor.

Wanneer echter het coördinatiecentrum niet in de loop van het burgerlijk jaar van zijn oprichting bij ko-ninklijk besluit erkend werd, zijn de vóór de datum van de toekenning van de erkenning opeisbare taksen, betaalbaar binnen drie maanden na deze datum.

Wordt de taks niet binnen de termijn betaald, dan is de wettelijke interest, tegen de rentevoet bepaald in burgerlijke zaken, van rechtswege eisbaar vanaf de dag, waarop de betaling had moeten geschieden.

De gedeelten van een maand worden voor een volle maand gerekend.]

Ingevoegd bij art. 66 W. 28 december 1992 (B.S. 31. XII.1992).

[Art. 162quater. Op de dag van de betaling dient de belastingplichtige op het bevoegde kantoor een op-gave in met vermelding van het aanslagjaar, de oprich-tingsdatum van het centrum, de datum van het konink-lijk besluit tot erkenning, het aantal voltijdse werkne-mers in dienst en het bedrag van de taks.

Wanneer de opgave niet binnen de in voorgaand artikel gestelde termijn wordt ingediend, wordt een boete verbeurd van [[250 EUR]] per week vertraging. Iedere begonnen week wordt voor een gehele week gerekend.]

Ingevoegd bij art. 66 W. 28 december 1992 (B.S. 31. XII.1992);
Al. 2 gewijzigd bij art. 2-13 K.B. 20 juli 2000 (II) (B.S. 30. VIII.2000, err. B.S. 8.III.2001) en bij art. 42, 5° K.B. 13 juli 2001 (B.S. 11.VIII.2001, err. B.S. 21.XII.2001).

[Art. 162quinquies. De Koning bepaalt het kan-toor dat bevoegd is voor de inning van de taks, de in-teresten en de boeten. Hij kan regels voor de betaling vaststellen.]

Ingevoegd bij art. 66 W. 28 december 1992 (B.S. 31. XII.1992).

[Art. 162sexies. Ingeval de taks niet binnen de vastgestelde termijn betaald werd, is een boete ver-schuldigd die gaat van één twintigste tot één vijfde van de taks, volgens een bij koninklijk besluit vastgestelde schaal.]

Ingevoegd bij art. 66 W. 28 december 1992 (B.S. 31. XII.1992).

[Art. 162septies. Elke onnauwkeurigheid of weg-lating vastgesteld in de in artikel 162quater vermelde opgave wordt gestraft met een boete gelijk aan vijf-maal het ontdoken recht te verminderen volgens een schaal die wordt vastgesteld bij koninklijk besluit.]

Ingevoegd bij art. 66 W. 28 december 1992 (B.S. 31. XII.1992).

[Art. 162octies. Wanneer het coördinatiecentrum zijn erkenning verliest of eraan verzaakt, met uitwer-king op een datum vóór 1 januari van het aanslagjaar waarvoor de belasting is betaald, worden de belasting en, in voorkomend geval, de interesten teruggegeven.]

Ingevoegd bij art. 66 W. 28 december 1992 (B.S. 31. XII.1992).

[Art. 162nonies. De vervolgingen en gedingen door de administratie of de belastingplichtige in te spannen tot verkrijging van de betaling of van de te-ruggave van de taks, de interesten en de boeten, ge-schieden op de wijze en volgens de vormen vastge-steld inzake registratierechten.]

Ingevoegd bij art. 66 W. 28 december 1992 (B.S. 31. XII.1992).

[Art. 162decies. Er is verjaring voor de eis tot in-vordering of teruggave van de taks, de interesten en de boeten na vijf jaar te rekenen vanaf 1 januari van het jaar waarin de vordering ontstaan is.

De verjaringen inzake invordering en teruggave van de belastingen, interesten en boeten worden ge-schorst overeenkomstig de artikelen 140^1 en 140^2 van dit Wetboek.]

Ingevoegd bij art. 66 W. 28 december 1992 (B.S. 31. XII.1992).

INTREKKINGSBEPALING

Art. 163. Worden ingetrokken alle vroegere wetten en wetsbepalingen op de rechten van successie en van overgang bij overlijden en op de taxe tot vergoeding der successierechten, alsmede alle andere wetsbepa-lingen die strijdig met dit wetboek zouden zijn.

OVERGANGSBEPALINGEN

Afdeling 1

Algemene maatregelen

Art. 164. De bepalingen van dit wetboek beheer-sen enkel de nalatenschappen opengevallen alsme-de de taxes tot vergoeding der successierechten ver-kregen na de datum van zijn inwerkingtreding, onder voorbehoud van hetgeen gezegd onder artikelen 165 tot 178.

Art. 165. De bepalingen van het wetboek zijn van toepassing op de gevallen van intreden, na voormelde datum, van gebeurtenissen voorzien in artikel 37, 2°, 3° en 4°, alhoewel deze gebeurtenissen in verband staan met een vroeger opengevallen nalatenschap; in die gevallen, moeten evenwel de nieuwe bepalingen van artikelen 4, 2°, 16, 18, 38, 2° en 3°, en 52[1] niet toegepast worden, of moet de verhoging van belasting, voorzien door de oude wetgeving op het door bloedverwanten in de zijlinie verkregen buitenversterfdeel, niet afgewezen worden.

Art. 166. De in artikel 17 gevestigde regel volgens dewelke de in het buitenland geheven belasting in nationale munt geconverteerd wordt op de datum van de betaling, is van toepassing op de vóór voormelde datum opengevallen nalatenschappen, voor zoveel dat, op deze datum, de bewijsstukken der betaling bij de ontvanger nog niet neergelegd werden.

Art. 167. De vormveranderingen toegebracht door het wetboek aan de aangiften van nalatenschap en aan de jaarlijkse aangiften van de goederen der verenigingen zonder winstoogmerken worden toegepast op iedere nog niet ingeleverde aangifte.

Art. 168. Artikel 58 is van toepassing telkenmale het tenietgaan van het vruchtgebruik na de datum van de inwerkingtreding van het wetboek geschiedt.

Art. 169. De vereenvoudigingen van berekeningen voorzien in artikelen 62, 63, 82, 83 en 154 zijn van toepassing op elke na voormelde datum gedane verrichting.

Art. 170. De lopende wettelijke interesten worden berekend tegen de vroeger bepaalde rentevoet tot voormelde datum en tegen de rentevoet bepaald in burgerlijke zaken te rekenen van dezelfde datum.

Art. 171. De opheffing van het verplichtend visa der quitantiën van het recht van overgang bij overlijden is van toepassing op alle na voormelde datum uitgereikte kwitantie.

Art. 172. De bepalingen aangaande het voorrecht en de wettelijke hypotheek van de Staat, gevestigd bij artikelen 84 tot 93, zijn van toepassing, ongeacht de nalatenschappen al dan niet sinds voormelde datum opengevallen zijn, doch, blijven de hypotheken thans bestaande en nog niet ingeschreven wegens vroeger opengevallen nalatenschappen, voort bestaan met hun rang, indien de inschrijving genomen wordt binnen de zes maanden na gezegde datum, zonder dat de termijn korter moge wezen dan achttien maanden te rekenen van het overlijden; bij gemis ingeschreven te zijn binnen bedoelde termijn, nemen de hypotheken waarover het gaat slechts rang op de datum van hun inschrijving.

Anderzijds, staken de voorrechten en wettelijke hypotheken, die thans bestaan tot waarborg van taxes tot vergoeding verschuldigd door verenigingen zonder winstoogmerken, hun uitwerking uiterlijk binnen de zes maanden van de datum van het inwerkingtreden van het wetboek.

Art. 173. Artikelen 95 tot 99 zijn van toepassing, op al de na voormelde datum gedane verrichtingen.

Art. 174. Het recht van navorsing zoals het gevestigd is bij artikelen 100 en 107 mag door het bestuur uitgeoefend worden, welke ook de datum van het openvallen van de nalatenschap zij.

Art. 175. Artikelen 112 tot 122 en 139 zijn van toepassing op al de schattingen die nog niet aangevraagd werden.

Art. 176. De bepalingen van het wetboek, die de fiscale boeten en correctionele straffen vaststellen, zijn van toepassing op elke na de datum van zijn inwerkingtreding begane inbreuk.

Art. 177. Artikelen 136 en 157 zijn van toepassing op al de te verrichten teruggaven.

Art. 178. De verjaringen begonnen bij de inwerkingtreding van het wetboek worden overeenkomstig artikelen 137, 138 en 140 geregeld.

Doch, in geval van verkorting van de duur der thans in loop zijnde verjaringen, indien de termijn die nog onder het vorige regime te verlopen blijft geen jaar te rekenen van voormelde datum overschrijdt, wordt hij geheel en al gehandhaafd; daarentegen, indien bedoelde termijn nog meer dan één jaar bedraagt, kan hij niet tot minder dan één jaar teruggebracht worden.

Afdeling 2

Bijzondere maatregelen

Art. 179. Bij overgangsmaatregel, worden onderstaande artikelen 180 tot 183 in de kantons Eupen, Malmédy en Sankt-Vith in werking gehouden.

Art. 180. Indien degene die tot het genot van de volle eigendom komt, de rechten in schorsing gehouden heeft bij toepassing van § 26, alinea 2, der Pruisische wet van 3 juni 1906 op de successierechten, moet de aangifte van ophouding van vruchtgebruik ten kantore van de ligging der goederen worden gedaan.

Zij duidt het bedrag aan van het recht dat in schorsing gehouden werd [...].

Al. 2 gewijzigd bij art. 12, 6° K.B. 13 juli 2001 (B.S. 11. VIII.2001, err. B.S. 21.XII.2001).

Art. 181. Artikelen 94, 97 tot 99, 130 en 133, betreffende de plichten der openbare ambtenaren zijn van toepassing op de op de 1e januari 1927 in dienst zijnde auctionarissen.

Art. 182. Voor de toepassing van de laatste alinea van artikel 11 van dit wetboek, moeten afgetrokken worden, in de plaats van het overschrijvingsrecht, de gerechtskosten die mochten geïnd zijn uit hoofde van de inschrijving in het grondboek van de akte van verkoop of van afstand of van de aangifte van uitbezitstelling-inbezitneming.

In voorkomend geval, wordt het volgens de Duitse wetten op de akte van verkoop of van overdracht of op de aangifte van uitbezitstelling-inbezitneming geïnd recht in de plaats van het registratierecht afgetrokken.

Art. 183. In geval van voortzetting van de gemeenschap der goederen overeenkomstig artikel 1483 en volgende artikelen van het Duits Burgerlijk Wetboek, worden de kinderen of afstammelingen van de vóóroverleden echtgenoot, voor de inning der rechten van successie en van overgang bij overlijden, geacht uit de nalatenschap van hun ouder dat deel te verkrijgen waarop zij in de voortgezette gemeenschap recht hebben.

Hetzelfde geldt voor de afstammelingen van een der in onverdeeldheid zijnde personen die het aandeel van deze laatste in de voortgezette gemeenschap verkrijgen, en voor zijn mede-inonverdeeldheidzijnden aan wie dit aandeel als aanwas ten dele valt in de gevallen voorzien bij artikel 1490 van het Duits Burgerlijk Wetboek.

Wetboek van successierechten
(W. Succ.)

Brussels Hoofdstedelijk Gewest

WETBOEK VAN SUCCESSIERECHTEN - BRUSSELS HOOFDSTEDELIJK GEWEST

INHOUDSOPGAVE

WETBOEK VAN SUCCESSIERECHTEN (ZOALS VAN TOEPASSING IN HET BRUSSELS HOOFDSTEDELIJK GEWEST)

K.B. nr. 308 van 31 maart 1936 (B.S. 7.IV.1936, err. B.S. 12.IV.1936 en B.S. 26.IV.1936), bekrachtigd bij wet van 4 mei 1936 (B.S. 7.V.1936).

BOEK I

RECHTEN VAN SUCCESSIE EN VAN OVERGANG BIJ OVERLIJDEN

HOOFDSTUK I

VESTIGING VAN DE RECHTEN

Afdeling 1

Erfopvolging bij versterf en testamentaire erfopvolging

Art. 1. [Er wordt gevestigd:
1°een recht van successie op de waarde van al wat uit de nalatenschap van een Rijksinwoner wordt verkregen, verminderd met het in artikel 27, eerste lid, bedoelde passief;
2° een recht van overgang bij overlijden op de waarde van de onroerende goederen gelegen in België verkregen uit de nalatenschap van iemand die geen Rijksinwoner is, verminderd met het in artikel 27, tweede lid, bedoelde passief indien de overledene een inwoner van de Europese Economische Ruimte is.

Voor een Rijksinwoner wordt gehouden, hij die, op het ogenblik van zijn overlijden, binnen het Rijk zijn domicilie of de zetel van zijn vermogen heeft gevestigd.

Voor een inwoner van de Europese Economische Ruimte wordt gehouden, hij die, op het ogenblik van zijn overlijden, binnen deze Ruimte zijn domicilie of de zetel van zijn vermogen heeft gevestigd.]

Vervangen bij art. 2 Ord. 26 augustus 2010 (B.S. 3.IX.2010), van toepassing vanaf 3 september 2010.

Art. 2. Deze rechten zijn verschuldigd op de erfgoederen ongeacht of zij ingevolge wettelijke devolutie, uiterste wilsbeschikking of contractuele erfstelling worden overgemaakt.

Ze zijn, bovendien, verschuldigd in de gevallen aangeduid onder artikel 3 tot 14.

Afdeling 2

Overdrachten en beschikkingen gelijkgesteld met overgangen uit oorzaak van dood

Art. 3. [...]

Opgeheven bij art. 49 W. 9 mei 2007 (B.S. 21.VI.2007), van toepassing op personen die, vóór haar inwerkingtreding, verdwenen zijn of niet meer verschenen zijn in hun woon- of ver-

blijfplaats en van wie men geen tijding heeft ontvangen (art. 54).
Overgangsbepaling: – Zie art. 57 W. 9 mei 2007 (B.S. 21. VI.2007):
Elk vonnis houdende verklaring van afwezigheid gewezen vóór de inwerkingtreding van deze wet of na de inwerkingtreding ervan, met toepassing van artikel 49 zal na verloop van vijf jaar te rekenen van de bekendmaking ervan, de gevolgen hebben die deze wet eraan verbindt.

Art. 4. Worden met het oog op de heffing van het successierecht als legaten beschouwd:
1° alle schulden alleenlijk bij uiterste wil erkend;
2° alle schuldbekentenissen van sommen die een bevoordeling vermommen onder het voorkomen van een contract ten bezwarenden titel, en niet aan het voor de schenkingen gevestigd registratierecht werden onderworpen;
[3° alle schenkingen onder de levenden van roerende goederen die de overledene heeft gedaan onder een opschortende voorwaarde die vervuld wordt ingevolge het overlijden van de schenker, wanneer de schenker zowel op het ogenblik van de schenking als op het ogenblik van zijn overlijden gewestinwoner van het Brussels Hoofdstedelijk Gewest was.

Voor de toepassing van deze bepaling wordt onder gewestinwoner van het Brussels Hoofdstedelijk Gewest verstaan:
a) op het ogenblik van de schenking: de persoon die op dat ogenblik zijn fiscale woonplaats had in dat Gewest; als hij zijn fiscale woonplaats op meer dan één plaats in België heeft gehad tijdens de vijf jaar vóór de schenking, de persoon die zijn fiscale woonplaats in de voormelde periode het langst in dat Gewest had;
b) op het ogenblik van zijn overlijden: de persoon die op dat ogenblik zijn fiscale woonplaats had in dat Gewest; als hij zijn fiscale woonplaats op meer dan één plaats in België heeft gehad tijdens de vijf jaar vóór zijn overlijden, de persoon die zijn fiscale woonplaats in de voormelde periode het langst in dat Gewest had.]

3° ingevoegd bij art. 2 Ord. Br. H. R. 24 februari 2005 (B.S. 9.III.2005, err. B.S. 15.III.2005).

Art. 5. De overlevende echtgenoot, wie een huwelijksovereenkomst, die niet aan de regelen betreffende de schenkingen onderworpen is, op voorwaarde van overleving meer dan de helft der gemeenschap toekent, wordt voor de heffing der rechten van de successie en van overgang bij overlijden, gelijkgesteld met de overlevende echtgenoot die, wanneer niet wordt afgeweken van de gelijke verdeling der gemeenschap, het deel van de andere echtgenoot krachtens een schenking of een uiterste wilsbeschikking geheel of gedeeltelijk verkrijgt.

Art. 6. De overlevende man wordt geacht legataris te zijn van het deel der bij de ontbinding der gemeenschap bestaande goederen, dat hem tengevolge van verwerping door de erfgenamen zijner vrouw ten goede komt.

Opgeheven bij art. 4, 45 W. 14 juli 1976 (B.S. 18.IX.1976),
behouden als overgangsmaatregel voor echtgenoten gehuwd
voor 28 september 1976 (cf. W. 14 juli 1976, art. 4, 47).

Art. 7. De goederen, waarover, naar het door het bestuur geleverd bewijs, de afgestorvene kosteloos beschikte gedurende de drie jaren vóór zijn overlijden, worden geacht deel uit te maken van zijn nalatenschap, indien de bevoordeling niet onderworpen werd aan het registratierecht gevestigd voor de schenkingen, behoudens verhaal van de erfgenamen of legatarissen op de begiftigde voor de wegens die goederen gekweten successierechten.

Wanneer er door het bestuur of door de erfgenamen en legatarissen bewezen wordt dat de bevoordeling een bepaalde persoon gold, wordt deze voor legataris van de geschonken zaak gehouden.

Art. 8. [Worden geacht als legaat te zijn verkregen, de sommen, renten of waarden die een persoon geroepen is kosteloos te ontvangen, bij het overlijden van de overledene, ingevolge een contract bevattende een door de overledene of door een derde ten behoeve van de verkrijger gemaakt beding.

Worden eveneens geacht als legaat te zijn verkregen, de sommen, renten of waarden, die een persoon geroepen was kosteloos te ontvangen binnen drie jaar vóór het overlijden van de overledene of die hij geroepen is kosteloos na dit overlijden te ontvangen, ingevolge een contract bevattende een door de overledene ten behoeve van de verkrijger gemaakt beding.

Dit artikel is mede van toepassing op de sommen of waarden die een persoon geroepen is kosteloos te ontvangen bij overlijden van hem, die een levensverzekering aan order of aan toonder heeft aangegaan.

Wanneer de overledene gehuwd was onder een stelsel van gemeenschap van goederen, worden de sommen, renten of waarden, die aan zijn echtgenoot toevallen ingevolge een door deze echtgenoot afgesloten levensverzekering of contract met vestiging van rente, zomede de sommen, renten of waarden, die hij geroepen is kosteloos te ontvangen ingevolge een contract bevattende een door de overledene of door een derde ten behoeve van de echtgenoot gemaakt beding, geacht als legaat door de echtgenoot te zijn verkregen, tot beloop van hun algeheel bedrag, zo de sommen, renten of waarden werden verkregen als tegenwaarde voor eigen goederen van de overledene, en enkel tot beloop van de helft in al de andere gevallen. Het recht is niet verschuldigd wanneer er bewezen wordt dat de sommen, renten of waarden verkregen werden als tegenwaarde voor eigen goederen van de echtgenoot. De omstandigheid dat het beding wederkerig is, ontneemt daaraan niet de aard van bevoordeling.

De verkrijger wordt ondersteld kosteloos te ontvangen, behoudens tegenbewijs.

Dit artikel is niet van toepassing:

1° op de sommen, renten of waarden, verkregen ingevolge een beding dat aan het registratierecht gevestigd voor de schenkingen werd onderworpen;

2° op de renten en kapitalen gevestigd tot uitvoering van een wettelijke verplichting;

3° op de renten en kapitalen die door tussenkomst van de werkgever van de overledene werden gevestigd ten behoeve van [de overlevende echtgenoot van de overledene] of, bij gebreke, ten behoeve van zijn [kinderen die de leeftijd van eenentwintig jaar niet hebben bereikt], tot uitvoering hetzij van een groepsverzekeringscontract onderschreven ingevolge een bindend reglement van de onderneming en beantwoordende aan de voorwaarden gesteld door de reglementering betreffende de controle van zulke contracten, hetzij van het bindend reglement van een voorzorgsfonds opgericht ten behoeve van het personeel van de onderneming;

4° op de sommen, renten of waarden, bij het overlijden van de overledene verkregen, ingevolge een contract bevattende een door een derde ten behoeve van de verkrijger gemaakt beding, wanneer er bewezen wordt dat deze derde kosteloos ten behoeve van de verkrijger heeft bedongen.]

Vervangen bij art. 1 K.B. nr. 12, 18 april 1967 (B.S. 20.
IV.1967);
Al. 6, 3° gewijzigd bij art. 195 W. 30 december 1988 (B.S.
5.I.1989) en bij art. 214 W. 22 december 1989 (B.S. 29.
XII.1989, err. B.S. 21.IV.1990).

Art. 9. De roerende of onroerende goederen, verkregen ten bezwarenden titel voor het vruchtgebruik door de overledene en voor de blote eigendom door een derde, alsmede de effecten aan toonder of op naam, ingeschreven voor het vruchtgebruik op naam van de overledene en voor de blote eigendom op naam van een derde, worden, voor de heffing van het uit hoofde van de nalatenschap van de overledene eisbaar successierecht en recht van overgang bij overlijden, geacht in volle eigendom in dezes nalatenschap voorhanden te zijn en door de derde als legaat te zijn verkregen, tenzij het bewezen wordt dat de verkrijging of de inschrijving niet een bedekte bevoordeling ten behoeve van de derde is.

Art. 10. In geval van verdeling of van met verdeling gelijkstaande akte, waarin de overledene toebedeeld werd een vruchtgebruik, een rente of elk ander recht dat bij zijn overlijden moet vervallen, wordt de verrichting, voor de heffing van de rechten van successie en van overgang bij overlijden, gelijkgesteld met een legaat ten behoeve van de deelgenoten van de overledene, verkrijgers van de blote eigendom of belast met het levenslang recht, in de mate waarin evenbedoelde personen goederen in eigendom boven hun deel in de onverdeeldheid hebben verkregen.

De belastbare waarde wordt bepaald door een breuk van de waarde, ten dage van het overlijden, van de goederen toebedeeld in eigendom aan elkeen van bedoelde deelgenoten, breuk uitgedrukt door de verhouding die bestaat, ten dage van de verdeling, tussen het bedrag der bedekte bevoordeling en de waarde der in eigendom toebedeelde goederen.

Dit artikel is niet van toepassing wanneer er bewezen wordt dat de verdeling geen bevoordeling ten behoeve van de verscheidene mederechthebbenden in de onverdeeldheid bedekte.

Art. 11. De roerende of onroerende goederen, die door de overledene ten bezwarenden titel werden verkocht of afgestaan, worden, voor de heffing van het uit hoofde van de nalatenschap van de overledene eisbaar successierecht en eisbaar recht van overgang bij overlijden, geacht deel uit te maken van zijn nalatenschap en als legaat te zijn verkregen door de verkrijger of door de overnemer, indien, naar luid van de overeenkomst, de overledene zich een vruchtgebruik heeft voorbehouden of de overlating, te zijnen bate, hetzij van het vruchtgebruik van een ander goed, hetzij van elk ander levenslang recht heeft bedongen, tenzij het wordt bewezen dat verkoop of afstand niet een bedekte bevoordeling is ten behoeve van de verkrijger of van de overnemer.

Indien de overledene, daarenboven, de overlating van een goed in eigendom te zijnen bate heeft bedongen, is de belasting verschuldigd op een breuk der waarde, ten dage van het overlijden, van de door de overledene verkochte of afgestane goederen, breuk bepaald door de verhouding die bestaat ten dage van de verkoop tussen het bedrag der bedekte bevoordeling en de waarde der door de overledene afgestane goederen.

Het recht van overgang, geheven bij de registratie der akte van verkoop of van afstand, en, in voorkomend geval, het overschrijvingsrecht, worden afgetrokken van het successierecht of van het recht van overgang bij overlijden, in de mate waarin laatstgemelde rechten eisbaar zijn krachtens dit artikel eventueel gecombineerd met het volgend artikel.

Art. 12. Wanneer er, in de gevallen onder artikelen 9, 10 en 11, niet bewezen wordt dat de verrichting geen bevoordeling verbergt, doch er uitgemaakt wordt dat de overledene werkelijk het levenslang recht genoten heeft, is er aanleiding toe, op de belastbare grondslag, ten dage van het openvallen der nalatenschap, een evenredige vermindering toe te passen zoals deze voorzien onder de tweede alinea van artikelen 10 en 11, en zulks rekening gehouden met de waarde van bedoeld levenslang recht gekapitaliseerd tegen 4 t. h. en volgens het werkelijk aantal volle jaren gedurende dewelke de overledene het genoten heeft; gaat het om een vruchtgebruik of ander zakelijk levenslang recht, dan dient de waarde van het in aanmerking te nemen jaarlijks inkomen forfaitairlijk vastgesteld op 4 t. h. van de waarde van de volle eigendom van het goed ten dage van het contract.

Art. 13. Het krachtens artikelen [8, 5° alinea,] 9, 10, 3° alinea, 11, 1° alinea en 12 te leveren bewijs, kan door alle gewone rechtsmiddelen, ook door getuigen en vermoedens, bijgebracht worden.

Gewijzigd bij art. 2 K.B. nr. 12, 18 april 1967 (B.S. 20. IV.1967).

Art. 14. Artikelen 9 tot 13 zijn niet van toepassing:

1° indien de overledene langer heeft geleefd: dan de derde, in het geval van artikel 9; dan de mederechthebbende in de onverdeeldheid, verkrijger van de blote eigendom of belast met het levenslang recht, in het geval van artikel 10; dan de verkrijger of overnemer, in het geval van artikel 11;

2° indien de derde, in het geval van artikel 9, de mederechthebbende in de onverdeeldheid, verkrijger van de blote eigendom of belast met het levenslang recht, in het geval van artikel 10, de verkrijger of de overnemer, in het geval van artikel 11, niet behoren tot de soort van de personen vermeld in de alinea's 1, 2 en 3 van artikel 33.

HOOFDSTUK II

BELASTBAAR ACTIEF

Afdeling 1

Successierecht

Art. 15. [Het successierecht is verschuldigd op de algemeenheid der aan de overledene of aan de afwezige toebehorende goederen, waar ze zich ook bevinden, na aftrek van het in artikel 27, eerste lid bedoelde passief en behoudens toepassing van artikelen 16 en 17.]

Vervangen bij art. 3 Ord. 26 augustus 2010 (B.S. 3.IX.2010), van toepassing vanaf 3 september 2010.

Art. 16. Voor de inning van het successierecht in de rechte nederdalende linie of tussen echtgenoten met gemene kinderen of afstammelingen, worden niet in aanmerking genomen de terugnemingen en vergoedingen, die verbonden zijn, hetzij aan de gemeenschap welke heeft bestaan tussen de overledene en een echtgenote, bij welke hij bij zijn overlijden levende kinderen of afstammelingen heeft, hetzij aan de gemeenschap welke tussen de verwanten in de opgaande linie van de overledene heeft bestaan.

Wordt niet beschouwd als terugneming of vergoeding vallende onder toepassing van dit artikel, de vergoeding verschuldigd aan de gemeenschap uit hoofde van een op derden onoverdraagbaar maatschappelijk aandeel waarop door een der echtgenoten werd ingeschreven en dat door hem of door zijn erfgenamen bij de ontbinding der gemeenschap werd teruggenomen.

Art. 17. Wanneer het actief der nalatenschap van een Rijksinwoner buitenlands gelegen onroerende goederen begrijpt, welke aanleiding geven tot het heffen, in het land der ligging, van een errecht, wordt het in België opvorderbaar successierecht, in de mate waarin het deze goederen treft, verminderd met het bedrag van de in het land der ligging geheven belasting, deze omgerekend [in euro] op de datum van de betaling dier belasting.

De vermindering, waarvan sprake, is afhankelijk gesteld van het inleveren, aan de ontvanger die de aangifte van nalatenschap onder zich heeft, van de behoorlijk gedateerde quitantie der in het buitenland betaalde rechten, alsmede van een door de bevoegde vreemde overheden eensluidend verklaard afschrift der aangifte welke hun afgegeven werd, en van de rechtenverevening welke zij vastgesteld hebben.

Indien de bij de vorige alinea bedoelde bewijsstukken vóór de betaaldag der rechten niet ingeleverd zijn, moeten deze binnen het wettelijk tijdsbestek betaald worden, behoudens teruggave, in voorkomend geval, overeenkomstig hetgeen voorzien is in artikel 135, 2°.

Al. 1 gewijzigd bij art. 12, 1° K.B. 13 juli 2001 (B.S. 11. VIII.2001, err. B.S. 21.XII.2001).

Afdeling 2

Recht van overgang bij overlijden

Art. 18. [Het recht van overgang bij overlijden is verschuldigd op de algemeenheid der in België gelegen onroerende goederen, die aan de overledene of aan de afwezige toebehoren, na aftrek van het in artikel 27, tweede lid, bedoelde passief indien de overledene een inwoner van de Europese Economische Ruimte was.]

Vervangen bij art. 4 Ord. 26 augustus 2010 (B.S. 3.IX.2010), van toepassing vanaf 3 september 2010.

HOOFDSTUK III

WAARDERING VAN HET BELASTBAAR ACTIEF

Afdeling 1

Algemene regelen

Art. 19. De belastbare waarde der goederen die het actief van de nalatenschap van een Rijksinwoner uitmaken, en der aan het recht van overgang bij overlijden onderworpen onroerende goederen, is de door de aangevers te schatten verkoopwaarde ten dage van het overlijden.

Voor de waardering der goederen waarvan de schijnbare eigendom op het hoofd van de overledene berust, wordt er geen rekening gehouden met de waardevermindering die zou kunnen voortspruiten uit de wederroepelijkheid van de titel van verkrijging van de overledene.

Art. 20. De erfgenamen, algemene legatarissen en begiftigden en, in 't algemeen, al wie gehouden is tot het indienen van een aangifte van nalatenschap, mogen vragen vóór de aangifte en uiterlijk vóór het verstrijken van de indieningstermijn, dat, op hun kosten, de waardering geschiede van het geheel of van een deel van de erfgoederen die zich in België bevinden en die voor hun verkoopwaarde moeten of kunnen aangegeven worden.

Zij geven dienaangaande hun beslissing te kennen

bij aangetekende brief gezonden aan de ontvanger van het kantoor waar de aangifte ingeleverd moet worden.

Er wordt gehandeld overeenkomstig artikelen 113 tot 120 en 122.

De waardering is definitief en dient tot grondslag voor de verevening der belasting.

Afdeling 2

Bijzondere regelen

Art. 21. In afwijking van artikel 19, wordt de belastbare waarde der tot de nalatenschap behorende goederen als volgt vastgesteld:

I. Voor de in het buitenland gelegen onroerende goederen, indien de verkoopwaarde niet blijkt uit akten en bescheiden, door twintig of dertig maal de jaarlijkse opbrengst der goederen of de prijs der lopende huurcelen, zonder aftrekking van de lasten aan de huurder of aan de pachter opgelegd, naargelang het gaat om bebouwde eigendommen of onbebouwde eigendommen; in geen geval, mag de belastbare waarde lager zijn dan deze die tot grondslag gediend heeft voor de heffing van de belasting in het buitenland;

II. Voor het kapitaal en de interesten vervallen of verkregen van de schuldvorderingen, door het nominaal bedrag van dit kapitaal en van deze interesten, onder voorbehoud voor de aangevers de schuldvordering op haar verkoopwaarde te schatten, in geval van onvermogen van de schuldenaar of van het bestaan van alle andere oorzaak van waardevermindering;

III. [Voor financiële instrumenten toegelaten tot verhandeling op Belgische gereglementeerde markten als bedoeld in artikel 2, eerste lid, 5°, van de wet van 2 augustus 2002 betreffende het toezicht op de financiële sector en de financiële diensten en Belgische multilaterale handelsfaciliteiten als bedoeld in artikel 2, eerste lid, 4°, van dezelfde wet, volgens de prijscourant die op last van de regering wordt uitgegeven, voor zover de noteringen van de prijscourant beantwoorden aan een gemiddelde (slot)-koers genoteerd gedurende de maand waarvoor deze opgemaakt wordt.]

De te bezigen prijscourant is deze welke werd bekendgemaakt binnen de maand die volgt op de maand van het overlijden. Evenwel, kunnen de belanghebbenden zich beroepen op een van de twee daaropvolgende prijscouranten, op voorwaarde hun keus in hun aangifte aan te duiden.

Slechts één prijscourant mag gekozen worden; deze is toepasselijk op al de nagelaten waarden.

[Wanneer het overlijden heeft plaatsgevonden tussen 1 mei 2008 en 31 december 2009, kunnen de belanghebbenden ook de prijscourant gebruiken die bekendgemaakt is in de vierde of de vijfde maand na het overlijden, op voorwaarde dat ze hun keuze in de aangifte vermelden. Slechts één prijscourant mag worden gekozen; die is toepasselijk op al de nagelaten waarden;]

[IIIbis. Voor de financiële instrumenten, in de zin van artikel 2, 1°, van de wet van 2 augustus 2002 betreffende het toezicht op de financiële sector en de financiële diensten, of de aandelen in de zin van artikel 60bis, § 4, die niet bedoeld worden in II en III, wanneer het overlijden plaatsgevonden heeft tussen 1 mei 2008 en 31 december 2009, volgens de koerswaarde van het goed of, bij gebreke van koerswaarde, volgens een door de aangever te ramen verkoopwaarde van het goed, ofwel op de dag van het overlijden ofwel op de laatste dag van de tweede, derde, vierde of vijfde maand volgend op de maand van het overlijden, op voorwaarde dat de belanghebbenden hun keuze vermelden in de aangifte.

Slechts één datum mag gekozen worden; die is toepasselijk op al de nagelaten waarden bedoeld in dit IIIbis;]

[IIIter. Voor financiële instrumenten toegelaten tot verhandeling op buitenlandse gereglementeerde markten als bedoeld in artikel 2, eerste lid, 6°, van dezelfde wet, buitenlandse multilaterale handelsfaciliteiten als bedoeld in artikel 2, eerste lid, 4°, van dezelfde wet, en voor financiële instrumenten toegelaten tot verhandeling op Belgische gereglementeerde markten als bedoeld in artikel 2, eerste lid, 5°, van dezelfde wet en Belgische multilaterale handelsfaciliteiten als bedoeld in artikel 2, eerste lid, 4°, van dezelfde wet welke niet zijn opgenomen in de prijscourant, volgens de gemiddelde (slot)koers gedurende de maand van het overlijden, zoals bepaald op basis van koersinformatie beschikbaar in de gespecialiseerde geschreven pers en/of middels gespecialiseerde elektronisch raadpleegbare bronnen. De belastingplichtige kan worden gevraagd deze koersinformatie middels een tweede onafhankelijke bron te staven.

Evenwel, kunnen de belanghebbenden zich beroepen op de gemiddelde (slot)koers van de betrokken effecten van een van de twee daaropvolgende maanden, op voorwaarde hun keuze in hun aangifte aan te duiden.

De belanghebbenden mogen slechts één van de voormelde maandperioden kiezen. Deze is toepasselijk op al de nagelaten waarden;]

IV. Voor de altijddurende of voor een onbepaalde tijd gevestigde erfpachten, grondrenten en andere prestatiën, evenals voor de al dan niet gehypothekeerde altijddurende renten, door twintig maal de rente of de jaarlijkse prestatie, onder voorbehoud voor de aangevers de rente of prestatie op haar verkoopwaarde te begroten, in geval van onvermogen van de schuldenaar of van het bestaan van alle andere oorzaak van waardevermindering;

V. Voor de op het hoofd van een derde gevestigde lijfrenten en andere levenslange uitkeringen, door de vermenigvuldiging van het jaarlijks bedrag der uitkering met het getal:

18, indien hij, op wiens hoofd de rente is gevestigd, 20 jaren oud is of minder;

17, indien hij, op wiens hoofd de rente is gevestigd, boven de 20 tot 30 jaren oud is;

16, indien hij, op wiens hoofd de rente is gevestigd, boven de 30 tot 40 jaren oud is;

14, indien hij, op wiens hoofd de rente is gevestigd, boven de 40 tot 50 jaren oud is;

13, indien hij, op wiens hoofd de rente is gevestigd, boven de 50 tot 55 jaren oud is;

11, indien hij, op wiens hoofd de rente is gevestigd, boven de 55 tot 60 jaren oud is;

9.5, indien hij, op wiens hoofd de rente is gevestigd, boven de 60 tot 65 jaren oud is;

8, indien hij, op wiens hoofd de rente is gevestigd, boven de 65 tot 70 jaren oud is;

6, indien hij, op wiens hoofd de rente is gevestigd, boven de 70 tot 75 jaren oud is;

4, indien hij, op wiens hoofd de rente is gevestigd, boven de 75 tot 80 jaren oud is;

2, indien hij, op wiens hoofd de rente is gevestigd, boven de 80 jaren oud is;

VI. Voor het op het hoofd van een derde gevestigde vruchtgebruik, door de jaarlijkse opbrengst van de goederen, berekend tegen 4 t. h. van de waarde van de volle eigendom, vermenigvuldigd met het onder nummer V aangeduide cijfer;

VII. Voor de voor een beperkte tijd gevestigde renten of prestatiën, door de som die door de kapitalisatie van de renten of prestatiën ad 4 t. h. op de datum van het overlijden wordt vertegenwoordigd, onder dit voorbehoud dat het bedrag van de kapitalisatie, al naar het geval, de belastbare waarde, zoals die in nummers IV en V wordt bepaald, niet te boven gaat.

Dezelfde regel is van toepassing wanneer het gaat over een voor beperkte tijd gevestigd vruchtgebruik, met dien verstande dat dan de opbrengst van de goederen zoals in nummer VI wordt gezegd tot grondslag van de kapitalisatie wordt genomen;

VIII. Voor de blote eigendom, door de waarde van de volle eigendom onder aftrek van de waarde van het vruchtgebruik berekend naar de voorschriften van dit artikel en van artikel 22.

Geen aftrek heeft plaats wanneer het vruchtgebruik bij toepassing van artikel 67 vrij is van het recht van successie en van overgang bij overlijden.

Al. 1, III, al. 4 ingevoegd bij art. 2, a) Ord. 19 maart 2009 (B.S. 10.IV.2009, ed. 2), van toepassing vanaf 10 april 2009; Al. 1, III, al. 1 vervangen bij art. 2 Ord. 22 november 2012 (B.S. 4.XII.2012);

Al. 1, IIIbis ingevoegd bij art. 2, b) Ord. 19 maart 2009 (B.S. 10.IV.2009, ed. 2), van toepassing vanaf 10 april 2009; Al. 1, IIIter ingevoegd bij art. 2 Ord. 22 november 2012 (B.S. 4.XII.2012).

Art. 22. Worden voor de toepassing van artikelen 21 en 66[1] met vruchtgebruik gelijkgesteld, de rechten van gebruik en bewoning, alsmede het recht op vruchten, inkomsten of opbrengsten.

Indien de lijfrente, de levenslange prestatie of het vruchtgebruik op het hoofd van twee of meer personen is gevestigd, is de in aanmerking te nemen leeftijd die van de jongste persoon.

Art. 23. Het jaarlijks bedrag in geld der periodieke renten en prestatiën betaalbaar in natura wordt geregeld naar het gemiddeld bedrag van de marktprijzen der twee jongste jaren van de markt die het naast bij de tot waarborg aangewende goederen en, bij ontstentenis van bezwaarde goederen, bij de woonplaats van de schuldenaar gelegen is; indien geen marktprijzen bestaan, wordt dit bedrag door de aangevende partijen begroot.

Art. 24. De zekere schuldvorderingen, doch waarvan het bedrag op 't ogenblik van het overlijden onbepaald is, worden in de aangifte voor hun waarde opgenomen, behoudens regularisatie bij de definitieve bepaling van hun bedrag.

Art. 25. [In de in artikel 37, 2°, 3°, 4° en 6°, bedoelde gevallen moet als belastbare waarde worden aangegeven de waarde der goederen op de dag van het vonnis, van de dading of van de gebeurtenis, die het uitgangspunt vormt van de termijn die bij artikel 40, vierde lid, is bepaald voor de inlevering van de aangifte.]

Vervangen bij art. 3 K.B. nr. 12, 18 april 1967 (B.S. 20. IV.1967).

Art. 26. Voor de heffing der rechten van successie en van overgang bij overlijden, in rechte lijn of tussen echtgenoten die één of meer gemene kinderen of afstammelingen van hen nalaten, wordt de regering ertoe gemachtigd een wijze van waardering der in België gelegen onroerende goederen vast te stellen, gegrond op de kadastrale opbrengst der goederen vermenigvuldigd door een naar de gemiddelde verhouding tussen kadastrale opbrengsten en verkoopprijzen periodiek vast te stellen coëfficiënt.

HOOFDSTUK IV

AANNEMELIJK PASSIEF

Art. 27. Als aannemelijk passief met betrekking tot de nalatenschap van een rijksinwoner gelden slechts:

1° de op de dag van zijn overlijden bestaande schulden van de overledene;

2° de begrafeniskosten.

[Als aannemelijk passief met betrekking tot de nalatenschap van een inwoner van de Europese Economische Ruimte die geen Rijksinwoner is, gelden slechts de op de dag van zijn overlijden bestaande schulden waarvan de aangevers het bewijs leveren dat ze specifiek werden aangegaan om de aan de belasting onderworpen onroerende goederen te verwerven of te behouden.]

Al. 2 ingevoegd bij art. 5 Ord. 26 augustus 2010 (B.S. 3. IX.2010), van toepassing vanaf 3 september 2010.

Art. 28. De regelen betreffende de begroting der goederen die het actief ener nalatenschap samenstellen zijn van toepassing op de begroting der in het passief aannemelijke schulden.

Art. 29. Het bestaan der schulden moet bewezen worden door de bewijsmiddelen die in rechte toelaatbaar zijn in een behandeling tussen schuldeiser en

schuldenaar.

De schulden aangaande het beroep van de overledene en deze aangaande de huiselijke uitgaven van het verstreken jaar en van het lopend jaar kunnen evenwel door getuigen en vermoedens worden vastgesteld.

Art. 30. De overlegging alleen van de rechtstitel volstaat niet om het bestaan vast te stellen:

1° van de hypotheekschulden waarvan de inschrijving, ten dage waarop de nalatenschap openviel, vervallen was sedert één jaar of doorgehaald was;

2° van de interesten der al dan niet hypothecaire schulden, van de huur- en pachtsommen, boven het vervallen en het lopend jaar;

3° van de sedert meer dan een jaar vóór het overlijden verschenen termijnen van schuldbekentenissen waarvan het bedrag bij annuïteiten wordt afgedaan.

Art. 31. Alle schuld, waarvan het bestaan bewezen wordt door overlegging van een stuk waarop een niet gedagtekende quitantie is gesteld, wordt geacht, tenzij het tegendeel bewezen wordt, vóór het overlijden voldaan te zijn geworden.

Art. 32. [Worden uitgesloten uit het passief, de bij artikel 4 vermelde schulden.]

Vervangen bij art. 6 Ord. 26 augustus 2010 (B.S. 3.IX.2010), van toepassing vanaf 3 september 2010.

Art. 33. Worden niet aangenomen, de schulden aangegaan door de overledene ten behoeve van een zijner erfgenamen, legatarissen of begiftigden of van tussenpersonen.

Deze bepaling is van toepassing op de schulden door de overledene aangegaan:

a) ten behoeve van erfgenamen die hij bij uiterste wilsbeschikking of bij contractuele beschikking uit zijn erfenis heeft gesloten;

b) ten behoeve van erfgenamen, legatarissen of begiftigden die de nalatenschap ofwel de uiterste wilsbeschikking of de contractuele beschikking, te hunnen voordele gemaakt, hebben verworpen.

Als tussenpersonen worden beschouwd, de in de artikelen 911, laatste alinea en 1100 van het Burgerlijk Wetboek vermelde personen.

Evenwel, worden bedoelde schulden aangenomen:

1° indien het bewijs van hun echtheid door de aangevende partijen wordt ingebracht; dit bewijs kan door alle middelen van gemeen recht, ook door getuigen en vermoedens, met uitsluiting van de eed, geleverd worden;

2° indien zij tot onmiddellijke en rechtstreekse oorzaak hebben de verkrijging, de verbetering, het behoud of de terugbekoming van een goed, dat op de dag van het afsterven van de overledene tot deze boedel behoorde.

Art. 34. Het bestuur is, in al de gevallen, bevoegd om van de aangevers het overleggen te vorderen van een verklaring van de schuldeiser, waarbij wordt bevestigd dat een in het passief opgenomen schuld ten laste van de overledene op de dag van dezes overlijden bestond. De verklaring dient ondertekend door de schuldeiser, door dezes wettelijke vertegenwoordiger of door een te dien einde aangestelde gevolmachtigde.

Zij mag door de schuldeiser niet worden geweigerd, op straffe van schadevergoeding, wanneer zij wettig wordt aangevraagd.

Het bestuur is ertoe gerechtigd te vorderen dat de handtekening gelegaliseerd worde door de burgemeester der gemeente waar de ondertekenaar verblijft.

De verklaring blijft bij de aangifte van nalatenschap gevoegd.

HOOFDSTUK V

AANGIFTE VAN NALATENSCHAP

Afdeling 1

Verplichting tot aangifte

Art. 35. De rechten van successie en van overgang bij overlijden worden verevend op zicht van een aangifte van nalatenschap.

Art. 36. Er bestaat verplichting tot inlevering van deze aangifte in al de gevallen dat een goed overgedragen wordt onder de voorwaarden voorzien onder artikelen 1 tot 14.

Art. 37. Een nieuwe aangifte moet ingeleverd worden:

1° in het geval van een aan machtiging of goedkeuring onderworpen legaat gemaakt aan een rechtspersoon, wanneer de machtiging of de goedkeuring voorkomt, indien, op dat ogenblik, de rechten nog niet betaald zijn;

2° [wanneer, na het openvallen van de nalatenschap, de actieve samenstelling ervan vermeerderd wordt, hetzij door het intreden van een voorwaarde of van elk ander voorval, hetzij door de erkenning van het eigendomsrecht van de overledene op door een derde bezeten goederen, hetzij door de oplossing van een geschil, tenzij de vermeerdering van actief gevolg is van een ontbinding die haar oorzaak vindt in het niet-uitvoeren, door de erfgenamen, legatarissen of begiftigden, van de voorwaarden van een contract];

3° wanneer een verandering in de devolutie van de erfenis ontstaat;

4° in geval van aanwas of van terugvalling van eigendom, vruchtgebruik of van al ander tijdelijk of levenslang recht voortkomende van een ter zake des doods door de overledene genomen beschikking;

5° in geval van ophouding van vruchtgebruik dat een krachtens artikel 79 uit hoofde van de blote eigendom in schorsing gehouden successierecht opvorderbaar maakt, wanneer de erfgenaam blote eigenaar of zijn rechtverkrijgenden tot het genot van het volle goed komen door het overlijden van de vruchtgebruiker of door het verstrijken van de vaste of onzekere termijn waarvoor het vruchtgebruik gevestigd werd;

6° in geval van fideïcommis, wanneer de met de last van teruggaaf bezwaarde goederen aan de verwachter overgaan.

2° vervangen bij art. 4 K.B. nr. 12, 18 april 1967 (B.S. 20. IV.1967).

Afdeling 2

Personen verplicht tot aangifte – Bevoegd kantoor

Art. 38. De aangifte van successie dient ingeleverd:

1° [bij overlijden van een Rijksinwoner: door de erfgenamen, de algemene legatarissen en begiftigden, met uitsluiting van alle andere legatarissen of begiftigden, ten kantore van de successierechten binnen welk gebied de overledene zijn laatste fiscale woonplaats had. Als de fiscale woonplaats van de overledene tijdens de periode van vijf jaar voor zijn overlijden in meer dan één gewest gevestigd was, moet de aangifte worden ingediend ten kantore van de successierechten van de laatste fiscale woonplaats binnen het gewest waarin de fiscale woonplaats van de overledene tijdens de vermelde periode het langst gevestigd was.]

Evenwel, in geval van stilzitten der erfgenamen, algemene legatarissen en begiftigden, zijn de legatarissen en begiftigden ter algemenen of bijzonderen titel ertoe gehouden, op aanzoek van de ontvanger bij aangetekende brief, de aangifte in te leveren voor datgene wat hen betreft, en zulks uiterlijk binnen de maand na de afgifte van het stuk ter post.

In geval van devolutie van geheel de gemeenschap aan de overlevende echtgenoot, krachtens een niet aan de regelen betreffende de schenkingen onderworpen huwelijksovereenkomst, is de genieter ertoe gehouden het actief en het passief der gemeenschap aan te geven;

2° in geval van overlijden van een persoon die geen Rijksinwoner is: door de erfgenamen, legatarissen of begiftigden der in België gelegen onroerende goederen, ten kantore der successierechten in welks gebied deze goederen gelegen zijn.

Zo de door eenzelfde erfgenaam, legataris of begiftigde verkregen onroerende goederen gelegen zijn in het ambtsgebied van verscheidene kantoren, is het bevoegd kantoor binnen het gebied waarvan zich het deel der goederen bevindt [met het hoogste federaal kadastraal inkomen];

3° [bij afwezigheid: door de personen die krachtens het 1° en het 2° van dit artikel tot aangifte verplicht zijn, ten kantore van de laatste fiscale woonplaats van de afwezige binnen het Rijk als bedoeld in 1°, wat het recht van successie betreft, en ten kantore van de plaats waar de goederen gelegen zijn, zoals onder 2° is aangeduid, wat het recht van overgang bij overlijden betreft];

4° in het geval voorzien in artikel 37, 1°: door de ingestelde rechtspersoon, ten kantore waar de belasting nog te betalen blijft;

5° in de gevallen bedoeld in artikel 37, 2° tot 4°: door de hiervoren aangewezen personen, tenzij slechts bepaalde erfgenamen, legatarissen of begiftigden uit de gebeurtenis voordeel trekken, in welk geval deze alleen tot aangifte zijn verplicht. De aangifte moet worden ingeleverd ten kantore waar de eerste aangifte werd neergelegd;

6° in geval van ophouding van vruchtgebruik, door de erfgenamen blote eigenaars of hun rechtverkrijgenden, ten kantore waar de voor de overdracht van de blote eigendom verschuldigde rechten in schorsing gebleven zijn;

7° in geval van fideïcommis: door de verwachter alleen, indien de overdracht geschiedt ten gevolge van het overlijden van de bezwaarde erfgenaam, en door de verwachter en de bezwaarde, wanneer de goederen op de verwachter overgaan tijdens het leven van de bezwaarde, ten kantore waar de nalatenschap van hem die de beschikking gedaan heeft aangegeven werd.

1°, al. 1 vervangen bij art. 2, a W. 7 maart 2002 (B.S. 19. III.2002, ed. 3);

2°, al. 2 gewijzigd bij art. 2, b W. 7 maart 2002 (B.S. 19. III.2002, ed. 3);

3° vervangen bij art. 2, c W. 7 maart 2002 (B.S. 19.III.2002, ed. 3).

Art. 39. [...]

Opgeheven bij art. 3 W. 7 maart 2002 (B.S. 19.III.2002, ed. 3).

Afdeling 3

Aangiftetermijn

Art. 40. [De termijn voor het inleveren van de aangifte van nalatenschap is [vier] maand, te rekenen van de datum van het overlijden, wanneer dit zich in het Rijk heeft voorgedaan; [vijf] maand, wanneer het overlijden in een ander land van Europa, en [zes] maand, indien het overlijden buiten Europa heeft plaatsgehad.]

[In geval van gerechtelijke verklaring van overlijden, begint de termijn te lopen, zodra het vonnis in kracht van gewijsde is gegaan.]

Gaat het om een aan een rechtspersoon gedaan legaat, zo loopt de voor de nieuwe aangifte in artikel 37, 1°, voorziene termijn te rekenen van de datum der machtiging of goedkeuring.

In geval van intreden van voorvallen voorzien in artikel 37, 2° tot 4°, loopt de termijn, indien het gaat om een betwist recht, te rekenen van de datum van het vonnis [niettegenstaande verzet of beroep,] of van de dading en, in de andere gevallen, te rekenen van de gebeurtenis.

In geval van ophouding van vruchtgebruik, loopt de termijn te rekenen van de datum van de onder artikel 37, 5°, bedoelde vermenging.

In geval van fideïcommis, loopt de termijn te rekenen van de datum der door het overlijden van de bezwaarde of anders teweeggebrachte devolutie. Zo de devolutie krachtens een contract bij vervroeging geschiedt, worden datum en plaats van het contract met datum en plaats van het overlijden gelijkgesteld.

Al. 1 vervangen bij art. 10 W. 9 mei 1959 (B.S. 18.V.1959) en gewijzigd bij art. 43 Progr. W. 22 juni 2012 (B.S. 28.VI.2012), van toepassing op de nalatenschappen die openvallen vanaf 1 augustus 2012 en tevens van toepassing op de overeenkomstig artikel 37 van het Wetboek der Successierechten in te leveren nieuwe aangiften, wanneer de gebeurtenis, de akte, of het vonnis waardoor overeenkomstig artikel 40 van hetzelfde wetboek de termijn voor de inlevering van de aangifte begint te lopen, zich voordoet, wordt gesteld of wordt uitgesproken vanaf 1 augustus 2012;

Al. 2 vervangen bij art. 50 W. 9 mei 2007 (B.S. 21.VI.2007), van toepassing op personen die, vóór haar inwerkingtreding, verdwenen zijn of niet meer verschenen zijn in hun woon- of verblijfplaats en van wie men geen tijding heeft ontvangen.

Al. 4 gewijzigd bij art. 5 K.B. nr. 12, 18 april 1967 (B.S. 20. IV.1967).

Art. 41. De voor de inlevering der aangifte gestelde termijn, kan door de [directeur-generaal van de belasting over de toegevoegde waarde, registratie en domeinen] worden verlengd.

De aangifte ingeleverd binnen de bij de wet bepaalde of door de directeur-generaal verlengde termijn kan worden gewijzigd zolang deze termijn niet verstreken is, tenzij de belanghebbenden uitdrukkelijk in een in de wettelijke vorm ingeleverde aangifte aan dit vermogen hebben verzaakt.

Al. 1 gewijzigd bij art. 240 W. 22 december 1989 (B.S. 29. XII.1989).

Afdeling 4

Vorm en inhoud

Art. 42. I. Naam, voornaam, beroep, domicilie, plaats en datum van geboorte van de aangever en, desvoorkomend, van de echtgenoot der aangeefster;

II. Naam, voornamen, beroep, domicilie, plaats en datum van geboorte van de overleden persoon en, desvoorkomend, van haar echtgenoot; plaats en datum van het overlijden van de aflijvige;

III. [Naam, voornamen, beroep, domicilie, plaats en datum van geboorte van de personen die de hoedanigheid hebben van erfgenamen, legatarissen en begiftigden en, in voorkomend geval, van hun echtgenoot; graad van verwantschap tussen de overledene en zijn erfgenamen, legatarissen en begiftigden; wat door elk hunner wordt verkregen; de titel krachtens welke zij tot de nalatenschap komen; naam, voornamen, domicilie, geboorteplaats en -datum van de [...] kinderen beoogd bij artikel 56];

IV. In voorkomend geval, aanduiding van de erfgenamen uitgesloten krachtens uiterste wilsbeschikkingen of contractuele beschikkingen;

V. De keuze van een enkele woonplaats [in België];

VI. Nauwkeurige aanduiding en begroting, artikelsgewijze, van al de goederen die het belastbaar actief uitmaken;

VII. De aanwijzing van sectie en nummer van het kadaster van elkeen der onroerende goederen die onder de nalatenschap horen;

VIII. De aanduiding van elk der schulden die in mindering van het belastbaar actief kunnen toegelaten worden, met opgave van naam, voornamen en domicilie van de schuldeiser, van de oorzaak der schuld en van de datum der akte, zo er een bestaat;

[VIIIbis. De aangifte vermeldt of de overledene ten bate van zijn erfgenamen, legatarissen of begiftigden schenkingen onder levenden heeft gedaan die vastgesteld werden door akten, welke dagtekenen van minder dan drie jaar vóór de datum van het overlijden en vóór dezelfde datum tot de formaliteit der registratie aangeboden werden tot verplichtend registreerbaar geworden zijn; zo ja, duidt zij de begunstigde persoon aan en geeft de datum der akten of aangiften op alsmede de grondslag waarop het registratierecht werd of dient geheven.] [Die bepaling is toepasselijk welke ook de datum van de akte weze, indien de schenking gedaan werd onder een schorsende voorwaarde die vervuld werd ingevolge het overlijden van de schenker of minder dan drie jaar vóór dit overlijden;]

IX. De aangifte vermeldt [...] of de overledene het vruchtgebruik van enige goederen gehad heeft ofwel met fideïcommis bezwaarde goederen verkregen heeft en, zo ja, waarin deze goederen bestaan, met aanduiding van de personen die tot het genot van de volle eigendom zijn gekomen ofwel voordeel getrokken hebben uit het fideïcommis ten gevolge van het overlijden van de aflijvige;

[X. Ingeval het recht van successie verschuldigd is, bevat de aangifte bovendien de uitdrukkelijke vermelding van het adres en de datum en duur van de vestiging van de verschillende fiscale woonplaatsen die de overledene of de afwezige gehad heeft in de periode van vijf jaar voorafgaand aan zijn overlijden of aan het tijdstip waarop de laatste tijding van de afwezige werd ontvangen.]

III vervangen bij art. 6 K.B. nr. 12, 18 april 1967 (B.S. 20. IV.1967) en gewijzigd bij art. 215 W. 22 december 1989 (B.S. 29.XII.1989);

V gewijzigd bij art. 4, 1° W. 7 maart 2002 (B.S. 19.III.2002, ed. 3);

VIIIbis ingevoegd bij art. 16, 1° K.B. nr. 9, 3 juli 1939 (B.S. 5.VIII.1939) en aangevuld bij art. 7 W. 14 augustus 1947 (B.S. 17.IX.1947);

IX gewijzigd bij art. 4, 2° W. 7 maart 2002 (B.S. 19.III.2002, ed. 3);

X ingevoegd bij art. 4, 3° W. 7 maart 2002 (B.S. 19.III.2002, ed. 3).

Art. 43. In strijd met de voorschriften van nummer VI van artikel 42, mogen het voorwerp ener globale aangifte en globale raming uitmaken, elke van hiernavermelde groepen van goederen, [behalve voor de kunstwerken wanneer een of meer van die werken in betaling van successierechten worden aangeboden overeenkomstig artikel 83-3]:

1° de onroerende goederen - andere dan de onroerende goederen door bestemming, hieronder aangeduid - die een enig bedrijf of een enkel domeingeheel uitmaken;

2° onder de voorwerpen die tot een landbouwbedrijf dienen:

a) elke soort van dieren;

b) het landbouwgereedschap;

c) de bezaaiingen en andere vruchten te velde;

d) de zaden, de waren, het stro en de meststoffen;

3° wat betreft de voorwerpen dienende tot een nijverheidsbedrijf:

a) de werktuigen;

b) de vervaardigde of bereide koopwaren en de grondstoffen;

4° wat betreft de voorwerpen dienende tot een handelsbedrijf:

a) het materieel en de bedrijfstoestellen;

b) de koopwaren;

5° de kledingstukken, de juwelen, de boeken en alle andere voorwerpen tot persoonlijk gebruik van de overledene;

6° de stoffering, het vaatwerk, het keukengereedschap en andere voorwerpen van gelijke aard;

7° de verzamelingen van schilderijen, porselein, wapens en andere voorwerpen;

8° de wijn en andere waren.

Inleidende zin gewijzigd bij art. 11 W. 1 augustus 1985 (B.S. 6.VIII.1985).

Art. 44. In geval van ophouding van vruchtgebruik, vermeldt de aangifte:

1° naam, voornamen, beroep, domicilie, geboorteplaats en -datum van de aangever en, desvoorkomend, van de echtgenoot der aangeefster;

2° de keus van woonplaats voorzien in artikel 42, nummer V;

3° naam, voornamen en laatste domicilie van de overledene wiens nalatenschap aanleiding heeft tot de in schorsing gebleven rechten, alsmede datum van zijn overlijden;

4° de uiteenzetting van het feit dat tot de eisbaarheid der belasting geleid heeft;

5° de waarde in volle eigendom van het goed op de datum van de jongste overdracht van de blote eigendom, in geval van toepassing van artikel 58.

Art. 45. Voor het opstellen der aangiften van nalatenschap wordt de Minister van Financiën ertoe gemachtigd het gebruik voor te schrijven van gedrukte formulieren, door het bestuur verkocht, er de afmetingen en gebruiksvoorwaarden van te regelen en de prijs van die formulieren te bepalen.

Art. 46. [Indien de door de overledene nagelaten lichamelijk roerende goederen verzekerd waren tegen brand, diefstal of enig ander risico zijn de aangevers er toe gehouden te vermelden, voor alle op de overlijdensdag van kracht zijnde polissen, de naam of de firma en het domicilie van de verzekeraar, de datum van de polis en zijn nummer alsook de verzekerde goederen en de verzekerde waarde; tevens moeten ze uitdrukkelijk bevestigen dat, naar hun weten, de goederen het voorwerp van geen andere polissen uitmaakten.

Waren de goederen in kwestie niet verzekerd op de overlijdensdag, dan moeten de aangevers dit uitdrukkelijk in de aangifte bevestigen.]

Vervangen bij art. 7 K.B. nr. 12, 18 april 1967 (B.S. 20. IV.1967).

Afdeling 5

Niet-inlevering van aangifte

Art. 47. Bij niet-inlevering van aangifte binnen de bepaalde termijn, mag het bestuur van ambtswege, behoudens latere regeling, het bedrag der verschuldigde sommen begroten en de invordering er van vervolgen overeenkomstig artikel [142^1].

Gewijzigd bij art. 31 W. 13 augustus 1947 (B.S. 17.IX.1947).

HOOFDSTUK VI

TARIEF DER RECHTEN

Afdeling 1

Algemeen tarief

Art. 48. [De rechten van successie en van overgang bij overlijden worden geheven volgens het tarief in de onderstaande tabellen aangeduid.

Tabel I bevat het tarief in rechte lijn, tussen echtgenoten en tussen samenwonenden. Dit tarief wordt per rechtverkrijgende toegepast op zijn aandeel in de belastbare waarde van de goederen.

Tabel II bevat het tarief tussen broers en zussen. Dit tarief wordt per rechtverkrijgende toegepast op zijn aandeel in de belastbare waarde van de goederen.

Tabel III bevat het tarief tussen ooms of tantes en neven of nichten. Dit tarief wordt toegepast op de samengenomen aandelen van die personen in de belastbare waarde van de goederen.

Tabel IV bevat het tarief tussen alle andere personen. Dit tarief wordt toegepast op de samengenomen aandelen van die personen in de belastbare waarde van de goederen.

Het bedrag waarop het tarief moet worden toegepast wordt opgesplitst volgens de schijven vermeld in kolom A van de toepasselijke tarieftabel. Van elk aldus bekomen bedrag wordt het overeenstemmende percentage in kolom B geheven. Kolom C vermeldt het totale bedrag van de belasting over de voorgaande gedeelten.

Tabel I

Tarief in rechte lijn, tussen echtgenoten en tussen samenwonenden

A	B	C
belastingschijven	per schijf toepasselijk heffingspercentage	totale bedrag van de belasting over de voorgaande schijven
van tot		
0,01 EUR - 50.000 EUR	3 %	
50.000 EUR - 100.000 EUR	8 %	1.500 EUR
100.000 EUR - 175.000 EUR	9 %	5.500 EUR
175.000 EUR - 250.000 EUR	18 %	12.250 EUR
250.000 EUR - 500.000 EUR	24 %	25.750 EUR
boven de 500.000 EUR	30 %	85.750 EUR

Tabel II

Tarief tussen broers en zussen

A	B	C
belastingschijven	per schijf toepasselijk heffingspercentage	totale bedrag van de belasting over de voorgaande schijven
van tot		
0,01 EUR - 12.500 EUR	20 %	
12.500 EUR - 25.000 EUR	25 %	2.500 EUR
25.000 EUR - 50.000 EUR	30 %	5.625 EUR
50.000 EUR - 100.000 EUR	40 %	13.125 EUR
100.000 EUR - 175.000 EUR	55 %	33.125 EUR

| 175.000 EUR - 250.000 EUR | 60 % | 74.375 EUR |
| boven de 250.000 EUR | 65 % | 119.375 EUR |

Tabel III

Tarief tussen ooms of tantes en neven en nichten

A	B	C
belastingschijven	per schijf toepasselijk heffingspercentage	totale bedrag van de belasting over de voorgaande schijven
van tot		
0,01 EUR - 50.000 EUR	35 %	
50.000 EUR - 100.000 EUR	50 %	17.500 EUR
100.000 EUR - 175.000 EUR	60 %	42.500 EUR
boven de 175.000 EUR	70 %	87.500 EUR

Tabel IV

Tarief tussen alle andere personen

A	B	C
belastingschijven	per schijf toepasselijk heffingspercentage	totale bedrag van de belasting over de voorgaande schijven
van tot		
0,01 EUR - 50.000 EUR	40 %	
50.000 EUR - 75.000 EUR	55 %	20.000 EUR
75.000 EUR - 175.000 EUR	65 %	33.750 EUR
boven de 175.000 EUR	80 %	98.750 EUR

Voor de toepassing [van dit hoofdstuk en van hoofdstuk VII] wordt onder samenwonende verstaan, de persoon die zich in de toestand van wettelijke samenwoning bevindt in de zin van titel Vbis van het boek III van het Burgerlijk Wetboek.]

Vervangen bij art. 2 Ord. Br. H. Gew. 20 december 2002 (B.S. 31.XII.2002, ed. 3, err. B.S. 20.I.2003);
Laatste al. gewijzigd bij art. 2 Ord. Br. H. Gew. 6 maart 2008 (B.S. 1.IV.2008).

[**Art. 48**[2]. Indien het erfdeel [verkregen door de echtgenoot of de samenwonende] of door een erfgenaam in de rechte lijn meer dan [250.000 EUR] bedraagt en geheel of gedeeltelijk bestaat uit activa die door [de erflater, de echtgenoot of de samenwonende] beroepsmatig zijn geïnvesteerd in een nijverheids-, handels-, ambachts- of landbouwbedrijf dat door hen of door hen samen met een of meer van hun afstammelingen persoonlijk wordt geëxploiteerd, worden die activa, in de mate dat het erfdeel daardoor boven [250.000 EUR] uitstijgt, terzake van het successierecht belast met 22 % [tussen 250.000 EUR en 500.000 EUR] en met 25 % boven de [500.000 EUR].
Bovenstaande bepaling is slechts toepasselijk mits de exploitatie daadwerkelijk wordt voortgezet door de erfopvolgers van de erflater of door sommigen van hen.

De Koning regelt de toepassingsmodaliteiten van deze bepalingen.]

Ingevoegd bij art. 85, 2° W. 8 augustus 1980 (B.S. 15. VIII.1980, err. B.S. 9.IX.1980);
Al. 1 gewijzigd bij art. 20 B. Br. H. Reg. 13 december 2001 (B.S. 26.II.2002, ed. 2) en bij art. 3 Ord. Br. H. R. 20 december 2002 (B.S. 31.XII.2002, ed. 3, err. B.S. 20.I.2003).

Afdeling 2

Bijzondere regelen

Art. 49. Wanneer er onzekerheid bestaat omtrent de devolutie der nalatenschap of de graad van bloedverwantschap van een erfgenaam, legataris of begiftigde, wordt het hoogste opvorderbaar recht geheven, onder voorbehoud, voor de belanghebbenden, de teruggaaf te vorderen ingeval aan de onzekerheid een einde zou worden gemaakt.

Art. 50. [§ 1. [Voor de toepassing van het tarief in rechte lijn, wordt met een nakomeling van de erflater gelijkgesteld, een kind dat niet afstamt van de erflater, op voorwaarde dat dit kind, vóór de leeftijd van eenentwintig jaar, gedurende zes achtereenvolgende jaren bij de erflater heeft ingewoond en gedurende die tijd van de erflater of van de erflater en zijn echtgenoot of samenwonende tezamen, de hulp en verzorging heeft gekregen die kinderen normalerwijze van hun ouders krijgen.

De inschrijving van het kind in het bevolkings- of het vreemdelingenregister op het adres van de erflater geldt, behoudens bewijs van het tegendeel, als vermoeden van inwoning bij de erflater.

Voor de toepassing van hetzelfde tarief, wordt met de vader of de moeder van de erflater gelijkgesteld, de persoon die de erflater onder dezelfde voorwaarden de in deze paragraaf bedoelde hulp en verzorging heeft gegeven.]

§ 2. Het tarief van het recht tussen echtgenoten en tussen samenwonenden is niet van toepassing, naargelang het geval, wanneer de echtgenoten uit de echt gescheiden of van tafel en bed gescheiden zijn of wanneer de wettelijke samenwoning een einde heeft genomen, tenzij de echtgenoten of de samenwonenden gemeenschappelijke kinderen of nakomelingen hebben.]

Vervangen bij art. 4 Ord. Br. H. R. 20 december 2002 (B.S. 31.XII.2002, err. B.S. 20.I.2003);
§ 1 vervangen bij art. 3 Ord. Br. H. Gew. 6 maart 2008 (B.S. 1.IV.2008), van toepassing vanaf 1 januari 2008.

Art. 51. Wanneer de overlevende echtgenoot als wettige erfgenaam en, bovendien, uit welken hoofde ook, tot de erfenis van zijn mede-echtgenoot komt, wordt het recht op al wat hem vervalt verrekend tegen het percentage bepaald voor wat tussen echtgenoten wordt verkregen.

Art. 52[1]. Wanneer een persoon, bloedverwant van de overledene in verschillende graden in de vaderlijke en moederlijke liniën, tot de erfenis komt, hetzij in zijn dubbele hoedanigheid van erfgenaam, hetzij als legataris of begiftigde, wordt het recht volgens het laagste tarief verrekend op al wat hij verkrijgt.

Hernummerd bij art. 6 W. 14 augustus 1947 (B.S. 17. IX.1947).

[Art. 52[2]. [Voor de toepassing van dit Wetboek wordt er geen rekening gehouden met de verwantschapsband voortspruitend uit de gewone adoptie.

Evenwel wordt, mits bewijs te verstrekken door de belanghebbenden, met deze adoptieve afstamming rekening gehouden:

1° wanneer het adoptief kind een kind is van de echtgenoot van de adoptant;

2° wanneer, op het ogenblik van de adoptie, het adoptief kind onder de voogdij was van de openbare onderstand of van een openbaar centrum voor maatschappelijk welzijn, of wees van een voor België gestorven vader of moeder;

3° [wanneer het adoptief kind, vóór de leeftijd van eenentwintig jaar, gedurende zes jaar zonder onderbreking van de adoptant of van de adoptant en diens echtgenoot samen, dan wel van de adoptant en de persoon met wie hij samenwoont tezamen, de hulp en verzorging heeft gekregen die kinderen normalerwijze van hun ouders krijgen];

4° wanneer de adoptie gedaan werd door een per-

soon van wie al de afstammelingen voor België gestorven zijn.]]

Ingevoegd bij art. 6 W. 14 augustus 1947 (B.S. 17.IX.1947) en vervangen bij art. 216 W. 22 december 1989 (B.S. 29. XII.1989);
Al. 2, 3° vervangen bij art. 5 Ord. Br. H. R. 20 december 2002 (B.S. 31.XII.2002).

Art. 53. Wanneer een met fideï-commis bezwaard goed op de gesubstitueerde overgaat, zomede in geval van aanwas of terugvalling van eigendom, vruchtgebruik of van elk tijdelijk of levenslang recht, zijn de rechten van successie en van overgang bij overlijden verschuldigd naar de graad van verwantschap tussen de overledene en de gesubstitueerde of andere verkrijger.

In deze verscheidene gevallen, blijven de ten laste van de bezwaarde of van de ingestelde in eerste rang geheven rechten aan de Staat vervallen, tenzij de substitutie, de aanwas of de terugvalling binnen het jaar na het overlijden van de beschikker plaats hebben, in welk geval de eerste geheven rechten op de eisbaar geworden rechten worden aangerekend, zonder dat er evenwel aanleiding tot restitutie kunnen zijn, en behoudens eventuele toepassing van artikel 67.

HOOFDSTUK VII

VRIJSTELLINGEN EN VERMINDERINGEN

Afdeling 1

Vrijstellingen

Art. 54. [[Van het recht van successie en van het recht van overgang bij overlijden wordt vrijgesteld]:

1° hetgeen verkregen wordt door een door de wet tot de erfenis geroepen erfgenaam in de rechte lijn of tussen echtgenoten [of samenwonenden], ten belope van de eerste schijf van [[15.000 euro]]. [Dit abattement wordt ten gunste van de kinderen van de overledene die de leeftijd van eenentwintig jaar niet hebben bereikt, vermeerderd met [2.500 euro] voor elk vol jaar dat nog moet verlopen tot zij de leeftijd van eenentwintig jaar bereiken en, ten gunste van de overlevende echtgenoot [of samenwonende], met de helft der bijabattementen welke de gemene kinderen samen genieten];

2° hetgeen verkregen wordt door alle andere erfgenamen, legatarissen of begiftigden uit de erfenissen waarvan het zuiver bedrag [[1.250 euro]] niet overschrijdt.]

Vervangen bij art. 10 K.B. nr. 12, 18 april 1967 (B.S. 20. IV.1967);
Inleidende zin vervangen bij art. 7 Ord. 26 augustus 2010 (B.S. 3.IX.2010), van toepassing vanaf 3 september 2010;
1° gewijzigd bij art. 217 W. 22 december 1989 (B.S. 29. XII.1989), bij art. 21 B. Br. H. Reg. 13 december 2001 (B.S. 26.II.2002), bij art. 6 Ord. Br. H. R. 20 december 2002 (B.S. 31.XII.2002, ed. 3, err. B.S. 20.I.2003) en bij art. 4 Ord. Br. H.

Gew. 6 maart 2008 (B.S. 1.IV.2008), van toepassing vanaf 1 januari 2008;

2° gewijzigd bij art. 21 B. Br. H. Reg. 13 december 2001 (B.S. 26.II.2002) en bij art. 6 Ord. Br. H. R. 20 december 2002 (B.S. 31.XII.2002, ed. 3, err. B.S. 20.I.2003).

Art. 55. [Van de rechten van successie en van overgang bij overlijden worden vrijgesteld de legaten:

1° aan het Brussels Hoofdstedelijk Gewest;

2° aan de Brusselse agglomeratie;

3° aan de Vlaamse, Franse en de Gemeenschappelijke Gemeenschapscommissie;

4° aan de Franse, Vlaamse en Duitstalige Gemeenschap en aan het Vlaamse en het Waalse Gewest;

5° aan de publiekrechtelijke rechtspersonen die gelijkgesteld zijn met die vermeld in de onderdelen 1° tot 4°, die opgericht zijn volgens en onderworpen zijn aan de wetgeving van een andere lidstaat van de Europese Economische Ruimte;

6° aan een lidstaat van de Europese Economische Ruimte;

7° aan de openbare instellingen van de publiekrechtelijke rechtspersonen vermeld in de onderdelen 1° tot 6°.]

Vervangen bij art. 2 Ord. 16 december 2011 (B.S. 2.II.2012, ed. 1).

Afdeling 2

Verminderingen

Art. 56. [Het bedrag van het recht vereffend ten laste van de erfgenaam, legataris of begiftigde, die minstens drie [...] kinderen in leven heeft die de leeftijd van eenentwintig jaar niet hadden bereikt bij het openvallen van de nalatenschap, wordt verminderd met 2 t.h. voor elk van deze [...] kinderen, zonder dat de vermindering [62 euro] per kind mag overschrijden.

Deze vermindering wordt, [ten gunste van de echtgenoot of de samenwonende], gebracht op 4 t.h. per [kind dat de leeftijd van eenentwintig jaar niet had bereikt], zonder dat de vermindering [124 euro] per kind mag overschrijden.

Voor de toepassing van dit artikel wordt het ontvangen kind voor zover het levensvatbaar geboren wordt, gelijkgesteld met het geboren kind.]

Vervangen bij art. 11 K.B. nr. 12, 18 april 1967 (B.S. 20. IV.1967);

Al. 1 gewijzigd bij art. 218, 1° W. 22 december 1989 (B.S. 29.XII.1989, err. B.S. 21.IV.1990) en bij art. 22, § 1 B. Br. H. Reg. 13 december 2001 (B.S. 26.II.2002);

Al. 2 gewijzigd bij art. 218, 2° W. 22 december 1989 (B.S. 29.XII.1989, err. B.S. 21.IV.1990) en bij art. 22, § 2 B. Br. H. Reg. 13 december 2001 (B.S. 26.II.2002) en bij art. 8 Ord. Br. H. R. 20 december 2002 (B.S. 31.XII.2002, ed. 3, err. B.S. 20.I.2003).

Art. 57. Indien de goederen die belast zijn met het successierecht of met het recht van overgang bij over-

lijden het voorwerp uitmaken, binnen het jaar na het overlijden van de afgestorvene, van een of meer andere overdrachten bij overlijden worden de wegens bewuste overdrachten verschuldigde rechten met de helft verminderd, zonder dat de daaruit voort te vloeien belastingverlaging, voor elkeen van bedoelde overdrachten bij overlijden, de op de onmiddellijk vorige overdracht geheven rechten moge te boven gaan.

Art. 58. Wanneer een goed in blote eigendom vóór het vervallen van het vruchtgebruik meermaals wegens overlijden werd overgedragen, is de erfgenaam, die het genot van het volle erfgoed verkrijgt, slechts gehouden, zowel voor de rechten waarvan de betaling werd geschorst, als voor die welke hij uit zijne hoofde mocht verschuldigd zijn, ten hoogste een som te betalen welke zestig ten honderd vertegenwoordigt van de waarde in volle eigendom van het goed op de datum waarop de jongste overdracht van de blote eigendom plaatshad.

Art. 59. [De rechten van successie en van overgang bij overlijden worden verlaagd:

1° tot 6,6 % voor de legaten aan gemeenten gelegen in het Brussels Hoofdstedelijk Gewest en hun openbare instellingen, aan de door de Brusselse Gewestelijke Huisvestingsmaatschappij erkende maatschappijen, aan de coöperatieve vennootschap met beperkte aansprakelijkheid Woningfonds van het Brussels Hoofdstedelijk Gewest, aan de intercommunales van het Brussels Hoofdstedelijk Gewest en aan de stichtingen van openbaar nut;

[...]

2° tot 25 % voor de legaten aan verenigingen zonder winstoogmerk, aan ziekenfondsen en landsbonden van ziekenfondsen, aan beroepsverenigingen, aan internationale verenigingen zonder winstoogmerk en aan private stichtingen;

3° tot 12,5 % voor de legaten aan verenigingen zonder winstoogmerk en andere rechtspersonen zonder winstoogmerk die de federale erkenning kregen bedoeld in artikelen 104 en 110 van het Wetboek der Inkomstenbelastingen, tenzij ze een voordeliger tarief genieten overeenkomstig dit Wetboek.]

Vervangen bij art. 3 Ord. Br. H. R. 24 februari 2005 (B.S. 9. III.2005, err. B.S. 15.III.2005);

1°, al. 2 opgeheven bij art. 3 Ord. 16 december 2011 (B.S. 2.II.2012, ed. 1).

Art. 60. [De verlagingen bepaald in artikel 59 zijn ook toepasselijk op gelijkaardige rechtspersonen die opgericht zijn volgens en onderworpen zijn aan de wetgeving van een lidstaat van de Europese Economische Ruimte, en die hun statutaire zetel, hun hoofdbestuur of hun hoofdvestiging binnen de Europese Economische Ruimte hebben.]

Vervangen bij art. 4 Ord. 16 december 2011 (B.S. 2.II.2012, ed. 1).

[Art. 60bis. § 1. In afwijking van de artikelen 48 en 48², wordt het recht van successie [en het recht van overgang bij overlijden] vastgesteld op 3 % [van de netto-waarde van het aandeel van de erflater] in een kleine of middelgrote onderneming, voor zover de nalatenschap of de ontbinding van het huwelijksvermogensstelsel ten gevolge van het overlijden:

1° het geheel der goederen omvat die een universaliteit van goederen, een bedrijfstak of een handelsfonds vormen waarmee de erflater of zijn echtgenote, op de dag van het overlijden, een nijverheids-, handels-, ambachts- of landbouwbedrijf, een vrij beroep, een ambt of een post uitoefende;

2° de volle eigendom bevat van aandelen van een vennootschap waarvan de zetel van werkelijke leiding gevestigd is in een lidstaat van de [Europese Economische Ruimte] en die een nijverheids-, handels-, ambachts- of landbouwactiviteit of een vrij beroep exploiteert.

Het geheel van de overgedragen aandelen moet minstens 25 % van de stemrechten in de algemene vergadering vertegenwoordigen.

Indien het geheel van de overgedragen aandelen minder dan 50 % van de stemrechten in de algemene vergadering vertegenwoordigt, moet tevens een aandeelhoudersovereenkomst worden gesloten die betrekking heeft op minstens 50 % van de stemrechten in de algemene vergadering. In deze aandeelhoudersovereenkomst verbinden de partijen zich ertoe de voorwaarden bedoeld in paragraaf 5 na te leven.

§ 2. Onder kleine of middelgrote onderneming moet worden begrepen, een onderneming:

– met minder dan 250 werknemers;

– waarvan ofwel de jaaromzet 40 miljoen euro niet overschrijdt, ofwel het jaarlijks balanstotaal 27 miljoen euro niet overschrijdt;

– die het zelfstandigheidscriterium in acht neemt, volgens hetwelk een grote onderneming niet 25 % of meer van het kapitaal van de kleine of middelgrote onderneming in handen mag hebben.

§ 3. [...]

§ 4. Onder aandelen moet worden begrepen:

– aandelen of de maatschappelijke rechten in vennootschappen;

– de certificaten van aandelen of van maatschappelijke rechten, uitgereikt door rechtspersonen met zetel in een lidstaat van de [Europese Economische Ruimte], ter vertegenwoordiging van aandelen of van maatschappelijke rechten in vennootschappen die aan de gestelde voorwaarden voldoen, op voorwaarde dat:

– aan elk aandeel of maatschappelijk recht één certificaat beantwoordt;

– de rechtspersoon de verplichting heeft om dividenden en andere vermogensvoordelen onmiddellijk en uiterlijk binnen een maand na de beslissing tot betaalbaarstelling door te storten aan de certificaathouder;

– de rechtspersoon de aandelen of de maatschappelijke rechten niet kan vervreemden zonder toestemming van de certificaathouder.

§ 5. De bepaling in § 1 is van toepassing op voorwaarde dat:

1° de hoofdactiviteit van de onderneming gedurende minstens vijf jaar na het overlijden wordt voortgezet [...];

2° het aantal werknemers tewerkgesteld in de onderneming, uitgedrukt in voltijdse eenheden, de eerste vijf jaar na het overlijden jaar na jaar voor minstens 75 % behouden blijft;

3° de activa belegd in een bedrijf of een vrij beroep, een ambt of een post bedoeld in § 1, 1°, of het maatschappelijk kapitaal van een vennootschap bedoeld in § 1, 2°, niet dalen door uitkeringen of terugbetalingen in de eerste vijf jaar na het overlijden.

De activa die belegd werden in de laatste drie jaar vóór het overlijden, komen voor de vermindering niet in aanmerking, tenzij de belegging van deze activa beantwoordt aan rechtmatige financiële of economische behoeften.

Het kapitaal dat in de laatste drie jaar vóór het overlijden werd gestort, komt voor het verlaagd tarief niet in aanmerking, tenzij het beantwoordt aan rechtmatige financiële of economische behoeften;

4° de erfopvolgers aan de bevoegde Ontvanger bij de aangifte van de nalatenschap een door de Brusselse Hoofdstedelijke Regering uitgereikt attest overzenden dat bevestigt dat voldaan is aan de gestelde voorwaarden. De Brusselse Hoofdstedelijke Regering bepaalt de modaliteiten waaronder dit attest aangevraagd, gecontroleerd en verstrekt wordt.

Bovendien moeten de erfopvolgers die de vermindering hebben genoten als bedoeld in dit artikel in de periode van vijf jaar na het overlijden jaarlijks het bewijs leveren dat er blijvend voldaan is aan de gestelde voorwaarden om het verminderde tarief te genieten. De Brusselse Hoofdstedelijke Regering bepaalt de modaliteiten van dit jaarlijks bewijs.]

Ingevoegd bij art. 2 Ord. Br. H. Reg. 29 oktober 1998 (B.S. 9.XII.1998);

§ 1, al. 1, inleidende zin gewijzigd bij art. 10, 1° Ord. Br. H. Reg. 20 december 2002 (B.S. 31.XII.2002, ed. 3, err. B.S. 20.I.2003) en bij art. 8, 1° Ord. Br. H. Reg. 26 augustus 2010 (B.S. 3.IX.2010), van toepassing vanaf 3 september 2010;

§ 1, al. 1, 2° gewijzigd bij art. 8, 2° Ord. Br. H. Reg. 26 augustus 2010 (B.S. 3.IX.2010), van toepassing vanaf 3 september 2010;

§ 3 opgeheven bij art. 10, 2° Ord. Br. H. Reg. 20 december 2002 (B.S. 31.XII.2002, ed. 3, err. B.S. 20.I.2003);

§ 4, tweede streepje gewijzigd bij art. 8, 2° Ord. Br. H. Reg. 26 augustus 2010 (B.S. 3.IX.2010), van toepassing vanaf 3 september 2010;

§ 5, 1° gewijzigd bij art. 8, 3° Ord. Br. H. Reg. 26 augustus 2010 (B.S. 3.IX.2010), van toepassing vanaf 3 september 2010.

[Art. 60ter. [Wanneer de nalatenschap van de erflater tenminste een deel in volle eigendom van het gebouw inhoudt die de erflater op het ogenblik van zijn overlijden tenminste vijf jaar tot hoofdverblijfplaats heeft gediend en indien deze woning verkregen wordt door een erfgenaam in rechte lijn, door de echtgenoot of de samenwonende van de erflater, wordt het recht dat van toepassing is op de nettowaarde van zijn deel in deze woning, in afwijking van tabel I van het artikel 48, vastgesteld als volgt:

– op de eerste schijf van 50.000 euro: 2 %;
– op de schijf van 50.000 euro tot 100.000 euro: 5,3 %;
– op de schijf van 100.000 euro tot 175.000 euro: 6 %;
– op de schijf van 175.000 euro tot 250.000 euro: 12 %.

[...]

De aanspraak op het voordeeltarief gaat niet verloren wanneer de erflater zijn hoofdverblijfplaats in het bedoelde gebouw niet heeft kunnen behouden wegens overmacht. Onder overmacht wordt inzonderheid verstaan een staat van zorgbehoevendheid, ontstaan na de aankoop van de woning, waardoor de erflater in de onmogelijkheid verkeerde om in de woning, zelfs met hulp van zijn gezin of van een gezinshulporganisatie, in te staan voor zijn lichamelijk of geestelijk welzijn.]]

[Ingeval, volgens de gegevens van het Rijksregister, de in het eerste lid gestelde voorwaarden zijn vervuld, past de ontvanger dit voordeeltarief ambtshalve toe. Ingeval de erflater zijn hoofdverblijfplaats wegens overmacht niet heeft kunnen behouden in het bedoelde gebouw, als bedoeld in het tweede lid, moet de toepassing van het voordeeltarief wel uitdrukkelijk worden gevraagd in de aangifte en moet de overmacht worden bewezen.]

Ingevoegd bij art. 2 Ord. Br. H. R. 16 mei 2002 (B.S. 31.V.2002, ed. 2) en vervangen bij art. 11 Ord. Br. H. R. 20 december 2002 (B.S. 31.XII.2002, ed. 4);
Al. 2 opgeheven bij art. 5, 1° Ord. Br. H. Gew. 6 maart 2008 (B.S. 1.IV.2008);
Al. 3 ingevoegd bij art. 5, 2°-3° Ord. Br. H. Gew. 6 maart 2008 (B.S. 1.IV.2008).

[**Art. 60quater.** Onder nettowaarde in de zin van de artikelen 60bis en 60ter, dient te worden verstaan de waarde van de in aanmerking genomen bestanddelen van activa, verminderd met het aannemelijk passief dat betrekking heeft op die bestanddelen van activa. Voor toepassing van deze regel wordt het aannemelijk passief afgetrokken van de waarde van de bestanddelen van activa van de nalatenschap in deze volgorde:

– eerst van de waarde van de bestanddelen van activa bedoeld in artikel 60bis;
– vervolgens van de waarde van de bestanddelen van activa bedoeld in artikel 60ter;
– ten slotte van de waarde van de overige goederen van de nalatenschap.

Indien de erfgenaam of legataris evenwel bewijst dat sommige schulden speciaal zijn gemaakt om goederen van de nalatenschap te verkrijgen, te verbeteren of te bewaren, worden die schulden afgetrokken van de waarde van die goederen.]

Ingevoegd bij art. 12 Ord. Br. R. 20 december 2002 (B.S. 31.XII.2002, ed. 4).
Zowel de Ord. van 16 mei 2002 als de Ord. van 20 december 2002 hebben een art. 60quater ingevoegd. De Ord. van 16 mei 2002 werd evenwel met ingang van 1 januari 2008

opgeheven bij art. 7 Ord.Br.H.R. 6 maart 2008 (B.S. 1. IV.2008).

HOOFDSTUK VIII

VEREVENING VAN DE RECHTEN

Afdeling 1

Algemene regelen

Art. 61. Het toe te passen tarief is dit van kracht ten dage van het overlijden.

Art. 62. [Het bedrag der verevende rechten wordt, desvoorkomend, [tot de hogere cent] afgerond.]
Het bedrag der aldus verevende rechten wordt, desvoorkomend, [tot de hogere cent] afgerond.

Al. 1 vervangen bij art. 6 W. 20 januari 1999 (B.S. 13.II.1999) en gewijzigd bij art. 12, 2° K.B. 13 juli 2001 (B.S. 11. VIII.2001, err. B.S. 21.XII.2001);
Al. 2 gewijzigd bij art. 12, 2° K.B. 13 juli 2001 (B.S. 11. VIII.2001, err. B.S. 21.XII.2001).
Opmerking: – Na vervanging van het eerste lid van artikel 62, door artikel 6 van de wet van 20 januari 1999 (B.S. 13. II.1999), is de tekst van het eerste lid van artikel 62 gelijk aan de tekst van het tweede lid van artikel 62.

Art. 63. […]

Opgeheven bij art. 7 W. 20 januari 1999 (B.S. 13.II.1999).

Art. 64. Voor de verevening van het successierecht, wordt beschouwd als legaat de verbintenis die, in een testament of andere beschikking ter zake des doods, opgelegd wordt door de overledene aan zijn erfgenaam, legataris of begiftigde om aan een met naam aangeduide derde een kapitaal of een rente te geven die in natura in de erfenis niet bestaat en in geld of in vervangbare zaken betaalbaar is.

Kan niet beschouwd worden als legaat, de verbintenis om iets te doen opgelegd aan een erfgenaam, legataris of begiftigde ten bate van een ander en, inzonderheid, de last opgelegd aan de erfgenamen, legatarissen of begiftigden om de rechten en kosten verbonden aan een aan een andere persoon gedaan legaat te dragen.

Art. 65. In geval van legaat van een som of van legaat van een periodieke rente of pensioen, wordt het bedrag van de gelegateerde som of het kapitaal waarop het successierecht naar rato van bedoelde rente of pensioen dient geheven, afgetrokken, voor de verevening van de rechten, van het zuiver bedrag, van hetgeen verkregen wordt door de erfgenaam, legataris of begiftigde die het legaat der som of de rente moet uitbetalen.

Art. 66. Wanneer een erfgenaam, legataris of begiftigde het vruchtgebruik of de blote eigendom verkrijgt van een goed waarvan de volle eigendom van de erfenis afhangt, of wanneer hij een door de overledene gevestigde periodieke rente of pensioen ontvangt, wordt de belastbare grondslag overeenkomstig de bij artikel 21, 22 en 23 voorgeschreven regelen bepaald.

Wanneer de door de overledene gevestigde rente of prestatie voor een onbepaalde tijd op het hoofd van een rechtspersoon wordt aangelegd, bedraagt de belastbare grondslag twintig maal het jaarlijks bedrag.

Is die rente of prestatie voor een bepaalde tijd gevestigd, zo is de belastbare grondslag de som welke de kapitalisatie op de datum van het overlijden ad 4 t. h. van de jaarlijkse rente of prestatie vertegenwoordigt, zonder dat deze som twintig maal de rente of prestatie mag te boven gaan.

Dezelfde regelen zijn van toepassing zo het gaat om een op het hoofd van een rechtspersoon gevestigd vruchtgebruik, met dien verstande dat als grondslag van raming de jaarlijkse opbrengst van de goederen dient genomen zoals in artikel 21, nummer VI, is gezegd.

Zo de lijfrente of levenslange prestatie of zo het vruchtgebruik ten bate van twee of meer natuurlijke personen achtereenvolgens of gezamenlijk met beding van aanwas is gevestigd, wordt de belastbare grondslag, voor de heffing van het op het ogenblik van de gebeurtenis vorderbaar recht, volgens de leeftijd van de genieter bij deze gebeurtenis bepaald.

[**Art. 66bis.** Zo er schenkingen onder levenden bedoeld in artikel 42, nummer VIIIbis, bestaan, wordt de basis waarop het registratierecht werd of dient geheven uit hoofde van die schenkingen, gevoegd bij het erfelijk emolument der belanghebbenden om het op dit emolument toepasselijk progressief recht van successie of van overgang bij overlijden te bepalen.]

[Het in het eerste lid bepaalde geldt niet voor schenkingen van roerende goederen waarop het in artikel 131, § 2, van het Wetboek van registratie-, griffie- en hypotheekrechten bepaalde evenredig recht werd geheven.]

Ingevoegd bij art. 17 K.B. nr. 9, 3 juli 1939 (B.S. 5.VII.1939); Al. 2 ingevoegd bij art. 4 Ord. Br. H. R. 24 februari 2005 (B.S. 9.III.2005, err. B.S. 15.III.2005).

[**Art. 66ter.** [In geval van toepassing van de artikelen 60bis en 60ter, worden de aandelen van de rechtverkrijgenden in de in die artikelen bedoelde nettowaarden, gevoegd bij hun aandeel in de belastbare waarde van de overige goederen, voor de toepassing van de progressieve tarieven van de artikelen 48 en 48² op de overgang van deze overige goederen.]]

Ingevoegd bij art. 3 Ord. Br. H. R. 29 oktober 1998 (B.S. 9. XII.1998) en vervangen bij art. 13 Ord. Br. H. R. 20 december 2002 (B.S. 31.XII.2002, ed. 3 err. B.S. 20.I.2003).

Afdeling 2

Bijzondere regelen

Art. 67. Voor het verrekenen van de rechten van successie en van overgang bij overlijden, komt niet in aanmerking hetgeen in vruchtgebruik of als levenslange of periodieke rente of pensioen wordt verkregen, indien de verkrijger binnen de zes maanden na het afsterven van de overledene sterft.

Art. 68. In geval van verwerping van een intestaataandeel, van een uiterste wilsbeschikking, of van een contractuele erfstelling, mag het recht, verschuldigd door de personen die daarvan het voordeel genieten, niet lager zijn dan het recht, dat de verwerper had moeten betalen.

De verwerping door een erfopvolger bij plaatsvervulling van zijn ouder, betreffende een nalatenschap opengevallen ten behoeve van laatst bedoelde, mag de Staat geen nadeel aanbrengen.

Art. 69. In geval van verwerping der gemeenschap door de erfgenamen der vrouw mag het door de overlevende echtgenoot verschuldigd recht niet lager zijn dan het recht dat de erfgenamen hadden moeten betalen.

HOOFDSTUK IX

BETALING DER RECHTEN EN BOETEN

Afdeling 1

Verplichting

Art. 70. De erfgenamen, legatarissen en begiftigden zijn tegenover de Staat aansprakelijk voor de rechten van successie of van overgang bij overlijden en voor de interesten, ieder voor het door hem verkregene.

Bovendien zijn de erfgenamen, algemene legatarissen en begiftigden in de nalatenschap van een Rijksinwoner samen aansprakelijk, ieder in verhouding van zijn erfdeel, voor de gezamenlijke rechten en interesten verschuldigd door de legatarissen en begiftigden onder algemene titel of onder bijzondere titel. Deze regel is niet van toepassing op de rechten en interesten verschuldigd op de in artikel 37 voorziene nieuwe aangiften, wanneer het op hen niet berust deze aangiften in te leveren.

Art. 71. Ieder persoon door wiens toedoen een overtreding gepleegd werd, is persoonlijk aansprakelijk voor de wegens deze overtreding verschuldigde boete.

Wordt door verscheidene personen een overtreding gepleegd, die tot een met het recht evenredige boete aanleiding geeft, zo is ieder der overtreders voor deze boete aansprakelijk voor zover hij tot betaling van het recht kan worden gedwongen.

Art. 72. [De met erfstelling bezwaarde erfgenaam die de in nummer 6 van artikel 37 voorgeschreven aangifte niet inlevert, en de personen die werden veroordeeld als daders of medeplichtigen van misdrijven bedoeld in de artikelen 133 en 133bis, zijn met de belastingplichtingen hoofdelijk aansprakelijk voor de betaling van de door het feit van de inbreuk ontdoken rechten en, desvoorkomend, van de interesten en belastingboeten.]

Vervangen bij art. 15 W. 10 februari 1981 (B.S. 14.II.1981).

Art. 73. Het aanvaarden onder voorrecht van boedelbeschrijving van een nalatenschap ontheft de erfgenamen van geen der bij dit wetboek voorgeschreven verplichtingen.

[De beheerder, voor de vereffening van de nalatenschap aangesteld zoals bepaald in de artikelen 803bis, 804 en 810bis van het Burgerlijk Wetboek, is eveneens tot deze verplichting gehouden.]

Al. 2 ingevoegd bij art. 3-131 W. 10 oktober 1967 (B.S. 31.X.1967).

Art. 74. De vertegenwoordigers der erfgenamen, legatarissen en begiftigden, de curators van onbeheerde nalatenschappen, de sequesters, de testamentuitvoerders en alle anderen die tot opdracht hebben of de last op zich genomen hebben de aangifte in te leveren, zijn tegenover de Staat aansprakelijk voor de rechten van successie of van overgang bij overlijden, voor de interesten en de boeten, voor zoveel het van hen heeft afgehangen in de nakoming van de wet te voorzien.

Afdeling 2

Bijdrage

Art. 75. In zover er geen andersluidende beschikkingen bestaan, worden de rechten van successie en van overgang bij overlijden gedragen door de erfgenamen, legatarissen en begiftigden, ieder voor datgeen wat door hem verkregen wordt.

Art. 76. Onverminderd 's Rijks rechten, hebben de legatarissen van levenslange of periodieke renten en pensioenen het vermogen te eisen dat het te hunnen laste verevend successierecht voorgeschoten wordt door de renteplichtige erfgenamen, legatarissen of begiftigden in zover dit recht de middelen van de renteheffer overtreft; in dit geval, zo het recht door de erflater niet ten laste van de erfgenamen, legatarissen of begiftigden werd gelegd, wordt achtereenvolgens van de rente- en pensioentermijnen afgehouden een gedeelte van het terug te geven kapitaal, bepaald door het aantal jaren gedurende dewelke, voor de heffing der belasting, de prestatie vermoed werd verstrekt te moeten zijn; bij dit gedeelte moeten de naar de in burgerlijke zaken geldende rentevoet berekende interesten worden gevoegd.

Afdeling 3

Termijn van betaling

Art. 77. De betaling van de rechten van successie en van overgang bij overlijden, zomede van de verschuldigde boeten, geschiedt binnen de twee maanden na de dag waarop de bij artikel 40 gestelde termijn verstreken is. [Valt de laatste dag van de termijn op een sluitingsdag van de kantoren, dan wordt deze termijn verlengd tot de eerste openingsdag der kantoren die volgt op het verstrijken van de termijn.]

[De [directeur-generaal van de belasting over de toegevoegde waarde, registratie en domeinen] kan, indien de erfgoederen voor het uitoefenen van een beroepswerkzaamheid worden gebruikt of wanneer zij niet voor een onmiddellijke tegeldemaking vatbaar zijn zonder aan de belastingplichtigen een aanzienlijk nadeel te berokkenen, deze, tegen waarborg, toelaten hun schuld bij gedeeltelijke betalingen te voldoen binnen een tijdsbestek dat vijf jaren, te rekenen vanaf de datum van het overlijden of van de tot de belasting aanleiding gevende gebeurtenis niet mag overschrijden, binnen een tijdsbestek dat drie jaren, te rekenen van de datum van het overlijden of van de tot de belasting aanleiding gevende gebeurtenis, niet mag overschrijden.]

Al. 1 aangevuld bij art. 4 W. 11 juli 1960 (B.S. 20.VII.1960); Al. 2 vervangen bij art. 31 W. 22 december 1977 (B.S. 24.XII.1977) en gewijzigd bij art. 240 W. 22 december 1989 (B.S. 29.XII.1989).

Art. 78. [In geval van achtereenvolgende overgangen door overlijden van een onder opschortende voorwaarde verkregen goed of van een door de derde bezeten doch door de nalatenschap teruggeëist goed, is de belasting verschuldigd, onder de voorwaarden bepaald bij de artikelen 25, 37 en 40, alleenlijk wegens de jongste overgang.]

Indien de achtereenvolgende overgangen tot voorwerp hebben een betwist goed in het bezit van de overledene of een goed toebehorend aan evendoelde onder ontbindende voorwaarde, is de belasting onmiddellijk opvorderbaar bij elk overlijden, behoudens eventuele teruggaaf van de verscheidene geïnde rechten.

Al. 1 vervangen bij art. 12 K.B. nr. 12, 18 april 1967 (B.S. 20.IV.1967).

Art. 79. De erfgenaam, legataris of begiftigde die een goed in blote eigendom uit de nalatenschap van een Rijksinwoner verkrijgt, mag de betaling van het wegens dit goed verschuldigde successierecht uitstellen totdat het vruchtgebruik door het afsterven van de vruchtgebruiker of door het verstrijken van de termijn te niet gaat, mits, op zijn kosten, een voldoende waarborg te stellen.

In dit geval, moet de belanghebbende zich ertoe verbinden, als belasting, boven het recht verevend op de waarde van de blote eigendom ten dage van het openvallen van de nalatenschap, een forfaitaire som te betalen gelijk aan de jaarlijkse interest van dit recht, vermenigvuldigd met het aantal jaren dat tot grondslag gediend heeft voor de berekening van de waarde van het vruchtgebruik, zulks overeenkomstig artikel 21; de rentevoet van de in aanmerking te nemen interest is die vastgesteld in burgerlijke zaken ten dage van het overlijden.

Art. 80. Wanneer een legaat ten behoeve van een [rechtspersoon met statutaire zetel, hoofdbestuur of hoofdvestiging op het grondgebied van een lidstaat van de Europese Economische Ruimte] aan een machtiging of aan een goedkeuring van de overheid onderworpen is, wordt, op schriftelijke aanvraag van bedoelde persoon, de invordering van de te zijnen laste verevende belasting, zomede van de interesten en de boeten, geschorst tot het einde der twee maanden, die de verstrijking van de termijn voorzien in artikel 40, 3° alinea, volgen.

[Wanneer, overeenkomstig artikel 83³, kunstwerken ter betaling worden aangeboden, wordt de invordering van de rechten waarvan de betaling door middel van die kunstwerken wordt aangeboden, geschorst tot het einde der twee maanden na de dag waarop het aanbod is geweigerd of na de dag van de slechts gedeeltelijke aanvaarding, hetzij qua goederen, hetzij qua waarde.]

Al. 1 gewijzigd bij art. 2 W. 10 november 2004 (B.S. 30. XI.2004, ed. 2);
Al. 2 ingevoegd bij art. 12 W. 1 augustus 1985 (B.S. 6. VIII.1985).

Afdeling 4

Moratoire interest

Art. 81. Indien het recht niet betaald wordt binnen de onder de eerste alinea van artikel 77 voorziene termijn, is de wettelijke interest, tegen de rentevoet bepaald in burgerlijke zaken, van rechtswege verschuldigd te rekenen van het verstrijken van bedoelde termijn.

De rechtspersoon, die de onder artikel 80 [eerste lid,] voorziene schorsing genoten heeft, moet de interest betalen alsof hij die schorsing niet genoten had.

[Over de rechten waarvan de invordering met toepassing van artikel 80, tweede lid, wordt geschorst, is de interest slechts verschuldigd in de mate waarin de rechten niet door de inbetalinggeving worden voldaan.]

Al. 2 gewijzigd bij art. 13, 1° W. 1 augustus 1985 (B.S. 6.VIII.1985);
Al. 3 ingevoegd bij art. 13, 2° W. 1 augustus 1985 (B.S. 6. VIII.1985).

Art. 82. [...]
[Voor de berekening van de interest wordt iedere maand voor dertig dagen aangerekend.]
De interest wordt berekend per vijftien dagen; iedere breuk van vijftien dagen wordt verwaarloosd.

Hij wordt [tot de hogere cent] afgerond.
Geen interest wordt gevorderd indien de voor rechten te betalen som lager is dan [5 EUR].
De gedeeltelijke betalingen mogen, met de instemming van het bestuur, vooreerst op het kapitaal toegerekend worden.

Al. 1 opgeheven bij art. 8, 1° W. 20 januari 1999 (B.S. 13. II.1999);
Al. 2 vervangen bij art. 8, 2° W. 20 januari 1999 (B.S. 13. II.1999);
Al. 4 gewijzigd bij art. 12, 3° K.B. 13 juli 2001 (B.S. 11. VIII.2001, err. B.S. 21.XII.2001);
Al. 5 gewijzigd bij art. 11 K.B. 13 juli 2001 (B.S. 11.VIII.2001, err. B.S. 21.XII.2001).

[Afdeling 5

Wijzen van betaling]

Opschrift vervangen bij art. 42, al. 1 W. 23 december 1958 (B.S. 7.I.1959).

Art. 83[1]. De obligatiën aan toonder en de inschrijvingen op naam van de geünificeerde 4 pct. schuld die door een erfgenaam, legataris of begiftigde verkregen worden uit de nalatenschap van een Rijksinwoner, worden aangenomen voor het bedrag van hun nominale waarde, vermeerderd met het prorata van de opgelopen interest, ter betaling der rechten en, desvoorkomend, der interesten verschuldigd door bedoelde erfgenaam, legataris of begiftigde, uit hoofde van de nalatenschap.

Behoudens het geval van overmacht, moet dit vermogen uitgeoefend worden uiterlijk binnen de vijftien dagen te rekenen van de wettelijke vervaldag der rechten.

Het is afhankelijk gesteld van de voorwaarde dat belanghebbenden door alle middelen van gemeen recht, uitgezonderd de eed, bewijzen dat de in betaling aangeboden waarden uit de nalatenschap van de overledene door hen werden verkregen.

Voor de berekening van het interestprorata opgelopen op de tot betaling aangeboden titels, wordt iedere maand voor dertig dagen gerekend; de interest wordt per vijftien dagen gerekend; alle breuk van vijftien dagen wordt verwaarloosd.

Hernummerd bij art. 42, al. 2 W. 23 december 1958 (B.S. 7.I.1959).

[Art. 83². Onverminderd artikel 83¹, kan bij koninklijk besluit worden voorgeschreven dat de betaling van de successierechten, rechten van overgang bij overlijden, boeten en interesten moet geschieden door storting of overschrijving op de postcheckrekening van het met de invordering belast kantoor.]

Ingevoegd bij art. 42, al. 2 W. 23 december 1958 (B.S. 7.I.1959).

[**Art. 83**[3]. [Iedere erfgenaam, legetaris of begiftigde kan, mits hij daartoe civielrechtelijk bevoegd is, verzoeken de uit hoofde van een nalatenschap invorderbare rechten geheel of ten dele te voldoen door de afgifte van kunstwerken waarvan de minister van Financiën, op eensluidend advies van de in artikel 83[4] bedoelde bijzondere commissie, erkent dat zij tot het roerend cultureel erfgoed van het land behoren of dat zij internationale faam genieten.

Om ter betaling te kunnen worden aangeboden, moeten de kunstwerken in hun geheel deel uitmaken van de nalatenschap of op de dag van het overlijden in hun geheel toebehoren aan de overledene en/of aan zijn overlevende echtgenoot of aan de erfgenamen, legatarissen of begiftigden.

Deze uitzonderlijke betalingswijze is afhankelijk van de [formele] aanvaarding van het aanbod door de minister van Financiën.

[Het met de rechten begunstigde gewest, vermeldt door zijn vertegenwoordiger in de speciale Commissie en vóór het overzenden van het advies van de commissie aan de Minister van Financiën, dat het de betaling door middel van de aangeboden kunstwerken verkiest en vermeldt in voorkomend geval de aan te nemen werken. In dit geval zal het betreffende gewest geacht worden, zodra de werken formeel ter betaling aangenomen werden door de Minister van Financiën, de verschuldigde successierechten ontvangen te hebben, tot beloop van de waarde van de aangenomen werken.

Ingeval het gewest de betaling in kunstwerken slechts verkiest voor een deel van de aangeboden werken, betekent de voorzitter van de Commissie dit aan de aanvrager(s). Deze heeft (hebben) één maand te rekenen van de betekening om aan de voorzitter mee te delen of hij (zij) zijn (hun) aanbod van afgifte intrekt (ken) of aanpast (sen).

Ingeval het gewest de betaling door middel van kunstwerken weigert, betekent de voorzitter van de Commissie aan de aanvrager(s) de verwerping van het aanbod van de afgifte.]

De ter betaling aangeboden kunstwerken worden, ongeacht of zij al dan niet deel uitmaken van de nalatenschap, geschat door de in artikel 83[4] bedoelde bijzondere commissie en worden geacht te worden aangeboden tegen de waarde die bij de voorafgaande schatting werd vastgesteld. Maakt het kunstwerk deel uit van de nalatenschap, dan wordt de waarde die is vastgesteld bij deze voorafgaande schatting daarenboven in aanmerking genomen voor de heffing van de successierechten. De kosten verbonden aan deze schatting worden voorgeschoten door de verzoekers. Ze worden door de Staat gedragen wanneer de minister van Financiën de inbetalinggeving geheel of ten dele aanvaardt.

De erfgenamen, legatarissen of begiftigden dienen de schattingsaanvraag in bij een ter post aangetekende brief bij de voorzitter van de in artikel 83[4] bedoelde bijzondere commissie. Deze aanvraag wordt terzelfder tijd bij een ter post aangetekende brief betekend aan de ontvanger van het bureau waar de aangifte moet worden ingediend.

Het bewijs dat de ter betaling aangeboden goederen in hun geheel tot de nalatenschap behoren of in hun geheel toebehoren aan de overledene en/of zijn overlevende echtgenoot of aan de erfgenamen, legatarissen of begiftigden, kan worden geleverd door alle wettelijke middelen, met inbegrip van getuigenissen en vermoedens, maar met uitsluiting van de eed.

Aanvullende regels betreffende de inbetalinggeving worden vastgelegd bij koninklijk besluit.]]

Ingevoegd bij art. 14 W. 1 augustus 1985 (B.S. 6.VIII.1985) en vervangen bij art. 2 W. 21 juni 2001 (B.S. 5.VII.2001);
Al. 3 gewijzigd bij art. 48, 1° Progr. W. 11 juli 2005 (B.S. 12.VII.2005, ed. 2);
Al. 4-6 ingevoegd bij art. 48, 2° Progr. W. 11 juli 2005 (B.S. 12.VII.2005, ed. 2).

[**Art. 83**[4]. De in artikel 83[3] bedoelde bijzondere commissie heeft tot taak de minister van Financiën een bindend advies te geven over:

1° de vraag of de ter betaling aangeboden kunstwerken tot het roerend cultureel erfgoed van het land behoren of internationaal befaamd zijn;

2° de ontvankelijkheid van het aanbod tot inbetalinggeving;

3° de geldwaarde van de aangeboden kunstwerken.

De bijzondere commissie is samengesteld uit:

1° drie ambtenaren van het ministerie van Financiën;

2° drie leden voorgedragen door de gemeenschapsregeringen;

3° vier leden, respectievelijk vertegenwoordigers van de Koninklijke Musea voor Schone Kunsten van België, de Koninklijke Musea voor Kunst en Geschiedenis, het Koninklijk Belgisch Instituut voor Natuurwetenschappen en het Koninklijk Museum voor Midden-Afrika, voorgedragen door de Wetenschappelijke Raad van ieder van die vier federale wetenschappelijke instellingen;

[4° drie leden voorgedragen door de gewestregeringen.]

De leden van de bijzondere commissie worden door de minister van Financiën benoemd.

De organisatie en de werkwijze van de bijzondere commissie worden door de minister van Financiën vastgesteld.]

Ingevoegd bij art. 3 W. 21 juni 2001 (B.S. 5.VII.2001);
Al. 2, 4° ingevoegd bij art. 49 Progr. W. 11 juli 2005 (B.S. 12.VII.2005, ed. 2).

HOOFDSTUK X

WAARBORGEN VAN DE STAAT

Afdeling 1

Zakelijke zekerheden

Art. 84. Om de invordering van het successierecht te waarborgen, wordt, ten bate van de Staat, op al de nagelaten roerende goederen een algemeen voorrecht gesteld, onmiddellijk rang nemende na deze vermeld onder artikelen 19 en 20 der wet van 16 december 1851 en onder artikel 23 van boek II van het Wetboek van koophandel.

Bovendien, wordt de invordering der rechten van successie en van overgang bij overlijden gewaarborgd door een wettelijke hypotheek op al de voor hypotheek vatbare goederen door de overledene in het Rijk nagelaten.

Deze waarborgen dekken insgelijks de interesten, alsmede de kosten van vervolging en van geding.

Art. 85. Het voorrecht op de meubelen vervalt met achttien maanden na de dag van het overlijden, indien vóór bedoeld tijdperk, de ontvanger geen gerechtelijke vervolgingen aangevangen heeft.

Art. 86. De wettelijke hypotheek kan aan derden, zonder inschrijving, tegengeworpen worden gedurende een termijn van achttien maanden te rekenen van de datum van het overlijden.

Zij behoudt haar uitwerking met ingang van dezelfde datum indien de inschrijving vóór het verstrijken van voormelde termijn gevorderd wordt.

Na het verstrijken van die termijn, neemt zij slechts rang te rekenen van de dag van de inschrijving.

Art. 87. De hypotheek wordt op aanzoek van de ontvanger ingeschreven.

De inschrijving heeft plaats, niettegenstaande verzet, betwisting of beroep, krachtens hetzij een dwangbevel, dagvaarding, aanvraag om schatting of alle andere vervolgingsakte, hetzij een gerechtelijke beslissing waarbij het bedrag van de schuldvordering van de Staat is bepaald. Wanneer het geheel of een gedeelte van de belasting of van de bijhorigheden niet bepaald is, wordt de inschrijving voor de door de ontvanger in het borderel te begroten som gevorderd.

Onverminderd de toepassing van artikel 87 der wet van 16 december 1851, mag de inschrijving worden gevorderd voor een door de ontvanger te begroten som welke al de interesten vertegenwoordigt welke vóór de kwijting van de belasting mochten verschuldigd zijn.

Bij ontstentenis van een der akten of beslissingen waarvan sprake in de tweede alinea van onderhavig artikel, heeft de inschrijving slechts plaats tegen de op verzoek gegeven toelating vanwege de vrederechter van het kanton waarin het ontvangstkantoor ligt. In dergelijk geval, bepaalt het bevel de bezwaarde goederen en de som ten belope waarvan de inschrijving mag genomen worden.

In het geval van artikel 94, mag de ontvanger zowel vóór als na de invorderbaarheid van de rechten inschrijving vorderen op zicht van het bevel van de vrederechter houdende bepaling van het bedrag van de borgtocht.

Art. 88. Wanneer de inschrijving binnen de achttien maanden na het overlijden wordt gevorderd, wordt ze onder de naam van de overledene genomen,

zonder dat de erfgenamen, legatarissen of begiftigden in het borderel dienen nader bepaald. In dit geval, wordt de overledene zoveel mogelijk door zijn voornamen, datums en plaatsen van zijn geboorte en van zijn overlijden aangeduid.

Art. 89. De ontvanger geeft handlichting van de inschrijving, in de administratieve vorm, zonder dat hij ertoe gehouden weze, tegenover de hypotheekbewaarder, de verantwoording te verstrekken van de betaling der verschuldigde sommen.

Art. 90. Wanneer, binnen de achttien maanden na het openvallen der nalatenschap, een derde te goeder trouw een goed der erfenis, een zakelijk recht, een hypotheek, een pand of een inpandgeving op zulk goed ten bezwarenden titel verkregen heeft nadat de ingeleverde aangifte definitief geworden is, hetzij door het verstrijken van de termijn van inlevering, hetzij ingevolge de verzaking der aangevers aan het recht van verbetering, kunnen het voorrecht en de wettelijke hypotheek niet deze derde tegengeworpen worden ter invordering van alle supplement van rechten en bijhorigheden.

Deze bepaling is evenwel niet toepasselijk indien, vóór de verkrijging, een verbeterende aangifte ingediend werd of een gerechtelijke vervolging door de ontvanger ingespannen werd wegens de invordering van bijrechten en van de bijhorigheden, of indien een inschrijving ten bate van de Staat reeds uit die hoofde genomen werd.

De erfgenamen, legatarissen en begiftigden, zomede de openbare ambtenaren ermede belast de goederen van de erfenis te verkopen of te hypothekeren, zijn, tegen betaling van een door de Minister van Financiën vast te stellen retributie, ertoe gerechtigd van de ontvanger een attest te vorderen, dat vermelding houdt van de wegens de ingeleverde aangiften verschuldigde sommen, zomede van die waaromtrent vervolgingen ingespannen zijn.

Dit attest dient binnen de maand der aanvraag per aangetekende brief verstrekt.

Art. 91. Zo de belanghebbenden, alvorens de rechten van successie of van overgang bij overlijden gekweten te hebben, de gezamenlijke bezwaarde goederen of een deel ervan van de hypotheek willen bevrijden, vragen zij dit aan de [gewestelijke directeur van de belasting over de toegevoegde waarde, registratie en domeinen] binnen wiens ambtsgebied het kantoor van heffing gelegen is. Deze aanvraag wordt aangenomen zo de Staat voor het verschuldigd bedrag reeds voldoende zekerheid heeft of zo deze hem gegeven wordt.

Gewijzigd bij art. 240 W. 22 december 1989 (B.S. 29. XII.1989).

Art. 92. Door het recht van voorrecht en van wettelijke hypotheek werden de vroeger door derden verkregen rechten niet benadeeld.

Art. 93. De kosten der hypothecaire formaliteiten betreffende de wettelijke hypotheek komen, in alle geval, ten laste van de Staat.

Afdeling 2

[Buiten de Europese Economische Ruimte wonende erfgenaam]

Opschrift vervangen bij art. 64 W. 14 april 2011 (B.S. 6.V.2011, ed. 1).

Art. 94. Onverminderd de zekerheid waarvan sprake in artikel 84, is alle [buiten de Europese Economische Ruimte] wonende persoon, die erfgenaam, legataris of begiftigde is in de nalatenschap van roerende goederen van een Rijksinwoner, ertoe verplicht borg te stellen voor de betaling van het successierecht, van de interesten, boeten en kosten waartoe hij tegenover de Staat mocht gehouden zijn.

[Na de erfgenaam en de aangestelde van het bestuur te hebben gehoord, wordt het bedrag van de borgstelling vastgesteld door de vrederechter van de laatste fiscale woonplaats die, overeenkomstig artikel 38, 1°, eerste lid, het kantoor bepaalt waar de aangifte van successie van de overledene moet worden ingediend.] De zegels mogen niet gelicht worden en geen openbare ambtenaar mag de goederen der nalatenschap verkopen, noch er de akte van kaveling van opmaken, vóór de aflevering van een getuigschrift van de ontvanger, ten blijke dat [de buiten de Europese Economische Ruimte wonende erfgenaam] zich naar deze bepaling gedragen heeft, op straf van alle kosten en schadevergoedingen.

Dit getuigschrift wordt gevoegd bij het proces-verbaal der verkoping van de roerende goederen of bij de akte van kaveling.

De [gewestelijke directeur van de belasting over de toegevoegde waarde, registratie en domeinen] mag de erfgenaam die [buiten de Europese Economische Ruimte] woont er van ontslaan de borgstelling te verstrekken.

Al. 1 gewijzigd bij art. 65, 1° W. 14 april 2011 (B.S. 6.V.2011, ed. 1);
Al. 2 gewijzigd bij art. 2 W. 17 april 2002 (B.S. 3.V.2002) en bij art. 65, 2° W. 14 april 2011 (B.S. 6.V.2011, ed. 1);
Al. 4 gewijzigd bij art. 240 W. 22 december 1989 (B.S. 29. XII.1989) en bij art. 65, 3° W. 14 april 2011 (B.S. 6.V.2011, ed. 1).

Art. 95. [De inschrijvingen, effecten, op naam of aan toonder, sommen, waarden, gesloten koffers, omslagen en colli's, waarvan sprake in artikelen 96 tot 99, mogen het voorwerp niet uitmaken van een conversie, een overdracht, een teruggave of een betaling, indien zij geheel of gedeeltelijk toekomen aan een erfgenaam, legataris, begiftigde of andere rechthebbende die [buiten de Europese Economische Ruimte] woont, voordat de door artikel 94 voorgeschreven waarborg is gesteld.

Zo, in de gevallen voorzien in artikel 101, onder de

rechthebbenden één of meer personen zijn die [buiten de Europese Economische Ruimte] wonen, mag de verhuurder van de brandkast of de notaris die de door gezegd artikel voorgeschreven lijst of inventaris heeft opgemaakt, de inbezitneming door de rechthebbenden van de in de kast liggende zaken niet toestaan voordat de door artikel 94 opgelegde waarborg wordt gesteld.]

[In afwijking van het eerste lid en alvorens de door artikel 94 voorgeschreven waarborg is gesteld, mag de schuldenaar van deposito's op een gemeenschappelijke of onverdeelde zicht- of spaarrekening waarvan de overledene of de langstlevende echtgenoot houder of medehouder is of waarvan de langstlevende wettelijk samenwonende medehouder is, overeenkomstig de bij artikel 1240ter van het Burgerlijk Wetboek bepaalde nadere regels een bedrag ter beschikking stellen dat de helft van de beschikbare creditsaldi noch 5.000 euro overschrijdt.

Het in het derde lid bedoelde bedrag wordt uitbetaald onverminderd de betaling van de in de artikelen 19 en 20 van de hypotheekwet van 16 december 1851 vermelde bevoorrechte kosten.]

Vervangen bij art. 1 Besl. W. 4 mei 1940 (B.S. 8.V.1940);
Al. 1 en 2 gewijzigd bij art. 66, 1° en 2° W. 14 april 2011 (B.S. 6.V.2011, ed. 1);
Al. 3 en 4 ingevoegd bij art. 3 W. 28 juni 2009 (B.S. 21. VIII.2009, ed. 2).

HOOFDSTUK XI

[AAN DERDEN OPGELEGDE VERPLICHTINGEN TENEINDE DE JUISTE HEFFING DER INGEVOLGE HET OVERLIJDEN VAN RIJKSINWONERS VERSCHULDIGDE SUCCESSIERECHTEN TE VERZEKEREN]

Opschrift vervangen bij art. 2 Besl. W. 4 mei 1940 (B.S. 8.V.1940).

Art. 96. [De besturen en de openbare instellingen [, de stichtingen van openbaar nut en de private stichtingen, alle verenigingen] of vennootschappen die in België hun voornaamste instelling, een bijhuis of een om 't even welke zetel van verrichtingen hebben, mogen, na het overlijden van een Rijksinwoner die titularis van een inschrijving of effect op naam is, de overdracht, de overgang, de conversie of de betaling daarvan slechts bewerkstelligen, na de daartoe aangestelde ambtenaar van [de administratie van de belasting over de toegevoegde waarde, registratie en domeinen] bericht te hebben gegeven van het bestaan van de inschrijving of het effect op naam waarvan de overledene eigenaar is.

Wanneer de titularis van een inschrijving of effect op naam de overdracht, de overgang, de conversie of de betaling daarvan aanzoekt na het overlijden van zijn echtgenoot, moet hij dit overlijden ter kennis der betrokken inrichting brengen, en deze mag het aanzoek slechts inwilligen na de bevoegde ambtenaar bericht te hebben gegeven van het bestaan van de inschrijving of het effect waarvan de aanzoeker titularis was op de dag van het overlijden van zijn echtgenoot.

Indien de betrokken inrichting, na het overlijden van de echtgenoot van de titularis van een inschrijving of effect op naam en in de onwetendheid van dit overlijden, een overdracht, overgang, conversie of betaling heeft bewerkstelligd, is zij er toe gehouden, zodra zij kennis heeft van dit overlijden, de bevoegde ambtenaar bericht te geven van het bestaan van de inschrijving of het effect op de overlijdensdag.

Deze beschikking is eveneens toepasselijk indien er een overdracht, overgang, conversie of betaling plaats gegrepen heeft op verzoek van de lasthebber of wettelijke vertegenwoordiger van de titularis der inschrijving, na het overlijden en in de onwetendheid van het overlijden van de lastgever of van de onbekwame. In deze onderstellingen moet de lasthebber of de wettelijke vertegenwoordiger aan de betrokken inrichting, die er alsdan toe gehouden is de in vorige alinea bedoelde kennisgeving aan de bevoegde ambtenaar over te maken.]

Vervangen bij art. 3 Besl. W. 4 mei 1940 (B.S. 8.V.1940);
Al. 1 gewijzigd bij art. 240 W. 22 december 1989 (B.S. 29.XII.1989) en bij art. 45 W. 2 mei 2002 (B.S. 11.XII.2002).

Art. 97. [De besturen en de openbare instellingen [, de stichtingen van openbaar nut en de private stichtingen, alle verenigingen] of vennootschappen die in België hun voornaamste instelling, een bijhuis of een om 't even welke zetel van verrichtingen hebben, de bankiers, de wisselagenten, [de wisselagentcorrespondenten,] de zaakwaarnemers en de openbare of ministeriële ambtenaren die houders of schuldenaars zijn, uit welke hoofde ook, van effecten, sommen of waarden welke toekomen aan een erfgenaam, legataris, begiftigde of andere rechthebbende ingevolge het overlijden van een Rijksinwoner, mogen de teruggaaf, de betaling of de overdracht daarvan slechts doen na de echt en deugdelijk verklaarde lijst der effecten, sommen of waarden aan de daartoe aangewezen ambtenaar van [de administratie van de belasting over de toegevoegde waarde, registratie en domeinen] te hebben afgegeven.

[Het eerste lid is van toepassing op de sommen, renten of waarden, die na het overlijden worden verkregen ingevolge een contract bevattende een door de overledene gemaakt beding.]]

[De bepalingen van artikel 96, tweede, derde en vierde lid, zijn van toepassing op de teruggaaf, betaling of overdracht van de in dit artikel bedoelde effecten, sommen, renten of waarden.]

[In afwijking van het eerste lid en alvorens de hierin bedoelde lijst wordt afgegeven mag de schuldenaar van deposito's op een gemeenschappelijke onverdeelde zicht- of spaarrekening waarvan de overledene of de langstlevende echtgenoot houder of medehouder is of waarvan de langstlevende wettelijk samenwonende medehouder is, overeenkomstig de bij artikel 1240ter van het Burgerlijk Wetboek bepaalde nadere regels een bedrag ter beschikking stellen dat de helft van de beschikbare creditsaldi noch 5.000 euro overschrijdt.

Het in het vierde lid bedoelde bedrag wordt uitbetaald onverminderd de betaling van de in de artikelen 19 en 20 van de hypotheekwet van 16 december 1851 vermelde bevoorrechte kosten.]

Vervangen bij art. 3 Besl. W. 4 mei 1940 (B.S. 8.V.1940);
Al. 1 gewijzigd bij art. 28 W. 13 augustus 1947 (B.S. 17. IX.1947), bij art. 240 W. 22 december 1989 (B.S. 29.XII.1989) en bij art. 46 W. 2 mei 2002 (B.S. 11.XII.2002);
Al. 2 vervangen en al. 3 ingevoegd bij art. 13 K.B. nr. 12, 18 april 1967 (B.S. 20.IV.1967);
Al. 4 en 5 ingevoegd bij art. 4 W. 28 juni 2009 (B.S. 21. VIII.2009, ed. 2).

Art. 98. [Wanneer het voorwerpen geldt die in een gesloten koffer, omslag of colli aan een der in artikel 97 bedoelde houders toevertrouwd werden, mogen, na het overlijden van de deponent of van dezes echtgenoot, de koffer, de omslag of het colli aan de rechthebbenden slechts teruggegeven of op hun naam overgedragen worden na in tegenwoordigheid van de houder te zijn geopend, opdat deze de bij hetzelfde artikel voorgeschreven lijst zou kunnen opmaken.

De tweede alinea van artikel 96 wordt toepasselijk gemaakt op de hiervóór bedoelde koffers, omslagen en colli's.

Indien de lasthebber van de deponent of de wettelijke vertegenwoordiger van een onbekwame, na de dood van de lastgever of van de onbekwame en in de onwetendheid daarvan, zaken heeft teruggenomen die aan de houder in een gesloten koffer, omslag of colli werden toevertrouwd, ofwel de koffer, omslag of colli op naam van een derde heeft doen overdragen, dan is de lasthebber of de wettelijke vertegenwoordiger gehouden, zodra het overlijden van de lastgever of van de onbekwame hem bekend is, een overeenkomstig artikel 97 opgemaakte lijst van de in de koffer, omslag of colli vervatte zaken aan de bevoegde ambtenaar af te geven.

De door de houder overeenkomstig onderhavig artikel op te maken lijst mag worden vervangen door een getrouwe en nauwkeurige inventaris van de effecten, sommen, waarden of welke voorwerpen ook, die zich in de koffer, omslag of colli bevinden, inventaris opgemaakt door een notaris in de vormen bepaald [door de artikelen 1175 tot 1184 van het Gerechtelijk Wetboek]. De houder is niet verplicht bij het opmaken van de inventaris aanwezig te zijn.

Een ambtenaar van [de administratie van de belasting over de toegevoegde waarde, registratie en domeinen] mag in elk geval aanwezig zijn bij het opmaken hetzij van de lijst, hetzij van de inventaris voorzien in voorgaande alinea. Daartoe is de houder, die de lijst moet opmaken, of met de inventaris belaste notaris verplicht de daartoe aangewezen ambtenaar kennis te geven van plaats, dag en uur waarop die verrichting zal gebeuren. De kennisgeving moet geschieden bij aangetekende brief; met het opmaken van de lijst of de inventaris mag men niet beginnen vóór de [vijfde dag] na die waarop de brief van kennisgeving ter post werd besteld.]

Vervangen bij art. 3 Besl. W. 4 mei 1940 (B.S. 8.V.1940);
Al. 4 gewijzigd bij art. 75 W. 15 juli 1970 (B.S. 30.VIII.1970);
Al. 5 gewijzigd bij art. 5 W. 11 juli 1960 (B.S. 20.VII.1960) en
bij art. 240 W. 22 december 1989 (B.S. 29.XII.1989).

Art. 99. [Zo in de door artikel 97 en 98 voorziene gevallen de gehouden zaken of de verschuldigde sommen volgens de overeenkomst mogen teruggegeven, betaald of overgedragen worden op order van een medebelanghebbende, is de houder of de schuldenaar verplicht:

1° een schriftelijk bewijs te bewaren van de gedane teruggaven, betalingen of overdrachten, met aanduiding van de datum er van;

2° zodra het overlijden van een der medebelanghebbenden of van de echtgenoot van een hunner hem bekend is:

a) overeenkomstig artikel 97 aan de bevoegde ambtenaar de lijst af te geven van de ten dage van het overlijden verschuldigde of gehouden sommen, effecten, waarden of voorwerpen;

b) de teruggave of de overdracht der gesloten koffers, omslagen of colli's waarvan hij houder is te weigeren alvorens aan de bevoegde ambtenaar de lijst der daarin vervatte voorwerpen te hebben afgegeven.

Elke medebelanghebbende die, na het overlijden van zijn echtgenoot, na het overlijden van een zijner medebelanghebbenden of dezes echtgenoot, de teruggave der gehouden voorwerpen, de betaling der verschuldigde sommen of de overdracht van het deposito of van de schuldvordering vraagt, moet vooraf het overlijden ter kennis van de houder of van de schuldenaar brengen.

Indien, na het overlijden van een der medebelanghebbenden of van dezes echtgenoot en in de onwetendheid van dit overlijden, een hunner een terugneming gedaan, een betaling ontvangen of een overdracht doen uitvoeren heeft, moet hij, zodra hij kennis heeft van het overlijden:

a) daarvan bericht geven aan de houder of aan de schuldenaar, die van dat ogenblik af verplicht is aan de bevoegde ambtenaar de lijst van de ten dage van het overlijden verschuldigde of gehouden sommen, effecten, waarden of voorwerpen af te geven;

b) en overeenkomstig artikel 97 opgemaakte lijst van de in de gesloten koffer, omslag of colli vervatte zaken aan de bevoegde ambtenaar afgeven.

De bepalingen van de laatste twee alinea's van artikel 98 zijn van toepassing wat betreft de aan de houder in een gesloten koffer, omslag of colli toevertrouwde zaken.]

Vervangen bij art. 3 Besl. W. 4 mei 1940 (B.S. 8.V.1940).

Art. 100. [De besturen en de openbare instellingen [, de stichtingen van openbaar nut en de private stichtingen, alle verenigingen] of vennootschappen die in België hun voornaamste instelling, een bijhuis of een om 't even welke zetel van verrichtingen hebben, de bankiers, de wisselagenten, [de wisselagentcorrespondenten,] de zaakwaarnemers en de openbare of ministeriële ambtenaren moeten aan de ambtenaren van [de

administratie van de belasting over de toegevoegde waarde, registratie en domeinen], met gebeurlijke rechtvaardiging van hun gelijkvormigheid en zonder verplaatsing, alle inlichtingen verschaffen welke dezen nodig achten om de juiste heffing der successierechten te verzekeren.

Deze inlichtingen mogen slaan op al de verrichtingen die gedaan werden, hetzij door de overledene, hetzij door zijn echtgenoot, zijn opvolger of door een derde persoon vóór of na het openvallen van de nalatenschap, en die van aard zouden zijn invloed op de heffing der belasting uit te oefenen.

Voormelde inlichtingen mogen slechts worden gevraagd krachtens een bijzondere machtiging van de [directeur-generaal van de belasting over de toegevoegde waarde, registratie en domeinen], behelzende de aanduiding van de overleden persoon; bovendien, zo het onderzoek betrekking heeft op feiten die meer dan drie jaar vóór het openvallen der nalatenschap gebeurd zijn ofwel op om 't even welke door een ander persoon dan de overledene of dezes echtgenoot gedane verrichtingen, moet bedoelde machtiging de feiten die het voorwerp van de opzoeking uitmaken nauwkeurig bepalen.]

Vervangen bij art. 3 Besl. W. 4 mei 1940 (B.S. 8.V.1940);
Al. 1 gewijzigd bij art. 28 W. 13 augustus 1947 (B.S. 17.IX.1947), bij art. 240 W. 22 december 1989 (B.S. 29.XII.1989) en bij art. 47 W. 2 mei 2002 (B.S. 11.XII.2002);
Al. 3 gewijzigd bij art. 240 W. 22 december 1989 (B.S. 29.XII.1989).

Art. 101. [Geen brandkast, in huur gehouden bij een persoon of bij een vereniging, gemeenschap of vennootschap die gewoonlijk brandkasten verhuurt, mag, na het overlijden van de huurder of van zijn echtgenoot, van een der medehuurders of van zijn echtgenoot, worden geopend tenzij in tegenwoordigheid van de verhuurder die er toe gehouden is, vóór de inbezitneming door de rechthebbenden, de echt en deugdelijk verklaarde lijst van alle in de kast berustende effecten, sommen, waarden en hoe ook genaamde voorwerpen op te maken en ze aan de daartoe aangewezen ambtenaar van [de administratie van de belasting over de toegevoegde waarde, registratie en domeinen] af te geven. Deze lijst moet de effecten, sommen, waarden en hoe ook genaamde voorwerpen vermelden die zouden geborgen zijn in gesloten omslagen, colli's, dozen en koffertjes, welke zich in de brandkast bevinden.

De laatste twee alinea's van artikel 98 worden toepasselijk gemaakt.

Elke persoon die de brandkast wil openen of doen openen na het overlijden van de huurder of van dezes echtgenoot, van een der medehuurders of van dezes echtgenoot, moet vooraf het overlijden ter kennis van de huurder brengen.

Elke persoon die na het overlijden in de onwetendheid daarvan zaken heeft teruggenomen, welke in de brandkast voorhanden waren, is gehouden, zodra het overlijden hem bekend is, een overeenkomstig de eerste alinea van onderhavig artikel opgemaakte lijst der ten dage van de terugneming in de kast berustende zaken aan de bevoegde ambtenaar af te geven.]

Vervangen bij art. 3 Besl. W. 4 mei 1940 (B.S. 8.V.1940); Al. 1 gewijzigd bij art. 240 W. 22 december 1989 (B.S. 29.XII.1989).

Art. 102[1]. [De in artikel 97 aangeduide personen die houders zijn van gesloten koffers, omslagen of colli's en de verhuurders van brandkasten moeten:

1° een register houden, waarin worden ingeschreven in alfabetische orde: de personen die de beschikking hebben over gesloten koffers, omslagen of colli's; de huurders van brandkasten; desgevallend de echtgenoot van elk dezer personen.

De inschrijving bevat:

a) naam, voornamen of firma, en domicilie of zetel;

b) nummer of kenteken van de gesloten koffers, omslagen of colli's of van de brandkasten;

2° een ander register houden, waarin de lasthebber of de medehuurder die toegang vraagt tot de gesloten koffer, omslag of colli of tot de brandkast bij elk verzoek zijn handtekening moet plaatsen.

In dit register worden ingeschreven naar volgorde van de datum, zonder wit vak of tussenruimte:

a) dag en uur van het bezoek;

b) nummer of kenteken waarover het gaat in 1°, litt. b, hierboven;

c) naam, voornamen en domicilie van de ondertekenaar;

3° door middel van een gedagtekend en ondertekend geschrift vaststellen of doen vaststellen:

a) de ontvangst van een gesloten koffer, omslag of colli of de terbeschikkingstelling van een brandkast;

b) het recht voor een lasthebber of vertegenwoordiger toegang te hebben tot de gesloten koffer, omslag of colli, of tot de brandkast;

c) de terugnemingen en overdrachten van de gesloten koffers, omslagen of colli's; de overdrachten en verzakingen met betrekking tot de brandkasten. Melding van deze verrichtingen en van hun datum moet worden gemaakt in margine van de overeenstemmende inschrijving in het in 1° van onderhavig artikel voorziene register;

4° de in onderhavig artikel voorziene registers en geschriften bewaren gedurende minstens vijf jaar, te rekenen vanaf hun sluiting voor de registers, vanaf het einde van het contract voor de in 3°, litt. a en b, bedoelde geschriften en vanaf hun datum voor deze welke in 3°, litt. c, bedoeld zijn;

5° gezegde registers en geschriften zonder verplaatsing mededelen aan de aangestelden van [de administratie van de belasting over de toegevoegde waarde, registratie en domeinen].

Alvorens hun werkzaamheden aan te vangen moeten de verhuurders van brandkasten daarenboven de daartoe aangewezen ambtenaar, bij een in dubbel opgesteld geschrift, bericht geven van het feit dat zij brandkasten verhuren en de plaats nauwkeurig aanduiden waar de kasten zich bevinden.]

Vervangen bij art. 3 Besl. W. 4 mei 1940 (B.S. 8.V.1940); Al. 1, 5° gewijzigd bij art. 240 W. 22 december 1989 (B.S. 29.XII.1989).

[Art. 102[2]. Voor de toepassing van onderhavig wetboek wordt met een verhuurder van brandkasten gelijkgesteld, elke persoon die in een onroerend goed dat hij betrekt de bewaking van meerdere brandkasten op zich neemt waarover derden te welken titel ook de beschikking hebben.

Wordt met hetzelfde doel gelijkgesteld met een huurder van een brandkast, elke Rijksinwoner die het recht bezit voor zichzelf gebruik te maken van een brandkast welke zich bevindt bij de verhuurder in de zin van vorige alinea.

Elke Rijksinwoner wordt geacht huurder te zijn van de brandkast(en) waartoe hij te welken titel ook toegang heeft, wanneer de verhuring werd toegestaan aan een rechtspersoon die geen zetel van verrichtingen in België bezit.

Worden als brandkasten aangezien, de kamers, galerijen en andere veiligheidsinrichtingen.

De brandkasten of inrichtingen met eigen afzonderlijk slot, die zich in een veiligheidskamer of galerij bevinden, dienen als afzonderlijke brandkasten beschouwd.]

Ingevoegd bij art. 3 Besl. W. 4 mei 1940 (B.S. 8.V.1940).

[Art. 102[3]. Elke rechtspersoon die een zetel van verrichtingen in België bezit en huurder is van een brandkast welke hij ter private beschikking van een Rijksinwoner stelt, moet binnen de vijftien dagen bij aangetekende brief bericht geven van het feit aan de verhuurder en aan de daartoe aangewezen ambtenaar van [de administratie van de belasting over de toegevoegde waarde, registratie en domeinen].

De persoon die de beschikking heeft over de kast wordt geacht huurder te zijn.]

Ingevoegd bij art. 3 Besl. W. 4 mei 1940 (B.S. 8.V.1940); Al. 1 gewijzigd bij art. 240 W. 22 december 1989 (B.S. 29.XII.1989).

Art. 103[1]. [De beroepsverzekeraars die in België hun voornaamste instelling, een bijhuis, een vertegenwoordiger of een om 't even welke zetel van verrichtingen hebben, zijn er toe gehouden, binnen de maand na de dag waarop zij kennis hebben van het overlijden van een persoon of van de echtgenoot van een persoon, met wie zij een der verzekeringscontracten hebben afgesloten waarover het gaat in artikel 46, aan de daartoe aangewezen ambtenaar bericht te geven van het bestaan van het contract dat werd afgesloten hetzij met de overledene, hetzij met dezes echtgenoot, met aanduiding van:

1° naam of firma en domicilie van de verzekeraar;

2° naam, voornamen en domicilie van de verzekerde, alsook de datum van zijn overlijden of van het overlijden van zijn echtgenoot;

3° datum, nummer en duur van de van kracht zijnde polis of polissen en de waarde waarvoor de voorwerpen verzekerd zijn;

4° in geval van meerdere verzekeraars, op nauwkeurige wijze, de verscheidene medeverzekeraars.]

Vervangen bij art. 14 K.B. nr. 12, 18 april 1967 (B.S. 20. IV.1967).

[Art. 103². Het in artikelen 96 tot 103¹ gebruikt woord "echtgenoot" bedoelt niet de uit de echt of van tafel en bed gescheiden echtgenoot.]

Ingevoegd bij art. 3 Besl. W. 4 mei 1940 (B.S. 8.V.1940).

Art. 104. De Koning neemt de nodige maatregelen opdat de gemeentebesturen bericht geven van de overlijdens aan de ontvangers der successierechten, en hun aanduiden, in zover bedoelde besturen ervan kennis hebben, of de overleden personen al dan niet roerende of onroerende goederen bezaten.

[HOOFDSTUK XIbis

AAN ALLE BELASTINGEN GEMENE BEPALINGEN]

Opschrift ingevoegd bij art. 158 Progr. W. 23 december 2009 (B.S. 30.XII.2009, ed. 1).

[Art. 104/1. Alle administraties die ressorteren onder de Federale Overheidsdienst Financiën zijn gehouden alle in hun bezit zijnde toereikende, ter zake dienende en niet overmatige inlichtingen ter beschikking te stellen aan alle ambtenaren van deze Overheidsdienst, voorzover die ambtenaren regelmatig belast zijn met de vestiging of de invordering van de belastingen, en voorzover die gegevens bijdragen tot de vervulling van de opdracht van die ambtenaren tot de vestiging of de invordering van eender welke door de Staat geheven belasting.

Elke ambtenaar van de Federale Overheidsdienst Financiën, die regelmatig werd belast met een controle- of onderzoeksopdracht, is van rechtswege gemachtigd alle toereikende, ter zake dienende en niet overmatige inlichtingen te vragen, op te zoeken of in te zamelen die bijdragen tot de vestiging of de invordering van eender welke, andere, door de Staat geheven belasting.

Elke inlichting, stuk, proces-verbaal of akte, in het uitoefenen van zijn functie ontdekt of bekomen door een ambtenaar van de Federale Overheidsdienst Financiën of van een fiscaal rijksbestuur, hetzij rechtstreeks, hetzij door tussenkomst van een bestuursdienst van de Staat, met inbegrip van de parketten en de griffies der hoven en rechtbanken, de besturen van de Gemeenschappen en de Gewesten van de Belgische Staat, de provinciën, de agglomeraties en de gemeenten, evenals de openbare instellingen of inrichtingen, kan door de Staat worden ingeroepen voor het opsporen van elke krachtens de belastingwetten verschuldigde som.

Onder openbare instellingen of inrichtingen worden verstaan de instellingen, maatschappijen, verenigingen, inrichtingen en diensten welke de Staat, een Gemeenschap of een Gewest mede beheert, waaraan

de Staat, een Gemeenschap of een Gewest een waarborg verstrekt, op de werkzaamheden waarvan de Staat, een Gemeenschap of een Gewest toezicht uitoefent of waarvan het bestuurspersoneel wordt aangewezen door de federale regering of een Gemeenschaps- of Gewestregering, op haar voordracht of mits haar goedkeuring.]

Ingevoegd bij art. 158 Progr. W. 23 december 2009 (B.S. 30.XII.2009, ed. 1).

HOOFDSTUK XII

BEWIJSMIDDELEN

Afdeling 1

Bewijsmiddelen van gemeen recht

Art. 105. [Behoudens de bewijs- en controlemiddelen speciaal voorzien door onderhavig wetboek, wordt het bestuur ertoe gemachtigd, volgens de regelen en door alle middelen van gemeen recht, met inbegrip van getuigen en vermoedens, maar met uitzondering van de eed, en, bovendien, door de processen-verbaal van zijn agenten, elke overtreding van de beschikkingen van onderhavig wetboek vast te stellen en om het even welk feit te bewijzen dat de opvorderbaarheid van een recht of een boete laat blijken of er toe bijdraagt deze opvorderbaarheid te laten blijken.

Deze processen-verbaal gelden als bewijs tot het tegendeel bewezen is. Zij zullen aan belanghebbenden betekend worden binnen de maand van de vaststelling van de overtreding. [Deze betekening mag gebeuren bij een ter post aangetekend schrijven. De afgifte van het stuk ter post geldt als betekening van de volgende dag af.]]

Vervangen bij art. 29, al. 1 W. 13 augustus 1947 (B.S. 17. IX.1947);
Al. 2 aangevuld bij art. 3-128 W. 10 oktober 1967 (B.S. 31.X.1967).

Art. 106. Tegenbrieven kunnen de Staat niet tegengesteld worden, in zover zij vermindering van het actief of vermeerdering van het passief der nalatenschap ten gevolge mochten hebben.

[Paragraaf 2 van artikel 18 van het Wetboek der registratie-, hypotheek- en griffierechten is mutatis mutandis van toepassing.]

Al. 2 vervangen bij art. 28 W. 24 december 2002 (B.S. 31. XII.2002).

Afdeling 2

Bijzondere bewijsmiddelen

Art. 107. Wanneer de nalatenschap van een Rijksinwoner de eigendom, voor het geheel of voor een deel, van een handelszaak bevat, is [de ambtenaar van de Administratie van de belasting over de toegevoegde waarde, registratie en domeinen gerechtigd, met machtiging van de directeur-generaal], de overlegging, zonder verplaatsing, te eisen van de handelsboeken, inventarissen en balansen en daaruit alle dienstige inlichtingen te putten.

In geval van geding tussen Staat en erfgenamen, mag de mededeling in rechte van bedoelde boeken en stukken niet geweigerd worden.

Al. 1 gewijzigd bij art. 66 W. 22 juli 1993 (B.S. 26.VII.1993).

Art. 108. De eis tot betaling van de rechten van successie en van overgang bij overlijden, alsmede van de boeten wegens gebrek aan aangifte of wegens niet-aangifte van enig roerend of onroerend goed, is, tot levering van het tegenbewijs, voldoende vastgesteld bij de door de afgestorvene te zijnen bate of op zijn verzoek verleden akten van eigendom.

Doch, ten opzichte der roerende goederen waarop artikel 2279 van het Burgerlijk Wetboek betrekking heeft, bestaat het door vorige alinea gevestigd wettelijk vermoeden slechts op voorwaarde dat de akten niet reeds sedert meer dan drie jaar vóór het overlijden bestaan; in het tegenovergesteld geval, kan het bestaan van bedoelde akten door het bestuur enkel ingeroepen worden als een element van vermoeden, overeenkomstig artikel 105.

Art. 109. Er bestaat insgelijks, tot levering van het tegenbewijs, een wettelijk vermoeden van eigendom voor de eis tot betaling der rechten van successie en van overgang bij overlijden en der boeten in de volgende gevallen:

1° wat aangaat de onroerende goederen, wanneer zij ingeschreven zijn op het kohier der grondbelasting ten name van de overledene en wanneer door deze laatste betalingen gedaan werden volgens dit kohier;

2° wat aangaat de hypothecaire renten en schuldvorderingen, wanneer zij te zijnen behoeve in de registers der hypotheekbewaarders ingeschreven zijn;

3° wat de schuldvorderingen op de Belgische Staat aangaat, wanneer zij voorkomen ten name van de overledene, op het grootboek der Staatsschuld;

4° wat aangaat de obligatiën, aandelen of andere schuldvorderingen op de provinciën, [gemeenten, openbare instellingen en stichtingen van openbaar nut] van het Rijk, wanneer zij ten name van de overledene op hun registers en rekeningen ingeschreven zijn.

4° gewijzigd bij art. 48 W. 2 mei 2002 (B.S. 11.XII.2002).

Art. 110. [Worden voor de heffing van het successierecht geacht de overledene voor een hoofdelijk aandeel toe te behoren, behoudens tegenbewijs voorbehouden zowel aan het bestuur als aan de belastingschuldigen, de effecten, sommen, waarden of om 't even welke voorwerpen die gedeponeerd zijn in een brandkast welke door de overledene en door één of meer andere personen samen of solidair wordt in huur gehouden – of als dusdanig wordt beschouwd door artikelen 102² en 102³ – alsook de gehouden zaken en de verschuldigde sommen die bedoeld worden in arti-

kel 99.

Worden geacht de overledene voor het geheel toe te behoren, behoudens tegenbewijs, de effecten, sommen, waarden of om 't even welke voorwerpen die in een gesloten koffer, omslag of colli op naam van de overledene alleen gedeponeerd zijn bij een der in artikel 97 aangeduide fysieke of morele personen, of die zich bevinden in een brandkast welke door de overledene alleen wordt in huur gehouden – of als dusdanig wordt aangezien door artikelen 102² en 102³.

Het tegenbewijs van deze vermoedens van eigendom mag worden geleverd door alle rechtsmiddelen, met inbegrip van getuigen en vermoedens, maar met uitzondering van de eed.]

Vervangen bij art. 4 Besl. W. 4 mei 1940 (B.S. 8.V.1940).

Afdeling 3

Controleschatting

Art. 111. Om de te lage schatting vast te stellen van het geheel of van een gedeelte der zich binnen het Rijk bevindende erfgoederen die voor hun verkoopwaarde aangegeven worden, mag de ontvanger, onverminderd de andere bewijsmiddelen voorzien onder artikel 105, de schatting van bedoelde goederen vorderen; doch wordt dit recht van schatting, ten aanzien van lichamelijke roerende goederen, enkel op zeeschepen en boten toegepast.

Art. 112. De schatting dient gevorderd bij een aanvraag door de ontvanger ter kennis gebracht van de partij binnen de twee jaar te rekenen van de dag van de inlevering van de aangifte waarop vermeld staan de goederen waaromtrent de belasting door de Staat verkregen wordt.

Deze aanvraag houdt aanwijzing van de goederen waarover de schatting gaat, zomede van de som waarop zij door het bestuur geschat werden en van het vermoedelijk wegens recht en boete verschuldigd bedrag.

Art. 113. Binnen de vijftien dagen na de kennisgeving voorzien onder artikel 112, kunnen ontvanger en partij overeenkomen dat de beraming door een of door drie schatters te hunner keuze zal worden gedaan.

In dit geval, wordt de overeenkomst geconstateerd door een proces-verbaal dat het voorwerp der schatting aangeeft en de verkozen schatter(s) aanduidt.

Dit proces-verbaal is gedagtekend; het wordt door de ontvanger en door de partij ondertekend; indien de partij niet mag of niet kan ondertekenen, dient dit op het proces-verbaal vermeld.

Art. 114. Bij gemis van het onder artikel 113 voorzien akkoord, richt de ontvanger aan de vrederechter een verzoekschrift dat de feiten uiteenzet en de aanvraag om schatting bevat; de bevoegde vrederechter is deze binnen wiens ambtsgebied het kantoor is gelegen waar de aangifte werd ingeleverd.

Dit verzoekschrift wordt aan de partij betekend.

De rechter beslist binnen de vijftien dagen na de

aanvraag; hij beveelt de schatting en stelt, naar vereis van zaken, één of drie schatters aan.

Art. 115. Kunnen niet als schatters gekozen of daartoe benoemd worden:

1° de ambtenaren van [de administratie van de belastingen over de toegevoegde waarde, registratie en domeinen];

2° de openbare of ministeriële ambtenaren opstellers van de aangifte van successie of van overgang bij overlijden;

3° de beambten van bedoelde ambtenaren en openbare of ministeriële ambtenaren.

Gewijzigd bij art. 240 W. 22 december 1989 (B.S. 29. XII.1989).

Art. 116. Het vonnis dat de schatting beveelt wordt, ten verzoeke van de ontvanger, aan de partij betekend.

De ontvanger of de partij, indien zij ware redenen hebben om de bevoegdheid, onafhankelijkheid of onpartijdigheid van de benoemde schatter(s) in twijfel te trekken, mogen, binnen de acht dagen na bedoelde betekening, deszelfs of derzelver wraking bij de rechter aanvragen. Deze wraking mag altijd worden gevraagd [in de gevallen beoogd door artikel 966 van het Gerechtelijk Wetboek].

De aanvraag tot wraking geschiedt per request waarin de oorzaken der wraking nader worden bepaald. De rechter beslist na de belanghebbenden gehoord te hebben. Bij hetzelfde vonnis vervangt hij de gewraakte schatters.

Deze nieuwe beslissing wordt aan de partij betekend.

Al. 2 gewijzigd bij art. 3-129 W. 10 oktober 1967 (B.S. 31.X.1967).

Art. 117. [De ontvanger notifieert aan de schatters de opdracht die hun toevertrouwd wordt.

Onmiddellijk na de ontvangst van de notificatie sturen de schatters onder hun gemeenschappelijke handtekening zowel aan de ontvanger als aan de partij een brief waarin zij hen inlichten over dag en uur waarop zij tot de nuttig geachte bezoeken ter plaatse zullen overgaan en hen in hun gezegden en opmerkingen zullen aanhoren.

Ieder aan de schatters door één der partijen medegedeeld bescheid moet door haar terzelfder tijd in afschrift aan de tegenpartij worden gezonden onder aangetekende omslag.]

Vervangen bij art. 6 K.B. nr. 65, 29 november 1939 (B.S. 1.XII.1939).

Art. 118. [De schatter of gebeurlijk de drie schatters die gezamenlijk optreden, vorsen de staat en de verkoopwaarde der in de schattingsaanvraag aangeduide goederen op het daarin vermelde tijdstip na.

Zij maken, uiterlijk binnen de drie maanden te rekenen vanaf de in de eerste alinea van artikel 117 voor-

ziene notificatie, één enkel verslag op dat gedagtekend en ondertekend wordt en waarin zij op beredeneerde wijze en met rechtvaardiging tot staving, zonder enige beperking of voorbehoud, hun advies over hogerbedoelde waarde uitbrengen.

[De handtekening der schatters wordt voorafgegaan door de eed:

"Ik zweer dat ik in eer en geweten nauwgezet en eerlijk mijn opdracht heb vervuld."

of:

"Je jure que j'ai rempli ma mission en honneur et conscience, avec exactitude et probité."

of:

"Ich schwöre, dass ich den mir erteilten Auftrag auf Ehre und Gewissen, genau und ehrlich erfüllt habe."]

De minuut van het verslag wordt ter griffie van het onder artikel 114 aangeduid vredegerecht gedeponeerd.]

Vervangen bij art. 6 K.B. nr. 65, 29 november 1939 (B.S. 1.XII.1939);
Al. 3 vervangen bij art. 6 W. 27 mei 1974 (B.S. 6.VII.1974, err. B.S. 12.VII.1974, err. B.S. 21.X.1974).

Art. 119. Het verslag wordt door de meest gerede partij gelicht en aan de andere partij betekend.

De door de schatters gegeven begroting en, in geval van niet-overeenstemming, de begroting van de meerderheid of, bij gemis van meerderheid, de tussenbegroting, bepaalt de verkoopwaarde van het goed ten opzichte van de heffing der belasting.

Art. 120. [Zowel de ontvanger als de partij kunnen de schatting betwisten door inleiding van een rechtsvordering. Deze rechtsvordering dient ingeleid te worden, op straffe van verval, binnen de termijn van één maand te rekenen van de betekening van het verslag.]

Vervangen bij art. 34 Progr. W. 9 juli 2004 (B.S. 15.VII.2004, ed. 2).

Art. 121. Is de in de aangifte vervatte waardering lager dan de bij de schatting vastgestelde begroting, zo worden, bij dwangbevel, van de schuldenaar gevorderd:

1° het supplement van recht;

2° de moratoire interest te rekenen van het verstrijken van de termijn toegestaan door de wet voor de betaling der rechten;

3° de onder artikel 127 voorziene boete;

4° desvoorkomend, de kosten der procedure.

Bedoelde kosten vallen ten laste van de partij, wanneer een boete vorderbaar is.

Art. 122. De betekeningen en notificatiën te doen krachtens de bepalingen van deze afdeling, hetzij aan de partijen of aan de schatters, hetzij door de partijen of door de schatters, mogen geschieden bij aangetekende brief. De inlevering van de omslag ter post geldt als notificatie te rekenen van de dag daarop.

De betekeningen en notificatiën te doen aan de

aangevers mogen, welke ook het getal dezer weze, het voorwerp uitmaken van één enkele brief gericht naar de in de aangifte verkozen woonplaats.

HOOFDSTUK XIII

STRAFBEPALINGEN

Afdeling 1

Fiscale boeten

Art. 123[1]. Wanneer iemand verscheidene overtredingen gepleegd heeft, is hij bij cumulatie de op elk derzelve gestelde boeten verschuldigd.

Hernummerd bij art. 6 W. 11 juli 1960 (B.S. 20.VII.1960).

[**Art. 123**[2]. Valt de laatste dag van de termijn, voorzien voor de uitvoering van een formaliteit of voor een betaling, op een sluitingsdag van de kantoren, dan wordt deze termijn verlengd tot de eerste openingsdag der kantoren die volgt op het verstrijken van de termijn.]

Ingevoegd bij art. 6 W. 11 juli 1960 (B.S. 20.VII.1960).

Art. 124. Elke persoon, die de aangifte te laat inlevert, loopt individueel per maand vertraging een boete op van [[[25 EUR]]], vertraging waarbij elke begonnen maand voor een gehele maand wordt aangerekend. Het totaal dezer boeten mag het tiende van de door de overtreder verschuldigde rechten niet te boven gaan, noch minder dan [[[25 EUR]]] bedragen.

Zo de verzuimde aangifte betrekking heeft op een nalatenschap of op een voorwerp niet vatbaar voor rechten, is er een boete van [[[25 EUR]]] verschuldigd door elke overtreder, vijftien dagen nadat deze bij aangetekende brief aangemaand werd de aangifte in te leveren.

Al. 1 gewijzigd bij art. 67 W. 22 juli 1993 (B.S. 26.VII.1993), bij art. 2-13 K.B. 20 juli 2000 (II) B.S. 30.VIII.2000, err. B.S. 8.III.2001) en bij art. 42, 5° K.B. 13 juli 2001 (B.S. 11. VIII.2001, err. B.S. 21.XII.2001);
Al. 2 gewijzigd bij art. 67 W. 22 juli 1993 (B.S. 26.VII.1993), bij art. 2-13 K.B. 20 juli 2000 (II) B.S. 30.VIII.2000, err. B.S. 8.III.2001) en bij art. 42, 5° K.B. 13 juli 2001 (B.S. 11. VIII.2001, err. B.S. 21.XII.2001).

Art. 125. De erfgenaam, legataris of begiftigde die ten achteren is met de betaling van de op een ingeleverde aangifte of een aanvaarde transactie verschuldigde rechten, loopt een boete op gelijk aan het tiende der verschuldigde rechten, indien de betaling der belasting niet gedaan is binnen de vijftien dagen na de betekening van het te zijnen laste uitgevaardigd dwangbevel.

Art. 126. De erfgenaam, legataris of begiftigde, die verzuimd heeft [in België gelegen onroerende goederen of renten en schuldvorderingen aan te geven, die

in de in België gehouden registers van de hypotheekbewaarders] ingeschreven zijn, betaalt, boven de rechten, een gelijke som als boete.

Wanneer het verzuim andere goederen betreft, is de boete gelijk aan tweemaal de rechten.

Al. 1 gewijzigd bij art. 68 W. 22 juli 1993 (B.S. 26.VII.1993).

Art. 127. Wanneer er bevonden wordt dat de aangegeven waarde van aan de onder artikel 111 voorziene schatting onderworpen goederen te laag is, en dat het tekort gelijk is aan of hoger is dan het achtste van het totaal der waarderingen van de gecontroleerde goederen, zoals zij in de aangifte vermeld zijn, is er een boete gelijk aan de bijkomende rechten verschuldigd [...].

Wanneer het daarentegen gaat om niet aan schatting onderworpen goederen en er vastgesteld wordt dat hun waarde niet verklaard werd overeenkomstig de bepalingen van dit wetboek, moet de belasting gekweten worden op het bedrag van het tekort; bovendien, wordt een boete opgelopen gelijk aan twee maal de rechten.

Al. 1 gewijzigd bij art. 222 W. 22 december 1989 (B.S. 29. XII.1989).

Art. 128. [Een boete gelijk aan het tweevoud van het ontdoken recht wordt verbeurd door de erfgenaam, legataris of begiftigde:

1° die ten nadele van de Staat een legaat, een schenking, een graad van verwantschap of de leeftijd van de persoon op wiens hoofd een vruchtgebruik is gevestigd, verzwijgt of onjuist aangeeft;

2° die schulden aangeeft die niet ten laste van de nalatenschap komen;

3° die een onjuiste aangifte doet omtrent het aantal kinderen van de rechtsopvolgers van de overledene;

4° die verzuimt de in [artikel 42, VIIIbis en X bedoelde vermeldingen in de aangifte op te nemen of die dienaangaande een onjuiste of onvolledige vermelding maakt].]

Vervangen bij art. 69 W. 22 juli 1993 (B.S. 26.VII.1993);
4° gewijzigd bij art. 5 W. 7 maart 2002 (B.S. 19.III.2002).

Art. 129. In het geval van artikel 83, zo er bewezen is dat de in betaling aangeboden titels niet onder de nalatenschap behoorden, wordt er door de belanghebbenden een boete opgelopen gelijk aan tweemaal de som die aan de Staat zou kunnen onttrokken geworden zijn.

Art. 130. [Voor elke overtreding van de artikelen 34, 95 tot 97, 99 en 103[1] wordt een boete verbeurd van [[250 EUR]] tot [[500 EUR]], voor elke overtreding van artikel 46 een boete van [[25 EUR]] tot [[250 EUR]] en voor elke overtreding van de artikelen 98, 100, 101, 102[1] en 107 een boete van [[250 EUR]] tot [[2.500 EUR]]. Deze boeten worden verbeurd door iedere overtreder afzonderlijk.

Voor het niet verrichten van de in artikel 102[3]

voorgeschreven kennisgeving, binnen de aldaar gestelde termijn, wordt een boete verbeurd van [[500 EUR]] tot [[10.000 EUR]], waarvoor de rechtspersoon en degenen die in zijn naam de brandkast ter beschikking van de derde hebben gesteld, hoofdelijk aansprakelijk zijn.

Degenen die deze boeten verbeuren, zijn bovendien persoonlijk aansprakelijk voor de rechten en, in voorkomend geval, voor de rente, boeten en kosten die ten gevolge van de overtreding niet konden worden geïnd.

Het bedrag van de boeten wordt binnen bovenbedoelde grenzen vastgesteld door de gewestelijke directeur van de belasting over de toegevoegde waarde, registratie en domeinen.]

Vervangen bij art. 70 W. 22 juli 1993 (B.S. 26.VII.1993);
Al. 1 gewijzigd bij art. 2-13 K.B. 20 juli 2000 (II) (B.S. 30.
VIII.2000, err. B.S. 8.III.2001) en bij art. 42, 5° K.B. 13 juli
2001 (B.S. 11.VIII.2001, err. B.S. 21.XII.2001);
Al. 2 gewijzigd bij art. 2-13 K.B. 20 juli 2000 (II) (B.S. 30.
VIII.2000, err. B.S. 8.III.2001) en bij art. 42, 5° K.B. 13 juli
2001 (B.S. 11.VIII.2001, err. B.S. 21.XII.2001).

Art. 131. [De partijen worden vrijgesteld van de boeten voorzien in de artikelen 126 tot 128 indien zij bewijzen dat zij niet in fout zijn.]

Vervangen bij art. 223 W. 22 december 1989 (B.S. 29.
XII.1989).

Art. 132. [...]

Opgeheven bij art. 23 W. 19 mei 2010 (B.S. 28.V.2010, ed. 2).

Afdeling 2

Correctionele straffen

Art. 133. [Onverminderd de fiscale geldboeten, wordt hij die met bedrieglijk opzet of met het oogmerk te schaden, de bepalingen van dit Wetboek of van de ter uitvoering ervan genomen besluiten overtreedt, gestraft met gevangenisstraf van acht dagen tot twee jaar en met geldboete van [[250 EUR tot 12.500 EUR]] [of met één van die straffen alleen].]

Vervangen bij art. 16 W. 10 februari 1981 (B.S. 14.II.1981);
Gewijzigd bij art. 90 W. 4 augustus 1986 (B.S. 20.VIII.1986),
bij art. 2-13 K.B. 20 juli 2000 (II) B.S. 30.VIII.2000, err. B.S.
8.III.2001) en bij art. 42, 5° K.B. 13 juli 2001 (B.S. 11.
VIII.2001, err. B.S. 21.XII.2001).

[Art. 133bis. Met gevangenisstraf van een maand tot vijf jaar en met geldboete van [[250 EUR tot 12.500 EUR]] [of met één van die straffen alleen] wordt gestraft hij die, met het oogmerk om een van de in artikel 133 bedoelde misdrijven te plegen, in openbare geschriften, in handelsgeschriften of in private geschriften valsheid pleegt, of die van een zodanig vals geschrift gebruik maakt.

Hij die wetens en willens een vals getuigschrift

opstelt dat de belangen van de Schatkist kan schaden of die van een dergelijk getuigschrift gebruik maakt, wordt gestraft met gevangenisstraf van acht dagen en twee jaar en met geldboete van [[250 EUR tot 12.500 EUR]] [of met één van die straffen alleen].]

Ingevoegd bij art. 16 W. 10 februari 1981 (B.S. 14.II.1981);
Al. 1 gewijzigd bij art. 91, 1° W. 4 augustus 1986 (B.S. 20.
VII.1986), bij art. 2-13 K.B. 20 juli 2000 (II) (B.S. 30.
VIII.2000, err. B.S. 8.III.2001) en bij art. 42, 5° K.B. 13 juli
2001 (B.S. 11.VIII.2001, err. B.S. 21.XII.2001);
Al. 2 gewijzigd bij art. 91, 2° W. 4 augustus 1986 (B.S. 20.
VII.1986), bij art. 2-13 K.B. 20 juli 2000 (II) B.S. 30.
VIII.2000, err. B.S. 8.III.2001) en bij art. 42, 5° K.B. 13 juli
2001 (B.S. 11.VIII.2001, err. B.S. 21.XII.2001).

[Art. 133ter. § 1. Wanneer de beoefenaar van een van de volgende beroepen:

1° belastingadviseur;

2° zaakbezorger;

3° deskundige in belastingzaken of in boekhouden;

4° of enig ander beroep dat tot doel heeft voor een of meer belastingplichtigen boek te houden of te helpen houden, ofwel voor eigen rekening ofwel als hoofd, lid of bediende van enigerlei vennootschap, vereniging, groepering of onderneming;

5° of, meer in het algemeen, het beroep dat erin bestaat een of meer belastingplichtigen raad te geven of bij te staan bij het vervullen van de verplichtingen opgelegd bij dit Wetboek of bij de ter uitvoering ervan vastgestelde besluiten, wordt veroordeeld wegens een van de misdrijven bedoeld in de artikelen 133 en 133bis, kan het vonnis hem verbod opleggen om gedurende drie maanden tot vijf jaar, rechtstreeks of onrechtstreeks, de hiervoren bedoelde beroepen op welke wijze ook uit te oefenen.

De rechter kan bovendien, mits hij zijn beslissing op dat stuk motiveert, voor een duur van drie maanden tot vijf jaar de sluiting bevelen van de inrichtingen van de vennootschap, vereniging, groepering of onderneming waarvan de veroordeelde hoofd, lid of bediende is.

§ 2. Het verbod en de sluiting bedoeld in § 1 treden in werking vanaf de dag waarop de veroordeling in kracht van gewijsde is gegaan.]

Ingevoegd bij art. 16 W. 10 februari 1981 (B.S. 14.II.1981).

[Art. 133quater. Hij die, rechtstreeks of onrechtstreeks, het verbod of de sluiting, uitgesproken krachtens artikel 133ter overtreedt, wordt gestraft met gevangenisstraf van acht dagen tot twee jaar en geldboete van [[250 EUR tot 12.500 EUR]] [of met één van die straffen alleen].]

Ingevoegd bij art. 16 W. 10 februari 1981 (B.S. 14.II.1981) en
gewijzigd bij art. 92 W. 4 augustus 1986 (B.S. 20.VIII.1986),
bij art. 2-13 K.B. 20 juli 2000 (II) (B.S. 30.VIII.2000, err. B.S.
8.III.2001) en bij art. 42, 5° K.B. 13 juli 2001 (B.S. 11.
VIII.2001, err. B.S. 21.XII.2001).

[Art. 133quinquies. § 1. […] alle bepalingen van het Eerste Boek van het Strafwetboek, [met inbegrip van artikel 85,] [zijn] van toepassing op de misdrijven bedoeld in de artikelen 133, 133bis en 133quater.

§ 2. […]

§ 3. De wet van 5 maart 1952, gewijzigd bij de wetten van 22 december 1969 en 25 juni 1975, betreffende de opdecimes op de strafrechterlijke geldboeten, vindt geen toepassing op de misdrijven bedoeld in de artikelen 133, 133bis en 133quater.

§ 4. […]]

Ingevoegd bij art. 16 W. 10 februari 1981 (B.S. 14.II.1981); § 1 gewijzigd bij art. 5 K.B. nr. 41, 2 april 1982 (B.S. 7. IV.1982) en bij art. 93, 1° W. 4 augustus 1986 (B.S. 20. VIII.1986); § 2 opgeheven bij art. 93, 2° W. 4 augustus 1986 (B.S. 20. VIII.1986); § 4 opgeheven bij art. 93, 2° W. 4 augustus 1986 (B.S. 20. VIII.1986).

[Art. 133sexies. De natuurlijke personen of rechtspersonen zijn burgerlijk en hoofdelijk aansprakelijk voor de geldboeten en kosten die het gevolg zijn van de veroordelingen welke krachtens de artikelen 133 tot 133quater tegen hun aangestelden of beheerders, zaakvoerders of vereffenaars zijn uitgesproken.]

Ingevoegd bij art. 16 W. 10 februari 1981 (B.S. 14.II.1981).

[Art. 133septies. De rechter kan bevelen dat ieder vonnis of arrest houdende veroordeling tot een gevangenisstraf, uitgesproken krachtens de artikelen 133, 133bis en 133quater wordt aangeplakt in de plaatsen die hij bepaalt en, eventueel bij uittreksel, wordt bekendgemaakt op de wijze die hij bepaalt, een en ander op kosten van de veroordeelde.

Hetzelfde kan gelden voor iedere krachtens artikel 133ter uitgesproken beslissing tot verbod van het uitoefenen van een beroepswerkzaamheid in België of tot sluiting van de in het land geëxploiteerde inrichtingen.]

Ingevoegd bij art. 16 W. 10 februari 1981 (B.S. 14.II.1981).

[Art. 133octies. De schending van het bij artikel 146bis bepaalde beroepsgeheim wordt gestraft overeenkomstig de artikelen 66, 67 en 458 van het Strafwetboek.]

Ingevoegd bij art. 16 W. 10 februari 1981 (B.S. 14.II.1981).

[Art. 133nonies. [§ 1. De strafvordering wordt uitgeoefend door het Openbaar Ministerie.

§ 2. [Het openbaar ministerie kan geen vervolging instellen indien het kennis heeft gekregen van de feiten ten gevolge van een klacht of een aangifte van een ambtenaar die niet de machtiging had waarvan sprake is in artikel 29, tweede lid, van het Wetboek van strafvordering.

Het openbaar ministerie kan echter de strafrechtelijk strafbare feiten vervolgen waarvan het tijdens het in artikel 29, derde lid, van het Wetboek van strafvordering bedoelde overleg kennis heeft genomen.

§ 3. Onverminderd het in artikel 29, derde lid, van het Wetboek van strafvordering bedoelde overleg, kan de procureur des Konings, indien hij een vervolging instelt wegens feiten die strafrechtelijk strafbaar zijn ingevolge de bepalingen van dit Wetboek of van de ter uitvoering ervan genomen besluiten, het advies vragen van de bevoegde gewestelijke directeur. De procureur des Konings voegt het feitenmateriaal waarover hij beschikt bij zijn verzoek om advies. De gewestelijke directeur antwoordt op dit verzoek binnen vier maanden na de ontvangst ervan.

In geen geval schorst het verzoek om advies de strafvordering.]

§ 4. […]

§ 5. […]]]

Ingevoegd bij art. 16 W. 10 februari 1981 (B.S. 14.II.1981) en vervangen bij art. 94 W. 4 augustus 1986 (B.S. 20.VIII.1986); § 2-3 vervangen bij art. 28 W. 20 september 2012 (B.S. 22.X.2012); § 4 opgeheven bij art. 72 W. 15 maart 1999 (B.S. 27.III.1999); § 5 opgeheven bij art. 64, 2° W. 28 december 1992 (B.S. 31.XII.1992).

[Art. 133decies. De ambtenaren van de Administratie van de belasting over de toegevoegde waarde, registratie en domeinen en van de Administratie van de bijzondere belastinginspectie mogen, op straffe van nietigheid van de akte van rechtspleging, slechts als getuige worden gehoord.]

[Het eerste lid is niet van toepassing op de krachtens artikel 71 van de wet van 28 december 1992 bij het parket gedetacheerde ambtenaren van die administraties.]

[Het eerste lid is evenmin van toepassing op de ambtenaren van die administraties die, krachtens artikel 31 van de wet van 30 maart 1994 tot uitvoering van het globaal plan op het stuk van de fiscaliteit, ter beschikking zijn gesteld [van de federale politie].]

[Het eerste lid is niet van toepassing op de ambtenaren die deelnemen aan het in artikel 29, derde lid, van het Wetboek van strafvordering bedoelde overleg.]

Ingevoegd bij art. 95 W. 4 augustus 1986 (B.S. 20.VIII.1986); Al. 2 ingevoegd bij art. 65 W. 28 december 1992 (B.S. 31.XII.1992); Al. 3 ingevoegd bij art. 52 W. 30 maart 1994 (B.S. 31.III.1994) en gewijzigd bij art. 7 W. 13 maart 2002 (B.S. 29.III.2002); Al. 4 ingevoegd bij art. 29 W. 20 september 2012 (B.S. 22.X.2012).

HOOFDSTUK XIV

TERUGGAVE VAN DE RECHTEN

Art. 134. De gekweten rechten van successie en van overgang bij overlijden, de interesten en de boeten zijn vatbaar voor teruggave:

1° wanneer de wet slecht toegepast werd;

2° wanneer het bestaan van wegens gemis aan bewijzen verworpen schulden binnen de twee jaar na de betaling der belasting vastgesteld wordt.

Art. 135. Tegen inlevering van een aangifte, die het feit aanduidt dat aanleiding geeft tot teruggave, kunnen de rechten, interesten en boeten teruggegeven worden:

1° wanneer, in het geval van artikel 3, het bestaan van de afwezige wettelijk bewezen komt te worden;

2° wanneer, in het geval van artikel 17, de bewijsstukken, die erin voorzien zijn, neergelegd werden bij de ontvanger, binnen de twee jaar na de betaling van de belasting in het Rijk;

3° wanneer er bewezen wordt dat een individueel aangeduid roerend of onroerend goed bij missing op het actief der aangifte gebracht werd;

4° wanneer, na het openvallen der nalatenschap, de samenstelling ervan verminderd wordt, hetzij door het intreden van een voorwaarde of van enig ander voorval, hetzij door de oplossing van een geschil ingevolge een in kracht van gewijsde gegaan vonnis of een transactie, tenzij de vermindering van actief het gevolg weze van een ontbinding voortkomende van het niet-uitvoeren door de erfgenamen, legatarissen of begiftigden van de voorwaarden van een contract;

5° wanneer er een verandering in de devolutie der erfenis intreedt die van aard is het aanvankelijk verevend bedrag der belasting te verminderen;

6° wanneer er uitgemaakt wordt dat een missing in de aangifte begaan werd:

a) aangaande de graad van verwantschap bestaande tussen de overledene en dezes erfgenamen, legatarissen, begiftigden;

b) aangaande de wettelijke of testamentaire devolutie der nalatenschap;

c) aangaande de hoedanigheid van Rijksinwoner in hoofde van de overledene;

7° wanneer, in de gevallen voorzien onder artikel 49, de belanghebbende erin slaagt de werkelijke toestand vast te stellen en er daaruit een vermindering van belasting voortspruit;

[8° wanneer, in het geval bedoeld in het tweede lid van artikel 60ter, het voordeeltarief uitdrukkelijk wordt gevraagd na de indiening van de aangifte en de overmacht wordt bewezen binnen twee jaar na betaling van de belasting.]

8° ingevoegd bij art. 6 Ord. Br. H. Gew. 6 maart 2008 (B.S. 1.IV.2008).

Art. 136. [...]

Het bestuur wordt ertoe gemachtigd de aan teruggave onderworpen sommen toe te rekenen op die welke wegens dezelfde nalatenschap op grond van een andere oorzaak zouden verschuldigd zijn.

[Wanneer met toepassing van artikel 83³ successierechten voldaan zijn door de afgifte van roerende goederen kan een teruggave enkel in geld geschieden.]

Al. 1 opgeheven bij art. 40 W. 23 december 1958 (B.S. 7.I.1959);

Al. 3 (= thans al. 2) ingevoegd bij art. 15 W. 1 augustus 1985 (B.S. 6.VIII.1985).

HOOFDSTUK XV

VERJARING

Art. 137. Er is verjaring voor de eis:

1° van de rechten, interesten en boeten verschuldigd op een aangifte, na twee jaar te rekenen van de dag van de indiening der aangifte;

2° van de vordering tot schatting der goederen onderworpen aan dergelijke controle en van de rechten, interesten en boeten in geval van te lage waardering van bedoelde goederen, na twee jaar; van de rechten, interesten en boeten in geval van te lage waardering van niet aan schatting onderworpen goederen, na tien jaar; dit alles te rekenen van de dag van de indiening der aangifte;

3° van de rechten, interesten en boeten verschuldigd in geval van afwezigheid van aangifte, of van verzuim van goederen in de aangifte, na tien jaar te rekenen van de dag waarop de termijn gesteld bij artikel 40 voor het inleveren der aangifte verstreken is. Indien de onregelmatigheid een in België gelegen onroerend goed betreft, ofwel renten en schuldvorderingen ingeschreven in de [in België gehouden registers van de hypotheekbewaarders], wordt deze termijn tot vijf jaar verminderd.

In geval van overlijden in het buitenland, loopt de verjaring eerst van de dag van de inschrijving der akte van overlijden op de registers van de burgerlijke stand van het Rijk, ofwel van de dag waarop het bestuur kennis gekregen heeft van het overlijden door in het Rijk geregistreerde akten;

4° van de rechten, interesten en boeten, in geval van onjuistheid der in de aangifte aangeduide feiten, andere dan de waarde of de samenstelling der goederen, na vijf jaar te rekenen van de dag van de inlevering der aangifte;

5° van de ontdoken sommen en, desvoorkomend, van de wegens overtreding van artikel 83 opgelopen boeten, na vijf jaar te rekenen van de dag waarop de titels in betaling aangeboden werden;

6° van de wegens overtreding van de artikelen 34, 46, 95 tot [103¹,] en 107 opgelopen boeten, na vijf jaar te rekenen van de dag waarop de overtreding gepleegd werd;

7° van de boete gesteld bij artikel 125, na twee jaar te rekenen van de datum van de betekening van het dwangbevel.

[Wanneer, overeenkomstig artikel 83³, een aanbod tot inbetalinggeving wordt gedaan, gaat de in het eerste lid, 1°, bedoelde termijn slechts in, ten aanzien van de sommen die niet door de inbetalinggeving zijn voldaan ingevolge weigering of gedeeltelijke aanvaarding van het aanbod, vanaf de dag waarop het aanbod wordt geweigerd, of maar gedeeltelijk wordt aanvaard, hetzij qua goederen, hetzij qua waarde.]

Al. 1, 3°, al. 1 gewijzigd bij art. 71 W. 22 juli 1993 (B.S. 26.VII.1993);

Al. 1, 6° gewijzigd bij art. 3 Besl. W. 4 mei 1940 (B.S. 8.V.1940);
Al. 2 ingevoegd bij art. 16 W. 1 augustus 1985 (B.S. 6. VIII.1985).

Art. 138. [Er is verjaring voor de eis tot teruggave der rechten, interesten en boeten, na vijf jaar te rekenen van 1 januari van het jaar tijdens hetwelk de vordering ontstaan is.]

Vervangen bij art. 1 W. 12 maart 1952 (B.S. 9.IV.1952).

Art. 139. De verjaring van de vordering tot schatting en van de eis der rechten, interesten en boeten verschuldigd wegens de ongenoegzaamheid, wordt gestuit door de notificatie aan de partij van de aanvraag voorzien in artikel 112.

Deze stuiting heeft haar uitwerking tot de dag der neerlegging ter griffie van het verslag van schatting.

De invordering der rechten, interesten en boeten, opvorderbaar hoofdens de door bedoeld verslag erkende ongenoegzaamheid, dient vervolgd binnen de twee jaar na de neerlegging van het verslag.

Art. 140[1]. [[De verjaringen van de invordering van rechten, interesten en boeten] worden gestuit op de wijze en onder de voorwaarden voorzien door de artikelen 2244 en volgende van het Burgerlijk Wetboek. In dit geval is er een nieuwe verjaring, die op dezelfde wijze kan worden gestuit, verworven twee jaar na de laatste akte of handeling waardoor de vorige verjaring werd gestuit, indien er geen geding aanhangig is vóór het gerecht.

De afstand van de verlopen tijd van de verjaring wordt, wat zijn uitwerking betreft, gelijkgesteld met de stuitingshandelingen bedoeld in de vorige alinea.]

Vervangen bij art. 30 W. 13 augustus 1947 (B.S. 17.IX.1947) en hernummerd bij art. 38, al. 2 W. 23 december 1958 (B.S. 7.I.1959);
Al. 1 gewijzigd bij art. 38, al. 1 W. 23 december 1958 (B.S. 7.I.1959).

[**Art. 140**[2]. De verjaringen voor de teruggaaf van rechten, interesten en boeten worden gestuit door een met redenen omklede aanvraag genotificeerd bij ter post aangetekend schrijven aan de ontvanger die de ontvangst heeft gedaan of aan de [gewestelijke directeur van de belasting over de toegevoegde waarde, registratie en domeinen]; ze worden eveneens gestuit op de wijze en onder de voorwaarden voorzien door artikelen 2244 en volgende van het Burgerlijk Wetboek.

Zo de verjaring gestuit werd door de aan de ontvanger of directeur genotificeerde aanvraag, is er een nieuwe verjaring van twee jaar, die slechts op de wijze en onder de voorwaarden voorzien bij artikelen 2244 en volgende van het Burgerlijk Wetboek kan worden gestuit, verworven twee jaar na de datum waarop de beslissing, waarbij de aanvraag werd verworpen, aan belanghebbende bij ter post aangetekend schrijven genotificeerd werd.

De afgifte van de brieven ter post geldt als notificatie van de volgende dag af.]

Ingevoegd bij art. 38, al. 2 W. 23 december 1958 (B.S. 7.I.1959);
Al. 1 gewijzigd bij art. 240 W. 22 december 1989 (B.S. 29.XII.1989).

HOOFDSTUK XVI

VERVOLGINGEN EN GEDINGEN

Art. 141. De oplossing der moeilijkheden, die met betrekking tot de heffing [of de invordering] der rechten van successie en van overgang bij overlijden vóór het inleiden der gedingen kunnen oprijzen, komt de Minister van Financiën [of de door hem gemachtigde ambtenaar] toe.

[Indien, na onderhandelingen met de minister of met de door hem gemachtigde ambtenaar geen akkoord wordt bereikt over een moeilijkheid als bedoeld in het eerste lid, kan de belastingplichtige een aanvraag tot bemiddeling indienen bij de fiscale bemiddelingsdienst bedoeld bij artikel 116 van de wet van 25 april 2007 houdende diverse bepalingen (IV).

Ingeval de moeilijkheid de verkoopwaarde betreft van een goed dat aan de in artikel 111 bedoelde schatting is onderworpen, kan de bemiddeling van de fiscale bemiddelingsdienst daarover niet meer gevraagd of voortgezet worden van zodra de vordering tot controleschatting is ingesteld. De Koning kan bepalen voor welke moeilijkheden in verband met de heffing en invordering van de successierechten bemiddeling door de fiscale bemiddelingsdienst is uitgesloten.]

[De minister van Financiën] [of de door hem gemachtigde ambtenaar] gaat de transacties met de belastingplichtingen aan, voor zoveel zij geen vrijstelling of verlichting van belasting in zich sluiten.

[Binnen de door de wet gestelde grenzen, wordt het bedrag van de proportionele fiscale boeten vastgesteld in dit Wetboek of in de ter uitvoering ervan genomen besluiten, bepaald volgens een schaal waarvan de trappen door de Koning worden vastgesteld.]

Al. 1 gewijzigd bij art. 125, 1° W. 25 april 2007 (IV) (B.S. 8.V.2007, ed. 3, err. B.S. 8.X.2007), van toepassing vanaf 1 mei 2007 (K.B. 9 mei 2007, art. 14, B.S. 24.V.2007);
Al. 2-3 ingevoegd bij art. 125, 2° W. 25 april 2007 (IV) (B.S. 8.V.2007, ed. 3, err. B.S. 8.X.2007), van toepassing vanaf 1 mei 2007 (K.B. 9 mei 2007, art. 14, B.S. 24.V.2007);
Al. 4 (oud al. 2) gewijzigd bij art. 73 W. 15 maart 1999 (B.S. 27.III.1999) en bij art. 125, 3° W. 25 april 2007 (IV) (B.S. 8.V.2007, ed. 3, err. B.S. 8.X.2007), van toepassing vanaf 1 mei 2007 (K.B. 9 mei 2007, art. 14, B.S. 24.V.2007);
Al. 5 (oud al. 3) ingevoegd bij art. 96 W. 4 augustus 1986 (B.S. 20.VIII.1986).

[**Art. 141bis.** In bijzondere gevallen mag de bevoegde gewestelijke directeur van de belasting over de toegevoegde waarde, registratie en domeinen, onder door hem bepaalde voorwaarden, vrijstelling verlenen voor alle in artikel 81 bedoelde interesten of voor een deel ervan.]

Ingevoegd bij art. 97 W. 4 augustus 1986 (B.S. 20.VIII.1986).

Art. 142[1]. De vervolgingen en gedingen door de Staat of de belastingplichtige in te spannen tot verkrijging van de betaling of van de teruggaaf van rechten, interesten en boeten, geschieden op de wijze en volgens de vormen vastgesteld inzake registratie, voor zoveel er door dit wetboek niet van afgeweken worde.

Doch, voor al de vorderingen en vervolgingen, krachtens het wetboek tegen de erfgenamen, legatarissen of begiftigden en tegen de in artikel 74 aangeduide personen ingespannen, is het veroorloofd alle om het even welke betekeningen en notificatiën aan het in de aangifte verkozen domicilie te doen.

Hernummerd bij art. 31 W. 13 augustus 1947 (B.S. 17. IX.1947).

[Art. 142². Onverminderd hetgeen gezegd werd in de artikelen 81 en 82, zijn de moratoire interesten op de in te vorderen of terug te geven sommen verschuldigd naar de voet en de regelen in burgerlijke zaken vastgesteld.]

Ingevoegd bij art. 31 W. 13 augustus 1947 (B.S. 17.IX.1947).

[Art. 142³. De termijnen van verzet, hoger beroep en cassatie, alsmede het verzet, het hoger beroep en de voorziening in cassatie schorsen de tenuitvoerlegging van de gerechtelijke beslissing.]

Ingevoegd bij art. 74 W. 15 maart 1999 (B.S. 27.III.1999).

[Art. 142⁴. [Het verzoekschrift houdende voorziening in cassatie en het antwoord op de voorziening mag door een advocaat worden ondertekend en neergelegd.]]

Ingevoegd bij art. 75 W. 15 maart 1999 (B.S. 27.III.1999) en vervangen bij art. 383 Progr. W. 27 december 2004 (B.S. 31.XII.2004, ed. 2).

HOOFDSTUK XVII

DOOR DE ONTVANGERS TE VERSTREKKEN INLICHTINGEN

Opm.: – Zie M.B. 20 juni 2002 (B.S. 3.VIII.2002).

Art. 143. Onverminderd de bijzondere wetten, reiken de ontvangers der successierechten afschriften of uittreksels van de successieaangiften uit:

1° op verzoek van de betrokkenen in rechtstreekse naam, van hun erfgenamen of rechthebbenden;

2° op verzoek van derden, tegen bevel van de vrederechter.

De uitreiking van voormelde stukken geeft aanleiding tot een door de Minister van Financiën vast te stellen retributie.

Art. 144. De ontvangers der successierechten zijn ertoe gehouden, op eenvoudig verzoek, aan alle personen, tegen een door de Minister van Financiën vast te stellen retributie, de eigendomstitels van de in het ambtsgebied van het kantoor gelegen vaste goederen te doen kennen.

Art. 145. De ontvangers der successierechten zijn ertoe gehouden, tegen een door de Minister van Financiën vast te stellen retributie, op vordering van de erfgenamen, legatarissen of begiftigden hetzij van een overleden echtgenoot, hetzij van een zijner vertegenwoordigers, de terugnemingen en vergoedingen aan te duiden die deze echtgenoot aanbelangen en die voortkomen van overeenkomsten houdende overdracht van verklaring van binnen het ambtsgebied van hun kantoor gelegen vaste goederen.

In dit geval, mag door de ontvangers gevergd worden dat de verzoekers hun de datum van het huwelijk zomede het huwelijksregime doen kennen van de echtgenoot, wier terugnemingen en vergoedingen dienen opgezocht.

Art. 146. De onder artikelen 143 tot 145 voorziene inlichtingen moeten insgelijks verstrekt worden aan de lasthebber van de belanghebbenden, op voorwaarde dat men van de lastgeving late blijken.

[Art. 146bis. Hij die, uit welken hoofde ook, optreedt bij de toepassing van de belastingwetten of die toegang heeft tot de ambtsvertrekken van de administratie van de belasting over de toegevoegde waarde, registratie en domeinen is, buiten het uitoefenen van zijn ambt, verplicht tot de meest volstrekte geheimhouding aangaande alle zaken waarvan hij wegens de uitvoering van zijn opdracht kennis heeft.

De ambtenaren van de administratie van de belasting over de toegevoegde waarde, registratie en domeinen, oefenen hun ambt uit wanneer zij aan andere administratieve diensten van de Staat, daaronder begrepen de parketten en de griffies van de hoven en van alle rechtsmachten, en aan de openbare instellingen of inrichtingen, inlichtingen verstrekken welke voor die diensten, instellingen of inrichtingen nodig zijn voor de hun opgedragen uitvoering van wettelijke of reglementaire bepalingen.

Personen die deel uitmaken van diensten waaraan de administratie van de belasting over de toegevoegde waarde, registratie en domeinen, ingevolge het vorige lid inlichtingen van fiscale aard heeft verstrekt, zijn tot dezelfde geheimhouding verplicht en mogen de bekomen inlichtingen niet gebruiken buiten het kader van de wettelijke bepalingen voor de uitvoering waarvan zij zijn verstrekt.

Onder openbare instellingen of inrichtingen dienen verstaan de instellingen, maatschappijen, verenigingen, inrichtingen en diensten welke de Staat mede beheert, waarvan de Staat een waarborg verstrekt, op welker bedrijvigheid de Staat toezicht uitoefent of waarvan het bestuurspersoneel aangewezen wordt door de Regering, op haar voordracht of met haar goedkeuring.

[…]]

Ingevoegd bij art. 53 W. 4 augustus 1978 (B.S. 17.VIII.1978); Al. 5 opgeheven bij art. 17 W. 10 februari 1981 (B.S. 14. II.1981).

BOEK II

TAXE TOT VERGOEDING DER SUCCESSIERECHTEN

HOOFDSTUK I

VESTIGING VAN DE TAXE

Art. 147. [De verenigingen zonder winstoogmerk en de private stichtingen zijn vanaf 1 januari volgend op de datum van hun oprichting onderworpen aan een jaarlijkse taks tot vergoeding van de successierechten.]

Vervangen bij art. 49 W. 2 mei 2002 (B.S. 11.XII.2002).

Art. 148. [Aan de taks zijn onderworpen:
1° de verenigingen zonder winstoogmerk na 10 juli 1921 opgericht;
2° de inrichtingen en verenigingen zonder winstoogmerk die rechtspersoonlijkheid verkregen hebben bij de wetten van 7 augustus 1919, van 12 maart en van 25 mei 1920;
3° de private stichtingen;
4° de internationale verenigingen zonder winstoogmerk.]

Vervangen bij art. 50 W. 2 mei 2002 (B.S. 11.XII.2002).

[Art. 148bis. [De inrichtingen en verenigingen zonder winstoogmerk, de private stichtingen en de internationale verenigingen zonder winstoogmerk waarvan het geheel van de bezittingen bedoeld in artikel 150 een waarde heeft die 25.000 EUR niet overschrijdt, zijn niet aan de taks onderworpen.]]

Ingevoegd bij art. 224 W. 22 december 1989 (B.S. 29. XII.1989) en vervangen bij art. 51 W. 2 mei 2002 (B.S. 11.XII.2002).

Art. 149. Zijn van de taxe vrijgesteld:
1° [de gemachtigde compensatiekassen voor kindertoeslagen en de gemachtigde onderlinge kassen voor kindertoeslagen];
2° de inrichtingen en verenigingen zonder winstoogmerken die rechtspersoonlijkheid vóór 11 juli 1921 hebben verkregen, andere dan deze waarover het gaat in het 2° van vorig artikel;
3° [de erkende pensioenkassen voor zelfstandigen];
[4° de inrichtende machten van het gemeenschapsonderwijs of het gesubsidieerd onderwijs, voor wat betreft de onroerende goederen die uitsluitend bestemd zijn voor onderwijs en de verenigingen zonder

winstoogmerk voor patrimoniaal beheer die tot uitsluitend doel hebben onroerende goederen ter beschikking te stellen voor onderwijs dat door de voornoemde inrichtende machten wordt verstrekt;]
[5° de verenigingen zonder winstoogmerk, private stichtingen of internationale verenigingen zonder winstoogmerk voor patrimoniaal beheer die door de bevoegde overheid zijn erkend als terreinbeherende natuurverenigingen en die tot uitsluitend doel hebben natuurpatrimonium aan te kopen en te beheren in functie van het behoud van het natuurlijk erfgoed van België, en voor zover dit patrimonium als natuurgebied wordt beheerd en, desgevallend begeleid, toegankelijk is voor het publiek;]
[5° de instellingen voor bedrijfspensioenvoorziening die onderworpen zijn aan de vennootschapsbelasting.]

1° vervangen bij art. 32 W. 13 augustus 1947 (B.S. 17. IX.1947);
3° vervangen bij art. 1 W. 24 april 1958 (B.S. 15.V.1958);
4° ingevoegd bij art. 3 W. 5 december 2001 (B.S. 19.XII.2001);
5° ingevoegd bij art. 2 W. 3 december 2006 (B.S. 14.XII.2006, ed. 2);
5° nogmaals ingevoegd bij art. 341 W. 27 december 2006 (B.S. 28.XII.2006, ed. 3).

HOOFDSTUK II

ZETTING DER TAXE

Art. 150. [De belasting is verschuldigd op het geheel van de bezittingen van de inrichting, de vereniging zonder winstoogmerk, private stichting of internationale vereniging zonder winstoogmerk.
Daar onder zijn evenwel niet begrepen:
1° de nog verschuldigde en niet-gekapitaliseerde intresten, rentetermijnen, huur- en pachtgelden en, meer in het algemeen, burgerlijke vruchten van welke aard ook, alsmede jaarlijkse bijdragen en inschrijvingsgelden;
2° de al dan niet genoten natuurlijke vruchten;
3° de liquiditeiten en het bedrijfskapitaal bestemd om gedurende het jaar verbruikt te worden voor de activiteit van de vereniging of stichting;
4° de in het buitenland gelegen onroerende goederen;
5° de effecten uitgegeven door handelsvennootschappen waarvan de vereniging of stichting als bezitter-emittent wordt aangemerkt krachtens [...] de wet van 15 juli 1998 betreffende de certificatie van effecten uitgegeven door handelsvennootschappen, op voorwaarde dat de certificaten krachtens artikel 13, § 1, eerste lid, van dezelfde wet voor de toepassing van het Wetboek van de inkomstenbelastingen 1992 gelijkgesteld worden met de effecten waarop ze betrekking hebben.
Van het in het eerste lid bedoelde geheel van de bezittingen kunnen geen lasten in mindering worden gebracht, met uitzondering van:
1° de nog niet-betaalde termijnen van hypothecaire leningen, mits de hypotheek is gevestigd op goe-

deren van de vereniging of stichting en minstens 50 % van de hoofdsom van de lening waarborgt;

2° de door de vereniging of stichting als algemene legataris van een nalatenschap nog uit te voeren legaten van een geldsom.

De bepalingen van boek I betreffende de belastinggrondslag en de rechtsregeling van de voorwaardelijke en betwiste bezittingen zijn van overeenkomstige toepassing op de belasting ingesteld bij artikel 147.]

Vervangen bij art. 52 W. 2 mei 2002 (B.S. 11.XII.2002);
Al. 2, 5° gewijzigd bij art. 394 Progr. W. 24 december 2002
(B.S. 31.XII.2002).

HOOFDSTUK III

AANGIFTE

Art. 151. De aan de taxe onderworpen [verenigingen zonder winstoogmerk, private stichtingen en internationale verenigingen zonder winstoogmerk] zijn ertoe gehouden, binnen de eerste drie maanden van elk aanslagjaar, ten kantore der successierechten van hun zetel, een aangifte in te leveren waarbij toestand en waarde van de goederen op de eerste januari van het aanslagjaar worden vermeld.

Bovendien zijn voormelde verenigingen [en stichtingen] ertoe gehouden een bijkomende aangifte in te leveren binnen de drie maand van de verwezenlijking der voorwaarde of van de oplossing van een geschil waarbij een goed in hun bezit komt.

[Valt de laatste dag van de termijn op een sluitingsdag van de kantoren, dan wordt deze termijn verlengd tot de eerste openingsdag der kantoren die volgt op het verstrijken van de termijn.]

De bepalingen van artikelen 42, nummers VI en VII, 43, 45 en 46 zijn op bedoelde aangiften van toepassing.

Al. 1 gewijzigd bij art. 53, 1° W. 2 mei 2002 (B.S. 11.
XII.2002);
Al. 2 gewijzigd bij art. 53, 2° W. 2 mei 2002 (B.S. 11.XII.2002);
Al. 3 ingevoegd bij art. 7 W. 11 juli 1960 (B.S. 20.VII.1960).

HOOFDSTUK IV

VEREVENING EN BETALING VAN DE TAXE

Art. 152. [De taxe is bepaald op [0,17 t.h.]]
[…]
Het bedrag der aldus verevende taxe wordt, desvoorkomend, [tot de hogere cent] afgerond.

Al. 1 vervangen bij art. 18 K.B. nr. 9, 3 juli 1939 (B.S. 5.
VII.1939) en gewijzigd bij art. 121, § 2 W. 14 februari 1961
(B.S. 15.II.1961);
Al. 2 opgeheven bij art. 9 W. 20 januari 1999 (B.S. 13.
II.1999);
Al. 3 (= thans al. 2) gewijzigd bij art. 12, 4° K.B. 13 juli 2001
(B.S. 11.VIII.2001, err. B.S. 21.XII.2001).

Art. 153. De taxe moet gekweten worden uiterlijk bij het verstrijken van de termijn voorzien door artikel 151 voor de neerlegging der aangifte.

Wordt de taxe niet betaald binnen deze termijn, dan is de wettelijke interest, tegen de rentevoet bepaald in burgerlijke zaken, van rechtswege eisbaar vanaf de dag, waarop de betaling had moeten geschieden.

[Bij koninklijk besluit kan worden voorgeschreven dat de betaling van de taxe, boeten en interesten moet geschieden door storting of overschrijving op de postcheckrekening van het met de invordering belast kantoor.]

Al. 3 ingevoegd bij art. 42, al. 3 W. 23 december 1958 (B.S.
7.I.1959).

Art. 154. Voor de berekening van de interest, wordt artikel 82 toegepast.

Art. 155. […]

Opgeheven bij art. 226 W. 22 december 1989 (B.S. 29.
XII.1989).

Art. 156. Wanneer de jaarlijkse taxe geen [125 EUR] overschrijdt, [heeft de vereniging zonder winstoogmerk, de private stichting of de internationale vereniging zonder winstoogmerk de mogelijkheid] de voor drie achtereenvolgende jaren verschuldigde taxe ineens te kwijten; de aldus betaalde taxe wordt definitief door de Staat verkregen.

[De in het eerste lid bedoelde verenigingen of stichtingen die van deze mogelijkheid gebruik maken zijn ervan ontheven een aangifte voor elk van de twee volgende jaren in te leveren.]

Doch, zo het bezit der [vereniging of stichting], op de eerste januari van het een of het ander der twee jaren waarvoor de taxe vooraf betaald werd, zodanige vermeerdering van waarde of van actief ondergaan heeft dat de taxe in verband met deze vermeerdering ten minste [25 EUR] bereikt, is de [vereniging of stichting] ertoe gehouden, binnen de drie eerste maanden van bedoeld jaar, een aangifte in te leveren en de belasting voor het complex van haar belastbaar bezit te betalen, behoudens aftrekking van de reeds betaalde taxe.

Al. 1 gewijzigd bij art. 11 K.B. 13 juli 2001 (B.S. 11.VIII.2001,
err. B.S. 21.XII.2001) en bij art. 54, 1° W. 2 mei 2002 (B.S.
11.XII.2002);
Al. 2 vervangen bij art. 54, 2° W. 2 mei 2002 (B.S. 11.
XII.2002);
Al. 3 gewijzigd bij art. 11 K.B. 13 juli 2001 (B.S. 11.VIII.2001,
err. B.S. 21.XII.2001) en bij art. 54, 3° W. 2 mei 2002 (B.S.
11.XII.2002).

Art. 157. Het bestuur wordt ertoe gemachtigd de aan teruggave onderworpen sommen toe te rekenen op iedere om 't even welke som verschuldigd door dezelfde [vereniging zonder winstoogmerk, private stichting of internationale vereniging zonder winst-oogmerk] en krachtens de bepalingen van dit boek.

Gewijzigd bij art. 55 W. 2 mei 2002 (B.S. 11.XII.2002).

HOOFDSTUK V

DIVERSE BEPALINGEN

Art. [158]. Tot vaststelling van de te lage waarde-ringen, mag de ontvanger, ten aanzien van de in arti-kel 111 aangeduide goederen, de schatting vorderen op de wijze en in de vorm voorgeschreven door artike-len 113 tot 122.

Volgens de gevallen, is de bevoegde rechter of rechtbank deze, binnen wiens ambtsgebied de vereni-ging haar zetel heeft.

Hernummerd bij art. 72 W. 22 juli 1993 (B.S. 26.VIII.1993).

Art. [158bis]. [Elke vereniging zonder winstoog-merk, private stichting of internationale vereniging zonder winstoogmerk] en die de aangifte te laat inle-vert, loopt per maand vertraging een boete op van [[2,50 EUR]], vertraging waarbij elke begonnen maand voor een gehele maand wordt aangerekend.

Het totaal dezer boeten mag het tiende der ver-schuldigde taxe niet te boven gaan, noch minder dan [[2,50 EUR]] bedragen.

Hernummerd bij art. 72 W. 22 juli 1993 (B.S. 26.VIII.1993); Al. 1 gewijzigd bij art. 1 W. 14 augustus 1947 (B.S. 17. IX.1947), bij art. 2-13 K.B. 20 juli 2000 (II) (B.S. 30. VIII.2000, err. B.S. 8.III.2001) en bij art. 56 W. 2 mei 2002 (B.S. 11.XII.2002); Al. 2 gewijzigd bij art. 1 W. 14 augustus 1947 (B.S. 17. IX.1947) en bij art. 2-13 K.B. 20 juli 2000 (II) (B.S. 30. VIII.2000, err. B.S. 8.III.2001).

Art. [158ter]. In geval van verzuim van goederen of van te lage waardering vastgesteld in de aangifte, wordt een boete gelijk aan de ontdoken taxe opgelo-pen.

Hernummerd bij art. 72 W. 22 juli 1993 (B.S. 26.VIII.1993).

Art. [159]. Zijn van toepassing op de bij arti-kel 147 gevestigde taks, de bepalingen van het eerste boek betreffende de bewijsmiddelen der verzuimen van goederen of der te lage waarderingen, de verjarin-gen, de teruggave, de regiekosten, de vervolgingen en gedingen en de correctionele straffen. [Het maximum-bedrag van de tussen een minimumbedrag en een maximumbedrag vast te stellen geldstraffen als be-paald in het eerste boek, wordt voor de toepassing er-van in het kader van dit boek gebracht op 125.000 EUR.]

Hernummerd bij art. 72 W. 22 juli 1993 (B.S. 26.VIII.1993) en aangevuld bij art. 79 Progr. W. 27 december 2006 (B.S. 28.XII.2006, ed. 3).

Art. [160]. De met de invordering der taxe belaste ontvangers mogen afschriften van of uittreksels uit de jaarlijkse aangifte afleveren, met nakoming van de be-palingen van artikelen 143 en 146.

Hernummerd bij art. 72 W. 22 juli 1993 (B.S. 26.VIII.1993).

[BOEK IIbis

**[JAARLIJKSE TAKS
OP DE COLLECTIEVE
BELEGGINGSINSTELLINGEN, OP DE
KREDIETINSTELLINGEN EN OP DE
VERZEKERINGSONDERNEMINGEN]]**

Ingevoegd bij art. 73 W. 22 juli 1993 (B.S. 26.VIII.1993) en opschrift vervangen bij art. 1 K.B. 18 november 1996 (B.S. 6.XII.1996).

[Art. 161. [Onderworpen aan een jaarlijkse taks vanaf de eerste januari volgend op hun inschrijving bij de [Autoriteit voor Financiële Diensten en Markten] zijn:

1° [de beleggingsinstellingen die geregeld zijn bij statuten, bedoeld in artikel 6, 1° en 2°, van de wet van 20 juli 2004 betreffende bepaalde vormen van collec-tief beheer van beleggingsportefeuilles, met uitzonde-ring van de private privaks, bedoeld in de artikelen 119 en 120 van dezelfde wet];

2° [de beheersvennootschappen die instaan voor het beheer van de beleggingsinstellingen die geregeld zijn bij overeenkomst, bedoeld in artikel 6, 1° en 2°, van de wet van 20 juli 2004 betreffende bepaalde vor-men van collectief beheer van beleggingsportefeuil-les];

3° [de instellingen voor collectieve belegging naar buitenlands recht bedoeld in artikel 127 van de wet van 20 juli 2004 betreffende bepaalde vormen van col-lectief beheer van beleggingsportefeuilles, met uitzon-dering van de instellingen voor belegging in schuld-vorderingen];

4° de kredietinstellingen beheerst door de wet van 22 maart 1993 op het statuut en het toezicht op de kre-dietinstellingen die inkomsten of dividenden toeken-nen als bedoeld in artikel 21, 5° en 6°, van het Wet-boek van de inkomstenbelastingen 1992;

5° de verzekeringsondernemingen bedoeld in arti-kel 2, § 1, van de wet van 9 juli 1975 betreffende de controle der verzekeringsondernemingen, die dividen-den of inkomsten toekennen als bedoeld in artikel 21, 6° en 9°, van het Wetboek van de inkomstenbelastin-gen 1992;

6° de verzekeringsondernemingen bedoeld in arti-kel 2, § 1, van de wet van 9 juli 1975 betreffende de controle der verzekeringsondernemingen, die verze-keringsverrichtingen doen als bedoeld in artikel 3, § 2, van het koninklijk besluit van 14 november 2003 be-treffende de levensverzekeringsactiviteit.]]

Ingevoegd bij art. 73 W. 22 juli 1993 (B.S. 26.VIII.1993) en vervangen bij art. 307 Progr. W. 22 december 2003 (B.S. 31.XII.2003, err. B.S. 16.I.2004);

Inleidende zin gewijzigd bij art. 331 K.B. 3 maart 2011 (B.S. 9.III.2011), van toepassing vanaf 1 april 2011;

1° vervangen bij art. 2 W. 21 december 2007 (B.S. 31. XII.2007, ed. 3);

2° vervangen bij art. 342, 2° W. 27 december 2006 (B.S. 28. XII.2006, ed. 3);

3° vervangen bij art. 160 W. 27 december 2005 (B.S. 30. XII.2005, ed. 2).

[Art. 161bis. [§ 1. Wat de beleggingsinstellingen bedoeld in artikel 161, 1° en 2°, betreft, is de taks verschuldigd op het totaal van de in België op 31 december van het voorafgaande jaar netto uitstaande bedragen.

Voor de toepassing van het eerste lid:

1° worden de in het buitenland voor rekening van een rijksinwoner verworven rechten van deelneming, geacht uit te staan in België;

2° is, indien de beleggingsinstelling verzuimd heeft de elementen die nuttig en noodzakelijk zijn voor de heffing van de taks aan de administratie te verstrekken en onverminderd de toepassing van artikel 162, de taks verschuldigd op de totaalwaarde van het beheerd vermogen op 31 december van het voorafgaande jaar. De Koning kan de voor de heffing van de taks nuttige en noodzakelijke elementen bepalen.

§ 2. Wat betreft de beleggingsinstellingen, bedoeld in artikel 161, 3°, is de taks verschuldigd op het totaal van de in België netto uitstaande bedragen op 31 december van het voorafgaande jaar, vanaf hun inschrijving bij de [Autoriteit voor Financiële Diensten en Markten].

Voor de toepassing van het eerste lid:

1° kunnen de rechten van deelneming die door een financiële tussenpersoon in het buitenland werden geplaatst, niet afgetrokken worden van de in België bruto uitstaande bedragen in geval van de inkoop door de tussenkomst van een financiële tussenpersoon in België;

2° is, indien de beleggingsinstelling verzuimd heeft de elementen die nuttig en noodzakelijk zijn voor de heffing van de taks aan de administratie te verstrekken en onverminderd de toepassing van artikel 162, de taks verschuldigd op het totaal van de in België bruto uitstaande bedragen op 31 december van het voorafgaande jaar. De Koning kan de voor de heffing van de taks nuttige en noodzakelijke elementen bepalen.

§ 3. [Voor de toepassing van de §§ 1, 2 en 5, tweede gedachtestreep, worden voor een beleggingsinstelling of een verzekeringsonderneming die rechten van deelneming heeft in een beleggingsinstelling, de bedragen die bij een beleggingsinstelling werden opgenomen in de belastbare grondslag, niet meegerekend.]

§ 4. Wat betreft de kredietinstellingen, is de taks verschuldigd op een quotiteit van het totaal bedrag van de in artikel 21, 5°, van het Wetboek der inkomstenbelastingen 1992 bedoelde spaardeposito's op 1 januari van het aanslagjaar, de interesten voor het vorig jaar niet inbegrepen. Die quotiteit is gelijk aan de verhouding van het totaal van de op grond van vermeld artikel 21, 5°, niet-belastbare inkomsten, tot het totaal van

de toegekende inkomsten voor het jaar voorafgaand aan het aanslagjaar.

§ 5. Wat betreft de verzekeringsondernemingen, is de taks verschuldigd op het totaal bedrag op 1 januari van het aanslagjaar van de wiskundige balansprovisies en de technische provisies die betrekking hebben op:

– de levensverzekeringscontracten die beantwoorden aan de voorwaarden vastgesteld in artikel 21, 9°, van het Wetboek van de inkomstenbelastingen 1992;

– de verzekeringsverrichtingen die met een beleggingsfonds verbonden zijn [met uitzondering van levensverzekeringscontracten waarvan het kapitaal of de afkoopwaarde onderworpen is aan de inkomstenbelastingen of aan de taks op het lange termijnsparen].

§ 6. Ingeval een kredietinstelling of een verzekeringsonderneming bedoeld in artikel 161, 4°, 5° of 6°, de vorm heeft aangenomen van een coöperatieve vennootschap erkend door de Nationale Raad van de Cooperatie, is de taks bovendien verschuldigd op een quotiteit van het maatschappelijk kapitaal op 1 januari van het aanslagjaar. Die quotiteit is gelijk aan de verhouding van het totaal van de op grond van artikel 21, 6°, van het Wetboek van de inkomstenbelastingen 1992 niet-belastbare dividenden, tot het totaal van de toegekende dividenden voor het boekjaar dat voorafgaat.]]

Ingevoegd bij art. 73 W. 22 juli 1993 (B.S. 26.VII.1993) en vervangen bij art. 308 Progr. W. 22 december 2003 (B.S. 31.XII.2003, err. B.S. 16.I.2004);

§ 2, al. 1 gewijzigd bij art. 331 K.B. 3 maart 2011 (B.S. 9. III.2011), van toepassing vanaf 1 april 2011;

§ 3 vervangen bij art. 29, 1° Progr. W. 9 juli 2004 (B.S. 15. VII.2004, ed. 2);

§ 5 aangevuld bij art. 29, 2° Progr. W. 9 juli 2004 (B.S. 15. VII.2004, ed. 2).

Opmerking: – De uiterlijk op 30 september 2013 gedane betaling door de kredietinstellingen, van de jaarlijkse taks gevestigd bij artikel 161bis van het Wetboek der successierechten en die opeisbaar is op 1 januari 2013, wordt geacht te zijn gebeurd op 31 maart 2013 wat het gedeelte betreft dat onderworpen is aan de bepalingen van de wet van 17 juni 2013 houdende fiscale en financiële bepalingen en bepalingen betreffende de duurzame ontwikkeling.
(W. 30 juli 2013, art. 71, B.S. 1.VIII.2013, ed. 2)

– De door de collectieve beleggingsinstellingen en de verzekeringsondernemingen gedane betaling van het supplement voortvloeiend uit de wet van 17 juni 2013 houdende fiscale en financiële bepalingen en bepalingen betreffende de duurzame ontwikkeling, vande jaarlijkse taks gevestigd bij artikel 161bis van het Wetboek der successierechten en die opeisbaar is op 1 januari 2013, wordt geacht te zijn gebeurd op 31 maart 2013 wanneer deze betaling effectief uiterlijk op 30 september 2013 is gebeurd.
(W. 30 juli 2013, art. 72, B.S. 1.VIII.2013, ed. 2)

[Art. 161ter. [Het tarief van de taks wordt vastgesteld:

1° op [0,0965 pct.] voor de in artikel 161bis, §§ 1 en 2, bedoelde bedragen van de beleggingsinstellingen;

2° op [0,1200 pct.] voor de in artikel 161bis, § 4, bedoelde quotiteit van de spaardeposito's bij krediet-instellingen;

3° op [0,0965 pct.] voor het in artikel 161bis, § 5, bedoelde totaal bedrag van de wiskundige balanspro-visies en de technische provisies die betrekking heb-ben op levensverzekeringscontracten en op verzeke-ringsverrichtingen die verbonden zijn aan beleggings-fondsen;

4° op [0,0965 pct.] voor de in artikel 161bis, § 6, bedoelde quotiteit van het maatschappelijk kapitaal van de in artikel 161, 4°, 5° of 6°, bedoelde instellin-gen die de vorm van een coöperatieve vennootschap hebben, erkend door de Nationale Raad van de Coöpe-ratie;

5° op 0,01 pct. voor de in artikel 161bis, § 1, be-doelde bedragen, in de mate dat de financieringsmid-delen van de beleggingsinstelling, één of meerdere van haar compartimenten of klassen van aandelen, uitsluitend worden aangetrokken bij institutionele of professionele beleggers die voor eigen rekening han-delen, en waarvan de effecten uitsluitend door deze beleggers kunnen worden verworven.]]

Ingevoegd bij art. 73 W. 22 juli 1993 (B.S. 26.VII.1993) en vervangen bij art. 309 Progr. W. 22 december 2003 (B.S. 31.XII.2003, err. B.S. 16.I.2004);

1° gewijzigd bij art. 106 W. 17 juni 2013 (B.S. 28.VI.2013, ed. 1), van toepassing vanaf 1 januari 2013;

2° gewijzigd bij art. 70, 1° W. 30 juli 2013 (B.S. 1.VIII.2013, ed. 2), van toepassing vanaf 1 januari 2013, de tariefverho-ging is betaalbaar uiterlijk 30 september 2013;

3° en 4° gewijzigd bij art. 106 W. 17 juni 2013 (B.S. 28. VI.2013, ed. 1), van toepassing vanaf 1 januari 2013.

Toekomstig recht: – Vanaf 1 januari 2014 wordt in art. 161ter, 1° tot 4° het tarief "0,0965 pct." telkens vervangen door het tarief "0,0925 pct.".
(W. 17 juni 2013, art. 106, B.S. 28.VI.2013, ed. 1, van toepas-sing vanaf 1 januari 2014)
– Vanaf 1 januari 2014 wordt in art. 161ter, 2° het tarief "0,0925 pct." vervangen door het tarief "0,1929 pct.".
(W. 30 juli 2013, art. 70, 2° en 73, al. 2, B.S. 1.VIII.2013, ed. 2)

[Art. 161quater. De taks is opeisbaar [de eerste ja-nuari] van elk jaar.

[Hij moet betaald zijn uiterlijk op 31 maart van elk jaar. Nochtans wordt die termijn, wat betreft de beta-ling van de taks of van het gedeelte van de taks met betrekking tot de dividenden bedoeld in artikel 21, 6°, van het Wetboek van de inkomstenbelastingen 1992, in voorkomend geval, verlengd tot de achtste werkdag na de datum van de algemene vergadering waarop over de toekenning van de dividenden is beslist.]

Indien de taks [of het gedeelte van de taks] niet betaald wordt binnen deze termijn, is de wettelijke in-terest, volgens het percentage in burgerlijke zaken, van rechtswege verschuldigd te rekenen van de dag waarop de betaling had moeten geschieden.

[Voor de berekening van de interest wordt elke fractie van een maand gerekend als een volle maand.]]

Ingevoegd bij art. 73 W. 22 juli 1993 (B.S. 26.VII.1993);
Al. 1 gewijzigd bij art. 4 K.B. 18 november 1996 (B.S. 6. XII.1996);
Al. 2 vervangen bij art. 4 K.B. 18 november 1996 (B.S. 6.XII.1996);
Al. 3 gewijzigd bij art. 4 K.B. 18 november 1996 (B.S. 6. XII.1996);
Al. 4 ingevoegd bij art. 10 W. 20 januari 1999 (B.S. 13. II.1999).

[Art. 161quinquies. [De instellingen of onderne-mingen bedoeld in artikel 161 zijn gehouden uiterlijk op 31 maart van ieder aanslagjaar op het bevoegde kantoor een aangifte in te dienen waarin de belastbare grondslag wordt opgegeven. Evenwel moeten, wat aangaat de taks of het gedeelte van de taks met betrek-king tot de dividenden bedoeld in artikel 21, 6°, van het Wetboek van de inkomstenbelastingen 1992, de coöperatieve vennootschappen erkend door de Natio-nale Raad voor de Coöperatie de aangifte of een bijko-mende aangifte die de belastbare grondslag opgeeft van de taks of van het gedeelte van de taks betreffende die dividenden, indienen ten laatste de dag waarop de betaling overeenkomstig artikel 161quater, tweede lid moet worden gedaan.]

Indien de aangifte niet ingediend wordt binnen de voorgeschreven termijn, wordt een boete verbeurd van [[250 EUR]] per week vertraging. Elke begonnen week wordt gerekend als een volle week.]

Ingevoegd bij art. 73 W. 22 juli 1993 (B.S. 26.VII.1993);
Al. 1 vervangen bij art. 5 K.B. 18 november 1996 (B.S. 6.XII.1996);
Al. 2 gewijzigd bij art. 2-13 K.B. 20 juli 2000 (II) (B.S. 30. VIII.2000, err. B.S. 8.III.2001) en bij art. 42, 5° K.B. 13 juli 2001 (B.S. 11.VIII.2001, err. B.S. 21.XII.2001).

[Art. 161sexies. Is het kantoor niet geopend op de laatste dag van de termijn van betaling of van neerleg-ging, dan wordt de termijn verlengd tot de eerstvol-gende dag waarop het kantoor geopend is.]

Ingevoegd bij art. 73 W. 22 juli 1993 (B.S. 26.VII.1993).

[Art. 161septies. De Minister van Financiën of zijn vertegenwoordiger bepaalt het bevoegde kantoor voor de invordering van de taks, boeten en interesten.

De Koning bepaalt de vorm en de inhoud van de aangifte. Hij kan betalingsmodaliteiten bepalen alsook aanvullende regels om de juiste heffing van de belas-ting te verzekeren.]

Ingevoegd bij art. 73 W. 22 juli 1993 (B.S. 26.VII.1993).

[Art. 161octies. Elke onnauwkeurigheid of wegla-ting die vastgesteld wordt in de aangifte bedoeld in artikel 161quinquies, evenals iedere andere onregel-matigheid begaan in de uitvoering van de wettelijke of reglementaire bepalingen, wordt gestraft met een boete gelijk aan tweemaal het ontdoken recht, te ver-minderen volgens een schaal die door de Koning wordt vastgesteld, zonder dat deze boete lager mag zijn dan [[250 EUR]] per overtreding.]

Ingevoegd bij art. 73 W. 22 juli 1993 (B.S. 26.VII.1993) en gewijzigd bij art. 2-13 K.B. 20 juli 2000 (II) (B.S. 30. VIII.2000, err. B.S. 8.III.2001) en bij art. 42, 5° K.B. 13 juli 2001 (B.S. 11.VIII.2001, err. B.S. 21.XII.2001).

[Art. 161nonies. [De ambtenaren van de administratie van de belasting over de toegevoegde waarde, registratie en domeinen kunnen kennis nemen van alle documenten nodig voor de juiste heffing van de taks.]]

Ingevoegd bij art. 73 W. 22 juli 1993 (B.S. 26.VII.1993) en vervangen bij art. 6 K.B. 18 november 1996 (B.S. 6.XII.1996).

[Art. 162. Op de belasting ingesteld bij artikel 161 zijn van toepassing de bepalingen van boek I betreffende het bewijs van het verzuim van aangifte van goederen, alsmede die betreffende de verjaring, de teruggave, de vervolgingen en gedingen en de correctionele straffen.]

[Het maximumbedrag van de tussen een minimumbedrag en een maximumbedrag vast te stellen geldstraffen als bepaald in het eerste boek, wordt voor de toepassing ervan in het kader van dit boek gebracht op 125.000,00 EUR.]

[Wanneer de beleggingsinstellingen bedoeld in artikel 161, 3°, de bepalingen van dit boek overtreden, kan de rechter hen het verbod opleggen nog langer rechten van deelneming in België te plaatsen. Dit verbod wordt betekend aan de beleggingsinstelling, aan de [Autoriteit voor Financiële Diensten en Markten] en aan de instelling die door de beleggingsinstelling in België werd aangeduid om te zorgen voor de uitkeringen aan de deelnemers, de verkoop of de inkoop van de rechten van deelneming en voor de verplichte informatieverstrekking in ten minste één van de landstalen.]

Ingevoegd bij art. 73 W. 22 juli 1993 (B.S. 26.VII.1993); Al. 2 ingevoegd bij art. 80 Progr. W. 27 december 2006 (B.S. 28.XII.2006, ed. 3); Al. 3 (voorheen al. 2) ingevoegd bij art. 310 Progr. W. 22 december 2003 (B.S. 31.XII.2003, err. B.S. 16.I.2004) en gewijzigd bij art. 331 K.B. 3 maart 2011 (B.S. 9.III.2011), van toepassing vanaf 1 april 2011.

[BOEK III

JAARLIJKSE TAKS OP DE COORDINATIECENTRA]

Ingevoegd bij art. 66 W. 28 december 1992 (B.S. 31.XII.1992, err. B.S. 18.II.1993).

[Art. 162bis. De coördinatiecentra worden op 1 januari van elk jaar aan een jaarlijkse taks onderworpen.

Het bedrag van de taks bedraagt [10.000 EUR] per voltijds werknemer van het coördinatiecentrum, in de zin van artikel 3, 2°, van het koninklijk besluit nr. 187 van 30 december 1982 betreffende de oprichting van coördinatiecentra.

Het totaal bedrag van de taks mag niet hoger zijn dan [100.000 EUR] ten laste van éénzelfde coördinatiecentrum.

De taks is eisbaar vanaf 1 januari van het eerste jaar dat volgt op de datum van oprichting.

De in aanmerking te nemen personeelsbezetting is die op 1 januari van elk belastingjaar.]

Ingevoegd bij art. 66 W. 28 december 1992 (B.S. 31. XII.1992); Al. 2-3 gewijzigd bij art. 11 K.B. 13 juli 2001 (B.S. 11. VIII.2001, err. B.S. 21.XII.2001).

[Art. 162ter. De taks moet ten laatste op 31 maart van elk jaar gekweten worden.

De taks wordt gekweten door storting of overschrijving op de postrekening-courant van het bevoegde kantoor.

Wanneer echter het coördinatiecentrum niet in de loop van het burgerlijk jaar van zijn oprichting bij koninklijk besluit erkend werd, zijn de vóór de datum van de toekenning van de erkenning opeisbare taksen, betaalbaar binnen drie maanden na deze datum.

Wordt de taks niet binnen de termijn betaald, dan is de wettelijke interest, tegen de rentevoet bepaald in burgerlijke zaken, van rechtswege eisbaar vanaf de dag, waarop de betaling had moeten geschieden.

De gedeelten van een maand worden voor een volle maand gerekend.]

Ingevoegd bij art. 66 W. 28 december 1992 (B.S. 31. XII.1992).

[Art. 162quater. Op de dag van de betaling dient de belastingplichtige op het bevoegde kantoor een opgave in met vermelding van het aanslagjaar, de oprichtingsdatum van het centrum, de datum van het koninklijk besluit tot erkenning, het aantal voltijdse werknemers in dienst en het bedrag van de taks.

Wanneer de opgave niet binnen de in voorgaand artikel gestelde termijn wordt ingediend, wordt een boete verbeurd van [[250 EUR]] per week vertraging. Iedere begonnen week wordt voor een gehele week gerekend.]

Ingevoegd bij art. 66 W. 28 december 1992 (B.S. 31. XII.1992); Al. 2 gewijzigd bij art. 2-13 K.B. 20 juli 2000 (II) (B.S. 30. VIII.2000, err. B.S. 8.III.2001) en bij art. 42, 5° K.B. 13 juli 2001 (B.S. 11.VIII.2001, err. B.S. 21.XII.2001).

[Art. 162quinquies. De Koning bepaalt het kantoor dat bevoegd is voor de inning van de taks, de interesten en de boeten. Hij kan regels voor de betaling vaststellen.]

Ingevoegd bij art. 66 W. 28 december 1992 (B.S. 31. XII.1992).

[Art. 162sexies. Ingeval de taks niet binnen de vastgestelde termijn betaald werd, is een boete verschuldigd die gaat van één twintigste tot één vijfde van de taks, volgens een bij koninklijk besluit vastgestelde schaal.]

Ingevoegd bij art. 66 W. 28 december 1992 (B.S. 31. XII.1992).

[Art. 162septies. Elke onnauwkeurigheid of weglating vastgesteld in de in artikel 162quater vermelde opgave wordt gestraft met een boete gelijk aan vijfmaal het ontdoken recht te verminderen volgens een schaal die wordt vastgesteld bij koninklijk besluit.]

Ingevoegd bij art. 66 W. 28 december 1992 (B.S. 31. XII.1992).

[Art. 162octies. Wanneer het coördinatiecentrum zijn erkenning verliest of eraan verzaakt, met uitwerking op een datum vóór 1 januari van het aanslagjaar waarvoor de belasting is betaald, worden de belastingen, in voorkomend geval, de interesten teruggegeven.]

Ingevoegd bij art. 66 W. 28 december 1992 (B.S. 31. XII.1992).

[Art. 162nonies. De vervolgingen en gedingen door de administratie of de belastingplichtige in te spannen tot verkrijging van de betaling of van de teruggave van de taks, de interesten en de boeten, geschieden op de wijze en volgens de vormen vastgesteld inzake registratierechten.]

Ingevoegd bij art. 66 W. 28 december 1992 (B.S. 31. XII.1992).

[Art. 162decies. Er is verjaring voor de eis tot invordering of teruggave van de taks, de interesten en de boeten na vijf jaar te rekenen vanaf 1 januari van het jaar waarin de vordering ontstaan is.

De verjaringen inzake invordering en teruggave van de belastingen, interesten en boeten worden geschorst overeenkomstig de artikelen 140[1] en 140[2] van dit Wetboek.]

Ingevoegd bij art. 66 W. 28 december 1992 (B.S. 31. XII.1992).

INTREKKINGSBEPALING

Art. 163. Worden ingetrokken alle vroegere wetten en wetsbepalingen op de rechten van successie en van overgang bij overlijden en op de taxe tot vergoeding der successierechten, alsmede alle andere wetsbepalingen die strijdig met dit wetboek zouden zijn.

OVERGANGSBEPALINGEN

Afdeling 1

Algemene maatregelen

Art. 164. De bepalingen van dit wetboek beheersen enkel de nalatenschappen opengevallen alsmede de taxes tot vergoeding der successierechten verkregen na de datum van zijn inwerkingtreding, onder

voorbehoud van hetgeen gezegd onder artikelen 165 tot 178.

Art. 165. De bepalingen van het wetboek zijn van toepassing op de gevallen van intreden, na voormelde datum, van gebeurtenissen voorzien in artikel 37, 2°, 3° en 4°, alhoewel deze gebeurtenissen in verband staan met een vroeger opengevallen nalatenschap; in die gevallen, moeten evenwel de nieuwe bepalingen van artikelen 4, 2°, 16, 18, 38, 2° en 3°, en 52[1] niet toegepast worden, of moet de verhoging van belasting, voorzien door de oude wetgeving op het door bloedverwanten in de zijlinie verkregen buitenversterfdeel, niet afgewezen worden.

Art. 166. De in artikel 17 gevestigde regel volgens dewelke de in het buitenland geheven belasting in nationale munt geconverteerd wordt op de datum van de betaling, is van toepassing op de vóór voormelde datum opengevallen nalatenschappen, voor zoveel dat, op deze datum, de bewijsstukken der betaling bij de ontvanger nog niet neergelegd werden.

Art. 167. De vormveranderingen toegebracht door het wetboek aan de aangiften van nalatenschap en aan de jaarlijkse aangiften van de goederen der verenigingen zonder winstoogmerken worden toegepast op iedere nog niet ingeleverde aangifte.

Art. 168. Artikel 58 is van toepassing telkenmale het tenietgaan van het vruchtgebruik na de datum van de inwerkingtreding van het wetboek geschiedt.

Art. 169. De vereenvoudigingen van berekeningen voorzien in artikelen 62, 63, 82, 83 en 154 zijn van toepassing op elke na voormelde datum gedane verrichting.

Art. 170. De lopende wettelijke interesten worden berekend tegen de vroeger bepaalde rentevoet tot voormelde datum en tegen de rentevoet bepaald in burgerlijke zaken te rekenen van dezelfde datum.

Art. 171. De opheffing van het verplichtend visa der quitantiën van het recht van overgang bij overlijden is van toepassing op alle na voormelde datum uitgereikte kwitantie.

Art. 172. De bepalingen aangaande het voorrecht en de wettelijke hypotheek van de Staat, gevestigd bij artikelen 84 tot 93, zijn van toepassing, ongeacht de nalatenschappen al dan niet sinds voormelde datum opengevallen zijn, doch, blijven de hypotheken thans bestaande en nog niet ingeschreven wegens vroeger opengevallen nalatenschappen, voort bestaan met hun rang, indien de inschrijving genomen wordt binnen de zes maanden na gezegde datum, zonder dat de termijn korter moge wezen dan achttien maanden te rekenen van het overlijden; bij gemis ingeschreven te zijn binnen bedoelde termijn, nemen de hypotheken waarover het gaat slechts rang op de datum van hun inschrijving.

Anderzijds, staken de voorrechten en wettelijke

hypotheken, die thans bestaan tot waarborg van taxes tot vergoeding verschuldigd door verenigingen zonder winstoogmerken, hun uitwerking uiterlijk binnen de zes maanden van de datum van het inwerkingtreden van het wetboek.

Art. 173. Artikelen 95 tot 99 zijn van toepassing, op al de na voormelde datum gedane verrichtingen.

Art. 174. Het recht van navorsing zoals het gevestigd is bij artikelen 100 en 107 mag door het bestuur uitgeoefend worden, welke ook de datum van het openvallen van de nalatenschap zij.

Art. 175. Artikelen 112 tot 122 en 139 zijn van toepassing op al de schattingen die nog niet aangevraagd werden.

Art. 176. De bepalingen van het wetboek, die de fiscale boeten en correctionele straffen vaststellen, zijn van toepassing op elke na de datum van zijn inwerkingtreding begane inbreuk.

Art. 177. Artikelen 136 en 157 zijn van toepassing op al de te verrichten teruggaven.

Art. 178. De verjaringen begonnen bij de inwerkingtreding van het wetboek worden overeenkomstig artikelen 137, 138 en 140 geregeld.

Doch, in geval van verkorting van de duur der thans in loop zijnde verjaringen, indien de termijn die nog onder het vorige regime te verlopen blijft geen jaar te rekenen van voormelde datum overschrijdt, wordt hij geheel en al gehandhaafd; daarentegen, indien bedoelde termijn nog meer dan één jaar bedraagt, kan hij niet tot minder dan één jaar teruggebracht worden.

Afdeling 2

Bijzondere maatregelen

Art. 179. Bij overgangsmaatregel, worden onderstaande artikelen 180 tot 183 in de kantons Eupen, Malmédy en Sankt-Vith in werking gehouden.

Art. 180. Indien degene die tot het genot van de volle eigendom komt, de rechten in schorsing gehouden heeft bij toepassing van § 26, alinea 2, der Pruisische wet van 3 juni 1906 op de successierechten, moet de aangifte van ophouding van vruchtgebruik ten kantore van de ligging der goederen worden gedaan.

Zij duidt het bedrag aan van het recht dat in schorsing gehouden werd [...].

Al. 2 gewijzigd bij art. 12, 6° K.B. 13 juli 2001 (B.S. 11. VIII.2001, err. B.S. 21.XII.2001).

Art. 181. Artikelen 94, 97 tot 99, 130 en 133, betreffende de plichten der openbare ambtenaren zijn van toepassing op de op de 1e januari 1927 in dienst zijnde auctionarissen.

Art. 182. Voor de toepassing van de laatste alinea van artikel 11 van dit wetboek, moeten afgetrokken worden, in de plaats van het overschrijvingsrecht, de gerechtskosten die mochten geïnd zijn uit hoofde van de inschrijving in het grondboek van de akte van verkoop of van afstand of van de aangifte van uitbezitstelling-inbezitneming.

In voorkomend geval, wordt het volgens de Duitse wetten op de akte van verkoop of van overdracht of op de aangifte van uitbezitstelling-inbezitneming geïnd recht in de plaats van het registratierecht afgetrokken.

Art. 183. In geval van voortzetting van de gemeenschap der goederen overeenkomstig artikel 1483 en volgende artikelen van het Duits Burgerlijk Wetboek, worden de kinderen of afstammelingen van de vóóroverleden echtgenoot, voor de inning der rechten van successie en van overgang bij overlijden, geacht uit de nalatenschap van hun ouder dat deel te verkrijgen waarop zij in de voortgezette gemeenschap recht hebben.

Hetzelfde geldt voor de afstammelingen van een der in onverdeeldheid zijnde personen die het aandeel van deze laatste in de voortgezette gemeenschap verkrijgen, en voor zijn mede-inonverdeeldheidzijnden aan wie dit aandeel als aanwas ten dele valt in de gevallen voorzien bij artikel 1490 van het Duits Burgerlijk Wetboek.

Wetboek van successierechten
(W. Succ.)

Waals Gewest

WETBOEK VAN SUCCESSIERECHTEN - WAALS GEWEST

INHOUDSOPGAVE

WETBOEK VAN SUCCESSIERECHTEN (ZOALS VAN TOEPASSING IN HET WAALS GEWEST)

K.B. nr. 308 van 31 maart 1936 (B.S. 7.IV.1936, err. B.S. 12.IV.1936 en B.S. 26.IV.1936), bekrachtigd bij wet van 4 mei 1936 (B.S. 7.V.1936).

BOEK I

RECHTEN VAN SUCCESSIE EN VAN OVERGANG BIJ OVERLIJDEN

HOOFDSTUK I

VESTIGING VAN DE RECHTEN

Afdeling 1

Erfopvolging bij versterf en testamentaire erfopvolging

Art. 1. Er wordt gevestigd:

1° een recht van successie op de waarde, na aftrekking van de schulden, van al wat uit de nalatenschap van een rijksinwoner wordt verkregen;

2° een recht van overgang bij overlijden op de waarde der onroerende goederen gelegen in België verkregen uit de nalatenschap van iemand die geen rijksinwoner is [na aftrek van de schulden die in het bijzonder betrekking hebben op die goederen].

Voor een rijksinwoner wordt gehouden, hij die, op het ogenblik van zijn overlijden, binnen het rijk zijn domicilie of de zetel van zijn vermogen heeft gevestigd.

Al. 1, 2° gewijzigd bij art. 47 Decr. W. Parl. 30 april 2009 (B.S. 1.VII.2009, ed. 1), van toepassing vanaf 1 juli 2009.

Art. 2. Deze rechten zijn verschuldigd op de erfgoederen ongeacht of zij ingevolge wettelijke devolutie, uiterste wilsbeschikking of contractuele erfstelling worden overgemaakt.

Ze zijn, bovendien, verschuldigd in de gevallen aangeduid onder artikel 3 tot 14.

Afdeling 2

Overdrachten en beschikkingen gelijkgesteld met overgangen uit oorzaak van dood

Art. 3. [Voor de toepassing van Boek I van dit Wetboek wordt verstaan onder:

- echtgeno(o)t(e) of wettelijke samenwonende: onverminderd artikel 50, de persoon die zich op het moment van de opening van de successie in een huwelijksrelatie met de overledene bevond overeenkomstig de bepalingen van Boek I, titel V, van het Burgerlijk Wetboek, alsook de persoon die zich op het moment van de opening van de successie in een huwelijksrelatie met de overledene bevond overeenkomstig Hoofdstuk III van het Wetboek van Internationaal privaat

recht;

- wettelijke samenwonende: de persoon die op het moment van de opening van de successie bij de overledene woonachtig was en zich met hem in een wettelijke samenwoningsrelatie bevond overeenkomstig de bepalingen van Boek III, titel Vbis, van het Burgerlijk Wetboek, alsook de persoon die op het moment van de opening van de successie bij de overledene woonachtig was of zijn gebruikelijke verblijfplaats bij de overledene had, in de zin van artikel 4 van het Wetboek van Internationaal privaat recht, en zich met hem in een samenwoningsrelatie bevond overeenkomstig Hoofdstuk IV van hetzelfde Wetboek.]

Hersteld (na opheffing bij art. 49 W. 9 mei 2007) bij art. 45 Decr. W. Parl. 10 december 2009 (B.S. 23.XII.2009, ed. 1), van toepassing vanaf 23 december 2009.

Art. 4. Worden met het oog op de heffing van het successierecht als legaten beschouwd:

1° alle schulden alleenlijk bij uiterste wil erkend;

2° alle schuldbekentenissen van sommen die een bevoordeling vermommen onder het voorkomen van een contract ten bezwarenden titel, en niet aan het voor de schenkingen gevestigd registratierecht werden onderworpen.

Art. 5. De overlevende echtgenoot, wie een huwelijksovereenkomst, die niet aan de regelen betreffende de schenkingen onderworpen is, op voorwaarde van overleving meer dan de helft der gemeenschap toekent, wordt voor de heffing der rechten van de successie en van overgang bij overlijden, gelijkgesteld met de overlevende echtgenoot die, wanneer niet wordt afgeweken van de gelijke verdeling der gemeenschap, het deel van de andere echtgenoot krachtens een schenking of een uiterste wilsbeschikking geheel of gedeeltelijk verkrijgt.

Art. 6. De overlevende man wordt geacht legataris te zijn van het deel der bij de ontbinding der gemeenschap bestaande goederen, dat hem tengevolge van verwerping door de erfgenamen zijner vrouw ten goede komt.

Opgeheven bij art. 4, 45 W. 14 juli 1976 (B.S. 18.IX.1976), behouden als overgangsmaatregel voor echtgenoten gehuwd voor 28 september 1976 (cf. W. 14 juli 1976, art. 4, 47).

Art. 7. De goederen, waarover, naar het door het bestuur geleverd bewijs, de afgestorvene kosteloos beschikte gedurende de drie jaren vóór zijn overlijden, worden geacht deel uit te maken van zijn nalatenschap, indien de bevoordeling niet onderworpen werd aan het registratierecht gevestigd voor de schenkingen, behoudens verhaal van de erfgenamen of legatarissen op de begiftigde voor de wegens die goederen gekweten successierechten.

Wanneer er door het bestuur of door de erfgenamen en legatarissen bewezen wordt dat de bevoordeling een bepaalde persoon gold, wordt deze voor legataris van de geschonken zaak gehouden.

Art. 8. [Worden geacht als legaat te zijn verkregen, de sommen, renten of waarden die een persoon geroepen is kosteloos te ontvangen, bij het overlijden van de overledene, ingevolge een contract bevattende een door de overledene of door een derde ten behoeve van de verkrijger gemaakt beding.

Worden eveneens geacht als legaat te zijn verkregen, de sommen, renten of waarden, die een persoon geroepen was kosteloos te ontvangen binnen drie jaar vóór het overlijden van de overledene of die hij geroepen is kosteloos na dit overlijden te ontvangen, ingevolge een contract bevattende een door de overledene ten behoeve van de verkrijger gemaakt beding.

Dit artikel is mede van toepassing op de sommen of waarden die een persoon geroepen is kosteloos te ontvangen bij zijn overlijden van hem, die een levensverzekering aan order of aan toonder heeft aangegaan.

Wanneer de overledene gehuwd was onder een stelsel van gemeenschap van goederen, worden de sommen, renten of waarden, die aan zijn echtgenoot toevallen ingevolge een door deze echtgenoot afgesloten levensverzekering of contract met vestiging van rente, zomede de sommen, renten of waarden, die hij geroepen is kosteloos te ontvangen ingevolge een contract bevattende een door de overledene of door een derde ten behoeve van de echtgenoot gemaakt beding, geacht als legaat door de echtgenoot te zijn verkregen, tot beloop van hun algeheel bedrag, zo de sommen, renten of waarden werden verkregen als tegenwaarde voor eigen goederen van de overledene, en enkel tot beloop van de helft in al de andere gevallen. Het recht is niet verschuldigd wanneer er bewezen wordt dat de sommen, renten of waarden verkregen werden als tegenwaarde voor eigen goederen van de echtgenoot. De omstandigheid dat het beding wederkerig is, ontneemt daaraan niet de aard van bevoordeling.

De verkrijger wordt ondersteld kosteloos te ontvangen, behoudens tegenbewijs.

Dit artikel is niet van toepassing:

1° op de sommen, renten of waarden, verkregen ingevolge een beding dat aan het registratierecht gevestigd voor de schenkingen werd onderworpen;

2° op de renten en kapitalen gevestigd tot uitvoering van een wettelijke verplichting;

3° op de renten en kapitalen die door tussenkomst van de werkgever van de overledene werden gevestigd ten behoeve van [de overlevende echtgenoot van de overledene] of, bij gebreke, ten behoeve van zijn [kinderen die de leeftijd van eenentwintig jaar niet hebben bereikt], tot uitvoering hetzij van een groepsverzekeringscontract onderschreven ingevolge een bindend reglement van de onderneming en beantwoordende aan de voorwaarden gesteld door de reglementering betreffende de controle van zulke contracten, hetzij van het bindend reglement van een voorzorgsfonds opgericht ten behoeve van het personeel van de onderneming;

4° op de sommen, renten of waarden, bij het overlijden van de overledene verkregen, ingevolge een contract bevattende een door een derde ten behoeve van de verkrijger gemaakt beding, wanneer er bewezen wordt dat deze derde kosteloos ten behoeve van de verkrijger heeft bedongen.]

Vervangen bij art. 1 K.B. nr. 12, 18 april 1967 (B.S. 20. IV.1967);
Al. 6, 3° gewijzigd bij art. 195 W. 30 december 1988 (B.S. 5.I.1989) en bij art. 214 W. 22 december 1989 (B.S. 29. XII.1989, err. B.S. 21.IV.1990).

Art. 9. De roerende of onroerende goederen, verkregen ten bezwarenden titel voor het vruchtgebruik door de overledene en voor de blote eigendom door een derde, alsmede de effecten aan toonder of op naam, ingeschreven voor het vruchtgebruik op naam van de overledene en voor de blote eigendom op naam van een derde, worden, voor de heffing van het uit hoofde van de nalatenschap van de overledene eisbaar successierecht en recht van overgang bij overlijden, geacht in volle eigendom in dezes nalatenschap voorhanden te zijn en door de derde als legaat te zijn verkregen, tenzij het bewezen wordt dat de verkrijging of de inschrijving niet een bedekte bevoordeling ten behoeve van de derde is.

Art. 10. In geval van verdeling of van met verdeling gelijkstaande akte, waarin overledene toebedeeld werd een vruchtgebruik, een rente of elk ander recht dat bij zijn overlijden moet vervallen, wordt de verrichting, voor de heffing van de rechten van successie en van overgang bij overlijden, gelijkgesteld met een legaat ten behoeve van de deelgenoten van de overledene, verkrijgers van de blote eigendom of belast met het levenslang recht, in de mate waarin evenbedoelde personen goederen in eigendom boven hun deel in de onverdeeldheid hebben verkregen.

De belastbare waarde wordt bepaald door een breuk van de waarde, ten dage van het overlijden, van de goederen toebedeeld in eigendom aan elkeen van bedoelde deelgenoten, breuk uitgedrukt door de verhouding die bestaat, ten dage van de verdeling, tussen het bedrag der bedekte bevoordeling en de waarde der in eigendom toebedeelde goederen.

Dit artikel is niet van toepassing wanneer er bewezen wordt dat de verdeling geen bevoordeling ten behoeve van de verscheidene mederechthebbenden in de onverdeeldheid bedekte.

Art. 11. De roerende of onroerende goederen, die door de overledene ten bezwarenden titel werden verkocht of afgestaan, worden, voor de heffing van het uit hoofde van de nalatenschap van de overledene eisbaar successierecht en eisbaar recht van overgang bij overlijden, geacht deel uit te maken van zijn nalatenschap en als legaat te zijn verkregen door de verkrijger of door de overnemer, indien, naar luid van de overeenkomst, de overledene zich een vruchtgebruik heeft voorbehouden of de overlating, te zijnen bate, hetzij van het vruchtgebruik van een ander goed, hetzij van elk ander levenslang recht heeft bedongen, tenzij het wordt bewezen dat verkoop of afstand niet een bedekte bevoordeling is ten behoeve van de verkrijger of van de overnemer.

Indien de overledene, daarenboven, de overlating van een goed in eigendom te zijnen bate heeft bedongen, is de belasting verschuldigd op een breuk der waarde, ten dage van het overlijden, van de door de overledene verkochte of afgestane goederen, breuk bepaald door de verhouding die bestaat ten dage van de verkoop tussen het bedrag der bedekte bevoordeling en de waarde der door de overledene afgestane goederen.

Het recht van overgang, geheven bij de registratie der akte van verkoop of van afstand, en, in voorkomend geval, het overschrijvingsrecht, worden afgetrokken van het successierecht of van het recht van overgang bij overlijden, in de mate waarin laatstgemelde rechten eisbaar zijn krachtens dit artikel eventueel gecombineerd met het volgend artikel.

Art. 12. Wanneer er, in de gevallen onder artikelen 9, 10 en 11, niet bewezen wordt dat de verrichting geen bevoordeling verbergt, doch er uitgemaakt wordt dat de overledene werkelijk het levenslang recht genoten heeft, is er aanleiding toe, op de belastbare grondslag, ten dage van het openvallen der nalatenschap, een evenredige vermindering toe te passen zoals deze voorzien onder de tweede alinea van artikelen 10 en 11, en zulks rekening gehouden met de waarde van bedoeld levenslang recht gekapitaliseerd tegen 4 t. h. en volgens het werkelijk aantal volle jaren gedurende dewelke de overledene het genoten heeft; gaat het om een vruchtgebruik of ander zakelijk levenslang recht, dan dient de waarde van het in aanmerking te nemen jaarlijks inkomen forfaitairlijk vastgesteld op 4 t. h. van de waarde van de volle eigendom van het goed ten dage van het contract.

Art. 13. Het krachtens artikelen [8, 5° alinea,] 9, 10, 3° alinea, 11, 1° alinea en 12 te leveren bewijs, kan door alle gewone rechtsmiddelen, ook door getuigen en vermoedens, bijgebracht worden.

Gewijzigd bij art. 2 K.B. nr. 12, 18 april 1967 (B.S. 20. IV.1967).

Art. 14. Artikelen 9 tot 13 zijn niet van toepassing:

1° indien de overledene langer heeft geleefd: dan de derde, in het geval van artikel 9; dan de mederechthebbende in de onverdeeldheid, verkrijger van de blote eigendom of belast met het levenslang recht, in het geval van artikel 10; dan de verkrijger of overnemer, in het geval van artikel 11;

2° indien de derde, in het geval van artikel 9, de mederechthebbende in de onverdeeldheid, verkrijger van de blote eigendom of belast met het levenslang recht, in het geval van artikel 10, de verkrijger of de overnemer, in het geval van artikel 11, niet behoren tot de soort van de personen vermeld in de alinea's 1, 2 en 3 van artikel 33.

HOOFDSTUK II

BELASTBAAR ACTIEF

Afdeling 1

Successierecht

Art. 15. Het successierecht is verschuldigd op de algemeenheid der aan de overledene of aan de afwezige toebehorende goederen, waar ook ze zich bevinden, na aftrekking der schulden en behoudens toepassing van artikelen 16 en 17.

Art. 16. Voor de inning van het successierecht in de rechte nederdalende linie of tussen echtgenoten met gemene kinderen of afstammelingen, worden niet in aanmerking genomen de terugnemingen en vergoedingen, die verbonden zijn, hetzij aan de gemeenschap welke heeft bestaan tussen de overledene en een echtgenote, bij welke hij bij zijn overlijden levende kinderen of afstammelingen heeft, hetzij aan de gemeenschap welke tussen de verwanten in de opgaande linie van de overledene heeft bestaan.

Wordt niet beschouwd als terugneming of vergoeding vallende onder toepassing van dit artikel, de vergoeding verschuldigd aan de gemeenschap uit hoofde van een op derden onoverdraagbaar maatschappelijk aandeel waarop door een der echtgenoten werd ingeschreven en dat door hem of door zijn erfgenamen bij de ontbinding der gemeenschap werd teruggenomen.

Art. 17. Wanneer het actief der nalatenschap van een Rijksinwoner buitenlands gelegen onroerende goederen begrijpt, welke aanleiding geven tot het heffen, in het land der ligging, van een erfrecht, wordt het in België opvorderbaar successierecht, in de mate waarin het deze goederen treft, verminderd met het bedrag van de in het land der ligging geheven belasting, deze omgerekend [in euro] op de datum van de betaling dier belasting.

De vermindering, waarvan sprake, is afhankelijk gesteld van het inleveren, aan de ontvanger die de aangifte van nalatenschap onder zich heeft, van de behoorlijk gedateerde quitantie der in het buitenland betaalde rechten, alsmede van een door de bevoegde vreemde overheden eensluidend verklaard afschrift der aangifte welke hun afgegeven werd, en van de rechtenverevening welke zij vastgesteld hebben.

Indien de bij de vorige alinea bedoelde bewijsstukken vóór de betaaldag der rechten niet ingeleverd zijn, moeten deze binnen het wettelijk tijdsbestek betaald worden, behoudens teruggave, in voorkomend geval, overeenkomstig hetgeen voorzien is in artikel 135, 2°.

Al. 1 gewijzigd bij art. 12, 1° K.B. 13 juli 2001 (B.S. 11. VIII.2001, err. B.S. 21.XII.2001).

Afdeling 2

Recht van overgang bij overlijden

Art. 18. [Het recht van overgang bij overlijden is verschuldigd op de algemeenheid der in België gelegen onroerende goederen, die aan de overledene of aan de afwezige toebehoren, na aftrek van de schulden die in het bijzonder betrekking hebben op die goederen.]

Vervangen bij art. 48 Decr. W. Parl. 30 april 2009 (B.S. 1.VII.2009, ed. 1), van toepassing vanaf 1 juli 2009.

HOOFDSTUK III

WAARDERING VAN HET BELASTBAAR ACTIEF

Afdeling 1

Algemene regelen

Art. 19. De belastbare waarde der goederen die het actief van de nalatenschap van een Rijksinwoner uitmaken, en der aan het recht van overgang bij overlijden onderworpen onroerende goederen, is de door de aangevers te schatten verkoopwaarde ten dage van het overlijden.

Voor de waardering der goederen waarvan de schijnbare eigendom op het hoofd van de overledene berust, wordt er geen rekening gehouden met de waardevermindering die zou kunnen voortspruiten uit de wederroepelijkheid van de titel van verkrijging van de overledene.

Art. 20. De erfgenamen, algemene legatarissen en begiftigden en, in 't algemeen, al wie gehouden is tot het indienen van een aangifte van nalatenschap, mogen vragen vóór de aangifte en uiterlijk vóór het verstrijken van de indieningstermijn, dat, op hun kosten, de waardering geschiede van het geheel of van een deel van de erfgoederen die zich in België bevinden en die voor hun verkoopwaarde moeten of kunnen aangegeven worden.

Zij geven dienaangaande hun beslissing te kennen bij aangetekende brief gezonden aan de ontvanger van het kantoor waar de aangifte ingeleverd moet worden.

Er wordt gehandeld overeenkomstig artikelen 113 tot 120 en 122.

De waardering is definitief en dient tot grondslag voor de verevening der belasting.

Afdeling 2

Bijzondere regelen

Art. 21. In afwijking van artikel 19, wordt de belastbare waarde der tot de nalatenschap behorende goederen als volgt vastgesteld:

I. Voor de in het buitenland gelegen onroerende goederen, indien de verkoopwaarde niet blijkt uit akten en bescheiden, door twintig of dertig maal de jaar-lijkse opbrengst der goederen of de prijs der lopende huurcelen, zonder aftrekking van de lasten aan de huurder of aan de pachter opgelegd, naargelang het gaat om bebouwde eigendommen of onbebouwde eigendommen; in geen geval, mag de belastbare waarde lager zijn dan deze die tot grondslag gediend heeft voor de heffing van de belasting in het buitenland;

II. Voor het kapitaal en de interesten vervallen of verkregen van de schuldvorderingen, door het nominaal bedrag van dit kapitaal en van deze interesten, onder voorbehoud voor de aangevers de schuldvordering op haar verkoopwaarde te schatten, in geval van onvermogen van de schuldenaar of van het bestaan van alle andere oorzaak van waardevermindering;

III. Voor de openbare effecten, volgens de prijscourant die op last van de regering wordt uitgegeven, voor zoveel de noteringen van de prijscourant beantwoorden aan een koers genoteerd gedurende de maand waarvoor zij opgemaakt wordt.

De te bezigen prijscourant is deze welke werd bekendgemaakt binnen de maand die volgt op de maand van het overlijden. Evenwel, kunnen de belanghebbenden zich beroepen op een van de twee daaropvolgende prijscouranten, op voorwaarde hun keus in hun aangifte aan te duiden.

Slechts één prijscourant mag gekozen worden; deze is toepasselijk op al de nagelaten waarden;

[Indien het overlijden plaatsvond tussen 1 mei 2008 en 31 december 2009 kunnen de belanghebbenden insgelijks verwijzen naar de prijscourant bekendgemaakt in de vierde of vijfde maand volgend op het overlijden op voorwaarde dat hun keuze aangegeven wordt in hun aangifte. Die keuze kan enkel betrekking hebben op één enkele prijscourant; die is van toepassing op alle nagelaten waarden.]

[IIIbis. Voor de financiële instrumenten in de zin van artikel 2, 1°, van de wet van 2 augustus 2002 betreffende het toezicht op de financiële sector en de financiële diensten of de vennootschapseffecten in de zin van artikel 60bis, § 1ter, nog niet bedoeld onder II en III, indien het overlijden plaatsvindt tussen 1 mei 2008 en 31 december 2009, volgens de noteringswaarde van de koopwaarde van het goed, ofwel op datum van het overlijden, ofwel op datum van de laatste dag van de tweede, derde of vierde maand volgend op het overlijden, op voorwaarde dat de keuze aangegeven wordt in de aangifte.

Die keuze kan slechts één enkele datum betreffen; die is van toepassing op alle nagelaten waarden waarvan sprake in dit hoofdstuk IIIbis.]

IV. Voor de altijddurende of voor een onbepaalde tijd gevestigde erfpachten, grondrenten en andere prestatiën, evenals voor de al dan niet gehypothekeerde altijddurende renten, door twintig maal de rente of de jaarlijkse prestatie, onder voorbehoud voor de aangevers de rente of prestatie op haar verkoopwaarde te begroten, in geval van onvermogen van de schuldenaar of van het bestaan van alle andere oorzaak van waardevermindering;

V. Voor de op het hoofd van een derde gevestigde lijfrenten en andere levenslange uitkeringen, door de vermenigvuldiging van het jaarlijks bedrag der uitkering met het getal:

18, indien hij, op wiens hoofd de rente is gevestigd, 20 jaren oud is of minder;

17, indien hij, op wiens hoofd de rente is gevestigd, boven de 20 tot 30 jaren oud is;

16, indien hij, op wiens hoofd de rente is gevestigd, boven de 30 tot 40 jaren oud is;

14, indien hij, op wiens hoofd de rente is gevestigd, boven de 40 tot 50 jaren oud is;

13, indien hij, op wiens hoofd de rente is gevestigd, boven de 50 tot 55 jaren oud is;

11, indien hij, op wiens hoofd de rente is gevestigd, boven de 55 tot 60 jaren oud is;

9.5, indien hij, op wiens hoofd de rente is gevestigd, boven de 60 tot 65 jaren oud is;

8, indien hij, op wiens hoofd de rente is gevestigd, boven de 65 tot 70 jaren oud is;

6, indien hij, op wiens hoofd de rente is gevestigd, boven de 70 tot 75 jaren oud is;

4, indien hij, op wiens hoofd de rente is gevestigd, boven de 75 tot 80 jaren oud is;

2, indien hij, op wiens hoofd de rente is gevestigd, boven de 80 jaren oud is;

VI. Voor het op het hoofd van een derde gevestigde vruchtgebruik, door de jaarlijkse opbrengst van de goederen, berekend tegen 4 t. h. van de waarde van de volle eigendom, vermenigvuldigd met het onder nummer V aangeduide cijfer;

VII. Voor de voor een beperkte tijd gevestigde renten of prestatiën, door de som die door de kapitalisatie van de renten of prestatiën ad 4 t. h. op de datum van het overlijden wordt vertegenwoordigd, onder dit voorbehoud dat het bedrag van de kapitalisatie, al naar het geval, de belastbare waarde, zoals die in nummers IV en V wordt bepaald, niet te boven gaat.

Dezelfde regel is van toepassing wanneer het gaat over een voor beperkte tijd gevestigd vruchtgebruik, met dien verstande dat dan de opbrengst van de goederen zoals in nummer VI wordt gezegd tot grondslag van de kapitalisatie wordt genomen;

VIII. Voor de blote eigendom, door de waarde van de volle eigendom onder aftrek van de waarde van het vruchtgebruik berekend naar de voorschriften van dit artikel en van artikel 22.

Geen aftrek heeft plaats wanneer het vruchtgebruik bij toepassing van artikel 67 vrij is van het recht van successie en van overgang bij overlijden.

[De Waalse Regering beoordeelt de maatregelen bepaald in lid 1, III, laatste lid, en IIIbis, in het kader van het eventuele verlenging of bestendiging.]

Al. 1, III, al. 4 ingevoegd bij art. 15, a) Progr. Decr. W. Parl. 18 december 2008 (B.S. 30.XII.2008, ed. 1), van toepassing vanaf 30 december 2008;

Al. 1, IIIbis ingevoegd bij art. 15, b) Progr. Decr. W. Parl. 18 december 2008 (B.S. 30.XII.2008, ed. 1), van toepassing vanaf 30 december 2008;

Al. 2 ingevoegd bij art. 15, c) Progr. Decr. W. Parl. 18 december 2008 (B.S. 30.XII.2008, ed. 1), van toepassing vanaf 30 december 2008.

Art. 22. Worden voor de toepassing van artikelen 21 en 66[1] met vruchtgebruik gelijkgesteld, de rechten van gebruik en bewoning, alsmede het recht op vruchten, inkomsten of opbrengsten.

Indien de lijfrente, de levenslange prestatie of het vruchtgebruik op het hoofd van twee of meer personen is gevestigd, is de in aanmerking te nemen leeftijd die van de jongste persoon.

Art. 23. Het jaarlijks bedrag in geld der periodieke renten en prestatiën betaalbaar in natura wordt geregeld naar het gemiddeld bedrag van de marktprijzen der twee jongste jaren van de markt die het naast bij de tot waarborg aangewende goederen en, bij ontstentenis van bezwaarde goederen, bij de woonplaats van de schuldenaar gelegen is; indien geen marktprijzen bestaan, wordt dit bedrag door de aangevende partijen begroot.

Art. 24. De zekere schuldvorderingen, doch waarvan het bedrag op 't ogenblik van het overlijden onbepaald is, worden in de aangifte voor hun waarde opgenomen, behoudens regularisatie bij de definitieve bepaling van hun bedrag.

Art. 25. [In de in artikel 37, 2°, 3°, 4° en 6°, bedoelde gevallen moet als belastbare waarde worden aangegeven de waarde der goederen op de dag van het vonnis, van de dading of van de gebeurtenis, die het uitgangspunt vormt van de termijn die bij artikel 40, vierde lid, is bepaald voor de inlevering van de aangifte.]

Vervangen bij art. 3 K.B. nr. 12, 18 april 1967 (B.S. 20. IV.1967).

Art. 26. Voor de heffing der rechten van successie en van overgang bij overlijden, in rechte lijn of tussen echtgenoten die één of meer gemene kinderen of afstammelingen van hen nalaten, wordt de regering ertoe gemachtigd een wijze van waardering der in België gelegen onroerende goederen vast te stellen, gegrond op de kadastrale opbrengst der goederen vermenigvuldigd door een naar de gemiddelde verhouding tussen kadastrale opbrengsten en verkoopprijzen periodiek vast te stellen coëfficiënt.

HOOFDSTUK IV

AANNEMELIJK PASSIEF

Art. 27. Als aannemelijk passief met betrekking tot de nalatenschap van een rijksinwoner gelden slechts:

1° de op de dag van zijn overlijden bestaande schulden van de overledene;

2° de begrafeniskosten.

[Art. 27bis. Als aannemelijk passief met betrekking tot de onroerende goederen gelegen in België van een niet-Rijksinwoner gelden slechts de schulden die in het bijzonder betrekking hebben op die goederen.]

Ingevoegd bij art. 49 Decr. W. Parl. 30 april 2009 (B.S. 1.VII.2009, ed. 1), van toepassing vanaf 1 juli 2009.

Art. 28. De regelen betreffende de begroting der goederen die het actief ener nalatenschap samenstellen zijn van toepassing op de begroting der in het passief aannemelijke schulden.

Art. 29. Het bestaan der schulden moet bewezen worden door de bewijsmiddelen die in rechte toelaatbaar zijn in een behandeling tussen schuldeiser en schuldenaar.

De schulden aangaande het beroep van de overledene en deze aangaande de huiselijke uitgaven van het verstreken jaar en van het lopend jaar kunnen evenwel door getuigen en vermoedens worden vastgesteld.

Art. 30. De overlegging alleen van de rechtstitel volstaat niet om het bestaan vast te stellen:

1° van de hypotheekschulden waarvan de inschrijving, ten dage waarop de nalatenschap openviel, vervallen was sedert één jaar of doorgehaald was;

2° van de interesten der al dan niet hypothecaire schulden, van de huur- en pachtsommen, boven het vervallen en het lopend jaar;

3° van de sedert meer dan een jaar vóór het overlijden verschenen termijnen van schuldbekentenissen waarvan het bedrag bij annuïteiten wordt afgedaan.

Art. 31. Alle schuld, waarvan het bestaan bewezen wordt door overlegging van een stuk waarop een niet gedagtekende quitantie is gesteld, wordt geacht, tenzij het tegendeel bewezen wordt, vóór het overlijden voldaan te zijn geworden.

Art. 32. [Worden uitgesloten uit het passief:

1° alle schulden die alleen bij testament worden erkend;

2° alle schuldbekentenissen van sommen die een bevoordeling vermommen onder het voorkomen van een contract ten bezwarenden titel, en niet aan het voor de schenkingen gevestigd registratierecht werden onderworpen.]

Vervangen bij art. 50 Decr. W. Parl. 30 april 2009 (B.S. 1.VII.2009, ed. 1), van toepassing vanaf 1 juli 2009.

Art. 33. Worden niet aangenomen, de schulden aangegaan door de overledene ten behoeve van een zijner erfgenamen, legatarissen of begiftigden of van tussenpersonen.

Deze bepaling is van toepassing op de schulden door de overledene aangegaan:

a) ten behoeve van erfgenamen die hij bij uiterste wilsbeschikking of bij contractuele beschikking uit zijn erfenis heeft gesloten;

b) ten behoeve van erfgenamen, legatarissen of begiftigden die de nalatenschap ofwel de uiterste wilsbeschikking of de contractuele beschikking, te hunnen voordele gemaakt, hebben verworpen.

Als tussenpersonen worden beschouwd, de in de artikelen 911, laatste alinea en 1100 van het Burgerlijk

Wetboek vermelde personen.

Evenwel, worden bedoelde schulden aangenomen:

1° indien het bewijs van hun echtheid door de aangevende partijen wordt ingebracht; dit bewijs kan door alle middelen van gemeen recht, ook door getuigen en vermoedens, met uitsluiting van de eed, geleverd worden;

2° indien zij tot onmiddellijke en rechtstreekse oorzaak hebben de verkrijging, de verbetering, het behoud of de terugbekoming van een goed, dat op de dag van het afsterven van de overledene tot deze boedel behoorde.

Art. 34. Het bestuur is, in al de gevallen, bevoegd om van de aangevers het overleggen te vorderen van een verklaring van de schuldeiser, waarbij wordt bevestigd dat een in het passief opgenomen schuld ten laste van de overledene op de dag van dezes overlijden bestond. De verklaring dient ondertekend door de schuldeiser, door dezes wettelijke vertegenwoordiger of door een te dien einde aangestelde gevolmachtigde.

Zij mag door de schuldeiser niet worden geweigerd, op straffe van schadevergoeding, wanneer zij wettig wordt aangevraagd.

Het bestuur is ertoe gerechtigd te vorderen dat de handtekening gelegaliseerd worde door de burgemeester der gemeente waar de ondertekenaar verblijft.

De verklaring blijft bij de aangifte van nalatenschap gevoegd.

HOOFDSTUK V

AANGIFTE VAN NALATENSCHAP

Afdeling 1

Verplichting tot aangifte

Art. 35. De rechten van successie en van overgang bij overlijden worden verevend op zicht van een aangifte van nalatenschap.

Art. 36. Er bestaat verplichting tot inlevering van deze aangifte in al de gevallen dat een goed overgedragen wordt onder de voorwaarden voorzien onder artikelen 1 tot 14.

Art. 37. Een nieuwe aangifte moet ingeleverd worden:

1° in het geval van een aan machtiging of goedkeuring onderworpen legaat gemaakt aan een rechtspersoon, wanneer de machtiging of de goedkeuring voorkomt, indien, op dat ogenblik, de rechten nog niet betaald zijn;

2° [wanneer, na het openvallen van de nalatenschap, de actieve samenstelling ervan vermeerderd wordt, hetzij door het intreden van een voorwaarde of van elk ander voorval, hetzij door de erkenning van het eigendomsrecht van de overledene op door een derde bezeten goederen, hetzij door de oplossing van een geschil, tenzij de vermeerdering van actief het gevolg is van een ontbinding die haar oorzaak vindt in het niet-uitvoeren, door de erfgenamen, legatarissen of begiftigden, van de voorwaarden van een contract];

3° wanneer een verandering in de devolutie van de erfenis ontstaat;

4° in geval van aanwas of van terugvalling van eigendom, vruchtgebruik of van al ander tijdelijk of levenslang recht voortkomende van een ter zake des doods door de overledene genomen beschikking;

5° in geval van ophouding van vruchtgebruik dat een krachtens artikel 79 uit hoofde van de blote eigendom in schorsing gehouden successierecht opvorderbaar maakt, wanneer de erfgenamen blote eigenaar of zijn rechtverkrijgenden tot het genot van het volle goed komen door het overlijden van de vruchtgebruiker of door het verstrijken van de vaste of onzekere termijn waarvoor het vruchtgebruik gevestigd werd;

6° in geval van fideïcommis, wanneer de met de last van teruggaaf bezwaarde goederen aan de verwachter overgaan;

[7° in geval van intrekking van de vrijstelling bedoeld in artikel 55bis, § 1, b), wegens het niet-genomen worden van het aanwijzingsbesluit uiterlijk op de uiterste datum bedoeld in § 4 van voornoemd artikel 55bis.]

2° vervangen bij art. 4 K.B. nr. 12, 18 april 1967 (B.S. 20.IV.1967);

7° ingevoegd bij art. 3 Decr. W. Parl. 3 juni 2011 (B.S. 14. VI.2011), van toepassing vanaf 13 januari 2011.

Afdeling 2

Personen verplicht tot aangifte – Bevoegd kantoor

Art. 38. De aangifte van successie dient ingeleverd:

1° [bij overlijden van een Rijksinwoner: door de erfgenamen, de algemene legatarissen en begiftigden, met uitsluiting van alle andere legatarissen of begiftigden, ten kantore van de successierechten binnen welk gebied de overledene zijn laatste fiscale woonplaats had. Als de fiscale woonplaats van de overledene tijdens de periode van vijf jaar voor zijn overlijden in meer dan één gewest gevestigd was, moet de aangifte worden ingediend ten kantore van de successierechten van de laatste fiscale woonplaats binnen het gewest waarin de fiscale woonplaats van de overledene tijdens de vermelde periode het langst gevestigd was.]

Evenwel, in geval van stilzitten der erfgenamen, algemene legatarissen en begiftigden, zijn de legatarissen en begiftigden ter algemenen of bijzonderen titel ertoe gehouden, op aanzoek van de ontvanger bij aangetekende brief, de aangifte in te leveren voor datgene wat hen betreft, en zulks uiterlijk binnen de maand na de afgifte van het stuk ter post.

In geval van devolutie van geheel de gemeenschap aan de overlevende echtgenoot, krachtens een niet aan de regelen betreffende de schenkingen onderworpen huwelijksovereenkomst, is de genieter ertoe gehouden het actief en het passief der gemeenschap aan te geven;

2° in geval van overlijden van een persoon die

geen Rijksinwoner is: door de erfgenamen, legatarissen of begiftigden der in België gelegen onroerende goederen, ten kantore der successierechten in welks gebied deze goederen gelegen zijn.

Zo de door eenzelfde erfgenaam, legataris of begiftigde verkregen onroerende goederen gelegen zijn in het ambtsgebied van verscheidene kantoren, is het bevoegd kantoor binnen het gebied waarvan zich het deel der goederen bevindt [met het hoogste federaal kadastraal inkomen];

3° [bij afwezigheid: door de personen die krachtens het 1° en het 2° van dit artikel tot aangifte verplicht zijn, ten kantore van de laatste fiscale woonplaats van de afwezige binnen het Rijk als bedoeld in 1°, wat het recht van successie betreft, en ten kantore van de plaats waar de goederen gelegen zijn, zoals onder 2° is aangeduid, wat het recht van overgang bij overlijden betreft];

4° in het geval voorzien in artikel 37, 1°: door de ingestelde rechtspersoon, ten kantore waar de belasting nog te betalen blijft;

5° in de gevallen bedoeld in artikel 37, 2° tot 4°: door de hiervoren aangewezen personen, tenzij slechts bepaalde erfgenamen, legatarissen of begiftigden uit de gebeurtenis voordeel trekken, in welk geval deze alleen tot aangifte zijn verplicht. De aangifte moet worden ingeleverd ten kantore waar de eerste aangifte werd neergelegd;

6° in geval van ophouding van vruchtgebruik, door de erfgenamen blote eigenaars of hun rechtverkrijgenden, ten kantore waar de voor de overdracht van de blote eigendom verschuldigde rechten in schorsing gebleven zijn;

7° in geval van fideïcommis: door de verwachter alleen, indien de overdracht geschiedt ten gevolge van het overlijden van de bezwaarde erfgenaam, en door de verwachter en de bezwaarde, wanneer de goederen op de verwachter overgaan tijdens het leven van de bezwaarde, ten kantore waar de nalatenschap van hem die de beschikking gedaan heeft aangegeven werd;

[8° in het geval bedoeld in artikel 37, 7°, door alle erfgenamen, legatarissen of begiftigden die het voordeel genieten van de vrijstelling bedoeld in artikel 55bis, § 1, b), in het registratiekantoor waar de verklaring van vrijstelling bedoeld in artikel 55bis, § 2, wordt ingediend.]

1°, al. 1 vervangen bij art. 2, a W. 7 maart 2002 (B.S. 19. III.2002, ed. 3);

2°, al. 2 gewijzigd bij art. 2, b W. 7 maart 2002 (B.S. 19. III.2002, ed. 3);

3° vervangen bij art. 2, c W. 7 maart 2002 (B.S. 19.III.2002, ed. 3);

8° ingevoegd bij art. 4 Decr. W. Parl. 3 juni 2011 (B.S. 14. VI.2011), van toepassing vanaf 13 januari 2011.]

Art. 39. […]

Opgeheven bij art. 3 W. 7 maart 2002 (B.S. 19.III.2002, ed. 3).

Afdeling 3

Aangiftetermijn

Art. 40. [De termijn voor het inleveren van de aangifte van nalatenschap is [vier] maand, te rekenen van de datum van het overlijden, wanneer dit zich in het Rijk heeft voorgedaan; [vijf] maand, wanneer het overlijden in een ander land van Europa, en [zes] maand, indien het overlijden buiten Europa heeft plaatsgehad.]

[In geval van gerechtelijke verklaring van overlijden, begint de termijn te lopen, zodra het vonnis in kracht van gewijsde is gegaan.]

Gaat het om een aan een rechtspersoon gedaan legaat, zo loopt de voor de nieuwe aangifte in artikel 37, 1°, voorziene termijn te rekenen van de datum der machtiging of goedkeuring.

In geval van intreden van voorvallen voorzien in artikel 37, 2° tot 4°, loopt de termijn, indien het gaat om een betwist recht, te rekenen van de datum van het vonnis [niettegenstaande verzet of beroep,] of van de dading en, in de andere gevallen, te rekenen van de gebeurtenis.

In geval van ophouding van vruchtgebruik, loopt de termijn te rekenen van de datum van de onder artikel 37, 5°, bedoelde vermenging.

[In geval van intrekking van de vrijstelling bedoeld in artikel 55bis, § 1, b), gaat de termijn voor de nieuwe aangifte bedoeld in artikel 37, 7°, in te rekenen van de datum van de beslissing waarbij alle erfgenamen, legatarissen of begiftigden die het voordeel van de vrijstelling genieten erover ingelicht zijn dat de goederen opgenomen in de omtrek van de site die in aanmerking komt voor het Natura 2000-netwerk uiteindelijk niet besloten liggen in de omtrek van een gebied aangewezen als Natura 2000-gebied in de zin van de wet van 12 juli 1970 of, bij ontstentenis, te rekenen van de uiterste datum voor het verkrijgen van een aanwijzingsbesluit zoals bedoeld in § 4 van artikel 55bis.]

In geval van fideïcommis, loopt de termijn te rekenen van de datum der door het overlijden van de bezwaarde of anders teweeggebrachte devolutie. Zo de devolutie krachtens een contract bij vervroeging geschiedt, worden datum en plaats van het contract met datum en plaats van het overlijden gelijkgesteld.

Al. 1 vervangen bij art. 10 W. 9 mei 1959 (B.S. 18.V.1959) en gewijzigd bij art. 43 Progr. W. 22 juni 2012 (B.S. 28.VI.2012), van toepassing op de nalatenschappen die openvallen vanaf 1 augustus 2012 en tevens van toepassing op de overeenkomstig artikel 37 van het Wetboek der Successierechten in te leveren nieuwe aangiften, wanneer de gebeurtenis, de akte, of het vonnis waardoor overeenkomstig artikel 40 van hetzelfde wetboek der termijn voor de inlevering van de aangifte begint te lopen, zich voordoet, wordt gesteld of wordt uitgesproken vanaf 1 augustus 2012;
Al. 2 vervangen bij art. 50 W. 9 mei 2007 (B.S. 21.VI.2007), van toepassing op personen die, vóór haar inwerkingtreding, verdwenen zijn of niet meer verschenen zijn in hun woon- of verblijfplaats en van wie men geen tijding heeft ontvangen.

Al. 4 gewijzigd bij art. 5 K.B. nr. 12, 18 april 1967 (B.S. 20.IV.1967);
Al. 6 ingevoegd bij art. 5 Decr. W. Parl. 3 juni 2011 (B.S. 14.VI.2011), van toepassing vanaf 13 januari 2011.

Art. 41. De voor de inlevering der aangifte gestelde termijn, kan door de [directeur-generaal van de belasting over de toegevoegde waarde, registratie en domeinen] worden verlengd.

De aangifte ingeleverd binnen de bij de wet bepaalde of door de directeur-generaal verlengde termijn kan worden gewijzigd zolang deze termijn niet verstreken is, tenzij de belanghebbenden uitdrukkelijk in een in de wettelijke vorm ingeleverde aangifte aan dit vermogen hebben verzaakt.

Al. 1 gewijzigd bij art. 240 W. 22 december 1989 (B.S. 29. XII.1989).

Afdeling 4

Vorm en inhoud

Art. 42. I. Naam, voornaam, beroep, domicilie, plaats en datum van geboorte van de aangever en, desvoorkomend, van de echtgenoot der aangeefster;

II. Naam, voornamen, beroep, domicilie, plaats en datum van geboorte van de overleden persoon en, desvoorkomend, van haar echtgenoot; plaats en datum van het overlijden van de aflijvige;

III. [Naam, voornamen, beroep, domicilie, plaats en datum van geboorte van de personen die de hoedanigheid hebben van erfgenamen, legatarissen en begiftigden en, in voorkomend geval, van hun echtgenoot; graad van verwantschap tussen de overledene en zijn erfgenamen, legatarissen en begiftigden; wat door elk hunner wordt verkregen; de titel krachtens welke zij tot de nalatenschap komen; naam, voornamen, domicilie, geboorteplaats en -datum van de […] kinderen beoogd bij artikel 56];

IV. In voorkomend geval, aanduiding van de erfgenamen uitgesloten krachtens uiterste wilsbeschikkingen of contractuele beschikkingen;

V. De keuze van een enkele woonplaats [in België];

VI. Nauwkeurige aanduiding en begroting, artikelsgewijze, van al de goederen die het belastbaar actief uitmaken;

VII. De aanwijzing van sectie en nummer van het kadaster van elkeen der onroerende goederen die onder de nalatenschap horen;

VIII. De aanduiding van elk der schulden die in mindering van het belastbaar actief kunnen toegelaten worden, met opgave van naam, voornamen en domicilie van de schuldeiser, van de oorzaak der schuld en van de datum der akte, zo er een bestaat;

[VIIIbis. De aangifte vermeldt of de overledene ten bate van zijn erfgenamen, legatarissen of begiftigden schenkingen onder levenden heeft gedaan die vastgesteld werden door akten, welke dagtekenen van minder dan drie jaar vóór de datum van het overlijden en vóór dezelfde datum tot de formaliteit der registratie aangeboden werden tot verplichtend registreerbaar geworden zijn; zo ja, duidt zij de begunstigde persoon aan en geeft de datum der akten of aangiften op alsmede de grondslag waarop het registratierecht werd of dient geheven.] [Die bepaling is toepasselijk welke ook de datum van de akte weze, indien de schenking gedaan werd onder een schorsende voorwaarde die vervuld werd ingevolge het overlijden van de schenker of minder dan drie jaar vóór dit overlijden;]

IX. De aangifte vermeldt [...] of de overledene het vruchtgebruik van enige goederen gehad heeft ofwel met fideïcommis bezwaarde goederen verkregen heeft en, zo ja, waarin deze goederen bestaan, met aanduiding van de personen die tot het genot van de volle eigendom zijn gekomen ofwel voordeel getrokken hebben uit het fideïcommis ten gevolge van het overlijden van de aflijvige;

[X. Ingeval het recht van successie verschuldigd is, bevat de aangifte bovendien de uitdrukkelijke vermelding van het adres en de datum en duur van de vestiging van de verschillende fiscale woonplaatsen die de overledene of de afwezige gehad heeft in de periode van vijf jaar voorafgaand aan zijn overlijden of aan het tijdstip waarop de laatste tijding van de afwezige werd ontvangen.]

III vervangen bij art. 6 K.B. nr. 12, 18 april 1967 (B.S. 20. IV.1967) en gewijzigd bij art. 215 W. 22 december 1989 (B.S. 29.XII.1989);

V gewijzigd bij art. 4, 1° W. 7 maart 2002 (B.S. 19.III.2002, ed. 3);

VIIIbis ingevoegd bij art. 16, 1° K.B. nr. 9, 3 juli 1939 (B.S. 5.VIII.1939) en aangevuld bij art. 7 W. 14 augustus 1947 (B.S. 17.IX.1947);

IX gewijzigd bij art. 4, 2° W. 7 maart 2002 (B.S. 19.III.2002, ed. 3);

X ingevoegd bij art. 4, 3° W. 7 maart 2002 (B.S. 19.III.2002, ed. 3).

Art. 43. In strijd met de voorschriften van nummer VI van artikel 42, mogen het voorwerp ener globale aangifte en globale raming uitmaken, elke van hiernavermelde groepen van goederen, [behalve voor de kunstwerken wanneer een of meer van die werken in betaling van successierechten worden aangeboden overeenkomstig artikel 83-3]:

1° de onroerende goederen - andere dan de onroerende goederen door bestemming, hieronder aangeduid - die een enig bedrijf of een enkel domeingeheel uitmaken;

2° onder de voorwerpen die tot een landbouwbedrijf dienen:

a) elke soort van dieren;

b) het landbouwgereedschap;

c) de bezaaiingen en andere vruchten te velde;

d) de zaden, de waren, het stro en de meststoffen;

3° wat betreft de voorwerpen dienende tot een nijverheidsbedrijf:

a) de werktuigen;

b) de vervaardigde of bereide koopwaren en de grondstoffen;

4° wat betreft de voorwerpen dienende tot een

handelsbedrijf:

a) het materieel en de bedrijfstoestellen;

b) de koopwaren;

5° de kledingstukken, de juwelen, de boeken en alle andere voorwerpen tot persoonlijk gebruik van de overledene;

6° de stoffering, het vaatwerk, het keukengereedschap en andere voorwerpen van gelijke aard;

7° de verzamelingen van schilderijen, porselein, wapens en andere voorwerpen;

8° de wijn en andere waren.

Inleidende zin gewijzigd bij art. 11 W. 1 augustus 1985 (B.S. 6.VIII.1985).

Art. 44. In geval van ophouding van vruchtgebruik, vermeldt de aangifte:

1° naam, voornamen, beroep, domicilie, geboorteplaats en -datum van de aangever en, desvoorkomend, van de echtgenoot der aangeefster;

2° de keus van woonplaats voorzien in artikel 42, nummer V;

3° naam, voornamen en laatste domicilie van de overledene wiens nalatenschap aanleiding heeft tot de in schorsing gebleven rechten, alsmede datum van zijn overlijden;

4° de uiteenzetting van het feit dat tot de eisbaarheid der belasting geleid heeft;

5° de waarde in volle eigendom van het goed op de datum van de jongste overdracht van de blote eigendom, in geval van toepassing van artikel 58.

Art. 45. Voor het opstellen der aangiften van nalatenschap wordt de Minister van Financiën ertoe gemachtigd het gebruik voor te schrijven van gedrukte formulieren, door het bestuur verkocht, er de afmetingen en gebruiksvoorwaarden van te regelen en de prijs van die formulieren te bepalen.

Art. 46. [Indien de door de overledene nagelaten lichamelijk roerende goederen verzekerd waren tegen brand, diefstal of enig ander risico zijn de aangevers er toe gehouden te vermelden, voor alle op de overlijdensdag van kracht zijnde polissen, de naam of de firma en het domicilie van de verzekeraar, de datum van de polis en zijn nummer alsook de verzekerde goederen en de verzekerde waarde; tevens moeten ze uitdrukkelijk bevestigen dat, naar hun weten, de goederen het voorwerp van geen andere polissen uitmaakten.

Waren de goederen in kwestie niet verzekerd op de overlijdensdag, dan moeten de aangevers dit uitdrukkelijk in de aangifte bevestigen.]

Vervangen bij art. 7 K.B. nr. 12, 18 april 1967 (B.S. 20. IV.1967).

Afdeling 5

Niet-inlevering van aangifte

Art. 47. Bij niet-inlevering van aangifte binnen de bepaalde termijn, mag het bestuur van ambtswege, behoudens latere regeling, het bedrag der verschuldigde sommen begroten en de invordering er van vervolgen overeenkomstig artikel [142[1]].

Gewijzigd bij art. 31 W. 13 augustus 1947 (B.S. 17.IX.1947).

HOOFDSTUK VI

TARIEF DER RECHTEN

Afdeling 1

Algemeen tarief

Art. 48. [De rechten van successie en van overgang bij overlijden worden over het netto-aandeel van elk der rechtverkrijgenden geheven volgens het tarief in onderstaande tabellen aangeduid.

Hierin wordt vermeld:

onder a: het percentage dat toepasselijk is op het overeenstemmend gedeelte;

onder b: het totale bedrag van de belasting over de voorgaande gedeelten, de vrijstellingen bepaald in artikel 54 buiten beschouwing gelaten.

Tabel I

Gedeelte van het netto-aandeel		Rechte lijn tussen echtgenoten en tussen wettelijke samenwonenden	
Van	tot inbegrepen	a	b
EUR	EUR	p.c.	EUR
0.01	12.500	3	
12.500,01	25.000	4	375
25.000,01	50.000	5	875
50.000,01	100.000	7	2.125
100.000,01	150.000	10	5.625
150.000,01	200.000	14	10.625
200.000,01	250.000	18	17.625
250.000,01	500.000	24	26.625
Boven 500.000		30	86.625]

Tabel II

[Gedeelte van het netto-aandeel		Tussen broers en/of zusters		Tussen ooms of tantes en neven of nichten		[Tussen alle andere personen	
Van	tot inbegrepen	a	b	a	b	a	b
EUR	EUR	p.c.	EUR	p.c.	EUR	p.c.	EUR
0,01	12.500	20		25		30	
12.500,01	25.000	25	2.500	30	3.125	35	3.750
25.000,01	75.000	35	5.625	40	5.875	60	8.125
75.000,01	175.000	50	23.125	55	26.875	80	38.125
Boven 175.000		65	73.125	70	81.875	90 (*)	118.125]]

[...]

Vervangen bij art. 29 W. 22 december 1977 (B.S. 24. XII.1977);

Tabel I vervangen bij art. 1 B. W. Reg. 20 december 2001 (B.S. 7.II.2002);

Tabel II vervangen bij art. 2 B. W. Reg. 20 december 2001 (B.S. 7.II.2002) en gewijzigd bij art. 1 Decr. W. Gew. R. 22 oktober 2003 (B.S. 19.XI.2003, ed. 1);

(*) Arr. Arbitragehof nr. 107/2005 van 22 juni 2005 (B.S. 4.

VII.2005, ed. 1): vernietiging van Decr. W. Gew. R. 22 oktober 2003 houdende wijziging van de artikelen 48 en 54 van het Wetboek der Successierechten in zoverre het het heffingspercentage inzake successierechten hoger dan op 80 pct. vaststelt;

Al. 2 opgeheven bij art. 46 Decr. W. Parl. 10 december 2009 (B.S. 23.XII.2009, ed. 1), van toepassing vanaf 23 december 2009.

[Art. 48[2]. [...]]

Ingevoegd bij art. 85, 2° W. 8 augustus 1980 (B.S. 15.
VIII.1980, err. B.S. 9.IX.1980) en opgeheven bij art. 28 Decr.
W. Gew. R. 15 december 2005 (B.S. 23.XII.2005, ed. 1, err.
B.S. 30.I.2006).

Afdeling 2

Bijzondere regelen

Art. 49. Wanneer er onzekerheid bestaat omtrent
de devolutie der nalatenschap of de graad van bloedverwantschap van een erfgenaam, legataris of begiftigde, wordt het hoogste opvorderbaar recht geheven,
onder voorbehoud, voor de belanghebbenden, de teruggaaf te vorderen ingeval aan de onzekerheid een
einde zou worden gemaakt.

Art. 50. [Het percentage van het recht tussen echtgenoten of tussen wettelijke samenwonenden is niet
van toepassing wanneer de echtgenoten uit het echt of
van tafel en bed gescheiden zijn of wanneer de wettelijke samenwonenden een aangifte van stopzetting van
de wettelijke samenwoning gedaan hebben, overeenkomstig artikel 1476 van het Burgerlijk Wetboek, en
geen gemene kinderen of afstammelingen hebben.]

Vervangen bij art. 1 Decr. W. Gew. R. 14 november 2001 (B.S.
29.XI.2001).

Art. 51. [Wanneer de overlevende echtgenoot of
wettelijk samenwonende als wettige erfgenaam en,
bovendien, uit welken hoofde ook, tot de erfenis van
zijn mede-echtgenoot of wettelijk samenwonende
komt, wordt het recht op al wat hem vervalt verrekend
tegen het percentage bepaald voor wat tussen echtgenoten of wettelijk samenwonenden wordt verkregen.]

Vervangen bij art. 1 Decr. W. Gew. R. 14 november 2001 (B.S.
29.XI.2001).

Art. 52[1]**.** Wanneer een persoon, bloedverwant
van de overledene in verschillende graden in de vaderlijke en moederlijke liniën, tot de erfenis komt, hetzij
in zijn dubbele hoedanigheid van erfgenaam, hetzij
als legataris of begiftigde, wordt het recht volgens het
laagste tarief verrekend op al wat hij verkrijgt.

Hernummerd bij art. 6 W. 14 augustus 1947 (B.S. 17.
IX.1947).

[Art. 52²**.** [Voor de toepassing van dit Wetboek
wordt er geen rekening gehouden met de verwantschapsband voortspruitend uit de gewone adoptie.

Evenwel wordt, mits bewijs te verstrekken door de
belanghebbenden, met deze adoptieve afstamming rekening gehouden:

1° wanneer het adoptief kind een kind is van de
echtgenoot [of van de wettelijk samenwonende] van
de adoptant;

2° wanneer, op het ogenblik van de adoptie, het
adoptief kind onder de voogdij was van de openbare
onderstand of van een openbaar centrum voor maat-

schappelijk welzijn, of wees van een voor België gestorven vader of moeder;

3° wanneer het adoptief kind vóór de leeftijd van
eenentwintig jaar bereikt te hebben en gedurende zes
onafgebroken jaren, uitsluitend [of hoofdzakelijk] van
de adoptant of eventueel van hem en zijn echtgenoot
[of van zijn wettelijk samenwonende] tezamen, de
hulp en de verzorging heeft gekregen welke kinderen
normaal van hun ouders krijgen;

4° wanneer de adoptie gedaan werd door een persoon van wie al de afstammelingen voor België gestorven zijn.]]

Ingevoegd bij art. 6 W. 14 augustus 1947 (B.S. 17.IX.1947) en
vervangen bij art. 216 W. 22 december 1989 (B.S. 29.
XII.1989, err. B.S. 21.IV.1990);
Al. 2, 1° gewijzigd bij art. 1 Decr. W. Gew. R. 14 november
2001 (B.S. 29.XI.2001);
Al. 2, 3° gewijzigd bij art. 1 Decr. W. Gew. R. 14 november
2001 (B.S. 29.XI.2001) en bij art. 1 Decr. W. Gew. R. 22 okto-
ber 2003 (B.S. 19.XI.2003, ed. 1).

[Art. 52³**.** Voor de toepassing van dit Wetboek
worden de volgende verkrijgingen gelijkgesteld met
verkrijgingen in rechte lijn, mits bewijs te verstrekken
door de belanghebbenden:

1° de verkrijgingen tussen een persoon en het kind
van zijn echtgenoot of wettelijk samenwonende; die
gelijkstelling geldt eveneens als de verkrijging plaatsvindt na het overlijden van de echtgenoot of de wettelijk samenwonende;

2° de verkrijgingen tussen een persoon en het kind
dat hij als opvangouder opgevoed heeft in de zin van
artikel 1, 5°, van het decreet van 4 maart 1991 inzake
hulpverlening aan de jeugd, of als voogd, toeziend
voogd of pleegvoogd in de zin van titel X van boek I
van het Gerechtelijk Wetboek, op voorwaarde dat het
kind vóór de leeftijd van eenentwintig jaar bereikt te
hebben en gedurende zes onafgebroken jaren, uitsluitend of hoofdzakelijk van die persoon, of eventueel
van die persoon en zijn echtgenoot of zijn wettelijk
samenwonende tezamen, de hulp en de verzorging
heeft gekregen welke kinderen normaal van hun ouders krijgen.]

Ingevoegd bij art. 2 Decr. W. Gew. R. 22 oktober 2003 (B.S.
19.XI.2003, ed. 1).

Art. 53. Wanneer een met fideï-commis bezwaard
goed op de gesubstitueerde overgaat, zomede in geval
van aanwas of terugvalling van eigendom, vruchtgebruik of van elk tijdelijk of levenslang recht, zijn de
rechten van successie en van overgang bij overlijden
verschuldigd naar de graad van verwantschap tussen
de overledene en de gesubstitueerde of andere verkrijger.

In deze verscheidene gevallen, blijven de ten laste
van de bezwaarde of van de ingestelde in eerste rang
geheven rechten aan de Staat vervallen, tenzij de substitutie, de aanwas of de terugvalling binnen het jaar
na het overlijden van de beschikker plaats hebben, in
welk geval de eerste geheven rechten op de eisbaar

geworden rechten worden aangerekend, zonder dat er evenwel aanleiding tot restitutie kunnen zijn, en behoudens eventuele toepassing van artikel 67.

HOOFDSTUK VII

VRIJSTELLINGEN EN VERMINDERINGEN

Afdeling 1

Vrijstellingen

Art. 54. [Van het recht van successie wordt vrijgesteld:

1° [hetgeen verkregen wordt door een bij de wet tot de erfenis geroepen erfgenaam in de rechte lijn, of tussen echtgenoten, of tussen wettelijk samenwonenden bedoeld in artikel 48:

- tegen een bedrag van 12.500,00 euro;
- tegen een bijkomend bedrag van 12.500,00 euro indien het netto-aandeel van die begiftigde, onderworpen aan het recht van § 1, 125.000,00 euro niet te boven gaat.

Het vrijgestelde totaalbedrag wordt ten gunste van de kinderen van de overledene die de leeftijd van eenentwintig jaar niet hebben bereikt, vermeerderd met 2.500,00 euro voor elk vol jaar dat nog moet verlopen tot zij de leeftijd van eenentwintig jaar bereiken en, ten gunste van de overlevende wettelijk samenwonende of echtgenoot, met de helft der bijabattementen welke de gemene kinderen samen genieten.

Het vrijgestelde totaalbedrag, eventueel vermeerderd, wordt bij voorrang toegerekend op de opeenvolgende schijven van het netto-aandeel in een onroerend goed bedoeld bij het specifieke tarief van artikel 60ter, te beginnen met de laagste schijf, waarbij het saldo eventueel aangerekend wordt op de opeenvolgende schijven van het netto-aandeel in de andere goederen die onderworpen zijn aan het normale tarief van artikel 48, tabel I, te beginnen met de laagste schijf [van laatstgenoemd tarief dat werkelijk van toepassing op die andere goederen na toepassing van het progressief karakter van artikel 66ter]];

2° hetgeen verkregen wordt door alle andere erfgenamen, legatarissen of begiftigden uit de erfenissen waarvan het zuiver bedrag [620 EUR] niet overschrijdt;]

[3° hetgeen verkregen wordt door een bij wet tot de erfenis geroepen erfgenaam in de zijlijn tot in de tweede graad van een minderjarige erflater:

- tegen een bedrag van 12.500,00 euro;
- tegen een bijkomend bedrag van 12.500,00 euro indien het netto-aandeel van die begiftigde 125.000,00 euro niet te boven gaat.

Het, eventueel verhoogde, vrijgestelde totaalbedrag wordt verrekend op de opeenvolgende schijven van het netto-aandeel in de goederen onderworpen aan het normale tarief van artikel 48, tabel II, te beginnen bij de laatste schijf van dat tarief dat daadwerkelijk van toepassing is op die goederen.]

Vervangen bij art. 10 K.B. nr. 12, 18 april 1967 (B.S. 20. IV.1967);

1° vervangen bij art. 14 Decr. W. Gew. R. 15 december 2005 (B.S. 23.XII.2005, ed. 1, err. B.S. 30.I.2006);

1°, al. 3 gewijzigd bij art. 51 Decr. W. Parl. 30 april 2009 (B.S. 1.VII.2009, ed. 1);

2° gewijzigd bij art. 3 B. W. Reg. 20 december 2001 (B.S. 7.II.2002);

3° ingevoegd bij art. 1 Decr. W. Parl. 10 juli 2013 (B.S. 25.VII.2013), van toepassing vanaf 4 augustus 2013.

Art. 55. [Van de rechten van successie en van overgang bij overlijden worden vrijgesteld de legaten aan:

1° het Waalse Gewest;

2° de Franse Gemeenschap, het Brussels Hoofdstedelijk Gewest, de Brusselse Agglomeratie, de Gemeenschappelijke, de Franse en de Vlaamse Gemeenschapscommissie, de Duitstalige Gemeenschap, het Vlaams Gewest en de Vlaamse Gemeenschap;

3° de instellingen die vergelijkbaar zijn met die bedoeld onder 1° en 2°, opgericht overeenkomstig en onderworpen aan de wetgeving van een andere lidstaat van de Europese Economische Ruimte;

4° de federale Staat en een lidstaat van de Europese Economische Ruimte;

5° de rechtspersonen opgericht door de instelllingen bedoeld onder 1° tot en met 4°.]

Vervangen bij art. 4 Decr. W. Parl. 10 mei 2012 (B.S. 29.V.2012), van toepassing vanaf 1 januari 2012.

[Art. 55bis. [§ 1. Vrijgesteld wordt van de successierechten en rechten bij overdracht door overlijden:

a) de waarde van de onroerende goederen opgenomen in de omtrek van een Natura 2000-gebied;

b) de waarde van de onroerende goederen opgenomen in de omtrek van een gebied dat in aanmerking komt voor het Natura 2000-netwerk en onderworpen is aan de primaire beschermingsregeling en waarvoor de successierechten en de rechten bij overdracht door overlijden geacht worden in het Waalse Gewest gelegen te zijn.

§ 2. De vrijstellingen dienen het voorwerp uit te maken van een schriftelijke verklaring, gedateerd en ondertekend door alle erfgenamen, legatarissen of begiftigden van die vrijstellingen, die gevoegd moet worden bij de aangifte van nalatenschap.

De verklaring van vrijstelling bevat één van de volgende verwijzingen:

1° de verwijzing naar de publicatie in het Belgisch Staatsblad van het besluit tot aanwijzing van het onroerend goed als Natura 2000-gebied krachtens artikel 26, § 1, van de wet van 12 juli 1973 op het natuurbehoud;

2° de identificatiecode en de eigennaam van de site die in aanmerking komt als Natura 2000-gebied in de zin van de wet van 12 juli 1973 op het natuurbehoud zoals vermeld in de berichten van het Waalse Gewest bekendgemaakt in het Belgisch Staatsblad respectievelijk op 30 juli 2004 en 23 februari 2011, evenals de nummers van de kadastrale percelen in het in aanmerking komend gebied met in voorkomend geval vermelding van het percentage van het gebied dat in het netwerk besloten ligt.

Het Operationeel Directoraat-generaal Landbouw, Natuurlijke Hulpbronnen en Leefmilieu van de Waalse Overheidsdienst zal het algemeen bestuur belast met de belastingdienst in de Federale Overheidsdienst Financiën een lijst mededelen van de gezamenlijke kadastrale percelen opgenomen in de omtrek van de gebieden die voor Natura 2000 in aanmerking komen, gelegen in Wallonië.

§ 3. De vrijstelling bedoeld in § 1, b), wordt enkel behouden als de goederen die opgenomen worden in de omtrek van de site die voor het Natura 2000-netwerk in aanmerking komt uiteindelijk opgenomen worden in de omtrek van een gebied aangewezen bij regeringsbesluit als Natura 2000-gebied in de zin van de wet van 12 juli 1973 op het natuurbehoud. Dat aanwijzingsbesluit wordt door het Overkoepelend Directoraat-generaal Landbouw, Natuurlijke Hulpbronnen en Leefmilieu van de Waalse Overheidsdienst overgemaakt aan het algemeen bestuur belast met de belastingdienst bij de Federale Overheidsdienst Financiën.

§ 4. Het overeenkomstig de artikelen 48 tot 60ter verschuldigde recht wordt eisbaar voor alle erfgenamen, legatarissen of begiftigden die het voordeel van de vrijstelling bedoeld in § 1, b), genieten vanaf het ogenblik waarop de voorwaarde van § 3 niet vervuld is, en uiterlijk op 13 mei 2014. Die termijn kan door de Regering verlengd worden.

In dat geval dient er een nieuwe aangifte van nalatenschap in de zin van artikel 37, 7°, te worden ingediend.]]

Ingevoegd bij art. 17 Decr. W. Gew. R. 6 december 2001 (B.S. 22.I.2002, ed. 2) en vervangen bij art. 1 Decr. W. Parl. 3 juni 2011 (B.S. 14.VI.2011), van toepassing vanaf 13 januari 2011.

[**Art. 55ter.** Vrijgesteld van de successierechten en van de rechten van overgang bij overlijden wordt:

1° de waarde van de bomen op stam in de bossen en wouden in de zin van artikel 2, leden 1 en 2, van het Boswetboek en waarvoor de successierechten en de rechten van overgang bij overlijden geacht worden gevestigd te zijn in het Waalse Gewest;

2° de waarde van aandelen en deelbewijzen van een bosgroepering in de zin van de wet van 6 mei 1999 ter bevordering van de oprichting van burgerlijke bosgroeperingsvennootschappen, daar ze voorkomt uit bomen op stam in de bossen en wouden, in de zin van artikel 2, leden 1 en 2, van het Boswetboek en waarvoor de successierechten en de rechten van overgang bij overlijden geacht worden gevestigd te zijn in het Waalse Gewest.]

Ingevoegd bij art. 116 Decr. W. Parl. 15 juli 2008 (B.S. 12. IX.2008, ed. 3).

[**Art. 55quater.** § 1. Van successierechten of rechten van overgang bij overlijden kan worden vrijgesteld, tegen een bedrag van 250.000 euro, hetgeen verkregen wordt door een erfgenaam in rechte lijn of

tussen echtgenoten of wettelijk samenwonenden bedoeld in artikel 48 of door een erfgenaam in de zijlijn tot de tweede graad, evenals door hun bloedverwanten in nederdalende lijn in de eerste graad die bij wet tot de erfenis worden geroepen, van een slachtoffer dat overleden is ten gevolge van een uitzonderlijke daad van geweld.

Als uitzonderlijke daad van geweld wordt beschouwd, elke intentioneel gepleegde daad van geweld uitgaande van één enkele persoon of van een groep personen waarbij onder de bevolking een gevoel van vrees en onveiligheid ontstond wegens enerzijds de gewelddaad op zich en anderzijds de ernstige gevolgen ervan, zoals de aanslag op de fysieke en/of morele integriteit van de op het ogenblik van de daad aanwezige bevolking.

§ 2. De vrijstelling bedoeld in het eerste lid heeft geen vrijstelling van indiening van de successieaangifte tot gevolg. Deze vrijstelling wordt de erfgenaam bedoeld in § 1, lid 1, enkel toegestaan indien laatstgenoemde de bevoegde ontvanger een attest overmaakt, afgegeven door het Operationeel Directoraat-generaal Fiscaliteit van de Waalse Overheidsdienst waarbij bevestigd wordt dat de overledene wel degelijk overleden is aan de gevolgen van een buitengewone daad van geweld zoals omschreven in § 1, lid 2. Wanneer het attest niet overgemaakt wordt aan de ontvanger uiterlijk terzelfder tijd als de successieaangifte, worden de rechten berekend tegen het tarief van de artikelen 48 tot 60 en 60ter onder voorbehoud van een teruggave onder de voorwaarden van artikel 135, 9°.

§ 3. De aanvraag om afgifte van het attest bedoeld in § 2 wordt door de erfgenaam bedoeld in § 1, lid 1, of diens tussenpersoon aan het Operationeel Directoraat-generaal Fiscaliteit van de Waalse Overheidsdienst gericht bij elk middel waarbij de verzending wordt aangetoond.

De aanvraag om afgifte van het attest vermeldt:

1° de naam, voornamen, geboortedatum, datum van overlijden van de overledene en diens laatste woonplaats;

2° het volledig adres van het inningskantoor van de successierechten waarbij de sucessieaangifte ingediend wordt krachtens artikel 38 van het Wetboek der successierechten;

3° de naam, voornamen en woonplaats van alle erfgenamen op wie de vrijstelling bedoeld in § 1 van toepassing zal zijn.

Die aanvraag om afgifte van het attest wordt samen ingediend met een document van het gemeentebestuur of de vergelijkbare overheid in het buitenland waar de buitengewone daad van geweld gepleegd werd, waarbij de omstandigheden van deze daad, evenals het verband van deze daad met het overlijden van de overledene, vastgesteld worden.

De Waalse Regering bepaalt de modaliteiten voor de aanvraag om en de afgifte van bedoeld attest.]

Ingevoegd bij art. 2 Decr. W. Parl. 10 juli 2013 (B.S. 25. VII.2013 err. B.S. 18.IX.2013, ed. 2), van toepassing vanaf 1 december 2011.

Afdeling 2

Verminderingen

Art. 56. [Het bedrag van het recht vereffend ten laste van de erfgenaam, legataris of begiftigde, die minstens drie [...] kinderen in leven heeft die de leeftijd van eenentwintig jaar niet hadden bereikt bij het openvallen van de nalatenschap, wordt verminderd met 2 t.h. voor elk van deze [...] kinderen, zonder dat de vermindering [62 EUR] per kind mag overschrijden.

Deze vermindering wordt, ten gunste van de overlevende [wettelijk samenwonende of] echtgenoot, gebracht op 4 t. h. per [kind dat de leeftijd van eenentwintig jaar niet had bereikt], zonder dat de vermindering [124 EUR] per kind mag overschrijden.

Voor de toepassing van dit artikel wordt het ontvangen kind voor zover het levensvatbaar geboren wordt, gelijkgesteld met het geboren kind.]

Vervangen bij art. 11 K.B. nr. 12, 18 april 1967 (B.S. 20. IV.1967);
Al. 1 gewijzigd bij art. 218, 1° W. 22 december 1989 (B.S. 29.XII.1989, err. B.S. 21.IV.1990) en bij art. 3 B. W. Reg. 20 december 2001 (B.S. 7.II.2002);
Al. 2 gewijzigd bij art. 218, 2° W. 22 december 1989 (B.S. 29.XII.1989, err. B.S. 21.IV.1990), bij art. 1 Decr. W. Gew. R. 14 november 2001 (B.S. 29.XI.2001) en bij art. 3 B. W. Reg. 20 december 2001 (B.S. 7.II.2001).

[**Art. 56bis.** Het bedrag van de successierechten, vereffend ten laste van de erfgenaam, de legataris of de begiftigde krachtens artikel 55bis, §§ 3 en 4, wordt met 5 p.c. verminderd per jaar waarin de primaire beschermingsregeling toegepast is op de goederen opgenomen in de omtrek van de site die in aanmerking komt voor het Natura 2000-netwerk.]

Ingevoegd bij art. 2 Decr. W. Parl. 3 juni 2011 (B.S. 14. VI.2011), van toepassing vanaf 13 januari 2011.

Art. 57. Indien de goederen die belast zijn met het successierecht of met het recht van overgang bij overlijden het voorwerp uitmaken, binnen het jaar na het overlijden van de afgestorvene, van een of meer andere overdrachten bij overlijden worden de wegens bewuste overdrachten verschuldigde rechten met de helft verminderd, zonder dat de daaruit voort te vloeien belastingverlaging, voor elkeen van bedoelde overdrachten bij overlijden, de op de onmiddellijk vorige overdracht geheven rechten moge te boven gaan.

Art. 58. Wanneer een goed in blote eigendom vóór het vervallen van het vruchtgebruik meermaals wegens overlijden werd overgedragen, is de erfgenaam, die het genot van het volle erfgoed verkrijgt, slechts gehouden, zowel voor de rechten waarvan de betaling werd geschorst, als voor die welke hij uit zijne hoofde mocht verschuldigd zijn, ten hoogste een som te betalen welke zestig ten honderd vertegenwoordigt van de waarde in volle eigendom van het goed op de datum waarop de jongste overdracht van de blote eigendom plaatshad.

Art. 59. [De successierechten en rechten van overgang bij overlijden worden verlaagd tot:
1° 5,5 % voor de legaten aan:
- [de provincies, de gemeenten, de provinciale en gemeentelijke openbare instellingen, de intercommunales, de autonome gemeentebedrijven, gelegen in België, evenals aan de met deze vergelijkbare rechtspersonen opgericht overeenkomstig en onderworpen aan de wetgeving van een andere lidstaat van de Europese Economische Ruimte];
- de maatschappijen erkend door de "Société wallonne du Logement" (Waalse Huisvestingsmaatschappij);
- het "Fonds du Logement des Familles nombreuses de Wallonie" (Woningfonds van de Kroostrijke Gezinnen van Wallonië);
- de instellingen met een maatschappelijk doel bedoeld in artikel 191 van de Waalse Huisvestingscode die door de Waalse Regering als agentschappen voor sociale huisvesting, sociale buurtregieën of verenigingen voor de bevordering van de huisvesting worden erkend;
2° tot 7 % voor de legaten aan de verenigingen zonder winstoogmerk, aan de mutualiteiten of nationale verenigingen van mutualiteiten, de beroepsverenigingen en de internationale verenigingen zonder winstoogmerk, de privé-stichtingen en de stichtingen van algemeen nut.]

Vervangen bij art. 16 Decr. W. Gew. R. 15 december 2005 (B.S. 23.XII.2005, ed. 1, err. B.S. 30.I.2006);
1°, eerste streepje vervangen bij art. 5 Decr. W. Parl. 10 mei 2012 (B.S. 29.V.2012), van toepassing vanaf 1 januari 2012.

Art. 60. [Artikel 59, 2°, is enkel van toepassing op de rechtspersonen en de stichtingen die aan volgende voorwaarden voldoen:
a. de rechtspersoon of de stichting moet een bedrijfszetel hebben in de Europese Economische Ruimte;
b. de rechtspersoon of de stichting moet in die zetel hoofdzakelijk en belangeloos milieubeschermende, filantropische, filosofische, godsdienstige, artistieke, pedagogische, culturele, sportieve, politieke, syndicale, professionele, humanitaire, vaderlandslievende of op burgerzin, verzorging van personen of dieren, maatschappelijke bijstand of begeleiding van personen toegespitste doelstellingen op het ogenblik van het openvallen van de erfopvolging;
c. de rechtspersoon of de stichting moet zijn statutaire zetel, zijn hoofdbestuur of zijn hoofdinrichting hebben op het grondgebied van de Europese Economische Ruimte.]

Vervangen bij art. 6 Decr. W. Parl. 10 mei 2012 (B.S. 29.V.2012), van toepassing vanaf 1 januari 2012.

[**Art. 60bis.** [§ 1. In afwijking van artikel 48 wordt het successierecht en het recht van overgang bij overlijden verlaagd tot 0 % voor het verkrijgen van een netto-aandeel in een onderneming, indien de erfopvolging of de vereffening van het huwelijksvermogenstelsel ten gevolge van het overlijden:

1° een zakelijk recht bevat op goederen die een universaliteit van goederen of een bedrijfstak of een handelsfonds uitmaken, waarmee de de cujus alleen of samen met andere personen op de dag van het overlijden een nijverheids-, handels-, ambachts-, landbouw- of bosbouwactiviteit, een vrij beroep of een ambt of post uitoefende.

Het [in de artikelen 48 tot 60 en 60ter] vastgestelde recht blijft niettemin toepasselijk op de overdrachten van zakelijke rechten op onroerende goederen die geheel tot bewoning worden aangewend op het ogenblik van het overlijden. Het [in de artikelen 48 tot 60 en 60ter] vastgestelde recht blijft eveneens toepasselijk op de overdrachten van zakelijke rechten op onroerende goederen die gedeeltelijk tot bewoning worden aangewend op het ogenblik van het overlijden, in de mate van de verkoopwaarde van het deel van het onroerend goed dat voor bewoning wordt aangewend in verhouding tot de totale verkoopwaarde van het onroerend goed.

[In geval van successorale overdracht van landbouwgronden aan de uitbater of medeuitbater van de landbouwactiviteit die er uitgeoefend wordt, alsook in rechtstreekse lijn, tussen echtgenoten en wettelijke samenwonenden, worden die gronden, afgezien van de overdracht van elke quotiteit van de landbouwactiviteit die er uitgeoefend wordt, desalniettemin beschouwd als goederen die een universaliteit van goederen of een bedrijfstak of een handelsfonds uitmaken, waarmee de de cujus, alleen of samen met andere personen, op de overlijdensdatum een landbouwactiviteit uitoefende, op voorwaarde dat die goederen op de overlijdensdatum het voorwerp van een pacht uitmaken overeenkomstig Afdeling 3 van Boek III, Titel VIII, Hoofdstuk II, van het Burgerlijk Wetboek. In dat geval is de onderneming, in de zin van de voorwaarden van § 1bis, 1°, en van § 3, 1°, 2° en 3°, [het landbouwbedrijf van de effectieve uitbater van de landbouwactiviteit die op die gronden uitgeoefend wordt], waarbij die onderneming beschouwd wordt in haar geheel en in haar toestand na overdracht van de gronden;]

2° een zakelijk recht bevat op:

a) effecten van een vennootschap waarvan de effectieve directiezetel gevestigd is in [een lidstaat van de Europese Economische Ruimte] en die zelf of samen met haar dochtervennootschappen als hoofdberoep een industriële, handels-, ambachts-, landbouw- of bosbouwonderneming uitbaat of een vrij beroep, een ambt of een post uitoefent, op geconsolideerde basis voor de vennootschap en haar dochtervennootschappen, voor het lopende boekjaar van de vennootschap en voor elk der beide laatste boekjaren van de vennootschap, afgesloten op het ogenblik van het overlijden van de de cujus;

b) schuldvorderingen op een in voorgaande a) bedoelde vennootschap.

§ 1bis. De vermindering van het recht, vastgesteld bij § 1, wordt ondergeschikt gemaakt aan de naleving van gezamenlijke volgende voorwaarden:

1° [dient een onderneming te betreffen, ofwel in hoofde van de in § 1, 1° bedoelde onderneming, ofwel in hoofde van de vennootschap zelf of van de vennootschap en van haar dochtervennootschappen bedoeld in § 1, 2°, a):

- die op de datum van het overlijden personeel aangeworven op grond van een arbeidscontract in de Europese economische ruimte tewerkstelt;

- ofwel waarin de uitbater(s) en hun echtgenote, hun wettelijk samenwonende, hun bloed- en aanverwanten in de eerste graad de enige in de Europese economische ruimte tewerkgestelde werknemers van de onderneming zijn, aangesloten zijn bij een Sociale Verzekeringskas voor Zelfstandigen op de datum van het overlijden];

2° [als het gaat om de effecten en schuldvorderingen bedoeld in § 1, 2°, moeten de volgende voorwaarden vervuld worden:

- het geheel van de overgedragen effecten moet op de overlijdensdatum minstens 10 % van de stemrechten in de algemene vergadering bedragen;

- als het geheel van de bij bedoelde successie overgedragen effecten minder bedraagt dan 50 % van de stemrechten in de algemene vergadering, moet bovendien een aandeelhouderschapsovereenkomst gesloten worden voor een minimumperiode van vijf jaar die ingaat op de overlijdensdatum, en betrekking hebben op minstens 50 % van de stemrechten in de algemene vergadering. Door het sluiten van deze overeenkomst verplichten de partijen zich ertoe te voldoen aan de voorwaarden bedoeld in § 3.

Dit streepje is evenwel niet toepasselijk als het geheel van de stemrechten van de algemene vergadering in het bezit van de overledene, zijn echtgeno(o)t(e) of wettelijke samenwonende, door de bloedverwanten in de opgaande lijn of de afstammelingen van de overledene en zijn echtgeno(o)t(e) of wettelijke samenwonende, alsook hun echtgenoten of wettelijke samenwonenden, door broers en zusters van de overledene en zijn echtgeno(o)t(e) of wettelijke samenwonende, alsook hun echtgenoten of wettelijke samenwonenden, en door de afstammelingen van de broers en zusters van de overledene en zijn echtgeno(o)t(e) of wettelijke samenwonende, alsook hun echtgenoten of wettelijke samenwonenden, minstens 50 % bereikt op de dag van het overlijden];

3° de erfgenamen, legatarissen en begiftigden die om de toepassing van het verlaagde recht verzoeken, dienen de bevoegde ontvanger [...] een attest afgeleverd door de Regering van het Waalse Gewest over te maken waarin bevestigd wordt dat de vereiste voorwaarden voor de daarin vermelde erfgenamen, legatarissen en begiftigden vervuld zijn. [Wanneer het attest niet overgemaakt wordt aan de ontvanger uiterlijk terzelfder tijd als de successieaangifte, worden de rechten berekend tegen het tarief van de artikelen 48 tot 60 en 60ter onder voorbehoud van een teruggave onder de voorwaarden van artikel 135, 8°, in welk geval artikel 60bis van toepassing is op de goederen waarvoor het recht teruggeven wordt.]

Voor de toepassing van dit artikel worden die erfgenamen, legatarissen en begiftigden die om de toepassing van het verlaagde recht verzoeken en die houder van dat attest zijn, "opvolgers" genoemd.

De wijze waarop dat attest wordt aangevraagd en afgeleverd, evenals de stukken die erbij gevoegd dienen te worden, worden door de Regering van het Waalse Gewest bepaald.

§ 1ter. Onder "effecten" wordt verstaan:

a. de aandelen, winstaandelen, intekeningsrechten en winstbewijzen van een vennootschap;

b. de certificaten die betrekking hebben op effecten bedoeld onder a.

- wanneer ze worden uitgegeven door rechtspersonen die gevestigd zijn in één van de lidstaten van de Europese Economische Ruimte en die houder zijn van de effecten waarop de certificaten betrekking hebben;

- wanneer de uitgever van de certificaten alle rechten gebonden aan de effecten waarop ze betrekking hebben, met inbegrip van het stemrecht, uitoefent;

- en wanneer dit certificaat bepaalt dat zijn titularis elk product of inkomen gebonden aan de effecten onderworpen aan de certificering van de uitgever van de effecten kan eisen.

§ 1quater. Onder "schuldvorderingen" wordt verstaan elke geldlening al dan niet in de vorm van effecten, gegeven door de overledene aan een vennootschap waarvan hij aandelen of effecten bezit, wanneer deze lening rechtstreeks is gebonden aan de behoeften van de industriële, handels-, ambachts-, landbouw- of bosbouwactiviteit, van het vrij beroep of van het ambt of post uitgeoefend ofwel door de vennootschap ofwel door de vennootschap zelf en haar dochtervennootschappen.

De bovenvermelde schuldvorderingen worden evenwel uitgesloten voorzover het totale nominale bedrag van de schuldvorderingen hoger is dan het deel van het sociaal kapitaal dat werkelijk vrijgemaakt wordt en dat niet het voorwerp uitmaakt van een vermindering, noch van een terugbetaling in hoofde van de overledene op de datum van diens overlijden. De andere winsten dan de verdeelde en als dusdanig belaste winsten die in het kapitaal worden ingelijfd, worden niet beschouwd als vrijgemaakt kapitaal.

§ 2. Onder netto-aandeel de waarde te worden verstaan van het geheel van de zakelijke rechten op de goederen bedoeld in § 1, 1°, of de waarde van de zakelijke rechten op de effecten of schuldvorderingen bedoeld in § 1, 2°, verminderd met de schulden en de begrafeniskosten verstaan, met uitsluiting van:

- de schulden die in het bijzonder betrekking hebben op andere goederen dan die welke zijn overgedragen met toepassing van het verlaagde recht;

- de schulden die in het bijzonder betrekking hebben op een onroerend goed dat gedeeltelijk is overgedragen met toepassing van het verlaagde recht, gezien de gedeeltelijke bestemming ervan als woning, in dezelfde verhouding als die, welke bestaat tussen het aandeel in dat deel van het onroerend goed dat voor bewoning wordt bestemd en de totale verkoopwaarde van het onroerend goed.

§ 3. Het verlaagde recht van § 1 wordt enkel behouden op voorwaarde dat:

1° de onderneming verder actief blijft [zoals toegelaten bij § 1] tijdens minstens vijf jaar te rekenen van de datum van het overlijden van de de cujus, ofwel als onderneming zoals bedoeld in § 1, 1°, ofwel als onderneming zelf of als onderneming samen met haar dochtervennootschappen bedoeld in artikel § 1, 2°, a);

2° [het totaal aantal werknemers en het totaal aantal zelfstandigen die voldoen aan de voorwaarden van § 1bis, 1°, waarbij dat totaal aantal uitgedrukt wordt in voltijdse eenheden, tijdens de vijf eerste jaren te rekenen van het overlijden van de cujus in jaargemiddelden op minstens 75 pct. van zijn bestand behouden blijft, ofwel als onderneming zelf bedoeld in § 1, 1°, of als onderneming zelf samen met haar eventuele dochtervennootschappen bedoeld in § 1, 2°, a). Dat gemiddelde wordt berekend door het totaal van de jaargemiddelden van de voltijdse eenheden door 5 te delen voor de bovenvermelde vijf jaar.

Als een jaargemiddelde van de voltijdse eenheden geen geheel getal is, wordt het afgerond naar beneden of naar boven al naargelang zijn eerste decimaal al dan niet gelijk is aan of hoger is dan 5];

3° het tegoed dat in een activiteit, een vrij beroep of een ambt of post zoals bedoeld in § 1, 1°, geïnvesteerd wordt of het maatschappelijk kapitaal van een vennootschap bedoeld in § 1, 2°, niet afnemen ten gevolge van vooruitnemingen of verdelingen tijdens de vijf eerste jaren te rekenen van de authentieke schenkingsakte;

4° de opvolgers die niet aangeboden hebben om het verschuldigde recht zoals bedoeld in § 5 te betalen, na afloop van de periode van vijf jaar na het overlijden bedoeld onder de nrs. 1° tot en met 3° hierboven, een ondertekend attest verstrekken waaruit blijkt dat de voorwaarden bedoeld onder de nrs. 1° tot en met 3° hierboven en in lid 2 verder nageleefd worden. De wijze waarop dat attest wordt opgemaakt, wordt door de Regering van het Waalse Gewest bepaald;

5° bij elke vordering door de personeelsleden aangewezen door de Waalse Regering tijdens de periode van vijf jaar na het overlijden bedoeld onder de nrs. 1° tot en met 3° hierboven, delen de opvolgers die niet aangeboden hebben om het verschuldigde recht te betalen zoals bedoeld in § 5 schriftelijk binnen de maand na de datum waarop de aanvraag is verstuurd, waarbij die termijn om gegronde redenen verlengd kan worden, de bestanddelen aan de hand waarvan vastgesteld kan worden dat de voorwaarden om in aanmerking te komen voor het verlengde recht verder nageleefd worden indien uit aanwijzingen kan blijken dat de voorwaarden bedoeld onder de nrs. 1° tot en met 3° hierboven of in lid 2, niet meer vervuld zouden zijn.

In de aanvraag worden de aanwijzingen waaruit kan blijken dat de voorwaarden bedoeld onder de nrs. 1° tot en met 3° hierboven of in lid 2, niet meer vervuld zouden zijn, nader bepaald.

Wat betreft de zakelijke rechten op onroerende goederen die met het voordeel van het verlaagde recht zoals bedoeld in artikel § 1, 1°, worden overgedragen, wordt dat verlaagde recht enkel behouden op voorwaarden dat die onroerende goederen niet bestemd

worden voor bewoning, noch geheel noch gedeeltelijk, tijdens een ononderbroken duur van vijf jaar te
rekenen van de datum van het overlijden van de de
cujus. Indien de bewoning van het onroerende goed
dat met het voordeel van het verlaagde recht gedeeltelijk overgedragen wordt, een nieuwe [of bijkomende]
bestemming krijgt, wordt het verlaagde recht enkel
ingetrokken in de mate van de verkoopwaarde van het
deel van het onroerend goed dat de nieuwe [of de bij-
komende] bestemming als bewoning kreeg, in verhouding tot de totale verkoopwaarde van het onroerend
goed dat is overgedragen met het voordeel van het
verlaagde recht.

§ 4. Behalve in geval van overmacht wordt het
overeenkomstig de artikelen 48 tot en met 60 [en
60ter] verschuldigde recht ten laste van de opvolgers
eisbaar vanaf het ogenblik waarop de voorwaarden
van § 3 niet meer vervuld zijn, behalve voor de opvolgers die gebruik hebben gemaakt van de mogelijkheid
om voor te stellen om het bij § 5, leden 1 en 2, bepaalde verschuldigde recht, vóór dat ogenblik te betalen.

Indien het overeenkomstig de artikelen 48 tot en
met 60 [en 60ter] verschuldigde recht eisbaar wordt
overeenkomstig vorig lid, moeten de opvolgers bij het
kantoor waar het verschuldigde recht geheven is, een
nieuwe aangifte in de zin van artikel 37 indienen binnen de termijn van artikel 40 te rekenen van het verstrijken van het jaar waarin één van de oorzaken van
de verschuldigdheid van dat recht opgetreden is.

§ 5. Elke opvolger die in aanmerking is gekomen
voor de verlaging van het recht kan voorstellen om het
verschuldigde recht te betalen overeenkomstig de artikelen 48 tot en met 60 [en 60ter] vóór verstrijken van
de termijn van vijf jaar waarin de voorwaarden van § 3
in stand gehouden moeten worden en vóór aanbreken
van het ogenblik vermeld in § 4, lid 1.

In dit geval moet de opvolger die in aanmerking is
gekomen voor de verlaging van het recht bij het kantoor waar het verschuldigde recht geheven is, een
nieuwe aangifte in de zin van artikel 37 indienen waarmee de samenstelling en de waarde van de goederen
waarvoor hij het overeenkomstig de artikelen 48 tot en
met 60 [en 60ter] wenst te betalen, bepaald wordt.

§ 6. De verklaringen bepaald bij de §§ 4 en 5, ondertekend door de betrokken opvolger(s), worden in
twee exemplaren opgemaakt, waarvan één in het registratiekantoor blijft en het andere, voorzien door het
registratiekantoor van een bericht van ontvangst van
die nieuwe verklaring, door de betrokken opvolger(s)
verstuurd wordt naar de dienst van de Waalse Regering die het attest bedoeld in § 1bis, 3°, afgeleverd
heeft.

In die verklaringen worden naam, voornaam, ge-
boorte- en overlijdensdatum en laatste woonplaats van
de de cujus vermeld, evenals het nieuwe feit waardoor
de verschuldigdheid van het overeenkomstig de artikelen 48 tot en met 60 [en 60ter] verschuldigde recht
en alle bestanddelen die noodzakelijk zijn voor de vereffening van de belasting, bepaald wordt.]]

*Ingevoegd bij art. 2 Progr. Decr. W. Gew. R. 17 december
1997 (B.S. 27.I.1998) en vervangen bij art. 29 Decr. W. Gew.
R. 15 december 2005 (B.S. 23.XII.2005, ed. 1, err. B.S.
30.I.2006);*

*§ 1, 1°, al. 2 gewijzigd bij art. 53, 1° Decr. W. Parl. 30 april
2009 (B.S. 1.VII.2009, ed. 1), van toepassing vanaf 1 juli
2009;*

*§ 1, 1°, al. 3 ingevoegd bij art. 41, 1° Decr. W. Parl. 10 de-
cember 2009 (B.S. 23.XII.2009, ed. 1), van toepassing vanaf
23 december 2009 en gewijzigd bij art. 11, 1° Decr. W. Parl.
10 mei 2012 (B.S. 29.V.2012), van toepassing vanaf 1 januari
2012;*

*§ 1, 2°, a) gewijzigd bij art. 11, 2° Decr. W. Parl. 10 mei 2012
(B.S. 29.V.2012), van toepassing vanaf 1 januari 2012;*

*§ 1bis, al. 1, 1° vervangen bij art. 53, 2° Decr. W. Parl.
30 april 2009 (B.S. 1.VII.2009, ed. 1);*

*§ 1bis, al. 1, 2° vervangen bij art. 41, 2° Decr. W. Parl. 10 de-
cember 2009 (B.S. 23.XII.2009, ed. 1), van toepassing vanaf
23 december 2009;*

*§ 1bis, al. 1, 3° gewijzigd bij art. 53, 3° Decr. W. Parl. 30 april
2009 (B.S. 1.VII.2009, ed. 1), van toepassing vanaf 1 januari
2006; wanneer de successieaangifte die goederen bedoeld in
artikel 60bis, § 1 van het Wetboek der Successierechten vermeldt, vóór 1 juli 2009 ingediend is zonder toepassing van het
verlaagde tarief bedoeld in die bepaling, zoals gewijzigd bij
het decreet van 30 april 2009 met uitwerking op 1 januari
2006, begint de termijn van twee jaar bedoeld in artikel 135,
8° van het Wetboek der Successierechten, zoals ingevoegd bij
artikel 55 van dit decreet, evenwel te lopen vanaf 1 juli 2009;*

*§ 3, al. 1, 1° gewijzigd bij art. 53, 4° Decr. W. Parl. 30 april
2009 (B.S. 1.VII.2009, ed. 1);*

*§ 3, al. 1, 2° vervangen bij art. 53, 5° Decr. W. Parl. 30 april
2009 (B.S. 1.VII.2009, ed. 1);*

*§ 3, al. 4 gewijzigd bij art. 53, 6° Decr. W. Parl. 30 april 2009
(B.S. 1.VII.2009, ed. 1), van toepassing vanaf 1 juli 2009;*

*§ 4, al. 1 en 2 gewijzigd bij art. 53, 7° Decr. W. Parl. 30 april
2009 (B.S. 1.VII.2009, ed. 1), van toepassing vanaf 1 juli
2009;*

*§ 5, al. 1 gewijzigd bij art. 53, 8° Decr. W. Parl. 30 april 2009
(B.S. 1.VII.2009, ed. 1), van toepassing vanaf 1 juli 2009;*

*§ 5, al. 2 gewijzigd bij art. 53, 9° Decr. W. Parl. 30 april 2009
(B.S. 1.VII.2009, ed. 1), van toepassing vanaf 1 juli 2009;*

*§ 6, al. 2 gewijzigd bij art. 53, 10° Decr. W. Parl. 30 april
2009 (B.S. 1.VII.2009, ed. 1), van toepassing vanaf 1 juli
2009.*

[Art. 60ter. § 1. Indien de erfopvolging van de
overledene minstens één aandeel in volle eigendom in
het onroerend goed bevat waar de overledene zijn
hoofdverblijfplaats heeft gehad sinds minstens vijf
jaar op datum van zijn overlijden en dat onroerend
goed, geheel of gedeeltelijk bestemd voor bewoning
en in het Waalse Gewest gelegen, verkregen wordt
door een erfgenaam, een legataris of een begiftigde in
de rechte lijn, door de echtgenoot of de wettelijk samenwonende van de overledene wordt het successierecht dat van toepassing is op de nettowaarde van zijn
aandeel in die woning [na aftrek, in voorkomend geval, van de waarden van het beroepsdeel van dat onroerend goed onderworpen aan het verlaagde percentage van artikel 60bis] vastgesteld volgens het tarief
aangegeven in onderstaande tabel.

Daarin wordt opgegeven:

onder littera a: het percentage geldend voor de overeenstemmende schijf;

onder littera b: het totaalbedrag van de belasting op de voorgaande schijven.

Tabel met betrekking tot het preferentiële tarief voor de netto-aandelen in woningen

[Schijf van het netto gedeelte]		a	b
Van	tot en met		
EUR	EUR	pct.	EUR
0,01	25.000,00	1	-
25.000,01	50.000,00	2	250
50.000,01	175.000,00	5	750
175.000,01	250.000,00	12	7.000
250.000,01	500.000,00	24	16.000
meer dan 500.000		30	76.000

§ 2. Voor de toepassing van die bepaling blijkt het feit dat de overledene zijn hoofdverblijfplaats had in kwestieus onroerend goed, behoudens bewijs van het tegendeel, uit een uittreksel van het bevolkingsregister of van het vreemdelingenregister.

Het voordeel van het verlaagd tarief blijft behouden zelfs indien de overledene zijn hoofdverblijfplaats niet in kwestieus onroerend goed heeft kunnen handhaven wegens overmacht of om dwingende reden van medische, familiale, beroeps- of maatschappelijke aard.

Onder dwingende reden van medische aard in de zin van dit artikel wordt meer bepaald een toestand van behoefte aan verzorging voor de overledene, diens echtgenoot/echtgenote, wettelijk samenwonende, kinderen of kinderen van zijn echtgenote/haar echtgenoot of wettelijk samenwonende verstaan, die opgetreden is na aankoop van de woning en waardoor de overledene in de onmogelijkheid verkeert om de woning te blijven betrekken, zelfs bijgestaan door zijn gezin of een gezinshulporganisatie.

§ 3. Onder nettowaarde dient de waarde van het aandeel in de woning bedoeld in § 1 te worden verstaan, verminderd met het saldo van de schulden en de begrafeniskosten na toerekening op de goederen bedoeld bij artikel 60bis, zoals bepaald in artikel 60bis, § 2, met uitsluiting van die, welke in het bijzonder betrekking hebben op andere goederen.]

Ingevoegd bij art. 18 Decr. W. Gew. R. 15 december 2005 (B.S. 23.XII.2005, ed. 1, err. B.S. 30.I.2006);

§ 1, al. 1 gewijzigd bij art. 54, 1° Decr. W. Parl. 30 april 2009 (B.S. 1.VII.2009, ed. 1), van toepassing vanaf 1 juli 2009;

§ 1, tabel gewijzigd bij art. 54, 2° Decr. W. Parl. 30 april 2009 (B.S. 1.VII.2009, ed. 1).

HOOFDSTUK VIII

VEREVENING VAN DE RECHTEN

Afdeling 1

Algemene regelen

Art. 61. Het toe te passen tarief is dit van kracht ten dage van het overlijden.

Art. 62. [Het bedrag der verevende rechten wordt, desvoorkomend, [tot de hogere cent] afgerond.]

Het bedrag der aldus verevende rechten wordt, desvoorkomend, [tot de hogere cent] afgerond.

Al. 1 vervangen bij art. 6 W. 20 januari 1999 (B.S. 13.II.1999) en gewijzigd bij art. 12, 2° K.B. 13 juli 2001 (B.S. 11. VIII.2001, err. B.S. 21.XII.2001);

Al. 2 gewijzigd bij art. 12, 2° K.B. 13 juli 2001 (B.S. 11. VIII.2001, err. B.S. 21.XII.2001).

Opmerking: – Na vervanging van het eerste lid van artikel 62, door artikel 6 van de wet van 20 januari 1999 (B.S. 13. II.1999), is de tekst van het eerste lid van artikel 62 gelijk aan de tekst van het tweede lid van artikel 62.

Art. 63. […]

Opgeheven bij art. 7 W. 20 januari 1999 (B.S. 13.II.1999).

Art. 64. Voor de verevening van het successierecht, wordt beschouwd als legaat de verbintenis die, in een testament of andere beschikking ter zake des doods, opgelegd wordt door de overledene aan zijn erfgenaam, legataris of begiftigde om aan een met naam aangeduide derde een kapitaal of een rente te geven die in natura in de erfenis niet bestaat en in geld of in vervangbare zaken betaalbaar is.

Kan niet beschouwd worden als legaat, de verbintenis om iets te doen opgelegd aan een erfgenaam, legataris of begiftigde ten bate van een ander en, inzonderheid, de last opgelegd aan de erfgenamen, legatarissen of begiftigden om de rechten en kosten verbonden aan een aan een andere persoon gedaan legaat te dragen.

Art. 65. In geval van legaat van een som of van legaat van een periodieke rente of pensioen, wordt het bedrag van de gelegateerde som of het kapitaal waarop het successierecht naar rato van bedoelde rente of pensioen dient geheven, afgetrokken, voor de verevening van de rechten, van het zuiver bedrag, van hetgeen verkregen wordt door de erfgenaam, legataris of begiftigde die het legaat der som of de rente moet uitbetalen.

Art. 66. Wanneer een erfgenaam, legataris of begiftigde het vruchtgebruik of de blote eigendom verkrijgt van een goed waarvan de volle eigendom van de erfenis afhangt, of wanneer hij een door de overledene gevestigde periodieke rente of pensioen ontvangt, wordt de belastbare grondslag overeenkomstig de bij artikel 21, 22 en 23 voorgeschreven regelen bepaald.

Wanneer de door de overledene gevestigde rente of prestatie voor een onbepaalde tijd op het hoofd van een rechtspersoon wordt aangelegd, bedraagt de belastbare grondslag twintig maal het jaarlijks bedrag.

Is die rente of prestatie voor een bepaalde tijd gevestigd, zo is de belastbare grondslag de som welke de kapitalisatie op de datum van het overlijden ad 4 t. h. van de jaarlijkse rente of prestatie vertegenwoordigt, zonder dat deze som twintig maal de rente of prestatie mag te boven gaan.

Dezelfde regelen zijn van toepassing zo het gaat om een op het hoofd van een rechtspersoon gevestigd vruchtgebruik, met dien verstande dat als grondslag van raming de jaarlijkse opbrengst van de goederen dient genomen zoals in artikel 21, nummer VI, is gezegd.

Zo de lijfrente of levenslange prestatie of zo het vruchtgebruik ten bate van twee of meer natuurlijke personen achtereenvolgens of gezamenlijk met beding van aanwas is gevestigd, wordt de belastbare grondslag, voor de heffing van het op het ogenblik van de gebeurtenis vorderbaar recht, volgens de leeftijd van de genieter bij deze gebeurtenis bepaald.

[**Art. 66bis.** Zo er schenkingen onder levenden bedoeld in artikel 42, nummer VIIIbis, bestaan, wordt de basis waarop het registratierecht werd of dient geheven uit hoofde van die schenkingen, gevoegd bij het erfelijk emolument der belanghebbenden om het op dit emolument toepasselijk progressief recht van successie of van overgang bij overlijden te bepalen.]

[De bepaling van lid één geldt niet:

1° voor de schenkingen van roerende goederen die het voorwerp hebben uitgemaakt van het evenredig recht vastgesteld in artikel 131bis van het Wetboek der registratie-, hypotheek- en griffierechten;

2° voor de schenkingen van ondernemingen die het voorwerp hebben uitgemaakt van het verminderd tarief vastgesteld in artikel 140bis van het Wetboek der registratie-, hypotheek- en griffierechten.]

Ingevoegd bij art. 17 K.B. nr. 9, 3 juli 1939 (B.S. 5.VII.1939); Al. 2 ingevoegd bij art. 19 Decr. W. Gew. R. 15 december 2005 (B.S. 23.XII.2005, ed. 1, err. B.S. 30.I.2006).

[**Art. 66ter.** [Bij toepassing van artikel 60ter worden de erfdelen van de rechthebbenden in de nettowaarden bedoeld in dit artikel toegevoegd aan hun erfdeel in de belastbare waarde van de andere goederen voor de toepassing van het progressieve tarief van artikel 48 op de overdracht van die andere goederen.]]

Ingevoegd bij art. 3 Progr. Decr. W. Gew. R. 17 december 1997 (B.S. 27.I.1998) en vervangen bij art. 20 Decr. W. Gew. R. 15 december 2005 (B.S. 23.XII.2005, ed. 1, err. B.S. 30.I.2006).

Afdeling 2

Bijzondere regelen

Art. 67. Voor het verrekenen van de rechten van successie en van overgang bij overlijden, komt niet in aanmerking hetgeen in vruchtgebruik of als levenslange of periodieke rente of pensioen wordt verkregen, indien de verkrijger binnen de zes maanden na het afsterven van de overledene sterft.

[**Art. 67bis.** Er wordt geen rekening gehouden met de waarde van de goederen die voorheen onder levenden werden geschonken aan de overledene, legataris of schenker, voor de vereffening van de successierechten en de overgangsrechten bij overlijden verschuldigd door die erfgenaam, legataris of schenker, tegen de volgende voorwaarden:

a) de schenking onder levenden van die goederen is vastgesteld bij een akte die teruggaat naar minder dan vijf jaar voor de datum van het overlijden;

b) voor de datum van het overlijden werd de akte ingediend bij de registratie of is verplicht registreerbaar geworden;

c) de geschonken goederen of hun waarde, indien ze zijn vervreemd, maken deel uit van de belastbare activa.

De waarde waarmee geen rekening wordt gehouden in hoofte van de erfgenaam, legataris of schenker, is:

- de waarde op grond waarvan de geschonken goeden onderworpen zijn aan het registratierecht vastgesteld op de schenkingen;

- beperkt tot het nettoaandeel van die erfgenaam, legataris of schenker, die voorheen de goederen geschonken heeft, in die goederen of, indien ze vervreemd zijn, in hun prijs.]

Ingevoegd bij art. 16 Progr. Decr. W. Parl. 18 december 2008 (B.S. 30.XII.2008, ed. 1), van toepassing vanaf 1 januari 2009.

Art. 68. In geval van verwerping van een intestaataandeel, van een uiterste wilsbeschikking, of van een contractuele erfstelling, mag het recht, verschuldigd door de personen die daarvan het voordeel genieten, niet lager zijn dan het recht, dat de verwerper had moeten betalen.

De verwerping door een erfopvolger bij plaatsvervulling van zijn ouder, betreffende een nalatenschap opgevallen ten behoeve van laatst bedoelde, mag de Staat geen nadeel aanbrengen.

Art. 69. In geval van verwerping der gemeenschap door de erfgenamen der vrouw mag het door de overlevende echtgenoot verschuldigd recht niet lager zijn dan het recht dat de erfgenamen hadden moeten betalen.

HOOFDSTUK IX

BETALING DER RECHTEN EN BOETEN

Afdeling 1

Verplichting

Art. 70. De erfgenamen, legatarissen en begiftigden zijn tegenover de Staat aansprakelijk voor de rechten van successie of van overgang bij overlijden en voor de interesten, ieder voor het door hem verkregene.

Bovendien zijn de erfgenamen, algemene legatarissen en begiftigden in de nalatenschap van een Rijksinwoner samen aansprakelijk, ieder in verhouding van zijn erfdeel, voor de gezamenlijke rechten en interesten verschuldigd door de legatarissen en begiftigden onder algemene titel of onder bijzondere titel. Deze regel is niet van toepassing op de rechten en interesten verschuldigd op de in artikel 37 voorziene nieuwe aangiften, wanneer het op hen niet berust deze aangiften in te leveren.

Art. 71. Ieder persoon door wiens toedoen een overtreding gepleegd werd, is persoonlijk aansprakelijk voor de wegens deze overtreding verschuldigde boete.

Wordt door verscheidene personen een overtreding gepleegd, die tot een met het recht evenredige boete aanleiding geeft, zo is ieder der overtreders voor deze boete aansprakelijk voor zover hij tot betaling van het recht kan worden gedwongen.

Art. 72. [De met erfstelling bezwaarde erfgenaam die de in nummer 6 van artikel 37 voorgeschreven aangifte niet inlevert, en de personen die werden veroordeeld als daders of medeplichtigen van misdrijven bedoeld in de artikelen 133 en 133bis, zijn met de belastingplichtingen hoofdelijk aansprakelijk voor de betaling van de door het feit van de inbreuk ontdoken rechten en, desvoorkomend, van de interesten en belastingboeten.]

Vervangen bij art. 15 W. 10 februari 1981 (B.S. 14.II.1981).

Art. 73. Het aanvaarden onder voorrecht van boedelbeschrijving van een nalatenschap ontheft de erfgenamen van geen der bij dit wetboek voorgeschreven verplichtingen.

[De beheerder, voor de vereffening van de nalatenschap aangesteld zoals bepaald in de artikelen 803bis, 804 en 810bis van het Burgerlijk Wetboek, is eveneens tot deze verplichting gehouden.]

Al. 2 ingevoegd bij art. 3-131 W. 10 oktober 1967 (B.S. 31.X.1967).

Art. 74. De vertegenwoordigers der erfgenamen, legatarissen en begiftigden, de curators van onbeheerde nalatenschappen, de sequesters, de testamentuitvoerders en alle anderen die tot opdracht hebben of de last op zich genomen hebben de aangifte in te leveren, zijn tegenover de Staat aansprakelijk voor de rechten van successie of van overgang bij overlijden, voor de interesten en de boeten, voor zoveel het van hen heeft afgehangen in de nakoming van de wet te voorzien.

Afdeling 2

Bijdrage

Art. 75. In zover er geen andersluidende beschikkingen bestaan, worden de rechten van successie en van overgang bij overlijden gedragen door de erfgenamen, legatarissen en begiftigden, ieder voor datgeen wat door hem verkregen wordt.

Art. 76. Onverminderd 's Rijks rechten, hebben de legatarissen van levenslange of periodieke renten en pensioenen het vermogen te eisen dat het te hunnen laste verevend successierecht voorgeschoten wordt door de renteplichtige erfgenamen, legatarissen of begiftigden in zover dit recht de middelen van de renteheffer overtreft; in dit geval, zo het recht door de erflater niet ten laste van de erfgenamen, legatarissen of begiftigden werd gelegd, wordt achtereenvolgens van de rente- en pensioentermijnen afgehouden een gedeelte van het terug te geven kapitaal, bepaald door het aantal jaren gedurende dewelke, voor de heffing der belasting, de prestatie vermoed werd verstrekt te moeten zijn; bij dit gedeelte moeten de naar de in burgerlijke zaken geldende rentevoet berekende interesten worden gevoegd.

Afdeling 3

Termijn van betaling

Art. 77. De betaling van de rechten van successie en van overgang bij overlijden, zomede van de verschuldigde boeten, geschiedt binnen de twee maanden na de dag waarop de bij artikel 40 gestelde termijn verstreken is. [Valt de laatste dag van de termijn op een sluitingsdag van de kantoren, dan wordt deze termijn verlengd tot de eerste openingsdag der kantoren die volgt op het verstrijken van de termijn.]

[De [directeur-generaal de belasting over de toegevoegde waarde, registratie en domeinen] kan, indien de erfgoederen voor het uitoefenen van een beroepswerkzaamheid worden gebruikt of wanneer zij niet voor een onmiddellijke tegeldemaking vatbaar zijn zonder aan de belastingplichtigen een aanzienlijk nadeel te berokkenen, deze, tegen waarborg, toelaten hun schuld bij gedeeltelijke betalingen te voldoen binnen een tijdsbestek dat vijf jaren, te rekenen vanaf de datum van het overlijden of van de tot de belasting aanleiding gevende gebeurtenis niet mag overschrijden, binnen een tijdsbestek dat drie jaren, te rekenen van de datum van het overlijden of van de tot de belasting aanleiding gevende gebeurtenis, niet mag overschrijden.]

*Al. 1 aangevuld bij art. 4 W. 11 juli 1960 (B.S. 20.VII.1960);
Al. 2 vervangen bij art. 31 W. 22 december 1977 (B.S. 24.XII.1977) en gewijzigd bij art. 240 W. 22 december 1989 (B.S. 29.XII.1989).*

Art. 78. [In geval van achtereenvolgende overgangen door overlijden van een onder opschortende voorwaarde verkregen goed of van een door de derde bezeten doch door de nalatenschap teruggeëist goed, is de belasting verschuldigd, onder de voorwaarden bepaald bij de artikelen 25, 37 en 40, alleenlijk wegens de jongste overgang.]

Indien de achtereenvolgende overgangen tot voorwerp hebben een betwist goed in het bezit van de overledene of een goed toebehorend aan evendoelde onder ontbindende voorwaarde, is de belasting onmiddellijk opvorderbaar bij elk overlijden, behoudens eventuele teruggaaf van de verscheidene geïnde rechten.

Al. 1 vervangen bij art. 12 K.B. nr. 12, 18 april 1967 (B.S. 20.IV.1967).

Art. 79. De erfgenaam, legataris of begiftigde die een goed in blote eigendom uit de nalatenschap van een Rijksinwoner verkrijgt, mag de betaling van het wegens dit goed verschuldigde successierecht uitstellen totdat het vruchtgebruik door het afsterven van de vruchtgebruiker of door het verstrijken van de termijn te niet gaat, mits, op zijn kosten, een voldoende waarborg te stellen.

In dit geval, moet de belanghebbende zich ertoe verbinden, als belasting, boven het recht verevend op de waarde van de blote eigendom ten dage van het openvallen van de nalatenschap, een forfaitaire som te betalen gelijk aan de jaarlijkse interest van dit recht, vermenigvuldigd met het aantal jaren dat tot grondslag gediend heeft voor de berekening van de waarde van het vruchtgebruik, zulks overeenkomstig artikel 21; de rentevoet van de in aanmerking te nemen interest is die vastgesteld in burgerlijke zaken ten dage van het overlijden.

Art. 80. Wanneer een legaat ten behoeve van een [rechtspersoon met statutaire zetel, hoofdbestuur of hoofdvestiging op het grondgebied van een lidstaat van de Europese Economische Ruimte] aan een machtiging of aan een goedkeuring van de overheid onderworpen is, wordt, op schriftelijke aanvraag van bedoelde persoon, de invordering van de te zijnen laste verevende belasting, zomede van de interesten en de boeten, geschorst tot het einde der twee maanden, die de verstrijking van de termijn voorzien in artikel 40, 3° alinea, volgen.

[Wanneer, overeenkomstig artikel 83³, kunstwerken ter betaling worden aangeboden, wordt de invordering van de rechten waarvan de betaling door middel van die kunstwerken wordt aangeboden, geschorst tot het einde der twee maanden na de dag waarop het aanbod is geweigerd of na de dag van de slechts gedeeltelijke aanvaarding, hetzij qua goederen, hetzij qua waarde.]

*Al. 1 gewijzigd bij art. 2 W. 10 november 2004 (B.S. 30. XI.2004, ed. 2);
Al. 2 ingevoegd bij art. 12 W. 1 augustus 1985 (B.S. 6. VIII.1985).*

Afdeling 4

Moratoire interest

Art. 81. Indien het recht niet betaald wordt binnen de onder de eerste alinea van artikel 77 voorziene termijn, is de wettelijke interest, tegen de rentevoet bepaald in burgerlijke zaken, van rechtswege verschuldigd te rekenen van het verstrijken van bedoelde termijn.

De rechtspersoon, die de onder artikel 80 [eerste lid,] voorziene schorsing genoten heeft, moet de interest betalen alsof hij die schorsing niet genoten had.

[Over de rechten waarvan de invordering met toepassing van artikel 80, tweede lid, wordt geschorst, is de interest slechts verschuldigd in de mate waarin de rechten niet door de inbetalinggeving worden voldaan.]

*Al. 2 gewijzigd bij art. 13, 1° W. 1 augustus 1985 (B.S. 6.VIII.1985);
Al. 3 ingevoegd bij art. 13, 2° W. 1 augustus 1985 (B.S. 6. VIII.1985).*

Art. 82. [...]

[Voor de berekening van de interest wordt iedere maand voor dertig dagen aangerekend.]

De interest wordt berekend per vijftien dagen; iedere breuk van vijftien dagen wordt verwaarloosd.

Hij wordt [tot de hogere cent] afgerond.

Geen interest wordt gevorderd indien de voor rechten te betalen som lager is dan [5 EUR].

De gedeeltelijke betalingen mogen, met de instemming van het bestuur, vooreerst op het kapitaal toegerekend worden.

*Al. 1 opgeheven bij art. 8, 1° W. 20 januari 1999 (B.S. 13. II.1999);
Al. 2 vervangen bij art. 8, 2° W. 20 januari 1999 (B.S. 13. II.1999);
Al. 4 gewijzigd bij art. 12, 3° K.B. 13 juli 2001 (B.S. 11. VIII.2001, err. B.S. 21.XII.2001);
Al. 5 gewijzigd bij art. 11 K.B. 13 juli 2001 (B.S. 11.VIII.2001, err. B.S. 21.XII.2001).*

[Afdeling 5

Wijzen van betaling]

Opschrift vervangen bij art. 42, al. 1 W. 23 december 1958 (B.S. 7.I.1959).

Art. 83[1]. De obligatiën aan toonder en de inschrijvingen op naam van de geünificeerde 4 pct. schuld die door een erfgenaam, legataris of begiftigde verkregen worden uit de nalatenschap van een Rijksinwoner, worden aangenomen voor het bedrag van hun nominale waarde, vermeerderd met het prorata van de opgelopen interest, ter betaling der rechten en, desvoorkomend, der interesten verschuldigd door bedoelde erfgenaam, legataris of begiftigde, uit hoofde van de nalatenschap.

Behoudens het geval van overmacht, moet dit vermogen uitgeoefend worden uiterlijk binnen de vijftien dagen te rekenen van de wettelijke vervaldag der rechten.

Het is afhankelijk gesteld van de voorwaarde dat belanghebbenden door alle middelen van gemeen recht, uitgezonderd de eed, bewijzen dat de in betaling aangeboden waarden uit de nalatenschap van de overledene door hen werden verkregen.

Voor de berekening van het interestprorata opgelopen op de tot betaling aangeboden titels, wordt iedere maand voor dertig dagen gerekend; de interest wordt per vijftien dagen gerekend; alle breuk van vijftien dagen wordt verwaarloosd.

Hernummerd bij art. 42, al. 2 W. 23 december 1958 (B.S. 7.I.1959).

[**Art. 83**^{2}. Onverminderd artikel 83^1, kan bij koninklijk besluit worden voorgeschreven dat de betaling van de successierechten, rechten van overgang bij overlijden, boeten en interesten moet geschieden door storting of overschrijving op de postcheckrekening van het met de invordering belast kantoor.]

Ingevoegd bij art. 42, al. 2 W. 23 december 1958 (B.S. 7.I.1959).

[**Art. 83**^{3}. [Iedere erfgenaam, legataris of begiftigde kan, mits hij daartoe civielrechtelijk bevoegd is, verzoeken de uit hoofde van een nalatenschap invorderbare rechten geheel of ten dele te voldoen door de afgifte van kunstwerken waarvan de minister van Financiën, op eensluidend advies van de in artikel 83^4 bedoelde bijzondere commissie, erkent dat zij tot het roerend cultureel erfgoed van het land behoren of dat zij internationale faam genieten.

Om ter betaling te kunnen worden aangeboden, moeten de kunstwerken in hun geheel deel uitmaken van de nalatenschap of op de dag van het overlijden in hun geheel toebehoren aan de overledene en/of aan zijn overlevende echtgenoot of aan de erfgenamen, legatarissen of begiftigden.

Deze uitzonderlijke betalingswijze is afhankelijk van de [formele] aanvaarding van het aanbod door de minister van Financiën.

[Het met de rechten begunstigde gewest, vermeldt door zijn vertegenwoordiger in de speciale Commissie en vóór het overzenden van het advies van de commissie aan de Minister van Financiën, dat het de betaling door middel van de aangeboden kunstwerken verkiest en vermeldt in voorkomend geval de aan te nemen werken. In dit geval zal het betreffende gewest geacht worden, zodra de werken formeel ter betaling aangenomen werden door de Minister van Financiën, de verschuldigde successierechten ontvangen te hebben, tot beloop van de waarde van de aangenomen werken.

Ingeval het gewest de betaling in kunstwerken slechts verkiest voor een deel van de aangeboden werken, betekent de voorzitter van de Commissie dit aan de aanvrager(s). Deze heeft (hebben) één maand te rekenen van de betekening om aan de voorzitter mee te delen of hij (zij) zijn (hun) aanbod van afgifte intrekt (ken) of aanpast (sen).

Ingeval het gewest de betaling door middel van kunstwerken weigert, betekent de voorzitter van de Commissie aan de aanvrager(s) de verwerping van het aanbod van afgifte.]

De ter betaling aangeboden kunstwerken worden, ongeacht of zij al dan niet deel uitmaken van de nalatenschap, geschat door de in artikel 83^4 bedoelde bijzondere commissie en worden geacht te worden aangeboden tegen de waarde die bij de voorafgaande schatting werd vastgesteld. Maakt het kunstwerk deel uit van de nalatenschap, dan wordt de waarde die is vastgesteld bij deze voorafgaande schatting daarenboven in aanmerking genomen voor de heffing van de successierechten. De kosten verbonden aan deze schatting worden voorgeschoten door de verzoekers. Ze worden door de Staat gedragen wanneer de minister van Financiën de inbetalinggeving geheel of ten dele aanvaardt.

De erfgenamen, legatarissen of begiftigden dienen de schattingsaanvraag in bij een ter post aangetekende brief bij de voorzitter van de in artikel 83^4 bedoelde bijzondere commissie. Deze aanvraag wordt terzelfder tijd bij een ter post aangetekende brief betekend aan de ontvanger van het bureau waar de aangifte moet worden ingediend.

Het bewijs dat de ter betaling aangeboden goederen in hun geheel tot de nalatenschap behoren of in hun geheel toebehoren aan de overledene en/of zijn overlevende echtgenoot of aan de erfgenamen, legatarissen of begiftigden, kan worden geleverd door alle wettelijke middelen, met inbegrip van getuigenissen en vermoedens, maar met uitsluiting van de eed.

Aanvullende regels betreffende de inbetalinggeving worden vastgelegd bij koninklijk besluit.]]

Ingevoegd bij art. 14 W. 1 augustus 1985 (B.S. 6.VIII.1985) en vervangen bij art. 2 W. 21 juni 2001 (B.S. 5.VII.2001); Al. 3 gewijzigd bij art. 48, 1° Progr. W. 11 juli 2005 (B.S. 12.VII.2005, ed. 2); Al. 4-6 ingevoegd bij art. 48, 2° Progr. W. 11 juli 2005 (B.S. 12.VII.2005, ed. 2).

[**Art. 83**^{4}. De in artikel 83^3 bedoelde bijzondere commissie heeft tot taak de minister van Financiën een bindend advies te geven over:

1° de vraag of de ter betaling aangeboden kunstwerken tot het roerend cultureel erfgoed van het land behoren of internationaal befaamd zijn;

2° de ontvankelijkheid van het aanbod tot inbetalinggeving;

3° de geldwaarde van de aangeboden kunstwerken.

De bijzondere commissie is samengesteld uit:

1° drie ambtenaren van het ministerie van Financiën;

2° drie leden voorgedragen door de gemeenschapsregeringen;

3° vier leden, respectievelijk vertegenwoordigers van de Koninklijke Musea voor Schone Kunsten van België, de Koninklijke Musea voor Kunst en Geschiedenis, het Koninklijk Belgisch Instituut voor Natuurwetenschappen en het Koninklijk Museum voor Midden-Afrika, voorgedragen door de Wetenschappelijke Raad van ieder van die vier federale wetenschappelijke instellingen;

[4° drie leden voorgedragen door de gewestregeringen.]

De leden van de bijzondere commissie worden door de minister van Financiën benoemd.

De organisatie en de werkwijze van de bijzondere commissie worden door de minister van Financiën vastgesteld.]

Ingevoegd bij art. 3 W. 21 juni 2001 (B.S. 5.VII.2001); Al. 2, 4° ingevoegd bij art. 49 Progr. W. 11 juli 2005 (B.S. 12.VII.2005, ed. 2).

HOOFDSTUK X

WAARBORGEN VAN DE STAAT

Afdeling 1

Zakelijke zekerheden

Art. 84. Om de invordering van het successierecht te waarborgen, wordt, ten bate van de Staat, op al de nagelaten roerende goederen een algemeen voorrecht gesteld, onmiddellijk rang nemende na deze vermeld onder artikelen 19 en 20 der wet van 16 december 1851 en onder artikel 23 van boek II van het Wetboek van koophandel.

Bovendien, wordt de invordering der rechten van successie en van overgang bij overlijden gewaarborgd door een wettelijke hypotheek op al de voor hypotheek vatbare goederen door de overledene in het Rijk nagelaten.

Deze waarborgen dekken insgelijks de interesten, alsmede de kosten van vervolging en van geding.

Art. 85. Het voorrecht op de meubelen vervalt met achttien maanden na de dag van het overlijden, indien vóór bedoeld tijdperk, de ontvanger geen gerechtelijke vervolgingen aangevangen heeft.

Art. 86. De wettelijke hypotheek kan aan derden, zonder inschrijving, tegengeworpen worden gedurende een termijn van achttien maanden te rekenen van de datum van het overlijden.

Zij behoudt haar uitwerking met ingang van dezelfde datum indien de inschrijving vóór het verstrijken van voormelde termijn gevorderd wordt.

Na het verstrijken van die termijn, neemt zij slechts rang te rekenen van de dag van de inschrijving.

Art. 87. De hypotheek wordt op aanzoek van de ontvanger ingeschreven.

De inschrijving heeft plaats, niettegenstaande verzet, betwisting of beroep, krachtens hetzij een dwangbevel, dagvaarding, aanvraag om schatting of alle andere vervolgingsakte, hetzij een gerechtelijke beslissing waarbij het bedrag van de schuldvordering van de Staat is bepaald. Wanneer het geheel of een gedeelte van de belasting of van de bijhorigheden niet bepaald is, wordt de inschrijving voor de door de ontvanger in het borderel te begroten som gevorderd.

Onverminderd de toepassing van artikel 87 der wet van 16 december 1851, mag de inschrijving worden gevorderd voor een door de ontvanger te begroten som welke al de interesten vertegenwoordigt welke vóór de kwijting van de belasting mochten verschuldigd zijn.

Bij ontstentenis van een der akten of beslissingen waarvan sprake in de tweede alinea van onderhavig artikel, heeft de inschrijving slechts plaats tegen de op verzoek gegeven toelating vanwege de vrederechter van het kanton waarin het ontvangstkantoor ligt. In dergelijk geval, bepaalt het bevel de bezwaarde goederen en de som ten belope waarvan de inschrijving mag genomen worden.

In het geval van artikel 94, mag de ontvanger zowel vóór als na de invorderbaarheid van de rechten inschrijving vorderen op zicht van het bevel van de vrederechter houdende bepaling van het bedrag van de borgtocht.

Art. 88. Wanneer de inschrijving binnen de achttien maanden na het overlijden wordt gevorderd, wordt ze onder de naam van de overledene genomen, zonder dat de erfgenamen, legatarissen of begiftigden in het borderel dienen nader bepaald. In dit geval, wordt de overledene zoveel mogelijk door zijn voornamen, datums en plaatsen van zijn geboorte en van zijn overlijden aangeduid.

Art. 89. De ontvanger geeft handlichting van de inschrijving, in de administratieve vorm, zonder dat hij ertoe gehouden weze, tegenover de hypotheekbewaarder, de verantwoording te verstrekken van de betaling der verschuldigde sommen.

Art. 90. Wanneer, binnen de achttien maanden na het openvallen der nalatenschap, een derde te goeder trouw een goed der erfenis, een zakelijk recht, een hypotheek, een pand of een inpandgeving op zulk goed ten bezwarenden titel verkregen heeft nadat de ingeleverde aangifte definitief geworden is, hetzij door het verstrijken van de termijn van inlevering, hetzij ingevolge de verzaking der aangevers aan het recht van verbetering, kunnen het voorrecht en de wettelijke hypotheek niet deze derde tegengeworpen worden ter invordering van alle supplement van rechten en bijhorigheden.

Deze bepaling is evenwel niet toepasselijk indien, vóór de verkrijging, een verbeterende aangifte ingediend werd of een gerechtelijke vervolging door de ontvanger ingespannen werd wegens de invordering van bijrechten en van de bijhorigheden, of indien een inschrijving ten bate van de Staat reeds uit die hoofde genomen werd.

De erfgenamen, legatarissen en begiftigden, zomede de openbare ambtenaren ermede belast de goederen van de erfenis te verkopen of te hypothekeren, zijn, tegen betaling van een door de Minister van Financiën vast te stellen retributie, ertoe gerechtigd van de ontvanger een attest te vorderen, dat vermelding houdt van de wegens de ingeleverde aangiften verschuldigde sommen, zomede van die waaromtrent vervolgingen ingespannen zijn.

Dit attest dient binnen de maand der aanvraag per aangetekende brief verstrekt.

Art. 91. Zo de belanghebbenden, alvorens de rechten van successie of van overgang bij overlijden gekweten te hebben, de gezamenlijke bezwaarde goederen of een deel ervan van de hypotheek willen bevrijden, vragen zij dit aan de [gewestelijke directeur van de belasting over de toegevoegde waarde, registratie en domeinen] binnen wiens ambtsgebied het kantoor van heffing gelegen is. Deze aanvraag wordt aangenomen zo de Staat voor het verschuldigd bedrag reeds voldoende zekerheid heeft of zo deze hem gegeven wordt.

Gewijzigd bij art. 240 W. 22 december 1989 (B.S. 29. XII.1989).

Art. 92. Door het recht van voorrecht en van wettelijke hypotheek werden de vroeger door derden verkregen rechten niet benadeeld.

Art. 93. De kosten der hypothecaire formaliteiten betreffende de wettelijke hypotheek komen, in alle geval, ten laste van de Staat.

Afdeling 2

[Buiten de Europese Economische Ruimte wonende erfgenaam]

Opschrift vervangen bij art. 64 W. 14 april 2011 (B.S. 6.V.2011, ed. 1).

Art. 94. Onverminderd de zekerheid waarvan sprake in artikel 84, is alle [buiten de Europese Economische Ruimte] wonende persoon, die erfgenaam, legataris of begiftigde is in de nalatenschap van roerende goederen van een Rijksinwoner, ertoe verplicht borg te stellen voor de betaling van het successierecht, van de interesten, boeten en kosten waartoe hij tegenover de Staat mocht gehouden zijn.

[Na de erfgenaam en de aangestelde van het bestuur te hebben gehoord, wordt het bedrag van de borgstelling vastgesteld door de vrederechter van de laatste fiscale woonplaats die, overeenkomstig artikel 38, 1°, eerste lid, het kantoor bepaalt waar de aangifte van successie van de overledene moet worden ingediend.] De zegels mogen niet gelicht worden en geen openbare ambtenaar mag de goederen der nala-

tenschap verkopen, noch er de akte van kaveling van opmaken, vóór de aflevering van een getuigschrift van de ontvanger, ten blijke dat [de buiten de Europese Economische Ruimte wonende erfgenaam] zich naar deze bepaling gedragen heeft, op straf van alle kosten en schadevergoedingen.

Dit getuigschrift wordt gevoegd bij het proces-verbaal der verkoping van de roerende goederen of bij de akte van kaveling.

De [gewestelijke directeur van de belasting over de toegevoegde waarde, registratie en domeinen] mag de erfgenaam die [buiten de Europese Economische Ruimte] woont er van ontslaan de borgstelling te verstrekken.

Al. 1 gewijzigd bij art. 65, 1° W. 14 april 2011 (B.S. 6.V.2011, ed. 1);
Al. 2 gewijzigd bij art. 2 W. 17 april 2002 (B.S. 3.V.2002) en bij art. 65, 2° W. 14 april 2011 (B.S. 6.V.2011, ed. 1);
Al. 4 gewijzigd bij art. 240 W. 22 december 1989 (B.S. 29. XII.1989) en bij art. 65, 3° W. 14 april 2011 (B.S. 6.V.2011, ed. 1).

Art. 95. [De inschrijvingen, effecten, op naam of aan toonder, sommen, waarden, gesloten koffers, omslagen en colli's, waarvan sprake in artikelen 96 tot 99, mogen het voorwerp niet uitmaken van een conversie, een overdracht, een teruggave of een betaling, indien zij geheel of gedeeltelijk toekomen aan een erfgenaam, legataris, begiftigde of andere rechthebbende die [buiten de Europese Economische Ruimte] woont, voordat de door artikel 94 voorgeschreven waarborg is gesteld.

Zo, in de gevallen voorzien in artikel 101, onder de rechthebbenden één of meer personen zijn die [buiten de Europese Economische Ruimte] wonen, mag de verhuurder van de brandkast of de notaris die de door gezegd artikel voorgeschreven lijst of inventaris heeft opgemaakt, de inbezitneming door de rechthebbenden van de in de kast liggende zaken niet toestaan voordat de door artikel 94 opgelegde waarborg wordt gesteld.]

[In afwijking van het eerste lid en alvorens de door artikel 94 voorgeschreven waarborg is gesteld, mag de schuldenaar van deposito's op een gemeenschappelijke of onverdeelde zicht- of spaarrekening waarvan de overledene of de langstlevende echtgenoot houder of medehouder is of waarvan de langstlevende wettelijk samenwonende medehouder is, overeenkomstig de bij artikel 1240ter van het Burgerlijk Wetboek bepaalde nadere regels een bedrag ter beschikking stellen dat de helft van de beschikbare creditsaldi noch 5.000 euro overschrijdt.

Het in het derde lid bedoelde bedrag wordt uitbetaald onverminderd de betaling van de in de artikelen 19 en 20 van de hypotheekwet van 16 december 1851 vermelde bevoorrechte kosten.]

Vervangen bij art. 1 Besl. W. 4 mei 1940 (B.S. 8.V.1940);
Al. 1 en 2 gewijzigd bij art. 66, 1° en 2° W. 14 april 2011 (B.S. 6.V.2011, ed. 1);
Al. 3 en 4 ingevoegd bij art. 3 W. 28 juni 2009 (B.S. 21. VIII.2009, ed. 2).

HOOFDSTUK XI

[AAN DERDEN OPGELEGDE VERPLICHTINGEN TENEINDE DE JUISTE HEFFING DER INGEVOLGE HET OVERLIJDEN VAN RIJKSINWONERS VERSCHULDIGDE SUCCESSIERECHTEN TE VERZEKEREN]

Opschrift vervangen bij art. 2 Besl. W. 4 mei 1940 (B.S. 8.V.1940).

Art. 96. [De besturen en de openbare instellingen [, de stichtingen van openbaar nut en de private stichtingen, alle verenigingen] of vennootschappen die in België hun voornaamste instelling, een bijhuis of een om 't even welke zetel van verrichtingen hebben, mogen, na het overlijden van een Rijksinwoner die titularis van een inschrijving of effect op naam is, de overdracht, de overgang, de conversie of de betaling daarvan slechts bewerkstelligen, na de daartoe aangestelde ambtenaar van [de administratie van de belasting over de toegevoegde waarde, registratie en domeinen] bericht te hebben gegeven van het bestaan van de inschrijving of het effect op naam waarvan de overledene eigenaar is.

Wanneer de titularis van een inschrijving of effect op naam de overdracht, de overgang, de conversie of de betaling daarvan aanzoekt na het overlijden van zijn echtgenoot, moet hij dit overlijden ter kennis der betrokken inrichting brengen, en deze mag het aanzoek slechts inwilligen na de bevoegde ambtenaar bericht te hebben gegeven van het bestaan van de inschrijving of het effect waarvan de aanzoeker titularis was op de dag van het overlijden van zijn echtgenoot.

Indien de betrokken inrichting, na het overlijden van de echtgenoot van de titularis van een inschrijving of effect op naam en in de onwetendheid van dit overlijden, een overdracht, overgang, conversie of betaling heeft bewerkstelligd, is zij er toe gehouden, zodra zij kennis heeft van dit overlijden, de bevoegde ambtenaar bericht te geven van het bestaan van de inschrijving of het effect op de overlijdensdag.

Deze beschikking is eveneens toepasselijk indien er een overdracht, overgang, conversie of betaling plaats gegrepen heeft op verzoek van de lasthebber of wettelijke vertegenwoordiger van de titularis der inschrijving, na het overlijden en in de onwetendheid van het overlijden van de lastgever of van de onbekwame. In deze onderstellingen moet de lasthebber of de wettelijke vertegenwoordiger aan de betrokken inrichting, die er alsdan toe gehouden is de in vorige alinea bedoelde kennisgeving aan de bevoegde ambtenaar over te maken.]

Vervangen bij art. 3 Besl. W. 4 mei 1940 (B.S. 8.V.1940);
Al. 1 gewijzigd bij art. 240 W. 22 december 1989 (B.S. 29.XII.1989) en bij art. 45 W. 2 mei 2002 (B.S. 11.XII.2002).

Art. 97. [De besturen en de openbare instellingen [, de stichtingen van openbaar nut en de private stichtingen, alle verenigingen] of vennootschappen die in België hun voornaamste instelling, een bijhuis of een om 't even welke zetel van verrichtingen hebben, de bankiers, de wisselagenten, [de wisselagentcorrespondenten,] de zaakwaarnemers en de openbare of ministeriële ambtenaren die houders of schuldenaars zijn, uit welke hoofde ook, van effecten, sommen of waarden welke toekomen aan een erfgenaam, legataris, begiftigde of andere rechthebbende ingevolge het overlijden van een Rijksinwoner, mogen de teruggaaf, de betaling of de overdracht daarvan slechts doen na de echt en deugdelijk verklaarde lijst der effecten, sommen of waarden aan de daartoe aangewezen ambtenaar van [de administratie van de belasting over de toegevoegde waarde, registratie en domeinen] te hebben afgegeven.

[Het eerste lid is van toepassing op de sommen, renten of waarden, die na het overlijden worden verkregen ingevolge een contract bevattende een door de overledene gemaakt beding.]]

[De bepalingen van artikel 96, tweede, derde en vierde lid, zijn van toepassing op de teruggaaf, betaling of overdracht van de in dit artikel bedoelde effecten, sommen, renten of waarden.]

[In afwijking van het eerste lid en alvorens de hierin bedoelde lijst wordt afgegeven mag de schuldenaar van deposito's op een gemeenschappelijke of onverdeelde zicht- of spaarrekening waarvan de overledene of de langstlevende echtgenoot houder of medehouder is of waarvan de langstlevende wettelijk samenwonende medehouder is, overeenkomstig de bij artikel 1240ter van het Burgerlijk Wetboek bepaalde nadere regels een bedrag ter beschikking stellen dat de helft van de beschikbare creditsaldi noch 5.000 euro overschrijdt.

Het in het vierde lid bedoelde bedrag wordt uitbetaald onverminderd de betaling van de in de artikelen 19 en 20 van de hypotheekwet van 16 december 1851 vermelde bevoorrechte kosten.]

Vervangen bij art. 3 Besl. W. 4 mei 1940 (B.S. 8.V.1940);
Al. 1 gewijzigd bij art. 28 W. 13 augustus 1947 (B.S. 17. IX.1947), bij art. 240 W. 22 december 1989 (B.S. 29.XII.1989) en bij art. 46 W. 2 mei 2002 (B.S. 11.XII.2002);
Al. 2 vervangen en al. 3 ingevoegd bij art. 13 K.B. nr. 12, 18 april 1967 (B.S. 20.IV.1967);
Al. 4 en 5 ingevoegd bij art. 4 W. 28 juni 2009 (B.S. 21. VIII.2009, ed. 2).

Art. 98. [Wanneer het voorwerpen geldt die in een gesloten koffer, omslag of colli aan een der in artikel 97 bedoelde houders toevertrouwd werden, mogen, na het overlijden van de deponent of van dezes echtgenoot, de koffer, de omslag of het colli aan de rechthebbenden slechts teruggegeven of op hun naam overgedragen worden na in tegenwoordigheid van de houder te zijn geopend, opdat deze de bij hetzelfde artikel voorgeschreven lijst zou kunnen opmaken.

De tweede alinea van artikel 96 wordt toepasselijk gemaakt op de hiervóór bedoelde koffers, omslagen en colli's.

Indien de lasthebber van de deponent of de wettelijke vertegenwoordiger van een onbekwame, na de dood van de lastgever of van de onbekwame en in de onwetendheid daarvan, zaken heeft teruggenomen die aan de houder in een gesloten koffer, omslag of colli werden toevertrouwd, ofwel de koffer, omslag of colli op naam van een derde heeft doen overdragen, dan is de lasthebber of de wettelijke vertegenwoordiger gehouden, zodra het overlijden van de lastgever of van de onbekwame hem bekend is, een overeenkomstig artikel 97 opgemaakte lijst van de in de koffer, omslag of colli vervatte zaken aan de bevoegde ambtenaar af te geven.

De door de houder overeenkomstig onderhavig artikel op te maken lijst mag worden vervangen door een getrouwe en nauwkeurige inventaris van de effecten, sommen, waarden of welke voorwerpen ook, die zich in de koffer, omslag of colli bevinden, inventaris opgemaakt door een notaris in de vormen bepaald [door de artikelen 1175 tot 1184 van het Gerechtelijk Wetboek]. De houder is niet verplicht bij het opmaken van de inventaris aanwezig te zijn.

Een ambtenaar van [de administratie van de belasting over de toegevoegde waarde, registratie en domeinen] mag in elk geval aanwezig zijn bij het opmaken hetzij van de lijst, hetzij van de inventaris voorzien in voorgaande alinea. Daartoe is de houder, die de lijst moet opmaken, of met de inventaris belaste notaris verplicht de daartoe aangewezen ambtenaar kennis te geven van plaats, dag en uur waarop die verrichting zal gebeuren. De kennisgeving moet geschieden bij aangetekende brief; met het opmaken van de lijst of de inventaris mag men niet beginnen vóór de [vijfde dag] na die waarop de brief van kennisgeving ter post werd besteld.]

Vervangen bij art. 3 Besl. W. 4 mei 1940 (B.S. 8.V.1940);
Al. 4 gewijzigd bij art. 75 W. 15 juli 1970 (B.S. 30.VIII.1970);
Al. 5 gewijzigd bij art. 5 W. 11 juli 1960 (B.S. 20.VII.1960) en
bij art. 240 W. 22 december 1989 (B.S. 29.XII.1989).

Art. 99. [Zo in de door artikel 97 en 98 voorziene gevallen de gehouden zaken of de verschuldigde sommen volgens de overeenkomst mogen teruggegeven, betaald of overgedragen worden op order van een medebelanghebbende, is de houder of de schuldenaar verplicht:

1° een schriftelijk bewijs te bewaren van de gedane teruggaven, betalingen of overdrachten, met aanduiding van de datum ervan;

2° zodra het overlijden van een der medebelanghebbenden of van de echtgenoot van een hunner hem bekend is:

a) overeenkomstig artikel 97 aan de bevoegde ambtenaar de lijst af te geven van de ten dage van het overlijden verschuldigde of gehouden sommen, effecten, waarden of voorwerpen;

b) de teruggave of de overdracht der gesloten koffers, omslagen of colli's waarvan hij houder is te weigeren alvorens aan de bevoegde ambtenaar de lijst der daarin vervatte voorwerpen te hebben afgegeven.

Elke medebelanghebbende die, na het overlijden van zijn echtgenoot, na het overlijden van een zijner medebelanghebbenden of dezes echtgenoot, de teruggave der gehouden voorwerpen, de betaling der ver-

schuldigde sommen of de overdracht van het deposito of van de schuldvordering vraagt, moet vooraf het overlijden ter kennis van de houder of van de schuldenaar brengen.

Indien, na het overlijden van een der medebelanghebbenden of van dezes echtgenoot en in de onwetendheid van dit overlijden, een hunner een terugneming gedaan, een betaling ontvangen of een overdracht doen uitvoeren heeft, moet hij, zodra hij kennis heeft van het overlijden:

a) daarvan bericht geven aan de houder of aan de schuldenaar, die van dat ogenblik af verplicht is aan de bevoegde ambtenaar de lijst van de ten dage van het overlijden verschuldigde of gehouden sommen, effecten, waarden of voorwerpen af te geven;

b) een overeenkomstig artikel 97 opgemaakte lijst van de in de gesloten koffer, omslag of colli vervatte zaken aan de bevoegde ambtenaar afgeven.

De bepalingen van de laatste twee alinea's van artikel 98 zijn van toepassing wat betreft de aan de houder in een gesloten koffer, omslag of colli toevertrouwde zaken.]

Vervangen bij art. 3 Besl. W. 4 mei 1940 (B.S. 8.V.1940).

Art. 100. [De besturen en de openbare instellingen [, de stichtingen van openbaar nut en de private stichtingen, alle verenigingen] of vennootschappen die in België hun voornaamste instelling, een bijhuis of een om 't even welke zetel van verrichtingen hebben, de bankiers, de wisselagenten, [de wisselagentcorrespondenten,] de zaakwaarnemers en de openbare of ministeriële ambtenaren moeten aan de ambtenaren van [de administratie van de belasting over de toegevoegde waarde, registratie en domeinen], met gebeurlijke rechtvaardiging van hun gelijkvormigheid en zonder verplaatsing, alle inlichtingen verschaffen welke dezen nodig achten om de juiste heffing der successierechten te verzekeren.

Deze inlichtingen mogen slaan op al de verrichtingen die gedaan werden, hetzij door de overledene, hetzij door zijn echtgenoot, zijn opvolger of door een derde persoon vóór of na het openvallen van de nalatenschap, en die van aard zouden zijn invloed op de heffing der belasting uit te oefenen.

Voormelde inlichtingen mogen slechts worden gevraagd krachtens een bijzondere machtiging van de [directeur-generaal van de belasting over de toegevoegde waarde, registratie en domeinen], behelzende de aanduiding van de overleden persoon; bovendien, zo het onderzoek betrekking heeft op feiten die meer dan drie jaar vóór het openvallen der nalatenschap gebeurd zijn ofwel op om 't even welke door een ander persoon dan de overledene of dezes echtgenoot gedane verrichtingen, moet bedoelde machtiging de feiten die het voorwerp van de opzoeking uitmaken nauwkeurig bepalen.]

Vervangen bij art. 3 Besl. W. 4 mei 1940 (B.S. 8.V.1940);
Al. 1 gewijzigd bij art. 28 W. 13 augustus 1947 (B.S. 17.
IX.1947), bij art. 240 W. 22 december 1989 (B.S. 29.XII.1989)
en bij art. 47 W. 2 mei 2002 (B.S. 11.XII.2002);

Al. 3 gewijzigd bij art. 240 W. 22 december 1989 (B.S. 29.XII.1989).

Art. 101. [Geen brandkast, in huur gehouden bij een persoon of bij een vereniging, gemeenschap of vennootschap die gewoonlijk brandkasten verhuurt, mag, na het overlijden van de huurder of van zijn echtgenoot, van een der medehuurders of van zijn echtgenoot, worden geopend tenzij in tegenwoordigheid van de verhuurder die er toe gehouden is, vóór de inbezitneming door de rechthebbenden, die echt en deugdelijk verklaarde lijst van alle in de kast berustende effecten, sommen, waarden en hoe ook genaamde voorwerpen op te maken en ze aan de daartoe aangewezen ambtenaar van [de administratie van de belasting over de toegevoegde waarde, registratie en domeinen] af te geven. Deze lijst moet de effecten, sommen, waarden en hoe ook genaamde voorwerpen vermelden die zouden geborgen zijn in gesloten omslagen, colli's, dozen en koffertjes, welke zich in de brandkast bevinden.

De laatste twee alinea's van artikel 98 worden toepasselijk gemaakt.

Elke persoon die de brandkast wil openen of doen openen na het overlijden van de huurder of van dezes echtgenoot, van een der medehuurders of van dezes echtgenoot, moet vooraf het overlijden ter kennis van de huurder brengen.

Elke persoon die na het overlijden in de onwetendheid daarvan zaken heeft teruggenomen, welke in de brandkast voorhanden waren, is gehouden, zodra het overlijden hem bekend is, een overeenkomstig de eerste alinea van onderhavig artikel opgemaakte lijst der ten dage van de terugneming in de kast berustende zaken aan de bevoegde ambtenaar af te geven.]

Vervangen bij art. 3 Besl. W. 4 mei 1940 (B.S. 8.V.1940);
Al. 1 gewijzigd bij art. 240 W. 22 december 1989 (B.S. 29.XII.1989).

Art. 102^1. [De in artikel 97 aangeduide personen die houders zijn van gesloten koffers, omslagen of colli's en de verhuurders van brandkasten moeten:

1° een register houden, waarin worden ingeschreven in alfabetische orde: de personen die de beschikking hebben over gesloten koffers, omslagen of colli's; de huurders van brandkasten; desgevallend de echtgenoot van elk dezer personen.

De inschrijving bevat:

a) naam, voornamen of firma, en domicilie of zetel;

b) nummer of kenteken van de gesloten koffers, omslagen of colli's of van de brandkasten;

2° een ander register houden, waarin de lasthebber of de medehuurder die toegang vraagt tot de gesloten koffer, omslag of colli of tot de brandkast bij elk verzoek zijn handtekening moet plaatsen.

In dit register worden ingeschreven naar volgorde van de datum, zonder wit vak of tussenruimte:

a) dag en uur van het bezoek;

b) nummer of kenteken waarover het gaat in 1°, litt. b, hierboven;

c) naam, voornamen en domicilie van de onderte-

kenaar;

3° door middel van een gedagtekend en ondertekend geschrift vaststellen of doen vaststellen:

a) de ontvangst van een gesloten koffer, omslag of colli of de terbeschikkingstelling van een brandkast;

b) het recht voor een lasthebber of vertegenwoordiger toegang te hebben tot de gesloten koffer, omslag of colli, of tot de brandkast;

c) de terugnemingen en overdrachten van de gesloten koffers, omslagen of colli's; de overdrachten en verzakingen met betrekking tot de brandkasten. Melding van deze verrichtingen en van hun datum moet worden gemaakt in margine van de overeenstemmende inschrijving in het in 1° van onderhavig artikel voorziene register;

4° de in onderhavig artikel voorziene registers en geschriften bewaren gedurende minstens vijf jaar, te rekenen vanaf hun sluiting voor de registers, vanaf het einde van het contract voor de in 3°, litt. a en b, bedoelde geschriften en vanaf hun datum voor deze welke in 3°, litt. c, bedoeld zijn;

5° gezegde registers en geschriften zonder verplaatsing mededelen aan de aangestelden van [de administratie van de belasting over de toegevoegde waarde, registratie en domeinen].

Alvorens hun werkzaamheden aan te vangen moeten de verhuurders van brandkasten daarenboven de daartoe aangewezen ambtenaar, bij een in dubbel opgesteld geschrift, bericht geven van het feit dat zij brandkasten verhuren en de plaats nauwkeurig aanduiden waar de kasten zich bevinden.]

Vervangen bij art. 3 Besl. W. 4 mei 1940 (B.S. 8.V.1940);
Al. 1, 5° gewijzigd bij art. 240 W. 22 december 1989 (B.S. 29.XII.1989).

[Art. 102^2. Voor de toepassing van onderhavig wetboek wordt met een verhuurder van brandkasten gelijkgesteld, elke persoon die in een onroerend goed dat hij betrekt de bewaking van meerdere brandkasten op zich neemt waarover derden te welken titel ook de beschikking hebben.

Wordt met hetzelfde doel gelijkgesteld met een huurder van een brandkast, elke Rijksinwoner die het recht bezit voor zichzelf gebruik te maken van een brandkast welke zich bevindt bij de verhuurder in de zin van vorige alinea.

Elke Rijksinwoner wordt geacht huurder te zijn van de brandkast(en) waartoe hij te welken titel ook toegang heeft, wanneer de verhuring werd toegestaan aan een rechtspersoon die geen zetel van verrichtingen in België bezit.

Worden als brandkasten aangezien, de kamers, galerijen en andere veiligheidsinrichtingen.

De brandkasten of inrichtingen met eigen afzonderlijk slot, die zich in een veiligheidskamer of galerij bevinden, dienen als afzonderlijke brandkasten beschouwd.]

Ingevoegd bij art. 3 Besl. W. 4 mei 1940 (B.S. 8.V.1940).

[Art. 102³. Elke rechtspersoon die een zetel van verrichtingen in België bezit en huurder is van een brandkast welke hij ter private beschikking van een Rijksinwoner stelt, moet binnen de vijftien dagen bij aangetekende brief bericht geven van het feit aan de verhuurder en aan de daartoe aangewezen ambtenaar van [de administratie van de belasting over de toegevoegde waarde, registratie en domeinen].

De persoon die de beschikking heeft over de kast wordt geacht huurder te zijn.]

Ingevoegd bij art. 3 Besl. W. 4 mei 1940 (B.S. 8.V.1940);
Al. 1 gewijzigd bij art. 240 W. 22 december 1989 (B.S. 29.XII.1989).

Art. 103¹. [De beroepsverzekeraars die in België hun voornaamste instelling, een bijhuis, een vertegenwoordiger of een om 't even welke zetel van verrichtingen hebben, zijn er toe gehouden, binnen de maand na de dag waarop zij kennis hebben van het overlijden van een persoon of van de echtgenoot van een persoon, met wie zij een der verzekeringscontracten hebben afgesloten waarover het gaat in artikel 46, aan de daartoe aangewezen ambtenaar bericht te geven van het bestaan van het contract dat werd afgesloten hetzij met de overledene, hetzij met dezes echtgenoot, met aanduiding van:

1° naam of firma en domicilie van de verzekeraar;

2° naam, voornamen en domicilie van de verzekerde, alsook de datum van zijn overlijden of van het overlijden van zijn echtgenoot;

3° datum, nummer en duur van de van kracht zijnde polis of polissen en de waarde waarvoor de voorwerpen verzekerd zijn;

4° in geval van meerdere verzekeraars, op nauwkeurige wijze, de verscheidene medeverzekeraars.]

Vervangen bij art. 14 K.B. nr. 12, 18 april 1967 (B.S. 20. IV.1967).

[Art. 103². Het in artikelen 96 tot 103¹ gebruikt woord "echtgenoot" bedoelt niet de uit de echt of van tafel en bed gescheiden echtgenoot.]

Ingevoegd bij art. 3 Besl. W. 4 mei 1940 (B.S. 8.V.1940).

Art. 104. De Koning neemt de nodige maatregelen opdat de gemeentebesturen bericht geven van de overlijdens aan de ontvangers der successierechten, en hun aanduiden, in zover bedoelde besturen ervan kennis hebben, of de overleden personen al dan niet roerende of onroerende goederen bezaten.

[HOOFDSTUK XIbis

AAN ALLE BELASTINGEN GEMENE BEPALINGEN]

Opschrift ingevoegd bij art. 158 Progr. W. 23 december 2009 (B.S. 30.XII.2009, ed. 1).

[Art. 104/1. Alle administraties die ressorteren onder de Federale Overheidsdienst Financiën zijn gehou-

den alle in hun bezit zijnde toereikende, ter zake dienende en niet overmatige inlichtingen ter beschikking te stellen aan alle ambtenaren van deze Overheidsdienst, voorzover die ambtenaren regelmatig belast zijn met de vestiging of de invordering van de belastingen, en voorzover die gegevens bijdragen tot de vervulling van de opdracht van die ambtenaren tot de vestiging of de invordering van eender welke door de Staat geheven belasting.

Elke ambtenaar van de Federale Overheidsdienst Financiën, die regelmatig werd belast met een controle- of onderzoeksopdracht, is van rechtswege gemachtigd alle toereikende, ter zake dienende en niet overmatige inlichtingen te vragen, op te zoeken of in te zamelen die bijdragen tot de vestiging of de invordering van eender welke, andere, door de Staat geheven belasting.

Elke inlichting, stuk, proces-verbaal of akte, in het uitoefenen van zijn functie ontdekt of bekomen door een ambtenaar van de Federale Overheidsdienst Financiën of van een fiscaal rijksbestuur, hetzij rechtstreeks, hetzij door tussenkomst van een bestuursdienst van de Staat, met inbegrip van de parketten en de griffies der hoven en rechtbanken, de besturen van de Gemeenschappen en de Gewesten van de Belgische Staat, de provinciën, de agglomeraties en de gemeenten, evenals de openbare instellingen of inrichtingen, kan door de Staat worden ingeroepen voor het opsporen van elke krachtens de belastingwetten verschuldigde som.

Onder openbare instellingen of inrichtingen worden verstaan de instellingen, maatschappijen, verenigingen, inrichtingen en diensten welke de Staat, een Gemeenschap of een Gewest mede beheert, waaraan de Staat, een Gemeenschap of een Gewest een waarborg verstrekt, op de werkzaamheden waarvan de Staat, een Gemeenschap of een Gewest toezicht uitoefent of waarvan het bestuurspersoneel wordt aangewezen door de federale regering of een Gemeenschaps- of Gewestregering, op haar voordracht of mits haar goedkeuring.]

Ingevoegd bij art. 158 Progr. W. 23 december 2009 (B.S. 30.XII.2009, ed. 1).

HOOFDSTUK XII

BEWIJSMIDDELEN

Afdeling 1

Bewijsmiddelen van gemeen recht

Art. 105. [Behoudens de bewijs- en controlemiddelen speciaal voorzien door onderhavig wetboek, wordt het bestuur ertoe gemachtigd, volgens de regelen en door alle middelen van gemeen recht, met inbegrip van getuigen en vermoedens, maar met uitzondering van de eed, en, bovendien, door de processenverbaal van zijn agenten, elke overtreding van de beschikkingen van onderhavig wetboek vast te stellen en om het even welk feit te bewijzen dat de opvorderbaarheid van een recht of een boete laat blijken of er toe bijdraagt deze opvorderbaarheid te laten blijken.

Deze processen-verbaal gelden als bewijs tot het tegendeel bewezen is. Zij zullen aan belanghebbenden betekend worden binnen de maand van de vaststelling van de overtreding. [Deze betekening mag gebeuren bij een ter post aangetekend schrijven. De afgifte van het stuk ter post geldt als betekening van de volgende dag af.]]

Vervangen bij art. 29, al. 1 W. 13 augustus 1947 (B.S. 17. IX.1947);
Al. 2 aangevuld bij art. 3-128 W. 10 oktober 1967 (B.S. 31.X.1967).

Art. 106. Tegenbrieven kunnen de Staat niet tegengesteld worden, in zover zij vermindering van het actief of vermeerdering van het passief der nalatenschap ten gevolge mochten hebben.

[Paragraaf 2 van artikel 18 van het Wetboek der registratie-, hypotheek- en griffierechten is mutatis mutandis van toepassing.]

Al. 2 vervangen bij art. 28 W. 24 december 2002 (B.S. 31. XII.2002).

Afdeling 2

Bijzondere bewijsmiddelen

Art. 107. Wanneer de nalatenschap van een Rijksinwoner de eigendom, voor het geheel of voor een deel, van een handelszaak bevat, is [de ambtenaar van de Administratie van de belasting over de toegevoegde waarde, registratie en domeinen gerechtigd, met machtiging van de directeur-generaal], de overlegging, zonder verplaatsing, te eisen van de handelsboeken, inventarissen en balansen en daaruit alle dienstige inlichtingen te putten.

In geval van geding tussen Staat en erfgenamen, mag de mededeling in rechte van bedoelde boeken en stukken niet geweigerd worden.

Al. 1 gewijzigd bij art. 66 W. 22 juli 1993 (B.S. 26.VII.1993).

Art. 108. De eis tot betaling van de rechten van successie en van overgang bij overlijden, alsmede van de boeten wegens gebrek aan aangifte of wegens niet-aangifte van enig roerend of onroerend goed, is, tot levering van het tegenbewijs, voldoende vastgesteld bij de door de afgestorvene te zijnen bate of op zijn verzoek verleden akten van eigendom.

Doch, ten opzichte der roerende goederen waarop artikel 2279 van het Burgerlijk Wetboek betrekking heeft, bestaat het door vorige alinea gevestigd wettelijk vermoeden slechts op voorwaarde dat de akten niet reeds sedert meer dan drie jaar vóór het overlijden bestaan; in het tegenovergesteld geval, kan het bestaan van bedoelde akten door het bestuur enkel ingeroepen worden als een element van vermoeden, overeenkomstig artikel 105.

Art. 109. Er bestaat insgelijks, tot levering van het tegenbewijs, een wettelijk vermoeden van eigendom voor de eis tot betaling der rechten van successie en van overgang bij overlijden en der boeten in de volgende gevallen:

1° wat aangaat de onroerende goederen, wanneer zij ingeschreven zijn op het kohier der grondbelasting ten name van de overledene en wanneer door deze laatste betalingen gedaan werden volgens dit kohier;

2° wat aangaat de hypothecaire renten en schuldvorderingen, wanneer zij te zijnen behoeve in de registers der hypotheekbewaarders ingeschreven zijn;

3° wat de schuldvorderingen op de Belgische Staat aangaat, wanneer zij voorkomen ten name van de overledene, op het grootboek der Staatsschuld;

4° wat aangaat de obligatiën, aandelen of andere schuldvorderingen op de provinciën, [gemeenten, openbare instellingen en stichtingen van openbaar nut] van het Rijk, wanneer zij ten name van de overledene op hun registers en rekeningen ingeschreven zijn.

4° gewijzigd bij art. 48 W. 2 mei 2002 (B.S. 11.XII.2002).

Art. 110. [Worden voor de heffing van het successierecht geacht de overledene voor een hoofdelijk aandeel toe te behoren, behoudens tegenbewijs voorbehouden zowel aan het bestuur als aan de belastingschuldigen, de effecten, sommen, waarden of om 't even welke voorwerpen die gedeponeerd zijn in een brandkast welke door de overledene en door één of meer andere personen samen of solidair wordt in huur gehouden – of als dusdanig wordt beschouwd door artikelen 102² en 102³ – alsook de gehouden zaken en de verschuldigde sommen die bedoeld worden in artikel 99.

Worden geacht de overledene voor het geheel toe te behoren, behoudens tegenbewijs, de effecten, sommen, waarden of om 't even welke voorwerpen die in een gesloten koffer, omslag of colli op naam van de overledene alleen gedeponeerd zijn bij een der in artikel 97 aangeduide fysieke of morele personen, of die zich bevinden in een brandkast welke door de overledene alleen wordt in huur gehouden – of als dusdanig wordt aangezien door artikelen 102² en 102³.

Het tegenbewijs van deze vermoedens van eigendom mag worden geleverd door alle rechtsmiddelen, met inbegrip van getuigen en vermoedens, maar met uitzondering van de eed.]

Vervangen bij art. 4 Besl. W. 4 mei 1940 (B.S. 8.V.1940).

Afdeling 3

Controleschatting

Art. 111. Om de te lage schatting vast te stellen van het geheel of van een gedeelte der zich binnen het Rijk bevindende erfgoederen die voor hun verkoopwaarde aangegeven worden, mag de ontvanger, onverminderd de andere bewijsmiddelen voorzien onder artikel 105, de schatting van bedoelde goederen vorderen; doch wordt dit recht van schatting, ten aanzien van lichamelijke roerende goederen, enkel op zeeschepen en boten toegepast.

Art. 112. De schatting dient gevorderd bij een aanvraag door de ontvanger ter kennis gebracht van de partij binnen de twee jaar te rekenen van de dag van de inlevering der aangifte waarop vermeld staan de goederen waaromtrent de belasting door de Staat verkregen wordt.

Deze aanvraag houdt aanwijzing van de goederen waarover de schatting gaat, zomede van de som waarop zij door het bestuur geschat werden en van het vermoedelijk wegens recht en boete verschuldigd bedrag.

Art. 113. Binnen de vijftien dagen na de kennisgeving voorzien onder artikel 112, kunnen ontvanger en partij overeenkomen dat de beraming door een of door drie schatters te hunner keuze zal worden gedaan.

In dit geval, wordt de overeenkomst geconstateerd door een proces-verbaal dat het voorwerp der schatting aangeeft en de verkozen schatter(s) aanduidt.

Dit proces-verbaal is gedagtekend; het wordt door de ontvanger en door de partij ondertekend; indien de partij niet mag of niet kan ondertekenen, dient dit op het proces-verbaal vermeld.

Art. 114. Bij gemis van het onder artikel 113 voorzien akkoord, richt de ontvanger aan de vrederechter een verzoekschrift dat de feiten uiteenzet en de aanvraag om schatting bevat; de bevoegde vrederechter is deze binnen wiens ambtsgebied het kantoor is gelegen waar de aangifte werd ingeleverd.

Dit verzoekschrift wordt aan de partij betekend.

De rechter beslist binnen de vijftien dagen na de aanvraag; hij beveelt de schatting en stelt, naar vereis van zaken, één of drie schatters aan.

Art. 115. Kunnen niet als schatters gekozen of daartoe benoemd worden:

1° de ambtenaren van [de administratie van de belastingen over de toegevoegde waarde, registratie en domeinen];

2° de openbare of ministeriële ambtenaren opstellers van de aangifte van successie of van overgang bij overlijden;

3° de beambten van bedoelde ambtenaren en openbare of ministeriële ambtenaren.

Gewijzigd bij art. 240 W. 22 december 1989 (B.S. 29. XII.1989).

Art. 116. Het vonnis dat de schatting beveelt wordt, ten verzoeke van de ontvanger, aan de partij betekend.

De ontvanger of de partij, indien zij ware redenen hebben om de bevoegdheid, onafhankelijkheid of onpartijdigheid van de benoemde schatter(s) in twijfel te trekken, mogen, binnen de acht dagen na bedoelde betekening, deszelfs of derzelver wraking bij de rechter aanvragen. Deze wraking mag altijd worden gevraagd [in de gevallen beoogd door artikel 966 van het Gerechtelijk Wetboek].

De aanvraag tot wraking geschiedt per request waarin de oorzaken der wraking nader worden bepaald. De rechter beslist na de belanghebbenden gehoord te hebben. Bij hetzelfde vonnis vervangt hij de gewraakte schatters.

Deze nieuwe beslissing wordt aan de partij betekend.

Al. 2 gewijzigd bij art. 3-129 W. 10 oktober 1967 (B.S. 31.X.1967).

Art. 117. [De ontvanger notifieert aan de schatters de opdracht die hun toevertrouwd wordt.

Onmiddellijk na de ontvangst van de notificatie sturen de schatters onder hun gemeenschappelijke handtekening zowel aan de ontvanger als aan de partij een brief waarin zij hen inlichten over dag en uur waarop zij tot de nuttig geachte bezoeken ter plaatse zullen overgaan en hen in hun gezegden en opmerkingen zullen aanhoren.

Ieder aan de schatters door één der partijen medegedeeld bescheid moet door haar terzelfder tijd in afschrift aan de tegenpartij worden gezonden onder aangetekende omslag.]

Vervangen bij art. 6 K.B. nr. 65, 29 november 1939 (B.S. 1.XII.1939).

Art. 118. [De schatter of gebeurlijk de drie schatters die gezamenlijk optreden, vorsen de staat en de verkoopwaarde der in de schattingsaanvraag aangeduide goederen op het daarin vermelde tijdstip na.

Zij maken, uiterlijk binnen de drie maanden te rekenen vanaf de in de eerste alinea van artikel 117 voorziene notificatie, één enkel verslag op dat gedagtekend en ondertekend wordt en waarin zij op beredeneerde wijze en met rechtvaardiging tot staving, zonder enige beperking of voorbehoud, hun advies over hogerbedoelde waarde uitbrengen.

[De handtekening der schatters wordt voorafgegaan door de eed:

"Ik zweer dat ik in eer en geweten nauwgezet en eerlijk mijn opdracht heb vervuld."

of:

"Je jure que j'ai rempli ma mission en honneur et conscience, avec exactitude et probité."

of:

"Ich schwöre, dass ich den mir erteilten Auftrag auf Ehre und Gewissen, genau und ehrlich erfüllt habe."]

De minuut van het verslag wordt ter griffie van het onder artikel 114 aangeduid vredegerecht gedeponeerd.]

Vervangen bij art. 6 K.B. nr. 65, 29 november 1939 (B.S. 1.XII.1939);
Al. 3 vervangen bij art. 6 W. 27 mei 1974 (B.S. 6.VII.1974, err. B.S. 12.VII.1974, err. B.S. 21.X.1974).

Art. 119. Het verslag wordt door de meest gerede partij gelicht en aan de andere partij betekend.

De door de schatters gegeven begroting en, in geval van niet-overeenstemming, de begroting van de meerderheid of, bij gemis van meerderheid, de tussenbegroting, bepaalt de verkoopwaarde van het goed ten opzichte der heffing der belasting.

Art. 120. [Zowel de ontvanger als de partij kunnen de schatting betwisten door inleiding van een rechtsvordering. Deze rechtsvordering dient ingeleid te worden, op straffe van verval, binnen de termijn van één maand te rekenen van de betekening van het verslag.]

Vervangen bij art. 34 Progr. W. 9 juli 2004 (B.S. 15.VII.2004, ed. 2).

Art. 121. Is de in de aangifte vervatte waardering lager dan de bij de schatting vastgestelde begroting, zo worden, bij dwangbevel, van de schuldenaar gevorderd:

1° het supplement van recht;

2° de moratoire interest te rekenen van het verstrijken van de termijn toegestaan door de wet voor de betaling der rechten;

3° de onder artikel 127 voorziene boete;

4° desvoorkomend, de kosten der procedure.

Bedoelde kosten vallen ten laste van de partij, wanneer een boete vorderbaar is.

Art. 122. De betekeningen en notificatiën te doen krachtens de bepalingen van deze afdeling, hetzij aan de partijen of aan de schatters, hetzij door de partijen of door de schatters, mogen geschieden bij aangetekende brief. De inlevering van de omslag ter post geldt als notificatie te rekenen van de dag daarop.

De betekeningen en notificatiën te doen aan de aangevers mogen, welke ook het getal dezer weze, het voorwerp uitmaken van één enkele brief gericht naar de in de aangifte verkozen woonplaats.

HOOFDSTUK XIII

STRAFBEPALINGEN

Afdeling 1

Fiscale boeten

Art. 123[1]**.** Wanneer iemand verscheidene overtredingen gepleegd heeft, is hij bij cumulatie de op elk derzelve gestelde boeten verschuldigd.

Hernummerd bij art. 6 W. 11 juli 1960 (B.S. 20.VII.1960).

[**Art. 123**[2]**.** Valt de laatste dag van de termijn, voorzien voor de uitvoering van een formaliteit of voor een betaling, op een sluitingsdag van de kantoren, dan wordt deze termijn verlengd tot de eerste openingsdag der kantoren die volgt op het verstrijken van de termijn.]

Ingevoegd bij art. 6 W. 11 juli 1960 (B.S. 20.VII.1960).

Art. 124. Elke persoon, die de aangifte te laat inlevert, loopt individueel per maand vertraging een boete op van [[[25 EUR]]], vertraging waarbij elke begonnen maand voor een gehele maand wordt aangerekend. Het totaal dezer boeten mag het tiende van de door de overtreder verschuldigde rechten niet te boven gaan, noch minder dan [[[25 EUR]]] bedragen.

Zo de verzuimde aangifte betrekking heeft op een nalatenschap of op een voorwerp niet vatbaar voor rechten, is er een boete van [[[25 EUR]]] verschuldigd door elke overtreder, vijftien dagen nadat deze bij aangetekende brief aangemaand werd de aangifte in te leveren.

Al. 1 gewijzigd bij art. 67 W. 22 juli 1993 (B.S. 26.VII.1993), bij art. 2-13 K.B. 20 juli 2000 (II) B.S. 30.VIII.2000, err. B.S. 8.III.2001) en bij art. 42, 5° K.B. 13 juli 2001 (B.S. 11. VIII.2001, err. B.S. 21.XII.2001);
Al. 2 gewijzigd bij art. 67 W. 22 juli 1993 (B.S. 26.VII.1993), bij art. 2-13 K.B. 20 juli 2000 (II) B.S. 30.VIII.2000, err. B.S. 8.III.2001) en bij art. 42, 5° K.B. 13 juli 2001 (B.S. 11. VIII.2001, err. B.S. 21.XII.2001).

Art. 125. De erfgenaam, legataris of begiftigde die ten achteren is met de betaling van de op een ingeleverde aangifte of een aanvaarde transactie verschuldigde rechten, loopt een boete op gelijk aan het tiende der verschuldigde rechten, indien de betaling der belasting niet gedaan is binnen de vijftien dagen na de betekening van het te zijnen laste uitgevaardigd dwangbevel.

Art. 126. De erfgenaam, legataris of begiftigde, die verzuimd heeft [in België gelegen onroerende goederen of renten en schuldvorderingen aan te geven, die in de in België gehouden registers van de hypotheekbewaarders] ingeschreven zijn, betaalt, boven de rechten, een gelijke som als boete.

Wanneer het verzuim andere goederen betreft, is de boete gelijk aan tweemaal de rechten.

Al. 1 gewijzigd bij art. 68 W. 22 juli 1993 (B.S. 26.VII.1993).

Art. 127. Wanneer er bevonden wordt dat de aangegeven waarde van aan de onder artikel 111 voorziene schatting onderworpen goederen te laag is, en dat het tekort gelijk is aan of hoger is dan het achtste van het totaal der waarderingen van de gecontroleerde goederen, zoals zij in de aangifte vermeld zijn, is er een boete gelijk aan de bijkomende rechten verschuldigd [...].

Wanneer het daarentegen gaat om niet aan schatting onderworpen goederen en er vastgesteld wordt dat hun waarde niet verklaard werd overeenkomstig de bepalingen van dit wetboek, moet de belasting gekweten worden op het bedrag van het tekort; bovendien, wordt een boete opgelopen gelijk aan twee maal de rechten.

Al. 1 gewijzigd bij art. 222 W. 22 december 1989 (B.S. 29. XII.1989).

Art. 128. [Een boete gelijk aan het tweevoud van het ontdoken recht wordt verbeurd door de erfgenaam, legataris of begiftigde:

1° die ten nadele van de Staat een legaat, een schenking, een graad van verwantschap of de leeftijd van de persoon op wiens hoofd een vruchtgebruik is gevestigd, verzwijgt of onjuist aangeeft;

2° die schulden aangeeft die niet ten laste van de nalatenschap komen;

3° die een onjuiste aangifte doet omtrent het aantal kinderen van de rechtsopvolgers van de overledene;

4° die verzuimt de in [artikel 42, VIIIbis en X bedoelde vermeldingen in de aangifte op te nemen of die dienaangaande een onjuiste of onvolledige vermelding maakt].]

Vervangen bij art. 69 W. 22 juli 1993 (B.S. 26.VII.1993);
4° gewijzigd bij art. 5 W. 7 maart 2002 (B.S. 19.III.2002).

Art. 129. In het geval van artikel 83, zo er bewezen is dat de in betaling aangeboden titels niet onder de nalatenschap behoorden, wordt er door de belanghebbenden een boete opgelopen gelijk aan tweemaal de som die aan de Staat zou kunnen onttrokken geworden zijn.

Art. 130. [Voor elke overtreding van de artikelen 34, 95 tot 97, 99 en 103[1] wordt een boete verbeurd van [[250 EUR]] tot [[500 EUR]], voor elke overtreding van artikel 46 een boete van [[25 EUR]] tot [[250 EUR]] en voor elke overtreding van de artikelen 98, 100, 101, 102[1] en 107 een boete van [[250 EUR]] tot [[2.500 EUR]]. Deze boeten worden verbeurd door iedere overtreder afzonderlijk.

Voor het niet verrichten van de in artikel 102[3] voorgeschreven kennisgeving, binnen de aldaar gestelde termijn, wordt een boete verbeurd van [[500 EUR]] tot [[10.000 EUR]], waarvoor de rechtspersoon en degenen die in zijn naam de brandkast ter beschikking van de derde hebben gesteld, hoofdelijk aansprakelijk zijn.

Degenen die deze boeten verbeuren, zijn bovendien persoonlijk aansprakelijk voor de rechten en, in voorkomend geval, voor de rente, boeten en kosten die ten gevolge van de overtreding niet konden worden geïnd.

Het bedrag van de boeten wordt binnen bovenbedoelde grenzen vastgesteld door de gewestelijke directeur van de belasting over de toegevoegde waarde, registratie en domeinen.]

Vervangen bij art. 70 W. 22 juli 1993 (B.S. 26.VII.1993);
Al. 1 gewijzigd bij art. 2-13 K.B. 20 juli 2000 (II) (B.S. 30.VIII.2000, err. B.S. 8.III.2001) en bij art. 42, 5° K.B. 13 juli 2001 (B.S. 11.VIII.2001, err. B.S. 21.XII.2001);
Al. 2 gewijzigd bij art. 2-13 K.B. 20 juli 2000 (II) (B.S. 30.VIII.2000, err. B.S. 8.III.2001) en bij art. 42, 5° K.B. 13 juli 2001 (B.S. 11.VIII.2001, err. B.S. 21.XII.2001).

Art. 131. [De partijen worden vrijgesteld van de boeten voorzien in de artikelen 126 tot 128 indien zij bewijzen dat zij niet in fout zijn.]

Vervangen bij art. 223 W. 22 december 1989 (B.S. 29. XII.1989).

Art. 132. [...]

Opgeheven bij art. 23 W. 19 mei 2010 (B.S. 28.V.2010, ed. 2).

Afdeling 2

Correctionele straffen

Art. 133. [Onverminderd de fiscale geldboeten, wordt hij die met bedrieglijk opzet of met het oogmerk te schaden, de bepalingen van dit Wetboek of van de ter uitvoering ervan genomen besluiten overtreedt, gestraft met gevangenisstraf van acht dagen tot twee jaar en met geldboete van [[250 EUR tot 12.500 EUR]] [of met één van die straffen alleen].]

Vervangen bij art. 16 W. 10 februari 1981 (B.S. 14.II.1981); Gewijzigd bij art. 90 W. 4 augustus 1986 (B.S. 20.VIII.1986), bij art. 2-13 K.B. 20 juli 2000 (II) B.S. 30.VIII.2000, err. B.S. 8.III.2001) en bij art. 42, 5° K.B. 13 juli 2001 (B.S. 11. VIII.2001, err. B.S. 21.XII.2001).

[**Art. 133bis.** Met gevangenisstraf van een maand tot vijf jaar en met geldboete van [[250 EUR tot 12.500 EUR]] [of met één van die straffen alleen] wordt gestraft hij die, met het oogmerk om een van de in artikel 133 bedoelde misdrijven te plegen, in openbare geschriften, in handelsgeschriften of in private geschriften valsheid pleegt, of die van een zodanig vals geschrift gebruik maakt.

Hij die wetens en willens een vals getuigschrift opstelt dat de belangen van de Schatkist kan schaden of die van een dergelijk getuigschrift gebruik maakt, wordt gestraft met gevangenisstraf van acht dagen of twee jaar en met geldboete van [[250 EUR tot 12.500 EUR]] [of met één van die straffen alleen].]

Ingevoegd bij art. 16 W. 10 februari 1981 (B.S. 14.II.1981); Al. 1 gewijzigd bij art. 91, 1° W. 4 augustus 1986 (B.S. 20. VII.1986), bij art. 2-13 K.B. 20 juli 2000 (II) (B.S. 30. VIII.2000, err. B.S. 8.III.2001) en bij art. 42, 5° K.B. 13 juli 2001 (B.S. 11.VIII.2001, err. B.S. 21.XII.2001); Al. 2 gewijzigd bij art. 91, 2° W. 4 augustus 1986 (B.S. 20. VII.1986), bij art. 2-13 K.B. 20 juli 2000 (II) (B.S. 30. VIII.2000, err. B.S. 8.III.2001) en bij art. 42, 5° K.B. 13 juli 2001 (B.S. 11.VIII.2001, err. B.S. 21.XII.2001).

[**Art. 133ter.** § 1. Wanneer de beoefenaar van een van de volgende beroepen:

1° belastingadviseur;

2° zaakbezorger;

3° deskundige in belastingzaken of in boekhouden;

4° of enig ander beroep dat tot doel heeft voor een of meer belastingplichtigen boek te houden of te helpen houden, ofwel voor eigen rekening ofwel als hoofd, lid of bediende van enigerlei vennootschap, vereniging, groepering of onderneming;

5° of, meer in het algemeen, het beroep dat erin

bestaat een of meer belastingplichtigen raad te geven of bij te staan bij het vervullen van de verplichtingen opgelegd bij dit Wetboek of bij de ter uitvoering ervan vastgestelde besluiten, wordt veroordeeld wegens een van de misdrijven bedoeld in de artikelen 133 en 133bis, kan het vonnis hem verbod opleggen om gedurende drie maanden tot vijf jaar, rechtstreeks of onrechtstreeks, de hiervoren bedoelde beroepen op welke wijze ook uit te oefenen.

De rechter kan bovendien, mits hij zijn beslissing op dat stuk motiveert, voor een duur van drie maanden tot vijf jaar de sluiting bevelen van de inrichtingen van de vennootschap, vereniging, groepering of onderneming waarvan de veroordeelde hoofd, lid of bediende is.

§ 2. Het verbod en de sluiting bedoeld in § 1 treden in werking vanaf de dag waarop de veroordeling in kracht van gewijsde is gegaan.]

Ingevoegd bij art. 16 W. 10 februari 1981 (B.S. 14.II.1981).

[**Art. 133quater.** Hij die, rechtstreeks of onrechtstreeks, het verbod of de sluiting, uitgesproken krachtens artikel 133ter overtreedt, wordt gestraft met gevangenisstraf van acht dagen tot twee jaar en geldboete van [[250 EUR tot 12.500 EUR]] [of met één van die straffen alleen].]

Ingevoegd bij art. 16 W. 10 februari 1981 (B.S. 14.II.1981) en gewijzigd bij art. 92 W. 4 augustus 1986 (B.S. 20.VIII.1986), bij art. 2-13 K.B. 20 juli 2000 (II) (B.S. 30.VIII.2000, err. B.S. 8.III.2001) en bij art. 42, 5° K.B. 13 juli 2001 (B.S. 11. VIII.2001, err. B.S. 21.XII.2001).

[**Art. 133quinquies.** § 1. [...] alle bepalingen van het Eerste Boek van het Strafwetboek, [met inbegrip van artikel 85,] [zijn] van toepassing op de misdrijven bedoeld in de artikelen 133, 133bis en 133quater.

§ 2. [...]

§ 3. De wet van 5 maart 1952, gewijzigd bij de wetten van 22 december 1969 en 25 juni 1975, betreffende de opdecimes op de strafrechterlijke geldboeten, vindt geen toepassing op de misdrijven bedoeld in de artikelen 133, 133bis en 133quater.

§ 4. [...]]

Ingevoegd bij art. 16 W. 10 februari 1981 (B.S. 14.II.1981); § 1 gewijzigd bij art. 5 K.B. nr. 41, 2 april 1982 (B.S. 7. IV.1982) en bij art. 93, 1° W. 4 augustus 1986 (B.S. 20. VIII.1986); § 2 opgeheven bij art. 93, 2° W. 4 augustus 1986 (B.S. 20. VIII.1986); § 4 opgeheven bij art. 93, 2° W. 4 augustus 1986 (B.S. 20. VIII.1986).

[**Art. 133sexies.** De natuurlijke personen of rechtspersonen zijn burgerlijk en hoofdelijk aansprakelijk voor de geldboeten en kosten die het gevolg zijn van de veroordelingen welke krachtens de artikelen 133 tot 133quater tegen hun aangestelden of beheerders, zaakvoerders of vereffenaars zijn uitgesproken.]

Ingevoegd bij art. 16 W. 10 februari 1981 (B.S. 14.II.1981).

[**Art. 133septies.** De rechter kan bevelen dat ieder vonnis of arrest houdende veroordeling tot een gevangenisstraf, uitgesproken krachtens de artikelen 133, 133bis en 133quater wordt aangeplakt in de plaatsen die hij bepaalt en, eventueel bij uittreksel, wordt bekendgemaakt op de wijze die hij bepaalt, een en ander op kosten van de veroordeelde.

Hetzelfde kan gelden voor iedere krachtens artikel 133ter uitgesproken beslissing tot verbod van het uitoefenen van een beroepswerkzaamheid in België of tot sluiting van de in het land geëxploiteerde inrichtingen.]

Ingevoegd bij art. 16 W. 10 februari 1981 (B.S. 14.II.1981).

[**Art. 133octies.** De schending van het bij artikel 146bis bepaalde beroepsgeheim wordt gestraft overeenkomstig de artikelen 66, 67 en 458 van het Strafwetboek.]

Ingevoegd bij art. 16 W. 10 februari 1981 (B.S. 14.II.1981).

[**Art. 133nonies.** [§ 1. De strafvordering wordt uitgeoefend door het Openbaar Ministerie.

§ 2. [Het openbaar ministerie kan geen vervolging instellen indien het kennis heeft gekregen van de feiten ten gevolge van een klacht of een aangifte van een ambtenaar die niet de machtiging had waarvan sprake is in artikel 29, tweede lid, van het Wetboek van strafvordering.

Het openbaar ministerie kan echter de strafrechtelijk strafbare feiten vervolgen waarvan het tijdens het in artikel 29, derde lid, van het Wetboek van strafvordering bedoelde overleg kennis heeft genomen.

§ 3. Onverminderd het in artikel 29, derde lid, van het Wetboek van strafvordering bedoelde overleg, kan de procureur des Konings, indien hij een vervolging instelt wegens feiten die strafrechtelijk strafbaar zijn ingevolge de bepalingen van dit Wetboek of van de ter uitvoering ervan genomen besluiten, het advies vragen van de bevoegde gewestelijke directeur. De procureur des Konings voegt het feitenmateriaal waarover hij beschikt bij zijn verzoek om advies. De gewestelijke directeur antwoordt op dit verzoek binnen vier maanden na de ontvangst ervan.

In geen geval schorst het verzoek om advies de strafvordering.]

§ 4. [...]

§ 5. [...]]]

Ingevoegd bij art. 16 W. 10 februari 1981 (B.S. 14.II.1981) en vervangen bij art. 94 W. 4 augustus 1986 (B.S. 20.VIII.1986); § 2-3 vervangen bij art. 28 W. 20 september 2012 (B.S. 22.X.2012); § 4 opgeheven bij art. 72 W. 15 maart 1999 (B.S. 27.III.1999); § 5 opgeheven bij art. 64, 2° W. 28 december 1992 (B.S. 31.XII.1992).

[**Art. 133decies.** De ambtenaren van de Administratie van de belasting over de toegevoegde waarde, registratie en domeinen en van de Administratie van de bijzondere belastinginspectie mogen, op straffe van nietigheid van de akte van rechtspleging, slechts als getuige worden gehoord.]

[Het eerste lid is niet van toepassing op de krachtens artikel 71 van de wet van 28 december 1992 bij het parket gedetacheerde ambtenaren van die administraties.]

[Het eerste lid is evenmin van toepassing op de ambtenaren van die administraties die, krachtens artikel 31 van de wet van 30 maart 1994 tot uitvoering van het globaal plan op het stuk van de fiscaliteit, ter beschikking zijn gesteld [van de federale politie].]

[Het eerste lid is niet van toepassing op de ambtenaren die deelnemen aan het in artikel 29, derde lid, van het Wetboek van strafvordering bedoelde overleg.]

Ingevoegd bij art. 95 W. 4 augustus 1986 (B.S. 20.VIII.1986); Al. 2 ingevoegd bij art. 65 W. 28 december 1992 (B.S. 31.XII.1992); Al. 3 ingevoegd bij art. 52 W. 30 maart 1994 (B.S. 31.III.1994) en gewijzigd bij art. 7 W. 13 maart 2002 (B.S. 29.III.2002); Al. 4 ingevoegd bij art. 29 W. 20 september 2012 (B.S. 22.X.2012).

HOOFDSTUK XIV

TERUGGAVE VAN DE RECHTEN

Art. 134. De gekweten rechten van successie en van overgang bij overlijden, de interesten en de boeten zijn vatbaar voor teruggave:

1° wanneer de wet slecht toegepast werd;

2° wanneer het bestaan van wegens gemis aan bewijzen verworpen schulden binnen de twee jaar na de betaling der belasting vastgesteld wordt.

Art. 135. Tegen inlevering van een aangifte, die het feit aanduidt dat aanleiding geeft tot teruggave, kunnen de rechten, interesten en boeten teruggegeven worden:

1° wanneer, in het geval van artikel 3, het bestaan van de afwezige wettelijk bewezen komt te worden;

2° wanneer, in het geval van artikel 17, de bewijsstukken, die erin voorzien zijn, neergelegd werden bij de ontvanger, binnen de twee jaar na de betaling van de belasting in het Rijk;

3° wanneer er bewezen wordt dat een individueel aangeduid roerend of onroerend goed bij missing op het actief der aangifte gebracht werd;

4° wanneer, na het openvallen der nalatenschap, de samenstelling ervan verminderd wordt, hetzij door het intreden van een voorwaarde of van enig ander voorval, hetzij door de oplossing van een geschil ingevolge een in kracht van gewijsde gegaan vonnis of een transactie, tenzij de vermindering van actief het gevolg weze van een ontbinding voortkomende van het niet-uitvoeren door de erfgenamen, legatarissen of begiftigden van de voorwaarden van een contract;

5° wanneer er een verandering in de devolutie der erfenis intreedt die van aard is het aanvankelijk ver-

evend bedrag der belasting te verminderen;

6° wanneer er uitgemaakt wordt dat een missing in de aangifte begaan werd:

a) aangaande de graad van verwantschap bestaande tussen de overledene en dezes erfgenamen, legatarissen, begiftigden;

b) aangaande de wettelijke of testamentaire devolutie der nalatenschap;

c) aangaande de hoedanigheid van Rijksinwoner in hoofde van de overledene;

7° wanneer, in de gevallen voorzien onder artikel 49, de belanghebbende erin slaagt de werkelijke toestand vast te stellen en er daaruit een vermindering van belasting voortspruit;

[8° wanneer in het geval bedoeld in artikel 60bis, § 1bis, 3°, het erin bedoelde attest overgemaakt wordt aan de ontvanger binnen twee jaar na de betaling van de belasting;]

[9° wanneer in het geval bedoeld in artikel 55quater, § 2, lid 1, het daar bedoeld attest ingediend wordt binnen de twee jaar na betaling van de belasting.]

8° ingevoegd bij art. 55 Decr. W. Parl. 30 april 2009 (B.S. 1.VII.2009, ed. 1), van toepassing vanaf 1 januari 2006; wanneer de successieaangifte die goederen bedoeld in artikel 60bis, § 1 van het Wetboek der Successierechten vermeldt, vóór 1 juli 2009 ingediend is zonder toepassing van het verlaagde tarief bedoeld in die bepaling, zoals gewijzigd bij het decreet van 30 april 2009 met uitwerking op 1 januari 2006, begint de termijn van twee jaar bedoeld in artikel 135, 8° van het Wetboek der Successierechten, zoals ingevoegd bij artikel 55 van dit decreet, evenwel te lopen vanaf 1 juli 2009; 9° ingevoegd bij art. 3 Decr. W. Parl. 10 juli 2013 (B.S. 25.VII.2013), van toepassing vanaf 4 augustus 2013.

Art. 136. [...]

Het bestuur wordt ertoe gemachtigd de aan teruggave onderworpen sommen toe te rekenen op die welke wegens dezelfde nalatenschap op grond van een andere oorzaak zouden verschuldigd zijn.

[Wanneer met toepassing van artikel 83³ successierechten voldaan zijn door de afgifte van roerende goederen kan een teruggave enkel in geld geschieden.]

Al. 1 opgeheven bij art. 40 W. 23 december 1958 (B.S. 7.I.1959); Al. 3 (= thans al. 2) ingevoegd bij art. 15 W. 1 augustus 1985 (B.S. 6.VIII.1985).

HOOFDSTUK XV

VERJARING

Art. 137. Er is verjaring voor de eis:

1° van de rechten, interesten en boeten verschuldigd op een aangifte, na twee jaar te rekenen van de dag van de indiening der aangifte;

2° van de vordering tot schatting der goederen onderworpen aan dergelijke controle en van de rechten, interesten en boeten in geval van te lage waardering van bedoelde goederen, na twee jaar; van de rechten, interesten en boeten in geval van te lage waardering van niet aan schatting onderworpen goederen, na tien jaar; dit alles te rekenen van de dag van de indiening der aangifte;

3° van de rechten, interesten en boeten verschuldigd in geval van afwezigheid van aangifte, of van verzuim van goederen in de aangifte, na tien jaar te rekenen van de dag waarop de termijn gesteld bij artikel 40 voor het inleveren der aangifte verstreken is. Indien de onregelmatigheid een in België gelegen onroerend goed betreft, ofwel renten en schuldvorderingen ingeschreven in de [in België gehouden registers van de hypotheekbewaarders], wordt deze termijn tot vijf jaar verminderd.

In geval van overlijden in het buitenland, loopt de verjaring eerst van de dag van de inschrijving der akte van overlijden op de registers van de burgerlijke stand van het Rijk, ofwel van de dag waarop het bestuur kennis gekregen heeft van het overlijden door in het Rijk geregistreerde akten;

4° van de rechten, interesten en boeten, in geval van onjuistheid der in de aangifte aangeduide feiten, andere dan de waarde of de samenstelling der goederen, na vijf jaar te rekenen van de dag van de inlevering der aangifte;

5° van de ontdoken sommen en, desvoorkomend, van de wegens overtreding van artikel 83 opgelopen boeten, na vijf jaar te rekenen van de dag waarop de titels in betaling aangeboden werden;

6° van de wegens overtreding van de artikelen 34, 46, 95 tot [103[1]] en 107 opgelopen boeten, na vijf jaar te rekenen van de dag waarop de overtreding gepleegd werd;

7° van de boete gesteld bij artikel 125, na twee jaar te rekenen van de datum van de betekening van het dwangbevel.

[Wanneer, overeenkomstig artikel 83[3], een aanbod tot inbetalinggeving wordt gedaan, gaat de in het eerste lid, 1°, bedoelde termijn slechts in, ten aanzien van de sommen die niet door de inbetalinggeving zijn voldaan ingevolge weigering of gedeeltelijke aanvaarding van het aanbod, vanaf de dag waarop het aanbod wordt geweigerd, of maar gedeeltelijk wordt aanvaard, hetzij qua goederen, hetzij qua waarde.]

Al. 1, 3°, al. 1 gewijzigd bij art. 71 W. 22 juli 1993 (B.S. 26.VII.1993);
Al. 1, 6° gewijzigd bij art. 3 Besl. W. 4 mei 1940 (B.S. 8.V.1940);
Al. 2 ingevoegd bij art. 16 W. 1 augustus 1985 (B.S. 6.VIII.1985).

Art. 138. [Er is verjaring voor de eis tot teruggave der rechten, interesten en boeten, na vijf jaar te rekenen van 1 januari van het jaar tijdens hetwelk de vordering ontstaan is.]

Vervangen bij art. 1 W. 12 maart 1952 (B.S. 9.IV.1952).

Art. 139. De verjaring van de vordering tot schatting en van de eis der rechten, interesten en boeten verschuldigd wegens de ongenoegzaamheid, wordt gestuit door de notificatie aan de partij van de aan-

vraag voorzien in artikel 112.

Deze stuiting heeft haar uitwerking tot de dag der neerlegging ter griffie van het verslag van schatting.

De invordering der rechten, interesten en boeten, opvorderbaar hoofdens de door bedoeld verslag erkende ongenoegzaamheid, dient vervolgd binnen de twee jaar na de neerlegging van het verslag.

Art. 140[1]. [[De verjaringen van de invordering van rechten, interesten en boeten] worden gestuit op de wijze en onder de voorwaarden voorzien door de artikelen 2244 en volgende van het Burgerlijk Wetboek. In dit geval is er een nieuwe verjaring, die op dezelfde wijze kan worden gestuit, verworven twee jaar na de laatste akte of handeling waardoor de vorige verjaring werd gestuit, indien er geen geding aanhangig is vóór het gerecht.

De afstand van de verlopen tijd van de verjaring wordt, wat zijn uitwerking betreft, gelijkgesteld met de stuitingshandelingen bedoeld in de vorige alinea.]

Vervangen bij art. 30 W. 13 augustus 1947 (B.S. 17.IX.1947) en hernummerd bij art. 38, al. 2 W. 23 december 1958 (B.S. 7.I.1959);
Al. 1 gewijzigd bij art. 38, al. 1 W. 23 december 1958 (B.S. 7.I.1959).

[Art. 140[2]. De verjaringen voor de teruggaaf van rechten, interesten en boeten worden gestuit door een met redenen omklede aanvraag genotificeerd bij ter post aangetekend schrijven aan de ontvanger die de ontvangst heeft gedaan of aan de [gewestelijke directeur van de belasting over de toegevoegde waarde, registratie en domeinen]; ze worden eveneens gestuit op de wijze en onder de voorwaarden voorzien door artikelen 2244 en volgende van het Burgerlijk Wetboek.

Zo de verjaring gestuit werd door de aan de ontvanger of directeur genotificeerde aanvraag, is er een nieuwe verjaring van twee jaar, die slechts op de wijze en onder de voorwaarden voorzien bij artikelen 2244 en volgende van het Burgerlijk Wetboek kan worden gestuit, verworven twee jaar na de datum waarop de beslissing, waarbij de aanvraag werd verworpen, aan belanghebbende bij ter post aangetekend schrijven genotificeerd werd.

De afgifte van de brieven ter post geldt als notificatie van de volgende dag af.]

Ingevoegd bij art. 38, al. 2 W. 23 december 1958 (B.S. 7.I.1959);
Al. 1 gewijzigd bij art. 240 W. 22 december 1989 (B.S. 29.XII.1989).

HOOFDSTUK XVI

VERVOLGINGEN EN GEDINGEN

Art. 141. De oplossing der moeilijkheden, die met betrekking tot de heffing [of de invordering] der rechten van successie en van overgang bij overlijden vóór het inleiden der gedingen kunnen oprijzen, komt de

Minister van Financiën [of de door hem gemachtigde ambtenaar] toe.

[Indien, na onderhandelingen met de minister of met de door hem gemachtigde ambtenaar geen akkoord wordt bereikt over een moeilijkheid als bedoeld in het eerste lid, kan de belastingplichtige een aanvraag tot bemiddeling indienen bij de fiscale bemiddelingsdienst bedoeld bij artikel 116 van de wet van 25 april 2007 houdende diverse bepalingen (IV).

Ingeval de moeilijkheid de verkoopwaarde betreft van een goed dat aan de in artikel 111 bedoelde schatting is onderworpen, kan de bemiddeling van de fiscale bemiddelingsdienst daarover niet meer gevraagd of voortgezet worden van zodra de vordering tot controleschatting is ingesteld. De Koning kan bepalen voor welke moeilijkheden in verband met de heffing en invordering van de successierechten bemiddeling door de fiscale bemiddelingsdienst is uitgesloten.]

[De minister van Financiën] [of de door hem gemachtigde ambtenaar] gaat de transacties met de belastingplichtingen aan, voor zoveel zij geen vrijstelling of verlichting van belasting in zich sluiten.

[Binnen de door de wet gestelde grenzen, wordt het bedrag van de proportionele fiscale boeten vastgesteld in dit Wetboek of in de ter uitvoering ervan genomen besluiten, bepaald volgens een schaal waarvan de trappen door de Koning worden vastgesteld.]

Al. 1 gewijzigd bij art. 125, 1° W. 25 april 2007 (IV) (B.S. 8.V.2007, ed. 3, err. B.S. 8.X.2007), van toepassing vanaf 1 mei 2007 (K.B. 9 mei 2007, art. 14, B.S. 24.V.2007); Al. 2-3 ingevoegd bij art. 125, 2° W. 25 april 2007 (IV) (B.S. 8.V.2007, ed. 3, err. B.S. 8.X.2007), van toepassing vanaf 1 mei 2007 (K.B. 9 mei 2007, art. 14, B.S. 24.V.2007); Al. 4 (oud al. 2) gewijzigd bij art. 73 W. 15 maart 1999 (B.S. 27.III.1999) en bij art. 125, 3° W. 25 april 2007 (IV) (B.S. 8.V.2007, ed. 3, err. B.S. 8.X.2007), van toepassing vanaf 1 mei 2007 (K.B. 9 mei 2007, art. 14, B.S. 24.V.2007); Al. 5 (oud al. 3) ingevoegd bij art. 96 W. 4 augustus 1986 (B.S. 20.VIII.1986).

[**Art. 141bis.** In bijzondere gevallen mag de bevoegde gewestelijke directeur van de belasting over de toegevoegde waarde, registratie en domeinen, onder door hem bepaalde voorwaarden, vrijstelling verlenen voor alle in artikel 81 bedoelde interesten of voor een deel ervan.]

Ingevoegd bij art. 97 W. 4 augustus 1986 (B.S. 20.VIII.1986).

Art. 142[1]. De vervolgingen en gedingen door de Staat of de belastingplichtige in te spannen tot verkrijging van de betaling of van de teruggaaf van rechten, interesten en boeten, geschieden op de wijze en volgens de vormen vastgesteld inzake registratie, voor zoveel er door dit wetboek niet van afgeweken worde.

Doch, voor al de vorderingen en vervolgingen, krachtens het wetboek tegen de erfgenamen, legatarissen of begiftigden en tegen de in artikel 74 aangeduide personen ingespannen, is het veroorloofd alle om het even welke betekeningen en notificatiën aan het in de aangifte verkozen domicilie te doen.

Hernummerd bij art. 31 W. 13 augustus 1947 (B.S. 17. IX.1947).

[**Art. 142[2].** Onverminderd hetgeen gezegd werd in de artikelen 81 en 82, zijn de moratoire interesten op de in te vorderen of terug te geven sommen verschuldigd naar de voet en de regelen in burgerlijke zaken vastgesteld.]

Ingevoegd bij art. 31 W. 13 augustus 1947 (B.S. 17.IX.1947).

[**Art. 142[3].** De termijnen van verzet, hoger beroep en cassatie, alsmede het verzet, het hoger beroep en de voorziening in cassatie schorsen de tenuitvoerlegging van de gerechtelijke beslissing.]

Ingevoegd bij art. 74 W. 15 maart 1999 (B.S. 27.III.1999).

[**Art. 142[4].** [Het verzoekschrift houdende voorziening in cassatie en het antwoord op de voorziening mag door een advocaat worden ondertekend en neergelegd.]]

Ingevoegd bij art. 75 W. 15 maart 1999 (B.S. 27.III.1999) en vervangen bij art. 383 Progr. W. 27 december 2004 (B.S. 31.XII.2004, ed. 2).

HOOFDSTUK XVII

DOOR DE ONTVANGERS TE VERSTREKKEN INLICHTINGEN

Opm.: – Zie M.B. 20 juni 2002 (B.S. 3.VIII.2002).

Art. 143. Onverminderd de bijzondere wetten, reiken de ontvangers der successierechten afschriften of uittreksels van de successieaangiften uit:

1° op verzoek van de betrokkenen in rechtstreekse naam, van hun erfgenamen of rechthebbenden;

2° op verzoek van derden, tegen bevel van de vrederechter.

De uitreiking van voormelde stukken geeft aanleiding tot een door de Minister van Financiën vast te stellen retributie.

Art. 144. De ontvangers der successierechten zijn ertoe gehouden, op eenvoudig verzoek, aan alle personen, tegen een door de Minister van Financiën vast te stellen retributie, de eigendomstitels van de in het ambtsgebied van het kantoor gelegen vaste goederen te doen kennen.

Art. 145. De ontvangers der successierechten zijn ertoe gehouden, tegen een door de Minister van Financiën vast te stellen retributie, op vordering van de erfgenamen, legatarissen of begiftigden hetzij van een overleden echtgenoot, hetzij van een zijner vertegenwoordigers, de terugnemingen en vergoedingen aan te duiden die deze echtgenoot aanbelangen en die voortkomen van overeenkomsten houdende overdracht of verklaring van binnen het ambtsgebied van hun kantoor gelegen vaste goederen.

In dit geval, mag door de ontvangers gevergd worden dat de verzoekers hun de datum van het huwelijk zomede het huwelijksregime doen kennen van de echtgenoot, wier terugnemingen en vergoedingen dienen opgezocht.

Art. 146. De onder artikelen 143 tot 145 voorziene inlichtingen moeten insgelijks verstrekt worden aan de lasthebber van de belanghebbenden, op voorwaarde dat men van de lastgeving late blijken.

[Art. 146bis. Hij die, uit welken hoofde ook, optreedt bij de toepassing van de belastingwetten of die toegang heeft tot de ambtsvertrekken van de administratie van de belasting over de toegevoegde waarde, registratie en domeinen is, buiten het uitoefenen van zijn ambt, verplicht tot de meest volstrekte geheimhouding aangaande alle zaken waarvan hij wegens de uitvoering van zijn opdracht kennis heeft.

De ambtenaren van de administratie van de belasting over de toegevoegde waarde, registratie en domeinen, oefenen hun ambt uit wanneer zij aan andere administratieve diensten van de Staat, daaronder begrepen de parketten en de griffies van de hoven en van alle rechtsmachten, en aan de openbare instellingen of inrichtingen, inlichtingen verstrekken welke voor die diensten, instellingen of inrichtingen nodig zijn voor de hun opgedragen uitvoering van wettelijke of reglementaire bepalingen.

Personen die deel uitmaken van diensten waaraan de administratie van de belasting over de toegevoegde waarde, registratie en domeinen, ingevolge het vorige lid inlichtingen van fiscale aard heeft verstrekt, zijn tot dezelfde geheimhouding verplicht en mogen de bekomen inlichtingen niet gebruiken buiten het kader van de wettelijke bepalingen voor de uitvoering waarvan zij zijn verstrekt.

Onder openbare instellingen of inrichtingen dienen verstaan de instellingen, maatschappijen, verenigingen, inrichtingen en diensten welke de Staat mede beheert, waarvan de Staat een waarborg verstrekt, op welker bedrijvigheid de Staat toezicht uitoefent of waarvan het bestuurspersoneel aangewezen wordt door de Regering, op haar voordracht of met haar goedkeuring.

[...]]

Ingevoegd bij art. 53 W. 4 augustus 1978 (B.S. 17.VIII.1978); Al. 5 opgeheven bij art. 17 W. 10 februari 1981 (B.S. 14. II.1981).

BOEK II

TAXE TOT VERGOEDING DER SUCCESSIERECHTEN

HOOFDSTUK I

VESTIGING VAN DE TAXE

Art. 147. [De verenigingen zonder winstoogmerk en de private stichtingen zijn vanaf 1 januari volgend op de datum van hun oprichting onderworpen aan een jaarlijkse taks tot vergoeding van de successierechten.]

Vervangen bij art. 49 W. 2 mei 2002 (B.S. 11.XII.2002).

Art. 148. [Aan de taks zijn onderworpen:

1° de verenigingen zonder winstoogmerk na 10 juli 1921 opgericht;

2° de inrichtingen en verenigingen zonder winstoogmerk die rechtspersoonlijkheid verkregen hebben bij de wetten van 7 augustus 1919, van 12 maart en van 25 mei 1920;

3° de private stichtingen;

4° de internationale verenigingen zonder winstoogmerk.]

Vervangen bij art. 50 W. 2 mei 2002 (B.S. 11.XII.2002).

[Art. 148bis. [De inrichtingen en verenigingen zonder winstoogmerk, de private stichtingen en de internationale verenigingen zonder winstoogmerk waarvan het geheel van de bezittingen bedoeld in artikel 150 een waarde heeft die 25.000 EUR niet overschrijdt, zijn niet aan de taks onderworpen.]]

Ingevoegd bij art. 224 W. 22 december 1989 (B.S. 29. XII.1989) en vervangen bij art. 51 W. 2 mei 2002 (B.S. 11.XII.2002).

Art. 149. Zijn van de taxe vrijgesteld:

1° [de gemachtigde compensatiekassen voor kindertoeslagen en de gemachtigde onderlinge kassen voor kindertoeslagen];

2° de inrichtingen en verenigingen zonder winstoogmerken die rechtspersoonlijkheid vóór 11 juli 1921 hebben verkregen, andere dan deze waarover het gaat in het 2° van vorig artikel;

3° [de erkende pensioenkassen voor zelfstandigen];

[4° de inrichtende machten van het gemeenschapsonderwijs of het gesubsidieerd onderwijs, voor wat betreft de onroerende goederen die uitsluitend bestemd zijn voor onderwijs en de verenigingen zonder winstoogmerk voor patrimoniaal beheer die tot uitsluitend doel hebben onroerende goederen ter beschikking te stellen voor onderwijs dat door de voornoemde inrichtende machten wordt verstrekt;]

[5° de verenigingen zonder winstoogmerk, private stichtingen of internationale verenigingen zonder winstoogmerk voor patrimoniaal beheer die door de bevoegde overheid zijn erkend als terreinbeherende natuurverenigingen en die tot uitsluitend doel hebben natuurpatrimonium aan te kopen en te beheren in functie van het behoud van het natuurlijk erfgoed van België, en voor zover dit patrimonium als natuurgebied wordt beheerd en, desgevallend begeleid, toegankelijk is voor het publiek;]

[5° de instellingen voor bedrijfspensioenvoorziening die onderworpen zijn aan de vennootschapsbelasting.]

1° vervangen bij art. 32 W. 13 augustus 1947 (B.S. 17. IX.1947);

3° vervangen bij art. 1 W. 24 april 1958 (B.S. 15.V.1958);

4° ingevoegd bij art. 3 W. 5 december 2001 (B.S. 19.XII.2001);

5° ingevoegd bij art. 2 W. 3 december 2006 (B.S. 14.XII.2006, ed. 2);

5° nogmaals ingevoegd bij art. 341 W. 27 december 2006 (B.S. 28.XII.2006, ed. 3).

HOOFDSTUK II

ZETTING DER TAXE

Art. 150. [De belasting is verschuldigd op het geheel van de bezittingen van de inrichting, de vereniging zonder winstoogmerk, private stichting of internationale vereniging zonder winstoogmerk.

Daar onder zijn evenwel niet begrepen:

1° de nog verschuldigde en niet-gekapitaliseerde intresten, rentetermijnen, huur- en pachtgelden en, meer in het algemeen, burgerlijke vruchten van welke aard ook, alsmede jaarlijkse bijdragen en inschrijvingsgelden;

2° de al dan niet genoten natuurlijke vruchten;

3° de liquiditeiten en het bedrijfskapitaal bestemd om gedurende het jaar verbruikt te worden voor de activiteit van de vereniging of stichting;

4° de in het buitenland gelegen onroerende goederen;

5° de effecten uitgegeven door handelsvennootschappen waarvan de vereniging of stichting als bezitter-emittent wordt aangemerkt krachtens [...] de wet van 15 juli 1998 betreffende de certificatie van effecten uitgegeven door handelsvennootschappen, op voorwaarde dat de certificaten krachtens artikel 13, § 1, eerste lid, van dezelfde wet voor de toepassing van het Wetboek van de inkomstenbelastingen 1992 gelijkgesteld worden met de effecten waarop ze betrekking hebben.

Van het in het eerste lid bedoelde geheel van de bezittingen kunnen geen lasten in mindering worden gebracht, met uitzondering van:

1° de nog niet-betaalde termijnen van hypothecaire leningen, mits de hypotheek is gevestigd op goederen van de vereniging of stichting en minstens 50 % van de hoofdsom van de lening waarborgt;

2° de door de vereniging of stichting als algemene legataris van een nalatenschap nog uit te voeren legaten van een geldsom.

De bepalingen van boek I betreffende de belastinggrondslag en de rechtsregeling van de voorwaardelijke en betwiste bezittingen zijn van overeenkomstige toepassing op de belasting ingesteld bij artikel 147.]

Vervangen bij art. 52 W. 2 mei 2002 (B.S. 11.XII.2002);
Al. 2, 5° gewijzigd bij art. 394 Progr. W. 24 december 2002 (B.S. 31.XII.2002).

HOOFDSTUK III

AANGIFTE

Art. 151. De aan de taxe onderworpen [verenigingen zonder winstoogmerk, private stichtingen en internationale verenigingen zonder winstoogmerk] zijn ertoe gehouden, binnen de eerste drie maanden van elk aanslagjaar, ten kantore der successierechten van hun zetel, een aangifte in te leveren waarbij toestand en waarde van de goederen op de eerste januari van het aanslagjaar worden vermeld.

Bovendien zijn voormelde verenigingen [en stichtingen] ertoe gehouden een bijkomende aangifte in te leveren binnen de drie maand van de verwezenlijking der voorwaarde of van de oplossing van een geschil waarbij een goed in hun bezit komt.

[Valt de laatste dag van de termijn op een sluitingsdag van de kantoren, dan wordt deze termijn verlengd tot de eerste openingsdag der kantoren die volgt op het verstrijken van de termijn.]

De bepalingen van artikelen 42, nummers VI en VII, 43, 45 en 46 zijn op bedoelde aangiften van toepassing.

Al. 1 gewijzigd bij art. 53, 1° W. 2 mei 2002 (B.S. 11. XII.2002);
Al. 2 gewijzigd bij art. 53, 2° W. 2 mei 2002 (B.S. 11.XII.2002);
Al. 3 ingevoegd bij art. 7 W. 11 juli 1960 (B.S. 20.VII.1960).

HOOFDSTUK IV

VEREVENING EN BETALING VAN DE TAXE

Art. 152. [De taxe is bepaald op [0,17 t.h.]]

[...]

Het bedrag der aldus verevende taxe wordt, desvoorkomend, [tot de hogere cent] afgerond.

Al. 1 vervangen bij art. 18 K.B. nr. 9, 3 juli 1939 (B.S. 5. VII.1939) en gewijzigd bij art. 121, § 2 W. 14 februari 1961 (B.S. 15.II.1961);
Al. 2 opgeheven bij art. 9 W. 20 januari 1999 (B.S. 13. II.1999);
Al. 3 (= thans al. 2) gewijzigd bij art. 12, 4° K.B. 13 juli 2001 (B.S. 11.VIII.2001, err. B.S. 21.XII.2001).

Art. 153. De taxe moet gekweten worden uiterlijk bij het verstrijken van de termijn voorzien door artikel 151 voor de neerlegging der aangifte.

Wordt de taxe niet betaald binnen deze termijn, dan is de wettelijke interest, tegen de rentevoet bepaald in burgerlijke zaken, van rechtswege eisbaar vanaf de dag, waarop de betaling had moeten geschieden.

[Bij koninklijk besluit kan worden voorgeschreven dat de betaling van de taxe, boeten en interesten moet geschieden door storting of overschrijving op de postcheckrekening van het met de invordering belast kantoor.]

Al. 3 ingevoegd bij art. 42, al. 3 W. 23 december 1958 (B.S. 7.I.1959).

Art. 154. Voor de berekening van de interest, wordt artikel 82 toegepast.

Art. 155. [...]

Opgeheven bij art. 226 W. 22 december 1989 (B.S. 29. XII.1989).

Art. 156. Wanneer de jaarlijkse taxe geen [125 EUR] overschrijdt, [heeft de vereniging zonder winstoogmerk, de private stichting of de internationale vereniging zonder winstoogmerk de mogelijkheid] de voor drie achtereenvolgende jaren verschuldigde taxe ineens te kwijten; de aldus betaalde taxe wordt definitief door de Staat verkregen.

[De in het eerste lid bedoelde verenigingen of stichtingen die van deze mogelijkheid gebruik maken zijn ervan ontheven een aangifte voor elk van de twee volgende jaren in te leveren.]

Doch, zo het bezit der [vereniging of stichting], op de eerste januari van het een of het ander der twee jaren waarvoor de taxe vooraf betaald werd, zodanige vermeerdering van waarde of van actief ondergaan heeft dat de taxe in verband met deze vermeerdering ten minste [25 EUR] bereikt, is de [vereniging of stichting] ertoe gehouden, binnen de drie eerste maanden van bedoeld jaar, een aangifte in te leveren en de belasting voor het complex van haar belastbaar bezit te betalen, behoudens aftrekking van de reeds betaalde taxe.

Al. 1 gewijzigd bij art. 11 K.B. 13 juli 2001 (B.S. 11.VIII.2001, err. B.S. 21.XII.2001) en bij art. 54, 1° W. 2 mei 2002 (B.S. 11.XII.2002);
Al. 2 vervangen bij art. 54, 2° W. 2 mei 2002 (B.S. 11. XII.2002);
Al. 3 gewijzigd bij art. 11 K.B. 13 juli 2001 (B.S. 11.VIII.2001, err. B.S. 21.XII.2001) en bij art. 54, 3° W. 2 mei 2002 (B.S. 11.XII.2002).

Art. 157. Het bestuur wordt ertoe gemachtigd de aan teruggave onderworpen sommen toe te rekenen op iedere om 't even welke som verschuldigd door dezelfde [vereniging zonder winstoogmerk, private stichting of internationale vereniging zonder winstoogmerk] en krachtens de bepalingen van dit boek.

Gewijzigd bij art. 55 W. 2 mei 2002 (B.S. 11.XII.2002).

HOOFDSTUK V

DIVERSE BEPALINGEN

Art. [158]. Tot vaststelling van de te lage waarderingen, mag de ontvanger, ten aanzien van de in artikel 111 aangeduide goederen, de schatting vorderen op de wijze en in de vorm voorgeschreven door artikelen 113 tot 122.

Volgens de gevallen, is de bevoegde rechter of rechtbank deze, binnen wiens ambtsgebied de vereniging haar zetel heeft.

Hernummerd bij art. 72 W. 22 juli 1993 (B.S. 26.VIII.1993).

Art. [158bis]. [Elke vereniging zonder winstoogmerk, private stichting of internationale vereniging zonder winstoogmerk] en die de aangifte te laat inlevert, loopt per maand vertraging een boete op van [[2,50 EUR]], vertraging waarbij elke begonnen maand voor een gehele maand wordt aangerekend.

Het totaal dezer boeten mag het tiende der verschuldigde taxe niet te boven gaan, noch minder dan [[2,50 EUR]] bedragen.

Hernummerd bij art. 72 W. 22 juli 1993 (B.S. 26.VIII.1993); Al. 1 gewijzigd bij art. 1 W. 14 augustus 1947 (B.S. 17. IX.1947), bij art. 2-13 K.B. 20 juli 2000 (II) (B.S. 30. VIII.2000, err. B.S. 8.III.2001) en bij art. 56 W. 2 mei 2002 (B.S. 11.XII.2002);
Al. 2 gewijzigd bij art. 1 W. 14 augustus 1947 (B.S. 17. IX.1947) en bij art. 2-13 K.B. 20 juli 2000 (II) (B.S. 30. VIII.2000, err. B.S. 8.III.2001).

Art. [158ter]. In geval van verzuim van goederen of van te lage waardering vastgesteld in de aangifte, wordt een boete gelijk aan de ontdoken taxe opgelopen.

Hernummerd bij art. 72 W. 22 juli 1993 (B.S. 26.VIII.1993).

Art. [159]. Zijn van toepassing op de bij artikel 147 gevestigde taks, de bepalingen van het eerste boek betreffende de bewijsmiddelen der verzuimen van goederen of der te lage waarderingen, de verjaringen, de teruggave, de regiekosten, de vervolgingen en gedingen en de correctionele straffen. [Het maximumbedrag van de tussen een minimumbedrag en een maximumbedrag vast te stellen geldstraffen als bepaald in het eerste boek, wordt voor de toepassing ervan in het kader van dit boek gebracht op 125.000 EUR.]

Hernummerd bij art. 72 W. 22 juli 1993 (B.S. 26.VIII.1993) en aangevuld bij art. 79 Progr. W. 27 december 2006 (B.S. 28.XII.2006, ed. 3).

Art. [160]. De met de invordering der taxe belaste ontvangers mogen afschriften van of uittreksels uit de jaarlijkse aangifte afleveren, met nakoming van de bepalingen van artikelen 143 en 146.

Hernummerd bij art. 72 W. 22 juli 1993 (B.S. 26.VIII.1993).

[BOEK IIbis

[JAARLIJKSE TAKS OP DE COLLECTIEVE BELEGGINGSINSTELLINGEN, OP DE KREDIETINSTELLINGEN EN OP DE VERZEKERINGSONDERNEMINGEN]]

Ingevoegd bij art. 73 W. 22 juli 1993 (B.S. 26.VIII.1993) en opschrift vervangen bij art. 1 K.B. 18 november 1996 (B.S. 6.XII.1996).

[Art. 161. [Onderworpen aan een jaarlijkse taks vanaf de eerste januari volgend op hun inschrijving bij de [Autoriteit voor Financiële Diensten en Markten] zijn:

1° [de beleggingsinstellingen die geregeld zijn bij statuten, bedoeld in artikel 6, 1° en 2°, van de wet van 20 juli 2004 betreffende bepaalde vormen van collectief beheer van beleggingsportefeuilles, met uitzondering van de private privaks, bedoeld in de artikelen 119 en 120 van dezelfde wet];

2° [de beheersvennootschappen die instaan voor het beheer van de beleggingsinstellingen die geregeld zijn bij overeenkomst, bedoeld in artikel 6, 1° en 2°, van de wet van 20 juli 2004 betreffende bepaalde vormen van collectief beheer van beleggingsportefeuilles];

3° [de instellingen voor collectieve belegging naar buitenlands recht bedoeld in artikel 127 van de wet van 20 juli 2004 betreffende bepaalde vormen van collectief beheer van beleggingsportefeuilles, met uitzondering van de instellingen voor belegging in schuldvorderingen];

4° de kredietinstellingen beheerst door de wet van 22 maart 1993 op het statuut en het toezicht op de kredietinstellingen die inkomsten of dividenden toekennen als bedoeld in artikel 21, 5° en 6°, van het Wetboek van de inkomstenbelastingen 1992;

5° de verzekeringsondernemingen bedoeld in artikel 2, § 1, van de wet van 9 juli 1975 betreffende de controle der verzekeringsondernemingen, die dividenden of inkomsten toekennen als bedoeld in artikel 21, 6° en 9°, van het Wetboek van de inkomstenbelastingen 1992;

6° de verzekeringsondernemingen bedoeld in artikel 2, § 1, van de wet van 9 juli 1975 betreffende de controle der verzekeringsondernemingen, die verzekeringsverrichtingen doen als bedoeld in artikel 3, § 2, van het koninklijk besluit van 14 november 2003 betreffende de levensverzekeringsactiviteit.]]

Ingevoegd bij art. 73 W. 22 juli 1993 (B.S. 26.VIII.1993) en vervangen bij art. 307 Progr. W. 22 december 2003 (B.S. 31.XII.2003, err. B.S. 16.I.2004);
Inleidende zin gewijzigd bij art. 331 K.B. 3 maart 2011 (B.S. 9.III.2011), van toepassing vanaf 1 april 2011;
1° vervangen bij art. 2 W. 21 december 2007 (B.S. 31. XII.2007, ed. 3);
2° vervangen bij art. 342, 2° W. 27 december 2006 (B.S. 28. XII.2006, ed. 3);

3° vervangen bij art. 160 W. 27 december 2005 (B.S. 30. XII.2005, ed. 2).

[Art. 161bis. [§ 1. Wat de beleggingsinstellingen bedoeld in artikel 161, 1° en 2°, betreft, is de taks verschuldigd op het totaal van de in België op 31 december van het voorafgaande jaar netto uitstaande bedragen.

Voor de toepassing van het eerste lid:

1° worden de in het buitenland voor rekening van een rijksinwoner verworven rechten van deelneming, geacht uit te staan in België;

2° is, indien de beleggingsinstelling verzuimd heeft de elementen die nuttig en noodzakelijk zijn voor de heffing van de taks aan de administratie te verstrekken en onverminderd de toepassing van artikel 162, de taks verschuldigd op de totaalwaarde van het beheerd vermogen op 31 december van het voorafgaande jaar. De Koning kan de voor de heffing van de taks nuttige en noodzakelijke elementen bepalen.

§ 2. Wat betreft de beleggingsinstellingen, bedoeld in artikel 161, 3°, is de taks verschuldigd op het totaal van de in België netto uitstaande bedragen op 31 december van het voorafgaande jaar, vanaf hun inschrijving bij de [Autoriteit voor Financiële Diensten en Markten].

Voor de toepassing van het eerste lid:

1° kunnen de rechten van deelneming die door een financiële tussenpersoon in het buitenland werden geplaatst, niet afgetrokken worden van de de in België bruto uitstaande bedragen in geval van de inkoop door de tussenkomst van een financiële tussenpersoon in België;

2° is, indien de beleggingsinstelling verzuimd heeft de elementen die nuttig en noodzakelijk zijn voor de heffing van de taks aan de administratie te verstrekken en onverminderd de toepassing van artikel 162, de taks verschuldigd op het totaal van de in België bruto uitstaande bedragen op 31 december van het voorafgaande jaar. De Koning kan de voor de heffing van de taks nuttige en noodzakelijke elementen bepalen.

§ 3. [Voor de toepassing van de §§ 1, 2 en 5, tweede gedachtestreep, worden voor een beleggingsinstelling of een verzekeringsonderneming die rechten van deelneming heeft in een beleggingsinstelling, de bedragen die bij een beleggingsinstelling werden opgenomen in de belastbare grondslag, niet meegerekend.]

§ 4. Wat betreft de kredietinstellingen, is de taks verschuldigd op een quotiteit van het totaal bedrag van de in artikel 21, 5°, van het Wetboek der inkomstenbelastingen 1992 bedoelde spaardeposito's op 1 januari van het aanslagjaar, de interesten voor het vorig jaar niet inbegrepen. Die quotiteit is gelijk aan de verhouding van van het totaal van de op grond van vermeld artikel 21, 5°, niet-belastbare inkomsten, tot het totaal van de toegekende inkomsten voor het jaar voorafgaand aan het aanslagjaar.

§ 5. Wat betreft de verzekeringsondernemingen, is de taks verschuldigd op het totaal bedrag op 1 januari van het aanslagjaar van de wiskundige balansprovisies en de technische provisies die betrekking hebben op:

– de levensverzekeringscontracten die beantwoorden aan de voorwaarden vastgesteld in artikel 21, 9°, van het Wetboek van de inkomstenbelastingen 1992;

– de verzekeringsverrichtingen die met een beleggingsfonds verbonden zijn [met uitzondering van levensverzekeringscontracten waarvan het kapitaal of de afkoopwaarde onderworpen is aan de inkomstenbelastingen of aan de taks op het lange termijnsparen].

§ 6. Ingeval een kredietinstelling of een verzekeringsonderneming bedoeld in artikel 161, 4°, 5° of 6°, de vorm heeft aangenomen van een coöperatieve vennootschap erkend door de Nationale Raad van de Cooperatie, is de taks bovendien verschuldigd op een quotiteit van het maatschappelijk kapitaal op 1 januari van het aanslagjaar. Die quotiteit is gelijk aan de verhouding van het totaal van de op grond van artikel 21, 6°, van het Wetboek van de inkomstenbelastingen 1992 niet-belastbare dividenden, tot het totaal van de toegekende dividenden voor het boekjaar dat voorafgaat.]]

Ingevoegd bij art. 73 W. 22 juli 1993 (B.S. 26.VII.1993) en vervangen bij art. 308 Progr. W. 22 december 2003 (B.S. 31.XII.2003, err. B.S. 16.I.2004);

§ 2, al. 1 gewijzigd bij art. 331 K.B. 3 maart 2011 (B.S. 9. III.2011), van toepassing vanaf 1 april 2011;

§ 3 vervangen bij art. 29, 1° Progr. W. 9 juli 2004 (B.S. 15. VII.2004, ed. 2);

§ 5 aangevuld bij art. 29, 2° Progr. W. 9 juli 2004 (B.S. 15. VII.2004, ed. 2).

Opmerking: – De uiterlijk op 30 september 2013 gedane betaling door de kredietinstellingen, van de jaarlijkse taks gevestigd bij artikel 161bis van het Wetboek der successierechten en die opeisbaar is op 1 januari 2013, wordt geacht te zijn gebeurd op 31 maart 2013 wat het gedeelte betreft dat onderworpen is aan de bepalingen van de wet van 17 juni 2013 houdende fiscale en financiële bepalingen en bepalingen betreffende de duurzame ontwikkeling.
(W. 30 juli 2013, art. 71, B.S. 1.VIII.2013, ed. 2)
– De door de collectieve beleggingsinstellingen en de verzekeringsondernemingen gedane betaling van het supplement voortvloeiend uit de wet van 17 juni 2013 houdende fiscale en financiële bepalingen en bepalingen betreffende de duurzame ontwikkeling, vande jaarlijkse taks gevestigd bij artikel 161bis van het Wetboek der successierechten en die opeisbaar is op 1 januari 2013, wordt geacht te zijn gebeurd op 31 maart 2013 wanneer deze betaling effectief uiterlijk op 30 september 2013 is gebeurd.
(W. 30 juli 2013, art. 72, B.S. 1.VIII.2013, ed. 2)

[Art. 161ter. [Het tarief van de taks wordt vastgesteld:

1° op [0,0965 pct.] voor de in artikel 161bis, §§ 1 en 2, bedoelde bedragen van de beleggingsinstellingen;

2° op [0,1200 pct.] voor de in artikel 161bis, § 4, bedoelde quotiteit van de spaardeposito's bij kredietinstellingen;

3° op [0,0965 pct.] voor het in artikel 161bis, § 5, bedoelde totaal bedrag van de wiskundige balansprovisies en de technische provisies die betrekking heb-

ben op levensverzekeringscontracten en op verzekeringsverrichtingen die verbonden zijn aan beleggingsfondsen;

4° op [0,0965 pct.] voor de in artikel 161bis, § 6, bedoelde quotiteit van het maatschappelijk kapitaal van de in artikel 161, 4°, 5° of 6°, bedoelde instellingen die de vorm van een coöperatieve vennootschap hebben, erkend door de Nationale Raad van de Coöperatie;

5° op 0,01 pct. voor de in artikel 161bis, § 1, bedoelde bedragen, in de mate dat de financieringsmiddelen van de beleggingsinstelling, één of meerdere van haar compartimenten of klassen van aandelen, uitsluitend worden aangetrokken bij institutionele of professionele beleggers die voor eigen rekening handelen, en waarvan de effecten uitsluitend door deze beleggers kunnen worden verworven.]]

Ingevoegd bij art. 73 W. 22 juli 1993 (B.S. 26.VII.1993) en vervangen bij art. 309 Progr. W. 22 december 2003 (B.S. 31.XII.2003, err. B.S. 16.I.2004);

1° gewijzigd bij art. 106 W. 17 juni 2013 (B.S. 28.VI.2013, ed. 1), van toepassing vanaf 1 januari 2013;

2° gewijzigd bij art. 70, 1° W. 30 juli 2013 (B.S. 1.VIII.2013, ed. 2), van toepassing vanaf 1 januari 2013, de tariefverhoging is betaalbaar uiterlijk 30 september 2013;

3° en 4° gewijzigd bij art. 106 W. 17 juni 2013 (B.S. 28. VI.2013, ed. 1), van toepassing vanaf 1 januari 2013.

Toekomstig recht: – Vanaf 1 januari 2014 wordt in art. 161ter, 1° tot 4° het tarief "0,0965 pct." telkens vervangen door het tarief "0,0925 pct.".
(W. 17 juni 2013, art. 106, B.S. 28.VI.2013, ed. 1, van toepassing vanaf 1 januari 2014)
– Vanaf 1 januari 2014 wordt in art. 161ter, 2° het tarief "0,0925 pct." vervangen door het tarief "0,1929 pct.".
(W. 30 juli 2013, art. 70, 2° en 73, al. 2, B.S. 1.VIII.2013, ed. 2)

[Art. 161quater. De taks is opeisbaar [de eerste januari] van elk jaar.

[Hij moet betaald zijn uiterlijk op 31 maart van elk jaar. Nochtans wordt die termijn, wat betreft de betaling van de taks of van het gedeelte van de taks met betrekking tot de dividenden bedoeld in artikel 21, 6°, van het Wetboek van de inkomstenbelastingen 1992, in voorkomend geval, verlengd tot de achtste werkdag na de datum van de algemene vergadering waarop over de toekenning van de dividenden is beslist.]

Indien de taks [of het gedeelte van de taks] niet betaald wordt binnen deze termijn, is de wettelijke interest, volgens het percentage in burgerlijke zaken, van rechtswege verschuldigd te rekenen van de dag waarop de betaling had moeten geschieden.

[Voor de berekening van de interest wordt elke fractie van een maand gerekend als een volle maand.]]

Ingevoegd bij art. 73 W. 22 juli 1993 (B.S. 26.VII.1993);
Al. 1 gewijzigd bij art. 4 K.B. 18 november 1996 (B.S. 6. XII.1996);
Al. 2 vervangen bij art. 4 K.B. 18 november 1996 (B.S. 6.XII.1996);

Al. 3 gewijzigd bij art. 4 K.B. 18 november 1996 (B.S. 6. XII.1996);
Al. 4 ingevoegd bij art. 10 W. 20 januari 1999 (B.S. 13. II.1999).

[Art. 161quinquies. [De instellingen of ondernemingen bedoeld in artikel 161 zijn gehouden uiterlijk op 31 maart van ieder aanslagjaar op het bevoegde kantoor een aangifte in te dienen waarin de belastbare grondslag wordt opgegeven. Evenwel moeten, wat aangaat de taks of het gedeelte van de taks met betrekking tot de dividenden bedoeld in artikel 21, 6°, van het Wetboek van de inkomstenbelastingen 1992, de coöperatieve vennootschappen erkend door de Nationale Raad voor de Coöperatie de aangifte of een bijkomende aangifte die de belastbare grondslag opgeeft van de taks of van het gedeelte van de taks betreffende die dividenden, indienen ten laatste de dag waarop de betaling overeenkomstig artikel 161quater, tweede lid moet worden gedaan.]

Indien de aangifte niet ingediend wordt binnen de voorgeschreven termijn, wordt een boete verbeurd van [[250 EUR]] per week vertraging. Elke begonnen week wordt gerekend als een volle week.]

Ingevoegd bij art. 73 W. 22 juli 1993 (B.S. 26.VII.1993);
Al. 1 vervangen bij art. 5 K.B. 18 november 1996 (B.S. 6.XII.1996);
Al. 2 gewijzigd bij art. 2-13 K.B. 20 juli 2000 (II) (B.S. 30. VIII.2000, err. B.S. 8.III.2001) en bij art. 42, 5° K.B. 13 juli 2001 (B.S. 11.VIII.2001, err. B.S. 21.XII.2001).

[Art. 161sexies. Is het kantoor niet geopend op de laatste dag van de termijn van betaling of van neerlegging, dan wordt de termijn verlengd tot de eerstvolgende dag waarop het kantoor geopend is.]

Ingevoegd bij art. 73 W. 22 juli 1993 (B.S. 26.VII.1993).

[Art. 161septies. De Minister van Financiën of zijn vertegenwoordiger bepaalt het bevoegde kantoor voor de invordering van de taks, boeten en interesten.

De Koning bepaalt de vorm en de inhoud van de aangifte. Hij kan betalingsmodaliteiten bepalen alsook aanvullende regels om de juiste heffing van de belasting te verzekeren.]

Ingevoegd bij art. 73 W. 22 juli 1993 (B.S. 26.VII.1993).

[Art. 161octies. Elke onnauwkeurigheid of weglating die vastgesteld wordt in de aangifte bedoeld in artikel 161quinquies, evenals iedere andere onregelmatigheid begaan in de uitvoering van de wettelijke of reglementaire bepalingen, wordt gestraft met een boete gelijk aan tweemaal het ontdoken recht, te verminderen volgens een schaal die door de Koning wordt vastgesteld, zonder dat deze boete lager mag zijn dan [[250 EUR]] per overtreding.]

Ingevoegd bij art. 73 W. 22 juli 1993 (B.S. 26.VII.1993) en gewijzigd bij art. 2-13 K.B. 20 juli 2000 (II) (B.S. 30.

VIII.2000, err. B.S. 8.III.2001) en bij art. 42, 5° K.B. 13 juli 2001 (B.S. 11.VIII.2001, err. B.S. 21.XII.2001).

[Art. 161nonies. [De ambtenaren van de administratie van de belasting over de toegevoegde waarde, registratie en domeinen kunnen kennis nemen van alle documenten nodig voor de juiste heffing van de taks.]]

Ingevoegd bij art. 73 W. 22 juli 1993 (B.S. 26.VII.1993) en vervangen bij art. 6 K.B. 18 november 1996 (B.S. 6.XII.1996).

[Art. 162. Op de belasting ingesteld bij artikel 161 zijn van toepassing de bepalingen van boek I betreffende het bewijs van het verzuim van aangifte van goederen, alsmede die betreffende de verjaring, de teruggave, de vervolgingen en gedingen en de correctionele straffen.]

[Het maximumbedrag van de tussen een minimumbedrag en een maximumbedrag vast te stellen geldstraffen als bepaald in het eerste boek, wordt voor de toepassing ervan in het kader van dit boek gebracht op 125.000,00 EUR.]

[Wanneer de beleggingsinstellingen bedoeld in artikel 161, 3°, de bepalingen van dit boek overtreden, kan de rechter hen het verbod opleggen nog langer rechten van deelneming in België te plaatsen. Dit verbod wordt betekend aan de beleggingsinstelling, aan de [Autoriteit voor Financiële Diensten en Markten] en aan de instelling die door de beleggingsinstelling in België werd aangeduid om te zorgen voor de uitkeringen aan de deelnemers, de verkoop of de inkoop van de rechten van deelneming en voor de verplichte informatieverstrekking in ten minste één van de landstalen.]

Ingevoegd bij art. 73 W. 22 juli 1993 (B.S. 26.VII.1993);
Al. 2 ingevoegd bij art. 80 Progr. W. 27 december 2006 (B.S. 28.XII.2006, ed. 3);
Al. 3 (voorheen al. 2) ingevoegd bij art. 310 Progr. W. 22 december 2003 (B.S. 31.XII.2003, err. B.S. 16.I.2004) en gewijzigd bij art. 331 K.B. 3 maart 2011 (B.S. 9.III.2011), van toepassing vanaf 1 april 2011.

[BOEK III

JAARLIJKSE TAKS OP DE COORDINATIECENTRA]

Ingevoegd bij art. 66 W. 28 december 1992 (B.S. 31.XII.1992, err. B.S. 18.II.1993).

[Art. 162bis. De coördinatiecentra worden op 1 januari van elk jaar aan een jaarlijkse taks onderworpen.

Het bedrag van de taks bedraagt [10.000 EUR] per voltijds werknemer van het coördinatiecentrum, in de zin van artikel 3, 2°, van het koninklijk besluit nr. 187 van 30 december 1982 betreffende de oprichting van coördinatiecentra.

Het totaal bedrag van de taks mag niet hoger zijn dan [100.000 EUR] ten laste van éénzelfde coördinatiecentrum.

De taks is eisbaar vanaf 1 januari van het eerste

jaar dat volgt op de datum van oprichting.

De in aanmerking te nemen personeelsbezetting is die op 1 januari van elk belastingjaar.]

Ingevoegd bij art. 66 W. 28 december 1992 (B.S. 31. XII.1992);
Al. 2-3 gewijzigd bij art. 11 K.B. 13 juli 2001 (B.S. 11. VIII.2001, err. B.S. 21.XII.2001).

[**Art. 162ter.** De taks moet ten laatste op 31 maart van elk jaar gekweten worden.

De taks wordt gekweten door storting of overschrijving op de postrekening-courant van het bevoegde kantoor.

Wanneer echter het coördinatiecentrum niet in de loop van het burgerlijk jaar van zijn oprichting bij koninklijk besluit erkend werd, zijn de vóór de datum van de toekenning van de erkenning opeisbare taksen, betaalbaar binnen drie maanden na deze datum.

Wordt de taks niet binnen de termijn betaald, dan is de wettelijke interest, tegen de rentevoet bepaald in burgerlijke zaken, van rechtswege eisbaar vanaf de dag, waarop de betaling had moeten geschieden.

De gedeelten van een maand worden voor een volle maand gerekend.]

Ingevoegd bij art. 66 W. 28 december 1992 (B.S. 31. XII.1992).

[**Art. 162quater.** Op de dag van de betaling dient de belastingplichtige op het bevoegde kantoor een opgave in met vermelding van het aanslagjaar, de oprichtingsdatum van het centrum, de datum van het koninklijk besluit tot erkenning, het aantal voltijdse werknemers in dienst en het bedrag van de taks.

Wanneer de opgave niet binnen de in voorgaand artikel gestelde termijn wordt ingediend, wordt een boete verbeurd van [[250 EUR]] per week vertraging. Iedere begonnen week wordt voor een gehele week gerekend.]

Ingevoegd bij art. 66 W. 28 december 1992 (B.S. 31. XII.1992);
Al. 2 gewijzigd bij art. 2-13 K.B. 20 juli 2000 (II) (B.S. 30. VIII.2000, err. B.S. 8.III.2001) en bij art. 42, 5° K.B. 13 juli 2001 (B.S. 11.VIII.2001, err. B.S. 21.XII.2001).

[**Art. 162quinquies.** De Koning bepaalt het kantoor dat bevoegd is voor de inning van de taks, de interesten en de boeten. Hij kan regels voor de betaling vaststellen.]

Ingevoegd bij art. 66 W. 28 december 1992 (B.S. 31. XII.1992).

[**Art. 162sexies.** Ingeval de taks niet binnen de vastgestelde termijn betaald werd, is een boete verschuldigd die gaat van één twintigste tot één vijfde van de taks, volgens een bij koninklijk besluit vastgestelde schaal.]

Ingevoegd bij art. 66 W. 28 december 1992 (B.S. 31. XII.1992).

[**Art. 162septies.** Elke onnauwkeurigheid of weglating vastgesteld in de in artikel 162quater vermelde opgave wordt gestraft met een boete gelijk aan vijfmaal het ontdoken recht te verminderen volgens een schaal die wordt vastgesteld bij koninklijk besluit.]

Ingevoegd bij art. 66 W. 28 december 1992 (B.S. 31. XII.1992).

[**Art. 162octies.** Wanneer het coördinatiecentrum zijn erkenning verliest of eraan verzaakt, met uitwerking op een datum vóór 1 januari van het aanslagjaar waarvoor de belasting is betaald, worden de belasting en, in voorkomend geval, de interesten teruggegeven.]

Ingevoegd bij art. 66 W. 28 december 1992 (B.S. 31. XII.1992).

[**Art. 162nonies.** De vervolgingen en gedingen door de administratie of de belastingplichtige in te spannen tot verkrijging van de betaling of van de teruggave van de taks, de interesten en de boeten, geschieden op de wijze en volgens de vormen vastgesteld inzake registratierechten.]

Ingevoegd bij art. 66 W. 28 december 1992 (B.S. 31. XII.1992).

[**Art. 162decies.** Er is verjaring voor de eis tot invordering of teruggave van de taks, de interesten en de boeten na vijf jaar te rekenen vanaf 1 januari van het jaar waarin de vordering ontstaan is.

De verjaringen inzake invordering en teruggave van de belastingen, interesten en boeten worden geschorst overeenkomstig de artikelen 140^1 en 140^2 van dit Wetboek.]

Ingevoegd bij art. 66 W. 28 december 1992 (B.S. 31. XII.1992).

INTREKKINGSBEPALING

Art. 163. Worden ingetrokken alle vroegere wetten en wetsbepalingen op de rechten van successie en van overgang bij overlijden en op de taxe tot vergoeding der successierechten, alsmede alle andere wetsbepalingen die strijdig met dit wetboek zouden zijn.

OVERGANGSBEPALINGEN

Afdeling 1

Algemene maatregelen

Art. 164. De bepalingen van dit wetboek beheersen enkel de nalatenschappen opengevallen alsmede de taxes tot vergoeding der successierechten verkregen na de datum van zijn inwerkingtreding, onder voorbehoud van hetgeen gezegd onder artikelen 165 tot 178.

Art. 165. De bepalingen van het wetboek zijn van toepassing op de gevallen van intreden, na voormelde datum, van gebeurtenissen voorzien in artikel 37, 2°, 3° en 4°, alhoewel deze gebeurtenissen in verband staan met een vroeger opengevallen nalatenschap; in die gevallen, moeten evenwel de nieuwe bepalingen van artikelen 4, 2°, 16, 18, 38, 2° en 3°, en 52¹ niet toegepast worden, of moet de verhoging van belasting, voorzien door de oude wetgeving op het door bloedverwanten in de zijlinie verkregen buitenversterfdeel, niet afgewezen worden.

Art. 166. De in artikel 17 gevestigde regel volgens dewelke de in het buitenland geheven belasting in nationale munt geconverteerd wordt op de datum van de betaling, is van toepassing op de vóór voormelde datum opengevallen nalatenschappen, voor zoveel dat, op deze datum, de bewijsstukken der betaling bij de ontvanger nog niet neergelegd werden.

Art. 167. De vormveranderingen toegebracht door het wetboek aan de aangiften van nalatenschap en aan de jaarlijkse aangiften van de goederen der verenigingen zonder winstoogmerken worden toegepast op iedere nog niet ingeleverde aangifte.

Art. 168. Artikel 58 is van toepassing telkenmale het tenietgaan van het vruchtgebruik na de datum van de inwerkingtreding van het wetboek geschiedt.

Art. 169. De vereenvoudigingen van berekeningen voorzien in artikelen 62, 63, 82, 83 en 154 zijn van toepassing op elke na voormelde datum gedane verrichting.

Art. 170. De lopende wettelijke interesten worden berekend tegen de vroeger bepaalde rentevoet tot voormelde datum en tegen de rentevoet bepaald in burgerlijke zaken te rekenen van dezelfde datum.

Art. 171. De opheffing van het verplichtend visa der quitantiën van het recht van overgang bij overlijden is van toepassing op alle na voormelde datum uitgereikte kwitantie.

Art. 172. De bepalingen aangaande het voorrecht en de wettelijke hypotheek van de Staat, gevestigd bij artikelen 84 tot 93, zijn van toepassing, ongeacht de nalatenschappen al dan niet sinds voormelde datum opengevallen zijn, doch, blijven de hypotheken thans bestaande en nog niet ingeschreven wegens vroeger opengevallen nalatenschappen, voort bestaan met hun rang, indien de inschrijving genomen wordt binnen de zes maanden na gezegde datum, zonder dat de termijn korter moge wezen dan achttien maanden te rekenen van het overlijden; bij gemis ingeschreven te zijn binnen bedoelde termijn, nemen de hypotheken waarover het gaat slechts rang op de datum van hun inschrijving.

Anderzijds, staken de voorrechten en wettelijke hypotheken, die thans bestaan tot waarborg van taxes tot vergoeding verschuldigd door verenigingen zonder winstoogmerken, hun uitwerking uiterlijk binnen de zes maanden van de datum van het inwerkingtreden van het wetboek.

Art. 173. Artikelen 95 tot 99 zijn van toepassing, op al de na voormelde datum gedane verrichtingen.

Art. 174. Het recht van navorsing zoals het gevestigd is bij artikelen 100 en 107 mag door het bestuur uitgeoefend worden, welke ook de datum van het openvallen van de nalatenschap zij.

Art. 175. Artikelen 112 tot 122 en 139 zijn van toepassing op al de schattingen die nog niet aangevraagd werden.

Art. 176. De bepalingen van het wetboek, die de fiscale boeten en correctionele straffen vaststellen, zijn van toepassing op elke na de datum van zijn inwerkingtreding begane inbreuk.

Art. 177. Artikelen 136 en 157 zijn van toepassing op al de te verrichten teruggaven.

Art. 178. De verjaringen begonnen bij de inwerkingtreding van het wetboek worden overeenkomstig artikelen 137, 138 en 140 geregeld.

Doch, in geval van verkorting van de duur der thans in loop zijnde verjaringen, indien de termijn die nog onder het vorige regime te verlopen blijft geen jaar te rekenen van voormelde datum overschrijdt, wordt hij geheel en al gehandhaafd; daarentegen, indien bedoelde termijn nog meer dan één jaar bedraagt, kan hij niet tot minder dan één jaar teruggebracht worden.

Afdeling 2

Bijzondere maatregelen

Art. 179. Bij overgangsmaatregel, worden onderstaande artikelen 180 tot 183 in de kantons Eupen, Malmédy en Sankt-Vith in werking gehouden.

Art. 180. Indien degene die tot het genot van de volle eigendom komt, de rechten in schorsing gehouden heeft bij toepassing van § 26, alinea 2, der Pruisische wet van 3 juni 1906 op de successierechten, moet de aangifte van ophouding van vruchtgebruik ten kantore van de ligging der goederen worden gedaan.

Zij duidt het bedrag aan van het recht dat in schorsing gehouden werd [...].

Al. 2 gewijzigd bij art. 12, 6° K.B. 13 juli 2001 (B.S. 11. VIII.2001, err. B.S. 21.XII.2001).

Art. 181. Artikelen 94, 97 tot 99, 130 en 133, betreffende de plichten der openbare ambtenaren zijn van toepassing op de op de 1ᵉ januari 1927 in dienst zijnde auctionarissen.

Art. 182. Voor de toepassing van de laatste alinea van artikel 11 van dit wetboek, moeten afgetrokken worden, in de plaats van het overschrijvingsrecht, de gerechtskosten die mochten geïnd zijn uit hoofde van de inschrijving in het grondboek van de akte van verkoop of van afstand of van de aangifte van uitbezitstelling-inbezitneming.

In voorkomend geval, wordt het volgens de Duitse wetten op de akte van verkoop of van overdracht of op de aangifte van uitbezitstelling-inbezitneming geïnd recht in de plaats van het registratierecht afgetrokken.

Art. 183. In geval van voortzetting van de gemeenschap der goederen overeenkomstig artikel 1483 en volgende artikelen van het Duits Burgerlijk Wetboek, worden de kinderen of afstammelingen van de vóór-overleden echtgenoot, voor de inning der rechten van successie en van overgang bij overlijden, geacht uit de nalatenschap van hun ouder dat deel te verkrijgen waarop zij in de voortgezette gemeenschap recht hebben.

Hetzelfde geldt voor de afstammelingen van een der in onverdeeldheid zijnde personen die het aandeel van deze laatste in de voortgezette gemeenschap verkrijgen, en voor zijn mede-inonverdeeldheidzijnden aan wie dit aandeel als aanwas ten dele valt in de gevallen voorzien bij artikel 1490 van het Duits Burgerlijk Wetboek.

Uitvoeringsbesluiten

INHOUDSOPGAVE

**KONINKLIJK BESLUIT
VAN 31 MAART 1936
HOUDENDE ALGEMEEN REGLEMENT VAN
DE SUCCESSIERECHTEN**

B.S. 7.IV.1936.

Art. 1. [De administratie van de belasting over de toegevoegde waarde, registratie en domeinen staat in voor de dienst van de in het Wetboek der successie-rechten opgenomen belastingen.

De registratiekantoren staan in voor de dienst van de in het eerste en tweede boek van dit wetboek opgenomen belastingen. Voor deze belastingen kunnen evenwel, volgens de behoeften van de dienst, bijzondere kantoren der successierechten ingesteld worden.

Het zesde registratiekantoor te Brussel staat in voor de dienst van de in het derde boek van dit wetboek opgenomen belasting.]

Vervangen bij art. 1 K.B. 15 maart 1993 (B.S. 27.III.1993).

[Art. 2. De jaarlijkse aangifte van de taks op de collectieve beleggingsinstellingen wordt overeenkomstig het model in bijlage 2 van dit besluit opgesteld op papier met standaardformaat DIN A4. Zij vermeldt:

1° het aanslagjaar;

2° de benaming, de maatschappelijke zetel en het nationaal nummer van de aangevende instelling;

3° de oprichtingsdatum van deze instelling;

4° de totale belastbare grondslag;

5° het bedrag van de verschuldigde taks.

Indien de collectieve beleggingsinstelling verschillende compartimenten bevat, wordt de belastbare grondslag per compartiment gedetailleerd onderaan de aangifte.

[Wanneer [het totaal van de in België netto uitstaande bedragen] uitgedrukt is in een buitenlandse munt, wordt aangeduid:

a) de omrekeningskoers in euro op datum van [31 december van het voorafgaande jaar] of, in voorkomend geval, de laatste koers voorafgaand aan de [eenendertigste december]. De omrekeningskoers wordt, indien nodig, bepaald overeenkomstig het koninklijk besluit van 14 september 1992 tot vaststelling van de nadere regels voor de omrekening in euro van bedragen die in de openbare en administratieve akten zijn uitgedrukt in bepaalde munteenheden;

b) de omrekeningswaarde van [het totaal van de in België netto uitstaande bedragen] in euro.]]

Ingevoegd bij art. 1 K.B. 27 september 1993 (B.S. 7.X.1993); Al. 3 vervangen bij art. 11 K.B. 13 juli 2001 (B.S. 11.VIII.2001, err. B.S. 21.XII.2001) en gewijzigd bij art. 1 K.B. 4 februari 2004 (B.S. 23.II.2004).

[Art. 2bis. De jaarlijkse aangifte van de taks op de kredietinstellingen wordt overeenkomstig het model in bijlage 3 van dit besluit opgesteld op papier met standaardformaat DIN A4. Zij vermeldt:

1° het aanslagjaar;

2° de benaming, de maatschappelijke zetel en het nationaal nummer van de aangevende instelling;

3° de oprichtingsdatum van deze instelling;

4° de belastbare grondslag;

5° het bedrag van de verschuldigde taks.]

Ingevoegd bij art. 2 K.B. 10 maart 1997 (B.S. 28.III.1997).

[Art. 2ter. De jaarlijkse aangifte van de taks op de verzekeringsondernemingen wordt overeenkomstig het model in bijlage 4 van dit besluit opgesteld op papier met standaardformaat DIN A4. Zij vermeldt:

1° het aanslagjaar;

2° de benaming, de maatschappelijke zetel en het nationaal nummer van de aangevende instelling;

3° de oprichtingsdatum van deze instelling;

4° de belastbare grondslag;

5° het bedrag van de verschuldigde taks.]

Ingevoegd bij art. 3 K.B. 10 maart 1997 (B.S. 28.III.1997).

Art. [[2quater]]. [Alle schrappingen of veranderingen van woorden en van cijfers in de aangiften van nalatenschap, in de jaarlijkse aangiften van de goederen van de verenigingen zonder winstoogmerken en van de taks op de collectieve beleggingsinstellingen [, op de kredietinstellingen en op de verzekeringsondernemingen] en in de jaarlijkse opgaven van de taks op de coördinatiecentra moeten door de aangevers in margine goedgekeurd en ondertekend of geparafeerd worden.]

Wanneer een persoon in de aangifte door een lasthebber vertegenwoordigd is, moet bij de aangifte, hetzij het origineel van de onderhandse in brevet verleden volmachtakte, hetzij een expeditie van de in minuut opgestelde volmachtakte, worden gevoegd.

Hernummerd bij art. 2 K.B. 27 september 1993 (B.S. 7.X.1993) en bij art. 4 K.B. 10 maart 1997 (B.S. 28.III.1997); Al. 1 vervangen bij art. 2 K.B. 27 september 1993 (B.S. 7.X.1993) en gewijzigd bij art. 4 K.B. 10 maart 1997 (B.S. 28.III.1997).

Art. 3. De ontvangers [...] geven aan de betrokken partijen die zulks aanvragen een bewijs af dat van de datum, waarop de aangifte werd ingeleverd, laat blijken.

Gewijzigd bij art. 3 K.B. 15 maart 1993 (B.S. 27.III.1993).

Art. 4. In geval van overlijden van een persoon buiten de gemeente van zijn domicilie of van zijn gewone verblijfplaats, zendt de ambtenaar van de burgerlijke stand die de akte van overlijden opgemaakt heeft, binnen de acht dagen, daarvan een expeditie aan dezen van het domicilie of van de gewone verblijfplaats van de overledene.

Art. 5. [Vóór de 15e van elke maand laat het college van burgemeester en schepenen aan het kantoor der successierechten waaronder de gemeente ressorteert een staat geworden, opgemaakt volgens het door de Minister van Financiën bepaald model, van al de tijdens de vorige maand aan de ambtenaar van de burgerlijke stand aangegeven sterfgevallen, alsook van de buiten de gemeente voorgekomen sterfgevallen waarvan de ambtenaar van de burgerlijke stand, in de loop van dezelfde maand, kennis heeft gekregen door de overeenkomstig hetzij vorenstaand artikel 4, hetzij artikelen 80, 82 en 87 van het Burgerlijk Wetboek ontvangen expedities.

Wanneer het grondgebied van een gemeente onder verscheidene kantoren van successierechten verdeeld is, wordt een afzonderlijke staat voor het ambtsgebied van elk dier kantoren opgemaakt.

Bij ontstentenis van aangegeven of genotificeerde sterfgevallen wordt de staat vervangen door een ontkennend getuigschrift opgemaakt volgens het door de Minister van Financiën bepaald model.]

Vervangen bij art. 1 K.B. 20 januari 1954 (B.S. 28.II.1954).

Art. 6. De prijscourant der openbare effecten, der aandelen en der interesten vermeld onder artikel 21, nr. III, van het Wetboek der successierechten wordt de 20e van de maand in het Staatsblad bekendgemaakt.

Zij wordt door [de administratie over de toegevoegde waarde, registratie en domeinen] vastgesteld volgens de in de loop der vorige maand ter Beurze van Brussel, zo niet ter Beurze van Antwerpen, Luik of Gent, toegepaste koersen.

Al. 2 gewijzigd bij art. 3 K.B. 27 september 1993 (B.S. 7.X.1993).

Art. 7. [De kennisgeving of de lijst der in artikelen 96 tot 99, 101 en 103[1] van het Wetboek der Successierechten bedoelde effecten, sommen, waarden en voorwerpen wordt afgegeven aan [de gewestelijke directeur van de belasting over de toegevoegde waarde, registratie en domeinen] binnen wiens ambtsgebied degenen die daartoe gehouden zijn hun zetel of hun verblijfplaats hebben.

Deze ambtenaar is eveneens bevoegd:

1° Tot het ontvangen der kennisgeving en berichtgevingen waarvan spraak in artikelen 98, laatste alinea, 101, tweede alinea, 102[1], laatste alinea, en 102[3], eerste alinea, van gezegd wetboek;

2° Tot het aanduiden van de ambtenaar die gelast is aanwezig te zijn bij het opmaken van de lijst of van de inventaris in de door de artikelen 98, 99 en 101 voorziene gevallen.]

Vervangen bij art. 2 R.B. 5 februari 1945 (B.S. 1.III.1945);
Al. 1 gewijzigd bij art. 4 K.B. 27 september 1993 (B.S. 7.X.1993).

Art. 8. [Onverminderd de bijzondere wijzen van betaling ingevoerd door een wettelijke bepaling, worden de successierechten, de rechten van overgang bij overlijden, de jaarlijkse taks tot vergoeding der successierechten, [en de interesten en boeten erop betrekkelijk] betaald op één der navolgende wijzen:

1° door middel van een storting of overschrijving op de postrekening-courant van het met de invordering belast kantoor;

2° door middel van een postwissel ten gunste van de met de invordering belaste ontvanger;

3° door middel van een vooraf gekruiste gecertificeerde of gewaarborgde cheque, ten gunste van de met de invordering belaste ontvanger, getrokken op een financiële instelling die aangesloten of vertegenwoordigd is bij een verrekenkamer van het land;

4° in handen van een gerechtsdeurwaarder, wanneer deze vervolgingen instelt in opdracht van de ontvanger.

De Minister van Financiën of zijn gedelegeerde kan, in bijzondere omstandigheden, andere wijzen van betaling toestaan.]

Vervangen bij art. 1 K.B. 15 oktober 1987 (B.S. 22.X.1987, err. B.S. 5.XII.1988);
Al. 1, inleidende zin gewijzigd bij art. 4 K.B. 15 maart 1993 (B.S. 27.III.1993).

[Art. 8bis. § 1. De in artikel 8 bedoelde betaling heeft uitwerking:

1° voor een storting op een postkantoor, op de datum van de storting;

2° voor een overschrijving, de laatste werkdag die voorafgaat aan de datum van creditering van de postrekening-courant van het kantoor volgens de documenten van het Bestuur der postcheques. Als werkdagen worden aangemerkt, alle andere dagen dan de zaterdagen, de zondagen en de wettelijke feestdagen;

3° in geval van afgifte aan de ontvanger van gecertificeerde of gewaarborgde cheques of postwissels, op de datum van de overhandiging van deze cheques of postwissels aan de ontvanger;

4° in geval van betaling na vervolgingen ingesteld door een gerechtsdeurwaarder in opdracht van de ontvanger, op de datum van de overhandiging der betaalmiddelen in handen van de gerechtsdeurwaarder.

§ 2. De Minister van Financiën of zijn gedelegeerde bepaalt de datum waarop de betaling uitwerking heeft, wanneer hij overeenkomstig artikel 8, tweede lid, een andere wijze van betaling toestaat.]

Ingevoegd bij art. 2 K.B. 15 oktober 1987 (B.S. 22.X.1987).

[Art. 8ter. De jaarlijkse taks op de coördinatiecentra en de interesten en boeten erop betrekkelijk, worden betaald door storting of overschrijving op de postrekening-courant van het zesde registratiekantoor te Brussel. Op stortings- of overschrijvingsformulier worden de naam [, het nationaal nummer] en de maatschappelijke zetel van het coördinatiecentrum op het tijdstip van de betaling alsmede het aanslagjaar waarvoor de betaling geschiedt, vermeld. Indien de benaming van het coördinatiecentrum tussen 1 januari van het aanslagjaar en het tijdstip van de betaling werd gewijzigd, wordt tevens de benaming op 1 januari van het aanslagjaar vermeld.

De betaling heeft uitwerking op de in artikel 8bis bepaalde datum.]

Ingevoegd bij art. 5 K.B. 15 maart 1993 (B.S. 27.III.1993);
Al. 1 gewijzigd bij art. 5 K.B. 10 maart 1997 (B.S. 27.
III.1993).

[**Art. 8quater.** De jaarlijkse taks op de collectieve beleggingsinstellingen [, op de kredietinstellingen en op de verzekeringsondernemingen] en de interesten en boeten erop betrekkelijk, worden betaald door storting of overschrijving op de postrekening-courant van het kantoor belast met de invordering.

Op het stortings- of overschrijvingsformulier worden de benaming [, het nationaal nummer] en de maatschappelijke zetel van de collectieve beleggingsinstelling [, van de kredietinstelling of van de verzekeringsonderneming] op het tijdstip van de betaling alsmede het aanslagjaar waarvoor de betaling geschiedt, vermeld.

De betaling heeft uitwerking op de in artikel 8bis bepaalde datum.]

Ingevoegd bij art. 5 K.B. 27 september 1993 (B.S. 7.X.1993);
Al. 1-2 gewijzigd bij art. 6 K.B. 10 maart 1997 (B.S. 27.
III.1993).

Art. 9. [De vermindering van de proportionele fiscale boeten bedoeld in artikel 141 van het Wetboek der successierechten geschiedt volgens het barema dat [in de bijlage bij dit besluit is opgenomen].

Dit barema is evenwel niet van toepassing op overtredingen die gepleegd werden met de bedoeling de belasting te ontduiken of dit mogelijk te maken.]

Vervangen bij art. 1 K.B. 30 januari 1987 (B.S. 7.II.1987);
Al. 1 gewijzigd bij art. 6 K.B. 15 maart 1993 (B.S. 27.
III.1993).

[**Art. 10.** De verminderde boete wordt niet ingevorderd wanneer zij het bedrag van [[5 EUR]] niet bereikt.]

Ingevoegd bij art. 2 K.B. 30 januari 1987 (B.S. 7.II.1987),
gewijzigd bij art. 3-22 K.B. 20 juli 2000 (B.S. 30.VIII.2000,
err. B.S. 8.III.2001) en bij art. 37, 6° K.B. 13 juli 2001 (B.S.
11.VIII.2001, err. B.S. 21.XII.2001).

[**Art. 11.** Wanneer de rechten, boeten en toebehoren bij dwangbevel worden ingevorderd, wordt de verminderde boete verhoogd met 50 pct., zonder dat het in te vorderen bedrag lager mag zijn dan 10 pct. van de verschuldigde rechten.

De verhoging is evenwel niet van toepassing wanneer de rechter de vordering van de Staat gedeeltelijk vermindert of wanneer de bewijsvoering van de belastingplichtige enkel betrekking heeft op een rechtspunt.]

Ingevoegd bij art. 3 K.B. 30 januari 1987 (B.S. 7.II.1987).

[**Art. 12.** [Het bedrag van de verminderde boete wordt afgerond op de lagere euro of het tiental euro naargelang het bedrag kleiner of groter is dan 250 euro.]]

[Wanneer de verminderde boete verhoogd wordt bij toepassing van artikel 11 van dit besluit, wordt het resultaat niet meer afgerond.]

Ingevoegd bij art. 4 K.B. 30 januari 1987 (B.S. 7.II.1987);
Al. 1 vervangen bij art. 12 K.B. 13 juli 2001 (B.S. 11.
VIII.2001);
Al. 2 toegevoegd bij art. 1 K.B. 27 augustus 1993 (B.S. 21.
IX.1993).

[**Art. 13.** De boete bedoeld in art. 162sexies van het Wetboek der Successierechten wordt bepaald volgens de schaal die in de bijlage bij dit besluit is opgenomen.]

Ingevoegd bij art. 7 K.B. 15 maart 1993 (B.S. 27.III.1993).

Art. [[14]]. Bij dit algemeen reglement worden al de vorige bepalingen ter zake ingetrokken.

Hernummerd bij art. 1 K.B. 30 januari 1987 (B.S. 7.II.1987)
en bij art. 7 K.B. 15 maart 1993 (B.S. 27.III.1993).

BIJLAGE [I]

TOT HET KONINKLIJK BESLUIT VAN 31 MAART 1936 HOUDENDE ALGEMEEN REGLEMENT VAN DE SUCCESSIERECHTEN

[A. Vermindering van de proportionele fiscale boeten bedoeld bij artikel 141 van het Wetboek der Successierechten.

Aard van de overtreding	Bedrag van de verminderde boete
I. Niet-betaling van de rechten binnen vijftien dagen na de betekening van het dwangbevel (art. 125 van het Wetboek)	geen vermindering
II. Verzuim (art. 126 en [158ter] van het Wetboek)	
A. [Verzuim van in België gelegen onroerende goederen of van renten en schuldvorderingen die in de in België gehouden registers van de hypotheekbewaarders ingeschreven zijn:	1/10 van de bijkomende rechten]
B. Verzuim van goederen behorende tot de nalatenschap bij toepassing van de artikelen 9 tot 11 van het Wetboek ongeacht hun aard	1/10 van de bijkomende rechten
C. Verzuimen andere dan deze bedoeld sub A en B	1/5 van de bijkomende rechten
III. Tekort in de waardering (art. 127 en [158ter] van het Wetboek)	
A. Aan de controleschatting onderworpen goederen	
1° tekort niet hoger dan 1/4 van de aangegeven waarde	1/20 van de bijkomende rechten
2° tekort hoger dan 1/4 van de aangegeven waarde zonder 1/2 daarvan te overschrijden	1/10 van de bijkomende rechten
3° tekort hoger dan 1/2 van de aangegeven waarde zonder de geheelheid daarvan te overschrijden	1/6 van de bijkomende rechten
4° tekort hoger dan de aangegeven waarde	1/4 van de bijkomende rechten
B. Niet aan de controleschatting onderworpen goederen	
1° tekort niet hoger dan 1/2 van de aangegeven waarde	1/10 van de bijkomende rechten
2° tekort hoger dan 1/2 van de aangegeven waarde	1/5 van de bijkomende rechten
IV. [Boete bedoeld in artikel 128 van het Wetboek	1/5 van de bijkomende rechten]
V. Betaling van successierechten door middel van effecten van de 4 t.h. geunificeerde schuld die niet tot de nalatenschap behoren (art. 129 van het Wetboek)	1/5 van de bijkomende rechten
[VI. Boeten bedoeld in artikel 161octies van het Wetboek, onverminderd het minimum van [[250 EUR]]	
A. ongenoegzaamheid of verzuim	1/5 van de bijkomende rechten
B. andere onregelmatigheden die een bijkomend recht opeisbaar maken	1/10 van de bijkomende rechten.]
[VII.] Boete bedoeld in artikel 162septies van het Wetboek	
A. Het ontdoken recht bedraagt [[10.000 EUR]]	1/10 van de ontdoken rechten
B. Het ontdoken recht bedraagt	
[[20.000 EUR]]	1/4 van de ontdoken rechten
C. Het ontdoken recht bedraagt [[30.000 EUR]] of meer	1/2 van de ontdoken rechten

B. Schaal bedoeld in artikel 162sexies van het wetboek

I. Vertraging van niet meer dan 1 maand	1/20 van de taks
II. Vertraging van niet meer dan 2 maand	1/10 van de taks
III. Vertraging van niet meer dan 2 maand	1/5 van de taks.]

Genummerd bij art. 7 K.B. 27 september 1993 (B.S. 7.X.1993);
Vervangen bij art. 8 K.B. 15 maart 1993 (B.S. 27.III.1993);
A, II, inleidende zin gewijzigd bij art. 6, 1° K.B. 27 september 1993 (B.S. 7.X.1993);
A, II, A vervangen bij art. 2 K.B. 27 augustus 1993 (B.S. 21.IX.1993);
A, III, inleidende zin gewijzigd bij art. 6, 1° K.B. 27 september 1993 (B.S. 7.X.1993);
A, IV vervangen bij art. 2 K.B. 27 augustus 1993 (B.S. 21.IX.1993);
A, VI, ingevoegd bij art. 6, 2 (I) K.B. 27 september 1993 (B.S. 7.X.1993);
A, VI, inleidende zin gewijzigd bij art. 3-22 K.B. 20 juli 2000 (I) (B.S. 30.VIII.2000, err. B.S. 8.III.2001) en bij art. 37, 6° K.B.
13 juli 2001 (B.S. 11.VIII.2001, err. B.S. 21.XII.2001);
A, VII hernummerd bij art. 6, 2° K.B. 27 september 1993 (B.S. 7.X.1993);
A, VII, A-B-C gewijzigd bij art. 3-22 K.B. 20 juli 2000 (I) (B.S. 30.VIII.2000, err. B.S. 8.III.2001) en bij art. 37, 6° K.B. 13 juli
2001 (B.S. 11.VIII.2001, err. B.S. 21.XII.2001).

BIJLAGE II

JAARLIJKSE TAKS OP DE COLLECTIEVE BELEGGINGSINSTELLINGEN

(niet opgenomen)

Ingevoegd bij K.B. 27 september 1993 (B.S. 7.X.1993) en met ingang van 23 februari 2004 vervangen bij K.B. 4 februari 2004
(B.S. 23.II.2004).

BIJLAGE III

JAARLIJKSE TAKS OP DE KREDIETINSTELLINGEN

(niet opgenomen)

Ingevoegd bij K.B. 10 maart 1997 (B.S. 28.III.1997), gewijzigd bij K.B. 13 december 1999 (B.S. 29.XII.1999, ed. 3) en met in-
gang van 23 februari 2004 bij K.B. 4 februari 2004 (B.S. 23.II.2004)

BIJLAGE IV

JAARLIJKSE TAKS OP DE VERZEKERINGSONDERNEMINGEN

(niet opgenomen)

Ingevoegd bij K.B. 10 maart 1997 (B.S. 28.III.1997), gewijzigd bij K.B. 13 december 1999 (B.S. 29.XII.1999, ed. 3) en met in-
gang van 23 februari 2004 bij K.B. 4 februari 2004 (B.S. 23.II.2004)

KONINKLIJK BESLUIT
VAN 26 AUGUSTUS 2003
HOUDENDE AANVULLENDE REGELS BETREFFENDE DE INBETALINGGEVING VAN KUNSTWERKEN TER VOLDOENING VAN DE SUCCESSIERECHTEN, TOT VASTSTELLING VAN DE NADERE REGELS BETREFFENDE DE BETALING EN DE TERUGGAVE VAN DE SCHATTINGSKOSTEN BEDOELD IN ARTIKEL 83-3 VAN HET WETBOEK DER SUCCESSIERECHTEN EN IN ARTIKEL 111, VIJFDE LID, VAN HET WETBOEK VAN DE INKOMSTENBELASTINGEN 1992 EN TOT VASTSTELLING VAN DE DATUM VAN INWERKINGTREDING VAN ELK VAN DE ARTIKELEN VAN DE WET VAN 21 JUNI 2001 TOT WIJZIGING VAN DE GEVOLGEN VOOR DE INKOMSTENBELASTINGEN VAN SCHENKINGEN AAN DE STAAT EN TOT WIJZIGING VAN DE REGELING VOOR DE AFGIFTE VAN KUNSTWERKEN TER BETALING VAN SUCCESSIERECHTEN

HOOFDSTUK I

INDIENING VAN DE SCHATTINGSAANVRAAG

Art. 1. § 1. De schattingsaanvraag wordt bij een ter post aangetekende brief ingediend bij de voorzitter van de bijzondere commissie.

§ 2. Bovendien, indien de schattingsaanvraag wordt gedaan bij toepassing van artikel 83-3 van het Wetboek der successierechten:

1° en de kunstwerken maken in hun geheel deel uit van de nalatenschap of behoren op de dag van het overlijden in hun geheel toe aan de overledene en zijn overlevende echtgenoot:

a) wordt de schattingsaanvraag terzelfder tijd bij een ter post aangetekende brief betekend aan de ontvanger van het kantoor waar de aangifte van nalatenschap moet worden ingediend;

b) moet de aanvraag worden ingediend vóór het verstrijken van hetzij de in artikel 40 van het Wetboek der successierechten bepaalde gewone termijn voor de indiening van de aangifte, hetzij de overeenkomstig artikel 41 van het Wetboek der successierechten verlengde termijn voor die aangifte, indien de verlenging van de termijn van indiening werd toegestaan op andere gronden dan de indiening van de schattingsaanvraag.

Als datum van de aanvraag geldt de datum van de afgifte bij de post voor het aangetekend versturen ervan aan de voorzitter van de bijzondere commissie;

2° en de kunstwerken behoren op de dag van het overlijden in hun geheel toe aan de overlevende echtgenoot of aan de erfgenamen, legatarissen of begiftigden:

a) wordt de schattingsaanvraag terzelfder tijd bij een ter post aangetekende brief betekend aan de ontvanger van het kantoor waar de aangifte van nalatenschap is of moet worden ingediend;

b) moet de aanvraag worden ingediend voor het verstrijken van de betalingstermijn bedoeld in artikel 77 van het Wetboek der successierechten.

Als datum van de aanvraag geldt de datum van de afgifte bij de post voor het aangetekend versturen ervan aan de voorzitter van de bijzondere commissie;

3° geldt de schattingsaanvraag als aanbod tot inbetalinggeving.

§ 3. Van zodra de voorzitter van de bijzondere commissie een schattingsaanvraag ontvangt, geeft hij, naargelang het geval, de directeur-generaal van de Administratie van de inkomens en ondernemingsfiscaliteit of de administrateur-generaal van de Patrimoniumdocumentatie daarvan kennis.

Art. 2. § 1. De schattingsaanvraag vermeldt:

1° de keuze van de woonplaats bij één van de aanvragers als plaats waar alle kennisgevingen aan de aanvragers kunnen geschieden;

2° een nauwkeurige beschrijving van ieder kunstwerk waarvan de schatting wordt gevraagd met vermelding van de auteurs ervan, de situering van de kunstwerken in het œuvre van de auteurs, de plaatsen waar ze eventueel werden tentoongesteld, de staat waarin het kunstwerk verkeert en de plaats waar ze zich zullen bevinden gedurende de procedure van inbetalinggeving indien het om moeilijk verplaatsbare kunstwerken gaat;

3° of de kunstwerken al dan niet verzekerd zijn; indien de kunstwerken verzekerd zijn, de naam van de verzekeringsmaatschappijen, de datum en het nummer van de polissen en de verzekerde waarde per kunstwerk als ze afzonderlijk zijn verzekerd.

§ 2. Indien de schattingsaanvraag wordt gedaan in toepassing van artikel 83-3 van het Wetboek der successierechten, vermeldt zij bovendien:

1° de naam, voornamen en de laatste fiscale woonplaats van de erflater en de plaats en de datum van zijn overlijden;

2° de naam, voornamen en woonplaats van iedere erfgenaam, legataris of begiftigde, de titel krachtens welke zij tot de nalatenschap komen en de vermelding of zij al dan niet gehouden zijn tot de indiening van de aangifte van nalatenschap;

3° het kantoor waar de aangifte van nalatenschap is of moet worden ingediend met in voorkomend geval de vermelding van het tijdstip waarop de overeenkomstig artikel 41 van het Wetboek der successierechten verlengde termijn voor indiening van de aangifte verstrijkt, wanneer die verlenging werd toegestaan om andere reden dan een schattingsaanvraag;

4° de uitdrukkelijke bevestiging dat ieder kunstwerk waarvan de schatting wordt gevraagd voldoet aan de eigendomsvoorwaarde die artikel 83-3 van het Wetboek der successierechten stelt, met specificatie van de wijze waarop de titel van eigendom van de aanvragers is tot stand gekomen.

§ 3. Indien de schattingsaanvraag wordt gedaan bij toepassing van artikel 111 van het Wetboek van de inkomstenbelastingen 1992, vermeldt zij bovendien:

1° het museum en de openbare macht waaraan het kunstwerk is of zal worden geschonken;

2° in voorkomend geval, de datum en het bewijs van de schenking.

Art. 3. De schattingsaanvraag gaat vergezeld van een dossier bevattende:

1° stukken en elementen die de eigendomstitels van de aanvragers staven;

2° recente fotografische of andere afbeeldingen van de kunstwerken;

3° in voorkomend geval, een kopie van de echtheidscertificaten die de aangevers bezitten;

4° indien de aanvragers daarover beschikken, alle stukken of elementen die een indicatie geven van de actuele waarde van de aangeboden kunstwerken;

5° alle stukken of elementen die naar het oordeel van de aanvragers blijk geven van de internationale faam van de kunstwerken of van het behoren ervan tot het roerend cultureel erfgoed van het land;

6° een afschrift van alle verzekeringscontracten die permanent of occasioneel betreffende de aangeboden kunstwerken werden afgesloten, vergezeld van de expertiseverslagen die eventueel werden opgemaakt om de te verzekeren waarde te bepalen;

7° indien de schattingsaanvraag wordt gedaan in toepassing van artikel 83-3 van het Wetboek der successierechten, in voorkomend geval, een kopie van de beslissing van verlenging van de termijn voor indiening van de aangifte als bedoeld in artikel 2, § 2, 3°.

Art. 4. De voorzitter van de bijzondere commissie reikt een ontvangstbewijs van de schattingsaanvraag uit aan de aanvragers.

Art. 5. Indien de aanvraag of het dossier dat de aanvraag moet vergezellen onvolledig of onduidelijk is, eist de voorzitter de nodige stukken of bewijzen.

Art. 6. De bijzondere commissie geeft een negatief advies aan de minister van Financiën inzake de ontvankelijkheid indien:

1° de aanvraag niet voldoet aan de vereisten van artikel 2;

2° de aanvragers de door de voorzitter geëiste stukken niet leveren binnen een termijn van een maand;

3° de schattingsaanvraag wordt gedaan in toepassing van artikel 83-3 van het Wetboek der successierechten, wanneer de schattingsaanvraag laattijdig werd ingediend;

4° de schattingsaanvraag wordt gedaan bij toepassing van artikel 111 van het Wetboek van de inkomstenbelastingen 1992, en het in de schattingsaanvraag vermelde of voorgestelde museum niet een museum is als bedoeld in artikel 104, 5°, van het Wetboek van de inkomstenbelastingen 1992.

In geval van een negatief advies inzake de ontvankelijkheid van de schattingsaanvraag, geeft de minister van Financiën kennis van zijn beslissing tot het niet-ontvankelijk verklaren van de schattingsaanvraag aan de indieners ervan.

Een dubbel van die beslissing wordt gezonden aan de voorzitter van de bijzondere commissie. Dat dubbel

vermeldt de datum van de kennisgeving van de ministeriële beslissing aan de schattingsaanvragers.

Indien de schattingsaanvraag wordt gedaan in toepassing van artikel 83-3 van het Wetboek der successierechten, geeft de voorzitter van de bijzondere commissie de ontvanger van het kantoor waar de aangifte van nalatenschap is of moet worden ingediend, kennis van de beslissing tot niet-ontvankelijk verklaring van de schattingsaanvraag en van de datum van de kennisgeving ervan door de minister van Financiën aan de aanvragers.

HOOFDSTUK II

ONDERZOEK VAN DE KUNSTWERKEN

Art. 7. De bijzondere commissie kan eisen dat de kunstwerken haar worden getoond of worden getoond aan de door haar aangeduide experts of instellingen, met het oog op de uitvoering van de taken waarmee ze is belast.

Ze kan eveneens eisen dat de kunstwerken aan haar of aan de door haar aangeduide experts of instellingen in bruikleen gegeven worden voor nader onderzoek naar de echtheid en naar de kosten van restauratie of instandhouding ervan.

De datum en de plaats voor de uitvoering van die verplichtingen worden bepaald door de voorzitter van de bijzondere commissie in overleg met de aanvragers. Wanneer een kunstwerk moeilijk te verplaatsen is kunnen de aanvragers verzoeken zich van de hun opgelegde verplichtingen te kwijten door het kunstwerk op de door de voorzitter bepaalde dagen en uren toegankelijk te maken voor de bijzondere commissie en/of de door haar aangeduide experts of vertegenwoordigers van de door haar aangeduide instellingen. Die toegankelijkheid moet gegeven worden op een in België gelegen plaats.

Het tonen van de kunstwerken en het in bruikleen geven ervan geschiedt op risico van de aanvragers. Met uitzondering van artikel 1883, zijn de artikelen 1880 tot 1891 van het Burgerlijk Wetboek van toepassing.

Art. 8. Indien de schattingsaanvragers zich niet kunnen of willen kwijten van de verplichtingen bedoeld in artikel 7, kan de bijzondere commissie op grond daarvan een negatief advies geven aan de minister van Financiën.

In het geval van een negatief advies geeft de minister van Financiën kennis aan de schattingsaanvragers van zijn beslissing, naargelang het geval, tot verwerping van het aanbod tot inbetalinggeving of tot niet-aanvaarding van het kunstwerk als aftrekbare gift.

Een dubbel van die beslissing wordt gezonden aan de voorzitter van de bijzondere commissie. Dat dubbel vermeldt de datum van de kennisgeving van de ministeriële beslissing aan de schattingsaanvragers.

Indien de schattingsaanvraag wordt gedaan in toepassing van artikel 83-3 van het Wetboek der successierechten, geeft de voorzitter van de bijzondere commissie de ontvanger van het kantoor waar de aangifte van nalatenschap is of moet worden ingediend, kennis van de beslissing tot verwerping van het aanbod tot betaling en van de datum van de kennisgeving ervan door de minister van Financiën aan de aanvragers.

Art. 9. § 1. Wanneer de bijzondere commissie vaststelt dat geen van de kunstwerken voldoet aan de kwalitatieve vereisten gesteld in het eerste lid van artikel 83-3 van het Wetboek der successierechten of in artikel 104, 5°, b) , van het Wetboek van de inkomstenbelastingen 1992, geeft zij een negatief advies aan de minister van Financiën.

In dit geval geeft de minister van Financiën kennis aan de schattingsaanvragers van zijn beslissing, naargelang het geval, tot verwerping van het aanbod tot inbetalinggeving of tot niet-aanvaarding van het kunstwerk als aftrekbare gift.

Een dubbel van die beslissing wordt gezonden aan de voorzitter van de bijzondere commissie. Dat dubbel vermeldt de datum van de kennisgeving van de ministeriële beslissing aan de schattingsaanvragers.

Indien de schattingsaanvraag wordt gedaan in toepassing van artikel 83-3 van het Wetboek der successierechten, geeft de voorzitter van de bijzondere commissie de ontvanger van het kantoor waar de aangifte van nalatenschap is of moet worden ingediend, kennis van de beslissing van de minister van Financiën en van de datum van de kennisgeving ervan door de minister van Financiën aan de aanvragers.

§ 2. Wanneer de bijzondere commissie oordeelt dat sommige van de kunstwerken wel en andere niet voldoen aan de kwalitatieve vereisten gesteld in het eerste lid van artikel 83-3 van het Wetboek der successierechten of in artikel 104, 5°, b) , van het Wetboek van de inkomstenbelastingen 1992, geeft de voorzitter van de commissie daarvan kennis aan de indieners van de schattingsaanvraag.

In dit geval hebben de aanvragers de mogelijkheid om hun aanvraag te beperken tot de kunstwerken die voldoen aan de kwalitatieve vereisten bedoeld in het eerste lid. Zij geven daarvan kennis aan de voorzitter van de bijzondere commissie bij ter post aangetekende brief, binnen een maand, te rekenen vanaf de datum van het aangetekend verzenden van de kennisgeving, bedoeld in het eerste lid.

Indien de schattingsaanvraag wordt gedaan in toepassing van artikel 83-3 van het Wetboek der successierechten, geeft de voorzitter van de bijzondere commissie de ontvanger van het kantoor waar de aangifte van nalatenschap is of moet worden ingediend, kennis van de beslissing van de aanvragers tot beperking van hun aanvraag en van de goederen die werden teruggetrokken uit het aanbod tot inbetalinggeving.

Bij gebreke aan een tijdige kennisgeving bedoeld in het tweede lid, geeft de commissie een negatief advies aan de minister van Financiën met betrekking tot de totaliteit van de kunstwerken. Er wordt gehandeld overeenkomstig § 1, tweede lid tot vierde lid.

Art. 10. § 1. De bijzondere commissie stelt een verslag op van zijn voorlopige bevindingen met betrekking tot de geldwaarde van de kunstwerken die

voldoen aan de kwalitatieve vereisten gesteld in het eerste lid van artikel 83-3 van het Wetboek der successierechten of in artikel 104, 5°, b) , van het Wetboek van de inkomstenbelastingen 1992.

De voorzitter van de bijzondere commissie geeft daarvan bij ter post aangetekende brief kennis aan:

1° de aanvragers;

2° het door de aanvragers aangeduide museum, indien de aanvraag werd gedaan bij toepassing van artikel 111 van het Wetboek van de inkomstenbelastingen 1992.

§ 2. De betrokkenen bedoeld in het tweede lid van § 1 beschikken over een termijn van een maand, te rekenen vanaf de datum van het aangetekend versturen van de voorlopige bevindingen, om hun opmerkingen te laten kennen.

§ 3. Na het verstrijken van de termijn, bedoeld in § 2, stelt commissie het definitief schattingsverslag op. Dit verslag geldt als advies met betrekking tot de vastgestelde geldwaarde van de kunstwerken.

De voorzitter van de bijzondere commissie geeft daarvan bij ter post aangetekende brief kennis aan de aanvragers, en indien de aanvraag werd gedaan bij toepassing van artikel 83-3 van het Wetboek der successierechten, aan de ontvanger van het kantoor waar de aangifte van nalatenschap is of moet worden ingediend.

HOOFDSTUK III

SPECIFIEKE REGELS TOT UITVOERING VAN ARTIKEL 83-3 VAN HET WETBOEK DER SUCCESSIERECHTEN

Afdeling 1

De aangeboden kunstwerken behoren geheel of gedeeltelijk tot de nalatenschap

Art. 11. § 1. Binnen een termijn van twee maanden, te rekenen vanaf de datum van de kennisgeving van de beslissing van de minister van Financiën bedoeld in de artikelen 6, 8 en 9, § 1 en § 2, vierde lid, dienen de aanvragers de aangifte van nalatenschap in wanneer een verlenging van de indieningstermijn werd toegestaan enkel om reden van de schattingsaanvraag.

§ 2. Binnen een termijn van twee maanden, te rekenen vanaf de datum van kennisgeving van de beslissing van de minister van Financiën bedoeld in de artikelen 6, 8 en 9, § 1, wordt een aanvullende aangifte ingediend indien de kunstwerken waarvoor een schattingsaanvraag werd ingediend, in de aangifte zijn aangegeven met een "pro memorie" vermelding.

Hetzelfde geldt met betrekking tot de goederen die de aanvragers bij toepassing van artikel 9, § 2, hebben teruggetrokken.

Art. 12. Is op het tijdstip van de in artikel 10, § 3, bedoelde kennisgeving de aangifte van nalatenschap reeds ingediend, dan moet geen aanvullende aangifte worden ingediend. Indien in de oorspronkelijke aangifte de waarde van de aangeboden kunstwerken niet als "pro memorie" werd aangegeven, wordt deze waardering gelijkgesteld met een "pro memorie" vermelding.

Er moet eveneens geen aanvullende aangifte worden ingediend indien het een aangifte betreft waarvoor niet tot indiening gehouden personen een ontvankelijke schattingsaanvraag hebben ingediend. In dit geval worden de in de oorspronkelijke aangifte vermelde waarden gelijkgesteld met een "pro memorie" vermelding.

In de gevallen bedoeld in het eerste en tweede lid vormen de "pro memorie" vermeldingen of daarmee gelijkgestelde vermelding in de ingediende aangifte samengenomen met de in artikel 10, § 3, bedoelde kennisgeving aan de bevoegde ontvanger, de heffingstitel over de door de bijzondere commissie bepaalde waarde van de kunstwerken.

Art. 13. Is de aangifte van nalatenschap nog niet ingediend op het tijdstip van de kennisgeving bedoeld in artikel 10, § 3, en werd de schattingsaanvraag ingediend door een of meer tot indiening van de aangifte van nalatenschap gehouden personen, dan geven de aangevers de door de bijzondere commissie bepaalde waarde van de kunstwerken op in de aangifte van nalatenschap, met de vermelding dat die waarde werd vastgesteld door de in artikel 83-3 van het Wetboek der successierechten bedoelde bijzondere commissie.

Art. 14. § 1. Wanneer de door de bijzondere commissie vastgestelde waarde van de aangeboden kunstwerken lager is dan of gelijk is aan het gezamenlijk bedrag van de door de schattingsaanvragers verschuldigde rechten, kunnen de aanvragers het aanbod alsnog intrekken.

§ 2. Wanneer de door de bijzondere commissie vastgestelde waarde het bedrag van de gezamenlijk door de schattingsaanvragers verschuldigde rechten overtreft hebben zij de keuze het aanbod te bevestigen, het aanbod aan te passen door een of meer kunstwerken uit het aanbod terug te trekken zodat de waarde van de overblijvende kunstwerken minder bedraagt dan of gelijk is aan de verschuldigde rechten, of het aanbod in te trekken. In geval van bevestiging van het aanbod zal, indien de schattingsaanvragers daarvoor opteren, het saldo worden toegerekend op de successierechten berekend ten laste van andere met naam genoemde erfgenamen, legatarissen of begiftigden. Indien er na deze toerekening nog een saldo overblijft zal dat worden toegerekend op na te vorderen rechten ten laste van de schattingsaanvragers en, in voorkomend geval, op na te vorderen rechten ten laste van de andere met naam genoemde erfgenamen, legatarissen of begiftigden. De bevestiging van het aanbod levert geen recht op uitkering van het saldo op.

Bij aanpassing of bij intrekking van het aanbod als bedoeld in het eerste lid, blijft de door de bijzondere commissie vastgestelde waarde van de kunstwerken die afhangen van de nalatenschap, de waarde die in aanmerking wordt genomen voor de heffing van de rechten.

Art. 15. § 1. Binnen de maand na de aangetekende verzending van het betalingsbericht, geven de schattingsaanvragers kennis aan de voorzitter van de bijzondere commissie van:

1° in het geval van artikel 14, § 1, de intrekking van het aanbod of de bedragen tot beloop waarvan de verschillende door de aanvragers van de schatting verschuldigde rechten door middel van de inbetalinggeving zullen geacht worden te zijn voldaan indien het aanbod tot inbetalinggeving wordt aanvaard door de minister van Financiën;

2° in het geval van artikel 14, § 2, de bevestiging, de aanpassing of de intrekking van het aanbod. Indien het aanbod wordt aangepast vermelden zij de bedragen tot beloop waarvan de verschillende door de aanvragers van de schatting verschuldigde rechten door middel van de inbetalinggeving zullen geacht worden te zijn voldaan indien het aanbod tot inbetalinggeving wordt aanvaard door de minister van Financiën. Indien het aanbod wordt bevestigd vermelden zij in voorkomend geval de bedragen tot beloop waarvan de verschillende door de aanvragers van de schatting verschuldigde rechten en door de andere met name genoemde erfgenamen, legatarissen of begiftigden verschuldigde rechten door middel van de inbetalinggeving zullen geacht worden te zijn voldaan indien het aanbod tot inbetalinggeving wordt aanvaard door de minister van Financiën.

§ 2. In geval van een kennisgeving van een gehele of gedeeltelijke intrekking of aanpassing van het aanbod als bedoeld in § 1, 1° en 2°, geeft de voorzitter van de bijzondere commissie de ontvanger van het kantoor waar de aangifte van nalatenschap is ingediend, kennis van de beslissing tot gehele of gedeeltelijke intrekking of aanpassing van het aanbod door de aanvragers en van de goederen die werden teruggetrokken uit het aanbod tot inbetalinggeving.

§ 3. Bij gebreke van de in § 1, 1°, bedoelde kennisgeving aan de voorzitter van de bijzondere commissie, worden de schattingsaanvragers geacht het aanbod te hebben bevestigd en zullen de door de schattingsaanvragers verschuldigde rechten geacht worden te zijn voldaan naar evenredigheid van ieders aandeel in de gezamenlijk door hen verschuldigde rechten, indien het aanbod tot inbetalinggeving wordt aanvaard door de minister van Financiën.

Bij gebreke van de in § 1, 2°, bedoelde kennisgeving van bevestiging, aanpassing of intrekking van het aanbod tot inbetalinggeving aan de voorzitter van de bijzondere commissie worden de schattingsaanvragers geacht het aanbod te hebben bevestigd. In dit geval zullen de door de schattingsaanvragers verschuldigde rechten geacht worden te zijn voldaan, indien het aanbod tot inbetalinggeving wordt aanvaard door de minister van Financiën. Het saldo zal niet toegerekend worden.

Afdeling 2

**De aangeboden kunstwerken maken geen deel uit
van de nalatenschap**

Art. 16. Indien de aangeboden kunstwerken geen
deel uitmaken van de nalatenschap voor dewelke de
verschuldigde successierechten geheel of gedeeltelijk
zullen worden voldaan door de inbetalinggeving van
kunstwerken, zijn de artikelen 14, § 1 en 2, eerste lid,
en 15, § 1 en 2, *mutatis mutandis* van toepassing.

Art. 17. Bij gebreke van de in artikel 15, § 1, 1°,
bedoelde kennisgeving aan de voorzitter van de bijzondere commissie, worden de schattingsaanvragers
geacht het aanbod te hebben bevestigd en zullen de
door de schattingsaanvragers verschuldigde rechten
geacht worden te zijn voldaan naar evenredigheid van
ieders aandeel in de eigendom van het kunstwerk, indien het aanbod tot inbetalinggeving wordt aanvaard
door de minister van Financiën.

Bij gebreke van de in artikel 15, § 1, 2°, bedoelde
kennisgeving van bevestiging, aanpassing of intrekking van het aanbod tot inbetalinggeving aan de voorzitter van de bijzondere commissie worden de schattingsaanvragers geacht het aanbod te hebben bevestigd. In dit geval zullen de door de schattingsaanvragers verschuldigde rechten geacht worden te zijn voldaan, indien het aanbod tot inbetalinggeving wordt
aanvaard door de minister van Financiën. Het saldo
zal niet toegerekend worden.

Afdeling 3

**Aanvaarding van het aanbod tot inbetalinggeving
en de afgifte van de kunstwerken**

Art. 18. De voorzitter van de bijzondere commissie maakt het advies met betrekking tot de kwalitatieve
vereisten gesteld in artikel 83-3, eerste lid, van het
Wetboek der successierechten en tot de vastgestelde
geldwaarde van de kunstwerken over aan de minister
van Financien.

Het advies gaat vergezeld van een dossier bevattende:

1° de schattingsaanvraag, het dossier bedoeld in
artikel 3, en alle stukken of bewijzen die de aanvragers
bij toepassing van artikel 5 hebben voorgelegd;

2° de door de aanvrager gedane kennisgevingen
ter uitvoering van artikel 15, § 1 of 16. Bij gebreke aan
kennisgevingen vermeldt de voorzitter van de bijzondere commissie dat toepassing wordt gemaakt van artikel 15, § 3 of 17;

3° in voorkomend geval, de door de bijzondere
commissie opgemaakte lijst van de musea of de instellingen die belangstelling tonen om de kunstwerken in
bruikleen te krijgen van de Staat voor opneming in
hun collecties;

4° een gemotiveerd advies betreffende de meest
geschikte bestemming van de aangeboden kunstwerken.

Art. 19. § 1. De minister van Financiën geeft kennis van zijn beslissing over het aanbod aan de voorzitter van de bijzondere commissie.

Wanneer de minister van Financiën niet alle aangeboden kunstwerken aanvaardt, worden de door de
aanbieders overeenkomstig de artikelen 15, § 1, en 16
medegedeelde bedragen tot beloop waarvan ze de
door ieder van hen verschuldigde rechten door middel
van het aanbod willen voldoen, herleid naar evenredigheid met de waarde van de door de minister van
Financiën aanvaarde kunstwerken.

Voor de kunstwerken die hij aanvaardt, vermeldt
hij in die kennisgeving de musea of de instellingen
waaraan de kunstwerken moeten worden afgegeven.

§ 2. De voorzitter van de bijzondere commissie
geeft kennis van die beslissing aan de aanbieders en
aan de bevoegde ontvanger, met vermelding van de
bedragen tot beloop waarvan de door ieder van de aanbieders verschuldigde rechten door de afgifte van de
kunstwerken zullen geacht worden te zijn voldaan en
van de musea of instellingen waaraan de kunstwerken
moeten worden afgegeven. De voorzitter van de bijzondere commissie verwittigt de musea of instellingen
aan wie de kunstwerken in bruikleen worden gegeven
van de uiterste datum waarop de kunstwerken hun
moeten worden afgegeven.

Art. 20. De aanbieders moeten de kunstwerken op
hun kosten aan de aangeduide musea of instellingen
afgeven binnen twee maanden te rekenen van de datum van de in artikel 19 bedoelde kennisgeving door
de voorzitter van de bijzondere commissie.

De musea of instellingen bevestigen de afgifte van
de kunstwerken binnen de gestelde termijn in een in
drievoud opgemaakt ontvangstbewijs. De inbetalinggevers sturen onmiddellijk bij aangetekende brief één
exemplaar van het ontvangstbewijs aan de bevoegde
ontvanger. Een ander exemplaar wordt bij aangetekende brief overgemaakt aan de voorzitter van de bijzondere commissie.

Wanneer de kunstwerken niet binnen de gestelde
termijn zijn afgegeven, geven de aangeduide musea of
instellingen daarvan onmiddellijk kennis aan de voorzitter van de bijzondere commissie. De voorzitter van
de bijzondere commissie stelt de inbetalinggevers bij
ter post aangetekende brief in gebreke. Indien de inbetalinggevers de kunstwerken niet binnen de veertien
dagen na de datum van verzending van de ingebreke-
stelling hebben afgegeven, wordt de inbetalinggeving
van rechtswege ontbonden, tenzij de voorzitter van de
bijzondere commissie er de voorkeur aangeeft om de
gedwongen tenuitvoerlegging van de verbintenis tot
afgifte van de kunstwerken te eisen. De voorzitter van
de bijzondere commissie geeft daarvan onmiddellijk
kennis aan de bevoegde ontvanger.

Art. 21. Het risico van de kunstwerken blijft tot
de afgifte van de kunstwerken bij de schattingsaanvragers.

Elke wijziging, verandering of beschadiging van
de kunstwerken tussen het tijdstip van de indiening
van de schattingsaanvraag en het tijdstip van de af-

gifte brengt de ontbinding van rechtswege van de inbetalinggeving mee.

HOOFDSTUK IV

SPECIFIEKE REGELS MET BETREKKING TOT ARTIKEL 104, 5°, B), EN ARTIKEL 111 VAN HET WETBOEK VAN DE INKOMSTENBELASTINGEN 1992

Art. 22. De voorzitter van de bijzonder commissie maakt het advies met betrekking tot kwalitatieve vereisten gesteld in artikel 104, 5°, b) , van het Wetboek van de inkomstenbelastingen 1992, en tot de vastgestelde geldwaarde van de kunstwerken over aan de minister van Financien.

Art. 23. De minister van Financiën geeft kennis van zijn beslissing tot erkenning van de schenking als aftrekbare gift aan de voorzitter van de bijzondere commissie.

De voorzitter van de bijzondere commissie geeft, bij een ter post aangetekende brief, kennis van die erkenning aan de aanvrager, met vermelding van de vastgestelde geldwaarde van de kunstwerken.

In voorkomend geval verwittigt de voorzitter van de bijzondere commissie de musea en de openbare macht waaraan het kunstwerk zal worden geschonken van de erkenning en van de uiterste datum waarop de kunstwerken hun moeten worden geschonken.

Art. 24. Het museum en de openbare macht waaraan de schenking wordt gedaan, reikt een attest uit aan de schenker waarop de datum van de schenking wordt vermeld.

HOOFDSTUK V

SCHATTINGSKOSTEN

Art. 25. Als schattingskosten worden aangemerkt de erelonen en expertisevergoedingen en alle andere vergoedingen van kosten door de bijzondere commissie te betalen aan experts en instellingen waarop ze voor de vervulling van haar taken heeft beroep gedaan, de kosten verbonden aan de verplaatsingen die de leden van de bijzondere commissie hebben gedaan om moeilijk verplaatsbare kunstwerken te onderzoeken op de plaats waar ze door de schattingsaanvragers worden bewaard, de kosten verbonden aan de kennisgevingen en ingebrekestellingen gedaan door de voorzitter van de bijzondere commissie.

Art. 26. De voorzitter van de bijzondere commissie geeft aan de aanvragers, bij een ter post aangetekende brief, kennis van het bedrag dat als voorschot op de schattingskosten onder de vorm van een deposito bij de Deposito- en Consignatiekas moet worden betaald.

Dit voorschot wordt bepaald op een bedrag van 250 euro per kunstwerk waarvoor overeenkomstig artikel 83-3 van het Wetboek der successierechten een

schattingsaanvraag wordt ingediend of waarvoor een schatting moet geschieden bij toepassing van artikel 111, vijfde lid, van het Wetboek van de inkomstenbelastingen 1992.

De bijzondere commissie kan in de loop van haar werkzaamheden beslissen het als voorschot te betalen bedrag voor een of meer kunstwerken te verhogen als blijkt dat de kosten van schatting van de betreffende kunstwerken meer dan het dubbele van de in het eerste lid vermelde geldsom zullen bedragen.

Art. 27. Binnen een termijn van twee weken te rekenen van de kennisgeving storten de aanvragers het bedrag van het voorschot onder de vorm van een deposito in de Deposito- en Consignatiekas.

Binnen vijf dagen na de storting zendt de Deposito- en Consignatiekas een voor eensluidend verklaard afschrift van het ontvangstbewijs aan de voorzitter van de bijzondere commissie.

Art. 28. Bij laattijdige of onvolledige betaling van het voorschot of van de verhoging ervan, is artikel 6 van overeenkomstige toepassing.

Art. 29. Indien de minister van Financiën de inbetalinggeving geheel of gedeeltelijk aanvaardt en na de kennisname van het ontvangstbewijs bedoeld in artikel 20 of indien de minister van Financiën de schenking geheel of gedeeltelijk aanvaardt als een aftrekbare gift en na kennisname van het attest bedoeld in artikel 24, zendt de voorzitter van de bijzondere commissie een attest aan de aanvragers dat de schattingskosten worden gedragen door de Staat.

Op zicht van dit attest betaalt de Deposito- en Consignatiekas het bedrag van het deposito terug aan de aanvragers.

Art. 30. § 1. In de gevallen dat goederen uit de schattingsaanvraag of het aanbod tot inbetalinggeving worden teruggetrokken of dat de inbetalinggeving niet wordt aanvaard of indien de schenking niet wordt aanvaard als een aftrekbare gift of indien het ontvangstbewijs bedoeld in artikel 20 of het attest bedoeld in artikel 24 niet worden afgeleverd, stelt de voorzitter van de bijzondere commissie een staat van de schattingskosten op. De aanvragers zijn hoofdelijk en ondeelbaar gehouden tot betaling van die kosten.

Onderaan de staat van schattingskosten wordt het bedrag van het deposito toegerekend op het bedrag van de schattingskosten.

§ 2. Blijft er nog een saldo ten bate van de aanvragers over dan zendt de voorzitter van de bijzondere commissie een eensluidend verklaard afschrift van de aangevulde staat van schattingskosten aan de Deposito- en Consignatiekas en aan de aanvragers.

Op zicht van het eensluidend verklaard afschrift stort de Deposito- en Consignatiekas het bedrag van de schattingskosten in de Schatkist. Op zicht van het door de aanvragers voorgelegde eensluidend verklaard afschrift, geeft de Deposito- en Consignatiekas het saldo van het deposito terug aan de aanvragers.

§ 3. Indien het deposito niet volstaat tot betaling

van de schattingskosten, zendt de voorzitter van de bijzondere commissie de aangevulde staat van schattingskosten en een eensluidend verklaard afschrift ervan aan de Deposito- en Consignatiekas.

Op zicht van deze staat stort de Deposito- en Consignatiekas het bedrag van het deposito in de Schatkist. Zij vermeldt dit bedrag op het origineel van de staat van schattingskosten en zendt dit terug aan de voorzitter van de bijzondere commissie.

Het bedrag van het saldo zoals dit blijkt uit de door de Deposito- en Consignatiekas aangevulde staat van schattingskosten, wordt door de dienst bevoegd voor de Domeinen van de administratie van het kadaster, de registratie en de domeinen ingevorderd overeenkomstig de bepalingen van artikel 94 van de wetten op de rijkscomptabiliteit, gecoördineerd op 17 juli 1991.

HOOFDSTUK VI

OPHEFFINGSBEPALING

Art. 31. Opgeheven worden:

1° het koninklijk besluit van 20 januari 1987 betreffende de afgifte van kunstwerken ter betaling van successierechten;

2° het koninklijk besluit van 24 augustus 1987 tot instelling van een commissie belast onder meer met de schatting van kunstwerken voor de toepassing van sommige fiscale wetten.

HOOFDSTUK VII

INWERKINGTREDING EN UITVOERINGSBEPALING

Art. 32. De artikelen 2 tot en met 5 van de wet van 21 juni 2001 tot wijziging van de gevolgen voor de inkomstenbelastingen van schenkingen aan de Staat en tot wijziging van de regeling voor de afgifte van kunstwerken ter betaling van successierechten, treden in werking op de datum van inwerkingtreding van dit besluit.

Art. 33. Dit besluit treedt in werking de dag waarop het in het Belgisch Staatsblad wordt bekendgemaakt.

Art. 34. Onze minister van Financiën is belast met de uitvoering van dit besluit.

B.S. 10.IX.2003.

VII

Diverse rechten
en taksen

INHOUDSOPGAVE

Wetboek diverse rechten en taksen

WETBOEK DIVERSE RECHTEN EN TAKSEN

INHOUDSOPGAVE

Art.

WETBOEK DIVERSE RECHTEN EN TAKSEN

Samengeordend bij K.B. 2 maart 1927 (B.S. 6.III.1927) en bij K.B. 29 september 1938 (B.S. 21.X.1938).
Opschrift vervangen bij art. 2 W. 19 december 2006 (B.S. 29.XII.2006, ed. 6), van toepassing vanaf 1 januari 2007 (K.B. 21 december 2006, art. 95, B.S. 29.XII.2006, ed. 6).

[BOEK I

RECHTEN OP GESCHRIFTEN

TITEL I

VESTIGING VAN HET RECHT OP GESCHRIFTEN]

Opschrift ingevoegd bij art. 3 W. 19 december 2006 (B.S. 29.XII.2006, ed. 6), van toepassing vanaf 1 januari 2007 (K.B. 21 december 2006, art. 95, B.S. 29.XII.2006, ed. 6).

Art. 1. [Er wordt een recht gevestigd op de akten en geschriften die in de artikelen 3 tot 10 van dit Wetboek worden beschreven en conform de voorwaarden hierna bepaald.
De bij dit boek bepaalde rechten zijn slechts van toepassing op de in België opgemaakte akten en geschriften.]

Hersteld bij art. 4 W. 19 december 2006 (B.S. 29.XII.2006, ed. 6), van toepassing vanaf 1 januari 2007 (K.B. 21 december 2006, art. 95, B.S. 29.XII.2006, ed. 6).

Art. 2. [De betaling van de rechten gebeurt in speciën, via overschrijving of elektronische betaalmiddelen.
Het gebruik en de modaliteiten van die verschillende wijzen van betaling, alsook de mogelijkheid tot het indienen van een periodieke aangifte, worden bij koninklijk besluit geregeld, zo dit Wetboek daaromtrent niet beschikt.]

Hersteld bij art. 5 W. 19 december 2006 (B.S. 29.XII.2006, ed. 6), van toepassing vanaf 1 januari 2007 (K.B. 21 december 2006, art. 95, B.S. 29.XII.2006, ed. 6).

[TITEL II

VASTSTELLING VAN DE RECHTEN OP GESCHRIFTEN

HOOFDSTUK I

AKTEN VAN NOTARISSEN]

Opschrift ingevoegd bij art. 6 W. 19 december 2006 (B.S. 29.XII.2006, ed. 6), van toepassing vanaf 1 januari 2007 (K.B. 21 december 2006, art. 95, B.S. 29.XII.2006, ed. 6).

Art. 3. [Behoudens in de gevallen bepaald bij de artikelen 4 en 5 zijn de akten van notarissen onderworpen aan een recht van 50 euro.]

Hersteld bij art. 7 W. 19 december 2006 (B.S. 29.XII.2006, ed. 6), van toepassing vanaf 1 januari 2007 (K.B. 21 december 2006, art. 95, B.S. 29.XII.2006, ed. 6).

Art. 4. [De akten van notarissen verleden voor vennootschappen met rechtspersoonlijkheid, zoals omschreven in het Wetboek van vennootschappen, zijn onderworpen aan een recht van 95 euro.]

Hersteld bij art. 8 W. 19 december 2006 (B.S. 29.XII.2006, ed. 6), van toepassing vanaf 1 januari 2007 (K.B. 21 december 2006, art. 95, B.S. 29.XII.2006, ed. 6).

Art. 5. [De akten van notarissen betreffende het huwelijksvermogensstelsel, vermogensstelsel bij wettelijke samenwoning, erfrecht, akten van overlijden, schenkingen onder levenden, testamenten en giften, echtscheiding, afstamming en erkenning, zijn onderworpen aan een recht van 7,5 euro.]

Hersteld bij art. 9 W. 19 december 2006 (B.S. 29.XII.2006, ed. 6), van toepassing vanaf 1 januari 2007 (K.B. 21 december 2006, art. 95, B.S. 29.XII.2006, ed. 6).

[HOOFDSTUK II

AKTEN VAN GERECHTSDEURWAARDERS]

Opschrift ingevoegd bij art. 10 W. 19 december 2006 (B.S. 29.XII.2006, ed. 6), van toepassing vanaf 1 januari 2007 (K.B. 21 december 2006, art. 95, B.S. 29.XII.2006, ed. 6).

Art. 6. [Behoudens in het geval bepaald bij artikel 7, zijn de door gerechtsdeurwaarders opgemaakte processen-verbaal van openbare verkoping van lichamelijke roerende voorwerpen onderworpen aan een recht van 50 euro.]

Hersteld bij art. 11 W. 19 december 2006 (B.S. 29.XII.2006, ed. 6), van toepassing vanaf 1 januari 2007 (K.B. 21 december 2006, art. 95, B.S. 29.XII.2006, ed. 6).

Art. 7. [De processen-verbaal van openbare verkoping van lichamelijke roerende goederen die voortvloeien uit de gedwongen aflossing van schulden, zijn onderworpen aan een recht van 7,5 euro.]

Hersteld bij art. 12 W. 19 december 2006 (B.S. 29.XII.2006, ed. 6), van toepassing vanaf 1 januari 2007 (K.B. 21 december 2006, art. 95, B.S. 29.XII.2006, ed. 6).

[HOOFDSTUK III

BANKGESCHRIFTEN]

Opschrift ingevoegd bij art. 13 W. 19 december 2006 (B.S. 29.XII.2006, ed. 6), van toepassing vanaf 1 januari 2007 (K.B. 21 december 2006, art. 95, B.S. 29.XII.2006, ed. 6).

Art. 8. [Worden onderworpen aan een recht van 0,15 euro:
1° de akten van geldlening of van kredietopening

toegestaan door bankiers en de akten houdende schuldverbintenis of schuldbekentenis van geldsommen of pandgeving ten bate van bankiers, wanneer zij niet anders getarifeerd zijn;

2° de al dan niet ondertekende ontvangstbewijzen of andere geschriften welke de bankiers, de wisselagenten en de wisselagent-correspondenten aan particulieren afleveren als bewijs van een afgifte of een neerlegging van effecten of stukken; de ontvangstbewijzen van effecten of stukken welke hun door particulieren worden afgeleverd;

3° de al dan niet ondertekende afsluitingen en uittreksels uit rekening opgemaakt door de bankiers en bestemd voor particulieren, met uitsluiting van de opgaven van toestand welke aan de titularis van een rekening ten titel van een eenvoudige inlichting en zonder melding van interesten worden afgeleverd, tussen de data vastgesteld voor de periodieke verzending van rekeninguittreksels;

4° de al dan niet ondertekende ontvangstbewijzen of getuigschriften, tot vaststelling van het neerleggen van effecten om een vergadering van aandeel- of obligatiehouders te kunnen bijwonen evenals de ontlastingen verstrekt bij het terugnemen van die effecten.

Worden met bankiers gelijkgesteld, alle natuurlijke of rechtspersonen die gewoonlijk geld in deposito ontvangen.]

Hersteld bij art. 14 W. 19 december 2006 (B.S. 29.XII.2006, ed. 6), van toepassing vanaf 1 januari 2007 (K.B. 21 december 2006, art. 95, B.S. 29.XII.2006, ed. 6).

[HOOFDSTUK IV

ANDERE GESCHRIFTEN]

Opschrift ingevoegd bij art. 15 W. 19 december 2006 (B.S. 29.XII.2006, ed. 6), van toepassing vanaf 1 januari 2007 (K.B. 21 december 2006, art. 95, B.S. 29.XII.2006, ed. 6).

Art. 9. [Worden onderworpen aan een recht van 5 euro:

1° de dwangschriften strekkend tot invordering van sommen waarvan de betaling door de openbare besturen en instellingen wordt vervolgd;

2° de processen-verbaal van openbare verkoping van lichamelijk roerende voorwerpen, andere dan die van notarissen en gerechtsdeurwaarders;

3° de aan de deponenten verstrekte duplicaten van de akten van neerlegging van octrooiaanvragen; die van gedeponeerde beschrijvingen en tekeningen van het voorwerp der uitvindingen.]

Hersteld bij art. 16 W. 19 december 2006 (B.S. 29.XII.2006, ed. 6), van toepassing vanaf 1 januari 2007 (K.B. 21 december 2006, art. 95, B.S. 29.XII.2006, ed. 6).

Art. 10. [Worden onderworpen aan een recht van 2 euro de akten van weigering tot overschrijving van beslaglegging zomede de getuigschriften, afschriften of uittreksels afgeleverd door de hypotheekbewaarders.]

Hersteld bij art. 17 W. 19 december 2006 (B.S. 29.XII.2006, ed. 6), van toepassing vanaf 1 januari 2007 (K.B. 21 december 2006, art. 95, B.S. 29.XII.2006, ed. 6).

[TITEL III

VERSCHULDIGDHEID EN BETALING VAN DE RECHTEN OP GESCHRIFTEN]

Opschrift ingevoegd bij art. 18 W. 19 december 2006 (B.S. 29.XII.2006, ed. 6), van toepassing vanaf 1 januari 2007 (K.B. 21 december 2006, art. 95, B.S. 29.XII.2006, ed. 6).

Art. 11. [De bij de artikelen 3 tot 10 getarifeerde akten en geschriften zijn onderworpen aan een forfaitair recht, waarvan het bedrag verschilt afhankelijk van hun aard.

Wanneer een geschrift bedoeld in de artikelen 8 tot 10 in meerdere dubbels of originelen is opgemaakt, is het recht evenwel op elk exemplaar verschuldigd.

De bij de artikelen 3 tot 7, 8, 1°, 9 en 10 getarifeerde akten en geschriften zijn aan het recht onderworpen van zodra zij opgemaakt zijn en ondertekend of geparafeerd, hetzij met de hand, hetzij via elektronische handtekening zoals bepaald bij artikel 1322 van het Burgerlijk Wetboek, door de persoon of door één van de personen van wie die akten en geschriften uitgaan.

De akten en geschriften bepaald bij artikel 8, 2°, 3° en 4°, zijn aan het recht onderworpen van zodra zij zijn opgemaakt door de bankier of ermee gelijkgestelde persoon, de wisselagenten en de wisselagentcorrespondenten van wie deze geschriften uitgaan.

Wanneer eenzelfde akte of geschrift ingevolge de artikelen 3 tot 7 aanleiding geeft tot verschillende tarieven van forfaitaire rechten, zal slechts het hoogste recht verschuldigd zijn.]

Hersteld bij art. 19 W. 19 december 2006 (B.S. 29.XII.2006, ed. 6), van toepassing vanaf 1 januari 2007 (K.B. 21 december 2006, art. 95, B.S. 29.XII.2006, ed. 6).

Art. 12. [Het recht moet worden betaald bij het bevoegde kantoor en binnen de termijn vastgesteld bij koninklijk besluit.

De betaling van het recht kan niet worden uitgesteld onder voorwendsel dat de rechtshandeling waarvoor de akte tot titel strekt, zou afhangen van een schorsende voorwaarde, een goedkeuring, een machtiging of een bekrachtiging.]

Hersteld bij art. 20 W. 19 december 2006 (B.S. 29.XII.2006, ed. 6), van toepassing vanaf 1 januari 2007 (K.B. 21 december 2006, art. 95, B.S. 29.XII.2006, ed. 6).

[TITEL IV

ADMINISTRATIEVE SANCTIES]

Opschrift ingevoegd bij art. 21 W. 19 december 2006 (B.S. 29.XII.2006, ed. 6), van toepassing vanaf 1 januari 2007 (K.B. 21 december 2006, art. 95, B.S. 29.XII.2006, ed. 6).

Art. 13. [Voor elke overtreding van de verplichting het recht te kwijten op de in de artikelen 9 en 10 bedoelde geschriften, is er een boete verschuldigd gelijk aan tien maal het ontdoken recht, met een minimum van 25 euro, te weten: door de ambtenaren en openbare officieren, voor de door hen of door hun tussenkomst opgemaakte geschriften, en wat de andere akten betreft, door elk der opstellers of ondertekenaars ervan.

Voor elke overtreding van de verplichting het recht te kwijten op de in de artikelen 3 tot 7 bedoelde geschriften, is er een boete verschuldigd gelijk aan drie maal het ontdoken recht, met een minimum van 75 euro, te weten: door de ambtenaren en openbare officieren, voor de door hen of door hun tussenkomst opgemaakte geschriften, en wat de andere akten betreft, door elk der opstellers of ondertekenaars ervan.]

Hersteld bij art. 22 W. 19 december 2006 (B.S. 29.XII.2006, ed. 6), van toepassing vanaf 1 januari 2007 (K.B. 21 december 2006, art. 95, B.S. 29.XII.2006, ed. 6).

Art. 14. [Voor elke overtreding van de verplichting het recht te kwijten op de bij artikel 8 getarifeerde akten en geschriften, is er een boete verschuldigd van 10 euro, door ieder der opstellers of ondertekenaars alsook door de bankiers en hun gelijkgestelden, wisselagenten of wisselagent-correspondenten die deze akten of geschriften aanvaarden.]

Hersteld bij art. 23 W. 19 december 2006 (B.S. 29.XII.2006, ed. 6), van toepassing vanaf 1 januari 2007 (K.B. 21 december 2006, art. 95, B.S. 29.XII.2006, ed. 6).

Art. 15. [Lopen een boete op van 25 euro per overtreding:

1° de notaris die het neerleggen onder zijn minuten aanvaardt van een akte of geschrift waarvan het verplichte recht niet is voldaan;

2° de ontvanger die een dergelijke akte of geschrift registreert.]

Hersteld bij art. 24 W. 19 december 2006 (B.S. 29.XII.2006, ed. 6), van toepassing vanaf 1 januari 2007 (K.B. 21 december 2006, art. 95, B.S. 29.XII.2006, ed. 6).

Art. 16. [De personen die de bij de bepalingen van deze titel opgelegde boeten hebben opgelopen, zijn hoofdelijk gehouden tot de betaling van het ontdoken recht, behoudens hun verhaal indien daar aanleiding toe bestaat.]

Hersteld bij art. 25 W. 19 december 2006 (B.S. 29.XII.2006, ed. 6), van toepassing vanaf 1 januari 2007 (K.B. 21 december 2006, art. 95, B.S. 29.XII.2006, ed. 6).

Art. 17. [De gewesten, gemeenschappen, provinciën, gemeenten, openbare organismen en particulieren zijn hoofdelijk schuldenaar van de ontdoken rechten en van de boeten wegens overtredingen begaan door hun ambtenaren, bedienden of aangestelden welke in die hoedanigheid optreden.]

Hersteld bij art. 26 W. 19 december 2006 (B.S. 29.XII.2006, ed. 6), van toepassing vanaf 1 januari 2007 (K.B. 21 december 2006, art. 95, B.S. 29.XII.2006, ed. 6).

[TITEL V

DIVERSE BEPALINGEN]

Opschrift ingevoegd bij art. 27 W. 19 december 2006 (B.S. 29.XII.2006, ed. 6), van toepassing vanaf 1 januari 2007 (K.B. 21 december 2006, art. 95, B.S. 29.XII.2006, ed. 6).

Art. 18. [Wanneer een akte vrijgesteld is van het recht uit hoofde van haar bestemming of van de hoedanigheid van de persoon aan wie ze wordt afgeleverd, mag zij tot geen andere doeleinden of door geen andere personen worden aangewend op straf van een boete gelijk aan twintigmaal het ontdoken recht, zonder dat deze minder dan 25 euro mag bedragen, en benevens de betaling van dit recht. Bedoelde boete wordt persoonlijk en zonder verhaal opgelopen door al wie dit verbod overtreedt.]

Hersteld bij art. 28 W. 19 december 2006 (B.S. 29.XII.2006, ed. 6), van toepassing vanaf 1 januari 2007 (K.B. 21 december 2006, art. 95, B.S. 29.XII.2006, ed. 6).

Art. 19. [Wordt als niet bestaande beschouwd de betaling van het recht dat niet gedaan werd overeenkomstig de wijze bepaald bij dit boek of bij het in uitvoering van dit Wetboek genomen koninklijk besluit.]

Hersteld bij art. 29 W. 19 december 2006 (B.S. 29.XII.2006, ed. 6), van toepassing vanaf 1 januari 2007 (K.B. 21 december 2006, art. 95, B.S. 29.XII.2006, ed. 6).

Art. 20. [De minister van Financiën of zijn afgevaardigde kan de overtreders geheel of gedeeltelijk van de sancties bedoeld in de artikelen 18 en 19 ontheffen.]

Hersteld bij art. 30 W. 19 december 2006 (B.S. 29.XII.2006, ed. 6), van toepassing vanaf 1 januari 2007 (K.B. 21 december 2006, art. 95, B.S. 29.XII.2006, ed. 6).

[TITEL VI

VRIJSTELLINGEN]

Opschrift ingevoegd bij art. 31 W. 19 december 2006 (B.S. 29.XII.2006, ed. 6), van toepassing vanaf 1 januari 2007 (K.B. 21 december 2006, art. 95, B.S. 29.XII.2006, ed. 6).

Art. 21. [Worden van het recht vrijgesteld:

1° akten en geschriften opgemaakt of afgeleverd ter uitvoering van wetten, reglementen en transacties ten bate van de Staat, gemeenschappen, gewesten, provincies, gemeenten en openbare organismen betreffende belastingen, onteigeningen en ruilverkavelingen;

2° akten en geschriften betreffende de uitvoering van het Waals Wetboek van ruimtelijke ordening, stedenbouw en patrimonium van 14 mei 1984, het Brussels Wetboek van ruimtelijke ordening van 9 april 2004 en het Vlaams decreet houdende de organisatie van de ruimtelijke ordening van 18 mei 1999, alsook hun uitvoeringsbesluiten;

3° akten en geschriften opgemaakt of afgeleverd voor de toepassing van de wetten op het gebruik van de talen in gerechtszaken en in bestuurszaken;

4° de exploten van gerechtsdeurwaarders opgesteld ter vervanging van een gerechtsbrief in het geval bepaald bij artikel 46, § 2, van het Gerechtelijk Wetboek.

Bovenaan het exploot dient te worden vermeld dat het is opgesteld ter vervanging van een gerechtsbrief en dit met vermelding van het artikel van het Gerechtelijk Wetboek op grond waarvan de betekening wordt gedaan;

5° akten en geschriften betreffende de uitvoering van de wet van 16 januari 2003 tot oprichting van een Kruispuntbank van Ondernemingen, tot modernisering van het handelsregister, tot oprichting van erkende ondernemingsloketten en houdende diverse bepalingen;

6° de ontvangstbewijzen afgeleverd om van de afgifte van spaar- of depositoboekjes aan of door de uitgevende instelling te doen blijken en de afsluitingen van rekeningen die in die boekjes worden geschreven;

7° de ontvangstbewijzen uitgereikt of opgesteld om het afgeven of deponeren van effecten aan toonder met het oog op hun dematerialisering vast te stellen of om de boeking vast te stellen op de rekeningen bedoeld in artikel 1, 3°, van de wet van 2 januari 1991 betreffende de markt van de effecten van de overheidsschuld en het monetaire beleidsinstrumentarium en in artikel 1, § 1, derde lid, van de wet van 22 juli 1991 betreffende de thesauriebewijzen en de depositobewijzen, evenals de afsluitingen en uittreksels van de rekeningen waarop die effecten zijn geboekt;

8° akten en geschriften betreffende de invordering van de door de Staat gedane voorschotten in uitvoering van de bepalingen van het Gerechtelijk Wetboek betreffende de gerechtelijke bijstand;

9° akten en geschriften betreffende de vrijwillige erkenning van een natuurlijk kind;

10° akten en geschriften afgeleverd aan vreemde overheden of openbare besturen in uitvoering van internationale akkoorden;

11° de akten en geschriften betreffende de tegemoetkomingen bedoeld in de wet van 21 februari 2003 tot oprichting van een Dienst voor alimentatievorderingen bij de FOD Financiën;

[12° de akten bedoeld in artikel 103 van het Wetboek der registratie-, hypotheek- en griffierechten.]

Hersteld bij art. 32 W. 19 december 2006 (B.S. 29.XII.2006, ed. 6);
12° ingevoegd bij art. 25 W. 19 mei 2010 (B.S. 28.V.2010, ed. 2).

Art. 22. [Wanneer een akte of geschrift vrijgesteld is van rechten uit hoofde van een omstandigheid die niet blijkt uit de tekst der akte, meer bepaald omwille van de bestemming of de bevoegdheid van de persoon aan wie het werd afgeleverd, dan dient bovenaan de akte melding te worden gemaakt van de oorzaak der vrijstelling, op straf er het voordeel van te verliezen.]

Hersteld bij art. 33 W. 19 december 2006 (B.S. 29.XII.2006, ed. 6), van toepassing vanaf 1 januari 2007 (K.B. 21 december 2006, art. 95, B.S. 29.XII.2006, ed. 6).

[TITEL VII

TERUGBETALINGEN]

Opschrift ingevoegd bij art. 34 W. 19 december 2006 (B.S. 29.XII.2006, ed. 6), van toepassing vanaf 1 januari 2007 (K.B. 21 december 2006, art. 95, B.S. 29.XII.2006, ed. 6).

Art. 23. [Het recht wordt tot beloop van het nodige bedrag terugbetaald voor akten en geschriften waarvoor het recht werd voldaan terwijl zij van het recht vrijgesteld waren evenals voor de akten en geschriften die aanleiding gaven tot de betaling van een recht tegen een hoger bedrag dan het wettelijke tarief.

De Koning bepaalt de wijze waarop de teruggave geschiedt, de formaliteiten en voorwaarden waarvan zij afhankelijk wordt gesteld, alsmede de ontvanger die bevoegd is om ze uit te voeren.]

Hersteld bij art. 35 W. 19 december 2006 (B.S. 29.XII.2006, ed. 6), van toepassing vanaf 1 januari 2007 (K.B. 21 december 2006, art. 95, B.S. 29.XII.2006, ed. 6).

[TITEL VIII

OVERGANGSBEPALINGEN]

Opschrift ingevoegd bij art. 36 W. 19 december 2006 (B.S. 29.XII.2006, ed. 6), van toepassing vanaf 1 januari 2007 (K.B. 21 december 2006, art. 95, B.S. 29.XII.2006, ed. 6).

Art. 24. [De bepalingen van dit boek beheersen niet de vóór de datum van zijn inwerkingtreding door de Schatkist verworven rechten in toepassing van het opgeheven Wetboek der zegelrechten.]

Hersteld bij art. 37 W. 19 december 2006 (B.S. 29.XII.2006, ed. 6), van toepassing vanaf 1 januari 2007 (K.B. 21 december 2006, art. 95, B.S. 29.XII.2006, ed. 6).

Art. 25. [De verjaringen die vóór de inwerkingtreding van dit boek een aanvang genomen hadden in toepassing van het opgeheven Wetboek der zegelrechten, worden overeenkomstig de bepalingen ervan geregeld.]

Hersteld bij art. 38 W. 19 december 2006 (B.S. 29.XII.2006, ed. 6), van toepassing vanaf 1 januari 2007 (K.B. 21 december 2006, art. 95, B.S. 29.XII.2006, ed. 6).

Art. 26. [Onder voorbehoud van de bepalingen bedoeld in artikel 25, blijft de teruggave van de vóór de inwerkingtreding van dit boek geïnde rechten onderworpen aan de bepalingen van de vroegere wetten.]

Hersteld bij art. 39 W. 19 december 2006 (B.S. 29.XII.2006, ed. 6), van toepassing vanaf 1 januari 2007 (K.B. 21 december 2006, art. 95, B.S. 29.XII.2006, ed. 6).

Art. 27. [De repertoriums en registers welke in gebruik zijn op het ogenblik van de inwerkingtreding van dit boek, zijn niet langer onderworpen aan een afzonderlijk recht per blad.

De op het ogenblik van de inwerkingtreding van dit boek ongebruikte gezegelde bladen in voormelde repertoriums en registers, alsook het ongebruikt gezegeld papier, kunnen volgens de modaliteiten bepaald door de minister van Financiën, in aanmerking komen voor een terugbetaling.]

Hersteld bij art. 40 W. 19 december 2006 (B.S. 29.XII.2006, ed. 6), van toepassing vanaf 1 januari 2007 (K.B. 21 december 2006, art. 95, B.S. 29.XII.2006, ed. 6).

Art. 28-112. [...]

Opgeheven bij art. 94 W. 3 juli 1969 (B.S. 17.VII.1969).

Art. 113-119. [...]

Opgeheven bij art. 23 W. 22 december 1977 (B.S. 24. XII.1977).

[BOEK II

DIVERSE TAKSEN]

Opschrift ingevoegd bij art. 42 W. 19 december 2006 (B.S. 29.XII.2006, ed. 6), van toepassing vanaf 1 januari 2007 (K.B. 21 december 2006, art. 95, B.S. 29.XII.2006, ed. 6).

TITEL [I]

TAKS OP DE BEURSVERRICHTINGEN EN DE REPORTEN

Opschrift gewijzigd bij art. 42 W. 19 december 2006 (B.S. 29.XII.2006, ed. 6), van toepassing vanaf 1 januari 2007 (K.B. 21 december 2006, art. 95, B.S. 29.XII.2006, ed. 6).

[HOOFDSTUK] I

BEURSVERRICHTINGEN ANDERE DAN DE REPORTEN

Opschrift gewijzigd bij art. 41 W. 19 december 2006 (B.S. 29.XII.2006, ed. 6), van toepassing vanaf 1 januari 2007 (K.B. 21 december 2006, art. 95, B.S. 29.XII.2006, ed. 6).

Art. 120. [De hiernavolgende verrichtingen die in België worden aangegaan of uitgevoerd zijn aan de taks op de beursverrichtingen onderworpen, wanneer zij Belgische of vreemde openbare fondsen tot voorwerp hebben:

1° elke verkoop, elke aankoop en, meer algemeen, elke afstand en elke verwerving onder bezwarende titel;

2° [...];

3° elke inkoop van eigen aandelen, door een beleggingsvennootschap, indien de verrichting slaat op kapitalisatieaandelen;

4° [...].]

Vervangen bij art. 35 W. 24 december 1993 (B.S. 31. XII.1993);
2° en 4° opgeheven bij art. 344 Progr. W. 27 december 2004 (B.S. 31.XII.2004, ed. 2, err. B.S. 18.I.2005).

Opmerking: – Zie K.B. 17 januari 2005 (B.S. 21.I.2005).

[Art. 120bis. Voor de toepassing van deze titel wordt verstaan:

1° [onder instelling voor collectieve belegging, een instelling als bedoeld in deel II van de wet van 20 juli 2004 betreffende bepaalde vormen van collectief beheer van beleggingsportefeuilles];

2° [onder beleggingsvennootschap, een beleggingsvennootschap als bedoeld in deel II van de wet van 20 juli 2004 betreffende bepaalde vormen van collectief beheer van beleggingsportefeuilles];

3° [onder beleggingsfonds, een beleggingsfonds als bedoeld in deel II van de wet van 20 juli 2004 betreffende bepaalde vormen van collectief beheer van beleggingsportefeuilles];

4° onder kapitalisatieaandeel, een aandeel uitgegeven door een beleggingsvennootschap, waarvoor de statuten van de vennootschap geen uitkering van de netto-opbrengst voorzien [en dat niet vermeld is in artikel 19, § 1, 4°, van het Wetboek van de inkomstenbelastingen 1992];

5° onder distributieaandeel, een aandeel uitgegeven door een beleggingsvennootschap, waarvoor de statuten van de vennootschap de uitkering van de netto-opbrengst voorzien.]

Ingevoegd bij art. 36 W. 24 december 1993 (B.S. 31. XII.1993);
1° vervangen bij art. 328, 1° W. 27 december 2006 (B.S. 28.XII.2006, ed. 3), van toepassing vanaf 1 januari 2007;
2° vervangen bij art. 328, 2° W. 27 december 2006 (B.S. 28.XII.2006, ed. 3), van toepassing vanaf 1 januari 2007;
3° vervangen bij art. 328, 3° W. 27 december 2006 (B.S. 28.XII.2006, ed. 3), van toepassing vanaf 1 januari 2007;
4° aangevuld bij art. 8 W. 20 maart 1996 (B.S. 7.V.1996).

Art. 121. [§ 1. Voor de in artikel 120, 1°, vermelde verrichtingen, wordt het tarief van de taks vastgesteld:

1° op [0,90 per duizend], indien de verrichting slaat op effecten van de Belgische openbare schuld in het algemeen; effecten van de openbare schuld van buitenlandse Staten of leningen uitgegeven door de Gemeenschappen, de Gewesten, de provincies of de gemeenten, zowel in het binnen- als in het buitenland; obligaties [...] van Belgische of buitenlandse vennootschappen en andere rechtspersonen of obligatiebewijzen; rechten van deelneming van beleggingsfondsen; effecten, andere dan rechten van deelneming van beleggingsfondsen, uitgegeven door in België gevestigde natuurlijke of rechtspersonen, ter vertegenwoordiging of als tegenwaarde van aandelen, obligaties of welke effecten dan ook, die zijn uitgegeven door derde vennootschappen, collectiviteiten of autoriteiten of hoeveelheden van dergelijke aandelen, obligaties of effecten; aandelen uitgegeven door een beleggingsvennootschap;

2° op [2,20 per duizend], indien de verrichting slaat op enig ander effect.

[...]
Voor de in artikel 120, 3°, vermelde verrichtingen, wordt het tarief van de taks op [0,65 pct.] vastgesteld.

[...]]
§ 2. [In afwijking van § 1, wordt het tarief van de taks vastgesteld op [0,65 pct.] voor de in artikel 120, 1°, vermelde verrichtingen, indien ze slaan op kapitalisatieaandelen.]

Vervangen bij art. 37 W. 24 december 1993 (B.S. 31. XII.1993);
§ 1, al. 1, 1° gewijzigd bij art. 12 K.B. 7 december 2007 (B.S. 12.XII.2007, ed. 2, err. B.S. 11.IV.2008) en bij art. 58, a) W. 28 december 2011 (B.S. 30.XII.2011, ed. 4), van toepassing op de beursverrichtingen die vanaf 1 januari 2012 worden gedaan;
§ 1, al. 1, 2° gewijzigd bij art. 58, b) W. 28 december 2011 (B.S. 30.XII.2011, ed. 4), van toepassing op de beursverrichtingen die vanaf 1 januari 2012 worden gedaan;
§ 1, al. 2 en al. 4 opgeheven bij art. 345, 1° Progr. W. 27 december 2004 (B.S. 31.XII.2004, ed. 2, err. B.S. 18.I.2005);
§ 1, al. 2 (voorheen al. 3) gewijzigd bij art. 58, c) W. 28 december 2011 (B.S. 30.XII.2011, ed. 4), van toepassing op de beursverrichtingen die vanaf 1 januari 2012 worden gedaan;
§ 2 vervangen bij art. 345, 2° Progr. W. 27 december 2004 (B.S. 31.XII.2004, ed. 2, err. B.S. 18.I.2005) en gewijzigd bij art. 58, c) W. 28 december 2011 (B.S. 30.XII.2011, ed. 4), van toepassing op de beursverrichtingen die vanaf 1 januari 2012 worden gedaan.

Tijdelijke bepaling: – Van 1 augustus 2012 tot 31 december 2014 wordt art. 121 gewijzigd als volgt:
a) in § 1, eerste lid, 2°, worden de woorden "2,20 per duizend" vervangen door de woorden "2,50 per duizend";
b) in § 1, tweede lid, en § 2, worden de woorden "0,65 pct." vervangen door de woorden "1 pct.".
(Progr. W. 22 juni 2012, art. 45 en 48, B.S. 28.VI.2012, van toepassing vanaf 1 augustus 2012 tot 31 december 2014)

Opmerking: – Zie K.B. 17 januari 2005 (B.S. 21.I.2005).

Art. 122. [[...] Wat de verrichtingen betreft vermeld:
1° onder artikel 120, 1°, is een taks van [0,90, 2,20 per duizend of 0,65 pct.,] volgens het geval, afzonderlijk verschuldigd op de verkoop of afstand en op de aankoop of verwerving;
2° [...];
3° onder artikel 120, 3°, is de taks enkel verschul-

digd uit hoofde van de afstand van het aandeel aan de beleggingsvennootschap.
[...]]

Vervangen bij art. 38 W. 24 december 1993 (B.S. 31. XII.1993);
Nummering § 1 opgeheven bij art. 346, 2° Progr. W. 27 december 2004 (B.S. 31.XII.2004, ed. 2, err. B.S. 18.I.2005);
1° gewijzigd bij art. 59 W. 28 december 2011 (B.S. 30. XII.2011, ed. 4), van toepassing op de beursverrichtingen die vanaf 1 januari 2012 worden gedaan;
2° opgeheven bij art. 346, 1° Progr. W. 27 december 2004 (B.S. 31.XII.2004, ed. 2, err. B.S. 18.I.2005);
§ 2 opgeheven bij art. 346, 3° Progr. W. 27 december 2004 (B.S. 31.XII.2004, ed. 2, err. B.S. 18.I.2005).

Tijdelijke bepaling: – Van 1 augustus 2012 tot 31 december 2014 worden in art. 122, 1°, de woorden "2,20 per duizend of 0,65 pct.," vervangen door de woorden "2,50 per duizend of 1 pct.".
(Progr. W. 22 juni 2012, art. 46 en 48, B.S. 28.VI.2012, van toepassing vanaf 1 augustus 2012 tot 31 december 2014)

Art. 123. [De vorderbare taks wordt berekend:
1° [wat betreft de aankopen of verwervingen, op de sommen door de koper te betalen, het loon van de makelaar niet inbegrepen];
2° wat aangaat de verkopen of afstanden, op de door de verkoper of afstanddoener te ontvangen som, zonder aftrek van het loon van de makelaar;
3° voor de inkopen bedoeld in artikel 120, 3°, op de netto-inventariswaarde van de aandelen, zonder aftrek van de forfaitaire vergoeding;
4° [voor de inkopen bedoeld in artikel 120, 3°, van kapitalisatieaandelen door collectieve beleggingsinstellingen als bedoeld in artikel 19bis, § 1, zesde lid, van het Wetboek van de inkomstenbelastingen 1992, op de inventariswaarde van de kapitalisatieaandelen, zonder aftrek van de forfaitaire vergoeding, doch verminderd met de ingehouden roerende voorheffing.]]

Vervangen bij art. 39 W. 24 december 1993 (B.S. 31. XII.1993);
1° vervangen bij art. 347, 1° Progr. W. 27 december 2004 (B.S. 31.XII.2004, ed. 2, err. B.S. 18.I.2005);
4° vervangen bij art. 131 Progr. W. 27 december 2005 (B.S. 30.XII.2005, ed. 2).

Art. 124. [Op elk van de verrichtingen waarop overeenkomstig artikel 122 afzonderlijke taks wordt geheven, mag geen taks worden geheven ten belope van een bedrag van meer dan [650 EUR], behalve wat betreft de verrichtingen met kapitalisatieaandelen, voor welke verrichtingen dat bedrag op [975 EUR] wordt gebracht.]

Hersteld (na opheffing bij art. 348 Progr. W. 27 december 2004) bij art. 2 W. 28 april 2005 (B.S. 27.V.2005, ed. 3) en gewijzigd bij art. 60 W. 28 december 2011 (B.S. 30.XII.2011, ed. 4), van toepassing op de beursverrichtingen die vanaf 1 januari 2012 worden gedaan.

Tijdelijke bepaling: – Van 1 augustus 2012 tot 31 december 2014 worden in art. 124 de woorden "de verrichtingen met kapitalisatieaandelen voor welke verrichtingen dat bedrag op 975 euro wordt gebracht" vervangen door de woorden "de verrichtingen bedoeld in artikel 121, § 1, eerste lid, 2°, voor welke verrichtingen dat bedrag op 740 euro wordt gebracht, en voor de verrichtingen met kapitalisatieaandelen, voor welke verrichtingen dat bedrag op 1.500 euro wordt gebracht".
(Progr. W. 22 juni 2012, art. 47 en 48, B.S. 28.VI.2012, van toepassing vanaf 1 augustus 2012 tot 31 december 2014)

Art. 125. [§ 1. De taks is betaalbaar uiterlijk de laatste werkdag van de maand die volgt op die waarin de verrichting werd uitgevoerd.

De taks wordt betaald door storting of overschrijving op de bankrekening van het bevoegde kantoor.

Op de dag van de betaling wordt door de belastingschuldige op dat kantoor een opgave ingediend die de maatstaf van heffing opgeeft alsmede alle elementen noodzakelijk ter bepaling ervan.

§ 2. Wanneer de taks niet binnen de in § 1 bepaalde termijn werd betaald, is de interest van rechtswege verschuldigd te rekenen van de dag waarop de betaling had moeten geschieden.

Indien de opgave niet binnen de bepaalde termijn werd ingediend, wordt een boete verbeurd van 12,50 EUR per week vertraging. Iedere begonnen week wordt voor een gehele week aangerekend.

Iedere onjuistheid of onvolledigheid in de opgave bedoeld in § 1 evenals de afwezigheid van het borderel bepaald bij artikel 127, wordt gestraft met een boete gelijk aan vijf maal de ontdoken taks zonder dat ze minder dan 250 EUR kan bedragen.

§ 3. De elementen die in de § 1 vermelde opgave moeten worden meegedeeld evenals het bevoegde kantoor worden door de Koning bepaald.]

Vervangen bij art. 27 W. 10 december 2001 (B.S. 20. XII.2001, err. B.S. 22.XII.2001).

[**Art. 126**[1]. Zijn van de taks vrijgesteld:

1° de verrichtingen waarin geen tussenpersoon van beroep optreedt of een overeenkomst sluit hetzij voor rekening van een der partijen, hetzij voor zijn eigen rekening;

2° [de verrichtingen voor zijn eigen rekening gedaan, door een tussenpersoon als bedoeld in artikel 2, 9° en 10°, van de wet van 2 augustus 2002 betreffende het toezicht op de financiële sector en de financiële diensten, door een verzekeringsonderneming als bedoeld in artikel 2, § 1, van de wet van 9 juli 1975 betreffende de controle der verzekeringsondernemingen, [door een instelling voor bedrijfspensioenvoorziening als bedoeld in artikel 2, 1°, van de wet van 27 oktober 2006 betreffende het toezicht op de instellingen voor bedrijfspensioenvoorziening], door een instelling voor collectieve belegging of door een niet-inwoner];

3° [de verrichtingen met als voorwerp de rechten van deelneming van een institutionele instelling voor collectieve belegging];

4° [de verrichtingen die effecten van de Belgische

openbare schuld in 't algemeen tot voorwerp hebben die de Administratie van de Thesaurie uitvoert of doet uitvoeren voor rekening van de Deposito- en Consignatiekas, van het Muntfonds of in het kader van haar liquiditeitsbeheer];

5° [de verrichtingen die effecten van de Belgische openbare schuld in 't algemeen tot voorwerp hebben en die [de Federale Overheidsdienst Financiën, Thesaurie] uitvoert of doet uitvoeren];

6° [de verrichtingen met als voorwerp schatkistcertificaten of lineaire obligaties uitgegeven door de [Belgische Staat of met als voorwerp de schatkistcertificaten of obligaties analoog aan de Belgische lineaire obligaties, uitgegeven door een lidstaat van de Europees Economische Ruimte]];]

[7° [de verrichtingen die het Rentenfonds uitvoert of doet uitvoeren];]

[8° [...];]

[9° de verrichtingen met betrekking tot thesauriebewijzen en depositobewijzen uitgegeven overeenkomstig de wet van 22 juli 1991;]

[10° [de verrichtingen met als voorwerp de rechten van deelneming van een private instelling voor collectieve belegging];]

[11° [...];]

[12° [...];]

[13° [de verrichtingen met als voorwerp kortlopende schuldbewijzen van de Nationale Bank van België;]

[14° de verrichtingen die het Herdisconterings- en Waarborginstituut of het Interventiefonds van de beursvennootschappen doen uitvoeren in het kader van het beheer van de beleggers- of depositobeschermingregelingen die zij hebben ingesteld of beheren;]

[15° [...]]

Ingevoegd bij art. 50 W. 13 augustus 1947 (B.S. 17.IX.1947); 2° vervangen bij art. 349, 1° Progr. W. 27 december 2004 (B.S. 31.XII.2004, ed. 2, err. B.S. 18.I.2005) en gewijzigd bij art. 329, 1° W. 27 december 2006 (B.S. 28.XII.2006, ed. 3), van toepassing vanaf 1 januari 2007; 3° opgeheven bij art. 349, 2° Progr. W. 27 december 2004 (B.S. 31.XII.2004, ed. 2, err. B.S. 18.I.2005) en hersteld bij art. 329, 2° W. 27 december 2006 (B.S. 28.XII.2006, ed. 3), van toepassing vanaf 1 januari 2007; 4° vervangen bij art. 27 W. 2 januari 1991 (B.S. 25.I.1991); 5° vervangen bij art. 27 W. 2 januari 1991 (B.S. 25.I.1991) en gewijzigd bij art. 50 W. 23 december 2005 (B.S. 30.XII.2005, ed. 2); 6° vervangen bij art. 27 W. 2 januari 1991 (B.S. 25.I.1991) en gewijzigd bij art. 63 W. 17 juni 2013 (B.S. 28.VI.2013, ed. 1); 7° ingevoegd bij art. 3 R.B. 25 november 1947 (B.S. 3. XII.1947) en vervangen bij art. 27 W. 2 januari 1991 (B.S. 25.I.1991); 8° ingevoegd bij art. 148 W. 4 december 1990 (B.S. 22. XII.1990) en opgeheven bij art. 43 W. 22 juli 1993 (B.S. 26. VII.1993); 9° ingevoegd bij art. 10 W. 22 juli 1991 (B.S. 21.IX.1991); 10° ingevoegd bij art. 20 W. 6 augustus 1993 (B.S. 18. VIII.1993), opgeheven bij art. 349, 3° Progr. W. 27 december 2004 (B.S. 31.XII.2004, ed. 2, err. B.S. 18.I.2005) en hersteld bij art. 329, 3° W. 27 december 2006 (B.S. 28.XII.2006, ed. 3),

van toepassing vanaf 1 januari 2007;
11° ingevoegd bij art. 20 W. 6 augustus 1993 (B.S. 18.
VIII.1993) en opgeheven bij art. 349, 4° Progr. W. 27 decem-
ber 2004 (B.S. 31.XII.2004, ed. 2, err. B.S. 18.I.2005);
12° ingevoegd bij art. 41 W. 24 december 1993 (B.S. 31.
XII.1993) en opgeheven bij art. 349, 5° Progr. W. 27 decem-
ber 2004 (B.S. 31.XII.2004, ed. 2, err. B.S. 18.I.2005);
13° ingevoegd bij art. 41 W. 24 december 1993 (B.S. 31.
XII.1993) en vervangen bij art. 1 W. 4 april 1995 (B.S.
23.V.1995, err. B.S. 1.VII.1995);
14° ingevoegd bij art. 1 W. 4 april 1995 (B.S. 23.V.1995, err.
B.S. 1.VII.1995);
15° ingevoegd bij art. 1 W. 4 april 1995 (B.S. 23.V.1995, err.
B.S. 1.VII.1995) en opgeheven bij art. 68 W. 15 december
2004 (B.S. 1.II.2005, ed. 2).

[Art. 126². De tussenpersonen van beroep zijn persoonlijk gehouden tot de betaling der rechten op de verrichtingen welke zij hetzij voor rekening van derden, hetzij voor hun eigen rekening doen.]

Ingevoegd bij art. 50 W. 13 augustus 1947 (B.S. 17. IX.1947).

Art. 127. [Uiterlijk de werkdag die volgt op die waarop de verrichting werd uitgevoerd, is de tussenpersoon ertoe gehouden aan elke persoon die hem een beursorder geeft een borderel af te geven vermeldende de namen van de lastgever en van de tussenpersoon, het soort van verrichtingen, het bedrag of de waarde van de verrichtingen en het bedrag van de verschuldigde taks.]

Vervangen bij art. 28 W. 10 december 2001 (B.S. 20. XII.2001, err. B.S. 22.XII.2001).

Art. 128. [Het borderel bepaald bij artikel 127 wordt genummerd volgens één of meerdere series van doorlopende nummerreeksen en opgemaakt in tweevoud.

Het duplicaat van het borderel kan evenwel worden vervangen door een van dag tot dag opgestelde listing, genummerd volgens een doorlopende nummerreeks, waarin het volgende wordt vermeld:
a) de datum van het borderel;
b) het nummer van het borderel;
c) de naam van de ordergever en de tussenpersoon;
d) de gedetailleerde opgave van de verrichtingen;
e) het bedrag of de waarde van de verrichtingen;
f) het bedrag van de taks op de beursverrichtingen of de reporten dat werd geheven;
g) in geval van vernietiging van het borderel, de referentie van het vernietigde borderel naast de aanduiding van het vernietigde borderel.]

Vervangen bij art. 29 W. 10 december 2001 (B.S. 20. XII.2001, err. B.S. 22.XII.2001).

[Art. [129]. [Wanneer de taks verschuldigd is op een verkoop-, aankoop- of inkoopverrichting gedaan door een tussenpersoon van beroep voor zijn eigen rekening, wordt zij betaald op de wijze aangeduid door

de artikelen 127 en 128, onder voorbehoud dat in plaats van aan de ordergever uitgereikt te worden, het borderel door de tussenpersoon wordt bewaard.]]

Oud art. 129¹ opgeheven bij art. 30 W. 10 december 2001 (B.S. 20.XII.2001, err. B.S. 22.XII.2001) en art. 129² hernummerd tot art. 129 bij art. 31 W. 10 december 2001 (B.S. 20.XII.2001, err. B.S. 22.XII.2001);
Vervangen bij art. 350 Progr. W. 27 december 2004 (B.S. 31.XII.2004, ed. 2, err. B.S. 18.I.2005).

Art. [130¹]. [De duplicaten van de borderellen of van de listings die ze vervangen evenals de borderellen betreffende de verrichtingen welke de tussenpersonen voor hun eigen rekening doen, moeten worden bewaard gedurende zes jaar te rekenen vanaf hun datum.

Bij beëindiging van de zaken, mogen die stukken worden vernield, mits voorafgaande machtiging door de gewestelijke directeur van de belasting over de toegevoegde waarde, registratie en domeinen uit het ressort.]

Hernummerd bij art. 53 W. 13 augustus 1947 (B.S. 17. IX.1947) en vervangen bij art. 32 W. 10 december 2001 (B.S. 20.XII.2001, err. B.S. 22.XII.2001).

[Art. 130². [Op straf van een boete van 250 tot 2.500 EUR per overtreding, zijn de tussenpersonen gehouden op elke vordering der aangestelden van de administratie van de belasting over de toegevoegde waarde, registratie en domeinen die ten minste de graad van verificateur hebben, zonder verplaatsing inzage te verlenen van de duplicaten van de borderellen of van de listings die hen vervangen, van de borderellen betreffende de verrichtingen gedaan voor hun eigen rekening, van hun boeken, contracten en van alle andere bescheiden in verband met hun verrichtingen die over openbare fondsen gaan.]]

Ingevoegd bij art. 53 W. 13 augustus 1947 (B.S. 17.IX.1947) en vervangen bij art. 33 W. 10 december 2001 (B.S. 20. XII.2001, err. B.S. 22.XII.2001).

Art. 131. [Wordt gestraft met een boete van 250 tot 2.500 EUR, iedere overtreding van de verplichting de duplicaten van de borderellen of de listings die hen vervangen bepaald bij artikel 128 te houden en te bewaren.

Al de overtreders zijn, bovendien, ieder hoofdelijk gehouden tot het betalen van de ontdoken rechten, behoudens beroep zo daartoe redenen zijn.]

Vervangen bij art. 34 W. 10 december 2001 (B.S. 20. XII.2001, err. B.S. 22.XII.2001).

Art. 132. […]

Opgeheven bij art. 60 W. 13 augustus 1947 (B.S. 17. IX.1947).

Art. 133. […]

Opgeheven bij art. 8 W. 27 maart 1936 (B.S. 29.III.1936).

Art. 134. [...]

Opgeheven bij art. 8 W. 27 maart 1936 (B.S. 29.III.1936).

Art. 135. [...]

Opgeheven bij art. 8 W. 27 maart 1936 (B.S. 29.III.1936) en bij art. 10 K.B. nr. 63, 28 november 1939 (B.S. 1.XII.1939).

Art. 136. [De taks wordt terugbetaald:

1° wanneer de betaalde taks de belasting overtreft waartoe de verrichting aanleiding geeft;

2° wanneer de intrekking, wijziging of verbetering van de beurskoersen de nietigverklaring of wijziging van het oorspronkelijk verstrekte borderel tot gevolg heeft.]

De regering bepaalt de wijze en de voorwaarden waarop de terugbetaling plaats heeft.

Er wordt geen gevolg gegeven aan aanvragen van terugbetaling indien de terug te betalen som geen [0,25 EUR] bedraagt.

[...]

Al. 1 vervangen bij art. 35 W. 10 december 2001 (B.S. 20.XII.2001, err. B.S. 22.XII.2001);
Al. 3 gewijzigd bij art. 9 K.B. 13 juli 2001 (B.S. 11.VIII.2001);
Al. 4 opgeheven bij art. 10 K.B. nr. 63, 28 november 1939 (B.S. 1.XII.1939).

Art. 137. [...]

Opgeheven bij art. 10 K.B. nr. 63, 28 november 1939 (B.S. 1.XII.1939).

[HOOFDSTUK] II

REPORTVERRICHTINGEN

Opschrift gewijzigd bij art. 41 W. 19 december 2006 (B.S. 29.XII.2006, ed. 6), van toepassing vanaf 1 januari 2007 (K.B. 21 december 2006, art. 95, B.S. 29.XII.2006, ed. 6).

Art. 138. [De prolongatieverrichting met als voorwerp openbare fondsen, waarin een tussenpersoon die zijn beroep maakt van beursverrichtingen hetzij voor rekening van een derde, hetzij voor zijn eigen rekening handelt, is aan een taks van [0,85 per duizend] onderworpen [...].]

Vervangen bij art. 54 W. 13 augustus 1947 (B.S. 17. IX.1947) en gewijzigd bij art. 1 § 2 W. 27 december 1965 (B.S. 29.XII.1965) en bij art. 100 W. 4 december 1990 (B.S. 22. XII.1990).

Art. 139. [Er is [een taks van 0,85 per duizend] verschuldigd in hoofde van elk der contracterende partijen: zij dekt beide verrichtingen door elk hunner gedaan.

[De taks is echter niet verschuldigd ten aanzien van de partij of van de partijen die een tussenpersoon

als bedoeld in artikel 2, 9° en 10°, van de wet van 2 augustus 2002 betreffende het toezicht op de financiële sector en de financiële diensten zijn, of een verzekeringsonderneming als bedoeld in artikel 2, § 1, van de wet van 9 juli 1975 betreffende de controle der verzekeringsondernemingen, of [een instelling voor bedrijfspensioenvoorziening als bedoeld in artikel 2, 1°, van de wet van 27 oktober 2006 betreffende het toezicht op de instellingen voor bedrijfspensioenvoorziening], of een instelling voor collectieve belegging of een niet-inwoner.]]

[De taks is evenwel niet verschuldigd door het Herdisconterings- en Waarborginstituut of het Interventiefonds van de beursvennootschappen, voor de reportverrichtingen die zij doen uitvoeren in het kader van de beleggers- of depositobeschermingsregelingen die zij hebben ingesteld of beheren.]

Vervangen bij art. 54 W. 13 augustus 1947 (B.S. 17. IX.1947);
Al. 1 gewijzigd bij art. 101 W. 4 december 1990 (B.S. 22. XII.1990);
Al. 2 vervangen bij art. 351 Progr. W. 27 december 2004 (B.S. 31.XII.2004, ed. 2, err. B.S. 18.I.2005) en gewijzigd bij art. 330 W. 27 december 2006 (B.S. 28.XII.2006, ed. 3), van toepassing vanaf 1 januari 2007;
Al. 3 ingevoegd bij art. 2 W. 4 april 1995 (B.S. 23.V.1995, err. B.S. 1.VII.1995).

[Art. 139bis. [Zijn van de taks vrijgesteld, de transacties met:

1° schatkistcertificaten en lineaire obligaties uitgegeven door de [Belgische Staat of met als voorwerp de schatkistcertificaten of obligaties analoog aan de Belgische lineaire obligaties, uitgegeven door een lidstaat van de Europees Economische Ruimte];

2° thesauriebewijzen en depositobewijzen uitgegeven overeenkomstig de wet van 22 juli 1991;

3° [...];]]

[4° kortlopende schuldbewijzen van de Nationale Bank van België;

5° aan de cessies-retrocessies van effecten.]

Ingevoegd bij art. 8 W. 2 januari 1991 (B.S. 25.I.1991) en vervangen bij art. 21 W. 6 augustus 1993 (B.S. 18.VIII.1993);
1° gewijzigd bij art. 64 W. 17 juni 2013 (B.S. 28.VI.2013, ed. 1);
3° opgeheven bij art. 352 Progr. W. 27 december 2004 (B.S. 31.XII.2004, ed. 2, err. B.S. 18.I.2005);
4°-5° ingevoegd bij art. 3 W. 4 april 1995 (B.S. 23.V.1995, err. B.S. 1.VII.1995).

Art. 140. Die taks wordt berekend over het totaal bedrag der sommen, in hoofdsom en interesten, door de gereporteerde te voldoen.

Art. 141. Wordt met het report gelijkgesteld, de overeenkomst waarbij de partijen het uitvoeren van een koop op termijn tot op een nieuwe vervaldag verschuiven.

Art. 142. In geval van achtereenvolgende reporten wordt elke hernieuwing van het contract beschouwd als een nieuwe taksplichtige verrichting.

Art. 143. [[Artikelen 124, 125, 126², 127, 128, 129, 130¹, 130, 131 en 136] worden op de door deze sectie gevestigde taks toepasselijk gemaakt.]

Vervangen bij art. 60 W. 13 augustus 1947 (B.S. 17. IX.1947) en gewijzigd bij art. 36 W. 10 december 2001 (B.S. 20.XII.2001, err. B.S. 22.XII.2001).

Art. 144-150. […]

Opgeheven bij art. 1 Besl. W. 27 februari 1935 (B.S. 1. III.1935).

TITEL [II]

[…]

Opgeheven bij art. 37 K.B. nr. 5, 22 augustus 1934 (B.S. 24.VIII.1934, err. B.S. 25.VIII.1934) en gewijzigd bij art. 42 W. 19 december 2006 (B.S. 29.XII.2006, ed. 6), van toepassing vanaf 1 januari 2007 (K.B. 21 december 2006, art. 95, B.S. 29.XII.2006, ed. 6).

Art. 151-158. […]

Opgeheven bij art. 37 K.B. nr. 5, 22 augustus 1934 (B.S. 24.VIII.1934, err. B.S. 25.VIII.1934).

TITEL [III]

[TAKS OP DE AFLEVERING VAN EFFECTEN AAN TOONDER]

Opschrift vervangen bij art. 4 K.B. 18 november 1996 (B.S. 6.XII.1996) en gewijzigd bij art. 42 W. 19 december 2006 (B.S. 29.XII.2006, ed. 6), van toepassing vanaf 1 januari 2007 (K.B. 21 december 2006, art. 95, B.S. 29.XII.2006, ed. 6).

Art. 159. [Elke aflevering van effecten aan toonder is onderworpen aan de taks op de aflevering van effecten aan toonder, wanneer zij Belgische of vreemde openbare fondsen betreft.

[Onder aflevering wordt verstaan elke materiële overhandiging van het effect ten gevolge van:

1° [...];
2° een verkrijging onder bezwarende titel;
3° een omzetting van effecten op naam in effecten aan toonder;
4° het terugnemen van effecten die zich in open bewaargeving bevinden bij een kredietinstelling, een beursvennootschap, een vennootschap voor vermogensbeheer of bij de Interprofessionele Effectendeposito- en Girokas.]

[Evenwel zijn de leveringen gedaan aan in België gevestigde vennootschappen, ondernemingen, instellingen of bijkantoren van tussenpersonen als bedoeld in artikel 2, 9° en 10°, van de wet van 2 augustus 2002 betreffende het toezicht op de financiële sector en de financiële diensten, niet onderworpen.]]

Vervangen bij art. 4 K.B. 18 november 1996 (B.S. 6. XII.1996);
Al. 2 vervangen bij art. 1 K.B. 6 mei 1997 (B.S. 31.V.1997);
Al. 2, 1° opgeheven bij art. 353, 1° Progr. W. 27 december 2004 (B.S. 31.XII.2004, ed. 2, err. B.S. 18.I.2005);
Al. 3 vervangen bij art. 353, 2° Progr. W. 27 december 2004 (B.S. 31.XII.2004, ed. 2, err. B.S. 18.I.2005).

Art. 160. [Het tarief van de taks wordt vastgesteld op 0,6 pct.]

Vervangen bij art. 304 Progr. W. 22 december 2003 (B.S. 31.XII.2003, ed. 1).

Art. 161. [De vorderbare taks wordt berekend:
1° [in geval van verkrijging onder bezwarende titel, op de sommen door de koper te betalen, het loon van de makelaar en de taks op de beursverrichtingen niet inbegrepen];
2° [in geval van omzetting van effecten op naam in effecten aan toonder of van terugneming van effecten in open bewaargeving, op de verkoopwaarde van de effecten, de intresten daarin niet begrepen, te ramen op de dag van de omzetting of van de terugneming door degene die de omzetting heeft bewerkt of door de bewaargever.]

In het geval bedoeld in het eerste lid, 2°, wordt de belastbare grondslag evenwel als volgt bepaald:
a) voor de roerende waarden opgenomen in de officiële notering van een effectenbeurs van het Rijk, volgens de laatste notering gepubliceerd vóór de datum [van omzetting of] van terugneming;
b) voor de schuldinstrumenten niet opgenomen in de officiële notering, volgens de nominale waarde van het kapitaal van de schuldvordering;
c) voor de rechten van deelneming in beleggingsinstellingen met een veranderlijk aantal rechten, volgens de laatst berekende inventariswaarde vóór de datum [van omzetting of] van terugneming.

Wanneer de waarde van de teruggenomen effecten uitgedrukt wordt in vreemde munt, wordt zij omgezet [in euro] op basis van de verkoopkoers op de datum [van omzetting of] van de terugneming.
[…]]

Vervangen bij art. 4 K.B. 18 november 1996 (B.S. 6. XII.1996);
Al. 1, 1° vervangen bij art. 354 Progr. W. 27 december 2004 (B.S. 31.XII.2004, ed. 2, err. B.S. 18.I.2005);
Al. 1, 2° vervangen bij art. 2, 1° K.B. 6 mei 1997 (B.S. 31.V.1997);
Al. 2, a gewijzigd bij art. 2, 2° K.B. 6 mei 1997 (B.S. 31.V.1997);
Al. 2, c gewijzigd bij art. 2, 2° K.B. 6 mei 1997 (B.S. 31.V.1997);
Al. 3 gewijzigd bij art. 2, 2° K.B. 6 mei 1997 (B.S. 31.V.1997) en bij art. 5 § 6 K.B. 20 juli 2000 (B.S. 30.VIII.2000, err. B.S. 8.III.2001);

Al. 4 opgeheven bij art. 3, 1° W. 20 januari 1999 (B.S. 13. II.1999).

Art. 162. [§ 1. De taks is betaalbaar:

1° uiterlijk de laatste werkdag van de maand die volgt op die waarin het borderel dat de transactie bevestigt, afgeleverd wordt wanneer de levering plaatsvindt ten gevolge van […] of een verkrijging onder bezwarende titel waarbij een tussenpersoon van beroep tussenkomt;

2° in alle andere gevallen, uiterlijk de laatste werkdag van de maand die volgt op die waarin de levering plaatsgevonden heeft.

In het eerste lid, 1° bedoelde geval is de tussenpersoon gehouden de inning van de taks te verzekeren vóór de aflevering van het in artikel 127 voorziene borderel.

De taks wordt betaald door storting of overschrijving op de postrekening van het bevoegde kantoor.

Op de dag van de betaling wordt door de belastingschuldige op dat kantoor een opgave ingediend die de maatstaf van heffing opgeeft alsmede alle elementen noodzakelijk ter bepaling ervan.

§ 2. Wanneer de taks niet binnen de in § 1 bepaalde termijn werd betaald, is de interest van rechtswege verschuldigd te rekenen van de dag waarop de betaling had moeten geschieden.

Wanneer de teruggave niet binnen de bepaalde termijn werd ingediend, wordt een boete verbeurd van [12,50 EUR] per week vertraging. Iedere begonnen week wordt voor een gehele week aangerekend.

[Iedere onjuistheid of onvolledigheid in de opgave bedoeld in § 1, wordt gestraft met een boete gelijk aan vijf maal de ontdoken taks zonder dat ze minder dan [[250 EUR]] kan bedragen.]

§ 3. De elementen die in de in § 1 vermelde opgave moeten meegedeeld worden, elk stuk waarvan het overleggen nodig is voor de controle van de heffing van de taks evenals het bevoegde kantoor worden door de Koning bepaald.]

Vervangen bij art. 4 K.B. 18 november 1996 (B.S. 6.XII.1996); § 1, 1° gewijzigd bij art. 355 Progr. W. 27 december 2004 (B.S. 31.XII.2004, ed. 2, err. B.S. 18.I.2005); § 2, al. 2 gewijzigd bij art. 2-10 K.B. 20 juli 2000 (II) (B.S. 30.VIII.2000, err. B.S. 8.III.2001); § 2, al. 3 ingevoegd bij art. 3 K.B. 6 mei 1997 (B.S. 31.V.1997) en gewijzigd bij art. 2-10 K.B. 20 juli 2000 (II) (B.S. 30. VIII.2000, err. B.S. 8.III.2001) en bij art. 42, 5° K.B. 13 juli 2001 (B.S. 11.VIII.2001, err. B.S. 21.XII.2001).

Art. 163. [Zijn van de taks vrijgesteld:

1° de afleveringen van effecten gedaan ten gevolge van een verkrijging onder bezwarende titel waarin geen tussenpersoon van beroep optreedt of een overeenkomst sluit hetzij voor rekening van een der partijen;

2° de afleveringen gedaan aan een niet-inwoner van buitenlandse openbare fondsen en van certificaten die buitenlandse openbare fondsen vertegenwoordigen die in open bewaargeving worden gegeven in België bij [de Interprofessionele Effecten-deposito- en

Girokas of bij] [een tussenpersoon als bedoeld in artikel 2, 9° en 10°, van de wet van 2 augustus 2002 betreffende het toezicht op de financiële sector en de financiële diensten;]

[3° de afleveringen van door de Staat, de Gemeenschappen of de Gewesten in deviezen uitgegeven effecten, wanneer die effecten in het buitenland of aan een niet-inwoner worden afgeleverd;]

[4° de afleveringen van effecten gedaan aan instellingen voor bedrijfspensioenvoorziening die werden opgericht onder de vorm van een Organisme voor Financiering van Pensioenen, geregeld door hoofdstuk II van titel II van de wet van 27 oktober 2006 betreffende het toezicht op de instellingen voor bedrijfspensioenvoorziening.]]

Vervangen bij art. 4 K.B. 18 november 1996 (B.S. 6. XII.1996); 2° gewijzigd bij art. 4, 1° K.B. 6 mei 1997 (B.S. 31.V.1997) en bij art. 356 Progr. W. 27 december 2004 (B.S. 31.XII.2004, ed. 2, err. B.S. 18.I.2005); 3° ingevoegd bij art. 4, 2° K.B. 6 mei 1997 (B.S. 31.V.1997); 4° gewijzigd bij art. 331 W. 27 december 2006 (B.S. 28. XII.2006, ed. 3), van toepassing vanaf 1 januari 2007.

Art. 164. [De taks wordt betaald:

1° door de tussenpersonen van beroep voor de afleveringen die zij doen [[…], aan de verkrijger of aan degene die de effecten op naam heeft omgezet in effecten aan toonder] evenals voor de afleveringen die aan hen worden gedaan voor hun eigen rekening;

2° door de bewaarnemende inrichtingen of vennootschappen voor de afleveringen die zij doen ten gevolge van een terugneming van effecten die zich in open bewaargeving bevinden;

3° [door de uitgevende vennootschappen voor de afleveringen die zij doen […] of aan degene die de effecten op naam heeft omgezet in effecten aan toonder, wanneer geen enkele tussenpersoon van beroep optreedt of een overeenkomst sluit hetzij voor rekening van één der partijen hetzij voor zijn eigen rekening.]]

Vervangen bij art. 4 K.B. 18 november 1996 (B.S. 6. XII.1996); 1° gewijzigd bij art. 5, 1° K.B. 6 mei 1997 (B.S. 31.V.1997) en bij art. 357, 1° Progr. W. 27 december 2004 (B.S. 31. XII.2004, ed. 2, err. B.S. 18.I.2005); 3° vervangen bij art. 5, 2° K.B. 6 mei 1997 (B.S. 31.V.1997) en gewijzigd bij art. 357, 2° Progr. W. 27 december 2004 (B.S. 31.XII.2004, ed. 2, err. B.S. 18.I.2005).

Art. 165. [Op straf van een boete van [[250 EUR]] tot [[2.500 EUR]] per overtreding, zijn de tussenpersonen, de bewaarnemende inrichtingen of vennootschappen en de uitgevende vennootschappen gehouden op elke vordering der aangestelden van de administratie van de belasting over de toegevoegde waarde, registratie en domeinen die ten minste de graad van adjunct-verificateur hebben, zonder verplaatsing inzage te verlenen, van hun boeken, contracten en van alle andere bescheiden in verband met hun verrichtingen die over openbare fondsen gaan.]

Vervangen bij art. 4 K.B. 18 november 1996 (B.S. 6. XII.1996) en gewijzigd bij art. 2-10 K.B. 20 juli 2000 (II) (B.S. 30.VIII.2000, err. B.S. 8.III.2001) en bij art. 42, 5° K.B. 13 juli 2001 (B.S. 11.VIII.2001, err. B.S. 21.XII.2001).

Art. 166. [De taks wordt terugbetaald:

1° wanneer de betaalde taks meer bedraagt dan de belasting verschuldigd op de aflevering;

2° wanneer de intrekking, de wijziging of de verbetering van de beurskoersen de nietigverklaring of de wijziging van de belastbare basis heeft teweeggebracht waarop de taks oorspronkelijk werd gekweten;

3° wanneer de opdracht tot aflevering geannuleerd wordt.

De Koning bepaalt de wijze van en de voorwaarden voor de terugbetaling.

Er wordt geen gevolg gegeven aan de verzoeken tot terugbetaling van minder dan [[5 EUR]] per aangifte.]

Vervangen bij art. 4 K.B. 18 november 1996 (B.S. 6. XII.1996);
Al. 3 gewijzigd bij art. 2-10 K.B. 20 juli 2000 (II) (B.S. 30.VIII.2000, err. B.S. 8.III.2001) en bij art. 42, 5° K.B. 13 juli 2001 (B.S. 11.VIII.2001, err. B.S. 21.XII.2001).

TITEL [IV]

[TAKS OP DE EFFECTEN AAN TOONDER]

Opschrift hernummerd bij art. 42 W. 19 december 2006 (B.S. 29.XII.2006, ed. 6) en hersteld (na opheffing bij art. 2, §§ 1-2 W. 19 juni 1959) bij art. 61 W. 28 december 2011 (B.S. 30. XII.2011, ed. 4), van toepassing vanaf 1 januari 2012.

Art. 167. [Er wordt een taks gevestigd op de omzetting van effecten aan toonder in gedematerialiseerde effecten of in effecten op naam overeenkomstig de wet van 14 december 2005 houdende de afschaffing van de effecten aan toonder, met uitzondering van de effecten bedoeld in artikel 2, eerste lid, 1°, van de voormelde wet van 14 december 2005, die op vervaldag komen vóór 1 januari 2014.]

Hersteld (na opheffing bij art. 10 K.B. nr. 63 - 28 november 1939) bij art. 62 W. 28 december 2011 (B.S. 30.XII.2011, ed. 4), van toepassing vanaf 1 januari 2012.

Art. 168-169. [De vorderbare taks wordt berekend op de datum van neerlegging:

a) voor de roerende waarden opgenomen in de gereglementeerde markt of in een multilaterale handelsfaciliteit, volgens de laatste koers vastgesteld voor de datum van neerlegging;

b) voor de effecten van schuldvorderingen die niet zijn toegelaten tot een gereglementeerde markt, op het nominale bedrag van het kapitaal van de schuldvordering;

c) voor de rechten van deelneming in beleggingsinstellingen met een veranderlijk aantal rechten, volgens de laatst berekende inventariswaarde vóór de datum van neerlegging;

d) in alle andere gevallen, op de boekwaarde van de effecten, de interesten daarin niet begrepen, te ramen op de dag van de neerlegging, door degene die de omzetting heeft bewerkt.

Wanneer de waarde van de om te zetten effecten uitgedrukt wordt in vreemde munt, wordt zij omgezet in euro op basis van de verkoopkoers op de datum van neerlegging.]

Hersteld (na opheffing bij art. 3 K.B. 18 november 1996) bij art. 64 W. 28 december 2011 (B.S. 30.XII.2011, ed. 4), van toepassing vanaf 1 januari 2012.

Art. 170. [De taks wordt betaald:

1° door de tussenpersonen van beroep wanneer de titels aan toonder zijn ingeschreven op een effectenrekening ten gevolge van een neerlegging door de houder;

2° door de uitgevende vennootschappen wanneer de titels zijn neergelegd met het oog op een omzetting in effecten op naam.]

Hersteld (na opheffing bij art. 44, al. 1 Besl. W. 31 maart 1936) bij art. 65 W. 28 december 2011 (B.S. 30.XII.2011, ed. 4), van toepassing vanaf 1 januari 2012.

Art. 171-172[1]. [Op straf van een boete van 250 euro tot 2.500 euro, zijn de tussenpersonen en de uitgevende vennootschappen gehouden op elke vordering der aangestelden van de administratie van de belasting over de toegevoegde waarde, registratie en domeinen die ten minste de graad van adjunct-verificateur hebben, zonder verplaatsing inzage te verlenen, van hun boeken, contracten en van alle andere bescheiden in verband met de verrichtingen die over openbare fondsen gaan.]

Hersteld (na opheffing bij art. 2, §§ 1-2 W. 19 juni 1959) bij art. 67 W. 28 december 2011 (B.S. 30.XII.2011, ed. 4), van toepassing vanaf 1 januari 2012 en hernummerd bij art. 74 W. 13 december 2012 (B.S. 20.XII.2012, ed. 4).

[**Art. 172**[2]. De taks wordt terugbetaald:

1° wanneer de betaalde taks meer bedraagt dan de belasting die naar aanleiding van de omzetting opvorderbaar was;

2° wanneer de intrekking, de wijziging of de verbetering van de beurskoersen de nietigverklaring of de wijziging van de belastbare basis heeft teweeggebracht waarop de taks oorspronkelijk werd gekweten.

De Koning bepaalt de wijze en de voorwaarden voor de terugbetaling.

Er wordt geen gevolg gegeven aan de verzoeken tot terugbetaling van minder dan 5 euro per aangifte.]

Ingevoegd bij art. 68 W. 28 december 2011 (B.S. 30.XII.2011, ed. 4), van toepassing vanaf 1 januari 2012 en hernummerd bij art. 75 W. 13 december 2012 (B.S. 20.XII.2012, ed. 4).

TITEL [V]

[JAARLIJKSE TAKS OP DE VERZEKERINGSVERRICHTINGEN]

Opschrift vervangen bij art. 133 Progr. W. 27 december 2005 (B.S. 30.XII.2005, ed. 2) en hernummerd bij art. 42 W. 19 december 2006 (B.S. 29.XII.2006, ed. 6).

Art. 173. [De verzekeringsverrichtingen zijn onderworpen aan een jaarlijkse taks wanneer het risico in België is gelegen.

Het risico van de verzekeringsverrichting wordt geacht in België gelegen te zijn indien de verzekeringnemer zijn gewone verblijfplaats in België heeft, of, indien de verzekeringnemer een rechtspersoon is, indien de vestiging van deze rechtspersoon waarop de overeenkomst betrekking heeft zich in België bevindt.

Het risico van de verzekeringsverrichting wordt eveneens geacht in België gelegen te zijn, in de volgende gevallen:

1° indien de goederen zich in België bevinden, wanneer de verzekeringsverrichting betrekking heeft:

a) hetzij op onroerende goederen;

b) hetzij op onroerende goederen en op de inhoud daarvan, voor zover deze door dezelfde verzekeringsovereenkomst worden gedekt;

c) hetzij op roerende goederen die zich bevinden in een onroerend goed, met uitzondering van commerciële transitogoederen, ook al worden het onroerend goed en de inhoud daarvan niet door dezelfde verzekeringsovereenkomst gedekt;

2° indien de registratie in België plaatsvindt, wanneer de verzekeringsverrichting betrekking heeft op voer- en vaartuigen van om het even welke aard;

3° indien de overeenkomst in België werd gesloten, wanneer het een verzekeringsverrichting betreft met een looptijd van vier maanden of minder die betrekking hebben op tijdens een reis of vakantie gelopen risico's, ongeacht de betrokken tak;

Onder vestiging, bedoeld in het tweede lid, wordt verstaan de hoofdvestiging van de rechtspersoon en elke andere duurzame aanwezigheid van die rechtspersoon in welke vorm dan ook.]

Vervangen bij art. 134 Progr. W. 27 december 2005 (B.S. 30.XII.2005, ed. 2).

Uitvoeringsbesluit: – Zie K.B. 15 januari 2007 tot vaststelling van de voorwaarden waaraan een verzekeringsovereenkomst rechtsbijstand moet voldoen om te worden vrijgesteld van de jaarlijkse taks op de verzekeringsverrichtingen bedoeld in artikel 173 van het Wetboek diverse rechten en taksen (B.S. 27.II.2007, ed. 1).

Art. 174. [Worden met de verzekeringen gelijkgesteld, de contracten van lijfrente of tijdelijke renten gesloten met een verzekeringsonderneming, elke verbintenis aangegaan door instellingen voor bedrijfspensioenvoorziening als bedoeld in artikel 2, 1°, van de wet van 27 oktober 2006 betreffende het toezicht op de instellingen voor bedrijfspensioenvoorziening of door

andere pensioeninstellingen, alsmede de verbintenissen aangegaan door de rechtspersonen belast met de uitvoering van de solidariteitstoezegging bedoeld in de wet van 28 april 2003 betreffende de aanvullende pensioenen en het belastingstelsel van die pensioenen en van sommige aanvullende voordelen inzake sociale zekerheid.]

Vervangen bij art. 332 W. 27 december 2006 (B.S. 28. XII.2006, ed. 3), van toepassing vanaf 1 januari 2007.

Art. [175[1]**.** [§ 1. Het tarief van de taks bedraagt 9,25 %.

§ 2. Dit tarief wordt verminderd tot 4,40 % wat betreft:

1° de verzekeringen in geval van leven;

2° de verzekeringen in geval van overlijden;

3° [de vestigingen van lijfrenten of tijdelijke renten gesloten met een verzekeringsonderneming];

4° [de collectieve toezeggingen die moeten worden beschouwd als een aanvulling van de wettelijke uitkeringen bij arbeidsongeschiktheid door arbeidsongeval of ongeval ofwel beroepsziekte of ziekte, indien ze worden uitgevoerd door de verzekeringsondernemingen of pensioensinstellingen bedoeld in artikel 2, § 1 of § 3, van de wet van 9 juli 1975 betreffende de controle der verzekeringsondernemingen of door de instellingen voor bedrijfspensioenvoorziening bedoeld in artikel 2, 1°, van de wet van 27 oktober 2006 betreffende het toezicht op de instellingen voor bedrijfspensioenvoorziening, en indien deze collectieve toezeggingen op eenzelfde en niet-discriminerende wijze toegankelijk zijn voor alle aangeslotenen, zijnde alle werknemers of regelmatig bezoldigde bedrijfsleiders van eenzelfde onderneming of een bijzondere categorie ervan];

5° [de pensioentoezeggingen die worden uitgevoerd door de verzekeringsondernemingen of pensioeninstellingen bedoeld in artikel 2, § 1 of § 3, van de wet van 9 juli 1975 betreffende de controle der verzekeringsondernemingen of door de instellingen voor bedrijfspensioenvoorziening bedoeld in artikel 2, 1°, van de wet van 27 oktober 2006 betreffende het toezicht op de instellingen voor bedrijfspensioenvoorziening];

6° de individuele voortzetting van pensioentoezeggingen als bedoeld in artikel 33 van de wet van 28 april 2003 betreffende de aanvullende pensioenen en het belastingstelsel van die pensioenen en van sommige aanvullende voordelen inzake sociale zekerheid.

§ 3. [Elke toezegging begrepen in de plannen die worden uitgevoerd door de verzekeringsondernemingen of pensioeninstellingen bedoeld in artikel 2, § 1 of § 3, van de wet van 9 juli 1975 betreffende de controle der verzekeringsondernemingen, of door de instellingen voor bedrijfspensioenvoorziening bedoeld in artikel 2, 1°, van de wet van 27 oktober 2006 betreffende het toezicht op de instellingen voor bedrijfspensioenvoorziening, wordt onderworpen aan het tarief dat op die bepaalde toezegging van toepassing is overeenkomstig §§ 1 en 2, indien:

- het collectief plan en de eventueel voorziene alternatieve individuele keuzemogelijkheden, op een-zelfde en niet-discriminerende wijze toegankelijk zijn voor alle aangeslotenen, zijnde alle werknemers of regelmatig bezoldigde bedrijfsleiders van eenzelfde onderneming of een bijzondere categorie ervan, en

- de eventuele toezegging bij overlijden van de aangeslotene, de eventuele toezegging bij arbeidson-geschiktheid van de aangeslotene en de eventuele toe-zegging medische kosten van de aangeslotene, kan onderschreven worden zonder uitsluiting op basis van een medisch onderzoek indien meer dan tien personen bij dat collectief plan zijn aangesloten, en

- dat plan door de verzekeringsonderneming, door de pensioeninstelling of door de instelling voor be-drijfspensioenvoorziening op een gedifferentieerde wijze wordt beheerd zodat te allen tijde voor elke be-lastingplichtige of belastingschuldige de toepassing van het specifieke regime inzake inkomstenbelastin-gen en met het zegel gelijkgestelde taksen kan worden gewaarborgd, zowel inzake de behandeling van de bijdragen of premies als van de uitkeringen.]

In geval van een collectief plan waarbij voor alle aangeslotenen in een globaal premiebudget wordt voorzien en iedere aangeslotene zelf vrij de aanwen-ding van dit premiebudget mag invullen en ventileren over de verschillende in het plan aangeboden dekkin-gen, moet er in een standaard toezegging worden voorzien. In afwachting van een keuze of indien de aangeslotene geen keuze maakt, wordt de standaard toezegging voor deze aangeslotene toegepast. Voor elke dekking wordt in een standaard dekking voorzien. Het verbod van uitsluiting op grond van een medisch onderzoek geldt zowel voor deze standaard dekking als de standaard toezeggingen; de standaard dekkin-gen en de standaard toezeggingen moeten in het regle-ment worden omschreven en een betekenisvolle in-houd hebben.

§ 4. Bij niet-naleving van één van de in § 3 ver-melde voorwaarden wordt op alle toezeggingen begre-pen in een in § 3 bedoeld plan, het in § 1 bepaalde ta-rief toegepast.]

Hernummerd bij art. 16 W. 27 juli 1953 (B.S. 18.VIII.1953) en vervangen bij art. 99 W. 28 april 2003 (B.S. 15.V.2003, ed. 2, err. B.S. 26.V.2003);

§ 2, 3° vervangen bij art. 136 Progr. W. 27 december 2005 (B.S. 30.XII.2005, ed. 2);

§ 2, 4° vervangen bij art. 333, 1° W. 27 december 2006 (B.S. 28.XII.2006, ed. 3), van toepassing vanaf 1 januari 2007;

§ 2, 5° vervangen bij art. 333, 2° W. 27 december 2006 (B.S. 28.XII.2006, ed. 3), van toepassing vanaf 1 januari 2007;

§ 3, al. 1 vervangen bij art. 333, 3° W. 27 december 2006 (B.S. 28.XII.2006, ed. 3), van toepassing vanaf 1 januari 2007.

[Art. 175². [De taks wordt eveneens verminderd tot 1,40 pct.:

1° voor de verzekeringen inzake zee- en binnen-vaart en de verzekeringen tegen de risico's van ver-voer te land of te lucht, wanneer zij betrekking hebben op de goederen;

2° voor de verplichte aansprakelijkheidsverzeke-ringen inzake motorrijtuigen en de verzekeringen van materiële schade, wanneer zij betrekking hebben op:

– autovoertuigen die, op basis van een vergunning, aangewend worden hetzij voor een taxidienst hetzij voor verhuring met bestuurder, overeenkomstig de wet van 27 december 1974 betreffende de taxidiensten en de ordonnantie van de Brusselse Hoofdstedelijke Raad van 27 april 1995 betreffende de taxidiensten en de diensten voor het verhuren van voertuigen met chauffeur;

– autobussen en autocars met hun aanhangwagens;

– een motorvoertuig dat uitsluitend bestemd is voor het vervoer van goederen over de weg en een maximaal toegelaten massa heeft van meer dan 3,5 ton en minder dan 12 ton.

Worden met de in het eerste lid, 2°, derde gedach-tenstreepje, bedoelde motorvoertuigen gelijkgesteld, de aanhangwagens waarvan de maximaal toegelaten massa meer dan 3,5 ton bedraagt en minder dan 12 ton.]]

Ingevoegd bij art. 16 W. 27 juli 1953 (B.S. 18.VIII.1953) en vervangen bij art. 2 W. 22 april 2003 (B.S. 14.V.2003, ed. 2, err. B.S. 22.V.2003, ed. 2).

[Art. 175³. De taks wordt verminderd tot [2 pct.] voor de verrichtingen van levensverzekeringen, ook indien deze met een beleggingsfonds verbonden zijn, en de vestigingen van lijfrenten of tijdelijke renten, wanneer ze worden aangegaan door natuurlijke perso-nen.

[In afwijking van het eerste lid wordt de taks ver-minderd tot 1,10 pct. voor de verrichtingen van tijde-lijke verzekeringen bij overlijden met afnemend kapi-taal die dienen voor het waarborgen van een hypothe-caire lening om een onroerend goed te verwerven of te behouden, wanneer ze worden aangegaan door natuur-lijke personen.]

Het begrip levensverzekering duidt op de perso-nenverzekeringen tot uitkering van een vast bedrag, waarbij het zich voordoen van het verzekerde voorval alleen afhankelijk is van de menselijke levensduur.]

Ingevoegd bij art. 137 Progr. W. 27 december 2005 (B.S. 30.XII.2005, ed. 2);

Al. 1 gewijzigd bij art. 104, 1° Progr. W. 27 december 2012 (B.S. 31.XII.2012, ed. 2), van toepassing op de premies die vanaf 1 januari 2013 worden betaald;

Al. 2 ingevoegd bij art. 104, 2° Progr. W. 27 december 2012 (B.S. 31.XII.2012, ed. 2), van toepassing op de premies die vanaf 1 januari 2013 worden betaald.

[Art. 176¹. [De invorderbare taks wordt berekend op het totaalbedrag van de premies, persoonlijke bij-dragen en werkgeversbijdragen, verhoogd met de las-ten, in de loop van het belastingjaar te betalen of te dragen door hetzij de verzekeringnemers, hetzij de aangeslotenen en hun werkgevers.]]

Ingevoegd bij art. 55 W. 13 augustus 1947 (B.S. 17.IX.1947) en vervangen bij art. 138 Progr. W. 27 december 2005 (B.S. 30.XII.2005, ed. 2).

[**Art. 176**[2]. Zijn alleen van de taks vrijgesteld:

1° [de kredietverzekeringscontracten tegen commerciële risico's, tegen landenrisico's of tegen deze beide risico's];

2° [de overeenkomsten voor herverzekering];

3° de verzekeringen en de lijfrenten of tijdelijke renten aangegaan ter uitvoering van de wet op de vergoeding van schade voortspruitende uit arbeidsongevallen [alsmede enige verzekering die betrekking heeft op een der doeleinden beschreven in artikel 57, lid 1, van de wet betreffende de overzeese sociale zekerheid];

4° [de spaarverzekeringen aangegaan in het kader van het pensioensparen, omschreven in de artikelen 145[8] tot 145[16] van het Wetboek van de inkomstenbelastingen 1992];

[4°bis [elke verbintenis aangegaan, zowel door de verzekeringsondernemingen of pensioeninstellingen bedoeld in artikel 2, § 1 of § 3, van de wet van 9 juli 1975 betreffende de controle der verzekeringsondernemingen, door de instellingen voor bedrijfspensioenvoorziening bedoeld in artikel 2, 1°, van de wet van 27 oktober 2006 betreffende het toezicht op de instellingen voor bedrijfspensioenvoorziening, of door de rechtspersonen belast met de uitvoering van de solidariteitstoezegging, in het kader van de pensioenstelsels die voldoen aan de voorwaarden bepaald in titel II, hoofdstuk II, afdeling II, van de wet van 28 april 2003 betreffende de aanvullende pensioenen en het belastingstelsel van die pensioenen en van sommige aanvullende voordelen inzake sociale zekerheid, voor zover die verbintenissen door de verzekeringsonderneming, door de pensioeninstelling, door de instelling voor bedrijfspensioenvoorziening of door de rechtspersoon op een gedifferentieerde wijze worden beheerd zodat te allen tijde voor elke belastingplichtige of belastingschuldige de toepassing van het specifieke regime inzake inkomstenbelastingen en met het zegel gelijkgestelde taksen kan worden gewaarborgd, zowel inzake de behandeling van de bijdragen of premies als van de uitkeringen];]

[4°ter [elke verbintenis aangegaan door een onderneming of pensioeninstelling als bedoeld in artikel 2, § 1 of § 3, 5°, van de wet van 9 juli 1975 betreffende de controle der verzekeringsondernemingen of door een instelling voor bedrijfspensioenvoorziening als bedoeld in artikel 2, 1°, van de wet van 27 oktober 2006 betreffende het toezicht op de instellingen voor bedrijfspensioenvoorziening, die worden belast met de opbouw van het aanvullend pensioen en/of de uitkering van de prestaties in het kader van het aanvullend pensioen en het stelsel van solidariteitsprestaties dat wordt ingericht ten voordele van de aangeslotenen en/of hun rechthebbenden, wanneer die verbintenis voldoet aan de door titel II, hoofdstuk I, afdeling IV, van de programmawet (I) van 24 december 2002 inzake de aanvullende pensioenen voor zelfstandigen opgelegde voorwaarden];]

5° [de verzekeringen aangegaan ter uitvoering van de reglementering betreffende het rust- of overlevingspensioen, met uitzondering van die met betrekking tot de buitenwettelijke voordelen];

6° [de door de Staat, de Gewesten, de Gemeenschappen, de provincies, de gemeenten, de autonome provinciebedrijven, de autonome gemeentebedrijven en de openbare instellingen aangegane verzekeringen, met uitzondering van deze aangegaan door de Algemene Spaar- en Lijfrentekas wat de activiteiten van de Spaarkas betreft];

7° [de diensten die door de ziekenfondsen, landsbonden en maatschappijen van onderlinge bijstand, andere dan deze bedoeld in artikelen 43bis, § 5, en 70, §§ 6, 7 en 8 van de wet van 6 augustus 1990 betreffende de ziekenfondsen en landsbonden van ziekenfondsen, voor hun leden worden ingericht indien ze worden erkend overeenkomstig de bepalingen van de zelfde wet];

[7°bis met uitzondering van de beroepsgebonden ziekteverzekeringsovereenkomst zoals bedoeld in artikel 138bis-1, § 2 van de wet van 25 juni 1992 op de landverzekeringsovereenkomst, de ziektekostenverzekeringen zoals bedoeld in artikel 138bis-1, § 1, 1° van de wet van 25 juni 1992 op de landverzekeringsovereenkomst die voldoen aan de hierna bepaalde voorwaarden:

a) De verzekering is toegankelijk voor alle kandidaat verzekerden die de leeftijd van 65 jaar nog niet hebben bereikt.

Bovendien is de verzekering ongeacht de leeftijd van de betrokkenen toegankelijk voor de hoofdverzekerden en bijverzekerden van beroepsgebonden ziektekostenverzekeringen, die het voordeel van deze verzekering verliezen en voldoen aan de voorwaarden om aanspraak te maken op de individuele voortzetting van die beroepsgebonden ziektekostenverzekering, zoals bedoeld in artikel 138bis-8 van de wet van 25 juni 1992 op de landverzekeringsovereenkomst;

b) In afwijking van artikel 24, eerste lid, van de wet van 25 juni 1992 op de landverzekeringsovereenkomst, neemt de verzekering de kosten van de door haar gedekte schade ten laste, zelfs indien deze voortkomt uit een vooraf bestaande ziekte, aandoening of toestand;

c) De aanwezigheid van een reeds bestaande ziekte, aandoening of toestand in hoofde van de hoofdverzekerde of van een bijverzekerde mag niet leiden tot de weigering van de hoofdverzekerde of van een bijverzekerde en mag geen aanleiding geven tot een verhoging van de premies of een beperking op het vlak van de tussenkomst.

Het bestaan van vooraf bestaande ziekten en aandoeningen in hoofde van de verzekerde op het moment van het afsluiten van de overeenkomst kan evenwel leiden tot een beperking of een uitsluiting van tussenkomst in de supplementen die verontschuldigd zijn ingevolge een verblijf in een éénpersoonskamer;

d) De verzekeringsovereenkomsten mogen geen wachtperiode voorzien van meer dan 12 maanden;]

8° [de lijfrenten of tijdelijke renten die zijn aangelegd tegen storting met afstand van een kapitaal dat is gevormd met bijdragen of premies als bedoeld in artikel 34, § 1, 2° en 2°bis, van het Wetboek van de inkomstenbelastingen 1992];

9° [alle andere verzekeringen inzake zeevaart en

binnenvaart dan deze vermeld in de artikelen 175^2, 1°, en 176^2, 10°];

[10° [de cascoverzekeringen van zeeschepen en van vaartuigen die als dusdanig beschouwd worden door artikel 1 van boek II van het Wetboek van koophandel, de cascoverzekeringen van binnenschepen en van met binnenschepen gelijkgestelde vaartuigen door artikel 271 van boek II van hetzelfde Wetboek, evenals de verzekeringen van vliegtuigen die hoofdzakelijk in het internationaal verkeer gebruikt worden voor openbaar vervoer];]

[10°bis de verplichte aansprakelijkheidsverzekeringen inzake motorrijtuigen en de verzekeringen van materiële schade, wanneer zij betrekking hebben op een motorvoertuig of een samenstel van voertuigen die worden gedekt door een zelfde contract, indien het motorvoertuig of het samenstel van voertuigen uitsluitend bestemd is voor het goederenvervoer over de weg en waarvan de maximaal toegelaten massa ten minste 12 ton bedraagt.

Worden met deze motorvoertuigen gelijkgesteld, de aanhangwagens waarvan de maximaal toegelaten massa ten minste 12 ton bedraagt en de opleggers, speciaal gebouwd om aan een motorvoertuig te worden gekoppeld met het oog op het goederenvervoer over de weg;]

[11° [de afkoopwaarden zoals bedoeld in artikel 364quater van het Wetboek van de inkomstenbelastingen 1992, wanneer deze sommen worden gebruikt voor het aangaan van een levensverzekeringscontract bepaald bij artikel 175^3;]]

[12° de verzekeringscontracten rechtsbijstand die beantwoorden aan de voorwaarden die vastgelegd worden door de Koning, bij een besluit vastgesteld na overleg in de Ministerraad. De besluiten die genomen worden in toepassing van hetgeen voorafgaat, worden bekrachtigd door de wet binnen de 12 maanden volgend op de datum van hun bekendmaking in het Belgisch Staatsblad. De Koning legt ook de modaliteiten vast van de controle van de naleving van deze voorwaarden door de verzekeringsondernemingen;]

[13° de premies en bijdragen voor het gedeelte dat overeenstemt met de voorzieningen als bedoeld in artikel 65 van de programmawet van 22 juni 2012 bestaand op het einde van het laatste boekjaar met een afsluitdatum voor 1 januari 2012, en die worden overgedragen aan een verzekeringsonderneming of pensioeninstelling bedoeld in artikel 2, § 1 of § 3, van de wet van 9 juli 1975 betreffende de controle der verzekeringsondernemingen of aan een instelling voor bedrijfspensioenvoorziening bedoeld in artikel 2, 1°, van de wet van 27 oktober 2006 betreffende het toezicht op de instellingen voor bedrijfspensioenvoorziening;

14° de premies en bijdragen voor het gedeelte dat overeenstemt met de kapitalen en afkoopwaarden die worden overgedragen onder de voorwaarden bepaald bij artikel 515novies van het Wetboek van de inkomstenbelastingen 1992;]

[15° de overdracht van reserves of afkoopwaarden van verbintenissen bedoeld in artikel 175^1, § 2, 5°, en 6°, naar aanleiding van het faillissement of de vereffening van een verzekeringsonderneming of pensioen-

instelling bedoeld in artikel 2, § 1 of § 3, van de wet van 9 juli 1975 betreffende de controle der verzekeringsondernemingen, of van een instelling voor bedrijfspensioenvoorziening bedoeld in artikel 2, 1°, van de wet van 27 oktober 2006 betreffende het toezicht op de instellingen voor bedrijfspensioenvoorziening, naar een gelijkaardige onderneming of instelling.]

[…]

[…]]

Ingevoegd bij art. 9 K.B. nr. 63, 28 november 1939 (B.S. 1.XII.1939);

Al. 1, 1° hersteld (na opheffing bij Progr. W. 27 december 2005) bij art. 23 W. 27 maart 2009 (B.S. 7.IV.2009, ed. 1), van toepassing op de premies die vervallen vanaf 7 april 2009;

Al. 1, 2° vervangen bij art. 9 K.B. nr. 63, 28 november 1939 (B.S. 1.XII.1939);

Al. 1, 3° vervangen bij art. 39 K.B. nr. 127, 28 februari 1935 (B.S. 3.III.1935) en gewijzigd bij art. 6 W. 17 juli 1963 (B.S. 8.I.1964);

Al. 1, 4° vervangen bij art. 139, b Progr. W. 27 december 2005 (B.S. 30.XII.2005, ed. 2);

Al. 1, 4°bis ingevoegd bij art. 100 W. 28 april 2003 (B.S. 15.V.2003, err. B.S. 26.V.2003) en vervangen bij art. 334, 1° W. 27 december 2006 (B.S. 28.XII.2006, ed. 3);

Al. 1, 4°ter ingevoegd bij art. 139, c Progr. W. 27 december 2005 (B.S. 30.XII.2005, ed. 2) en vervangen bij art. 334, 2° W. 27 december 2006 (B.S. 28.XII.2006, ed. 3);

Al. 1, 5° vervangen bij art. 42, 1° W. 7 december 1988 (B.S. 16.XII.1988);

Al. 1, 6° vervangen bij art. 2 W. 4 maart 1999 (B.S. 30. IV.1999);

Al. 1, 7° vervangen bij art. 2, a) W. 18 april 2010 (B.S. 11. VI.2010), van toepassing vanaf 1 juli 2011;

Al. 1, 7°bis ingevoegd bij art. 2, b) W. 18 april 2010 (B.S. 11.VI.2010), van toepassing vanaf 1 juli 2011;

Al. 1, 8° vervangen bij art. 139, e Progr. W. 27 december 2005 (B.S. 30.XII.2005, ed. 2);

Al. 1, 9° vervangen bij art. 3, A W. 22 april 2003 (B.S. 14.V.2003, err. B.S. 22.V.2003);

Al. 1, 10° ingevoegd bij art. 5 W. 24 december 1963 (B.S. 26-27-28.XII.1963) en vervangen bij art. 3 W. 5 juli 1998 (B.S. 29.VIII.1998);

Al. 1, 10°bis ingevoegd bij art. 3, B W. 22 april 2003 (B.S. 14.V.2003, err. B.S. 22.V.2003);

Al. 1, 11° ingevoegd bij art. 52, 2° W. 28 december 1983 (B.S. 30.XII.1983) en hersteld (na opheffing bij art. 139, f Progr. W. 27 december 2005) bij art. 10 W. 28 juli 2011 (B.S. 11. VIII.2011), van toepassing vanaf 1 januari 2011;

Al. 1, 12° ingevoegd bij art. 81 Progr. W. 27 december 2006 (B.S. 28.XII.2006, ed. 3);

Al. 1, 13°-14° ingevoegd bij art. 67 Progr. W. 22 juni 2012 (B.S. 28.VI.2012), van toepassing op de premies en bijdragen die worden betaald vanaf 1 januari 2012 wat de overdrachten van voorzieningen betreft, en op de premies en bijdragen die worden betaald vanaf 1 juli 2012 wat de overdrachten van kapitalen en afkoopwaarden van levensverzekeringen betreft;

Al. 1, 15° ingevoegd bij art. 65 W. 17 juni 2013 (B.S. 28. VI.2013, ed. 1);

Al. 2 opgeheven bij art. 139, g Progr. W. 27 december 2005 (B.S. 30.XII.2005, ed. 2);

Al. 3 opgeheven bij art. 139, h Progr. W. 27 december 2005 (B.S. 30.XII.2005, ed. 2).

Art. 177. De jaarlijkse taks op de verzekerings-overeenkomsten wordt gekweten:

1° [door de vennootschappen, kassen, verenigingen, verzekeringsondernemingen, pensioeninstellingen, instellingen voor bedrijfspensioenvoorziening en de rechtspersonen belast met de uitvoering van de solidariteitstoezegging in het kader van de pensioenstelsels bedoeld in de wet van 28 april 2003 betreffende de aanvullende pensioenen en het belastingstelsel van die pensioenen en van sommige aanvullende voordelen inzake sociale zekerheid, alsmede door alle andere verzekeringsondernemingen, wanneer ze in België hun hoofdinrichting, een agentschap, een bijhuis, een vertegenwoordiger of enige zetel voor hun verrichtingen hebben];

2° [door de in België verblijvende makelaars en alle andere tussenpersonen, voor de overeenkomsten onderschreven door hun tussenkomst met niet in België gevestigde verzekeraars die in België de onder artikel 178 bedoelde aansprakelijke vertegenwoordiger niet hebben, alsmede door de niet in België gevestigde verzekeringsondernemingen die in België geen aansprakelijke vertegenwoordiger hebben en die verzekeringsverrichtingen doen waarvan het risico in België ligt zonder beroep te doen op in België verblijvende tussenpersonen];

3° [door de verzekeringnemers in alle andere gevallen].

1° vervangen bij art. 335 W. 27 december 2006 (B.S. 28.XII.2006, ed. 3), van toepassing vanaf 1 januari 2007;

2° vervangen bij art. 140, a Progr. W. 27 december 2005 (B.S. 30.XII.2005, ed. 2);

3° vervangen bij art. 140, b Progr. W. 27 december 2005 (B.S. 30.XII.2005, ed. 2).

Art. 178. [[De vennootschappen, kassen, verenigingen, verzekeringsondernemingen, pensioeninstellingen, instellingen voor bedrijfspensioenvoorziening en rechtspersonen belast met de uitvoering van de solidariteitstoezegging in het kader van de pensioenstelsels bedoeld in de wet van 28 april 2003 betreffende de aanvullende pensioenen en het belastingstelsel van die pensioenen en van sommige aanvullende voordelen inzake sociale zekerheid alsmede alle in artikel 177 bedoelde overige verzekeringsondernemingen, mogen pas hun verrichtingen aanvangen wanneer zij, vooraf, een beroepsaangifte hebben neergelegd op het daartoe aangewezen kantoor van registratie. Hetzelfde geldt voor de makelaars en alle andere tussenpersonen die tussenkomen bij het sluiten van verzekeringen met niet in België gevestigde verzekeringsondernemingen die de in het tweede of derde lid bedoelde aansprakelijke vertegenwoordiger niet hebben.]

De niet in België gevestigde verzekeringsondernemingen die hun hoofdkantoor hebben buiten de Europese Economische Ruimte moeten, vooraleer verzekeringsverrichtingen in België uit te oefenen, door of vanwege de Minister van Financiën een in België ge-

vestigde aansprakelijke vertegenwoordiger laten erkennen. Deze vertegenwoordiger verbindt zich persoonlijk en schriftelijk jegens de Staat, tot betaling van de jaarlijkse abonnementstaks en van de boeten die mochten verschuldigd zijn.

De niet in België gevestigde verzekeringsondernemingen die hun hoofdkantoor hebben binnen de Europese Economische Ruimte kunnen, door of vanwege de Minister van Financiën, een in België gevestigde aansprakelijke vertegenwoordiger, zoals bedoeld in het vorige lid, laten erkennen.

In geval van overlijden van de aansprakelijke vertegenwoordiger, van intrekking van zijn erkenning of van een gebeurtenis die tot zijn onbevoegdheid leidt, wordt dadelijk in zijn vervanging voorzien.

Elke overtreding van deze bepalingen wordt gestraft met een boete van 250 euro.

De Koning bepaalt de voorwaarden en modaliteiten van erkenning van de aansprakelijke vertegenwoordiger.]

Vervangen bij art. 141 Progr. W. 27 december 2005 (B.S. 30.XII.2005, ed. 2);

Al. 1 vervangen bij art. 336 W. 27 december 2006 (B.S. 28.XII.2006, ed. 3), van toepassing vanaf 1 januari 2007.

Art. 179¹. [[Wat de in artikel 177, 1° en 2°, bedoelde belastingschuldigen betreft, is de jaarlijkse taks betaalbaar uiterlijk op de [twintigste] van de maand welke volgt op die waarin een premie, werkgeversbijdrage of persoonlijke bijdrage is vervallen.]

Een voorschot op de jaarlijkse taks verschuldigd in de maand januari, volgens de tarieven bepaald in de artikelen [175¹, § 1,] en 175², is betaalbaar uiterlijk op de 15de van de maand december die voorafgaat; dat voorschot is gelijk aan het bedrag van de jaarlijkse taks, verschuldigd volgens de voornoemde tarieven en betaald in november van het lopende jaar.

De taks wordt betaald door storting of door overschrijving op de postrekening van het bevoegde kantoor.

[Op de dag van de betaling dient de belastingschuldige op dat kantoor met betrekking tot de in het eerste lid vermelde betaling, een opgave in die afzonderlijk de maatstaven van heffing vermeldt van de taks die volgens ieder van de in artikel 175¹, 175² en 175³ bepaalde tarieven verschuldigd is wegens verzekeringsverrichtingen waarvoor tijdens de vorige maand een premie, werkgeversbijdrage of persoonlijke bijdrage vervallen is. De regels voor de opgave met betrekking tot het voorschot bedoeld in het tweede lid, worden door de Koning vastgesteld.]

Wanneer de taks niet binnen de in het eerste en tweede lid bepaalde termijnen werd betaald, is de interest van rechtswege verschuldigd met ingang van de dag waarop de betaling had moeten geschieden.

Wanneer de opgave niet binnen de vastgestelde termijnen ingediend is, wordt een boete verbeurd van [[12,50 EUR]] per week vertraging. Iedere begonnen week wordt voor een gehele week gerekend.]

Vervangen bij art. 113 W. 28 december 1992 (B.S. 31. XII.1992);

Al. 1 vervangen bij art. 142, a Progr. W. 27 december 2005 (B.S. 30.XII.2005, ed. 2) en gewijzigd bij art. 66 W. 17 juni 2013 (B.S. 28.VI.2013, ed. 1), van toepassing op premies en werkgeversbijdragen of persoonlijke bijdragen die vervallen vanaf november 2013;

Al. 2 gewijzigd bij art. 103 W. 28 april 2003 (B.S. 15.V.2003, ed. 2, err. B.S. 26.V.2003);

Al. 4 vervangen bij art. 142, b Progr. W. 27 december 2005 (B.S. 30.XII.2005, ed. 2);

Al. 6 gewijzigd bij art. 50 W. 22 juli 1993 (B.S. 26.VII.1993) en bij art. 2-10 K.B. 20 juli 2000 (II) (B.S. 30.VIII.2000, err. B.S. 8.III.2001).

Art. 179². De onder artikel 177, 3°, beoogde personen zijn gehouden:

1° op het bevoegd kantoor, binnen de maand te rekenen van de datum der polis, onder de sanctie gevestigd door [artikel 179¹, lid 4], een aangifte in te dienen die kennen laat de datum, [het contractnummer,] de aard en de duur der overeenkomst, de vereniging of de verzekeraar, het bedrag van het verzekerd kapitaal, dit van de enige of de jaarlijkse premie en de voor de betaling der premies bedongen datum;

2° de jaarlijkse taks te kwijten onder [de sanctie gevestigd bij artikel 179¹, lid 4], binnen de drie maanden te rekenen van de voor elke premie bedongen vervaldag, op het kantoor dat de aangifte ontvangen heeft.

1° gewijzigd bij art. 10, A W. 11 juli 1960 (B.S. 20.VII.1960) en bij art. 143 Progr. W. 27 december 2005 (B.S. 30.XII.2005, ed. 2);

2° gewijzigd bij art. 10, B W. 11 juli 1960 (B.S. 20.VII.1960).

[**Art. 179³.** De Belgische en buitenlandse verzekeringsondernemingen die de in artikel 175³ bedoelde verrichtingen van verzekeringen aan Belgische verzekeringnemers aanbieden, zijn verplicht op het einde van ieder jaar een staat op te stellen die, voor iedere verzekeringnemer, de volgende gegevens vermeldt:

- de benaming en het adres van de belastingschuldige;

- het contractnummer van de verzekeringsovereenkomst;

- de voor dat jaar vervallen premies;

- de betaalde taks;

- de datum van betaling van de taks.

De staat moet vóór 1 juni van het jaar volgend op dat waarop de staat betrekking heeft, worden ingediend op het bevoegde kantoor. Het model van de staat, de wijze van indiening en het bevoegde kantoor worden bij koninklijk besluit vastgesteld.

Wanneer de staat niet binnen de vastgestelde termijn werd ingediend, wordt een boete geheven van 12,50 euro per week vertraging. Iedere begonnen week wordt voor een gehele week gerekend.]

Ingevoegd bij art. 144 Progr. W. 27 december 2005 (B.S. 30.XII.2005, ed. 2).

Uitvoeringsbesluit: – Al. 2: Zie K.B. 13 februari 2007 (B.S. 26.II.2007).

Art. 180. Elke onnauwkeurigheid of weglating bevonden in de staat of in de aangifte waarvan sprake in de [drie] vorige artikelen wordt gestraft met een boete gelijk aan vijfmaal het ontdoken recht, zonder dat ze minder dan [[[250 EUR]]] bedraagt.

Gewijzigd bij art. 51 W. 22 juli 1993 (B.S. 26.VII.1993), bij art. 2-10 K.B. 20 juli 2000 (II) (B.S. 30.VIII.2000, err. B.S. 8.III.2001), bij art. 42, 5° K.B. 13 juli 2001 (B.S. 11.VIII.2001, err. B.S. 21.XII.2001) en bij art. 145 Progr. W. 27 december 2005 (B.S. 30.XII.2005, ed. 2).

Art. 181. [De taks wordt naar behoren teruggegeven wanneer zij een hogere som vertegenwoordigt dan die welke wettelijk verschuldigd was op het ogenblik van de betaling.

De regering bepaalt de wijze en de voorwaarden volgens welke de terugbetaling geschiedt en bepaalt tevens, binnen de maximumgrens van twee jaar te rekenen van de dag waarop de vordering ontstaan is, de termijn binnen welke de terugbetaling moet worden gevraagd.]

Vervangen bij art. 56 W. 13 augustus 1947 (B.S. 17. IX.1947).

Art. 182. [§ 1. Dit artikel regelt de wederzijdse bijstand tussen België en de lidstaten van de Europese Unie op het gebied van de jaarlijkse taks op de verzekeringscontracten.

§ 2. Voor de toepassing van dit artikel wordt verstaan onder:

a) "lidstaat": een lidstaat van de Europese Unie;

b) "Richtlijn": de Richtlijn 77/799/EEG van de Raad van 19 december 1977 betreffende de wederzijdse bijstand van de bevoegde autoriteiten van de lidstaten op het gebied van de directe belastingen en heffingen op verzekeringspremies;

c) "taks": de heffing op verzekeringspremies zoals bepaald in artikel 1 van de Richtlijn;

d) "Belgische bevoegde autoriteit": de Minister van Financiën of de persoon of instantie die door de Minister van Financiën gemachtigd wordt tot het uitwisselen van inlichtingen met de bevoegde autoriteit van een andere lidstaat;

e) "bevoegde autoriteit van een andere lidstaat": de persoon of instantie vermeld in artikel 1, § 5, van de Richtlijn;

f) "de nodige inlichtingen": alle inlichtingen die van nut kunnen zijn voor de vaststelling van de taks.

§ 3. De Belgische bevoegde autoriteit wisselt met de bevoegde autoriteiten van de andere lidstaten de nodige inlichtingen uit.

§ 4. De Belgische bevoegde autoriteit kan met het oog hierop de bevoegde autoriteit van een andere lidstaat verzoeken haar de nodige inlichtingen te verstrekken met betrekking tot een bepaald geval voor zover de Belgische autoriteit eerst de eigen gebruikelijke mogelijkheden voor het verkrijgen van deze inlichtingen heeft benut, die zij in de gegeven situatie had kunnen benutten zonder het risico te lopen het behalen van het beoogde resultaat in gevaar te brengen.

§ 5. Indien de Belgische bevoegde autoriteit door de bevoegde autoriteit van een andere lidstaat wordt aangezocht om haar de nodige inlichtingen te verstrekken voor een bepaald geval, is de Belgische bevoegde autoriteit gehouden aan dit verzoek gevolg te geven, behalve wanneer blijkt dat die andere lidstaat niet eerst de eigen gebruikelijke mogelijkheden voor het verkrijgen van deze inlichtingen heeft benut, die zij in de gegeven situatie had kunnen benutten zonder het risico te lopen het behalen van het beoogde resultaat in gevaar te brengen.

Om de inlichtingen te kunnen verstrekken, laat de Belgische bevoegde autoriteit zo nodig een onderzoek instellen.

Om de inlichtingen te verkrijgen, gaat de Belgische bevoegde autoriteit, of de Belgische administratieve instantie waarop zij een beroep doet, op dezelfde wijze te werk als wanneer zij uit eigen beweging of op verzoek van een andere Belgische autoriteit een onderzoek instelt.

De Belgische bevoegde autoriteit verstrekt de inlichtingen zo spoedig mogelijk. Als het verstrekken van deze inlichtingen op belemmeringen stuit of wordt geweigerd, deelt de Belgische bevoegde autoriteit dit onverwijld mede aan de bevoegde autoriteit van de andere lidstaat, onder vermelding van de aard van de belemmeringen of de redenen van de weigering.

§ 6. De Belgische bevoegde autoriteit verstrekt regelmatig en zonder voorafgaand verzoek de nodige inlichtingen voor groepen van gevallen aan de bevoegde autoriteit van een andere lidstaat.

De groepen van gevallen waarvoor de nodige inlichtingen op automatische wijze worden verstrekt, worden vastgesteld in het kader van de in paragraaf 16 bedoelde overlegprocedure.

§ 7. De Belgische bevoegde autoriteit deelt, zonder voorafgaand verzoek, de nodige inlichtingen waarvan zij kennis draagt, mede aan de bevoegde autoriteit van iedere andere belanghebbende lidstaat, in de volgende situaties:

a) de Belgische bevoegde autoriteit heeft redenen om te vermoeden dat in een andere lidstaat een abnormale vrijstelling of vermindering van taks bestaat;

b) een belastingplichtige verkrijgt in België een vrijstelling of vermindering van taks die voor hem een taksheffing of verhoging van taks in een andere lidstaat zou moeten meebrengen;

c) transacties tussen een Belgische belastingplichtige en een belastingplichtige van een andere lidstaat door tussenkomst van een vaste inrichting van die belastingplichtigen of door tussenkomst van één of meer derden, die zich in één of meer andere landen bevinden, zijn van die aard dat daardoor een taksbesparing kan ontstaan in België, in de andere lidstaat of in beide lidstaten;

d) de Belgische bevoegde autoriteit heeft redenen om te vermoeden dat taksbesparing in een andere lidstaat ontstaat door een kunstmatige verschuiving van

winst binnen groepen van ondernemingen;

e) in België komen, in verband met inlichtingen die door de bevoegde autoriteit van een andere lidstaat zijn verstrekt, gegevens naar voren die voor de vaststelling van de taks in deze andere lidstaat van nut kunnen zijn.

De Belgische bevoegde autoriteit kan, in het kader van de in paragraaf 16 bedoelde overlegprocedure, de in het eerste lid bedoelde uitwisseling van inlichtingen tot andere dan de daar omschreven situaties uitbreiden.

De Belgische bevoegde autoriteit kan in alle andere gevallen, zonder voorafgaand verzoek, aan de bevoegde autoriteiten van de andere lidstaten de nodige inlichtingen verstrekken waarvan zij kennis draagt.

§ 8. Wanneer de situatie van één of meer belastingplichtigen van gezamenlijk of complementair belang is voor de Belgische fiscale administratie en de fiscale administratie van één of meer andere lidstaten, kan de Belgische bevoegde autoriteit met de bevoegde autoriteit van één of meer andere lidstaten overeenkomen elk op zijn eigen grondgebied gelijktijdige controles uit te voeren om de aldus verkregen inlichtingen uit te wisselen, wanneer dergelijke controles doeltreffender worden geacht dan controles door slechts één lidstaat.

De Belgische bevoegde autoriteit stelt op onafhankelijke wijze vast welke belastingplichtigen zij aan een gelijktijdige controle wil onderwerpen. Zij stelt de bevoegde autoriteit van elke andere betrokken lidstaat op de hoogte van de dossiers die naar haar mening in aanmerking komen voor een gelijktijdige controle. Zij motiveert haar keuze zoveel mogelijk door de inlichtingen te verstrekken die tot deze keuze hebben geleid. Zij geeft aan binnen welke termijn dergelijke controles moeten worden uitgevoerd.

Wanneer aan de Belgische bevoegde autoriteit een gelijktijdige controle wordt voorgesteld, neemt ze een besluit over deelname aan die controle. Ze bevestigt de bevoegde autoriteit van wie het verzoek uitgaat of ze de uitvoering van deze controle aanvaardt, dan wel met opgave van redenen afwijst.

Indien de Belgische bevoegde autoriteit heeft aanvaard om deel te nemen aan een gelijktijdige controle wijst ze een vertegenwoordiger aan die verantwoordelijk is voor de leiding en de coördinatie van die controle.

§ 9. Voor de toepassing van de voorgaande bepalingen kunnen de Belgische bevoegde autoriteit en de bevoegde autoriteit van een andere lidstaat, in het kader van de in paragraaf 16 bedoelde overlegprocedure, overeenkomen dat ambtenaren van de belastingadministratie van de andere lidstaat op hun respectieve grondgebied aanwezig mogen zijn. De wijze waarop deze bepaling wordt toegepast, wordt in het kader van de bedoelde overlegprocedure vastgesteld.

§ 10. Alle inlichtingen waarover de Belgische Staat uit hoofde van dit artikel beschikt, worden op dezelfde wijze geheim gehouden als de gegevens die hij verkrijgt uit hoofde van zijn wetgeving. Hoe dan ook worden deze inlichtingen:

- alleen aan die personen ter kennis gebracht die bij de vaststelling van de taks of bij de administratieve controle in verband met de vaststelling van de taks rechtstreeks betrokken zijn;
- alleen onthuld in gerechtelijke procedures of in procedures waarbij administratieve sancties worden toegepast, die zijn ingesteld met het oog op of in verband met de vaststelling van of de controle inzake de vaststelling van de taks, en alleen aan die personen die rechtstreeks bij deze procedures betrokken zijn; deze inlichtingen mogen echter tijdens openbare rechtszittingen of bij rechterlijke uitspraken worden vermeld, indien de bevoegde autoriteit van de lidstaat die de inlichtingen verstrekt daar geen bezwaar tegen maakt op het moment dat zij de inlichtingen in eerste instantie verstrekt;
- in geen geval gebruikt voor andere doeleinden dan fiscale doeleinden of gerechtelijke procedures of procedures waarbij administratieve sancties worden toegepast, die zijn ingesteld met het oog op of in verband met de vaststelling van of de controle inzake de vaststelling van de taks.

De ontvangen inlichtingen mogen ook worden gebruikt om andere heffingen, rechten en taksen vast te stellen die vallen onder artikel 2 van de Richtlijn 76/308/EEG van de Raad van 15 maart 1976 betreffende de wederzijdse bijstand inzake de invordering van schuldvorderingen die voortvloeien uit bepaalde bijdragen, rechten en taksen, alsmede uit andere maatregelen.

§ 11. Indien de wetgeving of bestuurlijke praktijk van een lidstaat voor interne doeleinden verdergaande beperkingen bevatten dan die welke in paragraaf 10 zijn bedoeld en die lidstaat verzoekt de Belgische bevoegde autoriteit deze beperkingen met betrekking tot de geleverde informatie te respecteren, nemen de Belgische bevoegde autoriteiten deze verdergaande beperkingen in acht.

§ 12. Indien de bevoegde autoriteit van de lidstaat die de inlichtingen heeft verstrekt het toelaat, mogen de ontvangen inlichtingen ook in België worden gebruikt binnen de omstandigheden en binnen de grenzen bepaald bij artikel 212.

Wanneer de Belgische bevoegde autoriteit van mening is dat de inlichtingen die zij van de bevoegde autoriteit van een andere lidstaat heeft ontvangen, van nut kunnen zijn voor de bevoegde autoriteit van een derde lidstaat, geeft zij de betrokken inlichtingen aan deze laatste door op voorwaarde dat de bevoegde autoriteit van de lidstaat die de inlichtingen heeft verstrekt hiermee instemt.

§ 13. De Belgische bevoegde autoriteit staat toe dat de inlichtingen in de lidstaat die ze ontvangt gebruikt worden onder de omstandigheden en binnen de grenzen gelijksoortig aan die welke zijn bepaald bij artikel 212.

Wanneer de bevoegde autoriteit van een lidstaat van mening is dat de inlichtingen die zij van de Belgische bevoegde autoriteit heeft ontvangen, van nut kunnen zijn voor de bevoegde autoriteit van een derde lidstaat, staat de Belgische bevoegde autoriteit toe dat die inlichtingen worden doorgegeven aan die derde lidstaat.

§ 14. Dit artikel verplicht de Belgische bevoegde autoriteit niet tot het instellen van een onderzoek of het verstrekken van inlichtingen wanneer de Belgische wetgeving of bestuurlijke praktijk niet toestaat een zodanig onderzoek in te stellen of de gevraagde inlichtingen in te winnen.

Het verstrekken van inlichtingen kan geweigerd worden indien:
- dit zou leiden tot de onthulling van een bedrijfs-, nijverheids-, handels- of beroepsgeheim of van een fabrieks- of handelswerkwijze of van gegevens waarvan de onthulling in strijd zou zijn met de openbare orde;
- de verzoekende Staat op feitelijke of juridische gronden niet in staat is gelijksoortige inlichtingen te verstrekken.

§ 15. De Belgische bevoegde autoriteit stelt, op verzoek van de bevoegde autoriteit van een andere lidstaat, de geadresseerde in kennis van alle akten en beslissingen die zijn uitgevaardigd door de administratieve autoriteiten in de verzoekende lidstaat en die betrekking hebben op de toepassing van de wetgeving betreffende de taks op zijn grondgebied.

In het verzoek tot kennisgeving worden de naam en het adres van de geadresseerde vermeld, evenals alle overige informatie op basis waarvan de geadresseerde gemakkelijker kan worden achterhaald, en de akte of de beslissing waarvan de geadresseerde op de hoogte moet worden gesteld.

De kennisgeving gebeurt overeenkomstig de Belgische juridische voorschriften die van toepassing zijn op de kennisgeving van gelijksoortige akten.

De Belgische bevoegde autoriteit brengt de verzoekende autoriteit van de andere lidstaat onverwijld op de hoogte van het gevolg dat aan het verzoek tot kennisgeving is gegeven en van de datum waarop de akte of de beslissing ter kennis is gebracht.

§ 16. Met het oog op de toepassing van de bepalingen van dit artikel neemt de Belgische bevoegde autoriteit, in voorkomend geval in een comité, deel aan overleg tussen:
- de Belgische bevoegde autoriteit en de bevoegde autoriteit van een andere lidstaat, op verzoek van de bevoegde autoriteit van één van beide lidstaten, wanneer het gaat om bilaterale kwesties;
- de Belgische bevoegde autoriteit, de bevoegde autoriteit van de andere lidstaten en de Europese Commissie, op verzoek van de bevoegde autoriteit van één of meerdere lidstaten of van de Europese Commissie, wanneer het niet om uitsluitend bilaterale kwesties gaat.

De Belgische bevoegde autoriteit treedt rechtstreeks in contact met de bevoegde autoriteit van één of meerdere lidstaten. De Belgische bevoegde autoriteit kan, in onderling overleg met de bevoegde autoriteit van één of meerdere lidstaten, autoriteiten die zij aanwijzen, toestaan rechtstreeks met elkaar in contact te treden voor de behandeling van bepaalde gevallen of groepen van gevallen.

Wanneer de Belgische bevoegde autoriteit met de bevoegde autoriteit van een andere lidstaat een bilaterale regeling heeft getroffen inzake onderwerpen met betrekking tot de taks, met uitzondering van de regeling van een bijzonder geval, stelt zij, samen met de bevoegde autoriteit van de andere Staat, de Europese Commissie daarvan zo spoedig mogelijk in kennis.

§ 17. De voorafgaande bepalingen doen geen afbreuk aan de uitvoering van verdergaande verplichtingen tot uitwisseling van inlichtingen welke voortvloeien uit andere rechtsvoorschriften dan de Richtlijn.]

Vervangen bij art. 22 W. 19 mei 2010 (B.S. 28.V.2010, ed. 2).

Art. 183. [De Belgische verzekeraars, de pensioeninstellingen [, instellingen voor bedrijfspensioenvoorziening] en de rechtspersonen belast met de uitvoering van de solidariteitstoezegging bedoeld in de wet van 28 april 2003 betreffende de aanvullende pensioenen en het belastingstelsel van die pensioenen en van sommige aanvullende voordelen inzake sociale zekerheid alsmede de vertegenwoordigers in België van de vreemde verzekeraars, alsmede de makelaars zijn gehouden hun repertoria, registers, boeken, polissen, contracten en alle andere stukken, zonder verplaatsing, mede te delen op elk aanzoek der aangestelden van de administratie van de belasting over de toegevoegde waarde, registratie en domeinen die ten minste de graad van adjunct-verificateur hebben.]

[Dezelfde verplichting wordt aan de verzekeringnemers opgelegd wanneer ze handelaars zijn, voor de polissen, kwijtschriften en andere bescheiden inzake verzekeringsverrichtingen.]

[Elke weigering van mededeling wordt met een boete van [[[250 EUR]] tot [[2.500 EUR]]] gestraft.] [[…]]

[De Belgische verzekeraars, de pensioeninstellingen, de instellingen voor bedrijfspensioenvoorziening en de vertegenwoordigers in België van de vreemde verzekeringsondernemingen zijn gehouden, onder de sancties voorgeschreven door het derde lid, de overeenkomsten van medeverzekering gesloten tussen hun klanten en een vreemde verzekeringsonderneming aan het bevoegd kantoor te vermelden, zodra ze kennis ervan hebben, wanneer die overeenkomsten betrekking hebben op een in België gelegen risico.]

[De Koning treft elke aanvullende regeling die een juiste heffing van de jaarlijkse taks op de verzekeringscontracten kan verzekeren.]

Al. 1 vervangen bij art. 104 W. 28 april 2003 (B.S. 15.V.2003, err. B.S. 26.V.2003) en gewijzigd bij art. 337, 1° W. 27 december 2006 (B.S. 28.XII.2006, ed. 3), van toepassing vanaf 1 januari 2007;
Al. 2 vervangen bij art. 146 Progr. W. 27 december 2005 (B.S. 30.XII.2005, ed. 2);
Al. 3 gewijzigd bij art. 60 W. 13 augustus 1947 (B.S. 17. IX.1947), bij art. 8 W. 14 augustus 1947 (B.S. 17.IX.1947), bij art. 52 W. 22 juli 1993 (B.S. 26.VII.1993), bij art. 2-10 K.B. 20 juli 2000 (II) (B.S. 30.VIII.2000, err. B.S. 8.III.2001) en bij art. 42, 5° K.B. 13 juli 2001 (B.S. 11.VIII.2001, err. B.S. 21.XII.2001);
Al. 4 vervangen bij art. 337, 2° W. 27 december 2006 (B.S.

28.XII.2006, ed. 3), van toepassing vanaf 1 januari 2007;
Al. 5 ingevoegd bij art. 12 W. 20 juli 1990 (B.S. 1.VIII.1990).

[TITEL [VI]

JAARLIJKSE TAKS OP DE WINSTDEELNEMINGEN]

Opschrift ingevoegd bij art. 43 W. 7 december 1988 (B.S. 16.XII.1988) en gewijzigd bij art. 42 W. 19 december 2006 (B.S. 29.XII.2006, ed. 6), van toepassing vanaf 1 januari 2007 (K.B. 21 december 2006, art. 95, B.S. 29.XII.2006, ed. 6).

[Art. 183bis. [De sommen verdeeld als winstdeelneming die betrekking hebben op levensverzekeringen, op contracten van lijfrente of tijdelijke renten, of op aanvullende pensioenen die op een andere wijze worden opgebouwd dan door middel van een levensverzekering, gesloten [met een verzekeringsonderneming, een pensioeninstelling of een instelling voor bedrijfspensioenvoorziening], die in België zijn hoofdinrichting, een agentschap, een bijhuis, een vertegenwoordiger of om het even welke zetel van verrichtingen heeft, zijn onderworpen aan een jaarlijkse taks.]]

Ingevoegd bij art. 43 W. 7 december 1988 (B.S. 16. XII.1988), vervangen bij art. 105 W. 28 april 2003 (B.S. 15.V.2003, ed. 2, err. B.S. 26.V.2003) en gewijzigd bij art. 338 W. 27 december 2006 (B.S. 28.XII.2006, ed. 3), van toepassing vanaf 1 januari 2007.

[Art. 183ter. Het percentage van de taks bedraagt 9,25 %.]

Ingevoegd bij art. 43 W. 7 december 1988 (B.S. 16. XII.1988).

[Art. 183quater. De invorderbare belasting wordt berekend op het totale bedrag van de sommen verdeeld als winstdelnemingen voor het belastingjaar. […]]

Ingevoegd bij art. 43 W. 7 december 1988 (B.S. 16. XII.1988);
Al. 2 opgeheven bij art. 3, 3° W. 20 januari 1999 (B.S. 13. II.1999).

[Art. 183quinquies. [Van de taks zijn vrijgesteld de sommen uitgekeerd als winstdeelneming:

1° welke betrekking heeft op spaarverzekeringscontracten beheerst door de artikelen 117 tot 125, van het Wetboek van de inkomstenbelastingen 1992, zoals ze bestonden voordat ze door artikel 85 van de wet van 28 december 1992 werden opgeheven, of beheerst door de artikelen 145^8 tot 145^{16} van hetzelfde Wetboek;

2° welke betrekking heeft op de verzekeringscontracten vermeld in de artikelen 81, 1° en 2°, en 104, eerste lid, 10°, van hetzelfde Wetboek, zoals ze bestonden voordat ze door de artikelen 80 en 81 van de wet van 28 december 1992 werden opgeheven, of in artikel 145^1, 2°, 3°, en 5°, van hetzelfde Wetboek, waarvoor de verzekeringsnemer geen vrijstellingen, vermindering of aftrek inzake inkomstenbelastingen heeft verkregen krachtens bepalingen van toepassing vóór het aanslagjaar 1993, of geen belastingverminderingen verleend bij de artikelen 145^1, 2°, 3° of 5° en 145^{17}, 1° of 2°, van hetzelfde Wetboek.

De in het eerste lid, 2°, vermelde vrijstelling wordt onderworpen aan de voorwaarden en de regels die de Koning bepaalt.]]

Ingevoegd bij art. 43 W. 7 december 1988 (B.S. 16. XII.1988) en vervangen bij art. 115 W. 28 december 1992 (B.S. 31.XII.1992).

[Art. 183sexies. De jaarlijkse taks op de winstdeelnemingen wordt gekweten door [de vennootschappen, kassen, verenigingen, pensioeninstellingen, instellingen voor bedrijfspensioenvoorziening] of verzekeringsondernemingen en alle andere verzekeraars, die in België hun hoofdinrichting, een agentschap, een bijhuis, een vertegenwoordiger of enige zetel voor hun verrichtingen hebben.]

Ingevoegd bij art. 43 W. 7 december 1988 (B.S. 16. XII.1988) en gewijzigd bij art. 339 W. 27 december 2006 (B.S. 28.XII.2006, ed. 3), van toepassing vanaf 1 januari 2007.

[Art. 183septies. De aansprakelijke vertegenwoordiger, die de vreemde verzekeraars ter uitvoering van artikel 178, lid 2, moeten laten aannemen, moet zich persoonlijk en schriftelijk jegens de Staat verbinden om de bij de huidige titel bepaalde taks en de boeten die mochten verschuldigd zijn, te betalen.]

Ingevoegd bij art. 43 W. 7 december 1988 (B.S. 16. XII.1988).

[Art. 183octies. De jaarlijkse taks is betaalbaar binnen drie maanden te rekenen vanaf de datum van de beslissing tot verdeling van de winstdeelnemingen.

De taks wordt betaald door storting of overschrijving op de postrekening van het bevoegde kantoor.

Op de dag van de betaling wordt door de belastingschuldige op dat kantoor een opgave ingediend met vermelding van het belastingjaar, de datum van de beslissing tot verdeling, de maatstaf van heffing, de aanslagvoet en het bedrag van de taks.

Wanneer de taks niet binnen de hierboven bepaalde termijn werd betaald, is de interest van rechtswege verschuldigd met ingang van de dag waarop de betaling had moeten geschieden.

Wanneer de opgave niet binnen de bedoelde termijn werd ingediend, wordt een boete verbeurd van [[12,50 EUR]] per week vertraging. Iedere begonnen week wordt voor een gehele week gerekend.]

Ingevoegd bij art. 43 W. 7 december 1988 (B.S. 16. XII.1988);

Al. 5 gewijzigd bij art. 53 W. 22 juli 1993 (B.S. 26.VII.1993) en bij art. 2-10 K.B. 20 juli 2000 (II) B.S. 30.VIII.2000, err. B.S. 8.III.2001).

[Art. 183nonies. Elke onnauwkeurigheid of weglating in de aangifte waarvan sprake in het vorige artikel wordt gestraft met een boete gelijk aan vijfmaal het ontdoken recht, zonder dat ze minder dan [[[250 EUR]]] mag bedragen.]

Ingevoegd bij art. 43 W. 7 december 1988 (B.S. 16. XII.1988) en gewijzigd bij art. 54 W. 22 juli 1993 (B.S. 26.VII.1993), bij art. 2-10 K.B. 20 juli 2000 (II) (B.S. 30. VIII.2000, err. B.S. 8.III.2001) en bij art. 42, 5° K.B. 13 juli 2001 (B.S. 11.VIII.2001, err. B.S. 21.XII.2001).

[Art. 183decies. De taks wordt naar behoren teruggegeven wanneer zij een hogere som vertegenwoordigt dan die welke wettelijk verschuldigd was op het ogenblik van de betaling.

De Koning bepaalt de wijze en de voorwaarden volgens welke de terugbetaling geschiedt en bepaalt tevens, binnen de maximumgrens van twee jaar te rekenen van de dag waarop de vordering ontstaan is, de termijn binnen welke de terugbetaling moet worden gevraagd.]

Ingevoegd bij art. 43 W. 7 december 1988 (B.S. 16. XII.1988).

[Art. 183undecies. [[De Belgische verzekeringsondernemingen, de pensioeninstellingen, de instellingen voor bedrijfspensioenvoorziening en de vertegenwoordigers in België van de vreemde verzekeringsondernemingen] zijn gehouden hun repertoria, registers, boeken, polissen, contracten en alle andere stukken, zonder verplaatsing, mede te delen op elk aanzoek der aangestelden van de Administratie van de belasting over de toegevoegde waarde, registratie en domeinen die ten minste de graad van adjunct-verificateur hebben.

Elke weigering van mededeling wordt met een boete van [[[250 EUR] tot [2.500 EUR]]] gestraft.]

Ingevoegd bij art. 43 W. 7 december 1988 (B.S. 16. XII.1988);

Al. 1 gewijzigd bij art. 340 W. 27 december 2006 (B.S. 28. XII.2006, ed. 3), van toepassing vanaf 1 januari 2007;

Al. 2 gewijzigd bij art. 55 W. 22 juli 1993 (B.S. 26.VII.1993), bij art. 2-10 K.B. 20 juli 2000 (II) (B.S. 30.VIII.2000, err. B.S. 8.III.2001) en bij art. 42, 5° K.B. 13 juli 2001 (B.S. 11. VIII.2001, err. B.S. 21.XII.2001).

[TITEL [VII]

UITZONDERLIJKE TAKS OP DE STORTINGEN BESTEMD VOOR HET LANGETERMIJNSPAREN]

Opschrift ingevoegd bij art. 63 W. 28 juli 1992 (B.S. 31. VII.1992) en gewijzigd bij art. 42 W. 19 december 2006 (B.S. 29.XII.2006, ed. 6), van toepassing vanaf 1 januari 2007 (K.B. 21 december 2006, art. 95, B.S. 29.XII.2006, ed. 6).

[Art. 183duodecies. Zijn onderworpen aan een eenmalige taks, de sommen ontvangen krachtens:

1° een levensverzekeringscontract of een daarmee krachtens artikel 174 gelijkgesteld contract;

2° een reglement van een pensioenfonds;

3° een spaarrekening onderworpen aan het koninklijk besluit van 22 december 1986 tot invoering van een stelsel van derde leeftijds- of pensioensparen.]

Ingevoegd bij art. 63 W. 28 juli 1992 (B.S. 31.VII.1992).

[**Art. 183terdecies.** Het percentage van de taks bedraagt 1,4 pct.]

Ingevoegd bij art. 63 W. 28 juli 1992 (B.S. 31.VII.1992).

[**Art. 183quaterdecies.** De invorderbare taks wordt berekend op het totaalbedrag van de in 1991 ontvangen sommen.

[...]]

Ingevoegd bij art. 63 W. 28 juli 1992 (B.S. 31.VII.1992); Al. 2 opgeheven bij art. 3, 4° W. 20 januari 1999 (B.S. 13. II.1999).

[**Art. 183quindecies.** De eenmalige taks wordt gekweten door:

1° de genootschappen, kassen, verenigingen of verzekeringsondernemingen en alle andere verzekeraars, die in België hun hoofdinrichting, een agentschap, een bijhuis, een vertegenwoordiger of enige zetel van verrichtingen hebben;

2° de in België gevestigde pensioenfondsen;

3° de in België gevestigde voorzorgskassen;

4° de instellingen of ondernemingen die gerechtigd zijn spaarrekeningen te openen als bedoeld in artikel 124 van het Wetboek van de inkomstenbelastingen 1992;

die de in artikel 183duodecies bedoelde sommen ontvangen hebben.]

Ingevoegd bij art. 63 W. 28 juli 1992 (B.S. 31.VII.1992).

[**Art. 183sedecies.** De aansprakelijke vertegenwoordiger, die de vreemde verzekeraars ter uitvoering van artikel 178, tweede lid, moeten laten aannemen, moet zich persoonlijk en schriftelijk jegens de Staat verbinden om de bij de huidige titel bepaalde taks en de boeten die mochten verschuldigd zijn, te betalen.]

Ingevoegd bij art. 63 W. 28 juli 1992 (B.S. 31.VII.1992).

[**Art. 183septiesdecies.** De eenmalige taks moet volledig worden betaald uiterlijk 15 december 1992.

De taks wordt betaald door storting of overschrijving op de postrekening van het ontvangkantoor van de domeinen van het ambtsgebied waarin de belastingschuldenaar gevestigd is.

Op de dag van de betaling wordt door de belastingschuldige op dat kantoor een opgave ingediend met vermelding van de benaming, de maatstaf van heffing, de aanslagvoet en het bedrag van de taks.

Wanneer de taks niet binnen de hierboven bepaalde termijn werd betaald, is de interest van rechtswege verschuldigd met ingang van de dag waarop de betaling had moeten geschieden.

Wanneer de opgave niet binnen de bedoelde termijn werd ingediend, wordt een boete verbeurd van [[12,50 EUR]] per week vertraging. Iedere begonnen week wordt voor een gehele week gerekend.]

Ingevoegd bij art. 63 W. 28 juli 1992 (B.S. 31.VII.1992); Al. 5 gewijzigd bij art. 56 W. 22 juli 1993 (B.S. 26.VII.1993) en bij art. 3 W. 26 juni 2000 (B.S. 29.VII.2000).

[**Art. 183duodevicies.** Elke onnauwkeurigheid of weglating in de aangifte waarvan sprake in het vorige artikel wordt gestraft met een boete gelijk aan vijfmaal het ontdoken recht, zonder dat ze minder dan [[250 EUR]] mag bedragen.]

Ingevoegd bij art. 63 W. 28 juli 1992 (B.S. 31.VII.1992) en gewijzigd bij art. 57 W. 22 juli 1993 (B.S. 26.VII.1993) en bij art. 3 W. 26 juni 2000 (B.S. 29.VII.2000).

[**Art. 183undevicies.** De taks wordt tot het passende beloop teruggegeven wanneer ze een hogere som vertegenwoordigt dan die welke wettelijk verschuldigd was.

De Koning bepaalt de wijze en de voorwaarden volgens welke de terugbetaling geschiedt en bepaalt tevens, binnen de maximumgrens van twee jaar te rekenen van de dag waarop de vordering ontstaan is, de termijn binnen welke de terugbetaling moet worden gevraagd.]

Ingevoegd bij art. 63 W. 28 juli 1992 (B.S. 31.VII.1992).

[**Art. 183vicies.** De Belgische verzekeraars, de vertegenwoordigers in België van de vreemde verzekeraars, de pensioenfondsen, de voorzorgskassen en de instellingen of ondernemingen bedoeld in artikel 183quindecies zijn gehouden hun repertoria, registers, boeken, polissen, contracten en alle andere stukken, zonder verplaatsing, mede te delen op elk aanzoek der aangestelden van de Administratie van de belasting over de toegevoegde waarde, registratie en domeinen die ten minste de graad van adjunct-verificateur hebben.

Elke weigering van mededeling wordt met een boete van [[250 tot 2.500 EUR]] gestraft.]

Ingevoegd bij art. 63 W. 28 juli 1992 (B.S. 31.VII.1992); Al. 2 gewijzigd bij art. 58 W. 22 juli 1993 (B.S. 26.VII.1993) en bij art. 3 W. 26 juni 2000 (B.S. 29.VII.2000).

TITEL [VIII]

[TAKS OP HET LANGETERMIJNSPAREN]

Opschrift vervangen bij art. 117 W. 28 december 1992 (B.S. 31.XII.1992) en gewijzigd bij art. 42 W. 19 december 2006 (B.S. 29.XII.2006, ed. 6), van toepassing vanaf 1 januari 2007 (K.B. 21 december 2006, art. 95, B.S. 29.XII.2006, ed. 6).

Art. 184. [§ 1. Een taks wordt gevestigd:

1° op de theoretische afkoopwaarde van de individueel gesloten levensverzekeringscontracten, waarvan de verzekeringnemer de leeftijd van 60 jaar bereikt heeft en een vrijstelling, vermindering of aftrek inzake inkomstenbelastingen heeft verkregen krachtens bepalingen van toepassing vóór het aanslagjaar 1993 of een belastingvermindering verleend bij artikel 145[1], 2° en 5°, van het Wetboek van de inkomstenbelastingen 1992;

2° op de pensioenen, renten, kapitalen of afkoopwaarden van individueel afgesloten levensverzekeringscontracten, die zijn betaald of toegekend op de datum dat de verzekeringnemer de leeftijd van 60 jaar heeft bereikt en een vrijstelling, vermindering of aftrek inzake inkomstenbelastingen heeft verkregen krachtens bepalingen van toepassing vóór het aanslagjaar 1993 of een belastingvermindering verleend bij artikel 145[1], 2° en 5°, van hetzelfde Wetboek;

3° op het spaartegoed geplaatst op een collectieve of individuele spaarrekening waarvan de houder de leeftijd van 60 jaar bereikt heeft en de aftrek heeft verkregen bepaald bij artikel 104, eerste lid, 10°, van hetzelfde Wetboek zoals het bestond voordat het door artikel 81, 2°, van de wet van 28 december 1992 werd opgeheven, of de belastingvermindering verleend bij artikel 145[1], 5°, van hetzelfde Wetboek.

§ 2. Wanneer het levensverzekeringscontract of de spaarrekening afgesloten of geopend wordt door een persoon die de leeftijd van 55 jaar of meer bereikt heeft, is de taks gevestigd in § 1 niet opeisbaar op de dag dat de verzekeringnemer of de rekeninghouder de leeftijd van 60 jaar bereikt heeft, maar op de dag van de tiende verjaardag van de datum van het afsluiten van het contract of het openen van de rekening.

Indien de afkoopwaarden of het spaartegoed evenwel vóór deze datum wordt betaald of toegekend en de verzekeringnemer of de rekeninghouder 60 jaar of ouder is, is de taks opeisbaar op de dag waarop de afkoopwaarden of het spaartegoed worden betaald of toegekend.

§ 3. Met de in § 2 vermelde levensverzekeringscontracten of spaarrekeningen afgesloten of geopend door een persoon die de leeftijd van 55 jaar of meer bereikt heeft, worden gelijkgesteld de contracten of de rekeningen die, zelfs bij het afsluiten of openen ervan, voorzien in een verhoging van de premies of betalingen vanaf de leeftijd van 55 jaar.

Voor de toepassing van § 2 worden deze contracten of deze rekeningen beschouwd als zijnde afgesloten of geopend op de dag waarop de verhoging ingaat.

Wanneer de voordelen evenwel vóór de in § 2 bedoelde 10e verjaardag worden uitgekeerd en de verzekeringnemer of de rekeninghouder 60 jaar of ouder is, is de taks opeisbaar op de dag waarop de eerste betaling plaatsvindt.]

Vervangen bij art. 117 W. 28 december 1992 (B.S. 31. XII.1992).

Art. 185. [§ 1. [...]

§ 2. [De taks wordt vastgesteld op 10 pct.:

1° voor de theoretische afkoopwaarde, pensioenen, renten, kapitalen of afkoopwaarden van levensverzekeringscontracten;

2° voor het spaartegoed op een spaarrekening.]

§ 3. In afwijking van de §§ 1 en 2, wordt de taks vastgesteld op 33 pct.:

1° voor de afkoopwaarden vermeld in artikel 184, § 1, 2°, of het spaartegoed vermeld in artikel 184, § 1, 3°, indien zij betaald of toegekend worden overeenkomstig de voorwaarden bepaald in artikel 171, 1°, f en g van het Wetboek van de inkomstenbelastingen 1992;

2° voor de afkoopwaarden of het spaartegoed vermeld in artikel 184, § 2, tweede lid, indien zij betaald of toegekend worden overeenkomstig de voorwaarden bepaald in artikel 171, 1°, f en g, van het Wetboek van de inkomstenbelastingen 1992.]

Vervangen bij art. 117 W. 28 december 1992 (B.S. 31. XII.1992);

§ 1 opgeheven bij art. 78, a) Progr. W. 22 juni 2012 (B.S. 28.VI.2012), van toepassing vanaf 30 september 2012 (K.B. 27 september 2012, art. 1, B.S. 28.IX.2012, ed. 4);

§ 2 vervangen bij art. 78, b) Progr. W. 22 juni 2012 (B.S. 28.VI.2012), van toepassing vanaf 30 september 2012 (K.B. 27 september 2012, art. 1, B.S. 28.IX.2012, ed. 4).

Art. 186. [§ 1. De opeisbare taks wordt berekend:

1° wat de levensverzekeringscontracten betreft waarvoor op de datum dat de verzekeringnemer de leeftijd van 60 jaar bereikt heeft geen prestaties worden betaald of toegekend, op het bedrag van de theoretische afkoopwaarde vastgesteld op de dag waarop de verzekeringnemer de leeftijd van 60 jaar bereikt heeft. Onder theoretische afkoopwaarde wordt verstaan de reserve bij de verzekeringsonderneming gevormd door de kapitalisatie van de betaalde premies, rekening houdend met de verbruikte sommen;

2° wat de levensverzekeringscontracten betreft waarvoor prestaties betaald of toegekend worden op de datum waarop de verzekeringnemer de leeftijd van 60 jaar heeft bereikt, op het kapitaal of de afkoopwaarde. Wanneer de prestaties de vorm van renten of pensioenen hebben, wordt de taks berekend op het vestigingskapitaal van die rente of dat pensioen, vastgesteld op die datum;

3° wat de spaarrekeningen betreft, op het spaartegoed geplaatst op dergelijke rekeningen, vastgesteld op de dag waarop de rekeninghouder de leeftijd van 60 jaar bereikt heeft, hetzij overeenkomstig artikel 34, § 3, van het Wetboek van de inkomstenbelastingen 1992, zoals het bestond voor dat het door artikel 75 van de wet van 28 december 1992 werd gewijzigd, wat de stortingen vóór 1 januari 1992 betreft, hetzij overeenkomstig artikel 34, § 3, van hetzelfde Wetboek, wat de stortingen gedaan vanaf 1 januari 1992 betreft.

§ 2. Voor de gevallen vermeld in artikel 194, § 2, eerste lid, zijn de in § 1 gestelde regels niet van toepassing op de dag waarop de verzekeringnemer of de rekeninghouder de leeftijd van 60 jaar bereikt heeft, maar op de dag van de tiende verjaardag van de datum van het afsluiten van het contract of het openen van de rekening.

Voor de gevallen vermeld in artikel 184, § 2, tweede lid, zijn de in § 1, 2° en 3° gestelde regels van toepassing op de dag waarop de afkoopwaarde of het spaartegoed betaald of toegekend worden.

§ 3. [...]]

Vervangen bij art. 117 W. 28 december 1992 (B.S. 31. XII.1992);

§ 3 opgeheven bij art. 3, 5° W. 20 januari 1999 (B.S. 13. II.1999).

[**Art. 187**[1]. De taks wordt betaald:

1° wat de levensverzekeringscontracten betreft, door de genootschappen, kassen, verenigingen of verzekeringsondernemingen;

2° wat de spaarrekeningen betreft, door de instellingen of ondernemingen gemachtigd om spaarrekeningen te openen, vermeld in artikel 145[15], eerste lid, van het Wetboek van de inkomstenbelastingen 1992.

De in het eerste lid bedoelde belastingschuldigen hebben het recht de taks in te houden op de in artikel 184 bedoelde afkoopwaarden, pensioenen, renten, kapitalen of spaartegoeden.]

Ingevoegd bij art. 117 W. 28 december 1992 (B.S. 31. XII.1992).

[**Art. 187**[2]. Van de taks zijn vrijgesteld:

1° de verzekeringscontracten die uitsluitend voordelen voorzien bij overlijden;

2° de levensverzekeringscontracten in zoverre ze ertoe strekken de aflossing of de wedersamenstelling van een hypothecaire lening te waarborgen.]

Ingevoegd bij art. 117 W. 28 december 1992 (B.S. 31. XII.1992).

[**Art. 187**[3]. § 1. De taks is betaalbaar uiterlijk op de laatste werkdag van de maand die volgt op die waarin het belastbare feit zich heeft voorgedaan.

De taks wordt betaald door storting of overschrijving op de postrekening van het bevoegde kantoor, op voorlegging op de dag van de betaling van een opgave die onder andere de heffingsbasis laat kennen.

De elementen die in de opgave moeten meegedeeld worden, elk stuk waarvan het overleggen nodig is voor de controle van de heffing van de taks, evenals het bevoegde kantoor worden bij koninklijk besluit vastgesteld.

§ 2. Wanneer de taks niet binnen de in § 1 vastgestelde termijn is betaald, is de interest van rechtswege verschuldigd met ingang van de dag waarop de betaling had moeten geschieden.

Wanneer de opgave niet binnen de vastgestelde termijn is ingediend, wordt een boete verbeurd van [12,50 EUR] per week vertraging. Iedere begonnen week wordt voor een gehele week gerekend.]

Ingevoegd bij art. 117 W. 28 december 1992 (B.S. 31. XII.1992);

§ 2, al. 2 gewijzigd bij art. 2-10 K.B. 20 juli 2000 (II) (B.S. 30.VIII.2000, err. B.S. 8.III.2001).

[**Art. 187**[4]. Elke onnauwkeurigheid of weglating in de opgave of in de stukken waarvan sprake in artikel 187[3], wordt gestraft met een boete gelijk aan vijf maal het ontdoken recht, zonder dat ze minder dan [[[250 EUR]]] mag bedragen.

Elke weigering tot mededeling gevraagd met toepassing van artikel 187[3], wordt met een boete van [[[250 EUR]] tot [[2.500 EUR]]] gestraft.]

Ingevoegd bij art. 117 W. 28 december 1992 (B.S. 31. XII.1992);

Al. 1 gewijzigd bij art. 59, 1° W. 22 juli 1993 (B.S. 26. VII.1993), bij art. 2-10 K.B. 20 juli 2000 (II) (B.S. 30. VIII.2000, err. B.S. 8.III.2001) en bij art. 42, 5° K.B. 13 juli 2001 (B.S. 11.VIII.2001, err. B.S. 21.XII.2001);

Al. 2 gewijzigd bij art. 59,2° W. 22 juli 1993 (B.S. 26. VII.1993), bij art. 2-10 K.B. 20 juli 2000 (II) (B.S. 30. VIII.2000, err. B.S. 8.III.2001) en bij art. 42, 5° K.B. 13 juli 2001 (B.S. 11.VIII.2001, err. B.S. 21.XII.2001).

[**Art. 187**[5]. De taks wordt naar behoren teruggegeven:

1° wanneer zij meer bedraagt dan de som die wettelijk verschuldigd was op het ogenblik van de betaling;

2° wanneer het gaat om een verzekeringscontract bij leven waarvoor de verzekeraar, op het ogenblik dat de verzekerde gebeurtenis zich voordoet, van elke verbintenis bevrijd is.

De wijze en de voorwaarden volgens welke de terugbetaling geschiedt worden bij koninklijk besluit vastgelegd.]

Ingevoegd bij art. 117 W. 28 december 1992 (B.S. 31. XII.1992).

[**Art. 187**[6]. De schuldenaars van de taks zijn gehouden hun repertoria, registers, boeken, polissen, contracten en alle andere stukken zonder verplaatsing mede te delen op elk verzoek van de ambtenaren van de administratie van de belasting over de toegevoegde waarde, registratie en domeinen die ten minste de graad van adjunct-verificateur hebben.

Elke weigering van mededeling wordt met een boete van [[[250 EUR]] tot [[2.500 EUR]]] gestraft.]

Ingevoegd bij art. 117 W. 28 december 1992 (B.S. 31. XII.1992);

Al. 2 gewijzigd bij art. 60 W. 22 juli 1993 (B.S. 26.VII.1993), bij art. 2-10 K.B. 20 juli 2000 (II) (B.S. 30.VIII.2000, err. B.S. 8.III.2001) en bij art. 42, 5° K.B. 13 juli 2001 (B.S. 11. VIII.2001, err. B.S. 21.XII.2001).

TITEL [IX]

BELASTING VOOR AANPLAKKING

Opschrift gewijzigd bij art. 42 W. 19 december 2006 (B.S. 29.XII.2006, ed. 6), van toepassing vanaf 1 januari 2007 (K.B. 21 december 2006, art. 95, B.S. 29.XII.2006, ed. 6).

Art. 188. [Er wordt een taks gevestigd op alle om 't even welke plakbrieven die voor het publiek zichtbaar zijn [en waarvan de oppervlakte groter is dan [1 vierkante meter]].]

Vervangen bij art. 2, al. 3 R.B. 25 november 1947 (B.S. 3.XII.1947), aangevuld bij art. 2 W. 22 april 2003 (B.S. 13.V.2003, err. B.S. 22.V.2003) en gewijzigd bij art. 43 W. 19 december 2006 (B.S. 29.XII.2006, ed. 6), van toepassing vanaf 1 januari 2007 (K.B. 21 december 2006, art. 95, B.S. 29.XII.2006, ed. 6).

Art. 189. […]

Opgeheven bij art. 11, 1° W. 22 april 2003 (B.S. 13.V.2003, err. B.S. 22.V.2003).

Art. 190. [Het bedrag van de taks bedraagt 0,50 euro per vierkante meter of breuk van vierkante meter wanneer de oppervlakte van de plakbrief gelijk is aan of groter is dan 1 vierkante meter.]

[Het bedrag van de taks op de affiches van gewoon papier die zonder enige bescherming op panelen worden geplakt, ligt evenwel niet hoger dan 5 euro.]

Vervangen bij art. 44 W. 19 december 2006 (B.S. 29. XII.2006, ed. 6), van toepassing vanaf 1 januari 2007 (K.B. 21 december 2006, art. 95, B.S. 29.XII.2006, ed. 6); Al. 2 ingevoegd bij art. 2 Wet 7 mei 2007 (B.S. 29.V.2007), van toepassing vanaf 1 juni 2007 (art. 3).

Art. 191. De lichtaankondigingen en de aankondigingen bij middel van lichtprojecties, met meervoudige en achtereenvolgende al dan niet afwisselende advertenties, zijn onderworpen, welke ook het getal en de veelvuldigheid der aankondigingen zij, aan een jaarlijkse belasting gelijk aan [vijfmaal] de belasting gevestigd bij voorgaand artikel.

Gewijzigd bij art. 4 W. 22 april 2003 (B.S. 13.V.2003, err. B.S. 22.V.2003).

Art. 192. […]

Opgeheven bij art. 11, 2° W. 22 april 2003 (B.S. 13.V.2003, err. B.S. 22.V.2003).

Art. 193. De belastbare oppervlakte wordt, voor de toepassing van de voorgaande artikelen, bepaald door de oppervlakte van de rechthoek waarvan de kanten lopen door de uiterste punten van de gedaante der aankondiging.

Zijn twee of verscheidene gelijkaardige aankondigingen naast elkander geplaatst of zijn ze derwijze bij elkander gebracht dat zij een geheel uitmaken, dan dient men, tot vaststelling van de belastbare oppervlakte, het geheel te beschouwen.

Art. 194. Zijn niet onderhevig aan de belasting voor aanplakking:

1° de uithangborden;

2° de akten, afschriften, kopieën of uittreksels, ter uitvoering van de wet of van een rechterlijke beslissing aangeplakt.

Art. 195. [De belasting en de boete zijn hoofdelijk verschuldigd:

1° door de persoon die er belang bij heeft dat de plakbrief wordt aangebracht;

2° door de ondernemer van aanplakking.

Elke aanplakking gedaan of behouden vóór de betaling van de belasting wordt gestraft met een boete gelijk aan vijfmaal de ontdoken belasting, zonder dat zij minder dan 25 EUR mag bedragen.

De onrechtmatig aangeplakte plakbrieven kunnen in beslag worden genomen of vernietigd.]

Vervangen bij art. 5 W. 22 april 2003 (B.S. 13.V.2003, err. B.S. 22.V.2003).

Art. 196. [De schuldenaars van de belasting zijn gehouden op elk verzoek van de ambtenaren van de administratie van de belasting over de toegevoegde waarde, registratie en domeinen die ten minste de graad van verificateur hebben, zonder verplaatsing inzage te verlenen van al hun repertoria, registers, boeken en van alle andere bescheiden in verband met hun verrichtingen inzake aanplakking.

Elke weigering van overlegging wordt met een boete van 250 tot 2.500 EUR gestraft.]

Vervangen bij art. 6 W. 22 april 2003 (B.S. 13.V.2003, err. B.S. 22.V.2003).

Art. 197. Elke jaarlijkse belasting is voor een gans jaar verschuldigd, zonder breuk.

Het jaar vervalt 31 december, welke de datum ook zij waarop de aanplakking geschiedde.

De betaling van een tweede jaarlijkse belasting of van een volgende jaarlijkse belasting kan eerst worden gevorderd wanneer de plakbrief niet is ingetrokken binnen de maand volgende op het einde van het vervallen jaar. Deze bepaling is echter niet van toepassing of houdt op van toepassing te zijn, wanneer de plakbrief wordt vernieuwd of in stand gehouden na afloop van het jaar.

De jaarlijkse belasting is invorderbaar 2 januari van elk jaar en moet uiterlijk op 31 januari betaald worden.

Elke jaarlijkse belasting kan ineens worden betaald voor een of verscheidene jaren.

Art. 198. Zijn vrij van de belasting voor aanplakking:

1° [de plakbrieven aangeplakt door de Staat, de gewesten, de gemeenschappen, de provincies, de gemeenten, de autonome provinciebedrijven, de autonome gemeentebedrijven, de polders en wateringen en de openbare instellingen; de plakbrieven van het Nationaal Instituut voor oorlogsinvaliden, oudstrijders en oorlogsslachtoffers];

2° de plakbrieven in kieszaken;

3° de plakbrieven uitsluitend betreffende het aanvragen en aanbieden van betrekkingen;

4° de plakbrieven van de bedienaars der eredinsten erkend door de Staat, betreffende de oefeningen, plechtigheden en diensten van de eredienst;

5° de plakbrieven ter aankondiging van openbare voordrachten of vergaderingen die worden belegd tot onderricht ofwel tot politieke, wijsgerige of godsdienstige propaganda en waarvoor geen betaling vereist wordt;

6° [de plakbrieven van de door de Vlaamse Huisvestingsmaatschappij, de Vlaamse Landmaatschappij, la Société régionale wallonne du logement en de Brusselse Gewestelijke Huisvestingsmaatschappij erkende maatschappijen; de plakbrieven van de coöperatieve vennootschappen, het Woningfonds van de Bond der Kroostrijke Gezinnen van België, het Vlaamse Woningfonds van de Grote Gezinnen, het Woningfonds van de Kroostrijke Gezinnen van Wallonië en het Woningfonds van de Gezinnen van het Brusselse Gewest; de plakbrieven van het Europees Centrum voor Vermiste en Seksueel Uitgebuite Kinderen - België - Stichting naar Belgisch recht, en die van de verenigingen die actief zijn bij de opsporing van verdwenen kinderen of in de strijd tegen de seksuele uitbuiting van kinderen, wanneer zij handelen in overleg met of op verzoek van het genoemde centrum];

7° de plakbrieven houdende aankondiging van feesten, vermakelijkheden, plechtigheden of inzamelingen uitsluitend ingericht met een liefdadig en menslievend doel;

8° [...]

1° vervangen bij art. 7, a W. 22 april 2003 (B.S. 13.V.2003, err. B.S. 22.V.2003);

6° vervangen bij art. 7, b W. 22 april 2003 (B.S. 13.V.2003, err. B.S. 22.V.2003);

8° opgeheven bij art. 8, B K.B. 12 september 1957 (B.S. 3.X.1957).

Art. 199. [[...] De schuldenaar dient op het bevoegde kantoor een opgave in die de maatstaf van heffing opgeeft alsmede alle noodzakelijke elementen ter bepaling ervan.

De belasting wordt betaald door storting of overschrijving op de postrekening van dat kantoor.

De wijze waarop de registers van de ondernemers van aanplakking en van de fabrikanten van plakbrieven moeten gehouden worden alsmede die waarop hun overeenkomsten er moeten in vermeld worden en over het algemeen al de maatregelen ter uitvoering van de bepalingen van deze titel worden bepaald bij koninklijk besluit.

De overtredingen van de ter uitvoering van het voorgaande lid genomen koninklijke besluiten worden

gestraft met een boete van 25 EUR.

[...]]

Vervangen bij art. 8 W. 22 april 2003 (B.S. 13.V.2003, err. B.S. 22.V.2003);

Indeling in §§ opgeheven bij art. 45 W. 19 december 2006 (B.S. 29.XII.2006, ed. 6), van toepassing vanaf 1 januari 2007 (K.B. 21 december 2006, art. 95, B.S. 29.XII.2006, ed. 6);

§ 2 opgeheven bij art. 45 W. 19 december 2006 (B.S. 29. XII.2006, ed. 6), van toepassing vanaf 1 januari 2007 (K.B. 21 december 2006, art. 95, B.S. 29.XII.2006, ed. 6).

Art. 200. Teneinde de schoonheid der gebouwen, monumenten, zichten en landschappen te vrijwaren, wordt de regering gemachtigd de aanplakking van alle hoe ook genaamde plakbrieven die een zekere grootte te buiten gaan, op bepaalde plaatsen [...] te verbieden.

De overtredingen van de koninklijke besluiten, ter uitvoering van dit artikel genomen, worden gestraft met een boete van [[1,25 EUR] tot [50 EUR]]. Het bepaalde in het eerste boek van het Strafwetboek is van toepassing op die overtredingen [...].

Door het strafvonnis wordt de vernietiging van de onwettelijk aangebrachte plakbrief, op kosten van de veroordeelde, voorgeschreven.

Al. 1 gewijzigd bij art. 9 K.B. nr. 63, 28 november 1939 (B.S. 1.XII.1939);

Al. 2 gewijzigd bij art. 9 K.B. nr. 63, 28 november 1939 (B.S. 1.XII.1939), bij art. 8 W. 14 augustus 1947 (B.S. 17.IX.1947) en bij art. 42, 5° K.B. 13 juli 2001 (B.S. 11.VIII.2001, err. B.S. 21.XII.2001).

Art. 200 (Vlaams Gewest). *Teneinde de schoonheid der gebouwen, monumenten, zichten en landschappen te vrijwaren, wordt de regering gemachtigd de aanplakking van alle hoe ook genaamde plakbrieven die een zekere grootte te buiten gaan, op bepaalde plaatsen [...] te verbieden.*

De overtredingen van de koninklijke besluiten, ter uitvoering van dit artikel genomen, worden gestraft met een boete van [[50 EUR] tot [2.000 EUR]]. Het bepaalde in het eerste boek van het Strafwetboek is van toepassing op die overtredingen [...].

Door het strafvonnis wordt de vernietiging van de onwettelijk aangebrachte plakbrief, op kosten van de veroordeelde, voorgeschreven.

Al. 1 gewijzigd bij art. 9 K.B. nr. 63, 28 november 1939 (B.S. 1.XII.1939);

Al. 2 gewijzigd bij art. 9 K.B. nr. 63, 28 november 1939 (B.S. 1.XII.1939), bij art. 8 W. 14 augustus 1947 (B.S. 17.IX.1947) en bij art. 70 Decr. Vl. Parl. 9 juli 2010 (B.S. 28.VII.2010), van toepassing vanaf 1 januari 2002.

[**Art. 201**[1]. [De personen bevoegd om proces-verbaal op te maken zijn, naast de ambtenaren van het ministerie van Financiën, de leden van de geïntegreerde politiedienst gestructureerd op twee niveaus en de ambtenaren die daartoe worden gemachtigd door de minister die bevoegd is voor Openbare werken.]

Deze beambten hebben recht van toegang tot de

plaats waar de plakbrief is aangebracht om na te gaan of de bepalingen van deze titel en de koninklijke besluiten tot uitvoering er van werden nagekomen.]

Ingevoegd bij art. 60 W. 13 augustus 1947 (B.S. 17. IX.1947);
Al. 1 vervangen bij art. 9 W. 22 april 2003 (B.S. 13.V.2003, err. B.S. 22.V.2003).

[**Art. 201²**. De belasting voor aanplakking wordt terugbetaald wanneer zij de belasting overtreft welke eisbaar is volgens de aard en [de oppervlakte] van de plakbrief of volgens de inhoud van de door de belastingschuldige gedane aangifte.

[De laatste twee alinea's van artikel 136] zijn toepasselijk op de belasting voor aanplakking.]

Ingevoegd bij art. 10 K.B. nr. 63, 28 november 1939 (B.S. 1.XII.1939);
Al. 1 gewijzigd bij art. 10 W. 22 april 2003 (B.S. 13.V.2003, err. B.S. 22.V.2003);
Al. 2 gewijzigd bij art. 10 K.B. nr. 63, 28 november 1939 (B.S. 1.XII.1939).

[TITEL [X]]

BIJZONDERE TAKS OP KASBONS IN HET BEZIT VAN DE FINANCIELE TUSSENPERSONEN]

Opschrift ingevoegd bij art. 11 W. 22 februari 1990 (B.S. 1.III.1990) en gewijzigd bij art. 42 W. 19 december 2006 (B.S. 29.XII.2006, ed. 6), van toepassing vanaf 1 januari 2007 (K.B. 21 december 2006, art. 95, B.S. 29.XII.2006, ed. 6).

[**Art. 201³**. Zijn aan een bijzondere taks onderworpen de financiële instellingen en de ermede gelijkgestelde ondernemingen, de wisselagenten en de wisselagentcorrespondenten, de beursvennootschappen en de gemeenschappelijke beleggingsfondsen die vrijgesteld zijn van de roerende voorheffing of ze mogen verrekenen of de teruggave ervan bekomen, wanneer de nominale waarde van de kasbons, ongeacht hun looptijd of wijze van toekenning van de interesten, uitgegeven vóór 15 november 1989 en die zij in hun bezit hebben, de navermelde grenzen overschrijdt.

Die grenzen worden jaarlijks vastgesteld op basis van een tabel met de vervaldagen van de voormelde bons in bezit op 31 december 1989 en zij zijn gelijk aan het verschil tussen, enerzijds, de nominale globale waarde van die effecten in bezit op 31 december 1989 en, anderzijds, die van de bons welke, overeenkomstig de hiervoor bedoelde tabel met vervaldagen, zijn vervallen tussen 31 december 1989 en, respectievelijk, 31 december 1990, 31 december 1991 en 31 december 1992.]

Ingevoegd bij art. 11 W. 22 februari 1990 (B.S. 1.III.1990).

[**Art. 201⁴**. De taks bedraagt 15 % en wordt geheven op een bedrag gelijk aan 8 % van de waarde van de kasbons die de jaarlijkse grens overschrijden die is vastgesteld overeenkomstig artikel 201³ respectievelijk op 31 december 1990, 31 december 1991 en 31 december 1992.

De Koning kan het percentage van 8 % aanpassen volgens de evolutie van het rendement van de openbare fondsen.]

Ingevoegd bij art. 11 W. 22 februari 1990 (B.S. 1.III.1990).

[**Art. 201⁵**. De verschuldigde taks wordt ten laatste betaald, naar gelang van het geval, op 30 april 1991, 30 april 1992 en 30 april 1993.

De taks wordt betaald door de instellingen, vennootschappen, ondernemingen, wisselagenten en fondsen bedoeld in artikel 201³, middel van een aangifte ingediend, op de dag van de betaling, die inzonderheid de maatstaf van heffing opgeeft alsmede alle elementen noodzakelijk ter bepaling ervan.

De Koning regelt de toepassingsmodaliteiten van deze bepaling alsmede de wijze van betaling en bepaalt het kantoor waar de taks moet worden betaald.]

Ingevoegd bij art. 11 W. 22 februari 1990 (B.S. 1.III.1990).

[**Art. 201⁶**. Wanneer de aangifte niet wordt ingediend en de taks niet wordt betaald binnen de in artikel 201⁵ bepaalde termijn, wordt een boete verbeurd van [[12,50 EUR]] per week vertraging. Iedere begonnen week wordt voor een gehele week aangerekend.

Elke onnauwkeurigheid of weglating vastgesteld in de aangifte bedoeld in artikel 201⁵ wordt gestraft met een boete gelijk aan vijfmaal de ontdoken taks zonder dat ze minder dan [[250 EUR]] mag bedragen.]

Ingevoegd bij art. 11 W. 22 februari 1990 (B.S. 1.III.1990);
Al. 1 gewijzigd bij art. 64, 1° W. 22 juli 1993 (B.S. 26. VIII.1993) en bij art. 9 K.B. 13 juli 2001 (B.S. 11.VIII.2001);
Al. 2 gewijzigd bij art. 64, 2° W. 22 juli 1993 (B.S. 26. VIII.1993) en bij art. 9 K.B. 13 juli 2001 (B.S. 11.VIII.2001).

[**Art. 201⁷**. De instellingen, vennootschappen, ondernemingen, wisselagenten en fondsen bedoeld in artikel 201³ zijn ertoe gehouden de staat op te stellen van de kasbons uitgegeven vóór 15 november 1989 en die door hen in portefeuille worden gehouden, naar gelang van het geval, op 31 december 1989, 1990, 1991 of 1992. Ze identificeren ze in functie van de uitgever, hun aantal en hun vervaldatum.]

Ingevoegd bij art. 11 W. 22 februari 1990 (B.S. 1.III.1990).

[**Art. 201⁸**. De taks wordt voor het passend bedrag teruggegeven wanneer die meer bedraagt dan hetgeen wettelijk is verschuldigd.

De Koning bepaalt de wijze en de voorwaarden van de terugbetaling.]

Ingevoegd bij art. 11 W. 22 februari 1990 (B.S. 1.III.1990).

[**Art. 201⁹**. De instellingen, vennootschappen, ondernemingen, wisselagenten en fondsen bedoeld in artikel 201³ zijn gehouden hun repertoria, registers,

boeken, contracten en alle andere stukken, zonder verplaatsing, mede te delen op elk verzoek der aangestelden van de Administratie van de belasting over de
toegevoegde waarde, registratie en domeinen die ten
minste de graad van adjunct-verificateur hebben.]

Ingevoegd bij art. 11 W. 22 februari 1990 (B.S. 1.III.1990).

[TITEL XI

JAARLIJKSE TAKS OP DE KREDIETINSTELLINGEN]

Opschrift ingevoegd bij art. 49 Progr. W. 22 juni 2012 (B.S. 28.VI.2012).

[**Art. 201**[10]. De volgende kredietinstellingen zijn
aan een jaarlijkse taks onderworpen:

a) de kredietinstellingen naar Belgisch recht die
zijn ingeschreven op de lijst bedoeld in artikel 13 van
de wet van 22 maart 1993 op het statuut van en het
toezicht op de kredietinstellingen;

b) de kredietinstellingen waarvan de Staat van herkomst een andere lidstaat van de Europese Economische Ruimte is en die, aangezien ze in België werkzaamheden verrichten overeenkomstig artikel 65 van
dezelfde wet, er een bijkantoor hebben gevestigd;

c) de kredietinstellingen waarvan de Staat van herkomst een derde Staat is en die, aangezien ze in België
werkzaamheden verrichten overeenkomstig artikel 79
van dezelfde wet, er een bijkantoor hebben gevestigd.]

Ingevoegd bij art. 50 Progr. W. 22 juni 2012 (B.S. 28. VI.2012).

[**Art. 201**[11]. De taks is verschuldigd door de in
artikel 201[10] bedoelde kredietinstellingen op een gedeelte van het totaalbedrag van de in artikel 21, 5°, van
het Wetboek van de inkomstenbelastingen 1992 bedoelde spaardeposito's op 1 januari van het aanslagjaar, de intresten van het vorige jaar niet inbegrepen.
Dat gedeelte is gelijk aan de verhouding van het totaal
van de op grond van voormeld artikel 21, 5° niet-belastbare inkomsten, tot het totaal van de toegekende
inkomsten op die spaardeposito's van het jaar voorafgaand aan het aanslagjaar.]

Ingevoegd bij art. 51 Progr. W. 22 juni 2012 (B.S. 28. VI.2012).

[**Art. 201**[12]. Het tarief van de taks wordt vastgesteld op 0,05 pct. te vermenigvuldigen met de wegingscoëfficiënt die functie is van de ratio A over B,
waarbij A gelijk is aan het maandelijks gemiddelde op
jaarbasis van de "Europese leningen die niet aan financiële instellingen worden verstrekt" en B gelijk is aan
het totaal van de vrijgestelde stortingen op "g28gle-
menteerde spaardeposito's" op het einde van het jaar
voorafgaand aan het aanslagjaar.

De wegingscoëfficiënt wordt vastgesteld als volgt:

RATIO	WEGINGSCOEFFICIENT
0 - 0.25	240 %
0.25 - 0.5	160 %
0.5 - 1	85 %
> 1	60 %

De Nationale Bank van België deelt jaarlijks aan
de FOD Financiën, op haar verzoek, voor elke aan
deze taks onderworpen kredietinstelling of bijkantoren van kredietinstellingen de elementen van deze ratio mee.]

Ingevoegd bij art. 52 Progr. W. 22 juni 2012 (B.S. 28. VI.2012).

*Toekomstig recht: – Vanaf 1 januari 2014 wordt art. 201[12]
vervangen als volgt:*
*"Art. 201[12]. Het tarief van de taks wordt vastgesteld op
0,0435 pct.".*
(W. 30 juli 2013, art. 75 en 76, B.S. 1.VIII.2013, ed. 2)

[**Art. 201**[13]. De taks is opeisbaar op 1 januari en
elk jaar en voor de eerste keer op 1 januari 2012.

Hij moet betaald zijn uiterlijk op 1 juli van elk jaar
en voor de eerste keer op 1 juli 2012.

Wanneer de taks niet binnen de voorgeschreven
termijn werd betaald, is de wettelijke intrest, volgens
het percentage in burgerlijke zaken, van rechtswege
verschuldigd met ingang van de dag waarop de betaling had moeten geschieden.

Voor de berekening van de intrest wordt elke fractie van een maand gerekend als een volle maand.]

Ingevoegd bij art. 53 Progr. W. 22 juni 2012 (B.S. 28. VI.2012).

[**Art. 201**[14]. De kredietinstellingen en bijkantoren
zijn gehouden uiterlijk op 1 juli van elk jaar op het
bevoegde kantoor een aangifte in te dienen waarin hun
benaming, de belastbare grondslag, het tarief en het
bedrag van de taks wordt opgegeven.

Indien de aangifte niet binnen de voorgeschreven
termijn wordt ingediend, wordt een boete verbeurd
van 250 euro per week vertraging. Elke begonnen
week wordt voor een gehele week gerekend.

De Koning bepaalt de vorm en de inhoud van de
aangifte.]

Ingevoegd bij art. 54 Progr. W. 22 juni 2012 (B.S. 28. VI.2012).

[**Art. 201**[15]. Het bevoegde kantoor is het Zesde
registratiekantoor te Brussel.]

Ingevoegd bij art. 55 Progr. W. 22 juni 2012 (B.S. 28. VI.2012).

[**Art. 201**[16]. Elke onnauwkeurigheid of weglating
vastgesteld in de aangifte, evenals iedere andere onregelmatigheid begaan in de uitvoering van de wettelijke of reglementaire bepalingen, wordt gestraft met een

boete gelijk aan tweemaal het ontdoken recht, zonder dat ze minder dan 250 euro mag bedragen.]

Ingevoegd bij art. 56 Progr. W. 22 juni 2012 (B.S. 28. VI.2012).

[Art. 201[17]**.** De taks wordt teruggegeven voor het gedeelte dat meer bedraagt dan hetgeen wettelijk verschuldigd is.

De Koning bepaalt de wijze en de voorwaarden van de terugbetaling.]

Ingevoegd bij art. 57 Progr. W. 22 juni 2012 (B.S. 28. VI.2012).

[Art. 201[18]**.** Op straf van een boete van 250 tot 2.500 euro zijn de schuldenaars van de taks gehouden op elk verzoek van een ambtenaar van de administratie die bevoegd is inzake de vestiging of de invordering van de diverse rechten en taksen, zonder verplaatsing inzage te verlenen van alle documenten nodig voor de juiste heffing van de taks.]

Ingevoegd bij art. 58 Progr. W. 22 juni 2012 (B.S. 28. VI.2012).

[Art. 201[19]**.** De kredietinstellingen en bijkantoren mogen de kost van deze taks niet verhalen op de houders van de in deze titel bedoelde spaardeposito's.]

Ingevoegd bij art. 59 Progr. W. 22 juni 2012 (B.S. 28. VI.2012).

[BOEK III

BEPALINGEN GEMEEN AAN DE DIVERSE RECHTEN EN TAKSEN]

Opschrift ingevoegd bij art. 46 W. 19 december 2006 (B.S. 29.XII.2006, ed. 6), van toepassing vanaf 1 januari 2007 (K.B. 21 december 2006, art. 95, B.S. 29.XII.2006, ed. 6).

TITEL [I]

[VOORRECHTEN EN HYPOTHEKEN]

Opschrift gewijzigd bij art. 47 W. 19 december 2006 (B.S. 29.XII.2006, ed. 6), van toepassing vanaf 1 januari 2007 (K.B. 21 december 2006, art. 95, B.S. 29.XII.2006, ed. 6).

Art. 202[1]**.** [...]

Opgeheven bij art. 2 W. 10 juli 1969 (B.S. 15.X.1969).

Art. 202[2]**.** Voor de invordering van de [diverse rechten en taksen gevestigd door dit Wetboek], alsmede van de interesten en onkosten heeft de openbare schatkist een algemeen voorrecht op al de roerende goederen van de schuldenaar en een wettelijke hypotheek op al zijn onroerende goederen. Het voorrecht neemt rang onmiddellijk na deze vermeld onder artikelen 19 en 20 van de wet van 16 december 1851 en

onder artikel 23 van boek II van het Wetboek van koophandel. De wettelijke hypotheek neemt rang te rekenen van de dag waarop inschrijving ervan gedaan wordt krachtens het dwangschrift uitgevaardigd door de ontvanger en [uitvoerbaar gemaakt door de [gewestelijke directeur van de belasting over de toegevoegde waarde, registratie en domeinen.]]

Bovendien, in geval van verzet tegen het dwangschrift, kan de schuldenaar, op vervolging van [de Administratie van de belasting over de toegevoegde waarde, registratie en domeinen] en vóór het vonnis dat het geschil beslecht, veroordeeld worden, [volgens de rechtspleging ingesteld door artikelen 806 tot 811 van het Wetboek van burgerlijke rechtspleging] tot het verstrekken, binnen de termijn door de rechter vast te stellen, hetzij van een provisionele storting, hetzij van een borgtocht, voor het geheel of een deel van de door het dwangschrift gevorderde sommen. Het bevel is uitvoerbaar niettegenstaande beroep.

[Ingeval het verzet tegen dwangschrift verworpen werd, kan geen beroep tegen de rechterlijke beslissing geldig aangetekend worden alvorens het bedrag der verschuldigde sommen geconsigneerd werd.]

Al. 1 gewijzigd bij art. 58, al. 1 W. 13 augustus 1947 (B.S. 17.IX.1947), bij art. 240 W. 22 december 1989 (B.S. 29. XII.1989) en bij art. 48 W. 19 december 2006 (B.S. 29. XII.2006, ed. 6), van toepassing vanaf 1 januari 2007 (K.B. 21 december 2006, art. 95, B.S. 29.XII.2006, ed. 6);

Al. 2 gewijzigd bij art. 3-130 W. 10 oktober 1967 (B.S. 31.X.1967) en bij art. 240 W. 22 december 1989 (B.S. 29. XII.1989);

Al. 3 ingevoegd bij art. 58, al. 2 W. 13 augustus 1947 (B.S. 17.IX.1947).

[Art. 202[3]**.** [...]]

Ingevoegd bij art. 16 K.B. nr. 264, 27 maart 1936 (B.S. 29.III.1936) en opgeheven bij art. 82 W. 15 maart 1999 (B.S. 27.III.1999).

[TITEL II

INVORDERING, VERJARING EN BETALING]

Opschrift ingevoegd bij art. 49 W. 19 december 2006 (B.S. 29.XII.2006, ed. 6), van toepassing vanaf 1 januari 2007 (K.B. 21 december 2006, art. 95, B.S. 29.XII.2006, ed. 6).

[Art. 202[4]**.** [De moeilijkheden die in verband met [de heffing of de invordering] [van de diverse rechten en taksen] vóór het inleiden der gedingen kunnen oprijzen, worden door de minister van Financiën [of de door hem gemachtigde ambtenaar] opgelost.

[Indien, na onderhandelingen met de minister of met de door hem gemachtigde ambtenaar geen akkoord wordt bereikt over een moeilijkheid als bedoeld in het eerste lid, kan de belastingplichtige een aanvraag tot bemiddeling indienen bij de fiscale bemiddelingsdienst bedoeld bij artikel 116 van de wet van 25 april 2007 houdende diverse bepalingen (IV).

De Koning kan bepalen voor welke moeilijkheden

in verband met de heffing en invordering van de diverse rechten en taksen bemiddeling door de fiscale bemiddelingsdienst is uitgesloten.]

[De minister van Financiën] gaat dadingen met de belastingplichtigen aan, voor zover zij geen vrijstelling of vermindering van belasting insluiten.]]

[Binnen de door de wet gestelde grenzen, wordt het bedrag van de proportionele fiscale boeten vastgesteld in dit Wetboek of in de ter uitvoering ervan genomen besluiten, bepaald volgens een schaal waarvan de trappen door de Koning worden vastgesteld.]

Ingevoegd bij art. 10 K.B. nr. 63, 28 november 1939 (B.S. 1.XII.1939) en vervangen bij art. 8 W. 13 juni 1951 (B.S. 9-10. VII.1951);

Al. 1 gewijzigd bij art. 50 W. 19 december 2006 (B.S. 29. XII.2006, ed. 6), van toepassing vanaf 1 januari 2007 (K.B. 21 december 2006, art. 95, B.S. 29.XII.2006, ed. 6) en bij art. 126, 1° W. 25 april 2007 (IV) (B.S. 8.V.2007, ed. 3, err. B.S. 8.X.2007), van toepassing vanaf 1 mei 2007 (K.B. 9 mei 2007, art. 14, B.S. 24.V.2007);

Al. 2-3 ingevoegd bij art. 126, 2° W. 25 april 2007 (IV) (B.S. 8.V.2007, ed. 3, err. B.S. 8.X.2007), van toepassing vanaf 1 mei 2007 (K.B. 9 mei 2007, art. 14, B.S. 24.V.2007);

Al. 4 (oud al. 2) gewijzigd bij art. 83 W. 15 maart 1999 (B.S. 27.III.1999);

Al. 5 (oud al. 3) ingevoegd bij art. 75 W. 4 augustus 1986 (B.S. 20.VIII.1986).

[**Art. 202^4bis**. In bijzondere gevallen mag de bevoegde gewestelijke directeur van de belasting over de toegevoegde waarde, registratie en domeinen, onder door hem bepaalde voorwaarden, vrijstelling verlenen voor alle in [[de artikelen 162, § 2], 179^1, 183octies, 183septiesdecies en 187^3] bedoelde interesten of voor een deel ervan.]

Ingevoegd bij art. 76 W. 4 augustus 1986 (B.S. 20.VIII.1986) en gewijzigd bij art. 118 W. 28 december 1992 (B.S. 31. XII.1992) en bij art. 5 K.B. 18 november 1996 (B.S. 6. XII.1996).

[**Art. 202^5**. De eerste akte van vervolging tot invordering van [de diverse rechten en taksen] of fiscale geldboeten en bijkomende sommen is een dwangschrift.

Het wordt door de met de invordering belaste ontvanger uitgevaardigd; het wordt door de [gewestelijke directeur van de belasting over de toegevoegde waarde, registratie en domeinen] geviseerd en uitvoerbaar verklaard en bij [gerechtsdeurwaardersexploot] betekend.]

Ingevoegd bij art. 8 W. 13 juni 1951 (B.S. 9-10.VII.1951);

Al. 1 gewijzigd bij art. 51 W. 19 december 2006 (B.S. 29. XII.2006, ed. 6), van toepassing vanaf 1 januari 2007 (K.B. 21 december 2006, art. 95, B.S. 29.XII.2006, ed. 6);

Al. 2 gewijzigd bij art. 48 § 4 W. 5 juli 1963 (B.S. 17.VII.1963) en bij art. 240 W. 22 december 1989 (B.S. 29.XII.1989).

[**Art. 202^6**. [De tenuitvoerlegging van het dwangbevel kan slechts worden gestuit door een vordering in rechte.]]

Ingevoegd bij art. 8 W. 13 juni 1951 (B.S. 9-10.VII.1951) en vervangen bij art. 84 W. 15 maart 1999 (B.S. 27.III.1999).

[**Art. 202^7**. […]]

Ingevoegd bij art. 8 W. 13 juni 1951 (B.S. 9-10.VII.1951) en opgeheven bij art. 85 W. 15 maart 1999 (B.S. 27.III.1999).

[**Art. [202^8]**. De rechtsvordering van de Staat tot betaling der [diverse rechten en taksen] en der fiscale boeten verjaart na afloop van zes jaar te rekenen van de dag waarop de rechtsvordering is ontstaan.

Elke rechtsvordering tot terugbetaling van [diverse rechten en taksen] of van fiscale boeten verjaart na afloop van twee jaar vanaf de dag waarop de rechtsvordering is ontstaan.]

Ingevoegd bij art. 10 K.B. nr. 63, 28 november 1939 (B.S. 1.XII.1939) en hernummerd bij art. 9 W. 13 juni 1951 (B.S. 9-10.VII.1951);

Al. 1 en 2 gewijzigd bij art. 52 W. 19 december 2006 (B.S. 29.XII.2006, ed. 6), van toepassing vanaf 1 januari 2007 (K.B. 21 december 2006, art. 95, B.S. 29.XII.2006, ed. 6).

[**Art. [202^9]**. De verjaringen, zowel voor de invordering als voor de terugbetaling van [de diverse rechten en taksen], interesten en boeten, worden gestuit op de wijze en in de voorwaarden voorzien bij artikelen 2244 en volgende van het Burgerlijk Wetboek. In dit geval is een nieuwe verjaring, die op dezelfde wijze kan worden gestuit, verkregen twee jaar na de laatste akte van stuiting van de vorige verjaring, indien er geen rechtsgeding voorhanden is.

Het verzaken aan de verlopen tijd der verjaring wordt, wat de uitwerking betreft, gelijkgesteld met de in de vorige alinea beoogde stuitingsakten.]

Ingevoegd bij art. 7 W. 12 augustus 1947 (B.S. 17.IX.1947) en hernummerd bij art. 9 W. 13 juni 1951 (B.S. 9-10. VII.1951);

Al. 1 gewijzigd bij art. 53 W. 19 december 2006 (B.S. 29. XII.2006, ed. 6), van toepassing vanaf 1 januari 2007 (K.B. 21 december 2006, art. 95, B.S. 29.XII.2006, ed. 6).

[**Art. 202^10**. Wanneer dit Wetboek of de tot uitvoering ervan genomen besluiten een zekere termijn bepalen binnen dewelke een verplichting die zij opleggen moet nageleefd worden of binnen dewelke een [recht of taks] moet betaald worden en wanneer de laatste dag van de termijn geen werkdag is, wordt die termijn verlengd tot de eerste werkdag die volgt op de dag waarop hij verstrijkt.

Voor de toepassing van dit Wetboek en van de tot uitvoering ervan genomen besluiten worden als werkdagen aangemerkt, de dagen van openstelling der ontvangstkantoren van [de Administratie van de belasting over de toegevoegde waarde, registratie en domeinen], zoals zij in uitvoering van artikel 9 van het Wetboek der registratie-, hypotheek- en griffierechten bepaald zijn.]

Ingevoegd bij art. 11 W. 11 juli 1960 (B.S. 20.VII.1960);
Al. 1 gewijzigd bij art. 54 W. 19 december 2006 (B.S. 29.XII.2006, ed. 6), van toepassing vanaf 1 januari 2007 (K.B. 21 december 2006, art. 95, B.S. 29.XII.2006, ed. 6);
Al. 2 gewijzigd bij art. 240 W. 22 december 1989 (B.S. 29.XII.1989).

Art. [203[1]**].** [De in dit Wetboek opgenomen diverse rechten en taksen worden, volgens de bij koninklijk besluit vastgestelde regels, gekweten in speciën, via overschrijving of elektronische betaalmiddelen.]

Hernummerd bij art. 6 K.B. nr. 63, 28 november 1939 (B.S. 1.XII.1939) en vervangen bij art. 55 W. 19 december 2006 (B.S. 29.XII.2006, ed. 6), van toepassing vanaf 1 januari 2007 (K.B. 21 december 2006, art. 95, B.S. 29.XII.2006, ed. 6).

[Art. 203[2]**.** [...]]

Ingevoegd bij art. 6 K.B. nr. 63, 28 november 1939 (B.S. 1.XII.1939) en opgeheven bij art. 11, 4° W. 22 april 2003 (B.S. 13.V.2003, err. B.S. 22.V.2003).

Art. 204[1]**.** [...]

Opgeheven bij art. 11, 5° W. 22 april 2003 (B.S. 13.V.2003, err. B.S. 22.V.2003).

Art. 204[2]**.** [[Wanneer het bedrag van [de rechten of taksen] een fractie van een cent bevat, dient deze fractie, voor elke inning, afgerond op de hogere of op de lagere cent, naargelang zij al dan niet 0,5 cent bereikt.]
[...]]

Vervangen bij art. 10 W. 13 juni 1951 (B.S. 9-10.VII.1951); Al. 1 vervangen bij art. 10, 1° K.B. 13 juli 2001 (B.S. 11. VIII.2001) en gewijzigd bij art. 56 W. 19 december 2006 (B.S. 29.XII.2006, ed. 6), van toepassing vanaf 1 januari 2007 (K.B. 21 december 2006, art. 95, B.S. 29.XII.2006, ed. 6); Al. 2 opgeheven bij art. 10, 2° K.B. 13 juli 2001 (B.S. 11.VIII.2001).

[Art. 204[3]**.** De moratoire interesten op de in te vorderen of terug te betalen sommen zijn verschuldigd volgens het voor de burgerlijke zaken vastgesteld bedrag en, behalve andersluidende bepaling in deze samengeschakelde wetten, volgens de voor dezelfde zaken vastgestelde regelen.]

Ingevoegd bij art. 59 W. 13 augustus 1947 (B.S. 17. IX.1947).

[TITEL III

CONTROLE EN BOETEN]

Opschrift ingevoegd bij art. 57 W. 19 december 2006 (B.S. 29.XII.2006, ed. 6), van toepassing vanaf 1 januari 2007 (K.B. 21 december 2006, art. 95, B.S. 29.XII.2006, ed. 6).

Art. 205[1]**.** [Onverminderd de bijzondere bepalingen van dit Wetboek, [...] zijn [de openbare instellingen, de stichtingen van openbaar nut, de private stichtingen], de verenigingen, maatschappijen of vennootschappen die in België hun hoofdinrichting, een filiale of enigerlei zetel van verrichtingen hebben, de bankiers, de wisselagenten, de [wisselagent-correspondenten] en alle personen bij wie, ter voldoening aan bedoelde wetgeving, controle kan uitgeoefend worden, gehouden, zonder verplaatsing, hun registers, repertoria, boeten, akten en alle andere bescheiden in verband met hun handels-, beroeps- of statutaire bedrijvigheid, mede te delen aan de ambtenaren van [de Administratie van de belasting over de toegevoegde waarde, registratie en domeinen], handelende krachtens een bijzondere machtiging van de directeur-generaal van dit bestuur, opdat evengenoemde ambtenaren zich kunnen vergewissen van de juiste heffing der te hunnen laste of ten laste van derden vallende [rechten en taksen].]
Elke weigering van mededeling wordt met een boete van [[[250 EUR] tot [2.500 EUR]]] gestraft.

Al. 1 vervangen bij art. 60 W. 13 augustus 1947 (B.S. 17.IX.1947) en gewijzigd bij art. 4, B W. 27 juli 1953 (B.S. 16-18.VIII.1953), bij art. 3 W. 10 juli 1969 (B.S. 15.X.1969), bij art. 240 W. 22 december 1989 (B.S. 29.XII.1989), bij art. 58 W. 2 mei 2002 (B.S. 11.XII.2002) en bij art. 58 W. 19 december 2006 (B.S. 29.XII.2006, ed. 6), van toepassing vanaf 1 januari 2007 (K.B. 21 december 2006, art. 95, B.S. 29.XII.2006, ed. 6); Al. 2 gewijzigd bij art. 65 W. 22 juli 1993 (B.S. 26.VII.1993), bij art. 2-10 K.B. 20 juli 2000 (II) (B.S. 30.VIII.2000, err. B.S. 8.III.2001) en bij art. 42, 5° K.B. 13 juli 2001 (B.S. 11. VIII.2001, err. B.S. 21.XII.2001).

[Art. 205[2]**.** Het bedrag der fiscale boeten [waarvan deze wet enkel het minimum en het maximum aanduidt], wordt door de [gewestelijke directeur van de belasting over de toegevoegde waarde, registratie en domeinen] vastgesteld.]

Ingevoegd bij art. 11 K.B. nr. 63, 28 november 1939 (B.S. 1.XII.1939) en gewijzigd bij art. 5 R.B. 25 november 1947 (B.S. 3.XII.1947) en bij art. 240 W. 22 december 1989 (B.S. 29.XII.1989).

[Art. [206[1]**].** Het bestuur wordt gemachtigd, volgens de regels en door alle middelen van het gemeen recht, getuigen en vermoedens inbegrepen, met uitsluiting van de eed, en daarenboven door de processen-verbaal van de aangestelden van het ministerie van Financiën, elke overtreding te bewijzen van de bepalingen dezer wet [en de ter uitvoering ervan genomen besluiten], zomede om 't even welk feit dat bewijst of bijdraagt tot het bewijzen van de eisbaarheid van een recht of van een boete.

De processen-verbaal gelden als bewijs tot het tegendeel bewezen is. Zij worden aan belanghebbenden betekend. [Deze betekening mag geschieden bij aangetekend schrijven. De afgifte van het stuk ter post geldt als betekening vanaf de daaropvolgende dag.]]

Ingevoegd bij art. 60 W. 13 augustus 1947 (B.S. 17.IX.1947) en hernummerd bij art. 18 W. 27 juli 1953 (B.S. 16-18. VIII.1953);

Al. 1 gewijzigd bij art. 5 R.B. 25 november 1947 (B.S. 17.IX.1947);

Al. 2 aangevuld bij art. 4 W. 10 juli 1969 (B.S. 15.X.1969).

Art. 206². […]

Opgeheven bij art. 5 W. 10 juli 1969 (B.S. 15.X.1969).

[TITEL IV

STRAFRECHTELIJKE SANCTIES EN PROCEDURE]

Opschrift ingevoegd bij art. 59 W. 19 december 2006 (B.S. 29.XII.2006, ed. 6), van toepassing vanaf 1 januari 2007 (K.B. 21 december 2006, art. 95, B.S. 29.XII.2006, ed. 6).

Art. 207. [Onverminderd de fiscale geldboeten, wordt hij die met bedriegelijk opzet of met het oogmerk om te schaden, de bepalingen van dit Wetboek of van de ter uitvoering ervan genomen besluiten overtreedt, gestraft met gevangenisstraf van acht dagen tot twee jaar en met geldboete van [[250 EUR]] tot [[[[500.000 euro]]]] [of met één van die straffen alleen].]

[Indien de in het eerste lid vermelde inbreuken gepleegd werden in het raam van ernstige fiscale fraude, al dan niet georganiseerd, wordt de schuldige gestraft met een gevangenisstraf van acht dagen tot 5 jaar en met een geldboete van 250 euro tot 500.000 euro of met één van die straffen alleen.]

Al. 1 vervangen bij art. 11 W. 10 februari 1981 (B.S. 14. II.1981), aangevuld bij art. 77 W. 4 augustus 1986 (B.S. 20.VIII.1986) en gewijzigd bij art. 2-10 K.B. 20 juli 2000 (II) (B.S. 30.VIII.2000, err. B.S. 8.III.2001), bij art. 42, 5° K.B. 13 juli 2001 (B.S. 11.VIII.2001, err. B.S. 21.XII.2001), bij art. 82 Progr. W. 27 december 2006 (B.S. 28.XII.2006, ed. 3) en bij art. 30 W. 20 september 2012 (B.S. 22.X.2012); Al. 2 ingevoegd bij art. 100 W. 17 juni 2013 (B.S. 28.VI.2013, ed. 1).

[Art. 207bis. Met gevangenisstraf van een maand tot vijf jaar en met geldboete van [[250 EUR]] tot [[[[500.000 euro]]]] [of met één van deze straffen alleen], wordt gestraft, hij die, met het oogmerk om een van de in artikel 207 bedoelde misdrijven te plegen, in openbare geschriften, in handelsgeschriften of in private geschriften valsheid pleegt, of die van een zodanig vals geschrift gebruikmaakt.

Hij die wetens en willens een vals getuigschrift opstelt dat de belangen van de Schatkist kan schaden of die van een dergelijk getuigschrift gebruikmaakt, wordt gestraft met gevangenisstraf van acht dagen tot twee jaar en met geldboete van [[250 EUR]] tot [[[[500.000 euro]]]] [of met één van deze straffen alleen.]]

Ingevoegd bij art. 11 W. 10 februari 1981 (B.S. 14.II.1981); Al. 1 gewijzigd bij art. 78, 1° W. 4 augustus 1986 (B.S. 20.VIII.1986), bij art. 2-10 K.B. 20 juli 2000 (II) (B.S. 30.VIII.2000, err. B.S. 8.III.2001), bij art. 42, 5° K.B. 13 juli 2001 (B.S. 11.VIII.2001, err. B.S. 21.XII.2001), bij art. 82 Progr. W. 27 december 2006 (B.S. 28.XII.2006, ed. 3) en bij art. 30 W. 20 september 2012 (B.S. 22.X.2012). Al. 2 gewijzigd bij art. 78, 2° W. 4 augustus 1986 (B.S. 20.VIII.1986), bij art. 2-10 K.B. 20 juli 2000 (II) (B.S. 30.VIII.2000, err. B.S. 8.III.2001), bij art. 42, 5° K.B. 13 juli 2001 (B.S. 11.VIII.2001, err. B.S. 21.XII.2001), bij art. 82 Progr. W. 27 december 2006 (B.S. 28.XII.2006, ed. 3) en bij art. 30 W. 20 september 2012 (B.S. 22.X.2012).

[Art. 207ter. § 1. Wanneer de beoefenaar van een van de volgende beroepen:

1° belastingadviseur;

2° zaakbezorger;

3° deskundige in belastingzaken of in boekhouden;

4° of enig ander beroep dat tot doel heeft voor een of meer belastingplichtigen boek te houden of te helpen houden, ofwel voor eigen rekening ofwel als hoofd, lid of bediende van enigerlei vennootschap, vereniging, groepering of onderneming;

5° of, meer in het algemeen, het beroep dat erin bestaat een of meer belastingplichtigen raad te geven of bij te staan bij het vervullen van de verplichtingen opgelegd bij dit Wetboek of bij de ter uitvoering ervan vastgestelde besluiten,

wordt veroordeeld wegens een van de misdrijven bedoeld in de artikelen 207 en 207bis, kan het vonnis hem verbod opleggen om gedurende drie maanden tot vijf jaar, rechtstreeks of onrechtstreeks, de hiervoren bedoelde beroepen op welke wijze ook uit te oefenen.

De rechter kan bovendien, mits zijn beslissing op dat stuk motiveert, voor een duur van drie maanden tot vijf jaar de sluiting bevelen van de inrichtingen van de vennootschap, vereniging, groepering of onderneming waarvan de veroordeelde hoofd, lid of bediende is.

§ 2. Het verbod en de sluiting bedoeld in § 1 treden in werking vanaf de dag waarop de veroordeling in kracht van gewijsde is gegaan.]

[§ 3. De rechter kan iedere in artikel 177, 1° en 2°, bedoelde belastingschuldige die de bepalingen van de artikelen 179¹ en 179³ overtreedt het verbod opleggen nog langer verrichtingen van verzekeringen in België te doen voor een termijn van drie maanden tot vijf jaar. Dit verbod wordt betekend aan deze, zijn in België verblijvende tussenpersonen, aan de [Autoriteit voor Financiële Diensten en Markten] en aan zijn in België aangeduide aansprakelijke vertegenwoordiger. Het

verbod treedt in werking vanaf de dag waarop de veroordeling in kracht van gewijsde is gegaan.]

Ingevoegd bij art. 11 W. 10 februari 1981 (B.S. 14.II.1981);
§ 3 ingevoegd bij art. 148 Progr. W. 27 december 2005 (B.S.
30.XII.2005, ed. 2) en gewijzigd bij art. 331 K.B. 3 maart
2011 (B.S. 9.III.2011), van toepassing vanaf 1 april 2011.

[**Art. 207quater.** Hij die, rechtstreeks of onrechtstreeks, het verbod of de sluiting, uitgesproken krachtens artikel 207ter overtreedt, wordt gestraft met gevangenisstraf van acht dagen tot twee jaar en geldboete van [[250 EUR]] tot [[[[500.000 euro]]]] [of met
één van die straffen alleen].]

Ingevoegd bij art. 11 W. 10 februari 1981 (B.S. 14.II.1981),
aangevuld bij art. 79 W. 4 augustus 1986 (B.S. 20.VIII.1986)
en gewijzigd bij art. 2-10 K.B. 20 juli 2000 (II) (B.S. 30.
VIII.2000, err. B.S. 8.III.2001), bij art. 42, 5° K.B. 13 juli
2001 (B.S. 11.VIII.2001, err. B.S. 21.XII.2001), bij art. 82
Progr. W. 27 december 2006 (B.S. 28.XII.2006, ed. 3) en bij
art. 30 W. 20 september 2012 (B.S. 22.X.2012).

[**Art. 207quinquies.** § 1. […] Alle bepalingen van
het Eerste Boek van het Strafwetboek, [met inbegrip
van artikel 85], zijn van toepassing op de misdrijven
bedoeld in de artikelen 207, 207bis en 207quater.

§ 2. […]

§ 3. De wet van 5 maart 1952, gewijzigd bij de
wetten van 22 december 1969 en 25 juni 1975, betreffende de opdecimes op de strafrechtelijke geldboeten,
[is van toepassing op] de misdrijven bedoeld in de artikelen 207, 207bis, 207quater.

§ 4. […]]

Ingevoegd bij art. 11 W. 10 februari 1981 (B.S. 14.II.1981);
§ 1 gewijzigd bij art. 3 K.B. nr. 41, 2 april 1982 (B.S. 7.
IV.1982) en bij art. 80, 1° W. 4 augustus 1986 (B.S. 20.
VIII.1986);
§ 2 opgeheven bij art. 80, 2° W. 4 augustus 1986 (B.S.
20.VIII.1986);
§ 3 gewijzigd bij art. 31 W. 20 september 2012 (B.S.
22.X.2012);
§ 4 opgeheven bij art. 80, 2° W. 4 augustus 1986 (B.S.
20.VIII.1986).

[**Art. 207sexies.** Personen die als daders of als medeplichtigen van misdrijven bedoeld in de artikelen
207, 207bis werden veroordeeld zijn hoofdelijk gehouden tot betaling van de ontdoken belasting.

De natuurlijke personen of de rechtspersonen zijn
burgerlijk en hoofdelijk aansprakelijk voor de geldboeten en kosten die het gevolg zijn van de veroordelingen welke krachtens de artikelen 207 tot 207quater
tegen hun aangestelden of beheerders, zaakvoerders of
vereffenaars zijn uitgesproken.]

Ingevoegd bij art. 11 W. 10 februari 1981 (B.S. 14.II.1981).

[**Art. 207septies.** De rechter kan bevelen dat ieder
vonnis of arrest houdende veroordeling tot een gevangenisstraf, uitgesproken krachtens de artikelen 207,

207bis en 207quater, wordt aangeplakt in de plaatsen
die hij bepaalt en, eventueel bij uittreksel, wordt bekendgemaakt op de wijze die hij bepaalt, een en ander
op kosten van de veroordeelde.

Hetzelfde kan gelden voor iedere krachtens artikel 207ter uitgesproken beslissing tot verbod van het
uitoefenen van een beroepswerkzaamheid in België of
tot sluiting van de in het land geëxploiteerde inrichtingen.]

Ingevoegd bij art. 11 W. 10 februari 1981 (B.S. 14.II.1981).

[**Art. 207octies.** De schending van het bij artikel 212 bepaalde beroepsgeheim wordt gestraft overeenkomstig de artikelen 66, 67 en 458 van het Strafwetboek.]

Ingevoegd bij art. 11 W. 10 februari 1981 (B.S. 14.II.1981).

[**Art. 207nonies.** § 1. De strafvordering wordt uitgeoefend door het openbaar ministerie.

§ 2. [Het openbaar ministerie kan geen vervolging
instellen indien het kennis heeft gekregen van de feiten ten gevolge van een klacht of een aangifte van een
ambtenaar die niet de machtiging had waarvan sprake
is in artikel 29, tweede lid, van het Wetboek van strafvordering.

Het openbaar ministerie kan echter de strafrechtelijk strafbare feiten vervolgen waarvan het tijdens het
in artikel 29, derde lid, van het Wetboek van strafvordering bedoelde overleg kennis heeft genomen.

§ 3. Onverminderd het in artikel 29, derde lid, van
het Wetboek van strafvordering bedoelde overleg, kan
de procureur des Konings, indien hij een vervolging
instelt wegens feiten die strafrechtelijk strafbaar zijn
ingevolge de bepalingen van dit Wetboek of van de ter
uitvoering ervan genomen besluiten, het advies vragen
van de bevoegde gewestelijke directeur. De procureur
des Konings voegt het feitenmateriaal waarover hij
beschikt bij zijn verzoek om advies. De gewestelijke
directeur antwoordt op dit verzoek binnen vier maanden na de ontvangst ervan.

In geen geval schorst het verzoek om advies de
strafvordering.]

§ 4. […]

§ 5. […]]

Ingevoegd bij art. 81 W. 4 augustus 1986 (B.S. 20.VIII.1986);
§ 2-3 vervangen bij art. 32 W. 20 september 2012 (B.S.
22.X.2012);
§ 4 opgeheven bij art. 86 W. 15 maart 1999 (B.S. 27.III.1999);
§ 5 opgeheven bij art. 57, 2° W. 28 december 1992 (B.S.
31.XII.1992).

[**Art. 207decies.** De ambtenaren van de Administratie van de belasting over de toegevoegde waarde,
registratie en domeinen en van de Administratie van
de bijzondere belastinginspectie mogen, op straffe van
nietigheid van de akte van rechtspleging slechts
als getuige worden gehoord.]

[Het eerste lid is niet van toepassing op de krachtens artikel 71 van de wet van 28 december 1992 bij

het parket gedetacheerde ambtenaren van die administraties.]

[Het eerste lid is evenmin van toepassing op de ambtenaren van die administraties die, krachtens artikel 31, van de wet van 30 maart 1994 tot uitvoering van het globaal plan op het stuk van de fiscaliteit, ter beschikking zijn gesteld [van de federale politie].]

[Het eerste lid is niet van toepassing op de ambtenaren die deelnemen aan het in artikel 29, derde lid van het Wetboek van strafvordering bedoelde overleg.]

Ingevoegd bij art. 82 W. 4 augustus 1986 (B.S. 20.VIII.1986); Al. 2 ingevoegd bij art. 58 W. 28 december 1992 (B.S. 31.XII.1992); Al. 3 ingevoegd bij art. 38 W. 30 maart 1994 (B.S. 31.III.1994) en gewijzigd bij art. 5 W. 13 maart 2002 (B.S. 29.III.2002); Al. 4 ingevoegd bij art. 33 W. 20 september 2012 (B.S. 22.X.2012).

Art. 208. [Worden gelijkgesteld met de Staat voor de toepassing van de wetsbepalingen betreffende de [in dit Wetboek bedoelde diverse rechten en taksen]:

1° de Nationale Maatschappij der Belgische Spoorwegen;

2° de Nationale Maatschappij van Buurtspoorwegen;

3° de Maatschappij voor het Intercommunaal Vervoer te Brussel;

4° de maatschappijen voor intercommunaal vervoer beheerst door de wet betreffende de oprichting van maatschappijen voor stedelijk gemeenschappelijk vervoer.]

Vervangen bij art. 6 W. 10 juli 1969 (B.S. 15.X.1969); Inleidende zin gewijzigd bij art. 60 W. 19 december 2006 (B.S. 29.XII.2006, ed. 6), van toepassing vanaf 1 januari 2007 (K.B. 21 december 2006, art. 95, B.S. 29.XII.2006, ed. 6).

Art. 209. [De Maatschappij der Brugse Zeevaartinrichtingen, de Nationale Maatschappij der Waterleidingen, bij de wet van 26 augustus 1913 opgericht, alsmede, de verenigingen van gemeenten voor het tot stand brengen van watervoorzieningsdiensten of voor doeleinden van gemeentelijk belang, beheerst door de wet van 22 december 1986 betreffende de intercommunales, worden, voor de toepassing van dit Wetboek, met de gemeenten gelijkgesteld.]

Vervangen bij art. 4 W. 4 maart 1999 (B.S. 30.IV.1999).

Art. 210. [De termijnen van verzet, hoger beroep en cassatie, alsmede het verzet, het hoger beroep en de voorziening in cassatie schorsen de tenuitvoerlegging van de gerechtelijke beslissing.]

Vervangen bij art. 87 W. 15 maart 1999 (B.S. 27.III.1999).

[Art. 210bis. [Het verzoekschrift houdende voorziening in cassatie en het antwoord op de voorziening mag door een advocaat worden ondertekend en neergelegd.]]

Ingevoegd bij art. 88 W. 15 maart 1999 (B.S. 27.III.1999) en vervangen bij art. 385 Progr. W. 27 december 2004 (B.S. 31.XII.2004, ed. 2, err. B.S. 18.I.2005).

[TITEL [V]

[BEPALING GEMEEN AAN ALLE BELASTINGEN]]

Opschrift ingevoegd bij art. 6 R.B. 25 november 1947 (B.S. 3.XII.1947) en gewijzigd bij art. 61 W. 19 december 2006 (B.S. 29.XII.2006, ed. 6), van toepassing vanaf 1 januari 2007 (K.B. 21 december 2006, art. 95, B.S. 29.XII.2006, ed. 6).

[Art. 211. [§ 1. De bestuursdiensten van de Staat, met inbegrip van de parketten en de griffies der hoven en rechtbanken, de besturen van de provinciën en van de gemeenten, zomede de openbare organismen en instellingen, zijn gehouden wanneer ze daartoe aangezocht zijn door een ambtenaar van een der rijksbesturen belast met de aanslag in, of de invordering van de belastingen, hem alle in hun bezit zijnde inlichtingen te verstrekken, hem, zonder verplaatsing, van alle in hun bezit zijnde akten, stukken, registers en om 't even welke bescheiden inzage te verlenen en hem alle inlichtingen, afschriften of uittreksels te laten nemen, welke bedoelde ambtenaar ter verzekering van de aanslag in, of de heffing van de door de Staat geheven belastingen nodig acht.

Onder openbare organismen dienen verstaan, naar de geest van deze wet, de instellingen, maatschappijen, verenigingen, inrichtingen en diensten welke de Staat mede beheert, waarvan de Staat een waarborg verstrekt, op welke bedrijvigheid de Staat toezicht uitoefent of waarvan het bestuurspersoneel aangewezen wordt door de regering, op haar voordracht of mits haar goedkeuring.

[Die verplichting is echter, tijdens het leven der erflaters en schenkers, niet toepasselijk op de in artikel 5 bedoelde akten van notarissen voor zover zij bij notarissen berustende testamenten betreffen of akten houdende schenking van de toekomstige goederen gedaan tussen echtgenoten.]

[Van de akten, stukken, registers en bescheiden of inlichtingen in verband met gerechtelijke procedures mag evenwel geen inzage of afschrift worden verleend zonder uitdrukkelijke toelating van het openbaar ministerie.]

Alinea 1 is niet van toepassing op het bestuur der Postchecks, het Nationaal Instituut voor de Statistiek, noch op de kredietinstellingen. Andere afwijkingen van deze bepaling kunnen worden ingevoerd bij door de Minister van Financiën mede ondertekende koninklijke besluiten.

§ 2. Elke inlichting, stuk, proces-verbaal of akte ontdekt of bekomen in het uitoefenen van zijn functies, door een ambtenaar [van de Federale Overheidsdienst Financiën], hetzij rechtstreeks, hetzij door tussenkomst van een der hierboven aangeduide diensten, kan door de Staat ingeroepen worden voor het opsporen van elke krachtens de belastingwetten verschuldigde som.

[De ambtenaar van een fiscaal rijksbestuur is ertoe gemachtigd om de hem voorgelegde akten en geschriften die in overtreding zijn met de bepalingen van dit Wetboek of van de besluiten genomen tot uitvoering ervan, in te houden, om ze bij zijn processen-verbaal te voegen, tenzij de overtreders bedoelde processen-verbaal ondertekenen of dadelijk de rechten of taksen en de opgelopen boete betalen.]

Desondanks kan het aanbieden tot registratie van de processen-verbaal en van de verslagen over expertises betreffende gerechtelijke procedures, het bestuur dan alleen toelaten die akten in te roepen mits het daartoe de in alinea 3 van § 1 bepaalde toelating heeft bekomen.

§ 3. [Alle administraties die ressorteren onder de Federale Overheidsdienst Financiën zijn gehouden alle in hun bezit zijnde toereikende, ter zake dienende en niet overmatige inlichtingen ter beschikking te stellen aan alle ambtenaren van deze Overheidsdienst, voorzover die ambtenaren regelmatig belast zijn met de vestiging of de invordering van de belastingen, en voorzover die gegevens bijdragen tot de vervulling van de opdracht van die ambtenaren tot de vestiging of de invordering van eender welke door de Staat geheven belasting.

Elke ambtenaar van de Federale Overheidsdienst Financiën, die wettelijk werd belast met een controle- of onderzoeksopdracht, is van rechtswege gemachtigd alle toereikende, ter zake dienende en niet overmatige inlichtingen te vragen, op te zoeken of in te zamelen die bijdragen tot de vestiging of de invordering van eender welke, andere, door de Staat geheven belasting.]]]

Ingevoegd bij art. 6 R.B. 25 november 1947 (B.S. 3. XII.1947) en vervangen bij art. 1 R.B. 20 februari 1950 (B.S. 25.II.1950);

§ 1, al. 3 ingevoegd bij art. 62, 1° W. 19 december 2006 (B.S. 29.XII.2006, ed. 6);

§ 1, al. 4 vervangen bij art. 2 W. 14 januari 2013 (B.S. 31.I.2013, ed. 2);

§ 2, al. 1 gewijzigd bij art. 156, 1° Progr. W. 23 december 2009 (B.S. 30.XII.2009, ed. 1);

§ 2, al. 2 ingevoegd bij art. 62, 2° W. 19 december 2006 (B.S. 29.XII.2006, ed. 6);

§ 3 vervangen bij art. 156, 2° Progr. W. 23 december 2009 (B.S. 30.XII.2009, ed. 1).

[TITEL [VI]

BEROEPSGEHEIM]

Opschrift ingevoegd bij art. 55 W. 4 augustus 1978 (B.S. 17.VIII.1978) en gewijzigd bij art. 63 W. 19 december 2006 (B.S. 29.XII.2006, ed. 6), van toepassing vanaf 1 januari 2007 (K.B. 21 december 2006, art. 95, B.S. 29.XII.2006, ed. 6).

[Art. 212. Hij die, uit welken hoofde ook, optreedt bij de toepassing van de belastingwetten of die toegang heeft tot de ambtsvertrekken van de administratie van de belasting over de toegevoegde waarde, registratie en domeinen, is, buiten het uitoefenen van zijn ambt, verplicht tot de meest volstrekte geheimhouding aangaande alle zaken waarvan hij wegens de uitvoering van zijn opdracht kennis heeft.

[De ambtenaren van de administratie van de belasting over de toegevoegde waarde, registratie en domeinen oefenen hun ambt uit wanneer zij aan andere administratieve diensten van de Staat, daaronder begrepen de parketten en de griffies van de hoven en van alle gerechten, aan de gemeenschappen, aan de gewesten en aan de openbare instellingen of inrichtingen, inlichtingen verstrekken welke voor die diensten, instellingen of inrichtingen nodig zijn voor de hun opgedragen uitvoering van wettelijke of reglementaire bepalingen.]

Personen die deel uitmaken van diensten waaraan de administratie van de belasting over de toegevoegde waarde, registratie en domeinen, ingevolge het vorige lid inlichtingen van fiscale aard heeft verstrekt, zijn tot dezelfde geheimhouding verplicht en mogen de bekomen inlichtingen niet gebruiken buiten het kader van de wettelijke bepalingen voor de uitvoering waarvan zij zijn verstrekt.

Onder openbare instellingen of inrichtingen dienen verstaan de instellingen, maatschappijen, verenigingen, inrichtingen en diensten welke de Staat mede beheert, waaraan de Staat een waarborg verstrekt, op welker bedrijvigheid de Staat toezicht uitoefent of waarvan het bestuurspersoneel aangewezen wordt door de Regering, op haar voordracht of met haar goedkeuring.

[...]]

Ingevoegd bij art. 55 W. 4 augustus 1978 (B.S. 17. VIII.1978);

Al. 2 vervangen bij art. 6 W. 20 juni 2005 (B.S. 24.VI.2005, ed. 3);

Al. 5 opgeheven bij art. 12 W. 10 februari 1981 (B.S. 14. II.1981).

WET VAN 19 NOVEMBER 2004 TOT INVOERING VAN EEN HEFFING OP OMWISSELINGEN VAN DEVIEZEN, BANKBILJETTEN EN MUNTEN

B.S. 24.XII.2004, ed. 2.

HOOFDSTUK I

ALGEMENE BEPALING

Art. 1. Deze wet regelt een aangelegenheid als bedoeld in artikel 78 van de Grondwet.

HOOFDSTUK II

WERKINGSSFEER

Art. 2. Aan de belasting zijn onderworpen de omwisselingen van deviezen, direct of indirect, contant of op termijn, al dan niet giraal, van deviezen die in België plaatsvinden.

HOOFDSTUK III

BELASTINGPLICHTIGEN

Art. 3. Als belastingplichtige wordt beschouwd ieder die, zelfs incidenteel, zelfstandig een belastbare handeling verricht.

Ter voorkoming vare belastingontwijking of fraude kunnen verrichtingen door personen die juridisch gezien wel zelfstandig zijn doch financieel, economisch en organisatorisch nauw met een belastingplichtige verbonden zijn, als verrichtingen van de belastingplichtige worden aangemerkt.

HOOFDSTUK IV

BELASTBARE HANDELINGEN

Art. 4. Als een omwisseling van deviezen wordt beschouwd de overgang of overdracht van de macht om als eigenaar deviezen van een Staat te ruilen voor deviezen van een andere Staat.

Voor de toepassing van deze bepaling wordt als een Staat beschouwd, de Europese Economische en Monetaire Unie of elk ander territorium met een eenheidsmunt.

Als deviezen worden beschouwd de deviezen, bankbiljetten en munten die wettig betaalmiddel zijn met uitzondering van munten en biljetten die als verzamelobject zijn te beschouwen.

Als een omwisseling van deviezen wordt eveneens beschouwd de omwisseling ingevolge een overeenkomst tot omwisseling op commissie. Wanneer een omwisseling door tussenkomst van een persoon handelend op eigen naam maar voor rekening van een ander plaatsvindt, wordt deze persoon geacht de omwisseling zelf te hebben verricht.

Als omwisseling wordt eveneens beschouwd verrichtingen in financiële instrumenten die een gelijke werking hebben als omwisselingen van deviezen. Daartoe behoren de ruilverrichtingen van instrumenten die risico's impliceren eigen aan waardefluctuaties van wisselverrichtingen, met inbegrip van goederentransacties.

HOOFDSTUK V

PLAATS VAN DE BELASTBARE HANDELINGEN IN BELGIE

Art. 5. § 1. Een omwisseling van deviezen wordt geacht in België plaats te vinden indien:

1° één van de partijen of tussenpersonen bij de omwisseling in België is gevestigd;

2° de betaling, onderhandeling of de orders zich in België situeren. De Koning kan regels vaststellen ter nadere omschrijving van deze plaatsbepalingen;

3° één van de deviezen die worden omgewisseld een wettig betaalmiddel in België is.

In dit geval wordt de opbrengst van de heffing, na de aftrek van een door de Koning te bepalen inningspercentage, integraal overgedragen aan een door de Europese Unie beheerd fonds dat zal worden aangewend voor ontwikkelingssamenwerking, de bevordering van sociale en ecologische rechtvaardigheid en het behoud en bescherming van internationale publieke goederen.

§ 2. Onverminderd de toepassing van artikel 3, tweede lid, is een belastingplichtige in België gevestigd wanneer zijn zetel of de werkelijke leiding van zijn activiteit, of bij gebreke van dergelijke zetel of leiding een vaste inrichting ter zake waarvan de omwisseling plaatsvindt in België is gevestigd, of bij gebreke van dergelijke vestiging zijn woonplaats of zijn gebruikelijke verblijfplaats in België heeft.

§ 3. Teneinde meervoudige heffingen in België te voorkomen, bepaalt de Koning de volgorde van de in § 1 bepaalde in aanmerking te nemen plaats van omwisseling.

§ 4. Teneinde internationale dubbele heffingen te voorkomen wordt van heffing vrijgesteld de omwisseling van deviezen die in het buitenland effectief wordt belast overeenkomstig een wetgeving die soortgelijk is aan deze wet inzake grondslag, tarieven, belastingplichtige en plaats van belastbare handeling zonder dat deze vrijstelling meer dan de helft mag bedragen wanneer een der partijen in België is gevestigd. Geen vrijstelling geldt wanneer beide partijen in België zijn gevestigd.

HOOFDSTUK VI

BELASTBAAR FEIT EN VERSCHULDIGDHEID VAN DE BELASTING

Art. 6. § 1. Als belastbaar feit wordt beschouwd het feit waardoor voldaan wordt aan de wettelijke voorwaarden vereist voor het verschuldigd worden van de belasting.

De belasting wordt geacht verschuldigd te zijn wanneer de schatkist krachtens de wet de belasting met ingang van een bepaald tijdstip van de belastingplichtige kan vorderen, ook al volgt of gaat de omwisseling van deviezen of de afwikkeling ervan het tijdstip vooraf.

§ 2. Het belastbaar feit vindt plaats op het tijdstip waarop de betaling wordt ontvangen of de afrekening tot stand komt.

HOOFDSTUK VII

BELASTBARE GRONDSLAG

Art. 7. De belasting wordt geheven over het brutobedrag van de omwisseling met inbegrip van bijkomende kosten. De Koning kan nadere regels vaststellen ter bepaling van wat onder het brutobedrag wordt begrepen.

HOOFDSTUK VIII

TARIEVEN

Art. 8. Het normaal tarief van de heffing bedraagt 0,2 per duizend van de belastbare grondslag.

Een tarief van ten hoogste 80 %, te bepalen bij een besluit vastgesteld na overleg in de Ministerraad en met eerbiediging van artikel 59 van het EG-Verdrag en het daarvan afgeleid recht, wordt toegepast op de belastbare grondslag van een omwisseling van deviezen die plaatsvindt tegen een wisselkoers die de krachtens het derde lid vastgestelde schommelingen overschrijdt.

Voor de toepassing van het tweede lid bepaalt de Koning een spilkoers op basis van een voortschrijdend gemiddelde berekend over twintig dagen en stelt rond deze spilkoers een marge van koersschommelingen vast.

Het op de belastbare handelingen toe te passen tarief is het tarief dat van kracht is op het tijdstip waarop het belastbaar feit plaatsvond.

HOOFDSTUK IX

VRIJSTELLINGEN

Art. 9. Van de belasting zijn vrijgesteld:

1° de omwisselingen van deviezen uitgevoerd door natuurlijke personen mits zij op jaarbasis het bedrag bepaald in artikel 4 van de wet van 11 januari 1993 tot voorkoming van het gebruik van het financiele stelsel voor het witwassen van geld niet overschrijden;

2° de omwisselingen van deviezen door centrale banken en internationale instellingen die door de Koning erkend worden werkzaam te zijn in het domein van de centrale banken.

HOOFDSTUK X

BELASTINGSCHULDIGEN

Art. 10. De belasting op de omwisseling van deviezen is verschuldigd door elke belastingplichtige voor de helft van de verschuldigde heffing.

De belastingplichtige gevestigd in België die een belastbare handeling met een niet in België gevestigde belastingplichtige verricht, is hoofdelijk gehouden de belasting verschuldigd door zijn medecontractant te voldoen.

Het eerste en het tweede lid zijn niet toepasselijk en de belasting is alsdan verschuldigd door de tussenpersoon wanneer één van de belastingplichtigen voor de omwisseling beroep doet op bij ministerieel besluit erkende financiële tussenpersonen, al dan niet belastingplichtigen. De Minister bevoegd voor Financiën kan financiële waarborgen verbinden aan de erkenning van de financiële tussenpersoon.

De binnenlandse belastingplichtige bedoeld in het tweede lid of de tussenpersoon bedoeld in het derde lid is niettegenstaande elke andersluidende bepaling of overeenkomst gerechtigd het bedrag of de tegenwaarde van de belasting in te houden op de door hem verschuldigde tegenprestatie of de door hem te verrichten betaling.

HOOFDSTUK XI

VEREENVOUDIGINGSMAATREGELEN

Art. 11. Ten aanzien van belastingplichtigen voor wie de toepassing van de normale regeling van de belasting op moeilijkheden zou stuiten, stelt de Koning een vereenvoudigd stelsel vast waarbij ter bevrijding van de belastingplichtigen een forfaitaire heffing op het niveau van de groothandel in deviezen plaatsvindt, te voldoen door de financiële instellingen op groothandelsniveau.

HOOFDSTUK XII

MAATREGELEN TER WAARBORGING VAN DE JUISTE HEFFING VAN DE BELASTINGEN EN OM FRAUDE, ONTWIJKING EN MISBRUIK TE VOORKOMEN

Art. 12. De nadere regels van inning worden door de Koning bepaald.

De Koning kan voorwaarden vaststellen en alle verplichtingen voorschrijven die noodzakelijk zijn voor een juiste en eenvoudige heffing van de belasting en om alle fraude, ontwijking en misbruik te voorkomen.

De Koning kan met de centrale bank die de wettige betaalmiddelen in België beheerst afspraken maken met inbegrip van controlemaatregelen ter toepassing van deze wet.

De Koning kan de bedrijfsrevisoren opleggen specifiek over de toepassing van deze wet te rapporteren. In België gevestigde revisoren die deel uitmaken van

een internationaal netwerk van auditors kunnen verplicht worden bij hun netwerk collega's die de geconsolideerde rekeningen van de hoofdvestiging van een
internationale ondernemingen groep eventueel beperkt tot de settlement instituten van de deviezen
groothandel controleren, naar de toepassing van deze
wet door een groep internationale ondernemingen te
informeren.

Onverminderd de overige bepalingen van deze
wet kan de Koning de nodige schikkingen treffen om
te verzekeren dat de belastingplichtigen bij de overgang van en naar de toepassing van artikel 8, tweede lid, of artikel 11, noch ten onrechte voordelen genieten noch ten onrechte nadelen ondervinden.

Overtredingen van deze wet en de uitvoeringsbesluiten worden gestraft overeenkomstig artikel 131
van het Wetboek van met het zegel gelijkgestelde taksen.

HOOFDSTUK XIII

SLOTBEPALING

Art. 13. De Koning zal bij de Wetgevende Kamers,
onmiddellijk indien ze in zitting zijn, zoniet bij de opening van de eerstvolgende zitting, een ontwerp van
wet indienen tot bekrachtiging van de ter uitvoering
van artikel 5, § 1, artikel 8, tweede en derde lid en de
artikelen 11 en 12 genomen besluiten.

Voor de toepassing van artikel 5, § 1, 3° en artikel 8, tweede lid, zal voorafgaandelijk de instemming
van de bevoegde Europese autoriteiten worden inge-
wacht.

Deze wet treedt in werking op een door de Koning
te bepalen datum doch ten vroegste op 1 januari 2004
en voorzover alle lidstaten van de Europese en Monetaire Unie een belasting op de omwisseling van deviezen in hun wetgeving hebben opgenomen of een Europese richtlijn of verordening tot stand is gekomen.

VIII

Douane en accijnzen

INHOUDSOPGAVE

Algemene wet inzake douane en accijnzen

ALGEMENE WET INZAKE DOUANE EN ACCIJNZEN

INHOUDSOPGAVE

ALGEMENE WET INZAKE DOUANE EN ACCIJNZEN

Gecoördineerd bij K.B. 18 juli 1977 (B.S. 29.IX.1977) en bekrachtigd bij wet van 6 juli 1978 (B.S. 12.VIII.1978).

HOOFDSTUK I

[DEFINITIES, DOUANESCHULD EN BOEKING, ALGEMENE BEPALINGEN]

Opschrift vervangen bij art. 70 § 1 W. 22 december 1989 (B.S. 29.XII.1989).

Afdeling 1

[Definities]

Opschrift vervangen bij art. 1 K.B. 26 augustus 1981 (B.S. 15.IX.1981).

Art. 1. [Voor de toepassing van deze wet wordt verstaan onder:

1° administratie of douane: hetzij de Administratie der douane en accijnzen, hetzij het Ministerie van Financiën waarvan ze afhangt;

2° ambtenaren: de ambtenaren der douane en accijnzen, behalve wanneer het gaat om de ambtenaren die speciaal zijn aangewezen in de artikelen 186 en 209;

3° kantoor: het kantoor der douane of der douane en accijnzen;

4° [rechten:

a) rechten bij invoer:

1) de douanerechten en heffingen van gelijke werking die bij de invoer van goederen van toepassing zijn;

2) de landbouwheffingen en andere belastingen bij invoer die zijn vastgesteld in het kader van het gemeenschappelijk landbouwbeleid of in het kader van de specifieke regelingen die op bepaalde door verwerking van landbouwprodukten verkregen goederen van toepassing zijn;

b) rechten bij uitvoer:

1) de douanerechten en heffingen van gelijke werking die bij de uitvoer van goederen van toepassing zijn;

2) de landbouwheffingen en andere belastingen bij uitvoer die zijn vastgesteld in het kader van het gemeenschappelijk landbouwbeleid of in het kader van de specifieke regelingen die op bepaalde door verwerking van landbouwprodukten verkregen goederen van toepassing zijn];

[4°bis toe te kennen bedragen bij invoer of uitvoer: de bedragen, ingesteld in het kader van het gemeenschappelijk landbouwbeleid, waarvan de toekenning kan worden geëist bij de invoer of de uitvoer van bepaalde goederen];

5° [douaneschuld: de op een natuurlijke persoon of rechtspersoon rustende verplichting tot betaling van de rechten bij invoer of de rechten bij uitvoer die uit hoofde van de verordeningen van de Europese Ge-

meenschappen op bepaalde goederen van toepassing zijn];

6° [boeking: de inschrijving, in de boeken of met gebruikmaking van enige andere vervangende drager, van het bedrag aan rechten, dat overeenkomt met een douaneschuld];

7° [douaneregeling: één van de hierna volgende regelingen:

a) het in het vrije verkeer brengen;

b) de regeling doorvoer;

c) de regeling douane-entrepots;

d) de regeling actieve veredeling;

e) de regeling behandeling onder douanetoezicht;

f) de regeling tijdelijke invoer;

g) de regeling passieve veredeling;

h) de uitvoer];

8° [douanegebied van de Gemeenschap: het gebied bepaald in de verordeningen van de Europese Gemeenschappen];

9° [het in het vrije verkeer brengen:

de procedure die niet-communautaire goederen de douanestatus van communautaire goederen doet verkrijgen en die de toepassing omvat van de handelspolitieke maatregelen en het vervullen van de andere formaliteiten in verband met de invoer van goederen alsmede de toepassing van de wettelijke verschuldigde rechten bij invoer];

10° goederen: alle voorwerpen, waren, grondstoffen, dieren en in het algemeen alle roerende goederen;

11° accijnsgoederen: goederen die aan de accijns onderworpen zijn;]

[12° communautaire goederen:

a) goederen die geheel zijn verkregen in het douanegebied van de Gemeenschap, zonder toevoeging van goederen afkomstig uit derde landen of uit gebieden die geen deel uitmaken van het douanegebied van de Gemeenschap;

b) goederen die afkomstig zijn uit landen of gebieden die geen deel uitmaken van het douanegebied van de Gemeenschap en die zich in een Lid-Staat in het vrije verkeer bevinden;

c) goederen die in het douanegebied van de Gemeenschap zijn verkregen, uitgaande van de hetzij uitsluitend in het tweede streepje, hetzij in het eerste en tweede streepje bedoelde goederen.]

Vervangen bij art. 2 K.B. 26 augustus 1981 (B.S. 15. IX.1981);

4° vervangen bij art. 1, 1° W. 27 december 1993 (B.S. 30. XII.1993);

4°bis ingevoegd bij art. 1, 2° W. 27 december 1993 (B.S. 30.XII.1993);

5° vervangen bij art. 1, 3° W. 27 december 1993 (B.S. 30. XII.1993);

6° vervangen bij art. 1, 4° W. 27 december 1993 (B.S. 30. XII.1993);

7° vervangen bij art. 1, 5° W. 27 december 1993 (B.S. 30. XII.1993);

8° vervangen bij art. 71 W. 22 december 1989 (B.S. 29. XII.1989);

9° vervangen bij art. 1, 6° W. 27 december 1993 (B.S. 30. XII.1993);

12° ingevoegd bij art. 71 W. 22 december 1989 (B.S. 29. XII.1989).

Afdeling 2

[Douaneschuld en boeking]

Opschrift vervangen bij art. 72 W. 22 december 1989 (B.S. 29.XII.1989).

Art. 2. [De regels betreffende het ontstaan van de douaneschuld, de vaststelling van het bedrag ervan en het tenietgaan ervan zijn bepaald in de verordeningen van de Europese Gemeenschappen.]

Vervangen bij art. 72 W. 22 december 1989 (B.S. 29. XII.1989).

Art. 3. [De regels betreffende de boeking en de betalingsvoorwaarden van uit hoofde van een douaneschuld te vereffenen bedragen […] zijn bepaald in de Verordeningen van de Europese Gemeenschappen.]

Vervangen bij art. 72 W. 22 december 1989 (B.S. 29. XII.1989) en gewijzigd bij art. 2 W. 27 december 1993 (B.S. 30.XII.1993).

[**Art. 3/1.** De boeking van het bedrag aan rechten en accijns gebeurt door opname in de elektronische databank van het Enig Kantoor der douane en accijnzen of in de boeken van de administratie.]

Ingevoegd bij art. 67 W. 14 april 2011 (B.S. 6.V.2011, ed. 1).

Afdeling 3

Algemene bepalingen

Art. 4. [De Administratie der douane en accijnzen is belast met de inning van de rechten bij invoer bedoeld in artikel 1, 4°, a, 1, van de rechten bij uitvoer bedoeld in artikel 1, 4°, b, 1, en van de accijnzen.

Binnen de beperkingen en volgens de voorwaarden vastgesteld door de Koning, is de Administratie der douane en accijnzen eveneens bevoegd om de rechten bij invoer te innen bedoeld in artikel 1, 4°, a, 2, en de rechten bij uitvoer bedoeld in artikel 1, 4°, b, 2.]

Vervangen bij art. 3 W. 27 december 1993 (B.S. 30. XII.1993).

[Afdeling 4

[…]]

Opschrift ingevoegd bij art. 2 K.B. 26 augustus 1981 (B.S. 15.IX.1981) en opgeheven bij art. 72 W. 22 december 1989 (B.S. 29.XII.1989).

[**Art. 4bis-4ter.** […]]

Ingevoegd bij art. 2 K.B. 26 augustus 1981 (B.S. 15. IX.1981) en opgeheven bij art. 72 W. 22 december 1989 (B.S. 29.XII.1989).

[Afdeling 5

[…]]

Opschrift ingevoegd bij art. 2 K.B. 26 augustus 1981 (B.S. 15.IX.1981) en opgeheven bij art. 72 W. 22 december 1989 (B.S. 29.XII.1989).

[**Art. 4quater.** […]]

Ingevoegd bij art. 2 K.B. 26 augustus 1981 (B.S. 15. IX.1981) en opgeheven bij art. 72 W. 22 december 1989 (B.S. 29.XII.1989).

Art. 5. De Minister van Financiën:
1° beslist over het oprichten, het verplaatsen en het opheffen van de kantoren der douane of der accijnzen en hun hulpkantoren;
2° bepaalt de attributen van bedoelde kantoren en hulpkantoren, met dien verstande dat die attributen tot sommige goederen kunnen worden beperkt;
3° wijst de wegen aan waarlangs de goederen moeten binnenkomen of uitgaan, of welke de transiterende goederen doorheen de tolkring moeten volgen.

Art. 6. De Minister van Financiën stelt de dagen en uren vast waarop de kantoren en de hulpkantoren der douane of der accijnzen zijn geopend.

Art. 7. § 1. Het wapenbord der douane en accijnzen zal op een zichtbare plaats boven de deur van het huis, waar het kantoor gehouden wordt, moeten gesteld zijn.
§ 2. De wetten inzake douane en accijnzen zullen te allen tijde op de kantoren moeten voorhanden zijn, ook ten gerieve van de particulieren, die inlichtingen daaromtrent mochten verlangen.

Art. 8. Alle wetsbepalingen betreffende de in-, uit- en doorvoer van de goederen te water en te land zijn toepasselijk op de in-, uit- en doorvoer over de luchtweg. Bijzondere reglementsvoorschriften betreffende het luchtverkeer kunnen door de Koning vastgesteld worden.

Art. 9. De Minister van Financiën bepaalt:
1° het model van de drukwerken waarop de aangiften inzake douane en accijnzen worden gesteld;
2° de gevallen waarin deze aangiften dienen gedaan op drukwerken welke de administratie al dan niet tegen betaling verstrekt;
[3° de gegevens die, onverminderd het bepaalde in artikel 139, moeten voorkomen in deze aangiften.]

3° ingevoegd bij art. 73 W. 22 december 1989 (B.S. 29. XII.1989).

Art. 10. [De Minister van Financiën:

1° mag opleggen dat de gegevens die moeten voorkomen in de aangiften inzake douane in het geautomatiseerd systeem van de douaneaangiften worden ingebracht door de aangever;

2° bepaalt de modaliteiten volgens welke de gegevens bedoeld in 1° moeten worden ingebracht in het geautomatiseerd systeem van de douaneaangiften;

3° bepaalt de bijzondere formaliteiten die de aangever moet vervullen om ontslagen te worden van de verplichting tot het inbrengen van de gegevens van de aangifte in het geautomatiseerd systeem van de douaneaangiften.]

Vervangen bij art. 74 W. 22 december 1989 (B.S. 29. XII.1989).

Art. 11. [§ 1. Onverminderd de verordeningen en beschikkingen van algemene aard, door de Raad of door de Commissie van de Europese Gemeenschappen genomen inzake douane, mag de Koning, bij wege van een besluit waarover door de in Raad vergaderde Ministers is beraadslaagd, alle maatregelen treffen inzake douane en accijnzen om de goede uitvoering te verzekeren van internationale akten, beslissingen, aanbevelingen en afspraken, hieronder begrepen zijnde het opheffen of het wijzigen van wetsbepalingen.]

§ 2. De besluiten, die in de loop van een jaar zijn getroffen bij toepassing van § 1, maken tesamen het voorwerp uit van een ontwerp van bekrachtigingswet dat, bij het begin van het volgende jaar, bij de wetgevende Kamers wordt ingediend.

§ 1 vervangen bij art. 75 W. 22 december 1989 (B.S. 29. XII.1989).

Opmerking: – Zie ook, wat het verbod tot in het vrije verkeer brengen, de uitvoer, de wederuitvoer en de plaatsing onder een schorsingsregeling van nagemaakte of door piraterij verkregen goederen betreft, het K.B. van 26 november 1996 (B.S. 14.XII.1996), gewijzigd bij K.B. 20 juli 2000 (II) (B.S. 30. VIII.2000).

Art. 12. [...]

Opgeheven bij art. 76 W. 22 december 1989 (B.S. 29. XII.1989).

Art. 13. § 1. Met het oog op de vervroegde toepassing van de wijzigingen welke bij hoogdringendheid in de accijnzen moeten worden aangebracht, kan de Koning, bij in Ministerraad overlegd besluit, alle maatregelen voorschrijven, met inbegrip van de voorlopige storting van de accijnzen welke door de wet zullen worden vastgesteld.

De Koning zal bij de Wetgevende Kamers dadelijk, zo zij vergaderd zijn, zo niet bij de opening van de eerstvolgende zittingstijd, een ontwerp van wet indienen strekkende tot het aanbrengen in de accijnzen van de wijzigingen, met het oog waarop bij toepassing van het eerste lid maatregelen zijn genomen.

§ 2. Elke overtreding van de krachtens § 1 getrof-fen maatregelen wordt gestraft met een gevangenisstraf van vijftien dagen tot drie maanden en met een boete van [[250 EUR]] tot [[1.250 EUR]].

Bovendien wordt de verbeurdverklaring uitgesproken van de koopwaren welke het voorwerp uitmaken van de overtreding.

§ 3. Elke verhindering van werkzaamheden, elke list welke de bij toepassing van § 1 voorgeschreven opneming van de koopwaren belemmert, worden gestraft met een boete van [[500 EUR]] tot [[5.000 EUR]], onverminderd de in voorgaande paragraaf bedoelde gevangenisstraf.

§ 2, al. 1 gewijzigd bij art. 2-15 K.B. 20 juli 2000 (II) (B.S. 30.VIII.2000, err. B.S. 8.III.2001) en bij art. 42, 5° K.B. 13 juli 2001 (B.S. 11.VIII.2001, err. B.S. 21.XII.2001);

§ 3 gewijzigd bij art. 2-15 K.B. 20 juli 2000 (II) (B.S. 30.VIII.2000, err. B.S. 8.III.2001) en bij art. 42, 5° K.B. 13 juli 2001 (B.S. 11.VIII.2001, err. B.S. 21.XII.2001).

Art. 14. De onkosten, voor zover dezelve niet geheel kunnen worden afgeschaft, zullen zo gering gesteld worden als het belang der Schatkist, in verband met dat der belastingsschuldigen, zal toelaten.

Art. 15. De werklieden die door de handel bij de douaneverrichtingen worden te werk gesteld, moeten door de directeurs erkend zijn; deze kunnen de erkenning te allen tijde intrekken.

Art. 16. De kosten van lossen, van herladen, van uitpakken in verband met de verificatie bij het binnenkomen in het koninkrijk of in de entrepots of bij het uitgaan daaruit, zomede de verificatiekosten voor de wederuitvoer, vallen ten laste van de aangevers.

Art. 17. § 1. Wanneer de douane er, desgevraagd, in toestemt bijzondere prestaties te verstrekken, kan hiervoor, ter compensatie van de kosten van administratie en van bewaking, een retributie worden geheven ten bate van de Staat volgens de modaliteiten en volgens het tarief door de Minister van Financiën te bepalen.

Als bijzondere prestaties worden aangemerkt de prestaties die worden verstrekt ofwel buiten de gewone uren of buiten de gewone emplacementen van de normale werkzaamheden van de douane ten gerieve van de handel, ofwel wegens verrichtingen welke niet in de gebruikelijke voorwaarden geschieden [of welke bijkomende werkzaamheden meebrengen].

§ 2. Wie van de douane een machtiging of concessie heeft bekomen, welke onderworpen is aan retributie ten bate van de Staat, mag zich deswege door zijn cliënten geen hogere som doen terugbetalen. Indien de aan de Staat betaalde retributie betrekking heeft op een douaneprestatie, welke verband houdt met verrichtingen ten behoeve van verscheidene cliënten, mag het totaal der van de cliënten teruggevorderde sommen het beloop van de retributie niet overtreffen.

Bij overtreding van deze bepaling, mag de machtiging of concessie ingetrokken worden door de autoriteit die ze heeft verleend en loopt belanghebbende een geldboete op van [12,50 EUR] tot [[125 EUR]].

§ 1, al. 2 aangevuld bij art. 4 W. 27 december 1993 (B.S. 30.XII.1993);
§ 2, al. 2 gewijzigd bij art. 2-15 K.B. 20 juli 2000 (II) (B.S. 30.VIII.2000, err. B.S. 8.III.2001) en bij art. 42, 5° K.B. 13 juli 2001 (B.S. 11.VIII.2001, err. B.S. 21.XII.2001).

HOOFDSTUK II

[VASTSTELLING VAN DE TOEPASSELIJKE HEFFINGSVOETEN OP HET TOEPASSELIJKE BEDRAG]

Opschrift vervangen bij art. 3 K.B. 26 augustus 1981 (B.S. 15.IX.1981).

Art. 18. [§ 1. Behoudens andersluidende specifieke bepalingen en onder voorbehoud van het bepaalde in § 2 is de datum die in aanmerking moet worden genomen voor de toepassing van alle bepalingen welke gelden voor de douaneregeling waarvoor de goederen zijn aangegeven, de datum van aanvaarding van de aangifte.

§ 2. Voorzover het recht bij invoer waaraan de goederen zijn onderworpen, één van de rechten is die in artikel 1, 4°, a, 1, zijn vermeld en het tarief van dit recht wordt verlaagd na de datum waarop de aangifte voor het vrije verkeer is aanvaard, doch voordat de goederen zijn vrijgegeven, mag de aangever om de toepassing van dit gunstiger tarief verzoeken.

Deze bepaling is niet van toepassing op goederen die niet kunnen worden vrijgegeven om redenen die uitsluitend aan de aangever te wijten zijn.]

Vervangen bij art. 5 W. 27 december 1993 (B.S. 30. XII.1993).

Art. 19. Voor goederen, andere dan handelsgoederen, die in kleine zendingen of door reizigers als bagage worden ingevoerd, mag de accijns worden berekend volgens forfaitaire of afgeronde bedragen en volgens een bijzondere grondslag van heffing.

De Minister van Financiën stelt die bedragen en de bijzondere grondslag van heffing vast en bepaalt onder welke voorwaarden en beperkingen ze worden toegepast.

[HOOFDSTUK IIbis

VRIJSTELLING VAN RECHTEN BIJ INVOER]

Opschrift ingevoegd bij art. 77 W. 22 december 1989 (B.S. 29.XII.1989).

[Art. 19-2. Voor de toepassing van dit hoofdstuk wordt verstaan onder «vrijstelling» de vrijstelling van rechten bij invoer.]

Ingevoegd bij art. 77 W. 22 december 1989 (B.S. 29. XII.1989).

[Art. 19-3. De Koning:

1° stelt de voorwaarden en beperkingen vast waaraan de in dit hoofdstuk genoemde vrijstellingen zijn onderworpen, met inbegrip van de voorwaarden waaronder van deze vrijstellingen kan worden afgezien;

2° stelt aanvullende bepalingen, voorwaarden en beperkingen vast voor de toepassing van de vrijstellingen ingesteld door verordeningen van de Europese Gemeenschappen of door andere bepalingen die kracht van wet hebben.]

Ingevoegd bij art. 77 W. 22 december 1989 (B.S. 29. XII.1989).

[Art. 19-4. De begunstigde aan wie een vrijstelling is verleend onder de voorwaarden dat de goederen weder worden uitgevoerd of een bepaalde bestemming volgen, moet op verzoek van de douane de met vrijstelling ingevoerde goederen die nog aanwezig moeten zijn vertonen.

Behoudens in de wettelijk bepaalde gevallen, moeten die goederen zich bevinden in de staat waarin zij werden ingevoerd.]

Ingevoegd bij art. 77 W. 22 december 1989 (B.S. 29. XII.1989).

[Art. 19-5. § 1. Bij misbruik van een verleende vrijstelling of bij poging daartoe, kan de vrijstelling worden ingetrokken.

§ 2. Misbruik is onder meer:

1° het verrichten van handelingen welke verboden zijn door de verordeningen van de Europese Gemeenschappen of door andere bepalingen bedoeld in artikel 19-3, 2°, of krachtens dit hoofdstuk of krachtens tot uitvoering van dit hoofdstuk genomen besluiten;

2° het niet nakomen van de voorwaarden en verplichtingen vastgesteld door de verordeningen van de Europese Gemeenschappen of door andere bepalingen bedoeld in artikel 19-3, 2°, of krachtens dit hoofdstuk of krachtens de tot uitvoering van dit hoofdstuk genomen besluiten.

§ 3. De intrekking van de vrijstelling is van toepassing op de ingevoerde goederen, welke op het tijdstip van de intrekking niet zijn wederuitgevoerd of niet de bestemming hebben gevolgd met het oog waarop de vrijstelling is verleend.

§ 4. Aan degene, te wiens laste een vrijstelling is ingetrokken wegens misbruik of poging daartoe, kan een nieuwe vrijstelling worden geweigerd.]

Ingevoegd bij art. 77 W. 22 december 1989 (B.S. 29. XII.1989).

[Art. 19-6. Het is verboden:

1° onjuiste of onvolledige gegevens te verstrekken waardoor een vrijstelling zou worden verleend, zonder dat daarop aanspraak bestaat;

2° goederen een andere bestemming te geven dan waarvoor de vrijstelling is verleend;

3° behoudens in de wettelijk bepaalde gevallen,

andere goederen in de plaats te stellen van die waarvoor de vrijstelling is verleend.]

Ingevoegd bij art. 77 W. 22 december 1989 (B.S. 29. XII.1989).

[**Art. 19-7.** Vrijstelling wordt verleend:
1° voor goederen welke bestemd zijn voor het persoonlijk gebruik – gebruik door inwonende gezinsleden daaronder begrepen – van diplomatieke ambtenaren, van consulaire beroepsambtenaren, van leden van het administratief en technisch personeel van de diplomatieke zendingen en van consulaire bedienden, in functie in het land, voor zover de belanghebbenden geen Belgische onderdanen zijn of geen permanent verblijf houden in België en er geen beroeps- of handelsactiviteiten uitoefenen tot hun persoonlijk voordeel;
2° voor goederen welke bestemd zijn voor de officiële behoeften – bouwen en herstellen daaronder begrepen – van in het land gevestigde diplomatieke zendingen en consulaire posten, op voorwaarde dat de consulaire posten worden geleid door consulaire beroepsambtenaren;
3° voor kanselarijbenodigdheden bestemd voor het officieel gebruik van in het land gevestigde consulaire posten die worden geleid door consulaire ereambtenaren.]

Ingevoegd bij art. 77 W. 22 december 1989 (B.S. 29. XII.1989).

[**Art. 19-8.** Vrijstelling wordt verleend voor goederen welke bestemd zijn voor internationale organisaties en voor personen die tot deze organisaties behoren voor zover een dergelijke vrijstelling is bepaald door een overeenkomst waar België deel van uitmaakt.]

Ingevoegd bij art. 77 W. 22 december 1989 (B.S. 29. XII.1989).

[**Art. 19-9.** Vrijstelling wordt verleend:
1° voor de uitrusting, voor redelijke hoeveelheden proviand, materieel en andere goederen, uitsluitend ten behoeve van de buitenlandse strijdkrachten van de N.A.V.O., met uitsluiting van de Nederlandse strijdkrachten;
2° voor persoonlijke goederen en meubelen bestemd voor de leden van de in 1° bedoelde strijdkrachten en voor de leden van het burgerlijk element van bedoelde strijdkrachten, met uitsluiting van de leden van de Nederlandse strijdkrachten en van de leden van het burgerlijk element van de Nederlandse strijdkrachten.]

Ingevoegd bij art. 77 W. 22 december 1989 (B.S. 29. XII.1989).

[**Art. 19-10.** Vrijstelling wordt verleend voor de gronduitrusting welke door een vreemde luchtvaartmaatschappij wordt ingevoerd om te worden gebruikt, binnen het gebied van een douaneluchthaven, met het oog op de inwerkingstelling of de uitbating van een internationale luchtvaartdienst door deze maatschappij.]

Ingevoegd bij art. 77 W. 22 december 1989 (B.S. 29. XII.1989).

[**Art. 19-11.** Vrijstelling wordt verleend:
1° voor de provisie en scheepsbehoeften aan boord van binnenkomende schepen en boten, met uitzondering van woonboten;
2° voor de provisie aanwezig in treinen in internationaal verkeer;
3° voor de provisie aanwezig in luchtvaartuigen van lijndiensten in internationaal verkeer;
4° voor de brandstoffen en smeermiddelen aanwezig in de 1° tot 3° bedoelde binnenkomende vervoermiddelen – woonboten inbegrepen – en bestemd voor de voortdrijving of de smering daarvan.]

Ingevoegd bij art. 77 W. 22 december 1989 (B.S. 29. XII.1989).

[**Art. 19-12.** Vrijstelling wordt verleend voor de vervoermiddelen en de paletten welke tijdelijk worden ingevoerd en die worden wederuitgevoerd.
De vrijstelling strekt zich uit tot wisselstukken, onderdelen en normale uitrustingsstukken:
1° welke worden ingevoerd met de vervoermiddelen en die hiermee zullen worden wederuitgevoerd;
2° welke afzonderlijk van de vervoermiddelen worden ingevoerd waarvoor ze bestemd zijn.]

Ingevoegd bij art. 77 W. 22 december 1989 (B.S. 29. XII.1989).

[HOOFDSTUK IIter

VRIJSTELLING VAN RECHTEN BIJ UITVOER]

Opschrift ingevoegd bij art. 6 W. 27 december 1993 (B.S. 30.XII.1993).

[**Art. 19-13.** De regels betreffende de vrijstelling van rechten bij uitvoer zijn bepaald in de verordeningen van de Europese Gemeenschappen.]

Ingevoegd bij art. 6 W. 27 december 1993 (B.S. 30. XII.1993).

[**Art. 19-14.** Het voordeel van de vrijstelling van rechten bij uitvoer wordt ingetrokken in geval van misbruik of poging daartoe.
Misbruik is onder meer:
1° het verrichten van handelingen welke verboden zijn door de verordeningen van de Europese Gemeenschappen;
2° het niet nakomen van de voorwaarden en verplichtingen vastgesteld door de verordeningen van de Europese Gemeenschappen.
De intrekking van de vrijstelling van rechten bij uitvoer is van toepassing op uitgevoerde goederen, die

niet werden bestemd of gebruikt voor het doel waarvoor de vrijstelling is verleend.]

Ingevoegd bij art. 6 W. 27 december 1993 (B.S. 30. XII.1993).

HOOFDSTUK III

[VRIJSTELLINGEN EN TERUGGAVEN INZAKE ACCIJNZEN]

Opschrift vervangen bij art. 78 § 1 W. 22 december 1989 (B.S. 29.XII.1989).

Art. 20. [Onder door de Koning te bepalen voorwaarden en eventuele beperkingen wordt vrijstelling van accijnzen verleend:

1° voor goederen die worden ingevoerd om één of meer veredelingshandelingen te ondergaan en daarna weder te worden uitgevoerd;

2° voor goederen die worden ingevoerd in de persoonlijke bagage van reizigers;

3° voor goederen die worden ingevoerd in kleine zendingen zonder handelskarakter;

4° voor provisie, benodigdheden, brandstoffen en smeermiddelen voorhanden in binnenkomende vervoermiddelen;

5° voor monsters en stalen met een onbeduidende handelswaarde die worden ingevoerd voor het opnemen van bestellingen;

6° voor andere monsters en stalen dan bedoeld onder 5°, ingevoerd voor het opnemen van bestellingen en die daarna weder worden uitgevoerd;

7° voor goederen welke bestemd zijn voor het persoonlijk gebruik – gebruik door inwonende gezinsleden daaronder begrepen – van diplomatieke ambtenaren, van consulaire beroepsambtenaren, van leden van het administratief en technisch personeel van de diplomatieke zendingen en van consulaire bedienden, in functie in het land, voor zover de belanghebbenden geen Belgische onderdanen zijn of geen permanent verblijf houden in België en er geen beroeps- of handelsaktiviteiten uitoefenen tot hun persoonlijk voordeel;

8° voor goederen welke bestemd zijn voor de officiële behoeften – bouwen en herstellen daaronder begrepen – van in het land gevestigde diplomatieke zendingen en consulaire posten, op voorwaarde dat de consulaire posten worden geleid door consulaire beroepsambtenaren;

9° voor kanselarijbenodigdheden bestemd voor het officieel gebruik van in het land gevestigde consulaire posten die worden geleid door consulaire ereambtenaren;

10° voor goederen welke bestemd zijn voor internationale organisaties en voor personen die tot deze organisaties behoren voorzover een dergelijke vrijstelling is bepaald door een overeenkomst waar België deel van uitmaakt;

11° a) voor redelijke hoeveelheden proviand, uitsluitend ten behoeve van de buitenlandse strijdkrachten van de N.A.V.O., met uitsluiting van de Nederlandse Strijdkrachten wat de gemeenschappelijke accijnzen betreft vastgesteld in het raam van de Benelux Economische Unie;

b) voor persoonlijke goederen bestemd voor de leden van de in letter a bedoelde strijdkrachten en voor de leden van het burgerlijk element van bedoelde strijdkrachten, met uitsluiting van de leden van de Nederlandse strijdkrachten en van de leden van het burgerlijk element van de Nederlandse strijdkrachten wat de gemeenschappelijke accijnzen betreft vastgesteld in het raam van de Benelux Economische Unie;

12° voor goederen bestemd voor organisaties, die door vreemde regeringen belast zijn met de aanleg, de inrichting of het onderhoud van de kerkhoven, begraafplaatsen en gedenktekens voor de leden van hun strijdkrachten in oorlogstijd zijn overleden;

13° voor goederen die bij de invoer wegens bederf niet meer geschikt zijn en ook niet meer geschikt te maken zijn voor het gebruik waarvoor ze normaal worden aangewend;

14° voor onmisbare voedingsmiddelen en geneesmiddelen geschonken aan liefdadigheidsinstellingen met algemeen karakter om door deze instellingen kosteloos te worden uitgedeeld aan de bevolking of ter beschikking gesteld van soortgelijke instellingen;

15° voor goederen ingevoerd om op openbare internationale handelstentoonstellingen of jaarbeurzen te worden tentoongesteld en die daarna weder worden uitgevoerd;

16° voor goederen die in de volgende gevallen uit een lidstaat van de Europese Gemeenschappen worden binnengebracht:

a) persoonlijke goederen binnengebracht door een particulier, naar aanleiding van de verandering van zijn gewone verblijfplaats;

b) goederen die door personen die hun gewone verblijfplaats hebben in een lidstaat van de Europese Gemeenschappen, als huwelijksgeschenk worden geschonken aan een particulier die, naar aanleiding van zijn huwelijk, zijn gewone verblijfplaats uit een lidstaat van de Europese Gemeenschappen overbrengt;

c) persoonlijke goederen van een erflater die uit een lidstaat van de Europese Gemeenschappen worden overgebracht naar de verblijfplaats van een particulier, die de goederen door erfopvolging (causa mortis) in eigendom heeft verkregen.]

Vervangen bij art. 78 § 2 W. 22 december 1989 (B.S. 29.XII.1989).

Art. 21. [Onder de door de Koning te bepalen voorwaarden en eventuele beperkingen worden teruggaaf van accijnzen verleend voor ingevoerde goederen waarvoor teruggaaf van invoerrechten wordt verleend of zou worden verleend indien de goederen niet vrij van invoerrecht waren krachtens hun aard of herkomst.]

Vervangen bij art. 78 § 2 W. 22 december 1989 (B.S. 29.XII.1989).

Art. 22. […]

Opgeheven bij art. 78 § 3 W. 22 december 1989 (B.S. 29.XII.1989).

[HOOFDSTUK IIIbis

BINNENBRENGEN VAN GOEDEREN IN HET LAND]

Opschrift ingevoegd bij art. 7 W. 27 december 1993 (B.S. 30.XII.1993).

[Art. 22-2. De regels betreffende het binnenbrengen van goederen in het land, het aanbieden ervan bij de douane, de summiere aangifte ervan, de lossing en de tijdelijke opslag ervan zijn bepaald in de verordeningen van de Europese Gemeenschappen.]

Ingevoegd bij art. 7 W. 27 december 1993 (B.S. 30. XII.1993).

[Art. 22-3. De summiere aangifte, bedoeld in de verordeningen van de Europese Gemeenschappen, bestaat uit een vrachtlijst naar het model vastgesteld door de Minister van Financiën.

Onder de voorwaarden bepaald door de gewestelijke directeur der douane en accijnzen, kan de vrachtlijst bedoeld in het eerste lid worden vervangen hetzij door een opgave op blanco papier, vervaardigd met behulp van een computer, hetzij door een handels- of administratief document dat de nodige gegevens bevat voor de identificatie van de goederen.]

Ingevoegd bij art. 7 W. 27 december 1993 (B.S. 30. XII.1993).

[Art. 22-4. De goederen onder het stelsel tijdelijke opslag mogen slechts worden opgeslagen op de plaatsen en onder de voorwaarden vastgesteld door de ambtenaar gemachtigd door de Minister van Financiën.

[De goedkeuring bedoeld in het eerste lid is, onder de voorwaarden vastgesteld in de verordeningen van de Europese Gemeenschappen, afhankelijk van het stellen van een zekerheid bestemd om de inning te verzekeren van de rechten bij invoer en de accijnzen ingeval deze opeisbaar worden.]]

Ingevoegd bij art. 7 W. 27 december 1993 (B.S. 30. XII.1993);
Al. 2 vervangen bij art. 2 W. 16 maart 2006 (B.S. 30.III.2006, ed. 2).

[Art. 22-5. § 1. De ruimten voor tijdelijke opslag moeten steeds toegankelijk zijn voor de ambtenaren terwijl aldaar wordt gewerkt.

Wordt er niet gewerkt, dan moet aan de ambtenaren op hun eerste verzoek toegang worden verleend.

De personen die de goederen opslaan zijn gehouden de taak van de ambtenaren te vergemakkelijken in de uitoefening van hun functies en hen zonder verwijl de middelen te verschaffen om over te gaan tot de verificaties die nodig worden geacht.

§ 2. Behoudens machtiging van de douane, mag in de ruimten voor tijdelijke opslag enkel worden ge-

werkt tijdens de uren dat de douane werkzaamheden verricht ten behoeve van de handel in het algemeen.]

Ingevoegd bij art. 7 W. 27 december 1993 (B.S. 30. XII.1993).

[Art. 22-6. Onder de toepassing van artikel 94 vallen de goederen in tijdelijke opslag, die binnen de opgelegde termijn, naar gelang van het geval, niet zijn:

1° geplaatst onder één van de douaneregelingen bedoeld in artikel 1, 7°, a tot g, of in een vrije zone of nog buiten het douanegebied van de Gemeenschap zijn gebracht;

2° vernietigd met machtiging en onder de voorwaarden vastgesteld door de douane;

3° afgestaan voor de Schatkist.]

Ingevoegd bij art. 7 W. 27 december 1993 (B.S. 30. XII.1993).

[Art. 22-7. Het document bedoeld in artikel 22-3 wordt gezuiverd:

1° voor de goederen geplaats onder één van de douaneregelingen bedoeld in artikel 1, 7°, a tot g;

2° voor de goederen die terug buiten het douanegebied van de Gemeenschap zijn gebracht of geplaatst zijn in een vrije zone;

3° voor de goederen bedoeld in artikel 22-6, indien deze goederen aan de douane worden vertoond.

De tijdelijke opslag geschiedt op risico van de houder van het in het eerste lid bedoelde document; deze is tevens verantwoordelijk voor de zuivering van dat document.]

Ingevoegd bij art. 7 W. 27 december 1993 (B.S. 30. XII.1993).

HOOFDSTUK IV

INVOER UIT ZEE

Art. 23. Aan de zeezijde mogen geen goederen worden ingevoerd, dan langs de eerste wachten, welke in de monden der zeegaten reeds bestaan, of verder mochten worden aangewezen, noch gelost, dan volgens daartoe, op bepaalde losplaatsen, verkregen documenten, en op de voet, en behoudens de uitzonderingen, in deze wet omschreven.

Art. 24. § 1. Alle schippers zijn gehouden, binnen 24 uren na hun aankomst ter eerste wacht tot inklaring, aldaar hun generale verklaring, aan de daartoe gestelde ambtenaren, onder vertoning hunner scheeps- en landingspapieren te doen, alvorens te mogen verder varen.

§ 2. De algemene aangifte mag ondertekend worden door de scheepsagent of door iedere andere persoon die daartoe door de kapitein behoorlijk is gemachtigd; in dat geval draagt die agent of die persoon de verantwoordelijkheid die deze wet op de kapitein legt.

§ 3. Op zondagen en wettelijke feestdagen wordt,

gewoonlijk, de generale verklaring niet gedaan.

§ 4. De ambtenaren zijn echter bevoegd, om de schipper, dadelijk na de aankomst van het schip, ter vermanen, om, zonder verwijl, de generale verklaring over te leggen, en bijaldien de schipper daaraan niet voldoet, op het schip een wacht te stellen; hetgeen zij evenzeer mogen doen, indien men, met het schip, zich tussen de mond van het zeegat en de eerste wacht mocht blijven ophouden, langer dan getij, weer of wind medebrengen zijnde, terstond na aankomst op het gebied van de Staat, van toepassing, al de bepalingen dezer wet, opzichtelijk het lossen, lichten, of over boord zetten van goederen.

Art. 25. De generale verklaring moet inhouden, de lijst van al de ingeladen goederen, met uitdrukking van derzelver soort, en van het getal en de merken der vaten, balen, pakken, kisten, kassen, enz., mitsgaders van de plaats ter bestemming van het schip, welke zal moeten zijn, een der, bepaalde of te bepalen, losplaatsen, alwaar, ten kantore van betaling, de nadere aangifte tot lossing moet geschieden.

Art. 26. De omstandigheid dat de schepen zonder lading of in ballast binnenkomen, ontslaat niet van de verplichting de generale verklaring in te dienen.

Art. 27. Het duplicaat van die generale verklaring zal, door de ambtenaren ter uiterste wacht, worden opgezonden naar de plaats der eindelijke bestemming, en het triplicaat aan de schipper gegeven, tevens strekkende tot toestemming ter opvaring, met vermelding van de route, langs welke de reis moet worden volbracht.

Art. 28. De schippers kunnen de generale verklaring ook doen, door middel van afgifte van een dubbel van derzelver manifesten, of andere publieke akten van hun lading, welke alsdan door de ambtenaren, met het zegel der administratie, zullen gehecht worden aan het duplicaat der akte van inklaring, hetwelk, onder uitdrukking van het getal en korte omschrijving der overgelegde stukken, naar derzelve zal verwijzen, en tevens door schipper en ambtenaren moeten worden ondertekend, om in alles hetzelfde effect te hebben als een gewone verklaring.

Art. 29. Geen losplaatsen kunnen worden opgegeven, dan die behoren tot het vaarwater der binnenkomst, tenzij, om bijzondere redenen, een afwijking van deze regel, door de gewestelijke directeur der douane en accijnzen mocht zijn veroorloofd, of dat er overlading plaats hebbe, en het vervoer der goederen geschiede met een document onder de voorwaarde bepaald in hoofdstuk VIII.

Art. 30. Alle stukgoederen, welke bij de inklaring worden opgegeven als onbekend, of onder de algemene benaming van koopwaren, zullen worden verzegeld of bewaakt, tot bij de lossing, op behoorlijke aangifte door de belanghebbende ter losplaats, desnoods na bezichtiging, of tot de opslag in 's Rijks pakhuizen,

op de voet van het hoofdstuk XII. De zegels zullen niet op de fusten of emballage maar op de luiken van het schip, en op alle verdere toegangen tot de plaats, alwaar aan boord de goederen zich bevinden, zoveel nodig worden gesteld, indien de wijze van belading, het groot getal vaten, balen of pakken, of andere omstandigheden, zulks, in het voordeel van de handel, verkieselijk maken.

Art. 31. Wanneer een schipper of bevelvoerder, bij het inkomen uit zee, door storm, ijsgang, of andere onvermijdelijke omstandigheden, verhinderd wordt de eerste wacht aan te doen, moet hij hiervan voldoende doen blijken.

Art. 32. De schipper of bevelvoerder moet in het bij artikel 31 bedoelde geval, de naaste haven, welke het hem mogelijk zijn zal te bereiken, aandoen, en aldaar dadelijk al datgene verrichten, hetwelk ten aanzien der generale verklaring, is bepaald.

Art. 33. Het zeeschip of de lichter ter losplaats zijnde aangekomen, zal de schipper verplicht zijn, van zijn komst, binnen veertien uren daarna, zondagen en wettelijke feestdagen niet mede gerekend, aan de ontvanger aldaar kennis te geven, op een boete van [[50 EUR]]; er zal, vervolgens, vóór alle lossing, aangifte moeten geschieden, en overigens gehandeld worden, als in hoofdstuk XV en verder in deze wet is voorgeschreven.

Bij voormelde kennisgeving mag worden verzocht permissie tot herstel van het abuis, dat bij de inklaring mocht begaan zijn. De ontvanger doet van het verzoek, met bijvoeging van de akte van inklaring en openlegging der omstandigheden, die tot het abuis zouden hebben aanleiding gegeven, mededeling aan de gewestelijke directeur der douane en accijnzen onder wie hij ressorteert, die, bij overtuiging dat de fout aan geen frauduleuze oogmerken is toe te schrijven, het verzoek, bij wege van aantekening op de akte, zal toestaan, zonder dat, in geval van weigering, zulks in rechten kan werken tegen de toepassing der straffen, op verkeerde of kwade inklaringen gesteld. In geval van twijfel, vraagt de directeur de beslissing van het hoofdbestuur. In steden waar een directeur is, zal het verzoek rechtstreeks aan hem kunnen gedaan worden.

Al. 1 gewijzigd bij art. 2-15 K.B. 20 juli 2000 (II) (B.S. 30.VIII.2000, err. B.S. 8.III.2001) en bij art. 42, 5° K.B. 13 juli 2001 (B.S. 11.VIII.2001, err. B.S. 21.XII.2001).

Art. 34. De schippers of bevelhebbers der vissersschepen, de ventjagers daaronder begrepen, en van die van de zoute en verse vis, uit België, komende van de nering, zijn niet aan inklaring onderworpen, doch, op een boete van [[50 EUR]], verplicht, om, teneinde als zodanig herkend, en niet opgehouden te worden, bij binnenkomst in een der zeegaten, en vóór het passeren der eerste wacht, van de top der mast een mand, of ander, tussen de rederijen en de administratie overeen te komen, seinteken, te vertonen, en tot aan de losplaats aldus te blijven vertonen, opdat de ambtenaren in de gelegenheid zijn zouden, om, zonder dat zulks aan de voortzetting der reis hinderlijk zij, aan boord te komen voor de visitatie.

Gewijzigd bij art. 2-15 K.B. 20 juli 2000 (II) (B.S. 30. VIII.2000, err. B.S. 8.III.2001) en bij art. 42, 5° K.B. 13 juli 2001 (B.S. 11.VIII.2001, err. B.S. 21.XII.2001).

Art. 35. De kapiteins of scheepsagenten die, vóór de overlegging van de in artikel 146 bedoelde documenten, de goederen wensen te lossen die uit zee werden ingevoerd en waarvoor de bij artikel 24 bedoelde generale verklaring is gedaan, mogen deze goederen aangeven met een vrachtlijst.

Art. 36. […] De vrachtlijst moet opgave houden van de goederen met aanduiding van soort, zomede van aantal, aard en merken van de colli's of, indien het gestorte goederen betreft, van de hoeveelheid.

De aanduidingen van deze opgave mogen niet verschillen van deze welke in de generale verklaring zijn opgenomen. Evenwel moet de soort worden vermeld van de goederen welke in die verklaring als onbekend of onder de algemene benaming van koopwaren zijn opgegeven.

[…]

Nummering § 1 opgeheven bij art. 8 W. 27 december 1993 (B.S. 30.XII.1993);
  § 2- § 4 opgeheven bij art. 8 W. 27 december 1993 (B.S. 30.XII.1993).

Art. 37. Wanneer ten opzichte van de generale verklaring, tekorten of verschillen in de soort van de goederen worden bevonden, wordt de vrachtlijst van ambtswege verbeterd.

Een aanvullende vrachtlijst mag worden opgemaakt voor te veel bevonden goederen, welke niet in de generale verklaring zijn opgenomen en niet zijn aangehaald.

HOOFDSTUK V

[…]

Opschrift opgeheven bij art. 9 W. 27 december 1993 (B.S. 30.XII.1993).

Art. 38-43. […]

Opgeheven bij art. 9 W. 27 december 1993 (B.S. 30. XII.1993).

HOOFDSTUK VI

BIJLEGGERS

Art. 44. Bijleggers worden genaamd de schepen, naar elders bestemd, met welke men uit zee komt uit nood, of om te overwinteren, alsook dezulke, die geen bepaalde bestemming hebben en waarmede men een der zeehavens aandoet om orders.

De schippers van zodanige schepen zijn verplicht, ter eerste wacht, verklaring te doen van de bij hen geladen goederen, en zulks op dezelfde voet, als in hoofdstuk IV omtrent het inklaren uit zee is bepaald.

Art. 45. Het zal vrijstaan, met de schepen bedoeld in artikel 44 en inhebbende ladingen weder te vertrekken, zonder betaling van rechten of accijnzen; en zullen dezelfde inmiddels moeten blijven onder het bijzonder toezicht van de ambtenaren aan de post van inklaring, op zodanige ligplaats als door dezelve daartoe zal worden aangegeven.

Doch voorzover de inklaringspost niet aan wal is gevestigd, of geen geschikte ligplaats, noch gelegenheid tot herstel der zeeschade, aanbiedt, zal het aan de schippers vergund worden, op te varen naar een nabij gelegen haven, alwaar een kantoor is, om aldaar, onder bijzonder toezicht, als voren, gesteld te worden.

Art. 46. Indien de aard der lading, met betrekking tot de hoge invoerrechten, of omdat het accijnsgoederen betreft, of wel om verbod van invoer, zulks vordert, zal de ladingsplaats van het schip worden verzegeld, of een wacht aan boord geplaatst, ten ware de schipper mocht verkiezen de lading, tot de wederuitvaart, in een Rijkspakhuis, of in een particuliere wel verzekerde bergplaats, onder wederzijdse sluiting, te doen opslaan, of, voorzover derzelver aard zulks niet mocht gedogen, zo bij nacht als dag, onder toezicht en bewaring te doen stellen, buiten kosten voor het land.

Art. 47. Wanneer deze schepen last breken, dat is, wanneer het geheel of een gedeelte der lading, uit ten invoer gepermitteerde goederen bestaande, bestemd wordt tot lossing, om niet weder te worden ingenomen, alsook wanneer enige andere goederen dan alleen ter gewone scheepsconsumptie worden bijgeladen, zullen 's Rijks rechten en accijnzen daarvan verschuldigd zijn, en ten aanzien van de lossing en lading moeten worden in acht genomen, al hetgeen omtrent het ter zee inkomen of uitgaan van goederen bij deze wet is bepaald.

Art. 48. Door lastbreken wordt daarentegen niet verstaan het, voor korte tijd, over boord zetten van goederen, om gehavend te worden, om het schip te kunnen repareren, of om andere voldoende redenen; mits zulks geschiede op schriftelijke permissie van het plaatselijk hoofd der douane, en de lossing, havening en wederinlading geen plaats hebben, dan onder gedurige tegenwoordigheid van de ambtenaren.

HOOFDSTUK VII

GESTRANDE EN GEBORGEN GOEDEREN

Art. 49. § 1. Indien goederen aan de kusten van het Rijk worden geborgen of opgevist, herkomstig uit gestrande of verongelukte schepen, of uit nood in zee geworpen, moeten degenen, die zulks verrichten of het toezicht er over hebben, daarvan zo spoedig mogelijk kennis geven aan de naastbij zijnde beambten, teneinde zich met dezelve, naar gelang van zaken en omstandigheden, te verstaan omtrent de voorlopige verzekering van de belangen der administratie.

§ 2. Er zullen geen goederen als strandgoederen worden erkend, welke, anders dan na aankomst en met medeweten der beambten, door particuliere personen mochten worden gebracht verder dan op de kruin der dijken of zodanige plaatsen op het strand, alwaar dezelve tegen verdere beschadiging van het water bevrijd zijn.

Art. 50. Wanneer goederen uit schepen, op 's Rijks kusten gestrand of verongelukt, in lichters overgenomen zijn, zullen de lichterschippers, die, in zover, onder dezelfde verplichting liggen als inkomende zeeschippers, met de aldus zonder voorafgegane verklaring overgenomen goederen, niet verder mogen varen dan de naaste genaakbare haven, en aldaar onverwijld, nevens de bemanning van het zeeschip, voor zover dezelve mede aan wal is gekomen, hun verklaring doen en voorts zich met de ambtenaren verstaan, als bij artikel 49 is gemeld.

Art. 51. De aard en hoeveelheid der goederen zal, zodra mogelijk, door of ten overstaan der beambten globaal worden onderzocht, en van de bevinding proces-verbaal opgemaakt.

Art. 52. Zolang de goederen blijven onder het medetoezicht der administratie, derwijze dat zij zich kan verzekerd houden van hun identiteit, zijn de belanghebbenden bevoegd tot de wederuitvoer, vrij van alle rechten en accijnzen; mits onder de vereiste borgstelling en verdere nodige bepalingen tot volbrenging van de wederuitvoer, binnen de tijd, op de daartoe te verkrijgen, transitodocumenten uit te drukken.

Art. 53. De strandgoederen, omtrent welke van de in artikel 52 bedoelde bevoegdheid geen gebruik wordt gemaakt, zullen, ten aanzien der rechten en accijnzen, worden gelijkgesteld met inkomende goederen, doch dezulke, waarvan de invoer is verboden kunnen niet worden afgegeven dan onder voorwaarde en verzekering van wederuitvoer, tenzij ze uit het rijk uitgevoerd werden.

Art. 54. Voor zover blijkt dat strandgoederen geladen geweest zijn in schepen, uit de havens van het Rijk vertrokken, en op derzelver uitreis verongelukt, zal niet alleen vrijdom van inkomende rechten genoten worden maar ook teruggave geschieden van de daarvan betaalde uitgaande rechten; en zullen dezelve goederen, met betrekking tot de accijns, worden beschouwd als niet uitgevoerd geweest.

Van de goederen in doorvoer, die niet weder uitgaan, zal moeten worden bijbetaald hetgeen het inkomende, meerder dan het transitorecht moge bedragen, en de accijns verschuldigd worden als bij invoer.

Art. 55. Wrakken, masten, zeilen, ankers, touwen en andere gereedschappen van op de kusten gebleven schepen geborgen, alsmede de ankers en touwen, voor de kust in zee opgevist, mitsgaders de tuigage en gereedschappen van nationale schepen, op vreemde kusten gestrand, en, binnen zes maanden na het ongeluk, naar dit Rijk afgezonden, zullen vrij zijn van alle rechten, mits van een en ander voldoende blijke.

HOOFDSTUK VIII

INVOER LANGS DE RIVIEREN EN TE LANDE

Art. 56. Bij invoer langs de rivieren en te lande, moeten de invoerders, hetzij schippers, voerlieden of andere, de bij hen in- of opgeladen of bij zich hebbende goederen, aanbrengen en aangeven op de eerste wachten of expeditiekantoren, aan de rivieren en aan de grenzen gevestigd, in de steden en plaatsen, welke reeds zijn, of verder zullen worden bepaald en bekend gemaakt, zo tot invoer in het algemeen, als in het bijzonder ten opzichte van accijnsgoederen, of sommige van dezelve.

Art. 57. § 1. Alle invoer te lande is verboden, anders dan langs de routes of heerbanen, die tot zekere afstand van de grenzen, zijn of zullen worden aangewezen, en die moeten worden aangedaan en gevolgd, van het ogenblik af, dat men met de goederen het vreemd grondgebied verlaat.

§ 2. Ook zullen worden aangewezen de wegen langs welke alleen goederen, bestemd voor de dagelijkse behoeften der grensbewoners, en tegen contante betaling, ook van de accijns, mogen worden ingevoerd naar een der kantoren, voor de ontvangst der rechten en accijnzen op zulke goederen speciaal en uitsluitend opgericht, of nog op te richten, en deze wegen zullen met de heerbanen worden geacht gelijk te staan.

Art. 58. De aangifte zal, naar het algemeen voorschrift en op de voet van het hoofdstuk XV moeten bevatten de hoeveelheid, soort, nummers en merken, alsmede de waarde der naar de waarde betalende goederen, en derzelver oorsprong, herkomst en bestemming, hetzij tot verblijf binnenlands, ten doorvoer of op entrepot, en eindelijk de plaatsen van lossing en opslag in entrepot; nadat borg zal gesteld zijn voor de invoerrechten en de accijnzen en de grondige verificatie der daaraan onderworpen goederen heeft plaats gehad, zullen worden afgegeven een of meer documenten, ten geleide naar de kantoren van betaling op de plaatsen der lossing, of van opslag in entrepot der daarvoor bestemde goederen, aan de ontvanger of entreposeur alwaar, ten zelven dage, of zodra mogelijk, een extract van elk document zal moeten gezonden worden.

Art. 59. § 1. In afwijking van artikel 58 mag de aangifte ten eerste kantore van langs rivieren en kanalen ingevoerde goederen geschieden met een vrachtlijst houdende de naam van het schip, het land van waar het komt alsmede een opgave van de goederen welke zich aan boord bevinden met aanduiding van soort, zomede van aantal, aard en merken van de colli's of, indien het gestorte goederen betreft, van de hoeveelheid.

§ 2. Tegen overlegging van deze aangifte reikt de douane een duplicaat van de vrachtlijst uit, dat kan dienen tot dekking van:

1° de verzending van de goederen naar de losplaats;

2° [de lossing van de goederen voor tijdelijke opslag onder de bij hoofdstuk IIIbis bepaalde voorwaarden.]

§ 3. Behoudens door of namens de Minister van Financiën verleende afwijking, is aangifte op de voet van dit artikel slechts toegelaten indien de laadruimen waarin de goederen zich bevinden, voor verzegeling vatbaar zijn.

§ 4. De Minister van Financiën mag voorschrijven dat de schepen moeten voldoen aan door hem te bepalen voorwaarden inzake bouw en inrichting, en bovendien dat zij vooraf door de Belgische douane of door een buitenlandse douane moeten goedgekeurd zijn.

§ 2, 2° vervangen bij art. 10 W. 27 december 1993 (B.S. 30.XII.1993).

Art. 60. Een borgtocht, waarvan de douane het bedrag vaststelt, moet worden gesteld tot waarborg van de eventuele invordering van de rechten en van de geldstraffen welke kunnen worden opgelopen.

Art. 61. Elke weglating of onjuistheid in een van de aanduidingen welke de vrachtlijst bij invoer langs rivieren en kanalen moet inhouden, wordt aangemerkt als een overtreding.

Art. 62. Wanneer echter de wijze van belading der langs rivieren inkomende goederen niet toelaat, ter eerste wacht of op het eerste kantoor van betaling, zich van de hoeveelheid en de aard derzelve, zonder lossing, genoegzaam te verzekeren, zal de grondige verificatie kunnen worden verschoven tot bij de lossing op de opgegeven losplaatsen onder toepassing alsdan, indien nodig, der voorzorg van bewaking of verzegeling, doch zonder dat zulks aan de ambtenaren op de eerste wacht of eerste kantoor van betaling de bevoegdheid ontneemt, om de dadelijke lossing van het geheel of zodanig gedeelte ener lading of vracht, als waarop hun verdenking van verkeerde aangifte mocht gevallen zijn, te vorderen, teneinde aldaar te worden gevisiteerd of geverifieerd ten kosten van de aangever.

Art. 63. Tot de lossing kunnen alleen worden opgegeven de plaatsen, alwaar kantoren van betaling bestaan, of zullen worden gevestigd; te water voor elke rivier afzonderlijk, en te lande het naastbij zijnde kantoor, langs de heerbaan of verder binnenwaarts aanwezig, en tot opslag in entrepot geen andere plaatsen dan aan welke de gunst van entrepot is of zal worden toegekend.

Art. 64. Op de daartoe te bestemmen eerste wachten of kantoren zullen, wanneer zulks wordt verlangd, voor zulke goederen, die tot verblijf binnenlands bestemd, en niet aan accijns onderworpen zijn, worden verleend invoerdocumenten van betaling, luidende op de plaatsen der lossing, en die mede tot na lossing en visitatie aldaar bij de goederen moeten verblijven. Ter losplaats zullen deze documenten aan de eerste ambtenaar tot de surveillantie moeten worden bezorgd, om, na visitatie vóór of bij de lossing, afgetekend en ingetrokken, en vervolgens naar het kantoor van uitgifte teruggezonden te worden.

Art. 65. [...]

Opgeheven bij art. 4, 42° W. 6 juli 1978 (B.S. 12.VIII.1978).

Art. 66. Wanneer de schippers of voerlieden meer dan een plaats tot lossing opgeven, zullen afzonderlijke documenten, of, in het geval van artikel 64, afzonderlijke invoerdocumenten worden verleend, voor elk der plaatsen, alwaar moet worden gelost.

Art. 67. Op de documenten zal aanhaling zoals op de invoerdocumenten van betaling, kunnen gedaan worden, doch ten aanzien der goederen, aan grondige verificatie onderworpen, alleen voor zoveel verschil in soort mocht bevonden worden. De documenten kunnen niet dienen tot lossing, anders dan in het geval en op de voet, in artikel 68 omschreven.

Art. 68. Op de losplaatsen zal de invoerder, alvorens te mogen lossen, dat nimmer anders dan in tegenwoordigheid of met medeweten der ambtenaren tot de visitatie mag geschieden, de documenten ten kantore bezorgen, om, dienovereenkomstig, de betaling der verschuldigde rechten van de goederen te doen, en, in geval van doorvoer, te verkrijgen de vereiste transitodocumenten, op welke alsdan de lossing zal verricht worden.

Voor die goederen, welke ten invoer zijn aangegeven, kunnen de documenten dienen tot lossing, en in het algemeen voor die goederen, welke op entrepot zijn aangegeven, kunnen zij verder dienen tot het vervoer naar, en opslag in entrepot, hetzij daar ter plaatse, of in zodanige andere plaats waar een entrepot bestaat.

Art. 69. § 1. Na betaling der rechten en accijnzen, of debitering voor de laatste, worden dadelijk daarvan de vereiste aantekeningen op de documenten gesteld en dezelve alzo gezuiverd.

§ 2. De zuivering der documenten voor goederen, op entrepot aangegeven, geschiedt bij verklaring in dorso, gesteld door de ambtenaren ter opgegeven plaats, dat de daarin vermelde goederen aldaar in entrepot zijn opgenomen [...].

§ 3. De gezuiverde documenten blijven ten kantore van betaling of dat van entrepot berusten, en de extracten, na van gelijke aftekening of verklaring als de documenten voorzien te zijn, moeten door de ambtenaren tijdig aan het kantoor van uitgifte worden terugbezorgd, ten einde de aldaar gestelde borgtocht worde vernietigd.

§ 2 gewijzigd bij art. 11 W. 27 december 1993 (B.S. 30. XII.1993).

Art. 70. Nimmer zal de accijns betaald, of voor dezelfs bedrag gedebiteerd, noch de documenten gezuiverd kunnen worden, hetzij de goederen, op het document gemeld, inderdaad worden gelost en geverifieerd, of voor de rechten kunnen worden gevisiteerd ter plaatse op welke het document luidt.

[HOOFDSTUK VIIIbis

HET IN HET VRIJE VERKEER BRENGEN VAN GOEDEREN]

Opschrift ingevoegd bij art. 1 K.B. 23 augustus 1982 (B.S. 31.VIII.1982).

[Art. 70-2. [Wanneer zij bestemd zijn om in het land in het vrije verkeer te worden gebracht moet voor goederen die in het land hetzij worden binnengebracht, hetzij de status hebben van goederen onder tijdelijke opslag, hetzij geplaatst zijn onder een douaneregeling bedoeld in artikel 1, 7°, b tot g, een aangifte tot het in het vrije verkeer brengen worden gedaan op een bevoegd kantoor, aangewezen overeenkomstig artikel 5.]]

Ingevoegd bij art. 1 K.B. 23 augustus 1982 (B.S. 31. VIII.1982) en vervangen bij art. 12 W. 27 december 1993 (B.S. 30.XII.1993).

[Art. 70-3. § 1. De aangifte tot het in het vrije verkeer brengen kan worden gedaan door ieder natuurlijke persoon of rechtspersoon, gevestigd in de Gemeenschap, en die bij machte is om de betrokken goederen en alle documenten die nodig zijn om die goederen in het vrije verkeer te brengen aan de douane aan te bieden of te laten aanbieden. Deze persoon wordt hierna «de aangever» genoemd.

§ 2. De aangever kan handelen:
a) ofwel in eigen naam en voor eigen rekening;
b) ofwel in eigen naam maar voor rekening van een derde volgens de voorwaarden bepaald in hoofdstuk XIV;
c) ofwel in naam en voor rekening van een derde.]

Ingevoegd bij art. 1 K.B. 23 augustus 1982 (B.S. 31. VIII.1982).

[Art. 70-4. § 1. De aangifte moet worden gedaan op een formulier dat overeenkomt met het door de Minister van Financiën bepaalde model.
[Zij moet door de aangever worden ondertekend. Zij bevat de vermeldingen die nodig zijn voor de identificatie van de goederen, voor de berekening van de rechten bij invoer of de toe te kennen bedragen bij invoer en voor de toepassing van de bepalingen die gelden voor het in het vrije verkeer brengen van goederen. Bij de aangifte moeten alle stukken worden gevoegd die voor dezelfde doeleinden noodzakelijk zijn.]

§ 2. De Minister van Financiën kan nader bepalen welke vermeldingen op de aangifte moeten voorkomen en welke documenten er moeten bijgevoegd worden.

§ 3. Wanneer verschillende soorten goederen worden aangegeven op eenzelfde formulier, worden de vermeldingen voor elke soort goederen beschouwd als een afzonderlijke aangifte.]

Ingevoegd bij art. 1 K.B. 23 augustus 1982 (B.S. 31. VIII.1982);
§ 1, al. 2 vervangen bij art. 13 W. 27 december 1993 (B.S. 30.XII.1993).

[Art. 70-5. § 1. [Onverminderd de bijzondere bepalingen betreffende briefpostzendingen en pakketpostzendingen, en behalve in de gevallen dat een invoervergunning, -bewijs of -certificaat moet worden overgelegd, stelt de Minister van Financiën de gevallen vast waarin en de voorwaarden waaronder voor ingevoerde goederen zonder handelsoogmerk alsmede voor goederen met een geringe waarde geen schriftelijke aangifte moet worden gedaan.]

§ 2. Voor goederen welke het forfaitair tarief of een vrijstelling van rechten bij invoer kunnen genieten kan de Minister van Financiën voorschrijven dat bepaalde vermeldingen van de aangifte onder een vereenvoudigde vorm vermeld worden of dat bepaalde documenten niet vereist zijn.

§ 3. [...]]

Ingevoegd bij art. 1 K.B. 23 augustus 1982 (B.S. 31. VIII.1982);
§ 1 vervangen bij art. 14, 1° W. 27 december 1993 (B.S. 30.XII.1993);
§ 3 opgeheven bij art. 14, 2° W. 27 december 1993 (B.S. 30.XII.1993).

[Art. 70-6. De indiening van de aangifte bij het bevoegde douanekantoor moet geschieden op de dagen en uren waarop dit kantoor geopend is.
De douane kan op verzoek en op kosten van de aangever toestaan dat de aangifte buiten deze dagen en uren wordt ingediend. Artikel 17 is dan van toepassing.]

Ingevoegd bij art. 1 K.B. 23 augustus 1982 (B.S. 31. VIII.1982).

[Art. 70-7. § 1. De aangifte mag ingediend worden vanaf het ogenblik dat de goederen op het kantoor worden aangeboden.
Worden als aangeboden bij een douanekantoor beschouwd, goederen waarvan de aankomst bij dat kantoor of een andere door de douane aangewezen plaats, in de vereiste vorm aan de ambtenaren is medegedeeld, zodat zij er toezicht of controle op kunnen uitoefenen.

§ 2. De douane kan evenwel toestaan dat de aangifte wordt ingediend voordat de aangever in staat is de goederen aan te bieden.
In dat geval kan de douane een termijn voor die

aanbieding vaststellen, afhankelijk van de omstandigheden. Na afloop van die termijn wordt de aangifte als nietig beschouwd.

§ 3. De aangifte ingediend voordat de goederen zijn aangekomen, kan pas worden aanvaard nadat de goederen bij de douane zijn aangeboden.]

Ingevoegd bij art. 1 K.B. 23 augustus 1982 (B.S. 31. VIII.1982).

[**Art. 70-8.** § 1. Wanneer, ten gevolge van bijzondere omstandigheden, de aangever in de onmogelijkheid verkeert om sommige vereiste vermeldingen op de aangifte aan te brengen, mag de douane hem toelating verlenen, op de door haar vast te stellen voorwaarden, de goederen aan een onderzoek te onderwerpen en er monsters van te nemen in een lokaal of op een plaats, aangewezen of aangenomen door de douane.

§ 2. Het onderzoek wordt toegestaan op mondelinge aanvraag, tenzij de douane, rekening houdend met de omstandigheden, het noodzakelijk acht een schriftelijke aanvraag te eisen.

Monsterneming wordt slechts toegestaan op schriftelijke aanvraag.

§ 3. Het uitpakken, het wegen, het weder inpakken en alle andere behandelingen van de goederen worden uitgevoerd op risico en op kosten van de aanvrager. Mogelijke analysekosten zijn eveneens te zijnen laste.]

Ingevoegd bij art. 1 K.B. 23 augustus 1982 (B.S. 31. VIII.1982).

[**Art. 70-9.** De douane kan, zolang de goederen niet werden vrijgegeven, het annuleren of het intrekken van de aangifte toestaan wanneer het bewijs wordt voorgelegd:
– dat de goederen per vergissing zijn aangegeven voor het vrije verkeer;
– of dat het in het vrije verkeer brengen van de goederen, tengevolge van bijzondere omstandigheden, niet meer gerechtvaardigd is.]

Ingevoegd bij art. 1 K.B. 23 augustus 1982 (B.S. 31. VIII.1982).

[**Art. 70-10.** § 1. De douane mag slechts aangiften aanvaarden die voldoen aan de voorwaarden gesteld in de artikelen 70-4 en 70-6.

§ 2. Op verzoek van de aangever kan de douane evenwel, op de door haar te stellen voorwaarden, een aangifte aanvaarden waarop bepaalde vermeldingen niet voorkomen, of waarbij bepaalde documenten niet zijn opgenomen; de douane stelt dan een termijn vast waarbinnen de betrokken vermeldingen of documenten moeten worden medegedeeld of overgelegd.

De vermeldingen die nodig zijn voor de identificatie van de goederen en die bepaald zijn door de Minister van Financiën moeten op de onvolledige aangifte voorkomen, opdat deze kan worden aanvaard overeenkomstig het eerste lid.

§ 3. De onvolledige aangifte welke door de douane

werd aanvaard kan:
– hetzij door de aangever vervolledigd worden;
– hetzij vervangen worden, met toestemming van de douane, door een andere aangifte welke beantwoordt aan de voorwaarden van de artikelen 70-4 en 70-6.

In geval van vervanging, is de datum bedoeld in artikel 18, § 1, die van de aanvaarding van de onvolledige aangifte.

§ 4. De aanvaarding van een onvolledige aangifte door de douane mag niet tot gevolg hebben dat het vrijgeven van de goederen erdoor verhinderd of vertraagd wordt, indien er geen andere bezwaren hiertegen bestaan. De voorwaarden aangaande het vrijgeven van de goederen worden bepaald door de Minister van Financiën.]

Ingevoegd bij art. 1 K.B. 23 augustus 1982 (B.S. 31. VIII.1982).

[**Art. 70-11.** § 1. De aangiften die voldoen aan de voorwaarden van de artikelen 70-4 en 70-6, alsmede die waarvoor de in artikel 70-10, § 2, bedoelde faciliteiten gelden, worden onmiddellijk door de douane aanvaard volgens de vastgestelde vorm.

De datum van aanvaarding wordt op de aangifte vermeld met het oog op de toepassing van artikel 18, § 1.

§ 2. Telkens wanneer zij zulks noodzakelijk acht gaat de douane over tot verificatie van de aangifte en de documenten die daarbij zijn gevoegd, teneinde na te gaan of de vermeldingen in de documenten overeenstemmen met de in de aangifte vervatte vermeldingen.]

Ingevoegd bij art. 1 K.B. 23 augustus 1982 (B.S. 31. VIII.1982).

[**Art. 70-12.** § 1. Op zijn verzoek kan de aangever toegestaan worden bepaalde vermeldingen te verbeteren op de aangifte, die reeds door de douane aanvaard werd.

§ 2. De verbetering is afhankelijk van de volgende voorwaarden:
1° zij moet gevraagd worden voor het vrijgeven van de goederen voor het vrije verkeer;
2° zij kan niet meer toegestaan worden wanneer het verzoek wordt gedaan nadat de douane de aangever in kennis heeft gesteld:
– van haar voornemen de goederen aan een onderzoek te onderwerpen;
– van de door haar geconstateerde onjuistheid van de onder § 1 bedoelde vermeldingen;
3° zij mag niet tot gevolg hebben dat de aangifte betrekking heeft op andere goederen dan die waarop zij oorspronkelijk betrekking had.

§ 3. Tenzij het een onbelangrijke verbetering betreft, moet de oorspronkelijke aangifte vervangen worden door een nieuwe.

In dat geval moet de datum waarop de oorspronkelijke aangifte is aanvaard, worden aangehouden als datum voor het bepalen van de rechten bij invoer en voor de toepassing van de andere bepalingen die gelden voor het in het vrije verkeer brengen van de goederen.]

Ingevoegd bij art. 1 K.B. 23 augustus 1982 (B.S. 31. VIII.1982).

[**Art. 70-13.** De douane kan, indien zij het nuttig acht, alle of een deel van de goederen aan een onderzoek onderwerpen.

Het onderzoek van de goederen geschiedt op de daartoe aangewezen plaats of in de daartoe aangenomen magazijnen en gedurende de daartoe vastgestelde uren.

De douane kan, op verzoek van de aangever, toestaan dat de goederen op een andere plaats of gedurende andere uren dan bedoeld in lid 2 worden onderzocht. De eventuele hieraan verbonden kosten komen ten laste van de aangever.

De Minister van Financiën stelt de bepalingen vast betreffende het onderzoek van de goederen.]

Ingevoegd bij art. 1 K.B. 23 augustus 1982 (B.S. 31. VIII.1982).

[**Art. 70-14.** Het vervoer van de goederen naar de plaats waar zij zullen worden onderzocht, het uitpakken, het weder inpakken en alle andere bewerkingen welke nodig zijn voor het onderzoek, worden door de aangever of onder zijn verantwoordelijkheid verricht. In alle gevallen, komen de hieraan verbonden kosten ten laste van de aangever.]

Ingevoegd bij art. 1 K.B. 23 augustus 1982 (B.S. 31. VIII.1982).

[**Art. 70-15.** De aangever heeft het recht bij het onderzoek van de goederen aanwezig te zijn of zich erbij te laten vertegenwoordigen. De douane kan, indien zij dit nuttig acht, van de aangever eisen dat hij bij het onderzoek aanwezig is of zich erbij laat vertegenwoordigen teneinde haar de nodige bijstand ter vergemakkelijking van dit onderzoek te verlenen.]

Ingevoegd bij art. 1 K.B. 23 augustus 1982 (B.S. 31. VIII.1982).

[**Art. 70-16.** De douane kan bij het onderzoek van de goederen monsters nemen ten behoeve van een analyse of andere controle. De aan deze analyse of controle verbonden kosten komen ten laste van de administratie.

De Minister van Financiën bepaalt de voorwaarden welke van toepassing zijn voor de monsterneming door de douane.]

Ingevoegd bij art. 1 K.B. 23 augustus 1982 (B.S. 31. VIII.1982).

[**Art. 70-17.** § 1. De resultaten van de verificatie van de aangifte en de daarbij gevoegde documenten, al dan niet gepaard gaande met een onderzoek van de

goederen, dienen als grondslag voor de berekening van de rechten bij invoer [en de toe te kennen bedragen bij invoer] en voor de toepassing van de andere bepalingen die gelden voor het in het vrije verkeer brengen van de goederen.

§ 2. Wanneer de douane tot de verificatie en het onderzoek bedoeld in § 1 overgaat, vermeldt zij de gecontroleerde gegevens en de resultaten in detail overeenkomstig de door de Minister van Financiën voorgeschreven regels.

§ 3. Indien de douane noch tot de verificatie van de aangifte en de bijgevoegde documenten, noch tot het onderzoek van de goederen overgaat, gebeurt de berekening van de rechten bij invoer [en de toe te kennen bedragen bij invoer] en de toepassing van de bepalingen voorzien in § 1 volgens de vermeldingen op de aangifte.

§ 4. De bepalingen van § 1 vormen geen beletsel voor een eventuele latere controle door de douane, noch voor de gevolgen die hieruit zouden kunnen voortvloeien, inzonderheid wat betreft de aanpassing van het bedrag van de toegepaste rechten bij invoer [en de toe te kennen bedragen bij invoer].]

Ingevoegd bij art. 1 K.B. 23 augustus 1982 (B.S. 31. VIII.1982);
§ 1 gewijzigd bij art. 15, 1° W. 27 december 1993 (B.S. 30.XII.1993);
§ 3 gewijzigd bij art. 15, 2° W. 27 december 1993 (B.S. 30.XII.1993);
§ 4 aangevuld bij art. 15, 3° W. 27 december 1993 (B.S. 30.XII.1993).

[**Art. 70-18.** Onverminderd een eventuele wijziging krachtens artikel 70-17, § 4, wordt het door de douane vastgestelde bedrag van de rechten bij invoer [bedoeld in artikel 1, 4°, a, 1,] door haar geboekt en aan de aangever medegedeeld. De boeking moet zo gauw mogelijk plaatsvinden nadat een aan te rekenen bedrag werd vastgesteld.]

Ingevoegd bij art. 1 K.B. 23 augustus 1982 (B.S. 31. VIII.1982) en gewijzigd bij art. 16 W. 27 december 1993 (B.S. 30.XII.1993).

[**Art. 70-19.** § 1. [Onverminderd de bij invoer voor de goederen geldende verbodsbepalingen, beperkende of controlemaatregelen, kan de douane de goederen slechts vrijgeven indien de rechten bij invoer zijn betaald of hiervoor zekerheid is gesteld of uitstel van betaling is verleend.]

§ 2. Het vrijgeven van de goederen door de douane geschiedt op de wijze, vastgesteld door de Minister van Financiën, rekening houdende met de plaats waar de goederen zich bevinden en met de bijzondere regeling volgens welke de douane toezicht op de goederen uitoefent.

§ 3. Zolang de goederen niet zijn vrijgegeven, mogen zij zonder toestemming van de douane niet worden verplaatst noch enigerlei behandeling ondergaan.]

Ingevoegd bij art. 1 K.B. 23 augustus 1982 (B.S. 31. VIII.1982);
§ 1 vervangen bij art. 17 W. 27 december 1993 (B.S. 30. XII.1993).

[Art. 70-20. § 1. De aangever kan, voordat de goederen door de douane zijn vrijgegeven, toestemming krijgen onder de voorwaarden bepaald door de Minister van Financiën om:
– de goederen vrij van kosten aan de schatkist af te staan;
– de goederen onder toezicht van de douane te doen vernietigen; de eventuele hieraan verbonden kosten komen ten laste van de aangever.
§ 2. Het afstaan van de goederen aan de schatkist of hun vernietiging onder toezicht van de douane ontslaat de aangever van de betaling van de rechten bij invoer.
§ 3. Het in het vrije verkeer brengen van resten en afvallen die eventueel voortkomen uit het vernietigen van de goederen geschiedt op basis van de daarvoor geldende heffingsgrondslagen, zoals zij door de douane op de datum van de vernietiging worden erkend of aanvaard.]

Ingevoegd bij art. 1 K.B. 23 augustus 1982 (B.S. 31. VIII.1982).

[Art. 70-21. § 1. De bepalingen van artikel 94 zijn van toepassing om de situatie te regelen van de goederen die niet konden worden vrijgegeven:
a) omdat het onderzoek ervan niet binnen de gestelde termijnen kon worden aangevangen of voortgezet om redenen die aan de aangever te wijten zijn, of
b) omdat de documenten die noodzakelijk zijn voor het in het vrije verkeer brengen van de goederen, niet werden voorgelegd,
of
c) omdat er binnen de gestelde termijnen geen betaling van de rechten bij invoer heeft plaatsgevonden noch zekerheid daarvoor is gesteld.
§ 2. Zo nodig kan de douane de goederen die zich in een toestand als bedoeld in § 1 bevinden, laten vernietigen.
De bepalingen van artikel 70-20, § 3, zijn van toepassing.
§ 3. Wanneer de douane de goederen verkoopt geschiedt de verkoop volgens de procedure voorzien in Hoofdstuk XII.]

Ingevoegd bij art. 1 K.B. 23 augustus 1982 (B.S. 31. VIII.1982).

[Art. 70-22. [§ 1. Aan de aangever wordt, op zijn verzoek door de douane machtiging verleend om de aangifte tot het in het vrije verkeer brengen in vereenvoudigde vorm in te dienen wanneer goederen bij de douane worden aangeboden met overlegging achteraf van een aanvullende aangifte die in voorkomend geval, een algemeen, periodiek of samenvattend karakter kan hebben.
Het verzoek dient schriftelijk te worden ingediend

en alle voor de verlening van de machtiging noodzakelijke gegevens te bevatten.
§ 2. De vereenvoudigde aangifte kan de vorm hebben:
1° hetzij van een onvolledige aangifte als bedoeld in artikel 70-10, § 2;
2° hetzij van een administratief of handelsdocument dat de voor de identificatie van de goederen noodzakelijke vermeldingen bevat.
Bij de vereenvoudigde aangifte moeten alle documenten worden gevoegd die dienen te worden overgelegd als voorwaarde voor het in het vrije verkeer brengen van de goederen.
§ 3. De gegevens van de aanvullende aangifte worden geacht, samen met de gegevens van de vereenvoudigde aangifte waarop zij betrekking hebben, één enkele en ondeelbare akte te vormen, die geldig is vanaf de datum van aanvaarding van de oorspronkelijke aangifte.]]

Ingevoegd bij art. 1 K.B. 23 augustus 1982 (B.S. 31. VIII.1982) en vervangen bij art. 18 W. 27 december 1993 (B.S. 30.XII.1993).

[Art. 70-23. [De machtiging om een beroep te doen op de vereenvoudigde aangifteprocedure wordt verleend aan de persoon op of uit wiens naam de aangifte voor het in het vrije verkeer brengen is gedaan.
De verlening van de machtiging is afhankelijk van het stellen van een zekerheid waarvan het bedrag door de douane wordt vastgesteld om de eventuele inning te verzekeren van de rechten bij invoer.
In de machtiging:
1° wordt het douanekantoor aangewezen dat de vereenvoudigde aangiften kan aanvaarden;
2° worden de goederen bepaald waarop zij toepasselijk is, alsmede de gegevens die ter identificatie van de goederen op de vereenvoudigde aangifte moeten voorkomen;
3° wordt de vorm en de inhoud van de vereenvoudigde aangiften bepaald;
4° wordt de vorm en de inhoud van de aanvullende aangiften bepaald en de termijn vastgesteld waarbinnen deze op het hiertoe aangewezen douanekantoor moeten worden neergelegd;
5° wordt de zekerheid bedoeld in lid 2 vermeld.]]

Ingevoegd bij art. 1 K.B. 23 augustus 1982 (B.S. 31. VIII.1982) en vervangen bij art. 18 W. 27 december 1993 (B.S. 30.XII.1993).

[Art. 70-23bis. De machtiging wordt geweigerd wanneer:
1° een doeltreffende controle op invoerverboden of -beperkingen of op de naleving van andere op het in het vrije verkeer brengen van toepassing zijnde bepalingen, niet kan worden gewaarborgd;
2° de aanvrager een zware overtreding of herhaalde overtredingen van de douanevoorschriften heeft begaan;
3° de aanvrager slechts incidenteel in eigen naam voor eigen rekening of voor rekening van een andere

persoon goederen in het vrije verkeer brengt.

De machtiging wordt ingetrokken wanneer de gevallen bedoeld in het eerste lid zich voordoen.]

Ingevoegd bij art. 19 W. 27 december 1993 (B.S. 30. XII.1993).

[Art. 70-24. [De douane staat op verzoek de domiciliëringsprocedure toe, op grond waarvan in de door de communautaire wetgeving bepaalde gevallen goederen in het vrije verkeer kunnen worden gebracht in de onderneming van de belanghebbende of op andere door de douane aangewezen of erkende plaatsen.

Het verzoek dient schriftelijk te worden ingediend en alle met het oog op de verlening van de machtiging noodzakelijke gegevens te bevatten.]]

Ingevoegd bij art. 1 K.B. 23 augustus 1982 (B.S. 31. VIII.1982) en vervangen bij art. 20 W. 27 december 1993 (B.S. 30.XII.1993).

[Art. 70-25. [Een machtiging om gebruik te maken van de domiciliëringsprocedure kan slechts worden verleend voor zover:

1° de administratie van de aanvrager een doeltreffende controle mogelijk maakt, met name een controle a posteriori;

2° een doeltreffende controle op de invoerverboden of -beperkingen of op de naleving van andere op het in het vrije verkeer brengen van toepassing zijnde bepalingen is verzekerd.]]

Ingevoegd bij art. 1 K.B. 23 augustus 1982 (B.S. 31. VIII.1982) en vervangen bij art. 21 W. 27 december 1993 (B.S. 30.XII.1993).

[Art. 70-26. De machtiging om een beroep te doen op de domiciliëringsprocedure wordt verleend aan de persoon die goederen in het vrije verkeer wil brengen.

De machtiging is afhankelijk van het stellen van een zekerheid waarvan het bedrag door de douane wordt vastgesteld om de eventuele inning van rechten bij invoer en de accijnzen te waarborgen.

De machtiging legt de nadere regels voor de werking van de procedure vast en bepaalt met name:

1° de goederen waarop de procedure toepasselijk is;

2° de vorm van de verplichtingen als bedoeld in artikel 70-27;

3° het tijdstip waarop de goederen worden vrijgegeven;

4° de termijn waarbinnen de aangifte als bedoeld in artikel 70-4 moet worden ingediend;

5° de voorwaarden waaronder algemene, periodieke of samenvattende aangiften met betrekking tot de goederen kunnen worden ingediend;

6° de zekerheid bedoeld in lid 2.]

Ingevoegd bij art. 22 W. 27 december 1993 (B.S. 30. XII.1993).

[Art. 70-27. Met het oog op de toepassing van artikel 70-25, is de houder van de machtiging verplicht om zodra de goederen zijn aangekomen op de aangewezen plaats:

1° aan de douane in de vorm en op de wijze die zijn vastgesteld in de machtiging, van deze aankomst kennis te geven teneinde de vrijgave van de goederen te verkrijgen;

2° de goederen in te schrijven in zijn administratie. De inschrijving moet de datum vermelden waarop zij plaatsvindt, alsmede de voor de identificatie van de goederen noodzakelijke vermeldingen bevatten. Deze inschrijving heeft dezelfde juridische waarde als de aanvaarding van de aangifte als bedoeld in artikel 70-10, § 1;

3° voor de douane alle documenten beschikbaar houden die moeten worden overgelegd als voorwaarde voor de toepassing van de bepalingen die gelden voor het in het vrije verkeer brengen van goederen.

Wanneer de omstandigheden het rechtvaardigen, kan de douane, in afwijking van het eerste lid, 1°, de houder van de machtiging, onder de voorwaarden die zij bepaalt, ontslaan van de verplichting om elke aankomst mee te delen; in dit geval worden de goederen geacht te zijn vrijgegeven zodra ze in zijn administratie zijn ingeschreven.]

Ingevoegd bij art. 22 W. 27 december 1993 (B.S. 30. XII.1993).

[Art. 70-28. Een machtiging wordt geweigerd wanneer de aanvrager:

1° een zware overtreding of herhaalde overtredingen van de douanevoorschriften heeft begaan;

2° slechts incidenteel goederen in het vrije verkeer brengt.]

Ingevoegd bij art. 22 W. 27 december 1993 (B.S. 30. XII.1993).

[Art. 70-29. De machtiging wordt ingetrokken:

1° wanneer één van de voorwaarden bedoeld in artikel 70-25 niet of niet meer is vervuld;

2° in het geval bedoeld in artikel 70-28, 1°.

Wanneer de houder van de machtiging niet voldoet aan de verplichtingen die hem zijn opgelegd, kan de machtiging worden ingetrokken.]

Ingevoegd bij art. 22 W. 27 december 1993 (B.S. 30. XII.1993).

HOOFDSTUK IX

UITVOER TER ZEE

Art. 71. Voor alle goederen, ter zee uitgaande, moeten de aangifte gedaan en de rechten voldaan worden op een der laadplaatsen, welke voor deze uitvoer zijn of verder zullen worden bepaald, of voor de accijnsgoederen, die uitgaan onder genot van afschrijving van accijns, op de plaats of plaatsen, alwaar dezelve in de kredietrekening van de aangever zijn opgenomen, hetzij dat de goederen dadelijk in het schip, hetwelk met dezelve naar het buitenland zal vertrekken, geladen worden, ofwel met lichters of anderzins worden vervoerd, om elders in het vorenbedoeld schip te worden ingeladen.

Art. 72. De goederen zullen het Rijk niet worden uitgevoerd dan met de schepen, welke daartoe zijn opgegeven en op de documenten vermeld, op een boete van [[300 EUR]], ten laste van de contraveniërende schipper, tenzij in bijzondere gevallen, op schriftelijke toelating van het plaatselijk hoofd der douane.

Gewijzigd bij art. 2-15 K.B. 20 juli 2000 (II) (B.S. 30. VIII.2000, err. B.S. 8.III.2001) en bij art. 42, 5° K.B. 13 juli 2001 (B.S. 11.VIII.2001, err. B.S. 21.XII.2001).

Art. 73. Behoudens in de door de Minister van Financiën bepaalde gevallen, moet een generale verklaring bij het uitgaan worden ingediend op het douanekantoor waar de aangiften betreffende de lading werden overgelegd.

Die generale verklaring moet door de kapitein of door een van de in artikel 24, tweede lid, bedoelde personen worden ondertekend.

Art. 74. De kapitein is verplicht te stoppen aan het laatste uitgangskantoor.

HOOFDSTUK X

UITVOER LANGS DE RIVIEREN EN TE LAND

Art. 75. Voor accijnsgoederen die langs rivieren of te land worden uitgevoerd met ontheffing van accijns, wordt de aangifte voor uitvoer gedaan op het kantoor waar die goederen zijn aangeschreven en waar de creditrekening van de aangever wordt gehouden.

Art. 76. Bij het uitgaan langs de rivieren, is mede van toepassing de bepaling, in artikel 72 vervat; en geen uitvoer te lande mag plaats hebben dan langs dezelfde heerbanen of grote wegen, als in artikel 57 zijn gemeld; zijnde de kantoren in artikel 57, tweede lid bedoeld, voor de uitvoer, alleen bestemd tot de ontvangst der rechten van de voortbrengselen der plaatsen binnen of in de omtrek waarvan dezelve zijn gevestigd.

Art. 77. De uitvoerders langs de rivieren of te land zullen de documenten van hun goederen, op de laatste wacht, en alvorens dezelve te passeren, moeten overgeven aan de beambten, om, na visitatie en vergelijking met de goederen, ingetrokken te worden.

Indien die wacht niet aan de uiterste grenzen is geplaatst, zal, ter verder geleide tot het buitenland, een akte van uitklaring of ontvangbewijs verleend worden.

Art. 78. Voor de uitvoer langs de rivieren en te land, zijn de uiterste of laatste wachten dezelfde kantoren of posten, welke voor de eerste aangifte bij het

inkomen, volgens artikel 56, zijn of verder zullen worden aangewezen.

[HOOFDSTUK Xbis

UITVOER VAN COMMUNAUTAIRE GOEDEREN]

Opschrift ingevoegd bij art. 2 K.B. 18 maart 1983 (B.S. 31.III.1983).

[Art. 78-2. § 1. Bij uitvoer van communautaire goederen uit het douanegebied van de Gemeenschap dient bij een douanekantoor een uitvoeraangifte te worden ingediend.

§ 2. De aangifte kan worden gedaan door iedere natuurlijke persoon of rechtspersoon, gevestigd in de Gemeenschap en die bij machte is om de betreffende goederen en alle documenten nodig voor de uitvoer van de goederen, aan de douane aan te bieden of te laten aanbieden. Artikel 70-3, § 2 is van toepassing op die persoon.

§ 3. De aangifte moet worden gedaan door middel van een formulier van het model dat door de Minister van Financiën wordt vastgesteld.

[Zij moet worden ondertekend door de aangever. Zij bevat de vermeldingen welke nodig zijn voor de identificatie van de goederen, voor de berekening van de rechten bij uitvoer of de toe te kennen bedragen bij uitvoer en voor de toepassing van de bepalingen die gelden voor de uitvoer van de goederen. Alle stukken welke nodig zijn voor dezelfde doeleinden moeten bij de aangifte worden bijgevoegd.]

§ 4. De Minister van Financiën kan preciseren welke vermeldingen op de aangifte moeten voorkomen en welke documenten er moeten bijgevoegd worden.

§ 5. Artikel 70-4, § 3, is van toepassing op de uitvoeraangifte.]

Ingevoegd bij art. 2 K.B. 18 maart 1983 (B.S. 31.III.1983); § 3, al. 2 vervangen bij art. 23 W. 27 december 1993 (B.S. 30.XII.1993).

[Art. 78-3. § 1. De Minister van Financiën kan voorschrijven dat voor goederen die worden ingevoerd zonder handelsoogmerk, alsmede voor goederen van geringe waarde, met name die welke deel uitmaken van de persoonlijke bagage van reizigers, geen schriftelijke aangifte behoeft te worden gedaan.

§ 2. De Minister van Financiën kan bijzondere regels bepalen voor postzendingen en postcolli.]

Ingevoegd bij art. 2 K.B. 18 maart 1983 (B.S. 31.III.1983).

[Art. 78-4. De indiening van de aangifte bij het bevoegde douanekantoor moet geschieden op de dagen en uren waarop dit kantoor geopend is.

De douane kan evenwel op verzoek en op kosten van de aangever toestaan dat de aangifte buiten deze dagen en uren wordt ingediend. Artikel 17 is in dat geval toepasselijk.]

Ingevoegd bij art. 2 K.B. 18 maart 1983 (B.S. 31.III.1983).

[**Art. 78-5.** § 1. De uit te voeren goederen moeten worden aangeboden bij een douanekantoor dat bevoegd is voor het vervullen van de betreffende uitvoerformaliteiten.

§ 2. De aangifte kan worden ingediend vanaf het ogenblik dat de goederen bij dat kantoor worden aangeboden.

Worden als aangeboden bij een douanekantoor beschouwd, goederen waarvan de aanwezigheid bij dat kantoor of op een andere door de douane aangewezen plaats aan de ambtenaren is medegedeeld, zodat zij er toezicht of controle op kunnen uitoefenen.

§ 3. Artikel 70-7, § 2 en 3, is van toepassing op de uitvoer.]

Ingevoegd bij art. 2 K.B. 18 maart 1983 (B.S. 31.III.1983).

[**Art. 78-6.** § 1. Voor het doen van de uitvoeraangifte voor communautaire goederen, die onder een douaneregeling vallen, geeft de douane, op de door haar vast te stellen voorwaarden, aan de aangever toestemming om de goederen vooraf te onderzoeken en monsters te nemen.

§ 2. Artikel 70-8, § 2 en 3, is van toepassing op de uitvoer.]

Ingevoegd bij art. 2 K.B. 18 maart 1983 (B.S. 31.III.1983).

[**Art. 78-7.** § 1. De aangifte die voldoet aan de in artikel 78-2 gestelde voorwaarden wordt onmiddellijk door de douane aanvaard, volgens de vastgestelde vorm.

De datum van aanvaarding wordt op de aangifte vermeld. [...]

§ 2. Telkens wanneer zij zulks noodzakelijk acht gaat de douane over tot verificatie van de aangifte en de documenten die daarbij zijn gevoegd, ten einde na te gaan of de vermeldingen in die documenten overeenstemmen met de in die aangifte vervatte vermeldingen.]

Ingevoegd bij art. 2 K.B. 18 maart 1983 (B.S. 31.III.1983); § 1, al. 2 gewijzigd bij art. 24 W. 27 december 1993 (B.S. 30.XII.1993).

[**Art. 78-8.** § 1. De aangever kan, op zijn verzoek, bepaalde vermeldingen op de aangifte, die reeds door de douane aanvaard werd, verbeteren.

§ 2. Deze verbetering is afhankelijk van de volgende voorwaarden:

1. ze moet gevraagd worden voordat de goederen het douanekantoor of de daartoe aangewezen plaats hebben verlaten, tenzij het verzoek betrekking heeft op gegevens waarvan de douane de juistheid zelfs bij afwezigheid van de goederen kan nagaan;

2. ze kan niet meer worden toegestaan wanneer het verzoek wordt gedaan nadat de douane de aangever in kennis heeft gesteld:

– van haar voornemen de goederen aan een onderzoek te onderwerpen;

– van de door haar geconstateerde onjuistheid van de in § 1 bedoelde vermeldingen;

3. ze mag niet tot gevolg hebben dat de aangifte betrekking heeft op andere goederen dan die waarop zij oorspronkelijk betrekking had.

§ 3. Tenzij het een onbelangrijke verbetering betreft, moet de oorspronkelijke aangifte vervangen worden door een nieuwe aangifte.

In dat geval moet de datum, waarop de oorspronkelijke aangifte is aanvaard, worden aangehouden als datum voor de toepassing van de bepalingen die gelden voor de uitvoer van de goederen.]

Ingevoegd bij art. 2 K.B. 18 maart 1983 (B.S. 31.III.1983).

[**Art. 78-9.** § 1. Zolang de goederen het douanegebied van de Gemeenschap niet hebben verlaten, mag de aangever om annulering of ongeldigmaking van de aangifte verzoeken.

§ 2. Wanneer de douane de aangever in kennis heeft gesteld van haar voornemen om over te gaan tot een onderzoek van de goederen waarop de aangifte betrekking heeft, kan het verzoek slechts worden gedaan nadat dit onderzoek heeft plaatsgevonden.

§ 3. Door de douane wordt slechts toestemming gegeven tot annulering of ongeldigmaking van de aangifte voor zover de aangever:

1. haar aantoont dat de goederen het douanegebied van de Gemeenschap niet hebben verlaten;

2. haar alle exemplaren van de uitvoeraangifte overlegt, alsmede alle andere bijgevoegde documenten;

3. haar aantoont dat de nodige maatregelen zijn getroffen om de restituties en andere ingevolge de aangifte ten uitvoer toegekende bedragen niet uit te betalen.

§ 4. De annulering of ongeldigmaking van de aangifte belet niet dat strafbepalingen worden toegepast ten aanzien van door de aangever begane overtredingen.

§ 5. Wanneer de uitvoer van de goederen binnen een bepaalde termijn moet voltrokken zijn, leidt het niet in acht nemen van die termijn tot annulering of ongeldigmaking van de betreffende aangifte, behalve indien de bedoelde termijn door de douane wordt verlengd.]

Ingevoegd bij art. 2 K.B. 18 maart 1983 (B.S. 31.III.1983).

[**Art. 78-10.** De artikelen 70-13, 70-14, 70-15 en 70-16, zijn van toepassing op de uitvoer.]

Ingevoegd bij art. 2 K.B. 18 maart 1983 (B.S. 31.III.1983).

[**Art. 78-11.** § 1. De resultaten van de verificatie van de aangifte en de daarbij gevoegde documenten, al dan niet gepaard gaande met een onderzoek van de goederen, dienen als grondslag [voor de berekening van de rechten bij uitvoer of de toe te kennen bedragen bij uitvoer en] voor de toepassing van de bepalingen die gelden voor de uitvoer van de goederen.

§ 2. Wanneer de douane overgaat tot de in § 1 bedoelde verificatie of onderzoek, vermeldt zij de gecontroleerde gegevens en de resultaten hiervan in detail, overeenkomstig de door de Minister van Financiën voorgeschreven regels.

§ 3. Indien de douane noch tot de verificatie van de aangifte en de bijgevoegde documenten, noch tot het onderzoek van de goederen overgaat, gebeurt [de berekening van de rechten bij uitvoer of de toe te kennen bedragen bij uitvoer en] de toepassing van de bepalingen die gelden voor de uitvoer van de goederen volgens de vermeldingen op de aangifte.

§ 4. De bepalingen van § 1 vormen geen beletsel voor een eventuele latere controle door de douane, noch voor de gevolgen die hieruit kunnen voortvloeien [namelijk wat betreft een wijziging van de rechten bij uitvoer of de toe te kennen bedragen bij uitvoer].]

[§ 5. Het bedrag van de rechten bij uitvoer, bedoeld in artikel 1, 4°, b, 1, vastgesteld door de douane wordt meegedeeld aan de aangever.]

Ingevoegd bij art. 2 K.B. 18 maart 1983 (B.S. 31.III.1983); § 1 gewijzigd bij art. 25, 1° W. 27 december 1993 (B.S. 30.XII.1993); § 3 gewijzigd bij art. 25, 2° W. 27 december 1993 (B.S. 30.XII.1993); § 4 gewijzigd bij art. 25, 3° W. 27 december 1993 (B.S. 30.XII.1993); § 5 ingevoegd bij art. 25, 4° W. 27 december 1993 (B.S. 30.XII.1993).

[Art. 78-12. § 1. [Onverminderd de toepassing van de verbodsbepalingen of beperkende maatregelen die eventueel voor de ten uitvoer aangegeven goederen gelden, geeft de douane slechts toestemming tot het uitvoeren van de goederen nadat zij zich er in voorkomend geval van heeft vergewist dat de rechten bij uitvoer zijn betaald of dat hiervoor zekerheid is gesteld of uitstel van betaling is verleend.]

§ 2. De vorm waarin de douane de toestemming tot het uitvoeren van de goederen verleent, wordt door de Minister van Financiën vastgesteld, rekening houdend met de plaats waar de goederen zich bevinden en met de bijzondere bepalingen volgens welke de douane toezicht op de goederen uitoefent.

§ 3. De goederen, waarvoor toestemming tot uitvoer is verleend, blijven onder douanecontrole tot het tijdstip waarop zij het douanegebied van de Gemeenschap verlaten.]

Ingevoegd bij art. 2 K.B. 18 maart 1983 (B.S. 31.III.1983); § 1 vervangen bij art. 26 W. 27 december 1993 (B.S. 30. XII.1993).

[Art. 78-13. § 1. De Minister van Financiën bepaalt de voorwaarden waaraan de aangever moet voldoen om van de douane toestemming te verkrijgen om bepaalde gegevens van de aangifte achteraf te verschaffen of over te nemen in aanvullende aangiften met een algemeen, periodiek of samenvattend karakter.

§ 2. De gegevens van de aanvullende aangiften, bedoeld in § 1, worden geacht, samen met de gegevens

van de aangiften waarop zij betrekking hebben, één enkele en ondeelbare akte te vormen, die geldig is vanaf de datum van aanvaarding van de oorspronkelijke aangifte.]

Ingevoegd bij art. 2 K.B. 18 maart 1983 (B.S. 31.III.1983).

[Art. 78-14. De Minister van Financiën treft de nodige bepalingen om, wanneer de omstandigheden dit rechtvaardigen, het uitvoeren van de goederen toe te laten zonder dat de in artikel 78-2 bedoelde aangifte vooraf is ingediend.]

Ingevoegd bij art. 2 K.B. 18 maart 1983 (B.S. 31.III.1983).

[Art. 78-15. De Minister van Financiën treft de nodige bepalingen om natuurlijke of rechtspersonen, die dikwijls goederen uitvoeren, te machtigen om die goederen uit hun lokalen rechtstreeks uit het douanegebied van de Gemeenschap te verzenden, zonder dat de in artikel 78-2 bedoelde aangifte vooraf bij een bevoegd douanekantoor is ingediend.]

Ingevoegd bij art. 2 K.B. 18 maart 1983 (B.S. 31.III.1983).

[Art. 78-16. […]]

Ingevoegd bij art. 2 K.B. 18 maart 1983 (B.S. 31.III.1983) en opgeheven bij art. 82 W. 22 december 1989 (B.S. 29. XII.1989).

HOOFDSTUK XI

[BIJZONDERE BEPALINGEN BETREFFENDE DE UITVOER VAN GOEDEREN MET ONTHEFFING VAN ACCIJNZEN]

Opschrift vervangen bij art. 83 § 1 W. 22 december 1989 (B.S. 29.XII.1989).

Art. 79. [De overbrenging naar een douanekantoor van goederen die met ontheffing van accijnzen worden uitgevoerd, moet onder accijnsverband geschieden met een te zuiveren accijnsdocument.]

Vervangen bij art. 83 § 2 W. 22 december 1989 (B.S. 29.XII.1989).

Art. 80. [Op het douanekantoor kunnen de ambtenaren op zicht van het accijnsdocument en van de aangifte ten uitvoer inzake douane, overgaan tot een grondige verificatie van de onder accijnsverband overgebrachte goederen.]

Vervangen bij art. 83 § 2 W. 22 december 1989 (B.S. 29.XII.1989).

Art. 81. [Na verificatie zuiveren de ambtenaren het accijnsdocument en tekenen terzelfdertijd hun bevindingen aan in het vak ad hoc van de aangifte ten uitvoer. Vanaf dat ogenblik bevinden de goederen zich onder douaneregeling.]

Vervangen bij art. 83 § 2 W. 22 december 1989 (B.S. 29.XII.1989).

Art. 82. [De accijnsgoederen onder douaneregeling mogen slechts aan deze regeling onttrokken worden mits zij op de gewone wijze ten uitvoer worden aangegeven.]

Vervangen bij art. 83 § 2 W. 22 december 1989 (B.S. 29.XII.1989).

Art. 83-84. […]

Opgeheven bij art. 83 § 3 W. 22 december 1989 (B.S. 29.XII.1989).

HOOFDSTUK XII

VERBODEN, ONBEKENDE, NIET AANVAARDE EN ONBEHEERDE GOEDEREN

Art. 85. Goederen ten invoer verboden, doch ter eerste wacht op de inklaring of aangifte vermeld onder hun ware of eigen benaming, kunnen dadelijk weder worden teruggevoerd, of naar 's Rijks pakhuizen, in de hoofdplaats der directie, verzegeld of bewaakt, overgebracht, evenals volgens artikel 30, de goederen, welke, bij de inklaring uit zee, zijn opgegeven als onbekend of onder de algemene benaming van koopwaren, en van welke, vóór de lossing, geen behoorlijke aangifte kon worden gedaan.

Art. 86. De goederen zullen, bij aankomst in de hoofdplaats der directie, worden gesteld onder beheer van de ontvanger, en zo spoedig mogelijk, immer binnen twee dagen daarna, zondagen en wettelijke feestdagen niet medegerekend, ten overstaan van de directeur of iemand van zijnentwege en van de belanghebbende, zo hij zich daartoe aanmeldt, moeten worden geïnventariseerd.

Art. 87. Zij zullen aldaar onder bewaring van de ambtenaren mogen verblijven gedurende de tijd van één jaar. Binnen die tijd zullen de niet verboden goederen nader behoorlijk kunnen worden aangegeven en de ten invoer verbodene weer kunnen worden teruggevoerd langs dezelfde weg, als zij zijn ingekomen, vrij van rechten.

In beide gevallen zullen de kosten van beheer en bewaring door de belanghebbenden moeten worden voldaan.

Art. 88. Na verloop van die tijd, zal de directeur, op bekomen machtiging van de voorzitter van de rechtbank van eerste aanleg, welke op verzoekschrift, ondertekend door de directeur en na summier onderzoek zal worden verleend, doen overgaan tot de verkoop der alsdan nog onopgeëiste goederen. De verkoop echter zal niet geschieden dan na [twee] opvolgende oproepingen [van twee weken tot twee weken], te plaatsen in twee nieuwsbladen aangewezen door de voorzitter van de rechtbank van eerste aanleg, en aan te plakken vóór het kantoor ter plaatse van de verkoop. De verkoop zal in alle gevallen in het openbaar aan de meestbiedende moeten geschieden.

Gewijzigd bij art. 84 W. 22 december 1989 (B.S. 29. XII.1989).

Art. 89. De ten invoer verboden goederen zullen worden verkocht onder voorwaarde van verzekerde terugvoer over hetzelfde kantoor, langs hetwelk zij zijn ingekomen, doch vrij van rechten.

Art. 90. Aan degenen, welke binnen de tijd van twee jaren na de verkoop, bewijzen zullen daarop recht te hebben, zal de opbrengst van de verkoop der goederen, na aftrek der kosten, en van de niet verboden goederen tevens van de verschuldigde rechten en accijnzen worden uitgekeerd.

Art. 91. De zuivere opbrengst niet binnen de daartoe bepaalde tijd zijnde opgeëist, zal dezelve voor 's Rijks kas verkregen, en dienvolgens bij de administratie definitief in ontvangst genomen worden.

Art. 92. Wanneer onder de goederen, in dit hoofdstuk vermeld, spoedig bederfelijke gevonden worden, zal de directeur de publieke verkoop, na voorafgaande machtiging, te verlenen op de voet van artikel 88 omschreven, onmiddellijk kunnen doen plaats hebben. In dat geval zal de opbrengst van de verkoop niet dan na verloop van drie jaren, na de opslag der goederen, definitief voor 's Rijks kas verkregen worden.

Art. 93. Geen vervoer naar de hoofdplaats der directie behoeft te geschieden, indien zich een Rijks pakhuis bevindt ter plaats, alwaar de goederen worden aangebracht; maar alsdan zullen de opslag, inventarisatie en verkoop, onder inachtneming van voormelde bepalingen, aldaar kunnen gedaan worden door tussenkomst van het plaatselijk hoofd der douane, als vervangende de directeur.

Art. 94. Inkomende goederen, welke de geconsigneerde niet wenst, op de voet van deze wet en van de bijzondere wetten, in- of op te slaan, zullen dadelijk weder kunnen worden teruggevoerd naar het buitenland, tegen betaling der transitorechten, zo niet worden ze beschouwd en behandeld als aan de administratie, voor de rechten en accijnzen, te zijn afgestaan, behoudens dat, in geval van publieke verkoop, de meerdere opbrengst zal kunnen worden gereclameerd binnen de tijd en op de voet, als in artikel 90 vermeld.

HOOFDSTUK XIII

DOORVOER

Afdeling 1

Doorvoer in 't algemeen

Art. 95. [Onverminderd de artikelen 96 tot 99, worden de regels met betrekking tot de doorvoer bepaald in de verordeningen van de Europese Gemeenschappen.]

Vervangen bij art. 27 W. 27 december 1993 (B.S. 30. XII.1993).

Art. 96. [Voorzover de goederen niet verboden zijn bij invoer, kan van de doorvoer worden afgezien bij één van de douanekantoren van het land binnen de grenzen van de attributen die aan die kantoren zijn toegekend door de Minister van Financiën.]

Vervangen bij art. 27 W. 27 december 1993 (B.S. 30. XII.1993).

Art. 97. [Wanneer, ingevolge ongeval of overmacht tijdens de doorvoer, de zegels verbroken of geschonden worden, overlading noodzakelijk is of het vervoer niet onmiddellijk kan worden voortgezet, wordt op verzoek van de belanghebbende het ongeval of de overmacht aangetekend op het doorvoerdocument door twee ambtenaren der douane of der accijnzen. Indien geen twee ambtenaren der douane of der accijnzen ter plaatse kunnen worden aangetroffen, mag de aantekening gedaan worden, hetzij door een ambtenaar der douane of der accijnzen, bijgestaan door een lid van de rijkswacht of door een agent van het gemeentebestuur, hetzij door twee leden van de rijkswacht, hetzij door twee agenten van het gemeentebestuur, hetzij nog door een lid van de rijkswacht en een agent van het gemeentebestuur.

Ingeval dreigend gevaar onverwijld overlading van de gehele zending of van een gedeelte daarvan noodzakelijk maakt, mag de belanghebbende daartoe overgaan zonder eerst de tussenkomst van de voormelde autoriteiten af te wachten. Hij moet van deze verrichting melding maken op het doorvoerdocument, onmiddellijk genoemde autoriteiten verwittigen en aantonen dat hij ter vrijwaring van het voertuig of van de lading niet anders handelen kon.]

Vervangen bij art. 27 W. 27 december 1993 (B.S. 30. XII.1993).

Art. 98. [In geval van vervoer per spoor wordt elk ongeval of geval van overmacht vastgesteld door twee ambtenaren van de Nationale Maatschappij van de Spoorwegen.]

Vervangen bij art. 27 W. 27 december 1993 (B.S. 30. XII.1993).

Art. 99. [Indien het onderzoek ten kantore van uitvoer geen overtreding aan het licht brengt, wordt het doorvoerdocument door de ambtenaren gezuiverd. Deze zuivering wordt slechts definitief na vaststelling van de uitvoer.

Ingeval een overtreding wordt vastgesteld, mogen de ambtenaren zich de handelsdocumenten betreffende de zending doen overleggen.]

Vervangen bij art. 27 W. 27 december 1993 (B.S. 30. XII.1993).

Art. 100. [...]

Opgeheven bij art. 28, 1° W. 27 december 1993 (B.S. 30.XII.1993).

Afdeling 2

[...]

Opschrift opgeheven bij art. 28, 2° W. 27 december 1993 (B.S. 30.XII.1993).

Art. 101-104. [...]

Opgeheven bij art. 28, 2° W. 27 december 1993 (B.S. 30.XII.1993).

Afdeling 3

[...]

Opschrift opgeheven bij art. 28, 3° W. 27 december 1993 (B.S. 30.XII.1993).

Art. 105-111. [...]

Opgeheven bij art. 28, 3° W. 27 december 1993 (B.S. 30.XII.1993).

Afdeling 4

[...]

Art. 112. [...]

Opgeheven bij art. 28, 4° W. 27 december 1993 (B.S. 30.XII.1993).

Afdeling 5

Kosten ten laste van de aangevers

Art. 113. § 1. De aangevers, kapiteins, schippers, voerlieden of geleiders zijn gehouden de werklieden zomede de verpakkings-, lossings- en herladingsmiddelen te leveren voor de verificatie ten kantore van binnenkomen en van uitgaan benevens in het geval van § 2 van onderhavig artikel; zo niet laat de administratie het doen op hun kosten.

§ 2. Voor andere verificaties die binnen de tolkring

kunnen plaats hebben, vallen de kosten enkel te hunnen laste in geval van behoorlijk vastgestelde overtreding.

§ 3. Zijn ten laste van de aangevers de kosten van voedsel, verwarming en verlichting gedurende de heenreis en het verblijf van de begeleidende beambten.

Afdeling 6

Strafbepalingen

Art. 114. § 1. [Elke afwijking van de voorgeschreven weg door de tolkring; elke verwaarlozing in verband met de verplichting het doorvoerdocument voor visum aan te bieden bij de er op aangeduide kantoren of posten van doortocht; elke niet aangegeven of niet geoorloofde verandering van vervoermiddelen; elke lossing van goederen binnen de tolkring en vóór het begin van de verificatie ten uitgangskantore; elke breuk, scheuring of schending, 't zij geheel, 't zij gedeeltelijk van de zegels, of van de koordjes waaraan ze bevestigd zijn, of hun sluikse herstelling, geven aanleiding tot de betaling van de rechten en van de accijns en brengen de vernietiging van de doorvoer mee, en vervolgens, ten laste van de kapitein, schipper of vervoerder, [een boete van een- tot tweemaal de rechten], de toe te kennen bedragen bij invoer, de toe te kennen bedragen bij uitvoer of de accijns, indien deze hoger is, op alle in het document vermelde goederen. [Deze boete bedraagt de helft van de waarde tot de volledige waarde van de goederen], indien ze bij invoer verboden zijn, en beloopt [[125 EUR]] indien ze vrij zijn.]

§ 2. Indien bevonden wordt dat de breuk, scheuring of schending der zegels of koordjes het gevolg is van een ongeval, waaromtrent belanghebbende beambten heeft verwittigd vóór het begin van de verificatie, en zo anderzijds niets op smokkel wijst, beloopt de boete slechts [[[125 EUR]]] per vervoer, en de ontvanger over het gebied mag voortzetting van de doorvoer veroorloven na, desgevallend, nieuwe verificatie en aanbrenging van zegels of stempels, wat op het document wordt vermeld.

§ 3. Geen boete wordt opgelopen voor lossing van de goederen, verandering van de vervoermiddelen en breuk, scheuring of schending van de zegels, of koordjes, door ongeval teweeggebracht, zo erkend wordt dat zulks veroorzaakt werd door overmacht behoorlijk vastgesteld overeenkomstig [de artikelen 97 en 98].

§ 1 vervangen bij art. 29, 1° W. 27 december 1993 (B.S. 30.XII.1993) en gewijzigd bij art. 2-15 K.B. 20 juli 2000 (II) (B.S. 30.VIII.2000, err. B.S. 8.III.2001), bij art. 42, 5° K.B. 13 juli 2001 (B.S. 11.VIII.2001, err. B.S. 21.XII.2001) en bij art. 21 W. 21 december 2009 (B.S. 31.XII.2009, ed. 2);
§ 2 gewijzigd bij art. 29, 2° W. 27 december 1993 (B.S. 30. XII.1993), bij art. 2-15 K.B. 20 juli 2000 (II) (B.S. 30. VIII.2000, err. B.S. 8.III.2001) en bij art. 42, 5° K.B. 13 juli 2001 (B.S. 11.VIII.2001, err. B.S. 21.XII.2001);
§ 3 gewijzigd bij art. 29, 3° W. 27 december 1993 (B.S. 30.XII.1993).

Art. 115. § 1. Elke verkeerde doorvoeraangifte vastgesteld ten kantore van invoer valt onder dezelfde straffen alsof de goederen ten verbruik waren aangegeven.

§ 2. [Wanneer, bij de verificatie binnen de tolkring of ten kantore van uitvoer, bevonden wordt dat de goederen een verschil van hoeveelheid vertonen; dat ze enige vervalsing, vermenging of verwisseling hebben ondergaan; dat ze anders zijn in hoedanigheid, soort, oorsprong of aard; dat ze de stempels niet meer vertonen welke er op dit kantoor werden op aangebracht, wordt de hele partij op hetzelfde document verbeurd verklaard, en de aangever, kapitein, schipper of vervoerder lopen, solidair en behoudens verhaal onderling, [een boete op van een- tot tweemaal de rechten], de toe te kennen bedragen bij invoer of bij uitvoer of de accijns, indien deze hoger is. [Deze boete bedraagt de helft van de waarde tot de volledige waarde van de goederen], indien de invoer ervan verboden is; zij beloopt [[125 EUR]] indien ze vrij zijn.]

§ 3. Wanneer, ten gevolge van overslag, verandering van vervoermiddelen of om elke andere reden, verschillende doorvoerdocumenten betrekking hebben op één zelfde lading, worden ze beschouwd, voor de bevonden verschillen, als slechts één enkel document uitmakend.

§ 4. [Indien geen twijfel bestaat nopens de identiteit en het verschil in hoeveelheid kleiner is dan 5 pct., wordt de boete bedoeld in § 2 op het effectieve verschil berekend. In dit geval wordt de doorvoer verdergezet en het verificatiebewijs vermeldt het verschil, opdat de ontvanger ten kantore van uitreiking zou kunnen overgaan tot de inning van de boete en van het recht bij invoer of van de accijns, indien het verschil uit een tekort bestaat en van het recht bij uitvoer, indien het verschil uit een teveel bestaat.]

§ 5. [...]

§ 2 vervangen bij art. 30, 1° W. 27 december 1993 (B.S. 30.XII.1993) en gewijzigd bij art. 2-15 K.B. 20 juli 2000 (II) (B.S. 30.VIII.2000, err. B.S. 8.III.2001), bij art. 42, 5° K.B. 13 juli 2001 (B.S. 11.VIII.2001, err. B.S. 21.XII.2001) en bij art. 22 W. 21 december 2009 (B.S. 31.XII.2009, ed. 2);
§ 4 vervangen bij art. 30, 2° W. 27 december 1993 (B.S. 30.XII.1993);
§ 5 opgeheven bij art. 30, 3° W. 27 december 1993 (B.S. 30.XII.1993).

Art. 116. De artikelen 114 en 115 worden toepasselijk gemaakt:

1° bij invoer en bij elke latere overlegging, aan de douane, van met tijdelijke of met voorlopige vrijstelling van rechten ingevoerde goederen;

2° bij uitvoer van goederen, welke het land uitgaan met het oog op teruggave van reeds geïnde rechten of met het oog op latere wederinvoer met vrijstelling van rechten;

3° op vaststellingen gedaan door de daartoe bevoegde ambtenaren of beambten bij het vertrek, onderweg of ter bestemming, op goederen welke onder douane- of accijnsverband van een plaats van het grondgebied naar een andere worden verzonden.

Afdeling 7

Algemene bepalingen

Art. 117. De beambten van de Nationale Maatschappij der Belgische Spoorwegen zijn, zoals de douanebeambten, bevoegd om misdrijven inzake doorvoer per spoor vast te stellen.

Art. 118. § 1. De doorvoer geschiedt op risico van de aangever. Hij wordt enkel voltrokken geacht wanneer de goederen op het vreemd grondgebied zijn aangekomen of de zeetolkring hebben overschreden.

§ 2. Worden niet als vreemd grondgebied beschouwd, de onzijdige noch de gemeenschappelijke wegen.

Art. 119. Het afschrijven van documenten waarbij doorgevoerde alcohol of geestrijke dranken gedekt zijn, mag door de Minister van Financiën afhankelijk worden gesteld van het overleggen, bij het inkomen in het naburig land, van een ambtshalve afgegeven attest ten blijke van de gelijkluidendheid der in elk van beide landen gedane aangiften van hoeveelheid en [alcoholgehalte].

Gewijzigd bij art. 85 W. 22 december 1989 (B.S. 29. XII.1989).

Art. 120. Doorvoer met betreding van vreemd grondgebied, benevens kustvaart bij doorvoer zijn verboden.

Art. 121. De Koning kan de doorvoer van goederen onderwerpen aan beperkingen van minimumhoeveelheid en aan bijzondere voorwaarden van verpakking.

Art. 122. De Minister van Financiën, of de door hem aangewezen ambtenaar kan:

1° verandering van de vervoermiddelen toestaan;

2° een ander uitgangskantoor aanwijzen;

3° verlenging verlenen van de termijn om de doorvoer te voltrekken en om het document terug te bezorgen;

4° verandering van de wijze van doorvoer toestaan.

Die machtigingen worden met redenen omkleed en op het doorvoerdocument vermeld.

Art. 123. De maatregelen betreffende verificatie en bewaking, benevens de strafbepalingen in onderhavig hoofdstuk voorgeschreven, vinden toepassing op uitvoer met afschrijving van accijns, alsook op invoer ter bestemming van een entrepot en op overbrenging van een entrepot naar een ander entrepot.

Art. 124. [...]

Opgeheven bij art. 4, 42° W. 6 juli 1978 (B.S. 12.VIII.1978).

Art. 125. [...]

Opgeheven bij art. 31 W. 27 december 1993 (B.S. 30. XII.1993).

Art. 126. Het bepaalde in dit hoofdstuk doet geen afbreuk aan de bepalingen van de overeenkomsten en verdragen met vreemde mogendheden betreffende handel of scheepvaart.

HOOFDSTUK XIV

DOUANE-EXPEDITEURS

Art. 127. Niemand mag als douane-expediteur optreden, zo hij niet is ingeschreven in een speciaal register, gehouden onder de door de Minister van Financiën gestelde voorwaarden.

Voor de toepassing van het eerste lid, wordt onder douane-expediteur verstaan elke natuurlijke persoon of rechtspersoon die beroepsmatig, uit zijn naam, voor rekening van derden, de douaneformaliteiten bij in-, uit- of doorvoer vervult.

Art. 128. § 1. Noch de afgezette ambtenaren of beambten van de administratie der douane en accijnzen, noch zij die, op de datum van hun aanvraag om inschrijving, sinds minder dan drie jaar, ontslagen zijn, hun ontslag hebben aangevraagd, te ruste of ter beschikking zijn gesteld, mogen in het stamregister worden ingeschreven.

§ 2. De in § 1 bedoelde personen mogen evenmin, voor rekening van een douane-expediteur of van derden, verrichtingen doen welke hen in aanraking brengen met het personeel van de administratie der douane en accijnzen in dienstactiviteit. Overtreden zij deze bepaling, zo mag de toegang tot de lokalen ten gebruike of onder toezicht van de administratie door het plaatselijk hoofd der douane of door een ambtenaar met minstens de graad van controleur hun worden ontzegd.

Herhaling wordt als verhindering van werkzaamheden aangezien en met een boete van [[25 EUR]] tot [[125 EUR]] gestraft.

Elke nieuwe overtreding geeft aanleiding tot de toepassing van een verdubbelde geldboete en van een gevangenisstraf van acht tot dertig dagen.

§ 2, al. 2 gewijzigd bij art. 2-15 K.B. 20 juli 2000 (II) (B.S. 30.VIII.2000, err. B.S. 8.III.2001) en bij art. 42, 5° K.B. 13 juli 2001 (B.S. 11.VIII.2001, err. B.S. 21.XII.2001).

Art. 129. § 1. De inschrijving wordt geweigerd of ingetrokken aan de personen welke niet voorwaardelijk veroordeeld werden wegens bedrog op het stuk van rechtstreekse, onrechtstreekse of daarmede gelijkgestelde belastingen, wegens diefstal, heling, oplichting, misbruik van vertrouwen of eenvoudige of bedrieglijke bankbreuk, wegens knevelarij of omkoping van ambtenaren.

§ 2. De ontzegging waarvan sprake in artikel 128, § 2, geldt mede voor de in § 1 van dit artikel bedoelde personen.

Art. 130. § 1. De douane-expediteur houdt een jaarlijks repertorium in de door de Minister van Financiën voorgeschreven vorm. Hij schrijft daarin afzonderlijk, volgens een onafgebroken nummerreeks, al zijn verrichtingen zowel bij de invoer als bij de uit- en doorvoer.

Het nummer van elke inschrijving wordt terzelfder tijd als het stamnummer van de douane-expediteur vermeld op de aan de douane afgegeven overeenstemmende bescheiden, op de handelsbescheiden en de geschreven instructies afgegeven aan de douane-expediteur door zijn klanten, met het oog op de te vervullen douaneformaliteiten, en op de brieven, documenten en dossiers van douane-expediteur, uitgaande van of bewaard door hem, in verband met de door hem gedane of te verrichten douanewerkzaamheden.

§ 2. Het repertorium dient gedurende drie jaar na afsluiting ervan bewaard met, ter staving, alle stukken betreffende de lastgeving en de instructies gegeven door de klanten met het oog op de vervulling van de douaneformaliteiten en die betreffende de afrekeningen tussen douane-expediteur en klanten.

§ 3. Het repertorium en de in § 2 bedoelde stukken dienen overgelegd op het eerste aanzoek van het plaatselijk hoofd der douane of van een ambtenaar met minstens de graad van controleur.

§ 4. Weigering het repertorium of in de § 2 bedoelde bescheiden te verlenen, wordt aangezien als verhindering van werkzaamheden en met een geldboete van [[125 EUR]] tot [[625 EUR]] gestraft. De douane-expediteur wordt bovendien ontzet voor een tijdbestek van één tot zes maanden; bij herhaling wordt de geldboete verdubbeld en de douane-expediteur voorgoed uit het stamregister geschrapt.

§ 4 gewijzigd bij art. 2-15 K.B. 20 juli 2000 (II) (B.S. 30.VIII.2000, err. B.S. 8.III.2001) en bij art. 42, 5° K.B. 13 juli 2001 (B.S. 11.VIII.2001, err. B.S. 21.XII.2001).

Art. 131. [Behoudens de door de Minister van Financiën toe te stane uitzonderingen, mag de douane-expediteur de onder dezelfde goederencode maar aan verschillende importeurs of exporteurs toebehorende goederen niet globaal aangeven, wanneer deze laatsten de last van de rechten op zich nemen of elk afzonderlijk aanspraak maken op de bedragen die worden toegekend bij invoer of bij uitvoer.]

Elke overtreding van dit verbod, zelfs al gaat ze met geen bedrog of poging tot bedrog gepaard, wordt gestraft zoals in artikel 130, § 4, is vermeld.

Al. 1 vervangen bij art. 32 W. 27 december 1993 (B.S. 30.XII.1993).

Art. 132. De douane-expediteur overhandigt aan elke klant een rekening van zijn voorschotten en vergoedingen opgemaakt naar het door de Minister van Financiën voorgeschreven model. Een volledig en juist duplicaat van de rekening wordt tot staving van het repertorium bewaard.

Art. 133. De Minister van Financiën kan, voor een duur van één tot zes maanden, de douane-expediteur ontzetten, die schuldig bevonden wordt:

1° [ten nadele van de belangen van de Schatkist, de instructies te hebben miskend, hem door zijn klant, importeur of exporteur van de goederen, met het oog op de aangifte van de grondslagen voor de invordering der rechten of voor de berekening van de bedragen toe te kennen bij invoer of uitvoer of voor de accijnzen];

2° zijn klant te hebben bedrogen in de bij artikel 132 bedoelde rekening;

3° bij het repertorium een onvolledig of onjuist afschrift van de rekening te hebben gevoegd;

4° te hebben nagelaten in het repertorium een of meer verrichtingen in te schrijven.

Bij herhaling, wordt de douane-expediteur voorgoed uit het stamregister geschrapt.

Al. 1, 1° vervangen bij art. 33 W. 27 december 1993 (B.S. 30.XII.1993).

Art. 134. Zelfs zo hij houder is van een bijzondere volmacht voor elke verzending van goederen, mag de ontzette of uit het stamregister geschrapte douane-expediteur noch door zich zelf, noch door tussenpersoon, enige douaneformaliteit voor rekening van derden vervullen. Hij wordt slechts toegelaten tot het aangeven van goederen waaromtrent uit de authentieke facturen blijkt dat hij er de eigenaar van is.

Bij overtreding, loopt hij een gevangenisstraf op van vijftien tot zestig dagen en een geldboete van [[125 EUR]] tot [[625 EUR]].

Al. 2 gewijzigd bij art. 2-15 K.B. 20 juli 2000 (II) (B.S. 30.VIII.2000, err. B.S. 8.III.2001) en bij art. 42, 5° K.B. 13 juli 2001 (B.S. 11.VIII.2001, err. B.S. 21.XII.2001).

Art. 135. De douane-expediteur die, alhoewel hij de instructies van zijn klant voor de aangifte bij de douane te doen gevolgd heeft, wegens sluikerij gerechtelijk wordt vervolgd, kan bij gerechtsdeurwaardersexploot de directeur der douane, namens wie hij werd gedagvaard, aanmanen insgelijks de klant voor de correctionele rechtbank te dagvaarden.

[Eens de sluikerij ten laste van de klant bewezen zijnde, ontslaat de rechter de douane-expediteur van strafvervolging. Deze laatste blijft evenwel hoofdelijk met zijn klant gehouden tot betaling van de belasting.]

Al. 2 vervangen bij art. 34 W. 27 december 1993 (B.S. 30.XII.1993).

Art. 136. Aan de expediteurs, makelaars, commissionnairs en douane-expediteurs wordt, [gedurende één jaar te rekenen vanaf] de betaling, voorrecht verleend op al de roerende goederen van hun schuldenaars, voor de terugvordering van de rechten en taksen en, in 't algemeen, van alle sommen aan de Staat voldaan, voor rekening van derden, bij [de invoer of uitvoer van goederen].

Dit voorrecht hoort bij de reeks van deze opgesomd in de artikelen 19 en 20 van de wet van 16 december 1851 tot herziening van de rechtsregeling der hypotheken en in artikel 23 van Boek II van het Wetboek van koophandel en neemt rang onmiddellijk na deze en na die van de Staat voor de verschuldigde rechten en taksen.

Al. 1 gewijzigd bij art. 86 W. 22 december 1989 (B.S. 29. XII.1989) en bij art. 35 W. 27 december 1993 (B.S. 30. XII.1993).

Art. 137. De Minister van Financiën wordt er toe gemachtigd de voor de toepassing van de artikelen 127 tot 136, 188, 189 en 209 nodige maatregelen voor te schrijven.

Iedere inbreuk op de verordeningen genomen op grond van het eerste lid, wordt gestraft met een geldboete van [[25 EUR]] tot [[125 EUR]]. Bij herhaling wordt de geldboete verdubbeld; bij nieuwe herhaling wordt ze vervijfvoudigd en wordt de overtreder bovendien tot een gevangenisstraf van acht tot dertig dagen veroordeeld.

Al. 2 gewijzigd bij art. 2-15 K.B. 20 juli 2000 (II) (B.S. 30.VIII.2000, err. B.S. 8.III.2001) en bij art. 42, 5° K.B. 13 juli 2001 (B.S. 11.VIII.2001, err. B.S. 21.XII.2001).

HOOFDSTUK XV

OMSTANDIGE AANGIFTE

Art. 138. De omstandige aangifte ten kantore moet gedaan worden bij schriftelijk biljet, getekend door de beheerder van de goederen, als zodanig in het vermogen om de goederen ter visitatie aan te bieden, hetzij koopman, geconsigneerde, schipper, voerman, enz., of door degenen, die zijn zaken doen als bijzondere gelastigden, of als bij de administratie aangenomen convooilopers, expediteurs, scheepsmakelaars of cargadoors; door een convooiloper, expediteur, scheepsmakelaar of cargadoor, wiens admissie, om bijzondere redenen, mocht worden ingetrokken, zal daarna niet worden toegelaten om enigerlei aangifte voor anderen te doen, zelfs niet onder speciale procuratie.

Art. 139. De omstandige aangifte moet inhouden:
1° De namen der schepen en van de schippers, voerlieden of personen, waarmede en door welke de goederen vervoerd zijn of worden;
2° a. Van de inkomende goederen, de plaats of het land vanwaar ze zijn aangebracht en vanwaar ze zijn oorsprong zijn. Voor opslag in entrepot, of, zo het accijnsgoederen betreft, inslag of krediet, zal daarvan uitdrukkelijke melding moeten gemaakt worden;
b. Van de uitgaande goederen, de plaats of het land van hun buitenlandse bestemming, hun oorsprong, en van de accijnsgoederen tevens het uiterste kantoor, waarlangs men de uitvoer wil volbrengen;
c. Van de doorgaande of transiterende goederen, de plaats of het land vanwaar ze aangebracht en waarvoor zij bestemd zijn, mede met aanwijzing van het kantoor van wederuitvoer, tenzij die mocht geschieden aan de zeezijde, en de opgave van dat kantoor werd voorbehouden op een der losplaatsen voor invoer uit zee;
d. Van binnenlands vervoerd wordende goederen, de plaats van hun bestemming of lossing;
3° De post van het Tarief van invoerrechten, het statistieknummer en de juiste omschrijving van de goederen;
4° Het getal der stukken, balen, zakken, pakken, tonnen, vaten, manden of kassen, met onderscheiding der halven, kwarten of andere gedeelten, en uitdrukking van de merken en nummers, waarmede de balen, pakken, enz. moeten getekend zijn. Bij invoer uit zee, wordt geen opgave van nummers vereist;
5° De hoeveelheid, gewicht of maat der goederen, naar ieders soort, zowel of voor de goederen naar het gewicht of de maat, dan wel naar de waarde moet worden betaald, of wel dat zij bij stukken, pakken, balen, tonnen, vaten of anderszins zullen worden geladen en [voor alcohol en alcoholhoudende produkten ook het alcoholgehalte];
6° De waarde voor elke soort goederen.

5° gewijzigd bij art. 87 W. 22 december 1989 (B.S. 29. XII.1989).

Art. 140. Wanneer het, ten gevolge van uitzonderlijke omstandigheden, de aangever onmogelijk is de belastbare hoeveelheid te vermelden in de bij artikel 139 voorgeschreven aangifte, mag de douane hem toelaten het gewicht, de maat of het getal zelf na te zien, op zijn kosten, in een lokaal of plaats door haar aangewezen of aanvaard, waarna de importeur de omstandige aangifte van de goederen moet doen binnen de bij de wet gestelde termijn.

Art. 141. [Behoudens in geval van doorverzending van de goederen onder accijnsverband naar een geoorloofde bestemming of behoudens in geval van voorwaardelijke vrijstelling van accijnzen, worden de accijnzen bij invoer voldaan bij de geldigmaking van de aangifte tot verbruik inzake douane, tenzij toepassing wordt gemaakt van artikel 300.]

Vervangen bij art. 88 W. 22 december 1989 (B.S. 29. XII.1989).

Art. 142. De aangifte en verdere behandeling van uitgaande accijnsgoederen, wegens welke geen afschrijving of restitutie van accijns moet gegeven worden, zal geschieden zoals voor accijnsvrije goederen.

Art. 143. § 1. De goederen, behoorlijk aangegeven zijnde, zal de uitrekening der rechten mogen worden overgelaten aan de ontvangers, en kunnen worden volstaan met de betaling van datgene, hetwelk door dezen voor de rechten is uitgerekend; zijnde de ontvangers voor alle misrekeningen aan den lande verantwoordelijk, en de aangevers niet langer dan drie jaar na de aangifte, gerechtigd tot de terugvordering van hetgeen te veel betaald mocht zijn, na welke tijd hetzelve zal blijven in het voordeel van de Schatkist.

§ 2. [De rechtsvordering tot invordering van bijkomende accijns, verschuldigd wegens onvoldoende inning voor regelmatig aangegeven accijnsgoederen, verjaart na drie jaar te rekenen van de datum van de aangifte.]

§ 3. [Onverminderd andere termijnen vastgesteld bij andere wets- of verordeningsbepalingen, verjaart het recht om teruggave van de te veel betaalde accijnzen te vorderen na drie jaar te rekenen van de datum van de aangifte.]

§ 4. Die verjaringen worden gestuit door aanvragen betekend en geregistreerd vóór het einde van de verjaringstermijn: maar zij zullen onherroepelijk intreden in de ingestelde vervolgingen worden onderbroken gedurende één jaar, zonder dat de vordering bij de bevoegde rechters wordt voortgezet, zelfs wanneer de eerste termijn van verjaring niet vervallen is.

§§ 2-3 vervangen bij art. 89 W. 22 december 1989 (B.S. 29.XII.1989).

Art. 144. Het is de aangever van goederen geoorloofd, zijn aangifte te veranderen, zo in hoeveelheid en soort als in waarde, zolang op het verkregen document, de verificatie der beambten nog niet aangevangen of enige aanhaling of bekeuring geschied is.

STATISTIEK

Art. 145. § 1. De importeurs of exporteurs van goederen zijn ertoe gehouden aan de douane een bijzondere aangifte voor de statistiek voor te leggen. De vorm van die aangifte, de aanduidingen, welke ze moet behelzen en de voorwaarden waaronder ze aan de douane moet worden voorgelegd, worden bepaald door de Minister van Financiën.

§ 2. De ambtenaren, hebben het recht zich de vervoerbescheiden te doen voorleggen welke verband houden met de in- of uitgevoerde goederen.

§ 3. Worden gestraft met een boete van [12,50 EUR] tot [[125 EUR]]:

1° elke weigering vanwege de importeurs of de exporteurs om zich te schikken naar het bepaalde in § 1;

2° elke inbreuk op de schikkingen door de Minister van Financiën getroffen krachtens bedoelde § 1.

§ 4. De eventuele rechtsvervolgingen worden ingesteld op verzoek van de Minister van Financiën, overeenkomstig de inzake douane en accijnzen gevolgde procedure.

§ 3, inleidende zin gewijzigd bij art. 2-15 K.B. 20 juli 2000 (II) (B.S. 30.VIII.2000, err. B.S. 8.III.2001) en bij art. 42, 5° K.B. 13 juli 2001 (B.S. 11.VIII.2001, err. B.S. 21.XII.2001).

HOOFDSTUK XVI

REGLEMENT OP LADEN EN LOSSEN

Art. 146. Na de omstandige aangifte der goederen, zullen aan de aangevers, tot het laden of lossen, en in-, uit- en doorvoeren of vervoeren, of opslag in entrepot, documenten worden afgegeven, en zullen alle getallen zo van de goederen, maten en gewichten, als van de waarde, in de documenten duidelijk en leesbaar moeten worden geschreven met woorden en niet met cijfers. Naar gelegenheid der zaak, zal de plaats kunnen worden aangewezen, alwaar de lading of lossing moet of mag worden verricht.

Art. 147. § 1. De documenten voor de uit zee ingebrachte goederen zullen niet mogen afgegeven worden, wanneer de omstandige aangifte niet, voor het geheel of het aangegeven gedeelte, in soort van goederen en getal van vaten, kisten, balen, manden of andere verpakkingen, waarin de goederen zich bevinden, en van de hoeveelheid of maat van losse of gestorte goederen, overeenkomt met de generale verklaring van de schippers. De aangever zal in dat geval, door het plaatselijk hoofd der douane moeten worden gehoord, ter ontdekking der redenen van het verschil; wanneer die voldoende bevonden worden, zal de afgifte der gevraagde documenten dadelijk volgen.

§ 2. In het algemeen zullen geen documenten mogen worden verleend op aangiften, ogenschijnlijk strekkende om 's Rijks rechten te verkorten, zoals van goederen, merkbaar met dat oogmerk samengesteld uit afgescheiden delen van enig geheel, gelijk onpare schoenen, handschoenen, en dergelijke; doch zullen de ambtenaren, in geval van weigering, deswege verantwoordelijk zijn.

Art. 148. § 1. Behalve in geval van blijkbare stranding of verongelukking, mogen geen documenten worden verstrekt, tot invoer of uitvoer aan of van de zeekusten of stranden van het Rijk, tenzij, bij bezetting der zeeboezems door het ijs, of andere zeer bijzondere omstandigheden, daartoe in enkele gevallen, bijzonder verlof door de administratie mocht gegeven zijn.

§ 2. Evenmin zullen documenten mogen worden verleend tot in- of uitvoer door de diensten van de Regie der Posterijen, dan met uitdrukkelijke toestemming van het plaatselijk hoofd der douane.

Art. 149. § 1. In alle documenten tot lossen, laden, in-, uit-, door- en vervoeren zal de tijd worden uitgedrukt, voor welke ze geldig zijn, en die in redelijkheid zal worden gesteld, naar mate van het gebruik, waarvoor zij moeten dienen.

§ 2. Na verloop van die tijd, verliezen die documenten daartoe alle kracht, tenzij de tijd is verlengd op de voet, in artikel 150 uitgedrukt. Bij verandering van transportmiddelen onderweg, verliezen de documenten insgelijks hun kracht, indien de overlading is geschied buiten voorweten der ambtenaren, en zonder dat zij deswege de vereiste aantekening op de documenten gesteld hebben.

Art. 150. § 1. In alle gevallen, in welke het, buiten schuld van de belanghebbenden, onmogelijk is de tijd, op de documenten voorgeschreven, in acht te nemen, zullen de termijnen, in genoegzame ruimte, kunnen worden verlengd, door het plaatselijk hoofd der douane van de plaats waar de belanghebbende zich ten tijde van het oponthoud bevindt, of bij het niet aanwezig zijn van een ambtenaar, door de burgemeester, en altoos gratis; de reden van oponthoud zal op de documenten worden uitgedrukt, ter verantwoording van degene die de verlenging heeft verleend.

§ 2. Indien de termijnen, op documenten voor ter zee uitgaande, of in transit aan de zeezijde weder uitgaande goederen, verstrijken, tussen de tijd van het vertrek der schepen van de landingsplaats, en hun aankomst aan de laatste wacht, behouden zij hun kracht, nog veertien dagen na de verstreken termijnen, zodanig dat deze omstandigheden, op zichzelf en in zover niet belet de gewone aftekening en uitklaring. Evenmin zal de aftekening en de uitklaring op een andere dan de aangeduide uiterste wacht of kantoor geweigerd worden, indien blijkt van de bijzondere redenen, die de schipper hebben verplicht van koers te veranderen, en overigens de lading in orde wordt bevonden.

Art. 151. § 1. De documenten tot lading of tot lossing zullen moeten worden gesteld in handen van de ambtenaren, tot de verificatie aangewezen of met de recherche belast, ten einde de verificatie of visitatie voor of tijdens het laden of lossen respectievelijk te doen, zonder dat zij de documenten, gedurende de lading of lossing zullen mogen mede nemen; de administratie kan, wanneer de lading of lossing niet op een dag wordt volbracht en de aard der lading zulks vordert, gelasten, dat de documenten ten kantore van de ontvanger, gedurende de nacht, worden in bewaring gebracht, en waarvan een bewijs aan de belanghebbenden zal worden afgegeven.

§ 2. Na volbrachte lading of lossing en gedane visitatie of verificatie, zullen de ambtenaren de documenten behoorlijk aftekenen, met uitdrukking van dag en jaartal.

Zo de lading of lossing wordt aangevangen met hun voorkennis, doch buiten hun gestadige tegenwoordigheid, deswege zij altoos verantwoordelijk blijven, moet zulks vooraf door hen op de documenten zijn aangetekend.

Art. 152. Geen goederen mogen, tot transport van de ene binnenlandse plaats naar de andere, worden ingenomen in uitgaande of inkomende schepen, noch in lichters die nog te lossen hebben, tenzij met bijzondere toelating van het plaatselijk hoofd der douane.

Art. 153. § 1. Wanneer uit zee ingekomen ladingen goederen geheel of gedeeltelijk in lichters naar de losplaats worden overgebracht, en de geconsigneerden, of sommigen hunner, buiten het vermogen zijn, om van elke successievelijk aankomende lichtervracht, afzonderlijke aangifte te doen, kunnen zij zich bepalen tot de generale aangifte der massa van elke soort van goederen, voor hen met het zeeschip binnengevoerd, als wanneer de lossing niet zal worden aangevangen dan nadat elke partij, in de aangifte begrepen, geheel ter losplaats is aangekomen, en alzo ineens ter visitatie kan worden aangeboden.

§ 2. Voor zover echter de geconsigneerden verlangen mochten dat de successievelijk aankomende gedeelten ener partij voorlopig worden opgeslagen in hun bijzonder pakhuis, en vervolgens aldaar de visitatie geschiede, zal zulks niet worden geweigerd, mits het pakhuis afgescheiden zij, en hetzelve met een slot vanwege de administratie wordt voorzien.

Art. 154. De ambtenaren zullen de uitvoerdocumenten en transitodocumenten, na gedane visitatie en in orde bevinding, altoos wedergeven aan degenen, die ze hebben vertoond, uitgezonderd op de uiterste wacht, alwaar ze moeten ingetrokken worden.

Art. 155. § 1. De inkomende documenten zullen op de losplaatsen, na lossing en visitatie of verificatie, worden ingetrokken.

§ 2. Bij de intrekking van voormelde documenten en ook van transitodocumenten en documenten voor de kustvaart en vervoer van de ene binnenlandse plaats naar de andere over vreemd grondgebied, zal aan de houders, die zulks mochten verlangen, daarvan een recepis, extract of ander geschikt bewijs, gratis, worden afgegeven.

Art. 156. § 1. Inkomende of uitgaande rivier- en uitgaande zeeschippers, door gebrek aan water of andere buitengewone omstandigheden genoodzaakt, tussen de eerste wacht en losplaats, of tussen de laadplaats en laatste wacht, enige goederen te lichten en in andere vaartuigen over te zetten, zullen dit niet mogen doen, dan met toestemming van het plaatselijk hoofd der douane te stellen op de voor de te lichten goederen verkregen documenten.

§ 2. Bij bewijsbare hoge nood, die een onverwijlde lichting vordert, zal deze kunnen geschieden, zonder zodanige toestemming, mits de schipper, van de gelichte goederen nauwkeurige aantekening houdt op de documenten, en in elk geval de lichtervaartuigen, tot de wederinneming der goederen in de schepen, bij dezelve verblijven.

Art. 157. De omstandige aangifte, bij invoer of bij verzending in doorvoer, van goederen vrij van invoerrecht en accijns, en de omstandige aangifte van goederen bestemd voor de uitvoer, moeten worden gedaan overeenkomstig de bepalingen van de artikelen 138 en 139.

Elke overtreding en elke poging tot overtreding van het bepaalde in het eerste lid worden gestraft met geldboete van [[[125 EUR]] tot [[1.250 EUR]]].

De Belgische vissers hoeven voor de produkten van hun visvangst die zich aan boord van hun schepen bevinden, geen omstandige aangifte in te dienen zoals bedoeld in het eerste lid, zij moeten evenwel aan de douane een attest voorleggen waarvan het model door de Minister van Financiën of zijn afgevaardigde wordt voorgeschreven.

Al. 2 gewijzigd bij art. 36 W. 27 december 1993 (B.S. 30.XII.1993), bij art. 2-15 K.B. 20 juli 2000 (II) (B.S. 30. VIII.2000, err. B.S. 8.III.2001) en bij art. 42, 5° K.B. 13 juli 2001 (B.S. 11.VIII.2001, err. B.S. 21.XII.2001).

HOOFDSTUK XVII

VERIFICATIE VAN ACCIJNSGOEDEREN

Art. 158. Bij invoer en bij uitvoer, onder afschrijving of restitutie, en verder wanneer zulks bij de tegenwoordige wet of de bijzondere wetten is voorgeschreven, of tot verzekering van rechten en accijnzen nodig is, moet de hoeveelheid en kwaliteit der goederen worden opgemaakt door grondige verificatie, dat is, dat de goederen door twee ambtenaren, waarvan ten minste een daartoe uitdrukkelijk moet zijn aangesteld, naar de aard der zaak, moeten worden gewogen, geroeid, geproefd en gekeurd.

Art. 159. De bepalingen van [artikel 160] vinden alleen toepassing bij de uitvoer van accijnsgoederen met afschrijving van rechten.

Gewijzigd bij art. 3, 3° W. 6 juli 1978 (B.S. 12.VIII.1978).

Art. 160. Voorzover de belanghebbende zich bezwaard mocht achten met de weging, meting, roeiing, keuring, proeving of telling der goederen, gelijk mede wanneer een rijksambtenaar, gesteld om bij deze bewerking tegenwoordig te zijn, of een van de boven hem gestelde ambtenaren, zal oordelen dat 's Rijks belangen zijn verkort, zal een herweging, hermeting, herroeiing, herproeving of herkeuring, ten koste van ongelijk, kunnen worden gevorderd; doch zal alsdan de gehele partij moeten worden gemeten, gewogen, geroeid, geproefd of gekeurd. Deze tweede opneming zal door een ander rijksambtenaar, daartoe behoorlijk gemachtigd, worden verricht en beslissende zijn, [tenzij het zou gaan om een verschil in alcoholgehalte].

Gewijzigd bij art. 90 W. 22 december 1989 (B.S. 29. XII.1989).

Art. 161-162. […]

Opgeheven bij art. 4, 42° W. 6 juli 1978 (B.S. 12.VIII.1978).

HOOFDSTUK XVIII

BEWAKING EN VERZEGELING

Art. 163. De administratie is bevoegd om alle inkomende of uitgaande geladen schepen, vaar- en voertuigen door de bewakers te doen vergezellen, of de ladingsplaats, of wel de goederen te doen verzegelen, bij invoer, tot na aankomst ter losplaats, en bij uitvoer, tot bij het verlaten van 's Rijks grondgebied, en zulks, te haren koste.

Doch de schippers zullen, op eigen kosten, de bewakers, zo lang zij aan boord zijn, van spijs en drank voorzien: hun aantal is gewoonlijk twee, en mag dat van drie nimmer te boven gaan.

Art. 164. In de gevallen en onder de voorwaarden door de Minister van Financiën te bepalen, mogen de ambtenaren en beambten der douane en de ambtenaren en beambten der accijnzen de controlemerken die door een buitenlandse fiscale administratie op goederen of vervoermiddelen zijn aangebracht, als geldig aanzien ten opzichte van hun administratie.

Dienvolgens zijn deze merken voor de toepassing van de ter zake geldende wetsbepalingen, gelijkwaardig geacht aan die welke door de Belgische douane- en accijnsdiensten worden aangebracht.

Art. 165. Het schenden der zegels of fusten of verpakkingen of ladingsplaatsen van schepen, of anderszins, zal gestraft worden met [[een geldboete van eentot tweemaal de rechten], de toe te kennen bedragen bij invoer of bij uitvoer of de accijnzen] van die goederen, waaromtrent deze maatregel van voorzorg is gebezigd, te betalen door de schipper, voerman of geleider, tenzij zulks blijkbaar ware veroorzaakt door toevallige omstandigheden, die tot geen verdenking van fraude kunnen aanleiding geven.

Gewijzigd bij art. 37 W. 27 december 1993 (B.S. 30. XII.1993) en bij art. 23 W. 21 december 2009 (B.S. 31. XII.2009, ed. 2).

Art. 166. De ongeschonden staat der zegels, of de aanwezigheid van bewakers, beveiligt niet tegen bekeuring, indien bij latere visitatie verschil in soort of hoeveelheid gevonden wordt; alsdan wordt aangenomen dat substitutie, onttrekking of samenheuling heeft plaatsgehad.

HOOFDSTUK XIX

TOLKRING

Art. 167. [De tolkring beslaat:
1° langs de zeekust, een strook die zich vanaf de laagwaterlijn uitstrekt over een afstand van 5 kilometer in de richting van het binnenland;
2° het grondgebied van de douanezee- en luchthavens evenals een zone buiten dat grondgebied over een breedte van 250 m vanaf de grens van dat grondgebied.]

Vervangen bij art. 48 W. 22 april 1999 (B.S. 10.VII.1999).

Art. 168. [De ambtenaren oefenen, binnen de in artikel 47 van de wet van 22 april 1999 betreffende de exclusieve economische zone van België in de Noordzee bepaalde ruimte alle toezicht uit teneinde:
1° de inbreuken te voorkomen op de wetten en verordeningen waarvoor de douane belast is met de controle op de naleving ervan op het Belgisch grondgebied of in zijn territoriale zee;
2° de op het Belgisch grondgebied of zijn territoriale zee gemaakte inbreuken op diezelfde wetten en verordeningen te bestraffen.]

Vervangen bij art. 49 W. 22 april 1999 (B.S. 10.VII.1999).

Art. 169. [§ 1. Onverminderd de bepalingen inzake het recht van onschuldige doorvaart, mogen de ambtenaren, binnen de Belgische territoriale zee, zich aan boord van de vaartuigen begeven en zich de cognossementen en andere boordpapieren betreffende de lading doen voorleggen om na te gaan of de goederen die zich aan boord bevinden er regelmatig aanwezig zijn met betrekking tot de reglementering inzake douane en accijnzen of inzake verbods-, beperkings- of controlemaatregelen bij invoer, uitvoer of doorvoer, en om inbreuken op voormelde reglementering vast te stellen.

§ 2. Voor de toepassing van dit artikel verstaat men onder vaartuig: elk drijvend tuig, met inbegrip van vaartuigen zonder waterverplaatsing en watervliegtuigen, gebruikt of geschikt om te worden gebruikt als een middel van vervoer te water, alsmede vaste en drijvende platforms.]

Vervangen bij art. 50 W. 22 april 1999 (B.S. 10.VII.1999).

Art. 170. De Koning kan aan het vervoeren, laden of lossen van enigerlei goederen in de tolkring de voorwaarde verbinden, dat zij vergezeld gaan van een document ter voorkoming van sluikhandel.

De vorm van het document wordt vastgesteld door de Minister van Financiën.

De Minister van Financiën of zijn gemachtigde kan, onder door hem te stellen voorwaarden, bijzondere afwijkingen van die verplichting toestaan.

Art. 171. In de tolkring is het verboden magazijnen of opslagplaatsen van goederen te hebben of op te richten.

Dat verbod geldt niet voor niet-gesmokkelde goederen, die in handels-, nijverheids-, landbouw-, tuinbouw-, bosbouw-, kwekerij- of vervoerbedrijven, of als voorraad in de woningen van particulieren gehouden worden.

Zij die goederen als bedoeld in het tweede lid onder zich hebben, moeten de regelmatige herkomst ervan slechts bewijzen als er ernstige aanwijzingen zijn die aan de regelmaat van die herkomst kunnen doen twijfelen.

Art. 172. Ter voorkoming van sluikhandel kan de Koning de oprichting van fabrieken in de tolkring reglementeren en inzonderheid afhankelijk stellen van een machtiging.

Art. 173. § 1. In de tolkring zijn de ambtenaren bevoegd onderzoek te doen in alle huizen en panden, waar zij de aanwezigheid van verboden magazijnen of opslagplaatsen vermoeden.

§ 2. Dit onderzoek kan niet geschieden dan tussen vijf uur 's morgens en negen uur 's avonds, en met assistentie van een ambtenaar van het gemeentebestuur of een overheidsambtenaar, daartoe aangesteld door, de burgemeester, op risico van de ambtenaren en op hun schriftelijke aanvraag.

§ 3. Voorzover de lagere ambtenaren der administratie niet van een hunner meerderen, ten minste gelijke rang hebbende als de ontvangers, vergezeld zijn, zullen de visitaties niet mogen plaats hebben, dan op

schriftelijke machtiging van de naastbij zijnde ontvanger of van een andere hogere ambtenaar, welke zal zorgen dat dezelve niet nodeloos worden vermenigvuldigd of de ingezetenen aan plagerij blootgesteld; de ambtenaren zijn bijzonder verantwoordelijk voor de schaden en nadelen, welke zij bij zodanige gelegenheid aan de ingezetenen hebben toegebracht.

Art. 174. De in artikel 173 vermelde assistentie en machtiging zijn niet vereist voor de dadelijke visitatie van in de tolkring gelegen huizen, schuren of andere voor afsluiting vatbare plaatsen, waar goederen werden binnengebracht of opgenomen die aan het onderzoek van de ambtenaren werden onttrokken terwijl deze die goederen aan het volgen waren. Die goederen worden, tot het bewijs van het tegendeel geleverd is, vermoed een opslag van gesmokkelde goederen te vormen waarop het in artikel 171 gestelde verbod toepasselijk is.

Art. 175. Bij uitbreiding van het bepaalde in artikel 174 en met wijziging aan artikel 197, en onverminderd het bij artikel 224 toegekend recht van aanhaling, mogen de ambtenaren, voorzien van hun aanstellingsbewijs, in het binnenland inbeslagnemingen verrichten, wanneer ze de smokkel van in de tolkring zonder onderbreking hebben gevolgd, en zulks met dezelfde uitwerking alsof de aanhaling binnen de tolkring ware verricht. Zij zullen het recht hebben zonder om 't even welke machtiging of bijstand binnen te gaan in de woning, waar ze de aldus gevolgde goederen hebben zien binnenbrengen.

Art. 176. Van elk der visitaties, waarvan in de artikelen 173 tot 175 wordt gehandeld, zal, of ze van enige bekeuring of aanhaling is gevolgd of niet, door de ambtenaren moeten worden opgemaakt proces-verbaal, bevattende omstandig de redenen die hen daartoe aanleiding gegeven hebben, en bijzonder in de gevallen van artikel 174, de dag, het uur en de plaats, wanneer en waar zij de goederen of de tot transport gebezigde vaar- of voertuigen het eerst hebben in het oog gekregen, de wegen of wateren welke zij gebruikt hebben om dezelve na te gaan en het tijdstip der binnenbrenging in de bedoelde huizen of panden, aan wier bewoner of gebruiker afschrift van het proces-verbaal, door hen moet gegeven worden.

Art. 177. De Koning kan in de tolkring de maatregelen voorschrijven welke hij zal nodig achten om de bedrieglijke invoer van vee te beletten.

Art. 178. Onverminderd de voorschriften van de artikelen 171, 173 en 174, als van algemene toepassing, wordt ten opzichte der accijnzen meer bijzonder het bepaalde in artikel 179 van toepassing.

Art. 179. Ter voorkoming van sluikhandel kan de Koning de oprichting, de exploitatie en de overdracht van winkels of slijterijen van accijnsgoederen in de tolkring reglementeren en inzonderheid afhankelijk stellen van een machtiging.

Art. 180. Wanneer hij het noodzakelijk acht om de sluikhandel te stuiten van een of van verscheidene soorten goederen, mag de Koning, in de mate die hij zal vastleggen voor de ganse samenhang der grenzen en der zeekust of alleenlijk voor één of meer sectors, overgaan tot het verbreden van de tolkring bepaald in artikel 167. De beschikkingen betreffende de opslagplaatsen en het vervoeren van goederen in de tolkring zullen van toepassing zijn, voor wat betreft de door de maatregel beoogde goederen, in gans de uitgestrektheid der aangewezen strook.

Art. 181. Tot voorkoming van de sluikerij, mag niemand dezerzijds enige schuit of boot hebben of houden, op enige rivier van het koninkrijk, welke het grondgebied onmiddellijk van dat van enige andere mogendheid afscheidt, noch op enige naar buiten lopende rivieren in de tolkring, zonder een schriftelijke machtiging daartoe van de gewestelijke directeur der douane en accijnzen van het gebied, waaronder de bezitter of gebruiker behoort, verzocht en van dezelve verkregen te hebben, op verbeurte van het vaartuig en een boete van [[100 EUR]]. Van deze bepaling worden uitgezonderd alle zodanige transportmiddelen, als nodig erkend zijn voor de publieke dienst, en die van een behoorlijk herkenningsteken als zodanig moeten zijn voorzien.

Gewijzigd bij art. 2-15 K.B. 20 juli 2000 (II) (B.S. 30. VIII.2000, err. B.S. 8.III.2001) en bij art. 42, 5° K.B. 13 juli 2001 (B.S. 11.VIII.2001, err. B.S. 21.XII.2001).

HOOFDSTUK XX

VISITATIE EN PEILING

Art. 182. § 1. De ambtenaren zijn bevoegd, mits voorzien van hun aanstellingsbewijs, te allen tijde, zo buiten als binnen hun standplaats, en zowel bij nacht als bij dag, alle schepen en vaartuigen, en rij- en voertuigen of andere middelen tot vervoer, welke zij zien of vermoeden met goederen beladen te wezen, mitsgaders alle gedragen wordende goederen, en tevens alle personen, welke men verdenkt goederen met zich te voeren, te visiteren, en te onderzoeken of ook enige invoer, uitvoer, doorvoer of vervoer plaats hebben, strijdig met de wetten.

§ 2. Stilliggende gesloten vaartuigen zijn aan de visitatie bij nacht niet onderworpen.

§ 3. Wanneer van de zeilende schepen de visitatie niet kan geschieden varende, zal het onderzoek ter plaats van bestemming of, bij vermoeden van fraude, op de eerste losplaats, op kosten van ongelijk, en onder behoorlijke verantwoording, kunnen verricht worden.

Art. 183. Onder de bij artikel 182 bedoelde rijtuigen zijn mede begrepen de voertuigen gebruikt door de Regie der Posterijen, doch de brievenmalen of pakketten zijn vrij van visitatie, mits zij door toedoen van de Regie der Posterijen gesloten of verzegeld zijn.

Art. 184. § 1. Bij alle visitaties of onderzoek van de hoeveelheid en de aard of de natuur der goederen, zullen de daartoe aangewezen ambtenaren, de pakken, kisten, vaten en andere verpakkingen mogen openen, hun inhoud nagaan, en gehouden zijn, om, desgevorderd, de geopende verpakkingen terstond weder toe te maken. In alle gevallen zorgen zij, dat de goederen bij de recherche en visitatie geen schade ondergaan, op straf van vergoeding derzelve, ter begroting van de gewestelijke directeur der douane en accijnzen in wiens gebied de schade is toegebracht, of, desnoods, van de administratie, en behoudens wederzijds beroep op een nadere rechterlijke beslissing.

§ 2. Indien de ambtenaren, bij visitatie onderweg van verzegelde doorvoergoederen of andere goederen, de opening der verpakkingen, om redenen van bijzondere vermoedens, nodig achten, zullen zij, wegens de kosten der daarna opnieuw te bezigen zegels, niets aan de vervoerder mogen aanrekenen.

Art. 185. De visitaties, ook die, welke in artikelen 173 en 174 zijn bedoeld, zullen op alle dagen van het jaar, en mitsdien ook op zondagen en wettelijke feestdagen kunnen plaats hebben, bijaldien het bijzonder spoed vereisende ener expeditie, of het belang der administratie, medebrengt, dat de visitaties niet tot een volgende dag worden verschoven.

Art. 186. § 1. Met de ambtenaren der douane en accijnzen kunnen alle ambtenaren en beambten van de openbare besturen, inzonderheid die van de gemeentebesturen, de leden van de Rijkswacht, de leden van de gemeentelijke politie, de 's Rijks of plaatselijke bos- en veldwachters, zo ook alle gerechtsdeurwaarders en dwangbeveldragers, medewerken aan de visitaties, en aan de bekeuringen en aanhalingen, daaruit voortvloeiende, mits voorzien van hun aanstellingsbewijs, en zulks met hetzelfde effect, alsof zij in bijzondere dienst der administratie waren.

§ 2. Bij alle visitaties, verificaties, opnemingen en peilingen zullen de aanwezige belanghebbenden moeten worden uitgenodigd, om daarbij tegenwoordig te blijven.

Art. 187. Buiten de verschillende ambtenaren aangewezen in artikel 186 zijn de beëdigde particuliere wachters ertoe bevoegd om mede te werken bij de opsporing en bij vaststelling van de inbreuken op de douanewetgeving.

Art. 188. De bepalingen van de artikelen 197 en 198 zijn van toepassing op de opsporingen van sluikerij op het stuk van douane. […]

Gewijzigd bij art. 91 W. 22 december 1989 (B.S. 29. XII.1989).

Art. 189. De ambtenaren die, ter voldoening aan de wettelijke bepalingen omtrent het opsporen van sluikerij inzake douane en accijnzen, een fabriek, een magazijn of welkdanige andere plaats, daarin begrepen, de privaatwoning van een particulier, visiteren, mogen, [indien zij de graad van adjunct-verificateur der douane en accijnzen of een hogere graad hebben], aldaar boeken, brieven en documenten, aan de hand waarvan de strafbaarheid van de overtreder kan worden bewezen of welke op het spoor van hun medeplichtigen kunnen brengen, aanslaan en medenemen.

Gewijzigd bij art. 92 W. 22 december 1989 (B.S. 29. XII.1989).

Art. 190. § 1. De ambtenaren zijn ook bevoegd, aan de zeezijde, tussen de zee en de los- of laadplaats, de bevelvoerders der schepen te doen vertragen of stoppen, langs de rivieren, tussen het vreemd grondgebied tot binnen het bereik van het eerste kantoor van betaling, de schippers te doen aan wal leggen, en te lande, in de tolkring, de voerlieden en goederen dragende personen, te doen staande blijven.

§ 2. De schippers, voerlieden of andere personen, die pogen zich aan deze verplichting te onttrekken, zullen daartoe door de ambtenaren kunnen worden genoodzaakt, door het gebruik maken van alle zodanige dwangmiddelen, als dienstig zijn om de visitaties te bewerkstelligen en de fraude te weren.

§ 3. Bijaldien enig ambtenaar bevonden wordt een ongepast of ontijdig gebruik van die middelen te hebben gemaakt, of wel bepaaldelijk ingeval hij van de hem toevertrouwde wapenen zich mocht hebben bediend, elders dan op het voormeld terrein, of wel zonder volstrekt noodzakelijkheid, en terwijl hem andere bekwame middelen overbleven om de uitvoering der wet te handhaven, zal elk zodanig misbruik, ontijdig of onvoorzichtig gebruik, volgens de gestrengheid van het strafwetboek worden gestraft.

Art. 191. § 1. Bij uitbreiding van artikel 190, zullen worden beschouwd als smokkelend gewapenderhand, de dragers van vrachten of pakken, die, in de tolkring of, bij onafgebroken achtervolging van de smokkel van uit de tolkring, in het binnenland, na aanmaning door de ambtenaren, weigeren gezegde vrachten of pakken te laten visiteren en die zulks verhinderen door middel van honden, welke de ambtenaren beletten nader te komen.

§ 2. De ambtenaren van de administratie mogen hun wapens gebruiken tot het neerschieten van de aldus gebruikte honden of van de honden, die de smokkeltochten van dragers van vrachten of pakken vergemakkelijken, zomede van geladen of door smokkelaars bereden paarden, wanneer ze bij de eerste vordering niet stoppen.

Art. 192. Binnen een kring van 10 kilometer langs de land- en zeegrenzen, mogen de ambtenaren der douane en accijnzen en de agenten die met hen meewerken om de sluikhandel te beteugelen, hun dienstwapens gebruiken tegen honden, paarden, en andere dieren, welke voor het smokkelen dienen, bedriegelijk ingevoerd worden of zich op onregelmatige wijze in het Rijk bevinden, wanneer het niet mogelijk is ze levend te vangen.

Zij mogen hun wapens en alle aangepaste toestel-len zoals eggen, pinbalken, kabels, vuurpijlen, enz. gebruiken om voertuigen te doen stilstaan, inzonderheid de voertuigen met mechanische beweegkracht wanneer de geleiders aan het sein of het bevel tot stoppen geen gevolg geven.

Zij mogen hun wapens ook gebruiken:

1° tegen personen die hen aanvallen of die gewapende weerstand bieden of die hen ernstig gevaar doen lopen gekwetst te worden of het leven te verliezen;

2° tegen personen die zonder aan het bevel om te blijven staan, gevolg te geven, op de vlucht slaan na hen gewapenderhand aangevallen te hebben en tegen geleiders van voertuigen met mechanische beweegkracht die op de vlucht slaan na gestuurd te hebben om hun leven in gevaar te brengen;

3° om degenen te verjagen, die ondanks de aanmaning om weg te gaan, pogen hun de aangehaalde koopwaren of vervoermiddelen te ontnemen, hen te verdrijven uit een post waar zij hun bewaking uitoefenen, of hun gevangenen te bevrijden.

HOOFDSTUK XXI

BIJZONDERE BEPALINGEN BETREFFENDE VISITATIE EN PEILING INZAKE DE ACCIJNZEN

Art. 193. Aan de visitatie zijn, tussen vijf uur 's morgens en negen 's avonds, onderworpen de trafieken en fabrieken, wijngaarden, ongebouwde erven, gebouwde of ongebouwde werkplaatsen, winkels, pakhuizen en alle verdere panden, waarvan het bezit of gebruik onderworpen is aan een aangifte bij of een aanvaarding van administratie der accijnzen, of in welke enig bedrijf wordt uitgeoefend op welks produkt een accijns is gevestigd, of hetwelk, krachtens de wet, aan enige verificatie onderhevig is.

Art. 194. Ook bij nacht zal visitatie kunnen plaats hebben in de panden, fabrieken, trafieken of andere plaatsen, in artikel 193 vermeld, wanneer in dezelve gewerkt wordt.

Ten aanzien van zodanige fabrieken, waarvoor de tijd voor het begin en het einde der werkzaamheden moet worden opgegeven, of waarvoor de verklaring geschiedt voor een bepaalde tijd, zoals: brouwerijen, branderijen, en distilleerderijen, wordt door de werktijd verstaan de gehele tijd in de aangifte vermeld, al ware het ook dat de werkzaamheden stilstonden.

Art. 195. Wanneer er in de werkplaatsen niet gewerkt wordt, zal de visitatie vóór vijf uur 's morgens of na negen uur 's avonds niet mogen plaats hebben, tenzij de ambtenaren vergezeld zijn van een ambtenaar van het gemeentebestuur of een overheidsambtenaar, daartoe aangesteld door de burgemeester.

Art. 196. Gedurende de tijd dat in de fabrieken, trafieken of werkplaatsen gewerkt wordt, zal de toegang tot dezelve voor de ambtenaren onbelemmerd moeten wezen, en er iemand vanwege de belanghebbende aanwezig moeten zijn, in staat om de nodige aanwijzing bij de visitatie te doen.

Art. 197. Met uitzondering van de tolkring, en der gevallen, voorzien bij artikel 174, zullen er geen visitaties in de huizen, erven en panden van particulieren mogen plaats hebben, dan alleen tussen vijf uur 's morgens en negen uur 's avonds, en met machtiging van de rechter in de politierechtbank van het kanton, waarin het te doorzoeken pand of erf gelegen is; die magistraat zal zelf medegaan of zijn griffier, of een ander overheidsambtenaar belasten om de ambtenaar bij de visitatie te vergezellen.

Art. 198. § 1. De aanvraag tot assistentie zal te allen tijde schriftelijk moeten geschieden, met uitdrukking van de tijd wanneer, de plaats alwaar, en de naam van de persoon bij wie, de visitatie zal gedaan worden.

§ 2. Wanneer voormelde assistentie door het gemeentebestuur moet worden verleend, zal zij te allen tijde, op risico van de ambtenaren, worden gegeven.

§ 3. In die gevallen dat de machtiging van de rechter in de politierechtbank wordt vereist, zal de schriftelijke aanvraag door een ambtenaar met ten minste de graad van controleur moeten gedaan worden, doch daarentegen door de rechter in de politierechtbank niet worden geweigerd, tenzij op gegronde vermoedens dat zij zonder genoegzame redenen mocht worden gevorderd.

Art. 199. Bij alle visitaties zullen de aanwezige belanghebbenden moeten worden uitgenodigd tot het vertonen van zodanige registers, bewijzen van aangifte en andere documenten, als strekken kunnen om de visitatie een doelmatig gevolg te doen hebben.

Art. 200. § 1. Bij de visitatie, in artikel 193 en volgende vermeld, zullen aan de ambtenaren moeten worden vertoond alle kuipen, ketels, koelbakken, vaten en gereedschappen, alsook de bergplaatsen tot het bedrijf benodigd, waarvan zij de fabriek, trafiek of werkplaats komen inspecteren.

§ 2. Bij waterijking zullen de bedienden der fabriek of trafiek de ambtenaren behulpzaam moeten zijn, op straffe ener boete van niet minder dan [[100 EUR]] en niet hoger dan [[300 EUR]].

§ 2 gewijzigd bij art. 2-15 K.B. 20 juli 2000 (II) (B.S. 30. VIII.2000, err. B.S. 8.III.2001) en bij art. 42, 5° K.B. 13 juli 2001 (B.S. 11.VIII.2001, err. B.S. 21.XII.2001).

HOOFDSTUK XXII

CONTROLEMAATREGELEN

Art. 201. [§ 1. Behalve in de door de Minister van Financiën bepaalde gevallen, moeten bij de douaneaangifte de factuur en alle andere documenten worden gevoegd, die nodig zijn voor de toepassing van de bepalingen die gelden voor de douaneregeling waarvoor de goederen worden aangegeven.

§ 2. Op verzoek van een ambtenaar der douane en accijnzen met ten minste de graad van adjunct-verificateur, moeten de aangever, de importeur, de exporteur en de geadresseerde van de aangegeven goederen

alle documenten en correspondentie overleggen en mondeling of schriftelijk inlichtingen verstrekken betreffende die goederen, indien deze mededeling nodig wordt geacht voor de controle van de op de douaneaangifte vermelde gegevens.

Wanneer de in het eerste lid bedoelde stukken door middel van een geïnformatiseerd systeem worden gehouden, opgemaakt, uitgereikt, ontvangen of bewaard, hebben die ambtenaren het recht zich de op informatiedragers geplaatste gegevens in een leesbare en verstaanbare vorm ter inzage te doen voorleggen. Die ambtenaren kunnen eveneens degene in het eerste lid bedoeld verzoeken om in hun bijzijn en op zijn uitrusting kopies te maken onder de door hen gewenste vorm van het geheel of een deel van de voormelde gegevens, evenals om de informaticabewerkingen te verrichten die nodig worden geacht om de juiste heffing van de belasting na te gaan.]

§ 3. Weigering de in § 1 en 2 bedoelde stukken en inlichtingen over te leggen of te verstrekken, wordt gestraft met geldboete van [[25 EUR]] tot [[250 EUR]].

§§ 1-2 vervangen bij art. 38 W. 27 december 1993 (B.S. 30.XII.1993);

§ 3 gewijzigd bij art. 2-15 K.B. 20 juli 2000 (II) (B.S. 30.VIII.2000, err. B.S. 8.III.2001) en bij art. 42, 5° K.B. 13 juli 2001 (B.S. 11.VIII.2001, err. B.S. 21.XII.2001).

Art. 202. [§ 1. [Wanneer, na het afsluiten van het certificaat van verificatie, de ambtenaren binnen een termijn van drie jaar, te rekenen vanaf de dag waarop het oorspronkelijk van de belastingschuldige opgeëiste bedrag is geboekt, of, indien geen boeking heeft plaatsgevonden, vanaf de dag waarop de belastingschuld is ontstaan, vaststellen dat de rechten of de accijnzen, wettelijk verschuldigd op de aangegeven goederen, niet of niet volledig werden geïnd wegens een strafrechtelijk vervolgbare handeling, moeten de ontdoken rechten of de accijnzen worden betaald ofwel door de belastingschuldige die, hetzij primair, hetzij subsidiair gehouden is tot de betaling van die belastingen, ofwel door zijn rechtverkrijgenden.]

§ 2. De in § 1 bedoelde personen worden gestraft met [een geldboete van vijf- tot tienmaal de ontdoken belastingen]. Bij herhaling worden zij bovendien gestraft met een gevangenisstraf van acht dagen tot een maand, zonder dat toepassing mag worden gemaakt van artikel 228.]

Vervangen bij art. 93 W. 22 december 1989 (B.S. 29. XII.1989);

§ 1 vervangen bij art. 39 W. 27 december 1993 (B.S. 30. XII.1993);

§ 2 gewijzigd bij art. 24 W. 21 december 2009 (B.S. 31. XII.2009, ed. 2).

Art. 203. § 1. De importeurs, de exporteurs en alle andere personen die rechtstreeks of onrechtstreeks bij de invoer of de uitvoer van goederen belang hebben, zijn gehouden, op elke vordering van de ambtenaren der douane en accijnzen met ten minste de graad van adjunct-verificateur, zonder verplaatsing, inzage te verlenen van hun factuurboeken, facturen, kopiën van brieven, kasboeken, inventarisboeken en alle boeken, registers, documenten en correspondentie betreffende hun handels- of beroepsactiviteit, waarvan het overleggen noodzakelijk wordt geacht. Evenwel wat betreft de kredietinstellingen, de bankier en de wisselagenten, kan de mededeling van vorenbedoelde stukken slechts worden gevorderd mits een bijzondere machtiging van de directeur-generaal der douane en accijnzen.

[De bepalingen van artikel 201, § 2, lid 2, zijn van toepassing.]

§ 2. Die ambtenaren mogen ook afschrift nemen van de documenten en correspondentie of ze behouden, wanneer ze een inbreuk inzake douane of accijnzen bewijzen of tot het bewijs ervan bijdragen. Van de behouden stukken maken ze een inventaris op en zij bezorgen een door hen ondertekend afschrift daarvan aan de eigenaar of de houder.

[Wanneer de in het vorige lid bedoelde stukken door middel van een geïnformatiseerd systeem worden bewaard, hebben de ambtenaren het recht zich kopies van die stukken te doen overhandigen onder de door hen gewenste vorm.]

§ 3. Overtreding van het bepaalde in § 1 en belemmering van de uitoefening van de in § 2 aan de ambtenaren verleende rechten, worden gestraft met geldboete van [[25 EUR]] tot [[250 EUR]].

§ 1, al. 2 ingevoegd bij art. 40, 1° W. 27 december 1993 (B.S. 30.XII.1993);

§ 2, al. 2 ingevoegd bij art. 40, 2° W. 27 december 1993 (B.S. 30.XII.1993);

§ 3 gewijzigd bij art. 2-15 K.B. 20 juli 2000 (II) (B.S. 30.VIII.2000, err. B.S. 8.III.2001) en bij art. 42, 5° K.B. 13 juli 2001 (B.S. 11.VIII.2001, err. B.S. 21.XII.2001).

Art. 204. § 1. De Koning kan alle nodige voorzieningen treffen om te doen nagaan of de in het land vertoevende motorvoertuigen er regelmatig aanwezig zijn met betrekking tot het invoerrecht en tot de bij invoer toepasselijk verbodsbepalingen, beperkingen of controlemaatregelen.

Voor de toepassing van dit artikel worden onder motorvoertuigen verstaan, alle door een motor aangedreven middelen van vervoer te land of te water, met uitzondering van de zeeschepen en binnenschepen bedoeld in de artikelen 1 en 271 van Boek II van het Wetboek van Koophandel; aanhangwagens en opleggers voor wegvervoer zijn met motorvoertuigen gelijkgesteld.

§ 2. De krachtens § 1 getroffen voorzieningen kunnen onder andere bepalen dat de inschrijving van een motorvoertuig niet kan worden bekomen of binnen een bepaalde termijn ophoudt geldig te zijn, indien de persoon die de inschrijving heeft aangevraagd de regelmatige aanwezigheid van het voertuig in het land niet aantoont.

§ 3. Het invoerrecht is opeisbaar op elk voertuig waarvan de regelmatige aanwezigheid in het land met betrekking tot dat recht niet wordt aangetoond.

De importeur, de eigenaar, de houder en de be-

stuurder van het voertuig zijn solidair tot de betaling ervan verplicht.

§ 4. Onverminderd de straffen eventueel opgelopen bij toepassing van andere bepalingen, wordt gestraft met [een geldboete van een- tot tweemaal de invoerrechten] dat bij de invoer op het voertuig toepasselijk is of met [een geldboete van de helft van de waarde tot de volledige waarde van het voertuig] wanneer dit bij invoer is onderworpen aan verbodsbepalingen, beperkingen of controlemaatregelen, de eigenaar, de houder of de bestuurder van een motorvoertuig:

1° waarvan hij de regelmatige aanwezigheid in het land niet aantoont;

2° dat een ander inschrijvingsmerk draagt dan werd toegekend;

3° waarvan de merken van de motor, van het chassis of van enig ander essentieel deel, voorkomende op de inschrijvings- of op de douanedocumenten, werden verwijderd of gewijzigd.

In al die gevallen wordt het voertuig in beslag genomen en verbeurd verklaard, ongeacht aan wie het toebehoort.

§ 5. Elke inbreuk op de voorzieningen getroffen krachtens § 1 wordt gestraft met een geldboete van [[125 EUR]] tot [[625 EUR]].

§ 6. De Koning wijst de vertegenwoordigers van de overheid aan die, benevens de ambtenaren of beambten der douane of der accijnzen, bevoegd zijn om de misdrijven op te sporen en vast te stellen.

§ 4, al. 1, inleidende zin gewijzigd bij art. 25 W. 21 december 2009 (B.S. 31.XII.2009, ed. 2);

§ 5 gewijzigd bij art. 2-15 K.B. 20 juli 2000 (II) (B.S. 30. VIII.2000, err. B.S. 8.III.2001) en bij art. 42, 5° K.B. 13 juli 2001 (B.S. 11.VIII.2001, err. B.S. 21.XII.2001).

Art. 205. Wanneer de ambtenaren der douane en accijnzen vaststellen dat de handelsboeken, de handelsgeschriften of de handelsdocumenten van een handelaar gegevens bevatten die niet overeenstemmen wat betreft de aan- en verkoop van met [rechten of met accijns belaste goederen of goederen waarvoor bedragen bij invoer of bij uitvoer kunnen worden toegekend], kunnen die boeken, geschriften en documenten worden ingeroepen als bewijs van de vaststelling van een fraude der rechten zolang het tegendeel niet bewezen is.

Gewijzigd bij art. 41 W. 27 december 1993 (B.S. 30. XII.1993).

Art. 206. [§ 1. De ambtenaren mogen bij de verificatie van goederen onder douane- of accijnsverband kosteloos monsters nemen. Eveneens mogen zij, in de aan hun toezicht onderworpen fabrieken, kosteloos monsters nemen van de grondstoffen, van de in bewerking zijnde stoffen en van de bekomen produkten.]

§ 2. De aangevers en de fabrikanten moeten, desverzocht, kosteloos de recipiënten leveren waarin de monsters dienen vervat.

§ 3. Bij geschil over de wijze van monsterneming of over de grootte van het monster beslissen de daartoe door de Minister van Financiën aangewezen ambtenaren en beambten.

§ 1 vervangen bij art. 94 W. 22 december 1989 (B.S. 29.XII.1989).

Art. 207. § 1. Fabrikanten en handelaars die produkten vervaardigen of verhandelen, welke aan [accijnzen] onderhevig zijn gesteld, zijn gehouden op boete van [[25 EUR]] tot [[250 EUR]], telkens wanneer zij daartoe door ambtenaren van de administratie der douane en accijnzen worden verzocht, zonder verplaatsing hun facturen, boeken en andere stukken van comptabiliteit over te leggen, waarvan inzage nodig mocht worden geacht.

§ 2. De Minister van Financiën duidt de klassen van ambtenaren aan, die vooral bevoegd zijn om inzage van bedoelde facturen, boeken of bescheiden te vorderen.

§ 1 gewijzigd bij art. 95 W. 22 december 1989 (B.S. 29.XII.1989), bij art. 2-15 K.B. 20 juli 2000 (II) (B.S. 30. VIII.2000, err. B.S. 8.III.2001) en bij art. 42, 5° K.B. 13 juli 2001 (B.S. 11.VIII.2001, err. B.S. 21.XII.2001).

Art. 208. § 1. Om het bedrog tekeer te gaan, is de Minister van Financiën gemachtigd tot het inrichten, in de huizen en fabrieken waarin aan [accijnzen] onderhevige produkten worden vervaardigd, van een naar door hem zelf te bepalen grondslagen te houden toezicht op de werkzaamheden, alsmede tot het regelen van deze. Ten ware daarop reeds, bij enige andere wetsbepalingen, straffen mochten zijn gesteld, worden de overtredingen van door hem uitgevaardigde voorschriften gestraft met een boete van [[125 EUR]] tot [[625 EUR]].

§ 2. Ook mag hij van dezulken in wier huizen of fabrieken toezicht is ingericht, de kosten daarvan terugvorderen. Waar het nodig is zal dit terugvorderen mogen geschieden door middel van dwangbevelen, overeenkomstig de bepalingen van de artikelen 313 en 314.

§ 1 gewijzigd bij art. 96 W. 22 december 1989 (B.S. 29.XII.1989), bij art. 2-15 K.B. 20 juli 2000 (II) (B.S. 30. VIII.2000, err. B.S. 8.III.2001) en bij art. 42, 5° K.B. 13 juli 2001 (B.S. 11.VIII.2001, err. B.S. 21.XII.2001).

Art. 209. De personeelsleden van de dienst enquêtes van het Hoog Comité van toezicht hebben, tot het opsporen en vaststellen van sluikerij, volkomen dezelfde macht als de ambtenaren van de administratie der douane en accijnzen.

GEMEENSCHAPPELIJKE BEPALINGEN VOOR DE DIVERSE BELASTINGEN

Art. 210. § 1. De bestuursdiensten van de Staat, met inbegrip van de parketten en de griffies der hoven en rechtbanken, de besturen van de provinciën en van de gemeenten, zomede de openbare organismen en instellingen, zijn gehouden wanneer zij daartoe aange-

zocht zijn door een ambtenaar van een der Rijksbesturen belast met de aanslag in, of de invordering van de belastingen, hem alle in hun bezit zijnde inlichtingen te verstrekken, hem zonder verplaatsing, van alle in hun bezit zijnde akten, stukken, registers en om 't even welke bescheiden inzage te verlenen en hem alle inlichtingen, afschriften of uittreksels te laten nemen, welke bedoelde ambtenaar ter verzekering van de aanslag in, of de heffing van de door de Staat geheven belastingen nodig acht.

Onder openbare organismen dienen verstaan, naar de geest van deze wet, de instellingen, maatschappijen, verenigingen, inrichtingen en diensten welke de Staat medebeheert, waaraan de Staat een waarborg verstrekt, op welker bedrijvigheid de Staat toezicht uitoefent of waarvan het bestuurspersoneel aangewezen wordt door de regering, op haar voordracht of mits haar goedkeuring.

[Van de akten, stukken, registers en bescheiden of inlichtingen in verband met gerechtelijke procedures mag evenwel geen inzage of afschrift worden verleend zonder uitdrukkelijke toelating van het openbaar ministerie.]

Alinea 1 is niet van toepassing op het Bestuur der Postchecks, het Nationaal Instituut voor de Statistiek, noch op de kredietinstellingen. Andere afwijkingen van deze bepaling kunnen worden ingevoerd bij door de Minister van Financiën mede ondertekende koninklijke besluiten.

§ 2. Elke inlichting, stuk, proces-verbaal of akte ontdekt of bekomen in het uitoefenen van zijn functies, door een ambtenaar [van de Federale Overheidsdienst Financiën], hetzij rechtstreeks, hetzij door tussenkomst van een der hierboven aangeduide diensten, kan door de Staat ingeroepen worden voor het opsporen van elke krachtens de belastingwetten verschuldigde som.

Desondanks kan het aanbieden tot registratie van de processen-verbaal en van de verslagen over expertises betreffende gerechtelijke procedures, het bestuur dan alleen toelaten die akten in te roepen mits het daartoe in de in § 1, alinea 3 bepaalde toelating heeft bekomen.

§ 3. [Alle administraties die ressorteren onder de Federale Overheidsdienst Financiën zijn gehouden alle in hun bezit zijnde toereikende, ter zake dienende en niet overmatige inlichtingen ter beschikking te stellen aan alle ambtenaren van deze Overheidsdienst, voorzover die ambtenaren regelmatig belast zijn met de vestiging of de invordering van de belastingen, en voorzover die gegevens bijdragen tot de vervulling van de opdracht van die ambtenaren tot de vestiging of de invordering van eender welke door de Staat geheven belasting.

Elke ambtenaar van de Federale Overheidsdienst Financiën, die regelmatig werd belast met een controle- of onderzoeksopdracht, is van rechtswege gemachtigd alle toereikende, ter zake dienende en niet overmatige inlichtingen te vragen, op te zoeken of in te zamelen die bijdragen tot de vestiging of de invordering van eender welke, andere, door de Staat geheven belasting.]

§ 1, al. 3 vervangen bij art. 5 W. 14 januari 2013 (B.S. 31.I.2013, ed. 2);
§ 2, al. 1 gewijzigd bij art. 159, 1° Progr. W. 23 december 2009 (B.S. 30.XII.2009, ed. 1);
§ 3 vervangen bij art. 159, 2° Progr. W. 23 december 2009 (B.S. 30.XII.2009, ed. 1).

HOOFDSTUK XXIII

[RECHT VAN ADMINISTRATIEF BEROEP]

Opschrift vervangen bij art. 2 W. 30 juni 2000 (B.S. 12. VIII.2000, err. B.S. 26.VIII.2000).

Art. 211. [§ 1. Ieder persoon heeft het recht administratief beroep in te stellen tegen:
1° beschikkingen die hem rechtstreeks en individueel raken;
2° het niet nemen van een beschikking binnen de daartoe in de wetgeving bepaalde termijn of indien geen termijn is bepaald binnen twee maanden te rekenen vanaf de dag volgende op de dag van de afgifte ter post van de aangetekende brief waarbij de administratie wordt aangemaand een beschikking te nemen.
§ 2. Voor de toepassing van dit hoofdstuk wordt verstaan onder "beschikking": elke beslissing van de Administratie der douane en accijnzen die voor een of meer personen rechtsgevolgen heeft.]

Vervangen bij art. 2 W. 30 juni 2000 (B.S. 12.VIII.2000, err. B.S. 26.VIII.2000).

Art. 212. [Het recht van administratief beroep kan slechts worden uitgeoefend tegen beschikkingen van de gewestelijk directeur der douane en accijnzen of van een ambtenaar met een gelijkwaardige graad aangesteld door de minister.
Beslissingen van andere ambtenaren van de Administratie der douane en accijnzen moeten, voorafgaandelijk aan het uitoefenen van het recht van administratief beroep, worden voorgelegd aan de gewestelijk directeur der douane en accijnzen die in het geschil een beschikking zal treffen als bedoeld in artikel 211.]

Vervangen bij art. 2 W. 30 juni 2000 (B.S. 12.VIII.2000, err. B.S. 26.VIII.2000).

[Art. 212/1. § 1. Voorafgaand aan het treffen van een ongunstige beschikking, deelt de ambtenaar bedoeld in artikel 212, eerste lid, aan de persoon of de personen tot wie de beschikking zal worden gericht, schriftelijk mee op welke gronden hij voornemens is de ongunstige beschikking te treffen.
§ 2. De persoon aan wie de mededeling wordt verricht, beschikt over een termijn van 30 kalenderdagen te rekenen vanaf de derde werkdag volgend op de datum van verzending van de mededeling om schriftelijk zijn standpunt kenbaar te maken. Indien deze persoon binnen deze termijn zijn standpunt niet mededeelt, wordt ervan uitgegaan dat hij van de mogelijkheid zijn standpunt uiteen te zetten heeft afgezien.
§ 3. De beschikking zal worden getroffen van zodra het schriftelijk standpunt van de persoon tot wie de beschikking wordt gericht, is ontvangen en zal indien ze ongunstig is melding maken van de redenen waarom geen rekening werd gehouden met de ontwikkelde argumenten. Indien geen antwoord wordt ontvangen binnen de in § 2 vermelde termijn, wordt de beschikking getroffen na afloop van die termijn.]

Ingevoegd bij art. 68 W. 14 april 2011 (B.S. 6.V.2011, ed. 1), van toepassing op de beschikkingen die worden getroffen vanaf 1 augustus 2011.

Art. 213. [De voorafgaande mededeling van de gronden van een ongunstige beschikking en het recht van administratief beroep zijn niet van toepassing op beschikkingen getroffen bij toepassing van artikel 263.]

Vervangen bij art. 69 W. 14 april 2011 (B.S. 6.V.2011, ed. 1).

Art. 214. [Het verzoekschrift tot administratief beroep moet worden gemotiveerd en op straffe van verval worden ingediend bij ter post aangetekende brief binnen een termijn van drie maanden [te rekenen vanaf de derde werkdag volgend op de datum van verzending van de aangevochten beschikking] of te rekenen van het verstrijken van de termijn bedoeld in artikel 211, § 1, 2°.]

Vervangen bij art. 2 W. 30 juni 2000 (B.S. 12.VIII.2000, err. B.S. 26.VIII.2000) en gewijzigd bij art. 70 W. 14 april 2011 (B.S. 6.V.2011, ed. 1).

Art. 215. [Aan de verzoeker wordt een ontvangstbewijs uitgereikt dat de datum van ontvangst van het verzoekschrift vermeldt.]

Vervangen bij art. 2 W. 30 juni 2000 (B.S. 12.VIII.2000, err. B.S. 26.VIII.2000).

Art. 216. [Het administratief beroep wordt ingesteld bij de directeur-generaal van de Administratie der douane en accijnzen.]

Vervangen bij art. 2 W. 30 juni 2000 (B.S. 12.VIII.2000, err. B.S. 26.VIII.2000).

Art. 217. [Wanneer de verzoeker zulks in zijn verzoekschrift heeft gevraagd, wordt hij gehoord. Te dien einde wordt hij uitgenodigd zich binnen een termijn van dertig dagen aan te melden.]

Vervangen bij art. 2 W. 30 juni 2000 (B.S. 12.VIII.2000, err. B.S. 26.VIII.2000).

Art. 218. [Zolang geen beslissing is gevallen, mag de verzoeker zijn oorspronkelijk verzoekschrift aanvullen met nieuwe, schriftelijk geformuleerde bezwaren, zelfs als die buiten de in artikel 214 gestelde termijn worden ingediend.]

Vervangen bij art. 2 W. 30 juni 2000 (B.S. 12.VIII.2000, err. B.S. 26.VIII.2000).

Art. 219. [De directeur-generaal of de door hem aangewezen ambtenaar, respectievelijk het college van ambtenaren, doet uitspraak bij met redenen omklede beslissing over het administratief beroep en geeft daarvan bij ter post aangetekende brief kennis aan de verzoeker.]

Vervangen bij art. 2 W. 30 juni 2000 (B.S. 12.VIII.2000, err. B.S. 26.VIII.2000).

[HOOFDSTUK XXIIIbis

FISCALE BEMIDDELING]

Opschrift ingevoegd bij art. 127 W. 25 april 2007 (IV) (B.S. 8.V.2007, ed. 3, err. B.S. 8.X.2007), van toepassing vanaf 1 mei 2007 (K.B. 9 mei 2007, art. 14, B.S. 24.V.2007).

[Art. 219bis. Iedere persoon die, overeenkomstig de artikelen 211 tot en met 219, een regelmatig administratief beroep tegen een beschikking instelt, kan een aanvraag tot bemiddeling betreffende die beschikking indienen bij de fiscale bemiddelingsdienst bedoeld bij artikel 116 van de wet van 25 april 2007 houdende diverse bepalingen (IV).]

Ingevoegd bij art. 128 W. 25 april 2007 (IV) (B.S. 8.V.2007, ed. 3, err. B.S. 8.X.2007), van toepassing vanaf 1 mei 2007 (K.B. 9 mei 2007, art. 14, B.S. 24.V.2007).

[Art. 219ter. De aanvraag tot bemiddeling is onontvankelijk wanneer de aanvrager vooraf een vordering bij de rechtbank van eerste aanleg heeft ingesteld of wanneer over het administratief beroep bij toepassing van artikel 219 een beslissing werd getroffen.

Wanneer de belastingschuldige een vordering bij de rechtbank van eerste aanleg heeft ingesteld of wanneer over het administratief beroep bij toepassing van artikel 219 een beslissing werd getroffen, vóór de kennisgeving van het bemiddelingsverslag, is de fiscale bemiddelingsdienst ontheven van zijn bevoegdheid.]

Ingevoegd bij art. 129 W. 25 april 2007 (IV) (B.S. 8.V.2007, ed. 3, err. B.S. 8.X.2007), van toepassing vanaf 1 mei 2007 (K.B. 9 mei 2007, art. 14, B.S. 24.V.2007).

[Art. 219quater. De aanvraag tot bemiddeling schort de tenuitvoerlegging van de aangevochten beschikking niet.]

Ingevoegd bij art. 130 W. 25 april 2007 (IV) (B.S. 8.V.2007, ed. 3, err. B.S. 8.X.2007), van toepassing vanaf 1 mei 2007 (K.B. 9 mei 2007, art. 14, B.S. 24.V.2007).

HOOFDSTUK XXIV

BOETEN EN STRAFFEN IN HET ALGEMEEN

Art. 220. § 1. Elke kapitein van een zeeschip, elke schipper of patroon van om 't even welk vaartuig, elke voerman, geleider, drager, en alle andere personen, die, bij invoer of bij uitvoer, pogen, hetzij op het eerste, hetzij op elk ander daartoe aangewezen kantoor, de vereiste aangiften te ontgaan en die aldus trachten de rechten van de Schatkist te ontduiken, elke persoon bij wie een door de van kracht zijnde wetten verboden opslag wordt gevonden, worden gestraft met een gevangenisstraf van ten minste vier maanden en ten hoogste een jaar.

§ 2. [Hij die de in § 1 bepaalde inbreuken pleegt met bedrieglijk opzet of met het oogmerk te schaden en die inbreuken ofwel worden gepleegd in het raam van ernstige fiscale fraude, al dan niet georganiseerd, ofwel de financiële belangen van de Europese Unie ernstig hebben of zouden hebben geschaad en hij die zich in een geval van herhaling bevindt worden gestraft met een gevangenisstraf van 4 maand tot 5 jaar.]

§ 2 vervangen bij art. 101 W. 17 juni 2013 (B.S. 28.VI.2013, ed. 1).

Art. 221. § 1. In de bij artikel 220 bepaalde gevallen, worden de goederen in beslag genomen en verbeurd verklaard, en de overtreders lopen [een geldboete op van vijf- tot tienmaal de ontdoken rechten], berekend volgens de hoogste douane- en accijnsrechten.

§ 2. Voor verboden goederen [beloopt de boete een- tot tweemaal hun waarde].

§ 3. Bij herhaling wordt de boete verdubbeld.

[§ 4. In afwijking van § 1 wordt teruggave verleend van de verbeurd verklaarde goederen aan de persoon die eigenaar was van de goederen op het ogenblik van de inbeslagneming en die aantoont dat hij vreemd is aan het misdrijf.

In geval van teruggave blijven de eventuele kosten verbonden aan de inbeslagneming, de bewaring en het behoud van de goederen ten laste van de eigenaar.]

§ 1 gewijzigd bij art. 26, 1° W. 21 december 2009 (B.S. 31.XII.2009, ed. 2);
§ 2 gewijzigd bij art. 26, 2° W. 21 december 2009 (B.S. 31. XII.2009, ed. 2);
§ 4 ingevoegd bij art. 11 W. 20 juli 2005 (B.S. 28.VII.2005).

Art. 222. § 1. Worden eveneens in beslag genomen en verbeurd verklaard de schepen en vaartuigen, alsmede de rijtuigen, wagens en andere vervoermiddelen en hun gewoon gespan, die tot smokkel worden aangewend of in gebruik gesteld, wanneer de niet aangegeven goederen in geheime bergplaatsen werden verstopt, of wel wanneer geen enkel deel van de lading werd aangegeven.

§ 2. Werd de lading gedeeltelijk aangegeven, zo zijn de vervoermiddelen slechts voor inbeslagneming vatbaar, voor zover het bedrag van de verschuldigde rechten op de niet aangegeven soorten van goederen, en die niet in geheime bergplaatsen werden verstopt, meer belopen dan een vierde van de rechten, die dienen betaald voor het aangegeven gedeelte van de goederen; zijn de niet aangegeven goederen verboden, zo worden de rechten op 20 t.h. van de waarde geraamd.

§ 3. Behoorlijk aangegeven goederen en koopwaren in vrij verkeer, die klaarblijkelijk dienen om smokkelwaar te verbergen, worden verbeurd verklaard.

[§ 4. In afwijking van § 1 worden de vervoermiddelen niet verbeurd verklaard indien de eigenaar ervan aantoont dat hij vreemd is aan het misdrijf.

In het geval dat de vervoermiddelen niet verbeurd verklaard worden, blijven de eventuele kosten verbonden aan de inbeslagneming, de bewaring en het behoud van de in § 1 bedoelde vervoermiddelen ten laste van de eigenaar.]

§ 4 ingevoegd bij art. 12 W. 20 juli 2005 (B.S. 28.VII.2005).

Art. 223. De waarde van de in beslag genomen verboden goederen, zomede van de vervoermiddelen en van hun gespan, wordt vastgesteld door de bekeurders in gemeen overleg met de ontvanger van het dichtstbij gelegen kantoor; bij betwisting vanwege de overtreder, wordt de waarde bepaald door een wettelijke expertise, die belanghebbende binnen één maand na het afsluiten van het proces-verbaal van aanhaling moet uitlokken. Die expertise geschiedt op kosten van ongelijk.

Art. 224. Het bepaalde in de artikelen 220, 221 en 222 vindt toepassing op het verkeer van goederen, die zonder geldig document in de tolkring worden vervoerd, en bovendien, op het vervoer van alle goederen, waarvan om 't even hoe kan worden bewezen dat ze de voorgeschreven aangifte betreffende invoer, uitvoer, doorvoer of vervoer ontgaan zijn; voor accijnsgoederen echter zullen alleen de door de speciale wetten gestelde boeten en straffen worden toegepast in de door die wetten bepaalde gevallen, die geen verband houden met sluikinvoer of sluikuitvoer.

Art. 225. De artikelen 220, 221, 222 en 224 zijn eveneens van toepassing, wanneer men, misbruik makende van de vrijheden, aan de nationale visserij verleend, onder voorwendsel van visserij, de daartoe dienende vaartuigen mocht gebruiken tot de heimelijke uit- of invoer van verboden of aan rechten of accijnzen onderworpen goederen. Deze feiten worden als gewone fraude bestraft.

Art. 226. Indien bij de instructie van een zaak, als in de artikelen 220 en 225 is verondersteld, mocht blijken, dat de daders van het feit zich daartoe, op belofte van buitengewone beloning of anderszins hebben laten verleiden of gebruiken door personen, binnen het Rijk te vinden, zullen deze, daarvan in rechten overtuigd wordende, mede onderworpen zijn aan de straf, bij die artikelen bepaald; in dit geval wordt aan de rechter overgelaten, om, naarmate de daders aan die ontdekking en overtuiging hebben toegebracht, de

straf tegen dezelve te verzachten, des echter, dat deze straf niet minder zal kunnen zijn dan gevangenis gedurende een maand.

Art. 227. § 1. Bij uitbreiding van artikel 226 en onverminderd het bepaalde in de artikelen 66, 67, 69 en 505 van het Strafwetboek, worden zij, ten laste van wie wordt bewezen dat ze aan een smokkelfeit hebben deelgenomen als verzekeraars, als hebbende laten verzekeren of als belanghebbende op om 't even welke wijze, gestraft met de tegen de daders gestelde straffen.

§ 2. De veroordelingen tot boete en tot kosten worden solidair tegen de overtreders en de medeplichtigen uitgesproken.

Art. 228. De gevangenisstraf, vastgesteld in artikel 220, § 1, wordt niet opgelegd, indien de bekeuring tussen vijf uur 's morgens en negen uur 's avonds is geschied, op de in artikel 57, eerste lid, vermelde routes of heerbanen, of, bij invoer te lande, is gedaan ter plaats, alwaar het eerste kantoor is gevestigd, noch ook in het algemeen, wanneer uit hoofde van verzachtende omstandigheden, de zaak overeenkomstig artikel 263 voor boete en verbeurdverklaring, bij wege van transacties is afgedaan.

Art. 229. In afwijking van artikel 228, wordt de gevangenisstraf altijd opgelopen, wanneer de smokkel geschiedt door middel van geheime bergplaatsen of door benden van ten minste drie personen.

Art. 230. Gevangenisstraf wordt nooit opgelopen ingeval de inbeslagneming alleen geschiedt wegens niet-naleving van de formaliteiten in verband met de bescheiden tot dekking van het vervoer, of wel zo het goederen geldt, die als inlandse worden erkend.

Art. 231. § 1. De artikelen 220 tot 225, 227, 229, 230, 248, § 1 en 277 zijn toepasselijk bij invoer, uitvoer of doorvoer, zonder aangifte of wel met aangifte maar onder dekking van valse of bedriegelijk bekomen machtigingen, van alle al dan niet belastbare goederen, welke, zelfs tijdelijk en om welke reden ook, aan verbodsbepalingen, beperkingen of controlemaatregelen zijn onderworpen bij het binnenkomen, bij het uitgaan of bij de doorvoer, langs alle grenzen of alleen langs een gedeelte ervan.

§ 2. Elk gebruik, in strijd met de voorwaarden betreffende de aanwending of de geldigheid van machtigingen tot invoer, uitvoer of doorvoer van de in § 1 bedoelde goederen, wordt gestraft met [een geldboete van de helft van de waarde tot de volledige waarde van de goederen]. Deze worden daarenboven verbeurd verklaard. Bij gebruik van een machtiging, welke onregelmatig aan een derde werd afgestaan, wordt de geldboete solidair opgelopen door de aangever, de cedent en de cessionaris.

§ 3. De artikelen 114 en 115 zijn toepasselijk op de in § 1 bedoelde goederen, zo ze in doorvoer zijn aangegeven.

§ 2 gewijzigd bij art. 27 W. 21 december 2009 (B.S. 31. XII.2009, ed. 2).

Art. 232. [Onverminderd alle andere strafbepalingen bepaald door de wetten inzake douane en accijnzen, wordt elke overtreding bij invoer, uitvoer of doorvoer van goederen waardoor ten onrechte aanspraak wordt gemaakt op de toekenning van de in artikel 1, 4°bis, bedoelde bedragen, bestraft met de verbeurdverklaring van de goederen en [een boete van een- tot tweemaal de toe te kennen bedragen] waarop ten onrechte aanspraak wordt gemaakt.

De aangever, de invoerder, de uitvoerder en elke andere persoon die op die bedragen aanspraak maakt, zijn solidair gehouden tot betaling van die boete en tot terugbetaling van de ten onrechte verkregen bedragen.]

Vervangen bij art. 42 W. 27 december 1993 (B.S. 30. XII.1993);
Al. 1 gewijzigd bij art. 28 W. 21 december 2009 (B.S. 31. XII.2009, ed. 2).

Art. 233. § 1. Wanneer, bij invoer uit zee, ontdekt wordt, dat met betrekking tot goederen in vaten, kisten, balen, manden of andere verpakkingen, niet hetzelfde getal aan boord aanwezig is, als bij de generale verklaring is opgegeven, zal door de kapitein verbeurd worden, voor elk aan dat getal ontbrekend stuk, een boete van [[100 EUR]]; en zullen de overcomplete of overschietende stukken worden aangehaald en verbeurd verklaard; dit laatste echter niet, zo van het meerdere de rechten en accijnzen geen [[[250 EUR]]] te boven gaan, noch ook indien daarvan aangifte ten kantore ter losplaats is geschied vóór de bekeuring, in dit laatste geval wordt voor elk bij de generale verklaring verzwegen stuk, door de kapitein een som van [[50 EUR]] verbeurd.

§ 2. Dezelfde boete van [[50 EUR]] zal worden opgelegd voor elk vat, baal, mand, enz. hetwelk, bij de aangifte ten kantore of vroeger, blijken mocht een andere soort van goederen te bevatten dan bij de inklaring is opgegeven; doch indien die opgave is geschied overeenkomstig de cognossementen of manifesten, zal deze boete niet door de kapitein worden opgelopen, maar komen ten laste van, en verhaalbaar zijn op de alzo verkeerdelijk opgegeven goederen, derwijze dat deze zullen worden aangehaald en confiscabel zijn, indien door de belanghebbende bij de goederen de confiscatie niet wordt afgekocht, door dadelijk, of uiterlijk binnen veertien dagen na de aanhaling, betaling te doen van de rechten, accijnzen en boete, mitsgaders de kosten op de aanhaling gevallen; alles met dien verstande, dat geen boete wordt opgelopen, indien de bijzondere gedeelten der partij, samengenomen, met de massale aangifte overeenkomen.

§ 1 gewijzigd bij art. 98 W. 22 december 1989 (B.S. 29.XII.1989), bij art. 2-15 K.B. 20 juli 2000 (II) (B.S. 30. VIII.2000, err. B.S. 8.III.2001) en bij art. 42, 5° K.B. 13 juli 2001 (B.S. 11.VIII.2001, err. B.S. 21.XII.2001);
§ 2 gewijzigd bij art. 2-15 K.B. 20 juli 2000 (II) (B.S.

30.VIII.2000, err. B.S. 8.III.2001) en bij art. 42, 5° K.B. 13 juli 2001 (B.S. 11.VIII.2001, err. B.S. 21.XII.2001).

Art. 234. Bij ontdekking als bedoeld in artikel 233, ten aanzien van ter zee inkomende losse of gestorte goederen, zal de kapitein, wanneer de bevonden met de opgegeven hoeveelheid meer dan een tiende gedeelte daarboven of beneden verschilt, gestraft worden met [een geldboete van drie- tot zesmaal het inkomend recht en de accijns] van al hetgeen meerder of minder wordt bevonden dan op de generale verklaring is uitgedrukt.

Gewijzigd bij art. 29 W. 21 december 2009 (B.S. 31. XII.2009, ed. 2).

Art. 235. § 1. Alle lossing of lading zonder het daartoe benodigde document heeft ten gevolge de aanhaling en confiscatie der geloste of geladen goederen, en ten laste van de contraveniërende schipper of voerman, [een geldboete van vijf- tot tienmaal de rechten en accijns] van die goederen.

§ 2. Lossing of lading op daartoe verkregen document, doch zonder dat op hetzelve uit de aantekening der ambtenaren tot de visitatie blijkt, dat zulks is geschied in hun bijzijn, of met hun voorweten, gelijk ook alle lichting of overboordzetting met document, doch anders dan op de voet in deze wet omschreven, doet de schipper of voerman een gelijke boete als voren verbeuren; en de goederen zullen vervolgens een zeer strikte visitatie ondergaan, en daartoe kunnen gelicht en de benodigde tijd opgehouden worden.

§ 3. Een boete van [[25 EUR]] zal door dragers of drijvers verbeurd worden, voor elk fust, pak, baal of mand van goederen, of stuks vee, dat zij zullen vervoeren op document, dat niet vooraf door de ambtenaren, ten blijke der gedane visitatie, is afgetekend.

§ 1 gewijzigd bij art. 30 W. 21 december 2009 (B.S. 31. XII.2009, ed. 2);
§ 3 gewijzigd bij art. 2-15 K.B. 20 juli 2000 (II) (B.S. 30. VIII.2000, err. B.S. 8.III.2001) en bij art. 42, 5° K.B. 13 juli 2001 (B.S. 11.VIII.2001, err. B.S. 21.XII.2001).

Art. 236. § 1. Alle, op daartoe verkregen documenten, verbruiksaangiften of andere documenten ter visitatie of verificatie, aangeboden goederen, welke, bij hun vergelijking met de inhoud der documenten, worden ontdekt, onder een verkeerde benaming, dat is de ene soort voor de andere aangegeven te zijn, zullen worden aangehaald en verbeurd verklaard.

§ 2. Bij uitvoer van accijnsgoederen zal hij, die de aangifte heeft gedaan, daarenboven [een boete oplopen van vijf- tot tienmaal de som], waarvoor hij heeft gepoogd fraduleus afschrijving te bekomen.

§ 2 gewijzigd bij art. 31 W. 21 december 2009 (B.S. 31. XII.2009, ed. 2).

Art. 237. Zo ook zullen worden aangehaald en verbeurd verklaard de partij of partijen goederen, welke, bij vergelijking als vermeld in artikel 236, worden bevonden wel onder hun ware of eigen benaming aangegeven, doch gedeeltelijk verzwegen te zijn.

Art. 238. Wanneer het verzwegene in hoeveelheid op de partij van dezelfde soort van deze goederen, in het document vermeld, en bijeengevoegd, slechts bedraagt een twaalfde gedeelte van het aangegevene of minder, zal het verbeurd verklaren zich bepalen tot dit gedeelte, doch kunnen worden vervangen door een boete, ten belope van het dubbel recht op het verzwegene, voor transitogoederen, te berekenen naar het recht, op de invoer gesteld, mits de aangever of iemand van zijnentwege zich daaromtrent aan de gewestelijke directeur der douane en accijnzen in wiens gebied, waarin de aanhaling is geschied, binnen veertien dagen daarna, schriftelijk verklare, en behoudens de verplichting tot voldoening van het te min betaalde recht, volgens de goederen ten in-, uit- of doorvoer zijn aangegeven, en der veroorzaakte kosten; doch wanneer meer dan een twaalfde is verzwegen, zal het verbeurd verklaren der gehele partij niet kunnen worden vervangen, dan door een boete ten belope van tienmaal de rechten van al het verzwegene, en voorts in alles op gelijke voet als hierboven is omschreven.

Art. 239. [§ 1. Wanneer bij de verificatie van accijnsgoederen die onder accijnsverband worden vervoerd naar een geoorloofde bestemming, een tekort wordt bevonden ten opzichte van de aangifte inzake accijnzen of van het afgegeven accijnsdocument, verbeurt de aangever of de houder van het afgegeven document, uit dien hoofde, [een geldboete van vijf- tot tienmaal de accijnzen] op het tekort bevonden gedeelte.

§ 2. De bij § 1 vastgestelde boete is [beperkt tot een boete van een- tot tweemaal de accijnzen] op het tekort bevonden gedeelte, indien dat tekort niet meer bedraagt dan een twaalfde van de aangegeven of in het document vermelde hoeveelheid.

§ 3. Ongeacht de bij de § 1 en 2 opgelegde boete, moeten de accijnzen op het tekort bevonden gedeelte worden betaald.]

Vervangen bij art. 100 W. 22 december 1989 (B.S. 29. XII.1989);
§ 1 gewijzigd bij art. 32, 1° W. 21 december 2009 (B.S. 31. XII.2009, ed. 2);
§ 2 gewijzigd bij art. 32, 2° W. 21 december 2009 (B.S. 31. XII.2009, ed. 2).

Art. 240. Indien, buiten de toelating als bedoeld in artikel 152, goederen in uitgaande schepen worden geladen, om binnenslands te worden gelost, of worden ingenomen in inkomende schepen na het passeren der eerste wacht, of in lichters die nog te lossen hebben, zal van de aldus geladen of ingenomen goederen aanhaling en confiscatie plaats hebben, en de schipper verbeurt een boete van [[100 EUR]] als de goederen zijn los of gestort, en wanneer die zijn in fust of emballage, alsdan een boete van [[25 EUR]], voor elk vat, pak, baal, mand of stuk.

Gewijzigd bij art. 2-15 K.B. 20 juli 2000 (II) (B.S. 30. VIII.2000, err. B.S. 8.III.2001) en bij art. 42, 5° K.B. 13 juli 2001 (B.S. 11.VIII.2001, err. B.S. 21.XII.2001).

Art. 241. § 1. Bij alle invoer, tot na aankomst en visitatie ter definitieve losplaats of opslag in entrepot, en eveneens bij uitvoer en doorvoer, moeten de daartoe vereiste documenten bij de goederen voorhanden gehouden worden, om, desgevorderd, ook onderweg aan de ambtenaren dadelijk ter visitatie te worden vertoond.

§ 2. Indien echter, bij een bekeuring om gemis van document op grond van artikel 224, uiterlijk binnen veertien dagen daarna, aan de gewestelijke directeur der douane en accijnzen in wiens gebied de aanhaling is voorgevallen, wordt bewezen, dat vóór de aanhaling, de goederen inderdaad zijn ingeklaard of aangegeven geweest, en daarop document is verkregen geworden, zal ontslag worden verleend voor de kosten, en de schipper, voerman, lichter of vervoerder enkel gestraft worden met een boete van [[25 EUR]] voor elk niet aanwezig document.

§ 3. Wanneer zodanig bewijs alleen ten opzichte van sommige artikelen of afzonderlijke vaten, pakken, balen, manden of stukken ener lading of vracht niet kan worden overgelegd, zal de schipper, voerman, lichter of vervoerder [een boete van vijf- tot tienmaal de accijnzen] van de niet aangegeven goederen, en dit gedeelte der lading of vracht zal worden aangehaald en verbeurd verklaard; voor het geval van inklaring uit zee blijven de artikelen 233 en 234 van bijzondere toepassing.

§ 2 gewijzigd bij art. 2-15 K.B. 20 juli 2000 (II) (B.S. 30. VIII.2000, err. B.S. 8.III.2001) en bij art. 42, 5° K.B. 13 juli 2001 (B.S. 11.VIII.2001, err. B.S. 21.XII.2001);
§ 3 gewijzigd bij art. 33 W. 21 december 2009 (B.S. 31. XII.2009, ed. 2).

Art. 242. § 1. Binnenlands vervoer, zonder geleibiljet in de gevallen waarin zodanig document krachtens artikel 170 wordt vereist, wordt geacht te zijn frauduleuze uit- of invoer, en als zodanig gestraft.

§ 2. Indien nochtans aan de gewestelijke directeur der douane en accijnzen in wiens gebied de aanhaling geschied is, binnen veertien dagen daarna, wordt bewezen het wettig bestaan der goederen binnenlands, en dat het vervoer niet is geweest een poging tot fraude, zal ontslag van het aangehaalde kunnen volgen, en de overtreding worden afgedaan, tegen betaling van de kosten en [een boete van een- tot tweemaal de rechten], die van de goederen zouden zijn verschuldigd geweest, indien dezelve ten uitvoer waren aangegeven, van de ten uitvoer verbodene, te berekenen tegen twintig percent der waarde; deze waarde en ook die van zulke goederen welke naar de waarde zijn aangeslagen, tot verhaal der boete, zal worden aangenomen naar de eigen opgave van de belanghebbenden bij de goederen, behoudens het recht der ambtenaren tot betwisting der aangegeven waarde volgens het bepaalde in Hoofdstuk XXXIII.

§ 2 gewijzigd bij art. 34 W. 21 december 2009 (B.S. 31. XII.2009, ed. 2).

Art. 243. Wanneer goederen, inkomende of uitgaande te lande, of binnenslands vervoerd worden, en van documenten voorzien, gevonden worden buiten de bepaalde heerbanen, of de in de documenten aangewezen routes, zal de voerman of vervoerder deswege verbeuren een boete van [[50 EUR]].

Gewijzigd bij art. 2-15 K.B. 20 juli 2000 (II) (B.S. 30. VIII.2000, err. B.S. 8.III.2001) en bij art. 42, 5° K.B. 13 juli 2001 (B.S. 11.VIII.2001, err. B.S. 21.XII.2001).

Art. 244. [De kapiteins, voerlieden en aangevers, die bij de uitvoer verzuimen de documenten van de vervoerde goederen op het laatste kantoor te vertonen en af te geven, ter verificatie en inhouding, lopen een boete op van [[50 EUR]], voor elk niet overgelegd document.]

Vervangen bij art. 101 W. 22 december 1989 (B.S. 29. XII.1989) en gewijzigd bij art. 2-15 K.B. 20 juli 2000 (II) (B.S. 30.VIII.2000, err. B.S. 8.III.2001) en bij art. 42, 5° K.B. 13 juli 2001 (B.S. 11.VIII.2001, err. B.S. 21.XII.2001).

Art. 245. Zo een aanhaling is geschied, alleen wegens afwezigheid van of verschil in merken, nummers en cijfers, en dat blijkt dat de aangehaalde goederen dezelfde zijn, welke zijn aangegeven, en daarin geen fraude wordt bevonden, zullen zij tegen betaling der onkosten worden vrijgelaten.

Art. 246. Bij ontdekking van overtredingen door middel van voertuigen van de ondernemingen voor het bezoldigd vervoer van personen en zaken, of door ambtenaren van de Regie der Posterijen, op welke ook verbeurdverklaring der voertuigen, een geldboete of enige andere straf tegen de daders gesteld is, kan wel dadelijk aanhaling der goederen, in zoverre daartoe termen zijn, geschieden, doch overigens de bekeuring niet worden voltrokken dan, wat de voertuigen betreft in het dichtstbijzijnde station op het grondgebied des Rijks, of wel na volbrachte reis, en ten aanzien van de ambtenaren van de Regie der Posterijen nimmer anders dan na volbrachte reis.

Art. 247. Bij overtreding als in de artikelen 220 en 224 is gemeld, zullen de daders, die niet vallen in de termen van artikel 228, wanneer zij geen bij de ambtenaren bekend domicilie binnen het Rijk hebben, door de ambtenaren in verzekerde bewaring kunnen worden genomen, ten einde terstond aan de rechter te worden overgeleverd.

Art. 248. § 1. Bij uitbreiding van artikel 247, mogen de smokkelaars altijd voorlopig worden aangehouden, wanneer het misdrijf aanleiding geeft tot toepassing van de gevangenisstraf.

§ 2. Het bepaalde in § 1 is eveneens toepasselijk op het stuk van accijnzen en daarmede gelijkgestelde takken wanneer het misdrijf in hoofdzaak aanleiding geeft tot gevangenisstraf.

Art. 249. § 1. Zo ook mogen vreemde of onbekende schippers, voerlieden en andere personen, bekeurd wegens een overtreding, waartegen een geldboete is gesteld, indien bijzondere omstandigheden zulks noodzakelijk achten, in de tolkring in bewaring worden genomen en overgeleverd als bepaald in artikel 247, totdat het beloop der boete bij de ontvanger zal zijn geconsigneerd of anderszins verzekerd, en door de vreemde domicilie binnen het Rijk zal gekozen zijn.

§ 2. Al degenen die tot een geldboete zijn verwezen en niet in staat zijn tot de voldoening derzelve, zullen met gevangenis worden gestraft waarvan de duur is vastgesteld overeenkomstig artikel 40 van het Strafwetboek.

Art. 250. De ambtenaren der douane en accijnzen zullen de personen, welke zij, ingevolge artikelen 247 tot 249, in bewaring nemen, kunnen overgeven aan de rechter in de politierechtbank van het kanton, waarin de arrestatie is gedaan, of aan de officieren van de rijkswacht, daar, waar dezelve aanwezig zijn; in dat geval zal de rechter in de politierechtbank of zullen de officieren van de rijkswacht verplicht zijn, de gearresteerden, zo spoedig mogelijk, voor de procureur des Konings te doen overbrengen.

Art. 251. De ambtenaren der douane en accijnzen zullen verplicht zijn, om, dadelijk bij de arrestatie, of zo spoedig mogelijk, en uiterlijk binnen drie dagen, aan de rechter in de politierechtbank of procureur des Konings te doen toekomen een kopie van het proces-verbaal van het vastgestelde misdrijf.

Art. 252. Bijaldien binnen de veertien dagen, nadat de gearresteerde persoon in de gevangenis is gekomen, en nadat daarvan aan de gewestelijke directeur der douane en accijnzen is kennis gegeven, door of namens de administratie der douane en accijnzen, geen vordering voor de correctionele rechtbank is gebracht, zal de procureur des Konings verplicht zijn, om de gearresteerde dadelijk doch slechts voorlopig uit zijn hechtenis te ontslaan, en van dat ontslag terstond de gewestelijke directeur te verwittigen.

Art. 253. De schepen, schuiten, voertuigen, paarden en andere lastdieren, welke niet voor verbeurdverklaring vatbaar zijn, doch met of op welke enige overtreding is gepleegd, worden speciaal verbonden en executabel verklaard voor de door de schipper, voerman of geleider verbeurde boete; met uitzondering der voorspannen, gebezigd tot de overtocht over de bergen.

Art. 254. Het oprichten of in gereedheid brengen van enige fabriek of trafiek, alsmede het uitbreiden of verkleinen van dezelve, zonder voorafgaande kennisgeving of toestemming, in die gevallen, dat voormelde oprichting, vergroting of verkleining, volgens de wetten, aan een voorafgaande kennisgeving of toestemming is onderworpen, zal worden gestraft met een boete van [[400 EUR]], ten laste van de contraveniërende fabrikant of trafikant, en zal bovendien in het eerste geval zodanige fabriek of trafiek moeten worden gesloopt en in beide andere gevallen alles in zijn vorige staat worden hersteld.

Gewijzigd bij art. 2-15 K.B. 20 juli 2000 (II) (B.S. 30. VIII.2000, err. B.S. 8.III.2001) en bij art. 42, 5° K.B. 13 juli 2001 (B.S. 11.VIII.2001, err. B.S. 21.XII.2001).

Art. 255. De fabrikanten, trafikanten of andere personen, welke onder hun beheer hebben ketels, kuipen, bakken, gereedschappen of werktuigen, waarop door de ambtenaren der administratie, naar aanleiding van de wetten, zegels zijn gesteld geworden, zijn in het bijzonder verplicht, zorg te dragen, dat zodanige zegels niet worden geschonden noch weggenomen; wegens zodanige schending, of verbreking van zegels lopen zij een boete op, gelijk staande met die bij de wet vastgesteld tegen het frauduleus gebruik van het werktuig, waarop de zegels waren gesteld, behalve in het geval dat het verzegelde werktuig, uit deszelfs aard en bestemming, niet heeft gediend, noch kunnen dienen tot ontduiking van 's Rijks accijnzen; in dit geval wordt slechts een boete van [[25 EUR]] toegepast.

Gewijzigd bij art. 2-15 K.B. 20 juli 2000 (II) (B.S. 30. VIII.2000, err. B.S. 8.III.2001) en bij art. 42, 5° K.B. 13 juli 2001 (B.S. 11.VIII.2001, err. B.S. 21.XII.2001).

Art. 256. Worden gestraft met [een boete van vijf- tot tienmaal de accijnzen] zonder beneden [[250 EUR]] te mogen blijven:

1° elk aanwenden van een uitlandse koopwaar in andere voorwaarden dan het bijzonder gebruik waartoe zij moest dienen, volgens de aangiften aan de administratie bij de definitieve invoer en dat het toekennen heeft gerechtvaardigd van een gunstiger belastingstelsel dan zou toegepast geweest zijn, indien de douane het feitelijk gebruik dat er zou van gemaakt worden heeft gekend hebben;

2° elke bewerking die tot doel heeft aan gezegde koopwaar de kenmerken of de eigenschappen te ontnemen of te verlenen, waarvan, bij de definitieve invoer, de aanwezigheid of de afwezigheid aanleiding heeft gegeven tot toestaan van een gunstiger belastingstelsel dan zou toegestaan zijn, in geval van afwezigheid of van aanwezigheid van gezegde kenmerken of eigenschappen.

De ontdoken rechten zijn daarenboven verschuldigd.

Al. 1, inleidende zin gewijzigd bij art. 2-15 K.B. 20 juli 2000 (II) (B.S. 30.VIII.2000, err. B.S. 8.III.2001), bij art. 42, 5° K.B. 13 juli 2001 (B.S. 11.VIII.2001, err. B.S. 21.XII.2001) en bij art. 35 W. 21 december 2009 (B.S. 31.XII.2009, ed. 2).

Art. 257. § 1. Wanneer een document betreffende doorvoer, tijdelijke of voorlopige vrijstelling van rechten, verzending op entrepot of op [ruimte voor tijde-

lijke opslag], uitvoer met accijnsafschrijving of enigerlei ander douane- of accijnsdocument, waarvan de aanzuivering of de wederoverlegging ten kantore van uitreiking is voorgeschreven, op dat kantoor niet binnen de gestelde termijn weder wordt overgelegd of gezuiverd of wel aldaar weder wordt overgelegd zonder de vereiste afschrijving of zonder een gelijkwaardige aantekening, loopt de titularis of de cessionaris van het document een geldboete van [[[125 EUR]] tot [[375 EUR]]] op, onverminderd de betaling van de rechten op de in het document vermelde goederen en onverminderd daarenboven – indien het gaat om buitenlandse goederen welke bij invoer aan verbodsbepalingen, beperkingen of controlemaatregelen zijn onderworpen – [de betaling van de helft van de waarde tot de volledige waarde van de goederen].

§ 2. In dezelfde onderstelling wordt bij verzending van goederen onder begeleiding van beambten van de spoorwegen, de geldboete van [[12,50 EUR]] ten laste gelegd van de spoorwegbesturen of spoorwegmaatschappijen, behoudens hun verhaal jegens derden.

§ 3. Wie zonder voorafgaande toelating van de administratie der douane en accijnzen, aan de goederen vermeld in de douanedocumenten waarvan sprake in § 1, een andere bestemming geeft dan daarin uitdrukkelijk is aangeduid, verbeurt de straffen bepaald, volgens het geval, bij artikel 157, bij de artikelen 220 tot 225, 227 en 277 of bij artikel 231.

§ 1 gewijzigd bij art. 257 W. 27 december 1993 (B.S. 30.XII.1993), bij art. 2-15 K.B. 20 juli 2000 (II) (B.S. 30. VIII.2000, err. B.S. 8.III.2001), bij art. 42, 5° K.B. 13 juli 2001 (B.S. 11.VIII.2001, err. B.S. 21.XII.2001) en bij art. 36 W. 21 december 2009 (B.S. 31.XII.2009, ed. 2);

§ 2 gewijzigd bij art. 2-15 K.B. 20 juli 2000 (II) (B.S. 30.VIII.2000, err. B.S. 8.III.2001) en bij art. 42, 5° K.B. 13 juli 2001 (B.S. 11.VIII.2001, err. B.S. 21.XII.2001).

Art. 258. […]

Opgeheven bij art. 5 K.B. 26 augustus 1981 (B.S. 15. IX.1981).

Art. 259. Met geldboete van [[250 EUR]] tot [[625 EUR]], zonder dat ze lager zijn dan tienmaal de eventueel ontdoken rechten en taksen, wordt gestraft:

1° hij die, met het opzet de douane te bedriegen, valse, misleidende of onjuiste documenten overlegt of doet overleggen;

2° hij die valse, misleidende of onjuiste attesten, facturen of documenten uitreikt, die bestemd zijn om de douane te bedriegen.

Bij herhaling wordt de overtreder bovendien gestraft met gevangenisstraf van acht tot dertig dagen, zonder dat toepassing mag worden gemaakt van artikel 228.

Al. 1, inleidende zin gewijzigd bij art. 2-15 K.B. 20 juli 2000 (II) (B.S. 30.VIII.2000, err. B.S. 8.III.2001) en bij art. 42, 5° K.B. 13 juli 2001 (B.S. 11.VIII.2001, err. B.S. 21.XII.2001).

Art. 260. Onverminderd de toepassing van de straffen bepaald bij het Strafwetboek, wordt gestraft met een boete van [[250 EUR]] tot [[625 EUR]], hij die valse of onjuiste facturen, attesten, of andere documenten opstelt, doet opstellen, bezorgt of gebruikt, met het opzet de douane-autoriteiten van een vreemd land te bedriegen of om er ten onrechte een preferentieel regime te verkrijgen inzake douanerechten, accijnzen, heffingen of restituties.

Gewijzigd bij art. 2-15 K.B. 20 juli 2000 (II) (B.S. 30. VIII.2000, err. B.S. 8.III.2001) en bij art. 42, 5° K.B. 13 juli 2001 (B.S. 11.VIII.2001, err. B.S. 21.XII.2001).

Art. 261. Worden gestraft met een geldboete van [[125 EUR]] tot [[1.250 EUR]], voorzover zij niet worden beteugeld door een andere sanctie inzake douane en accijnzen, de inbreuken:
– [op verordeningen en beschikkingen van algemene aard van de Raad of van de Commissie van de Europese Gemeenschappen];
– op de besluiten getroffen bij toepassing van artikel 11, § 1;
– in het algemeen, op de wetten en besluiten inzake douane en accijnzen.
De goederen ten aanzien waarvan die inbreuken zijn gepleegd, worden in beslag genomen en verbeurd verklaard.

Al. 1, inleidende zin gewijzigd bij art. 2-15 K.B. 20 juli 2000 (II) (B.S. 30.VIII.2000, err. B.S. 8.III.2001) en bij art. 42, 5° K.B. 13 juli 2001 (B.S. 11.VIII.2001, err. B.S. 21.XII.2001); Al. 1, 1ste streepje vervangen bij art. 102 W. 22 december 1989 (B.S. 29.XII.1989).

[**Art. 261-2.** De in de wetten inzake douane en accijnzen bepaalde straffen zijn niet toepasselijk:
1° op de douane-expediteur die zich bevindt in het geval bepaald in artikel 135;
2° op degene die spontaan de fraude of de onregelmatigheid signaleert aan de Minister van Financiën of aan zijn afgevaardigde en het supplement van de verschuldigde rechten [...] en accijnzen voldoet.]

*Ingevoegd bij art. 103 W. 22 december 1989 (B.S. 29. XII.1989);
2° gewijzigd bij art. 44 W. 27 december 1993 (B.S. 30. XII.1993).*

Art. 262. De fiscale geldboeten inzake douane en accijnzen, die zijn vastgesteld door de wetten van vóór 1 april 1926 en na deze datum niet zijn herzien, worden verhoogd met 190 opdecimes. Die verhoging is niet toepasselijk op boeten welke met de ontdoken rechten evenredig zijn.

Art. 263. Wegens alle overtredingen van deze wet en van de bijzondere wetten op de heffing der accijnzen, zal door, of op autorisatie der administratie, omtrent geldboete, verbeurdverklaring en het sluiten der fabrieken of werkplaatsen kunnen worden getransigeerd, zo dikwijls verzachtende omstandigheden de

zaak vergezellen, of als aannemelijk kan worden gehouden dat het misdrijf eerder aan verzuim of abuis, dan aan een oogmerk van opzettelijke fraude moet worden toegeschreven.

Art. 264. Alle transactie is verboden, wanneer het misdrijf moet worden gehouden voor genoegzaam in rechten te kunnen worden bewezen, en aan het oogmerk ener opzettelijke fraude niet kan worden getwijfeld.

Art. 265. [De natuurlijke personen of de rechtspersonen zijn burgerlijk en hoofdelijk aansprakelijk voor de geldboeten en kosten die het gevolg zijn van de veroordelingen die ingevolge de wetten inzake douane en accijnzen tegen hun gemachtigden of bestuurders, zaakvoerders of vereffenaars zijn uitgesproken wegens misdrijven die zij in die hoedanigheid hebben begaan.]

Vervangen bij art. 13 W. 20 juli 2005 (B.S. 28.VII.2005).

Art. 266. § 1. Behoudens tegenstrijdige beschikking in bijzondere wetten en onverminderd de boeten en verschuldigdverklaringen ten bate van de Schatkist, zijn de overtreders, hun medeplichtigen en de voor het misdrijf aansprakelijke personen solidair gehouden tot betalen van de rechten en taksen welke door de fraude aan de Schatkist werden onttrokken, zomede van de eventueel verschuldigde nalatigheidsinteresten.
§ 2. De voor een zaak ingevorderde sommen worden bij voorrang aangewend tot betaling van de nalatigheidsinteresten en van de rechten en taksen.

HOOFDSTUK XXV

PROCESSEN-VERBAAL, BEKEURINGEN, AANHALINGEN EN VERVOLGINGEN

Art. 267. Wanneer de misdrijven, fraudes of overtredingen van de wet worden geconstateerd bij processen-verbaal, zullen deze akten dadelijk, of zo spoedig mogelijk worden opgemaakt, door ten minste twee daartoe bevoegde personen, waarvan de ene moet zijn aangesteld of van commissie voorzien vanwege de administratie der douane en accijnzen.

Art. 268. Het proces-verbaal zal moeten behelzen een beknopt en nauwkeurig verhaal der bevinding en van de oorzaak der bekeuring, met aanduiding van personen, beroep, dag en plaats, en met inachtneming van het voorgeschrevene bij artikel 176, in de bijzondere gevallen aldaar vermeld.

Art. 269. De processen-verbaal zullen kunnen worden opgemaakt, en de bekeuringen gedaan op alle dagen des jaars, en mitsdien ook op zondagen en wettelijke feestdagen.

Art. 270. Binnen de vijf dagen na het opstellen van de in artikel 267 bedoelde processen-verbaal wordt het origineel aan de handtekening *ne varietur* van een hiërarchische chef der bekeurders onderworpen, en afschrift ervan aan de overtreders afgegeven. Indien de overtreders deze mededeling weigeren of onbekend zijn, wordt de kennisgeving gedaan aan de burgemeester der gemeente waar het misdrijf werd vastgesteld, of aan diens gemachtigde.

Art. 271. De bekeurde, tegenwoordig zijnde bij de bekeuring, zal worden uitgenodigd, om ook bij de opmaking van het proces-verbaal tegenwoordig te zijn, en, desverkiezende, hetzelfde te tekenen en er dadelijk een afschrift van te ontvangen; in geval van afwezigheid wordt een afschrift van het proces-verbaal bij een ter post aangetekende brief aan de bekeurde gezonden.

Art. 272. De processen-verbaal van de ambtenaren, wegens hun handelingen en ambtsverrichtingen, verdienen volle geloof in rechten, totdat de valsheid daarvan bewezen wordt. De onnauwkeurigheden, welke geen betrekking hebben op de feiten maar alleen op de toepassing van de wet, zullen aan het proces-verbaal deszelfs kracht niet ontnemen, doch, bij het exploot van dagvaarding moeten worden hersteld. Slechts dan, wanneer het proces-verbaal door één ambtenaar is opgemaakt, zal het op zichzelf geen bewijs opleveren.

Art. 273. § 1. Bijaldien de ambtenaren goederen aanhalen, zullen zij deze naar het naaste kantoor brengen, om aldaar ten overstaan van de ontvanger en van de belanghebbende, indien hij bij de goederen tegenwoordig is, en wil blijven, volgens de uitnodiging, die hem daartoe zal gedaan en in het proces-verbaal moeten vermeld zijn, geopend, gewogen, gemeten, geroeid of geteld en geïnventariseerd te worden.
§ 2. De administratie is bevoegd, de aangehaalde goederen vervolgens naar de hoofdplaats der directie, waarin de bekeuring is geschied, te doen overbrengen, en in geval van verkoop, deze te doen geschieden ter plaats waar zij zulks het meest voordelig oordeelt.

Art. 274. Alleen die goederen, vaar- of voertuigen en gespannen, werktuigen, gereedschappen of andere voorwerpen, waarmede is misdreven en waarop, naar aanleiding van artikel 253, enige straf of recht van verhaal kleeft, zullen worden aangehouden.

Art. 275. § 1. Indien de bekeurde zulks begeert, zullen de aangehaalde goederen, benevens de vaar- en voertuigen en gespannen, tegen voldoende borgtocht, voor de tussen de ontvanger en belanghebbende overeengekomen waarde derzelve, of van het beloop der verbeurde boete, worden vrijgegeven.
§ 2. Wanneer echter de aanhaling geschied is op grond van enig verbod van invoer, zal geen handlichting van de ten invoer verboden goederen mogen plaats hebben.
§ 3. De handlichting zal ook kunnen worden geweigerd wanneer de bekeuring is geschied wegens verkeerde aangifte van de soort der goederen, en men, door middel van monsters of stalen, de zaak tot de beslissing niet behoorlijk in haar geheel kan houden,

alsmede wanneer de goederen zijn aangehaald op onbekende personen, waardoor in het algemeen worden verstaan dezulke, die zich buiten het geval stellen van in de processen-verbaal van bekeuring aangeduid te worden.
§ 4. Indien geen handlichting tegen borgtocht is verleend, zullen de goederen onder beheer van de administratie blijven, totdat, overeenkomstig de wet, over dezelve voorlopig of definitief zal kunnen beschikt worden.
§ 5. [Bij handlichting onder borgtocht van naar de waarde belaste goederen dient de overeengekomen waarde tevens voor het berekenen van de opgelopen boete.]

§ 5 vervangen bij art. 104 W. 22 december 1989 (B.S. 29.XII.1989).

Art. 276. § 1. Aangehaalde goederen zullen niet kunnen worden verkocht voordat het vonnis tot verbeurdverklaring gewezen zal zijn. Nochtans zal de ontvanger al de aangehaalde koopwaren, welke na enkele tijd zouden kunnen bederven, onmiddellijk verkopen.
§ 2. De verkoop van paarden en allerlei vee zal, op autorisatie van de ontvanger, ter plaatse waar ze zijn overgebracht dadelijk kunnen worden bewerkstelligd, wanneer ze zijn aangehaald op onbekenden, of ook wanneer de bekeurde weigeren mocht borg te stellen, voor de kosten van onderhoud, totdat de bekeuring finaal zal zijn afgedaan, welke weigering door een behoorlijk proces-verbaal zal moeten worden geconstateerd.
§ 3. De ontvanger die, in strijd met bovenstaande bepalingen, tot de verkoop overgaat, zal persoonlijk aansprakelijk zijn voor de gevolgen van dien.
§ 4. Alle verkoop van aangehaalde goederen moet in het openbaar aan de meestbiedende geschieden.
§ 5. Wanneer na de verkoop van goederen, waarvan de verbeurdverklaring nog niet was uitgesproken, de bekeuring in rechten wordt vernietigd, en de verkoop is geschied met inachtneming der bovengemelde voorschriften, zal de bekeurde de opbrengst van de verkoop moeten beschouwen, als vertegenwoordigend de volle waarde, welke de goederen op het tijdstip der verkoping hadden.

Art. 277. § 1. Aanhaling van goederen ten laste van onbekenden zal geldig zijn zonder vonnis indien, binnen een termijn van dertig dagen, te rekenen van het afsluiten van het proces-verbaal, de eigenaar der goederen ze niet per aangetekende brief heeft teruggevorderd van de gewestelijke directeur der douane en accijnzen in wiens gebied de aanhaling plaats heeft gehad.
§ 2. Zullen desgelijks geldig zijn de regelmatig gedane aanhalingen ten laste van gekende personen, voor zover de waarde der koopwaar geen [[[250 EUR]]] te boven gaat en de administratie tegen de eigenaar geen toepassing vordert van een gevangenisstraf of van een boete.

§ 2 gewijzigd bij art. 105 W. 22 december 1989 (B.S. 29.XII.1989), bij art. 2-15 K.B. 20 juli 2000 (II) (B.S. 30. VIII.2000, err. B.S. 8.III.2001) en bij art. 42, 5° K.B. 13 juli 2001 (B.S. 11.VIII.2001, err. B.S. 21.XII.2001).

Art. 278. De vergoeding van schaden, veroorzaakt door verkeerde aanhalingen, waarop de eigenaar of belanghebbende bij de goederen aanspraak zouden kunnen maken, zal nimmer door de rechters worden toegewezen tot een hoger beloop dan één ten honderd van de waarde der aangehaalde goederen per maand, te berekenen van de dag der aanhaling tot op die van de teruggave.

Art. 279. Ten aanzien van de vervolging en berechting van alle zaken, betreffende de douane en accijnzen, zullen worden in acht genomen de bepalingen in de artikelen 280 tot 285 vermeld.

Art. 280. Alle louter civiele zaken, welke niet gepaard gaan met een vordering tot gevangenisstraf, geldboete of verbeurdverklaring worden berecht volgens de regels door het Gerechtelijk Wetboek voorgeschreven inzake bevoegdheid en rechtspleging.

Art. 281. § 1. Alle vorderingen wegens overtredingen, fraudes en misdrijven, waartegen bij de wetten inzake douane en accijnzen, straffen zijn bepaald, zullen in eerste aanleg worden gebracht voor de correctionele rechtbanken, en, in geval van hoger beroep, voor het hof van beroep van het rechtsgebied, ten einde te worden geïnstrueerd en berecht overeenkomstig het Wetboek van Strafvordering.

§ 2. Zodanige der bovengemelde vorderingen, welke strekken tot toepassing van boeten, verbeurdverklaringen of het sluiten van fabrieken of werkplaatsen, zullen voor dezelfde rechtbanken worden aangelegd en vervolgd, door of in naam van de administratie; echter zullen dezelve daarin geen recht spreken, dan na de conclusies van het openbaar ministerie te hebben gehoord. Evenwel mag, op schriftelijk aanzoek hem daartoe gedaan door een ambtenaar van de administratie der douane en accijnzen met minstens de graad van directeur, het openbaar ministerie de onderzoeksrechter vorderen te informeren, alhoewel de uitoefening van de publieke vordering voor het overige aan de administratie voorbehouden blijft.

§ 3. In die gevallen, dat uit dezelfde daad van overtreding der voormelde wetten twee verschillende vorderingen voortspruiten, waarvan de ene door het openbaar ministerie en de andere door of namens de administratie moet worden ingesteld, zullen beide vorderingen gelijktijdig worden geïnstrueerd en daarop bij een en hetzelfde vonnis worden rechtgesproken; in dat geval zal door het openbaar ministerie niet worden geageerd, alvorens de administratie van hare zijde aanklacht heeft gedaan of de vordering ingesteld.

[**Art. 281-2.** De bepalingen van het Eerste Boek van het Strafwetboek, met inbegrip van artikel 85 doch met uitzondering van artikel 68, zijn van toepas-

sing op de misdrijven strafbaar gesteld bij deze wet en de bijzondere wetten inzake douane en accijnzen.]

Ingevoegd bij art. 37 W. 21 december 2009 (B.S. 31. XII.2009, ed. 2).

Art. 282. Alle misdrijven of misdaden die, hoewel bedreven met betrekking tot de douane en accijnzen, echter bij het Strafwetboek voorzien en strafbaar zijn gesteld, zullen op de gewone wijze worden vervolgd en berecht, overeenkomstig de bestaande algemene wetten op het strafrecht.

Art. 283. Wanneer de overtredingen, fraudes, misdrijven of misdaden, in de artikelen 281 en 282 bedoeld, onverminderd de strafvordering, tevens tot betaling van rechten of accijnzen, en alzo tot een civiele actie aanleiding geven, zal de kennisneming en berechting daarvan in beide opzichten tot de bevoegde criminele of correctionele rechter behoren.

Art. 284. In de gevallen waarin, volgens de bestaande wetten, voorziening in cassatie kan plaats hebben, zal, dienovereenkomstig, ook van dit middel in zaken betreffende douane en accijnzen, gebruik kunnen worden gemaakt.

Art. 285. De door de rechtbanken en hoven uitgesproken boeten in politiezaken, in correctionele zaken en in criminele zaken zijn aan teruggave onderworpen wanneer kwijtschelding wordt verleend na betaling, voor zover de veroordeelde zijn genade vraagt binnen de twee maanden van het vonnis of het arrest, als het tegensprekelijk is, of na de betekening, als het bij verstek is uitgesproken.

HOOFDSTUK XXVI

BORGTOCHTEN, KREDIETEN EN BETALINGEN

Art. 286. Alle borgtochten, welke bij de wetten van de invoerders of andere belastingschuldigen worden gevorderd, zullen worden gesteld ten genoegen van de ontvanger, die voor het bedrag van de borgtocht verantwoordelijk blijft.

Art. 287. De te stellen borgtocht is vierderlei:

1° in geld;

2° [in vaste goederen;

3° in inschrijving in het grootboek der Staatsschuld];

4° door het stellen van personele borgtocht.

2°-3° vervangen bij art. 3, 4° W. 6 juli 1978 (B.S. 12. VIII.1978).

Art. 288. § 1. De eerste en vierde van deze soorten alleen komen in aanmerking, wanneer de borgtocht wordt gevorderd voor de prestatie van een bepaalde daad, als: bij invoer aan de landzijde voor de levering der goederen ter losplaats of in entrepot, bij doorvoer voor de wederuitvoer, bij binnenlands vervoer van accijnsvrije goederen voor de aankomst ter bestemmingsplaats en dergelijke; alle welke borgtochten mede invorderbaar blijven omtrent dat gedeelte der goederen, hetwelk minder mocht worden geleverd, weder uitgevoerd of aangebracht dan op de documenten is uitgedrukt.

§ 2. Alle vier soorten van borgtochten kunnen in aanmerking komen bij een borgtocht voor kredietermijnen, of voor goederen, voor welker accijns een doorlopend krediet wordt verleend, of eindelijk voor een gecontinueerd bedrijf of beroep.

Art. 289. In de gevallen bij artikel 288, § 1, omschreven, zal de borgtocht in geld, bestaan in een consignatie der penningen, welke verschuldigd zouden kunnen worden ten kantore van de ontvanger, alwaar de borgtocht moet worden gesteld; de aanvaarding van de personele borgtocht, bijaldien de belanghebbende deze verkiest, wordt geheel en uitsluitend aan de beslissing van de ontvanger overgelaten.

Art. 290. In het geval van een doorlopende borgtocht, zal het bedrag van de borgtocht in geld, bijaldien de belanghebbende zulks verkiest, in de Deposito- en Consignatiekas worden gestort, met genot van een interest vastgesteld door de begrotingswet.

Art. 291. Met betrekking tot de borgtocht in onroerende goederen, moet worden in acht genomen:

1° dat de goederen of eigendommen binnen het Rijk zijn gelegen;

2° dat hun waarde behoorlijk zijn bewezen, en dat zij de gevorderde zekerheid met tien ten honderd te boven gaat;

3° dat de goederen vrij en onbezwaard zijn, tenzij een afwijking hiervan door de administratie in bijzondere gevallen mocht zijn veroorloofd;

4° dat de gebouwde eigendommen voor brandschade worden verzekerd;

5° dat de borgtocht bij de vermindering in de waarde der eigendommen worden gesuppleerd.

Art. 292. § 1. Wanneer de borgtocht bestaat in inschrijvingen op het grootboek van de Staat, zullen deze verbonden worden op de voet, bij de directie van het grootboek voorgeschreven, en worden aangenomen naar de waarde, bij de prijscourant voor het successierecht, maandelijks bekendgemaakt; met dien verstande, dat evengemelde waarde, het bedrag van de borgtocht, met twintig ten honderd, zal moeten te boven gaan, en worden gesuppleerd, zodra dit surplus door een daling van de prijs der inschrijvingen, beneden de tien ten honderd boven het bedrag van de borgtocht mocht zijn gekomen.

§ 2. Bijaldien deze suppletie niet gegeven wordt, binnen acht dagen nadat zij gevorderd zal zijn, is de administratie bevoegd om de inschrijvingen te doen verkopen.

Art. 293. [...]

Opgeheven bij art. 4, 42° W. 6 juli 1978 (B.S. 12.VIII.1978).

Art. 294. Bij personele borgtochten, voor zover deze meer dan [[300 EUR]] bedragen en niet vallen in de uitzondering van artikel 288, § 1, wordt gevoerd:

1° dat zij notarieel zullen gepasseerd;

2° dat de borg gedomicilieerd zij in de provincie, waar de borgtocht moet worden gesteld;

3° dat de borg geen ambt beklede of bedrijf uitoefene, waarvoor hij zelf rekenplichtig aan het Rijk is, of een openstaande rekening met hetzelve hebben;

4° dat de borg solvabel verklaard worde door een akte van het plaatselijk bestuur, welke om de drie jaren zal moeten, en zelfs, op de vordering van de ontvanger, alle jaren kunnen vernieuwd worden;

5° dat de borgtocht niet dan schriftelijk zal kunnen worden opgezegd, en de opzegging geen kracht hebben dan een maand na de betekening der hiertoe strekkende akte;

6° dat in geval van overlijden van de borg, de borgtocht blijft voortlopen tot het einde der dertig dagen, volgende op de dag waarop de erfgenamen van de borg van deszelfs overlijden zullen hebben kennis gegeven aan de ontvanger.

Inleidende zin gewijzigd bij art. 2-15 K.B. 20 juli 2000 (II) (B.S. 30.VIII.2000, err. B.S. 8.III.2001) en bij art. 42, 5° K.B. 13 juli 2001 (B.S. 11.VIII.2001, err. B.S. 21.XII.2001).

Art. 295. Tot maatstaf van het bedrag der borgtochten wordt genomen het volle beloop van de som, voor welke de zekerheid wordt gesteld, en niet enkel het principaal.

Art. 296. De borgtochten, ten behoeve van de administratie te stellen, zijn vrij van het registratierecht.

Art. 297. Bijaldien bij een borgtocht in onroerende goederen, in inschrijvingen op het grootboek [...] tussen de ontvanger en de belastingplichtigen over de genoegzaamheid daarvan, of in het geval van personele borgtocht, over de aard der justificatie, verschil mocht ontstaan, zal de zaak aan de beslissing van de administratie worden onderworpen, en de ontvanger, bijaldien deze beslissing ten voordele van de borgschuldige mocht uitvallen, voor alle verdere verantwoording gedekt zijn, voor zover hij voor het overige gezorgd hebbe, dat de vervolgingen tegen de belastingplichtigen en hun borgen naar behoren zijn aangevangen en voortgezet.

Gewijzigd bij art. 3, 5° W. 6 juli 1978 (B.S. 12.VIII.1978).

Art. 298. § 1. Indien een onder borgtocht afgegeven document of het extract daarvan in het geval van artikel 69, niet binnen zes weken na de tijd, daarin tot gebruik van hetzelve bepaald, ten kantore van uitgifte is teruggekomen, voorzien van de vereiste aftekeningen, dat aan de inhoud is voldaan, zal de ontvanger tot de invordering van het bedrag der rechten en accijnzen overgaan.

§ 2. Dit tijdsverloop van zes weken wordt niet in aanmerking genomen en de invordering zal vroeger gedaan worden, indien voor de onderhavige gevallen, bij de bijzondere wetten, een korter tijdsverloop wordt bepaald.

Art. 299. [...]

Opgeheven bij art. 106 W. 22 december 1989 (B.S. 29.XII.1989).

Art. 300. De Minister van Financiën kan, onder voorwaarden die hij bepaalt, termijnen toestaan voor de betaling van de accijnzen.

Art. 301. Particuliere kredieten, ongeautoriseerd aan belastingschuldigen verleend, of betalingen buiten de kantoren of aan ongekwalificeerde ambtenaren gedaan, zullen niet in aanmerking komen, evenmin als de voorgewende vernietiging of het in het ongerede raken der bewijzen van betaling.

Art. 302. Voor degenen, aan wie krediet van accijns is toegestaan, zal ten kantore van de ontvanger, alwaar borgtocht gesteld is, een rekening wegens in- en uitslag worden geopend, hetzij voor elke partij, hetzij in het algemeen voor zijn rekening van een gans jaar, nadat hij zich schriftelijk verbonden heeft tot de voldoening van de accijns van de goederen, welke op zijn rekening worden overgebracht.

Art. 303. § 1. Wanneer de van krediet op termijnen genothebbende personen de goederen, voor welker accijns zij zijn gedebiteerd, aan anderen, welke toegelaten kunnen worden om krediet omtrent diezelfde goederen te genieten, willen afleveren, met overdracht van de accijns of van zodanige gedeelten en termijnen daarvan, als zij mochten verkiezen, zal zulks aan dezelve vrij staan, mits zij zich gedragen naar hetgeen te dien aanzien bij de afzonderlijke wetten is bepaald.

§ 2. De nieuwe verkrijger zal aangifte voor de overschrijving doen, ter plaatse alwaar hij er voor moet gedebiteerd worden. Na het stellen van de vereiste borgtocht en het op zich nemen der verplichtingen, die op de vorige debiteur rusten, zal hij deswege een bewijs verkrijgen, hetwelk, bekrachtigd met de handtekening van de afleveraar, zal moeten vertoond worden aan de ontvanger, ten wiens kantore de afschrijving van de accijns zal plaats hebben.

§ 3. Nadat het dubbel van dit bewijs aan de ontvanger, ten wiens kantore de afschrijving geschieden moet, door zijn directeur zal zijn toegezonden, zal de afleveraar afschrijving van de accijns bekomen.

Art. 304. De overschrijving van het krediet op termijnen, waarvan in artikel 303 wordt gesproken, zal zo dikwijls mogen plaats hebben, als de debiteur zal verkiezen, voor zoveel voor sommige dier goederen bij de afzonderlijke wetten geen andere bepalingen bestaan.

Art. 305. Het vermissen, verongelukken, verbranden, ontvreemden of op enige andere wijze teloor gaan van goederen, voor welke de accijns wel verschuldigd, doch niet is betaald, zal van de betaling niet bevrijden,

tenzij zulks door de wet speciaal mocht zijn bepaald, of in zeer bijzondere gevallen mocht worden toegestaan.

Art. 306. [Kwijtschelding van accijnzen wordt door de Minister van Financiën of door zijn afgevaardigde verleend voor goederen, die onder douane- of accijnstoezicht zijn opgeslagen of onder douane- of accijnstoezicht worden vervoerd, en die door oorzaken die verband houden met hun aard of ingevolge toeval of overmacht of nog als gevolg van een beslissing van de bevoegde autoriteiten zijn vernietigd of zijn teloorgegaan.]

Vervangen bij art. 46 W. 27 december 1993 (B.S. 30. XII.1993).

Art. 307. Alle personen die wegens de accijns een openstaande rekening met de administratie hebben, en die het Rijk metterwoon zouden willen verlaten, zullen verplicht zijn, vooraf te liquideren en alle onaangezuiverde kredieten te voldoen; bij gebreke daarvan zullen hun goederen in beslag genomen kunnen worden, totdat zij aan hun verplichting hebben voldaan.

Art. 308. § 1. Zij die, zonder het Rijk te verlaten, van woonplaats zullen veranderen, of het bedrijf, voor hetwelk zij een openstaande rekening met de administratie hebben, hetzij op termijnen van krediet, hetzij voor een lopend krediet, naar elders zullen overbrengen, zullen verplicht zijn, hun rekening te liquideren met de ontvanger op de plaats, welke zij verlaten en waar zij die openstaande rekening hebben. Voormelde rekening zal nochtans overgeschreven kunnen worden ten kantore van ontvangst der plaats, waar zij zich zullen vestigen, of waar zij hun bedrijf overbrengen, mits zij zich gedragen naar hetgeen bij de bijzondere wetten is voorgeschreven, ten aanzien van de verkoop met overschrijving van de accijns of van het doorlopend krediet.

§ 2. Bijaldien zij verzuimen mochten op die wijze te liquideren, zullen zij op hun nieuwe woonplaats, of ter plaats waar zij hun bedrijf hebben overgebracht, worden verplicht tot de betaling ineens van al de op hun rekening gebrachte en nog onvoldane termijnen van krediet, alsmede van de accijns, wegens al de goederen waarvoor zij een doorlopend krediet genoten.

Art. 309. De belastingschuldigen, welke het genot hebben van krediet op termijnen, en welke verzuimen een termijn van krediet op de vervaltijd te voldoen, ten gevolge der waarschuwing die hun zal zijn gedaan, zal het genot van krediet ontnomen worden, en de ontvangers zullen verplicht zijn om de gezegde belastingschuldigen bij parate executie te verplichten tot de betaling, zo van de vervallen en onvoldane termijn, als van die, welke op hun rekening nog niet vervallen zijn.

Art. 310. Het ganse bedrag der rekeningen van krediet op termijnen, zal insgelijks in eenmaal kunnen worden ingevorderd, zodra een belastingschuldige in staat van faillissement komt. [...]

Gewijzigd bij art. 138 Faill. W. 8 augustus 1997 (B.S. 28.X.1997, err. B.S. 7.II.2001).

Art. 311. § 1. Bij laattijdige betaling van [rechten], van accijnzen of van andere belastingen die worden ingevorderd door de administratie der douane en accijnzen, is interest verschuldigd tegen [9,60 %] per jaar.

Die interest is niet verschuldigd indien het bedrag geen [3,75 EUR] beloopt.

§ 2. [De Koning kan, wanneer zulks ingevolge de op de geldmarkt toegepaste rentevoeten verantwoord is dit tarief aanpassen.]

§ 1, al. 1 gewijzigd bij art. 193, 1° W. 30 december 1988 (B.S. 5.I.1989) en bij art. 47 W. 27 december 1993 (B.S. 30.XII.1993);

§ 1, al. 2 gewijzigd bij art. 2-15 K.B. 20 juli 2000 (II) (B.S. 30.VIII.2000, err. B.S. 8.III.2001);

§ 2 vervangen bij art. 13, 2° W. 30 december 1998 (B.S. 5.I.1989).

Art. 312. [Wanneer de te vereffenen sommen, de te verrichten aan- of afschrijvingen of de te verlenen terugbetalingen inzake accijnzen, taksen, boeten, nalatigheidsinteresten of enigerlei andere belasting of retributie waarvan de inning, voor rekening van de Staat, is toevertrouwd aan de administratie der douane en accijnzen, een fractie van een cent behelst, dan wordt het bedrag, voor elke aanslag, betaling, aanschrijving, afschrijving of terugbetaling op de cent naar boven of naar beneden afgerond, alnaargelang de fractie 0,5 cent bereikt of niet.]

Vervangen bij art. 14 K.B. 13 juli 2001 (B.S. 11.VIII.2001, err. B.S. 21.XII.2001).

[**Art. 312bis.** Elk bedrag aan rechten, accijnzen of daarmede gelijkgestelde belastingen dat aan een belastingschuldige moet worden teruggegeven of betaald krachtens de wetgeving inzake douane en accijnzen of krachtens de bepalingen van het burgerlijk recht met betrekking tot de onverschuldigde betaling, kan door de ontvanger der douane en accijnzen zonder formaliteit worden toegerekend op door deze schuldenaar definitief verschuldigde rechten, accijnzen en daarmede gelijkgestelde belastingen of op elke andere definitief verschuldigde som die deze persoon moet betalen ingevolge de toepassing van de wetgeving inzake douane en accijnzen.]

Ingevoegd bij art. 195 Progr. W. 22 december 2008 (B.S. 29.XII.2008, ed. 4).

HOOFDSTUK XXVII

[DADELIJKE UITWINNING, VOORRECHT EN WETTELIJKE HYPOTHEEK]

Opschrift vervangen bij art. 108 W. 22 december 1989 (B.S. 29.XII.1989).

Art. 313. § 1. [De ontvangers hebben, namens de administratie:

1° het recht van dadelijke uitwinning;

2° een voorrecht op de roerende goederen van degenen die rechten [...] of accijnzen verschuldigd zijn; dat voorrecht neemt rang onmiddellijk na de voorrechten vermeld in de artikelen 19 en 20 van de wet van 16 december 1851 tot herziening van de rechtsregeling der hypotheken en in artikel 23 van Boek II van het Wetboek van Koophandel;

3° een wettelijke hypotheek op alle onroerende goederen van degenen die rechten [...] of accijnzen verschuldigd zijn.

Dat recht, dat voorrecht en die hypotheek zijn ingesteld voor het betalen van de rechten [...] de accijnzen en de eventueel verschuldigde verwijlinteresten, voor de kosten van opslag, bewaring en verificatie van de aan de rechten onderworpen goederen, alsook voor de kosten voor het invorderen van de aan de administratie verschuldigde sommen.]

§ 2. De wettelijke hypotheek zal kosteloos worden ingeschreven door de bewaarders der hypotheken, met inachtneming der formaliteiten, in artikel 89 wet 16 december 1851 vermeld. Voor zover echter de debiteuren de verschuldigde accijns hebben gewaarborgd [...] door een borgtocht in geld, in onroerende goederen of in inschrijvingen in het grootboek, zullen voorrecht en wettelijke hypotheek niet toepasselijk zijn, en zal daarvan op hun verzoek bewijs worden afgegeven.

Dien onverminderd is de administratie boven alle andere crediteuren bevoorrecht, op de goederen, welke ten namen van de debiteur in entrepot zijn.

§ 3. Onder het voorrecht van de administratie op de roerende goederen, zijn begrepen alle werktuigen en gereedschappen, welke in de fabrieken en trafieken der belastingschuldigen gevonden worden zonder onderscheid, aan wiens dezelve in eigendom toebehoren, en te dien effecte dat op dezelve evenals op roerende goederen zal worden geëxecuteerd.

§ 4. [...]

§ 5. [...]

§ 1 vervangen bij art. 109, 1° W. 22 december 1989 (B.S. 29.XII.1989);

§ 1, al. 1, 2° gewijzigd bij art. 48 W. 27 december 1993 (B.S. 30.XII.1993);

§ 1, al. 1, 3° gewijzigd bij art. 48 W. 27 december 1993 (B.S. 30.XII.1993);

§ 1, al. 2 gewijzigd bij art. 48 W. 27 december 1993 (B.S. 30.XII.1993);

§ 2, al. 1 gewijzigd bij art. 3, 6° W. 6 juli 1978 (B.S. 12. VIII.1978);

§§ 4-5 opgeheven bij art. 3 W. 30 juni 2000 (B.S. 12. VIII.2000, err. B.S. 26.VIII.2000).

Art. 314. § 1. [Dadelijke uitwinning geschiedt door middel van een dwangbevel, uitgevaardigd door de met de invordering belaste ontvanger. Het dwangbevel wordt geviseerd en uitvoerbaar verklaard door de gewestelijke directeur der douane en accijnzen of door de door hem aangewezen ambtenaar.]

§ 2. [De kennisgeving van het dwangbevel gebeurt door de ambtenaren van de administratie der douane en accijnzen of bij een ter post aangetekende brief. De afgifte van het stuk door de ambtenaren of ter post geldt als kennisgeving vanaf de daaropvolgende dag.]

§ 3. [Als van het dwangbevel eenmaal kennis is gegeven, kan de dadelijke uitwinning alleen worden opgeschort door een vordering in rechte.]

§ 4. [In geval van beroep tegen het vonnis dat de door de schuldenaar ingestelde eis heeft verworpen, kan de ontvanger der douane en accijnzen, gelet op de concrete gegevens van het dossier, met inbegrip van de financiële toestand van de schuldenaar, deze laatste kennis geven bij een ter post aangetekende brief van een verzoek tot het in consignatie geven van het geheel of een gedeelte van de verschuldigde bedragen. Aan de schuldenaar kan worden toegestaan dat die consignatie wordt vervangen door een zakelijke of persoonlijke zekerheid die wordt aangenomen door de Administratie der douane en accijnzen.

De gevorderde bedragen dienen in consignatie te worden gegeven of de zekerheid dient te worden gesteld binnen twee maanden vanaf de kennisgeving.

Bij gebreke van het in consignatie geven van de bedragen of het stellen van de zekerheid binnen de bepaalde termijn, dient de rechtsinstantie waarbij de voorziening is aanhangig gemaakt, binnen drie maanden te rekenen vanaf het verstrijken van die termijn, de voorziening niet-ontvankelijk te verklaren, tenzij zij, op grond van een met redenen omkleed verzoekschrift ingediend door de schuldenaar binnen twee maanden vanaf de kennisgeving bedoeld in het eerste lid van deze paragraaf, besluit, binnen dezelfde termijn van drie maanden, dat het door de met de invordering belaste ambtenaar gedane verzoek ongegrond is.]

§ 5. Het dwangbevel wordt ten uitvoer gelegd overeenkomstig de bepalingen van het Gerechtelijk Wetboek inzake middelen van tenuitvoerlegging.

§§ 1-2 vervangen bij art. 49 W. 27 december 1993 (B.S. 30.XII.1993);
§§ 3-4 vervangen bij art. 4 W. 30 juni 2000 (B.S. 12.VIII.2000, err. B.S. 26.VIII.2000).

Art. 315. § 1. De directeur der douane en accijnzen kan, krachtens de machtiging van de voorzitter van de rechtbank van eerste aanleg en tot beloop van het door deze magistraat bepaald bedrag, hypotheekinschrijvingen vorderen op de vaste goederen van elke persoon te wiens laste een regelmatig proces-verbaal werd opgemaakt als dader, mededader of medeplichtige van een misdrijf inzake douane of accijnzen.

§ 2. De machtiging tot het vorderen van de in-

schrijving kan worden verleend tot beloop van het bedrag der ontdoken rechten en taksen, der opgelopen boeten en verbeurdverklaringen voor zover het totaal daarvan ten minste [[250 EUR]] bedraagt.

§ 2 gewijzigd bij art. 2-15 K.B. 20 juli 2000 (II) (B.S. 30. VIII.2000, err. B.S. 8.III.2001) en bij art. 42, 5° K.B. 13 juli 2001 (B.S. 11.VIII.2001, err. B.S. 21.XII.2001).

Art. 316. § 1. De hypotheken bedoeld in artikel 315 worden van kracht en nemen rang met de datum hunner inschrijving.

§ 2. De inschrijvingen vermelden inzonderheid elk vast goed en drukken de bedragen uit waarvoor zij worden gevorderd.

Art. 317. Het verzoekschrift voor de doeleinden in artikel 315 voorzien, wordt aangebracht voor de voorzitter van de rechtbank van eerste aanleg van de plaats der overtreding.

Art. 318. § 1. De eigenaar van de met hypotheek bezwaarde vaste goederen mag vragen dat de hypotheek, bij toepassing van artikel 315 ingeschreven, worde afgevoerd of verminderd tot de bedragen van de waarden die de administratie te vorderen heeft en beperkt tot de vaste goederen die volstaan om de invordering te waarborgen.

§ 2. De aanvraag wordt aangebracht voor de rechtbank van eerste aanleg van de plaats der overtreding.

Art. 319. Opheffing moet worden verleend door de directeur der douane en accijnzen, op verzoek van de eigenaar der met hypotheek bezwaarde vaste goederen, betekend bij ter post aangetekend schrijven, zo het proces-verbaal geen aanleiding tot vervolging binnen drie maand na zijn datum heeft gegeven.

HOOFDSTUK XXVIII

PLICHTEN EN RECHTEN DER AMBTENAREN EN HUN BESCHERMING

Art. 320. [Elke ambtenaar en elke persoon die, uit welken hoofde ook, optreedt bij de toepassing van de belastingwetten of die toegang heeft tot de kantoren van de Administratie der douane en accijnzen, is, buiten het uitoefenen van zijn ambt, verplicht tot de meest volstrekte geheimhouding aangaande alle zaken waarvan hij wegens de uitvoering van zijn opdracht kennis heeft.

De ambtenaren der douane en accijnzen oefenen hun ambt uit wanneer zij aan andere administratieve diensten van de Staat, aan de administraties van de Gemeenschappen en de Gewesten van de Belgische Staat, aan de parketten en de griffies van de hoven, van de rechtbanken en van alle rechtsmachten, en aan de openbare instellingen of inrichtingen inlichtingen verstrekken. De inlichtingen worden aan de bovengenoemde diensten verstrekt voor zover zij nodig zijn om de uitvoering van hun wettelijke of bestuursrechtelijke taken te verzekeren. Deze verstrekking moet gebeuren met inachtneming van de bepalingen van de ter zake door de Europese Gemeenschappen uitgevaardigde reglementering.

Personen die deel uitmaken van diensten waaraan de Administratie der douane en accijnzen ingevolge het vorige lid inlichtingen van fiscale aard heeft verstrekt, zijn tot dezelfde geheimhouding verplicht en mogen de bekomen inlichtingen niet gebruiken buiten het kader van de wettelijke bepalingen voor de uitvoering waarvan zij zijn verstrekt.

Onder openbare instellingen of inrichtingen dienen te worden verstaan de instellingen, maatschappijen, verenigingen, inrichtingen en diensten welke de Staat mede beheert, waaraan de Staat een waarborg verstrekt, op de bedrijvigheid waarvan de Staat toezicht uitoefent of waarvan het bestuurspersoneel aangewezen wordt door de Regering, op haar voordracht of met haar goedkeuring.

De ambtenaren der douane en accijnzen moeten in de uitoefening van hun ambt alle personen en in het bijzonder de uit het buitenland komende reizigers met voorkomendheid en spoed voorthelpen en hun de nodige informatie geven. Zij moeten er daarbij zorg voor dragen geen inzage te geven aan derden omtrent zaken van de ene particulier tot de andere.]

Vervangen bij art. 50 W. 27 december 1993 (B.S. 30. XII.1993).

Art. 321. De ambtenaren zullen zich moeten vergenoegen met de inkomsten, welke voor hen zijn of zullen worden bepaald; zij mogen volstrekt niets meer ontvangen dan hun wettelijk is toegekend, ofschoon vrijwillig aangeboden en onder welk voorwendsel ook; alles op de straffen, bij de wetten vastgesteld, onverminderd zodanige administratieve maatregel van ontslag, schorsing of andere maatregel als naar de omstandigheden zal nodig worden gevonden.

Art. 322. Wordt gestraft met een gevangenisstraf van twee tot vijf jaar en wordt daarenboven onbevoegd verklaard om ooit enig openbaar ambt uit te oefenen, de ambtenaar van de administratie der douane die, rechtstreeks of zijdelings, aan een smokkelfeit of smokkelpoging deelneemt, hetzij door de daders of medeplichtigen te helpen of bij te staan in de handelingen, die de smokkel hebben voorbereid, vergemakkelijkt of voltrokken, hetzij door met de daders of medeplichtigen overleg te plegen, hetzij door aanbiedingen of beloften te aanvaarden of door giften of geschenken te ontvangen, hetzij door de smokkel te laten geschieden indien hij zulks kon beletten, hetzij op elke andere wijze.

Art. 323. § 1. Elke ambtenaar die om welke reden ook ontslag geeft of ontzet wordt, moet op zijn post blijven totdat zijn ontslag of zijn ontzetting hem door de administratie wordt aangezegd; alvorens de administratie te verlaten moet hij aan zijn onmiddellijke chef zijn aanstelling, wapens, knopen, kepie en andere kenmerken van uniform overhandigen.

§ 2. Evenwel wordt de prijs van zijn wapens, kno-

pen, kepie en andere kenmerken ingeval ze zijn eigendom zijn, terugbetaald volgens de raming van de administratie.

§ 3. De ontslaggevende of ontzette ambtenaar, die het bepaalde in de eerste paragraaf van onderhavig artikel overtreedt, wordt gestraft met een gevangenisstraf van één maand.

Art. 324. In alle zaken, betreffende douane, en accijnzen, zullen de ambtenaren alle exploten en justitiele verrichtingen kunnen doen, welke anders gewoonlijk door gerechtsdeurwaarders geschieden.

Art. 325. De administratie der douane en accijnzen is gemachtigd, onder voorwaarde van wederkerigheid, aan de bevoegde autoriteiten van vreemde landen, alle inlichtingen, certificaten, processen-verbaal en andere documenten te verstrekken, ter voorkoming, ter opsporing en ter bestrijding van de inbreuken op de wetten en reglementen die toepasselijk zijn bij het binnenkomen of bij het uitgaan van hun grondgebied.

Art. 326. Indien enig ambtenaar binnen de gemeente alwaar hij is of mocht worden aangesteld, geheel gene, of geen behoorlijke woning, tegen betaling ener redelijke huur, zou kunnen verkrijgen, zal hij de burgemeester diens tussenkomst en medewerking tot bekoming ener geschikte woning, tegen billijke huur, mogen verzoeken. De gouverneurs der provinciën zullen zorgen, dat aan zodanige verzoeken door de burgemeesters geredelijk worde voldaan.

Art. 327. Alle burgerlijke autoriteiten, alsmede en in het bijzonder de gewapende machten, benevens de officieren van justitie en politie, zullen de ambtenaren en bedienden der douane en accijnzen, in alle zaken, hun functies en de uitvoering der wetten, op dat stuk betreffend, op daartoe gedane aanvraag, de behulpzame hand bieden, beschermen en doen beschermen. Zij zullen aansprakelijk zijn wegens de schade, welke zij, door hun verzuim of ongegronde weigering van assistentie, mochten hebben veroorzaakt.

Art. 328. § 1. Zij die de ambtenaren in de uitoefening hunner functies aanranden, gewelddadigheden of feitelijkheden aandoen, hun weerstand bieden, of, wegens die uitoefening, molest of schade aan hun eigendommen toebrengen, zullen streng vervolgd en gestraft worden, overeenkomstig het Strafwetboek.

§ 2. Artikel 276 van het Strafwetboek is toepasselijk op smaad door woorden, gebaren of bedreigingen jegens de ambtenaren van de administratie der douane en accijnzen in de uitoefening of naar aanleiding van de uitoefening van hun functies.

Art. 329. § 1. Het weigeren van inzage, toegang, visitatie, vertonen van documenten, of het anderszins verhinderen van werkzaamheden, welke de ambtenaren krachtens de wet verrichten zal onverminderd de voorziening tegen feitelijkheden of beledigingen, gestraft worden met een boete van ten minste [[25 EUR]], en ten hoogste [[125 EUR]].

§ 2. Die cijfers worden vervijfvoudigd wanneer het verhinderen van ambtsverrichting gepleegd is door personen die vuurwapens, wapenstokken, knuppels of enigerhande verboden wapen op opvallende wijze dragen ofwel verkeers- of vervoermiddelen met mechanische beweegkracht bezigen, ofwel in een bende van minstens drie man zijn.

§ 3. Onverminderd de door de daders opgelopen gemeenrechtelijke straffen wisselt de boete insgelijks tussen [[125 EUR]] en [[625 EUR]] wanneer het verhinderen van ambtsverrichting met wederspannigheid of met mishandeling van de beambten gepaard gaat.

§ 1 gewijzigd bij art. 2-15 K.B. 20 juli 2000 (II) (B.S. 30. VIII.2000, err. B.S. 8.III.2001) en bij art. 42, 5° K.B. 13 juli 2001 (B.S. 11.VIII.2001, err. B.S. 21.XII.2001);

§ 3 gewijzigd bij art. 2-15 K.B. 20 juli 2000 (II) (B.S. 30.VIII.2000, err. B.S. 8.III.2001) en bij art. 42, 5° K.B. 13 juli 2001 (B.S. 11.VIII.2001, err. B.S. 21.XII.2001).

Art. 330. De straffen, vermeld in de artikelen 328 en 329 zullen worden toegepast, boven en behalve de boeten en verbeurdverklaringen wegens andere overtredingen, waarmede deze delicten mochten zijn vergezeld geweest.

COMMUNAUTAIR DOUANEWETBOEK VAN 23 APRIL 2008

Verordening (EG) nr. 450/2008 van het Europees Parlement en de Raad van 23 april 2008 (Pb.L. 165, 18.VI.2013).

TITEL I

ALGEMENE BEPALINGEN

HOOFDSTUK 1

TOEPASSINGSGEBIED VAN DE DOUANEWETGEVING, MISSIE VAN DE DOUANE EN DEFINITIES

Art. 1. Onderwerp en toepassingsgebied

1. Bij deze verordening wordt het communautair douanewetboek vastgesteld, hierna "het wetboek" genoemd, houdende de algemene voorschriften en procedures betreffende goederen die het douanegebied van de Gemeenschap binnenkomen of verlaten.

Onverminderd het internationaal recht, internationale overeenkomsten en communautaire wetgeving op andere gebieden, is het wetboek op eenvormige wijze van toepassing in het gehele douanegebied van de Gemeenschap.

2. Sommige bepalingen van de douanewetgeving kunnen buiten het douanegebied van de Gemeenschap van toepassing zijn in het kader van wetgeving op specifieke gebieden dan wel van internationale overeenkomsten.

3. Sommige bepalingen van de douanewetgeving, met inbegrip van de vereenvoudigingen daarin, zijn van toepassing op de handel in goederen tussen delen van het douanegebied van de Gemeenschap waar de bepalingen van Richtlijn 2006/112/EG gelden en delen van dat gebied waar deze bepalingen niet gelden, alsook op de handel tussen delen van dat gebied waar deze bepalingen niet gelden.

Maatregelen tot wijziging van niet-essentiële onderdelen van deze verordening door haar aan te vullen, die de in de eerste alinea van dit lid genoemde bepalingen en vereenvoudigde formaliteiten voor de uitvoering ervan vastleggen, worden vastgesteld volgens de in artikel 184, lid 4, bedoelde regelgevingsprocedure met toetsing. Voor die maatregelen wordt ook rekening gehouden met het speciale geval van de handel in goederen waarbij slechts één lidstaat betrokken is.

Art. 2. Missie van de douaneautoriteiten

De douaneautoriteiten hebben voornamelijk als opdracht toezicht te houden op het internationale handelsverkeer van de Gemeenschap en aldus bij te dragen tot eerlijke en open handel, de uitvoering van de externe aspecten van de interne markt, van het gemeenschappelijk handelsbeleid en van ander gemeenschappelijk communautair beleid dat verband houdt met de handel en de algemene veiligheid van de toeleveringsketen. De douaneautoriteiten stellen maatregelen vast die met name strekken tot:

a) de bescherming van de financiële belangen van de Gemeenschap en haar lidstaten;

b) de bescherming van de Gemeenschap tegen oneerlijke en illegale handel en de ondersteuning van de legale handel;

c) het garanderen van de veiligheid en de beveiliging van de Gemeenschap en haar ingezetenen, en de bescherming van het milieu, in voorkomend geval in nauwe samenwerking met andere autoriteiten;

d) het handhaven van een billijk evenwicht tussen de douanecontroles en de facilitering van de legale handel.

Art. 3. Douanegebied

1. Het douanegebied van de Gemeenschap omvat de volgende grondgebieden, daaronder begrepen de territoriale wateren, de binnenwateren en het luchtruim:

- het grondgebied van het Koninkrijk België;
- het grondgebied van de Republiek Bulgarije;
- het grondgebied van de Tsjechische Republiek;
- het grondgebied van het Koninkrijk Denemarken, met uitzondering van de Faeröer en Groenland;
- het grondgebied van de Bondsrepubliek Duitsland, met uitzondering van het eiland Helgoland en het grondgebied van Büsingen (Verdrag van 23 november 1964 tussen de Bondsrepubliek Duitsland en de Zwitserse Bondsstaat);
- het grondgebied van de Republiek Estland;
- het grondgebied van Ierland;
- het grondgebied van de Helleense Republiek;
- het grondgebied van het Koninkrijk Spanje, met uitzondering van Ceuta en Melilla;
- het grondgebied van de Franse Republiek, met uitzondering van Nieuw-Caledonië, Mayotte, Saint-Pierre en Miquelon, Wallis en Futuna, Frans-Polynesië en de Franse zuidelijke en Zuidpoolgebieden;
- het grondgebied van de Italiaanse Republiek, met uitzondering van de gemeenten Livigno en Campione d'Italia, alsmede van de nationale wateren van het Meer van Lugano vanaf de oever tot aan de politieke grens van de zone tussen Ponte Tresa en Porto Ceresio;
- het grondgebied van de Republiek Cyprus overeenkomstig de bepalingen van de Toetredingsakte van 2003;
- het grondgebied van de Republiek Letland;
- het grondgebied van de Republiek Litouwen;
- het grondgebied van het Groothertogdom Luxemburg;
- het grondgebied van de Republiek Hongarije;
- het grondgebied van Malta;
- het grondgebied van het Koninkrijk der Nederlanden in Europa;
- het grondgebied van de Republiek Oostenrijk;
- het grondgebied van de Republiek Polen;
- het grondgebied van de Portugese Republiek;
- het grondgebied van Roemenië;
- het grondgebied van de Republiek Slovenië;
- het grondgebied van de Slowaakse Republiek;
- het grondgebied van de Republiek Finland;
- het grondgebied van het Koninkrijk Zweden;

- het grondgebied van het Verenigd Koninkrijk van Groot-Brittannië en Noord-Ierland alsmede de Kanaaleilanden en het eiland Man.

2. De volgende grondgebieden, daaronder begrepen de territoriale wateren, de binnenwateren en het luchtruim, die buiten het grondgebied van de lidstaten zijn gelegen, worden, met inachtneming van de verdragen en overeenkomsten die erop van toepassing zijn, beschouwd als deel uitmakende van het douanegebied van de Gemeenschap:

a) FRANKRIJK

Het grondgebied van Monaco als omschreven in de te Parijs op 18 mei 1963 ondertekende Douaneovereenkomst (Journal officiel de la République française (Staatsblad van de Franse Republiek) van 27 september 1963, blz. 8679);

b) CYPRUS

Het grondgebied van Akrotiri en Dhekelia, zijnde de zones van Cyprus die onder de soevereiniteit van het Verenigd Koninkrijk vallen als omschreven in het Verdrag betreffende de oprichting van de Republiek Cyprus, ondertekend in Nicosia op 16 augustus 1960 (United Kingdom Treaty Series No 4 (1961), Cmnd. 1252).

Art. 4. Definities

In dit wetboek wordt verstaan onder:

1. "douaneautoriteiten": de douanediensten van de lidstaten die bevoegd zijn voor de toepassing van de douanewetgeving, en alle overige autoriteiten die krachtens het nationale recht belast zijn met de toepassing van bepaalde onderdelen van de douanewetgeving;

2. "douanewetgeving": het geheel van wetgeving omvattende:

a) het wetboek alsmede de op communautair niveau en in voorkomend geval op nationaal niveau vastgestelde bepalingen ter uitvoering daarvan,

b) het gemeenschappelijk douanetarief,

c) de wetgeving betreffende de instelling van een communautaire regeling inzake douanevrijstellingen,

d) internationale overeenkomsten houdende douanevoorschriften, voor zover deze van toepassing zijn in de Gemeenschap;

3. "douanecontroles": door de douaneautoriteiten verrichte specifieke handelingen voor de correcte toepassing van de douanewetgeving en andere wetgeving betreffende het binnenbrengen, het uitgaan, de doorvoer, het overbrengen, de opslag en de bijzondere bestemming van goederen die tussen het douanegebied van de Gemeenschap en andere gebieden worden vervoerd, en betreffende de aanwezigheid en het verkeer binnen het douanegebied van niet-communautaire goederen en goederen die onder de regeling bijzondere bestemming zijn geplaatst;

4. "persoon": een natuurlijk persoon, een rechtspersoon of een vereniging van personen die geen rechtspersoonlijkheid bezit maar krachtens het Gemeenschapsrecht of het nationale recht wel als handelingsbekwaam is erkend;

5. "marktdeelnemer": de persoon die zich in het kader van zijn bedrijfsvoering bezighoudt met activi-

teiten die onder de douanewetgeving vallen;

6. "douanevertegenwoordiger": iedere persoon die door een andere persoon is aangewezen voor het vervullen van de in de douanewetgeving voorgeschreven handelingen en formaliteiten bij de douaneautoriteiten;

7. "risico": de waarschijnlijkheid dat zich, in relatie tot het binnenbrengen, het uitgaan, de doorvoer, het overbrengen of de bijzondere bestemming van goederen die tussen het douanegebied van de Gemeenschap en landen of gebieden buiten dat gebied worden vervoerd, en in verband met de aanwezigheid van goederen die niet de status van communautaire goederen hebben, een gebeurtenis voordoet die:

a) de correcte toepassing van communautaire of nationale maatregelen in de weg staat,

b) de financiële belangen van de Gemeenschap en haar lidstaten schaadt,

c) een gevaar vormt voor de veiligheid en de beveiliging van de Gemeenschap en haar ingezetenen, de gezondheid van mens, dier of plant, het milieu of de consument;

8. "douaneformaliteiten": alle handelingen die door de betrokkenen en de douaneautoriteiten moeten worden verricht om aan de douanewetgeving te voldoen;

9. "summiere aangifte" (summiere aangifte bij binnenbrengen en summiere aangifte bij uitgaan): de handeling waarbij een persoon vooraf of op het ogenblik zelf de douaneautoriteiten in de voorgeschreven vorm en op de voorgeschreven wijze meedeelt dat goederen het douanegebied van de Gemeenschap binnenkomen of verlaten;

10. "douaneaangifte": de handeling waarbij een persoon in de voorgeschreven vorm en op de voorgeschreven wijze het voornemen kenbaar maakt om goederen onder een bepaalde douaneregeling te plaatsen, in voorkomend geval met opgave van eventuele specifieke procedures die moeten worden toegepast;

11. "aangever": de persoon die in eigen naam een summiere aangifte indient of een mededeling van wederuitvoer of een douaneaangifte doet of de persoon namens wie deze aangifte wordt gedaan;

12. "douaneregeling": een van de onderstaande regelingen waaronder goederen overeenkomstig dit wetboek kunnen worden geplaatst:

a) in het vrije verkeer brengen,

b) bijzondere regelingen,

c) uitvoer;

13. "douaneschuld": de verplichting van een persoon tot betaling van het bedrag aan in- of uitvoerrechten dat uit hoofde van de geldende douanewetgeving verschuldigd is;

14. "schuldenaar": elke persoon die een douaneschuld verschuldigd is;

15. "invoerrechten": de douanerechten die bij de invoer van goederen verschuldigd zijn;

16. "uitvoerrechten": de douanerechten die bij de uitvoer van goederen verschuldigd zijn;

17. "douanestatus": de status van goederen, zijnde hetzij communautair, hetzij niet-communautair;

18. "communautaire goederen": goederen beho-

rende tot een van de volgende categorieën:

a) goederen die geheel zijn verkregen in het douanegebied van de Gemeenschap zonder toevoeging van goederen die zijn ingevoerd uit landen of gebieden buiten het douanegebied van de Gemeenschap. Goederen die geheel zijn verkregen in het douanegebied van de Gemeenschap hebben niet de douanestatus van communautaire goederen indien zij zijn verkregen uit goederen die onder de regeling extern douanevervoer, de regeling opslag, de regeling tijdelijke invoer of de regeling actieve veredeling zijn geplaatst overeenkomstig de in artikel 101, lid 2, onder c), vastgestelde gevallen;

b) goederen die in het douanegebied van de Gemeenschap zijn binnengebracht uit landen of gebieden buiten dat gebied en die in het vrije verkeer zijn gebracht;

c) goederen die in het douanegebied van de Gemeenschap zijn verkregen of vervaardigd, hetzij uitsluitend uit goederen als bedoeld onder b), hetzij uit goederen als bedoeld onder a) en b);

19. "niet-communautaire goederen": andere dan de in punt 18 bedoelde goederen of goederen die de douanestatus van communautaire goederen hebben verloren;

20. "risicobeheer": het systematisch in kaart brengen van risico's en het toepassen van alle maatregelen die vereist zijn om de blootstelling aan risico's te beperken. Dit omvat activiteiten zoals het verzamelen van gegevens en informatie, het analyseren en beoordelen van risico's, het voorschrijven en ondernemen van actie, en het regelmatig toezien op en herzien van dat proces en de procesresultaten, op basis van internationale, communautaire en nationale bronnen en strategieën;

21. "vrijgave van goederen": terbeschikkingstelling door de douaneautoriteiten van goederen voor de doeleinden die zijn voorzien in de douaneregeling waaronder de goederen zijn geplaatst;

22. "douanetoezicht": de activiteiten die door de douaneautoriteiten in het algemeen worden ontplooid teneinde te zorgen voor de naleving van de douanewetgeving en, in voorkomend geval, van de andere bepalingen die op goederen onder douanetoezicht van toepassing zijn;

23. "terugbetaling": de teruggave van invoer- of uitvoerrechten die zijn voldaan;

24. "kwijtschelding": ontheffing van de verplichting tot betaling van niet voldane invoer- of uitvoerrechten;

25. "veredelingsproducten": onder een veredelingsregeling geplaatste goederen die veredeld zijn;

26. "in het douanegebied van de Gemeenschap gevestigd persoon":

a) indien het een natuurlijk persoon betreft, eenieder die in het douanegebied van de Gemeenschap zijn normale verblijfplaats heeft,

b) indien het een rechtspersoon of een vereniging van personen betreft, elke persoon die zijn statutaire zetel, zijn hoofdbestuur of een vaste inrichting heeft in het douanegebied van de Gemeenschap;

27. "aanbrengen bij de douane": mededeling aan de douaneautoriteiten dat de goederen bij het douanekantoor of op enige andere, door de douaneautoriteiten aangewezen of goedgekeurde plaats zijn aangekomen en beschikbaar zijn voor douanecontrole;

28. "houder van de goederen": de persoon die de eigenaar is van de goederen, een soortgelijk recht heeft om erover te beschikken, of er fysieke controle over uitoefent;

29. "houder van de regeling": de persoon die de douaneaangifte doet, of voor wiens rekening de aangifte wordt gedaan, of de persoon aan wie de uit een douaneregeling voortvloeiende rechten en plichten van eerstgenoemde persoon zijn overgedragen;

30. "handelspolitieke maatregelen": de niet-tarifaire maatregelen die in het kader van het gemeenschappelijk handelsbeleid zijn vastgesteld in de vorm van communautaire voorschriften inzake de internationale handel in goederen;

31. "veredeling": een van de onderstaande handelingen:

a) de bewerking van goederen, met inbegrip van het monteren, het assembleren en het aanpassen ervan aan andere goederen,

b) de verwerking van goederen,

c) de vernietiging van goederen,

d) de herstelling van goederen, met inbegrip van revisie en afstelling,

e) het gebruik van goederen die zelf niet meer in de veredelingsproducten voorkomen, maar die de vervaardiging van deze producten mogelijk maken of vergemakkelijken, ook indien zij tijdens dit proces geheel of gedeeltelijk verdwijnen (bij de productie gebruikte hulpmiddelen);

32. "opbrengst": de hoeveelheid of het percentage veredelingsproducten verkregen bij de veredeling van een bepaalde hoeveelheid onder een veredelingsregeling geplaatste goederen;

33. "bericht": een mededeling in een voorgeschreven vorm die gegevens bevat die door een persoon, dienst of autoriteit aan een andere worden toegezonden door middel van informatietechnologie en computernetwerken.

HOOFDSTUK 2

RECHTEN EN PLICHTEN VAN PERSONEN IN HET KADER VAN DE DOUANEWETGEVING

Afdeling 1

Informatieverstrekking

Art. 5. Uitwisseling en opslag van gegevens

1. Alle door de douanewetgeving vereiste uitwisselingen van gegevens, begeleidende documenten, beschikkingen en mededelingen tussen douaneautoriteiten onderling en tussen marktdeelnemers en douaneautoriteiten, alsook de door de douanewetgeving vereiste opslag van die gegevens geschieden met behulp van elektronische gegevensverwerkingstechnieken.

Maatregelen tot wijziging van niet-essentiële on

derdelen van deze verordening door haar aan te vullen, die uitzonderingen op de eerste alinea vastleggen, worden vastgesteld volgens de in artikel 184, lid 4, bedoelde regelgevingsprocedure met toetsing.

Met deze maatregelen wordt vastgesteld in welke gevallen en onder welke voorwaarden de elektronische uitwisseling van gegevens vervangen mag worden door papier of andere communicatiemiddelen, met name rekening houdend met:

a) de mogelijkheid van een tijdelijke storing van het computersysteem van de douaneautoriteiten;

b) de mogelijkheid van een tijdelijke storing van het computersysteem van de marktdeelnemers;

c) internationale verdragen en overeenkomsten die het gebruik van papieren documenten voorschrijven;

d) reizigers die geen rechtstreekse toegang tot het computersysteem hebben en niet over middelen beschikken om elektronische informatie te verstrekken;

e) praktische voorschriften op grond waarvan aangiften mondeling of door een andere handeling moeten geschieden.

2. Tenzij uitdrukkelijk anderszins bepaald in de douanewetgeving neemt de Commissie volgens de in artikel 184, lid 2, bedoelde procedure maatregelen tot vaststelling van:

a) het berichtenverkeer tussen de douanekantoren dat vereist is voor de toepassing van de douanewetgeving;

b) een gemeenschappelijke gegevensset en een gemeenschappelijk formaat voor het berichtenverkeer in het kader van de douanewetgeving.

De onder b) van de eerste alinea bedoelde gegevens bevatten de informatie die nodig is voor een risicoanalyse en de juiste toepassing van douanecontroles met behulp van, indien toepasselijk, internationale normen en handelsgebruiken.

Art. 6. Gegevensbescherming

1. Alle door de douaneautoriteiten bij de uitoefening van hun taken verkregen inlichtingen die van vertrouwelijke aard zijn of die als vertrouwelijk zijn verstrekt, vallen onder het beroepsgeheim. Zij worden, behalve overeenkomstig artikel 26, lid 2, door de bevoegde autoriteiten niet bekendgemaakt zonder uitdrukkelijke toestemming van de persoon of de autoriteit die ze heeft verstrekt.

Deze inlichtingen mogen evenwel zonder toestemming worden bekendgemaakt indien de douaneautoriteiten daartoe overeenkomstig de geldende bepalingen, met name inzake gegevensbescherming, of in het kader van gerechtelijke procedures gehouden of gemachtigd zijn.

2. Mededeling van vertrouwelijke gegevens aan de douaneautoriteiten en andere bevoegde autoriteiten van landen of gebieden buiten het douanegebied van de Gemeenschap is slechts toegestaan in het kader van een internationale overeenkomst die een adequaat niveau van gegevensbescherming garandeert.

3. Bij het bekendmaken of mededelen van inlichtingen worden de geldende bepalingen inzake gegevensbescherming onverkort in acht genomen.

Art. 7. Uitwisseling van aanvullende inlichtingen tussen douaneautoriteiten en marktdeelnemers

1. Douaneautoriteiten en marktdeelnemers kunnen inlichtingen uitwisselen die niet specifiek krachtens de douanewetgeving moeten worden verstrekt, in het bijzonder met het oog op wederzijdse samenwerking om risico's in kaart te brengen en tegen te gaan. Deze uitwisseling kan geschieden op basis van een schriftelijke overeenkomst en kan inhouden dat de douaneautoriteiten toegang krijgen tot de computersystemen van marktdeelnemers.

2. Alle inlichtingen die de partijen elkaar in het kader van de in lid 1 bedoelde samenwerking verstrekken, zijn vertrouwelijk, tenzij beide partijen anders besluiten.

Art. 8. Verstrekking van inlichtingen door de douaneautoriteiten

1. Iedere persoon kan de douaneautoriteiten om inlichtingen betreffende de toepassing van de douanewetgeving verzoeken. Een dergelijk verzoek kan worden afgewezen indien het geen verband houdt met een daadwerkelijk voorgenomen activiteit in het kader van het internationale goederenverkeer.

2. De douaneautoriteiten voeren regelmatig overleg met marktdeelnemers en andere autoriteiten die betrokken zijn bij het internationale goederenverkeer. Zij bevorderen de transparantie door de douanewetgeving, algemene bestuurlijke beslissingen en aanvraagformulieren vrijelijk, indien mogelijk gratis, en via het internet beschikbaar te stellen.

Art. 9. Verstrekking van inlichtingen aan de douaneautoriteiten

1. Eenieder die direct of indirect bij het vervullen van douaneformaliteiten of douanecontroles is betrokken, dient de douaneautoriteiten op hun verzoek en binnen de eventueel vastgestelde termijnen in de passende vorm alle nodige bescheiden en inlichtingen te verstrekken en deze autoriteiten alle nodige bijstand te verlenen voor het vervullen van deze formaliteiten of controles.

2. Eenieder die een summiere aangifte of een douaneaangifte indient, een mededeling doet, of een aanvraag voor een vergunning of enige andere beschikking indient, aanvaardt de aansprakelijkheid voor:

a) de juistheid en volledigheid van de in de aangifte, mededeling of aanvraag verstrekte inlichtingen;

b) de echtheid van de ingediende of beschikbaar gestelde stukken;

c) in voorkomend geval, het nakomen van alle verplichtingen inzake de plaatsing van de betreffende goederen onder een douaneregeling of het verrichten van toegestane handelingen.

De eerste alinea is ook van toepassing op alle inlichtingen die in enigerlei vorm door de douaneautoriteiten worden verlangd of die aan hen worden verstrekt.

Indien de aangifte of de mededeling wordt gedaan, de aanvraag wordt ingediend of de inlichtingen worden verstrekt door een douanevertegenwoordiger van de betrokkene, gelden de in de eerste alinea vastgestelde verplichtingen ook voor deze douanevertegen-woordiger.

Art. 10. Elektronische systemen

1. De lidstaten werken samen met de Commissie met het oog op het ontwikkelen, het onderhoud en het gebruik van elektronische systemen voor de uitwisseling van informatie tussen douanekantoren en voor het gemeenschappelijk registreren en bijhouden van gegevens betreffende met name:

a) marktdeelnemers die direct of indirect betrokken zijn bij het vervullen van douaneformaliteiten;

b) aanvragen en vergunningen voor een douaneregeling of de status van geautoriseerde marktdeelnemer;

c) aanvragen en bijzondere beschikkingen, verleend overeenkomstig artikel 20;

d) gemeenschappelijk risicobeheer, zoals bedoeld in artikel 25.

2. Maatregelen tot wijziging van niet-essentiële onderdelen van deze verordening door haar aan te vullen, die:

a) het standaardformaat en de inhoud van de te registreren gegevens;

b) het bijhouden van die gegevens door de douaneautoriteiten van de lidstaten;

c) de regels voor de toegang tot die gegevens door:

i) marktdeelnemers,

ii) andere bevoegde autoriteiten,

vastleggen, worden vastgesteld volgens de in artikel 184, lid 4, bedoelde regelgevingsprocedure met toetsing.

Afdeling 2

Vertegenwoordiging bij de douane

Art. 11. Douanevertegenwoordiger

1. Eenieder kan zich laten vertegenwoordigen door een douanevertegenwoordiger.

De vertegenwoordiging kan direct zijn, in welk geval de douanevertegenwoordiger in naam en voor rekening van een andere persoon handelt, dan wel indirect, in welk geval de douanevertegenwoordiger in eigen naam doch voor rekening van een andere persoon handelt.

Een douanevertegenwoordiger is gevestigd in het douanegebied van de Gemeenschap.

2. De lidstaten kunnen, in overeenstemming met het Gemeenschapsrecht, de voorwaarden bepalen waaronder een douanevertegenwoordiger diensten mag verstrekken in zijn lidstaat van vestiging. Onverminderd de toepassing van minder strikte criteria door de betrokken lidstaat is een douanevertegenwoordiger die voldoet aan de in artikel 14, onder a) tot en met d), genoemde criteria evenwel bevoegd om deze diensten te verstrekken in een andere lidstaat dan die waar hij is gevestigd.

3. Maatregelen tot wijziging van niet-essentiële onderdelen van deze verordening door haar aan te vullen, die met name:

a) de voorwaarden waaronder ontheffing van het

vereiste van lid 1, derde alinea, kan worden verleend;

b) de voorwaarden waaronder de in lid 2 genoemde bevoegdheid kan worden verleend en aangetoond;

c) alle nadere voorschriften voor de uitvoering van dit artikel

vastleggen, worden vastgesteld volgens de in artikel 184, lid 4, bedoelde regelgevingsprocedure met toetsing.

Art. 12. Vertegenwoordigingsbevoegdheid

1. Een douanevertegenwoordiger dient de douaneautoriteiten te verklaren dat hij voor rekening van de vertegenwoordigde persoon handelt, en aan te geven of het een directe dan wel indirecte vertegenwoordiging betreft.

De persoon die niet verklaart te handelen als douanevertegenwoordiger of die verklaart als douanevertegenwoordiger te handelen zonder dat hij vertegenwoordigingsbevoegdheid bezit, wordt geacht in eigen naam en voor eigen rekening te handelen.

2. De douaneautoriteiten kunnen van eenieder die verklaart als douanevertegenwoordiger te handelen, het bewijs eisen dat hem door de vertegenwoordigde persoon vertegenwoordigingsbevoegdheid is verleend.

Maatregelen tot wijziging van niet-essentiële onderdelen van deze verordening door haar aan te vullen, die afwijkingen op de eerste alinea vastleggen, worden vastgesteld volgens de in artikel 184, lid 4, bedoelde regelgevingsprocedure met toetsing.

Afdeling 3

Geautoriseerde marktdeelnemer

Art. 13. Aanvraag en vergunning

1. Een marktdeelnemer die in het douanegebied van de Gemeenschap is gevestigd en aan de in de artikelen 14 en 15 gestelde eisen voldoet, kan om de status van geautoriseerde marktdeelnemer verzoeken.

Deze status wordt door de douaneautoriteiten verleend, indien nodig na overleg met andere bevoegde autoriteiten, en is aan toezicht onderworpen.

2. De status van geautoriseerde marktdeelnemer bestaat uit twee soorten vergunningen: die van geautoriseerde marktdeelnemer "vereenvoudiging douane" en die van geautoriseerde marktdeelnemer "beveiliging en veiligheid".

Met de eerste soort vergunning kunnen marktdeelnemers overeenkomstig de douanewetgeving gebruikmaken van bepaalde vereenvoudigingen. De tweede soort vergunning kent de houder ervan faciliteiten toe op het gebied van beveiliging en veiligheid.

Beide soorten vergunningen kunnen tegelijkertijd worden gehouden.

3. De status van geautoriseerde marktdeelnemer wordt, onder voorbehoud van de artikelen 14 en 15, erkend door de douaneautoriteiten in alle lidstaten, onverminderd douanecontroles.

4. De douaneautoriteiten verlenen, op grond van de erkenning van de status van geautoriseerde marktdeelnemer en mits is voldaan aan de eisen voor een

bepaalde vorm van bij de douanewetgeving vastgestelde vereenvoudiging, toestemming aan de betrokkene om van die vereenvoudiging gebruik te maken.

5. De status van geautoriseerde marktdeelnemer kan overeenkomstig de krachtens artikel 15, lid 1, onder g), vastgestelde voorwaarden worden geschorst of ingetrokken.

6. De geautoriseerde marktdeelnemer dient de douaneautoriteiten mededeling te doen van elk feit dat zich na de toekenning van die status voordoet en dat gevolgen kan hebben voor de handhaving of de inhoud daarvan.

Art. 14. Toekenning van de status

De criteria voor de toekenning van de status van geautoriseerde marktdeelnemer zijn de volgende:

a) een goede staat van dienst op het gebied van de naleving van douane- en fiscale verplichtingen;

b) een deugdelijke handels- en, in voorkomend geval, vervoersadministratie die passende douanecontroles mogelijk maakt;

c) aangetoonde solvabiliteit;

d) ingeval een geautoriseerde marktdeelnemer krachtens artikel 13, lid 2, gebruik wenst te maken van de vereenvoudigingen waarin overeenkomstig de douanewetgeving wordt voorzien, de praktische vakbekwaamheid of beroepskwalificaties die rechtstreeks samenhangen met de verrichte activiteit;

e) ingeval een geautoriseerde marktdeelnemer krachtens artikel 13, lid 2, gebruik wenst te maken van faciliteiten met betrekking tot douanecontroles inzake beveiliging en veiligheid, passende beveiligings- en veiligheidsnormen.

Art. 15. Uitvoeringsmaatregelen

1. Maatregelen tot wijziging van niet-essentiële onderdelen van deze verordening door haar aan te vullen, die:

a) de toekenning van de status van geautoriseerde marktdeelnemer;

b) de gevallen waarin de status van geautoriseerde marktdeelnemer zal worden geëvalueerd;

c) het verlenen van vergunningen voor het gebruik van vereenvoudigingen door geautoriseerde marktdeelnemers;

d) de vaststelling van de douaneautoriteit die bevoegd is voor de toekenning van deze status en vergunningen;

e) het soort en de omvang van de faciliteiten die aan geautoriseerde marktdeelnemers kunnen worden toegekend op het gebied van douanecontroles die verband houden met beveiliging en veiligheid;

f) het overleg met en de informatieverstrekking aan andere douaneautoriteiten;

g) de voorwaarden waaronder de status van geautoriseerde marktdeelnemer kan worden geschorst of ingetrokken;

h) de voorwaarden waarop voor bepaalde categorieën geautoriseerde marktdeelnemers kan worden afgezien van de eis dat de marktdeelnemer in het douanegebied van de Gemeenschap gevestigd is, rekening houdend met, in het bijzonder, internationale overeenkomsten;

vastleggen, worden vastgesteld volgens de in artikel 184, lid 4, bedoelde regelgevingsprocedure met toetsing.

2. In die maatregelen wordt rekening gehouden met:

a) de op grond van artikel 25, lid 3, aangenomen regels;

b) de beroepsmatige betrokkenheid bij onder de douanewetgeving vallende activiteiten;

c) de praktische vakbekwaamheid of beroepskwalificaties die rechtstreeks samenhangen met de verrichte activiteit;

d) de marktdeelnemer als houder van internationaal erkende certificaten, afgegeven op basis van internationale overeenkomsten ter zake.

Afdeling 4

Beschikkingen betreffende de toepassing van de douanewetgeving

Art. 16. Algemene bepalingen

1. Indien een persoon de douaneautoriteiten om een beschikking betreffende de toepassing van de douanewetgeving verzoekt, verstrekt hij alle door die autoriteiten gevraagde inlichtingen die het voor hen mogelijk maken om een beschikking te treffen.

Een beschikking mag ook worden aangevraagd door en gericht worden tot verschillende personen, overeenkomstig de in de douanewetgeving vastgelegde voorwaarden.

2. Tenzij in de douanewetgeving anders bepaald, wordt een beschikking als bedoeld in lid 1 onverwijld en uiterlijk vier maanden na de datum waarop de douaneautoriteiten alle voor de beschikking benodigde inlichtingen en bescheiden hebben ontvangen, getroffen en aan de aanvrager meegedeeld.

Indien de douaneautoriteiten deze termijn evenwel niet kunnen naleven, stellen zij de aanvrager daarvan in kennis vóór het verstrijken van de termijn, met opgave van de redenen en van de nieuwe termijn die zij nodig achten om een beschikking te treffen.

3. Tenzij in de beschikking of de douanewetgeving anders bepaald, wordt de beschikking van kracht op de datum waarop de aanvrager de beschikking ontvangt of wordt geacht deze te hebben ontvangen. Met uitzondering van de in artikel 24, lid 2, bedoelde gevallen zijn de getroffen beschikkingen vanaf die datum uitvoerbaar door de douaneautoriteiten.

4. Voordat een voor de geadresseerde ongunstige beschikking wordt getroffen, delen de douaneautoriteiten hem mede op welke gronden zij voornemens zijn hun beschikking te baseren. De geadresseerde wordt in de gelegenheid gesteld zijn standpunt kenbaar te maken binnen een vastgestelde termijn, die aanvangt op de datum van de mededeling.

Na het verstrijken van deze termijn wordt aan de geadresseerde in de passende vorm mededeling gedaan van de beschikking die met redenen is omkleed. In de beschikking wordt melding gemaakt van de mogelijkheid tot beroep als bepaald in artikel 23.

5. Maatregelen tot wijziging van niet-essentiële onderdelen van deze verordening door haar aan te vullen, die:

a) de gevallen waarin en de voorwaarden waaronder lid 4, eerste alinea, niet van toepassing is;

b) de in lid 4, eerste alinea, genoemde termijn;

vastleggen, worden vastgesteld volgens de in artikel 184, lid 4, bedoelde regelgevingsprocedure met toetsing.

6. Onverminderd bepalingen op andere gebieden tot vaststelling van de gevallen waarin en de omstandigheden waaronder beschikkingen geen werking hebben of hun werking verliezen, kunnen de douaneautoriteiten die een beschikking hebben getroffen, deze op elk moment nietig verklaren, wijzigen of intrekken indien zij niet in overeenstemming is met de douanewetgeving.

7. Tenzij een douaneautoriteit als gerechtelijke autoriteit optreedt, gelden de bepalingen van de leden 3, 4 en 6 van dit artikel en van de artikelen 17, 18 en 19 ook voor beschikkingen van de douaneautoriteiten zonder voorafgaand verzoek van de belanghebbende, en met name voor de mededeling van een douaneschuld als bedoeld in artikel 67, lid 3.

Art. 17. Geldigheid van beschikkingen in de gehele Gemeenschap

Tenzij anders aangevraagd of bepaald, zijn beschikkingen van de douaneautoriteiten op grond van of in verband met de toepassing van de douanewetgeving geldig in het gehele douanegebied van de Gemeenschap.

Art. 18. Nietigverklaring van gunstige beschikkingen

1. De douaneautoriteiten verklaren een voor de geadresseerde gunstige beschikking nietig als aan alle onderstaande voorwaarden is voldaan:

a) de beschikking werd getroffen op grond van onjuiste of onvolledige gegevens;

b) de aanvrager wist of redelijkerwijze had moeten weten dat de gegevens onjuist of onvolledig waren;

c) indien de gegevens juist en volledig waren geweest, zou de beschikking anders hebben geluid.

2. Aan de geadresseerde wordt mededeling gedaan van de nietigverklaring van de beschikking.

3. De nietigverklaring wordt van kracht op de datum waarop de oorspronkelijke beschikking van kracht werd, tenzij in de beschikking anders is bepaald overeenkomstig de douanewetgeving.

4. De Commissie kan volgens de in artikel 184, lid 3, bedoelde procedure maatregelen nemen voor de uitvoering van dit artikel, met name met betrekking tot beschikkingen aan meerdere geadresseerden.

Art. 19. Intrekking en wijziging van gunstige beschikkingen

1. Een gunstige beschikking wordt ingetrokken of gewijzigd indien, in andere dan de in artikel 18 bedoelde gevallen, aan één of meer aan de afgifte van de beschikking verbonden voorwaarden niet is voldaan of niet meer wordt voldaan.

2. Tenzij in de douanewetgeving anders is bepaald, kan een voor meerdere geadresseerden gunstige beschikking worden ingetrokken ten aanzien van slechts één geadresseerde die een op hem krachtens die beschikking rustende verplichting niet nakomt.

3. Aan de geadresseerde wordt mededeling gedaan van de intrekking of de wijziging van de beschikking.

4. Artikel 16, lid 3, is van toepassing op de intrekking of de wijziging van de beschikking.

In uitzonderlijke gevallen en voor zover de rechtmatige belangen van de geadresseerde dit vereisen, kunnen de douaneautoriteiten evenwel de datum waarop de intrekking of de wijziging van kracht wordt, later doen ingaan.

5. De Commissie kan volgens de in artikel 184, lid 3, bedoelde procedure maatregelen nemen voor de uitvoering van dit artikel, met name met betrekking tot beschikkingen aan meerdere geadresseerden.

Art. 20. Beschikkingen betreffende bindende inlichtingen

1. De douaneautoriteiten geven op formeel verzoek beschikkingen inzake bindende tariefinlichtingen, hierna "BTI-beschikkingen" genoemd, of beschikkingen inzake bindende oorsprongsinlichtingen, hierna "BOI-beschikkingen" genoemd.

Een dergelijk verzoek wordt in de volgende omstandigheden afgewezen:

a) indien het verzoek reeds bij hetzelfde of een ander douanekantoor wordt of is ingediend door of namens de houder van een beschikking in verband met dezelfde goederen en, als het BOI-beschikkingen betreft, in de omstandigheden die ook voor het verkrijgen van de oorsprong bepalend zijn;

b) indien het verzoek geen verband houdt met een voorgenomen gebruik van de BTI- of BOI-beschikking of een voorgenomen gebruik van een douaneregeling.

2. BTI- of BOI-beschikkingen zijn slechts verbindend met betrekking tot de tariefindeling of de vaststelling van de oorsprong van de goederen.

Deze beschikkingen binden de douaneautoriteiten jegens de houder van de beschikking slechts ten aanzien van goederen waarvoor de douaneformaliteiten worden vervuld na de datum waarop de beschikking van kracht wordt.

De beschikkingen binden de houder van de beschikking jegens de douaneautoriteiten slechts met ingang van de datum waarop hem mededeling van de beschikking wordt gedaan of wordt geacht te zijn gedaan.

3. BTI- of BOI-beschikkingen gelden voor een periode van drie jaar vanaf de datum waarop de beschikking van kracht wordt.

4. Voor de toepassing van een BTI- of BOI-beschikking in het kader van een specifieke douaneregeling dient de houder van de beschikking te kunnen aantonen dat:

a) in het geval van een BTI-beschikking, de aangegeven goederen in elk opzicht overeenstemmen met de in de beschikking omschreven goederen;

b) in het geval van een BOI-beschikking, de betrokken goederen en de omstandigheden die voor het verkrijgen van de oorsprong bepalend zijn, in elk opzicht overeenstemmen met de in de beschikking omschreven goederen en omstandigheden.

5. In afwijking van artikel 16, lid 6, en artikel 18, worden BTI- of BOI-beschikkingen nietig verklaard indien zij op grond van onjuiste of onvolledige gegevens van de aanvrager zijn getroffen.

6. BTI- of BOI-beschikkingen worden ingetrokken overeenkomstig artikel 16, lid 6, en artikel 19.

Zij kunnen niet worden gewijzigd.

7. De Commissie neemt volgens de in artikel 184, lid 2, bedoelde procedure maatregelen voor de uitvoering van de leden 1 tot en met 5 van dit artikel.

8. Onverminderd artikel 19 worden maatregelen tot wijziging van niet-essentiële onderdelen van deze verordening door haar aan te vullen, die:

a) de voorwaarden waaronder en het tijdstip waarop een BTI- of BOI-beschikking haar geldigheid verliest;

b) de voorwaarden waaronder en de periode tijdens welke een beschikking als bedoeld onder a) nog mag worden gebruikt in het kader van vaste en definitieve en op de beschikking gebaseerde contracten die werden gesloten voordat deze haar geldigheid verloor;

c) de voorwaarden waarop de Commissie beschikkingen kan geven waarbij lidstaten verzocht worden een beschikking inzake bindende inlichtingen die verschillen van bindende inlichtingen in andere beschikkingen over hetzelfde onderwerp, in te trekken of te wijzigen;

vastleggen, vastgesteld volgens de in artikel 184, lid 4, bedoelde regelgevingsprocedure met toetsing.

9. Maatregelen tot wijziging van niet-essentiële onderdelen van deze verordening door haar aan te vullen, die de voorwaarden waaronder andere beschikkingen inzake bindende inlichtingen worden getroffen, vastleggen, worden vastgesteld volgens de in artikel 184, lid 4, bedoelde regelgevingsprocedure met toetsing.

Afdeling 5

Sancties

Art. 21. Opleggen van sancties

1. Iedere lidstaat stelt sancties vast voor het niet naleven van de communautaire douanewetgeving. Dergelijke sancties moeten effectief, proportioneel en afschrikkend zijn.

2. Wanneer bestuurlijke sancties worden opgelegd, kunnen deze onder meer een of beide van de volgende vormen aannemen:

a) een geldboete opgelegd door de douaneautoriteiten, in voorkomend geval met inbegrip van een schikking die in de plaats komt van een strafrechtelijke sanctie;

b) de intrekking, schorsing of wijziging van een vergunning of de betrokken persoon.

3. De lidstaten delen de Commissie uiterlijk zes maanden na de datum van toepassing van dit artikel, zoals vastgesteld overeenkomstig artikel 188, lid 2, de

in lid 1 beoogde geldende interne bepalingen mee en stellen haar onverwijld in kennis van alle latere wijzigingen die van invloed zijn op deze bepalingen.

Afdeling 6

Beroep

Art. 22. Beslissingen van een rechterlijke instantie

De artikelen 23 en 24 zijn niet van toepassing op beroepen die zijn ingesteld met het oog op de nietigverklaring, intrekking of wijziging van een beslissing van een rechterlijke instantie of van een als een rechterlijke instantie optredende douaneautoriteit betreffende de toepassing van de douanewetgeving.

Art. 23. Recht op beroep

1. Eenieder heeft het recht beroep in te stellen tegen beschikkingen van de douaneautoriteiten die betrekking hebben op de toepassing van de douanewetgeving en die hem rechtstreeks en individueel raken.

Eenieder die de douaneautoriteiten om een beschikking heeft verzocht, doch binnen de in artikel 16, lid 2, bedoelde termijn geen beschikking heeft verkregen, heeft eveneens het recht beroep in te stellen.

2. Het recht op beroep kan in ten minste twee fasen worden uitgeoefend:

a) eerst bij de douaneautoriteiten of een rechterlijke instantie dan wel een andere instantie die daartoe door de lidstaten is aangewezen;

b) vervolgens bij een hogere onafhankelijke instantie die overeenkomstig de in de lidstaten geldende bepalingen een rechterlijke instantie dan wel een gelijkwaardige gespecialiseerde instantie kan zijn.

3. Het beroep wordt ingesteld in de lidstaat waar de beschikking is getroffen of waar om een beschikking is verzocht.

4. De lidstaten dragen er zorg voor dat de beroepsprocedure een snelle bevestiging of correctie van door de douaneautoriteiten getroffen beschikkingen mogelijk maakt.

Art. 24. Schorsing van de tenuitvoerlegging

1. Instelling van beroep heeft ten aanzien van de tenuitvoerlegging van de aangevochten beschikking geen schorsende werking.

2. De douaneautoriteiten schorsen evenwel de tenuitvoerlegging van de beschikking geheel of gedeeltelijk indien zij gegronde redenen hebben om aan te nemen dat de aangevochten beschikking niet in overeenstemming is met de douanewetgeving of dat de betrokkene onherstelbare schade dreigt te lijden.

3. In de in lid 2 bedoelde gevallen dient, indien de aangevochten beschikking tot verschuldigdheid van invoer- of uitvoerrechten leidt, in geval van schorsing van deze beschikking zekerheid te worden gesteld, tenzij op basis van een gedocumenteerde beoordeling is vastgesteld dat dit waarschijnlijk voor de schuldenaar ernstige economische of sociale moeilijkheden zou kunnen veroorzaken.

De Commissie kan volgens de in artikel 184, lid 2,

bedoelde procedure maatregelen nemen voor de uitvoering van de eerste alinea van dit lid.

Afdeling 7

Goederencontrole

Art. 25. Douanecontrole

1. De douaneautoriteiten kunnen alle controlemaatregelen nemen die zij nodig achten.

De controlemaatregelen kunnen met name inhouden onderzoek van goederen, monsterneming, verificatie van de aangiftegegevens en van de aanwezigheid en de echtheid van documenten, onderzoek van de bedrijfsboekhouding van marktdeelnemers en van andere bescheiden, controle van vervoermiddelen, controle van bagage en andere goederen die personen bij of op zich dragen, officieel onderzoek en soortgelijke handelingen.

2. Douanecontroles, andere dan steekproefcontroles, moeten hoofdzakelijk gebaseerd zijn op een met behulp van elektronische gegevensverwerkingstechnieken uitgevoerde risicoanalyse, die ertoe strekt om aan de hand van op nationaal, communautair en indien beschikbaar internationaal niveau vastgestelde criteria de risico's in kaart te brengen en te evalueren alsmede de nodige tegenmaatregelen te ontwikkelen.

In samenwerking met de Commissie dragen de lidstaten zorg voor de ontwikkeling, het onderhoud en het gebruik van een gemeenschappelijk kader voor risicobeheer, gebaseerd op de uitwisseling van informatie betreffende risico's en risicoanalyse tussen de douanediensten, waarbij onder meer gemeenschappelijke criteria voor risico-evaluatie, controlemaatregelen en prioritaire controlegebieden worden vastgesteld.

Controles aan de hand van dergelijke informatie en criteria worden uitgevoerd onverminderd andere controles die worden uitgevoerd overeenkomstig de leden 1 en 2 of andere vigerende bepalingen.

3. Onverminderd lid 2 van dit artikel neemt de Commissie volgens de in artikel 184, lid 2, bedoelde procedure uitvoeringsmaatregelen tot vaststelling van:

a) een gemeenschappelijk kader voor risicobeheer;

b) gemeenschappelijke criteria en prioritaire controlegebieden;

c) de tussen de douanediensten uit te wisselen informatie betreffende risico's en risicoanalyse.

Art. 26. Samenwerking tussen autoriteiten

1. Indien dezelfde goederen moeten worden onderworpen aan andere controles dan douanecontroles door andere bevoegde autoriteiten dan de douaneautoriteiten, trachten de douaneautoriteiten deze controles in nauwe samenwerking met die andere autoriteiten te verrichten, waar mogelijk op dezelfde plaats en op hetzelfde tijdstip als de douanecontroles (one-stop-shop); de douaneautoriteiten vervullen in dit verband de rol van coördinator.

2. In het kader van de in deze afdeling bedoelde controlemaatregelen kunnen de douaneautoriteiten en andere bevoegde autoriteiten, indien dit vereist is om de risico's zoveel mogelijk te beperken en fraude te bestrijden, de door hen ontvangen gegevens betreffende het binnenbrengen, het uitgaan, de doorvoer, het overbrengen, de opslag en de bijzondere bestemming van goederen, met inbegrip van het postverkeer, die tussen het douanegebied van de Gemeenschap en andere gebieden worden vervoerd, betreffende de aanwezigheid en het verkeer binnen het douanegebied van niet-communautaire goederen en goederen die onder de regeling bijzondere bestemming zijn geplaatst, alsmede de resultaten van eventuele controles, met elkaar en met de Commissie uitwisselen. De douaneautoriteiten en de Commissie kunnen zulke gegevens ook uitwisselen om ervoor te zorgen dat de communautaire douanewetgeving uniform wordt toegepast.

Art. 27. Controle na vrijgave

Na vrijgave van de goederen kunnen de douaneautoriteiten, om zich te vergewissen van de juistheid van de gegevens in de summiere aangifte of de douaneaangifte, overgaan tot een controle van alle documenten en gegevens betreffende deze goederen of betreffende voorafgaande of latere handelstransacties met deze goederen. Die autoriteiten kunnen eveneens overgaan tot onderzoek van de goederen en/of tot het nemen van monsters, zolang zij daartoe nog de mogelijkheid hebben.

Deze controles kunnen worden verricht bij de houder van de goederen of zijn vertegenwoordiger, bij elke persoon die beroepshalve direct of indirect bij deze transacties is betrokken, en bij elke andere persoon die beroepshalve over die documenten en gegevens beschikt.

Art. 28. Intracommunautaire vluchten en zeereizen

1. Alleen indien de douanewetgeving daarin voorziet, worden douanecontroles verricht of douaneformaliteiten vervuld ten aanzien van de handbagage en de ruimbagage van personen op intracommunautaire vluchten of bij intracommunautaire zeereizen.

2. Lid 1 is van toepassing onverminderd:

a) veiligheids- en beveiligingscontroles;

b) controles in verband met verboden of beperkingen.

3. De Commissie neemt volgens de in artikel 184, lid 2, bedoelde procedure maatregelen ter uitvoering van dit artikel, waarbij wordt vastgesteld in welke gevallen en onder welke voorwaarden douanecontroles kunnen worden verricht en douaneformaliteiten kunnen worden vervuld ten aanzien van:

a) de handbagage en de ruimbagage van:

i) personen aan boord van een luchtvaartuig dat, van een niet-communautaire luchthaven komend, na een tussenstop in een communautaire luchthaven deze vlucht voortzet naar een andere communautaire luchthaven;

ii) personen aan boord van een luchtvaartuig dat een tussenstop maakt in een communautaire luchthaven alvorens zijn vlucht naar een niet-communautaire luchthaven voort te zetten;

iii) personen die gebruikmaken van een door één enkel vaartuig uitgevoerde scheepvaartdienst die een aantal opeenvolgende trajecten omvat en die is begonnen of eindigt of die een tussenstop maakt in een niet-communautaire haven;

iv) personen aan boord van een pleziervaartuig of van een sport- of zakenvliegtuig;

b) handbagage en ruimbagage:

i) die op een communautaire luchthaven aankomt aan boord van een luchtvaartuig dat van een niet-communautaire luchthaven komt en op deze communautaire luchthaven wordt overgeladen in een ander luchtvaartuig dat een intracommunautaire vlucht uitvoert;

ii) die op een communautaire luchthaven aan boord wordt gebracht van een luchtvaartuig dat een intracommunautaire vlucht uitvoert, waarbij deze bagage op een andere communautaire luchthaven wordt overgeladen in een luchtvaartuig dat een niet-communautaire luchthaven als bestemming heeft.

Afdeling 8

Bewaren van bescheiden en overige gegevens; heffingen en kosten

Art. 29. Bewaren van bescheiden en overige gegevens

1. De betrokken persoon dient, met het oog op een douanecontrole, de in artikel 9, lid 1, bedoelde bescheiden en gegevens gedurende ten minste drie kalenderjaren te bewaren op een wijze die toegankelijk en aanvaardbaar is voor de douaneautoriteiten.

Voor goederen die in het vrije verkeer zijn gebracht in andere dan de in de derde alinea bedoelde gevallen of voor goederen die ten uitvoer zijn aangegeven, begint deze termijn aan het einde van het jaar waarin de douaneaangifte voor het vrije verkeer of de aangifte ten uitvoer is aanvaard.

Voor goederen die in het vrije verkeer zijn gebracht vrij van rechten dan wel met een verlaagd invoerrecht op grond van hun bijzondere bestemming, begint deze termijn aan het einde van het jaar waarin het douanetoezicht op de goederen is opgeheven.

Voor goederen die onder een andere douaneregeling zijn geplaatst, vangt deze termijn aan op het einde van het jaar waarin de betreffende douaneregeling is beëindigd.

2. Onverminderd artikel 68, lid 4, worden, indien uit een douanecontrole in verband met een douaneschuld blijkt dat de desbetreffende boeking moet worden herzien, en indien de betrokkene hiervan in kennis is gesteld, de bescheiden en de informatie na afloop van de in lid 1 van dit artikel bedoelde termijn nog drie jaar langer bewaard.

Indien beroep is ingesteld of een gerechtelijke procedure is ingeleid, moeten de bescheiden en de informatie worden bewaard gedurende de in lid 1 van dit artikel vastgestelde termijn of totdat de beroeps- of rechtsprocedure is voltooid, naargelang van welke datum het laatst valt.

Art. 30. Heffingen en kosten

1. De douaneautoriteiten leggen geen heffingen op voor het verrichten van douanecontroles dan wel het anderszins toepassen van de douanewetgeving tijdens de officiële openingsuren van hun bevoegde douanekantoren.

De douaneautoriteiten kunnen echter wel heffingen opleggen of kosten in rekening brengen voor met name de volgende specifieke diensten:

a) de aanwezigheid, op verzoek, van douanepersoneel buiten de officiële kantooruren of op een andere plaats dan op een douanekantoor;

b) analysen of deskundigenverslagen van goederen en portokosten voor het retourneren van de goederen aan de aanvrager, met name bij beschikkingen op grond van artikel 20 of de verstrekking van inlichtingen overeenkomstig artikel 8, lid 1;

c) het onderzoek of de monsterneming van goederen voor controledoeleinden, of de vernietiging van goederen, indien andere kosten dan die voor de inzet van douanepersoneel zijn gemaakt;

d) uitzonderlijke controlemaatregelen, indien de aard van de goederen of het potentiële risico zulks vereisen.

2. Maatregelen tot wijziging van niet-essentiële onderdelen van deze verordening door haar aan te vullen, die bepalingen voor de toepassing van lid 1, tweede alinea vastleggen, worden vastgesteld volgens de in artikel 184, lid 4, bedoelde regelgevingsprocedure met toetsing.

HOOFDSTUK 3

VALUTAOMREKENING EN TERMIJNEN

Art. 31. Valutaomrekening

1. De bevoegde autoriteiten publiceren de geldende wisselkoers en/of maken deze op het internet bekend indien een valuta moet worden omgerekend om een van de onderstaande redenen:

a) de elementen aan de hand waarvan de douanewaarde van goederen wordt vastgesteld, zijn in een andere valuta uitgedrukt dan die van de lidstaat waar deze waarde wordt bepaald;

b) de tegenwaarde van de euro in nationale valuta is vereist voor de vaststelling van de tariefindeling van goederen en het bedrag van het in- en uitvoerrecht, met inbegrip van drempelbedragen in het communautaire douanetarief.

2. Indien om andere dan de in lid 1 genoemde redenen een valuta moet worden omgerekend, wordt de tegenwaarde van de euro in nationale valuta die in het kader van de douanewetgeving moet worden toegepast, minstens eenmaal per jaar vastgesteld.

3. De Commissie neemt volgens de in artikel 184, lid 2, bedoelde procedure maatregelen voor de uitvoering van dit artikel.

Art. 32. Termijnen

1. Indien in de douanewetgeving een termijn, datum of vervaldag is vastgesteld, kan de termijn slechts worden verlengd of verkort en de datum of vervaldag

slechts worden uitgesteld of vervroegd indien de desbetreffende voorschriften daarin uitdrukkelijk voorzien.

2. De in Verordening (EEG, Euratom) nr. 1182/71 van de Raad van 3 juni 1971 houdende vaststelling van de regels die van toepassing zijn op termijnen, data en aanvangs- en vervaltijden vastgestelde voorschriften voor termijnen, datums en vervaldagen zijn van toepassing, tenzij anders in de communautaire douanewetgeving specifiek wordt bepaald.

TITEL II

FACTOREN DIE TEN GRONDSLAG LIGGEN AAN DE TOEPASSING VAN IN- OF UITVOERRECHTEN EN ANDERE MAATREGELEN WAARAAN HET GOEDERENVERKEER IS ONDERWORPEN

HOOFDSTUK 1

GEMEENSCHAPPELIJK DOUANETARIEF EN TARIEFINDELING VAN GOEDEREN

Art. 33. Gemeenschappelijk douanetarief

1. De verschuldigde in- en uitvoerrechten zijn op het gemeenschappelijk douanetarief gebaseerd.

Andere maatregelen die op grond van communautaire bepalingen met betrekking tot specifieke gebieden in het kader van het goederenverkeer zijn vastgesteld, worden, in voorkomend geval, volgens de tariefindeling van deze goederen toegepast.

2. Het gemeenschappelijk douanetarief omvat:

a) de gecombineerde nomenclatuur van goederen als vastgesteld bij Verordening (EEG) nr. 2658/87 van de Raad van 23 juli 1987 met betrekking tot de tarief- en statistieknomenclatuur en het gemeenschappelijk douanetarief;

b) iedere andere nomenclatuur waarin de gecombineerde nomenclatuur geheel of gedeeltelijk of eventueel met toevoeging van verdere indelingen is overgenomen en die voor de toepassing van tariefmaatregelen in het kader van het goederenverkeer bij specifieke communautaire bepalingen is vastgesteld;

c) de conventionele of gewone autonome douanerechten van toepassing op goederen die onder de gecombineerde nomenclatuur vallen;

d) de preferentiële tariefmaatregelen in de overeenkomsten die de Gemeenschap met bepaalde landen of gebieden dan wel groepen van landen of gebieden buiten het douanegebied van de Gemeenschap heeft gesloten;

e) de preferentiële tariefmaatregelen die door de Gemeenschap ten aanzien van bepaalde landen of gebieden dan wel groepen van landen of gebieden buiten het douanegebied van de Gemeenschap unilateraal zijn vastgesteld;

f) de autonome maatregelen waarbij voor bepaalde goederen in een verlaging of een vrijstelling van douanerechten is voorzien;

g) de gunstige tariefbehandeling voor bepaalde goederen op grond van hun aard of bijzondere bestem-

ming in het kader van de onder c) tot en met f) of onder h) bedoelde maatregelen;

h) de overige tariefmaatregelen waarin communautaire landbouw- of handelsvoorschriften of overige communautaire voorschriften voorzien.

3. Indien de betrokken goederen voldoen aan de voorwaarden die in de in lid 2, onder d) tot en met g), vastgestelde maatregelen zijn vervat, treden de in die bepalingen bedoelde maatregelen op verzoek van de aangever in de plaats van de onder c) van dat lid genoemde maatregelen. Dit verzoek kan achteraf worden ingediend zolang aan de in de toepasselijke maatregel of het wetboek vastgestelde termijnen en voorwaarden is voldaan.

4. Indien de toepassing van de in lid 2, onder d) tot en met g), bedoelde maatregelen of de vrijstelling van de onder h) van dat lid bedoelde maatregelen tot een bepaald in- of uitvoervolume wordt beperkt, neemt deze toepassing of vrijstelling, in het geval van tariefcontingenten, een einde zodra het vastgestelde in- of uitvoervolume is bereikt.

In het geval van tariefplafonds houdt deze toepassing op bij besluit van de Gemeenschap.

5. De Commissie neemt volgens de in artikel 184, lid 3, bedoelde procedure maatregelen voor de uitvoering van de leden 1 en 4 van dit artikel.

Art. 34. Tariefindeling van goederen

1. Voor de toepassing van het gemeenschappelijk douanetarief betekent "tariefindeling" van goederen het vaststellen van een van de onderverdelingen of verdere indelingen van de gecombineerde nomenclatuur waaronder die goederen moeten worden ingedeeld.

2. Voor de toepassing van niet-tarifaire maatregelen betekent "tariefindeling" van goederen het vaststellen van een van de onderverdelingen of verdere indelingen van de gecombineerde nomenclatuur of van enige andere nomenclatuur die bij communautair besluit is vastgesteld en waarin de gecombineerde nomenclatuur geheel of gedeeltelijk of eventueel met toevoeging van verdere indelingen is overgenomen, waaronder die goederen moeten worden ingedeeld.

3. De overeenkomstig de leden 1 en 2 vastgestelde onderverdeling of verdere indeling wordt gebruikt voor de toepassing van de aan die onderverdeling gekoppelde maatregelen.

HOOFDSTUK 2

OORSPRONG VAN GOEDEREN

Afdeling 1

Niet-preferentiële oorsprong

Art. 35. Toepassingsgebied

In de artikelen 36, 37 en 38 zijn de regels vastgesteld voor de bepaling van de niet-preferentiële oorsprong van goederen met het oog op de toepassing van:

a) het gemeenschappelijk douanetarief, met uitzondering van de in artikel 33, lid 2, onder d) en e), bedoelde maatregelen;

b) andere maatregelen dan tariefmaatregelen die op grond van communautaire bepalingen met betrekking tot specifieke gebieden in het kader van het goederenverkeer zijn vastgesteld;

c) andere communautaire maatregelen met betrekking tot de oorsprong van goederen.

Art. 36. Verkrijging van de oorsprong

1. Goederen die geheel en al in één enkel land of gebied zijn verkregen, worden geacht van oorsprong uit dat land of gebied te zijn.

2. Goederen bij de vervaardiging waarvan meer dan één land of gebied betrokken is geweest, wordt geacht van oorsprong te zijn uit het land of gebied waar de laatste ingrijpende be- of verwerking heeft plaatsgevonden.

Art. 37. Bewijs van oorsprong

1. Indien in de douaneaangifte de oorsprong van de goederen is vermeld overeenkomstig de douanewetgeving, kunnen de douaneautoriteiten van de aangever eisen dat hij die oorsprong aantoont.

2. Indien het bewijs van oorsprong van de goederen wordt geleverd overeenkomstig de douanewetgeving of andere communautaire wetgeving met betrekking tot specifieke gebieden, kunnen de douaneautoriteiten, in geval van gegronde twijfel, elk aanvullend bewijs eisen dat noodzakelijk is om te waarborgen dat de vermelding van de oorsprong voldoet aan de regels die bij de desbetreffende communautaire voorschriften zijn vastgesteld.

3. Een document tot bewijs van de oorsprong kan in de Gemeenschap worden afgegeven indien dit voor de behoeften van het handelsverkeer nodig is.

Art. 38. Uitvoeringsmaatregelen

De Commissie neemt volgens de in artikel 184, lid 2, bedoelde procedure maatregelen voor de uitvoering van de artikelen 36 en 37.

Afdeling 2

Preferentiële oorsprong

Art. 39. Preferentiële oorsprong van goederen

1. Om voor de in artikel 33, lid 2, onder d) of e), bedoelde maatregelen of voor niet-tarifaire preferentiële maatregelen in aanmerking te komen, moeten goederen voldoen aan de in de leden 2 tot en met 5 bedoelde regels betreffende de preferentiële oorsprong.

2. Voor goederen die in aanmerking komen voor preferentiële maatregelen in het kader van overeenkomsten die de Gemeenschap met bepaalde landen of gebieden dan wel groepen van landen of gebieden buiten het douanegebied van de Gemeenschap heeft gesloten, worden de regels betreffende de preferentiële oorsprong bij die overeenkomsten vastgesteld.

3. Voor goederen die in aanmerking komen voor de preferentiële tariefmaatregelen die unilateraal door de Gemeenschap zijn vastgesteld ten gunste van be-

paalde landen of gebieden dan wel groepen van landen of gebieden buiten het douanegebied van de Gemeenschap, behalve die welke in lid 5 worden genoemd, neemt de Commissie volgens de in artikel 184, lid 2, bedoelde procedure maatregelen tot vaststelling van de regels betreffende de preferentiële oorsprong.

4. Voor goederen die in aanmerking komen voor de in Protocol nr. 2 bij de Toetredingsakte van 1985 opgenomen preferentiële maatregelen die van toepassing zijn op de handel tussen het douanegebied van de Gemeenschap en Ceuta en Melilla, worden de regels betreffende de preferentiële oorsprong aangenomen overeenkomstig artikel 9 van dat protocol.

5. Voor goederen die in aanmerking komen voor de preferentiële maatregelen in de preferentiële regelingen ten gunste van de met de Gemeenschap geassocieerde landen en gebieden overzee, worden de regels betreffende de preferentiële oorsprong vastgesteld overeenkomstig artikel 187 van het Verdrag.

6. De Commissie neemt volgens de in artikel 184, lid 2, bedoelde procedure de nodige maatregelen voor de uitvoering van de in de leden 2 tot en met 5 van dit artikel bedoelde regels.

HOOFDSTUK 3

DOUANEWAARDE VAN GOEDEREN

Art. 40. Toepassingsgebied

De douanewaarde van goederen met het oog op de toepassing van het gemeenschappelijk douanetarief en van niet-tarifaire maatregelen die in het kader van het goederenverkeer bij communautaire bepalingen met betrekking tot specifieke gebieden zijn vastgesteld, wordt overeenkomstig de artikelen 41 tot en met 43 vastgesteld.

Art. 41. Op de transactiewaarde gebaseerde methode voor de vaststelling van de douanewaarde

1. De primaire basis voor de douanewaarde van goederen is de transactiewaarde, te weten: de voor de goederen werkelijk betaalde of te betalen prijs bij uitvoer naar het douanegebied van de Gemeenschap, waar nodig aangepast, in overeenstemming met maatregelen genomen overeenkomstig artikel 43.

2. De werkelijk betaalde of te betalen prijs is de totale betaling die door de koper aan de verkoper of door de koper aan een derde of ten behoeve van de verkoper voor de ingevoerde goederen is of moet worden verricht, en omvat alle betalingen die als voorwaarde voor de verkoop van de ingevoerde goederen werkelijk zijn of moeten worden verricht.

3. De transactiewaarde is van toepassing mits aan de volgende voorwaarden is voldaan:

a) er zijn geen beperkingen ten aanzien van de overdracht of het gebruik van de goederen door de koper, behalve in een van de volgende gevallen:

i) bij de wet of door de autoriteiten in de Gemeenschap worden beperkingen opgelegd of voorgeschreven,

ii) er gelden beperkingen ten aanzien van het geografische gebied waarbinnen de goederen mogen worden doorverkocht,

iii) de douanewaarde van de goederen wordt door de beperkingen niet aanzienlijk beïnvloed;

b) de verkoop of de prijs is niet afhankelijk gesteld van enige voorwaarde of prestatie waarvan de waarde met betrekking tot de goederen waarvan de waarde dient te worden bepaald, niet kan worden vastgesteld;

c) geen enkel deel van de opbrengst van elke latere wederverkoop of overdracht of later gebruik van de goederen door de koper zal de verkoper direct of indirect ten goede komen, tenzij een aanpassing kan worden aangebracht in overeenstemming met maatregelen genomen overeenkomstig artikel 43;

d) koper en verkoper zijn niet verbonden, of hun verbondenheid is niet van dien aard dat de prijs erdoor wordt beïnvloed.

Art. 42. Bijkomende methoden voor de vaststelling van de douanewaarde

1. Indien de douanewaarde van de goederen niet met toepassing van artikel 41 kan worden vastgesteld, dient achtereenvolgens te worden nagegaan welk van de punten a) tot en met d) van lid 2 van toepassing is en dient de douanewaarde van de goederen te worden vastgesteld met toepassing van het eerste punt dat die vaststelling mogelijk maakt.

De volgorde waarin de punten c) en d) worden toegepast, dient te worden omgekeerd indien de aangever daarom verzoekt.

2. De douanewaarde overeenkomstig lid 1 is:

a) de transactiewaarde van identieke goederen die op hetzelfde of nagenoeg hetzelfde tijdstip naar het douanegebied van de Gemeenschap zijn uitgevoerd als de te waarderen goederen;

b) de transactiewaarde van soortgelijke goederen die op hetzelfde of nagenoeg hetzelfde tijdstip naar het douanegebied van de Gemeenschap zijn uitgevoerd als de goederen waarvan de waarde wordt bepaald;

c) de waarde gebaseerd op de prijs per eenheid waartegen de ingevoerde goederen of identieke of soortgelijke ingevoerde goederen in het douanegebied van de Gemeenschap in de grootste samengevoegde hoeveelheid zijn verkocht aan personen die niet zijn verbonden met de verkopers;

d) de berekende waarde.

3. Indien de douanewaarde niet met toepassing van lid 1 kan worden vastgesteld, wordt zij aan de hand van in het douanegebied van de Gemeenschap beschikbare gegevens vastgesteld met gebruikmaking van redelijke middelen die in overeenstemming zijn met de beginselen en de algemene bepalingen van:

a) de Overeenkomst inzake de toepassing van artikel VII van de Algemene Overeenkomst betreffende Tarieven en Handel;

b) artikel VII van de Algemene Overeenkomst betreffende Tarieven en Handel;

c) dit hoofdstuk.

Art. 43. Uitvoeringsmaatregelen

De Commissie neemt volgens de in artikel 184, lid 2, bedoelde procedure maatregelen tot vaststelling van:

a) de elementen waarmee de werkelijk betaalde of te betalen prijs bij de bepaling van de douanewaarde moet worden vermeerderd of die daarvan kunnen worden uitgesloten;

b) de elementen waarmee de berekende waarde moet worden vastgesteld;

c) de methode voor het bepalen van de douanewaarde in specifieke gevallen alsmede ten aanzien van goederen waarvoor een douaneschuld ontstaat na gebruikmaking van een bijzondere procedure;

d) alle noodzakelijke verdere voorwaarden, voorschriften en regels voor de toepassing van de artikelen 41 en 42.

TITEL III

DOUANESCHULD EN ZEKERHEIDSTELLING

HOOFDSTUK 1

ONTSTAAN VAN DE DOUANESCHULD

Afdeling 1

Douaneschuld bij invoer

Art. 44. In het vrije verkeer brengen en tijdelijke invoer

1. Een douaneschuld bij invoer ontstaat indien aan invoerrechten onderworpen niet-communautaire goederen onder een van de volgende douaneregelingen worden geplaatst:

a) in het vrije verkeer brengen, ook onder de voorschriften inzake bijzondere bestemming;

b) tijdelijke invoer met gedeeltelijke vrijstelling van invoerrechten.

2. Een douaneschuld ontstaat op het tijdstip waarop de douaneaangifte wordt aanvaard.

3. De aangever is de schuldenaar. In geval van indirecte vertegenwoordiging is de persoon voor wiens rekening de aangifte wordt gedaan, eveneens schuldenaar.

Indien een douaneaangifte voor een van de in lid 1 bedoelde regelingen is opgesteld op basis van gegevens die ertoe leiden dat de invoerrechten geheel of gedeeltelijk niet worden geïnd, is de persoon die de voor het opstellen van de aangifte benodigde gegevens heeft verstrekt en wist, of redelijkerwijze had moeten weten, dat die gegevens onjuist waren, eveneens schuldenaar.

Art. 45. Bijzondere bepalingen betreffende goederen die niet van oorsprong zijn

1. Indien er een verbod geldt op terugbetaling of kwijtschelding of vrijstelling van invoerrechten voor niet van oorsprong zijnde goederen die worden gebruikt voor de vervaardiging van producten waarvoor een bewijs van oorsprong wordt afgegeven of opgesteld in het kader van een preferentiële regeling tussen de Gemeenschap en bepaalde landen of gebieden dan wel groepen van landen of gebieden buiten het douanegebied van de Gemeenschap, ontstaat een douane-

schuld bij invoer ten aanzien van die niet van oorsprong zijnde goederen door de aanvaarding van de mededeling van wederuitvoer voor de betrokken producten.

2. Indien een douaneschuld ontstaat overeenkomstig lid 1, wordt het met die schuld overeenkomende bedrag van het invoerrecht vastgesteld alsof het een douaneschuld betreft die is ontstaan door de aanvaarding, op dezelfde datum, van de douaneaangifte voor het vrije verkeer van de niet van oorsprong zijnde goederen die zijn gebruikt voor de vervaardiging van de betrokken producten, ter beëindiging van de regeling actieve veredeling.

3. Artikel 44, leden 2 en 3, is van overeenkomstige toepassing. Bij niet-communautaire goederen als bedoeld in artikel 179 is evenwel de persoon die de mededeling van wederuitvoer doet schuldenaar. In geval van indirecte vertegenwoordiging, is de persoon voor wiens rekening de mededeling wordt gedaan eveneens schuldenaar.

Art. 46. Ontstaan van douaneschuld door niet-nakoming

1. Ten aanzien van aan invoerrechten onderworpen goederen, ontstaat een douaneschuld bij invoer door niet-nakoming van:

a) een van de bij de douanewetgeving vastgestelde verplichtingen betreffende het binnenbrengen van niet-communautaire goederen in het douanegebied van de Gemeenschap, de onttrekking van dergelijke goederen aan douanetoezicht, of het verkeer, de veredeling, de opslag, de tijdelijke invoer of het ter beschikking hebben van dergelijke goederen binnen dat douanegebied;

b) een van de bij de douanewetgeving vastgestelde verplichtingen betreffende de bijzondere bestemming van goederen binnen het douanegebied van de Gemeenschap, of

c) een van de voorwaarden voor de plaatsing van niet-communautaire goederen onder een douaneregeling of voor de toekenning van een vrijstelling of van een verlaagd invoerrecht op grond van de bijzondere bestemming van de goederen.

2. Het tijdstip waarop de douaneschuld ontstaat, is:

a) het ogenblik waarop niet of niet langer wordt voldaan aan de verplichting waarvan de niet-nakoming de douaneschuld doet ontstaan, of

b) het ogenblik waarop een douaneaangifte voor de plaatsing van goederen onder een douaneregeling wordt aanvaard, indien achteraf blijkt dat in feite niet was voldaan aan een voorwaarde voor de plaatsing onder de regeling of de toekenning van een vrijstelling of van een verlaagd invoerrecht uit hoofde van de bijzondere bestemming van de goederen.

3. In de in lid 1, onder a) en b), bedoelde gevallen is de schuldenaar:

a) eenieder die de betrokken verplichtingen diende na te komen;

b) eenieder die wist of redelijkerwijze had moeten weten dat aan een uit de douanewetgeving voortvloeiende verplichting niet was voldaan en die handelde voor rekening van de persoon die de verplichting

diende na te komen, of die deelnam aan de handeling die tot de niet-nakoming van de verplichting leidde;

c) eenieder die de betrokken goederen heeft verworven of deze onder zich heeft gehad en die op het ogenblik waarop hij de goederen verwierf of ontving, wist of redelijkerwijze had moeten weten dat aan een de uit de douanewetgeving voortvloeiende verplichting niet was voldaan.

4. In de in lid 1, onder c), bedoelde gevallen is de schuldenaar de persoon die dient te voldoen aan de voorwaarden voor de plaatsing van goederen onder een douaneregeling, voor de aangifte van goederen onder een douaneregeling, of voor de toekenning van een vrijstelling of van een verlaagd invoerrecht op grond van de bijzondere bestemming van goederen.

Indien een douaneaangifte voor een van de in lid 1 bedoelde procedures wordt opgesteld of aan de douaneautoriteiten gegevens worden verstrekt die vereist zijn krachtens de douanewetgeving betreffende de plaatsing van goederen onder een douaneregeling, en de invoerrechten ten gevolge daarvan geheel of gedeeltelijk niet worden geheven, is de persoon die de voor de opstelling van de aangifte benodigde gegevens heeft verstrekt en die wist of redelijkerwijze had moeten weten dat die gegevens onjuist waren, eveneens schuldenaar.

Art. 47. Aftrek van een bedrag aan reeds betaalde invoerrechten

1. Indien overeenkomstig artikel 46, lid 1, een douaneschuld ontstaat ten aanzien van goederen die in het vrije verkeer zijn gebracht met toepassing van een verlaagd invoerrecht op grond van hun bijzondere bestemming, wordt het bij het in het vrije verkeer brengen betaalde bedrag aan invoerrechten op het met de douaneschuld overeenkomende bedrag aan invoerrechten in mindering gebracht.

De eerste alinea is van overeenkomstige toepassing indien een douaneschuld ontstaat ten aanzien van de resten en afval die het resultaat zijn van de vernietiging van dergelijke goederen.

2. Indien overeenkomstig artikel 46, lid 1, een douaneschuld ontstaat ten aanzien van goederen die onder de regeling tijdelijke invoer met gedeeltelijke vrijstelling van invoerrechten zijn geplaatst, wordt het onder de regeling voor de gedeeltelijke vrijstelling betaalde bedrag aan invoerrechten op het met de douaneschuld overeenkomende bedrag aan invoerrechten in mindering gebracht.

Afdeling 2

Douaneschuld bij uitvoer

Art. 48. Uitvoer en passieve veredeling

1. Een douaneschuld bij uitvoer ontstaat indien goederen die aan uitvoerrechten zijn onderworpen, onder de regeling uitvoer of de regeling passieve veredeling worden geplaatst.

2. De douaneschuld ontstaat op het tijdstip waarop de douaneaangifte wordt aanvaard.

3. Schuldenaar is de aangever. In geval van indi-

recte vertegenwoordiging is de persoon voor wiens rekening de douaneaangifte wordt gedaan, eveneens schuldenaar.

Indien een douaneaangifte is opgesteld op basis van gegevens die ertoe leiden dat de uitvoerrechten geheel of gedeeltelijk niet worden geheven, is de persoon die de voor de aangifte benodigde gegevens heeft verstrekt en die wist of redelijkerwijze had moeten weten dat die gegevens onjuist waren, eveneens schuldenaar.

Art. 49. Ontstaan van douaneschuld door niet-nakoming

1. Ten aanzien van aan uitvoerrechten onderworpen goederen, ontstaat een douaneschuld bij uitvoer door niet-nakoming van:

a) een van de in de douanewetgeving vastgestelde verplichtingen betreffende het uitgaan van de goederen;

b) de voorwaarden waarop de goederen het douanegebied van de Gemeenschap met gehele of gedeeltelijke vrijstelling van uitvoerrechten mochten verlaten.

2. Het tijdstip waarop de douaneschuld ontstaat, is:

a) het tijdstip waarop de goederen het douanegebied van de Gemeenschap daadwerkelijk verlaten zonder douaneaangifte;

b) het tijdstip waarop de goederen een andere bestemming bereiken dan die op grond waarvan zij het douanegebied van de Gemeenschap met gehele of gedeeltelijke vrijstelling van uitvoerrechten mochten verlaten;

c) indien de douaneautoriteiten het onder b) bedoelde tijdstip niet kunnen bepalen, het tijdstip waarop de termijn verstrijkt waarbinnen het bewijs moest worden geleverd dat aan de voorwaarden voor een dergelijke vrijstelling is voldaan.

3. In de in lid 1, onder a), genoemde gevallen is schuldenaar:

a) eenieder die de betrokken verplichtingen diende na te komen;

b) eenieder die wist of redelijkerwijze had moeten weten dat aan de verplichting ter zake niet was voldaan en die handelde namens de persoon die de verplichting diende na te komen;

c) eenieder die heeft deelgenomen aan de handeling die tot de niet-nakoming van de verplichting leidde, en die wist of redelijkerwijze had moeten weten dat geen douaneaangifte was ingediend, ofschoon een dergelijke aangifte wel had moeten worden ingediend.

4. In de in lid 1, onder b), genoemde gevallen is schuldenaar eenieder die moet voldoen aan de voorwaarden waaronder de goederen het douanegebied van de Gemeenschap met gehele of gedeeltelijke vrijstelling van uitvoerrechten mochten verlaten.

Afdeling 3

Gemeenschappelijke bepalingen voor douaneschuld bij invoer en bij uitvoer

Art. 50. Verboden en beperkingen

1. De douaneschuld bij invoer of uitvoer ontstaat ook voor goederen waarvoor enig verbod op of enige beperking van de invoer of de uitvoer geldt.

2. Er ontstaat evenwel geen douaneschuld:

a) bij het op illegale wijze binnenbrengen in het douanegebied van de Gemeenschap van vals geld;

b) bij het binnenbrengen in het douanegebied van de Gemeenschap van verdovende middelen en psychotrope stoffen, tenzij die welke streng gecontroleerd worden door de bevoegde autoriteiten met het oog op hun gebruik voor medische en wetenschappelijke doeleinden.

3. Voor de toepassing van sancties op inbreuken op de douanewetgeving wordt de douaneschuld toch geacht te zijn ontstaan indien de wetgeving van een lidstaat bepaalt dat de douanerechten of het bestaan van een douaneschuld als grondslag dienen voor de vaststelling van sancties.

Art. 51. Meerdere schuldenaren

Indien meerdere personen schuldenaren zijn van het bedrag aan in- of uitvoerrechten dat overeenkomt met één douaneschuld, zijn zij gezamenlijk en hoofdelijk aansprakelijk tot betaling van de volledige schuld.

Art. 52. Algemene regels voor de berekening van het bedrag van de in- of uitvoerrechten

1. Het bedrag aan in- of uitvoerrechten wordt vastgesteld op basis van de regels voor de berekening van die rechten die van toepassing waren op het tijdstip waarop de douaneschuld is ontstaan.

2. Indien het tijdstip waarop de douaneschuld is ontstaan, niet nauwkeurig kan worden bepaald, wordt dat tijdstip geacht het tijdstip te zijn waarop de douaneautoriteiten vaststellen dat de goederen zich in een situatie bevinden die een douaneschuld heeft doen ontstaan.

Indien uit de gegevens waarover de douaneautoriteiten beschikken, evenwel blijkt dat de douaneschuld vroeger is ontstaan dan op het tijdstip waarop zij tot die vaststelling kwamen, wordt de douaneschuld geacht te zijn ontstaan op het vroegste tijdstip waarop het bestaan van die situatie kan worden vastgesteld.

Art. 53. Bijzondere regels voor de berekening van het bedrag van de invoerrechten

1. Indien voor onder een douaneregeling geplaatste goederen in het douanegebied van de Gemeenschap kosten voor opslag of gebruikelijke behandelingen zijn ontstaan, worden deze kosten of de waardevermeerdering niet in aanmerking genomen voor de berekening van het bedrag van de invoerrechten voor zover de aangever afdoende bewijs van het bestaan van die kosten levert.

De douanewaarde, hoeveelheid, aard en oorsprong van niet-communautaire goederen die bij de behandelingen zijn gebruikt, worden echter wel in aanmerking genomen voor de berekening van het bedrag aan invoerrechten.

2. Indien de tariefindeling van onder een douaneregeling geplaatste goederen verandert als gevolg van gebruikelijke handelingen in het douanegebied van de Gemeenschap, wordt op verzoek van de aangever de oorspronkelijke tariefindeling voor de onder deze regeling geplaatste goederen toegepast.

3. Indien een douaneschuld is ontstaan voor veredelingsproducten die zijn voortgebracht in het kader van de regeling actieve veredeling, wordt het met die schuld overeenkomende bedrag aan invoerrechten op verzoek van de aangever vastgesteld op basis van de tariefindeling, douanewaarde, hoeveelheid, aard en oorsprong van de onder de regeling actieve veredeling geplaatste goederen op het tijdstip waarop de douaneaangifte voor die goederen is aanvaard.

4. Indien de douanewetgeving in een gunstige tariefbehandeling, een ontheffing of een gehele of gedeeltelijke vrijstelling van invoer- of uitvoerrechten voorziet overeenkomstig artikel 33, lid 2, onder d) tot en met g), de artikelen 130 tot en met 133 of de artikelen 171 tot en met 174, dan wel overeenkomstig Verordening (EEG) nr. 918/83 van de Raad van 28 maart 1983 betreffende de instelling van een communautaire regeling inzake douanevrijstellingen, is die gunstige tariefbehandeling, ontheffing of vrijstelling ook van toepassing indien een douaneschuld ontstaat overeenkomstig de artikelen 46 of 49 van deze verordening, mits het verzuim dat tot het ontstaan van de douaneschuld heeft geleid, geen poging tot bedrog inhield.

Art. 54. Uitvoeringsmaatregelen

Maatregelen tot wijziging van niet-essentiële onderdelen van deze verordening door haar aan te vullen, die:

a) de regels voor de berekening van het bedrag aan in- of uitvoerrechten waaraan goederen zijn onderworpen;

b) verdere bijzondere regels voor specifieke regelingen;

c) afwijkingen van de artikelen 52 en 53, in het bijzonder ter voorkoming van ontduiking van de tariefmaatregelen, bedoeld in artikel 33, lid 2, onder h);

vastleggen, worden vastgesteld volgens de in artikel 184, lid 4, bedoelde regelgevingsprocedure met toetsing.

Art. 55. Plaats waar de douaneschuld ontstaat

1. Een douaneschuld ontstaat op de plaats waar de in de artikelen 44, 45 en 48 bedoelde douaneaangifte of mededeling van wederuitvoer wordt ingediend of waar de in artikel 110, lid 3, bedoelde aanvullende aangifte moet worden ingediend.

In alle andere gevallen is de plaats waar een douaneschuld ontstaat, de plaats waar de feiten zich voordoen die tot het ontstaan van deze schuld leiden.

Indien deze plaats niet kan worden bepaald, ontstaat de douaneschuld op de plaats waar de douaneautoriteiten vaststellen dat de goederen zich in een situatie bevinden die tot het ontstaan van een douaneschuld heeft geleid.

2. Indien de goederen zich onder een niet-gezuiverde douaneregeling bevinden en de plaats niet overeenkomstig lid 1, tweede of derde alinea, binnen een bepaalde termijn kan worden vastgesteld, ontstaat de douaneschuld op de plaats waar de goederen onder de betrokken regeling zijn geplaatst dan wel het douanegebied van de Gemeenschap onder deze regeling zijn binnengekomen.

Maatregelen tot wijziging van niet-essentiële onderdelen van deze verordening door haar aan te vullen, die de in de eerste alinea van dit lid bedoelde termijn vastlegt, worden vastgesteld volgens de in artikel 184, lid 4, bedoelde regelgevingsprocedure met toetsing.

3. Indien uit de gegevens waarover de douaneautoriteiten beschikken, blijkt dat de douaneschuld op verschillende plaatsen kan zijn ontstaan, wordt de douaneschuld geacht te zijn ontstaan op de plaats waar deze schuld het eerst is ontstaan.

4. Indien een douaneautoriteit vaststelt dat krachtens artikel 46 of 49 in een andere lidstaat een douaneschuld is ontstaan en het met die schuld overeenkomend bedrag aan in- of uitvoerrechten minder is dan 10.000 EUR, wordt deze geacht te zijn ontstaan in de lidstaat waarin het ontstaan van die douaneschuld is vastgesteld.

HOOFDSTUK 2

ZEKERHEIDSTELLING VOOR EEN MOGELIJKE OF BESTAANDE DOUANESCHULD

Art. 56. Algemene bepalingen

1. Dit hoofdstuk heeft betrekking op de zekerheidstelling voor zowel douaneschulden die reeds zijn ontstaan als die welke kunnen ontstaan, tenzij anders bepaald.

2. De douaneautoriteiten kunnen zekerheidstelling eisen om de betaling van het met een douaneschuld overeenkomende bedrag aan in- of uitvoerrechten te garanderen. Indien de bepalingen ter zake die mogelijkheid bieden, kan de zekerheidstelling ook andere lasten dekken, overeenkomstig andere toepasselijke voorschriften.

3. Indien de douaneautoriteiten eisen dat zekerheid wordt gesteld, dient deze te worden gesteld door de schuldenaar of door de persoon die de schuldenaar kan worden. De douaneautoriteiten kunnen toestaan dat zekerheid wordt gesteld door een andere persoon dan die van wie de zekerheidstelling wordt geëist.

4. Onverminderd artikel 64, eisen de douaneautoriteiten voor bepaalde goederen of een bepaalde aangifte slechts één zekerheidstelling.

De voor een bepaalde aangifte gestelde zekerheid geldt voor het met de douaneschuld overeenkomende bedrag aan in- of uitvoerrechten en andere heffingen ten aanzien van alle onder die aangifte vallende of vrijgegeven goederen, ongeacht of deze aangifte juist is.

Indien de zekerheidstelling niet is vrijgegeven, kan ze ook worden gebruikt, binnen de grenzen van het bedrag waarvoor zekerheid is gesteld, voor de invordering van bedragen aan in- of uitvoerrechten en andere heffingen die verschuldigd worden bij een controle achteraf.

5. Op verzoek van de in lid 3 van dit artikel bedoelde persoon kunnen de douaneautoriteiten overeenkomstig artikel 62, leden 1 en 2, toestaan dat een doorlopende zekerheid wordt gesteld ter dekking van het met de douaneschuld overeenkomende bedrag aan in- of uitvoerrechten voor twee of meer transacties, aangiften of douaneregelingen.

6. Er wordt geen zekerheidstelling geëist van staten, regionale en plaatselijke overheidsinstanties of andere publiekrechtelijke lichamen in verband met de activiteiten die zij als overheid uitoefenen.

7. De douaneautoriteiten kunnen afzien van de eis tot zekerheidstelling indien het bedrag van de zeker te stellen in- of uitvoerrechten niet hoger is dan de overeenkomstig artikel 12 van Verordening (EG) nr. 1172/95 van de Raad van 22 mei 1995 betreffende de statistieken van het goederenverkeer van de Gemeenschap en haar lidstaten met derde landen vastgestelde statistische drempel voor aangiften.

8. Een door de douaneautoriteiten aanvaarde of toegestane zekerheid is geldig voor het gehele douanegebied van de Gemeenschap voor de doeleinden waarvoor zij is gesteld.

9. Maatregelen tot wijziging van niet-essentiële onderdelen van deze verordening door haar aan te vullen, die:
- voorwaarden voor de tenuitvoerlegging van dit artikel,
- andere dan in lid 6 van dit artikel genoemde gevallen waarin geen zekerheidstelling wordt geëist,
- uitzonderingen op lid 8 van dit artikel,
vastleggen, worden vastgesteld volgens de in artikel 184, lid 4, bedoelde regelgevingsprocedure met toetsing.

Art. 57. Verplichte zekerheid

1. Indien zekerheidstelling verplicht is, stellen de douaneautoriteiten, behoudens de overeenkomstig lid 3 vastgestelde maatregelen, het bedrag van de zekerheid vast op een niveau dat gelijk is aan het precieze met de douaneschuld overeenkomende bedrag aan in- of uitvoerrechten en andere heffingen, indien dit bedrag op het tijdstip waarop de zekerheidstelling wordt geëist, nauwkeurig kan worden bepaald.

Indien het niet mogelijk is het precieze bedrag te bepalen, wordt het bedrag van de zekerheid vastgesteld op het door de douaneautoriteiten geraamde hoogste met de douaneschuld overeenkomende bedrag aan in- of uitvoerrechten en andere heffingen die zijn onstaan of kunnen ontstaan.

2. Onverminderd artikel 62 dient, indien een doorlopende zekerheid wordt gesteld voor het met douaneschulden overeenkomende bedrag aan in- of uitvoerrechten en andere heffingen waarvan het bedrag in de tijd varieert, deze zekerheid op een zodanig niveau te worden vastgesteld dat het met douaneschulden overeenkomende bedrag aan in- of uitvoerrechten en andere heffingen steeds zijn gedekt.

3. De Commissie neemt volgens de in artikel 184,

lid 2, bedoelde procedure maatregelen voor de uitvoering van lid 1 van dit artikel.

Art. 58. Facultatieve zekerheid

Indien de zekerheidstelling facultatief is, wordt zij in ieder geval door de douaneautoriteiten geëist als deze van oordeel zijn dat de betaling van het met een douaneschuld overeenkomende bedrag aan in- of uitvoerrechten en andere heffingen binnen de gestelde termijn onzeker is. Het bedrag van de zekerheid wordt door deze autoriteiten vastgesteld op een niveau dat niet hoger is dan bedoeld in artikel 57.

Maatregelen tot wijziging van niet-essentiële onderdelen van deze verordening door haar aan te vullen, die gevallen waarin een zekerheid facultatief is, vastleggen, worden vastgesteld volgens de in artikel 184, lid 4, bedoelde regelgevingsprocedure met toetsing.

Art. 59. Zekerheidstelling

1. Een zekerheid kan in een van de volgende vormen worden gesteld:
a) door storting van contant geld of door iedere andere vorm van betaling die door de douaneautoriteiten wordt gelijkgesteld met een storting van contant geld, in euro of in de valuta van de lidstaat waar de zekerheid wordt geëist;
b) door borgstelling;
c) door een andere vorm van zekerheid die een gelijkwaardige garantie voor de betaling van het met de douaneschuld overeenkomende bedrag aan in- of uitvoerrechten en andere heffingen biedt.

Maatregelen tot wijziging van niet-essentiële onderdelen van deze verordening door haar aan te vullen, die de in c) in de eerste alinea van dit lid bedoelde vormen van zekerheid vastleggen, worden vastgesteld volgens de in artikel 184, lid 4, bedoelde regelgevingsprocedure met toetsing.

2. Een zekerheid in de vorm van een storting van contant geld of een daarmee gelijkgestelde betaling dient te worden gesteld overeenkomstig de geldende voorschriften in de lidstaat waar de zekerheid wordt geëist.

Art. 60. Keuze van zekerheid

De persoon die zekerheid moet stellen, heeft de keuze tussen de in artikel 59, lid 1, genoemde vormen van zekerheid.

De douaneautoriteiten kunnen echter weigeren de gekozen vorm van zekerheid te aanvaarden indien deze onverenigbaar is met de goede werking van de desbetreffende douaneregeling.

De douaneautoriteiten kunnen eisen dat de gekozen vorm van zekerheid gedurende een bepaalde periode gehandhaafd blijft.

Art. 61. Borg

1. De in artikel 59, lid 1, onder b), bedoelde borg is een in het douanegebied van de Gemeenschap gevestigde derde. De douaneautoriteiten die de zekerheid eisen, moeten hun goedkeuring geven aan de borg, tenzij de borg een kredietinstelling, financiële instelling of verzekeringsmaatschappij is die in de Ge-

meenschap overeenkomstig de geldende communautaire regelgeving is erkend.

2. De borg verbindt zich er schriftelijk toe het met een douaneschuld overeenkomende bedrag aan in- of uitvoerrechten en andere heffingen waarvoor zekerheid is gesteld, te betalen.

3. De douaneautoriteiten kunnen weigeren hun goedkeuring te geven aan de voorgestelde borg of soort zekerheid, indien deze naar hun mening niet alle waarborgen biedt dat het met de douaneschuld overeenkomende bedrag aan in- of uitvoerrechten en andere heffingen binnen de gestelde termijn zal worden betaald.

Art. 62. Doorlopende zekerheid

1. De in artikel 56, lid 5, bedoelde toestemming wordt uitsluitend verleend aan personen die de volgende voorwaarden vervullen:

a) zij zijn in het douanegebied van de Gemeenschap gevestigd;

b) zij hebben een goede staat van dienst op het gebied van de naleving van douane- en fiscale verplichtingen;

c) zij maken geregeld gebruik van de betrokken douaneregelingen of de douaneautoriteiten weten dat zij in staat zijn aan de uit die regelingen voortvloeiende verplichtingen te voldoen.

2. Indien een doorlopende zekerheid moet worden gesteld voor mogelijke douaneschulden en andere heffingen, kan een marktdeelnemer worden toegestaan een doorlopende zekerheid voor een verminderd bedrag te stellen dan wel kan hij van zekerheidstelling worden ontheven, mits hij aan de volgende criteria voldoet:

a) een deugdelijke handels- en, in voorkomend geval, vervoersadministratie voeren die passende douanecontroles mogelijk maakt;

b) aangetoonde solvabiliteit.

3. De Commissie neemt volgens de in artikel 184, lid 2, bedoelde procedure maatregelen betreffende de procedure voor het verlenen van toestemming krachtens de leden 1 en 2 van dit artikel.

Art. 63. Aanvullende bepalingen betreffende het gebruik van de zekerheid

1. Indien een douaneschuld kan ontstaan in het kader van de bijzondere regelingen, zijn de leden 2 en 3 van toepassing.

2. De krachtens artikel 62, lid 2, verleende ontheffing van zekerheidstelling geldt niet voor goederen die worden geacht een verhoogd frauderisico met zich te brengen.

3. De Commissie neemt volgens de in artikel 184, lid 2, bedoelde procedure maatregelen met betrekking tot:

a) de uitvoering van lid 2 van dit artikel;

b) een tijdelijk verbod op het gebruik van een doorlopende zekerheid voor een verminderd bedrag als bedoeld in artikel 62, lid 2;

c) als uitzonderlijke maatregel in bijzondere omstandigheden, een tijdelijk verbod op het gebruik van een doorlopende zekerheid voor goederen waarmee,

terwijl zij door een doorlopende zekerheid werden gedekt, op grote schaal blijkt te zijn gefraudeerd.

Art. 64. Aanvullende of vervangende zekerheid

Indien de douaneautoriteiten vaststellen dat de gestelde zekerheid niet of niet meer alle waarborgen biedt dat het met de douaneschuld overeenkomende bedrag aan in- of uitvoerrechten en andere heffingen binnen de gestelde termijn volledig zullen worden voldaan, eisen zij van een van de in artikel 56, lid 3, bedoelde personen dat deze, naar eigen keuze, hetzij een aanvullende zekerheid stelt, hetzij de oorspronkelijke zekerheid door een nieuwe vervangt.

Art. 65. Vrijgave van de zekerheid

1. De zekerheid wordt door de douaneautoriteiten onmiddellijk vrijgegeven indien de douaneschuld of de aansprakelijkheid voor andere heffingen is tenietgegaan of niet meer kan ontstaan.

2. Indien de douaneschuld of de aansprakelijkheid voor andere heffingen ten dele is tenietgegaan of nog maar voor een gedeelte van het bedrag waarvoor zekerheid werd gesteld, kan ontstaan, wordt de gestelde zekerheid op verzoek van de betrokkene dienovereenkomstig gedeeltelijk vrijgegeven, tenzij het betrokken bedrag zulks niet rechtvaardigt.

3. De Commissie kan volgens de in artikel 184, lid 2, bedoelde procedure maatregelen nemen voor de tenuitvoerlegging van dit artikel.

HOOFDSTUK 3

INVORDERING EN BETALING VAN RECHTEN EN TERUGBETALING EN KWIJTSCHELDING VAN HET BEDRAG AAN IN- EN UITVOERRECHTEN

Afdeling 1

Vaststelling van het bedrag aan in- en uitvoerrechten, mededeling van de douaneschuld en boeking

Art. 66. Vaststelling van het bedrag van de in- of uitvoerrechten

1. Het verschuldigde bedrag aan in- of uitvoerrechten wordt vastgesteld door de douaneautoriteiten die bevoegd zijn op de plaats waar de douaneschuld overeenkomstig artikel 55 is ontstaan of wordt geacht te zijn ontstaan, zodra zij over de nodige gegevens beschikken.

2. Onverminderd artikel 27 kunnen de douaneautoriteiten het door de aangever vastgestelde verschuldigde bedrag aan in- of uitvoerrechten aanvaarden.

Art. 67. Mededeling van de douaneschuld

1. De douaneschuld wordt meegedeeld aan de schuldenaar in de vorm die is voorgeschreven op de plaats waar de douaneschuld is ontstaan of geacht is te zijn ontstaan overeenkomstig artikel 55.

De in de eerste alinea bedoelde mededeling wordt niet gedaan:

a) indien, in afwachting van de definitieve vaststelling van het bedrag aan in- of uitvoerrechten, een voorlopige handelspolitieke maatregel in de vorm van een recht is vastgesteld;

b) indien het verschuldigde bedrag aan in- of uitvoerrechten hoger is dan het bedrag dat is vastgesteld op basis van een overeenkomstig artikel 20 getroffen beschikking;

c) indien het oorspronkelijke besluit om de douaneschuld niet mee te delen of om een lager bedrag aan in- of uitvoerrechten dan het verschuldigde bedrag aan in- of uitvoerrechten mee te delen, is genomen op grond van algemene bepalingen die bij een rechterlijke uitspraak op een latere datum ongeldig worden verklaard;

d) indien de douaneautoriteiten krachtens de douanewetgeving zijn vrijgesteld van de verplichting tot mededeling van de douaneschuld.

De Commissie neemt volgens de in artikel 184, lid 2, bedoelde procedure maatregelen voor de uitvoering van de tweede alinea van dit lid, onder d).

2. Indien het verschuldigde bedrag aan in- of uitvoerrechten gelijk is aan het in de douaneaangifte vermelde bedrag, staat de vrijgave van de goederen door de douaneautoriteiten gelijk aan een mededeling van de douaneschuld aan de schuldenaar.

3. Indien lid 2 niet van toepassing is, wordt aan de schuldenaar mededeling gedaan van de douaneschuld uiterlijk veertien dagen na de datum waarop de douaneautoriteiten het verschuldigde bedrag aan in- of uitvoerrechten kunnen vaststellen.

Art. 68. Verjaringstermijnen van de douaneschuld

1. De mededeling van een douaneschuld aan de schuldenaar vindt plaats binnen drie jaar nadat de douaneschuld is ontstaan.

2. Wanneer de douaneschuld is ontstaan ingevolge een handeling die op het tijdstip dat zij werd verricht strafrechtelijk vervolgbaar was, wordt de in lid 1 vastgestelde termijn van drie jaar verlengd tot tien jaar.

3. Indien beroep wordt ingesteld krachtens artikel 23, worden de bij de leden 1 en 2 van dit artikel vastgestelde termijnen geschorst voor de duur van de beroepsprocedure vanaf de datum waarop het beroep is ingesteld.

4. Indien een douaneschuld overeenkomstig artikel 79, lid 5, opnieuw verschuldigd wordt, worden de bij de leden 1 en 2 van dit artikel vastgestelde termijnen geacht te zijn geschorst vanaf de dag waarop het verzoek om terugbetaling of kwijtschelding overeenkomstig artikel 84 is ingediend tot de dag waarop een beschikking over de terugbetaling of de kwijtschelding is getroffen.

Art. 69. Boeking

1. De in artikel 66 bedoelde douaneautoriteiten boeken het overeenkomstig dat artikel vastgestelde verschuldigde bedrag aan in- of uitvoerrechten zoals door de nationale wetgeving wordt voorgeschreven.

De eerste alinea is niet van toepassing in de in artikel 67, lid 1, tweede alinea, bedoelde gevallen.

De douaneautoriteiten behoeven geen bedragen

aan in- of uitvoerrechten te boeken die overeenkomstig artikel 68 overeenkomen met een douaneschuld waarvan geen mededeling aan de schuldenaar meer kon worden gedaan.

2. De lidstaten stellen de praktische voorschriften vast voor de boeking van de bedragen aan in- of uitvoerrechten. Deze voorschriften kunnen verschillen naargelang de douaneautoriteiten ervan verzekerd zijn dat, gezien de omstandigheden waarin de douaneschuld is ontstaan, die bedragen zullen worden betaald.

Art. 70. Tijdstip van boeking

1. Indien door de aanvaarding van de douaneaangifte van goederen voor een andere douaneregeling dan die van tijdelijke invoer met gedeeltelijke vrijstelling van invoerrechten, of door enige andere handeling die dezelfde rechtsgevolgen heeft als die aanvaarding, een douaneschuld ontstaat, boeken de douaneautoriteiten het verschuldigde bedrag aan in- of uitvoerrechten uiterlijk veertien dagen na de vrijgave van de goederen.

Niettemin kan, mits de betaling is gewaarborgd, het volledige bedrag aan in- of uitvoerrechten voor alle goederen die tijdens een door de douaneautoriteiten vastgestelde periode van ten hoogste 31 dagen ten gunste van eenzelfde persoon werden vrijgegeven, aan het einde van deze periode in één keer worden geboekt. Deze boeking dient te geschieden uiterlijk veertien dagen na afloop van de betrokken periode.

2. Indien goederen kunnen worden vrijgegeven op bepaalde voorwaarden die aan de vaststelling dan wel de inning van het verschuldigde bedrag aan in- of uitvoerrechten zijn verbonden, geschiedt de boeking uiterlijk veertien dagen na vaststelling van het verschuldigde bedrag aan in- of uitvoerrechten of de verplichting tot betaling van dat recht.

Indien de douaneschuld evenwel betrekking heeft op een voorlopige handelspolitieke maatregel in de vorm van een recht, wordt het verschuldigde bedrag aan in- of uitvoerrechten geboekt uiterlijk twee maanden na de dag waarop de verordening tot instelling van de definitieve handelspolitieke maatregel in het Publicatieblad van de Europese Unie is bekendgemaakt.

3. Indien een douaneschuld ontstaat onder andere dan de in lid 1 bedoelde omstandigheden, wordt het verschuldigde bedrag aan in- of uitvoerrechten geboekt uiterlijk veertien dagen na de dag waarop de douaneautoriteiten in staat zijn het bedrag aan in- of uitvoerrechten vast te stellen en een beschikking kunnen treffen.

4. Lid 3 is van overeenkomstige toepassing op het in te vorderen of nog in te vorderen bedrag aan in- of uitvoerrechten indien het verschuldigde bedrag aan in- of uitvoerrechten niet is geboekt overeenkomstig de leden 1, 2 en 3 of indien een lager dan het verschuldigde bedrag is vastgesteld en geboekt.

5. De in de leden 1, 2 en 3 vastgestelde termijnen voor boeking zijn niet van toepassing in onvoorziene gevallen of bij overmacht.

Art. 71. Uitvoeringsmaatregelen

Maatregelen tot wijziging van niet-essentiële onderdelen van deze verordening door haar aan te vullen, die voorschriften voor boeking vastleggen, worden vastgesteld volgens de in artikel 184, lid 4, bedoelde regelgevingsprocedure met toetsing.

Afdeling 2

Betaling van het bedrag aan in- of uitvoerrechten

Art. 72. Algemene termijn voor betaling en schorsing van de termijn voor betaling

1. Elk bedrag aan in- of uitvoerrechten dat overeenkomt met een douaneschuld, meegedeeld overeenkomstig artikel 67, wordt binnen de door de douaneautoriteiten voorgeschreven termijn door de schuldenaar voldaan.

Onverminderd artikel 24, lid 2, bedraagt deze termijn niet meer dan tien dagen vanaf de mededeling van de douaneschuld aan de schuldenaar. In geval van boeking van alle bedragen in één keer op de voorwaarden van artikel 70, lid 1, tweede alinea, wordt de termijn zodanig vastgesteld dat de schuldenaar geen langere betalingstermijn wordt toegekend dan indien hij voor uitstel van betaling in aanmerking zou zijn gekomen overeenkomstig artikel 74.

Verlenging van de termijn kan door de douaneautoriteiten op verzoek van de schuldenaar worden toegestaan, indien het verschuldigde bedrag aan in- of uitvoerrechten is vastgesteld bij een controle achteraf als bedoeld in artikel 27. Onverminderd artikel 77, lid 1, bedraagt de aldus toegestane verlenging van de termijn niet meer dan de tijd die de schuldenaar nodig heeft om de voor de nakoming van zijn verplichtingen noodzakelijke maatregelen te nemen.

2. Indien de schuldenaar voor een van de in de artikelen 74 tot en met 77 vastgestelde betalingsfaciliteiten in aanmerking komt, geschiedt de betaling binnen de in het kader van deze faciliteiten vastgestelde termijn of termijnen.

3. Maatregelen tot wijziging van niet-essentiële onderdelen van deze verordening door haar aan te vullen, die de voorwaarden voor de schorsing van de betalingstermijn van het met een douaneschuld overeenkomende bedrag aan in- of uitvoerrechten indien:

a) overeenkomstig artikel 84 een verzoek om kwijtschelding van de rechten wordt ingediend;

b) goederen moeten worden verbeurdverklaard, moeten worden vernietigd of aan de staat moeten worden afgestaan;

c) de douaneschuld is ontstaan op grond van artikel 46 en er meer dan één schuldenaar is;

vastleggen, worden vastgesteld volgens de in artikel 184, lid 4, bedoelde regelgevingsprocedure met toetsing.

In deze maatregelen wordt met name de schorsingsperiode vastgelegd met inachtneming van de tijd die redelijk is voor het afwerken van formaliteiten of voor het invorderen van het met de douaneschuld overeenkomende bedrag aan in- of uitvoerrechten.

Art. 73. Betaling

1. De betaling geschiedt in contanten of met elk ander middel dat een soortgelijk bevrijdend karakter heeft, compensatie daaronder begrepen, in overeenstemming met de nationale wetgeving.

2. De betaling kan door een andere persoon dan de schuldenaar worden verricht.

3. In ieder geval kan de schuldenaar een deel van, of het gehele bedrag aan in- of uitvoerrechten betalen voordat de hem toegestane betalingstermijn is verstreken.

Art. 74. Uitstel van betaling

Onverminderd artikel 79 staan de douaneautoriteiten de belanghebbende, indien deze daarom verzoekt en zekerheid stelt, uitstel van betaling van de verschuldigde rechten toe op een van de onderstaande wijzen:

a) afzonderlijk voor elk bedrag aan in- of uitvoerrechten dat overeenkomstig artikel 70, lid 1, eerste alinea, of artikel 70, lid 4, is geboekt;

b) voor het geheel van alle bedragen aan in- of uitvoerrechten die overeenkomstig artikel 70, lid 1, eerste alinea, zijn geboekt binnen een door de douaneautoriteiten vastgestelde periode van ten hoogste 31 dagen;

c) hetzij voor het totaal van de bedragen aan in- of uitvoerrechten die op grond van artikel 70, lid 1, tweede alinea, in één keer worden geboekt.

Art. 75. Termijnen voor uitstel van betaling

1. De termijn waarvoor uitstel van betaling krachtens artikel 74 wordt verleend, bedraagt 30 dagen.

2. Indien uitstel van betaling wordt verleend overeenkomstig artikel 74, onder a), gaat de termijn in op de dag volgende op die waarop de douaneschuld aan de schuldenaar is medegedeeld.

3. Indien uitstel van betaling wordt verleend overeenkomstig artikel 74, onder b), gaat de termijn in op de dag volgende op die waarop de periode verstrijkt waarbinnen de bedragen aan rechten waarvoor uitstel van betaling wordt verleend, zijn geboekt. Deze termijn wordt verminderd met een aantal dagen dat gelijk is aan de helft van het aantal dagen dat deze periode omvat.

4. Indien uitstel van betaling wordt verleend overeenkomstig artikel 74, onder c), gaat de termijn in op de dag volgende op die waarop de periode verstrijkt die is vastgesteld voor de vrijgave van de betrokken goederen. Deze termijn wordt verminderd met een aantal dagen dat gelijk is aan de helft van het aantal dagen dat deze periode omvat.

5. Indien de in de leden 3 en 4 bedoelde perioden uit een oneven aantal dagen bestaan, is het aantal dagen dat overeenkomstig deze leden op de termijn van 30 dagen in mindering moet worden gebracht, gelijk aan de helft van een even getal dat onmiddellijk aan het oneven getal voorafgaat.

6. Indien de in de leden 3 en 4 bedoelde perioden kalenderweken zijn, kunnen de lidstaten bepalen dat het bedrag aan in- of uitvoerrechten waarvoor uitstel van betaling werd verleend, dient te worden betaald uiterlijk op de vrijdag van de vierde week vol-

gende op de betrokken kalenderweek.

Indien deze perioden kalendermaanden zijn, kunnen de lidstaten bepalen dat het bedrag aan in- of uitvoerrechten waarvoor uitstel van betaling werd verleend, dient te worden betaald uiterlijk op de zestiende dag van de maand volgende op de betrokken kalendermaand.

Art. 76. Uitvoeringsmaatregelen

Maatregelen tot wijziging van niet-essentiële onderdelen van deze verordening door haar aan te vullen, die voorschriften voor uitstel van betaling in gevallen waarin de douaneaangifte is vereenvoudigd overeenkomstig artikel 109 vastleggen, worden vastgesteld volgens de in artikel 184, lid 4, bedoelde regelgevingsprocedure met toetsing.

Art. 77. Overige betalingsfaciliteiten

1. De douaneautoriteiten kunnen de schuldenaar andere betalingsfaciliteiten dan uitstel van betaling toestaan mits zekerheid wordt gesteld.

Indien faciliteiten worden verleend overeenkomstig de eerste alinea, wordt over het bedrag aan in- of uitvoerrechten kredietrente in rekening gebracht. De kredietrentevoet is de rentevoet die de Europese Centrale Bank toepast op haar meest recente basisherfinancieringsverrichting, uitgevoerd voor de eerste kalenderdag van het halfjaar in kwestie (referentierentevoet), verhoogd met één percentpunt.

Voor een lidstaat die niet aan de derde fase van de Economische en Monetaire Unie deelneemt, is bovenbedoelde referentierentevoet de door zijn centrale bank vastgestelde equivalente rentevoet. In dat geval is de referentierentevoet van de eerste kalenderdag van het betrokken halfjaar gedurende de eerstvolgende zes maanden van toepassing.

2. De douaneautoriteiten kunnen ervan afzien zekerheidsstelling te eisen of kredietrente in rekening te brengen indien op basis van een gedocumenteerde beoordeling van de omstandigheden waarin de schuldenaar verkeert, is vastgesteld dat dit ernstige economische of sociale moeilijkheden zou veroorzaken.

3. De Commissie kan volgens de in artikel 184, lid 2, bedoelde procedure maatregelen nemen voor de uitvoering van de leden 1 en 2.

Art. 78. Afdwinging van betaling en achterstallen

1. Indien het verschuldigde bedrag aan in- of uitvoerrechten niet binnen de gestelde termijn is voldaan, verzekeren de douaneautoriteiten zich van de betaling van dat bedrag met alle middelen die hun krachtens de wetgeving van de betrokken lidstaat ter beschikking staan.

Maatregelen tot wijziging van niet-essentiële onderdelen van deze verordening door haar aan te vullen, die maatregelen ter verzekering van de betaling door de borg in het kader van een bijzondere regeling vastleggen, worden vastgesteld volgens de in artikel 184, lid 4, bedoelde regelgevingsprocedure met toetsing.

2. Over het bedrag aan in- of uitvoerrechten wordt vertragingsrente in rekening gebracht vanaf de datum waarop de gestelde termijn afloopt tot de datum waar-

op dat bedrag is voldaan.

De rentevoet op achterstallen is de rentevoet die de Europese Centrale Bank toepast op haar meest recente basisherfinancieringsverrichting, uitgevoerd voor de eerste kalenderdag van het halfjaar in kwestie (referentierentevoet), verhoogd met twee percentpunten.

Voor een lidstaat die niet aan de derde fase van de Economische en Monetaire Unie deelneemt, is bovenbedoelde referentierentevoet de door zijn centrale bank vastgestelde equivalente rentevoet. In dat geval is de referentierentevoet van de eerste kalenderdag van het betrokken halfjaar gedurende de eerstvolgende zes maanden van toepassing.

3. Indien een douaneschuld is medegedeeld overeenkomstig artikel 67, lid 3, wordt behalve het bedrag aan in- of uitvoerrechten rente op achterstallen in rekening gebracht vanaf de dag waarop de douaneschuld is ontstaan tot de dag waarop de schuld is medegedeeld.

Het tarief van de rente op achterstallen wordt vastgesteld overeenkomstig lid 2.

4. De douaneautoriteiten kunnen ervan afzien rente op achterstallen in rekening te brengen indien op basis van een gedocumenteerde beoordeling van de omstandigheden waarin de schuldenaar verkeert, is vastgesteld dat dit ernstige economische of sociale moeilijkheden zou veroorzaken.

5. Maatregelen tot wijziging van niet-essentiële onderdelen van deze verordening door haar aan te vullen, die de gevallen, wat termijnen en bedragen betreft, waarin de douaneautoriteiten kunnen afzien van de heffing van rente op achterstallen vastleggen, worden vastgesteld volgens de in artikel 184, lid 4, bedoelde regelgevingsprocedure met toetsing.

Afdeling 3

Terugbetaling en kwijtschelding van het bedrag aan in- of uitvoerrechten

Art. 79. Terugbetaling en kwijtschelding

1. Onder de bij deze afdeling vastgestelde voorwaarden wordt overgegaan tot terugbetaling of kwijtschelding van bedragen aan in- of uitvoerrechten, mits het terug te betalen of kwijt te schelden bedrag een bepaald bedrag overschrijdt, om de volgende redenen:

a) in- of uitvoerrechten die te veel in rekening zijn gebracht;

b) goederen die gebreken vertonen of goederen die niet met de bepalingen van het contract in overeenstemming zijn;

c) vergissing van de bevoegde autoriteiten;

d) billijkheid.

Ook indien een bedrag aan in- of uitvoerrechten is betaald en de desbetreffende douaneaangifte overeenkomstig artikel 114 ongeldig wordt gemaakt, wordt dat bedrag terugbetaald.

2. Met inachtneming van de bevoegdheidsregels gaan de douaneautoriteiten, indien zij binnen de in artikel 84, lid 1, bedoelde termijnen tot de vaststelling komen dat een bedrag aan in- of uitvoerrechten overeenkomstig de artikelen 80, 82 of 83 voor terugbeta-

ling of kwijtschelding in aanmerking komt, op eigen initiatief tot terugbetaling of kwijtschelding over.

3. Rechten worden niet terugbetaald of kwijtgescholden indien de situatie die tot de mededeling van de douaneschuld heeft geleid door frauduleuze handelingen van de schuldenaar is ontstaan.

4. Terugbetaling geeft geen aanleiding tot betaling van rente door de douaneautoriteiten.

Er wordt echter wel rente betaald indien een beschikking tot terugbetaling niet binnen drie maanden vanaf de dag waarop deze beschikking werd getroffen, ten uitvoer wordt gelegd, tenzij de niet-nakoming van deze termijn niet aan de douaneautoriteiten te wijten is.

In dit geval wordt de rente betaald vanaf de dag waarop de termijn van drie maanden verstrijkt tot de dag van terugbetaling. Het tarief van deze rente wordt vastgesteld overeenkomstig artikel 77.

5. Indien een bevoegde autoriteit ten onrechte terugbetaling of kwijtschelding heeft toegestaan, wordt de oorspronkelijke douaneschuld opnieuw verschuldigd, mits de geldigheid ervan niet overeenkomstig artikel 68 is verjaard.

In dit geval dient alle op grond van lid 4, tweede alinea, betaalde rente te worden terugbetaald.

Art. 80. Terugbetaling en kwijtschelding van in- of uitvoerrechten die te veel in rekening zijn gebracht

Een bedrag aan in- of uitvoerrechten wordt terugbetaald of kwijtgescholden indien het bedrag dat correspondeert met de aanvankelijk meegedeelde douaneschuld het verschuldigde bedrag overschrijdt of indien de douaneschuld in strijd met artikel 67, lid 1, onder c) of d), aan de schuldenaar was meegedeeld.

Art. 81. Goederen die gebreken vertonen of goederen die niet met de bepalingen van het contract in overeenstemming zijn

1. Een bedrag aan invoerrechten wordt terugbetaald of kwijtgescholden indien de mededeling van de douaneschuld betrekking heeft op goederen die door de importeur zijn geweigerd omdat zij op het tijdstip van de vrijgave gebreken vertoonden of niet in overeenstemming waren met de bepalingen van het contract op grond waarvan zij waren ingevoerd.

Goederen die vóór de vrijgave zijn beschadigd, worden gelijkgesteld met goederen die gebreken vertonen.

2. Invoerrechten worden terugbetaald of kwijtgescholden mits de goederen niet zijn gebruikt, tenzij een begin van gebruik noodzakelijk was om de gebreken van deze goederen vast te stellen of het feit vast te stellen dat zij niet met de bepalingen van het contract in overeenstemming zijn en mits zij uit het douanegebied van de Gemeenschap worden uitgevoerd.

3. De douaneautoriteiten geven, op verzoek van de betrokkene, toestemming om de goederen, in plaats van ze uit te voeren, te plaatsen onder de regeling actieve veredeling, ook voor vernietiging of de regeling extern douanevervoer, de regeling douane-entrepots en vrije zones.

Art. 82. Terugbetaling of kwijtschelding wegens vergissing van de bevoegde autoriteiten

1. In andere dan de in artikel 79, lid 1, tweede alinea, en in de artikelen 80, 81 en 83, genoemde gevallen, wordt een bedrag aan in- of uitvoerrechten terugbetaald of kwijtgescholden wanneer, als gevolg van een vergissing van de bevoegde autoriteiten, het met de oorspronkelijk meegedeelde douaneschuld overeenkomende bedrag lager was dan het verschuldigde bedrag, mits aan de volgende voorwaarden is voldaan:

a) de schuldenaar had de vergissing redelijkerwijze niet kunnen ontdekken;

b) de schuldenaar heeft te goeder trouw gehandeld.

2. Indien de preferentiële behandeling van de goederen wordt toegekend in het kader van de administratieve samenwerking met autoriteiten van een land of gebied buiten het douanegebied van de Gemeenschap, wordt de afgifte door deze autoriteiten van een onjuist certificaat aangemerkt als een vergissing die redelijkerwijze niet had kunnen worden ontdekt in de zin van lid 1, onder a).

De afgifte van een onjuist certificaat wordt echter niet als een vergissing aangemerkt indien het certificaat gebaseerd is op een onjuiste weergave van de feiten door de exporteur, tenzij de autoriteiten die het certificaat afgaven, kennelijk wisten of hadden moeten weten dat de goederen niet voor preferentiële behandeling in aanmerking kwamen.

De schuldenaar wordt geacht te goeder trouw te hebben gehandeld indien hij kan aantonen dat hij in de periode van de betrokken handelstransacties het nodige heeft gedaan om ervoor te zorgen dat aan alle voorwaarden voor een preferentiële behandeling werd voldaan.

De schuldenaar kan zich evenwel niet op zijn goede trouw beroepen indien de Commissie door middel van een bericht in het Publicatieblad van de Europese Unie heeft laten weten dat er gegronde twijfel bestaat over de juiste toepassing van de preferentiële regeling door het begunstigde land of gebied.

Art. 83. Terugbetaling en kwijtschelding om redenen van billijkheid

In andere dan de in artikel 79, lid 1, tweede alinea, en de artikelen 80, 81 en 82 bedoelde gevallen wordt een bedrag aan in- of uitvoerrechten om redenen van billijkheid terugbetaald of kwijtgescholden indien een douaneschuld is ontstaan in bijzondere omstandigheden waarin de schuldenaar geen bedrog heeft gepleegd noch kennelijk nalatig is geweest.

Art. 84. Procedure voor terugbetaling en kwijtschelding

1. Een verzoek tot terugbetaling of kwijtschelding krachtens artikel 79 wordt ingediend bij het betrokken douanekantoor, binnen de volgende termijnen:

a) in geval van rechten die te veel in rekening zijn gebracht, vergissing van de bevoegde autoriteiten of om redenen van billijkheid: binnen drie jaar na de datum waarop de douaneschuld is meegedeeld;

b) in geval van goederen die gebreken vertonen of

goederen die niet met de bepalingen van het contract in overeenstemming zijn: binnen één jaar na de datum waarop de douaneschuld is meegedeeld;

c) in geval van ongeldigmaking van een douane-aangifte: binnen de termijn die is vastgesteld in de regels voor ongeldigmaking.

De in de eerste alinea, onder a) en b), genoemde termijnen worden verlengd indien de indiener aantoont dat hij, ten gevolge van niet te voorziene omstandigheden of overmacht, zijn verzoek niet binnen de voorgeschreven termijn heeft kunnen indienen.

2. Indien krachtens artikel 23 beroep is ingesteld tegen de mededeling van de douaneschuld, wordt de in lid 1, eerste alinea, van dit artikel genoemde termijn geschorst voor de duur van de beroepsprocedure vanaf de datum waarop het beroep is ingesteld.

Art. 85. Uitvoeringsmaatregelen

De Commissie neemt volgens de in artikel 184, lid 2, bedoelde procedure maatregelen voor de toepassing van deze afdeling. In deze maatregelen wordt met name vastgesteld in welke gevallen de Commissie besluit, volgens de in artikel 184, lid 3, bedoelde procedure, of het gerechtvaardigd is tot terugbetaling of kwijtschelding van een bedrag aan in- of uitvoerrechten over te gaan.

HOOFDSTUK 4

TENIETGAAN VAN DE DOUANESCHULD

Art. 86. Tenietgaan

1. Onverminderd artikel 68 en de geldende bepalingen inzake de niet-invordering van het met een douaneschuld overeenkomende bedrag aan in- of uitvoerrechten in geval van een gerechtelijk geconstateerde insolventie van de schuldenaar gaat een douaneschuld bij invoer of uitvoer teniet op een van de volgende wijzen:

a) door betaling van het bedrag aan in- of uitvoerrechten;

b) behoudens lid 4, door kwijtschelding van het bedrag van de in- of uitvoerrechten;

c) indien ten aanzien van goederen die zijn aangegeven voor een douaneregeling waaruit de verplichting tot betaling van rechten voortvloeit, de douaneaangifte ongeldig wordt gemaakt;

d) indien goederen waarvoor invoer- of uitvoerrechten verschuldigd zijn, worden verbeurdverklaard;

e) indien goederen waarvoor invoer- of uitvoerrechten verschuldigd zijn, in beslag worden genomen en tegelijkertijd of naderhand worden verbeurdverklaard;

f) indien goederen waarvoor in- en uitvoerrechten verschuldigd zijn, onder douanetoezicht worden vernietigd of aan de staat worden afgestaan;

g) indien de verdwijning van de goederen of de niet-nakoming van de uit de douanewetgeving voortvloeiende verplichtingen het gevolg is van de algehele vernietiging of het onherstelbare verlies van die goederen door een oorzaak die met de aard van de goederen verband houdt, dan wel door niet te voorziene

omstandigheden of overmacht, of ingevolge instructies van de douaneautoriteiten; voor de toepassing van dit punt worden goederen geacht onherstelbaar verloren te zijn indien zij voor eenieder onbruikbaar zijn geworden.

h) indien de douaneschuld is ontstaan overeenkomstig artikel 46 of 49 en aan de volgende voorwaarden is voldaan:

i) het verzuim dat tot het ontstaan van de douaneschuld heeft geleid, had geen werkelijke gevolgen voor de juiste werking van de betrokken douaneregeling en hield geen poging tot bedrog in;

ii) alle formaliteiten die nodig zijn om de situatie van de goederen te regulariseren, worden naderhand vervuld;

i) indien goederen die in het vrije verkeer zijn gebracht vrij van rechten dan wel tegen een verlaagd invoerrecht op grond van hun bijzondere bestemming, zijn uitgevoerd met de toestemming van de douaneautoriteiten;

j) indien de schuld is ontstaan overeenkomstig artikel 45 en de formaliteiten ter verkrijging van de in dat artikel bedoelde preferentiële tariefbehandeling zijn geannuleerd;

k) indien, behoudens lid 5 van dit artikel, de douaneschuld is ontstaan overeenkomstig artikel 46 en ten genoegen van de douaneautoriteiten is aangetoond dat de goederen niet zijn gebruikt of verbruikt en uit het douanegebied van de Gemeenschap zijn uitgevoerd.

2. In geval van verbeurdverklaring als bedoeld in lid 1, onder d), wordt evenwel, voor de toepassing van sancties op inbreuken op de douanewetgeving, de douaneschuld geacht niet te zijn tenietgegaan indien de wetgeving van een lidstaat bepaalt dat douanerechten of het bestaan van een douaneschuld als grondslag dienen voor de vaststelling van sancties.

3. Indien, overeenkomstig lid 1, onder g), een douaneschuld is tenietgegaan ten aanzien van goederen die in het vrije verkeer zijn gebracht vrij van rechten dan wel tegen een verlaagd invoerrecht op grond van hun bijzondere bestemming, worden de resten en afval van de vernietiging als niet-communautaire goederen beschouwd.

4. Indien er voor het met de douaneschuld overeenkomende bedrag aan in- of uitvoerrechten meerdere schuldenaren zijn en deze schuld wordt kwijtgescholden, gaat de douaneschuld slechts teniet ten aanzien van de persoon of de personen aan wie kwijtschelding wordt verleend.

5. In het in lid 1, onder k), bedoelde geval gaat de douaneschuld niet teniet ten aanzien van de persoon die heeft getracht bedrog te plegen.

6. Indien de douaneschuld is ontstaan overeenkomstig artikel 46, gaat de douaneschuld teniet ten aanzien van de persoon die op generlei wijze heeft getracht bedrog te plegen en die heeft bijgedragen tot de bestrijding van fraude.

7. De Commissie kan volgens de in artikel 184, lid 2, bedoelde procedure maatregelen nemen voor de uitvoering van dit artikel.

TITEL IV

HET BINNENBRENGEN VAN GOEDEREN IN HET DOUANEGEBIED VAN DE GEMEENSCHAP

HOOFDSTUK 1

SUMMIERE AANGIFTE BIJ BINNENBRENGEN

Art. 87. Verplichting tot indiening van een summiere aangifte bij binnenbrengen

1. Voor goederen die het douanegebied van de Gemeenschap worden binnengebracht, wordt een summiere aangifte bij binnenbrengen gedaan, tenzij het tijdelijk ingevoerde vervoersmiddelen of vervoersmiddelen en de daarmee vervoerde goederen betreft die uitsluitend door de territoriale wateren of het luchtruim van het douanegebied van de Gemeenschap worden vervoerd zonder dat er een tussenstop in dit gebied wordt gemaakt.

2. Tenzij in de douanewetgeving anderszins is bepaald, wordt bij het bevoegde douanekantoor een summiere aangifte bij binnenbrengen ingediend voordat de goederen het douanegebied van de Gemeenschap binnenkomen.

De douaneautoriteiten kunnen ermee instemmen dat in plaats van de indiening van een summiere aangifte bij binnenbrengen, een kennisgeving wordt ingediend en toegang wordt verleend tot de gegevens van de summiere aangifte bij binnenbrengen in het computersysteem van de marktdeelnemer.

3. Maatregelen tot wijziging van niet-essentiële onderdelen van deze verordening door haar aan te vullen, ter vaststelling van:

a) andere dan de in lid 1 bedoelde gevallen waarin en de voorwaarden waaronder ontheffing kan worden verleend van de verplichting tot indiening van een summiere aangifte bij binnenbrengen of waarop die verplichting kan worden aangepast;

b) de termijn waarbinnen de summiere aangifte bij binnenbrengen moet worden ingediend of beschikbaar worden gemaakt voordat de goederen het douanegebied van de Gemeenschap binnenkomen;

c) de voorschriften voor uitzonderingen op en afwijkingen van de onder b) bedoelde termijn;

d) de regels voor de vaststelling van het bevoegde douanekantoor waar de summiere aangifte bij binnenbrengen moet worden ingediend of beschikbaar worden gemaakt en waar de risicoanalyse en de op risicoanalyse gebaseerde controles bij binnenkomst moeten worden verricht;

worden vastgesteld volgens de in artikel 184, lid 4, bedoelde regelgevingsprocedure met toetsing.

Bij het aannemen van die maatregelen wordt rekening gehouden met de volgende elementen:

a) bijzondere omstandigheden;

b) de toepassing van die maatregelen op bepaalde goederenbewegingen, vervoerswijzen en marktdeelnemers;

c) internationale overeenkomsten die in bijzondere veiligheidsregelingen voorzien.

Art. 88. Indiening en verantwoordelijke

1. De summiere aangifte bij binnenbrengen wordt ingediend met behulp van elektronische gegevensverwerkingstechnieken. Er mag gebruik worden gemaakt van handels-, haven- of vervoersinformatie, mits deze de noodzakelijke gegevens voor een summiere aangifte bij binnenbrengen bevat.

De douaneautoriteiten mogen in uitzonderlijke omstandigheden summiere aangiften bij binnenbrengen op papier aanvaarden, mits zij hierbij hetzelfde niveau van risicobeheer kunnen toepassen als bij summiere aangiften bij binnenbrengen ingediend met behulp van elektronische gegevensverwerkingstechnieken, en mits aan de vereisten voor de uitwisseling van zulke gegevens met andere douanekantoren kan worden voldaan.

2. De summiere aangifte bij binnenbrengen wordt ingediend door de persoon die de goederen het douanegebied van de Gemeenschap binnenbrengt of die voor het vervoer van de betrokken goederen aansprakelijk is.

3. Niettegenstaande de verplichtingen van de in lid 2 bedoelde persoon kan de summiere aangifte bij binnenbrengen in zijn plaats worden ingediend door een van de volgende personen:

a) de importeur of ontvanger van de goederen of een andere persoon in wiens naam of voor wiens rekening de in lid 2 bedoelde persoon handelt;

b) eenieder die in staat is de goederen bij de bevoegde douaneautoriteiten aan te brengen of te doen aanbrengen.

4. Wanneer de summiere aangifte bij binnenbrengen wordt ingediend door een andere persoon dan de exploitant van het vervoermiddel waarmee de goederen op het douanegrondgebied van de Gemeenschap worden binnengebracht, dient deze exploitant bij het bevoegde douanekantoor een bericht van aankomst in te dienen in de vorm van een manifest, vrachtbrief of laadlijst met daarop de vermeldingen die noodzakelijk zijn voor de identificatie van alle vervoerde goederen die het voorwerp moeten zijn van een summiere aangifte bij binnenbrengen.

Overeenkomstig de in artikel 184, lid 2, bedoelde procedure neemt de Commissie de maatregelen waarin wordt bepaald welke vermeldingen op het bericht van aankomst moeten staan.

Lid 1 is van overeenkomstige toepassing op de in de eerste alinea van dit lid bedoelde bericht van aankomst.

Art. 89. Wijziging van summiere aangifte bij binnenbrengen

1. Aan de persoon die de summiere aangifte bij binnenbrengen indient, wordt op diens verzoek toegestaan één of meer gegevens in die aangifte te wijzigen nadat deze is ingediend.

Een dergelijke wijziging is echter niet meer mogelijk na een van de volgende gebeurtenissen:

a) de douaneautoriteiten hebben de persoon die de summiere aangifte bij binnenbrengen heeft ingediend, in kennis gesteld van hun voornemen de goederen te controleren;

b) de douaneautoriteiten hebben geconstateerd dat de betrokken gegevens onjuist zijn;

c) de douaneautoriteiten hebben toestemming gegeven om de goederen weg te voeren van de plaats waar ze werden aangeboden.

2. Maatregelen tot wijziging van niet-essentiële onderdelen van deze verordening door haar aan te vullen, die de uitzonderingen op punt c) van lid 1 van dit artikel waarbij in het bijzonder het onderstaande wordt omschreven:

a) criteria voor het vaststellen van gronden voor wijzigingen nadat de goederen zijn weggevoerd;

b) de gegevens die mogen worden gewijzigd;

c) de termijn waarbinnen een wijziging kan worden toegestaan, nadat de goederen zijn weggevoerd;

vastleggen, worden vastgesteld volgens de in artikel 184, lid 4, bedoelde regelgevingsprocedure met toetsing.

Art. 90. Douaneaangifte in plaats van summiere aangifte bij binnenbrengen

Het bevoegde douanekantoor kan ontheffing verlenen voor het indienen van een summiere aangifte bij binnenbrengen met betrekking tot goederen waarvoor, vóór het verstrijken van de in artikel 87, lid 3, eerste alinea, onder b), bedoelde termijn, een douaneaangifte is ingediend. In dat geval dient de douaneaangifte ten minste de voor de summiere aangifte bij binnenbrengen benodigde gegevens te bevatten. Totdat de douaneaangifte is aanvaard overeenkomstig artikel 112, heeft zij de status van summiere aangifte bij binnenbrengen.

HOOFDSTUK 2

AANKOMST VAN GOEDEREN

Afdeling 1

Binnenkomst van goederen in het douanegebied van de Gemeenschap

Art. 91. Douanetoezicht

1. Goederen die het douanegebied van de Gemeenschap binnenkomen zijn aan douanetoezicht onderworpen vanaf het tijdstip van binnenkomst en kunnen aan douanecontroles worden onderworpen. Zij zijn in voorkomend geval onderworpen aan de verboden of beperkingen die gerechtvaardigd zijn uit hoofde van, onder meer, de openbare zedelijkheid, de openbare orde of de openbare veiligheid, de bescherming van de gezondheid en het leven van mens, dier of plant, de bescherming van het milieu, de bescherming van het nationaal artistiek, historisch en archeologisch bezit en de bescherming van industriële en commerciële eigendom, inclusief controles op drugsprecursoren, goederen die inbreuk maken op bepaalde intellectuele-eigendomsrechten en liquide middelen die de Gemeenschap binnenkomen, alsmede aan de uitvoering van maatregelen voor de instandhouding en het beheer van de visbestanden en van handelspolitieke maatregelen.

Deze goederen blijven onder dit toezicht zolang dit nodig is om de douanestatus ervan te bepalen en worden er niet van weggenomen zonder toestemming van de douaneautoriteiten.

Onverminderd artikel 166 zijn communautaire goederen niet aan douanetoezicht onderworpen zodra de douanestatus ervan is vastgesteld.

Niet-communautaire goederen blijven aan douanetoezicht onderworpen totdat zij een andere douanestatus krijgen of totdat zij wederuitgevoerd of vernietigd zijn.

2. De houder van goederen onder douanetoezicht kan, met toestemming van de douaneautoriteiten, op elk tijdstip de goederen onderzoeken of daarvan monsters nemen, met name om de tariefindeling, douanewaarde of douanestatus vast te stellen.

Art. 92. Vervoer naar de plaats van bestemming

1. De persoon die goederen in het douanegebied van de Gemeenschap brengt, brengt deze onverwijld, in voorkomend geval via de door de douaneautoriteiten aangegeven route en op de door hen vastgestelde wijze, naar het door de douaneautoriteiten aangewezen douanekantoor of naar enige andere door deze autoriteiten aangewezen of goedgekeurde plaats of naar een vrije zone.

Goederen die voor een vrije zone zijn bestemd, worden rechtstreeks naar de vrije zone gebracht, over zee of door de lucht of, indien over land, zonder gebruik te maken van een ander deel van het douanegebied van de Gemeenschap, waar de vrije zone grenst aan de landgrens tussen een lidstaat en een derde land.

De goederen worden bij de douaneautoriteiten aangebracht overeenkomstig artikel 95.

2. Eenieder die verantwoordelijk is voor het vervoer van goederen nadat deze het douanegebied van de Gemeenschap zijn binnengekomen, is tot de in lid 1 bedoelde verplichting gehouden.

3. Goederen die, hoewel ze zich nog buiten het douanegebied van de Gemeenschap bevinden, door de douaneautoriteiten van een lidstaat aan douanecontroles kunnen worden onderworpen ingevolge een overeenkomst met een land of gebied buiten het douanegebied van de Gemeenschap, worden op een gelijke wijze behandeld als in het douanegebied van de Gemeenschap binnengekomen goederen.

4. Lid 1 laat de toepassing van bijzondere bepalingen met betrekking tot brieven, briefkaarten, drukwerk en de elektronische equivalenten daarvan op andere media, of goederen die reizigers bij zich dragen, in het grensgebied vervoerde goederen of in pijpleidingen of kabels vervoerde goederen evenals alle goederenverkeer van verwaarloosbaar economisch belang onverlet, voor zover het douanetoezicht en de mogelijkheden tot douanecontroles hierdoor niet in het gedrang komen.

5. Lid 1 is niet van toepassing op vervoersmiddelen en daarmee vervoerde goederen die zich door de territoriale wateren of het luchtruim van het douanegebied van de Gemeenschap verplaatsen zonder dat er een tussenstop in dit gebied wordt gemaakt.

Art. 93. Intracommunautair lucht- en zeevervoer

1. De artikelen 87 tot en met 90, artikel 92, lid 1, en de artikelen 94 tot en met 97, zijn niet van toepassing op goederen die het douanegebied van de Gemeenschap tijdelijk hebben verlaten bij een vervoer over zee of door de lucht tussen twee plaatsen in dat gebied, mits dat vervoer rechtstreeks en via een lucht- of reguliere lijndienst zonder tussenstop buiten het douanegebied van de Gemeenschap plaatsvond.

2. Maatregelen tot wijziging van niet-essentiële onderdelen van deze verordening door haar aan te vullen, die bijzondere voorschriften inzake lucht- en reguliere lijndiensten vastleggen, worden vastgesteld volgens de in artikel 184, lid 4, bedoelde regelgevingsprocedure met toetsing.

Art. 94. Vervoer in bijzondere omstandigheden

1. Indien de in artikel 92, lid 1, bedoelde verplichting ten gevolge van niet te voorziene omstandigheden of overmacht niet kan worden nagekomen, stelt de persoon op wie deze verplichting rust of iedere andere persoon die voor zijn rekening handelt, de douaneautoriteiten hiervan onverwijld in kennis. Indien de goederen ondanks de niet te voorziene omstandigheden of de overmacht niet volledig zijn teloorgegaan, worden de douaneautoriteiten bovendien in kennis gesteld van de juiste plaats waar deze goederen zich bevinden.

2. Indien een in artikel 92, lid 5, bedoeld schip of vliegtuig ten gevolge van niet te voorziene omstandigheden of overmacht wordt gedwongen het douanegebied van de Gemeenschap aan te doen of daar tijdelijk te verblijven zonder aan de in artikel 92, lid 1, bedoelde verplichting te kunnen voldoen, stelt de persoon die dit schip of vliegtuig in het douanegebied van de Gemeenschap heeft gebracht, of ieder ander persoon die voor zijn rekening handelt, de douaneautoriteiten hiervan onverwijld in kennis.

3. De douaneautoriteiten stellen de maatregelen vast die in acht moeten worden genomen om het douanetoezicht op de in lid 1 bedoelde goederen of, in de lid 2 genoemde omstandigheden, op het schip of vliegtuig en de zich aldaar bevindende goederen mogelijk te maken en om er in voorkomend geval voor te zorgen dat deze goederen vervolgens naar een douanekantoor of een andere door hen aangewezen of goedgekeurde plaats worden overgebracht.

Afdeling 2

Aanbrengen, lossen en onderzoek van goederen

Art. 95. Aanbrengen van goederen bij de douane

1. Goederen die in het douanegebied van de Gemeenschap worden gebracht, worden onmiddellijk bij aankomst bij de douane aangebracht bij het aangewezen douanekantoor, of op een daartoe door de douaneautoriteiten aangewezen of goedgekeurde plaats, of in de vrije zone, door een van de volgende personen:

a) de persoon die de goederen in het douanegebied van de Gemeenschap heeft gebracht;

b) de persoon in wiens naam of voor wiens rekening degene handelt die de goederen in het douane-

gebied van de Gemeenschap heeft gebracht;

c) de persoon die aansprakelijk is voor het vervoer van de goederen na binnenbrengen in het douanegebied van de Gemeenschap.

2. Niettegenstaande de verplichtingen van de in lid 1 bedoelde persoon kunnen de goederen ook worden aangebracht door een van de volgende personen:

a) eenieder die de goederen onmiddellijk onder een douaneregeling plaatst;

b) de houder van een vergunning voor het beheer van een opslagruimte of eenieder die activiteiten uitoefent in een vrije zone.

3. De persoon die de goederen aanbrengt, verwijst naar over deze goederen ingediende summiere aangifte bij binnenbrengen of douaneaangifte.

4. Lid 1 laat de toepassing van bijzondere bepalingen met betrekking tot brieven, briefkaarten, drukwerk en alle elektronische equivalenten daarvan op andere media, of goederen die reizigers bij zich dragen, in het grensgebied vervoerde goederen of in pijpleidingen of kabels vervoerde goederen evenals alle goederenverkeer van verwaarloosbaar economisch belang onverlet, voor zover het douanetoezicht en de mogelijkheden tot douanecontroles hierdoor niet in het gedrang komen.

Art. 96. Lossen en onderzoek van goederen

1. Het lossen of overladen van goederen uit het vervoermiddel waarop zij zich bevinden, mag slechts met toestemming van de douaneautoriteiten en op de door deze autoriteiten aangewezen of goedgekeurde plaatsen geschieden.

Deze toestemming is evenwel niet vereist in het geval van een dreigend gevaar dat ertoe noopt de goederen onverwijld geheel of gedeeltelijk te lossen. In dat geval worden de douaneautoriteiten daarvan onmiddellijk in kennis gesteld.

2. De douaneautoriteiten kunnen op ieder ogenblik eisen dat goederen worden gelost en uitgepakt teneinde deze te onderzoeken of daarvan monsters te nemen dan wel het vervoermiddel waarop zij zich bevinden, te controleren.

3. Bij de douane aangebrachte goederen mogen niet zonder toestemming van de douaneautoriteiten worden weggevoerd van de plaats waar zij zijn aangebracht.

Afdeling 3

Formaliteiten na het aanbrengen

Art. 97. Verplichting tot plaatsing van niet-communautaire goederen onder een douaneregeling

1. Onverminderd de artikelen 125 tot en met 127 worden bij de douane aangebrachte niet-communautaire goederen onder een douaneregeling geplaatst.

2. Tenzij anders bepaald, staat het de aangever vrij de douaneregeling te kiezen waaronder hij de goederen, op de voorwaarden van die regeling, ongeacht aard of hoeveelheid dan wel land van oorsprong, verzending of bestemming, wenst te plaatsen.

Art. 98. Goederen die worden geacht in tijdelijke opslag te zijn geplaatst

1. Tenzij goederen onmiddellijk onder een douaneregeling worden geplaatst waarvoor een douaneaangifte is aanvaard, dan wel in een vrije zone zijn geplaatst, worden bij de douane aangebrachte niet-communautaire goederen geacht overeenkomstig artikel 151 onder tijdelijke opslag te zijn geplaatst.

2. Onverminderd in artikel 87, lid 2, vastgestelde verplichting en de uitzonderingen en de ontheffing waarin de bij artikel 87, lid 3, vastgestelde maatregelen voorzien, wordt, indien wordt geconstateerd dat bij de douane aangebrachte niet-communautaire goederen niet zijn gedekt door een summiere aangifte bij binnenbrengen, door de houder van de goederen onmiddellijk een dergelijke aangifte ingediend.

Afdeling 4

Goederen die onder een regeling douanevervoer zijn vervoerd

Art. 99. Ontheffing voor goederen die onder douanevervoer aankomen

Artikel 92, met uitzondering van lid 1, eerste alinea, en de artikelen 95 tot en met 98 zijn niet van toepassing op reeds onder een regeling douanevervoer geplaatste goederen die het douanegebied van de Gemeenschap binnengebracht worden.

Art. 100. Bepalingen van toepassing op niet-communautaire goederen na beëindiging van een regeling douanevervoer

De artikelen 96, 97 en 98 zijn van toepassing op niet-communautaire goederen die onder een regeling inzake het douanevervoer worden vervoerd, zodra deze goederen overeenkomstig de voorschriften inzake douanevervoer zijn aangebracht bij een douanekantoor van bestemming in het douanegebied van de Gemeenschap.

TITEL V

ALGEMENE VOORSCHRIFTEN BETREFFENDE DOUANESTATUS, PLAATSING VAN GOEDEREN ONDER EEN DOUANEREGELING, VERIFICATIE, VRIJGAVE EN VERWIJDERING VAN GOEDEREN

HOOFDSTUK 1

DOUANESTATUS VAN GOEDEREN

Art. 101. Veronderstelling van douanestatus van communautaire goederen

1. Onverminderd artikel 161 worden alle goederen in het douanegebied van de Gemeenschap vermoed communautaire goederen te zijn, tenzij wordt vastgesteld dat zij geen communautaire goederen zijn.

2. Maatregelen tot wijziging van niet-essentiële onderdelen van deze verordening door haar aan te vullen, die:

a) de gevallen waarin het in lid 1 bedoelde vermoeden niet van toepassing is;

b) de middelen waarmee de douanestatus van communautaire goederen kan worden vastgesteld;

c) de gevallen waarin goederen die geheel zijn verkregen in het douanegebied van de Gemeenschap niet de douanestatus van communautaire goederen hebben indien deze onder de regeling extern douanevervoer, de regeling opslag, de regeling tijdelijke invoer of de regeling actieve veredeling zijn geplaatst;

vastleggen, worden vastgesteld volgens de in artikel 184, lid 4, bedoelde regelgevingsprocedure met toetsing.

Art. 102. Verlies van douanestatus van communautaire goederen

In de volgende gevallen worden communautaire goederen niet-communautaire goederen:

a) indien zij uit het douanegebied van de Gemeenschap worden gebracht, voor zover de voorschriften inzake intern douanevervoer of de overeenkomstig artikel 103 vastgestelde maatregelen niet van toepassing zijn;

b) indien zij onder de regeling extern douanevervoer, de regeling opslag of de regeling actieve veredeling zijn geplaatst, voor zover de douanewetgeving dit toestaat;

c) indien zij onder de regeling bijzondere bestemming zijn geplaatst en vervolgens ofwel aan de staat worden afgestaan, ofwel worden vernietigd en er afval overblijft;

d) indien de aangifte voor het vrije verkeer van goederen na vrijgave ongeldig wordt gemaakt op grond van artikel 114, lid 2, tweede alinea.

Art. 103. Communautaire goederen die het douanegebied tijdelijk verlaten

Maatregelen tot wijziging van niet-essentiële onderdelen van deze verordening door haar aan te vullen, die de voorwaarden waarop communautaire goederen die niet onder een douaneregeling zijn geplaatst, van de ene naar de andere plaats in het douanegebied van de Gemeenschap en tijdelijk daarbuiten, mogen worden vervoerd zonder wijziging van hun douanestatus, vastleggen, worden vastgesteld volgens de in artikel 184, lid 4, bedoelde regelgevingsprocedure met toetsing.

HOOFDSTUK 2

PLAATSING VAN GOEDEREN ONDER EEN DOUANEREGELING

Afdeling 1

Algemene bepalingen

Art. 104. Douaneaangifte van goederen en douanetoezicht op communautaire goederen

1. Voor alle goederen die bestemd zijn om onder een douaneregeling te worden geplaatst, met uitzonde-

ring van de regeling vrije zone, moet een douaneaangifte tot plaatsing onder de desbetreffende regeling worden gedaan.

2. Communautaire goederen die zijn aangegeven voor uitvoer, voor intern communautair douanevervoer of voor passieve veredeling, bevinden zich onder douanetoezicht vanaf de aanvaarding van de in lid 1 bedoelde aangifte totdat zij het douanegebied van de Gemeenschap verlaten, totdat zij aan de staat worden afgestaan, totdat zij worden vernietigd of totdat de douaneaangifte ongeldig is gemaakt.

Art. 105. Bevoegde douanekantoren

1. Tenzij in de communautaire wetgeving anders is bepaald, stellen de lidstaten de plaats en de bevoegdheid van de diverse op hun grondgebied gelegen douanekantoren vast.

De lidstaten zorgen ervoor dat voor deze kantoren officiële openingstijden worden vastgesteld die redelijk en passend zijn, rekening houdend met de aard van het verkeer en van de goederen, alsook de douaneregelingen waaronder deze moeten worden geplaatst, zodat het internationale goederenverkeer niet belemmerd of verstoord wordt.

2. De Commissie neemt volgens de in artikel 184, lid 2, bedoelde procedure maatregelen ter vaststelling van de diverse taken en verantwoordelijkheden van de bevoegde douanekantoren en in het bijzonder van de volgende:

a) de douanekantoren van binnenkomst, invoer, uitvoer en uitgang;

b) de douanekantoren die de formaliteiten vervullen om de goederen onder een douaneregeling te plaatsen;

c) de douanekantoren die vergunningen verlenen en toezicht houden op de douaneprocedures.

Art. 106. Gecentraliseerde vrijmaking

1. De douaneautoriteiten kunnen een persoon machtigen om bij het douanekantoor dat verantwoordelijk is voor de plaats waar hij is gevestigd, een douaneaangifte in te dienen of beschikbaar te stellen voor goederen die bij een ander douanekantoor bij de douane worden aangebracht. In dergelijke gevallen wordt de douaneschuld geacht te zijn ontstaan bij het douanekantoor waar de douaneaangifte wordt ingediend of beschikbaar wordt gesteld.

2. Het douanekantoor waar de douaneaangifte wordt gedaan of beschikbaar wordt gesteld, vervult de formaliteiten voor de verificatie van de aangifte, de invordering van het met een douaneschuld overeenkomende bedrag aan in- of uitvoerrechten en de vrijgave van de goederen.

3. Het douanekantoor waar de goederen worden aangebracht, verricht, onverminderd zijn eigen controles voor beveiligings- en veiligheidsdoeleinden, ieder onderzoek waarom op terechte gronden wordt verzocht door het douanekantoor waar de douaneaangifte is gedaan of beschikbaar is gesteld en staat de vrijgave van de goederen toe, rekening houdend met de informatie van dat douanekantoor.

4. Maatregelen tot wijziging van niet-essentiële

onderdelen van deze verordening door haar aan te vullen, die met name regels met betrekking tot:

a) de in lid 1 bedoelde verlening van vergunningen;

b) de gevallen waarin de vergunning wordt geëvalueerd;

c) de voorwaarden waarop de vergunning wordt verleend;

d) de vaststelling van de douaneautoriteit die bevoegd is voor het verlenen van deze vergunning;

e) het overleg met en de informatieverstrekking aan andere douaneautoriteiten, waar nodig;

f) de omstandigheden waarin de vergunning kan worden geschorst of ingetrokken;

g) de specifieke taak en verantwoordelijkheden van de betrokken bevoegde douanekantoren, in het bijzonder met betrekking tot de uit te voeren controles;

h) de vorm waarin de formaliteiten moeten worden vervuld en de eventuele termijn daarvoor;

vastleggen, worden vastgesteld volgens de in artikel 184, lid 4, bedoelde regelgevingsprocedure met toetsing.

In die maatregelen wordt rekening gehouden met het volgende:

- ten aanzien van punt c), wanneer er meer dan één lidstaat bij is betrokken, het voldoen door de aanvrager aan de criteria in artikel 14 voor het toekennen van de status van geautoriseerd marktdeelnemer;

- ten aanzien van punt d), de plaats waar de hoofdadministratie voor douanedoeleinden van de aanvrager zich bevindt of waar ze toegankelijk is, teneinde de op een audit gebaseerde controle te vergemakkelijken, en waar op zijn minst een deel van de activiteiten die onder de vergunning moeten vallen, zal worden uitgevoerd.

Art. 107. Soorten douaneaangiften

1. De douaneaangifte wordt ingediend met behulp van elektronische gegevensverwerking. De douaneautoriteiten mogen toestaan dat de douaneaangifte gebeurt in de vorm van een inschrijving in de administratie van de aangever, op voorwaarde dat de douaneautoriteiten toegang hebben tot deze gegevens in het elektronische systeem van de aangever en dat aan de eisen voor een eventueel noodzakelijke uitwisseling van zulke gegevens tussen de douanekantoren wordt voldaan.

2. Voor zover hierin in de douanewetgeving is voorzien, kunnen de douaneautoriteiten toestaan dat een douaneaangifte op papier, mondeling of middels enige andere handeling geschiedt waarbij goederen onder een douaneregeling kunnen worden geplaatst.

3. De Commissie neemt volgens de in artikel 184, lid 2, bedoelde procedure maatregelen voor de uitvoering van dit artikel.

Afdeling 2

Normale douaneaangiften

Art. 108. Inhoud van een aangifte en bij te voegen documenten

1. Douaneaangiften bevatten alle gegevens die nodig zijn voor de toepassing van de bepalingen die gelden voor de douaneregeling waarvoor de goederen worden aangegeven. Douaneaangiften die gedaan zijn met behulp van elektronische gegevensverwerkingstechnieken bevatten een elektronische handtekening of een ander middel om de authenticiteit te garanderen. Aangiften op papier worden ondertekend.

De Commissie neemt volgens de in artikel 184, lid 2, bedoelde procedure maatregelen tot vaststelling van de specifieke eisen waaraan douaneaangiften moeten voldoen.

2. De bij te voegen documenten die nodig zijn voor de toepassing van de bepalingen die gelden voor de douaneregeling waarvoor de goederen worden aangegeven, staan ter beschikking van de douaneautoriteiten op het tijdstip waarop de aangifte wordt ingediend.

3. Indien een douaneaangifte met behulp van een elektronische gegevensverwerkingstechniek wordt ingediend, kunnen de douaneautoriteiten ook toestaan dat de bewijsstukken op die manier worden ingediend. De douaneautoriteiten kunnen toestaan dat in plaats van de indiening van die documenten, toegang wordt verleend tot de toepasselijke gegevens in het computersysteem van de marktdeelnemer.

Op verzoek van de aangever kunnen de douaneautoriteiten evenwel toestaan dat deze documenten ter beschikking worden gesteld na de vrijgave van de goederen.

4. De Commissie neemt volgens de in artikel 184, lid 2, bedoelde procedure maatregelen voor de uitvoering van de leden 2 en 3 van dit artikel.

Afdeling 3

Vereenvoudigde douaneaangiften

Art. 109. Vereenvoudigde aangifte

1. Indien de in de leden 2 en 3 van dit artikel gestelde voorwaarden zijn vervuld, staan de douaneautoriteiten eenieder plaatsing van goederen onder een douaneregeling toe op basis van een vereenvoudigde aangifte waaruit bepaalde in artikel 108 bedoelde informatie en bij te voegen documenten kunnen worden weggelaten.

2. Maatregelen tot wijziging van niet-essentiële onderdelen van deze verordening door haar aan te vullen, die de voorwaarden waarop de in lid 1 van dit artikel bedoelde toestemming wordt verleend, vastleggen, worden vastgesteld volgens de in artikel 184, lid 4, bedoelde regelgevingsprocedure met toetsing.

3. De Commissie kan volgens de in artikel 184, lid 2, bedoelde procedure maatregelen nemen met betrekking tot de specifieke eisen waaraan vereenvoudigde douaneaangiften moeten voldoen.

Art. 110. Aanvullende aangifte

1. Bij een vereenvoudigde aangifte overeenkomstig artikel 109, lid 1, dient de aangever een aanvullende aangifte in met de verdere gegevens die vereist zijn ter vervollediging van de douaneaangifte voor de

betrokken douaneregeling.

De aanvullende aangifte kan een algemeen, periodiek of samenvattend karakter hebben.

Maatregelen tot wijziging van niet-essentiële onderdelen van deze verordening door haar aan te vullen, die uitzonderingen op de eerste alinea van dit lid vastleggen, worden vastgesteld volgens de in artikel 184, lid 4, bedoelde regelgevingsprocedure met toetsing.

2. De aanvullende aangifte wordt geacht samen met de in artikel 109, lid 1, bedoelde vereenvoudigde aangifte een enkele en ondeelbare akte te vormen, die geldig is vanaf de datum van aanvaarding van de vereenvoudigde aangifte overeenkomstig artikel 112.

Indien de vereenvoudigde aangifte wordt vervangen door inschrijving in de administratie van de aangever en toegang van de douaneautoriteiten tot deze gegevens, is de aangifte geldig vanaf de datum van inschrijving van de goederen in de administratie.

3. Voor de toepassing van artikel 55 wordt de plaats waar de aanvullende aangifte overeenkomstig de vergunning moet worden ingediend, geacht de plaats te zijn waar de douaneaangifte is ingediend.

Afdeling 4

Op alle douaneaangiften toepasselijke bepalingen

Art. 111. Persoon die een aangifte indient

1. Onverminderd artikel 110, lid 1, kan een douaneaangifte worden gedaan door eenieder die in staat is alle bescheiden over te leggen of ter beschikking te stellen die vereist zijn voor de toepassing van de bepalingen die gelden voor de douaneregeling waarvoor de goederen worden aangegeven. Die persoon dient ook in staat te zijn de goederen bij het bevoegde douanekantoor aan te brengen of te doen aanbrengen.

Indien de aanvaarding van een douaneaangifte evenwel bijzondere verplichtingen voor een bepaalde persoon meebrengt, moet de aangifte door deze persoon zelf of door zijn vertegenwoordiger worden gedaan.

2. De aangever dient in het douanegebied van de Gemeenschap te zijn gevestigd. De volgende aangevers hoeven evenwel niet in de Gemeenschap gevestigd te zijn:

- personen die een aangifte voor douanevervoer of tot tijdelijke invoer indienen;
- personen die incidenteel goederen aangeven voor zover de douaneautoriteiten dat gerechtvaardigd achten.

3. Maatregelen tot wijziging van niet-essentiële onderdelen van deze verordening door haar aan te vullen, die de gevallen waarin en de voorwaarden waaronder vrijstelling van de in lid 2 genoemde vereisten kan worden verleend, vastleggen, worden vastgesteld volgens de in artikel 184, lid 4, bedoelde regelgevingsprocedure met toetsing.

Art. 112. Aanvaarding van een aangifte

1. Aangiften die aan de voorwaarden van dit hoofdstuk voldoen, worden onmiddellijk door de douaneautoriteiten aanvaard, voor zover de desbetreffen-

de goederen bij de douane zijn aangebracht of ten genoegen van de douaneautoriteiten voor douanecontrole beschikbaar zullen worden gesteld.

Indien de aangifte geschiedt door middel van inschrijving in de administratie van de aangever en toegang van de douaneautoriteiten tot deze gegevens, wordt de aangifte geacht te zijn aanvaard op het tijdstip van inschrijving van de goederen in de administratie. De douaneautoriteiten kunnen de aangever, onverminderd diens wettelijke verplichtingen of de toepassing van beveiligings- en veiligheidscontroles, ontheffen van de verplichting de goederen aan te brengen of beschikbaar te stellen voor douanecontrole.

2. Onverminderd artikel 110, lid 2, of de tweede alinea van lid 1 van dit artikel wordt de douaneaangifte die wordt ingediend bij een ander douanekantoor dan het kantoor waar de goederen worden aangebracht, aanvaard indien het kantoor waar de goederen worden aangebracht, bevestigt dat de goederen voor douanecontrole beschikbaar zijn.

3. De datum van aanvaarding van de douaneaangifte door de douaneautoriteiten is, tenzij anderszins bepaald, de datum die in aanmerking moet worden genomen voor de toepassing van de bepalingen die gelden voor de douaneregeling waarvoor de goederen zijn aangegeven en voor alle andere invoer- of uitvoerformaliteiten.

4. De Commissie neemt volgens de in artikel 184, lid 2, bedoelde procedure maatregelen tot vaststelling van gedetailleerde voorschriften voor de uitvoering van dit artikel.

Art. 113. Wijziging van een aangifte
1. De aangever mag, op zijn verzoek, één of meer gegevens in de aangifte wijzigen nadat deze door de douane is aanvaard. De wijziging mag niet inhouden dat de aangifte betrekking heeft op andere goederen dan die waarop zij oorspronkelijk betrekking had.

2. Dergelijke wijzigingen worden niet toegestaan als het verzoek daartoe wordt gedaan na een van de volgende gebeurtenissen:
a) de douaneautoriteiten hebben de aangever in kennis gesteld van hun voornemen de goederen aan een onderzoek te onderwerpen;
b) de douaneautoriteiten hebben geconstateerd dat de betrokken gegevens onjuist zijn;
c) de douaneautoriteiten hebben de goederen vrijgegeven.

3. Maatregelen tot wijziging van niet-essentiële onderdelen van deze verordening door haar aan te vullen, die uitzonderingen op punt c) van lid 2 van dit artikel vastleggen, worden vastgesteld volgens de in artikel 184, lid 4, bedoelde regelgevingsprocedure met toetsing.

Art. 114. Ongeldigmaking van een aangifte
1. Op verzoek van de aangever maken de douaneautoriteiten een reeds aanvaarde aangifte ongeldig in de volgende gevallen:
a) indien te hunner genoegen wordt aangetoond dat de goederen onmiddellijk onder een andere douaneregeling zullen worden geplaatst;

b) indien te hunner genoegen wordt aangetoond dat ten gevolge van bijzondere omstandigheden de plaatsing van de goederen onder de douaneregeling waarvoor zij zijn aangegeven, niet meer gerechtvaardigd is.

Indien de douaneautoriteiten de aangever evenwel in kennis hebben gesteld van hun voornemen de goederen aan een onderzoek te onderwerpen, kan het verzoek tot ongeldigmaking van de aangifte slechts worden aanvaard nadat het onderzoek heeft plaatsgevonden.

2. De aangifte kan niet ongeldig worden gemaakt nadat de goederen zijn vrijgegeven.

Maatregelen tot wijziging van niet-essentiële onderdelen van deze verordening door haar aan te vullen, die uitzonderingen op de eerste alinea van dit lid vastleggen, worden vastgesteld volgens de in artikel 184, lid 4, bedoelde regelgevingsprocedure met toetsing.

Afdeling 5

Overige vereenvoudigingen

Art. 115. Vergemakkelijking van de opstelling van douaneaangiften betreffende goederen die onder verschillende tariefonderverdelingen vallen

Indien een zending bestaat uit goederen waarvan de tariefonderverdelingen verschillend zijn en voor het opstellen van de douaneaangifte van elk dezer goederen volgens zijn tariefonderverdelingen werk en kosten zouden meebrengen die niet in verhouding staan tot het bedrag van de verschuldigde rechten bij invoer, kunnen de douaneautoriteiten er op verzoek van de aangever mee instemmen dat de gehele zending wordt aangegeven op grond van de tariefonderverdelingen van de goederen die aan het hoogste recht bij invoer of uitvoer zijn onderworpen.

De Commissie kan volgens de in artikel 184, lid 2, bedoelde procedure maatregelen nemen voor de uitvoering van dit artikel.

Art. 116. Vereenvoudiging van douaneformaliteiten en -controles
1. De douaneautoriteiten mogen andere dan de in afdeling 3 van dit hoofdstuk bedoelde vereenvoudigingen van douaneformaliteiten en -controles toestaan.

2. Maatregelen tot wijziging van niet-essentiële onderdelen van deze verordening door haar aan te vullen, die met name regels met betrekking tot:
a) de in lid 1 bedoelde verlening van toestemming;
b) de gevallen waarin de toestemming wordt herzien en de voorwaarden voor toezicht op het gebruik ervan door de douaneautoriteiten;
c) de voorwaarden waarop de toestemming wordt verleend;
d) de voorwaarden waarop een marktdeelnemer toestemming kan krijgen om bepaalde douaneformaliteiten, die in beginsel door de douaneautoriteiten moeten worden vervuld, uit te voeren, zoals het zelf bepalen van in- en uitvoerrechten en het uitvoeren van bepaalde controles onder toezicht van de douane;
e) de vaststelling van de douaneautoriteit die be-

voegd is voor het verlenen van de toestemming;

f) het overleg met en de informatieverstrekking aan andere douaneautoriteiten, waar nodig;

g) de omstandigheden waarin de toestemming kan worden geschorst of ingetrokken;

h) de specifieke taak en verantwoordelijkheden van de betrokken bevoegde douanekantoren, in het bijzonder met betrekking tot de uit te voeren controles;

i) de vorm waarin de formaliteiten moeten worden vervuld en de eventuele termijn daarvoor;

vastleggen, worden vastgesteld volgens de in artikel 184, lid 4, bedoelde regelgevingsprocedure met toetsing.

In die maatregelen wordt rekening gehouden met:

- de douaneformaliteiten en -controles die om beveiligings- en veiligheidsredenen moeten worden vervuld en uitgevoerd met betrekking tot goederen die het douanegebied van de Gemeenschap binnenkomen of verlaten;

- de op grond van artikel 25, lid 3, aangenomen regels;

- ten aanzien van punt d), wanneer er meer dan één lidstaat bij is betrokken, is aan de aanvrager volgens de criteria in artikel 14 de status van geautoriseerde marktdeelnemer verleend;

- ten aanzien van e), de plaats waar de hoofdadministratie voor douanedoeleinden van de aanvrager zich bevindt of waar ze toegankelijk is, teneinde de op een audit gebaseerde controle te vergemakkelijken, en waar op zijn minst een deel van de activiteiten die onder de vergunning moeten vallen, zal worden uitgevoerd.

HOOFDSTUK 3

VERIFICATIE EN VRIJGAVE VAN GOEDEREN

Afdeling 1

Verificatie

Art. 117. Verificatie van een douaneaangifte

Met het oog op de verificatie van de juistheid van de in de door hen aanvaarde douaneaangifte vermelde gegevens kunnen de douaneautoriteiten:

a) de aangifte en alle bij te voegen documenten aan een onderzoek onderwerpen;

b) van de aangever eisen dat andere documenten worden overgelegd;

c) de goederen aan een onderzoek onderwerpen;

d) monsters nemen voor een analyse of grondige controle van de goederen.

Art. 118. Onderzoek en monsterneming van goederen

1. Het vervoer van de goederen naar de plaats waar het onderzoek en de monsterneming dienen plaats te vinden, alsmede alle handelingen welke voor dit onderzoek of deze monsterneming noodzakelijk zijn, worden door de aangever of onder zijn verantwoordelijkheid verricht. De hieraan verbonden kosten komen ten laste van de aangever.

2. De aangever heeft het recht bij het onderzoek van de goederen en bij de monsterneming aanwezig te zijn of te worden vertegenwoordigd. Indien zij daartoe gegronde redenen hebben, kunnen de douaneautoriteiten van de aangever eisen dat hij bij het onderzoek van de goederen of de monsterneming aanwezig is of zich daarbij laat vertegenwoordigen dan wel dat hij hun de noodzakelijke bijstand verleent om dit onderzoek of deze monsterneming te vergemakkelijken.

3. Indien het volgens de geldende bepalingen plaatsvindt, geeft het nemen van monsters geen aanleiding tot enige vergoeding door de douaneautoriteiten, maar de kosten van analyse of controle komen wel ten laste van hen.

Art. 119. Gedeeltelijk onderzoek en monsterneming van goederen

1. Indien slechts een gedeelte van de goederen waarop een douaneaangifte betrekking heeft, wordt onderzocht, of daarvan monsters worden genomen, gelden de resultaten van het gedeeltelijke onderzoek, of van de analyse of het onderzoek van de monsters, voor alle goederen van deze aangifte.

De aangever kan evenwel om een aanvullend onderzoek of aanvullende monsterneming van de goederen verzoeken indien hij van mening is dat de resultaten van het gedeeltelijke onderzoek, of van de analyse of het onderzoek van de genomen monsters, niet voor de rest van de aangegeven goederen gelden. Dit verzoek wordt ingewilligd mits de goederen nog niet zijn vrijgegeven of, indien zij reeds zijn vrijgegeven, de aangever aantoont dat zij op generlei wijze zijn gewijzigd.

2. Voor de toepassing van lid 1 worden de gegevens in een douaneaangifte die verscheidene artikelen omvat, met betrekking tot elk artikel geacht een afzonderlijke aangifte te vormen.

3. De Commissie neemt volgens de in artikel 184, lid 3, bedoelde procedure maatregelen tot vaststelling van de te volgen procedure in geval van uiteenlopende resultaten van onderzoeken volgens lid 1 van dit artikel.

Art. 120. Resultaten van de verificatie

1. De resultaten van de verificatie van de douaneaangifte dienen als grondslag voor de toepassing van de bepalingen die gelden voor de douaneregeling waaronder de goederen zijn geplaatst.

2. Indien de douaneaangifte niet wordt geverifieerd, is lid 1 van toepassing op basis van de in de aangifte vermelde gegevens.

3. De resultaten van de verificatie door de douaneautoriteiten hebben in het gehele douanegebied van de Gemeenschap dezelfde bindende kracht.

Art. 121. Identificatiemaatregelen

1. De douaneautoriteiten of, waar passend, marktdeelnemers die daarvoor toestemming hebben gekregen van de douaneautoriteiten, nemen de nodige maatregelen om de goederen te kunnen identificeren, indien deze identificatie noodzakelijk is ter waarborging van de naleving van de bepalingen die zijn verbonden

aan de douaneregeling waarvoor de betrokken goederen zijn aangegeven.

Deze identificatiemaatregelen hebben in het gehele douanegebied van de Gemeenschap dezelfde rechtsgevolgen.

2. De identificatiemiddelen die op de goederen of de vervoermiddelen zijn aangebracht, mogen alleen worden verwijderd of vernietigd door de douaneautoriteiten of door marktdeelnemers die door deze autoriteiten daartoe zijn gemachtigd, tenzij ten gevolge van niet te voorziene omstandigheden of overmacht het verwijderen of vernietigen ervan voor het behoud van de goederen of de vervoermiddelen absoluut noodzakelijk is.

Art. 122. Uitvoeringsmaatregelen

De Commissie kan volgens de in artikel 184, lid 2, bedoelde procedure maatregelen nemen voor de uitvoering van deze afdeling.

Afdeling 2

Vrijgave

Art. 123. Vrijgave van de goederen

1. Onverminderd artikel 117 en mits is voldaan aan de voorwaarden voor de plaatsing van de goederen onder de betrokken regeling en voor zover er geen beperking op de goederen is gesteld en de goederen niet onder een verbod vallen, geven de douaneautoriteiten de goederen vrij zodra de vermeldingen op de douaneaangifte zijn geverifieerd of zonder verificatie zijn aanvaard.

De eerste alinea is tevens van toepassing indien een in artikel 117 bedoelde verificatie niet binnen een redelijke termijn kan worden beëindigd en de goederen niet meer aanwezig behoeven te zijn met het oog op de verificatie.

2. Alle goederen waarop een aangifte betrekking heeft, worden tegelijkertijd vrijgegeven.

Voor de toepassing van de eerste alinea worden de gegevens in een douaneaangifte die verscheidene artikelen omvat, met betrekking tot elk artikel geacht een afzonderlijke douaneaangifte te vormen.

3. Indien de goederen worden aangebracht bij een ander douanekantoor dan het kantoor waar de douaneaangifte is aanvaard, wisselen de betrokken douaneautoriteiten de voor de vrijgave van de goederen benodigde informatie uit, onverminderd passende controles.

Art. 124. Vrijgave afhankelijk van betaling van het met de douaneschuld overeenkomende bedrag aan in- of uitvoerrechten of zekerheidstelling

1. Indien het plaatsen van goederen onder een douaneregeling een douaneschuld doet ontstaan, kunnen de goederen waarop deze aangifte betrekking heeft slechts worden vrijgegeven indien het met de douaneschuld overeenkomende bedrag aan in- of uitvoerrechten is betaald of indien daarvoor zekerheid is gesteld.

Onverminderd de derde alinea is de eerste alinea evenwel niet van toepassing op tijdelijke invoer met gedeeltelijke vrijstelling van invoerrechten.

Indien de douaneautoriteiten op grond van de bepalingen die gelden voor de douaneregeling waarvoor de goederen worden aangegeven, eisen dat zekerheid wordt gesteld, kan de vrijgave van de goederen voor de betrokken douaneregeling slechts worden toegestaan nadat zekerheid is gesteld.

2. De Commissie kan volgens de in artikel 184, lid 2, bedoelde procedure maatregelen nemen tot vaststelling van uitzonderingen op de eerste en de derde alinea van lid 1 van dit artikel.

HOOFDSTUK 4

VERWIJDERING VAN GOEDEREN

Art. 125. Vernietiging van goederen

Indien zij daartoe gegronde redenen hebben, kunnen de douaneautoriteiten de vernietiging van bij de douane aangebrachte goederen eisen. Zij stellen de houder van de goederen daarvan in kennis. De aan de vernietiging verbonden kosten komen ten laste van de houder van de goederen.

Art. 126. Door te douaneautoriteiten te nemen maatregelen

1. De douaneautoriteiten nemen alle nodige maatregelen, inclusief verbeurdverklaring en verkoop, of vernietiging, voor de verwijdering van goederen in de volgende gevallen:

a) indien een van de bij de douanewetgeving vastgestelde verplichtingen betreffende het binnenbrengen van niet-communautaire goederen in het douanegebied van de Gemeenschap niet is nagekomen of de goederen aan het douanetoezicht zijn onttrokken;

b) indien de goederen niet kunnen worden vrijgegeven om een van de volgende redenen:

i) het onderzoek van de goederen kon niet binnen de door de douaneautoriteiten gestelde termijnen worden aangevangen of voortgezet om redenen die aan de aangever te wijten zijn;

ii) de bescheiden die vereist zijn voordat de goederen kunnen worden geplaatst onder of vrijgegeven voor de douaneregeling waarvoor zij werden aangegeven, zijn niet overgelegd;

iii) de invoer- of uitvoerrechten, naargelang van het geval, werden niet binnen de gestelde termijn betaald of er werd binnen die termijn geen zekerheid gesteld;

iv) de goederen zijn onderworpen aan verboden of beperkingen;

c) indien de goederen na de vrijgave niet binnen een redelijke termijn zijn weggevoerd;

d) indien na de vrijgave blijkt dat de goederen niet aan de voorwaarden voor vrijgave voldeden;

e) indien de goederen overeenkomstig artikel 127 aan de staat worden afgestaan.

2. Niet-communautaire goederen die aan de staat zijn afgestaan, in beslag zijn genomen of zijn verbeurdverklaard, worden geacht onder de regeling tijdelijke opslag te zijn geplaatst.

Art. 127. Afstand van goederen

1. Niet-communautaire goederen en goederen die onder de regeling bijzondere bestemming zijn geplaatst, kunnen met voorafgaande toestemming van de douaneautoriteiten door de houder van de regeling of in voorkomend geval de houder van de goederen aan de staat worden afgestaan.

2. Het afstaan van goederen mag voor de staat geen kosten meebrengen. De aan het vernietigen of anderszins verwijderen van goederen verbonden kosten moeten worden gedragen door de houder van de regeling of in voorkomend geval de houder van de goederen.

Art. 128. Uitvoeringsmaatregelen

Maatregelen tot wijziging van niet-essentiële onderdelen van deze verordening door haar aan te vullen, met betrekking tot de uitvoering van dit hoofdstuk, worden vastgesteld volgens de in artikel 184, lid 4, bedoelde regelgevingsprocedure met toetsing.

TITEL VI

IN HET VRIJE VERKEER BRENGEN EN VRIJSTELLING VAN INVOERRECHTEN

HOOFDSTUK 1

IN HET VRIJE VERKEER BRENGEN

Art. 129. Toepassingsgebied en werking

1. Niet-communautaire goederen die bestemd zijn om op de markt van de Gemeenschap te worden gebracht of bestemd zijn voor particulier gebruik of voor consumptie binnen de Gemeenschap, worden in het vrije verkeer gebracht.

2. In het vrije verkeer brengen omvat het volgende:

a) de inning van verschuldigde invoerrechten;

b) de inning, voor zover van toepassing, van andere heffingen, overeenkomstig de relevante voorschriften met betrekking tot de inning van deze heffingen;

c) de toepassing van handelspolitieke maatregelen en verboden en beperkingen voor zover deze niet in een eerder stadium moeten worden toegepast;

d) de vervulling van de andere formaliteiten voor de invoer van de goederen.

3. Niet-communautaire goederen die in het vrije verkeer worden gebracht, verkrijgen daardoor de douanestatus van communautaire goederen.

HOOFDSTUK 2

VRIJSTELLING VAN INVOERRECHTEN

Afdeling 1

Terugkerende goederen

Art. 130. Toepassingsgebied en werking

1. Niet-communautaire goederen die, na oorspron-

kelijk als communautaire goederen uit het douanegebied van de Gemeenschap te zijn uitgevoerd, dit douanegebied binnen drie jaar opnieuw binnenkomen en in het vrije verkeer worden gebracht, worden op verzoek van de belanghebbende van invoerrechten vrijgesteld.

2. De in lid 1 bedoelde termijn van drie jaar kan worden overschreden om rekening te houden met bijzondere omstandigheden.

3. Indien de terugkerende goederen vóór hun uitvoer uit het douanegebied van de Gemeenschap in het vrije verkeer waren gebracht vrij van rechten dan wel met een verlaagd invoerrecht op grond van hun bijzondere bestemming, wordt de in lid 1 bedoelde vrijstelling slechts verleend indien de goederen voor dezelfde bijzondere bestemming in het vrije verkeer worden gebracht.

Indien de goederen niet voor dezelfde bijzondere bestemming in het vrije verkeer worden gebracht, wordt het bedrag aan invoerrechten verminderd met het bedrag dat eventueel is geïnd op het tijdstip waarop zij voor het eerst in het vrije verkeer werden gebracht. Als dit laatste bedrag hoger is dan het bedrag dat voortvloeit uit het in het vrije verkeer brengen van de terugkerende goederen, wordt geen terugbetaling verleend.

4. Indien communautaire goederen hun douanestatus van communautaire goederen hebben verloren overeenkomstig artikel 102, onder b), en vervolgens in het vrije verkeer worden gebracht, zijn de leden 1, 2 en 3 van dit artikel van overeenkomstige toepassing.

5. De vrijstelling van invoerrechten wordt slechts verleend wanneer de goederen worden wederingevoerd in de staat waarin zij werden uitgevoerd.

Art. 131. Gevallen waarin geen vrijstelling van invoerrechten wordt verleend

De in artikel 130 bedoelde vrijstelling van invoerrechten wordt niet verleend voor:

a) goederen die in het kader van de regeling passieve veredeling uit het douanegebied van de Gemeenschap zijn uitgevoerd, tenzij een van de volgende omstandigheden geldt:

i) deze goederen bevinden zich nog in de staat waarin zij werden uitgevoerd;

ii) de overeenkomstig artikel 134 aangenomen maatregelen laten dit toe;

b) goederen die in aanmerking kwamen voor maatregelen op grond van het gemeenschappelijk landbouwbeleid in het kader waarvan zij uit het douanegebied van de Gemeenschap zijn uitgevoerd, tenzij de overeenkomstig artikel 134 aangenomen maatregelen dit toelaten.

Art. 132. Goederen die eerder onder de regeling actieve veredeling waren geplaatst

1. Artikel 130 is van overeenkomstige toepassing op veredelingsproducten die oorspronkelijk vanuit het douanegebied van de Gemeenschap zijn wederuitgevoerd als gevolg van een regeling actieve veredeling.

2. Op verzoek van de aangever en mits hij de benodigde gegevens voorlegt, wordt het bedrag aan in-

voerrechten voor de goederen waarop lid 1 betrekking heeft, vastgesteld overeenkomstig artikel 53, lid 3. De datum van aanvaarding van de mededeling van weder-uitvoer wordt beschouwd als de datum van het in het vrije verkeer brengen.

3. De in artikel 130 bedoelde vrijstelling van in-voerrechten wordt niet verleend voor veredelingspro-ducten die zijn uitgevoerd overeenkomstig artikel 142, lid 2, onder b), tenzij wordt gegarandeerd dat er geen goederen onder de regeling actieve veredeling worden geplaatst.

Afdeling 2

Zeevisserij en uit zee gewonnen producten

Art. 133. Producten van zeevisserij en andere uit zee gewonnen producten

Onverminderd artikel 36, lid 1, geldt een vrijstel-ling van invoerrechten voor het in het vrije verkeer brengen van:

a) visserijproducten en andere producten die in de territoriale zee van een land of gebied buiten het dou-anegebied van de Gemeenschap zijn gewonnen door uitsluitend in een lidstaat ingeschreven of geregis-treerde schepen die de vlag van deze lidstaat voeren;

b) producten die zijn verkregen uit de onder a) be-doelde producten aan boord van fabrieksschepen en die voldoen aan de voorwaarden vastgesteld onder a).

Afdeling 3

Uitvoeringsmaatregelen

Art. 134. Uitvoeringsmaatregelen

Maatregelen tot wijziging van niet-essentiële on-derdelen van deze verordening door haar aan te vullen, met betrekking tot de uitvoering van dit hoofdstuk, worden vastgesteld volgens de in artikel 184, lid 4, bedoelde regelgevingsprocedure met toetsing.

TITEL VII

BIJZONDERE REGELINGEN

HOOFDSTUK 1

ALGEMENE BEPALINGEN

Art. 135. Toepassingsgebied

Goederen kunnen onder een van de volgende bij-zondere regelingen worden geplaatst:

a) douanevervoer, inhoudende extern en intern douanevervoer;

b) opslag, inhoudende tijdelijke opslag, douane-entrepot en vrije zones;

c) specifieke bestemming, inhoudende tijdelijke invoer en bijzondere bestemming;

d) veredeling, inhoudende actieve en passieve ver-edeling.

Art. 136. Vergunning

1. Een vergunning van de douaneautoriteiten is vereist voor:

- het gebruik van de regeling actieve of passieve veredeling, tijdelijke invoer of bijzondere bestem-ming;

- het beheer van een opslagruimte voor tijdelijke opslag of opslag in een douane-entrepot, tenzij de op-slagruimte wordt beheerd door de douaneautoriteit zelf.

De voorwaarden waarop één of meer van de bo-vengenoemde regelingen mogen worden gebruikt of het beheer van een opslagruimte is toegestaan, worden in de vergunning vastgesteld.

2. Maatregelen tot wijziging van niet-essentiële onderdelen van deze verordening door haar aan te vul-len, die met name regels met betrekking tot:

a) de in lid 1 bedoelde verlening van een vergun-ning;

b) de gevallen waarin de vergunning dient te wor-den geëvalueerd;

c) de voorwaarden waarop de vergunning wordt verleend;

d) de vaststelling van de douaneautoriteit die be-voegd is voor het verlenen van deze vergunning;

e) het overleg met en de informatieverstrekking aan andere douaneautoriteiten, waar nodig;

f) de omstandigheden waarin de vergunning kan worden geschorst of ingetrokken;

g) de specifieke taak en verantwoordelijkheden van de betrokken bevoegde douanekantoren, in het bijzonder met betrekking tot de uit te voeren controles;

h) de vorm waarin de formaliteiten moeten worden vervuld en de eventuele termijn daarvoor;

vastleggen, worden vastgesteld volgens de in arti-kel 184, lid 4, bedoelde regelgevingsprocedure met toetsing.

In die maatregelen wordt rekening gehouden met:

a) ten aanzien van punt c) van de eerste alinea, wanneer er meer dan één lidstaat bij is betrokken, het voldoen door de aanvrager aan de criteria in artikel 14 voor het toekennen van de status van geautoriseerd marktdeelnemer;

b) met betrekking tot punt d) van de eerste alinea, de plaats waar de hoofdadministratie voor douane-doeleinden van de aanvrager zich bevindt of waar ze toegankelijk is, teneinde de op een audit gebaseerde controle te vergemakkelijken, en waar op zijn minst een deel van de activiteiten die onder de vergunning moeten vallen, zal worden uitgevoerd.

3. Tenzij anders is bepaald in de douanewetgeving, wordt de in lid 1 bedoelde vergunning slechts verleend aan:

a) personen die in het douanegebied van de Ge-meenschap zijn gevestigd;

b) personen die de nodige waarborgen bieden voor het goede gebruik van de regeling en die, indien een douaneschuld kan ontstaan of andere heffingen ver-schuldigd kunnen worden voor de onder een bijzon-dere regeling geplaatste goederen, zekerheid stellen overeenkomstig artikel 56;

c) voor de regeling tijdelijke invoer of actieve veredeling, de persoon die de goederen gebruikt of laat gebruiken respectievelijk de goederen veredeld of laat veredelen.

Maatregelen tot wijziging van niet-essentiële onderdelen van deze verordening door haar aan te vullen, die afwijkingen op de eerste alinea van dit lid vastleggen, worden vastgesteld volgens de in artikel 184, lid 4, bedoelde regelgevingsprocedure met toetsing.

4. Tenzij anders bepaald en ter aanvulling van lid 3 wordt de in lid 1 bedoelde vergunning slechts verleend indien aan de volgende voorwaarden is voldaan:

a) de douaneautoriteiten kunnen douanetoezicht uitoefenen zonder administratieve maatregelen te hoeven nemen die niet in verhouding staan tot de economische behoeften;

b) de wezenlijke belangen van communautaire producenten worden niet geschaad door een vergunning voor de regeling veredeling (economische voorwaarden).

De wezenlijke belangen van communautaire producenten worden geacht niet te zijn geschaad als bedoeld in de eerste alinea, onder b), totdat het tegendeel is bewezen, of wanneer in de douanewetgeving is bepaald dat aan de economische voorwaarden wordt geacht te zijn voldaan.

Indien wordt aangetoond dat de wezenlijke belangen van communautaire producenten waarschijnlijk zullen worden geschaad, wordt een toets op de economische voorwaarden verricht overeenkomstig artikel 185.

De Commissie neemt volgens de in artikel 184, lid 2, bedoelde procedure maatregelen met betrekking tot:

a) de toets op de economische voorwaarden;

b) de vaststelling van de gevallen waarin de wezenlijke belangen van communautaire producenten waarschijnlijk zullen worden geschaad, rekening houdend met handelspolitieke en landbouwmaatregelen;

c) de vaststelling van de gevallen waarin aan de economische voorwaarden wordt geacht te zijn voldaan.

5. De houder van de vergunning dient de douaneautoriteiten mededeling te doen van elk feit dat zich na afgifte van de vergunning voordoet en dat gevolgen kan hebben voor de handhaving of de inhoud van de vergunning.

Art. 137. Administratie

1. Behalve voor de regeling douanevervoer of indien anders is bepaald in de douanewetgeving, voeren de houder van de vergunning, de houder van de regeling en eenieder die activiteiten uitoefent in verband met hetzij de opslag, bewerking of verwerking van de goederen, hetzij de aankoop of verkoop van de goederen in een vrije zone, een administratie in een door de douaneautoriteiten goedgekeurde vorm.

Aan de hand van die administratie moeten de douaneautoriteiten in staat zijn toezicht uit te oefenen op de regeling, met name wat de identificatie, de douanestatus en het verkeer van de onder de regeling geplaatste goederen betreft.

2. Maatregelen tot wijziging van niet-essentiële onderdelen van deze verordening door haar aan te vul-

len, met betrekking tot de uitvoering van dit artikel, worden vastgesteld volgens de in artikel 184, lid 4, bedoelde regelgevingsprocedure met toetsing.

Art. 138. Zuivering van een regeling

1. Behalve voor de regeling douanevervoer en onverminderd artikel 166 wordt een bijzondere regeling gezuiverd indien de onder de regeling geplaatste goederen of de veredelingsproducten onder een volgende douaneregeling worden geplaatst, het douanegebied van de Gemeenschap verlaten, vernietigd zijn zonder afvalresten of aan de staat worden afgestaan overeenkomstig artikel 127.

2. De douaneautoriteiten zuiveren de regeling douanevervoer indien zij op grond van een vergelijking van de gegevens van het douanekantoor van vertrek met die van het douanekantoor van bestemming kunnen vaststellen dat de regeling naar behoren is beëindigd.

3. De douaneautoriteiten nemen de nodige maatregelen om de situatie te regelen van goederen waarvoor de regeling niet onder de vastgestelde voorwaarden is gezuiverd.

Art. 139. Overdracht van rechten en plichten

De rechten en plichten van de houder van een regeling betreffende goederen die onder een andere bijzondere regeling dan douanevervoer zijn geplaatst, kunnen op de door de douaneautoriteiten vastgestelde voorwaarden volledig of gedeeltelijk worden overgedragen aan andere personen die voldoen aan de voorwaarden van de betrokken regeling.

Art. 140. Verkeer van goederen

1. Goederen die onder een andere bijzondere regeling dan douanevervoer of in een vrije zone zijn geplaatst, kunnen tussen verschillende plaatsen binnen het douanegebied van de Gemeenschap worden vervoerd, voor zover daarin is voorzien in de vergunning of in de douanewetgeving.

2. De Commissie neemt volgens de in artikel 184, lid 2, bedoelde procedure maatregelen voor de uitvoering van dit artikel.

Art. 141. Gebruikelijke behandelingen

Goederen die onder een regeling douane-entrepot, onder een veredelingsregeling of in een vrije zone zijn geplaatst, kunnen gebruikelijke behandelingen ondergaan om ze in goede staat te bewaren, ter verbetering van de presentatie of handelskwaliteit of ter voorbereiding van de distributie of wederverkoop.

Art. 142. Equivalente goederen

1. Equivalente goederen zijn communautaire goederen die in plaats van de onder een bijzondere regeling geplaatste goederen worden opgeslagen, gebruikt of verwerkt.

Bij de regeling passieve veredeling zijn equivalente goederen niet-communautaire goederen die worden verwerkt in plaats van onder de regeling passieve veredeling geplaatste communautaire goederen.

Equivalente goederen moeten onder dezelfde

achtcijfercode van de gecombineerde nomenclatuur zijn ingedeeld en dezelfde handelskwaliteit en technische kenmerken hebben als de goederen die zij vervangen.

Maatregelen tot wijziging van niet-essentiële onderdelen van deze verordening door haar aan te vullen, die afwijkingen van de derde alinea van dit lid vastleggen, worden vastgesteld volgens de in artikel 184, lid 4, bedoelde regelgevingsprocedure met toetsing.

2. Mits de goede werking van de regeling, met name wat het douanetoezicht betreft, is verzekerd, kunnen de douaneautoriteiten het volgende toestaan:

a) het gebruik van equivalente goederen onder een bijzondere regeling met uitzondering van de regeling douanevervoer, tijdelijke invoer en tijdelijke opslag;

b) voor de regeling actieve veredeling, de uitvoer van uit equivalente goederen verkregen veredelingsproducten voorafgaand aan de invoer van de goederen die zij vervangen;

c) voor de regeling passieve veredeling, de invoer van uit equivalente goederen verkregen veredelingsproducten voorafgaand aan de uitvoer van de goederen die zij vervangen.

Maatregelen tot wijziging van niet-essentiële onderdelen van deze verordening door haar aan te vullen, die de gevallen waarin de douaneautoriteiten het gebruik van equivalente onder de regeling tijdelijke invoer kunnen toestaan, vastleggen, worden vastgesteld volgens de in artikel 184, lid 4, bedoelde regelgevingsprocedure met toetsing.

3. Het gebruik van equivalente goederen is niet toegestaan in de volgende gevallen:

a) indien uitsluitend gebruikelijke behandelingen als omschreven in artikel 141 in het kader van actieve veredeling worden verricht;

b) indien er een verbod geldt op terugbetaling of kwijtschelding of vrijstelling van invoerrechten voor niet van oorsprong zijnde goederen die worden gebruikt voor de vervaardiging van veredelingsproducten die zich onder de regeling actieve veredeling bevinden waarvoor een bewijs van oorsprong wordt afgegeven of opgesteld in het kader van een preferentiele regeling tussen de Gemeenschap en bepaalde landen of gebieden dan wel groepen van landen of gebieden buiten het douanegebied van de Gemeenschap;

c) indien dit zou leiden tot een onbillijk voordeel op het vlak van de invoerrechten.

Maatregelen tot wijziging van niet-essentiële onderdelen van deze verordening door haar aan te vullen, die aanvullende gevallen waarin equivalente goederen niet mogen worden gebruikt, vastleggen, worden vastgesteld volgens de in artikel 184, lid 4, bedoelde regelgevingsprocedure met toetsing.

4. In het in lid 2, onder b), bedoelde geval wordt, indien de veredelingsproducten aan uitvoerrechten zouden zijn onderworpen indien zij niet in het kader van de regeling actieve veredeling werden uitgevoerd, door de houder van de vergunning zekerheid voor betaling van de rechten gesteld, indien de niet-communautaire goederen niet binnen de bij artikel 169, lid 3, gestelde termijn worden ingevoerd.

Art. 143. Uitvoeringsmaatregelen

De Commissie neemt volgens de in artikel 184, lid 2, bedoelde procedure maatregelen voor de werking van de regelingen onder deze titel.

HOOFDSTUK 2

DOUANEVERVOER

Afdeling 1

Extern en intern douanevervoer

Art. 144. Extern douanevervoer

1. Onder de regeling extern douanevervoer kunnen niet-communautaire goederen worden vervoerd tussen twee plaatsen in het douanegebied van de Gemeenschap zonder dat zij worden onderworpen aan:

a) de invoerrechten;

b) andere heffingen overeenkomstig andere relevante voorschriften;

c) handelspolitieke maatregelen, voor zover zij de binnenkomst van goederen in of het uitgaan van goederen uit het douanegebied van de Gemeenschap niet verbieden.

2. Maatregelen tot wijziging van niet-essentiële onderdelen van deze verordening door haar aan te vullen, die de gevallen waarin de communautaire goederen onder extern douanevervoer worden geplaatst, vastleggen, worden vastgesteld volgens de in artikel 184, lid 4, bedoelde regelgevingsprocedure met toetsing.

3. Het in lid 1 bedoelde vervoer dient op een van de volgende wijzen te geschieden:

a) met toepassing van de regeling extern communautair douanevervoer;

b) overeenkomstig de TIR-overeenkomst op voorwaarde dat dit vervoer:

i) buiten het douanegebied van de Gemeenschap is begonnen of zal eindigen;

ii) geschiedt tussen twee plaatsen in het douanegebied van de Gemeenschap, over het grondgebied van een land of gebied buiten het douanegebied van de Gemeenschap;

c) overeenkomstig de ATA-overeenkomst/Overeenkomst van Istanboel wanneer douanevervoer plaatsvindt;

d) onder geleide van het Rijnvaartmanifest (artikel 9 van de Herziene Rijnvaartakte);

e) onder geleide van formulier 302 dat is voorgeschreven in het kader van het op 19 juni 1951 te Londen ondertekende Verdrag tussen de staten die partij zijn bij het Noord-Atlantisch Verdrag nopens de rechtspositie van hun krijgsmachten;

f) onder het poststelsel overeenkomstig de voorschriften van de Wereldpostunie (UPU), indien de goederen worden vervoerd door of voor rekening van personen die rechten en verplichtingen hebben op grond van die voorschriften.

4. De regeling extern douanevervoer doet geen afbreuk aan artikel 140.

Art. 145. Intern douanevervoer

1. Onder de regeling intern douanevervoer kunnen, op de in de leden 2 en 3 genoemde voorwaarden, communautaire goederen worden vervoerd tussen twee plaatsen in het douanegebied van de Gemeenschap over buiten dat gebied gelegen grondgebied, zonder wijziging van hun douanestatus.

2. Het in lid 1 bedoelde vervoer dient op een van de volgende wijzen te geschieden:

a) onder de regeling intern communautair douanevervoer, indien een internationale overeenkomst in deze mogelijkheid voorziet;

b) overeenkomstig de TIR-overeenkomst;

c) overeenkomstig de ATA-overeenkomst/Overeenkomst van Istanboel wanneer douanevervoer plaatsvindt;

d) onder geleide van het Rijnvaartmanifest (artikel 9 van de Herziene Rijnvaartakte);

e) onder geleide van formulier 302 dat is voorgeschreven in het kader van het op 19 juni 1951 te Londen ondertekende Verdrag tussen de staten die partij zijn bij het Noord-Atlantisch Verdrag nopens de rechtspositie van hun krijgsmachten;

f) onder het poststelsel overeenkomstig de voorschriften van de Wereldpostunie (UPU), indien de goederen worden vervoerd door of voor rekening van personen die rechten en verplichtingen hebben op grond van die voorschriften.

3. In de in lid 2, onder b) tot en met f), bedoelde gevallen behouden goederen hun communautaire status alleen als die status onder bepaalde voorwaarden en met behulp van in de douanewetgeving bepaalde middelen, is vastgesteld.

Maatregelen tot wijziging van niet-essentiële onderdelen van deze verordening door haar aan te vullen, die de voorwaarden waaronder en de middelen waarmee die douanestatus kan worden bepaald, vastleggen, worden vastgesteld volgens de in artikel 184, lid 4, bedoelde regelgevingsprocedure met toetsing.

Afdeling 2

Communautair douanevervoer

Art. 146. Verplichtingen van de houder van de regeling communautair douanevervoer en van de vervoerder en de ontvanger van goederen die krachtens de regeling communautair douanevervoer worden vervoerd

1. De houder van de regeling communautair douanevervoer is verantwoordelijk voor:

a) het ongeschonden met de vereiste gegevens aanbrengen van de goederen binnen de gestelde termijn bij het douanekantoor van bestemming met inachtneming van de door de douaneautoriteiten getroffen identificatiemaatregelen;

b) het naleven van de douanebepalingen betreffende de regeling;

c) tenzij anders bepaald in de douanewetgeving, het stellen van een zekerheid voor de betaling van het met een douaneschuld overeenkomende bedrag aan in- of uitvoerrechten dat kan ontstaan of andere hef-

fingen die verschuldigd kunnen worden op grond van andere relevante voorschriften.

2. De houder van de regeling is aan zijn verplichtingen tegemoet gekomen en de regeling douanevervoer is geëindigd, als de onder de regeling geplaatste goederen en de vereiste informatie op het douanekantoor van bestemming beschikbaar zijn overeenkomstig de douanewetgeving.

3. Een vervoerder of een ontvanger van goederen die goederen aanvaardt in de wetenschap dat deze onder de regeling communautair douanevervoer zijn geplaatst, is eveneens verplicht deze binnen de gestelde termijn ongeschonden bij het douanekantoor van bestemming aan te brengen met inachtneming van de door de douaneautoriteiten getroffen identificatiemaatregelen.

Art. 147. Goederen die onder de regeling extern communautair douanevervoer worden vervoerd via het grondgebied van een land buiten het douanegebied van de Gemeenschap

1. De regeling extern communautair douanevervoer is van toepassing op goederen die over een grondgebied buiten het douanegebied van de Gemeenschap worden vervoerd, als aan een van de volgende voorwaarden is voldaan:

a) een internationale overeenkomst voorziet in een dergelijke mogelijkheid;

b) het vervoer over dat grondgebied geschiedt onder geleide van één enkel in het douanegebied van de Gemeenschap opgesteld vervoersdocument.

2. In het in lid 1, onder b), bedoelde geval wordt de werking van de regeling extern communautair douanevervoer geschorst zolang de goederen zich buiten het douanegebied van de Gemeenschap bevinden.

HOOFDSTUK 3

OPSLAG

Afdeling 1

Gemeenschappelijke bepalingen

Art. 148. Toepassingsgebied

1. Onder een opslagregeling kunnen niet-communautaire goederen in het douanegebied van de Gemeenschap worden opgeslagen zonder dat zij worden onderworpen aan:

a) invoerrechten;

b) andere heffingen overeenkomstig andere relevante voorschriften;

c) handelspolitieke maatregelen, voor zover zij de binnenkomst van goederen in of het uitgaan van goederen uit het douanegebied van de Gemeenschap niet verbieden.

2. Communautaire goederen kunnen onder de regeling douane-entrepot of vrije zone worden geplaatst overeenkomstig de douanewetgeving of specifieke communautaire wetgeving, of om in aanmerking te komen voor een beschikking tot terugbetaling of kwijtschelding van invoerrechten.

Maatregelen tot wijziging van niet-essentiële onderdelen van deze verordening door haar aan te vullen, die de gevallen waarin en de voorwaarden waaronder communautaire goederen onder de regeling douane-entrepot of vrije zone kunnen worden geplaatst, vastleggen, worden vastgesteld volgens de in artikel 184, lid 4, bedoelde regelgevingsprocedure met toetsing.

Art. 149. Verantwoordelijkheden van de houder van de vergunning of de regeling

1. De houder van de vergunning en de houder van de regeling zorgen ervoor dat:

a) goederen onder de regeling tijdelijke opslag of douane-entrepot niet aan het douanetoezicht worden onttrokken;

b) de verplichtingen worden nagekomen die voortvloeien uit de opslag van de goederen onder de regeling tijdelijke opslag of douane-entrepot;

c) wordt voldaan aan de bijzondere voorwaarden die in de vergunning voor het beheer van een douane-entrepot of voor het beheer van opslagruimten voor tijdelijke opslag zijn vastgesteld.

2. In afwijking van lid 1 kan in de vergunning voor een publiek douane-entrepot worden bepaald dat de in lid 1, onder a) of b), bedoelde verplichtingen uitsluitend bij de houder van de regeling berusten.

3. De houder van de regeling is gehouden tot de verplichtingen die voortvloeien uit de plaatsing van de goederen onder de regeling tijdelijke opslag of douane-entrepot.

Art. 150. Duur van een opslagregeling

1. Goederen kunnen gedurende een onbeperkte periode onder een regeling opslag blijven.

2. De douaneautoriteiten kunnen evenwel een termijn voor de zuivering van een regeling opslag vaststellen in de volgende gevallen:

a) wanneer een opslagruimte wordt beheerd door de douaneautoriteiten en ter beschikking staat van eenieder voor de tijdelijke opslag van goederen uit hoofde van artikel 151;

b) in uitzonderlijke omstandigheden, met name wanneer de soort en de aard van de goederen in geval van langdurige opslag een gevaar kunnen vormen voor de gezondheid van mens, dier en plant of voor het milieu.

3. Maatregelen tot wijziging van niet-essentiële onderdelen van deze verordening door haar aan te vullen, die de in lid 2 bedoelde gevallen vastleggen, worden vastgesteld volgens de in artikel 184, lid 4, bedoelde regelgevingsprocedure met toetsing.

Afdeling 2

Tijdelijke opslag

Art. 151. Het plaatsen van goederen in tijdelijke opslag

1. De volgende niet-communautaire goederen worden op het tijdstip waarop zij bij de douane zijn aangebracht, geacht te zijn aangegeven voor de regeling tijdelijke opslag door de houder van de goederen

tenzij zij voor een andere douaneregeling zijn aangegeven:

a) goederen die het douanegebied van de Gemeenschap binnenkomen, met uitzondering van die welke rechtstreeks een vrije zone worden binnengebracht;

b) goederen die vanuit een vrije zone een ander deel van het douanegebied van de Gemeenschap binnenkomen;

c) goederen ten aanzien waarvan de regeling extern douanevervoer wordt beëindigd.

De douaneaangifte wordt geacht te zijn ingediend en door de douaneautoriteiten te zijn aanvaard op het tijdstip waarop de goederen bij de douane zijn aangebracht.

2. De summiere aangifte bij binnenbrengen, of een document voor douanevervoer ter vervanging daarvan, vormt de douaneaangifte voor de regeling tijdelijke opslag.

3. De douaneautoriteiten kunnen van de houder van de goederen eisen dat deze zekerheid stelt voor de betaling van een met de douaneschuld overeenkomend bedrag aan in- of uitvoerrechten en andere heffingen overeenkomstig andere relevante voorschriften, die verschuldigd kunnen worden.

4. Indien goederen om enigerlei reden niet kunnen worden geplaatst of niet langer kunnen worden gehandhaafd onder de regeling tijdelijke opslag, nemen de douaneautoriteiten onverwijld alle nodige maatregelen om de situatie van deze goederen te regulariseren. De artikelen 125 tot en met 127 zijn mutatis mutandis van toepassing.

5. De Commissie kan volgens de in artikel 184, lid 2, bedoelde procedure maatregelen nemen voor de uitvoering van dit artikel.

Art. 152. Goederen in tijdelijke opslag

1. Goederen onder de regeling tijdelijke opslag mogen uitsluitend worden opgeslagen op plaatsen die een vergunning hebben voor tijdelijke opslag.

2. Onverminderd artikel 91, lid 2, mogen goederen onder de regeling tijdelijke opslag geen andere behandelingen ondergaan dan die welke noodzakelijk zijn om deze goederen in ongewijzigde staat te behouden zonder dat de presentatie of de technische kenmerken worden gewijzigd.

Afdeling 3

Regeling douane-entrepots

Art. 153. Opslag in douane-entrepots

1. Onder de regeling douane-entrepot kunnen niet-communautaire goederen worden opgeslagen in daartoe door de douaneautoriteiten geautoriseerde en onder toezicht van de douaneautoriteiten staande ruimten of andere locaties, hierna "douane-entrepots" genoemd.

2. De douane-entrepots kunnen ter beschikking staan van eenieder die goederen wil bewaren (publiek douane-entrepot), dan wel van houders van een vergunning douane-entrepot (particulier douane-entrepot).

3. De onder het stelsel van douane-entrepots geplaatste goederen kunnen tijdelijk uit het douane-entrepot worden uitgeslagen. Voor dergelijke uitslag is, behalve in geval van overmacht, voorafgaande toestemming van de douaneautoriteiten vereist.

Art. 154. Communautaire goederen, bijzondere bestemming en veredeling

1. Bij een economische behoefte en op voorwaarde dat het douanetoezicht niet wordt gehinderd, kunnen de douaneautoriteiten toestaan dat in het douane-entrepot:

a) communautaire goederen worden opgeslagen;

b) goederen in het kader van de regeling actieve veredeling of bijzondere bestemming en op de voor de desbetreffende regeling vastgestelde voorwaarden, worden veredeld.

2. In de in lid 1 bedoelde gevallen worden de goederen geacht zich niet onder de regeling douane-entrepot te bevinden.

Afdeling 4

Vrije zones

Art. 155. Instelling van vrije zones

1. De lidstaten kunnen in bepaalde delen van het douanegebied van de Gemeenschap vrije zones instellen.

De lidstaten bepalen van elke vrije zone de geografische grenzen en stellen de in- en uitgangen ervan vast.

2. De vrije zones zijn afgesloten.

De grenzen en de in- en uitgangen van de vrije zones staan onder douanetoezicht.

3. Personen, goederen en vervoermiddelen die een vrije zone binnenkomen of verlaten, kunnen aan douanecontroles worden onderworpen.

Art. 156. Gebouwen en activiteiten in vrije zones

1. Voor de oprichting van gebouwen in een vrije zone is voorafgaande toestemming van de douaneautoriteiten vereist.

2. Onder de voorwaarden van de douanewetgeving is in een vrije zone elke industriële, handels- of dienstverlenende activiteit toegestaan. De douaneautoriteiten worden vooraf van de uitoefening van deze activiteiten in kennis gesteld.

3. De douaneautoriteiten kunnen, rekening houdend met de aard van de goederen dan wel de eisen inzake douanetoezicht, of inzake beveiliging of veiligheid, verboden of beperkingen op de in lid 2 bedoelde activiteiten instellen.

4. De douaneautoriteiten kunnen personen die niet de nodige waarborgen bieden voor de naleving van de douanevoorschriften, de uitoefening van een activiteit in een vrije zone verbieden.

Art. 157. Aanbrenging van goederen en plaatsing onder de regeling

1. In de volgende gevallen worden goederen die een vrije zone zijn binnengebracht bij de douane aan-

gebracht en worden ten aanzien van deze goederen de voorgeschreven douaneformaliteiten vervuld:

a) indien zij rechtstreeks van buiten het douanegebied van de Gemeenschap de vrije zone zijn binnengebracht;

b) indien zij onder een douaneregeling zijn geplaatst die wordt beëindigd of gezuiverd als zij onder de regeling vrije zone worden geplaatst;

c) indien zij onder de regeling vrije zone worden geplaatst om in aanmerking te komen voor een beschikking tot terugbetaling of kwijtschelding van invoerrechten;

d) indien andere wetgeving dan douanewetgeving dergelijke formaliteiten vereist.

2. Goederen die in andere dan de in lid 1 genoemde omstandigheden een vrije zone worden binnengebracht, hoeven niet bij de douane te worden aangebracht.

3. Onverminderd artikel 158 worden in een vrije zone binnengebrachte goederen geacht onder de regeling vrije zone te worden geplaatst:

a) op het tijdstip waarop zij een vrije zone worden binnengebracht, tenzij ze al onder een andere douaneregeling zijn geplaatst;

b) op het tijdstip waarop een regeling douanevervoer wordt beëindigd, tenzij ze onmiddellijk onder een andere douaneregeling worden geplaatst.

Art. 158. Communautaire goederen in vrije zones

1. Communautaire goederen mogen een vrije zone worden binnengebracht en daar worden opgeslagen, vervoerd, gebruikt, veredeld of verbruikt. In dergelijke gevallen worden de goederen geacht zich niet onder de regeling vrije zone te bevinden.

2. Op verzoek van de belanghebbende geven de douaneautoriteiten met betrekking tot de volgende goederen een verklaring af betreffende hun douanestatus als communautaire goederen:

a) communautaire goederen die een vrije zone worden binnengebracht;

b) communautaire goederen die in een vrije zone zijn veredeld;

c) goederen die in een vrije zone in het vrije verkeer zijn gebracht.

Art. 159. Niet-communautaire goederen in vrije zones

1. Niet-communautaire goederen kunnen tijdens hun verblijf in een vrije zone in het vrije verkeer worden gebracht of onder de regeling actieve veredeling, tijdelijke invoer of een regeling bijzondere bestemming worden geplaatst op de voor die regelingen vastgestelde voorwaarden.

In dergelijke gevallen worden de goederen geacht zich niet onder de regeling vrije zone te bevinden.

2. Onverminderd de bepalingen die van toepassing zijn op leveranties en bevoorradingsproducten en voor zover de betrokken regeling dit toestaat, vormt lid 1 van dit artikel geen beletsel voor het gebruik of verbruik van goederen die, indien zij in het vrije verkeer werden gebracht of tijdelijk werden ingevoerd, niet aan de toepassing van invoerrechten of aan maatrege-

len in het kader van het gemeenschappelijk landbouw- of handelsbeleid zouden zijn onderworpen.

In geval van zulk gebruik of verbruik wordt geen douaneaangifte voor het vrije verkeer of voor de regeling tijdelijke invoer ingediend.

Een dergelijke aangifte wordt wel ingediend als voor deze goederen een tariefcontingent of plafond geldt.

Art. 160. Goederen uit een vrije zone brengen

Onverminderd andere wetgeving dan douanewetgeving kunnen goederen in een vrije zone uit het douanegebied van de Gemeenschap worden uitgevoerd of wederuitgevoerd, of in andere delen van het douanegebied van de Gemeenschap worden binnengebracht.

De artikelen 91 tot en met 98 zijn van overeenkomstige toepassing op goederen die in andere delen van het douanegebied van de Gemeenschap worden binnengebracht.

Art. 161. Douanestatus

Goederen die uit een vrije zone worden gebracht of in een andere deel van het douanegebied van de Gemeenschap worden binnengebracht of onder een douaneregeling worden geplaatst, worden als niet-communautaire goederen beschouwd tenzij hun douanestatus van communautaire goederen is aangetoond middels de in artikel 158, lid 2, bedoelde verklaring of een ander statusdocument volgens de communautaire douanewetgeving.

Voor de toepassing van uitvoerrechten en uitvoercertificaten of van uitvoermaatregelen in het kader van het gemeenschappelijk landbouw- of handelsbeleid worden deze goederen evenwel als communautaire goederen beschouwd tenzij vaststaat dat zij niet de douanestatus van communautaire goederen hebben.

HOOFDSTUK 4

SPECIFIEKE BESTEMMING

Afdeling 1

Tijdelijke invoer

Art. 162. Toepassingsgebied

1. Onder de regeling tijdelijke invoer kunnen voor wederuitvoer bestemde niet-communautaire goederen in het douanegebied van de Gemeenschap worden gebruikt met gehele of gedeeltelijke vrijstelling van invoerrechten, zonder dat zij aan een van de volgende maatregelen onderworpen zijn:

a) andere heffingen overeenkomstig andere relevante voorschriften;

b) handelspolitieke maatregelen, voor zover zij de binnenkomst van goederen in of het uitgaan van goederen uit het douanegebied van de Gemeenschap niet verbieden.

2. De regeling tijdelijke invoer mag slechts worden gebruikt indien aan de volgende voorwaarden is voldaan:

a) de goederen zijn niet bestemd om enige wijzi-

ging te ondergaan, met uitzondering van hun normale waardevermindering door gebruik;

b) de onder de regeling geplaatste goederen kunnen worden geïdentificeerd, behalve indien het ontbreken van identificatiemaatregelen wegens de aard van de goederen of het voorgenomen gebruik niet tot misbruik van de regeling kan leiden of, in het in artikel 142 bedoelde geval, de naleving van aan equivalente goederen gestelde voorwaarden kan worden gecontroleerd;

c) de houder van de regeling is buiten het douanegebied van de Gemeenschap gevestigd, tenzij anders is bepaald in de douanewetgeving;

d) er wordt voldaan aan de eisen voor volledige of gedeeltelijke vrijstelling van rechten volgens de communautaire douanewetgeving.

Art. 163. Termijn gedurende welke goederen zich onder de regeling tijdelijke invoer mogen bevinden

1. De douaneautoriteiten stellen de termijn vast waarbinnen de goederen die onder de regeling tijdelijke invoer zijn geplaatst, wederuitgevoerd moeten zijn of onder een volgende douaneregeling moeten zijn geplaatst. Deze termijn moet lang genoeg zijn om het doel van het toegestane gebruik te bereiken.

2. De maximale termijn gedurende welke goederen zich voor dezelfde doeleinden en onder de verantwoordelijkheid van dezelfde vergunninghouder onder de regeling tijdelijke invoer mogen bevinden, bedraagt 24 maanden, ook als de regeling werd gezuiverd door de goederen onder een andere speciale douaneregeling te plaatsen en ze vervolgens opnieuw onder de regeling tijdelijke invoer te plaatsen.

3. Indien in uitzonderlijke omstandigheden het doel van het toegestane gebruik niet kan worden bereikt binnen de in de leden 1 en 2 bedoelde termijnen, kunnen de douaneautoriteiten deze termijnen op naar behoren gemotiveerd verzoek van de vergunninghouder met een redelijke duur verlengen.

Art. 164. Situaties die onder de regeling tijdelijke invoer vallen

Maatregelen tot wijziging van niet-essentiële onderdelen van deze verordening door haar aan te vullen, die de gevallen waarin en de voorwaarden waarop gebruik kan worden gemaakt van de regeling tijdelijke invoer en gehele of gedeeltelijke vrijstelling van invoerrechten kan worden verleend, vastleggen, worden vastgesteld volgens de in artikel 184, lid 4, bedoelde regelgevingsprocedure met toetsing.

Bij de vaststelling van deze maatregelen wordt rekening gehouden met internationale overeenkomsten alsook de aard en het gebruik van de goederen.

Art. 165. Bedrag aan invoerrecht bij tijdelijke invoer met gedeeltelijke vrijstelling van invoerrechten

1. Het bedrag aan invoerrecht voor goederen die onder de regeling tijdelijke invoer met gedeeltelijke vrijstelling van invoerrechten zijn geplaatst, is 3 % van het bedrag aan invoerrechten dat over die goederen zou zijn geheven indien deze op de datum waarop zij onder de regeling tijdelijke invoer werden ge-

plaatst, in het vrije verkeer zouden zijn gebracht.

Dit bedrag is verschuldigd per maand of maanddeel dat de goederen zich onder de regeling tijdelijke invoer met gedeeltelijke vrijstelling van invoerrecht hebben bevonden.

2. Het bedrag aan invoerrecht mag niet hoger zijn dan het bedrag dat zou zijn geheven indien de betrokken goederen op de datum waarop zij onder de regeling tijdelijke invoer werden geplaatst, in het vrije verkeer zouden zijn gebracht.

Afdeling 2

Bijzondere bestemming

Art. 166. Regeling bijzondere bestemming

1. Onder de regeling bijzondere bestemming kunnen goederen op grond van hun specifieke bestemming met vrijstelling van rechten dan wel met een verlaagd recht in het vrije verkeer worden gebracht. Zij blijven onder douanetoezicht.

2. Het douanetoezicht in het kader van de regeling bijzondere bestemming eindigt in de volgende gevallen:

a) indien de goederen zijn gebruikt voor de doeleinden die zijn vastgesteld voor de toepassing van de vrijstelling of het verlaagde recht;

b) indien de goederen worden uitgevoerd, vernietigd of afgestaan aan de staat;

c) indien de goederen zijn gebruikt voor andere doeleinden dan die welke zijn vastgesteld voor de toepassing van de vrijstelling of het verlaagde recht, en de toepasselijke invoerrechten zijn betaald.

3. Indien een opbrengst wordt vereist, is artikel 167 van overeenkomstige toepassing op de regeling bijzondere bestemming.

HOOFDSTUK 5

VEREDELING

Afdeling 1

Algemene bepalingen

Art. 167. Opbrengst

Tenzij in specifieke communautaire wetgeving een opbrengst is bepaald, stellen de douaneautoriteiten hetzij de opbrengst of de gemiddelde opbrengst van de veredeling vast, hetzij, in voorkomend geval, de wijze waarop deze opbrengst wordt bepaald.

De opbrengst of gemiddelde opbrengst wordt vastgesteld met inachtneming van de werkelijke omstandigheden waarin de veredeling geschiedt of zal geschieden. Deze opbrengst kan in voorkomend geval overeenkomstig de artikelen 18 en 19 worden aangepast.

Afdeling 2

Actieve veredeling

Art. 168. Toepassingsgebied

1. Onverminderd artikel 142 kunnen onder de regeling actieve veredeling niet-communautaire goederen in het douanegebied van de Gemeenschap worden gebruikt bij één of meer veredelingen zonder dat zij worden onderworpen aan:

a) invoerrechten;

b) andere heffingen overeenkomstig andere relevante voorschriften;

c) handelspolitieke maatregelen, voor zover zij de binnenkomst van goederen in of het uitgaan van goederen uit het douanegebied van de Gemeenschap niet verbieden.

2. In andere gevallen dan herstelling en vernietiging mag uitsluitend van de regeling actieve veredeling gebruik worden gemaakt indien, onverminderd het gebruik van hulpmiddelen bij de productie, de onder de regeling geplaatste goederen in de veredelingsproducten kunnen worden geïdentificeerd.

In het in artikel 142 bedoelde geval kan de regeling worden gebruikt voor zover de naleving van de ten aanzien van equivalente goederen gestelde eisen kan worden gecontroleerd.

3. Naast in de onder de leden 1 en 2 bedoelde gevallen kan van de regeling actieve veredeling ook gebruik worden gemaakt voor:

a) goederen die zijn bestemd om te worden bewerkt om ze in overeenstemming te brengen met technische vereisten voordat ze in het vrije verkeer kunnen worden gebracht;

b) goederen die gebruikelijke behandelingen overeenkomstig artikel 141 moeten ondergaan.

Art. 169. Termijn voor zuivering

1. De douaneautoriteiten stellen aan de hand van artikel 138 de termijn vast waarbinnen de regeling actieve veredeling moet worden gezuiverd.

Deze termijn gaat in op de datum waarop de niet-communautaire goederen onder de regeling zijn geplaatst en wordt vastgesteld rekening houdende met de tijd die nodig is om de veredeling uit te voeren en de regeling te zuiveren.

2. De douaneautoriteiten kunnen de overeenkomstig lid 1 vastgestelde termijn met een redelijke duur verlengen indien de vergunninghouder een naar behoren gerechtvaardigd verzoek daartoe indient.

In de vergunning kan worden bepaald dat termijnen die ingaan in de loop van een kalendermaand, kwartaal of semester, verstrijken op de laatste dag van een volgende kalendermaand respectievelijk van een volgend kwartaal of semester.

3. In het geval van voorafgaande uitvoer overeenkomstig artikel 142, lid 2, onder b), stellen de douaneautoriteiten de termijn vast waarbinnen de niet-communautaire goederen voor de regeling moeten worden aangegeven. Deze termijn gaat in op de datum van aanvaarding van de aangifte ten uitvoer van de verede-

lingsproducten die uit de betrokken equivalente goederen zijn verkregen.

Art. 170. Tijdelijke wederuitvoer voor verdere veredeling

Met toestemming van de douaneautoriteiten kunnen de onder de regeling actieve veredeling geplaatste goederen of de veredelingsproducten, geheel of gedeeltelijk, tijdelijk worden wederuitgevoerd met het oog op een aanvullende veredeling buiten het douanegebied van de Gemeenschap overeenkomstig de voor de regeling passieve veredeling vastgestelde voorwaarden.

Afdeling 3

Passieve veredeling

Art. 171. Toepassingsgebied

1. Onder de regeling passieve veredeling kan men communautaire goederen tijdelijk uit het douanegebied van de Gemeenschap uitvoeren om deze te laten veredelen. De uit die goederen voortkomende veredelingsproducten kunnen met gehele of gedeeltelijke vrijstelling van invoerrechten in het vrije verkeer worden gebracht op verzoek van de vergunninghouder of ieder ander persoon die in het douanegebied van de Gemeenschap is gevestigd, op voorwaarde dat die persoon toestemming heeft van de vergunninghouder en dat aan de voorwaarden voor de vergunning wordt voldaan.

2. Passieve veredeling is niet toegestaan voor de volgende communautaire goederen:

a) goederen waarvan de uitvoer een terugbetaling of kwijtschelding van invoerrechten tot gevolg heeft;

b) goederen die, voorafgaand aan de uitvoer, op grond van hun bijzondere bestemming met vrijstelling van rechten dan wel met een verlaagd recht in het vrije verkeer zijn gebracht, zolang die bijzondere bestemming nog niet is vervuld, tenzij deze goederen herstellingen moeten ondergaan;

c) goederen waarvan de uitvoer aanleiding geeft tot de toekenning van restituties bij uitvoer;

d) goederen waarvoor wegens de uitvoer in het kader van het gemeenschappelijk landbouwbeleid een ander financieel voordeel dan de onder c) genoemde restituties wordt toegekend.

3. Indien de artikelen 172 en 173 niet van toepassing zijn en indien het gaat om ad-valoremrechten, wordt het bedrag aan invoerrechten berekend op basis van de kosten van de buiten het douanegebied van de Gemeenschap verrichte veredeling.

Maatregelen tot wijziging van niet-essentiële onderdelen van deze verordening door haar aan te vullen, die de regels voor deze berekening en van de regels voor de berekening van specifieke rechten vastleggen, worden vastgesteld volgens de in artikel 184, lid 4, bedoelde regelgevingsprocedure met toetsing.

4. De douaneautoriteiten stellen de termijn vast waarbinnen tijdelijk uitgevoerde goederen in de vorm van veredelingsproducten opnieuw in het douanegebied van de Gemeenschap moeten worden ingevoerd en voor het vrije verkeer moeten worden aangegeven om in aanmerking te kunnen komen voor gehele of gedeeltelijke vrijstelling van invoerrechten. Zij kunnen deze termijn met een redelijke duur verlengen op naar behoren gerechtvaardigd verzoek van de vergunninghouder.

Art. 172. Gratis herstelde goederen

1. Indien ten genoegen van de douaneautoriteiten wordt vastgesteld dat de herstelling gratis werd verricht, hetzij op grond van een contractuele of wettelijke garantieverplichting, hetzij wegens een fabricagefout of een materiaalfout, wordt algehele vrijstelling van invoerrechten verleend.

2. Lid 1 is niet van toepassing wanneer op het tijdstip waarop de betrokken goederen voor het eerst in het vrije verkeer werden gebracht, rekening is gehouden met de fabricagefout of materiaalfout.

Art. 173. Systeem uitwisselingsverkeer

1. Onder het systeem uitwisselingsverkeer kan een ingevoerd goed, hierna "vervangend product" genoemd, overeenkomstig de leden 2 tot en met 5 in de plaats treden van een veredelingsproduct.

2. De douaneautoriteiten staan gebruikmaking van het systeem uitwisselingsverkeer toe, indien de veredeling bestaat in de herstelling van andere communautaire goederen die gebreken vertonen dan die welke vallen onder maatregelen in het kader van het gemeenschappelijk landbouwbeleid of onder specifieke regelingen die op bepaalde door verwerking van landbouwproducten verkregen goederen van toepassing zijn.

3. De vervangende producten zijn onder dezelfde achtcijfercode van de gecombineerde nomenclatuur ingedeeld en hebben dezelfde handelskwaliteit en technische kenmerken als de gebrekkige goederen indien deze de herstelling hadden ondergaan.

4. Indien de gebrekkige goederen voorafgaand aan de uitvoer zijn gebruikt, moeten de vervangende producten eveneens zijn gebruikt.

De douaneautoriteiten zien evenwel af van de in de eerste alinea gestelde eis indien het vervangende product gratis is geleverd, hetzij op grond van een contractuele of wettelijke garantieverplichting, hetzij wegens een materiaalfout of een fabricagefout.

5. De bepalingen die van toepassing zouden zijn op de veredelingsproducten, zijn eveneens van toepassing op de vervangende producten.

Art. 174. Voorafgaande invoer van vervangende producten

1. De douaneautoriteiten staan op verzoek van de betrokken persoon toe dat de vervangende producten onder de door hen vastgestelde voorwaarden worden ingevoerd voordat de gebrekkige goederen worden uitgevoerd.

Bij voorafgaande invoer van een vervangend product dient zekerheid te worden gesteld voor het bedrag aan invoerrecht dat verschuldigd zou zijn indien de gebrekkige goederen niet worden uitgevoerd overeenkomstig lid 2.

2. De gebrekkige goederen worden uitgevoerd binnen twee maanden na de aanvaarding door de douaneautoriteiten van de aangifte voor het vrije verkeer van de vervangende producten.

3. Indien in uitzonderlijke omstandigheden de uitvoer van de gebrekkige goederen niet kan geschieden binnen de in lid 2 bedoelde termijn, kunnen de douaneautoriteiten op naar behoren gerechtvaardigd verzoek van de betrokkene deze termijn met een redelijke duur verlengen.

TITEL VIII

VERTREK VAN GOEDEREN UIT HET DOUANEGEBIED VAN DE GEMEENSCHAP

HOOFDSTUK 1

GOEDEREN DIE HET DOUANEGEBIED VERLATEN

Art. 175. Verplichting tot indiening van een aangifte vóór vertrek

1. Voor goederen die bestemd zijn om het douanegebied van de Gemeenschap te verlaten, wordt bij het bevoegde douanekantoor een aangifte vóór vertrek ingediend of beschikbaar gemaakt voordat deze goederen buiten het douanegebied van de Gemeenschap worden gebracht.

De eerste alinea is evenwel niet van toepassing op goederen die uitsluitend door de territoriale wateren of het luchtruim van het douanegebied van de Gemeenschap worden vervoerd zonder dat er een tussenstop in dit gebied wordt gemaakt.

2. De aangifte vóór vertrek gebeurt in één van onderstaande vormen:

a) de passende douaneaangifte, indien goederen die het douanegebied van de Gemeenschap verlaten onder een douaneregeling worden geplaatst waarvoor een douaneaangifte nodig is;

b) een mededeling van wederuitvoer overeenkomstig artikel 179;

c) indien een douaneaangifte noch een mededeling van wederuitvoer is vereist, de summiere aangifte bij uitgaan als bedoeld in artikel 180.

3. De aangifte vóór vertrek bevat ten minste de voor de summiere aangifte bij uitgaan benodigde gegevens.

Art. 176. Maatregelen tot vaststelling van bepaalde bijzonderheden

1. Maatregelen tot wijziging van niet-essentiële onderdelen van deze verordening door haar aan te vullen, die betrekking hebben op:

a) de gevallen waarin en de voorwaarden waarop voor goederen die het douanegebied van de Gemeenschap verlaten, geen aangifte vóór vertrek is vereist;

b) de voorwaarden waarop ontheffing kan worden verleend van de verplichting tot indiening van een aangifte vóór vertrek of die verplichting kan worden aangepast;

c) de termijn waarbinnen de aangifte vóór vertrek moet worden ingediend of beschikbaar worden ge-

maakt voordat de goederen het douanegebied van de Gemeenschap verlaten;

d) uitzonderingen op en afwijkingen van de onder c) bedoelde termijn;

e) de vaststelling van het bevoegde douanekantoor waar de aangifte vóór vertrek moet worden ingediend of beschikbaar worden gemaakt en waar de risicoanalyse en de op risicoanalyse gebaseerde controles bij uitvoer en uitgaan moeten worden verricht;

worden vastgesteld volgens de in artikel 184, lid 4, bedoelde regelgevingsprocedure met toetsing.

2. Bij het aannemen van die maatregelen wordt rekening gehouden met de volgende elementen:

a) bijzondere omstandigheden;

b) de toepassing van die maatregelen op bepaalde goederenbewegingen, vervoerswijzen en marktdeelnemers;

c) internationale overeenkomsten die in bijzondere veiligheidsregelingen voorzien.

Art. 177. Douanetoezicht en formaliteiten bij uitgaan

1. Goederen die het douanegebied van de Gemeenschap verlaten, zijn onderworpen aan douanetoezicht en kunnen worden onderworpen aan douanecontroles. In voorkomend geval kunnen de douaneautoriteiten overeenkomstig de krachtens lid 5 aangenomen maatregelen vaststellen langs welke route en binnen welke termijn de goederen het douanegebied van de Gemeenschap moeten verlaten.

2. Goederen die bestemd zijn om het douanegebied van de Gemeenschap te verlaten, worden aangebracht bij het douanekantoor dat bevoegd is voor de plaats waar de goederen het douanegebied van de Gemeenschap verlaten en zijn onderworpen aan formaliteiten bij uitgaan, die, naargelang van het geval, het volgende omvatten:

a) de terugbetaling of kwijtschelding van invoerrechten of de betaling van restituties bij uitvoer;

b) de inning van uitvoerrechten;

c) de formaliteiten krachtens de voorschriften inzake andere heffingen;

d) de toepassing van verboden of beperkingen die gerechtvaardigd zijn uit hoofde van, onder meer, de openbare zedelijkheid, de openbare orde of de openbare veiligheid, de bescherming van de gezondheid en het leven van mens, dier of plant, de bescherming van het milieu, de bescherming van het nationaal artistiek, historisch en archeologisch bezit en de bescherming van industriële of commerciële eigendom, waaronder die ten aanzien van drugsprecursoren, goederen die inbreuk maken op bepaalde intellectuele-eigendomsrechten en liquide middelen die de Gemeenschap verlaten, alsmede de uitvoering van maatregelen voor de instandhouding en het beheer van de visbestanden en van handelspolitieke maatregelen.

3. Goederen die het douanegebied van de Gemeenschap verlaten, worden bij de douane aangebracht door een van de volgende personen:

a) de persoon die de goederen uit het douanegebied van de Gemeenschap uitvoert;

b) de persoon in wiens naam of voor wiens rekening degene handelt die de goederen uit het douanegebied van de Gemeenschap uitvoert;

c) de persoon die aansprakelijk is voor het vervoer van de goederen vóór de uitvoer ervan uit het douanegebied van de Gemeenschap.

4. Goederen worden voor uitgaan uit het douanegebied van de Gemeenschap vrijgegeven op voorwaarde dat zij dit gebied verlaten in dezelfde staat als op het tijdstip van aanvaarding van de aangifte vóór vertrek.

5. De Commissie neemt volgens de in artikel 184, lid 2, bedoelde procedure maatregelen voor de tenuitvoerlegging van de leden 1, 2 en 3 van dit artikel.

HOOFDSTUK 2

UITVOER EN WEDERUITVOER

Art. 178. Communautaire goederen

1. Communautaire goederen die bestemd zijn om het douanegebied van de Gemeenschap te verlaten, worden onder de regeling uitvoer geplaatst.

2. Lid 1 is niet van toepassing op de volgende goederen:

a) goederen die onder de regeling bijzondere bestemming of passieve veredeling zijn geplaatst;

b) goederen die onder de regeling intern douanevervoer zijn geplaatst of die het douanegebied van de Gemeenschap tijdelijk verlaten overeenkomstig artikel 103.

3. De Commissie neemt volgens de in artikel 184, lid 2, bedoelde procedure maatregelen tot vaststelling van de uitvoerformaliteiten die van toepassing zijn op goederen die onder de uitvoerregeling, de regeling bijzondere bestemming of de regeling passieve veredeling zijn geplaatst.

Art. 179. Niet-communautaire goederen

1. In het geval van niet-communautaire goederen die bestemd zijn om het douanegebied van de Gemeenschap te verlaten, wordt bij het bevoegde douanekantoor mededeling van wederuitvoer gedaan en worden de formaliteiten bij uitgaan vervuld.

2. De artikelen 104 tot en met 124 zijn van overeenkomstige toepassing op de mededeling van wederuitvoer.

3. Lid 1 is niet van toepassing op de volgende goederen:

a) goederen die onder de regeling extern douanevervoer zijn geplaatst en slechts over het douanegebied van de Gemeenschap worden vervoerd;

b) goederen die worden overgeladen in of rechtstreeks worden wederuitgevoerd uit een vrije zone;

c) goederen onder de regeling tijdelijke opslag die rechtstreeks worden wederuitgevoerd uit een vergunninghoudende ruimte voor tijdelijke opslag.

Art. 180. Summiere aangifte bij uitgaan

1. Indien goederen bestemd zijn om het douanegebied van de Gemeenschap te verlaten en er geen douaneaangifte of mededeling van wederuitvoer vereist is, wordt bij het bevoegde douanekantoor een

summiere aangifte bij uitgaan ingediend overeenkomstig artikel 175.

2. De summiere aangifte bij uitgaan wordt ingediend met behulp van elektronische gegevensverwerking. Er mag gebruik worden gemaakt van handels-, haven- of vervoersinformatie, mits deze de benodigde gegevens voor een summiere aangifte bij uitgaan bevat.

3. De douaneautoriteiten mogen in uitzonderlijke omstandigheden summiere aangiften bij uitgaan op papier aanvaarden, mits zij hierbij hetzelfde niveau van risicobeheer kunnen garanderen als bij summiere aangiften bij uitgaan ingediend met behulp van elektronische gegevensverwerking, en mits aan de vereisten voor de uitwisseling van zulke gegevens met andere douanekantoren kan worden voldaan.

De douaneautoriteiten kunnen toestaan dat het indienen van een summiere aangifte wordt vervangen door het indienen van een kennisgeving en het verlenen van toegang tot de gegevens van de summiere aangifte in het geautomatiseerde systeem van de marktdeelnemer.

4. De summiere aangifte bij uitgaan wordt door een van de volgende personen ingediend:

a) de persoon die de goederen buiten het douanegebied van de Gemeenschap brengt of die zich met het vervoer van de goederen uit het douanegebied van de Gemeenschap belast;

b) de exporteur of verzender of een andere persoon in wiens naam of voor wiens rekening de onder a) bedoelde persoon handelt;

c) eenieder die in staat is de goederen bij de bevoegde douaneautoriteiten aan te brengen of te doen aanbrengen.

Art. 181. Wijziging van de summiere aangifte bij uitgaan

Aan de aangever wordt, op zijn verzoek, toegestaan een of meer van de vermeldingen in de summiere aangifte bij uitgaan te wijzigen nadat deze is ingediend.

Wijziging is niet meer mogelijk na een van de volgende handelingen:

a) de douaneautoriteiten hebben de persoon die de summiere aangifte heeft ingediend, in kennis gesteld van hun voornemen de goederen te controleren;

b) de douaneautoriteiten hebben geconstateerd dat de betrokken gegevens onjuist zijn;

c) de douaneautoriteiten hebben al toestemming gegeven om de goederen weg te voeren.

Maatregelen tot wijziging van niet-essentiële onderdelen van deze verordening door haar aan te vullen, die uitzonderingen op de tweede alinea, onder c), van dit artikel vastleggen, worden vastgesteld volgens de in artikel 184, lid 4, bedoelde regelgevingsprocedure met toetsing.

HOOFDSTUK 3

VRIJSTELLING VAN UITVOERRECHTEN

Art. 182. Tijdelijke uitvoer

1. Onverminderd artikel 171 kunnen communautaire goederen tijdelijk uit het douanegebied van de Gemeenschap worden uitgevoerd en in aanmerking komen voor vrijstelling van uitvoerrechten bij hun wederinvoer.

2. De Commissie neemt volgens de in artikel 184, lid 2, bedoelde procedure maatregelen voor de uitvoering van dit artikel.

TITEL IX

COMITE DOUANEWETBOEK EN SLOTBEPALINGEN

HOOFDSTUK 1

COMITE DOUANEWETBOEK

Art. 183. Verdere uitvoeringsmaatregelen

1. Volgens de procedure van artikel 184, lid 2, stelt de Commissie regels voor de interoperabiliteit van de elektronische douanesystemen van de lidstaten, alsmede voor de onderdelen die relevant zijn voor de Gemeenschap vast, met het oog op een betere samenwerking op basis van elektronische gegevensuitwisseling tussen de douaneautoriteiten onderling, tussen douaneautoriteiten en de Commissie en tussen douaneautoriteiten en marktdeelnemers.

2. Maatregelen tot wijziging van niet-essentiële onderdelen van deze verordening door haar aan te vullen, die:

a) de voorwaarden waarop de Commissie beschikkingen kan geven waarbij aan lidstaten een verzoek wordt gericht tot intrekking of wijziging van een beschikking niet zijnde een beschikking als bedoeld in artikel 20, lid 8, onder c) in het kader van de communautaire douanewetgeving die afwijkt van vergelijkbare beschikkingen van andere bevoegde autoriteiten en daarmee de eenvormige toepassing van de douanewetgeving in gevaar brengt;

b) in voorkomend geval andere uitvoeringsmaatregelen, ook wanneer de Gemeenschap afspraken heeft gemaakt en verplichtingen op zich heeft genomen in het kader van internationale overeenkomsten die een aanpassing van het wetboek vergen;

c) verdere gevallen waarin en voorwaarden waaronder de toepassing van dit wetboek kan worden vereenvoudigd;

vastleggen, worden vastgesteld volgens de in artikel 184, lid 4, bedoelde regelgevingsprocedure met toetsing.

Art. 184. Comité

1. De Commissie wordt bijgestaan door het Comité douanewetboek, hierna "het comité" genoemd.

2. Wanneer naar dit lid wordt verwezen, wordt de regelgevingsprocedure van de artikelen 5 en 7 van Be-

sluit 1999/468/EG gevolgd, met inachtneming van artikel 8 van dat besluit.

De in artikel 5, lid 6, van Besluit 1999/468/EG bedoelde termijn wordt vastgesteld op drie maanden.

3. Wanneer naar dit lid wordt verwezen, zijn de artikelen 4 en 7 van Besluit 1999/468/EG van toepassing, met inachtneming van artikel 8 van dat besluit.

De in artikel 4, lid 3, van Besluit 1999/468/EG bedoelde termijn is drie maanden.

4. Wanneer naar dit lid wordt verwezen, is de procedure van artikel 5 bis, leden 1 tot en met 4, en artikel 7 van Besluit 1999/468/EG van toepassing, met inachtneming van artikel 8 van dat besluit.

Art. 185. Overige aangelegenheden

Het comité kan elke kwestie in verband met de douanewetgeving die door de voorzitter op initiatief van de Commissie of op verzoek van een vertegenwoordiger van een lidstaat aan de orde wordt gesteld, in behandeling nemen, en met name:

a) ieder probleem dat voortvloeit uit de toepassing van de douanewetgeving;

b) ieder standpunt dat de Gemeenschap dient in te nemen in comités, werkgroepen en panels die zijn ingesteld bij of krachtens internationale overeenkomsten op het gebied van douanewetgeving.

HOOFDSTUK 2

SLOTBEPALINGEN

Art. 186. Intrekkingen

De Verordeningen (EEG) nr. 3925/91, (EEG) nr. 2913/92, en (EG) nr. 1207/2001 worden ingetrokken.

Verwijzingen naar de ingetrokken verordeningen gelden als verwijzingen naar de onderhavige verordening en worden gelezen volgens de concordantietabellen in de bijlage.

Art. 187. Inwerkingtreding

Deze verordening treedt in werking op de twintigste dag volgende op die van haar bekendmaking in het Publicatieblad van de Europese Unie.

Art. 188. Toepassing

1. Artikel 1, lid 3, tweede alinea, artikel 5, lid 1, tweede alinea, artikel 5, lid 2, eerste alinea, artikel 10, lid 2, artikel 11, lid 3, artikel 12, lid 2, tweede alinea, artikel 15, artikel 16, lid 5, artikel 18, lid 4, artikel 19, lid 5, artikel 20, lid 7, artikel 20, lid 8, artikel 20, lid 9, artikel 24, lid 3, tweede alinea, artikel 25, lid 3, artikel 28, lid 3, artikel 30, lid 2, artikel 31, lid 3, artikel 33, lid 5, artikel 38, artikel 39, lid 3, artikel 39, lid 6, artikel 43, artikel 51, lid 2, artikel 54, artikel 55, lid 2, tweede alinea, artikel 56, lid 9, artikel 57, lid 3, artikel 58, lid 2, artikel 59, lid 1, tweede alinea, artikel 62, lid 3, artikel 63, lid 3, artikel 65, lid 3, artikel 67, lid 1, derde alinea, artikel 71, artikel 72, lid 3, artikel 76, artikel 77, lid 3, artikel 78, lid 1, tweede alinea, artikel 78, lid 5, artikel 85, artikel 86, lid 7, artikel 87, lid 3, artikel 88, lid 4, tweede alinea, artikel 89,

lid 2, artikel 93, lid 2, artikel 101, lid 2, artikel 103, artikel 105, lid 2, artikel 106, lid 4, artikel 107, lid 3, artikel 108, lid 1, tweede alinea, artikel 108, lid 4, artikel 109, lid 2, artikel 109, lid 3, artikel 110, lid 1, derde alinea, artikel 111, lid 3, artikel 112, lid 4, artikel 113, lid 3, artikel 114, lid 2, tweede alinea, artikel 115, tweede alinea, artikel 116, lid 2, artikel 119, lid 3, artikel 122, artikel 124, lid 2, artikel 128, artikel 134, artikel 136, lid 2, artikel 136, lid 3, tweede alinea, artikel 136, lid 4, vierde alinea, artikel 137, lid 2, artikel 140, lid 2, artikel 142, lid 1, vierde alinea, artikel 142, lid 2, tweede alinea, artikel 142, lid 3, tweede alinea, artikel 143, artikel 144, lid 2, artikel 145, lid 3, tweede alinea, artikel 148, lid 2, tweede alinea, artikel 150, lid 3, artikel 151, lid 5, artikel 164, artikel 171, lid 3, tweede alinea, artikel 176, lid 1, artikel 177, lid 5, artikel 178, lid 3, artikel 181, derde alinea, artikel 182, lid 2, artikel 183, lid 1, en artikel 183, lid 2, zijn van toepassing met ingang van 24 juni 2008.

2. Alle andere bepalingen zijn van toepassing zodra de krachtens de in lid 1 vermelde artikelen vastgestelde uitvoeringsbepalingen toepasselijk zijn. De uitvoeringsbepalingen treden ten vroegste met ingang van 24 juni 2009 in werking.

Niettegenstaande de inwerkingtreding van de uitvoeringsbepalingen zijn de in dit lid genoemde bepalingen ten laatste met ingang van [1 november 2013] toepasselijk.

3. Artikel 30, lid 1, is van toepassing met ingang van 1 januari 2011.

2, al. 2 gewijzigd bij art. 1 Verord. nr. 528/2013, 12 juni 2013 (Pb.L. 165, 18.VI.2013), van toepassing vanaf 19 juni 2013.